සිංහල - කොරියානු ශබ්දකෝෂය

스리랑카어 - 한국어 사전

이현주 (하샨떠 존 හශාන්ත ජෝන්)

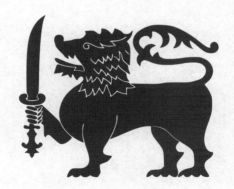

문예림

저자 소개

이헌주 (하샨떠 존 *හශාන්ත ජෝන්*)

저자는 감리교신학대학교를 졸업하고, 예수전도단 서울 15기 UDTS를 수료하였다. 1996년 12월에 스리랑카를 처음 방문하고서 스리랑카 매력에 푹 빠져서 1997년 3월부터 스리랑카에 살기 시작했다. 첫 6년은 스리랑카 사람들과 한 집에서 살고, 매일 세끼 카레를 손으로 먹으면서 스리랑카 문화와 언어를 배우기 시작했고 스리랑카를 더 사랑하는 법을 배웠다. 스리랑카의 서울대 격인 '빼라데니여 대학교' 씽할러 학과에서 4년간 언어를 배우고 수료했다. 현재 아내 김영순, 아들 하원이 딸 하연이와 함께 '아름다운 땅' 스리랑카에서 살고 있다.

저서: 꿩 먹고 알 먹는 스리랑카어 (2013, 문예림)

성경 씽할러 (2008, YWAM Publishing).

서 문

이 책을 편찬하도록 능력을 주신 하나님과 우리 주 예수님께 무한한 영광을 올려 드립니다!

스리랑카와 한국 나라간 교류가 많지 않은 가운데 스리랑카에 대한 정보와 자료를 구하는 것은 쉬운 일이 아닙니다. 특히 스리랑카어와 관련된 자료를 구하는 것은 더 어렵습니다. 요즘은 그나마 스리랑카와 스리랑카어인 씽할러어에 관한 몇 권의 책이 출판되어 있어서 스리랑카에 관심있는 사람들에게 도움이 되는 것은 매우 반가운 일입니다.

필자가 24년전에 스리랑카에 처음 와서 씽할러어를 배울 때는 언어 관련 자료가 전무한 상황이었습니다. 그래서 귀에 들리는 단어들을 한글로 적어서 지인에게 물어 그 뜻을 하나씩 알아가는 일은 흥미롭기도 했지만 여간 힘든 일이 아니었습니다. 귀에 들린 단어 5개중 2-3개는 없는 단어였고, 지인이 알려주는 씽할러 단어의 뜻도 한국어가 아닌 영어 뜻이었습니다. 알게 된 영어 단어를 다시 영한사전에서 찾아야 하는 그 수고는 이루 말로 다 할 수 없었습니다. 씽할러 한 단어를 한국어로 알게 되는 것은 너무나도 귀하고 기쁜 일이었지만 번거로운 일이기도 했습니다. 귀에 들리고, 눈에 들어오는 씽할러 단어들을 하나 하나씩 공책에 적고 암기하면서 씽할러어-한국어 사전이 있었으면 좋겠다는 생각이 들었습니다. 하지만, 너무나도 방대한 작업이기에 감히 엄두를 내지 못했습니다. 하지만, 시간이 지나면서 기록하는 습관도 줄어들고 기억력도 감퇴하면서 찾은 단어를 몇 번 반복해서 찾는 나 자신을 발견하면서, 빠른 언어의 습득을 위해서 찾은 단어들을 정리할 필요가 있다고 생각하기 시작했습니다. 이 필요가 이 사전의 시작이었습니다. 다시 말하면, 누군가를 위해서 사전을 만든 것이 아니라 나 자신을 위한 메모가 사전으로 발전한 것이라고 말하는 게 더 적절한 표현입니다.

스리랑카 공용어는 씽할러어와 타밀어입니다. 영어는 나라 전반에 걸쳐서 두루 쓰이고 있습니다. 이중 씽할러어는 주종족인 씽할러족과 소수종족 타밀족과 무어족 중 일부가 사용합니다. 전체 인구 2100만명 중 씽할러어는 주종족인 씽할러족에서 1500만명, 소수 종족인 타밀족과 무어족에서 300만명 모두 약 1800만명 정도가 사용하는 언어입니다. 스리랑카에서만 사용되는 언어입니다. 그래서 이 사전을 씽할러어-한국어 사전이라기 보다는 "스리랑카어-한국어 사전"이라고 이름을 붙였습니다.

씽할러어의 특징을 살펴보면,

첫째는 구어체와 문어체를 확실히 구분해서 사용합니다. 말할 때 쓰는 단어와 문서에 사용되는 단어가 완전히 다른 단어들이 많고, 문장을 만드는 방식도 다릅니다. 그래서 문서와 도서 집필 시에는 구어체의 단어와 문법을 사용하지 않고, 문어체의 단어와 문법을 사용합니다. 외국인에게 이 구분을 하는 것은 어려운 숙제와 같습니다.

둘째는 장음과 단음을 분명히 구별해서 사용합니다. 한국어는 장단음의 구별이 명확하지 않지만, 씽할러어는 장음이냐 단음이냐에 따라 단어의 의미가 달라지는 경우가 많습니다. 심지어 대화할 때 장단음을 살리지 못하면 사람들이 말을 이해하지 못하는 일이 자주 벌어집니다.

셋째는 존칭어가 발달하지 않았습니다. 한국어는 대화 상대에 따라 다르게 사용하는 경어 문제 때문에 언어를 배우는데 힘들지만, 씽할러어는 경어가 발달하지 않아서 상대적으로 빠르게 배울 수 있습니다.

위에서 언급했듯이 씽할러어는 구어체와 문어체를 확연하게 구별하기 때문에 많은 주의가 필요합니다. 사전을 사용하면서 언어를 배우는 사람이라면, 구어체보다는 문어체 단어들을 많이 접하게 됩니다. 이 사전에도 구어체 보다 문어체 단어들이 더 많이 수록되어 있습니다. 또한, 문법에서도 구어체는 단순한 반면, 문어체는 시제와 인칭에 따라 상당히 복잡합니다.

이 사전은 본토인이 아닌 한국 사람이 외국인으로서 씽할러어를 배우는데 필요한 것들을 사전에 담으려고 노력하였습니다. 씽할러인들에게는 필요 없는 것, 그들은 당연히 아는 것일지라도 외국인은 알지 못해서 학습에 방해를 받을 때가 종종 있습니다. 그리고, 한국인들이 언어를 배우는데 익숙한 방식 즉 영어를 배우는 방식도 첨가하려고 노력을 하였습니다.

이 사전의 특징은 다음과 같습니다.

첫째, 구어체 단어와 문어체 단어를 구별하였습니다.

구어체 단어 맨 뒤에 이해를 돕기 위해서 문어체 단어를 넣었습니다. 문어체 단어의 경우에는 반대로 했습니다. 그래서 한국 사람이 문어체와 구어체를 혼돈하지 않고 사용하도록 상세히 기록하였습니다.

둘째, 일상 생활에서 자주 사용하는 단어의 빈도수에 따라 십자표 (†)를 붙였습니다.

기초 약 3300 단어에는 십자표 2개(‡)를, 중급 약 4000개 단어에는 십자표 1개(†)를 붙였습니다. 한 의미의 씽할러 단어가 때로는 10개가 되는 경우도 있습니다. 이런 경우 어떤 단어를 사용해야 할지 난감해하는 학습자를 위해서 사용 빈도수에 따라 단어들을 분류하였습니다.

셋째, 표제어에 한글 음역을 첨가하였습니다.

씽할러어는 글자 그대로 읽으면 되므로 문자만 익히면 읽기가 쉽습니다. 한글과는 많은 차이가 있습니다. 하지만, 접두어가 붙거나 2개의 단어가 결합된 단어일 경우 발음에 변화가 있는 경우도 있습니다. 따라서 초기 학습자에게는 사전 표제어 전체에 표기되어 있는 한글 음역이 큰 도움이 될 것입니다. 씽할러 글자 발음과 한글 발음 특성을 고려하여 언어학적으로 표기를 하였습니다.

넷째, 동사의 경우 영어 사전 형태를 따라 과거형과 과거분사형을 표제어 바로 다음에 넣었습니다.

맨 뒤에는 문어체에서 많이 사용되는 동명사를 추가했습니다. 기본적으로 불규칙 동사는 외국인이 알 수 없기 때문에 학습 능률 차원에서 모두 표기하였으나 규칙동사는 이해를 돕고자 간간이 기재하였습니다.

다섯째, 심화 학습을 위해서 한국어 뜻 다음에 씽할러 동의어를 사용 빈도수가 높은 단어를 위주로 하여 기재하였습니다.

씽할러 단어의 풍성함을 더 느낄 수 있을 것입니다. 사전에 간간이 삽입된 참조 란을 통하여 반대말이나 단어의 예문을 기록하였습니다. 하지만, 지면 사정상 영어 사전같이 많은 예문을 넣을 수 없는 한계가 있다는 것을 이해해 주시기를 부탁드립니다. 또, 어떤 단어는 6-7개의 뜻을 가지고 있더라도 이 사전에서는 많이 사용되는 뜻 2-3개를 담았습니다.

참고로, 이 사전은 모든 씽할러 단어를 담은 것이 아닙니다. 10만개가 넘는 씽할러 단어 중 많이 사용되는 35,000개 정도의 단어를 수록하였습니다. 학습을 하다가 이 사전에 없는 단어를 발견하면 씽-영 사전이나 씽-씽 사전을 사용할 것을 권합니다.

아무쪼록 이 사전을 통하여 스리랑카와 한국의 문화교류가 더 풍성해지고, 두 언어간 더 활발한 연구가 생겨났으면 하는 바람입니다.

 이 사전을 출판하기까지 7년의 시간이 소요되었습니다. 컴퓨터 탈고 작업에 5년 반, 오탈자 검수 작업에 1년 반이라는 긴 시간이 걸렸습니다. 이를 위해 적절한 조언과 함께 교정작업에 수고를 아끼지 않은 윤형진님과 이 사전이 출간되도록 함께 해 주신 문예림 출판사에게도 감사의 마음을 전합니다.

 마지막으로, 시간만 나면 컴퓨터 앞에 앉아 있는 무심한 남편을 묵묵히 사랑으로 기다려주고 지지해준 사랑하는 아내 샤론과 이 사전 작업 때문에 아빠와의 시간을 빼앗겼지만 함께 응원해준 아들 하원이와 딸 하연이, 그리고 연약한 아들을 위해서 한국 땅에서 언제나 기도하시는 연로하신 어머니 김양례 권사님께 이 책을 바칩니다.

스리랑카 꾸루내걸러에서

편저자 이헌주

පෙරවදන

මෙම පොත සම්පාදනය කිරීම සඳහා මා බලවත් කළ දෙවියන්වහන්සේට මම මහිමය දෙමි.

ශ්‍රී ලංකාව හා දකුණු කොරියාව අතර ඇති අන්තර් සම්බන්ධතාවයන් දුර්වල මට්ටමක පවතින නිසා, ශ්‍රී ලංකාව පිළිබඳව තොරතුරු ලබා ගැනීම පහසු නොවී ය. විශේෂයෙන් සිංහල භාෂාව සම්බන්ධයෙන් ඇති තොරතුරු ලබා ගැනීම දුෂ්කර එකක් විය. කෙසේ වෙතත් මේ දිනවල ශ්‍රී ලංකාව හා සිංහල භාෂාව සම්බන්ධයෙන් පොත් කිහිපයක් ප්‍රකාශනයට පත් කරමින් තිබෙන අතර, එම පත පොත ශ්‍රී ලංකාව පිළිබඳව උනන්දුවක් දක්වන අයට මහත් ප්‍රයෝජනයක් වී තිබේ.

මීට වසර විසිපහකට පෙර මම සිංහල ඉගෙනීමේ අරමුණින් ප්‍රථමවරට ශ්‍රී ලංකාවට පැමිණි විට කොරියන් භාෂාවෙන් සම්පාදිත කිසිදු පොතක් සිංහල ඉගෙනුම සඳහා නොතිබිණි. එම නිසා මම කොරියන් බසින් සිංහල වචනවල උච්චාරණය ලියමින් පසුව එම වචනවල අර්ථය සොයා දැන ගත්තෙමි. වචන එකින් එක ලියමින් අර්ථය සොයා දැනගැනීමට දරන උත්සාහය සිත් ඇදගන්නාසුළු එකක් වුවත් එය පහසු කාර්යයක් නොවී ය. නමුත් මා ලියන ලද වචන පහකින් දෙකක් හෝ තුනක් අර්ථයක් නැති වචන වූ අතර, සිංහල භාෂාව දන්නා අයගෙන් ඇතැම් වචනවල තේරුම විමසූ විට ඔවුන් එහි අර්ථය කියා සිටියේ ද කොරියන් භාෂාවෙන් නොව ඉංග්‍රීසියෙනි. ඉංග්‍රීසි - කොරියානු ශබ්දකෝෂයෙහි ඉංග්‍රීසි අර්ථයන් සොයාගැනීමට දරන උත්සාහය වචනවලින් විස්තර කළ නොහැක. කොරියානු භාෂාවෙන් එක් සිංහල වචනයක්

හෝ දැන ගැනීම ඉතා වටිනා දෙයක් විය. ඇසෙන හා ඇස්වලට හසුවන සිංහල වචන ලියමින් මම වචන කට පාඩම් කරද්දි සිංහල - කොරියානු ශබ්දකෝෂයක් තිබීම යහපත් බව මම සිතුවෙමි. කෙසේවෙතත් එම ශබ්දකෝෂය අති විශාල කෘතියක්වන හෙයින් එය සම්පාදනය කිරීමට කිසිවෙකුට හැකි නොවී ය. කාලයත් සමගම වචන ලිවීමේ මගේ පුරුද්ද අඩු වී ඇති බවත්, වචන අමතක වී ඇති බවත් මට අවබෝධ විය. එනිසා මා දැනටමත් සොයා දැනගත් වචන මතක් කර ගැනීම සඳහා මට කිහිප වතාවක් එම වචන නැවත නැවත සොයා දැනගැනීමට සිදු විය. එනිසා භාෂාවක් ඉක්මණින් ඉගෙනීමටනම් දැනගත් වචන පෙළ ගස්වා ගැනීමේ අවශ්‍යතාවය පිළිබඳව මට අවබෝධ විය. එම අවශ්‍යතාවය මෙම ශබ්දකෝෂයේ ආරම්භය විය. වෙනත් ආකාරයකින් පවසනවානම් මෙම ශබ්දකෝෂය අන් අය සඳහා සම්පාදනය කරන ලද්දක් නොව, එය මගේ ඉගෙනීම සඳහා රචිත මගේ මතකයන් ය. නමුත් දැන් එය ශබ්ද කෝෂයක් බවට පත් වී ඇති අතර, එය ප්‍රකාශනයට සුදුසු වූවකි.

ශ්‍රී ලංකාවේ රාජ්‍ය භාෂාව වන්නේ සිංහල වන අතර දෙමළ භාෂාව ද නිළ භාෂාවක් ලෙස භාවිත කෙරේ. ශ්‍රී ලංකාව පුරා ඉංග්‍රීසි භාෂාව කතා කරන අතර, සිංහල භාෂාව ශ්‍රී ලංකාවේ ප්‍රධාන ජනවර්ගය වන සිංහලයන් ද, සුළු ජන වර්ගයන් වන දමිළ හා මුවර් යන ජනවර්ග විසින් ද භාවිත කරනු ලැබේ.

මිලියන 21ක් පමණ වන ජනගහනයෙන් ප්‍රධාන ජනවර්ගය වන මිලියන 15ක් පමණ වන සිංහල ජනයා ද, දෙමළ හා මුවර් ජනවර්ගයන්ගෙන් මිලියන 3ක පමණ ජනයා ද ඇතුළුව ශ්‍රී ලංකාවේ මිලියන 18ක පමණ

ජනතාවක් සිංහල භාෂාව භාවිත කරති.

සිංහල භාෂාව භාවිත කරනු ලබන්නේ ශ්‍රී ලංකාවේ පමණක් වේ. එනිසා මෙම ශබ්ද කෝෂය 'සිංහල - කොරියානු' ශබ්දකෝෂය ලෙස හඳුන්වනවාට වඩා, 'ශ්‍රී ලංකා - කොරියානු' ශබ්ද කෝෂය ලෙස හැඳින්වීම සුදුසු වේ.

සිංහල භාෂාවේ ලක්ෂණ

පළමුව, සිංහල භාෂාවේ වාචික භාෂාව හා ලිඛිත භාෂාව අතර වෙනස්කම් ඇත.

යම් තොරතුරක් ලිවීමේ දී හා යතුරු ලියනය කිරීමේ දී භාවිත කරන භාෂාව හා එම තොරතුර කතා කිරීමේ දී භාවිත කරන භාෂාව අතර විශාල වෙනස්කම් ඇත. එසේ ම සිංහල වාක්‍ය සෑදෙන ආකාරය ද වෙනස් වේ. එනිසා සිංහල භාෂාවෙන් ලේඛන සකස් කිරීමේ දී හා පොත් ලිවීමේ දී වාචික භාෂාව භාවිත නොකරයි.

දෙවනුව, කෙටි හා දීර්ඝ උච්චාරණ පහසුවෙන් හඳුනාගත හැකි වේ.

කොරියානු භාෂාවේ කෙටි හා දීර්ඝ ස්වර උච්චාරණ අතර පැහැදිලි වෙනසක් නැත. නමුත් සිංහල භාෂාවේ වචනවල අර්ථයන්, එහි උච්චාරණය කෙටි ද, නැතහොත් දීර්ඝ ද යන්න මත පදනම්ව වෙනස්වන අවස්ථා ඇත. සංවාදයක දී ඔබ කෙටි හා දීර්ඝ උච්චාරණයන් නිවැරදිව භාවිත නොකරන විට, මිනිසුන්ට එම වචන තේරුම් ගැනීමට නොහැකි වේ.

තෙවනුව, ගෞරවනීය ආමන්ත්‍රණයන් කොරියානු භාෂාවට වඩා සිංහල භාෂාව තුළ පෝෂණය වී නොමැත.

කොරියානු ජාතිකයින් තමන් සංවාදයේ යෙදෙන හවුල් කරුවාට අනුව ගෞරවනීය භාෂා රටාවක් භාවිත කළ යුතු වේ. එනිසා කොරියානු භාෂාව ඉගෙන ගැනීම වඩාත් දුෂ්කර කාර්යයක් වේ. එමෙන් ම සිංහල භාෂාව තුළ ගෞරවනීය බස්වහර කොරියානු භාෂාවේ තරමට ම සංවර්ධනය වී නොමැත. එබැවින් කොරියානු භාෂාවට සාපේක්ෂව ඔබට සිංහල භාෂාව වඩාත් පහසුවෙන් ඉගෙන ගත හැකි වේ.

ඉහත සඳහන් කළ පරිදි සිංහල භාෂාව තුළ වාචික භාෂාවේ හා ලිඛිත භාෂාවේ පැහැදිළි වෙනසක් ඇත. එබැවින් සිංහල භාෂාව භාවිත කරන විට ප්‍රවේශම් විය යුතු වේ. ඔබ ශබ්දකෝෂයක් භාවිත කරමින් භාෂාවක් ඉගෙන ගන්නේනම්, ඔබට වාචික භාෂාවට වඩා ලිඛිත භාෂාව ඉගෙනීමට හැකි වේ. මෙම ශබ්දකෝෂයේ ද වාචික භාෂාවට වඩා ලිඛිත භාෂාව අඩංගු වේ. වාචික භාෂාවේ දී ව්‍යාකරණය සරල වන අතර, ලිඛිත භාෂාව හැඟීම් ප්‍රකාශනයේ දී හා පුද්ගලයාට අනුව සංකීර්ණ වේ.

මෙම ශබ්දකෝෂය සම්පාදනය කොට ඇත්තේ කොරියානු ජාතිකයින්ට විදේශිකයින් ලෙස සිංහල භාෂාව ඉගෙන ගැනීමට මිස, ස්වදේශිකයන් හට භාවිතයට නොවේ. සිංහල භාෂාව ඉගෙන ගැනීමට අවශ්‍යකරන බොහෝ තොරතුරු මෙම ශබ්දකෝෂයට ඇතුළත් කිරීමට මම උත්සාහ කළෙමි. ස්වදේශිකයින්ට සිංහල භාෂාව පිළිබඳව ඇති දැනුම විදේශිකයින්ට නොමැති නිසා, විදේශිකයින්ට සිංහල භාෂාව ඉගෙනීමට බාධා ඇතිවන අවස්ථා බොහෝ ය. එසේම ඉංග්‍රීසි ඉගෙන ගැනීමේ ක්‍රමයක් ලෙස කොරියානුවන් භාවිත කළ භාෂාවන් ඉගෙන ගැනීමේ ක්‍රමයක් මෙයට එක් කිරීමට මම උත්සාහ කළෙමි.

මෙම පොතෙහි විශේෂ ලක්ෂණ පහත පරිදි වේ.

පළමුව, වාචික භාෂාවේ හා ලිඛිත භාෂාවේ කැපී පෙනෙණ ලක්ෂණ

ඔබට තේරුම් ගැනීමට පහසු වන පරිදි වාචික භාෂා වචන අවසානයේ ලිඛිත භාෂා වචන එකතු කොට ඇත. ලිඛිත හා වාචික භාෂාව එකිනෙකට වෙනස් වූ දෙකකි. එබැවින් කොරියානු ජාතිකයින් හට සිංහල භාෂාවේ ලිඛිත හා වාචික භාෂාවන්වල වෙනස පිළිබඳව ව්‍යාකූල නොවීමට මෙම පොත විස්තරාත්මකව ලියා ඇත.

දෙවනුව, අපේ දෛනික ජීවිතයේ දී නිතර භාවිත වන වචන සඳහා (†,‡)මෙම ලකුණ යොදා ඇත. ආසන්න වශයෙන් මෙම ලකුණ (‡) වචන 3000කට ද, මෙම ලකුණ (†)වචන 8000කට පමණ යොදා ඇත. ඇතැම් විට එක් අර්ථයකින් සිංහල වචන 10ක් පමණ ඇත. එවැනි අවස්ථාවල දී නිවැරදි අර්ථය සඳහා භාවිත කළ යුතු වචනය කුමක්දැයි නොදන්නා භාෂාව ඉගෙන ගන්නා අය සඳහා භාවිත වන වාර ගණන අනුව වචන වර්ගීකරණය කර ඇත.

තෙවනුව, ශීර්ෂ පාඨ සඳහා කොරියානු පරිවර්තන එකතු කර ඇත. සිංහල භාෂාව වචනාර්ථයෙන් කියවිය හැකි ය. එනිසා ඔබ සිංහල අක්ෂර ඉගෙන ගන්නේ නම් කියවීම පහසු වේ. සිංහල භාෂාව කොරියානු භාෂාවට වඩා වෙනස් වේ. වචනයකට උපසර්ගයක් යෙදී ඇත්නම් හෝ වචන දෙකක් බද්ධ වී ඇත්නම් උච්චාරණය වෙනස් විය හැකි ය. එම නිසා සිංහල භාෂාව ඉගෙන ගන්නාවූ ආධුනිකයන් හට ශීර්ෂ පාඨයන්හි යොදා ඇති කොරියානු පරිවර්තනය ඉමහත් උපකාරයක් වනු ඇත. සිංහල භාෂාවේ හා

කොරියානු භාෂාවේ උච්චාරණවල ලක්ෂණ සැලකිල්ලට ගනිමින් එම පරිවර්තනයන් භාෂාමය වශයෙන් ප්‍රකාශ කර ඇත. ක්‍රියා පද සම්බන්ධයෙන් ගත් කල, ඉංග්‍රීසි ශබ්දකෝශයේ මෙන් අතීත හා අතීත කෘදන්ත කාල භේදයන් යොමුවන වචනයට පසුව ලියා ඇත. අවසානයේ දී භාවක්‍රියා පද එකතු කොට ඇති අතර, එම ක්‍රියා පද නිතර ලිඛිත භාෂාවෙන් භාවිත වේ. අවිධිමත් ක්‍රියාපද පිළිබඳව මූලික දැනුමක් විදේශිකයන් හට නොමැති නිසා එම ක්‍රියා පද සියල්ලම ඉගෙනීමේ පහසුව පිණිස සලකුණු කොට දක්වා ඇත. විධිමත් ක්‍රියාපද තේරුම් ගැනීම පිණිස අතරින් පතර ලියා ඇත.

පස්වනුව, ගැඹුරින් ඉගැන්වීම සඳහා කොරියානු අර්ථයට පසුව සිංහල වචනයේ නිතර භාවිත වන සමාන පද දක්වා ඇත. සිංහල භාෂාවේ ඇති වචන බහුලත්වය එයින් ඔබට අවබෝධ කර ගත හැකි වේ.

උදාහරණ ලෙස දී ඇති වාක්‍ය හා විරුද්ධාර්ථ පද ¶ ලකුණ සහිතව අතරින් පතර ශබ්දකෝශයේ ඇතුළත් කොට ඇත. නමුත් ඉංග්‍රීසි ශබ්දකෝෂයේ මෙන් බහුල ලෙස උදාහරණ ලෙස වාක්‍ය යෙදීමට නොහැකි වූයේ ශබ්දකෝශයේ ඉඩ ප්‍රමාණය සීමා වූ හෙයිනි. එමෙන්ම ඇතැම් සිංහල වචනවලට සමාන පද 6ක් හෝ 7ක් තිබුණ ද මෙහි ඇතුළත් කොට ඇත්තේ බහුලව භාවිත වන වචන 2ක් හෝ 3ක් පමණකි.

යොමුව දැක්වීම සඳහා මෙම ශබ්දකෝෂයේ සිංහල භාෂාවේ අඩංගු සියලූ වචන අඩංගු නොවේ. මෙම ශබ්දකෝෂයේ අඩංගු වන්නේ සිංහල භාෂාවේ භාවිත වන වචන 100,000කට වඩා වැඩි ගණනකින් බහුලව භාවිත වන වචන 35,000ක් පමණ ය. සිංහල භාෂාව ඉගෙන

ගන්නා අතර, මෙම ශබ්දකෝෂයේ නොමැති වචනයක් ඔබ සොයන්නේ නම්, සිංහල - සිංහල හෝ සිංහල - ඉංග්‍රීසි හෝ ශබ්දකෝෂයක් භාවිත කිරීමට මම නිර්දේශ කරමි.

මෙම ශබ්දකෝෂය හරහා සැම අතින්ම කොරියාව හා ශ්‍රී ලංකාව අතර යහපත් වූ සංස්කෘතික හුවමාරුවක් හා වඩාත් ක්‍රියාකාරී පර්යේෂණයන් සිදුවනු ඇතැයි මම සිතමි.

මෙම ශබ්දකෝෂය ප්‍රකාශයට පත් කිරීමට වසර 7ක කාලයක් ගත විය. පරිගණක අක්ෂර සංයෝජනය කිරීම සඳහා වසර 5ක් සහ මාස 6ක කාලයක් ගත විය. එමෙන්ම සෝදුපත් බලා නිවැරදි කිරීම සඳහා තවත් වසර 1ක් හා මාස හයක කාලයක් ගත විය. මෙම ශබ්දකෝෂය පිළිබඳව උපදෙස් ලබා දෙමින්, සෝදුපත් කියවීමේ දී තම පූර්ණ දායකත්වය ලබා දුන් 'යූන්හියුන්ජින්' ව සහ මෙම ශබ්දකෝෂය ප්‍රකාශනය සඳහා මා හට උපකාර කළ මූන් යෙරිම් ප්‍රකාශණයන්ට ද මම අගය කරමි.

නිතරම පරිගණකය ඉදිරියේ වාඩි වී සිටින සැමියා දෙස නිහඬව බලා සිටිමින් සැම විටම උපකාර කරන, සැම විටම ආදරයෙන් සිටින මගේ ආදරණීය බිරිඳ 'ෂරෝන් කිම්', නිතරම තම පියා වෙනුවෙන් ප්‍රීති ඝෝෂා කරමින් බලා සිටි මගේ ආදරණීය පුතා 'භාවන්' සහ මගේ ආදරණීය දියණිය 'භායෝන්', කොරියාවේ සිටිමින් තම දුර්වල පුතා වෙනුවෙන් නිතරම යාච්ඤා කරන මගේ වැඩිමහලු මව 'කිම්යංරේ' හට මෙම පොත කැප කරමි.

භශාන්ත ජෝන්

කුරුණෑගල

사전 활용법

1. 사용되는 빈도수에 따라 분류 - 십자(†, ‡) 표시.

기초단어 약 3300개에는 십자 2개 (‡)를 붙였고, 그 다음 많이 사용되는 단어 약 4000개에는 십자 1개 (†)를 붙였다. 주로 십자표가 2개인 것은 대화 즉 구어체에서 많이 사용되는 단어들이다. 십자표가 1개인 것은 구어체와 문어체에서 혼용되어 사용되는 것이다. 십자표가 붙어있지 않는 단어들은 주로 문어체에서 사용한다고 보면 쉽다. 따라서 대화에 사용할지 문서에 사용할지 십자표를 보고 단어를 선택해 사용하면 된다.

예를 들어, 태양이라는 단어에 해당하는 씽할러 단어가 무려 10개가 넘는다. 이중에 십자표가 2개 (‡) 붙은 것은 ඉර [이*러*] 와 හිරු [히*루*], සූර්යයා [쑤-르여야-] 이다. 이 3단어를 많이 사용하는 편이 좋다. 특히 ඉර [이*러*] 는 구어체이고 හිරු [히*루*], සූර්යයා [쑤-르여야-]는 문어체 이다.

2. 구어체와 문어체의 구별

많이 활용되는 단어들을 구어체 단어와 문어체 단어로 구별하였다. 이해를 돕기 위해서 구어체 단어 후미에 문어체 단어를 첨가하였고, 문어체 단어 후미에 구어체 단어를 넣었다. 구어체와 문어체에 대한 이해가 적어서 대화할 때 문어체 단어를 사용해 종종 사람들을 당황하게 만드는 경우가 발생하기도 한다.

예를 들어, උදව් කරනවා [우다우 꺼*러*너와-] 단어는 구어체에서 주로 사용되는데 문어체는 උපකාර කරනවා [우뻐까-*러* 꺼*러*너와-] 이다. 따라서 උදව් කරනවා [우다우 꺼*러*너와-] 단어 후미에 '(문어) උපකාර කරනවා' 라는 표시를 볼 수 있을 것이다. 물론 표제어 이외에는 한글 음역을 달지 않았다.

3. 동사에 대한 설명

① 기본적으로 표제어 바로 다음에 과거형과 과거분사형이 나온다. හදනවා [하더너와-] 다음에 바로 හැදුවා-හදලා 가 나온다. හැදුවා 는 과거, හදලා 는 과거분사이다.

② 과거와 과거분사에 나오는 ' / ' 는 함께 사용되는 다른 형태를 말한다. කරනවා [꺼러너와-] 다음에 바로 කළා(කෙරුවා)-කරලා(කර/කොට) 가 나온다. කළා(කෙරුවා) 는 과거 형태로 둘 다 사용된다. කරලා(කර/කොට) 는 과거분사이고 이 세단어가 다 과거분사로 사용된다는 의미다. 주로 앞에 있는 과거, 과거분사가 더 많이 사용된다고 이해하면 된다. 간혹 괄호안의 과거와 과거분사를 볼 수 있는데 이는 단어에 따라 문어체나 구어체 형태를 추가한 것이다. (කෙරුවා), (කර/කොට) 는 문어체 이다.

③ 불규칙 동사의 과거 형태와 과거분사 형태를 사전에 수록하였다. 씽할러어를 배우는 한국인들에게 가장 어려운 일 중 하나가 불규칙 동사의 과거와 과거분사의 기본형을 찾는 것이다. 스리랑카인에 의해서 발간된 사전에는 과거, 과거분사가 수록되어 있지 않다. දෙනවා [데너와-]의 과거는 දුන්නා 이고 과거분사는 දී 나 දීලා 이다. දුන්නා, දී, දීලා 이 세 단어 모두 이 사전에 수록되어 있다.

④ 동사의 맨 끝에 밑줄이 그어진 단어가 나온다. 그것은 해당 동사의 동명사를 말한다. 동명사는 문어체에서 더 많이 사용된다. කපනවා [까뻐너와-] 맨 뒤에 나오는 කැපීම/කැපුම 는 이 동사의 동명사 이다.

4. 명사에 대한 설명

① 이 사전에서는 명사의 단수 형태를 기본으로 사용하였

다. 명사가 복수형태로 많이 쓰여 복수 형태의 단어들이 사전에 많이 수록되고, 어떤 사전은 복수 형태를 기본 표제어로 삼은 경우도 있다. 하지만, 이 사전에서는 명사의 단수 형태를 기본으로 사용하였다. 또한, 사용 빈도수가 높은 복수 형태의 단어들도 실었다. '은' 의 경우 රිදිය/රිදීය 가 단수 형태 이지만 복수 형태인 රිදී 가 더 많이 사용되기에 복수 형태인 රිදී 도 표제어에 넣었다.

② 단어의 끝에 복수 형태를 넣었다. (복) 이라는 약어 뒤에 복수 형태를 표기했다. 명사의 복수에는 규칙과 불규칙이 있다. 규칙 형태는 이해를 위해서 몇몇 단어에만 넣었고, 불규칙 형태는 다 넣으려고 했다. පුතා [뿌따-] 의 복수 형태를 단어 끝에 '(복) *පුත්තු, පුතු* ' 형태로 적어 넣었다.

③ 명사의 복수 형태는 복수의 뜻과 형용사의 뜻을 함께 가지고 있다. 표제어가 복수 형태의 단어일 경우 그 뜻을 복수와 형용사로 나누어 표기하였지만, 그 뜻이 많을 경우 지면을 줄이기 위해서 형용사의 뜻은 복수 뜻 옆에 '(의)' 를 넣어 표시하였다. මන්ත්‍රී [만뜨*리*-] 의 경우 뜻이 5개 있어서, 명사와 형용사의 뜻은 '①국회의원(의) ②장관(의) ...' 형태로 표기하였다.

5. න/ණ 와 ල/ළ 그리고 බ/භ 의 사용

많은 경우 න 와 ණ , ල 와 ළ, බ 와 භ 는 바뀌어서 사용되기도 한다. වෙනවා [웨너와-] 의 과거는 උනා 와 උණා 형태로 쓰이고, කරනවා [꺼*러*너와-] 의 과거인 කළා 는 කලා 의 형태로도 많이 사용된다. බය (두려움) 는 භය 로도 사용된다. 서로 바뀌어서 사용되지만, 문어체에서는 ණ, ළ, භ 가, 구어체에서는 න, ල, බ 가 더 자주 사용된다. 단어를 사전에서 찾았는데 안 나올 경우 두 단어를 바꾸어서 다시 찾아보면 나오기도 할 것이다.

6. 참고 표시 ¶ 사용

사전의 풍부함을 위해서 이 표시에 때로는 반대말을 넣기도 하고, 때로는 활용 문장이나 숙어, 속담을 넣기도 하였다. 예를 들어, 'කුකුළා 닭' 이라는 단어 끝에 ¶ කිකිළි 암탉 을 첨가하였고, 'ගිරය 파쇄기' 라는 단어에는 ¶ *ගිරයේ පුවක් ගෙඩියක් වගේ* 파쇄기 안에 있는 뿌왁 열매 같이 (어려움에 처해 있는 상황을 표현하는 속담) 을 추가하였다.

7. 씽할러 발음 한글 음역 표기 방법

① 모든 한글 음역은 씽할러 글자를 따라 표기하였다. 한글 맞춤법을 따라서 한 것이 아니라 씽할러 글자가 내는 소리를 그대로 표기하였다. 따라서, 한글 음역만 보고도 씽할러 단어를 쓸 수 있을 것이다. 하지만 컴퓨터 상으로 글자가 조합이 안되는 경우는 부득이하게 비슷한 음가를 따랐다.

a. ඔක්කොම 에서 ක් 는 [옥꼬머] 가 아닌 [윾꼬머] 로 씽할러 음가를 그대로 표기하였다.

b. ඔප්පුව 에서 ප් 는 'ㅃ' 으로 표기 되어야 하지만, 컴퓨터 표기상 [옾뿌워] 로 표기되었다.

c. යහපත් 에서 ත් 는 'ㄸ' 으로 표기 되어야 하지만, [야하빧] 으로 표기 되었다.

② 장단음을 구별하였다. ා 와 같이 장음 부호가 있는 곳에는 장음 표시로 ' – ' 를 표기하였다. යේසුස් 를 [예-쑤쓰]

라고 표기하였다.

③ ර 의 경우 한글 음역을 '*라* ' 와 같이 이탤릭체로 표기했다. 한글에서는 ර 와 ල 의 음가를 구별하기가 어렵다. 따라서 ර 의 한글 음역을 구별하기 위해서 이탤릭체를 사용했다. 예로, කරනවා 는 [꺼*러*너와-] 로 표기했다.

④ ඩ 의 경우 한글 음역을 '*다* ' 로 표기하였다. ර 와 같은 이탤릭 체이다. ඩ 를 발음할 때 R을 발음하듯이 약간 굴려야 하기에 확실한 분별을 위해서 이탤릭체로 표기였다. කඩය 는 [까*더*여] 로 표기하였다.

씽할러어 알파벳

සංහල අක්ෂර මාලාව

이 사전에서 사용하는 알파벳은 모음 20개와 자음 40개 모두 60개이다. 알파벳 순서와 한글 음가는 다음과 같다.

모음

අ 아 ආ 아- ඇ 애 ඈ 애- ඉ 이 ඊ 이- උ 우 ඌ 우-
ඍ *리* ඎ *리-*

ඏ 리(Li) ඐ 리-(Li-) එ 에 ඒ 에- ඓ 아이 ඔ 오 ඕ 오-
ඖ 아우 x 응 #

자음

ක 까	ඛ 까–	ග 가	ඝ 가–	ඞ 나	ඟ 응가
ච 차	ඡ 차–	ජ 자	ඣ 자–	ඤ 냐	ඦ 은자
ට 타	ඨ 타–	ඩ *다*	ඪ *다–*	ණ 나	ඬ *은다*
ත 따	ථ 따–	ද 다	ධ 다–	න 나	ඳ 은다
ප 빠	ඵ 빠–	බ 바 (Ba)	භ 바–	ම 마	ඹ 음버
ය 야	ර *라* (Ra)	ල 라 (La)	ව 와 (Va)		
ශ 샤	ෂ 샤	ස 싸	හ 하	ළ 라 (La)	ෆ 파 (Fa)

글자배열 순서

자음과 모음이 결합되어 사전에 수록된 순서는 다음과 같다. ක 를 예로 적었으나 다른 글자들도 그 순서를 따라서 사전에서 단어를 찾으면 된다.

කං කඃ ක කා කැ කෑ කි කී කු කූ කෘ කෲ

කෙ කේ කෛ කො කෝ කෞ ක් ක්‍ය ක්‍ර ක්‍රා ක්‍රැ ක්‍රෑ

ක්‍රි ක්‍රී ක්රැ ක්රෑ ක්රෙ ක්රේ ක්රෛ ක්රො ක්රෝ ක්ල ක්ව ක්ෂ

씽할러어 모음과 자음에 대한 음가와 사용방법에 대한 자세한 설명은 아래와 같다.

1. 모음 ස්වර අක්ෂර

අ 아 ආ 아- ඇ 애 ඈ 애- ඉ 이 ඊ 이- උ 우 ඌ 우- ඍ *리* **ඎ** *리-*

ඏ 리(Li) **ඐ 리-**(Li-) **එ 에 ඒ 에- ඓ 아이 ඔ 오 ඕ 오- ඖ 아우 x 응 #**

1) w 는 '아얀너 아', wd 는 '아−얀너 아−', we 는 '애얀너 애' 라고 읽는다.

2) 장음이 있다. 장음 (wd' wE" B" W!" RD" ta" ´) 은 길게 발음한다.
예) wd.u [아-거머] 종교, wE; [애-떠] 먼, Bfha [이-예-] 어제

3) 씽할러어의 모음은 독자적으로 나오기도 하지만, 자음과 합쳐져 글자를 만들 때, 모음 글자 형태가 변한다. 이 모음들은 자음과 함께 나오며 독자적으로 나오지 않는다(이 부호들을 ms,a,ï 삘람 이라고 부른다).

① □**d** (아-: 앨러삘러 we,ms,a,)

'wd 아-'가 자음과 결합될 때 바뀌는 모음기호로, 장음을 만드는 데 사용된다. '아-'로 발음되며, 글자 오른편에 붙는다. 예) ldurh [까-머*러*여] 방

② □**e** (애: 꼬터 애더여 fldg weoh 혹은 weo we,ms,a, 애더 앨러삘러) 'we 애'가 자음과 결합될 때 바뀌는 모음기호로, '애'로 발음되며, 글자 오른편에 붙는다. 입술을 찢는 발음으로 영어의 [ae]발음에 속한다. 예) me, [뺄러] 묘목

③ □E (애-: 디거 애더여 os. weoh)

'wE 애-'가 자음과 결합될 때 바뀌는 모음기호로, e 의 장음 발음이다. '애-'로 발음되며, 글자 오른편에 붙는다.

예) lEu [깨-머] 음식

④ □**s** (이: 이쓰삘러 biams,a,)

'b이'가 자음과 결합될 때 바뀌는 모음기호로, '이'로 발음되며, 글자 위에 붙는다. 자음에 '이'발음을 더한다.

예) msßñhd [삐*리*/미야-] 남자

⑤ □**S** (이-: 디구 이쓰삘러 os.= biams,a,)

'B 이-'가 자음과 결합될 때 바뀌는 모음기호로, s 의 장음이다. 예) l=,S [꿀리-] 삯

⑥ □**=** 또는 □**q** (우: 빠-삘러 mdms,a,)

'W 우'가 자음과 결합될 때 바뀌는 모음기호로, '우'로 발음되며, 글자 밑에 붙는다. 두가지 기호형태가 있으며, 자음에 따라서 어떤 것이 붙는지 결정된다. '5) 와 6)' 에서 더 자세하게 설명되어 있다.

예) kmqre [나뿌*루*] 나쁜, ;=jdh [뚜와-여] 수건

⑦ □**+** 또는 □**Q** (우–: 디구 빠-삘러 os.= mdms,a,)

'W! 우–'가 자음과 결합될 때 바뀌는 모음기호로, **=** 또는 **q** 의 장음이다. '우–'로 발음되며, 글자 밑에 붙는다. 단음과 같이 두가지 기호 형태가 있므며, **=** 또는 **q** 가 붙는 자음과 똑 같은 자음에 붙는다. 장음은 단음의 **=** 보다 더 긴 형태 **+** 이고, **q** 에서는 끝이 물결모양 **Q** 으로 휜다.

예) N+ñh [부-미여] 땅, mQcdj [뿌-자-워] 희생

⑧ **f**□ (에 t: 꼼부워 fldïnqj)

't 에'가 자음과 결합될 때 바뀌는 모음기호로, '에'로 발음되며, 글자 왼편에 붙는다. 자음 **u** (마얀너)와 혼동되므로 잘 구별해야 한다. 예) f.or [게더*러*] 집

⑨ **f** □**a** 또는 **f** □͡ (에–)

'ta 에-'가 자음과 결합될 때 바뀌는 모음기호로, **f**의 장음이다. '에-'로 발음되며, 글자를 사이에 두고 하나는 글자 왼편에, 다른 하나는 글자 위에 붙는다. 두 모음이 앞뒤로 나와 장음을 만드는 특별한 방식을 취하고 있다. 뒤에 붙는 ' **a** 또는 ͡' 는 '할 끼*리*–머 y,a lsÍu' 라고 부르며 받침을 만드는데 사용한다. 자세한 것은 '⑭'에 설명되어 있다.

예) flala [꼒-] 케익, fõ,dj [웰-라-워] 시간

⑩ **ff□** (아이: 꼼부 데꺼 fldïnq fol)

'ft아이'가 자음과 결합될 때 바뀌는 모음기호로, '아이'로 발음된다. 글자 오른쪽에 '**f** 꼼부워'가 두개 붙는다.

예) ffjoHjrhd [와읻디여워*러*야-] 의사

⑪ **f□d** (오)

'T 오'가 자음과 결합될 때 바뀌는 모음기호로, '오'로 발음된다. 글자 왼쪽에 **f** 꼼부워가 붙고, 오른쪽에 **d** 앨러뻴러 가 붙어 '오'를 만든다. 예) fmdfydr [뽀호*러*] 거름

⑫ **f□`** (오- ´)

'´ 오–'가 자음과 결합될 때 바뀌는 모음기호로, '**f□d** 오'의 장음이다. '오'와 같은 방식을 취하며 **d**(앨러뻴러)에 **a** (할 끼리–머 y,a lsĺu)가 붙어 장음이 된다.

예) f.`,hd [골-러야-] 제자

⑬ **f□!** (아우)

'T! 아우'가 자음과 결합될 때 바뀌는 모음기호로, '아우'로 발음된다. 글자 왼쪽에 **f** (꼼부워 fldïnqj), 글자 오른쪽에 **!** (가여누 낃떠 .hkq ls;a;)가 붙는다.

예) f.!rjh [가우*러*워여] 영광

⑭ □**a** 또는 ් (받침: 할 끼리-머 y,a lsĺu)

둘 다 'y,a lsĺu 할 끼*리*-머' 라고 부르지만 각자의 이름이 있다. □**a** 는 'fldäh 꼬*디*여' 라고 부르고 ් 는 'රැකෑත *래*해너' 라고 부른다. 알파벳 모음에는 없지만, 받침을 만드는 데 사용하기도 하고, 다른 글자들과 어울려 장음

표시를 하는데 사용된다. '□a (fldäh 꼬디여)'는 글자 위쪽 끝에 붙고, ට (රැහැන 래해너)는 글자 위에 붙는다. 하지만, r 와 c 에서는 글자 중간에 붙어, ¾, –의 모양을 낸다.

a. 받침 음을 만들 때 사용된다.

예) u,a 말(꽃), kï 남(이름들)

b. 앞에 자음이 없는 경우 한글 모음 'ㅡ'를 붙여 소리낸다.

예) ia 쓰, oa 드, ï 므

c. '◌ (රැහැන 래해너)' 는 'X ㅇ나" p 차" g 타" v 다" n 바" u 마" U 음바" j 와' 에 쓰인다.

예) fldaÉÑh [꽃-치여] 기차, kï [남] 이름들

d. ' a ^fldäh 꼬디여&' 는 나머지 자음에 쓰인다.

'l" ." Õ" c" [" K" ;" o" k" |" m" h" r" ," Y" l" i" y" <'

e. ' f 꼼부워' 뒤에 글자와 어울려 나오는 경우는 장음을 나타낸다.

예) fldaÉÑh [꽃-치여] 기차, fõ,dj [웰-라-워] 시간

4) 자음과 합쳐지는 모음들은 ld 까–" le 깨" lE 깨–" ls 끼" lS 끼–" l= 꾸" l+ 꾸–" fl 께" fla ^fï& 께–(메–), ffl 까이" fld 꼬" fl` 꼬–" fl! 까우 와 같이 사용된다.

5) ' =우" + 우–'는 ' l 까" . 가" ; 따" N 바–" Y 샤 '에만 사용된다.

예) wl=r [아꾸러] 글자, w.=, [아굴러] 자물쇠

6) ' **q** 우" **Q** 우-'는 ' **L** 까–" **p** 차" **P** 자" **g** 타" **v** *다*" **K** 나"
   k 나" **m** 빠" **n** 바" **u** 마" **h** 야", 라" **i** 싸" **y** 하'에만
   사용된다.

7) **x** 응, **#** 는 독자적으로 쓰이지 아니하며 다른 글자와 함께
   사용된다. **#** 는 음가가 없고, 앞에 나온 글자를 장음 소리
   나게 만든다. fhfydaj# [예호-워]가 아니라 [예호-와]로
   발음한다. 예) ux [망] 나

8) ඏ 와 ඐ 는 씽할러 알파벳에 포함되어서, ඏ 는 씽할러
   글자 11 번, ඐ 는 12 번에 들어가 있지만, 현대에 거의
   사용되지 않는다.

2. 자음 ව්‍යඤ්ජන අක්ෂර

ක 까	ඛ 까–	ග 가	ඝ 가–	ඞ 나	ඟ 응가
ච 차	ඡ 차–	ජ 자	ඣ 자–	ඤ 냐	ඦ 은자
ට 타	ඨ 타–	ඩ 다	ඪ 다–	ණ 나	ඬ 은다
ත 따	ථ 따–	ද 다	ධ 다–	න 나	ඳ 은다
ප 빠	ඵ 빠–	බ 바 (Ba)	භ 바–	ම 마	ඹ 음버
ය 야	ර 라 (Ra)	ල 라 (La)	ව 와 (Va)		
ශ 샤	ෂ 샤	ස 싸	හ 하	ළ 라 (La)	ෆ 파 (Fa)

1) 장음인 자음이 있다(L" >" P" CO" G" V" :" O" M" N)

2) 자음을 읽을 때 l 는 '까얀너 까', L 는 '까–얀너 까–', . 는 '가얀너 가' 라고 읽는다.

3) 자음 알파벳 순서를 암기하는 방법 - 자음의 첫 다섯 글자를 아래와 같이 암기한다.
(까꺼-가거-너, 차처-자저-녀, 타터-*다더*-너, 따떠-다더-너, 빠뻐-바버-머, 야*랄*러워, 샤셔싸할러)

4) 영어에서와 같이 ' **m** (Pa)와 ***** (Fa)' 그리고 '**r**(Ra) 와 **,** (La)'를 잘 익혀야 한다.
예) **mx;sh** [빤띠여] 반, ***dui** [파(f)-머씨] 약국, **rg** [*라*터] 나라, **,l=K** [라꾸너] 점수

5) 한글과 영어에도 없는 '**v** 와 **g**' 발음은 특별히 씽할러어에서 중요하다. 두개 다 윗니 끝을 짧게 치며, 끊어 발음하면서 영어의 'R' 과 같이 굴려야 한다. 한글에서 발음하듯이 '더' 와 '터' 로 그냥 발음하면, 둘 다 거의 'ㄸ' 발음으로 발음되어 진다. 발음을 굴리지 않고, 잘못할 경우 다른 단어가 되는 경우도 있다.
예) **oo** [다더] 가려움, **ov** [다*더*] 벌금, **ug** [마터] 나에게, **u;** [마떠] ~위에

6) '**o** 다' 는 한국의 'ㄷ'으로 표기하지만, 한국의 'ㄷ'발음은 영어의 'ㄸ(th)' 발음을 낸다. 따라서, 한글의 'ㄷ'을 짧게 끊어서 내면 이 소리가 난다.
예) **or** [다*러*] 장작, **wo** [아더] 오늘

7) 'K 나'는 'uQ¾Oc 무-르더저 나얀너', '< 라'는 'uQ¾Oc 무-르더저 라얀너' 라고 읽는다. 'K 나 와 < 라'는 종종 'k 나 와 , 라'로 바뀌어 쓰이기도 한다.

8) 'Y 샤'는 ';d¨c 딸-루저 샤얀너', 'I 샤' 는 'uQ¾Oc 무-르더저 샤얀너'라고 읽는다. 발음 상 차이가 거의 없지만, 'I 샤'가 외래어를 제외하고는 단어의 첫 글자로 나오지 않는다. 'Y 샤'는 'i 싸'로도 많이 대치되어서 사용되어 진다.

9) 폐쇄음과 파찰음
① m '빠'는 후음(목에서 소리가 나는)이 아닌 입술 폐쇄음 이다. 우리말의 "빠" 와 비슷하다.
　예) mkdj [빠나-워] 빗, my [빠하] 다섯
② n '바'는 후음의 입술 폐쇄음이다. 우리말의 'ㅂ'을 약하게 입술을 오무렸다 열면 이 음이 나온다. 영어의 'b'와 거의 비슷하다. 한글의 'ㅂ'을 발음하면 'ㅃ' 소리가 나므로 발음에 주의해야 한다. 예) n,a,d [발라-] 개
③ ; '따'는 후음이 아닌 치음 폐쇄음이다. 우리말의 '따'가 비슷하다. 영어의 'th'발음이지만, 마찰음이 없어야 한다.
　예) ;re [따루] 별
④ o '다'는 후음의 치음 폐쇄음이다. 'ㄷ'을 짧게 끊어서 내면 이 소리가 난다. 한글의 'ㄷ' 발음은 'ㄸ' 소리를 내므로 약하게 발음해야 한다.
　예) oyh [다하여] 십, o; [다떠] 이빨
⑤ g '타'는 목에서 소리가 나지 않는 짧게 굴리는 폐쇄음이다. 살짝 굴려야 한다. 씽할러에만 있고, 영어와 한글에 없는 발음이므로, 연습을 많이 해야 한다. 자음 5) 번을 읽어 발음을 연습하면 도움이 된다.
　예) lg [까터] 입

⑥ v '*다*'는 목에서 소리를 내며 짧게 굴리는 폐쇄음이다. g와 같이 굴려서 발음한다. 이 자음 또한 씽할러 발음을 잘 하느냐 못 하느냐를 구별하는 발음 중 하나 이므로, 철저하게 연습해야 한다. 예) lvh [까*더*여] 가게

⑦ p '차'는 목에서 소리가 나지 않는 구개(입천장)음인 파찰음이다. 한글의 'ㅊ'과 비슷하다.

예) jpkh [와처너여] 단어, 말씀

⑧ c '자'는 목에서 소리 내는 구개음인 파찰음이다. 한글의 '자'로 음역하지만, 한글의 'ㅈ'은 'ㅊ'소리도 난다. 따라서 약하게 발음해야 이 소리를 제대로 낼 수 있다.

예) cïnq [잠부] 잠부열매, c,h [잘러여] 물

⑨ l '까'는 목에서 소리가 나지 않는 연구개 폐쇄음이다. 한글의 '까'와 비슷하다.

예) lmqgd [까뿌타-] 까마귀, l¿ [깔루] 검은

⑩ . '가'는 목에서 소리 내는 연구개 폐쇄음이다.

예) .i [가써] 나무, ., [갈러] 돌

10) 약간 비음이 섞인 후음인(목에서 나는) 폐쇄음

네 개의 후음 폐쇄음에서 나온 자음들이다.

① U '음바'는 목에서 소리가 나는 입술 폐쇄음이다.

예) wU [암버] 망고

② | '은다'는 목에서 소리가 나는 치음 폐쇄음이다.

예) y| [한더] 달

③ ~ '은*다*'는 목에서 소리가 나는 굴리는 폐쇄음이다.

예) fyd~ [혼*더*] 코끼리코

④ Õ '응가'는 목에서 소리가 나는 연구개 폐쇄음이다.

예) .Õ [강거] 강

11) 비음: 모든 비음은 후음을 동반한다.

① u '마'는 두 입술사이에서 나는 비음이다.

예) uy; [마하떠] 두께

② k '나'는 치조음인 비음이다. 예) khd [나야–] 뱀

③ K '나(무-ㄹ더져 나얀너)'는 구개음인 비음이다.

예) Kh [나여] 빗

12) 마찰음

① * '파(Fa)'는 목에서 소리를 내지 않는 순치음의 마찰음이다. 영어의 'F' 를 발음하기 위해서 생겨났다. 여러 글자가 있다(fm" mf) 예) *duis [파-머씨] 약국

② i '싸'는 목에서 소리 내지 않는 입술 치찰음 (쉬쉬 소리내는)이다.

예) iuk<hd [싸머녈러야-] 나비, iduh [싸-머여] 평화

③ Y '샤'는 목에서 소리 내지 않는 연구개 치찰음이다.

예) Yío [샤브더] 소리

13) 모음 같은 자음들

① j '와(Va)'는 후음인 입술로 내는 연속음이다. 영어의 'v'나 'w'와 비슷하다. 예) j÷rd [완두라-] 원숭이

② h '야'는 후음인 구개연속음이다. 예) h;=r [야뚜ㄹ] 열쇠

위의 설명을 도표로 그려보면 다음과 같다.

		입술음	치음	치조음	굴림음	구개음	연구개	성문음
폐쇄음	비후음	m빠 (Pa)	;따		g타		l까	
	후음	n바	O다		v*다*		.가	
파찰음	비후음					p차		
	후음					c자		
비-후-폐쇄음		U음바	l은다		~*은다*		õ응가	
비음	(후음)	u마		k나		K나		
진동음				r*라* (Ra)				
측음				,라 (La)				
마찰음		*파 (Fa)	i싸			Y샤		y하
준모음		j와 (Va)				h야		

14) 자음과 함께 사용되는 글자들

① '□**H** - 양쎄- **hxfia**' 는 붙여지는 자음의 고유 모음소리를 억제한다. 따라서 '이여'로 발음된다. 하지만, 정확한 발음을 위해서는 'H 양쎄-**hxfia**'가 붙은 단어의 받침음을 앞단어에 붙이고 약하게 발음한다. 그러면 자동으로 자음의 고유 모음 소리를 억제한다.

예) rdcHh [*랒*-지여여] 나라, i;Hh [쌀띠여여] 진리

② '□**_** - *레*-뻐여 f¾Mh' 는 자음 위에 붙어서 붙은 단어 앞에서 '¾*르*'라고 발음된다. 요즘은 이 자음 대신에 '¾*르*' 를 사용한다. 예) ud._h [마-*르*거여] = ud¾.h

③ '□**D** 개터여 .egh (쓰가떠 앨러뻴러 ia.; we,ms,a,)' 는 붙은 자음의 고유 모음소리를 억제하면서 그 자음을 받침음이 되게 하면서 '으*루*'로 발음된다.

예) .Dyh [그*루*허여] 집

④ '□**%** 꼬*랑*셔여 fldrxYh' 는 붙은 자음의 고유 모음소리를 억제하면서 그 자음을 받침음이 되게한 후 '*라*(R)'발음이 붙는다. 예) ls%hd [끄*리*/야-] 행동

⑤ ' ، □ 싼녀꺼 i[a[l' 는 세가지로 사용된다.

a. 자음에 앞에 붙고, 모두 'ka는'의 매우 짧은 소리로 발음된다. 예) l÷ [깐두] 산

b. 'j' 앞에 붙을 경우 'oa 드'로 발음된다. 예) uZj 마드워

c. 'G 타-" V *다*-" O 다-'와 같이 장음들 앞에 붙을 경우 각 음의 받침음이 앞 단어에 붙게 된다. 요즘은 'oa 알 다 얀너'를 대신 사용한다.

예) lZG [깐터], uZV [맏더], Y=ZO [슌더] 거룩한= Y=oaO

15) 'ZM 루, ZME 루-'는 모음과 자음을 함께 가지고 있다.

'ZM 루= '<' + ' q' 이고, 'ZME 루'= '<' + ' QQ' 이다. 요즘
은 '¨ 루'와 'Æ 루-'로 대치되어서 많이 쓰인다.

예) mqZMjka [뿔루완] 할 수 있는 = mq¨jka

약어 설명 කෙටි යෙදුම්

1. (복) 은 복수를 뜻한다 බහු වචනය.

2. (동명) 은 동명사를 뜻한다 භාවක්‍රියාපදය.

3. (구어) 는 해당 단어의 구어체를 뜻한다 කථා ව්‍යවහාර වචනය.

4. (문어) 는 해당 단어의 문어체를 뜻한다 සාහිත්‍යක වචනය.

(가톨릭) – කතෝලික වචනය	(경어) – ගෞරවවාචක පදය
(고고학) - පුරා විද්‍යාව	(고어) - පැරණි වහර
(곤충) – කෘමියා	(광물) – ඛණිජය
(기계) - යන්ත්‍ර සූත්‍ර	(기독교) – ක්‍රිස්තියානි වචනය
(기상) – ඍතු ලක්ෂණ විද්‍යාව	(기상학) - ඍතු ලක්ෂණ විද්‍යාව
(농생물학) - කෘෂිකාර්මික ජීව විද්‍යාව	(동물) – සත්වයා
(동물학) - සත්ව විද්‍යාව	(무기) – ආයුධය
(문법) – ව්‍යාකරණය	(문학) – සාහිත්‍යය
(물리) - භෞතික විද්‍යාව	(미생물학) – ක්ෂුද්‍ර ජීව විද්‍යාව
(법률학) – නීති විද්‍යාව	(보석) – මැණික
(불교) – බෞද්ධ වචනය	(생리학) – කායික විද්‍යාව
(생물) – ජීව විද්‍යාව	(생물학) – ජීව විද්‍යාව
(섬유공학) - රෙදිපිළි ඉංජිනේරු විද්‍යාව	(성경) – බයිබලය
(수학) – ගණිතය	(식물) – ශාකය
(식물학) - උද්භිද විද්‍යාව	(심리학) – මනෝවිද්‍යාව
(악기) – සංගීත භාන්ඩය	(약) – ඖෂධය
(약초) - ඖෂධීය ශාකය	(어류) – මාළු
(의학) - වෛද්‍ය විද්‍යාව	(이슬람교) – ඉස්ලාමීය වචනය
(자동차) - රථවාහන	(전기) – විද්‍යුතය
(접두사) – උපසර්ගය	(접미사) – ප්‍රත්‍යය
(조동사) - සහායක ක්‍රියාපදය	(조류) - පක්ෂියා
(지리) - භූගෝල විද්‍යාව	(지명) - ස්ථාන නම

(지질) – භූ විද්‍යාත්මක ලක්ෂණ	(지질학) - භූ විද්‍යාව
(천문학) - තාරකා විද්‍යාව	(천체) – ග්‍රහයා
(철학) – දර්ශන විද්‍යාව	(통계학) – සංඛ්‍යාලේඛන විද්‍යාව
(해부학) – ව්‍යවච්ඡේද විද්‍යාව	(해양학) - සාගර විද්‍යාව
(화학) – රසායන විද්‍යාව	(후치사) - විභක්ති නිපාතය
(힌두) – හින්දු ආගමික වචනය	(접속사) - සන්ධි නිපාතය

(가톨릭) – Catholic terms	(경어) – honorific
(고고학) - archeology	(고어) - archaic word
(곤충) – insect	(광물) – mineral
(기계) - machinery	(기독교) – Christian terms
(기상) – meteorology	(기상학) - meteorology
(농생물학) - agricultural biology	(동물) – animal
(동물학) - zoology	(무기) – weapon
(문법) – grammar	(문학) – literature
(물리) - physics	(미생물학) – microbiology
(법률학) – law, jurisprudence	(보석) – gem
(불교) – Buddhist terms	(생리학) – physiology
(생물) – biology	(생물학) – biology
(섬유공학) - textile engineering	(성경) – Bible
(수학) – mathematics	(식물) – plant
(식물학) - botany	(심리학) – psychology
(악기) – instruments	(약) – medicine
(약초) - medicinal herb	(어류) – fish
(의학) - medical science	(이슬람교) – Islamic terms
(자동차) - vehicle	(전기) – electricity
(접두사) – prefix	(접미사) – suffix
(조동사) - auxiliary verb	(조류) - birds
(지리) - geography	(지명) - place name
(지질) – geological features	(지질학) - geology

(천문학) - astronomy	(천체) – planet
(철학) – philosophy	(통계학) – statistics
(해부학) – anatomy	(해양학) - oceanography
(화학) – chemistry	(후치사) - postposition
(힌두) – Hindu terms	(접속사) - conjunction

참고 문헌

1. ගුණසේන මහා සිංහල ශබ්දකෝෂය, හරිශ්චන්ද්‍ර විජයතුංග, ඇම්. ඩී. ගුණසේන 2008.

2. දෙමටපිටිය සිංහල - ඉංග්‍රීසි ශබ්දකෝෂය, Somapala Dematapitiya, Sisilasa press, 2012.

3. සරසවි සිංහල - සිංහල ශබ්දකෝෂය, සරසවි ප්‍රකාශකයෝ 2010.

4. සිංහල - ඉංග්‍රීසි ශබ්දකෝෂය, සෝමපාල ජයවර්ධන, ඇස්. ගොඩගේ සහ සහෝදරයෝ 2003.

5. A Sinhalese – English Dictionary, Charles Carter, The Ceylon Observer printing works 1924.

6. Malalasekara English - Sinhala Dictionary, G. P. Malalasekara, ඇම්. ඩී. ගුණසේන 2010.

7. 꿩먹고 알먹는 스리랑카어(씽할러), 존하산떠(이헌주), 문예림 2013.

* 웹사이트: Madura Online (www.maduraonline.com).

අ

අ [아] ①씽할러 알파벳의 첫 글자 ②부정접두사
¶ කීකරුකම 순종 - අකීකරුකම 불순종.

අං‡ [앙] 뿔.

අංක ගණිතය† [앙꺼 가니떠여] 계산, 산수.

අංකය‡ [앙꺼여] ①수, 숫자 ②표시.

අංකය යොදනවා [앙꺼여 요더너와-] 수를 세다.

අංකුට්ටා/අංගුට්ටා [앙꾿타-/앙굳타-] (물고기) 메기, 메기의 일종 අඟුලුවා.

අංකුරය‡ [앙꾸러여] 싹, 눈, 봉오리, 발아 දළුව.

අංකුශය [앙꾸셔여] (가축의) 몰이 막대기 හෙණ්ඩුව.

අංකුසය [앙꾸써여] (가축의) 몰이 막대기 හෙණ්ඩුව.

අංගණය/අංගනය [앙거너여] 안뜰, 안마당, 구내(構內) මිදුල.
¶ රාජාංගනය 궁궐 뜰

අංගනාව [앙거나-워] 여자, 여성 ස්ත්‍රිය. (구어) ගැහැනිය

අංගපුලාව [앙거뿔라-워] 미모, 잘생김 හැඩරුව.

අංගමාරය [앙거마-러여] (식물의) 마름병, 동고병.

අංගය† [앙거여] ①부분, 일부 කොටසය ②지체, 수족 අවයවය ③몸 ඇඟ ④품질, 질 ගුණාංගය.

අංග විකල‡ [앙거 위깔러] ①불구의, 불구가 된 ආබාධිත ②볼품없는, 불구의, 기형의 විරූප.

අංගසම [앙거써머] 일치하는, 어울리는, 적합한, 조화되는 එකිනෙක ගරළපෙන.

අංගහාරය [앙거하-러여] 몸짓, 제스처 ඉංගිතිය.

අංගාර [앙가-러] ①숯 අඟුරු ②(화학) 탄소, 카본 කාබන්.

අංගීරස [앙기-러써] ①몸에서 광채가 나는 사람 ②부처님 බුදුන් වහන්සේ.

අංගුට්ට [앙굳터] 엄지 손가락 මහපටැඟිල්ල.

අංගුලිකාව [앙굴리까-워] 새끼 손가락, 약지 සුලැඟිල්ල.

අංගුලිය [앙굴리여] 손가락 ඇඟිල්ල.

අංජන [앙저너] 세안제 අඳුන්.

අංජනම [앙저너머] 예견, 투시 ජේන.

අංතට්ටුව† [앙딸투워] (사슴의) 가지진 뿔.

අංශකය† [앙셔꺼여] ①(온도, 방향) 도(°) ②옷, 의복වස්ත්‍රය.
¶ සෙල්සියස් අංශක 25 섭씨 25도

අංශය† [앙셔여] 부분, 쪽, 한면 කොටස.

අංශභාගය [앙셔바-거여] 중풍, 중풍병 අංසබාගය.

අංශු [앙슈] අංශුව 의 복수 또는 형용사: ①미립자들, 아주 작은알갱이들 ②미립자의, 아주 작은 알 갱이의.

අංශුමාත්‍ර [앙슈마-뜨러] 분자의, 분자로 된 ඉතා කුඩා කොටස් ඇති.

අංශුව [앙슈워] 작은 알갱이, 입자, 미립자.

අංසබාගය [앙써바-거여] 중풍, 중풍병 අංශභාගය.

අකටයුතු [아까터유뚜] 하지 말아야 하는, 행하기에는 부적절한 අයුතු.

අකප [아까뻐] 어울리지 않는, 부적절한, 안맞는 නුසුදුසු.

අකමැති‡ [아꺼매띠] 좋아하지 않는, 싫어하는, 뜻하ㄴ지 않은 අමනාප. ¶ කැමති 좋아하는, 뜻하는

අකමැත්ත‡ [아꺼맫떠] 싫어함, 좋아하지 않음, 뜻하지 않음 අමනාපය. ¶ කැමැත්ත 선호, 좋아함, 뜻

අකම්පාල වෙනවා [아깜빨-러 웨너와-] 슬퍼하다, 애통하다, 아파하다 දුක් වෙනවා.

අකරතැබ්බ [아꺼러땝버] 불행, 불운, 불행한 일 හදිස් ආපදාව.

අකරතැබ්බය [아꺼러땝버여] 불행, 불운, 불행한 일 හදිස් ආපදාව.

අකරහණේ [아꺼러하네-] 우발적으로, 이유없이 අකාරණේ.

අකරැහැණිය [아꺼래해니여] 사고, 불행, 불운 අකරතැබ්බ.

අකරැහැණේ [아꺼래해네-] 우발적으로, 이유없이 අකාරණේ.

අකරුණාව† [아까루나-워] 무자비, 잔인함 කරුණාව නැති බව.

අකර්මක [아까르머꺼] ①게으른, 일하지 않는 කම්මැලි ②작동(활동)하지 않는, 무효의 වැඩ නොකරන ③(문법) 자동사의.

අකර්මණ්‍ය [아까르만니여] 활동하지 않는, 휴면의, 작동하지 않는 අක්‍රිය.

අකල [아깔러] 시기상조, 때아님, 미숙 අකාලය.

අකලවිකල [아깔러위깔러] 유머, 위트, 재치 විහිලු කිරීම.

අකලංක [아깔랑꺼] 더럽혀지지 않은, 깨끗한, 정결한 නිර්මල.

අකල් [아깔] 시기상조의, 때아닌, 미숙한 විකල්.

අකල්කිරියාව [아깔끼리야-워] 부도덕, 나쁜 행실 නරක පැවැත්ම.

අකල් නර [아깔 나러] 백모.

අකාබනික [아까-버니꺼] ①유기물이 없는, 유기농이 아닌, 탄소를 불포함한 කාබන් නැති ②유기체가 아닌, 유기적 체계가 없는.

අකාමකා [아까-머까-] 무시하고, 경시하여 නොපවතින ලෙස සලකමින්.

අකාරණය [아까-러너여] 이유없음, 까닭 없음 කාරණයක් නැති බව.

අකාරණේ [아까-러네-] 이유없이, 까닭없이 අහේතුව.

අකාරාදිය† [아까-라-디여] 사전, 어휘목록 ශබ්දකෝෂය.

අකාරාදි වින්‍යාසය [아까-라-디 윈니야-써여] 알파벳 순서, 자모음 순서 අක්ෂර පිළිවෙළ.

අකාරුණික [아까-루니꺼] 불친절한, 상냥하지 않은.

අකාර්යක්ෂම [아까-르약셔머] 역량이 부족한, 감당할 수 없는 ක්‍රියාවෙහි දුර්වල.

අකාර්යක්ෂමතාව [아까-르약셔머따-워] 불능, 무능력 ක්‍රියාවෙහි දුර්වලතාව.

අකාර්ය බැඳීම් [아까-르여 밴딤] 부정적인 부채.

අකාල† [아깔-러] 때가 아닌, 철이 아닌 අකාලික.

අකාල පරිණතතාව [아깔-러 빠리너떠따-워] 조숙, 일찍 꽃핌.

අකාලය [아깔-러여] 시기상조, 때아님, 미숙 අකල.

අකාලයේ‡ [아깔-러예-] 때가 아닌 때에, 철이 아닌 때에.

අකාලික [아깔-리꺼] ①때가 아닌, 철이 아닌 අකල් ②시간제 한이 없는 අකාල.

අකැප [아깨뻐] 어울리지 않는, 적절하지 않는, 안 맞는 නුසුදුසු.

අකිංකරණය [아낑까러너여] 불순종, 불복종 අණට කීකරු නොවීම.

අකියාමි [아끼야-미] (질병) 아끼야미 (추수 시기의 질병) අස්වනු රෝගයක නම.

අකීකරු‡ [아끼-꺼루] 불순종하는, 순종하지 않는 අනවනත.

අකු [아꾸] 턱의, 턱과 연관된 හක්කට අදාළ.

අකුටිල [아꾸틸러] 휘지 않은, 굽지 않은, 바른, 직선의 ඇද නැති.

අකුණ‡ [아꾸너] 번개, 섬광 හෙණය. (복) *අකුණු*

අකුණු එළිය [아꾸누 엘리여] 번개, 섬광.

අකුණු ගහනවා‡ [아꾸누 가하너와-] 번개 치다.

අකුණු නිවාරකය [아꾸누 니와-러꺼여] 피뢰침 අකුණු සන්නායකය.

අකුණු සන්නායකය [아꾸누 싼나-여꺼여] 피뢰침 අකුණු නිවාරකය.

අකු ධාතුව [아꾸 다-뚜워] 부처님의 턱뼈 유물.

අකුමාව [아꾸마-워] (해부학) 간 අක්මාව.

අකුර‡ [아꾸러] 글자, 문자 අක්ෂරය.

අකුරට යන [아꾸러터 야너] 학교에 가는, 배우러 가는 පාසල් යන.

අකුරු‡ [아꾸루] අකුර 의 복수: 글자들, 문자들 අක්ෂර.

අකුරු අමුණනවා† [아꾸루 아무너너와-] 글자를 치다, 타이핑을 하다 අකුරු සංයෝජනය කරනවා. <u>අකුරු ඇමිණීම</u>

අකුරු ඇඳීම [아꾸루 앤디-머] 글쓰기 ලියවීම.

අකුරු ඇමිණීම [아꾸루 애미니-머] 글자를 침, 타이핑.

අකුරු කරනවා [아꾸루 꺼러너와-] 배우다, 글자를 배우다 ඉගෙන ගන්නවා.

අකුරු කරවනවා [아꾸루 꺼러워너와-] 가르치다, 글자를 깨치게 하다 උගන්වනවා.

අකුරු දල්ල [아꾸루 달러] 새싹, 순, 연한 잎 අංකුරය.

අකුරු දළුව [아꾸루 달루워] 새싹, 순, 연한 잎 අංකුරය.

අකුරු නොහැකියාව [아꾸루 노해끼야-워] 문맹, 글자를 모름.

අකුරු පරතරය [아꾸루 빠러떠러여] 자간, 글자 간격 අකුරු අතර ඇති දුර.

අකුරු මැටි [아꾸루 매티] 빙력점토.

අකුරු මුද්‍රණය [아꾸루 무드러너여] 조판, 활판술.

අකුරු හරඹය [아꾸루 하람버여] ①배움의 노력, 형설지공 ②투석, 돌을 던짐.

අකුල [아꿀러] ①덤불, 수풀 පඳුර ②방해, 훼방, 막음 අවහිරය.

අකුලෙ ගහනවා [아꿀레 가하너와-] (시신) 매장하다, 묻다 වළලනවා.

අකුල් හෙළනවා† [아꿀 헬러너와-] 방해하다, 훼방하다 බාධා පමුණුවනවා.

අකුසල [아꾸썰러] ①(불교) 죄과, 죄 පාපය ②악행 ③전생의 죄로인한 불행 අවාසනාව. (복) *අකුසල්*

අකුළනවා‡ [아꿀러너와-] ඇකුළුවා-අකුළා ①(우산) 접다, (돛, 종이) 말다, 말아접다 ඔතනවා ②쌓다, 축적하다, 모으다 එකතු කරනවා. <u>ඇකිළීම</u>
¶ අකුළන පොත 두루마리

අකුළාගෙන බඳිනවා [아꿀라-게너 반디너와-] (우산) 접다, (돛, 종이) 말다, 말아접다 ඔතනවා.

අකුළාගෙන යනවා [아꿀라-게너 야너와-] 떠나다, 모든 것을 지고 떠나다 ඉවත්ව යනවා.

අකෘතඥ† [아끄루따끄녀] 감사하지 않는, 감사가 없는 ස්තුති නොකරන.

අක්කරය‡ [왁꺼러여] 에이커 (약 4, 050 평방미터에 해당하는 크기의 땅).

අක්කා‡ [왁까-] ①언니 ②누나 වැඩිමල් සොයුරිය.

අක්කාරන් [왁까-란] 유아 혓바늘 병 අක්කාරම්.

අක්කාරම් [왁까-람] 유아 혓바늘 병 අක්කාරන්.

අක්කැත්ත [왁깯떠] 손잡이가 긴 작은 칼 කුඩා කැත්ත.

අක්කිත්තා [왁낃따-] 막내 බඩපිස්සා.

අක්කු [왁꾸] 모유 මව්කිරි.

අක්ටියෝ ඩේ පස්ටු [왁티요- 데 - 빠쓰투] 배상 재판 ආලාපාලු නඩුව.

අක්ටියෝ එත්ස් එම්ටෝ [왁티요 - 엘쓰 엠토-] 구상권 청구 소송.

අක්ටියෝ ඉන්ජුරියාරුම් [왁티요- 인주-리야-룸] 상해 청구 소송.

අක්ත පත්‍රය [왁떠 빠뜨러여] 자격 증명서 නිල බලපත්‍රය.

අක්තොල් හිනාව [왁똘 히나-워] 미소, 웃음.

අක්දහර [왁다하러] 눈물 줄기 කඳුළු ධාහාර.

අක්නි දිග [왁니 디거] 동남쪽 ගිනිකොන දිශාව.

අක්පතුරු [왁빠뚜루] 씨앗을 약용으로 쓰는 나무 Terminalia belerica බුළු.

අක්පල්ල [왁빨러] 납작한 흙냄비 ලොකු ඇතිලිය.

අක්බමරු [왁버머루] 곱슬머리 පොකුට්ට.

අක්මාව† [아끄마-워] (신체) 간 කැවුත්ත.

අක්මුදල [왁무덜러] 전도금, 선급금 මුදල් අග්‍රිමය.

අක්මී [왁미-] 흰개미 분봉 ආස්මී.

අක්‍රම/අක්‍රමවත් [아끄러머/아끄러머왇] 되는 대로의, 무질서한, 질서없는, 조직적이지 않은 අක්‍රමික.

අක්‍රමික [아끄러미꺼] 되는 대로의, 무질서한, 질서없는, 조직적이지 않은 අක්‍රම.

අක්‍රමිකතාව [아끄러미꺼따-워] 변칙, 이형, 변태, 파격

අක්‍රිය† [아끄리여] 부동(不動)의, 고정적인.

අක්‍රිය ආකල්ප [아끄리여 아-깔빠] 부정적인 자세, 수동적인 자세 සෘණාත්මක අදහස්.

අක්‍රියතාව [아끄리여따-워] 수동성, 태만.

අක්‍රිය විස්මරණය [아끄리여 위쓰마러너여] 건망증.

අක්‍රෝධ [아끄로-더] 침착한, 냉정한.

අක්වක් [왁왁] 지그재그의, 갈지 자의, 왔다 갔다 하는.

අක්වැස්ස [왁왰써] 가뭄후에 내리는 첫비.

අක්ෂණ [왁셔너] 한순간이 아닌, 긴, 오랫 동안의 දිගු කල්.

අක්ෂමාන ප්‍රක්ෂේපණය [왁셔마-너 쁘띾쉐-빠너여] 축측 투영법, 축측 투상법.

අක්ෂය† [왁셔여] ①악셀, 차의 쇠지레 රියේ අලවංගුව ②(지리) 지축 ③줄지 않는, 수축되지 않는 අඩු නොවන.

අක්ෂයා [왁셔야-] 뱀 සර්පයා.

අක්ෂර පරිවර්තනය [왁셔러 빠리와르떠너여] 직역, 축역, 문자 대 문자번역.

ක්ෂර මාලාව [왁셔러 말-라-워] 알파벳, 자모음.

අක්ෂරය† [왁셔러여] 글자, 알파벳 අකුර.

අක්ෂර වින්‍යාසය† [왁셔러 윈니야-써여] 철자, 문자론, 철자론.

අක්‍ෂර විපර්යාසය [왁셔러 위빠르야-써여] (문법) 글자의 전환.

අක්ෂාංශය† [왁샹-셔여] (지구) 위도. ¶ දේශාංශය 경도

අක්ෂිගෝලය† [왁쉬골-러여] 눈동자 ඇස්ගුලිය. (구어) ඉංගිරියාව

අක්ෂිධාරා [앆쉬다-라-] 눈물 කඳුළු.
අක්ෂිපක්ෂ්මය [앆쉬빢쉬머여] 속눈썹.
අක්ෂිපටලය [앆쉬빠털러여] (의학) ①각막 ②백내장.
අක්ෂිය [앆쉬여] (신체) 눈 නෙත. (구어) ඇස
අක්ෂිවිද්‍යාව [앆쉬윋디야-워] 안과학 ඇස් පිළිබඳ විද්‍යාව.
අක්ෂිවෛද්‍යයා [앆쉬와읻디여야-] 안과 의사 අක්ෂි වෛද්‍යවරයා.
අඛණ්ඩ† [아깐더] 끊임없는, 지속되는, 계속되는 නොකැඩුණු.
අඛණ්ඩ නිස්සාරකය [아깐더 닜싸-라꺼여] (생약학) 연속 추출기.
අඛණ්ඩ භුක්තිය [아깐더 북띠여] (지속적인) 불법 점유, 지속적인 소유.
අඛිල [아낄러] 모든, 전체의, 전부의 සියලු.
අඛ්‍යාත [아끼야-떠] 언급되지 않은, 말하지 않은 නොකී.
අග† [아거] ①끝, 마지막, 말단 කෙළවර ②집, 주택 ගෙය ③산 කන්ද ④연단, 어려움 ගැහැට ⑤가격, 값, 값어치 මිල ⑥최고의, 주요한, 아주 높은 අග්‍ර, ශ්‍රේෂ්ඨ. ¶ අගමැතියා 수상 (국무총리) අගකෘතිය 걸작 (품)
අගණනීය [아가너니-여] 수많은, 셀수 없는 අගණ්‍ය.
අගණ්‍ය [아간니여] 수많은, 셀수 없는 ගණන් කළ නොහැකි.
අගත [아거떠] 방문한, 온, 도착한 පැමිණි. (구어) ආපු
අගතන් [아거딴] 수석, 최고 높은 자리 අග්‍රස්ථානය.
අගතැන් [아거땐] 수석, 최고 높은 자리 අග්‍රස්ථානය.
අගති [아거띠] ①편협한, 편견을 가진, 한쪽에 치우친 ②질투하는, 시기하는 ඊර්ෂ්‍යා සහගත ③미워하는, 증오하는.
අගතිගාමී [아거띠가-미-] ①편협한, 편견을 가진, 한쪽에 치우친 ②질투하는, 시기하는 ඊර්ෂ්‍යා සහගත ③미워하는, 증오하는.
අගතිය† [아거띠여] ①악행, 불의 අයුක්තිය කිරීම ② 편견, 편협 ③질투, 시기 ඊර්ෂ්‍යාළු ④미움, 증오, 적의, 악의, 원한 වෛරය.
අගති විරහිත [아거띠 위러히떠] ①편협하지 않은, 편견 없는 ②질투하지 않는, 시기하지 않는 ඊර්ෂ්‍යායෙන් තොර ③안미워하는, 증오하지 않는.
අගතිසි [아거띠씨] 현자 아거스티 අගස්ති ඍෂිවරයා.
අගද [아거더] 약, 약물බෙහෙත්.
අගදතන්ත්‍රය [아거더딴뜨러여]해독, 독 제거 විෂ වෙදකම.
අග දෙවි [아거 데위] 최고 신: 인드라, 사크라 සක්‍රයා.
අගදපණය [아거다-빠너여] 약국, 약방 ඔසුසල.
අග දොර [아거 도러] 현관문 ප්‍රධාන දොරටුව.
අග නරන/ අග නරනා [아거 나러너/아거 나러나-] 황제 අධිරජ.
අග නරනිඳු [아거 나러닌두] 황제 අධිරජ.
අගනා† [아거나-] 귀한, 값어치 나가는 වටිනා.
අගනුවර‡ [아거누워러] 수도, 서울 ප්‍රධාන නගරය.
අගනේය [아거네-여] (동사의 현재) 가치 있다, 의미있다, 값어치 있다 අගිතව.
අගපත් [아거빧] 최고의, 지상의, 주요한 කෙළවරට පැමිණි.
අග පෙරෙවියා [아거 뻬레위야-] 주 충고자, 주 조언자 අග්‍ර පුරෝහිත.

අ

අගබිසව [아거 비써워] 중전 (왕의 부인) අග්‍ර මහේෂිකාව.

අගබිසවි [아거삐싸우] 중전 (왕의 부인) අග්‍ර මහේෂිකාව.

අගබිසෝ [아거비쏘-] 중전 (왕의 부인) අග්‍ර මහේෂිකාව.

අගමග [아거마거] 열반에 이르는 길, 고귀한 길 අර්හත් මාර්ගය.

අගමනීය [아가머니-여] 갈 필요가 없는, 가기에 적절하지 않은 නොයා යුතු.

අගමැති‡ [아거매띠] ①수상 (국무 총리) අග්‍රාමාත්‍යයා ②수상의, 국무총리의.

අගමැතියා‡ [아거매띠야-] 수상 (국무 총리) අග්‍රාමාත්‍යයා.

අගමුල [아거물러] 모든 정보 සුලමුල.

අග මෙහෙස [아거 메헤써] 중전 (왕의 부인) අග බිසව.

අග මෙහෙසිය [아거 메헤씨여] 중전 (왕의 부인) අග බිසව.

අගම්පඩි සේනාව [아감빠디 쎄-나-워] (외국인) 용병 කුලී හේවාපන්නය.

අගම්භීර [아감비-러] 깊지 않은, 복잡하지 않은, 단순한 ගැඹුරු නැති.

අගම්‍ය [아감미여] 다다를 수 없는, 갈 수 없는, 여행할 수 없는 යා නොහැකි.

අගය‡ [아거여] ①가치, 값어치 වටිනාකම ②가격, 값මිලගණන. (복) *අගයයන්*

අගය කරනවා‡ [아거여 꺼러너와-] ①값을 매기다, 견적하다, 산정하다, 평가하다 ②칭찬하다 අගේ කරනවා (문어) ප්‍රශංසා කරනවා.

අගයනවා [아거여너와-] 평가하다, 값을 매기다, 산정하다 අගය කරනවා. <u>ඇගයීම</u>

අගය පත්‍රය [아거여 빠드러여] 견적서 ඇස්තමේන්තුව.

අගයීම [아거이-머] 평가, 감정, 견적 ඇගැයීම.

අගරජ [아거라저] 황제 අධිරජ.

අගරජය [아거라저여] 제국 අධිරාජ්‍යය.

අගරු† [아가루] 불명예스러운, 존경하지 않는 නිගරු.

අගරු කරනවා [아가루 꺼러너와-] 모욕하다, 멸시하다, 명예를 실추시키다 නිග්‍රහ කරනවා.

අගරුපස්ත [아가루빠쓰떠] 하인 우두머리, 도우미 우두머리 අග්‍රෝපස්ථායක.

අගරුව [아가루워] 불명예, 모욕, 멸시, 조롱 නිගරුව.

අග රුවන [아가 루워너] 왕관의 제일 큰 보석 ඔටුන්නේ මුදුන් මැණික.

අගරොන් [아거론] 불꽃 ගිනි පුළිඟු.

අගර්වය [아거르워여] 겸손, 온유 නිහතමානය.

අගර්හිත [아거르비떠] 멸시받지 않는, 모욕받지 않는, 비난받지 않는 නින්දා නොකරන ලද.

අගල† [아걸러] 수로, (큰) 도랑 ලොකු කානුව. (복) *අගල්*

අගල් ආධාර [아갈 아-다-러] 쥐꼬리망초과 식물

අගවිට [아거위터] ①문턱, 문지방 දොරකඩ ②베란다 ඉස්තෝප්පුව.

අගසස් [아거싸쓰] 첫 수확, 첫 추수 පළමු අස්වැන්න. (구어) අගහස්

අගසැවිය [아거쌔위여] 여 수제자 අග්‍ර ශ්‍රාවිකාව.

අගස් [아가쓰] 첫 수확, 첫 추수 අගසස්.

අගස්තිය [아가쓰띠여] (보석) 마노.

අගහණය [아가하너여] (법률학) 불체포 ග්‍රහණය නොකිරීම.

අගහරු [아가하*루*] 모욕하는, 능멸하는, 조롱하는, 비난하는 නිගරු.

අගහස් [아거하쓰] 첫 수확, 첫 추수 අගසස්.

අග හිඟ [아거 힝거] අග හිඟය 의 복수 또는 형용사: ①부족, 가난 ②부족한, 모자라는, 빈곤한 දුප්පත්.

අග හිඟකම [아거 힝거꺼머] 부족, 모자람, 빈곤, 가난 දුප්පත්කම.

අග හිඟය [아거 힝거여] 부족, 모자람, 빈곤, 가난 දුප්පත්කම.

අගළ [아걸러] 수로, (큰) 도랑 ලොකු කානුව. (복) *අගල්*

අගා [아가-] 미움, 적의, 증오 වෛරය.

අගාතය [아가-떠여] 미움, 적의, 증오 වෛරය.

අගාධ [아가-더] 깊은, 밑바닥이 없는, 심연의 ඉතා ගැඹුරු.

අගාධය [아가-더여] 깊은 절벽, 심연 ප්‍රපාතය.

අගානිගාව [아가-니가-워] 경멸, 모욕, 비방, 무시 නිග්‍රහය, අපහාසය.

අගාමක [아가-머꺼] 황량한, 사람이 살지 않는, 사람이 거주하지 않는 ගමක් නොවන.

අගාමික [아가-미꺼] 황량한, 사람이 살지 않는, 사람이 거주하지 않는 ගමක් නොවන.

අගාර [아가-*러*] ①집, 거처 ගෙය ②늪, 습지 වගුරු බිම.

අගාරය [아가-*러*여] ①집, 거처 ගෙය ②늪, 습지 වගුරු බිම.

අගාර ධූමය [아가-*러* 두-머여] 부엌 검댕이 මුලුතැන්ගෙයි දුඹුටු.

අගාරික [아가-*리*꺼] 세속적인, 세속의, 세상적인 ලෞකික.

අගාරික ප්‍රතිපදාව [아가-*리*꺼 쁘*러*띠빠다-워] 세상 삶의 원칙들 ගිහි පිළිවෙල.

අගාරිකයා [아가-*리*꺼야-] (목사, 사제, 승려가 아닌) 평신도 ගිහියා.

අගාරිය [아가-*리*-여] ①세속적인, 세속의, 세상적인 ගිහිගෙයි වසන ②실내의, 내부의 ගෘහස්ථ.

අගාළ [아갈-러] 펼쳐진, 개봉된, 열린 විවෘත.

අගෑවත [아개-와떠] 논의 먼쪽 경계 (논두렁) කුඹුරේ කෙළවර මායිම්.

අගිනවා [아기너와-] ඇග්ගා-ඇග(ඇගලා) 값나가다, 값어치가 있다, 귀하다 වටිනවා. <u>ඇගීම/ඇගුම</u>

අගින් නමා කුඩා කළ [아긴 나마 - 꾸*다*- 껄러] 서로 맞물린.

අගිරි ගහනවා [아기*리* 가하너와-] 비명을 지르다, 날카로운 소리를 지르다 යටිගිරියෙන් කෑගහනවා.

අගිල් [아길] (식물) 알로에, 한천.

අගිස්ස [아깄써] 나뭇 가지의 끝 අග්ගිස්ස.

අගිස්සනවා [아깄써너와-] 대질시키다, 대질심문하다 හගිස්සනවා.

අගු කොන [아구 꼬너] 처마 끝 අගුවේ කෙළවර.

අගුණ† [아구너] 저품질의, 안좋은, 건강에 좋지 않은, 해가 되는 ගුණ නැති.

අගුප්ත [아궆떠] 숨어있지 않은, 가려지지 않은, 보이는, 신비하지 않은 නොසැඟවුණු.

අගු පීල්ල [아구 삘-러] 처마의 낙수홈통.

අගුබඹරු/අගුබඹුරු [아구밤버*루*/아구밤부*루*] 곱슬머리 අක්බමරු.

අගු බලනවා [아구 발러너와-] (안전 위해) 음식 맛을 보다.

අගුල† [아굴러] 자물쇠, 자물통 අගුලුව.

අගුලෑල්ල [아굴랠-러] 커튼 다는 봉을 감추기 위해 만든 장식용 판 වඩිම්බු ලෑල්ල.

අගුලුව [아굴루워] 자물쇠, 자물통 අගුල.

අගුල් දමනවා [아굴 다머너와-] 자물쇠를 채우다, 닫다.

අගුව [아구워] 집 뒷부분 පිළිකන්න.

අගුළ [아굴러] 자물쇠, 자물통 අගුලුව.

අගේ [아게-] ①가치, 값어치 වටිනාකම ②가격, 값 මිලගණන.

අගෝචර [아고-처러] 관련없는, 상관없는 අයත් නැති.

අගෝස්තු‡ [아고-쓰뚜] 8월.

අගෞරවය [아가우러워여] 불명예, 모욕, 굴욕 නිගරුව.

අග්ගලාව [악걸라-워] (밀가루와 야자즙 조당(jaggery)을 넣어 만든) 경단 모양의 단 간식, 스윗볼.

අග්ගිස්ස [악깄써] 나뭇 가지 끝 අගිස්ස.

අග්නි කණිකාව [아그니 까니까-워] (타는 불에서 튀겨나온) 불꽃 ගිනි පුලිඟු.

අග්නි ක්‍රීඩාව [아그니 끄리다-워] 불꽃 놀이 ගිනි කෙළි.

අග්නි ජාලය [아그니 잘-러여] 타오르는 불, 화염 ගිනි ගොඩ.

අග්නි ජාලාව [아그니 잘-라-워] 타오르는 불, 화염 ගිනි ගොඩ.

අග්නි දිග [아그니 디거] 동남쪽 ගිනිකොන.

අග්නි දේව [아그니 데-워] 불의 신 ගිනි දෙවියා.

අග්නිමන්දය [아그니만더여] 소화불량 අග්නිමාන්ද්‍යය.

අග්නිමානය [아그니마-너여] 고온계.

අග්නිමාන්ද්‍යය [아그니만-디여여] 소화불량 අග්නිමන්දය.

අග්නිය [아그니여] ①불, 화염, 불꽃 ගින්න ②힌두교의 불의 신 ③배고픔 බඩගින්න ④동남쪽 ගිනිකොන දිශාව ⑤식욕, 욕구.

අග්න්‍යාශය [아근니야-셔여] (해부학) 췌장 ඇලදිව.

අග්‍ර [아그러] ①주요한, 주된, 가장높은 පළමු ②고귀한, 고상한 ③처음의, 첫째의.

අග්‍රඋපස්ථායකයා [아그러우빠쓰따-여꺼야-] 최고 수행원, 수석 수행원.

අග්‍රගණ්‍ය [아그러간니여] 최고의, 최상의, 맨위의 ඉතා උසස්.

අග්‍රය [아그러여] 끝, 끝머리 අන්තය.

අග්‍රවිනිශ්චයකාර [아그러위니쉬처여까-러] 재판장 අගවිනිසුරු.

අග්‍රශස්‍ය [아그러샸씨여] 첫수확, 첫소출 අගසස්.

අග්‍රශ්‍රාවක [아그러쉬라-워꺼] 수제자.

අග්‍රාමාත්‍යයා [아그라-맏-띠여야-] 수상 (국무총리) අගමැතියා.

අග්‍රිමය [아그리머여] 선급금, 전도금.

අඝෝෂ [아고-셔] 소리없는, 무함성의.

අඟ [앙거] ①뿔 අං ②(사람, 동물의) 수족, 손발 ③ 여자, 여성 කාන්තාව.

අඟණ [앙거너] 뜰, 마당, 정원 මිදුල.

අඟදඟ [앙거당거] 장난침, 개구쟁이짓 දඟකාරකම්.

අඟන [앙거너] 여자, 여성 කාන්තාව. (구어) ගැහැනිය

අඟනාව [앙거나-워] 여자, 여성 අංගනාව. (구어) ගැහැනිය

අඟපසඟ [앙거빠쌍거] (사람, 동물의) 수족, 손발, 지체 ප්‍රත්‍යාංග.

අඟර දඟර [앙거러 당거러] (남자들을) 유혹함, 꼬리치기.

අඟල† [앙걸러] 인치 (2.54cm-한자 feet의 12분의 일 길이). (복) *අඟල්*

අඟවනවා‡ [앙거워너와-] ඇඟෙවුවා-අඟවා 알게하다, 가르켜 주다, 표시하다 දැනෙන්නට සලස්වනවා. ඇඟවීම/ඇඟවුම

අඟහරු [앙거허루] (천체) 화성 අඟහරුවා.

අඟහරුවා [앙거허루와-] (천체) 화성 අඟහරු.

අඟහරුවාදා‡ [앙거허루와-다-] 화요일.

අඟාරනවා [앙가-러너와-] 다리를 벌려 어렵게 걷다.

අඟිරිගානවා [앙기리가-너와-] 흐느끼다 වැළපෙනවා.

අඟීරස [앙기라써] 부처님 බුදුන් වහන්සේ.

අඟුටු [앙구투] ①키작은, 난쟁이의 කුරු ②손가락들 ඇඟිලි.

අඟුටුමිටියා† [앙구투미티야-] 난쟁이 වාමනයා.

අඟුටුමිට්ටා [앙구투밑타-] 난쟁이 වාමනයා.

අඟුර [앙구러] 숯 අඟුරු.

අඟුරු† [앙구루] 숯 අඟුර.

අඟුරු කබල† [앙구루 까벌러] 숯불 용기, 향로.

අඟුරු වෙනවා [앙구루 웨너와-] 숯으로 변하다.

අඟුල [앙굴러] ①카누 두개가 붙어 있는 배 පහුර ②손가락 ඇඟිල්ල.

අඟුලුවා [앙굴루와-] (물고기) 메기, 메기의 일종 අංකුට්ටා.

අඟුළු දමනවා [앙굴루 다머너와-] (문) 빗장을 채우다, (사람) 가두다 අඟුළු ලනවා.

අචල [아철러] 흔들리지 않는, 확고한, 견고한, 안정된ස්ථාවර.

අචින්ත්‍ය [아친띠여] 상상할 수 없는, 이해할 수 없는, 생각조차 할 수 없는 සිතිය නොහැකි.

අචිර [아치러] 불안정한, 불안한 අස්ථිර.

අචේතනික [아체-떠니꺼] 생명이 없는, 무생물의, 의식이 없는 අජීවී.

අචේලක [아첼-러꺼] 나체의, 벌거벗은 අසේල.

අච්චාරුව‡ [앛차-루워] ①(음식) 피클 ②혼동, 딜레마.

අච්චු අකුරු [앛추 아꾸루] 인쇄용 활자.

අච්චු කන්තෝරුව [앛추 깐또-루워] 인쇄소 මුද්‍රණාලය.

අච්චු කරනවා [앛추 꺼러너와-] 벌하다, 벌을 주다 දඬුවම් දෙනවා.

අච්චු ගහනවා [앛추 가하너와-] 인쇄하다, 찍다 මුද්‍රණය කරනවා.

අච්චුව‡ [앛추워] ①(나무, 돌, 금속 따위의) 큰 덩이, 큰 토막 ②벌, 형벌, 체벌 දඬුවම ③거푸집, 주물, 틀 ④총 손잡이 තුවක්කු කඳ.

අච්ජන්න [앛찬너] 덮이지 않은, 가려지지 않은, 열린 විවෘත.

අච්ඡිද්‍ර [앛치드러] 구멍이 없는 සිදුරු නැති.

අච්ඡින්න [앛친너] ①단절되지 않는, 계속되는 අඛණ්ඩ ②방해받지 않는, 간섭받지 않는.

අජ [아저] 암염소.

අජගර ග්‍රහණය [아저가러 그라하너여] 단단한 매듭 පිඹුරු ගැටය.

අජගරයා [아저가러야-] 왕뱀, 보아뱀 (남미산 대형 뱀), 비단뱀 පිඹුරා.

අජට [아저터] 얽히지 않은, 문제가 없는, 분명한 ගැට රහිත.

අජටාකාශගාමියා† [아저타까-셔가-미야-] 우주 비행사.

අජටාකාශය† [아저타-까-셔여] 우주 공간.

අජනක [아자너꺼] 생산하지 못

අ

하는, 불임의, 불모의 ජනනය නොකරන.

අජනනී [아자너니-] 임신 못하는 여인 වඳ ගැහැනිය.

අජනිත [아자니떠] 태어나지 않은, 나오지 않은 නූපන්.

අජන්මවත් [아잔머왇] 귀족 태생이 아닌 නම්බුකාර උපතකින් තොර.

අජපල් [아저빨] 목동, 염소치기 අජපාල.

අජපාල [아저빨-러] 목동, 염소치기 අජපල්.

අජම්ම [아잠머] 내국인이 아닌 ජාතියට අයත් නොවන.

අජම්මක්කාරයා [아잠맊까-러야-] 외국인, 외지인 විදේශිකයා.

අජර [아저러] ①썩지 않는, 부패하지 않는 ජරාවට නොයන ② 늙지 않는 මහලු නොවන.

අජරයා [아저러야-] 늙지 않는 사람, 신.

අජරාමර [아저라-머러] 썩지도 죽지도 않는.

අජල [아잘러] 물 없는.

අජාත [아자-떠] 태어나지 않은 නූපන්.

අජිත [아지떠] ①정복할 수 없는 පරාජය නුණ ②능가할 수 없는, 탁월한 අනධික.

අජානීය/අජානෙය්‍ය [아자-니-여/아자-네이여] 고품격 말(馬)

අජීර්ණය [아지-르너여] 소화불량 අජීරණය.

අජීව† [아지-워] 죽은, 살아있지 않은, 생명력없는 පණ නැති.

අජීව උපත [아지-워 우빠떠] 사생, 죽어 태어남.

අජීවක [아지-워꺼] 죽은, 살아있지 않은, 생명이 없는 අජීව.

අජීව ලෝකය [아지-워 로-꺼여] 무생물 세상.

අජීවව උපන් බිළිඳ [아지-워워 우빤 빌린다-] 사산아.

අජුව [아주-워] ①추함, 흉함, 꼴사나움 අවලස්සනකම ②못생긴, 추한, 흉한 අවලස්සන (구어) කැත.

අඤ්ජනම [안저너머] ①세안제 අඳුන ②점치는데 쓰는 마법의 연고.

අඤ්ජනම් බලනවා [안저남 발러너와-] 마법연고로 점을 치다.

අඤ්ජනය [안저너여] 세안제 අඳුන.

අඥ [아끄녀] 어리석은, 지혜롭지 못한, 배우지 못한, 알지 못 하는 නුගත්.

අඥයා [아끄녀야-] 어리석은 자, 지혜롭지 못한자 මෝඩයා.

අඥාත [아끄냐-떠] 익명의, 알지 못하는 නොදත්.

අඥාන [아끄냐-너] අඥානය 의 복수 또는 형용사: ①어리석은, 지혜롭지 못한, 현명하지 못한 නුවණ නැති ②어리석음, 우둔함 අනුවණකම. ¶ අඥානයා 어리석은 자

අට‡ [아터] 팔, 여덟, 8 අෂ්ට.

අටගන්නවා [아터간너와-] ①일어나다, 발생하다, 생겨나다 හටගන්නවා ②싹이 나다, 싹이 트다 පැළවෙනවා.

අට දිග [아터 디거] 여덟 방향, 팔각.

අටනය [아터너여] 여행, 관광 සංචාරය.

අටපට්ටම් [아터빹탐] 팔각형, 8변형.

අටපහ [아터빠하] 물건의 상태, 좋고 나쁨.

අටපිරිකර [아터삐리꺼러] 승려에게 주어지는 8가지 물품 (3벌 승복, 탁발 그릇, 속옷, 면도기, 바늘, 물통).

අටපෙතියා [아터뻬띠야-] 8개의 꽃잎을 가진 꽃.

අටමහල [아터마할러] ①임시막사 ②점쟁이 (마술사)가 재

위에 그리는 그림 ③팔각형으로 만들어진 허리띠.

අටමස්ථානය [아터머쓰따-너여] 아누라더뿌러(Anuradhapura)에 있는 가장 거룩한 예배 장소.

අටල්ල† [아탈러] ①망대 අට්ටාලය ②(건축장) 비계 පලංචිය.

අටවක [아터워꺼] ①초승달이나 보름달이 지난 8일째 되는 날 ②여덟굽이.

අටවන ‡ [아터워너] 여덟번째의. (구어) අටවැනි

අටවනවා‡ [아터워너와-] ඇටෙවුවා/ඇටවුවා-අටවා ①만들다, 제조하다, 구조물을 만들다, 건축하다 සාදනවා ②덫을 놓다, 올무를 놓다. ඇටවීම

අටවැනි‡ [아터왜니] 여덟번째의. (문어) අටවන

අටවිය [아터위여] 숲.

අටසිල්‡ [아터씰] 여덟가지 미덕.

අටළොස [아털로써] 십팔, 열여덟 දහඅට.

අටැස් [아태쓰] 8개 눈, 8개 눈을 가진 사람.

අටිය [아티여] 기대, 희망 පැතුම.

අටු කොටු† [아투 꼬투] 창고, 곡물 창고 ධාන්‍යාගාරය.

අටුකොස් [아투꼬쓰] 마른 잭열매.

අටුව‡ [아투워] 곳간, 창고.

අටුවාකරු [아투와-꺼*루*] 주석가, 해설가, 비평가, 논평가 අටුවා ග්‍රන්ථ රචක.

අටුවාව [아투와-워] ①주석서 සංවර්ණනාව ②해설, 비평, 논평 අර්ථ කථාව.

අටෝරාසිය [아토-*라*-씨여] 백팔, 108.

අට්ටාලය [앝탈-러여] ①(건축) 트러스, 형구(桁構) මැස්ස ②망대 උස්ව තැනූ මුර කුටිය.

අට්ටික්කා/අත්තික්කා [앝틱까-/앝띡까-] 무화과.

අට්ටිය [앝티여] 더미, 무더기 ඇහුරුම.

අට්ටුව [앝투워] 쓰레기, 폐기물 කුණු.

අඩ† [아*더*] ①반절, 반 අර්ධය ②쐐목, 쐐기 අඬය.

අඩංගු‡ [아*당*구] ①포함하는, 가지고 있는 ඇතුළත් ②순종하는, 복종하는, 따르는 කීකරු.

අඩංගුව [아*당*구워] ①내용, 알맹이, 포함된 것 අන්තර්ගතය ②감금, 구금, 보호 භාරය.

අඩංගු වෙනවා‡ [아*당*구 웨너와-] 포함되다, 가지고 있다, 구성되다.

අඩ ඇන්ත්‍රසයිට් [아*더* 앤뜨*러*싸이트] 반무연탄 (무연탄 중 휘발 성분이 많은 것).

අඩකවය [아*더*까워여] 반원, 반원형 අඩ වළල්ල.

අඩකුඹ† [아*더*꿈버] 조기 게양의, 반기 게양의.

අඩ ගහනවා [아*더* 가하너와-] 막다, 메우다, 막히게 하다, 방해하다 අවහිරයක් තබනවා.

අඩගොස්සන් කරනවා [아*더*곳싼 꺼*러*너와-] 함성을 지르다, 소동을 일으키다 ඝෝෂා කරනවා.

අඩතැන්න [아*더*땐너] (지질학) 준평원.

අඩ තියනවා [아*더* 띠여너와-] 막다, 메우다, 막히게 하다, 방해하다 අවහිරයක් තබනවා.

අඩදැනිව [아*더*대니워] 무릎꿇음 දන ගැසීම.

අඩනින්ද [아*더*닌더] 선잠, 풋잠, 노루잠 අර්ධ නිද්‍රාව.

අඩන්තේට්ටම [아*단*뗄-터머] 폭행, 폭력, 때림 පහර දීම. (복) *අඩන්තේට්ටම්*

අඩන්තේට්ටම් කරනවා [아*단*뗄-탐 꺼*러*너와-] 폭행하다, 때리다, 폭력을 행사하다 පහර දෙනවා. (구어) ගහනවා

අ

අඩපණ [아더빠너] ①반쯤 죽은, 거의 죽은 අර්ධ ප්‍රාණ ②탈진한, 쇠약한, 연약한 දුර්වල.
අඩපුහුණු [아더뿌후누] 반쯤 훈련된, 반쯤 익숙한 අර්ධ පුහුණු.
අඩපොල්ල [아더뽈러] (수레) 받침대, 지렛대.
අඩබැල්ම [아더뺄머] 곁눈질.
අඩබුන් [아더분] 부분할(部分割)의.
අඩ ප්ලවාංග [아더'쁠러왕-거] (생물학) 일시성 플랑크톤.
අඩ මස [아더 마써] 반달, 한달의 반 මාස බාගය.
අඩමාන† [아ㄴ더마-너] 불확실한, 확실하지 않은, 모호한 ස්ථිරව නොදන්නා.
අඩමානය [아더마-너여] 불확실성, 모호성 සැක සහිත බව.
අඩමුකුළුව [아더무꿀루워] 미소, 작은 웃음 මඳහස.
අඩප්පන් [아닾빤] (유행성) 이하선염(耳下腺炎).
අඩය [아더여] 정지 장치, 마개, 막는 것.
අඩයටිය [아더야티여] 창, 작살 තෝමරය.
අඩයටිධර [아더야티더러] ①창을 쥔 자 තෝමරය දරන්නා ②까떠러거머 신, 전쟁의 신 කතරගම දෙවියෝ.
අඩයාළම [아더얄-러머] 표, 상징, 로고, 브렌드 ලාංඡනය.
අඩලා ගන්නවා [아덜라- 간너와-] 강탈하다, 낚아 채다.
අඩවන්/අඩවල් [아더완/아더왈] 반쯤 닫힌 බාගෙට වැසුණු.
අඩ වශයෙන් [아더 와셔옌] 부분적으로, 일부분으로.
අඩ වළල්ල [아더 왈랄러] 반원, 반 원형 අඩකවය.
අඩවිය [아더위여] ①정글, 숲, 삼림 වනය ②지역, 영역 ප්‍රදේශය. ¶ වෙබ් අඩවිය 웹 사이트
අඩවිච [아다우워] 춤, 존경을 표하거나 선물을 받기 위해 추는 춤 නැටුම් පදයක්. (복) අඩවි
අඩස [아더써] 반절, 반, 절반 අර්ධය. (구어) බාගය
අඩසඳ† [아더싼더] 반달 සඳවක.
අඩස්සිය [아닸씨여] ①수감, 구금, 보호관리, 방해, 차단 අවහිරය ②오줌 장애 මුත්‍ර හිරවීම.
අඩහැඩසාය [아더해더싸-여] 스커트, 무릎 정도 내려오는 치마 තරමක හැඩසාය.
අඩ හීලෑ [아더 힐-래-] 반 길들여진, 반쯤 교화된 තරමක් දුරට හීලෑවුණු.
අඩහෝරාමාන ඔරලෝසුව [아더호-라-마-너 오럴로-쑤워] 반 크로노미터 (온도 변화 등 외계의 영향을 받지 않는 매우 정확한 휴대용의 태엽 시계).
අඩාල [아달-러] 실패한, 완수하지 못한, 미완성의 අසාර්ථක.
අඩැස [아대써] 반쯤 감은 눈 අඩක් පියවූ ඇස.
අඩි [아디] අඩිය 의 복수: ①발들 පාද ②(길이 단위) 한 자, Feet අඩියක් දිග ප්‍රමාණය ③바닥, 밑 පතුල් ④ 걸음, 걸음거리, 단계 පියවර ⑤술, 알콜 මත්පැන්.
අඩිකාරයා [아디까-러야-] 술주정뱅이 බේබද්දා.
අඩිකෝඩය [아디꼬-더여] 소동, 소요, 폭동 කලබලය.
අඩිකෝදුව‡ [아디꼬-두워] 발 재는 줄 අඩිපටිය.
අඩිගහනවා [아디가하너와-] ①술 마시다 මත්පැන් බොනවා ②발을 두다 පා තබනවා ③신발 밑창을 붙이다.
අඩිතාලම [아디딸-러머] 기초, 기반, 초석 අත්තිවාරම.

අඩිපටිය [아디/빠티여] 발 재는 줄 අඩිකෝදුව.

අඩිපාර‡ [아디/빠-러] ①오솔길 ②발자취.

අඩිය‡ [아디/여] ①발 පය ②(길이 단위) 한자, 1피트 අඩියක් දිග ප්‍රමාණය ③바닥, 밑 පතුල ④걸음, 걸음거리, 단계 පියවර ⑤술, 알콜 මත්පැන්. *අඩි*

අඩිස්සි කරනවා [아딨씨 꺼러너와-] (어렵게) 집어넣다, 삽입하다, 누르다 ඔබනවා.

අඩිහප්පනවා [아디/핲뻐너와-] (땅에 발을 치며) 협박하다, 위협하다 පය බිම ගසා තරවටු කරනවා.

අඩු‡ [아두] ①부족한, 모자란 අසම්පූර්ණ ②비천한, 낮은 පහත්.

අඩු කරනවා‡ [아두 꺼러너와-] 깎다, 값을 싸게 하다, 흥정하다.

අඩු කුලය [아둒 꿀러여] 낮은 신분, 낮은 카스트 පහත් කුලය.

අඩුක් කරනවා [아둒 꺼러너와-] 싸다, 포장하다, 꾸리다, 묶다 පැක් කරනවා.

අඩුක්කුව [아둒꾸워] 음식, 식량 ආහාරය. (구어) කෑම

අඩුක්කු සප්පායම් වෙනවා [아둒꾸 쌒빠-얌 웨너와-] 음식을 먹다, 식사하다 අනුභව කරනවා. (구어) කනවා

අඩු ජම්මක්කාර [아두 참맊까-러] 천한 태생의, 낮은 출신의.

අඩු ජාම්මය [아두 잠머여] 낮은 출신 성분, 천하게 태어남 පහත් උප්පත්තිය.

අඩු ජාති [아두 자-띠] ①부족분(액, 량) අඩුපාඩුව පවතින දේවල් ②천한 출생의, 천한 태생의.

අඩු ජාතිය [아두 자-띠여] 천민, 천한 태생 පහත් කුලය.

අඩුතම [아두떠머] 최저의, 가장 낮은 අඩුම.

අඩුත්තු [아둗뚜] 적당한, 적절한, 어울리는 ගැළපෙන.

අඩුත්තු දොර [아둗뚜 도러] 꺾쇠문 කලම්ප දොර.

අඩුත්තු පණ්ණාම [아둗뚜 빤너머] 적절한 선물.

අඩු පාඩුව† [아두 빠-두워] 부족, 결핍 හිඟපාඩු. (복) *අඩුපාඩු*

අඩුම කුඩුව [아두머 꾸두워] 부족한 것들, 부족한 필요물품 අඩුමාවල්.

අඩුමාව [아두마-워] 부족, 결핍 අඩු පාඩුව.

අඩුමිල සංස්කරණය [아두밀러 쌍쓰꺼러너여] ①저가판, 싸게 팔기 위해 준비한 물품 ②(인쇄) 싼 판, 유명한 판.

අඩුලුහුඩු [아둘루훈두] 부족, 결핍 අඩුපාඩුව.

අඩුලුහුඩුකම් [아둘루훈두깜] 부족들, 필요들, 요구들 අඩුපාඩු.

අඩුව [아두워] 필요, 부족 හිඟපාඩු. (복) *අඩු*

අඩුව කෑමදීම [아두워 깨-머디-머] 소식, 적게 먹음.

අඩුවයස් [아두와야쓰] 나이 어린, 나이 적은 බාල.

අඩුවාසිය [아두 와-씨여] 손해, 손실.

අඩුවැඩිය [아두왜디/여] 필요물, 필수품, 생필품 අවශ්‍ය බඩුමුට්ටු.

අඩුවෙන්‡ [아두웬] 적게, 부족하게.

අඩුවෙන්ම‡ [아두웬머] 최소한으로, 가장 적게.

අණ† [아너] 명령, 훈령, (법원의) 지시 නියෝගය.

අණ කරනවා‡ [아너 꺼러너와-] 명령하다, 훈령하다, 지시하다 අණ දෙනවා.

අණකරු [아너꺼루] ①명령자 අණ කරන තැනැත්තා ②수표 발행인.

අණක් ගුණක් නැති [아낚 구낚 내띠] 예의 없는, 무례한 අනාචාර.

අණ ගුණ [아너 구너] 예의, 예절, 예의범절, 훈련 සිලාචාරය.

අණගිල්ල [아낭길러] 집게 손가락 දබරැඟිල්ල.

අණපනත් [아너빠낟] 법령, 규례 නීති රෙගුලාසි.

අණබෙරය [아너베*러*여] 왕의 명령을 따라 치는 북.

අණවනවා [아너워너와-] ①명령하다, 훈령하다, 지시하다 අණ දෙනවා ②주문하다, 오더하다 ඇණවුම් කරනවා. <u>ඇණවුම</u>

අණ සක [아너 싸꺼] 명령, 지령, 지배, 통치 ආඥා චක්‍රය.

අණු [아누] ①원자들, 소립자들 ②원자의, 분자의 ③아주 작은 ඉතා පියුම්.

අණුක [아누꺼] 원자의, 분자의 අණුවට අදාළ.

අණුක ජීව විද්‍යාව [아누꺼 지-워 윋디야-워] 분자 생물학.

අණු ජීවියා [아누 지-위야-] 미생물 ක්ෂුද්‍ර ජීවියා.

අණුදක්නය [아누다끄너여] 현미경 අණ්වීක්ෂය.

අණුව† [아누워] ①원자, 미립자, 소립자 ②아주 작은 것 ඉතා කුඩා දෙය. ¶ විදුලි අණුවන් 전자

අණ්ඩ [안*더*] ①난자(의), 씨(의) බීජය ②헝겊 조각(의) ලප්පය ③정소(의), 고환(의) වෘෂණය.

අණ්ඩජ [안*더*저] ①알에서 태어나는 ②새, 조류.

අණ්ඩජාතනය [안*더*자-떠너여] (물고기) 산란, 알을 깜 අණ්ඩජාතය.

අණ්ඩජාතය [안*더*자-떠여] (물고기) 산란, 알을 깜.

අණ්ඩපාල [안*더*빨-러] 교활한 사람 කපටි පුද්ගලයා.

අණ්ඩපාලයා [안*더*빨-러야-] 교활한 사람 කපටි පුද්ගලයා.

අණ්ඩ පෝෂණය [안*더* 뽀-셔너여] 알을 품음, 부화 බිත්තර මේරීම.

අණ්ඩ මෝචනය [안*더* 모-처너여] 산란, 알을 낳음.

අණ්ඩය† [안*더*여] ①난자, 씨 බීජය ②헝겊 조각, 천 조각 ලප්පය ③정소, 고환 වෘෂණය.

අණ්ඩයා [안*더*야-] 교활한 사람, 악한 කපටියා.

අණ්ඩර දෙමළ [안*더러* 데멀러] 무의미한 말, 넌센스.

අණ්ඩවාතය [안*더*와-떠여] (의학) 수류(水瘤), 음낭수종(水腫) අණ්ඩවායුව.

අණ්ඩවායුව [안*더* 와-유워] (의학) 수류(水瘤), 음낭 수종(水腫) අණ්ඩවාතය.

අණ්ඩහරණය [안*더*하*러*너여] 거세, 정소 거세.

අණ්ඩාකාර† [안*다*-까-*러*] 달걀 모양의, 타원형의 බිත්තර හැඩ ඇති.

අණ්ඩෝරුව [안*도*-*루*워] 행진시 탈것에 하는 거룩한 장식물.

අණ්වීක්ෂය [안위-셔여] 현미경 අණුදක්නය.

අඬ [안*더*] 소리, 음, 목소리 හඬ. (문어) ශබ්දය

අඬකොස්සන් ගහනවා [안*더*꼬싼 가하너와-] 큰소리를 내다, 소리 지르다. (구어) කෑගහනවා

අඬ ගසනවා† [안*더* 가써너와-] 부르다, 소환하다 කැඳවනවා. (구어) අඬ ගහනවා

අඬ ගහනවා‡ [안*더* 가하너와-] 부르다, 소환하다 එන ලෙස කියනවා. (문어) කැඳවනවා

අඬ දබරය [안*더* 다버*러*여] 싸움, 격투, 전투. (구어) රංඩුව

අඬනවා‡ [안*더*너와-] ඇඬුවා-අඬලා(අඬා) 울다, 눈물짓다 දුක් කඳුළු හෙලනවා. <u>ඇඬීම</u>

අඬබෙරකරු [안*더*베*러*꺼*루*] 왕의 북을 치는 사람.

අඬබෙරය [안더베러여] 왕의 북: 왕이 칙령을 내리기 전에 치는 북 අණබෙරය.

අඬලනවා [안덜러너와-] ①닭이 울다 ②소리지르다, 큰소리를 내다 කෑගහනවා.

අඬහැර පානවා [안더해러 빠-너와-] 땅을 기경할 때 소가 들리도록 소리를 내다.

අඬුමිටිය [안두 미티여] (도구) 스패너.

අඬුව† [안두워] (도구) 펜치.

අත‡ [아떠] ①손, 팔 (문어) හස්තය ②방향, 쪽 පැත්ත ③길, 도로 මග. (복) *අත්* ¶ එක අතකින් 한편으로 අනෙක් අතට 다른 한편으로 මේ පොත එයාගේ අතේ එවන්නම් 이 책 그사람 편에 보낼게

අත අරිනවා‡ [아떠 아리너와-] 포기하다, 버리다, 손을 떼다 අත් හරිනවා. (문어) අත්හැර දමනවා

අත ඇරෙනවා [아떠 애레너와-] 손에서 떨어지다.

අත උඩ [아떠 우더] 간편하게, 쉽게 ඉතා පහසුවෙන්.

අත උරුක් කරනවා [아떠 우룩 꺼러너와-] 협박하다, 위협하다 තර්ජනය කරනවා.

අත උලුක් කරනවා [아떠 울룩 꺼러너와-] 협박하다, 위협하다 තර්ජනය කරනවා.

අතංගුව [아땅구워] 손 그물.

අතක මතක [아떠꺼 마떠꺼] 기억, 기억력 මතකය.

අත'කුරු [아떠'꾸루] 손글씨 අත් අකුරු.

අතකොලුව† [아떠꼴루워] 나무메, 타악기용 작은 망치.

අත ගසනවා [아떠 가써너와-] 손대다, 만지다 ස්පර්ශ කරනවා. (구어) අත ගහනවා

අත ගහනවා‡ [아떠 가하너와-] 손대다, 만지다. (문어) ස්පර්ශ කරනවා

අත ගන්නවා [아떠간너와-] ①손을 떼다, 손을 빼다 අත අහකට ගන්නවා ②결혼하다 විවාහ වෙනවා.

අතගා ඉන්නවා [아떠가- 인너와-] ①손을 대고 있다 ②늦추다, 연기하다 පරක්කු කරනවා.

අතගානවා‡ [아떠가-너와-] 손을 문지르다, 손을 부드럽게 대다.

අතට අත දෙනවා‡ [아떠터 아떠 데너와-] 악수하다, 악수를 청하다.

අත දමනවා [아떠 다머너와-] 손대다, 만지다 ස්පර්ශ කරනවා. (구어) අත ගහනවා

අත දරුවා‡ [아떠 다루와-] 애기, 아가 ළදරුවා.

අත දික්කරනවා [아떠 딕꺼러너와-] ①(도움의) 손을 뻗다, 손을 펼치다 ②구걸하다, 간청하다.

අතන‡ [아떠너] (손 뻗으면 닿을 거리) 지척 거리 අසුවල් තැන.

අතන මෙතන‡ [아떠너 메떠너] 여기 저기 (손 닿을 거리).

අතපත ගානවා [아떠빠떠 가-너와-] ①잡다, 붙잡다 අල්ලනවා ②일을 늦추다, 늦게 하다 පමා කරනවා.

අත පල්ලෙන් වැටුණු [아떠 빨렌 왜투누] 하찮은, 시시한, 중요하지 않은 ජම්මයක් නැති.

අතපය† [아떠빠여] 손발, 수족 අත්පා.

අතපසු කරනවා‡ [아떠빠쑤 꺼러너와-] 늦추다, 연기하다 පමා කරනවා. (구어) පරක්කු කරනවා

අත පානවා [아떠 빠-너와-] ①구걸하다, 간청하다, 간구하다 ඉල්ලනවා ②손을 보이다 අත පෙන්වනවා.

අත පැන් වඩනවා [아떠 빤 와더너와-] 드리다, 헌납하다.

අ

අතපිට [아떠삐터] 즉시, 바로 එකෙණෙහිම.

අතපිස්නය [아떠삐쓰너여] 냅킨, 테이블 냅킨 අත පියදමන රෙදි කඩ.

අත පුරා [아떠 뿌라-] 아낌없이, 낭비하여.

අත පොවනවා [아떠 뽀워너와-] ①중재하다 මැදිහත් වෙනවා ②손을 뻗다, 손을 펼치다, 만지다 ③간섭하다, 말참견하다.

අත බබා [아떠 바바-] 애기, 아가. (문어) ළදරුවා

අතබරට [아떠바러터] 아주 귀한, 아주 값나가는 බොහෝ වටිනා.

අත බලනවා† [아떠 발러너와-] 손금을 보다.

අතබාලයා [아떠발-러야-] (가정의) 막내 බඩපිස්සා.

අතබැලීම [아떠밸리-머] අත බලනවා 의 동명사: 손금을 봄.

අත මාරුව[아떠 마-루워] (친구간 작은) 빌림, 대출.

අතමිට[아떠미터] ①현찰 ②손에 있는 것: 재산, 소유.

අතමිදෙනවා [아떠미데너와-] 구출되다, 구원받다 අත්මිදෙනවා.

අත මුදලට [아떠 무덜러터] 현찰로.

අතමුල [아땀불러] ①손에 있는 '넬리' 과일 ②확실한 사실 ඉතා ප්‍රත්‍යාක්ෂ දෙය.

අත යට [아떠 야터] ①아래에, 밑에 යටතේ ②비밀리에, 암암리에 හොර රහසේ.

අතර† [아떠러] ①~하는 동안에, ~중간에, ~할 때에 කාලයෙහි ②사이, 간격, 틈 අන්තරය.

අතරතුර‡ [아떠러뚜러] ~하는 동안에, ~중간에, ~할 때에 කාලයෙහි. (구어) කරන ගමන්

අතරමං කරනවා [아떠러망 꺼러너와-] (처자 등을) 버리다, 돌보지 않다 අනාථ කරනවා.

අතරමං වෙනවා‡ [아떠러망 웨너와-] ①길을 잃다 මං මුළා වෙනවා ②혼자(홀로) 있다.

අතර මඟ‡ [아떠러망거] 중간에, 경유지에 අතර මග.

අතර මැදි [아떠러 매디] 중간에, 사이에, 가운데에 අතර.

අතරමැදියා [아떠러매디야-] 조정자, 중개인 මැදිහත්කාරයා.

අතරවාරේ [아떠러와-레-] 그러는 사이에, 막간에 අතරතුර වෙලාවේ.

අතරින්† [아떠린] (후치사) ~ 통과하여, ~ 지나서 තුළින්.

අතරින් පතර [아떠린 빠떠러] 여기서 저기서, 여기 저기 එහෙන් මෙහෙන්.

අතරින් පතරින් [아떠린 빠떠린] 여기서 저기서, 여기 저기 එතැනින් මෙතැනින්.

අතරෙන් [아떠렌] (후치사) ~ 통과하여, ~ 지나서 තුළින්.

අතරේ‡ [아떠레-] 사이에, 중간에 අතර.

අතලය [아떨러여] 작은 항아리, 작은 포트 කොතලය.

අතලොස්ස [아떨로써] 한줌, 약간. (복) *අතලොසු*

අත වනනවා [아떠 와너너와-] 손짓으로 부르다, (손따위로) ~에게 신호를 보내다.

අතවර කරනවා [아떠워러 꺼러너와-] 학대하다, 괴롭히다, 성가시게 굴다, 애먹이다 හිරිහැර කරනවා.

අතවරය [아떠워러여] 학대, 괴롭힘, 성가시게 함, 애먹임 හිරිහැරය. ¶ ළමා අතවර 아동학대

අතවැසි [아떠왜씨] ①(누구) 아래서 일하는, 종의, 하인의 ②학생의.

අතවැසියා [아떠왜씨야-] ①종, 하인 සේවකයා ②학생 ශිෂ්‍යයා.

අත වියදම [아떠 위여더머] 용돈, 푼돈 අතෙ වියදම.

අත සෝදනවා [아떠 쏘-더너와-] 포기하다, 손을 떼다 අතාරිනවා. (구어) අත හෝදනවා

අත සෝද [아떠 쏘-다-] 포기하고, 손을 떼 අත ඇරලා.

අත හරිනවා‡ [아떠 하리너와-] 포기하다, 버리다, 손을 떼다 අත් අරිනවා. (문어) අත්හැර දමනවා

අතාත්වික [아땉-위꺼] 상상의, 가상 현실의, 실제가 아닌 අස්වභාවික.

අතාරිනවා [아따-리너와-] අතෑරියා-අතෑර 포기하다, 손을 떼다 අත් අරිනවා. <u>අතෑරීම</u> (문어) අත්හැර දමනවා

අතැඹුල [아땜불러] ①손에 있는 '넬리' 과일 ②확실한 사실 ඉතා ප්‍රත්‍යක්ෂ දෙය.

අතැඹුල සේ දන්නවා [아땜불러 쎄- 단너와-] 확실히 알다, 아주 잘 알다.

අති† [아띠] 더, 더 많은, 추가의, 울트라 ඉතා.

අතික්‍රමණය [아띠끄러머너여] 침해, 훼방, 넘어감 ඉක්මවා යාම.

අතික්‍රාන්ත [아띠끄란-떠] 넘어서는, 뛰어 넘는, 경과하는 ඉක්මවූ. ¶ ඥානාතික්‍රාන්ත 지식을 초월하는

අතිජාත [아띠자-너] 귀족의, 높은 출신 성분의 උසස් උපතක් ඇති.

අතිථි [아띠띠] 손님의, 외부인의.

අතිදුස්ස්‍රාවී [아띠듰쓰라-위-] 아주 끈적이는, 아주 찐덕이는 ඉතා උකු.

අතිධාවන [아띠다-워너] 과속의, 과속하는.

අතිනූතන [아띠누-떠너] 최신식의, 최현대판의 ඉතා නවීන.

අතින් කටින් [아띤 까틴] 모든 곳에서.

අතිපාරිශුද්ධ [아띠빠-리슏더] 아주 거룩한, 아주 높은, 아주 깨끗한 ඉතා පිරිසිදු.

අතිපීඩනය [아띠삐-더너여] 고혈압 අධික පීඩනය.

අතිප්‍රභාව [아띠쁘러바-워] 가장 밝은 부분, 아주 중요한 부분, 하일라이트 අධික ආලෝකය.

අතිබහුල [아띠바훌러] 풍성한, 풍부한 ඉතා වැඩි.

අතිබහුලතාව [아띠바훌러따-워] 풍성, 풍성함 බහුලත්වය.

අතිමහත් [아띠마핱] 아주 큰, 거대한 විශාල.

අතිමානය [아띠마-너여] 자부심, 자만, 교만 අහංකාරය.

අතිර [아띠러] 불안한, 안정적이지 않은, 일시적인 අස්ථිර.

අතිරස [아띠라써] ①아주 맛난, 아주 맛있는 ඉතා රසවත් ②튀긴 께움(스리랑카 명절 음식)의 한 종류.

අතිරික්තය† [아띠릮떠여] 초과, 잉여, 남는 것 ඉතිරිය.

අතිරුචිර [아띠루치러] 아주 기뻐하는, 아주 좋아하는.

අතිරේක† [아띠레-꺼] 추가의, 보충의.

අතිරේකය† [아띠레-꺼여] 추가, 보충.

අතිවිඩයම් [아띠위더얌] (식물) 이끼류.

අතිවිරළ [아띠위럴러] 아주 드문, 아주 보기 드문 ඉතා දුර්ලභ.

අතිවිශාල [아띠위샬-러] 아주 큰, 거대한 දැවැන්ත.

අතිවිශිෂ්ට [아띠위쉬쉬터] 독특한, 아주 특별한, 아주 높은 අතුලය.

අතිවිශේෂ‡ [아띠위쉐-셔] 아주 특별한 සුවිශේෂ.

අතිශය [아띠셔여] ①초과, 과도, 지나침 ②많은, 더 많은, 과도한, 과대한, 지나친 ඉතාම.

අ

අතිශයින් [아띠셔인] 극도록, 극단적으로, 아주, 대단히, 몹시 බෙහෙවින්.

අතිශයෝක්තිය† [아띠셔육-띠여] 과장, 과대시, 과장된 표현.

අතිශයෝපකාරී [아띠셔요-빠까-리-] 큰 도움이 되는, 아주 도움이 되는 අතිශය උපකාරී.

අති ශෝභන [아띠 쇼-버너] 아주 잘생긴, 초 미남의 ඉතා ලස්සන.

අතිසියුම් [아띠씨윰] 초미세의, 아주 작은 අති සුද්ෂ්ම.

අතිසුගන්ධ [아띠쑤간더] 아주 향기로운, 아주 향기가 나는 ඉතා සුවඳවත්.

අතිසුක්ෂ්ම [아띠쑥쉬머] 복잡한, 뒤얽힌, 이해하기 어려운 අති සියුම්.

අතීත† [아띠-떠] 과거의, 이전의.

අතීත කාලය† [아띠-떠 깔-러여] 과거, (문법) 과거형.

අතීත ජාතිය [아띠-떠 자-띠여] (불교) 전생, 이전 인생.

අතීතය‡ [아띠-떠여] 과거, 이전, 기왕.

අතීන්ද්‍රිය [아띤-드리여] 감지할 수 없는, 알아차릴 수 없는 තේරුම් ගත නොහෙන.

අතීසාරය† [아띠-싸-러여] 이질, 설사병 පාචනය. (구어) බඩයෑම

අතු† [아뚜] අත්තට의 복수: ①(나무) 가지들 ②지점들, 분점들.

අතු ඇල [아뚜 앨러] 지류 하천, 강지류 ශාඛා ඇල.

අතු කඳුබෑම [아뚜 깐두배-머] 가지치기 අතු කපාදැමීම.

අතු ගඟ† [아뚜 강거] 지류 하천, 강지류 ශාඛා ඇල.

අතුගානවා‡ [아뚜가-너와-] අතුගෑවා-අතුගාලා (빗자루로) 쓸다, 청소하다 අමදිනවා.

අතු ගෙය [아뚜 게여] 초가집 (나무닢으로 엮은 집) අතු සෙවිලි කළ ගෙය.

අතුට [아뚜터] 바닥에 흩은, 바닥에 뿌리 අතුරා.

අතුණු [아뚜누] 창자, 내장, 장 බඩවැල්.

අතුණුබහන් [아뚜누바한] (해부학) 장(腸), 내장, 창자 උදරය තුළ ඇති කොටස්.

අතුපතර† [아뚜빠떠러] (뻗은) 나뭇 가지 විහිදුණු අතු රිකිලි.

අතුපතුගානවා [아뚜빠뚜가-너와-] (빗자루로) 쓸다, 청소하다 අතුගානවා.

අතුපාර [아뚜빠-러] 샛길, 옆길.

අතුපැල‡ [아뚜빨러] 오두막, 오막살이집.

අතු බඳිනවා [아뚜 반디너와-] (지붕을) 짚(야자나무 가지)으로 이다.

අතුර [아뚜러] ①(장소적인) 간격, 틈 අතරතුර ②두 나무 사이를 연결한 줄. (복) *අතුරු*

අතුරනවා† [아뚜러너와-] ඇතුරුවා/අතුළා-අතුරා ①뿌리다, 흩뿌리다, 흩어버리다 තවරනවා ②(옷 등) 펼치다, 펴다. ඇතිරීම

අතුරින් [아뚜린] ~ 통해서, ~ 지나서 අතුරෙන්.

අතුරු [아뚜루] ①추가의, 첨가의 අමතර ②(나무 사이에) 줄로 만든 길 රැහැන් මං.

¶ අතුරු පාර (주요 도로 이외의) 작은 길

අතුරු කතාව [아뚜루 까따-워] 추가(보조) 이야기 ද්වීතීය කථාව.

අතුරු ගහනවා [아뚜루 가하너와-] 논에 써레질하도록 줄을 치다.

අතුරුදන් වෙනවා‡ [아뚜루단 웨너와-] 사라지다, 없어지다 අන්තර්ධාන වෙනවා.

අතුරුදහන් වෙනවා [아뚜루다한 웨너와-] 사라지다, 없어지다 අන්තර්ධාන වෙනවා.

අතුරු නඩු තීන්දුව [아뚜루 나두 띤-두워] (법률학) 중간 판결.

අතුරු නිෂ්පාදන [아뚜루 니쉬빠-더너] 보조 제품, 추가 제품.

අතුරු නීතිය [아뚜루 니-띠여] (지방 자치 단체, 회사 등의) 규칙, 조례, 내규, 준칙, 세칙.

අතුරුපස‡ [아뚜루빠써] 후식. (구어) ඩේසට්

අතුරු බෝග [아뚜루 보-거] 추가 작물, 보조 작물.

අතුරු යෝජනාව [아뚜루 요-저나-워] 운동 개선, 행동 개선.

අතුරු ව්‍යවස්ථාව [아뚜루 위여워쓰따-워] (지방 자치 단체, 회사 등의) 규칙, 조례, 내규, 준칙, 세칙 අතුරු නීතිය.

අතුරු සිදුරු නැතිව [아뚜루 씨두루 내띠워] (사람, 교통 등이) 혼잡하여, 밀집해 හිදැස් රහිතව.

අතුරෙන් [아뚜렌] ① ~ 통해서, ~ 지나서 තුළින් ②~ 가운데서 අතරින්. ¶ ඔබ අතුරෙන් 너희 가운데서

අතුරෙහි [아뚜레히] 중간에, 사이에 අතර.

අතුල [아뚤러] ①손바닥 අල්ල ②같지 않은, 다른, 동등하지 않은 අසමාන. (복) *අතුල්*

අතුල් [아뚤] ①손바닥 අත් තල ②손바닥의 අල්ලට අදාළ.

අතුල් පතුල් [아뚤 빠뚤] 손발, 수족 හස්ත සහ පාද. (구어) අත්පා

අතුල් පහර [아뚤 빠하러] 싸다귀를 날림, 손바닥으로 (뺨을) 때림, 철썩(때리기) කම්මුල් පහර.

අතුල්‍ය [아뚤리여] 같지 않은, 다른, 동등하지 않은 අසමාන.

අතුල්ලනවා‡ [아뚤러너와-] ඇතුල්ලුවා-අතුල්ලා 문지르다, 비비다 පිරිමදිනවා. ඇතිල්ලීම

අතු වහල [아뚜 와할러] (나뭇가지 등) 손으로 엮은 지붕.

අතුළ [아뚤러] 펴진, 늘어난, 퍼진, 확산된 ඇතිරූ.

අතෘප්තිමත්† [아뜨룹띠맏] 불만족한, 만족하지 않는, 기뻐하지 않는 සෑහීමට පත් නොවූ.

අතෘප්තිය [아뜨룹띠여] 불만족, 만족하지 않음 සෑහීමට පත් නොවීම.

අතේ වියදම [아떼- 위여더머] 용돈, 푼돈 අත වියදම.

අතෝරය [아또-러여] 학대, 괴롭힘, 성가시게 함 අතවරය.

අත්† [앋] අත 의 복수 또는 형용사: ①손들 හස්ත ②손의, 손으로 이루어지는.

අත්† [앋] 받은, 가진, 소유한 ලැබුණු, අත්වුණු.

අත් අකුරු‡ [앋 아꾸루] 손글씨, 필기.

අත් අඩංගුව [앋 아당구워] 체포, 구금 සිර භාවය.

අත් අඩංගුවට ගන්නවා† [앋 아당구워터 간너와-] 체포하다, 구금하다.

අත් අණ්ඩ [앋 안더] ①깃털, 깃 අත්තටුව ②(새) 앞다리.

අත් අඩුව [앋 안두워] 작은 집게, 작은 펜치.

අත් අරිනවා‡ [앋 아리너와-] ①포기하다, 그만두다 ②버리다, 저버리다 අත් හරිනවා.

අත් ඇන්ද [앋 앤더] (의자) 팔걸이.

අත් ඇඳි පුටුව [앋 앤디 뿌투워] 안락 의자 අත් පුටුව.

අත් ඉස්තිරික්කය [앋 이쓰띠릭꺼여] 손 다리미.

අත් උදව්ව [앋 우다우워] 작은 도움 සුළු උදාව්ව.

අත්එන්නත් කරනවා [앋엔낟 꺼러너와-] 예방 접종하다, 백신을 맞추다.

අත් ඔරලෝසුව‡ [앋 오*랄*로-쑤워] 손목 시계.

අත් කඩදසි [앋 까*더*다-씨] 수제 종이.

අත්කම්‡ [앋깜] ①솜씨, 수공예, 수공 හස්ත කර්මාන්ත ②솜씨의, 수공예의, 수공의.

අත්කර ගන්නවා† [앋꺼*러* 간너와-] 소유하다, 확보하다, 취하다, 가지다 අයිති කර ගන්නවා.

අත් කරත්තය [앋 까*랃*떠여] 손수레.

අත්කරනවා [앋꺼*러*너와-] 소유하다, 확보하다, 취하다, 가지다 අයිති කරනවා.

අත් කඟ [앋 깡거] (식물) 강황.

අත් කියත† [앋 끼여떠] 손으로 사용하는 톱.

අත් ගල [앋 갈러] ①맷돌의 윗부분 ②조약돌 ③토기장이의 부드럽게 하는 돌.

අත් ගලා [앋 갈라-] 둥그런 사탕과자.

අත් ගුණය [앋 구너여] 개인적인 능력.

අත්ත‡ [앋떠] ①(나무) 가지 ②지점, 지국 ශාඛාව. (복) *අතු*

අත්තටු‡ [앋따투] 깃털, 깃 අත් අණ්ඩ.

අත්තටු ගහනවා [앋따투 가하너와-] 날개짓하다, 날개를 치다.

අත්තන [앋떠너] (식물) 산사나무, 아가위.

අත්තනෝමතික [앋떠노-머띠꺼] 완고한, 억지 센, 강팍한 මුරණ්ඩු.

අත්තනෝමතිය [앋떠노-머띠여] 사견, 개인 의견, 자신의 뜻, 완고함 තම කැමැත්ත.

අත්තප්පා [앋땊빠-] 할아버지 සීයා.

අත්තම්මා† [앋땀마-] 할머니 ආච්චි. (문어) ආත්තා

අත්තල [앋떨러] ①손뼉 침, 박수 අත්පොළසන ②(악기) 제금, 심벌즈.

අත් තලය [앋 떨러여] ①손바닥 අල්ල ②손뼉치는 소리, 박수소리.

අත්තවාදය [앋떠와-더여] 영혼론.

අත්තසඤ්ඤාව [앋떠싼냐-워] 자중심 주의, 에고이즘 මමත්වය.

අත්තළ [앋떨러] ①손뼉 침, 박수 අත්පොළසන ②(악기) 제금, 심벌즈.

අත්තා‡ [앋따-] 할아버지, 조부 මුත්තා. (구어) සීයා

අත්තාණි කණුව [앋따-니 까누워] 칙령을 공고하는 기둥.

අත්තාණිය [앋따-니여] ①회중, 무리 සභාව ②어전회의의 칙령.

අත්තාළම [앋딸-러머] 손 심벌즈, 꽹과리 කෛතාලම.

අත්තිකාරම† [앋띠까-*러*머] ①선금, 선불 ②담보, 저당.
¶ අත්තිකාරම් මුදල් 선금

අත්තික්කා [앋띢까-] 무화과, 무화과 나무.

අත් තිරිංගය [앋 띠*링*거여] 핸드브레이크.

අත්තිවාරම‡ [앋띠와-*러*머] 기반, 기초 පදනම.

අත් තුවක්කුව [앋 뚜왂꾸워] 소총 රයිපලය.

අත්දකිනවා‡ [앋다끼너와-] අත්දැක්කා-අත්දැක(අත්දැකලා) 경험하다, 체험하다 අද්දකිනවා.

අත්දැකීම‡ [앋대끼-머] අත්දකිනවා 의 동명사: 경험, 체험 අද්දැකීම.

අත්දුටු [앋두투] 경험한, 체험한 ප්‍රත්‍යක්ෂ.

අත් නාරිනවා† [앋 나-*리*너와-] 포기하지 않다, 저버리지 않다.

අත්පත්කර ගන්නවා [앋빧꺼*러* 간너와-] 얻다, 취득하다, 소유하다 අයිති කරනවා.

අත්පන්දු ක්‍රීඩාව† [앋빤두 끄*리*-다-워] 배구.

අත් පහරුව [앋 빠하*루*워] 수동 인쇄기.

අත්පා† [앋빠-] 손발.

අත්පා මෙහෙය [앋빠- 메헤여] 시중, 섬김, 도와줌 මෙහෙවර.

අත්පා මෙහෙවර [앋빠- 메헤워*러*] 시중, 섬김, 도와줌 මෙහෙවර.

අත්පිට [앋삐터] ①즉시, 곧바로 එකෙණෙහිම ②한번에. ¶ අත්පිට මුදල 현금

අත්පිඩි ගසනවා [앋삐*디* 가써너와-] 손뼉을 치다, 박수를 치다.

අත්පිස්නාව‡ [앋삐쓰나-워] 냅킨, 휴지 ඉඳුල්කඩ.

අත්පුටය [앋뿌터여] 두손을 붙여 만든 용기 모양 දෝත.

අත් පුටුව [앋 뿌투워] 안락의자 අත් ඇඳි පුටුව.

අත්පුඩි ගහනවා‡ [앋뿌*디* 가하너와-] 손뼉을 치다 අප්පුඩි ගහනවා. (문어) අත්පොළසන් දෙනවා

අත්පොත‡ [앋뽀떠] 핸드북, 소책자, 매뉴얼 උපදෙස්පොත.

අත්පොරව [앋 뽀*러*워] 손도끼 අත්පොරොව.

අත්පොළ [앋뽈러] 박수, 손뼉침 අත්පුඩිය.

අත්පොළසන [앋뽈러써너] 박수, 손뼉침. (복) *අත්පොළසන්* (구어) අත්පුඩිය

අත්පොළසන් දෙනවා† [앋뽈러싼데너와-] 박수치다, 손뼉치다 අත්පොළසන් නාද දෙනවා. (구어) අත්පුඩි ගහනවා

අත්බඳ [앋반더] 아내, 부인 බිරිඳ.

අත්බව [앋바워] 이생, 현생애 ලැබූ උත්පත්තිය.

අත් බෙහෙත [앋 베헤떠] 작은 병에 사용되는 약.

අත් බෝම්බය [앋 봄-버여] 수류탄.

අත්භූත [앋부떠] 놀라운, 경탄할만한, 믿을 수 없는 පුදුම.

අත්භූතාත්මක [앋부땉-머꺼] 환상적인, 믿을 수 없는, 놀라운 පුදුම.

අත්මාරුව [앋마-루워] ①손을 바꿈 ②소유를 바꿈 ③북치는 손놀림.

අත් මිදීම [앋 미디-머] 구원, 구출.

අත්මිදෙනවා [앋미데너와-] 구출되다, 구원받다 අත මිදෙනවා.

අත් මේස්‡ [앋 메-쓰] 장갑, 손장갑.

අතය [앋띠여] 많이, 더 많이, 아주 අති.

අත්‍යග්‍ර [앋띠여그*러*] 탁월한, 뛰어난, 빼어난 ඉතා උසස්.

අත් යත් කාර්ය ක්‍රමය [앋 얃 까-*르*여 끄*러*머여] 손과 기계 작동 시스템.

අත්‍යධික [앋띠여디꺼] 과도한, 과다한, 과대한 ඉතා අධික.

අත්‍යන්ත [앋띠얀떠] 최후의, 마지막의, 궁극의 ඉතා කෙළවර.

අත්‍යන්ත අගය [앋띠얀떠 아거여] 최고의 가치, 궁극의 가치 අන්තිම අගය.

අත්‍යන්තය [앋띠얀떠여] 무한, 무궁, 끝이 없음 අනන්තය.

අත්‍යන්තර [앋띠얀떠*러*] 아주 먼, 상거가 아주 먼 එකිනෙකින් ඉතා දුර.

අත්‍යලංකාර [앋띠열랑까-*러*] 아주 이쁜, 매우 아름다운 ඉතා ලස්සන.

අත්‍යල්ප [앋띠알빠] 미세의, 아주 작은 අති අල්ප.

අත්‍යවශ්‍ය [앋띠여워쉬여] 필수의, 근본적인, 가장 중요한 ඉතා අවශ්‍ය.

අත්‍යවශ්‍යක [앋띠여워쉬여꺼] 필수의, 없어서는 안되는 නැතිවම බැරි.

අ

අත්‍යාදරය [앋띠야-더*러*여] 친애, 강한 사랑 දැඩි ආදරය.

අත්‍යානන්ද [앋띠야-난더] 아주 기쁜, 매우 기뻐하는 ඉතා ප්‍රීතිමත්.

අත්‍යාලය [아띠얄-러여] 친애, 강한 사랑 දැඩි ආදරය.

අත්‍යාසන්න [앋띠야-싼너] 아주 가까운, 지척의 ඉතා කිට්ටු.

අත්‍යුත්කෘෂ්ට [앋띠윧끄*루*쉬터] 매우 귀한, 아주 소중한.

අත්‍යුත්තම [앋띠윧떠머] 아주 존경하는, 극존의 ඉතා උතුම්.

අත්‍යුත්සන්න [앋띠윧싼너] ①아주 심각한, 잔혹한 ඉතා අමාරු ②상황이 아주 악화된 අමාරු තත්වයට පත්.

අත්‍යුදාර [앋띠유다-*러*] 영광스러운, 존귀한 ඉතා උදාර.

අත්ල† [아뜰러] 손바닥 අල්ල.

අත්ලස [아뜰러써] 뇌물 පගාව.

අත් ලිපිය [앋 리삐여] 손으로 쓴 문서, 편지.

අත් වරද [앋 와*러*더] 실수, 잘못 අත් වැරැද්ද.

අත් වාච්චිය [앋 왗-치여] 손의 운, 손의 행운.

අත් වාසිය [앋 와-씨여] 유익, 이득, 행운.

අත් වැඩ [앋 왜*더*] ①수작업 හස්ත කර්මාන්ත ②자립(자생)을 위한 일.

අත් වැරැද්ද‡ [앋 왜*랟*더] 실수, 잘못 අත් වරද. (복) *අත් වැරදි*

අත් වැල [앋 왤러] ①손 ② 도움, 조력 උදව්ව ③난간. ¶ අත් වැල් බඳිමු 손에 손을 잡읍시다

අත් විදිනවා [앋 위디너와-] 예방 접종을 하다 බෙහෙත් විත්නත් කරනවා.

අත් විඳිනවා [앋 윈디너와-] 경험하다, 체험하다 අත්දකිනවා.

අත් විලංගුව [앋 윌랑구워] 수갑 මාංචුව.

අත් වෙනවා [앋 웨너와-] 소유하다, 가지다, 손에 쥐다 අයත් වෙනවා.

අත්සන† [앋써너] 서명, 서명하기 අස්සන. (복) *අත්සන්*

අත්සනින් [앋써닌] 서명 하에 අත්සන යටතේ.

අත්සන් කරනවා‡ [앋싼 꺼*러*너와-] 서명하다, 사인하다.

අත්සුනු [앋쑤누] 튀긴 쌀 가루 බැදපු හාල් පිටි.

අත්හද බලනවා‡ [앋하다- 발러너와-] 확인하다, 조회하다, 입증하다.

අත් හරිනවා‡ [앋 하*리*너와-] අත් හැරියා-අත් හැරලා ①포기하다, 그만두다 අත් අරිනවා ②버리다, 저버리다 නොසලකා අරිනවා.

අත් හරින ලද [앋 하*리*널 라더] 버려진, 포기된, 폐기된 අත් හළ.

අත් හළ [앋 할러] 버려진, 포기된, 폐기된 අත් හරින ලද.

අත්හැන්ද [앋핸더] 새의 날개 කුරුලු පියාපත.

අත් හැරීම [앋 해*리*-머] අත් හරිනවා 의 동명사: 포기, 버림, 자포자기 ඉවත දැමීම.

අත්හිටවනවා [앋히터워너와-] 보류하다, 연기하다, 일시 정지하다 අත්හිටුවනවා. <u>අත්හිටුවීම</u>

අත්හිටුවනවා‡ [앋히투워너와-] 보류하다, 연기하다, 일시 정지하다 අත්හිටවනවා. <u>අත්හිටුවීම</u>

අත්හිටීම [앋히티-머] 멈춤, 그만둠 නැවතීම.

අත් හුරුකම [앋 후*루*꺼머] 전문적 기술, 기술, 손기술 විශේෂ හැකියාව.

අත් හුරුව [앋 후*루*워] 전문적 기술, 기술, 손기술.

අද‡ [아더] 오늘 මෙදින.

අදක්ෂ‡ [아닦셔] 숙련되지 않은, 단련되지 않은, 잘 못하는 අකාර්යක්ෂම.

අදණ්ඩණය [아단더너여] 무형벌, 무처벌.
අදත්තාදනය [아닫따-다-너여] 훔침, 도둑질 සොරාගැනීම.
අදම්ටු [아다미투] 의롭지 못한, 불의한, 악한 අධර්මිෂ්ඨ.
අද රෑ‡ [아더 *래*-] 오늘 밤에 අද රාත්‍රියේ.
අදර්ශන [아다*르*셔너] 안보이는, 보이지 않는, 흐릿한 නොදැකි-ය යුතු.
අදර්ශනීය [아다*르* 셔니-여] 안보이는, 보이지 않는, 흐릿한 නොදැකිය යුතු.
අදව්ව [아다우워] 해, 손해 අලාභය.
අදහනවා‡ [아더하너와-] ඇදහුවා-අදහා 믿다, 신뢰하다 විශ්වාස කරනවා. ඇදහීම
අදහස‡ [아더하써] 아이디어, 생각, 의견 සිතිවිල්ල. (복) *අදහස්*
අදහස් උදහස්† [아더하쓰 우더하쓰] ①선호, 좋아함 ②선호 비선호 සිතුම් පැතුම්.
අදන්ත [아단-떠] 길들여 지지 않은, 훈련되지 않은 අසංවර.
අදළ† [아달-러] ①관련된, 연관된, 적절한, 적용할 수 있는 ගැළපෙන ②붙은, 붙어있는.
අදළකම [아달-러꺼머] 관련, 연관, 적용.
අදළ කරනවා [아달-러 꺼*러*너와-] ①적용하다 (구어) ක්‍රියාවට දානවා ②맞추다, 조정하다.
අදිටන [아디터너] 결심, 결정, 뜻 අධිෂ්ඨානය. ¶ අදිටන් කරනවා 결정하다
අදින ගැටය [아디너 개터여] 매듭 අදිනා සැරේ ගැටය.
අදිනවා‡ [아디너와-] ඇද්දා-ඇද ①잡아당기다, 끌어당기다 ②가지고 가다 අරගෙන යනවා ③펼치다, 펴다 වදහාලනවා. ඇදීම
අදින්න [아딘너] ①주지 않은, 안준 දීලා නැති ②අදිනවා 의 명령형: 당겨라, 잡아당겨라 අදිපන්.
අදිමදි [아디마디] 주저하는, 망설이는, 결정을 못내리는 අන්දමන්ද.
අදිමදි කරනවා [아디마디 꺼*러*너와-] 주저하다, 망설이다, 결정을 내리지 못하다 අනුමාන කරනවා.
අදිමදිය [아디마디여] 주저, 망설임 දෙගිඩියාව.
අදියර† [아디여*러*] ①(일의) 단계, 걸음 පියවර ②(책, 논문 따위의) 장(章) පරිච්ඡේදය.
අදිසි [아디씨] ①보이지 않는 නොපෙනෙන ②급한, 위급한 හදිසි.
අදූෂිත [아두-쉬떠] 더럽히지 않은, 더럽지 않은, 타락하지 않은, 깨끗한, 순수한 දූෂණය නොවූ.
අදූෂ්‍ය [아둣-쉬여] 더럽힐 수 없는, 범할 수 없는, 불가침의 දූෂණය කළ නොහැකි.
අදෘශ්‍ය [아드*룻*쉬여] 보이지 않는, 안보이는 අදෘෂ්ට.
අදෘශ්‍යමාන‡ [아드*룻*쉬여마-너] 보이지 않는, 안보이는 අදෘෂ්ට. ¶ දෘශ්‍යමාන 눈에 보이는, 보이는
අදෘශ්‍ය ලේඛක [아드*룻*-쉬열 레-꺼꺼] 저자 미상, 작자 미상.
අදෘෂ්ට [아드*루*쉬터] 보이지 않는, 안보이는 නොපෙනෙන.
අදෘෂ්ටපූර්ව [아드*루*쉬터뿌-*르*워] 이전에 보지 못한, 익숙하지 않은 පෙර නුදුටු විරූ.
අදේවවාදය [아데-워와-더여] 무신론.
අදෙස් [아도쓰] 흠이 없는, 결점이 없는 අදෝෂ.
අදෝනාව [아도-나-워] 통곡, 비탄, 탄식, 애도 වැළපීම.
අදෝෂ [아도-셔] 흠이 없는, 결점이 없는 අදොස්.

අ

අද්දකිනවා [앋다끼너와-] අත්දැක්කා-අත්දැක(අත්දැකලා) 경험하다, 체험하다 අත්දකිනවා.

අද්දන [앋더너] 잡아당기는, 끌어당기는 ඇදගෙන යන.

අද්දර [앋더러] 가장자리, 끝, 경계 අයින. ¶ ගඟ අද්දර 강가, 강변

අද්දවනවා [앋더워너와-] 잡아당기게 하다, 끌어당기게 하다.

අද්දැකීම [앋대끼-머] 경험, 체험 අත් දැකීම.

අද්දුටු [앋두투] 경험한, 체험한 අත්දුටු.

අද්ධාන මාර්ගය [앋다-너 마-르거여] 하이 웨이, 고속 도로.

අද්භූතාත්මක [앋부-따-머꺼] 환상적인, 믿을 수 없는, 놀라운 අත්භූතාත්මක.

අද්භූත [앋부-떠] 놀라운, 훌륭한, 놀랄만한 පුදුම.

අද්මිරාල් [앋미랄-] 해군 대장, 해군 장성.

අද්‍යතන [앋디여떠너] 동시대의, 현대의, 동연대의 සමකාලීන.

අද්‍රව්‍ය [아드러위여] 무형의, 실체가 없는 ද්‍රව්‍ය නොවන.

අද්‍රව්‍යවාදය [아드러위여와-더여] 이상주의, 비유물론.

අද්වකාත්† [앋워깟-] 변호사, 대변자, 옹호자 අධිනීතිඥ.

අද්විතීය [앋위띠-여] 비교할 수 없는, 유일한, 평행할 수 없는 ශ්‍රේෂ්ඨ.

අද්වේෂය [앋웨-셔여] 미움이 없음.

අධඃ/අධස්/අධෝ [아다-/아다쓰/아도-] ~아래, ~밑의, 하에 යට.

අධම [아더머] ①천한, 낮은, 비천한, 열등한 දුර්ජන ②나쁜, 악한, 부도덕한 දුසිරිත් කරන.

අධමයා [아더머야-] 천민, 낮은 자 නීචයා.

අධර [아더러] ①입술들 තොල් ②밑의, 아래의, 타락한, 불의한 පහළ.

අධර්ම [아다르머] 정의롭지 못한, 불의한 අදමිටු.

අධර්මය [아다르머여] 부정의, 불의 අදමිටුව.

අධර්මිෂ්ඨ‡ [아다르미쉬터] 의롭지 못한, 바르지 못한, 악한 අදමිටු.

අධස් [아다쓰] ~아래, ~밑의, 하에 යට.

අධාර්මික [아다-르미꺼] 의롭지 못한, 바르지 못한, 악한 අදමිටු. ¶ ධාර්මික 의로운

අධි† [아디] (접두사) ①위의, 상위의 ②넘치는, 과도한 වැඩි. ¶ අධිවේග 고속의

අධික [아디꺼] 더, 더 있는, 여분의, 풍성한 වැඩි.

අධික අවුරුද්ද‡ [아디꺼 아우룯더] 윤년.

අධිකකම/අධිකතාව [아디꺼꺼머/아디꺼따-워] ①풍요, 풍성 ②과잉, 초과.

අධිකතර [아디꺼떠러] 초과하는, 넘는, 많은, 풍부한.

අධිකය [아디꺼여] 과잉, 초과, 잉여.

අධිකරණය [아디꺼러너여] 법원, 법정 විනිශ්චශාලාව. (구어) උසාවිය

අධිකාරි [아디까-리] අධිකාරිය 의 복수 또는 형용사: ①권위들, 권력들 ②권력의, 권위의 බලවත්.

අධිකාරිය† [아디까-리여] 권위, 권력 පාලන බලය

අධිකාරී [아디까-리-] ①권력자, 권위자, 통치자 අධිපතියා ②권력의, 권위의 බලවත්.

අධික්‍රමණය [아디끄러머너여] 정복, 식민지배.

අධිගත [아디가떠] 도달한, 온 ළඟාවුණු.

අධිගමය [아디가머녀] 도달, 옴 ළඟා වීම.
අධිගෘහිත [아디그루히떠] 거주하는, 살고 있는, 머무는 පදිංචි.
අධිචිත්තය [아디칟떠여] 주시, 응시, 심사, 숙고.
අධිචෝදනාව [아디초-더나-워] 기소, 고발.
අධිනීතිඥ‡ [아디니-띤녀] 변호사, 대변자, 옹호자 අද්වකාත්.
අධිට්ඨානය [아딭타-너여] 결정, 결심 අදිටන.
අධිතක්සේරුව [아디딱쎄-루워] 과대평가.
අධිතප්ත [아디따쁘너] 과열한, 너무 뜨겁게 한.
අධිතාක්ෂණය [아디딱-셔너여] 첨단기술, 하이테크.
අධිතාපනය [아디따-빠너여] 과열, 과열시킴 වැඩියෙන් රත් කිරීම.
අධිනිෂ්පාදනය [아디니쉬빠-더너여] 과잉 생산.
අධිපඤ්ඤ [아디빤녀] 통찰, 간파, 통찰력.
අධිපති‡ [아디뻐띠] ①최고의, 우두머리의 ②통치자, 지배자, 권세자, 우두머리, 장 ආණ්ඩුකාරයා.
අධිපතියා† [아디뻐띠야-] 통치자, 지배자, 권세자, 우두머리, 장 ආණ්ඩුකාරයා. (복) *අධිපතීහු, අධිපතියෝ*
අධිපතීහු† [아디뻐띠-후] අධිපතියා 의 복수: 통치자들, 지배자들, 권세자들, 우두머리들 අධිපතියෝ.
අධිභාරය [아디바-러여] 추가요금, 초과 요금.
අධිමාත්‍ර [아디마-뜨러] 초과하는, 넘는, 넘치는 අධික.
අධිමානය [아디마-너여] 우월감.
අධිමානසික [아디마-너씨꺼] 형이상학의, 순수철학의, 추상적인.
අධිමිල [아디밀러] 고가, 높은 가격 අධික මිල.
අධිමූර්ඡාව [아디무-르차-워] (의학) 혼수.
අධියර [아디여러] ①주업무 ②(책, 논문 따위의) 장(章) ③기회, 찬스 අවස්ථාව ④희망, 기대 ප්‍රාර්ථනාව ⑤목적, 목표 මාතෘකාව.
අධිරජ/අධිරාජයා [아디라저/아디라-저야-] 황제 අගරජ.
අධිරාජ්‍යය [아디랒-지여여] 제국.
අධිරාජ්‍ය වාදය [아디랒-지여 와-디여] 제국주의.
අධිලම්බ [아딜람버] 위에 매달린 උඩින් එල්ලෙන.
අධිවාසනා [아디와-써나-] ①동의, 허가, 승낙 පිළිගැනීම ②인내, 참음 ඉවසීම.
අධිවාසසය [아디와-써써여] 거주, 머뭄 අරක්ගෙන සිටීම.
අධිවේග† [아디웨-거] 고속의, 빠른 속력의 වැඩිවේග.
¶ අධිවේග මාර්ගය 고속도로
අධිවේග මාර්ගය† [아디웨-거 마-르거여] 고속도로 අධිවේගී මාර්ගය.
අධිවේගී [아디웨-기-] 고속의, 빠른 속력의 වැඩිවේග.
අධිවේගී මාර්ගය [아디웨-기-마-르거여] 고속도로 අධිවේග මාර්ගය.
අධිශිෂ්‍ය [아디쉿쉬여] 대학원생 පශ්චාත් උපාධි ශිෂ්‍ය.
අධිශීතකරණය [아디쉬-떠꺼러너여] 냉동고.
අධිශීතකය [아디쉬떠꺼여] 냉동, 아주 차갑게 만듦.
අධිශීලය [아디쉴-러여] 고품격, 높은 도덕.
අධිශෝෂණය [아디쇼-션니여] 빰, 빨음, 흡수 උරාගැනීම.
අධිෂ්ඨාන‡ [아디쉬타-너] ①고정된, 움직이지 않는 අචල ②

අ

변하지 않는, 확고부동의 වෙනස් නොවන.

අධිෂ්ඨාන කරනවා [아디쉬타-너 꺼러너와-] ①결정하다, 결심하다 (구어) තීරණය කරනවා ②확고히 하다, 고정시키다.

අධිෂ්ඨානය [아디쉬타-너여] ①결정, 결심, 뜻 අදිටන (구어) තීරණය ②권세, 권력, 능력 ආධිපත්‍යය.

අධීන [아디-너] 소유한, 가진 අයත්.

අධීශ්වර [아디-쉬워러] 지존한, 최고로 높은.

අධුනා [아두나-] 동시대의, 현대의 සමකාලීන.

අධෛර්ය කරනවා [아다이르여 꺼러너와-] 좌절시키다, 낙담시키다, (기를) 꺾다.

අධෛර්ය වෙනවා† [아다이르여 웨너와-] 낙심하다, 실망하다.

අධෛර්යය† [아다이르여여] 실망, 낙심.

අධෝ† [아도-] 아래의, 밑의 යටි. (구어) යට ¶ අධෝ සටහන 각주

අධෝගත වාතය [아도-가떠 와-떠여] 복부의 가스, 소화불량가스 උදරගත වාතය.

අධෝගමනය [아도-가머너여] 하강, 낙하, 내려감 පහළට යාම.

අධෝභාගය [아도-바-거여] (신체) 밑부분, 아래부분 යට කොටස.

අධෝමාර්ගය† [아도-마-르거여] 항문, 똥구멍 ගුද මාර්ගය.

අධෝරක්ත [아도-랔떠] (물리학) 적외선의 අවරක්ත.

අධෝ ලිපිය [아돌- 리삐여] (책) 각주 අධෝ සටහන.

අධෝවාතය [아도-와-떠여] 복부의 가스, 소화불량가스 උදරගත වාතය.

අධ්‍යක්ෂ‡ [앋디얔셔] 감독, 연출자, 지도자, 인도자 මෙහෙයවන්නා.

අධ්‍යක්ෂණය [앋디얔셔너여] 감독, 지도.

අධ්‍යක්ෂයා† [앋디얔셔야-] ①(영화, 연극) 감독, 연출자 ②감독관, 작업반장.

අධ්‍යයන කරනවා† [앋디여여 꺼러너와-] 공부하다, 배우다 ඉගෙන ගන්නවා.

අධ්‍යයනය‡ [앋디여여너여] 공부, 배움 ඉගෙනීම.

¶ බයිබල් අධ්‍යයනය 성경 공부

අධ්‍යාත්මික‡ [앋디얃-미꺼] 영적인, 신령한 ආත්මික.

අධ්‍යාපනය‡ [앋디야-빠너여] 교육, 가르침 ඉගැන්වීම.

¶ අධ්‍යාපන චාරිකාව 수학여행

අධ්‍යාපනවේදී [앋디야-빠너웨-디-] 교육학 학사.

අධ්‍යාය [앋디야-여] (책, 논문 따위의) 장(章) පරිච්ඡේදය.

අධ්‍යාශය [앋디야-셔여] 기대, 갈망, 소망, 희망 බලාපොරොත්තුව.

අධ්‍යාහාරය [앋디야-하-러여] 추정, 추측, 추론.

අනංගයා† [아낭거야-] 사랑의 신, 큐피드 මල්සරා.

අනග/අනඟි [아너거/아넝기] 귀중한, 소중한, 가치있는 වටින.

අනගාරික† [아너가-리꺼] 집없는 ගෘහයකින් තොර.

අනඟි‡ [아너기] 귀중한, 소중한, 가치있는 අනග.

අනඞ්ගයා [아낭거야-] 사랑의 신, 큐피드 මල්සරා.

අනඟ [아낭거] ①몸이 없는 사람 ②사랑의 신, 큐피드(의) මල්සරා.

අනඩුව [아나두워] 불공평, 부정의 අවනඩුව.

අනත [아나떠] 전설에 나오는 뱀왕 '아난떠' අනන්ත.

අනතුර‡ [아너뚜러] ①위험, 재앙

උපද්‍රවය ②(교통) 사고. (복) *අනතුරු* (구어) හානිය

අනතුරු† [아너뚜*루*] ① අනතුර의 복수 또는 형용사: a. 위험들, 재앙들, 위험한, 해로운 b. (교통) 사고들, 사고의 ②~ 다음의, ~한 후의, 가까운 කිට්ටු. ¶ පොලිස් මෙහෙයුමෙන් අනතුරුව 경찰의 업무 수행 다음에

අනතුරු අඟවනවා† [아너뚜*루* 앙거워너와-] 경고하다, 주의를 주다.

අනතුරුව† [아너뚜*루*워] ~ 다음에, ~한 후에, ~한 가까운 시일에. ¶ දේව මෙහෙයෙන් අනතුරුව 예배 후에

අනත් [아낟] ①끝없는, 무궁한 අනන්ත ②의지할데 없는, 불쌍한, 비참한 අනාථ ③뱀왕 신 아난떠 අනන්ත.

අනත් දරු [아낟 다*루*] 고아 අනාථ දරුවා.

අනදර [아나더*러*] ①괴로움, 시달림, 애먹음 හිරිහැර ②괴로운, 애먹은, 시달리는 ③사랑이 없는, 무정한 ආදරය නැති.

අනනවා† [아너너와-] ඇනුවා-අනා(අනලා) ①(밀가루 반죽 등) 개다, 반죽하다, 혼합하다, 뒤섞다 එකට මුසු කරනවා ②말하다, 이야기하다 කියනවා. <u>ඇනීම/ඇනුම</u>

අනනුකූල [아나누꿀-러] 예외적인, 호환되지 않는, 적합하지 않은 අනුකූල නොවන.

අනනුබෝධය [아나누보-더여] 무지각, 무지 අනවබෝධය.

අනනුමතය [아나누마떠여] 불승인, 무허가 අනනුමතිය.

අනනුසාර [아나누싸-*러*] 부조화의, 어울리지 않은.

අනන්ත [아난떠] ①끝없는, 무제한의, 무궁한 නිමක් නැති ②경계가 없는 ඉමක් නැති ③뱀왕 신 아난떠 අනත.

අනන්තය† [아난떠여] ①끝없음, 무제한, 무궁 නිමක් නැතිකම ②(하늘) 공간, 하늘 අවකාශය.

අනන්තර [아난떠*러*] ①틈이 없는, 접촉하는, 인접한පරතරයක් නැති ②급한, 황급한 ඉක්මන්.

අනන්තරතාව [아난떠*러*따-워] 틈이 없음, 접촉, 인 접 පරතරයක් නැති බව.

අනන්ත්‍ය [아난띠여] ①끝없는, 무제한의, 무궁한 අනන්ත ②경계가 없는 ඉමක් නැති.

අනන්මනන්† [아난마난] 이것 저것 ඒවා මේවා.

අනන්‍ය [아넌니여] 동일한, 같은, 정체성의 අනිකකු නොවන.

අනන්‍යතාව‡ [아넌니여따-워] 정체성, 신분 තදාත්මය.

අනන්‍යසාධාරණ [아넌니여싸-다-*러*너] 유일 무이한, 유일한, 독특한 අතිවිශිෂ්ට.

අනපේක්ෂිත† [아너뻭-쉬떠] 기대하지 않은, 뜻밖의 බලාපොරොත්තු නොවූ.

අනපේත [아너뻬-떠] 자유롭지 않은 නිදහස් නැති.

අනබ්බෑසය [아납배-써여] 미사용, 사용하지 않음 අභ්‍යාසයක් නැතිකම.

අනභිභවනීය† [아나비바워니-여] 정복할 수 없는, 넘어설 수 없는 පරාජය කළ නොහැකි.

අනභිමත [아나비마떠] 무분별한, 지각없는 අභිමත නොවන.

අනභිමුඛ† [아나비무꺼] 부재한, 출석하지 않은 ඉදිරිපිට නැති.

අනභිරතිය [아나비*라*띠여] 불만, 불평, 불쾌, 혐오, 싫어함 අකැමැත්ත.

අනභිරමණය [아나비*라*머너여] 불쾌, 혐오, 싫어함 අසතුට.

අනභිවෘද්ධිය [아나비우*룯*디여] 비성장, 쇠퇴 වර්ධනයක් නැතිකම.

අ

අනභිෂික්ත [아나비쉭떠] 아직 대관식을 안 올린, 정식 (여) 왕이 아닌 කිරුළු නො පළන්.

අනභිසම්බුද්ධ [아나비쌈붇더] 잘 이해하지 못한, 깨닫지 못한 නිවැරදි අවබෝධය නොලත්.

අනභ්‍යාසය [아납비야-써여] 무활동, 무연습, 사용하지 않음 පුරුද්ද නැතිකම.

අනම්‍ය [아남미여] 휘어지지 않는, 구부러지지 않는 නොනැමෙනසුලු.

අනර්ඝ† [아나르거] 귀한, 값비싼, 가치 있는 ඉතා අගනා.

අනර්ඝය [아나르거여] 귀함, 소중함, 가치 මාහැඟිකම.

අනර්ථ† [아나르떠] 해로운, 해가 되는, 손해가 되는 හානිකර.

අනර්ථකර [아나르떠꺼러] 해로운, 해가 되는, 손해가 되는 හානිකර.

අනර්ථකාරී [아나르떠까-리-] 해로운, 해가 되는, 손해가 되는 හානිකර.

අනර්ථය [아나르떠여] 해(害), 손해, 상해, 손상 හානිය.

අනල [아널러] 불, 화염 ගින්න.

අනලස් [아널라쓰] 근면한, 부지런한, 성실한, 게으르지 않는, 활동적인 ක්‍රියාශීලී. ¶ අලස 게으른

අනලස්ව [아널라쓰워] 근면하게, 부지런하게, 성실하게.

අනල්ප [아날뻐] 작지 않은, 적지 않은 කුඩා නොවන.

අනවකාශ [아나워까-셔] 공간이 없는 ඉඩකඩ නැති.

අනවද්‍ය [아너왇디여] 죄없는, 무죄의, 결백한 නිවැරදි.

අනවධානය [아나워다-너여] 무심, 무뚝뚝함, 부주의, 방심 නොසැලකිලිමත් බව.

අනවබෝධය [아나워보-더여] 무지각, 무지 අනනුබෝධය.
¶ අවබෝධය 깨달음

අනවරත [아너와러떠] 기대하지 않은, 의도하지 않은, 갑작스러운 හදිසියේ සිදුවන.

අනවරතයෙන් [아너와러떠옌] 늘, 항상 නිරන්තුරුව.

අනවරා [아너와라-] 끊임없는, 쉼 없는, 지속적인නොනවතින.

අනවශේෂ [아나워쉐-셔] 남김없이, 남겨두지 않고 ඉතිරි නොකොට.

අනවශ්‍ය† [아나왓쉬여] 불필요한, 필요하지 않는 අවශ්‍ය නැති.

අනවසර [아나워써러] 무허가의, 불법적인 අවසරය නැති.

අනවසරය† [아나워써러여] 무허가, 불법. ¶ අවසරය 허가

අනවසරයෙන්‡ [아나워써러옌] 허가없이, 무작정 අවසරය නැතිව.

අනවින [아너위너] අනවිනය 의 복수 또는 형용사: ①주술들, 마법들 ②주술의, 마법의 කොඩිවින.

අනවින කරනවා [아너위너 꺼러너와-] 주술하다, 마술(마법)을 부리다.

අනවිනකාරයා [아너위너까-러야-] 주술사, 마법사 කොඩිවින-කාරයා. ¶ අනවිනකාරී 마녀

අනවිනකාරී [아너위너까-리-] 마녀.

අනවිනය [아너위너여] 주술, 마법, 마술 කොඩිවිනය.

අනාකූල [아나-꿀-러] 분명한, 혼동되지 않은 අවුල් නැති.

අනාගත [아나-거떠] 미래의, 올, 장래의 නොපැමිණි.

අනාගතය‡ [아나-거떠여] 미래, 장래, 장차 ඉදිරි කාලය.

අනාගත වක්තෘ [아나-거떠 왁뜨루] ①예언자, 선지자 දිවැසිව-රයා ②예언의, 선지의 දිවැසි.

අනාගතවක්තෘවරයා [아나-거떠왁뜨루워러야-] 예언자, 선지

자 දිවැසිවරයා. ¶ අනාගතවක්ත්‍රිය 여선지자

අනාගත වාක්‍යය† [아나-거떠 와-끼여여] 예언, 미래를 말함 අනාවැකිය.

අනාගම්‍ය [아나-감미여] 접근하기 어려운, 가까이 가기 어려운.

අනාගාමී [아나-가-미-] 돌아오지 않는 사람, 복귀하지 않는 사람.

අනාචාර/අනාචාරී [아나-차-러/아나-차-리] 부도덕한, 비도덕적인, 방자한, 방탕한 දුශ්චරිත.

අනාචාරය‡ [아나-차-러여] ①부도덕, 부도덕한 행위, 방자, 방탕 දුශ්චරිතය ②간음, 음행 පරදාර සේවනය.

අනාචාරී [아나-차-리] 비도덕적인, 방자한, 방탕한 අනාචාර.

අනාත්ම [아낟-머] 영혼이 없는 ආත්මයක් නැති.

අනාත්මවාදය [아낟-머와-더여] 영혼 없음.

අනාථ‡ [아나-떠] 불쌍한, 희망 없는, 버려진, 무력한, 의지할데 없는 අසරණ.

අනාථයා† [아나-떠야-] ①고아 අනාථ දරුවා ②가련한 사람, 불쌍한 사람, 의지할데 없는 사람 ③피난민, 빈민.

අනාදරය [아나-더러여] 피해, 손해 හිංසාව.

අනාදි [아나-디] 태고의, 시작을 알 수 없는 오래된, 옛날의.

අනාදිමත් [아나-디맏] 옛날 옛적의, 태고의 ඉතා පැරණි.

අනාදිය [아나-디여] 옛날 옛적, 태고 ඉතා පැරණි කාලය.

අනායාසයෙන් [아나-야-써옌] 시도하지 않고, 수고하지 않고, 쉽게 වෙහෙසකින් තොරව.

අනාරක්ෂිත† [아나-띾쉬떠] 안전하지 않은.

අනාරාධිත [아나-라-디떠] 초청되지 않은 නො කැඳවන ලද.

අනාරිය [아나-리여] 아리안족이 아닌, 천한, 비천한, 낮은 නීච.

අනාර්ථික [아나-르띠꺼] 경제적이지 않은, 이득 없는 වාසි-දායක නොවන.

අනාර්ය [아나-르여] 천한, 비천한, 아리안족이 아닌, 낮은 නීච.

අනාවරණ [아나-워러너] 분명한, 밝혀진, 숨김이 없는.

අනාවරණය කරනවා‡ [아나-워러너여 꺼러너와-] ①열다, 벗기다 වැස්ම අරිනවා ②드러내다, 밝히다 එළිදරව් කරනවා.

අනාවරණය† [아나-워러너여] 염, 개봉, 개시, 보여짐, 밝혀짐 එළිදරව්ව. ¶ ආවරණය 막음, 덮음

අනාවැකිය [아나-왜끼여] 예언, 예보 අනාගතවාක්‍යය.

අනාවෘත† [아나-우루떠] 덮이지 않은, 막히지 않은.

අනාශ්‍ය [아낫-쉬여] 파괴할 수 없는, 부술 수 없는 නැසිය නොහැකි.

අනාශ්‍රය [아나-쉬러여] 어울리지 않음, 고독 ඇසුරු නොකිරීම.

අනාශ්‍රව [아나-쉬러워] 속박으로부터 자유로운 ආශ්‍රව රහිත.

අනාශ්‍රිත [아나-쉬리떠] 협력할 수 없는, 연합할 수 없는 නොගැවුණු.

අනාසව [아나-써워] 속박으로부터 자유로운 ආශ්‍රව රහිත.

අනාහාර [아나-하-러] 음식 없는, 배고픈 අහරින් තොර.

අනික‡ [아니꺼] 다른 것, 그 밖의 것 අනෙක. (구어) වෙන එක

අනිකා [아니까-] 다른 사람, 그 밖의 사람 අනෙක් තැනැත්තා.

අනික්† [이닊] 다른, 그밖의 අනෙක්. (구어) වෙන

අ

අනිච්චං/අනිච්චන් [아닟창/아닟찬] (감탄사) 오호라, 오 슬프다 අහෝ.

අනිච්චං දුඛං [아닟창 두깡] (감탄사) 오호라, 오 슬프다 අහෝ දුකකි!

අනිච්චානුපස්සනාව [아닟차-누빴써나-워] 일시적인 것에 대한 명상 අනිත්‍යය මෙනෙහි කිරීම.

අනිච්ඡාව [아닟차-워] 원치 않음, 내키지 않음, 본의가 아님 නොකැමැත්ත.

අනිත්‡ [아닏] 다른, 그밖의 අනෙක්. (구어) වෙන

අනිත්‍ය‡ [아닏띠여] 일시의, 순간적인 තාවකාලික.

අනිත්‍යය [아닏띠여여] 일시, 순간, 잠시.

අනිත්‍ය ලක්ෂණ [아닏띠열 띾셔너] 일시적인 현상 අනිටු බවේ ලකුණු.

අනිත්‍යානුස්මරණය [아닏띠야-누쓰마러너 여] 영원하지 않은 것에 대한 명상 අනිත්‍යය මෙනෙහි කිරීම.

අනිද්ද‡ [아닏다-] 모레, 다 다음날.

අනිට/අනිටු [아니터/아니투] ① 이루지 못한, 완성하지 못한 අනිෂ්ට ②나쁜, 악한 නරක ③ 원치않는, 좋아하지 않는.

අනිනවා‡ [아니너와-] ඇන්නා-ඇන ①찌르다 ②치다, 때리다. ඇනීම/ඇනුම

අනින්දිත [아닌디떠] 비난할 점이 없는, 결백한.

අනින්ද්‍රිය [아닌드리-여] 무감각의, 감각이 없는 අනෛන්ද්‍රිය.

අනිපුණ [아니뿌너] 능숙하지 않은, 능란하지 않은, 숙련되지 않는 නුපුරුදු.

අනිබද්ධ [아니받더] 결렬된, 연결되지 않은නොබැඳුණු.

අනිමිස [아니미써] 윙크를 못하는, 눈을 깜박거리지 못하는 ඇසිපිය නොගසන.

අනියත [아니여떠] 불확정의, 불확실한 නියත නැති.

අනියතතාව [아니여떠따-워] 불확정, 불확실성 අවිනිශ්චිත බව.

අනියමය [아니여머여] 변칙, 이례, 이상.

අනියමාර්ථය [아니여마-르떠여] (농생물학) 부정 감각.

අනියම්‡ [아니얌] ①불규칙한, 틀에 박히지 않은, 부정형(不定形)의, 격식을 벗어난 නියම නොවන ②부정의, 불륜의.

අනියම් බිරිඳ [아니얌 비리더] 첩 (본처 외 데리고 사는 여자).

අනියම් භාර්යාව [아니얌 바-르야-워] 첩 (본처 외 데리고 사는 여자).

අනිල [아닐러] ①공기 වාතය ②하늘 අහස.

අනිල දර්ශකය [아닐러 다르셔꺼여] 자기(自記) 풍속계 අනිල මානය.

අනිල පථය [아닐러 빠떠여] ① 바람 부는 길 සුළං මග ②하늘 අහස.

අනිල මානය [아닐러 마-너여] 자기(自記) 풍속계 අනිල දර්ශකය.

අනිවාර්ය† [아니와-르여] 의무적인, 강제적인 නිශ්චිතවම විය යුතු.

අනිවාර්යයෙන්‡ [아니와-르여엔] 물론, 당연히.

අනිවාසී [아니와-씨-] 비거주의, 살지 않는 පදිංචි නැති.

අනිශ්කාශිත [아니쉬까-쉬떠] 제거하지 않은, 없애지 않은 නිශ්කාශනය නොකළ.

අනිශ්චලතාව [아니쉬철러따-워] 들떠 있음, 침착하지 못함 නොසන්සුන්කම.

අනිශ්චිත [아니쉬치떠] 결정하지 못한, 불확실한 නිශ්චිත නැති.

අනිෂ්ට [아니쉬터] ①이루지 못한, 완성하지 못한 අනිටු ②나쁜, 악한 නරක ③원치않는, 좋아하지 않는.

අනිස [아니써] 덧없음, 무상 අනිත්‍යය.

අනිසි† [아니씨] 부적절한, 부적당한 අනුචිත.

අනිස්සෑරේ [아닜쌔레-] 다음번에 ඊළඟ සෑරේ.

අනීතිය [아니-띠여] ①부적절, 부적당 ②불법의, 비합법적인.

අනීතිකාරයා [아니-띠까-러야-] 무법자, 깡패, 건달, 양아치.

අනීවාරතේ [아니-와-러떼-] 헛되이, 의미 없이, 무의미하게.

අනීශ [아니-셔] 지도자가 없는 නායකයකු රහිත.

අනීශ්වර වාදය [아니-쉬워러 와-더여] 무신론, 무종교주의.

අනු† [아누] (접두사) ①~을 따라, ②부, 부차적인, 이차적인.

අනුඅත්සන [아누앋써너] 부서(副署), 연서(連署).

අනුකම්පක [아누깜빠꺼] ①긍휼히 여기는 자, 자비를 베푸는 자 ②긍휼이 여기는, 자비스러운 කාරුණික.

අනුකම්පාව‡ [아누깜빠-워] 긍휼, 자비, 동정 දයාව.
¶ දයානුකම්පාව 긍휼

අනුකම්පිත [아누깜삐떠] 긍휼이 여기는, 자비스러운, 동정하는 කාරුණික.

අනුකරණය‡ [아누까러너여] 흉내, 모방, 따라함 අනුව කටයුතු කිරීම.

අනුකර්ෂණය [아누까르셔너여] 꼬심, 유혹, 잡아당김, 끌어당김 ළඟාකර ගැනීම.

අනුකාරක සභාව [아누까-러꺼 싸바-워] 분과 위원회, 소위원회.

අනුකූල† [아누꿀-러] 적당한, 적절한, 알맞은, 일치하는, 화합한 ගැළපෙන.

අනුකූල කිරීම [아누꿀-러 끼리-머] 일치, 맞춤 අනුකූල කිරීම.

අනුකූලතාව [아누꿀-러따-워] 동의, 일치, 화합, 맞춤 අනුරූපී බව.

අනුකූල වෙනවා [아누꿀-러 웨너와-] 동의하다, 일치하다, 화합하다 එකඟ වෙනවා.

අනුක්ත [아눆떠] ①(문법) 목적어 ②말하지 않은, 표현하지 않은 නො කියූ.

අනුක්‍රම [아누끄러머] 연속하는, 뒤를 잇는, 진행되는 අනුපිළිවෙළින්.

අනුක්‍රමණය [아누끄러머너여] 경사, 비탈, 비탈짐 ක්‍රමවත් බැස්ම.

අනුක්‍රමණිකාව [아누끄러머니까-워] 색인, 인덱스 සූ චිපත්‍රය.

අනුක්‍රමය† [아누끄러머여] 전진, 진행, 연속, 진보 අනුපිළිවෙළ.

අනුක්‍රමාංකය [아누끄러망꺼여] 일련번호, 시리얼 번호 අනු අංකය.

අනුක්‍රමික [아누끄러미꺼] 연속하는, 뒤를 잇는, 진행되는 අනුපිළිවෙළින්.

අනුක්‍රියාව [아누끄리야-워] 모방, 흉내, 따라함 සමාන ක්‍රියාව.

අනුකෘත [아누끄루떠] 흉내되어진, 모방된 අනුව කරන ලද.

අනුකෘත්‍යය [아누끄룯띠여여] 후속조치 ද්විතීය ක්‍රියාව.

අනුගත [아누가떠] 추종한, 따른, 모방한 අනුව ගිය.

අනුගමනය‡ [아누가머너여] 따름, 추종, 흉내 අනුව-කැටුව යාම.

අනුගාමික [아누가-미꺼] ①따르는, 추종하는 කැටුව යන ②추종자, 따르는 사람 අනුචරයා.

අනුගාමිකයා† [아누가-미꺼야-] 추종자, 따르는 사람 අනුචරයා.

අ

අනුගාමී [아누가-미-] 따르는, 추종하는 අනුගාමික.
අනුග්‍රහය† [아누그러하여] 도움, 지지, 조력 උපකාරය. (구어) උදව්ව
අනුග්‍රාහකයා [아누그라-하꺼야-] 후원자, 조력자, 지지자.
අනුචරයා [아누차러야-] 추종자, 따르는 사람 අනුගාමිකයා.
අනුචිත† [아누치떠] 부적절한, 부적당한 නුසුදුසු.
අනුච්ච [아눛처] 높지 않은, 크지 않은, 키 작은 නුස්.
අනුච්චාරණය [아눛차-러너여] 비발음, 발음이 안됨.
අනුච්ජවික [아눛처위꺼] 적절한, 적당한, 알맞은, 적합한 නිසි.
අනුජාත [아누자-떠] 적통의, 적자의, 본처 태생의 අනුජ.
අනුජානනය [아누자-너너여] 허가, 인가, 재가 අනුමතිය.
අනුඥතය [아누끄냐-떠여] 허가, 인가, 재가 අනුමතිය.
අනුඥව [아누끄냐-워] 동의, 동조 එකඟතාව.
අනුතර්කනය [아누따르꺼너여] 합리화 අනුව තර්ක කිරීම.
අනුත්තර [아눋떠러] 뛰어난, 탁월한, 놀라운 අසමසම.
අනුත්පන්න [아눋빤너] 태어나지 않은 නූපන්.
අනුදක [아누더꺼] 물이 없는, 건조한 ජලය නැති.
අනුදත හැකි [아누다떠 해끼] 동의할 수 있는, 인가하는 අනුමත කළ හැකි.
අනුදත් [아누닫] 인가한, 허가한, 허락한 අනුමත කළ.
අනුදන්නවා [아누단너와-] 허가하다, 동의하다, 허락하다 අනුමත කරනවා.
අනුදිග [아누디거] 중간 방향 අනුදිශාව.
අනුදිශාව [아누디샤-워] 중간 방향 අනුදිග.
අනුනඳ [아누난더] 에코, 울림, 메아리 දොංකාරය.
අනුනාදය [아누나-더여] 에코, 울림, 메아리 දොංකාරය.
අනුනායක [아누나-여꺼] 부지도자, 부리더 දෙවැනි නායකයා.
අනුනාසික [아누나-씨꺼] ①비음의, 콧소리 나는 ②타인들, 다른 사람들 අන්‍යයන්.
අනුන් [아눈] (대명사) 다른 사람들 අන් අය. ¶ අනුන්ගේ යහපත ගැන ද සලකන්න 다른 사람의 선함(유익)을 돌아보라
අනුපකාරී[아누빠까-리-] 돕지 않는, 협력하지 않는.
අනුපම [아누빠머] 비교할 수 없는, 같지 않은 අසමාන.
අනුපමේය [아누빠메-여] 비교할 수 없는, 같지 않은 අසමාන.
අනුපාතය [아누빠-떠여] 비율, 율 ශීඝ්‍රතාව. ¶ පොලී අනුපාතය 이자율 විදේශ විනිම අනුපාතය 환율
අනුපාතික [아누빠-띠꺼] 비율의.
අනුපානය [아누빠-너여] 혼합물, 첨가제.
අනුපිටපත [아누삐터빠떠] 복사, 복제 අනුලේඛය.
අනුපිළිවෙළ [아누삘리웰러] 결과, 귀추, 결론 අනුක්‍රමය.
අනුප්‍රාණය [아누쁘라-너여] ①영감, 깨달음 ප්‍රබෝධවත් කිරීම ②생명을 줌.
අනුප්‍රාප්ත [아누쁘랖-떠] 도착한, 도달한, 온 පිළිවෙළින් ආ.
අනුප්‍රාප්තිකයා† [아누쁘랖-띠꺼야-] 대체자, 대용인.
අනුප්‍රාසය [아누쁘라-써여] 두운 (첫글자가 같은 것으로 시작되는 시의 형태).
අනුබද්ධ‡ [아누받더] 결합된, 결부된, 연결된 සම්බන්ධිත.
අනුබලය‡ [아누발러여] 지지, 후원, 원조, 격려පිහිටාධාරය.

අනුභව කරනවා‡ [아누바워 꺼러너와-] ①먹다, 식사하다 (구어) කනවා ②즐기다, 누리다 භුක්ති විඳිනවා.

අනුභවය [아누바워여] 식사, 먹음, 섭취 ආහාර ගැනීම. (구어) කෑම

අනුභාවය [아누바-워여] 능력, 힘 ආනුභාවය.

අනුභූතිය [아누부-띠여] 경험, 지각, 인식 විඳීනය.

අනුභූති වාදය [아누부-띠 와-더여] 실존 주의භවසත්තා වාදය.

අනුමත [아누마떠] 승인한, 허락한 අනුදත්.

අනුමත කරනවා‡ [아누마떠 꺼러너와-] 승인하다, 허락하다.

අනුමතය† [아누마떠여] ①동의, 찬동 එකමුතුකම ②제안 යෝජනාව ③명령 අණ ④보름.

අනුමතිය [아누마띠여] ①동의, 찬동 එකමුතුකම ②제안 යෝජනාව ③명령 අණ ④보름.

අනුමරණය [아누마러너여] 순장 (남편이 죽으면 부인도 죽는 관례).

අනුමාන [아누마-너] 의심하는, 불확실한, 불분명한සැක සහිත.

අනුමාන කරනවා [아누마-너 꺼러너와-] ①의심하다, 불신하다 සැක කරනවා ②추측하다, 추정하다 අනුව කල්පනා කරනවා.

අනුමානය† [아누마-너여] ①의심, 불신 සැකය ②추측, 추정, 추론 අනුව කල්පනා කිරීම.

¶ අනුමානයක් නැතිව 틀림없이, 의심없이

අනුමැතිය [아누매띠여] අනුමතය를 보라: ①동의, 찬성 එකමුතුකම ②제안 යෝජනාව ③명령 අණ ④보름 පහළොස්වක.

අනුමිතිය [아누미띠여] 결론, 결정, 귀추 නිගමනය.

අනුමෙවෙනි [아누메웨니] 듣고 기뻐하는, 결과적으로 만족해하는 අසා සතුටු වන.

අනුමෙවුන් [아누메운] 듣고 기뻐하는, 결과적으로 만족해하는 අසා සතුටු වන.

අනුමෝදනය [아누모-더너여] (심적인) 참여, 참석 මානසිකව සහභාගිකම.

අනුමෝදනාව [아누모-더나-워] (심적인) 참여, 참석 මානසිකව සහභාගිකම.

අනුයනවා [아누야너와-] ①추종하다, 따르다 අනුගමනය කරනවා ②모방하다, 흉내내다.

අනුයාත [아누야-떠] 추종되는, 모방된, 흉내내어지는 අනුගමනය කෙරුණු.

අනුයුක්ත [아누육떠] 첨부된, 부착된, 연결된 සම්බන්ධ කරන ලද.

අනුර [아누러] 달의 28수 중 17수: 길조의 달자리 අනුරාධ.

අනුරතිය [아누러띠여] 사랑, 애정 ඇල්ම. (구어) ආදරය

අනුරා [아누라-] ①욕정, 색욕 කාම රාගය ②달의 28 수 중 17수: 길조의 달자리 අනුරාධ.

අනුරාගය [아누라-거여] 욕정, 색욕 කාම රාගය.

අනුරාධ [아누라-더] 달의 28수 중 17수: 길조의 달자리 අනුර.

අනුරූ [아누루-] 복제 형상(모델, 이미지) අනුරූපය.

අනුරූප [아누루-뻐] 비슷한, 비슷한 모양의 සමාන හැඩ ඇති.

අනුරූපය [아누루-뻐여] 복제 형상, 모델, 이미지 අනුරූප.

අනුරූපී [아누루-삐-] 비슷한, 비슷한 모양의 සමාන හැඩ ඇති.

අනුරූව [아누루-워] 복제 형상, 모델, 이미지 අනුරූප.

අනුරෝධය [아누로-더여] 적합성, 적절성 ගැළපුම.

අනුලක්ෂ්‍යය [아눌띾쉬여여] 이차적인 부분, 부차적인 부분 ද්විතීය කෙන්ද්‍රය.

අනුලකුණ [아눌라꾸너] 이차적인 특징, 부차적인 특성 ද්විතීය ලක්ෂණය.

අනුලේඛය [아눌레-꺼여] 복사본 පිටපත.

අනුලෝම [아눌로-머] 더 발전하는, 연속되는, 일련의, 잇따라 일어나는 පිළිවෙළට අනුව.

අනුලෝම-ප්‍රතිලෝම පිළවෙළ [아눌로-머 쁘*러*띨로-머 삘리웰러] 상승하는- 하강하는 단계(절차), 순차적인 단계 නඟින-බසින පිළිවෙළ.

අනුලෝමිත [아눌로-미떠] 순차적인, 상승하는.

අනුල්ලංඝනය [아눌랑거너여] 이행, 지킴, 불침해 උල්ලංඝනය නොකිරීම.

අනුල්ලංඝනීය [아눌랑거니-여] 이행하는, 지키는, 위반하지 않는, 침해하지 않는 උල්ලංඝ-නය නොකරන.

අනුව† [아누워] ~을 따라, ~을 좇아서 අනුකූලව. (구어) එකඟ වෙලා

අනුවණ [아누워너] 어리석은, 경솔한, 무식한 නුවණ නැති.

අනුවණයා [아누워너야-] 어리석은 자, 바보 මෝඩයා.

¶ නුවණැත්තා 지혜로운 사람

අනුවර්තන [아누와*르*떠너] 적응하는, 적합하는, 순응하는ගළපන.

අනුවර්තනය† [아누와*르*떠너여] 적응, 적합, 순응 අනුකූල වීම.

අනුවර්තනීය [아누와*르*떠니-여] 순응해야 하는, 적응해야 하는 අනුව පැවතිය යුතු.

අනුවර්තිත [아누와*르*띠떠] 적응한, 순응한, 적합한 අනුවර්තනය කළ.

අනුවාදය† [아누와-더여] ①비난, 질책, 욕 අවලාදය ②반박, 말대꾸, 앙갚음 අනුම්පදය ③토론, 논쟁 විවාදය ④버전, 번역 පරිවර්තනය.

අනුශාසක† [아누샤-써꺼] 조언자, 충고자, 상담자 උපදේශක, උපදේශකයා.

අනුශාසකයා [아누샤-써꺼야-] 조언자, 충고자, 상담자 උපදේශකයා.

අනුශාසනය‡ [아누샤-써너여] ①조언, 충고, 안내, 지도 අවවාදය ②설교, 강연, 말함 කීම.

අනුශාසනාව [아누샤-써나-워] ①조언, 충고, 안내, 지도 අවවාදය ②설교, 강연, 말함 කීම.

අනුශිෂ්‍ය [아누쉿쉬여] 제자(학생)의 제자 දෙවන ශිෂ්‍යයා.

අනුශ්‍රැතිය [아누쉬*래*띠여] 소문, 풍문 ප්‍රවාදක.

අනුසාරය [아누싸-*러*여] ①따름, 추종, 모방 අනුවයාම ②수단, 방법, 매개 උපක්‍රමය.

අනුසාරයෙන්† [아누싸-*러*옌] ~을 따라, ~을 추종하여.

¶ උපමානුසාරයෙන් 비유로, 비유를 따라

අනුස්මරණ [아누쓰마*러*너] 기념하는, 기억하는 සිහිපත් කරන.

අනුස්මරණය [아누쓰마*러*너여] 기념, 축하 සිහිපත් කිරීම.

අනුස්මෘතිය [아누쓰므*루*띠여] 기념, 축하 සිහිපත් කිරීම.

අනුස්වාරය [아누쓰와-*러*여] 순수 비음.

අනුස්සතිය [아눘써띠여] 기념, 축하 සිහිපත් කිරීම.

අනුහස [아누하써] ①힘, 능력, 효력, 영향력 ආනුභාවය ②공로, 공덕 ආනිශංසය.

අනුහස්දායක [아누하쓰다-여꺼] ①힘있는, 능력있는, 기적을 행하는 බලවත් ②공로의, 공덕의, 공로가 있는 ආනිශංස.

අනුහස්දායී [아누하써다-이-] ①

힘있는, 능력있는, 기적을 행하는 බලවත් ②공로의, 공덕의, 공로가 있는 ආනිශංස.
අනූන [아누-너] 부족함이 없는, 완전한 අඩු නොවූ.
අනූපම [아누-빠머] 비교할 수 없는, 비교 불가의 උපමා කළ නොහැකි.
අනූපමේය [아누-빠메-여] 비교할 수 없는, 비교 불가의 උපමා කළ නොහැකි.
අනූව‡ [아누-워] 90, 구십.
අනෙක [아네꺼] 다른 것, 그 밖의 것 අනික. (구어) වෙන එක
අනෙකා [아네까-] 다른 사람, 그 밖의 사람 අනිකා.
අනෙක් [아넦] 다른, 그밖의 අනික්. ¶ අනෙක් අතට 다른 한편으로
අනේ‡ [아네-] (감탄사) 제발 අහෝ.
අනේක† [아네-꺼] 다양한, 각양각색의 විවිධ.
අනේකවිධ [아네-꺼위더] 다양한, 각양각색의 විවිධාකාර.
අනේකාකාර [아네-까-까-러] 다양한, 갖가지의, 각양각색의 විවිධාකාර.
අනේකාග්‍ර [아네-까-그러] 다양한, 가지각색의, 여러가지의 විවිධ.
අනේකාධ්‍යාස [아네-깓-디야-써] 다양한 관점, 다각도, 다양한 생각 විවිධ අදහස්.
අනේවාදහස්[아네-와-다하쓰] 수 만년의, 오랜 기간의.
අනේවාසික† [아네-와-씨꺼] 비거주의, 머물지 않는, 거주하지 않는 පිදිංචි නැති.
අනෝද† [아노-다-] 가시 번여지 속의 식물 (열매), 커스터드 애플 나무 (열매) අනෝනා.
අනෝනා† [아노-나-] 가시 번여지 속의 식물 (열매), 커스터드 애플 나무 (열매) අනෝදා.
අනෝපම [아노-빠머] 동등하지 않은, 같지 않은, 탁월한, 뛰어난 අනූපම.
අනෝම [아노-머] 낮지 않은, 천하지 않은, 높은, 고귀한 අලාමක, උසස්.
අනෝරා [아노-라-] 끊임없는, 쉼 없는, 지속적인නොනවතින.
අන් [안] 다른, 그 밖의 වෙනත්. (구어) වෙන.
අන්කිසි [안끼씨] 다른, 그 밖의 අන් කිසියම්. (구어) වෙන
අන්ත† [안떠] අන්තය 의 복수 또는 형용사: ①끝, 마지막, 가장자리들 ②마지막의, 끝의, 가장자리의. ¶ අන්ත ජාතිවාදයා 극렬 민족주의자
අන්ත [안떠] 낮은, 천한 දීන.
අන්තඃ [안따-] ~간, ~사이의, '간(間), 중(中), 상호, 서로'의 뜻 අතර. ¶ අන්තර් නගර 도시간
අන්තඃකර්ණය [안따-까르너여] 귀속, 귀내부 ඇතුළු කන.
අන්තඃපුරය† [안따-뿌러여] (회교국의) 후궁, 후첩.
අන්තගාමී [안떠가-미-] 극단주의의, 과격한, 극렬한 අන්තවාදී.
අන්තඃස්ථ [안따-쓰떠] (문법) 반모음 (모음 같지만 기능상으로는 자음인 음).
අන්තගුණ [안떠구너] (해부학) 장(腸), 내장.
අන්තය† [안떠여] 끝, 마지막, 가장자리 අග. ¶ යුගාන්තය 종말
අන්තර [안떠러] අන්තරය 의 복수 또는 형용사: ①간격, 틈, 간격이 있는, 틈이 있는 ②내부들, 내면들, 안쪽의, 내면의 ඇතුළන්ත.
අන්තරය† [안떠러여] ①간격, 틈 අතර ②내부, 내면, 안쪽 ඇතුළන්තය.
අන්තරාය/අන්තරාව [안떠라-여

/안떠라-워] ①위험, 해, 상해 අනතුර ②방해, 장애 බාධකය.

අන්තරාදායක‡ [안떠라-다-여꺼] 위험한, 위태로운.

අන්තරායකර [안떠라-여꺼러] 위험한, 위태로운.

අන්තරාවර්ත [안떠라-와르떠] 안으로 굽은, 안으로 휜 ඇතුළට නැමුණු.

අන්තරාවර්ති [안떠라-와르띠-] 안으로 굽은, 안으로 휜 ඇතුළට නැමුණු.

අන්තරික්ෂය [안떠뤼-셔여] 대기, 하늘 අහස.

අන්තර්† [안떠르] '간(間), 중(中), 상호, 서로'의 뜻 අතර. ¶ අන්තර් නගර 도시 간 ජාත්‍යන්තර 나라 간의, 국제적인

අන්තර්ගත‡ [안떠르가떠] අන්තර්ගතය 의 복수 또는 형용사: ①내용들 ②포함된, 포함하고 있는, 들어있는 අඩංගු.

අන්තර්ගතය† [안떠르가떠여] 내용, 내용물.

අන්තර්ජාලය‡ [안떠르잘-러여] 인터넷.

අන්තර්ජාලීය [안떠르잘-리-여] 인터넷의.

අන්තර් දෘෂ්ටිය [안떠르 드루쉬티여] 통찰, 통찰력, 간파.

අන්තර්ධාන වෙනවා [안떠르다-너 웨너와-] 사라지다, 없어지다 අතුරුදහන් වෙනවා.

අන්තර්ලේඛා කරනවා [안떠를레-까- 꺼러너와-] 새기다, 조각하다 කාවද්දා ලියනවා.

අන්තර්වාක්‍යය [안떠르와-끼여여] (문법) 삽입구.

අන්තවාදය [안떠와-더여] 극단주의, 과격주의.

අන්තවාදී [안떠와-디-] ①극단주의의, 과격한 ②극단주의자, 과격주의자.

අන්තශ් [안따쉬] 안의, 속의, 내부의 අභ්‍යන්තර.

අන්තිම [안띠머] 마지막의, 끝의, 꼴지의, 맨뒤의 අවසාන.

අන්තිම කැමැත්ත‡ [안띠머 깨맫떠] 유언, 유지. ¶ අන්තිම කැමති පත්‍රය 유언장

අන්තිමයා‡ [안띠머야-] 꼴찌, 막내 අවසානයා.

අන්තෝ [안또-] ~간, ~사이의, '간(間), 중(中), 상호, 서로'의 뜻 අතර.

අන්ත්‍රය [안뜨러여] 창자, 내장 බඩවැල.

අන්ත්‍රවෘද්ධිය[안뜨러우룯디여] (축산학) 서혜부 탈장.

අන්ද [안더] 눈이 안보이는, 맹인의 අන්ධ.

අන්දකයිප්පු කාලා [안더까잎뿌 깔-라-] (구장잎을 먹어 취한 뜻에서) 흥분한, 허둥대는, 분별력을 잃은.

අන්දකාර† [안더까-러] 어두운, 캄캄한, 흑암의 අඳුරු. (구어) කරුවළ

අන්දබූත [안더부-떠] 혼동된, 혼란스러운, 당황한 අඳිමදි.

අන්දබූත වෙනවා [안더부-떠 웨너와-] 혼동되다, 혼란스럽다, 당황하다 අවුලට පත් වෙනවා.

අන්දම† [안더머] 방법, 수단, 형식 ආකාරය. (구어) හැටිය

අන්දමන්ද [안더만더] ①주저하는, 망설이는, 결정하지 못하는 අඳිමදි ②어리석은, 우둔한 මෝඩ ③당황한, 혼동된, 혼란스러운 සිහිමුළා වූ.

අන්දරය [안더러여] 우화, 교훈적 이야기 කතන්දරය.

අන්දයම [안다-여머] (방비된 군대의) 주둔지, 막사. (복) *අන්දායම්*

අන්දයම් බඳිනවා [안다-얌 반디너와-] (군대의) 막사를 치다, 진지를 구축하다.

අන්දුන් කුන්දුන් වෙනවා [안둔 꾼둔 웨너와-] 혼동되다, 혼란스럽다, 당화하다 අන්දබූත වෙනවා.
අන්දෝ සංසාරය [안도- 쌍사-러여] 정보 없음, 무지.
අන්ධ‡ [안더] 눈이 안보이는, 맹인의 අන්ද. ¶ අන්ධයා 맹인
අන්ධකාර‡ [안더까-러] 어두운, 캄캄한, 흑암의 අඳුරු. (구어) කරුවළ
අන්ධකාරය† [안더까-러여] 어둠, 흑암 අඳුර. (구어) කළුවර
අන්ධයා† [안더야-] 맹인, 소경, 시각 장애인 අන්දයා.
අන්න‡ [안너] ①주의를 집중시키기 위해서 쓰는 말: 자, 여기 ②음식 කෑම.
අන්නාසි‡ [안나-씨] 파인애플 බහුනේත්‍රඵල.
අන්‍ය† [안니여] 다른, 그밖의 අනෙක්.
අන්‍යකාරක [안니여까-러꺼] (문법) 3인칭.
අන්‍ය ජාතික [안니여 자-띠꺼] 외국인의 විදේශික.
අන්‍ය ජාතිකයා [안니여 자-띠꺼야-] 외국인, 이방인 විදේශිකයා.
අන්‍ය දෘෂ්ටික [안니여 드루쉬티꺼] ①타종교의, 이방종교의 ②타종교 사람.
අන්‍ය දෘෂ්ටිකයා[안니여 드루쉬티꺼야-] 타종교 사람.
අන්‍යයා [안니여야-] ①다른 사람, 타인 අනෙක් තැනැත්තා ②이방인.
අන්‍යසාධාරණ [안니여싸-다-러너] 공통의, 공공의 පොදු.
අන්‍යාය [안니야-여] ①비규칙 ②불의, 부정의 අයුක්තිය.
අන්‍යාර්ථය [안니야-르떠여] 다른 의미, 그밖의 의미 වෙනත් තේරුම.
අන්‍යාලාපය [안니얄-라-뻐여] 풍유, 비유, 우화.
අන්‍යෝන්‍ය‡ [안니욘-니여] 서로의, 상호의, 상부상조의 පරස්පර.
අන්වය [안워여] ①혈통, 계보 පරම්පරාව ②문장 속 단어들의 일반적인 순서.
අන්වර්ථ [안와르떠] ①문자적 의미(의) ②분명한, 정확한.
අන්වායාම [안와-야-머] 경도의, 세로의 දේශාංශ අනුව.
අන්වීක්ෂක [안윅-셔꺼] ①현미경 사용자 අන්වීක්ෂ ශිල්පියා ②현미경의.
අන්වීක්ෂය† [안윅-셔여] 현미경 සූක්ෂ්මදර්ශකය.
අන්වේෂණය කරනවා [안웨-셔너여 꺼러너와-] 조사하다, 찾다, 탐구하다 පරීක්ෂා කරනවා.
අන්සතු [안싸뚜] 타인 소유의 වෙනත් අයකුට අයත්.
අන්ස පැපොල [안써 빼뽈러] (의학) 대상 포진 කාඤ්චි විසර්ප.
අඳ [안더] ①안보이는, 맹인의 අන්ධ ② අඳය 의 복수 또는 형용사: 소작농(의). 소작농 몫(의).
අඳකරය [안더꺼러여] 소작농의 몫 අඳ ගොවි පංගුව.
අඳ කාරයා [안더 까-러야-] 소작농, 소작인 අඳ ගොවියා.
අඳ කරු [안더 꺼루] 소작농, 소작인 අඳ ගොවියා.
අඳනය [안더너여] ①(승려의) 아랫도리 바지 ②옷, 의복 අඳින වස්ත්‍රය.
අඳ බව [안더 바워] 보지 못함, 맹목 අන්ධ භාවය.
අඳ බිංදුව [안더 빙두워] 맹점, 사각지대.
අඳය [안더여] ①(농사) 소작지, 소작 ②반절, 반 භාගය ③일부, 부분 කොටස.
¶ අඳ ගොවියා 소작농
අඳවනවා [안더워너와-] ඇන්දෙවුවා/ඇන්දෙව්වා-අඳවා (옷

අ

등) 입히다, 입혀 주다 හඳවනවා. ඇඳවීම

ඇඳිනවා‡ [안디너와-] ඇන්දා-ඇඳලා(ඇඳ) ①(옷) 입다, 착용하다 හඳිනවා (문어) පළඳිනවා ②그리다, 그림을 그리다 චිත්‍රණය කරනවා. ඇඳීම

අඳු [안두] (식물) 바실.

අඳුන [안두너] 세안제. (복) අඳුන්

අඳුනනවා† [안두너너와-] ඇඳින්නා-ඇඳින (사람을) 알다, 알고 있다, 인식하다. ඇඳිනීම/ඇඳුනුම ¶ නාඳුනනවා 모르다, 알지 못하다

අඳුන් දිවියා [안둔 디위야-] 표범, 퓨마.

අඳුන්වනවා‡ [안둔워너와-] ඇඳින්නෙවුවා-අඳුන්වා අඳුනනවා 의 사역동사: 소개하다, 알려주다 හඳුන්වනවා. ඇඳින්වීම

අඳුන්වා ගන්නවා‡ [안둔와- 간너와-] (사람을) 알다, 알고 있다, 인식하다 හඳුන්වා ගන්නවා.

අඳුන්වා දෙනවා‡ [안둔와- 데너와-] 소개하다, 알려주다 හඳුන්වා දෙනවා.

අඳුර‡ [안두러] 어둠, 흑암, 캄캄함 අන්ධකාරය. (복) අඳුරු (구어) කරුවළ

අඳුරනවා† [안두러너와-] ඇඳුරුවා-අඳුරා (사람을) 알다, 알고 있다, 인식하다. ඇඳිරීම

අඳුරු† [안두루] අඳුර 의 복수 또는 형용사: ①어둠, 흑암 අන්ධකාර ②어두운, 흑암의, 캄캄한.

අඳුරු කරනවා† [안두루 꺼러너와-] 그늘지게 하다, 어둡게 하다, 흐리게 하다.

අඳෝනාව [안도-나-워] 애통, 슬픔, 비통 විලාපය.

අඳෝමයි [안도-마이] 아아, 슬프도다, 불쌍한지고 අහෝ.

අඳෝමැයි [안도-매이] 아아, 슬프도다, 불쌍한지고 අහෝ.

අප‡ [아빠] ①අපි 의 문어 대격 형태: 우리를. (구어) අපිව ②අපි 의 문어 소유격 형태: 우리의 අපගේ (구어) අපේ ③අපි 의 문어 주격 형태: 우리, 우리가.

අප [아빠] 물 ජලය. (구어) වතුර

අප† [아빠] (접두사) ~로 부터, 멀어지는, 아래의, 나쁜, 반대하는.

අපකර්මය [아빠까르머여] 퇴보, 악화, (질의) 저하, 가치의 하락 පරිහානිය.

අපකර්ෂණය [아빠까르셔너여] 비난, 욕 විකර්ෂණය.

අපකාරය [아빠까-러여] 해, 손해 අලාභය. ¶ උපකාරය 도움

අපකාරී [아빠까-리-] 위험한, 손해의 හානිකර.

අපකීර්තිකර [아빠끼-르띠여꺼러] 경멸하는, 조롱하는, 우롱하는, 모욕하는 නින්දාකාරී.

අපකීර්තිදායක [아빠끼-르띠다-여꺼] 경멸하는, 조롱하는, 우롱하는, 모욕하는 නින්දාකාරී.

අපකීර්තිය‡ [아빠끼-르띠여] 경멸, 조롱, 우롱, 무명, 유명하지 않음 නින්දාව. ¶ කීර්තිය 명성, 유명

අපක්‍රමණය [아빠끄러머너여] 기울어 짐, 굴절, 휨 ඇල වීම.

අපක්‍රමය [아빠끄러머여] 이탈, 벗어남 ඉවත යෑම.

අපක්‍රියාව [아빠끄리야-워] ①악행, 비행 වැරදි ක්‍රියාව ②해, 손해 අපකාරය.

අපක්‍රෝෂය [아빠끄로-셔여] 욕, 욕설, 비난, 비방 බැණවැදීම.

අපක්ෂපාත/ අපක්ෂපාතී [아빡셔빠-떠/ 아빡셔빠-띠-] ①편향되지 않은, 공정한, 치우치지 않은 මධ්‍යස්ථ ②불충한, 충성스럽지 않은, 반역하는 ද්‍රෝහී.

අපගත [아빠가떠] ①사라진, 없어진 අතුරුදන් වූ ②없는 නැති.

අපගමනය [아빠가머너여] 벗어남, 탈선, 일탈 ඉවතට යෑම.

අපගමය [아빠가머여] 벗어남, 탈선, 일탈 ඉවතට යෑම.

අපගේ ‡ [아빠게-] අපි 의 소유격: 우리의. (구어) අපේ

අපඟ [아빵거] 눈끝(의) ඇස් කොන.

අපඝාතය [아빠가-떠여] 살인, 죽임 මැරීම.

අපචරයා [아빠차*러*야-] 나쁜 행동을 하는 사람, 악행자 නපුරා.

අපචාරය† [아빠차-*러*여] 나쁜 행동, 잘못된 행동, 악행, 과실 වැරදි හැසිරීම.

අපජලය [아빠잘러여] 하수, 오수, 더러운 물.

අපර්ණා [아빤너] 완전한, 완벽한 සම්පූර්ණ.

අපර්ණක [아빤너꺼] 방해받지 않는, 걸릴 것이 없는 බාධා නැති.

අපතය [아빠떠여] 손실, 손해, 잃음.

අපතේ [아빠떼-] 손해 봐, 잃어, 손실 나 නිරර්ථක ලෙස.

අපතේ යනවා [아빠떼- 야너와-] 잃다, 손해보다, 손상되다.

අපත්තිය [아빧띠여] 부적합, 부적절 අයෝග්‍යතාව.

අපත් වෙනවා [아빧 웨너와-] 잃다, 손해보다, 손상되다 නැති වෙනවා.

අපත්‍ය [아빧띠여] ①해로운, 해악의, 유익하지 않은 අයෝග්‍ය ②자손, 아들 දරුවා.

අපත්‍ර [아빠뜨*러*] ①잎이 없는 කොළ නැති ②깃털이 없는.

අපථය [아빠떠여] 벗어남, 탈선, 일탈 නොමඟ.

අපථ්‍ය [아빧띠여] ①해로운, 해악의, 유익하지 않은 අයෝග්‍ය ②자손, 아들 දරුවා.

අපද [아빠더] 다리가 없는 පාද නැති.

අපදානය [아빠다-너여] 일대기, 전기 චරිත කථාව.

අපදේශය [아빠데-셔여] ①보여줌, 전시 දැක්වීම ② 명칭, 호칭 සංඥානාමය ③가짜, 짝퉁 ව්‍යාජය.

අපද්‍රව්‍ය [아빠드*러*위여] 쓰레기, 폐기물 කුණුකසළ.

අපනයන [아빠나여너] 수출하는 නිර්යාත.

අපනයනය‡ [아빠나여너여] 수출 නිර්යාතය. ¶ ආනයනය 수입

අපනයනය කරනවා‡ [아빠너여너여 꺼*러*너와-] 수출하다.

අපනීත [아빠니-떠] 제거된, 없어진 ඉවත් කරන ලද.

අපපාඨය [아빠빠-터여] 부정확한 읽기.

අපභ්‍රංශ/අපභ්‍රංස [아빠브*랑*셔/아빠브랑써] ①문법에 맞지 않는 언어 사용 ②사투리, 방언 ③인도의 언어 중 하나.

අපම† [아빠머] අප 의 강조: 우리 자신이.

අපමණ [아빠머너] 많은, 풍성한, 다량의 බොහෝ.

අපමා [아빠마-] 늦지 않는, 지체되지 않는 පමා නොවන.

අපමාන [아빠마-너] 모욕(의), 치욕(의), 경멸(의) නින්දා.

අපයෝජනය [아빠요-저너여] 학대, 괴롭힘, 혹사 අතවරය. ¶ ළමා අපයෝජනය 아동 학대

අපර [아빠*러*] ①다음의, 뒤의, 후의 පසු ②서쪽의, 서방의 බටහිර.

අපර කාලය [아빠*러* 깔-러여] ①뒷 시간, 다음 시간 පසු කාලය ②오후 සවස් වරුව.

අපරගිර [아빠*러*기*러*] ①서산 අවරගිර ②서, 서쪽.

අ

අපර දිග† [아빠러 디거] 서, 서쪽 බටහිර. (구어) බස්නාහිර ¶ පෙරදිග 동쪽

අපරභාගය† [아빠러 바-거여] 오후 සවස් වරුව. ¶ පූර්ව භාගය 오전

අපරඹර [아빠람버 러] 서쪽 하늘 බටහිර අහස.

අපරාජිත [아빠라-지떠] 지지 않는, 패배하지 않는 නොපැරදුණු.

අපරාධ‡ [아빠라-더] 죄의, 죄지은, 범죄한.

අපරාධකරු [아빠라-더꺼루] 죄인, 범죄자 අපරාධකාරයා.

අපරාධකරුවා† [아빠 라-더꺼루와-] 죄인, 범죄자 අපරාධකරු.

අපරාධකාරයා‡ [아빠라-더까-러야-] 죄인, 범죄자.

අපරාධය‡ [아빠라-더여] 죄, 범죄, 악행. ¶ අපරාධේ 안타깝다, 아쉽다!

අපරාධී [아빠라-디-] 죄짓는, 범죄하는 අපරාධවලට අදාළ.

අපරාධීන [아빠라-디-너] 독립적인, 의존적이지 않은, 자유로운 ස්වාධීන.

අපරාධේ‡ [아빠라-데-] 아쉽다, 안타깝다.

අපරාන්තය [아빠란-떠여] 서쪽 끝, 서방의 끝 බටහිර අන්තය.

අපරාපරිය [아빠라-빠리여] 잇는, 이어지는, 다음의 අපරාපර්ය.

අපරාර්ධ ගෝලය [아빠라-르더 골-러여] (지구의) 서반구 පොළොවේ බටහිර අර්ධගෝලය.

අපරාර්ධය [아빠라-르더여] 후반, 뒤 반절 පසු භාගය.

අපරිචිත [아빠리치떠] 익숙치 않은, 낯설은 පුරුද්දක් නැති.

අපරිච්ඡින්න [아빠릿친너] 무한한, 무궁한, 끝이 없는, 무제한의 අසීමිත.

අපරිණත [아빠리너떠] 설익은, 여물지 않은, 미성숙한, 영글지 않은 නොමේරූ.

අපරිණතභාවය [아빠리너떠바-워여] 미성숙, 미숙 නොමේරූ බව.

අපරිණාම [아빠리나-머] 불변의, 변하지 않는 වෙනස් නොවනසුලු.

අපරිපාක [아빠리빠-꺼] 설익은, 여물지 않은, 미성숙한, 영글지 않은 අපරිණත.

අපරිපූර්ණ [아빠리뿌-르너] 완전하지 않은, 불완전한 අසම්පූර්ණ.

අපරිමාණ [아빠리마-너] 무한한, 끝이 없는, 영원한 අප්‍රමාණ.

අපරිමිත [아빠리미떠] 무제한의, 무한한, 끝없는, 막대한 අපරිමාණ.

අපරිමෙයය [아빠리메이여] 무한한, 무수한, 한량없는 අසීමිත.

අපරිමේය [아빠리메-여] 무한한, 무수한, 한량없는 අසීමිත.

අපරිශුද්ධ [아빠리슏더] 거룩하지 않은, 깨끗하지 않은 අපිරිසිදු.

අපරිසමාප්ත [아빠리싸맢-떠] 미완성의, 끝내지 않은.

අපරිහානීය[아빠리하-니-여] 패배에 일조하지 않는

අපරීක්ෂාකාරී† [아빠뤼-샤-까-리-] 조심성 없는, 부주의한 නොසැලකිලිමත්.

අපල‡ [아뻘러] 열매 없는, 황량한 පල නැති.

අපලය [아뻘러여] 불운, 불행 අවාසනාව.

අපලාපය [아뻘라-빠여] ①사실을 숨김, 사실 은폐, 부인, 거절 ඇත්ත සැඟවීම ②밀애, 비밀스러운 관심, 호감 රහස් සැලකිල්ල.

අපවත් වෙනවා† [아빠왇 웨너와-] 'මැරෙනවා 죽다, 사망하다'의 경어(일반인에게는 사용하지 않음): 서거하다, 소천하다.

අපවර්තනය [아뻐와-르떠너여] 반전, 반대 방향으로 구르거나 돎 ප්‍රතිවර්තනය.

අපවාදය† [아뻐와-더여] 책망, 꾸짖음, 비난, 헐뜯기 කේලම.

අපවිත්‍ර‡ [아빠위뜨*러*] 정결하지 않은, 부정한, 불결한 අපිරිසිදු.

අපශබ්දය [아뻐샵더여] ①(문법) 반댓말 විරෝධී පදය ②잘못된 단어 වැරදි වචන.

අපසරණය [아뻐싸*러*너여] 일탈, 분기 අපසාරිතාව.

අපසාරී [아뻐싸-*리*-] 일탈하는, 규준에서 벗어난, 분기하는 කෙරෙන් ඉවතට යන.

අපසාරිතාව [아뻐싸-*리*-따-워] 일탈, 분기 අපසරණය.

අපස්මාර [아빠쓰마-*러*] (병) 간질의, 간질병의 මීමැස්මොර.

අපස්මාරය† [아빠쓰마-*러*여] (병) 간질 මීමැස්මොරය.

අපස්මෘතිය [아빠쓰므루띠여] 망각, 잊혀짐, 건망 අමතකවීම.

අපහරණ [아뻐하*러*너] 제거하는, 없애는, ඉවත් කරන.

අපහරණය† [아뻐하*러*너여] 제거, 없앰, (수술에 의한) 절제 ඉවත් කිරීම.

අපහසය† [아뻐하써여] අපහාසය 를 보라: 모욕, 비웃음, 조롱, 명예훼손 නින්දා කිරීම.

අපහසු‡ [아뻐하쑤] 어려운, 편 하지 않은, 불편한 දුෂ්කර. (구어) අමාරු

අපහසුතාව† [아뻐하쑤따-워] 어려움, 힘듦 දුෂ්කරතාව. (구어) අමාරුව

අපහසුව† [아뻐하쑤워] 어려움, 힘듦 දුෂ්කරය. (구어) අමාරුව

අපහාසය [아뻐하-써여] 모욕, 비웃음, 조롱, 명예훼손 නින්දා කිරීම.

අපා [아빠-] ①발이 없는, 실체 가 없는 අපාද ②අපාය 의 형용사: 지옥의, 음부의 නිර.

අපාක [아빠-꺼] 생것의, 날것 의, 요리하지 않은 අමු.

අපාංග [아빵-거] ①절뚝이는, 불구의 අංගවිකල ② 눈끝의, 눈가의 අපග.

අපාඞ්ග [아빵-거] ①절뚝이는, 불구의 අංගවිකල ②눈끝의, 눈가의 අපග.

අපාටව [아빠-터워] 숙련되지 않은, 익숙하지 않은.

අපාද [아빠-더] 발이 없는, 실 체가 없는 අපා.

අපාය‡ [아빠-여] 지옥, 음부 නිරය.

අපායගාමී [아빠-여가-미-] 고 통으로 이끄는, 지옥으로 가 는 길의.

අපාය මාර්ගය [아빠-여 마-르거 여] 지옥으로 가는 길

අපායාක්ෂර [아빠-얖-셔*러*] 불 행한 씽할러 글자 11개: �-ක-ය-ම-ර-ප-අ-ණ-ල-ළ-ං.

අපාර [아빠-*러*] 해변이 없는, 끝이 없는 පරතෙරක් සීමාවක් නැති.

අපාරගම්‍ය [아빠-*러*가미여] 통과 할수 없는, 통과 안 되는 කාන්දු නොවන.

අපාසු [아빠-쑤] 쉽지 않은, 어 려운, 힘든 අපහසු. (구어) අමාරු

අපි‡ [아삐] (주어) 우리, මම 의 복수. (문어) අප

අපිධානය [아삐다-너여] 덮음, 막음, 감춤 පියන.

අපිරිසිදු† [아삐*리*씨두] 깨끗하지 않은, 불결한, 더러운. (구어) කිළිටු

අපිව‡ [아삐워] (목적어) 우리를, මාව 의 복수. (문어) අප

අපිස් [아삐쓰] 검소한, 간소한 අල්පේච්ඡ.

අපිලිවෙත [아삘리웨떠] 비규칙 적인 행동.

අපිළිසරණ [아삘리싸*러*너] 곤공

අ

අ

한, 의지할 데 없는, 빈궁한 අසරණ.

අපුත්‍රක [아뿌뜨러꺼] 아들이 없는, 자식이 없는 පුතුන් නැති.

අපුද්ගල [아뿓걸러] (특정한) 개인에 관계가 없는, 일반적인 පුද්ගලයෙකු නොවන.

අපුල [아뿔러] 싫은, 지긋지긋한, 불쾌한, 역겨운 අප්‍රිය.

අපුල්ලනවා [아뿔러너와-] ඇපුල්ලුවා-අපුල්ලා ①(옷감을 돌에 쳐: 랑카 스타일) 옷을 빨다, 세탁하다 රෙදි හෝදනවා ②치다, 때리다, 가하다 පහර ගහනවා. <u>ඇපිල්ලීම</u>

අපුෂ්ප [아뿌쉬뻐] 꽃이 없는, 꽃이 피지 않는 මල් රහිත.

අපූරු [아뿌-루] ①놀라운, 훌륭한, 칭찬할 만한, 기특한 ②전에 발생하지 않은, 믿을 수 없는, 낯선 අමුතු.

අපූරුව [아뿌-루워] 놀라움, 경탄, 훌륭함 අපූර්වය.

අපූර්ණතාව [아뿌-르너따-워] 불완전, 결함 අසම්පූර්ණතාව.

අපූර්ව [아뿌-르워] ①놀라운, 훌륭한, 칭찬할 만한, 기특한 අපූරු ②전에 발생하지 않은, 믿을 수 없는, 낯선.

අපූර්වතාව [아뿌-르워따-워] 놀라움, 신기함 පුදුමය.

අපූර්වය [아뿌-르워여] 놀라움, 경탄, 훌륭함 අපූරුව.

අපේ‡ [아뻬-] අපි 의 소유격: 우리의. (문어) අපගේ

අපේක්ෂක [아뻬-셔꺼] ①후보자 අපේක්ෂකයා ②기대하는, 바라는 බලාපොරොත්තු වන.

අපේක්ෂකයා [아뻬-셔꺼야-] 후보자 අපේක්ෂක. ¶ අපේක්ෂිකාව 여성 후보자

අපේක්ෂා කරනවා [아뻬-샤- 꺼러너와-] 기대하다, 바라다, 갈망하다 බලාපොරොත්තු වෙනවා.

අපේක්ෂා භංගත්වය [아뻬-샤-방갇워여] 희망 상실, 기대 상실 බලාපොරොත්තු කඩවීම.

අපේක්ෂාව [아뻬-샤-워] 기대, 바람, 희망 ප්‍රාර්ථනාව.

අපේක්ෂිත [아뻬-쉬떠] 기대하는, 바라는 බලාපොරොත්තු වෙන.

අපොයි [아뽀이] 아아, 슬프다 (상실을 나타내는 음성어).

අපොළනවා [아뽈러너와-] ඇපොළුවා-අපොළා ①손뼉을 치다, 박수를 치다 අත්පුඩි ගහනවා ②치다, 때리다, 가하다 අපුල්ලනවා.

අපොහොසත්/අපෝසත් [아뽀호쌑/아뽀-쌑] 불가능한, 할 수 없는 බැරි.

අපෝ‡ [아뽀-] 아아, 슬프다 (기대 상실을 나타내는 음성어) අපොයි.

අපෝ කරවනවා [아뽀- 꺼러워너와-] 포기하게 만들다, 포기하게 하다 එපා කරවනවා.

අපෝයි [아뽀-이] 아아, 슬프다 (기대 상실을 나타내는 음성어) අපොයි.

අපෝසත් [아뽀-쌑] 불가능한, 할 수 없는 බැරි.

අපෞගනය [아뽀-하너여] 논쟁, 논의 තර්ක කිරීම.

අප්පල්ල [압빨러] 납작한 흙냄비 ලොකු ඇතිලිය.

අප්පිඩිය [압삐디여] 박수, 손뼉침. (문어) අත්පොලසන

අප්පු [압뿌] ①집에서 일하는 사람, 하인 ගෘහ සේවකයා ②요리사 කෝකියා.

අප්පුඩි ගහනවා† [압뿌디 가하너와-] 박수 치다, 손뼉을 치다. (문어) අත්පොළසන් දෙනවා

අප්පුඩිය [압뿌디여] 박수, 손뼉침. (문어)අත්පොලසන

අප්පේ [압뻬-] (감탄사) 아이고, 어째!

අප්‍රකට [아쁘러꺼터] 공적이지 않는, 모호한, 숨은, 비밀의, 개인적인 රහස්.

අප්‍රකටකම [아쁘러꺼터꺼머] 모호함, 비밀, 공개적이지 않음 රහස.

අප්‍රකාශ [아쁘러까-셔] 공적이지 않는, 모호한, 숨은, 비밀의, 개인적인 රහස්.

අප්‍රකාශකම/අප්‍රකාශතාව [아쁘러까-셔꺼머/아쁘러까-셔따-워] 모호함, 비밀, 공개적이지 않음 රහස.

අප්‍රකාශිත [아쁘러까-쉬떠] 공적이지 않는, 모호한, 숨은, 비밀의, 개인적인 රහස්.

අප්‍රගුණිත [아쁘러구니떠] 훈련받지 않은, 배우지 않은 ප්‍රගුණ නොකළ.

අප්‍රතිකාර [아쁘러띠까-러] 치료할 수 없는, 처방할수 없는.

අප්‍රතිකූල [아쁘러띠꿀-러] 반대가 아닌, 싫어하지 않는 විරුද්ධ නොවන.

අප්‍රතිපක්ෂ [아쁘러띠빡셔] 반대하지 않는, 대적하지 않는, 따르는 ප්‍රතිපක්ෂ නොවූ.

අප්‍රතිපුද්ගල [아쁘러띠뿓걸러] 상대가 안되는, 무적의, 비길데 없는.

අප්‍රතිභාග [아쁘러띠바-거] 동등하지 않은, 비할 수 없는 අසමාන.

අප්‍රතිම [아쁘러띠머] 비교할 수 없는, 비교 불가의, 동등하지 않은, 비할 수 없는 අප්‍රතිභාග.

අප්‍රතිමල්ල [아쁘러띠말러] ①비교할 수 없는, 비교불가의, 동등하지 않은, 비할 수 없는 අප්‍රතිභාග ② 반대가 아닌, 싫어하지 않는 විරුද්ධ නොවන.

අප්‍රතිරූප [아쁘러띠루-빠] ①비슷하지 않은 ②비교할 수 없는, 비교 불가의 ③적절하지 않은.

අප්‍රතිහත [아쁘러띠하떠] 불굴의, 포기하지 않는 නොහළ.

අප්‍රත්‍යක්ෂ [아쁘랕띠약셔] 안보이는, 보이지 않는නොපෙනෙන.

අප්‍රධාන [아쁘러다-너] 2차의, 2류의, 다음의 ප්‍රධාන නොවන.

අප්‍රබුද්ධ [아쁘러붇더] 지각이 없는, 깨닫지 못하는, 발달이 안된 නොපිබිදුණු.

අප්‍රබුධ [아쁘러부더] 지각이 없는, 깨닫지 못하는, 발달이 안된 නොපිබිදුණු.

අප්‍රමත්ත [아쁘러맏떠] 방심하지 않는, 주의 깊은.

අප්‍රමාණ [아쁘러마-너] 제한이 없는, 끝이 없는, 무한의 අසීමිත.

අප්‍රමාද [아쁘러마-더] ①느리지 않는, 게으르지 않는, 근면한 නොපමා ②주의 깊은, 사려 깊은 සුපරීක්සාකාරී.

අප්‍රමේය [아쁘러메-여] 측량할 수 없는, 헤아릴 수 없는 ප්‍රමාණ කළ නොහැකි.

අප්‍රමෝදිත [아쁘러모-디떠] 기쁘지 않은, 즐겁지 않은 අසතුටු.

අප්‍රයෝජන [아쁘러요-저너] 유익하지 않은, 무익한, 소용없는 ප්‍රයෝජනයක් නැති.

අප්‍රලම්භ [아쁘랄람버] 연기되지 않는, 늦춰지지 않는 ප්‍රමාද නොවන.

අප්‍රවේසම [아쁘러웨-써머] 부주의, 덤벙댐.

අප්‍රසන්න [아쁘러싼너] 기쁘지 않은, 기분 나쁜, 언짢은.

අප්‍රසන්නතාව [아쁘러싼너따-워] 불쾌, 불만족, 싫어함.

අප්‍රසාදය [아쁘러싸-더여] 불만족, 불쾌, 불만 නොකැමැත්ත.

අප්‍රසිද්ධ [아쁘러씯더] 유명하지 않은, 알려지지 않은

අප්‍රාණවාචී [아쁘라-너와-치-] 무생물의, 생명이 없는 අප්‍රාණික.

ඇ

අප්‍රාණික [아쁘라-니꺼] ①무생물의, 생명이 없는 පණ නැති ②약한, 힘이 없는 දුබල.

අප්‍රාප්ත [아쁘랖-떠] 참석하지 않은, 도착하지 않은.

අප්‍රිකානු [아쁘리까-누] 아프리카의, 아프리카 사람의.

අප්‍රිකාව‡ [아쁘리까-워] 아프리카.

අප්‍රිය† [아쁘리여] ①기뻐하지 않는, 싫어하는, 동의하지 않는 ②싫어함, 혐오. ¶ කෑම අප්‍රියයි 입맛이 없다

අප්‍රිය කරනවා [아쁘리여 꺼러너와-] 싫어하다, 혐오하다 වෛරය කරනවා.

අප්‍රේල්‡ [아쁘렐-] 4월.

අප්සරාව [앞써라-워] 요정 දෙවඟන.

අඵල [아뻘러] 열매 없는, 황량한 පල නැති.

අඵාසුව [아빠-쑤워] ①불편함, 어려움 ②병, 아픔.

අබ† [아버] 겨자.

අබ ඇටය [아버 애터여] 겨자씨.

අබක [아버꺼] 올무, 함정 මලපත.

අබග්ගය [아박거여] 불행, 불운 අවාසනාව.

අබද්ධ [아받더] 붙어있지 않은, 연결되지 않은, 떨어진 නොබැඳුණු.

අබබ්බයා [아밥버야-] 바보, 얼간이 මෝඩයා.

අබය [아바여] ①두렵지 않은, 무섭지 않은 අභය ②무섭지 않음, 두렵지 않음, 안전함 ආරක්ෂාව.

අබරණ† [아버러너] 장신구류, 보석류 ආභරණ.

අබල [아발러] 약한, 힘없는, 능력없는, 연약한 දුබල.

අබලතා [아발러따-] 약함, 연약함 දුබලතා.

අබලන් [아발란] ①연약한, 나약한, 힘없는 ②오래된, 썩은.

අබලන් වෙනවා [아발란 웨너와-] 약해지다, 연약해지다, 할 수 없게 되다.

අබල දුබල [아발러 두벌러] 연약한, 나약한 දුර්වල.

අබලි [아벌리] 약해진, 연약해진, 나약해진 අබලන් වුණු.

අබලු [아벌루] 약해진, 연약해진, 나약해진 අබලන් වුණු.

අබාධ [아바-더] 방해가 없는, 자유로운 බාධා නැති.

අබිං [아빙] ①아편 ②양귀비 අබින්.

අබිනික්මන [아비니끄머너] 출가, (금욕적인) 극기, 포기 අභිනිෂ්ක්‍රමණය.

අබින් [아빈] ①아편 ②양귀비 අබිං.

අබින් සාරය[아빈 싸-러여] (약) 모르핀, 아편 추출물.

අබිබවනවා [아비바워너와-] අබිබැවුවා-අබිබවා 정복하다, 진압하다, 복종시키다 යටපත් කරනවා. <u>අබිබැවීම/අබිබැවුම</u>

අබිමන් [아비만] 교만한, 오만한 ආඩම්බර.

අබිමුව† [아비무워] ①현존, 존전, 임재 අභිමුඛය ②(후치사) ~앞에서, 면전에서 අබිමුවෙහි.

අබිමුවෙහි [아비무웨히] ~앞에서, 면전에서අභිමුඛයේ.

අබියස [아비여써] ①현존, 존전, 임재 අභිමුඛය ② (후치사) ~앞에서, 면전에서 අබිමුවෙහි.

අබියෝගය [아비요-거여] 도전 අභියෝගය.

අබිරහස† [아비라하써] 비밀, 신비, 불가사의 අභිරහස.

අබිසෙව් [아비쎄우] 즉위식, 대관식 අබිසෙස්.

අබිසෙස් [아비쎄쓰] 즉위식, 대관식 අභිෂේකය.

අබුද්දස්ස කාලෙ [아붇닸써 깔-레] ①부처님이 태어나지 않은 시기, 불기(佛紀) 전 시기 ②낯선 시간, 이상한 시간.

අබුද්දෝත්පාදය [아붇돋-빠-더여] 부처님이 없는 시기.

අබූත [아부-떠] ①틀린, 거짓의, 잘못된 අසත්‍ය ②발견되지 않은, 감춰진.

අබෞද්ධ [아바욷더] 불교가 아닌, 불교적 이지 않은.

අබෞද්ධයා [아바욷더야-] 비불교인.

අබ්බගාත [압버가-떠] 지체장애인의, 불구의, 발을 저는 අංග වකල.

අබ්බගාතයා [압버가-떠야-] 지체장애인, 앉은뱅이, 절름발이 ආබාධිතයා.

අබ්බාගාත [압바-가-떠] 지체장애인의, 불구의, 발을 저는 අංග වකල.

අබ්බාගාතයා [압바-가-떠야-] 지체장애인, 앉은뱅이, 절름발이 ආබාධිතයා.

අබ්‍යාකත[아비야-꺼떠] 불확실한, 불확정한, 애매한.

අබ්‍රහ්මචරියාව [아브*라*흐머차*리*야-워] 순결하지 않음, 불결.

අභක්තිකයා [아밖띠꺼야-] 불신자, 종교적이지 않은 사람 නොඇදහිලිකාරයා. ¶ භක්තිකයා 신자, 신도

අභද්‍ර [아버드*러*] ①불운한, 재수없는, 불길한, 불행한 අභාග්‍යවත් ②죄있는, 죄많은, 악한 පාපී.

අභය [아바여] ①두렵지 않은, 무섭지 않은 අභය ②무섭지 않음, 두렵지 않음, 안전함 ආරක්ෂාව.

අභය දානය [아바여 다-너여] 삶의 보호, 삶의 안정 ජීවිත දානය.

අභය භූමිය [아바여 부-미여] 조수 보호 구역, 자연보호 구역, 금렵구.

අභව්‍ය [아버위여] 불가능한, 발생할 수 없는, 비현실적인 නොවියහැකි.

අභාග්‍ය [아박-기여] 운없는, 재수없는 අවාසනා.

අභාවගත [아바-워가떠] 죽은, 사망한, 더 이상 존재하지 않는 මැරුණු.

අභාවප්‍රාප්ත [아바-워쁘*랖*-떠] 죽은, 사망한, 더 이상 존재하지 않는 මැරුණු.

අභාවය [아바-워여] 죽음, 사망, 소천 මරණය.

අභාවිත [아바-위떠] 사용되지 않는, 쓰이지 않는 පාවිච්චි නොවුණු.

අභි [아비] (접두사) 높은, 더 큰, 뛰어난, 앞서는.

අභික්‍රමණය [아비끄*러*머너여] 전진, 진보, 향상 වර්ධනය.

අභිචරයා [아비차*러*야-] ①추종자 අනුගාමිකයා ②하인, 도우미 සේවකයා.

අභිචාරිකාව [아비차-*리*까-워] 창녀, 창기 වේශ්‍යාව.

අභිජනක [아비자너꺼] ①발생하는, 생겨 나는 ඇති කිරන ②발아하는, 싹트는 පැළ කිරන.

අභිජනනය [아비자너너여] ①발생, 생겨남 ඇති කිරීම ②발아, 싹틈 පැළ කිරීම.

අභිජාත [아비자-떠] 양반 신분의, 귀한 신분으로 태어난 උත්තම උපතක් ඇති.

අභිජානනය [아비자-너너여] 이해력, 터득, 이해 මනා දැනුම.

අභිඤ්ඤ [아빈냐-] 지혜, 명철, 명석 ප්‍රඥාව.

අභිඥ [아비끄냐-] 지혜, 명철, 명석 ප්‍රඥාව.

අභිධර්ම පිටකය [아비다*르*머 삐터꺼여] 불교의 경, 율, 논 삼

අ

장 중 논으로 철학적 이론을 전개한 서적. ¶ ත්‍රිපිටකය 불경: 불교의 경, 율, 논 삼장.

අභිධර්මය [아비다르머여] 형이상학 අබිධර්ම.

අභිධා [아비다-] ①명칭들, 호칭들 ②명칭의, 호칭의

අභිධානය [아비다-너여] 명칭, 호칭, 칭호 නාමය.

අභිනන්දනය [아비난더너여] 칭송, 칭찬, 찬미 ප්‍රශංසාව.

අභිනය [아비너여] 몸짓, 제스처 ඉඟිය.

අභිනව [아비나워] 새로운, 최근의, 현대의 ඉතා අලුත්.

අභිනවයෙන් [아비나워옌] 새롭게 අලුතින්.

අභිනිෂ්ක්‍රමණය [아비니쉬끄러머너여] 출가, (금욕적인) 극기, 포기 අභිනික්මන.

අභින්දනීය [아빈더니-여] 깨지지 않는, 부서지지 않는 බිඳිය නොහැකි.

අභින්න [아빈너] 지속적인, 지속되는, 멈추지 않는 අඛණ්ඩ.

අභිප්‍රාය/අභිප්‍රාව [아비쁘라-여/아비쁘라-워] ①의지, 의향, 갈망 කැමැත්ත ②뜻, 의미.

අභිබවනවා [아비바워너와-] අභිබැවුවා-අභිබවා 정복하다, 지배하다, 복종시키다 අබිබවනවා.

අභිභවනය [아비바워너여] 정복, 지배, 복종시킴 අභිභවය.

අභිභවනවා [아비바워너와-] අභිභැවුවා-අභිභවා 정복하다, 지배하다, 복종시키다 යටත් කරනවා.

අභිභවය [아비바워여] 정복, 지배, 복종시킴 යටත් කිරීම.

අභිමත [아비마떠] 선호하는, 좋아하는 කැමති.

අභිමතය [아비마떠여] 선호, 기호, 좋아함 කැමැත්ත.

අභිමතිය [아비마띠여] 선호, 기호, 좋아함 කැමැත්ත.

අභිමතාර්ථය [아비마따-르떠여] 갈망, 소망, 기대 අපේක්ෂාව.

අභිමතාර්ථ සංසිද්ධිය [아비마따-르떠 쌍씯디여] 소원 성취 අපේක්ෂා ඉටුවීම.

අභිමාන [아비마-너] 자랑스러운, 긍지있는, 자부심의 සාඩම්බර. (구어) ආඩම්බර

අභිමානය† [아비마-너여] 자랑, 긍지, 자부심, 위엄 සාඩම්බරය. (구어) ආඩම්බරය

අභිමානවත් [아비마-너왇] 자랑스러운, 긍지있는, 자부심의 සාඩම්බර. (구어) ආඩම්බර

අභිමුඛ [아비무꺼] 앞에서, 존전에서, 면전에서 ඉදිරියේ.

අභිමුඛය† [아비무꺼여] 앞, 존전, 면전 අබියස. (구어) ඉස්සරහා

අභියස/අබියස [아비여써] ①현존, 존전, 임재 අභිමුඛය ②(후치사) ~앞에서, 면전에서 අබිමුවෙහි.

අභියාචනය [아비야-처너여] ①호소, 간청 ඉල්ලීම ② (법률학) 상소, 상고, 항소. ¶ අභායාචනාධිකරණය 항소 법원

අභියෝගය [아비요-거여] 도전, 응전 අබියෝගය.

අභිරංජනය [아비랑저너여] 매력, 매혹, (마음을) 끌어당김 චිත්තාකාර්ෂණය.

අභිරමණය [아비라머너여] ①(성적인) 매력, 매혹 කාම සම්භෝගය ②기쁨, 즐거움 ප්‍රීතිවීම.

අභිරමණීය [아비라머니-여] 매력적인, 매혹적인, 인상적인, 아름다운 අභිරාම.

අභිරම්‍ය [아비람미여] 매력적인, 매혹적인, 인상적인, 아름다운 අභිරාම.

අභිරහස† [아비라하써] 비밀, 신비, 불가사의 අබිරහස.

අභිරාම [아비라-머] 매력적인,

매혹적인, 인상적인, 아름다운 අභිරමණීය.

අභිරුචිය [아비루치여] 강한 갈망, 강한 소망, 기대 දැඩි කැමැත්ත.

අභිරූඪ [아비루-더] 올라간, 승천한 නැඟුණු.

අභිරූප [아비루-빠] 예쁜, 잘생긴 ලස්සන.

අභිරූපිකා [아비루-삐까-] 미인, 미녀 රූමතිය.

අභිරූපිකාව [아비루-삐까-워] 미인, 미녀 රූමතිය.

අභිලාෂය† [아빌라-셔여] ①(강한) 갈망, 소망 ආශාව ②욕망, 욕정 රාගය.

අභිලේඛය [아빌레-꺼여] 고문서, 귀문서 කෞතුක ලේඛය.

අභිලේඛාගාරය [아빌레-까-가-러여] 고문서 보관소, 박물관 කෞතුකාගාරය.

අභිවන්දනය [아비완더너여] 예배, 경배 නමස්කාරය.

අභිවර්ධනය [아비와르더너여] 발전, 성장, 진보 සංවර්ධනය.

අභිවර්ෂණය [아비와르셔너여] 강우, 비내림 වැසි වැටීම.

අභිවාදනය [아비와-더너여] 예배, 경배 නැමදීම.

අභිවෘද්ධිය [아비우룯디여] 번영, 번창, 진보, 발전, 성장 වැඩි දියුණුව.

අභිෂේක කරනවා [아비셰-꺼 꺼러너와-] 대관식을 하다, 즉위식을 거행하다.

අභිෂේකය [아비쉐-꺼여] ①즉위식, 대관식 රාජාභිෂේකය ②(물, 기름) 부음, 물 뿌림, 기름부음.

අභිසන්තාපය [아비싼따-빠여] (강한) 고통, 슬픔, 애통 දැඩි වේදනාව.

අභිසන්ධානය [아비싼다-너여] 연합, 묶음, 결합 මනා එකතුව.

අභිසමනය [아비싸머너여] 완화, 가라앉힘, 경감 සංසිඳවීම.

අභිසමය [아비싸머여] 이해력, 터득, 이해 මනා අවබෝධය.

අභිසමාචාරය [아비싸마-차-러여] 정중, 예의, 예절 උසස් ආචාරශීලී බව.

අභිසම්බුද්ධ [아비쌈붇더] (불교) 득도한, 해탈한.

අභිසම්බෝධිය [아비쌈보-디여] (불교) 득도, 해탈 බුද්ධත්වය.

අභිසරන [아비싸러너] 한데 모이는, 한 점으로 향하는 එකිනෙක ඉදිරියට එන.

අභිසාරිකාව [아비싸-리까-워] 창녀, 창기 වෙසඟන.

අභිසාරිකාව [아비싸-리- 쏠렁거] (기상학) 수렴풍.

අභීක්ෂාව [아빅-샤-워] 관점, 시각, 견지 අනුව සිතා බැලීම.

අභීත [아비-떠] 두려움없는, 담대한 භය නැති.

අභීම [아비-머] 두려움을 주지 않는, 겁박하지 않는 භිය නූපදනව.

අභීරු [아비-루] 두려움없는, 담대한 අභීත.

අභූත† [아부-떠] ①틀린, 거짓의, 잘못된 අසත්‍ය ② 발견되지 않은, 감춰진.

අභූතය [아부-떠여] 거짓, 속임 අසත්‍යය.

අභූත චත්කම් [아부-떠 왇깜] 허위 자산 අසත්‍ය වත්කම.

අභේදය [아베-더여] 불변, 변하지 않음 අභින්නතාව.

අභේදිත [아베-디떠] 나눠지지 않는, 나뉘지 않는 නොබෙදුණු.

අභේද්‍ය [아벧-디여] 부술 수 없는, 깰수 없는 නොකැඩිය හැකි.

අභ්‍යන්තර† [압비얀떠러] 내부의, 안의, 속의 ඇතුළත.

අභ්‍යන්තර ගුවන් සේවය [압비얀떠러 구완 쎄-워여] 국내선.

අභ්‍යන්තරික [압비얀떠리꺼] 내

අ

부의, 안의, 속의 ඇතුළතට අදාළ.

අභ්‍යවකාශය [압비여워까-셔여] 외부, 열린 공간, 문 밖 අළිමහන.

අභ්‍යාස කරනවා [압비야-써 꺼러너와-] 연습하다, 반복하다 පුහුණු කර ගන්නවා.

අභ්‍යාසය [압비야-써여] 연습, 훈련 පුහුණු කර ගැනීම.

අභ්‍යාසියා [압비야-씨야-] 연습생, 훈련생, 견습අභ්‍යාසලාභියා.

අභ්‍යාසලාභියා [압비야-썰라-비야-] 연습생, 훈련생, 견습생 අභ්‍යාසියා.

අභ්‍යුදය [압비유더여] 성장, 발전, 커짐 වර්ධනය. (구어) වැඩීම

අභ්‍රය [아브러여] ①구름 වලාකුළ ②하늘 අහස ③금, 황금 රන්.

අම [아머] ①성수, 거룩한 음료 දිව්‍ය පානය ②물 ජලය.

අම [아머] ①진미의, 아주 맛있는 අමෘත ②죽지 않는, 불멸의, 영생의 නොමැරෙන.

අම ඔසුව [아머 오쑤워] 신성한 약, 신성한 치료 දිව්‍යමය ඖෂධය.

අම ඔස්ස [아머 옸써] 신성한 약, 신성한 치료 දිව්‍යමය ඖෂධය.

අම කඩ [아머 까더] 목욕시 입는 옷 (스리랑카는 샤워할 때 옷을 다 벗지 않음) දිය රෙද්ද.

අමණ්ඩිත [아만디떠] 치장하지 않은, 장식하지 않은 නොසැරසූ.

අමඩිගල[아만디걸러] 불행한, 불운의 අවාසනාවන්ත.

අමත [아머떠] ①성수, 거룩한 음료 දිව්‍ය පානය ② 불멸, 영생, 죽지 않음.

අමතක [아머떠까] 잊어버리는, 까먹는, 기억을 못하는 අසිහි.

අමතක වන සුලු [아머떠까 워너 쑬루] 금세 잊어버리는, 쉽게 잊어버리는.

අමතක වෙනවා‡ [아머떠까 웨너와-] 잊어버리다, 까먹다 මතක නැති වෙනවා.
¶ මට අමතක වුනා 제가 잊어버렸어요

අමතනවා‡ [아머떠너와-] ඇමතුවා-අමතා ①부르다, 소환하다 කැඳවනවා ②전화하다, 통화하다 කතා කරනවා ③생각하다, 고찰하다 කල්පනා කරනවා. ඇමතීම/ඇමතුම

අමතර‡ [아머떠러] 여분의, 추가의 අතිරේක. (구어) වැඩිපුර

අමතර කොටස [아머떠러 꼬터써] 여분의 부품, 추가 부속.

අමතරව [아머떠러워] 추가로, 게다가, 더.

අමතා [아머따-] අමතනවා 의 과거분사: 불러, 소환하여 කථාකොට. (구어) හඬ ගහලා

අමදිනවා [아머디너와-] ඇමැද්දා-ඇමද (빗자루로) 쓸다, 청소하다. ඇමදීම (구어) අතුගානවා

අමද්‍ය† [아맏디여] 알코올이 없는, 중독성이 없는 මද්‍යසාර නැති.

අමද්‍යපාන [아맏디여빠-너] 금주의, 술을 마시지 않는 මත්පැන් නොබොන.

අමද්‍යපානය [아맏디여빠-너여] 무알콜 음료 මත්නොකරන පානය.

අමධුර [아머두러] ①기쁘지 않은, 불쾌한, 언짢은 ②맛없는.

අමන [아머너] ①어리석은, 멍청한, 바보의 මෝඩ ② 바람이 부는 හමන. ¶ අමනයා 어리석은 사람

අමනයා [아머너야-] 멍청이, 바보, 천치, 어리석은 자 මෝඩයා.

අමනාපය [아머나-뻐여] 혐오, 싫어함 අකැමැත්ත. ¶ මනාපය 선호, 좋아함

අමනාප කරනවා† [아머나-빠 꺼러너와-] 싫어하다, 혐오하다 ද්වේෂ කරනවා. (구어) වෛරය කරනවා
අමනුෂ්‍ය [아마눗쉬여] ①인간이 아닌, 비인간의, 악인의 නපුරු ②마귀의, 악마적인 යක්ෂ.
අමනුෂ්‍යයා [아마눗쉬여야-] ①비인간, 악인 නපුරා ②마귀, 악마 යක්ෂයා.
අමනෝඥ [아마노-끄녀] 불쾌한, 탐탁하지 않은, 동의하지 않는 නොමනා.
අමන්ද [아만더] 적지 않은, 조금이 아닌 නොමඳ. (구어) අඩුවක් නැති
අමන්දනන්දය [아만다-난더여] 형언할 수 없는 기쁨, 최고의 기쁨 නොමඳ සතුට.
අමයුරු [아머유루] 아주 맛있는, 산해 진미의 අමෘතය වැනි.
අමර [아머러] 불사신, 죽지 않는 사람, 신 නොමැරෙන තැනැත්තා.
අමරණීය† [아머러니-여] 죽지않는, 불멸의, 영원한 නොමැරෙන.
අමල [아멀러] 더럽지 않은, 깨끗한 කිළිටි නැති.
අමල් [아말] ①더럽지 않은, 깨끗한 කිළිටි නැති ②어머니 මව.
අමා [아마-] ①죽지 않는, 영원한 අමෘත ②(천체) 달 සඳ.
අමාංස [아망-써] 육체가 없는, 살이 없는 නිර්මාංශ.
අමාත්‍ය [아맏-띠여] (부, 처) 장관 ඇමති.
අමාත්‍යංශය [아맏-띠양셔여] (정부) 부처, 청 අමාත්‍ය කාර්යාලය.
අමාත්‍ය මණ්ඩලය [아맏-띠여 만덜러여] 내각 ඇමති මණ්ඩලය.
අමා රසය [아마- 라써여] (그리스, 로마 신화) 신의 음식, 신찬 අමෘතය.
අමා රස් [아마- 라쓰] 달빛, 부드러운 빛 සඳ රැස්.
අමාරු‡ [아마-루] අමාරුව 의 복수 또는 형용사: ①어려움들, 곤란들 ②병들, 질병들 ලෙඩරෝග ③어려운, 힘든, 곤란한 දුෂ්කර ④아픈, 병든 අසනීප.
අමාරුකාරයා [아마-루까-러야-] ①예민한 사람, 까칠한 고객 ②환자, 병자 ලෙඩා.
අමාරුව[아마-루워] ①어려움, 힘듦, 곤란 අපහසුතාව ②병, 질병, 우환 අසනීපය. ¶ බඩේ අමාරුවක් 복통
අමාර්ගය [아마-르거여] 잘못된 길 වැරදි මාර්ගය.
අමාවක [아마-워꺼] ①(음력) 초하루, 초승달 සඳ නැති දිනය ②보름달, 음력 15일 පෝය දිනය. (복) *අමාවක්*
අමිතුරු [아미뚜루-] 안친한, 사이가 나쁜.
අමිල† [아밀러] 값을 매길수 없는, 아주 귀한 මිල කළ නොහැකි.
අමිශ්‍ර [아미쉬러] 섞이지 않은, 혼합되지 않은, 순결한, 정결한 ශුද්ධ.
අමිහිරි† [아미히리] 입에 맞지 않는, 맛없는, 불쾌한.
අමු‡ [아무] ①익지 않은, 여물지 않은 නොපැසුනු ②생것의, 날것의, 가공하지 않은, 천연의 අලුත්.
අමු [아무] (식물: 벼과) 참새피, 털피.
අමු අමුවේ [아무 아무웨-] ①조숙하게, 너무 이르게 ②난폭하게, 야만스럽게, 사납게, 잔인하게.
අමුක්කරා [아묶꺼라-] 아슈와간다 (인도 인삼: 윈터 체리), Withania somnifera අශ්වගන්ධ.
අමුඩය [아무더여] 생옷감, 날옷감 අමුඩුව.

අ

අමුණ† [아무너] ①둑, 댐 අවුණ ②5부셸 (1부셸은 약 36리터, 약 2말) බුසල් පහක ප්‍රමාණය. (복) *අමුණු*

අමුණනවා‡ [아무너너와-] ඇමුණුවා-අමුණා ①연결하다, 연관시키다, 엮다 අවුණනවා ②첨가하다, 덧붙이다, 부가하다 ③실에 꿰다, 실을 바늘에 넣다. ඇමුණුම/ඇමිණීම

අමුතු‡ [아무뚜] 이상한, 낯선, 새로운 අනන්‍ය.

අමුතුවෙන් [아무뚜웬] 새롭게, 갑자기.

අමුතු සැලකිල්ල [아무뚜 쌜러낄러] 차별대우, 편애.

අමු තෙල්†[아무 뗄] 가공하지 않은 기름, 천연 기름.

අමුත්ත [아뭍떠] 새로운 것, 진기함, 놀라움 අලුත් දෙය.

අමුත්තා† [아뭍따-] ①손님, 방문객, 방문자 ආගන්තුකයා ②낯선 사람.

අමු බොරු[아무 보루] 새빨간 거짓말, 완전한 거짓말.

අමු යකඩ [아무 야꺼더] 무쇠, 선철.

අමු රෙදි [아무 레디] 표백하지 않은 옷.

අමුවෙන් [아무웬] ①여물지 않은, 익지 않은 නොඉදුණු ②요리하지 않은, 날것의, 생것의.

අමූල [아물-러] 기반이 없는, 이유가 없는, 뿌리가 없는 අමූලික.

අමූලික [아물-리꺼] 기반이 없는, 이유가 없는, 뿌리가 없는 අමූල.

අමූලික බොරුව [아물-리꺼 보루워] 근거 없는 거짓말, 새빨간 거짓말 සම්පූර්ණ බොරුව.

අමූල්‍ය [아물-리여] 무자본의, 돈이 없는, 재정없는.

අමෘත [아므루떠] ①아주 맛있는 ඉතා රසවත් ②죽지 않는, 영원한 නොමළ.

අමෘතය [아므루떠여] (그리스, 로마 신화) 신의 음식, 신찬 අමා රසය.

අමෘතාකරය [아므루따-꺼러여] 우유 바다 කිරි මුහුද.

අමෛත්‍රී [아마이뜨리-] ①불친절한 අකාරුණික ②축복받지 못한, 복이 없는.

අමොද [아모더] 기쁜, 즐거운, 기뻐하는 ප්‍රීතිමත්.

අමෝඝ [아모-거] 풍성한, 열매 맺는, 성공한 සඵල.

අමෝද [아모-더] 기쁜, 즐거운, 기뻐하는 ප්‍රීතිමත්.

අමෝරනවා [아모-러너와-] 협박하듯이 손을 올려 흔들다 තර්ජනාත්මකව උලුක් කරනවා.

අමෝහ [아모-허] 미혹함이 없는, 기만하지 않는 මෝහ නැති.

අම්බන් කරනවා [암반- 꺼러너와-] 조종하다, 종속시키다, 길들이다 පාලනය කරනවා.

අම්බර [암버러] ①하늘 අහස ②옷, 의복 වස්ත්‍රය ③용연향 (향수 원료).

අම්බරාන්තය [암버란-떠여] 지평선 ක්ෂිතිජය.

අම්බරුවා [암버루와-] 물소, 버팔로 හරකා.

අම්බල [암발러] 신, 시큼한 ඇඹුල්.

අම්බලම [암벌러머] 여행자 휴게소 පොදු ලැගුම් කුටිය.

අම්බැට්ටයා [암뱉터야-] 이발사, 미용사 කරණවෑමියා.

අම්බිකාව [암비까-워] ①여자, 여성 ස්ත්‍රිය ②부인, 아내 බිරිඳ.

අම්බිලියා [암빌리야-] 달, 달님 සඳ මාමා.

අම්බු [암부] 물 ජලය. (구어) වතුර
අම්බුජ [암부저] ①물에서 태어난 දියෙහි උපන් ②연꽃.
අම්මණ්ඩි [암만디] 어머니 මව. (구어) අම්මා
අම්මච්චි [암맟치] 어머니 අම්මා. (문어) මව
අම්මා‡ [암마-] 어머니, 엄마 අම්මච්චි. (문어) මව
අම්මෝ‡ [암모] (감탄사) 아이고, 어쩌나.
අම්ල† [아믈러] අම්ලය 의 복수 또는 형용사: ①(화학) 산 ②신, 시큼한 ඇඹුල්.
අම්ලකර [아믈러꺼러] ①산소 ②산소의.
අම්ලත්වය [아믈랕워여] (화학) 산성 ඇඹුල. ¶ ක්ෂාරය 알칼리
අම්ලය [아믈러여] (화학) 산, 산성 ඇඹුල. ¶ ක්ෂීරාම්ලය 젖산 ක්ෂාරය 알칼리
අඹ‡ [암버] ①망고 (열매) ②여자, 부인 අම්බිකාව ③물 ජලය ④구름.
අඹතෙස් ගල [암버떼쓰 갈러] (보석) 자수정 අඹතේස්ත.
අඹතේස්ත [암버떼-쓰떠] (보석) 자수정 අඹතෙස් ගල.
අඹනවා† [암버너와-] ඇඹුවා-අඹා ①만들다, 형틀에 넣어 만들다 හඹනවා ②쫓아내다, 쫓아버리다, 몰아내다 ③(동물수컷) 거세하다. <u>ඇඹීම</u>
අඹ යහළුවා† [암버 야할루와-] 죽마고우, 어릴 때 부터 아주 친한 친구 ඉතා කිට්ටු මිත්‍රයා.
අඹ යාළුවා [암버 얄-루와-] 죽마고우, 어릴 때 부터 아주 친한 친구 ඉතා කිට්ටු මිත්‍රයා.
අඹර [암버러] ①하늘 අහස ②옷, 의복 වස්ත්‍රය ③용연향(향수 원료).
අඹරනවා‡ [암버러너와-] ඇඹරුවා-අඹරා ①빻다, 가루로 만들다 කුඩු කරනවා ②(줄, 끈) 엮다, 짜다 ගොතනවා. <u>ඇඹරීම</u>
අඹරාව [암버라-워] (수레나 보트의) 둥근 지붕.
අඹු [암부] 부인, 아내, 처 භාර්යාව.
අඹුව† [암부워] 부인, 아내, 처 භාර්යාව.
අඹුසැමි [암부쌔미] 부부, 남편과 부인 යුවතිපති.
අය‡ [아여] 수입, 소득 ආදායම.
අය‡ [아여] 사람, 개인 තැනැත්තා. (복) *අය, අයවල්*
අය කරනවා† [아여 꺼러너와-] (세금, 요금) 청구하다, 부과하다, 부담시키다.
අයකැමි [아여깨미] ①출납원, 회계원 ②세리, 세관원, 징세원 අයකැමියා.
අයකැමියා† [아여깨미야-] ①출납원, 회계원 ②세리, 세관원, 징세원 අයකැමි.
අයට වැටෙනවා [아여터 왜테너와-] 가난해지다 දුප්පත් වෙනවා.
අයති [아여띠] 속한, 포함된, 소유의, 자기의 අයිති.
අයත් [아얕] 속한, 포함된, 소유의, 자기의 අයිති.
අයථා† [아여따-] 잘못된, 적합하지 않은, 불법의, 부정한 අයෝග්‍ය.
අයදිනවා‡ [아여디너와-] අයැද්දා/අයදුවා-අයැද/අයද ①구하다, 간청하다, 간구하다 කන්නලව් කරනවා ②신청하다. <u>අයදීම/අයදුම</u>
අයදුම [아여두머] අයදිනවා 의 동명사: 구함, 간청, 신청 අයැදුම.
අයදුම්කරු‡ [아여둠꺼루] 신청자, 탄원자 අයදුම්කාරයා.
අයදුම්කාරයා [아여둠까-러야-] 신청자, 탄원자 අයදුම්කරු.

අයදුම් පත ‡ [아여둠 빠떠] 신청서 අයදුම් පත්‍රය.

අයදුම් පත්‍රය‡ [아여둠 빠뜨러여] 신청서 අයදුම් පත.

අයන [아여너] ①길, 도로 මාර්ගය ②여행 ගමන.

අයන [아여너] අයනවා 의 형용사적 현재용법: 입을 여는, 하품하는.

අයනවා [아여너와-] ඇයුවා-අයා 입을 열다, 하품하다. ඇයුම

අය බද්ද [아여 받더] 소득세 ආදායම් බද්ද. (복) *අය බදු*

අයභාරය [아여바-러여] 수입, 수입원, 소득 ආදායම.

අයම [아여머] 길이, 장단 දිග.

අයම්විතර [아얌위떠러] 길이와 넓이(의).

අයල් [아얄] 비수기의, 철이 아닌 අකාලය.

අයවැය‡ [아여왜여] 예산, 수입지출 ආදායම් හා වියදම්.

අයවැය ලේඛණය† [아여왜열 레-꺼너여] 예산서, 수입지출서.

අය විස්තරය [아여 위쓰떠러여] 수입 내역.

අයස [아야써] 모욕, 조롱, 멸시 නින්දාව.

අයස්කාන්ත [아야쓰깐-떠] ①매력적인, 매혹적인, 마음을 끄는 චිත්තාකර්ෂණීය ②자석의, 잡아당기는 චුම්බක.

අයහපත්‡ [아야하빧] 착하지 않은, 좋지 않은, 나쁜නපුරු.

අයා [아야-] අයනවා 의 과거분사: 입을 열어, 입을 열고 ඇර.

අයාලය [아얄-러여] 길 잃음, 탈선 අයුතු ලෙස ඇතුල්වීම.

අයාලේ යනවා [아얄-레- 야너와-] 딴길로 가다, 탈선하다, 목적없이 걷다 දඩාවතේ යනවා.

අයාසය [아야-써여] 스트레스, (정신적) 긴장, 압박 වෙහෙස.

අයැදි [아얘디] අයදිනවා 의 형용사적 과거용법: ①구한, 기도한, 간청한 කන්නලව් කළ ②신청한.

අයැදීම [아얘디-머] අයැදිනවා 의 동명사: 구함, 기도, 간청, 신청 අයදුම. (복) *අයැදීම්*

අයැදිනවා[아얘디너와-] අයැදුවා-අයැද 구하다, 간청하다, 간구하다, 기도하다 අයදිනවා. අයැදීම/අයැදුම

අයැදුම [아얘두머] අයැදිනවා 의 동명사: 구함, 기도, 간청, 신청 අයදුම. (복) *අයැදුම්*

අයැදුම් පත [아얘둠 빠떠] 신청서 අයදුම් පත.

අයිති† [아이띠] 소유한, 자기소유의. ¶ ගැලවීම අපේ දෙවියන් වහන්සේට අයිතියි 구원은 우리 하나님께 속해 있습니다

අයිතිකරු† [아이띠꺼루] 소유주, 주인 අයිතිකාරයා.

අයිතිකාරයා‡ [아이띠까-러야-] 소유주, 주인 අයිතිකරු.

අයිතිය‡ [아이띠여] 소유, 권리, 주장.

අයිතිවාසිකම‡ [아이띠와-씨-꺼머] 권리, 소유권, (재산권에 대한) 주장.

අයිති වෙනවා‡ [아이띠 웨너와-] 소유하다, 가지다.

අයින‡ [아이너] 가장자리, 끝, 경계 කෙළවර.

අයිනාදන් [아이나-단] 훔침, 도적질 සොරකම් කිරීම.

අයින් කරනවා‡ [아인 꺼러너와-] 한쪽으로 치우다, 제거하다.

අයියා‡ [아이야-] ①형 ②오빠 අය්යා.

අයියෝ‡ [아이요-] (감탄사) 아이고!

අයුක්ත [아윾떠] ①부정의한, 부적당한, 틀린, 잘못된 අයුතු ②불공정, 부정의, 잘못, 죄 වරද.

අයුක්තිය† [아육띠여] 불공정, 부정의, 잘못, 죄 වරද.

අයුතු‡ [아유뚜] 틀린, 부적당한, 불공정한, 불법의.

අයුතුකම† [아유뚜꺼머] 죄, 죄악, 잘못 පාපය.

අයුර† [아유러] ①방법, 수단 ආකාරය ②~과 같은 වැනි. (복) *අයුරු*

අයෝග්‍ය† [아욕-기여] 부적절한, 부적당한, 안어울리는 නුසුදුසු.

අයෝග්‍යතාව [아욕-기여따-워] 부적합, 부적절함, 부적당, 안어울림 නුසුදුසුකම.

අයෝමය† [아요-머여] 철의, 철로 만든 යකඩමය.

අයෝ යුගය [아요-머 유거여] 철기시대 යකඩ යුගය.

අය්යණ්ඩි [아이얀디] ①형 ②오빠 අයියා.

අය්යා [아이야-] ①형 ②오빠 අයියා.

අය්යෝ [아이요-] (감탄사) 아이고! අයියෝ.

අර‡ [아러] 그 (ඔ 보다 조금 멀리 있는 것을 지칭할 때 쓰는 지시사).

අර අඳිනවා [아러 안디너와-] 계획하다, 준비하다 සැරසෙනවා.

අරක‡ [아러꺼] 그것 (ඔක 보다 조금 멀리 있는 것을 지칭할 때 쓰는 지시대명사).

අරක්කැමියා† [아띾깨미야-] 요리사 කෝකියා.

අරක්කු† [아띾꾸] 아라크 술(야자 열매, 당밀 따위의 즙으로 만드는, 중근동 지방의 독한 술)

අරක් ගන්නවා [아띾 간너와-] ①(귀신) (안에) 거주하다, 머물다 අධිගෘහිත වෙනවා ②보호하다, 막다, 방어하다 ආරක්ෂා කරනවා.

අරගන්නවා‡ [아러간너와-] අරගත්තා-අරගෙන 가지다, 취하다 ගන්නවා.

අරගලය† [아러걸러여] 싸움, 투쟁, 분쟁, 충돌 ද්‍රබරය. (구어) රණ්ඩුව

අරගෙන [아러게너] අරගන්නවා의 과거분사: 가지고, 취하고, 사가지고 අරන්.

අරංචිය† [아랑치여] 소식, 뉴스 පුවත.

අරටුව† [아러투워] (나무) 심, 핵, 목심.

අරණ [아러너] 숲, 정글 වනය. (구어) කැලය

අරණ්‍යය [아런니여여] 숲, 정글 වනය. (구어) කැලය

අරතරය [아러떠러여] 용감, 대담, 담대 දිරිය.

අරතරයේ [아러떠러예-] 확고하게, 담대하게, 용감하게 නිර්භයව.

අරතාපල් [아러따-빨] 감자 අර්තාපල්.

අරතිය [아러띠여] 혐오, 반감 විරතිය.

අරත්ත [아랕떠] (남아시아산) 생강과(科) 식물.

අරත්තන [아랕떠너] (남아시아산) 생강과 식물.

අරන් [아란] ගන්නවා 의 과거분사: 가지고, 취하고, 사가지고 අරගෙන.

අරන් එනවා‡ [아란 에너와-] 가지고 오다 අරගෙන එනවා.

අරන් යනවා‡ [아란 야너와-] 가지고 가다 අරගෙන යනවා.

අරපරිස්සම [아러빠릤써머] 절약, 검소 සකසුරුවම.

අරපිරිමැස්ම [아러삐리매쓰머] 절약, 검소, 소박.

අරපරෙස්සම‡ [아러빠렜써머] 절약, 검소 සකසුරුවම.

අරබයා [아러버야-] (후치사) ①~때문에 නිසා ②~위해서 උදෙසා.

අ

අරභයා [아러버야-] (후치사) ①~때문에 නිසා ②~위해서 උදෙසා.

අරම [아러머] ①수도원පසාරාමය ②정원, 가든 උයන.

අරමිණිය [아러미니여] 가부좌, 책상 다리 පර්යංකය.

අරමුණ‡ [아러무너] 목적, 목표 ඉලක්කය. (복) *අරමුණු*

අරමුදල‡ [아러무덜러] 자본, 자본금, 기금 මූලික මුදල. (복) *අරමුදල්*

අරඹ [아람버] 정원, 가든, 화원, 뜰 උයන.

අරඹනවා† [아람버너와-] ඇරඹුවා-අරඹා 시작하다, 개시하다, 창시하다 ආරම්භ රනවා. ඇරඹීම (구어) පටන් ගන්නවා

අරය† [아러여] ①(원, 구의) 반지름 අර්ධ විෂ්කම්භය ②핵, 심 අරටුව.

අරයා‡ [아러야-] 그 사람 එයා.

අරලිය† [아럴리여] (식물) 아럴리여 나무 (꽃), 협죽도과의 상록 교목.

අරවනවා [아러워너와-] ඇරෙවුවා-අරවා 풀다, 자유롭게 하다 විවෘත කරවනවා.

අරවා [아러와-] 그것들 අර දේවල්.

අරවින්ද [아러윈더] 연꽃.

අරහ [아러하] ①적당한, 적절한, 합당한 ②(불교) 득도, 깨달음 රහත් බව.

අරහත් [아러할] 득도한, 열반에 이른 අර්හත්.

අරහන් [아러한] ①싫증난, 정떨어진 එපා වූ ②(불교) 아라한 අර්හන්.

අරහන්ත [아러한떠] (불교) 아라한 රහතුන් වහන්සේ.

අරහෙ/අරහේ‡ [아러헤/아러헤-] 거기, 그곳에 එහි.

අරළු† [아럴루] (식물) 가자 (약용 나무).

අරළුව [아럴루워] 벵골 보리수 나뭇가지에서 내려오는 뿌리 뭉치.

අරා [아라-] 올라와, 올라 නැගී.

අරාජික [아라-지꺼] 무정부 상태의, 통치력이 없는.

අරාජිකත්වය [아라-지깥워여] 무정부 상태, 무정부주의.

අරාඳිනවා [아란-디너와-] 준비하다, 계획하다, 예비하다 සූදානම් කරනවා. (구어) ලෑස්ති කරනවා

අරාබි [아라-비] 아랍 사람의, 아랍의.

අරාබි නිශා අන්දර [아라-비 니샤- 안더러] (책) 아라비안 나이트.

අරාබිය [아라-비여] 아라비아.

අරාබියා [아라-비야-] 아라비아 사람, 사라센 사람 අරාබි ජාතිකයා.

අරා සිටිනවා [아라- 씨티너와-] 앉아 있다, 앉다 අසුන්ගෙන සිටිනවා.

අරි අටඟ මග [아리 아탕거 마거] (불교) 8정도.

අරික්කාල [아릭깔-러] 8분의 1 අටෙන් එක පංගුව.

අරිනවා‡ [아리너와-] ඇරියා-ඇර ①열다, 개방하다 (문어) විවෘත කරනවා ②보내다, 파송하다 යවනවා ③없애다, 제거하다 ඉවත් කරනවා. ඇරීම/ඇරුම

අරිය [아리여] 고귀한, 귀족의 උතුම්.

අරියනවා [아리여너와-] 기도하다, 간구하다, 간청하다 අයැදිනවා.

අරියාදුකාරයා [아리야-두까-러야-] 선동가, 문제를 만드는 사람, 적 විරුද්ධවාදිකම් කරන්නා.

අරියාදුව [아리야-두워] 싸움, 분쟁, 적의 එදිරිවාදිකම.

අරිෂ්ටය [아리쉬터여] 탕약, 달인 약 පැසවා පෙරන ගස බෙහෙත.

අරි [아*리*-] ①(불교) 해탈한 사람, 득도자 ආර්යයා ②고귀한, 귀족의 ආර්ය.

අරිය [아*리*-여] 반지름의.

අරුං [아*룽*] 그 사람들 ඒ අයවලුන්.

අරුංගලය† [아*룽*걸러여] 귀걸이 කරාබු. (복) *අරුංගල්*

අරුචිය† [아*루*치여] ①싫어함, 혐오 අප්‍රියාශය ②맛이 없음, 식욕부진 රස නැතිකම.

අරුණ [아*루*너] ①새벽, 미명, 이른 아침 පාන්දර ②해, 태양 ඉර ③여명, 새벽 빛. (복) *අරුණු*

අරුණකර [아*루*너꺼*러*] 해, 태양, 새벽의 창조자 සූර්යයා.

අරුණ නැගෙනවා [아*루*너 내게너와-] 새벽이 밝다, 밝아오다 උදා වෙනවා.

අරුණලු [아*루*널*루*] ①여명, 새벽의 빛 අරුණාලෝකය ②오로라.

අරුණවත් [아*루*너왇] 동튼, 해뜬.

අරුණවන් [아*루*너완] 동틀 때 색깔 අරුණ වර්ණය.

අරුණාලෝකය [아*루*날-로-꺼여] 여명, 새벽의 빛 අරුණලු.

අරුණෝදය† [아*루*노-더여] 새벽, 미명 අලුයම.

අරුණෝද්ගමනය [알*루*녿-가머너여] 여명, 새벽이 밝아옴.

අරුත† [아*루*떠] 이해, 깨달음, 지식 තේරුම.

අරුත් දම් [아*룯* 담] 조언, 충고, 자문 උපදේශනය.

අරුන් [아*룬*] 그 사람들 ඒ අයවලුන්.

අරුන්දෑ [아*룬*대-] 그 사람 අරයා.

අරුන්ධතී [아*룬*더띠-] (별) 알코르, 시험성 (試驗星): 대웅좌 중의 작은 별로, 북두 칠성의 자루 중간의 미자르 바로 옆에 있는 5등성.

අරුබස්ස [아*루*밨써] 소유물, 지참물 හරුබස්ස.

අරුම [아*루*머] අරුමය 의 복수 또는 형용사: ①기적들, 놀라운 것들 ආශ්චර්ය ②놀라운, 경이로운, 기적의 පුදුම.

අරුම පුදුම† [아*루*머 뿌두머] ①놀라운, 기적의, 경이로운 ආශ්චර්යවත් ②기적들, 놀라운 것들 පුදුම.

අරුමය [아*루*머여] 기적, 기사, 경이, 놀라움 පුදුමය.

අරුමැක්කෙ [아*루*맥께] 뜻밖에, 갑자기 අනපේක්ෂිතව.

අරුමෝසම්† [아*루*모-쌈] 장식하는, 치장하는 විසිතුරු.

අරූ [아*루*-] ①(대명사) 그 사람 අර තැනැත්තා ②모양이 없는, 형태가 없는 රූපය නැති.

අරූප [아*루*-뻐] 무형의, 형상이 없는 රූපය නැති.

අරෙහෙම [아*레*헤머] 그런 방식으로.

අරෝකාරයා [아*로*-까-*러*야-] 논쟁자, 싸움꾼 කලබලකාරයා.

අරෝව [아*로*-워] 충돌, 싸움, 논쟁 අරියාදුව.

අර්ක [아*르*꺼] ①알코올මද්‍යසාර ②해, 태양 සූර්යයා ③12, 십이 දොළස.

අර්ක දීපය [아*르*꺼 디-뻐여] 알코올 램프 ස්ප්‍රීතු ලාම්පුව.

අර්ඝ [아*르*거] 가치있는, 값어치 있는 අනඝි.

අර්ජුන† [아*르*주너] 정결한, 깨끗한, 하얀 පිරිසිදු.

අර්ණය [아*르*너여] 바다, 해양 මුහුද.

අර්ණවය [아*르*너워여] 바다, 해양 මුහුද.

අර්තාපල්‡ [아*르*따-빨] ①감자들 අල ②감자의.

අර්ථ [아*르*떠] අර්ථය 의 복수 또는 형용사: ① a. 의 미들,

අ

뜻들 තේරුම් b. 자본들, 돈들 c. 이익들, 부들 ② a. 의미있는, 뜻있는 b. 재정의, 재정적인, 돈의, 자본의 මුදල් c. 이익의.

අර්ථක [아ㄹ떠꺼] 의미있는, 뜻있는. ¶ නිරර්ථක 의미없는, 헛된

අර්ථකථනය [아ㄹ떠까떠너여] 의미 설명, 뜻 설명.

අර්ථකථාචාරී [아ㄹ떠 까따-차-리-] 해설자, 주석자අටුවාචාරී.

අර්ථකථාචාර්ය [아ㄹ떠까따-차-ㄹ여] 해설자, 주석자අටුවාචාරී.

අර්ථකථාව [아ㄹ떠까따-워] 주해, 해석.

අර්ථ කියනවා [아ㄹ떠 끼여너와-] 설명하다, 비평하다, 주석하다.

අර්ථ චර්යාව [아ㄹ떠 차ㄹ야-워] 선행, 자선, 박애 අර්ථචරියාව.

අර්ථදායක [아ㄹ떠다-여꺼] 유익한, 유용한, 도움이 되는 ප්‍රයෝජනවත්.

අර්ථ නිරූපණය [아ㄹ떠 니루-뻐너여] 해석, 해명 අර්ථ විග්‍රහය.

අර්ථ පරායණ [아ㄹ떠 빠라-여너] 부를 추구하는, 부요를 향하는.

අර්ථ පරිඥානය [아ㄹ떠 빠리끄냐-너여] 이해, 깨달음, 지각, 인식 පූර්ණ අවබෝධය.

අර්ථය‡ [아ㄹ떠여] ①의미, 목적 තේරුම ②자본, 돈, 경제 ③이익, 부 ප්‍රයෝජනය.

අර්ථ ලාභය [아ㄹ떨 라-버여] 경제적인 이득, 경제적인 이득 මුදල් ලාභය.

අර්ථ ලාභියා [아ㄹ떨 라-비야-] 재정 도움을 받는 자, 경제 도움을 받는 이.

අර්ථවත් [아ㄹ떠왇] 의미있는, 유용한, 유익한 තේරුමක් ඇති.

අර්ථ වර්ණනාව [아ㄹ떠 와ㄹ너나-워] ①주석서(書) ②논평, 비평.

අර්ථ විග්‍රහය [아ㄹ떠 위그러하여] 해석, 해명, 설명 අර්ථ නිරූපණය.

අර්ථ විචාරය [아ㄹ떠 위차-러여] (언어학) 의미론, 어의론.

අර්ථ විවරණය [아ㄹ떠 위워러너여] 뜻 설명, 해석.

අර්ථ ශාස්ත්‍රඥයා [아ㄹ떠 샤-쓰뜨러끄녀 야-] 경제학자 ආර්ථික විද්‍යාඥයා.

අර්ථ ශාස්ත්‍රය [아ㄹ떠 샤-쓰뜨러여] 경제학 ආර්ථික විද්‍යාව.

අර්ථ ශුද්ධිය [아ㄹ떠 슏디여] 뜻의 정확성, 의미의 분명함.

අර්ථ ශූන්‍ය [아ㄹ떠 슈니여] 의미없는, 헛된, 뜻없는 නිශ්ඵල.

අර්ථසාධක [아ㄹ떠싸-더꺼] 복지의, 후생의 යහපත උදා කරන.

අර්ථසාධක අරමුදල [아ㄹ떠싸-더꺼 아러무덜러] 복지기금, 후생기금.

අර්ථසාර [아ㄹ떠싸-러] 의미있는, 유용한, 유익한 තේරුමක් ඇති.

අර්ථ සිද්ධිය [아ㄹ떠 씯디여] 번영, 성공 සාර්ථකත්වය.

අර්ථහීන [아ㄹ떠히-너] ①가난한, 빈곤한 දුප්පත් ②의미없는, 뜻없는, 헛된 නිශ්ඵල.

අර්ථානාර්ථ [아ㄹ따-나-ㄹ떠] 유익하고 무익한.

අර්ථානුගත [아ㄹ따-누거떠] 의미가 맞는, 뜻에 적합한 අර්ථානුරූප.

අර්ථානුරූප [아ㄹ따-누루-뻐] 의미가 맞는, 뜻에 적합한 අර්ථාන්විත.

අර්ථාන්විත [아ㄹ딴-위떠] 의미가 맞는, 뜻에 적합한 අර්ථානුරූප.

අර්ථාන්විත කරණය [아ㄹ딴-위떠 까러너 여] 표시, 표의.

අර්ථාන්විතභාවය [아ㄹ딴-위떠바-워여] 의미, 의의(意義), 취지.

අර්ථාවගමය [아ㄹ따-워거머여] 뜻 이해, 의미 인식.

අර්ථාවබෝධය [아ㄹ따-워보-더여] 뜻 이해, 의미, 인식 අර්ථාවගමය.

අර්ථී [아ㄹ띠] 필요한, 갈망하는.

අර්ථෝද්දීපනය [아ㄹ똗-디-빠너여] 생각의 돌출, 생각을 가지고 나옴 තේරුම් ප්‍රබල කිරීම.

අර්ථියා [아ㄹ띠야-] 구하는 사람, 구걸자 ඉල්ලන්නා.

අර්ධ† [아ㄹ더] 반절의, 반의 අඩ. (구어) බාග

අර්ධකවාකාර [아ㄹ더까와-까-러] 반원의, 반원형의.

අර්ධ කාන්තාර [아ㄹ더 깐-따-러] 반 사막, 세미 사막 බාගෙට කාන්තාරය.

අර්ධ ගෝලය† [아ㄹ더 골-러여] (지구) 반구. ¶ උත්තරාර්ධ ගෝලය 북반구 දක්ෂිණාර්ධ ගෝලය 남반구

අර්ධ ග්‍රහණය [아ㄹ더 그러하너여] 부분 일식.

අර්ධ චන්ද්‍රය [아ㄹ더 찬드러여] 초승달.

අර්ධද්වීපය† [아ㄹ닫위-빠여] 반도. ¶ කොරියානු අර්ධද්වීපය 한반도

අර්ධ පාරදර්ශක [아ㄹ더 빠ㄹ다ㄹ셔꺼] 반투명의 තරමක් විනිවිද පෙනෙන.

අර්ධපර්යඩ්කය [아ㄹ더빠ㄹ양꺼여] 반 걸침.

අර්ධය [아ㄹ더여] 반절, 반 අඩ. (구어) බාගය

අර්ධ විෂ්කම්භය [아ㄹ더 위쉬깜버여] (원, 구의) 반지름.

අර්ධ වෘත්තය† [아ㄹ더 으룯떠여] 반원(형).

අර්බුදය‡ [아ㄹ부더여] 충돌, 불화, 반목 වියවුල.

අර්මොන් ගස [아ㄹ몬 가써] (성경) 단풍 나무, 플라타너스 나무.

අර්ශස්† [아ㄹ샤쓰] 치질 මූලව්‍යාධිය.

අර්හ [아ㄹ허] 적절한, 적당한, 맞는, 적합한 සුදුසු.

අර්හත් [아ㄹ핟] ①(불교) 아라한 අරහන් ②득도한, 열반에 이른 රහත් වූ.

අර්හත් භාවය [아ㄹ핟 바워여] (불교) 아라한이 됨, 득도 අරහත් බව.

අර්හත්වය [아ㄹ핟워여] (불교) 아라한이 됨, 득도 අරහත් බව.

අර්හත්ධ්වජය [아라핟드워저여] 승복, 황포.

අර්හන් [아ㄹ한] (불교) 아라한 අරහන්ත.

අල‡ [알러] අලය 의 복수: ① (통상적으로) 감자 ②(감자, 고구마 등의) 덩이줄기들, 뿌리 열매들, 알줄기들 ③얌, 참마.

අලංකරණය [알랑까러너여] 미화, 외모 가꾸기 රූප ලාවණ්‍යය.

අලංකාර† [알랑까-러] 아름다운, 매혹적인, 매력적인 ශෝභන.

අලංකාරය† [알랑까-러여] 아름다움, 미, 매력 ශෝභාව. (구어) ලස්සන ¶ ශෝභාලංකාරය 아름다움

අලංකාරශාස්ත්‍රය [알랑까-러샤-쓰뜨러여] 수사학.

අලංකෘත [알랑끄루떠] 장식한, 꾸민 ලකළ.

අලංඝනීය [알랑거니-여] 불가침의, 범할 수 없는, 신성한, 깨뜨릴 수 없는 උල්ලංඝනය කළ නොහැකි.

අලංසාටකයා [알랑싸-터꺼야-] 개걸스럽 게 먹는 사람.

අලගුඩුවා [알러구두와-] (1년생 미만의) 다랑어새끼.

අලගුව [알러구워] 열매를 셀

අ

때 100 단위 로 열매를 세는 숫자 방식.

අලජ්ජී [알랒지-] 부끄럽지 않은 ලජ්ජ නැති.

අලජ්ජියා [알랒지-야-] 철면피, (죄에) 부끄러워하지 않는 사람 ලජ්ජා නැත්තා.

අලද්ධ/අලබ්ධ [알랃더/알랍더] 안받은, 받지 않은 නොලැබූ.

අලප් [알랖] 대화, 담화, 이야기 කතාබහ.

අලප් සලප් [알랖 쌀랖] 담소, 대화, 이야기 අල්ලාප සල්ලාප.

අලඹ දඬුව/අලඹ යටිය [알람버 단두워/알람버 야티여] 지팡이 සැරයටිය. (구어) හැරමිටිය

අලය [알러여] ①(감자, 고구마 등의) 덩이줄기, 덩이뿌리, 알줄기 ②얌, 참마.

අලවංගුව† [알러왕구워] ①쇠지레, 쇠지렛대 නාරස්සනය ②땅을 파는 쇠 막대기 도구 ③손수레의 엑슬 කරත්තයක ඇක්සලය.

අලවනවා‡ [알러워너와-] ඇලෙවුවා-අලවා ①붙이다, 접착시키다 ②유혹하다, 꾀다. ඇලවීම

අලස† [알러써] 게으른, 나태한. (구어) කම්මැලි ¶ අලසයා 게으름뱅이 අනලස් 부지런한, 게으르지 않은

අලසකම [알러써꺼머] 나태, 게으름 කම්මැලිකම.

අලසත්වය [알러쌒워여] 나태, 게으름 කම්මැලිකම.

අලසයා [알러써야-] 게으름뱅이 කම්මැලියා.

අලළනවා [알럴러너와-] ඇලළුවා-ඇලළා ①흥분시키다, 선동하다, 동요하다 චංචල කරනවා ②흔들다, 휘젓다 කලතනවා. ඇලළීම/ඇලළුම

අලාතය [알라-떠여] 횃불, 관솔 ගිනි පෙනෙල්ල.

අලාබය [알라-버여] 손해, 피해, 해 අපකාර. (구어) පාඩුව

අලාභය† [알라-버여] 손해, 피해, 해 අපකාර. (구어) පාඩුව

අලාමක [알라-머꺼] 열등하지 않은, 귀한, 높은.

අලි† [알리] ①අලියා 의 복수 또는 형용사: 코끼리들, 코끼리의 හස්ති ②거대한, 광대한, 아주 큰 දැවැන්ත.

අලිකඩ [알리까더] 코끼리가 자주 다니므로 깨진 물 웅덩이의 한 부분 අලිමංකඩ.

අලිකාරයා [알리까-러야-] 코끼리 조련사, 코끼리 인도자 අලි බලන්නා.

අලිකෙන්ද [알리껜더] 코끼리 꼬리 털.

අලිගැටපේර [알리개터뻬-러] (과일) 아보카도.

අලිපේර [알리뻬-러] (과일) 아보카도.

අලි පොම්පය [알리 뽐뻐여] 코끼리 물 뿜음.

අලිප්ත [알맆떠] 바르지 않은, 색칠하지 않은 ආලේප නොකළ.

අලිමංකඩ [알리망꺼더] 코끼리가 자주다녀 깨진 물 웅덩이의 한 부분 අලිකඩ.

අලිමංද්‍ව [알리망다-워] 코끼리 길, 코끼리가 다니는 길.

අලියා‡ [알리야-] 코끼리 ඇතා. (복) *අලි*

අලීන [알리-너] 게으르지 않은, 근면한, 부지런한 අලස නොවන.

අලු [알루] ①빛, 광선 එළිය ②새벽 පාන්දර ③අළු의 또 다른 표현: a. 재 b. 회색의.

අලු කරනවා [알루 꺼러너와-] 빛 비추다, 조명하다 ආලෝකවත් කරනවා.

අලුකුත්තේරු [알루꿑떼-루] ①천한, 낮은 නීච ②창녀를 공급하는 වෙසඟනන් සපයා දෙන.

අලුකුත්තේරුවා [알루꾿떼-루와-] ①천민, 천한 사람 නීචයා ②포주, 창녀를 공급하는 사람 වෙසඟනන් සපයන්නා.

අලුගුත්තේරු [알루굳떼-루] ①천한, 낮은 නීච ②창녀를 공급하는 අලුකුත්තේරු.

අලුක්කාල [알룩깔-러] 1센트의 4분의 1 ශතයකින් කාල.

අලුගෝසුවා† [알루고-쑤와-] 교수형 집행인 වධකයා.

අලුත‡ [알루떠] 최근에, 요즘에, 근래에 අලුතෙන්.

අලුතින්/අලුතෙන් [알루띤/알루뗀] ①최근에, 요즘에, 근래에 අලුත ②신선하게 මුලින්ම.

අලුත්‡ [알룯] ①새로운, 새것의, 현대의 ②신선한. (문어) නව ¶ අලුත් ගිවිසුම (기독교) 신약

අලුත් කිරීම [알룯 끼리-머] 새롭게 하기, 재개, 소생, 기간 연장.

අලුත් ගිවිසුම [알룯 기위쑤머] (성경) 신약 අලුත් තෙස්තමේන්තුව. ¶ පරණ ගිවිසුම (성경) 구약

අලුත්පිට [알룯삐터] 새롭게, 다시 කල් නොයවා.

අලුත්ම [알룯머] 최근의, 가장 새로운.

අලුත්වැඩියාව‡ [알룯왜디야-워] 수리, 수선, 회복 පිළිසකරය.

අලුත්හඳ [알룯한더] 초승달 අළුත් සඳ.

අලුයම‡ [알루여머] 새벽, 미명. (구어) පාන්දර

අලුව [알루워] ①빛, 광선 එළිය ②새벽 පාන්දර ③(베틀의) 바디 ④바이올린 활.

අලෙවි කරනවා [알레위 꺼러너와-] 판매하다, 처분하다, 처리하다.

අලෙවිය† [알레위여] 판매, 처분, 처리.

අලෞකික [알라우끼꺼] 세속적이지 않은.

අල් [알] 받침(자음)이 되도록 만드는 표시 හල්.

අල් අකුර [알 아꾸러] (글자) 받침 හල් අකුර.

අල්ගේ [알게-] 직물 짜는 곳.

අල්තාරය [알따-러여] (기독교, 교회) 제단.

අල්ප† [알뻐] ①적은, 조금의 ස්වල්ප (구어) ටික ②하찮은, 사소한, 무의미한.

අල්පඥ [알빠끄녀] 어리석은 사람, 멍청이, 바보.

අල්පය [알뻐여] 적음, 조금, 소량 ස්වල්පය. (구어) ටික

අල්පමාත්‍ර [알뻐마-뜨러] 소량의, 아주 조금 සුළු ප්‍රමාණ.

අල්පශ්‍රැත [알뻐쉬래떠] 무지한, 무식한 නූගත්.

අල්පායු [알빠-유] 단명의, 수명이 짧은 කෙටි ආයුෂ ඇති.

අල්පායුෂ [알빠-유셔] 단명의, 수명이 짧은 කෙටි ආයුෂ ඇති.

අල්පෙනෙත්ත‡ [알뻬넫떠] 핀 අල්පෙනෙත්තිය.

අල්පේච්ඡ [알뻿-처] 검소한, 간소한 අපිස්.

අල්පේච්ඡයා [알뻿-처야-] 검소한 사람 අපිස් තැනැත්තා.

අල්පේශාක්‍ය [알샤-끼여] 힘이 없는, 연약한 අඩු බලැති.

අල්මරිය [알머리여] 농, 장롱, 장, 옷장 අල්මාරිය.

අල්මාරිය‡ [알마-리여] 농, 장롱, 장, 옷장 අල්මරිය.

අල්ල† [알러] 손바닥 අතුල.

අල්ලනවා‡ [알러너와-] ඇල්ලුවා-අල්ලා(අල්ලන්) ①잡다, 붙들다 ②붙잡다, 체포하다 ③붙이다 ④포함하다. ඇල්ලීම

අල්ලන්‡ [알란] අල්ලනවා 의 과거분사: 잡고, 잡아, 붙들고, 붙들어. ¶ අල්ලන් ඉන්නවා 잡고 있다, 붙들고 있다

අ

අල්ලවනවා [알러워너와-] ඇල්ලෙවුවා-අල්ලවා 붙이다, 부착하다. ඇල්ලවීම

අල්ලස† [알러써] 뇌물 පගාව.

අල්ලා ගන්නවා‡ [알라- 간너와-] 잡다, 꽉 잡다, 붙잡다, 재빠르게 잡다. (문어) ග්‍රහණය කරනවා

අල්ලාප සල්ලාප [알라-빠 쌀라-빠] 대화, 담소 අලප් සලප්.

අල්ලාපය [알라-빠여] 대화, 담소 සැහැල්ලු කථාව.

අල්ලි [알리] අල්ලිය 의 복수 또는 형용사: ①구획들, 구간들 ②구간의, 구획의.

අල්ලි තහඩුව [알리 따하두워] 바둑판 형식의 금속판 කොටු සහිත තහඩුව.

අල්ලි මැස්ම [알리 매쓰머] 바둑판 모양, 체크 무늬 කොටු මැස්ම.

අල්ලිය [알리여] 구획, 구간 කොටුව.

අල්ලියාදු [알리야-두] 수성 페인트.

අල්ලි ලෑම [알릴 래-머] 바둑판 모양 만들기 කොටු නිර්මාණය.

අල්ලිස් කටුව [알리쓰 까투워] 목수가 사용하는 날카로운 핀 ඇලිස් කටුව.

අල්ලුව [알루워] 그릇, 케이스, 두개의 물체를 이어주는 물건 සම්බන්ධකාරකය.

අල්වනවා [알워너와-] ඇල්වුවා-අල්වා (고어) ①잡다, 붙들다 අල්ලනවා ②붙잡다, 체포하다. ඇල්වීම

අව† [아워] (접두사) ①~으로부터 떨어진, 밖의 ②반대의 ③나쁜.

අව [아워] එනවා 의 මැනව 앞에서 변형된 형태: අව මැනව 와 주소서, 오소서.

අවංක‡ [아왕꺼] 정직한, 신실한, 곧은, 바른 විශ්වාසී.

අවංකකම‡ [아왕꺼꺼머] 정직, 바름, 올곧음 සෘජුකම.

අවකපනවා [아워까뻐너와-] 방해하다, 반대하다.

අවකල්ක්‍රියාව [아워깔끄리야-워] 품행이 나쁨, 악행, 비행 අනාචාරය.

අවකාශ [아워까-셔] අවකාශය 의 복수 또는 형용사: a. 하늘들 b. 공간들 c. 기회들 ② a. 하늘의 b. 비어있는, 빈 හිදැස් c. 기회가 있는 අවස්ථා.

අවකාශය† [아워까-셔여] ①하늘 අහස ②공간, 빈공간 ඉඩ ③기회, 호기 අවස්ථාව.

අවගුණය [아워구너여] 나쁨, 나쁜 점 නරක ගතිය.

අවච [아워처] ①작은, 조그만 කුඩා ②낮은, 아래의 පහත්.

අවචර්යාව [아워차르-야-워] 악행, 천한 행동, 잘못된 행동.

අවජාත [아워자-떠] ①서자의, 서출의 ②천한, 볼품없는.
¶ සුජාත 양반의, 귀한, 친자의, 적출의

අවජාතක [아워자-떠꺼] ①서자의, 서출의 ②천한, 볼품없는.
¶ සුජාත 양반의, 귀한, 친자의, 적출의

අවඥාව [아워끄냐-워] 조롱, 경멸, 모욕 නින්දාව.

අවට† [아워터] ①주변, 근교 ②주변의, 가까운 අහල.

අවටින් [아워틴] 주변에, 가까이에.

අවතක්සේරු කරනවා [아워딱쎄-루 꺼러너와-] 과소평가하다, 깔보다.

අවතාර [아워따-러] අවතාරය 의 복수 또는 형용사: 유령들(의), 귀신들(의), 허깨비 හොල්මන්.

අවතාරය† [아워따-러여] ①유령, 귀신, 허깨비 ②화신(化身), 권화. (구어) හොල්මන

අවතැන් වෙනවා [아워땐 웨너와-] 거처를 잃다, 집을 잃다.

අවතීර්ණය [아워띠-르너여] 도착, 도달, 가까이 옴 ළඟාවීම.

අවදත [아워다-떠] ①흰색 සුදු ②하얀, 흰색의 සුදු.

අවදනම‡ [아워다-너머] 위험, 위험성 උවදුර. (복) *අවදානම්*

අවදනය [아워다-너여] 전기(傳記), 일대기.

අවදිය [아워디여] ①시대, 시절, 시기 අවධිය ②경계, 국경 මායිම ③자각, 깨달음 පුබුදු බව.

අවදි වෙනවා‡ [아워디 웨너와-] 깨어나다, 일어나다 පිබිදෙනවා.

අවධමනය [아워다머너여] 디플레이션, 통화수축. ¶ උද්ධමනය 인플레이션, 통화팽창

අවධානය‡ [아워다-너여] ①집중, 관심 හිතට ගැනීම 돌봄, 조심 ප්‍රවේසම ③동의 එකඟකම.

අවධාරණ [아워다-러너] ①확신하는, 결정하는 ②강조하는.

අවධාරණය [아워다-러너여] ①확신, 결정 නිශ්චය කිරීම ②강조.

අවධාරණය කරනවා† [아워다-러너여 꺼러너와-] ①확신하다, 결정하다 ②강조하다.

අවධි විභක්තිය [아워디 위박띠여] (문법) 탈격 (조격): '...에서'의 뜻으로 동작의 수단, 원인, 장소, 때 따위를 나타내는 씽할러(라틴어) 명사의 격.

අවධිය [아워디여] ①시대, 시절, 시기 අවදිය ②경계, 국경 මායිම ③자각, 깨달음 පුබුදු බව.

අවනඩුව [아워나두워] 불의, 불공정 අයුතුකම.

අවනත [아워너떠] ①순종하는, 복종하는 කීකරු ②구부리는, 구부러진, 숙여진.

අවනතිය [아워너띠여] 구부림, 숙임 පහත නැමීම.

අවනම්බුව [아워남부워] 모욕, 불명예, 치욕 අපහාසය.

අවන් [아완] ①술, 주류 සුරාපානය ②위험, 위태 උවදුර.

අවන්හල† [아완할러] ①식당, 레스토랑 ආපණ ශාලාව ②술집, 선술집, 주막 ආපානය.

අවපක්ෂය [아워빡셔여] ①하현달, 기우는 달 ②나쁜 시간 නරක කාලය.

අවපතනය [아워빠떠너여] 하강, 저하, 내려감 පරිහානිය.

අවපසළොස්වක [아워빠썰로쓰워꺼] 초승달.

අවපාට [아워빠-터] 변색, 퇴색 දුර්වර්ණය.

අවපාතය [아워빠-떠여] 하강, 내려감, 함몰 පහත වැටීම.

අවපාලනය [아워빨-러너여] 잘못 취급, 잘못 관리 දුර්වල පාලනය.

අවපැහැ [아워빼해] 변색된, 탈색된 දුර්වර්ණ.

අවපීඩනය [아워삐-더너여] 내리누름, 저하, 하강 පහතට තෙරපීම.

අවබෝධ වෙනවා† [아워보-더 웨너와-] 이해하다, 깨닫다, 깨어 있다 පුබුදු වෙනවා.

අවබෝධය‡ [아워보-더여] 이해, 지각, 깨달음 තේරුම් ගැනීම. ¶ අනවබෝධය 무지각, 무지

අවබෝධය කරනවා [아워보-더여 꺼러너와-] ①이해시키다 තෝරා දෙනවා ②계몽하다, 계발하다 (සිත) පහදනවා.

අවම† [아워머] 최소의, 가장 적은. (구어) අඩුම ¶ අවම කරනවා 최소화하다

අවමංගල [아워망걸러] 장례, 장례식 අවමංගල්‍යය. (구어) මළ ගෙදර

අවමංගලයය‡ [아워망걸리여여] 장례, 장례식 අවමඟුල. (구어) මළ ගෙදර

අවමඟුල [아워망굴러] 장례, 장례식 අවමංගලයය. (구어) මළ ගෙදර

අවමන් [아워만] අවමානය 의 복수 또는 형용사: ①모욕, 능멸, 무례 අවමාන්න ②모욕하는, 무례한.

අවමන් කරනවා [아워만 꺼러너와-] 모욕하다, 능멸하다, 망신시키다 අපහාස කරනවා.

අවමන්කාරී [아워만까-리-] 모욕하는, 능멸하는, 무례한 අවමාන කරනසුලු.

අවමානය† [아워마-너여] 모욕, 능멸, 무례 නින්දාව. (복) *අවමන්*

අවමාන්නය [아워만-너여] 모욕, 능멸, 무례 අවමානය. (복) *අවමාන්න*

අවයවය† [아워여워여] (몸의) 지체, 부분, 요소 ඉන්ද්‍රිය.

අවයෝගය [아워요-거여] 불행, 재수없음 අවාසනාව.

අවර [아워러] ①서쪽의 බටහිර ②늦은, 오후의 ③뒤의, 이후의 පසු ④낮은, 나쁜 නරක.

අවරක්ත [아워띾떠] (물리학) 적외선의 අධෝරක්ත.

අවර දිග [아워러 디거] 서, 서쪽 බටහිර දිශාව.

අවරගල [아워러갈러] 서산, 해가 지는 산 අපරගිර.

අවරගිර [아워러기러] 서산, 해가 지는 산 අපරගිර.

අවරපෙත්ත [아워러뻴떠] 프로펠러, 추진기.

අවරඹර [아워람버러] 서쪽 하늘 බටහිර අහස.

අවරය [아워러여] ①뒷부분, 후미 ②(배) 고물. ¶ ඇණිය (배의) 이물

අවරිය [아워리여] (식물) 쪽.

අවරෝධකය [아워로-더꺼여] 방해, 훼방, 장애 බාධකය.

අවරෝධනය [아워로-더너여] ①방해함, 훼방함, 금함බාධාකිරීම ②삽입, 안으로 넣기 ඇතුළත් කිරීම.

අවරෝධය [아워로-더여] ①방해, 훼방, 장애 බාධාව ②덮음, 막음 වැස්ම ③(이슬람교) 첩, 후첩අන්තඃපුරය.

අවරෝහණ [아워로-허너] 하강하는, 내려가는 බසින.

අවරෝහණය [아워로-허너여] 하강, 내려감 පහළට බැසීම.

අවර්ණ† [아와르너] 색깔이 없는 වර්ණ නැති.

අවර්ණතාව [아와르너따-워] 무색, 색깔이 없음 වර්ණ රහිත බව.

අවල [아월러] ①큰 노 ලොකු හබල ②노의, 노와 관련된 හබලට අදාළ.

අවල [아월러] ①뒤얽힌, 혼잡한, 혼동된 අවුල් සහගත ②열매없는, 쓸모없는 නිෂ්ඵල ③성적인, 성의 කාමය පිළිබඳ.

අවලංගු† [아월랑구] 유효하지 않은, 무효한 වලංගු නැති.

අවලංගු කරනවා [아월랑구 꺼러너와-] 취소하다, 무효로 하다, 파기하다 නිෂ්ප්‍රභා කරනවා.

අවලකුණ [아월라꾸너] 기형, 모양이 흉함 අවලක්ෂණය.

අවලක්ෂණය [아월띾셔너여] 기형, 모양이 흉함, 추함 අවලකුණ.

අවලමා [아월러마-] 방랑자, 부랑자 පාදඩයා.

අවලම් [아월람] 방랑하는, 헤매는, 떠도는, අසික්කිත.

අවලම්බ [아월람버] 매달려 내려오는, 매달려 축 늘어진 එල්ලා වැටෙන.

අවලම්බන [아월람버너] 매달려 내려오는, 매달려 축 늘어진 එල්ලා වැටෙන.

අවලම්බය [아월람버여] 걸(치)기, 매달기, 매달려 축늘어짐 එල්ලා වැටීම.
අවලස්සන [아월랐써너] 못생긴, 추한 විරූපී. (구어) කැත
අවලාද කරනවා [아월라-더 꺼러너와-] ①비난하다, 꾸짖다, 나무라다 දොස් කියනවා ②저주하다 ශාප කරනවා.
අවලාද කියනවා [아월라-더 끼여너와-] ①비난하다, 꾸짖다, 나무라다 දොස් කියනවා ②저주하다 ශාප කරනවා.
අවලාදය† [아월라-더여] ①비난, 꾸짖음, 나무람 දොස් කීම ②저주 ශාපය.
අවලෝකනය [아월로-꺼너여] 관찰, 관망, 전망, 봄 නිරීක්ෂණය. (구어) බැලීම
අවවාදය‡ [아워와-더여] 경고, 경계 තරවටුව.
අවවාද කරනවා‡ [아워와-더 꺼러너와-] 경고하다, 경계하다 තරවටු කරනවා.
අවවාදනුශාසනා [아워와-다-누샤-써나-] 충고와 안내 අවවාද හා ගුරුහරුකම්.
අවශිෂ්ට [아워쉬쉬터] 남은, 잔여의, 나머지의 ශේෂ. (구어) ඉතිරි
අවශේෂ [아워쉐-셔] 남은, 엑스트라의, 여분의 සෙසු.
අවශේෂය [아워쉐-셔여] 남음, 나머지, 잔여.
අවශේෂිත [아워쉐-쉬떠] 예약한 වෙන් කළ.
අවශේෂිතය [아워쉐-쉬떠여] 예약 වෙන් කළ දෙය.
අවශෝෂණය [아워쇼-셔너여] ①흡수(작용), 빨아들임 උරාගැනීම ②흡수하는, 빨아들이는 උරාගන්නා.
අවශ්‍ය‡ [아웟쉬여] 필요한, 요구되는 වුවමනා.
අවශ්‍යතාවය‡ [아웟쉬여따-워여] 필요, 요구 වුවමනාව.
අවශ්‍ය බෑනා [아웟쉬여 배-나-] (형제, 자매의 아들) 조카 ඇවැස්ස බෑනා.
අවශ්‍යය [아웟쉬여여] 필요, 요구 වුවමනාව.
අවශ්‍ය වෙනවා‡ [아웟쉬여 웨너와-] 필요하다, 요구되다. (구어) ඕනෑ වෙනවා.
අවසන‡ [아워써너] 마지막, 끝 අවසානය.
අවසර පත්‍රය† [아워써러 빠뜨러여] 허가증.
අවසරය‡ [아워써러여] 허락, 동의 අනුමතය. ¶ අනවසරය 무허가, 불법
අවසානතාව [아워싸-너따-워] 종국, 결말, 완료 අවසන් බව.
අවසාන නිවේදනය [아워싸-너니웨-더너여] 최후 통첩, 마지막 통보 අවසන් දැනුම් දීම.
අවසානය‡ [아워싸-너여] ①마지막, 끝 අග ②죽음, 사망 මරණය.
අවසායනය [아워싸-여너여] (파산자의) 정리, 종료 අවසන් කිරීම.
අවසායිත [아워싸-이떠] 정리한, 종료한, 마친 අවසන් කළ.
අවස්ථාපනය [아워쓰따-빠너여] 설립, 세움 පිහිටුවීම.
අවස්ථාපිත [아워쓰따-삐떠] 세운, 설립한 සංස්ථාපිත.
අවස්ථාව‡ [아워쓰따-워] ①기회, 찬스 ප්‍රස්ථාව ② 적절한 시간, 때 සුදුසු වෙලාව.
අවස්ථාවාදියා [아워쓰따-와-디야-] 기회주의자.
අවස්ථාවෝචිත [아워쓰따-워오-치떠] (장소에) 적당한, 주변과 잘 어울리는 තැනට ඔබින.
අවහන්දිය [아워한디여] 탈구, 변위 අවසන්දිය.
අවහිර කරනවා† [아워히러 꺼러너와-] 방해하다, 막다, 차단하

අ

다 බාධා කරනවා.

අවහිරය† [아워히러여] 방해, 장애 බාධාව.

අවා [아와-] 지옥의, 음부의 අපා.

අවාන [아와-너] 부채 වටාපත.

අවා පුරය [아와- 뿌러여] 지옥, 음부 අපාය.

අවාමුවාව [아와-무와-워] 보호, 피난처, 보호처 ආවරණය.

අවාරණීය [아와-러니-여] 제거할 수 없는, 없앨 수 없는 ඉවත දැමිය නොහැකි.

අවාරය [아와-러여] 비수기, 제철이 아님 අකාලය.

අවාසනාව† [아와-써나-워] 불행, 불운 වාසනාව නැතිකම.

අවාසනාවන්ත‡ [아와-써나-완떠] 불행한, 행복하지 않은 වාසනාව නැති.

අවාසනාවන්ත ලෙස [아와-써나-완떠 레써] 불행하게.

අවාසි [아와-씨] 손해보는, 무익한, 이득이 안되는 අලාභ.

අවාසිය† [아와-씨여] 불이익, 무익, 손해 අලාභය. (구어) පාඩුව

අවැඩ [아왜더] 해, 손해, 손상, 위해 හානිකර කටයුතු.

අවි [아위] අවිය 의 복수 또는 형용사: ①무기들, 병기들 ②무기의, 병기의 ආයුධ. ¶ මාරක අවි 살상 무기들

අවිකම්පිත [아위깜삐떠] 부동의, 흔들리지 않는 කම්පා නොවූ.

අවිකල [아위깔러] 부족하지 않은, 충분한 අඩු නැති.

අවිකල්පයෙන් [아위깔빠옌] 변함없이, 항상 නිතරම.

අවික්ෂිප්ත [아윅쉽떠] 방해받지 않는.

අවි ගබඩාව [아위 가버다-워] 무기고, 무기 창고.

අවිචලය [아위철리여] 변하지 않는, 흔들리지 않는 නොවෙනස්.

අවිචලයතාව [아위철리여따-워] 불변, 불변성.

අවිචාරී [아위차-리-] 불합리한, 이성이 없는 තර්කානුකූල නැති.

අවිචාරය [아위차-러여] 무분별, 무차별 විමසා නොබැලීම.

අවිච්චියා [아윛치-야-] 스리랑카 울새.

අවිච්ඡින්න [아윛친너] 끊임없는, 끊김없는, 깨지지 않는අඛණ්ඩ.

අවිච්ඡේද [아윛체-더] 지속적인, 계속되는, 끊임없는.

අවිජ්ජානුසය [아윚자-누써여] 증가하는 무지(무식)의 වැඩෙන නොදැනුම්.

අවිජ්ජාව [아윚자-워] 증가하는 무지(무식) වැඩෙන නොදැනුම.

අවිඥත [아위끄냐-떠] 알지 못하는, 깨닫지 못하는, 인식하지 못하는 නොදත්.

අවිඥනක [아위끄냐-너꺼] ①무의식의, 부지중의, 깨닫지 못하는 නොදැනුවත් ②무지한, 무식한, 못배운 නූගත්.

අවිඥනය [아위끄냐-너여] ①무의식, 부지 සිහිබුද්ධිනැතිකම ②무지, 무식, 못배움 නූගත්කම.

අවිඥනික [아위끄냐-니꺼] ①무의식의, 부지중의, 깨닫지 못하는 නොදැනුවත් ②무지한, 무식한, 못배운 නූගත්.

අවිදු [아위두] 알지 못하는, 알려지지 않은 අවිද්‍යා.

අවිදුමන් [아위두만] 감춰진, 숨겨진, 보이지 않는 අවිද්‍යාමන.

අවිදූර† [아위두-러] 주변의, 근처의, 가까운 නුදුරු, ළඟ.

අවිදූරය [아위두-러여] 주변, 근처 ළඟපාත.

අවිද්‍යාමන [아윋디야-머너] 감춰진, 숨겨진, 보이지 않는 අවිදුමන්.

අවිද්‍යාව [아윋디야-워] 무지, 무식 නොදැනීම.

අවිධි [아위디] 비정기적인, 비규칙적인 අක්‍රමවත්.
අවිධිමත් [아위디맏] 비정기적인, 비규칙적인 අක්‍රමවත්.
අවිනය [아위너여] 무례, 무례함, 예의 없음 විනය නැතිකම.
අවිනෂ්ට [아위너쉬터] 불멸의, 썩지 않는.
අවිනිශ්චිත [아위니쉬치떠] 의심스러운, 수상한, 결정키 어려운 ස්ථිරව නොදන්නා.
අවිනීත [아위니-떠] 무례한, 버릇없는, 예의 없는 විනීත නැති.
අවිනීතතාව [아위니-떠따-워] 무례, 버릇없음, 예의 없음.
අවිපරීත [아위빠ㄹ/떠] 불변의, 변하지 않는.
අවිභේද [아위베-더] 구분되지 않는 නොබිඳුණු.
අවිමුක්ත [아위묶떠] 해방되지 않은, 자유롭지 않은 නිදහස් නොවූ.
අවිය [아위여] 무기, 병기 ආයුධය. ¶ අවිආයුධ 무기들
අවියත් [아위얃] 무식한, 무지한, 못배운 නූගත්.
අවිරල [아위럴러] 보통의, 흔한, 많은 බහුල.
අවිරුද්ධ [아위룯더] 반대하지 않는 විරුද්ධ නොවූ.
අවිලම්බ [아윌람버] 늦지 않는, 지체되지 않는, 빠른 අප්‍රමාද.
අවිලම්බිත [아윌람비떠] 늦지 않는, 지체되지 않는, 빠른 අප්‍රමාද.
අවිවාදයෙන් [아위와-더옌] 논쟁없이, 문제없이 විවාදය රහිතව.
අවිවාහක [아위와-하꺼] 결혼하지 않은, 독신의 විවාහ නොවූ.
අවිවාහකයා [아위와-하꺼야-] 독신남, 싱글남. ¶ අවිවාහිකාව 독신녀
අවිවාහිකාව [아위와-히까-워] 독신녀, 싱글녀. ¶ අවිවාහකයා 독신남
අවිවේක [아위웨-꺼] ①쉬지 못하는, 쉴 수 없는 විවේක නැති ②초조한, 불안한 කැළඹුණු.
අවිවේකය [아위웨-꺼여] 초조함, 불안함 කැළඹීම.
අවිවේකි [아위웨-끼] ①쉬지 못하는, 쉴 수 없는 විවේක නැති ②초조한, 불안한 කැළඹුණු.
අවිශේෂ [아위쉐-셔] 특별하지 않은, 보통의 සාමාන්‍ය.
අවිශ්වාසය [아위쉬와-써여] විශ්වාසය 의 반대말: 불신, 안믿음 සැකය.
අවිෂය [아위셔여] 이해할 수 없는, 깨달을 수 없는 අවබෝධ කළ නොහැකි.
අවිසරම [아위싸ㄹ/머] ①군사훈련, 무기사용 훈련 අවිසරඹ ②전쟁, 전투.
අවිසරඹ [아위싸람/버] ①군사훈련, 무기사용 훈련 අවිසරම ②전쟁, 전투.
අවිසාට්ටු [아위쌑-투] 불순종의, 반항적인, 따르지 않는 අකීකරු.
අවිහිංසාව [아위힝싸-워] 순진, 천진 අහිංසාව.
අවීචිය [아위-치여] 지옥의 가장 낮은 부분.
අවු [아우] අවුව 의 복수 또는 형용사: ①햇빛들, 햇살들 අව් ②햇빛의, 햇살의.
¶ අවු කණ්නාඩි 선글라스
අවුකනවා [아우까너와-] 햇빛에 노출되다, 햇살을 맞다.
අවු ගස්සනවා [아우 갔써너와-] 햇빛에 말리다, 햇빛에 두다 අවුවේ දමනවා.
අවුණ [아우너] 둑, 댐 අමුණ.
අවුණනවා [아우너너와-] ඇවුණුවා-අවුණා ①연결하다, 연관시키다, 엮다 අමුණනවා,

අ

සම්බන්ධ කරනවා ②첨가하다, 덧붙이다, 부가하다 ③실에 꿰다, 실을 바늘에 넣다. ඇවිණීම

අවුත් [아욷] එනවා 의 과거분사: 와, 와서, 오고, 오고 나서 ඇවිත්. (구어) ඇවිල්ලා

අවුදින් [아우딘] එනවා 의 과거분사: 와, 와서, 오고, 오고 나서 ඇවිත්. (구어) ඇවිල්ලා

අවුන්සය [아운써여] (중량 단위의) 온스.

අවු පත [아우 빠떠] 팔미라 야자나무로 만든 우산 තල්කොළ කුඩය.

අවුරනවා [아우러너와-] ඇවුරුවා-අවුරා ①덮다, 덮어 씌우다, 싸다 අඩුක් කරනවා ②(길 따위를) 막다, 차단하다 අවහිර කරනවා. ඇවිරීම

අවුරුදු‡ [아우루두] අවුරුද්ද 의 복수 또는 형용사: 연(年)들, 해들 වර්ෂ ②한해의, 년의 වාර්ෂික. ¶අවුරුදු 20ක් 20년 මගේ දුවට අවුරුදු 15 제 딸은 15살입니다

අවුරුදු පතා [아우루두 빠따-] 매년, 매해.

අවුරුද්ද‡ [아우룯더] 해, 년 වසර. (복) *අවුරුදු* ¶ සුභ අලුත් අවුරුද්දක් 새해 복 많이 받으세요

අවුල [아울러] ①복잡, 혼잡, 혼동, 섞임 වියවුල ②문제, 어려움, 골치아픈 일 ගැටලුව. (복) *අවුල්*

අවුලනවා† [아울러너와-] ඇවුලුවා-අවුලා ①모으다, 수집하다 එකතු කරනවා ②(새) 쪼아 먹다 ③빛나다, 발하다 බබළනවා. ඇවුලුම

අවුලු [아울루] 후식, 케이크와 단것들 කැවිලි.

අවුලුපත් [아울루빧] 후식, 디저트 අතුරුපස.

අවුල්‡ [아울] ①복잡한, 혼잡한, 혼동된 වියවුල් ②골 치아픈, 문제가 있는, 어려운 ගැටළු.

අවුල් ජාලය [아울 잘-러여] 혼잡, 난잡 අවුල.

අවුල්පත් [아울빧] 후식, 디저트 අතුරුපස.

අවුල්පාස් [아울빠-쓰] (건축) 꺾쇠, 걸쇠, 물림쇠.

අවුව‡ [아우워] 햇살, 햇빛 හිරු එළිය.

අවුස්සනවා [아웄써너와-] ඇවිස්සුවා-අවුස්සා ①화나게 하다. 성나게 하다 කුපිත කරනවා ②선동하다, 야기시키다. ඇවිස්සීම

අවුළනවා [아울러너와-] ඇවුළුවා-අවුළා ①태우다, 불을 지피다 දල්වනවා ②모으다, 수집하다, 결합하다 ඇහිඳිනවා ③화나게 만들다, 분노케 하다 කෝප කරවනවා. ඇවිළීම/ඇවුළුම

අවුළු [아울루] 후식, 케이크와 사탕과자 කැවිලි.

අවුළුවනවා [아울루워너와-] ඇවිළෙවුවා-අවුළුවා ①화나게 만들다, 열받게 만들다 ②불을 지피다, 불태우라 ගිනි පත්තු කරනවා. ඇවිළවීම

අවේක්ෂණය [아웩-셔너여] ① 봄, 시청, 관망 බැලීම ① 살펴봄, 관찰, 감찰, 사찰 විමසා බැලීම.

අවේක්ෂිත [아웩-쉬떠] ①본, 시청한, 관망한 බැලූ ②살펴본, 관찰한, 감찰한, 사찰한 පරීක්ෂා කළ.

අවේලාව [아웰-라-워] 잘못된 시간, 바르지 않은 시간 වැරදි වෙලාව.

අවෛරය [아와이러여] 적의 없음, 반목 없음, 친목 වෛරය නැති බව.

අව්‍යංග [압위양거] 감춰지지 않은, 숨겨지지 않은නොසැඟවුණු.

අව්‍යක්ත [압위약떠] 분명하지 않은, 뚜렷하지 않은 ව්‍යක්ත නැති.

අව්‍යය [압위여여] (문법) 불변화사 (격변화를 하지 않는 단어).

අව්‍යාජ [압위야-저] 거짓이 아닌, 진짜의 ව්‍යාජ නොවන.

අව් [아우] ①햇빛들, 햇살들 අවු ②햇빛의, 햇살의.

අව් කණ්ණාඩිය† [아우 깐나-디여] 선글라스.

අව්ව† [아우워] 햇살, 햇빛 හිරු එළිය.

අශංක [아샹꺼] 의심없는, 의심하지 않는 නිසැක.

අශක්‍ය [아샤끼여] 불가능한, 할 수 없는, 무력한 නොහැකි.

අශනි [아셔니] අශනිය 의 복수 또는 형용사: ①천둥, 우뢰 අකුණු ②천둥치는, 우뢰의 හෙණ.

අශනිය [아셔니여] 번개, 벼락, 낙뢰 අකුණ.

අශාසනික [아샤-써니꺼] ①불교에 안맞는, 불교에 상반되는 අබෞද්ධ ②(불교) 불의한, 옳지않은 දුසිල්වත්.

අශාස්ත්‍රීය [아샤-쓰뜨리-여] 과학적이지 않은 ශාස්ත්‍රීය නොවන.

අශිංසනය කරනවා [아쉥써너여 꺼러너와-] 축복하다, 복을 빌다 සෙත් කරනවා.

අශික්ෂිත [아쉭쉬떠] ①음란한, 외설의, 불결한 පිළිකුල් ②무례한, 버릇없는 නොහික්මුණු.

අශිෂ්ට [아쉬쉬터] ①무례한, 버릇없는, 미개의, 야만의, 교양없는 වනචර ②음란한, 외설의.

අශීඝ්‍ර [아쉬그러] 빠르지 않은, 느린.

අශීති [아쉬-띠] 80, 여든 අසූව.

අශීල [아쉴-러] 부도덕한, 비도덕적인, 무례한 ශීලයෙන් තොර.

අශීලාචාර [아쉴-라-차-러] 무례한, 버릇없는 අශිෂ්ට.

අශුද්ධ [아슏더] 부정한, 거룩하지 않은, 불결한 අපිරිසිදු.

අශුද්ධාත්මයා [아슏닫-머야-] 악령, 귀신 යක්ෂයා.

අශූන්‍ය [아슈니여] 비어있지 않은, 허하지 않은, 공허하지 않은 හිස් නැති.

අශුභ [아슈버] 불길한, 나쁜 징조의 අසුබ.

අශුභවාදය [아슈버와-더여] 염세관, 염세주의.

අශූචි [아슈-치] 똥, 분뇨, 배설물 මලපහ.

අශේෂ [아쉐-셔] 남지 않은 ඉතුරු නැති.

අශෛක්ෂ [아샤익셔] 숙련된, 정통한 අධිශීල.

අශෝක [아쇼-꺼] 슬프지 않은, 비참하지 않은 ශෝක නැති.

අශෝභන [아쇼-버너] 아름답지 않은, 추한, 사랑스럽지 않은 කැත.

අශෝභනත්වය [아쇼-버낟워여] 추함, 무례 කැතකම.

අශ්මය [아쉬머여] 돌 පාෂාණය. (구어) ගල

අශ්මජ [아쉬머저] ①돌로 만들어진, 돌에서 생긴 ගලින් උපන් ②(돌, 바위) 이끼 පාසි.

අශ්මරී [아쉬머리-] (의학) 담석, 담석증 මුත්‍රාශ ගල්.

අශ්‍රැ [아쉬래] ①눈물들 කඳුළු ②눈물나게 하는 කඳුළු උපදවන.

අශ්‍රැත [아쉬래떠] 듣지 않은, 못들은 නොඇසූ.

අශ්‍රු [아쉬루] 눈물들 කඳුළු.

අශ්ලීල [아쉴릴-러] 못생긴, 추한, 보기 싫은 කැත.

අශ්ලීලත්වය [아쉴릴-랕워여] 못생샘, 추함, 보기 싫음 කැතකම.

අශ්වකරත්තය [아쉬워까랕떠여] 마차 අශ්වරථය.
අශ්වගාල [아쉬워갈-러] 마굿간 අස්හල.
අශ්වතරයා [아쉬워따러야-] ① 노새 ②(4~5세 된) 수망아지.
අශ්ව පැටියා [아쉬워 빼티야-] 망아지 ළපටි අශ්වයා.
අශ්වබලය [아쉬워발러여] 마력, 말의 힘.
අශ්වමඩුව [아쉬워마두워] 마굿간 අස්හල.
අශ්වයා‡ [아쉬워야-] 말, 수말 පිරිමි අස්සයා.
අශ්වරථය [아쉬워라떠여] 마차 අශ්වකරත්තය.
අශ්වලාඩම [아쉬월라-더머] 말발굽.
අශ්වශාලාව [아쉬워샬-라-워] 마굿간 අස්හල.
අශ්ව සේනාව [아쉬워 쎄-나-워] 기병, 기병대, 기갑부대 අශ්ව බල ඇණිය.
අශ්වාචාරියා/අශ්වාචාර්යයා [아쉬와-차-리야-/아쉬와-차-르여야-] 승마자, 기수 අසරුවා.
අශ්වාභරණ [아쉬와-버러너] 말 장식품 අශ්ව ඇඳුම් ආයිත්තම්.
අශ්වාරූඪ [아쉬와-루-더] 말탄, 승마한 අසපිට නැගී.
අශ්වාරෝහකයා [아쉬와-로허꺼야-] 승마자, 기수 අසරුවා.
අෂ්ට† [아쉬터] 8, 여덟 අට.
අෂ්ටක [아쉬터꺼] 8진법의 අටකින් යුත්.
අෂ්ට කෝණය [아쉬터 꼬-너여] 8각형, 8변형 අෂ්ටාස්‍රය.
අෂ්ටතල [아쉬터딸러] 8면체의 පැති අටක් සහිත.
අෂ්ටතලය [아쉬터딸러여] 8면체.
අෂ්ටපරිෂ්කාර [아쉬터빠리쉬까-러] 승려가 가질 수 있는 8가지 අටපිරිකර.
අෂ්ටම [아쉬터머] 8번째의, 여덟번째 අටවෙනි.
අෂ්ටලෝක ධර්මය [아쉬털로-꺼다르머 여] (불교) 8정도 අට ලෝ දහම.
අෂ්ටවිධ [아쉬터위더] 8겹의, 8배의 අටවැදෑරුම්.
අෂ්ටංග [아쉬탕거] 8개의 형상을 가진 අංග අටකින් යුත්.
අෂ්ටාදශ/අෂ්ටාරස [아쉬타-다셔/아쉬타-라써] 18, 십팔 අටළොස. (구어) දහඅට
අෂ්ටාස්‍රය [아쉬타-쓰러여] 8각형, 8변형 අෂ්ට කෝණය.
අෂ්ටිය [아쉬티여] ①뼈 ඇටය ②씨, 씨앗 බීජය.
අසංකීර්ණ [아쌍끼-르너] 복잡하지 않은, 혼잡하지 않은 අමිශ්‍ර.
අසංඛ්‍ය [아쌍끼여] 셀 수 없는, 헤아릴 수 없는, 무수한, 대단히 많은 ගණන් කළ නොහැකි.
අසංඥ [아쌍끄녀] 무의식의, 부지중의, 깨닫지 못하는 සංඥාවෙන් තොර.
අසංයත [아쌍여떠] 조종하지 못하는, 조절하지 못하는 පාලනය නොකළ.
අසංයුක්ත [아쌍육떠] 연결되지 않은, 단절된 අමසම්බන්ධ.
අසංවර්ධිත [아쌍와르디떠] 발전하지 않은, 성장하지 않은 දියුණු නොවූ.
අසංවර [아쌍워러] 조종하지 못하는, 조절하지 못하는, 훈련되지 못한 පාලනය නොකළ.
අසංශෝධිත [아쌍쇼-디떠] 바로잡지 않은, 수정하지 않은.
අසංස්කෘත [아쌍쓰끄루떠] 전통적이지 않은, 도덕적이지 않은 අශිෂ්ට.
අසංහත [아쌍하떠] 빽빽하지 않은, 밀집하지 않은.
අස [아써] 근처에, 가까이에, 주변에 අසල, සමීපයේ. (구어) ළඟ

අසක්කුව [아싹꾸워] ①고통, 비탄, 심통 දුෂ්කරතාව 필요, 궁핍 හිඟය ③응급, 위급 හදිසිය.

අසක්ත [아싹떠] 붙지 않은, 첨부되지 않은, 연결되지 않은.

අසඞ්කීර්ණ [아쌍끼-르너] 복잡하지 않은, 혼잡하지 않은 අමිශ්‍ර.

අසඞ්ඛත [아쌍꺼떠] 무조건적인.

අසඞ්ඛලිත [아쌍깔리떠] 흔들리지 않는, 비틀거리지 않는, 확고한, 단호한 නොසෙලෙන.

අසඞ්ඛෙය්‍ය [아쌍께이여] 셀 수 없는, 헤아릴 수 없는, 무수한, 대단히 많은 ගණන් කළ නොහැකි.

අසඞ්ඛ්‍ය [아쌍끼여] 셀 수 없는, 헤아릴 수 없는, 무수한, 대단히 많은 ගණන් කළ නොහැකි.

අසඞ්ගත [아쌍가떠] 어울리지 않는, 부적절한, 맞지 않는 අයෝග්‍ය.

අසතුට [아싸뚜터] 기쁘지 않음, 슬픔 දුක.

අසතුටු† [아싸뚜투] 기쁘지 않은, 슬픈 සතුට නැති.

අසත් [아쌑] ①존재하지 않는, 비현실적인, 거짓의 අවිද්‍යාමාන ②지속적인, 끊임없는 නිරන්තර ③나쁜, 악한 නරක.

අසත්තාව [아쌑따-워] 거짓, 거짓말 අසත්‍යතාව. (구어) බොරුව

අසත්පුරුෂයා [아쌑뿌루셔야-] 악인, 죄인 පව්කාරයා.

අසත්‍ය [아쌑띠여] 진실이 아닌, 거짓의 ව්‍යාජ.

අසත්‍යතාව [아쌑띠여따-워] 거짓, 진실이 아닌 것 බොරු බව.

අසත්‍යය [아쌑띠여여] 진실이 아닌 것, 거짓 බොරුව.

අසදාචාර [아싸다-차-러] 부도덕한, 행실 나쁜, 음란한 සදාචාර නොවන.

අසදිස/අසදෘෂ [아싸디써/아싸드루셔] 안보이는, 보이지 않는 නොපෙනෙන.

අසද්ගුණය [아싿구너여] 악, 나쁨, 악행, 행악 නරක ගතිය.

අසන [아써너] අසනවා 의 동사의 형용사적 현재용법: ①듣는, 경청하는 ඇහුකම් දෙන ②묻는, 질문하는 ප්‍රශ්න කරන. (구어) අහන

අසනවා† [아써너와-] ඇසුවා-අසා ①듣다, 경청하다 ඇහුකම් දෙනවා ②묻다, 질문하다 ප්‍රශ්න කරනවා. <u>ඇසීම/ඇසුම</u> (구어) අහනවා

අසනීප‡ [아써니-뻐] 아픈, 병환중인 ලෙඩවුණු.

අසනීපකාරයා [아써니-뻐까-러야-] 병자, 환자 ලෙඩා. (문어) රෝගියා

අසනීපය‡ [아써니-뻐여] 아픔, 병 රෝගය. (구어) ලෙඩ

අසන්තක† [아싼떠꺼] 소유하지 않은, 소유가 아닌 අයිති නැති.

අසන්තුෂ්ටිය [아싼뚜쉬티여] 불행, 슬픔, 기쁘지 않음අසතුට.

අසන්තෘප්ත [아싼뜨릎떠] 만족해하지 않는, 불만족스러운 සතුටට නොපත්.

අසන්තෝෂය [아싼또-셔여] 불행, 슬픔, 기쁘지 않음 අසතුට.

අසන්නා [아싼나-] ①듣는 사람, 경청자 ඇහුකම් දෙන්නා ②질문자, 묻는 사람.

අසපුව [아써뿌워] 은자(제사장)의 거처, 수도원 ආරාමය.

අසබඩ [아써버더] ①경계의, 주변의 සමීප ②경계, 주변.

අසභ්‍ය [아쌉비여] 저속한, 음란한, 외설의 නිහීන.

අසභ්‍යතාව [아쌉비여따-워] 저속, 음란, 외설 නොසැබි බව.

අසම [아싸머] 같지 않은, 비슷하지 않은, 다른 සමාන නොවන.

අ

අසමගි [아싸머기] 불화하는, 불일치하는 සමගි නැති.
අසමගිය [아싸머기여] 불화, 불일치 සමගි නැති බව.
අසමතාව [아싸머따-워] 차이, 대조, 대비 අසමානකම.
අසමත් [아싸맡] 실패한, 성공하지 못한, 불가능한 බැරි.
අසමත්කම [아싸맡꺼머] 실패, 불가능 බැරිකම.
අසමත් වෙනවා‡ [아싸맡 웨너와-] 성공하지 못하다, 실패하다 සමත් නොවනවා.
අසමමිතික [아싸머미띠꺼] 불비대칭의, 비대칭적인, 불균형적인 සමමිතික නොවන.
අසමමිතිය [아싸머미띠여] 불비대칭의, 비대칭적인, 불균형적인 සමමිතික නොවීම.
අසමර්ථ [아싸마르떠] 불가능한, 할 수 없는 නොහැකි.
අසමර්ථ වෙනවා [아싸마르떠 웨너와-] 할 수 없다, 불가능하다.
අසමසම [아싸머싸머] 비교할 수 없는, 탁월한, 유일한 උත්තරීතර.
අසමාන† [아싸마-너] 같지 않은, 다른 වෙනස්.
අසමානකම/අසමානතාව† [아싸마-너꺼머/아싸마-너따-워] 다름, 차이, 같지 않음වෙනස්කම.
අසමාහිත [아싸마-히떠] 조절할 수 없는, 조종할 수 없는 වික්ෂිප්ත.
අසමෝදගම් [아써모-더감] (식물) 시라 (서양자초, 회향) 씨.
අසම්පූර්ණ† [아쌈뿌-르너] 불완전한, 완전하지 않은 සම්පූර්ණ නැති.
අසම්බන්ධ [아쌈반더] 연결되지 않은, 단절된 සම්බන්ධ නැති.
අසම්භාව්‍ය [아쌈바-위여] 의심스러운, 수상한 නොවියහැකි.
අසම්මත [아쌈머떠] 받아들일 수 없는, 동의하지 않는, 반대하는 සම්මත නොකළ.
අසම්මතිය/අසම්මුතිය [아쌈머띠여/아쌈무띠여] 불일치, 의견충돌 අතිරණය.
අසම්මුඛ [아쌈무꺼] 나타나지 않은, 결석한.
අසර [아싸러] ①기적의, 놀라운 ආශ්චර්යමත් ②풍성하지 않은, 황량한 අසාර.
අසර [아써러] ①요정 අප්සරා ②행동, 움직임 හැසිරීම ③어울리는 사람 ඇසුර ④어울림 ආශ්‍රය ⑤음식 අහර.
අසරණ‡ [아써러너] 의지할 데 없는, 불쌍한 පිහිටක් නැති. ¶ අසරණයා 의지할 데 없는 사람
අසරණයා [아써러너야-] 가련한 사람, 불쌍한 사람, 의지할데 없는 사람 පිහිටක් නැති අය.
අසරු [아써루] ①승마자, 말타는 사람, 기마병අශ්වාරෝහකයා ②기마병의, 승마자의 ③සරු의 반댓말: 황무한, 비옥하지 않은 නිසරු. ¶ අසරු සේනාව 기마부대
අසරුවා [아써루와-] 기마병, 승마자, 말타는 사람 අශ්වාරෝහකයා.
අසල† [아썰러] ①가까운, 이웃하는 සමීප ②주변, 이웃함.
අසල් [아쌀] ①가까운, 이웃하는 සමීප ②주변, 이웃함.
අසල්වාසියා [아쌀와-씨야-] 이웃, 주변 사람 අසල්වැසියා. (복) *අසල්වාසීහු*
අසල්වාසීහු [아쌀와-씨-후-] අසල්වාසියා 의 복수: 이웃들, 주변 사람들 අසල්වැසියෝ.
අසල්වැසි† [아쌀왜씨] 이웃의, 주변의 ළඟපාත වෙසෙන.
අසල්වැසියා‡ [아쌀왜씨야-] 이웃, 주변 사람 අසල්වාසියා.

අසවලා [아써월라-] 아무개씨, 모씨 අසුවලා. (구어) අභවලා

අසවල් [아써왈] 어떤, 무엇 무엇의 අසුවල්.

අසව් [아싸우] අසනවා 의 복수 명령형(고어): 들을지어다, 들어라 අසනු.

අසව්ව [아싸우워] 경첩, 돌쩌귀, 힌지 සරනේරුව.

අසහනය† [아싸하너여] 성급함, 조급함, 짜증, 초조 නොසන්සුන්කම.

අසහාය [아싸하-여] 독특한, 개성있는 අසමාන.

අසහ්‍ය [아싸히여] 참을 수 없는, 짊어질 수 없는 ඉවසිය නොහැකි.

අසාත [아싸-떠] ①달지 않은, 달콤하지 않은 අමිහිරි ②슬픔을 가져다주는 දුක් ගෙන දෙන.

අසාධණීය [아싸-더니-여] 행할 수 없는, 이룰 수 없는 කළ නොහැකි.

අසාධාරණ [아싸-다-러너] 불공평한, 불공정한 සාධාරණ නොවන.

අසාධාරණත්වය [아싸-다-러날워여] 불공평, 불공정.

අසාධාරණතාව [아싸-다-러너따-워] 불공평, 불공정 අසාධාරණත්ව.

අසාධු [아싸-두] 부도덕한, 행실나쁜 අයහපත්.

අසාධ්‍ය [아싸-데-여] 수리할 수 없는, 고칠 수 없는.

අසාධ්‍ය [아싸-디여] ①고칠 수 없는, 치유할 수 없는 ②증명할 수 없는, 도달할 수 없는.

අසාමාන්‍ය† [아싸-만-니여] 비범한, 독특한, 보통이 아닌 සාමාන්‍ය නොවන.

අසාමාන්‍යය [아싸-만-니여여] 독특함, 비범함.

අසාර [아싸-러] 쓸모없는, 무의미한, 실패한 නිස්සාර.

අසාර්ථක† [아싸-르떠꺼] 실패한, 성공하지 못한, 무의미한, 쓸모없는 පල රහිත.

අසි [아씨] 검 කඩුව.

අසික්කිත [아씪끼떠] 추한, 흉한, 예의 없는 කැත.

අසිගාහක [아씨가-하꺼] ①검객 කඩුවක් දරන්නා ② 왕의 호위대 රාජ්‍ය ආරක්ෂක ලෙබලා.

අසිත [아씨떠] ①생각 없음, 무심 හිත නැතිකම ②나쁜 생각, 악한 사고 නරක සිතුවිල්ල.

අසිපත [아씨빠떠] 칼날, 검 කඩුව. (복) *අසිපත්*

අසිරි [아씨리] 놀라운, 놀랄만한, 장대한, 빛나는, 찬란한, 영광스러운 ආශ්චර්යවත්.

අසිරිමත්‡ [아씨리맡] 놀라운, 놀랄만한, 장대한, 빛나는, 찬란한, 영광스러운 ආශ්චර්යවත්.

අසිරිය† [아씨리여] ①놀람, 경탄, 장대 ආශ්චර්යය ②빛남, 영광, 찬란.

අසීමිත† [아씨-미떠] 무제한의, 제한이 없는.

අසීරු [아씨-루] 어려운, 힘든 අමාරු.

අසු [아쑤] (동물) 말 අශ්වයා.

අසු කරනවා [아쑤 꺼러너와-] ①잡다, 붙잡다 අහු කරනවා ②참여하다, 참가하다 සම්බන්ධ කරනවා.

අසුචි [아쑤치] 배설물, 쓰레기 වර්චස්.

අසුන† [아쑤너] ①자리 ආසනය ②소식, 연락 ආරංචිය ③편지 ලියුම. (복) *අසුන්*

අසුන් [아쑨] ①(동물) 말들 අශ්වයන් ②අසුන 의 복수: a. 자리들, 자리의 ආසන b. 편지들, 편지의 ලියුම් c. 집들, 거주지들, 집의, 거주지의 නිවාස.

අසුන් [아쑨] 부서지지 않은, 깨지지 않은 නොකැඩුණු.

අසුබ [아쑤버] ①불운의, 불길한, 나쁜 징조의, 좋치 않은 අසුභ ②아픈, 병든.

අසුභ [아쑤버] ①불운의, 불길한, 나쁜 징조의, 좋치 않은 අසුබ ②아픈, 병든.

අසුමුලු [아쑤물루] 구석, 귀퉁이, 모퉁이, 코너 කොන් හා මුලු. (구어) අහුමුලු

අසුර [아쑤*러*] ①타락한 전설의 인종 (인류) ②손가락에서 나는 똑 소리. (구어) අහුර

අසුරනවා [아쑤*러*너와-] සුරුවා-අසුරා ①모으다, 수집하다, 쌓다 එකතු කරනවා ②싸다, 포장하다 පැක් කරනවා. <u>ඇසිරීම/ඇසුරුම</u> (구어) අහුරනවා

අසුරු ක්ෂණය [아쑤*루* 끄셔너여] 찰나, 순간.

අසුරු ගහනවා [아쑤*루* 가하너와-] 손가락에서 똑 소리 나게 하다 අහුරු ගහනවා.

අසුව [아쑤워] ①생명 පණ ② අසු වනවා 의 과거분사: 붙잡힌, 잡힌, 휩싸인.

අසුවලා [아쑤월라-] 아무개씨, 모씨 අසවලා. (구어) අහුවලා

අසුවල් [아쑤왈] 어떤, 무엇 무엇의 අසවල්.

අසු වෙනවා† [아쑤 웨너와-] 잡히다, 붙잡히다, 휩싸이다 ග්‍රහණයට පත් වෙනවා. (구어) අහු වෙනවා

අසූ [아쑤-] 팔십의 (81, 82 만들 때 사용) ¶ අසූ එක 81 අසූදෙක 82

අසූව‡ [아쑤-워] 팔십, 80.

අස් [아쓰] ①(동물) 말 අශ්වයා ②도장, 인장 මුද්‍රාව 어깨 උරහිස ④방향 දිශාව ⑤욕구, 바람 ආශා ⑥아주 조금.

අස් ඔබනවා [아쓰 오버너와-] 도장을 찍다 මුද්‍රාව තබනවා.

අස් කරනවා‡ [아쓰 꺼*러*너와-] ①정리하다, 정돈하다 පිළිවෙළ කර තබනවා ②없애다, 제거하다 ඉවත් කරනවා ③도장찍다, 인장을 찍다 මුද්‍රා තබනවා.

අස්ත [아쓰떠] 없앤, 버린, 저버린 ඉවත දමන ලද.

අස්තංගත [아쓰땅가떠] 없어지는, 사라지는.

අස්තය [아쓰떠여] ①멸망නාශය ②일몰 හිරු බැස යාම ③죽음, 사망 මරණය.

අස්තානයේ [아쓰따-너예-] ①잘못된 곳에서 ②이유 없이.

අස්ථාන [아쓰따-너] 제자리가 아닌, 부적절한 නුසුදුසු.

අස්ථායි† [아쓰따-이] 불안정한, 흔들거리는, 안정적이지 않은 ස්ථාවර නැති.

අස්ථායිතාව† [아쓰따-이따-워] 불안정, 불안 ස්ථාවර නැති බව.

අස්ථාවර [아쓰따-워*러*] 고정되지 않은, 확고하지 않은, 안정적이지 않은 ස්ථාවර නැති.

අස්ථිය† [아쓰띠여] 뼈. (구어) ඇට

අස්ථිපඤ්ජරය [아쓰띠빤저*러*여] 해골. (구어) ඇටසැකිල්ල

අස්ථිපුඤ්ජය [아쓰띠뿐저여] 해골. (구어) ඇටසැකිල්ල

අස්ථිර† [아쓰띠*러*] 안정적이지 않은, 불안정한, 임시의 අතිර.

අස්ථිරත්වය [아쓰띠*랕*워여] 불안정, 불안정성, 불안정한 상태 ස්ථිර නැති බව.

අස්න [아쓰너] 소식, 뉴스, 전갈 ආරංචිය. ¶ සුබ අස්න (기독교) 복음

අස්පයා [아쓰뻐야-] (동물) 말 අශ්වයා.

අස්පස් කරනවා [아쓰빠쓰 꺼*러*너와-] 정렬하다, 정리하다 පිළියෙල කරනවා.

අස්මත් [아쓰맏] 나를, 나 자신을 මා.

අස්වද්දනවා† [아쓰왇더너와-] අස්වැද්දුවා-අස්වද්දා (농경지) 정

리하다, 농사지을 준비를 하다 අස්සද්දනවා. <u>අස්වැද්දීම</u>
අස්වනවා [아쓰워너와-] 물러나다, 퇴직하다, 떠나가다 ඉවත් වෙනවා.
අස්වනු [아쓰와누] අස්වැන්න 의 복수: 추수들, 수확들 අස්වැන්න.
අස්වසනවා [아쓰와써너와-] අස්වැසුවා-අස්වසා 달래다, 위로하다, 돌보다 සනසනවා. <u>අස්වැසීම/අස්වැසුම</u>
අස්වාභාවික† [아쓰와-바-위꺼] 일반적이지 않은, 자연스럽지 않은 සාමාන්‍ය නොවන.
අස්වාමික [아쓰와-미꺼] ①남편이 없는, 과부의 සැමියකු නැති ②주인 없는, 지도자 없는 ස්වාමියකු රහිත.
අස්වැද්දීම [아쓰왣디-머] අස්වද්දනවා 의 동명사: 농지 정리, 농사지을 준비.
අස්වැන්න‡ [아쓰왠너] 추수, 수확 අස්සැන්න. (복) *අස්වනු*
අස්වැසිලිකාර [아쓰왜씰리까-*러*] 위로하는, 위안하는, 격려하는 සැනසිලිකාර.
අස්වැසිල්ල [아쓰왜씰러] 위로, 위안 සැනසිල්ල. (복) *අස්වැසිලි*
අස්වෙනවා‡ [아쓰웨너와-] ①그만두다, 은퇴하다, 물러나다 අතහැර යනවා ②정리되다, 말끔해지다.
අස්ස [앗써] ①틈, 사이 ②밑, 아래 යට.
අස්සද්දනවා [앗쌛더너와-] අස්සැද්දුවා-අස්සද්දා (농경지) 정리하다, 농사지을 준비를 하다 අස්වද්දනවා. <u>අස්සැද්දීම</u>
අස්සන [앗써너] 서명 අත්සන. (복) *අස්සන්*
අස්සනවා [앗써너와-] ①질문하게 만들다, 질문하게 하다 ප්‍රශ්න කිරීමට සලස්වනවා ②들려지게 만들다, 들리게 만들다 ඇහුම්කන් දීමට සලස්වනවා.
අස්සන්කරු [앗싼까*루*] 서명자, 서명인.
අස්සයා [앗써야-] 말, 수말 අශ්වයා.
අස්සවනවා [앗써워너와-] ①질문하게 만들다, 질문하게 하다 ප්‍රශ්න කිරීමට සලස්වනවා ②들려지게 만들다, 들리게 만들다 ඇහුම්කන් දීමට සලස්වනවා.
අස්සැන්න [앗쌘너] 추수, 수확 අස්වැන්න.
අස්සෙන්‡ [앗쎈] 통과하여, 지나서.
අස්සෙහි [앗쎄히] 안에, 사이에, 중간에 අතරෙහි.
අස්සේ‡ [앗쎄-] 안에, 사이에, 중간에 අතරෙහි.
අස්හල [아쓰할러] 마굿간 අශ්වගාල.
අහ [아하] 가까이에, 근처에 ළඟ.
අහංකාර† [아항까-*러*] 교만한, 오만한, 우쭐대는 අහංකාරී. (구어) උඩඟු
අහංකාරය† [아항까-*러*여] 교만, 오만, 거만, 우쭐댐 උඩඟුකම.
අහංකාරී [아항까-*리*-] 교만한, 오만한, 우쭐대는 අහංකාර. (구어) උඩඟු
අහංකාරීහු [아항까-*리*-후] 교만한 사람, 오만한 사람, 우쭐대는 사람 උඩඟු අය.
අහක [아하꺼] ①외부, 밖, 야외 පිටත ②밖의, 야외의.
අහක දමනවා [아하꺼 다머너와-] 내버리다, 내던지다, 밖으로 버리다 ඉවත දමනවා. (구어) විසි කරනවා
අහකට [아하꺼터] 밖으로, 야외로, 외부로.
අහක් කරනවා [아핚 꺼*러*너와-] 제거하다, 없애다 ඉවත් කරනවා.
අහක් වෙනවා [아핚 웨너와-] 제거되다, 없애지다 ඉවත් වෙනවා.

අ

අහඞ්කාර [아항까-러] 교만한, 오만한, 우쭐대는 අහංකාර. (구어) උඩඟු

අහනවා‡ [아하너와-] ඇහුවා-අහලා ①듣다, 경청하다 ඇහුකම් දෙනවා ②질문하다, 묻다 ප්‍රශ්න කරනවා. ඇසීම/ ඇසුම (문어) අසනවා

අහම්බෙන්‡ [아함벤] 우연히, 갑자기 හදිසියෙන්.

අහම්බෙන් සිද්ධ වෙනවා [아함벤 씯더 웨너와-] 우연히 발생하다, 갑자기 일어나다.

අහර [아하러] 음식, 식량 ආහාර. (구어) කෑම

අහරකුක්කා [아하러꾺까-] 독없는 작은 뱀 අහුරුකුක්කා.

අහල [아할러] 근처의, 가까운, 주변의 ළඟ. (문어) අසල

අහවර [아하워러] 끝난, 마친, 마무리된 අවසන්. (구어) ඉවර

අහවර වෙනවා [아하워러 웨너와-] 끝나다, 마치다, 마무리되다 අවසන් වෙනවා. (구어) ඉවර වෙනවා

අහවලා [아하월라-] 아무개, 관련자 අදාළ තැනැත්තා.

අහවල් [아하왈] 무엇의 කුමන. (구어) මොන

අහස‡ [아하써] 하늘 ගුවන. (문어) ආකාශය

අහස් ගැබ [아하쓰 개버] 하늘 අහස් කුස.

අහස් තලය† [아하쓰 딸러여] 하늘 ගුවන. (문어) ආකාශය

අහස් පත [아하쓰 빠떠] ①하늘길, 비행길 ආකාශ මාර්ගය ②연 සුරංගලය.

අහස් යාත්‍රාව† [아하쓰 야-뜨라-워] 비행기 ගුවන් යානය.

අහස් වෙඩි [아하쓰 웨디] 유성(流星) 꽃불 ආකාශ ගුණ්ඩු.

අහා [아하-] 오!, 아! ඔහෝ.

අහි [아히] 뱀 සර්පයා.

අහිංසක‡ [아힝써꺼] 순진한, 천진난만한, 순수한, 순결한 නිදොස්.

අහිකුණ්ටකයා [아히꾼터꺼야-] 집시, 집시족 අහිකුණ්ටිකයා.

අහිකුණ්ටිකයා† [아히꾼티꺼야-] 집시, 집시족 අහිකුණ්ටකයා.

අහිත [아히떠] ①유익하지 않은, 소득없는, 무익의නොහොඳ ②친애하지 않는, 좋아하지 않는 හිතවත් නොවූ.

අහිතකර† [아히떠꺼러] ①유익하지 않은, 소득없는, 무익의 නොහොඳ ②친애하지 않는, 좋아하지 않는 හිතවත් නොවූ.

අහිමි [아히미] 잃어버린, 분실한, 소유하지 못한 අයිති නැති.

අහිමි කරනවා [아히미 꺼러너와-] 빼앗다, 소유권을 박탈하다 අයිතිය නැති කරනවා.

අහිමි වෙනවා‡ [아히미 웨너와-] 잃다, 소유권을 박탈당하다 අයිතිය නැති වෙනවා.

අහිරි [아히리] 부끄러워하지 않는 නිර්ලජ්ජී.

අහු [아후] ①끝들, 가장자리들, 코너들 කෙළවරවල් ②(식물) 꼭두서니과 모린다속의 상록 관목.

අහුඅස්සේ [아후았쎄-] 중간에, 가운데 අතරතුර.

අහු කරනවා [아후 꺼러너와-] ①잡다, 붙잡다 අල්ලා දෙනවා ②참여하다, 참가하다 සම්බන්ධ කරනවා.

අහුකොන් [아후꼰] 자투리, 나머지, 잔여 අස්කොන්.

අහුමස්සේ [아후맜쎄-] 중간에, 가운데 අතරතුර.

අහුමුලු [아후물루] 구석, 귀퉁이, 모퉁이, 코너 කොන් හා මුලු. (문어) අසුමුලු

අහුර† [아후러] ①한줌, 한움큼 මිට ②손가락에서 나는 뚝 소리. (문어) අසුර

අහුර ගහනවා [아후러 가하너와-] 손가락 똑 소리를 내다 අහුරු ගහනවා.

අහුරනවා† [아후러너와-] ඇහිරුවා/ඇහුරුවා-අහුරලා ①모으다, 수집하다, 쌓다 එකතු කරනවා ②싸다, 포장하다 අඩුක් කරනවා ③ (통로, 교통 등) 막다, 방해하다, 차단하다 අවහිර කරනවා ④덮다, 숨기다 ආවරණය කරනවා. ඇහිරීම/ඇහුරුම (문어) අසුරනවා ¶ මඟ අහුරනවා 길을 막다

අහුරු ගහනවා [아후루 가하너와-] 손가락 똑 소리를 내다 අහුර ගහනවා. (문어) අසුරු ගහනවා

අහුලනවා† [아훌러너와-] ඇහුලුවා-අහුලා 따다, 뜯다, 채집하다, 모으다 ඇහිළිනවා. ¶ කරල් අහුලනවා 이삭을 줍다

අහු වෙනවා‡ [아후 웨너와-] 잡히다, 붙잡히다, 휩싸이다. (문어) අසු වෙනවා

අහේතුක [아헤-뚜꺼] 이유없는, 까닭없는 හේතු නැති.

අහේතුව [아헤-뚜워] 이유 없음, 까닭없음 අකාරණය.

අහේනිය [아헤-니여] 부족, 결핍, 불충분 හිඟකම.

අහෝ‡ [아호-] ①오! ②슬프다!

අහෝසි [아호-씨] 무효된, 폐지된 නිශ්චල.

අහෝසි කරනවා [아호-씨 꺼러너와-] 폐지(폐기, 철폐) 하다, 무효로 하다 අවසන් කරනවා.

අහෝසි වෙනවා [아호-씨 웨너와-] 폐기(철폐) 되다, 무효가 되다 නැති වෙනවා.

අළ [알러] 보낸, 풀어준, 가게 한 යැවූ. (구어) ඇරපු

අළකඩේ [알러까데-] 무용지물, 쓸모 없는 것 වැඩකට නැති දෙය.

අළාපාලුව [알라-빨-루워] 손해, 피해 ආළාපාලුව. (구어) හානිය

අළාමුළාව [알라-물라-워] 재앙, 피해, 비참, 처참 විපත.

අළු‡ [알루] ①재, 타다남은 찌꺼기 හෙෂ්ම ②회색의. ¶ අළු පාට 회색, 재색 අළු තවරනවා 재를 뿌리다

අළු කරනවා [알루 꺼러너와-] 재를 만들다.

අළු කෙසෙල් [알루 께셀] 회색 바나나.

අළු ගසා දමනවා [알루 가싸-다머너와-] 문명화 하다, 세련되게 하다 සබාවට හැඩ ගැහෙනවා.

අළුගිරවා [알루기러와-] 앵무새.

අළු දෙමළිච්චා [알루 데멀릿차-] (조류) 꼬리치레의 일종.

අළු පාට‡ [알루 빠-터] 회색, 재색.

අළු පිපෙනවා [알루 삐뻬너와-] 몸에 회색 반점이 생기다.

අළු පුහුල් [알루 뿌훌] (열매) 동아, 동박, 회색 호박.

අළු බොක්ක [알루 복꺼] 붓두막에 재를 모으는 곳.

අළුව [알루워] ①모양, 형태, 외관 ②코끼리를 묶는 기둥.

අළුවා [알루와-] 마름모 모양의 설탕과자.

අළුහන් [알루한] 피부에 반점(얼룩)이 생기는 병 හමේ ගෝමර රෝගය.

අළුහම් [알루함] 피부에 반점(얼룩)이 생기는 병 හමේ ගෝමර රෝගය.

අළුහුණු [알루후누] 소석회.

ආ

ආ [아-] 씽할러 알파벳의 두번째 글자.

ආ [아-] ①එනවා 의 형용사적 과거용법: 온, 도착한, 와 버린 ආවාවූ (구어) ආපු ②හැකි, යුතු 의 단어 앞에서 එනවා 의 변형되는 형태: ආ යුතුයි 와야 한다 ආ හැකියි 올 수 있다.

ආ [아-] ①나이, 수명 ආයුෂය ②(접두사) ~까지.

ආකරය [아-꺼러여] (광석, 석유, 천연 가스 등의) 매장물, 자원, 보고 නිධිය.

ආකර ලුණු [아-꺼랄 루누] 암염, 바위 소금 පාෂාණ ලුණු.

ආකර්ෂක/ආකර්ෂණ [아-까르셔꺼/아-까르셔너] 잡아당기는, 끌어당기는 ඇදීන.

ආකර්ෂණය [아-까르셔너여] ①매력, 잡아당김 ඇදීම ②(물리학) 중력, 인력.

ආකර්ෂණීය [아-까르셔니-여] ①사람의 마음을 끄는, 매력적인, 매혹적인 සිත්ගන්නාසුලු ②자석의, 자기력이 있는 කාන්දම් සහිත.

ආකල්පය‡ [아-깔뻐여] ①자세, 태도 ②개념, 생각 අදහස.

ආකස්මික [아-까쓰미꺼] 갑작스런, 예기치 않은, 급한 නිතැතින්.

ආකාරය† [아-까-러여] 방법, 방식, 형식, 스타일 ස්වරූපය. (구어) හැටිය

ආකාශය [아-까-셔여] 하늘. (구어) අහස

ආකීර්ණ [아-끼-르너] ①덩어리진, 한 무리의, 한그룹으로 된 'ගහණ ②빽빽한, 밀집한, 꽉 들어찬 පිරුණු.

ආකුල [아-꿀-러] 혼동된, 뒤섞인, 난감한, 혼란에 빠진 අවුල් වූ.

ආකුල ව්‍යාකුල [아-꿀-러 위야-꿀-러] 혼동된, 꼬인, 뒤섞인, 난감한, 혼란에 빠진 වියවුල් සහිත.

ආකෘතිය† [아-끄루띠여] 모양, 구조, 형식, 형태 රූපය. (구어) හැඩය

ආක්ෂීරය [왁-쉬-러여] (식물) 유액, (고무) 라텍스 ගස්වල කිරි.

ආක්‍රමණය† [아-끄러머너여] ①침략, 공격 ②짓밟음, 뭉갬 පෑගීම.

ආක්‍රමණිකයා [아-끄러머니꺼야-] 침략자 ආක්‍රමණකාරයා.

ආක්‍රෝෂය [아-끄로-셔여] 책망, 꾸짖음, 비난, 나무람 පරිභවය.

ආඛ්‍යාතය [왁-끼야-떠여] ①동사 ක්‍රියාපදය ②말함, 이야기 කියමන.

ආඛ්‍යානය [왁-끼야-너여] 말함, 이야기함 කීම, ප්‍රකාශය, කථනය.

ආගත [아-가떠] 도착한, 온 පැමිණි. (구어) ආපු

ආගන්තුක [아-간뚜꺼] ①손님, 방문객, 나그네 ආගන්තුකයා ②방문하는, 찾아오는, 외부의 බාහිරින් පැමිණි.

ආගන්තුක සත්කාරය† [아-간뚜꺼 쌋까-러여] 손님 접대.

ආගන්තුකයා† [아-간뚜꺼야-] 방문객, 손님, 외부인 අමුත්තා.

ආගම‡ [아-거머] ①종교 ②믿음 ඇදහිල්ල. (복) *ආගම්*

ආගමන [아-가머너] ආගමනය 의 복수 또는 형용사: ①(입국) 이민, 이주, 도착 ②이민의, 이민 오는 එන.

ආගමනය [아-가머너여] ①(입국) 이민, 이주 ②도착, 옴 පැමිණීම.

ආගමන විගමන දෙපාර්තමේන්තුව [아-가머너 위가머너 데빠-르떠멘뚜워] 이민국, 출입국 관리소.

ආගමික‡ [아-거미꺼] ආගම 의 형용사: 종교의, 종교적인 ආගමට අදාළ.

ආගමිකයා [아-거미꺼야-] 종교인, 신도 ආගමක් අදහන්නා.

ආගමික යුද්ධය [아-거미꺼 윧더여] 종교 전쟁, 십자군 전쟁.

ආගම් කර්තෘ [아-감 까르뜨루] 종교 창시자.

ආගිය [아-기여] ①과거의, 지나간, 흘러간 අතීත ②오가는, 오고 가는 නිතර යන එන.

ආගිය අත [아-기여 아떠] 오가는 방향, 간 방향 ගිය දිසාව.

ආගිය අතේ [아-기여 아떼-] 목적없이 අරමුණක් නැතිව.

ආගිය තැන [아-기여 때너] 오가는 방향, 간 방향 ගිය දිසාව.

ආග්නේය [아-그네-여] 불타는, 활활 타는 ගින්නෙන් හටගත්.

ආඝාත [아-가-떠] ①죽이는, 살인하는 මරාදමන ②미워하는, 증오하는 වෛර කරන ③(병) 마비의, 중풍의.

ආඝාතනය [아-가-떠너여] ①살인, 죽임 මරාදැමීම ②타격, 때림 පහරදීම ③미움, 증오 වෛරය.

ආඝාතය [아-가-떠여] ①살인, 죽임 මරාදැමීම ②타격, 때림 පහරදීම ③미움, 증오 වෛරය ④(갑작스러운) 마비, 중풍.

ආඝාත ස්ථානය [아-가-떠 쓰따-너여] 도축장, 도살장.

ආඝ්‍රාණය [아-그라-너여] 냄새, 냄새 맡음 නැහැයෙන් දැනීම.

ආචරණය [아-처러너여] ①행동, 움직임 කිරීම ②결과, 열매 ඵලය.

ආචාර කරනවා‡ [아-차-러 꺼러너와-] 인사하다, 경례하다.

ආචාර ධර්ම [아-차-러 다르머] ①예절 ②윤리학.

ආචාරය† [아-차-러여] ①인사, 경례 ②관습 සිරිත ③행동, 행위 හැසිරීම.

ආචාරශීලී [아-차-러쉴-리-] 예의 바른, 예의가 있는, 정중한.

ආචාරිනී [아-차-리니-] 여선생님 ගුරුවරිය.

ආචාරියා [아-차-리야-] 대장장이 කම්මල්කාරයා.

ආචාර්ය‡ [아-차-르여] 박사 ආචාර්යයා. ¶ මහාචාර්ය 대학 교수

ආචීර්ණ [아-치-르너] ~에 정통한, 밝은, 숙련된 සුපුරුදු.

ආච්චි‡ [앛-치] 할머니, 조모 අත්තම්මා. (문어) මිත්තණිය

ආච්ඡාදනය [앛-차-다-너여] 덮음, 가림 වැස්ම.

ආජාත [아-자-떠] 타고난, 천부적인 නිසග.

ආජානනය [아-자-너너여] 인식, 자각, 깨달음 අවබෝධය.

ආජානේය [아-자-네-여] ①특별한 능력이 있는 විශේෂ බල ඇති ②날 수 있는 능력이 있는 අහසින් යා හැකි.

ආජීවක [아-지-워꺼] 부처님 때에 살았던 수도자의 무리.

ආජීවනය [아-지-워너여] 생계, 살림, 삶 ජීවිකාව.

ආජීවය [아-지-워여] 생계, 살림, 삶 ජීවිකාව.

ආඥා චක්‍රය [아-끈냐- 차끄러여] 권위의 영역.

ආච්ඡාදව [아-끈냐-워] 명령, 지령, 분부 අණ.

ආඥාදායක [아-끄냐-다-여꺼] ①지휘관, 사령관 අණ දෙන්නා ②지휘하는, 명령하는 අණ දෙන.

ආඥාව† [아-끄냐-워] 명령, 지령, 분부 අණ.

ආටිසියානු ළිඳ [아-티씨야-눌 린더] 자분정, 피압정(被壓井: 지하수가 수압에 의해 저절로 솟아 나오는 샘).

ආටෝපය [아-토-빠여] ①점잘, 점성 උකු බව ②거짓된 화려함, 거짓된 찬란함 බොරු ඔපය.

ආඩපාලි [아-더빨-리-] 책망, 꾸지람, 나무람 නෝක්කාඩු.

ආඩම්බර‡ [아-담버러] ①교만한, 오만한 උඩඟු ②자랑스럽게 여기는, 자부심이 있는 පාරට්ටු කරන. ¶ ඔයා ආඩම්බරයි 너는 교만하다 මම මගේ තාත්තා ගැන ආඩම්බර වෙනවා 나는 내 아버지를 자랑스럽게 여긴다

ආඪ්‍ය [앋-디여] 가득 찬, 꽉 찬 පිරුණු.

ආණ්ඩු කරනවා† [안-두 꺼러너와-] 통치하다, 다스리다, 지배하다 පාලනය කරනවා.

ආණ්ඩුකාර [안-두까-러] 지배하는, 통치하는, 정치의.

ආණ්ඩුකාරකම [안-두까-러꺼머] 통치, 지배, 다스림.

ආණ්ඩුකාරයා [안-두까-러야-] 통치자, 지배자, 다스리는 사람 පාලකයා.

ආණ්ඩුක්‍රම ව්‍යවස්ථාව [안-두끄러머 위쓰따-워] 정부 조직 법.

ආණ්ඩු පක්ෂය [안-두 빡셔여] 여당, 정부 여당. ¶ විරුද්ධ පක්ෂය 야당

ආණ්ඩුව‡ [안-두워] ①정부 රජය ②통치, 다스림 පාලනය.

ආඬාරය [안-다-러여] ①수풀, 덤불, 잡목 숲 ②물로 패인 구덩이 ③축사문.

ආඬිමානය [안-디마-너여] 두레박(의 장대) ආඬියා.

ආඬියා [안-디야-] 두레박(의 장대) ආඬිමානය.

ආතතය [아-떠떠여] 한쪽 면만 있는 북 එකැස් බෑරය.

ආතතිය [아-떠띠여] 긴장, 팽팽함 මානසික පීඩනය.

ආතපය [아-떠빠여] 햇빛, 태양광 අව්ව.

ආතපාත [아-떠빠-떠] ①이웃, 근처, 부근 අහලපහළ ②분명한 거주지.

ආතා† [아-따-] ①할아버지, 조부 සීයා ②할머니 (남쪽 지역에서 사용). (복) *ආතාලා*

ආතුර [아-뚜러] 병든, 아픈 රෝගී.

ආතුරයා [아-뚜러야-] 환자, 병자 රෝගියා. (구어) ලෙඩා

ආත්තා† [앋-따-] ①할머니, 조모 ආච්චි ②(식물) 스리카야 (목련목 포도나무과).

ආත්ම [앋-머] ආත්මය 복수 또는 형용사: ①영들 ②영의, 심령의 ③자신의의 තම ස්ව. ¶ ආත්ම විශ්වාසය 자신, 자신감

ආත්ම කේන්ද්‍රී [앋-머 껜드리-] 자기 중심의, 자아 중심의 තමන් මුල් කරගත්.

ආත්ම ඝාතය [앋-머 가떠여] 자살 සියදිවි නැසීම.

ආත්ම ඝාතනය† [앋-머 가떠너여] 자살 සියදිවි නැසීම.

ආත්ම ගෞරවය [앋-머 가우러워여] 자존(심), 자기 존중.

ආත්ම දමනය [앋-머 다머너여] 절제, 자제.

ආත්ම පරිත්‍යාගය [앋-마 빠릳띠야-거여] 살신성인, 살신.

ආත්මභාවය [앋-머바-워여] (사람의) 실재(성), 태어남.

ආත්ම මාහිමාන [앋-머 마-비마-너] 자기 중심의, 자아 중심의 ආත්ම කෙන්ද්‍රී.

ආත්මය‡ [앋-머여] ①영, 심령 ②자기, 자신 තමන් ③핵심, 정수 හරය.

ආත්ම වංචනය [앋-머 왕처너여] 자기 속임 තමන් රවටාගැනීම.

ආත්ම වර්ණනාව [앋-머 와르너나-워] 자화자찬, 제 자랑.

ආත්ම විශ්වාසය [앋-머 위쉬와-써여] 자신감, 자기과신.

ආත්මානුකම්පාව [앋-마-누깜빠-워] 자기 연민.

ආත්මාරක්ෂාව‡ [앋-마-띾샤-워] 자기 보호.

ආත්මාර්ථකම† [앋-마-르떠꺼머] 이기, 이기심 ආත්මාර්ථය. ¶ පරාර්ථකම 이타심

ආත්මාර්ථකාමි/ආත්මාර්ථකාමී‡ [앋-마-르떠까-미/앋-마-르떠까-미-] 이기적인. ¶ පරාර්ථකාමී 이타적인

ආත්මාර්ථය [앋-마-르떠여] 이기심, 자기 이익, 자기 자신의 유익 ආත්මාර්ථකම.

ආත්මෝපකාර [앋-모-빠까-러] 스스로 돕는.

ආදම් [아-담] (창세기에 나오는 하나님이 만드신 최초의 사람) 아담.

ආදර [아-더러] 사랑하는, 존경하는 ආදරණීය. (문어) ප්‍රේමණීය

ආදරණීය† [아-더러니-여] 사랑하는, 존경하는 ප්‍රේමණීය. (구어) ආදර

ආදරය‡ [아-더러여] 사랑, 애정. (문어) ප්‍රේමය ¶ මං ඔයාට ආදරෙයි 나는 당신을 사랑해요

ආදරවන්ත‡ [아-더러완떠] 사랑하는, 존경하는 ආදරණීය.

ආදර්ශක [아-다르셔꺼] 모형 제작자 ආදර්ශ නිර්මාණය කරන්නා.

ආදර්ශකයා [아-다르셔꺼야-] ①모범자, 본이 되는 사람 ②마네킹, 모델 인형 මෝස්තර නිරූපකයා.

ආදර්ශනය† [아-다르셔너여] 진열, 전시.

ආදර්ශය‡ [아-다르셔여] 모범, 본보기, 예 උදාහරණය. (문어) නිදසුන

ආදර්ශවත් [아-다르셔왇] 모범이 되는, 본보기가 되는.

ආදනය [아-다-너여] ①취함, 강탈 ගැනීම ②붙잡음, 움켜쥠 ග්‍රහණය ③환자에게 주지 말아야 하는 음식.

ආදයක [아-다-여꺼] (어음, 수표 따위의) 수취인 ලබන්නා.

ආදයකය[아-다-여꺼여] 수신기, 수상기, 리시버 ලබන්නා.

ආදයකයා [아-다-여꺼야-] (어음, 수표 따위의) 수취인 ලබන්නා.

ආදයම‡ [아-다-여머] 수입, 소득 අය.

ආදයම් බදු [아-다-얌 바두] 소득세.

ආදයම් බලපත්‍රය [아-다-얌 발러빠뜨러여] 자동차세 낸 증서.

ආදයම් ලබන්නා [아-다-얌 라반나-] 돈 버는 사람 උපදවන්නා.

ආදසය[아-다-써여]거울 කණ්ණාඩිය.

ආදහනය‡ [아-다-하너여] (장례) 화장, 소각 මළමිනී දවාලීම.

ආදහනාගාරය [아-다-하나-가-러여] (장례) 화장터 මිනී දවන ගෘහය.

ආ

ආදි† [아-디] ①고대의, 옛날의 පුරාණ ②등등의, 기타 등등의 ③그와 같은 ④첫째의, 처음의 මුල්, පළමු.

ආදි කර්තෘ [아-디 까르뜨루] 설립자, 창립자 ආරම්භකයා.

ආදි කල්පික [아-디 깔삐꺼] 원시의, 원시시대의, 태고의 අති පුරාණ.

ආදි කාලය [아-디 깔-러여] 과거, 고대 ආදිය.

ආදි කාලීන† [아-디 깔-리-너] 고대의, 과거의.

ආදිච්ච [아-딫처] 해, 태양 හිරු.

ආදිත්ත [아-딛떠] 반짝이는, 빛나는, 찬란한 දිලිසෙන.

ආදිත්‍ය [아-딛띠여] 해, 태양 හිරු.

ආදිත්‍යයා [아-딛띠여야-] 해, 태양 හිරු.

ආදිපාද [아-디빠-더] (영국) 백작.

ආදිය [아-디여] ①기타 등등 ②과거, 고대 ③처음, 시작.

ආදී [아-디-] ①먼저, 첫번째로 පළමුව ②기초로 하여, 근거로 මුලින්. ¶ චන්දනාදී ලෙපය 백향단(을 기초로 하여 만든) 연고

ආදීනව† [아-디-너워] 나쁜 결과, 쓴 결과 නරක ප්‍රතිඵල.

ආදේශක† [아-데-셔꺼] ①교체하는, 대체하는, 바꾸는 ②교체자, 대체자, 바꾸는 사람 ආදේශකයා.

ආදේශය [아-데-셔여] 교체, 대체 වෙනුවට යෙදීම.

ආධාර‡ [아-다-러] ආධාරය 의 복수 또는 형용사: ①도움(의), 조력(의) උපකාර (구어) උදව් ②기부(의), 후원(의).

ආධාරකරු [아-다-러꺼루] ①조력자, 도와주는 사람 උපකාරයා ②후원자.

ආධාරකයා† [아-다-러꺼여] ①도움, 조력 උපකාරය (구어) උදව්ව ②기부, 후원.

ආධාරකාරයා† [아-다-러까-러야-] ①조력자, 도와주는 사람 උපකාරයා ②후원자.

ආධාරය† [아-다-러여] ①도움, 조력 උපකාරය (구어) උදව්ව ②기부, 후원.

ආධාර විභක්තිය [아-다-러 위밖띠여] (문법) 처격(處格), 위치를 가리키는 형태 (변화).

ආධිපත්‍යය† [아-디빧띠여여] 권위, 권세, 주권 ස්වාමිත්වය.

ආධුනික [아-두니꺼] 초보자, 실습생, 수습생 නවකයා. (구어) කෝඩුකාරයා

ආධුනිකයා† [아-두니꺼야-] 초보자, 실습생, 수습생 නවකයා. (구어) කෝඩුකාරයා

ආධුනිකත්වය [아-두니깥워여] 초보, 수습, 인턴쉽 නවකබව.

ආධ්‍යාත්මය [앋-디얃-머여] (기독교) 내면, 속 사람 ඇතුල.

ආධ්‍යාත්මික [앋-디얃-미꺼] ①안의, 내면의 ඇතුල් ②개인의 ③영적인 ආත්මික.

ආන [아-너] ①정글, 수풀 කැලය ②탄생지, 태어난 곳 උපන් බිම ③(매트나 주방 용품을 거는) 걸이.

ආනත [아-너떠] 기운, 기울은, 경사진 ඇලවුණු.

ආනනවා [아-너너와-] ඇනුවා-ආනා하품하다 ඇනුම් අරිනවා. ඇනුම

ආනන්තරික [아-난떠리꺼] (불교) 내생의 업보를 쌓는 ආනන්තරිය.

ආනන්තරිය [아-난떠리여] (불교) 내생의 업보를 쌓는 ආනන්තරික.

ආනන්දකර [아-난더꺼러] 더없이 행복한, 기쁨에 찬, 즐거운 සතුට ඇති කරන.

ආනන්දජනක [아-난더자너꺼] 더없이 행복한, 기쁨에 찬, 즐거운 සතුට ඇති කරන.

ආනන්දය [아-난더여] 기쁨, 즐거움, 행복 ප්‍රීතිය. (구어) සතුට

ආනයනය‡ [아-나여너여] 수입, 수입품 රට තුළට ගෙන්වීම. ¶ අපනයනය 수출

ආනයනික [아-나여니꺼] 수입하는, 국내로 들여오는 ආනයනය කරන.

ආනයනිකයා [아-나여니꺼야-] 수입자 ආනයනය කරන්නා.

ආනාපාන [아-나-빠-너] 숨을 내쉬는.

ආනි [아-니] 코끼리 අලියා.

ආනිශංසය [아-니샹써여] 공로, 공적, 공훈, 우수함 පින්.

ආනිසංසය [아-니쌍써여] 공로, 공적, 공훈, 우수함 පින්.

ආනීත [아-니-떠] 들여온, 가져온, 가지고 온 ගෙනා.

ආනුභාව [아-누바-워] 힘있는, 능력 있는 බලවත්.

ආනුභාවය [아-누바-워여] 힘, 능력, 파워 ජවය. (구어) බලය

ආනුභාව සම්පන්න [아-누바-워 쌈빤너] 강한, 힘있는, 능력 있는 බලවත්.

ආනුභාසම්පන්න [아-누바-쌈빤너] 강한, 힘있는, 능력 있는 මහත් අනුහස් ඇති.

ආනුෂංගික [아-누샹기꺼] 결과로서 생기는, 수반하여 생기는, 필연의 අනුව සිදුවන.

ආන්තරාව [안-떠라-워] 위험, 위협 අන්තරාය.

ආන්තරික [안-떠리꺼] 내부의, 안의 ඇතුළත.

ආන්ත්‍ර [안-뜨러] 내장, 창자 බඩවැල්.

ආන්ත්‍රාව† [안-뜨라-워] 위험, 위협 අන්තරාය.

ආන්දෝලනය [안-돌-러너여] 동요, 흥분, 소동, 소요, 폭동 කලබලය.

ආන්බාන් කරනවා [안-반- 꺼러너와-] 조종하다, 종속시키다, 길들이다 මෙල්ල කරනවා.

ආඳනවා [안-더너와-] 연결하다, 결합하다, 맞잡다 ආඳිනවා.

ආඳ† [안-다-] 뱀장어, 뱀장어과 물고기. (복) *ආන්දු* ¶ ආඳාගල 꾸루내걸러 7개 바위산 중 하나

ආඳිනවා [안-디너와-] 연결하다, 결합하다, 맞잡다 ආඳනවා.

ආපදව† [아-빠다-워] 재난, 재해, 수난 අනතුර. (복) *ආපදා*

ආපනය [아-빠너여] ①식당, 레스토랑 බොජුන් හල (구어) කෑම ශාලාව ②가게 වෙළඳ සල (구어) කඩය.

ආපන ශාලාව‡ [아-빠너 샬-라-워] ①식당, 레스토랑 බොජුන් හල (구어) කෑම ශාලාව ②가게 වෙළඳ සල (구어) කඩය.

ආපසු† [아-빠쑤] ①뒤로, 배후로 ආපස්සට ②뒤의, 배후의. (구어) ආපහු

ආපසුමදු [아-빠쑤마두] 매꽃과 고구마 속 Ipomoea 식물: Ipomoea angustifolia.

ආපස්සට [아-빴써터] 뒤로, 배후로 ආපසු, පස්පසට. (구어) ආපහු

ආපහු‡ [아-빠후] 뒤로, 배후로 ආපස්සට. (문어) ආපසු

ආපාන [아-빠-너] ①술 마심, 음주 ②술 마시는.

ආපාන ශාලාව [아-빠-너 샬-라-워] 술집, 선술집, 바 අවන්හල.

ආ

ආපිට [아-삐터] 반대 방향으로, 되돌아 가서 විරුද්ධ දිසාවට.

ආපෝ [아-뽀-] 물 දිය. (구어) වතුර

ආප්ත වාක්‍ය [앞-떠 왁-끼여] 격언, 금언, 잠언 හිතෝපදේශය.

ආප්තෝපදේශය [앞-또-뻐데-셔여] 격언, 금언, 잠언 හිතෝපදේශය.

ආප්ප‡ [앞-빠] (스리랑카 음식) 호퍼스 hoppers.

ආබරණය [아-버러너여] ①장신구, 장식품 ආභරණය ②신전에서 신께 드리는 장식물이나 재물.

ආබාධය [아-바-더여] ①병, 질병, 아픔 රෝගය ②장애, 불구.

ආබාධයා [아-바-더야-] 병자, 환자 රෝගියා.

ආබාධිත [아-바-디떠] 장애의, 불구의 ආබාධයකට පත්.

ආබාධිතයා [아-바-디떠야-] 장애인 අබ්බාගාතයා.

ආභරණය‡ [아-버러너여] ①장신구, 장식품 ආබරණය ②신전에서 신께 드리는 장식물이나 재물.

ආභාසය [아-바-써여] ①영향, 효과 බලපෑම ②광채, 빛남 ශෝභාව ③혼동, 혼란, 오해 මුළාව.

ආම/ආමක [아-머/ 아-머꺼] ①날것의, 생것의 අමු ②설익은, 익지 않은 නොමේරූ ③소화 안 되는 අජීර්ණ.

ආමන්ත්‍රණ නාමය [아-만뜨러너 나-머여] 호칭, 부르는 이름.

ආමන්ත්‍රණ පත්‍රය [아-만뜨러너 빠뜨러여] 초청장, 소환장.

ආමන්ත්‍රණය [아-만뜨러너여] ①부름, 외침 ②초청, 초대, 소환 කැඳවීම.

ආමන්ත්‍රණය කරනවා [아-만뜨러너여 꺼러너와-] 부르다, 초청하다 කැඳවනවා.

ආමය [아-머여] 소화불량.

ආමවාතය [아-머와-떠여] (의학) 관절염 පර්වදාහය.

ආමාශය‡ [아-마-셔여] ①(신체) 위 ②복부 අදරය.

ආමිෂ [아-미셔] 소비할 수 있는, 삶에 유용한 පරිබෝජන.

ආමිෂය [아-미셔여] ①미끼 ②먹이, 먹고 마시는 것 කෑම බීම.

ආමිස [아-미써] 소비할 수 있는, 삶에 유용한 පරිබෝජන.

ආමෙන් [아-멘] (기독교) 아멘.

ආමොස් [아-모쓰] (성경) 아모스서, 아모스.

ආම්පන්න [암-빤너] 도구들, 기구들, 장비들 උපකරණ.

ආයත [아-여떠] 경도의, 경선의, 날줄의, 세로의 දිගටි.

ආයත චතුරස්‍රය [아-여떠 차뚜러쓰러여] 직사각형.

ආයතනය† [아-여떠너여] 기관, 협회, 대리점 සංවිධානය.

ආයා [아-야-] 보모, 유모. (복) *ආයාලා, ආයාවරු*

ආයාචනය† [아-야-처너여] 간구, 간청, 탄원 අයැදුම.

ආයාචනා කරනවා [아-야-처나-꺼러너와-] 간구하다, 간청하다, 탄원하다 අයදිනවා.

ආයාසය [아-야-써여] 노력, 시도 ප්‍රයත්නය. (구어) උත්සාහය

ආයිත්තම [아-읻떠머] 옷 장식품, 치장품 වස්ත්‍රාභරණ.

ආයිමත් [아-이맡] 다시, 한번 더 යළිත්, නැවතත්. (구어) ආයෙත්

ආයු† [아-유] 수명 ආයුෂය.

¶ දිගායු 장수

ආයුධය† [아-유더여] ①무기 අවි ②기구, 도구 කාර්මික උපකරන.

ආයුධාගාරය [아-유다-가-러여] 무기 창고 අවි ගබඩාව.

ආයුබෝවන්‡ [아-유보-완] 만날 때, 헤어질 때 사용하는 인사 말: 안녕하세요? 안녕히 계세요 (이 말의 직역: 오래 사세요) ආයුබෝ වේවා.

ආයුරාරෝග්‍යය [아-유라-로-기여여] 무병 장수.

ආයුර්වේදය† [아-유르웨-더여] (남인도, 스리랑카 전통 방식 의학과 마사지) 아유레더 පෙරදිග වෛද්‍ය ශාස්ත්‍රයක්.

ආයුෂ අපේක්ෂාව [아-유셔 아뻬-샤-워] 기대 수명.

ආයුෂය/ආයුසය [아-유셔여/아-유써여] 수명, 나이, 연세 ආයු කාලය. ¶ දීර්ඝායුෂය 장수

ආයුෂ් [아-유쉬] 수명, 나이, 연세 ආයු කාලය.

ආයුසය [아-유써여] 수명, 나이, 연세 ආයුෂය.

ආයෙත්‡ [아-옏] 다시, 한번 더. (문어) නැවත

ආයේ [아-예-] 다시, 한번 더. (문어) නැවත

ආයේ [아-예-] එනවා 의 과거 의존형, අවේ 의 변형: 왔다, 도착했다. ¶ යේසුස් වහන්සේ ආයේ අපිව පාපයෙන් ගලවන්න 예수님께서 오신 것은 우리를 죄에서 구원하려 하심이다

ආයෝජක [아-요-저꺼] 투자자, 투자가 මුදල් යොදන්නා.

ආයෝජනය† [아-요-저너여] ①투자, 벤처 ②모음, 모아들임 රැස් කිරීම.

ආයෝජිත [아-요-지떠] ①투자한, 저축한 ආයෝජනය කළ ②모은, 모아들인 රැස් කළ.

ආර [아-러] ①방법, 방식, 형태, 길 ආකාරය ②논 කෙත ③개울, 개천 ④속도 වේගය ⑤(자손) 유전, 태생 ජන්මයෙන් උරුම ගතිය.

ආරංචිය‡ [아-랑치여] 소식, 뉴스 පුවත. (복) ආරංචි

ආරක [아-러꺼] 방법의, 방식의.

ආරක්ෂ [아-락셔] 보호하는, 막는, 방어하는 රැකවල් කරන.

¶ ආරක්ෂකයා 보호자, 경호인

ආරක්ෂක† [아-락셔꺼] 보호하는, 막는, 방어하는 රැකවල් කරන.

¶ ආරක්ෂකයා 보호자, 경호인

ආරක්ෂකයා [아-락셔꺼야-] 보호자, 경호인, 파수꾼 ආරක්ෂාකරු.

ආරක්ෂණය [아-락셔너여] 보험.

ආරක්ෂා කරනවා† [아-락샤- 꺼러너와-] 보호하다, 막다, 방어하다 රකිනවා.

ආරක්ෂාකරු [아-락샤-꺼루] 보호자, 경호인, 파수꾼 ආරක්ෂකයා.

ආරක්ෂාව‡ [아-락샤-워] 보호, 안전, 경호 රැකවරණය.

¶ පළමුව ආරක්ෂාව 안전제일

ආරක්ෂිත† [아-락쉬떠] 보호받는, 안전한, 방어되는 රකින ලද.

ආරච්චි [아-랓치] 공무원, 관리 නිලධාරියා.

ආරච්චිල [아-랓칠러] 공무원, 관리 නිලධාරියා.

ආරණ්‍යය [아-란니여여] 숲, 정글 වනය.

ආරද්ධ [아-랃더] 시작한 ආරබ්ධ.

ආරනවා [아-러너와-] 살찌다, 뚱뚱해지다 මහත් වෙනවා.

ආරබ්ධ [아-랍더] 시작한 ආරද්ධ.

ආරම්භ [아-람버] 처음의, 시작의, 소개하는 මුල් වූ.

ආ

ආරම්භක [아-람버꺼] 처음의, 시작의, 소개하는 මුල් වූ.

ආරම්භ කරනවා† [아-람버 꺼러너와-] 시작하다 පටන් ගන්නවා.

ආරම්භය‡ [아-람버여] 시작, 처음 පටන්ගැන්ම.

ආරවුල† [아-러울러] 논쟁, 싸움, 불화, 불일치 ගැටලුව.

ආරාධක [아-라-더꺼] 초청자, 초대자 ආරාධනා කරන්නා.

ආරාධනය/ආරාධනාව† [아-라-더너여/아-라-더나-워] 초대, 초청 ඇරයුම.

ආරාධනා කරනවා‡ [아-라-더나-꺼러너와-] 초대하다, 초청하다 කැඳවනවා. ¶ ආරාධනා කලාට ස්තූතියි 초대해 줘서 감사합니다

ආරාධිත [아-라-디떠] 초대받은, 초청된 ඇරයුම් ලද.
¶ ආරාධිතයා 내빈, 초청받은 사람

ආරාධිතයා [아-라-디떠야-] 내빈, 초대받은 사람.

ආරාමය† [아-라-머여] ①성전, 사원 ②수도원 ආශ්‍රමය.

ආරාවුල [아-라-울러] 논쟁, 싸움, 불화, 불일치 ගැටලුව.

ආරිය [아-리여] ①아리안족의 ආරිය ②높은, 고귀한 උසස්.

ආරියාව [아-리야-워] 여사, 부인 ආර්යාව.

ආරුක්කුව† [아-룪꾸워] (건축) 아치, 홍예.

ආරූඪය [아-루더여] ආරූඪය 를 보시오: ①위로 올라옴, 상승 ගොඩවීම ②들어옴, 자리잡음 ③(영에) 사로잡힘, 붙들림 ආවේශ වීම.

ආරූඪ කරනවා [아-루-더 꺼러너와-] ①적용하다 ②~에게 지우다, ~탓으로 돌리다 ③(의무, 세금, 벌 따위를) 지우다, 부과하다 ④올리다, 일으키다 නංවනවා ⑤충전하다, 채우다.

ආරූඪය [아-루-더여] ①위로 올라옴, 상승 ගොඩවීම ②들어옴, 자리잡음 ③사로잡힘, 붙들림 ආවේශ වීම.

ආරූඪ වෙනවා [아-루-더 웨너와-] ①오르다, 상승하다 නගිනවා ②들어와 있다, 자리를 잡다 අරා සිටිනවා ③(영에) 사로 잡히다, 붙들리다 ආවේශ වෙනවා.

ආරෝග්‍යය [아-록-기여여] 건강, 강건 සෞඛ්‍යය.

ආරෝග්‍ය ශාලාව‡ [아-록-기여 샬-라-워] 병원 රෝහල. (구어) ඉස්පිරිතාලය

ආරෝපණය† [아-로-뻐너여] ①(전지) 충전 ②둠, 세움, 심음 හිටවීම.

ආරෝපිත [아-로-삐떠] (전지) 충전하는.

ආරෝහක [아-로-허꺼] 기수, 위에 앉아 있는 사람, 타는 사람 ආරෝහකයා.

ආරෝහකයා [아-로-허꺼야-] 기수, 위에 앉아 있는 사람, 타는 사람 ආරෝහක.

ආරෝහණය [아-로-허너여] 승천, 올라감, 위로 올라감 ඉහළ යාම.

ආරෝහ පරිණාහ [아-로-허 빠리나-허] 잘 생긴, 키와 크기가 잘 어울리게 만들어진 කඩවසම්.

ආරෝහ පරිණාහ සම්පන්න [아-로-허 빠리나-허 쌈빤너] 잘 생긴, 키와 크기가 잘 어울리게 만들어진 කඩවසම්.

ආර්ථික‡ [아-르띠꺼] 경제적인, 경제의.

ආර්ථිකය‡ [아-르띠꺼여] 경제 අර්ථ ක්‍රමය.

ආර්ථික විද්‍යාව† [아-르띠꺼 윋디야-워] 경제학 අර්ථ ශාස්ත්‍රය.

ආර්ද්‍ර [아-르드러] 습기 있는, 눅눅한, 습기가 많은 තෙතමන.

ආර්ද්‍රතා මානය [아-르드러따- 마-너여] 습도계.

ආර්ද්‍රතාව† [아-르드러따-워] 습도 තෙතමනය.

ආර්මොන් ගස [아-르몬 가써] 플라타너스 나무.

ආර්ය [아-르여] ①아리안족의 ආරිය ②높은, 고귀한 උසස්.

ආර්ය ධර්මය [아-르여 다르머여] 불교 බෞද්ධාගම.

ආර්ය භාෂා [아-르여 바-샤-] 아리안어, 인도-유럽어족.

ආර්ය සත්‍ය [아-르여 쌋띠여] (불교) 4정도.

ආර්යාව/ආර්යයාව† [아-르야-워/아-르이야-워] 여사, 부인 ආරියාව.

ආල [알-러] ආලය 의 복수 또는 형용사: ①애정, 욕망, 갈망 අනුරාග ②집, 주택 ගෙය ③이슬비, 보슬비 වී පොරි.

ආලකමන්දාව [알-러꺼만다-워] 부요의 신의 도시.

ආලපන විභක්තිය [알-러빠너 위밖띠여] (문법) 호격.

ආලම්බ [알-람버] 수직으로 메다는.

ආලම්බන [알-람버너] 메다는, 거는 එල්ලෙන.

ආලය† [알-러여] ①사랑, 애정, 욕망, 갈망 ඇල්ම ②집, 주택 ගෙය.

ආලය කරනවා [알-러여 꺼러너와-] 갈망하다, 욕망하다, 사랑하다 ආශා කරනවා.

ආලසත්‍ය [알-러쌋띠여] 게으름, 나태 අලස බව.

ආලස්සම [알-랐써머] 게으름, 나태 අලසකම. (복) *ආලිස්සම්*

ආලාපය [알-라-빠여] ①말함, 언급 කථාව ②새소리 කුරුලු රාවය.

ආලිංගනය [알-링거너여] 포옹, 껴안음, 안음, 허깅 වැළඳගැනීම. (구어) බදාගැනීම

ආලින්දය‡ [알-린더여] 베란다 ඉස්තෝප්පුව.

ආලිප්ත [알-맆떠] 바른, 칠한, 덧칠한, 페인트 칠한 ගාන ලද.

ආලිම්පනය [알-림빠너여] (인쇄공학) (잉크의) 되묻음.

ආලිස්සම [알-맀써머] 게으름, 나태 අලසකම. (복) *ආලස්සම්*

ආලේප කරනවා† [알-레-빠 꺼러너와-] ①기름 붓다, 바르다 ගල්වනවා ②도장하다, 싸다.

ආලේපනය [알-레-빠너여] 바름, 칠함, 색칠 ගෑම.

ආලේපය† [알-레-빠여] 기름 부음 තැවරීම.

ආලෝක [알-로-꺼] 빛나는, 광명의 දීප්තිමත්.

ආලෝකනය [알-로-꺼너여] 조명, 비춤, 빛 비춤 එළිය කිරීම.

ආලෝකය‡ [알-로-꺼여] 빛, 광명 දීප්තිය. (구어) එළිය

ආලෝචනය [알-로-처너여] 관찰, 관망, 주시, 봄 දැකීම.

ආලෝන [알-로-너] ①상수리 나무 ②상수리 나무의.

ආලෝපය [알-로-빠여] ①(음식) 부스러기, 조각 අහර පිඬ ②강탈, 약탈, 빼앗음 කොල්ල කෑම.

ආලෝලනය [알-롤-러너여] 요동, 동요, 흔들림 චංචලනය.

ආවාට ගියාට [아-와-터 기야-터] 경솔하게, 부주의하게 ආවට ගියාට.

ආ

ආ

ආවඩනවා [아-워더너와-] වැඩුවා-ආවඩා ①장수를 기원하다, 축복하다 ②승인하다, 시인하다 අනුමත කරනවා. ආවැඩීම

ආවතේවකාරයා [아-워떼-워까-러야-] 수행원, 시중드는 사람, 시종 උපස්ථාන කරන්නා.

ආවතේවය [아-워떼-워여] 시중, 섬김, 서비스 සේවය.

ආවරණය† [아-워러너여] ①막음, 덮음 වැස්ම ②은신처, 피난처 මුවාව ③누에 집 කෝෂය ④울타리 වැට. ¶ අනාවරණය 개봉, 엶

ආවරණය කරනවා† [아-워러너여 꺼러너와-] 막다, 덮다, 가리다, 보호하다 මුවා කරනවා. (구어) වහනවා

ආවරණය වෙනවා† [아-워러너여 웨너와-] 막다, 덮다, 가리다, 보호하다 මුවා වෙනවා. (구어) වැහෙනවා

ආවර්ජනය [아-워르저너여] 회상, 상기, 기억, 회고 සිහි කිරීම.

ආවර්ජනා කරනවා [아-워르저나-꺼러너와-] 기억하다, 회고하다 සිහි කරනවා. (구어) මතක් කරනවා

ආවර්ජනාව [아-워르저나-워] 회상, 상기, 기억, 회고 සිහි කිරීම.

ආවර්ත [아-워르떠] 도는, 회전하는 හැරෙන.

ආවර්තනය [아-워르떠너여] ①돎, 회전, 순환 පරිභ්‍රමණය ②(형태, 목적, 시스템 등을) 전환, 돌림 හරවා ගැනීම.

ආවලිය [아-월리여] 연속, 진행, 시리즈 පෙළ.

ආවශ්‍ය [아-워쉬여] 필요한, 필수적인 ඕනෑ කරන.

ආවශ්‍යක [아-워쉬여꺼] 필요한, 필수적인 ඕනෑ කරන.

ආවා‡ [아-와-] එනවා의 과거: 왔다.

ආවාටය† [아-와-터여] 큰 구덩이, 큰 구멍 විශාල ගැඹුරු වළ.

ආවාසය [아-와-써여] 수도원 ආරාමය.

ආවාසික [아-와-씨꺼] ①거주하는, 머무는 නේවාසික ②거주자, 거주민.

ආවාහ කර ගන්නවා [아-와-하 꺼러 간너와-] 신부를 집으로 데려오다.

ආවාහය [아-와-하여] 장가감, 결혼 මනාලියක් කැන්දාගෙන ඒම.

ආවාහ විවාහ [아-와-하 위와-하] 결혼(의), 혼인(의) කසාද.

ආවැඩුවා [아-왜두와-] ආවඩනවා의 과거: ①축복했다 ②승인했다.

ආවිෂ්ට [아-위쉬터] ①들어온, 입장한 ඇතුල් වූ ②귀신들린 ආවේශ වූ. ¶ කෝපාවිෂ්ට 화난, 분노한

ආවුදය [아-우더여] ①무기 අවිය ②도구 අයුධය.

ආවුධය [아-우더여] ①무기 අවිය ②도구 අයුධය.

ආවෘත [아-우루떠] 닫힌, 덮힌, 감싸진 වැසුණු. ¶ විවෘත 열린, 개봉된

ආවේගය [아-웨-거여] 충동, 욕구, 바람 උද්වේගය.

ආවේජනය [아-웨-저너여] (심리학) 자극, 충동.

ආවේණික [아-웨-니꺼] ①세습의, 유전의, 타고난, 선천적인 නිසග ②토착의, 전통적인, 원래의 ③특별한, 특이한 විශේෂ.
¶ ආවේණික ශාකය 토착 식물

ආවේශය [아-웨-셔여] ①들어옴, 입구 ඇතුල්වීම ②귀신들림 ③

격노, 격분 උමතුකම ④교만 උඩඟුකම.

ආවේශ වෙනවා [아-웨-셔 웨너와-] ①사로 잡히다, 들어오다 ආරූඪ වෙනවා ②귀신 들리다.

ආශය [아-셔여] ①거처, 주거, 처소 ලැගුම ②용기, 그릇 බොක්කක්.

ආශාව‡ [아-샤-워] ①갈망, 간절함, 희망 ②방향 දිශාව.

ආශිංසනය [아-쉼써너여] 축복 기원, 복을 기원함 සෙත් පැතීම.

ආශිර්වාදය/ආශීර්වාදය [아-쉬르와-더여/아-쉬-르와-더여] 복, 축복 සෙත.

ආශීර්වාද කරනවා [아-쉬-르와-더 꺼러너와-] 축복하다 සෙත් කරනවා.

ආශීර්වාද ක්‍රියාව [아-쉬-르와-더 끄리야- 워] 축복 행위 සෙත් කිරීම.

ආශීර්වාදය/ආශිර්වාදය [아-쉬-르와-더여/아-쉬르와-더여] 복, 축복 සෙත.

ආශීර්විෂ [아-쉬-르위셔] 독 있는, 유해한 විෂඝෝර.

ආශ්චර්යය [아-쉬차르여여] 기적, 이사, 기사 අසිරිය.

ආශ්චර්යජනක [아-쉬차르여자너꺼] 초자 연적인, 놀라운, 기적적인 අසිරිමත්.

ආශ්චර්යමත් [아-쉬차르여맡] 초자연적인, 놀라운, 기적적인 අසිරිමත්.

ආශ්චර්යවත් [아-쉬차르여왇] 초자연적인, 놀라운, 기적적인 අසිරිමත්.

ආශ්‍රමය [아-쉬러머여] (가톨릭) 수도원 ආරාමය.

ආශ්‍රය† [아-쉬러여] ①연합, 연결 ඇසුර ②도움, 조력 පිහිට ③권위, 권력.

ආශ්‍රය කරනවා† [아-쉬러여 꺼러너와-] ①어울리다, 사귀다, 연관을 가지다 ගැවසෙනවා ②사용하다, 연습하다.

ආශ්‍රයන [아-쉬러여너] 연합하는, 연결되는 ඇසුරු කරන.

ආශ්‍රුතිය [아-쉬루띠여] (물리, 화학, 생물) 삼투(현상), 흡수됨 ආස්‍රැතිය.

ආශ්‍රිත [아-쉬리떠] ආශ්‍රය 의 형용사: 연결된, 연관된 ඇසුරු කළ.

ආශ්‍රේය [아-쉬레-여] ①참고의, 참조의 ②연관성이 있는, 연결되어진 ඇසුරට සුදුසු.

ආශ්‍රේයතාව [아-쉬레-여따-워] 사교성, 교제를 좋아함, 붙임성 있음 සුවචකම.

ආශ්වාස කරනවා† [아-쉬와-써 꺼러너와-] 숨을 들이 마시다 හුස්ම ගන්නවා.

ආශ්වාස ප්‍රශ්වාස [아-쉬와-써 쁘러쉬와-써] 호흡(의), 호흡 작용(의).

ආශ්වාසය [아-쉬와-써여] 숨을 들이마심 හුස්ම ගැනීම.

ආසනය‡ [아-써너여] ①자리, 좌석 අසුන ②앉는 자세.

ආසන්න† [아-싼너] 가까운, 근접의 සමීප. (구어) කිට්ටු

ආසන්නය [아-싼너여] ①가까운 곳, 근처 ළඟ තැන ②마지막 순간, 마지막 기회 අන්තිම අවස්ථාව.

ආසවනය [아-써워너여] 증류(법) හිඳීම.

ආසවය [아-써워여] ①증류물 ②타락, 부패 පාප ධර්ම ③궤양, 옹.

ආසාදනය [아-싸-더너여] (주로 물, 공기에 의한) 전염, 감염 රෝග විෂබීජ බෝවීම. ¶ ආසාදන පාලන අංශය 감염 관리부

ආ

ආසාදන රෝගය [아-싸-더너 *로*-거여] (주로 물, 공기에 의한) 전염병, 감염병 විෂබීජ බෝවන රෝගය.

ආසාදිත [아-싸-디떠] ①(주로 물, 공기에 의한) 전염된, 감염된 ②고통받는, 어려움에 처해진.

ආසාව† [아-싸-워] 갈망, 바람, 기대 ආශාව.

ආසියාතික [아-씨야-띠꺼] 아시아의, 아시아 사람의 ආසියාවට අයත්.

ආසියානු [아-씨야-누] 아시아의, 아시아 사람의 ආසියාතික.

ආසියාව† [아-씨야-워] 아시아.

ආසිරි [아-씨*리*] ආසිරිය 의 복수 또는 형용사: ①축복들, 복들, 행복들, 신의 가호 ආශිර්වාද ②축복의, 복된, 행복한.

ආසිරිය [아-씨*리*여] 축복, 복, 행복, 신의 가호 ආශිර්වාදය.

ආසේචනය [아-쎄-처너여] ①주입, 불어넣음 ②주입물, 혼화물 ③(약 등을) 우려냄, 즙.

ආස්තරණය [아-쓰따*러*너여] 얇은 것으로 씌우기, 코팅.

ආස්‍රාව [아-쓰*라*-워] ①오점, 더러움 කෙලෙස් ②흘림, 흘러감 ගැලීම.

ආස්‍රැතිය [아-쓰*래*띠여] (물리, 화학, 생물) 삼투(현상), 흡수됨 ආශ්‍රැතිය.

ආස්වාදනය [아-쓰와-더너여] 즐김, 누림 වින්දනය.

ආස්වාදජනක [아-쓰와-더자너꺼] 칭찬하는, 감탄하는 ප්‍රිය උපදවන.

ආස්වාදය [아-쓰와-더여] 기쁨, 즐거움, 행복 ප්‍රීතිය. (구어) සතුට

ආහර [아-하*러*] 음식, 식사 ආහාර. (구어) කෑම ¶ ආහාර රුචිය 식욕

ආහාර‡ [아-하-*러*] ආහාරය 의 복수 또는 형용사: ①음식, 식사 අහර ②음식의, 식사의. (구어) කෑම ¶ ආහාර රුචිය 식욕

ආහාරය [아-하-*러*여] 음식, 식사 ආහාර. (구어) කෑම ¶ ආහාර රුචිය 식욕

ආහ්ලාදය [아-흘라-더여] 기쁨, 즐거움, 행복 ප්‍රීතිය. (구어) සතුට

ආළාපාලුව [알-라-빨-루워] 손해, 피해 අළාපාලුව. (구어) හානිය.

ආළාහනය [알-라-하너여] (시체) 화장 අදාහනය ②공동 묘지 සුසානය.

ඇ

ඇ [애] 씽할러 알파벳의 세번째 글자.

ඇංකරය/ඇන්කරය [앵꺼러여/앤꺼러여] (배의) 닻 නැංගුරම.

ඇකය [애꺼여] (허리에서 무릎까지) 무릎 උකුළ.

ඇකිල්ල [애낄러] 쇠고랑, 체인 හැකිල්ල.

ඇකිළීම/ඇකිළුම [애낄리-머/애낄루머] ඇකිළෙනවා 의 동명사: 구겨짐, 주름 잡힘, 주름짐.

ඇකිළෙනවා† [애낄레너와-] ඇකිළුණා-ඇකිළී ①주름지다, 구겨지다, 주름 잡히다 හැකිළෙනවා ②휘어지다, 구부려지다 නැමෙනවා. ඇකිළීම/ ඇකිළුම

ඇක්මෙනවා [앢메너와-] ①밟다, 짓밟다 පාගනවා ②지나치다, 지나가 버리다 ඉක්මවනවා.

ඇගැයීම [애개이-머] අගයනවා 의 동명사: 평가, 감정, 견적 අගයීම.

ඇගිටි [애거티] 누반지기 (쌀).

ඇඟ‡ [앵거] ①몸, 신체 (문어) ශරීරය ②신체 일부, 지체, 수족 අවයවය.

ඇඟට එනවා [앵거터 에너와-] 반대하다, 대적하다 විරුද්ධ වෙනවා.

ඇඟට ගන්නවා [앵거터 간너와-] 열심으로 일을 수행하다.

ඇඟට ලේ උනනවා [앵거털레- 우너너와-] 안정감을 느끼다, 안위를 느끼다.

ඇඟපත [앵거빠떠] 몸, 신체. (문어) ශරීරය

ඇඟබද්ද [앵거받더] 인두세.

ඇඟ බදිනවා [앵거 바디너와-] 묶다, 동여 매다.

ඇඟ බේරාගන්නවා [앵거 베-라-간너와-] 도망가다, 탈출하다, 피하다.

ඇඟමැලි කඩනවා [앵거맬리 까더너와-] 게으르다, 늑장을 부리다.

ඇඟලනවා [앵걸라너와-] ඇඟලෑවා-ඇඟලා 옷을 입다, 옷을 착용하다 ඇඳුමක් අඳිනවා. ඇඟලෑම/ඇඟලීම

ඇඟලුම් [앵걸룸] 의류, 의복, 옷 ඇඳුම්.

ඇඟලුම්කම [앵걸룸꺼머] 친밀, 가까움.

ඇඟවීම [앵거위-머] අඟවනවා, ඇඟවෙනවා 의 동명사: 앎, 지각, 이해 දැනගැනීම.

ඇඟවෙනවා [앵거웨너와-] 느끼다, 지각하다, 이해하다 තේරෙනවා. ඇඟවීම

ඇඟිලි‡ [앵길리] ඇඟිල්ල 의 복수: 손가락들 අංගුලි. ¶ ඇඟිලි තුඩ 손끝

ඇඟිලි ගණිනවා [앵길리 가니너와-] 서두르다, 성급하게 굴다.

ඇඟිලි ගහනවා‡ [앵길리 가하너와-] ①간섭하다, 말참견하다 ②손가락을 가르치다 ඇඟිලි ඔබනවා.

ඇඟිලි සටහන‡ [앵길리 싸터하너] (손가락) 지문.

ඇඟිල්ල‡ [앵길러] 손가락 අංගුලිය. (복) *ඇඟිලි*

ඇඟෙනවා [앵게너와-] ඇඟුණා-ඇඟී 느끼다, 지각하다, 이해하다 ඇඟවෙනවා. ඇඟීම

ඇජර [애저러] ①선생님, 스승 ගුරුවරයා ②행동 හැසිරීම.

ඇටකටු†[애터까투] 뼈, 뼈들 ශරීරයේ ඇට.

ඇට කරුවල [애터 까루월러] 흑암, 질흙 같은 어둠.

ඇටකුණා වෙනවා [애터꾸나-웨너와-] 잘 요리되지 않다.

ඇටකිත්තා [애터낃따-] ①작은 개구리 ②깡마른 사람, 아주 마른 사람.

ඇට පෑදෙනවා [애터 빼-데너와-] 야위다, 마르다.

ඇට බෝලය [애터 볼-러여] 대리석, 마블.

ඇට මැස්සා [애터 맸싸-] 쇠파리.

ඇට මිදුලු [애터 미둘루] ①골수, 뼈골 මිදුලු ②골수의, 뼈골의 ③(고어) 영양식, 자양분이 많은 음식.

ඇට මිඳුලු [애터 민둘루] ①골수, 뼈골 ඇට මිදුලු ②골수의, 뼈골의 ③(고어) 영양식, 자양분이 많은 음식.

ඇට මොල [애터 몰러] 골수, 뼈골 මිදුලු.

ඇටය†[애터여] ①뼈 සිරුරේ ඇටය ②(과실의) 인(仁), 심(心) ③(곡식의)씨, 씨앗 බීජය. ¶ වැලි ඇටය 모래알 한 알

ඇට වල්ලා [애터 왈라-] 작은 다랑어.

ඇට වැල [애터 왤러] 구슬, 방울을 낀 줄.

ඇටවීම [애터위-머] අටවනවා 의 동명사: ①만듦, 제조 ②덫을 놓음, 올가미 설치.

ඇටවූ [애터우-] අටවනවා 의 형용사적 과거용법: 만들, 제조한. ¶ ඌරන්ට ඇටවූ උගුලක් 돼지들을 잡기위해 만든 올무

ඇට සැකිල්ල†[애터 쌔낄러] 두개골, 해골.

ඇට හෙරලිය [애터 헤럴리여] (식물) Kurrimia zeylanica.

ඇටි කුකුළා [애티 꾸꿀라-](조류) 반시, 자고(鷓鴣)류.

ඇටි කෙහෙල් [애티 께헬] 야생 바나나.

ඇටිස්සා [애팄싸-] (식물) 가시가 있는 도미과 식물.

ඇටුවම [애투워머] 나무 기둥 밑에서 자라는 뾰족한 것.

ඇටුවුන් බහිනවා [애투운 바히너와-] 쇠퇴하다, 폐물이 되다, 쓸모없게 되다.

ඇට්ටර [앹터러] 완고한, 억지센, 강팍한, 끈질긴 දඩබ්බර.

ඇට්ටැඹයා [앹탬버야-] 아첨꾼, 빌붙는 사람 පන්දමා.

ඇට්ටි [앹티] 아주 어린 야자열매.

ඇට්ටිම්බා [앹팀바-] 변을 본 후 뒤처리를 못하는 사람.

ඇට්ටේරිය [앹테-리여] (식물) Murray aexotica.

ඇණ‡[애너] ඇණය 의 복수 또는 형용사: ①못들, 쐐기들, 볼트들 ②못의, 쐐기의.

ඇණ තියාගෙන ඉන්නවා [애너 띠야-게너 인너와-] 쭈그리다, 몸을 구부리다 ඇණ තියාගන්නවා.

ඇණය [애너여] ①못, 쐐기 ②볼트.

ඇණවනවා [애너워너와-] ඇණෙව්වා-ඇණවා ①명령하다, 지시하다 අණ කරනවා ②주문하다, 오더하다 ඇණවුම් කරනවා. ඇණවුම

ඇණවුම [애너우머] අණවනවා, ඇණවනවා 의 동명사: ①주문, 오더 ②명령, 지시 අණකරය.

ඇණවුම් කරනවා [애너움 꺼러너와-] ①주문하다, 오더하다 ②명령하다, 지시하다, 명하다 අණ කරනවා.

ඇණ හිටිනවා [애너 히티너와-] 멈추다, 그만하다 නවතිනවා. ¶ විදුලිය ඇණ හිටිනවා (전기) 정전되다

ඇණිය [애니여] ①군대 හමුදාව ②(배의) 이물, 선수. ¶ අවරය (배의) 고물

ඇඬීම† [앤디-머] අඬනවා 의 동명사: 울음, 흐느낌 හැඬීම.

ඇත‡ [애떠] ①තියෙනවා 의 문어적 표현: (물건) 있다 ②생각의 추측을 나타냄: 현재 동사 뒤에 나오면 '~일거야', 과거 동사와 수반되면 '~였을 거야'로 쓰임 ඇති. ¶ එනු ඇත 올 거다 ගිය ඇත 갔을 거야 විවෘත ඇත (가게) 열려 있음 වසා ඇත (가게) 닫혔음

ඇතම් [애땀] 어느정도, 약간 ඇතැම්. (구어) සමහර

ඇතම්හු† [애땀후] 몇 사람들, 약간의 사람들 ඇතැම්මු.
¶ ඇතමුන්ගේ (소유격) 몇 사람들의 ඇතමුන්ට 몇 사람들에게 ඇතමුන් 몇 사람들을(목적격) ඇතමුන්ගෙන් 몇 사람들로부터

ඇතා† [애따-] 상아가 있는 코끼리. (복) *ඇත්තු*

ඇතැමෙක් [애때멕] 몇 사람들, 몇 명들 ඇතම්හු. (구어) කීප දෙනෙක්

ඇතැම් [애땜] 어느정도, 약간 ඇතම්. (구어) සමහර

ඇතැම්මු [애땜무] 몇 사람들, 약간의 사람들 ඇතම්හු.

ඇතැම් විට [애땜 위터] 때로는, 간혹 සමහර විට.

ඇති‡ [애띠] ①충분한, 만족한 ②(물건) 있는 තිබෙන ③생각의 추측을 나타냄: 현재동사 뒤에 나오면 '~ 일거야', 과거동사와 수반되면 '~ 였을 거야'로 쓰임 ඇත. ¶ එනු ඇති 올 거다 ගිය ඇති 갔을 거야 ඇතියා 가지고 있는 사람

ඇති කරනවා† [애띠 꺼러너와-] ①키우다, 자라게 하다, 양육하다 හදාවඩා ගන්නවා ②발생시키다, 생기게 하다, 있게 하다, 만들다.

ඇතිතාක් [애띠딱-] ①~하는 한, ~할 때까지 ②풍성히, 넘치게 ඇති මට්ටම්.

ඇතිතෙක් [애띠떽] ①~하는 한, ~할 때까지 ②풍성히, 넘치게 ඇති මට්ටම්.

ඇති දැඩි කරනවා‡ [애띠 대디 꺼러너와-] 기르다, 키우다, 육성하다 හදාවඩා ගන්නවා.

ඇති දැඩි කළ මාපිය [애띠 대디 껄러 마-삐여] 수양부모, 길러준 부모님.

ඇතිනිය [애띠니여] 암컷 코끼리 ඇතින්න.

ඇතිපදම් [애띠빠담] 풍성히, 넘치게 ඇති මට්ටම්.

ඇතිරිය† [애띠리여] (침구) 커버, 홑이불, 시트. (복) *ඇතිරි*

ඇතිරිලි [애띠릴리] ඇතිරිල්ල 의 복수 또는 형용사: ①(침구) 커버들, 홑이불들, 시트들, 보자기들 ②홑이불의, 시트의, 보자기의.

ඇතිරිල්ල [애띠릴러] (침구) 커버, 홑이불, 시트, 보자기. (복) *ඇතිරිලි*

ඇති වෙනවා‡[애띠 웨너와-] ① 생기다, 발생하다 සිදුවෙනවා ②자라다, 성장하다 ඇති දැඩි වෙනවා.

ඇතිලිය [애띨리여] 후라이 팬, 넙적한 그릇 අප්පලය.

ඇ

ඇතිල්ලෙනවා [애띨레너와-] අතුල්ලනවා 의 피동사: 가볍게 만져지다, 문질러지다 තැවරෙ-නවා. ඇතිල්ලීම

ඇතිල්ලීම [애띨리-머] අතුල්ල-නවා, ඇතිල්ලෙනවා 의 동명사: 문지르기, 비빔, 비비기, 마사지 තදින් පිරිමැදීම.

ඇතිළිය [애띨리여] 후라이 팬, 넙적한 그릇 අප්පලය.

ඇතුල‡[애뚤러] 안, 내부, 내면 අභ්‍යන්තරය.

ඇතුලත†[애뚤러떠] ①안의, 내부의, 내면의 ඇතුළෙහි ②~ 사이에 අතරතුර.

ඇතුලත් [애뚤랕] 가진, 포함하는, 구성하는, 통합한 අන්තර්ගත.

ඇතුලත් කරනවා‡[애뚤랕 꺼*러*너와-] 포함하다, 구성하다, 통합하다.

ඇතුල්†[애뚤] 안의, 내부의 අභ්‍යන්තර.

ඇතුල් කරනවා [애뚤 꺼*러*너와-] 들이다, 입장을 허락하다, 허용하다.

ඇතුල් වෙනවා‡[애뚤 웨너와-] 들어오다, 입장하다. (문어) ඇතුළු වෙනවා ¶ ඇතුල්වීම තහනම් 출입금지

ඇතුව [애뚜워] ~ 와 함께, ~를 가지고. ¶ නැතුව ~ 없이

ඇතුළ‡[애뚤러] 안, 내부, 내면 අභ්‍යන්තරය.

ඇතුළත†[애뚤러떠] ①안의, 내부의, 내면의

ඇතුළත් [애뚤랕] 가진, 포함하는, 구성하는, 통합한.

ඇතුළත් කරනවා†[애뚤랕 꺼*러*너와-] 포함하다, 구성하다, 통합하다.

ඇතුළු [애뚤루] ①안의, 내부의, 내면의 ඇතුළත ②포함하는, 구성하는, 통합하는 ඇතුළත්.

ඇතුළු වෙනවා [애뚤루 웨너와-] 들어오다, 입장하다 ප්‍රවේශ වෙනවා. (구어) ඇතුල් වෙනවා

ඇත් [앹] ①코끼리의 ②거대한, 막대한 මහත්.

ඇත් උඳුපියලිය [앹 운두삐열리여] (꽃) Demodium heterophyUum.

ඇත්කුකුරමන් [앹꾸꾸*러*만] 꼭두서니과 식물.

ඇත්ගාල [앹갈-러] 코끼리 우리.

ඇත්ගොව්වා†[앹고우와-] (인도의) 코끼리 부리는 사람.

ඇත්ත‡[앹떠] ①진실, 사실, 진리. (문어) සැබෑව ②사실의, 실제의, 현재의 සත්‍ය.

ඇත්තටම‡[앹떠터머] 진짜로, 실제로. (문어) ඇත්තෙන්ම

ඇත්තා [앹따-] 소유자, 주인 හිමිකාරයා.

ඇත්තු [앹뚜] ඇතා 의 복수: 코끼리들.

ඇත්තුත්තිරි [앹뚵띠*리*] (식물) 쇠풀속.

ඇත්තෙන්ම†[앹뗀머] 실제로, 진짜로 සැබැවින්ම. (구어) ඇත්තටම

ඇත්දත්†[앹닫] 상아 ඇත්දළ.

ඇත්දළ†[앹달러] 상아 ඇත්දත්.

ඇත්දෙමට [앹데머터] (식물) 멜리나 아르보레아 ඇද්දෙමට.

ඇත්පිටවක්කා [앧삐터왂까-] (식물) Agyneia bacciformis.

ඇත්හොඬය† [앧혼더여] 코끼리 코.

ඇද† [애더] ①ඇදය 의 복수 또는 형용사: a. 휨들, 굴곡들, 휘어짐, 휜, 구부러진, 휘어진 නැමුණු b. 'ㅐ' 발음을 내는 모음기호들, 모음 기호의 ②අදිනවා 의 과거분사: 잡아당기고, 가지고 가, 펼치고.

ඇද කරනවා [애더 꺼러너와-] ①구부리다, 휘다 ඇල කරනවා ②조소하다, 희롱하다, 놀리다 විහිළු කරනවා.

ඇද කියනවා [애더 끼여너와-] 불평하다, 투덜거리다 දොස් කියනවා.

ඇද කුද [애더 꾸더] ①부족, 결함, 단점 අඩුපාඩු ②휜, 구부러진, 휘어진 නැමුණු.

ඇද ගන්නවා† [애더 간너와-] ①잡아당기다, 끌다 ළංකර ගන්නවා ②흡수하다, 빨아들이다 උරා ගන්නවා.

ඇද ගහනවා [애더 가하너와-] 휘다, 구부러지다, 휘어지다.

ඇද ගැහෙනවා [애더 개헤너와-] 휘다, 구부러지다, 휘어지다 ඇද වෙනවා.

ඇද දමනවා [애더 다머너와-] 제거하다, 밖으로 던지다 ඉවත් කරනවා.

ඇද පළුඳු [애더 빨룬두] 부족, 결함, 단점 අඩුපාඩු.

ඇදය [애더여] ①휨, 구부러짐, 휘어짐 නැම්ම ②씽할러 글자 중 'ㅐ' 발음을 내는 모음기호 ඇද පිල්ල.

ඇද වැටෙනවා [애더 왜테너와-] 무너지다, 쓰러지다, 넘어지다 කඩා වැටෙනවා.

ඇද හැලෙනවා [애더 핼레너와-] ①떨어지다, 낙하하다 ගිලිහෙනවා ②흐르다, 흘러가다 ගලනවා. ¶ වැසි ඇද හැලෙනවා 비오다, 비가 내리다

ඇදහිලි [애더힐리] ඇදහිල්ල 의 복수 또는 형용사: ①믿음, 신뢰 ②믿는, 신뢰하는.

ඇදහිලිවතා [애더힐리워따-] 성도, 신자, 신앙인 ඇදහිලිවන්තයා. (복) *ඇදහිලිවතු*

ඇදහිල්ල‡ [애더힐러] 믿음, 신앙, 신뢰 ඇදහීම. (복) *ඇදහිලි*

ඇදහිලිවන්තයා [애더힐리완떠야-] (기독교) 성도, 신자, 신앙인 භක්තිවන්තයා. (복) *ඇදහිලිවන්තයෝ*

ඇදහීම† [애더히-머] අදහනවා 의 동명사: 믿음, 신앙, 신뢰 ඇදහිල්ල.

ඇද හෙළනවා [애더 헬러너와-] 잡아당기다, 아래로 잡아당기다 පහළට අදිනවා.

ඇදිලි බඳිනවා [애딜리 반디너와-] 주먹을 쥐고 인사하다.

ඇදිල්ල [애딜러] 잡아당김. (복) *ඇදිලි*

ඇදී [애디-] ①අදිනවා 의 3인칭 단수 남성 과거형태: 잡아당겼다 ඇද්දේය ②ඇදෙනවා 의 과거분사: a. 늘어나, 늘려져 b. 가까워, 가깝고 c. 쇠약해져, 쇠잔하고.

ඇදීම† [애디-머] අදිනවා, ඇදෙනවා 의 동명사: ①잡아당김, 늘어남, 늘림 ②그림, 그리기 ③(의학) 천식 ඇදුම.

ඇදීමු [애디-무] අදිනවා 의 1인칭 복수 과거형태: 우리가 잡아 당겼다 ඇද්දෙමු.

ඇ

ඇ

ඇදුම† [애두머] ①(의학) 천식 මුහ රෝගය ②අදිනවා 의 동명사: 잡아당김 ඇදීම.

ඇදුම් කනවා [애둠 까너와-] 아프다, 쑤시다, 고통스럽다.

ඇදුම් දෙනවා [애둠 데너와-] 아프다, 쑤시다, 고통스럽다.

ඇදුරා [애두라-] 교사, 선생님 ගුරුවරයා. ¶ වඩුඇදුරා 목수 බලිඇදුරා 퇴마사

ඇදුරු [애두루] ඇදුරා 의 복수 또는 형용사: ①교사의, 선생님의 ②교사들, 선생님들.

ඇදුරුකම [애두루꺼머] ①가르침, 훈육 ගුරුකම ②액막이, 불제 기도 (주문, 의식), 굿.

ඇදුරු කරනවා [애두루 꺼러너와-] 존경하다, 존중하다 ගරු කරනවා.

ඇදුහු [애두후] අදිනවා 의 2인칭 복수 과거형태: 너희들이 잡아 당겼다 ඇද්දහු.

ඇදූහ [애두-허] අදිනවා 의 3인칭 복수 과거형태: 그들이 잡아 당겼다 ඇද්දෝය.

ඇදෙනවා† [애데너와-]ඇදුණා-ඇදී ①늘어나다, 늘려지다 දික් වෙනවා ②가깝다, 가까워지다 කිට්ටු වෙනවා ③쇠약해지다, 쇠잔해지다 වැහැරෙනවා. ඇදීම ¶ ඇදී යනවා 끌려가다

ඇද්ද† [앧더] ඇත 의 의문형: 있습니까?

ඇද්දා† [앧다-] අදිනවා 의 과거: 당겼다, 잡아 당겼다.

ඇද්දෙමට [앧데머터] (식물) 멜리나 아르보레아 ඇත්දෙමට.

ඇන ගන්නවා [애너 간너와-] (무기) 공격하다, 치다 පහරදී ගන්නවා.

ඇනකොටා ගන්නවා [애너꼬타- 간너와-] 싸우다, 다투다 සටන් කරනවා. (구어) රණ්ඩු වෙනවා

ඇනතියා ගන්නවා‡ [애너띠야-간너와-] 웅크리고 앉다, 쭈그리고 앉다.

ඇනබැණ ගන්නවා [애너배너 간너와-] 싸우다, 다투다 සටන් කරනවා. (구어) රණ්ඩු වෙනවා

ඇන හිටිනවා [애너 히티너와-] 멈추다, 그만하다, 그만두다 නවතිනවා.

ඇනීම [애니-머] ①අනනවා 의 동명사: 반죽, 주무름 ඇනුම ②අනිනවා, ඇනෙනවා 의 동명사: 찌름, 찌르기 ඇනුම.

ඇනුම [애누머] ①අනනවා 의 동명사: 반죽, 주무름 ඇනීම ②අනිනවා, ඇනෙනවා 의 동명사: 찌름, 찌르기 ඇනීම.

ඇනුම් කනවා [애눔 까너와-] (창, 못) 찔리다.

ඇනුම්පදය‡ [애눔빠더여] 힌트, 암시 අවකැපෙන වචනය.

ඇනුම්බැණුම් [애눔배눔] 비난, 비꼼, 조롱 දෝෂාරෝපණය.

ඇනෙනවා [애네너와-]ඇනුණා-ඇනී අනිනවා 의 피동사: ①찔리다, 찔림을 당하다 ②마음에 찔리다, 상처를 받다. ඇනීම/ඇනුම

ඇනෙනවා [애네너와-]ඇනුණා-ඇනී අනනවා 의 피동사: (가루, 흙 따위를) 반죽 되다, 개다, 혼합되다. ඇනීම/ඇනුම

ඇන්තූරියම් [앤뚜-리얌] (꽃) 안투리움.

ඇන්ද [앤더] ①손잡이, 잡고 가도록 만든 손잡이 ගරාදි වැට ②ඇඳිනවා 의 형용사적 과거용법: 그린, 색칠한.

ඇන්කරය/ඇංකරය [앤꺼러여/앵꺼러여] (배의) 닻 නැංගුරම.

ඇන්න [앤너] ඇර ගන්නවා, අර ගන්නවා 의 과거분사: 가지고, 데리고 රැගෙන.

ඇන්න එනවා [앤너 에너와-] 가져오다, 데리고 오다 අරන් එනවා.

ඇන්න දෙනවා [앤너 데너와-] 가져다주다 අරන් දෙනවා.

ඇන්න යනවා [앤너 야너와-] 가지고 가다 අරගෙන යනවා.

ඇන්නෑව [앤내-워] 불의, 불법 අයුක්තිය.

ඇන්නෑවයි [앤내-와이] 아아, 아이고 (슬픔, 유감을 나타내는 소리) ඇන්නෑවේ.

ඇන්නෑවේ [앤내-웨-] 아아, 아이고 (슬픔, 유감을 나타내는 소리) ඇන්නෑවයි.

ඇඳ‡[앤더] 침대 යහනය. (복) *ඇඳන්*

ඇඳ [앤더] ඇඳිනවා 의 과거분사: ①입고, 옷을 입고 ②그림을 그리고, 그려.

ඇඳ ගන්නවා‡[앤더 간너와-] 옷을 입다, 차려 입다 ඇඳිනවා.

ඇඳ මකුණා [앤더 마꾸나-] 빈대.

ඇඳ විට්ටම [앤더 윝터머] 침대 틀.

ඇඳි [앤디] ඇඳිනවා 의 형용사적 과거용법: ①(옷) 입은, 착용한 ②그린, 그림 그린.

ඇඳින [앤디너] අඳුනනවා 의 과거분사: 알고, 알아, 인식하고 හැඳින.

ඇඳින ගන්නවා [앤디너 간너와-] 알다, 알아보다, 인지하다 හැඳින ගන්නවා.

ඇඳින්නා [앤딘나-] අඳුනනවා 의 과거: 알았다, 인지했다 හැඳින්නා.

ඇඳින්වීම [앤딘위-머] අඳුන්වනවා 의 동명사: 소개, 알려주기 හැඳින්වීම.

ඇඳිරි [앤디리] 어두운, 어스레한 අඳුරු. ¶ ඇඳිරි නීතිය 야간 통행금지

ඇඳිරි නීතිය†[앤디리 니-띠여] 야간 통행금지령.

ඇඳිරිය†[앤디리여] 어둠, 어둠침침함 අඳුරුකම.

ඇඳිරි වැටීම [앤디리 왜티-머] 황혼, 땅거미, 해질녘.

ඇඳිරි වැටෙනවා [앤디리 왜테너와-] 땅거미가 지다, 어두워지다.

ඇඳුනුම්පත [앤두눔빠떠] 신분증 හැඳුනුම්පත.

ඇඳුම‡[앤두머] 옷, 의류, 옷가지. (복) *ඇඳුම්* (문어) වස්ත්‍රය

ඇඳුම්‡[앤둠] ඇඳුම 의 복수 또는 형용사: ①옷들, 의류들, 옷가지들 ②옷의, 의류의.

ඇඳුම් පැළඳුම්†[앤둠 빨런둠] 옷, 의류 වස්ත්‍ර.

ඇප උපකාරය [애뻐 우빠까-러여] 도움, 조력 උදව්ව.

ඇප ඔප්පුව [애버 옾뿌워] 보증서.

ඇපකරය [애뻐꺼러여] 보석 보증서, 보증서.

ඇපකරු [애뻐꺼루] 보증인 ඇපකාර.

ඇපකාරයා†[애뻐까-러야-] 보증인 ඇපකරු.

ඇප දෙනවා† [애빠 데너와-] 보증하다, 보증을 받게 하다.

ඇප මුදල† [애빠 무덜러] 보증금, 예치금.

ඇපය† [애뻐여] 보증, 보증금, (법) 보석금.

ඇ

ඇපල්‡ [애뻘] 사과.

ඇබය† [애버여] (병) 마개, 뚜껑, (관의) 막는 꼭지, 스토퍼 මූඩිය.

ඇබැද්දිය [애뱉디여] 재난, 재앙, 화 විපත.

ඇබෑර්තුව† [애배-르뚜워] 공석, 빈자리, 결원, 공백. ¶ රැකියා ඇබෑර්තු 구인

ඇබිත්ත [애빋떠] 조금, 소량 ටික.

ඇබ්බැහි [앱배히] 익숙한, 친숙한 පුරුදු.

ඇබ්බැහිකම [앱배히꺼머] 습관, 익숙 පුරුද්ද.

ඇබ්බැහිය [앱배히여] 중독, 습관 ඇබෑසිය.

ඇබ්බැහි වෙනවා† [앱배히 웨너와-] ①중독되다 ②익숙하다, 친숙하다 පුරුදු වෙනවා.

ඇම [애머] 모든 හැම.

ඇම† [애머] ①미끼 බිළිය ②함정, 계략 උපාය.

ඇමක් දමනවා [애막 다머너와-] 미끼를 달다.

ඇමති† [애머띠] 장관 අමාත්‍යයා. ¶ ඇමතිනි 여성 장관

ඇමති මණ්ඩලය [애머띠 만덜러여] (정부) 내각 කැබිනෙට්ටුව.

ඇමති මඩුල්ල [애머띠 마둘러] (정부) 내각 කැබිනෙට්ටුව.

ඇමතිවරයා† [애머띠워러야-] 장관 අමාත්‍යයා.

ඇමතීම/ඇමතුම [애머띠-머/애머뚜머] 부름, 호출 කථා කිරීම.

ඇමැට්ටිය [애맽티여] 삠, 접질림 උළුක්කුව.

ඇමිණීම/ඇමුණුම [애미니-머/애무누머] අමුණනවා 의 동명사: ①연결, 연관, 결합 ②첨가(물), 부가(물) ③실을 바늘어 뀀. ¶ අකුරු ඇමිණීම 타이핑, 글자를 침

ඇමෙරිකා එක්සත් ජනපදය [애메리까- 엑싿 자너빠더여] (나라) 미국, 미합중국.

ඇම්ම [앰머] 통증, 고통 වේදනාව.

ඇම්බැට්ටයා [앰밷터야-] 이발사 කරනවෑමියා.

ඇඹරීම/ඇඹරුම [앰버리-머/앰버루머] ①제분, 분쇄, 갊, 빻음 කුඩුකිරීම ②얽힘, 뒤틀림, 꼬임 පටලැවීම.

ඇඹරුණු [앰버루누] ①빻아진, 제분된 කුඩුවුණු ②뒤틀린, 얽힌 පටලැවුණු.

ඇඹරුල්ල [앰버룰러] 서양 자두과 식물.

ඇඹරුම් ගල† [앰버룸 갈러] 맷돌, 가는데 사용하는 돌.

ඇඹරුම් දත [앰버룸 다떠] 어금니, 대구치.

ඇඹරෙනවා [앰버레너와-] ඇඹරුණා-ඇඹරී ①빻아지다, 가루가 되다 ②얽히다, 뒤섞이다, 꼬이다 වෙළෙනවා ③주저하다, 머뭇거리다 අදිමදි කරනවා. ඇඹරීම/ඇඹරුම

ඇඹලයා [앰벌러야-] ①설탕을 좋아하는 개미 종류 ②갈망자, 원하는 자.

ඇඹීම/ඇඹුම [앰비-머/앰부머] අඹනවා 의 동명사: ①만듦, 주조, 모양을 만듦 රූප

තැනීම ②쫓아냄, 내보냄, 축출 එළවා යෑම.

ඇඹිල්ල [앰빌러] ①신 나무 (열매) ②만듦, 주조 ඇඹීම.

ඇඹුම/ඇඹීම [앰부머/앰비-머] අඹනවා 의 동명사: ①만듦, 주조, 모양을 만듦 රූප තැනීම ②쫓아냄, 내보냄, 축출 එළවා යෑම.

ඇඹුල [앰불러] ①산, 신맛, 산성 ②(논에서 먹는) 야참.

ඇඹුල්‡[앰불] 신, 시큼한.

ඇඹුල් ඇඹිලිය [앰불 앰빌리여] (식물) 괭이밥 (길가에서 흔하게 자라는 다년생 초본).

ඇඹුල් කෙසෙල් [앰불 께쎌] 바나나의 한 종류.

ඇඹුල් පලා [앰불 빨라-] (식물) 백화사설 초.

ඇය‡[애여] 그녀, 그 여자 ඈ.

ඇයි‡[애이] (의문 대명사) 왜? (문어) මක්නිසාද

ඇයි හොඳයි [애이 혼다이] 좋은 말을 사용하다.

ඇර†[애*러*] ①(후치사) ~없이, 제외하고 තොරව (구어) නැතුව ②අරිනවා 의 과거분사: 열어, 열고, 열어서 (구어) ඇරලා.

ඇර ගන්නවා [애*러* 간너와-] ①열다, 개봉하다 අර ගන්නවා ②싸우다, 전쟁하다.

ඇරත් [애*랕*] 게다가, 추가로, 더. (구어) තව

ඇරඹීම [애*럼*비-머] 시작, 출발 පටන්ගැනීම.

ඇරයුම/ඇරියුම†[애*러*유머/애*리*유머] 초청, 초대 ආරාධනය.

ඇරයුම් කරනවා [애*러*윰 꺼*러*너와-] 초청하다, 초대하다 ආරාධනා කරනවා.

ඇරලනවා [애*럴*러너와-] ඇරලුවා-ඇරලා 동행하다, 동반하다, 함께 가다. <u>ඇරලීම</u>

ඇරලීම [애*럴*리-머] ඇරලනවා 의 동명사: 동행, 동반, 함께 함.

ඇරැයීම/ඇරැයුම [애*래*이-머/애*래*유머] 초청, 초대 ආරාධනය.

ඇරියුම [애*리*유머] 초청, 초대 ආරාධනය. (복) *ඇරියුම්*

ඇරීම†[애*리*-머] අරිනවා, ඇරෙනවා 의 동명사: ①열림, 열기, 개방 ②보냄, 파송.

ඇරෙනවා‡[애*레*너와-] ඇරුණා-ඇරී අරිනවා 의 피동사: ①열리다, 개방되다 විවෘත වෙනවා ②풀리다, 자유롭게 되다 ③끝나다, 마무리되다 අවසන් වෙනවා ④포기하다 අත්හැරෙනවා. <u>ඇරීම</u>

ඇල/ඇළ‡[앨러] ①개천, 개울 කුඩා දිය පාර ②경사진, 기운, 기울어진 නැමුණු.

ඇල කරනවා [앨러 꺼*러*너와-] 기울이다, 경사지게 하다.

ඇල ගැහෙනවා [앨러 개헤너와-] 기울다, 쇠퇴하다, 줄어들다 ඇල වෙනවා.

ඇලදිව [앨러디워] (해부학) 췌장 අග්න්‍යාශය.

ඇලපත [앨러뻐떠] 옆구리.

ඇලය†[앨러여] 옆구리 ඇලපත.

ඇලලීම/ඇලලුම [앨럴리-머/앨럴루머] ඇලලෙනවා 의 동명사: 휘감싸임, 흥분 ඇළළීම.

ඇලලෙනවා [앨럴레너와-] ඇලලුණා-ඇලලී ①휩싸이다, 휘감싸이다, 흥분되다 ②연관되다, 관련되다 ඇලළෙනවා. <u>ඇලලීම/ඇලලුම</u>

ඇ

ඇල වීම [앨러 위-머] ඇල වෙනවා 의 동명사: 기움, 경사짐, 기울어짐.

ඇලවීම [앨러위-머] අලවනවා 의 동명사: 붙임, 부착.

ඇල වෙනවා [앨러 웨너와-] 기울어지다, 경사지다 පැත්තකට වෙනවා.

ඇලලීම [앨럴리-머] ඇලළෙනවා 의 동명사: 휘감싸임, 흥분 ඇලලීම.

ඇලළෙනවා [앨럴레너와-] ඇලළුණා-ඇලළී ①휘감싸이다, 흥분되다 ②연관되다, 관련되다 ඇලලෙනවා. ඇලලීම/ඇලළුම

ඇලිස් කටුව [앨리쓰 까투워] (구둣방 따위의) 송곳 අල්ලිස් කටුව.

ඇලිය [앨리여] ①개울, 개천 කුඩා ඇළ ②배수로 කානුව ③작음 홈(구멍).

ඇලීම [앨리-머] අලනවා, ඇලෙනවා 의 동명사: 부착, 붙임, 첨부 ඇලුම.

ඇලුම [앨루머] අලනවා, ඇලෙනවා 의 동명사: ①부착, 붙임 ඇල්ම ②애착, 애정, 사랑 ආදරය.

ඇලුමිනියම් [앨루미니염] 알루미늄.

ඇලුම්කම [앨룸꺼머] ①부착, 붙임 ඇල්ම ②애착, 애정, 사랑 ආදරය.

ඇලුම් කරනවා [앨룸 꺼러너와-] ①붙이다, 부착하다 අලනවා ②사랑하다, 애정을 가지다 ආදරය කරනවා.

ඇලුම් පටිය [앨룸 빠티여] (종이) 포장용 테이프.

ඇලුම් වඩන [앨룸 와더너] 흥미로운, 관심이 있는, 매력적인 ආල වඩන.

ඇලුම් වෙනවා [앨룸 웨너와-] ①붙다, 붙여지다 ②사랑에 빠지다.

ඇලෙනවා† [앨레너와-] ඇලුණා-ඇලී අලනවා 의 피동사: 붙다, 달라붙다, 끈끈하다, 부착되다. ඇලීම/ඇලුම

ඇලෙන සුලු [앨레너 쑬루] 끈끈한, 점착성이 있는, 끈적끈적한.

ඇලෙන සුල්ල [앨레너 쑬러] 점착성, 끈끈함.

ඇල් [앨] 산지 쌀의 종류.

ඇල් [앨] ①열을 가하지 않은, 생 것의, 날것의 ②차가운, 시원한. ¶ ඇල් වතුර 냉수

ඇල්ම [앨머] ①부착, 붙임 ඇලුම ②애착, 애정, 사랑 ආදරය.

ඇල් මරනවා [앨 마러너와-] ①미지근하게 하다 ②(뜨거운 물) 차게 하다, 식히다.

ඇල්මා/ඇල්මුවා [앨마-/앨무와-] 새끼 이 උකුණු පැටියා.

ඇල් මැරිච්ච/ඇල් මැරුණු [앨 매릳처/앨 매루누] 미지근한, 살짝 끓여진.

ඇල් මැරෙනවා [앨 매레너와-] 미지근하다, 미지근해지다.

ඇල්ල [앨러] 폭포. (복) ඇලි

ඇල්ලීම [앨리-머] අල්ලනවා 의 동명사: 잡음, 붙잡음.

ඇල්වතුර‡ [앨와뚜러] 담수, 민물.

ඇවටිල්ල [애워틸러] 호소, 진실한 간구 (요구) ඇවිටිල්ල.

ඇවත/ඇවැත [애워떠/애왜떠] ①잘못, 죄, 결점 පාපය ②(부를 때) 어르신.

ඇවරිය† [애워리여] (바나나 등) 다발, 송이 රැන.

ඇවැත/ඇවත [애왜떠/애워떠] ①잘못, 죄, 결점 පාපය ②(부를 때) 어르신 දීර්ඝායුෂ ඇත්තා.

ඇවැස්ස [애왰써] 혈통으로 소유한.

ඇවෑම [애왜-머] 죽음, 사망, 소천 මරණය.

ඇවෑමෙන් [애왜-멘] 사후에, 죽은 이후에 මරණින් පසුව. ¶ කාලයාගේ ඇවෑමෙන් 시간이 흐른 뒤에 පියාගේ ඇවෑමෙන් 아버지께서 돌아가신 뒤에

ඇවිටිල්ල [애위틸러] 호소, 진실한 간구 (요구) ඇවටිල්ල.

ඇවිත්† [애윋] එනවා 의 과거분사: 와, 와서, 오고 අවුත්. (구어) ඇවිල්ලා

ඇවිදිනවා‡ [애위디너와-] ඇවිද්දා-ඇවිද 걷다, 산책하다. <u>ඇවිදීම/ඇවිදුම</u>

ඇවිදීම/ඇවිදුම [애위디-머/애위두머] ඇවිදිනවා 의 동명사: 걸음, 산책.

ඇවිරිදි [애위리디] 나이든, 늙은 වයසැති.

ඇවිලිල්ල/ඇවිලීම [애윌릴러/애윌리-머] අවුලනවා, ඇවිලෙනවා 의 동명사: ①불탐, 타오름 ②찌르는 통증 ③분노, 화.

ඇවිලෙනවා/ඇවිළෙනවා [애윌레너와-] ඇවුලුණා(ඇවිලුණා)-ඇවිලී ①불타다, 불타오르다 ②불쾌하다 ③(통증이) 쑤셔오다. <u>ඇවිලීම</u>

ඇවිල්ලා‡ [애윌라-] එනවා 의 과거분사: 와, 와서, 오고. (문어) ඇවිත්

ඇවිස්සුණු [애윘쑤누] ඇවිස්සෙනවා 의 형용사적 과거용법: 선동된, 화난, 야기된, 일어난.

ඇවිස්සීම [애윘씨-머] අවුස්සනවා, ඇවිස්සෙනවා 의 동명사: 소요, 선동, 소란, 동요 කලබල කිරීම.

ඇවිස්සෙනවා [애윘쎄너와-] ඇවිස්සුණා-ඇවිස්සී 선동되다, 노하다, 안달나다. <u>ඇවිස්සීම</u>

ඇවිළෙනවා‡ [애윌레너와-] ඇවුළුණා(ඇවිළුණා)-ඇවිළී ①불타다, 불타오르다 ②불쾌하다 ③(통증이) 쑤셔오다. <u>ඇවිළීම</u>

ඇවුරුම [애우루머] අවුරුනවා 의 동명사: 덮음, 가림, 막음 වැස්ම.

ඇවුලීම [애울리-머] අවුලනවා 의 동명사: 수집, 모음.

ඇස‡ [애써] (신체) 눈 නෙත. (복) *ඇස්* (구어) ඇහැ

ඇසතු [애싸뚜] 무화과 나무속.

ඇසළ [애썰러] ①씽할러 달력 중 7~8월 사이의 달 ②(식물) 카시아 열매.

ඇසළ මස [애썰러 마써] 씽할러 달력 중 7~8월 사이의 달 ඇසළ. ¶ ඇසළ පෙරහැර 7~8월 사이에 캔디시에서 열리는 축제

ඇසිපිය [애씨삐여]눈꺼풀 ඇස්පිය.

ඇසිපිය ගහනවා† [애씨삐여 가하너와-] 깜박이다, 눈을 깜박이다.

ඇසීම/ඇසුම [애씨-머/애쑤머] අසනවා, ඇසෙනවා 의 동명사: ①들음, 청취 ②물음, 질문.

ඇසුරීම [애씨리-머] අසුරනවා 의 동명사: 포장, 쌈, 묶음 අඩුක් කිරීම.

ඇසිල්ල [애씰러] ①잠시, 순간 සුළු කාලය ②물음, 질문, 의문 විමසීම.

ඇසුර [애쑤러] 어울림, 참가, 연합, 결합 ආශ්‍රය. (복) *ඇසුරු*

ඇසුරු [애쑤루] ඇසුර 의 복수 또는 형용사: ①어울림, 참가, 연합 ②붙여진, 결합된, 어울린.

ඇසුරු කරනවා [애쑤루 꺼러너와-] 어울리다, 연합하다, 결합하다, 참가하다 ආශ්‍රය කරනවා.

ඇසුරුම [애쑤루머] ඇසුරනවා 의 동명사: 포장, 쌈, 묶음 අඩුක් කිරීම.

ඇසුරුම් [애쑤룸] ඇසුරුම 의 복수 또는 형용사: ①포장, 쌈, 묶음 ②포장한, 싼, 묶은.

ඇස්‡[애쓰] ඇස, ඇහැ 의 복수: 눈들 නෙත්.

ඇස් කණ්ණාඩි‡[애쓰 깐나-디] 안경.

ඇස්කිසිය [애쓰끼-씨여] 강제 집행 영장.

ඇස් ගහගෙන ඉන්නවා [애쓰 가하게너 인너와-] 주의를 기울이고 있다, 관심을 가지고 있다 සුපරීක්ෂාකාරී වෙනවා.

ඇස් ගහනවා [애쓰 가하너와-] ①윙크하다 ඇස්පිය හෙලනවා ②눈짓하다.

ඇස්ගාය/ඇස්රුජාව/ඇස්රුදව [애쓰 가-여/애쓰루자-워/애쓰루다-워] 다래끼, 눈병.

ඇස්ගුලිය†[애쓰굴리여] 눈동자 ඇස් ගෙඩිය.

ඇස්තමේන්තුව [애쓰떠멘-뚜워] 견적액, 평가가치.

ඇස් පනාපිට [애쓰 빠나-삐터] 눈앞에서.

ඇස්පිය‡[애쓰삐여]눈꺼풀 ඇසිපිය.

ඇස්පිල්ල/ඇස්පිල්ලම [애쓰삘러/애쓰삘러머] 속눈썹.

ඇස්පිහාටුව [애쓰삐하-투워] 속눈썹 ඇස්පිල්ල.

ඇස්බැන්දුම [애쓰밴두머] 마법, 마술, 요술 මායාව.

ඇස්බැන්දුම්කාරයා [애쓰밴둠까-러야-] 마법사, 마술사, 요술사.

ඇස් මරණවා [애쓰 마러너와-] 눈을 깜박이다, 윙크하다.

ඇස්රුජාව [애쓰루자-워] 다래끼, 눈병 ඇස්ගාය.

ඇස්රුදව†[애쓰루다-워] 다래끼, 눈병 ඇස්ගාය.

ඇස්වටය†[애쓰와터여] 복사뼈, 복숭아뼈.

ඇස්වහ†[애쓰와하] 째려봄, 흘겨봄.

ඇස් වෙදකම [애쓰 웨더꺼머] 눈 치료.

ඇස්ස [앴써] (과일, 열매의) 꼭지.

ඇහැ‡[애해] (신체) 눈. (복) ඇස් (문어) ඇස

ඇහැ ඇරෙනවා [애해 애레너와-] 눈뜨다, 깨다, 일어나다 අවදි වෙනවා.

ඇහැකන පාටෙ [애해까너 빠-테] 어두워지기 전에.

ඇහැකන පියාගෙන [애해까너 삐야-게너] 눈과 입을 막고 (닫고).

ඇහැටුල්ලා [애해툴라-] 꼬리가 가느다란 (독 없는) 뱀.

ඇහැටුව [애해투워] 기생충, 기생동(식)물.

ඇහැරිනවා [애해리너와-] ඇහැරුණා-ඇහැරිලා(ඇහැර) 눈

뜨다, 깨다, 일어나다 ඇහැරෙනවා. (문어) අවදි වෙනවා

ඇහැරෙනවා† [애해*레*너와-] ඇහැරුණා-ඇහැරිලා(ඇහැරී) 눈 뜨다, 깨다, 일어나다 ඇහැරිනවා. (문어) අවදි වෙනවා

ඇහිඳ කනවා [애힌더 까너와-] (가축이) 풀을 뜯어먹다, 가축을 방목하다.

ඇහිඳිනවා† [애힌디너와-] ඇහින්දා-ඇහිඳ 모으다, 수집하다 අවුලනවා. ඇහිඳීම

¶ කරල් ඇහිඳිනවා 이삭을 줍다

ඇහිරීම/ඇහුරුම [애히*리*-머/애히*루*머] ඇහිරෙනවා 의 동명사: ①막힘 හිරවීම ②막음, 방해 හිරකිරීම ③쌈, 꾸림, 팩 පැක් කිරීම.

ඇහිරෙනවා [애히*레*너와-] ඇහුරුණා-ඇහිරී අහුරනවා 의 피동사: ①막히다, 방해를 받다, 차단되다 හිර වෙනවා ②모이다, 쌓이다 ③덮이다, 없어지다, 사라지다 ඉඩ කඩ නැති වෙනවා ④어슬렁거리다, 배회하다 ගැව-සෙනවා. ඇහිරීම/ඇහුරුම

ඇහුම්කන් දෙනවා† [애훔깐 데너와-] 듣다, 경청하다 අහනවා. (문어) සවන් දෙනවා

ඇහුම් බැලුම් [애훔 밸룸] ①듣기 보기 ②조사, 찾기 විමසීම.

ඇහුරුම/ඇහිරීම [애후*루*머/애히*리*-머] ඇහිරෙනවා 의 동명사: ①방해, 막음 හිරකිරීම ②포장, 꾸림 පැක් කිරීම ③저장, 둠 තැන්පත් කිරීම.

ඇහෙනවා‡ [애헤너와-] ඇහුණා-ඇහී 들리다, 소리가 들리다. ඇහීම/ඇහුම (문어) ඇසෙනවා

ඇළ/ඇල‡ [앨러] ①개천, 개울 කුඩා දිය පාර ②경사진, 기운, 기울어진 නැමුණු.

ඇළ කඳ [앨러 깐더] 운하, 수로.

ඇළ බඩ [앨러 바*더*] 수로 주변, 운하 기슭.

ඇළ වේල්ල [앨러 웰-러] 수로 제방, 운하 둑, 수로길 ඇළ දෙපස බැම්ම.

ඇළි [앨리] 하얀, 백색의 සුදු.

ඇළි ඇතා [앨리 애따-] 하얀 코끼리.

ඇළි කිඹුලා [앨리 낌불라-] 하얀 악어.

ඇළි මුගටියා [앨리 무거티야-] 하얀 몽구스.

ඇළි වඳුරා [앨리 완두*라*-] 하얀 원숭이.

ඇ

ඇ [애-] 씽할러 알파벳의 네번째 글자.

ඈ‡ [애-] (인칭 대명사) 그녀 ඇය.

ඇඩියාව [앤-디야-워] 불평, 투덜거림.

ඈත [애-떠] 먼, 멀리 떨어져 있는, 먼 거리의 දුර.

ඈතට‡ [애-떠터] 멀리 දුරට.

ඈත පෙරදිග [애-떠 뻬러디거] 극동 (한국, 일본 등).

ඈත මෑත [애-떠 매-떠] 여기저기.

ඈත් කරනවා‡ [앹- 꺼러너와-] 멀리 떨어 놓다, 멀리 떼어 놓다, 분리하다.

ඈත්මෑත් කරනවා [앹-맽- 꺼러너와-] 분리하다, 고립시키다, 나누다.

ඈත් වෙනවා‡ [앹- 웨너와-] 멀어지다, 멀리 떨어지다, 분리되다.

ඈනවිලි අරිනවා [애-너윌리 아리너와-] 하품하다 ඈනුම් අරිනවා.

ඈනවිල්ල [애-너윌러] 하품 ඈනුම. (복) *ඈනවිලි*

ඈනුම [애-누머] ආනනවා 의 동명사: 하품 ඈනවිල්ල.

ඈනුම් අරිනවා‡ [애-눔 아리너와-] 하품하다 ආනනවා.

ඈඳනවා [앤-더너와-] ඈඳුවා-ඈඳා 묶다, 결합시키다, 연결시키다, 함께 묶다 සම්බන්ධ කරනවා. ඈඳීම/ඈඳුම

ඈඳි [앤-디] 묶인, 결합된 බැඳි.

ඈඳි ගන්නවා [앤-디 간너와-] 앉다, 착석하다 ඉඳ ගන්නවා.

ඈඳිය [앤-디여] ①사슬, 체인 ②연결, 결합.

ඈඳීම [앤-디-머] ඈඳනවා, ඈඳෙනවා 의 동명사: 연결, 결합, 묶음 ඈඳුම.

ඈඳුත්ත [앤-둗떠] (말, 소 견인줄로 묶은) 한 쌍, 한 겨리.

ඈඳුම [앤-두머] ඈඳනවා, ඈඳෙනවා 의 동명사: 연결, 결합, 묶음 ඈඳීම.

ඈඳෙනවා [앤-데너와-] ඈඳුණා-ඈඳී 묶이다, 결합되다, 연결되다 සම්බන්ධ වෙනවා. ඈඳීම/ඈඳුම

ඈපා [애-빠-] 총독, 부왕, 태수 යුවරජ.

ඈයා [애-야-] (동물) 천산갑.

ඈයෝ [애-요-] ①ඈයා 의 복수: 천산갑들 ②사람들, 그들 අය.

ඈලි මෑලි [앨-리 맬-리] 게으른, 나태한, 늑장부리는 කම්මැලි.

ඈලියාව [앨-리야-워] 멸망, 파멸, 파괴 විනාශය.

ඈවර [애-워러] 끝난, 마친 අවසාන. (구어) ඉවර

ඈවර කරනවා [애-워러 꺼러너와-] 끝내다, 마치다, 마무리하다 අවසාන කරනවා. (구어) ඉවර කරනවා

ඈවරකරු [애-워러꺼루] 청산인(사업체 정리와 부채청산 작업을 맡아 하는 사람).

ඈහැවෙනවා [애-해웨너와-] 황량해지다, 불모지가 되다.

ඉ

ඉ [이] 씽할러 알파벳의 다섯 번째 글자.

ඉංගිතය/ඉංගිතිය [잉기떠여/잉기띠여] 몸짓, 제스처 අභිනය.

ඉංගිරියාව† [잉기리야-워] 눈동자 ඉඟිරියාව. (문어) අක්ෂිගෝලය

ඉංගිරිසි [잉기리씨] ①영어 ඉංග්‍රීසි භාෂාව ②영국 사람.

ඉංග්‍රීසි‡ [잉그리-씨] ①영어 ②영어의. ¶ එයාට ඉංග්‍රීසි පුලුවන් ද? 그 사람 영어 할 줄 아나요?

ඉංජ [잉저] (연결어) 여기.

ඉංජිනේරු/ඉංජිනේරුවා† [잉지네-루/잉지네-루와-] 기술자, 엔지니어 ඉන්ජිනේරු.

ඉංජිනේරු ශිල්පය [잉지네-루 쉴빠여] 공학, 기술, 토목, 건축.

ඉකි [이끼] 흐느낌, 목메어 울기 ඉකි බිඳීම.

ඉකි ගසනවා/ඉකි බිඳිනවා† [이끼 가써너와-/이끼 빈디너와-] 흐느껴 울다, 목메어 울다.

ඉකිණි [이끼니] උකුණා 의 여성 명사: 암컷 이.

ඉකිළිය† [이낄리여] 샅, 고간(股間), 고관절, 두 다리 사이 ඌරු සන්ධිය.

ඉකුත් [이꾿] 지난, 지나간, 과거의, 끝나 버린 ඉක්ම ගිය.

ඉකුත් වෙනවා† [이꾿 웨너와-] ①경과하다, 지나다 පසු වෙනවා ②죽다, 만료되다 මැරෙනවා. ¶ කාලය ඉකුත්වීමේ දිනය 유효기간

ඉකේ/ඉකේයි [이께-/이께-이] 치! (싫어하는 의성어) ඡී.

ඉක්කාව† [읶까-워] 딸꾹질 හික්කාව.

ඉක්කා වැටෙනවා [읶까- 왜테너와-] 딸꾹질 하다 හික්කාව පටන් ගන්නවා.

ඉක්බිති/ඉක්බිත්තෙන් [읶비띠/읶빋뗀] 그 후에, 그리고 나서 ඉන්පසු. (구어) ඊට පස්සේ

ඉක්මණින්† [이끄머닌] 빨리, 재빠르게, 빠르게 හදිස්සියෙන්. (문어) විගසින්

ඉක්මන [이끄머너] 빠름, 급함, 신속, 날렵 කඩිනම. (문어) විගස

ඉක්මනට‡ [이끄머너터] 빨리, 재빠르게, 빠르게 හදිස්සියෙන්. (문어) විගසින් ¶ ඉක්මනට සනීප වේවා 빨리 나으세요

ඉක්මනින්‡ [이끄머닌] 빨리, 재빠르게, 빠르게 හදිස්සියෙන්. (문어) විගසින්

ඉක්මන් [이끄만] 빠른, 재빠른, 날렵한, 급한 හදිස්.

ඉක්මන් කරනවා‡ [이끄만 꺼러너와-] 서두르다, 빨리하다, 급하게 하다 ටක්ගාලා කරනවා.

ඉක්මන්කාර [이끄만까-러] 성미가 급한, 성격이 급한, 성급한.

ඉක්ම යනවා† [이끄머 야너와-] 지나가다, 지나치다, (때가) 경과하다 ඉක්මෙනවා.

ඉක්මවනවා† [이끄머워너와-] ඉක්මෙවුවා-ඉක්මවා ①지나다, 지나치다, 경과하다 ②넘다, 우월하다, 뛰어나다. <u>ඉක්මවීම</u>

ඉක්මවා යන [이끄머와- 야너] ①지나는, 지나쳐 가는, 경과하는 පසුකරන ②넘치는, 우월한, 뛰어난.

ඉක්මෙනවා [이끄메너와-] ඉක්මුණා-ඉක්ම (ඉක්මී) 지나가다, 지나치다, (때가) 경과하다 ඉක්ම යනවා.

ඉක්ෂු [읶슈] 사탕수수 උක්.

ඉක්ෂුපාක [읶슈빠-꺼] 당밀 උක් පැණි.

ඉ

ඉගැන්නුම [이갠누머] 가르침, 교수, 교육 ඉගැන්වීම.

ඉගැන්නුවා [이갠누와-] උගන්නනවා, උගන්වනවා 의 과거: 가르쳤다, 교육했다.

ඉගැන්වීම‡ [이갠위-머] උගන්නනවා, උගන්වනවා 의 동명사: 가르침, 교수, 교육 ඉගැන්නුම.

ඉගිලීම [이길리-머] ඉගිලෙනවා 의 동명사: 날음, 비상 පියෑඹීම.

ඉගිලෙනවා [이길레너와-] ඉගිලුණා-ඉගිලී (새) 날다, 날아가다, 날개 치며 날아가다 පියඹනවා. ඉගිලීම

ඉගිල්ලීම/ඉගිල්ලුම [이길리-머/이길루머] උගුල්ලනවා 의 동명사: 뽑음, 뽑아 냄, 제거함 උද්ධරණය.

ඉගිල්ලෙනවා† [이길레너와-] ඉගිල්ලුණා-ඉගිල්ලී (새) 날다, 날아가다, 날개 치며 날아가다 ඉගිලෙනවා.

ඉගෙන ගන්නවා‡ [이게너 간너와-] 배우다, 학습하다, 연습하다 හදාරනවා. ඉගෙන ගැනීම

ඉගෙනීම/ඉගෙනුම† [이게니-머/이게누머] 배움, 학습, 공부 ඉගෙන ගැනීම.

ඉඟ‡ [잉거] 허리 (둘레) ඉඟටිය.

ඉඟටිය [잉거티여] 허리 (둘레) ඉඟ.

ඉඟපටිය‡ [잉거빠티여] 허리띠, 혁대.

ඉඟි කරනවා/ඉඟි මරනවා [잉기 꺼러너와-/잉기 마러너와-] 윙크하다, 눈짓을 보내다 ඇසින් සංඥා කරනවා.

ඉඟිනළුව [잉기날루워] 발레, 무용극 මුද්‍රා නාට්‍යය.

ඉඟිනි [잉기니] (인도 식물) 스트리크노스 포타토룸 (Strychnos Potatorum).

ඉඟිබිඟිය [잉기빙기여] 사랑의 눈길 ඉඟිය.

ඉඟිබිඟි පානවා [잉기빙기 빠-너와-] 유혹의 눈길을 보내다, 꼬시다 ආලවන්තකම් දක්වනවා.

ඉඟි මරනවා/ඉඟි කරනවා [잉기 마러너와-/잉기 꺼러너와-] 윙크하다, 눈짓을 보내다 ඇසින් සංඥා කරනවා.

ඉඟිය† [잉기여] ①단서, 실마리, 힌트, 신호 සංඥාව ②몸짓, 제스처 අභිනය.

ඉඟිරියාව‡ [잉기리야-워] 눈동자 ඉංගිරියාව. (문어) අක්ෂිගෝලය

ඉඟුරු‡ [잉구루] 생강.

ඉඟුරු දෝසි [잉구루 도-씨] 생강 조림.

ඉඟුරු පියල [잉구루 삐열러] (남아시아산) 생강과(科) 식물, (그) 뿌리.

ඉඟුරු විස්කෝතු [잉구루 위쓰꼬-뚜] 생강 쿠키.

ඉච්චා [잋차-] ①아첨하는, 아부하는 චාටු ②속이는, 사기치는 වංචා.

ඉච්චාකාරයා [잋차-까-러야-] 아첨하는 자, 사기꾼, 속이는 자 රැවටිලිකාරයා.

ඉච්චාව [잋차-워] ①아첨, 아부 ඉච්චාව ②사기, 속임, 기만 රැවටිල්ල.

ඉච්ඡා [잋차-] ①아첨하는, 아부하는 චාටු ②속이는, 사기치는 වංචා ③기대하는, 바라는, 의도하는.

ඉච්ඡාව [잋차-워] ①아첨, 아부 ඉච්චාව ②사기, 속임, 기만 රැවටිල්ල ③뜻, 의도, 기대, 바람 කැමැත්ත.

ඉජි/ඉජු [이지/이주] 곧 바른, 직선의 කෙළින්.

ඉටනවා/ඉටාගන්නවා [이터너와-/이타-간너와-] 바라다, 기대하다, 희망하다 අපේක්ෂා කරනවා.

ඉටි† [이티] 밀랍(蜜蠟), (밀)초.

ඉටිකඩදාසි [이티까더다-씨] 파라핀 종이, 밀 먹인 종이. (구어) ඉටිකොළ

ඉටිකොළ [이티꼴러] 파라핀 종이, 밀 먹인 종이. (문어) ඉටිකඩදාසි

ඉටිපන්දම‡ [이티빤더머] 초, 양초. (복) *ඉටිපන්දම්*

ඉටිරූපය [이티루-뻐여] 초로 만든 형상.

ඉටිරෙද්ද [이티레디] 타르칠한 방수포.

ඉටු [이투] 친구, 좋아하는 사람 මිත්‍රයා.

ඉටු [이투] ①완성하는, 이루는 ඉෂ්ට ②기뻐하는, 즐거워하는 ප්‍රිය මනාප ③좋은, 복된 ශුභ ④사랑하는, 존경하는 හිතවත්.

ඉටු කරනවා† [이투 꺼러너와-] 완수하다, 마치다, 완결하다 ඉෂ්ට කරනවා. (문어) නිම කරනවා

ඉටු දෙවියා [이투 데위야-] 행운의 신, 성공의 신 ඉෂ්ට දේවතාවා.

ඉටු මිතුරා† [이투 미뚜라-] 소중한 친구, 귀한 친구 හිතවත් මිතුරා.

ඉටු වෙනවා† [이투 웨너와-] 완수되다, 마쳐지다, 완결되다 ඉෂ්ටවෙනවා. (문어) නිම වෙනවා

ඉටුවීම [이투위-머] ඉටු වෙනවා 의 동명사: 완수, 완결, 성취, 만료 ඉෂ්ටවීම. (문어) නිමවීම

ඉඩ† [이더] ①여유, 공간, 빈 공간 අවකාශය ②기회, 찬스 අවස්ථාව.

ඉඩ අරිනවා [이더 아리너와-] 허락하다, 여지를 두다 අවසර දෙනවා.

ඉඩකඩ [이더꺼더] ①여유, 공간, 빈 공간 ②기회 ඉඩ.

ඉඩකඩම්/ඉඩම් [이더까담/이담] 땅, 토지 වතුපිටි.

ඉඩ දෙනවා‡ [이더 데너와-] 허락하다, 허가를 주다 අවසර දෙනවා.

ඉඩපාඩු [이더 빠-두] 여지, 여유, (빈) 장소, 공간.

ඉඩප්‍රස්ථාව [이더 쁘러쓰따-워] 기회, 찬스 අවස්ථාව.

ඉඩම [이더머] 땅, 토지 වතුපිටිය. (복) *ඉඩම්*

ඉඩම් [이담] ඉඩම 의 복수: 땅들, 토지들 ඉඩකඩම්.

ඉඩම් හිමියා† [이담 히미야-] 땅 주인, 토지 주인.

ඉඩ හරිනවා [이더 하리너와-] 허락하다, 여지를 두다 අවසර දෙනවා.

ඉඩවරය [이더워러여] 건기, 건조한 시기 නියඟය.

ඉඩෝරය† [이도-러여] 건기, 건조한 시기 නියඟය.

ඉණ‡ [이너] ①허리, 엉덩이 ඉඟටිය ②계단, 층계 පඩි පෙළ ③빚, 채무 ණය. (복) *ඉණි*

ඉණ ඉහ අතගා ගන්නවා [이너 이허 아떠가- 간너와-] 약탈하다, 전리품으로 취하다 මංකොල්ල කනවා.

ඉණකඩ [이너까더] 허리띠.

ඉණා බෙහෙත් [이나- 베헫] 미약, 춘약.

ඉණාව [이나-워] 마법, 마술, 요술 වශීය.

ඉණි [이니] ①말뚝들, 막대기들 ඊටි ②ඉණ 의 복수: a. 허리들, 엉덩이들 b. 계단들, 층계들 ③열, 열기 උෂ්ණය. ¶ ඉණි ගන්නවා 데우다, 가열하다

ඉණිකුණා [이니꾸나-] (곤충) 이, 옷의 이 ඉළිකුණා.

ඉණි ගන්නවා [이니 간너와-] 데우다, 가열하다 රත් කරනවා.

ඉණිපෙත්ත [이니뻬떠] 사다리, 사닥다리 ඉණිමඟ.

ඉණිමඟ‡ [이니망거] 사다리, 사닥다리 පාලීය. (복) ඉණිමං

ඉත [이떠] 친구, 친애하는 사람 මිත්‍රයා.

ඉ

ඉත [이떠] ①사랑하는, 친애하는 හිතවත් ②유익한, 유용한 වැඩදායක ③적절한, 적당한 සුදුසු ④친구의, 벗의 මිත්‍රවූ.

ඉත සිතින් [이떠 씨띤] 전심으로, 좋은 뜻으로 පූර්ණ කැමැත්තෙන්.

ඉතා‡ [이따-] 많은, 아주 많은 බොහෝ.

ඉතා ආසන්න [이따- 아-싼너] 가장 가까운, 최측근의 කිට්ටුතම.

ඉතාලිය [이딸-리여] (나라) 이탈리아.

ඉති [이띠] 이렇게, 이처럼 මෙසේ.

ඉතිකින් [이띠낀] 여기서 부터 මෙවන් පටන්.

ඉතින්‡ [이띤] ①그 후에, 그리고 나서 ඊටපස්සේ (문어) ඉන්පසු ②지금, 현재 දැන්. ¶ කොහොමද ඉතින් ? 어떻게 지내세요?

ඉතිරි‡ [이띠리] 남는, 초과하는, 잉여의 ඉතුරු.

ඉතිරි කරනවා [이띠리 꺼러너와-] 남기다, 두다, 저축하다 ඉතුරු කරනවා.

ඉතිරි කිරීමේ ගිණුම [이띠리 끼리-메- 기누머] 저축 예금.

ඉතිරීම [이띠리-머] උතුරනවා, ඉතිරෙනවා 의 동명사: 넘침, 과다.

ඉතිරිය† [이띠리여] ①잔액, 남는 돈 ශේෂය ②나머지, 잔여, 잉여 අමතරය.

ඉතිරෙනවා† [이띠레너와-] ඉතිරුණා-ඉතිරී 넘치다, 넘쳐 흐르다. ඉතිරීම

ඉතිහාසඥයා† [이띠하-써끄녀야-] 역사 학자.

ඉතිහාසය‡ [이띠하-써여] 역사.

ඉතුරු‡ [이뚜루] 남는, 초과하는, 잉여의 ඉතිරි.

ඉතුරු කරනවා‡ [이뚜루 꺼러너와-] 남기다, 저축하다.

ඉතුරු වෙනවා‡ [이뚜루 웨너와-] 남다, (여유로) 모이다.

ඉත්ත [읻떠] ①묶음, 다발 රිකිල්ල ②나무 이름. (복) ඉතී

ඉත්තා [읻따-] ①주사위, (주사위 모양의) 입방체 ②(물레의) 가락, 실 감는 막대 ඉද්ද ③어떤 목적을 위해 넣는 사람.

ඉත්තෑකූරු [읻때-꾸-루] 고슴도치 가시, 깃촉.

ඉත්තෑයා [읻때-야-] 고슴도치 ඉත්තෑවා.

ඉත්තෑවා† [읻때-와-] 고슴도치 ඉත්තෑයා.

ඉදල [이덜러] ①(밑에 얇은 막대들이 달린) 야외용 빗자루 ②잎이 없는 나무 가지.

ඉදල් ඉරිඟු [이달 이링구] 옥수수의 한 종류.

ඉදවනවා [이더워너와-] ඉදෙවුවා-ඉදවා ~를 익게 하다, 성숙하게 하다. ඉදවීම

ඉදිකට්ට/ඉදිකටුව [이디깥터/이디까투워] 바늘.

ඉදිකටු මල† [이디까투 말러] 바늘귀 ඉදිකටු සිදුර.

ඉදිකටුව‡ [이디까투워] 바늘 ඉදිකට්ට.

ඉදිකටු සිදුර [이디까투 씨두러] 바늘귀 ඉදිකටු මල.

ඉදිකටුවෙන් ගෙතූ [이디까투웬 게뚜-] 바느질한.

ඉදිකඩ† [이디까더] 울타리 문(출입구) වැටකඩුල්ල.

ඉදිකරනවා† [이디꺼러너와-] 만들다, 짓다, 건축하다 ගොඩ නගනවා.

ඉදින් [이딘] ①어쨌든, 여하튼 කෙසේ වෙතත් (구어) කොහොම-හරි ②그것에 의해서, 그것으로 මේ අනුව.

ඉදිබුවා [이디부와-] (육상, 민물 종류의) 거북 ඉබ්බා.

ඉදිමීම/ඉදිමුම [이디미-머/이디무머] ඉදිමෙනවා 의 동명사: 부어 오름, 부음.

ඉදිමෙනවා† [이디메너와-] ඉදිමුණා-ඉදිමී(ඉදිමිලා) 부어오르다, 붓다, 부풀어지다. ඉදිමීම/ඉදිමුම

ඉදිරි [이디리] ①미래의, 앞의 අනාගත ②앞의, 정면의, 앞면의 ඉස්සරහා.

ඉදිරිපත් කරනවා† [이디리빧 꺼러너와-] 제출하다, 제시하다, 주다 ඉදිරියට දමනවා.

ඉදිරිපස‡ [이디리빠써] 정면, 앞면.

ඉදිරිපසු [이디리빠쑤] 이끌고 따라가고.

ඉදිරිය† [이디리여] ①미래, 앞 අනාගතය ②앞, 정면, 앞면 ඉස්සරහා.

ඉදිරෙනවා [이디레너와-] ඉදිරුණා-ඉදිරී උදුරනවා 의 피동사: 뿌리째 뽑히다, 제거되다, 뒤집히다. ඉදිරීම

ඉදු [이두] ①직선의, 바른 ඍජු ②심령의, 심적인.

ඉදෙනවා† [이데너와-] ඉදුණා-ඉදිලා(ඉදී) ①(과일 등) 영글다, 익다, 여물다 ②(밥 등) 삶아지다, 요리가 되다 පිසෙනවා.

ඉද්ද [읻더] ①(물레의) 가락, 실 감는 막대 ②가로대, 크로스바, 횡선 ③(꽃) 갯질경이 (Wrightia zeylanica) ④바늘, 송곳.

ඉද්දර [읻더러] 위쪽, 위 උඩ.

ඉද්දෙනවා [읻데너와-] ඉද්දුණා-ඉද්දී ①아프다, 고통스러워하다, 통증을 느끼다 පෑහෙනවා ②품에 안기다 තුරුලු වෙනවා. ඉද්දීම

ඉද්ධිපාද [읻디빠-더] 심령력으로 가는 길.

ඉනාව [이나-워] 마법, 마술, 요술 වශීය.

ඉනි [이니] ඉන්න 의 복수 또는 형용사: ①막대기들 ②막대기의.

ඉනිකුණා [이니꾸나-] (곤충) 이, 옷의 이 ඉළිකුණා.

ඉනික්බිති [이닊비띠] 그후에, 그래서 ඉන් පසු. (구어) ඉතින්

ඉනිම† [이니머] (야구, 크리켓 등의) 이닝, 회(回) ක්‍රීඩා වරය.

ඉනුත්/ඉනුදු [이눋/이누두] 그것으로부터, 그뿐 එයින්ද.

ඉනෙනවා [이네너와-] ඉනුණා-ඉනී ①(물이) 솟아 나오다, 흐르다 උනනවා ②풀리다, 느슨해지다 ලිහෙනවා. ඉනීම/ඉනුම

ඉන් [인] 그것으로부터 එයින්.

ඉන්ජිනේරු/ඉන්ජිනේරුවා [인지네-루/인지네-루와-] 기술자, 엔지니어 ඉංජිනේරු.

ඉන්ජිනේරු ශිල්පය [인지네-루 쉴뻐여] 공학, 기술, 토목, 건축.

ඉන්දනවා [인더너와-] ඉන්දුවා-ඉන්දා ①앉히다 ②심다, 세우다 හිටවනවා. ඉන්දීම/ඉන්දුම

ඉ

ඉන්දරසුට්ටියා [인더러쑤-티야-] 작은 체구지만 활동적인 사람.

ඉන්දියානු [인디야-누] 인도의, 인도 사람의 ඉන්දීය.

¶ ඉන්දියානුවා 인도인

ඉන්දියාව† [인디야-워] (나라) 인도 භාරතය.

ඉන්දීය [인디-여] 인도의, 인도 사람의 ඉන්දියානු.

¶ ඉන්දීය සාගරය 인도양

ඉන්දීවර [인디-워러] 청색 연꽃 නිල් නෙළුම්.

ඉන්දුනීසියාව [인두니-씨야-워] 인도네시아.

ඉන්ද්‍ර [인드러] ①비의 신 ②샤끄러 신 ශක්‍ර.

ඉන්ද්‍රඛීලය [인드러낄-러여] 기초 기둥 පදනම් කණුව.

ඉන්ද්‍රගෝප/ඉන්ද්‍රගෝපක [인드러고-뻐/인드러고-뻐꺼] 반딧불, 개똥벌레 කලාමැදිරියා.

ඉන්ද්‍රචාපය [인드러차-뻐여] 무지개 දේදුන්න.

ඉන්ද්‍රජාලය [인드러잘-러여] 마술, 마법 මායාව.

ඉන්ද්‍රජාලිකයා [인드러잘-리꺼야-] 마법사, 마술사 මායාකාරයා.

ඉන්ද්‍රදිශාව [인드러디샤-워] 동쪽 නැගෙනහිර.

ඉන්ද්‍රනීලය [인드러닐-러여] 사파이어 ඉඳුනිල්මිණ.

ඉන්ද්‍රපුෂ්ප [인드러뿌쉬뻐] (꽃) Methonica superba.

ඉන්ද්‍රය† [인드러여] 감각기관들 ඉන්ද්‍රිය.

ඉන්ද්‍රිය [인드리여] ඉන්ද්‍රියය 의 복수 또는 형용사: ①감각기관들 ②(동물, 식물) 지체의, 기관의, 장기의.

ඉන්ද්‍රියගෝචර† [인드리여고-처러] (감각 기관을 통한) 지각할 수 있는, 인식할 수 있는.

ඉන්ද්‍රිය දමනය [인드리여 다머너여] 감각 억제.

ඉන්ද්‍රිය සංවරය [인드리여 쌍워러여] 감각 통제.

ඉන්ද්‍රියය [인드리여여] ①(눈, 귀 등의) 감각기관 ②(동물, 식물) 지체, 기관, 장기.

ඉන්ධන‡ [인더너] 연료.

ඉන්න† [인너] (울타리 칠 때 사용되는) 막대기, 작대기. (복) ඉනි

ඉන්නල [인널러] 꿀풀과의 관엽식물.

ඉන්නවා‡ [인너와-] උන්නා-ඉඳලා/ඉඳ (사람) 있다, 존재하다. <u>ඉඳීම/ඉඳුම</u> (문어) සිටිනවා

ඉන්නා [인나-] ①ඉන්නවා 의 형용사적 현재용법: 있는, 존재하는 ඉන්න ②있는 사람, 존재하는 사람 සිටින්නා.

ඉන්නා [인나-] (몸에 나는) 사마귀.

ඉන්නිසා [인니싸-] 그래서 එමනිසා. (구어) ඒනිසා

ඉන්පසු† [인빠쑤] 그 후. (구어) ඉන්පස්සේ

ඉන්මතු [인마뚜] 그래서, 그 후에.

ඉඳගන්නවා‡ [인더간너와-] 앉다, 착석하다 වාඩි වෙනවා.

ඉඳලා‡ [인덜라-] ①ඉන්නවා 의 과거분사: 앉아, 앉고, 착석하고 (문어) සිට ②(후치사) ~으로 부터 (앞에 나오는 단어는 소유격 형태로 나온다). ¶ හයේ ඉඳලා නවය වෙනකං 6부터 9까지

ඉඳහිට [인더히터] 드물게, 좀처럼 ~않는.

ඉඳිආප්ප† [인디앞-뻐] 인디앞뻐, String Hoppers (국수와 같은 스리랑카 음식, 아침과 저녁에 주로 먹음).

ඉඳිකඩ/ඉඳිකඩුල්ල [인디까 더/인디까 둘러] ①문설주, 문기둥, 울타리 층계 ②가로대, 크로스바.

ඉඳිනවා [인디너와-] උන්නා-ඉඳ (사람) 있다, 존재하다 ඉන්නවා. ඉඳීම/ඉඳුම (문어) සිටිනවා

ඉඳීම/ඉඳුම [인디-머/인두머] ඉන්නවා, ඉඳිනවා 의 동명사: 있음, 머뭄, 존재 සිටීම.

ඉඳුනිල් [인두닐] 사파이어(의).

ඉඳුර [인두러] ①감각기관, 감각능력 ඉන්ද්‍රිය ②동쪽 පූර්ව දිශාව. (복) ඉඳුරෝ ¶ ඉඳුරන් (복수대격) 감각기관을

ඉඳුරා [인두라-] ①똑바로, 직선으로 කෙළින්, ඍජුව ②진실하게, 솔직하게 සැබැවින්.

ඉඳුරු [인두루] ඉඳුර 의 복수 또는 형용사: ①감각기관들, 감각능력들 ඉන්ද්‍රි ②동쪽의 පූර්ව දිශා ③신들의 왕.

ඉඳුරු දිග [인두루 디거] 동쪽 නැගෙනහිර.

ඉඳුල්† [인둘] 잔여 음식, 남은 음식 හිඳුල්.

ඉඳුල්කඩ [인둘까더] 냅킨, 휴지 අත්පිස්නාව.

ඉඳුල්කට ගානවා [인둘까터 가-너와-] 첫 식사를 제공하다.

ඉඳුල් කරනවා [인둘 꺼러너와-] 시식하다.

ඉපදීම‡ [이뻐디-머] ඉපදෙනවා 의 동명사: 탄생, 태어남, 출현, 나타남 උපත.

ඉපදෙනවා‡ [이뻐데너와-] ඉපදුණා-ඉපදී 태어나다, 나타나다, 출현하다 උපදිනවා. ඉපදීම ¶ ඔයා ඉපදුණේ කවදා ද? 당신은 언제 태어났나요?

ඉපනැලි [이뻐낼리] ඉපනැල්ල 의 복수: ①그루터기들 හිපනැලි ②(추수한 후 남은) 벼 그루터기.

ඉපනැල්ල [이뻐낼러] ①그루터기 හිපනැල්ල ②(추수한 후 남은) 벼 그루터기. (복) ඉපනැලි

ඉපයීම [이뻐이-머] උපයනවා 의 동명사: (돈을) 벌 ඉපැයීම.

ඉපල [이뻘러] ①가는 나뭇가지 කොළ හැළුණු අත්ත ②회초리.

ඉපල්බානවා [이빨바-너와-] 회초리(가는 나뭇가지)로 때리다.

ඉපැයීම [이뻬이-머] උපයනවා 의 동명사: (돈을) 벌 ඉපයීම.

ඉපිය/ඉපියාව [이삐여/이삐야-워] ①(물에 띄우기 위해 그물 등에 다는) 나뭇조각 ②(옷장 등) 나무 자물쇠.

ඉපියා [이삐야-] 쌀좀, 바구밋과의 곤충.

ඉපියාව/ඉපිය [이삐야-워/이삐여] ①(물에 띄우기 위해 그물 등에 다는) 나뭇조각 ②(옷장 등) 나무 자물쇠.

ඉපිලීම [이삘리-머] ඉපිලෙනවා 의 동명사: ①표류, 둥둥 떠다님 පාවීම ②솟아 오름, 솟아 나옴.

ඉපිලෙනවා [이삘레너와-] ඉපිලුණා-ඉපිලී ①둥둥 떠다니다, (물, 하늘) 뜨다 පාවෙනවා ②솟아오르다, 솟아 나오다. ඉපිලීම

ඉබාගාතේ [이바-가-떼-] 불규칙하게, 무질서하게, 뿔뿔이 흩어져.

ඉබාගාතේ යනවා [이바-가떼-야너와-] 빈둥거리다, 늑장 부리다, 어슬렁거리다.

ඉබි යතුර† [이비 야뚜러] 자물쇠 ලෝහමය අගුල.

ඉබේ‡ [이베-] 자동으로, 저절로 නිකම්ම.

ඉ

ඉබ්බා‡ [입바-] ①(육상, 민물 종류의) 거북, 거북이 ඉදිබුවා (복) ඉබ්බෝ ②자물쇠 ඉබියතුර (복) ඉබි.

ඉම [이머] ①경계, 범위, 끝, 한계 සීමාව ②결정, 결론 තීරණය.

ඉමහත් [이머핟] 거대한, 매우 큰 ඉතා මහත්.

ඉමක් කොනක් [이막 꼬낙] 경계, 끝, 가장자리 සීමාවක්.

ඉමිහිරි [이미히리] 달콤한, 단 මිහිරි.

ඉම්කඩ [임까더] 경계(선), 분계선 සීමාව.

ඉම්ගල [임걸러] 경계 돌, 경계 표시 돌 සීමා ගල.

ඉඹිනවා† [임비너와-] ඉම්බා-ඉඹ ①입맞추다, 뽀뽀하다 සිඹිනවා ②냄새를 맡다. ඉඹීම

ඉඹුරු [임부루] (식물) 콩과 Vachellia farnesiana.

ඉඹුල් [임불] 판야 나무.

ඉඹුල්පුළුන් [임불뿔룬] 판야 나무(의).

ඉර‡ [이러] ①해, 태양 හිරු ②선, 줄. (복) ඉරි ¶ ඉර මුදුන 한낮

ඉර අව්ව‡ [이러 아우워] 햇빛.

ඉරටය/ඉරටුව [이러터여/이러투워] 야자나무로 만든 야외용 빗자루 (이덜러)의 작은 막대기 පොල්කුර.

ඉරට්ට [이랕터] ①두개, 양쪽 ②(수) 짝수.

ඉරට්ට තුවක්කුව [이랕터 뚜왁꾸워] 양 구경 총, 구경이 두개 있는 총.

ඉරට්ට මෝඩයා [이랕터 모-더야-] 아주 멍청한 사람, 아주 우둔한 사람 මහා මෝඩයා.

ඉරට්ටේ අංකය† [이랕테- 앙꺼여] (숫자) 짝수.

ඉරණම† [이러너머] 운명, 숙명 දෛවය.

ඉරනවා‡ [이러너와-] ඉරුවා-ඉරා ①찢다, 째다 ②톱질하다. ඉරීම/ඉරුම

ඉරබටු තරුව [이러바투 따루워] (천체) 금성 සිකුරා.

ඉර මුදුන‡ [이러 무두너] 한낮, 정오 මධ්‍යාහ්නය.

ඉරමුසු [이러무쑤] (식물) 박하, 헤미데스무스 인디커스 සුවඳතලා.

ඉරි ගසනවා‡ [이리 가써너와-] 선을 긋다, 줄을 긋다. (구어) ඉරි ගහනවා

ඉරිඟු‡ [이링구] 옥수수.

ඉරි තළනවා [이리 딸러너와-] 쪼개지다, 깨지다, 금가다 සිදුරු වෙනවා.

ඉරිද‡ [이리다-] 일요일 ඉරු දින. (복) *ඉරිදාවල්*

ඉරි දුවනවා [이리 두워너와-] 금이 가다, 쪼개지다 ඉරි තළනවා.

ඉරිමදය [이리마더여] (초목의) 수(髓), 심.

ඉරිමා උදය [이리마- 우더여] 새벽, 미명 අලුයම.

ඉරියව්ව/ඉරියාපථය† [이리야우워/이리야-빠떠여] (몸의 걷는, 앉는) 자세, 포즈.

ඉරිවේරිය [이리웨-리여] (깻잎 모양의 입을 가진 식물) Plectranthus zeylanicus.

ඉරිසින්නාන්සේ [이리씬난-쎄-] 영감을 받은 현자 ඍෂිවරයා.

ඉරිසියාව‡ [이리씨야-워] 질투, 시기, 시샘 ඊර්ෂ්‍යාව.

ඉරීම/ඉරුම [이리-머/이루머] ඉරෙනවා 의 동명사: 찢어짐, 터짐.

ඉරු [이루] ඉර 의 형용사: 해의, 태양의 හිරු.

ඉරු දින† [이루 디너] 일요일 ඉරිදා.

ඉරුම/ඉරීම [이루머/이리-머] ඉරෙනවා 의 동명사: 찢어짐, 터짐.

ඉරුමදය [이루마더여] (초목의) 수(髓), 심 ඉරිමදය.

ඉරුම්කාරයා [이룸까-러야-] 톱질 하는 사람.

ඉරුම් පට්ටලය [이룸 빧털러여] (목재 제재를 위한) 비계.

ඉරුම් මෝල [이룸 몰-러] 제재소 ලී ඉරන වැඩපොල.

ඉරුරාජ [이루라-저] (식물) Zentirie regia.

ඉරුව [이루워] ①(책의) 쪽, 페이지 පොතක පිටුව හීන් තීරුව ②얇은 판, 박판 ③자른 부분, 자른 일부.

ඉරුවාරදය [이루와-더러여] (아침 해 뜰 때 생기는) 두통 හිසරදය. (구어) ඔලු කැක්කුම

ඉරෙනවා‡ [이레너와-] ඉරුණා-ඉරී 찢어지다, 터지다, 찢기다. <u>ඉරීම/ඉරුම</u>

ඉල/ඉළ [일러] ①갈빗대, 늑골 පර්ශු ②종이, 장 කොළය.

ඉලංදරියා [일랑다-리야-] 청년, 젊은이 තරුණයා.

ඉල ඇටය† [일러 애터여] 갈비뼈, 늑골, 갈빗대 පාර්ශුකාව.

ඉලක්කම [일띾꺼머] 숫자, 수 අංකය.

ඉලක්කය‡ [일띾꺼여] 목표, 목적, 타겟 අරමුණ.

ඉලත්තට්ටුව† [일랕땉투워] 구장(불랏) 잎을 담는 쟁반 හෙප්පුව.

ඉලපත [일러빠떠] (야자 잎으로 만든) 마당 (싸리) 빗자루.

ඉලව්ව [일라우워] 죽음, 사망 මරණය.

ඉලාත [일라-떠] 마당비 ඉදල.

ඉලිප්පවනවා [일맆뻐워너와-] ඉලිප්පෙවුවා-ඉලිප්පවා 뜨게 하다, 뜨게 만들다, 떠오르게 하다 ඉල්පවනවා. <u>ඉලිප්පවීම</u>

ඉලිප්පීම/ඉලිප්පුම [일맆삐-머/일맆뿌머] ඉලිප්පෙනවා 의 동명사: ①뜸, 떠오름 ②부풀어 나옴, 융기.

ඉලිප්පෙනවා [일맆뻬너와-] ඉලිප්පුණා-ඉලිප්පී ①뜨다, 둥둥 뜨다, 떠오르다 ඉල්පෙනවා ②부풀(어 나오)다, 융기하다 නෙරා තිබෙනවා. <u>ඉලිප්පීම/ඉලිප්පුම</u>

ඉලිප්සය [일맆써여] 타원, 타원형 ලොවාදුව.

ඉලිප්සාකාර [일맆싸-까-러] 타원, 타원형 ඉලිප්සය.

ඉලිප්සීය [일맆씨-여] 타원의, 타원형의 ඉලිප්සයක් වැනි.

ඉලියනවා [일리야너와-] 찾다, 구하다, 탐구하다 සොයනවා.

ඉලුක් [일룩] (식물) 띠, 삐비.

ඉල් [일] ①추운, 서늘한 ②음력 6월 කාර්තික මාසය.

ඉල්පවනවා [일뻐워너와-] 뜨게 하다, 뜨게 만들다, 떠오르게 하다 ඉලිප්පවනවා.

ඉල්පෙනවා [일뻬너와-] ඉල්පුණා-ඉල්පී 뜨다, 둥둥 뜨다, 떠오르다 පාවෙනවා. <u>ඉල්පීම/ඉල්පුම</u>

ඉල්ලනවා‡ [일러너와-] ඉල්ලුවා-ඉල්ලා 요청하다, 요구하다, 구하다 අයදිනවා. <u>ඉල්ලීම/ඉල්ලුම</u>

ඉල්ලම [일러머] ①수입원 වාසිය ②(보석) 원석.

ඉල්ලාගන්නවා‡ [일라-간너와-] ①요청하다, 요구하다 ඉල්ලනවා ②(돈) 빌리다, 빚내다 ණයට ගන්නවා.

ඉ

ඉල්ලීම‡ [일리-머] ඉල්ලනවා 의 동명사: ①요구, 요청 අයැදුම ②필요, 욕구 අවශ්‍යතාවය.

ඉල්ලුම/ඉල්ලීම† [일루머/일리-머] ඉල්ලනවා 의 동명사: ①요구, 요청 අයැදුම ②필요, 욕구 අවශ්‍යතාවය.

ඉල්ලුම්කරු† [일룸꺼루] 신청자, 요청자.

ඉල්ලුම්පත්‍රය† [일룸빠뜨러여] 신청서, 요청서.

ඉ

ඉව [이워] ①냄새, 향기, 향내 ගන්ධය ②본능, 직감, 육감 ස්වභාවික ඥානය.

ඉව අල්ලනවා† [이워 알러너와-] 냄새를 맡다 ඉව වැටෙනවා.

ඉවක් බවක් [이왁 바왁] 이해, 깨달음 දැනුමක් තේරුමක්.

ඉවත [이워떠] ①밖의, 외부의 පිටස්තර ②밖으로, 멀리, 저 멀리 අහක ③외부, 밖, 야외 පිටත.

ඉවතට [이워떠터] 밖으로, 저 멀리, 저쪽으로 පිටතට.

ඉවත ලනවා [이워떨 라너와-] 제거하다, 없애다, 저버리다 ඉවත් කරනවා.

ඉවත් කරනවා‡ [이왙 꺼러너와-] 떼어 내다, 제거하다, 없애다, 떼다 අස් කරනවා.

ඉවත් වෙනවා‡ [이왙 웨너와-] 떼어지다, 제거되다, 없어지다 අස් වෙනවා.

ඉවර [이워러] ①끝, 마침 ②끝난, 마친 අවසන්.

ඉවර කරනවා‡ [이워러 꺼러너와-] 끝내다, 마치다, 마무리를 짓다. (문어) අවසන් කරනවා

ඉවර වෙනවා‡ [이워러 웨너와-] 끝나다, 마치다. (문어) අවසන් වෙනවා

ඉව වැටෙනවා [이워 왜테너와-] 냄새를 맡다 ගඳ සුවඳ දැනෙනවා.

ඉවසනවා‡ [이워써너와-] ඉවසුවා-ඉවසා ①참다, 인내하다, 견디다 විඳ දරා ගන්නවා ②허락하다, 여지를 주다 ඉඩ දෙනවා. <u>ඉවසීම/ඉවසුම</u>

ඉවසිලිමත් [이워씰리맡] 인내하는, 참는, 견디는 ඉවසිලිවන්ත.

ඉවසිලිවන්ත† [이워씰리완떠] 인내하는, 참는, 견디는 වසිලිමත්.

ඉවසිල්ල [이워씰러] 인내, 참음, 견딤 ඉවසීම.

ඉවසීම/ඉවසුම‡ [이워씨-머/이워쑤머] ඉවසනවා 의 동명사: 인내, 참음, 견딤 ඉවසිල්ල.

ඉවහල් [이워할] 유익한, 유용한, 도움이 되는 වැඩදායි.

ඉවීම/ඉවුම‡ [이위-머/이우머] උයනවා 의 동명사: 요리, 취사 පිසීම.

ඉවුම්පිහුම් [이움삐훔] ①요리, 취사 පිසීම් ②요리하는, 취사하는.

ඉවුර† [이루러] ①(강, 늪 따위의) 가, 기슭 ②둑, 제방 කණ්ඩිය. (복) *ඉවුරු*

ඉශ්‍රායෙල් [이쉬라-엘] (기독교) 이스라엘 ඊශ්‍රායෙලය.

ඉෂ්ට [이쉬터] ①좋은, 훌륭한 ශුභ ②원하는, 갈망하는 රුචිකළ.

ඉෂ්ට කරනවා‡ [이쉬터 꺼러너와-] 완수하다, 마치다, 완결하다 ඉටු කරනවා. (문어) සම්පූර්ණ කරනවා

ඉෂ්ට දේවතාව [이쉬터 데-워따-워] 행운의 신, 성공의 신 ඉටු දෙවියා.

ඉෂ්ට විපාකය [이쉬터 위빠-꺼여] 좋은 결과 යහපත් ප්‍රතිඵලය.

ඉෂ්ට වෙනවා‡ [이쉬터 웨너와-] 완수되다, 마쳐지다, 완결되다 ඉටු වෙනවා. (문어) සම්පූර්ණ වෙනවා

ඉෂ්ටාර්ථය [이쉬타-르떠여] ①목적, 목표 අරමුණ ②좋은 것, 선한 생각 යහපත් අදහස.

ඉෂ්ටාර්ථ සිද්ධිය [이쉬타-르떠 씯디여] 소원성취, 목적을 이룸, 성공.

ඉස [이써] 머리, 두부 හිස. (복) ඉස් (구어) ඔලුව

ඉස [이써] ඉසිනවා 의 과거분사: ①비우고, 텅 비게 해, 제거하고 හිස් කොට ②뿌려, 흩뿌리고, 퍼뜨리고 වපුරා.

ඉස කැක්කුම‡ [이써 깩꾸머] 두통 හිස කැක්කුම.

ඉසකෙයියා/ඉසකෙයා [이써께이야-/이써께야-] 머리털, 머리카락 හිසකෙස්.

ඉසකෙස්/ඉසකේ‡ [이써께쓰/이써께-] 머리털, 머리카락 හිසකෙස්.

ඉසකෙස් රොද/ඉසකෙස් වැටිය [이써께쓰 로더/이써께쓰 왜티여] (여자의) 땋은 머리, 긴 머리털 한 다발.

ඉසරදය [이써러더여] 두통 හිසරදය. (구어) ඔලුව කැක්කුම

ඉසලනවා [이썰러너와-] ①머리에 두다 හිස තබනවා ②머리위에 두다 ඉහලනවා ③흩다, 해산시키다 ඉසිනවා.

ඉසව්ව [이써우워] 지역, (사건) 현장 අදාළ ප්‍රදේශය.

ඉසි [이씨] ①성자, 현자 සෘෂි ②질투, 시기, 시샘, 샘 ඊර්ෂ්‍යාව.

ඉසිනවා† [이씨너와-] ඉස්සා-ඉස ①뿌리다, 흩뿌리다, 퍼뜨리다 වපුරනවා ②비우다, 없애다, (물을) 빼다 හිස් කරනවා. <u>ඉසීම/ඉසුම</u> (구어) ඉහිනවා

ඉසිරු [이씨루] ①지고, 최고, 최상위, 영광, 영화 ②부, 부귀, 번영, 성공 වස්තුව.

ඉසිරෙනවා† [이씨레너와-] ඉසිරුණා-ඉසිරී 흩어지다, 뿌려지다 ඉහිරෙනවා. <u>ඉසිරීම</u>

ඉසිලුවා/ඉසුලුවා [이씰루와-/이쑬루와-] උසුලනවා 의 과거: 짊어졌다, 졌다, 날랐다.

ඉසිවරයා [이씨워러야-] 현인, 박식한 사람 සෘෂිවරයා.

ඉසීම/ඉසුම [이씨-머/이쑤머] ඉසිනවා, ඉසෙනවා 의 동명사: ①뿌림 ②비움, 뺌.

ඉසුරු† [이쑤루] ①지고, 최고, 최상위, 영광, 영화 ②부, 부귀, 번영, 성공 වස්තුව.

ඉසුරුමත්† [이쑤루맏] ①부한, 부유한, 성공한 ධනවත් ②영화스러운, 영광의 මහිමවත්.

ඉසුරුමදය [이쑤루마더여] ①부의 자랑 ②힘, 권세.

ඉසුලුවා/ඉසිලුවා [이쑬루와-/이씰루와-] උසුලනවා 의 과거: 짊어졌다, 졌다, 날랐다.

ඉසෙනවා [이쎄너와-] ඉසුණා-ඉසී 뿌려지다, 흩어지다: ඉසිනවා 의 피동형. <u>ඉසීම/ඉසුම</u>

ඉසේකෙටුම [이쎄-께투머] 운명, 숙명 ඉරණම.

ඉස් [이쓰] ඉස 의 복수 또는 형용사: ①머리들 ②머리의, 머리와 관련된.

ඉස් ඉස්සරියෙන් [이쓰 있써리옌] 처음에, 먼저 ඉස්සරලා.

ඉස්කබල [이쓰까벌러] 두개골 ඉස් කටුව.

ඉස්කාගාරය† [이쓰까-가-러여] 증류소, 증류주 제조장.

ඉ

ඉස්කාරම් [이쓰까-람] 산성 물질 (의) ක්ෂාරය.

ඉස්කිරි [이쓰끼리] 최고의 코코넛 밀크, 첫 추출물.

ඉස්කිරිම [이쓰끼리머] 화면, 스크린 තිරය.

ඉස්කුරුප්පු ඇණය† [이쓰꾸룹뿌 애너여] 나사, 나사못 බමර ඇණය.

ඉස්කුරුප්පු නියන† [이쓰꾸룹뿌 니여너] 십자 드라이버. (구어) මල් නියන

ඉස්කුරුප්පුව [이쓰꾸룹뿌워] 나사, 나사못.

ඉස්කෝතු† [이쓰꼬-뚜] 비스킷, 과자.

ඉස්කෝප්පය [이쓰꾶-뻐여] 삽 සවල.

ඉස්කෝලය‡ [이쓰꼴-러여] 학교. (문어) පාසල ¶ ඔයාගේ පුතා ඉස්කෝලයේ යනවා ද? 당신의 아들은 학교 다닙니까?

ඉස්ක්‍රීම [이쓰끄리-머] 스크린, 화면.

ඉස්ගෙඩියා† [이쓰게디야-] 올챙이 මැඩියාගේ කීටයා.

ඉස්ටේසම [이쓰테-써머] 기차역 දුම්රියපොල.

ඉස්ටෝරුව† [이쓰토-루워] 창고 ගබඩාව.

ඉස්තරම් [이쓰따람] 높은 품격의, 호화로운, 훌륭한, 딜럭스의 ඉතා අගනා.

ඉස්තාලය† [이쓰딸-러여] 마구간 අස්හල.

ඉස්තිරික්කය/ඉස්ත්‍රික්කය† [이쓰띠릮꺼여/이쓰뜨릮꺼여] (세탁용 마무리 기구인) 아이로너.

ඉස්තෝප්පුව‡ [이쓰똪-뿌워] 베란다.

ඉස්ත්‍රික්කය/ඉස්තිරික්කය [이쓰뜨릮꺼여/이쓰띠릮꺼여] (세탁용 마무리 기구인) 아이로너.

ඉස්පන්ජ් [이쓰빤지] 스폰지.

ඉස්පාසුව [이쓰빠-쑤워] ①틈, 공간 ඉඩකඩ ②여유, 쉼, 여가 විවේකය ③인내, 참음 ඉවසිල්ල.

ඉස්පිරිතාලය‡ [이쓰삐리딸-러여] 병원 වෛදහල. (문어) රෝහල

ඉස්ම [이쓰머] 고기국물, 고기국물 소스 හොදි.

ඉස්මතු [이쓰마뚜] 윗부분의, 위쪽의, 위의 ඉහළ. (구어) උඩ

ඉස්මතු කරනවා [이쓰마뚜 꺼러너와-] ①머리를 들다, 머리를 내밀다 ②먼저 보여주다.

ඉස්මත්ත [이쓰맏떠] 윗부분, 위쪽 ඉහළ පැත්ත. (복) ඉස්මතු

ඉස්මනට [이쓰머너터] 빨리, 재빠르게 ඉක්මනට.

ඉස්මුදුන [이쓰무두너] 정수리.

ඉස්මුදුනෙන් [이쓰무두넨] 최고로 존경하며.

ඉස්මොළ [이쓰몰러] 뇌의 මොළ.

ඉස්ලාමය [이쓸라-머여] 이슬람, 회교 මහමදාගම.

ඉස්සර† [있써러] ①먼저의, 전의, 과거의 පෙර කල ②앞, 앞쪽, 앞면, 정면 ඉදිරිය.

ඉස්සර කපනවා [있써러 까빠너와-] 방해하다, 막다, 차단하다.

ඉස්සර කරනවා‡ [있써러 꺼러너와-] 앞지르다, 추월하다.

ඉස්සර බලනවා [있써러 발러너와-] 앞으로 나가다, 전진하다.

ඉස්සරලා‡ [있써랄라-] ①먼저, 제일 먼저, 처음에 කලින්ම ②~전에, ~이전에 ඉස්සර වෙලා. (문어) පළමුවෙන්ම

ඉස්සර වෙනවා [있써러 웨너와-] 앞지르다, 추월하다.

ඉස්සර වෙලා‡ [있써러 웰라-] ①먼저, 제일 먼저, 처음에 කලින්ම

②~ 전에, ~이전에. (문어) පළමුවෙන්ම

ඉස්සරහ‡ [있써러하] 앞, 앞쪽, 앞면. (문어) ඉදිරිය

ඉස්සරින්ද [있써린다-] 전날, 이전날.

ඉස්සරියෙන් [있써리옌] ①~ 하기 전에, ~ 하기 이전에 ඉස්සරින් ②처음에, 초기에, 먼저 මුලින්ම. (구어) ඉස්සරලා

ඉස්සරෝම‡ [있써로-머] 먼저, 제일 먼저, 처음에 ඉස්සරලා. (문어) පළමුවෙන්ම

ඉස්සා† [있싸-] 새우. (복) ඉස්සෝ

ඉස්සීම [있씨-머] උස්සනවා, ඉස්සෙනවා 의 동명사: 들어올림, 높임 උසස්කිරීම.

ඉස්සෙනවා [있쎄너와-] ඉස්සුණා-ඉස්සී 들리다, 올려지다, 높여지다. ඉස්සීම

ඉස්සෙල්ලම/ඉස්සෙල්ලාම‡ [있쎌러머/있쎌라-머] ①먼저, 제일 먼저, 처음에 ඉස්සරෝම. (문어) පළමුවෙන්ම

ඉස්සොරි/ඉස්හොරි† [있쏘리/이쓰호리] (머리) 비듬.

ඉහ [이하] ①머리, 두부 ඉස ②정상, 꼭대기 මුදුන.

ඉහ ඉද්දර [이하 읻더러] 머리 옆면, 머리 측면.

ඉහට උඩින් [이하터 우딘] 필요 이상으로, 머리위로.

ඉහට්ට/ඉහටිය [이할터/이하티여] 윗부분, 상위.

ඉහත† [이허떠] ①위에 있는 ඉහළින් ඇති ②앞서, 미리 පෙර ③전에, 이전에, 과거에 ඈත අතීතයෙන්.

ඉහත කී [이허떠 끼-] 앞서 말한, 전에 언급한.

ඉහඳ [이한더] (수의학) 소푸른참진드기(의).

ඉහඳ පණුවා [이한더 빠누와-] 구더기, 굼벵이.

ඉහ මොළ කනවා [이허 몰러 까너와-] ①(타인의 재물을) 빼앗다, 강탈하다 ②파괴하다, 멸망시키다 විනාශ කරනවා.

ඉහලෝකය [이헐로-꺼여] 현세상, 지금 세상 මෙලොව.

ඉහල† [이헐러] 위, 높은 ඉහළ. (구어) උඩ

ඉහ වහා ගන්නවා [이하 와하-간너와-] ①머리를 덮다 ②가득 차 넘치다, 넘쳐 나다 පිරී ඉතිරී යනවා.

ඉහ වහා යනවා [이하 와하- 야너와-] 가득 차 넘치다, 넘쳐 나다, 아주 많이 있다 පිරී ඉතිරී යනවා.

ඉහළ† [이헐러] 위, 높은 ඉහල. (구어) උඩ

ඉහළ දමනවා [이헐러 다머너와-] 높이다, 치켜 세우다 උසස් කරනවා.

ඉහළ පහල [이헐러 빠할러] 위아래, 높고 낮음.

ඉහළ යනවා† [이헐러 야너와-] 오르다, 위로 올라가다.

ඉහළින්‡ [이헐린] 위에, 위에서 උඩින්.

ඉහාත්මය [이핟-머여] (불교) 전생 පූර්වාත්මය.

ඉහිනවා† [이히너와-] ඉස්සා-ඉහ ①뿌리다, 흩뿌리다, 퍼뜨리다 වපුරනවා ②비우다, 없애다, (물을) 빼다 හිස් කරනවා. ඉහීම/ඉසුම (문어) ඉසිනවා

ඉහින් කනින් [이힌 까닌] 몸 전체의 ඇඟ පුරාම.

ඉහිරෙනවා† [이히레너와-] ඉහිරුණා-ඉහිරී 흩어지다, 쪼개지다. ඉසිරීම (문어) ඉසිරෙනවා

ඉළ/ඉල [일러] ①갈비뼈, 갈빗대, 늑골 පර්ශු ②종이, 장 කොළය.
ඉළන්දරි [일란다-리] 젊은, 청년의 තරුණ.
ඉළන්දරියා [일란다-리야-] 젊은 이, 청년 තරුණයා.
ඉළවුව/ඉළව්ව [일라우워] 죽음, 사망 මරණය.
ඉළිකුණා [일리꾸나-] (곤충) 이, 옷의 이 ඉනිකුණා.
ඉළීම [일리-머] උළනවා 의 동명사: 문지르기, 비빔, 비비기 ඇතිලීම.
ඉළුක් [일룩] 거칠고 긴 풀 종류.

ඉ

ඊ

ඊ [이-] 씽할러 알파벳의 여섯 번째 글자.

ඊ [이-] 화살 ඊතල.

ඊ/ඊයා [이-/이-야-] 싫어하는 것을 표현하는 의성어.

ඊ උරය [이- 우러여] 화살통, 전통 ඊතල කොපුව.

ඊගස/ඊගහ† [이-가써/이-가하] 화살 ඊතලය. (복) ඊගස්

ඊගානේ [이-가-네-] 아주 많이.

ඊගාවට [이-가워터] 그 다음에, 다음에 ඊළඟට.

ඊගාව [이-가워] ①가까운, 근처의 ඊළඟ ②그 다음의 එයට පසු.

ඊජිප්තුව [이-짚뚜워] (나라) 이집트. ¶ මිසරය 성경에서 나오는 이집트

ඊට† [이-터] 그것의.

ඊටපසු† [이-터빠쑤] 그 다음에, 그 후에 ඊළඟට. (구어) ඊට පස්සේ

ඊට පස්සේ‡ [이-터 빴쎄-] 그 다음에, 그 후에 ඊළඟට. (문어) ඉන් පසු

ඊතණ [이-떠너] 수수과의 잡초, 패닉 그래스 ඔසු තණ වෙසෙසක්.

ඊතලය‡ [이-떨러여] 화살 ඊගස.

ඊනියා† [이-니야-] 그렇게, 말하는 대로 ඒ වාගේ.

ඊම‡ [이-머] එනවා 의 동명사: 옴, 방문 ඒම. (문어) පැමිණීම

ඊය† [이-여] 화살 ඊතලය.

ඊයම්† [이-얌] (화학) 납, 연.

ඊයම් පාහනය [이-얌 빠-하너여] 납땜기.

ඊයම් බරුව [이-얌 바루워] 납 중량, 납 무게.

ඊයම් රහිත පැට්‍රෝල් [이-얌 *라*히떠 빼트 *롤*-] 무연 휘발유.

ඊයා/ඊ‡ [이-야-/이-] 혐오하는 것, 싫어하는 것을 표현하는 의성어.

ඊයේ‡ [이-예-] 어제 පෙර දිනය.

ඊරි/ඊරිය† [이-*리*/이-*리*여] 암태지 උෟරු දෙන.

ඊර්ෂ්‍යාව† [이-릇쉬야-워] 시기, 질투, 부러워함 ඉරිසියාව.

ඊල [일-러] ①(중국, 인도의) 일인승 가마 දෝලාව ②그네 උංචිල්ලාව.

ඊලම [일-러머] ①씽할러 족 හෙළය ②씽할러 나라 සිංහල දේශය.

ඊශාන/ඊසාන [이-샤-너/이-싸-너] ①동북쪽 ②동북쪽의.

ඊශ්‍රායෙලය [이-쉬*라*-옐러여] (나라) 이스라엘. ¶ (기독교) ඉශ්‍රායෙල්, ඉශ්රායෙල්

ඊෂාව [이-샤-워] (창, 망치 따위의) 자루, 손잡이අලවංගුව.

ඊසාන/ඊශාන† [이-싸-너/이-샤-너] ①동북쪽 ②동북쪽의.

ඊශ්වර [이-쉬워*러*] ①시바 신, 최고의 신 ශිව ②왕, 임금 රජ.

ඊශ්වර [이-쉬워*러*] ①주요한, 중요한 ප්‍රධාන ②최고의 ශ්‍රේෂ්ඨ.

ඊශ්වරයා [이-쉬워*러*야-] ①주인 ②시바신.

ඊළ [일-러] ①씽할러, 씽할러족 සිංහල ②천식 ඇදුම.

ඊළඟ‡ [일-랑거] ①가까운, 근처의 ඊගාව ②그 다음의 එයට පසු.

ඊළඟට‡ [일-랑거터] 그 다음에, 그 후에 ඊගාවට.

ඊළම [일-러머] 씽할러 족 හෙළය ②씽할러 나라 සිංහල දේශය.

උ

උ [우] 씽할러 알파벳의 일곱 번째 글자.

උංචිල්ලාව† [웅칠라-워] 그네 ඔංචිල්ලාව.

උකටලිය [우꺼털리여] 낙심, 낙담, 실망 අධෛර්යය.

උකටලී [우꺼털리-] 낙심한, 낙담한, 실망한 අධෛර්යවත් වූ.

උකටලීභාවය [우꺼털리-바-워여] 낙심, 낙담, 실망, 우울, 우울증 උකටලිය.

උකස [우꺼써] 저당, 담보 උගස. (복) *උකස්*

උකස් කරනවා† [우까쓰 꺼러너와-] 저당잡다, 담보로 주다 උගස් කරනවා.

උකස්කරය [우까쓰꺼러여] 저당증서, 담보증서 උගස්කරය.

උකස් තියනවා [우까쓰 띠여너와-] 저당 잡다, 담보로 주다 උකස් කරනවා.

උකස් ස්ථානය [우까쓰 쓰따-너여] 전당포.

උකහනවා [우꺼하너와-] 빨아들이다, 흡수하다 උරා ගන්නවා.

උකහා ගන්නවා/උකහනවා [우꺼하- 간너와-/우꺼하너와-] 빨아들이다, 흡수하다 උරා ගන්නවා.

උකු† [우꾸] 점성의, 끈적거리는 දියාරුකමින් අඩු.

උකු කරනවා† [우꾸 꺼러너와-] 농축하다, 응축하다 ඝන කරනවා.

උකු කිරි† [우꾸 끼리] 연유(煉乳).

උකුණා† [우꾸나-] (머릿속) 이, (새, 물고기, 식물 등의) 기생충. (복) *උකුණෝ, උකුණු*

උකුල් සන්ධිය [우꿀 싼디여] (해부학) 고관절.

උකුසා/උකුස්සා [우꾸싸-/우꿌싸-] ①(조류) 매 ②중요한, 주요한 වැදගත්.

උකුල/උකුළ† [우꿀러] 엉덩이, 허리, 요부 ඔඩොක්කුව. (복) *උකුලු*

උකුලු/උකුළු [우꿀루] උකුල 의 복수 또는 형용사: ①엉덩이들 ②엉덩이의.

උකුලු ඇටය [우꿀루 애터여] 허리뼈, 엉덩이 뼈 ඉණ ඇටය.

උකුව [우꾸워] 몸, 신체 කය. (구어) ඇඟ

උකුස්සා/උකුසා‡ [우꿌싸-/우꾸싸-] ①(조류) 매 ②중요한, 주요한 වැදගත්.

උක් [욱] 사탕수수의 උප්පුරුක්.

උක්කු [욱꾸] 우유 කිරි.

උක්කුං [욱꿍] 모유 මව්කිරි.

උක්කුටික [욱꾸티꺼] 웅크리는.

උක්කුටිකය [욱꾸티꺼여] 웅크림 ඇනතියා ගැනීම.

උක් ගස/උක් ගහ† [욱 가써/욱 가하] 사탕수수 나무.

උක්ත† [욱떠] ①말하여진, 언급된 කියනලද ②(문법) 동사의 주어.

උක් පැණි [욱 빼니] 당밀, 사탕수수 단물.

උක් හකුරු [욱 하꾸루] 당밀을 굳힌 것.

උගතා† [우거따-] 학자 , 지식인, 배운 사람 වියතා. (복) *උගත්තු* ¶ නූගතා 못배운 사람, 무식한 사람

උගත්‡ [우갇] 배운, 학식있는, 박식한. ¶ උගත්කම 학식, 박식

උගන්නවා [우간너와-] උගත්තා-උගෙන 배우다, 익히다 හදාරනවා. <u>උගෙනීම</u> (구어) ඉගෙන ගන්නවා

උගන්නනවා/උගන්වනවා‡ [우간너너와-/우간워너와-] ඉගැන්නුවා-

උගන්වා 가르치다, 교수하다, 교육하다. ඉගැන්වීම

උගලනවා [우걸러너와-] 빼앗아 가다, 채어 가다.

උගන්වනවා‡ [우간워너와-] ඉගැන්නුවා-උගන්වා 가르치다, 교수하다, 교육하다 උගන්නනවා. ඉගැන්වීම

උගස [우거써] 저당, 담보 උකස. (복) උගස්

උගස් ඔප්පුව [우가쓰 옾뿌워] 저당 증서, 담보증서 උගස්කරය.

උගස් කරනවා [우가쓰 꺼러너와-] 저당잡다, 담보로 주다 උකස් කරනවා.

උගස්කරය [우가쓰꺼러여] 저당증서, 담보 증서 උකස්කරය.

උගහට [우거하터] 어렵게, 힘들게 දුෂ්කර.

උගුඩුවා† [우구두와-] (동남아시아 등지의 나무 위에 사는) 사향고양이, 족제비 කලවැද්දා.

උගුර‡ [우구러] ①(내부) 목 ②한입, 한 입 가득, 한모금. (복) උගුරු ¶ බෙල්ල (외부) 목 මම තව උගුරක් බොමි 나 한 모금더 마신다

උගුරට එනවා [우구러터 에너와-] 토하기 직전이다, 토하려 하다 වමනෙට එනවා.

උගුර තෙමනවා [우구러 떼머너와-] 목을 축이다, 마시다, 들이켜다 බොනවා.

උගුරැස්ස [우구랬써] 열대 지역의 키 작은 나무 Flacourtia ramonlchi.

උගුරු ඇටය [우구루 애터여] 목젖.

උගුරු දණ්ඩ [우구루 단더] (의학) 숨통, 후두, 기관 ගලනාලය.

උගුරු වළලු [우구루 왈럴루] (의학) 숨통, 후두, 기관 උගුරු දණ්ඩ.

උගුල† [우굴러] 올무, 올가미, 덫, 함정 උපාය. (복) උගුල්

උගුල් [우굴] උගුල 의 복수: 덫들, 올가미들, 함정들.

උගුල් අටවනවා [우굴 아터워너와-] 덫을 놓다, 올가미를 씌우다 උගුල් අදිනවා.

උගුල් අදිනවා [우굴 아디너와-] 덫을 놓다, 올가미를 씌우다 උගුල් අටවනවා.

උගුල්කාරයා [우굴까-러야-] 사기꾼.

උගුල්ලනවා† [우굴러너와-] ඉගිල්ලුවා-උගුල්ලා 뽑다, 뿌리채 뽑다 ගලවනවා. ඉගිල්ලීම

උගුළනවා/උගුල්ලනවා [우굴러너와-] ඉගිළුවා/ඉගිල්ලුවා-උගුළා/උගුල්ලා 뽑다, 제거하다 ගලවනවා. ඉගිළීම/ඉගිල්ලීම

උග්‍ර [우그러] 모진, 어려운, 심각한 දරුණු.

උචිත† [우치떠] 적당한, 적절한, 알맞은, 어울리는 සුදුසු. ¶ ප්‍රස්තාවෝචිත 시기 적절한

උචිතතාව [우치떠따-워] 적당함, 적절, 알맞음.

උච්ච [웇처] ①높은, 위의 උස ②고상한, 고귀한.

උච්චමානය [웇처마-너여] 고도계.

උච්චස්ථානය [웇처쓰따-너여] 높은 곳, 고지대 උස තැන.

උච්චාරණය† [웇차-러너여] 발음, 발성, 말함 ශබ්ද කිරීම.

උච්චාරණය කරනවා† [웇차-러너여 꺼러너와-] 발음하다, 발성하다, 말하다 ශබ්ද කරනවා.

උච්චාරපස්සාව [웇차-러빴싸-워] 배설물, 똥 오줌.

උච්චාවච [웇차-워처] 증감의, 줄어들고 늘어나는 අඩු වැඩි.

උච්චාවචනය [웇차-워처너여] 증감, 줄어들고 늘어남 වැඩි අඩු වීම.

උච්ඡේදනය/උච්ඡේදය [웇체-더너여/웇체-더여] 사멸, 절멸, 멸절 මුලින් සිඳ දැමීම.

උච්ඡේද වාදය [웇체-더 와-더여] 무환생 주의.

උජාරුව [우자-루워] ①교만, 오만, 거만 අහංකාරය ②허영, 허세, 허식 බොරු පෙනුම ③미모, 아름다움 අලංකාරය.

උජුකාර්ථය [우주까-르떠여] 직접적 의미 ඍජු අරුත.

උ

උජ්වලනය [우즈왈러너여] 광채, 빛남 දිලිසීම.

උට්ඨානය [웉타-너여] 일어남, 일어섬 නැගිටීම.

උට්ඨාන වීර්යය [웉타-너 위-르여여] 정력, 활기 අප්‍රතිහත ධෛර්යය.

උඩ‡ [우더] ①위, 윗쪽, 상단부 උසින් වූ තැන ②위의, 윗쪽의 උඩු. (문어) ඉහළ ¶ මේ පොත මේසය උඩින් තියන්න 이 책을 탁자 위에 놓아라

උඩක්කිය [우닦끼여] 좁은 북 උඩැක්කිය.

උඩ ගන්නවා [우더 간너와-] (위로) 올리다, 끌어 올리다, 일으키다.

උඩ ගෙඩි දෙනවා [우더 게디 데너와-] 부추기다, 선동하다.

උඩගු‡ [우더구] 교만한, 오만한, 우쭐대는 ආඩම්බර. (문어) අහංකාර

උඩගුව [우더구워] 교만, 오만, 거만, 우쭐댐. (문어) අහංකාරය

උඩට† [우더터] 위로, 윗쪽으로 ඉහළට.

උඩත් පිරිසෙයින් [우닫 삐리쎄인] 최고로 උඩත් පිරිසෙන්.

උඩ පනිනවා† [우더 빠니너와-] ①뛰다, 위로 튀다 ඉහළට පනිනවා ②기뻐하다, 즐거워하다.

උඩ බලියනවා [우더 발리야너와-] 이유없이 위를 쳐다보다.

උඩබිම [우더비머] (의문사) 어디(쯤)에.

උඩබිම බලනවා [우더비머 발러너와-] 당혹해하다, 어찌할 바를 모르다 කලබල වෙනවා.

උඩ මාලය [우더 말-러여] 위층, 2층 උඩු මහල.

උඩරට‡ [우더라터] 산악지역 උඩහ.

උඩල [우덜러] (식물) 둥근마.

උඩවැඩියා [우더왜디야-] 난초, 난 ඕකිඩ්.

උඩහ [우더하] ①위의, 윗쪽의, 상단부의 ②산악지역 උඩරට.

උඩහල්ල [우더할러] (주로 화초를 위한) 지붕에서 내려 단 바구니 උඩහැල්ල.

උඩළිපත [우덜리빠떠] 상인방돌 (창, 입구 등 위에 댄 가로대).

උඩැක්කිය [우댞끼여] 좁은 북 උඩක්කිය.

උඩින් [우딘] 위로부터, 윗쪽으로 부터. (문어) ඉහළින්

උඩින් පල්ලෙන් [우딘 빨렌] 부주의하게, 조심없이 නොසැලකිල්ලෙන්.

උඩින් යනවා [우딘 야너와-] ①교만하게 일 하다, 교만하다 ඉහළින් යනවා ②윗쪽으로 지나가다

උඩු† [우두] 위의, 윗쪽의, 상단부의 උඩ.

උඩු ඇන්ද‡ [우두 앤더] 윗줄.

උඩු කය† [우두 까여] 상반신, 버스트.
උඩුකුරු [우두꾸루] 전면을 향하는, 얼굴이 윗쪽을 향하는 උත්තාන.
උඩුගං [우두강] (강) 상류 උඩු ගඟ.
උඩුතල්ල† [우두딸러] 입천장.
උඩුතොල [우두똘러] 윗입술.
උඩුදැළි [우두댈리] 콧수염 උඩුරැවුල.
උඩුපය [우두빠여] 뗏목 ඔරුව.
උඩුපතුල/උඩුපල්ල [우두빠뚤러/우두빨러] 발등 පිටි පතුල.
උඩු බුරනවා‡ [우두 부러너와-] (개, 이리 따위가 하늘을 보고) 짖다, 멀리서 짖다.
උඩුමහල† [우두마할러] 다락방, 위층 උඩ මාලය.
උඩුමහල් තලය/උඩුමහල් තලාව [우두마할 딸러여/우두 마할 딸라-워] 다락방, 위층 උඩ මාලය.
උඩුමුව [우두무워] 얼굴을 위로 향한 උඩුකුරු.
උඩුයටි [우두야티] 뒤집어진 උඩුයටිකුරු.
උඩුයටිකුරු [우두야티꾸루] 뒤집어진 උඩුයටි.
උඩුරැවුල‡ [우두래울러] 콧수염 උඩුදැළි.
උඩුවියන‡ [우두위여너] 천으로 만든 천장, 닫집, 닫집 모양의 덮개.
උඩුහක්ක [우두학꺼] 윗턱.
උණ‡ [우너] ①열병 ජ්වරය ②대나무 උණ ගස.
උණ අතීසාරය [우너 아띠-싸-러여] 열병을 동반한 설사.
උණ කටුව† [우너 까투워] ①체온계 ②대나무 가시.
උණ ගහ† [우너 가하] 대나무 බට.
උණ මදුරුවා [우너 마두루와-] 학질 모기, 말라리아 모기.
උණු† [우누] 뜨거운, 따뜻한 රශ්ණ.
උණු උණුවේ [우누 우누웨-] 즉시, 바로.
උණු කරනවා‡ [우누 꺼러너와-] 끓이다, 뜨겁게 하다, 달구다 රත් කරනවා.
උණු කැවුම් [우누 깨움] 엄청난 요청에.
උණු දිය [우누 디여] 따뜻한 물.
උණුවතුර බිබුල [우누와뚜러 비불러] 온천 උණුවතුර බුබුල.
උණුවතුර බුබුල [우누와뚜러 부불러] 온천 උණුවතුර බිබුල.
උණු වතුර බෝතලය [우누 와뚜러 보-떨러여] 보온병.
උණුසුම [우누쑤머] 뜨거움, 열기 උෂ්ණය.
උණුසුම්† [우누숨] 뜨거운, 더운, 열기의 උෂ්ණ. (구어) උණුහුම්
උණුහුම් [우누훔] 뜨거운, 더운, 열기의 උෂ්ණ. (문어) උණුසුම්
උණ්ඩය† [운더여] 총알, 탄알 වෙඩි කැටය.
උණ්ඩ වාරක [운더 와-러꺼] 방탄의, 방탄이 되는 වෙඩි නොවදින.
උණ්ඩිය [운디여] (종이, 빵, 초 등의) 둥글게 뭉친 것 ගුලිය.
උණ්ඩුකය [운두꺼여] (해부학) 맹장, 충수 ඇපෙන්ඩික්සය.
උතුකටුව [우뚜까투워] (딱딱한) 야자 껍데기.
උතුමා [우뚜마-] 귀족, 높으신 분 උත්තමයා.
උතුමාණෝ [우뚜마-노-] 전하, 각하 උතුමාණන් වහන්සේ.
උතුම්† [우뚬] 가장 높은, 최고의, 고귀한.

උ

උතුර‡ [우뚜*러*] 북쪽. (복) *උතුරු*
උතුරනවා† [우뚜*러*너와-] ඉතුරුවා-උතුරා ①넘치다, 넘쳐 흐르다 ②물이 끓다. ඉතිරීම
උතුරු† [우뚜*루*] 북쪽의, 북의 *උත්තර*.
උතුරු සළුව [우뚜*루* 쌀루워] 웃옷, 겉옷.
උතුළ [우뚤러] ①넘친, 범람한 ②(물) 끓은.
උත්කර්ශවත් [욷까*르*셔왇] 뛰어난, 탁월한, 위대한 උත්කෘෂ්ට.
උත්කෘෂ්ට [욷끄*루*쉬터] 뛰어난, 탁월한, 위대한, 절묘한, 훌륭한, 장엄한, 장대한 ඉතා උසස්.
උත්කෘෂ්ටතාව [욷끄*루*쉬터따-워] 장엄, 위대함, 뛰어남, 탁월함 ඉතා උසස්භාවය.
උත්තම† [욷떠머] 뛰어난, 탁월한, 위대한, 높으신, 존경하는 උතුම්.
උත්තම පුරුෂ [욷떠머 뿌*루*셔] (문법) 1인칭. ¶ මධ්‍යම පුරුෂ 2인칭 ප්‍රථම පුරුෂ 3인칭
උත්තමයා [욷떠머야-] ①귀족, 귀한 사람 ②높은 사람, 대장. ¶ උත්තමිය 높은 여자분
උත්තමාචාරය [욷떠마-차-*러*여] 경례, 인사.
උත්තමාව [욷떠마-워] 여자, 여성.
උත්තමිය [욷떠미여] ①(여성) 귀족, 귀한 사람 ②높은 여자. ¶ උත්තමයා 높은 분 (남자)
උත්තර [욷떠*러*] *උත්තරය* 의 복수: 대답들. (문어) පිළිතුරු
උත්තර [욷떠*러*] ①북쪽의, 북의 *උතුරු* ②최고의, 가장 높은, 가장 귀한 ඉතා උසස්.
උත්තර දෙනවා‡ [욷떠*러* 데너와-] 대답하다, 응답하다. (문어) පිළිතුරු දෙනවා
උත්තර ධ්‍රැවය† [욷떠*러* 드*래*워여] 북극. ¶ දක්ෂිණ ධ්‍රැවය 남극
උත්තර බඳිනවා [욷떠*러* 반디너와-] 답변을 철하다.
උත්තර පත්‍රය [욷떠*러* 빠뜨*러*여] 답안지.
උත්තරය‡ [욷떠*러*여] 답, 대답, 응답. (복) *උත්තර* (문어) පිළිතුර
උත්තරායනය [욷떠*라*-여너여] (천문학) 하지: 여름이 제일 긴 날.
උත්තරාර්ධගෝලය† [욷떠*라*-*르*더골-러여] 북반구. ¶ දක්ෂිණාර්ධ ගෝලය 남반구
උත්තරීතර [욷떠*리*-떠*러*] 뛰어난, 탁월한 ඉතා උතුම්.
උත්තල [욷떨러] 볼록한, 철면의 මැදින් උස් මතුපිටක් ඇති.
උත්තලතාව [욷떨러따-워] 볼록, 철면.
උත්තාන [욷따-너] ①전면을 향하는, 얼굴이 윗쪽을 향하는 උඩුකුරු ②얕은, 깊지 않은.
උත්තුංග [욷뚱거] 아주 높은, 아주 키큰 බොහෝ උස.
උත්තේජනය [욷떼-저너여] ①자극, 고무, 흥분시킴 ②의욕, 열의, 열심.
උත්තේජනය කරනවා† [욷떼-저너여 꺼*러*너와-] 자극하다, 흥분시키다.
උත්ථානය† [욷따-너여] ①부활, 일어남 නැගිටීම ②시도, 노력 උත්සාහය.
උත්පතනය [욷빠떠너여] 날아오름, 뛰어오름 පියෑඹීම.
උත්පත්ති [욷빧띠] (성경) 창세기.
උත්පත්ති පාලනය [욷빧띠 빨-러너여] 산아 제한.

උත්පත්තිය† [웉빧띠여] 기원, 시작, 탄생 උපත.

උත්පථය [웉빠떠여] 틀린 길 වැරදි මාර්ගය.

උත්පන්න [웉빤너] 태어난, 나타난 උපන්.

උත්පල [웉빨러] 파란 연꽃 උපුල්.

උත්පාටනය [웉빠-터너여] 근절, 뿌리채 뽑음 මුලින් උපුටා දැමීම.

උත්පාතය [웉빠-떠여] 재난, 재해 ආපදාව.

උත්පාදක [웉빠-더꺼] ①생산자, 만든 이 උපදවන්නා ②생산하는, 만드는 උපදවන.

උත්පාදකයා [웉빠-더꺼야-] 생산자, 만든 이 උපදවන්නා.

උත්පාදනය/උත්පාදය† [웉빠-더너여/웉빠-더여] 생산, 산출, 만들어냄 ඉපදවීම.

උත්සන්න [웉싼너] 심각한, 모진, 격심한 උග්‍ර.

උත්සර්ගය [웉싸르거여] ①배출, 배기 නික්මවීම ②배변, 똥쌈 මල පහකිරීම ③선물, 기부, 증정 පරිත්‍යාගය.

උත්සවය‡ [웉써워여] 축제, 축전, 페스티발 උළෙල.

උත්සාහ කරනවා‡ [웉싸-하 꺼러너와-] 노력하다, 수고하다, 시도하다 උත්සාහ දරනවා. (문어) තැත් කරනවා

උත්සාහ දරනවා [웉싸-하 다러너와-] 노력하다, 수고하다, 시도하다 උත්සාහ කරනවා.

උත්සාහය‡ [웉싸-하여] 노력, 시도, 수고. (문어) වෑයම

උත්සාහවත්/උත්සාහවන්ත [웉싸-허왇/웉싸-허완떠] 노력하는, 시도하는 උනන්දු.

උත්සුක [웉쑤꺼] 노력하는, 열망하는, 갈망하는 උනන්දු.

උත්ස්වේදනය [웉쓰웨-더너여] (식물) 김내기, 증산.

උදක [우더꺼] 물 දිය, ජලය. (구어) වතුර ¶ උදක කූපය 우물

උදක්/උදක්ම [우닦/우닦머] ①혼자서, 유일하게 හුදෙක් ②정직하게, 솔직이.

උදක්ම ඉල්ලනවා [우닦머 일러너와-] 간청하다, 탄원하다.

උදන් අනනවා [우단 아너너와-] 큰 만족을 표하다, 큰 기쁨을 표현하다 උදම් අනනවා.

උදන් ඇනීම [우단 애니-머] උදන් අනනවා 의 동명사: 만족, 큰 기쁨.

උදම [우더머] (바다) 조수, 밀물과 썰물 වඩදිය බාදිය.

උදම් [우담] ①기쁜, 즐거운 සතුටු ②높은 උස් ③교만한, 거만한 උඩඟු.

උදම් අනනවා [우담 아너너와-] 큰 만족을 표하다, 큰 기쁨을 표현하다 උදන් අනනවා.

උදම් කරනවා [우담 꺼러너와-] 높이다, 들어 올리다 ඔසවනවා.

උදම් වෙනවා [우담 웨너와-] ①기뻐하다, 즐거워하다 ප්‍රිය වෙනවා ②자랑하다, 뽐내다, 의기양양하다, 들떠 있다.

උදය‡ [우더여] 아침 උදේ. (문어) උදෑසන

උදරය† [우더러여] ①배, 복부 (구어) බඩ ②구멍, 동공 කුහරය.

උදරරෝගය [우더러로-거여] (의학) 수종병 ඔජරය.

උදලු [우덜루] උදැල්ල 의 복수: 괭이들.

උදවිය [우더위여] 무리, 그룹 පිරිස. ¶ පවුලේ උදවිය 식구들

උදව් කරනවා‡ [우다우 꺼러너와-] 돕다, 도와주다. (문어) උපකා-

උ

ර කරනවා ¶ උදව් කලාට ස්තූතියි 도와주셔서 감사합니다

උදවුව‡ [우다우워] 도움, 조력 උදව්ව. (문어) උපකාරය.

උදව්ව‡ [우다우워] 도움, 조력 උදවුව. (문어) උපකාරය.

උදහස [우더하써] 분노, 화, 진노 කෝපය. (복) *උදහස්* (구어) කේන්තිය ¶ උදහස නිවෙනවා 화가 누그러지다

උදහස් [우더하쓰] උදහස 의 복수 또는 형용사: ①화들, 분노들 ②화난, 진노의.

උදහස් කරනවා [우더하쓰 꺼러너와-] 화나게 하다, 화나게 만들다 කෝප කරනවා. (구어) කේන්ති කරනවා

උදහස් වෙනවා [우더하쓰 웨너와-] 화나다, 열받다, 분노하다 කෝප වෙනවා. (구어) කේන්ති යනවා

උද කරනවා [우다- 꺼러너와-] 떠오르게 하다, 일어나게 하다, 발생하게 하다.

උදනය [우다-너여] 기쁨 표현, 만족 표현. (복) *උදන්*

උදර/උදරතර [우다-러/우다-러떠러] ①위대한, 높은, 고귀한 ශ්‍රේෂ්ඨ ②교만한, 오만한 අහංකාර.

උදරතරකම/උදරත්වය [우다-러떠러꺼머/우다-랕워여] ①위대함, 고귀함 උසස්කම ②교만, 오만 අහංකාරය.

උදරම/උදරම්කම [우다-러머/우다-람꺼머] ①위대함, 고귀함 උසස්කම ②교만, 오만 අහංකා-රය.

උදරම් [우다-람] උදාරම 의 복수 또는 형용사: ①위대함, 고귀함 උසස්කම් ②교만, 오만 අහංකාර ③고귀한, 위대한 ශ්‍රේෂ්ඨ ④교만한, 오만한උදාර.

උදරම්කම/උදරම [우다-람꺼머/우다-러머] ①위대함, 고귀함 උසස්කම ②교만, 오만 අහංකාරය.

උදව† [우다-워] ①일출, 해오름 ②출현, 현현 පැමිණීම.

උද කරනවා† [우다- 꺼러너와-] (해가) 뜨다, 오르다, 올라가다 පායනවා.

උද වෙනවා† [우다- 웨너와-] (해가) 떠오르게 하다, 일어나게 하다, 발생하게 하다.

උදසීන† [우다-씨-너] ①게으른, 나태한 ②무관심한, 냉담한 නොසැලකිලි.

උදහරණය‡ [우다-하러너여] 예, 예시, 모본 නිදර්ශනය. ¶ උදාහරණයෙන් 예를 들어

උදහිරු [우다-히루] 일출, 해오름, 아침 ඉර උදාවීම.

උදැල්ල‡ [우댈러] (날이 넓은 스리랑카의) 괭이. (복) *උදලු*

උදෑසන‡ [우대-써너] 아침 උදය. ¶ සුභ උදෑසනක් (아침 인사) 안녕하세요?

උදු [우두] 수직의, 직각의, 곧은 ඍජු.

උදු ගුණය [우두 구너여] 직각, 수직 ඍජු ගතිය.

උදුන† [우두너] 난로, 화덕, 쿠커 ලිප.

උදුම්බර [우둠버러] 무화과 나무 අත්තික්කා ගස.

උදුම්මනවා/උදුම්වනවා [우둠머너와-/우둠워너와-] 교만하다, 오만하다 අහංකාර වෙනවා. (구어) උඩඟු වෙනවා

උදුරනවා† [우두러너와-] ඉදුරුවා(ඉදිරුවා)-උදුරා 뿌리채 뽑다, 뽑아내다, 빼앗다, 강탈하다. <u>ඉදිරීම</u> (구어) ගලවනවා

උ

උදුල/උදුල් [우둘러/우둘] (반짝반짝) 빛나는, 광채나는 දිලිසෙන.

උදුලනවා [우둘러너와-] (반짝반짝) 빛나다, 광채나다.

උදුල් [우둘] (반짝반짝) 빛나는, 광채나는 දිලිසෙන.

උදුල්කම [우둘꺼머] (반짝반짝) 빛남, 광채 දීප්තිය.

උදුවප් මාසය [우두왚 마-써여] (씽할러, 불교달력) 우두왑 달: 11월 중순~ 12월 중순.

උදෙකලා [우데껄라-] 혼자의, 외로운 හුදෙකලා.

උදෙකලාව [우데껄라-워] 혼자서, 홀로, 외롭게 හුදෙකලාව. (구어) තනියෙන්.

උදෙසනවා [우데써너와-] ඉදෙසුවා-උදෙසා ①선포하다, 선언하다 දන්වනවා ②암송하다 කට පාඩම් කරනවා ③묵상하다, 상고하다 මෙනෙහි කරනවා. ඉදෙසීම/ඉදෙසුම

උදෙසා† [우데싸-] ~위해서, 대신해서 වෙනුවෙන්.

උදේ‡ [우데-] ①아침 උදය ②아침의, 아침에.

උද්ගත [욷가떠] 올라온, 위로 올라온, 나온, 생긴 මතු වූ.

උද්ගමනය/උද්ගමය [욷가머너여/욷가머여] 솟아오름, 올라감, 오름, 치솟음, 일어남 උදාවීම.

උද්ග්‍රහණය [욷그러하너여] 배움, 학습 අධ්‍යාපනය. (구어) ඉගෙන ගිනීම

උද්ඝෝෂණය† [욷고-셔너여] 소리지름, 데모 උද්ඝෝෂය.
¶ උද්ඝෝෂණය කරනවා 데모하다, 항의하려고 모여 소리를 지르다

උද්දනවා [욷더너와-] ඉද්දුවා-උද්දා 상처를 입히다, 상처가 나게 하다 රිදවනවා. ඉද්දීම

උද්දමය [욷다-머여] 희열, 기쁨 උදම් වීම.

උද්දීපනය/උද්දීප්තිය [욷디-뻐너여/욷딮-띠여] ①빛남, 광채 ආලෝක කිරීම ②자극, 흥분 ප්‍රබෝධ කිරීම.

උද්දේශය [욷데-셔여] 설명, 상술, 말함 දෙසීම.

උද්දේසික [욷데-씨꺼] 지정된, 예약된.

උද්ධංගම [욷당거머] 상승하는, 위로 올라 가는.

උද්ධච්ච [욷닻처] ①교만한, 오만한 අහංකාර ②동요된, 흥분한 නොසන්සුන්.

උද්ධච්චය [욷닻처여] ①동요, 흥분 නොසන්සුන් ගතිය ②교만, 오만 උඩඟුකම.

උද්ධමනය [욷다머너여] 인플레이션, 통화팽창 බඩු මිල ඉහළට යෑම. ¶ අවධමනය 디플레이션, 통화수축

උද්ධරණය [욷다러너여] 인용, 따옴 උපුටනය.

උද්ධෘත පාඨ ලකුණු [욷드루떠 빠-털 라꾸누] 인용 부호, 따옴표.

උද්ධෘතය [욷드루떠여] 인용, 따옴 උපුටනය.

උද්භවය [욷바워여] 발생, 출현 මතුවීම.

උද්භිද† [욷비더] 식물(학)의, 식물성의 ශාකවලට අයත්.
¶ උද්භිද උද්‍යානය 식물원

උද්භිදය [욷비더여] 식물.

උද්භිද විද්‍යාව† [욷비더 윋디야-워] 식물학.

උද්‍යානය‡ [욷디야-너여] 공원, 가든 උයන.

උද්‍යෝගය† [욷요-거여] ①열심, 노력 උද්‍යෝගය ②인내(력).

උද්‍යෝගය† [욷디요-거여] ①열심, 노력 දැඩි උනන්දුව ②인내.

උද්‍යෝගී/උද්‍යෝගිමත් [욷디요-기-/욷디요-기맏] 열심있는, 열정적인 දැඩි උනන්දුව ඇති.

උද්වහනය [욷와하너여] 퍼짐, 전파됨 වසා පැතිරීම.

උද්වේගය [욷웨-거여] 흥분, 자극받음, 격앙 මානසික කැළඹුම.

උන දමනවා [우너 다머너와-] 풀다, 풀어 헤치다, 끄르다 ලිහනවා

උනනවා [우너너와-] ඉනුවා-උනා ①샘물이 솟아오르다 ②모이다 රැස් වෙනවා ③풀다, 끄르다 ලිහනවා ④옷을 벗다 ඇඳුම් ගලවනවා. ඉනීම

උ

උනන්දුව‡ [우난두워] 열심, 노력 මහත් ඕනෑකම.

උනහපුළුවා [우너하뿔루와-] (스리랑카산) 홀쭉이 로리스.

උනා බහිනවා [우나- 바히너와-] 새다, 줄줄 흘러나오다 කාන්දු වෙනවා.

උනී [우니-] ඉන්නවා 의 3인칭 단수 남성 과거형태: 있었다, 지냈다 උන්නේය.

උනු [우누] 털, 모 ලෝම.

උනු [우누] ①부족, 모자람, 불충분 අඩුව ②부족한, 모자란, 불완전한 ඌන.

උනුනුන් [우누눈] (대명사 복수) 서로 서로.

උන් [운] (대명사: 동물이나 천한 사람에게 사용) ①그것들 ②(대격 형태) 그것들을.

උන්‡ [운] ඉන්නවා 의 형용사적 과거용법: 있었던, 존재했던 උන්න. (구어) හිතපු

උන්නා ‡ [운나-] ඉන්නවා 의 과거: 있었다, 존재했다 හිටියා. (문어) සිටියා

උන්චිල්ලාව [운칠라-워] 그네 ඔංචිල්ලාව.

උන්දෑ [운대-] 그 사람 එයා. (복) *උන්දැලා* (문어) උන්නැහේ

උන්නත [운너떠] 위쪽의, 위에, 하늘에 ඉහළට.

උන්නතය [운너떠여] 고위, 높음, 고귀 උසස් බව.

උන්නතාංශය [운너땅-셔여] 해발, 고도.

උන්නතිය [운너띠여] 발전, 성장, 진보 දියුණුව.

උන්නාන්සේ [운난-쎄-] (높임말) 그분 උන් වහන්සේ.

උන්නැහේ† [운내헤-] (대명사: 존경) 그분. (구어) එයා

උන්මත්ත/උන්මත්තක [운맏떠/운맏떠꺼] 미친, 정신나간, 제정신이 아닌 උමතු. (구어) පිස්සු

උන්මත්තකයා† [운맏떠꺼야-] 미친 사람, 정신 병자 උන්මත්තයා. (구어) පිස්සා

උන්මාදය† [운마-더여] 미침, 정신나감, 정신병 උමතුවීම. (구어) පිස්සුව

උන්මුඛ [운무꺼] 열망하는, 간절히 바라는 බලාපොරොත්තු වන.

උන් වහන්සේ† [운 와한쎄-] 그분 (신, 승려, 성직자, 아주 높은 분에게 사용하는 말) එතුමා.

උන්සිල්ලාව [운씰라-워] 그네 ඔංචිල්ලාව.

උන්හිටි තැන [운히티 때너] 거주지, 집 නිවහන.

උඳු [운두] 콩, 완두콩.

උඳුපියලිය [운두삐열리여] (콩과) 도둑놈의 갈고리.

උපකරණය‡ [우빠꺼러너여] 도구, 기구, 장비 ආම්පන්න.

උපකර්තෘ [우빠까르뜨루] 부저자, 두 번째 저자 සහායක කර්තෘ.

උපකළමණාකරු [우뻐깔러머나-꺼루] 부지배인, 부매니저.

උපකාරක/උපකාරී [우뻐까-러꺼/우뻐까-리-] 도움이 되는.

උපකාරය‡ [우뻐까-러여] 도움, 조력, 지원. (구어) උදව්ව

උපකාරී† [우뻐까-리-] 도움이 되는 උපකාරක.

උපක්‍රමය† [우뻐끄러머여] ①계획, 계략 උපාය ②수단, 방법.

උපක්ලේෂය [우뻐끌레-셔여] (불교) 마음을 더럽히는 교리.

උපගත [우뻐가떠] 온, 도착한 පැමිණුණු.

උපගමනය [우뻐가머너여] 접근, 근접, 가까이 옴 එළෙඹීම.

උපගුරු† [우뻐구루] 보조 교사.

උපග්‍රන්ථය† [우뻐그란떠여] 부록 පරිශිෂ්ටය.

උපග්‍රහයා [우뻐그러허야-] ①위성 පරිවාර ග්‍රහයා ②(천체) 달 සඳ.

උපචය [우뻐처여] ①집적, 축적, 누적 එකරාශී වීම ②발전, 향상 වැඩීම.

උපචාරය [우뻐차-러여] ①관심, 주의집중 ②동행, 거함 පැවැත්වීම ③존경, 명예 බුහුමන ④제사, 예배 පූජාව.

උපචිත [우뻐치떠] 모아진, 축적된 එක් රැස් කරන ලද.

උපත‡ [우뻐떠] 출생, 탄생, 태어남 උප්පැන්නය. (복) උපත්

උපදවනවා [우뻐더워너와-] ඉපදෙවුවා-උපදවා උපදිනවා 의 사역동사: ①낳다, 출산하다 බිහි කරනවා ②만들다, 생산하다, 발생시키다. ඉපදවීම

උපදිනවා† [우뻐디너와-] උපන්නා/ඉපදුණා-ඉපිද ①태어나다, 탄생하다 ඉපදෙනවා ②만들어지다, 발생하다, 일어나다. ඉපදීම

උපදෙස† [우뻐데써] ①충고, 권고 ②안내, 지시 උවදෙස. (복) උපදෙස්

උපදේශ/උපදේශක [우뻐데-셔/우뻐데-셔꺼] ①교훈적인, 충고의, 훈계하는 ②속담의, 격언의 හිතෝපදේශාකාර.

උපදේශක [우뻐데-셔꺼] ①조언자, 충고자 උපදේශකයා ②교훈적인, 충고의, 훈계하는 ③속담의, 격언의 උපදේශ.

උපදේශකයා† [우뻐데-셔꺼야-] 조언자, 충고자 උපදේශක.

උපදේශික/උපදේශ [우뻐데-쉬꺼/우뻐데-셔] ①교훈적인, 충고의, 훈계하는 ②속담의, 격언의 හිතෝපදේශාකාර.

උපදේශනය/උපදේශය [우뻐데-셔너여/우뻐데-셔여] ①충고, 지도 දැනමුතුකම ②속담, 격언, 금언 හිතෝපදේශය.

උපදේශය/උපදේශනය† [우뻐데-셔여/우뻐데-셔너여] ①충고, 지도 දැනමුතුකම ②속담, 격언, 금언 හිතෝපදේශය.

උපදේශාත්මක [우뻐데-샤-머꺼] 교훈적인, 가르치기 위한 අවවාදාත්මක.

උපද්‍රව [우뻐드러워] උපද්‍රවය 의 복수 또는 형용사: ①위험, 해, 피해 අනතුරු ②험한, 재앙의, 피해의 හිරිහැර.

උපද්‍රවය [우뻐드러워여] 위험, 해, 피해 අනතුර.

උපනගරය† [우뻐나거러여] 근교, 교외, 시외.

උපන්† [우빤] 태어난, 만들어진, 일어난 උපත්.

උපන් දිනය‡ [우빤 디너여] 생일. ¶ සුභ උපන් දිනයක් 생일 축하해요.

උ

උපන්නා [우빤나-] උපදිනවා 의 과거: 태어났다, 출현했다, 나타났다 ඉපදුනා.
උපන්‍යාසය [우뻔니야-써여] ①서언, 머리말 වැකියක ආරම්භය ②조사, 물음 විචාරය.
උපන් ලපය [우빤 라뻐여] (태어날 때 생기는) 몽고반점, 모반, 멍, 점.
උපපත්‍රිකාව [우뻐빠뜨리까-워] 복사본 ලදුපතක පිටපත.
උප මහාද්වීපය [우뻐 마할-위뻐여] (인도, 그린란드 따위) 아대륙.
උපමානය [우뻐마-너여] 비교, 대조 සමාන කර පෑම.
උපමාව† [우뻐마-워] 비유, 우화 සමාන බව.
උපමා කථාව† [우뻐마- 까따-워] 우화, 교훈적 이야기.
උපයනවා† [우뻐여너와-] ඉපයෙවුවා-උපයා ①돈을 벌다 ②공급하다 සපයනවා. ඉපයීම/ඉපැයීම/ඉපැයුම
උපයා ගන්නවා [우뻐야- 간너와-] ①(돈을) 벌다 ②공급하다 සපයනවා. උපයා ගැනීම
උපයෝගී [우뻐요-기-] ①유용한, 유익한 ②들어맞는, 적절한, 적용할 수 있는.
උපරාජ [우뻐라-저] 총독, 태수, 부왕.
උපරි [우뻐리] 위의, 윗쪽의 උඩ.
උපරිම‡ [우뻐리머] 최대의, 최고의 වැඩිම.
උපරිමයෙන්‡ [우뻐리머옌] 최대로, 최고로, 최선을 다해 උපරිමෙන්.
උපරිමෙන්‡ [우뻐리멘] උපරිමයෙන් 의 축약형: 최대로, 최고로, 최선을 다해.
උපරිමය [우뻐리머여] 최대, 최고 වැඩිම ප්‍රමාණය.
උපලක්ෂණාර්ථය [우뻘락셔나-르떠여] 함축된 의미, 암시적인 뜻.
උපලේකම් [우뻐레-깜] 부서기관.
උපවාසය‡ [우뻐와-써여] 금식 නිරාහාරය.
උපශමනය/උපශමය [우뻐샤머너여/우뻐샤머여] 평온, 평안, 침착 සන්සුන් බව.
උපශාන්ත [우뻐샨-떠] 고요한, 조용한, 침착한 නිශ්චල.
උපශීර්ෂ [우뻐쉬르셔] 자막 උපසිරැසි.
උපසපන් [우뻐싸빤] ①고승직을 부여받은 උපසම්පන්න ②고승직 수여 උපසම්පදාව.
උපසභාපති‡ [우뻐싸바-뻐띠] 부의장.
උපසම්පදාව† [우뻐쌈뻐다-워] 고승 수여식.
උපසම්පන්න [우뻐쌈빤너] 고승직을 부여받은 උපසපන්.
උපසර්ගය [우뻐싸르거여] ①(문법) 접두사 ②징조, 조짐 නිමිත්ත ③재앙, 재해 විපත.
උපසාන්ත [우뻐샨-떠] 고요한, 조용한, 침착한 නිශ්චල.
උපස්තම්භක [우뻐쓰땀버꺼] 도와주는, 후원하는 අනුබල දෙන.
උපස්තම්භක වෙනවා [우뻐쓰땀꺼 웨너와-] 도움이 되다 උපකාර වෙනවා.
උපස්තම්භය [우뻐쓰땀버여] 지지, 후원, 응원 උපකාරය. (구어) උදව්ව
උපස්ථානය [우뻐쓰따-너여] 섬김, 시중 සේවය.
උපස්ථාපක [우뻐쓰따-빼꺼] 섬

김이 되는, 시중을 받는 උපකාර වන.

උපස්ථායක† [우뻐쓰따-여꺼] ①조수, 도우미, 간병인, 보조인 මෙහෙකරුවා ②종, 시종 සේවකයා ③(기독교) 집사.

උපස්ථායිකාව [우뻐쓰따-이까-워] ①여자 조수, 여자 도우미, 여자 간병인, 여자 보조 ②(기독교) 여집사.

උපස්ථායී [우뻐쓰따-이-] 섬기는, 시중드는, 도와주는 උපකාර කරන.

උපහරණය [우뻐하러너여] ①예, 예시, 언급, 열거 උපහැරණය ②인용, 인용문 උපුටා දැක්වීම.

උපහාරය‡ [우뻐하-러여] 존경, 감탄, 칭찬 ගෞරවය පිරිනැමුම.

උපහාසය† [우뻐하-써여] 경멸, 모욕, 조롱, 조소 නින්දාව.

උපහැරණය [우뻐해러너여] 예, 예시, 모범 උදාහරණය.

උපාංගය† [우빵-거여] 액세서리, 부속품 අමතර කොටස.

උපාක්‍රමය [우빠-끄러머여] 전략, 전술 උපක්‍රමය.

උපාදනය [우빠-다-너여] 들러붙음, 점착성, 달라붙음 තදින් අල්ලා ගැනීම.

උපාධි අපේක්ෂක‡ [우빠-디 아뻭-셔꺼] 졸업 (학위 취득) 예정자 උපාධි අපේක්ෂකයා.

උපාධි අපේක්ෂකයා‡ [우빠-디 아뻭-셔꺼야-] 졸업 (학위 취득) 예정자 උපාධි අපේක්ෂක.

උපාධිධරයා/උපාධිධාරී [우빠-디더러야-/우빠-디다-리-] 학위자, 학위를 받은 사람, 졸업생.

උපාධිපත [우빠-디빠떠] 학위증, 졸업장.

උපාධි ප්‍රදනෝත්සවය [우빠-디쁘러다-논-써워여] 학위 수여식, 졸업식.

උපාධිය‡ [우빠-디여] 학위. (복) *උපාධි* ¶ ප්‍රථම උපාධිය 학사 පශ්චාත් උපාධිය 석사 ආචාර්ය උපාධිය 박사 학위

උපාධ්‍යාචාර්ය [우빧-디야-차-르여] 영적 스승, 영적인 선생.

උපාය/උපායය† [우빠-여/우빠-여여] ①전략, 전술, 수단, 방법 ②음모, 술수, 덫, 함정 උගුල. (복) උපාය

උපායකෞශල්‍යය [우빠-여까우셜리여여] 지략이 풍부한, 책략이 있는, 꾀많은 උපායඥාන.

උපායඥනය [우빠-여끄냐-너여] 꾀많음, 지략, 책략 උපායකෞශල්‍යය.

උපායදක්ෂ [우빠-여닦셔] 책략에 능한, 꾀많은 උපායඥාන.

උපාය මාර්ගය [우빠-여 마-르거여] 작업 방식, 하는 방법.

උපායශීලී [우빠-여쉴-리-] 지략이 풍부한, 책략이 있는, 꾀많은 උපායඥාන.

උපාසක/උපාසිකා [우빠-써꺼/우빠-씨까-] (불교) 일반 불자, 평불자.

උපිළිවෙළ [우삘리웰러] 불규칙한 순서, 잘못된 과정 වැරදි පිළිවෙළ.

උපුටනය [우뿌터너여] 인용, 추출, 뽑음 උපුටාගත් දෙය.

උපුටනවා [우뿌터너와-] ඉපුටුවා (ඉපිටුවා)-උපුටා ①인용하다, 뽑아 내다 ②뽑다, 뿌리채 뽑다. ඉපිටීම

උපුටා ගන්නවා† [우뿌타- 간너와-] ①인용하다, 뽑아내다 ②뽑다, 뿌리채 뽑다.

උපුල [우뿔러] ①백합 මානෙල් ②돌 ගල.

උපේක්ෂාව [우뻭-샤워] 중립, 중성, 중간 මධ්‍යස්ථ භාවය.

උපෝෂිථ [우뽀-쉬떠] 보름의 උපෝසථ.

උපෝසථ [우뽀-써떠] 보름 පෝය.

උප්පත්තිය [윺빧띠여] 출생, 태어남 උපත.

උප්පරවැට්ටිය [윺뻐러왵티여] 속임수, 계략, 책략 කපටිකම.

උප්පල [윺뻘러] (식물) 백합 උපුල.

උප්පැන්නය [윺뺀너여] 출생, 태어남 උපත.

උප්පැන්න සහතිකය‡ [윺뺀너 싸하띠꺼여] 출생 증명서, 출생 확인서.

උ

උබය [우버여] 양쪽, 둘다, 양- උභය.

උබ්බේරිය [웁베-리여] (식물) Carallia calycina.

උභතෝකෝටිකය [우버또-꼬-티꺼여] 모순, 상충, 딜레마.

උභය [우버여] 양쪽, 둘다, 양- උබය.

උභයජීවි [우버여지-위] 수륙 양용의, 양서 류의 උභයචර.

උභයචර/උභයචාරී [우버여처러/우버여차-리-] 이중인격의, 양면을 지닌.

උභයලිංගික [우버열링기꺼] 양성의, 양성(남 성, 여성)을 갖춘.

උභයාර්ථ [우버야-르떠] 양면의, 양쪽의, 둘 다의 දෙපසටම.

උමං† [우망] උමග 의 복수 또는 형용사: ①터널들, 지하보도들, 지하도로들 ②터널의, 지하도로의. ¶ උමං මාර්ගය 터널, 지하도로

උමග† [우마거] 터널, 지하보도, 지하도로 උමං මාර්ගය.

උමතු† [우머뚜] 미친, 제정신이 아닌, 정신 나간 උන්මාද. (구어) පිස්සු

උමතුව† [우머뚜워] 미침, 광기, 돎 සිහිවිකලය. (구어) පිස්සුව

උම්බලකඩ† [움벌러꺼더] 몰디브 생선(의) උම්මලකඩ.

උම්බෑ ගානවා† [움배- 가-너와-] 소가 울다, 음매하고 울다.

උම්මත්තක [움맏떠꺼] 미친, 제정신이 아닌, 돌은 පිස්සු.

උම්මලකඩ [움멀러꺼더] 몰디브 생선(의) උම්බලකඩ.

උම්මාද [움마-더] 미친, 제정신이 아닌, 돌은 උමතු. (구어) පිස්සු

උම්මාරය [움마-러여] 문지방 එළිපත.

උඹ† [움버] (낮게 부르는 호칭) 너, 당신 නුඹ. ¶ ඔයා (일반적 호칭) 너, 당신 ඔබ (높임말) 당신

උයන‡ [우여너] 정원, 가든 උද්‍යානය. (복) උයන්
¶ උයන්ගොව්වා 정원지기

උයනවා‡ [우여너와-] ඉවුවා-උයලා(උයා) 요리하다, 조리하다. ඉවීම

උයන්ගොව්වා [우얀고우와-] 정원사, 정원지기 උයන්පල්ලා.

උයන්පල්ලා [우얀빨라-] 정원사 වතුකාරයා.

උර [우러] උරය 의 복수 또는 형용사: ① a. 어깨들 කර b. 가슴들 c. 가방들, 케이스들 මලු ② a. 어깨의 b. 가슴의 c. 가방의.

උරගයා† [우러거야-] 파충류.

උරගල [우러갈러] (금의 순도를 판정하는) 시금석.

උරගානවා† [우러가-너와-] උරගෑවා-උරගා 문지르다, 비비다 ගලගානවා.

උරච්චි කරනවා [우랓치 꺼러너와-] (젖) 빨다, 빨아들이다, 흡입하다 උරනවා.

උරණ [우러너] 화난, 성난, 분노한 කෝප වූ.

උරදෙනවා [우러데너와-] 돕다, 조력하다, (책임) 분담하다 උදව් දෙනවා. උරදීම

උරනවා‡ [우러너와-] ඉරුවා-උරා ①(젖) 빨다, 빨아들이다 ②흡입하다. ඉරීම

උරපත්ත [우러빧떠] (해부학) 어깨뼈, 견갑골 කත්සවරය.

උරබාහුව [우러바-후워] 어깨 උරහිස.

උරය† [우러여] ①어깨 උරහිස ②가슴 ළය ③통, 봉지 මල්ල.
¶ ඊ උරය 화살통 උරෙන් උර ගැටෙනවා 어깨와 어깨가 맞닿다

උරස [우러써] 가슴, 흉부 ළපැත්ත. (복) උරස් (구어) පපුව

උරස්ථලය [우라쓰떨러여] 가슴, 흉부 වක්ෂස්ථලය. (구어) පපුව

උරහිස‡ [우러히써] 어깨 උරය.

උරා ගන්නවා† [우라- 간너와-] ①(젖) 빨다, 빨아들이다 ②흡입하다.

උරිස්ස/උරිහ [우릤써/우리하] 어깨 උරය.

උරු [우루] ①큰, 위대한, 거대한 ②허벅지, 넓적다리 කළවය.

උරුක් කරනවා/උලුක් කරනවා [우룪 꺼러너와-/울룪 꺼러너와-] 협박하다, 위협하다 තර්ජනය කරනවා.

උරුන්ඩි කරනවා [우룬디 꺼러너와-] 말다, 돌돌 말다.

උරුවන් බානවා/උරුවම් බානවා [우루완 바-너와-/우루왐 바-너와-] 휘파람을 불다, ~을 울리다 සිවුරුවම් බානවා.

උරුම කරනවා† [우루머 꺼러너와-] 상속하다, 물려주다 අයිතිය පවරනවා.

උරුමකරු [우루머꺼루] 상속자 උරුමක්කාරයා.

උරුමක්කාරයා† [우루맊까-러야-] 상속자 උරුමකරු.

උරුමය‡ [우루머여] 유산, 상속.
¶ ලෝක උරුම නගරය 세계 문화 유산 도시

උරුම විය හැකි [우루머 위여 해끼] 물려줄 수 있는, 상속할 수 있는.

උරුම වෙනවා† [우루머 웨너와-] 상속받다, 물려받다 අයිතිය ලබා ගන්නවා.

උරුලෑවා [우룰래-와-] ①(동물) 스컹크, 사향고양이 ②(비속어) 멍청한 놈 මෝඩයා.

උරුහම් බානවා [우루함 바-너와-] 휘파람을 불다, ~을 울리다 සිවුරුවන් කරනවා.

උල† [울러] ①말뚝, 긴못 ②용수철.

උල තබනවා/උල තියෙනවා [울러 따버너와-/울러 띠예너와-] (뾰족한 것으로) 꿰찌르다, 꿰다 උල හිඳුවනවා.

උලමා [울러마-] 올빼미.

උල හිඳුවනවා [울러 힌두워너와-] (뾰족한 것으로) 꿰찌르다, 꿰다 උල තබනවා.

උලුක් කරනවා [울룪 꺼러너와-] (손을 들어) 위협하다, 협박하다 අත ඔසවා තර්ජනය කරනවා.

උලුක්කුව/උළුක්කුව† [울룪꾸워] (손목, 발목) 삠, 접질림.

උලුප්පනවා [울룹뻐너와-] ඉලිප්පුවා-උලුප්පා 나오게 하다, 솟아오르게 하다 උල්පනවා. ඉලිප්පීම

උලුහාල්† [울루할-] (콩과 식물) 호로파.

උ

උලෙල/උළෙල [울렐러] ①축제, 잔치 සෙණකෙළිය ②회전, 빙빙 돎 තද සෙලවීම ③파도 රැළ.

උල්† [울] 날카로운, 뾰족한.

උල් කටුව [울 까투워] 철필, 바늘.

උල් කරනවා [울 꺼러너와-] 날카롭게 하다, (칼, 날) 갈다.

උල්කාව [울까-워] ①별똥별, 유성 ②횃불 විලක්කුව.

උල්කාතරුව [울까-따루워] 별똥별, 유성 උල්කාපාතය.

උල්කාපාතය† [울까-빠-떠여] 별똥별, 유성 උල්කාතරුව.

උල්කියත [울끼여떠] (도구) 실톱.

උ

උල්පත‡ [울뻐떠] 샘, 샘물. (복) *උල්පත්*

උල්පත්පෑන [울빧빼-너] 만년필.

උල්පනවා [울뻐너와-] (밑에서) 나오게 하다, 솟아오르게 하다 මතු කරනවා.

උල්පන්දම් [울빤담] 선동, 부추김, 나쁜 조언 රුකුල්.

උල්පන්දම් දෙනවා [울빤담 데너와-] 선동하다, 부추기다 රුකුල් දෙනවා.

උල්ලංඝනය† [울랑거너여] 깨뜨림, 파괴, 부숨, 유린 කඩකිරීම.

උවටා/උවටුවා [우워타-/우워투와-] 시종, 하인 උපස්ථායකයා.

උවටැන [우워태너] 돌봄, 간호 සත්කාරය. (복) *උවටැන්*

උවටැන් කරනවා [우워탠 꺼러너와-] 돌보다, 시중들다, 간호하다 උපස්ථාන කරනවා. (구어) බලා ගන්නවා

උවටැන් මැස්සී [우워탠 맸씨-] (농생물학) 육아벌육아봉(育兒蜂).

උවටුවා/උවටා [우워투와-/우워타-] 시종, 하인 උපස්ථායකයා.

උවදුර [우워두러] 위험, 위험상태 අන්තරාය. (복) *උවදුරු*

උවදෙස [우워데써] 충고, 조언, 권고 උපදෙස. (복) *උවදෙස්*

උවන [우워너] 얼굴, 면상 මුහුණ. (복) *උවන්*

උවම [우워머] 우화, 비유 උපමාව.

උවමනා [우워머나-] උවමනාව의 복수 또는 형용사: ①필요한 ②필요들, 요구들.

උවමනාව† [우워머나-워] 필요, 요구 අවශ්‍යය.

උෂ්ණ† [우쉬너] 더운, 뜨거운 උණුසුම්.

උෂ්ණත්ව මානය† [우쉬날워 마-너여] 온도계, 체온계.

උෂ්ණත්වය‡ [우쉬날워여] 온도.

උෂ්ණමාපකය† [우쉬너마-빠꺼여] 온도계, 체온계.

උස‡ [우써] ①높이 ②키, 키 크기 ③높은, 키큰 උස්.

¶ උස මහත 외모

උස අටල්ල [우써 아탈러] 망대, 높은 초소.

උසභ [우써버] 황소 ගොනා.

උසස්† [우싸쓰] 높은, 고귀 උතුම්.

උසස් කරනවා‡ [우싸쓰 꺼러너와-] 높이다, 들어 올리다.

උසාවිය‡ [우싸-위여] ①법원 (문어) අධිකරණය ②음모, 속임수 උපාය.

උසි ගන්වනවා [우씨 간워너와-] 부추기다, 선동하다 පොලඹවනවා.

උසුරුවනවා [우쑤루워너와-] 목소리를 높이다, 크게 말하다 හඬ නගා කියනවා.

උසුලනවා† [우쑬러너와-] ඉසිලුවා/ඉසුලුවා-උසුලා ①(짐) 지고 가다, 지다 බර දරනවා ②참다,

인내하다 ඉවසනවා. ඉසිලීම (구어) උහුලනවා ¶ ඉසිලිය හැකි (짐을) 질 수 있는

උසුළු [우쑬루] 조롱, 비웃음, 조소 කවටකම්.

උසුළු විසුළු කරනවා [우쑬루 위쑬루 꺼러너와-] 조롱하다, 조소하다, 멸시하다 කවටකම් කරනවා.

උස්† [우쓰] උස 의 형용사: ①높은 උසස්, ඉහළ ②키가 큰.

උස්බිම [우쓰비머] ①고지, 높은 땅 ②우월, 유리한 지위.

උස්මිටි [우쓰미티] 울퉁불퉁한, 평탄하지 않은, 높고 낮은 විසම.

උස්මුරුතාව/උස්මුරුත්තාව [우쓰무루따-워/우쓰무룯따-워] 과식증.

උස්වනවා [우쓰워너와-] උස්සනවා 의 사역동사: 올라가게 하다, 들어 올리게 만들다.

උස්සනවා† [윘써너와-] ඉස්සුවා-උස්සා 올리다, 들어 올리다, 높이다 ඔසවනවා. ඉස්සීම

උස්සාගෙන යනවා [윘싸-게너 야너와-] 들고 가다 ඔසවලා යනවා.

උස්සාහය† [윘싸-하여] 시도, 노력, 열심 උත්සාහය. (복) උස්සාහ

උහනවා [우허너와-] ①들어 올리다, 높이다 උස්සනවා ②(매듭) 풀다 ලිහනවා.

උහුලනවා [우훌러너와-] ඉහුලුවා-උහුලලා ①(짐) 지고 가다, 지다 බර දරනවා ②참다, 인내하다 ඉවසනවා. (문어) උසුලනවා

උළ† [울러] 타일, 기와. (복) උළු

උළනවා† [울러너와-] ඉළුවා-උළා 문지르다, 비비다 අතුල්ලනවා. ඉළීම

උළවුව/උළව්ව [울라우워] ①죽음, 사망 මරණය ②거짓, 속임 බොරුව.

උළව්ව/උළවුව [울라우워] ①죽음, 사망 මරණය ②거짓, 속임 බොරුව.

උළා කනවා [울라- 까너와-] ①(가축이) 풀을 뜯어먹다 ②갉다, 갉아먹다 ලෑටි ගානවා.

උළු‡ [울루] උළ 의 복수: 기와들.

උළු කැටය† [울루 깨터여] 지붕 기와. (복) උළු කැට

උළුක්කුව/උලුක්කුව [울룪꾸워] (손목, 발목) 삠, 접질림.

උළුවස්ස [울루왔써] 문틀 혹은 창문틀 දොර හෝ ජනේල් රාමුව. (복) උළුවහු

උළුවහු† [울루와후] උළුවස්ස 의 복수: 문틀들 혹은 창문틀들.

උළුවහු කණුව [울루와후 까누워] 문설주, 문기둥.

උළුවහු පඩිය [울루와후 빠디여] 문간(의 계단).

උළෙල/උලෙල† [울렐러] ①축제, 잔치 සෙණකෙළිය ②회전, 빙빙 돎 තද සෙලවීම ③파도 රැළ.

උ

ඌ

ඌ [우-] 씽할러 알파벳의 여덟 번째 글자.

ඌ† [우-] ①그사람 එයා, ඒකා ② 그 동물 ඒ සතා.

ඌටියා [우-티야-] 난쟁이 කුරුමිට්ටා.

ඌන† [우-너] 불충분한, 부족한, 모자라는, 불완전한 අඩුපාඩු සහිත. (구어) අඩු

ඌනතාව [우-너따-워] 불충분함, 부족함, 모자람, 불완전함 අඩුමාව. (구어) අඩු පාඩුව

ඌනනය [우-너너여] 절감, 감축, 감소 අඩුකිරීම.

ඌනනීය [우-너니-여] 줄일 수 있는, 감축할 수 있는 අඩුකළ හැකි.

ඌනපූරකය [우-너뿌-러꺼여] 보충의, 보완하는, 추가적인, 부가적인 අතිරේක.

ඌනපූරණය [우-너 뿌-러너여] 보충, 보완, 추가, 부가 අතිරේකය.

ඌනබුද්ධික [우-너붇디꺼] 정신 지체의, 정신 장애의 මන්දබුද්ධික.

ඌනය [우-너여] 불충분함, 부족함, 모자람, 불완전함 අඩුමාව. (구어) අඩුකම

ඌන වර්ධනය [우-너 와르더너여] 감속, 지연.

ඌන සේවා-නියුක්තිය [우-너 쎄-와--니육띠여] 고용됨, 직장을 가짐.

ඌයි [우-이] (고통을 나타내는 감탄사) 아! ආ! අයියෝ!.

ඌරල් [우-랄] 썩은, 부패한 නරක් වූ.

ඌරා‡ [우-라-] 돼지 සූකරයා. (복) ඌරෝ

ඌරාකොටේ [우-라-꼬테-] 구운 원형 벽돌로 만든 작은 우물.

ඌරු [우-루] 돼지의, 돼지 고기의 ඌරන්ට අදාළ.

ඌරු අඟුළුවා [우-루 앙굴루와-] (물고기) 메기.

ඌරුකණු [우-루꺼누] 스리랑카 나무 종류 Lasianthera apicalis.

ඌරු කයිතන් [우-루 까이딴] 돼지 도축업자, 돼지 푸주한 ඌරු කයිනා.

ඌරු කේන්තිය [우-루 껜-띠여] 대노, 격노, 지나친 분노, 진노 දැඩි කෝපය.

ඌරුගෙඬ [우-루겐더] (식물) 월하향, 네덜란드 수선화.

ඌරුතලය [우-루딸러여] 돼지 떼, 돼지 무리.

ඌරු තෙල් [우-루 뗄] 돼지 기름.

ඌරු තෝර [우-루 또-러] 녹나뭇과의 상록수, 계수나무.

ඌරු නැම්බි [우-루 냄-비] (새끼를 낳은 일이 없는) 어린 암돼지 තරුණ ඊරිය.

ඌරු මස්‡ [우-루 마쓰] 돼지고기.

ඌරු මීයා [우-루 미-야-] (인도, 스리랑카 산) 큰 쥐, (호주산) 주머니쥐.

ඌරුමුවා [우-루무와-] 올빼미 බකමූණා.

ඌරුව [우-루워] ①특성, 특징, 특색 ගතිය, ආර ②무릎과 고간 사이의 다리 부분.

ඌරුවී [우-루위-] 야생 벼.

ඌරු වෙනවා [우-루 웨너와-] 썩다, 부패하다, 악취를 내다 නරක් වෙනවා.

ඌ

ඌරුස්තම්භය [우-루쓰땀버여] 허벅지 마비.

ඌරුහිරි [우-루히리] (식물) 모기골: 6~9cm 되는 여러 개의 가는 꽃줄기가 나와 끝마다 여러 개의 작은 꽃이삭이 두상(頭狀) 화서로 핀다.

ඌරුහොටා [우-루호타-] (어류) 잉어과의 식용어, 도미류.

ඌර්ණා [우-르너] 양털, 울 උනු ලොම.

ඌර්ධ්ව [우-르드워] ①똑바로 선, 직립의, 수직의 ඍජු ②위의, 윗쪽의 උඩු.

ඌර්ධ්ව කාය [우-르드워 까-여] 상반신 උඩු කය.

ඌර්ධ්ව කෝණය [우-르드워 꼬-너여] 수직각.

ඌර්ධ්ව ගාමී [우-르드워 가-미-] 위로 올라가는, 상승하는 උඩට යන.

ඌර්ධ්වභාගය [우-르드워바-거여] 윗부분, 윗쪽 උඩ පැත්ත.

ඌර්ධ්වමුඛ [우-르드워무꺼] 윗쪽을 향하는 උඩුකුරු.

ඌර්ධ්වරේඛාව [우-르드워레-까-워] 수직선, 연직선.

ඌර්මිය [우-르미여] 파도, 놀 රළ.

ඌල [울-러] 샘, 수원 උල්පත.

ඌව [우-워] 스리랑카 9개 도 중 한 개 도 (바둘러와 모너라걸러 포함: 고품질 스리랑카 홍차 실론티의 산지).

ඌෂ්ණ [우-쉬너] 뜨거운, 더운, 열기의 උෂ්ණ.

ඌෂ්ණය [우-쉬너여] 뜨거움, 열기 උණුසුම.

ඌෂ්ම [우-쉬머] 뜨거운, 더운, 열기의 උෂ්ණ.

ඌෂ්මකය [우-쉬머꺼여] 아궁이, 화덕, 노 උදුන.

ඌෂ්මාක්ෂරය [우-쉬막-셔러여] (문법) 치찰음.

ඌසක [우-써꺼] 소금(의).

ඌසකාන්දම [우-써깐-더머] 자석 චුම්බකය.

ඌළියක්කාර [울-리약까-러] 낮은, 천한, 비천한 නීච.

ඌළියම [울-리여머] ①예배, 제사 දේව මෙහෙය ②인력거로 태우고 감 ③외국인의 장사세.

ඌළියම් බද්ද [울-리얌 받더] 외국인 장사세.

ඌ

සෘ

සෘ [리]씽할러 알파벳의 아홉 번째 글자.
සෘග්වේදය [리그웨-더여] 리그웨다(Rig Veda): 인도 최고의 경전.
සෘජු† [리주] 수직의, 바른, 올곧은, 굽어지지 않은 කෙලින් තිබෙන.
සෘජුකෝණය† [리주꼬-너여] 직각.
සෘජුකෝණාස්‍රය† [리주꼬나-쓰러여] 직사각형 සෘජුචතුරස්‍රය.
සෘජුරේඛාව† [리주레-까-워] 직선.
සෘණ† [리너] ①마이너스의, 빼는 ②부정적인.
සෘණය [리너여] ①빼기, 마이너스(-) අඩු කිරීමේ ලකුණ ②빚, 부채 ණය.
සෘණාත්මක [리날-머꺼] 부정적인, 부정의. ¶ ධනාත්මක 긍정적인
සෘණිය [리니여] (가축의) 몰이 막대기 සෙණ්ඩුව.
සෘෂ්ටිය [리쉬티여] 만듦, 창작, 창조 මැවීම, උද්භවය.
සෘතුව‡ [리뚜워] ①계절, 철 කාලය ②생리, 멘스 කිළිවීම. ¶ වසන්ත සෘතුව 봄 ගිම්හාන සෘතුව 여름 සරත් සෘතුව 가을 සිසිර සෘතුව 겨울
සෘද්ධිය [릳디여] ①증가, 번창, 부요 සමෘද්ධිය ②심령의(초자연적인) 능력.
සෘද්ධි වෙනවා [릳디 웨너와-] 사라지다, 없어지다.
සෘෂි [리쉬] ①현자, 박식한 사람 ඉසිවරයා ②예언자, 천리안.
සෘෂිවරයා [리쉬워러야-] 현자, 박식한 사람 ඉසිවරයා.

සෘ

ඒ

ඒ [에] 씽할러 알파벳의 13번째 글자.

ඒක‡ [에꺼] ①하나, 1 ② ~것 (구어에서 주로 쓰임) දේ. ¶ මම කියන ඒක 내가 말하는 것

ඒක ඒක [에꺼 에꺼] ①각각의 තනි තනියෙන් ②어떤 어떤 යම් යම් ③하나씩 එක ගානේ.

ඒක ඒකා [에꺼 에까-] 각자, 각 사람 එකිනෙකා. (구어) එක් එක්කෙනා

ඒක එල්ලේ [에꺼 엘레-] 바로, 곧바로, 직선으로 කෙළින්ම.

ඒකකුසහොත් [에꺼꾸써홑] 형제의, 형제 같은(다운), 우애의.

ඒකග වෙනවා [에꺼거 웨너와-] 동의하다, 의견이 맞다, 응하다 එකඟ වෙනවා.

ඒක ගෙයි කනවා [에꺼 게이 까너와-] (형제들이) 한 부인을 두고 살다.

ඒකග† [에껑거] ①동의하는, 의견이 맞는 ඒකාග්‍ර ②눈과 눈을 마주 보는 ③집중하는, 전력을 기울이는 එක් තැන් වූ.

ඒකගතාවය† [에껑거따-워여] 동의, 의견 일치 එකඟත්වය.

ඒකගත්වය† [에껑같워여] 동의, 의견 일치 අනුකූලත්වය.

ඒකග සිත [에껑거 씨떠] 집중하는 마음, 전력을 다 하는 마음.

ඒකග වෙනවා‡ [에껑거 웨너와-] 동의하다, 의견이 맞다, 응하다 එකඟ වෙනවා.

ඒකග සිතින් [에껑거 씨띤] 주의 깊게, 세심하게, 한 마음으로.

ඒකට† [에꺼터] ①함께, 공동으로, 연합하여 එක්ව ②한시에, 1시에.

ඒකට ඒක/ඒකටෙක† [에꺼터 에꺼/에꺼테꺼] 차례로, 교대로.

ඒකට ඒක කරනවා [에꺼터 에꺼 꺼러너와-] ①형제들이 한 부인을 두고 살다 ②복수하다, 앙갚음을 하다 පිළි ගන්නවා.

ඒකට ඒක කියනවා [에꺼터 에꺼 끼여너와-] 말을 맞추고 받다, 막말하다.

ඒකටෙක/ඒකට ඒක [에꺼테꺼/에꺼터 에꺼] 차례로, 교대로.

ඒකඩ [에꺼더] 반, 반절 එක් අර්ධය.

ඒක තරම් [에꺼 따람] 동등하게, 비슷하게.

ඒකතැන් වෙනවා [에꺼땐 웨너와-] ①정착하다, 거주하다 ②침대에 누워있다 ඔත්පළ වෙනවා.

ඒකතු/ඒකතුකාර [에꺼뚜/에꺼뚜까-러] ①연합하는, 하나가 되는 එකමුතු ②첨가하는, 추가하는 ඓක්‍යමය ③모으는, 수집하는 රැස්කරන.

ඒකතු කරනවා‡ [에꺼뚜 꺼러너와-] ①모으다, 수집하다 රැස් කරනවා ②하나가 되게 하다, 연합시키다 ඒකාබද්ධ කරනවා ③첨가하다, 추가하다.

ඒකතුකාර/ඒකතු [에꺼뚜까-러/에꺼뚜] ①연합하는, 하나가 되는 එකමුතු ②첨가하는, 추가하는 ඓක්‍යමය ③모으는, 수집하는 රැස්කරන.

ඒකතු කිරීම† [에꺼뚜 끼리-머] එකතු කරනවා 의 동명사: ①모음, 수집 ②연합함, 하나가 됨 ③첨가, 추가.

ඒකතුව† [에꺼뚜워] ①합계, 총계 මුළු ගණන ②무리, 군중 සමූහය ③접대, 대접 සංග්‍රහය ④우정 මිත්‍රත්වය.

එකතු වෙනවා‡ [에꺼뚜 웨너와-] ①모이다, 수집되다 රැස් කරනවා ②하나가 되다, 연합되다 ඒකාබද්ධ කරනවා ③첨가되다, 추가되다.

එකත් එකට [에깥 에꺼터] 확실히, 분명히 නිසැකවම.

එකත්පස [에깥빠써] 한쪽, 한켠 එක පැත්ත.

එක දෙක කරනවා [에꺼 데꺼 꺼러너와-] 과장하다, 침소봉대하다, 과대하게 보이다.

එක නෑයෝ [에꺼 내-요-] 친척, 친족 ලේ නෑයෝ.

එක පමණ [에꺼 빠머너] 동일한, 같은, 비슷한 සමාන.

එක පයින් [에꺼 빠인] ①한발로 තනි පයින් ②완전히 동의하여, 전심으로 සම්පූර්ණ කැමැත්තෙන්.

එක පාර [에꺼 빠러] ①한길, 외길 තනි මග ②한번에, 한번 기회에, 갑자기 එක අවස්ථාවේ.

එක පාරට‡ [에꺼 빠-러터] 한번에, 일시에, 동시에 එක සැරේ.

එක පැහැර [에꺼 빼해러] 즉시, 바로 වහා.

එකම‡ [에꺼머] 유일한, 하나의 තනි.

එකමත් [에꺼맡] (막연히) 어떤, 무엇의 එක්තරා.

එකමුතු [에꺼무뚜] 연합된, 하나된 එක්සත්.

එකමුතුකම‡ [에꺼무뚜꺼머] 연합, 하나됨 එක්සත්වීම.

එකමුතු වෙනවා† [에꺼무뚜 웨너와-] 연합하다, 하나되다 සම්බන්ධ වෙනවා.

එක යමරෙට [에꺼 야머레터] 확실히, 단연, 단호히, 한 목소리로 එක හඬින්.

එක රඟට [에꺼 랑거터] 멈추지 않고, 정지하지 않고, 동일하게 එක වගේ.

එකලස් කරනවා† [에껄라쓰 꺼러너와-] 준비하다, 예비하다, 정리하다 සකස් කරනවා.

එකලස්ව [에껄라쓰워] 함께, 연합하여, 집중하여 සාවධානව.

එකලා [에껄라-] 혼자의, 고독한, 외로운 හුදකලා.

එකලාව [에껄라-워] 혼자서, 각자, 고독 하게 තනිව.

එකලාසයක් කරනවා [에껄라-써약 꺼러너와-] 결정하다, 마음을 정하다 තීරණය කරනවා.

එකලු [에껄루] 빛으로 가득 찬 ඒකාලෝක.

එකල්/එකල්හි [에깔/에깔히] 그때, 그때에 ඒ කාලයේ.

එකවර [에꺼워러] 한번에, 같은 시간에 එක පාරට.

එක වාගෙ† [에꺼 와-게] 동일한, 같은, 비슷한 සමාන.

එකවිට† [에꺼위터] 한번에, 동시에, 같은 시간에 එක පාරට.

එකසම/එක සමාන [에꺼싸머/에꺼 싸마-너] 동등한, 동일한 එක වාගෙ.

එකසරියේ [에꺼싸리/예-] 동등하게, 같게, 비슷하게 එක වාගෙම.

එක සියය† [에꺼 씨여여] 백, 100 එක සීය.

එක සීය‡ [에꺼 씨-여] 백, 100 එක සියය.

එක සීරු [에꺼 씨-루] ①계속해서, 쉬지 않고 දිගටම ②전심으로, 마음을 다해, 열심으로 දැඩි උනන්දුවෙන්.

එකසැරේට [에꺼쌔레-터] 한번에, 일시에, 동시에 එක පාරට.

එකසේ/එක්සේ† [에꺼쎄-/엑쎄-] 동등하게, 같게, 동일하게, 비슷하게 එක වගේම.

එ

එකසේසත් [에꺼쎄-쌑] 연합한, 모인, 한 깃발아래의 එකමුතු.

එක හඬින්† [에꺼 한딘] 한 목소리로, 연합하여 එක්සත්ව.

එක හැටි [에꺼 해티] 동등하게, 한 목소리로 එක්සත්ව.

එක හුස්මට [에꺼 후쓰머터] 단숨에, 한번에, 쉬지 않고 නොනවත්වාම.

එකහෙළා [에꺼헬라-] 확고히, 확실히, 의심 없이 තීරණාත්මකව.

එකළඟ [에껄랑거] 인접한, 가까운, 부근의 ආසන්න.

එකා† [에까-] (지시 대명사) 한 사람, 한 명, 한 마리 එක් තැනැත්තා.

එකාකාර/ඒකාකාර [에까-까-러/에-까-까-러] 동일한, 변함없는. (구어) එක වගේ

එකාකාරය [에까-까-러여] 동일, 변함없음, 같은 방식 ඒකාකාරය.

එකාකාරයෙන්† [에까-까-러옌] 동일하게, 변함없이 නොවෙනස්ව.

එකාවන් [에까-완] ①동일한, 변함없는 එකාකාර ②계속적으로, 계속, 동일하게 නිතරම.

එකාවන්ව [에까-완워] ①모두 함께, 다같이 එකට ②계속적으로, 계속, 변함없이 නිතරම.

එකි එකින් [에끼 에낀] 한 사람씩, 각자 එකට එක.

එකි එකී [에끼 에끼-] 각각의, 각자의 එක් එක්.

එකිනෙක [에끼네꺼] 각각, 각 하나 එකින් එක.

එකිනෙකා‡ [에끼네까-] 각자, 각 사람 එක එකා. (구어) එක් එක්කෙනා

එකුන් [에꾼] 하나가 모자란 එකක් අඩු.

එකුන් විස්ස [에꾼 윘써] 열아홉, 19 දහ නමය.

එකෙකා [에께까-] 각자, 각 사람 එක එකා.

එකෙක් [에꼒] 한 사람, 한 명 එක් කෙනෙක්.

එකෙණෙහි/එකෙණෙහිම [에께네히/에께네히머] 즉시, 바로, 곧바로 එවෙලේම.

එකොළහ‡ [에꼴러하] 11, 열하나 ඒකාදශ.

එක්‡ [엒] එක 의 형용사: 하나의, 단수의 එක්තරා.

එක් එක්කෙනා [엒 엒께나-] 각자, 각 사람. (문어) එකිනෙකා

එක්කං එනවා/එක්ක එනවා† [에깡 에너와-/엒꺼 에너와-] (가서) 데려오다, (가서) 가져오다 එක්කර එනවා. (문어) රැගෙන එනවා

එක්කං යනවා/එක්ක යනවා† [에깡 야너와-/엒꺼 야너와-] (가서) 데려 (불러) 가다, (가서) 가져가다 එක්කර යනවා. (문어) රැගෙන යනවා

එක්ක‡ [엒꺼] ~와 함께, ~랑. (문어) සමඟ ¶ මාත් එක්ක යමු 나랑 가자.

එක්ක එනවා/එක්කං එනවා [엒꺼 에너와-/에깡 에너와-] (가서) 데려오다, (가서) 가져오다 එක්කර එනවා. (문어) රැගෙන එනවා

එක්ක යනවා/එක්කං යනවා [엒꺼 야너와-/에깡 야너와-] (가서) 데려 (불러) 가다, (가서) 가져가다 එක්කර යනවා. (문어) රැගෙන යනවා

එක් කරනවා‡ [엒 꺼러너와-] ① 모으다, 수집하다 රැස් කරනවා ②연합시키다, 일치시키다 සමඟි කරනවා.

එක්කලා [엒껄라-] ~와 함께, ~랑. (문어) සමඟ

එ

එක්කාසු කරනවා [엑까-쑤 꺼러너와-] 모으다, 수집하다 රැස් කරනවා.
එක්කාසුව [엑까-쑤워] 모임, 집합 එකතුව.
එක්කාසු වෙනවා [엑까-쑤 웨너와-] 모이다, 집합하다 රැස් වෙනවා.
එක්කෙනා‡ [엑께나-] (생물 명사에 사용함) 한사람, 한 명, 한 마리 එක දෙනා.
එක්කො/එක්කෝ‡ [엑꼬/엑꼬-] ~가 아니면 නැත්නම්. (문어) හෝ
එක්කොම [엑꼬머] 모든 사람(것) ඔක්කොම.
එක්කෝ/එක්කො [엑꼬-/엑꼬] ~가 아니면 නැත්නම්. (문어) හෝ
එක්තරමට [엑따러머터] 같은 크기로, 동일한 사이즈로.
එක්තරා† [엑떠라-] 하나의, 단수의 තනි. (구어) එක්
එක්තැන් කරනවා [엑땐 꺼러너와-] ①모으다, 수집하다 රැස් කරනවා ②연합시키다, 일치시키다 සමඟි කරනවා.
එක්තැන් වෙනවා [엑땐 웨너와-] ①정착하다, 거주하다 වාසය කරනවා ②침대에 누워있다 ඔත්පළ වෙනවා.
එක්ද [엑다-] 같은 날 එකම දවස.
එක්බඳු [엑반두] 그렇게, 그와 같이 ඒවාගේම.
එක්බිති [엑비띠] 다음, 다음의, 그후의 ඉක්බිති.
එක්රැස් වෙනවා [엑래쓰 웨너와-] 모이다, 집합하다 එකතු වෙනවා.
එක්රොක් වෙනවා [엑롞 웨너와-] 모이다, 집합하다 එකතු වෙනවා.
එක්ව [엑워] 다함께, 다같이, 함께.
එක්වනුව [엑워누워] 처음으로, 첫번째로 පළමුව.
එක්වරුව [엑와루워] 반나절, 한나절 වරුවක්.
එක්වැන [엑왜너] 동일한, 같은, 비슷한 සමාන.
එක්වැනි [엑왜니] 처음으로, 첫번째로 පළමුවැනි.
එක්වෙන කාලය [엑웨너 깔-러여] ①모임 시간, 만나는 시간 එකතු වෙන කාලය ②성관계 시간.
එක්වෙනවා† [엑웨너와-] ①모이다, 만나다 එකතු වෙනවා ②성관계를 가지다, 섹스하다.
එක්සත්† [엑쌋] 연합한, 하나된 එකසත්.
එක්සත්කම‡ [엑쌋꺼머] 연합, 일치, 하나됨, 동맹 එකමුතුකම.
එක්සත් කරනවා† [엑쌋 꺼러너와-] 연합하다, 하나로 묶다 එකමුතු කරනවා.
එක්සත් ජාතීන්‡ [엑쌋 자-띤-] UN, 유엔.
එක්සත් වෙනවා† [엑쌋 웨너와-] 연합되다, 동맹하다 එකසත් වෙනවා.
එක්සත්වීම [엑쌋위-머] 연합, 하나됨, 동맹 එකමුතුකම.
එක්සම [엑싸머] 동일한, 같은, 비슷한 එක්වැන.
එක්සමයෙක්හි [엑싸머옉히] 옛날에, 옛날 옛적에 එක් කලෙක.
එක්සැණෙන් [엑쌔넨] 즉시, 곧바로 වහාම.
එක්සිත් [엑씯] 같은 마음의, 한마음의, 동의하는 එකමුතු.
එක්සිත්කම [엑씯꺼머] 한마음, 동의 එකමුතුකම.

එක්සිත්වෙනවා [엑씯웨너와-] 한마음이 되다, 동의하다 එකමුතු වෙනවා.

එක්සියය/එක්සීය [엑씨여여/엑씨-여] 백, 100 සියය.

එක්සීය/එක්සියය‡ [엑씨-여/엑씨여여] 백, 100 සියය.

එක්සේ/එකසේ [엑쎄-/에꺼쎄-] 동등하게, 같게, 동일하게, 비슷하게 එක වගේම.

එගොඩ† [에고더] 건너편, 강 건너편, 강 반대편 එතෙර.

එගොඩ කරනවා [에고더 꺼러너와-] 강을 건너다, 건너편으로 가다 එතර කරනවා.

එගොඩහ [에고더하] 강 저편, 반대편.

ඒගොල්ලෝ‡ [에-골로-] 그들, 그 사람들 එයාලා. (문어) ඔව්හු

එච්චර [엧처러] 그만큼. (문어) එතරම් ¶ මේ දවස්වල එච්චර හරි නෑ 요즘 별로 안좋아요

එඩි [에디] 용감한, 대범한, 대담한, 두려움 없는 නිර්භීත.

එඩිතර‡ [에디떠러] 용감한, 두려움없는 නිර්භීත.

එඩිය [에디여] 용감, 대범, 대담 නිර්භීතකම.

එඬරු [엔더루] ①(동물) 비버(의), 해리(의) එරඹු ②피마자, 아주까리.

එඬරු තෙල්† [엔더루 뗄] (동물) 비버 기름.

එඬේරකම† [엔데-러꺼머] 동물치기, 양돌봄 සත්ව පාලනය.

එඬේරා‡ [엔데-라-] 목자, 양치기 සත්ව පාලකයා.

එතකන්/එතකල් [에떠깐/에떠깔] 그때까지. (문어) එතෙක්

එතකින් [에떠낀] 그만큼으로.

එතකුදු [에떠꾸두] 하지만, 그렇다 할지라도.

එතකුදු වුවත්/එතෙකුදු වුවත් [에떠꾸두 우왇/에떼꾸두 우왇] 어쨌든, 그렇다 할지라도 එසේ වුවත්. (구어) එහෙත්

එතකොට [에떠꼬터] 그래서, 그 후에. (문어) එවිට

එතන‡ [에떠너] 거기, 그곳 එතැන.

එතන පටන් [에떠너 빠탄] 거기서부터, 그곳에서부터 එතැන් පටන්.

එතන මෙතන [에떠너 메떠너] 거기 여기, 그곳 이곳.

එතර† [에떠러] ①(강, 해변) 반대쪽 එගොඩ ②외국에, 해외에 පිටරටක.

එතරම් [에떠람] 그만큼 එවැනි.

එතර ලනවා [에떠럴 라너와-] (강, 도로) 건너다.

එතර වෙනවා [에떠러 웨너와-] (강, 도로) 건너다.

එතැන‡ [에때너] 거기, 그곳 එතන.

එතැනපටන්/එතැන් පටන් [에때너빠탄/에땐빠탄] 거기서부터, 그곳에서부터 එතැනින්.

එතුවක් [에뚜왁] 그때까지 ඒ වෙනතුරු.

එතුවකින් [에뚜워낀] 그만큼.

එතෙකුත්/එතෙකුදු [에떼꾿/에떼꾸두] 그만큼, 그만큼만 එපමණක්.

එතෙකුදු වුවත්/එතකුදු වුවත් [에떼꾸두 우왇/에떠꾸두 우왇] 어쨌든, 그렇다 할지라도 එසේ වුවත්. (구어) එහෙත්

එතෙක් [에뗔] 그때까지 ඒ වෙනතුරු.

එතෙනවා [에떼너와-] ඔතනවා 의 피동사: 둘둘 말리다, 포장되다.

එතෙර/එතර† [에떼러/에떠러] 외국에, 해외에 පිටරටක.

එතෙර කරනවා/එතෙර වෙනවා [에떼러 꺼러너와-/에떼러 웨너와-] (강, 도로) 건너다 එතර ලනවා.

එද† [에다-] 그날 ඒ දවස.

එදිනෙද‡ [에디네다-] 날마다, 매일 දිනපතා. (구어) හැමදාම

එදිනෙදට [에디네다-터] 매일, 날마다 දවසින් දවස.

එදිරි [에디리] 적의, 반대하는, 대적하는 විරුද්ධ.

එදිරිකරුවා [에디리꺼루와-] 적, 반대자 සතුරා.

එදිරිකාරයා† [에디리까-러야-] 적, 반대자 සතුරා.

එදිරිපිට [에디리삐터] 반대편에, 저편에.

එදිරිපිරිමහනවා/එදිරිපිරිමහිනවා [에디리삐리마하너와-/에디리삐리마히너와-] 복수하다, 앙갚음하다 පළිගන්නවා.

එදිරිය [에디리여] 적대, 반감, 반대 විරුද්ධකම.

එදිරිවාදකම† [에디리와-더꺼머] 적대감, 반목, 불화, 적의 හතුරුකම.

එදිරිවාදිකම/එදිරිවාදුකම [에디리와-디꺼머/에디리와-두꺼머] 적대감, 반목, 불화, 적의 හතුරුකම.

එද්දලයා [엗덜러야-] ①친구, 벗 මිතුයා ②손님, 방문객 අමුත්තා ③사촌 මස්සිනා.

එන‡ [에너] එනවා 의 형용사적 현재용법: 오는, 다가오는. (문어) පැමිණෙන

එන කං‡ [에너 깡] 올 때까지 එනකල්. (문어) එන තෙක්

කම්‡ [에너 깜/에너 깡] 올 때까지 එනකං. (문어) එන තෙක්

එන කල [에너 깔러] 미래, 다가오는 시간 අනාගතය, ඉදිරි කාලය.

එන දවස [에너 다워써] 미래, 다가 오는 날 අනාගතය.

එනම් [에남] 즉, 다시 말하면 ඒ නමින් යුත්.

එනවා‡ [에너와-] ආවා-ඇවිල්ලා (ඇවිත්/අවුත්) 오다. ඒම/ඊම (문어) පැමිණෙනවා

එනිසා/ඒ නිසා‡ [에니싸-/에-니싸-] 그래서, 그때문에 එහෙයින්. (문어) එම නිසා

එන්තරවාසිය [엔떠러와-씨여] 독촉장.

එන්නත‡ [엔너떠] 백신, 예방접종. (복) *එන්නත්* ¶ එන්නත්කරණය 백신접종

එන්නත් කරනවා‡ [엔낱 꺼러너와-] 예방 접종을 하다, 백신 주사를 주다.

එන්සාල් [엔쌀-] (식물) 생강과의 다년생 식물(의 열매): 소두구, 카르다뭄 කරදමුංගු.

එපමණ [에빠머너] 그만큼 එතෙකුත්.

එපරිදි/එපරිද්දෙන් [에빠리디/에빠릳덴] 그렇게, 그 방식으로 ඒ ආකාරයෙන්.

එපවත [에뻐워떠] 그 소식, 그 뉴스 ඒ පුවත. (복) *එපවත්*

එපා‡ [에빠-] ~하지 마라 (앞에 To 부정사 형태를 취함).
¶ කෑගහන්න එපා 소리 지르지 마라

එපා කරනවා† [에빠- 꺼러너와-] 금하다, 금지하다. (문어) තහනම් කරනවා

එපා වෙනවා‡ [에빠- 웨너와-] 싫증나다, 하기 싫어지다, 의욕을 잃다 කලකිරෙනවා.

එ

එපිට/එපිටහ† [에삐터/에삐터하] 먼, 먼 곳의 ඈත.

එපීස [에삐-써] (성경) 에베소서, 에베소.

එබන්දක් [에반닦] (대명사) 그런 것 එවැනි යමක්.

එබඳු† [에반두] 그같은, 그와 같은 එයාකාර. (구어) එවැනි

එබඳුව [에반두워] 그렇게, 그와 같이 එවන්ව. (구어) ඒ වගේ

එබිකම් කරනවා [에비깜 꺼러너와-] 엿보다, 몰래 훔쳐보다 හොරෙන් බලනවා.

එබී බලනවා [에비- 발러너와-] 엿보다, 몰래 훔쳐보다 හොරෙන් බලනවා.

එබෙනවා† [에베너와-] එබුණා-එබී ①잠기다, 가라앉다 කිඳා යනවා ②굽혀지다, 구부려지다 ③엿보다, 몰래 훔쳐보다 හොරෙන් බලනවා. එබීම/එබුම

එබැවින් [에배윈] 그러므로, 결과적으로.

එම† [에머] ①같은 것, 그것 එයම ②앞에서 말한, 그것의.

එමට [에머터] 충분히, 충만히, 많이 බොහෝම.

එමෙන් [에멘] 그렇게, 그와 같이 එවන්ව. (구어) ඒ වගේ

එම්බල [엠벌러] ①보라 ②오, 친구여.

එම්බා [엠바-] එම්බල 보다 더 존경의 뜻: 보라, 보시오.

එය† [에여] 그것 ඒ දෙය.

එයා‡ [에야-] 그 사람 (남녀에다 사용가능). (문어) 그 남자 ඔහු 그 여자 ඈ, ඇය

එයාකාර [에야-까-러] 그처럼, 그렇게 එබඳු.

එයාලා‡ [에얄-라-] එයා 의 복수: 그들, 그 사람들 එගොල්ලෝ. (문어) ඔව්හු

එයින් [에인] 그것으로 부터, 그것에서 ඒ දෙයින්.

එයින් පසු [에인 빠쑤] 그후에, 그로부터, 그 다음에 ඉන් පසු. (구어) ඉන් පස්සේ

එරඬු [에란두] 아주까리, 피마자 එඬරු.

එරඬු තෙල් [에란두 뗄] 아주까리 기름, 피마자유 එඬරු තෙල්.

එරබදු [에러바두] 에리스리나 (인도산 콩과 식물: 붉은 꽃이 피는 관상목) එරමුදු.

එරමිණිය ගොතා† [에러미니여 고따-] 책상 다리를 하고, 양반 다리를 하고.

එරමිණිය [에러미니여] 책상 다리, 양반 다리.

එරමුදු [에러무두] 에리스리나 (인도산 콩과 식물: 붉은 꽃이 피는 관상목) එරබදු.

එරවනවා [에러워너와-] එරෙවුවා-එරවා 가라앉히다, 침몰시키다, 격침하다 වැගිරෙන්නට සලස්වනවා. එරවීම

එරවීම [에러위-머] එරවනවා, ඔරවනවා 의 동명사: ①가라앉힘, 침몰, 격침 ②눈살을 찌푸림, 얼굴을 찡그림.

එරීම/එරුම [에리-머/에루머] එරෙනවා 의 동명사: 수렁에 빠짐, 잠김, 가라앉음.

එරුණු [에루누] එරෙනවා의 형용사적 과거용법: 잠긴, 가라앉은.

එරුනු හස් [에루누 하쓰] 호수 විල.

එරෙනවා† [에레너와-] එරුණා-එරී ①수렁에 빠지다, 잠기다, 가라앉다 මඩ යටට බහිනවා ②복잡한 문제에 빠지다. එරීම/එරුම

එරෙවුවා [에레우와-] ඹරවනවා 의 과거: 눈살을 찌뿌렸다, 얼굴을 찡그렸다.

එරෙහි [에레히] 반대하는, 대적하는, 반하는 විරුද්ධ.

එරෙහි වෙනවා‡ [에레히 웨너와-] 반대하다, 대적하다 විරුද්ධ වෙනවා.

එර්දි වෙනවා [에르디 웨너와-] 사라지다, 없어지다 අතුරුදන් වෙනවා.

එලනවා [엘러너와-] එලුවා-එලා 펼치다, 펴다, 전개하다 එළනවා. එලීම/එලුම

එලලනවා [엘럴러너와-] එලලුවා-එලලා 깁다, 꿰매다, 감치다 මහනවා. එලලීම

එලලීම [엘럴리-머] එලලනවා 의 동명사: 깁기, 꿰매기, 감치기.

එලවනවා‡ [엘러워너와-] එලෙවුවා-එලවා ①쫓아내다, 내쫓다, 몰아내다 පන්නනවා ②운전하다, 차를 몰다 පදවනවා. එලවීම

එ

එලවේසම් [엘러웨-쌈] 자유롭게, 홀가분하게.

එලිය‡ [엘리여] 빛, 광채. (문어) ආලෝකය.

එලියට‡ [엘리여터] 밖으로, 바깥으로. (문어) පිටතට

එලෙස† [엘레써] 그렇게, 그와 같이 එසේ. (구어) ඒ වගේ

එල්බ ගන්නවා [엘버 간너와-] 달라붙다, 매달리다, 붙들고 늘어지다 එල්ලෙනවා.

එල්බෙනවා [엘베너와-] එල්බුණා-එල්බී/එල්බ 달라붙다, 매달리다, 붙들고 늘어지다 එල්ලෙනවා. එල්බීම/එල්බුම

එල්ල [엘러] ①목표, 목적 අරමුණට යොමුව ②앞, 전면 ඉදිරිය.

එල්ල කරනවා† [엘러 꺼러너와-] ①목표를 잡다, 가리키다, 지적하다 ඉල්ලක කරනවා ②수평을 맞추다.

එල්ලනවා† [엘러너와-] එල්ලුවා-එල්ලා 매달다, 걸다. එල්ලීම/එල්ලුම

එල්ලය† [엘러여] 목표, 목적 අරමුණ.

එල්ලා දමනවා/එල්ලා මරණවා [엘라- 다머너와-/엘라- 마러너와-] 교수형에 처하다, 매달아 죽이다.

එල්ලුම් ගස [엘룸 가써] 교수대, 처형대 පෝරකය.

එල්ලා වැටෙනවා [엘라- 왜테너와-] (나뭇가지 등) 축 처져 있다 එල්ලී පහළට බරව තියෙනවා.

එල්ලෙන පාලම [엘레너 빨-러머] 현수교, 흔들 다리 වැල් පාලම.

එල්ලෙනවා† [엘레너와-] එල්ලුණා-එල්ලී 매달리다, 걸려 있다, 의존하다, 의지하다. එල්ලීම/එල්ලුම

එල්ලේ [엘레-] 야외 운동 중 하나.

එවක [에워꺼] ①그 때, 그 시간, 그 당시 ඒ කාලය ②그 때에, 그 당시에 ඒ කාලේ.

එවකට/එවක [에워꺼터/에워꺼] 그 때에, 그 당시에 ඒ කාලේ.

එවක් පටන් [에왁 빠탄] 그 때부터, 그 후로부터.

එවනවා‡ [에워너와-] එවුවා(එව්වා)-එවා 보내다, 파송하다 ළඟා කරවනවා. එවීම (문어) පමුණුවනවා

එවර [에워러] 그때, 그 시간에 එකල්හි.

එවලෙ/එවලේ [에월레/에월레-] 그때, 그 시간에 එවෙලෙ.

එවැනි‡ [에왜니] 그렇게, 그와 같이 එවෙනි. (문어) ඒ බඳු

එවිගස [에위거써] 즉시, 바로 වහා.

එවිට† [에위터] ①그때에 ඒ කාලේ ②그래서, 그런 까닭에 ③그리고, 그 후에.

එවුවා/එව්වා‡ [에우와-] එවනවා의 과거형: 보냈다, 파송했다.

එවුවෝ [에우오-] 그들, 그 사람들 ඔවුහු.

එවෙලෙ/එවේලෙහි/එවේලේ [에웰레/웰-레히/에웰-레-] 그때에, 그 시간에 ඒ කාලේ.

එව් [에우] ①~같이, ~처럼 මෙන් ②혹은, 아니면 හෝ.

එව්වා [에우와-] 그것들, 그 물건들 ඒවා.

එව්වා/එවුවා [에우와-] එවනවා의 과거형: 보냈다, 파송했다.

එසකියෙල් [에써끼옐] (성경) 에스겔서, 에스겔.

එසඳ [에싼더] 그때에, 그 시간에 ඒ කාලේ.

එසමයෙහි [에써머예히] 그 때에 ඒ කාලේ.

එසවීම [에써위-머] ඔසවනවා 의 동명사: 들어올림, 높임 උඩට ගැනීම.

එසැණින්† [에쌔닌] 즉시, 바로, 순간에, 재빠르게 සැණින්.

එස්තර් [에쓰떠ㄹ] (성경) 에스더서, 에스더.

එස්රා [에스라-] (성경) 에스라서, 에스라.

එසේ† [에쎄-] 그와 같이, 그렇게. (구어) එහෙම

එසේද වුවත්/එසේ වුවත් [에쎄-더 우왇/에쎄- 우왇] ①그렇다 할지라도, 그럴지라도 ②그러나, 하지만 නමුත්. (구어) ඒ වුනත්

එසේ නමුත්† [에쎄- 나묻] 그런다 할지라도.

එසේ නම් [에쎄- 남] 그러면, 그렇다면. (구어) එහෙ නම්

එසේම† [에쎄-머] 그 같이, 그와 같이. (구어) එහෙම ¶ එසේම වේවා (타인의 인사에 답하는 문장) 그렇게 되기를 바래요

එසේ වුවත් [에쎄- 우왇] ①그렇다 할지라도, 그럴지라도 එසේද වුවත් ②그러나, 하지만 නමුත්. (구어) ඒ වුනත්

එසේ වුවද [에쎄- 우워더] ①그렇다 할지라도, 그럴지라도 එසේ වුවත් ②그러나, 하지만 නමුත්. (구어) ඒ වුනත්

එසේ වුවහොත් [에쎄- 우워홑] 그렇게 된다면, 그렇게 되면.

එහා‡ [에하-] 저기, 저멀리 එපිට.

එහාට‡ [에하-터] 저기로 ඈතට.

එහා මෙහා‡ [에하- 메하-] 여기 저기. (문어) ඔබ මොබ

එහා මෙහා කරනවා [에하- 메하- 꺼러너와-] 한 장소에서 다른 장소로 옮기다.

එහා මෙහා වෙනවා [에하- 메하- 웨너와-] 장소가 바뀌다, 여기저기 있게 되다.

එහි† [에히] 거기, 거기에 එහෙ.

එහි ලා [에힐 라-] 연관되어, 연결되어 එයට සම්බන්ධ කොට.

එහෙ/එහේ‡ [에헤/에헤-] 거기, 거기에 එහි.

එහෙත්† [에헫] 그러나, 하지만 ඒත්. (문어) නුමුත්

එහෙනම්‡ [에헤남] 그렇다면, 그러면 එහෙම වුනොත්. (문어) එසේනම්

එහෙම† [에헤머] 그렇게, 그와 같이 ඒවගේ. (문어) එසේම ¶ මටත් එහෙමයි 저도 그렇습니다

එහෙමට [에헤머터] 그렇게, 그와 같이 ඒවගේ. (문어) එසේම

එහෙමත් [에헤맏] 그렇게도, 그와 같이도 ඒවගේ. (문어) එසේම

එහෙම පිටින් [에헤머 삐틴] 완전하게, 온전하게 මුළුමනින්ම.

එහෙමයි‡ [에헤마이] 그렇다, 맞다 එහෙයි. (문어) එසේමය

එහෙ මෙහෙ කරනවා [에헤 메헤 꺼러너와-] 한 장소에서 다른 장소로 옮기다 එහා මෙහා කරනවා.

එහෙ මෙහෙ වෙනවා [에헤 메헤 웨너와-] 장소가 바뀌다, 여기 저기 있게 되다 තැන වෙනස් වෙනවා.

එහෙයි [에헤이] 그렇다, 맞다 එහෙමයි. (문어) එසේමය

එහෙයින්† [에헤인] 그 때문에, 그로 말미암아 ඒ නිසා. (문어) ඒ සෙයින්

එහේ [에헤-] ①거기, 거기에 එහෙ ②그, 그 사람, 그이 ඒ තැනැත්තා.

එහේ මෙහේ [에헤- 메헤-] 여기 저기, 이곳 저곳 අතන මෙතන.

එළ [엘러] ①소, 가축 ගවයා ② එළය 의 복수: 백재, 백목질 ③ 염소 එළුවා ④귀머거리 බිහිරා. ¶ එළ නැම්බිය 암염소 새끼

එළ [엘러] ①하얀, 백색의 සුදු ②껍질을 벗긴 පොතු ඉවත් කළ ③씽할러의 සිංහල ④국내의, 내국인의 දේශීය.

එළ කරනවා [엘러 꺼러너와-] ~의 껍질을 벗기다, 정미하다, ~의 꼬투리를 까다 පාහිනවා.

එළකිරි [엘러끼리] 젖소 우유, 우유 එළදෙනුන්ගේ කිරි.

එළගහනවා [엘러가하너와-] 백재(백목질)을 제거하다.

එළගිතෙල්† [엘랑기뗄] (젖소 젖의) 버터 기름.

එළගොකටු [엘러고까투] (식물) 가르시니아 캄보지아, 이삭송이풀.

එළගොම [엘러고머] 암소 똥.

එළතුත්තම් [엘러뚣땀] 백색 황산아연광, 호반.

එළ දඩකිනිය/එළ දඩකිරිය [엘러 다더끼니여/엘러 다더끼리여] (식물) 다이아몬드 프로스트.

එළදෙන‡ [엘러데너] ①암소, 젖소 ②(욕) 어리석은 여자, 멍청한 여자 මෝඩ ගෑනි. (복) *එළදෙන්නු*

එළනවා† [엘러너와-] එළුවා-එළා ①펼치다, 펴다, 전개하다 එලනවා ②떨어뜨리다, 떨구다, 투하하다. <u>එළීම/එළුම</u>

එළනිවිති [엘러니위띠] 말라바 시금치.

එළනුග [엘러누거] (식물) (잎이 크고 바늘 모양인) 아열대 기후의 식물.

එළනෙටුල් [엘러네툴] 열대산 갯길경잇과의 식물.

එළනෙළුම් [엘러넬룸] 연꽃의 일종.

එළබක්මී [엘러밖미-] (식물) 카담 (열대 아메리카 속성수).

එළබටු [엘러바투] (식물) 가지종류의 일종.

එළමල් [엘러말] (식물) 생강과.

එළමිදෙල්ල [엘러미델러] (식물) Barringtonia acutangula.

එළමෝරු [엘러모-루] 젖소의 유장(curd).

එළඹීම/එළඹුම [엘럼비-머/엘럼부머] එළඹෙනවාの 동명사: ①접근, 다가옴 ②자극, 자극됨, 고무됨.

එළඹෙනවා† [엘럼베너와-] එළඹුණා-එළඹී ①다가가다, 접근하다, 가까이 오다 ළඟට පැමිණෙනවා (구어) ළං වෙනවා ②자극되다, 고무되다 පෙළඹෙනවා.

එළය [엘러여] (나무 껍질 바로 밑의 연한 목재) 백재, 변재(邊材), 백목질(白木質).

එළලනවා† [엘럴러너와-] එළලුවා-එළලා 깁다, 꿰매다, 감치다 මහනවා. එළලීම/එළලුම

එළලුහුනු/එළලූනු [엘럴루후누/엘럴루-누] 마늘 සුදුලූනු.

එළවනවා† [엘러워너와-] එළෙව්වා-එළවා ①쫓아내다, 내쫓다, 몰아내다 පන්නනවා ②운전하다, 차를 몰다 පදවනවා. එළවීම

එළවරා [엘러워라-] 우각과라 부르는 나무 박주가리 (크라운 플라워).

එළවළු‡ [엘러월루] 야채, 채소.

එළහරක් [엘러하락] (집합적) 가축.

එළාගන්නවා [엘라-간너와-] ①펼치다, 펴다, 전개하다 එලනවා ②떨어뜨리다, 떨구다, 투하하다. එළාගැනීම

එළිඅත්ත [엘리알떠] 횃불, 봉화 ගිනිසුල.

එළිකරනවා† [엘리꺼러너와-] ①밝히다, 해명하다, 분명히 하다 ②드러내다, 폭로하다 අනාවරණය කරනවා.

එළිච්චි [엘맃치] 염소 암컷, 암염소 එළු දෙන.

එළිදරවු කරනවා [엘리더라우 꺼러너와-] 계시하다, 밝히 드러내다, 폭로하다 එළිකරනවා.

එළිදරවු/එළිදරව් [엘리더라우] ①(성경) 요한 계시록, 요한 묵시록 ②계시, 밝힘.

එළිදරවුව/එළිදරව්ව [엘리더라우워] 계시, 밝힘, 폭로 අනාවරණය.

එළිපත [엘리빠떠] 문지방, 문턱 යටෙලිපත.

එළිපත්ත† [엘리빹떠] 문지방, 문턱 යටෙලිපත.

එළිපහළි කරනවා [엘리빠할리 꺼러너와-] 열다, 개봉하다 විවෘත කරනවා.

එළිපහළිය [엘리빠할리여] ①옥외, 열린 공간 ②단정, 정연, 말쑥, 깔끔 නිසි පිළිවෙළ.

එළිපිට [엘리삐터] 공공연하게, 열려있게 විවෘතව.

එළිපෙහෙළි කරනවා [엘리뻬헬리 꺼러너와-] (풀 베고) 청소하다, 깨끗이 치우다 වල් කපා සුද්ධ කරනවා.

එළිබහිනවා [엘리바히너와-] ①밖으로 나가다 එළියට යනවා ②똥, 오줌을 싸다 මල, මුත්‍ර පිටකරනවා.

එළිමහන‡ [엘리마하너] 야외, 바깥 විවෘත බිම. (복) *එළිමහන්*
¶ එළිමහන් රැළිය 야외 집회

එළිමහන් [엘리마한] එළිමහන 의 복수 또는 형용사: ①야외들, 바깥들 ②야외의, 바깥의.

එළිය [엘리여] 빛, 광채. (문어) ආලෝකය.

එළිය කරනවා [엘리여 꺼러너와-] 빛 비추다, 발광하다 දීප්තිමත් කරනවා.

එළියට‡ [엘리여터] 밖으로, 바깥으로. (구어) එළියට

එළිය වැටෙනවා [엘리여 왜테너와-] 서광이 비추다, 동이 트다 ඉර පායනවා.

එළිවෙනවා [엘리웨너와-] 동이 트다, 아침이 되다 රැය පහන්

එ

වෙනවා ②밝혀지다, 폭로되다, 알려지다 අනාවරණ වෙනවා.

එළුවා† [엘루와-] 염소 මේෂ. (복) *එළුවෝ*

ඒ

ඒ [에-] 씽할러 알파벳의 14번째 글자.

ඒ† [에-] 그 එම.

ඒ අතර [에- 아떠러] 그 사이에, 그러는 중에.

ඒ ඇරත් [에- 애랃] 그뿐 아니라, 더 එපමණක් නොව. (구어) තව

ඒ එක්කම [에- 엒꺼머] 그것과 함께 ඒ සමගව. (구어) එවෙලේ

ඒ ඒ [에- 에-] 하나 하나 තනි තිනි.

ඒක‡ [에-꺼] 그것 එය.

ඒකකය† [에-꺼꺼여] ①단위 ②부분, 일부, 부문, 섹션 එක් කොටසක්. ¶ දැඩි සත්කාර ඒකකය 중환자실, 집중치료실

ඒකකෙන්ද්‍රික [에-꺼껜드리꺼] 중심이 같은, 집중적인 ඒක්කෙන්ද්‍රීය.

ඒකග්ගතාව [에-각거따-워] 집중, 전념 සිතේ එකඟත්වය.

ඒකඝන [에-꺼거너] 단단한, 빽빽한, 밀집한.

ඒකචර/ඒකචාරී [에-꺼처러/에-꺼차-리-] 외로운, 고독한, 혼자의 තනිව හැසිරෙන.

ඒකච්ඡත [에-깣차뜨러] 연합된, 한 깃발 아래 එක්සේසත්.

ඒකච්ජන්දයෙන්† [에-깣찬더옌] 만장(전원) 일치로, 이의 없이.

ඒකජ [에-꺼저] 한 곳에서 태어난 එකම තැනින් උපන්.

ඒකජනක [에-꺼자너꺼] 한번에 한 명(마리) 만 낳는 එකෙක්ම උපදවන.

ඒකජාතක [에-꺼자-떠꺼] 유일한, 한 명의, 한 명만 낳은 ඒකජාත.

ඒකජීවාණු [에-꺼지-와-누] (생물) 단세포의 ඒක සෛලික.

ඒකතුල්‍ය [에-꺼뚤리여] 비슷한 සමාන.

ඒකත්වය [에-깥워여] 동일, 하나됨 එකක් බව.

ඒකදන්තයා [에-꺼단떠야-] 상아가 하나인 코끼리.

ඒකදල [에-꺼달러] (잎이) 단엽의 ඒකපත්‍රික.

ඒකදළ [에-꺼달러] 상아가 하나인.

ඒකදේවදෘෂ්ටිය/ඒකදේවවාදය [에-꺼 데워드루쉬티여/에-꺼데워와-더여] 일신론.

ඒකදේශය† [에-꺼데-셔여] 부분, 한 부분 එක කොටස.

ඒකදේශවාසී [에-꺼데-셔와-씨-] 같은 나라에 사는, 한나라에 거하는.

ඒකපාක්ෂික [에-꺼빡-쉬꺼] 한쪽의, 한편의, 한쪽으로 치우진, 부분적인 එක පක්ෂයකට සීමිත.

ඒකපාර්ශ්වික [에-꺼빠-르쉬위꺼] 일방적인, 단독적인, 한쪽만의 එක් පැත්තකට අයත්.

ඒකපත්‍රික [에-꺼빠뜨리꺼] (잎이) 단엽의 ඒකදල.

ඒකභූමික [에-꺼부-미꺼] 한 층의, 한층으로 된.

ඒකමතික [에-꺼마띠꺼] ①만장일치의, 이구동성의 ②일치한, 화합하는 සමාන කැමැත්ත දක්වන. ¶ ඒකමතික තීන්දුව 재판관 만장일치의 판결

ඒකමූලික [에-꺼물-리꺼] 한 뿌리의, 같은 근원의.

ඒකරස [에-꺼라써] 한 맛의.

ඒක රාශිය [에-꺼 라-쉬여] ①한 무리, 한 무더기, 한 떼 එක ගොඩ ②(법) 재산 병합.

ඒ

ඒක රාශි වෙනවා [에-꺼 라-쉬 웨너와-] 모이다, 떼를 짓다, 무리를 짓다.

ඒකල [에-껄러] 혼자, 싱글.

ඒකවචනය† [에-꺼와처너여] (문법) 단수. ¶ බහුවචනය 복수

ඒකවර්ණය [에-꺼와르너여] ①한 글자 එක අක්ෂරය ②한 색깔 එක පාට.

ඒකවිධ [에-꺼위더] 한 모양의, 한 형태의 සමාන.

ඒකස්වර [에-꺼쓰워러] 한 모음의 එක ස්වරයක් ඇති.

ඒකහන්ද [에-꺼한다-] 그것 때문에, 그 때문에 ඒකහින්දා. (문어) ඒ නිසා

ඒකහින්ද‡ [에-꺼힌다-] 그것 때문에, 그 때문에 ඒකහන්දා. (문어) ඒ නිසා

ඒකා [에-까-] ①그 사람, 그 ඒ මිනිසා ②그것 ඌ.

ඒකාංශය [에-깡-셔여] 한쪽, 한면 එක පැත්ත.

ඒකාංසය [에-깡-써여] ①한쪽, 한 면 එක පැත්ත ②한쪽 어깨 එක උරය.

ඒකාකාර/එකාකාර [에-까-까-러/에까-까-러] 동일한, 변치 않은, 같은 방식의. (구어) එක වගේ

ඒකාකාරය [에-까-까-러여] 동일, 변함없음, 같은 방식 එකාකාරය.

ඒකාකාරයෙන් [에-까-까-러옌] 동일하게, 같은 방식으로 ඒකාකාරයට.

ඒකාක්ෂරය [에-깍-셔러여] 단음절.

ඒකාග්‍ර [에-까-그러] 동의하는, 찬성하는 එකඟ.

ඒකාග්‍රතාව [에-까-그러따-워] 동의, 찬성එකඟතාව.

ඒකාත්ම/ඒකාත්මික [에-깥-머/에-깥-미꺼] 통합된, 일원화된, 일치의, 하나의 영의 එක ආත්ම.

ඒකාත්මය [에-깥-머여] 통합, 일치, 하나의 영 එක ආත්මය.

ඒකාත්මික/ඒකාත්ම [에-깥-미꺼/에-깥-머] 통합된, 일원화된, 일치의, 하나의 영의 එක ආත්ම.

ඒකාදශ [에-까-다셔] 11의, 열 하나의 එකොළොස්.

ඒකාධිපති [에-까-디빠띠] 독재자 ආඥාදායකයා.

ඒකාධිපතියා [에-까-디빠띠야-] 독재자, 절대 권력자.

ඒකාධිපතිවාදය [에-까-디빠띠와-더여] 권위주의.

ඒකාධිපතිවාදී [에-까-디빠띠와-디-] 권위주의의.

ඒකාධිපතිවාදියා [에-까-디빠띠와-디야-] 권위주의자.

ඒකාන්ත [에-깐-떠] 확실한, 분명한 අනිවාර්ය.

ඒකාන්ත කරනවා [에-깐-떠 꺼러너와-] 확인하다, 확증하다, 보증하다 සහතික කරනවා.

ඒකාන්තයෙන් [에-깐-떠옌] 분명히, 확실히.

ඒකාන්ධකාරය [에-깐-더까-러여] 질흙 같은, 암흑의 ඝනාන්ධකාර.

ඒකාබද්ධ† [에-까-받더] 연결된, 결합된, 하나된 එකතු.

ඒකායන [에-까-야너] 같은 목적의, 한길의 එකම අරමුණකට යන.

ඒකාර්ථය [에-까-르떠여] 같은 뜻, 같은 의미, 동의 එක තේරුම.

ඒකාලෝක [에-깔-로-꺼] 빛으로 가득 찬, 환한 ආලෝකයෙන් පිරුණු.

ඒකී [에-끼-] 그 여자, 그녀 ඇය.

ඒ

ඒකීය† [에-끼-여] 유일한, 하나 뿐인 එකම.

ඒකීයත්වය [에-끼-얕워여] 하나 됨, 일치.

ඒකීයවාදය [에-끼-여와-더여] (철학) 일원론.

ඒකූන [에-꾸-너] 하나가 부족한 එකක් අඩු.

ඒක්ෂණ [엑-셔너] 즉석의, 즉시의 එසැණ.

ඒක්ෂණයෙන්/ඒක්ෂණයෙහි [엑-셔너옌/엑-셔너예히] 곧바로, 바로, 즉석해서, 즉시에 එසැණින්.

ඒගමන් [에-가만] 그때에, 동시에 ඒ සැරේ.

ඒගොන්දි [에-곤디] 그때에.

ඒගොල්ලෝ‡ [에-골로-] 그들, 그 사람들 එයාලා. (문어) ඔව්හු

ඒජන්ත† [에-전떠] 대행자, 대리인, 대리점.

ඒතාක් [에-딱-] 그때까지 ඒතෙක්.

ඒත් [엗-] 그러나, 하지만 එහෙත්. (문어) නුමුත්

ඒත්තු ගන්නවා/ඒත්තු යනවා‡ [엗-뚜 간너와-/엗-뚜 야너와-] 인정하다, 받아들이다, 동의하다, 확신하다.

ඒත්තු ගන්වනවා [엗-뚜 간워너와-] 설득하다, 받아들이게 만들다 නම්මා ගන්නවා.

ඒත්තු යනවා/ඒත්තු ගන්නවා [엗-뚜 야너와-/엗-뚜 간너와-] 인정하다, 받아들이다, 동의하다, 확신하다.

ඒදණ්ඩ† [에-단*더*] 조그만 다리 (개울위에 세워진 다리).

ඒදනවා [에-더너와-] ඒදුවා-ඒදා (커리) 요리 재료를 준비하다. ඒදීම

ඒ නිසා/එනිසා [에- 니싸-/에니싸-] 그래서, 그렇기 때문에 ඒ හින්දා. (문어) එම නිසා

ඒපාර [에-빠-*러*] 지금, 이번에 දැන්.

ඒම [에-머] එනවා 의 동명사: 옴, 다가옴 ඊම.

ඒය [에-여] 작은 다리 ඒදණ්ඩ.

ඒයි [에-이] 어이, 여보세요.

ඒරණ්ඩ/ඒරණ්ඩක [에-*란더*/에-*란더*꺼] 아주까리 나무, 피마자유 나무.

ඒරාකඳ [에-*라*-깐더] 선박의 용골.

ඒරියාකඳ/ඒරියාව [에-*리*야-깐더/에-*리*야-워] 수레의 기둥.

ඒරුවෙනවා [에-*루*웨너와-] ①일어나다, 솟아오르다 නැගෙනවා ②사로 잡히다 ආවේශ වෙනවා ③나무라다, 책망하다 බණිනවා.

ඒලා [엘-라-] (식물) 생강과의 다년생 식물(의 열매-약용 또는 향료) එන්සාල්.

ඒ ලෙද/ඒ ලෙස [엘- 레더/엘-레써] 그렇게, 그와 같이 ඒ විදියට. (구어) ඒ වගේ

ඒ ලෙස/ඒ ලෙද [엘- 레써/엘-레더] 그렇게, 그와 같이 ඒ විදියට. (구어) ඒ වගේ

ඒව [에-워] (성경) 하와, 이브.

ඒවගේ‡ [에-와게-] 그렇게, 그와 같이 ඒ හැටියට. (문어) ඒ ලෙස

ඒවා‡ [에-와-] ඒක 의 복수: 그것들, 그 물건들 ඒ දේවල්.

ඒ වුණත්/ඒ වුණාට [에- 우낟/에- 우나-터] 그렇지만, 하지만 එහෙත්. (문어) නමුත්

ඒසා [에-싸-] 그와 같이, 그만큼 ඒ තරම්.

ඒ සැරේ [에- 쌔*레*-] 그때에, 그 당시에 ඒවේලාවේ.

ඒ

ඒ හැටි [에- 해티] 그렇게, 그 방식의.

ඒ හැටියට‡ [에- 해티여터] 그 방식으로, 그런 식으로 ඒ වගේ. (문어) ඒ ලෙස

ඒ හින්ද [에- 힌다-] 그 때문에, 그렇기에, 결과적으로 ඒ නිසා. (문어) එම නිසා

ඒළක [엘-러꺼] ①문지방(의), 문간(의) එළිපත්ත ②염소(의) එළුවා.

ඒළකය [엘-러꺼여] 문지방, 문간 එළිපත්ත.

ඒළකයා [엘-러꺼야-] 염소 එළුවා.

ඒ ළඟ [엘- 랑거] 다음의, 다음번의 ඊ ළඟ.

ඒ

ඓ

ඓ [아이] 씽할러 알파벳의 15번째 글자.

ඓක්‍යය† [아읶끼여여] 합계, 총, 토탈 එකතුව.

ඓතිහාසික/ඓතිහාසීය† [아이띠하-씨꺼/아이띠하-씨-여] 역사적인 ඉතිහාසික.

ඓන්ද්‍රිය† [아인드리-여] 유기적, 조직적, (장기) 기관의 ඉන්ද්‍රියමය.

ඓශ්චර්යමත්† [아이쉬차르여맡] ①부요한, 번영한, 번창한 ඉසුරුමත් ②영광스러운, 찬란한, 광대한.

ඓශ්චර්යය† [아이쉬차르여여] ①번영, 번창, 부귀영화 සම්පත්තිය ②영광, 위엄, 존엄.

ඓශ්වර්යය† [아이쉬와르여여] ①번영, 번창, 부귀영화 සම්පත්තිය ②영광, 위엄, 존엄.

ඓශ්වර්යවත් [아이쉬와르여왙] ①부요한, 번영한, 번창한 ඉසුරුමත් ②영광스러운, 찬란한, 광대한.

ඓහලෞකික [아이할라우끼꺼] 이 세상의, 이 세상과 관련된 මෙලෝ.

ඔ

ඔ [오] 씽할러 알파벳의 16번째 글자.

ඔංචිල්ලා පදිනවා [옹칠라- 빠디너와-] 그네를 타다, 그네를 뛰다 ඔංචිලි පදිනවා.

ඔංචිල්ලාව/ඔංසිල්ල† [옹칠라-워/옹씰러] 그네 ඕවිල්ල.

ඔංචිල්ල [옹췰러] 그네 ඔංචිල්ලාව. (복) *ඔංචිලි*

ඔංසිල්ල/ඔංචිල්ලාව [옹씰러/옹칠라-워] 그네 ඕවිල්ල.

ඔකඳවෙනවා [오깐더웨너와-] 기뻐하다, 즐거워하다 සතුටු වෙනවා.

ඔක්ක [욱꺼] (허리에서 무릎까지) 무릎 උකුළ.

ඔක්කාරය† [욱까-*러*여] 구역질 වමනයට එන ගතිය.

ඔක්කොම‡ [욱꼬머] ①(물건, 사물) 모두, 전부 (문어) සියල්ල ② 모든 사람, 모든 이 හැම දෙනම (문어) සියල්ලෝම.

ඔක්තෝබර්/ඔක්තෝම්බර්‡ [욱또-버*르*/욱똠-버*르*] 10월, 시월.

ඔච්චම [옻처머] 조롱, 조소, 멸시 සරදම. (복) *ඔච්චම්*

ඔච්චම් කරනවා [옻참 꺼*러*너와-] 멸시하다, 비웃다, 조롱하다 සරදම් කරනවා.

ඔච්චර [옻처*러*] 그만큼. (문어) ඔය තරම්.

ඔජරය [오저*러*여] (의학) 수종병 උදරරෝගය.

ඔටුනු [오투누] ඔටුන්න 의 복수 또는 형용사: ①왕관들 ②왕관의.

ඔටුනු පළඳිනවා [오투누 빨런디너와-] 왕관을 씌우다.

ඔටුනු පැළඳීම [오투누 뺄런디-머] 대관식, 즉위식.

ඔටුන්න‡ [오툰너] 왕관 කිරුළ. (복) *ඔටුනු*

ඔටුවා‡ [오투와-] 낙타. (복) *ඔටුවෝ*

ඔට්ටපාලු [올터빨-루] 진한 생고무 ඔට්ටුපාල්.

ඔට්ටම [올터머] 내기, 돈내기 පරදුව. (복) *ඔට්ටම්*

ඔට්ටු අල්ලනවා† [올투 알러너와-] 내기하다, 내기를 걸다 පරදු තබනවා.

ඔට්ටුපාල් [올투빨-] 진한 생고무 ඔට්ටපාලු.

ඔට්ටුව [올투워] 내기, 돈내기 පරදු මුදල. ¶ ඔට්ටු අල්ලනවා 내기하다

ඔඩම [오*더*머] 물통, 물 마시는 용기.

ඔඩු දුවනවා [오*두* 두워너와-] 괴저가 생기다, 부패하다 ඔඩු යනවා.

ඔඩුව [오*두*워] 욕창, 종기로 인한 구멍.

ඔඩුවණය [오*두*와너여] 욕창, 썩어가는 상처.

ඔඩොක්කුව [오*독*꾸워] (허리에서 무릎까지) 무릎 ඇකය.

ඔඩ්ඩිවෙනවා [올*디*웨너와-] 흉포해지다, 몹시 사나워지다.

ඔතන‡ [오떠너] 거기, 그곳.

ඔතනවා‡ [오떠너와-] එතුවා-ඔතලා(ඔතා) ①싸다, 포장하다 ②감다, 휘감다. <u>එතීම</u>

ඔතන කඩදාසිය‡ [오떠너 까*더*다-씨여] 포장지.

ඔතප්/ඔතපු/ඔත්තප්පය [오땁/오떠뿌/옫땁뻐여] 얌전함, 단정함, 조심성 හිරිඔතප්.

ඔතැන‡ [오때너] 거기, 그곳 ඔතන.

ඔ

ඔතු [오뚜] 십일조, 10분의 일 දශයෙන් කොටස.

ඔත් [옽] 누워 있는 වැතිර සිටින.

ඔත්තුකාරයා† [옽뚜까-러야-] 첩(정)보원, 첩자.

ඔත්තු බලනවා‡ [옽뚜 발러너와-] 정탐 (염탐) 하다, 첩자 짓을 하다.

ඔත්තුව† [옽뚜워] 첩보, 탐색, 염탐.

ඔත්තු සේවය [옽뚜 쎄-워여] 첩보 업무, 정탐 업무.

ඔත්තෙ [옽떼] (수학) 홀수의. ¶ ඉරට්ටේ 짝수의

ඔත්තෙ අංකය† [옽떼 앙꺼여] (수학) 홀수. ¶ ඉරට්ටේ අංකය 짝수

ඔත්පළ වෙනවා/ඔත්පොළ වෙනවා [옽뻘러 웨너와-/옽뽈러 웨너와-] 침대에 누워있다 (일어날 수 없어서), (사람, 몸) 쇠약해져 있다.

ඔද [오더] ①열심, 애씀 උනන්දුව ②힘, 능력 ශක්තිය.

ඔද යනවා [오더 야너와-] 힘을 잃다, 기운이 없어지다.

ඔද වඩනවා [오더 와더너와-] ①힘이 생기다, 기운이 생기다 ②기뻐하다, 즐거워하다 ප්‍රීති වනවා.

ඔද සිඳිනවා [오더 씬디너와-] 약하게 하다, 약화시키다.

ඔන්චිල්ලාව [온칠라-워] 그네 ඔංචිල්ලාව.

ඔන්න [온너] ①여기 ②저기.

ඔප කඩදසි [오뻘 까더다-씨] 광택지, 광택 종이.

ඔප කරනවා [오뻐 꺼러너와-] 광택을 내다, 윤을 내다 මතුපිට සිනිඳු කරනවා.

ඔප දමනවා† [오뻐 다머너와-] 닦다, 광내다, 광택을 내다

ඔපනැලි [오뻐낼리] (옷의) 단, 주름겹단, 접어올려 시친 단.

ඔපමට්ටම [오뻐맡터머] 윤, 광택, 번쩍거림 දීප්තිය.

ඔපමණ [오빠머너] 그만큼 ඔය තරම්. (구어) ඔච්චර

ඔපය† [오뻐여] 광택, 빛남 දිලිසුම.

ඔපලනවා [오뻘러너와-] ඔපලෑවා-ඔපලා 닦다, 광내다, 광택을 내다 සිනිඳු කරනවා.

ඔපලූ [오뻘루-] 빛나는, 광택나는 ඔප දමන ලද.

ඔපවත් [오뻐왇] 빛나는, 광택나는 දීප්තිමත්.

ඔප් [옾] 광택, 빛남 දිලිසුම.

ඔප් නගනවා [옾 나거너와-] 닦다, 광내다, 광택을 내다, 반짝거리게 만들다 ඔපලනවා.

ඔප්පු කරනවා‡ [옾뿌 꺼러너와-] ①헌납하다, 바치다, 드리다 කැප කරනවා ②증명하다, 입증하다 සනාථ කරනවා.

ඔප්පු තප්පු/ඔප්පු තිරප්පු [옾뿌 땊뿌/옾뿌 띠랖뿌] 증서들과 문서들.

ඔප්පුව‡ [옾뿌워] ①증거, 증명 ②(서명 날인한) 증서.

ඔප්පු වෙනවා [옾뿌 웨너와-] 증명되다, 입증되다 සනාථ වෙනවා.

ඔබ‡ [오버] ①ඔයා 의 존칭: 당신 ②(문어 소유격) 당신의 ඔබේ.

ඔබ [오버] 저멀리, 저넘어, 저기 එහා.

ඔබනවා‡ [오버너와-] එබුවා-ඔබා 누르다, 억누르다, 짜다, 압박하다. එබීම

ඔබදියා [오버디야-] (성경) 오바댜서, 오바댜.

ඔ

ඔබඳු [오반두] 그렇게, 그처럼 ඔය ආකාර. (구어) ඔවැනි

ඔබමොබ [오버모버] 여기저기.

ඔබල [오벌러] 약한, 연약한, 나약한 දුර්වල.

ඔබින [오비너] 적당한, 알맞은, 적절한 සුදුසු.

ඔබිනවා† [오비너와-] ඉබුණා-ඔබ 적합하다, 일치되다, 어울리다, 맞다 ගැලපෙනවා.

ඔබින් [오빈] 거기서부터, 그 다음부터.

ඔබ්බ/ඔබ්බට/ඔබ්බෙහි [옵버/옵버터/옵베히] 저기의, ~넘어서, 먼, 다른 쪽의.

ඔබ්බනවා [옵버너와-] එබ්බුවා-ඔබ්බා 집어넣다, 주입하다 ඇතුළට වද්දනවා. <u>එබ්බීම</u>

ඔබ්බෙහි/ඔබ්බ/ඔබ්බට [옵베히/옵버/옵버터] 저기의, ~넘어서, 먼, 다른 쪽의.

ඔමරි [오머리] ①아양, 교태, 아양부리기 ②아양부리는, 유혹하는 අඟර දඟර පාන.

ඔමරි කරනවා [오머리 꺼러너와-] 아양 부리다, 교태 부리다, 꼬시다 අඟර දඟර පානවා.

ඔය† [오여] 강 지류, 개천.

ඔය‡ [오여] ①거기 ඔතන ②그.

ඔය තරම් [오여 따람] 그만큼 ඔපමණ. (구어) ඔච්චර

ඔයනවා [오여너와-] 껍질을 벗기다, 꼬투리를 까다.

ඔයබඩ [오여바더] 개천가, 지류기슭 ඔය අසල.

ඔය හැටි [오여 해티] 그만큼 ඔච්චර. (문어) ඔය තරම්ඔ

යා‡ [오야-] 너, 당신 නුඹ.
¶ ඔබ 당신: ඔයා 의 존칭

ඔයාකාර [오야-까-러] 그렇게, 비슷하게 ඔය විධියට.

ඔයාලා‡ [오얄-라-] ඔයා 의 복수: 너희들, 당신들. ¶ ඔබ 당신들: ඔයාලා 의 존칭

ඔයින් මෙයින් [오인 마인] 결과적으로, 그래서.

ඔර [오러] ①가슴 ළපැත්ත ②허벅지 කලවය.

ඔරංඔටං [오랑오탕] (동물) 오랑우탄.

ඔරනවා [오러너와-] 내려가다, 하강하다 උර දෙනවා.

ඔරඳනවා [오란더너와-] 빛나다, 반짝 거리다, 찬란하다 බැබලෙනවා.

ඔරලියත්ත [오럴릴얃떠] (액체 상태의) 귀약 ඔර්ලියත්ත.

ඔරලෝසුව/ඔර්ලෝසුව‡ [오럴로-쑤워/오를로-쑤워] (쾌종, 탁상용) 시계. ¶ අත් ඔරලෝසුව 손목시계

ඔරවනවා† [오러워너와-] එරෙවුවා-ඔරවා 눈살을 찌푸리다, 얼굴을 찡그리다, 뚱한 표정을 짓다 රවනවා. <u>එරවීම</u>

ඔරුපන්න [오루빤너] 보트에 필요한 모든 장비.

ඔරුකාරයා† [오루까-러야-] 사공, 배에서 일하는 사람.

ඔරොත්තු දෙනවා† [오롣뚜 데너와-] ①참다, 인내하다 ඉවසනවා ②지지하다, 지원하다, 받치다.

ඔරු දණ්ඩ [오루 단더] 보트의 용골.

ඔරුව† [오루워] 돛단배, 작은 배, 보트, 카누.

ඔර්ලියත්ත [오를리얃떠] (액체 상태의) 귀약 ඔරලියත්ත.

ඔර්ලෝසුව/ඔරලෝසුව‡ [오를로-쑤워/오럴로-쑤워] 시계 හෝරා යන්ත්‍රය.

ඔ

ඔලගම [올러가머] 옛 마을, 원형 마음 පරණ ගම.

ඔලගුව [올러구워] ①지갑 පසුම්බිය ②가방 මල්ල.

ඔලමොට්ට [올러몰터] 멍청한, 어리석은, 닭대가리의 මෝඩ.

ඔලමොට්ටල [올러몰털러] 멍청한, 어리석은, 닭대가리의 මෝඩ.

ඔලඹනවා [올럼버너와-] 지고 가다, 들고 가다 දරනවා.

ඔලිඳ [올린더] (식물) 덩굴식물: 홍두.

ඔලීව [올리-워] 올리브, 올리브 나무, 감람나무.

ඔලුව/ඔළුව‡ [올루워] ①머리 (문어) හිස ②뇌 මොළය.

ඔලොඹනවා [올럼버너와-] 지고 가다, 들고 가다 ඔලඹනවා, දරනවා, උසුලනවා.

ඔලොඹු [올롬부] 다림줄(의).

ඔල්මාද [올마-더] 반 미친, 반제정신이 아닌 බාගෙට පිස්සු.

ඔල්මාදය [올마-더여] 반 미침, 반제정신이 아님 බාගෙට පිස්සුව.

ඔල්වරසන් [올워*러*싼] 함성, 기쁨의 함성 ප්‍රීතිඝෝෂය.

ඔල්වරසන් දෙනවා‡ [올워*러*싼 데너와-] 함성을 지르다.

ඔල්වර හඬ [올워*러* 한*더*] 함성, 기쁨의 함성 ප්‍රීතිඝෝෂය.

ඔල්වාරම් [올와-*람*] 기뻐하는, 즐거워하는.

ඔවනවා [오워너와-] එවුවා-ඔවා ①~에 붓다, 채우다 පුරවනවා ②입다, 장식하다 පැලඳ ගන්නවා. <u>එවීම</u>

ඔවදන† [오워더너] 조언, 충고, 상담 අවවාදය. (복) *ඔවදන්*

ඔවා [오와-] ①ඔවාව 의 복수 또는 형용사: 조언(의), 충고(의) ②ඔවනවා 의 과거분사: 입고, 장식하고, 채우고.

ඔවා දෙනවා [오와- 데너와-] 조언하다, 충고하다 ඔබා බස් දෙනවා.

ඔවාව [오와-워] 조언, 충고 උපදෙස. (복) *ඔවා*

ඔවිලි [올윌리] ①그네들 ②그네의.

ඔවුහු [오우후] (대명사) 그들, 그 사람들 ඔව්හු. (구어) එගොල්ලෝ

ඔවුනොවුන් [오우노운] 그들 서로, 그들.

ඔවුන්‡ [오운] ඔවුහු/ඔව්හු 의 대격 (목적격): 그들을. (구어) එයාලා

ඔවුන්ගේ‡ [오운게-] ඔවුහු/ඔව්හු 의 소유격: 그들의. (구어) එයාලාගේ

ඔව්හු‡ [오우후] (대명사) 그들, 그 사람들 ඔවුහු. (구어) එගොල්ලෝ

ඔව් ‡ [오우] 예, 네.

ඔසඳ [오싼더] 약 ඖෂධ. (구어) බෙහෙත්

ඔසප්† [오쌒] 월경, 멘스 මාස ශුද්ධිය.

ඔසප් අරිනවා† [오쌒 아*리*너와-] 월경하다.

ඔසබ [오써버] ①황소(의) වෘෂභයා ②귀족, 높은 분 උත්තමයා.

ඔසරිය [오써*리*여] 캔디 스타일 사리, 씽할러 여성 의복 උඩරට සාරිය.

ඔසවනය [오써워너여] 짐을 감아올리는 기계, 호이스트 බර ඔසවන යන්ත්‍රය.

ඔසවනවා‡ [오써워너와-] එසෙවුවා-ඔසවා 들어 올리다, 높이다, 위로 올리다 උස්සනවා. <u>එසවීම</u>

ඔ

ඔසුව [오쑤워] ①약 ඖෂධය (구어) බෙහෙත ②치료.

ඔසුසල† [오쑤쌀러] 약국 ෆාමසි, බෙහෙත් ශාලාව.

ඔස්සේ† [옸쎄-] ~을 따라서, 따라 අනුයමින්.

ඔහාට [오하-터] 거기로, 그쪽으로 ඔහෙට.

ඔහු‡ [오후] 그, 그 사람, 3인칭 남성 대명사 ඡේ. (구어) එයා

ඔහෙ/ඔහේ‡ [오헤/오헤-] 거기, 그곳에 ඔතැන. (문어) ඔය ස්ථානයේ

ඔහේ [오헤-] ①거기, 그곳에 ඔහෙ (문어) ඔය ස්ථානයේ ②당신 ඔබ.

ඔහේ [오헤-] 그냥 නිකං ¶ ඔහේ ඉන්නවා 그냥 있다

ඔහොම‡ [오호머] 그렇게, 그런 방식으로. (문어) ඔය ආකාරයෙන්.

ඔහොයියා [오호이야-] (감탄사) 오, 저런.

ඔහෝ [오호-] (감탄사) 아!, 아하.

ඔහ් [오흐] (감탄사) 아이고, 저런.

ඔළ [올러] 난폭한, 폭력적인 චණ්ඩ.

ඔළමොට්ට [올러몰터] 어리석은, 우둔한 මෝඩ.

ඔළමොට්ටළ [올러몰털러] 어리석은, 우둔한 මෝඩ.

ඔ

ඔළ මොළ [올러 몰러] 아주 사악한, 아주 나쁜 ඉතා චණ්ඩ.

ඔළුගෙඩිය [올루게디여] ①머리 (문어) හිස ②경멸, 모욕 අපහාසය.

ඔළු පළා ගන්නවා [올루 빨라-간너와-] ①싸우다, 다투다 ②머리에 상처를 입다.

ඔළු බක්කා [올루 밖까-] ①대두, 머리가 큰 사람, 교만한 사람 ආඩම්බර අයෙක් ②머리 큰 가면.

ඔළුව/ඔලුව‡ [올루워] ①머리 (문어) හිස ②뇌 මොළය.

ඔළුව කැක්කුම [올루워 깪꾸머] 두통 ඉස් කැක්කුම. (문어) හිසරදය

ඔළුවට අත හෝදනවා [올루워터 아떠 호-더너와-] 망신을 주다, 면목을 잃게 하다.

ඔළොංගුව [올롱구워] ①절차, 순서 පිළිවෙල ②예의 바름, 바른 행실 විනීතකම.

ඔළොංගු වෙනවා [올롱구 웨너와-] ①절차를 밟다, 순서를 따르다 ②순종하다, 복종하다 කීකරු වෙනවා.

ඔළොක්කුව [올롞꾸워] 사잇길, 쪽 길.

ඕ

ඕ [오-] 씽할러 알파벳의 17번째 글자.

ඕ [오-] ①확실히, 꼭 ②슬프다! 아아.

ඕ [오-] 그녀, 그 여자 ඈය, ඈ.

ඕං [옹-] (감탄사) 여기 봐라.

ඕක‡ [오-까] 그것 ඔය දෙය.

ඕකන්ද [오-깐더] 개울 둑.

ඕකා [오-까-] 그 사람, 그.

ඕකාසය [오-까-써여] 기회, 찬스, 경우 අවස්ථාව, අවකාශය.

ඕකිඩ් [오-끼드] 난, 난초 උඩවැඩියා මල්.

ඕකුන් [오-꾼] 그들을, 그 사람들을 ඔවුන්.

ඕකෙ [오-께] 그것 안에, 그것에 ඔය එකෙහි.

ඕගං [오-강] 강들과 개천들 ඔයවල් හා ගංගා.

ඕගංමෝගං [오-강모-강] 과도하게, 넘치게, 지나치게 ඕඩිහෙළේට.

ඕගය/ඕඝය [오-거여] ①홍수 ගං වතුර ②물 흐름, 유수 ③바다 소리 මුහුදු හඬ.

ඕගාන පොකුණ [오-가-너 뽀꾸너] 바다, 해양 මුහුද.

ඕගොල්ල/ඕගොල්ලො [오-골러/오-골로] 당신들, 너희들 ඔයාලා. (문어) ඔබ, නුඹලා

ඕඝය/ඕගය [오-거여] ①홍수 ගං වතුර ②물 흐름, 유수 ③바다 소리 මුහුදු හඬ.

ඕජස [오-저써] ①즙, 액, 액즙, 정수 සාරය, ශ්‍රාවය ②힘, 에너지 ශක්තිය.

ඕජාව [오-자-워] ①즙, 액, 액즙, 정수 සාරය ②(땅) 비옥, 땅이 기름짐 පොළොවේ සාරය.

ඕජෝ ගුණය [오-조- 구너여] 활기, 활력, 생기 ප්‍රාණවත් භාවය.

ඕඩක්කරය [오-닦꺼러여] 먼 곳, 저 먼 곳 දුර පිහිටි ප්‍රදේශය.

ඕඩය† [오-더여] 해협 පටු මුහුදු තීරය.

ඕඩිහෙළේට [오-디헬레-터] 과도하게, 넘치게 ඕගංමෝගං.

ඕඩෙ යනවා [오-데 야너와-] 쓸려 내려가다 වතුරට සේදී යනවා.

ඕතලා [오-떨라-] (식물) 바질.

ඕතුරූ [오-뚜루] 뼈만 있는, 홀쭉한, 깡마른 කෙට්ටු, කේඩෑරි.

ඕතෙර [오-떼러] 강가, 강기슭 ගං ඉවුර.

ඕතොමෝ [오-또모-] (존칭) 그녀, 그 여자분 ඒ තැනැත්තිය.

ඕදාත† [오-다-떠] 흰, 하얀 ධවල. (구어) සුදු

ඕන/ඕනෑ [오-너/오-내-] ①(조동사) 필요하다, 원하다 අවශ්‍ය වෙනවා ②필요한, 요구된. (구어) ඕනේ

ඕන තරම් [오-너 따람] 원하는 만큼, 필요한 대로 අවශ්‍ය ප්‍රමාණයට.

ඕනවා [오-너와-] ඕනුවා-ඕනා ①두다, 넣다 දමනවා ②위임하다, 임명하다 පවරනවා.

ඕනැ/ඕනේ [오-내/오-네-] (조동사) 필요하다, 원하다 ඕන.

ඕනෑ/ඕන [오-내-/오-너] ①(조동사) 필요하다, 원하다 අවශ්‍ය වෙනවා ②필요한, 요구된.

ඕනෑ එපාකම [오-내- 에빠-꺼머] 필요 불필요.

ඕනෑකම† [오-내-꺼머] 필요, 요구 වුවමනාව. ¶ ඕනෑකමින් 타당하게

ඕනෑකමින්† [오-내-꺼민] ①잘 생각하여, 타당하게, 현명하게

ඕ

හිතා මතා ②의도적으로, 계획을 가지고 චේතනාවක් ඇති ව ③급하게, 다급하게.

ඕනෑවට එපාවට [오-내-워터 에빠-워터] 부주의하게, 무관심하게 උනන්දුවෙන් තොරව.

ඕනේ/ඕනෑ [오-네-/오-내-] (조동사) 필요하다, 원하다. (문어) ඕන

ඕපදූපය/ඕපාදූපාය‡ [오-빠두-빠여/오-빠-두-빠-여] 수군거림, 험담, 잡담 කට කතාව.

ඕපපාතික [오-빠빠-띠꺼] 자발적인, 자진해서 하는 ඉබේ ජනිත.

ඕපාදූපාය/ඕපදූපය [오-빠-두-빠-여/오-빠두-빠여] 수군거림, 험담, 잡담 කට කතාව.

ඕභාසය [오-바-써여] 광채, 빛남, 찬란 දීප්තිය, ප්‍රභාව.

ඕමත්ත [오-맡떠] 개울 상류.

ඕමාර [오-마-*러*] (식물) 슈가애플과 식물.

ඕමාරය [오-마-*러*여] 해협의 퇴적지.

ඕර [오-*러*] ①하반부(의) යට භාගය ②내부(의), 안쪽(의) ඇතුළ.

ඕරම් [오-*람*] ①한쪽, 부분 පැත්ත ②허풍, 자랑 පුරසාරම්.

ඕරසය [오-*라*써여] 액, 액체 ඉස්ම.

ඕලක්කම [올-락꺼머] ①(제사장의) 심방, 방문 බැහැ දැකීම ②(제사장에게 주는) 선물, 제물.

ඕ

ඕලන්ද [올-란더] 네덜란드의 ලන්දේසි.

ඕලන්දකාරයා [올-란더까-*러*야-] 네덜란드 사람 ලන්දේසියා.

ඕලු‡ [올-루] ①연꽃 නෙළුම ②(꽃) 수련.

ඕලුමුවා/ඕලුවා [올-루무와-/올-루와-] (동물) 붉은 사슴, 꽃 사슴 වැලිමුවා.

ඕවරකය [오-워*러*꺼여] 침실, 안방 ඇතුළු කාමරය.

ඕවා [오-와-] 그것들 ඔය දේවල්.

ඕවිට [오-위터] 논 이랑. (복) *ඕවිටි*

ඕවිල්ල [오-윌러] 그네 ඔංචිල්ලාව (복) *ඕවිලි*

ඕෂධ† [오-셔더] 약 ඖෂධ. (구어) බෙහෙත්

ඕෂධි/ඕෂධී [오-셔디/오-셔디-] ඕෂධිය 의 복수 또는 형용사: ①약, 약초 ②약의, 약초의 ඖෂධ. (구어) බෙහෙත්

ඕෂධිය [오-셔디여] 약, 약초 බෙහෙත.

ඕෂ්ඨය [오-쉬터여] 입술 තොල.

ඕසය [오-써여] ①리듬, 운율 ගීත තලය ②함성, 소리지름 ඝෝෂය ③(쟁기질할 때나 타작을 할 때 내는) 소리.

ඕසේ අදිනවා [오-쎄- 아디너와-] (소나 타작을 할 때) 노래를 부르다, 흥얼대다 හඬහැර පානවා.

ඕසේ දමනවා [오-쎄- 다머너와-] 와글와글 떠들다, 외치다, 시끄럽게 떠들다.

ඕළාරික [올-라-*리*꺼] 막돼먹은, 거친, 거센, 추잡한, 상스러운, 조잡한 රළු.

ඖ

ඖ [아우] 씽할러 알파벳의 18번째 글자.

ඖචිත්‍ය [아우칟띠여] 알맞은, 적당한, 적절한 උචිත.

ඖචිත්‍යය [아우칟띠여여] 알맞음, 적합, 적정 උචිත බව.

ඖදක [아우더꺼] 물의, 물이 있는 උදක.

ඖදරික [아우다-리꺼] 막돼먹은, 거친, 거센, 추잡한, 상스러운, 조잡한 ඕළාරික

ඖදර්යය [아우다-르여여] 탁월, 우월, 뛰어남 උදාර බව.

ඖරස [아우러써] 자신의, 자기의 තමන්ගේම.

ඖෂධ‡ [아우셔더] ඖෂධය 의 복수 또는 형용사: ①약들, 의약들 ②약용의, 약효 있는.

ඖෂධය† [아우셔더여] 약 බෙහෙත. (복) *ඖෂධ*

ඖෂධයෝගය [아우셔더요-거여] (의사, 약) 처방전

ඖෂධ වේදය [아우셔더 웨-더여] 약학, 의약학 බෙහෙත් ශාස්ත්‍රය.

ඖෂධාගාරය [아우셔다-가-러여] 약국 ඔසුසල. (구어) ෆාමසි

ඖෂධායිත [아우셔다-이떠] 약을 처방한, 약물치료를 한 බෙහෙත් ගන්වන ලද.

ඖෂධාලය† [아우셔달-러여] 약국 ඔසුසල. (구어) ෆාමසි

ඖෂධීය [아우셔디-여] ඖෂධය 의 형용사: ①약용의, 약초의 ඖෂධ ②풀의, 초본의 බෙහෙත්.

ඖ

ක

ක [까] 씽할러 알파벳의 21번째 글자.

කං/කන්‡ [깡/깐] (후치사) ~ 까지. (문어) තෙක් ¶ මම එනකං ඉන්න 내가 올 때까지 있으세요

කංකාණම† [깡까-너머] 반장, 작업반장.

කංකාණියා [깡까-니야-] 반장, 작업반장.

කංකාරිය [깡까-리여] ①주술 의식 ②결혼식.

කංකුං [깡꿍] (식물) 중국인들이 즐겨먹는 시금치과 야채: 깡꿍.

කංකුන්ඩා† [깡꾼다-] (동물) 노래기, 향랑 각시.

කංචුකය [깡추꺼여] 재킷, 윗도리 සැට්ටය.

කංජය්යා [깡자이야-] 게으름뱅이, 나태한 사람.

කංස/කංසතාල/කංසතාළ [깡써/깡써 딸-러] (악기) 심벌즈.

කංසා [깡싸-] ①(마약의 종류) 간자, 대마, 대마초 ගංජා ②마약으로 얻는 힘.

කකා‡ [까까-] කනවා 의 현재분사: 먹으면서. (문어) කමින්

කකාරනවා† [까까-러너와-] 작은 불로 끓이다.

කකියනවා‡ [까끼여너와-] කකියෑවා-කකියා 아프다, 쑤시다, 통증을 느끼다 රිදෙනවා. <u>කැක්කුම/කැක්කීම</u>

කකුටපාදිනී [까꾸터빠-디니-] 천녀, (그리스 신화의) 님프.

කකුද/කකුධ [까꾸더] 왕의 상징.

කකුධ භාණ්ඩ [까꾸더 반-더] 왕의 용품.

කකුල‡ [까꿀러] (신체) 다리. (문어) පය

කකුළු පරංගි [까꿀루 빠랑기] 발바닥에 생기는 종기.

කකුළුවා‡ [까꿀루와-] 게, 꽃게 කක්කුට්ටා.

කක්කල් කැස්ස† [깎깔 깼써] (의학) 백일해, 백일기침.

කක්කුටුපලා [깎꾸투뻘라-] (식물) 양갓 냉이.

කක්කුට්ටා [깎꿑타-] 게, 꽃게 කකුළුවා.

කක්කුසිය/කක්කුස්සිය [깎꾸씨여/깎꿌씨여] 변소, 화장실 (이 단어는 너무 촌스러워 요즘은 잘 사용안함) වැසිකිළිය.

කක්ෂපුටය [깎셔뿌터여] 겨드랑이 කිහිල්ල.

කක්ෂපුට වාණිජ [깎셔뿌터 와-니저] 행상인, 도붓장수.

කක්ෂය† [깎셔여] (지구의) 궤도.

කක්ෂීය [깎쉬-여] (지구의) 궤도의.

කග [까거] 검, 칼 කඩුව.

කඞ්ලය [깡깔-러여] 해골, 두개골 සැකිල්ල.

කඞ්ඛා [깡까-] 의심, 불신 සැකය.

කඟවේණා† [깡거웨-나-] ①코뿔소, 무소 රයිනෝසිරස් ②전설속의 동물: 유니콘.

කචඩ [까처더] 열등한, 쓸모없는.

කච්චිය [깣치여] 35미터의 천 두루마리.

කච්චේරිය [깣체-리여] 정부 청사 (서기관 사무실, 도지사 사무실).

කච්ජපයා [깣처빠야-] 바다거북 කැස්බෑවා.

කජු‡ [까주] 캐슈넛 (땅콩과 열매) කජ්ජ.

ක

කජු පුහුලම [까주 뿌훌러머] 캐슈넛의 열매.

කජු මදය [까주 마더여] 캐슈넛의 핵심, 가운데 부분.

කජ්ජ [꽂저] 캐슈넛 (땅콩과 열매) කජු.

කඤ්චන [깐처너] 금, 황금 රන්.

කඤ්චුකය [깐추꺼여] 재킷, 윗도리 සැට්ටය.

කඤ්ජ [깐저] 죽, 쌀줄 කැඳ.

කට‡ [까터] ①입 (문어) මුව ②염, 개봉 විවරය ③뺨 කම්මුල.

කට උත්තරය [까터 욷떠러여] 증언 සාක්ෂි ප්‍රකාශය.

කටක [까터꺼] ①게 කකුළුවා ②팔찌 වළල්ල.

කටකතාව‡ [까터까따-워] 소문, 헛소문, 루머 දූසමාන ආරංචිය. (복) *කටකතා*

කටකම්සිරියාව [까터까미씨리야-워] 이야 기의 끝.

කටකලියාව† [까터깔리야-워] (재갈, 고삐 따위의 총칭) 굴레, 고삐.

කටකාර [까터까-러] 수다스러운, 이야기 좋아하는, 말하기를 좋아하는 දොඩමලු.

කට කියනවා [까터 끼여너와-] 허풍을 떨다, 부풀려 이야기하다 කටමැත දොඩනවා.

කට ගණනක් [까터 가너낚] 풍성하게, 풍요롭게, 목이 차기까지 උගුරට එන කං.

කට ගඳ† [까터 간더] 입냄새.

කට ගහනවා [까터 가하너와-] 논쟁하다, 논의하다 එකට එක කියනවා.

කට ගානවා [까터 가-너와-] 맛보다, 간을 보다 රස බලනවා.

කට ගැස්ම [까터 개쓰머] 식욕을 돋우는 음식, 애피타이저.

කට ගොන්නක් [까터 곤낚] 풍성하게, 넘치게 බහුලත්.

කට දමනවා [까터 다머너와-] 말에 끼어 들다, 간섭하다.

කට දැවිල්ල [까터 대윌러] 입 따가움.

කට දෙඩවනවා [까터 도더워너와-] 허튼 말을 하다, 의미없는 말을 하다.

කටන්දරය/කතන්දරය [까탄더러여/까딴더러여] 이야기, 우화.

කට පාඩම† [까터 빠-더머] 암기, 암송.

කට පාඩමෙන් [까터 빠-더멘] 암송으로, 암기하여.

කටපාඩම් කරනවා‡ [까터빠-담 꺼러너와-] 암기하다, 암송하다.

කටපුංචා [까터뿡차-] 총 තුවක්කුව.

කටපුරා [까터뿌라-] ①마음을 다하여, 진심으로 동의하여 හිතට මුළුමනින් කට ②입이 차게, 한입.

කටපුරා කතා කරනවා [까터뿌라- 까따- 꺼러너와-] 진심으로 말하다.

කටපූච්චම් [까터뿣-참] 자랑하는, 허풍떠는.

කට බලියනවා [까터 발리여너와-] ①막 지껄이다 ②입을 크게 벌리다.

කටබැලියාව [까터밸리야-워] 입을 열고 있음.

කටමැත [까터매떠] 허풍, 허튼 소리 පම්පෝරි.

කටමැත දෙඩනවා [까터매떠 도더너와-] 허풍을 떨다, 부풀려 이야기하다 කයිවාරු කියනවා.

කටයුතු [까터유뚜] ①කටයුත්ත의 복수: 일들, 업무들, 활동들 කාර්යයන් ②해야하는 කළ යුතු

කා

වූ. ¶ අප කුමක් කටයුතු ද? 우리가 무엇을 해야 하는가?

කටයුත්ත† [까터윧떠] 일, 업무, 행동, 활동 කාර්යය. (복) *කටයුතු*

කටරොළු [까터*롤*루] 클리토리아 꽃.

කටලුකතා [까털루꺼따-] 소문, 루머 කටකතා.

කටවචනය† [까터와처너여] 구술, 구두.

කටවචනයෙන් [까터와처너옌] 구두로, 입으로 전하여.

කට වරද්දා ගන්නවා [까터 와*랃*다- 간너와-] 말 실수하다, 잘못 말하다.

කට වහ† [까터 와하] 사악한 입, 악한 입.

කට වහර [까터 와하*러*] ①구어, 말로 하는 언어 ව්‍යවහාර භාෂාව ②전통, 전승 සම්ප්‍රදාය.

කට වාචාල [까터 와-찰-러] 수다스러운, 말 많은 කට හැරක.

කට හඬ‡ [까터 한*더*] 목소리 කතාකරන ශබ්දය.

කට හැකර [까터 해꺼*러*] 수다스러운, 말 많은 වාචාල.

කටාක්ෂ නිරීක්ෂණය [까탁-셔니*릭*-셔너여] 추파, 애교 있는 윙크.

කටාම්/කටාර [까탐-/까타-*러*] 굴 입구 빗물 방지 윗 홈.

කටාරම [까타-*러*머] ①주둥이가 큰 그릇 කල්දේරම ②굴 입구 빗물 방지 윗 홈.

කටාහය [까타-하여] 놋쇠 단지, 놋쇠 항아리, 큰 솥(냄비).

කටිනවා† [까티너와-] කැට්ටා-කැට (실을) 잣다, 방적하다 නූල් අඹරනවා. කැටීම

කටින් කට [까틴 까터] 입에서 입으로, 구전으로.

කටින්නා [까틴나-] 실 잣는 사람, 방적공.

කටිය [까티여] ①허리 ඉණ ②엉덩이, 궁둥이 තට්ටම. (복) *කටි*

කටි වාතය [까티- 와-떠여] 요통, 류머티 즘으로 인한 통증.

කටිවායුව [까티-와-유워] 극심한 요통.

කටු† [까투] ①가시들, 찌르는 것 ②뼈들 ③딱딱한 껍질 ④용기, 그릇의 깨진 조각.

කටු අකුළ [까투 아꿀러] 가시덤불 කටු පඳුර.

කටු අත්තා [까투 앋따-] (열대 아메리카 원산 번여지속 Annona 식물의 총칭) 번여지 (열매), (쌍떡잎식물 목련목 포포나무과의 교목) 그라비올라 (열매).

කටුඅනෝදා/කටුඅනෝනා [까투아노-다-/까투아노-나-] (식물) 가시여지 (열매), (쌍떡잎식물 목련목 포포나무과의 교목) 그라비올라 (열매).

කටුඅල/කටුවල [까투알러/까투월러] 서양 고구마: 참마과 식물.

කටු ඉඹුල් [까투 임불] 지옥에 있다고 추정되는 가시로 가득한 나무.

කටුක [까투꺼] ①어려운, 힘든, 거친, 기쁘지 않은 කර්කශ ②(맛) 매운 සැර.

කටුකම්බි† [까투깜비] 가시철사.

කටුකරෝසණ [까투까*로*-써너] 크리스마스 로즈.

කටුකිතුල් [까투끼뚤] (나무) 니붕야자수: 열대 야자과 식물.

කටුකුටු ගානවා [까투꾸투 가-너와-] 속삭이다, 중얼거리다 කසුකුසු ගානවා.

කටු කොහොල් [까투 꼬홀] 깨진 곳, 허물어짐, 파열.

කටු කොහොල් අරිනවා [까투 꼬홀 아리 너와-] 보수하다, 개보수하다, 고치다 අලුත්වැඩියක් කරනවා.

කටුපිටපත [까투삐터뻐떠] 초안, 초고, 밑그림.

කටුපිල [까투삘러] (식물) 노박덩굴.

කටු පුල්ලේ [까투 뿔레-] 캔디 씽할러 왕의 왕 근위대, 왕 사신.

කටුපෝර [까투뽀-러] 뼈로 만들어진 거름.

කටුමස්සා [까투맜싸-] 인도산 청어.

කටුමැටි ගහනවා [까투매티 가하너와-] 욋가지로 만든 울타리에 흙을 바르다.

කටුමැටි ගෙය [까투매티 게여] 욋가지와 흙으로 만든 집.

කටුරූපය† [까투루-뻐여] (동물) 스케치, 밑그림 කටුසටහන.

කටුව† [까투워] ①가시(하나) ②뼈 ③딱딱한 껍질.

කටුවල/කටුඅල [까투월러/까투알러] 서양 고구마: 참마과 식물.

කටුවල්ලා [까투왈라-] 경골어: 바닷고기 한 종류.

කටුවැට [까투왜터] 가시 울타리.

කටුවැල්බටු [까투왤바투] (야채) 가시 많은 가지.

කටුසටහන† [까투싸터하너] (동물) 스케치, 밑그림 කටුරූපය.

කටුසර [까투써러] 정글의, 정글이 있는.

කටුසර බෝග [까투써러 보-거] 정글에서 나오는 곡식.

කටුසැමිටිය [까투쌔미티여] 가시 달린 채찍.

කටුස්සා† [까툿싸-] ①(동물) 카멜레온 බොහොඬා ②도마뱀(종류).

කට්ට [깥터] ①가시 කටුව ②(지질) 층, 켜, 얇은 층 ③(달팽이, 조개) 껍질.

කට්ට [깥터] 교활한, 약삭빠른 කපටි.

කට්ට කරුවල [깥터 까루월러] 질흙 같은 어두움 තද කරුවල.

කට්ටකුමංචල්/කට්ටකුමංජල් [깥터꾸망찰/깥터꾸망잘] 유향 තුවරලා.

කට්ටඩියා† [깥터디야-] 퇴마사, 무당, 귀신을 내쫓는 사람 යකදුරා.

කට්ටයා [깥터야-] 교활한 사람 කපටියා.

කට්ටසූර [깥터쑤-러] 교활한, 약삭빠른 කපටි.

කට්ටලය [깥털러여] 세트, 한벌.

කට්ටාවා [깥타-와-] 은청색 동갈민어과의 물고기.

කට්ටි කඩනවා [깥티 까더너와-] 땅 구획을 나누다.

කට්ටි ගොවියා [깥티 고위야-] 할당받은 땅을 농사짓는 농부.

කට්ටිය‡ [깥티여] ①무리, 그룹 සමූහයා ②분할 되어진 땅.

කට්ටුමරම් [깥투머람] (2개의 선체를 나란히 연결한) 배의 일종, 쌍동선.

කට්ටුමුට්ටුව [깥투뭍-투워] 궁지, 곤경, 진퇴양난 කප්පිලි මුට්ටුව.

කට්ටුව [깥투워] 위원회, 그룹, 무리, 한패 කොමිටිය.

කඨින [까티너] ①(농도가) 진한 ඝන ②필연의, 당연한 අත්‍යවශ්‍ය ③거친, 험한 රළු.

ක

කඨින චීවරය [까티너 치-워러여] 수련 후에 승려에게 주어지는 의복.

කඨින ජලය [까티너 잘러여] 센물, 경수.

කඨෝර [까토-러] 거친, 껄껄한 කර්කශ.

කඩ [까더] 부서진, 깨진, 떨어진 කැඩුණු.

කඩ [까더] ①옷, 옷감, 천 රෙද්ද ②조각, 단편, 일부 කෑල්ල ③부티크 (특히 값비싼 유행 여성복, 액세서리 등을 파는 작은 양품점이나 백화점의 매장) වෙළඳ කුටි. ¶ දෙකඩ 두 조각

කඩඇණය [까더애너여] 바퀴 멈추개, 바퀴의 비녀장.

කඩඉම [까더이머] 경계, 한계, 범위 සීමාව.

කඩකතුර [까더까뚜러] 가위.

කඩකබල [까더까벌러] 부서진 토기.

කඩ කරනවා‡ [까더 꺼러너와-] ①깨다, 위반하다, 죄짓다 බිඳිනවා ②장사하다.

කඩකාරයා† [까더까-러야-] 가게 주인.

කඩතුරාව [까더뚜라-워] ①덮개, 베일, 커버 වැස්ම ②숨김, 은폐 මුවාව.

කඩතොල්ල† [까더똘러] ①움푹 들어간 곳, 움푹 팬 곳, 눌린 자국 ②(바다의) 만 ③부족 අඩුමාව. (복) *කඩතොලු*

කඩදසි‡ [까더다-씨] ①종이들, 제지들 පත්‍රිකා ②문서, 서류 ලේඛන.

කඩදසි කල්කය [까더다-씨 깔꺼여] 종이 펄프 කඩදාසි පල්පය.

කඩදසි කුට්ටම‡ [까더다-씨 꿑터머] 놀이용 카드 한팩.

කඩදසිය† [까더다-씨여] 종이, 제지 පත්‍රිකාව. (구어) කොළ

කඩනය [까더너여] 파쇄기, 절단기.

කඩනවා‡ [까더너와-] කැඩුවා-කඩා 깨다, 부수다 බිඳිනවා. <u>කැඩීම/කැඩුම</u>

කඩපළ† [까더뻘러] 시장, 저잣거리 කඩපොළ.

කඩපිල/කඩපිළ [까더삘러] 가게, 상점, 부티크 කඩය.

කඩපොළ [까더뽈러] 시장, 저잣거리 කඩපළ.

කඩප්පුලියා [까닾뿔리야-] 깡패, 조폭, 악한, 무뢰한 දඩබ්බරයා.

කඩමණ්ඩිය [까더만디여] 시장, 저잣거리 කඩපළ.

කඩමාලු [까더말-루] කඩමාල්ල의 복수: 누더기들, 헌 옷들, 넝마들.

කඩමාල්ල [까더말-러] 누더기, 헌옷, 넝마 පඩංගුව. (복) *කඩමාලු*

කඩය/කඩේ‡ [까더여/까데-] 가게, 상점. (문어) වෙළඳසල

කඩයප්පන් [까더얖빤] (스리랑카 음식) 앞뻐와 인디 앞뻐 ආප්ප හා ඉඳිආප්ප.

කඩයිම [까다이머] 경계, 경계선, 국경 මායිම.

කඩල‡ [까덜러] (식물) 병아리콩, 이집트콩.

කඩවත [까더워떠] ①도로 검문소 ②경계 (선), 영역.

කඩවරය [까더워러여] ①도랑, 수로 කාණුව ②귀신 제사 කඩවරයා පිදීම.

කඩවරයා [까더워러야-] 지역신으로 여성과 애들을 나쁘게 만드는 귀신.

කඩවසම [까더와써머] 잘생김, 용모가 뛰어남 හැඩරුව.

ක

කඩවසම්‡ [까 더와쌈] 잘생긴, 용모가 준수 한 හැඩවත් සිරුරක් ඇති.

කඩවාන [까 더와-너] 배출구, 배수구 වක්කඩ.

කඩවැස්ම [까 더왜쓰머] 덮개, 칸막이커튼 ආවරණය.

කඩවැස්ස [까 더왰써] 소나기 වැහි ඇල්ල.

කඩ වීදිය‡ [까 더 위-디여] 시장거리, 저잣거리, 마켓거리 සාප්පු පිහිටි වීදිය.

කඩසරක්කු [까 더싸 락꾸] ①향신료 කුළු බඩු ②약용 재료 බෙහෙත් බඩු.

කඩා කනවා [까 다- 까너와-] 부수다, 딱하고 꺾다 කඩා ගන්නවා.

කඩාකප්පල් කරනවා‡ [까 다-깝빨 꺼 러너와-] ①(일을) 방해하다, 훼방하다 බාධා කරනවා ②깨부수다, 파괴하다 කඩා බිඳ දමනවා.

කඩාකප්පල් වෙනවා [까 다-깝빨 웨너와-] ①(일을) 방해받다, 훼방받다 බාධා වෙනවා ②깨지다, 파괴되다 බිඳෙනවා.

කඩා ගන්නවා [까 다- 간너와-] 부수다, (딱하고) 꺾다 කඩා කනවා.

කඩාඩුව [까 단-두워] 논두렁의 깨진 곳.

කඩා දමනවා [까 다- 다머너와-] 부수다, 깨부수다 විනාශ කරනවා.

කඩා පනිනවා [까 다- 빠니너와-] 튀어 오르다 කඩා වදිනවා.

කඩාලනවා [까 달-러너와-] 부수다, 깨다 කඩා ගන්නවා.

කඩා වඩා ගන්නවා [까 다- 와 다- 간너와-] 부정하게 돈을 벌다.

කඩාවදිනවා [까 달-와디너와-] 밀고 들어가다, 침입하다.

කඩා වැටෙනවා‡ [까 다- 왜테너와-] 깨지다, 부서지다 කැඩෙනවා.

කඩිකුලප්පුව [까 디꿀랖뿌워] 불필요한 급함, 황급함 අනවශ්‍ය ඉක්මන.

කඩිත්ත [까 딛떠] 시내, 개울, 개천 කුඩා දිය පාර. (복) *කඩිති*

කඩිනම [까 디너머] 빠름, 신속, 민첩 විගස. (구어) ඉක්මන

කඩිනමින්† [까 디너민] 빨리, 재빠르게, 신속 하게 විගසින්. (구어) ඉක්මනින්

කඩිනම් [까 디남] 빠른, 신속한, 민첩한 හදිසි. (구어) ඉක්මන්

කඩිනම් කරනවා† [까 디남 꺼 러너와-] 빨리하다, 서두르다, 급하게 하다. (구어) ඉක්මන් කරනවා.

කඩින් කඩ [까 딘 까 더] 간간히, 때때로 විටින් විට.

කඩිප්පුව [까 딮뿌워] 북채.

කඩිමුඩිය [까 디무 디여] 빠름, 신속, 민첩 හදිසිය. (구어) ඉක්මන

කඩියා [까 디야-] 검정 개미 කළු කුහුඹියා.

කඩියාලම [까 디얄-러머] 굴레 (재갈, 고삐) කටකලියාව.

කඩිසර† [까 디써 러] 활동적인, 열정적인, 부지런한 ක්‍රියාශීලී.

කඩිසරකම [까 디써 러꺼머] 활동적임, 부지런함.

කඩුකස්තාන [까 두까쓰따-너] 장수의 치장된 갑옷.

කඩු කොපුව [까 두 꼬뿌워] 칼집.

කඩුක්කන් [까 뚞깐] 귀걸이 කන්කරාබු.

කඩුත්තුව [까 둗뚜워] 통증, 고통 රිදුම. (구어) කැක්කුම

කඩුපලඟ [까 두빨렁거] 창과 방패(의).

කඩුමිට [까 두미터] 칼자루.

ක

කඩුලු/කඩුළු [까둘루] කඩුල්ල 의 복수 또는 형용사: ①쪽문들, 쪽문의 ②틈들, 간격들, 틈의, 간격의 ③장애물들, 허들, 장애물의 ④(크리켓) 삼주문, 위켓, 타자, 타자의.

කඩුලු/කඩුළු [까둘루] 하찮은, 보잘것 없는 සුළු.

කඩුලු කතා [까둘루 까따-] 험담, 소문, 가쉽.

කඩුල්ල† [까둘러] ①쪽문, 울타리에 있는 문 ②틈, 간격 කපොල්ල ③장애물, 허들 අමාරු පිම්ම ④(크리켓) 삼주문, 위켓, 타자. (복) *කඩුලු*

කඩුව‡ [까두워] 검, 칼 අසිපත.

කඩුවේගන් [까두웨-간] (의학) 습진 එක්සිමා.

කඩුළු/කඩුලු [까둘루] කඩුල්ල 의 복수: 쪽문, 울타리문.

කඩේ/කඩය‡ [까데-/까더여] 가게, 상점. (문어) වෙළඳසල

කඩොලාන† [까돌라-너] 맹그로브 (강가나 늪지에서 뿌리가 지면 밖으로 나오게 자라는 열대 나무) කඩොල්.

කඩොල් [까돌] 맹그로브 (강가나 늪지에서 뿌리가 지면 밖으로 나오게 자라는 열대 나무) කඩොලාන.

කණ‡ [까너] 눈 먼, 눈이 보이지 않는 අන්ධ.

කණ‡ [까너] ①맹인, 봉사 කණා ②귀 කන.

කණ අත්සන [까너 앋써너] 손도장.

කණ කොකා [까너 꼬까-] (조류) 왜가리, 해오라기.

කණගාටුව† [까너가-투워] 슬픔, 애도, 연민.

කණගාටු වෙනවා‡ [까너가-투 웨너와-] ①염려하다, 근심하다 ②슬퍼하다, 애도하다.

කණනවා [까너너와-] 파다, 구멍을 파다, 굴착하다 කණිනවා. <u>නැණීම</u>

කණපිට† [까너삐터] 잘못된 쪽.

කණමැදිරියා [까너매디리/야-] 반딧불, 개똥벌레 කණාමැදිරියා. (문어) ඉන්ද්‍රගෝප

කණවැන්දුම් [까너왠둠] කනවැන්දුම් 을 보시오: 홀로된, 과부된, 과부의, 홀아비의.

කණවැල [까너왤러] 지팡이, 안내봉.

කණ වෙනවා [까너 웨너와-] 눈이 멀다, 맹인이 되다 අන්ධ වෙනවා.

කණස්සල්ල [까낫쌀러] ①염려, 근심 කනගාටුව ②슬픔, 비통, 애통 දුක.

කණා [까나-] 맹인, 봉사 අන්ධයා.

කණාටු [까나-투] 발육이 저해된, 마른, 깡마른කෘශ.

කණා පල්ලන් ගහනවා [까나-빨란 가하너와-] 속이다, 사기치다 රවටනවා.

කණා මැදිරියා† [까나- 매디리/야-] 반딧불, 개똥벌레 කණෝමැදිරියා. (문어) කදෝ

කණිනවා† [까니너와-] කැන්නා-කැණ 파다, 구멍을 파다, 굴착하다, 광산을 채굴하다 හාරනවා. <u>කැණීම</u>

කණිසම [까니싸머] 시간, 때 වේලාව. (구어) වෙලාව

කණු ඇදෙනවා [까누 애데너와-] 싹트다, 발아하다 බීජ පැළ වෙනවා.

කණුව‡ [까누워] 기둥, 원주 ස්ථම්භය. (복) කණු ¶ දිනුම් කණුව 결승점 පහන් කණුව 등잔대 සීමා කණුව 경계석

ක

කැණූ [깨누-] කණිනවා 의 형용사적 과거용법: 판, 구멍낸, 굴착한 සිදුරු කළ.

කණ්ට [깐터] 가시 (의) කටු.

කණ්ටක [깐터꺼] 가시의 කටු.

කණ්ඨ [깐터] කණ්ඨය 의 복수 또는 형용사: ①목들 ②목의, 인후의.

කණ්ඨජ [깐터저] (문법) 후음의 උගුර උත්පත්ති කොට ඇති.

කණ්ඨමාලය [깐터말-러여] (의학) 갑상선 종 කණ්ඩමාලය.

කණ්ඨය [깐터여] 목(구멍), 인후. (구어) උගුර

කණ්ඨාභරණය [깐타-버러너여] 목걸이 ගෙල මාලය.

කණ්ඩමාලය [깐더말-러여] (의학) 갑상선 종 කණ්ඨමාලය.

කණ්ඩය [깐더여] ①부분, 일부 කොටස ②옷, 의복 වස්ත්‍රය ③한 떼, 일단, 한 무리 කට්ටිය ④화살 ඊතලය.

කණ්ඩලම [깐덜러머] 무리, 그룹 කට්ටිය.

කණ්ඩායම‡ [깐다-여머] 무리, 그룹 කට්ටිය. (문어) සමූහයා

කණ්ඩිය [깐디여] ①둑, 제방 වේල්ල ②흙 산, 흙 무더기 පස් කන්ද ③무리, 그룹 කණ්ඩායම ④물소 මී හරකා. ¶ වැලි කණ්ඩිය (바다) 모래톱

කණ්ණලව්ව [깐널라우워] 탄원, 애원, (종교) 기도, 기원 ආයාචනය.

කණ්ණාඩි කුට්ටම [깐나-디 꿑터머] 안경.

කණ්ණාඩිය/කණ්නාඩිය‡ [깐나-디여] ①거울 කැටපත ②안경 උපැස් කට්ටලය.

කඬ [깐더] ①조각, 파편 කැබැල්ල ②(책) 권 කාණ්ඩය ③화살 ඊය ④천, 옷감 රෙද්ද ⑤숲, 수풀 වනය.

කඩොල් [깐돌] 맹그로브(강가나 늪지에서 뿌리가 지면 밖으로 나오게 자라는 열대 나무) කඩොල්.

කත [까떠] 여자, 여성 කාන්තාව. (구어) ගැහැනිය ¶ කුලකත 귀부인, 귀족 여인 මිහිකත 땅, 육지

කත [까떠] 한, 이룬, 완성한, 행한 කළ.

කතන්තරය/කතන්දරය‡ [까딴떠러여/까딴더러여] 이야기, 설화 කතාන්තරය.

කතර [까떠러] 광야, 황무지 කාන්තාරය. ¶ දුරකතර 먼 거리

කතරගම [까떠러거머] 까르띠께여 කර්තිකේය 신전이 있는 스리랑카 동남쪽에 있는 도시.

කතරගම දෙවියෝ [까떠러거머 데위요-] 까떠러거머 신 (전쟁의 신) කර්තිකේය.

කතා කරනවා‡ [까따- 꺼러너와-] ①말하다, 대화하다 කතාබහ කරනවා ②부르다, 소리내어 부르다 අඬ ගහනවා. ¶ කවුද කතා කරන්නේ? (전화 통화시) 누구세요?

කතානායක/කථානායක [까따-나-여꺼] 국회 의장 කතානායකවරයා.

කතාන්දර පොත [까딴-떠러 뽀떠] 이야기 책 කතන්දර පොත.

කතාන්තරය‡ [까딴-떠러여] 이야기, 설화 කතන්දරය.

කතා පෙට්ටිය [까따- 뻿티여] 이야기 상자.

කතාබහ‡ [까따-바하] 대화, 이야기를 주고 받음 දෙබස්.

කතා බහ කරනවා‡ [까따- 바하 꺼러너와-] 말하다, 이야기하다 කතා කරනවා. (문어) කතා බස් කරනවා

ක

කතාව/කථාව‡ [까따-워] ①대화, 담화, 좌담 දෙසුම ②이야기 කතන්දරය ③연설, 강연 දේශණය ④동의, 결정 එකඟතාව.
¶ කතා වස්තුව 이야깃거리
කතා වෙනවා [까따- 웨너와-] 이야기되다, 토론되다 සාකච්ඡා වෙනවා.
කතිකාව [까띠까-워] 토론, 대화 සාකච්ඡාව.
කතිකාවත [까띠까-워떠] 합의, 협약, 협정 සම්මුතිය.
කතිර මැස්ම [까띠러 매쓰머] 십자수 (뜨기).
කතිරය† [까띠러여] 십자, 십자형.
කතිරාකාර [까띠라-까-러] 십자형의, 십자 모양의 කතිර හැඩ ඇති.
කතු/කතුවරයා† [까뚜/까뚜워러야-] 저자, 글쓴이 කර්තෘ.
කතුර‡ [까뚜러] 가위. (복) *කතුරු*
කතුරු උංචිල්ලාව/කතුරු ඔංචිල්ලාව [까뚜루 웅칠라-워/가뚜루 옹칠라-워] 회전 그네.
කතුරු වැට [까뚜루 왜터] 격자 울타리.
කතුවරයා/කතු† [까뚜워러야-/까뚜] 저자, 글쓴이 කර්තෘ.
කතු වැකිය† [까뚜 왜끼여] 편집자의 말.
කතෝලික‡ [까똘-리꺼] 천주교의, 가톨릭의.
කතෝලිකයා [까똘-리꺼야-] 천주교인, 가톨릭 교도.
කත් [깥] ①කද 의 복수: 멍에들, 선물들 ② කනවා 의 3인칭 복수 현재 어미 변화: 그들이 먹다.
කත් අදිනවා [깥 아디너와-] (다른이의) 천한 일을 하다.
කත්කාරයා [깥까-러야-] 멍에를 지고 가는 사람 කද ගෙනයන්නා.
කත්තුමල්ලිය [깥뚜말리여] 목수가 목재를 연결하기 위해 사용하는 절단 도구.
කත්තුව [깥뚜워] 자름, 베기, 절단 කැපීම.
කත්සවරය [깥써워러여] (해부학) 어깨뼈, 견갑골 උරපත්ත.
කථනය [까떠너여] 서술, 이야기하기, 화법, 강의 කථාව.
කථා කරනවා‡ [까따- 꺼러너와-] ①말하다, 대화하다 කතාබහ කරනවා ②부르다, 소리내어 부르다 අඬ ගහනවා.
කථා දක්ෂ [까따- 닦셔] 말 잘하는, 언변에 능한.
කථානායක/කතානායක [까따-나-여꺼] 국회 의장 කතානායකවරයා.
කථාන්තරය/කතාන්තරය [까딴-떠러여] 이야기, 동화 කතන්දරය.
කථාව/කතාව‡ [까따-워] ①대화, 담화, 좌담 ②이야기, 나레이션 කතන්දරය ③연설, 강연 දේශණය ④동의, 결정 එකඟතාව.
කථාසල්ලාපය [까따-쌀라-뻐여] 대화, 담화, 좌담 කථාව.
කථික [까띠꺼] කථනය 의 형용사: 강연하는, 말하는, 웅변하는 කථා. ¶ කථිකත්වය 언변, 말씀씨
කථිකයා† [까띠꺼야-] 강사, 강연자 කථකයා.
කථිකාව [까띠까-워] 연설, 강연 දේශණය.
කද [까더] ①어깨에 짐을 지는데 유용한 도구: 멍에 종류 ②선물 තෑගි බෝග ③더러움, 오염 කෙලෙස්මල ④구름 වලාකුළ ⑤자궁, 모태 ගබ ⑥유리 වීදුරු. (복) <u>කත්</u>

ක

කද බඳිනවා [까더 반디너와-] 선물을 주다. (구어) තෑගි දෙනවා

කදමල්ල [까더말러] 선물 꾸러미 තෑගි සමූහයක්.

කදමුංගු [까더뭉구] (식물) 생강과의 다년생 식물(의 열매): 소두구, 카르다뭄 කරදමුංගු.

කදම්බය/කදඹ† [까담버여/까담버] ①광선, 섬광, 빛 රශ්මිය ②무리, 군중 සමූහය.

කදලි [까덜리] 바나나 කෙසෙල්.

කදලුව [까덜루워] 둥지, 새둥지 කැදෑල්ල.

කදා [까다-] ①유리 වීදුරු ②언제, 어느날 කවර දා.

කදාමැටි [까다-매티] (광물) 규토.

කදාමිණ [까다-미너] ①유리 වීදුරු ②(광물) 수정, 자수정 පිළිගු.

කදිම‡ [까디머] ①좋은, 선한, 멋진 මනා (구어) හොඳ ②놀라운, 경이로운 පුදුම.

කදුරු [까두루] (식물) 마전 (동인도산의 상록 교목- 독성이 강함) දිවි කදුරු.

කදේ දනවා [까데- 다-너와-] 험담하다, 수군거리다 සපාදූප කියනවා.

කදෝ/කදෝ කිමි [까도-/까도-끼미] 반딧불, 개똥벌레 කණාමැදිරියා.

කදෝ පැණි/කදෝ පැණියා [까도- 빼니/까도- 빼니야-] 반딧불, 개똥벌레 කණාමැදිරියා.

කන‡ [까너] ①귀 කණ ②끝, 가장자리. (복) කන් (문어) සවන
¶ කන් කුරුකුරුවා (병) 이명, 귀울림

කනක [까너꺼] 금 රන්.

කනකර [까너꺼러] 여자 장신구, 여성용 장식품 කාන්තා පළඳනා.

කනගාටුව† [까너가-투워] 슬픔, 애도, 연민.

කනගාටු වෙනවා [까너가-투 웨너와-] ①염려하다, 근심하다 ②슬퍼하다, 애도하다.

කනට විදිනවා [까너터 위디너와-] 속이다, 기만하다, 사기치다.

කනටිය [까너티여] 끝, 가장자리 කෙළවර.

කනත [까너떠] ①덤불, 잡목지대 කනත්ත ②황량한 땅.

කනත්ත† [까낟떠] ①덤불, 잡목지대 කනත ②황량한 땅 ③공동 묘지 සොහොන් බිම.

කනපිට [까너삐터] 그릇된 쪽, 잘못된 편 වැරදි පැත්ත.

කනපින්දම [까너삔더머] 불평, 투덜거림 කන්දොස් කිරියාව.

කනප්පුව† [까납뿌워] (찻그릇을 놓는) 차 탁자 කඩු ටීපෝව.

කනවා‡ [까너와-] කෑවා-කා(කාලා) ①먹다, 식사하다 ②망치다, 망가뜨리다. කෑම

කනවැන්දඹු [까너왠덤부] 과부, 홀아비.

කනවැන්දුම [까너왠두머] 남편이나 부인이 죽어 홀로 있음: 과부됨, 홀아비됨.

කනවැන්දුමා [까너왠두마-] 홀아비.

කනවැන්දුම් [까너왠두미-] 과부, 홀어미 වැදඹුව.

කනවැන්දුම්† [까너왠둠] 홀로된, 과부된, 과부의, 홀아비의, 홀아비된. ¶ කනවැන්දුම් ස්ත්‍රිය 과부 කනවැන්දුම් පුරුෂයා 홀아비

කනස්සලු [까났썰루] කනස්සලුව의 복수 또는 형용사: ①염려들, 근심들, 염려하는, 근심하는 කනගාටු ②슬픔들, 애통, 슬퍼하는, 비통하는, 애통하는.

ක

කනස්සලුව† [까났썰루워] ①염려, 근심 කනගාටුව ②슬픔, 비통, 애통 දුක.

කනස්සලු වෙනවා† [까났썰루 웨너와-] ①염려하다, 근심하다 කනගාටු වෙනවා ②슬프다, 애통하다, 비통하다 දුක් වෙනවා.

කනස්සල්ල [까났쌀러] ①염려, 근심 කනස්සලුව ②슬픔, 비통, 애통 දුක.

කනා [까나-] 황금의, 금의 රනින් කළ.

කනිටු [까니투] 손아래의, 연소한, 하급생의 කනිෂ්ඨ.

කනින් කොනින් [까닌 꼬닌] 여기저기 යන්තමින්.

කනිපින්දම [까니삔더머] 불평, 투덜거림 කනපින්දම.

කනිපින්දම් කියනවා [까니삔담 끼여너와-] 불평하다, 투덜거리다 කනපින්දම් කියනවා.

කනිෂ්ඨ† [까니쉬터] 손아래의, 하급생의, 연소한 කනිටු.
¶ කනිෂ්ඨයා 손아래 사람, 하급생

කනේපහර [까네-빠하러] 넓적한 것으로 한번 침, 손바닥으로 (뺨을) 때림, 철썩 (때리기).

කනේ වැටෙනවා [까네- 왜테너와-] (소리가) 들리다, 들려 오다 ඇසෙනවා.

කන්‡ [깐] ①කන 의 복수 또는 형용사: a. 귀들 b. 귀의 ②(후치사) ~ 까지 කං. (문어) තෙක්
¶ මම එනකන් ඉන්න 내가 올 때까지 있으세요

කන්අඩිය† [깐아디여] 고막, 귀청.

කන්කලාඳුරු† [깐깔란-두루] 귀지, 귓밥. (구어) කන්කුණු

කන්කරච්චලය [깐까랓철러여] 외침, 함성 කෑ කෝ ගැසීම.

කන්කලාඳුරු† [깐깔란-두루] 귀지, 귓밥. (구어) කන්කුණු

කන්කලු [깐깔루] 귀에 듣기 좋은, 기쁜 කන පිනවන.

කන්කැක්කුම† [깐꺢꾸머] 귀 아픔.

කන්කුණු [깐꾸누] 귀지, (사투리) 귓밥 කන්කලාඳුරු.

කන්කුණ්ඩා [깐꾼다-] (동물) 노래기.

කන් කෙඳිරිය [깐 껜디리여] ①불평, 투덜 거림, 중얼거림 මැසිවිල්ල ②간청, 요구, 요청 කන්නලව්ව.

කන් කුරුකුරුවා [깐 꾸루꾸루와-] (병) 이명, 귀울림.

කන්ටේනරය [깐테-너러여] (화물) 콘테이너 බහලුව.

කන්තුක [깐뚜꺼] 심장의, 심장 관련된 හෘදය පිළිබඳ වූ.

කන්තෝඩු [깐또-두] 귀 장신구, 귀걸이.

කන්තෝරුව† [깐또-루워] 사무실, 오피스 කාර්යාලය. ¶ තැපැල් කන්තෝරුව 우체국

කන්ද‡ [깐더] ①산, 언덕 ②뿌리 열매, 얌 අල. (복) කඳු

කන්ද උඩරට [깐더 우더라터] 산악지대, Hill country: 캔디와 누워러-엘리여 등 스리랑카의 산악지역을 일컫는 말.

කන්දර [깐더러] ①개천, 시내 ඇළ ②(가축의) 몰이 막대기 හෙණ්ඩුව.

කන්දරාව [깐더라-워] 다량, 대량, 많음 විශාල ප්‍රමාණය.

කන්දල් [깐달] 쓰레기, 폐물 කුණුකන්දල්.

කන්දව [깐다-워] 더미, 쌓아 올린 것, 무더기 ගොඩ.

කන්දුකය [깐두꺼여] 공, 볼 පන්දුව. (구어) බෝලය

ක

කන් දෙනවා† [깐 데너와-] 듣다, 귀 기울이다 අහනවා. (문어) සවන් දෙනවා

කන්දෙස් කිරියාව [깐도쓰 끼*리*야-워] 성가심, 괴로움 කරදරය.

කන්නය† [깐너여] ①계절, 철, 시즌 කාලය ②농사철, 농사짓는 시기 ගොවිතැන් වාරය ③가, 가장자리 කොන. ¶ නියම කන්නය 정해진 때

කන්නලව් කරනවා† [깐널라우 꺼*러*너와-] 애원하다, 탄원하다, 간청하다.

කන්නලවුව/කන්නලව්ව [깐널라우워] 애원, 탄원, 간청.

කන්පට [깐빠터] 귓불 කන්වැල.

කන්පෙත්ත [깐뻳떠] 귓불. (복) *කන්පෙති*

කන්මුල/කම්මුල‡ [깐물러/깜물러] 뺨. (복) *කන්මුල්*

කන්‍යා† [깐니야-] 처녀의, 동정녀의, 더럽혀지지 않은 කන්‍යාකාර.

කන්‍යාකාර/කන්‍යා [깐니야-까-*러*/깐니야-] 처녀의, 동정녀의, 더럽혀지지 않은.

කන්‍යාපටලය [깐니야-빠털러여] (해부학) 처녀막.

කන්‍යා ලග්නය† [깐니얄-라그너여] (천문학) 처녀자리, (12궁의) 처녀궁.

කන්‍යාව† [깐니야-워] 처녀, 아가씨, 동정녀, (기독교) 동정녀 마리아.

කන්‍යාභාවය† [깐니야-바-워여] 처녀성, 숫처녀.

කන්‍යාරාශිය [깐니야-*라*-쉬여] 처녀자리, 처녀궁.

කන්‍යාරාමය† [깐니야-*라*-머여] 수녀원, 수녀단.

කන් යොමනවා [깐 요머너와-] 귀 귀울이다, 듣다 කන් දෙනවා.

කන්වයින [깐와이너] 베개 කොට්ටය.

කන්වැල [깐왤러] 귓불 කන්පට.

කන්වෑයා [깐왜-야-] 집게벌레.

කන්සය [깐써여] 뺨, 싸다귀 කොපුල. (구어) කම්මුල

කන්සාරය [깐싸-*러*여] 귀고름.

කන්සිදුර/කන්සිළ/කන්හිල [깐씨두*러*/깐 씰러/깐힐러] 귓구멍, 귀의 윗부분 කන්පෙත්ත.

කන්හැන්ද† [깐핸더] 귀이개, 귀쑤시개. (복) *කන්හැඳි*

කන්හිල/කන්සිළ/කන්සිදුර [깐힐러/깐씰러/깐씨두*러*] 귓구멍, 귀의 윗부분 කන්පෙත්ත.

කඳ‡ [깐더] ①(나무) 줄기, 통 ②몸 ඇඟ ③어깨 උරහිස ④무리, 군중 සමූහයා ⑤통나무 කොටය. (복) කඳන් ¶ මළ කඳ 시체

කඳන් [깐단] කඳ 의 복수: ①(나무) 줄기들, 통들 ②몸들 ③어깨들 ④무리, 군중들 සමූහය ⑤통나무들.

කඳ පිළිවෙළ [깐더 삘리웰러] 환생의 연속.

කඳඹ [깐담부] 다수, 수가 많음 රශ්මි සමූහය.

කඳයුර [깐더유*러*] 진, 진지, 진영, 막사 කඳවුර. (복) *කඳයුරු*

කඳවුර† [깐더우*러*] 진, 진지, 진영, 막사 කඳයුර. (복) *කඳවුරු* ¶ කඳවුරු බඳිනවා 막사를 치다

කඳවුරු බඳිනවා [깐더우*루* 반디너와-] 진 치다, 참호로 에워싸다.

කඳු‡ [깐두] කන්ද 의 복수 또는 형용사: ①산, 산들 ②산의.

කඳුකර [깐두꺼*러*] 산간의, 고산의, 산간 지역의.

කඳුකරය† [깐두꺼*러*여] 높은 곳, 산간지역, 고산지역, 산경계.

කඳුපෙළ [깐두뻴러] 산맥 කඳුවැටිය.

කඳුබෑවුම [깐두배-우머] 산비탈.

කඳුර [깐두러] 개울, 개천 කුඩා ඇළ පාර.

කඳුරට [깐두라터] 높은 곳, 산간 지역, 고산 지역 උඩරට.

කඳුරැල්ල/කඳුලැස්ස [깐두랠러/깐둘랬써] 작은 폭포.

කඳුල/කඳුළ† [깐둘러] 눈물 නෙත් දිය. (복) කඳුළු

කඳුලැල් [깐둘랠] 눈물 줄기, 눈물 흘림 කඳුළැලිය.

කඳුලැස්ස/කඳුරැල්ල [깐둘랬써/깐두랠러] 작은 폭포.

කඳුවැටිය [깐두왜티여] 산맥 කඳුපෙළ.

කඳුහෙල් [깐두헬] 산과 언덕.

කඳුළ/කඳුල [깐둘러] 눈물. (복) කඳුළු

කඳුළු‡ [깐둘루] කඳුළ 의 복수 또는 형용사: ①눈물들 නෙත් දිය ②눈물의.

කප [까뻐] ①종교 축제를 위해 세운 상징적인 탑 කප් කණුව ②신기원, 중요한 사건, 획기적인 사건 කල්පය ③(시간의) 영겁, 억겁 කල්පය. (복) කප්

කපට [까뻐터] 속이는, 사기치는 ප්‍රයෝගකාර.

කපටි‡ [까뻐티] 속이는, 사기치는 ප්‍රයෝගකාර.

කපටියා‡ [까뻐티야-] 사기꾼, 교활한 사람 රැවටිලිකාරයා.

කපණ [까뻐너] ①가난한, 빈곤한 දුප්පත් ②가난한 사람 දිළින්දා.

කපන කටුව [까뻐너 까투워] 칼붙이, 날붙이.

කපනවා‡ [까뻐너와-] කැපුවා-කපා(කපලා) ①자르다, 베다 ②(벼 등) 수확하다, 거두다. <ins>කැපීම/කැපුම</ins> (문어) ඡේදනය කරනවා

කපරාදුව/කපරාරුව† [까뻐라-두워/까뻐라-루워] 회반죽 바르기 (공사) බදාම ආවරණය.

කපල [까뻘러] (해부학) 두개골 හිස් කබල.

කපල්ල/කපොල්ල [까빨러/까뽈러] ①산등선의 낮은 부분 ②구멍 හිදැස්ස ③쪽문, 좁은 입구 කඩුල්ල ④간격, 틈. (복) *කපලු/කපොලු*

කපාටය [까빠-터여] 문, 문짝 දොර.

කපා දමනවා† [까빠- 다머너와-] 자르다, 잘라 버리다 කපනවා.

කපාලය [까빨-러여] ①해골, 두개골 ඉස්කබල ②거지의 그릇 කබල ③문둥병 කුෂ්ඨය ④간격, 틈 කපොල්ල.

කපි [까삐] 원숭이(의) වඳුරා.

කපිතන්/කපිතාන් [까삐딴/까삐딴-] ①선장 නැව් කප්පිත්තා ②(군대) 지휘관들.

කපිරිඤ්ඤ [까삐리녀] 포르투갈인 혹은 흑인으로부터 전해진 스리랑카 민속 노래.

කපිල [까삘러] 현자의 이름 혹은 수의 철학을 세운 '리쉬'의 이름.

කපු† [까뿌] ①면, 목화, 코튼 පුළුන් ගස ②신의 종의, 신을 섬기는 දේවගැති.

කපු කටිනවා [까뿌 까티너와-] (누에, 고치 등에서) 실을 잣다, 방적하다, 실로 만들다.

කපු කපනවා [까뿌 까뻐너와-] 씨아로 목화씨를 빼다, 조면(繰綿)하다.

කපු කිනිස්ස [까뿌 끼니써] (식물) 사향.

කපුටා‡ [까뿌타-] 까마귀 කාක්කා. ¶ කපුටිය 암까마귀

කපුටුබාලයා [까뿌투발-러야-] 까마귀 종류.

කපු පිළි [까뿌 삘리] 무명 천(의).

කපු පුලුන් [까뿌 뿔룬] 면, 목화.

කපු රැල් [까뿌 *랠*-] 목화를 얇게 자른 조각.

කපුරු† [까뿌*루*] 장뇌(樟腦).

කපුරු තැටිය/කපුරු පහන [까뿌*루* 때티여/까뿌*루* 빠하너] 장뇌판, 장뇌등불.

කපුරු මල්† [까뿌*루* 말] (꽃) 국화.

කපුවා [까뿌와-] ①제사장, 신의 종 ②(결혼) 중매쟁이, 중매인 මඟුල් ඔත්තු කරු ③이발사, 미용사.

කපු වෙනවා [까뿌 웨너와-] 너무 익다, 과도하게 영글다.

කපු හූ [까뿌 후-] 무명 실(의).

කපොල්ල/කපල්ල† [까뽈러/까빨러] ①산등선의 낮은 부분 ②구멍 හිදැස්ස ③쪽문, 좁은 입구 කඩුල්ල ④간격, 틈.

කපෝත [까뽀-떠] 비둘기(의) පරෙවියා.

කපෝති [까뽀-띠] ①끝난, 마친 අවසන් (구어) ඉවර ②잘못한, 실수한 වැරදුණු ③파괴된, 망쳐진 විනාශ වූ.

කපෝලය [까뽈-러여] ①뺨 කම්මුල ②입안이 가득찰 만큼 한입.

කප්පනවා [깦빠너와-] 자르다, 베다, 절단하다 (보통 කපනවා로 사용한다).

කප්පම් [깦빰] ①(포로 따위를 풀어주기 위한) 몸값 ②조공, 조세, 공물.

කප්පර [깦뻐*러*] ①배, 함(선) නැව ②(한 배분의) 적하량.

කප්පර මුහන්දිරම් [깦뻐*러* 무한디*람*] 선장 (함장) නැවක කපිතාන්වරයා.

කප්පාදු කරනවා† [깦빠-두 꺼*러*너와-] ①줄이다, 축소하다 ②가지를 치다, 가지를 자르다 පාහිනවා.

කප්පාදුව [깦빠-두워] ①줄임, 축소 කර ඇඹීම ②가지 치기 පෑහීම. ¶ විදුලි කප්පාදුව (전기) 정전

කප්පාස [깦빠-써] 면, 목화, 코튼 කපු.

කප්පාසික [깦빠-씨꺼] 목화의, 목화 나무의.

කප්පි [깦삐] ①කප්පිය 의 복수: 도르래들 ②겨, 왕겨.

කප්පිත්තා [깦삣따-] (배) 선장 කපිතාන්.

කප්පිය† [깦삐여] 도르래 පුලිය.

කප්පිය [깦삐여] 적절한, 적합한, 알맞은 සුදුසු.

කප්පිලි කරනවා [깦삘리 꺼*러*너와-] 장부 촉이음으로 잇다, 장붓구멍을 파다 කප්පිලි ගහනවා.

කප්පිල්ල [깦삘러] (건축) 장붓구멍. (복) *කප්පිලි*

කඵ [까뻐] 담, 점액 සෙම.

කබ [까버] 눈물, 눈에서 나오는 점액.

කබපිල් [까버삘] 공작새의 깃털들 කප්පිල්.

කබර [까버*러*] 점이 있는, 점박이의.

කබරගොයා† [까버*러*고야-] 큰 도마뱀의 일종: 모니터 (이구아나 보다 조금 큼) කබරයා.

කබර බාව [까버*러* 바-워] (동물) 모니터의 꼬리.

ක

කබරයා [까버러야-] 큰 도마뱀의 일종: 모니터 (이구아나 보다 조금 큼) කබරගොයා.

කබල† [까벌러] ①딱딱한 외피 (두개골, 조개껍질, 거북이 등딱지 등) ②구멍, 홀 කුහරය ③후라이 팬. ¶ හිස් කබල 두개골

කබලුව [까벌루워] ①(헌데, 상처의) 딱지 ②두개골 ඉස්කබල ③산호, 코랄 පබළු ④토기 මැටි භාජනය ⑤ 로티, 전병 රොටිය.

කබල් [까발] කබල 의 복수: ①딱딱한 외피들 (두개골, 조개껍질, 거북이 등딱지 등) ②구멍들, 공동들 කුහර ③후라이 팬들 බදින තැටි.

කබල් [까발] ①저품질의, 품질이 낮은 ②구멍난 කුහර සහිත.

කබල්ලෑයා/කබල්ලෑවා [까발래-야-/까발래-와-] (동물) 천갑산 කැබැල්ලෑවා.

කබළිය [까벌리여] 창, 창문 කවුළුව. (구어) ජනේලය

කබා කාමරය [까바- 까-머러여] 휴대 사물함.

කබාය† [까바-여] 웃옷, 윗도리 උඩු ඇඳුම.

කබුක්/කබොක්† [까북/까복] (광물) 홍토, 라테라이트.

කබොල්ල [까볼러] (상처) 딱지.

කම [까머] 형용사 뒤에 붙어 상태명사, 형질명사를 만드는 데 사용함: යහපත් 선한, 좋은 + කම = 선함, 좋음.

කම† [까머] ①일, 작업 ②필요 ③좋음, 선함.

කමකට නැති [까머꺼터 내띠] 쓸데없는, 무익한, 무용지물의 වැඩකට නැති.

කමටහන් [까머터한] 명상용 주제들 කර්මස්ථාන.

කමණ්ඩලාව/කමණ්ඩාව [까만덜라-워/까만다-워] 물 항아리.

කමත† [까머떠] 타작마당 පාවර.

කමනවා [까머너와-] 용서하다, 용서해 주다 සමාව දෙනවා.

කමනීය [까머니-여] 매력적인, 매혹적인, 아리따운 රුචි කළ යුතු.

කමල [까멀러] 연꽃 නෙළුම.

කමලකර [까멀러꺼러] ①해, 태양 සූර්යයා ②연꽃 연못 නෙළුම් විල.

කමලඟන [까멀랑거너] 락쉬미 여신 සිරිකත.

කමල'වි [까멀라'위] 큐피드 여신 මලවියා.

කමසිරියාව [까머씨리야-워] 쉼, 휴식, 멈춤 විරාමය.

කමසෙයියාවක් [까머쎄이야-왁] 끝, 경계 කෙළවරක්.

කමසේව [까머쎄-워] 조직적으로 ක්‍රමවත්ව.

කමා කරනවා† [까마- 꺼러너와-] 용서하다, 용서해 주다 සමාව දෙනවා.

කමාව† [까마-워] 용서, 관대함 සමාව.

කමිටුව† [까미투워] 위원회 කොමිටිය.

කම්ස්සිරියාව [까밌씨리야-워] 쉼, 휴식, 멈춤 විරාමය.

කමිසය‡ [까미써여] 와이셔츠, 남자용 셔츠.

කම්කටුල/කම්කටොල්ල [깜까툴러/깜까톨러] 고통, 괴로움, 어려움 පීඩාව.

කම්කටොලු [깜까톨루] කම්කටොල්ල 의 복수: 어려움, 고통, 괴로움 පීඩා.

කම්කටොල්ල [깜까톨러] 고통, 괴로움, 어려움 පීඩාව. (복) *කම්කටොලු*

ක

කම්කරු [깜꺼루] කම්කරුවා 의 복수 또는 형용사: ①노동자들, 일꾼들 ②노동자의, 일꾼의.

කම්කරුවා‡ [깜꺼루와-] 노동자, 일꾼.

කම්කාරිය [깜까-리여] 교회의 의식, 의례.

කම්කිළිය [깜낄리여] ①가정부, 여자 하인 දාසිය ②여자 죄인 පව්කාර ස්ත්‍රිය.

කම්පනය‡ [깜뻐너여] 진동, 흔들림, 떨림 කැලඹීම.

කම්පාව [깜빠-워] ①흔들림, 떨림 සෙලවීම ②슬픔, 비탄 දුක.

කම්පා වෙනවා† [깜빠- 웨너와-] ①흔들리다, 떨리다 ②슬퍼하다, 비탄에 빠지다 දුක් වෙනවා.

කම්බ [깜버] 기둥, 원주.

කම්බය [깜버여] 종려잎으로 만든 도서의 나무 커버.

කම්බහොරා [깜버호라-] 베테랑 도둑.

කම්බස් කරනවා [깜바쓰 꺼러너와-] 멸망시키다, 황폐시키다 නැතිභංග කරනවා.

කම්බාය [깜바-여] 스리랑카의 남성이 입는 스커트 모양의 의복: 남성용 싸롱.

කම්බි ඇණය [깜비 애너여] 철(綴)쇠, 철침, 스테이플.

කම්බිය† [깜비여] 철사 ලෝහමය කෙන්ද.

කම්බිළිය† [깜빌리여] 모포, 얇은 이불 පොරවනය.

කම්බුව [깜부워] ①조개, 조가비 හක් ගෙඩිය, ②목 බෙල්ල ③팔찌 වළල්ල ④담뱃잎의 꽃턱.

කම්මල† [깜멀러] ①대장간 යකඩ වැඩපළ ②공장 කම්හල. ¶ යකඩ කම්මල 대장

කම්මල්කරු [깜말꺼루] 대장장이, 숙련공, 정비공 කම්මල්කාරයා.

කම්මල්කාරයා† [깜말까-러야-] 대장장이, 숙련공, 정비공 කඹුරා.

කම්මැලි‡ [깜맬리] ①지루한, 재미없는 ②게으른, 느린 අලස. ¶ කම්මැලියා 게으름뱅이

කම්මැලිකම [깜맬리꺼머] ①지루함, 재미없음 ②게으름, 나태 අලසය.

කම්මැලියා [깜맬리야-] 게으름뱅이, 게으른 사람, 느린 사람 අලසයා.

කම්මැළි‡ [깜맬리] ①지루한, 재미없는 ②게으른, 느린 අලස. ¶ කම්මැළියා 게으름뱅이

කම්මැළිකම [깜맬리꺼머] ①지루함, 재미없음 ②게으름, 나태.

කම්මැළියා [깜맬리야-] 게으름뱅이, 게으른 사람 අලසයා.

කම්මුතු [깜무뚜] ①끝난, 마무리된, 완수된 අවසන් වූ ②파괴된, 멸망된 විනාශ වූ.

කම්මුතු කරනවා [깜무뚜 꺼러너와-] ①마치다, 끝내다, 완수하다 අවසන් කරනවා ②멸망시키다, 파괴하다 විනාශ කරනවා.

කම්මුල/කන්මුල‡ [깜물러/깐물러] 빰, 볼 හොණ්ඩ. (복) කම්මුල්

කම්මුල් [깜물] කම්මුල 의 복수 또는 형용사: ①빰들, 볼들 ②빰의, 볼의 කොපුල්.

කම්මුල්ගාය† [깜물가-여] (의학) 유행성 이하선염.

කම්මුල්පාර† [깜물빠-러] 빰을 때림, 따귀를 때림.

කම් සැප/කම් සැපත [깜 쌔뻐/깜 쌔뻐떠] 성적 쾌락 පස්කම් සැපත.

කම්හල‡ [깜할러] 공장, 작업장 ඉස්ටෝරුව.

කඹය† [깜버여] 밧줄, 큰 줄 ලොකු ලණුව.

ක

කඹුරනවා [깜부러너와-] 전생의 빚을 갚기 위해 이생에서 봉사하다 මෙහෙ කරනවා.

කඹුරන්නා [깜부란나-] ①노예, 하인 වහල් මෙහෙකරන්නා ②일꾼, 봉사자, 섬김이 මෙහෙකරුවා.

කඹුරා [깜부라-] 대장장이, 숙련공, 정비공 කම්මල්කාරයා.

කඹුරු [깜부루] කඹුරා 의 복수 또는 형용사: ①대장장이들, 숙련공들, 정비공들 ②대장장이의, 숙련공의, 정비공의 කර්මාර.

කඹුරු පැහැය [깜부루 빼해여] 얼룩덜룩한 색깔.

කය† [까여] 몸, 신체 ශරීරය.

කයි [까이] ①허풍, 과장된 표현 පුච්චානම් බස් ②시, 운문 කවි.

කයි ඉස්තෝප්පුව [까이 이쓰똡-뿌워] 바깥 베란다.

කයි කතන්දර [까이 까딴더러] 험담, 가쉽, 잡담 ඕපාදූප.

කයිතාලම/කයිතාළම [까이딸-러머] (악기) 심벌즈 තාළම් පොට.

කයිපුඩිය [까이뿌디여] 손잡이, 핸들 කෙපුඩිය.

කයිප්පු [까잎뿌] 아선약 (지사제).

කයිමාත්තුව [까이맡-뚜워] 단기 대출.

කයිය [까이여] ①작업 팀 වැඩ කණ්ඩායම ②허풍, 과장된 표현 කයිවාරුව.

කයියෝරුව [까이요-루워] (건축) 버팀벽, 부벽.

කයිවාරු [까이와-루] ①허풍들, 과장들 පුරාජේරු ②허풍 떠는, 과장되게 말하는 පුරාජේරු කියන.

කයිවාරුකාරයා [까이와-루까-러야-] 허풍쟁이 පුරාජේරුකාරයා.

කයිවාරුව [까이와-루워] 허풍, 과장 පුරාජේරුව.

කර‡ [꺼러] කරනවා 의 과거분사 (문어): 하고, 하고 나서, 한 후에 කොට. (구어) කරලා

කර‡ [까러] ①어깨 උරහිස ②목 뒷덜미 ③손 අත ④코끼리 코 ඇත් සොඬය ⑤세, 세금 අය බද්ද ⑥햇빛, 햇살 රශ්මිය ⑦소금 ලුණු ⑧면도칼 දැළි පිහිය.

කර [까러] ①마른, 건조한 වියළි ②짠 ලුණු සහිත ③튀긴, 기름에 넣은 බැදපු.

කර අරිනවා [까러 아리너와-] 피하다, 회피하다, 도망치다, 포기하다 මඟ හරිනවා.

කරඇණය [까러애너여] 멍에 두 개를 연결하는 나사 කරාම ඇණය.

කර උඩ යනවා [까러 우더 야너와-] 우세 하다, 주도권을 쥐다 කෙනකු රිසිසේ හසුරුවනවා.

කරකනවා† [까러꺼너와-] කැරකුවා-කරකා 돌리다, 회전시키다, 빙빙 돌리다 කරකවනවා. <u>කැරකීම</u>

කර කරනවා† [까러 꺼러너와-] 굽다, 태우다, 후라이하다 කබලේ බදිනවා.

කරකවනවා† [까러꺼워너와-] කරකැවුවා-කරකවා 돌리다, 회전시키다, 빙빙 돌리다.

කරකාර බඳිනවා [까러까-러 반디너와-] 결혼하다, 혼인하다 කසාද බඳිනවා.

කරකාරය [까러까-러여] 결혼, 혼인 විවාහය.

කරකැවිල්ල† [까러깨윌러] ①빙글빙글 돔, 회전 ②(의학) 현기증, 어지럼증 කැරකිල්ල.

කරකැවෙනවා† [까러깨웨너와-] කරකැවුණා-කරකැවී කරකවනවා 의 피동사: 돌다, 회전하다, 빙

ක

빙 돌다, 선회하다, 순환하다 කැරකෙනවා. කරකැවීම
කරකොළය [까러꼴러여] 마른 야자 잎 පුස් කොළය.
කරකිරිම [까러끼리-머] 구움, 볶음, 후라이.
කරකුට්ටන් වෙනවා [까러꿑탄 웨너와-] 숯을 만들다 අඟුරු වන තෙක් බැදෙනවා.
කරක් [까띾] (낚시질의) 물고기 바구니, 통발.
කරක් ගහනවා [까띾 가하너와-] 빙빙돌다, 주위를 방황하다, 주위를 돌다 අවට හැසිරෙනවා.
කරගන [꺼러가너] කරගන්නවා 의 고어 과거분사: 하고 있고, 해, 추구하고 කරගෙන.
කරගල [까러갈러] 숫돌 සණගල.
කරගහනවා [까러가하너와-] 책임을 지다, 짐을 지다 වගකියනවා.
කරගැටය [까러개터여] (손, 발) 티눈.
කරගෙන යනවා† [꺼러게너 야너와-] 하고 있다, 추구하다.
කරගෙය [까러게여] 감옥, 구치소 හිරගේ.
කරච්චලය [까랓철러여] 불쾌한 소리, 덜걱덜걱 (덜커덕 덜커덕, 딸그락 딸그락) 하는 소리 කන්දොස්කිරියාව.
කරට කර [까러터 까러] (서로에게) 잘 어울리는, 잘 맞는 එකිනෙකාට සමව ගැළපෙන.
කරටිය [까러티여] ①(신체) 목 බෙල්ල ②나무 순, 나무 싹 කසක දල්ල.
කරණකොට [까러너꼬터] ①~때문에 නිසා ②~를 통하여, ~방법으로, ~수단으로 හේතුකොට ගෙන.
කරණකොටගෙන [까러너꼬터게너] ①~때문에 නිසා ②~를 통하여, ~방법으로, ~수단으로 හේතුකොටගෙන. (구어) හින්දා
කරණම† [까러너머] 재주넘기, 공중제비, 곡예 පිල් මාරුව.
කරණම්කාරයා† [까러남까-러야-] 곡예사 පිනුම්කාරයා.
කරණය [까러너여] ①방법, 방식 කාරණය ②이유, 까닭 හේතුව ③몸, 신체 ඉන්ද්‍රියය ④전략, 전술 උපකරණය ⑤(소리에 맞춰 추는) 춤 නැටුම ⑥사다리 ඉණිමඟ.
කරණ විභක්තිය [까러너 위밖띠여] (문법) 조격 (수단, 장소의 출발, 시간의 경과 따위를 나타내는 격).
කරණීය [까러니여] 의무(의), 본분(의).
කරණ්ඩකය [까란더꺼여] (귀중품) 작은 상자.
කරඬුව† [까란두워] (귀중품넣는) 작은 상자. ¶ ගිව්සුම් කරඬුව 언약궤 ධාතු කරඬුව 유골함
කරතලය [까러딸러여] 손바닥 අත්ලය.
කරත්තකාරයා [까랕떠까-러야-] 짐마차꾼, 마부.
කරත්තය† [까랕떠여] 수레, 손수레, 달구지 කරත්තෙ.
කරදමුංගු/කර්දමුංගු† [까러더뭉구/까르더뭉구] (식물) 카르다몸, 소두구: 생강과의 다년생 식물 (약재) එන්සාල්.
කරදර† [까러더러] කරදරය 의 복수 또는 형용사: ①근심(의), 걱정(의) කනස්සලු ②어려움(어려운), 고통(의) හිරිහැර ③방해(하는), 훼방(하는).
කරදර කරනවා‡ [까러더러 꺼러너와-] ①방해하다, 훼방하다

ක

②괴롭히다, 고통을 주다 හිරිහැර කරනවා.

කරදරය [까러더러여] ①근심, 걱정, 불안 කනස්සලුව ②어려움, 고통 හිරිහැරය ③방해, 훼방 ④장례, 초상 මළ ඉලව්ව.

කරදර වෙනවා‡ [까러더러 웨너와-] 걱정하다, 근심하다 හිරිහැර වෙනවා.

කරදිය† [까러디여] 짠물, 바닷물. ¶ මිරිදිය 민물

කරදිය බල්ලා [까러디여 발라-] 해달, 바다 수달.

කර දෙනවා [까러 데너와-] ①다른 사람을 구조하러 가다 ②다른이의 일에 참여하다.

කරනවා‡ [꺼러너와-] කළා(කෙරුවා)-කරලා(කර/කොට) 하다, 행하다: 첫단어 ක 가 '까'로 발음되지 않고 '꺼'로 발음된다. කිරීම/කෙරීම

කරනවෑමියා† [까러너왜-미야-] 이발사.

කරපටිය† [까러빠티여] ①(남방)깃, 칼라 ②넥타이 ටයිපටිය.

කරපිංචා† [까러삥차-] 까러삥차, 카레잎: 스리랑카 나뭇잎. 카레를 만들 때 넣는 독특한 향이 나는 잎.

කර පින්නා ගන්නවා [까러 삔나- 간너와-] ①(아이를) 어깨에 메다 ②받아들이다, 허용하다.

කරබාගෙන ඉන්නවා/කරබාන ඉන්නවා‡ [까러바-게너 인너와-/까러바-너 인너와-] ①조용히 있다, 잠자코 있다, 인내하다 ②고개를 떨구고 있다.

කරමලය† [까러말러여] ①아가미 ②닭벼슬.

කරමැටි [까러매티] 소금땅, 피폐한 땅 නිසරු මැට්ට.

කරමුඩිය [까러무-디여] 마개, 덮개.

කර රස [까러 라써] (식품공학) 짠맛 ලුණු රස.

කරල† [까럴러] ①(벼) 이삭 ②(콩의) 코투리 ඉදක් හැඩැති පලය. (복) කරල්

කර ලනවා [까럴 라너와-] 목에 얹다, 어깨에 태우다.

කරලා [꺼럴라-] කරනවා 의 과거분사 (구어): 하고, 해, 하고 나서. (문어) කර

කරල් ඉගුරු [까랄 잉구루] (식물) 수수과 식물.

කරල් හිඳිනවා [까랄 힌디너와-] 이삭을 줍다 වැටුණු කරල් අහුළනවා.

කර වටක් [까러 와탁] 목까지 차는, (어려움 등에) 깊이 빠진 ගෙල තෙක්.

කරවනවා [꺼러워너와-] කෙරෙවුවා/කෙරෙව්වා-කරවා කරනවා 의 사역 형태: 하게 하다, 되게 만들다. කරවීම ¶ දෙවි සමිඳාණෝ මා තුළ උනන්දුවක් ඇති කරවන සේක 주 하나님께서 내 안에 열심이 있게 하신다

කරවල‡ [까러월러] 말린 생선 කරෝල.

කරවලා/කරවැලා [까러월라-/까러왤라-] 독사: 우산뱀의 일종.

කරවැල්කොකා [까러왤꼬까-] ①자주빛 왜가리 ②검은 알락해오라기 ③펠리컨. (복) කරවැල්කොක්කු

කරවිල† [까러윌러] (야채) 여주, 고야.

කරවුවල [까라우월러] ①세금 ②통행세.

කරවූ [꺼러우-] කරවනවා 의 형용사적 과거형태: 하게 한, 되게 만든 කෙරෙවූ. කරවීම

ක

කරළිය [까 *럴*리여] ①무대 වේදිකාව ②무리, 군중.
කරළු [까 *럴*루] ①거친, 모진, 무서운 රළුපරළු ②교활한 කපටි ③위선의 කෛරාටික.
කරළු [까 *럴*루] ①새옷 අලුත් වස්ත්‍ර ②반란, 폭동 කැරැල්ල ③지역, 영역 කලාපය.
කරා [까 *라*-] (후치사) ~ 를 향하여, ~으로 වෙතට. (구어) ~ ට
කරා [꺼 *라*-] කළා, කලා (කරනවා 의 과거) 의 잘못된(혹은 구어적) 사용: 했다, 하였다.
කරාබු† [까 *라*-부] ①කරාබුව 의 복수: 귀걸이, 귀 장신구들 කර්ණාභරණ ②(향신료) 정향, Clove කරාබුනැටි.
කරාබුනැටි† [까 *라*-부내티] (향신료) 정향, Clove කරාබු.
කරාබුව‡ [까 *라*-부워] 귀걸이, 귀 장신구 කර්ණාභරණ.
කරාමය† [까 *라*-머여] 수도 꼭지. (구어) ටැප් එක
කරාඹනවා [까 *람*-버너와-] 거세하다, 불까다.
කරාව [까 *라*-워] 바다, 해양 මුහුද.
කරැවූ [꺼 *래*우-] කරනවා 의 형용사적 과거 형태: 한, 행한 කළාවූ.
කරිය [까 *리*여] 카레 ව්‍යංජනය.
කරුංකා [까 *룽*까-] (약학) 마른 빈랑자 වියළි පුවක්.
කරුකුරුව [까 *루*꾸 *루*워] 쌕쌕거림, 천명 (숨쉴 때 나는 소리).
කරුණ† [까 *루*너] ①일, 용건, 사건, 것 (물건, 물품) කාරණය ②이유, 까닭, 목적 හේතුව. (복) *කරුණු*
කරුණාකර/කරුණාකරලා‡ [까 *루*나-꺼 *러*/까 *루*나-꺼 *럴*라-] 부디, 제발, 죄송하지만 (어원은 කරුණා කරනවා 의 과거분사 형태다). ¶ කරුණාකරලා වාඩිවෙන්න 부디 앉아주세요
කරුණාව‡ [까 *루*나-워] 자비, 은혜, 긍휼 දයාව.
කරුණාවන්ත† [까 *루*나-완떠] 자비로운, 은혜로운, 긍휼한 කාරුණික.
කරුණු [까 *루*누] කරුණ 의 복수: ①일들, 사건들, 것들 ②이유들, 까닭들.
කරුමකාර [까 *루*머까-*러*] ①운명적인, 숙명적인 ②골칫거리의, 문제가 되는, 골머리의.
කරුමකාරයා/කරුමක්කාරයා [까 *루*머까-*러*야-/까 *루*맊까-*러*야-] (종교적) 죄인 පව්කාරයා.
කරුමය [까 *루*머여] ①운명, 숙명 දෛවය ②불운, 불행.
කරුව† [까 *루*워] ①버팀목, 받침대, 지주 ②가지가 두갈래로 나누어 지는 부분 දෙබල ③포크 ④거푸집 අච්චුව.
කරුවල‡ [까 *루*월러] 어두움, 암흑 කළුවර.
කරුවා‡ [꺼 *루*와-] 사람을 나타낼 때 사용하는 접미사 (단독으로 사용되지 않음): ගැළවුම්කරුවා 구원자. (구어) කාරයා
කරේණුකා [까 *레*-누까-] 암 코끼리 ඇතින්න.
කර්කට/කර්කටක [까 *르*꺼터/까 *르*꺼터꺼] ①게, 꽃게 කකුළුවා ②북회귀선, 하지선.
කර්කශ/කර්කස† [까 *르*꺼셔/까 *르*꺼써] 거친, 모진, 무서운 රළු.
කර්ණය [까르너여] 귀 සවන. (구어) කන ¶ කර්ණශංඛය (해부) 달팽이관

ක

කර්ණරසායන [까르너라싸-여너] 귀를 즐겁게 하는, 아첨하는 කනට මිහිරි.

කර්ණාට [까르나-터] (인도의) 카르나타가 주.

කර්ණාභරණය [까르나-버러너여] 귀걸이, 귀 장신구 කරාබු.

කර්තරි [까르떠리-] 가위, 큰 가위, 전지 가위.

කර්තව්‍යය [까르떠위여여] 행동, 행위, 실행 ක්‍රියාව.

කර්තෘ/කර්තෘවරයා† [까르뜨루/까르뜨루워러야-] ①저자, 글쓴이 කතුවරයා ②행위자 කරන්නා ③편집자.

කර්තෘකාරක† [까르뜨루까-러꺼] (문법) 능동태(의).

කර්තෘ වාක්‍යය [까르뜨루 와-끼여여] (신문의) 사설, 논설.

කර්තෘ විභක්තිය [까르뜨루 위박띠여] (문법) 주격.

කර්දම [까르더머] ①흙(의), 진흙(의) මඩ ②향수 ③(종교적) 죄 පාපය.

කර්දමුංගු [까르더뭉구] (식물) 카르다몸, 소두구: 생강과의 다년생 식물 (약재) කරදමුංගු.

කර්දමුංගු/කරදමුංගු [까르더뭉구/까러더뭉구] (식물) 카르다몸, 소두구: 생강과의 다년생 식물 (약재) එන්සාල්.

කර්පූර [까르뿌-러] 장뇌 (의약품, 비닐 제조, 좀약 등에 쓰이는 하얀 물질).

කර්මකාරක [까르머까-러꺼] (문법) 수동태 (의).

කර්මජ [까르머저] 업보의, 업보로 나타난 කර්මයෙන් උපන්.

කර්මණ්‍ය [까르머니여] 역동적인, 활동적인, 역동하는 ක්‍රියාකාරී.

කර්මඵල [까르머빨러] 과거 행동에 대한 결과.

කර්මය† [까르머여] ①행동, 행위 ක්‍රියාව ②(불교) 업보 ③원인이 되는 요소 හේතු ඵල වාදය ④업무, 일 වැඩය ⑤죄, 죄악 පාපය.

කර්මශීල [까르머쉴-러] 열심있는, 활동적인.

කර්මස්ථාන [까르머쓰따-너] 명상을 위한 적절한 주제들 කමටහන්.

කර්මාන්තකාරයා [까르만-떠까-러야-] 기술공, 숙련공.

කර්මාන්තය† [까르만-떠여] ①산업, 공업 නිපදවීමේ කාර්යය ②작품, 솜씨, 일, 업무 කාර්යය.
¶ ගෘහ කර්මාන්තය 가내 수공업

කර්මාන්ත ශාලාව† [까르만-떠 샬-라-워] 공장 කම්හල.

කර්මාර [까르마-러] 대장장이(의), 숙련공(의), 정비공(의) කඹුරා.

කර්ෂණය [까르셔너여] 끌기, 견인 ඇදීම.

කලංක [깔랑꺼] 결점의, 흠있는, 오점의 කලඞ්ක.

කල [깔러] ①시간, 때 කාලය ②기회, 찬스 අවස්ථාව. (복) කල්

කල [깔러] ~ 할 때, ~ 때에 විට. (구어) කොට

කල එළි බහිනවා [깔러 엘리 바히너와-] ①동트다, 아침이 다가오다 ②(공공연히 처음으로) 나타나다, 출현하다.

කලඑළිය [깔러엘리여] ①미모, 아름다움, 매력 අලංකාරය ②첫 출현, 나타남 එළිදැක්ම.

කලකට [깔러꺼터] 임시적으로, 한시적으로 තාවකාලිකව.

කලකම්මැළි [깔러깜맬리] 게으른, 나태한 කම්මැළි.

කලකම්මැළිකම [깔러깜맬리꺼

머] 게으름, 나태 කම්මැළිකම.

කලකලය [깔러깔러여] 소동, 동요, 소요, 선동, 들썩임 කලබලය.

කලකින් [깔러낀] 조금 후에 කලකට පසුව.

කලකිරීම [깔러끼리-머] කලකිරෙනවා 의 동명사: 낙담, 낙심, 불쾌, 역겨움, 혐오.

කලකිරෙනවා‡ [깔러끼레너와-] කලකිරුණා-කලකිරී 낙담하다, 낙심하다, 불만족하다 එපා වෙනවා. <u>කලකිරීම</u>

කලකෝලාහලය [깔러꼴-라-할러여] 반란, 폭동, 봉기.

කලඞ්ක [깔랑꺼] 결점의, 흠있는, 오점의 කලංක.

කලකට [깔러꺼터] ①정시에 ②~할 때.

කලකට [깔러꺼터] ①(조류) 뻐꾸기 කොවුලා ②공작새 මොනරා.

කලකණ්ඨයා [깔러깐터야-] (조류) 뻐꾸기 කොවුලා.

කලට වේලාවට [깔러터 웰-라-워터] 정시에, 정확한 시간에.

කලටි [깔러티] 반절 영근 야자열매 බාගෙට පැහුණු පොල්.

කලණ [깔러너] ①친한, 소중한, 좋은 හිතවත් ②기쁜, 즐거운 ප්‍රියමනාප.

කලණ ගුණය [깔러너 구너여] 좋은 품질.

කලණ මිතුරා [깔러너 미뚜라-] 친한 친구, 소중한 친구 සුහද මිතුරා.

කලතනවා [깔러떠너와-] කැලතුවා-කලතා 휘젓다, 분발시키다, 선동하다, 자극하다 කලත්තනවා. <u>කැලතීම</u>

කලත්තනවා [깔랕떠너와-] කැලැත්තුවා - කලත්තා 휘젓다, 분발시키다, 선동하다, 자극하다 කලතනවා. <u>කැලැත්තීම</u>

කලත්‍ර [깔러뜨러] 배우자의.

කලත්‍රයා [깔라뜨러야-] 배우자.

කල දවස [깔러 다워써] ①시간, 때 කාලය ②인생, 삶 ජීවිතය.

කල දසාව [깔러다싸-워] ①시간, 때 කාලය ②인생, 삶 ජීවිතය.

කලදෝ [깔러도-] 금은 රන්රිදී.

කලනය [깔러너여] ①새싹, 싹 බීජාංකුරය ②(수학) 계산법 ගණිත ක්‍රමය ③얼룩, 점, 흉터 ලපය.

කලන්තය [깔란떠여] 기절, 실신, 졸도, 까무러침 ක්ලාන්තය.

කලන්දක [깔란더꺼] ①다람쥐 ලේනා ②다람쥐의.

කලන්දකයා [깔란더꺼야-] 다람쥐 ලේනා.

කලන් පඩිය [깔란 빠디여] 저울추 තරාදි පඩිය.

කලඳ [깔란더] ①다람쥐 ලේනා ②무더기, 뭉치 ගොඩ.
¶ අඥානයාට කලඳක්වත් දැනුම නැත 어리석은 자에게 조금도 지식이 없다

කලපුව [깔러뿌워] 석호, 갯뻘, lagoon.

කලම [깔러머] 깃촉, 우경 ඉත්තෑකූර.

කලඹ [깔러버] ①(꽃) 다발, 부케 පොකුර ②(책) 권, 부 පොතක කාණ්ඩය.

කලබලය‡ [깔러벌러여] ①분주, 급함, 위급 හදිසිය ②동요, 선동, 들썩임 අරගලය. ¶ මොකද කලබලේ 무슨 일이에요?

කලබැගෑනිය [깔러배개-니여] 소동, 소요 ආරාවුල් කිරීම.

කලමනාකරු [깔러머나-꺼루] 매니저, 지배인 කළමනාකරු.

කලම්පය [깔람뻐여] 꺽쇠, 죔쇠 අල්ලුව.

කලඹ [깔럼버] ①(꽃) 다발, 뭉치

ක

පොකුර ②공작새 꼬리 ③그림자 ඡායාව ④새끼 코끼리 ඇත් පැටියා ⑤먹구름 වැහි වලාකුළ.

කලඹනවා [깔럼버너와-] කැලඹුවා-කලඹා 흔들다, 흔들어대다, 휘젓다 කළඹනවා. කැලඹීම

කලය† [깔러여] 항아리, 단지, 독 කළය.

කලරැව් [깔러*래*우] 비둘기(의) පරෙවියා.

කලල [깔럴러] ①태아 කළල ②흙, 진흙 මැටි. ¶ මියගිය කලල 사생아

කලලය [깔럴러여] 자궁, 태 කුස.

කලලාවාරික දියරය [깔럴라-*와*-*리*꺼 디여 *러*여] (산모의) 양수.

කලල් අගල [깔랄 아걸러] (도시나 성곽 둘레의) 진흙 해자.

කලල් රූපය [깔랄 *루*-뻐여] 태아 කලල.

කලව/කලවය [깔러워/깔러워여] 허벅지 කළව. (복) *කලවා*

කලවම [깔러워머] 섞음, 혼합 මිශ්‍රණය.

කලවම් [깔러왐] ①섞인, 혼합된 මිශ්‍ර ②다양한, 각양각색의 විවිධ.

කලවම් කරනවා [깔러왐 꺼*러*너와-] 섞다, 혼합하다 මිශ්‍ර කරනවා.

කල වයස [깔러 와여써] 수명, 인생, 나이 ආයු.

කලවා [깔러와-] කලව 의 복수: 허벅지들 කළව.

කලවැද්දා [깔러왣다-] (동남아시아 등지의 나무 위에 사는) 사향고양이 උගුඩුවා.

කලවිට [깔러위터] 타작마당 කමත.

කලස [깔러써] 작은 항아리 සෙම්බුව.

කලහ [깔러하] කලහය 의 복수 또는 형용사: ①싸움들, 다툼들, 분쟁들 ②싸우는, 다투는, 분쟁 රණ්ඩු.

කලහ කරනවා [깔러하 꺼*러*너와-] 싸우다, 다투다, 분쟁하다 රණ්ඩු වෙනවා.

කලහකරු [깔러하꺼*루*] 다투는 사람, 싸우는 사람 රණ්ඩු කරන්නා.

කලහකාර/කලහකාරි [깔러하까-*러*/깔러하까-*리*] 싸움하기 좋아하는, 다투기 좋아하는 කෝලාහල.

කලහකාරී† [깔러하까-*리*-] 싸움하기 좋아하는, 다투기 좋아하는 කෝලාහල.

කලහය† [깔러하여] 싸움, 다툼, 분쟁, 투쟁 කෝලාහලය.

කලා‡ [껄라-] කරනවා 의 과거: 하였다. (문어) කළා

කලා† [깔라-] කලාව 의 복수 또는 형용사: ①예술 ②예술의.

කලාකරු† [깔라-꺼*루*] 예술가 කලාශිල්පියා.

කලාත [깔라-떠] 경계, 테두리, 가장자리, 끝 අයින.

කලාතුරකින්‡ [깔라-뚜*러*낀] 가끔, 아주적게 ඉඳහිටලා.

කලාත්මක [깔랕-머꺼] 예술적인.

කලාඳුරු [깔란-두*루*] ①귓밥, 귀지 ②(식물) 향부자, 시퍼루스 로툰두스.

කලාපය† [깔라-뻐여] ①지역, 영역 ප්‍රදේශය ②(책, 시리즈) 권 ③다발, 묶음 මිටිය ④화살통, 전통 ඊ කොපුව ⑤공작의 꼬리 ⑥달 හඳ.

කලාව‡ [깔라-워] 예술.

කලා ශිල්ප [깔라- 쉴뻐] ①예술공예품 ②예술, 미술.

කලාශිල්පියා† [깔라-쉴삐야-] 예술가 කලාකරු.

ක

කලි [깔리] ①위험, 위태 හානිය ②죄, 잘못 පාපය.

කලි [깔리] 아름다운, 잘생긴, 우아한 සුන්දර.

කලිකලහය [깔리깔러하여] 싸움, 분쟁, 다툼 අරගලය.

කලින්‡ [깔린] ①전에, 이전에, 미리, 앞서 ②(후치사) ~전에, ~앞에 (문어) පෙර

කලින් කල [깔린 깔러] 때때로, 간헐적으로. (문어) විටින් විට

කලින් බැලීම† [깔린 밸리-머] 시연, 미리 보기, (영화 등) 시사 කල්තබා බැලීම.

කලින් වෙන්කර ගන්නවා‡ [깔린 웬꺼러 간너와-] 예약하다, 선약하다 නියම කරනවා.

කලිමල† [깔리멀러] ①가난, 곤궁 දිළිඳුකම ②(슬픔이라는) 부정함, 불결, 더러움.

කලිසම‡ [깔리써머] (의류) 바지.

කලී [깔리-] වනාහි, නම් 의 강조 불변화사: ~은, ~는.

¶ මේවූ කලී 이것은 - මේක නම්

කලු [깔루] 매혹적인, 매력적인, 마음을 끄는 කාන්ත.

කලුරිය කරනවා [깔루리여 꺼러너와-] 죽다, 사망하다, 소천하다 කාලක්‍රියා කරනවා.

කලුෂය [깔루셔여] 부정, 더러움 අපවිත්‍රය. (구어) කිලුට

කලේබරය/කලේවරය† [깔레-버러여/깔레-워러여] 시체, 주검 මළ කඳ.

කල්‡ [깔] කල 의 복수: 시간, 시간들 කාලය.

කල් [깔] ①여자, 여성 කාන්තාව ②사랑, 갈망 ආදරය ③모양, 형상 ලීලාව ④돌 ගල ⑤위험, 위태 හානිය ⑥행동, 행위 කාලක්‍රියාව.

කල් [깔] 즐거운, 기쁜 ප්‍රිය.

කල්‡ [깔] ~ 까지, ~할 때까지 තෙක්.

කල් අරිනවා/කල් ගෙවනවා [깔 아리너와-/깔 게워너와-] 시간을 보내다, 시간을 사용하다 කල් යවනවා.

කල් කඳුරෑ [깔 까두루] 가장 쓴 තිත්තම.

කල්කය† [깔꺼여] 풀 (가루반죽) 같은 약, 고약 ඔසු තලපය.

කල්කිරියාව [깔끼리야-워] 행동, 품행, 행위 කල්ක්‍රියාව.

කල්ක්‍රියාව† [깔끄리야-워] 행동, 품행, 행위 කල්කිරියාව.

කල් ගිය† [깔 기여] ①오래된, 옛적의 පුරාණ ②연기된, 늦춰진 කල් දැමීම.

කල් ගෙවනවා/කල් අරිනවා [깔 게워너와-/깔 아리너와-] 시간을 보내다, 시간을 사용하다 කල් යවනවා.

කල් දමනවා‡ [깔 다머너와-] 연기하다, 늦추다 පරක්කු කරනවා.

කල්දේරම [깔데-러머] 큰 솥, 큰 냄비 කටාරම.

කල්පද්‍රැමය/කල්පවෘක්ෂය [깔빠드래머여/깔빠우룩셔여] 소원을 비는 나무.

කල්පනා කරනවා‡ [깔빠나- 꺼러너와-] 생각하다, 사고하다 හිතනවා.

කල්පනාකාරී† [깔빠나-까-리-] 신중한, 생각이 깊은 සැලකිලිමත්.

කල්පනාව‡ [깔빠나-워] 생각, 사고 සිතිවිල්ල. (복) *කල්පනා*

කල්පය† [깔빠여] ①영구, (시간의) 영겁, 억겁, 무한히 긴 시대 (1,728,000 년) ②목적 අරමුණ.

¶ කෘත යුගය 영겁의 첫반절

කල්පලතා [깔뻘러따-] 소원을 가져다주는 담쟁이.

ක

කල්පාන්තය [깔빠-떠여] 종말, 세상의 끝, 영구(긴 시대)의 끝 කප් කෙළවර.

කල්පාන්තරය [깔빠-떠러여] ①(시간의) 영겁, 억겁 කප ②두 영겁간의 간격.

කල්පිත† [깔삐떠] 상상의, 가상의 කල්පනික.

කල්පිතය [깔삐떠여] 상상, 가상.

කල්පිරුණු [깔삐루누] 시간이 찬, 때가 찬, 성숙한.

කල්බඳ [깔반더] ①여자, 여성 කාන්තාව ②부인 බිරිඳ.

කල් බලනවා [깔 발러너와-] 때를 기다리다, 때를 보다.

කල් යල් [깔 얄] 철(계절)와 철이 아님.

කල් යනවා/කල් ගෙවනවා‡ [깔 야너와-/깔 게워너와-] 시간이 흐르다, 시간이 지나가다.

කල් යවනවා [깔 야워너와-] 시간을 보내다, 시간을 사용하다 කල් අරිනවා. කල් යැවීම

කල්‍යාණ [깔리야-너] ①소중한, 친한, 사랑하는 හිතවත් ②예쁜, 외모가 출중한, 잘 생긴 සුන්දර.

කල්‍යාණ මිත්‍රයා [깔리야-너 미뜨러야-] 소중한 친구, 친한 친구.

කල්‍යාණය [깔리야-너여] 호감을 주는 외모, 미모, 잘생김 සුන්දර අංගය.

කල්යාම/කල්යෑම [깔야-머/깔-얘머] 시간이 흐름(지남).

කල්ලිය† [깔리여] ①무리, 집단, 패거리 කණ්ඩායම (구어) කට්ටිය ②(종교) 이단, 사이비.

කල්වේලා ඇතිව [깔웰-라- 애띠워] 시간에, 시간전에 වෙලාවට කලින්.

කල් හරිනවා [깔 하리너와-] 시간을 보내다, 시간을 사용하다 කල් අරිනවා.

කල්හි† [깔히] ~할 때, ~하는 시간에 කොට.

කව [까워] ①시, 운문 කවිය ②원형, 둥금 වට ③무리, 그룹 පිරිස.

කවකටුව [까워까투워] (제도용) 컴퍼스.

කවචය [까워처여] ①갑주, 갑옷과 투구 යුද ඇඳුම ②딱딱한 외피, 조가비 පිට කටුව ③부적.

කවට [까워터] ①유머가 풍부한, 익살스러운 ②교활한, 간사한, 사람을 속이는 වංක.

කවටකම† [까워터꺼머] 유머, 익살, 농담 විහිලුව. (복) *කවටකම්*

කවට නාමය [까워터 나-머여] 별명, 애칭 විකට නාමය.

කවටයා† [까워터야-] 어릿광대, 익살꾼 විගඩම්කාරයා.

කවඩි† [까워디] 조개껍질 බෙලි කටු.

කවද [까워더] ①갑주, 갑옷과 투구 සන්නාහය ②목없는 시체 කවන්ධය.

කවදත් [까워닫] 언제든지, 항상, 늘 කවදාවත්. (구어) හැම දාම

කවදා‡ [까워다-] 언제, 어느날 කවරදා. ¶ මේ පොත කවදාටද ඔනේ? 이 책 몇일에 필요하세요?

කවදාද‡ [까워다-더] (의문 대명사) 언제에요? 몇일이에요? 어느날 이에요? ¶ කීයට ද? 몇시에요? 언제요? (시간을 물을 때 사용)

කවදා නුමුත් [까워다- 누묻] 언제라 할지라도.

කවදාවත්‡ [까워다-왇] 언제든지, 항상, 늘 කවදත්. (구어) හැම දාම

කවනවා‡ [까워너와-] කැවුවා-කවා ①(음식) 먹이다 ②주입하다, 안에 넣다 ඇතුළු කරනවා. කැවීම ¶ රස කවනවා 맛을 내다

ක

කවන්ධය/කවඳ [까완더여/까완더] 목없는 시체.

කවය [까워여] ①무리, 그룹 පිරිස ②원, 고리, 환 රවුම.

කවර† [까워러] 무엇, 어떤, 어떤 것의 කුමන. (구어) මොන

කවර [까워러] කවරය 의 복수: ①표지들, 겉장들 පිටවැයුම් ② 덮개들 ආවරණ ③봉투들 ලියුම් කවර.

කවරදා [까워러다-] 언제, 어느 날 කවදා.

කවරය‡ [까워러여] ①표지, 겉장 පිටවැයුම ②덮개 වැස්ම ③봉투 ලියුම් කවරය. (복) කවර

කවරහු ද [까워러후 더] කවරෙක් ද 의 복수형태: 누구냐? 어떤 사람들 이냐? (구어) කවුද

කවරෙක් ද† [까워렉 더] (단수) 누구냐? 어떤 사람 이냐? (구어) කවුද

කවරේ ද [까워레- 더] 무엇이냐? 어떤 것 이냐? ¶ ඔබේ වුවමනා කවරේ ද 당신의 필요는 무엇이냐?

කවළම [까월러머] 혼합, 섞임 මිශ්‍රණය.

කවාකාර† [까와-까-러] 둥근, 원형의 වෘත්තාකාර.

කවාටය [까와-터여] ①문 දොර ②창문 ජනේලය.

කවි [까위] (복수) 시, 운문 පද්‍ය.

කවිකාරයා [까위까-러야-] 시인 කවියා.

කවිච්චිය† [까윛치여] 소파 සෙටිය.

කවිය‡ [까위여] 시, 운문 පද්‍යය.

කවියා† [까위야-] 시인, 가인 කවිකාරයා.

කවි සමය [까위 싸머여] 시적 유산(전통).

කවුඩා/කවුඩුවා [까우다-/까우두와-] 까마귀 කපුටා.

කවුඩු පණික්කියා [까우두 빠닊끼야-] 권목과의 새 කරවලපෙන්දා.

කවුඩුවා/කවුඩා [까우두와-/까우다-] 까마귀 කපුටා.

කවුද‡ [까우더] (의문 대명사) 누구에요? 누구세요? (문어) කවරෙක්ද

කවුදෝ [까우도-] (대명사) 누군가, 어떤 사람.

කවුද්දන් [까욷단] 누가 아느냐, 알지 못한다.

කවුන්සලය [까운썰러여] 의회, 회의, 심의회 මණ්ඩලය.

කවුරුද [까우루더] කවුද 의 복수: 누구, 누가.

කවුරු හරි‡ [까우루 하리] 누구든지, 누구. ¶ කාට හරි 누구에게 කාගෙන් හරි 누구에게서 කවුරු හරි එවන්න පුලුවන් ද? 누구 보낼 수 있나요?

කවුළුව [까울루워] 창, 창문 විවරය. (구어) ජනේලය

කව් [까우] 시들, 운문 කවි.

කව්ලැකිය [까울래끼여] 시적 용법.

කශේරුකාව/කශේරුව [까쉐-루까-워/까쉐-루워] 척추, 척주, 척수.

කෂාය† [까샤-여] 달인 약(즙) කසාය.

කෂ්ට [까쉬터] ①나쁜, 악한 නරක ②어려운, 힘든 අමාරු ③잘못된 වැරදි.

කස [까써] ①기침 කැස්ස ②동, 청동 ලෝකඩ ③겨드랑이 කිසිල්ල ④끝, 마침 කෙළවර.

කස [까써] කසය 의 복수 또는 형용사: ①채찍들 ②채찍의.

කසකාරයා [까써까-러야-] 매질하는 사람, 채찍질하는 사람.

කසට [까써터] ①(맛) 떫음, 떫은

ක

맛 ②갈색 දුඹුරු පාට ③얼룩, 더러움 පැල්ලම ④(맛) 떫은 ⑤쓴, 씁쓰레한 ⑥갈색의. (구어) කහට

කසඩ [까써더] 쓸모없는, 무익한, 헛된.

කසන [까써너] ①(피부 등) 긁는, 문지르는 පිරිමදින ②가려운, 근질근질한.

කසනවා† [까써너와-] කැසුවා-කසා ①가렵다, 근질근질하다 ②(피부 등) 긁다, 문지르다 සම සූරනවා. කැසීම (구어) කහනවා

කස පටිය [까써빠티여] 채찍.

කසපහර [까써빠하러] 채찍질, 매질.

කසපහර දෙනවා† [까써빠하러 데너와-] 채찍질하다, 매질하다.

කසපැන් [까써뺀] 야자열매 물 කුරුම්බා වතුර.

කසඹිලිය [까썸빌리여] 쐐기풀, (일반적) 가시가 많은 식물 කහඹිලියා.

කසය† [까써여] ①채찍 ②코코넛 열매 පොල්ගෙඩිය ③시금석, 표준, 기준 උරගල.

කසළ† [까썰러] 쓰레기, 폐물 අපද්‍රව්‍ය. (구어) කුණු

කසළගොඩ [까썰러고더] 쓰레기 더미, 폐물 더미 අපද්‍රව්‍ය ගොඩ.

කසළදෝරු ක්‍රමය [까썰러도-루끄러머여] 오수 처리, 쓰레기 처리 시스템.

කසළ ශෝධකයා† [까썰러 쇼-더꺼야-] 거리 청소원, 환경 미화원.

කසළ සඩුව/කසළ හඩුව [까썰러 싸두워/까썰러 하두워] 쓰레기통, 폐물통.

කසා [까싸-] ①노랑, 노란색의 කහ ②කසනවා 의 과거분사: 긁고, 문질러 කැසීම් කොට (구어) කහලා.

කසාද බඳිනවා‡ [까싸-더 반디너와-] 결혼하다, 혼인하다 විවාහ කරනවා.

කසාදය‡ [까싸-더여] ①결혼, 혼인 විවාහය ②기념. (복) කසාද

කසාය [까싸-여] 달인 약(즙) කෂාය.

කසාවත් [까싸-왇] 노랑, 노란색의 කහපැහැති. (구어) කහ

කසිකබල [까씨까벌러] 쓸모없는 것, 쓸데없는 것 අබලන්භාණ්ඩය.

කසිකබල් [까씨까발] 쓸모없는, 하찮은 වෙට්ට.

කසිනවා [까씨너와-] කැස්සා-කැස 기침하다, 콜록 콜록하다. කැසීම (문어) කහිනවා

කසිප්පු [까씹뿌] 불법 주류 හොර සුරා.

කසිලිබිසිලි [까씰리비씰리] 염려(의), 근심(의) කලබල.

කසුකුසු ගානවා‡ [까쑤꾸쑤 가-너와-] 속삭이다, 속닥거리다 කනට කොඳුරා කියනවා.

කසුකුසුව [까쑤꾸쑤워] 속삭임, 속닥거림 කනට කෙඳිරීම.

කසුන් [까쑨] 금, 황금 රත්තරං.

කස්කුරුප්පුව [까쓰꾸룹뿌워] 코르크 마개뽑이.

කස්තානය [까쓰따-너여] 기병도(칼), 사브르.

කස්තුරි† [까쓰뚜리] 사향(의 냄새), 육계.

කහ [까하] (카레 재료) 옐로우 파우더, 샤프란.

කහ‡ [까하] 노란색의, 노랑 කසාවත්.

කහඋණ† [까하우너] (병) 황달, 황열병.

කහ කුරුල්ලා [까하 꾸룰라-] (조류) 꾀꼬리의 일종.

ක

කහට‡ [까하터] ①(맛) 떫음, 떫은 맛 ②갈색 දුඹුරු පාට ③얼룩, 더러움 පැල්ලම ④(맛) 떫은 ⑤쓴, 씁쓰레한 ⑥갈색의. (문어) කසට ¶ තේ කහට 홍차 (black tea)

කහනවා† [까하너와-] කැහුවා-කහලා ①가렵다, 근질근질하다 ②(피부 등) 긁다, 문지르다 පිරිමදිනවා. කැහීම (문어) කසනවා

කහඹිලියා† [까함빌리야-] 쐐기풀, (일반적) 가시가 많은 식물 කසඹිලිය.

කහඹිලියාව [까함빌리야-워] 신경과민, 안절부절 දැඟලිල්ල.

කහවණුව [까하와누워] 고대 금화.

කහිනවා‡ [까히너와-] කැස්සා-කැහලා 기침하다, 콜록 콜록하다. කැහීම (문어) කසිනවා

කළංචිය [깔랑치여] 작은 타구(唾具).

කළ‡ [껄러] කරනවා 의 형용사적 과거용법: 한, 행한 කළාවූ. (구어) කරපු

කළ [깔러] කළය 의 복수 또는 형용사: ①항아리들, 단지들, 독들 කළ ගෙඩි ②항아리의, 단지의.

කළගුණ† [껄러구너] 감사, 고마움, 감사함 කෘතගුණ.

කළගෙඩිය [깔러게*디*여] 항아리, 단지, 독 කළය.

කළපුව† [깔러뿌워] 라군, 개펄 කලපුව.

කළ මනා [껄러 마나-] 해야 하는, 꼭 해야 하는 කළ යුතු.

කළමනා [깔러머나-] 필요들, 요구들 අවශ්‍ය දේවල්.

කළමනාකරණය† [깔러머나-꺼*러*너여] 관리, 경영 පරිපාලනය.

කළමනාකරු‡ [깔러머나-꺼*루*] 매니저, 지배인, 경영자 කළමනාකාරයා.

කළමනාකාරයා [깔러머나-까-*러*야-] 지배인, 매니저, 경영자 කළමනාකරු. ¶ මගේ අයියා කළමනාකාරයෙක් 제 형은 매니저입니다

කළමනාකරිත්වය [깔러머나-까*릳*워여] 관리, 경영 පරිපාලනය.

කළඹ [깔럼버] ①다발, 뭉치 කලඹ ②(책의) 권 පොතක කාණ්ඩය.

කළඹනවා† [깔럼버너와-] කැළඹුවා-කළඹා 흔들다, 흔들어대다, 휘젓다 කලතනවා. කැළඹීම /කැළඹුම

කළය‡ [깔러여] 항아리, 단지, 독 කලය.

කළල [깔럴러] ①태아 කලල ②흙, 진흙 මැටි. ¶ මියගිය කළල 사생아

කළව† [깔러워] 허벅지, 넓적다리 කලව. (복) *කළවා*

කළවම [깔러워머] 혼합, 섞음 මිශ්‍රණය.

කළවම් [깔러왐] ①섞인, 혼합된 මිශ්‍ර ②다양한, 각양각색의 විවිධ.

කළවම් කරනවා‡ [깔러왐 꺼*러*너와-] 섞다, 혼합하다 මිශ්‍ර කරනවා.

කළවය† [깔러워여] 허벅지, 넓적다리. (복) *කළව*

කළා‡ [껄라-] කරනවා 의 과거: 했다, 하였다 කෙරුවා. (구어) කලා

කළාමැදිරියා [깔라-매디*리*야-] (곤충) 개똥벌레 කදෝපැණියා.

කළාලය [깔랄-러여] 카페트 බුමුතුරුණ.

කළු‡ [깔루] 검은, 검정색의, 흑색의 කාළ වර්ණය.

ක

කළු ඉංගිරියාව‡ [깔루 잉기리야-워] 검은 눈동자 ඇහේ බබා.

කළුකඩය [깔루까더여] 암시장.

කළුකපාළිළිය [깔루까빠-엘리여] (천문학) 새벽 박명, 아침노을.

කළුකුමා† [깔루꾸마-] 칠면조, 터키.

කළුකොකා [깔루꼬까-] 검은 해오라기.

කළුගල්† [깔루갈] (지질) 편마암(건물 기초, 옹벽을 쌓을 때 건축 자재로 사용됨) නයින් පාෂාණය.

කළුගෙඩියා [깔루게디야-] 멧돼지 වල් ඌරා.

කළුතිබිරි [깔루띠비리] (식물) 흑단.

කළුදෑවා [깔루대-와-] (동물) 곰 වළහා.

කළුදුරු [깔루두루] 검은 커민씨(미나릿과).

කළුනික [깔루니꺼] 찾기 어려운, 보기드문 දුර්ලභ.

කළුරුවාව [깔루루와-워] (검은) 눈동자 කුළුණෑස. (구어) කළු ඉංගිරියාව.

කළුලෑල්ල† [깔루랠-러] 칠판, 흑판.

කළුවන් [깔루완] 검은 색의, 검은 කළු පැහැති.

කළුවර† [깔루워러] 어둠, 암흑, 깜깜함 කළුව. (문어) අඳුර

කළ්ළ [깔러] 교활한, 비열한 කපටි.

කළ්ළයා [깔러야-] 교활한 사람, 사기꾼.

කා† [까-] ①කනවා 의 과거분사: 먹고, 식사하고 (구어) කාලා ② (대명사) 누구 කවුරු.

කාංකනය [깡-꺼너여] (청동) 팔찌.

කාංකානම [깡-까-너머] 직공장, 작업반장.

කාංචුකය [깡-추꺼여] ①자켓 ②(책의) 커버.

කාංශාව/කාංසාව [깡-샤-워/깡-싸-워] 슬픔, 비통, 비탄 දුක.

කාංසා [깡-싸-] 대마초 ගංජා.

කාංසාව/කාංශාව [깡-싸-워/깡-샤-워] 슬픔, 비통, 비탄 දුක.

කාංසිය [깡-씨여] 고독, 외로움 තනිකම.

කාක නිල [까-꺼 닐러] 진파랑색 තද නිල.

කාක පක්ෂියා/කාකයා [까-꺼 빡쉬야-/까-꺼야-] 까마귀 කපුටා.

කාකොටා ගන්නවා [까-꼬타- 간너와-] 싸우다, 다투다.

කාක්කා† [깍-까-] 까마귀 කපුටා.

කාචමය [까-처머여] 유리의, 유리같은.

කාචය† [까-처여] 렌즈 ලෙන්සය.

කාඤ්චන [깐-처너] ①금, 황금 රන් ②금의, 황금의 ස්වර්ණමය.

කාඤ්චි විසර්ප [깐-치 위써르빠] (의학) 대상 포진 අන්ස පැපොල.

කාට [까-터] කා 의 여격 형태: 누구에게.

කාටද‡ [까-터더] 누구에게? 누구를 위해서? ¶ කාටද කතා කරන්න ඕනේ? 누구를 불러야 하나요?

කාටිලේජය [까-틸레-저여] (해부학) 연골 (조직).

කාටුව [까-투워] 왕겨, 겨.

කාටූන්කරු [까-툰꺼루] 만화가 කාටූන් චිත්‍ර ශිල්පියා.

කාඩ [까-더] 불량한, 악한, 못된 අශීලාචාර.

කාඩයා [까-더야-] 악한, 불량배, 깡패 සල්ලාලයා.

ක

කාඩි/කාඩි දිය [까-디/까-디 디여] ①식초, 신 음료 විනාකිරි ②과일 주스.

කාණ [까-너] ①애꾸의, 한눈이 먼 ②애꾸 කණා ③까마귀.

කාණා [까-나-] 애꾸 කාණ.

කාණු නළ/කානු නළ [까-누 날러] 배수관, 하수관.

කාණුව/කානුව‡ [까-누워] 배수로, 배수 도랑, 하수구.

කාණ්ඩය† [깐-더여] ①부분, 일부 කොටස ②(책의) 권 වෙළුම ③한 떼, 일단, 한 무리 කට්ටිය ④화살 ඊතලය.

කා දමනවා [까- 다머너와-] ①멸망시키다, 멸절하다, 끝내다 විනාශ කරනවා ②먹다 කනවා.

කානු නළ/කාණු නළ [까-누 날러] 배수관, 하수관.

කානුව/කාණුව‡ [까-누워] 배수로, 배수도랑, 하수구.

කාන්ත [깐-떠] ①매력적인, 매혹적인, 잡아 당기는 ශෝභන ②기쁜, 즐거운 ප්‍රිය.

කාන්තාරය‡ [깐-따-러여] 광야, 황무지, 불모지 වනාන්තරය. ¶ වාලුකා කාන්තාරය 사막

කාන්තාව‡ [깐-따-워] 여자, 여성 ස්ත්‍රිය. (복) කාන්තාවෝ (구어) ගැහැනිය

කාන්තිමත් [깐-띠맏] 빛나는, 광채가 나는, 발광하는 දීප්තිමත්.

කාන්තිය† [깐-띠여] 광채, 빛남, 발광 දිස්නය.

කාන්දම† [깐-더머] ①자석, 자철 චුම්බකය ②매력, 매혹, 잡아당김.

කාන්දම් [깐-담] 자석의, 잡아당기는 චුම්බක.

කාන්දුව [깐-두워] 샘, 누출, 누수 කාංදුව.

කාන්දු වෙනවා† [깐-두 웨너와-] 새다, 누출되다 කාංදු වෙනවා.

කාන්සාව [깐-싸-워] 슬픔, 우울, 침울 කනගාටුව.

කාන්සිය [깐-씨여] 고독, 외로움 කාංසිය.

කාපිරි/කාපිරියා [까-삐리/까-삐리야-] ①흑인, 니그로 නීග්‍රෝ ②남부 유럽사람(이탈리아, 스페인, 포르투갈).

කාපු‡ [까-뿌] කනවා 의 형용사적 과거용법: 먹은, 먹어버린 කෑව. (문어) කෑ

කාබනික [까-버니꺼] ①유기물의, 유기농의, 탄소를 함유한 කාබන්මය ②유기체의, 유기적인 ඉන්ද්‍රිය පිළිබඳ වූ.

කාබාසිනියා කරනවා [까-바-씨니야- 꺼러너와-] 파괴하다, 멸망시키다 විනාශ කරනවා.

කාබාසිනියාව [까-바-씨니야-워] 멸망, 파괴, 파멸 විනාශය.

කාම [까-머] 욕정의, 색욕에 매인 ලිංගික ආශා.

කාමතුර [까-머뚜러] 욕정에 찬, 욕정에 불타는 කාමයෙන් ආතුර වූ.

කාමමිථ්‍යාචාරය [까-머믿띠야-차-러여] 간음, 음행.

කාමය† [까-머여] 욕정, 색욕, (강한) 욕망 අභිලාෂය. ¶ කාමරාගය 음욕, 욕정

කාමරය‡ [까-머러여] 방, 실 ඇතුළු ගෙය.

කාම රෝග [까-머 로-거] 성병 ලිංගික රෝග.

කාමලාව [까-멀라-워] (의학) 황달.

කාම්බෝජය [깜-보-저여] (나라) 캄보디아.

කාමවිද්‍යාව [까-머 윋디야-워] 성과학, 성학.

කාමුක‡ [까-무꺼] 성적 매력이 있는, 섹시한.
කාමෝද්දීපක [까-몯디-빠꺼] 발정의, 성욕을 자극하는 කාමය අවුස්සන.
කාය [까-여] ①육체, 몸 ශරීරය ②집합, 무리, 그룹 එක්කාසුව.
කාය බලය [까-여 발러여] 육체의 힘, 몸의 힘 ශරීරය ශක්තිය.
කායික† [까-이꺼] කය 의 형용사: 육체의, 몸의, 육신의 ශාරීරික. ¶ කායික වෛද්‍ය 정형외과 의사
කාරක [까-러꺼] ①움직이는, 작동하는, 활동하는 ක්‍රියාකරන ②움직이는 사람, 활동하는 사람.
කාරක සභාව† [까-러꺼 싸바-워] 위원회, 실행 위원회 ක්‍රියාකාරී මණ්ඩලය.
කාරණය [까-러너여] ①일, 사건, 것 කරුණ ②이유, 까닭, 목적 හේතුව.
කාරණා ගොනුව [까-러나- 고누워] 사건 파일.
කාරණාව [까-러나-워] ①일, 사건, 것 කරුණ ②이유, 까닭, 목적 හේතුව.
කාරතුව [까-러뚜워] 4분의 1 (15분, 25센트, 1분기) කාර්තුව. (구어) කාල
කාරනවා [까-러너와-] (가래, 혈담 등을) 기침을 하여 뱉다, 가래를 뱉다 උගුර පාදනවා.
කාර බඳිනවා [까-러 반디너와-] 결혼하다, 혼인하다 සරණ බඳිනවා.
කාරම [까-러머] 진액, 점액.
කාරය‡ [까-러여] ①승용차 කාර් එක ②씽할러 글자를 말할 때 읽는 방식: ම 는 ම කාරය 로 읽는다 ③행함, 함 කිරීම.
කාරයා‡ [까-러야-] 사람을 나타날 때 사용하는 접미사 (단독으로 사용되지 않음): බොරුකාරයා 거짓말쟁이. (문어) කරුවා
කාරිය [까-리여] 일, 업무 කටයුත්ත.
කාරුණික [까-루니꺼] කරුණාව 의 형용사: 친절한, 자상한 කරුණාවන්ත.
කාර්තුව [까-르뚜워] 4분의 1 (15분, 25센트, 1분기) කාරතුව. (구어) කාල
කාර්මික† [까-르미꺼] 기술의, 공업의 කාර්මන්තවලට අදාළ.
කාර්මිකශ්‍රදයා [까-르미깐녀야-] 기술자 කාර්මික ශිල්පියා.
කාර්මිකයා [까-르미꺼야-] 수리공, 정비사 කාර්මන්තකාරයා.
කාර්මික විද්‍යාලය† [까-르미꺼 윋디얄-러여] 직업훈련 학교.
කාර්මික විද්‍යාව [까-르미꺼 윋디야-워] 공업학, 기술학.
කාර්මික ශිල්පියා† [까-르미꺼 쉴삐야-] 기술자, 수리공 කාර්මිකයා.
කාර්යක්ෂම† [까-르약셔머] 유능한, 능숙한, 솜씨 좋은, 재주 좋은 දක්ෂ.
කාර්යක්ෂමතාව [까-르약셔머따-워] 능숙, 능숙함, 솜씨 좋음, 수행능력, 가능성 දක්ෂතාව.
කාර්යභාරය [까-르여바-러여] 책임, 책무, 맡은 역할 කළයුතු දේ පිළිබඳ වගකීම.
කාර්යභාරයා [까-르여바-러야-] 책임자, 맡은이.
කාර්ය මණ්ඩලය† [까-르여 만덜러여] 직원, 스태프, 종업원.
කාර්යය‡ [까-르여여] 일, 업무 කටයුත්ත.
කාර්යශීලී [까-르여쉴-리-] 활동하는, 활동적인 ක්‍රියාකාරී.
කාර්යාංශය† [까-르양-셔여] (공공 기관 등의) 부, 부서, 부문.

ක

කාර්යාල කාර්ය සහායක† [까-르얄-러 까-르여 싸하-여꺼] 일용직 노동자, 날품팔이 일꾼.

කාර්යාලය/කාර්යයාලය‡ [까-르얄-러여/까-르이얄-러여] 사무실 කන්තෝරුව.

කාර්යාල සහකාර [까-르얄-러 싸하까-러] 사무실 보조원.

කාර්යයාලය/කාර්යාලය [까-르이얄-러여/까-르얄-러여] 사무실 කන්තෝරුව.

කාල‡ [깔-러] ①시간, 시기 කල් ②4분의 1. (문어) කාර්තුව

කාලකණ්ණි† [깔-러깐니] 비참한, 가련한, 초라한 අභාග්‍ය සම්පන්න.

කාලකණ්ණිකම [깔-러깐니꺼머] 비참, 초라함 අභාග්‍ය සම්පන්නය.

කාලකණ්ණියා [깔-러깐니야-] 비참한 사람, 가련한 사람, 초라한 사람, 거지.

කාලක්‍රමය [깔-러끄러머여] 역대학, 역대기 කාලානුක්‍රමය.

කාලගුණය‡ [깔-러구너여] 기후, 날씨 දේශගුණය. ¶ කාලගුණ විද්‍යා දෙපාර්තමේන්තුව 기상청

කාලගුණ විද්‍යාඥයා [깔-러구너 윋디야-끄녀야-] 기상학자.

කාලගුණ විද්‍යාව† [깔-러구너 윋디야-워] 기상학.

කාලගුණ සිතියම† [깔-러구너 씨띠여머] 기상도, 일기도.

කාලතුවක්කුව† [깔-러뚜왂꾸워] (무기) 대포.

කාලක්‍රියා කරනවා† [깔-러끄리야 - 꺼러너와-] 죽다, 사망하다. (구어) මැරෙනවා

කාල නිර්ණය [깔-러 니르너여] (고고학, 지질학 등) 연대 결정.

කාලපක්ෂය [깔-러빡셔여] 음력 달의 후반부.

කාල පරිච්ඡේදය [깔러 빠릿체-더여] ①기간, 시기 අවධිය ②시대, 연대.

කාලමානය [깔-러마-너여] 연대 측정기.

කාලය‡ [깔-러여] 시간, 때 අවධිය. ¶ ගොඩක් කාලයකින් 오랜만이에요 කාලයාගේ පටන්ගැන්ම 시간의 시작

කාලයාත්‍රා කරනවා [깔-러야-뜨라- 꺼러너와-] 죽다, 사망하다 කාලක්‍රියා කරනවා. (구어) මැරෙනවා

කාලවර්ණ [깔-러와르너] 검은, 검정색의 කළු.

කාලවර්ණය [깔-러와르너여] 검정, 검정색 කළුපාට.

කාල සටහන† [깔-러 싸터하너] 시간표.

කාල සීමාව [깔-러 씨-마-워] 시간 제한, 시간 제약.

කාලා‡ [깔-라-] කනවා 의 과거분사: 먹고, 식사하고. (문어) කා

කාලාතික්‍රමණය [깔-라-띠끄러머너여] 시간의 흐름.

කාලානුක්‍රමය [깔-라-누끄러머여] 역대학, 역대기, 연대기 කාලක්‍රමය.

කාලානුක්‍රමික [깔-라-누끄러미꺼] 연대기적인, 연속적인, 일련의, 잇따라 일어나는.

කාලානුරූප [깔-라-누루-빠] 제때에, 시기 적절하게 කාලයට ගැළපෙන.

කාලාන්තරය [깔-란-떠러여] 막간, 쉬는참 අතරතුර කාලය.

කාලාන්තරයකින් [깔-란-떠러여낀] 오랜 후에, 한참 후에 බොහෝ කාලකින්.

කාලාන්ධකාරය [깔-란-더까-러여] 질흙 어둠, 캄캄한 어움 තද කරුවල.

කාලාර්ථය [깔-라-르떠여] (문법) 조격 (처소격).

ක

කාලීන [깔-리-너] 현대의, 현재의, 동시대의, 당대의 කාලයට සුදුසු.

කාලෝචිත† [깔로-치떠] 시기 적절한, 때에 맞는 කාලයට උචිත.

කාල් ගානවා [깔- 가-너와-] 섞다, 뒤섞다, 혼합하다 හැළිගානවා.

කාවදිනවා [까-와디너와-] කාවැදුණා-කාවැද ①궤뚫다, 관통하다 ඇතුළට කාගෙන යනවා ②감동시키다, 인상을 주다 තදින් සිතට වදිනවා. කාවැදීම

කාවල [까-월러] 보호, 경계, 감시 ආරක්ෂාව.

කාවද්දනවා [까-왇더너와-] 날인하다, (도장 등) 누르다, 찍다.

කාවා [까-와-] (벌레) 좀, 좀벌레. (복) *කාවෝ*

කාවැටෙනවා [까-왜테너와-] 싸우다, 분쟁하다 කොලහල කරනවා.

කාවැදීම [까-왜디-머] කාවදිනවා, කාවැදෙනවා 의 동명사: ①궤뚫음, 관통 ②감동, 인상.

කාවැදුණු [까-왜두누] කාවැදෙනවා 의 형용사적 과거용법: ①뚫린, 관통된 ②스며든, 퍼진 ③감동받은, 새겨진, 인상적인 ඇතුළට හෑරුණු.

කාවැදෙනවා [까-왜데너와-] කාවදිනවා 의 피동사: ①뚫리다, 관통되다 ②스며들다, 들어오다, 퍼지다 ③감동받다, 강한 인상을 받다. කාවැදීම

කාවුල [까-울러] 구멍, 동공, 홀 හිල.

කාව්‍යකාරයා [깝-위여까-러야-] 시인 කවියා.

කාව්‍යය† [깝-위여여] 시, 운문 පද්‍යය.

කාව්‍යක්කාර [깝-위여약까-러] 시의, 시적인, 운문으로 쓴 කාව්‍යමය.

කාව්‍යක්කාරයා [깝-위여약까-러야-] 시인 කවිකාරයා.

කාව්‍යමය [깝-위여머여] 시의, 시적인, 운문으로 쓴 කාව්‍යක්කාර.

කාව්‍යාලංකාර [깝-위얄-랑까-러] 화려한 문체의, 미사(美辭)의, 수사의.

කාව්‍ය ශාස්ත්‍රය [깝-위여 샤-쓰뜨러여] 시학(詩學), 시론.

කාශය/කාසය [까-셔여/까-써여] (의학) 결핵 ක්ෂය රෝගය.

කාෂාය [까-샤-여] 노란 의복.

කාෂ්ට [까-쉬터] ①마른, 메마른 වියළි ②시골의, 전원의, 시골 풍경의 ගැමි.

කාෂ්ඨ/කාෂ්ඨක [까-쉬터/까-쉬터꺼] 어려운, 힘든, 견디기 어려운 කටුක.

කාසය/කාශය [까-써여/까-셔여] ① (의학) 결핵 ක්ෂය රෝගය ② 단추 구멍බොත්තමේ සිදුර.

කාසාව [까-싸-워] 노랑, 노란색 කහ පැහැය.

කාසි [까-씨] ①동전들 ②잔돈 මාරු සල්ලි ③돈, 현금 සල්ලි.

කාසිය [까-씨여] 동전.

කාස්ඨ/කාස්ඨක [까-쓰터/까-스터꺼] 어려운, 힘든, 견디기 어려운 කටුක.

කාහල/කාහළ [까-할러] කාහලය/කාහළය 의 복수 또는 형용사: ①트럼펫들, 나팔들 හොරනෑ ②트럼펫의, 나팔의.

කාහල නාදය [까-할러 나-더여] 나팔 소리, 트럼펫 소리.

කාහලය/කාහළය [까-할러여] 트럼펫, 나팔 හොරනෑව.

කාහළ/කාහල [까-할러] කාහළය/කාහලය 의 복수 또는 형용사: ①트럼펫들, 나팔들 හොරනෑ ②트럼펫의, 나팔의.

කාහළය/කාහලය [까-할러여] 트럼펫, 나팔 හොරනෑව.
කාළ [깔-러] 검은, 검정색의 කළු.
කාළම [깔-러머] 트럼펫 හොරනෑව.
කාළමේඝය [깔-러메-거여] 먹구름 වැසි වලාව.
කැකිරි [깨끼리] (식물) 조롱박, 호리병박. ¶ මුහුදු කැකිරි 해삼
කැකුණ [깨꾸너] 씨앗으로 기름을 짤 수 있는 식물: Canarium ceylanicum.
කැකුලන් [깨꿀란] 마른 논에 볍씨 뿌리는 방식.
කැකුළ [깨꿀러] 싹, 눈, 봉오리 පොහොට්ටුව. (복) *කැකුළු*
කැකුළු [깨꿀루] ①කැකුළ 의 복수: 싹들, 봉오리들 පොහොට්ටු ②삶지 않고 빻은 쌀. ¶ සුදු කැකුළු 찹쌀 කැකුළු දත් 젖니(유치)
කැකුළු හාල් [깨꿀루 할-] 생쌀, 삶지 않은 쌀.
කැක්කුම‡ [깪꾸머] 아픔, 통증, 고통. (문어) වේදනාව
කැටපත/කැඩපත [깨터빠떠/깨더빠떠] 거울 කණ්නාඩිය.
කැටපත් පවුර [깨터빧 빠우러] 미러 월.
කැටය† [깨터여] ①작은 조각, 한 조각 කෑල්ල ②주사위 දාදුව ③조금통, 돈궤. ¶ පිනි කැට 서리 හිම කැට 우박
කැටයම† [깨터여머] 조각(술), 새김. (복) *කැටයම්*
කැටයම් කරනවා [깨터얌 꺼러너와-] 조각하다, 새기다.
කැටයම්කරු [깨터얌꺼루] 조각가 කැටයම්කාරයා.
කැටලොගය [깨털로거여] 카탈로그, 목록 වර්ග කෝෂය.
කැටි [깨티] කැටිය 의 복수 또는 형용사: ①덩어리들, 뭉치들 ②모은, 축적한, 쌓은 පිඬු. ¶ රුධිරය කැටි ගැසීම (의학) 혈전
කැටි කරනවා [깨티 꺼러너와-] 모으다, 쌓다, 축적하다 රැස් කරනවා.
කැටිය† [깨티여] 덩어리, 한뭉치 පිඬ.
කැටුව [깨투워] ~와 함께, 같이 සමඟ. (구어) - ත් එක්ක
කැටුව යන්නා [깨뚜워 얀나-] 동행자, 함께 가는 사람, 추종자.
කැට්ටා [깰타-] කටිනවා 의 과거: (실을) 짰다, 방적했다.
කැඩපත/කැටපත† [깨더빠떠/깨터빠떠] 거울 කණ්නාඩිය.
කැඩීම/කැඩුම† [깨디-머/깨두머] කඩනවා, කැඩෙනවා 의 동명사: 깸, 부숨, 부서짐, 균열 බිඳීම.
කැඩුම්බිඳුම් [깨둠빈둠] 부서짐, 깨짐, 갈라진 곳, 틈.
කැඩෙනවා‡ [깨데너와-] කැඩුණා-කැඩිලා(කැඩී) 부서지다, 깨지다 බිඳෙනවා. කැඩීම/කැඩුම
කැණහිලා [깨너힐라-] 여우, 자칼 නරියා, හිවලා.
කැණීම [깨니-머] කණිනවා 의 동명사: 굴착, 채굴, 팜.
කැණිමඬල [깨니말덜러] 지붕 서까래 설비 මුදුන් යටලීයට ඇමිණූ පරාල පද්ධතිය.
කැත† [깨떠] ①추한, 못생긴, 안 예쁜, 초라한 අවලස්සන ②더러운, 불결한 ජරා.
කැත කරනවා [깨떠 꺼러너와-] 더럽히다, 더럽게 만들다 කිලිටි කරනවා.
කැත වචන [깨떠 와처너] 욕, 욕설.
කැත් [깯] 왕의, 장엄한, 위엄있는 ක්ෂත්‍රිය රාජ වංශික.

ක

කැත්ත† [깯떠] 손잡이가 긴 칼.

කැදලි [깨덜리] කැදැල්ල 의 복수 또는 형용사: ① (새) 둥지들, 보금자리들 ②둥지의, 보금자리의.

කැදැල්ල [깨댈러] (새) 둥지, 보금자리. (복) *කැදලි*

කැන [깨너] ①(바나나, 벼) 다발, 뭉치, 송이 පොකුර ②많음, 다량 සමූහය.

කැනඩාව [깨너*다*-워] (나라) 캐나다.

කැනහිලා [깨너힐라-] 여우, 자칼 හිවලා.

කැනියම† [깨니여머] (개울이 흐르는 깊은) 협곡.

කැන් [깬] ①광채, 빛남 කාන්තිය ②(바나나, 벼) 다발, 뭉치, 송이 පොකුර.

කැන්ද ගන්නවා/කැන්දනවා [깬더 간너와-/깬더너와-] ①부르다, 소환하다 කැඳවා ගන්නවා ②결혼하다, 장가들다 විවාහ කර ගන්නවා.

කැන්දනවා/කැන්ද ගන්නවා [깬더너와-/깬더 간너와-] ①부르다, 소환하다 කැඳවා ගන්නවා ②결혼하다, 장가들다 විවාහ කර ගන්නවා.

කැඳ† [깬더] ①죽, 멀건 죽 දියාරු බත ②(옷감 다리기 전에 먹이는) 풀. ¶ කොල කැඳ (주로 아침에 먹는) 여러 야채를 넣어 만든 죽

කැඳ දමනවා [깬더 다머너와-] (옷감) 풀을 먹이다.

කැඳයා [깬더야-] 겁쟁이 දුබලයා.

කැඳවනවා‡ [깬더워너와-] කැඳෙවුවා-කැඳවා 부르다, 초청하다, 소환하다 ගෙන්වනවා. <u>කැඳවීම</u> (문어) එන්න කියනවා

කැඳවීම [깬더위-머] කැඳවනවා 의 동명사: 부르심, 소명, 초청, 소환 ආරාධනය.

කැඳවෙනවා [깬더웨너와-] ①픽 쓰러지다, 쿵 떨어지다 ②실패하다 අසාර්ථක වෙනවා.

කැඳහැළිය [깬더핼리여] ①혼동, 혼란 අවුල ②죽 그릇.

කැප [깨뻐] ①바쳐진, 맡겨진, 헌납된 යමකට වෙන්වුණු ②적절한, 가치있는, 적당한 සුදුසු.

කැප කරනවා† [깨뻐 꺼*러*너와-] 바치다, 헌납하다, 맡기다 යෝග්‍ය කරනවා.

කැපකරුවා [깨뻐꺼*루*와-] 헌신자, 승려를 섬기는 사람.

කැපී පෙනෙනවා [깨삐- 뻬네너와-] 눈에 띄다, 똑똑히 보이다.

කැපී පෙනෙන ලක්ෂණය [깨삐- 뻬네널 락셔너여] 특징, 특별한 징표 ප්‍රකට ලක්ෂණය.

කැපීම/කැපුම [깨삐-머/깨뿌머] කපනවා, කැපෙනවා 의 동명사: 자름, 절단, 잘림 ඡේදනය.

කැපෙනවා‡ [깨뻬너와-] කැපුණා-කැපී(කැපිලා) ①කපනවා 의 피동사: 잘리다, 절단되다, 잘려지다 ඡේදනය වෙනවා ②어울리다, 잘 맞는다, 적합하다 ගැලපෙනවා. <u>කැපීම/කැපුම</u>

කැබලි/කැබෙලි [깨벌리/깨벨리] කැබෙල්ල 의 복수 또는 형용사: ① a. 조각들, 부스러기들 b. 구획들 ② a. 조각의, 부스러기의 b. 구획의.

කැබලි කරනවා [깨벌리 꺼*러*너와-] 조각내다, 부스러기로 만들다 කැබෙලි කරනවා.

කැබලිති [깨벌리띠] කැබලිත්ත 의 복수: 작은 조각들, 부스러기들 කැබිලිති.

ක

කැබලිත්ත [깨벌릳떠] ①부스러기, 작은 조각 ②(달걀, 달팽이) 껍질 කැබිලිත්ත. (복) *කැබලිති*

කැබැල්ල† [깨밸러] ①조각, 부스러기 ②구획, 블록. (복) *කැබැලි*

කැබැල්ලෑවා [깨밸래-와-] (동물) 천갑산 කබල්ලෑයා.

කැබිනට්ටුව/කැබිනෙට්ටුව [깨비낱투워/깨비넽투워] ①캐비닛, 옷장 අල්මාරිය ②(정부) 내각 ඇමති මණ්ඩලය.

කැබිනට් මණ්ඩලය [깨비낱 만*덜*러여] (정부) 내각 ඇමති මණ්ඩලය.

කැබිනෙට්ටුව/කැබිනට්ටුව [깨비넽투워/깨비낱투워] ①캐비닛, 옷장 අල්මාරිය ②(정부) 내각 ඇමති මණ්ඩලය.

කැබිලිත්ත [깨빌릳떠] ①부스러기, 작은 조각 ②(달걀, 달팽이) 껍질 කැබලිත්ත. (복) *කැබිලිති*

කැබිලිති [깨빌리띠] කැබිලිත්ත 의 복수: 작은 조각들, 부스러기들 කැබලිති.

කැබෙලි/කැබලි [깨벨리/깨벌리] කැබෙල්ල 의 복수 또는 형용사: ① a. 조각들, 부스러기들 b. 구획들 ② a. 조각의, 부스러기의 b. 구획의.

කැබෙලි කරනවා [깨벨리 꺼*러*너와-] 조각내다, 부스러기로 만들다 කැබලි කරනවා.

කැබෙල්ල [깨벨러] ①조각, 부스러기 කැබැල්ල ②구획, 블록. (복) *කැබලි, කැබෙලි*

කැමති‡ [깨머띠] 좋아하는, 원하는, 선호하는 මනාප. ¶ අකමැති 싫어하는, 좋아하지 않는

කැමති කරවනවා† [깨머띠 꺼*러*워너와-] 설득하다, 좋아하게 만들다 කැමැති කරවනවා.

කැමතිය/කැමැත්ත‡ [깨머띠여/깨맫떠] ①뜻, 의지 ②선호, 좋아함 මනාපය. (복) *කැමති/කැමැති*

කැමරාව† [깨머*라*-워] 카메라.

කැමැති [깨매띠] කැමැත්ත 의 복수 또는 형용사: ①뜻들, 의지들, 선호들, 좋아함 ②좋아하는, 원하는, 선호하는 මනාප. (구어) කැමති

කැමති කරවනවා [깨매띠 꺼*러*워너와-] 설득하다, 좋아하게 만들다 කැමති කරවනවා.

කැමැති වෙනවා [깨매띠 웨너와-] 좋아하다, 선호하다, 즐거워하다 කැමති වෙනවා.

කැමැත්ත‡ [깨맫떠] ①뜻, 의지 කැමතිය ②선호, 좋아함 මනාපය. (복) *කැමැති*

කැරකැවිල්ල [깨*러*깨윌러] ①회전, 순환, 돎 කැරකීම ②어지러움, 현기증 ක්ලාන්ත ගතිය. (복) *කැරකැවිලි*

කැරකිල්ල [깨*러*낄러] ①회전, 순환, 돎 කැරකීම ②어지러움, 현기증 ක්ලාන්ත ගතිය. (복) *කැරකිලි*

කැරකීම [깨*러*끼-머] කරකනවා, කැරකෙනවා 의 동명사: ①회전, 순환, 돎 කැරකිල්ල ②어지러움, 현기증 ක්ලාන්ත ගතිය. (복) *කැරකීම්*

කැරකෙනවා‡ [깨*러*께너와-] කැරකුණා-කැරකී(කැරකිලා) ①돌다, 회전하다, 순환하다 ②어지럽다, 현기증이 나다 කරකැවෙ-නවා. කැරකීම

කැරකැවෙනවා [깨*러*깨웨너와-] 돌다, 회전하다, 순환하다 කර-කැවෙනවා.

කැරකිල්ල [깨*러*낄러] 돎, 회전, 순환 කැරකීම.

කැරකීම† [깨*러*끼-머] කරකනවා, කැරකෙනවා 의 동명사: 돎, 회전, 순환 කැරකිල්ල.

ක

කැරකෝප්පුව† [깨러꼬-뿌워] 공동 묘지, 장지 සුසාන භූමිය.

කැරපොත්තා‡ [깨러뽇따-] 바퀴벌레.

කැරලිකරුවා [깨럴리꺼루와-] 폭도.

කැරලිකාර† [깨럴리까-러] 반역하는, 복수하는 විප්ලවකාර.

කැරලිකෝලාහලය [깨럴리꼴-라-할러여] 반란, 폭동, 봉기 කලකෝලාහලය.

කැරලි ගසනවා† [깨럴리 가써너와-] 복수하다, 앙갚음을 하다, 원수를 갚다 පලිගන්නවා. (구어) කැරලි ගහනවා

කැරැට්ටුව [개랱투워] 성품, 성격 චරිතය.

කැරැල්ල† [깨랠러] ①반란, 폭동, 봉기 කලකෝලාහලය ②다발, 송이, 뭉치 පොකුර ③탑 කොත ④무리, 떼 රැළ. (복) *කැරලි*

¶ යතුරු කැරැල්ල 열쇠 꾸러미

කැල [깰러] 그룹, 무리, 군중, 일단 සමූහයා. ¶ දරු කැල 자녀들

කැලඹෙනවා‡ [깰럼베너와-] කලඹනවා 의 피동사: 흔들리다, 떨리다 කැළඹෙනවා. කැලඹීම/කැලඹුම

කැලය‡ [깰러여] ①정글, 숲 කැලෑව ②광야 වනන්තරය.

කැලල‡ [깰럴러] ①상처, 흉터 ②흠, 결점 පලුද්ද. (복) *කැලල්/කැලැල්*

කැලැල් [깰랠] කැලල 의 복수 또는 형용사: ① a. 상처들, 흉터들 b. 상처난, 흉터의 ② a. 흠들, 결점들 b. 흠있는, 결점의.

¶ ඇණ කැලැල් 못자국난 상처

කැලැල් කරනවා [깰랠 꺼러너와-] ①상처를 입히다, 상처를 내다 ②흠을 내다, 더럽히다.

කැලෑ දෙල් [깰래- 델] 야생 빵나무.

කැලෑව‡ [깰래-워] 숲, 정글 කැලේ.

කැලුම/කැල්ම [깰루머/깰머] 빛남, 광채 කාන්තිය.

කැලේ [깰레-] කැලය 의 축약형: ①정글, 숲 කැලෑය ②광야 වනන්තරය.

කැලේ යනවා [깰레- 야너와-] 길을 잃다, 방황하다.

කැල්ම/කැලුම [깰머/깰루머] 빛남, 광채 කාන්තිය.

කැවිඩිය [깨위디여] 암컷 까마귀.

කැවිලි† [깨윌리] කැවිල්ල 의 복수: 케이크와 사탕과자, 구운과자 අවුළු.

කැවිල්ල† [깨윌러] 후식, 케이크와 사탕과자, 구운과자. (복) *කැවිලි*

කැවුත්ත [깨욷떠] (신체) 간 අක්මාව.

කැවුම්† [깨움] 스리랑카 전통 음식: 깨움.

කැවෙනවා [깨웨너와-] කැවුණා-කැවී ①먹여지다 ②긁히다, 물리다.

කැෂියර් [깨쉬여르] 출납원, 회계원 අයකැමි.

කැසකවනවා [깨써까워너와-] ①(옷의) 단을 잡다 කැසපට ගහනවා ②준비하다, 예비하다 සූදානම් වෙනවා. (구어) ලෑස්ති වෙනවා

කැසි [깨씨] කැස්සෙ의 복수: 기침(들).

කැසිකිළිය [깨씨낄리여] 소변보는 곳 කෙස කිළිය.

කැසිල්ල/කැසීම [깨씰러/깨씨-머] 가려움, 근질거림 කහන ගතිය.

ක

කැසීම [깨씨-머] කසනවා 의 동명사: 가려움, 근질거림 කැසිල්ල.

කැසුබු [깨쑤부] 바다 거북의.

කැසුබුවා [깨쑤부와-] 바다거북 කැස්බෑවා.

කැස්බෑවා/කැසුබුවා† [깨쓰배-와-/깨쑤부와-] 바다거북.

කැස්බිනී [깨쓰비니-] 암컷 바다거북 කැස්බෑ ධේනුව.

කැස්ස‡ [깼써] 기침. (복) *කැසි*

කැහැටු [깨해투] 앙상한, 삐쩍마른, 야윈 ඉතා ටේට්ටු.

කැළඹීම/කැළඹුම† [깰럼비-머/깰럼부머] කළඹනවා 의 동명사: ① 동요, 뜰썩임 කලබලය ②휘저음, 뒤섞음 කැලෑත්තීම.

කැළඹෙනවා‡ [깰럼베너와-] කළඹනවා 의 피동사: 흔들리다, 떨리다 කැලඹෙනවා. <u>කැළඹීම/කැළඹුම</u>

කැළි කසළ† [깰리 까썰러] 쓰레기, 폐물.

කෑ [깨-] ①කනවා 의 형용사적 과거용법: 먹은 කෑවාවූ (구어) කාපු ②හැකි, යුතු 앞에 나오는 කනවා 의 변형되는 형태: කෑ යුතුයි 먹어야 한다 කෑ හැකියි 먹을 수 있다.

කෑකෝ ගහනවා [깨-꼬- 가하너와-] 소리지르다, 함성지르다.

කෑ ගසනවා [깨- 가써너와-] 소리지르다, 함성지르다. (구어) කෑ ගහනවා

කෑ ගහනවා‡ [깨- 가하너와-] 소리지르다, 함성지르다. (문어) කෑ ගසනවා

කෑදර† [깨-더러] 탐식하는, 많이 먹는, 게걸스럽게 먹는 කෑමට ගිජු. ¶ කෑදරයා 탐식가

කෑදරකම [깨-더러꺼머] 탐식, 많이 먹음 බඩජහකම.

කෑදැත්තා [깨-댙따-] (조류) 꼬뿔새.

කෑම‡ [깨-머] කනවා 의 동명사: 음식, 식사. (문어) ආහාරය ¶ කෑම රුචිය 식욕

කෑම අරිනවා [깨-머 아리너와-] 음식을 준비하다, 식단을 차리다.

කෑමල [깸-벌러] ①탐식의 කෑමට ගිජු ②탐욕의, 욕심많은 කෑදර.

කෑ මුර ගසනවා [깨- 무러 가써너와-] 고함을 지르다, 소리를 지르다, 큰 소리를 내다 කෑ ගසනවා. (구어) කෑ ගහනවා

කෑ මොර ගසනවා [깨- 모러 가써너와-] 고함을 지르다, 소리를 지르다, 큰 소리를 내다 කෑ ගසනවා. (구어) කෑ ගහනවා

කෑඹල [깸-벌러] ①탐식의 කෑමට ගිජු ②탐욕의, 욕심많은 කෑදර.

කෑරලා [깨-럴라-] 딱다구리. (복) *කෑරල්ලු*

කෑරීම [깨-리-머] 목 청소, 가글 උගුර සෑදීම.

කෑලි† [깰-리] කෑල්ල 의 복수: 조각들, 파편들, 부분들 කැබලි.

කෑල්ල† [깰-러] 조각, 파편, 부분 කැබැල්ල. (복) *කෑලි*

කෑවා‡ [깨-와-] කනවා 의 과거형태: 먹었다.

කිංකිණි/කිකිණි [낑끼니/끼끼니] 딸랑 종.

කිකිණි/කිංකිණි [끼끼니/낑끼니] 딸랑 종.

කිකිළි/කිකිළිය† [끼낄리/끼낄리여] 암탉 කුකුළු ධේනුව. ¶ කුකුළා 수탉

කිකී [끼끼-] කියනවා 의 현재분사: 말하면서, 이야기 하면서. (문어) කියමින්

ක

කිචි බිචි ගානවා [끼치 비치 가-너와-] (새가)짹짹 울다, 지저귀다. ¶ කුරුළු පැටවි කිචි බිචි ගානවා 새끼 새들이 지저귄다

කිචිය [끼치여] 간지럼, 근질근질거림 කිතිය, කිචය.

කිට්ටු‡ [낃투] 가까운, 근접의 ළඟ.

කිට්ටුව [낃투워] 가까이, 근처에 ළංව.

කිට්ටු වෙනවා‡ [낃투 웨너와-] 가까워지다, 가까이 가다, 접근하다, 다가오다 ළං වෙනවා.

කිණිස්ස [끼닜써] ①국자 ②단검 ③숟가락 කෙණෙස්ස.

කිණිහිරය† [끼니히러여] 모루 (대장간에서 뜨거운 금속을 올려놓고 두드릴 때 쓰는 쇠로 된 대).

කිති කවනවා† [끼띠 까워너와-] 간지럽히다 කුචුකවනවා.

කිතිය [끼띠여] 간지럼, 근질근질거림 කිචිය.

කිතු‡ [끼뚜] ① a. (기독교) 그리스도 ක්‍රිස්තුස් වහන්සේ b. 그리스도의 ක්‍රිස්තියානි ② a. 유명, 명성 කීර්තිය b. 유명한, 명성있는 ප්‍රසිද්ධ. ¶ කිතු දහම 기독교

කිතුනු‡ [끼뚜누] ①기독교인의 ක්‍රිස්තියානි ②그리스도의. ¶ කිතුනු ආගම 기독교

කිතුනුවා‡ [끼뚜누와-] 기독교인 ක්‍රිස්තියානි කාරයා. (복) *කිතුනුවෝ*

කිතුල්‡ [끼뚤] 야자나무에서 채취하는 꿀: 야자꿀.

කිත්තන්ගේ [낃딴게-] 전당포.

කිත්තා [낃따-] 내조 할아버지, 내조부.

කිනම් [끼남] ①무슨 이름의 මොන නමක් ද ②무슨, 어떤 කෙබඳු. (구어) මොන

කිනිතුලා/කිනිතුල්ලා [끼니뚤라-] 진드기 කිකිතුල්ලා.

කිනිත්ත [끼닏떠] 잔가지, 가는 가지.

කිනිතුල්ලා† [끼니뚤라-] 진드기 කිනිතුලා.

කින්නරයා [낀너러야-] 남자 인어 කිඳුරා.

කින්නරාවිය [낀너라-위여] 여자 인어 කිඳුරිය.

කිඳ/කිඳලිය [낀더/낀덜리여] 습지, 늪 හැල, ගොහොදුව.

කිඳනවා‡ [낀더너와-] කිඳුණා-කිඳා 잠기다, 가라앉다 යටට යනවා. <u>කිඳීම</u>

කිඳලිය/කිඳ [낀덜리여/낀더] 습지, 늪 හැල, ගොහොදුව.

කිඳ බහිනවා [낀다- 바히너와-] 잠기다, 가라앉다 කිඳනවා.

කිඳුරා† [낀두라-] 남자 인어 කින්නරයා. (복) *කිඳුරු*

කිඳුරිය† [낀두리여] 여자 인어 කින්නරාවිය.

කිඳුරු [낀두루] කිඳුරා 의 복수 또는 형용사: ①인어들 කින්නර ②인어의.

කිපි [끼삐] 화난, 분노한 කෝප වූ.

කිපෙනවා† [끼뻬너와-] කිපුණා-කිපී 화나다, 분노하다, 열받다 කෝප වෙනවා. <u>කිපීම</u> (구어) තරහ ගන්නවා

කිබිසිනවා [끼비씨너와-] 재채기하다 කිච්සිනවා.

කිබිසිනි [끼비씨니] 뒤집힌, 뒤엎힌 යටට ගිලෙන.

කිම [끼머] 왜, 무슨 이유로 මොකද. (구어) ඇයි

කිමිදුම්කරු† [끼미둠꺼루] 잠수부(의) කිමිදුම්කාරයා.

කිමිදෙනවා† [끼미데너와-] 잠수하다, 뛰어 들다, 담그다, 적시다 දිය යටට යනවා.

ක

කිමියා [끼미야-] ①곤충, 벌레 කෘමියා ②작은 원숭이.

කිමෙක්ද/කිමද [끼멕더/낌더] 무엇이냐? 뭐냐? කුමක්ද. (구어) මොකක්ද

කිමෝනාව [끼모-나-워] 기모노 (일본 전통 의상).

කිඹිසිල්ල/කිඹිසීම [낌비씰러/낌비씨-머] 재채기 කිවිසීම.

කිඹිසිනවා [낌비씨너와-] කිඹිස්සා -කිඹිස 재채기하다 කිවිසිනවා. කිඹිසීම (구어) කිඹිහිනවා

කිඹිසීම [낌비씨-머] කිඹිසිනවා 의 동명사: 재채기 කිවිසීම.

කිඹුලා‡ [낌불라-] 악어.

කිය/කිව [끼여/끼워] හැකි, යුතු 의 단어 앞에서 변형되는 කියනවා 의 형태: කිය යුතුයි 말해야 한다 කිය හැකියි 말할 수 있다.

කියත† [끼여떠] 톱. (복) *කියත්*

කියත්පත [끼얃빠떠] 톱날.

කියනවා‡ [끼여너와-] කීවා(කිව්වා/කිවුවා)-කියා(කියලා) 말하다, 이야기하다, 표현하다. කීම

කියමන† [끼여머너] ①충고, 조언, 권고 උපදේශය ②말함, 이야기함 කීම.

කියලා‡ [끼열라-] ①කියනවා 의 과거분사: 말하고, 말하고 나서 ②~ 라고, ~이라고. (문어) කියා ¶ කියලා වැඩක් නෑ 굉장하다, 아주 멋지다 මම හිතන්නේ ඔබ මට සමාව දෙයි කයලා 저는 당신이 저를 용서해 주실 거라고 생각합니다

කියවනවා‡ [끼여워너와-] කියෙවුවා-කියවා(කියවලා) ①(책) 읽다, 독서하다 ②재잘거리다, 수다떨다 දොඩවනවා. කියවීම

කියවනවිට ලිවීම [끼여워너위터 리위-머] 받아쓰기.

කියවීම‡ [끼여위-머] කියවනවා 의 동명사: (책) 읽기, 독서.

කියා [끼야-] කියනවා 의 과거분사: 말하고, 말해, 말하고 나서. (구어) කියලා

කියා දෙනවා [끼야- 데너와-] 말해 주다, 설명해 주다, 가르치다 උගන්වනවා.

කියා පානවා [끼야- 빠-너와-] 선포하다, 선언하다 ප්‍රකාශ කරනවා.

කියා සිටිනවා [끼야- 씨티너와-] 주장하다, 주창하다 ඕනෑකමින් කියනවා.

කියිම්/කියුම් [끼임/끼윰] 말함, 이야기함 කීම.

කියූ [끼유-] කියනවා 의 형용사적 과거용법(문어): 말한, 이야기한 කිව්ව. (구어) කියපු

කිර [끼러] 우유 කිරි. (문어) ක්ෂීර

කිරණ† [끼러너] 광선, 빛 රශ්මි කදම්බය.

කිරනවා† [끼러너와-] කිරුවා-කිරා 무게를 재다. කිරීම

කිරළා [끼럴라-] (조류) 댕기물떼새.

කිරාත [끼라-떠] 베다, 베다족 වැද්දා.

කිරා වැටෙනවා [끼라- 왜테너와-] 졸다, 꾸벅 꾸벅 졸다 නිදි කිරනවා.

කිරි‡ [끼리] ①우유 (문어) ක්ෂීර ②(나무의) 유액.

කිරිකපනවා [끼리까빠너와-] (고무액을 채취하기 위해) 고무나무껍질을 자르다.

කිරිඅත්තා [끼리알따-] 할아버지, 조부 අත්තා. (구어) සීයා

කිරි අම්මා† [끼리암마-] 유모 කිරි මව.

ක

201

කිරිකෑමුත්තා [끼리깨-묻따-] 잉조 할아버지, 잉조부 කිරිකිත්තාගේ පියා.

කිරිකිත්තා [끼리낃따-] 곤조 할아버지, 곤조부.

කිරිකෝඩු [끼리꼬-두] ①신입생 නවකයා ②쓰리 빠더 산에 처음 방문하는 사람.

කිරිගරුඬ† [끼리가룬더] ①대리석 ක්ෂීරපාෂාණ ②(보석) 비취, 옥, 에메랄드 ගරුඬපාෂාණ.
¶ කිරිගරුඬ කරඬුව 옥합

කිරිගොටුව/කිරිගොට්ට† [끼리고투워/끼리곹터] 코코넛 밀크를 거르는 체, 조리.

කිරිච්චිය† [끼릧치여] 단검(kris) සිරිය.

කිරි දරුවා [끼리 다루와-] 아기, 유아 කිරිකැටියා.

කිරි දෙනවා‡ [끼리 데너와-] 젖을 주다, 젖을 물리다.

කිරි දෙවනය [끼리 도워너여] 젖을 짜는 기계.

කිරිදෝනවා [끼리도-너와-] 젖을 짜다.

කිරිඳි [끼린디] (복수 형태) 가라지, 독보리.

කිරිපණුවා [끼리빠누와-] (벌레) 요충.

කිරිපට්ටිය‡ [끼리빹티여] 목장 ගොදුරු බිම්.

කිරිබත්‡ [끼리받] 끼리밧: 야자우유를 넣어 만든 밥(생일, 새해에 먹는 스리랑카 전통 음식).

කිරිබරවීම [끼리바러위-머] 가슴에 젖이 참.

කිරිබුරුල්ල [끼리부룰러] (소, 염소 따위의 많은 젖꼭지가 달린) 젖통, 가슴.

කිරි මව [끼리 마워] 유모 කිරිඅම්මා.

කිරිමච් තනපට [끼리마우 따너빠터] 젖먹이용 브래지어.

කිරිමුහුද [끼리무후더] (힌두교 창조 신화에 있는) 우유 바다.

කිරිය [끼리여] 일, 업무, 활동 කාර්යය.

කිරිල්ල/කිරිල්ලිය/කිරිල්ලී [끼릴러/끼릴리여/낄릴리-] කුරුල්ලා 의 여성명사: 암컷 새 කිරුලු ධේනුව.

කිරිල්ලී/කිරිල්ල/කිරිල්ලිය‡ [낄릴리-/끼릴러/끼릴리여/] කුරුල්ලා 의 여성명사: 암컷 새 කිරුලු ධේනුව.

කිරිවදිනවා [끼리와디너와-] 성숙하기 시작하다, 완숙하기 시작하다.

කිරිවැරීම [끼리왜리-머] 젖떼기, 이유.

කිරිවැරූ [끼리왜루-] 젖뗀, 이유하는.

කිරිසප්පයා [끼리쌒빠야-] 아기, 유아, 소아 කුඩා දරුවා.

කිරිහරක් පට්ටිය [끼리하띾 빹티여] 젖소 무리, 젖소 떼.

කිරීටය [끼리-터여] 관, 왕관 කිරුළ. (구어) ඔටුන්න

කිරීම‡ [끼리-머] ①කරනවා 의 동명사: 함, 행함 ②කිරනවා 의 동명사: 무게를 잼, 잼.

කිරුළ† [끼룰러] 왕관 කිරීටය. (복) *කිරුළු* (구어) ඔටුන්න

කිරුළු මිණ [끼룰루 미너] 왕관에 있는 보석 ඔටුන්නේ මැණික.

කිලි [낄리] කිල්ල 의 복수 또는 형용사: ①더러움, 부정함, 부정결 ②더러운, 부정한 කිලිටු.

කිලිටි† [낄리티] 더러운, 불결한, 부정한 කිලුටු. (문어) අපිරිසිදු

කිලිටු/කිලුටු† [낄리투/낄루투] 더러운, 불결한, 부정한. (문어) අපිරිසිදු

ක

කිලිපොළනවා [낄리뽈러너와-] කිලිපෙළුවා-කිලිපොළා (공포에) 털이 서다, 털이 쭈뼛쭈뼛 서다 රෝමෝද්ගමනය කරනවා.

කිලුටු‡ [낄루투] 더러운, 불결한, 부정한 කිලිටු. (문어) අපිරිසිදු

කිලෝව‡ [낄로-워] 1 킬로, 킬로그램 කිලෝග්‍රෑම.

කිලෝග්‍රෑම‡ [낄로-그래-머] 1 킬로, 킬로그램 කිලෝව. (복수) *කිලෝග්‍රෑම්*

කිල්ල [낄러] ①더러움, 부정결, 부정 කිලුට ②월경, 생리 මල්වර. (복) *කිලි*

කිල්ලෝටය [낄로-터여] 석회를 담아두는 청동 그릇.

කිව/කිය [끼워/끼여] හැකි, යුතු 의 단어 앞에서 변형되는 කියනවා 의 형태: කිව යුතුයි 말해야 한다 කිව හැකියි 말할 수 있다.

කිවි [끼위] ①시인(의) කවියා ②(행성) 금성 සිකුරා.

කිවි දින [끼위 디너] 금요일 සිකුරාදා.

කිවිඳ/කිවිඳු/කිවියර [끼윈다-/끼윈두/끼위여러] 시인 කවියා.

කිවියා [끼위야-] 시인 කවියා.

කිවිසිනවා† [끼위씨너와-] කිවිස්සා-කිවිස 재채기하다 කිඹිසිනවා. කිවිසීම/කිවිසුම

කිවුල්† [끼울] 약간 소금맛이 있는, 기수성의 මඳක් ලුණු රස ඇති. ¶ කිවුල් දිය 담해수

කිවුවා/කිව්වා‡ [끼우와-] කියනවා 의 과거: 말했다, 이야기 했다, 표현했다. (문어) කීවා

කිව්වා/කිවුවා [끼우와-] කියනවා 의 과거: 말했다, 이야기 했다, 표현했다. (문어) කීවා

කිස [끼써] ①일, 업무, 활동 වැඩ ②소변, 오줌 මුත්‍ර.

කිස [끼써] 홀쭉한, 마른, 야윈 කෘශ. (구어) කෙට්ටු

කිස අතපස් [끼써 아떠빠쓰] 대소변, 똥오줌 මලමුත්‍ර.

කිසය [끼써여] 일, 업무, 활동 කරිය. (구어) වැඩ

කිසි† [끼씨] 어떤, 무엇 මොනම (보통 부정문 형태와 함께 쓰인다). ¶ කිසි කෙනෙක් මා සමඟ නෑ 어떤 사람도 나와 함께 하지 않는다

කිසි කලෙක [끼씨 깔레꺼] 어떤 때에도, 아무 때에도 කිසි කලක.

කිසිත් [끼씯] 어떤 것, 아무것 (보통 부정문 형태와 함께 쓰인다). ¶ ඔබට කළ හැකි කිසිත් නැත 당신이 할 수 있는 어떤 것도 없다

කිසිඳු [끼씬두] 어떤, 무엇 මොනම.

කිසියම්† [끼씨얌] 다소의, 약간의, 조금의 ඇතැම්. (구어) සමහර

කිසිවක් [끼씨왂] 어떤 것, 무엇 යමක්.

කිසිවෙක්‡ [끼씨웩] 어떤 사람, 누군가 යමෙක්.

කිසිසේත් [끼씨쎋-] 결코, 조금도. (구어) කවදාවත් ¶ මම සුබ අස්න ගැන කිසිසේත් ලජ්ජා නොවෙමි 나는 복음을 결코 부끄러워하지 않습니다

කිහිපය† [끼히뻐여] 몇 개, 조금 කීපය. ¶ කිහිප දෙනෙක් 몇 사람

කිහිඹි [끼힘비] 암개미. ¶ කුහුඹුවා 숫개미

කිහිරි ගස [끼히리 가써] 백향목 සීඩර්.

කිහිල්ල‡ [끼힐러] 겨드랑이. (복) *කිහිලි* (문어) කිසිල්ල

කිළිය [낄리여] 오두막, 작은 막사, 방 කුටිය.

ක

කී [끼-] ①කියනවා 의 형용사적 과거용법: 말한, 이야기한, 표현한 කීව (구어) කියපු ②(접두사) 몇의, 얼마의 කොපමණ. ¶ කී දෙනෙක් 몇 명 කී දවසක් 몇일 කී වෙනි 몇 번째의

කීකරු‡ [끼-꺼루] 순종하는, 복종하는, 따르는 අවනත.

කීකරු වෙනවා‡ [끼-꺼루 웨너와-] 순종하다, 따르다, 복종하다 අවනත වෙනවා.

කීකරුකම‡ [끼-꺼루꺼머] 순종, 복종.

කීට [끼-터] කීටයා 의 복수: 애벌레들, 유충들.

කීටයා [끼-터야-] 애벌레, 유충, 변태 동물의 유생 ලාවා.

කීදෙනෙක්‡ [끼-데넥] 몇사람, 몇명 කීප දෙනෙක්.

කීප [끼-뻐] 몇 몇의, 몇 개의 කිහිප. ¶ කීප දෙනෙක් 몇 사람

කීපය [끼-뻐여] 몇 개, 조금 කිහිපය.

කීම‡ [끼-머] කියනවා 의 동명사: 말함, 이야기 함, 표현함.

කීමි [끼-미] කියනවා 의 과거 කීවා 의 1인칭 단수: 내가 말했다(이야기 했다, 표현했다) කීවෙමි. (구어) කිවුවා ¶ මම ඔබට යේසුස් වහන්සේ ගැන කීමි 나는 너에게 예수님에 대해서 말했다

කීමු [끼-무] කියනවා의 과거 කීවා 의 1인칭 복수: 내가 말했다(이야기 했다, 표현했다) කීවෙමු. (구어) කිවුවා ¶ අපි ඔබට විලාප කීමු 우리가 너에게 슬픔을 말하였다

කීය [끼-여] කියනවා 의 3인칭 단수 남성 과거형태: 말했다, 언급했다 කීවේය.

කීයක්‡ [끼-약] 얼마, 어느정도 කොච්චර.

කීයද‡ [끼-여더] 얼마에요?

කීයටද‡ [끼-여터더] (의문 대명사) 언제에요? 몇시에요? ¶ කවදා ද? 어느 날요? 언제요? (날짜를 물을 때 사용함)

කීයෙමි [끼-예미] කියනවා 의 과거 කීවා 의 1인칭 단수: 내가 말했다(이야기 했다, 표현했다) කීවෙමි, කීමි. (구어) කිවුවා ¶ මම ඔබට යේසුස් වහන්සේ ගැන කීයෙමි 나는 너에게 예수님에 대해서 말했다

කීර [끼-러] ①(가늘고 긴) 나무 조각 ලී පතුර ②식용 잎 종류 පලා වර්ග.

කීර්ති නාමය [끼-르띠 나-머여] 유명한 이름, 명성있는 이름.

කීර්තිමත්‡ [끼-르띠맏] 유명한, 명성있는 ප්‍රසිද්ධ.

කීර්තිය‡ [끼-르띠여] 유명, 명성 ප්‍රසිද්ධිය. ¶ අපකීර්තිය 무명

කීර්තිරාවය [끼-르띠라-워여] 유명세, 명성 ප්‍රසිද්ධිය.

කීල් [낄-] 타르, 역청물질, 피치 (원유, 콜타르 따위를 증류시킨 뒤에 남는 검은 찌꺼기).

කීව [끼-워] කියනවා 의 형용사적 과거용법(문어): 말한, 이야기한, 표현한 කී. (구어) කියපු

කීවෙනි‡ [끼-웨니] 몇번째의.

කීවා [끼-와-] කියනවා 의 과거 (문어): 말했다, 이야기 했다, 표현했다. (구어) කිවුවා

කුංකුම† [꿍꾸머] (식물) 사프란 කොකුම්.

කුංචනාදය† [꿍처나-더여] 코끼리 소리 지르는 소리.

කුකවියා [꾸꺼위야-] 표절자 ව්‍යාජ කවියා.

කුකුල් [꾸꿀] ①닭의, 닭과 관련된 කුකුළු ②거친, 나쁜, 잔인한 රළු.

කුකුල් කේන්තිය [꾸꿀 껜-띠여] 성급한 화, 갑작스러운 분노 ඉක්මන් කෝපය.

කුකුල් නින්ද [꾸꿀 닌더] 졸기, 겉잠.

කුකුල් පැටියා [꾸꿀 빼티야-] 병아리 කුකුළු පැටියා.

කුකුල් මස්‡ [꾸꿀 마쓰] 닭고기 කුකුළු මස්.

කුකුල් සායම් [꾸꿀 싸-얌] 양홍: 연지벌레로 만드는 물감.

කුකුස [꾸꾸써] 의심, 불신, 혐의 සැකය.

කුකුළා‡ [꾸꿀라-] 닭, 수탉 කුක්කුටයා. (복) *කුකුළු* ¶ කිකිළි 암탉

කුකුළු‡ [꾸꿀루] කුකුළා 의 복수 또는 형용사: ①닭, 수탉 කුක්කුටයා ②닭의, 수탉의.

කුකුළු පැටියා‡ [꾸꿀루 빼티야-] 병아리 කුකුල් පැටියා.

කුකුළු කූඩුව‡ [꾸꿀루 꾸-두워] 닭장.

කුක්කා [꾺까-] 강아지 බලු පැටියා.

කුක්කුටයා [꾺꾸터야-] 닭, 수탉 කුකුළා.

කුක්කුර [꾺꾸*러*] 개의, 개와 같은 බලු.

කුක්ෂිය [꾺쉬여] (신체) 배, 복부 බඩ.

කුජ [꾸저] (천체) 화성 අඟහරු.

කුඤ්ඤය [꾼녀여] 나무 못, 쐐기, 말뚝, 걸이못 ඇබය.

කුටිය† [꾸티여] 방, 작은 오두막집 කුඩා සැල. ¶ මුත්‍රකුටිය 소변기

කුටිල [꾸틸러] 휜, 굽은, 휘어진 වක්‍ර.

කුටුම්භය [꾸툼버여] 집, 주택 නිවස. (구어) ගෙදර

කුටුම්භ සංරක්ෂණය [꾸툼버 쌍*락*셔너여] 집 관리, 주택 관리.

කුට්ටම† [꿑터머] ①한쌍 යුවල (구어) ජෝඩුව ②무리, 그룹 සමූහය. (복) *කුට්ටම්*

කුට්ටිය† [꿑티여] 한 조각.

කුඨාරය [꾸타-*러*여] 자귀, (북아메리카 원주민의) 전부.

කුඩ [꾸*더*] ①කුඩය 의 복수 또는 형용사: 우산들, 우산의 ②가루, 분말가루 ධූලි (복) කුඩු.

කුඩම [꾸*더*머] 그릇, 용기 බඳුන.

කුඩප්පා† [꾸*닾*빠-] ①계부, 의붓아버지 ②작은 아버지, 삼촌 බාප්පා ③이모부.

කුඩම්මා‡ [꾸*담*마-] ①계모, 의붓어머니 ②이모 පුංචි අම්මා ③작은 어머니.

කුඩය‡ [꾸*더*여] 우산 කුඩේ.

කුඩා† [꾸*다*-] ①작은, 조그마한, 자그마한 පුංචි ②어린, 나이 어린 බාල. (문어) සුළු

කුඩා පොදු ගුණාකාරය [꾸*다*-뽀두 구나-까-*러*여] (수학) 최소공약수.

කුඩාමව [꾸*다*-마워] කුඩම්මා 을 보라: 계모, 의붓 어머니.

කුඩිම්බිය/කුඩුම්බිය [꾸*딤*비여/꾸*둠*비여] 꼭대기에 볼록 나와 있는 것: (닭) 벼슬.

කුඩු† [꾸*두*] කුඩ 의 복수: ①분말가루, 가루, 미립자 පිටි ②마약 මත් ද්‍රව්‍ය.

කුඩුකේඩු [꾸*두*께-*두*] 속이는, 사기치는, 나쁜, 못된 වංචාකාර.

කුඩුපට්ටම් කරනවා [꾸*두*빹탐 꺼*러*너와-] 산산이 부수다, 박살내다.

කුඩු පොද වැස්ස [꾸*두* 뽀더 왰써] 이슬비, 보슬비, 가랑비.

කුඩුම්බිය/කුඩිම්බිය [꾸*둠*비여/꾸*딤*비여] 꼭대기에 볼록 나와 있는 것: (닭) 벼슬.

ක

කුණ [꾸너] ①쓰레기, 오물 අපිරිසිදු ද්‍රව්‍යය ②시체, 주검 මළ කඳ. (복) කුණු

කුණපය [꾸너빠여] 썩은 시체, 주검 කුණු වූ මළ කඳ.

කුණා [꾸나-] 구두쇠, 자린고비 ලෝබයා.

කුණාටුව‡ [꾸나-투워] 폭풍, 태풍, 사이클론 සැඩ සුළඟ.

කුණු‡ [꾸누] 쓰레기, 폐기물 කුණුකසළ.

කුණුකසළ‡ [꾸누까썰러] 쓰레기, 폐기물 කුණු.

කුණු බාල්දිය [꾸누 발-디여] 쓰레기통, 휴지통 කුණු දමන භාජනය.

කුණුසරුප [꾸누싸루빠] 음담패설, 외설 අසැබි බහ. (구어) කුණු හරුප

කුණුහරුප [꾸누하루빠] (누군가가 나쁜 말을 해서 화가 많이 난 경우에 사용하는 욕설중 하나) 개같은 소리 하네, 엿같은 소리 하네.

කුණ්ඩලය [꾼덜러여] 귀걸이 කරාබු.

කුණ්ඩලාභරණය [꾼덜라-버러너여] 귀걸이 කරාබු.

කුණ්ඩිකාව [꾼디까-워] (주둥이가 넓은) 주전자 කෙණ්ඩිය.

කුතුහලය† [꾸뚜할러여] ①궁금, 궁금증, 호기심 ආශාව ②의심, 불신, 혐의 කුකුස.

කුත්තු කරනවා [꾿뚜 꺼러너와-] ①구멍을 내다, 막대기로 찔러보다 හිල් කරනවා ②화나게 하다, 열받게 만들다 අවුස්සනවා ③(땅을) 파다 හාරනවා ④앞으로 밀다.

කුද [꾸더] ①구부림, 웅크림 කුදු ගතිය ②굽은, 꼽추의, 움크려진 වකුටු.

කුද ගහනවා [꾸더 가하너와-] 눕다, 드러눕다 වැතිරෙනවා.

කුදය [꾸더여] (등이) 굽음, 웅크림 කුදු ගතිය.

කුදලනවා [꾸덜러너와-] 사지를 묶다.

කුදා [꾸다-] 꼽추, 곱사등이 කුදුගැසුණු මිනිසා.

කුදිටු [꾸디투] ①그릇된, 잘못된, 틀린 ②거짓의, 허위의 ③이교의, 이단의 මිසදිටු.

කුදිටු දන [꾸디투 나너] 악인, 나쁜 사람. (복) කුදිටු දනෝ

කුදිටුවා [꾸디투와-] 이교도(기독교, 유대교, 회교 신자들에게 각기 다른 종교의 신자), 불신앙자 මිසදිටුවා.

කුදිය [꾸디여] ①말 뒷발 힘줄 ②복사뼈 마디.

කුදිරකාරයා [꾸디러까-러야-] 말지기, 말구종 අසුන් බලන්නා.

කුදු [꾸두] ①꼽추의, 곱사등의, 굽은 වකුටු ②작은, 짧은, 키작은 කොට.

කුද්දටිය [꾿더티여] (허벅지쪽) 부어오른 선(腺) කලවය මුල මතුවෙන ඉදිමුම.

කුන්තය [꾼떠여] (무기) (양 끝에 날이 있는) 창 කුන්තායුධය.
¶ හෙල්ලය 창

කුන්තායුධය [꾼따-유더여] (무기) (양 끝에 날이 있는) 창 කුන්තය.

කුන් නදිය [꾼 나디여] 개울, 시내 දොළ පාර.

කුන්දිරා [꾼디라-] ①몰디브 මාලදිවයින ②몰디브 사람의.

කුපාඩි [꾸빠-디] 저속한, 저질의 වරත්තු.

කුපාඩියා [꾸빠-디야-] 저질(사람), 변태자.

ක

කුපිත [꾸삐떠] 화난, 열받은 කෝපවුණු.
කුපිත කරනවා [꾸삐떠 꺼러너와-] 화나게 하다, 열받게 만들다 කුප්පනවා.
කුප්ප [꿒뻐] 비천한, 저속한, 천한, 낮은 නීච.
කුප්පනවා [꿒뻐너와-] කිප්පුවා-කුප්පා 화나게 하다, 열받게 만들다 අවුස්සනවා.
කුප්පිය [꿒삐여] ①작은 병, 유리병 කොපුව ②꽃눈, 꽃망울, 꽃봉오리 ③등, 램프.
කුබහ [꾸버하] 흡관, 흡파이프.
කුබුස්සනවා [꾸븠써너와-] 입안을 헹구다.
කුමක්† [꾸맊] 무엇의. (구어) මොකක්
කුමක් නිසාද/කුමක් හෙයින්ද [꾸맊 니싸-더/꾸맊 헤인더] ①왜냐하면 ~ 때문이다 ②왜, 그 이유는.
කුමට [꾸머터] 무엇을 위해서, 왜 කුමන හේතුවට. (구어) මොකට
කුමන† [꾸머너] 무엇의, 어떤 කිනම්. (구어) මොන
කුමන්ත්‍රණය† [꾸만뜨러너여] 음모, 계획, 공모.
කුමරා‡ [꾸머라-] ①왕자 කුමාරයා ②남자애, 아들 දරුවා.
කුමරිය [꾸머리여] ①공주 කුමාරිය ②여자애 දැරිය.
කුමරී‡ [꾸머리-] ①공주 කුමාරිකා ②여자애 දැරිය.
කුමරු [꾸머루] ①왕자 කුමාරයා ②남자애, 아들 දරුවා.
කුමරුවා [꾸머루와-] ①왕자 කුමරු ②남자애, 아들 දරුවා.
කුමාරයා‡ [꾸마-러야-] ①왕자 රාජ කුමාරයා ②남자애, 아들 දරුවා.
කුමාරිකා/කුමාරිකාව [꾸마-리까-/꾸마-리까-워] ①공주 කුමාරිය ②여자애 දැරිය.
කුමාරිච්ඡදය [꾸마-맂처더여] (해부학) 처녀막 කුමරිච්ඡදය.
කුමාරිය‡ [꾸마-리여] ①공주 කුමාරිකා ②여자애 දැරිය.
කුමුදු [꾸무두] (꽃) 수련 කෞමද.
කුම්භකර්ණ [꿈버까르너] 졸리는, 졸음이 오는 නිදිමත.
කුම්භකාරයා [꿈버까-러야-] 토기장이 කුඹලා.
කුම්භය [꿈버여] 물 항아리.
කුම්භ රාශිය [꿈버 라-쉬여] (천문학) 물병자리, 보병궁.
කුම්භාණ්ඩයා [꿈반-더야-] 악귀, 도깨비.
කුම්භිලයා [꿈빌러야-] 악어 කිඹුලා.
කුම්මැහි [꿈매히] 인색한, 자린고비의, 수전노의 මසුරු.
කුම්මැහියා [꿈매히야-] 구두쇠, 자린고비, 수전노 මසුරුවා.
කුඹ ගස† [꿈버 가써] 돛대 කුඹය.
කුඹ දැවය [꿈버 대워여] (돛) 활대.
කුඹය [꿈버여] ①돛대 කුඹ ගස ②장대, 높은 기둥 කණුව ③물항아리 කළ ගෙඩිය ④코끼리의 머리 정수리.
කුඹල [꿈벌러] 구멍, 공동, 움푹 들어간 곳, 틈, 빈 공간 හිදැස.
කුඹලා† [꿈벌라-] 토기장이 කුම්භකාරයා. (복) කුඹල්ලු
කුඹල් [꿈발] ①흙을 이기는, 토기의 ②토기장이의.
කුඹල්කම [꿈발꺼머] 토기 만드는 작업 වළං සෑදීම.
කුඹල් පට්ටලය [꿈발 빹털러여] 토기 제조기.

ක

කුඹස/කුඹහ [꿈버써/꿈버하] (건축 공학) 흄관, 배수관.

කුඹුර‡ [꿈부러] 논, 전답 කෙත.
(복) *කුඹුරු*

කුඹුස්ස [꿈붔써] ①흄 관 ②배수구 සොරොව්ව.

කුරංගයා [꾸랑거야-] (동물) 영양, 사슴.

කුරක්කන් [꾸띾깐] (약재로도 사용되는 곡식) 왕바랭이, 우근초 කුරහන්.

කුරගානවා [꾸러가-너와-] 절뚝거리다, 절뚝거리며 걷다.

කුරගේ [꾸러게-] 임시 창고.

කුරය [꾸러여] 발굽, (동물의) 굽.

කුරවියා/කුරවීකයා [꾸러위야-/꾸러위-꺼야-] (조류) 뻐꾸기 කොවුලා.

කුරවීකෙවිල්ල [꾸러위-께윌러] (조류) 뻐꾸기 암컷 කෙවිලිය.

කුරහන් [꾸러한] (곡식) 왕바랭이 කුරක්කන්.

කුරහන්ගල [꾸러한걸러] 곡식을 빻는 돌 කුරක්කන්ගල.

කුරා [꾸라-] 난쟁이 කුරුමිට්ටා.

කුරාණය [꾸라-너여] 코란, 꾸란 (이슬람 경전).

කුරිය [꾸리여] 상표, (동물의 주인을 나타내는) 문신 හංවඩුව.

කුරිරු‡ [꾸리루] 잔혹한, 잔인한, 무자비한, 가혹한 කර්කශ.
¶ කුරිරු පාලකයා 폭군, 독재자

කුරු [꾸루] ①난쟁이 කුරුමිට්ටා ②작은, 난쟁이의 කොට.

කුරු [꾸루] ①새싹, 묘목 පැළය ②싹, 눈, 봉오리 කැකුළ.

කුරුටු [꾸루투] (곡식의) 겨, 왕겨, 밀기울.

කුරුටු ගානවා [꾸루투 가-너와-] ①(글자) 휘갈겨 쓰다, 갈겨 쓰다, 낙서하다 ②(곡물의) 껍질을 벗기다 කුරුට්ට අරිනවා.

කුරුටු ගී [꾸루투 기-] 그래피티, 시기리여에 적힌 찬양시.

කුරුට්ට [꾸룯터] (식물) 상피, 씨앗 표피 바깥부분, 겨 නිවුඩ්ඩ.

කුරුණෑ [꾸루내-] 코끼리 ඇතා.
(구어) අලියා

කුරුණෑයකයා [꾸루내-여꺼야-] 코끼리를 부리는 사람 ඇත් ගොවුවා.

කුරුණිය [꾸루니여] 되, 됫박 (곡식을 재는 도구).

කුරුන්ද [꾸룬더] 계피가 심긴 땅.

කුරුඳු‡ [꾸룬두] 계피, 시나몬.

කුරුපාව [꾸루빠-워] 버팀목, 지주.

කුරුබිලිය [꾸루빌리여] 뒷문, 비밀문 රහස් දොරටුව.

කුරුමානම [꾸루마-너여] 목표, 타겟 ඉලක්කය.

කුරුමිට්ටා‡ [꾸루밑타-] 난쟁이 කුරා.

කුරුමිණියා‡ [꾸루미니야-] 딱정벌레, 투구벌레(류).

කුරුම්බා [꾸룸바-] 어린 야자 열매 වෑවර.

කුරුලෑව‡ [꾸룰래-워] 여드름.

කුරුලු [꾸룰루] කුරුල්ලා 의 복수 또는 형용사: ①새들 ②새의 කුරුළු. ¶ කුරුළු පැටව් කිචි බිචි ගානවා 새끼 새들이 지저귄다

කුරුල්ලා‡ [꾸룰라-] 새, 조류.
(복) *කුරුල්ලෝ* (문어) පක්ෂියා
¶ කිරිල්ලිය (암컷) 새

කුරුසය/කුරුසිය† [꾸루써여/꾸루씨여] 십자가, 십자 문양 කතිරය.

කුරුළු [꾸룰루] කුරුල්ලා 의 복수 또는 형용사: ①새들 ②새의. ¶ කුරුළු පැටව් කිචි බිචි ගානවා 새끼 새들이 지저귄다

ක

කුරුළුගොයා [꾸룰루고야-] 송골매, 매.

කුලකය [꿀러꺼여] 무더기, 뭉치.

කුල'ඟන [꿀랑'거너] (착한) 여성, 여자 යහපත් කාන්තාව.

කුලදෙටුවා [꿀러데투와-] ①족장, 열조 ②장로, 가부장.

කුලධර්මය [꿀러다르머여] 가족 관습, 관례.

කුලපතියා [꿀러빠띠야-] ①(부족, 종족) 족장 ②대학 총장 විශ්වවිද්‍යාලයක ප්‍රධානියා.

කුලප්පුව† [꿀랖뿌워] 공황, 패닉, 돌연한 공포, 겁먹음, 당황, 동요, 흥분 කලබලවීම.

කුලය† [꿀러여] ①카스트, 신분 제도 ②종족, 부족, 가계 ගෝත්‍රය. ¶ කුලකත 귀부인, 귀족 여인

කුලල/කුළල [꿀럴러] (신체) 목 ගැල. (복) *කුලල්/කුළල්* (구어) බෙල්ල

කුලවන්තකම [꿀러완떠꺼머] 귀족 신분 කුලීනකම.

කුලවමිය [꿀러워미여] 선한 여인 යහපත් කාන්තාව.

කුල සිරිත් [꿀러 씨릳] 전통 습관 පාරම්පරික චාරිත්‍ර.

කුලහීන [꿀러히-너] (신분이) 천한, 상놈의 නීච.

කුලාව/කුළාව [꿀라-워] (기름) 통, 용기. ¶ තෙල් කුලාව 기름병(통)

කුලෑටි [꿀래-티] 무법의, 제멋대로 구는, 길들여 지지 않은 හීලෑ නැති.

කුලිය‡ [꿀리여] ①임대, 사용 ②삯, 임금 මහන්සියේ මිල.

කුලියට වැඩ කරනවා† [꿀리여터 왜더 꺼러너와-] 막노동을 하다, 일용직 노동자로 일하다.

කුලීකරුවා/කුලීකාරයා [꿀리-꺼루와-/꿀리-까-러야-] 일용직 노동자, 막일꾼.

කුලීන [꿀리-너] 귀족의, 높은 신분의 කුලවත්.

කුලීනයා [꿀리-너야-] 귀족, 높은 신분의 사람 කුලවතා.

කුලී නිවැසියා [꿀리- 니왜씨야-] 소작인.

කුලුණු [꿀루누] 친절한, 다정한.

කුලුන [꿀루너] 기둥, 원주 කණුව. (복) *කුලුනු*

කුලුඳුලා† [꿀룬둘라-] 첫태생, 장자 කුළුඳුලා.

කුලුඳුල් [꿀룬둘] 첫태생의, 장자의, 큰애의 කුළුඳුල්.

කුලුඳුල්කම [꿀룬둘꺼머] 장자권.

කුලූපග [꿀루빠거] 친밀한, 가까운 හිතවත්.

කුල්මත් [꿀맏] ①즐거운, 기쁜, 즐겁게 하는 ප්‍රීති (구어) සතුටු ②흥분한, 발정난, 다루기 어려운.

කුල්ල [꿀러] (까부르는) 키, 채.

කුවිතන්සිය/කුවිතාන්සිය [꾸위딴씨여/꾸위딴-씨여] 영수증, 명세서 ලදුපත.

කුවිතාන්සිය/කුවිතන්සිය† [꾸위딴-씨여/꾸위딴씨여] 영수증, 명세서 ලදුපත.

කුශලතාව [꾸셜러따-워] 재능, 기량, 재주, 은사 කුසලතාව. (복) *කුශලතා*

කුශාග්‍ර [꾸샤-그러] ①총명한, 똑똑한, 박식한 තීක්ෂණ ②예민한, 민감한 තියුණු.

කුෂ්ඨ [꾸쉬터] කුෂ්ඨය 의 복수 또는 형용사: ①문둥병들, 나병들 ②문둥병의, 가려운. ¶ කුෂ්ඨ රෝගය 문둥병

කුෂ්ඨය† [꾸쉬터여] ①문둥병, 나병, 한센병 ලාදුරු ②피부병, 피부에 나는 수포, 가려움.

ක

කුෂ්ඨ රෝගකාරයා [꾸쉬터 *로*-거까-*러*야-] 문둥병자, 나병환자, 문둥이 කුෂ්ඨ රෝගියා.

කුෂ්ඨ රෝගියා† [꾸쉬터 *로*-기-야-] 문둥병자, 나병환자, 문둥이, 한센병자 ලාදුරු රෝගියා.

කුස‡ [꾸써] ①자궁, (아이배는 곳으로서의) 배, 태내 ගර්භය ②(신체) 배 බඩ ③우묵한 곳, 구멍 කුහරය. ¶ මව් කුස 모태 අහස් කුස 하늘

කුසගින්න/කුසගිනි† [꾸써긴너/꾸써기니] 배고픔, 기아 බඩගින්න.

කුසපත [꾸써빠떠] ①투표용지 ②쿠폰.

කුසය/කුස [꾸써여/꾸써] ①자궁, (아이배는 곳으로서의) 배, 태내 ගර්භය ②(신체) 배 බඩ ③우묵한 곳, 구멍 කුහරය.

කුසල [꾸썰러] ①공적, 공로 ②현명한, 영리한. (복) *කුසල්*

කුසලතාව [꾸썰러따-워] 재능, 기량, 재주, 은사 කුශලතාව.

කුසලාන† [꾸썰라-너] 잔, 컵. (복) *කුසලාන්*

කුසී/කුසීත/කුසීද [꾸씨-/꾸씨-떠/꾸씨-더] 게으른, 나태한, 일하지 않는 අලස. (구어) කම්මැලි

කුසීතකම [꾸씨-떠꺼머] 게으름, 나태 අලසකම. (구어) කම්මැලිකම

කුසීද/කුසී/කුසීත [꾸씨-더/꾸씨-/꾸씨-떠] 게으른, 나태한, 일하지 않는 අලස. (구어) කම්මැලි

කුසුම† [꾸쑤머] 꽃, 화훼 පුෂ්පය. (복) *කුසුම්* (구어) මල

කුස්තුරය/කුස්තූරය [꾸쓰뚜*러*여/꾸쓰뚜-*러*여] 벽, 담장의 쌓은 벽돌 사이의 간격.

කුස්සිය‡ [꿋씨여] 부엌 බත්ගෙය.

කුහක [꾸하꺼] 속이는, 사기치는, 감추는 වංචාකාරී.

කුහකකම [꾸하꺼꺼머] 위선, (감정을) 속임 වංචාකාරී බව.

කුහකයා [꾸하꺼야-] 사기꾼 වංචාකාරයා.

කුහරය† [꾸하*러*여] 우묵한 곳, 구멍, (나무, 바위의) 동공, 가운데가 움푹들어간 곳 සිදුර.

කුහුඹුවා† [꾸훔부와-] 개미 කුඹියා.

කුහුල† [꾸훌러] 의심, 불신, 혐의 සැකය.

කුළ [꿀러] ①산봉우리, 산정상 මුදුන ②산 කන්ද ③썰매 කුළුගෙඩිය.

කුළල/කුලල [꿀럴러] (신체) 목 ගැල. (복) *කුළල්/කුලල්* (구어) බෙල්ල

කුළා [꿀라-] 야생 버팔로, 야생 물소 කුළු හරකා.

කුළාව/කුලාව [꿀라-워] (기름) 통, 용기. ¶ තෙල් කුළාව 기름병(통)

කුළු [꿀루] කුළ 의 복수: 산정상, 산꼭대기.

කුළු [꿀루] ①야생의, 길들이지 않은, 야만의, 미개의 කැලෑ ②강퍅한, 제멋대로 구는 මුරණ්ඩු.

කුළු ගන්නවා [꿀루 간너와-] 이루다, 성취하다 නිම කරනවා.

කුළුගන්වා [꿀루간와-] 이룬, 성취한 නිම කළ.

කුළුගෙඩිය† [꿀루게*디*여] ①대형 쇠망치 ②썰매.

කුළුණ† [꿀루너] 기둥, 원주 ස්ථම්භය. (복) *කුළුණු*

කුළුණැස [꿀루내써] 눈동자 කළුරුවාව. (구어) කළු ඉංගිරියාව

කුළුණු [꿀루누] ①친절한, 다정한 කාරුණික ②කුළුණ 의 복수 또는 형용사: 기둥들, 원주들, 기둥의, 원주의 කණු. ¶ කුළුණු ගුණය 친절함, 다정함

කුළුඳුලා† [꿀룬둘라-] 첫태생, 장자 කුලුඳුලා.

කුළුඳුල් [꿀룬둘] 첫태생의, 장자의, 큰애의 කුලුදුල්.

කුළුබඩු† [꿀루바두] 향신료.

කුළුරසය [꿀루라써여] 향신료 맛, 매운맛.

කූඤ්ඤය [꾼-녀여] 쐐기, 말뚝, 나무 못, 걸이못 ඇබය.

කූට [꾸-터] 교활한, 속임수의, 속이는, 비열한 ප්‍රයෝගකාර.

කූට [꾸-터] කූටය 의 복수 또는 형용사: ①산들, 봉우리들 ②산의, 봉우리의.

කූටය [꾸-터여] ①산, 바위 කන්ද ②봉우리, 산꼭대기 මුදුන.

කූට්ටම [꿑-터머] ①꾸러미, 보다리, 한팩 යුගලය ②한쌍, 한벌 යුවල (구어) ජෝඩුව.

කූට්ටු කරනවා [꿑-투 꺼러너와-] 연결하다, 결합하다 පුට්ටු කරනවා.

කූඩම [꾸-더머] 헛간, 창고, 광, 가축우리, 차고 මඩුව.

කූඩය‡ [꾸-더여] 광주리, 바구니, 바스켓. (복) කූඩා

කූඩා [꾸-다-] කූඩය 의 복수: 광주리들, 바구니들, 바스켓들.

කූඩාරම† [꾸-다-러머] 텐트, 천막, 막사. (복) කූඩාරම්

කූඩැල්ලා‡ [꾸-댈라-] 거머리. (복) කූඩැලල්ලෝ

කූඩුව‡ [꾸-두워] ①(동물) 우리, 둥지, 보금자리 කැදැල්ල ②틀, 테, 뼈대, 구조 සැකිල්ල.

කූණම [꾸-너머] (중국, 인도의) 인력거, 일인용 가마 දෝලාව.

කූද්දනවා [꾿-더너와-] කීද්දුවා-කූද්දා (잠에서) 깨우다, 일으키다 අවදි කරවනවා. <u>කීද්දීම</u>

කූනිස්සා† [꾸-닜싸-] 작은 새우.

කූපනය† [꾸-빠너여] 쿠폰 සීට්ටුව.

කූපය [꾸-빠여] ①구멍, 굴 වළ ②열림, 개봉 විවරය. ¶ උදක කූපය 우물

කූඹියා‡ [꿈-비야-] 개미 කුහුඹුවා.

කූර† [꾸-러] ①(젓가락같이 가늘고 긴) 막대기, 젓가락 ②머리핀 කොණ්ඩේ කූර. (복) කූරු

කූරපයිය [꾸-러빠이여] ①지갑 පසුම්බිය ②가방 උරය.

කූරා [꾸-라-] 잠자리 බත්කූරා.

කූරියා [꾸리야-] 물고기, 물고기 한마리 මාළුවා.

කූරු† [꾸-루] කූර의 복수: (젓가락같이 가늘고 긴) 막대기들.

කූරු කොළය [꾸-루 꼴러여] (솔잎 같은 가늘고 뾰족한) 침엽수 잎.

කූරු ගානවා [꾸-루 가-너와-] ①뒤섞다, 섞다 කූරකින් මිශ්‍ර කරනවා ②(과일 등의) 껍질을 벗기다 පිට පොත්ත සූරනවා.

කූර්ම [꾸-르머] 거북이(의) ඉදිබුවා.

කූල්මත් [꿀-맡] 시원한, 차가운 සීතල.

කෘත [끄루떠] ①행한, 한, 행해진 කළ ②(시간) 영겁의 첫반절 කල්පයේ ප්‍රථම කොටස.
¶ කෘතෝපකාරය 준 도움

කෘතගුණය [끄루떠구너여] 감사, 고마움.

කෘතඥ [끄루딱녀] 감사한, 고마운 ස්තුතිවන්ත.

කෘතඥතාව [끄루딱녀따-워] 감사, 고마움 ස්තුතිවන්තකම.

කෘතහස්ත [끄루떠하쓰떠] 능숙한, 숙련된 ඉතා පලපුරුදු.

කෘතිය [끄루띠여] ①책, 서적 පොත ②일, 작업 වැඩය ③행동 ක්‍රියාව ④상처 තුවාලය.
¶ අගකෘතිය 걸작(품)

ක

කෘතිම† [끄루띠-머] 인공의, 작업한, 만든 කෘත්‍රිම.

කෘතෝපකාරය [끄루또-빠까-러여] (කෘත + උපකාරය) 도움, 행한 도움, 받은 도움 කළ උපකාරය.

කෘත්‍යය [끄룯띠여여] 움직임, 행동, 일, 업무 කාර්ය.

කෘත්‍යාධිකාරි/කෘත්‍යාධිකාරී [끄룯띠야-디까-리//끄룯띠야-디까-리-] ①실행의, 실행상의, 사무처리 능력이 있는, 집행권의 විධායක ②실행자, 집행자.
¶ කෘත්‍යාධිකාරී මණ්ඩලය 실행 위원회

කෘත්‍රිම [끄루뜨리머] 인조의, 인공의 කෘතිම, නිර්මිත.

කෘදන්ත [끄루단떠] (문법) 분사.

කෘමි ඩැසිය [끄루미 대씨여] 벌레 물음.

කෘමි නාශක† [끄루미 나-셔꺼] 살충제.

කෘමියා/ක්‍රිමියා† [끄루미야-/끄리미야-] 벌레, 곤충.

කෘමි විද්‍යාව [끄루미 윋디야-워] 곤충학.

කෘශ† [끄루셔] 여윈, 마른, 깡마른. (구어) කෙට්ටු

කෘෂි [끄루쉬] 농업의, 농경의.

කෘෂිකර්මය/කෘෂිකර්මාන්තය† [끄루쉬까르머여/끄루쉬까르만-떠여] 농업, 농경 ගොවිතැන.

කෘෂිකාර්මික [끄루쉬까-르미꺼] 농업의, 농경의.

කෘෂිරසායන† [끄루쉬라싸-여너] 농약(의).

කෘෂ්ණ [끄루쉬너] 검은, 검정색의 කළු.

කෘෂ්ණ පක්ෂය [끄루쉬너 빡셔여] 음력의 2주.

කෲර [끄루-러] 잔악한, 포악한, 잔인한, 무서운 නපුරු.

කෲරත්වය [끄루-랃워여] 악, 악함, 나쁨, 사악함 නපුර.

කෙ [께] (지시대명사) 누구, 무엇.

කෙකිනි/කෙකිනිය [께끼니/께끼니여] 두루미 암컷.

කෙක්ක† [껚꺼] (열매 딸 때 사용하는) 고리가 달린 긴 막대기. (복) කෙකි

කෙටි‡ [께티] 짧은, 간략한 කොට.

කෙටි කතාව/කෙටි කථාව‡ [께티까따-워] 단편소설.

කෙටිතරංගය [께티따랑거여] (전기) 단파.

කෙටිය [께티여] 짧음, 작은 것 කොටය.

කෙටියෙන්‡ [께티옌] 짧게, 간단하게.

කෙටීම [께티-머] කොටනවා 의 동명사: ①빻음 ②잘게 짜름 ③탕탕 침.

කෙටුම්පත [께툼빠떠] 초안, 초고 මුලික ලියවිල්ල.

කෙටුම්පත්කරු [께투빧꺼루] 초안자, 초고자.

කෙටෙනවා [께테너와-] කෙටුණා-කෙටී/කෙට කොටනවා 의 피동사: 짓밟히다, 뭉개지다, 빻아지다. කෙටීම

කෙටේරිය [께테-리여] 자귀, (북아메리카 원주민의) 전부(戰斧).

කෙට්ටු‡ [껱투] 마른, 여윈, 깡마른 වැහැරුණු.

කෙඩෙත්තුව [께델뚜워] 피로, 피곤 මහන්සිය.

කෙණෙර [께네러] 암컷 코끼리 ඇතින්න. ¶ ඇතා 수컷 코끼리

කෙණෙස්ස† [께넸써] 국자 හැන්ද.

ක

කෙණෙහිම [께네히머] ①~하자마자 ②곧, 즉시 වහා. ¶ පසු කළ කෙණෙහිම 지나 가자 마자

කෙණ්ඩ/කෙණ්ඩා [껜더/껜다-] 종아리, 장딴지 ජඩ්ඩාව.

කෙණ්ඩිය† [껜디여] (주둥이가 넓은) 주전자 කුණ්ඩිකාව.

කෙත† [께떠] 논 කුඹුර. (복) කෙත්

කෙතරම්† [께더람] 얼마나, 얼마나 많이 කොපමණ. (구어) කොච්චර

කෙනා‡ [께나-] 명, 사람 දෙනා. ¶ එක් කෙනා 한 명 ඒක කරපු කෙනා කවුද? 그것 한 사람은 누구냐?

කෙතෙක් [께떽] 얼마나 멀리, 얼마나 길게 කොයිතරම් දිගට.

කෙනෙක්‡ [께넥] 어떤 사람, 누군가 කිසිවෙක්.

කෙන්ද [껜더] 실, 줄 නූල. (복) *කෙඳි*

කෙඳි† [껜디] කෙන්ද 의 복수: 실들, 줄들 නූල්.

කෙඳිරි ගානවා‡ [껜디리 가-너와-] ①신음하다, 고통스러워하다 ②중얼거리다, (귓속말로) 속삭이다.

කෙඳිරිය/කෙඳිරිල්ල/කෙඳිරීම† [깬디리여/껜디릴러/껜디리-머] ①고통, 신음 ②중얼거림, 속삭임.

කෙප්පය [껲뻐여] 거짓말 බොරුව.

කෙබඳු [께반두] 어떤 방법의 කොයි ආකාර.

කෙබර [께버러] ①거짓의, 날조의 බොරුකාර ②거짓, 날조, 위조 බොරුව.

කෙම [께머] ①마술로 하는 처방 (불안을 치료하는 독특한 처방) ②차례, 단계 ක්‍රමය.

කෙමන [께머너] 자루 모양의 어망. (복) *කෙමන්*

කෙමිය [께미여] ①연꽃의 중앙에 있는 봉오리 පියුම් ගොටුව ②(주전자 따위의) 주둥이, 물꼭지 හොට.

කෙමෙන් [께멘] 조금씩, 차차, 차례로 ටිකෙන් ටික.

කෙම්බර දිනය [껨바러 디너여] 신성한 일을 위해 정해진 날 කෙම්මුර දිනය.

කෙම්මුර [껨무러] 수요일과 토요일에 드려지는 제사.

කෙරවළ† [께러월러] ①끝, 종료, 말미 අවසානය ②가장자리 කෙළවර ③목적, 목표 අරමුණ.

කෙරීම [께루와-] කරනවා, කෙරෙනවා 의 동명사: ①행함, 함 ②되어짐, 발생됨.

කෙරුම්කාරයා [께룸까-러야-] 뻐기는 사람, 속물 (윗사람에게 아첨하고 아랫 사람에게 젠체하는 사람).

කෙරුවා [께루와-] කරනවා 의 과거(고어): 했다, 하였다 කළා. (구어) කලා

කෙරූ [께루-] කරනවා 의 형용사적 과거용법: 한, 해버린 කළ. (구어) කරපු

කෙරෙනවා† [께레너와-] කෙරුණා -කෙරී 되다, 이루어지다, 발생되다. <u>කෙරීම/කෙරුම</u>

කෙරෙන් [께렌] (후치사) ~ 으로부터, ~ 에서, ~에게서, ~에서부터 වෙතින්.

කෙරෙහි† [께레히] (후치사) ~위에, ~표면에.

කෙලවල්ලා [껠러왈라-] (생선) 참치 බලමාලු.

කෙලින්/කෙලින්ම‡ [껠린/껠린머] ①직진의, 곧바른, 직접의 (문어) සෘජු ②직진으로, 곧바로, 앞으로 (문어) සෘජුව.

කෙලෙස [껠레써] 어떻게, 어떤 방법으로 කෙසේ. (구어) කොහොම

කෙලෙස [껠레써] 더럽힘, 오염, 악한 영향. (복) *කෙලෙස්*

කෙලසනවා [껠러써너와-] කෙලසුවා-කෙලෙලා ①더럽히다, 오염시키다, 타락시키다 දූෂණය කරනවා ②(여자를) 폭행하다 ③조롱하다, 경멸하다 නින්දා කරනවා. කෙලසුම

කෙලෙසනවා [껠레써너와-] කෙලෙසුවා-කෙලෙසා ①더럽히다, 오염시키다, 타락시키다 දූෂණය කරනවා ②(여자를) 폭행하다 ③조롱하다, 경멸하다 නින්දා කරනවා. කෙලෙසුම

කෙලෙසුම [껠레쑤머] කෙලෙසනවා, කෙලෙසෙනවා 의 동명사: 더럽힘, 오염, 타락 දූෂණය. (복) *කෙලෙසුම්*

කෙලෙසෙනවා [껠레쎄너와-] කෙලෙසුණා-කෙලෙසී ①더럽혀지다, 오염되다, 타락하다 කිලුටු වෙනවා ②(여자) 성폭행 당하다. කෙලෙසුම

කෙල්ල‡ [껠러] 소녀, 여자아이 දැරිය. (복) *කෙලී*

කෙවිට† [께위터] 막대기, 장대 කෝටුව. (복) කෙවිටි (구어) පොල්ල

කෙසඟ [께썽거] 아주 마른, 아주 여윈, 해골같은 ඉතා කෙට්ටු.

කෙසර [께써*러*] 사자의 갈기 කේශර.

කෙවෙනිය [께웨니여] 꽂는 구멍, 소켓, 구멍.

කෙසෙල්‡ [께쎌] 바나나. (구어) කෙහෙල්

කෙසේ [께쎄-] 어떻게, 어찌, 어찌하여. (구어) කොහොමද

කෙසේ වුවද [께쎄- 우워더] 어쨌든, 여하튼 간에 කෙසේවෙතත්. (구어) කොහොමහරි

කෙසේවෙතත්† [께쎄-웨땉] 어쨌든, 여하튼 간에 කෙසේ වුවද. (구어) කොහොමහරි

කෙස්† [께쓰] (복수) 머리카락 කේශ.

කෙස්ස [껬써] ①머리카락 ②열쇠 ③열쇠 구멍. (복) *කෙස්*

කෙහෙට [께헤터] 찌꺼기, 나머지 හපය.

කෙහෙලි [께헬리] කෙහෙලිය 의 복수 또는 형용사: ①깃발들, 기들, 배너들 කොඩි ②깃발의, 기의.

කෙහෙලිය [께헬리여] 깃발, 기, 배너 කොඩිය.

කෙහෙල්‡ [께헬] 바나나. (문어) කෙසෙල්

කෙහෙල් මුව [께헬 무워] 바나나꽃 (식용).

කෙළ† [껠러] 침, 타액 බෙට.
¶ කෙළ ගහනවා 침 뱉다

කෙළ [껠러] කෙළිනවා 의 과거분사: 운동하고, 장난하고, 놀고 සෙල්ලම් කර.

කෙළ ගන්නවා [껠러 간너와-] 싸우다, 싸움하다, 다투다 ගහගන්නවා.

කෙළ ගහනවා‡ [껠러 가하너와-] 침을 뱉다. (문어) කෙළ ගසනවා

කෙළ ගිලිනවා [껠러 길리너와-] 침을 삼키다.

කෙළනවා/කෙළිනවා [껠러너와-/껠리너와-] කෙළියා-කෙළ ①운동하다, 놀다 ක්‍රීඩා කරනවා (구어) සෙල්ලම් කරනවා ②공격하다, 때리다 ගහනවා.

කෙළවර/කෙරවළ‡ [껠러워*러*/께*러*월러] ①끝, 말단, 종말 අන්තිමය ②마지막의, 끝의 අන්තිම.

කෙළ වෑස්සීම [껠러 왰-씨-머] 침뱉음.

කෙ

කෙළිකවට [껠리까워터] 놀이와 유희.

කෙළිනවා/කෙළනවා [껠리너와-/껠러너와-] කෙළියා-කෙළ ①운동하다, 놀다 ක්‍රීඩා කරනවා (구어) සෙල්ලම් කරනවා ②공격하다, 때리다 ගහනවා.

කෙළින්/කෙළින්ම‡ [껠린/껠린머] ①직진의, 곧바른, 직접의 කෙලින් (문어) සෘජු ②직진으로, 곧바로, 앞으로 කෙලින්ම (문어) සෘජුව.

කෙළින් කටින් [껠린 까틴] 허리를 펴, 허리를 꼿꼿이 펴고, 허리를 세워.

කෙළිබිම† [껠리비머] 운동장, 경기장 ක්‍රීඩාගාරය.

කෙළි මඬල [껠리 만덜러] 체육관, 실내 체육장 ක්‍රීඩා මණ්ඩපය.

කෙළිය [껠리여] 운동, 스포츠, 게임 ක්‍රීඩාව. (구어) සෙල්ලම්

කෙළිල්ල [껠릴러] 무릎 උක්කුටුකය.

කෙළෙඹි පුත්‍රයා/කෙළෙඹියා [껠렘비 뿌뜨러야-/껠렘비야-] 세대주, 가구주, 호주 නිවැසියා.

කෙළෙහි ගුණය [껠레히 구너여] 감사, 감사의 마음, 사의, 보은의 마음 කෘත ගුණය. ¶ කෙළෙහි ගුණය සලකනවා 감사해하다

කේක්‡ [꺾-] 케잌 කේක් ගෙඩිය.

කේජු† [께-주] 치즈 චීස්.

කේඩෑරි [껜-대-리] 마른, 야윈, 홀쭉한 කෙට්ටු, කෘෂ, කේඳෑරි.

කේතය [께-떠여] 부호, 코드. ¶ තැපැල් කේතය 우편 번호

කේතලය‡ [께-떨러여] 주전자.

කේතාංකය [께-땅-꺼여] 부호 숫자, 코드 수 කේත අංකය.

කේතු [께-뚜] ①깃발들, 배너들 කොඩි ②원뿔들, 원뿔형들, 콘들 ③(천문) 해왕성.

කේතුකාකාර [께-뚜까-까-러] 원뿔 모양의 කේතු රූපාකාර.

කේතුධර [께-뚜더러] 침엽수의.

කේතුමාලාව [께-뚜말-라-워] 후광, (해, 달) 무리.

කේතුව† [께-뚜워] 원뿔, 원뿔형.

කේතු හැඩ [께-뚜 해더] 원뿔 모양의 කේතු රූපාකාර.

කේන්තිය‡ [껜-띠여] 화, 분노, 열냄 තරහ. (문어) කෝපය

කේන්ද්‍රකාරයා [껜-더러까-러야-] 점성가, 점성술사 දෛවඥයා.

කේන්ද්‍රරය/කේන්ද්‍රය [껜-더러여/껜-드러여] ①센터, 중심 මැද ②점, 점성술, 운.

කේන්ද්‍රකය [껜-드러꺼여] (수학) 도심, (물리학) 중심.

කේන්ද්‍රණය [껜-드러너여] 중앙집중, 집중(화) කේන්ද්‍රායනය.

කේන්ද්‍රබණ්ඩය [껜-드러깐더여] 영역, 구역, 분야.

කේන්ද්‍රගාමී [껜-드러가-미-] 방사상의, 복사상의.

කේන්ද්‍රය/කේන්ද්‍රරය† [껜-드러여/껜-더러여] ①센터, 중심 මැද ②점, 점성술, 운.

කේන්ද්‍රාපසරණය [껜-드라-빠싸-러너여] 원심, 원심력.

කේන්ද්‍රාපසාරී [껜-드라-빠싸-리-] 원심의, 원심력을 응용한.

කේන්ද්‍රාභිසාරී [껜-드라-비싸-리-] 구심의, 구심력을 응용한.

කේන්ද්‍රායනය [껜-드라-여너여] 중앙집중, 집중(화) කේන්ද්‍රණය.

කේන්ද්‍රික/කේන්ද්‍රීය [껜-드리꺼/껜-드리-여] 가운데의, 중심의.

කේඳෑරි [껜-대-리] 마른, 야윈, 홀쭉한 කෙට්ටු.

කේලමා† [껠-러마-] 뒷말 하는 사람, 헐뜯는 사람, 비방자. (복) කේලම්මු

ක

කේලම්/කේලාම් [껠-람/껠-람-] 험담, 중상, 수군거림, 비방 කේළම්.

කේලම් කියනවා/කේලාම් කියනවා† [껠-람 끼여너와-/껠-람- 끼여너와-] 험담하다, 수군거리다, 헐뜯다, 중상하다.

කේලාම්/කේලම් [껠-람-/껠-람] 험담, 중상, 수군거림, 비방 කේළම්.

කේලාම්කාර [껠-람-까-*러*] 험담하는, 수군거리는, 중상하는, 비방하는 කේලම් කියන.

කේලාම් කියනවා/කේලම් කියනවා [껠-람- 끼여너와-/껠-람 끼여너와-] 험담하다, 수군거리다, 헐뜯다, 중상하다.

කේවල [께-월러] 하나의, 혼자의, 단일의, 단독의 තනි.
¶ කේවල තරඟය (운동 경기) 단식

කේවෙල් කරනවා† [께-웰 꺼*러*너와-] (가격) 흥정하다, 깎다.

කේශ [께-셔] 머리카락 කෙස්.

කේශර/කේසර [께-셔*러*/께-써*러*] 사자의 갈기 කෙසර.

කේළම්/කේළාම් [껠-람/껠-람-] 험담, 수군거림, 중상, 비방 කේලම්.

කෛතාලම [까이딸-러머] 손 심벌즈, 꽹과리 අත්තාලය.

කෛපුඩිය [까이뿌*디*여] 손잡이, 핸들 කයිපුඩිය.

කෛරාටික† [까이*라*-티꺼] 위선의, 속이는, 기만의 රැවටිලි.

කෛරාටිකකම/කෛරාටිකත්වය [까이*라*-티꺼꺼머/까이*라*-터깓워여] 위선, 속임 රැවටිලිකාරකම.

කෛරාටිකයා† [까이*라*-티꺼야-] 위선자, 속이는 자 වංචාකාරයා.

කො [꼬] ①어디 කෝ ②작은 පොඩි.

කොකා† [꼬까-] ①왜가리, 두루미 ②(총) 방아쇠 ③코카나무, 말린 코카 잎. (복) කොක්කු, කොක්

කොකා පෙන්වනවා [꼬까- 뻰워너와-] 속이다, 사기치다, 남의 눈을 속이다 වංචා කරනවා.

කොකිස් [꼬끼쓰] 기름에 튀긴 바삭 바삭한 스리랑카 전통 음식 중 하나.

කොකු [꼬꾸] කොක්ක 의 복수 또는 형용사: ①갈고리들, 고리들, 훅들 ②갈고리의, 고리의.

කොකු ඇණය [꼬꾸 애너여] 꺾쇠, 철심, 스테이플 කම්බි ඇණය.

කොකු පණුවා† [꼬꾸 빠누와-] 십이지장충, 구충.

කොකුම් [꼬꿈] (식물) 사프란 කුංකුම.

කොකෝවා [꼬꼬-와-] 코코아.

කොක්ක† [꼭꺼] 갈고리, 고리, 훅, 클립. (복) කොකු

කොච්චර‡ [꽃처*러*] 얼마나, 얼마. (문어) කොපමණ

කොච්චි [꽃치] ①매운 고추의 일종 ②인도 코친 도시에 사는 사람들.

කොට‡ [꼬터] ①~할 때 (문어) විට ②කරනවා 의 과거분사: 하고, 하고서 කර (구어) කරලා.

කොට‡ [꼬터] ①짧은 කෙටි ② (키가) 작은 උස නැති.

කොට [꼬터] කොටය 의 복수: ①통나무들, 토막들 දැව, කඳන් ②조각들, 부스러기들 කැබලි.

කොටය† [꼬터여] 통나무, 토막 දැවය.

කොටනවා† [꼬터너와-] කෙටුවා-කොටා ①빻다, 찧다 ②잘게 자르다, 썰다 ③탕탕 치다 ④싸우다. <u>කෙටීම</u>

ක

කොටවනවා [꼬터워너와-] කෙටෙවුවා-කොටවා 싸우게 만들다, 다른 사람을 반대하게 만들다.

කොටස‡ [꼬터써] ①한부분, 부분 ②몫, 할당양 ③주식. (복) *කොටස්*

කොටස්කරය [꼬타쓰꺼러여] 주식 증서.

කොටස්කරු† [꼬타쓰꺼루] ①협력자, 파트너 ②(주식) 주주 කොටසක හිමිකරු.

කොටස් වෙළඳපළ/කොටස් වෙළඳපොළ [꼬타쓰 웰런더뻘러/꼬타쓰 웰런더뽈러] 주식 시장.

කොටස් වෙළඳපොළ† [꼬타쓰 웰런더뽈러] 주식 시장 කොටස් වෙළඳපළ.

කොටහළුව [꼬터할루워] 사춘기 දැරියක වියපත් වීම.

කොටළු දෙන [꼬털루 데너] 암노새.

කොටළුවා‡ [꼬털루와-] 노새 අශ්වතරයා. ¶ කොටළු දෙන 암노새

කොටා [꼬타-] ①난쟁이, 키가 작은 사람 මිට්ටා. (복) *කොට්ටු* ② කොටනවා 의 과거분사: 빻아, 찧어 (구어) කොටලා.

කොටාරය [꼬타-러여] 보고, 보물 창고 ධාන්‍යාගාරය.

කොටියා‡ [꼬티야-] 호랑이.

කොටු කරනවා [꼬투 꺼러너와-] (우리에) 가두다, 넣어두다.

කොටුව‡ [꼬투워] ①성, 성곽, 성채 බලකොටුව ②울타리 친 땅 ③농장, 가든 ගොවිපළ ④광장, 블락 චතුරස්‍රය ⑤곡식 창고 ධාන්‍යාගාරය.

කොට්ටම්/කොට්ටම්බා [꼳탐/꼳탐바-] (식물) 스리랑카산 아몬드, 아몬드 열매.

කොට්ටය‡ [꼳터여] ①베개 කන්වයින ②방석, 쿠션 ③(짐의) 포, 부대. ¶ සිමෙන්ති කොට්ටය 시멘트 1포

කොට්ටු [꼳투] කොටා 의 복수: 난쟁이들.

කොට්ටෝරුවා [꼳토-루와-] (새) 딱따구리.

කොට්ඨාසය [꼳타-써여] ①지역, 지방 ②분할, (선거) 지역구 ③분, 일부, 조각, 부분 කොටස ④(글) 문단.

කොට්ඨාසාකාර [꼳타-싸까-러] 부분의, 일부의, 조각의.

කොඩිගස [꼬디가써] 게양대 කොඩි කණුව.

කොඩිය‡ [꼬디여] 기, 깃발 ධජය.

කොඩිවිනකාර [꼬디위너까-러] (저주를 위한) 주술의, 마술의. ¶ කොඩිවිනකාරයා 주술사

කොඩිවිනකාරයා [꼬디위너까-러야-] (저주를 위한) 주술사, 마술사 අනවිනකාරයා.

කොඩිවිනය† [꼬디위너여] (저주를 위한) 주술, 마술.

කොණ‡ [꼬너] 모서리, 모퉁이, 가장자리, 가 කොන. (복) *කොණ්*

කොණ්ඩ කටුව [꼰더 까투워] 머릿핀.

කොණ්ඩ කඩල [꼰더 까덜러] 이집트콩 (인도에서 널리 마소의 사료로서 쓰임).

කොණ්ඩය‡ [꼰더여] ①머리, 머리카락 හිසකෙස් ②묶은 머리.

කොණ්ඩා මෝස්තරය [꼰다- 모-쓰떠러여] 머리 스타일, 헤어스타일.

කොණ්ඩිපට්ටම [꼰디빹터머] 걸쇠와 꺽쇠.

කි

කොත† [꼬떠] 뾰족한 탑, 정점 දාගබක මුදුන් කොටස. ¶ බාබෙල් කොත 바벨탑

කොතරම් [꼬떠람] 얼마나, 얼마만큼 කෙතරම්. (구어) කොයිතරම්

කොතන/කොතැන [꼬떠너/꼬때너] 어디, 어느 장소 කුමන ස්ථානය. (구어) කොහෙ

කොතලය [꼬떨러여] (주둥이가 넓은) 물주전자 කෙණ්ඩිය.

කොතැන/කොතන [꼬때너/꼬떠너] 어디, 어느 장소 කුමන ස්ථානය. (구어) කොහෙ

කොතෙක් [꼬땍] 어디까지 මොනතරම්.

කොත්තමල්ලි† [꼳떠말리] 고수풀 (열매는 양념, 소화제로 씀: 미나릿과).

කොදෙව් [꼬데우] 작은 섬 කුඩා දිවයින්.

කොන‡ [꼬너] 모서리, 모퉁이, 가장자리, 가 කොණ. (복) කොන්

කොනහනවා/කොනිත්තනවා [꼬너하너와-/꼬닏떠너와-] 꼬집다, (두 손가락으로) 집다.

කොනිත්තනවා† [꼬닏떠너와-] කෙනිත්තුවා-කොනිත්තා 꼬집다, (두 손가락으로) 집다 කොනහනවා. කොනිත්තීම

කොනිස්සනවා [꼬닜써너와-] කෙනිස්සුවා-කොනිස්සා 꼬집다, (두 손가락으로) 집다 කොනිත්තනවා. කෙනිස්සීම

කොන් කරනවා‡ [꼰 꺼러너와-] ①구석에 두다, 구석에 밀어붙이다 ②(비유적) 궁지에 빠뜨리다.

කොන්තය [꼰떠여] ①창, 작살 ②(가톨릭) 묵주.

කොන්තරාත්තුව [꼰뜨랃-뚜워] 계약, 약정 කොන්ත්‍රාත්තුව.

කොන්ත්‍රාත්කරු [꼰뜨랃-꺼루] 계약자, 약정자.

කොන්ත්‍රාත්තුව [꼰뜨랃-뚜워] 계약, 약정 කොන්තරාත්තුව.

කොන්ද‡ [꼰더] (신체) 등, 등짝. (복) කොඳු

කොන්දේසිය [꼰데-씨여] 조건, 필요 조건, 조항.

කොන්දොස්තර [꼰도쓰떠러] (차량) 조수. ¶ බස් රියදුරා 버스 운전기사

කොන් වෙනවා [꼰 웨너와-] 왕따되다, 홀로 남다.

කොඳ [꼰더] (꽃) 수련 කුමුදු.

කොඳු ඇටය [꼰두 애터여] 일련의 척추, 척수 කශේරුව.

කොඳුරනවා‡ [꼰두러너와-] කෙඳිරුවා/කෙඳුරුවා/කොඳුළා-කොඳුරා ①불평하다, 투덜거리다 මුමුණනවා ②중얼거리다, 속삭이다. කෙඳිරීම (문어) මැසිවිලි කියනවා

කොපමණ† [꼬빠머너] 얼마나, 얼마만큼 කොතරම්. (구어) කොච්චර

කොපිය [꼬삐여] 복사 පිටපත.

කොපුල [꼬뿔러] 뺨, 싸다귀 කන්සය. (구어) කම්මුල

කොපුව† [꼬뿌워] 통, 용기, 상자 පියන.

කොප්පර/කොප්පරා [꼽빠러/꼽빠라-] 코프라 (야자의 과육을 말린 것).

කොබෙයි [꼬베이] 비둘기의.

කොබෙයියා† [꼬베이야-] 비둘기 පරවියා.

කොබෝ නයා [꼬보- 나야-] 용 මකරා.

කොමඩු† [꼬머두] 수박 පැණි කොමඩු.

කොමල/කොමළ [꼬멀러] 상냥한, 온후한, 친절한, 호감을 주는 කෝමල.

කොමසාරිස්/කොමසාරිස්වරයා [꼬머싸-리쓰/꼬머싸-리쓰워러야-] 감독관, (정부가 임명한) 위원 අධිකාරි.

කොමිටිය [꼬미티여] 위원회, 최고 권위자 집단.

කොමිෂන්† [꼬미션] 위원회, 최고 권위자 집단 කොමිසම.

කොමිෂන් බලය [꼬미션 발러여] 명령, 지령 ආඥා බලය.

කොමිසම† [꼬미써머] 위원회, 최고 권위자 집단 කොමිෂන් සභාව.

කොමිස්† [꼬미쓰] 수수료, 중개료.

කොම්පාසුව† [꼼빠-쑤워] ①나침반 දිශාදර්ශකය ②(제도용) 컴퍼스 කොම්පසය.

කොම්පඤ්ඤේ [꼼빤녜] 네덜란드 동인도 회사.

කොම්පැනිය [꼼빼니여] 회사, 컴패니.

කොම්පියුටරය [꼼삐유터러여] 컴퓨터 පරිගණකය.

කොම්බුව† [꼼부워] ①모음 එ 가 자음과 붙을 때 변하는 모음 이름: ෙ ②나팔, 나팔뿔.

කොයි† [꼬이] 어떤, 무슨 කුමන, කිනම්. (구어) මොන ¶ කොයි දෙයක් වුවත් 어떤 것이라 할지라도

කොර† [꼬러] 절룩거리는, 절름발이의, 발에 장애가 있는 තොණ්ඩි කසන.

කොර ගසනවා [꼬러 가써너와-] 절룩거리다, 절뚝거리다, 절름거리다 කොර වෙනවා. (구어) කොර ගහනවා

කොර ගහනවා† [꼬러 가하너와-] 절룩거리다, 절뚝거리다, 절름거리다 කොර වෙනවා. (문어) කොර ගසනවා

කොරටුව [꼬러투워] 농장, 농원, 농지 ගොවිපළ.

කොරදියල් [꼬러디얄] 사탕절임의 한 종류.

කොරපොත්ත [꼬러뽇떠] ①비늘 ②(상처, 헌데) 딱지 කබල. (복) *කොරපොතු*

කොරමරුවා [꼬러마루와-] (고운) 체, 조리 පෙනේරය.

කොරල† [꼬럴러] (헌데, 상처의) 딱지 කොරපොතු.

කොරල් පරය† [꼬랄 빠러여] 산호초 කොරල් වැටිය.

කොරවක්කා [꼬러왂까-] (새) 흰눈썹뜸부기.

කොරවක්ගල [꼬러왂걸러] (발코니, 다리 등의) 난간.

කොර වෙනවා [꼬러 웨너와-] 절름거리다, 다리를 절다.

කොරහ [꼬러하] (돌을 거르기 위해 주둥이가 넓은) 그릇.

කොරා† [꼬라-] 절름발이. (복) *කොරු*

කොරින්ති [꼬린띠] (성경) 고린도서, 고린도.

කොරිය [꼬리여] ①채석장 ගල් කොරිය ②산중턱의 굴.

කොරියානු† [꼬리야-누] 한국의, 대한민국의 කොරියන්. ¶ කොරියානුවා 한국 사람

කොරියාව‡ [꼬리야-워] 대한민국, 한국.

කොරොස් [꼬로쓰] 아주 험한, 거센 ගොරොසු.

කොලපුව [꼴러뿌워] ①(건축) 시멘트 풀 ②야자 꽃 덮개.

කොලරාව [꼴러라-워] (질병) 콜레라.

කොලහලය† [꼴러할러여] 소요, 소동, 동요, 폭동 කෝලාහලය.

කොලුවා† [꼴루와-] 소년, 남자애 කොල්ලා.

ක

219

කොලොප්පම [꼴롶뻐머] ①농담, 익살 විහිලුව ②조롱, 멸시 සරදම. (복) *කොලොප්පම්*

කොලොස්සි [꼴롰씨] (성경) 골로새서, 골로새.

කොල්ල [꼴러] ①약탈하는, 전리품의 ②කොල්ලය 의 복수: 전리품들.

කොල්ල කනවා‡ [꼴러 까너와-] 강탈하다, 약탈하다, 전리품을 취하다 පැහැර ගන්නවා.

කොල්ලකාරයා [꼴러까-*러*야-] 약(강)탈자.

කොල්ලය [꼴러여] 약탈, 노획, 전리품, 노획물 පැහැර ගත් වස්තුව.

කොල්ලා‡ [꼴라-] 남자애, 소년 කොලුවා. (복) *කොල්ලෝ*

කොල්ලෑව† [꼴래-워] (배) 현외 장치, 아웃리거.

කොල්ලු† [꼴루] (식물) 돌리코스 비플로루스.

කොවුල [꼬울러] ①나무의 중심 심 ගසක එලය ②(담쟁이들이 자라도록) 가지가 있는 통나무.

කොවුලා/කොවුල්ලා† [꼬울라-] 뻐꾸기 කෝකිලයා.

කොවුල් [꼬울] ①뻐꾸기의 ②කොවුල 의 복수 또는 형용사: (나무) 심(의), 통나무(의).

කොවුල්ලා/කොවුලා [꼬울라-] 뻐꾸기 කෝකිලයා.

කොසඹ [꼬썸버] 님나무, 멀구슬나무 කොහොඹ.

කොස් [꼬쓰] 잭나무 (열매) හෙරළි.

කොස්ඇට මීයා [꼬쓰애터 미-야-] (작은) 쥐 කුඩා මීයා.

කොස්තාපල් [꼬쓰따-뻘] 순경, 경찰 පොලිස්භටයා.

කොස්ලිහිණිය [꼬쓸리히니여] (새) 마도요.

කොස්වාලිහිණිය [꼬쓰왈-리히니여] (새) 왜가리.

කොස්ස‡ [꼈써] ①빗자루 ②섬유질, 섬유성 ③어려움, 방해, 장애 අවහිරය.

කොහා [꼬하-] 뻐꾸기 කොවුලා.

කොහි [꼬히] 어디, 어디서 කොහෙ.

කොහි ද? [꼬히 더?] 어디냐? 어디? (구어) කොහෙ ද?

කොහු [꼬후] 코코넛 섬유 (빗자루, 끈, 매트리스 등을 만드는데 사용).

කොහුබත් [꼬후받] 코코넛 섬유의 쓰레기.

කොහු වෙනවා [꼬후 웨너와-] ①실패하다, 떨어지다 අඩාලව යනවා ②뒤집히다, 엉망이 되다 අවුල් වෙනවා.

කොහෙ/කොහේ‡ [꼬헤/꼬헤-] 어디, 어디에 කොහි.

කොහෙත්ම [꼬헫머] ①전혀, 결코 කෙසෙවත් ②어디도 කොහෙවත්.

කොහෙද‡ [꼬헤더] (의문 대명사) 어디?, 어디에?

කොහෙන්ද‡ [꼬헨더] 어디서, 어디로 부터 කොහෙ ඉඳලාද.

කොහේ† [꼬헤-] 어디, 어디에 කොහෙ.

කොහොන් [꼬혼] ①속이는, 사기치는 කුහක, වංචනික ②악의가 있는, 짓궂은, 원한을 품은.

කොහොම† [꼬호머] 어떻게, 어찌, 어떤 상태로. (문어) කෙසේ

කොහොමද‡ [꼬호머더] (의문 대명사) 어떻게?, 어떤 방식으로? (문어) කෙසේද ¶ මේ දවස්වල ඔයාට කොහොමද? 요즘 당신 어찌 지내세요?

ක

කොහොමහරි‡ [꼬호머하*리*] 어쨌든. (문어) කෙසේවෙතත්
කොහොඹ/කොසඹ† [꼬홈버/꼬썸버] 님나무, 멀구슬나무.
කොහොල් [꼬홀] 소심한, 부끄러워하는, 겁많은 ලජ්ජාශීලි.
කොහොල්ලා/කොහොල්ලෑ [꼬홀라-/꼬홀래-] 잭 나무의 끈적끈적한 것.
කොළ† [꼴러] කොළය 의 복수 또는 형용사: ①나뭇잎들, 잎들 පත්‍ර ②종이들 කඩදාසි ③녹색의, 나뭇잎의 හරිත ④종이의.
කොළදිවියා [꼴러디위야-] 살쾡이, 사향고양이 උගුඩුවා.
කොළදව [꼴러다-워] 풀, 초본 කොළ පමණක් හටගැනීම.
කොළදුන්න [꼴러둔너] 용수철판, 스프링판.
කොළපත [꼴러빠떠] (식물) 빈랑자 잎으로 만든 불염포 (넓은 잎 모양의 포).
කොළපාගනවා [꼴러빠-거너와-] 벼 타작하다 කොළ මඩිනවා.
කොළ පාට‡ [꼴러 빠-터] 녹색, 초록색.
කොළපුව [꼴러뿌워] 야자 꽃의 불염포.
කොළ මඩිනවා [꼴러 만*디*너와-] 벼 타작하다 කොළ පාගනවා.
කොළඹ [꼴럼버] 콜롬보: 스리랑카 수도.
කොළය‡ [꼴러여] ①나뭇잎, 잎 පත්‍රය ②종이, 종이 한장 කඩදාසි ③녹색 කොළ පාට.
කොළොඹුව [꼴롬부워] 작은 나무 벤치.
කෝ‡ [꼬-] 어디, 어디에 කොහෙද.
කෝක [꼬-꺼] 어떤 것 කොයි එක.
කෝකා [꼬-까-] 어떤 사람, 누구든 කොයි එකා.
කෝකියා† [꼬-끼야-] 요리사 අරක්කැමියා.
කෝකිලයා [꼬-낄러야-] 뻐꾸기 කොවුලා.
කෝච්චිය‡ [꽂-치여] 기차, 열차. (문어) දුම්රිය
කෝටිය‡ [꼬-티여] (숫자) 천만.
කෝටුමස් කරනවා [꼬-투마쓰 꺼*러*너와-] 법원 판결을 내리다.
කෝටුව† [꼬-투워] ①막대기, 장대 ඉන්න ②법원 උසාවිය.
¶ කෝටු පාර 매질, 체벌
කෝට්ටය/කෝට්ටේ [꼳-터여/꼳-테-] 성, 성채 කොටුව.
කෝඩය [꼬-*더*여] ①강풍, 폭풍 කුණාටුව ②가뭄, 건조 නියඟය.
කෝඩු [꼬-*두*] 새로운, 새것의, 신선한 නවක. (구어) අලුත්
කෝඩුකාර [꼬-*두*까-*러*] 초보의, 신참자의, 풋내기의, 신입생의.
කෝඩුකාරයා [꼬-*두*까-*러*야-] 신참자, 풋내기, 초보, 신입생.
කෝණම [꼬-너머] ①(열대 지방에서 옷 대신에) 허리에 걸치는 천 අමුඩ රෙද්ද ②목욕할 때 걸치는 천 නානකඩ.
කෝණමානය† [꼬-너마-너여] (측량) 각도기.
කෝණය‡ [꼬-너여] 모퉁이, 귀퉁이, 각, 각도.
කෝණාකාර [꼬-나-까-*러*] 각을 이룬, 각진, 모난, 모서리진 කෝණික.
කෝණික† [꼬-니꺼] 각을 이룬, 각진, 모난, 모서리진 කෝණාකාර.
කෝදුව† [꼬-두워] 자, 선을 긋는 기구 රූල.

ක

කෝන්තරය [꼰-떠러여] 증오, 미움, 적의 වෛරය.

කෝඳුරුවා† [꼰-두루와-] (곤충) 각다귀, 깔대기.

කෝපය† [꼬-뻐여] 화, 분노 උදහස. (구어) තරහ

කෝපාග්නිය [꼬-빠-그니여] 화, 분노 කෝපය. (구어) තරහ

කෝපාවිෂ්ට [꼬-빠-위쉬터] 매우 화난, 대노한, 매우 성난 දැඩි කෝපයෙන් යුත්. (구어) තරහ වෙච්ච

කෝපි‡ [꼬-삐] 커피. ¶ මට කෝපි එකක් බොන්න පුලුවන් ද? 제가 커피 한잔 마실 수 있을까요?

කෝපි කාලේ [꼬-삐 깔-레-] 진부한, 구식의, 시대에 뒤진.

කෝප්පය‡ [꼽-뻐여] 잔, 컵.

කෝමල [꼬-멀러] 온유한, 부드러운, 상냥한 ලාලිත.

කෝමාරිකා† [꼬-마-리까-] (식물) 알로에 (의).

කෝරළය [꼬-랄러여] 주(지방정부)의 산하 분과.

කෝල [꼴-러] 수줍어 하는, 부끄러워하는, 숫기없는 ලජ්ජාශීලී.

කෝලම [꼴-러머] ①익살, 해학, 농, 농담 උසුළුවිසුළුම ②가면극.

කෝලමා† [꼴-러마-] 광대, 어릿광대 විහිළුකාරයා.

කෝලම් කරනවා [꼴-람 꺼러너와-] 농담하다, 익살스런 행동을 하다 විකාර වැඩ කරනවා.

කෝලම් නටනවා [꼴-람 나터너와-] 익살극을 행하다, 광대짓하다.

කෝලාහලය† [꼴-라-할러여] 소요, 소동, 동요, 폭동 කොලහලය.

කෝලිකුට්ටු‡ [꼴-리꿑투] 잔바바나의 한 종류 (통통하고 영양이 풍부하지만 가격이 비싸다)

කෝල්මුර [꼴-무러] 기도, 간구, 간청 යාදන්න.

කෝවය [꼬-워여] 도가니, 용광로 මූෂාව.

කෝවිද [꼬-위더] 박식한, 학식이 있는 පණ්ඩිත.

කෝවිල‡ [꼬-윌러] 힌두 사원 හින්දු සිද්ධස්ථානය.

කෝෂග්‍රන්ථය [꼬-셔그란떠여] 사전, 백과사전 ශබ්දකෝෂය.

කෝෂය† [꼬-셔여] ①용기, 상자, 케이스 උරය ②(누에) 고치 කොපුව ③편집, 편찬 ④(해부학) 음낭 ⑤사전, 어휘 목록 අකාරාදිය.

කෝෂවිද්‍යාව [꼬-셔윋디야-워] 사전 편집(법).

කෝෂ්ඨය [꼬-쉬터여] 창고, 저장소 ගබඩාව.

කෝෂ්ඨාගාරය [꼬-쉬타-가-러여] ①창고, 저장소 ගබඩාව ②보물 창고 ③곳간, 곡식 창고 ධාන්‍යාගාරය.

කෞතුක† [까우뚜꺼] 고고학의.

කෞතුක වස්තුව [까우뚜꺼 와쓰뚜워] 골동품.

කෞතුකාගාරය‡ [까우뚜까-가-러여] 박물관.

කෞමද [까우마더] (꽃) 수련 කුමුදු.

කෞශල්‍යය [까우셜리여여] 재주, 재능 කුශලතාව.

ක්‍රම ක්‍රමයෙන් [끄러머 끄러머옌] ①정기적으로, 규칙적으로 ක්‍රමයෙන් ②질서있게, 순차적으로 පිළිවෙළින්.

ක්‍රමචර්යාව [끄러머차르야-워] 일상적인 일, 판에 박힌 일 සුපුරුදු පැවැත්ම.

ක්‍රමණය [끄러머너여] 비탈, 언덕, 경사도, 기울기 බෑවුම.

ක

ක්‍රමය‡ [끄러머여] ①방법, 방식, 과정 පිළිවෙළ ②시스템 විදිහ. ¶ ක්‍රමයෙන් 점차적으로

ක්‍රමයෙන් [끄러머옌] 점차적으로, 서서히 පිළිවෙළින්. (구어) ටිකේ ටික

ක්‍රමවත් [끄러머왇] ①질서있는, 순차적인 විධිමත් ②제도적인, 조직적인 ක්‍රමික ③정기적인.

ක්‍රම විකාශය [끄러머 위까-셔여] 진화, 발전 පරිණාමය.

ක්‍රමවේදය [끄러머웨-더여] 방법론.

ක්‍රමාංකය [끄러망-꺼여] (수학) 서수.

ක්‍රමානුකූල† [끄러마-누꿀-러] ①질서있는, 순차적인 ක්‍රමවත් ②제도적인, 조직적인 ක්‍රමික ③정기적인.

ක්‍රමික [끄러미꺼] ①질서있는, 순차적인 ක්‍රමානුකූල ②제도적인, 조직적인 ක්‍රමික ③정기적인.

ක්‍රය [끄러여] 구입, 구매, 매입.

ක්‍රාන්තිය [끄란-띠여] (천문학) 적위.

ක්‍රිකට්‡ [끄리껕] 크리켓. ¶ ක්‍රිකට් ගහනවා 크리켓 하다

ක්‍රිමියා [끄리미야-] 벌레, 곤충 කෘමියා.

ක්‍රියා‡ [끄리야-] ①ක්‍රියාව 의 복수 또는 형용사: 행동들, 활동들, 행동의, 활동의 ②(성경) 사도행전.

ක්‍රියාකාර/ක්‍රියාකාරක [끄리야-까-러/끄리야-까-러꺼] 움직이는, 활동하는, 작용하는, 역동적인, 일하는 ක්‍රියාකාරී.

ක්‍රියාකාරක පද සම්බන්ධය [끄리야-까-러꺼 빠더 쌈반더여] (문법) 구문론, 통어법.

ක්‍රියාකාරිත්වය [끄리야-까-릳워여] 활동, 작용, 움직임.

ක්‍රියාකාරි/ක්‍රියාකාරී† [끄리야-까-리/끄리야-까-리-] 움직이는, 활동하는, 작용하는, 효과있는, 역사하는 ක්‍රියාකාර.

ක්‍රියාකලාපය [끄리야-깔라-빠여] 역할.

ක්‍රියාත්මක† [끄리얃-머꺼] 활동하는, 작용하는, 효과있는, 움직이는, 역사하는 ක්‍රියාකාරී.

ක්‍රියාත්මක කරනවා† [끄리얃-머꺼 꺼러너와-] 실행하다, 집행하다, 활동하다.

ක්‍රියාපටිපාටිය [끄리야-빠티빠-티여] 순서, 절차, 과정 ක්‍රියාපරිපාටිය.

ක්‍රියාපදය [끄리야-빠더여] (문법) 동사.

ක්‍රියා පරිපාටිය [끄리야-빠리빠-티여] 순서, 절차, 과정 ක්‍රියා පිළිවෙළ.

ක්‍රියා පිළිවෙළ† [끄리야-삘리웰러] 순서, 절차, 과정 ක්‍රියාපටිපාටිය.

ක්‍රියාව‡ [끄리야-워] ①행동, 활동, 움직임 කටයුත්ත ②(문법) 동사 ක්‍රියා පදය. (복) *ක්‍රියා, ක්‍රියාවෝ*

ක්‍රියාවලිය† [끄리야-월리여] 순서, 절차, 과정 ක්‍රියාපටිපාටිය.

ක්‍රියා විභවය [끄리야- 위버워여] 잠재적인 활동, 잠재적인 움직임.

ක්‍රියා විශේෂණය [끄리야- 위쉐-셔너여] (문법) 부사.

ක්‍රියාවේගය [끄리야-웨-거여] 자극, 충동 ආවේජනය.

ක්‍රියාශීල [끄리야-쉴-러] 활동적인, 움직이는, 작용하는, 역사하는 ක්‍රියාකාර.

ක්‍රියාශීලී [끄리야-쉴-리-] 활동적인, 움직이는, 작용하는, 역사하는 ක්‍රියාකාර.

ක

ක්‍රිස්තියානි‡ [끄리쓰띠야-니] ①그리스도의 කිතු ②기독교인의, 크리스챤의 කිතුනු ③기독교의.

ක්‍රිස්තියානි ආගම‡ [끄리쓰띠야-니 아-거머] 기독교, 그리스도교 කිතුනු ආගම.

ක්‍රිස්තු ශාසනය [끄리쓰뚜 샤-써너여] 기독교, 그리스도교 කිතුනු ආගම.

ක්‍රීඩකයා† [끄리-더꺼야-] (남자) 운동 선수 සෙල්ලම්කරන්නා.
¶ ක්‍රීඩිකාව 여자 운동선수

ක්‍රීඩාගාරය† [끄리-다-가-러여] 경기장, 운동장, 스테디움 ක්‍රීඩා ශාලාව.

ක්‍රීඩාව‡ [끄리-다-워] 운동, 스포츠, 게임. (구어) සෙල්ලම

ක්‍රීඩිකාව† [끄리-디까-워] 여자 선수, 여자 운동 선수.
¶ ක්‍රීඩකයා 남자 운동선수

ක්‍රෑර [끄래-러] 잔인한, 난폭한 කුරිරු.

ක්‍රෝධය† [끄로-더여] 증오, 적의 වෛරය.

ක්ලාන්ත [끌란-떠] ක්ලාන්තය 의 복수 또는 형용사: ①기절, 졸도, 까무러침, 실신 ②기절한, 졸도한, 까무러친, 실신한 කලන්ත.

ක්ලාන්තය† [끌란-떠여] 기절, 졸도, 까무러침, 실신 කලන්තය.

ක්ලිෂ්ට [끌리쉬터] 더러운, 오염된 කිලුටු.

ක්ලේශය [끌레-셔여] 더러움, 오염 කෙලෙස.

ක්ලෝමය [끌로-머여] (해부학) 폐, 허파, 기관지 පෙනහැල්ල.

ක්වාථය [끄와-떠여] 달인 즙, 탕약 කෂාය.

ක්ෂණය [끄셔너여] ①순간, 찰나, 즉석 ②축제, 카니발 මංගල්‍යය ③기간 වතාව.

ක්ෂණයේම [끄셔너예-머] 즉시, 바로.

ක්ෂණික† [끄셔니꺼] 순간의, 즉석의, 찰나의 හදිසි.

ක්ෂත්‍රිය [끄셔뜨리여] 크샤트리야 계급의.

ක්ෂත්‍රියයා [끄셔뜨리여야-] 크샤트리야 계급.

ක්ෂම [끄셔머] 할 수 있는, 능력 있는, 가능한 හැකි. (구어) පුලුවන්

ක්ෂමතාව [끄셔머따-워] 자격, 능력 හැකියාව.

ක්ෂමා කරනවා [끄셔마- 꺼러너와-] 용서하다 සමාව දෙනවා.

ක්ෂමාදන [끄셔마-다-너] 용서하는 සමාව දෙන.

ක්ෂමාව† [끄셔마-워] 용서 සමාව.

ක්ෂය [끄셔여] ①기울음, 줄어듬, 쇠퇴, 축소 හීනවීම ②파괴, 파멸, 멸망 විනාශය ③(병) 폐결핵 කසාය.

ක්ෂය [끄셔여] 기울은, 줄어든, 쇠퇴한, 축소된 හීන.

ක්ෂය රෝගය† [끄셔여 로-거여] 결핵, 폐결핵 කාශ රෝගය.

ක්ෂය වෙනවා [끄셔여 웨너와-] ①기울다, 줄어 들다, 쇠퇴하다 අඩු වෙනවා ②파괴되다, 파멸되다, 멸망하다 විනාශ වෙනවා.

ක්ෂාන්තිය [끄샨-띠여] 인내, 참음, 인고 ඉවසිල්ල.

ක්ෂාර [끄샤-러] (화학) 알칼리성의, 알칼리의 ක්ෂාරීය.

ක්ෂාරය [끄샤-러여] (화학) 알칼리성, 알칼리 ලවණ. ¶ අම්ලය 산, 산성

ක්ෂාරීය [끄샤-리여] (화학) 알칼리성의, 알칼리의 ක්ෂාර.

ක්ෂාලකය [끄샬-러꺼여] 세제, 합성세제.

ක

ක්ෂිතිජය† [끄쉬띠저여] 수평선, 지평선 දෘෂ්‍යාන්තය.

ක්ෂිතිය [끄쉬띠여] (전기) 전압, 볼트 수.

ක්ෂීණ [끄쉬-너] ①닳은, 닳아빠진 ගෙවුණු, ගෙවී ගිය ②줄어든, 쪼그라든 කෘශ වූ, ක්ෂය වූ ③마른, 여윈 කෙට්ටු.

ක්ෂීණාශ්‍රව [끄쉬-나-쉬러워] (불교) 아라한 රහතන් වහන්සේ.

ක්ෂීර [끄쉬-러] ①우유 කිරි ②우유의 කිරිවලට සම්බන්ධ.

ක්ෂීරපථය† [끄쉬-러빠떠여] (천문학) 은하(수), 소우주 චක්‍රවාටය.

ක්ෂීරපායාස [끄쉬-러빠-야-써] (스리랑카 음식) 밀크 라이스, 끼리밧 කිරිබත්.

ක්ෂීරපායියා† [끄쉬-러빠-이야-] 포유동물 ක්ෂීරපායී සතා.

ක්ෂීරපායී [끄쉬-러빠-이-] 포유류의, 포유 동물의.
¶ ක්ෂීරපායියා 포유동물

ක්ෂීරපාෂාණ [끄쉬-러빠-샤-너] ①대리석 කිරිගරුඬ ②대리석의.

ක්ෂීරය [끄쉬-러여] ①우유 (구어) කිරි ②(나무의) 유액.

ක්ෂීර සාගරය [끄쉬-러 싸-거러여] 우유 바다 කිරි සයුර.

ක්ෂීරාම්ල [끄쉬-람-믈러] (화학) 젖산, 락트산 ලැක්ටික් අම්ලය.

ක්ෂුද්‍ර [끄슈드러] ①미세한, 아주 작은, 극소의, 소~ සූක්ෂ්ම ②천한, 낮은 නීච ③적은, 소량의, 작은 ටික. ¶ ක්ෂුද්‍ර මූල්‍ය 소자본 ක්ෂුද්‍රජීවියා 미생물

ක්ෂුද්‍රකෝණය [끄슈드러꼬-너여] (수학) 예각 සුළු කෝණය.

ක්ෂුද්‍රග්‍රහයා [끄슈드러그러하야-] (천문학) 소행성 ග්‍රහකය.

ක්ෂුද්‍රජීවියා [끄슈드러지-위야-] 미생물, 세균 මයික්‍රෝබය.

ක්ෂුද්‍රතරංග [끄슈드러따랑거] 극초단파, 마이크로파 කුදු රැළිය.

ක්ෂුද්‍රශිලා [끄슈드러쉴라-] (고고학) 세석기.

ක්ෂුධාග්නිය/ක්ෂුධාව [끄슈다-그니여/끄슈다-워] 배고픔, 기아, 굶주림 කුසගින්න. (구어) බඩගින්න

ක්ෂුරය [끄슈러여] 면도기 දැළි පිහිය.

ක්ෂේත්‍ර චුම්බකය [끄셰-뜨러 춤버꺼여] 장(場)자석.

ක්ෂේත්‍ර දඟරය [끄셰-뜨러 당거러여] 장자석 코일.

ක්ෂේත්‍රඵලය† [끄셰-뜨러빨러여] 지역.

ක්ෂේත්‍රය† [끄셰-뜨러여] ①현장, 현지, 필드 ②논, 들판 කෙත ③지역 ප්‍රදේශය.

ක්ෂේත්‍ර වැඩ [끄셰-뜨러 왜더] 현장일.

ක්ෂේම [끄쉐-머] 두려움 없는, 평화로운, 위로의 නිර්භය.

ක්ෂේම භූමිය† [끄쉐-머 부-미여] 오아시스, 위안의 땅 කෙම් බිම.

ක්ෂෝභය [끄쇼-버여] 폭동, 폭력, 동요 කැලඹීම.

ක

ඛ

ඛ

ඛ [까] 씽할러 알파벳의 22번째 글자: ක 의 장음이다. 영어로 표기하면 kha이다.

ඛගෝලය [까골-러여] 천구(天球) නභෝක්ගර්භය.

ඛජ්ජෝත [깢조-떠] 개똥벌레 කළාමැදිරියා.

ඛණ්ඩ [깐더] ඛණ්ඩය 의 복수 또는 형용사: ①부분들, 일부들 කොටස් ②부분의, 일부의, 깨진, 나누어진 කැඩුණු.

ඛණ්ඩනය [깐더너여] 깨짐, 나누어짐, 쪼개짐, 부서짐 කැඩීම.

ඛණ්ඩය† [깐더여] 부분, 일부, 나누어짐, 깨짐 කොටස.

ඛණ්ඩාංක [깐당-꺼] (수학) 좌표(座標).

ඛණ්ඩාංක ජ්‍යාමිතිය [깐당-꺼 지야미띠여] 좌표 기하학.

ඛණ්ඩිත [깐디떠] 깨진, 부서진, 나누어진, 분리된 කැඩුණු.

ඛනිජ† [까니저] ඛනිජය 의 복수 또는 형용사: ①미네랄, 광물 ②광물의, 미네랄의.

ඛනිජ තෙල්† [까니저 뗄] 광물성 기름.

ඛනිජය [까니저여] 미네랄, 광물.

ඛර [까러] ①거친, 심한, 모진 රළු ②거침, 심함, 모짐.

ඛලය/ඛලවිට [깔러여/깔러위터] 타작 마당 කමත.

ඛලිත [깔리떠] 뒤엉킨, 뒤섞인, 헷갈린 පැටලුණු.

ඛාදනය† [까-더너여] 부식, 침식 සොදාපාලුව.

ඛාදනීය [까-더니-여] 식용에 적합한, 식용의 කෑමට සුදුසු.

ඛාද්‍ය [깓-디여] ①식용에 적합한, 식용의 කෑමට සුදුසු ②식용, 음식용.

ඛීර [끼-러] ①흰, 하얀 සුදු ②작은, 조그만 කුඩා ③우유 කිරි.

ඛීලය [낄-러여] 기둥 කණුව.

ඛුද්දක [꾿더꺼] 적은, 소수의 කුඩා.

ඛුප්පිපාස [꿒삐빠-써] 배고픔과 목마름 බඩගින්න හා පිපාසය.

ඛුරය [꾸러여] ①발굽 කුරය ② 면도기 දැළිපිහිය.

ඛෙට/ඛෙළ [께터/껠러] 침, 타액 කෙළ.

ඛේද ජනක [께-더 자너꺼] 슬퍼하는, 낙심한 කනගාටුදායක.

ඛේදය [께-더여] 슬픔, 비통, 애통 දුක.

ඛේදවාචකය† [께-더와-처꺼여] 비극, 비참 දුක් කතාව.

ඛේදාන්ත [께-단-떠] 비극으로 끝나는, 비극의 දුකින් කෙළවර වන.

ඛේදාන්තය [께-단-떠여] 비극, 비참 ශෝකාන්තය.

ඛේම [께-머] ①열반, 극락 ②피난처의.

ඛේමඞ්කර [께망꺼러] 안전한, 피난처가 되는.

ග

ග [가] 씽할러 알파벳의 23번째 글자.

ග [가] ①노래하고 ගායනා කොට ②여행하는, 가는 ගමන් කරන.

ගංඉවුර† [강이우러] 강기슭, 강변 ගංතෙර.

ගංගා ද්‍රෝණිය† [강가- 드로-니여] (큰 강의) 유역 ගංගාධාරය.

ගංගාධාරය [강가-다-러여] 유역, 강유역 ගංදෙණිය.

ගංගාව† [강가-워] 강 ගඟ.

ගංගොඩ/ගම්ගොඩ [강고더/감고더] ①거주 지역 පදිංචි ප්‍රදේශය ②높은 지역 උස්බිම් ප්‍රදේශය.

ගංජා [강자-] (마약의 종류) 간자, 대마, 대마초 කංසා.

ගංතෙර [강떼러] 강기슭, 강변 ගංඉවුර.

ගංතොට [강또터] (개울 따위의) 걸어서 건널 수 있는 곳, 얕은 여울.

ගංදගරය† [강당거러여] 강단구, 강변의 계단같이 된 곳.

ගංදඹය [강담버여] 강절벽.

ගංදෙණිය [강데니여] 유역, 강기슭, 강유역 ගංගාධාරය.

ගංමෝය† [강모-여] 강어귀, 강입구.

ගංවතුර‡ [강와뚜러] 홍수, 범람 ජලගැල්ම.

ගංවේල්ල [강웰-러] 해안길, 강부두.

ගගන [가거너] 대기, 하늘 ගුවන.

ගගනගාමියා† [가거너가-미야-] 우주 비행사 අභ්‍යවකාශ ගාමියා.

ගගනතලය [가거너딸러여] 하늘, 대기, 궁창 අහස්තලය.

ගගන යානය [가거너 야-너여] 비행기 ගුවන් යානය.

ගඞ්ගාව [강가-워] 강 ගංගාව.

ගඟ‡ [강거] 강 ගංගාව.

ගඟුල [강굴러] 개울, 시내 දොළ පාර.

ගඟුලැල්ල [강굴랠러] 폭포 දිය ඇල්ල.

ගජංකුසය [가장꾸써여] 코끼리를 훈련시키는 뾰족한 막대기 හෙණ්ඩුව.

ගජ [가저] 코끼리 ඇතා. (구어) අලියා

ගජ [가저] ①코끼리의 අලි ②거대한, 아주 큰, 위대한 දැවැන්ත.

ගජගාමී [가저가-미] 코끼리같이 걷는.

ගජතා/ගජැතා [가저따-/가재따-] ①큰 엄니가 있는 코끼리 දළැතා ②전문가, 숙련가, 달인, 명인 ගජසමතා.

ගජනවා [가저너와-] 코끼리가 소리를 내다, 큰 소리를 내다.

ගජ බින්නය [가저 빈너여] 큰 거짓말 අලි බොරුව.

ගජම [가저머] 코끼리 부르짖는 소리.

ගජ මිතුරා [가저 미뚜라-] 친한 친구, 불알 친구 අඹ යාළුවා.

ගජමුත [가저무떠] 뿔조개.

ගජරාමෙට [가저라-메터] ①거대하게, 아주 크게, 위대하게 ලොකුවට ②끊임없는, 그칠새 없는.

ගජරුවා [가저루와-] 코끼리 인도자 අලි ගොවුවා.

ගජලාභය [가절라-버여] 아주 쌈, 매우 저렴 ඉතා අඩු මිල. (구어) හුඟක් ලාභය

ගජවක්ත්‍ර [가저왁뜨러] (힌두) 가네쉬 신 ගණ දෙවියා.

ගජවාසි [가저와-씨] 아주 싼, 매우 값싼 ඉතා මිල අඩු.

ගජවාසිය [가저와-씨여] (금, 은의) 노다지, 대성공, 뜻밖의 행운 දැවැන්ත ලාභය.

ගජසමතා [가저싸마따-] 전문가, 숙련가, 달인, 명인 ගජතා.

ගජසිංහ [가저씽허] 코끼리 머리를 가진 전설속의 사자.

ගජ්ජතා/ගජතා [가재따-/가저따-] ①큰 엄니가 있는 코끼리 දළැතා ②전문가, 숙련가, 달인, 명인 ගජසමතා.

ගජේන්ද්‍රයා [가젠-드러야-] 대장 코끼리 ඇත් රජු.

ගටනවා [가터너와-] ගැටුවා-ගටා ①문지르다, 비비다 ඝට්ටනය කරනවා ②바르다 ගානවා ③섞다, 혼합하다 කලතනවා. ගැටීම

ගඩ [가더] 종기, 부스럼, 물집, 수포 ගණ්ඩය.

ගඩපොළ [가더뽈러] 종기, 부스럼, 물집, 수포 ගණ්ඩය.

ගඩබුවා [가더부와-] (동물) 노새 කොටළුවා.

ගඩවිලා [가더윌라-] (유럽산) 뱀 도마뱀 ගැඩවිලා.

ගඩා ගෙඩි [가다- 게디] 과일과 견과류 විවිධ ගෙඩි වර්ග.

ගඩුගුඩාව [가두구다-워] 파이프 담배.

ගඩුව† [가두워] 물집, 수포, 종기, 부스럼 ගණ්ඩය.

ගඩොලු [가돌루] 벽돌, 흙벽돌 ගඩොල්.

ගඩොල්‡ [가돌/가돌루] 벽돌, 흙벽돌 ගැඩොල්.

ගඩොල් පෝරණුව [가돌 뽀-러누워] 흙벽돌 굽는 가마.

ගණ [가너] ①지혜의 신: 가너빠띠 ගණපති දෙවියා ②무리, 회중 සමූහයා.

ගණක [가너꺼] 세는, 셈하는 ගණින.

ගණක චතුරස්‍රය [가너꺼 차뚜러쓰러여] 주판.

ගණකය [가너꺼여] 계산기.

ගණක යන්ත්‍රය [가너꺼 얀뜨러여] 세는 기계, 셈하는 기계.

ගණකාධිකරණය† [가너까-디꺼러너여] 회계학 ගිණුම් ශාස්ත්‍රය.

ගණකාධිකාරී [가너까-디까-리-] 회계사 ගිණුම් විශේෂඥ.

ගණ දෙවි [가너 데위] 지혜의 신: 가너빠띠 ගණපති.

ගණන‡ [가너너] ①수, 숫자 සංඛ්‍යාව ②가격, 값 මිල ③양, 용량 ප්‍රමාණය ④고려, 숙고 තැකීම ⑤속임, 사기 වංචාව. (복) ගණන් ¶ ගිනි ගණන් 아주 비싼 ගණනට ගන්නවා 고려하다, 숙고하다

ගණනය [가너너여] ①셈, 숫자를 셈 ②계산 ගණන් කිරීම.

ගණනවා [가너너와-] ගැණුවා-ගණා(ගණලා) 세다, 계산하다, 세어 나가다 ගණිනවා. ගැණීම/ගැණුම

ගණනාථ [가너나-떠] 지혜의 신: 가너빠띠 ගණපති.

ගණනාව [가너나-워] 많은 양, 많은 숫자 කිහිපය.

ගණනීය [가너니-여] 셀수 있는 ගණන් කළ හැකි.

ගණනේ [가너네-] 가격(수)에, 가격(수) 안에서.

ගණන්‡ [가난] ගණන 의 복수 또는 형용사: ① a. 수들, 숫자들 සංඛ්‍යා b. 가격, 값 මිල c. 양, 용량 ප්‍රමාණ d. 고려들, 숙고들 තැකීම් e. 속임들, 사기들 වංචා ② a. 수의, 숫자의 b. 가격의, 값의 c. 양의, 용량의 d. 고려하

는, 숙고하는 e. 속이는, 사기치는. (구어) ගනං/ගනන් ¶ ගණන් වැඩියි 비싸다 ගණන් ගිහිල්ලා 가격이 올랐다

ගණන් අරිනවා [가난 아리너와-] 속이다, 사기치다 රවටනවා.

ගණන් කථාව [가난 까따-워] (성경) 민수기.

ගණන් කරනවා‡ [가난 꺼러너와-] 세다, 셈하다 ගණනවා.

ගණන්කාරයා [가난까-러야-] ①깡패, 폭력배 චණ්ඩියා ②수학자 ගණිතයෙහි නිපුණයා.

ගණන්කැල්ල [가난깰-러] 술책, 계략 උපක්‍රමය.

ගණන් ගන්නවා‡ [가난 간너와-] 염두해 두다, 마음에 두다, 배려하다 සලකා බලනවා.

ගණන් ගැනෙනවා [가난 개네너와-] 여겨지다, 헤아려지다. ¶ ආබ්‍රහම්ගේ පෙළපත වශයෙන් ගණන් ගැනෙනවා 아브라함의 자손으로 여겨진다

ගණන් තබනවා [가난 따버너와-] 회계장부를 기록하다, (금전) 거래를 적다.

ගණන් දෙනවා [가난 데너와-] ①책임을 지다, 떠맡다 ②셈을 하다, 계산을 하다.

ගණඳුර [가난두러] 질흙같은 어둠, 아주 캄캄함 දැඩි අන්ධකාරය.

ගණය [가너여] ①(사람, 동물) 무리, 그룹, 떼 සමූහය ②한묶음, 무더기 ③코 නැහැය.

ගණිකාව† [가니까-워] 창녀, 매춘부, 윤락녀 වේශ්‍යාව.

ගණිත/ගණිතමය [가니떠/가니떠머여] 수학의 ගණිතය පිළිබඳ.

ගණිතය‡ [가니떠여] 수학 ගණිත ශාස්ත්‍රය.

ගණිතයා [가니떠야-] 점성가, 점성술사 ශාස්ත්‍රවන්තයා.

ගණිනවා [가니너와-] ගැන්නා-ගැණ(ගැණලා) 세다, 계산하다, 세어 나가다 ගණන් කරනවා. ගැණීම/ගිණීම/ගිණුම

ගණ්ටාරය/ගණ්ටාව [간타-러여/간타-워] 큰 종 ඝන්ටාරය.

ගණ්ඨිය [간티여] ①매듭 ②어려운 문장.

ගණ්ඩකයා [간더꺼야-] 코뿔소, 리노 කඟවේනා.

ගණ්ඩමාලය [간더말-러여] (의학) 갑상선종.

ගණ්ඩය [간더여] 물집, 수포, 종기, 부스럼 ගඩුව.

ගඬ [간더] 물집, 수포, 종기, 부스럼 ගඩුව.

ගත [가떠] ①몸, 육체 සිරුර ②책, 도서 පුස්තකය (구어) පොත.

ගත [가떠] ①취해진, 가져진 ගන්නා ලද ②온, 도착한 පැමිණියා වූ ③간, 지나간 ගිය ④안으로 온, 들어온 ඇතුළු වූ.

ගත කරනවා† [가떠 꺼러너와-] (시간을) 보내다, 사용하다 කල් යවනවා. ගත කිරීම

ගත'කුර [가떠'꾸러] (문법) 자음 ව්‍යංජනාක්ෂරය.

ගතමනාව [가떠머나-워] 지불, 납부, 납입 ගාස්තුව.

ගත සිත [가떠 씨떠] 몸과 마음.

ගතික [가띠꺼] ①동적의, 동력의 චලනය වනසුලු ②힘있는, 활력있는, 역동적인.

ගතිගුණය† [가띠구너여] 성격, 성질, 품질 ගුණය.

ගතිපැවතුම [가띠빼워뚜머] 행동, 움직임 හැසිරීම.

ගති පැවැත්ම/ගතිපැවතුම [가띠 빼왣머/가띠 빼워뚜머] 행동, 움직임 හැසිරීම.

ග

ගතිමි [가띠미] ගන්නවා 의 과거 1인칭 단수: 내가 가졌다(샀다, 취했다) ගත්තෙමි. ¶ මම තේරුම් ගතිමි 나는 이해했다

ගතිමු [가띠무] ගන්නවා 의 과거 1인칭 복수: 우리가 가졌다(샀다, 취했다) ගත්තෙමු. ¶ අපි තේරුම් ගතිමු 우리는 이해했다

ගතිය† [가띠여] ①성격, 성질, 품질 ②동작, 몸짓 ③환생.

ගතු [가뚜] 비난, 고발, 불만, 불평 කේලාම්.

ගත්† [같] ගන්නවා 의 형용사적 과거용법: 가진, 산 ගත්තු. (구어) ගත්තපු

ගත්කතු/ගත්කරු [같꺼뚜/같꺼*루*] 저자, 글쓴이 කතු.

ගත්කරු/ගත්කතු† [같꺼*루*/같꺼뚜] 저자, 글쓴이 කතු.

ගත්ත/ගත්තු [같떠/같뚜] ගන්නවා 의 형용사적 과거용법: 가진, 취한, 산 ගත්. (구어) ගත්තපු

ගත්තා‡ [같따-] ගන්නවා 의 과거: 가졌다, 샀다, 취했다.

ගත්තු/ගත්ත [같뚜/같떠] ගන්නවා 의 형용사적 과거용법: 가진, 취한, 산 ගත්. (구어) ගත්තපු

ගත්හ [같허] ගන්නවා 의 과거 3인칭 복수: 그들이 가졌다(샀다, 취했다) ගත්තෝය. ¶ ඔව්හු තේරුම් ගත්හ 그들은 이해했다

ගදබා [가더바-] 음악가, 뮤지션 සංගීතඥයා.

ගදායුධය/ගදාව [가다-유더여/가다-워] 곤봉, 타봉 මුගුර.

ගද්‍යය† [같디여여] 산문. ¶ පද්‍යය 운문, 시

ගද්‍රභයා [가드*러*버야-] 노새 කොටළුවා.

ගන [가너] ①짙은, 심한, 농후한 ඝන ②풍성한, 많은 බහුලව ඇති ③힘든, 어려운 දැඩි ④노래하는 ගී කියන.

ගන [가너] ①먹구름 මේඝය ②가창, 노래 부르기 ගායනය ③신체, 몸 ශරීරය.

ගන [가너] ගන්නවා 의 과거분사 고어 형태 ගෙන. ¶ දැනගෙන = දැනගන (고어)

ගනං/ගනන්‡ [가낭/가난] ගණන් 의 구어체 형태: ① a. 수들, 숫자들 සංඛ්‍යා b. 가격, 값 මිල c. 양, 용량 ප්‍රමාණ d. 고려들, 숙고들 තැකීම් e. 속임들, 사기들 වංචා ② a. 수의, 숫자의 b. 가격의, 값의 c. 양의, 용량의 d. 고려하는, 숙고하는 e. 속이는, 사기치는. ¶ ගනං වැඩියි 비싸다

ගනදුර [가너두*러*] 질흙 같은 어둠, 암흑 අන්ධකාරය.

ගනඳුර [가난두*러*] 질흙 같은 어둠, 암흑 අන්ධකාරය.

ගනඳුරු [가난두*루*] ගනඳුර 의 형용사: 아주 어두운, 질흙같이 어두운 තද කළුවර.

ගනසැරේට [가너쌔*레*-터] ①농후하게, 진하게 ②풍성하게.

ගනුදෙනු කරනවා† [가누데누 꺼*러*너와-] 주고 받다, 거래하다, 교역하다, 물물교환 하다.

ගනුදෙනුව† [가누데누워] 교역, 거래, 물물 교환.

ගන්දබ්බයා [간답버야-] (불교) 간답바: 업에 의해 다시 태어나기 전의 상태.

ගන්දස්කාරය/ගන්දස්සාරය [간더쓰까-*러*여/간더쓰싸-*러*여] 심한 악취 තද දුගඳ.

ගන්ධක [간더꺼] (화학) 황, 유황 ගෙන්දගම්.

ගන්ධමාලා [간더말-라-] 향기로운 꽃들 සුවඳ මල්.

ගන්ධය [간더여] ①냄새 ගඳ ② 악취, 고약한 냄새 දුගඳ.
¶ ගන්ධයි 냄새(악취) 난다
සුගන්ධය 향기 දුගන්ධය 악취

ගන්ධරසය [간더라써여] 몰약, 미르라 සුවඳලාටු.

ගන්ධර්වයා/ගාන්ධර්වයා [간다르워야-/간-다르워야-] 음악가 සංගීතඥයා.

ගන්නවා‡ [간너와-] ගත්තා-ගෙන/ගන(අරන්) ①갖다, 가지다 ②사다, 구입하다. ගැනීම/ගැන්ම

ගන්වනවා [간워너와-] ගැන්වුවා/ගැන්නුවා/ගැන්නෙවුවා-ගන්වා ගන්නවා 의 사역동사: 갖게하다, 받아들이게 하다. ගැන්වීම ¶ බිය ගන්වනවා 두렵게 하다, 두려움을 갖게 만들다

ගඳ† [간더] ①냄새 ගන්ධය ②악취, 고약한 냄새 දුගඳ. ¶ ගඳයි 냄새(악취) 난다 සුගඳ 향기 දුගඳ 악취

ගඳ ගසනවා‡ [간더 가써너와-] 악취를 풍기다, 고약한 냄새가 나다. (구어) ගඳ ගහනවා

ගඳ ගහනවා‡ [간더 가하너와-] 악취를 풍기다, 고약한 냄새가 나다. (문어) ගඳ ගසනවා

ගඳඹ/ගඳඹා [간덤버/간덤바-] 음악가 සංගීතඥයා.

ගඳයා [간더야-] 악취를 풍기는 사람.

ගප්සාව† [갚싸-워] 낙태, 임신 중절 ගබ්සාව.

ගබ [가버] ①자궁, 배 ගැබ ② 방, 안쪽 කාමරය.

ගබඩාකරු/ගබඩා භාරකරු [가버다-꺼루/가버다- 바-러꺼루] 청지기, 창고지기 කබඩාකාරයා.

ගබඩා කරනවා [가버다- 꺼러너와-] 저장하다, 쌓아 보관하다.

ගබඩා කාමරය/ගබඩා ගෙය [가버다- 까-머러여/가버다- 게여] 창고, 저장소 අටුව.

ගබඩාකාරයා† [가버다-까-러야-] 청지기, 창고지기 භාරකාරයා.

ගබඩාකාරකම [가버다-까-러꺼머] 청지기직, 창고 지킴 භාරකාරකම.

ගබඩා ගෙය/ගබඩා කාමරය [가버다- 게여/가버다- 까-머러여] 창고, 저장소 අටුව.

ගබඩා භාරකරු† [가버다- 바-러꺼루] 청지기, 창고지기 කබඩා-කාරයා.

ගබඩා රක්පණය [가버다- 띾빠너여] 창고 저장, 쌓아두기.

ගබඩාව‡ [가버다-워] 창고, 곳간, 헛간 අටුව.

ගබ් ගන්නවා [갑 간너와-] 임신하다, 회임하다, 애기를 갖다 ගැබ් ගන්නවා. (구어) ළමයෙක් හමුවෙන්න ඉන්නවා.

ගබ්බර [갑바러] 임신한, 회임한 ගැබ්ගත්.

ගබ්සා කරනවා [갑싸- 꺼러너와-] 낙태하다, 임신 중절하다 ගප්සා කරනවා.

ගබ්සාව† [갑싸-워] 낙태, 임신 중절 ගප්සාව.

ගම‡ [가머] 마을, 동네 ගම්මානය. (복) ගම් (문어) ග්‍රාමය

ගම කතාව [가머 까따-워] 민간 설화.

ගමන‡ [가머너] ①여행, 소풍 සැරිය ②걸어다님, 답보 ඇවිදීම. (복) ගමන් (문어) චාරිකාව ¶ සුභ ගමන් 좋은 여행 되세요

ගමන බිමන [가머너 비머너] 여행, 방문 ගමන් යාම.

ගමනය [가머너여] ①움직임, 이동 සැරසැරීම ②여행, 오고감.

ගමනාගමන මණ්ඩලය [가머나-가머너 만덜러여] (정부) 교통국.

ගමනාගමනය† [가머나-가머너여] 운송, 수송 යාම ඊම.

ගමනාන්තය† [가머난-떠여] 종착역, 목적지 ගමනේ ගෙළවර.

ගමනාරම්භ දේශය [가머나-람버 데-셔여] 출발국.

ගමනාවසාන දේශය [가머나-워싸-너 데-셔여] 도착국.

ගමන්‡ [가만] ①ගමන 의 복수 또는 형용사: a. 여행들 b. 여행의 ②(후치사) ~ 하는 동안.
¶ ගෙදර යන ගමන් 집에 가는 동안 එහෙ ගියපු ගමන් 거기에 가자마자 ගමන් විඩාව 여독(여행으로 인한 피곤함)

ගමන් කරනවා‡ [가만 꺼러너와-] 여행하다, 돌아다니다 ඇවිදිනවා.

ගමන් කරන්නා† [가만 꺼란나-] 여행객, 방문객 ගමිකයා.

ගමන් ගාස්තුව† [가만 가-쓰뚜워] 여행 경비.

ගමන් බඩු‡ [가만 바두] 여행 짐, 여행 가방 ගමන් මල්ල.

ගමන් මග [가만 망거] 노선, 여행길.

ගමන් මල්ල [가만 말러] 여행 짐, 여행 가방 ගමන් බඩු.

ගමන් යනවා [가만 야너와-] 여행하다, 돌아다니다 ගමන් කරනවා.

ගමන් විස්තරය [가만 위쓰떠러여] 여정, 여행 일정 계획.

ගමයා [가머야-] ①시골뜨기, 시골 사람 ගැමියා ②이장 ගම්පති.

ගමරාල [가머랄-러] 이장 ගම්පති.

ගමික [가미꺼] ①역동적인, 활동하는, 움직이는 ප්‍රගතගාමී ②여행하는, 방문하는 ගමන් කරන.

ගමිකයා [가미꺼야-] 여행객, 방문객 සංචාරකයා. (복) *ගමිකයෝ*

ගමේ කඩේ [가메- 까데-] 마을 가게, 시골 가게.

ගම්කාරයා [감까-러야-] 땅 주인 ඉඩම් හිමියා.

ගම්ගොඩ/ගංගොඩ [감고더/강고더] ①거주 지역 පදිංචි ප්‍රදේශය ②높은 지역 උස්බිම් ප්‍රදේශය.

ගම්පති [감빠띠] 이장 ගම් ප්‍රධානියා.

ගම් පියස [감 삐여써] 마을, 동네 ගම.

ගම්බද‡ [감바더] 마을의, 전원의.

ගම්බිම් [감빔] ①땅, 토지, 전답 ඉඩකඩම් ②마을, 동네 ගම.

ගම්භීර [감비-러] 깊은, 뜻깊은, 심원한 ගැඹුරු.

ගම්මඩුව [감마두워] 마을 의식, 동네 의례.

ගම්මණ්ඩිය/ගම්මානය [감만디여/감마-너여] 마을, 동네 ගම.

ගම්මාලු [감말-루] 유카리나무(나무에서 고무성질의 점액질의 수액이 나옴).

ගම්මැදි හැල්ල [감매디 핼-러] 험담, 뒷담화 ඕපාදූප.

ගම්මිරිස්‡ [감미리쓰] 후추.

ගම්මු [감무] 촌사람들, 시골 사람들, 마을 사람들 ගැමියෝ.

ගම්මුලාදෑණියා [감물라-대-니야-] 이장 ගම්පති.

ගම්‍ය [감미여] ①달성 가능한, 획득 가능한 යා හැකි ②깨닫는, 지각하는, 이해하는 තේරුම් ගත හැකි.

ගම්‍යතාව [감미여따-워] ①힘, 추진력, 여세 ගැම්ම ②운동량.

ගම්‍යමාන [감미여마-너] 이해하는, 깨닫는 වැටහෙන.

ගම්වරය [감워러여] 하사품 (전답).

ගම් වැද්ද [감 왣다-] 반 개화된 스리랑카 원주민: 왜다족.

ගම් වැසියා† [감 왜씨야-] 마을 주민, 동네 주민 ගැමියා.

ගම් වැස්සා [감 왰싸-] 마을 주민, 동네 주민 ගැමියා.

ගම් සභාව [감 싸바-워] 마을 의회, 주민회.

ගම්සභා උසාවිය [감싸바- 우싸-위여] 마을 법정, 시골 법정.

ගම්සභාපති [감싸바-빠띠] 마을 의회장, 마을 주민회장.

ගය [가여] (구) 절, (시의) 연 පදය.

ගයනවා† [가여너와-] ගැයුවා-ගයා 노래 부르다, 노래하다 ගායනා කරනවා. ගැයීම/ගැයුම

ගයනු කිත්ත [가여누 낃떠] 씽할러 글자중 ඖ: 글자 왼쪽엔 ෙ 꼼부워가, 오른쪽 에 ෟ 가 붙어 '아우' 발음을 내는 글자.

ගර [가*러*] ①집, 주택 ගෙය ② 쥐잡이뱀 ගරඬියා.

ගරඬියා† [가*란디*야-] 쥐잡이뱀 ගර.

ගරනවා† [가*러*너와-] ගැරුවා-ගරා(ගරලා) ①체로 치다, 거르다, 가려내다, 골라내다 ②(손쉽게 혹은 부당하게) 돈을 벌다. ගැරීම ¶ හාල් ගරනවා 쌀에서 돌을 골라내다

ගරහ [가*러*하] 모욕, 치욕, 경멸 අපහාසය.

ගරහනවා‡ [가*러*하너와-] ගැරහුවා-ගරහා 욕하다, 욕보이다, 창피를 주다, 굴욕을 주다 අපහාස කරනවා. ගැරහුම/ගැරහීම

ගරා ගන්නවා [가*라*- 간너와-] ①약탈하다, 강탈하다 සූරා ගන්නවා ②(보석 등) 찾다, 찾아보다.

ගරාජය‡ [가*라*-저여] 정비공장.

ගරාදිය† [가*라*-디여] 격자창, 격자문양.

ගරා වැටෙනවා [가*라*- 왜테너와-] 무너지다, 망하다.

ගරිල්ලා [가*릴*라-] 게릴라전, 게릴라식 전투 කැලෑ සටන් ක්‍රමය.

ගරු [가*루*] ①경의, 존경 ②목사나 승려 이름 앞에 붙이는 호칭.

ගරු† [가*루*] ①존경하는 ②무거운, 심각한 ගරුක.

ගරුක [가*루*꺼] 무거운, 무게 있는, 심각한, 중요한 බරපතල.

ගරුගාම්භීර [가*루*감-비-*러*] ① 장엄한, 장대한, 엄청난 ②심오한, (지혜, 이해 등이) 깊은.

ගරුඬපාෂාණ [가*룬더*빠-샤-너] ①대리석 ක්ෂීරපාෂාණ ②(보석) 비취, 옥, 에메랄드 කිරිගරුඬ.

ගරුඬා [가*룬다*-] ①(동물) 지네 පත්තෑයා ②(그리스 신화) 하피 (얼굴과 상반신은 추녀로, 날개, 꼬리, 발톱은 새).

ගරු තනතුරු [가*루* 따너뚜*루*] 명예직.

ගරුත්වය‡ [가*룯*워여] 존경, 존중 ගෞරවය.

ගරු නම්බුව [가*루* 남부워] 존경과 명성 ගෞරවය ප්‍රශංසාව.

ගරුබිය [가*루*비여] 경외, 존경하고 두려워 함 ගෞරවය හා බය. ¶ දේව ගරුබිය 하나님을 경외함

ගරු බුහුමන [가*루* 부후머너] 존경, 존중 ගෞරවය. (복) *ගරු බුහුමන්*

ගරු සරු [가*루* 싸*루*] ①존경, 존중 ගෞරව ②존경할만한, 존경스런.

ගර්ජන [가르저너] ගර්ජනය 의 복수 또는 형용사: ①천둥(의) ගිගුරුම් ②고함소리(의), 포효(하는) ③위협(의), 협박(하는).

ග

ගර්ජනය/ගර්ජනාව [가르저너여/가르저나-워] ①천둥, 천둥침 ගිගුරුම ②고함소리, 포효 ගෙරවීම ③위협, 협박 තර්ජනය.

ගර්ජනා [가르저나-] ගර්ජනාව 의 복수 또는 형용사: ①천둥(의) ගිගුරුම් ②고함소리(의), 포효(하는) ③위협(의), 협박(하는).

ගර්ජනා කරනවා† [가르저나- 꺼러너와-] ①천둥치다 ②소리지르다, (사자 등) 포효하다 ගොරවනවා ③위협하다, 협박하다 තර්ජනය කරනවා.

ගර්භණී [가르버니-] ①임산부 ගැබිණිය ②임신한, 수태한, 애밴 ගැබිණි (구어) ළමයෙක් හමුවෙන්න ඉන්න. ¶ ගර්භණීන් 임산부들

ගර්භය† [가르버여] ①자궁, 태 කුස ②배, 복부 බඩ ③안쪽, 내부 අභ්‍යන්තරය ④태아 කලල රූපය.

ගර්භාෂය [가르바-셔여] 자궁, 태 ගර්භය.

ගර්භන [가르버너] 임신한, 애밴 ගැබිණි. (구어) ළමයෙක් හමුවෙන්න ඉන්න

ගර්භිණි/ගර්භිණී† [가르비니/가르비니여/가르비니-] ①임산부 ගැබිණී ②임신한, 수태한, 애 밴 ගැබිණි (구어) ළමයෙක් හමුවෙන්න ඉන්න.

ගර්භිණිය† [가르비니여] 임산부 ගැබිණී.

ගර්භිණී භාවය [가르비니- 바-워여] 임신, 수태 ගැබිණි බව.

ගර්භිත [가르비떠] ①임신한, 애밴 ගැබිණි ②가진, 포함한, 내용을 가진 අන්තර්ගත.

ගර්වය [가르워여] 교만, 오만, 우쭐댐 අහංකාරය. (구어) උඩඟුකම

ගර්විත [가르위떠] ගර්වය 의 형용사: 교만한, 우쭐대는, 오만한 අහංකාර. (구어) උඩඟු

ගර්හාව [가르하-워] 명예훼손, 모욕 ගැරහීම.

ගර්හිත [가르히떠] 수치스러운, 불명예스러운 නින්දිත.

ගල‡ [갈러] ①돌, 조약돌 ගල් කැටය ②바위 පාෂාණය ③목 බෙල්ල ④목구멍, 인후 උගුර. (복) *ගල්*

ගලගණ්ඩය [갈러간더여] (의학) 갑상선종.

ගලගානවා [갈러가-너와-] (돌에) 문질러 (비벼) 닳리다, 비벼대어 벗기다 ගලක අතුල්ලනවා.

ගලග්‍රන්ථිය [갈러그란띠여] 갑상선 තයිරොයිඩ් ග්‍රන්ථිය.

ගලග්‍රහය [갈러그러하여] 목조임, 목누름 බෙල්ලෙන් අල්ලාගැනීම.

ගලතනවා [갈러떠너와-] 첨부하다, 붙이다 එකට ඇඳනවා.

ගලනවා† [갈러너와-] ගැලුවා-ගලා ①(물, 액체) 흐르다, 흘러가다 ②넘쳐 흐르다, 범람하다. <u>ගැලීම/ගැලුම</u>

ගලනාලය [갈러날-러여] (의학) 숨통, 후두, 기관 උගුරු දණ්ඩ.

ගලපනවා [갈러뻐너와-] ගැලපුවා-ගලපා ①정렬하다, 일렬로 (나란히) 세우다, 정렬시키다, ②맞추다, 짜맞추다. <u>ගැලපීම/ගැලපුම</u>

ගලපටලය† [갈러빠털러여] (의학) 디프테리아 ගලපටල රෝගය.

ගලපටල රෝගය [갈러빠털러로-거여] (의학) 디프테리아 ගලපටලය.

ගලවනවා† [갈러워너와-] ගැලෙවුවා-ගලවා ①구출하다, 구원하다, 구하다 බේරා ගන්නවා

②(옷, 신발 등) 벗다 ③제거하다, 뽑다, 뽑아내다 උගුල්ලනවා. ගැලවීම/ගැලවුම

¶ යේසුස් වහන්සේ අපිව පාපයෙන් ගලවනවා 예수님은 우리를 죄에서 구원하신다

ගලාති [갈라-띠] (성경) 갈라디아서, 갈라디아.

ගලා බසිනවා† [갈라- 바씨너와-] 흘러가다, 흐르다 ගලනවා.

ගලා යනවා‡ [갈라- 야너와-] 흘러가다, 흐르다 ගලනවා.

ගලිය [갈리여] 배수로, 배수관 ගැඹුරු අගල. ¶ ගලි බවුසරය 분뇨 운반차, 똥차

ගල් අඟුරු† [갈 앙구루] 석탄.

ගල් ඇතුරුම [갈 애뚜루머] 돌 포장.

ගල් ඇඳ [갈 앤더] 바위마루, 바위능선 පාෂාණමය වැටිය.

ගල් ඉන්න [갈 인너] 쇠지레 අවලංගුව.

ගල් කටුව [갈 까투워] 돌을 뚫는 드릴 날 ගල් විදින යකඩ කූර.

ගල් කණ්ඩු [갈 깐두] 얼음 사탕.

ගල්කරුවා [갈 꺼루와-] 석공, 석공쟁이 ශිලා නිර්මාණ ශිල්පියා.

ගල්කුළ [갈꿀러] 바위 꼭대기 ගල් මුදුන.

ගල්කූර‡ [갈꾸-러] 석필, 돌판에 새길 때 사용하는 펜.

ගල් කොරිය [갈 꼬리여] 채석장 කොරිය.

ගල්ගුහාව [갈구하-워] 석굴.

ගල්ගෙය [갈게여] 돌집, 돌로 만든 집.

ගල්ටයරය [갈타여러여] 딱딱한 타이어.

ගල් ටැඹ [갈 탬버] 돌기둥 ගල් කණුව.

ගල්තලාව [갈딸라-워] 바위 표면, 바위의 평평한 부분.

ගල්තාර [갈따-러] 역청물질, 피치.

ගල්තැලුම/ගල්තැල්ම [갈땔루머/갈땔머] 발바닥 티눈.

ගල්දූව [갈두-워] 산호, 코랄 පරය.

ගල් පරය† [갈 빠러여] 암초.

¶ වැලි කණ්ඩිය 모래톱

ගල්පර්වතය [갈빠르워떠여] 바위, 암반, 표석 ගල් පව්ව.

ගල් පවුර [갈 빠우러] 돌성벽, 돌담.

ගල්පව්ව [갈빠우워] 바위, 암반, 표석 ගල් පර්වතය.

ගල්පැන්නුම් කඩ [갈빤눔 까더] 저수지 물이 흐르도록 만든 돌수로.

ගල් පිපිරවීම [갈 삐삐러위-머] 바위 깸.

ගල්පුවරුව [갈뿌워루워] 돌판, 석판 ගල්ලෑල්ල.

ගල් බරණිය [갈 바러니여] 돌항아리, 돌 단지.

ගල්බොක්ක [갈볶꺼] 삼면이 바위로 둘러싸인 지역.

ගල්මල්† [갈말] 산호 덩어리 කොරල්.

ගල්මාළු [갈말-루] 숭어과의 어류.

ගල්මැස්සා [갈맸싸-] (곤충) 강도래 (낚시 미끼용).

ගල්යුගය† [갈유거여] 석기시대.

ගල්ලෑල්ල‡ [갈랠-러] 돌판, 석판 ගල්පුවරුව.

ගල්ලෙන [갈레너] 굴, 동굴, 석굴.

ගල් වඩුවා [갈 와두와-] 석공, 석공쟁이 ශිලා නිර්මාණ ශිල්පියා.

ගල්වනවා [갈워너와-] ගැල්ලුවා/ගැල්ලෙවුවා-ගල්වා ①바르다, 붙이다 ②담그다, 빠뜨리다. ගැල්වීම

ග

ගල්වළ† [갈왈러] 채석장 ගල් කඩන තැන.

ගල් වර්ෂාව [갈 와르샤-워] 우박 ගල් වැස්ස.

ගල්වැඩ [갈왜더] 돌 작업.

ගල් වැද්ද [갈 왣다-] 바위에 사는 웨다족.

ගල් වැස්ස [갈 왯써] 우박 ගල් වර්ෂාව.

ගල් වෙනවා [갈 웨너와-] 돌 같이 굳다, 딱딱해 지다.

ගල් සන්නස [갈 싼너써] 비문, 비명.

ගල් සීන [갈 씨-너] 빙당, 얼음 설탕.

ගල්සෙවෙල් [갈쎄웰] 바위 이끼.

ගව† [가워] 소의, 가축의 හරක්.

ගව ඔරුව [가워 오루워] 말구유, 소여물통.

ගව තෙල් [가워 뗄] 소기름, 수지.

ගවපල්ලා [가워빨라-] 소를 돌보는 사람, 소치기 ගවයින් ඇතිකරන්නා.

ගව මඩුව† [가워 마두워] 외양간, 가축 우리 ගාල.

ගවයා‡ [가워야-] ①소 හරකා ②가축. (복) *ගවයෝ*

ගවරවළ [가워러왈러] (화장실 오물을 모으는) 오물통.

ගව රළ/ගව රැළ [가워 랄러/가워 랠러] 소떼, 소무리.

ගවරා [가워라-] 야생 물소, 거친 물소 කුළු මී හරකා.

ගව රැළ/ගව රළ [가워 랠러/가워 랄러] 소떼, 소무리.

ගවවසංගතය [가워와쌍거떠여] 우역(牛疫).

ගවසනවා [가워써너와-] 장식하다, 치장하다, 꾸미다 සරසනවා. ගැවසීම/ගැවසුම

ගවළෙන† [가월레너] 외양간, 소우리 ගව මඩුව.

ගවාක්ෂය [가왂-셔여] ①둥근 창(窓) ②(해부학) 동물 뼛속의 작은 구멍.

ගවුම‡ [가우머] 원피스 옷, 가운.

ගවුව/ගව්ව [가우워] (거리의 단위) 리그 (약 4마일).

ගවේෂක/ගවේෂකයා [가웨-셔꺼/가웨-셔꺼야-] 탐험가, 탐색자, 조사자.

ගවේෂණය [가웨-셔너여] 탐험, 조사, 탐색, 찾음 සෙවීම.

ගවේෂණය කරනවා [가웨-셔너여 꺼러너와-] 탐험하다, 조사하다, 찾다, 구하다, 탐색하다 සොයනවා.

ගව්ව/ගවුව [가우워] (거리의 단위) 리그 (약 4마일).

ගස‡ [가써] 나무 රුක. (복) ගස් (구어) ගහ

ගසනවා† [가써너와-] ගැසුවා-ගසා 치다, 때리다, 공격하다 පහර දෙනවා. ගැසීම/ගැසුම (구어) ගහනවා

ගසා [가싸-] ගසනවා 의 과거분사: 때리고, 치고, 쳐 පහර දී. (구어) ගහලා

ගසා කනවා [가싸- 까너와-] 속이다, 사기치다 වංචා කරනවා.

ගසා දමනවා [가싸- 다머너와-] 포기하다, 내던지다 අත්හැර දමනවා.

ගසා පියනවා [가싸- 삐여너와-] 포기하다, 내던지다 අත්හැර දමනවා.

ගස්‡ [가쓰] ගස, ගහ 의 복수 또는 형용사: ①나무들 රුක් ②나무의.

ගස්කොළ† [가쓰꼴러] 풀 ගස්වැල්.

ගස් ගෝනා [가쓰 고-나-] 원숭이 වඳුරා.

ගස්ටනය [가쓰터너여] 충돌, 격돌, 분쟁, 싸움 ගැටුම.

ගස් බෙල්ලා [가쓰 벨라-] 달팽이, 나무에 사는 달팽이.

ගස් මදිනවා [가쓰 마디너와-] (야자류 등) 수액을 얻기 위해 꽃을 자르다.

ගස් යනවා [가쓰 야너와-] ①나무를 타다, 나무에 올라가다 ගස් නඟිනවා ②심각한 문제에 봉착하다.

ගස්ලබු‡ [가쓸라부] (과일) 파파야 පැපොල්.

ගස්වල කිරි† [가쓰월러 끼리] (고무) 라텍스 ආක්ෂීරය.

ගස්සනවා [갔써너와-] ගැස්සුවා-ගස්සා ①흔들다 සෙලවනවා ②(조롱하며) 머리를 흔들다 ②맞다, 공격을 받다 පහර දෙවනවා. ගැස්සීම

ගහ‡ [가하] 나무. (문어) රුක

ගහ කොළ‡ [가하 꼴러] 풀, 초목 ගස්වැල්.

ගහගන්නවා‡ [가하간너와-] 싸우다, 치다, 때리다, (타격을) 가하다, 공격하다 රණ්ඩු වෙනවා.

ගහට/ගැහැට [가하터/개해터] 고통, 어려움, 고초, 슬픔 හිරිහැර.

ගහණ [가하너] ①밀집한, 밀도가 높은, 농후한, 짙은 ඝන ②찬, 가득찬 පිරුණු.

ගහණය [가하너여] ①밀도, 밀집, 농후, 가득참 ඝනය ②붙잡음, 잡음 ග්‍රහණය ③(해, 달의) 식(蝕), 빛의 상실 **ගහනවා**‡ [가하너와-] ගැහුවා-ගහලා 치다, 때리다, 공격하다. ගැහීම/ගැහුම (문어) ගසනවා ¶ කොළඹට 011 ගහන්න ඕනේ 콜롬보로는 011을 눌러야 합니다

ගහළයා [가할러야-] 사형 집행인 අලුගෝසුවා.

ගහෝනිය [가호-니여] ①황마 망토 ගෝනි කබාව ②(농업) 래기 옷 වැරහැලි ඇඳුම.

ගළ [갈러] ①무리, 회중 සමූහය ②항아리 ඝටය ③잠긴, 빠진 ගිලිහුණු.

ගළතනවා [갈러떠너와-] 연결하다, 잇다 එකට අඳනවා.

ගළනවා [갈러너와-] ගැළුවා-ගළා ①(물) 흐르다, 흘러가다 ගලාගෙන යනවා ②넘쳐 흐르다, 범람하다. ගැළීම/ගැළුම

ගළපනවා [갈러빠너와-] ගැළපුවා-ගළපා 정렬하다, 일렬로 (나란히) 세우다, 정렬시키다. ගැළපීම/ගැළපුම

ගළවනවා [갈러워너와-] ගැළෙවුවා-ගළවා ①구출하다, 구원하다, 구하다 බේරා ගන්නවා ②(신발, 모자) 벗다 ③제거하다, 뽑다, 뽑아내다 ඉවත් කරනවා. ගැළවීම/ගැළවුම
¶ මගේ ජීවිතය ගැළෙව්වේ යේසුස් වහන්සේ 제 삶을 구원하신 분이 예수님 이십니다

ගා [가-] ①ගානවා 의 과거분사: 바른, 칠한 ගාලා ②소리쳐, 소리내 ශබ්ද නගලා. (구어) ගාලා

ගාංචුව† [강-추워] 지퍼, 버클.

ගාටනවා [가-터너와-] 천천히 걷다, 어기적 어기적 걷다.

ගාඩි [가-디] 로디야 계급의 천민 ගාඩියා.

ගාඪ [가-더] 힘든, 거친 රළු.

ගාණ† [가-너] ①가격, 값 මිලය ②수, 숫자 ගණන ③크기, 사이즈 ප්‍රමාණය.

ගාතය† [가-떠여] ①수족, 손발, 지체 අවයවය ②(동물 고기) 넓적다리.

ග

ගාත්‍රය [가-뜨러여] ①수족, 손발, 지체 අවයවය ②몸, 신체 ශරීරය.

ගාත්‍රාක්ෂරය [가-뜨락셔러여] (문법) 자음 ව්‍යාංජනය.

ගාථාව† [가-따-워] (시의) 연(聯), 스탠자.

ගාධ [가-더] ①얕은, 깊지 않은 නොගැඹුරු ②장소, 처소 තැන ③책, 서적 ග්‍රන්ථය.

ගාන‡ [가-너] ①가격, 값 මිලය②수, 숫자 ගණන ③크기, 사이즈 ප්‍රමාණය ④ගානවා 의 형용사적 현재용법: 바르는, 문지르는.

ගානවා‡ [가-너와-] ගෑවා-ගා(ගාලා) ①(기름, 페인트, 연고) 바르다 ආලේප කරනවා ②문지르다 සූරනවා. ගෑම

ගානේ‡ [가-네-] (후치사) ①가격으로, 값으로 මිලයෙන්②수로, 갯수로 ගණනින් ③크기로, 사이즈로 ප්‍රමාණයෙන්.

ගාන්ධර්වයා/ගන්ධර්වයා [간-다르워야-/간다르워야-] 음악가 සංගීතඥයා.

ගාමණී [가-머니] 이장, 마을 리더 ගමරාල.

ගාමය [가-머여] 마을, 동네 ග්‍රාමය. (구어) ගම

ගාම්බීර/ගාම්භීර [감-비-러] 깊은, 뜻깊은, 심원한 ගම්භීර.

ගාය [가-여] ①고통, 아픔 කැක්කුම ②장난, 농 දඟකාරකම ③욕정, 정욕 ලිංගික උනන්දුව.

ගායකයා/ගායක‡ [가-여꺼야-/가-여꺼] (남자) 가수, 노래하는 사람 ගයන්නා. ¶ ගායිකාව 여가수

ගායනය [가-여너여] 노래, 노래 부르기, 영창 ගැයීම. (구어) සිංදුකීම

ගායනා කරනවා† [가-여나- 꺼러너와-] 노래하다, 영창하다 ගයනවා. (구어) සිංදු කයනවා

ගායනාව [가-여나-워] ①노래, 영창, 노래 부르기 ගැයීම ②연주.

ගායිකාව† [가-이까-워] 여가수.
¶ ගායකයා (남자)가수

ගාල† [갈-러] 축사, 우리 මඩුව.
¶ රථ ගාල 주차장

ගාලගෝට්ටිය [갈-러곹-티여] 소요, 소동, 외치는 소리, 왁자지껄 떠듦 කොලහලය.

ගාල් කරනවා [갈- 꺼러너와-] ①우리에 가두다 ②싸다, 감다, 둘러싸다 වටකරනවා.

ගාව ‡ [가-워] ①경계, 가장자리, 기슭 අද්දර ②(후치사) ~ 가까이에, 근처에, ~ 에게 වෙත.
¶ පෑනක් මා ගාව නෑ 펜 나에게 없다

ගාවිනාව [가-위나-워] 고통, 아픔 වේදනාව.

ගාස්තුව‡ [가-쓰뚜워] 요금, 수수료.

ගැට කපනවා† [개터 까뻐너와-] ①소매치기 하다 ②매듭을 풀다.

ගැට කපන හොරා [개터 까뻐너 호라-] 소매치기 ගැට කපන්නා.

ගැට කපන්නා† [개터 까빤나-] 소매치기 ගැට කපන හොරා.

ගැටකාරයා [개터까-러야-] 사기꾼, 속이는 자 වංචාකාරයා.

ගැට ගසනවා [개터 가써너와-] 묶다, 매듭을 묶다 බඳිනවා. (구어) ගැට ගහනවා

ගැට ගහනවා‡ [개터 가하너와-] 묶다, 매듭을 묶다 බඳිනවා. (문어) ගැට ගසනවා

ගැටපිච්ච [개터삧처] (식물) 자스민과 꽃.

ගැටතැන් [개터땐] 어려운 부분.

ගැටනිටුල්/ගැටනෙටුල් [개터니툴/개터네툴] 키작은 나무: 뽕나무과 පාලිත.

ගැටපදය [개터빠더여] ①(책뒤의 어려운 용어나 문장) 용어풀이 ග්‍රන්ථි පදය ②매듭 ගැයට.

ගැටමුසු [개터무쑤] 난해한, 이해하기 어려운.

ගැටය† [개터여] ①매듭, 엮음, 이음매, 접합 부분(대나무의) බැඳීම ②(문, 서랍) 손잡이 ③문제, 어려움 ④익지 않은 열매 ළපටි ගෙඩි ⑤책략, 계교, 속임수 උපාය.

ගැටයා/ගැටවරයා [개터야-/개터워러야-] ①십대, 청소년 ②젊은이, 청년 තරුණයා.

ගැටලනවා [개털러너와-] ගැටලෑවා-ගැටලා 묶다, 매듭을 짓다, 엮다 ගැට ගහනවා. ගැටලෑම

ගැටලු/ගැටළු [개털루] 어려운, 얽힌, 엉클어진, 해결이 곤란한 අවුල්.

ගැටලුව/ගැටළුව‡ [개털루워] 문제, 혼란, 복잡, 엉클어짐 අවුල.

ගැටවරයා/ගැටයා [개터워러야-/개터야-] ①십대, 청소년 ②젊은이, 청년 තරුණයා.

ගැටළුව‡ [개털루워] 문제, 혼란, 복잡, 엉클어짐 ගැටලුව.

ගැටිය [개티여] (그릇, 용기 입구의) 가장자리, 끝, 언저리 අයින. (구어) ගාව

ගැටිස්සි [개팃씨] 청소년 여자애 නවයොවුන් කාන්තාව.

ගැටීම/ගැටුම [개티-머/개투머] ගැටෙනවා 의 동명사: 충돌, 부딪힘 වැදීම.

ගැටෙනවා† [개테너와-] ගැටුණා-ගැටී 부딪히다, (소리를 내며) 충돌하다 එකට පැදෙනවා. ගැටීම/ගැටුම (구어) හැප්පෙනවා

ගැඩවිලා [개더윌라-] 선충(류의 벌레).

ගැණ බලනවා [개너 발러너와-] 세보다, 세어 보다 ගණන් කර බලනවා.

ගැණීම/ගැණුම [개니머/개누머] ගණිනවා, ගැණෙනවා 의 동명사: 셈, 숫자를 셈, 합산.

ගැණෙනවා [개네너와-] ගැණුණා-ගැණී(ගැණිලා) 세어지다, 합산되다. ගැණීම/ගැණුම

ගැති [개띠] ①복종하는, 진, 굴복한 යටත් ②소유한, 가진 අයිති. ¶ ණයගැති 빚진

ගැතිකම/ගැති බව [개띠꺼머/개띠 바워] ①종노릇, 종됨 දාස කම ②소유, 가짐 නතුකම.

ගැතිකම් කරනවා [개띠깜 꺼러너와-] ①순종하다, 복종하다 ②섬기다, 봉사하다.

ගැතියා/ගැත්තා [개띠야-/갣따-] ①종, 머슴, 하인 දාසයා ②헌신자, 위탁된 사람 කැපකරු.

ගැදි [개디] 산문 ගද්‍ය.

ගැන‡ [개너] ~에 관하여, 대해서. (문어) පිළිබඳ

ගැනීම‡ [개니-머/개누머] ගන්නවා 의 동명사: ①가짐, 취함 ගැන්ම ②구매, 구입 මිලදී ගැනීම.

ගැනුම/ගැනීම [개누머/개니-머] ගන්නවා 의 동명사: ①가짐, 취함 ගැන්ම ②구매, 구입 මිලදී ගැනීම.

ගැනුම්කරු [개눔꺼루] 구매자, 소비자 මිලදී ගන්නා තැනැත්තා.

ගැනුම් මිල [개눔 밀러] 구매가, 구매 가격.

ගැනෙනවා† [개네너와-] ගැනුණා-ගැනී(ගැනිලා) ගන්නවා 의 피동사: ①가져와 지다, 취해 지다 ගැනීම ඉබේ වෙනවා②걸리다, ~에 처해지다. ¶ උණ ගැනිලා 열병에 걸렸다 මේ පෑන ගැනිලා 이 볼펜을 (나도 모르는 사이에) 가져왔다

ගැන්ම‡ [갠머] ගන්නවා 의 동명사: ①가짐, 취함 ගැනීම ②구매, 구입 මිලදී ගැනීම.

ගැන්වෙනවා [갠웨너와-] ගන්වනවා 의 피동사: 가지게 되다, 받아들여지게 되다, 취해지게 되다. ¶ පණ ගැන්වෙනවා 힘(기운)을 가지게 되다

ගැප [개뻐] ①배, 복부 බඩ ②자궁 ගැබ ③구멍, 공동 කුහරය. (복) *ගැප්*

ගැප් ගන්නවා/ගැබ් ගන්නවා [갶 간너와-/갭 간너와-] 임신하다, 애배다 ගර්භණී වෙනවා. (구어) දරුවෙක් හමුවන්න යනවා

ගැප් ගත් [갶 갇] 임신한, 애밴 ගර්භණී.

ගැබ [개버] ගැප 를 참조하라: ①자궁 ②배, 복부 ③공간. ¶ වන ගැබ 광야 සොහොන් ගැබ 무덤 අහස් ගැබ 하늘

ගැබිණි† [개비니] 임신한, 애밴 ගර්භණී.

ගැබිණී/ගැබිණිය [개비니-/개비니여] 임산부 ගර්භණී.

ගැබ් ගන්නවා† [갭 간너와-] 임신하다, 애를 배다 ගර්භණී වෙනවා. (구어) දරුවෙක් හමුවෙන්-න යනවා

ගැබ් වෙනවා [갭 왜너와-] ①임신하다, 애를 배다 ගර්භණී වෙනවා ②포함되다, 구성되다 ඇතුළත් වෙනවා.

ගැමි [개미] 시골의, 전원의 ග්‍රාමීය.

ගැමියා† [개미야-] 촌사람, 마을 사람, 시골 사람 ගම්වැසියා.

ගැමිවහර [개미와하*러*] 민속, 민속전통.

ගැඹුර† [갬부*러*] 깊이 ඇතුලට ඇති දුර.

ගැඹුරු‡ [갬부*루*] ගැඹුර 의 형용사: 깊은.

ගැඹුරු තෙලේ බැදීම [갬부*루* 뗄레- 배디-머] 오래 튀기기.

ගැම්ම [갬머] ①힘, 능력 ශක්තිය ②영향력, 주입 බලපෑම.

ගැරඬියා‡ [개*런*디야-] 쥐나 새를 포식하는 무독의 큰 뱀.

ගැරහීම [개*러*히-머] ගරහනවා 의 동명사: 욕설, 욕함, 굴욕을 줌, 창피케 함 ගැරහුම.

ගැරහුම [개러후머] ගරහනවා 의 동명사: 욕설, 욕함, 굴욕을 줌, 창피케 함 ගැරහීම.

ගැරහුම් කරනවා [개*러*훔 꺼*러*너와-] 욕하다, 욕보이다, 창피를 주다, 굴욕을 주다 අපහාස කරනවා.

ගැල [갤러] 수레, 차, 달구지 කරත්තය.

ගැලතිල්ල [갤러띨러] (마차용) 마구(馬具), 견인줄을 매닮 ඇඳුත්ත.

ගැලතුම [갤러뚜머] (마차용) 마구, 견인줄을 매닮 ඇඳුත්ත.

ගැලරිය [갤러*리*여] ①갤러리, 화랑 ②극장에서 가장 싼 좌석.

ගැලවීම‡ [갤러위-머] ගලවනවා, ගැලවෙනවා 의 동명사: 구원, 구출 මිදීම. ¶ ගැලවීම අපේ දෙවියන් වහන්සේට අයිතියි 구원은 우리 하나님께 속해 있습니다

ගැලවුම‡ [갤러우머] ගලවනවා, ගැලවෙනවා 의 동명사: 구원, 구출 මිදීම, ගැලවීම.

¶ ගැලවුම්කාරයා 구원자

ගැලවුම්කරු [갤러움꺼루] 구원자, 구속자: 예수 그리스도 මිදුම්කරු.

ගැලවුම්කාරයා‡ [갤러움까-러야-] 구원자, 구속자: 예수 그리스도 මිදුම්කාරයා.

ගැලවෙනවා‡ [갤러웨너와-] ගැලෙවුණා-ගැලවී(ගැලවිලා) ①구원받다, 구출되다 මිදෙනවා ②벗 겨지다, 빠지다. <u>ගැලවීම/ගිලවුම</u>

ගැලීම [갤리-머] ගලනවා 의 동명사: 흐름, 유동 ගැලුම.

ගැලුම [갤루머] ①(단위) 갤론(4.5리터) ②ගලනවා 의 동명사: 흐름, 유동 ගැලීම.

ගැලෙනවා [갤레너와-] ගැලුණා-ගැලී ~에 있다, ~에서 활동하다, ~에 종사하다 යමක යෙදී සිටිනවා. <u>ගැලීම</u>

ගැල්කරු [갤꺼루] 짐마차꾼, 마부, 운송인 කරත්තකාරයා.

ගැල් කුලිය [갤 꿀리여] 화물료, 운송료 බඩු ප්‍රවාහන කුලිය.

ගැල් වියගහ [갤 위여가하] 달구지에 다는 멍에.

ගැල්වීම [갤위-머] ගල්වනවා 의 동명사: (연고, 기름) 바름, 문지름, 문질러 바름 ගෑම.

ගැල් සාත්තුව [갤 싿-뚜워] (사막의) 대상(隊商), 일단의 마차 කරත්ත පෙළ.

ගැවසීම [개워씨-머] ①ගැවසෙනවා 의 동명사: a. 빈둥거림, 어슬렁거림, 배회 b. 어울림, 결합 ගැවසුම ②ගවසනවා의 동명사: 장식, 꾸밈, 치장 සැරසීම.

ගැවසුම [개워쑤머] ①ගැවසෙනවා 의 동명사: a. 빈둥거림, 어슬렁거림, 배회 b. 어울림, 결합 ගැවසීම ②ගවසනවා의 동명사: 장식, 꾸밈, 치장 සැරසීම.

ගැවසෙනවා† [개워쎄너와-] ගැවසුණා-ගැවසී ①어슬렁 거리다, 배회하다 නිතර නිතර එනවා යනවා ②어울리다, 결합하다 නිතර ඇසුරු කරනවා. <u>ගැවසීම/ගැවසුම</u>

ගැසෙනවා† [개쎄너와-] ගැසුණා-ගැසී ①떨리다, 흔들리다 සැලෙනවා ②깨지다, 쪼개지다, 금가다 ඉරිතලනවා. <u>ගැස්ම</u> (구어) ගැහෙනවා

ගැස්ම [개쓰머] ගැසෙනවා, ගැහෙනවා 의 동명사: ①진동, 흔들림, 고동 වෙව්ලිල්ල ②쪼개짐, 깨짐, 금감 පිපිරීම. ¶ හද ගැස්ම 설레임, (심장) 두근거림

ගැස්සීම† [갰씨-머] ගැස්සෙනවා 의 동명사: 진동, 흔들림, 고동 වෙව්ලිල්ල.

ගැස්සෙනවා‡ [갰쎄너와-] ගැස්සුණා-ගැස්සී 떨리다, 흔들리다 සැලෙනවා. <u>ගැස්සීම</u>

ගැහැට/ගැහැටුව [개해터/개해투워] 근심, 걱정, 불안 කරදරය.

ගැහැනිය/ගෑනිය‡ [개해니여/개-니여] 여자, 여성. (문어) කාන්තාව

ගැහැනු‡ [개-누] ①여자들, 여성들 කාන්තාවෝ ②여자의, 여성의 ගෑනු.

ගැහැනු ටොක්කා [개해누 톡까-] 여자에게 조종당하는 사람, 부인을 무서워하는 사람.

ගැහැවිනිය [개해위니여] (세를 내준 집, 방 등의) 주인 여자.

ගැහැවියා [개해위야-] (세를 내준 집, 방, 호텔 등의) 주인.

ගැහෙනවා [개헤너와-] ගැහුණා-ගැහිලා ①떨리다, 흔들리다 හැලෙනවා ②깨지다, 쪼개지다, 금가다 ඉරි තළනවා. <u>ගැස්ම</u> (문어) ගැසෙනවා

ගැළපෙනවා‡ [갤러뻬너와-] ගැළපුණා-ගැළපී 어울리다, 적절하다 සුදුසු වෙනවා. ගැළපීම/ගැළපුම

ග

ගැළවීම‡ [갤러위-머] ගළවනවා, ගැළවෙනවා 의 동명사: 구원, 구출 මිදීම. ¶ ගැළවීම අපේ දෙවියන් වහන්සේට අයිතියි 구원은 우리 하나님께 속해 있습니다

ගැළවෙනවා‡ [갤러웨너와-] ගැළෙවුණා-ගැළවී(ගැළවිලා) ①구원받다, 구출되다 මිදෙනවා ②벗겨지다, 빠지다. ගැළවීම/ගිළවුම

ගෑටෙනවා [개-테너와-] ගෑටුණා-ගෑටී 비척비척 걷다, 비틀비틀 걷다. ගෑටීම

ගෑණු/ගෑනු‡ [개-누] ①여자들, 여성들 කාන්තාවෝ ②여자의, 여성의.

ගෑනිය/ගැහැනිය‡ [개-니여/개해니여] 여자, 여성. (문어)කාන්තාව

ගෑනු‡ [개-누] ①여자들, 여성들 කාන්තාවෝ ②여자의, 여성의.

ගෑනු ඇඟ [개-누 앵거] ①여자의 몸, 여성 체격 ②여자의 성기 ස්ත්‍රී ලිංගය.

ගෑනු දරුවා‡ [개-누 다루와-] 여자애, 딸, 소녀 ගෑනු ළමයා.

ගෑනු මනුස්සයා [개-누 마눘써야-] 여자, 여성.

ගෑරුප්පුව† [개-룹뿌워] (식탁용의) 포크.

ගෑවෙනවා† [개-웨너와-] 닿다, 부딪히다, 만져지다 තැවරෙනවා.

ගෑස්‡ [개-쓰] ①가스 වායුව ②교만, 거만, 오만 උඩංගුකම.

ගිංපොල් [깅뽈루] 키가 작은 야자 나무.

ගිගිරි [기기리] 소리나는 팔찌 කිංකිණි.

ගිගිරීම/ගිගිරුම [기기리-머/기기루머] ගුගුරනවා 의 동명사: ①천둥 ②고함, 포효 ගිගුරුම.

ගිගිරුම් දෙනවා† [기기룸 데너와-] ①천둥치다 ගර්ජනා කරනවා ②고함치다, 포효하다 ගුගුරනවා.

ගිගුම [기구머] 천둥소리, 우르르(쾅)하는 소리 ගිගුරුම. (복) ගිගුම්

ගිගුරුම† [기구루머] ගුගුරනවා 의 동명사: ①천둥, 우레 ගර්ජනාව ②고함, 포효 ගිගිරීම.

ගිජු† [기주] 욕심많은, 탐심의, 게걸들린 කෑදර.

ගිජුලිහිණියා† [기줄리히니야-] ①(조류) 물수리, 독수리 ②욕심쟁이, 탐욕스러운 사람.

ගිණිය [기니여] ගණිනවා 가 හැකි, යුතු 앞에 나올 때 바뀌는 형태: ගිණිය හැකි 셀 수 있는, ගිණිය යුතු 세야 하는.

ගිණුම‡ [기누머] ගණිනවා 의 동명사: ①셈, 계산 ගැණීම ②은행 계좌. ¶ බැංකු ගිණුම 은행 계좌

ගිණුම්කරණය [기눔꺼러너여] 회계학, 회계.

ගිතෙල්† [기뗄] (물소 젖의) 버터기름 එළගිතෙල්.

ගිනි† [기니] ගින්න 의 복수 또는 형용사: ①불, 화염 ගින්දර ②불의, 화염의.

ගිනි අඟුර† [기니 앙구러] 숯불 ඇවිලෙන අඟුර. (복) *ගිනි අඟුරු*

ගිනි අවි ප්‍රවීනයා [기니 아위 쁘러위-떠야-] 전문 사격수.

ගිනි කණ වැටෙනවා [기니 까너 왜테너와-] (강한 빛으로) 눈부시다, 눈부시게 빛나다.

ගිනි කනවා [기니 까너와-] 부당한 이득을 만들다.

ගිනි කන්ද† [기니 깐더] 화산 යමහල.

ගිනි කබළ† [기니 까벌러] 화로, 향로 ගිනි දල්වන භාජනය.

ගිනි කසයා [기니 까써야-] 재빨리 반응(행동)하는 사람.

ගිනි කිකිළි [기니 끼낄리] 뿔닭 암컷, 암호로새, 기니파울 암컷.

ගිනි කුකුළා [기니 꾸꿀라-] 뿔닭, 호로새, 기니파울.

ගිනිකුන්දම [기니꾼더머] 분쟁, 싸움 කලබලය.

ගිනිකුරුල්ලා [기니꾸룰라-] (새) 트로곤 (깃털이 아름다운 열대, 아열대산의 새; 두 발가락은 앞을, 나머지 두 발가락은 뒤를 향한 것이 특징) ගිනි හොරා.

ගිනිකූටක [기니꾸-터꺼] 불타는, 타는, 매우 뜨거운.

ගිනිකූටකේ [기니꾸-터께-] 뜨거운 태양열 아래.

ගිනිකූර‡ [기니꾸-러] 성냥개비. (복) *ගිනිකූරු*

ගිනි කෙළි කර්මාන්තය [기니 껠리 까르만-떠여] 꽃불 제조술, 꽃불 올리기.

ගිනි කෙළිය [기니 껠리여] 불꽃놀이.

ගිනිකොන‡ [기니꼬너] 동남쪽 අග්නි දිග.

ගිනි ගඩොල් [기니 가돌] 붓두막, 화로를 만들기 위해 사용하는 벽돌.

ගිනි ගණන [기니 가너너] 고가, 아주 비쌈 අධික මිල.

ගිනි ගණන් [기니 가난] ①고가, 아주 비쌈 ②아주 비싼, 너무 비싼 ③아주 비싸게, 고가로.

ගිනි ගන්නවා‡ [기니 간너와-] 불타다, 불나다, 불타 오르다 ගිනි ඇවිලෙනවා.

ගිනි ගල† [기니 갈러] 부싯돌.

ගිනිගිනියේ [기니기니예-] 아주 급하게, 성급하게, 아주 빨리 ඉතා හදිසියෙන්.

ගිනිගෙඩිය [기니게디여] 재앙, 참사 විපත්තිය.

ගිනි ගොඩ [기니 고더] 불, 화염 ගින්දර.

ගිනි ජාලාව [기니 잘-라-워] 화염, 불꽃 මහා ගින්න.

ගිනි තපිනවා [기니 따삐너와-] 불을 쬐다, 불에 몸을 녹이다.

ගිනි තබනවා/ගිනි තියනවා† [기니 따버너와-/기니 띠여너와-] 불 지르다, 불내다.

ගිනි දල්වනවා [기니 달워너와-] 불을 지피다, 불을 피우다.

ගිනි දැල්ල† [기니 댈러] 불꽃, 화염.

ගිනි දෙනවා [기니 데너와-] 괴롭히다, 억압하다, 학대하다 හිංසා කරනවා.

ගිනි නිවන උපකරණය† [기니 니워너 우빠꺼러너여] 소화기 ගිනිනිවනය.

ගිනි නිවන භටයා [기니 니워너 바터야-] 소방대원.

ගිනිනිවනය† [기니니워너여] 소화기 ගිනි නිවන උපකරණය.

ගිනි නිවනවා [기니 니워너와-] 불을 끄다, 소화시키다 ගින්න නවත්වනවා.

ගිනි නිවන හමුදාව [기니 니워너 하무다-워] 소방대.

ගිනිනූල [기니눌-러] (전기) 퓨즈, 도화선.

ගිනි පත්තු වෙනවා [기니 빧뚜 웨너와-] ①불나다, 불이 나다 ②당황하다, 깜짝 놀라다.

ගිනි පුපුර‡ [기니 뿌뿌러] 불꽃, 스파크. (복) *ගිනි පුපුරු*

ගිනි පෙට්ටිය‡ [기니 뻳티여] 성냥, 성냥각.

ගිනි පෙනෙල්ල† [기니 뻬넬러] 횃불, 관솔 අලාතය. (복) *ගිනි පෙනෙලි*

ග

ගිනිබත් කරනවා [기니받 꺼러너와-] 불 붙이다, 불을 지피다, 불지르다 පුලුස්සනවා.

ගිනිබත් වෙනවා [기니받 웨너와-] (불에) 타다, 불나다 දැවෙනවා.

ගිනි මැරේට [기니 마레-터] 즉시, 곧바로 වහ වහා. (구어) ඉක්මනට

ගිනි මැලය/ගිනි මුළුව‡ [기니 맬러여/기니 물루워] 모닥불, 장작불.

ගිනි මැස්ස [기니 맸써] 난로의 쇠살대, 석쇠.

ගිනි මුළුව/ගිනි මැලය [기니 물루워/기니 맬러여] 모닥불, 장작불.

ගිනියම [기니여머] 열, 더위, 열기, 더운 기운 අග්නි කර්මය. (복) *ගිනියම්*

ගිනියම් [기니얌] 불타는, 뜨거운 ගිනිගෙන දැවෙන.

ගිනි රක්ෂණය [기니 띾셔너여] 화재 보험.

ගිනි රස්නය [기니 라쓰너여] 열기, 불의 뜨거움.

ගිනි වතුර [기니 와뚜러] 질산.

ගිනි වරන/ගිනි වාරක [기니 와러너/기니 와-러꺼] 방화의, 불연성의 ගිනි නොගන්නා.

ගිනි වැටිය [기니 왜티여] (양초, 램프 따위) 심지 පහන් තිරය.

ගිනිසුළ/ගිනිහුළ/ගිනිහුළු [기니쑬러/기니훌러/기니훌루] 횃불, 간데라 ගිනි අත්ත.

ගිනිහල් ගෙය [기니할 게여] 부엌 කුස්සිය.

ගිනිහල් පොකුණ [기니할 뽀꾸너] 온천.

ගිනිහුළ/ගිනිසුළ/ගිනිහුළු [기니훌러/기니쑬러/기니훌루] 횃불, 간데라 ගිනි අත්ත.

ගිනි හොරා [기니 호라-] (새) 트로곤 (깃털이 아름다운 열대·아열대산의 새; 두 발가락은 앞을, 나머지 두 발가락은 뒤를 향한 것이 특징) ගිනි කුරුල්ලා.

ගින්දර‡ [긴더러] 불, 화염 ගින්න.

ගින්න [긴너] 불, 화염 ගින්දර. (복) *ගිනි*

ගිම [기머] ①열, 더위 උෂ්ණය ②여름 ගිම්හාන කාලය. (복) *ගිම්*

ගිමන [기머너] ①열, 더위 උෂ්ණය ②피로, 피곤 මහන්සිය.

ගිමන්හල [기만할러] 휴식처 අම්බලම.

ගිම නිවනවා [기머 니워너와-] ①열을 식히다 ②쉬다, 휴식을 취하다.

ගිම්හාන‡ [김하-너] ගිම්හානය 의 복수 또는 형용사: ①여름들 ②여름의, 하계의, 하절의 උෂ්ණ කාල.

ගිම්හානය† [김하-너여] 여름 උෂ්ණ කාලය.

ගිම්හාන සෘතුව‡ [김하-너 리뚜워] 여름, 하계 උෂ්ණ කාලය.

ගිම්හාන සූර්ය නිවෘත්තිය [김하-너 쑤-르여 니우룯띠여] 하지, 하지점.

ගිය සතිය‡ [기여 싸띠여] 지난주.

ගියා‡ [기야-] යනවා 의 과거: 갔다.

ගිර [기러] ①산 කන්ද ②바위 පර්වතය.

ගිරය [기러여] 열매 까는 칼(연장), 호두깎기, 파쇄기. (복) *ගිරා*

¶ **ගිරයේ පුවක් ගෙඩියක් වගේ** 파쇄기 안에 있는 뿌왁 열매 같이 (어려운 상황을 표현하는 속담)

ගිරවා‡ [기러와-] 앵무새.

ගිරහ [기러하] 행성 ග්‍රහයා.

ගිරහණිය [기러하니여] (질병) 구루병.

ගිරා [기라-] ①앵무새의, 앵무새와 관련되 ②ගිරය 의 복수: 호두깎기들, 파쇄기들.

ගිරි [기리] ගිරය 의 복수: ①산들 කඳු ②바위들 පර්වත.

ගිරි කුළ [기리 꿀러] 산정상, 꼭대기, 바위 꼭대기 කඳු මුදුන. (복) *ගිරි කුළු*

ගිරි තලාව [기리 딸라-워] 고원, 대지(臺地) සානුව.

ගිරි දඹය [기리 담버여] 절벽 산.

ගිරි දුර්ගය [기리 두르거여] 산길, 다니기 어려운 산길.

ගිරිඳු [기린다-] ①반석, 큰 바위 පර්වත රාජයා ②여물지 않은 구장잎.

ගිරිය‡ [기리여] ①산, 바위 කන්ද ②목 උගුර.

ගිරිය පුප්පනවා [기리여 뿝빠너와-] 비명을 지르다, 큰 소리를 지르다 මහත් හඬින් කෑගහනවා.

ගිරිහිස [기리히써] 산꼭대기, 산정상 මුදුන.

ගිරේ [기레-] 견과류 파쇄기 ගිරය.

ගිල ගන්නවා [길러 간너와-] 삼키다, 들이켜다, 꿀꺽 삼키다 ගිලිනවා.

ගිල දමනවා [길러 다머너와-] 삼키다, 들이켜다, 꿀꺽 삼키다 ගිලිනවා.

ගිලනා [길러나-] 병자, 환자 රෝගියා. (구어) ලෙඩා

ගිලන් [길란] 아픈, 병에 걸린 අසනීප. (구어) ලෙඩ

ගිලන්පස [길란빠써] ①병자 음식 ගිලන ප්‍රත්‍යය ②음료수.

ගිලන් රථය‡ [길란 라떠여] 구급차, 엠뷸런스.

ගිලන්හල [길란할러] 병원 රෝහල. (구어) ඉස්පිරිතාලය

ගිලාන ප්‍රත්‍යය [길라-너 쁘러띠여여] ①병자 음식 ගිලන්පස ②음료수 අතුරු බීම.

ගිලානෝපස්ථානය [길라-노-빠쓰따-너여] 간호 (업무), 간병 රෝගීන්ට කරන උවටැන්.

ගිලා බසිනවා† [길라- 바씨너와-] 가라 앉다, 침수되다.

ගිලිනවා† [길리너와-] ගිලුවා/ගිල්ලා-ගිල 삼키다, 들이켜다, 꿀꺽 삼키다. ගිලීම/ගිලුම

ගිලිහෙනවා [길리헤너와-] ගිලිහුණා-ගිලිහී ①떨어지다, 손에서 떨어지다 හැලෙනවා ②구원받다, 해방되다, 자유롭게 되다 ගැලවෙනවා.

ගිලීම [길리-머] ගිලිනවා, ගිලෙනවා 의 동명사: ①삼킴, 삼켜넘김 ②침수, 가라 앉음.

ගිලෙනවා† [길레너와-] ගිලුණා-ගිලී ගිලිනවා 의 피동형: ①가라앉다, 잠기다 ②삼켜지다. ගිලීම

ගිල්ම [길머] 침수, 가라 앉음 ගිලාබැස්ම.

ගිල්ලනවා [길러너와-] ගිල්ලුවා-ගිල්ලා (물에) 담그다, 잠기게 하다, 박아 넣다 ගිල්වනවා.

ගිල්වනවා† [길워너와-] ගිල්ලුවා-ගිල්වා (물에) 담그다, 잠기게 하다, 박아 넣다 ගිල්ලනවා.

ගිවිසනවා [기위써너와-] ගිවිසුවා-ගිවිසා 약속하다, 동의하다 පොරොන්දු වෙනවා. ගිවිසීම/ගිවිසුම

ගිවිස ගන්නවා‡ [기위써 간너와-] 약속하다, 동의하다 පොරොන්දු වෙනවා. ¶ විවාහ ගිවිස ගන්නවා 약혼하다

ගිවිසිනවා [기위씨너와-] ගිවිස්සා-ගිවිස 약속하다, 동의하

다 ගිවිසනවා. <u>ගිවිසීම</u> ¶ විවාහ ගිවිසිනවා 약혼하다

ගිවිසුම‡ [기위쑤머] 언약, 약속. (복) *ගිවිසුම්* ¶ අලුත් ගිවිසුම (성경) 신약 පරණ ගිවිසුම (성경) 구약

ගිවිසුම් ඔප්පුව [기위쑴 옾뿌워] 동의서, 언약 증서.

ගිවිසුම් නීතිය [기위쑴 니-띠여] 계약 법.

ගිහි [기히] ①평신도의, 세속의, 속인의 ②살림살이의 ගෘහ ජීවිතයට අයත්.

ගිහි ගෙය [기히 게여] 세속의 삶, 일반 세상살이 ගිහි තත්වය.

ගිහිණි [기히니] 가득찬, 찬, 빽빽한 පිරුණු.

ගිහින් [기힌] යනවා 의 과거분사: 가고, 가서, 출발해 ගොස්. (구어) ගිහිල්ලා ¶ ගිහින් එන්නම් 다녀 올게요, 또 봐요

ගිහිබන්ධනය [기히반더너여] ①결혼 생활 ②집안 생활.

ගිහියා† [기히야-] ①평신도 ②호주, 세대주. ¶ පූජකයා 제사장

ගිහිල්ලා [기힐라-] යනවා 의 과거분사: 가, 가서, 가고. (문어) ගොස්

ගී† [기-] 노래들, 가곡들 ගීත. (구어) සිංදු

ගී කියනවා [기- 끼여너와-] 노래하다, 노래를 읊조리다 ගී ගයනවා.

ගී ගයනවා† [기- 가여너와-] 노래하다, 노래를 읊조리다 ගී කියනවා. (구어) සිංදු කයනවා

ගී ගායනය [기- 가-여너여] 노래 부름 ගී කීම, ගී ගැයුම.

ගීත නාටකය† [기-떠 나-터꺼여] 민요, 속요(俗謠), 발라드 ගී නළුව.

ගීතය† [기-떠여] 노래, 가곡 ගීය. (복) *ගීත* (구어) සිංදුව

ගීතස්වරය [기-따쓰워*러*여] 가락, 운율, 리듬 තාලය.

ගීතාවලිය [기-따-월리여] (성경) 시편.

ගීතිකාව [기-띠까-워] 찬양, 찬송, 성가 භක්ත ගීය.

ගීනළුව [기-널루워] 민요, 속요(俗謠), 발라드 ගී නාටකය.

ගීය‡ [기-여] 노래, 가곡 ගායනය. (복) *ගී* (구어) සිංදුව

ගී රැඟුම [기- *랭*구머] 가무, 춤추면서 노래 부르기 ගී ගයමින් නැටීම.

ගීවය [기-워여] 목 බෙල්ල.

ගුගුරනවා [구구*러*너와-] ගිගුරුවා-ගුගුරා 고함치다, 소리 지르다, 외치다 මහ හඬින් නාද කරනවා. <u>ගිගිරීම/ගිගිරුම/ගිගුරුම</u>

ගුගුල් [구굴] 의약 진통제, 밤(balm) 연고.

ගුච්ඡය [궃처여] 뭉치, 다발 කළඹ. පොකුර.

ගුටි කනවා‡ [구티 까너와-] 혼나다, 혼쭐나다, 매맞다 පහර ලබනවා.

ගුටිකාව [구티까-워] 정제, 동그런 환 ගුළිය.

ගුටි දෙනවා [구티 데너와-] 때리다, 매질하다 පහර දෙනවා. (구어) ගහනවා

ගුටි බානවා [구티 바-너와-] 때리다, 매질하다 ගුටි බැට දෙනවා.

ගුටි බැට [구티 배터] 매질, 때림 පහරදීම.

ගුටිය [구티여] ①매질, 때림 පහරදීම ②볼 케이크 අග්ගලා.

ගුඩ [구*더*] ①사탕수수 액, 설탕 උක් පැණි ②둥글고 작은 알 ගුළිය ③팜 나무 තල් ගස.

ගුඩු [구두] ①집단 전통 놀이 ②아주 메마른 ඉතා වියළුණු.

ගුඩු ගෙඩිය [구두 게디여] 마른 견과.

ගුඩු පොල් [구두 뽈] 마른 야자 열매.

ගුඩ්ඩා [굳다-] ①구두쇠, 노랑이, 수전노 මසුරා ②바보, 멍청이 මෝඩයා.

ගුණ† [구너] ගුණය 의 복수 또는 형용사: ①미덕, 덕행 ගති පැවතුම් ②곱하기, 곱 වැඩිකිරීම ③미덕의, 덕행의, 착한.

ගුණකථනය/ගුණකථාව [구너까떠너여/구너까따-워] 칭찬, 찬사 ප්‍රශංසාව.

ගුණකය [구너꺼여] 곱하는 수, 곱수.

ගුණ කරනවා [구너 꺼러너와-] 곱하다 වැඩි කරනවා.

ගුණ දම්/ගුණ දහම් [구너 담/구너 다함] 도덕, 덕, 덕행, 미덕 ගුණ ධර්ම.

ගුණදැනම්ටිකම [구너대너미띠꺼머] 조언, 충고, 권고 උපදෙස.

ගුණ දෙස් [구너 도쓰] 도덕과 비도덕, 선과 악 හොඳ නරක පැවතුම.

ගුණ ධර්මය [구너 다르머여] 도덕, 덕, 덕행, 미덕 ගුණ දහම.

ගුණනය [구너너여] 곱하기, 곱 ගුණ කිරීම.

ගුණනාමය [구너나-머여] 속성, 성질 ගුණය නිසා තැබූ නම.

ගුණ මකු [구너 마꾸] 감사하지 않는, 고마워 하지 않는.

ගුණ මකුකම [구너 마꾸꺼머] 감사하지 않는 마음, 감사치 않음.

ගුණය‡ [구너여] ①속성, 성격, 성질 ගතිය ②질, 품질 ③배(倍), 곱, 갑절 ④도덕, 덕, 덕행, 미덕 යහපත්කම. ¶ එකකින් සිය ගුණය 100배

ගුණවතා [구너워따-] 선행자, 덕을 행하는 사람.

ගුණවන්ත [구너완떠] 좋은, 선한, 미덕의, 덕의 යහපත්.

ගුණවත්† [구너왇] ①좋은, 선한, 미덕의, 덕의 යහපත්, ගුණවන්ත ②감사하는 ස්තුතිවන්ත.

ගුණවත්කම [구너왇꺼머] 선함, 착함, 미덕 යහපත්කම.

ගුණවර්ණනය [구너와르너너여] 찬사, 칭찬 ගුණවර්ණනාව.

ගුණවර්ණනාව [구너와르너나-워] 찬사, 칭찬 ගුණවර්ණනය.

ගුණවෙනවා [구너웨너와-] 치료되다, 치유되다 සුව වෙනවා.

ගුණසම්පන්න [구너쌈빤너] 덕스러운, 자비로운, 미덕의 ගුණෝපේත.

ගුණාකාරය [구나-까-러여] 덕의 방법(길), 도덕 යහපත්කමේ ආකාරය.

ගුණාගුණ [구나-구너] 도덕과 비도덕, 장단점.

ගුණාංගය [구낭-거여] ①미덕, 덕, 덕행 ②장점.

ගුණාත්මක [구낟-머꺼] 속성상의, 성질상의.

ගුණානුස්මරණය [구나-누쓰마러너여] 기념, 축하 සැමරීම.

ගුණිතය [구니떠여] 제품, 생산품.

ගුණෝපේත [구노-뻬-떠] 덕스러운, 자비로운, 미덕의 ගුණසම්පන්න.

ගුණ්‍යන [구니여너] 곱할 수 있는 ගුණ කළ හැකි.

ගුද [구더] 항문(주변)의 අධෝ මාර්ගයට අදාළ.

ගුද මාර්ගය [구더 마-르거여] 항문, 똥구멍 අධෝ මාර්ගය.

ගුදම [구더머] 주류 가게, 술 파는 가게 මත්පැන් ගබඩාව.

ගුදය [구더여] 항문, 똥구멍 අධෝ මාර්ගය.

ගුද රෝගය [구더 로-거여] 항문 관련 질병.

ගුදිරිය† [구디리여] 매트리스 මෙට්ටය.

ගුප්ත‡ [굽떠] ①비밀의, 숨어있는, 보이지 않는 රහස් ②마술의, 신비적인.

ගුප්තය [굽떠여] 잠재, 잠복, 잠재력, 가능성 ආවේණිකය ඇති සත්‍යය.

ගුප්ත විද්‍යාව [굽떠 윋디야-워] (점성술 따위) 비학.

ගුබ්බෑයම [굽배-여머] 천민들의 거주지.

ගුමනවා [구머너와-] (벌이) 윙윙 거리다, 윙윙 울다 ගුම නද දෙනවා.

ගුමුගුමුව [구무구무워] (벌의) 윙윙 거리는 소리, 윙윙 울리는 소리.

ගුම්බය [굼버여] ①쌓아올린 것, 더미, 무더기 රංචුව ②수풀, 덤불 පඳුර.

ගුය්හ [구이하] 비밀의, 은밀한 රහස්.

ගුර [구러] (문법) 장음.

ගුරා [구라-] ①선생님, 스승 ගුරුවරයා ②북치는 사람 යකැදුරා.

ගුරු‡ [구루] ①ගුරා 의 복수 또는 형용사: 선생님들, 스승들, 가르치는, 충고하는, 권면하는 උපදේශක ②갈색의 දුඹුරු.

ගුරු අභ්‍යාස විද්‍යාලය [구루 압비야-써 윋디얄-러여] 교사 훈련 학교.

ගුරු උපදේශක [구루 우빠데-셔꺼] 교사 상담자.

ගුරුකම‡ [구루꺼머] ①가르침, 훈계, 충고 ඉගැන්වීම ②주문(을 욈), 마술 මන්ත්‍ර කිරීම.

ගුරු කුලිය [구루 꿀리여] 교사 가계.

ගුරුත්ව කේන්ද්‍රය [구룯워 껜-드러여] 중력의 중심.

ගුරුත්ව බලය [구룯워 발러여] 중력.

ගුරුත්වමානය [구룯워마-너여] 중력 측정기.

ගුරුත්වය‡ [구룯워여] (지구) 중력.

ගුරුත්වාකර්ෂ [구룯와-꺼르셔] 중력의, 지구안으로 잡아당기는.

ගුරුත්වාකර්ෂණය [구룯와-꺼르셔너여] 인력 (작용), 중력.

ගුරු තහඩුව [구루 따하두워] 중요 플레이트 (지각과 맨틀 상층부의 판상 부분).

ගුරු දින [구루 디너] 목요일 බ්‍රහස්පතින්දා.

ගුරු දෙගුරු [구루 데구루] 선생과 부모.

ගුරු දෙගුරු සමිතිය [구루 데구루 싸미띠여] 교사-학부모회.

ගුරු පඬුර [구루 빤두러] 선생님께 드리는 선물(돈).

ගුරු පතොරම [구루 빠또러머] 기준 블록, 무늬 샘플 표.

ගුරුපාර [구루빠-러] 자갈 길.

ගුරු පොත [구루 뽀떠] 안내책자, 매뉴얼, 핸드북.

ගුරුබෑම [구루배-머] 황혼, 땅거미짐.

ගුරු මණ්ඩලය [구루 만덜러여] 가르치는 직원.

ගුරු මුෂ්ටිය† [구루 무쉬티여] 가장 믿을 만한 학생에게 가르치는 비밀 가르침.

ගුරුලේත්තුව‡ [구룰렌-뚜워] 받침 달린 잔, 물 담는 주둥이 작은 그릇.

ගුරුවරයා‡ [구루워러야-] 선생님, 교사 ශික්ෂකයා.

ගුරුවරිය [구루워리여] 여자 선생님, 여교사.

ගුරු විදුහල [구루 위두할러] 교사학교, 교사 훈련학교.

ගුරුහරුකම [구루하루꺼머] 충고, 조언, 훈계, 안내 උපදෙස.

ගුරුහාමි [구루하-미] 브라만.

ගුරුළා [구룰라-] 신화속에 나오는 새.

ගුරූපදේශ [구루-뻐데-셔] ගුරූපදේශය 의 복수 또는 형용사: ①충고, 조언 ගුරුහරුකම් ②충고의, 조언의.

ගුරූපදේශය [구루-뻐데-셔여] 조언, 충고, 안내 ගුරුහරුකම.

ගුල [굴러] 굴, 구멍, 구덩이 බෙනය.

ගුලිය [굴리여] ①(종이, 빵, 초 등의) 둥글게 뭉친 것 බෝලය ②환약, 알약 කැටය.

ගුලුගොනගුල් [굴루고낭굴] 나무(의).

ගුල්ඵය [굴뻐여] 발목 වළලුකර.

ගුල්මය [굴머여] (해부학) 비장.

ගුල්ලා [굴라-] 진드기, 바구미과의 곤충. (복) *ගුල්ලෝ*

ගුවන [구워너] 공중, 하늘 අහස. (복) *ගුවන්*

ගුවන්‡ [구완] 하늘의, 공중의.
¶ ගුවන් සමාගම 항공사

ගුවන් කරනම් [구완ㄴ 까러남] 곡예 비행.

ගුවන් ගමන‡ [구완 가머너] 비행, 비행 여행.

ගුවන් තරණය [구완 따러너여] 항공, 비행 අහසින් යාම.

ගුවන්තොටුපළ/ගුවන්තොට‡ [구완또투뻘러/구완또터] 공항.

ගුවන් නාවික [구완 나-위꺼] 비행사, 비행기 조종사 ගුවන් නැවියා.

ගුවන් නැව† [구완 내워] 비행선, 항공기 ගුවන් යානය.

ගුවන් නැවියා† [구완 내위야-] 비행사, 비행기 조종사 ගුවන් නාවික.

ගුවන් පහර/ගුවන් ප්‍රහාරය [구완 빠하러/구완 쁘러하-러여] 공습.

ගුවන් පාලම† [구완 빨-러머] 고가, 고가도로.

ගුවන් ප්‍රහාරය/ගුවන් පහර [구완 쁘러하-러여/구완 빠하러] 공습.

ගුවන් මඟ/ගුවන් මාර්ගය [구완 망거/구완 마-르거여] 비행로, 비행길.

ගුවන් යානය‡ [구완 야-너여] 비행기, 항공기 අහස් යාත්‍රාව.

ගුවන් විදුලි පණිවුඩය [구완 위둘리 빠니우더여] 전보.

ගුවන් විදුලි ප්‍රචාරය [구완 위둘리 쁘러차-러여] 라디오 송신, 라디오 전송.

ගුවන් විදුලිය‡ [구완 위둘리여] 라디오 방송.

ගුවන් විදුලි යන්ත්‍රය [구완 위둘리 얀뜨러여] 라디오 기계.

ගුවන් හමුදව‡ [구완 하무다-워] 공군.

ගුස්ති [구쓰띠] 씨름, 격투, 복싱 පොර බැදීම.

ගුස්ති අල්ලනවා [구쓰띠 알러너와-] 씨름 하다, 격투하다, 몸싸움 하다 පොර බදනවා.

ගුහාව‡ [구하-워] 동굴, 굴 ලෙන.

ග

ගුහා වාසියා [구하- 와-씨야-] 동굴에 사는 사람.

ගුහ්‍යය [구히여여] ①비밀, 기밀 රහස ②(해부학) 외음부.

ගුහ්‍යාර්ථය [구히야-르떠여] 숨겨진 뜻, 감춰진 의미 සැඟවුණු අදහස.

ගුළ [굴러] ①공, 구 ගුළාව ②뭉치, 덩어리.

ගුළ කෙළිය [굴러 껠리여] 공놀이.

ගුළාව [굴라-워] ①공, 구 ගුළ ②뭉치, 덩어리.

ගුළිකා [굴리까-] 환약(의), 알약(의) කැටය.

ගුළිය† [굴리여] ①(종이, 빵, 초 등의) 둥글게 뭉친 것 බෝලය ②환약, 알약 කැටය.

ගුළු [굴루] ①감춰진, 숨겨진 වැසුණු ②잠긴, 침몰한, 가라앉은 ගිලිහී ගිය.

ගුළුගොනගුල් [굴루고낭굴] 나무(의).

ගූ [구-] 배설물(의), 똥(의).

ගූඪ [구-더] ①감춰진, 숨겨진 වැසුණු ②이해하기 힘든 ③비법의, 비법을 전수하는.

ගූඪාර්ථය [구-다-르떠여] 숨겨진 뜻, 감춰진 의미 ගුහ්‍යාර්ථය.

ගෘහ කර්මාන්තය [그루허 까르만-떠여] 가내 수공업.

ගෘහණිය [그루허니여] (전업) 주부.

ගෘහ නිර්මාණ ශිල්පය‡ [그루허 니르마-너 쉴빠여] 건축(학).

ගෘහ නිර්මාණ ශිල්පියා [그루허 니르마-너 쉴삐야-] 건축가.

ගෘහපති [그루허빠띠] 호주, 세대주 ගෘහ මූලිකයා.

ගෘහ පාලනය [그루허 빨-러너여] 가정 관리.

ගෘහ බැමි [그루허 배미] 집안일 ගෙදරට ඇති බැඳීම.

ගෘහභාණ්ඩ‡ [그루허 반-더] 가구 ගෘහෝපකරණ.

ගෘහමූලිකයා† [그루허물-리꺼야-] 호주, 세대주 ගෘහපති.

ගෘහය‡ [그루허여] 집, 가옥, 주택 නිවස. (구어) ගේ

ගෘහශ්‍රිත [그루허쉬리떠] ①국내의, 자국의 ②내부의, 실내의, 안쪽의.

ගෘහස්ථ ක්‍රීඩා [그루허쓰떠 끄리-다-] 실내 경기.

ගෘහස්ථ ක්‍රීඩාංගණය† [그루허쓰떠 끄리-당-거너여] 실내 경기장 ගෘහස්ථ ක්‍රීඩාගාරය.

ගෘහස්ථයා [그루허쓰떠야-] 집식구들, 집안 사람들 ගෘහවාසියා.

ගෘහිණිය [그루히니여] 집 안주인, 부인 ගෙදර ස්වාමිදුව.

ගෘහෝද්‍යානය [그루호-디야-너여] 집정원, 마당 ගෙවත්ත.

ගෘහෝපකරණ [그루호-빠꺼러너] 가구 ගෘහ භාණ්ඩ.

ගෙ‡ [게] ①집, 가옥, 주택 ගෙදර (복) *ගෙවල්* (문어) නිවස ②(조사) 소유격 조사: ~ 의 ගේ.
¶ ඔබාගෙ නම මොකක්ද? 네 이름은 뭐니?

ගෙඋයන/ගෙවුයන [게우여너] 집정원, 마당 ගෙවත්ත. (복) *ගෙඋයන්/ගෙවුයන්*

ගෙජ්ජ [겢저] 딸랑 거리는 종.

ගෙට වෙනවා [게터 웨너와-] 첫 월경을 하다 මල්වර වෙනවා.

ගෙඩිගෙය [게디게여] 장식 아치.

ගෙඩිය‡ [게디여] ①(나무) 열매 ගසක ඵලය ②혹, 융기. ¶ කළ ගෙඩිය 항아리, 단지

ගෙඩි වෙදකම [게디 웨더꺼머] 혹 치료.

ගෙතුම [게뚜머] 짬, 땀, 엮음 ගොතන ලද දෙය.
ගෙත්තම [겓떠머] 짬, 땀, 엮음 ගොතන ලද දෙය.
ගෙත්තම් කරනවා [겓땀 꺼러너와-] 짜다, 땋다, 엮다 ගොතනවා.
ගෙදර‡ [게더러] 집, 주택 ගේ. (문어) නිවස ¶ ගෙදර වැඩ 숙제 ගේ වැඩ 집안 일
ගෙදර ඇත්තෝ/ගෙදර උන්දෑ [게더러 앧또-/게더러 운대-] 아내, 부인, 집사람 බිරිඳ. (구어) නෝනා
ගෙදර එක්කෙනා‡ [게더러 엒께나-] 아내, 부인, 집사람 බිරිඳ. (구어) නෝනා
ගෙ දෙර [게 도러] 집, 주택, 집과 마당 ගේ දොර.
ගෙන‡ [게너] ගන්නවා 의 과거분사: 가지고, 갖고, 사고. (고어) ගන (구어) ගෙනල්ලා
ගෙනඑනවා [게너에너와-] ගෙනාවා-ගෙනල්ලා(ගෙනැවිත්/ගෙනවුත්) 가지고 오다, 데리고 오다 ගේනවා. ගෙනඊම
ගෙනත් [게낟] ගේනවා 의 과거분사(문어): 가지고 와, 가져와 ගෙනැවිත්. (구어) ගෙනල්ලා
ගෙනයනවා [게너야너와-] ගෙනගියා-ගෙන ගොස් 가지고 가다, 데리고 가다 ගෙනියනවා. ගෙනයාම
ගෙනල්ලා‡ [게날라-] ගෙනඑනවා, ගේනවා 의 과거분사(구어): 가지고 와, 데리고 와 ගෙනිල්ලා. (문어) ගෙනත්
ගෙනවුත්/ගෙනැවිත් [게너웉/게내윋] ගෙනඑනවා 의 과거분사(문어): 가지고 와, 가져와 ගෙනත්. (구어) ගෙනල්ලා
ගෙනහැර දක්වනවා [게너해러 닦워너와-] (이유, 증거 따위를) 제시하다, 예증으로서 들다 ගෙනහැර පානවා. ගෙනහැර දැක්වීම
ගෙනහැර පානවා [게너해러 빠-너와-] (이유, 증거 따위를) 제시하다, 예증으로서 들다. ගෙනහැර පෑම
ගෙනා [게나-] ගේනවා 의 형용사적 과거용법: 가지고 온, 데리고 온 ගෙනාවා වූ.
ගෙනැවිත් [게내윋] ගෙනඑනවා 의 과거분사(문어): 가지고 와, 가져와. (구어) ගෙනල්ලා
ගෙනියනවා‡ [게니야너와-] ගෙනිච්චා-ගෙනි ගොස් 가지고 가다, 데리고 가다. ගෙනියාම
ගෙනිල්ලා‡ [게닐라-] ගෙනෙනවා 의 과거분사: 가지고 와, 데리고 와 ගෙනල්ලා. (문어) ගෙනත්
ගෙනෙනවා† [게네너와-] ගෙනුණා-ගෙනී(ගෙනිල්ලා) 가지고 오다 ගේනවා. (구어) අරන් එනවා
ගෙන්දගම් [겐더감] 유황, 황 සල්ෆ.
ගෙන්නනවා [겐너너와-] ගෙන්නුවා-ගෙන්නා 가져오게 하다, 데려오게 하다 ගෙන්වනවා.
ගෙන්නවනවා [겐너워너와-] ගෙන්නෙවුවා-ගෙන්නවා 가져오게 하다, 데려오게 하다 ගෙන්නනවා.
ගෙන්වනවා [겐워너와-] ගෙන්වුවා-ගෙන්වා ගේනවා 의 사역동사: 가져오게 하다, 데려오게 하다 ගෙන්නනවා.
ගෙපළ [게뻘러] 집터.
ගෙබිම [게비머] 집터, 집 땅 ගෙමැද්ද.
ගෙමැඩියා [게매디야-] 개구리 මැඬියා.
ගෙමිදුල [게미둘러] 마당, 집마당 ගෙදර මිදුල.
ගෙම්බා [겜바-] 개구리 මැඬියා.

ගෙය‡ [게여] 집, 가옥, 주택 ගේ. (복) ගෙයි (문어) නිවස
¶ සොහොන් ගෙය 무덤

ගෙයි [게이] ගෙය 의 복수 또는 형용사: ①질들, 가옥들, 주택들 ②집의, 가옥의, 주택의.

ගෙරි [게리] ①소(의) හරක් ②검은 개미(의) ③코끼리(의) ඇත් ④낮은, 천한 නීච.

ගෙරි ඇට [게리 애터] 소뼈 ගරේ කටු.

ගෙරි මස් [게리 마쓰] 쇠고기 හරක් මස්.

ගෙල‡ [겔러] ගෙලය 의 복수 또는 형용사: ①목들 ②목의.

ගෙල කපොල්ල [겔러 까뽈러] ①(산과 산 사이의) 고갯마루, 산협 ②(기상) 기압골 පීඩන කපොල්ල.

ගෙල දම්වැල් [겔러 담왤] 목 차고, 목에 차는 쇠사슬.

ගෙල පටිය [겔러 빠티여] 넥타이.

ගෙලය [겔러여] ①목구멍 උගුර ②목 බෙල්ල.

ගෙවඩනවා [게와더너와-] 시작하다, 개시하다, 창시하다.

ගෙවත්ත [게왇떠] 집 정원 ගෙවුයන. (복) ගෙවතු

ගෙවදිනවා [게와디너와-] 첫 입주하다, 새집에 들어가다. ගෙවදීම

ගෙවදීම/ගෙවැදීම [게워디-머/게왜디-머] 첫 입주, 새집에 들어감.

ගෙවනවා‡ [게워너와-] ගෙවුවා-ගෙවා ①지불하다, 내다 ②낡아지다, 헤어지다 ③(시간을) 보내다, 사용하다. ගෙවීම/ගෙවුම

ගෙවල්‡ [게왈] ගේ, ගෙය 의 복수: 집들, 주택들.

ගෙවල් බිඳිනවා [게왈 빈디너와-] 도둑질 하다, 강도짓 하다 හොරකම් කරනවා.

ගෙවල් බිඳින්නා [게왈 빈딘나-] 도둑, 강도 හොරා.

ගෙවල් බිඳීම† [게왈 빈디-머] (법) 주거 침입죄, 도적질.

ගෙවැදීම/ගෙවදීම [게왜디-머/게워디-머] 첫 입주.

ගෙවිලිය [게윌리여] 여성 농부 ගොවි කාන්තාව. ¶ ගොවියා 남자 농부

ගෙවීම/ගෙවුම‡ [게위-머/게우머] ගෙවනවා, ගෙවෙනවා 의 동명사: ①지불, 돈냄 ②헤어짐, 낡음 ක්ෂය වීම.

ගෙවීම් අතපසු කරන [게윔- 아떠빠쑤 꺼러너] 지불하지 않는, 돈을 내지 않는.

ගෙවී යාම [게위- 야-머] 낡아짐, 헤어짐, 닳음 ක්ෂය වීම.

ගෙවුම් ශේෂය [게움 쉐-셔여] 잔액, 지불후 남은 돈.

ගෙවුයන/ගෙඋයන [게우여너] 집정원 ගෙවත්ත.

ගෙවෙනවා† [게웨너와-] ගෙවුණා-ගෙවී ①지불되다 ②낡아지다, 헤어지다 ගෙවී යනවා ③(시간) 소비되다, 지나가다. ගෙවීම/ගෙවුම

ගෙහිමියා [게히미야-] 집주인 ගෙදර අයිතිකරු.

ගෙහෙඩියා [게헤디야-] 집에만 있는 게으름뱅이 ගෙහෙඩ්ඩා.

ගෙහෙඩ්ඩා [게헫다-] 집에만 있는 게으름뱅이 ගෙහෙඩියා.

ගෙළ [겔러] ගෙළය 의 복수 또는 형용사: ①목들 ②목의.

ගෙළ/ගෙළිය [겔러/겔리여] 여자 벙어리, 여자 말못하는 사람 ගොළු ස්ත්‍රිය.

ගෙළිය [겔리여] 여자 벙어리, 여자 말못하는 사람 ගොළු ස්ත්‍රිය. ¶ ගොළුවා (남자) 벙어리

ගේ‡ [게-] ①집, 가옥, 주택 ගෙදර (복) *ගෙවල්* (문어) නිවස ②(조사) 소유격 조사: ~ 의 ගෙ. ¶ ඔබාගේ නම මොකක්ද? 네 이름은 뭐니?

ගේ කුරුල්ලා‡ [게- 꾸*룰*라-] 참새.

ගේට්ටුව‡ [겥-투워] 대문 දොරටු ඇවුරුම.

ගේනවා‡ [게-너와-] ගෙනාවා-ගෙනල්ලා(ගෙනත්) 가져 오다, 데리고 오다 ගෙනෙනවා. (문어) රැගෙන එනවා

ගේ දෙර [게- 도*러*] 집, 주택, 집과 마당 ගෙ දොර.

ගේහසික [게-하씨꺼] 가사의, 집안일의.

ගොකටු [고까투] 찔레(가시), 찔레(가시) 덤불 නෙරෙංචි.

ගොක් අත්ත [곢 앋떠] 야자잎 순.

ගොක් කොළය [곢 꼴러여] 야자잎 순 ගොක් අත්ත.

ගොජ [고저] 구토, 토 වමනය.

ගොජරයා [고저*러*야-] 욕심쟁이 කෑදරයා.

ගොටුව/ගොට්ට [고투워/곹터] ①잎으로 만든 바구니 ②체, 여과기 ③잔, 컵 කුසලාන.

ගොඩ† [고*더*] ①많음, 다량, 다수 ලොකු ප්‍රමාණය ②더미, 쌓아 올린 것 ③산지, 고지 උස්බිම ④위, 상 උස් ස්ථානය. ¶ ගොඩක් කාලයකින් 오랫만이에요

ගොඩ ඉඩම [고*더* 이*더*머] 고지, 산지 උස්බිම.

ගොඩ එනවා [고*더* 에너와-] ①어려움을 빠져 나오다 ②물에서 나오다, 뭍으로 올라오다.

ගොඩ කරනවා [고*더* 꺼*러*너와-] ①쌓아 올리다, 축적하다, 모으다 එකතු කරනවා ②구하다, 구조하다, 위로 올리다 ඉහළට ගන්නවා.

ගොඩකරේ [고*더*꺼*레*-] 시골, 마을지역 ගම් පළාත.

ගොඩ ගන්නවා [고*더* 간너와-] ①(어려움, 근심에서) 구하다, 구출하다 මුදා ගන්නවා ②(물에서) 뭍으로 올리다, 육지로 당기다.

ගොඩ ගසනවා [고*더* 가써너와-] ①모으다, 쌓다 රැස් කරනවා ②바다에서 육지로 모이다.

ගොඩ ගොවිතැන [고*더* 고위때너] 경작지, 논.

ගොඩත [고*더* 떠] 육지 지역, 내륙 지역 ගොඩ පැත්ත.

ගොඩ නංවනවා [고*더* 낭워너와-] ①짓다, 건설하다, 만들다 ඉදිකරනවා ②모으다 රැස් කරනවා ③구덩이를 메우다 වලවල් පුරවනවා ④(물, 구덩이에서) 끌어 올리다 ගොඩට ගන්නවා.

ගොඩ නගනවා† [고*더* 나거너와-] ①짓다, 건설하다, 만들다 ඉදිකරනවා ②발전시키다, 향상시키다 වර්ධනය කරනවා.

ගොඩ නඟනවා [고*더* 낭거너와-] ①짓다, 건설하다, 만들다 ඉදිකරනවා ②발전시키다, 향상시키다 වර්ධනය කරනවා.

ගොඩ නඟිනවා [고*더* 나기너와-] 위로 오르다 උඩට නඟිනවා.

ගොඩනැගිල්ල† [고*더*내길러] 건물, 구조물, 빌딩. (복) *ගොඩනැගිලි*

ගොඩ බහිනවා [고*더* 바씨너와-] ①착륙하다, 땅에 내리다 ②뭍에 내리다. <u>ගොඩ බැසීම</u> (구어) ගොඩ බහිනවා

ග

ගොඩ බහිනවා† [고더 바히너와-] ①착륙하다, 땅에 내리다 ②뭍에 내리다. ගොඩ බැසීම (문어) ගොඩ බසිනවා

ගොඩ බානවා [고더 바-너와-] 물건을 내리다 බඩු බිමට ගන්නවා.

ගොඩබිම [고더비머] ①뭍, 육지 ②산지, 고지 ගොඩැල්ල ③마른 땅.

ගොඩයා [고더야-] 촌 사람, 시골 사람 ගමයා.

ගොඩලනවා [고덜러너와-] 위로 올리다, 구하다 උඩට ගන්නවා.

ගොඩ වදිනවා [고더 와디너와-] (집, 장소로) 들어오다, 안으로 들어오다 ඇතුළු වෙනවා. (구어) ඇතුළට එනවා

ගොඩවාහන [고더와-하너] 육상 차량.

ගොඩ වැස්ස [고더 왯써] 동북쪽 우기철의 비.

ගොඩ වී [고더 위-] 마른 땅에서 경작한 벼.

ගොඩ වෙනවා [고더 웨너와-] ①(물, 구덩이) 위로 올라오다, 구조되다 ②모여지다, 쌓이다 එකතු වෙනවා ③들어오다, 방문하다 ඇතුල් වෙනවා.

ගොඩ සුළං† [고더 쑬랑] 육풍(해안 부근에서 밤에 뭍에서 바다로 부는 미풍).

ගොඩාරයක් [고다-러약] 거대한 양, 아주 많은 양, 엄청난 양 විශාල ප්‍රමාණය.

ගොඩැල්ල† [고댈러] 고지, 산지 උස්බිම.

ගොඩේ [고데-] ①시골의, 마을의 පිටිසර ②내륙의 ගොඩ තුළ.

ගොත [고떠] ①말을 더듬거리는, 말을 잘 못하는 ②종족, 민족 ගෝත්‍රය.

ගොත ගහනවා‡ [고떠 가하너와-] 말을 더듬다, 더듬더듬 말하다. (문어) ගොත ගසනවා

ගොතනවා‡ [고떠너와-] ගෙතුවා-ගොතා ①엮다, 짜다 ②만들다, 창작하다 නිර්මාණය කරනවා. ගෙතීම

ගොදුර† [고두러] ①먹이, 꼴 සතකුගේ ආහාරය ②목표, 목적. (복) *ගොදුරු*

ගොදුරු [고두루] ගොදුර 의 복수 또는 형용사: ①먹이, 꼴 ②목표들, 목적들 ③먹이의, 목표의.

ගොනා‡ [고나-] ①황소 ගොන් හරකා ②어리석은 자, 바보 මෝඩයා. (복) *ගොන්*

ගොනුව [고누워] ①다량, 다수, 더미 එක්කාසුව ②파일.

ගොන් [곤] ගොනා 의 복수 또는 형용사: ①황소들 ②황소의.
¶ ගොන් බාන 황소 한쌍

ගොන්කම [곤꺼머] 어리석음, 우둔함 මෝඩකම.

ගොපලා/ගොපල්ලා [고뻘라-/고빨라-] 소치는 소년, 목동 ගව පාලකයා. (복) *ගොපලු/ගොපල්ලු*

ගොපේර් [고뻬르] 잣나무, 잣나무의 ගෝපෙර්.

ගොප්මස [곺머써] 종아리, 장딴지 බත්කෙණ්ඩ.

ගොබය [고버여] ①새순, 새싹 දල්ල ②(해부학) 인대, 줄 පේශිය ③센 물살 තද දිය පහර.
¶ මස් ගොබය 근육

ගොබලු [고벌러] ගොබොල්ල 의 복수 또는 형용사: ①어린 야자열매 ②어린 야자열매의.

ගොබොල්ල [고볼러] 어린 야자열매. (복) *ගොබලු*

ගොබ්බයා [곱버야-] 멍청이, 바보, 천치, 어리석은 자 මෝඩයා.

ගොම† [고머] 소똥 ගව බෙටි.

ගොම ගානවා [고머 가-너와-] ①소똥을 칠하다 ②망치다, 못쓰게 만들다.

ගොම ගෑවිලා යනවා [고머 개-윌라- 야너와-] 전멸 시키다, 폐지하다.

ගොමස්කඩය [고마쓰까더여] 걸레, 더러운 헝겊 조각.

ගොමුව [고무워] 수풀, 덤불 බිස්ස.

ගොම්මං [곰망] ගොම්මන 의 복수 또는 형용사: ①어둠, 캄캄함, 어두운, 캄캄한 අඳුරු ②수풀들, 덤불들, 수풀의, 덤불의.

ගොම්මන [곰머너] ①어둠, 캄캄함 අඳුර ②수풀, 덤불 බිස්ස. (복) *ගොම්මන්, ගොම්මං*

ගොම්මන් [곰만] ගොම්මන 의 복수 또는 형용사: ①어둠, 캄캄함, 어두운, 캄캄한 ගොම්මං ②수풀들, 덤불들, 수풀의, 덤불의.

ගොම්මන් වේලාව [곰만 웰-라-워] 땅거미, 황혼 සැන්දෑ වේලාව.

ගොයම† [고여머] 벼. (복) *ගොයම්*

ගොයම් කපනවා† [고얌 까빠너와-] 벼베다, 수확하다.

ගොයම් කුරුල්ලා [고얌 꾸룰라-] (새) 문조, (인도산) 백로 විකුරුල්ලා.

ගොයම් කැටිය/ගොයම් කොළය† [고얌 깨티여/고얌 꼴러여] 곡식 더미.

ගොයම් මඩවනවා [고얌 마더워너와-] 타작하다, 탈곡하다.

ගොයම් මඩිනවා [고얌 마디너와-] 타작하다, 탈곡하다.

ගොයා [고야-] (동물) 이구아나 තලගොයා.

ගොය [고여] 농업의, 작농의 ගොවි.

ගොයිකම [고이꺼머] 농업, 작농 ගොවිකම.

ගොයියා [고이야-] 농부, 경작자 ගොවියා.

ගොර [고러] ①하얀, 흰, 백색의 සුදු ②사나운, 무서운, 난폭한 භයංකර.

ගොරකා [고러까-] (등황과 등황속에 속하는) 가르니시아 캄보지아 나무 (열매).

ගොරගොරය [고러고러여] 고함, 으르렁거림 ගෙරවුම් හඬ.

ගොරතර [고러떠러] 사나운, 무서운, 난폭한 දරුණු.

ගොරබිරම් [고러비람] 사나운, 무서운 බියකරු.

ගොරවනවා‡ [고러워너와-] ගෙරෙවුවා-ගොරවා ①으르렁거리다, 고함치다 ②천둥치다 අහස ගුගුරනවා. ගෙරවීම

ගොරහැඩි [고러핸디] 사나운, 무서운, 난폭한 භයංකර.

ගොරිල්ලා [고릴라-] 고릴라.

ගොරෝක් [고록] ①무거운 බර ②늙은, 나이먹은 මහලු ③깊은, 심각한 ගැඹුරු.

ගොරෝද්දෙ [고롣데] 코곪.

ගොරෝසු† [고로-쑤] 사나운, 무서운, 거친 රළු.

ගොලුබෙල්ලා‡ [골루벨라-] 달팽이 ගොම්බෙල්ලා.

ගොල්ල [골러] ①무리, 그룹 කට්ටිය ②수풀, 삼림.

ගොවි [고위] 농업의, 작농의.

ගොවිකම [고위꺼머] ①농업, 농사 ගොවිතැන ②농부가 됨.

ගොවිතැන† [고위때너] ①농업, 농사 කෘෂිකර්මය ②농부가 됨.

ග

ගොවිතැන් කරනවා [고위땐 꺼러너와-] 농사짓다, 경작하다 වගාකරනවා.

ගොවිඳු [고윈두] ①(신) '고윈다' 까떠러 거머 신 ගෝවින්දා ② 농부 왕 ගෙවි රජා.

ගොවිපළ/ගොවිපොළ‡ [고위뻘러/고위뽈러] 농경지, 농지, 경지 ගොවිබිම.

ගොවිබිම [고위비머] 농경지, 농지, 경지 වගා බිම.

ගොවියා‡ [고위야-] 농부, 경작자. (복) ගොවීහු, ගොවියෝ ¶ ගෙවිලිය 여자 농부

ගොවීහු [고위-후] ගොවියා 의 복수: 농부들 ගොවියෝ. ¶ ගොවීන් (목적격) 농부들을 (주격) 농부들이

ගොවුවා/ගොව්වා [고우와-] 목부(牧夫), 목자(牧者), 목동, 목양자 ගොපල්ලා. ¶ උයන්ගොව්වා 정원지기

ගොස [고써] 소리, 음 හඬ.

ගොස කරනවා [고써 꺼러너와-] 소리 지르다, 소리 높이다 හඬ ගසනවා. (구어) කෑගහනවා

ගොසින් [고씬] යනවා 의 과거분사: 가서, 가, 가고 나서 ගොස්. (구어) ගිහිල්ලා

ගොස් [고쓰] යනවා 의 과거분사: 가서, 가, 가고 나서 ගොසින්. (구어) ගිහිල්ලා

ගොහින් [고힌] යනවා 의 과거분사: 가서, 가, 가고 나서 ගිහිල්ලා. (문어) ගොස්

ගොහොදු [고호두] ගොහොදුව 의 복수 또는 형용사: ①습지들, 늪들 ගොහොරු ②습지의, 늪의, 진흙 탕의 ③얽힌, 뒤얽인 කැලැත්තුණු.

ගොහොදුව [고호두워] 습지, 늪 හැල්පත.

ගොහොරු [고호루] ගොහොරුව 의 복수 또는 형용사: ①습지들, 늪들 ගොහොදු ②습지의, 늪의, 진흙 탕의 ③얽힌, 뒤얽인 කැලැත්තුණු.

ගොහොරුව [고호루워] 습지, 늪 මඩවගුර.

ගොළු† [골루] ①벙어리의, 말못하는 ②얕은.

ගොළු කිරළා [골루 끼럴라-] (조류) 물떼새의 일종.

ගොළුබෙල්ලා‡ [골루벨라-] 달팽이 ගොම්බෙල්ලා.

ගොළු මුහුද [골루 무후더] ①얕은 바다 ②인도양.

ගොළුවා† [골루와-] (남자) 벙어리, 말못하는 사람. ¶ ගෙළිය (여자) 벙어리

ගෝ [고-] 소의 හරක්.

ගෝචර [고-처러] ①급식의, 사료를 주는, 먹이가 되는 ②소가 움직이는 ගවයින් හැසිරෙන ③목적의, 목표의 අරමුණු වන.

ගෝචර ග්‍රාම [고-처러 그라-머] 목초지 마을 ගොදුරු ගම්.

ගෝචර බිම් [고-처러 빔] 목초지, 초장 ගොදුරු බිම්.

ගෝටය [고-터여] ①개미집 ②수풀, 덤불 බිස්ස.

ගෝට්ටිය [골-티여] 동요, 소동, 소요, 폭동 කලබලය.

ගෝඩියන් ගැටය [고-디얀 개터여] 풀수 없는 매듭 ලිහිමට නොහැකි ගැටය.

ගෝණි [고-니] ①거친 천의 ②알로에의.

ගෝණිය/ගෝනිය [고-니여] 마대, 부대, 황마로 된 자루 ගොන්මල්ල.

ගෝණි හණ [고-니 하너] 황마, 주트 ජුට් හණ.

ගෝත කරුමෙ [고-떠 까루메] 죽음의 고통.

ගෝත්‍රනාමය [고뜨러나-머여] (이름의) 성 වාසගම.

ගෝතමාලා තෘණ [고-떠말-라-뜨루너] 고떠말라 풀.

ගෝත්තරේ/ගෝස්තරේ [곧-떠레-/고-쓰떠레-] 종족, 씨족 වංශය.

ගෝත්‍රය† [고뜨러여] 종족, 종족의 가계 වරිගෙ.

ගෝත්‍රික [고뜨리꺼] 종족의, 종족과 관련된 වර්ගයට අයත්.

ගෝධුමය [고-두머여] (농작물) 밀 තිරිඟු.

ගෝනා‡ [고-나-] 수사슴, 엘크 (사슴중 가장 큼).

ගෝනිය/ගෝණිය† [고-니여] 마대, 부대, 황마로 된 자루 ගොන්මල්ල.

ගෝනුසු මල් [고-누쑤 말] 난초의 한 종류.

ගෝනුස්සා‡ [고-눗싸-] 전갈. (복) *ගෝනුස්සෝ*

ගෝපක [고-뻐꺼] 목동, 카우보이 ගව පාලකයා.

ගෝපිකාව [고-삐까-워] 여자 목동, 여자 카우보이.

ගෝපුරය [고-뿌러여] 성문, 도시 입구 නගරද්වාරය.

ගෝපෙර් [고-뻬르] ①잣나무 ②잣나무의 ගොඩෙර්.

ගෝමරය [고-머러여] 피부 반점, 점, 주근깨.

ගෝමර පිළිහුඩුවා [고-머러 삘리후두와-] (조류) 빨간 물총새.

ගෝමේද/ගෝමේදක [고-메-더/고-메-더꺼] (보석) 녹주석.

ගෝරනාඩුව [고-러나-두워] 말다툼, 언쟁, 언성.

ගෝරිය [고-리여] 싸움, 다툼 රණ්ඩුව.

ගෝරෝචන [고-로-처너] 위석 (양, 소 따위 체내의 결석).

ගෝලය† [골-러여] 원형, 구, 구형 රවුම් ඝන වත්තුව.

ගෝලයා‡ [골-러야-] ①제자, 학생 ශිෂ්‍යයා ②제자, 추종자, 심복, 측근, 똘마니 පන්දමා. (복) *ගෝලයෝ*

ගෝලාකාර‡ [골-라-까-러] 원형의, 돔 모형의, 둥근.

ගෝලීය [골-리-여] ගෝලය 의 형용사: ①원형의, 구 모양의, 구형의 ගෝලාකාර ②전 세계의, 세계적인 ලෝකව්‍යාප්ත.

¶ ගෝලීය කෝණය 구면각

ගෝවා‡ [고-와-] 양배추.

ගෝසාව [고-싸-워] 함성, 고함 ගොස.

ගෝස්තරේ/ගෝත්තරේ [고-쓰떠레-/곧-떠레-] 종족, 씨족 වංශය.

ගෞතම [가우떠머] 부처님과 그 후손 종족의 이름.

ගෞර [가우러] 하얀, 백색의 සුදු.

ගෞරවය‡ [가우러워여] 영광, 존귀, 존경, 경의 නම්බුව.

¶ අගෞරවය 멸시

ගෞරවාන්විත [가우러완-위떠] ①존경받는, 칭송받는 ගෞරවනීය ②영광스러운, 찬란한 ගෞරව සහිත.

ගෞරවාර්ථය [가우러와-르떠여] 존경의, 경의를 표하는, 경칭의.

ගෞරවාර්හ† [가우러와-르허] 존경할 만한, 훌륭한, 덕망있는 ගෞරවනීය.

ග්‍රන්ථ [그란떠] 책들, 서적들 පුස්ථක. (구어) පොත්

ග්‍රන්ථ කර්තෘ [그란떠 까르뜨루] 저자, 지은이 කර්තෘවරයා.

ග්‍රන්ථෝද්ගතය [그란떠냐-너여] 책에서 나오는 지식.

ග්‍රන්ථ භාෂාව [그란떠 바-샤-워] 문어, 글쓰는데 사용하는 언어 ලියන බස.

ග්‍රන්ථය‡ [그란떠여] ①책, 서적 (구어) පොත ②매듭 ගැටය ③작문, 글짓기 රචනාව ④절, 구절 ⑤재산, 부, 부유 සම්පත.

ග්‍රන්ථාරූඪ [그란따-루-더] 책에 서술한, 책에 적은 පොත්වල ලියූ.

ග්‍රන්ථි [그란띠] ①(신체) 선(腺)들 ②매듭이 많은, 마디가 있는 ගැට.

ග්‍රන්ථි පද [그란띠 빠더] 어려운 단어들 ගැට පද.

ග්‍රන්ථිය [그란띠여] ①(신체) 선(腺) ②매듭, 마디 ගැටය ③문제, 어려움. ¶ වසාවාහී ග්‍රන්ථිය 내분비 (임파) 선

ග්‍රසනිකාව [그러써니까-워] (해부학) 인두.

ග්‍රහ† [그러하] (천문학) 행성의, 천체의 ආකාශ වස්තුවට අදාළ.

ග්‍රහංශුව [그러항슈워] (천문학) 소행성 ග්‍රහකය.

ග්‍රහ අපලය [그러하 아뻘러여] 행성의 유해한 영향.

ග්‍රහකය [그러하꺼여] (천문학) 소행성 ක්ෂුද්‍රග්‍රහයා.

ග්‍රහකයා [그러하꺼야-] (천문학) 소행성 ක්ෂුද්‍රග්‍රහයා.

ග්‍රහචාරය [그러하차-러여] 행성의 움직임, 행성의 이동.

ග්‍රහණය [그러하너여] ①(천체) 일식, 월식 ②붙잡음 ඇල්ලීම ③배움, 이해. ¶ ජයග්‍රහණය 승리 සූර්ය ග්‍රහණය 일식

ග්‍රහණය [그러하너여 꺼러너와-] 잡다, 붙잡다. (구어) අල්ලා ගන්නවා

ග්‍රහණිය [그러하니여] ①십이지장 ②(의학) 구루병(佝僂病), 곱사등.

ග්‍රහතාරකාව [그러하따-러까-워] 행성, 별 නැකත් තරුව.

ග්‍රහ පතියා [그러하 빠디야-] 태양 ඉර.

ග්‍රහ මණ්ඩලය† [그러하 만덜러여] 태양계.

ග්‍රහ මාර්ගය† [그러하 마-르거여] 궤도.

ග්‍රහයා† [그러하야-] ①행성, 별 ②사람.

ග්‍රහ ලෝකය [그러하 로-꺼여] 행성계.

ග්‍රහලෝකාගාරය‡ [그러할로-까-가-러여] 천문관, 플라네타륨, 별자리 투영기.

ග්‍රහාභය [그러하-버여] (천문학) 소행성 ග්‍රහකය.

ග්‍රාම† [그라-머] 마을의, 동네의 ග්‍රාම්‍ය. (구어) ගැම

ග්‍රාමජ/ග්‍රාමජාත [그라-머저/그라-머자-떠] 시골 태생의, 시골 출신의 ගමේ උපන්.

ග්‍රාමය [그라-머] 마을, 동네 ගම්මානය. (구어) ගැම

ග්‍රාමීය‡ [그라-미-여] 마을의, 동네의 ග්‍රාම්‍ය. (구어) ගැම

ග්‍රාම්‍ය [그람-미여] 마을의, 동네의 ග්‍රාමීය. (구어) ගැම

ග්‍රාහක [그라-하꺼] ①붙잡고 있는, 잡고 있는, 붙들고 있는 අල්ලා ගන්න ②받는, 구독하는 ලබන.

ග්‍රාහකමිළ/ග්‍රාහකමුදල/ග්‍රාහකය [그라-하꺼밀러/그라-하꺼무덜러/그라-하꺼여] 구독료, 가입비.

ග්‍රාහකය [그라-하꺼여] ①구독료 ග්‍රහකමිළ ②붙잡음, 소유 ③클립.

ග්‍රාහකයා [그라-하꺄야-] 가입자, 구독자 සේවා ලාභියා.

ග්‍රාහය [그라-하여] 꽃턱, 화턱 පුෂ්ප අක්ෂය.

ග්‍රීවය [그리-워여] 목 ගෙල. (구어) බෙල්ල

ග්‍රීසිය [그리-씨여] (나라) 그리스.

ග්‍රීෂ්ම/ග්‍රීස්ම [그리-쉬머/그리-쓰머] 더운, 뙤약볕에 탄(마른) උෂ්ණ.

ග්‍රීෂ්මය/ග්‍රීස්මය [그리-쉬머여/그리-쓰머여] 더위, 뙤약볕 උෂ්ණය.

ග්‍රීස්ම/ග්‍රීෂ්ම [그리-쓰머/그리-쉬머] 더운, 뙤약볕에 탄(마른) උෂ්ණ.

ග්‍රීස්මය/ග්‍රීෂ්මය [그리-쓰머여/그리-쉬머여] 더위, 뙤약볕 උෂ්ණය.

ග්ලාන [글라-너] 아픈, 병든 ගිලාන. (구어) ලෙඩ

ග්ලාන ප්‍රත්‍යය [글라-너 쁘랕띠여여] 음료수 අතුරු බීම.

ග්ලැසියරය [글래씨여러여] 빙하 හිම ධාවය.

ඝ

ඝ [가] 씽할러 알파벳의 24번째 글자: ග 의 장음이다 (영어로 표기하면 gha이다).

ඝ

ඝටකය 가터꺼여] 성분, 구성요소 සංස්ථාපකය.

ඝටනය 가터너여] 충돌, 부딪힘 ගැටීම.

ඝටනාව 가터나-워] 쩽그렁 (뗑그렁) 울리는 소리.

ඝටය [가터여] 물 항아리 කළය.

ඝටාකාර [가타-까-러] 항아리 모양의.

ඝටාව [가타-워] 다량, 다수, 많음 සමූහය.

ඝටිකා යන්ත්‍රය [가티까- 얀뜨러여] 시계 ඔරලෝසුව.

ඝටිකාව [가티까-워] 작은 항아리, 작은 팟 කොතලය.

ඝට්ටනය [같터너여] 충돌, 부딪힘 ඝටනය.

ඝණ්ටාකාර [간타-까-러] 종 모양의.

ඝණ්ටාරය/ඝණ්ටාව‡ [간타-러여 /간타-워] 큰 종, 청동 종 විශාල සීනුව.

ඝත [가떠] (물소 젖의) 버터 기름.

ඝන† [가너] ①진한, 빽빽한, 밀집한, 두꺼운 ②단단한, 굳은 දැඩි.

ඝනකම/ඝනත්වය [가너꺼머/가낱워여] 농도, 진하기, 조밀, 농후, 두께, 굵기.

ඝනකය [가너꺼여] 6각형, 6각체.

ඝනකරණීය [가너꺼러니여] (수학) 부진근, 무리수.

ඝනකාභය [가너까-버여] 평행 6면체.

ඝනකෝණය [가너꼬-너여] (수학) 입체각.

ඝනජ්‍යාමිතිය [가너지야-미띠여] 입체 기하학.

ඝනත්වය‡ [가낱워여] 농도, 밀집 상태, 조밀, 농후, 두께, 굵기 ඝනකම.

ඝන ප්‍රමාණය/ඝන ඵලය† [가너 쁘러마-너여 /가너 빨러여] 용적, 부피, 체적, 크기.

ඝනමූලය† [가너물-러여] 입방근, 평방근.

ඝනය [가너여] ①입방체, 입방체의 물건 ②단단함, 단단한 물건 දැඩි ද්‍රව්‍යය.

ඝන සැරේට [가너 쌔레-터] ①진하게, 농후하게, 빽빽하게 ඉතා ඝනව ②빨리, 재빠르게, 급하게 ඉතා ඉක්මනට.

ඝනාන්ධකාරය [가난-더까-러여] 흑암, 질흙같은 어둠 දැඩි අඳුර.

ඝනීකරණය [가니-꺼러너여] 응고, 고체화, 단단해짐 ඝන ද්‍රව්‍යයක් බවට පත් වීම.

ඝනීභවනය [가니-바워너여] 압축, 농축, 응결 ඝන බවට පත් වීම.

ඝරය [가러여] 집, 주택 ගෘහය. (구어) ගෙදර ¶ බෝධිඝරය 보리수 나무를 위해 지은 건물

ඝර්ම [가르머] 건조한, 바짝 마른 උෂ්ණාධික.

ඝර්ම කලාපය [가르머 깔라-뻐여] 열대 지역.

ඝර්ෂණය [가르셔너여] ①마찰 ගැටීම ②충돌, 부딪힘.

ඝාතක [가-떠꺼] ①죽이는, 살인하는 මරන ②살인자 ඝාතකයා.

ඝාතනය† [가-떠너여] ①살인, 살인행위 ②살생, 죽임 මරාදැමීම.

ඝාතය [가-떠여] ①강타, 타격, 때림 පහරදීම ②살인, 죽임 මැරීම ③파괴, 파멸 ④(수학) 지수.

ඝානය [가-너여] 코 නාසය. (구어) නහය

ඝෘතය [그루떠여] (물소 젖의) 버터 기름 ගිතෙල්.

ඝෝර [고-러] 무서운, 두려운, 무시무시한 භයානක.

ඝෝෂකයා [고-셔꺼야-] 소리지르는 사람, 외치는 자 ඝෝෂක.

ඝෝෂණය [고-셔너여] 외침, 소리지름, 함성 කෑගැසීම.

¶ උත්ඝෝෂණය 데모, 항의

ඝෝෂය [고-셔여] 외침, 함성, 소리지름 කෑගැසීම.

ඝෝෂාව† [고-샤-워] 외침, 함성, 소리지름 කෑගැසීම.

ඝෝෂාක්ෂර [고-샥-셔러] (수학) 무리수(의).

ඝ්‍රාණය [그라-너여] ①냄새 맡음 ඉඹීම ②코 නැහැය.

ඝ්‍රාණේන්ද්‍රිය [그라-넨-드리여] 코 නැහැය. (구어) නහය

ඝ

ච

ච [차] 씽할러 알파벳의 27번째 글자.

චංක්‍රමණය/චංක්‍රමය [창끄러머너여/창끄러머여] 민첩, 민첩함, 재빠름.

චංචල† [창철러] 움직이는, 흔들리는, 진동하는 චලන.

චංචල දේපල† [창철러 데-뻘러] (재산) 동산. ¶ **නිශ්චල දේපල** 부동산

චඃ [차-] (감탄사) 애석하다, 안됐다, 유감스럽다.

චකිතය† [차끼떠여] ①공포, 두려움 **බියපත් වීම** ②의심, 불신 සැකය.

චක්ක චෝලිය [착꺼 촐-리여] (여성) 브레지어 තනපට.

චක්කපාණි [착꺼빠-니] 손에 바퀴를 가진 자, 위쉬누 신.

චක්කය [착꺼여] ①원, 원형, 둥금 චක්‍රය ②바퀴, 휠 රෝදය.

චක්කරය [착꺼러여] 수학 표 වගුව.

චක්කවාලය [착꺼왈-러여] 우주, 삼라만상 සක්වල.

චක්ඛු [착꾸] (신체) 눈 ඇස.

චක්ගුඩු [착구두] 전통 놀이의 한 종류.

චක්‍රධර/චක්‍රපාණි [차끄러더러/차끄러빠-니] ①목아플 때 먹는 약 (벌꿀, 설탕, 건포도로 만듦) ②위쉬누 신 **ශ්‍රී විෂ්ණු දෙවිඳු**.

චක්‍රය† [차끄러여] ①원, 원형 රවුම ②(자연 현상) 순환, 순회 ③표, 도표 වගුව ④바퀴 රෝදය ⑤위원회 මණ්ඩලය ⑥유향 තුවරලා. ¶ **ජීවන චක්‍රය** 생활 주기 **රාශි චක්‍රය** (천문학) 12자리

චක්‍රලේඛය/චක්‍රලේඛනය† [차끄럴레-꺼여/차끄럴레-꺼너여] 공문, 안내장 පොදු ලිපිය.

චක්‍රවර්ති රජ [차끄러와르띠 라저] 황제, 왕중왕 අධිරාජ.

චක්‍රවාටය/චක්‍රවාලය [차끄러와-터여/차끄러왈-러여] 우주 විශ්වය.

චක්‍රාකාර [차끄라-까-러] 원형의, 순환하는, 도는 වටකුරු.

චක්ෂණය [착셔너여] 자각, 통찰, 깨달음 නැණැසින් දැකීම.

චක්ෂු [착슈] ①(신체) 눈 ඇස ②야자 열매 පොල්.

චක්ෂුගෝචර [착슈고-처러] 시야의, 눈에 보이는 දෘෂ්ඨි.

චක්ෂු පථය [착슈 빠떠여] (눈으로 볼 수 있는) 시야, 시계.

චක්ෂු මෝහනය [착슈 모-허너여] 착시, 환각, 환영 ඇස්බැන්දුම.

චක්ෂු ස්ඵන්දනය [착슈 쓰빤더너여] 눈 깜빡임 ඇසිපිය හෙළීම.

චඤ්චල [찬철러] 움직이는, 흔들리는, 진동하는 චංචල.

චඤ්චල දේපළ [찬철러 데-뻘러] 동산 (動產: 옮길 수 있는 재산).

චඤ්චුව [찬추워] ①부리, 주둥아리 හොට, තුඩ ②(기체, 액체) 분출구.

චණ්ඩ [찬더] 흉포한, 몹시 사나운, 잔인한 සැහැසි.

චණ්ඩි [찬디] 잔인한, 흉포한, 몹시 사나운 සාහසික.

චණ්ඩිකම [찬디꺼머] 잔인함, 불량함 සැහැසිකම.

චණ්ඩියා† [찬디야-] 깡패, 불량배, 잔인한 사람 සාහසිකයා.

චතු [차뚜] ①4, 사 ②4의, 사의.

චතුඃසත්‍යය [차뚜-싸띠여여] (불교) 4가지 진리 චතුරාර්ය සත්‍යය.

චතුර† [차뚜러] 넷, 사, 4 හතර.

චතුර [차뚜러] ①솜씨 좋은, 능란한, 전문적인 දක්ෂ ②유창한, 말을 잘하는.

චතුරංග [차뚜랑거] 네겹의, 사중으로 된, 네가지 요소로 된 සිවුරඟ.

චතුරංගිනී/චතුරංගී [차뚜랑기니-/차뚜랑기-] 4변의, 4변형태의 සිවුරඟ.

චතුරංගිනී සේනාව [차뚜랑기니-쎄-나-워] (기병, 보병, 전차, 코끼리 네가지 요소를 다 갖춘) 대군, 큰 군대 සිවුරඟ සේනාව.

චතුරංගී/චතුරංගිනී [차뚜랑기-/차뚜랑기니-] 4변의, 4변형태의 සිවුරඟ.

චතුරතාව [차뚜러따-워] ①솜씨 좋음, 능숙함, 능란함, 전문 දක්ෂය ②유창, 말을 잘함.

චතුරත්වය [차뚜랕워여] ①솜씨 좋음, 능숙함, 능란함, 전문 දක්ෂය ②유창, 말을 잘함.

චතුරශ්‍රය/චතුරස්‍රය‡ [차뚜러쉬러여/차뚜러쓰러여] ①사각형 ②광장. ¶ සමචතුරශ්‍රය 정사각형 මුළු සෙනඟ චතුරශ්‍රයෙහි රැස් වූහ 모든 무리가 광장에 모였다

චතුරාර්ය සත්‍යය† [차뚜라-르여 싸띠여여] (불교) 4성제, 4가지 진리 චතුඃසත්‍යය.

චතුර්ථ අවධිය [차뚜르떠 아워디여] 4개 한 조의 것, 네개 짜리.

චතුර්විධ [차뚜르위더] 네 겹의, 네 번 접은 සිවුවැදෑරුම්.

චන්දන [찬더너] (식물) 백향단 සඳුන්.

චන්ද [찬더] ①(천체) 달 සඳ ②달의, 태음의 චන්ද්‍ර.

චන්ද්‍ර [찬드러] ①(천체) 달 සඳ ②달의, 태음의 චන්ද්‍ර.

චන්ද්‍රකාන්ත පාෂාණය† [찬드러깐-떠 빠-샤-너여] 월장석(月長石), 문스톤 සඳකැන් මිණ.

චන්ද්‍ර කින්නර [찬드러 낀너러] 신화에 나오는 윗몸은 사람이고 아래는 동물인 것 සඳ කිඳුරු.

චන්ද්‍රග්‍රහණය† [찬드러그라하너여] 월식 සඳ රාහු ඇල්ලීම. ¶ සූර්ය ග්‍රහණය 일식

චන්ද්‍ර ප්‍රභාව [찬드러 쁘러바-워] 달빛, 월광 සඳ එළිය.

චන්ද්‍ර මාසය [찬드러 마-써여] 음력 중 한 달.

චන්ද්‍රයා† [찬드러야-] 달, 월(月) සඳ. (구어) හඳ

චන්ද්‍රයානය [찬드러야-너여] 인공위성 චන්ද්‍රිකාව.

චන්ද්‍ර වංකය† [찬드러 왕꺼여] 초승달 අඩ සඳ.

චන්ද්‍ර විමානය [찬드러 위마-너여] (천체) 달, 월(月) සඳ. (구어) හඳ

චන්ද්‍රා [찬드라-] (천체) 달, 월(月) සඳ. (구어) හඳ

චන්ද්‍රිකාව† [찬드리까-워] 위성.

චපල† [차뻘러] 불안정한, 동요하는, 변하기 쉬운 අස්ථිර.

චපලයා [차뻘러야-] 변덕쟁이, 이랬다저랬다 하는 사람 උපග්‍රහයා සෙවලයා.

චමත්කාර [차맏까-러] 놀라운, 경이로운, 기묘한, 굉장한 පුදුම.

චමත්කාරජනක [차맏까-러자너꺼] 놀라운, 경이로운, 기묘한, 굉장한 පුදුම.

චමත්කාරය [차맏까-러여] 놀람, 경이, 기묘 පුදුමය.

චමරිය [차머리여] 공동생활 집 (여럿이 비용을 나눠 사는 곳).

චර [차러] ①걸어 다니는, 움직

이는 සැරිසරන ②스파이 노릇을 하는, 감시하는 ඔත්තු බලන ③간첩, 스파이 ඔත්තුකාරයා.

චරකය [차러꺼여] (물레의) 가락, (방적 기계의) 방추 චර්කය.

චරචරය [차러차러여] 왁자지껄한 소리, 소란.

චරචුරුව/චරුචුරුව [차러추루워/차루추루워] 끊임없는 간청(간구) කරච්චලය.

චරණ [차러너] ①여행, 움직임 ගමන් කිරීම ②동요, 흔들림 චංචල වීම ③발 පය ④자궁 질 관련 질환 යෝනි රෝගය.

චරණ තලය [차러너 딸러여] (신체) 발, 족 පය.

චරණාම්බුජ [차러남-부저] 연꽃 모양의 발 පාද පද්ම.

චරපුරුෂයා† [차러뿌루셔야-] 간첩, 스파이 ඔත්තුකාරයා.

චරයා [차러야-] 걸어다니는 사람, 방황하는 사람 හැසිරෙන්නා.

චරිත කථාව [차리떠 까따-워] 전기, 일대기 චරිතාපදානය.

චරිත ඝාතනය [차리떠 가-떠너여] 개성 죽이기, 개성 없음.

චරිතය‡ [차리떠여] ①성품, 성격 චරිතගුණාංගය ②인물, 등장 인물 ③관습, 습관 සිරිත.

චරිත සහතිකය† [차리떠 싸하띠꺼여] 신원 증명서.

චරිතාපදානය/චරිතාවදානය [차리따-빠다-너여/차리따-워더너여] 전기, 일대기 චරිත කථාව.

චරිත්‍රය [차리뜨러여] 관습, 습관 සිරිත.

චරුචුරුව/චරචුරුව [차루추루워/차러추루워] 끊임없는 간청(간구) කරච්චලය.

චර්කය [차르꺼여] (물레의) 가락, (방적 기계의) 방추 චරකය.

චර්මඡේදනය [차르머체-더너여] ①(이슬람, 유대교) 할례 සුන්නත් කිරීම ②포경수술. ¶ චර්මඡේදිත 할례를 받은

චර්මඡේදිතයා [차르머체-디떠야-] 할례자, 할례를 받은 사람, 포경 수술한 사람.
¶ අචර්මඡේදිතයා 무할례자

චර්මය† [차르머여] 피부, 외피 සම. (구어) හම ¶ චර්මඡේදනය (유대교) 할례

චර්මාග්‍රය [차르마-그러여] 포경, 피부끝.

චර්මීය [차르미-여] 피부의, 외피의 සම පිළිබඳ.

චර්යාව [차르야-워] 행동, 행실, 품행 චාරය.

චර්යාවාදය [차르야-와-더여] 행동주의.

චර්යාවාදී නිකාය [차르야-와-디- 니까-여] 행동주의 집단.

චර්යා විභාගය [차르야- 위바-거여] (동물) 행동학, 행동 생물학, 인성학(人性學).

චර්යා සටහන [차르야- 싸터하너] 역사표.

චල [찰러] ①움직이는, 움직일 수 있는, 가동성의 ගමන් කරන ②움직이는, 흔들리는, 진동하는 සෙලවෙන.

චලන [찰러너] 움직이는, 흔들리는, 진동하는 චංචල.

චලනය [찰러너여] 움직임, 진동, 흔들림 වෙවුලුම.

චල වත්කම් [찰러 왇깜] 유동 자산, 동산.

චලිත [찰리떠] 흔들리는, 떨리는, 움직이는 සලිත, සෙලවුණු.

චතාරික [차따-리꺼] 40의, 사십의 හතළිහකින් යුත්. ¶ චතාරික කාලය (기독교) 사순절

චෂකය [차셔꺼여] 잔, 컵.

චාටු [차-투] චාටුව 의 복수 또는 형용사: ① a. 아첨들, 아부들 b. 사기들, 속임들 ② a. 아첨하는, 아부하는 ඉච්ච b. 속이는, 사기치는 රැවටිලිදායක.

චාටුව [차-투워] ①아첨, 아부, 과찬 ඉච්චාව ②사기, 속임 රැවටිල්ල.

චාපය† [차-빠여] ①휨, 휘어짐 අඩ කවය ②활, 궁 දුන්න.

චාමරය [차-머러여] ①사향노루 꼬리 ②사향노루 꼬리로 만든 부채.

චාමෙට [차-메터] 평범하게, 단순하게 සරලව.

චාම් [참-] 평범한, 단순한 සරල. ¶ චාම් ගතිය 평범함

චාරය [차-러여] 행동, 행위, 품행 හැසිරීම.

චාරිකා චෙක්පත [차-리까- 첵빠떠] 여행자 수표.

චාරිකාව [차-리까-워] 여행, 관광 ගමන

චාරිත්‍රය† [차-리뜨러여] 관습, 풍습, 관행 සිරිත.

චාරිත්‍ර වාරිත්‍ර [차-리뜨러 와-리뜨러] 관습, 풍습 සිරිත් විරිත්.

චාරු [차-루] 아름다운, 예쁜, 미모의 ලස්සන.

චාරෙ [차-레] 행동, 행위, 품행 චාරය.

චාලක කේන්ද්‍රය [찰-러꺼 껜-드러여] 운동 중추.

චාලක ස්නායුව [찰-러꺼 쓰나-유워] 운동 신경.

චාලනිය [찰-러니여] (고운) 체 පෙනේරය.

චැසිය [채씨여] (자동차, 마차 따위의) 차대.

චිකිත්සක [치낃써꺼] 치료사, 진료사 වෛද්‍යවරයා.

චිකිත්සාගාරය† [치낃싸-가-러여] 진료실, 치료실 චිකිත්සාලය.

චිකිත්සාලය [치낃쌀-러여] 진료실, 치료실, 클리닉 චිකිත්සාගාරය.

චිකිත්සාව† [치낃싸-워] 치료, 진료 ප්‍රතිකාරය.

චිත්ත† [칟떠] 마음의, 생각의 සිත්, කල්පනා. ¶ චිත්ත ධෛර්යය (군대, 국민 등의) 사기, 풍기

චිත්ත කාන්ත [칟떠 깐-떠] 매력적인, 매혹적인, 유혹적인 මන බඳනා.

චිත්තජ [칟떠저] 마음에 생기는 සිතේ උපන්.

චිත්ත ධර්මය [칟떠 다르머여] 마음의 상태, 관념 සිතේ ස්වභාවය.

චිත්ත ධර්ම වාදය [칟떠 다르머 와-더여] (철학) 관념 (유심)론.

චිත්ත පීඩාව [칟떠 삐-다-워] 마음의 고통, 번뇌.

චිත්තය [칟떠여] 마음, 생각 සිත.

චිත්ත වේග [칟떠 웨-거] 감정, 정서, 느낌 හැඟීම.

චිත්තස්පර්ශය [칟떠쓰빠르셔여] 텔레파시, 정신감응(술).

චිත්තාකර්ෂණය [칟따-꺼르셔너-여] 매력, 매혹, 유혹.

චිත්තාකර්ෂණීය [칟따-꺼르셔니-여] 매력적인, 매혹적인, 유혹적인 සිත්කලු.

චිත්‍ර† [치뜨러] චිත්‍රය 의 복수 또는 형용사: ①그림들 ②그림의, 그림이 있는.

චිත්‍රකථාව [치뜨러까따-워] 만화, 카툰 කාටූනය.

චිත්‍ර කර්මය [치뜨러 까르머여] 그림 그리기 චිත්‍ර ඇඳීම.

චිත්‍රකර්මාන්තය [치뜨러까르만-떠여] 미술, 색칠하기.

චිත්‍රකාරයා [치뜨러까-러야-] 화가, 미술가 සිත්තරා.

චිත්‍රපට [치뜨러빠터] ①인쇄물 ②알록달록한 옷.

චිත්‍රපටිය/චිත්‍රපටය‡ [치뜨러빠티여/치뜨러빠터여] 영화, 필름 සිනමාව.

චිත්‍ර ප්‍රක්ෂේපණය [치뜨러 쁘락쉐-뻐너여] 영상 투사, 그림 투사.

චිත්‍ර ප්‍රස්තාරය [치뜨러 쁘라쓰따-러여] 영상 그래프, 막대 대신 기호를 사용하는 막대 그래프.

චිත්‍රමය [치뜨러머여] 그림의, 그림을 넣은, 그림으로 나타낸 චිත්‍රවලින් සෑදූ.

චිත්‍රය‡ [치뜨러여] 그림, 회화 සිතුවම.

චිත්‍රලිපි [치뜨럴리삐] 상형문자 문서.

චිත්‍රශිල්පය [치뜨러쉴빠여] 그림, 회화.

චිත්‍රශිල්පියා‡ [치뜨러쉴삐야-] 화가, 예술가, 미술가 චිත්‍රකාරයා.

චිත්‍ර සටහන [치뜨러 싸터하너] 그림으로 보여주는 표.

චිත්‍රාක්ෂර [치뜨띾-셔러] 상형문자 චිත්‍ර අක්ෂර.

චින්තකයා [친떠꺼야-] 철학자 දාර්ශනිකයා.

චින්තනය [친떠너여] 사상, 생각, 사고 කල්පනාව.

චින්තාමය [친따-머여] 생각의, 사고의.

චින්තාව [친따-워] 생각, 사고 සිතිවිල්ල.

චින්තාවලිය [친따-월리여] 일련의 생각, 꼬리를 물고 이어지는 생각 සිතිවිලි දාමය.

චිමත්කාරය [치맡까-러여] 진미, 별미, 아주 맛남 සරස.

චිමිනිය† [치미니여] 굴뚝 දුම් කවුළුව.

චිම්නිය [침니여] 굴뚝 චිමිනිය.

චිර [치러] 긴, 길다란 දීර්ඝ. (구어) දිග

චිරකාලික [치러깔-리꺼] ①오랜 기간의, 오랫동안의 දීර්ඝ කාලීන ②만성의, 고질적인, 상습적인.

චිරකාලික මද්‍යපානය [치러깔-리꺼 마닫-띠여여] 알코올 중독.

චිරන්තන [치란떠너] 고대의, 과

චිරප්‍රකට/චිරප්‍රසිද්ධ [치러쁘러꺼터/치러쁘러씯더] 유명한, 저명한, 잘 알려진 ප්‍රසිද්ධ.

චිරස්ථායී [치라쓰따-이-] 지속되는, 오래가는, 안정적인.

චිරස්ථායිතාව [치라쓰따-이따-워] 지속, 오래감 චිරස්ථිතිය.

චිරස්ථිත [치라쓰띠떠] 지속되는, 안정적인 චිරස්ථායී.

චිරස්ථිතිය [치라쓰띠띠여] 지속, 오래감 චිරස්ථායිතාව.

චිරාගත [치라-가떠] 전통적인, 전통의, 대대로 내려오는 සම්ප්‍රදායික.

චිරාත් [치랕-] 긴, 길다란, 오랜 චිර. (구어) දිග

චිරිකාවා [치리-까-와-] 귀뚜라미.

චිහ් [치흐] (감탄사) 치! 흥, 체.

චිහ්නය [치흐너여] 표시, 기호, 부호, 상징 සලකුණ.

චී‡ [치-] (감탄사) 치! 흥, 체, '뭐야, 별로'의 뜻을 가진 의성어.

චීත්තය [칠-떠여] 친츠 (특히 꽃무늬가 날염된 광택 나는 면직물, 커튼, 가구 커버 등으로 쓰임).

චීනකණ්ණාඩිය [치-너 깐나-디여] 망원경 දුරදක්ෂකය.
චීනච්චට්ටි [치-낯촽티] 주철, 무쇠.
චීනපට [치-너빠터] 중국 비단 චීන සේද.
චීන පටස් [치-너 빠타쓰] 폭죽.
චීනපොඩියම් [치-너뽀디얌] 명아주, 버들잎 명아주.
චීනය [치-너여] (나라) 중국.
චීන සේද [치-너 쎄-더] 중국 비단 චීන පට.
චීනා [치-나-] 중국인, 중국 사람 චීන ජාතිකයා.
චීනාඩි [치-나-디] 체조, 체육.
චීවරය [치-워러여] 승려의 노란색 승복 සිවුර.
චීස්‡ [치-쓰] 치즈 කේජු.
චුචුකය [추추꺼여] 젖꼭지, 유두 තන පුඩුව.
චුට්ට‡ [춭터] 소량, 조금 ටික.
චුත [추떠] 없어진, 사라진, 죽은 ඉවත්වුණු.
චුත වෙනවා [추떠 웨너와-] 사라지다, 없어지다, 제거되다 තුරන් වෙනවා. (구어) ඉවත් වෙනවා
චුතිය [추띠여] 죽음, 사망, 소천 මරණය.
චුදිත [추디떠] (법) 피고의, 고발당한.
චුදිතයා† [추디떠야-] (법) 피고인 චෝදිතයා, චූදිතයා. ¶ චෝදකයා (법) 원고, 고발자
චුම්බක [춤버꺼] 자석의, 잡아당기는, 자성을 띄는 කාන්දම්.
චුම්බක උතුර† [춤버꺼 우뚜러] 자북(磁北), 자기장 북쪽.
චුම්බකත්වය [춤버깔워여] 자기성, 자기 කාන්දම් භාවය.
චුම්බකය† [춤버꺼여] 자석, 자철 කාන්දම.
චුම්බනය [춤버너여] 입맞춤, 키스 සිඹීම.
චුල්ල [출러] 작은, 조그만 කුඩා.
චූ [추-] 오줌, 소변. (문어) මුත්‍රා
චූ එක‡ [추- 에꺼] 음경, 남자의 성기. (문어) පුරුෂලිංගය
චූ කරනවා‡ [추- 꺼러너와-] 오줌 싸다, 소변을 보다.(문어) මුත්‍රා කරනවා
චූචුකය [추-추꺼여] 젖꼭지, 유두 තන පුඩුව.
චූටි‡ [추-티] 작은, 조그만 පුංචි.
චූඩා මාණික්‍යය [추-다- 마-니끼여여] 최고의 보석 සිළුමිණ.
චූඩාව [추-다-워] 산등성, 산마루, 정상 මුදුන.
චූදිතයා [추-디떠야-] (법) 피고인 චෝදිතයා. ¶ චෝදකයා (법) 원고, 고발자
චූන් වෙනවා [춘- 웨너와-] 열정이 있다, 열심을 내다 උද්‍යෝගිමත් වෙනවා.
චූර්ණමය [추-르너머여] 석회질의, 석회질로 마무리한 හුණුවලින් නමැවුණු.
චූර්ණය [추-르너여] ①가루, 분말 කුඩු ②(생) 석회 හුණු.
චූර්ණිකාව [추-르니까-워] 서술적인 연설 වර්ණනාත්මක ප්‍රකාශය.
චෙක් පත‡ [첵 빠떠] 수표. ¶ මුදල් නෝට්ටුව 지폐
චේතනාව† [체-떠나-워] 동기, 의도, 기대 බලාපොරොත්තුව.
චේතනික [체-떠니꺼] ①고의의, 계획적인, 의도적인, 생각한 සිතුම් අනුව ②살아있는, 산 ජීව.
චේතිය [체-띠여] 불탑 සෑය.
චෛතසික [차이떠씨꺼] 마음의, 정신의, 심적인, 내적인 මානසික.

චෛත්‍යය [차이띠여여] 불탑 චේතිය.

චෝදක/චෝදකයා [초-더꺼/초-더꺼야-] ①고소자, 고발자, (법) 원고 ②불평자, 불만을 가진 자 චෝදනාකරු.

චෝදනා කරනවා‡ [초-더나- 꺼러너와-] 고발하다, 고소하다, 비난하다.

චු

චෝදනාව† [초-더나-워] ①고발, 고소, 비난, 불평 ②명령, 지시 නියෝගය.

චෝදිතයා [초-디떠야-] (법) 피고인 චූදිතයා. ¶ චෝදකයා (법) 원고, 고발자

චෞර [차우러] 도벽이 있는, 손버릇이 나쁜 හොර.

චෞරයා [차우러야-] 도둑, 절도범. (구어) හොරා.

ඡ

ඡ [차] 씽할러 알파벳의 28번째 글자: ච 의 장음이다.

ඡට්ඨ [찰터] 여섯번째의, 제6의 හය වෙනි.

ඡත්‍ර [차뜨러] ඡත්‍රය 의 복수 또는 형용사: ①기들, 깃발들 ②깃발의, 기의 කොඩි, ජඩ.

ඡත්‍රමාලාව/ඡත්‍රාවලිය [차뜨러말-라-워/차뜨라-월리여] 깃발 시리즈.

ඡත්‍රය [차뜨러여] ①기, 깃발 කොඩිය ②우산, 파라솔 කුඩය.

ඡදන [차더너] ①덮개, 지붕 වැස්ම ②잎, 나뭇잎 කොළය ③날개 පියාපත ④칼집, 무기 통.

ඡද්දන්ත [찰단떠] ①최상의 상아 6개를 가지고 있는 전설의 코끼리 ②히말라야 산맥에 있다는 전설의 호수.

ඡන්ද‡ [찬더] ඡන්දය 의 복수 또는 형용사: ①선거들, 투표들 ②선거의, 투표의. (문어) මැතිවරණ ¶ ඡන්ද කොළය 투표 용지

ඡන්ද කොට්ඨාශය [찬더 꼳타-셔여] 선거구 මැතිවරණ කොට්ඨාශය.

ඡන්ද දායකයා‡ [찬더 다-여꺼야-] 유권자, 투표자.

ඡන්දය† [찬더여] 선거, 투표. (문어) මැතිවරණය ¶ තැපැල් ඡන්දය 부재자 투표

ඡන්ද විමසීම/ඡන්ද විමසුම† [찬더 위머씨-머/찬더 위머쑤머] 투표 행사, 선거.

ඡන්දස [찬더써] 운, 각운, 압운 සඳැස, එළිසමය.

ඡන්දස් ශාස්ත්‍රය [찬다쓰 샤-쓰뜨러여] 운율학.

ඡන්දෝලංකාරය [찬돌-랑까-러여] 각운의 수사.

ඡන්න [찬너] 감춰진, 가려진, 덮힌 වසන ලද.

ඡවි කල්‍යාණය [차위 깔리야-너여] 피부 미용.

ඡවිය [차위여] 피부, 스킨 සම.

ඡාත්‍ර [차-뜨러] 학생의.

ඡාත්‍රයා [차-뜨러야-] 학생 ශිෂ්‍යයා.

ඡාදනය [차-더너여] ①덮개, 커버 වැසීම, ආවරණය ② 옷, 의복 වස්ත්‍රය.

ඡායා [차-야-] ඡායාව 의 복수 또는 형용사: ①사진들 ②사진의.

ඡායානුවාදය [차-야-누와-더여] 개작, 번안, 각색.

ඡායාරූපය‡ [차-야-루-뻐여] 사진 සේයා රුව. (구어) පින්තූරය

ඡායාරූප ශාලාව† [차-야-루-뻐 샬-라-워] 사진관, 스튜디오.

ඡායාරූප ශිල්පය [차-야-루-뻐 쉴뻐여] 사진술, 사진 촬영 කැමරා ශිල්පය.

ඡායාරූප ශිල්පියා† [차-야-루-뻐 쉴삐야-] 사진사, 사진 작가 කැමරා ශිල්පියා.

ඡායාව† [차-야-워] 투영, 그림자, 그늘 සේයාව.

ඡායාස්ථ [차-야-쓰떠] 사진을 복사하는.

ඡායාස්ථිති පිටපත [차-야-쓰띠띠 삐터빠떠] 직접 복사 사진.

ඡිද්‍ර [치드러] ඡිද්‍රය 의 복수 또는 형용사: ①구멍들, 동공들, 구멍이 있는, 구멍의 ②흠들, 오점들, 잘못들, 흠이 있는, 오점의.

ඡිද්‍රකය [치드러꺼여] 구멍내는 기구, 개찰기.

ඡිද්‍රන [치드러너] 구멍을 뚫는, 구멍 내는 සිදුරු විදින.

ඡ

ඡිද්‍ර බිත්තිය [치드러 빋띠여] 벽 기공.

ඡිද්‍රය† [치드러여] ①구멍, 동공 සිදුර ②흠, 오점, 결점 පැල්ම.

ඡින්දන [친더너] ①부수는, 깨는 කඩන ②자르는, 베는 කපන.

ඡින්දිත [친디떠] ①부서진, 깨진 කඩන ලද, සිඳින ලද ②잘린, 베어진 කපන ලද.

ඡින්න [친너] ①부서진, 깨진 කැඩුණු ②자른, 벤 කැපූ.

ඡ

ඡේක [체-꺼] 학식 있는, 배운 උගත්.

ඡේක ප්‍රයෝගය [체-꺼 쁘러요-거여] 교활, 음흉, 책략.

ඡේදක/ඡේදන [체-더꺼/체-더너] ①자르는, 베는, 절개하는 කපන ②분리하는, 나누는.

ඡේදනය [체-더너여] ①자름, 벰, 절개 කැපීම ②나눔, 분리함 කොටස් කිරීම. ¶ චර්මඡේදනය (유대교) 할례

ඡේදය† [체-더여] (문장의) 문단, 단락 කොටස.

ඡේද්‍යය [쳬-디여여] 자름, 절단, 절개 කැපීම. ¶ චර්මඡේද්‍යය (유대교) 할례

ඡේද්‍යය කරනවා [쳬-디여여 꺼러너와-] 자르다, 절단하다 කපනවා.

ජ

ජ [자] 씽할러 알파벳의 29번째 글자.

ජංගම† [장거머] 움직이는, 살아 있는, 생명 있는.

¶ ජංගම දුරකථනය 핸드폰

ජංගම ගිණුම† [장거머 기누머] 당좌예금, 당좌계좌.

ජංගම ඡන්දය [장거머 찬더여] (선거) 유동표.

ජංගම දුරකථනය‡ [장거머 두러까떠너여] 휴대전화, 휴대폰.

ජංජාලය [장잘-러여] 어려움, 힘듦, 악운 හිරිහැරය.

ජඃ [자-] (소떼를 모는 소리) 가라.

ජගතා [자거따-] 전문가, 달인 අතිදක්ෂයා.

ජගතී [자거띠-] 땅, 세상 පෘථිවිය.

ජගතීශ්වර/ජගදීශ්වර [자거띠-쉬워러/자거디-쉬워러] 왕, 통치자 රජු.

ජගත් [자갇] 세상의, 우주의 ලෝක.

ජගත් සත්‍යය [자갇 싸띠여여] 공통 진리 පොදු සත්‍යය.

ජගත් සිද්ධිය [자갇 씯디여] 세계 행사 ලෝක සිදුවීම.

ජගදීශ්වර/ජගතීශ්වර [자거디-쉬워러/자거띠-쉬워러] 왕, 통치자 රජු.

ජගලත් ඇඳුම [자걸랃 앤두머] 씽할러 왕복(왕의 옷).

ජග්ගුව [작구워] (손잡이가 달린) 항아리, (주둥이가 넓은) 주전자 ජෝගුව.

ජඝනය [자거너여] (해부학) 장골 උකුළ, නිතඹ.

ජඩ්ඩා [장가-] 송아지 (의).

ජටාධරයා [자타-더러야-] 엉클어진 머리 소유자.

ජටාමාංසය [자타-망-써여] (식물) 감송(甘松), 나드.

ජටාව† [자타-워] ①머리 덮개, (머리칼) 타래 හිස් වැස්ම ②매듭, 고 ගැටය.

ජටිත [자티떠] 얽힌, 매듭지어진 ගැටගැසූ.

ජටිලයා [자틸러야-] (두건을 쓰고 산에 사는) 금욕주의자, 고행자.

ජඨරය [자터러여] ①배, 복부 බඩ ②위 ආමාශය.

ජඨරාග්නිය [자터라-그니여] 배고픔, 기아 බඩගින්න.

ජඩ [자더] 천한, 비천한, 낮은, 지위가 낮은 නීච.

ජඩයා [자더야-] 상놈, 천한 사람 නීචයා.

ජන [자너] ①민속의, 서민의 මිනිස් ②유명한.

ජනක [자너꺼] ①만드는, 만들어 내는, ~을 생성하는 ඇති කරන ②명사뒤에 붙어서 형용사의 뜻을 만듦. ¶ ප්‍රීතිජනක 기쁜 බියජනක 두려운

ජනක සෛලය [자너꺼 싸일러여] (생물) 배아 세포, 생식 세포.

ජන කථාව† [자너까따-워] 민간 설화, 구전 이야기.

ජන කවි [자너 까위] 민요, 민속시, 구전시.

ජනකාය [자너까-여] 국민, 민중, 대중 ජනතාව.

ජනගහනය‡ [자너가하너여] 인구 ජනසංඛ්‍යාව.

ජනගී [자너기-] 민요 ජන ගායනා.

ජනතා [자너따-] ජනතාව 의 복수 또는 형용사: ①국민들, 백성들 ②국민의, 백성의, 대중의.

ජනතාව‡ [자너따-워] 국민, 백성, 민중, 대중, 서민 ජනකාය.

ජන නැටුම්† [자너 내툼] 민속춤 ගැමි නැටුම්.

ජනන [자너너] 만들어 내는, 생산하는, 산출하는 උපදවන.

ජනනය [자너너여] 생산, 만듦, 발생, 산출 උපදවීම.

ජනනය කරනවා [자너너여 꺼러너와-] 산출하다, 만들다, 낳다, 발생시키다, 일으키다 උපදවනවා.

ජනනික [자너니꺼] 유전의, 발생(유전, 기원)의, 발생적인 ජනනයට අදාළ.

ජනනී [자너니-] 어머니, 모친 මව.

ජනපති† [자너빠띠] 대통령 ජනාධිපති.

ජනපතිවරණය [자너빠띠워러너여] 대통령 선거, 대선 ජනාධිපතිවරණය.

ජනපදය‡ [자너빠더여] 거주지, 부락 ජනාවාසය.

ජනපද රෝගය [자너빠더 로-거여] 전염병, 유행병 බෝවන රෝගය.

ජනප්‍රවාදය [자너쁘러와-더여] 전설, 구전 이야기, 민속이야기 පුරාවෘත්තය.

ජනප්‍රසාදය [자너쁘러싸-더여] 인기, 인망.

ජනප්‍රිය‡ [자너쁘리여] 유명한, 인기있는 ප්‍රසිද්ධ.

ජනමතය [자너마떠여] 국민의 뜻 ජනතා කැමැත්ත.

ජනමත විචාරණය [자너마떠 위차-러너여] 국민 투표 ජනමත විචාරය.

ජනමත විචාරය [자너마떠 위차-러여] 국민 투표 ජනමත විචාරණය.

ජනයා [자너야-] ①국민, 백성 ජනතාව ②사람 මිනිසා.

ජනරංජනය [자너랑저너여] 백성을 기쁘게 함, 국민의 기쁨 ජනතාව සතුටට පත් කිරීම.

ජනරජය [자너라저여] 공화국.

ජනරේඛනය [자너레-꺼너여] 인구학, 통계학 ජනවිකාශනය.

ජනලේඛනය† [자널레-꺼너여] 인구학, 통계학 සංගණනය.

ජනවරම [자너와러머] (선거) 당선, 국민의 뜻.

ජනවහර [자너와하러] 민속 이야기, 민간 전승 ජනතාව අතර පවතින කථා.

ජනවාරි‡ [자너와-리] 1월.

ජනවාර්ගික [자너와-르기꺼] 종족의, 종족별의.

ජනවිකාශනය [자너위까-셔너여] 인구학, 통계학 ජනලේඛනය.

ජනවේදය [자너웨-더여] 민속학 ජනප්‍රවාදය.

ජනශූන්‍ය [자너슌-니여] 사람이 살지 않는 මිනිස් වාසයෙන් තොර.

ජනශ්‍රැතිය [자너쉬래띠여] 전통, 전승 ජන ඇබ්බැහි.

ජනසංක්‍රමණය [자너쌍끄러머너여] 유전적인 흐름, 유전 전승.

ජනසංඛ්‍යාව [자너쌍끼야-워] 인구 ජනගහනය.

ජන සංගීතය [자너 쌍기-떠여] 민속 음악.

ජනසතු‡ [자너싸뚜] 국유의, 국영의, 전 국민적으로 확대된.

ජනසම්මත [자너쌈머떠] ①유명한 ②민주주의의 ප්‍රජාතන්ත්‍ර.

ජනහිතකාමී [자너히떠까-미-] 자애로운, 자비로운, 상냥한, 따뜻한 ජනතාවට හිතවත්.
ජනහීන [자너히-너] 인자한, 인정 많은, 박애(주의)의, 자선의.
ජනාකීර්ණ‡ [자나-끼-르너] (사람, 교통 등이) 혼잡한, 밀집한.
ජනාදරය [자나-더*러*여] 인기, 인망, 대중에게 받아들여짐.
ජනාධිපති‡ [자나-디빠띠] 대통령 ජනපති.
ජනාධිපතිවරණය† [자나-디빠띠와*러*너여] 대통령 선거 ජනපතිවරණය.
ජනාවාසය† [자나-와-써여] 정착, 거주, 거류 මිනිස් වාසය.
ජනිත [자니떠] 태어난, 출생한, 나타난, 발생된 උපන්. ¶ ජනිත කරනවා 낳다, 출산하다
ජනිතයා [자니떠야-] 후손, 자손 පරම්පරාව.
ජනේල පලුව [자넬-러 빨루워] 창틀.
ජනේලය‡ [자넬-러여] 창, 창문. (복) *ජනේල්, ජනේල*
ජනේල්‡ [자넬-] ජනෙලය 의 복수 또는 형용사: ①창문들 ජනේල ②창문의.
ජනේල් පඩිය† [자넬 빠*디*여] 창턱.
ජනේල් පියන [자넬 삐여너] 창유리.
ජනේල් රෙද්ද‡ [자넬 *렏*더] 커튼 ජනේල තිරය. (복) *ජනේල් රෙදි*
ජන්ම† [잔머] 타고난, 본성의 ජම්ම.
ජන්ම උරුමය [잔머 우*루*머여] 생득권, 장자 상속권.
ජන්මගතිය [잔머가띠여] 천성, 기질, 태어 나면서 받는 성질.
ජන්ම දිනය [잔머 디너여] 생일 උපන්දිනය.
ජන්මපත්‍රය‡ [잔머빠뜨*러*여] 점성, 탄생시의 별의 위치 (관측).
ජන්මභූමිය [잔머부-미여] 모국, 태어난 나라 මව්රට.
ජන්මය [잔머여] ①본성, 성질 ස්වභාවය ②출신, 혈통, 민족 ජාතිය ③신분 කුලය.
ජන්මාන්තරගත වෙනවා [잔만-떠*러*가떠 웨너와-] 죽다, 사망하다, 소천하다 මිය යනවා.
ජන්මෝත්සවය [잔몯-써워여] (ජන්ම + උත්සවය) 생일 잔치 උපන්දින උත්සවය.
ජප කරනවා† [자빠 꺼*러*너와-] 주문을 외우다, 염불을 외우다 මතුරනවා.
ජප නූල [자빠 눌-러] 주술 실.
ජපන් [자빤] 일본의, 일본 사람의, 일본어의.
ජප මාලය [자빠 말-러여] (가톨릭, 불교) 묵주.
ජපානය† [자빠-너여] 일본.
ජබර [자버*러*] (식물) 생이가래.
ජබර කලන්තය [자버*러* 깔란떠여] 어지러움, 현기증 කැරකිල්ල.
ජම්බ වාගෙ [잠버 와-게] 통통한, 토실토실한.
ජම්බාරය [잠바-*러*여] 말뚝 박는 기계.
ජම්බු‡ [잠부] 스리랑카 과일: 잠부 (빨간 색의 종 모양 같이 생김).
ජම්බුද්වීපය [잠붇위-삐여] 옛 인도 북부와 중부 지역 (불교 성지) දඹදිව.
ජම්බෝල [잠볼] 왕귤나무(열매).
ජම්ම [잠머] ①본성의, 타고난, 본래의 ②출생지의, 토착의.
ජම්මභූමිය [잠머부-미여] 모국, 태어난 나라 මව්බිම.
ජම්මය [잠머여] ①본성, 성질

ජ

ස්වභාවය ②출신, 혈통, 민족 ජාතිය ③신분 කුලිය.

ජම්මික [잠미꺼] ජම්ම 를 보라: 타고난, 본성의, 본래의.

¶ ජම්මික පාපය (기독교) 원죄

ජඹුර [잠부러] ①깊은, 심연의 ②깊음, 심연 ගැඹුර.

ජය‡ [자여] ①승리, 이김 දිනුම ②성공, 번영 ඉසුර. (복) ජය

¶ ජය වේවා! 이기자!

ජයකාරයා [자여까-러야-] 부자, 성공한 사람 ධනවතා.

ජය කෙහෙළි [자여 께헬리] 승리의 깃발 ජය කොඩි.

ජයකොන්තය [자여꼰떠여] (제왕의) 홀(笏).

ජය ගන්නවා‡ [자여 간너와-] 승리하다, 이기다 දිනනවා.

ජයග්‍රහණය† [자여그러하너여] 승리, 이김, 정복 දිනුම.

¶ ජයග්‍රාහකයා 우승자

ජයග්‍රාහක/ජයග්‍රාහික [자여그라-하꺼/자여그라-히꺼] 이기는, 성공하는, 승리하는 දිනන.

¶ ජයග්‍රාහකයා 우승자

ජයග්‍රාහකයා [자여그라-하꺼야-] 승리자, 우승자, 수상자 දිනුවා.

¶ ජයග්‍රාහකිය (여성) 우승자

ජයග්‍රාහී/ජයග්‍රාහක† [자여그라-히-/자여그라-하꺼] 이기는, 성공하는, 승리하는 දිනන.

ජයතු [자여뚜] 만세!, 승리하여라! ජයවේවා.

ජයන්තිය† [자얀띠여] 축제, 잔치, 페스티벌, 기념 축제 උත්සවය.

ජය පතාකය [자여 빠따-꺼여] 승리의 깃발 ජය කොඩි.

ජය පානය [자여 빠-너여] 축배, 승리의 건배 ජය පැන්.

ජය බෙර [자여 베러] 승리를 축하하는 북.

ජයම්පත [자얌빠떠] 남편과 부인, 부부.

ජයම්පති [자얌빠띠] 남편 සැමියා.

ජයම්පතිකා [자얌빠띠까-] 부인, 아내 බිරිඳ.

ජය වෙනවා [자여 웨너와-] 성공하다, 번영하다, 번창하다 සාර්ථක වෙනවා.

ජයශ්‍රී මහාබෝධිය [자여쓰리-마하-보-디여] (불교) 성 보리수 나무.

ජයශ්‍රිය/ජයශ්‍රියාව [자여쓰리-여/자여쓰리-야-워] 승리의 광채, 승리의 화려함.

ජය සක [자여 싸꺼] 승리의 나팔 දිනුමේ සක්ගෙඩිය.

ජර දුක් [자러 둑] ①극심한 고통, 큰 고통 දැඩි දුක් ②심한 고통의, 극도로 고통받는 දැඩි දුක්.

ජරපත් [자러빧] ①고통받는, 고통스러운 දුකට පත්වන ②부패하는, 썩는 දිරන.

ජරමර [자러마러] 어려움, 힘듦, 고통, 불편 කරදර.

ජරා [자라-] ①불결한, 더러운 අපිරිසිදු ②고통받는, 고통스러운 දුකට පත්වන ③부패하는, 썩는 දිරන ④부패, 썩음, 오래됨 දිරාපත්වීම.

ජරා කරනවා‡ [자라- 꺼러너와-] ①(배설물로) 더럽히다, 오염시키다 අපිරිසිදු කරනවා ②똥싸다, 배설하다 මලපත කරනවා.

ජරාජරිත/ජරාජීර්ණ [자라-자리떠/자라-지-르너] 깨진, 부서진, 산산조각 난 කැඩි බිඳීගිය.

ජරාපත් වෙනවා [자라-빧 웨너와-] 썩다, 부패하다, (음식물) 상하다, 더러워지다 ජරාවාස වෙනවා.

ජරාව† [자라-워] ①불결, 더러움 අපිරිසිදු කරනවා ②똥쌈, 배설 මලපත කරනවා.

ජරාවාස [자라-와-써] ජරාවාසය 의 복수 또는 형용사: ①a. 부패, 썩음 b. 파괴, 파멸 ②a. 썩은, 부패한, 상한 b. 파괴된, 파멸된 ජරාපත්.

ජරාවාසය [자라-와-써여] ①부패, 썩음 දිරාපත් වීම ②파괴, 파멸 ගරා වැටීම.

ජරාවාස වෙනවා [자라-와써 웨너와-] 썩다, 부패하다, (음식물) 상하다 අභාවයට යනවා.

ජර්මනිය [자르머니여] (나라) 독일.

ජර්මන් [자르먼] 독일의 ජර්මනියට අදාළ.

ජර්මන් සරම්ප [자르먼 싸람뻐] (의학) 풍진, 가벼운 홍역.

ජල [잘러] ජලය 의 복수 또는 형용사: ①물 ②물의, 물과 관련된 දිය. (구어) වතුර

ජලකර [잘러꺼러] (화학) 수소 හයිඩ්‍රජන් වායුව.

ජලකාමී [잘러까-미-] 친수성(親水性)의 ජලයේ වෙසෙන.

ජලගති විද්‍යාව [잘러가띠 윋디야-워] 유체 역학, 수역학.

ජලගැලීම/ජලගැල්ම‡ [잘러갤리-머/잘러갤머] 홍수 ගංවතුර.

ජලගුණ විද්‍යාව [잘러구너 윋디야-워] 유체 역학, 수역학, 동수(動水) 역학.

ජලගුල්ම ප්‍රවාහය [잘러굴머 쁘러와-하여] 멕시코 만류 (멕시코만에서 미국 동연안을 따라 북상하여 북대서양 해류로 이행하는 난류).

ජලගුල්මය [잘러굴머여] 소용돌이 දියසුළිය.

ජලගෝලය [잘러골-러여] 수권(水圈), (지구의) 수계(水界).

ජලග්‍රහක [잘러그러하꺼] 물을 흡수하는, 물을 빨아들이는.

ජලචර† [잘러차러] 수생(水生)의, 물 속의 ජලයේ ජීවත්වන.

ජලජ [잘러저] 물에서 태어난 දියේ උපන්.

ජලතටාක සේවක [잘러따나-꺼 쎄-워꺼] 수영장 도우미, 수영장 안전요원.

ජල තරංග [잘러 따랑거] 물결 දිය රැළ.

ජල තලය [잘러 딸러여] 수면, 물위 ජලයේ මතුපිට.

ජලතාපකය [잘러따-빠꺼여] 온수기.

ජල දුර්ගය [잘러 두르거여] 물에 의해서 막히는 길.

ජලධාරාව [잘러다-라-워] 물길, 물의 흐름, 수로 දිය පාර.

ජලධිය [잘러디여] 바다, 해양 සාගරය. (구어) මුහුද

ජලනළය [잘러날러여] 물 파이프.

ජලනිධිය [잘러니디여] 바다, 해양 සාගරය. (구어) මුහුද

ජල පරිඛාව [잘러 빠리까-워] 해자, (도시를 방어하기 위해 만든) 도랑.

ජලබලය† [잘러발러여] 수력, 수력 전기.

ජලභීතිකාව† [잘러비-띠까-워] 광견병, 공수병.

ජලභීරුකත්වය [잘러비-루깥워여] 물 공포증.

ජලමට්ටම [잘러맡터머] 수위(水位).

ජලමානය [잘러마-너여] 액체 비중계, 부칭(浮秤).

ජ

ජලමුද්‍රාව [잘러무드라-워] 워터 실, 수밀봉.
ජලමුද්‍රිත [잘러무드리떠] 방수의, 물이 안 나가게 하는.
ජලය‡ [잘러여] 물 දිය. (구어) වතුර ¶ ජල සම්පත් මණ්ඩලය 수자원 공사
ජල රෝදය [잘러 로-더여] 수차, 양수차 දිය රෝල.
ජලරෝධක [잘러로-더꺼] 방수의, 물을 차단하는.
ජලවක [잘러와꺼] 음력 4일.
ජලවහනය† [잘러와하너여] 하수, 배수.
ජලවාෂ්ප [잘러와-쉬빠] 수증기.
ජලවාහක [잘러와-하꺼] 수로 운송하는.
ජලවාහක වසංගතය [잘러와-하꺼 와쌍거떠여] 수질 병, 물로 전염되는 유행병.
ජල විදුලිය [잘러 위둘리여] 수력 전기.
ජල විද්‍යාව [잘러 윋디야-워] (물의 성질, 분포, 지하 수원을 다루는) 수문학.
ජල ශාටිකාව [잘러 샤-티까-워] 수영복 දිය සළුව.
ජලසන්නිය [잘러싼니여] 이질, 설사 අධික පාචනය.
ජලසම්පාදනය† [잘러쌈빠-더너여] 물 공급.
ජල ස්කන්ධය [잘러 쓰깐더여] 큰 물, 큰 물줄기, 많은 양의 물, 다량의 물 දියකඳ.
ජලස්ථ [잘러쓰떠] 물에 존재하는, 수중의 ජලගත.
ජලස්ථිති විද්‍යාව [잘러쓰띠띠 윋디야-워] 정수역학, 정역학.
ජලස්නානය [잘러쓰나-너여] 목욕, 샤워 දිය නෑම.
ජලාධිගෘහිත [잘라-디그루히떠] 물을 관장하는 ජලයට අධිපති.
ජලාපවහනය [잘라-빠와하너여] 배수, 하수, 배수로.
ජලාබුජ [잘라-부저] 태생(胎生)의, (식물) 모체 발아의.
ජලාබුජතාව [잘자-부저따-워] 태생(胎生), (식물) 모체 발아.
ජලායුකයා [잘라-유꺼야-] 물거머리 දිය කුඩැල්ලා.
ජලාර්ධගෝලය [잘라-르더골-러여] (지구, 천체의) 수 반구.
ජලාලය [잘랄-러여] 수족관, 어항 නිවහන. (구어) මාළු ටැංකිය
ජලාවර්තනය [잘라-와르떠너여] 소용돌이 ජලගුල්මය.
ජලාවාටය [잘라-와-터여] 물 구덩이 වතුර වළ.
ජලාශය‡ [잘라-셔여] 호수, 저수지, 연못 වැව.
ජලාශ්‍රිත [잘라-쉬리떠] 물의, 물 속의, 물기 많은.
ජලිස් [잘리쓰] 격자, 격자 모양의 것 ගරාදි.
ජලීය [잘리-여] ජලය 의 형용사: 물의, 수자원의.
ජලීය ද්‍රාවණය [잘리여 드라-워너여] 용액, 용해.
ජලෝඝය [잘로-거여] 홍수 ගංවතුර.
ජවන [자워너] 뛰는, 달리는 දුවන.
ජවන චිත්තය [자워너 칱떠여] 여기 저기로 달리는 마음.
ජව නඩාව [자워 나다-워] 직기의 무늬 짜는 북.
ජවන වේගය [자워너 웨-거여] 달리는 속도.
ජවනිකාව‡ [자워니까-워] ①커튼, 장막 ජනේල් රෙද්ද ②(연극) 막.
ජවය [자워여] ①힘, 능력 බලය ②속도, 스피드 වේගය.

ජව රෝදය [자워 로-더여] (기계) 플라이 휠, 속도 조절 바퀴.

ජාකොටුව [자-꼬투워] 어살.

ජාගර [자-거러] ①경계하는, 주의 깊은, 방심하지 않는 අවදි වූ ②열심 있는, 노력하는 ③깨어 있음 නිදි වැරීම.

ජාඩි [자-디] 절인 생선.

ජාත [자-떠] 태어난, 탄생한 උපන්.

ජාතක [자-떠꺼] 태어난, 탄생한 උපන්.

ජාතකය [자-떠꺼여] ①태어남, 탄생, 나타남 ඉපදීම ②탄생 설화.

ජාතභූමිය [자-떠부-미여] 모국, 조국, 태어난 땅 මව්බිම.

ජාතරූප [자-떠루-뻐] 금, 황금 රත්රන්.

ජාතික‡ [자-띠꺼] ①나라의, 국가의, 나라 전체의 ②민족의, 국민의.

ජාතික ඇඳුම‡ [자-띠꺼 앤두머] (한 국가의) 전통 의상.

ජාතික කොඩිය‡ [자-띠꺼 꼬디여] 국기.

ජාතික ගීය‡ [자-띠꺼 기-여] 애국가, 국가.

ජාතිකත්වය [자-띠깥워여] 국적.

ජාතික දිනය‡ [자-띠꺼 디너여] 나라의 날.

ජාතිකයා [자-띠꺼야-] (민족, 종족, 백성 중의) 한사람, 한 명, 사람. ¶ කොරියානු ජාතිකයා 한국 사람 චීන ජාතිකයා 중국 사람

ජාතික රාජ්‍ය සභාව [자-띠꺼 랒-지여 싸바-워] 국회.

ජාතික ලාංඡනය [자-띠꺼 랑-저너여] 나라의 상징 (부호, 문양).

ජාතික වීරයා [자-띠꺼 위-러야-] 국민적인 영웅.

ජාතිකාභිමානය [자-띠까-비마-너여] 나라의 자랑, 국가적인 영광.

ජාතිද්‍රෝහ [자-띠드로-허] 민족을 배신한, 배신하는.

ජාතිද්‍රෝහියා‡ [자-띠드로히야-] 매국노, 역적, 배신자.

ජාතිභේදය‡ [자-띠베-더여] 민족주의, 민족에 따른 분열.

ජාතිභ්‍රෂ්ටයා [자-띠브러쉬터야-] 애국심이 없는 사람.

ජාතිමාමක [자-띠마-머꺼] 애국의, 애국하는 ජාතිහිතෛෂී.

ජාතිමාමකයා† [자-띠마-머꺼야-] 애국자, 민족 주의자 ජාතිවාදියා.

ජාතිය‡ [자-띠여] ①국가, 나라 දැය ②민족, 종족 වර්ගය.

ජාතිවාදය† [자-띠와-더여] 민족주의, 민족 우월주의, 애국심.

ජාතිවාදියා [자-띠와-디야-] ①애국자 ②민족주의자, 민족 우월주의자.

ජාතිවාදී† [자-띠와-디-] 민족주의의, 민족 우월주의의. ¶ ජාතිවාදියා 민족주의자

ජාතිස්මරණ ඥානය [자-띠쓰머러너 냐-너여] 전생에 대한 지식 පෙර උපන් පිළිබඳ දැනීම.

ජාතිහිතෛෂියා [자-띠히따이쉬야-] 애국자 ජාතිවාදියා.

ජාතිහිතෛෂ [자-띠히따이셔] 애국하는, 나라를 사랑하는 ජාතිමාමක.

ජාතීහු [자-띠-후] 나라들, 민족들. ¶ ජාතීන්ගේ (소유격) 민족들의 ජාතීන්ට (여격) 민족들에게 ජාතීන් (목적격) 민족들을, (주격) 민족들이 ජාතීන්ගෙන් (조격) 민족들로부터

ජාතීය [자-띠-여] 나라의, 민족의 ජාතික. ¶ ජාතීහු 민족들

ජ

ජාතීන් [자-띤-] ජාතීහු 의 목적격 또는 주격: 민족들을, 민족들이.

ජාත්‍යන්තර‡ [자-띠얀떠*러*] 국제적인, 초국가적인 අන්තර් ජාතික.

ජාත්‍යන්තර නීතිය [자-띠얀떠*러* 니-띠여] 국제법.

ජාත්‍යන්ධයා [자-띠얀더야-] 선천적 맹인.

ජානුව [자-누워] 무릎 දණ හිස.

ජානය [자-너여] 유전자, 유전인자.

ජාමය [자-머여] 하룻밤을 셋으로 나눈 것 중 하나 යාමය.

ජාරඨ්‍යය [자-*러*티여여] 경화증, 경화, 굳음, 딱딱하게 됨 දෘඪතාව.

ජාරය [자-*러*여] (장작) 세제곱 야드 ඝන යාරයක (දර) ප්‍රමාණය.

ජාරයා [자-*러*야-] (혼외) 남자 애인, 정부 අනියම් පුරුෂයා.

ජාලකය [잘-러꺼여] 쇠창살, 격자 ගරාදි.

ජාලය† [잘-러여] ①네트워크, 방송망 දැල ②화염, 불꽃 ගිනිදැල්.

ජාලාකාර [잘-라-까-*러*] 그물 같은, 그물망 같은.

ජාලාභ [잘-라-버] 그물 모양의 දැල් වගේ.

ජාලාව [잘-라-워] ①불꽃, 화염 මහා ගින්න ②그물 දැල. ¶ ගිනි ජාලාව 불꽃

ජාවාරම† [자-와-*러*머] ①사업, 비즈니스, 교역 වෙළඳම ②부정한 돈벌이, 밀수, 밀매 කපටි ව්‍යාපාරය.

ජාවාරම් කරනවා† [자-와-*람* 꺼*러*너와-] 사업하다, 비즈니스하다, 교역하다 වෙළඳම් කරනවා.

ජාවාරම්කාරයා [자-와-*러*깜까-*러*야-] ①사업가, 상인 ව්‍යාපාරිකයා ②밀수자, 밀매자 කූට ව්‍යාපාරිකයා.

ජාවාරකම් නුවණ [자-와-*러*깜 누워너] 상술, 상업술, 장삿술 වෙළඳ උපායශීලිත්වය.

ජැටිය‡ [재티여] 부두, 선창, 둑, 방파제 ජෙටිය.

ජිග්සෝ ප්‍රහේළිකාව [직소- 쁘*러*헬-까-워] 퍼즐 게임, 퍼즐 맞추기.

ජිඝච්ඡා [지갗차-] 배고픈, 허기진 බඩගිනි.

ජිත [지떠] 이긴, 정복한, 부순 දිනූ.

ජින [지너] 부처님, 속박(죄)을 이긴 자 බුදුන් වහන්සේ.

ජිනීවා [지니-와-] (스위스) 제네바 도시.

ජිප්සි [짚씨] ①집시, 방랑자, 부랑아 අහිකුණ්ටිකයා ②귀걸이 종류.

ජිරාපියා [지*라*-삐야-] 기린.

ජිල් [질] (액량의 단위) 질 (0.1181 리터).

ජිව්හා [지우하-] 혀의.

ජිව්හාව [지우하-워] 혀 දිව.

ජිහ්ව [지흐워] 혀의 ජිව්හා.

ජිහ්වය [지흐워여] 혀 දිව.

ජිහ්වල [지흐월러] 혀 모양의.

ජිහ්වාව [지흐와-워] 혀 දිව.

ජීරක/ජීරණ [지-*러*꺼/지-*러*너] ①소화 (작용) 되는 දිරවන ②부패하는, 썩는 දිරාපත් වන.

ජීරක ද්‍රවය [지-*러*꺼 드*러*워여] (생물학) 소화액.

ජීරණ/ජීරක [지-*러*너/지-*러*꺼] ①소화 (작용) 되는 දිරවන ②부패하는, 썩는 දිරාපත් වන.

ජීරණ ඉන්ද්‍රිය [지-*러*너 인드*리*여] 소화 기관.

ජීරණ කාරකය [지-러너 까-러꺼여] 풍화 작용.

ජීරණ ග්‍රන්ථිය [지-러너 그란띠여] 소화샘, 소화선.

ජීරණ පද්ධතිය [지-러너 빧더띠여] 소화 계통.

ජීර්ණ‡ [지-르너] ①소화(작용)되는 දිරවන්නා ②부패하는, 썩는 දිරන.

ජීර්ණය [지-르너여] ①소화(작용) දිරවීම ②부패, 썩음 දිරීම.

ජීර්ණිත [지-르니떠] ①소화된 දිරවූ ලද ②부패한, 썩은 දිරූ.

ජීව [지-워] ①생명들 ②살아있는, 활력(기) 있는 ජීවත්වන.

ජීවක [지-워꺼] ①생명을 구하는, 살게 하는 ජීවත් කරවන ②타인을 살게 하는 이 ජීවකයා.

ජීවගුණය [지-워구너여] 감성, 지적 감수성 ප්‍රාණවත් ගතිය.

ජීවග්‍රාහය [지-워그라-하여] 생포, 산채로 잡음.

ජීවග්‍රාහයෙන් ගන්නවා [지-워그라-하옌 간너와-] 생포하다, 산채로 잡다 පණපිටින් අල්ලා ගන්නනවා.

ජීවතුන් [지-워뚠] 살아 있는 사람들, 산 자들 ජීවකයන්.

ජීවත් කරනවා [지-왇 꺼러너와-] 자양분을 주다, 기르다, 살지게 하다 පෝෂණය කරනවා.

ජීවත් වෙනවා‡ [지-왇 웨너와-] 살다, 삶을 살다, 살아 있다, 생존하다 දිවි ගෙවනවා.

ජීවදානය [지-워다-너여] 생명, 죽음으로부터 구원 මරණයෙන් මිදීම.

ජීවදායක [지-워다-여꺼] 생명을 주는, 생명을 불어넣는 පණ දෙන.

ජීව ද්‍රව්‍යය [지-워 드랍위여여] (생물학) 원형질.

ජීවන† [지-워너] 살아있는, 생존하는 ජීවත්වන.

ජීවන ක්‍රමය [지-워너 끄러머여] 삶의 방식 ජීවත්වන ආකාරය.

ජීවන චක්‍රය [지-워너 차끄러여] 생활 주기.

ජීවන චරිතය [지-워너 차리떠여] 전기(傳記), 일대기.

ජීවන තත්වය [지-워너 딴워여] 생의 조건.

ජීවනය‡ [지-워너여] ①생명 ②생존, 삶, 생(生) ජීවත්වීම.

ජීවන වියදම්‡ [지-워너 위여담] 생활비, 생계비.

ජීවන වෘත්තිය [지-워너 우룯띠여] 직업, 일자리 රැකියාව. (구어) රස්සාව

ජීවනාධාර [지-워나-다-러] 생계 수당, 급여.

ජීවනෝපාය [지-워노-빠-여] 생계 수단, 직업 ජීවිකා වෘත්තිය.

ජීව බලය [지-워 발러여] 생명, 생명력, 활력, 활기 ජීව ශක්තිය.

ජීව භාෂාව [지-워 바-샤-워] 살아있는 언어, 현재 사용하는 언어.

ජීවමාන [지-워마너-] 살아있는, 생존하는 ජීවත්වන.

ජීවමිතිය [지-워미띠여] 생물 측정학 (통계학), 수명 측정.

ජීවය† [지-워여] 생명 ජීවනය.

ජීව රසායන විද්‍යාව [지-워 라싸-여너 윋디야-워] 생화학.

ජීව වාදය [지-워 와-더여] ①정령(精靈) 신앙 (영혼·천사의 존재를 믿는 신앙) ②(철학) 활력론(論), 생기(生氣)론.

ජීව විද්‍යාඥයා [지-워 윋디야-끄녀야-] 생물 학자.

ජ

ජීව විද්‍යාව [지-워 윋디야-워] 생물(학).

ජීව සංඛ්‍යා [지-워 쌍끼야-] 생명 통계(표).

ජීවාංගයා [지-왕-거야-] (군체를 구성하는) 개충, (분열, 증식에 의해 생기는) 독립 개체 සත්ත්වාභයා.

ජීවාණු [지-와-누] ජීවාණුව 의 복수 또는 형용사: ①세균들, 병균들 ②세균의 විෂබීජ.

ජීවාණුව [지-와-누워] 세균, 병균 විෂබීජය.

ජීවාණුහරණය‡ [지-와-누하러너여] 멸균제, 세균 제거제 විෂබීජ නාශකය.

ජීවාන්තක [지-완-떠꺼] (화학) 질소 (기호 N; 번호 7).

ජීවිකා [지-위까-] 삶의, 생존의.

ජීවිකාව‡ [지-위까-워] 생존, 삶, 생(生) ජීවත්වීම.

ජීවිකා වෘත්තිය [지-위까- 우룯띠여] 직업, 직장 රැකියාව. (구어) රස්සාව

ජීවිතක්ෂය [지-위떡셔여] 죽음, 사망 මරණය.

ජීවිත ආරක්ෂණය† [지-위떠 아-띾셔너여] 생명 보호.

ජීවිත ඇපය [지-위떠 앨빠여] 개인 보증.

ජීවිත කතාව‡ [지-위떠 까따-워] 전기(傳記), 일대기 ජීවිත කථාව.

ජීවිත කථාව [지-위떠 까따-워] 전기(傳記), 일대기 ජීවිත කතාව.

ජීවිත දනය [지-위떠 다-너여] (죄) 사면 දිවි ගැලවීම.

ජීවිත බුක්තිය [지-위떠 북띠여] (법률학) 종신 재산 소유권.

ජීවිතය‡ [지-위떠여] 삶, 인생 ජීවත්වීම. ¶ මගේ ජීවිතය ගැලෙව්වේ යේසුස් වහන්සේ 제 삶을 구원하신 분이 예수님 이십니다

ජීවිත රක්ෂණය‡ [지-위떠 띾셔너여] 생명 보험.

ජීවිතාන්තය [지-위딴-떠여] 임종, 삶의 마지막 ජීවිතයේ කෙළවර.

ජීවිතාපෙක්ෂාව [지-위따-뻭샤-워] 기대 수명.

ජීවිතාලය [지-위딸-러여] 인생에 대한 사랑, 삶에 대한 사랑.

ජීවිතාශාව [지-위따-샤-워] 삶(인생)에 대한 갈망, 소망.

ජීවිතාරක්ෂාව [지-위따-띾싸-워] 자기 방어.

ජීවියා† [지-위야-] 생물, 생명체. ¶ ඒක සෛලික ජීවියා 단세포 동물 බහු සෛලික ජීවියා 다세포 동물

ජීවී [지-위-] 살아있는, 생명 있는, 사는 ජීවත්වන.

ජුගුප්සාව [주궆싸-워] 혐오, 싫어함, 미움 පිළිකුල.

ජුන්ටා [준타-] (특히 혁명정권 수립 후의) 지도자 집단, 잠정(군사) 정권 무리 junta.

ජුණ්ඩා [준다-] 난쟁이 මිට්ටා.

ජුබිලිය [주빌리여] 50주년, 희년.

ජු [주-] (감탄사) 아, 아아.

ජුට් හණ [줕- 하너] 황마 (섬유) ගෝනි හණ.

ජූඩෝ [주-도-] (운동) 유도.

ජූනි‡ [주-니] 6월, 유월 හයවෙනි මාසය.

ජූරිය/ජූරි සභාව† [주-리여/주-리 싸바-워] (법정) 배심원.

ජූලි‡ [줄-리] 7월 හත්වෙනි මාසය.

ජූල් [줄-] (과일) 우드애플 දිවුල්.

ජෙට්ටිය [제티여] 부두, 선창, 방파제 තොටමුණ.

ජෙනරාල් [제너랄-] (군대) 장군.

ජේත්තුව [젵-뚜워] 미모, 외적 아름다움 බාහිර අලංකාරය.

ජේසුස්† [제-쑤쓰] 예수님, 예수 그리스도 (천주교에서 사용: 개신교는 යේසුස් 로 사용한다).

ජෛන [자이너] 자이나교의.

ජෛව [자이워] 생물의, 생물학의 ජීවයට සම්බන්ධ.

ජෛව ගෝලය [자이워 골-러여] (우주) 생물권.

ජෛව පරිණාමය [자이워 빠리나-머여] 생물 진화.

ජෛව පාලනය [자이워 빨-러너여] 생물학적 방제(병통제).

ජෛව බලය [자이워 발러여] 생명력, 활력, 생기.

ජෛව වේදය [자이워 웨-더여] 생물학 ජෛව විද්‍යාව.

ජොකියා [조기야-] (말의) 기수 අශ්වාරෝහකයා.

ජොග්ගුව‡ [족구워] (주둥이가 넓은) 주전자, (손잡이가 달린) 항아리 ජෝගුව.

ජොබ්බයා [좁버야-] ①멍청이, 바보, 천치, 어리석은 자 මෝඩයා ②아주 뚱뚱한 사람.

ජොරා පනිනවා [조라- 빠니너와-] 한발로 뛰다, 깽깽이로 뛰다.

ජොලිය‡ [졸리여] 기쁨, 즐거움, 환희, 희락 සතුට. (문어) ප්‍රීතිය

ජොල් [졸] 힘없는, 약한 බෙලහීන.

ජොහොරු [조호루] 진흙투성이의, 진창의 ගොහොරු.

ජෝගුව† [조-구워] (주둥이가 넓은) 주전자, (손잡이가 달린) 항아리 ජොග්ගුව.

ජෝඩු [조-두] ජෝඩුව 의 복수 또는 형용사: ①쌍들, 커플들 ②한 쌍의, 쌍의, 두사람의.

ජෝඩු කරනවා [조-두 꺼러너와-] 쌍을 맞추다, 짝짓기를 하다.

ජෝඩුව‡ [조-두워] 한 쌍, 쌍, 커플 දෙදෙන. (문어) යුවළ

ජෝති/ජෝතිමත් [조띠/조띠맡] 기쁜, 즐거운, 환희의 ප්‍රීතිමත්. (구어) සතුටු

ජෝතිශය [조-띠셔여] 점성학 ජ්‍යොතිශය.

ජ්‍යාතිශය [지야-띠셔여] 점성학 ජෝතිශය.

ජ්‍යාමිතික† [지야-미띠꺼] 기하학(상)의, 기하학적 도형의.

ජ්‍යාමිතිය [지야-미띠여] 기하학.

ජ්‍යේෂ්ඨ† [지예-쉬터] 손위의, 연장의, 선배의, 고참의, (지위, 계급 등이) 보다 높은, 고위의, 상급의 වැඩිමල්.

ජ්‍යේෂ්ඨයා [지예-쉬터야-] 상급자, 지도자, 선배, 고참, (지위, 계급 등이) 높은 사람 ප්‍රධානියා.

ජ්‍යෝතිශ්ශාස්ත්‍රඥයා† [지요-띠쉬샤-쓰뜨러끄녀야-] 점성술사, 점성학자, 천문학자 නක්ෂත්‍රකාරයා.

ජ්‍යෝතිශ්ශාස්ත්‍රය [지요-띠쉬샤-쓰뜨러여] 점성술, 점성학, 천문학 නක්ෂත්‍ර විද්‍යාව.

ජ්‍යෝතිෂය [지요-띠셔여] ①점성술, 점성학, 천문학 දෝසත ②별, 행성.

ජ්‍යෝතිෂකය [지요-띠셔꺼여] 천체, 하늘에 있는 것: 해, 달, 별 등.

ජ්වරය [즈워러여] 열병, 열. (구어) උණ

ජ්වලන [즈월러너] 빛나는, 반짝이는 දිලිසෙන.

ජ්වලන දඟරය [즈월러너 당거러여] (자동차의) 점화 코일.

ජ

ජ්වලන ප්‍රහාරය [즈월러너 쁘러하-러여] (내열 기관의) 팽창행정.

ජ්වලනය [즈월러너여] 점화, 발화 ගිනි දැල්වීම.

ජ්වලිත† [즈월리떠] ①열심있는, 열성있는 ②빛나는, 반짝이는, 불타는 දිලිසුණු.

ජ්වලිතකම/ජ්වලිතය [즈월리떠꺼머/즈월리떠여] 열심, 열성 ජොලිතකම.

ජ

ඣ

ඣ [자] 씽할러 알파벳의 30번째 글자: ඡ 의 장음이다.

ඣම්පනය [잠뻐너여] 뜀, 점프 පැනීම.

ඣල්ලිකා [잘리까-] (몸의) 때 දැලි කුණු.

ඣානය [자-너여] 무아경, 황홀, 희열 දැහැන, චිත්ත සමාධිය.

ඥ

ඥ [냐] 씽할러 알파벳의 31번째 글자.

ඥරුඥුරුගානවා [냐루누루가-너와-] 간청하다, 간절히 빌다 කන්කෙළිරිගානවා.

ඥරුඥුරුව [냐루누루워] 간청, 간절한 빔 බැගෑපත් ඉල්ලීම.

ඥාණය [냐-너여] 지혜, 총명 නැණ.

ඥාණවන්ත [냐-너완떠] 지혜로운, 총명한, 현명한 නැණවත්.

ඥාණවන්තයා [냐-너완떠야-] 지혜로운 사람, 슬기로운 사람 නැණවතා.

ඥාණාන්විත [냐-난-위떠] 지혜로운, 총명한, 현명한 නැණවත්.

ඥාණාලෝකය [냐-날-로-꺼여] ①지혜의 빛 බුද්ධියේ ආලෝකය ②불교의 깨달음의 경지, 보리(菩提) සම්බුද්ධත්වය.

ඥාති [냐-띠] 친척의, 친족의 නෑදෑ.

ඥාතියා [냐-띠야-] 친척, 친족 නෑදෑයා.

ඥාතියෝ/ඥාතීහු [냐-띠요-/냐-띠-후] 친척들, 친족들 නෑදෑයෝ.

ඥාති මිත්‍රයෝ [냐-띠 미뜨러요-] 친척과 친구들.

ඥාතීහු/ඥාතියෝ [냐-띠-후/냐-띠요-] 친척들, 친족들 නෑදෑයෝ.

ඥාඩිගානවා [냥-가-너와-] (고양이가 기분 좋은 듯이) 목을 가르랑거리다.

ඥාව් [냐-우] (고양이 울음소리) 야옹.

ඥාව්වා [냐-우와-] (새) 연각, 비오리.

ඥෙයය [녜이여] 알아야 하는, 이해해야 하는 දැනගත යුතු.

ඥ

ඥ [냐] 씽할러 알파벳의 32번째 글자: ඤ 의 장음이다. 씽할러 알파벳에 없는 글자이다.

ඥ [녀] 아는, 알고 있는, 이해하는 දන්නා.

ඥත [냐-떠] 아는, 알고 있는, 이해하는 දන්නා.

ඥති [냐-띠] 친족의, 친척의 නෑදෑ.

ඥතිත්වය [냐-띧워여] 친척관계, 친족임 නෑදෑකම.

ඥතියා‡ [냐-띠야-] 친척, 친족 නෑදෑයා. (복) *ඥාතියෝ, ඥාතීහු*

ඥතිවරයා [냐-띠워러야-] 친척, 친족 නෑදෑයා.

ඥන [냐-너] 지혜로운, 지식있는.

ඥනකෝෂය [냐-너꼬-셔여] 지식의 책.

ඥන දත [냐-너 다떠] 사랑니, 지치(智齒).

ඥන දරුවා [냐-너 다루와-] 대자녀: 세례 받은 자녀 බෞතීස්ම කළ දරුවා.

ඥනය‡ [냐-너여] 지혜, 지식, 분별력 බුද්ධිය.

ඥනවන්ත† [냐-너완떠] 지혜로운, 현명한 ඥාන, ඥානාන්විත.

ඥනවන්තයා [냐-너완떠야-] 지혜로운 사람, 지혜자 නැණවතා.
¶ අඥානයා 어리석은 자

ඥනාලෝකය [냐-날-로-꺼여] 지혜의 빛 බුද්ධියේ ආලෝකය.

ඥනාන්විත [냐-난-위떠] 분별있는, 총명한, 현명한 ඥානවන්ත.

ඥේය [녜-여] 알 수 있는, 알아야 하는 දැනගතු යුතු.

ඥේය මණ්ඩලය [녜-여 만덜러여] 지식의 순환.

ට

ට [타] 씽할러 알파벳의 33번째 글자.

ට [터] ①~에게, ~로, ~향하여 (문어) වෙත ②~위해서, ~하기로 (문어) උදෙසා.

ටංකනය [탕꺼너여] 화폐주조소, 조폐공사 කාසි සාදන තැන.

ටංගනවා [탕거너와-] 소가 울다 ගෝනුන් කෑ ගසනවා.

ටක පය [타꺼 빠여] 절음발, 저는 발 තොණ්ඩි කකුල.

ටකපෝරුව [타꺼뽀-루워/타꺼여] 새나 동물을 쫓아내는 소리나는 기구 ටකය.

ටකය/ටකපෝරුව‡ [타꺼여/타꺼뽀-루워] 새나 동물을 쫓아내는 소리나는 기구.

ටකරං/ටකරම් [타꺼랑/타꺼람] (지붕에 올리는) 양철판, 양철시트 ලෝහමය සෙවිලි තහඩුව.

ටක් [탁] 빨리, 재빠르게, 신속하게 ඉක්මනින්. (문어) ක්ෂණිකව

ටක්කෙට [탁께터] 정확히, 빈틈없이 නැවැරදිව. (구어) හරියටම

ටක්ගාල‡ [탁갈-러] 빨리, 재빠르게, 신속하게 ඉක්මනින්. (문어) ක්ෂණිකව

ටක්ගාලා‡ [탁갈-라-] 빨리, 재빠르게, 신속하게 ඉක්මනින්. (문어) ක්ෂණිකව

ටඞ්කනය [탕꺼너여] 화폐 주조소, 조폐공사 ටංකනය.

ටඹ [탐버] 기둥, 원주 ටැඹ.

ටයරය‡ [타여러여] 타이어 ටයර්.

ටයර්‡ [타여르] 타이어 ටයරය.

ටයිටලය [타이털러여] 타이틀, 주제 මාතෘකාව.

ටයි පටිය‡ [타이 빠티여] 넥타이.

ටයිප් කරනවා‡ [타잎 꺼러너와-] 타자를 치다, 타이핑을 하다.

ටයිප්රයිටරය [타잎라이터러여] 타자기.

ටයිෆූන් [타이푼-] 태풍.

ටවුම† [타우머] 시내, 타운 නගරය.

ටසලය [타썰러여] 장식술, 술.

ටාටන් [타-탄] 타탄 모직물, 격자무늬의 모직물.

ටාටර්වරු [타-타르워루] (우랄산맥과 중국 신장에 사는) 타타르족.

ටැංකිය‡ [탱끼여] ①큰 저장소 탱크 විශාල භාජනය ②(무기) 탱크 යුද්ධ රථය.

ටැක්සිය‡ [택씨여] 택시.

ටැපියෝකා [태삐요-까-] 얌 가루 මඤ්ඤොක්කා පිටි.

ටැප් එක‡ [탶 에꺼] 수도 꼭지. (문어) කරාමය

ටැඹ† [탬버] 기둥, 교각 කණුව.

ටික‡ [티꺼] 조금, 소량 ඩිංග, චුට්ට.

ටිකකින් [티꺼낀] 조금 후에, 잠시 후에 මදින්.

ටිකිත්ත [티낃떠] 소량, 아주 조금 චුට්ට.

ටිකිත්තා [티낃따-] 유아 චුට්ටා.

ටිකින් ටික‡ [티낀 티꺼] 조금씩, 천천히. (문어) මදින් මඳ

ටිකිරි‡ [티끼리] 어린, 작은 පුංචි.

ටික්කනවා [틱꺼너와-] 가볍게 두드리다, 똑똑 두드리다 හෙමින් ගහනවා.

ටිඟොල් [팅골] 강한 가시를 가진 덩굴 තිඹොල්.

ටිනිත [티니떠] ①주석 도금을 한 ටින් ආලේපිත ②통조림으로 한.

ටින් [틴] ①양철, 주석 ②캔, (통조림) 깡통.

ටින් කපනය [틴 까빠너여] 깡통 따개.

ටින් කළ [틴 껄러] 깡통에 담은, 캔에 담은 ටින්වල ඇසුරූ.

ටින් පත් [틴 빧] (초콜릿, 담배 등을 싸는) 은종이.

ටිප්පනිය [팁빠니여] 주해, 주석, 설명 ටීකාව.

ටිම්බ ගැහෙනවා [팀버 개헤너와-] 덩어리가 엉기다, 덩어리가 뭉치다 කැටි ගැහෙනවා.

ටිම්බය [팀버여] (엉긴) 덩어리, 응어리 කැටිය, ගුලිය.

ටියුටරිය [티유터리여] 개인 교습소.

ටීකාචාර්ය [티-까-차-르여] 주석가, 주해가 ටීකා ලියූ තැනැත්තා.

ටීකාව [티-까-워] 주해, 주석, 설명 ටිප්පනිය.

ටීටර් [티-터르] 연극 නාටක.

ටීටර් නටනවා [티-터르 나터너와-] 연극하다 නාටකයක් රඟ දක්වනවා.

ටුක්කනවා [툭꺼너와-] 가볍게 두드리다, 똑똑 두드리다 හෙමින් ගහනවා, ටික්කනවා.

ටෙලිෆෝනය [텔리포-너여] 전화기 දුරකථනය.

ටේලර [텔러러] 재단사, 재봉사.

ටොකු අනිනවා‡ [토꾸 아니너와-] 머리를 두드리다.

ටොක්ක [톡꺼] 머리 주먹 가격.

ටොනය [토너여] 1 톤.

ටොන් පචයා [톤 빠처야-] 허풍쟁이, 거짓말쟁이 මහ බොරුකාරයා.

ට්‍රෝලරය [트롤-러러여] 저인망선, 트롤선.

ට

ඨ

ඨ [타] 씽할러 알파벳의 34번째 글자: ට 의 장음이다.

ඨානාන්තරය [타-난-떠*러*여] 지위, 자리 තනතුර.

ඨිතිය [티-띠여] 존재, 실존, 서 있음 පැවැත්ම.

ඨ

ඩ

ඩ [다] 씽할러 알파벳의 35번째 글자.

ඩංඩුං [당] ①북소리 ②북, 드럼.

ඩක්කුව† [꾸워] (기찻길 위에서 사용하는) 손수레, 활차, 방차.

ඩප්පිය [닾삐여] 마개가 있는 작은 용기 පියන සහිත කුඩා බඳුන.

ඩබර කරනවා [다버러 꺼러너와-] 싸우다, 다투다 දබර කරනවා. (구어) රණ්ඩු කරනවා

ඩබරය† [다버러여] 싸움, 분쟁, 논쟁, 충돌 දබරය. (구어) රණ්ඩුව

ඩබරාව [다버라-워] 받침 달린 잔 දබරාව.

ඩමිය [다미여] 마네킹, 장식 인형.

ඩයි [다이] 염색 සායම.

ඩසිනවා [다씨너와-] 물다, 깨물다 හපනවා.

ඩසුව [다쑤워] 핀셋, 집게 ඩැහි අඬුව.

ඩහදිය/ඩහ‡ [다하디여/다하] 땀, 발한 දාඩිය.

ඩා [다-] 땀의, 발한의.

ඩාකිනිය [다-끼니여] 여성 악마 යකින්නක්.

ඩාදිය [다-디여] 땀, 발한 දහඩිය. (구어) දාඩිය

ඩාමරය [다-머러여] 싸움, 투쟁, 충돌 කෝලාහලය.

ඩාලය [달-러여] ①(새의) 우지 පිහටුවක පිච්ජිකාව ②동물의 아래 턱뼈.

ඩාහක [다-하꺼] 불타는, 쉽게 타는 දැවෙනසුලු.

ඩාහය [다-하여] 열, 열기 දාහය.

ඩැහැගන්නවා† [대해간너와-] 꽉 잡다, 꽉 붙잡다, 꽉 쥐다, 붙들다 තදින් අල්ලා ගන්නවා.

ඩැහි අඬුව [대히 안두워] 핀셋, 집게 ඩසුව.

ඩිංග/ඩිංගිත්ත† [딩거/딩길떠] 소량, 조금 ටික.

ඩිංගි ගහනවා [딩기 가하너와-] (손으로 엉덩이를 때리며 소리 내며 노는) 놀이를 하다.

ඩිංගිත්ත/ඩිංග [딩길떠/딩거] 소량, 조금 ටික.

ඩිම්බකෝෂය† [딤버꼬-셔여] 난소.

ඩිම්බය [딤버여] ①난자 අණ්ඩය ②알, 씨 බිත්තරය.

ඩිස්පැන්සරිය [디쓰뺀써리여] (병원 따위의) 약국, 시약소.

ඩෙංකුටු ගහනවා [뎅꾸투 가하너와-] 북소리를 내기 위해 애들이 흉내내다.

ඩෙංගු‡ [뎅구] 뎅기 모기.

ඩෙංගු උණ† [뎅구 우너] 뎅기 열병.

ඩෙස්කුව [데쓰꾸워] (공부, 사무용의) 책상.

ඩොඟර ඇසි [동거러 애씨] 퉁방울눈.

ඩොලරය‡ [돌러러여] 미국 달러.

ඩොල්පින් [돌삔] 돌고래 තිමිංගලයා.

ඩොහා [도-하-] 상, 초상, 우상 රූපය.

ඩෝ [도-] 위협하는 소리 අඩෝ.

ඩෝං [동-] 총 쏘는 소리.

ඩෝබි [도-비] 세탁하는 사람, (인도) 도비 ලොන්ඩරිකාරයා.

ඩෝලය [돌러여] 북의 한 종류 ඩෝලක්කිය.

ණ

ණ [나] 씽할러 알파벳의 37번째 글자: මූර්ධජ 무-르더저 나얀너 라고 부른다.

ණය‡ [나여] 빚, 채무.

ණයකරය [나여꺼러여] 채무증서, 담보증서.

ණයකරුවා/ණයකාරයා [나여꺼루와-/나여까-러야-] 빚쟁이, 채무자 ණයගැතියා.

ණයකාරයා/ණයකරුවා‡ [나여까-러야-/나여꺼루와-] 빚쟁이, 채무자 ණයගැතියා.

ණය(ට) ගන්නවා‡ [나여(터) 간너와-] (돈) 빌리다, 대출받다.

ණයගැති† [나여개띠] 빚진, 채무의 ණය වී සිටින.

ණයගැතියා† [나여개띠야-] 채무자, 빚쟁이, 돈을 빌린 사람 ණයකාරයා.

ණයට දෙනවා‡ [나여터 데너와-] (돈) 빌려주다, 융자해 주다.

ණයතුරුස් [나여뚜루쓰] ①대부, 대출, 융자, 채무 ②빚진, 빚의, 채무의.

ණය මණ්ඩලය [나여 만덜러여] 채무처, 융자처.

ණයවරය/ණයවර ලිපිය [나여워러여/나여워럴 리삐여] 채무증서, 담보증서, 신용증서.

ණය හිමියා [나여 히미야-] 채권자, 대여자, 돈을 빌려준 사람.

ණය හිලව්ව [나여 힐러우워] 대출 청산, 융자 결산.

ණහවා [나하와-] (동물) 개 බල්ලා.

ණිහිණිය [니히니여] 조카딸, 질녀 ණිහිය.

ණිහිය [니히여] ①조카딸, 질녀 ණිහිණිය ②천천히 සෙමින්.

ණ

ත

ත [따] 씽할러 알파벳의 39번째 글자.

තක [따꺼] 논쟁, 논의 තර්කය.

තකට තක [따꺼터 따꺼] 치고 받는, 맞대응하는.

තකතිරු [따꺼띠*루*] ①어리석은, 멍청한, 바보의 මෝඩ ②바보들, 멍청이들, 얼간이들 මෝඩයෝ.

තකතිරුවා [따꺼띠*루*와-] 바보, 멍청이, 얼간이 මෝඩයා.

තකදෙම්බි [따꺼돔비] 비만 여성 මහතු කාන්තාව.

තකනවා [따꺼너와-] තැකුවා-තකා 고려하다, 숙고하다, 참작하다, 염두해 두다, 생각하다, 배려하다 සලකා බලනවා. තැකීම /තැකුම

තකා [따까-] තකනවා 의 과거분사: 배려하고, 숙고하고, 고려하여, 참작하고 සලකා බලා.

තකේ [따께-] 돌진, 맥진, 쇄도 මහා හදිසිය.

තක්කඩියා [딱꺼*디*야-] 불량배, 악한, 불한당 දඩබ්බරයා.

තක්කවිතක්කය [딱꺼위딱꺼여] 불확실성, 미결정 අතීර-ණය.

තක්කාලි‡ [딱깔-리] 토마토.

තක්කුමුක්කු [딱꾸묵꾸] 결정 못 하는, 미결의 අතීරණාත්මක.

තක්කුව [딱꾸워] 급함, 신속 හදිසිය.

තක්‍ර [따끄*러*] 물과 혼합된 버터 밀크 (의).

තක්ෂක [딱셔꺼] 목수 වඩුවා.

තක්ෂණය‡ [딱셔너여] ①기술, 기술력 තාක්ෂණය ②목수일, 목수직 වඩු වැඩ. (복) *තක්ෂණ*

තක්සේරු කරනවා† [딱쎄-*루* 꺼*러*너와-] ①(가치를) 평가하다, 산정하다 වටිනාකම ගණන් බලනවා ②세금(벌금)을 부과하다.

තක්සේරු කළ හැකි [딱쎄-*루* 껄러 해끼] ①(가치를) 평가할 수 있는, 산정할 수 있는 අගය ගණන් කළ හැකි ②세금(벌금)을 부과할 수 있는.

තක්සේරුව† [딱쎄-*루*워] ①(가치를) 평가, 사정 අගය ගණන් බැලීම ②세금(벌금) 부과.

තච [따처] ①피부 හම ②나무껍질 ගස්වල පොත්ත.

තච්ජ [딷처] 나무껍질(의) ගස්වල පොතු.

තජනවා [따저너와-] 경고하다, 경계시키다 තර්ජනය කරනවා.

තට [따터] 너에게 තොට.

තටකය [따터꺼여] 여울, 얕은 곳, 대륙붕 නොගැඹුරු ප්‍රදේශය.

තට තට ගානවා [따터 따터 가-너와-] 급 분노하다, 성급하게 화내다.

තටතටායනය [따터따타-여너여] (새) 퍼덕거림, 날개침.

තටමනවා† [따터머너와-] තැටමුවා-තටමා ①노력하다, 수고하다, 시도하다 උත්සාහ දරනවා ②(똥) 배설하다. තැටමීම

තටය [따터여] ①육지 උස්බිම ②(강, 해안) 기슭 ඉවුර.

තටාකය† [따타-꺼여] ①연못, 작은 못 පොකුණ ②물탱크, 수조 ටැංකිය. ¶ පිහිනුම් තටාකය 수영장

තටු ගසනවා [따투 가써너와-] 날개짓 하다, 퍼덕퍼덕 거리다 තඩු සොලවනවා. (구어) තටු ගහනවා

තටු ගහනවා† [따투 가하너와-] 날개짓 하다, 퍼덕퍼덕 거리다

තඩු සොලවනවා. (문어) තටු ගසනවා

තටු බාගෙන [따투 바-게너] ①날개를 접은 ②낙심한, 낙담한, 절망한 අධෛර්යට පත්ව.

තටුව† [따투워] ①날개 තට්ට ②그릇, 접시 පිඟාන.

තට්ට [땉터] ①날개 පියාපත ②대머리의, 머리가 없는 හිස මුඩු.

තට්ටය† [땉터여] 대머리, 머리가 없음 තට්ටෙ.

තට්ටයා† [땉터야-] 대머리.

තට්ටම‡ [땉터머] 엉덩이, 궁둥이 සට්ටම.

තට්ටු කරනවා‡ [땉투 꺼러너와-] 두드리다, 노크하다 හෙමින් ගහනවා.

තට්ටු ගානවා [땉투 가-너와-] 집을 올리다, 층수를 올리다.

තට්ටු තුනී ලෑලි [땉투 뚜니- 랠-리] 코팅한 합판, 코팅한 베니어합판.

තට්ටු නිවාසය† [땉투 니와-써여] 빌딩, 층층으로 된 집 මහල් නිවස.

තට්ටු මාරු [땉투 마-루] 위치를 바꾸는.

තට්ටුව‡ [땉투워] ①층, 계층 මහල ②두드림, 노크 තට්ටු කිරීම ③갑판, 선상 නාවික බිම ④선반 රාක්කය.

තට්ටු වෙනවා [땉투 웨너와-] ①잃다, 잃어버리다 පාඩුවක් වෙනවා ②마주치다, 만나다, 스쳐 지나가다 එකට එක වදිනවා.

තඩලනවා [따덜러너와-] 멍에를 얹다, (말에) 견인줄을 채우다.

තඩි [따디] ①(머리) 이들 උකුණෝ ②덩치큰 사람들 තඩියෝ.

තඩි [따디] 큰, 덩치 큰, 뚱뚱한 විශාල.

තඩි ගහනවා/තඩි බානවා [따디가하너와-/따디 바-너와-] 치다, 때리다, 공격하다, 매질하다 පහර ගහනවා.

තඩියා [따디야-] ①뚱보, 덩치큰 사람 ඉතා ස්ථූල පුද්ග-ලයා ②(머리) 이 උකුණා.

තඩිස්සිය [따딨씨여] 부어오름, 부음 ඉදිමීම.

තඩිස්සි වෙනවා [따딨씨 웨너와-] 붓다, 부풀어 오르다 ඉදිමෙ-නවා.

තණ† [따너] ①풀, 꼴, 가축용 풀 තණකොළ ②(식물) 기장 තණ-හොල්.

තණ කබල [따너 까벌러] 풀 한 입 තණකොළ කටක්.

තණකොළ‡ [따너꼴러] 풀, 가축용 풀 ගස්කොළ. (문어) තෘණ

තණගිරවා [따너기러와-] 메뚜기 පළඟැටියා.

තණ පත [따너 빠떠] 풀잎.

තණ පඳුර [따너 빤두러] 풀숲, 풀덤불.

තණ පිටිය [따너 삐티여] 초장, 목초지 තණ බිම.

තණ පිඩැල්ල [따너 삐댈러] 잔디, 떼 පිඩැල්ල.

තණ පෙත්තා [따너 뻳따-] 메뚜기 පළඟැටියා.

තණ බිම‡ [따너 비머] 목초지, 초장 තණ පිටිය.

තණසහල්/තණහාල් [따너싸할/따너할-] (식물) 기장.

තණ්ඩලේ [딴덜레-] 마차 뒤에서 끌려가는 소.

තණ්හා කරනවා [딴하- 꺼러너와-] 탐하다, 탐심을 가지다, 탐내다 ආශා කරනවා.

තණ්හාව‡ [딴하-워] 탐욕, 탐심, 욕망, 욕구 ලෝභය.

තත [따떠] 줄, 끈, (현악기) 줄 කෙන්ද.

තතනනවා [따떠너너와-] තැතනුවා-තතනා ①노력하다, 시도하다, 수고하다 ②큰 소리를 내다, 천둥치다 ගුගුරනවා ③두렵게 만들다, 겁을 주다 තැතැ ගන්වනවා. <u>තැතනීම</u>

තතු [따뚜] 상황, 상태, 현실 තත්වය.

තත් [땉] තත 의 복수: 줄들, 끈들 කෙඳි.

තත්කාලය [땉깔-러여] 그 때, 그 시간, 일이 발생한 시간 ඒ වේලාව.

තත්කාලීන [땉깔-리-너] 그 때의, 그 시간의, 일이 발생한 때의 ඒ වේලාවේ.

තත් ක්ෂණය [땉 끄셔너여] 그 때, 그 순간, 그 상황 අදාළ මොහොත.

තත්තෙ [땉떼] 상황, 상태, 현실 තත්වෙ.

තත්ත්වය† [땉뜨워여] 상황, 상태, 현실 තත්වය.

තත්වය‡ [땉워여] 상황, 상태, 현실 තත්ත්වය.

තත්ත්වාකාරය [땉뜨와-까-러여] 현실, 실제.

තත්ත්වාකාරයෙන් [땉뜨와-까-러옌] 현실적으로, 실제적으로.

තත්පර [땉뻐러] ①(시간) 초들 තප්පර ②관계되는, 연관되는, 종사하는 යෙදෙන.

තත්පර වෙනවා [땉뻐러 웨너와-] 활동하다, 종사하다 යෙදෙනවා.

තත්පරය‡ [땉뻐러여] (시간) 초 තප්පරය.

තත්භව [땉바워] 파생한, 유래한 එයින්ම උපන්.

තත්සම [땉싸머] 진짜에 가까운, 원본에 가까운 ඊට සමාන.

තත්සර [땉싸러] 줄에서 나는 소리, 음악 소리 තත් හඬ.

තථ [따떠] 진짜의, 실제의 සැබෑ.

තථධර්මය [따떠다르머여] (불교) 4정도.

තථාගත [따따-가떠] ①부처님(의) ②그러한, 그렇게 간 එසේ ගිය.

තථ්‍ය [따띠여] ①진짜의, 실제의 සැබෑ ②영원한 සදා-කාලික.

තථ්‍යලෝකය [따띠열로-꺼여] (눈에 보이지 않는) 진정한 세계 සැබෑ ලෝකය.

තථ්‍යවාදී [따띠여와-디-] 사실을 말하는 යථාර්ථය කථා කරන.

තද‡ [따더] ①단단한, 강한 හයිය ඇති ②단단히 맨, 팽팽히 켕긴, 바짝 죈 හිර ③엄한, 엄격한.

තදකම [따더꺼머] ①강함, 단단함, 엄함 දැඩිකම ②바짝 죔, 단단히 맴 හිරකම.

තද කරනවා† [따더 꺼러너와-] 바짝 죄다, 단단히 매다.

තදඞ්ග [따당거] 일시적인, 임시의 තාවකාලික.

තදනන්තර [따더난떠러] 지속적인, 쉬지 않은, 끊임없는 අතරක් නැති.

තදනුකූල/තදනුගත [따더누꿀-러/따더누가떠] 그것을 따르는.

තදනුගාමී/තදනුකූල [따더누가-미-/따더누꿀-러] 그것을 따르는 තදනුගත.

තදබදය [따더바더여] 혼잡, 붐빔 හිරකම. ¶ වාහන තදබදය 교통체증

තදබල [따더발러] 심각한, 엄숙한 බෙලපතළ.

තද බැවුම [따더 배-우머] 가파른 경사 දළ බෑවුම.

ත

තදය [따더여] 꽉낌, 단단히 맴 තදකම.
තදයා [따더야-] 완고한 사람, 강팍한 사람 දඩබ්බරයා.
තද වෙනවා† [따더 웨너와-] ①엄해지다, 화나다, 분노하다 කේන්ති වෙනවා ②꽉 죄어지다, 빡빡하다 හිර වෙනවා.
තද සායම [따더 싸-여머] 진한 색깔.
තදාත්මය [따닫-머여] ①동일함, 일치, 동일성 ②정체성, 자아 정체성 අනන්‍යතාව.
තදාශ්‍රිත [따다-쉬*리*떠] 연관된, 관련된 ඊට සම්බන්ධ.
තදාසන්න [따다-싼너] 인접한, 부근의 ඒ අසල පිහිටි.
තදින්† [따딘] 엄하게, 강하게 සැරින්.
තදින් ඉන්නවා [따딘 인너와-] 완고하게 있다, 강팍하게 있다 තදින් හිටිනවා.
තදින් හිටිනවා [따딘 히티너와-] 완고하게 있다, 강팍하게 있다 තදින් ඉන්නවා.
තදියම [따디여머] 쓸데없는 성급함 අසාමාන්‍ය හදිසිය.
තදීය [따디-여] 그것과 연관된 ඒ හා බැඳුණු.
තද් [딸] ①강함, 견고함 තද ②강한, 강경한, 센 දැඩි.
තද් [딸] (지시 대명사) 그것, 그 ඒය.
තද්භව [딸바워] 그것으로부터 온, 거기로부터 온, 다른 언어에서 온 එයින් වූ.
තනතුර‡ [따너뚜*러*] 직위, 직임, 위치 වැඩ. (복) *තනතුරු*
තනනවා† [따너너와-] තැනුවා - තනා ①만들다, 짓다, 건설하다 සාදනවා ②흔들다 සොලවනවා.

තැනීම/තැනුම
තනපට [따너빠터] (여성용) 브래지어 බ්‍රෙසියරය.
තනපුඩුව† [따너뿌*두*워] 젖꼭지, 유두.
තනබුරුල්ල† [따너부*룰*러] (소, 염소 따위의 많은 젖꼭지가 달린) 젖통.
තනය‡ [따너여] 가슴, 젖가슴 පියයුරු.
තනවනවා [따너워너와-] තැනෙවුවා-තනවා 만들게 하다, 짓게 하다.
තනි† [따니] ①혼자 있는, 고독의, 외로운 හුදකලා ②단수의, 싱글의 ඒකල ③유일한, 하나밖에 없는.
තනි අයිතිකාර ව්‍යාපාරය [따니 아이띠까-*러* 위야-빠-*러*여] 독점 사업.
තනි අයිතිය† [따니 아이띠여] 독점, 유일한 권리.
තනි කට යතුර [따니 까터 야뚜*러*] 한쪽만 쓰도록 만든 스패너.
තනිකඩ [따니꺼*더*] 결혼하지 않은, 독신의 අවිවාහක.
තනි කඩියාලම [따니 까*디*얄-러여] 한 사람만 탈수 있는 승마 안장.
තනිකම‡ [따니꺼머] 홀로 있음, 고독, 외로움 තනිය.
තනිකම් දෝෂය [따니깜 도-셔여] 혼자 있음으로 귀신 영향을 받아 미침.
තනිකර [따니꺼*러*] 완전히, 온전히, 순전히 මුළුමනින්ම.
තනි තනියේ/තනි තනිව [따니 따니예-/따니따니워] 분리해서, 개별적으로, 하나씩 වෙන්වෙන්ව.

තනි කරනවා [따니 꺼러너와-] ①분리하다, 격리하다 ②(인종, 사회층에) 차별 대우를 하다 හුදකලා කරනවා.

තනි තීරුව [따니 띠-루워] 낱장.

තනි නොතනියට [따니 노따니여터] 혼자를 탈피하여, 고독을 피하여.

තනි පංගලමේ/තනි පාඩුවේ [따니 빵걸러메-/따니 빠-두웨-] 혼자서, 고독하게, 다른 사람을 방해하지 않고.

තනි පිට [따니 삐터] 한쪽, 한면.

තනි බලය [따니 발러여] 특허 පූර්ණ බලය.

තනි මංසලේ [따니 망썰레-] 혼자서 가는, 아무도 동반하지 않는 තනිව මඟ යන.

තනිය [따니여] 홀로 있음, 외로움, 고독 තනිකම.

තනියම/තනිවම [따니여머/따니워머] 홀로, 혼자서, 고독하게, 유일하게, 분리되어 තනියෙන්.

තනියා [따니야-] 무리에서 일탈된 코끼리.

තනියෙන්‡ [따니옌] 홀로, 혼자서, 고독하게, 유일하게 තනිව.

තනිව [따니워] 홀로, 혼자서, 고독하게, 유일하게, 분리되어 තනියෙන්.

තනි වගාව [따니 와가-워] 일모작, 단작(單作).

තනිවම/තනියම‡ [따니워머/따니여머] 홀로, 혼자서, 고독하게, 유일하게, 분리되어 තනියෙන්.

තනි වෙනවා‡ [따니 웨너와-] ①혼자 있다, 홀로 지내다, 고독하다 ②귀신 들리다, 마귀 들리다.

තනිස් කරනවා [따니쓰 꺼러너와-] 강간하다, 성폭행하다 ස්ත්‍රී දූෂණය කරනවා.

තනු/තනුක [따누/따누꺼] 마른, 여윈, 갸날픈, 연약한 තුනී. (구어) කෙට්ටු

තනු නිර්මාණය [따누 니르마-너여] 작곡.

තනුව† [따누워] ①음, 곡조, 멜로디, 소리음 ගීයක නාද රටාව ②몸, 신체 ශරීරය ③피부 හම.

තන් [딴] 장소들, 지역들 තැන්.

තන්තිරයා [딴띠러야-] 나비의 한 종류.

තන්තු [딴뚜] ①(가느다란) 줄, 끈 සිහින් නූල් ②(근육) 섬유, 섬유질 කෙඳ.

තන්තුමය [딴뚜머여] 가는 줄로 되어 있는, 가는 줄로 된 කෙඳි සහිත වූ.

තන්තුඹුවා [딴뚬부와-] 꽃양산조개.

තන්තුව [딴뚜워] ①(가느다란) 줄, 끈 සිහින් නූල ②(근육) 섬유, 섬유질.

තන්ත්‍රය [딴뜨러여] ①배움, 훈련 ඉගැන්වීම ②과학 විද්‍යාව ③제도, 조직 සිද්ධාන්තය.

තන්ත්‍රයානය [딴뜨러야-너여] 대승불교 한 종파.

තන්ද්‍රි [딴디] 활동하지 않음, 게으름, 정지 අලසකම.

තන්නාසය [딴나-써여] 갈망, 열망 තන්හාව.

තන්නිශ්‍රය [딴니쉬러여] 그것과 연관된 것 එය හා ඇසුර ලද්ද.

තන්නිශ්‍රිත [딴니쉬리-떠] 그것과 연관된 එහි ඇසුර ලද.

තන්මාත්‍රය [딴마-뜨러여] (철학) 모나드 (무엇으로도 나눌 수 없는 궁극적인 실체).

තන්මාත්‍රවාදය [딴마-뜨러와-더여] (철학) 단자론, 모나드론.

තනය [딴니여] 잡아늘이기 쉬운, 연성의, 연성이 있는.

තන්වැසි [딴왜씨] ①머무는, 거주하는 නේවාසික ②재능있는, 솜씨있는 දක්ෂ ③속이는, 사기치는 කපටි.

තන්විකරණය [딴위-까러너여] 묽게 하기, 희석, 희석시키기.

තන්හි තන්හි [딴히 딴히] 여러 장소에서 විවිධ තැන්වල.

තප [따뻐] ①금욕, 수도 ②금욕하는, 수도하는.

තපනීය [따뻐니-여] 고통스러운, 아픈, 고통받는 තැවිය යුතු.

තපස† [따뻐써] ①금욕주의, 수도 생활 තමුස් දම ②열기, 뜨거움 උෂ්ණය.

තපස් කරනවා/තපස් රකිනවා [따빠쓰 꺼러너와-/따빠쓰 라끼너와-] 금욕하다, 수도 생활을 하다 තවුස් දම් පුරනවා.

තපස්වී/තපස්විවරයා [따빠쓰위-/따빠쓰위-워러야-] 금욕주의자, 수도사 තවුසා.

තපිනවා† [따삐너와-] තැප්පා-තැප 몸을 따뜻하게 하다, 몸을 녹이다, 햇빛(불)을 쬐다 අව්ව (ගිනි) තපිනවා. තැපීම

¶ ගිනි තපිනවා 불을 쬐다

තපුල්ලනවා/තප්පුලනවා† [따뿔러너와-/땁뿔러너와-] 소가 울다 ගවයන් හඬනවා.

තපෝ වනය [따뽀- 와너여] 수도자들이 머무는 숲 තාපසාරණ්‍යය.

තප්ත [땁떠] 가열한, 뜨겁게 만든 රත් කළ.

තප්ප [땁뻐] 살찐, 뚱뚱한, 비대한 ඉතා තරබාරු.

තප්ප ගැහෙනවා/තප්ප වෙනවා [땁뻐 개헤너와-/땁뻐 웨너와-] 덩어리(혹)가 생기다 ගුලි ගැහෙනවා.

තප්පදෝරු [땁뻐도-루] 엄청 살찐, 무지 뚱뚱한, 비대한 ඉතා තරබාරු.

තප්පය [땁뻐여] 덩어리, 조그만 둥근 것, 혹 ගුලිය.

තප්පරය‡ [땁뻐러여] (시간) 초 තත්පරය. (복) තප්පර

තප්ප වෙනවා/තප්ප ගැහෙනවා [땁뻐 웨너와-/땁뻐 개헤너와-] 덩어리(둥근 것: 혹)가 생기다 ගුලි ගැහෙනවා.

තප්පුලනවා† [땁뿔러너와-] 소가 울다 තපුල්ලනවා.

තප්පුව [땁뿌워] 북의 한 종류.

තබනවා† [따버너와-] තැබුවා-තබා 놓다, 두다. තැබීම (구어) තියනවා.

තබා ගන්නවා [따바- 간너와-] 놓다, 두다 තබනවා. තබා ගැනීම

තම† [따머] ①자신의, 자기의 තමන්ගේ ②어두운, 캄캄한 අඳුරු.

තම [떠머] (접미사) 최상급 표현을 만드는 데 사용됨: සමීපතම 가장 가까운.

තම කඳ [따머 깐더] 어두움, 캄캄함 අඳුරු.

තමතම/තමතමන්ගේ [따머따머/따머따만게-] 각자의, 각각 개인의, 자신의, 자기의 එක්කෙක්-කෙනාගේ.

තමතමන්ගේ‡ [따머따만게-] 각자의, 각 개인의, 자신의, 자기의 එක්කෙක්කෙනාගේ.

තමතමා‡ [따머 따마-] 자기자신, 각자 එක්කෙක්කෙනා. (문어) එකිනෙකා

තමන් [따만] තමා 복수 형태: 자신들, 자기 자신들 තමන්දෑ. (문어) තමුන්

තමන්දෑ [따만대-] 자신들, 자기 자신들 තමන්. (문어) තමුන්

තමන් වහන්සේ [따만 와한쎄-] 그분 자신께서.

තමයි‡ [따마이] 바로 ~이다: 강조에 사용되는 단어 මයි. ¶ මට උදව් කළේ යේසුස් වහන්සේ තමයි 나를 도와주신 분이 바로 예수님이시다.

තමස [따머써] 검음, 어두움 අඳුර.

තමස් [따마쓰] 검은, 어두운 අඳුරු.

තමා† [따마-] ①자기자신, 각자, 개개인 එක්කෙක්කෙනා ②너, 당신 ඔයා.

තමුන් [따문] 그들, 그들 자신 තමුන්ම. (구어) තමන් ¶ තමුන්ගේ 그들의

තමුන්නැහේ [따문내헤-] (경어) 당신.

තමුන්නාන්සේ [따문난-쎄-] (경어) 당신. (복) *තමුන්නාන්-සේලා*

තම්බනවා† [땀버너와-] තැම්බුවා-තම්බා 끓이다, 삶다, 데치다. තැම්බීම

තම්බි [땀비] 회교도, 무슬림 මුස්ලිම් ජාතිකයා.

තම්මැට්ටම† [땀맽터머] 북의 한 종류.

තම්බ [땀버] 구리, 동(銅) තාමු.

තඹ† [땀버] 구리, 동(銅) තාමු.

තඹක්ක [땀밖꺼] 구리와 금의 혼합물.

තඹකාරයා [땀버까-러야-] 구리 세공인.

තඹ පත [땀버 빠떠] 구리판 තඹ කොළය.

තඹමුවා [땀버무와-] 구리로 만든, 구리 제품의 තඹවලින් නිර්මිත.

තඹර/තඹුරු [땀버러/땀부루] 연꽃 නෙළුම්.

තඹරකර [땀버러꺼러] ①연꽃 연못 නෙළුම් විල ②해, 태양 හිරු.

තඹර වනය [땀버러 와너여] 연꽃 연못 නෙළුම් විල.

තඹල [땀벌러] 연갈색 ලා දුඹුරු.

තඹලාව [땀벌라-워] 새순, 새싹 දළු කොළය.

තඹලේරුව [땀벌레-루워] (컵, 손잡이가 없는) 컵, 텀블러.

තඹ වතුර [땀버 와뚜러] 흙탕물 මඩ වතුර.

තඹවිටි [땀버위티] 백발이 된, 나이가 먹은 පැසුණු කෙස් ඇති.

තඹ සල්ලිය [땀버 쌀리여] 구리 동전, 청동 동전.

තඹුනෙල් [땀부루] 야자, 코코넛 පොල්.

තඹුරු/තඹර [땀부루/땀버러] 연꽃 නෙළුම්. (구어) ඕලු

තඹුරුකර [땀부루꺼러] 연꽃 연못 නෙළුම් විල.

තඹුරු වනය [땀버루 와너여] 연꽃 연못 නෙළුම් විල.

තඹුරුවන් [땀부루완] 붉은, 적색의 රතු.

තයම් [따얌] 속임수(의), 사기(의) රැවටිලි.

තයිලන්තය [따일란떠여] (나라) 태국 සියම.

තර† [따러] ①뚱뚱한, 비만의 මහත් ②확실한, 확고한 ස්ථිර ③널리 퍼진, 널리 알려진 ප්‍රසිද්ධ ④완전한, 온전한 පරිපූර්ණ.

තර [따러] ①빛, 광채 රශ්මිය ②강기슭, 강변 ඉවුර ③힘, 에너지 ශක්තිය ④안전, 보호 ආරක්ෂාව.

තර [떠러] 앞단어의 뜻을 더해

த

주는 접미사. ¶ මිහිරි-තර 더 달은, 더 단 දැඩිතර 더 강한

තරංග/තරඞ්ග† [따랑거] තරංගය 의 복수 또는 형용사: ①파도들 ②파도의 රැලි.

තරංග ආයාමය [따랑거 아-야-머여] 파장, 파도 길이.

තරංග කලාපය [따랑거 깔라-빠여] 통신 주파대(帶) රැළි තීරුව.

තරංග චලිතය [따랑거 찰리떠여] (물리학) 파동.

තරංගමය/තරංගාකාර [따랑거머여/따랑가-까-러] 파도치는, 굽이치는, 물결 모양의 තරංගකාර.

තරංග යාන්ත්‍රවිද්‍යාව [따랑거 얀-뜨러 윋디야-워] 파동역학.

තරංග ලේඛය [따랑걸 레-꺼여] (해양학) 자기 파랑계.

තරංගනී [따랑거니-] 파도치는, 굽이치는, 물결 모양의 තරංගමය.

තරංගකාර [따랑거까-러] 파도치는, 굽이치는, 물결 모양의 තරංගමය.

තරංගය [따랑거여] 파도 රැළ.

තරංගාකාර/තරංගමය [따랑가-까-러/따랑거머여] 파도치는, 굽이치는, 물결 모양의 තරංගකාර.

තර කරනවා [따러 꺼러너와-] ①살찌우다, 뚱뚱하게 만들다 මහත් කරනවා ②강하게 하다, 튼튼히 하다 ප්‍රබල කරනවා.

තරක් වෙනවා [따랔 웨너와-] 반대하다, 대립하다 විරුද්ධ වෙනවා.

තරග [따러거] තරගය 의 복수 또는 형용사: ①경쟁들, 시합들 ②경쟁의, 경쟁하는.

තරග කරනවා [따러거 꺼러너와-] 경쟁하다, 경연하다, 시합하다 තරඟ කරනවා.

තරගකාරී [따러거까-리-] ①경쟁하는, 시합하는 තරංගකාර ②다투는, 싸우기를 좋아하는.

තරගය† [따러거여] ①경쟁, 경연, 시합 විරුද්ධවාදීකම ②다툼.

තරග වදිනවා [따러거 와디너와-] 경쟁하다, 게임하다, 경연하다 තරඟ වදිනවා.

තරගාවලිය [따러가-월리여] 시합, 경기.

තරඞ්ගය [따랑거여] 파도 රළ.

තරඟ කරනවා† [따랑거 꺼러너와-] 경쟁하다, 경연하다, 시합하다 තරග කරනවා.

තරඟය‡ [따랑거여] 경쟁, 경연, 시합 තරගය.

තරඟ වදිනවා [따랑거 와디너와-] 경쟁하다, 게임하다, 경연하다 තරග වදිනවා.

තරච්ජයා [따랓처야-] 곰 වලසා. (구어) වලහා

තරණ [따러너] 운항하는, 항해하는 යාත්‍රා කරන.

තරණය [따러너여] 운항, 항해, 항공 යාත්‍රා කිරීම.

තරණය කරනවා† [따러너여 꺼러너와-] 운항하다, 항해하다 යාත්‍රා කරනවා.

තරනවා [따러너와-] (강) 건너다, 넘어가다 එගොඩ වෙනවා.

තරප්පුව [따랖뿌워] 계단, 층계 පඩි පෙළ.

තරප්පු පේළිය [따랖뿌 뻴-리여] (일련의) 계단 පඩි පෙළ.

තරබාරු† [따러바-루] 살찐, 뚱뚱한 මහතු.

තරබාරුකම† [따러바-루꺼머] 비만, 살찜, 뚱뚱함 මහත.

තරම† [따러머] ①정도, 양, 수량 ප්‍රමාණය ②사회적 지위 උසස්-කම ③방식, 방법 ආකාරය ④기회, 찬스, 때 අවස්ථාව ⑤성격, 성품 චරිත ස්වභාවය. (복) *තරම්*

තරමක් දුරට† [따러막 두러터] 어느 정도.

තරමතිරම [따러머띠러머] 지위, 상태 තරාතිරම.

තරම්† [따람] ①(후치사) ~만큼, ~과 비슷하게 ②적당한, 적절한, 어울리는 සුදුසු.

තරය [따러여] ①강함, 확고함, 견고함 සවිය ②뗏목 පහුර ③건너감 එතර-වෙතර වීම.

තරයේ [따러예-] 강하게, 확고하게, 확신을 가지고, 곤고히 තරවා.

තරවටු කරනවා‡ [따러워투 꺼러너와-] ①위협하다, 협박하다 තර්ජනය කරනවා ②경고하다 ③책망하다, 나무라다, 꾸짖다.

තරවටුව [따러워투워] ①위협, 협박 තර්ජනය ②경고 ③책망, 꾸짖음.

තරවනවා [따러워너와-] තැරෙවුවා-තරවා ①(기름) 바르다, 문대다, 문지르다 තවරනවා ②건너가도록 보내다, 건너가게 하다 එතෙර කරනවා. <u>තැරවීම</u>

තරවා [따러와-] 강하게, 확고하게, 확신을 가지고 තරයේ.

තර වෙනවා† [따러 웨너와-] 살찌다, 뚱뚱해지다 මහත් වෙනවා.

තරසර [따러싸러] 견고하고 강한 ස්ථිරසාර.

තරහ [따러하] 화, 분노. (문어) කෝපය

තරහ යනවා/තරහ වෙනවා‡ [따러하 야너와-/따러하 웨너와-] 화나다, 분노하다, 열받다. (문어) කෝප වෙනවා
¶ මාත් එක්ක තරහ වෙන්න එපා 저에게 화내지 마세요

තරාතිරම [따라-띠러머] 지위, 자격, 위치 තත්ත්වය.

තරාදිය‡ [따라-디여] 저울, 천칭.

තරිඳු [따린두] 달, 월(月) සඳ. (구어) හඳ

තරු [따루] තරුව 의 복수 또는 형용사: ①별, 별들 ②별의. (문어) තාරකා

තරුණ‡ [따루너] 젊은, 청년의. (문어) යොවුන්

තරුණකම [따루너꺼머] 젊음, 청년의 때 තාරුණ්‍යය. (문어) යෞවනකම

තරුණයා‡ [따루너야-] 남자 청년, 남자 젊은이. (복) *තරුණයෝ* (문어) යෞවනයා

තරුණිය‡ [따루니여] 여자 청년, 여자 젊은이. (복) *තරුණියන්* (문어) යෞවනිය

තරු පෙනෙනවා [따루 뻬네너와-] 두려워하다, 무서워하다 බය වෙනවා.

තරුව‡ [따루워] 별. (복) *තරු* (문어) තාරකාව ¶ පහන් තරුව 샛별

තරු විසිවෙනවා [따루 위씨웨너와-] 아주 고통스러워하다.

තර්ක කරනවා‡ [따르꺼 꺼러너와-] 논쟁하다, 쟁론하다 වාද විවාද කරනවා.

තර්ක ගෝචර [따르꺼 고-처러] 논리적인, 이성적인.

තර්කනය [따르꺼너여] 논쟁, 논의 තර්ක කිරීම.

තර්කය† [따르꺼여] ①논리, 이성 ②논쟁, 논의 වාද විවාද කිරීම.

තර්කානුකූල/තර්කාන්විත† [따르까-누꿀-러/따르깐-위떠] 논리적인, 이성적인 තර්කානුසාරී.

තර්කානුසාරී [따르까-누싸-리-] 논리적인, 이성적인 තර්කානුකූල.

තර්ජනය [따르저너여] ①위협, 협박 තරවටුව ②경고 අනතුරු ඇඟවීම ③책망, 꾸짖음, 비난.

තර්ජනය කරනවා‡ [따르저너여 꺼러너와-] ①위협하다, 협박하다 තරවටු කරනවා ②경고하다 අනතුරු අඟවනවා ③책망하다, 꾸짖다, 비난하다.

තර්ජනාකාර [따르저나-까-러] ①위협적인, 협박하는 ②경고의 ③책망하는, 꾸짖는.

තර්ජනාංගුලිය [따르저낭-굴리여] 손가락 질하는 집게 손가락 දබරැඟිල්ල.

තර්ජිත [따르지떠] ①위협받는, 협박받는 තර්ජනය කරන ලද ②경고받는 ③책망받는, 비난받는.

තර්පණය [따르뻐너여] ①정복, 복종, 예속 යටපත් කිරීම ②만족, 만족감, 희열 තෘප්තිය.

තර්ෂය [따르셔여] 목마름, 갈증 පිපාසය. (구어) තිබහ

තල† [딸러] ①참깨, 깨 ②(남인도산) 탈리폿 야자 තාල ගස ③칼날 තලය ④평면, 표면 මතුපිට.

තල අත්ත [딸러 앝떠] (남인도산) 탈리폿 야자 잎.

තලඑළලු‡ [딸러엘럴루] 안색이 하얀, 얼굴 빛이 하얀 තලෙළලු.

තලකෝණමානය [딸러꼬-너마-너여] 고니오미터, 측각도계, 측각기.

තලක්කට්ටුව [딸띾깥투워] ①지붕, 옥상 වහලයක උස්ම තැන ②담벽 꼭대기 පවුරු මුදුන.

තලගොයා‡ [딸러고야-] (동물) 이구아나.

තලගෝලය [딸러골-러여] 평면 구형도, 평면 천체도.

තලත්තෑනි [딸랕때-니] 어른의, 성장한, 나이 먹은 තලතුනා.

තලතුනා‡ [딸러뚜나-] ①어른의, 성장한, 나이먹은 මේරූ ②침착한, 조용한, 진지한 තැන්පත්.

තලතෙල් [딸러뗄] 참기름.

තල දර්පණය [딸러 다르뻐너여] 거울 කැටපත. (구어) කණ්නාඩිය

තලන [딸러너] 때려 부수는, 부수는 පහර දෙන.

තලනවා† [딸러너와-] තැලුවා-තලා ①때리다, 매로 치다 පහර දෙනවා ②(감정을) 상하게 하다, (마음을) 아프게 하다, 해치다. <u>තැලීම/තැලුම</u>

තලපය† [딸러뻐여] 밀가루 죽.

තලපතා [딸러뻐따-] (어류) 돛새치 තලපත් මාළුවා.

තලපත් මාළුවා [딸러빹 말-루와-] (어류) 돛새치 තලපතා.

තල පෝරුව [딸러 뽀-루워] 써레 පෝරු ලෑල්ල.

තලප්පාව† [딸랖빠-워] 두건 මුණ්ඩාසනය.

තල මුරුවට [딸러 무루와터] 참깨로 만든 케이크 තල කැරලි.

තල මෝසම [딸러 모-써머] 잠잠한 바다의 계절.

තලය† [딸러여] ①표면 මතුපිට ②평지, 평평한 곳 තලා ③손바닥 ④발바닥 අඩිය ⑤도구의 날 තල. ¶ අහස් තලය 하늘 පොළෝ තලය 지면, 땅

තලරූපය [딸러루-뻐여] 평면 도형.

තලව්ව [딸라우워] ①평야, 평지 ②포장도로 පදික වේදිකාව ③초석, 기초 පදනම.

තලස්ථ [딸러쓰떠] 표면의, 외면의.

තලා [딸라-] ①평지, 평원 සමතල බිම් ②향미료: 해열제로 쓰는 박하 비슷한 향기 높은 식물.

තලා [딸라-] තලනවා 의 과거분사: ①눌린, 눌려진, 납작하게 된 තලලා ②때리는, 공격하는, 치는 ගසා.

තලාතු [딸라-뚜] (광물) 운모의, 돌비늘의.

තලාතු මිනිරන්† [딸라-뚜 미니란] (광물) 운모, 돌비늘.

තලාඳය [딸란-더여] (대)들보, 도리 බාල්කය.

තලාව [딸라-워] 평지, 평원 තැනිතලාව.

තලාවිය [딸라-위여] 고지대.

තලිය [딸리여] ①접시 පිඟාන ②무더기, 더미 පිඩ.

තලු ගසනවා‡ [딸루 가써너와-] 소리를 내며 입맛을 다시다.

තලුමරනවා [딸루마러너와-] (입맛을) 다시다.

තලුම්බු කරනවා [딸룸부 꺼러너와-] (치아가 없어) 음식을 삼키다.

තලෙළලු/තලෙළු [딸렐럴루/딸렐루] 금빛의, 황갈색의(흰색과 검정색의 중간 피부색) තලවිළලු.

තලෝගෙන යනවා [딸로-게너 야너와-] (강물이) 범람하다, 침수시키다 තලවාගෙන යනවා.

තල්† [딸] (식물) 팔미라 야자나무.

තල් පත [딸 빠떠] 야자 잎 තල් කොළය.

තල්මසා‡ [딸머싸-] 고래. (구어) තල්මහ

තල්මහ‡ [딸머하] 고래. (문어) තල්මසා

තල්ල‡ [딸러] 입천장.

තල්ලු කරනවා‡ [딸루 꺼러너와-] 밀다, 떠밀다.

තල්ලුව [딸루워] ①(한 번) 밀기, 푸쉬 ②도움, 조력 උපකාරය.

තල් සූකිරි [딸 쑤-끼리] 팔미라 설탕.

තල් හකුරු [딸 하꾸루] (식물) 팔미라 정제하지 않은 설탕 (동인도산).

තව‡ [따워] 더, 게다가, 더 나아가 වැඩිපුර.

තවත්‡ [따왇] 더, 추가로, 더 많이 වැඩියෙන්. (문어) අමතර-රව

තවද/තව [따워더/따워] 더, 게다가, 더 나아가 වැඩිපුර.

තවදුරට/තවදුරටත් [따워두러터/따워두러탇] 더, 추가로, 더 많이 වැඩියෙන්.

තවනවා‡ [따워너와-] තැවුවා-තවා ①찜질하다, 데우다 රත් කරනවා ②회개시키다, 후회하게 만들다 පසුතැවිල්ලට පත් කරනවා ③발효시키다. <u>තැවීම/ තැවුම</u>

තවම‡ [따워머] (부정의 문장과 함께) 아직도, 여전히 තාම.

තවරනවා† [따워러너와-] තැවරුවා-තවරා ①(기름) 바르다, 문대다, 문지르다 ගානවා ②뿌리다, 흩뿌리다 අතුරනවා. <u>තැවරීම</u>

තවලම† [따월러머] (사막의) 대상(隊商), 상인 무리 ගැල් සාත්තුව.

තවස/තවසර [따워써/따워싸러] 금욕주의, 고행생활 තපස.

තවාන† [따와-너] 종묘원, 온상.

තවුතිසාව [따우띠싸-워] 거룩한 하늘, 천국 තාවතිංසය.

ත

තවුසා† [따우싸-] 수도자, 금욕 주의자, 고행자 තාපසයා.

තවුව/තව්ව [따우워] 구멍, 홀, (건축) 장붓 구멍 සිදුර. (구어) හිල

තවු තහඩුව [따우 따하두워] 구멍있는 판, 슬롯있는 판.

තව්දණ්ඩ [따우단더] (기계공학) 보오링 바아.

තව්මරණවා [따우마러너와-] 생가지를 불태우다.

තව්ව [따우워] 구멍, 홀, (건축) 장붓 구멍 තවුව. (구어) හිල

තව්වනවා [따우워너와-] ①매달다, 걸어 놓다 දවටනවා ②응급 치료하다, 일시적 치료하다.

තව් විදිනවා [따우 위디너와-] 구멍을 내다, 구멍을 만들다 සිදුරු විදිනවා.

තසරය [따써러여] (직조기의) 북 නඩාව.

තසලය [따썰러여] 장식술, 술 එල්ලෙන පටිය.

තසිම‡ [따씨머] 움푹 패인 작은 접시 ගැඹුරු පීරිසිය.

තහඩු කතුර [따하두 까뚜러] 양철판을 자르는 가위.

තහඩුව† [따하두워] 양철판.

තහනම† [따하너머] 금지, 멈춤 තහංචිය. (복) *තහනම්* ¶ දුම්බීම තහනම් 금연 ඇතුල්වීම තහනම් 출입금지

තහනම් කරනවා‡ [따하남 꺼러너와-] 금하다, 못하게 하다, 멈추게 하다 වළක්වනවා.

තහනම් නියෝගය [따하남 니요-거여] 집행 금지 명령, 금지 법령.

තහනම් බඩු† [따하남 바두] (법으로 금지한) 금지 물품, 금지 품목.

තහනම් බලය [따하남 발러여] 붙잡는 힘, 방해하는힘.

තහන්චිය† [따한치여] (종교상의) 터부, 금기.

තහවුරු [따하우루] 견고한, 확신하는, 강한, 고정된 තද.

තහවුරු කරනවා† [따하우루 꺼러너와-] 확신시키다, 고정하다, 단단히 묶다 තද කරනවා.

තහවුරු වෙනවා [따하우루 웨너와-] 확신하다, 고정되다 තද වෙනවා.

තළනවා [딸러너와-] තැළුවා-තළා ①때리다, 매로 치다 පහර දෙනවා ②(감정을) 상하게 하다, (마음을) 아프게 하다, 해치다. <u>තැළීම/තැළුම</u>

තළවනවා [딸러워너와-] තැළෙවුවා-තළවා ①때리게 하다, 매로 치게 하다 ②(감정을) 상하게 만들다, (마음을) 아프게 하다. <u>තැළවීම</u>

තළා [딸라-] තළනවා 의 과거분사: 상하게 하고, 아프게 하고. (구어) තළලා

තළාකය [딸라-꺼여] 연못, 호수.

තා [따-] ①තෝ 의 대격: 너를 ②상황이나 조건을 표현하는 접미사: ජනතා.

තා [따-] ①열 ②물.

තාක් [딱-] ~까지, ~이 되기까지 තෙක්. (구어) කං

තාක්ෂණ [딱-셔너] (전문) 기술의.

තාක්ෂණ සම්ප්‍රදාය [딱-셔너 쌈쁘러다-여] 전통 기술(공예).

තාක්ෂණය† [딱-셔너여] (전문) 기술.

තාක්ෂණ වේදය† [딱-셔너 웨-더여] 기술학, 공업학 තාක්ෂණ විද්‍යාව.

ත

තාක්ෂණික† [딱-셔니꺼] (전문) 기술의.

තාක්ෂණිකයා [딱-셔니꺼야-] (전문) 기술자 තාක්ෂණ ශිල්පියා.

තාච්චිය‡ [땇-치여] 후라이 팬 ඇතිලිය.

තාඩන පීඩන [따-더너 삐-더너] 폭행, 폭력 පහරදීම.

තාඩනය [따-더너여] 폭행, 폭력, 때림, 가해 පහරදීම.

තාත්තා‡ [땉-따-] 아버지, 아빠. (문어) පියා

තාත්වික† [땉-위꺼] 실제의, 진짜의, 진실의 අව්‍යාජ.

තාථ්‍යය [땉-띠여여] 사실, 실제, 진실, 진짜 නිවැරදි සත්‍ය තත්වය.

තාදි [따-디] 단호한, 견고한, 확고한, 흔들리지 않는 ස්ථිර.

තාදි ගුණය [따-디 구너여] 단호, 견고, 확고, 흔들리지 않음 අකම්ප්‍යතාව.

තානම [따-너머] 리듬, 가락, 운율 තාලය.

තානය [따-너여] 음, 음정 නාද රටාව.

තානාන්තරය [따-난-떠러여] 지위, 직책 තනතුර.

තානාපති‡ [따-나빠띠] 대사, 사절 තානාපතිවරයා. (복) *තානාපතීහු*

තානාපති කාර්යාලය‡ [따-나-빠띠 까-르얄-러여] 대사관.

¶ කොන්සල් කාර්යාලය 영사관

තානාපතිනිය [따-나빠띠니여] 여자 대사, 사절.

තානාපතිවරයා‡ [따-나빠띠워러야-] 대사, 사절 තානාපති.

තානායම‡ [따-나-여머] 여관, 여인숙, 게스트 하우스.

තාන් [딴-] 새, 새로운, 표백하지 않은 (옷).

තාන් කඩ [딴- 까더] 새옷 අලුත් ඇඳුම.

තාන්ත්‍රික [딴-뜨리꺼] ①배우는, 훈련받는 ②과학의 විද්‍යා ③제도의, 조직의 සිද්ධාන්ත.

තාප [따-뻐] 열기 있는, 뜨거운 උෂ්ණ.

තාපකය [따-뻐꺼여] 전열기, 가열기 රත්කරන උපකරණය.

තාපගති විද්‍යාව [따-뻐가띠 윋디야-워] 열역학.

තාපචිකිත්සාව [따-뻐치낃싸-워] 열치료.

තාපජනක [따-뻐자너꺼] 열을 내는, 열을 발산하는.

තාප තරංගය [따-뻐 따랑거여] 장기간에 걸친 혹서, (기상) 열파.

තාපතීරය [따-뻐띠-러여] (기상) 열띠.

තාපනය [따-뻐너여] ①가열, 난방 ගිනියම් කිරීම ②고통, 슬픔 දුක.

තාප නියාමකය [따-뻐 니야-머꺼여] 열 제어기 තාපපාලකය.

තාපපාලකය [따-뻐빨-러꺼여] 열 제어기 තාපනියාමකය.

තාපමානය [따-뻐마-너여] 열량계.

තාපමිතිය [따-뻐미띠여] 열량측정(법).

තාපය† [따-뻐여] 열, 뜨거움 උෂ්ණය.

තාප විකිරණය [따-뻐 위끼러너여] 열 발산.

තාප විදුලිය [따-뻐 위둘리여] 열전기.

තාපසම්දීප්තකාලනීර්ණය [따-뻐쌈딮-떠깔-러니-르너여] (물리학) 열발광, 열루머네슨스.

තාපසයා† [따-뻐써야-] 수행자, 은자, 수도자 තවුසා.

ත

තාපසාරාමය/තාපසාශ්‍රමය† [따-뻐싸-라-머여/따-뻐싸-쉬러머여] (주로 남자의) 수도원.

තාපාංකය† [따-빵-거여] 물이 끓는 온도.

තාපිත [따-삐떠] 열을 가한, 데운 රත් කළ.

තාප්පය‡ [땊-뻐여] 벽, 흉벽(胸壁), 흉장(胸牆) බැම්ම.

තාම [따-머] 아직, 미처 තවම.

තාමර/තාමරස [따-머러/따-머러써] 붉은 연꽃들 රතු නෙළුම්.

තාමරස/තාමර [따-머러써/따-머러] 붉은 연꽃들 රතු නෙළුම්.

තාමරසාකරය [따-머러싸-꺼러여] 붉은 연꽃의 연못 රතු නෙළුම් විල.

තාමසය [따-머써여] 게으름, 나태 කම්මැලිකම.

තාම්බූල [땀-불-러] 구장 잎 බුලත්.

තාම්බූලය [땀-불-러여] 구장 잎 씹기 බුලත් විට.

තාම්බූලිකාව [땀-불-리까-워] 구장 나무 බුලත් වැල.

තාඹ [땀-머] 구리(의) තාමු.

තාමු [따-므러] 구리(의) තාඹ.

තාමුපද්ම [따-므러빧머] 붉은 연꽃들 රතු නෙළුම්.

තාමුපර්ණි [따-므러빠르니] 스리랑카(의).

තායම [따-여머] 사기, 속임, 협잡 රැවටිල්ල.

තායම් මායම් [따-얌 마-얌] 사기, 사취, 협잡 කපටිකම්.

තාර [따-러] 타르, 콜타르 피치.

තාරකපති [따-러꺼뻐띠] 별들의 주인, 달 සඳ.

තාරකා ඉබ්බා [따-러까- 입바-] (점성) 거북 자리.

තාරකා කාලය [따-러까- 깔-러여] 별자리를 기초로한 시간, 항성시.

තාරකාධිප/තාරකාධිපති [따-러까-디뻐/따-러까-디뻐띠] 별들의 주인, 달 සඳ.

තාරකා මණ්ඩලය† [따-러까- 만덜러여] 별자리 තරු පද්ධතිය.

තාරකා මත්ස්‍යයා [따-러까- 맏씨여야-] 불가사리 තරු මසා.

තාරකාව‡ [따-러까-워] 별 තාරුකාව. (구어) තරු

තාරකා විද්‍යාව† [따-러까- 윋디야-워] 천문학.

තාරකා ශාස්ත්‍රය [따-러까- 샤-쓰뜨러여] 점성술, 점성학.

තාරණය [따-러너여] 착륙, 도착 ගොඩගැසීම.

තාරතාව [따-러따-워] 가락, 음률의 높이.

තාරබර [따-러바러] 무게, 차량 무게.

තාරාභය [따-라-버여] (기하학) 성망형.

තාරාවා‡ [따-라-와-] 오리, 수오리. (복) *තාරාවෝ*

තාරාවිය [따-라-위여] 암컷 오리.

තාරුකාව [따-루까-워] 별 තාරකාව. (구어) තරු

තාරුකා වෙලාව [따-러까- 웰라-워] (해뜨기 전, 해질 무렵의) 땅거미, 황혼, 여명.

තාල [딸-러] ①탈리폿(팔미라) 야자나무 තල්ගස ②음, 가락 රිද්ම ③(북을) 침 ගැසීම.

තාල කුලය [딸-러 꿀러여] 야자나무 පොල්.

තාලම්පට [딸-람빠터] (악기) 심벌즈 කයිතාලම.

ත

තාලය‡ [딸-러여] 음, 가락 රිද්ම.
තාලිය [딸-리여] 독, 항아리 හැළිය.
තාලුජ [딸-루저] (문법) 구개음의.
තාවකාලික/තාවකාලීන‡ [따-워깔-리꺼/따-워깔-리-너] 잠시의, 임시의, 임시방편의.
තාවරය [따-워러여] 활시위, 활줄.
තාවල්ල [따-왈러] 저수지 윗쪽 부분 වැව ඉස්මත්තේ ප්‍රදේශය.
තැඃලනවා [땔-러너와-] (소가) 큰 소리로 울다, 노호하다.
තැකීම/තැකුම [때끼-머/때꾸머] තකනවා 의 동명사: 고려, 숙고 සලකා බැලීම.
තැටමිල්ල [때터밀러] 시도, 기도, 꾀함.
තැටිගත කරනවා [때티가떠 꺼러너와-] 테이프에 녹음하다, 녹음하다 තැටියකට හඬ කවනවා.
තැටිපෝරුව [때티뽀-루워] 원판 써레 (트랙터용).
තැටිය‡ [때티여] ①쟁반, 접시 පිඟාන ②디스크, 레코드 판.
තැටිරෝදය [때티로-더여] 디스크 휠.
තැත† [때떠] 시도, 꾀함, 기도 උත්සාහය.
තැති ගන්නවා† [때띠 간너와-] 두려워하다, 떨다, 흔들리다 බිය විඳිනවා.
තැති ගැන්ම/තැතිය [때띠갠머/때띠여] 두려워함, 흔들림, 떨림, 당황 බිය.
තැත් කරනවා [땓 꺼러너와-] 시도하다, 꾀하다. (구어) උත්සාහ කරනවා.
තැත් කවනවා [땓 까워너와-] ① (총, 활) 겨냥하다, 겨누다, 목표 삼다 ②계획하다, 준비하다 අර අඳිනවා ③시도하다, 꾀하다 උත්සාහ කරනවා.
තැන‡ [때너] ①장소, 곳 ස්ථානය ②사람, 인간 තැනැත්තා ③상황, 상태, 현황, 조건 තත්ත්වය. (복) තැන්
තැනන්වහන්සේ [때난와한쎄-] (경어) 분, 사람 තැනැන් වහන්සේ.
තැනැත්තා [때낻따-] (남자) 사람, 인간 තැනැත්තේ.
¶ තැනැත්තිය 여성
තැනැත්තිය/තැනැත්ති [때낻띠여/때낻띠-] 여자, 여성 ස්ත්‍රිය.
¶ තැනැත්තා 남성
තැනැත්තේ [때낻떼-] (남자) 사람, 인간 තැනැත්තා.
තැනැන් වහන්සේ [때낸 와한쎄-] (경어) 분, 사람 තැනන්වහන්සේ.
තැනිතලා [때니떨라-] තැනිතලාව 의 복수 또는 형용사: ①평지들, 평원들 ②평지의, 평평한.
තැනිතලාව/තැනිය‡ [때니떨라-워/때니여] 평원, 평지 තැන්න.
තැනෙනවා [때네너와-] තැනුණා-තැනී තනනවා 의 피동사: 만들어 지다, 형성되다 හැදෙනවා.
තැන්න [땐너] 평지, 들판 සම බිම.
තැන්පතුව [땐뻐뚜워] 예금, 저금, 예치금 ගිණුමක දැමූ මුදල්.
තැන්පත් [땐빧] ①저장한, 예치한 ②지정한, 임명한 ③침착한, 조용한, 진지한 තලතුනා.
තැන්පත් කරනවා [땐빧 꺼러너와-] ①저장하다, 예치하다, 두다 ගබඩාවේ තබනවා ②묻다, 장사하다 වළලනවා.
තැන්පත්කරු [땐빧꺼루] 예치자, 맡긴 사람.

තා

තැන්පත් ගණුම [땐빧 가누머] 예금 계좌 තැන්පත් ගිණුම.

තැන්පත් වෙනවා [땐빧 웨너와-] ①정착하다, 정리하다 ②모으다, 축적하다.

තැන්මාරුව [땐마-루워] 장소 변화, 장소 바꿈.

තැන්වැස [땐왜써] 적절한, 적당한 සුදුසු.

තැපැල් [때뺄] 우편의, 우체국의.

තැපැල් කන්තෝරුව† [때뺄 깐또-루워] 우체국 (잘 사용안함) තැපැල් කාර්යාලය.

තැපැල්කරුවා† [때뺄꺼루와-] 우체부, 집배원 ලියුම් බෙදන්නා.

තැපැල් කාර්යාලය‡ [때뺄 까-르얄-러여] 우체국.

තැපැල් කේතය [때뺄 께-떠여] 우편 번호.

තැපැල් ගාස්තුව‡ [때뺄 가-쓰뚜워] 우편 요금 ලිපි ගාස්තුව.

තැපැල් පත [때뺄 빠떠] 우편 카드.

තැපැල් පෙට්ටිය [때뺄 뻬티여] 편지함, 우편함 ලියුම් පෙට්ටිය.

තැපැල් මහත්මයා [때뺄 마할머야-] 우체부, 집배원 ලියුම් බෙදන්නා.

තැපැල් මුද්දරය [때뺄 묻더러여] 우표.

තැපැල් ස්ථානාධිපති‡ [때뺄 쓰따-나-디빠띠] 우체국장.

තැපෑල [때뺄-러] 우편, 집배.
¶ විද්‍යුත් තැපෑල 이메일, 전자우편

තැපීම [때삐-머] ①근심, 걱정 සෝක වීම ②따뜻해짐 ③뜨거워짐 තාපය.

තැබිය [때비여] හැකි, යුතු 앞에 나오는 තබනවා 의 변형되는 형태: තැබිය යුතුයි 두어야 한다 තැබිය හැකියි 둘 수 있다.

තැබීය [때비-여] තබනවා 의 3인칭 단수 남성 과거형태: 놓았다, 두었다 තැබුවේය.

තැබෙනවා [때베너와-] තැබුණා-තැබී තබනවා 의 피동사: 놓아지다, 두어지다. තැබීම

තැබෑරුම‡ [때배-루머] 술집, 선술집 මත්පැන්හල.

තැබීම† [때비-머] තබනවා 의 동명사: 둠, 거치, 저장 තැන්පත් කිරීම.

තැම්බ [땜버] 똥 덩어리 ගොම පිඩ.

තැම්බිලා යනවා [땜빌라- 야너와-] ①끓다, 삶아지다 ②파괴되다 විනාශ වෙනවා.

තැම්බීම/තැම්බුම [땜비-머/땜부머] තම්බනවා, තැම්බෙ-නවා 의 동명사: ①삶음, 끓임 ②끓인 약, 탕약.

තැම්බෙනවා [땜베너와-] 끓다, 삶아 지다 පිසෙනවා. තැම්බීම/තැම්බුම

තැඹිලි‡ [땜빌리] 킹 코코넛: 주황 색깔의 마시는 야자 열매.
¶ තැඹිලි පාට 주황색, 오렌지색

තැඹිලි පාට [땜빌리 빠-터] 주황색, 오렌지색 දොඩම් පාට

තැරැව්කරු‡ [때래우꺼루] 중개업자, 중개인, 브로커 පන්දමා.

තැරැව්ව [때래우워] 중개, 중개업 අතරමැදි ක්‍රියාව.

තැරිගහනවා [때리가하너와-] 쪼개다, 쪼개 버리다 බරුගහනවා.

තැරිය [때리여] (식물) 작은 꽃자루, 소화경.

තැලෙනවා [땔레너와-] තැලුණා-තැලී ①깨지다, 부숴지다 බිඳෙ-නවා ②(감정이) 상하다, (마음이) 아프다. තැලීම/තැලුම

ත

තැල්ල [땔러] 목걸이 මාලය. (복) *තැලි*

තැවරෙනවා [때워*레*너와-] තැවරුණා-තැවරී තවරනවා 의 피동사: ①문질러 지다, 가볍게 만져지다 ②발라지다. තැවරීම

තැව් තිත [때워 띠떠] ①(컴퓨터) 핫스팟 ②(지질) 열지점.

තැවිල්ල/තැවීම [때윌러/때위-머] තවනවා, තැවෙනවා 의 동명사: ①찜질, 가열 ②후회, 회개. (복) *තැවිලි/තැවීම්*

තැවුල/තැවුලිය [때울러/때울리여] 후회, 비탄, 비통 පසුතැවිල්ල. (복) *තැවුල්/තැවුලි*

තැවෙනවා [때웨너와-] තැවුණා-තැවී ①후회하다, 안타깝게 여기다 පසු තැවෙන-වා ②가열되다, 뜨거워지다. තැවීම/තැවුම

තැහැරිය [때해*리*여] (물레의) 가락, (방적 기계의) 방추 ඉද්ද.

තැළීම/තැළුම [땔리-머/땔루머] තළනවා, තැළෙනවා 의 동명사: (감정) 상함, 아픔.

තැළුණු [땔루누] 감정이 상한, 아픈.

තැළුම/තැළීම [땔루머/땔리-머] තළනවා, තැළෙනවා 의 동명사: (감정) 상함, 아픔.

තැළෙනවා [땔레너와-] තැළුණා-තැළී ①깨지다, 부숴지다 බිඳෙනවා ②(감정이) 상하다, (마음이) 아프다. තැළීම/තැළුම

තෑගි‡ [때-기] තෑග්ග 의 복수: 선물들, 증정물들 ත්‍යාග.

තෑගි ඔප්පුව [때-기 옾뿌워] 선물 증서 තෑගිකරය.

තෑගිකරය [때-기꺼*러*여] 선물 증서 තෑගි ඔප්පුව.

තෑගිබෝග [때-기보-거] 선물들 තෑගි.

තෑගිවන්ත [때-기완떠] 자비로운, 관대한, 자선의 ත්‍යාගශීලී.

තෑග්ග‡ [땍-거] 선물, 증정품. (복) *තෑගි* (문어) ත්‍යාගය

ති† [띠] ①3의, 삼의 තෙවැදෑ-රුම් ②3, 삼 තුන. ¶ තිදෙනා 세명

තිකිච්ජක [띠낒처꺼] 내과의사 චිකිත්සකයා.

තිකිච්ජාව [띠낒차-워] 치료, 의료 චිකිත්සාව.

තික්ත [띡떠] 쓴, 씁쓰레한 තිත්ත.

තිගැස්ම [띠개쓰머] තිගැස්සෙ-නවා 의 동명사: 당황, 두려워함, 흔들림, 떨림, 고동 තැතිය.

තිගැස්සෙනවා† [띠갰쎄너와-] තිගැස්සුණා-තිගැස්සී 당황하다, 두려워하다, 흔들리다 තැති ගන්නවා. තිගැස්ම

තිචීවර [띠치-처*러*] 승려의 3가지 의복.

තිණ [띠너] 풀 තණකොළ.

තිත† [띠떠] 점, 작은 점, 도트, 마침표 ලක්ෂ්‍යය. (복) *තිත්*

තිතට [띠떠터] 정확히, 틀림없이 ඉතා නිවැරදිව.

තිත් [띧] තිත 의 복수: ①점들, 작은 점들, 마침표들 ලක්ෂයයන් ②만족하는, 만족해 하는.

තිත් ඉර [띧 이*러*] 점선.

තිත් උණ [띧 우너] 점이 생기는 열병.

තිත්ත‡ [띧떠] 쓴, 쓴 맛의 අමිහිරි.

තිත්තකඩ [띧떠까*더*] 여물지 않은, 익지 않은, 미성숙한 අපිරිණත.

තිත්ත කළුවර [띧떠 깔루워*러*] 질흑, 암흑 දැඩි අඳුර.

තිත්තයා [띧떠야-] 작은 민물고기.

ත

තිත්ත වෙනවා [띧떠 웨너와-] 실망하다, 낙심하다 තික්ත වෙනවා. (구어) එපා වෙනවා

තිත්තිරයා [띧띠*러*야-] 점박이 도요새 තිත් වටුවා.

තිත්ථ [띧떠] 얕은 여울.

තිත්දිවියා [띧디위야-] 점박이 표범.

තිත් පොළඟා [띧 뽈렁가-] 얼룩 독사.

තිත් මැස්ම [띧 매쓰머] 점행렬 바느질.

තිත්මුවා† [띧무와-] 얼룩 사슴, 노루.

තිත් වටුවා [띧 와투와-] 점박이 도요새 තිත්තිරයා.

තිත් වැටුණු [띧 왜투누] 점박이의, 얼룩 무늬의 තිත් සහිත.

තිත් වියමන [띧 위여머너] 점행렬 뜨개질.

තිත්‍රකය/තිලකය [띠뜨*러*꺼여/띨러꺼여] (힌두인들이 이마에 찍는) 점, 반점 මොට්ටුව.

තිථිය [띠띠여] 음력, 음력 날짜.

තිදස [띠다써] 천상의 이름, 가장 높은 곳의 이름 තාවතිංසය.

තිදසිඳු [띠다씬두] 신 샤끄라 ශක්‍රයා.

තිදොර [띠도*러*] 몸, 입, 마음.

තිදොස [띠도써] ①병의 3가지 원인: 바람, 담(점액질), 짜증 ②악행의 3가지 근원: 욕망, 분노, 무시.

තිනෙත් [띠넫] 눈 세개 가진 사람, 이쉬워러 신 ඊශ්වර දෙවියා.

තිපද [띠빠더] 삼항(三項)(식)의.

තිපිටක [띠삐터꺼] 세 광주리.

තිප්පළ [띺뻘러] 야수의 잠자리, 야수의 굴 තිප්පොළ.

තිප්පිලි [띺삘리] (생약학) 필발.

තිප්පොළ/තිප්පළ [띺뽈러/띺뻘러] 야수의 잠자리, 야수의 굴.

තිබනවා‡ [띠버너와-] තිබ්බා/තිබුවා-තිබා (사물, 물건) 두다, 놓다 තබනවා. <u>තිබීම</u>

තිබහ‡ [띠버하] 목마름, 갈증. (문어) පිපාසය ¶ මට තිබහයි 나 목마르다

තිබිණි [띠비니] තිබෙනවා 의 3인칭(무생물) 단수 과거형태: 있었다. (구어) තිබුනා

තිබිය [띠비여] හැකි, යුතු 앞에 나오는 තිබෙනවා 의 변형되는 형태: තිබිය යුතුයි 있어야 한다 තිබිය හැකියි 있을 수 있다.

තිබිච්ච [띠빛처] තිබෙනවා, තියෙනවා 의 형용사적 과거용법: (물건) 있었던 තිබුණ. (문어) තිබුණු

තිබී [띠비-] තිබෙනවා 의 과거분사: 있어, 있고. (구어) තියලා

තිබීම [띠비-머] තිබෙනවා 의 동명사: 있음, 존재.

තිබෙනවා† [띠베너와-] තිබුණා-තිබී (사물, 물건) 있다. <u>තිබීම</u> (구어) තියෙනවා ¶ සිටිනවා (사람, 동물) 있다

තිබ්බා [띱바-] ①(물건) 있었다, 존재했다 තිබුණා ②තබනවා 의 과거: (물건) 두었다, 놓았다 තැබුවා.

තිමිංගලයා [띠밍걸러야-] 돌고래 ඩොල්ෆින්.

තිමිර [띠미*러*] 암흑, 어두움, 질흙 අඳුර.

තිමෝති [띠모-띠] (성경) 디모데서, 디모데.

තිඹිරි [띰비*리*] 인도산 감.

තිඹිරිගෙය† [띰비*리*게여] (의학) 분만실 ප්‍රසූතිකාගාරය.

තියනවා† [띠여너와-] තිබ්බා-තියා(තියලා) 놓다, 두다. (문어) තබනවා ¶ හරි, තියන්නම් (전화 통화시) 예, 끊겠습니다

තියම [띠여머] 밤을 3 구분으로 나눈 형식 යාම තුන.

තියඹරා [띠염버*라*-] 오이의 한 종류.

තියල් [띠얄] 생선 요리(의).

තියු [띠유] ①찬양, 감사 ② 날카로운, 뾰족한, 예리한 තීක්ෂණ.

තියුණු† [띠유누] 날카로운, 뾰족한, 예리한 තීක්ෂණ.

තියුවදන [띠유와더너] 찬양의 말.

තියෙනවා‡ [띠예너와-] තිබුණා-තියලා (물건, 사물) 있다. (문어) තිබෙනවා ¶ ඉන්නවා (사람, 동물) 있다 ලංකාවට ගිහිල්ලා තියෙනවා 랑카에 가본 적이 있다

තිර† [띠*러*] 확고한, 확실한, 안정적인, 견고한, 영원한 ස්ථිර.

තිර [띠*러*] තිරය 의 복수: ①커튼들, 휘장들 ②스크린들, 영사막, 막 ③등심지들, 심지들 පහන්වැටි.

තිරච්ජාන/තිරච්ජීන [띠*랒*차-너/띠*랒*치-너] 짐승같은, 야만의, 천한, 낮은 තිරසන්.

තිරතර [띠*러*따*러*] 확고한, 변치 않을, 확실한 ස්ථිර.

තිරනාටකය† [띠*러*나-터꺼여] 영화 각복, 시나리오.

තිරය† [띠*러*여] ①커튼, 휘장 කඩතුරාව ②화면, 스크린, 영사막, 막 ස්ක්‍රීනය ③(등) 심지 පහන් වැටිය. ¶ පහන් තිරය (등) 심지

තිරශ්චීන/තිරස්චීන [띠*라*쉬치-너/띠*라*쓰치-너] 짐승같은, 야만의, 천한, 낮은 තිරසන්.

තිරසර [띠*러*써*러*] 지속되는, 영속적인, 계속되는, 확고한, 확실한 ස්ථිරසාර.

තිරස්† [띠*라*쓰] 수평의, 가로질러서, 나비로 හරස්.

තිරස් අක්ෂය [띠*라*쓰 악셔여] (건축학) 수평축, 가로축.

තිරස්කඩ [띠*라*쓰까*더*] 횡단, 가로켜기 හරස්කඩ.

තිරස්චීන/තිරශ්චීන [띠*라*쓰치-너/띠*라*쉬치-너] 짐승같은, 야만의, 천한, 낮은 තිරසන්.

තිරස් තලය [띠*라*쓰 딸러여] 수평면 හරස් මට්ටම.

තිරස් තෙරපුම [띠*라*쓰 떼-*러*뿌머] 수평 추력.

තිරස් රේඛාව [띠*라*쓰 *레*-까-워] 수평선.

තිරස් සංකලනය [띠*라*쓰 쌍깔러너여] 수평적 통합 (동일 업종의 기업간의 통합).

තිරස් සංයෝජනය [띠*라*쓰 쌍요-저너여] 횡적 기업연합.

තිරිංගය† [띠*링*거여] 브레이크, 제동 장치 තිරිංගලය.

තිරිංගලය [띠*링*걸러여] ①윈치 ②브레이크, 제동 장치.

තිරික්කලය† [띠*릮*껄러여] (인도의) 소달구지.

තිරිඟු‡ [띠*링*구] (농작물) 밀 ගෝධුමය.

තිරිවාණ [띠*리*와-너] (광물) 석영 තිරුවාණ.

තිරිසනා [띠*리*써나-] 동물, 짐승 සිවුපාවා. (복) තිරිසන්නු (구어) සතා

තිරිසන් [띠*리*싼] 사나운, 잔인한, 짐승같은 මෘග.

තිරිසන් අපාය [띠*리*싼 아빠-여] 짐승같이 사는(태어나) 벌받는 장소 තිරිසන්ව උපදින තැන.

තිරිසන්නු [띠리싼누] තිරිසනා 의 복수: 동물들, 짐승들 සිවුපාවෝ. (구어) සත්තු ¶ තිරිසනුන්ගේ (소유격) 동물들의 තිරිසනුන්ට (여격) 동물들에게 තිරිසනුන් 동물들을

තිරිහන්† [띠리한] 젊은, 나이 어린 තරුණ.

තිරිහන් වීම† [띠리한 위-머] 회춘, 되젊어짐 ප්‍රතියුවීකරණය.

තිරුවාණ† [띠루와-너] (광물) 석영 කිරිවාණ.

තිරුවාණ කණ [띠루와-너 까너] 소화기의 접속용 파이프.

තිරුවාණ මැස්ම [띠루와-너 매쓰머] 화강암 스티치.

තිර්යක් [띠르약] 가로지르는, 횡단의 හරස්.

තිල [띨러] 참깨(의) තල.

තිලකය/තිත්‍රකය† [띨러꺼여/띠뜨러꺼여] (힌두인들이 이마에 찍는) 점, 반점 මොට්ටුව, පොට්ටුව.

තිලකුණු [띨라꾸누] 3가지 징조, 3가지 전조 ත්‍රිලක්ෂණ.

තිලිඟු [띨링구] (문법) 세가지 성 (여성, 남성, 중성).

තිලොව/තිලෝ [띨로워/띨로-] 3가지 세상 තුන් ලෝකය.

තිලෝගුරු [띨로-구루] 3가지 세상의 선생: 부처님 බුදුන් වහන්සේ.

තිල්ල [띨러] 매트리스 මෙට්ටය.

තිවංක [띠왕꺼] 3번 접은.

තිවිධ [띠위더] 3겹의, 세번 접은.

තිස† [띠써] 30, 삼십. (복) *තිස්* (구어) තිහ

තිසර [띠써러] ①백조 හංසයා ②최상의, 최고의 ශ්‍රේෂ්ඨ.

තිසරණ [띠싸러너] 부처, 불법, 승려의 3가지 보호 (도움).

තිසරපට [띠써러빠터] (여성용) 브래지어 තනපට.

තිසිංහල [띠씽할러] 스리랑카: 루후누, 삐히티, 마야 지방으로 구성된 씽할러 지역 තුන්සිංහලේ.

තිස්† [띠쓰] තිහ 의 형용사: 30의 (뒤에 명사가 나올 때 이 형태로 변한다). ¶ තිස් එක 31 තිස් දෙනෙක් 30명

තිස් පැය [띠쓰 빼여] 씽할러 30 시간, 반나절.

තිස්ස [띴써] (이름) 띴써.

තිස්සමහාරාමය [띴써마하-라-머여] (이름) 띴써마하라머여

තිස්සේ [띴쎄-] ~하는 동안, 내내 කාලය තුළ.

තිසරා [띠써라-] 백조 හංසයා.

තිහ‡ [띠허] 30, 삼십. (문어) තිස

තිළි [띨리] ①기쁨, 즐거움 සතුට ②기쁜, 즐거운 සතුටු.

තිළිණය‡ [띨리너여] 선물 ත්‍යාගය. (구어) තෑග්ග

තී [띠-] (인칭 대명사: 낮은 여자에게만 사용) 너. ¶ තීගේ 너의 තිට 너에게 තෝ (낮은 남자) 너

තීක්ෂණ† [띡-셔너] ①아주 현명한, 박식한, 학식이 있는 ②예리한, 날카로운 තියුණු.

තීක්ෂණාග්‍ර [띡-셔나-그러] 예리한, 날카로운 තීක්ෂණ.

තීතස් [띠-떠쓰] (성경) 디도서, 디도.

තීන්ත‡ [띤-떠] ①잉크 ②페인트.

තීන්ත කූඩුව [띤-떠 꾸-두워] 잉크병 තීන්ත කුප්පිය.

තීන්තදෙරුවා [띤-떠도루와-] 화가, 화공, 페인트공.

තීන්ත වැයවීම [띤-떠 왜여위-머] 잉크 소비.

තීන්දු කරනවා [띤-두 꺼러너와-] 결론 짓다, 결말을 내리다, 결정하다 තීරණය කරනවා.

තීන්දු ප්‍රකාශය [띤-두 쁘러까-셔여] (배심원의) 평결, 법원 선고.

තීන්දුව† [띤-두워] ①결론, 결말 නිගමනය ②(법원의) 최종 판결.

තීරක [띠-러꺼] 심판원(의), 주심(의) තීරකයා.

තීරක දිවුරම [띠-러꺼 디우루머] 판결 서약.

තීරකය [띠-러꺼여] 결정, 결판 තීරණය.

තීරකයා† [띠-러꺼야-] 심판원, 주심 තීරක.

තීරණ අඥාව [띠-러너 아끄냐-워] 명령, 법원 명령.

තීරණ ඡන්දය [띠-러너 찬더여] 캐스팅 보트 (찬반 동수인 경우에 의장이 하는 결정 투표).

තීරණය‡ [띠-러너여] 결정, 결론, 판결 විනිශ්චයය.

තීරණය කරනවා‡ [띠-러너여 꺼러너와-] 결정하다, 결론을 내리다, 판결하다 විනිශ්චය කරන-වා.

තීරණාත්මක [띠-러낟-머꺼] 결론의, 결말의, 결정적인 අවසාන.

තීරය† [띠-러여] ①강기슭, 기슭, 해변 ඉවුර ②경계, 국경, 가장자리.

තීරස්ථ [띠-루쓰떠] 경계에 있는, 가장 자리에 있는 අයිනේ පිහිටි.

තීරු ගාස්තු/තීරු බද්ද [띠-루 가-쓰뚜/띠-루 받더] 소비세.

තීරු ප්‍රස්තාරය [띠-루 쁘러쓰따-러여] 막대 그래프.

තීරු බද්ද† [띠-루 받더] 소비세 තීරුගාස්තු.

තීරුව† [띠-루워] ①(헝겊, 종이, 널빤지 따위의) 길고 가느다란 조각, 작은 조각, 바 පටිය ②소비세, 통행료, 세 ③은박.

¶ මංතීරුව 차선

තීර්තකයා [띠-르떠꺼야-] 이교도, 비불교도 මිසදිටුවා.

තීර්ථය [띠-르떠여] ①나루터, 도선장 තොට ②얕은 여울.

තීව්‍ර [띠-우러] (색깔 등) 진한, 강한, 격심한, 모진 ඝන.

තීව්‍රකරණය [띠-우러꺼러너여] 격화, 강화 දැඩි කිරීම.

තු [뚜] 싫어함, 미움을 표현할 때 내는 소리 ච්.

තුංග [뚱거] 높은, 고위의 උසස්.

තුඃ [뚜-] 싫어함, 미움을 표현할 때 내는 소리 තු.

තුඟු [뚱구] 높은, 고위의 තුංග.

තුච්ඡ [뚳처] ①불결한, 더러운, 부정한 ②혐오스러운 පිළිකුල් ③비천한, 낮은 දීන ④빈, 비어 있는, 공허한 හිස්.

තුට [뚜터] 기쁨, 즐거움, 희락 සතුට.

තුටු† [뚜투] 기쁜, 즐거운 සතුටු.

තුටු පඬුර [뚜투 빤두러] 선물 තෑග්ග.

තුටු පහට [뚜투 빠하터] 매우 기쁜, 매우 즐거운.

තුට්ටුව [뚵투워] 옛 인도의 작은 단위의 동전 (루피의 1/64).

තුට්ටුවට යනවා [뚵투워터 야너와-] 무가치하게 되다, 불필요하게 되다 වටිනාකම නැතිව යනවා.

තුට්ටුව නැති [뚵투워 내띠] 파산한, 망한 බංකොලොත්.

තුඩ [뚜더] ①끝, 첨단 තුණ්ඩය ②부리, 주둥아리 හොටය.

¶ මීමැසි තුඩ 벌침 ඇඟිලි තුඩ 손끝

තුඩ'ග [뚜덩거] ①입술 끝에, 혀끝에 මුව'ග ②부리 끝에.

ත

තුඩ'ඟ තියෙනවා [뚜 덩거 띠예너와-] 숙달되다, 조예가 깊다.

තුඩ තුඩ [뚜더 뚜더] 공개 대화에서 පොදු ව්‍යවහාරයේ.

තුඩාව [뚜다-워] (바다의) 곶, 갑.

තුඩු දෙනවා [뚜두 데너와-] ①드러나다, 나타나다 මතු වෙනවා ②집중되다, 목표로 되다 යොමු කෙරෙනවා.

තුඩුව† [뚜두워] ①곶, 갑 නෙරුව ②(날카로운 곳의) 끝, 포인트 උල් කෙළවර.

තුණ්ඩය [뚠더여] ①끝, 첨단 තුඩ ②부리, 주둥아리 හොටය.

තුණ්ඩිකාව [뚠디까-워] 배꼽 පෙකණිය.

තුණ්ඩිල [뚠딜러] ①뾰족한, 날카로운 උල් කටු සහිත ②모진, 가혹한, 호된 සැර පරුෂ.

තුණ්ඩුව‡ [뚠두워] 메모, 종이조각 කඩදාසි කැබැල්ල.

තුති කරනවා† [뚜띠 꺼러너와-] 감사드리다, 감사하다 ස්තුති කරනවා.

තුතිය [뚜띠여] 감사 ස්තුතිය.

තුතු [뚜뚜] ①도가니 තුත්ත ②(가축 몰이) 막대기 හෙණ්ඩුව.

තුතු කරනවා [뚜뚜 꺼러너와-] 조각내다, 산산조각으로 부수다 කෑලිවලට ඉරා දමනවා.

තුත්ත [뚣떠] ①도가니 තුතු ②(가축 몰이) 막대기 හෙණ්ඩුව ③창 කුන්තායුධය.

තුත්තනාගම්† [뚣떠나-감] (주석과 납, 구리 등의 합) 백랍.

තුත්තිරි† [뚣띠리] (식물) 참새그령.

තුදුස [뚜두써] 14, 열넷 දහහතර.

තුදුස්වක [뚜두쓰워꺼] 음력 14일.

තුන‡ [뚜너] 삼, 셋, 3.

තුනටිය [뚜너티여] ①(해부학) 고관절(股關節) ②엉덩이, (해부학) 엉치뼈 කටිය.

තුනපහ‡ [뚜너빠하] 카레 가루.

තුනච්/තුනහ/තුනා [뚜너워/뚜너하/뚜나-] 재단사, 재봉사 සන්නාලියා. (구어) මහන්නා

තුනිංචිය [뚜닝치여] 장난, 장난침 දාංගලේ.

තුනී‡ [뚜니-] ①얇은 සිහින් ②부드러운, 보드라운 සිනිඳු.

තුනී කරනවා† [뚜니- 꺼러너와-] ①얇게 하다, 얇게 만들다 ②가격을 깍아주다, 세일하다 මට්ටම් කරනවා ③퍼뜨리다, 보급시키다 විසුරුවනවා.

තුනී ලෑලි† [뚜니- 랠-리] 합판, 얇은 판자.

තුනී වෙනවා [뚜니- 웨너와-] ①얇게 되다, 얇게 만들어 지다 ②가격이 줄다 ③퍼뜨려지다, 보급되다.

තුනු [뚜누] ①삼겹의, 삼중의 තෙවැදෑරුම් ②마른, 작은 තුනී.

තුනු [뚜누] 몸, 신체 ශරීරය. (구어) ඇඟ

තුනුපල [뚜누빨러] ①가슴 ②가슴의.

තුනුයොන් [뚜누욘] 큐피드, 사랑의 신 අනංගයා.

තුනුරුවන් [뚜누루완] (불교) 삼보 තෙරුවන්.

තුනුවග [뚜누왕거] ①야윈 몸, 마른 체격 සිහින් සිරුරැත්තිය ②여자, 여인 කාන්තාව.

තුන්† [뚠] ①3의, 삼의 ②삼겹의, 삼중의.

තුන් ඇණ පේනුව [뚠 애너 뻬-누워] 삼발 플러그.

තුන් ඉරිඅප්පු [뚠 이리/앞뿌] 다람쥐 ලේනා.

තුන් කට්ටුව [뚠 깥투워] 세명으로 구성된 위원회.

තුන් කල [뚠 깔러] 3 시제: 과거, 현재, 미래.

තුන් කුළුඳුල් [뚠 꿀룬둘] 세번째 장자의.

තුන්තරා [뚠떠라-] 삼중의, 삼겹의.

තුන්තිස්පැය [뚠니쓰빼여] 하루 반나절.

තුන් තුඹුවා [뚠 뚬부와-] 꽃양산 조개.

තුන් තේරවිල්ල [뚠 떼-러윌러] 수수께끼.

තුන්දා [뚠다-] 삼일: 어제 오늘 내일.

තුන්දිල [뚠딜러] 불룩한 배를 가진, 돌출된.

තුන්දුමය [뚠두머여] 세가지 과일.

තුන්දොර [뚠도러] 몸, 입, 마음 세가지.

තුන්දොස් [뚠도쓰] 아주 언짢은.

තුන්ද්‍රා [뚠드라-] (북극, 남극) 툰드라.

තුන්න [뚠너] 바늘 ඉඳිකටුව.

තුන්නවයා [뚠너워야-] 재단사, 재봉사.

තුන්නිවුන් දරු [뚠니운 다루] 세쌍둥이(의).

තුන්පත් රටාව [뚠빧라타-워] 삼중 형태.

තුන්පත් රැළ/තුම්පත් රැළ [뚠빧 랠러/뚬빧 랠러] 아빠, 엄마 코끼리와 새끼 코끼리가 있는 코끼리 가족.

තුන් පිටකය [뚠 삐터꺼여] (불교) 불경: 경, 율, 논 삼장으로 나눈 불교 교리 ත්‍රිපිටකය.

තුන්පොට කම්බිය [뚠뽀터 깜비여] 삼겹 철사.

තුන්බුමු [뚠부무] 3층의.

තුන්මංසල [뚠망썰러] 삼거리 තුන්මං හන්දිය.

තුන්මං හන්දිය‡ [뚠망 한디여] 삼거리 තුන්මංසල.

තුන්මුණින් [뚠무닌] 완전히, 철저히 සම්පූර්ණයෙන්.

තුන්මුල්ල† [뚠물러] 삼거리.

තුන්මෝදර [뚠모-더러] 세강의 합류.

තුන් යම [뚠 야머] 밤의 삼경.

තුන්වන† [뚠워너] 세번째의, 셋째의 තෙවැනි. (구어) තුන්වෙනි

තුන්වෙනි‡ [뚠웨니] 세번째의, 셋째의. (문어) තුන්වන

තුන් සරණය [뚠 싸러너여] 세가지 피난처 තිසරණ.

තුන්සිංහලේ [뚠씽할레-] 스리랑카: 루후누, 삐히티, 마야 지방으로 구성된 씽할러 지역.

තුන් සිවුර [뚠 씨우러] 세가지 의복, 예복.

තුන්හිරියා [뚠히리야-] (식물) 왕골, 돗자리 만드는데 사용하는 삼각형의 갈대.

තුන්හුලස්‡ [뚠훌라쓰] 삼면의, 삼각형의 ත්‍රිකෝණාකාර.

තුප්පහියා [뚶빠히야-] ①다중국적자 ②통역사.

තුප්පොට්ටිය [뚶뽙티여] 캔디안 스타일의 끈 달리 모자 උඩරට තොප්පිය.

තුබ [뚜버] (불교) 사리탑, 불탑 දාගැබ, ස්තූපය.

තුමා‡ [뚜마-] (높으신 분) ~님, 씨 උත්තමයා. (복) තුමෝ

¶ යේසුස් තුමා 예수님 ඔබ තුමා 당신(높임말)

ත

තුමිය‡ [뚜미여] (높으신 여자분) ~님, 씨 උත්තමිය. ¶ මරිය තුමිය 마리아님 ඔබ තුමිය 당신(높임말)
තුමී‡ [뚜미-] (높으신 여자분) ~님, 씨 තුමිය. ¶ මරිය තුමී 마리아님 ඔබ තුමී 당신(높임말)
තුමුල [뚜물러] 거대한, 아주 큰, 위대한 විශාල, දැවැන්ත.
තුමූ [뚜무-] තෙම, තොමෝ 의 복수: ①(존칭 접미사) 님 ②자기 자신들. ¶ දෙවියෝ තුමූ 신님들께서 ඔව්හු සියල්ලෝ ම ධෛර්යවත් වී, තුමූ ද කෑම කෑහ 그들 모두는 힘을 내고 자기 자신들이 음식을 먹었다
තුම්පත් රැළ/තුන්පත් රැළ [뚬빧 랠러/뚠빧 랠러] 아빠, 엄마 코끼리와 새끼 코끼리가 있는 코끼리 가족.
තුඹස [뚬버써] 개미탑, 개밋둑 හුඹස.
තුර [뚜러] ①나무 රුක (구어) ගස ② ~사이에, 안에 තුළ.
තුරඟ [뚜랑거] (동물) 말의, 말과 관련된 අශ්ව.
තුරඟ තරඟය† [뚜랑거 따랑거여] 경마 අශ්ව ධාවන තරඟ.
තුරඟ තරඟ පිටිය [뚜랑거 따랑거 삐티여] 경마장.
තුරඟා [뚜랑가-] (동물) 말 අශ්වයා.
තුරන් කරනවා† [뚜란 꺼러너와-] 없애다, 제거하다, 쓸어버리다 නැති කරනවා.
තුරන් වෙනවා [뚜란 웨너와-] 없어지다, 사라지다, 제거되다 නැති වෙනවා.
තුරල් [뚜랄] 줄어든, 쇠퇴한, 감소된 අඩු.
තුරා [뚜라-] ~까지, ~이 되기까지 තෙක්. (구어) කං
තුරිත [뚜리떠] 빠른, 재빠른 ඉක්මන්.
තුරු† [뚜루] ~까지, ~이 되기까지 තෙක්. (구어) කං
තුරු [뚜루] ①음악의, 악기의 තූර්ය ②나무들 ගස්.
තුරුගොස [뚜루고써] 음악 소리, 악기 소리.
තුරුණු† [뚜루누] 젊은, 청년의 තරුණ.
තුරුණු විය [뚜루누 위여] 청년기, 청년의 때 තරුණ කාලය.
තුරුනිඳු/තුරුපති [뚜루닌두/뚜루빠띠] (천제) 달 සඳ.
තුරු පෙත [뚜루 뻬떠] ①나무의 열 රුක් පෙළ ②별 무리 තාරකා පඩ්ක්තිය.
තුරුපෙළ [뚜루뻴러] ①나무의 열 රුක් පෙළ ②별 무리.
තුරුම්පුව/තුරුම්බුව [뚜룸뿌워/뚜룸부워] 트럼펫.
තුරුලිය [뚜룰리여] 나무와 덩굴 ගස් හා වැල්.
තුරුලු [뚜룰루] තුරුල්ල 의 복수 또는 형용사: ①포옹, 안음, 품에 안음 බදා ගැනීම ②품의, 품에 안은, 품에 안긴.
තුරුලු කර ගන්නවා [뚜룰루 꺼러 간너와-] 포옹하다, 안다, 품에 안다 වැළඳ ගන්නවා. (구어) බදා ගන්නවා
තුරුලු වෙනවා/තුරුල් වෙනවා [뚜룰루 웨너와-/뚤룰 웨너와-] 품에 안기다, 안겨지다 ඇඟට ඇලී සිටිනවා.
තුරුල්ල† [뚜룰러] 품, 가슴 ළය. (복) තුරුලු
තුරුල් වෙනවා/තුරුලු වෙනවා [뚤룰 웨너와-/뚜룰루 웨너와-] 품에 안기다, 안겨지다 ඇඟට ඇලී සිටිනවා.

තුරුවග [뚜루와거] ①나무 군락 ගස් සමූහය ②별 무리 තරු සමූහය.

තුරු වදුල [뚜루 와둘러] 나무의 열 රුක් පෙළ.

තුරුවැල [뚜루왤러] 별 무리 තරු සමූහය.

තුරුස [뚜루써] 빚, 부채, 채무 ණය. (복) *තුරුස්*

තුරුහිස [뚜루히써] 나무 꼭대기 ගස් මුදුන.

තුර්කිය [뚜르끼여] (나라) 터키.

තුල‡ [뚤러] 안에, 안에서, 안쪽에서 තුළ.

තුලන බැංකුව [뚤러너 뱅꾸워] (영국의) 어음 교환 협정 은행.

තුලනය† [뚤러너여] ①균형, 평형 ②무게를 잼 බර කිරීම.

තුලනාත්මක† [뚤러낟-머꺼] 균형 잡힌, 평형의, 비교의 සමබරව පවතින.

තුලනාත්මක වාග්විද්‍යාව [뚤러낟-머꺼 왁-윋디야-워] 비교 언어학.

තුලනායතනය [뚤러나-여떠너여] 어음 교환소.

තුලා [뚤라-] ①중량 단위: 파운드 ②저울들, 천칭들 තරාදි.

තුලා චක්‍රය [뚤라- 차끄러여] (시계의) 평형 바퀴 තුලාරෝදය.

තුලාන [뚤라-너] 이장 관할 지역 ගම් මුලාදෑනි වසම.

තුලාර [뚤라-러] 금은 세공장이(의) රන්කරු.

තුලාරෝදය [뚤라-로-더여] (시계의) 평형 바퀴 තුලා චක්‍රය.

තුලාව† [뚤라-워] ①저울, 천칭 තරාදිය ②두레박(등의 기구) ආඬියා ③들보, 도리 බාල්කය ④잔액, 나머지 ශේෂය.

තුලිකාව [뚤리까-워] 색칠 붓, 솔, 브러쉬 පින්සල.

තුලිත [뚤리떠] 같은, 마찬가지의, 대등한 තුල්‍ය.

තුල් [뚤] ①뚱뚱한, 비만의, 거대한 තර ②같은, 동등한 සමාන ③ (후치사) ~과 같은 සේ (구어) වැනි.

තුල්‍ය [뚤리여] 동등한, 같은, 대등한 තුලිත.

තුල්‍යතාව [뚤리여따-워] 동등, 대등, 같음 සමානකම.

තුල්‍යභාගය [뚤리여바-거여] (수학) 동치 분수 සමාන භාගය.

තුල්‍යරූප [뚤리여루-뻐] (군인, 경관, 간호사 등의) 제복(의), 유니폼(의).

තුල්‍යාර්ථය [뚤리야-르떠여] 동의어, 유의어, 비슷한 말 සමාන අර්ථය.

තුවක්කු [뚜왁꾸] තුවක්කුව 의 복수 또는 형용사: ①총들, 총기들 ②총의, 총기의.

තුවක්කුකාරයා [뚜왁꾸까-러야-] 총잡이, 총쏘는 사람.

තුවක්කුව‡ [뚜왁꾸워] 총, 총기. (복) *තුවක්කු* ¶ අත් තුවක්කුව 소총 කොට අත් තුවක්කුව 권총 වායු තුවක්කුව 가스총

තුවක්කු වල්ල [뚜왁꾸 왈러] 개머리판, 총 상(銃床).

තුවරලා [뚜워럴라-] 유향 කට්ට-කුමංචල්.

තුවාය‡ [뚜와-여] 수건, 타올 සාලුව.

තුවාල කරනවා† [뚜왈-러 꺼러너와-] 상처 입히다, 다치게 하다, 부상 입히다.

තුවාලකාරයා [뚜왈-러까-러야-] 부상자, 부상을 입은 사람.

තුවාලය‡ [뚜왈-러여] 상처, 부상 වණය. (복) *තුවාල*

තුවාලයක් සැරහීම [뚜왈-러약 쌔러히-머] 상처 치료, 부상 치료.

තුවාල වෙනවා† [뚜왈-러 웨너와-] 상처입다, 다치다, 부상당하다 වණයක් ඇති වෙනවා.

තුවාළය† [뚜왈-러여] 상처, 부상 තුවාලය. (복) *තුවාළ*

තුෂ [뚜써] 왕겨 දහයියා.

තුෂර [뚜셔러] ①눈, 하얀 눈 හිම ②이슬 පිනි ③안개.

තුෂරකර [뚜셔러꺼러] (천체) 달 සඳ.

තුෂාර† [뚜샤-러] ①이슬(의) පිනි ②눈, 하얀 눈(의) හිම. (구어) පිනි

තුෂාර අංකය [뚜샤-러 앙꺼여] 이슬이 맺히는 온도.

තුෂාරය [뚜샤-러여] 이슬. (구어) පින්න

තුෂ්ට [뚜쉬터] 기쁜, 즐거운, 행복한 ප්‍රීතිමත්. (구어) සතුටු

තුෂ්ටිය [뚜쉬티여] 기쁨, 즐거움, 환희, 만족 ප්‍රීතිය. (구어) සතුට

තුෂ්ණීම්භාවය [뚜쉬님-바-워여] 고요, 고요함, 정적, 말이 없음 නිහඬතාව.

තුෂ්ණීම්භූත/තුෂ්ණිම්භූත [뚜쉬님-부-떠/뚜-쉬님부-떠] 놀라서 말이 없는, 말이 없는, 멍한, 조용한 නිහඬ.

තුස [뚜써] ①기쁨, 즐거움 සතුට ②왕겨 දහයියා ③씨 껍질 නිවුඩ්ඩ.

තුසර [뚜싸러] 이슬 තුෂාරය. (구어) පින්න

තුසරකර [뚜싸러꺼러] (천체) 달 තුෂරකර. (구어) හඳ

තුසිත [뚜씨떠] 천국의 이름 දෙව් ලොවක නම.

තුසිනවා [뚜씨너와-] 기뻐하다, 즐거워하다, 만족해하다 සතුටු වෙනවා.

තුස් [뚜쓰] 기쁜, 즐거운 සතුටු.

තුස්නා [뚜쓰나-] තුසිනවා 의 형용사적 현재용법: 기뻐하는, 즐거워하는 සතුටු වන.

තුහිනය [뚜히너여] ①서리 මිදුණු පිනිකැට ②달빛 සඳ රැස.

තුහිනපාතය [뚜히너빠-떠여] 서리 내림 තුහින වැටීම.

තුළ† [뚤러] 안에, 안에서, 안쪽에서 තුල.

තූ තූ කරනවා [뚜- 뚜- 꺼러너와-] 조각을 내다, 파괴하다, 부수다 සුනුවිසුනු කරනවා.

තූත්තුකුඩි [뚣-뚜꾸디-] ①(지명) 투티코린 (인도 타밀나두 주 동남쪽에 있는 항구 도시) ②먼 곳, 알지 못하는 목적지.

තූත්තුකුඩි යනවා [뚣-뚜꾸디- 야너와-] 모르는 곳을 가다.

තූරල් කරනවා [뚜-랄 꺼러너와-] 비가 걷히다, 비가 조금씩 줄어들다 වැස්ස අඩු වෙනවා.

තූර්ය [뚜-르여] 음악의 සංගීත.
¶ තූර්ය භාණ්ඩය 악기

තූර්යය [뚜-르이여] 음악의 සංගීත.

තූර්යය භාණ්ඩය [뚜-르이여 반-더여] 악기 සංගීත භාණ්ඩය.

තූර්යය වාදක [뚜-르이여 와-더꺼] 음악의 සංගීත.

තූර්යය වාදය [뚜-르이여 와-더여] 음악.

තුල [뚤-러] ①뚱뚱한, 비만의, 거대한 තර, සුථූල ②좁지 않은, 넓은 පළල් වූ ③많은 බොහෝ වූ.

තූල [뚤-러] ①(식물) 케이폭, 판야 පුළුන් ②(화학) 백연 සුදු ඊයම් ③지방, 비계 මේදය.

තූලපත [뚤-러빠떠] (동물학) 솜깃털.

ත

තූලිකා [뚤-리까-] ①매트리스 මෙට්ට ②색칠 붓, 솔, 브러쉬 පින්සල.

තූෂ්ණීම්භාවය [뚜-쉬님바-워여] 침묵, 고요, 조용 තූෂ්ණීම්භාවය.

තූෂ්ණිම්භූත/තූෂ්ණීම්භූත [뚜-쉬님부-떠/뚜쉬님-부-떠] 침묵의, 조용한, 말없는 නිහඬ.

තෘණ† [뜨루너] 풀(의), 목초(의) තණ. (구어) තණකොළ

තෘණද්‍රැම [뜨루너드래머] (식물) 야자(의), 종려 나무(의).

තෘණ භූමිය† [뜨루너 부-미여] 초장, 목장, 풀밭 තණ බිම.

තෘණ විද්‍යාව [뜨루너 윋디야-워] 식물학.

තෘතීය [뜨루띠-여] 세번째의, 3번째의 තෙවන. (구어) තුන්වැනි

තෘතීයික [뜨루띠-이꺼] 제 3의, 제 3 위의 තුන්වැනි ගණයට අයත්.

තෘතීයික පාෂාණ [뜨루띠-이꺼 빠-샤-너] 3 차 암석.

තෘප්ත [뜨륲떠] 만족하는, 흡족해하는 තෘප්තිමත්.

තෘප්තකර [뜨륲떠꺼러] 만족하는, 흡족해하는 තෘප්තිමත්.

තෘප්තිමත්† [뜨륲띠맏] 만족하는, 흡족해하는 තෘප්ත.

තෘප්තිය† [뜨륲띠여] 만족, 흡족 සෑහීමට පත් වීම.

තෘෂ්ණාව‡ [뜨루쉬나-워] 욕망, 갈망, 기대 තන්හාව.

¶ කාමතෘෂ්ණාව 욕정, 정욕

තෙ [떼] 3의, 삼의 ති.

¶ තෙවසකට පසු 3년 후에

තෙක්† [떽] ~까지, ~이 되기까지 තාක්. (구어) කං

තෙත† [떼떠] ①젖은, 축축한, 습기찬 තෙත් ②친절한, 상냥한 කරුණාවන්ත.

තෙත† [떼떠] ①물기, 습기, 축축함 තෙතමනය ②습한, 축축한, 물기 많은 තෙත් ③친절한, 상냥한 කරුණාවන්ත.

තෙතමනය‡ [떼떠머너여] 물기, 습기, 축축함 තෙත.

තෙත මාත්තු කරනවා [떼떠 맡-뚜 꺼러너와-] 물기(습기)를 제거하다 (닦다), 건조시키다, 말리다.

තෙතමාරුව [떼떠마-루워] 건조, 말림.

තෙත් [뗃] ①젖은, 축축한, 습기찬 තෙත ②친절한, 상냥한 කරුණාවන්ත. ¶ තෙත් බිම 습지

තෙත් කඩදාසිය [뗃 까더다-씨여] 압지.

තෙත්තියම් අඬුව [뗃띠얌 안두워] 톱날을 세우는 기구.

තෙත් බහිනවා [뗃 바히너와-] 젖다, 축축해지다.

තෙද [떼더] ①존귀, 영광, 위엄 තේජස ②광채, 빛남 රශ්මිය.

තෙදණ/තෙදස [떼더너/떼더써] 장엄한 명령.

තෙදැති [떼대띠] ①힘있는, 능력있는 බලවත් ②영광의, 존귀한, 위엄있는 තේජන්විත.

තෙන [떼너] ①장소, 곳 තැන ②때, 시기, 기회 අවස්ථාව ③지위, 신분, 직책 තනතුර ④아들 පුතුයා. (복) තෙන්

තෙපල [떼뻘러] 말, 말함, 발언 කීම.

තෙපලනවා [떼뻘러너와-] තෙපලුවා-තෙපලා 말하다, 발언하다 පළ කරනවා. තෙපලීම (구어) කියනවා

තෙපාව [떼빠-워] 삼각대, 세다리 걸상 (책상) කකුල් තුනක් ඇති ආධාරකය.

තෙපි [떼삐] (인칭대명사 2인칭

복수: 낮은 사람에게 사용함) 너희들, 당신들 තොපි, නුඹලා.

තෙපුල [떼뿔러] 말, 말함, 발언 තෙපල.

තෙපුල් දෙනවා [떼뿔 데너와-] (무거운 것을 질 때 내는) 얍 소리를 내다.

තෙබිඩි [떼비디] 삼면의, 세가지 측면의.

තෙප්/තෙබ [뗖/떼버] ①창, 투창 හෙල්ල ②(인칭대명사 2인칭 복수: 낮은 사람에게 사용함) 너희들, 당신들 තෙපි.

තෙප්පම [뗖빠머] 서까래 පහුර.

තෙබ [떼버] 창, 투창 හෙල්ල.

තෙබල [떼발러] 세갈래, 세가닥 අතු තුනකට බෙදුනු ශාඛාව.

තෙම† [떼머] ①존칭 접미사: 님 මුන්නාන්සේ ②사람, 자기 자신 තැනැත්තා. (복) *තුමු* ¶ රජ තෙම 임금님

තෙමගුල [떼망굴러] 부처님의 탄생, 득도, 죽음 3가지.

තෙමනවා [떼머너와-] තෙමුවා-තෙමා ①적시다, 촉촉하게 하다 තෙත් කරනවා ②갓난아이가 오줌 싸다 බිළිඳු දරුවන් මුත්‍ර කරනවා. <u>තෙමීම/තෙමුම</u>
¶ උගුර තෙමනවා 목을 축이다

තෙමීම [떼미-머] තෙමනවා, තෙමෙනවා 의 동명사: 젖음, 촉촉하게 됨 තෙමුම.

තෙමුම [떼무머] තෙමනවා, තෙමෙනවා 의 동명사: 젖음, 촉촉하게 됨 තෙමීම.

තෙමෙනවා† [떼메너와-] තෙමුණා-තෙමී තෙමනවා 의 피동사: (물에) 젖다, 촉촉하게 되다 තෙත් වෙනවා. <u>තෙමීම/තෙමුම</u>

තෙමේ [떼메-] ①존칭 접미사: 님 තෙම ②사람, 자기 자신 තැනැත්තා. (복) *තුමු* ¶ රජ තෙමේ 임금님

තෙම්පරාදුව† [뗌빠라-두워] (기름으로 볶아) 부드럽게 만듦.

තෙර† [떼러] ①강기슭, 강변 ඉවුර ②승려 ථේර.

තෙරනිය [떼러니여] 여승려, 여자 제사장 ස්ථවිරාවිය.

තෙරනුවෝ [떼러누오-] 승려 ස්ථවිර.

තෙරපනවා† [떼러빠너와-] තෙරපුවා-තෙරපා 밀다, 밀어내다, 짓누르다, 압력을 가하다 තල්ලු කරනවා. <u>තෙරපීම /තෙරපුම</u>

තෙරපීම/තෙරපුම [떼러삐-머/떼러뿌머] තෙරපනවා 의 동명사: 밀기, 밈, 짓누름 තල්ලුව.

තෙරපෙනවා [떼러뻬너와-] තෙරපුණා-තෙරපී තෙරපනවා 의 피동사: 밀리다, 밀쳐지다, 짓눌리다 තල්ලු වෙනවා.

තෙරිඳු [떼린두] 거룩한 제사장, 승려 තෙරුන් වහන්සේ.

තෙරුන්නාන්සේ [떼룬난-쎄-] 승려(높여 부르는 말), 스님.

තෙරුවන් [떼루완] (불교) 삼보 (부처, 불법, 승려) ත්‍රිවිධ රත්නය.

තෙල [뗄러] 기름, 오일. (복) *තෙල්* (문어) තෙලය

තෙලිකූර [뗄리꾸-러] 솔, 빗자루 තෙලිතුඩ. (구어) බුරුසුව.

තෙලිජ්ජ† [뗄릿저] (나무에서 채취하는) 단 수액 මීරා.

තෙලිතුඩ [뗄리뚜더] 솔, 빗자루 තෙලිකූර. (구어) බුරුසුව.

තෙලිදිය [뗄리디여] (나무에서 채취하는) 단 수액 මීරා.

තෙලියත/තෙල්යත [뗄리야떠/뗄야떠] 기름 분쇄기.

තෙලියා [뗄리야-] 뱀장어와 비슷하고 꼬리 지느러미가 가시

තෙ

로 된 아프리카, 동인도 제도 산의 담수어.

තෙලේ [뗄레-] 장난질, 개구장이 짓 දඟකාර ගතිය.

තෙල්‡ [뗄] තෙල 의 복수 또는 형용사: ①기름, 오일 ②기름의, 오일의. (문어) තෛල

තෙල් කඩදාසිය [뗄 까더다-씨여] 기름 종이, 유지.

තෙල් කනවා [뗄 까너와-] ~에 기름을 바르다(치다).

තෙල්කර මතේ [뗄꺼러 마떼-] 넘치는 에너지, 넘치는 열정, 제어할 수 없는 행동 තෙලේ.

තෙල්කහ/තෙල්කා [뗄까하/뗄까-] 기름 침전물, 오일 앙금.

තෙල්කාරයා [뗄까-러야-] 제유업자, 기름 장수, 주유원.

තෙල් ගල [뗄 갈러] 기름 숫돌.

තෙල් ගල්වනවා [뗄 갈워너와-] ~에 기름을 바르다(치다) තෙල් ගානවා.

තෙල් ගහනවා [뗄 가하너와-] 기름이 새다, 뚝뚝 떨어지다.

තෙල් ගානවා† [뗄 가-너와-] ①~에 기름을 바르다(치다) තෙල් ගල්වනවා ②속이다, 사기치다 වංචා කරනවා.

තෙල්ගාර [뗄가-러] 꼰 실, 삼실.

තෙල්මන්ද [뗄만더] (사람의) 여분의 지방, 고래의 지방(층).

තෙල්යත/තෙලියත [뗄야떠/뗄리야떠] 기름 분쇄기.

තෙල් යන්ත්‍රය [뗄 얀뜨러여] 기름짜는 기계.

තෙල් ශල්ක [뗄 샬꺼] 석유 혈암(頁岩), 유모(油母) 혈암.

තෙල් හණ/හන [뗄 하너] 기름 숫돌 තෙල්ගල.

තෙල් සායම [뗄 싸-여머] 유화(그림).

තෙල් හිඳිනවා [뗄 힌디너와-] 기름을 만들다, 기름을 만들기 위해 끓이다.

තෙල් ළිඳ [뗄 린더] 유정(油井), 유전.

තෙවැදෑරුම් [떼왜대-룸] 삼겹의, 3중의, 삼중의 තුන.

තෙවැනි [떼왜니] 세번째의. (구어) තුන්වැනි

තෙවුම [떼우머] ①찬양, 칭찬 ②발광, 빛남.

තෙසලෝනික [떼쌀로-니꺼] (성경) 데살로니가서, 데살로니가 지역.

තෙසු [떼쑤] ①남은, 나머지의 සෙසු ②다른, 이외의 අනෙක්.

තෙස්තමේන්ත [떼쓰떠멘-떠] 유언의, 유언장에 의한.

තෙස්තමේන්තුව [떼쓰떠멘-뚜워] ①유언장 අන්තිම කැමති පත්‍රය ②(성경) 신약, 구약.

තෙහෙට්ටු† [떼헽투] 지친, 기진맥진한, 피곤한 වෙහෙසකර. (구어) මහන්සි

තෙහෙට්ටුව [떼헽투워] 피로, 기진맥진, 피곤 වෙහෙස. (구어) මහන්සිය

තෙළෙස [뗄레써] 십삼, 13. (구어) දහතුන

තෙළෙස්වක [뗄레쓰워꺼] 음력 13일.

තේ‡ [떼-] ①(홍)차 ②밀크티(우유넣은 홍차) කිරි තේ. ¶ තේ එකක් බොමුද? 차(밀크티) 한잔 마실까요?

තේඋඩ්ච්චිය [떼-우둧치여] ①장난, 장난기 දඟකාරකම ②장난꾸러기 여자애 දඟල්කාර කෙල්ල.

තේකට [떼-꺼터] 지금가지, 이 시점까지 තාක් කල්.

ත

තේකොළ‡ [떼-꼴러] 홍차잎.
තේක්ක† [뗶-꺼] 티크나무, 티크 목재.
තේජ [떼-저] 영광스러운, 빛나는, 화려한 තේජාන්විත.
තේජවන්ත/තේජවත් [떼-저완떠/떼-저왇] 장엄한, 위엄있는, 장중한 තේජාන්විත.
තේජස‡ [떼-저써] 존귀, 영광, 빛남, 광채 තේජය.
තේජානුභාවය [떼-자-누바-워여] 존귀, 영광, 위엄 තෙදබලය.
තේජාන්විත† [떼-잔-위떠] 영광스러운, 빛나는, 화려한 තේජ.
තේජෝ [떼-조-] ①열, 열기 ②광채, 발열.
තේජෝ ධාතුව [떼-조- 다-뚜워] ①열, 열 요소 අග්නිය ②담즙 පිත.
තේඩාව [떼-*다*-워] 밧줄, 줄 කඹය.
තේමාව‡ [떼-마-워] 주제, 논지, (논문) 제목 මාතෘකාව.
තේරවිල්ල‡ [떼-*러*윌러] 수수께끼, 퍼즐 ප්‍රහේලිකාව. (복) *තේරවිලි*
තේරීම [떼-*리*-머] 선거, 선택 තෝරාගැනීම.
තේරීම් මණ්ඩලය [떼-*림*- 만*덜*러여] 선거 관리 위원회.
තේරුම‡ [떼-*루*머] තේරෙනවා 의 동명사: 의미, 뜻, 설명 අදහස.
තේරුම් [떼-*룸*] තේරුම 의 복수 또는 형용사: ①의미들, 뜻들 ②의미있는, 뜻의.
තේරුම් කරනවා‡ [떼-*룸* 꺼*러*너와-] 설명하다, 이해하게 만들다 පැහැදිලි කරනවා.
තේරුම් ගන්නවා‡ [떼-*룸* 간너와-] 이해하다, 깨닫다 අවබෝධ කර ගන්නවා.
තේරුම් යනවා [떼-*룸* 야너와-] 이해하다, 깨닫다 තේරුම් ගන්නවා.
තේරෙනවා† [떼-*레*너와-] තේරුණා-තේරී ①이해하다, 깨닫다 තේරුම් ගන්නවා ②뽑다, 선택하다 තෝරා ගන්නවා. <u>තේරීම/තේරුම</u>
¶ ඔයාට මේක ගැන තේරුනා ද? 당신 이것에 대해 이해했나요?
තේවතුර [떼-와뚜*러*] 차 한잔, 밀크티 한잔 (오래된 말로 할아버지들이 사용함) තේ.
තේවාව [떼-와-워] (종교적) 예배, 신을 섬김 පූජාව.
තෛලග්‍රන්ථිය [따일러그*란*띠여] (새의) 지방 분비선.
තෛලම [따일러머] (약학) 연고, 고약 තෙල් කල්කය.
තෛලය† [따일러여] 기름. (구어) තෙල්
තෛලෝදය [따일로-더여] (화학) 유상액, 유화.
තොංගල [똥걸러] 끝, 가장자리, 경계 අග.
තොග† [또거] ①(물건) 도매(의) සියලු බඩු සමූහ ②저장량(의), 비축(의). ¶ තොග වෙළඳාම 도매 판매 සිල්ලර 소매
තොගය† [또거여] ①무더기, 떼, 뭉터기 සමූහය ②저장물, 비축물 සියලු බඩු සමූහය.
තොට† [또터] 나루, 항구, 항 වරාය. (복) *තොටු*
තොට [또터] තෝ 의 여격: 너에게 ඔයාට, නුඹට.
තොටමළුව [또터말루워] 부두, 선창 තොටු වේදිකාව.
තොටියා† [또티야-] 나룻배 사공, 도선업자.
තොටිල්ල† [또틸러] (애기) 흔들침대 පැද්දෙන ළදරු සයනය.

තොටුපළ/තොටුපොළ† [또투뻘러/또투뽈러] 나루터, 항구, 항 තොට. ¶ ගුවන් තොටුපළ 공항

තොටුමළුව [또투말루워] 부두, 선창, 항구, 항 තොටු වේදිකාව.

තොට්ටම [똩터머] (정글, 숲의) 공터, 빈터.

තොණ්ඩුව† [똔두워] 올무, 올가미, 덫 උගුල.

තොත්ත [똩떠] 순진한, 천진난만한, 순수한 අහිංසක.

තොත්තබබා [똩떠바바-] 갓난아이 ළදරුවා.

තොත්තුව [똩뚜워] 입맞춤, 키스, 뽀뽀 සිප ගැන්ම.

තොප [또뻐] තොපි 의 목적격: (오직 낮은 자에게) 너희들을.

තොපි [또삐] තෝ 의 복수: (오직 낮은 자에게) 너희들.

¶ තොපගේ 너희들의 තොපට 너희들에게 තොප 너희들을

තොප්පිය‡ [똪삐여] 모자, 캡 හිස් වැස්ම.

තොම/තොමෝ [또머/또모-] තෙමේ 의 여성형: (존칭 접미사) 님 තෙමේ යන්නේ ස්ත්‍රී ලිංගික පදය. (복) තුමූ

තොමෝ [또모-] තෙමේ 의 여성형: (존칭 접미사) 님 තොම. (복) තුමූ

තොයිලය [또일러여] 축복해 주는 귀신 춤 තොවිලය.

තොර† [또*러*] ①~없는, 제외한 නැති ②멈춘, 중단한.

¶ කොපයෙන් තොර 화내지 않는

තොර කරනවා [또*러* 꺼*러*너와-] 멈추게 하다, 중단하게 하다 නවත්වනවා.

තොරක් [또*띾*] 끝, 마지막, 완성 අවසානයක්.

තොරණ† [또*러*너] (형형색색의) 문장식, 출입구 장식 විචිත්‍රව සකස්කළ දොරටු සැරසිල්ල.

තොරතුර‡ [또*러*뚜*러*] ①일, 사건 ②세부 사항, 상세 විස්තරය. (복) *තොරතුරු*

තොරතෝංචිය [또*러*똥-치여] 끝, 마지막, 완성.

තොරපනය [또*러*빠너여] 도래송곳 බුරුමය.

තොර වෙනවා [또*러* 웨너와-] 멈추다, 그만두다, 중단하다 නවතිනවා.

තොල† [똘러] 입술. (복) *තොල්*

තොලබෝ [똘러보-] 열대, 아열대산(産)의 석산(石蒜) 비슷한 Crinum속 식물의 총칭: 보통 크고 화려한 산형화가 핀다.

තොල මතුරනවා [똘러 마뚜*러*너와-] 중얼거리다, 속삭이다, 희미하게 이야기하다 කටුකුටු ගානවා.

තොලුගානවා† [똘루가-너와-] 풀을 뜯어먹다, 우적우적 먹다.

තොලුව/තොල්ල [똘루워/똘러] 끝, 첨단.

තොවිල්කාරයා [또윌까-*러*야-] 귀신 춤추는 사람 තොවිල් කරන තැනැත්තා.

තොවිලය† [또윌러여] (축복을 비는) 귀신 춤 සෙත් ශාන්ති නැටුම.

තොවිල්/තොවිල් පවිල් [또윌/또윌 빠윌] 축복 의식 (귀신 춤) සෙත් ශාන්ති කර්ම.

තොස [또써] 기쁨, 즐거움 සන්තෝෂය. (복) *තොස්*

තෝ† [또-] (인칭 대명사: 천한 남자에게) 너, 당신. (복) *තොපි*

¶ තී 너 (천한 여자에게 사용) තාගේ (소유격) 너의 තට (여격) 너에게 තා (대격) 너를 තාගෙන් (조격) 너로 부터

තෝංචිය [똥-치여] ①끝, 경계,

ත

가장자리 කෙළවර ②지체, 늦음 ප්‍රමාදය ③멈춤, 정지 නැවතීම.
තෝඩුව† [또-두워] 귀걸이 කරාබුව.
තෝතැන්න [또-땐너] 오아시스, 위안의 땅 කෙම් බිම.
තෝන් ලණුව [똔- 라누워] (말) 고삐.
තෝන්තුව/තෝන්තුවාව [똔-뚜워/똔-뚜와-워] 염려, 근심 කනගාටුව.
තෝප්පුව [뚶-뿌워] 숲의 뻗음 කැලෑ රොද.
තෝමරය [또-머러여] ①던지는 창 හෙල්ලය ②쇠지레.
තෝම්බුව [똠-부워] 주민 등록부.
තෝය [또-여] 물 දිය.
තෝර [또-러] ①고등어과 생선(의) (Seerfish) ②계피나무.
තෝරනවා† [또-러너와-] තේරුවා-තෝරා ①선택하다, 뽑다 තෝරා ගන්නවා ②설명하다, 해설하다. තේරීම
තෝරමල්ලි† [또-러말리] (광물) 홍옥수.
තෝරා† [또-라-] 고등어 무리 생선 (Seerfish).
තෝරා ගන්නවා‡ [또-라- 간너와-] ①선택하다, 뽑다 ②설명하다, 해설하다. තෝරා ගැනීම
තෝල්කයා† [똘-꺼야-] 통역자 පරිවර්තකයා.
ත්‍යාගය† [띠야-거여] ①선물 ප්‍රදානය (구어) තෑග්ග ②포기 අත්හැරීම.
ත්‍යාගවන්ත† [띠야-거완떠] 후한, 관대한, 동정심이 많은 ත්‍යාගශීලී.
ත්‍යාගශීලි† [띠야-거쉴-리] 후한, 관대한, 동정심이 많은 ත්‍යාගවන්ත.
ත්‍යාගශීලියා [띠야-거쉴-리야-] 기부자, 후원자, 관대한 사람, 동정심이 많은 사람 ත්‍යාගවන්තයා.
ත්‍යාගශීලී [띠야-거쉴-리-] 후한, 관대한, 동정심이 많은.
ත්‍යාජ [띠야-저] ①버려진, 포기된 අත්හරිනු ලැබූ ②버린, 포기한 බැහැර කළ.
ත්‍යාජ කරනවා [띠야-저 꺼러너와-] 버리다, 포기하다. (구어) අත්හරිනවා
ත්‍රපීසියම [뜨러삐-씨여머] (수학) 사다리꼴.
ත්‍රස්ත [뜨러쓰떠] 두려운, 테러리스트의.
ත්‍රස්තවාදය† [뜨러쓰떠 와-더여] 테러리즘.
ත්‍රස්තවාදියා† [뜨러쓰떠 와-디야-] 테러리스트.
ත්‍රානය [뜨라-너여] 안전, 보호 ආරක්ෂාව.
ත්‍රාසජනක† [뜨라-써자너꺼] ①두려운, 무서운, 공포스러운 බයානක ②스릴있는, 전율하는, 부르르 떠는.
ත්‍රාසය† [뜨라-써여] ①공포, 두려움 බිය ②전율, 스릴, 부르르떨림.
ත්‍රි† [뜨리] 3의, 3배의, 삼중의 තුන්.
ත්‍රිංශත් [뜨링샽] 삼십(의), 30(의) තිහ.
ත්‍රික [뜨리꺼] 세배의, 삼중의 තෙවැදෑරුම්.
ත්‍රිකාස්ථිය [뜨리까-쓰띠여] (해부학) 천골(薦骨) සේක්‍රමය.
ත්‍රිකෝණමිතිය [뜨리꼬-너미띠여] (수학) 삼각법.
ත්‍රිකෝණය† [뜨리꼬-너여] 삼각형.

ත

ත්‍රිකෝණීය [뜨리/꼬-니-여] 삼각형의 ත්‍රිකෝණයට අදාළ.

ත්‍රිගුණක [뜨리/구너꺼] (염색체가) 삼배수의, 삼배체(三倍體)의.

ත්‍රිගුණ වීදුරුව [뜨리/구너 위-두루워] 삼중 유리.

ත්‍රිත්ව [뜨릳/워] 삼중의, 세겹의 තෙබිඩි.

ත්‍රිත්වය† [뜨릳/워여] (기독교) 성삼위일체.

ත්‍රිත්පිටකය [뜨릳/삐터꺼여] (불교) 불경: 경, 율, 논 삼장으로 나눈 불교 교리 සූත්‍රපිටකය, විනය පිටකය, අභිධර්ම පිටකය වශයෙන් බෙදූ බුද්ධ ධර්මයේ කොටස් තුන.

ත්‍රිබන්ධනය [뜨리/반더너여] 3중 결합체, 삼중 본드 තුන්වැදෑරුම් බන්ධනය.

ත්‍රිභුවන [뜨리/부워너] 이 세상, 천국, 지옥으로 이루어진 3개의 세상.

ත්‍රිමාන† [뜨리/마-너] 3차원의, 스테레오의 දිශා තුනක් ඇති.

ත්‍රිරෝද රථය† [뜨리/로-더 라떠여] 삼륜차, 툭툭이 ත්‍රිවීල්.

ත්‍රිලියනය [뜨릴/리여너여] 10억 මිලියන දාහක්.

ත්‍රිවර්ණ [뜨리/와르너] 3중 색의.

ත්‍රිවිධ [뜨리/위더] 삼중의, 세겹의 තෙබිඩි. ¶ ත්‍රිවිධ රත්නය (불교) 삼보

ත්‍රිශූලය [뜨리/슐-러여] 삼지창 තිසුල.

ත්‍රෛ [뜨라이] ①3의, 삼의 තුන් - ②세겹의, 삼중의.

ත්‍රෛලෝක [뜨라일로-꺼] 3개 세상의.

ත්‍රෛපාක්ෂික [뜨라이빡-쉬꺼] 3자간의, 3자 구성의 පක්ෂ තුනකින් සමන්විත.

ත්‍රෛපාක්ෂික ගිවිසුම [뜨라이빡-쉬꺼 기위쑤머] 3자간 협약, 3자 구성 협약.

ත්‍රෛවාර්ෂික [뜨라이와-르쉬꺼] 3년 마다의 වසර තුනකට වරක්.

ත්වචය [뜨워처여] 피막, 피부막 සිවිය.

ත්වර [뜨워러] 가속의.

ත්වරක [뜨워러꺼] 가속되는, 속도가 붙는 ප්‍රවේගය ඉක්මන් කරන.

ත්වරකය [뜨워러꺼여] 가속기, 엑셀.

ත්වරණය [뜨와러너여] 가속, 촉진 ප්‍රවේගය ඉක්මන් කිරීම.

ත්වරිත [뜨와리떠] 가속된, 촉진된 ප්‍රවේගය ඉක්මන් කළ.

ත

ථ

ථ [따] 씽할러 알파벳의 40번째 글자: ත 의 장음이다.

ථන [따너] 가슴(의).

ථම්බ [땀버] ①기둥들 ②기둥의.

ථලය [딸러여] 평평한 표면, 평지 මතුපිට.

ථලස්ථ [딸라쓰떠] 표면의, 땅 표면의 මතුපිට පිහිටි.

ථාමය [따-머여] 힘, 에너지, 체력 කායික වීර්ය.

ථාවර [따-워러] 영구한, 영속하는, 내구성의 ස්ථිර.

ථීන [띠-너] 게으른, 나태한 අලස. (구어) කම්මැලි

ථීනමිද්ධ [띠-너밑더] 나태하고 무기력한.

ථුල්ල [뚤러] 뚱뚱한, 살찐, 거대한 මහත.

ථූපය† [뚜-뻐여] (불교) 사리탑, 스투파 චෛත්‍යය.

ථූල [뚤-러] 뚱뚱한, 살찐, 거대한 මහත.

ථෙය්‍ය [떼이여] 도둑질, 도적질 සොරකම.

ථේර [떼-러] 승려 තෙර.

ථේරවාදය [떼-러와-더여] (불교) 상좌부 (上座部), 소승불교 හීනයාන ධර්මය.

ථේරි [떼-리] 여자 승려, 비구니 තෙරණිය.

ථෝක [또-꺼] 소량, 조금, 약간 ටික.

ථ

ද

ද [다] 씽할러 알파벳의 41번째 글자.

ද [더] ①의문문을 만들 때 사용되는 의문 부사: ~ 입니까? ②(접속사) ~와, 과. ¶ ඔයා යනවා ද? 당신 갑니까? යේසුස් වහන්සේ මාර්ගය ද සත්‍යය ද ජීවනය ද වනසේක 예수님은 길과 진리와 생명이십니다

දංෂ්ට්‍රා [당쉬뜨*라*-] ①이빨 ②불치, 불치 유물 දන්ත ධාතුව.

දඃ [다-] (접속사) 가라.

දකාරාංශය [다까-*랑*-셔여] 씽할러 글자 앞에 붙어 '드' 발음을 내는 글자: (. ¶ ශුද්ධ 는 ශුඩ , ද්විතීය 는 ඞිතීය

දකින [다끼너] දකිනවා 의 형용사적 현재용법: 보이는, 보여지는. (구어) බලන

දකිනවා‡ [다끼너와-] දැක්කා (දුටුවා)-දැක ①보다, 쳐다보다 ②보이다 පෙනෙනවා. <u>දැකීම/දැකුම</u> (구어) බලනවා ¶ දක්නට 보려고, 보기위하여

දකුණ‡ [다꾸너] ①남쪽 දක්ෂිණ දිශාව ②오른쪽. ¶ දකුණැස 오른눈

දකුණත‡ [다꾸너떠] 오른손 දකුණු අත. ¶ වමත 왼손

දකුණත් සව් [다꾸날 싸우] 수제자, 중요한 제자,

දකුණු‡ [다꾸누] ①남쪽의 දක්ෂිණ ②오른쪽의.

දකුණු දිග† [다꾸누 디거] 남쪽 දකුණ.

දකුණුපස [다꾸누빠써] 오른편, 오른쪽 දකුණු පැත්ත.

දකුණු පැත්ත† [다꾸누 뻗떠] 오른편, 오른쪽 දකුණුපස.

දකුණු හිමි [다꾸누 히미] 남쪽의 왕, 남쪽의 주관자, 야머 왕 යම රජ.

දක්කනවා‡ [닥꺼너와-] දැක්කුවා-දක්කා ①운전하다, 몰다 පදවනවා ②앞으로 나아가다, 전진하다. <u>දැක්කීම</u> ¶ හරකුන් දක්කනවා 소를 몰다

දක්ඛිණ [닥끼너] 남쪽의 දක්ෂිණ.

දක්ඛිණෙය්‍ය [닥끼네이여] 예배받기에 합당한, 예배받을 만한 දක්ෂිණාව ලැබීමට සුදුසු.

දක්නා [다끄나-] දකිනවා 의 형용사적 현재용법: 보는, 바라보는 දකින. (구어) බලන

දක්වනවා† [닥워너와-] දැක්වුවා-දක්වා 보여주다, 알려주다, 밝혀주다. <u>දැක්වීම</u> (구어) පෙන්වනවා

දක්වා‡ [닥와-] ①(후치사) ~까지, ~에 이르러 තෙක් (구어) කං ②දක්වනවා 의 과거분사: 보여줘, 보여주고 පෙන්නුම්කර. ¶ හයේ සිට දහය දක්වා 6 부터 10 까지

දක්ෂ‡ [닥셔] ①유능한, 능숙한, 재능있는 නිපුණ ②똑똑한, 현명한. ¶ දක්ෂයා 재능인

දක්ෂතාවය† [닥셔따-워여] 재능, 재주, 유능, 솜씨 කුසලතාව.

දක්ෂිණ [닥쉬너] ①남쪽의 දකුණු ②오른쪽의.

දක්ෂිණ ධ්‍රැවය [닥쉬너 드*래*워여] 남극.

දක්ෂිණායනය [닥쉬나-여너여] 겨울 최고점, 겨울 중 가장 추운 지점.

දක්ෂිණාව [닥쉬나-워] 기부, 기증 තෑග්ග.

ද

දග්ධ [다그더] ①어리석은, 우둔한 මෝඩ ②탄, 타버린 දැවුණු.

දග්ධයා [다그더야-] 어리석은 사람, 바보 මෝඩයා.

දඟ‡ [당거] ①개구장이의, 장난꾸러기의 දඟකාර ②장딴지, 종아리 බත් කෙණ්ඩ ③꼬임, 꼼 ④감옥 හිරගේ.

දඟ කරනවා† [당거 꺼러너와-] ①장난치다 කලබල කරනවා ②속이다 ③괴롭히다.

දඟ කවනවා [당거 까워너와-] 꼬다, 둘둘 말다 වෙළනවා.

දඟකාර† [당거까-러] 개구장이의, 장난꾸러기의 දඟ.

දඟකාරයා‡ [당거까-러야-] 개구장이.

දඟ ගෙය [당거 게여] 감옥, 교도소 හිර ගේ.

දඟ දමනවා [당거 다머너와-] 꼬다, 둘둘 말다 වෙළනවා.

දඟ දැමීම [당거 대미-머] 꼼, 둘둘 말음 ඇඹරීම.

දඟය [당거여] ①장난, 속임 ②꼰실, 끈 ③ 곡해, 찌그러뜨림 ④장딴지 කෙණ්ඩය ⑤코끼리 묶는 사슬 ⑥새싹 දළුව.

දඟර [당거러] දඟරය 의 복수 또는 형용사: ①꼼, 뒤틈, 뒤틀기 වෙළු ②꼰인, 뒤틀린, 비틀린 ඇඹරුම් සහිත.

දඟරකඳ [당거러깐더] (기계) 크랭크축(軸).

දඟරය† [당거러여] 꼼, 뒤틈, 뒤틀기 ඇඹරුම.

දඟලනවා† [당걸러너와-] දැඟලුවා-දඟලා ①장난치다, 재구쟁이 짓을 하다 දඟ කරනවා ②몸을 흔들다 ③노력하다, 시도하다 උත්සාහ කරනවා. දැඟලීම

දඩ† [다더] දඩය 의 복수 또는 형용사: ①벌금들, 과태료들 ②벌금의, 과태료의.

දඩ† [다더] ①사냥의, 사냥하는 දඩයමට අදාළ ②숲의, 정글의, 야생의 කැලෑ.

දඩ ඇතා [다더 애따-] 야생 코끼리 වල් ඇතා.

දඩ කනවා [다더 까너와-] 벌금을 물다.

දඩ කෙළිය [다더 껠리여] 사냥 스포츠.

දඩ ගසනවා‡ [다더 가써너와-] 벌금을 물리다, 벌금을 과하다 දඩයක් නියම කරනවා.

දඩ පක්ෂියා [다더 빡쉬야-] 사냥새, 사냥에 사용하는 새 දඩයම් කරන පක්ෂියා.

දඩ පොළිය [다더 뽈리여] 벌금 이자.

දඩබ්බර [다답버러] ①완고한, 강퍅한 මුරණ්ඩු ②격렬한, 맹렬한, 강력한 දරදඬු.

දඩ බල්ලා [다더 발라-] 사냥개.

දඩබිම [다더비머] 사냥터.

දඩමස් [다더마쓰] 사냥감으로 얻은 고기.

දඩමීමා [다더미-마-] ①야생 물소, 야생 버팔로 කුළු හරකා ②원인이 되는 요소, 포인트.

දඩමීමා කර ගන්නවා [다더미마-꺼러 간너와-] 고양이 발을 하다.

දඩමුඩය [다더무더여] 벌금, 과태료 දඩය.

දඩය‡ [다더여] 벌금, 과태료 දඩමුඩය.

දඩයක්කාරයා [다더약까-러야-] 사냥꾼 දඩයම් කරන්නා.

දැ

දඩයම [다더여머] 사냥. (복) දඩයම්

දඩයම් කරනවා† [다더얌 꺼러너와-] 사냥하다.

දඩයම් බලපත්‍රය [다더얌 발러빠뜨러여] 사냥 허가증.

දඩයම් දත [다더얌 다떠] 송곳니.

දඩයා [다더야-] 야생 물소 කුළු හරකා.

දඩාවතේ [다다-워떼-] 탈선한, 그릇된 길로 간 නන්නත්තාරේ.

දඩාවතේ යනවා‡ [다다-워떼-야너와-] 탈선하다, 그릇된 길로 가다 නන්නත්තාරේ යානවා.

දඩිබිඩි ගාලා [다디비디 갈-라-] 서둘러, 급히 හදිස්සියෙන්.

දඩිබිඩිය [다디비디여] 서두름, 급함 කලබලකම.

දඩෝරියා [다도리야-] 개 බල්ලා.

දණ† [다너] 무릎 දණහිස.

දණඉස [다너이써] 무릎 දණහිස.

දණ ගහනවා‡ [다너 가하너와-] 무릎을 꿇다 දණින් සිටිනවා. දණ ගැසීම

දණ පොල්කටුව/දණ පොළොත්ත [다너 뽈까투워/다너 뽈론떠] (해부학) 습개골, 종지뼈.

දණහිස‡ [다너히써] 무릎 දණ.

දණ්ඩ† [단더] ①막대기, 장대 කෙවිට ②(식물) 줄기. (복) දඬු (구어) පොල්ල

දණ්ඩ [단더] දණ්ඩය 의 복수 또는 형용사: ①벌들, 징벌들, 형벌들 ②벌의, 징벌의, 형벌의 දඬුවම්.

දණ්ඩක [단더꺼] ①형벌의, 형사상의 ②나무의.

දණ්ඩක ජ්වරය [단더꺼 즈워러여] 뎅기 열병 ඩෙංගු උණ.

දණ්ඩ චක්‍රය [단더 차끄러여] 톱니 막대와 톱니바퀴가 맞물리는 기구.

දණ්ඩ චුම්බකය [단더 춤버꺼여] 막대 자석.

දණ්ඩනය† [단더너여] 선고, 벌을 줌 දඬුවම් කිරීම.

දණ්ඩ නමස්කාරය [단더 나마쓰까-러여] 무릎꿇어 예배함.

දණ්ඩන නියමය [단더너 니여머여] 선고, 벌을 줌 දණ්ඩනය.

දණ්ඩ නීතිය [단더 니-띠여] 형법.

දණ්ඩ නීති සංග්‍රහය† [단더 니-띠 쌍그러하여] 형법 조항.

දණ්ඩනීය අලාභය [단더니-여 알라-버여] 징벌로 생기는 손해, 형벌로 발생하는 손해.

දණ්ඩපාණී [단더빠-니-] 지팡이를 든 사람.

දණ්ඩය† [단더여] 벌, 징벌, 형벌 දඬුවම.

දණ්ඩ විධාන සංග්‍රහය [단더 위다-너 쌍그러하여] 형사 소송법.

දණ්ඩ විනිෂ්චය [단더 위니쉬처여] 유죄판결, 선고 දඬුවම් තීරණය කිරීම.

දණ්ඩිකඩයා/දණ්ඩියා [단디까더야-/단디야-] 민물 고기중 작은 고기.

දණ්ඩියම [단디여머] 레버, 지레.

දණ්ඩියා/දණ්ඩිකඩයා [단디야-/단디까더야-] 민물고기중 작은 고기.

දඬු [단두] දණ්ඩ 의 복수: 가지들, 막대기들.

දඬුලේනා [단둘레-나-] 꼬리가 긴 다람쥐.

දඬුවම [단두워머] 벌, 징벌 දණ්ඩනය.

ද

දඬුවම් කරනවා [단두왐 꺼러너와-] 벌하다, 징벌하다 අච්චු කරනවා.

දත‡ [다떠] 이, 이빨, 치아 දන්තය. (복) දත් ¶ ඥාන දත 사랑니 දඩයම් දත 송곳니 රජ දත 앞니 ඇඹරුම් දත 어금니

දත [다떠] දන්නවා 가 යුතු, මැනව 앞에서 변하는 형태: දතයුතු 알아야만 하는, දත මැනව 알게 하소서.

දතකට පියවෙනවා [다떠꺼떠 삐여웨너와-] 감각이 없다 සිහිය නැති වෙනවා.

දත ගලවනවා† [다떠 갈러워너와-] ①이를 뽑다 ②다른 사람의 것을 빼앗아 가다.

දත නියවනවා [다떠 띠여워너와-] (이를 드러내고) 씩 웃다, 싱글거리다 විරිත්තනවා.

දතමනා [다떠머나-] 알아야 하는, 알 값어치가 있는 දැනගත යුතු.

දත්‡ [닫] දත 의 복수 또는 형용사: ①이빨들 ②이빨의 දන්ත. ¶ දත් හිරි වැටෙනවා 이가 시리다 කැකුළු දත් 젖니(유치)

දත් [닫] ①දන්නවා 의 형용사적 과거용법: 안, 알은, 인지한 දැනගත් ②දන්නවා 의 과거분사: 알고, 알고서 දැනගෙන.

දත්ත† [닫떠] 데이터, 자료들.

දත්තය† [닫떠여] ①아는 것 ②자료, 데이터.

දත්තා [닫따-] දන්නවා 의 과거: 알았다, 인지했다 දැන ගත්තා.

දත් දොස්තර [닫 도쓰떠러] 치과 의사 දන්ත වෛද්‍ය.

දත් පෙළ [닫 뻴러] (한 사람의) 이, 치열 දත් ඇන්ද.

දත් බදාම [닫 바다-머] (이의) 시멘트질.

දත් බුරුසුව‡ [닫 부루쑤워] 칫솔.

දත් මදිනවා‡ [닫 마디너와-] 이빨을 닦다.

දත් මැලියම් [닫 맬리얌] 치석, 이똥.

දත් මිටි කනවා [닫 미티 까너와-] 이를 갈다, 화나다, 진노하다.

දද [다더] ①(의학) 발진, 습진 ②깃발, 기 කොඩිය ③별 තරුව ④브라만 බ්‍රාහ්මණයා ⑤다시 태어난 사람 දෙවරක් උපන්නා ⑥새, 조류 කුරුල්ලා ⑦ 어리석은 사람 මෝඩයා ⑧이, 이빨 දන්තය.

දද [다더] ①어리석은, 우둔한 මෝඩ ②악한, 나쁜 දුදන ③두 번 태어난 දෙවරක් උපන්.

දද කුලය [다더 꿀러여] 브라만 계급 බ්‍රාහ්මණ කුලය.

දද ටඹ [다더 탐버] 깃대, 게양대 කොඩි කණුව.

දද රද [다더 라더] 달, 별들의 왕 සඳ.

දධි [다디] 커드(의), 응유(凝乳) 제품(의) මී කිරි.

දධිකර [다디꺼러] (물소 젖의) 버터 기름 එළගිතෙල්.

දන [다너] ①(불교에서 주로 사용) 보시, 기부, 자선 දානය ②부, 부요 ධන. (복) දන් ¶ දන්සල් 불교 행사시 먹을 것을 나누어 주는 곳

දන [다너] 사람, 국민 මිනිස්සු. (복) දනෝ

දනනවා [다너너와-] ①이기다, 승리하다 ජය ගන්නවා ②태어나다 උපදිනවා.

දනවනවා [다너워너와-] දැනෙවුවා-දනවා 산출하다, 낳다, 나게 하다 අටගන්නවා. දැනවීම

දනවා [다너와-] දෑවා-දා ①타다, 불타다 ඇවිලෙනවා ②뜨겁다, 불타는 것 같이 느끼다 දැවිල්ල දැනෙනවා. දෑම

දනවුව [다너우워] 정착, 거주 ජනපදය.

දනිමි [다니미] දන්නවා 의 현재 1인칭 단수: 제가 압니다.

දන්† [단] දන 의 복수: 보시, 연보 දාන.

දන්ගේ [단게-] 보시처, 보시하는 곳.

දන්ත† [단떠] දන්තය 의 복수 또는 형용사: ①이빨들 ②이의, 이빨의 දත්.

දන්ත කලයාණය [단떠 깔리야-너여] 잘난 이, 완벽한 이.

දන්ත කාෂ්ඨය [단떠 까-쉬터여] 이쑤시개.

දන්තක්ෂය [단떠까-쉬터여] 충치, 이빨 썩음 දත් දිරායාම.

දන්ත චිකිත්සාලය [단떠 치낃쌀-러여] 치과.

දන්තජ [단떠저] 이의, 치음의 දතින් උපදින.

දන්තජාක්ෂරය [단떠작-셔러여] (문법) 치음.

දන්ත ධාතුව [단떠 다-뚜워] (캔디 불치사에 있는 유물) 부처의 이빨, 불치 දළදාව.

දන්තය [단떠여] 이, 이빨 දත.

දන්ත විද්‍යාව [단떠 윋디야-워] 치의학.

දන්ත වෛද්‍ය‡ [단떠 와읻디여] 치과 의사 දත් දොස්තර.

දන්ත වෛද්‍ය විද්‍යාව [단떠 와읻디여 윋디야-워] 미용치과, 미용치과학.

දන්තාරෝගය ශාලාව [단따-로-기여 샬-라-워] 치과 병원.

දන්තාලේපය‡ [단딸-레-뻐여] 치약 දත් බෙහෙත්.

දන්තුර [단뚜러] 이빨 모양의 돌기가 있는.

දන් දෙනවා† [단 데너와-] 자선하다, 기부하다, (불교) 보시하다 දාන දෙනවා.

දන්නවා‡ [단너와-] දත්තා-දැන/දත් 알다, 이해하다 (보통 과거와 과거분사는 දැනගත්තා-දැනගෙන 로 쓰인다).

දන්වනවා‡ [단워너와-] දැන්නුවා-දන්වා 알리다, 공지하다, 통지하다 දැනුම් දෙනවා. දැන්වීම

දන්වා [단와-] ①දන්වනවා 의 과거분사: 알리고, 알려 ②타이탄신, 악마 아쑤러신 අසුරයා.

දන්සල [단쌀러] (불교) 보시처, 불교행사시 먹을 것을 나누어 주는 곳.

දප [다뻐] ①교만, 거만, 오만 අහංකාරය ②거울 කණ්ණාඩිය. (복) දප්

දපණය/දපනතලය [다뻐너여/다뻐너딸러여] 거울 කණ්ණාඩිය.

දපනය [다뻐너여] 길들이기, 따르게 함, 복종시킴 වසඟවීම.

දපනවා [다뻐너와-] ①다스리다, 복종시키다, 길들이다 මර්දනය කරනවා ②바닥에 눕다.

දබර ඇඟිල්ල/දබරැඟිල්ල‡ [다버러 앵길러/다버랭길러] 검지 손가락, 집게 손가락.

දබර කරනවා [다버러 꺼러너와-] 싸우다, 다투다 සටන් කරනවා. (구어) රණ්ඩු කරනවා

ද

දබරකාර [다버러까-러] 싸우기를 좋아하는, 잔소리가 심한.

දබරකාරයා [다버러까-러야-] 싸우기를 좋아하는 사람, 잔소리가 심한 사람.

දබරය† [다버러여] ①싸움, 분쟁, 논쟁, 충돌 සටන (구어) රණ්ඩුව ②도르래, 활차.

දබරාව [다버러-워] 받침 달린 잔 ඩබරාව.

දබරැඟිල්ල/දබර ඇඟිල්ල [다버랭길러/다버러 앵길러] 검지 손가락, 집게 손가락.

දඹ ගහනවා [다비 가하너와-] 물장구치다, 물놀이하다 දියේ සෙල්ලම් කරනවා.

දම [다머] ①쇠사슬, 체인 දම්වැල ②교리, 가르침, 교훈, 교조 දහම ③자연 ස්වභාවය. (복) දම්

දමන [다머너] දමනය 의 복수 또는 형용사: ①지배, 통치, 정복 ②지배하는, 다스리는, 통제하는.

දමන [다머너] දමනවා 의 형용사적 현재용법: 포기하다, 손 놓다 අත්අරින.

දමන [다머너] 정글 වනය.

දමනය [다머너여] ①정복 මැඩපැහැත්වීම ②복종, 종속 ③통제, 지배, 억제 පාලනය.

දමනවා† [다머너와-] දැම්මා-දමා ①두다, 놓다, 간직하다, 간수하다 තැනක තබනවා ②길들이다, 통제하다 දමනය කරනවා ③제거하다, 없애다 බැහැර කරනවා. දැමීම

දමා ගන්නවා [다마- 간너와-] ①(안으로) 넣다, 두다 ②입다, 차려입다 අඳිනවා.

දමා ගසනවා [다마- 가써너와-]

①버리다, 던져 버리다 හෙලනවා ②공격하다, 치다 පහර ගසනවා.

දමිටු† [다미투] 옳은, 바른, 의로운 ධර්මිෂ්ඨ, දැහැමි. ¶ දමිටුවා 의인

දමිටුකම† [다미투꺼머] 의로움, 옳음, 바름 ධර්මිෂ්ඨකම.

දමිටුවා [다미투와-] 의인, 옳바른 사람 ධර්මිෂ්ඨයා. (복) දමිටුන්, දමිටුවෝ

දමිත [다미떠] 훈련된, 길들여진, 예의바른.

දමිළ [다미러] ①타밀 දෙමළ ②타밀어 දෙමළ බස.

දමු [다무] ①탄, 불탄 දැවුණු ②교리, 가르침 ධර්මය.

දම් [담] ①쇠사슬들, 체인들 දම්වැල් ②쇠사슬의 ③교리들, 가르침들 ④교리의, 가르침의, 교조적인 ධර්ම.

දම්පත [담빠떠] 부부의, 남편과 부인의.

දම්පතීහු [담빠띠-후] 부부, 남편과 부인 යුවළ.

දම්පාට‡ [담빠-터] 보라색, 보라빛.

දම්මනවා [담머너와-] දමනවා 의 다른 형태: ①두다, 놓다, 간직하다, 간수하다 තැනක තබනවා ②길들이다, 통제하다 දමනය කරනවා ③제거하다, 없애다 බැහැර කරනවා. දැම්මීම

දම්මවනවා [담머워너와-] දැම්මෙවුවා-දම්මවා දමනවා 의 사역 형태: 두게 하다, 놓게 하다, 두게 만들다. දැම්මවීම

දම්වැල‡ [담왤러] 쇠사슬, 체인 දම.

දම්භ [담하] 속이는, 사기치는 වංචා.

දැ

දම්වැල් එළවුම [담웰 엘러우머] 체인 구동.

දම්වැල් පාලම [담웰 빨-러머] 사슬 조교(弔橋), 사슬로 만든 다리 සංගිලි පාලම.

දම්වැල් මැනීම [담웰 매니-머] (토목공학) 체인 측량.

දම් සක [담 싸꺼] (불교) 교리의 회전 ධර්ම චක්‍රය.

දම් සබය/දම් සබාව [담 싸버여/담 싸바-워] 설교하는 강당, 가르치는 홀 ධර්ම ශාලාව.

දම්සරණ [담싸러너] (불교) 교리의 피난처.

දඹ [담버] ①(과일) 잠부열매, 로즈애플 ජම්බු ②절벽.

දඹදිව [담버디워] 옛 인도 북부와 중부 지역 (불교 성지) ජම්බුද්වීපය.

දඹරන් [담버란] 순금 ඉතා පිරිසිදු රන්.

දඹරැල්ල/දඹුව [담버랠러/담부워] 화전, 불탄 땅.

දඹල [담벌러] 리마콩 (연녹색의 둥글납작한 콩).

දඹු [담부] ①(타고 남은) 재 අළු ②(타다 남은) 장작깨비 ③등불(꽃) පහන් දැල්ල ④넝마, 누더기 옷들 කඩමාලු ⑤ (동물) 자칼 සිවලා.

දඹු [담부] 탄, 불탄, 타버린, 타다 남은 පිලිස්සුණු.

දඹු ගඩොල් [담부 가돌] 반절구운 벽돌.

දඹුව/දඹරැල්ල [담부워/담버랠러] 화전, 불탄 땅.

දයාන්විත [다얀-위떠] 자비로운, 자애로운, 친절한 දයාවන්ත.

දයාපත් [다야-빧] 동정적인, 인정있는 දයාවට පැමිණි.

දයාබර† [다야-버러] 자비로운, 자비심이 많은 දයාවන්ත.

දයාව‡ [다야-워] 자비, 선함, 긍휼. ¶ දයානුකම්පාව 긍휼

දයාවන්ත† [다야-완떠] 자비로운, 선한, 친절한, 긍휼이 많은 දයාබර.

දර‡ [다러] 장작 ඉන්ධන දැව.

දරණ [다러너] ①(뱀의) 또아리, 사리, 감은 것 ②땅 පොළව.

දරණිය/දරණුව [다러니-여/다러누워] (뜨거운 냄비나 후라이팬을 놓는) 받침대 දරනුව.

දරදඬු‡ [다러단두] ①강팍한, 완고한, 고개가 뻣뻣한 මුරණ්ඩු ②사나운, 격렬한, 맹렬한 දඩබ්බර.

දරදඬු වෙනවා [다러단두 웨너와-] 뻣뻣해지다, 딱딱하게 되다, 경직되다.

දරද'ඬු [다러단두] 장작 조각 දර කැබලි.

දරනවා† [다러너와-] දැරුවා-දරා ①지다, 짐지다 ②포함하다, 담다 ධාරණය කරනවා ③기억하다 මතක් කරනවා ④참다, 인내하다 ඉවසනවා. <u>දැරීම/දැරුම</u>

දරනුව [다러누워] (뜨거운 냄비나 후라이팬을 놓는) 받침대 දරණිය.

දරන්නා [다란나-] 지고 가는 사람, 짐지는 사람 උස්ලන්නා.

දර මැළය [다러 맬러여] 장작더미.

දර මිටිය [다러 미티여] 장작 한다발.

දර සෑය† [다러쌔-여] (시신) 화장대.

දරහැව [다러해워] ①영구차 ②환자같이 만든 허수아비 පඹයා.

දරිද්‍ර [다리/드러] 가난한, 궁핍한 දුප්පත්.

දරු† [다루] 자식으로서, 자녀의 දරුවූ.

දරු උපත [다루 우빠떠] 자녀가 태어남, 자녀 출생 දරුවකු ඉපදීම.

දරු උරුමය [다루 우루머여] 자녀가 받는 유업, 유산.

දරුකම† [다루꺼머] 자식됨, 자녀됨 දරුවකු බව.

දරුකමට හදා ගන්නවා [다루꺼머터 하다-간너와-] 입양하다, 자식으로 받아들이다.

දරුකමට හදා ගැනීම [다루꺼머터 하다-개니-머] 입양.

දරුගල [다루걸러] 맷돌, 가는 돌.

දරුගබ/දරුගැබ [다루가버/다루개버] 임신, 애를 뱀 ගර්භනී බව.

දරුණු‡ [다루누] 잔인한, 흉포한 කෲර.

දරු දරන සමය [다루 다러너 싸머여] 임신 기간 ගර්භනී කාලය.

දරුදැරියා [다루대리야-] 자녀, 아들 딸 දරුවා.

දරු නැළවිල්ල‡ [다루 낼러윌러] 자장가.

දරු පරම්පරාව [다루 빠람빠라-워] 자손, 후손.

දරුපල/දරුඵල [다루빨러] 자녀, 자식, 자손 දරු සම්පත්තිය.

දරුපවුල [다루빠울러] 가족, 애들이 있는 가족.

දරු පැටවා [다루 빼터와-] 자녀, 자식, 후손 දරුවා.

දරුඵල/දරුපල [다루빨러] 자녀, 자식, 자손 දරු සම්පත්තිය.

දරු බොක්ක [다루 복꺼] 자궁, 태, 모태 ගර්භාෂය. (구어) මව් කුස

දරු මල්ලෝ [다루 말로-] 식구, 가족 구성원들, 아내와 자녀들 පවුලේ සාමාජිකයෝ.

දරු මුනුබුරෝ [다루 무누부로-] 자녀와 손주들.

දරුවා‡ [다루와-] 자녀, 자식, 후손 ළපටියා. (복) *දරුවෝ*

දර්පණය [다르빠너여] 거울 කණ්නාඩිය.

දර්පය [다르빠여] 오만, 자만 උඩඟුකම.

දර්පිත [다르삐떠] දර්පය 의 형용사: 교만한, 오만한, 자만한 උඩඟු.

දර්ශකය [다르셔꺼여] ①목록, 목차, 지표 පෙන්නුම් කරන වගුව ②보여주는 것(기계).

දර්ශක ශ්‍රිතය [다르셔꺼 쉬리떠여] 지표의 기능.

දර්ශන පටලය [다르셔너 빠털러여] (해부학) (눈의) 망막.

දර්ශනය‡ [다르셔너여] ①시야, 봄 දැකීම ②풍경, 경치 පෙනුම ③꿈, 환상 ස්වප්නය ④의견, 관점 කල්පනාව ⑤철학 න්‍යාය ශාස්ත්‍රය.

දර්ශනවාදය† [다르셔너와-더여] 철학.

දර්ශනවාදියා† [다르셔너와-디야-] 철학자. (복) *දර්ශනවාදීන්*

දර්ශනීය [다르셔니-여] ①눈에 보이는, 가시적인 දැක්ක යුතු ②매력적인, 아름다운, 미모의 සිත්කලු.

දර්ශය [다르셔여] ①예, 예시, 표본 නිදසුන ②지역, 장소 පැත්ත.

දල [달러] ①물 ජලය ②꽃잎들 මල් පෙති ③불, 화염 ගින්න.

දලං [달랑] 저품질 보석.

දල කඳුල [달러 깐덜러] 눈물 කඳුළු.

දල කෙළිය [달러 껠리여] 수상 스포츠 ජල ක්‍රීඩාව.

දලනිඳු [달러닌두] 바다, 해양 මුහුද.

දලබුව [달러부워] ①(의학) 후산 වැදෑ මහ ②자궁, 모태 ගර්භය.

දලාකාර [달라-까-러] 꽃잎(모양)의 මල්පෙති හැඩැති.

දලුව‡ [달루워] 싹, 눈, 새순 දළුව.

දල්ල [달러] 싹, 눈, 새순 ළපටි කොළය.

දල්වනවා† [달워너와-] දැල්වුවා-දල්වා 태우다, 불태우다 අවුලුවනවා. දැල්වීම (구어) පුච්චනවා

දවටනවා [다워터너와-] දැවටුවා-දවටා 싸다, 둘둘말다 ඔතනවා. දැවටීම

දවනවා† [다워너와-] දැවුවා-දවා ①태우다, 불태우다 දල්වනවා ②(시체를) 화장하다. දැවීම (구어) පුච්චනවා

දවරෝද කඳ [다워로-더 깐더] (조선 공학) 피니언 축.

දවරෝදය [다워로-더여] 피니언 톱니바퀴 (작은 톱니바퀴).

දවල්/දවාල්/දවල්‡ [다왈/다왈-/다-왈] ①낮, 오후 시간 දවල් කාලය ②낮의, 오후 시간의. (문어) දිවා ¶ දවල් කෑම 점심식사

දවල් තරු පෙනවා [다왈 따루 뻬너와-] 어이없게 하다, 아연케 하다, 말을 못하게 하다.

දවල් හීනය [다왈 히-너여] 헛된 꿈, 가질 수 없는 꿈, 기대.

දවස‡ [다워써] 날, 일(日) දිනය. (복) *දවස්* ¶ සුභ දවසක් 좋은 하루 보내세요 මේ දවස්වල ඔයාට කොහොම ද? 요즘 당신 어찌 지내세요?

දවසරිනවා [다워써리너와-] ①시간을 보내다 දවස් අරිනවා ②살다, 생존하다 ජීවත්වෙනවා.

දවස් [다워쓰] දවස 의 복수: 날들, 일들 දින.

දවස් අරිනවා [다워쓰 아리너와-] ①시간을 보내다 දවසරිනවා ②살다, 생존하다 ජීවත් වෙනවා.

දවහ [다워하] 날, 일(日) දිනය. (복) *දවස්*

දවහ [다워하] 항상, 늘, 언제나 නිතරම.

දවහල [다워할러] ①낮 시간 දවාල ②정오, 한낮.

දවාග්නිය [다와-그니여] 모닥불 ලැව් ගින්න.

දවාල [다왈-러] 낮 시간, 오후 දවල් කාලය. (복) *දවාල්* ¶ සුභ දවාලක් (오후 인사) 안녕하세요?

දවාල්/දවල්/දවල්† [다왈-/다왈/다-왈] දවාල 의 복수 또는 형용사: ①낮, 오후 시간 දවල් කාලය ②낮의, 오후 시간의. (문어) දිවා

දවුඩනවා [다우더너와-] 잇다, 연결하다 යන්තම් සම්බන්ධ කරනවා.

දවුල [다울러] 베이스 드럼.

දවුල් කුරුඳු [다울 꾸룬두] 계피의 한 종류.

දශ [다셔] 십(10)의 දස. (구어) දහ

දශකය‡ [다셔꺼여] 십년 අවුරුදු දහයක්.

දශබල [다셔발러] 부처님 බුදුරජ.

දශමස්ථානය [다셔머쓰따-너여] (수학) 소수 දශම සංඛ්‍යාව.

දශම† [다셔머] ①(수학) 소수의 ②십진법의.

ද

දශම ක්‍රමය [다셔머 끄러머여] 십진법.

දශම තිත [다셔머 띠떠] (수학) 소숫점.

දශමභාග [다셔머바-거] (수학) 소수.

දශය† [다셔여] 십, 10 දසය. (구어) දහය

දශයෙන් කොටස† [다셔옌 꼬터써] (기독교) 십일조, 10분의 일 දසයෙන් කොටස.

දශවිධ [다셔위더] 10겹의, 10배의.

දශාව/දසාව [다샤-워/다싸-워] ①시간, 시한(時限) කාලය ②옷자락 දාවල්ල.

දෂ්ටය [다쉬터여] 뱀이 묾, (침, 독이 있는 동물이) 쏨, 찌름 දෂ්ට කිරීම.

දෂ්ට කරනවා‡ [다쉬터 꺼러너와-] 뱀이 물다, (침, 독이 있는 동물이) 쏘다, 찌르다.

දස [다써] දසය 의 형용사: 10의. (구어) දහ ¶ දස දහස 만, 10000.

දස අත [다써 아떠] ①열방향, 모든 방향 ②우주의.

දසකය [다써꺼여] ①10년 ②10개 단위.

දසත [다써떠] ①열방향의, 모든 방향의 ②우주의.

දසත මුට්ටුව [다써떠 뭍투워] 만능 이음쇠, 자재 연결 장치.

දසන් [다싼] 이빨들, 치아들 දත්.

දසය [다써여] 10, 십. (구어) දහය

දසරුව [다써루워] 상반신 උඩකය.

දසවක [다써워꺼] 음력 10일.

දසාව/දශාව [다싸-워/다샤-워] ①시간, 시한(時限) කාලය ②옷자락 දාවල්ල.

දසුන [다쑤너] ①봄, 보임, 시각 දැක්ම ②철학 ③종, 하인, 남종 දාසයා. ¶ දින දසුන 달력

දස්/දස්සන් [다쓰/닸싼] 종들, 하인들, 노예들 දාසයින්.

දස්කම [다쓰꺼머] ①슬기로움, 현명, 총명 දක්ෂකම ②노예상태, 포로상태 දාසභාවය.

දස්ස [닸써] 재능있는, 능력있는, 똑똑한 දක්ෂ, නිපුණ.

දස්සන්/දස් [닸싼/다쓰] 종들, 하인들, 노예들 දාසයින්.

දස්සයා [닸써야-] 영리한 사람, 똑똑한 사람 දක්ෂයා.

දහ‡ [다하] දහය 의 형용사: 10의 දස. ¶ දහ දාහ 만, 10000

දහ† [다하] ①날, 일(日) දවස ②연못 විල ③옷, 의복 වස්ත්‍රය ④화, 분노 තරය ⑤열, 열기 දාහය ⑥요소, 성분 ධාතු ⑦낫 දෑකැත්ත ⑧천, 1000 දාහ.

දහංගලේ [다항걸레-] ①장난기 있는, 장난을 좋아하는 දඟකාර ②장난, 장난기.

දහඩිය/දහදිය‡ [다하디여/다하디여] 땀 දාඩිය.

දහතුන‡ [다하뚜너] 십삼, 13. (문어) තෙළෙස

දහදිය/දහඩිය [다하디여/다하디여] 땀 දාඩිය.

දහදුක [다하두꺼] 끝없는 고통, 열배의 고통 දහවිධ දුක.

දහන [다하너] දහනය 의 복수 또는 형용사: ①태움, 연소 ②불 ගින්න ③태우는, 연소시키는 කිපෙන.

දහනක [다하너꺼] 태우는, 불태우는 දවන.

දහන කුටීරය [다하너 꾸티-러여] 연소실.

ද

දහනමය‡ [다하나머여] 19, 십구, 열아홉 දහනවය.

දහනය [다하너여] ①연소, 산화, 태움 දැවීම ②불, 화염 ගින්න.

දහනවය‡ [다하나워여] 19, 십구, 열아홉 දහනමය.

දහම‡ [다하머] ①교리, 신조, 교의 ධර්මය ②의, 정의 යුක්තිය.

දහම් පාසල† [다함 빠-썰러] 절에서 일요일에 어린이를 대상으로 여는 학교. ¶ සබත් පාසල 교회 학교

දහය‡ [다하여] 열, 십, 10. (문어) දසය

දහයියා† [다하이야-] 왕겨 වී පොතු.

දහර/දහරාව [다하*러*/다하*라*-워] (물, 강의) 흐름, 흘러감 ධාරාව.

දහවල [다하월러] 낮, 낮 시간 දාවල.

දහවල් [다하왈] දහවල 의 복수 또는 형용사: ①낮들 ②낮의 දාවල්.

දහස‡ [다하써] (숫자) 천, 1000. (구어) දාහ

දහසය‡ [다하써여] 16, 열 여섯. (구어) දහහය

දහහත‡ [다하하떠] 17, 십칠, 열일곱 දාහත.

දහහතර‡ [다하하떠*러*] 14, 십사, 열넷 දාහතර.

දළ† [달러] ①상아 ඇත් දත ②이, 이빨 ③독사의 이빨.

දළ [달러] ①대충의, 대략의, 어림잡아 ②나쁜, 버릇없는, 거친 ③총체의, 총계의. ¶ දළ දේශිය නිෂ්පාදිතය GDP දළ රෙදි 거친 옷

දළකාරයා [달러까-*러*야-] 힘센 사람.

දළ ජාතික නිෂ්පාදිතය† [달러 자-띠꺼 니쉬 빠-디떠여] 국민 총생산 (GNP).

දළ දඬු [달러 바두] 굳은, 단단한, 휘어지지 않는.

දළදා මාලිගාව [달러다- 말-리가-워] 불치사 (캔디의 부처의 이빨이 안치된 절)

දළදාව [달러다-워] 부처의 이빨 (유물) දන්ත ධාතුව.

දළ පොරව [달러 뽀*러*워] 이빨 빠진 도끼.

දළ බර [달러 바*러*] 총 무게 මුළු බර.

දළ බෑවුම† [달러 배-우머] ①급경사, 급한 비탈 අධික බෑවුම ②절벽.

දළබුවා/දළඹුවා‡ [달러부와-/달럼부와-] 애벌레 සමනල කීටයා.

දළඹු කෝෂය [달럼부 꼬-셔여] (애벌레) 고치.

දළඹුවා/දළබුවා [달럼부와-/달러부와-] 애벌레 සමනල කීටයා.

දළය [달러여] ①이, 이빨 දත ②(동물의) 침, 독침.

දළයා [달러야-] 큰 엄니가 있는 코끼리.

දළ ලාභය [달러 라-버여] 총 이득, 순수익.

දළ වශයෙන් [달러 와셔옌] 대충, 짐작으로 රළු වශයෙන්.

දළිද්ද [달릳더] 가난한, 못사는 දිළිඳු.

දළුව† [달루워] ①연한 잎, 새순, 싹 දල්ල ②활 දුන්න.

දළ්හ [달하] 센, 거친, 엄한 දැඩි.

දා† [다-] ①날, 날짜 දවස ②(성인, 순교자의) 유물, 성골 ධාතු. ¶ සඳුදා 월요일

ද

ද [다-] දානවා 의 과거분사 (문어체): 두고, 두어, 두고 나서. (구어) දාලා

ද ගන්නවා† [다- 간너와-] 놓다, 두다, 안에 넣다 ඇතුළුකර ගන්නවා.

දගබ/දගැබ [다-가버/다-개버] 불탑, 사리탑, 성골함, 사당 සෑය.

දඨා [다-타-] ①이빨들 ②이빨의 දත්.

දඩිය‡ [다-디여] 땀 දහඩිය.

දඩිය දමනවා [다-디여 다머너와-] 땀을 흘리다 දාඩිය දානවා.

දඩිය දනවා‡ [다-디여 다-너와-] 땀을 흘리다 දාඩිය දමනවා.

දතම [다-떠머] 날짜 දිනය.

දත්‍රාකාර [다-뜨라-까-러] 낫 모양의, 갈고리 모양의, 초승달 모양의.

දදුකැටය/දදුව† [다-두깨터여/다-두워] 주사위. (복) *දාදුකැට/දාදු*

දදු කෙළිය [다-두 껠리여] 주사위 게임.

දදු දමනවා [다-두 다머너와-] 제비를 뽑다, 주사위를 던지다.

දදුව/දදුකැටය [다-두워/다-두깨터여] 주사위. (복) *දාදු/දාදුකැට*

දනපතියා [다-너빠띠야-] 기부자, 기증자 දන් දෙන තැනැත්තා.

දනය‡ [다-너여] ①(불교) 공양, 보시 ②추모일, 제삿날 ③기부, 기증, 증여 පරිත්‍යාගය.

දනය කරනවා [다-너여 꺼러너와-] 보시하다, 기부하다, 기증하다 ත්‍යාග කරනවා.

දනවා‡ [다-너와-] දැම්මා-දාලා 두다, 놓다, 담다. <u>දැමීම</u>
¶ ඊළඟ වංගුවෙන් දකුණට දාන්න 다음 커브에서 오른쪽으로 도세요

දනශාලාව [다-너샬-라-워] 기부 장소, 기부하는 홀.

දනශීල/දනශීලී [다-너쉴-러/다-너쉴-리-] 후한, 관대한, 아량 있는 ත්‍යාගශීලී.

දනියෙල් [다-니옐] ①(성경) 다니엘서, ②다니엘.

දන්ත [단-떠] 진정된, 가라 앉은, 완화된 නිවුණු.

දමය [다-머여] ①사슬, 체인, 연속물, 연결 ②줄, 밧줄 ලනුව.

දමරික [다-머리꺼] 잔인한, 난폭한 චණ්ඩි.

දමරිකයා‡ [다-머리꺼야-] 폭력배, 조폭, 깡패 චණ්ඩියා.

දය [다-여] ①선물, 다우리 ②파괴, 잃음 නැතිවීම ③장소, 땅 ඉඩම ④뜨거움 රස්නය.

දයක† [다-여꺼] ①주는, 기부하는 දෙන්නා වූ ②만드는, 생산하는 උපදවන ③참여하는, 함께 하는 සහභාගී වන.

දයක [다-여꺼] ①기부자, 기증자 දායකයා ②가입자, 참여자.

දයකත්වය [다-여깓워여] ①기부, 기증 ත්‍යාග කිරීම ②회원자격 සාමාජිකත්වය.

දයක මුදල† [다-여꺼 무덜러] 기부금.

දයකයා† [다-여꺼야-] ①기부자, 기증자 ②가입자, 참여자.

දයක වෙනවා† [다-여꺼 웨너와-] 기부자가 되다, 기부하다.

දයම්මා [다-얌마-] 산파, 조산사 වින්නඹු අම්මා.

දයාද අයිතිය [다-야-더 아이띠여] (미망인의) 상속권 දෑවැදි හිමිකම.

ද

දයාදය† [다-야-더여] ①유산, 유업, 기업 උරුමය ②결혼 지참금, 다우리 දෑවැද්ද.

දයිකාව [다-이까-워] (학교, 자선단체 등의) 여성 후원자, 여성 기부자. ¶ දායකයා 남성 기부자, 남성 후원자

දර [다-러] ①아내, 부인 භාර්-යාව ②(남자) 청년 තරුණයා ③악어 පිඹුරා ④끝, 경계, 가장자리 අයින ⑤물줄기 ධාරාව ⑥지고감, 안고감 ඉසිලීම.

දරක [다-러꺼] ①소년, 남자애, 아동 දරුවා (구어) කොල්ලා ②소년의, 남자애의, 애들의, 애들과 관련된 දරුවා සම්බන්ධ.

දරකයා/දරක [다-러꺼야-/다-러꺼] 소년, 남자애, 아동 දරුවා. (구어) කොල්ලා

දරක හිංසාව [다-러꺼 힝싸-워] 아동 학대 ළමා අතවරය.

දරකාගාරය [다-러까-가-러여] 탁아소.

දරකොත්පත්තිය [다-러꼳빧띠여] 신생아 출생, 아기가 태어남 දරු උපත.

දරගල [다-러걸러] 맷돌, 회전숫돌 දරුගල.

දරමැස්ම [다-러매쓰머] (자수, 수공) 스티치 මැහුම් ගැටේ.

දරය† [다-러여] ①끝, 가장자리, 경계 අයින ②주름, 굽음, 꺾임, 휘어짐 නැම්ම.

දරිකාව [다-리까-워] 소녀, 여자애 දැරිය. (구어) කෙල්ල

දරිද්‍ර [다-리드러] 가난한, 빈곤한 දිළිඳු. (구어) දුප්පත්.

දරිද්‍රයා [다-리드러야-] 가난한 사람, 빈곤한 사람 දිළින්දා.

දරු [다-루] 목재(의), 나무(의) දැව, ලී.

දරුසාර [다-루싸-러] 샌들우드(의).

දර්ශනික [다-르셔니꺼] ①철학의 ②철학자 දාර්ශනිකයා.

දර්ශනිකයා [다-르셔니꺼야-] 철학자 චින්තකයා.

දව [다-워] 아버지로서, 부계로, ~후에(태어난) පීතෘත්වය ඇතිව. ¶ දාවිත්ට දාව සලමොන් 다윗 후에 솔로몬 (다윗은 솔로몬을 낳고)

දවාග්නිය [다-왁-니여] 모닥불 ලැව් ගින්න.

දවල/දවල්† [다-월러/다-왈] 낮, 낮시간 දවල්. (문어) දිවා

දවල්ල [다-왈러] 옷자락 රෙද්ද-ක නොවියූ වාටිය. (복) දාවලු

දලා යනවා [달-라 야너와-] 타 없어지다, 불에 타다.

දසය [다-써여] 16, 열 여섯 දහසය. (구어) දහහය

දසයා‡ [다-써야-] 종, 하인 සේවකයා. ¶ නිර්දාසයා 자유인 දාසිය 여종

දසිය‡ [다-씨여] 여종, 여자 하인 සේවිකාව. ¶ දාසයා 남종

දහ‡ [다-하] (숫자) 천, 1000. (문어) දහස

දහක [다-하꺼] ①불태우는, 태우는 දවන ②부식성의, 가성의.

දහක ක්ෂාරය [다-하꺼 끄샤-러여] 가성 알칼리.

දහකය [다-하꺼여] (취사용) 버너, 가열 기구.

දහත [다-하떠] 17, 십칠, 열일곱 දහ හත.

දහතර† [다-하떠러] 14, 십사, 열넷 දහ හතර.

දහය [다-하여] 열, 열기 ඩාහය.

ද

දැක [대꺼] දකිනවා 의 과거분사: 보고, 보고 나서. (구어) පෙනිලා

දැකිය [대끼여] හැකි, යුතු 앞에 나오는 දකිනවා 의 변형되는 형태: දැකිය යුතුයි 봐야 한다 දැකිය හැකියි 볼 수 있다.

දැකීම/දැකුම† [대끼-머/대꾸머] දකිනවා 의 동명사: ①봄, 구경 දැක්ම ②선물, 증정 තෑග්ග.

දැකුම්කලු‡ [대꿈껄루] 예쁜, 보기에 좋은, 매혹적인 දර්ශන ප්‍රිය.

දැකුම්පේනුව [대꿈뻬-누워] 사이트 플러그.

දැක්කා‡ [댁까-] දකිනවා 의 과거: 보았다 බැලුවා. (문어) දුටුවා

දැක්ම [댁머] 봄, 시야, 보임, 목격, 일견 දැකුම.

දැක්වෙනවා [댁웨너와-] දැක්වුණා-දැක්වී දක්වනවා 의 피동사: 보여지다, 알려지다, 밝혀지다. දැක්වීම

දැගුම් [댕굼] 움직이는, 움직일 수 있는, 이동할 수 있는, 가동(성)의 ජංගම, ඇවිදින.

දැගුම් [댕굼] ①청소, 깨끗하게 함 පිරිසිදු කිරීම ②준비, 대비 ③영양공급, 키움 පෝෂණය කිරීම ④이동, 움직임 ඇවිදීම.

දැඟලිල්ල/දැඟලීම [댕걸릴러/댕걸리-머] 장난, 짓궂음, 개구장이 짓, 말안들음 දඟකාරී හැසිරීම.

දැඟලීම [댕걸리-머] දඟලනවා 의 동명사: 장난, 짓궂음, 개구장이 짓, 말안들음 දැඟලිල්ල.

දැඩි† [대디] ①강한, 강인한 තද ②자란, 성장한 ලොකු.

දැඩි කරනවා [대디 꺼러너와-] ①기르다, 육성하다, 사육(재배) 하다 ඇති දැඩි කරනවා ②강하게 만들다, 튼튼히 하다 ශක්තිමත් කරනවා ③늘리다, 증가시키다 වැඩි කරනවා.

දැඩි ප්‍රහාරය [대디 쁘러하-러여] 성난 공격, 강한 공격 තදින් පහරදීම.

දැඩි වීදුරු [대디 위-두루] 강화유리 වඩා ශක්තිමත් වීදුරු.

දැති [대띠] දැත්ත 의 복수 또는 형용사: ①갈퀴들, 갈퀴의 ②톱니들, 톱니의.

දැති කැපීම [대띠 깨삐-머] 핑킹 (천, 가죽 따위의 가장자리를 톱니 모양으로 잘라 꾸민 장식).

දැති ගොයිය [대띠 고이여] 갈퀴 දැත්ත.

දැති තලය [대띠 딸러여] 톱날.

දැති නගුල [대띠 나굴러] 써레 උල් සහිත නගුල.

දැති පීර [대띠 삐-러] 강판 රාස්කුව.

දැති මෝරා [대띠 모-라-] (어류) 톱상어.

දැති රෝදය [대띠 로-더여] 톱니 바퀴 දැති සහිත රෝදය.

දැත්ත‡ [댇떠] ①갈퀴 දැති ගොයිය, උකුණු ගහ ②톱니. (복) දැති

දැදුර [대두러] 균열, 틈, 깨짐 පිපිරුම. (복) දැදුරු

දැදුරු [대두루] දැදුර 의 복수 또는 형용사: ①균열들, 틈들 ②균열된, 틈이 간, 깨진 පිපිරූ.

දැන [대너] දන්නවා 의 과거분사: 알고, 알아 දැනගෙන.

දැන ගන්නවා‡ [대너 간너와-] 알다, 알고 있다, 이해하다. දැන ගැන්ම/දැන ගැනීම

ද

දැන ගැන්ම‡ [대너 갠머] දැන ගන්නවා 의 동명사: 앎, 이해, 지식 දැන ගැනීම.

දැනට† [대너터] 지금, 현재로 දැන්.

දැනමිති [대너미띠] 배운, 알고 있는, 아는 උගත්.

දැනමිතිකම [대너미띠꺼머] 충고, 조언, 권고, 훈계 උපදේශය.

දැනමිත්තා [대너믿따-] 식자, 유식한 사람 උගතා.

දැනමුතුකම [대너무뚜꺼머] 충고, 조언, 권고, 훈계 උපදේශය.

දැනමුතු වෙනවා [대너무뚜 웨너와-] 알다, 알고 있다.

දැනමුත්තා [대너묻따-] 식자, 배운 사람, 유식한 사람 උගතා.

දැනීම [대니-머] දැනෙනවා 의 동명사: 지식, 앎 දැනුම.

දැනුම‡ [대누머] දැනෙනවා 의 동명사: 지식, 앎 දැන ගැන්ම.

දැනුමැති [대누매띠] 배운, 알고 있는, 아는 උගත්.

දැනුමැත්තා [대누맫따-] 식자, 배운 사람, 유식한 사람 උගතා.

දැනුම් දිය යුතු [대눔 디여 유뚜] 알려야 하는, 공지해야 하는.

දැනුදු [대누두] 지금도, 현재도 දැනුත්.

දැනුවත්† [대누왇] 아는, 알고 있는 දැනමිති.

දැනුවත්කම [대누왇꺼머] 앎, 지식, 깨달음 දැනීම ඇති බව.

දැනුවත් කරනවා [대누왇 꺼러너와-] 알리다, 알려 주다 දැනුම් දෙනවා.

දැනුවත්ව [대누왇워] 알고, 깨닫고.

දැනෙනවා‡ [대네너와-] දැනුණා-දැනී 느끼다, 지각하다, 눈치채다. දැනීම/දැනුම

දැන්‡ [댄] 지금, 현재 දැන්ම.

දැන්නුවා [댄누와-] දන්වනවා 의 과거: 알렸다, 알려 줬다, 공지했다.

දැන්ම [댄머] 지금 바로, 지금 දැන්.

දැන්වීම‡ [댄위-머] දන්වනවා 의 동명사: 광고, 공고, 알림 දැනුම් දීම. (복) දැන්වීම්
¶ දැන්වීම් ඇලවීම තහනම් 벽보 부착 금지

දැපනය [대뻐너여] 마법에 걸림, 주문에 걸림 වසඟය.

දැපනෙ දගන්නවා/දැපනෙ වැටෙනවා [대뻐네 다-간너와-/대뻐네 왜테너와-] 매혹하다, 최면에 빠뜨리다.

දැපනෙ වැටෙනවා [대뻐네 왜테너와-] 매혹되다, 최면에 빠지다.

දැපෙනවා [대뻬너와-] 교만하다, 오만하다 ආඩම්බර වෙනවා.

දැමිය [대미여] හැකි, යුතු 앞에 나오는 දානවා 의 변형되는 형태: දැමිය යුතුයි 두어야 한다 දැමිය හැකියි 둘 수 있다.

දැමිඳුරු [대미두루] 수도자, 고행자 තවුසා.

දැමුණු [대무누] 자제하는, 절제하는, 예의 바른 හික්මුණු.

දැමූ [대무-] දානවා 의 형용사적 과거용법: 둔, 놓은 දාපු.

දැමෙනවා [대메너와-] දැමුණා-දැමී ①처해지다, 두어지다, 예속되다, 복종되다, 정복되다 දැමීමට සිදුවෙනවා ②훈련되다, 길들여지다, 순종적이 되다 හික්මෙනවා. දැමීම

ද

දැම්මා‡ [댐마-] දානවා 의 과거: 두었다, 놓았다, 담았다.

දැය [대여] ①민족, 종족, 태생, 나라 ජාතිය ②재료, 물건, 것 දෙය ③일, 직무 කාරණය.

දැරිය/දැරී‡ [대리여/대리-] 여자아이, 계집애 දියණිය. (구어) දුව

දැල‡ [댈러] 그물, 망 ජාලය. (복) දැල්

දැලි† [댈리] 검댕이, 그을음 දුම් කහට.

දැලි [댈리] 콧수염(의).

දැලි ගානවා [댈리 가-너와-] ①검댕이를 바르다 ②부끄럽게 하다, 창피하게 만들다.

දැලිස [댈리써] 격자, 격자꼴 모양 ලැටිස.

දැලේ දගන්නවා [댈레- 다-간너와-] 잡다, 그물에 담다.

දැල් [댈] දැල 의 복수: 그물들 ජල.

දැල් අදිනවා [댈 아디너와-] 그물을 치다.

දැල්පන්දු‡ [댈빤두] (운동) 네트볼.

දැල්පන්න‡ [댈빤너] (수산) 어구, 낚시도구.

දැල්ල† [댈러] 불꽃, 화염 සිලුව.

දැල්ලා‡ [댈라-] 오징어. (복) දැල්ලෝ

දැල්වෙනවා [댈웨너와-] 타다, 불타다 දෙවෙනවා.

දැල්වෙනසුලු [댈웨너쑬루] 가연성의, 타기 쉬운 ඇවිලෙනසුලු.

දැව† [대워] දැවය 의 복수: ①목재들 ②판자들 ලෑලි ③통나무들, 나무토막들 කඳන්.

දැව කල්ක [대워 깔꺼] 나무 펄프 දැව පල්ප.

දැව ගෙය [대워 게여] (통)나무집.

දැව කුඩු [대워 꾸두] 톱밥 ලී කුඩු.

දැවටෙනවා [대워테너와-] දැවටුණා-දැවටී ①얽히다, 꼬이다 එතෙනවා ②방황하다, 여기저기 돌아다니다 මඟ රැඳී සිටිනවා. <u>දැවටීම</u>

දැව පල්ප [대워 빨뻐] 나무 펄프 දැව කල්ක.

දැව මඩුව [대워 마두워] ①목재소 දැව ගබඩාව ②판자집.

දැවය [대워여] ①목재 ලී ②통나무, 나무 토막 කඳ ③판자 ලෑල්ල.

දැවැන්ත‡ [대왠떠] 거대한, 아주큰, 막대한, 엄청나게 큰 ඉතා විශාල.

දැවිය [대위여] ①통나무 දැව ②숫가락 හැන්ද ③바퀴살 රොදයේ ගරාදිය.

දැවිල්ල [대윌러] 불탐, 태움, 불태움 දැවීම.

දැවීම [대위-머] දවනවා, දැවෙනවා 의 동명사: 태움, 불태움.

දැවෙන ප්‍රශ්නය [대웨너 쁘러쉬너여] 가장 중요한 문제 වැදගත්ම ප්‍රශ්නය.

දැවෙනවා† [대웨너와-] දැවුණා-දැවී දවනවා 의 피동사: 불타다, 태워지다, 불타 오르다 පිළිස්සෙනවා. <u>දැවීම</u>

දැසිදසුන [대씨다쑤너] 남종 여종, 하인무리.

දැසිය [대씨여] 여종, 여하인 සේවිකාව.

දැසිදස් [대씨다쓰] 남종 여종들, 하인무리 දැසිදසුන.

දැසි/දැස්ස [대씨/댔써] 여종, 여자 하인 දාසිය.

දැහැටි/දැහැටු [대해티/대해투] 이쑤씨개 දත්කටුව.

ද

දැහැත් [대핻] 구장 잎을 씸음 බුලත් විට.

දැහැන [대해너] ①신의 도움을 빎, 기원 ධ්‍යානය ②주문, 황홀 මන්ත්‍රය.

දැහැම [대해머] ①교리, 교의, 가르침 දහම ②의, 정의, 바름 ධාර්මිෂ්ඨකම.

දැහැමි† [대해미] 의로운, 바른, 도덕적인, 윤리의 ධාර්මිෂ්ඨ.

දැහැමියා [대해미야-] 의인, 옳 바른 사람 ධාර්මිෂ්ඨයා.

දැහැමෙන් [대해멘] ①교리로, 교의를 따라서, 가르침대로 ධර්මයෙන් ②의롭게, 바르게 ධාර්මිෂ්ඨකමින්.

දැහැවිල්ල [대해윌러] 화, 분노 උදහස. (구어) තරහ

දැහැවෙනවා [대해웨너와-] 화나다, 열받다, 분노하다 කිපෙනවා.

දැළි [댈리] 수염 රැවුල.

දැළි පිහිය‡ [댈리 삐히여] 면도기 රේසරය.

දැළි රවුල/දැළි රැවුල [댈리 라울러/댈리 래울러] 뺨, 턱, 윗입술 쪽에 나는 수염.

දෑ [대-] ①나라의, 국민의, 민족의 ජාතික ②දැවෙනවා 의 형용사적 과거용법: 탄, 타버린, 불탄 දැවුණු (구어) පිච්චුණ.

දෑ [대-] ①것들, 물건들 දේවල් ②국적, 민족 ජාති.

දෑ අඳ [대- 안더] 태어날 때부터 눈먼 උපතින් අන්ධ.

දෑකැත්ත† [대-깬떠] 낫, 풀자르는 칼.

දෑගසව් [대-거써우] 중요한 두 명의 제자, 좌우에 서있는 제자 두명.

දෑඟිලි [댕-길리] ①두자리 숫자 ද්වංගුල ②두 손가락.

දෑඟිල්ල [댕-길러] 두 손가락 ඇඟිලි දෙක.

දෑත/දෑත්† [대-떠/댇-] ①양손, 두손 අත් දෙක ②양쪽 දෙපැත්ත ③양방향 දෙදිසාව.

දෑතුර [대-뚜러] 중간의, 사이의 අතරතුර.

දෑත්/දෑත [댇-/대-떠] ①양손, 두손 අත් දෙක ②양쪽 දෙපැත්ත ③양방향 දෙදිසාව.

දෑම [대-머] දනවා 의 동명사: 불탐, 탐.

දෑරඟමිණ [대-랑거미너] 본래 내부가 움직이는 광택이 있는 보석.

දෑල [댈-러] 양쪽, 양면 දෙපස.

දෑවර [대-워러] 두번 දෙ සැරය. (구어) දෙ පාර.

දෑවා [대-와-] දනවා 의 과거: ①불탔다, 탔다 ②뜨거움을 느끼다.

දෑවාණ [대-와-너] (광물) 석영.

දෑවැද්ද [대-왣더] 지참금, 다우리 දායාදය.

දෑවුරුදු [대-우루두] දෑවුරුද්ද 의 형용사: 두해의, 2년의.

දෑවුරුද්ද [대-우룯더] 두해, 2년 අවුරුදු දෙක.

දෑස [대-써] 두눈, 양눈 දෙනෙත. (구어) ඇස් දෙක

දෑසමන් [대-써만] 자스민 සමන්පිච්ච.

දෑහිගුල් [대-히굴] ①주홍, 주색 ②주홍의, 주색의 සාදිලිංගම්.

දෑළ [댈-러] 개천 2개, 개울 2개 ඇළවල් දෙක.

දික් [딕] ①먼, 멀리 ②긴, 길다란 දිග.

ද

දික් කරනවා† [뒥 꺼러너와-] 늘이다, 연장하다, 길게 하다 දිගු කරනවා.

දික්කසාද කරනවා† [뒥꺼싸-더 꺼러너와-] 이혼하다.

දික්කසාද දිමනාව [뒥꺼싸-더 디-머나-워] (이혼) 위자료.

දික්කසාදය‡ [뒥꺼싸-더여] 이혼.

දික්ගස්සනවා [뒥갔써너와-] ①늘이다, 연장하다, 펴다 දිගු කරනවා ②오래 끌다, 연기하다 පමා කරනවා.

දිග‡ [디거] ①길이 ②방향 දිශාව. (복) *දිග්* ¶ දකුණුදිග 남쪽 සතර දික් භාගය 네 방향

දිග‡ [디거] 긴, 길이의, 길다란 දික්.

දිගඅත/දිගත [디거아떠/디거떠] ①긴 방향, 길이 ②수평선.

දිග අරිනවා/දිග හරිනවා‡ [디거 아리너와-/디거 하리너와-] 펴다, 펼치다, 열다 විහිදුවනවා.

දිගත/දිගඅත [디거떠/디거아떠] ①긴 방향, 길이 ②수평선.

දිග හරිනවා/දිග අරිනවා‡ [디거 하리너와-/디거 아리너와-] 펴다, 펼치다, 열다 විහිදුවනවා.

දිගංචියා [디강치야-] 키다리, 꺽다리.

දිගංශ ප්‍රක්ෂේපනය [디강셔 쁘락쉐-뻐너여] 등방위(等方位) 거리 투영도법.

දිගංශය [디강셔여] (천문학) 방위, 방위각.

දිගංශ රේඛාව [디강셔 레-까-워] 항정선.

දිගටම පවත්වනවා† [디거터머 빠왇워너와-] 지속하다, 유지하다.

දිගට හරහට [디거터 하러하터] 전방향으로, 모든 곳으로 හැම අතටම.

දිගටි [디거티] 옆으로 긴 දිගින් වැඩි.

දිගන්තය [디간떠여] 지평선 ක්ෂිතිජය.

දිගමැනීම [디거매니-머] 척도, 길이의 단위.

දිගම්බර [디감버러] 나체의, 벗은 නග්න.

දිගම්බරයා [디감버러야-] 벌거벗은 사람 නිරුවත් නිගණ්ඨයා.

දිගා [디가-] ①장수, 긴 생명 දිගායු ②장수하는 사람.

දිගාය [디가-여] 장수(의), 긴 생명(의).

දිගායු† [디가-유] 장수, 긴 생명 දිග ජීවිතය.

දිගායුෂ්ක [디가-유쉬꺼] 장수의, 오래 사는 දීර්ඝායුෂ සහිත.

දිගා වෙනවා [디가- 웨너와-] ①눕다, 바닥에 눕다 බිම වැතිරෙනවා ②오래 살다, 장수하다 දීර්ඝායුෂ්ක වෙනවා ③늘어나다, 연장되다 දිග ඇදෙනවා.

දිගැස/දිගැසිය [디개써/디개씨여] 여자, 여성 කාන්තාව.

දිගු [디구] ①긴, 연장된 දීර්ඝ ②방향, 방위 දිශාව. (고어) දිගු

දිගු කරනවා [디구 꺼러너와-] 뻗다, 연장하다, 펴다 දිග්ගස්සනවා.

දිගුකල්† [디구깔] 오랜 시간, 긴 시간 දිග කලක්.

දිගු වරලස [디구 와럴러써] (머리의) 긴 타래, 타래진 긴 머리 දිග කොණ්ඩය.

දිගු විල් [디구 윌] 옆으로 긴 연못들.

දිගේ† [디게-] ~을 따라, 따라서 දික් අත අනුව.

ද

දිගේලි කරනවා [디겔-리 꺼러너와-] (동물을) 말뚝에 매다, 밧줄로 매놓다.

දිග් [딕] දිග 의 복수 또는 형용사: ①긴, 길다란, 연장된 දීර්ඝ ②방향들, 방위들 දිශා. ¶ සතර දික් භාගය 네 방향

දිග් ගස්සනවා [딕 갔써너와-] ①늘이다, 연장하다, 펴다 දිගු කරනවා ②오래 끌다, 연기하다 පමා කරනවා. දිග් ගැස්සීම

දිගු [딩구] (고어) ①긴, 연장된 දීර්ඝ ②방향, 방위 දිශාව. (현대어) දිගු ¶ දිගු කරනවා 펴다, 펼치다

දිජ [디저] ①새 පක්ෂියා ②브라만 බමුණා.

දිට [디터] (신체) 눈 නෙත. (구어) ඇහැ

දිටි [디티] දකිනවා 의 과거분사: 본, 보고 난 දුටු. (구어) දැකපු

දිටිමි [디티미] දකිනවා 의 과거 දුටුවා 의 1인칭 단수: 내가 보았다 දුටිමි, දුටුවෙමි.

දිට්ඨධම්ම [딭터담머] 이생, 이생애 මේ ජීවිතය.

දිට්ඨිය [딭티여] ①시각, 봄 දැකීම ②잘못된 믿음 වැරදි විශ්වාසය.

දිඩ [디더] ①강한, 센, 강력한 බලවත් ②나쁜, 악한 නරක ③높은, 고귀한 උසස්.

දිත [디떠] (베다 신화에서) 아수라 අසුරයා. (복) දිත්

දිදලය† [디달-러여] (바느질) 골무.

දිදුල [디둘러] ①빛나는, 반짝이는 දිලිසෙන ②빛남, 반짝임, 광채 දීප්තිය.

දිදුලනවා [디둘러너와-] 번쩍이다, 빛나다, 반짝이다 දිලිසෙනවා.

දිද්දණ්ඩා [딛단다-] 키다리 ඉතා උස තැනැත්තා.

දින† [디너] ①날짜, 날 දිනය ②දිනය 의 복수 또는 형용사: 날짜들, 날들, 날의, 날짜의. ¶ තෙදින 3일

දිනකර [디너꺼러] 해, 태양 හිරු.

දින චර්යාව [디너 차르야-워] 일상의 일, 판에 박힌 일 දවස ගෙවන පිළිවෙළ.

දින දර්ශනය/දිනදසුන‡ [디너 다르셔너여/디너다쑤너] 달력, 캘린더 දින දර්ශකය.

දිනනවා‡ [디너너와-] දිනුවා-දිනා (대회에서) 이기다, 상을 타다, 승리하다. දිනීම/දිනුම ¶ දිනුවා 승리자, 우승자

දිනපතා† [디너빠따-] 매일, 날마다 දවස්පතා. (구어) හැමදාව

දිනපති [디너빠띠] 해, 태양, 날의 선고자 සූර්යයා. (구어) ඉර

දිනපොත‡ [디너뽀떠] 다이어리, 일기장.

දිනමිණ [디너미너] 해, 태양 හිරු. (구어) ඉර

දිනමුව [디너무워] 날의 시작, 아침 උදය.

දිනය‡ [디너여] 날짜, 날 දින. ¶ අද දිනය කීය ද? 오늘은 몇일입니까?

දින රජ/දින රද [디너 라저/디너 라더] 날의 통치자, 태양, 해 සූර්යයා.

දින රත්නය [디너 라뜨너여] 날의 보석, 해, 태양 හිරු. (구어) ඉර

දින රද/දින රජ [디너 라더/디너 라저] 날의 통치자, 태양, 해 සූර්යයා.

දෑ

දිනා ගන්නවා‡ [디나- 간너와-] දිනනවා 보라: 이기다, 승리하다 ජය ගන්නවා.

දිනි [디니] දෙනවා 의 3인칭 단수 남성 과거형태: 줬다 දුන්නේය.

දිනිතිය [디니띠여] 어머니, 아기를 낳는 사람 මව.

දිනිඳ [디닌다-] 해, 태양 සූර්යයා. (구어) ඉර

දිනිඳු [디닌두] 해, 태양 හිරු. (구어) ඉර

දිනිමි [디니미] දෙනවාの 1 인칭 단수 과거: 내가 주었다 දුන්නෙමි. (구어) මම දුන්නා

දිනිසුරු [디니쑤루] 해, 태양 දියමිණ. (구어) ඉර

දිනුම/දිනීම† [디누머/디니-머] දිනනවා 의 동명사: 우승, 승리, 성공 ජය. ¶ දිනුම් කණුව 결승점, 결승 표주

දිනේ දින [디넨 디너] 매일, 날마다 දිනපතා. (구어) හැමදාම

දිපද [디빠더] 양발의, 두발의, 사람의.

දිපදයා [디빠더야-] 사람, 인간, 두다리 존재 ද්විපාදයා, මිනිසා.

දිපදුත්තම [디빠둗떠머] 부처님 බුදුන් වහන්සේ.

දිමුතු/දිමුත් [디무뚜/디묻] 빛나는, 찬란한, 광채나는 දීප්තිමත්.

දිමුත් [디묻] 빛나는, 찬란한, 광채나는 දීප්තිමත්.

දිමියා† [디미야-] 빨간 개미 රතු කූඹියා.

දිඹුල [딤불러] ①우드애플 나무 දිවුල් ගස ②무화과 나무 අත්තික්කා ගස. (복) *දිඹුල්*

දිඹුලා [딤불라-] 약한 사람 දුර්වල තැනැත්තා.

දිඹුල් [딤불] ①연약한, 약한, 힘없는 දුර්වල ②우드애플(무화과 나무)의 දිවුල්.

දිය† [디여] ①물 ජලය (구어) වතුර ②세상, 세계 ලෝකය ③승리 ජය ④(활)시위, 줄 දුනු දිය ⑤결혼 지참금, 다우리 දෑවැද්ද ⑥소변, 오줌 මුත්‍ර.

දිය [디여] 두번째의 ද්විතීය. (구어) දෙවැනි

දිය [디여] දෙනවා 가 යුතු, හැකි 앞에 놓일 때의 변형. ¶ දිය යුතු 줘야 한다 දිය හැකි 줄 수 있다

දිය අගල [디여 아걸러] (도시나 성곽 둘레의) 해자, 외호(外濠) ආරක්ෂක අගුල.

දිය ඇල්ල‡ [디여 앨러] 폭포.

දිය උදරරෝගය [디여 우더*러로*-거여] (의학) 수종병 ඔජරය.

දියකඩනය† [디여까*더*너여] 방파제.

දිය කඩනවා [디여 까*더*너와-] 물을 방류하다.

දියකඳ [디여깐더] 큰 물, 큰 물길.

දිය කරනවා† [디여 꺼*러*너와-] 녹이다, 액체로 만들다.

දියකාවා [디여 까-와-] (새) 가마우지.

දියකැටපහන [디여깨터빠하너] 수도관 돌, 도수 돌.

දිය කැපීම [디여 깨삐-머] 물을 자름 (주로 불교 행사때 거룩한 의식 중 하나).

දියකිරි† [디여끼리] 두번째로 추출한 우유나 즙.

දිය කිස [디여 끼써] 목욕, 멱감기 දිය නෑම.

දියකුකුළා [디여꾸꿀라-] (새) 휘슬버드.

දි

දියකුස [디여꾸써] 세상 ලොව.
දිය කෙළි [디여 껠리] 수중 스포츠 ජල ක්‍රීඩා.
දිය කේළි [디여 껠-리] 승전기, 승전깃발 ජය කොඩි.
දිය කෝණය [디여 꼬-너여] 목욕용 옷 නාන ඇඳුම.
දිය ගති [디여 가띠] 물의 성격, 물의 속성 ජලයේ ස්වභාවය.
දිය ගැඹර පිරික්සුම [디여 갬부러 삐뤼쑤머] 심해의 소리.
දියගැසු හුණු [디여개쑤 후누] 소석회.
දියගිලුම/දියගිල්ම [디여길루머/디여길머] 저수지 땅 크기.
දියගේ [디여게-] 화장실 වැසිකිලිය.
දියගොඩමස් [디여고더마쓰] 생선과 고기.
දිය ගොස/දිය නඳ [디여 고써/디여 난더] 승리의 함성.
දියණිය† [디여니여] 딸 දැරිය. (구어) දුව
දියත [디여떠] ①세상, 세계 ලෝකය ②세상안에서, 세상에서 ලෝකයේ. ¶ නිදොස් කෙනෙක් මෙදියත නැත 흠없는 사람은 이 세상에 없다
දිය තරිප්පු [디여 따맆뿌] (돌) 수정.
දිය තලාව [디여 딸라-워] 물 분출, 물이 분출된 쪽.
දියත් [디얃] ①(물에) 둥둥 뜬, 떠 있는 ②දියත 의 복수 또는 형용사: 세상들, 세상의. ¶ නැව දියත් විය 배가 물위에 떴다
දියත් කරනවා† [디얃 꺼러너와-] (배를) 진수시키다, 띄우다 යාත්‍රා කිරීම පටන් ගන්නවා.
දියත්ත [디얃떠] ①소량의 물 දිය ස්වල්පය ②물방울, 물한방울 දියබින්දුව.
දිය දද [디여 다더] 승전기, 승전깃발 ජය කෙහෙළි.
දිය දෙර [디여 도러] 수문, 보.
දිය නඳ/දිය ගොස [디여 난더/디여 고써] 승리의 함성 ජය ඝෝෂාව.
දිය නයා† [디여 나야-] 물뱀.
දියනා [디여나-] ①부처님 ②왕 ③바다.
දියනෙත [디여네떠] 해, 태양 සූර්යයා. (구어) ඉර
දියපාර† [디여 빠-러] 물길 ජල මාර්ගය.
දියබරණයා [디여바러너야-] 물뱀 දිය නයා.
දියබරියා [디여바리야-] 독없는 물뱀.
දියබල්ලා [디여발라-] 수달.
දියබස්නාව [디여바쓰나-워] 운하, 수로 ඇළ.
දියබිබිල/දියබුබුල† [디여비빌러/디여부불러] (손, 발) 물집 බිබිල. (복) *දියබිබිලි*
දිය බෙත්ම [디여 벧머] 물 분기점.
දියමන්ති ජුබිලිය [디여만띠 주빌리여] Victoria 여왕 즉위 60년제 (1897년 거행).
දියමන්තිය† [디여만띠여] 다이어몬드, 금강석.
දියමලන් කනවා [디여멀란 까너와-] 물에 젖다, 물을 빨아들이다 තෙතබරි වෙනවා.
දියමැක්කා [디여맥까-] 물벼룩.
දියමිණ [디여미너] 해, 태양 සූර්යයා. (구어) ඉර
දියඹය [디얌버여] 깊은 물, (연안에서 보이는) 바다, 먼바다.
දිය රකුසා [디여 라꾸싸-] 물 악마.

දි

දියරය† [디여*러*여] 액체, 액, 로션 උකු දෙය.

දිය රෙද්ද [디여 *렏*더] 목욕용 옷 නාන ඇඳුම.

දියරෝදය [디여*로*-더여] 수차, 물레바퀴.

දිය ලණුව [디열 라누워] 허리띠.

දිය ලබු [디열 라부] (식물) 조롱박.

දියලිහිණියා† [디열리히니야-] (새) 제비 වටුකුරුල්ලා.

දියවක [디여워꺼] 음력의 두번째 날.

දිය වගාව [디여 와가-워] 수경재배.

දියවඩන නිළමේ [디여워*더*너 닐러메-] 불치 유물을 돌보는 평관리자.

දියවර [디여워*러*] 물 වතුර.

දිය වරණ [디여 와*러*너] 방수.

දියවාන [디여와-너] (호수, 저수지) 물이 넘칠 때 물이 나가는 수로.

දියවැඩ [디여왜*더*] 세상일, 세상 사람들의 선함을 위해서 하는 일.

දියවැඩියාව‡ [디여왜*디*야-워] 당뇨 මධුමේහය. (구어) සීනි

දිය වැල† [디여 왤러] 조류, 해류.

දියවෙද [디여웨다-] 물 거머리 දිය කූඩැල්ලා.

දිය වෙනවා [디여 웨너와-] 녹다, 용해되다 ද්‍රවනය වෙනවා.

දියසැවුලා [디여쌔울라-] 물새 දියසේරා.

දියසීරාව [디여씨-*라*-워] 물기, 축축함 ජල කාන්දුව.

දිය සුළිය† [디여 쑬리여] 소용돌이.

දියසෙවෙල්‡ [디여쎄웰] 이끼.

දියසේරා [디여쎄-*라*-] 물새 දියසැවුලා.

දියහුණා [디여후-나-] (동물) 영원.

දියළු/දියළුව [디열루/디열루워] (지질) 충적층.

දියළු මැටි [디열루 매티] (지질) 충적토.

දියළුව/දියළු [디열루워/디열루] (지질) 충적층.

දියාරු† [디야-*루*] ①액체의, 끈적이는, 점성의 උකු ②사소한, 대단찮은 නොවැදගත්.

දියාඳවා [디얀-루와-] 물 공급자.

දියුණු† [디유누] 발달된, 성장한, 발전한 වර්ධනවූ.

දියුණු තියුණු වෙනවා [디유누 띠유누 웨너와-] 급성장하다.

දියුණුව [디유누워] 발전, 성장, 발달 වර්ධනය.

දියුණු වෙනවා‡ [디유누 웨너와-] 발전하다, 성장하다, 발달하다 වර්ධන වෙනවා.

දිරච්ච [디*랓*처] දිරනවා 의 형용사적 과거용법: 썩은, 부패한 දිරාපු. (문어) දිරූ, දිරාපත්

දිරනවා† [디*러*너와-] දිරුවා-දිරා ①썩다, 부패하다, 부식되다 ②소화하다. <u>දිරීම</u>

දිරවනවා† [디*러*워너와-] දිරෙව්වා-දිරවා ①썩히다, 부식되게 하다, 부패시키다 ②소화시키다.

දිරාපත් [디*라*-빧] 썩은, 부패한 දිරූ. (구어) දිරච්ච

දිරි ගන්නවා [디*리* 간너와-] 힘내다, 용기내다, 의욕을 품다 ධෛර්යමත් වෙනවා.

දිරි ගන්වනවා [디리 간워너와-] 힘내게 만들다, 용기를 내게 만들다, 의욕을 품게 하다 ධෛර්යමත් කරනවා.

දිරිය [디리여] 용기, 의욕, 열정, 열심 ධෛර්යය.

දිරිමත් [디리맏] 용기있는, 힘있는, 의욕적인 ශක්තිමත්.

දිලිසීම/දිලිසුම† [딜리씨-머/딜리쑤머] දිලිසෙනවා 의 동명사: 빛남, 반짝거림, 광채 දිලීම.

දිලිසෙනවා‡ [딜리쎄너와-] දිලිසුණා-දිලිසී 빛나다, 반짝 거리다. <u>දිලිසීම/දිලිසුම</u> (구어) දිලිහෙනවා ¶ කෝපයෙන් දිලිසෙනවා 화나다, 분노하다

දිලිහීම/දිලිහුම [딜리히-머/딜리후머] දිලිහෙනවා 의 동명사: 빛남, 반짝거림, 광채 දිලීම.

දිලිහෙනවා† [딜리헤너와-] දිලිහුණා-දිලිහිලා 빛나다, 반짝 거리다. <u>දිලිහීම/දිලිහුම</u> (문어) දිලිසෙනවා ¶ කෝපයෙන් දිලිහෙනවා 화나다, 분노하다

දිලීම/දිලුම [딜리-머/딜루머] දිලෙනවා 의 동명사: 광채, 빛남, 반짝거림 දිලිසීම.

දිලීර නාශකය [딜리-러나-셔꺼여] 살균제.

දිලීරය† [딜리-러여] 곰팡이, 균 පුස්.

දිලීර රෝගය [딜리-러 로-거여] (식물의) 마름병, 동고병, 줄기마름병.

දිලීර විද්‍යාව [딜리-러 윋디야-워] 균학, 균류학.

දිලීර සූත්‍රිකාව [딜리-러 쑤-뜨리까-워] (식물) 균사.

දිලීරාම්ල [딜리-라-믈러] 균의 산.

දිලෙනවා [딜레너와-] දිලුණා-දිලී 빛나다, 반짝 거리다 දිලිසෙනවා. <u>දිලීම/දිලුම</u>

දිලුම [딜루머] දිලෙනවා 의 동명사: 광채, 빛남 දිලිසීම.

දිව‡ [디워] 혀. (복) *දිවි*

දිව [디워] ①섬 දිවයින ②거룩한, 신성한 දිව්‍ය. ¶ දිව බොජුන් වැළඳූහ 그들은 거룩한 음식을 먹었다

දිව [디워] දුවනවා 의 과거분사: 달려, 달리고, 달리고 나서 දුවා. (구어) දුවලා

දිවඇස/දිවැස [디워애써/디왜써] 거룩한 눈.

දිවංගත [디왕가떠] 죽은, 사망한, 소천한 මැරුණු.

දිව ඔසුව [디워 오쑤워] 신성한 약 දිව්‍ය ඖෂධය.

දිවකන [디워까너] 신성한 귀.

දිව'ග [디와거] 혀끝 දිවත.

දිව'ගන [디왕거너] 여신, 여천사 දෙවඟන.

දුවණිය [두워니여] 딸 දිවණිය. (구어) දුව

දිවත [디워떠] 혀끝 දිවග.

දිව දෙකේ [디워 데께-] 의지할 수 없는, 신뢰할 수 없는.

දිවනවා [디워너와-] දිවුවා-දිවා 뛰다, 달리다 දුවනවා. <u>දිවීම/දිවුම</u>

දිව මතුරු [디워 마뚜루] 신성한 마술, 신성한 주문(을 욈) දිව්‍ය මන්ත්‍ර.

දිවමනු/දිවමන් [디워마누/디워만] 살아 있는, 존재하는 ජීවමාන.

දිවයින‡ [디워이너] 섬 ද්වීපත. (복) *දිවයින්*

දිවයුරු [디워유루] 해, 태양 සූර්යයා. (구어) ඉර

දිවසකර [디워써꺼러] 해, 태양 සූර්යයා. (구어) ඉර

දිවා† [디와-] 낮. (구어) දවල්

දිවාකර [디와-꺼러] 해, 태양 දියමිණ. (구어) ඉර

දිවා කාලය [디와- 깔-러여] 낮 시간.

දිවා භෝජනය [디와- 보-저너여] 점심, 점심식사. (구어) දවල් කෑම

දිවා රාත්‍රී‡ [디와- 라-뜨리-] 밤낮.

දිවා විහරණය [디와- 위하러너여] 낮 시간을 보냄 දවාල ගත කිරීම.

දිවැස/දිවඇස [디왜써/디워애써] ①거룩한 눈 දිව්‍යාක්ෂිය ②예언, 예언능력. (복) *දිවැස්*

දිවැසාවලිය [디왜싸-월리여] 예언서, 예언집.

දිවැසිවරයා [디왜씨워러야-] 예언자, 선지자 අනාගතවක්තෘ වරයා. (복) *දිවැසිවරු* ¶ දිවැසි-වරිය 여선지자

දිවැසි/දිවැස් [디왜씨/디왜쓰] 예언의 අනාවැකි.

දිවැසි වැකිය/දිවැස් වැකිය [디왜씨 왜끼여/디왜쓰 왜끼여] 예언 අනාවැකිය.

දිවි [디위] දිවිය 의 복수 또는 형용사: ①삶들, 인생들 ජීවිත ②삶의, 인생의 ③표범의, 표범과 관련된.

දිවි කඳුරු [디위 까두루] (식물) 마전 (동인도산의 상록 교목-독성이 강함) කඳුරු.

දිවිපෙවෙත [디위뻬웨떠] 삶, 생존, 생활 ජීවිත පිළිවෙත.

දිවිමකුළුවා‡ [디위마꿀루와-] 독거미 දී දකුළුවා.

දිවිය† [디위여] 삶, 인생, 평생 ජීවිතය. (복) *දිවි*

දිවියා† [디위야-] 표범.

දිවිරීම [디위리-머] දිවුරනවා 의 동명사: 맹세, 언약 දිවුරුම.

දිවිහිමි [디위힘] 삶, 인생 ජීවිතය.

දිවිහිමියෙන් [디위히미옌] 삶 내내, 인생 전체에서, 삶을 통틀어 මුළු ජීවිතයේ.

දිවු [디우] දිව 의 복수: 섬들 දිවයින්.

දිවුරනවා‡ [디우러너와-] දිවුරුවා(දිවුළා)-දිවුරා 맹세하다, 선서하다, 약속하다 සපථ කරනවා. දිවුරීම/දිවුරුම/දිවිරීම

දිවුරීම/දිවුරුම [디우리-머/디우루머] දිවුරනවා 의 동명사: 맹세, 언약 දිවිරීම.

දිවුරුම් ප්‍රකාශය [디우룸 쁘러까-셔여] 공표, 선포.

දිවුල්‡ [디울] (과일) 우드애플 (wood apple) දිඹුල්.

දිවෙල [디웰러] 삯, 임금, 봉급 වැටුප.

දිව් [디우] දිව 의 복수: 혀들.

දිව්‍ය† [딥위여] 신성한, 거룩한, 신의 දේව.

දිව්‍යපථය [딥위여빠떠여] 하늘.

දිව්‍යමය [딥위여머여] 신성한, 거룩한, 하늘의 දේව.

දිව්‍ය ලෝකය† [딥위여 로-꺼여] 신성한 세계, 천국 සරලොව.

දිව්‍ය වෘක්ෂය [딥위여 우룩셔여] 신성한 나무.

දිව්‍යාංගනාව [딥위양-거나-워] 공기(바람)의 요정.

දිශා/දිසා [디샤-/디싸-] 지역의, 지방의, 시의.

දිශාධිපතියා [디샤-디빠띠야-] ①자치주의 장 (도지사) ②총독 දිසාපතියා. ¶ දිශාධිපති නෙහෙමියා 총독 느헤미야

දශාව/දසාව [다샤-워/다싸-워] ①시간, 시한(時限) කාලය ②옷자락 දාවල්ල.

ද

දිෂ්ටිය [디쉬티여] ①바라봄, 관망, 봄, 관찰 දෘෂ්ටිය ②소유, 가짐 ආවේශය.

දිසා/දිශා [디싸-/디샤-] 지역의, 지방의, 시의.

දිසාපති කාර්යාලය [디싸-빠띠 까-르얄-러여] 자치주의 장 (도지사) 사무실.

දිසාපතියා [디싸-빠띠야-] ①자치주의 장 (도지사) ②총독 දිශාධිපතියා. ¶ දිසාපති හශාන්ත 도지사 하샨떠

දිසාව† [디싸-워] ①방향 දිශාව ②지역, 지방, 시. (구어) දිහාව

දිස් [디쓰] 보이는, 눈에 보이는 දෘශ්‍ය.

දිස්ත්‍රික් උසාවිය [디쓰뜨릭 우싸-위여] 지방 법원.

දිස්ත්‍රික්කය† [디쓰뜨릭꺼여] (행정) 주(州) 자치구, 지방, District (스리랑카는 25개의 district으로 나뉘어져 있다).

දිස්නය [디쓰너여] 광채, 반짝임, 빛남 ප්‍රභාව.

දිස්නා [디쓰나-] ①빛나는, 광채나는, 반짝이는 බබලන ②눈에 보이는 පෙනෙන.

දිහා‡ [디하-] ~ 방향으로, ~ 쪽으로. (문어) දෙස ¶ මා දිහා බලන්න 나를 보세요

දිහාව [디하-워] ①방향 දිශාව ②지역, 지방, 시. (문어) දිසාව

දිළින්ද/දිළිඳ [딜린다-] 가난한 사람, 빈곤자 දුප්පතා. (복) දිළිඳු, දුළිඳුන්

දිළිඳු† [딜린두] ①가난한, 궁핍한 දුප්පත් ②දිළින්දා 의 복수: 가난한 사람들 දුගියෝ. ¶ දිළිඳා 가난한 사람

දිළිඳුකම† [딜린두꺼머] 가난, 궁핍 දුප්පත්කම.

දිළිසෙනවා [딜리쎄너와-] දිළිසුණා-දිළිසී 빛나다, 반짝 거리다 දිලිසෙනවා. <u>දිළිසීම/දිළිසුම</u> (구어) දිළිහෙනවා ¶ කෝපයෙන් දිළිසෙනවා 화나다, 분노하다

දිළිහෙනවා [딜리헤너와-] දිළිහුනා-දිළිහිලා 빛나다, 반짝 거리다 දිලිහෙනවා. <u>දිළිහීම/දිළිහුම</u> (문어) දිළිසෙනවා ¶ කෝපයෙන් දිළිහෙනවා 화나다, 분노하다

දී [디-] ~안에, ~ 안에서 තුළ. (구어) හි

දී [디-] දෙනවා 의 과거분사: 주고, 주어, 주고 나서. (구어) දීලා

දී කිරි† [디- 끼리] 커드, 그릭 요거트 (curd, 엉겨진 우유 제품) මී කිරි.

දීග දෙනවා [디-거 데너와-] 결혼시키다, 혼인시키다 විවාහ කර දෙනවා.

දීගය [디-거여] 결혼, 혼인 විවාහය.

දීග යනවා [디-거 야너와-] 결혼해 나가다, 결혼해 출가하다 විවාහ වී යනවා.

දීගෙ [디-게] 결혼, 혼인 විවාහය.

දීගෙක යනවා [디-게꺼 야너와-] 결혼해 나가다, 결혼해 출가하다 විවාහ වී යනවා.

දීඝ [디-거] 긴, 오래끈, 오랜 දීර්ඝ.

දීඝායු [디-가-유] 장수, 오래 살음 දිගායු.

දීන [디-너] 낮은, 천한, 비천한 නීච.

දීනයා [디-너야-] 낮은자, 천한자 නීචයා.

දීපංකරය [디-빵꺼러여] 저먼 땅, 모르는 나라 නොදන්නා රට.

දී

දීප [디-빠] ①섬들 දූපත් ②등들, 등잔들 පහන්.

දීපකය [디-빠꺼여] ①등, 등잔 පහන ②(무엇에 대한 진실을 보여주는) 실례, 실증 ආදර්ශ සංකේතය ③(불교) 극락 නිවන ④(향신료) 커민 සුදුරු.

දීපන [디-빠너] 점화하는, 불태우는 පත්තු කරන.

දීපනිය [디-빠니여] 등, 등잔, 등불 පහන.

දීපමාලාව [디-빠말-라-워] 일렬로 세워 놓은 등들.

දීපය [디-빠여] ①섬 දූපත ②등, 등잔 පහන.

දීප වංශය [디-빠 왕셔여] 섬주민, 섬의 자손들 දීපවාසියා.

දීපවාසියා [디-빠와-씨야] 섬주민, 섬의 자손들 දීප වංශය.

දීප ශිඛාව [디-빠 쉬까-워] 등잔불, 등불.

දීපිකාව [디-삐까-워] 아주 작은 섬, 작은 섬 비슷한 것 කුඩා දූපත.

දීප්ත [딮-떠] 밝게 빛나는, 밝은, 환한, 빛을 내는 දීප්තිමත්.

දීප්ත සායම් [딮-떠 싸-얌] 빛을 내는 색, 발광색 දිලිසෙන සායම්.

දීප්තිමත්† [딮-띠맡] 찬란한, 광채가 나는, 빛나는 ආලෝකවත්.

දීප්තිමානය [딮-띠마-너여] 광도계(光度計).

දීප්තිය [딮-띠여] 광채, 찬란함, 빛남 දිලිසීම.

දීම‡ [디-머] දෙනවා 의 동명사: 줌, 드림.

දීමන [디-머너] 선물, 선사품 ත්‍යාගය. (구어) තෑග්ග

දීමනාව‡ [디-머나-워] ①할당, 배당, 기부, 기증 ②은사, 선물.

දීර්ඝ† [디-르거] 긴, 오래끈, 오랜 දිඝ. (구어) දිග

දීර්ඝායුෂ [디-르가-유셔] 장수, 긴 수명 දිගායු.

දීර්ඝායුෂ්ක [디-르가-유쉬꺼] 장수하는, 오래사는 බොහෝ කල් ජීවත්වන.

දීලා [딜-라-] දෙනවා 의 과거분사: 주고, 주어, 주고 나서. (문어) දී

දීසිය† [디-씨여] 접시 පැතලි භාජනයක්.

දු [두] (접두사 දුර්) ①어려운 ②~없이 ③나쁜 ④잘못된.

දුං [둥] 연기, 매연 දුම්.

දුඃ [두-] (접두사 දුර්) ①어려운 ②~없이 ③나쁜 ④잘못된.

දුඃඛදායක [두-꺼다-여꺼] 슬픈, 애통하는, 괴로워하는.

දුඃඛය [두-꺼여] 슬픔, 괴로움, 탄식, 고통 දුක.

දුඃඛිත [두-끼떠] 비참한, 괴로운, 고통받는 දුක්ඛිත.

දුක‡ [두꺼] 슬픔, 괴로움, 탄식, 고통 හිතේ වේදනාව.

දුකසේ [두꺼쎄-] 고통중에, 슬픔 중에 අමාරුවෙන්.

දුකුල [두꿀러] 부드러운 옷(감)의.

දුක්† [둒] දුක 의 복수 또는 형용사: ①슬픔, 괴로움, 탄식 වේදනා ②슬픈, 고통스러운.

දුක්ඛදායක [둒꺼다-여꺼] 슬픈, 애통하는, 괴로워하는 දුක්ඛිත.

දුක්ඛදායී [둒꺼다-이-] 슬픈, 애통하는, 괴로워하는 දුක්ඛිත.

දුක්ඛ නිරෝධය [둒꺼 니로-더여] 고통의 정지, 슬픔의 중지.

දි

දුක්ඛප්‍රාප්ත [둑꺼쁘랖-떠] 비참한, 괴로운, 고통받는 දුක්ඛිත.
දුක්ඛ සත්‍යය [둑꺼 쌑띠여여] 고통의 진실.
දුක්ඛාන්ධකාරය [둑깐-더까-러여] 슬픔의 어두움.
දුක්ඛිත [둑끼떠] 비참한, 괴로운, 고통받는 දුඃඛිත.
දුක් ගැනවිල්ල [둑 개너윌러] ①고통, 아픔, 슬픔, 근심 හිරිහැරය ②어려움과 슬픔을 호소하는 기도. (복) *දුක් ගැනවිලි*
දුක් දෙනවා [둑 데너와-] 고통, 슬픔을 주다.
දුක්පත් [둑빧] 가난한, 빈곤한 දුප්පත්.
දුක්මුසු [둑무쑤] 슬픔에 가득찬, 괴로운, 비참한, 고통받는 දුක් සහිත.
දුක් වෙනවා [둑 웨너와-] 슬퍼하다, 괴로워하다, 고통스러워하다, 탄식하다 කනගාටු වෙනවා.
දුගතිය [두거띠여] 지옥, 음부 අපාය.
දුගඳ† [두간더] 악취 දුර්ගන්ධය.
දුගියා† [두기야-] 가난뱅이, 가난한 사람, 불쌍한 사람 දිළින්දා. (복) *දුගියෝ, දුගීහු*
දුගී [두기-] 가난한, 빈곤한 දුප්පත්. ¶ දුගීහු 가난한 사람들
දුග්ගන්නා රාළ [둑간나- 랄-러] 신하 රාජ්‍ය සේවකයා.
දුග්ගැනවිල්ල [둑개너윌러] ①자신이 받는 고통과 슬픔에 대한 불평 පැමිණිල්ල ②어려움과 슬픔에 대한 도움을 구하는 기도. (복) *දුග්ගැනවිලි*
දුටහ [두터허] දකිනවා 의 과거 දුටුවා 의 3인칭 복수: 그들이 보았다 දුටුහ, දුටුවෝය. (구어) දැක්කා ¶ ඔව්හු යේසුස් වහන්සේ දුටහ 그들은 예수님을 보았습니다
දුටහට [두터하터] 그냥, 단지 නිකම්ම.
දුටිමි [두티미] දකිනවා 의 과거 දුටුවා 의 1인칭 단수: 내가 보았다 දිටිමි, දුටුවෙමි. ¶ මම යේසුස් වහන්සේව දුටිමි 나는 예수님을 보았습니다
දුටිමු [두티무] දකිනවා 의 과거 දුටුවා 의 1인칭 복수: 우리가 보았다 දුටුවෙමු. ¶ අප යේසුස් වහන්සේ දුටිමු 우리는 예수님을 보았습니다
දුටීය [두티-여] දකිනවා 의 3인칭 단수 과거형태: 그가 보았다 දිටීය. ¶ ඔහු මිසරයෙක් ගහනවා දුටීය 그가 이집트인을 때리는 것을 보았다
දුටු [두투] දකිනවා 의 형용사적 과거용법: 본, 눈으로 본 බැලුවා වූ.
දුටුවා [두투와-] දකිනවා 의 과거(문어): 보았다. (구어) දැක්කා
දුටුහ [두투허] දකිනවා 의 과거 දුටුවා 의 3인칭 복수: 그들이 보았다 දුටහ, දුටුවෝය. (구어) දැක්කා ¶ ඔව්හු යේසුස් වහන්සේ දුටුහ 그들은 예수님을 보았습니다
දුතියිකාව [두띠이까-워] 부인, 아내 බිරිඳ.
දුදන [두더너] 악한, 사악한, 패역한 දුර්ජන. ¶ දුදනා 악인
දුදනා [두더나-] 악인, 나쁜 사람, 악한 사람 නපුරා. ¶ සුදනා 의인
දුද [두다-] (식물) 자귀나무(의) දුදායිම්.
දුදයිම් [두다-임] (식물) 자귀나무.
දුදුරු [두두루] 험한 길 දුර්ගය.

දැ

දුදුල/දුදුළ [두둘러] 험한 길 දුර්ගය.

දුනි [두니] දෙනවා 의 3인칭 단수 남성 과거형태: 줬다 දීනි.

දුනිමි [두니미] දෙනවා 의 과거 1인칭 단수: 내가 줬다 දුන්නෙමි. (구어) දුන්නා ¶ **දෙවියන් වහන්සේ මාගේ ඉල්ලීමට සවන් දුනිමි** 하나님께서는 내 요청을 들어주셨습니다

දුනිමු [두니무] දෙනවා 의 과거 1인칭 복수: 우리가 줬다 දුන්නෙමු. (구어) දුන්නා ¶ **ඔබ වහන්සේ සාගිනි වී සිටිය දී අපි එබට කෑම දුනිමු ද?** 당신께서 배고파 계실 때에 우리가 당신께 음식을 드렸습니까?

දුනු† [두누] දුන්න 의 복수 또는 형용사: ①활들 ②활의 ③용수철(의), 스프링들(의).

දුනු කියත [두누 끼여떠] (도구) 쇠톱, 핵소.

දුනු කොළය [두누 꼴러여] 판 스프링, 판 용수철.

දුනු තරාදිය [두누 따라-디여] 용수철 저울 දුනු තුලාව.

දුනු තුලාව [두누 뚤라-워] 용수철 저울 දුනු තරාදිය.

දුනු දිය [두누 디여] 활 시위, 활줄 දුන්නේ ලණුව.

දුනු පිහිය [두누 삐히여] 대형 접칼.

දුනුමිට [두누미터] 활손잡이.

දුනුවායා [두누와-야-] 사수, 궁술가 වැද්දා.

දුන්† [둔] දෙනවා 의 형용사적 과거용법: 준, 줘 버린 දුන්න. (구어) දීපු

දුන්තෙල් [둔뗄] (물소 젖의) 버터 기름 මීහරක් ගිතෙල්.

දුන්න† [둔너] ①활 ②용수철, 탄력있는 스프링. (복) දුනු

දුන්න [둔너] දෙනවා 의 형용사적 과거용법: 준, 줘 버린 දුන්. (구어) දීපු

දුන්නා‡ [둔나-] දෙනවා 의 과거: 줬다.

දුන්හ [둔허] දෙනවා 의 과거 3인칭 복수: 그들이 줬다 දුන්නෝය. (구어) දුන්නා ¶ **දෙවියන් වහන්සේ මාගේ ඉල්ලීමට සවන් දුනිමි** 하나님께서는 내 요청을 들어주셨습니다

දුප්පතා‡ [둪빠따-] 가난한 사람 දිළින්දා. (복) දුප්පත්තු

දුප්පත්‡ [둪빧] 가난한, 빈곤한 දිළිඳු.

දුබල† [두벌러] 약한, 연약한 දුර්වල. ¶ දුබලයා 약한 사람

දුබික් [두빆] 굶주림, 기아 දුර්භික්ෂය. (구어) බඩගින්න

දුම† [두머] ①연기 ධූමය ②매연 ③증기, 수증기 වාෂ්පය ④부엌 선반 දුම් මැස්ස ⑤나무 ගස. ¶ දුම් බොනවා 담배 피우다

දුමත [두머떠] ①악한 생각들, 사악한 생각들 දුර්මත ② දුමනවා 의 형용사적 현재용법: 연기를 뿜는 දුම් දමන.

දුමනවා [두머너와-] දිමුවා-දුමා 연기를 뿜다, 연기를 내다 දුම් දමනවා. <u>දිමීම/දිමුම</u>

දුමාරය [두마-러여] 연기가 많음, 연기가 자욱함 දුම, ධූමය.

දුමිඳු [두민두] 큰 나무, 대형 나무 මහ ගස.

දුම්‡ [둠] දුම 의 복수 또는 형용사: ① a. 연기 ධූම b. 매연들 c. 수증기 d. 나무들 ② a. 연기의 දුම පිළිබඳ b. 매연의 c. 수증기의 d. 나무의 ගස්.
¶ දුම්බීම තහනම් 금연

දු

දුම් කවුලුව [둠 까울루워] 굴뚝 දුම් නළය.

දුම්කාවා [둠까-와-] 인도산 롤러카나리아 (집 비둘기 종류).

දුම්කුඩු [둠꾸두] 코담배.

දුම් කොළ‡ [둠 꼴러] 담뱃잎.

දුම් ගැසීම† [둠 개씨-머] 연기를 뿜음, 훈증 දුම් පිට කිරීම.

දුම් ගෙය [둠 게여] 훈제소.

දුම් නළය† [둠 날러여] 굴뚝 දුම් කවුලුව.

දුම් නැව [둠 내워] 증기선.

දුම්මල [둠멀러] (나무의) 진, 수지(樹脂) රෙසින.

දුම්රිය‡ [둠리여] 기차, 열차 රේල්ලුව. (구어) කෝච්චිය
¶ දුම්රිය හරස් මඟ 기차 건널목

දුම්රිය පළ/දුම්රිය පොළ‡ [둠리여 뻘러/둠리여 뽈러] 기차역 දුම්රිය ස්ථානය.

දුම්රිය පාර† [둠리여 빠-러] 기찻길, 열차길 දුම්රිය මාර්ගය. (구어) කෝච්චි පාර

දුම්රිය පොළ‡ [둠리여 뽈러] 기차역 දුම්රිය පළ. (문어) දුම්රිය ස්ථානය

දුම්රිය ස්ථානය‡ [둠리여 쓰따-너여] 기차역 දුම්රිය පළ.

දුම්රියපළ [둠르여뻘러] 기차역 දුම්රිය පළ.

දුම්වැටිය [둠왜티여] 담배 සිගරැට්ටුව.

දුඹුක් [둠북] 반여문, 반절 익은 බාගෙට ඉදුණු.

දුඹුටු/දුඹුටුලු [둠부투/둠부툴루] 그을음이 있는 거미줄 දුඹුලු.

දුඹුරු† [둠부루] 갈색의.

දුඹුරු පාට‡ [둠부루 빠-터] 갈색.

දුඹුලු/දුඹුල් [둠불루/둠불] 그을음이 있는 거미줄 දුඹුටු.

දුර‡ [두러] ①거리, 간격 ②멈, 원거리.

දුර‡ [두러] 먼, 거리가 먼, 멀리 떨어진 එපිට. (구어) ඈත

දුරකථනය‡ [두러까떠너여] 전화 ටෙලිෆෝනය.

දුරකථන හුවමාරු මධ්‍යස්ථානය [두러 까떠너 후워마-루 마디여쓰따-너여] 전화 교환국.

දුර ගමන [두러 가머너] 원거리 여행 ඈත ගමන.

දුර තබා/දුර තියා [두러 따바-/두러 띠야-] 멀리서, 멀리서부터 ඈත සිට.

දුර දක්නය [두러 다끄너여] 망원경 දුරේක්ෂය.

දුර දක්නා [두러 다끄나-] 멀리 보이는, 앞이 잘 보이는 දුර දකින.

දුරදර්ශී [두러다르쉬-] 선견지명의, 장래를 준비하는.

දුරදිග බලනවා [두러디거 발러너와-] 배려하다, 미리 생각하다.

දුරදී [두러디-] 멀리서, 저멀리서.

දුර පෙනුම [두러 뻬누머] 멀리 봄, 천리안 ඈත පෙනීම.

දුරබලනය [두러발러너여] 망원경 දුරදක්නය.

දුරබැහැර [두러배해러] 먼, 거리가 먼, 멀리 떨어진 එපිට. (구어) ඈත

දුරය [두러여] 직임, 지위 තනතුර.

දුරර්පණය [두러르뻐너여] 잘못된 제시, 오해 වරදවා තේරුම් ගැනීම.

දුරලනවා [두럴러너와-] දුරලෑවා-දුරලා 내보내다, 쫓아내다, 내쫓다, 제거하다 ඉවත-

ද

ලනවා. දුරලීම (구어) අයියෙන් කරනවා

දුරවබෝධ [두러워보-더] 이해하기 어려운, 이해할 수 없는 තේරුම් ගැනීමට අමාරු.

දුරස්තර/දුරස්ථ [두라쓰떠러/두러쓰떠] 먼, 떨어져 있는 දුර සිට. ¶ දුරස්ථබාවය 거리 유지, 간격 두기

දුරස්ථ පාලකය [두라쓰떠 빨-러꺼여] 리모콘, 원격 조절 장치.

දුරාචාරය† [두라-차-러여] 방탕, 난봉, 행실이 좋지 않음, 품행이 나쁨 අනාචාරය.

දුරියං/දුරියන් [두리양/두리얀] 두리양 (나무 또는 열매).

දුරු [두루] ①먼, 거리가 먼, 멀리 떨어진 ඈත, එපිට ②커민씨(미나릿과의 식물).

දුරු කරනවා† [두루 꺼러너와-] 내보내다, 쫓아내다, 제거하다 අහක දමනවා. (구어) අයියෙන් කරනවා

දුරුතු [두루뚜] 씽할러 달력의 9번째 달(의).

දුර් [두르] (접두사) ①어려운, 힘든 ②나쁜, 사악한.

දුර්ග [두르거] 도달하기 어려운, 다다르기 힘든.

දුර්ගන්ධ නාශකය [두르간더 나-셔꺼여] 악취 제거제 දුගඳ නාශකය.

දුර්ගන්ධය [두르간더여] 악취 දුගඳ.

දුර්ගම [두르거머] ①가기 힘든, 도달하기 어려운 යෑමට අමාරු ②난해한, 이해하기 어려운 අවබෝධයට දුෂ්කර.

දුර්ගය† [두르거여] ①산길, 고갯길, 도달하기 어려운 곳 දුෂ්කර මග ②요새 බලකොටුව.

දුර්ජන [두르저너] 나쁜, 악한 දුදන.

දුර්ජනයා† [두르저너야-] 나쁜 사람, 악인, 악한 사람 දුෂ්ටයා.

දුර්දසාව [두르다싸-워] 나쁜 때, 안좋은 시간 නරක කාලය.

දුර්දන්ත [두르단-떠] 악의 있는, 심술궂은.

දුර්නිමිත්ත [두르니밑떠] 흉조, 나쁜 징조 නරක පෙරනිමිත්ත.

දුර්භාග්‍ය [두르바-기여] 불행한, 운이 없는 අවාසනාවන්ත.

දුර්භික්ෂය† [두르빆셔여] 기근, 기아, 배고픔 සාගතය.

දුර්මතය [두르머떠여] 오해, 잘못된 생각 නපුරු කල්පනාව.

දුර්මති/දුර්මතික [두르머띠/두르머띠꺼] ①오해한 ②어리석은, 우둔한 මෝඩ.

දුර්මතිය [두르마띠여] දුර්මතය 보라: 오해, 잘못된 생각 නපුරු කල්පනාව.

දුර්මුඛ [두르무꺼] 말없이, 말하지 않고, 조용히 නිහඬ.

දුර්ලභ‡ [두를라버] ①보기드문, 찾기 힘든 විරල ②부족한, 적자의 හිඟ.

දුර්වර්ණ [두르와르너] 탈색된, 색이 빠지는 අවර්ණ.

දුර්වල† [두르월러] 연약한, 약한, 부족한 දුබල.

දුර්වලතාව [두르월러따-워] 연약함, 약함 දුබලතාව.

දුර්විපාකය [두르위빠-꺼여] 나쁜 결과, 안좋은 결과, 벌 නපුරු විපාකය.

දුව‡ [두워] 딸. (복) *දුවරු* (문어) දියණිය

දුව [두워] දුවනවා 의 명령형 (문어): 뛰어라 දුවපන්. (구어) දුවන්න

ද

දුව† [두워] දුවනවා 의 과거분사: 뛰어, 뛰고, 달리고 දිව. (구어) දුවලා

දුවණිය [두워니여] 딸 දියණිය. (구어) දුව

දුවනවා‡ [두워너와-] දිවුවා-දිව/දුව(දුවලා) ①뛰다, 달리다 දිවනවා ②작동시키다, 움직이게 하다 ධාවනය කරනවා ③운영하다, 영업하다. දිවීම/දිවුම

දුශ්චරිතය [두쉬차리떠여] 나쁜 성격, 비도덕적 성품, 방탕 අනාචාරය.

දුශ්ශීල [둣쉴-러] 비도덕적인, 비윤리적인 දුසිල්.

දුෂිත [두쉬떠] 부패한, 오염된, 타락한.

දුෂ් [두쉬] (접두사) ①어려운, 힘든 ②나쁜, 사악한.

දුෂ්කර† [두쉬꺼러] 어려운, 하기 힘든 අපහසු. (구어) අමාරු

දුෂ්කරතාව [두쉬꺼러따-워] 어려움, 하기 힘듦 කිරීමේ අමාරුකම.

දුෂ්කාරිත්වය [두쉬까-릳워여] (기계) 기능 불량, 기능 작동안함 වැරදි ක්‍රියාකාරිත්වය.

දුෂ්ට† [두쉬터] 나쁜, 악한, 사악한 නපුරු.

දුෂ්ටකම† [두쉬터꺼머] 악함, 나쁨, 사악함 නපුරුකම.

දුෂ්ටයා [두쉬터야-] 악인, 나쁜 사람, 악한 사람 නපුරා, දුදනා.

දුසිම‡ [두씨머] 1 다스, 12 개. (복) *දුසිම්*

දුසිරිත [두씨리떠] 악행, 부도덕, 악함, 비윤리, 품행이 나쁨 නපුර.

දුසිල් [두씰] 비도덕적인, 비윤리적인 දුශ්ශීල.

දුස්සාධ්‍ය [듯싿-디여] ①(병의) 불치의, 치료할 수 없는, 난치의 සුව කළ නොහැකි ②만성의, 고질의.

දුහිතෘ [두히뜨루] 딸 දියණිය. (구어) දුව

දුහුනා [두후나-] 신입, 신참자, 풋내기 නවකයා.

දුහුල [두훌러] 얇은 천 සිනිඳු රෙද්ද.

දුහුල් [두훌] 얇은, 반투명의 දූල්.

දුහුවිලි [두후윌리] දුහුවිල්ල 의 복수: 먼지들 දූවිලි.

දුහුවිල්ල [두후윌러] 먼지 දූවිල්ල. (복) *දුහුවිලි*

දුළ [둘러] 빛난, 빛비춘, 환한 දිලිසුණු.

දූ† [두-] 딸 දුව.

දූ කෙළිය [두- 껠리여] 도박, 놀음 සූදුව.

දූත [두-떠] ①දූතයා 의 형용사: 사신의, 전달자(대리인)의, 소식을 전하는 ②부도덕한, 나쁜 දුසිරිත්හි නිරත.

දූතයා‡ [두-떠야-] ①사신, 전달자, 대리인, නියෝජිතයා ②천사 දේවදූතයා.

දූතික [두-띠꺼] 사신의, 전달자(대리인)의 දූත.

දූතිය [두-띠여] ①(여자) 대리인, 대행인, 사신 නියෝජිතිය ②여천사 දේවදූතිය.

දූදරුවෝ [두-다루오-] 자녀, 후손 දරුදැරියෝ.

දූපත‡ [두-빠떠] 섬 දිවයින. (복) *දූපත්*

දූපත්දමය [두-빧다-머여] (섬) 제도.

දූපය [두-뻐여] 향 ධූපය.

දූරදර්ශකය† [두-러다르셔꺼여] 망원경 දුරේක්ෂය.

ද

දූරදර්ශී† [두-러다르쉬-] ①멀리 보는, 원시의 ②신중한, 조심성이 있는.

දූර දෘෂ්ටිකතාව/දූර දෘෂ්ටිකත්වය [두-러 드루쉬티꺼따-워/두-러 드루쉬티깥워여] (의학) 원시.

දූරමානය [두-러마-너여] 거리 측정기, 텔레미터.

දූරමුද්‍රකය [두-러무드러꺼여] 인쇄 전신기.

දූරලේඛය [두-럴레-꺼여] 전신, 전신술.

දූරාතීතය [두-라-띠-떠여] 먼 옛날, 먼 과거, 태고.

දූරේක්ෂය [두-뤠셔여] 망원경 දූරදර්ශකය.

දූලි [둘-리] 먼지, 티끌 ධූලි.

දූව [두-워] 작은 섬 කුඩා දූපත.

දූවරු [두-워루] දූව 의 복수: 딸들 දියණියන්.

දූවිල්ල [두-윌러] 먼지, 먼지 ධූලි. (복) *දූවිලි*

දූවිලි‡ [두-윌리] දූවිල්ල 의 복수: 먼지, 먼지들 ධූලි.

දූෂක [두-셔꺼] ①오염 시키는 사람, 더럽히는 자 ②강간범, 성폭행자 දූෂණය කරන්නා.

දූෂණය† [두-셔너여] ①오염, 더럽힘 අපිරිසිදු කිරීම ②강간, 성폭행 තනිස් කිරීම.

දූෂණය කරනවා† [두-셔너여 꺼러너와-] ①오염시키다, 더럽히다 අපිරිසිදු කිරනවා ②강간하다, 성폭행하다 තනිස් කිරනවා.

දූෂා [두-샤-] ①거짓말들 ②거짓말의.

දූෂිත [두-쉬떠] ①오염된, 더럽혀진 දූෂණය වුණු ②강간한, 성폭행한 දූෂණය කළ.

දූෂිතය [두-쉬떠여] 타락, 오염, 부패, 부정 දූෂණය.

දූෂ්‍ය [둣-쉬여] 불결한, 부정한, 더러운 අපිරිසිදු. (구어) කිලිටි

දූසමාන [두-써마-너] 헛소문의, 근거없는 소문의, 믿기 힘든.

දූසාව [두-싸-워] 헛소문, 가십.

දෘඩ/දෘඪ [드루더] ①굳은, 딱딱한, 경화된 ජාරධ්‍ය ②강한, 강인한, 심한, 격렬한 තද.

¶ දෘඩාංගය (컴퓨터) 하드웨어

දෘඪතාව/දෘඪත්වය [드루더따-워/드루닽워여] ①굳음, 경화, 딱딱하게 됨 ජාරධ්‍යය ②강함, 강인함, 심함, 격렬함 දැඩිබව.

දෘශ්‍ය [드루쉬여] 눈에 보이는, 시각의 පෙනෙන.

දෘශ්‍යකාව්‍යය [드루쉬여까-위여여] 놀이, 놀음 සෙල්ලම.

දෘශ්‍යමාන† [드루쉬여마-너] 눈에 보이는, 시각의 දෘශ්‍ය.

¶ අදෘශ්‍යමාන 안보이는

දෘශ්‍යය [드루쉬여] 봄, 보임, 시각, 시력 පෙනෙන දෙය.

දෘෂ්ට [드루쉬터] 보이는, 보여지는 පෙනෙන.

දෘෂ්ටාන්තය [드루쉬탄-떠여] 예, 실례, 견본 උදාහරණය.

දෘෂ්ටකයා [드루쉬터꺼야-] 신자, 성도 භක්තිවන්තයා.

දෘෂ්ටිකෝණය [드루쉬티꼬-너여] 보는 관점.

දෘෂ්ටිය† [드루쉬티여] ①시야, 관망 දැකීම ②관점, 관념 පෙනුම ③지각 බද්ධිය ④믿음, 신앙 ඇදහිල්ල.

දෙ† [데] ①2의, 두번째의, 이중의 ②것, 요소 දෙය ③승리 ජය. ¶ දෙදෙනා 두사람 දෙජාති-ය 두종족

දූ

දෙක‡ [데꺼] 2, 이.

දෙක කරනවා/දෙකක් කරනවා [데꺼 꺼러너와-/데깎 꺼러너와-] ①두배로 늘리다, 배로 늘리다 දෙගුණ කරනවා ②고성을 지르다, 소동을 야기하다.

දෙකක් කතා කරනවා/දෙකක් කියනවා [데깎 까따- 꺼러너와-/데깎 끼여너와-] 나무라다, 책망하다, 비난하다 බණිනවා.

දෙකක් දෙනවා [데깎 데너와-] 때리다, 치다 ගහනවා.

දෙකට දෙවාරම [데꺼터 데와-러머] 주저, 망설임, 우유부단.

දෙකට යතුර [데꺼터 야뚜러] 양쪽에 스패너가 있는 도구.

දෙකටම නැති [데꺼터머 내띠] 쓸모없는, 무가치한, 쓸데없는 අණක් ගුණක් නැති.

දෙක දෙක† [데꺼 데꺼] 두개씩 දෙක ගානේ. (문어) දෙක බැගින්.

දෙක පහට දෙනවා [데꺼 빠하터 데너와-] 아주 싸게 팔다.

දෙකම† [데꺼머] 양쪽의, 모두의 දෙක එක්ව.

දෙකොණ විලක්කුව [데꼬너 윌띾꾸워] 양쪽을 붙일 수 있는 램프(등).

දෙක්හි [뎎히] 양쪽에, 양쪽 안에 දෙක තුළ.

දෙගංමැදිය [데강매디여] (강) 삼각주.

දෙගිඩියාව [데기디야-워] 주저, 망설임 අදිමදිය.

දෙගුණ [데구너] 두배의, 이중의.

දෙගුණය† [데구너여] ①두배, 이중 ②미침, 제정신이 아님 පිස්සුව.

දෙගුරු [데구루] 부모, 부모님 දෙමාපියන්.

දෙගොඩ [데고더] ①강의 양둑 ගං ඉවුරු දෙක ②두 더미, 두 뭉치 ගොඩවල් දෙක.

දෙගොඩ තළා යන වතුර [데고더 딸라- 야너 와뚜러] 강이 넘치다, 범람하다 ගඟ දෙපසට උතුරා යනවා.

දෙගොඩ හරි වයස [데고더 하리 와여써] 중년, 중간 나이 මැද වයස.

දෙගොල්ල [데골러] 양측, 양쪽 දෙපක්ෂය.

දෙට/දෙටු [데터/데투] 윗사람의, 나이먹은 වැඩිමල්.

දෙටුවා [데투와-] 윗사람, 나이 먹은 사람 ජ්‍යෝෂ්ඨයා.

දෙඩවිල්ල [데더윌러] 잡담, 수다 කයිවාරුව. (복) දෙඩවිලි

දෙඩිල්ල [데딜러] 말함, 이야기함 දෙඩීම.

දෙඩීම [데디-머] දොඩනවා 의 동명사: 말함, 이야기함.

දෙණ [데너] 화장용 장작더미.

දෙණිය† [데니여] (늪이 많은 좁은) 골짜기, 골 ද්‍රෝණිය.

දෙතන [데따너] 두 젖가슴, 양유방.

දෙතිත [데띠떠] 점 두개, 세미콜론 තිත් දෙක.

දෙතිස [데띠써] 32, 삼십 이.

දෙතොල [데똘러] 두입술, 입술.

දෙදණ [데다너] 두 무릎 දණහිස් දෙක.

දෙදරනවා† [데더러너와-] දෙදරුවා-දෙදරා ①흔들리다, 떨리다, 진동되다 සැලෙනවා ②쪼개지다, 분할되다 පැළෙනවා. දෙදරීම/දෙදරුම

දෙදරවනවා [데더러워너와-] දෙදරෙවුවා-දෙදරවා ①흔들다,

දෙ

진동시키다 සොලවනවා ②쪼개다, 분할하다 පළනවා. දෙදරවීම

දෙදරෙනවා [데더레너와-] දෙදරුණා-දෙදරී ①흔들리다, 떨리다, 진동되다 සැලෙනවා ②쪼개지다, 분할되다 පැලෙනවා. දෙදරීම/දෙදරුම

දෙදුම/දෙදුමෙ [데두머/데두메] 한 줄기에서 한번에 생기는 2개의 잭나무 열매.

දෙන† [데너] 암컷 ගැහැනු සතා. (복) දෙන්නු ¶ එළදෙන 암소 එළදෙන්නු හත්දෙනෙක් 암소 7마리

දෙන [데너] ①사람들, 무리들 කට්ටිය ②දෙනවා 의 형용사적 현재용법: 주는, 드리는.

දෙනවා‡ [데너와-] දුන්නා-දී(දීලා) 주다, 드리다, 증여하다 දානය කරනවා. දීම (문어) ප්‍රදානය කරනවා

දෙනා‡ [데나-] 사람들, 무리들 කෙනා.

දෙනෙකුන් [데네꾼] දෙනෙක් 의 복수: 사람들, 무리들.
¶ දොළොස්දෙනෙකුන් 12명

දෙනෙත [데네떠] 두눈, 양눈 දෑස. (구어) ඇස් දෙක

දෙනෙතා [데네따-] 두눈을 가진 이, 사람 මිනිස්සු.

දෙනෙති කැමරාව [데네띠 깨머라-워] 쌍안 카메라.

දෙනෙතිය [데네띠여] 쌍안경.

දෙනෝ දහක් [데노- 다학] 군중, 무리 මිනිසුන් සමූහයක්.

දෙනෝ දහසක් [데노- 다하싹] 군중, 무리 මිනිසුන් සමූහයක්.

දෙන්නා‡ [덴나-] 두사람, 양쪽 දෙදෙනා. ¶ ඔයාලා දෙන්නා අඳුනනවා ද? 당신들 두분 서로 아시나요?

දෙපට [데빠터] 이중의, 두겹의 දෙවැදෑරුම්.

දෙපරැන්ද [데빠랜더] 사타구니.

දෙපස [데빠써] 양끝, 양쪽 දෙපැත්ත.

දෙපළ/දෙපොළ [데뻘러/데뽈러] ①두 사람 දෙදෙනා ②양쪽 දෙපැත්ත. ¶ ඔබ දෙපළ 당신들 두 사람

දෙපළු [데뻘루] ①양쪽으로 나눠진 ②둥글게 돌출된 두쪽.

දෙපළු කරනවා† [데뻘루 꺼러너와-] 양분하다, 두개로 가르다.

දෙපාර්තමේන්තුව‡ [데빠-르떠멘뚜워] (공공 기관, 회사 등의) 부, 부문, 청.

දෙපාර්ශ්වය [데빠-르쉬워여] 양면, 양쪽, 두면 දෙපැත්ත.

දෙපැති [데빼띠] 두면이 있는, 양면의.

දෙපැත්ත‡ [데뺃떠] 양면, 양쪽, 두면 දෙපිට. (복) *දෙපැති*

දෙපිට [데삐터] 양쪽, 양면 දෙපැත්ත.

දෙපිටකාට්ටු [데삐터깥누] 이중 간첩의.

දෙපියලි ශාකය [데삐열리 샤-꺼여] 쌍떡잎 식물.

දෙපොළ/දෙපළ [데뽈러/데뻘러] ①두 사람 දෙදෙනා ②양쪽 දෙපැත්ත. ¶ ඔබ දෙපොළ 당신들 두 사람

දෙබර [데버러] 말벌의.

දෙබරා† [데버라-] 말벌. (복) *දෙබරු*

දෙබරාදු [데버라-두] 낮은, 아래의, 저급의 බාල.

දෙබස† [데바써] 회화, 대화. (복) *දෙබස්*

දෙබෑ කරනවා [데배- 꺼러너와-] 두개로 나누다, 두부분으로 쪼개다 දෙපලු කරනවා.

දෙ

දෙබෑ වෙනවා [데배- 웨너와-] 두개로 나누어 지다, 두부분으로 쪼개지다 දෙපලු වෙනවා.

දෙබිඩි [데비*디*] 이중의, 두얼굴의, 두가지 양상의.

දෙබිත්න [데빈너] (복수) 형제와 자매.

දෙබුක්ක [데뿎꺼] 틈, 간격, 사이 අස්ස.

දෙමංසල [데망썰러] 갈림길.

දෙමං ස්විචය [데망 쓰위처여] (전기) 이로 스위치, 2 way switch.

දෙමයිලෝ [데아일로-] (복수) 장인과 사위.

දෙමව්පියෝ‡ [데마우삐요-] 부모, 엄마 아빠 මව්පිය.

දෙමහල්ලෝ [데마할로-] (복수) 부부, 남편과 부인.

දෙමළ‡ [데멀러] ①타밀 දමිළ ②타밀어 දමිළ බස.

දෙමළා [데멀라-] 타밀 사람 දමළ තැනැත්තා.

දෙමුහුන් [데무훈] 잡종의, 혼혈의, 혼성의.

දෙමෝදර [데모-더*러*] (강 따위의) 합류(점).

දෙමෝය [데모-여] 두강의 하구.

දෙයාකාර [데야-까-*러*] 이중의, 두겹의.

දෙය‡ [데여] ~는 것 දේ. (문어) බව ¶ ඔයා කියන දෙය මට තේරෙන්නේ නෑ 네가 말하는 것을 나는 이해 못하겠다

දෙයියා/දෙවියා [데이야-/데위야-] 신, 신성. (복) *දෙවිවරු*

දෙයියෝ සාක්කි [데이요- 싺-끼] (감탄사) 아이고, 어쩌나.

දෙරණ [데*러*너] 땅, 육지, 지면 පොළොව.

දෙලොව රත්වෙනවා [델로워 *랕*웨너와-] 공포에 싸이다, 두려워하다 බියපත් වෙනවා.

දෙල්‡ [델] 델: 스리랑카 나무 열매.

දෙවග [데와거] 두 종류의 දෙවර්ග.

දෙවගය [데와거여] 두 종류, 두 부분 දෙවර්ගය.

දෙවට [데워터] 좁은 길, 작은 길, 통로.

දෙවඟන† [데웡거너] 여신 දෙවඟනාව.

දෙවන‡ [데워너] 두번째의 ද්විතීය. (구어) දෙවෙනි

දෙවන [데워너] 주는, 공급하는 සපයන.

දෙවනවා [데워너와-] දෙවෙවුවා -දෙවා 주게 하다, 주게 만들다 දෙන්න සලස්වනවා. <u>දෙවීම</u>

දෙවරක්‡ [데와*랔*] 두 번. (구어) දෙපාරක්

දෙවාරන්න [데와-*란*너] 결단을 못 내리는, 이심(二心)을 품은.

දෙවැදෑරුම් [데왜대-*룸*] 두겹의, 이중의 දෙවිධි, දෙපට.

දෙවැනි‡ [데왜니] 두번째의 දෙවෙනි. (문어) දෙවන, ද්විතිය

දෙවි‡ [데위] 신의, 신성한 දේව.

දෙවි [데위] ①(젖) 짜내어진 දොවන ලද ②씻은, 빤 සේදූ.

දෙවිඳු‡ [데윈두] 가장 높으신 신: 하나님 දෙවි රජ.

දෙවියන් වහන්සේ‡ [데위얀 와한쎄-] (기독교) 하나님.

දෙවියා‡ [데위야-] 신, 신성한 분 දෙයියා. (복) *දෙවිවරු*

දෙවීම/දෙවුම [데위-머/데우머] දොවනවා 의 동명사: ①씻음, 세탁 ②젖을 짬.

දෙවෙනි‡ [데웨니] 두번째의 දෙවැනි. (문어) දෙවන

දෙවොල [데올러] 힌두 사원 දේවාලය.

දෙවොල් වැහෙනවා [데올 왜헤너와-] 귀신 들리다, 악마에 잡히다 දෙවොල් යකා වැහෙනවා.

දෙව්‡ [데우] ①신의, 신성한 දේව ②දෙනවා 의 2인칭 복수 명령형: (너희들이) 줘라, 주라 දෙන්න.

දෙව් ගැති [데우 개띠] 목사, 신부 දේව ගැතිවරයා.

දෙව් දහම [데우 다하머] 신학 දේව ධර්මය.

දෙව් දුව [데우 두워] ①여천사 දේව දූතිකාව ②여신 සුරඟන.

දෙව් මැදුර [데우 매두*러*] ①교회, 성전 පල්ලිය ②힌두 사원 දේවාලය.

දෙව් රද [데우 *라*더] 최고의 신, 샤크라신.

දෙව්ලොව [데울로워] 거룩한 세상, 천국.

දෙස [데써] (후치사) ~를 향하여. (구어) දිහා ¶ යේසුස් වහන්සේ දෙස බලා සිටිමු 예수님을 향하여 바라봅시다

දෙස [데써] ①나라, 국가 දේශය ②방향, 쪽 දිශාව ③저주 ශාපය. ¶ දස දෙස 사방 팔방 (모든 방향)

දෙසට† [데써터] ~향하여, 쪽으로 දිශාවට.

දෙසනවා [데써너와-] දෙසුවා-දෙසා 설교하다, 선포하다, 가르치다 දේශනා කරනවා. <u>දෙසීම</u>

දෙසවන [데써워너] 두귀 කන් දෙක.

දෙසැම්බර්‡ [데쌤버*르*] 12월.

දෙසින් [데씬] 한 방향으로 부터, 한쪽으로 부터 දිශාවෙන්.

දෙසියය [데씨여여] 이백, 200.

දෙසීම† [데씨-머] දෙසනවා 의 동명사: 설교, 선포, 가르침 දේශනාව.

දෙස් කියනවා [데쓰 끼여너와-] 저주하다, 신성모독하다 ශාප කරනවා.

දෙස් තබනවා [데쓰 따버너와-] 저주하다, 신성모독하다 ශාප කරනවා.

දෙස් දෙවොල් [데쓰 데올] 저주, 비방, 중상 ශාප කිරීම.

දෙහි‡ [데히] 라임, 라임열매.

දෙහිරු [데히*루*] දෙහිරුවා 의 복수 또는 형용사: ①말벌들 දෙහිරුවෝ ②말벌의.

දෙහිරුවා [데히*루*와-] 말벌. (복) *දෙහිරුවෝ, දෙහිරු*

දෙළුම්‡ [델룸] (과일) 석류.

දේ‡ [데-] 것, 물품, 물건 දේවල්.

දේදුන්න‡ [데-둔너] 무지개 ඉන්ද්‍ර චාපය. (복) *දේදුනු*

දේපල/දේපොළ‡ [데-뻘러/데-뻘러] 재산, 소유 වස්තුව.

දේව‡ [데-워] 신성한, 신의. ¶ දේව ස්ථානය (기독교) 교회, 예배당

දේව අපහාසය [데-워 아빠하-써여] 신성모독, 불경.

දේව උරුමය [데-워 우*루*머여] 신성한 권리: 신의 은혜로 받은 권리.

දේවගැති නිවස [데-워개띠 니워써] 목사관.

දේවගැතිවරයා† [데-워개띠워*러*야-] 목사.

දේවගැති වසම [데-워개띠 와써머] 목회지, 목회 관할 구역.

දේවතාව/දේවතාවා [데-워따-워/데-워따-와-] ①(남)신

ද

දෙවියා ②신성, 신격.
¶ දේවතාවිය 여신 දේවතා රූප 신상
දේවතාවිය/දේවතාවී [데-워따-위여/데-워따-위-] 여신 දෙවි දුව. ¶ දේවතාවා (남)신
දේවත්වය [데-왇워여] 신성(神性), 신성함.
දේව දසයා [데-워 다-써야-] 하나님의 (남) 종 දේව සේවකයා.
දේවදසී [데-워다-씨-] 신의 여종.
දේවදර/දේවදරු [데-워다-*러*/데-워다-*루*] ①잣나무(의) ②백향목(의) කිහිරි ගස්.
දේවදූතයා [데-워두-떠야-] 천사 සුරදූතයා.
දේවදෘෂ්ටිය [데-워드*루*쉬티여] ①이신론 ②일신론.
දේව ධර්මය† [데-워 다*르*머여] 신학.
දේව ධර්මධරයා [데-워 다*르*머다*러*야-] 신학자.
දේව බැල්ම [데-워 밸머] 신내림, 신의 현현.
දේව මන්දිරය [데-워 만디*러*여] 교회, 채플.
දේව මාලිගාව [데-워 말-리가-워] 성전, 성소 දෙවි මැදුර.
දේව මෙහෙය [데-워 메헤여] (주일) 예배.
දේවයන් වහන්සේ [데워얀 와한쎄-] 전하, 각하.
දේවයා [데-워야-] ①신 දෙවියා ②왕, 임금 රජ ③귀족 උත්තමයා.
දේව වාදය [데-워 와-더여] 이신론.
දේව ස්ථානය‡ [데-워 쓰따-너여] 교회, 예배당 ක්‍රිස්තියානි පල්ලිය. (구어) පල්ලිය
දේවාතිදේව [데-와-띠데-워] 다른 신들보다 뛰어난 신의.
දේවාපහාසය [데-와-빠하-써여] (දේව + අපහාසය) 신성모독, 불경.
දේවාල පුල්ලියා [데-왈-러 뿔리야-] 교활한 사람, 이중 인격자 කෛරාටිකයා.
දේවාලය‡ [데-왈-러여] 신전.
දේවිය/දේවී† [데-위여/데-위] ①여왕 රාජිනී ②왕후, 중전 රජ බිසව.
දේවේන්ද්‍රයා [데-웬-드*러*야-] 대장 신, 최고 신.
දේවින්නාන්සේ [데-윈난-쎄-] ①여왕 රාජිනී ②왕후, 중전 රජ බිසව.
දේශ [데-셔] දේශය 의 복수 또는 형용사: ① a. 나라들 රටවල් b. 지역들 ප්‍රදේශ ② a. 나라의 b. 지역의.
දේශකයා/දේශක† [데-셔꺼야-/데-셔꺼] 강사, 설교자.
දේශගුණය‡ [데-셔구너여] 날씨, 기후 කාලගුණය.
දේශජ [데-셔저] ①땅에 태어난 රටේ උපන් ②국가의, 나라의.
දේශත්‍යාග කරනවා [데-셭띠야-거 꺼*러*너와-] 추방하다, 쫓아내다.
දේශත්‍යාගය [데-셔띠야-거여] 나라를 떠남, 이민.
දේශනය† [데-셔너여] ①강의, 가르침 දෙසුම ②설교 දේශනාව.
දේශනා කරනවා‡ [데-셔나- 꺼*러*너와-] 설교하다, 강의하다.
දේශනාකාරයා [데-셔나-까-*러*야-] (성경) 전도서 ¶ ධර්මදේශකයා (새번역 성경) 전도서

ද

දේශනාව‡ [데-셔나-워] 설교, 가르침, 강의 දේශනය.

දේශපාලකයා/දේශපාලනඥයා † [데-셔빨-러꺼야-/데-셔빨-러너끄녀야-] 정치인.

දේශපාලනය‡ [데-셔빨-러너여] 정치.

දේශප්‍රේමියා† [데-셔쁘*레*-미야-] 애국자 දේශ හිතෛෂියා.

දේශප්‍රේමී/දේශමාමක [데-셔쁘*레*-미-/데-셔마-머꺼] 애국의, 애국자의.

දේශය‡ [데-셔여] ①나라 රට ②땅 භූමිය. ¶ දේශවාසීහු 내국인들, 현지인들

දේශවාසියා [데-셔와-씨야-] 내국인, 국민, 현지인. (복) *දේශවාසීහු, දේශවාසියෝ*

දේශ සන්ධිය [데-셔 싼디여] 지협, 두 나라 사이 좁은 바다.

දේශාංශය† [데-샹-셔여] 경도, 경선. ¶ අක්ෂාංශය (지구) 위도

දේශාටකයා [데-샤-터꺼야-] 탐험가, 여행자.

දේශාටනය [데-샤-터너여] 탐험, 여행 රටවල් සොයා යාම.

දේශානුරාගය [데-샤-누*라*-거여] 애국심.

දේශික/දේශීය [데-쉬꺼/데-쉬-여] ①자국의, 모국의, 원주민의, 현지인의 මව් රටට අයත් ②지방의. ¶ දේශිකයා 백성, 현지인 විදේශික 외국의

දේශිත [데-쉬떠] 선포된, 말해진, 전달된 දේශනා කරන ලද.

දේශීහු [데-쉬-후] 백성들, 국민들, 원주민들. ¶ දේශීන් (목적격) 백성들을 (주격) 백성들이 විදේශීහු 외국인들

දේශීන් [데-쉰-] දේශිහු 의 목적격 또는 주격: ①백성들을, 국민들을 ②백성들이, 국민들이, 원주민들이.

දේශීය† [데-쉬-여] ①자국의, 모국의 දේශික ②지방의.

දේහය [데-하여] 몸, 신체, 육체 ශරීරය. (구어) ඇඟ ¶ මෘත දේහය 시신, 시체

දේහ ලක්ෂණ [데-할 락셔너] 용모, 생김새, 신체의 특징 ශරීර ලක්ෂණ.

දේහලක්ෂණ විද්‍යාව [데-할락셔너 윋디야-워] 관상학, 인상학, 골상학.

දේහාණුව [데-하-누워] ①(물리학) 미립자 ②혈구(血球).

දෛනික [다이니꺼] 매일의, 날마다 දිනපතා. (구어) හැමදාම

දෛවඥ [다이와끄녀] 점성가의, 점성술사의.

දෛවඥයා [다이와끄녀야-] 점성가, 점성술사.

දෛවය† [다이워여] 운명, 숙명 ඉරණම.

දෛවවාදය [다이워와-더여] 운명론, 숙명론.

දෛහික [다이히꺼] 신체의, 육체의 දේහමය.

දෙට්ට [돋터] ①외부, 바깥 පිටත ②외부의, 바깥의, 밖의.

දෙට්ට කරනවා [돋터 꺼*러*너와-] 오줌싸다, 방뇨하다 මුත්‍ර කරනවා.

දෙට්ට දමනවා [돋터 다머너와-] 내쫓다, 추방하다 එළියට දමනවා.

දෙට්ට යනවා [돋터 야너와-] 나가다, 외출하다, 밖으로 나가다 පිටතට යනවා.

දෙඩ [도*더*] 말, 발언, 언사 බස්.

දෙඩනවා† [도*더*너와-] දෙඩුවා-දොඩා ①말하다, 이야기하다

ද

②꾸짖다, 책망하다, 나무라다. <u>දෙඩීම/දෙඩුම</u>

දෙඩම්‡ [도담] 오렌지.

දෙඩමලු [도더멀루] 말많은, 수다스러운 වාචාල. (구어) කට වැඩි ¶ දොඩමලුවා 수다쟁이

දෙඩමලු වෙනවා [도더멀루 웨너와-] 수다쟁이가 되다, 말많이 하는 사람이 되다.

දෙඩමළු [도더멀루] 말많은, 수다스러운 වාචාල. (구어) කට වැඩි ¶ දොඩළුවා 수다쟁이

දෙඩවනවා [도더워너와-] දෙඩෙවුවා-දොඩවා 재잘거리다, 수다떨다, 쓸데없는 말을 하다 නන්දොඩනවා. <u>දෙඩවීම</u>

දෙදෙල් [도돌] 도돌 (스리랑카 영양갱 같은 후식).

දෙන්ඩම [돈더머] 낫지 않는 상처 සුව නොවන තුවාලය.

දෙන්ත [돈떠] 큰, 거대한 විශාල.

දෙම්නස [돔너써] 절망, 슬픔, 탄식 දුක. ¶ සොම්නස 기쁨

දෙම්නස් [돔나쓰] 슬픈, 절망적인, 시름에 젖은, 침울한, 풀이 죽은.

දෙඹකරය† [돔버꺼러여] 기중기, 크레인.

දෙයිතුව [도이뚜워] 얼마 안 되는 돈, 네덜란드의 옛 동전.

දෙයියනවා [도이야너와-] 자다, 잠자다 නිදා ගන්නවා.

දෙර‡ [도러] 문, 문짝 දොරටුව.

දෙර අඩය [도러 아더여] (문이 바람에 닫히지 않도록 하는) 멈추개.

දෙරකඩ† [도러까더] 문 입구.

දෙරටුපාලයා† [도러투빨-러야-] 문지기 දොර රැකවලා. ¶ දොරටුපාලිය 여자 문지기

දෙරටුව† [도러투워] 문, 문짝. (구어) දොර

දෙර පඩිය [도러 빠디여] 문지방, 문턱.

දෙරබාව [도러바-워] 문설주.

දෙරුව† [도루워] 큰 배수로 විශාල අගල.

දෙලස† [돌러써] 십이, 열둘, 12 දොළස. (구어) දොලහ

දෙලහ‡ [돌러하] 십이, 열둘, 12 දොළහ. (문어) දොළස

දෙවනවා [도워너와-] දෙවුවා-දොවා ①씻다, 씻어내다 හෝදනවා ②우유를 짜다, 젖을 짜다 ③부처께 바치는 꽃에 물을 뿌리다. <u>දෙවීම</u>

දෙස [도써] ①헛점, 약점, 결점, 결함 වැරැද්ද ②꾸짖음, 나무람 දෝෂය.

දෙස් [도쓰] දොස 의 복수 또는 형용사: ①꾸짖음, 책망 ②악한, 나쁜 ③아픈, 약한.

දෙස් කියනවා‡ [도쓰 끼여너와-] ①꾸짖다, 나무라다, 비난하다 බණිනවා ②불평하다, 불만을 말하다 දොස් පවරනවා. (문어) අවලාද කියනවා

දෙස් පවරනවා [도쓰 빠워러너와-] ①꾸짖다, 나무라다, 비난하다 බණිනවා ②불평하다, 불만을 말하다 දොස් කියනවා.

දෙස්තර‡ [도쓰떠러] 의사 වෛද්‍යවරයා.

දෙහොත [도호떠] 한 움큼, 한 줌 දෝත.

දෙ හෝ [도 호-] 그렇게 된다면 එසේ වේදැ යි.

දෙළ† [돌러] ①소원, 바람 ආශාව ②시내, 샛강 ඇළ ③마귀에게 주는 음식.

ද

දෙළදුක [돌러두꺼] 임신중에 먹고 싶은 욕구.

දෙළ දෙනවා/දෙළ පුදනවා [돌러 데너와-/돌러 뿌더너와-] 악마에게 음식을 주다.

දෙළනවා [돌러너와-] (강하게) 갈망하다, 염원하다, 바라다.

දෙළ පුදනවා/දෙළ දෙනවා [돌러 뿌더너와-/돌러 데너와-] 악마에게 음식을 주다.

දෙළස† [돌러써] 십이, 열둘, 12 දොලස. (구어) දොලහ

දෙළහ‡ [돌러하] 십이, 열둘, 12 දොලහ. (문어) දොළස

දෙළොස්වක [돌로쓰워꺼] 음력의 12일째.

දෝ† [도-] 의문사, ද 와 같은 의문사이나 의심을 표현하는 뜻을 가지고 있음.

දෝ [도-] ①광채, 빛남 ②별 ③점성학 ④의심.

දෝංකාරය‡ [동-까-러여] 메아리, 울림 ප්‍රතිරාවය.

දෝණිය [도-니여] 딸 දියණිය. (구어) දුව

දෝත [도-떠] 바가지 모양으로 모은 두손.

දෝනා පෝරණුව [도-나- 뽀-러누워] (요업공학) 터널 가마.

දෝනාව [도-나-워] 터널 උමඟ.

දෝබය [도-버여] (인도, 파키스탄의) 두 강 사이의 평원.

දෝමනස්ස [도-머났써] 슬픈, 애통하는, 슬퍼하는 දොම්නස්.

දෝර ටැංකිය [도-러 탱끼여] 변기 물통.

දෝරය [도-러여] 물을 내림, 물 분출, 플러쉬.

දෝලකය [돌-러꺼여] 발진기, 진동자.

දෝලනය [돌-러너여] (두 가지 사이의 규칙적인) 진동.

දෝලායනය [돌-라-여너여] (화학) 무게 달기칭량.

දෝලාව [돌-라-워] (중국, 인도의) 인력거, 일인승 가마, 탈것 සිවිකාව.

දෝලාකාරයා [돌-라-까-러야-] (중국, 인도의) 인력꾼.

දෝලිය/දෝළිය [돌-리여] (중국, 인도의) 인력거, 일인승 가마, 탈것 සිවිකාව.

දෝවනවා [도-워너와-] දේවුවා-දෝවා ①씻다, 씻어내다 ②우유를 짜다, 젖을 짜다 ③부처께 바치는 꽃에 물을 뿌리다. දේවීම (구어) හෝදනවා

දෝවාරික [도-와-리꺼] 문지기.

දෝෂය/දෝසය‡ [도-셔여/도-써여] 흠, 결점, 약점 වැරැද්ද.

දෝෂාරෝපණය [도-샤-로-뻐너여] 책망, 나무람, 꾸짖음, 비난 දොස් පැවරීම.

දෝසත [도-써떠] 점성학, 점성술 ජ්‍යෝතිශ්ශාස්ත්‍රය.

දෝසතර [도-써떠러] 점성학, 점성술 ජ්‍යෝතිශ්ශාස්ත්‍රය.

දෝසය/දෝෂය [도-써여/도-셔여] 흠, 결점, 약점 වැරැද්ද.

දෝසි [도-씨] 사탕, 사탕같은 단 과자.

දෝහෝ [도-호-] ①(후치사) 혹은, 아니면 ②의심을 표현할 때 사용하는 접속사.

දෞර්මනස්‍යය [다우르머났씨여여] 비탄, 고통, 심통, 걱정, 고민거리.

ද්‍යූත [디유떠] 놀이(의), 게임(의).

ද්‍යුති [디유띠] ①광채, 빛남, 반

ද

짝임 දිලිසීම ②반짝이는, 빛나는.

ද්‍රව [드러워] ද්‍රවය 의 복수 또는 형용사: ①액체, 액체들 ②액체의 දියර.

ද්‍රවතාව [드러워따-워] 액체성 දියර බව.

ද්‍රවනය [드러워너여] ①녹임, 액체화함 දිය කිරීම ②액체 දියරය.

ද්‍රව මානය [드러워 마-너여] 유속계, 액체 비중계.

ද්‍රව මාලිමාව [드러워 말-리마-워] (조선공학) 액체 컴퍼스.

ද්‍රවය† [드러워여] 액체 දියර.

ද්‍රවස්ථිති විද්‍යාව [드러와쓰띠띠 윋디야-워] 유체 정역학, 정수역학.

ද්‍රවාංකය [디왕-꺼여] 용해점, 녹는 점.

ද්‍රවිඩ [드러위더] 타밀의, 드러위더족의 දෙමළ.

ද්‍රව්‍යය† [드럽위여여] 물질, 물건, 재료. ¶ ආහාර ද්‍රව්‍යය 식료품 අකෛන්ද්‍රීක ද්‍රව්‍ය 무기물 කාබනික ද්‍රව්‍ය 유기물

ද්‍රව්‍යවාදය [드럽위여와-더여] 물질주의.

ද්‍රව්‍ය හුවමාරුව [드럽위여 후워마-루워] 물물교환.

ද්‍රාවකය [드라-워꺼여] 용매, 용제 දියකිරීමේ මාධ්‍යය.

ද්‍රාවණය† [드라-워너여] 용해, 용해 물질 දිය කරන ලද්ද.

ද්‍රාවිත [드라-위떠] 용해된, 녹인.

ද්‍රාව්‍ය [드랍-위여] (액체를) 녹일 수 있는, 용해성이 있는 දිය කළ හැකි.

ද්‍රාව්‍යතාව [드랍-위여따-워] 용해성.

ද්‍රාව්‍යය [드랍-위여여] (화학) 용질, 용해.

ද්‍රැත [드래떠] 빠른, 신속한 වේගවත්.

ද්‍රැමය [드래머여] 나무 ගස, රුක. (구어) ගහ

ද්‍රැමේන්ද්‍රයා [드래멘-드러야-] 보리수 나무. (구어) බෝ ගහ

ද්‍රෝණිකාව [드로니까-워] (U자 형태의) 구유, 물통, 여물통.

ද්‍රෝණිය† [드로니여] ①배수구, (길가의) 하수도, 시궁 පීල්ල ②분지, 골 දෙණිය.

ද්‍රෝහ [드로-허] 배신하는, 반역하는.

ද්‍රෝහය [드로-허여] 배신, 반역.

ද්‍රෝහි/ද්‍රෝහිකාර‡ [드로-히/드로-히까-러] 배신하는, 반역하는, 충성되지 못한.

ද්‍රෝහිකම† [드로-히꺼머] 배신, 반역.

ද්‍රෝහිකාර/ද්‍රෝහි [드로-히까-러/드로-히] 배신하는, 반역하는, 충성되지 못한.

ද්‍රෝහියා† [드로-히야-] 반역자, 배신자.

ද්වන්දය/ද්වන්ද්වය [드완더여/드완드워여] 쌍, 2개 යුගල.

ද්වන්ද්ව [드완드워] ①두개의, 쌍의, 두겹의, 두번 접은 දෙයාකාර ②두사람 사이의 දෙදෙනකු අතර.

ද්වන්ද්ව භෞතිකවාදය [드완드워 바우띠꺼와-더여] ①변증법, (중세) 논증학 ②물질주의.

ද්වය [드워여] 쌍, 커플, 둘 දෙක.

ද්වාත්‍රිංශත් [드와-뜨링-�] 32, 삽십이.

ද්වාදශ [드와-다셔] 12(의), 열둘(의).

ද

ද්වාරය [드와-러여] ①문 දොරටුව (구어) දොර ②수단, 방법 උපක්‍රමය.

ද්වාරිකයා [드와-리꺼야-] 문지기, 수위 දොරටුපාලයා.

ද්වි [드위] 두배의, 갑절의, 2번의.

ද්වික [드위꺼] 쌍의, 둘의 දෙබිඩි.

ද්විකය [드위꺼여] 쌍, 2, 둘.

ද්විකරණය [드위꺼러너여] 이중, 중복.

ද්විජ [드위저] ①새(의) ②브라만(의), 상류층(의).

ද්විතිය/ද්විතීයික† [드위띠-여/드위띠-이꺼] 두번째의 ද්විතීය.

ද්විත්ව [드윋워] 두배의, 이중의 දෙගුණ. ¶ ද්විත්ව පුරවැසි-භාවය 이중국적

ද්විත්වය [드윋워여] 두배, 곱절 දෙගුණය.

ද්විපාර්ශ්වික [드위빠-르쉬위꺼] 쌍무의, 양측의.

ද්විරූපී [드윋루-삐-] 두가지 모양의, 두 형상의 ස්වරූප දෙකක් ඇති.

ද්විලිංගිකයා† [드윌링기꺼야-] 자웅동체, 암수 한 몸.

ද්විතීය [드위-띠-여] 두번째의 දෙවෙනි.

ද්විතීය කථාව [드위-띠-여 까따-워] (성경) 신명기.

ද්විත්වරූප [드윋-워루-뻐] 복제물, 복제.

ද්වීපය [드위뻐여] 섬 ද්‍වීපත.

ද්වේෂ කරනවා [드웨-셔 꺼러너와-] 혐오하다, 싫어하다.

ද්වේෂය [드웨-셔여] 미움, 혐오, 싫어함 වෛරය.

ද

ඪ

ඪ [다] 씽러 알파벳의 42번째 글자: ද 의 장음이다.

ඪජය [다저여] 깃발, 기, 현수막, 배너 ද්‍ද. (구어) කොඩිය

ඪත් [닫] 한 곳에 머물러 사는, 정주하는 එක් තැනක පවත්නා වූ.

ඪත් කෘෂිකර්මය [닫 끄루쉬까르머여] 정착 농업, 정주 농업.

ඪන† [다너] ①긍적적인 ප්‍රගති ②ඪනය 의 복수 또는 형용사: 부(한), 윤택(한) ③(전기) 양극(의), +의. ¶ ඪන ධ්‍රැවය (자석) 양(북)극 ඪන ධාන්‍ය 곡식들

ඪන අග්‍රය [다너 아그러여] (전기) 양극, +.

ඪන ආරෝපණය [다너 아-로-뻐너여] 양성 충전.

ඪන කුවේරයා [다너 꾸웨-러야-] 백만 장자, 거부.

ඪන දණ්ඩය [다너 단더여] 압류, 몰수.

ඪන ධාන්‍ය [다너 단-니여] 곡식들, 곡물들.

ඪනපති [다너빠띠] 부요한, 부자의, 돈많은 ඪනවත්. (구어) පොහොසත්

ඪනපති ක්‍රමය [다너빠띠 끄러머여] 자본주의 방식.

ඪනපතියා [다너빠띠야-] 부자, 부요한 사람 ඪනවතා. (구어) සල්ලිකාරයා

ඪනපතිවාදය [다너빠띠와-더여] 자본주의 ඪන වාදය.

ඪන බද්ද [다너 받더] 부자세.

ඪන භාණ්ඩ [다너 반-더] 자본재.

ඪනය‡ [다너여] ①부요, 재산, 부 වස්තුව ②(전기) 양성, + ③ 367벼, 쌀 වී.

ඪන රාශිය [다너 라-쉬여] 실명사(實名辭).

ඪන ලකුණ [다널 라꾸너] ①(수학) 덧셈 (+) 기호 ②(전기) 양성, 긍정 신호.

ඪනවතා† [다너워따-] 부자, 부요한 사람 පොහොසතා. (복) *ඪනවත්තු* (구어) සල්ලිකාරයා

ඪනවත්‡ [다너왇] 부요한, 부자의, 돈많은 පොහොසත්.

ඪනවත්තු [다너왇뚜] ඪනවතා 의 복수: 부자들, 부유한 사람들 පොහොසත්තු. ¶ ඪනවතුන් 부자들을 (대격) ඪනවතුන්ගේ 부자들의 (소유격)

ඪනවාදය [다너와-더여] 자본주의 ඪනේෂවර වාදය.

ඪනවාදියා† [다너와-디야-] 자본주의자.

ඪනවාදී [다너와-디-] 자본주의의 ඪනවාදය අනුයන.

ඪන විදුලිය [다너 위둘리여] 양전기, 정전기.

ඪනස්කන්ධය [다나쓰깐더여] 부요, 재산, 부 වස්තුව.

ඪනහීන [다너히-너] 가난한, 궁핍한 දුප්පත්.

ඪනාග්‍රය [다나-그러여] (전기) 양극의 단자.

ඪනාත්මක [다낟-머꺼] 긍정적인 ප්‍රගතිශීලී. ¶ ඍණාත්මක 부정적인

ඪනු [다누] ①활 දුන්න ②(천문학) 궁수자리.

ඪනුර්ධරයා [다누르다러야-] 궁수, 활쏘는 사람 දුනුවායා.

ඪනුර්වේදය [다누르웨-더여] 궁도, 궁술 දුනු ශිල්පය.

ධනු ශිල්පය [다누 쉴삐여] 궁도, 궁술 දුනු ශිල්පය.
ධනේශ්වරයා [다네-쉬워러야-] 백만장자 දසලක්ෂපතියා.
ධනේශ්වර වාදය [다네-쉬워러 와-더여] 자본주의 ධනවාදය.
ධනෝපායනය [다노-빠-여너여] 소득, 벌 හරිහම්බකිරීම.
ධමනිකාව [다머니까-워] (해부학) 소동맥.
ධමනි නළය [다머니 날러여] (해부학) 분관.
ධමනි පහන [다머니 빠하너] 블로램프 (용접, 납땜 등에 쓰는 도구).
ධමනිය [다머니여] (해부학) 동맥 ලේ නහරය.
ධමනී දෘඩතාව [다머니- 드루더따-워] (의학) 동맥 경화 ධමනී ජාරඨ්‍යය.
ධම්ම [담머] 신조, 교리, 가르침 ධර්මය.
ධර [다러] 지니는, 붙잡고 있는, 포함하는 දරන.
ධරණිය [다러니여] 땅, 육지 මහපොළව.
ධරණීශ්වර [다러니-쉬워러] 땅의 주, 왕 රජු.
ධරමාන [다러마-너] 사는, 살고 있는 ජීවත් වෙන.
ධරය [다러여] 지레의 받침점, 받침대 ප්‍රතිෂ්ඨාව.
ධරයා [다러야-] 지니고 있는 사람, 지는 사람.
ධරාලය [다랄-러여] (해부학) 자궁 කුස.
ධරිකාව [다리까-워] (해부학) 방광, 부레, 부낭 මුත්‍රාශය.
ධර්ම [다르머] ධර්මය 의 복수 또는 형용사: ①교리들, 가르침들 ②교리의, 종교적 가르침의 දහම්.
ධර්මතාව [다르머따-워] 자연, 사실 ස්වභාවය.
ධර්මදූත [다르머두-떠] 전도의, 선교의, 교리를 전파하는.
ධර්මදූතයා [다르머두-떠야-] 전도사, 선교사, 전파자.
ධර්මය‡ [다르머여] 교리, 종교적 가르침 දහම.
ධර්ම ශාලාව [다르머 샬-라-워] 교리, 종교적 가르침을 가르치는 건물: 회당, 법당, 교회.
ධර්මිෂ්ඨ [다르미쉬터] 의로운, 바른 දැමිටු.
ධර්මිෂ්ඨකම [다르미쉬터꺼머] 의로움, 정의 දැමිටුකම.
ධර්මිෂ්ඨයා [다르미쉬터야-] 의인, 바른 사람 දැහැමියා.
ධවල [다월러] 하얀, 백색의. (구어) සුදු
ධවල පත්‍රිකාව [다월러 빠뜨리까-워] 하얀 종이.
ධවල රාජිය [다월러 라-지여] (의학 용어) 백색선.
ධාතු [다-뚜] ධාතුව 의 복수 또는 형용사: ①요소들(의), 성분들(의) ②(역사적) 유물들(의), 유골들(의) ③어근들(의), (단어) 뿌리들(의) ④정액들(의), 정자들(의) ⑤광물들(의), 금속들(의).
ධාතු කරඬුව [다-뚜 까란두워] 유물함, 성골함.
ධාතු ගර්භය [다-뚜 가르버여] 유골방, 유골실.
ධාතුව† [다-뚜워] ①요소, 성분 ②(역사적) 유물, 유골 ③어근, (단어) 뿌리 ④정액, 정자 ⑤광
1이빨 유물

ධානය [다-너여] 귀 සවන. (구어) කන

ධාන්‍ය‡ [다-니여] 곡식, 곡물.

ධාන්‍යාගාරය† [다-니야-가-러여] 곡식 창고, 곡물 창고 ධාන්‍ය ගබඩාව.

ධාරණ [다-러너] ①보유하는, 지고가는 දරන ②기억하는, 회상하는 සිහිකරන.

ධාරණය [다-러너여] ①보유, 짐, 지고감 දැරීම ②기억, 회상 සිහිකිරීම. (복) *ධාරණ*

¶ ප්‍රේමය නපුර සිතේ ධාරණය කර නොගනියි 사랑은 악을 마음에 기억하지(품지) 않습니다

ධාරණ ශක්තිය [다-러너 샥띠여] 기억력.

ධාරණශීලතාව [다-러너쉴-러따-워] (전기) 잔류 전기.

ධාරානිපාතය‡ [다-라-니빠-떠여] 폭우, 호우.

ධාරාව [다-라-워] 흐름, 흘러감, 유동 දහර. ¶ කඳුළු ධාරා 눈물이 흐름

ධාරිතාව [다-리따-워] 용량, 크기 දරන ප්‍රමාණය.

ධාර්මික [다-르미꺼] ධර්මය 의 형용사: 의로운, 올바른 ධර්මිෂ්ඨ. ¶ අධාර්මික 불의한

ධාවකයා [다-워꺼야-] 육상 선수.

ධාවනය [다-워너여] 뛰기, 달음질 දිවීම.

ධාවනය කරනවා‡ [다-워너여 꺼러너와-] 뛰다, 달리다 දුවනවා.

ධීතා [디-따-] 딸 දියණිය. (구어) දුව

ධීතෘ [디-뜨루] ①딸 දියණිය ②딸의.

ධීමත් [디-맏] 현명한, 지혜로운, 똑똑한 නැණවත්.

ධීර [디-러] 용감한, 대담한, 대범한 නිර්භීත.

ධීවර‡ [디-워러] 어업의, 수산업의.

ධීවරයා† [디-워러야-] 어부 මසුන් අල්ලන්නා.

ධුරය [두러여] ①지위, 직 තනතුර ②짐, 무거운짐.

ධුරන්ධර [두란더러] 지위를 가진, 지위를 유지하는 තනතුරක් දරන.

ධුව [두워] 영구한, 영속하는, 불변의, 상설의 සදාකාලික.

ධූපය [두-빠여] 향기, 향기를 내기 위해 태우는 것.

ධූම† [두-머] ①연기 දුම ②증기, 수증기 වාෂ්ප.

ධූමකරණය [두-머꺼러너여] 훈증 දුම් ගැසීම.

ධූම කේතුව† [두-머 께-뚜워] 혜성 වල්ගා තරුව.

ධූමනය [두-머너여] 연기를 내뿜음, 훈증 දුම් ගැසීම.

ධූම පානය [두머- 빠-너여] 담배피움, 끽연 දුම්බීම.

ධූමය [두-머여] ①연기 දුම ②증기, 수증기 වාෂ්ප.

ධූම යන්ත්‍රය [두-머 얀뜨러여] 수증 기관.

ධූම යාත්‍රාව [두-머 야-뜨라-워] 증기선 දුම් බෝට්ටුව.

ධූම රථය [두-머 라떠여] 기차, 열차 දුම්රිය. (구어) කෝච්චිය

ධූමිකාව† [두-미까-워] 안개, 연기가 자욱함 දුමාරය.

ධූර්තයා [두-르떠야-] 중독자 ඇබ්බැහියා.

ධූලකවේදය [둘-러꺼웨-더여] 독(극)물학.

ධ

ධූලි† [둘-리] ධූලිය 의 복수: 먼지들, 티끌들 දූවිලි.

ධූලිය [둘-리여] 먼지, 티끌 දූවිල්ල. (복) *ධූලි*

ධූසර [두-써*러*] ①회색의, 잿빛의 අළුපාට යුත් ②기뻐하지 않는 ප්‍රසන්න නොවූ.

ධේනුව [데-누워] (동물) 암컷 දෙන.

ධෝවනය [도-워너여] 씻음, 정화 සේදීම.

ධ්‍යානය [디야-너여] 무아경, 황홀, 희열 දැහැන.

ධ්‍යානශීලී [디야-너쉴-리-] 황홀한, 무아경의.

ධ්‍රැවක [드*래*워꺼] 극지(極地)의, 남극 (북극)의, 극지에 가까운.

ධ්‍රැව තාරකාව [드*래*워 따-*러*까-워] 북극성.

ධ්‍රැවය† [드*래*워여] 극지(極地), 남극 (북극). ¶ දක්ෂිණ ධ්‍රැවය 남극 උත්තර ධ්‍රැවය 북극

ධෛර්යය [다이*르*여여] ①힘, 용기 ඉරිය 시②시도, 노력 උත්සාහය.

ධෛර්ය වෙනවා† [다이*르*여 웨너와-] 힘내다, 용기내다 ශක්තිමත් වෙනවා.

ධ්වජය [드워저여] 깃발, 기 ධජය. (구어) කොඩිය

ධ්වනිත [드워니떠] 추리하는, 추측하는, 추론하는 ව්‍යංගයෙන් අදහස් කෙරෙන.

ධ්වනිය [드워니여] ①소리 ශබ්දය ②메아리 දොංකාරය ③추리, 추측, 추론 ව්‍යංගය.

ධ්වනි විද්‍යාව [드워니 윋디야-워] 음양학.

ධ්වනි සංධාරණය [드워니 쌍다-*러*너여] 녹음.

ධ

න

න [나] 씽할러 알파벳의 43번째 글자.

න [나] '없는, 아닌'의 뜻의 접두사 'නැති'යන අරුත් දෙන යෙදුම.

නං‡ [낭] නම් 의 또 다른 형태: (후치사) ~이라면, ~라면 නම්.
¶ ඔයා යේසුස් වහන්සේ පිළිගන්නවා නං ඔයාට ස්වර්ගයට යන්න පුලුවන් 당신이 예수님을 믿는다면 당신은 천국에 갈 수 있다

නංගනවා [낭거너와-] නැංගුවා-නංගා 올리다, 일으키다, 증가시키다 නංවනවා. නැංගීම

නංගී‡ [낭기-] 여동생 නඟා. (복) *නංගිලා* (문어) නැගණිය

නංවනවා [낭워너와-] නැංවුවා-නංවා ①올리다, 일으키다, 증가시키다 නංගනවා ②발전시키다 ③(나라) 떠나게 하다. නැංවීම

නක [나꺼] 손톱 නිය.

නකත [나꺼떠] 상서로운 때, 길조 시간 නැකත.

නකත් සතර [나깓 싸떠러] 천문학 නැකැත් ශාස්ත්‍රය.

නකුට [나꾸터] 꼬리 වලිගය.

නකුල [나꿀러] (동물) 몽구스 (의).

නක්ෂත්‍ර† [낚셔뜨러] 점성술의, 점성학의, 별자리의 නැකැත්.
¶ නක්ෂත්‍රකාරයා 점성술사

නක්ෂත්‍ර ඒකකය [낚셔뜨러 에-꺼꺼여] (태양과 지구와의 평균거리) 천문 단위: 1 AU = 1억 4,959만 7,870 km.

නක්ෂත්‍ර කාලය [낚셔뜨러 깔-러여] 별, 행성의 공전 주기.

නක්ෂත්‍රඥයා [낚셔뜨러끄녀야-] 점성술사, 점성학자, 천문학자 ජ්‍යෝතිශ්ශාස්ත්‍රඥයා.

නක්ෂත්‍ර දවස [낚셔뜨러 다워써] 항성일.

නක්ෂත්‍රභෞතය [낚셔뜨러바우떠여] 천체 물리학.

නක්ෂත්‍රය [낚셔뜨러여] ①별자리, 세별표, 천문 ②별, 행성 තාරකාව.

නක්ෂත්‍ර ලිත [낚셔뜨럴 리떠] 점성 달력, (상세한) 역서(曆書) නැකැත් ලිත.

නක්ෂත්‍ර වර්ෂය [낚셔뜨러 와르셔여] 지구 공전 주기(1년), 항성년.

නක්ෂත්‍ර විද්‍යාව [낚셔뜨러 윋디야-워] 점성학, 점성술, 천문학 ජ්‍යෝතිෂය.

නක්ෂත්‍රාචාර්ය [낚셔뜨라-차-르여] 점성가, 점성술사 නක්ෂත්‍රඥයා.

නබ මාණික්‍යය [나꺼 마-닊끼여여] (보석) 홍옥수, 호마노.

නබය [나꺼여] 손톱(발톱) නියපොත්ත.

නගනවා [나거너와-] නැගුවා-නගා ①올리다, 들어 올리다, 일으키다 නංවනවා ②발전시키다. නැගීම

නගර/නගරබද [나거러/나거러바더] ①도시들, 도시 근교들 සදාදී ②도시의, 도시 근교의 නාගරික.

නගරය‡ [나거러여] 도시, 타운 නුවර.

නගර ශාලාව† [나거러 샬-라-워] 시청 පුරහල.

නගර ශෝභිණිය [나거러 쇼-비니여] 창녀, 매춘부 වේශ්‍යාව.

නගර සභාව‡ [나거러 싸바-워] 시의회.

නගර සභිකයා [나거러 싸비꺄야-] 시의원 නාගරික මන්ත්‍රී.

නගරාධිපති‡ [나거라-디빠띠] (도시) 시장, 읍장.

නගරායනය [나거라-여너여] 도시화 නාගරිකරණය.

නගිනවා‡ [나기너와-] නැග්ගා-නැග 오르다, 올라가다 නඟිනවා. නැඟීම/නැඟුම

නගුට† [나구터] 꼬리 වලිගය.

නගුල† [나굴러] ①쟁기 ②꼬리 වල්ගය. (복) නඟුල්

නග්න† [나그너] ①벌거벗은, 나체의 නිරුවත් (구어) ඇඳුම් නැතුව ②빈, 아무것도 없는, 공허한 හිස්.

නග්නත්වය [나그낟워여] ①벌거벗음, 나체 හෙලුව ②비어있음, 빔, 공허 හිස් බව.

නග්න ප්‍රමතිය [나그너 쁘러머띠여] 무상 계약 (약속).

නග්නභාවය [나그너바-워여] ①벌거벗음, 나체 හෙලුව ②비어있음, 빔 හිස් බව.

නග්නීකරණය [나그니-까러너여] 발가벗김, 벗김 නග්න කිරීම.

නඞ්ගල [낭걸러] ①쟁기 ②쟁기의.

නඟනවා [낭거너와-] නැඟුවා-නඟා ①올리다, 들어 올리다, 일으키다 ②발전시키다 නඟනවා. නැඟීම/නැඟුම

නඟා [낭가-] ①여동생 නංගී ②නඟනවා 의 과거분사: 올려, 들어올려, 발전시켜, 드높여 නංවා.

නඟිනවා [낭기너와-] නැංගා/නැඟුවා-නැඟ 오르다, 올라가다 නඟිනවා. නැඟීම/නැඟුම

නඟුට [낭구터] 꼬리 වලිගය.

නඟුල† [낭굴러] ①쟁기 ②꼬리 වල්ගය. (복) නඟුල්

නඤ්ඤර්ථ [난녀르떠] ①부정적인, 회의적인 ②부정, 반대의 뜻을 나타내는 න, නි, නො 와 같은 접두(접미)사.

නට [나터] ①황폐된, 파괴된 නැසුණු ②춤추는 නටන.

නටනවා‡ [나터너와-] නැටුවා-නටා 춤추다, 춤을 추다 රඟනවා. නැටීම/නැටුම

නටබුන [나터부너] 황량, 황무, 황폐 නස්තිය.

නටබුන්† [나터분] ①황량한, 황무한 පාළුවූ ②유적, 유적지.

නටබුන් කරනවා [나터분 꺼러너와-] 황폐하게 만들다, 부수다, 멸망시키다 විනාශ කරනවා.

නටරාජ [나터라-자-] (힌두교) 시바 신 සිව දෙවියා.

නටුව† [나투워] 나뭇잎의 줄기, 잎꼭지, 잎병 නෙට්ට.

නට්ටං/නට්ටම් [낱탕/낱탐] 파산한, 도산한 දේපළ විනාශ වුණු.

නට්සි [낱씨] 나치, 나치당.

නඩත්තු කරනවා‡ [나닫뚜 꺼러너와-] 관리하다, 유지하다.

නඩත්තුව† [나닫뚜워] ①관리, 유지보수, ②생존, 생계.

නඩය [나더여] 무리, 회중, 그룹 පිරිස.

නඩලන් [나덜란] 어리석은 행동, 멍청한 짓 විගඩම්.

නඩාව [나다-워] (직조기의) 북 ෂටලය.

නඩු අහනවා [나두 아하너와-] 재판하다, 소송을 듣다.

නඩුකරය [나두꺼러여] 소송, 재판 නඩුව.
නඩුකාරයා‡ [나두까-러야-] 판사, 재판관 විනිසුරු.
නඩු කියනවා† [나두 끼여너와-] 고소하다, 소송을 제기하다 නඩු පවරනවා.
නඩු ගන්නවා [나두 간너와-] 고소하다, 소송을 제기하다 නඩු පවරනවා.
නඩු තීන්දු නීතිය [나두 띤-두 니-띠여] 판례법.
නඩු තීන්දුව† [나두 띤-두워] 판결, 재판 결과 විනිශ්චය.
නඩු පවරනවා† [나두 빠워러너와-] 고소하다, 소송을 제기하다 නඩු කියනවා.
නඩු මාර්ගය [나두 마르거여] 재판 경과, 재판 진행 නඩු මඟ.
නඩු යනවා [나두 야너와-] 재판에 가다, 소송하다.
නඩුව‡ [나두워] 소송, 재판 කටයුත්ත.
නඩුව කතා කරනවා [나두 까따 - 꺼러너와-] 재판하다, 재판을 듣다.
නඩුවට කතා කරනවා [나두워터 까따- 꺼러너와-] 재판에 참여하다.
නඩුව නිෂ්ප්‍රභා කරනවා [나두워 니쉬쁘러바- 꺼러너와-] 소송을 취하하다.
නඩු විභාගය† [나두 위바-거여] 재판, 공판 නඩු ඇසීම.
නඩුහබය [나두하버여] 소송, 송사 නඩුව.
නඩේ [나데-] 조, 무리, 팀 පිරිස. (구어) කට්ටිය
නඩේ ගුරා [나데- 구라-] 조장, 팀장, 단장 පිරිසේ ප්‍රධානියා.
නණ්ඩුව [난두워] 옥수수 수염.
නතර කරනවා‡ [나떠러 꺼러너와-] 멈추다, 그치다, 세우다, 정지시키다 නවත්වනවා.
නතර වෙනවා‡ [나떠러 웨너와-] 멈춰지다, 그치다, 정지되다, 세워지다 නවතිනවා.
නත [나떠] 전설적인 코브라 왕 අනන්ත.
නතනා [나떠나-] 나거왕, 아난떠.
නතු කරනවා/නතු දෙනවා [나뚜 꺼러너와-/나뚜 데너와-] 소유하다, 점유하다 අයිතිවෙනවා.
නතුව [나뚜워] 소유, 점유 අයිතිය.
නතෝදර [나또-더러] 오목한, 움푹 들어간, 요면의 ඇතුළට නෙරාගිය.
නත්තල‡ [낟떨러] 성탄절, 크리스마스. (복) *නත්තල්* ¶ නත්තල් සීයා 산타클로스 සුභ නත්තලක් 메리 크리스마스
නත්තල් කුණාටු [낟딸 꾸나-투] 성탄절 즈음에 내리는 소나기.
නත්තල් සීයා‡ [낟딸 씨-야-] 산타할아버지.
නත්තා [낟따-] 고조부 පියාගේ මුත්තා.
නද [나더] 소리, 음 නාදය.
නද දෙනවා† [나더 데너와-] 소리를 내다, (새) 지저귀다 නාදය කරනවා.
නදිය† [나디여] 강. (구어) ගඟ
නදී [나디-] 강의, 강과 관련된 ගං.
නදී තීරය [나디- 띠-러여] 강변, 강기슭, 강둑 ගංතෙර.

න

නදී තීර්ථය/නදීතොට [나디-띠-르떠여/나디-또터] 나루터, 도선장 ගංතොට.

නදී සුංක [나디- 쑹꺼] 나루터 세, 나루터 이용료.

නනය [나너여] 우산 살.

නන් [난] ①많은, 여럿의 ②(복수형태) 수다들, 잡담들, 헛된 소리들 ප්‍රලාප. ¶ නන් දොඩනවා 수다 떨다

නන්ද/නන්දන [난더/난더너] 기쁜, 즐거운, 기뻐하는, 환호하는 නන්දනීය. (구어) සතුටු

නන්දන [난더너] නන්දනය 의 복수 또는 형용사: ①기쁨들, 즐거움들, 환호들 ②기쁜, 즐거운, 기뻐하는, 환호하는 ප්‍රීතිමත්. (구어) සතුටු

නන්දනය [난더너여] 기쁨, 즐거움, 환호 ප්‍රීතිය. (구어) සතුට

නන්දනීය [난더니-여] නන්දනය 의 형용사: 기쁜, 즐거운, 기뻐하는, 환호하는 ප්‍රීතිමත්. (구어) සතුටු

නන්දරාපු [난더라-뿌] 아주 유명한, 잘 알려진, 명성이 자자한 ප්‍රසිද්ධ.

නන්දි [난디] ①갈망, 열망 ②갈망하는, 열망하는.

නන්දෙඩනවා [난도더너와-] 쓸데없는 말을 하다, 허짤배기 소리를 하다, 재잘거리다 ප්‍රලාප කියනවා.

නන්ද්‍යාවර්ථ [난디야-와르떠] (시계 바늘처럼) 우로 (오른쪽으로) 도는.

නන්නත්තාරේ [난낱따-레-] 방랑하여, 유랑하여 දඩාවතේ.

නන්නත්තාරේ යනවා [난낱따-레- 야너와-] 방랑하다, 유랑하다 දඩාවතේ යනවා.

නන්නාඳුනන [난난-두너너] 알지 못하는, 모르는, 낯선.

නඳ [난더] ①기쁨, 즐거움 ආනන්දය ②기쁨을 주는, 즐겁게 만드는 සතුටු උපදවන.

නඳන [난더너] 기쁜, 즐거운, 기뻐하는, 환호하는 ප්‍රීතිමත්. (구어) සතුටු

නඳුනුයන [난두누여너] 기쁨의 공원, 샤끄라 신의 정원.

නඳුන් [난둔] 기쁜, 즐거운, 기뻐하는, 환호하는 ප්‍රීතිමත්. (구어) සතුටු

නපුංසක† [나뿡써꺼] 중성의, 내시의.

නපුංසක ලිංගය [나뿡써껄 링거여] (성 관련) 중성.

නපුංසකයා [나뿡써꺼야-] 내시, 중성자 නපුඟුලා.

නපුර† [나뿌러] 악함, 나쁨, 사악함 දුසිරිත. (복) නපුරු

නපුරා† [나뿌라-] 나쁜 사람, 악인, 악한 사람 දුෂ්ටයා.

නපුරු‡ [나뿌루] ①악한, 나쁜, 사악한 කුරිරු ②사나운, 무서운. ¶ සිංහයා නපුරු සතෙකි 사자는 무서운 동물이다

නපුරුකම‡ [나뿌루꺼머] 악, 악함, 나쁨, 사악함 කෲරත්වය.

නප්තෘ [낲뜨루] 손자 මුනුබුරා. ¶ මිනිපිරිය, මිනිබිරිය 손녀

නබි නායක [나비 나-여꺼] 이슬람 창시자.

නබෝ ගැබ [나보- 개버] 하늘 ආකාශය.

නභ [나버] 하늘(의) ආකාශය. (구어) අහස

නභෝතලය [나보-딸러여] 하늘 ආකාශය. (구어) අහස

නහෝ මණි [나보- 마니] 태양, 해 සූර්යයා. (구어) ඉර

නහෝමණ්ඩලය [나보-만덜러여] 하늘 නුබ. (구어) අහස

නම‡ [나머] 이름, 성명. (복) නම් (문어) නාමය ¶ නම යෝජනා 후보자 등록

නමකරනවා [나머꺼러너와-] 예배하다, 제사를 드리다 නමදිනවා.

නම ගම [나머 가머] 주소, 이름과 거주 마을.

නමගිය‡ [나머기여] 잘 알려진, 유명한 ප්‍රසිද්ධ.

නමට [나머터] ①명의의, 이름의 ②명목상의, 허울뿐인.

නමට ඉන්නවා [나머터 인너와-] 그냥 있다, 명목상 있다 ඔහේ ඉන්නවා.

නමදිනවා† [나머디너와-] නැමදුණා/නැමැද්දා-නැමද 예배하다, 엎드리다, 절하다 වඳිනවා. නැමදීම/නැමදුම

නමඳිනවා [나먼디너와-] නැමඳුවා-නැමඳ 예배하다, 엎드리다, 절하다 වඳිනවා. නැමඳීම/නැමඳුම

නමනවා‡ [나머너와-] නැමුවා-නමා ①구부리다, (활을) 당기다 වක්‍රකරනවා ②접다, 싸다 වක්කරනවා ③기울이다, 비스듬히 하다 ඇල කරනවා. නැමීම

නමනීය [나머니-여] 구부릴 수 있는, 접을 수 있는, 휠 수 있는 නම්‍ය.

නමය‡ [나머여] 9, 구, 아홉 නවය.

නම යනවා [나머 야너와-] 유명해지다, 잘 알려지다 ප්‍රසිද්ධ වෙනවා.

නමස්කාර කරනවා‡ [나마쓰까-러 꺼러너와-] 예배하다, 제사를 드리다 නමදිනවා.

නමස්කාරය† [나마쓰까-러여] 예배, 경배 නැමදීම.

නමැති/නැමති‡ [나매띠/내머띠] ~라고 명명된, ~라고 이름 지어진 නම ඇති.

නමැත්තා [나맽따-] (නම + ඇත්තා) ~라고 명명된 사람, ~라고 이름 지어진 사람. ¶ හශාන්ත නමැත්තා 하샨떠라는 사람

නමින් [나민] 이름으로 නාමයෙන්.

නමුත්/නමුදු‡ [나뭍/나무두] 그러나, 하지만 නුමුත්. (구어) ඒත්

නම්‡ [남/낭] ①නම 의 복수: 이름들, 성명들 නාම ②조건절 만드는 후치사: ~이라면, ~라면 නං. ¶ ඔයා යේසුස් වහන්සේ පිළිගන්නවා නම් ඔයාට ස්වර්ගයට යන්න පුලුවන් 당신이 예수님을 믿는다면 당신은 천국에 갈 수 있다

නම් අඬ ගසනවා [남 안더가써너와-] 이름을 부르다, 명명하다.

නම් කරනවා† [남 꺼러너와-] ①이름을 짓다 නමක් තබනවා ②지명하다, 임명하다.

නම් තබනවා [남 따버너와-] 이름을 짓다 නමක් යොදනවා.

නම් දරාපු [남 다라-뿌] 유명한, 저명한 ප්‍රසිද්ධ.

නම් දීම [남 디-머] 명명, 지명 නම ඉදිරිපත් කිරීම.

නම් පට බඳිනවා [남 빠터 반디너와-] 명예(영예)를 수여하다, 명예를 주다.

න

නම් ප්‍රසිද්ධ කරනවා [남 쁘러씯더 꺼러너와-] 유명하게 만들다.

නම්බු කරනවා [남부 꺼러너와-] 존경하다, 존중하다 ගරු කරනවා.

නම්බුකාර [남부까-러] 존경할 만한, 존중할 만한, 존경하는 ගරු කටයුතු.

නම්බුකාරයා [남부까-러야-] 존경할 만한 사람, 존경(존중)하는 사람 ගරු කරන තැනැත්තා.

නම්බු නාමය [남부 나-머여] 명예직.

නම්බුපිටින් [남부삐틴] 명예스럽게, 영광스럽게.

නම්බුව [남부워] 명예, 영예, 영광, 존경 ගෞරවය.

නම්මා ගන්නවා [남마- 간너와-] 설득하다, 설복하다, 받아들이게 만들다 ඒත්තු ගන්වනවා.

නම්මනවා [남머너와-] ~ 에게 영향을 미치다, 감화하다.

නම් හදනවා [남 하더너와-] 별명을 짓다, 별명을 만들다.

නම්‍ය† [남미여] 구부릴 수 있는, 접을 수 있는, 휠 수 있는 නමනීය. ¶ නම්‍යතාව 유연, 유연성

නය [나여] ①방법, 방식 ක්‍රමය ②법, 규칙 ③형식, 시스템.

නයන [나여너] 눈 ඇස. (구어) ඇහැ

නයන රසායන [나여너 라싸-여너] 눈에 보기에 좋은, 눈을 기쁘게 하는 ඇසට ප්‍රිය උපදවන.

නයනානන්ද [나여나-난더] 기쁜, 즐거운, 눈에 보기에 좋은 ඇස් පිනවන.

නයනාමෘත [나여나-므루떠] 눈에 산해 진미 같은.

නයනාරෝග්‍ය ශාලාව [나여나-로-기여 샬-라-워] 안과, 안과병원 ඇස් රෝහල.

නයා‡ [나야-] 코브라 නාගයා. (복) නයි

නයි [나이] නයා 의 복수 또는 형용사: ①코브라들 නාගයෝ ②코브라의. ¶ නයින් (목적격) 코브라를

නයිකාරයා† [나이까-러야-] 코브라를 부리는 사람, 집시 නයින් නටවන්නා.

නයිගල [나이갈러] (고생물) 암몬 조개, 국석(菊石).

නයි ගොබය [나이고버여] 두건 달린 뱀, 코브라 නයි පෙනය.

නයිට්‍රජන් [나이트러전] (화학) 질소.

නයිට්‍රික් අම්ලය [나이트뤽 암믈러여] (화학) 질산 නයිට්‍රජන් අම්ලය.

නයිඳු [나인두] 킹 코브라 නාගරාජයා.

නයි පනික්කියා [나이 빠닊끼야-] 뱀부리는 사람, 집시 නයිකාරයා.

නයි වෛරය [나이 와이러여] 지속적인 증오, 지속되는 적의 බද්ධ වෛරය.

නයිසයි ආඥාව [나이싸이 아-끄냐-워] (일정 기간 내에 당사자가 이의를 신청하지 않으면 절대적 효력을 발생하는) 가명령.

නයිස් පාෂාණ [나이쓰 빠-샤-너] (광물) 편마암.

නර [나러] ①사람의, 인간의 මිනිස් ②흰머리 පැසුණු කෙස්.

නරක‡ [나러꺼] ①나쁜, 악한 නපුරු ②악, 나쁨, 나쁜 행동 නපුර. ¶ හොඳට නරකක් කරන මිනිසා 선에 악을 행하는 사람(선을 악으로 갚는 사람)

නරක නාමය [나러꺼 나-머여] 나쁜 이름.

නරකය/නරකාදිය [나러꺼여/나러까-디여] 지옥 අපාය, නිරය.

නරකාග්නිය [나러까-그니여] 지옥 불 අපායේ ගින්දර.

නරකාදිය/නරකය‡ [나러까-디여/나러꺼여] ①지옥 අපාය ②불결, 더러움 ජරාව.

නරකාවාටය [나러까-와-터여] 지옥 අපාය, නිරය.

නර කෙස් [나러 께쓰] ①인간 머리털 මිනිස් කෙස් ②흰머리, 백발 පැසුණු කෙස්.

නරක් කරනවා [나띾 꺼러너와-] 썩게 만들다, 부패시키다 කුණු කරනවා.

නරක් වෙනවා‡ [나띾 웨너와-] 썩다, 부패하다 කුණු වෙනවා.

නරක්වෙනසුලු [나띾 웨너쑬루] 부패하기 쉬운, 쉽게 썩는 කුණුවෙනසුලු.

නරඟන [나랑거너] 여자, 여성 කාන්තාව. (구어) ගැහැනිය

නරද [나러더] 화살 ඊතලය.

නරදිය [나러디여] 소변, 오줌 මුත්‍ර.

නර නාරි [나러 나-리] 남녀 පිරිමින් හා ගැහැනුන්.

නරනිඳු [나러닌두] 왕, 임금 නරපති. (구어) රජ

නර පණුවා [나러 빠누와-] 인간, 사람 මිනිසා.

නරපති [나러빠띠] 왕, 임금 භූපති. (구어) රජ

නරබිල්ල [나러빌러] 인신제사, 인간제물 මිනිස් බිල්ල.

නර'ඹ [나람'버] 여자, 여성 කාන්තාව. (구어) ගැහැනිය

නරඹනවා‡ [나람버너와-] නැරඹුවා-නරඹා 보다, 시청하다 අවේක්ෂණය කරනවා. <u>නැරඹීම/නැරඹුම</u> (구어) බලනවා

නරයා [나러야-] 인간, 사람 මිනිහා.

නර ලොව [나럴 로워] 인간 세계, 세상 ලෝකය.

නරාධමයා [나라-더머야-] 천한 사람, 신분이 낮은 사람 අධම මිනිසා.

නරාධිප [나라-디빠] 왕, 통치자 රජු.

නරාව [나라-워] 나무 기둥에 생긴 구멍.

නරාවළ [나라-왈러] 악취 구덩이, 쓰레기 구덩이.

නරිජ්ජ [나릿저] 소변, 오줌 මුත්‍ර.

නරිනාටකය [나리나-터꺼여] ①여우 춤 නරි නැටුම ②쓸모없는 행동, 불필요한 행동 විගඩම.

නරිප්පඩ [나맆빠더] 혐오스러운, 지겨운, 싫어하는 නින්දිත.

නරියා‡ [나리야-] 여우 හිවලා.

නරිවාදන් [나리와-단] 자랑, 오만 පුරසාරම්.

නරුපට/නෙරිපට [나루빠터/네리빠터] 캔디안 사리의 허리쪽의 접히는 부분 නෙරිය.

නරුම [나루머] 냉소적인, 비관주의의, 비꼬는, 비참한 අවඥා සහගත.

නරුමයා [나루머야-] ①비관주의자 ②비참한 인간, 천한 사람.

නරුව [나루워] 누더기 옷, 넝마 වැරහැල්ල.

නරේන්ද්‍ර [나렌-드러] 왕의, 임금의 නරේශ්වර.

නරේන්ද්‍රයා [나렌-드러야-] 왕, 통치자 රජු.

නරේශ්වර [나레-쉬워러] 왕의, 임금의 නරෙන්ද්‍ර.

නරෝත්තමයා [나롣떠머야-] 대왕, 귀하신 왕 රාජෝත්තමයා.

නර්තනය† [나르떠너여] 무용, 춤, 댄스 නැටුම.

නර්මාලාපය [나르말-라-빠여] 수군거림, 뒷말, 가쉽 නන්දෙඩවිල්ල.

නල [날러] ①바람 සුළඟ ②공기 වාතය.

නලංගු [날랑구] ①근심하는, 걱정하는 ②늦는, 지체하는, 미적거리는 සුනංගු (구어) පරක්කු.

නලංගුව [날랑구워] ①근심, 걱정 හිරිහැරය ②늦음, 지체, 미적거림 සුනංගුව (구어) පරක්කුව.

නලංගු වෙනවා [날랑구 웨너와-] ①근심하다, 걱정하다 කරදර වෙනවා ②늦다, 지체되다 ප්‍රමාද වෙනවා (구어) පරක්කු වෙනවා.

නලකලංචිය [날러깔랑치여] 방해, 장애, 어려움 හිරිහැරය.

නල බලය [날러 발러여] 풍력, 바람의 힘 සුළං බලය.

නල'ඹන [날람'버너] 바람에 흔들리는 සුළඟින් සෙලවුණු.

නලල‡ [날럴러] 이마 නළල.

නලවනවා† [날러워너와-] ①(어린 아이를) 달래다, 어르다, 재우다 පද්දමින් නිදිකරවනවා ②(사람을) 달래다, (화, 분노) 진정시키다, 가라앉히다 සනසනවා.

නලාව/නළාව‡ [날라-워] ①경적, 호루라기 ②관악기.

නලියනවා [날리여너와-] නලියෑවා-නලියා 꿈틀거리다, 조금 몸을 움직이다 නළියනවා. <u>නලියෑම</u>

නව‡ [나워] 새로운, 새것의 නවක. (구어) අලුත් ¶ නවතාවය 새로움

නවක [나워꺼] 새로운, 새것의 නව. (구어) අලුත්

නවකතාව† [나워까따-워] 소설 නවකථාව.

නවකථාව† [나워까따-워] 소설 නවකතාව.

නවකම්/නවහම් [나워깜/나워함] 수리, 고침 අලුත්වැඩියාව.

නවකයා [나워꺼야-] 신참, 새내기, 풋내기 ආධුනිකයා.

නවගුණ [나워구너] 부처님의 9가지 덕목 නව අරහාදී බුදු ගුණ.

නවගුණ මාලය [나워구너 말-러여] 부처님의 9가지 덕목을 보여주는 108개 알 묵주.

නවග්‍රහ [나워그러하] 9개 행성들(의).

නවජීවනය† [나워 지-워너여] 새생명 නව ජීවය.

නවජීවය [나워 지-워여] 새생명 නව ජීවය.

නවතනය [나워떠너여] 제어기, 멈추게 하는 것.

නවතනවා [나워떠너와-] නැවතුවා-නවතා 멈추다, 서다 නවත්වනවා. <u>නැවතීම/නැවතුම</u> (문어) රඳවනවා

නවතිනවා‡ [나워띠너와-] නැවතුණා-නැවත 머물다, 숙박

하다, 체류하다 නතර වෙනවා. <u>නැවතීම</u>

නවත්වනවා‡ [나왇워너와-] නැවැත්තුවා-නවත්වා 멈추다, 정지하다, 서다 නවතනවා. <u>නැවැත්වීම</u> (문어) රඳවනවා

නවනවා [나워너와-] නැවුවා-නවා 접다, 구부리다, 숙이다 නමනවා. <u>නැවීම</u>

නවනින්දව [나워닌다-워] 모욕, 경멸, 조롱 නිග්‍රහය.

නවනීත [나워니-떠] ①아주 부드러운 ඉතා මෘදු ②버터 බටර්.

නවප්‍රවේශක [나워쁘러웨-셔꺼] 신참, 신입.

නව භූමක [나워 부-머꺼] 9층의, 9층으로 된.

නවම [나워머] 제 9의, 아홉째의 නමවෙනි.

නවමු [나워무] 새로운, 현대의, 현대식의 නව්‍ය. (구어) අලුත්

නවමු කළ [나워무 깔러] 현대화한, 현대식의 නැවුම් කළ. (구어) අලුත් කළ

නවම් [나왐] 씽할러 10번째 달력: 나왐 달 නවම් මස.

නවය‡ [나워여] 9, 아홉 නමය.

නවයුගය [나워유거여] 새시대.

නව යුවතිය [나워 유워띠여] 여자 청년, 처녀, 젊은 처자.

නවයොවුන්/නවයෞවන [나워요운/나워야우워너] 청소년의, 젊은 තරුණ.

නව රත්න [나워 라뜨너] 9가지 보석 종류.

නව රැල්ල [나워 랠러] 새과정, 신경향 අලුත් ක්‍රියා පිළිවෙළ.

නවවක [나워워꺼] 음력 9일.

නව වතුර [나워 와뚜러] 홍수 අලුත් ගංවතුර.

නව වැදෑරුම් [나워 왜대-룸] 9번 접은 නවවිධ.

නවවිධ [나워위더] 9번 접은 නව වැදෑරුම්.

නවශිලායුගය [나워쉴라-유거여] 신석기 시대.

නව සංස්කරණය [나워 쌍쓰꺼러너여] 새판, 새버전.

නවසඳ‡ [나워싼더] (천체) 새 달.

නවසි [나워씨] 야자 열매 종류.

නවස්තනය්‍ය [나워쓰떠니여여] 첫 모유 නවමු මව් කිරි.

නව හන්දි [나워 한디] 다육식물인 립살리스 속 사위, *Rhipsalis cassytha.*

නවහම්/නවකම් [나워함/나워깜] 수리, 고침 අලුත්වැඩියාව.

නවා [나와-] ①නවනවා 의 과거분사: 접고, 구부리어, 숙여 නමලා ②숙소, 거처 නවාතැන ③(씽할러 달력의 10번째 달) 나왐 달 නවම් මස.

නවාංගය [나왕-거여] 추가, 부가, 추가 사항 අලුත් කොටස.

නවාකාර [나와-까-러] 9번 접은 නවවිධ.

නවාතැන‡ [나와-때너] 숙소, 거처, 머무는 곳. (복) *නවාතැන්*

නවාතැන්කාරයා† [나와-땐까-러야-] 기숙생, 하숙생.

නවාතැන් ගන්නවා [나와-땐 간너와-] 하숙하다, 기숙하다.

නවාතැන් දෙනවා [나와-땐 데너와-] 하숙을 치다, 하숙생을 받다.

නවාම් [나왐-] 수리, 고침 අලුත්වැඩියාව.

නවාස්‍රය [나와-쓰러여] 9변형, 9각형.

න

නවීකරණය [나위-꺼러너여] 재생, 소생, (도시) 재개발, 현대화 අලුත් කිරීම.

නවීකෘත [나위끄루떠] 새롭게 한, 수리한, 고친, 현대식으로 만든 අලුත් කළ.

නවීන‡ [나위-너] 현대의, 현재의 නූතන.

නවුන් [나운] 신선한, 새로운 නැවුම්. (구어) අලුත්

නවුන් වතුර [나운 와뚜러] 흙 항아리에서 어느 정도 둠으로 만들어진 신선한 물.

නවෝත්පන්න [나옫-빤너] 새롭게 태어난, 새롭게 발전된 අලුතින් උපන්.

නවෝදය [나오-더여] ①새로운 시작 ②아침의 시작 ③새로운 열정.

නව්‍ය [납위여] 새, 새로운, 새것의, 신선한 නව. (구어) අලුත්

නව්‍යතාව [납위여따-워] 새로움, 새것, 신선함 නවතාව. (구어) අලුත්කම

නව්‍ය ද්වේශය [납위여 드웨-셔여] 수구, 새로운 것에 대해 싫어함.

නශ්‍ය [낫쉬여] 파괴되는, 멸망되는, 죽는, 없어지는 විනාශ වෙන.

නෂ්ට [나쉬터] 죽은, 사멸한, 끝난, 파괴된 නැසුණු.

නෂ්ටකාමය [나쉬터까-머여] (의학) 발기 부전, 발기 불능증.

නෂ්ටකාමියා [나쉬터까-미야-] 발기 부전증 환자 ලිංගිකව දුබලයා.

නෂ්ටාග්නිය [나쉬타-그니여] 식욕 부진 බඩගිනි නැතිකම.

නෂ්ටාවශේෂ [나쉬타-워쉐-셔] 폐허, 옛터 නටබුන්.

නසනවා† [나써너와-] නැසුවා-නසා 죽이다, 멸망시키다 විනාශ කරනවා. <u>නැසීම/නැසුම</u>

නසය/නසාව [나써여/나싸-워] 코 නාසය. (구어) නහය

නසවනවා [나써워너와-] නැසෙවුවා-නසවා 죽임(멸망)을 당하다. <u>නැසවීම</u>

නසා දමනවා [나싸- 다머너와-] 멸망시키다, 없애다 විනාශ වෙනවා.

නසාව/නසය [나싸-워/나써여] 코 නාසය. (구어) නහය

නසිනවා† [나씨너와-] නැසුණා-නැස ①멸망되다, 파괴되다 විනාශ වෙනවා ②죽다, 사망하다. <u>නැසීම</u>

නස්න කරනවා [나쓰너 꺼러너와-] 코에 약을 집어넣다.

නස්නා [나쓰나-] ①නසනවා 의 형용사적 현재용법: 죽이는, 멸망시키는 ②නසිනවා 의 형용사적 현재용법: 죽는, 없어지는, 멸망하는.

නස්පැත්තිය [나쓰뻳띠여] 파괴, 파멸, 멸망 විනාශය.

නස්‍ය කරනවා [낫씨여 꺼러너와-] 코로 흡입시키다, 코로 집어넣다 නැහැයට උරවනවා.

නහ [나하] 코. (문어) නාසය.

නහනවා [나하너와-] 죽이다, 살인하다, 없애다 මරනවා. (문어) නසනවා

නහනුව [나하누워] ①목욕재 නානු ②(옷감에 먹이는) 고무풀.

නහමක් [나하맊] (접두사) '아님, 아닌'의 뜻.

නහමනවා [나하머너와-] 보다, 바라보다 නරඹනවා. (구어) බලනවා

නහම් [나함] එපා, නො 같이 부정의 뜻을 가짐.

නහය‡ [나하여] 코. (문어) නාසය, නැහැය.

නහර [나하*러*] ①신경(들) ②신경의, 예민한.

නහරකාරයා [나하*러*까-*러*야-] 깡패, 조폭 චණ්ඩියා.

නහරය† [나하*러*여] ①신경 ②정맥 ③힘줄.

නහ ලණුව [나할 라누워] (해부학) 신장 නාස් ලණුව.

නහල්ල [나할러] 잭열매의 속(응어리) නාහුව, කොස් ගෙඩියක මැද නාරටිය.

නහසනවා [나하써너와-] 용기를 북돋우다.

නහසිනවා [나하씨너와-] ①문지르다, 비비다 උරගානවා ②조사하다, 검사하다 පිරික්සනවා.

නහස්නාවා [나하쓰나-와-] 시험기.

නහිනවා [나히너와-] 죽다, 사망하다 මැරෙනවා, මියයනවා.

නළංගුව [날랑구워] ①근심, 걱정 හිරිහැරය ②늦음, 지체, 미적거림 සුනංගුව (구어) පරක්කුව.

නළඟන/නළඹුව [날랑거너/날럼부워] 여자 무용가, 춤추는 여자, 여배우 නිළිය.

නළමාර්ගය [날러마-*르*거여] 파이프 배관.

නළය‡ [날러여] 파이프, 관, 튜브 නාළය. ¶ නළ ළිඳ 작두우물

නළයතුර [날러야뚜*러*] 박스 스패너.

නළල‡ [날럴러] 이마. (복) *නළල්*

නළල්පට [날랄빠터] 머리띠, 머리밴드.

නළවනවා [날러워너와-] ①(어린 아이를) 달래다, 어르다, 재우다 පද්දමින් නිදිකරවනවා ②(사람을) 달래다, (분노) 진정시키다, 가라앉히다 සනසනවා.

නළ ළිඳ‡ [날럴린더] 관 우물, 작두우물. (복) *නළ ළිං*

නළාකාර [날라-까-*러*] 관모양의, 관의 නළයක් වැනි.

නළාකාරයා [날라-까-*러*야-] 피리부는 사람.

නළාව/නලාව‡ [날라-워] ①경적, 호루라기 ②관악기.

නළිකාව [날리까-워] 사이펀, 빨아올리는 관.

නළියනවා [날리여너와-] නළියෑවා-නළියා 꿈틀거리다, 몸부림치다 පොපියනවා. <u>නළියෑම</u>

නළු පිරිස† [날루 삐*리*써] (배우, 곡예사의) 일단(一團), 패거리.

නළුව [날루워] 연극, 드라마 නාට්‍යය, නාටකය.

නළුවා‡ [날루와-] 남자 배우, 연극 배우 නාට්‍යකරුවා.

¶ නිළිය 여배우

නා [나-] (식물) 경질 수목, Mesua ferra.

නාක [나-꺼] 나쁜, 악한, 사악한 නරක.

නා කපන වැස්ස [나- 까빠너 왰써] 폭우, 호우 ධාරානිපාත වැස්ස.

නාකා [나-까-] 나쁘다, 악하다 නරකයි.

නාකි† [나-끼] ①늙은, 나이먹은 මහලු ②못하는, 할 수 없는 නොහැකි.

නාකිච්චි [나-낔치] (여자) 늙은이, 나이먹은 여자 මැහැල්ල.
නාකියා [나-끼야-] 늙은이, 나이먹은 사람 මහල්ලා.
නාකි වෙනවා [나-끼 웨너와-] ①늙어가다, 나이를 먹어가다 මහලු වෙනවා ②약해지다, 못하다 නොහැකි වෙනවා.
නාග [나-거] ①코브라의 නයින් ②코끼리의 ඇත් ③지도하는, 이끄는, 지도자의 නායක.
නාගදීපය [나-거디-뻐여] 스리랑카 북부 도시 자프나의 옛 이름: 현재 지명 යාපනය.
නාගයා [나-거야-] 코브라, 뱀 නයා.
නාගර [나-거러] ①산스크리트어 문자, 범어 문자 සකු අකුරු ②도시 사람 ③도시의, 시의 නාගරික.
නාගරික‡ [나-거리꺼] නගරය 의 형용사: 시의, 도시의 නගරයට අයත්.
නාග විෂ [나-거 위셔] 코브라 독 නයි විස.
නාටක [나-터꺼] ①드라마들, 연극들 නාට්‍ය ②책망, 나무람, 비난 දොස් කීම.
නාටක කියනවා [나-터꺼 끼여너와-] 책망하다, 나무라다, 비난하다 දොස් කියනවා.
නාටකය [나-터꺼여] 드라마, 연극 නාට්‍ය.
නාටිකාව [나-티까-워] 여배우 නැටුම් ශිල්පිනිය.
නාටු [나-투] 마른, 깡마른, 마른 체구의 කෘෂ. (구어) කෙට්ටු
නාට්‍ය [낱-티여] 연극들, 드라마들 නැටුම්.
නාට්‍යකරුවා [낱-티여꺼루와-] 남자 배우, 연극 배우 නළුවා.
නාට්‍යය‡ [낱-티여여] 연극, 드라마 නළුව.
නාඩගම [나-더거머] ①시골 연극 ගැමි නාට්‍යය ②제멋대로의 행동 විකාර හැසිරීම.
නාඩගම් මඩුව [나-더감 마두워] 연극 공연장 නාට්‍ය ශාලාව.
නාඩාර් [나-다-르] 인도 상인.
නාඩි† [나-디] 맥박, 고동.
නාඬනවා [난-더너와-] 울지 않다, 안울다 නොහඬනවා.
නාථ [나-떠] 주인, 주인님 ස්වාමියා.
නාථ/නාථදෙවි [나-떠/나-떠데위] 뱀신, 나떠 නාථ දෙවියා.
නාද කරනවා† [나-더 꺼러너와-] 소리를 내다.
නාදය‡ [나-더여] 소리, 사운드 ශබ්දය. (구어) සද්දය
නාන [나-너] 목욕하는, 샤워하는.
නාන කාමරය [나-너 까-머러여] 목욕실, 샤워장.
නානවා‡ [나-너와-] නෑවා-නාලා 목욕하다, 샤워하다. (문어) ස්නානය කරනවා
නා නා [나- 나-] 다양한, 각양각색의 විවිධ.
නානාංගකරණය [나-낭-거꺼러너여] 다양화, 다각화.
නානාත්වය [나-낱-워여] 다양함, 각양 각색.
නානාප්‍රකාර [나-나-쁘러까-러] 다양한, 가지 가지의 විවිධාකාර.
නානා වර්ණ [나-나- 와르너] 각양 각색의 විවිධ පාට.
නානාවිධ [나-나-위더] 다양한, 여러가지의, 잡다한 විවිධාකාර.
නානු [나-누] 목욕재 නහනුව.

නාඳුනනවා‡ [난-두너너와-] නෑදින්නා-නාඳුනා අඳුනනවා 의 반댓말: 알지 못하다, 모르다. නෑදිනීම

නාභිගත කරනවා [나-비가떠 꺼러너와-] 초점을 맞추다 මධ්‍යයට යොමු කරනවා.

නාභිය† [나-비여] ①배꼽 පෙකනිය ②초점 ③(차) 중심축, 바퀴축 රිය සකක මැද.

නාභීය දුර [나-비-여 두러] 초점 거리 නාභි දුර.

නාමධාතුක ක්‍රියා [나-머다-뚜꺼 끄리야-] (문법) 명사류 동사.

නාම නාම [나-머 나-머] 일반명사.

නාම කරණය [나-머 까러너여] 작명, 이름 짓기 නම් කිරීම.

නාම පදය‡ [나-머 빠더여] (문법) 명사.

නාම පුවරුව [나-머 뿌워루워] 명찰, 이름표.

නාමමාත්‍ර† [나-머마-뜨러] 명목상의 නාමික. ¶ නාමමාත්‍ර ප්‍රාග්ධනය 명목 자본

නාමය† [나-머여] ①이름, 성함 ②명사 නම පද. (구어) නම

නාම යෝජනාව [나-머 요-저나-워] ①(선거) 후보자 등록 ②지명, 임명.

නාමාවලිය [나-마-월리여] 인명부, 성명록.

නාමික‡ [나-미꺼] 명목상의, 이름만 있는. ¶ නාමික කිතුනුවා 명목상의 기독교인

නාම්බා [남-바-] ①젊은 동물 තරුණ සතා ②젊은이, 청년 තරුණයා. ¶ සිංහ නාම්බා 새끼 사자 කොටළු නාම්බා 새끼 당나귀 නෑම්බිය 젊은 암컷, 여자 청년

නාඹ/නාඹර [남-버/남-버러] ①젊은, 한창 젊은 ②신흥의, 새로운 ③처녀의 නෑඹුල්.

නාඹුල්† [남-불] ①젊은, 한창 젊은 ②신흥의, 새로운 ③처녀의 නෑඹුල්. ¶ නාඹුල් පලය 첫 열매

නාඹුල් පලය [남-불 빨러여] 첫 열매.

නාඹුල් වනය [남-불 와너여] 처녀 숲.

නාය [나-여] 산사태 නාය යෑම.

නායක [나-여꺼] 지도자의, 리더의.

නායක ශිෂ්‍යයා† [나-여꺼 쉿쉬여야-] (학급) 반장.

නායකත්වය [나-여깥워여] 지도력.

නායකයා‡ [나-여꺼야-] 지도자, 리더 මූලිකයා. (구어) ලොක්කා ¶ නායිකාව 여성 지도자

නාය යනවා [나-여 야너와-] 산사태가 나다, 무너져 내리다. නාය යාම

නායයාම† [나-여야-머] 산사태.

නායිකාව [나-이까-워] 여성 지도자. ¶ නායකයා 남성 지도자

නාරටිය [나-러티여] (식물) 주엽맥, 꽃턱, 꽃받침 දාරය.

නාරස්න [나-라쓰너] (기계) 쇠지레 යකඩ ඉන්න.

නාරාසනය [나-라-써너여] (기계) 쇠지레 යකඩ ඉන්න.

නාරි [나-리] 여성, 여자 කාන්තාව. (구어) ගැහැනිය

නාරිකේර [나-리께-러] 야자, 야자열매 පොල්.

නාරිකේළ [나-리껠-러] 야자, 야자열매 පොල්.

න

නාරිවේදය [나-리웨-더여] 부인과 의학. ¶ නාරිවේද වෛද්‍ය 부인과 의사

නාලකිරණ [날-러끼러너] (물리학) 양극선.

නාල න්‍යෂ්ටිය [날-러 니여쉬티여] (식물) 꽃가루관 핵, 화분관핵.

නාලය‡ [날-러여] ①파이프, 관, 튜브 නාළය ②(음악) 피리.
¶ පැලෝපීය නාලය (해부학) 나팔관

නාලිකාව [날-리까-워] ①(방송) 채널 ②가느다란 관, 세관 නාළිකාව.

නාලිය [날-리여] ①암컷 코끼리 ඇතින්න ②구장 덩굴 식물 බුලත් ③됫박, 되.

නාල්ලන [날-러너] 잡지 않는, 붙잡지 않는 නොඇල්ලන.

නාවනවා [나-워너와-] නෑවුවා-නාවා 목욕시키다. <u>නෑවීම</u>
¶ බබා නෑවුවා ද? 애 목욕시켰어?

නාවික [나-위꺼] 해군의, 군함의 නාවුක.

නාවික හමුදාව [나-위꺼 하무다-워] 해군.

නාවික හැතැප්ම [나-위꺼 해땝머] 해리(海里), (영국) 1853.2m.

නාවිකයා [나-위꺼야-] 뱃사람, 선원, 항해사 නැවියා.

නාවුක [나-우꺼] 해군의, 군함의 නාවික.

නාශක [나-셔꺼] 파괴하는, 없애는, 죽이는 නසන.

නාශක බලය [나-셔꺼 발러여] 파괴하는 힘.

නාශකය† [나-셔꺼여] 죽이는 것, 제거제. ¶ වේදනා නාශකය 진통제 කෘමි නාශක 살충제

නාශිකාව [나-쉬까-워] 코 නැහැය. (구어) නහය

නාසය‡ [나-써여] 코 නැහැය. (복) *නාසා* (구어) නහය

නාසා [나-싸-] නාසය 의 복수 또는 형용사: ①코들 ②코의, 코와 관련된 නාස්.

නාසා [나-싸-] ①묻지 않고, 질문이 없이 ②듣지 않고, 안 듣고 ③부주의해, 조심성 없이, 주의하지 않고.

නාසාභරණය [나-싸-버러너여] 코걸이, 코 장식물.

නාසාස්ථිය [나-싸-쓰띠여] 코뼈 නාසයේ ඇටය.

නාසික [나-씨꺼] 코의, 콧소리의.

නාස් [나-쓰] නාසය 의 복수 또는 형용사: ①코들 ②코의, 코와 관련된.

නාස්තික [나-쓰띠꺼] 없애는, 파괴하는 විනාශදායක.

නාස්තික දෘෂ්ටිය [나-쓰띠꺼 드루쉬티여] 허무주의, 니힐리즘 නාස්තිවාදය.

නාස්ති කරනවා‡ [나-쓰띠 꺼러너와-] 낭비하다, 허비하다 අපතේ හරිනවා.

නාස්තිකාර [나-쓰띠까-러] 낭비하는, 허비하는 අපතේ හරින.

නාස්තිවාදය [나-쓰띠와-더여] 허무주의, 니힐리즘 නාස්තික දෘෂ්ටිය.

නාස්තිය [나-쓰띠여] ①허비, 낭비 අපතේ හැරීම ②없앰, 멸망시킴 නැති කිරීම.

නාස්ති වෙනවා† [나-쓰띠 웨너와-] 낭비되다, 허비되다.

නාස් පුඩුව‡ [나-쓰 뿐두워] 콧구멍 නාස් පුටය.

නාස්පොල්ල [나-쓰뽈러] 콧등, 콧잔등.

නාස් ලණුව [나-쓸 라누워] 소 코뚜레 끈.

නාහිමි [나-히미] ①지도자급 승려 නායක හාමුදුරුවෝ ②지도자 승려의. ¶ නාහිමිපාණන් වහන්සේ 지도자 스님

නාහෙන් අඬනවා [나-헨 안더너와-] 탄원하다, 간청하다.

නාළය† [날-러여] 관, 파이프 නාලය.

නාළිකාව [날-리까-워] ①(방송) 채널 ②가느다란 관, 세관 නාලිකාව.

නාළිකේර [날-리께-러] 야자(열매) නාරිකේල.

නාහුම් [나-훔] (성경) 나훔서, 나훔.

නැංගා [냉가-] නඟිනවා 의 과거: 올랐다, 올라갔다 නැඟුවා.

නැංගුරම [냉구러머] (배의) 닻 ඇංකරය.

නැංවීම [냉위-머] නංවනවා 의 동명사: 올라감, 상승, 일으킴 ඉහළට යාම.

නැකත [내꺼떠] 길조 시간, 행운의 시간 සුබ මොහොත.

නැකතියා [내꺼띠야-] 점성가, 점성술사 නැකත්කරු.

නැකැත් [내깯] 태양의 24절기.

නැඟණිය [내거니여] 여동생. (구어) නංගී

නැඟි‡ [내기] නඟිනවා 의 형용사적 과거용법: 일어난, 선, 일어선 නැඟිටි, නැඟු.

නැඟි අවුරුද්ද [내기 아우룯더] 새해 අලුත් අවුරුද්ද.

නැඟිටනවා [내기터너와-] ①일어나다, 일어서다, 서다, 서 있다 නැඟිටිනවා ②깨닫다, 자각하다 අවදි වෙනවා. නැඟිටීම/නැඟිටුම

නැඟිටවනවා [내기터워너와-] 일으키다, 일으켜 세우다, 올리다 නැඟිටුවනවා. නැඟිටවීම

නැඟිටි [내기티] නැඟිටිනවා 의 형용사적 과거용법: 일어난, 선, 일어선 නැඟි, නැඟු.

නැඟිටිනවා‡ [내기티너와-] නැඟිට්ටා-නැඟිට(නැඟිටලා) ①일어나다, 일어서다, 서다, 서 있다 හිටගන්නවා ②깨닫다, 자각하다 අවදි වෙනවා. නැඟිටීම/නැඟිටුම ¶ පරක්කු වෙලා නැඟිට්ටා 늦게 일어났다

නැඟිටුණා‡ [내기투나-] නැඟිටෙනවා 의 과거: 일어났다, 일어섰다 නැඟිට්ටා.

නැඟිටුණු† [내기투누] නැඟිටෙනවා 의 형용사적 과거용법: 일어난, 일어선 නැඟුටුණු.

නැඟිටුවනවා† [내기투워너와-] නැඟිටෙවුවා-නැඟිටුවා 일으키다, 일으켜 세우다, 올리다 නැඟිටුවනවා. නැඟිටවීම

නැඟිටෙනවා‡ [내기테너와-] නැඟිටුණා-නැඟිටී(නැඟිටීලා) ①일어나다, 일어서다, 서다, 서 있다 හිටගන්නවා ②깨닫다, 자각하다 අවදි වෙනවා. නැඟිටීම/නැඟිටුම

නැඟිට්ටා‡ [내긷타-] නැඟිටිනවා 의 과거: 일어났다, 일어섰다 නැඟිටුණා.

නැඟී [내기-] නඟිනවා 의 과거분사: 올라 와, 올라. (구어) ගැග්ගලා

නැඟී එනවා [내기- 에너와-] 올라오다, 오르다 නඟිනවා.

න

නැගී සිටිනවා† [내기- 씨티너와-] 서 있다, 일어나 있다.

නැගීම† [내기-머] නගිනවා, නැගෙනවා 의 동명사: 오름, 올라옴 නැගුම.

නැගු [내구] නගිනවා 의 형용사적 과거용법: 일어난, 선, 일어선 නැගි, නැගිටි.

නැගුටුණා [내구투나-] නැගිටෙ-නවා 의 과거 (많이 사용되지 않음. නැගිටුණා 가 널리 쓰임): 일어났다.

නැගුටුණු [내구투누] නැගිටෙනවා 의 형용사적 과거용법: 일어난, 일어선 නැගිටුණු.

නැගුම [내구머] නගිනවා, නැගෙ-නවා 의 동명사: 오름, 올라옴 නැගීම.

නැගෙනවා† [내게너와-] නැගුණා-නැගී 오르다, 올라오다 නැගෙනවා. <u>නැගීම/නැගුම</u>

නැගෙනහිර‡ [내게너히*러*] 동쪽, 동편. (문어) පෙරදිග ¶ බස්නාහිර 서쪽

නැගණිය [냉거니여] 여동생 නඟා. (구어) නංගී

නැගි/නැගු [냉기/냉구] නගිනවා 의 형용사적 과거용법: 일어난, 선, 일어선 නැගි/නැගු.

නැගිටිනවා‡ [내기티너와-] නැගිට්ටා-නැගිට(නැගිටලා) ①일어나다, 일어서다, 서다, 서 있다 නැගිටිනවා ②깨닫다, 자각하다 අවදි වෙනවා. <u>නැගිටීම/නැගිටුම</u>

නැගිටුවනවා/නැගුටුවනවා [냉기투워너와-/냉구투워너와-] නැගිටෙවුවා-නැගිටුවා/නැගුටුවා 일으키다, 일으켜 세우다, 올리다 නැගිටුවනවා. <u>නැගිටුවීම</u>

නැගෙනවා† [냉게너와-] නැගුණා-නැගී 오르다, 올라오다 නැගෙනවා. <u>නැගීම/නැගුම</u>

නැග්ම [내그머] ①상승, 오름, 등반 නැගීම ②향상, 발전 දියුණුව.

නැටිල්ල [내틸러] ①춤, 댄스 රංගනය ②제멋대로 행동, 불순종하는 행위 නැට්ටුක්කාරකම.

නැටුම† [내투머] ①춤, 댄스 රංගනය ②제멋대로 행동, 불순종하는 행위 නැට්ටුක්කාරකම.

නැට්ට [냍터] ①꼬리 නගුට ②(과일, 나뭇잎) 꼭지 නටුව. (복) *නැටි*

නැට්ටුක්කාරයා [냍뚞까-*러*야-] ①춤추는 사람, 무용가, 댄서 නැට්ටුවා ②제멋대로 행동하는 자, 불순종하는 자.

නැට්ටුක්කාරකම [냍뚞까-*러*꺼머] 제멋대로 행동, 불순종하는 행위 නැටිල්ල.

නැට්ටුවා‡ [냍투와-] ①춤추는 사람, 무용가, 댄서 නැට්ටුක්කාරයා ②제멋대로 행동하는 자, 불순종하는 자.

නැණ [내너] 지혜, 총명, 현명 ඥානය.

නැණානුවණ [내너누워너] (여성명사) 지혜, 총명, 현명 ඥානය.

නැණවතා [내너워따-] 지혜로운 사람 ඥානවන්තයා. (복) *නැණවත්හු, නැණවත්තු*

නැණවතු [내너워뚜] නැණවතා 의 복수: 지혜로운 사람들, 총명한 사람들, 현자들 නැණවත්තු.

නැණවත්† [내너왇] 지혜로운, 총명한, 현명한 ඥානවන්ත. ¶ නැණවතා 지혜로운 사람

නැණවත්තු/නැණවත්හු [내너왇뚜/내너왇후] නැණවතා 의 복수: 지혜로운 사람들, 총명한 사람들, 현자들 ඥානවන්තයෝ. ¶ නැණවතුන් 지혜로운 사람들을 (대격, 목적격 형태)

නැත‡ [내떠] 없다, 아니다. (구어) නෑ ¶ ඩීසල් නැත 디젤 없음

නැතකින් [내떠낀] 그후에, 그 다음에, 나중에.

නැතක් [내딱] 많은, 수많은 බොහෝ.

නැතහොත් [내떠홑] 아니면, 없다면, 있지 않다면 හෝ. (구어) නැත්නම්

නැති‡ [내띠] නෑ, නැහැ 의 형용사: 없는, 있지 않는 රහිත.

නැතිකම† [내띠꺼머] 없음, 부족, 가난 හිඟය.

නැති කරනවා† [내띠 꺼러너와-] 없애다, 버리다, 제거하다 අහිමි කරනවා.

නැතිනම් [내띠남] 아니면, 혹은 නැතහොත්. (구어) නැත්නම්

නැතිබැරිකම [내띠배리꺼머] 가난, 빈곤, 빈궁 දිළිඳුකම.

නැතිභංග කරනවා [내띠방거 꺼러너와-] 제거하다, 없애 버리다, 멸망시키다 වනසනවා.

නැතිවූ [내띠우-] 잃어버린, 없어진 නැති වුණු.

නැති වෙනවා‡ [내띠 웨너와-] ①잃어버리다, 놓치다, 없어지다 ②죽다, 소천하다 මැරෙනවා.

නැතුව‡ [내뚜워] ~없이, 없고 හැර.

නැත්ත [낻떠] ①없는 것 නැති දෙය ②거짓, 비진리 බොරුව. ¶ ඇත්ත 진리, 사실

නැත්තට නැති කරනවා [낻떠터 내띠 꺼러너와-] 없애다, 제거하다.

නැත්තට නැති වෙනවා [낻떠터 내띠 웨너와-] 망하다, 파산하다.

නැත්තා [낻따-] ①부재자, 결석자 නැති තැනැත්තා ②소유하지 않은 사람 අහිමි තැනැත්තා.

නැත්නං‡ [낻낭] 아니면, 혹은 නැත්නම්. (문어) නැතහොත්

නැත්නම්‡ [낻남] 아니면, 혹은 නැත්නං. (문어) නැතහොත්

නැදුන් [내둔] (목재) 켐파스.

නැද්ද‡ [낻더] නෑ, නැත의 의문형: 없습니까?

නැන්දණිය/නැන්දම්මා [낸더니여/낸담마-] ①시어머니, 장모 ②고모.

නැන්දම්මා/නැන්ද‡ [낸담마-/낸다-] ①시어머니, 장모 ②고모.

නැබ/නැඹ [내버/냄버] 배꼽 පෙකණිය.

නැබ නළය [내버 날러여] 탯줄 පෙකණි වැල.

නැබළ [내벌러] 거대한, 아주큰 විශාල.

නැමති [내머띠] ~ 라고 명명된, ~ 라고 이름 지어진, ~라는 නමැති.

නැමද [내머더] නමදිනවා 의 과거분사: 예배하고, 절하고.

නැමදීම/නැමදුම [내머디-머/내머두머] නමදිනවා 의 동명사: 예배, 엎드림.

නැමි [내미] 구분, 휜, 구부러진 නැමුණු.

නැමිච්ච [내밎처] නැමෙනවා 의 형용사적 과거용법: 구부러진, 휘어진, 휜, 굽은. (문어) නැමුණු

න

නැමියාව [내미야-워] 경향, 성질 ප්‍රවණතාව.

නැමීම/නැමුම [내미-머/내무머] නමනවා, නැමෙනවා 의 동명사: 굽음, 휘어짐, 주름, 기울어짐, 꺾임 නැම්ම.

නැමුණු [내무누] නැමෙනවා 의 형용사적 과거용법: 구부러진, 휘어진, 휜, 굽은 ඇලවුණු. (구어) නැම්විච

නැමුම/නැමීම [내무머/내미-머] නමනවා, නැමෙනවා 의 동명사: 굽음, 휘어짐, 주름, 기울어짐, 꺾임 නැම්ම.

නැමෙනවා† [내메너와-] නැමුණා-නැමී 휘어지다, 구부러지다 වක් වෙනවා. නැමීම/නැමුම

නැමෙනසුලු [내메너쑬루] 잘 휘어지는, 잘 구부러지는 නැම්‍යශීලී.

නැම්ම‡ [냄머] 굽음, 휘어짐, 주름, 꺾임 නැමීම.

නැම්මක් නමනවා [냄막 나머너와-] 접어 금을 내다, 주름잡다.

නැඹුරු† [냄부루] 기울어진, 기운, 한쪽으로 쏠린 නැබුරු.

නැඹුරු වෙනවා [냄부루 웨너와-] ①기울어 지다, 기울다, 한쪽으로 쏠리다 නැබුරු වෙනවා ②휘다, 굽어 지다, 꺾이다 නැමෙනවා.

නැලවෙනවා [낼러웨너와-] ①(어린아이가) 달래지다, 재워지다 ②(사람이) 달래지다, (화) 진정되다, 가라앉다 සැනසෙනවා.

නැව‡ [내워] 배, 선. (복) *නැව්*

නැවක† [내워꺼] 배의, 선박의.

නැවත‡ [내워떠] 다시, 한번더 යළි. (구어) ආයෙත්

නැවත කරනවා [내워떠 꺼러너와-] 반복하다, 다시 하다 යළි කරනවා. (구어) ආයෙත් කරනවා

නැවතිල්ල/නැවැතිල්ල [내워띨러/내왜띨러] 중지, 정지, 멈춤 නැවැත්වීම.

නැවතීම/නැවතුම‡ [내워띠-머/내워뚜머] නවතනවා, නවතිනවා, නැවතෙනවා 의 동명사: ①머뭄, 체류, 숙박 නතර වීම ②멈춤, 섬.

නැවතීමේ ලකුණ [내워띠-멜-라꾸너] 쉼표 තිත ලකුණ.

නැවතුම/නැවතීම [내워뚜머/내워띠-머] නවතනවා, නවතිනවා, නැවතෙනවා 의 동명사: ①머뭄, 체류, 숙박 නතර වීම ②멈춤, 섬.

නැවතුම්පළ/නැවතුම්පොළ [내워뚬뻘러/내워뚬뽈러] ①정거장, 정류장 නවතින තැන ②터미널. ¶ බස් නැවතුම් පොළ 버스터미널

නැවතුම් පහසුකම් [내워뚬 빠하쑤깜] 숙박시설 නවාතැන් පහසුකම්.

නැවතුම්පොළ/නැවතුම්පළ‡ [내워뚬뽈러/내워뚬뻘러] ①정거장, 정류장 නවතින තැන ②터미널. ¶ බස් නැවතුම් පොළ 버스터미널

නැවතෙනවා [내워떼너와-] නැවතුණා-නැවතී ①멈추다, 정지하다, 그만두다 නවතිනවා ②머물다, 기다리다 නතර වෙනවා. නැවතීම/නැවතුම

නැවැත්වීම† [내왯위-머] ①중지, 정지, 멈춤 නැවතිල්ල ②방해, 봉쇄 අවහිර කිරීම.

නැවැතිල්ල/නැවතිල්ල [내왜띨러/내워띨러] 중지, 정지, 멈춤.

නැවියා [내위야-] 뱃사람, 선원, 항해사 නාවිකයා.

නැවුන් [내운] 신선한, 새로운 නව. (구어) අලුත්

නැවුම්† [내움] 신선한, 새로운 නව. (구어) අලුත්

නැව් [내우] නැව 의 복수 또는 형용사: ①배들, 선박들 ②배의, 선박의.

නැව් ගාස්තුව [내우 가-쓰뚜워] 배삯.

නැව් තටාකය† [내우 따타-꺼여] (선박) 독, 선거.

නැව් තට්ටු ගැටිය [내우 땉투개티여] (조선, 선박) 현장(舷墻).

නැව්තරුව [내우따루워] 북극성.

නැව්තොට† [내우또터] 항구, 항 වරාය.

නැව් නගිනවා† [내우 낭기너와-] 승선하다, 배를 타다.

නැව්පතියා [내우빠띠야-] 선장 කපිතාන්. ¶ නැව්පති කුක් 선장 쿡 කුක් නැව්පතියා 쿡 선장

නැව් පිළියම්කරු [내우 삘리얌꺼루] 선박 건조자, 선박 제작자.

නැව්බඩු බෑම සහ පැටවීම [내우바두 배-머 싸하 빼터위-머] 선박 화물 내리고 올림.

නැව් බඳ [내우 반더] 선체 නැව් කඳ.

නැසිගිය [내씨-기여] 죽은, 사망한 මැරුණු. (구어) මැරිච්ච

නැසීම/නැසුම [내씨-머/내쑤머] නසනවා, නසිනවා, නැසෙනවා 의 동명사: ①파괴, 파멸 ②죽음, 사망 මරණය ③숨김 සැඟවීම ④춤 නැටීම.

නැසී යනවා [내씨 야너와-] ① 멸망하다, 파괴되다 විනාශ යනවා ②죽다, 사망하다 මැරෙනවා.

නැසුම/නැසීම [내쑤머/내씨-머] නසනවා, නසිනවා, නැසෙනවා 의 동명사: ①파괴, 파멸 ②죽음, 사망 මරණය ③숨김 සැඟවීම ④춤 නැටීම.

නැසෙනවා [내쎄너와-] නැසුණා-නැසී ①멸망하다, 파괴되다 විනාශ වෙනවා ②죽다, 사망하다 මැරෙනවා. <u>නැසීම/නැසුම</u>

නැස්පැත්තිය [내쓰뺃띠여] 파괴, 파멸, 멸망 විනාශය.

නැහැ‡ [내해] 부정 접미사: 아니다 නෑ. (문어) නැත ¶ මම යන්නේ නැහැ 나는 안간다

නැහැදිච්ච [내해딫처] 무례한, 예의 없는 නැහැදුණු. (문어) අශීලාචාර

නැහැදුණු† [내해두누] 무례한, 예의 없는 නැහැදිච්ච. (문어) අශීලාචාර

නැහැමින් [내해민] 널리, 충분히, 풍성하게 ඇතිතරම්.

නැහැය [내해여] 코 නාසය. (구어) නහය

නැහැවෙනවා [내해웨너와-] නාවනවා 의 피동사: 젖다, 흠뻑 젖다, 목욕 되어지다 නෑවෙනවා.

නැහීගෙන [내히-게너] 전심으로, 마음을 다하여 ඉතා ඕනෑකමින්.

නැහෙනවා [내헤너와-] 죽다, 사망하다 මැරෙනවා.

නැළිය [낼리여] 인도의 무게의 단위 (약 900g).

න

නෑ/නෑඃ [내-] ①아니요 නැහැ (문어) නැත ②친척의, 친족의.
නෑකම‡ [내-꺼머] 친척, 친족 ඥාතිත්වය.
නෑදෑයා/නෑයා‡ [내-대야-/내-야-] 친척, 친족 ඥාතියා. (복) *නෑදෑයෝ/නෑයෝ*
නෑනා‡ [내-나-] 친자매 이외의 사촌이나 결혼을 통해 맺은 모든 여자를 일컫는 말: ①(여자) 사촌 (고모나 외삼촌의 딸) ②처형, 처제, 시누이, 재수, 형수.
නෑම‡ [내-머] නානවා 의 동명사: 목욕, 샤워.
නෑම්බිය/නෑම්බී/නෑඹී [냄-비여/냄-비-/냄-비-] ①젊은 암컷 ②여자 청년 තරුණිය.
¶ නාම්බා 젊은 수컷, 남자 청년
නෑඹුල් [냄-불] ①젊은, 한창 젊은 ②신흥의, 새로운 ③처녀의 නාඹුල්.
නෑයා/නෑදෑයා‡ [내-야-/내-대야-] 친척, 친족 ඥාතියා. (복) *නෑයෝ/නෑදෑයෝ*
නෑර [내-*러*] ①(후치사) ~ 예외없이, 허락하지 않고 ②නෑරෙනවා 의 과거분사: 열려있지 않고, 닫혀있고. ¶ හැර දෙයක් එකක්වත් නෑර ඉෂ්ට කළා 모든 것을 하나도 예외없이 완수했습니다
නෑරෙනවා [내-*레*너와-] නෑරුණා-නෑර ඇරෙනවා 의 부정형태: 열려있지 않다, 닫혀있다.
නෑවිදින්/නෑවිත් [내-위딘/내-윋] 안와, 오지 않고 නොපැමිණ.
නෑවිල්ල [내-윌러] 목욕, 샤워 නෑවුම.
නෑවිල්ලා/නෑවිදින් [내-윌라-/내-위딘] 안와, 오지 않고 නෑවිත්.
නෑවුම [내-우머] 목욕, 샤워 නෑවිල්ල.
නෑවෙනවා [내-웨너와-] නාවනවා 의 피동사: 젖다, 흠뻑 젖다, 목욕 되어지다 නැහැවෙනවා.
නෑසියන් [내-씨얀] 자기 친척들 තම නෑදෑයින්.
නෑසෙනවා [내-쎄너와-] 들리지 않다, 안들리다 නොඇසෙනවා. ¶ ඇසෙනවා 들리다
නෑහේත්තුව [내-헫-뚜워] 친척 방문.
නි/නිඃ [니/니-] (접두사) ①아닌, 비 ②외부의, 밖의 ③가까운, 근처의.
නිඃක්ලේෂ [니-끌레-셔] 더럽지 않은, 깨끗한 නිකෙලෙස්.
නිඃක්ෂේපණය [닊-쓰쎄-뻐너여] ①하적, 짐을 내림 බහා තැබීම ②제거, 없앰 ඉවත ලීම.
නිඃෂෝබ [니-쇼-버] 빛나지 않는 බැබලීමක් නැති.
නිඃශ්‍රය/නිශ්‍රය [니-쉬*러*여/니쉬*러*여] ①어울림, 연합 ආශ්‍රය ②도움 පිහිට.
නිකං‡ [니깡] 그냥, 아무 이유없이 නිකම්.
නිකට‡ [니까터] (신체) 턱.
නිකමට [니꺼머터] 그냥, 아무 이유없이 නිකං.
නිකමා [니꺼마-] (하는 일없이 허송세월 하는) 게으른 자, 쓸모없는 사람. (복) *නිකම්මු*
නිකම්/කිනං‡ [니깜/니깡] 그냥, 아무 이유없이 නිකමට.

නිකරුණේ‡ [니꺼루네-] 이유없이, 까닭없이 නිෂ්කාරණේ.

නිකසල [니까썰러] 깨끗한, 더럽지 않은 පිරිසිදු.

නිකාය [니까-여] ①교단, 종파 ලබ්ධිය ②무리, 대중 රැළ ③집 ගෙය.

නිකායික [니까-이꺼] 교단의, 종파의 ලබ්ධික.

නිකැළල්/නිකැළැල් [니깰랄/니깰랠] 흠없는, 더럽혀 지지 않은, 완벽한 පිරිසිදු.

නිකිණි [니끼니] ①음력 8월 ②얻을 수 없는 8가지.

නිකිණි සොයනවා [니끼니 쏘여너와-] 얻을 수 없는 것을 찾다.

නිකුතුව [니꾸뚜워] 발행, 간행 නිකුත් කිරීම.

නිකුත් [니꿑] ①나간, 출발한 නික්මුණ ②죽은 මැරුණ.

නිකුත් කරනවා† [니꿑 꺼러너와-] ①발행하다, 출간하다 ②보내다, 내보내다.

නිකෘෂ්ට [니끄루쉬터] 천한, 낮은, 고귀하지 않은 නීච.

නිකෙලෙස් [니껠레쓰] ①더럽지 않은, 정결한, 깨끗한 කෙලෙස් රහිත ②속박되지 않는, 구속되지 않은 රෝග පීඩා නැති.
¶ කෙලෙස් 더러운

නිකේතනය/නිකේතය† [니께-떠너여/니께-떠여] 하숙집, 거주지 නිවහන.

නික්ම [니끄머] නික්මෙනවා 의 과거분사: 나와, 출발하고.

නික්මයාම [니끄머야-머] ①(성경) 출애굽기 ②탈출, 나감 පිටවීම.

නික්මෙනවා† [니끄메너와-] නික්මුණා-නික්ම/නික්මී 나가다, 출발하다, 유출하다 පිටත් වෙනවා. <u>නික්මීම</u>

නික්මවනවා [니끄머워너와-] නික්මෙවුවා-නික්මවා 내보내다, 출발시키다.

නික්ලේශී [니끌레-쉬-] 깨끗한, 정결한 නිර්මල.

නිඛිල [니낄-러] 모든, 전체의, 전부의 සියලු.

නිගණ්ඨ [니간터] ①속박없는, 묶임없는 ②벌거벗은, 나체의 නග්න.

නිගමනය‡ [니가머너여] 결론, 결정 තීරණය.

නිගරුව [니거루워] 모욕, 명예훼손, 비방 අපහසය.

නිගා කරනවා† [니가- 꺼러너와-] 모욕하다, 명예를 훼손하다, 비방하다 නිග්‍රහ කරනවා.

නිගාව† [니가-워] 모욕, 명예훼손, 비방 නිගරුව.

නිග්‍රහය [니그러하여] 모욕, 조롱, 경멸, 명예훼손, 비방 අපහාසය.

නිග්‍රෝධ [니그로-더] 벵골 보리수(의).

නිඝණ්ටුව [니간투워] (그리스어, 라틴어 등의) 옛 언어의 사전.

නිච්චිය [닟치여] 기억, 상고 මතකය.

නිජ [니저] 태어난, 난 උපන්.

නිජ බිම/නිජ බූමිය† [니저 비머/니저 부-미여] 태어난 나라, 태어난 땅 උපන් බිම.

නිට්ටාව [닡타-워] 완성, 완전, 끝, 마지막 අවසානය.

නිට්ටාවට [닡타-워터] 전부, 전체로, 완전히 මුළුමනින්.

න

නිට්ටෑවා [닏태-와-] 스리랑카 고대 원주민 난쟁이.

නිණාවිව [니나우워] 기억, 회상, 상고 මතකය.

නිතම්බය [니땀버여] 궁둥이, 엉덩이 තට්ටම.

නිතඹ† [니떰버] 궁둥이, 엉덩이 නිතම්බය.

නිතර/නිතරම‡ [니떠러/니떠러머] 항상, 늘, 지속적으로 හැම තිස්සේ.

නිතරඟ [니따랑거] 겨룰 사람이 없는, 무경쟁의 තරඟයකින් තොර.

නිතරඟයෙන්‡ [니따랑거옌] 경쟁하지 않고, 무경쟁으로 තරඟයකින් තොරව.

නිතරම/නිතර [니떠러머/니떠러] 항상, 늘, 지속적으로 හැම තිස්සේ.

නිතැතින් [니때띤] 노력하지 않고, 자동으로 නිරුත්සාහයෙන්. (구어) ඉබේම

නිති/නිතින් [니띠/니띤] 항상, 늘 නිතරම.

නිතිපතා [니띠뻐따-] 항상, 늘, 언제나 හැම තිස්සේම.

නිතොර [니또러] ①항상, 늘, 지속적으로 නිතර ②지속적인, 끊이지 않는.

නිත්‍ය/නිත්ත† [닏띠여/닏떠] 계속되는, 연속되는, 상설의 නිරන්තර.

නිදන [니더너] 가난한, 돈이 없는 දුප්පත්.

නිදන [니더너] නිදනවා 의 형용사적 현재용법: 자는, 잠자는 නිදාගන්න.

නිදන කාමරය‡ [니더너 까-머러여] 침실, 잠 자는 방.

නිදන මල්ල [니더너 말러] 침낭.

නිදනවා‡ [니더너와-] 잠자다, 자다 (보통 නිදා ගන්නවා를 많이 사용한다). <u>නිදීම</u>

නිදන් [니단] ①보물 නිධාන ②보물의. ¶ නිදන් සෙවීම 보물찾기

නිදන් අරමුදල [니단 아러무덜러] 감채 기금 (국채, 회사채를 갚기 위해 마련해 놓는 기금).

නිදන් කරනවා [니단 꺼러너와-] 숨기다, 감추다, (보물을) 은밀한 장소에 묻다.

නිදන්ගත [니단가떠] ①숨겨진, 감추인 ②뿌리깊은.

නිදර්ශකය [니다르셔꺼여] 견본, 표본, 예 ආදර්ශකය.

නිදර්ශනය‡ [니다르셔너여] 예, 예시, 사례 නිදසුන. (구어) උදාහරණය

නිදසුන [니더쑤너] 예, 예시, 사례 නිදර්ශනය. (구어) උදාහරණය

නිදහස‡ [니더하써] 자유, 해방 ස්වාධීනත්වය. (복) *නිදහස්*

නිදහස්† [니더하쓰] නිදහස 의 복수 또는 형용사: ①자유들, 해방들 ②자유의, 자유로운 ස්වාධීන. ¶ නිදහස් වරාය 자유무역항

නිදහස් අධ්‍යාපනය [니더하쓰 앋디야-뻐너여] 무상 교육, 무료 교육.

නිදහස් කරනවා† [니더하쓰 꺼러너와-] 풀어주다, 풀다, 자유롭게 하다.

නිදහස් දවස† [니더하쓰 다워써] 스리랑카 광복절, 독립 기념일 (2월 4일).

නිදහස් නැවුතොට [니더하쓰 내우또터] 자유 무역항 නිදහස් වරාය.

නිදහස් පුවත්පත [니더하쓰 뿌왇빠떠] 자유 언론, 독립언론.

නිදහස් වාදය [니더하쓰 와-더여] 해방주의.

නිදහස් මාධ්‍යය [니더하쓰 맏-디여여] 독립 매체, 독립 언론.

නිදහස් වෙළඳාම [니더하쓰 웰런다-머] 자유 무역.

නිදහස් ව්‍යවසාය [니더하쓰 위여워싸-여] 자유 기업 (제도).

නිද ගන්නවා‡ [니다- 간너와-] 잠자다, 자다 නිදනවා. <u>නිදා ගැනීම</u>

නිදඝය [니다-거여] ①더위, 열기 උෂ්ණය ②여름 ගිම්හන ඍතුව.

නිදනය [니다-너여] ①숨겨진 보화, 보물, 재물 축적 ②주원인, 근원 ප්‍රධාන හේතුව ③(의사) 진단 රෝග නිශ්චය.

නිදනවෙනවා [니다-너웨너와-] 이유가 되다, 원인이 되다.

නිද වැටෙනවා [니다- 왜테너와-] ①졸다, 꾸벅꾸벅 졸다 නිදි කිරනවා ②게으르게 행동하다.

නිදැල්ලේ† [니댈레-] 자유롭게, 방해받지 않고 නිදහසින්.

නිදි‡ [니디] නින්ද 의 복수 또는 형용사: ①잠, 수면 ②잠자는, 수면의.

නිදි කරනවා† [니디 꺼러너와-] 재우다, 잠 재우다 නිදි කරවනවා.

නිදි කිරනවා [니디 끼러너와-] 졸다, 꾸벅꾸벅 졸다 නිදා වැටෙනවා.

නිදිකුම්බා [니디꿈바-] (식물) 함수초, 감응초, 미모사.

නිදි ගන්වනවා [니디 간워너와-] 재우다, 잠재우다 නිදි කරනවා.

නිදිගැට [니디개터] 졸음.

නිදි පෙති [니디 뻬띠] 수면제.

නිදිබර [니디바러] 졸린, 잠이 오는 නිදිමත සහිත.

නිදිබර ගතිය [니디바러 가띠여] 졸음 නිදිමත.

නිදිමත‡ [니디마떠] 졸린, 잠이 오는 නිදිබර.

නිදි මරනවා/නිදි වරනවා [니디 마러너와-/니디 와러너와-] 졸음을 깨우다, 잠을 깨우다 නිදි වර්ජිතව ඉන්නවා.

නිදියනවා† [니디야너와-] 잠들다, 잠자다 නිදා ගන්නවා.

නිදිවදිනවා [니디와디너와-] (주로 미혼 남녀가) 동거하다.

නිදි වරනවා/නිදි මරනවා [니디 와러너와-/니디 마러너와-] 졸음을 깨우다, 잠을 깨우다 නිදි වර්ජිතව ඉන්නවා.

නිදි වර්ජිත [니디 와르지떠] 자지 않는, 깨어있는 නිදි මරන.

නිදුක් [니둑] 슬퍼하지 않는 දුක නැති.

නිදෙස්† [니도쓰] 흠없는, 결점 없는, 순수한 නිර්දෝෂ.

නිද්‍රව [니드러워] 마른, 건조한 වියළි.

නිද්‍රාව [니드라-워] 잠, 수면 නින්ද.

නිද්‍රාශීලී [니드라-쉴-리-] 졸리는, 잠이 오는 නිදිබර.

නිද්‍රෝපගත [니드로-빠가떠] 잠든, 수면에 빠진 නින්දට වැටුණු.

නිධන ප්‍රාප්ත වෙනවා [니더너 쁘랖-떠 웨너와-] 죽다, 사망하다 මැරෙනවා.

ත

නිධන් [니단] ①보물 නිදන් ② 보물의. ¶ නිධන් සෙවීම 보물 찾기

නිධානය/නිදනය† [니다-너여] ①숨겨진 보화, 보물, 재물 축적 ②주원인, 근원 ප්‍රධාන හේතුව ③(의사) 진단 රෝග නිශ්චය.

නිධන් [니단] ①보물 නිදන් ② 보물의. ¶ නිධන් සෙවීම 보물 찾기

නිධිය [니디여] ①보물 වස්තුව ②저장, 보관 තැන්පතුව.

නිධ්‍රැවකය [니드래워꺼여] 소극제(劑), 탈분극제.

නිනව්ව [니나-우워] 의식, 기억 සිහි කල්පනාව.

නිනාලය [니날-러여] 사이펀, 빨아올리는 관.

නින්ද‡ [닌더] 잠, 수면 නිද්‍රාව. (복) *නිදි* ¶ මට රෑ නින්ද ගියේ නෑ 저 밤에 잠이 오지 않았어요 බර නින්ද 깊은 잠

නින්දගම [닌더가머] 봉토, 영지, 특별한 일을 위해서 왕이 하사한 땅.

නින්දනීය [닌더니-여] 비난받을 만한, 질책을 받을 만한, 혐오스러운, 부끄러운 නින්දා ලැබිය යුතු.

නින්දලාපය [닌달-라-빠여] 비난, 질책, 꾸짖음 අවලාදය.

නින්දව‡ [닌다-워] 멸시, 조롱, 경멸, 조소 අපහාසය.

නින්ද සහගත [닌다- 싸하거떠] 멸시하는, 조롱하는, 우롱하는.

නින්දිත [닌디떠] 멸시받는, 조롱받는, 멸시당하는 නින්දා කරන ලද.

නින්නාදය [닌나-더여] 울림, 메아리 දෝංකාරය.

නින්නාද වෙනවා [닌나-더 웨너와-] ①울리다, 메아리치다 දෝංකාර නංවනවා ②큰 소리를 내다 මහ හඬක් නංවනවා.

නිපත්‍රය [니빠뜨러여] (식물) 포, 포엽.

නිපත්‍රිකාව [니빠뜨리까-워] (식물) 소포, 소포엽.

නිපදවනවා† [니빠더워너와-] නිපදෙවුවා/නිපදවිය-නිපදවා ①만들다, 생산하다, 제조하다 ②발명하다. <u>නිපැදවීම/නිපැදවුම</u>

නිපන් [니빤] 자생의, 토착의, 원산지의 ඉපදුණු.

නිපයනවා [니빠여너와-] නිපැයුවා-නිපයා ①만들다, 생산하다, 제조하다 නිපදවනවා ②발명하다. <u>නිපැයීම/නිපැයුම</u>

නිපාතය/නිපාය† [니빠-떠여/니빠-여] ①(문법) 접두(접미)사 ②떨어짐 වැටීම ③착륙, 내려앉음 බැසීම.

නිපාතන විදිය [니빠-떠너 위디여] 사고, 사건.

නිපානය [니빠-너여] 흡수, 흡입.

නිපාය/නිපාතය [니빠-여/니빠-떠여] ①(문법) 접두(접미)사 ②떨어짐 වැටීම ③착륙, 내려앉음 බැසීම.

නිපැදවීම/නිපැදවුම [니빼더위-머/니빼더우머] නිපදවනවා 의 동명사: 생산(품), 생산물 නිපැයුම.

නිපැයීම/නිපැයුම [니빼이-머/니빼유머] නිපයනවා 의 동명사: 생산(품), 생산물 නිපැදවීම. (복) *නිපැයීම/නිපැයුම්*

නිපුණ† [니뿌너] 숙달된, 노련한, 재능있는 පළපුරුදු.

නිපුණත්වය [니뿌날워여] 숙련, 능숙함, 솜씨, 기술 තලෙන්තය.

නිපුණතාව [니뿌너따-워] 재능, 숙련, 능숙함, 솜씨, 기술 තලෙන්තය.

නිපුස් [니뿌쓰] ①중성, 중립 ②내시 නපුංසකයා ③중성의, 중립의.

නිපොල් [니뽈] 야자 열매가 된 마시는 킹 코코넛.

නිබද්ධ [니받더] 묶인, 결합된, 연관있는 බැඳුණු.

නිබන්ධනය/නිබන්ධය† [니반더너여/니반더여] ①결합, 묶음, 결속 බැඳීම ②붙임, 첨부 ඇලුම්කම ③결정, 결말 තීන්දුව ④논문 ⑤방해, 차단 අඩස්සිය. ¶ ශාස්ත්‍රීය නිබන්ධය 학위 논문

නිබන්ධිත [니반디떠] 결합된, 묶인, 결속된 බැඳුණු.

නිබඳ [니반더] 항상, 지속적인, 이어지는 නිතර. (구어) හැම තිස්සෙම

නිබඳිනවා [니반디너와-] නිබැන්දා-නිබැඳ 풀다, 풀어주다 නිබන්ධනය කරනවා. (구어) හැම තිස්සෙම ¶ බඳිනවා 묶다, 결박하다

නිභ [니버] 같은, 동등한, 동일한 සමාන.

නිම [니머] ①끝, 완수, 완성 තීන්දුව ②경계 ③바퀴의 테두리 නිම් වළල්ල. (복) *නිම්*

නිම කරනවා† [니머 꺼ㄹ너와-] 끝내다, 완수하다, 마치다 සම්පූර්ණ කරනවා. (구어) ඉවර කරනවා

නිමග්න [니머그너] ①가라앉은, 침몰된 දියෙහි ගිලුණු ②종사하는, 연관된.

නිමග්න වෙනවා [니머그너 웨너와-] ①가라앉다, 침몰되다 දියෙහි ගිලෙනවා ②종사하다, 관련이 있다 යෙදෙනවා.

නිමනවා‡ [니머너와-] 불을 끄다, 소화하다 නිවනවා.

නිමන්තනය/නිමන්ත්‍රණය [니만떠너여/니만뜨ㄹ너여] 초청, 초대, 부름 ආරාධනාව.

නිමල [니말러] 더럽지 않은, 정결한, 깨끗한 නිර්මල.

නිමවනවා [니머워너와-] නිමෙවුවා-නිමවා 완성하다, 마무리하다, 마치다, 종결하다 අවසන් කරනවා. <u>නිමවීම</u>

නිමවීම [니머위-머] නිමවනවා 의 동명사: 완성, 마무리, 마침, 종결 අවසන් කිරීම.

නිමහම [니머하머] 종결, 완결, 완성 නිමාව. (복) *නිමහම්*

නිමාව† [니마-워] 마침, 끝, 종결 අවසානය. (구어) අන්තිමය

නිමැවුම† [니매우머] 창작, 고안, 창조 නිර්මාණය.

නිමි [니미] 완성된, 끝난, 마무리된 අවසාන. (구어) අන්තිම ¶ නිමි ඇඳුම් 기성복

නිමිච්ච/නිමිච්චි [니밎처/니밎치] නිමෙනවා 의 형용사적 과거용법: 식은, 차가워진. (문어) නිමුණු

නිමිති [니미띠] නිමිත්ත 의 복수: ①징표들, 상징들, 징후들 පූර්ව ලක්ෂණ ②목적들, 목표들 අරමුණු ③예언들 අනාගතවාක්‍ය.

නිමිති කාසිය [니미띠 까-씨여] 기념 주화.

න

නිමිති කියන්නා [니미띠 끼얀나-] 점술가, 예언가 නිමිති බලන්නා.

නිමිත්ත† [니밑떠] ①징표, 상징, 징후 පූර්ව ලක්ෂණය ②목적, 목표 අරමුණ ③예언, 예언하기 අනාගතවාක්‍යය. (복) *නිමිති*
¶ පෙර නිමිත්ත (불길한) 징조
දුර්නිමිත්ත 흉조

නිමි බඩු/නිමි භාණ්ඩ [니미 바두/니미 반-더] 완제품, 완성품 අවසන් කළ නිෂ්පාදන.

නිමීලනය [니밀-러너여] 윙크, 눈을 깜박임.

නිමුඩ [니무더] 생것의, 날것의.

නිමුන් [니문] 쌍의, 쌍둥이의, 한쌍의 නිවුන්.

නිමුන්නු [니문누] 쌍둥이 නිඹුල්ලු.

නිමෙනවා† [니메너와-] නිමුණා-නිමී ①(열이) 식다, 차가워지다 සමහන් වෙනවා ②(불이) 꺼지다, 소화되다 නිවෙනවා. <u>නිමීම</u>

නිමේෂය† [니메-셔여] 순간, 찰나 ඇසිල්ල.

නිම්න භූමිය [님너 부-미여] ①계곡 මිටියාවත ②분지.

නිම්නය† [님너여] 계곡, 골짜기 මිටියාවත.

නිම් වළල්ල [님 왈랄러] 바퀴의 테두리 නිම.

නිම්හිම් නැත [님힘 내떠] 제한 없음, 제약 없음.

නිඹ [님버] (나무) 님나무, 님.

නිඹුඩු [님부두] 현미, 거친 쌀 නිවුඩු.

නිඹුල්‡ [님불] 쌍둥이의, 쌍의, 한쌍의 නිවුන්. ¶ නනිඹුල් සොහොයුරු 쌍둥이 형제들

නිඹුල්ලා [님불라-] 쌍둥이, 쌍, 한쌍 නිවුන්නා. (복) *නිඹුල්ලු*

නිඹුල්ලු [님불루] නිඹුල්ලා 의 복수: 쌍둥이, 쌍 නිවුන්නු.

නිය [니여] ①손톱(발톱) නිය-පොතු ②지혜 නුවණ.

නියං [니양] 가문, 건조한 ඉඩෝර.

නියංසාය [니양싸-여] 가뭄과 기근.

නියඟය† [니영거여] 가뭄, 건조 පෑවිල්ල. ¶ නියඟ කාලය 건기

නියත† [니여떠] ①분명한, 확실한 ඒකාන්ත ②정해진, 지정된 නියමුවූ.

නියන† [니여너] (도구) 끌, (조각용) 정.

නියඳ [니얀더] ①대, 삼마 ②삼마 섬유.

නියපිරිති/නියපිරිත්ත [니여삐리띠/니여삐릳떠] 발톱 무좀, 발톱 썩어가는 병 නිය කුණු වන ලෙඩක්.

නියපිරිත්ත [니여삐릳떠] 발톱 무좀, 발톱 썩어가는 병 නියපිරිත්ත.

නියපොතු කටර් [니여뽀뚜 꺼터르] 손톱 깎기.

නියපොත්ත‡ [니여뽇떠] 손톱(발톱) නිය. (복) *නියපොතු*

නියම† [니여머] ①정확한, 확실한, 진짜의 ②적절한, 적합한, 알맞은 සුදුසු. ¶ නියමයි 뛰어나다, 훌륭하다.

නියම† [니여머] නියමය 의 복수 또는 형용사: ①지시(의), 명령(의) ආඥා ②(식사, 물건) 주문(의) ඕඩර ③법(의), 법령(의) නීති ④지정(한) ⑤결정(한), 판결(의) තීන්දු ⑥방법(의), 방식(의) ආකාර.

නියම කරනවා‡ [니여머 꺼러너와-] ①명령하다, 지시하다 අණ කරනවා ②주문하다 ඕඩරය කරනවා ③정하다, 지정하다.

නියමය [니여머여] ①지시, 명령 ආඥාව ②(식사, 물건) 주문 ඕඩරය ③법, 법령 නීතිය ④지정, 정함 ⑤결정, 판결 තීන්දුව ⑥방법, 방식 ආකාරය.

නියමයි‡ [니여마이] 뛰어나다, 훌륭하다 හරිම හොඳයි.

නියමල [니여멀러] 손톱 때.

නියමිත† [니여미떠] 정해진, 지정된, 지명된 නිශ්චිත.

නියමු [니여무] ①안내자의, 조종사의 ②안내자, 조종사.

නියමු නිලධාරි [니여무 닐러다-리] ①조종사 ②안내 사무원.

නියමුවා‡ [니여무와-] ①안내자, 인도자 මග පෙන්වන්නා ②조종사.

නියම්ගම [니얌거머] 시장이 있는 큰 마을.

නියර [니여러] ①(밭) 두둑, 이랑 වේල්ල ②과정, 절차.

නියවනවා† [니여워너와-] නියෙවුවා-නියවා 씩 웃다, 이빨을 드러내다 විරත්තනවා. <u>නියවීම</u>

නියළෙනවා [니열레너와-] නියළුණා-නියළී 종사하다, 활동하고 있다 යෙදෙනවා.

නියාමක‡ [니야-머꺼] ①인도하는, 안내하는 ②인도, 안내 ③인도자, 지도자 නියමු.

නියාමනය [니야-머너여] 규칙, 규정, 법규, 조례 නියමය.

නියාලු [니얄-루] 겁많은, 두려워하는, 소심한 අමන.

නියාව [니야-워] 방법, 모드, 방식 වග.

නියැදිය† [니얘디여] 표본, 샘플 ආදර්ශය.

නියැලි/නියැලුණු [니앨리/니앨루누] 활동중인, 종사하고 있는, 일하고 있는 යෙදුණු.

නියැලෙනවා† [니앨레너와-] නියැලුණා-නියැලී 종사하다, 활동하고 있다. <u>නියැලීම</u>

නියැළෙනවා [니앨레너와-] නියැළුණා-නියැළී ①종사하다, 활동하고 있다 යෙදෙනවා ②애쓰다, 수고하다 වෙහෙසෙනවා. <u>නියැළීම/නියැළුම</u>

නියුක්ත† [니윢떠] 종사하는, 활동중인 නිරත.

නියුතු [니유뚜] 종사하는, 활동중인 නියුක්ත.

නියුත් [니윧] 종사하는, 활동중인 නියුක්ත.

නියෙග [니요-거] නියෝගය 의 복수 또는 형용사: ①명령들, 임명들 ②임명한, 명령한.

නියෙග කරනවා [니요-거 꺼러너와-] 명령하다, 임명하다.

නියෝගය† [니요-거여] 명령, 임명, 교훈, 법령.

නියෝජනය [니요-저너여] 대리, 대표.

නියෝජිත† [니요-지떠] 임명된, 지명된, 위임된 නියම කරනලද.
¶ නියෝජිත පිරිස 사신, 대표단

නියෝජිතයා† [니요-지떠야-] 대리자, 대표자.

නියෝජ්‍ය [니욪-지여] 부사관의, 두번째의 උප ප්‍රධාන.
¶ නියෝජ්‍ය පොලිස්පති 부 경찰청장

නිරක්ෂය† [니락셔여] 적도 සමක රේඛාව.

නිරත [니러떠] 종사하고 있는, 관계있는, 활동중인 තත්පර.

නිරත වෙනවා† [니러떠 웨너와-] 종사하고 있다, 관계있다, 활동중이다 යෙදෙනවා.

නිරතුර [니러뚜러] 항상, 계속 නිතරම.

නිරතුරු† [니러뚜루] 항상, 계속 නිතරම.

නිරනුමාන [니라누마-너] 확실한, 틀림없는 නිසැක.

නිරනුමානව [니라누마-너워] 확실히, 틀림없이 නිසැකව.

නිරන්තර [니란떠러] 계속되는, 지속되는, 끊이지 않는 නිරතුරු.

නිරන්තරකම/නිරන්තරය [니란떠러꺼머/니란떠러여] 영속, 영존, 영원.

නිරන්ර්රයෙන්† [니란떠러옌] 계속, 영원히.

නිරපරාද/නිරපරාධ [니러빠라-더] 무익한, 쓸모없는, 헛된 ප්‍රයෝජනයක් නැති

නිරපරාදෙ [니러빠라-데] 이유없이, 우발적으로, 까닭없이 අහේතුකව.

නිරපේක්ෂ/නිරපේක්ෂක† [니러뻭-셔/니러뻭-셔꺼] 기대하지 않는, 갈망하지 않는 ආශා නැති.

නිරපේක්ෂිත [니러뻭-쉬떠] 예기치 않은, 예상치 않은, 갑작스러운 බලාපොරොත්තු නොවූ.

නිරපේක්ෂිතාකාරයෙන් [니러뻭-쉬따-까-러옌] 예상치 않게, 갑작스럽게.

නිරය‡ [니러여] 지옥, 음부 අපාය.

නිරර්ථක [니라르떠꺼] 의미없는, 열매없는, 헛된 නිෂ්ඵල.
¶ අර්ථක 의미있는, 뜻있는

නිරවද්‍ය [니러워디여] 정확한, 틀리지 않은, 바른, 올바른 නිවැරදි.

නිරවද්‍යතා ප්‍රමාණය [니러웓디여따- 쁘러마-너여] 정확도.

නිරවද්‍ය මනුෂ්‍ය ඝාතනය [니러웓디여 마눗쉬여 가-떠너여] 정당 방위 සාධාරණ මිනී මැරුම.

නිරවශේෂ [니러워쉐-셔] 완전한, 온전한, 완성한 පරිපූර්ණ.

නිරවුල් [니라울] 분명한, 혼동되지 않은, 얽히지 않은 පැහැදිලි.

නිරහංකාර [니러항까-러] 겸손한, 교만하지 않은, 솔직한 අහංකාර නැති.

නිරාකරණය† [니라-꺼러너여] 해결, 문제를 품, 해설, 설명 විසඳුම.

නිරාකරණය කරනවා [니라-꺼러너여 꺼러너와-] 해결하다, 문제를 풀다 විසඳනවා.

නිරාකූල [니라-꿀-러] 분명한, 혼동되지 않은, 얽히지 않은 පැහැදිලි.

නිරා දුක [니라- 두꺼] 지옥의 고통 නිරයේ වේදනා.

නිරාපද/නිරාපත්තික [니라-빠더/니라-빧띠꺼] 안전한, 위험성이 없는 ආපදාවලින් තොර.

නිරාබාධ [니라-바-더] 장애 없는, 방해 없는 ආබාධවලින් තොර.

නිරාමිස [니라-미써] 탐욕없는, 욕심으로 부터 자유로운.

නිරායාසයෙන්† [니라-야-써옌] 자동으로, 자동적으로 නිරුත්සාහයෙන්. (구어) ඉබේටම

නිරායුධ [니라-유더] 비무장의, 무장하지 않은 අවි රහිත. ¶ ආයුධ 무장한

නිරායුධකරණය† [니라-유더까러너여] 비무장.

නිරායුධ කරනවා [니라-유더 꺼러너와-] 무장 해제시키다, 비무장 시키다. ¶ ආයුධ ගන්නවා 무장하다

නිරාරක්ෂා හැඟීම [니라-랔샤-행기-머] 불안전감.

නිරාරම්මණ [니라-람머너] 목표 없는, 목적 없는 අරමුණක් නැති.

නිරාලම්භ [니랄-람버] 묶이지 않는 නොබැඳුණු.

නිරාවරණ [니라-워러너] 여는, 개봉하는 විවෘත කරන. (구어) අරින

නිරාවරණය [니라-워러너여] 개봉, 열림, 노출 විවෘත කිරීම.

නිරාවේණික [니라-웨-니꺼] 상속할 수 없는, 상속할 자격이 없는 ආවේනික නැති.

නිරාහාරය† [니라-하-러여] 금식 උපවාසය.

නිරාහාරයෙන් [니라-하-러옌] 금식으로 උපවාසයෙන්.

නිරි [니리] 그루터기에서 나온 새싹.

නිරිත† [니리떠] ①서남쪽 ②서남쪽의.

නිරිත දිග [니리떠 디거] 서남쪽, 서남 방향.

නිරින්ද/නිරිඳ [니린다-] 왕, 임금 රජු. (복) නිරිඳු

නිරීක්ෂක/නිරීක්ෂකයා† [니뤽-셔꺼/니뤽-셔꺼야-] 관찰자, 감시자, 입회인.

නිරීක්ෂණය† [니뤽-셔너여] 관찰, 감시 බැලීම.

නිරුක්තිය [니룩띠여] 어원, 어원학.

නිරුත්තර [니룯떠러] 대답없는, 말없는 උත්තර නැති.

නිරුත්සාහක [니룯싸-하꺼] 노력 없는, 수고 없는 අනායාස.

නිරුත්සාහයෙන් [니룯싸-하옌] 노력없이, 수고하지 않고 අනායාසයෙන්.

නිරුදක [니루더꺼] 물이 없는, 마른, 건조한 වියළි.

නිරුද්ධ [니룯더] 잃어버린, 죽은, 활동을 멈춘, (생명력이) 없어진, 다한, 멸절한 මැරුණු.

නිරුද්ධමනය [니룯다머너여] 인플레이션 완화, 디스인플레이션.

නිරුද්ධය [니룯더여] 잃어버림, 죽음 නැතිවීම.

නිරුද්ධ වෙනවා [니룯더 웨너와-] 죽다, 없어지다 නැති වෙනවා.

නිරුපදේශ [니루뻐데-셔] 조언 없는, 충고 없는 උපදේශ නැති.

නිරුපද්‍රව [니루뻐드러워] (නිර් + උපද්‍රව) 위험하지 않은, 안전한 අනතුර නැති. ¶ උපද්‍රව 위험한

නිරුපද්‍රැත [니루뻐드래떠] 영향을 안받는, 움직여지지 않은.

නිරුපද්‍රිතව [니루뻐드리떠워] 위험없이, 안전하게 උපද්‍රාව-කින් තොරව.

නිරුපධිශේෂ [니루뻐디쉐-셔] 총액에서 잔액이 없는 උපධිශේෂ නැති.

නිරුපම [니루뻐머] 비교할 수 없는, 비교가 불가능한 නිරුපමේය.

ක

නිරුපමේය [니루빠메-여] 비교할 수 없는, 비교가 불가능한 නිරුපම.

නිරුවත [니루워떠] 나체, 벌거벗음 සෙලුව.

නිරුවත්† [니루왇] 나체의, 벌거벗은 නග්න.

නිරූපණය [니루-빠너여] 서술, 묘사, 표현 රඟ දැක්වීම.

නිරූපමය [니루-빠머여] 비교할 수 없는, 동등하지 않은, 양립할 수 없는 උපමා කළ නොහැකි.

නිරූපිත [니루-삐떠] 묘사된, 표현된, 서술된 නිරූපණය කරන ලද.

නිරෝග [니로-거] 무병의, 병이 없는, 건강한 නිරෝගී.

නිරෝගී† [니로-기-] 무병의, 병이 없는, 건강한 නිරෝග.

නිරෝධ [니로-더] ①금한, 중지한 වළක්වන ②슬픔 없음 දුක් නැතිවීම.

නිරෝධමානය [니로-더마-너여] (광학) 간섭계.

නිරෝධනය [니로-더너여] 간섭, 방해, 훼방 බාධා පැමිණවීම.

නිරෝධය [니로-더여] 무효(화), 취소, 정지 වැළැක්වීම.

නිරෝධායනය [니로-다-여너여] (전염병 예방을 위한) 격리, 검역.

නිර්† [니르] (접두사) ~없는, 무~. ¶ දාසයා 종, 하인 නිර්දාසයා 자유인

නිර්ඣරය [니르저러여] 폭포 දිය ඇල්ල.

නිර්ණය [니르너여] ①결정, 결론, 확정 තීරණය ②(판단, 비판의) 척도, 기준.

නිර්ණිත [니르니떠] 결정한, 결론낸, 확정한 තීරණය කරන ලද.

නිර්ණේය [니르네-여] 결정할 수 있는, 확정할 수 있는 තීරණය කළ හැකි.

නිර්දය [니르더여] 무자비한, 포악한 දයාව නැති.

නිර්දයාව [니르다야-워] 무자비, 포악, 잔학 අකරුණාව.

නිර්දාසකම [니르다-써꺼머] 자유, 해방.

නිර්දාසයා [니르다-써야-] 자유인. ¶ දාසයා 종, 하인

නිර්දේශ පත්‍රය† [니르데-셔 빠뜨러여] (강의 따위의) 요목, 적요, 실라버스.

නිර්දේශය‡ [니르데-셔여] 추천, 권고 රෙකමදාරුව.

නිර්දෝෂ/නිර්දෝෂී [니르도-셔/니르도-쉬-] 흠없는, 결점없는, 순수한 නිදොස්.

නිර්නාමික‡ [니르나-미꺼] 무명의, 이름 없는 නම සඳහන් නොවන.

නිර්භය [니르바여] 두려움 없음, 용맹, 용감 අභීතය.

නිර්භීත‡ [니르비-떠] 용감한, 용맹한, 두려움이 없는 බය නැති.

නිර්භීතකම† [니르비-떠꺼머] 용감, 용맹 බය නැතිකම.

නිර්මල† [니르멀러] 깨끗한, 정결한 පිරිසිදු.

නිර්මාණක [니르마-너꺼] 창조적인, 창조력이 있는, 창작적인, 독창적인 නිර්මාණාත්මක.

නිර්මාණය‡ [니르마-너여] ①만듦, 제조, 제작 සෑදීම ②작품, 솜씨, 창작물.

නිර්මාණය කරනවා† [니르마-너 여 꺼러너와-] 만들다, 형성하다, 구성하다 සාදනවා.

නිර්මාණ ශිල්පය [니르마-너 쉴빠여] 건축, 제작, 만듦.

නිර්මාණ ශිල්පියා† [니르마-너 쉴삐야-] 건축가, 제작자.

නිර්මාණාත්මක† [니르마-낟-머꺼] 창조적인, 창조력이 있는, 창작적인, 독창적인 නිර්මාණක.

නිර්මාතෘ [니르마-뜨루] 만든 사람, 제작자, 창시자 මවන්නා.

නිර්මාපණය [니르마-빠너여] 창조, 만듦 මැවීම.

නිර්මිත [니르미떠] 만든, 창조한, 인공의 මවපු.

නිර්යාණය [니르야-너여] (불교) 열반, 극락 නිර්වාණය.

නිර්යාත [니르야-떠] ①수출품 ②수출하는.

නිර්ලජ්ජ [니를랒처] 뻔뻔한, 부끄럼을 모르는, 파렴치한 ලජ්ජ නැති.

නිර්ලෝභ [니를로-버] 욕심이 많지 않은, 탐욕스럽지 않은 ලෝභ නැති.

නිර්වචනය† [니르와처너여] (단어의) 정의, 설명 අර්ථ කතනය.

නිර්වස්ත්‍ර [니르와쓰뜨러] 벗은, 나체의, 옷을 입지 않은 නග්න.

නිර්වාණය [니르와-너여] (불교) 열반, 극락 නිවන.

නිර්වාත [니르와-떠] 진공의, 진공상태의.

නිර්වාපණය [니르와-빠너여] 진화, 소화, 불을 끔 නිවීම.

නිර්වින්දක [니르윈더꺼] 마취의, 감각이 없는, 무감각의.

නිර්වින්දනය [니르윈더너여] 마취, 무감각.

නිර්විෂ [니르위셔] 무독의, 독성이 없는 විස නැති.

නිර්ව්‍යාජ [니르위야-저] 진실한, 진짜의, 거짓이 없는, 순수한 සැබෑ.

නිර්ව්‍යාධි [니르위야-디] 건강한, 튼튼한 සැපදායක.

නිල† [닐러] ①파란색 නිල්පාට ②නිලය 의 복수: 공직(의), 임무(의) ③신체의 가장 민감한 부분.

නිලංකාර වෙනවා [닐랑까-러 웨너와-] 기절하다, 졸도하다, 쓰러지다 ක්ලාන්ත වෙනවා.

නිල ඇඳුම්‡ [닐러 앤둠] 제복, 유니폼.

නිල කරනවා [닐러 꺼러너와-] 임명하다, 지명하다.

නිලකාරපංගුව [닐러까-러빵구워] 공무를 위해 받은 땅의 한 부분 නිලපංගුව.

නිලකාරයා [닐러까-러야-] 씽할러 왕의 신하.

නිලතල [닐러딸러] 공직, 공무 තනතුර.

නිලධාරි† [닐러다-리] ①공무원의, 공무에 종사하는 ②공무원 නිලධාරියා.

නිලධාරියා‡ [닐러다-리야-] 공무원, 관리, 신하 නිලධාරි. (복) *නිලධාරීහු*

නිලධාරීහු [닐러다-리-후] නිලධාරියා 의 복수: 공무원들, 관리들, 신하들 නිලධාරියෝ.
¶ නිලධාරීන් (주격) 공무원들이 (목적격) 공무원들을

නිලපංගුව/නිලකාරපංගුව [닐러빵구워/닐러까-러빵구워] 공무를 위해 받은 땅의 한 부분.

ත

නිලමක්කාරයා [닐러맊까-러야-] 공무원, 관리 නිලධාරියා.

නිලමැස්සා [닐러맸싸-] (수의학) 소 푸른 참진드기.

නිලඹර [닐람버러] 파란 하늘 නිල් අහස.

නිලය‡ [닐러여] ①공직, 공무 තනතුර ②집 ගෙය ③장소 ස්ථානය.

නිලවරණය [닐러워러너여] 공무원 선거.

නිල වශයෙන් [닐러 와셔옌] 공식적으로.

නිලිය [닐리여] ①미인, 아름다운 여인 සිරිකත ②여배우 නිළිය. (복) *නිලියන්*

නිලීන [닐리-너] 숨겨진, 감춰진 සැඟවුණු.

නිලුපුල් [닐루뿔] 파란 수련.

නිල්† [닐] නිල 의 복수 또는 형용사: ①파란색들 ②파란색의.

නිල් කැටය† [닐 깨터여] (보석) 사파이어 නිල් මැණික.

නිල්ගල [닐갈러] (보석) 사파이어, 청옥 නිල් මැණික.

නිල් පාට‡ [닐 빠-터] 파란색, 청색.

නිල් මානේල් [닐 마-넬-] 파란색의 백합.

නිල් මිණිය [닐 미니여] (보석) 사파이어, 청옥 නිල් මැණික.

නිල්වන් [닐완] 파랑색의, 파란 නිල් පාට වූ.

නිවට [니워터] ①소심한, 겁많은 බියසුලු ②낮은, 천한 පහත්.

නිවන [니워너] (불교) 열반 නිර්වාණය.

නිවන [니워너] නිවනවා 의 형용사적 현재용법: ①(불, 빛) 끄는 ②식히는, 식게하는.

නිවනවා† [니워너와-] නිවුවා-නිවා ①(불, 빛) 끄다 ②식히다, 식게하다 නිවෙදනවා. <u>නිවීම</u>

නිවරණය [니워러너여] (소 등의 주인을 밝히는데 찍는) 낙인, 표 හන්වඩුව.

නිවරද [니와러더] ①올바름, 올곧음, 무흠 නිවැරැද්ද ②흠이 없는, 무흠한, 실수하지 않는 වැරදි නැති.

නිවර්තන† [니와르떠너] 열대의, 열대지방의.

නිවර්තනය† [니와르떠너여] 열대지역, 열대지방.

නිවර්තන වාසුලිය [니와르떠너 와-쑬리여] 열대 폭풍.

නිවස‡ [니워써] 집, 주택 නිවාසය. (구어) ගෙදර

නිවසන [니워써너] 사는, 거주하는, 머무는 නිවැසි.

නිවහන [니워하너] 집, 주택 නිවස. (구어) ගෙදර

නිවහල් [니와할] 잡혀있지 않은, 자유로운 වහල් නැති.

නිවාඩුපාඩුව [니와-두빠-두워] 여유를 즐기며, 휴가를 누리며 නිදහසේ.

නිවාඩුව‡ [니와-두워] ①휴일, 휴가 වකවානුව ②휴가중.

¶ අද මට නිවාඩු 오늘 저 쉬어요
ඔයා මෙහෙ ආවේ නිවාඩුවට ද? 당신 여기에 휴가차 오셨나요?

නිවාඩු ගන්නවා [니와-두 간너와-] 휴가를 내다, 휴식하다.

නිවාරණය [니와-러너여] ①제지, 억제, 억누름 සිඳ දැමීම ②금지 වැළැක්වීම ③방해, 장애물 බාධාව.

නිවාසය‡ [니와-써여] 집, 주택 නවස. (구어) ගෙදර

නිවාස [니와-써] නිවාසය 의 복수 또는 형용사: ①집들, 주택들 ②집의, 주택의.

නිවැරදි‡ [니왜러디] 틀리지 않은, 바른, 올바른 වැරදි නැති.

නිවැසියා [니왜씨야-] 거주자, 거주민.

නිවිච්ච/නිවිච්චි [니윛처/니윛치] නිවෙනවා 의 형용사적 과거용법: 식은, 차가운. (문어) නිවුණු

නිවිතිය‡ [니위띠여] 시금치.

නිවිහැනහිල්ලේ [니위해너힐레-] 여유롭게, 한가하게 නිවී සැනසිල්ලේ.

නිවී යනවා [니위- 야너와-] (열, 열정) 식다, 꺼지다, 시들다 නිවෙනවා.

නිවුඩු [니우두] නිවුඩ්ඩ 의 복수: 씨 껍질들.

නිවුඩු හාල් [니우두 할-] 생쌀.

නිවුඩ්ඩ [니욷더] 씨 껍질 ධාන්‍ය ඇටවල කුරුට්ට. (복) *නිවුඩු*

නිවුන් [니운] 쌍의, 쌍둥이의, 한쌍의 නිඹුල්. ¶ නිවුන් දරුවා 쌍둥이

නිවුන්නා [니운나-] 쌍둥이 නිවුන් දරුවා. (복) *නිවුන්නු*

නිවුන්නු [니운누] නිවුන්නා 의 복수: 쌍둥이 නිඹුල්ලු.

නිවෘත [니우루떠] 닫힌, 덮힌 වසන ලද.

නිවෘතිය [니우루띠여] 멈춤, 금지, 방해 නැවැත්ම.

නිවෙනවා [니웨너와-] නිවුණා-නිවී ①(불) 꺼지다 නිමෙනවා ②(다리미 등) 식다. <u>නිවීම</u>
¶ සාගින්න නිවෙනවා 허기를 채우다 උදහස නිවෙනවා 화가 누그러지다

නිවෙස [니웨써] 집, 주택 නිවස. (구어) ගෙදර

නිවෙදනවා [니웨더너와-] 식히다, (불) 끄다, 소화하다 නිවනවා.

නිවේදක‡ [니웨-더꺼] 광고자, 알리는 사람 නිවේදනය කරන්නා.

නිවේදන පත්‍රිකාව [니웨-더너 빠뜨리/까-워] 광고지, 전단지 දැන්වීම් පත්‍රිකාව.

නිවේදනය‡ [니웨-더너여] ①알림, 공지, 광고 දැන්වීම ②진술, 성명(서) කයමන.
¶ රතු නිවේදනය 적색 경보

නිශා [니샤-] ①밤, 야간 ②밤의, 야간의 රාත්‍රී.

නිශාකර [니샤-꺼러] ①(천체) 달 චන්ද්‍රයා, සඳ ②달의.

නිශාචර [니샤-처러] ①야행성의, 밤에 움직이는 රාත්‍රියේ හැසිරෙන ②몽유의, 몽유병의 නින්දෙන් ඇවිදින.

නිශාචරයා [니샤-처러야-] 야행성 사람 (동물) රාත්‍රියේ හැසිරෙන්නා.

නිශේධ කරනවා [니쉐-더 꺼러너와-] 금지하다, 억제하다, 억압하다 වළක්වනවා.

නිශේධය [니쉐-더여] 금지, 억제, 억압 වැළැක්වීම.

නිශේධිත [니쉐-디떠] 억제된, 억압된, 금지하는 නිශේධනය කරන ලද.

නිශ්කලංක [니쉬껄랑꺼] 흠없는, 결점없는, 완전 무결한 නිකැළැල්.

නිශ්චය [니쉬처여] 결정, 결단 තීරණය.

නිශ්චය කරනවා† [니쉬처여 꺼러너와-] 결정하다, 결단하다 තීරණය කරනවා.

ත

නිශ්චල† [니쉬철러] 잔잔한, 고요한, 움직이지 않는, 흔들리지 않는, 평온한 නිසල.
¶ නිශ්චල දේපළ 부동산

නිශ්චලකම/නිශ්චලතාව [니쉬철러꺼머/니쉬철러따-워/니쉬철러여] 고요, 잔잔함, 평온, (운동의) 휴지 නිශ්චලය.

නිශ්චලය [니쉬철러여] 고요, 잔잔함, 평온, (운동의) 휴지 නිශ්චලතාව.

නිශ්චල වෙනවා† [니쉬철러 웨너와-] 고요해지다, 잔잔해지다, 평온해지다 නිසල වෙනවා.

නිශ්චිත† [니쉬치떠] 분명한, 명확한, 정확한, 확실한 සත්තක.

නිශ්‍රය/නිඃශ්‍රය [니쉬러여/니-쉬러여] ①어울림, 연합, 연결 ආශ්‍රය ②도움 පිහිට.

නිශ්‍රිත [니쉬리떠] 연결된, 묶인, 연합된 සම්බන්ධිත.

නිශ්‍රීක [니쉬리-꺼] (땅이) 비옥하지 않은, 불모의, 생식력이 없는 නිසරු.

නිශ්ශඞ්ක [닛샹꺼] 의심없는, 의심하지 않는 සැකයක් නැති.

නිශ්ශබ්ද‡ [닛샵더] 소리 없는, 조용한, 고요한, 잠잠한.

නිශ්ශරන [닛샤러너] 공명심 없는, 현상에 만족하고 있는.

නිශ්ශේෂ [닛쉐-셔] 남지 않는, 남김 없는 ඉතිරියක් නැති.

නිශ්ශෝභ [닛쇼-버] ①자연의, 자연적인, 가공하지 않은 ②아름답지 않은, 안예쁜 අලංකාර නොවූ.

නිෂණ්ණ [니샨너] 고요한, 잔잔한, 흔들리지 않는 නිශ්චල.

නිෂේධ/නිෂේධන [니쉐-더/니쉐-더너] ①금지, 금함 තහනම ②금하는, 금지하는.

නිෂ්කණ්ට [니쉬깐터] 가시가 없는, 위험하지 않은 කටු නැති.

නිෂ්කර්ෂණය [니쉬까르셔너여] 추출, 뽑음.

නිෂ්කර්ෂය [니쉬까르셔여] ①추출, 뽑음 උද්ධරණය ②약액, 약 추출물 ඖෂධයක සාරය.

නිෂ්කලංක [니쉬껄랑꺼] 흠없는, 결점없는, 완전무결한 නිශ්කලංක.

නිෂ්කාරණය [니쉬까-러너여] 무고, 이유 없음.

නිෂ්කාරණේ [니쉬까-러네-] 헛되이, 무의미하게 නිශ්ඵලව.

නිෂ්කාරුණික [니쉬까-루니꺼] 무정한, 자비하지 않은.

නිෂ්කාශනය කරනවා [니쉬까-셔너여 꺼러너와-] 제거하다, 정리하다 ඉවත්කර ගන්නවා.

නිෂ්ක්‍රමණය/නිෂ්ක්‍රමය [니쉬끄러머너여/니쉬끄러머여] 이민, 이주, 떠나옴 නික්මීම.

නිෂ්ක්‍රාන්ත [니쉬끄란-떠] 나온, 떠난, 출발한 නික්මුණු.

නිෂ්ඨාව [니쉬타-워] 끝, 마무리, 완성 අවසානය.

නිෂ්පත්තිය [니쉬빧띠여] 생산, 만듦, 제조 නිෂ්පාදනය.

නිෂ්පන්න [니쉬빤너] 태어난, 나타난 ඉපදුණු.

නිෂ්පාදන කරනවා‡ [니쉬빠-더너 꺼러너와-] 생산하다, 제조하다, 만들다.

නිෂ්පාදනය‡ [니쉬빠-더너여] 생산, 만듦, 제조 නිෂ්පත්තිය.

නිෂ්පාදිත [니쉬빠-디떠] ①생산한, 만든 නිපදවූ ②산물들, 생산물들, 제품들 නිපදවූ ද්‍රව්‍ය.

නිෂ්පාදිතය‡ [니쉬빠-디떠여] 산물, 생산물, 제품, 생산품.

නිෂ්ප්‍රභ/නිෂ්ප්‍රභා [니쉬쁘러버/니쉬쁘러바-] ①어두움, 암흑 අඳුර ②제거, 없앰 ඉවත් කිරීම.

නිෂ්ප්‍රභ කරනවා [니쉬쁘러버 꺼러너와-] 파기하다, 무효로 하다, 취소하다 අවලංගු කරනවා.

නිෂ්ප්‍රභා [니쉬쁘러바-] ①어두움, 암흑 අඳුර ②제거, 없앰 ඉවත් කිරීම.

නිෂ්ප්‍රභා කරනවා [니쉬쁘러바-꺼러너와-] 파기하다, 무효로 하다, 취소하다 අවලංගු කරනවා.

නිෂ්ප්‍රයෝජන [니쉬쁘러요-저너] 무익한, 쓸모없는, 헛된 නිෂ්ඵල.

නිෂ්ඵල‡ [니쉬뻘러] 헛된, 무의미한, 쓸모없는, 열매없는 නිෂ්ප්‍රයෝජන.

නිෂ්ඵලකම [니쉬뻘러꺼머] 헛됨, 무의미함, 열매 없음.

නිස [니써] ①밤, 야간 රාත්‍රිය ②배움, 학업 ③도움 උපකාරය.

නිසංසල† [니쌍썰러] 고요한, 잔잔한, 흔들리지 않는 නිසල.

නිසංසලය [니쌍썰러여] 고요, 잔잔함, 적막 නිසල.

නිසග [니싸거] 물려받은, 태어나면서 받은 නිසර්ග.

නිසගල [니쌍걸러] 짝이 없는, 쌍이 아닌 දෙබිඩි නොවන.

නිසඳැස් [니싼대쓰] ①운율이 없는, 미학적이지 않은 ඡන්දස් රහිත ②자유로운 시 නදහස් කවි.

නිසම්මකාරී [니쌈머까-리-] 주의 깊은, 조심성 있는, 조심하는 පරීක්ෂාවෙන් ක්‍රියා කරන.

නිසයුරු [니싸유루] (천체) 달 සඳ. (구어) හඳ

නිසර [니싸러] ①불모, 황량, 비옥하지 않음 ②소리, 음성 හඬ.

නිසරු† [니싸루] 불모의, 황량한, 비옥하지 않은 නිස්සාර.

නිසර්ග [니싸르거] 물려받은, 태어나면서 받은 නිසග.

නිසල/නිසල්† [니썰러/니쌀] ①고요한, 잔잔한, 흔들리지 않는, 확고한 නිශ්චල ②가까운 ළඟ.

නිසල [니썰러] ①고요, 잠잠함 නිශ්චලකම ②지구 පොළොව ③반석 පර්වතය ④(악기) 하프 වීළව.

නිසල කරනවා [니썰러 꺼러너와-] 억압하다, 가라앉히다, 억누르다.

නිසලතාව [니썰러따-워] 고요, 잠잠, 잠잠함 නිශ්චලකම.

නිසලවෙනවා [니썰러웨너와-] 조용해지다, 고요해지다, 잠잠해지다.

නිසල් [니쌀] ①고요한, 잔잔한, 흔들리지 않는, 확고한 නිසල ②가까운 ළඟ.

නිසසල [니써썰러] 흔들리지 않는, 확고한, 견고한 නිසල.

නිසා‡ [니싸-] (후치사) ~ 때문에, ~이기에 කරනකොටගෙන. (구어) හින්දා

නිසාකර/නිසානාථ [니싸-꺼러/니싸-나-떠] (천체) 달 සඳ. (구어) හඳ

නිසාචරයා [니싸-차-러야-] 도둑, 도적 හොරා.

නිසාපති [니싸-빠띠] (천체) 달 සඳ. (구어) හඳ

නිසැක [니쌔꺼] 의심없는 සැක නැති.

න

නිසි† [니씨] 적당한, 적절한, 알맞은 සුදුසු.

නිසේවිත [니쎄-치떠] 연합된, 연결된, 묶인 ආශ්‍රිතවුණු.

නිසොල්මන් [니쏠만] 조용한, 고요한 නිශ්චල.

නිස්කලංක [니쓰껄랑꺼] 흠없는, 결점없는, 완전무결한 නිශ්කලංක.

නිස්කාරණේ [니쓰까-러네-] 이유없이, 까닭없이 නිකරුණේ.

නිස්ස [닜써] ①적합한 것, 알맞은 것 සුදුසු දෙය.

නිස්සය [닜써여] 연합, 어울림, 연대 ආශ්‍රය.

නිස්සරණ [닜싸러너] 도움이 없는, 지지가 없는 උදව් නොමැති.

නිස්සරණාධ්‍යාශයෙන් [닜싸러낟-디야-셔옌] 선한 마음이 없는, 좋은 의도가 아닌.

නිස්සා [닜싸-] 적임자.

නිස්සාර [닜싸-러] ①기름지지 않은, 윤택하지 않은, 번성하지 않는 නිසරු ②공허한, 의미없는, 빈 හිස් ③열매없는 පලදාව නැති. ¶ සාර 비옥한, 기름진

නිස්සාරණය [닜싸-러너여] 추출, 뽑아냄, 짜냄 මිරිකා ගැනීම.

නිහඬ† [니한더] 조용한, 소리없는 නිශ්ශබ්ද. (구어) හඬක් නැති

නිහඬ චිත්‍රපටය [니한더 치뜨러빠터여] 무성 영화.

නිහත [니하떠] 멸망한, 부서진, 죽은 විනාශවූ.

නිහතමානී‡ [니하떠마-니] 온유한, 온순한, 겸손한 යටහත්.

නිහතමානිය [니하떠마-니여] 겸손, 온순.

නිහීන [니히-너] 저속한, 비천한, 낮은 නීච.

නිළිය† [닐리여] 여배우, 춤추는 여인, 여자 무용가 නළඟන. ¶ නළුවා 남배우

නී [니-] ①강 ගංගාව ②천둥, 천둥소리 මේඝ ගර්ජනාව ③부인, 아내 භාර්යාව ④재산, 부 වස්තුව ⑤지혜 ප්‍රඥාව ⑥법, 규례 නීතිය.

නීච† [니-처] ①비천한, 하층의, 천박한, 누추한 පහත් ②비열한, 야비한.

නීචයා [니-처야-] ①낮은 사람, 비천한 사람 දීනයා ②비열한 사람, 엉큼한 사람.

නීතිකරණය [니-띠꺼러너여] 입법, 법률 제정.

නීතිකෙටුම්පත් කරු [니-띠께뚬빧 꺼루] 법 입안자, 법 기초자.

නීතිගත කරනවා [니-띠가떠 꺼러너와-] 법을 만들다, 입법하다.

නීතිගරුක [니-띠가루꺼] 법을 지키는, 법을 준수하는.

නීතිඥ [니-띤녀] ①변호사, 변호사의 ②법을 아는, 준법의. ¶ නීතිඥ හඟාන් 변호사 하샨

නීතිඥයා‡ [니-띤녀야-] 변호사 නීතිවේදයා.

නීතිපති [니-띠빠띠] 법무장관.

නීතිමය [니-띠머여] 법의, 법적인, 법률상의.

නීතිය‡ [니-띠여] 법, 법규, 조례. (복) *නීති* ¶ නීතිපති 법무부장관

නීතිවිද්‍යාව [니-띠윋디야-워] 법학, 법률학.

නීතිවිරෝධි† [니-띠위로-디] 불법의, 위법의 නොසමාන.

නීතිවේදියා [니-띠웨-디야-] ①변호사 නීතිඥයා ②법학자.

නීතිසම්පාදක [니-띠쌈빠-더꺼] 법입안자의, 법기초자의.

නීත්‍යනුකූල/නීත්‍යානුකූල‡ [닏-띠여누꿀-러/닏-띠야-누꿀-러] 합법적인, 법대로 하는 නීතියට එකඟ.

නීයමාන [니-여마-너] 인도되는, 인도함을 받는 ගෙනයනු ලබන.

නීර [니-러] 물 ජලය.

නීරක්තය [니-뤅떠여] 빈혈 ලේ මඳකම.

නීරජ [니-라저] ①무통의, 통증없는 ②대양, 해양 සාගරය.

නීරද [니-라더] ①구름 වලාකුළ ②대양, 해양 සාගරය.

නීරස [니-라써] 맛없는 රස නැති.

නීරෝග [니-로-거] 무병의, 병이 없는, 건강한 නිරෝගී.

නීරෝගී [니-로-기-] 무병의, 병이 없는, 건강한 නිරෝගී.

නීර්ණය [니-르너여] 결론, 결말 තීරණය.

නීල [닐-러] ①파란색 නිල් පාට ②녹색 කොළ පාට ③파란색의, 녹색의.

නීල කොබෙයියා [닐-러 꼬베이야-] 청 비둘기.

නීල මාණික්‍යය [닐-러 마-닊끼여여] (보석) 청옥.

නීලඹර [닐-람버러] 파란 하늘 නිලඹර.

නීලරක්ත [닐-러뤅떠] 자줏빛 또는 진홍색의.

නීලෝත්පල [닐-롵-뻘러] 블루릴리 නිලුපුල්.

නීවරණය [니-워러너] 방해, 장애, 방해물 බාධකය.

නීහරණ [니-하러너] 제거, 없앰, 삭제 පැහැර ගැනීම.

නු [누] (접두사) ~아닌, ~없는.

නුඋස් [누우쓰] 높지 않은, 크지 않는 උස නැති.

නුකුඩා [누꾸다-] 작지 않은, 큰.

නුකුස [누꾸써] 게으르지 않은, 부지런한 අනලස්.

නුකුහුල් [누꾸훌] 의심스럽지 않은, 수상하지 않은 නිසැක.

නුග† [누거] 벵골 보리수.

නුගුණය [누구너여] ①성격이 안좋음 ②미침, 제정신 아님.

නුදුර [누두러] 멀지 않음, 가까움, 근처 ආසන්නය. (구어) ළඟ

නුදුරු† [누두루] 멀지 않는, 가까운 දුර නැති.

නුදුරු අනාගතය [누두루 아나-거떠여] 멀지 않는 미래, 가까운 미래 දුර නැති අනාගතය.

නුපුන් [누뿐] ①완성되지 않은, 미완성의, 불완전한, 가득차지 않은 අසම්පූර්ණ ②개화하지 않은, 꽃이 안핀 නොපිපුණ.

නුපුන්සඳ [누뿐싼더] 초승달.

නුපුරුදු [누뿌루두] 서툰, 익숙치 않는, 잘못하는 පුරුදු නැති.

නුපුලුවන්/නුපුළුවන්† [누뿔루완] 할 수 없는, 불가능한 නොහැකි. (구어) බැරි

නුපුළුල් [누뿔룰] 넓지 않은, 좁은 පටු.

නුපුළුවන්/නුපුලුවන්† [누뿔루완] 할 수 없는, 불가능한 නොහැකි. (구어) බැරි

නුපුස්නා [누뿌쓰나-] ①빈약한, 영양이 모자란 ②부족한, 모자란 නොසෑහෙන.

නුබ [누버] 하늘 අහස.

නුබ කුස [누버 꾸써] 하늘에서 අහස තුළ.

නුබඳ [누반더] 계속, 지속적으로 නිතර.

නුබමැණ/නුබමිණ [누버매너/누버미너] 해, 태양 හිරු. (구어) ඉර

නුමුත් [누뭍] 그러나, 하지만 නමුත්. (구어) එහෙත්

නුබුන් [누분] 깨지지 않는, 나눠지지 않는, 지속적인 නොබිඳුණු.

නුමුලාසිව [누물라-씨워] 속지 않게, 안속게.

නුමුහුන් [누무훈] 누룩을 넣지 않은, 무교의, 섞지 않은 මුසු නැති.

නුමූකළ [누무-껄러] 미성숙한, 여물지 않은, 영글지 않은 නොමේරූ.

නුඹ‡ [눔버] 너, 당신 (ඔයාබoda 약간 낮게 부르는 말) උඹ. ¶ ඔබ (높임말) 당신

නුඹලා‡ [눔벌라-] 너희들, 당신들 (ඔයාලාබoda 약간 낮게 부르는 말) උඹලා. ¶ ඔබ (높임말) 당신들

නුරා [누라-] 호색, 욕정 අනුරාගය.

නුරා බැල්ම [누라- 밸머] 음흉하게 쳐다봄 අනුරාගී බැල්ම.

නුරාව [누라-워] 호색, 욕정 අනුරාගය.

නුරු [누루] (악기) 심벌즈(의).

නුරුස්නා [누루쓰나-] 야비한, 비열한 නොරිස්සන.

නුරුස්සනවා [누룼써너와-] නිරිස්සුවා-නුරුස්සා ①좋아하지 않다, 싫어하다 අකමැති වෙනවා ②감당하지 않다, 짊어지지 않다. නිරිස්සීම

නුලස [눌러써] 재빠르게, 빨리, 늦지 않게 ඉක්මනින්.

නුවටා [누워타-] 자이나 교도.

නුවණ† [누워너] 지혜, 현명 ප්‍රඥාව.

නුවණක්කාර [누워낚까-러] 현명한, 똑똑한, 지혜로운 ඥානවන්ත.

නුවණැස් [누워내쓰] 지혜의 눈.

නුවන [누워너] (신체) 눈 නෙත. (복) *නුවන්* (구어) ඇස

නුවනග බැලුම් [누워너거 밸룸] 음흉하게 쳐다봄 නුවනඩ බැල්ම.

නුවනඩ බැල්ම [누워너더 밸머] 음흉하게 쳐다봄, 지그시 (반눈으로) 쳐다봄 නුවනග බැලුම්.

නුවර [누워러] 도시, 타운 නගරය.

නුසුදුසු‡ [누쑤두쑤] 어울리지 않는, 적절하지 않은 නොගැලපෙන. ¶ සුදුසු 적절한, 어울리는

නුසුදුසුකම† [누쑤두쑤꺼머] 부적합, 부적절, 부적격 නොගැලපීම.

නුසුන් [누쑨] 깨지지 않는, 나눠지지 않는, 지속적인 නොබිඳුණු.

නුහුරු [누후루] 익숙치 않은, 친숙치 않은, 서툰 නුපුරුදු.

නුහුසු [누후쑤] 스콜피온(의).

නූ [누-] ①일어나지 않은 නොවුණු ②따라 가는 අනුව ගිය.

නූගතා [누-거따-] 무식한 사람, 못배운 사람. ¶ උගතා 식자, 학자

නුගත්‡ [누-같] 못배운, 무식한. ¶ උගත් 배운, 학식있는 නුගතා 못배운 사람, 무식한 사람

නූතන† [누-떠너] 현대의, 현재의, 지금의 නවීන.

නූන [누-너] 일어나지 않은, 되지 않은, 발생하지 않은.

නූපම [누-빠머] 비교할 수 없는.

නූපුර [누-뿌러] 발찌(의).

නූර්තිය [누-르띠여] 뮤지컬, 노래와 대화가 있는 극.

නූල‡ [눌-러] 실, 얇은 끈 සිහින් පොට. (복) නූල්

නූලට [눌-러터] 정확히, 확실하게, 포인트에 맞춰서 හරියටම.

නූලෙන් බේරෙනවා [눌-렌 베-레너와-] 간신히 빠져나오다, 간신히 구출되다.

නූල් [눌-] නූල 의 복수 또는 형용사: ①실, 얇은 끈 ②실의, 끈의.

නූල් අදිනවා [눌- 아디너와-] 올무를 놓다, 올가미를 놓다.

නූල් කටිනවා [눌- 까티너와-] 실을 짜다 නූල් අඹරනවා.

නූල් පණුවා [눌- 빠누와-] 요충, 선충.

නූල්මල [눌-말러] (실 등의) 타래, 한 타래.

නූල් සුස්තරය [눌- 쑤쓰떠러여] 올무, 올가미 උගුල.

නෘත්‍යය [느룯띠여여] 연극, 드라마 නාට්‍යය.

නෘත්‍ය හිමිකම් [느룯띠여 히미깜] (연극) 흥행권.

නෘත්‍යෝන්මාදය [느룯띠욘-마-더여] 무도병.

නෘප/නෘපති [느루빠/니루빠띠] 왕, 임금, 군주 රජු.

නෙ [네] (접두사) 다양한, 가지각색의, 다른 නොයෙක්.

නෙක/නෙක්† [네꺼/넥] නොයෙක් 의 시적 표현: 다양한 විවිධ.

නෙත† [네떠] (신체) 눈(目) නේත්‍රය. (복) නෙත් (구어) ඇහැ

නෙතඟ [네떵거] 눈가, 눈의 끝 නෙත් කොණ.

නෙත්තිය [넫띠여] ①끝, 정상, 봉우리 දාරය ②머리 හිස ③(군대) 전선, 대열의 방향 පෙරමුණ.

නෙත්ති සන්ධිය [넫띠 싼디여] (해부학) 활주 관절.

නෙමෙයි/නෙවෙයි‡ [네메이/네웨이] 아니다 (명사를 부정할 때 사용됨). ¶ අපේ ගෙදර ආවේ අක්කා නෙමෙයි අයියා 우리 집에 온게 누나가 아니고 형이다

නෙයියාඩම [네이야-더머] 농담, 익살 විහිලුව.

නෙරනවා† [네러너와-] නෙරුවා-නෙරා 부풀다, 불룩해지다 ඉදිරියට පිම්බී එනවා. නෙරීම

නෙරපනවා† [네러뻐너와-] නෙරපුවා-නෙරපා 내보내다, 쫓아내다, 추방하다, 내쫓다, 버리다 පලවා හරිනවා. නෙරපීම

නෙරපන්නා [네러빤나-] 추방하는 사람, 내쫓는 사람.

නෙරපීම† [네러삐-머] නෙරපනවා 의 동명사: 내쫓음, 추방 පලවා හැරීම.

නෙරය [네러여] 작물들의 열, 재배 작물들의 줄세움.

නෙරලු [네럴루] 야자 열매(의) පොල්.

නෙරවනවා [네러워너와-] 불룩해지게 만들다, 위로 가게 하다.

න

නෙරිපට/නෙරිය [네*리*/빠터/네*리*여] 스리랑카 캔디안 사리의 허리쪽의 접히는 부분 නරුපට.

නෙරීම [네*리*-머] නෙරනවා 의 동명사: 부풀어 오름, 부품, 불룩해짐.

නෙරුව [네*루*워] ①송곳, 뾰족한 것 උල ②(바다를 향해 나온) 곶, 갑 තුඩුව.

නෙරූ [네*루*-] නෙරනවා 의 형용사적 과거용법: 불룩 올라온, 불룩해진.

නෙලනවා† [넬러너와-] නෙලුවා-නෙලා ①(열매) 따다, 거두다, 추수하다 ②(잡초를) 뽑다 ③조각하다, 잘라내다, 베어내다. <u>නෙලීම/නෙලුම</u>

නෙල්ලි‡ [넬리] 가자 (열대 아시아산 가리륵의 열매).

නෙවෙයි/නෙමෙයි [네웨이/네메이] 아니다 (명사를 부정할 때 사용됨). ¶ අපේ ගෙදර ආවේ අක්කා නෙවෙයි අයියා 우리 집에 온게 누나가 아니고 형이다

නෙළනවා† [넬러너와-] නෙළුවා-නෙළා ①(열매) 따다, 거두다, 추수하다 ②(잡초를) 뽑다 ③조각하다, 잘라내다, 베어 내다. <u>නෙළීම/නෙළුම</u>

නෙළුම [넬루머] 연꽃 සියපත. (복) *නෙළුම්* (구어) ඕලු

නෙළුම්‡ [넬룸] නෙළුම의 복수 또는 형용사: ①연꽃들 ඕලු ②연꽃의.

නෙළුඹු දැලිය [넬룸부 댈리여] ①연꽃 순 ②연꽃 줄기 නෙළුම් දණ්ඩ.

නෙහෙමියා [네헤미야-] (성경) 느헤미야서, 느헤미야.

නේ [네-] 구어체에서 문장의 뜻을 더 강조하는 뜻으로 문장의 끝에 붙음: ඔයා පෑනක් ගත්තා නේ 당신 볼펜을 샀잖아요. ¶ නේද? 그렇지 않나요?

නේ/නේක [네-꺼] 다양한, 각양 각색의, 여러가지의 නෙක.

නේතෘ [네-뜨*루*] 지도자, 리더 නායකයා

නේත්‍රය [네-뜨*러*여] (신체) 눈 නෙත. (구어) ඇහැ

නේද [네-더] (부가 의문사) 그렇지 않나요? 그렇지요?
¶ ඔයා ලාංකිකයෙක් නේද 당신 스리랑카 사람이죠 그죠?

නේන [네-너] 오지 않는, 도착하지 않은 නොඑන.

නේපථ්‍යය [네-뻗띠여여] (극장의) 의상실, 분장실 නේපථ්‍යාගාර.

නේපථ්‍යාගාරය [네-뻗띠야-가-*러*여] (극장의) 의상실, 분장실.

නේපාලය [네-빨-러여] (나라) 네팔.

නේමිත්තකයා [네-믿떠꺼야-] 점술사, 점성가 කේන්දරකාරයා.

නේමිය [네-미여] 테, 가장자리 නිම් වළල්ල.

නේරු [네-*루*] (전 세계가 있다는) 신화 속의 거대한 바위 මහාමේරුව.

නේවාසය [네-와-써여] 집, 거처 නිවස.

නේවාසික† [네-와-씨꺼] 머무는, 거주하는.

නේවාසික ප්‍රතිකාර [네-와-씨꺼 쁘*러*띠까-*러*] 가정방문 치료(법).

නේවාසිකයා [네-와-씨꺼야-] 거주자, 머무는 사람 වැසියා.
¶ කලක් නේවාසිකයා 나그네, 길손

නේවාසිකාගාරය [네-와-씨까-가-러여] 호스텔, 기숙사.

නෛක [나이꺼] 다양한, 여러가지의, 각양각색의 නේක.

නෛකශ්‍රීන් විරාජමාන [나이꺼 쓰린 위라-저마-너] 모든 광영과 번영을 부여받은.

නෛතික [나이띠꺼] 법률(상)의, 법률에 관한, 합법의, 적법한 නීතිමය.

නෛපුණ්‍යය [나이뿐니여여] 소질, 재능, 수완 නිපුණත්වය.

නෛරුක්තිකවිධි [나이룩띠꺼위디] (문법) 어형 변화.

නෛර්යාණික [나이르야-니꺼] (불교) 열반으로 이끄는, 극락으로 인도하는 නිවනට යොමු කරන.

නෛෂ්ක්‍රම්‍යය [나이쉬끄람미여여] (불교) 출가 ගිහිගෙයින් නික්මීම.

නෛසර්ගික [나이써르기꺼] 타고난, 본래의, 선천적인 ආවේනික.

නො† [노] 단어 앞에 붙어 부정의 뜻을 만드는 접두사: ~아닌, 없는.

නොඉඳුල් [노인둘] 사용하지 않은, 새로운, 새것의 නව.

නොකටයුත්ත [노까터윹떠] 하지 말아야 할 것, 악행, 나쁜 행동.

නොකඩ [노꺼더] 쉬지 않는, 계속적인, 멈추지 않는.

නොකඩව [노꺼더워] 계속해서, 쉬지 않고, 멈추지 않고 අඛණ්ඩව. (구어) දිගටම

නොකඩවා† [노꺼더와-] 계속해서, 쉬지 않고, 멈추지 않고 අඛණ්ඩව. (구어) දිගටම

නොකමසේ [노까머쎄-] 참을 수 없게, 견딜 수 없게.

නොකල් [노깔] 때가 아닌, 철이 아닌, 시기 상조의.

නොකල්හි [노깔히] 때가 아닐 때, 시기(철)가 아닐 때.

නොකා [노까-] 먹지 않고, 배고파 කුසගින්නේ.

නොකැඩූ [노깨두-] 깨지지 않은, 부서지지 않은 නොකඩන ලද.

නොකැපූ [노깨뿌-] 자르지 않은 කපා නැති.

නොකමැති/නොකැමති [노꺼매띠/노깨머띠] 좋아하지 않는, 안좋아하는 අකමැති.

නොගැළපීම [노갤러삐-머] 부조화, 비호환, 어울리지 않음.

නොගැළපෙන† [노갤러뻬너] 어울리지 않는, 조화되지 않는, 호환 안되는, 적절치 않은.

නොගිණිය යුතු [노기니여 유뚜] 무시해도 좋은, 하찮은, 무가치한, 사소한.

නොට්ටි [놑티] 창녀, 매춘부, 기생 ගනිකාව.

නොණ්ඩි† [논디] 절룩거리는, 절뚝거리는 කොර.

නොණ්ඩි ගහනවා† [논디 가하너와-] 절룩거리다, 절뚝거리다, 절름거리다 කොර ගහනවා.

නොතන් සිහිය [노딴 씨히여] 의식불명, 무의식 අසිහිය.

නොතරම් [노따람] 적합하지 않는, 부합하지 않는, 값어치 없는 නුසුදුසු.

නොතාරිස්† [노따-리쓰] 공증인, 증명서 써주는 사람.

නො

නොතැන [노때너] 적절치 않는 장소, 부적합한 곳.

නොතිත් [노띧] 불만족한, 만족하지 않는 අතෘප්ත.

නොතිර [노띠러] 불안한, 불안정한 අස්ථිර.

නොතීසිය [노띠-씨여] 공고, 게시, 알림 දැන්වීම.

නොදත් [노닫] 알지 못했던, 몰랐던 දැන නොගත්.

නොදන්නා† [노단나-] 알지 못하는, 모르는 දැනුම් නැති.

නොදරුවා [노다루와-] 유아, 애기 බිළිඳා.

නොදැනුම [노대누머] 무지, 모름.

නොදුර [노두러] 근처, 가까움, 근교 ළඟ.

නොනගතය [노나거떠여] 불안한 시대.

නොනවතින† [노나워띠너] 멈추지 않는, 지속하는 අඛණ්ඩ.

නොනස්නා [노나쓰나-] 죽지 않는, 없어지지 않는 නසින් නැති.

නොපටු [노빠투] 좁지 않은, 넓은 පළල්.

නොපනත් [노빠낟] 천한, 낮은, 걸맞지 않는 පහත්.

නොපමා [노빠마-] 늦지 않은, 지체하지 않는.

නොපැහැදිලි [노빼해딜리] 분명하지 않은, 애매모호한, 모호한 පැහැදිලි නැති.

නොපිට [노삐터] 잘못된 쪽, 잘못된 방향 වැරදි පැත්ත.

නොපිළිගතහැකි [노삘리가떠해끼] 받아들일 수 없는, 수용불가능한 පිළිගත නොහැකි.

නොපෙනෙන/නොපේන‡ [노뻬네너/노뻬-너] 보이지 않는, 안 보이는, 숨겨진 අදෘශ්‍ය. (구어) පෙනෙන්නේ නැති

නොපොවන [노뽀워너] 넘치는, 넘칠 정도의.

නොපෝනා [노뽀-나-] 할수 없는, 불가능한 බැරි.

නොබැඳි [노밴디] 묶이지 않은, 연결되지 않은 අසම්බන්ධිත.

නොබියව [노비여워] 무서워하지 않고, 담대하게 නිර්භීතව.

නොබෙල් තෑග්ග [노벨 때-거] 노벨상.

නොබෝ† [노보-] (시간) 멀지 않은, 곧. (구어) ඉක්මනින්

නොබෝද [노보-다-] 요즘에, 근래에 මෑතදී.

නොමඟ‡ [노망거] 곁길, 탈선, 길을 잃음. ¶ නොමඟ යනවා 탈선하다, 잘못된 길로 들다

නොමනා [노머나-] ①좋지 않은, 나쁜 හොඳ නැති ②안맞는, 안어울리는 නුසුදුසු.

නොමනාපය [노마나-빠여] 불만족, 불만 අමනාපය.

නොමඳ [노만더] 부족하지 않은, 충분한, 많은 අඩු නැති.

නොමඳින් [노만딘] 충분히, 많이.

නොමසුරු† [노마쑤루] 인색하지 않은, 자비로운 මසුරු නැති.

නොමැති [노매띠] 없는, 있지 않는 නැති.

නොමැතිව† [노매띠워] ~없이, ~하지 않고 නැතිව. (구어) නැතුව

නොමැසූ [노매쑤-] 박음질하지 않은, 꿰메지 않은 මසා නැති.

නොමිනිස් [노미니쓰] 비인간적인, 사람답지 않은, 인정없는.
නොමින් [노민] 충분히, 풍성하게, 푸짐하게 යහමින්.
නොමිලේ‡ [노밀레-] 공짜로, 무료로.
නොම්මරය‡ [놈머러여] 수, 숫자 අංකය, නොම්බරය.
නොම්බරය‡ [놈버러여] 수, 숫자 අංකය, නොම්මරය.
නොයෙක්† [노옉] 다양한, 각양각색의 විවිධ.
නොරට [노라터] 외국, 타국 විදේශය.
නොරටුන් [노라툰] 외국인들, 타국인들 විදේශිකයින්.
නොරට්ටු/නොරටුන් [노랕투/노라툰] 외국인들, 타국인들 විදේශිකයින්.
නොරැටියා [노래티야-] 외국인 විදේශිකයා.
නොරිස්සුම [노릿쑤머] 싫어함, 증오 අකැමැත්ත.
නොලස [놀라써] 빠름, 신속, 지연되지 않음 විගස.
නොලැබීම [놀래비-머] 불운, 악운, 재수없음 අවාසනාව.
නොලිස්සන [놀릿써너] 미끄러지지 않는.
නොවටනා/නොවටිනා [노와터나-/노와티나-] 가치 없는, 값어치 없는, 값싼 අගයකින් තොර.
නොවටිනා† [노와티나-] 가치 없는, 값어치 없는, 값싼 අගයකින් තොර.
නොවරදින [노와러디너] 실수하지 않는, 확실한, 틀림없는.
නොවළහා [노왈러하-] 늦지 않게, 신속히, 빠르게, 재빠르게 ක්ෂණිකව.
නොවැදගත් [노왜더갇] 중요하지 않은, 사소한, 하찮은.
නොවැම්බර්‡ [노왬버르] 11월.
නොවැළැක්විය හැකි [노왤랙위여 해끼] 어쩔 수 없는, 피할 수 없는. ¶ නොවැළැක්විය හැකි හේතුවෙන් 어쩔 수 없는 이유로
නොවිතර [노위떠러] ①부적절한, 부적합한 නුසුදුසු ②제한하지 않는, 조절하지 않는 සීමා නොකළ.
නොවේලේ [노웰-레-] 때가 아닌, 철이아닌.
නොසංඩාල [노쌍달-러] 열등한, 낮은, 천한 හිනීන.
නොසමජාතීය [노싸머자-띠-여] 동족이 아닌, 동종이 아닌 සමජාතික නොවන.
නොසමාන [노싸마-너] 불법의, 위법의.
නොසරුප් [노싸룹] 추한, 볼품없는 කැත.
නොසන්සුන්කාරී [노싼쑨까-리-] 가라앉지 않는, 잠잠해지지 않는, 동요하는.
නොසැලකිල්ල‡ [노쌜러낄러] 무관심, 등한, 태만.
නොහිම් [노힘] 무제한의 සීමා-වක් නැති.
නොහැකි† [노해끼] 불가능한, 할 수 없는. (구어) බැරි
නොහොත් [노혿] (후치사) ~아니면 නැතහොත්. (구어) නැත්නම
නෝංජලයා [농-잘러야-] 겁쟁이, 소심한 사람 අමනයා.
නෝංජල් [농-잘] 겁많은, 두려워하는, 소심한 අමන.
නෝට්ටුව‡ [놑-투어] 종이 쪽지, 전표. ¶ මුදල් නෝට්ටුව 지폐

නෝනා‡ [노-나-] ①부인, 아내 (문어) බිරිඳ ②마님, 마담 මහත්මිය.

නෝබිනා [노-비나-] 부적절한, 부적합한 නුසුදුසු.

නෝම්බි [놈-비] 라마단 (이슬람 금식월) රාමසාන්.

නෞකාකූපය [나우까-꾸-뻐여] 돛대, 마스트.

නෞකා තටකෙය [나우까- 따터께여] 조선소.

නෞකා තටාකය [나우까- 따타-꺼여] 선박 정박소, 항국 වරාය.

නෞකාධිපති [나우까-디뻐띠] 선장 නැව් ප්‍රධානියා.

නෞකාව [나우까-워] 배, 선박 නැව.

නෞතලය [나우딸러여] (배의) 용골.

නෞභාර බිල [나우떨리여] 선하 증권.

න්‍යග්‍රෝධය [니여그로-더여] 벵골 보리수 නිග්‍රෝධය.

න්‍යෂ්ටි [니여쉬티] 핵의, 중심의 න්‍යෂ්ටික. ¶ න්‍යෂ්ටි අවි ආයුද 핵무기

න්‍යෂ්ටික [니여쉬티꺼] 핵의, 중심의 න්‍යෂ්ටි.

න්‍යෂ්ටිකාව [니여쉬티까-워] 핵, 중심 අරටුව.

න්‍යෂ්ටිය [니여쉬티여] 핵, 중심 අරටුව. ¶ න්‍යෂ්ටි අවි ආයුද 핵무기

න්‍යාදර්ශය [니야-다르셔여] 예, 예시, 모본, 표본, 샘플 ආදර්ශය.

න්‍යාය [니야-여] ①과정, 방법 පිළිවෙත ②이론, 이치, 논리 කල්පිත ③법.

න්‍යාය වාදියා [니야-여 와-디야-] 이론가, 학설을 세우는 사람.

න්‍යාය විරෝධය [니야-여 위로-더여] 반론, 반대 논리.

න්‍යායික [니야-이꺼] ①이론의, 이론적인, 학설의 ②과정의, 방법의 පිළිවෙ.

න්‍යාසය [니야-써여] 둠, 세움, 설치 පිහිටුවීම ②정보, 세부사항 විස්තරය ③(수학) 행렬 ④도표, 도식 රේඛා සටහන.

ප

ප [빠] 씽할러 알파벳의 45번째 글자.

පංක/පඞ්ක [빵꺼] 진흙 මඩ.

පංකජ/පඞ්කජ [빵꺼저] 진흙에서 피어난 것: 연꽃 නෙළුම්.

පංකාව† [빵까-워] 선풍기 පවන්කාව.

පංකාදු [빵까-두] ①귀한, 소중한 අගනා ②가까운, 친한, 우호적인 හිතවත්.

පංකාඩම [빵까-더머] 방향 දිශාය.

පංගාඩම [빵가-더머] ①위임, 넘겨줌, 위탁 පැවරීම ②준비 නියමය.

පංගුකාර [빵구까-러] ①동료의, 한패의 ②참여하는, 참가하는, 어울리는 හවුල්.

පංගුකාරයා [빵구까-러야-] ①공동 소유자 ②참여자, 참가자 හවුල්වරයා.

පංගුව† [빵구워] 몫, 한조각, 부분 කොටස.

පංගුපේරුව [빵구뻬-루워] 오직 자신의 몫만 취하려고 하는 행위.

පංච [빵처] ①5의, 5배의 පස්, පඤ්ච ②스리랑카 놀이 이름 (조개껍질을 두는 놀이) පංච කෙළිය.

පංච කෙළිය [빵처 껠리여] 스리랑카 놀이 이름 (조개껍질을 두는 놀이) පංච.

පංච ගුණාංකය [빵처 구낭-꺼여] 5배 포인트.

පංචතූර්ය [빵처뚜-르여] 5줄로 된 악기 පසතුරු.

පංචම [빵처머] 5번째의 පස්වන.

පංචසීල [빵처씰-러] 오계, 5계 (살인, 도적질, 음란, 거짓말, 술취함으로부터 절제) පන්සිල්.

පංචාංගුලික [빵창-굴리꺼] 5 손가락의.

පංචානන [빵차-너너] ①사자 සිංහයා ②시바 신 සිව දෙවියා.

පංතිය‡ [빵띠여] ①반, 학급 පන්තිය ②줄, 열 පෙළ ③등급, 급 ශ්‍රේණිය ④(지질학) 지층 ස්ථරය. (복) පංති ¶ පංතිය අරිනවා 수업을 마치다

පංසුකූල [빵수꿀-러] 쓰레기 더미 속의 넝마.

පක [빠꺼] 과실, 열매 ගෙඩිය.

පකති [빠꺼띠] 천연의, 자연의 ස්වාභාවික.

පකිස් පෙට්ටිය [빠끼쓰 뻳티여] 포장용 상자.

පක්ෂ [빡셔] පක්ෂය 의 복수: ①무리들, 당들, 당파들 ②옆구리, 한쪽, 편, 면, 측 පැති ③날개들 තටු.

පක්ෂ [빡셔] පක්ෂය 의 형용사: ①편파적인, 한쪽만의 පැත්තක් ගන්නා ②날개의, 겨드랑이의.

පක්ෂකය [빡셔꺼여] ①(식물) 겹잎의 우편 ②새의 날개 කුරුළු පහාටු ③물고기 지느러미 මාළු වරල්.

පක්ෂකීලක බුද්බුදය [빡셔낄-러꺼 붇부더여] (동물학) 익상골.

පක්ෂග්‍රාහී† [빡셔그라-히-] 편파적인, 일방적인, 한쪽만의 පක්ෂ.

පක්ෂගාතය/පක්ෂඝාතය† [빡셔가-떠여] 중풍, 뇌졸증 අංශභාගය.

ප

පක්ෂපාත/පක්ෂපාතී [빡셔빠-떠/빡셔빠-띠-] ①충성된, 충실한 අවනත ②불공평한, 편파적인, 편향된, 한쪽으로 기운.

පක්ෂපාතභාවය [빡셔빠-떠바-워여] 충성 පක්ෂපාතීකම.

පක්ෂපාතී/පක්ෂපාත† [빡셔빠-띠-/빡셔빠-떠] ①충성된, 충실한 අවනත ②불공평한, 편파적인, 편향된, 한쪽으로 기운 ලැදි.

පක්ෂපාතීකම† [빡셔빠-띠-꺼머] 충성 පක්ෂපාතභාවය.

පක්ෂභජනය [빡셔바저너여] 편파, 편향, 한쪽으로 치우침.

පක්ෂම දරය [빡셔머 다-러여] 안검연골.

පක්ෂය‡ [빡셔여] ①무리, 당, 당파 ②옆구리, 한쪽, 편, 면, 측 පැත්ත ③날개 පැත්තක පිහාටු.

පක්ෂවාදියා [빡셔와-디야-] 일당, 한패, 동맹자.

පක්ෂවාදීකම [빡셔와-디-꺼머] 분열, 나뉨, 분파, 깨짐 භේදය.

පක්ෂ විපක්ෂ [빡셔위빡셔] 찬성하고 반대하는, 따르고 따르지 않는.

පක්ෂ සෛලය [빡셔 싸일러여] 날개 세포.

පක්ෂාකාර [빡샤-까-러] 깃털 같은 පිහාටු වැනි.

පක්ෂාංකුරය [빡샹-꾸러여] (새) 시아, 날개 돌기 පිහාටු අංකුරය.

පක්ෂාඝාතය [빡샤-가-떠여] 중풍, 뇌졸증 පක්ෂඝාතය.

පක්ෂි [빡쉬] 새의, 조류의 කුරුළු.

පක්ෂිණී [빡쉬니-] 암컷 새 කිරිල්ල.

පක්ෂි ධේනුව [빡쉬 데-누워] 암컷 새 කිරිල්ල.

පක්ෂි මෑස්ම [빡쉬 매쓰머] 불사조 디자인.

පක්ෂියා [빡쉬야-] 새, 조류. (복) පක්ෂීහු (구어) කුරුල්ලා

පක්ෂි විද්‍යාව [빡쉬 윋디야-워] 조류학.

පක්ෂීහු [빡쉬-후] පක්ෂියා 의 복수: 새들, 조류들. (구어) කුරුල්ලෝ

පක්ෂ්ම අනුපිච්පිකා [빡쉬머 아누삧치까-] (새) 깃가지.

පක්ෂ්මය [빡쉬머여] 속눈썹 ඇසිපිය.

පක්ෂ්මස්පන්දනය [빡쉬마쓰빤더너여] (의학) 안점 경련 ඇසිපිය හෙලීම.

පක්ෂ්මාකාර [빡쉬마-까-러] 속눈썹 모양의.

පගාව‡ [빠가-워] 뇌물. (문어) අල්ලස

පගෝදිය [빠고-디여] 스리랑카 고대 금화.

පඞ්ක/පංක [빵꺼] 진흙 මඩ.

පඞ්කජ/පංකජ [빵꺼저] 진흙 속에서 피어난 것, 연꽃 නෙළුම්.

පඞ්ක්තිය [빵끄띠여] 무리, 그룹, 종류 පෙළ.

පචය [빠처여] 거짓, 허위, 비진리 බොරුව.

පචයා [빠처야-] 거짓말쟁이 බොරුකාරයා.

පචලිත [빠철리떠] 유명한, 저명한, 잘 알려진 ප්‍රචලිත.

පචෝරිස් [빠초-리쓰] 거짓말쟁이 බොරුවා.

පච්ච [빷처] 녹색의, 푸른, 푸른색의 කොළ පැහැති.

පච්ච [빻처] ①에메랄드, 녹색 띈 보석 මරකත මැණික් ②문신 හංඅඩයාලම.

පච්ච කොටනවා [빻처 꼬터너와-] 문신을 새기다.

පච්ච ගල [빻처 갈러] (보석) 에메랄드 මරකත මැණික්.

පච්චපඩියම [빻처뻐디여머] (보석) 녹주석. (복) *පිච්චපඩියම්*

පච්ච මාණික්‍යය [빻처 마-뉙끼여여] (보석) 에메랄드 මරකත මැණික්.

පච්චවඩම [빻처와더머] 빨간색 옷 රතු රෙද්ද.

පජ්ජුන්න [빠저르준너] 비, 강우 වර්ෂාව.

පජ්ජෝතය [빠저르조-떠여] 등불, 램프 පහන.

පජාති [빠자-띠] 천한, 낮은, 하층민의 නිච.

පජාපති [빠자-뻐띠] 브라만의 리더 ප්‍රජාපති.

පඤ්ච [빤처] 다섯번째의 පස්වෙනි.

පඤ්ච උන්මාද [빤처 운마-더] 5가지에 미침 (음식, 음료, 두려움, 고통, 악마를 두려워함) උමතු පස් වර්ගය.

පඤ්ච කකුධ භාණ්ඩ [빤처 까꾸더 반-더] 임금이 가져야 하는 5가지 상징 (사향 노루 꼬리 부채, 왕관, 검, 백기, 샌달).

පඤ්ච කන්‍යා [빤처 깐니야-] (고대의) 5처녀 (아할리야, 다우뻐디, 꾼티, 따라, 만도다리).

පඤ්ච කල්‍යාණ [빤처 깔리야-너] 이상적인 여인이 가지는 몸의 5가지 상징 (빨간 입술, 길고 고운 머리, 하얀 고른 이빨, 부드러운 피부, 젊음).

පඤ්චකාම [빤처까-머] (눈, 귀, 코, 혀, 몸의) 오감, 5가지 욕망 පස්කම්.

පඤ්ච නාරී ඝටය [빤처 나-리 - 가터여] 5가지 여성상이 그려진 도자기.

පඤ්ච නීවරණ [빤처 니-와러너] 5가지 방해들.

පඤ්ච බාණ [빤처 바-너] ①사랑의 신, 큐피드 ②큐피드가 사랑을 전하기 위해 사용한 5가지 꽃 (연꽃, 아소카, 자스민, 망고, 청연꽃).

පඤ්චම [빤처머] 다섯번째의 පස්වන.

පඤ්ච ලෝහ [빤철 로-허] 5가지 금속 (금, 은, 동, 철, 아연).

පඤ්ච වර්ණ [빤처 와르너] 부처님의 몸을 상징하는 5가지 색깔 (불교 깃발의 색깔).

පඤ්චවිධ [빤처위더] 5겹의, 5번 접은 පස් වැදෑරුම්.

පඤ්චසිඛ [빵처씨꺼] 음악의 신 පන්සිළු.

පඤ්චසීල [빵처씰-러] 오계, 5계 (살인, 도적질, 음란, 거짓말, 술취함으로 부터 절제) පන්සිල්.

පඤ්චස්කන්ධ [빤차-쓰깐더] 모양, 감각, 지각, 기억, 이해력의 5가지 구성 요소.

පඤ්චාඞ්ග ලිත [빤창-걸 리떠] (천체의) 추산 위치표, 천문력.

පඤ්චායතන [빤차-여떠너] 눈, 귀, 혀, 코, 몸의 5가지 기관.

පඤ්චායුධ/පඤ්චාවුධ [빤차-유더/빤차-우더] 5가지 무기 (활, 창, 방패, 도끼, 부메랑).

පඤ්චේන්ද්‍රිය [빤첸-드리여] 오감, 5가지 감각.

පඤ්ජරය [빤저*러*여] ①새장, 우리, 베스킷 කූඩුව ②(해부학) 스트로마, (적혈구 따위의) 기질.

ප

පඤ්ඤ [빤냐-] 통찰, 지각, 지혜 ප්‍රඥාව.

පඤ්ඤසමාන [빤냐-써마-너] (눈에) 또렷한, 보이는, 분명한 පෙනෙන.

පට‡ [빠터] ①비단, 실크 සේද ②줄, 실, 끈 නූල ③필름 ④덮개, 커버 පටලය ⑤기회, 찬스 අවස්ථාව.

පටක ජනකය [빠터꺼 자너꺼여] (생물) 원(原)조직, 초기 조직.

පටක ජනනය [빠터꺼 자너너여] (생물) 조직 발생 (생성, 분화).

පටක විද්‍යාව [빠터꺼 윋디야-워] (생물) 조직학.

පටකය [빠터꺼여] (세포) 조직.

පට නූල් [빠터 눌-] 비단 실 සේද නූල්.

පටන්† [빠탄] ~로 부터, ~에 시작하여 සිට. (구어) ඉඳලා

¶ උදය පටන් සවස දක්වා 아침부터 저녁까지

පටන් ගන්නවා‡ [빠탄 간너와-] පටන් ගත්තා-පටන් ගෙන 시작하다, 개시하다, 창설하다 ආරම්භ-නවා. <u>පටන් ගැනීම/පටන් ගැන්ම</u>

පටන්ගැනීම [빠탄개니-머] පටන් ගන්නවා 의 동명사: 시작, 개시, 창설 ආරම්භය.

පට පටගාලා [빠터 빠터갈-라-] 갑자기, 급하게 හදිස්සියෙන්.

පටපණු කෝෂය [빠터빠누 꼬-셔여] 누에 꼬치.

පටපණුවා† [빠터빠누와-] 누에 සේද පණුවා.

පටබඳිනවා [빠터반디너와-] ①(학위, 명예, 자격을) 수여하다 නම්බු නාමයක් දෙනවා ②거짓 이야기를 꾸며내다 බොරු කතා නිර්මාණය කරනවා.

පට රෙදි [빠터 *레*디] 비단, 실크 සේද පිළි.

පටලනවා† [빠털러너와-] පැටලුවා-පටලා ①섞다, 뒤엉키게 하다, 뒤섞다 ②싸다, 뒤감다 ඔතනවා. <u>පැටලීම</u>

පටලය† [빠털러여] ①덮개, 커버 ②(단) 층, 켜 ③얇은 막, 막.

පටලවනවා [빠털러워너와-] පැටලෙවුවා-පටලවා ①뒤엉키게 하다, 복잡하게 하다 ②싸다, 뒤감다 ඔතනවා. <u>පැටලවීම</u>

පටල ශීර්ෂමානය [빠털러 쉬-*르*셔마-너여] (기체 등) 압력계.

පටලැවිල්ල [빠털래윌러] 뒤섞임, 엉킴, 혼동 අවුල.

පටලැවෙනවා† [빠털래웨너와-] 엉키다, 뒤섞이다, 뒤엉키다, 혼동되다 අවුල් වෙනවා. <u>පටලැවීම</u>

පටවනවා† [빠터워너와-] පැටෙව්වා/පැටෙවුවා-පටවා ①(물건, 짐 등) 싣다 ②잘못(책임)을 전가하다 වරද පවරනවා ③매달다 එල්ලා ගන්නවා ④말하다, 언급하다 කියනවා. <u>පැටවීම</u>

පටස් ගාලා [빠타쓰 갈-라-] 빨리, 재빠르게 ඉක්මනින්.

පටහකය [빠터하꺼여] (귀의) 고막.

පටහනවා [빠터하너와-] පැටහුවා-පටහා 북을 치다 බෙර ගහනවා.

පටහය [빠터하여] 작은 북 පණා බෙරය.

පටහැනි [빠터해니] 모순되는, 어울리지 않는, 상반되는 ප්‍රතිවිරෝධී. ¶ මගේ අදහසට පටහැනි 내 생각에 모순된

පටාරිනවා [빠타-리너와-] 열다, 개봉하다 විවෘත කරනවා.

පටි [빠티] පටිය 의 복수 또는 형용사: ①허리띠들, 허리띠의 ②리본들, 끈들, 리본의, 끈의.

පටි [빠티] (접두사) ①반대의 ප්‍රති- ②다시, 재 පිළි-.

පටි ඇඳුම් [빠티 앤-둠] 벨트 연결.

පටි උසුලනය [빠티 우쑬러너여] 이송 벨트.

පටි කඩනවා [빠티 까더너와-] 품위를 떨어뜨리다, 모욕하다, 천하게 하다 නම්බුව නැති කරනවා.

පටි කප්පිය [빠티 깝삐여] (기계공학) 벨트 풀리, 벨트 골차.

පටි කරුව [빠티 까루워] 갈퀴 벨트.

පටිග්ගහණය [빠틱가하너여] 용납, 용인, 받아들임 පිළිගැනීම.

පටිඝය [빠티거여] 미움, 반목 ක්‍රෝධය.

පටිච්චසමුප්පාදය [빠틷처싸뭎빠-더여] 의존적 발생.

පටි තදකුරුව [빠티 따더꾸루워] 벨트 조이개, 벨트 타이트너.

පටි නැම්ම [빠티 냄머] (가지런히 접어 만든) 주름.

පටි නිවාරකය [빠티 니와-러여] 밴드 스크린.

පටි පණුවා [빠티 빠누와-] (동물) 촌충.

පටිපාටි-අපටිපාටි පරිණාමනය [빠티빠-티-아빠티빠-티 빠리나-머너여] 질서, 무질서의 변형.

පටිපාටිගත කිරීම [빠티빠-티가떠 끼리-머] 배열, 순서 පිළිවෙළකට පත් කිරීම.

පටිපාටිය [빠티빠-티여] 순서, 절차, 질서, 진행과정 පරිපාටිය.

පටි බේරු [빠티 베-루] (식물) 나도고사리 삼속 (착생 양치 식물과) පටියධාතු.

පටිභාන [빠티바-너] ①이해할 수 있는, 이해하기 쉬운 ②이해력 ප්‍රතිභාන.

පටිය‡ [빠티여] ①허리띠 ඉණ බඳින පටිය ②리본, 끈, 밴드, 띠 තීරුව ③위신, 명성, 신망 තනතුර. ¶ ටයිපටිය 넥타이

පටියධාතු [빠티여다-뚜] (식물) 나도고사리 삼속 (착생 양치 식물과) පටි බේරු.

පටිලන යත [빠틸러너 야떠] 연결하는 프레스.

පටිලෑම [빠틸래-머] 밴딩, 단결, 연합.

පටිවාත [빠티와-떠] 바람이 가려지는 쪽(의).

පටි වාහකය [빠티 와-하꺼여] 벨트 컨베이어.

පටිවේධය [빠티웨-더여] 자각, 인식, 깨달음 අවබෝධය.

පටිසන් දෙනවා [빠티싼 데너와-] 악행에 대한 악한 결과를 낳게 하다 (낳다) පඩිසන් දෙනවා.

පටිසන්ථාරය [빠티싼따-러여] 수다, 담소, 채팅 පිළිසඳර.

පටිසෝතගාමී [빠티쏘-떠가-미-] 상류로 거슬러 올라가는 උඩුගං බලා යන.

ප

පටිසංඛරණය [빠티쌍까러너여] 회복, 재생 ප්‍රතිසංස්කරණය.

පටි හැඩ [빠티 해더] 끈 모양의.

පටු‡ [빠투] ①좁은, 폭이 좁은 පළල අඩු ②어리석은, 미련한 නොනිපුණ.

පටුකම/පටු බව [빠투꺼머/빠투 바워] ①좁음, 폭 좁음 පළලින් අඩු බව ②어리석음, 미련 මෝඩ බව.

පටුත්වය [빠툳워여] 능력, 전문성, 기술력 නිපුණත්වය.

පටුන‡ [빠투너] (서적) 목차, 목록. (복) පටුනු

පටුනුගම [빠투누거머] 항만 도시 පටුන් ගම.

පටු පරතරය [빠투 빠러떠러여] 좁은 간격 හිං ඉඩකඩ.

පටු බව/පටුකම [빠투 바워/빠투꺼머] ①좁음, 폭 좁음 පළලින් අඩු බව ②어리석음, 미련 මෝඩ බව.

පටුමග‡ [빠투마거] 골목길, 좁은 길, 뒷길 සුළු පාර.

පට්ට [빹터] ①나무껍질 ගස්වල පොතු තීරු ②나무 껍질의 ③낮은, 천한 නීච.

පට්ට ඇපල [빹터 애뻘러] (식물) 슬모초.

පට්ට ගසනවා [빹터 가써너와-] ①나무 껍질을 벗기다, 자르다 පට්ටය ඉවත් කරනවා ②남용하다, 불필요하게 반복하다.

පට්ටපල් බොරුව [빹터빨 보루워] 새빨간 거짓말, 하얀 거짓말 කැත බොරුව.

පට්ටම [빹터머] ①쪽, 면, 측면 පැත්ත ②철판, 바퀴의 철로 된 원형 ③직, 자리, 위치 තනතුර.

පට්ටම් කපනය [빹탐 까빠너여] 빗각 절단기.

පට්ටම් ගෑ බෝඩ් [빹탐 개- 보-드] 빗각이 된 판 (보드).

පට්ටම් ගියර යත [빹탐 기여러 야떠] 빗각 기어 대패.

පට්ටම් ගියරුම [빹탐 기여루머] 베벨기어.

පට්ටම් යන්ත්‍රය [빹탐 얀뜨러여] 빗각 측정기.

පට්ටම් වලය [빹탐 왈러여] 빗각 링.

පට්ටලය† [빹털러여] ①작업장에서 쓰는 기계 ②일터, 작업장 කම්මල ③공사를 위해 높게 쌓을 수 있는 구조물.

පට්ටල් කරනවා [빹탈 꺼러너와-] (직업, 장소에) 정착시키다, 앉히다.

පට්ටල් බංකුව [빹탈 방꾸워] (작업장의) 작업대.

පට්ටය [빹터여] 나무껍질 ගසක් පොත්තේ තීරුව.

පට්ටා [빹타-] 나무껍질 පොත්ත.

පට්ටිය† [빹티여] ①우리, 축사 ②무리, 떼 ගවරැළ. ¶ බැටළු පට්ටිය 양떼 පට්ටි ගසනවා 무리 짓다, 짝짓기를 하다

පට්ටි සතා [빹티 싸따-] (번식, 사냥 등으로 기르는) 종마.

පඩංගුව [빠당구워] 넝마, 걸레, 누더기 ගෝනි රෙද්ද.

පඩකඳ [빠더깐더] 문지방, 문턱, 문간.

පඩත්තල [빠닫떨러] 평범한, 서민의, 대중의 ගරු සරු නැති.

පඩත්තලයා [빠닫떨러야-] 평민, 서민 බක පණ්ඩිතයා.

පඩය [빠더여] ①뱃속 가스 අධෝ වාතය ②덩굴 식물 종류 උඩහලු වැල.

පඩවිට [빠더위터] 군대 막사 යුද කඳවුර.

පඩව්ව [빠다우워] (고대) 배, 함선.

පඩික්කම [빠뒥꺼머] 타구 (과거 가래나 침을 뱉는 데 쓰던 그릇).

පඩි කනවා [빠디 까너와-] 월급을 받다, 봉급을 받다 වැටුප් ලබනවා.

පඩිකාරයා [빠디까-러야-] 월급쟁이, 봉급쟁이 වැටුප් ලබන්නා.

පඩි ගණන් ලිපිකරු [빠디 가난리삐꺼루] 급료 지불 담당 사무원 වැටුප් ලිපිකරු.

පඩිනවා [빠디너와-] පැඩිඩා-පැඩ 방귀를 뀌다. <u>පැඩීම</u>

පඩි පත [빠디 빠떠] 급료 지불 명부 වැටුප් ලේඛනය.

පඩි පෙළ‡ [빠디 뻴러] 계단 පඩි ගැට පෙළ.

පඩිමාව [빠디마-워] 계획, 플랜 සැලැස්ම.

පඩිය‡ [빠디여] ①월급, 봉급 (문어) වැටුප ②계단 පඩිගැටය ③저울추 තරාදි පඩිය ④창틀, 문틀의 아래 부분: 창턱, 문턱.

පඩියන්/පඩියම් [빠디얀/빠디얌] 블루 사파이어.

පඩිසන් දෙනවා [빠디싼 데너와-] 악행에 대한 악한 결과를 낳게 하다 (낳다) පටිසන් දෙනවා.

පණ† [빠너] ①생명 ජීවය ②힘, 기운 ශක්තිය ③코브라 머리의 펴진 부분 නයාගේ පෙණය ④철의 성질 පන්නරය.

පණකුර [빠너꾸러] (문법) 모음 ස්වර.

පණ ගැහෙනවා [빠너 개헤너와-] 두려워하다 බය වෙනවා.

පණත/පනත [빠너떠] ①(국회) 법, 율령 ②명령.

පණ තියෙනවා [빠너 띠예너와-] ①생기가 있다, 기운이 있다 ②(철) 담금질하다.

පණ නල [빠너 날러] 호흡, 숨, 생명의 호흡 හුස්ම.

පණපිටින් [빠너삐틴] 산채로, 살아있는 채로.

පණ පොවනවා [빠너 뽀워너와-] (철) 담금질하다, 단련하다.

පණම [빠너머] 6센트 가치를 가진 스리랑카 고대 동전.

පණ යනවා [빠너 야너와-] ①죽다, 소천하다 මැරෙනවා ②지치다, 피곤하다 මහන්සි වෙනවා.

පණයම [빠너여머] ①(매춘) 화대 ②매춘 (행위).

පණවනවා/පනවනවා [빠너워너와-] පැණෙවුවා-පණවා ①법령화하다, 법제화하다 නියම කරනවා ②마련하다, 준비하다 සූදානම් කරනවා. <u>පැණවීම</u>

පණස [빠너써] 오십, 50 පනස. (구어) පනහ

පණහ [빠너하] 오십, 50 පනහ. (문어) පණස

පණික්කියා [빠닉끼야-] ①이발사, 미용사 කරනවෑමියා ②뱀을 부리는 마술사 නයි නටවයන්නා.

පණිවිඩය/පණිවුඩය† [빠니위더여/빠니우더여] 소식, 메시지 ආරංචිය.

ප

පණිවුඩකරුවා† [빠니우더꺼루와-] 사신, 전달자, 대리자 දූතයා.

පණුකැවිල්ල [빠누깨윌러] (의학) 백선.

පණුවා‡ [빠누와-] 벌레, 구더기. (복) *පණුවෝ*

පණ්ඩකයා [빤더꺼야-] 내시, 환관 නපුංසකයා.

පණ්ඩිත [빤디/띠] 학식있는, 배운, 학자의.

පණ්ඩිතයා [빤디/띠야-] 학자, 문학자.

පඬර [빤더러] 하얀 සුදු.

පඬුර [빤두러] ①헌금, 연보 දීමනාව ②선물 තෑග්ග. (복) *පඬුරු*

පත [빠떠] ①잎, 나뭇잎 කොළය ②종이, 편지 පත්‍රය ③깃털 පිහාටුව ④날, 칼날.

පතංගයා/පතඟයා [빠땅거야-] ①해, 태양 සූර්යයා ②메뚜기 පළඟැටියා.

පතඟ [빠땅거] ①해, 태양 සූර්යයා ②새 පක්ෂියා ③메뚜기 පළඟැටියා.

පතඟයා/පතංගයා [빠땅거야-] ①해, 태양 සූර්යයා ②메뚜기 පළඟැටියා.

පතඟි [빠땅기] 승복 염색에 사용되는 나무.

පතන [빠떠너] 초원, 목장 තණ බිම.

පතන [빠떠너] ①පතනය 의 형용사: 떨어지는, 추락하는 ②පතනවා 의 형용사적 현재용법: 기대하는, 바라는, 소원하는.

පතන ප්‍රස්තුත [빠떠너 쁘러쓰뚜떠] 투사각.

පතන බිම [빠떠너 비머] 초원, 목장 විවෘත තණ බිම.

පතනය [빠떠너여] ①추락, 떨어짐 වැටීම ②(행성의) 위도.

පතන ලක්ෂ්‍යය [빠떠너 띾쉬여여] (물리학, 화학) 투사율.

පතනවා [빠떠너와-] පැතුවා-පතා ①기원하다, 빌다 ②기대하다, 희망하다, 염원하다 ප්‍රාර්ථනා කරනවා. <u>පැතුම/පැතීම</u> ¶ ආශිර්වාද පතනවා 축복을 기원하다

පතනශීල† [빠떠너쉴-러] 낙엽성의, 낙엽이 지는.

පතනීය [빠떠니-여] 추락해야 하는, 떨어져야 하는 වැටිය යුතු.

පතර [빠떠러] ①퍼진, 펼쳐진, 널리 알려진 පැතිරුණු ②광대한, 아주 큰 විශාල.

පතර [빠떠러] ①잎, 잎사귀 කොළ ②많음, 더미, 다수 සමූහය.

පතරොම [빠떠로머] ①총알, 탄약 ②(옷 재단을 위한) 옷 양식, 의복 패턴.

පතල/පතලය† [빠떨러/빠떨러여] 광산, 광갱 ආකරය. (복) *පතල්/පතල*

පතස/පතහ [빠떠써/빠떠하] 큰 연못 ලොකු පොකුණ.

පතළ [빠떨러] ①퍼진, 펼쳐진, 널리 알려진 පැතිරුණු ②유명한, 잘 알려진 ප්‍රසිද්ධ.

පතළ කරනවා [빠떨러 꺼러너와-] 널리 알리다, 퍼뜨리다 ව්‍යාප්ත කරනවා.

පතා [빠따-] ①(접미사) ~씩, 매 ~ පාසා (구어) ගානේ ②පතනවා 의 과거분사: 기원하고, 바라

고, 소망하며 (구어) පතලා.

¶ දිනපතා 매일 සතිපතා 매주 මසපතා 매달

පතාකය/පතාකාව [빠따-꺼여/빠따-까-워] 큰 기, 큰 깃발 ලොකු කොඩිය.

පතාකයෝධයා [빠따-꺼요-더야-] 강한 지도자, 강한 리더.

පති [빠띠] ①주, 주인 ප්‍රධානියා ②남편, 서방 ස්වාමිපුරුෂයා.

පති කුලය [빠띠 꿀러여] 시댁, 남편 본가 සැමියාගේ ගෙදර.

පතිත [빠띠떠] 떨어진, 내린, 낙하된 වැටුණු.

පතිත කුරු දම්වැල් මිනුම [빠띠떠 꾸-*루* 담왤 미누머] (화살 모양의 추가 달린) 측량줄 මනින ලණුව.

පතිත වෙනවා† [빠띠떠 웨너와-] 떨어지다, 내리다, 낙하하다 වැටෙනවා.

පති දම [빠띠 다머] (부부간의) 정절, 순결 පතිවත.

පතිනි/පතිනිය [빠띠니/빠띠니여] ①여주인, 안주인 ස්වාමිදුව ②부인, 아내, 집사람 භාර්යාව.

පතිවත† [빠띠워떠] (부부간의) 정절, 순결 පති දම.

පතිව්‍රතය/පතිව්‍රතාව [빠띠우*르*떠여/빠띠우*르*따-워] (부부간의) 정절, 순결 පති දම.

පතුර† [빠뚜*러*] 가는 나무 조각, 칩. (복) *පතුරු*

පතුරනවා [빠뚜*러*너와-] පැතිරුවා-පතුරා ①펼치다, 연장하다 ②알리다, 퍼뜨리다, 선전하다, 전파하다 ප්‍රචාරය කරනවා. <u>පැතිරීම</u>

පතුරු ගසනවා [빠뚜*루* 가써너와-] 조각 내다, 쪼개다, 거칠게 껍질을 벗기다.

පතුරුවනවා† [빠뚜*루*워너와-] පැතිරෙවුවා-පතුරුවා ①펼치다, 연장하다 ②알리다, 퍼뜨리다, 선전하다, 전파하다 පතුරනවා. <u>පැතිරවීම</u>

පතුල† [빠뚤러] ①바닥, 깊이 ගැඹුර ②발, 발바닥 අඩිය. (복) *පතුල්* ¶ යටිපතුල 발바닥 පිටිපතුල 발등

පතුල් [빠뚤] පතුල 의 복수 또는 형용사: ①발들 ②발의, 발과 관련된.

පතුල් ගල් තලය [빠뚤 갈 딸러여] 기반 (암), 암상(岩床), 기초 පාදක පාෂාණය.

පතුල් ගල් මට්ටම [빠뚤 갈 맡터머] 기반 높이.

පතුල් තලය [빠뚤 딸러여] 발바닥 පාද තලය.

පතුල් තෝරණිය [빠뚤 또-*러*니여] (발바닥의) 장심(掌心).

පතුල්පටි ලෑල්ල [빠뚤빠티 랠-러] (건축) 굽도리널, 걸레받이.

පතොක් [빠똑] (식물) 선인장.

පතොරම් [빠또*람*] 총알들, 탄환들 උණ්ඩ.

පතෝල‡ [빠똘-러] (식물) 뱀오이.

පත් [빧] පත 의 복수: ①잎들, 나뭇잎들 කොළ ②종이들 පත්තර.

පත් [빧] ①이른, 도착한, 도달한, 온 පැමිණි ②떨어진, 낙하한 වැටුණු.

පත්ඉරුව [빧이*루*워] (글자를 쓰는데 사용한) 야자잎 책의 한 페이지 පත් තිරුව.

පත්උල [빧울러] (쿠키 만들 때 사용하는) 나무 핸들 පත්ත.

ප

පත්කඩ [빧까더] ①글자를 적은 종이, 글을 적은 야자잎 ②불공드릴 때 까는 돗자리 혹은 천조각.

පත්කරන බලධාරියා [빧꺼러너 발러다-리야-] 임명하는 권위, 지명하는 직책.

පත් කරනවා [빧 꺼러너와-] ①임명하다, 지명하다, 자리에 세우다 තනතුරක් පිරිනමනවා ②~에 처하게 하다, ~에 있게 만들다 පමුණුවනවා

පත්කුඩය [빧꾸더여] 야자잎으로 만든 우산.

පත්කොළය [빧꼴러여] 음식을 쌀 때 사용하는 바나나 잎.

පත්ගෙඩිය [빧게디여] 글자를 적지 않은 야자 잎 뭉치.

පත්ත [빧떠] ①(쿠키 만들 때 사용하는) 나무 핸들 පත්උල ②측면, 옆구리 ඇලය.

පත්තක්කා† [빧딱까-] 수박 පැණි කොමඩු.

පත්තරය‡ [빧떠러여] ①신문 පුවත්පත ②종이 කඩදාසිය.

පත්තායම [빧따-여머] 창고, 헛간 ගබඩාව.

පත්තෑයා [빧때-야-] 독지네.

පත්තිනි/පත්තිනි අම්මා [빧띠니/빧띠니 암마-] 정절의 여신, 파티니 පතිව්‍රතාවේ දෙවඟනි.

පත්තියම [빧띠여머] 소화, 소화력 දිරවීමට පහසු.

පත්තියම් වෙනවා [빧띠얌 웨너와-] 소화되다 ජීරණය වෙනවා.

පත්තිරම [빧띠러머] 단검 කිරිය.

පත්තිරිප්පුව [빧띠립뿌워] 불치사의 계단 모양의 뜰.

පත් තිරුව/පත් ඉරුව [빧 띠루워/빧 이루워] (글자를 쓰는데 사용한) 야자잎 책 한 페이지.

පත්තු කරනවා‡ [빧뚜 꺼러너와-] ①불을 밝히다, 불을 켜다 දල්වනවා ②발사하다, 총을 쏘다 වෙඩි තියනවා ③미워하게 만들다 එකිනෙකා කොටවනවා.

පත්තුල [빧뚤러] (쿠키 만들 때 사용하는) 나무 손잡이 පත්උල.

පත්තුව [빧뚜워] ①고대 스리랑카의 작은 행정 구역 ②아유르웨더 약 바름 ③예기치 않은 횡재, 뜻밖의 이득 අනපේක්ෂිත වාසිය.

පත්තු වෙනවා [빧뚜 웨너와-] ①불나다, 불이 타다 ගිනි ගන්නවා ②(총) 발사되다 ③정신적으로 괴로워하다.

පත්නි [빧니] 아내, 부인, 집사람 බිරිඳ.

පත්පාඩගම් [빧빠-더감] 스리랑카 남서 지방에서 서식하는 여우주머니과 식물.

පත්පැණි [빧빼니] 응고점까지 끓은 꿀.

පත්ම/පද්ම [빧머] 연꽃 පියුම්.

පත්බානවා [빧바-너와-] 지붕 이엉(돗자리)을 수리하다.

පත්‍ර [빠뜨러] ①잎(의) කොළ ②종이(의) පත්තර.

පත්‍ර උපධානය [빠뜨러 우빠다-너여] (식물학) 엽침(葉枕).

පත්‍ර කඩදසි [빠뜨러 까더다-씨] 신문지, 신문 종이.

පත්‍ර කපොල්ල [빠뜨러 까뽈러] (식물학) 잎 간격.

පත්‍රකලාවේදියා [빠뜨러깔라-웨-디야-] 저널리스트, 신문(잡지) 기자.

පත්‍ර දරය [빠뜨러 다-러여] 잎의 가장자리.

පත්‍ර පාඨකයා [빠뜨러 빠-터꺼야-] 신문 독자.

පත්‍ර පාදිකාව [빠뜨러 빠-디까-워] 엽각, 잎의 축, 잎의 밑부분.

පත්‍රය† [빠뜨러여] ①종이, 한장 종이 කඩදාසිය (구어) කොළය ②신문 පත්තරය.

පත්‍ර වින්‍යාසය [빠뜨러 위니야-써여] (식물학) 엽서, 잎차례.

පත්‍ර වෘන්තය [빠뜨러 우룬떠여] (식물학) 잎꼭지.

පත්‍ර සහිත [빠뜨러 싸히떠] 잎의, 잎모양의 පත්‍රී.

පත්‍රාකාර [빠뜨라-까-러] 엽상(체)의, 잎싸귀 모양의 කොළ වැනි.

පත්‍රාකාරය [빠뜨라-까-러여] 엽상(체), 잎싸귀 모양.

පත්‍රාභය [빠뜨라-버여] (아카시아 등의) 헛잎, 가엽(假葉).

පත්‍රිකා තට්ටුව [빠뜨리까- 땉투워] 카드 놓는 쟁반.

පත්‍රිකාව‡ [빠뜨리까-워] 전단지, 팜플렛.

පත්‍රී [빠뜨리-] 종이의, 잎의 පත්‍ර සහිත.

පත්‍රී අංශඵලකය [빠뜨리- 앙셔 빨러꺼여] 양 어깨뼈, 양 견갑골.

පත්‍රීය [빠뜨리-여] 잎의, 잎모양의 පත්‍ර සහිත.

පත්ල [빠뜰러] ①바닥, 안쪽, 깊음 පතුල, පල්ල ②발, 발 부분 පය.

පත් වැනි [빧 왜니] 엽액(葉腋)의, 액생의.

පත් වෙනවා [빧 웨너와-] ①~에 처하게 되다, ~에 있게 되다 ②임명되다, 선출되다.
¶ අමාරුවට පත් වෙනවා 어려움에 처하다

පථය [빠떠여] 길, 도로 මාර්ගය. (구어) පාර

පථ සංගුණකය [빠떠 쌍구너꺼여] (수학, 물리학) 계수(係數), 율(率).

පථික [빠띠꺼] ①පථය의 형용사: 길의, 도로의 ②승객의, 행인의, 보행자의.

පථිකයා [빠띠꺼야-] 여행자, 행인 පා මගියා.

පථ්‍ය [빧띠여] 유익한, 이득이 되는 යෝග්‍ය.

පද [빠더] ①발 පාද ②말, 말씀 වචන ③(시) 시행 කාව්‍යක පේළි.

පදක්කම‡ [빠닦꺼머] 메달. (복) *පදක්කම්* ¶ රන් පදක්කම 금메달 රිදී පදක්කම 은메달

පදගතාර්ථය [빠더가따-르떠여] 각 단어의 뜻, 단어의 의미.

පද තලය [빠더 딸러여] 발바닥 අඩිය.

පදනම [빠더너머] ①기초 අත්තිවාරම ②(건축) 초석 ③(건축) 버팀벽. (복) *පදනම්*

පදනම් අවයවය [빠더남 아워야워여] 기초 요소, 기초 성분.

පදනම් ආයතනය [빠더남 아-여떠너여] 기초 연구소.

පදනම් දෛශිකය [빠더남 다이쉬꺼여] (수학) 기저벡터, 기초 벡터.

පදනම් නිරූපනය [빠더남 니루-뻐너여] (수학) 기저 표현법, 기저 표현방식.

පද පෙරළි/පද පෙරැළි [빠더 뻬럴리/빠더 뻬랠리] (문장안의) 단어 재배치.

ප

පද බන්ධනය [빠더 반더너여] 작문, 작시 රචනා කිරීම.

පද බඳනවා/පද බඳිනවා [빠더 반더너와-/빠더 반디너와-] 작문하다, 작시하다 රචනා කරනවා.

පද බෙදීම [빠더 베디-머] (글자) 띄어쓰기.

පදම [빠더머] 적정량, 적당량 සුදුසු ප්‍රමාණය.

පදමාලාව [빠더말-라-워] 소사전, 어휘집, 용어풀이집 පෙළ ගැස් වූ පදවැල.

පදම් කරනවා [빠담 꺼러너와-] ①부드럽게 하다, 무두질하다, 진정시키다 මෘදු කරනවා ②조절하다, 컨디션을 조절하다 සුදුසු තරමට සකස් කරනවා.

පදය‡ [빠더여] 말, 구절, 말씀 구절 වචනය.

පදර [빠더러] ①동굴, 굴 ගුහාව ②널판, 판자 ලෑල්ල.

පදලස [빠덜라써] 발자국 පාද ලාංඡනය.

පදවනවා [빠더워너와-] පැදෙවුවා-පදවා 운전하다, 운항하다 එලවනවා. පැදවීම

පදවන්නා [빠더완나-] 운전자, 항해사, 드라이버 රියදුරු. (구어) එලවන්නා.

පදවර/පදවාර [빠더와러/빠더와-러] 발걸음, 걸음 පියවර.

පදවිය‡ [빠더위여] 관직, 공직, (공직의) 지위 පදෙවිය.

¶ පූජක පදවිය 제사장직

පද රචනය [빠더 라처너여] 작사, 작시.

පද සංග්‍රහණය [빠더 쌍그러하너여] 용어 수집, 단어 채집 වචන රැස්කිරීම.

පද සිද්ධිය [빠더 씯디여] 작문 ප්‍රකෘති.

පද හදනවා [빠더 하더너와-] 소문을 퍼뜨리다, 말을 만들다.

පදනුපදික [빠다-누빠디꺼] 다음의, 그 뒤에 오는, 따라오는 පදානුගත.

පදනුප්‍රාසය [빠다-누쁘라-써여] 각운, 압운.

පදාර්ථය [빠다-르떠여] ①(화학) 원소 මූල ද්‍රව්‍යය ②구성요소, 성분 ③단어의 뜻 වචනයේ තේරුම.

පදිංචි කරනවා† [빠딩치 꺼러너와-] 거주하게 만들다, 머물게 만들다.

පදිංචිය‡ [빠딩치여] 거주, 머뭄 නිවහන.

පදික [빠디꺼] ①පදය 의 형용사: 길의, 도로의 ②승객의, 행인의, 보행자의.

පදික මාරුව† [빠디꺼 마-루워] 횡단 보도. (구어) හරස් පාර

පදිකයා [빠디꺼야-] 보행자, 행인 පා මඟියා.

පදික වේදිකාව‡ [빠디꺼 웨-디까-워] (도로) 인도, 보행자 길.

පදින/පදිනා [빠디너/빠디나-] පදිනවා 의 형용사적 현재용법: (자전거, 탈것 따위에) 타는, 타고 가는.

පදිනවා† [빠디너와-] පැද්දා-පැද (자전거, 탈것 따위에) 타다, 타고 가다. පැදීම

පදින්නා [빠딘나-] 타는 사람.

පදියම් [빠디얌] 사는, 거주하는, 머무는 පදිංචි.

පදු [빠두] පදිනවා 의 명령형: (패달) 돌려라, (노를) 저어라 පදිනු.

පදුම/පද්ම [빠두머/빧머] 연꽃 නෙළුම්.

පදුරු [빠두*루*] 돛, 돛의 천 රුවල.

පදුල් [빠둘] 빛나는, 발광하는, 찬란한 ප්‍රජ්වලිත.

පදෙවිය [빠데위여] 관직, 공직, (공직의) 지위 පදවිය.

පද්දනවා [빧더너와-] පැද්දුවා-පද්දා 앞뒤로 움직이다, 흔들거리다, 진동하다 දෙපසට වනවනවා. <u>පැද්දීම</u>

පද්ධතිය† [빧더띠여] 시스템, 제도, 장치 ක්‍රමය. ¶ සූර්ය විදුලි පද්ධතිය 태양열 장치

පද්ම/පදුම [빧머/빠두머] 연꽃 පියුම්.

පද්මරාගය [빧머*라*-거여] (보석) 호박, 풍신 자석.

පද්‍ය† [빧디여] 시의, 운문의 පැදි, කාව්‍ය. (구어) කවි

පද්‍යය [빧디여여] 시, 운문 පැදිය. ¶ කවිය ගද්‍යය 산문

පන [빠너] ①다시, 또 다시, 한 번 더 නැවත (구어) ආයෙත් ②기질, 천성, 성질 පන්නරය.

පනත/පණත‡ [빠너떠] ①(국회) 법, 율령 ②명령. (복) පනත් ¶ දස පනත 십계명

පනත්තා [빠낟따-] 현조 할아버지, 현조부. ¶ මුත්තා 할아버지, 조부 මීමුත්තා 증조 할아버지, 증조부 නත්තා 고조 할아버지, 고조부 කිත්තා 내조 할아버지 කිරිකිත්තා 곤조 할아버지 කිරිකෑමුත්තා 잉조 할아버지

පන දවස [빠너 다워써] 다음 날 ඊළඟ දවස.

පනම [빠너머] 6센트 옛 동전.

පනවනවා/පණවනවා† [빠너워너와-] පැනෙවුවා-පනවා ①법령화하다, 법제화하다 නයම කරනවා ②마련하다, 준비하다 සූදානම් කරනවා. <u>පැනවීම</u>

පනස† [빠너써] 오십, 50 පණස. (구어) පනහ

පනහ‡ [빠너하] 오십, 50 පණහ. (문어) පණස

පනා [빠나-] ①පනාව의 복수 또는 형용사: (머리) 빗들, 빗의 ②잭나무 열매 කොස් ③긴 열매 빵나무 Artocarpus inkgrifolia.

පනා මොර [빠나- 모*러*] ①모러나무의 묘목 ②(식물) Gapparis grandis.

පනාව‡ [빠나-워] 빗, 머리빗.

පනික්කියා [빠닊끼야-] ①이발사, 미용사 කරනවෑමියා ②뱀을 부리는 마술사 නයි නටවයන්නා.

පනිකඩ [빠니까*더*] 마을집 중 문지방과 연결된 낮은 벽.

පනිට්ටුව‡ [빠닡투워] 양동이, 버켓, 두레박 බාල්දිය.

පනිනවා‡ [빠니너와-] පැන්නා-පැන 뛰다, 점프하다, 튀다. <u>පැනීම</u>

පනේල/පනේල් [빠넬-러/빠넬-] පනේලය 의 복수: (창, 문) 틀들, 판벽널들.

පනේලය [빠넬-러여] (창, 문) 틀, 판벽널, 머름, 패널. (복) *පනේල්, පනේල*

පනේල්/පනේල [빠넬-/빠넬-러] පනේලය 의 복수: (창, 문) 틀들, 판벽널들.

ප

පන් [빤] ①5의, 다섯의: 숫자 5가 뒤에 단위 명사가 붙을 때 변하는 형태: 오백 **පන් සීයක්** 오천 **පන් දාහක්** ②갈대(종류).

පන්ති ක්‍රමය [빤띠 끄*러*머여] 계급 제도.

පන්ති නොමැති [빤띠 노매띠] 사회적 위치가 없는 **පන්ති රහිත.**

පන්තිය‡ [빤띠여] ①반, 학급 පංතිය ②줄, 열 පෙළ ③등급, 급 ශ්‍රේණිය ④(지질학) 지층 ස්ථරය. (복) *පන්ති* (구어) පංතිය ¶ පන්තිය අරිනවා 수업을 끝내다

පන්ති රහිත [빤띠 *라*히떠] 사회적 위치가 없는 **පන්ති නොමැති.**

පන්ති ලකුණ [빤띨 라꾸누] (통계학) 계급치.

පන්තේරු [빤떼-*루*] 링을 사용하는 스리랑카 산악지역 춤의 한 종류.

පන්ථ/පන්ථක [빤떠/빤떠꺼] ①길 ②길의 මාර්ග.

පන්ථක [빤떠꺼] ①여행자 ②여행자의.

පන්දන් ගහ [빤단 가하] 초과일 나무.

පන්දම‡ [빤더머] ①횃불, 큰 촛대 හුලුඅත්ත ②추종, 따름. (복) *පන්දම්* ¶ ඉටිපන්දම 초, 양초

පන්දමා [빤더마-] 부하, 심복, 측근, 똘마니 පක්කලියා.

පන්දම්කාරයා [빤담까-*러*야-] 횃불 운반자.

පන්දලම [빤덜러머] (담쟁이가 자랄 수 있도록 만든) 비계, 발판 මැස්ස.

පන්දුව‡ [빤두워] 공, 볼. (구어) බෝලය ¶ පාපන්දුව 축구 දැල්පන්දුව 농구

පන්නනවා† [빤너너와-] පැන්නුවා-පන්නා 쫓아내다, 몰아내다 පන්වනවා.

පන්නම් [빤남] 옷 착용(의), 입음(의).

පන්නරය [빤너*러*여] ①강화된 힘(능력) ②무기의 성질.

පන්නවනවා [빤너워너와-] පැන්නෙවුවා-පන්නවා ①쫓아내다, 몰아내다 පන්වනවා ②몰다, 인도하다, 운전하다 ③(경기) 시작하다.

පන් පැදුර [빤 빼두*러*] 갈대 돗자리.

පන්වනවා [빤워너와-] පැන්නෙවුවා-පන්වා 쫓아내다, 몰아내다 පන්නවනවා. පැන්වීම

පන්සර/පන්සැර [빤써*러*/빤쌔*러*] 큐피드, 사랑의 신 අනංගයා.

පන්සල‡ [빤썰러] ①절 (문어) විහාරය ②승려 숙소 ආරාමය.

පන්සැර/පන්සර [빤쌔*러*/빤써*러*] 큐피드, 사랑의 신.

පන්සිකා [빤씨까-] 음악의 신 පන්සිළු.

පන්සිල්‡ [빤씰] 오계, 5계 (살인, 도적질, 음란, 거짓말, 술취함으로 부터 절제) පංච සීලය.

පන්සිළු [빤씰루] 음악의 신 පන්සිකා.

පන්හිඳ [빤힌더] 펜, 촉. (구어) පෑන

පඳුර‡ [빤두*러*] 수풀, 덤불, 정글. (복) *පඳුරු*

පඳුරි [빤두*리*] 창녀, 매춘부, 창기 වෙසඟන.

පඳුරු තලාව [빤두*루* 딸라-워] 미개간지.

පඳුරු රැකබලාගැනීම [빤두루 래꺼발라-개니-머] 산림 관리 පඳුරු කළමනාකරණය.

පඳුරු වගුර [빤두루 와구러] 관목 습지.

පපු කැනැත්ත [빠뿌 깨낻떠] (해부학) 심장 හෘද මාංශය.

පපුව‡ [빠뿌워] (신체) 가슴. (문어) ළය

පප්පා [빱빠-] 아버지, 아빠 පියා. (구어) තාත්තා

පප්පාසය [빱빠-써여] 폐, 허파 පෙනහැල්ල.

පබඳ [빠반더] 작문, 에세이 රචනය.

පබල [빠발러] 강력한, 강한 බලවන්ත. (구어) බලවත්

පබසර [빠버싸러] 빛나는, 발광하는, 반짝이는 ප්‍රභාස්වර.

පබළ [빠발러] ①산호 කොරල් ②구슬 පබුළු. (복) පබළු

පබළකුරු [빠발러꾸루] 성장하는 산호의 끝부분 පබළු දලුව.

පබළු [빠벌루] පබළුව 의 복수 또는 형용사: ①구슬들, 구슬의 පබුළු ②산호들, 산호의 කොරල්.

පබළු ක්‍රමය [빠벌루 끄러머여] 구슬 세공 기술.

පබළුව [빠벌루워] ①구슬 පබුළුව ②산호 කොරල්.

පබළු වැඩ [빠벌루 왜더] 구슬 세공 පබළු නිර්මාණය.

පබා/පබාව [빠바-/빠바-워] 빛남, 발광 ප්‍රභාව.

පබාකර [빠바-꺼러] 해, 태양 හිරු. (구어) ඉර

පබාව/පබා [빠바-워/빠바-] 빛남, 발광 ප්‍රභාව.

පබෝදය [빠보-더여] 각성, 깨달음 ප්‍රබෝධය.

පබ්බජිත [빱바지떠] 승려, 기름 부음 받은 자 පැවිද්දා.

පබ්බත [빱바떠] 바위 පර්වතය. (구어) ගල

පබ්බාරය/පබ්භාරය [빱바-러여] 바위 동굴 ගල් ගුහාව.

පබ්භාර [빱바-러] 구부러진, 휜 නැමුණු.

පබ්භාරය/පබ්බාරය [빱바-러여] 바위 동굴 ගල් ගුහාව.

පබ්ලික් ප්‍රූරිස් [빱블리끼 주-리쓰] 공동 소유권 පොදු අයිතිය.

පභංගුර [빠방구러] 깨지기 쉬운, 잘 깨지는 බිඳෙනසුලු.

පමණ† [빠머너] ①유일한, 오직 ~ 뿐의 ②수량, 양 ප්‍රමාණය.

¶ අපිව පාපයෙන් ගලවන්නේ යේසුස් වහන්සේ පමණයි 우리를 죄에서 구원하시는 분은 오직 예수님뿐입니다 පමණට වඩා 초과하여, 더 많이

පමණක්‡ [빠머낙] ①유일, 오직 විතරක් ②수량, 양 ප්‍රමාණය.

¶ මේ පමණක් කරන්න 이 만큼(양)만 해라

පමණි [빠머니] 오직 ~ 만이다, ~ 뿐이다 විතරයි. (구어) පමණයි

පමා කරනවා‡ [빠마- 꺼러너와-] 늑장부리다, 늦게하다.

පමාව [빠마-워] 늦어짐, 지연, 지체 ප්‍රමාදය. (구어) පරක්කුව

පමා වෙනවා‡ [빠마- 웨너와-] 늦어지다, 지체되다, 지연되다 ප්‍රමාද වෙනවා. (구어) පරක්කු වෙනවා

පමුණුවනවා [빠무누워너와-] පැමිණෙවුවා-පමුණුවා ①오게 하다, 가져오게 하다 ②주다, 산출하다, 생산하다. <u>පැමිණවීම</u>

ප

පමුණුගම [빠무누거머] 자신의 땅 පරවෙනි ඉඩම.

පමොද [빠모더] 기쁨, 즐거움 ප්‍රමෝදය. (구어) සතුට

පම්පෝරිය [빰뽀-리여] 자랑, 긍지, 허풍 පුරසාරය.

පඹගාල [빰버갈-러] ①혼동, 혼란 අවුල ②빰버 덤불.

පඹයා† [빰버야-] 허수아비.

පය‡ [빠여] ①발, 다리 පාදය ②용기, 그릇 පාත්‍රය ③물 ජලය. (구어) කකුල

පය ගහනවා [빠여 가하너와-] ①(발을) 땅에 밟다, 디디다 අඩිය තබනවා ②처음으로 도착하다 මුලින්ම පැමිණෙනවා.

පයිකා කෝදුව [빠이까- 꼬-두워] 활자 크기 측정기.

පයිණ්ඩය [빠인더여] ①지위, 신분 තනතුර ②메시지, 전갈 පණිවිඩය.

පයිත්තියම [빠잍띠여머] 미침, 광기, 정신착란, 제정신이 아님 පිස්සුව.

පයින්‡ [빠인] පය 의 조격: 발로, 발을 사용하여. ¶ පයින් යන්න දුර වැඩියි 걸어가기에는 너무 멀어요

පයින් ගහනවා‡ [빠인 가하너와-] ①발로 차다 පාපහර දෙනවා ②내쫓다, 내보내다 ඉවත දමනවා.

පයින් යනවා‡ [빠인 야너와-] 걸어가다, 도보로 가다.

පයින්ටය† [빠인터여] 파인트(액량의 단위: (영국) 0.568 리터 (미국) 0.473 리터)

පයිෆර් සංසිද්ධිය [빠이퍼르 쌍씯디여] 파이퍼 현상.

පයිප්ප මැට්ට [빠잎삐 맽터] 파이프 백색 점토.

පයිප්පය [빠잎삐여] 파이프, 관 බටය.

පයිබ්‍රින්හෘත [빠이브린흐루떠] (의학) (혈액 중에서) 섬유소를 제거한.

පයිය [빠이여] 작은 가방 කුඩා මල්ල.

පයිරුපාසනය [빠이루빠-써너여] 연합, 결합, 친목, 친선 ආශ්‍රය.

පයිරුවික් අම්ලය [빠이루윅 암믈러여] (생물) 피루브 산.

පයිරෙක්ස් [빠이렉쓰] 파이렉스(흔히 요리기구 제조에 쓰이는 강화 유리).

පයිරෙක්ස් බඩු [빠이렉쓰 바두] 파이렉스 물건.

පයිලේරියාකාර [빠일레-리야-까-러] 사상충형(의), 필라리아형(의).

පයිලේරියා රෝගය [빠일레-리야- 로-거여] 필라리아 병, 사상충 병.

පයිල් අත්තිවාරම [빠일 앋띠와-러머] (건축) 말뚝 기초.

පයෝධර [빠요-더러] 가슴, 젖가슴 පියයුරු, තන.

පර [빠러] ①(접두사 겸용) 다른, 외국의 අන් ②낮은, 천한 තුච්ඡ ③시든, 쇠퇴한, 빛바랜 ④그후의, 그 다음의 පසු. ¶ කොළ පර වී නොයන ගසකට සමාන ය 잎이 시들지 않는 나무와 같다

පර [빠러] (식물) 오이과과속 나무 종류 හොඩපර.

පරංග [빠랑거] 포르투갈의, 포르투갈 사람 (말)의.

පරංගනාව [빠랑거나-워] 다른 사람의 부인, 타여인 අනුන්ගේ අඹුව.

පරංගි [빠랑기] ①포르투갈 사람들 පෘතුගීසි ජාතිකයෝ ②피부병 이름.

පරඅප්පා [빠러앞빠-] 삼촌, 작은 아버지 බාප්පා.

පරඅම්මා [빠러암마-] ①이모 ②작은 엄마 පුංචි අම්මා.

පරකාසෙ [빠러까-쎄] 허풍, 과장된 자랑 උදම් ඇනීම.

පරක්කු‡ [빠랔꾸] 늦은, 지체된. (문어) ප්‍රමාද ¶ මට පරක්කුයි 내가 늦었다 පරක්කු වෙලා නැගිට්ටා 늦게 일어났다

පරඟන [빠렁거너] 다른 사람의 부인, 타인의 여자.

පරඟානි [빠렁가-니] 투덜거리는 여자, 불평하는 여인 අවලාද නඟින්නී.

පරචර්යාව [빠러차르야-워] 이타적 행위, 다른 사람을 위한 행동 පරාර්ථ සේවය.

පරට්ට [빠랕터] 천한, 낮은, 저급한 නින්දිත.

පරට්ටි [빠랕티] 창녀, 창기 වෙසඟන.

පරඬැල් [빠런댈] 마른 바나나 잎 පරණලා.

පරණ‡ [빠러너] ①옛, 오래된 කල් කතවූ ②중고의, 사용감이 있는 පාවිච්චි කරන ලද්. (문어) පැරණි ¶ පරණ ගිවිසුම (기독교) 구약

පරණල්/පරඬල් [빠러날/빠런달] 마른 바나나 잎 පරණලා.

පරතන්ත්‍ර [빠러딴뜨러] 타인 소유의, 다른 사람의 것의 අනුන්ගේ.

පරතරය [빠러떠러여] ①간격, 틈, 공간 ඉඩකඩ ②차이, 다름 වෙනස.

පරතර යෙදීම [빠러떠러 예디-머] 간격 (공간) 두기.

පරතෙර [빠러떼러] ①바다건너, 외국의, 다른 나라의 පිටරට ②저먼 끝 ඈතම සීමාව.

පරතේජක [빠러떼-저꺼] (동물학) 외발성.

පරතේජක ආවර්තිතාව [빠러떼-저꺼 아-워르띠따-워] (동물학) 외적 주기성.

පරදනවා [빠러더너와-] පැරදුවා -පරදා 물리치다, 쳐부수다, 패배시키다. පැරදීම/ පැරදුම

පරදවනවා [빠러더워너와-] පැරදෙවුවා-පරදවා 물리치다, 쳐부수다. පැරදවීම

පරදර [빠러다-러] ①다른 사람의 부인 ②간음, 간통 කාමමිථ්‍යාචාරය.

පරදර සේවනය† [빠러다-러 쎄-워너여] 간통, 간음 පරදාර කර්මය.

පරදි [빠러디] ~ 으로서, ~방법으로 ලෙස. (구어) හැටියට

පරදිනවා [빠러디너와-] පැරදුණා-පැරද 지다, 패배하다, 잃다 පැරදෙනවා. පැරදීම/ පැරදුම

පරදු තබනවා [빠러두 따버너와-] 내기를 하다, 돈을 걸다 ඔට්ටු අල්ලනවා.

පරදුව [빠러두워] 내기, 건돈 ඔට්ටුව. ¶ පරදු තබනවා 내기를 하다

පරදේශිකයා/පරදේශියා [빠러데-쉬꺼야-/빠러데-쉬야-] 외국인 විදේශිකයා.

පරදේශී [빠러데-쉬-] 외국인의, 외국의 විදේශික.

පරද්දනවා† [빠랃더너와-] පැරැද්දුවා-පරද්දා 물리치다, 쳐부수다, 패배시키다. පැරැද්දීම

පරන්තපය [빠란따빠여] 다른 사람을 괴롭힘 අනුන් හිංසා කිරීම.

පරපරාග [빠러빠라-거] 외부 꽃가루 බාහිරින් එන පරාග.

පරපීඩාකාමිත්වය [빠러삐-다-까-밑워여] 가학 성애, 사디즘.

පරපීඩාකාමියා [빠러삐-다-까-미야-] 사디스트, 가학 성애자.

පරපුටු [빠러뿌투] 기생의, 다른 것을 의지하는 පරපෝෂිත.

පරපුටුවා [빠러뿌투와-] ①기생충, 기생 동물, 기식자 පරපෝෂිතයා ②뻐꾸기 කෝකිළයා.

පරපුර† [빠러뿌러] ①자손, 후손 ②자손의, 후계의, 후손의 පරම්පරාව.

පරපුරුෂයා [빠러뿌루셔야-] 바람나서 생긴 남자, 정부(情夫), 애인 හොර මිනිහා.

පරපුරුෂ සේවනය [빠러뿌루셔 쎄-워너여] (다른 남편과) 간통, 간음 කාමමිථ්‍යාචාරය.

පරපුෂ්ට [빠러뿌쉬터] 기생의, 기생하는, 다른 사람을 의지하는 පරපෝෂිත.

පරපෝෂණය [빠러뽀-셔너여] 기생, 기생 생활 අනුන්ගෙන් පෝෂණය වීම.

පරපෝෂ රක්තය [빠러뽀-셔 띾떠여] 기생 충혈증.

පරපෝෂවේදය [빠러뽀-셔 웨-더여] 기생충학 පරපුටු විද්‍යාව.

පරපෝෂිතතාව [빠러뽀-쉬떠따-워] 기생, 기생 상태.

පරපෝෂිතය [빠러뽀-쉬떠여] 기생물, 기생하는 것.

පරපෝෂිතයා† [빠러뽀-쉬떠야-] 기생충, 기생 동물, 기식자 පරපුටුවා.

පරම [빠러머] 최고의, 최상의, 고상한, 숭고한 උසස්ම.

පරමාණු‡ [빠러마-누] පරමාණුව 의 복수 또는 형용사: ①(물리, 화학) 원자들 ②원자의.

පරමාණු උච්ජේදනය [빠러마-누 웇체-더너여] 원자 소멸, 원자의 전멸.

පරමාණුක [빠러마-누꺼] 원자의, 원자력에 의한 පරමාණු හා සබැඳි.

පරමාණුක අළු [빠러마-누꺼 알루] 원자력 부산물, 원자력 폐기물.

පරමාණුක ගැටුම [빠러마-누꺼 개투머] 원자력 영향.

පරමාණුක දෝලන [빠러마-누꺼 돌-러너] 원자의 진동.

පරමාණුක පරිණාමනය [빠러마-누꺼 빠리나-머너여] 원자 변화, 원자의 진화.

පරමාණුක පුංජය [빠러마-누꺼 뿡저여] 원자로.

පරමාණුක පෘතක්කරණය [빠러마-누꺼 쁘루딲꺼러너여] 원자핵 붕괴.

පරමාණුක විජිතය [빠러마-누꺼 위지떠여] 원자의 영역.

පරමාණුක සංචරණය [빠러마-누꺼 쌍차러너여] (분자 내의) 원자 이동.

පරමාණුව [빠러마-누워] (물리학, 화학) 원자, 원자력.

පරමාධිකාරය [빠러마-디까-러여] 독점, 전매.

පරමාධිපත්‍යය [빠러마-디빧띠여여] 주권, 종주권 ස්වෛරී භාවය.
පරමායුෂ [빠러마-유셔] 최고 수명, 최장 수명 පරමායු.
පරමාර්ථය† [빠러마-르떠여] 목적, 최고의 목표, 최상의 목적 ප්‍රශස්තය.
පරමෝත්තම [빠러몯-떠머] 아주 높은, 귀한, 귀족의.
පරම්පරාගත‡ [빠람빠라-가떠] 후대로 내려오는, 계보로 내려오는.
පරම්පරාගත අයිතිය [빠람빠라-가떠 아이띠여] 부모에게 물려받은 권리, 대대로 내려오는 권리.
පරම්පරා ප්‍රත්‍යාවර්තනය [빠람빠라- 쁘랕띠야-와르떠너여] 순정(純正) 세대 교번.
පරම්පරාව‡ [빠람빠라-워] 후손, 자손, 자자손손 පරපුර.
¶ පරම්පරාවෙන් පරම්පරාවට 자자손손 대대로
පරය† [빠러여] 암초, 모래톱 ගල් වැටිය.
පරයනවා [빠러여너와-] පැරයුවා-පරයා ①쳐부수다, 때려 부수다 පරදනවා ②~를 능가하다, ~를 넘어서다. <u>පැරයීම</u>
පරයා [빠러야-] ①외국인, 이방인 විදේශිකයා ②천민, 천한 사람 නීචයා.
පරලය [빠럴러여] 무아경, 황홀 ප්‍රලයය.
පරල වෙනවා [빠럴러 웨너와-] ①무아경에 빠지다, 황홀경에 빠지다 ප්‍රලය වෙනවා ②시들다, 시들어 지다, 흐릿해지다 පර වෙනවා.
පරලොව [빠럴로워] 내세, 내생, 사후세계.
පරලෝක ප්‍රාප්තිය [빠럴로-꺼 쁘랖-띠여] 죽음, 소천 මරණය.
පරවම්භනය [빠러왐버너여] (타인) 모욕, 경멸, 체면 손상.
පරවශ [빠러와셔] 종속되는, ~하의, 영향을 받는 අනුන්ට යටත්.
පර වැඩ [빠러 왜더] ①타인을 위한 일 අනුන්ට කරන වැඩ ②못된 짓, 몹쓸 짓 ජරා වැඩ.
පරවියා/පරෙවියා‡ [빠러위야-/빠레위야-] 비둘기 පරෙයියා.
පරවෙනවා [빠러웨너와-] (꽃이) 시들다, 지다 මැලවෙනවා.
පරවෙණි/පරවේණි [빠러웨니/빠러웨-니] 조상(대대로)의, 물려받은 ප්‍රවේණි.
පරවේණිය [빠러웨-니여] 유산, 유업 ප්‍රවේණිය.
පරශු/පරස [빠러슈/빠러써] 도끼 (의).
පරසක්වල [빠러싹월러] 외계, 외계 세계 පිට සක්වල.
පරසතු [빠러싸뚜] 타인 소유의 අන් සතු.
පරසාරී [빠러싸-리-] (잎의 중륵맥 등이) 전체에 퍼져 있는.
පරසිඳු [빠러씨두] 유명한, 저명한, 잘 알려진 ප්‍රසිද්ධ.
පරස්ත්‍රී සේවනය [빠라쓰뜨리 쎄-워너여] 간통, 간음 පර අඹු සේවනය.
පරස්පර [빠라쓰빠러] 서로의, 상호의 එකිනෙකාට.
පරස්පර කරනවා [빠라쓰빠러 꺼러너와-] 주고받다, 교환하다.
පරස්පරණය [빠라쓰빠러너여] 주고받음, 교환.

පරස්පර විරෝධය [빠라쓰빠러 위로-더여] 모순, 당착, 반대 එකිනෙකාට පටහැනි බව.

පරස්පර විරෝධී [빠라쓰빠러 위로-디-] 반대의, 모순의, 상반되는 පටහැනි.

පරහ [빠러하] ①불일치, 어긋남, 다름 වෙනස ②결함, 결점 අඩුපාඩුව.

පරහට [빠러하터] 타인을 위하여 අනුන්ට.

පරහට [빠러하터] ①불일치하여, 어긋나게, 다르게 වෙනසට ②부족하여, 모자라 අඩුපාඩුවට.

පරහනවා [빠러하너와-] 잡아당기다, 꽉 죄다 පෙරනවා.

පරහිතකාමී [빠러히떠까-미-] 이타적인, 이타심의 පරාර්ථකාමී.

පරළු [빠럴루] 가공하지 않은, 생짜의, 천연 그대로의 ඉතා කර්කශ.

පරා [빠라-] ①나이 වයස ②기회, 찬스 අවස්ථාව.

පරාඅවමූර්ධීය ප්‍රසරය [빠라-아워무-르디-여 쁘러싸러여] 후두골주위의 과정.

පරාආශයික [빠라-아-셔이꺼] 방광 주변의, 방광 옆의.

පරාකටිනිබාතය [빠라-꺼티-니바-떠여] 허구리 오목(겸부).

පරාකුටීරය [빠라-꾸티-러여] 측강(側腔).

පරාකේන්ද්‍රිය කුලයාව [빠라-껜-드리여 꿀리야-워] (대뇌) 중심옆의 열구.

පරාකෝනිය [빠라-꼬-니여] 파라콘.

පරාකෝරය [빠라-꼬-러여] (화학) 파라코르.

පරාක්ෂක [빠락-셔꺼] 축옆의, 근축의.

පරාක්‍රම [빠라-끄러머] 강한, 능력있는, 힘센 බලවත්.

පරාක්‍රමය [빠라-끄러머여] 힘, 능력, 용기, 용감, 용맹.
¶ පරාක්‍රමධාරීන් 권세자들

පරාග [빠라-거] (식물) 꽃가루 මල් රේණු.

පරාගනය [빠라-거너여] (식물) 수분 (작용) පරාග පෝෂණය.

පරාචූලකය [빠라-출-러꺼여] 결타래.

පරාජය‡ [빠라-저여] 패배, 실패 පැරදීම. ¶ පරාජිත 패배한 පරාජිතයා 패배자

පරාජය කරනවා† [빠라-저여 꺼러너와-] 물리치다, 쳐부수다 පරදනවා.

පරාජිත [빠라-지떠] පරාජය 의 형용사: 패배한, 진, 실패한 පැරදුණු. ¶ පරාජිතයා 패배자

පරාණ බුක්තිය [빠라-너 북띠여] 생에 대한 관심.

පරාදය [빠라-더여] 정복, 파괴, 부숨 පරාජය.

පරාදීසය/පාරාදීසය [빠라-디-써여/빠-라-디-써여] 낙원, 파라다이스 දිව්‍ය ලෝකය.

පරාධීන [빠라-디-너] 의존하는, 의지하는 පරායත්ත. ¶ ස්වාධීන 독립의, 스스로 하는

පරාධීනත්වය [빠라-디-날워여] 의존, 의지 පරායත්තතාව.

පරාධීනයා [빠라-디-너야-] 부양가족, 의존하고 있는 사람 පරායත්තයා.

පරානාභීය [빠라-나-비-여] 배꼽옆의.

පරානුකම්පාව [빠라-누깜빠-워] 연민, 측은지심 කරුණාව.

පරානූතන විභාජනය [빠*라*-누-떠너 위바-저너여] 파라미토시스.
පරානෂ්ටිය [빠*란*-니여쉬티여] (동물학) 부핵.
පරාපරකපාල [빠*라*-빠*러*까빨-러] 후두골 주위의.
පරාපවාදය [빠*라*-빠와-더여] (타인으로부터 오는) 경멸, 멸시 අනුන්ගෙන් එන දෝෂාරෝපණ.
පරාපාදස්ථ [빠*라*-빠-*러*쓰떠] (동물학) 부기저의.
පරාපිසිය [빠*라*-삐씨여] (식물학) 측사, 사상체 පරාභූතිය.
පරාප්ලාස්මය [빠*라*-쁠라-쓰머여] (동물학) 부형질.
පරාභවය [빠*라*-바워여] 쇠퇴, 기울 පරිහානිය.
පරාභිභවනය [빠*라*-비바워너여] 승리, 정복 අනුන් ජයගැනීම.
පරාභූතිය [빠*라*-부-띠여] (식물학) 측사, 사상체 පරාපිසිය.
පරාමර්ශනය [빠*라*-마*르*셔너여] 신체 접촉. (구어) අතගෑම
පරාමාශය [빠*라*-마-셔여] 산호의 중앙부, 산호초의 씨방.
පරාමැට්‍රියම [빠*라*-매트*리*여머] 자궁주위 조직, 자궁방결합조직 පරාවත්වාලය.
පරාමිතික වක්‍ර [빠*라*-미띠꺼 차끄*러*] 매개 변수 곡선.
පරාමිතිකරණය [빠*라*-미띠까*러*너여] 모수화, 매개변수화.
පරාමිතිය [빠*라*-미띠여] (일정하게 정한) 한도.
පරාමුංචකය [빠*라*-뭉처꺼여] (동물학) 측고환.
පරාමූලස්ථ [빠*라*-물-라쓰떠] (동물학) 부기저의.
පරාය [빠*라*-여] 시간, 시기 කාලය.
පරායණය [빠*라*-여너여] 길이와 넓이 දිග පළල.
පරායත්ත [빠*라*-얕떠] 의존하는, 의지하는 පරාධීන.
පරායත්තතාව [빠*라*-얕떠따-워] 의존, 의지 පරාධීනත්වය.
පරායත්තයා [빠*라*-얕떠야-] 부양가족, 의존하고 있는 사람 පරාධීනයා.
පරාර්ථකාමියා [빠*라*-*르*떠까-미야-] 이타적인 사람.
¶ ආත්මාර්ථකාමියා 이기주의자
පරාර්ථකාමිත්වය [빠*라*-*르*떠까믿워여] 이타 주의.
පරාර්ථකාමී [빠*라*-*르*떠까-미-] 이타적인. ¶ ආත්මාර්ථකාමී 이기적인
පරාර්ථකාමී චේතනා [빠*라*-*르*떠까-미- 웨-떠나-] 이타적인 동기.
පරාර්ථකාමී දූත මෙහෙය [빠*라*-*르*떠까-미- 두-떠 메헤여] 박애주의 임무.
පරාර්ථය [빠*라*-*르*떠여] 이타, 이타주의 අනුන්ගේ යහපත පැතීම.
පරාර්ථ සිද්ධිය [빠*라*-*르*떠 씯디여] 다른 사람의 복지 증진.
පරාරජ්ජුක [빠*라*-*랒*주꺼] 측삭의, 측삭옆의.
පරාරාධනය [빠*라*-*라*-더너여] 설득, 타인의 초청 අනෙකකුගේ ඇරයුම.
පරාලය† [빠*랄*-러여] ①(건축) 서까래 ②늑골, 갈빗대 ඉළ ඇටය.
පරාවක්‍රය [빠*라*-와끄*러*여] 탄도, 궤적.

ප

පරාවත්වාලය [빠*라*-왇왈-러여] 자궁주위 조직, 자궁방결합조직 පරාපැට්‍රියම.

පරාවර්තකය [빠*라*-와*르*떠꺼여] 반사경.

පරාවර්තතාව [빠*라*-와*르*떠따-워] 반사성, 재귀.

පරාවර්තන [빠*라*-와*르*떠너] 반사하는, 재귀하는.

පරාවර්තන කෝණය [빠*라*-와*르*떠너 꼬-너여] 반사각.

පරාවර්තන දුරේක්ෂය [빠*라*-와*르*떠너 두*뤠*-셔여] 반사 만원경.

පරාවර්තනය [빠*라*-와*르*떠너여] 반사, 재귀.

පරාවර්තනය වෙනවා† [빠*라*-와*르*떠너여 웨너와-] 반사하다, 재귀하다 ආපසු හැරී ගමන් කරනවා.

පරාවර්තනීය [빠*라*-와*르*떠니-여] 반사할 수 있는, 반사 가능한.

පරාවර්තිත [빠*라*-와*르*띠떠] 반사된, 재귀된 නැමුණු.

පරාවර්ති [빠*라*-와*르*띠-] 반사하는, 반영하는 ආපසු හැරී එන.

පරාවර්ති ගෝලය [빠*라*-와*르*띠- 골-러여] (기상학) 대류권.

පරාවර්ති මණ්ඩලය [빠*라*-와*르*띠- 만*덜*러여] 권계면 (대류권과 성층권과의 경계면).

පරාවලය [빠*라*-왈러여] 포물선.

පරාවලයාකාරය [빠*라*-왈러야-까-*러*여] 포물선 모양, 포물선 그림.

පරාවලයාභය [빠*라*-왈러야-버여] 포물면.

පරාවලයික [빠*라*-왈라이꺼] 포물선의, 포물선을 그리는.

පරාවින්දනය [빠*라*-윈더너여] 흥분 අතිශය සංවේදනය.

පරාවෘක්ක [빠*라*-우*룪*꺼] 부신의, 콩팥 주변의.

පරාවෘත [빠*라*-우*루*떠] 위아래가 바뀐, 온통 뒤죽박죽인 උඩුයටිකුරු.

පරාවෘත දර්ශය [빠*라*-우*루*떠 다*르*셔여] (동물학) 측고환.

පරාවේධනය [빠*라*-웨-더너여] 천자(穿刺), 체내의 체액을 뽑기 위해 강벽에 구멍을 내기.

පරාශෛතික [빠*라*-샤이띠꺼] 발작성의.

පරාශෛත්‍යය [빠*라*-샤이띠여여] 발작, 경련.

පරාශ්ලතකරය [빠*라*-쉴러떠꺼*러*여] 마비제.

පරාශ්ලථය [빠*라*-쉴러떠여] 마비, 중풍 ආඝාතය.

පරාශ්ලථික [빠*라*-쉴러띠꺼] 마비되는, 중풍의.

පරාසය [빠*라*-써여] 지역, 지방 ප්‍රදේශය.

පරාසුසංහිත අවකාශය [빠*라*-쑤쌍히떠 아워까-셔여] 파라콤팩트 공간.

පරාසෞරාවර්තනය [빠*라*-싸우*라*-와*르*떠너 여] 주면성 (햇빛이 비치는 방향으로 평행하게 잎을 돌리는 성질).

පරි [빠*리*] (접두사) ①주변의 ②많은 ③반대하는 ④다른.

පරිකණ්ඩය [빠*리*깐*더*여] (책의) 서두, 서문 පිරිකඩ.

පරිකණ්ඩනය [빠*리*깐*더*너여] 절단, 절제, 분리.

පරිකථාව [빠리/까따-워] 정의, 설명 තේරුම පැහැදිලි කිරීම.
පරිකන්තුව [빠리/깐뚜워] (해부학) 심낭, 심막.
පරිකප්ප [빠리/깝빠] 추측, 가정, 가설 පරිකල්පනය.
පරිකම්පනය [빠리/깜뻐너여] 고뇌, 번뇌 හද වෙව්ලුම.
පරිකර [빠리/까러] 개인용품, 개인 필수품 පරික්ඛාර.
පරිකර්ම [빠리/까르머] 준비(의), 예비(의) මූලික කටයුතු.
පරිකර්ෂණය [빠리/까르셔너여] 여기 저기 (잡아) 당김 ඔබ මොබ ඇදීම.
පරිකල්පන බුද්ධිය [빠리/깔뻐너 붇디여] 사고력.
පරිකල්පනය/පරිකල්පිතය [빠리/깔뻐너여/빠리/깔삐떠여] 공상, 상상, 생각 මනෝ නිර්මාණය.
පරිකවචනය [빠리/까워처너여] 외피로 덮기, 상감 කබොල්ලකින් වැසීයාම.
පරිකාල්පනික [빠리/깔-뻐니꺼] 공상의, 상상의.
පරිකෘෂ [빠리/끄루셔] 홀쭉한, 깡마른, 가냘픈 කෙට්ටු.
පරිකෝෂ්ඨනය [빠리/꼬-쉬터너여] 피포형성.
පරික්ඛාර [빠릮/까-러] 개인 용품, 개인 필수품 පරිකර.
පරික්‍රමණය [빠리/끄러머너여] 순행, 걸어 돌아다님 පරිසාරය.
පරික්‍රෝෂය [빠리/끄로-셔여] 책망, 질책, 저주, 모욕 බැණීම.
පරික්ලේශය [빠리/끌레-셔여] 고통, 아픔, 문제 කරදරය.
පරික්ෂය [빠릮/셔여] 완전 고갈, 완전 탈진 මුළුමනින් ගෙවී යාම.
පරීක්ෂාව [빠릮/샤-워] 조사, 시험, 테스트 පරීක්ෂාව.
පරික්ෂිප්ත [빠릮/쉽떠] 둘러싼, 감싼, 휘감은 වට කළ.
පරික්ෂේපය [빠릮/쉐-뻐여] 울타리, 담장 වැට.
පරිඛාව [빠리/까-워] 터진 (갈라진) 자리, 틈, 균열 අගල.
පරිගණක [빠리/가너꺼] පරිගණකය 의 복수 또는 형용사: ①컴퓨터들 ②컴퓨터의.
පරිගණකය‡ [빠리/가너꺼여] 컴퓨터 කොම්පියුටරය.
පරිගුදය [빠리/구더여] 항문, 항문 주변 ගුදයේ වටය.
පරිගෘහිත [빠리/그루히떠] 받아들인, 붙잡은 ග්‍රහණයට ගත්.
පරිග්‍රහ [빠리/그러하] 이해, 받아들임.
පරිග්‍රහණය/පරිග්‍රහය [빠리/그러하너여/빠리/그러하여] (중력의 장이 유효한 효과를 발생할 수 있는) 물체 둘레의 영역.
පරිග්‍රාහක/පරිග්‍රාහී [빠리/그라-허꺼/빠리/그라-히-] 잡을 수 있는, 이해할 수 있는 ග්‍රහණය කරන.
පරිඝ දණ්ඩ [빠리/거 단더] 철봉, 쇠막대기 මුගුර.
පරිඝය [빠리/거여] ①살인, 죽임 ඝාතනය ②목졸라 죽임 ③방해, 훼방 බාධාව.
පරිඝාතනය [빠리/가떠너여] 전멸, 멸절.
පරිඝෝෂය [빠리/고-셔여] 소동, 소요, 데모 උද්ඝෝෂය.
පරිචය [빠리/처여] 숙달, 경험, 전문 기술, 노하우 පළපුරුද්ද.

ප

පරිවරණය [빠리/차러너여] 에워싸, 둘러쌈, 포위 වටකර ගැනීම.

පරිවරයා [빠리/차러야-] ①수행원, 시중드는 사람 සහචරයා ②추종자, 따르는 이 අනුගාමිකයා.

පරිවර්මය [빠리/차르머여] (극피동물의) 포피 වට සම.

පරිවර්යාව [빠리/차르야-워] 수행, 시중, 섬김 මෙහෙය.

පරිවාරය [빠리/차-러여] 습관, 습성 පුරුද්ද.

පරිචාරිකාව/පිරිචාරිනිය [빠리/차-리까-워/빠리/차-리니여] ①부인, 아내 භාර්යාව ②여성 추종자, 따르는 여성 අනුව යන්නී.

පරිචාරිත්‍ර [빠리/차-리뜨러] 이상한 관습 අමුතු සිරිත්.

පරිචාරිනිය/පරිචාරිකාව [빠리/차-리니여/빠리/차-리까-워] ①부인, 아내 භාර්යාව ②여성 추종자, 따르는 여성 අනුව යන්නී.

පරිචාර්වණය [빠리/차-르워너여] 바수기, 빻기 පිංෂණය.

පරිචිත [빠리/치떠] 숙련된, 능숙한, 전문적인, 베테랑의 ඉතා දක්ෂ.

පරිචිතය [빠리/치떠여] 습관, 습성 පුරුද්ද.

පරිච්ජින්න [빠릿/친너] 자른, 잘라버린 පිරිසිඳි. (구어) කැපූ

පරිච්ඡේදය† [빠릿/체-더여] ①(책, 논문 따위의) 장(章) ②(역사상, 인생 등) 한 시기 යුගය.

පරිජනයා [빠리/자녀야-] 추종자, 지지자, 따르는 이 පිරිවර.

පරිඥනය [빠리/끄냐-너여] 전문 지식 පිරිසිඳ දැනුම.

පරිණත/පරිනත† [빠리/너떠] ①기울은, 굽은, (식물, 꽃) 머리를 숙인 නැමුණු ②익은, 여문, 성숙한 පැසුණු.

පරිණත කරනවා [빠리/너떠 꺼러너와-] 구부리다, 굽히다 නමනවා.

පරිණතිය [빠리/너띠여] ①굽음, 굴절 නැමීම ②성숙, 숙성, 여뭄 මුහුකුරා යාම.

පරිණයනය [빠리/나여너여] 결혼, 혼인 විවාහය.

පරිණාමකය [빠리/나-머꺼여] 변화 (변형) 시키는 것.

පරිණාමනය† [빠리/나-머너여] 진화, 진보, 변형 මේරීම.

පරිණාමය† [빠리/나-머여] ①진화, 진보, 변형 ②완성 සම්පූර්ණභාවය.

පරිණාමවාදය† [빠리/나-머와-더여] 진화론.

පරිණායක [빠리/나-여꺼] ①조언자, 충고자 ②충고하는, 조언하는 උපදේශක.

පරිණායකයා [빠리/나-여꺼야-] ①남편 ස්වාමි පුරුෂයා ②조언자, 충고자 උපදේශකයා.

පරිණාහය [빠리/나-허] 폭이 넓음, 광대함 විස්තාරය.

පරිණීත [빠리/니떠] 결혼한, 혼인한 විවාහක.

පරිතය [빠리/떠여] 종아리, 장딴지 කෙණ්ඩය.

පරිතලය [빠리/딸러여] (지질학) 병층.

පරිතාපනය [빠리/따-빠너여] ①괴롭힘, 핍박 දුක් දීම ②가열, 뜨겁게 함 රත් කිරීම.

පරිතාපය [빠리/따-뻐여] ①더위, 뜨거움 උෂ්ණය ②불, 화염 ගින්න ③고통, 아픔 දුක.

පරිතෘප්ත [빠리/뜨륲떠] 만족한, 만족해하는, 행복한 තෘප්තිමත්.

පරිතෝෂය [빠리/또-셔여] ①기쁨, 즐거움 සතුට ②상, 보상 තෑග්ග.

පරිත්‍යාගය‡ [빠릳/띠야-거여] ①선물, 기증 දීමනාව ②희생 පිදීම ③포기, 버림 අත් ඇරීම.

පරිත්‍රාණය [빠리/뜨라-너여] ①조금, 소량 ටික ②불경 읽기 පිරිත ③안전, 보호 ආරක්ෂාව.

පරිදර්ශය [빠리/다르셔여] (잠수함의) 잠망경.

පරිද්ද [빠릳/더] ①방법, 방식 අන්දම ②씻을 수 없는 죄 පාරාජිකාව. (복) පරිදි

පරිදි [빠리/디] ~을 따라, ~에 의거하여 අනුව.

පරිදීපනය [빠리/디-뻐너여] ①영감, 명안 ②고취, 고무 දැල්වීම.

පරිදේවනය/පරිදේවනාව [빠리/데-워너여/빠리/데-워나-워] 애통해 함, 슬퍼함, 애도 වැලපීම. (구어) ඇඬීම

පරිදේවිත [빠리데-위떠] 괴로워하는, 슬퍼하는, 실망한 දුකට පත්.

පරිධ්වංසනය [빠리/당써너여] 몰락, 멸망, 붕괴, 파괴 විනාශය.

පරිධානය [빠리/다-너여] ①피난, 보호, 덮음 වැස්ම ②의복, 옷 ඇඳුම.

පරිධිය† [빠리/디여] 주위, 주변, 영내, 영역 වට රවුම.

පරිධ්‍රැවක [빠리/드래워꺼] 원주의 ධ්‍රැව වටා.

පරිනත/පරිණාත [빠리/너떠] ①기울은, 굽은, (식물, 꽃) 머리를 숙인 නැමුණු ②익은, 여문, 성숙한 පැසුණු.

පරිනාලිකාව [빠리/날-리까-워] 솔레노이드, 원통 코일.

පරිනිබ්බානය [빠리/닙바-너여] (불교) 열반 පරිනිර්වාණය.

පරිනිර්වාණය [빠리/니르와-너여] (불교) 열반 පරිනිබ්බානය.

පරිනිර්වෘත [빠리/니르우루떠] (불교) 열반에 이른자 පරිනිවන් පෑ තැනැත්තා.

පරිපථය [빠리/빠떠여] 여행, 트립, 소풍 චාරිකාව.

පරිපාටිය [빠리/빠-티여] 순서, 절차, 과정 පටිපාටිය.

පරිපාලක [빠리/빨-러꺼] 행정가, 관리자.

පරිපාලනය† [빠리/빨-러너여] 행정, 관리.

පරිපාලිකා [빠리/빨-리까-] 여자 행정관, 여자 관리자 පරිපාලිකාව.

පරිපූරක [빠리/뿌-러꺼] ①완전한, 완성의 ②여분의, 부수적인, 보충의 අමතර ③완성자, 완수자 පරිපූරකයා.

පරිපූරණය [빠리/뿌-러너여] 완성, 완전, 이룸 සම්පූර්ණ කිරීම.

පරිපූරිත [빠리/뿌-리떠] ①완전한 සම්පූර්ණ ②가득찬 පූර්ණ.

පරිපූර්ණ† [빠리/뿌-르너] ①완전한 සම්පූර්ණ ②가득찬 පූර්ණ.

පරිපෝෂණය [빠리/뽀-셔너여] 생계, 생활, 유지.

පරිප්පු‡ [빠맆뿌] (인도산) 달콩, 강황.

ප

පරිප්පුවා [빠릎뿌와-] 값어치 없는 사람, 쓸모없는 사람 නොවටිනා පුද්ගලයා.

පරිබාහිර [빠리/바-히러] 외부의, 바깥의 බාහිර.

පරිබ්‍රාජකයා [빠리/브라-저꺼야-] 수도사, 금욕주의자 තවුසා.

පරිබ්‍රාජිකාව [빠리/브라-지까-워] 여자 수도사, 여자 금욕주의자 තවුසිය.

පරිබෘංහණය [빠리/브래-허너여] 성장, 큼, 발육 වැඩීම.

පරිභවය [빠리/바워여] 모욕, 무례, 비난, 힐난 නින්දාව.

පරිභාවිත [빠리/바-위떠] 잘 사용한 හොඳින් යොදාගත්.

පරිභාෂණය [빠리/바-셔너여] 멸시, 조롱, 모욕 නින්දා කිරීම.

පරිභාෂා [빠리/바-샤-] 기술 용어.

පරිභෝගය [빠리/보-거여] 소비, 사용.

පරිභෝගික [빠리/보-기꺼] 소비하는, 사용하는 පාවිච්චි කරන.

පරිභෝගිකයා‡ [빠리/보-기꺼야-] 소비자, 사용자, 이용자 පරිභෝජකයා.

පරිභෝජකයා [빠리/보-저꺼야-] 소비자, 수요자, 사용자 පරිභෝගිකයා.

පරිභෝජනය† [빠리/보-저너여] 소비, 수요, 사용 පරිහරණය.

පරිභ්‍රමණය/පරිභ්‍රමය [빠리/브러머너여/빠리/브러머여] 배회, 회전, 돎 වටා ගමන් කිරීම.

පරිමර්දනය [빠리/마르더너여] ①닦음, 문지름 පිසදැමීම ②애무, 어루만짐 පිරිමැදීම.

පරිමාණය† [빠리/마-너여] 크기, 치수 ප්‍රමාණය.

පරිමාව‡ [빠리/마-워] 양, 분량 තරම.

පරිමිත [빠리/미떠] 정해진, 제한된 නිශ්චිත.

පරිමිතිය [빠리/미띠여] 주변, 둘레, 주계 වටරවුම.

පරිමේය [빠리/메-여] 이성적인, 논리적인, 합리적인 ප්‍රකෘති.

පරිලිප්ත [빠릴/맆떠] 겉에 바른, 덧 칠한 හාත්පසින් ආලේප කළ.

පරිවරණය [빠리/와러너여] (전기, 열) 차단, 절연.

පරිවර්තක/පරිවර්තකයා [빠리/와르떠꺼/빠리/와르떠꺼야-] ①통역자 තෝල්කයා ②바꾸는 사람 පෙරළන්නා.

පරිවර්තකය [빠리/와르떠꺼여] 변환기, 번역기.

පරිවර්තනය† [빠리/와르떠너여] ①통역 ②변화, 바뀜 ③우회, 돎 හැරීම ④(책의) 장 පරිච්ඡේදය.

පරිවර්තනය කරනවා† [빠리/와르떠너여 꺼러너와-] ①통역하다, 번역하다 ②바꾸다, ~로 만들다 ③우회하다, 돌다.

පරිවර්තිත [빠리/와르띠떠] 변환시킨, 바꾼 මාරු කළ.

පරිවර්ත්‍ය [빠리/와릍띠여] 변환시킬 수 있는, 바꿀 수 있는 මාරු කළ හැකි.

පරිවහනය† [빠리/와하너여] 운송, 수송 ප්‍රවාහනය.

පරිවාදය [빠리/와-더여] 모욕, 무례, 비난, 힐난 නින්දාව.

පරිවාර [빠리/와-러] 따라붙는, 수행의, 주변에 있는.

පරිවාරකය [빠리/와-러꺼여] (물리, 화학) 절연물, 절연체, 단열재.

පරිවාර ග්‍රහයා [빠리/와-러 그라하야-] 인공 위성 උපග්‍රහයා.

පරිවාසය† [빠리/와-써여] ①인턴기간, 수습기간, 실습기간 ②(법) 집행 유예, 보호 관찰.

පරිවාහය [빠리/와-하여] 배수, 방수, 유출 වලනය.

පරිවිතර්කය [빠리/위떠르꺼여] 사고, 생각 සිතුවිල්ල.

පරිවෘතය [빠리/우루떠여] 고립된 장소 කොටුවුණු ප්‍රදේශය.

පරිවෘත්ත [빠리/우룻떠] 포위된, 에워싸인, 고립된.

පරිවෘත්තිය [빠리/우룻띠여] ①(생물) 신진대사 ②순환, 돎 පෙරළීම ③물물 교환.

පරිවේණ [빠리/웨-너] 승려 수련장 පිරිවෙන.

පරිවේශය [빠리/웨-셔여] 달무리, 해무리, 후광 ඉරෑ (සඳ) මඬල.

පරිවේෂණ සාක්කිය [빠리/웨-셔너 싹-끼여] 정황 증거.

පරිශිෂ්ටය [빠리/쉬쉬터여] 부록 උපග්‍රන්ථය.

පරිශීලකයා [빠리/쉴-러꺼야-] 이용자, 사용자 හිවිතා කරන්නා.

පරිශීලනය [빠리/쉴-러너여] ①이용, 사용 භාවිතාව ②연습, 실습 අභ්‍යාසය.

පරිශෝධනය [빠리/쇼-더너여] ①청소, 정리 පිරිසිදු කිරීම ②개정, 수정 ප්‍රතිශෝධනය.

පරිශ්‍රමය [빠리/쉬러머여] 노력, 노고, 피로, 수고 වෙහෙස.

පරිශ්‍රය [빠리/쉬러여] 장소, (건물 따위의) 용지, 집터, 부지 අවට පෙදෙස.

පරිශ්‍රාන්තිය [빠리/쉬란-띠여] 탈진, 소진, 지침 තෙහෙට්ටුව.

පරිශ්‍රාවණය [빠리/쉬라-워너여] 여과(법), 여과작용, 정화, 정화작용 පෙරීම.

පරිශ්‍රාව්‍ය [빠리/쉬라-위여] 거를 수 있는, 여과되는, 정화할 수 있는 පෙරෙන.

පරිෂදය [빠리/셔더여] 무리, 집단, 군중 පිරිස.

පරිෂ්කාර [빠리/쉬까-러] ①필요물, 필수품, 필요조건, 요소 පිරිකර ②둘러쌈, 감쌈, 휘감음 වට කිරීම.

පරිසංකිත [빠리/쌍끼떠] 의심병의, 의심하는, 불신하는.

පරිසද [빠리/써더] 무리, 집단, 군중 පිරිස.

පරිසමාප්ත [빠리/써맢-떠] ①완전한, 온전한, 이룬 සම්පූර්ණ ②모든, 전체의, 전부의 මුළු.

පරිසමාප්තිය [빠리/써맢-띠여] ①마침, 끝, 나중 අවසානය ②완성, 완수, 이룸 නිමකිරීම.

පරිසරය‡ [빠리/써러여] 환경, 주변환경, 주위 වටපිටාව.

පරිසර විද්‍යාව† [빠리/써러 윋디야-워] 환경학.

පරිසාරය [빠리/싸-러여] 순행, 걸어 돌아다님 වටකර යාම.

පරිසේවනය [빠리/쎄-워너여] 청소, 씻기 සේදීම.

පරිස්කන්දයා [빠리/쓰깐더야-] 양자, 입양된 아이.

පරිස්තෝම [빠리/쓰또-머] 코끼리 복장 ඇතාගේ ආයිත්තම.

පරිස්ථිතිය [빠리/쓰띠띠여] 주변, 주변환경, 상황 වටපිටාව.

පරිස්සම‡ [빠릿/써머] ①주의, 경계 ②안전, 보호 ආරක්ෂාව. (복) *පරිස්සම්* (문어) ප්‍රවේසම

ප

පරිස්සමින්‡ [빠 릿써민] 조심스럽게, 조심하여, 주의하여. (문어) ප්‍රවේසමින්

පරිස්සම් වෙනවා‡ [빠 릿쌈 웨너와-] 주의하다, 조심하다, 경계하다. (문어) ප්‍රවේසම් වනවා ¶ බල්ලාගෙන් පරස්සම් වෙන්න 개를 조심하세요

පරිස්‍රාවණය [빠 릿쓰 라-워너여] 액체를 거름 පෙරහනේ පෙරාගැනීම.

පරිහත [빠 리하떠] 쥐어짜진, 수축된 මිරිකුණු.

පරිහනනය [빠 리하너너여] 쥐어짬, 괄약 මිරිකීම.

පරිහරණය [빠 리하 러너여] ① 사용, 이용 ප්‍රයෝජනයට ගැනීම (구어) පාවිච්චිය ②내다 버림, 버림, 쫓아냄 බැහැර කිරීම.

පරිහානිය† [빠 리하-니여] 쇠퇴, 감소, 몰락 පිරිහීම.

පරිහාරය [빠 리하- 러여] ①타방식, 다른 방법 අනික් ආකාරය ②내쫓음, 추방 දුරුකිරීම ③사용, 이용 පරිහරණය.

පරිහාසය [빠 리하-써여] ①농담, 농 විහිලුව ②경멸, 비웃음, 조롱, 희롱 නින්දාව.

පරීක්ෂක† [빠 뤼-셔꺼] 조사하는, 시험하는, 점검하는, 테스트하는 පිරික්සන.

පරීක්ෂක/පරීක්ෂකයා [빠 뤼-셔꺼/빠 뤼-셔꺼야-] 조사자, 검사자, 감독관, 시찰자 පිරික්-සන්නා.

පරීක්ෂණය† [빠 뤼-셔너여] ① 조사, 수사, 테스트 විභාගය ② 관찰, 감시.

පරීක්ෂාකාරී† [빠 뤼-샤-까-리-] 조심하는, 조심성 있는.

පරීක්ෂය [빠 뤼-셔여] (잠수함의) 잠망경.

පරීක්ෂා කරනවා‡ [빠 뤼-샤- 꺼러너와-] 조사하다, 시험하다, 테스트하다 පරික්සනවා.

පරීක්ෂා නළය [빠 뤼-샤- 날러여] 시험관.

පරීක්ෂාව [빠 뤼-샤-워] 조사, 시험, 테스트 පරීක්ෂාව.

පරීක්ෂිකාව [빠 뤼-쉬까-워] 여자 감독관, 여자 조사자.

පරිසා [빠 리-싸-] 곰 වලහා.

පරුමක [빠 루머꺼] ①지도자, 리더 ප්‍රධානියා ②맨 먼저의, 선두의, 중요한 ප්‍රධාන.

පරුවතය [빠 루워떠여] 바위, 반석 පර්වතය.

පරුෂ/පරුස [빠 루셔/빠 루써] 거친, 험한, 거칠은, 모된, 사나운, 험악한 රළු.

පරුසුව [빠 루쑤워] 도끼 පොරව.

පරුස්ස [빠 룻써] 황무지, 미개간지.

පරෙයියා [빠 레이야-] 비둘기 පරෙවියා.

පරෙවි මල් [빠 레위 말] 비둘기 모양을 한 하얀 난.

පරෙවියා/පරවියා‡ [빠 레위야-/빠 러위야-] 비둘기 පරෙයියා.

පරෙස්සම [빠 렛써머] ①주의, 경계 ප්‍රවේසම ②안전, 보호. (복) *පරෙස්සම්* (구어) පරිස්සම

පරෙස්සම් වෙනවා [빠 렛쌈 웨너와-] 주의하다, 경계하다. (구어) පරිස්සම් වෙනවා

පරොස් [빠 로쓰] 거친, 험한, 거칠은, 모된, 사나운, 험악한.

පරෝක්ෂ [빠 록-셔] 보이지 않는, 숨은, 안보이는, 부재의 අනභිමුඛ.

පරෝක්ෂයා [빠룩-셔야-] 은자, 금욕 수행자, 산 거주자 තාපසයා.

පරෝපකාරය [빠로-뻐까-러여] 인정 많음, 다른 이를 잘 도와줌, 이타주의.

පරෝපකාරී [빠로-뻐까-리-] 인정 많은, 자비로운, 동정심이 많은.

පරෝපක්‍රමය [빠로-뻐끄러머여] 타인의 방법, 타인의 계획 අනුන්ගේ උපක්‍රමය.

පරෝපදේශය [빠로-뻐데-셔여] 조언, 충고 අනුන්ගේ උපදෙස.

පර්චස් එක [뻐처쓰 에꺼] (영국) 퍼치 (Perch 길이의 단위: 약 5.03m, 면적의 단위: 약 25.3m²- 약 8평).

පර්ණ [빠르너] 잎들, 나뭇잎들 කොළ.

පර්ණ නරයා [빠르너 나러야-] 허수아비 පඹයා.

පර්ණච්ඡදනය [빠르낟처더너여] 지붕엮기.

පර්පය [빠르뻐여] 손수레 අත් කරත්තය.

පර්යංකය [빠르양꺼여] ①자리, 좌석 ආසනය ②양반 다리하기, 발을 꼬아 앉음.

පර්යටනය† [빠르야터너여] 이주, 이민 සංක්‍රමණය.

පර්යන්ත [빠르얀떠] 끝의, 가장자리의, 마지막의 අන්තයේ.

පර්යන්ත මට්ටම [빠르얀떠 맡터머] 기준면, 해수면 පහළ මට්ටම.

පර්යන්තය [빠르얀떠여] ①끝, 가장자리 අන්තය ②경계, 분계선 සීමාව.

පර්යස්ථිය [빠르야쓰띠여] (해부학) 골막 අස්ථ්‍යාවරණය.

පර්යාණය [빠르야-너여] (말) 안장 සෑදලය.

පර්යාප්ත [빠르얖-떠] ①완전한, 완성한 පරිපූර්ණ ②실행해야 하는, 움직여야 하는.

පර්යාය [빠르야-여] ①동의어의, 비슷한 말의 සමානාර්ථ ඇති ②방법(의), 방식(의).

පර්යාය කතා [빠르야-여 까따-] 돌려서 하는 말, 간접적으로 하는 말 වක්‍රව කියන කතා.

පර්යායෝක්තිය [빠르야-욕-띠여] 시적인 수사학적인 방법, 시적 화법 ව්‍යංගයෙන් කීම.

පර්යාලෝකය [빠르얄-로-꺼여] 관점, 시각, 전망 යථාදර්ශය.

පර්යුපාසනය [빠르유빠-써너여] 어울림, 연합, 친밀 ආශ්‍රය.

පර්යේෂක/පර්යේෂකයා [빠르예-셔꺼/빠르예-셔꺼야-] 조사자, 실험자 පර්යේෂණ කරන්නා.

පර්යේෂණය [빠르예-셔너여] ①조사, 리서치 ②실험, 시도.

පර්යේෂණාගාරය† [빠르예-셔나-가-러여] 조사실, 실험실, 시험실.

පර්වත [빠르워떠] 바위, 반석, 암반 විශාල ගල.

පර්වතකරණය [빠르워떠까러너여] (지질) 조산 운동.

පර්වතය† [빠르워떠여] 바위, 반석, 암반 විශාල ගල.

පර්වනය [빠르워너여] (해부학) 지골 마디, 손가락 뼈 마디.

පර්වය [빠르워여] ①(해부학) 관절, 마디 පුරුක ②(책의) 쪽, 장 පොතක කොටස.

පර්වත වළල්ල [빠ㄹ워떠 왈랄러] 바위에 있는 나이테 같은 원형 무늬.

ප

පර්ශුකාව/පර්ශුව [빠ㄹ슈까-워/빠ㄹ슈워] (해부학) 늑골, 갈빗대 ඉළ ඇටය.

පර්ෂදය [빠ㄹ셔더여] 무리, 집단, 그룹 පිරිස.

පල [빨러] ①열매, 과일 ඵල ② 결과, 성과 ප්‍රතිඵල ③지붕 끝.

පල්ලං කඩ [빨랑 까더] ①산비탈 කන්දක බෑවුම ②뜻밖의 습득물, 예기치 않았던 횡재 හදිසි ලාභය.

පල්ලංකරය [빨랑꺼러여] 저지대 පහළ ප්‍රදේශය.

පලංකාඩු/පලංකාදු [빨랑까-두/빨랑까-두] 아주 나쁜, 사악한 ඉතා නරක.

පලංචිය [빨랑치여] (건축장 따위의) 비계 (발판).

පලංජිය [빨랑치여] (기계) 플랜지.

පලං දණ්ඩ [빨랑 단더] (양팔, 접시) 저울의 가로장 තරාදි දණ්ඩ.

පලකය [빨러꺼여] 명찰, 이름표 නාම පුවරුව. ¶ සමරු පලක (감사, 기념) 패

පලක්කට්ටුව [빨띾깥투워] 벽보, 포스터.

පලක්කම [빨띾꺼머] 능숙, 숙달 පුරුද්ද.

පලක් බැඳ [빨띾 밴더] 책상 발을 하고, 양반 다리를 하여.

පලග අවිය [빨러거 아위여] 방패 පලිහ.

පල ගන්නවා [빨러 간너와-] 열매 맺다, 결실을 맺다 පල දරනවා.

පලග [빨랑거] ①양반 다리하여 앉음 එරමිණිය ගොතා හිඳීම ②양, 갯수 ප්‍රමාණය.

පලගාන [빨랑가-너] 큰 접시 ලොකු පිඟාන.

පලච්ච [빨랒처] 간, 떠난 ගමන් කළ. (구어) ගිය

පලච්චට්ටු කරනවා [빨랒찰투 꺼러너와-] 모욕하다, 무례를 행하다 නින්දා කරනවා.

පලතුර [빨러뚜러] 과일 한 종류 පළතුර. (복) පලතුරු

පලතුරු/පළතුරු‡ [빨러뚜루] 과일.

පල දරනවා [빨러 다러너와-] 열매 맺다, 결실을 맺다 පල ගන්නවා.

පලදයක/පලදයී [빨러다-여꺼/빨러다-이-] 열매 맺는, 유용한, 가치있는, 풍성한 ඵලදායක.

පලදාව‡ [빨러다-워] 수확, 소출, 추수 අස්වැන්න.

පලදෙනවා [빨러데너와-] 열매를 맺다, 결과를 가져오다.

පලනවා† [빨러너와-] පැලුවා-පලා 쪼개다, 쪼개어 가르다. <u>පැලීම</u>

පලන් [빨란] 입은, 몸에 지닌 පැළඳි.

පලඳනවා [빨런더너와-] පැලඳුවා-පලඳා ①옷을 입히다 ②꾸미다, 장식하다, 치장하다 පළඳනවා. <u>පැලඳීම/පැලඳුම</u>

පලඳනාව [빨런더나-워] 보석, 장식류 ආභරණය.

පලඳිනවා† [빨런디너와-] පැලැන්දා-පැලඳ ①옷을 입다 ②꾸미다, 장식하다, 치장하다 පළඳිනවා. <u>පැලඳීම</u> (구어) අඳිනවා

පලපුරුද්ද‡ [빨러뿌*룯*더] 경험, 체험 අත්දැකීම. (복) *පලපුරුදු*

පලඹිනවා [빨럼비너와-] 빛나다, 광채가 나다, 반짝 거리다 බබළනවා.

පලය [빨러여] ①열매, 과실 එලය (구어) ගෙඩිය ②결과 ප්‍රතිඵල.

පලවත් [빨러왇] 열매가 많이 열리는, 다산의.

පලවනවා [빨러워너와-] ①내쫓다, 쫓아내다, 내몰다 එළවනවා ②깨지게 하다, 쪼개지게 하다.

පලවැල [빨러왤러] 크고 작은 다양한 열매들 ගඩාගෙඩි.

පලස [빨러써] ①양탄자, 깔개, 카페트 කම්බිලිය ②모직 물, 양털천.

පලහනවා [빨러허너와-] 태워서 재로 만들다, 태워 없애다 පුළුස්සනවා. (구어) පුච්චනවා.

පලා [빨라-] ①식용 잎 ②녹색을 띈 කොළ පැහැති.

පලා [빨라-] පලනවා 의 과거분사: 쪼개어, 쪼개고, 나누어 쪼개어. (구어) පලලා

පලා එනවා [빨라- 에너와-] 도망쳐 오다 පැනලා එනවා.

පලා [빨라-] ①(복수) 식용 잎들 ②녹색의, 나뭇잎 색의 කොළ පැහැති.

පලාගිරවා† [빨라-기*러*와-] 메뚜기 පලගැටියා.

පලානුවා [빨라-누와-] 코끼리 කුරුණෑ. (구어) අලියා

පලාපය [빨라-뻐여] 가쉽, 헛소문, 쓸데없는 말 ප්‍රලාපය.

පලාපල [빨라-빨러] ①좋고 나쁜 결과 ②크고 작은 모든 과실(열매) ඵලාඵල.

පලා යනවා† [빨라- 야너와-] 도망가다, 도망치다, 달아나다, 내빼다 බේරී දුවනවා.

පලායිතයා [빨라-이떠야-] 도망자, 탈주자.

පලාල [빨랄-러] 볏짚 පිදුරු.

පලාවන් [빨라-완] 녹색의, 초록색의 කොළ පැහැති.

පලිගන්නවා/පළිගන්නවා [빨리간너와-] 복수하다, 보복하다, 앙갚음을 하다 පළිගහනවා. <u>පලිගැනීම/පළිගැනීම</u>

පලිගහනවා/පළිගහනවා‡ [빨리가하너와-] 복수하다, 앙갚음하다, 원수를 갚다 පළිගන්නවා. <u>පලිගැසීම/පළිගැසීම</u>

පලිත [빨리떠] 백발(의) පැසුණු කෙස්.

පලිප්පුව [빨맆뿌워] 윤(내기), 광택(내기) ඔපය.

පලිප්පුවේ දමනවා [빨맆뿌웨-다머너와-] (금, 은) 윤나게 닦다.

පලිය/පළිය [빨리여] 복수, 앙갚음, 보복 වාඩුව.

පලිස‡ [빨리써] 방패. (복) *පලිස්* (구어) පලිහ

පලිසක්කාර [빨리싹까-*러*] 방패 드는 사람 පලිහ දරන්නා. (구어) පලිහක්කාර

පලිහ‡ [빨리하] 방패. (복) *පලිස්* (문어) පලිස

පලිහක්කාර [빨리핚까-*러*] 방패드는 사람 පලිහ දරන්නා. (문어) පලිසක්කාර

පලු [빨루] පලුව 의 복수: ①쪼갠 것 중 하나 ②(피부) 점, 반점 ③통치자 පාලකයා ④빨루나무 පලු ගස.

ප

පලුදු/පළුදු [빨루두] පලුදුව, පලුද්ද/පළුදුව, පළුද්ද 의 명사 복수 또는 형용사: ①오점, 약점, 결함 ②오점의, 결함있는, 약점있는 කඩතොලු.

පලුදුව/පළුදුව [빨루두워] 오점, 약점, 결점 පලුද්ද.

පලුද්ද/පළුද්ද [빨룯더] 오점, 약점, 결점 අඩුපාඩුව. (복) *පලුදු/පළුදු*

පලුව† [빨루워] ①쪼갠 것 중 하나 ②(피부) 점, 반점 ③통치자 පාලකයා ④빨루 나무 පලු ගස.

පලුවා [빨루와-] 통치자, 행정관, 감독관 පාලකයා.

පලේ [빨레-] ①지붕 한쪽 ②지붕의 연장 යාලත්ත ③열매, 결과 ප්‍රතිඵලය.

පලෝ [빨로-] 꺼져라, 가라! පලයල්ලා, යනු.

පලෝක [빨로-꺼] 깨지기 쉬운, 쉽게 부서지는 බිඳෙනසුලු.

පලෝලෙ [빨로-레] 동갑내기의, 같은 나이의 සම වයසේ.

පල් [빨] ①썩은, 부패한, 나쁜 නරක ②통치자 පාලකයා ③큰, 거대한 මහ. ¶ පල් බොරුව 새빨간 거짓말

පල්දෙරුව [빨도루워] 하수, 폐수 කුණු වතුර දහරාව.

පල්පය [빨뻐여] 펄프.

පල් පුවක් [빨 뿌왁] (물에 잠궈 안전하게 보관한) 빈랑씨, 베텔야자 මඩ පුවක්.

පල් බින්න [빨 빈너] 새빨간 거짓말 පල් බොරුව.

පල් බොණ්ඩි [빨 본디] 천한년, 창녀, 매춘부 වල් ගෑනි.

පල්මාණක්කම් [빨마-낚깜] 황산 구리 결정체.

පල්මේ [빨메-] 빨므, 종려나무 잎.

පල් මෝඩයා [빨 모-더야-] 바보, 천치, 멍청이 මහ මෝඩයා.

පල්ල [빨러] ①(그릇, 단지, 항아리 등) 바닥, 밑바닥 අඩිය ②나머지, 잔여 ඉතිරිය ③잎, (종이) 장 කොළය. ¶ වළ පල්ල 구덩이 밑바닥

පල්ලම [빨러머] 비탈, 경사지 බෑස්ම.

පල්ලම් කඩ [빨람 까더] ①산비탈 කන්දක බෑවුම ②뜻밖의 습득물, 예기치 않았던 횡재.

පල්ලම් කරනවා [빨람 꺼러너와-] 경사지게 하다, 기울게 하다.

පල්ලම් පොල්ල [빨람 뽈러] 브레이크, 제동 장치.

පල්ලම් බහිනවා [빨람 바히너와-] ①내려 가다, 하강하다 පහළට බහිනවා ②포기하다, 손을 놓다 අත් අරිනවා.

පල්ලය [빨러여] (가톨릭) 제단보.

පල්ලවය [빨러워여] 새순, 새싹 දළුව.

පල්ලා [빨라-] ①통치자 පාලකයා ②감독관, 보호자 ආරක්ෂකයා. ¶ උයන්පල්ලා 정원사 ගොපල්ලා 목동

පල්ලාකර [빨라-꺼러] 헛소리, 잡담 හිස් බස්.

පල්ලැක්කිය [빨랚끼여] (중국, 인도의) 일인승 가마 දෝලාව.

පල්ලිය‡ [빨리여] ①(기독교) 교회 (문어) දේව ස්ථානය ②모스크, 회교도 사원. ¶ මුස්ලිම් පල්ලිය 모스크, 회교 사원

පල්ලියම [빨리여머] (교황, 대주교의) 영대(領帶).

පල්ලුව [빨루워] 사리, 사롱의 윗자락.

පල්ලෙහා [빨레하-] ①아랫쪽, 저지대 පහළ පැත්ත ②저지대 지역 පහත රට. (문어) පහත

පල් වෙනවා‡ [빨 웨너와-] 악취가 나다, 쉬다, 고약한 냄새가 나다.

පල් හෑලි [빨 핼-리] 횡설수설, 뭐가 뭔지 알 수 없는 말 අනන්මනන්.

පල් හොරා [빨 호*라*-] 유명한 도둑, 사악한 도둑 දරුණු හොරා.

පව† [빠워] 죄, 악행, 사악 අකුසලය, පාපය. (복) *පව්*

පවඩම [빠워*더*머] 마법에 걸린 사람의 목 장신구 පවලම.

පවත [빠워떠] 소식, 정보, 뉴스 පුවත. (복) *පවත්*

පවතිනවා† [빠워띠너와-] පැවතුණා/පැවැත්තා-පැවත ①살다, 존재하다, 있다 ජීවත් වෙනවා ②지속되다, 계속되다. <u>පැවතීම/පැවතුම</u>

පවතින [빠워띠너] පවතිනවා 의 형용사적 현재용법: ①사는, 존재하는, 있는 ඉන්න ②지속되는, 계속되는.

පවත්ත [빠왇떠] 존재, 실존, 생존 පැවැත්ම.

පවත්ත ඵල [빠왇떠 빨러] 줄기에서 생긴 열매.

පවත්ත ඵල භෝජී [빠왇떠 빨러 보-지] 떨어진 열매만 먹는.

පවත්නා [빠왇나-] පවතිනවා 의 형용사 현재용법(문어): 있는, 존재하는, 사는, 살아있는 ජීවත්වන.

පවත්වනවා† [빠왇워너와-] පැවැත්තුවා-පවත්වා 유지하다, 지키다, 관리하다. <u>පැවැත්වීම</u>

පවන [빠워너] 산들 바람, 미풍, 바람, 공기 මාරුතය. (구어) හුළඟ

පවන්කාව/පවංකාව [빠완까-워/빠왕까-워] 부채 වටාපත.

පවන් ගහනවා/සළනවා [빠완 가하너와-/쌀러너와-] 바람이 불다.

පවන් පත [빠완 빠떠] 부채 වටාපත.

පවන් මග [빠완 마거] 하늘, 상공 ආකාශය. (구어) අහස

පවර [빠워*러*] 탁월한, 뛰어난, 훌륭한 ප්‍රවර.

පවරණ [빠워*러*너] ①끝내는, 매듭짓는, 마무리하는 ප්‍රවාරණ ②구출하는, 구하는 මුදන.

පවරනවා [빠워*러*너와-] පැවරුවා-පවරා ①위임하다, 떠맡기다, 맡기다 වගකීම භාර දෙනවා ②~탓으로 하다, 비난하다 දොස් පවරනවා ③초래하다, 야기하다. <u>පැවරීම/පැවරුම</u>

පවලම [빠월러머] 마법에 걸린 사람의 목 장신구 පවඩම.

පවස [빠워써] ①갈증, 목마름 පිපාසය ②갈망, 열망 ආශාව.

පවසනවා† [빠워써너와-] පැවසුවා-පවසා 말하다, 선포하다 පසසනවා. <u>පැවසීම/පැවසුම</u>

පවා [빠와-] (후치사) ~조차도, ~라도.

පවාරණ [빠와-*러*너] ①끝내는, 매듭짓는, 마무리하는 ප්‍රවාරණ ②구출하는, 구하는 මුදන.

ප

පවාරණය [빠와-러너여] 끝냄, 마무리, 완성, 완수 අවසන් කිරීම. (구어) ඉෂ්ට කිරීම

පවැත්තා [빠왣따-] 악행자, 죄인 පාපිෂ්ඨයා.

පවිටා [빠위타-] 죄인, 악행자 පව්කාරයා. (복) පවිටුන්

පවිටු [빠위투] 죄된, 죄많은, 사악한 පාපිෂ්ඨ.

පවිත්‍ර‡ [빠위뜨러] 정결한, 깨끗한, 더럽혀지지 않은 පිරිසිදු.

පවුම‡ [빠우머] (영국 화폐, 무게) 파운드.

පවුර [빠우러] (도시, 성) 성벽. (복) *පවුරු*

පවුල‡ [빠울러] ①가족, 가정 ②부인, 안사람 බිරිඳ, භාර්යාව.

පව් [빠우] පව 의 복수 또는 형용사: ①죄들, 악행들 ②죄의, 악행의 පාප.

පව් [빠우] 안됐다, 불쌍하다. ¶ එයා පව් අනේ 그 사람 안됐다

පව්කාරයා‡ [빠우까-러야-] 죄인, 악행자 පව්කාරයා.

පව්කාරිය [빠우까-리여] 여자 죄인, 여자 악행자 පව්කිළිය.

පව්කිළිය [빠우낄리여] 여자 죄인, 여자 악행자 පව්කාරිය.

පව්ව [빠우워] 바위, 큰 돌 පර්වතය.

පශු [빠슈] ①수의(학)의, 가축병 치료의 සත්ව ②동물(의) සිව්පාවා.

පශුපති [빠슈빠띠] 시바 신, 메헤수루 신.

පශුපාලක [빠슈빨-러꺼] 목자, 동물 사육자 එඬේරා.

පශුපාලනය† [빠슈빨-러너여] (동물) 사육 සත්ව පාලනය.

පශු මෛථුනය [빠슈 마이뚜-너여] 수간, 동물과의 성교접.

පශු වෛද්‍ය‡ [빠슈 와읻디여] 수의사.

පශ්ච [빠쉬처] '후, 다음'이란 뜻의 결합사 පශ්චාත්.

පශ්චකර්ණික [빠쉬처까르니-꺼] (의학) 후이골의 (귀 뒤뼈를 형성하는).

පශ්චකුටීරය [빠쉬처꾸티-러여] 뒷두개골 පසු මොළ කුහරය.

පශ්චාත්/පශ්චාද්† [빠쉬찯-] '후, 다음'이란 뜻의 결합사 පශ්ච. ¶ පශ්චාත් මරණ පරීක්ෂණය (시체) 부검

පශ්චාත් උපාධිය [빠쉬찯- 우빠-디여] (대학원) 석사 (학위). ¶ ප්‍රථම උපාධිය 학사 ආචාර්ය උපාධිය 박사 학위

පශ්චාත්තාපය [빠쉬찯-따-빠여] 양심의 가책, 후회, 회개, 회한 පසුතැවිල්ල.

පශ්චාත් ප්‍රතිබිම්බය [빠쉬찯-쁘러띠빔버여] (심리학) 잔상.

පශ්චාදනුභූත [빠쉬차-다누부-떠] 후천적으로, 귀납적으로 අත්දැකීම්වලට පසු පැමිණෙන.

පශ්චාද්වර්ති පරම්පරාව [빠쉬찯-와르띠- 빠람빠라-워] 후대, 후손 පැවත එන්නෝ.

පශ්චාවතල [빠쉬차-워딸러] 뒤가 오목하고 앞이 볼록한 형태의 පසුපිසන් අවතල වූ.

පශ්චිම [빠쉬치머] ①마지막의, 끝의 අන්තිම ②미래의, 나중의, 물려받는 අනාගත ③서쪽의 බටහිර දිශාවෙහි.

පශ්චිම කාය [빠쉬치머 까-여] 하반신 යටි කය.

පශ්චිම ගංගාව [빠쉬치머 강가

-워] 역종 (逆從) 하천 (그 토지의 지층 경사와 반대 방향으로 흐르는 강.

පස [빠써] 오, 5. (구어) පහ

පස [빠써] ①한쪽, 한편 පැත්ත ②흙, 땅 ③올가미, 올무 තොණ්ඩුව ④끝, 가장 자리 අද්දර. (복) *පස්*

පස ඇටය [빠써 애터여] 주사위 දාදුව. (복) *පස ඇට*

පසක් [빠싺] ①동의하는, 받아들이는 ප්‍රත්‍යක්ෂ ②오, 다섯 පහක් ③흙, 토양 පස.

පසඟ [빠쌍거] 몸의 다섯가지 부분, 다섯 요소 පංචාංග.
¶ පසඟ පිහිටුවනවා 몸을 단정하게 하다, 예의를 갖추다

පසඟ තුරු ගොස/පසතුරු ගොස [빠쌍거 뚜*루* 고써/빠서 뚜*루* 고써] 다섯가지 음악 소리, 다섯 가지 악기의 소리.

පසඟ පිහිටුවනවා [빠쌍거] 몸을 단정하게 하다, 예의를 갖추다, 정성을 모으다. ¶ ඔව්හු යේසුස් වහන්සේ දැක පසඟ පිහිටුවා වැන්දෝ ය 그들은 예수님을 보고 예의를 갖춰 경배하였다

පසතුරු [빠써뚜*루*] 5줄로 된 악기 පංචතූර්ය.

පසන්/පසන්න [빠싼/빠싼너] 기뻐하는, 좋아하는, 즐거워하는 ප්‍රසන්න.

පසමිතුරා [빠써미뚜*라*-] 적수, 적대자, 경쟁자 සතුරා.

පසය/පසේ [빠써여/빠쎄-] 필수품, 필요품 ප්‍රත්‍යය.

පසල් [빠쌀] 시골의, 지방의, 전원의 පිටිසර.

පසව [빠써워] 출산의, 아이를 낳는 ප්‍රසව.

පස'වි [빠싸'위] 활, 창, 방패, 도끼, 부메랑의 5가지 무기.

පසස [빠써써] 찬양, 칭찬 ප්‍රශංසාව. (복) *පසස්*

පසසනවා [빠써써너와-] පැසසුවා-පසසා 찬양하다, 칭찬하다 ප්‍රශංසා කරනවා. <u>පැසසීම/පැසසුම</u>

පසස්නා [빠싸쓰나-] පසසනවා 의 형용사적 현재용법(문어): 찬양하는, 높이는, 칭찬하는 ප්‍රශංසා කරන.

පසළොස [빠썰로써] 15, 열다섯. (구어) පහළොහ

පසළොස් [빠썰로쓰] 15의, 열다섯의. (구어) පහළොස්

පසළොස් පැය [빠썰로쓰 빼여] 자정, 한밤중 මැදියම් රැය.

පසළොස්වක [빠썰로쓰워꺼] 보름, 보름날 දේපෝදා.

පසා කරනවා [빠싸- 꺼*러*너와-] 구멍을 내다, 뚫다, 도려내다 පසාරු කරනවා.

පසාරු කරනවා† [빠싸-*루* 꺼*러*너와-] 구멍을 뚫다, 도려내다 පසා කරනවා.

පසැඟිලි [빠쌩길리] 다섯 손가락 ඇඟිලි පහ.

පසැඟිල්ලා [빠쌩길라-] 불가사리 තාරකා මාළුවා.

පසිඳනවා/පසිඳිනවා [빠씬더너와-/빠씬디너와-] පැසින්දා-පසිඳා/පැසිඳ ①해결하다, 종결하다 විසඳනවා ②판결하다, 재판하다 විනිශ්චය කරනවා ③(얼룩 등) 제거하다, 없애다. <u>පැසිඳීම</u>

පසිඳු [빠씬두] 유명한, 잘 알려진, 공공연한 ප්‍රසිද්ධ, පරසිදු.

පසිඳුරන් [빠씬두란] 5가지 감각 기관 (눈, 코, 입, 귀, 팔다리): 몸, 육체.

පසු† [빠쑤] ①후에, 나중에, 뒤에 ②뒤의, 뒷부분의, 후미의 පිළඟට. (구어) පස්සේ

පසු කරනවා† [빠쑤 꺼러너와-] ①지나가다, 지나치다, 넘어가다 ඉක්මයා යනවා ②늑장을 부리다, 늦게 하다 ප්‍රමාද කරනවා. (구어) පහු කරනවා

පසුගමන [빠쑤가머너] (손님) 배웅.

පසු ගැහෙනවා [빠쑤 개헤너와-] 늦어지다, 연기되다 ප්‍රමාද වෙනවා. (구어) පරක්කු වෙනවා

පසුගිය [빠쑤기여] 지난, 지나간, 전의, 이전의 ඉහතදී.

පසුතලය† [빠쑤딸러여] 배경, 배후 පසුබිම.

පසුතැවිලි වෙනවා [빠쑤때윌리 웨너와-] 회개하다, 후회하다, 애석해하다.

පසුතැවිල්ල‡ [빠쑤때윌러] ①후회, 통탄 ②(종교) 회개 පශ්චත්තාපය. (복) පසුතැවිලි

පසුතැවෙනවා [빠쑤때웨너와-] 회개하다, 후회하다, 애석해하다 පසුතැවිලි වෙනවා.

පසු දර්ශය [빠쑤 다르셔여] 유형, 타입, 형 ප්‍රතිදර්ශය.

පසුදතම් කළ [빠쑤다-땀 껄러] 나중에 오는, 날짜를 뒤로 늦춘 පසු දිනයක් යෙදූ.

පසු දිලියුම [빠쑤 딜리유머] 잔광.

පසු නෙත්තිය [빠쑤 넽띠여] 왕의 호위대 රජකු පිටුපසින් යන ආරක්ෂක කාණ්ඩය.

පසුපති [빠쑤빠띠] 쉬바, 메헤쑤루, 마헤쉬워러 신 මෙහෙසුරු.

පසුපස† [빠쑤빠써] 뒤쪽, 뒤, 후미 පස්ස.

පසුපස යනවා‡ [빠쑤빠써 야너와-] 따르다, 추종하다.

පසුපස්සේ [빠쑤빳쎄-] 뒤에, 뒷쪽에, 나중에, 후에 පස්සෙන්.

පසුබට [빠쑤바터] 낙심하는, 뒤로 넘어지는, 후퇴하는, 물러가는 අධෛර්යවත්.

පසුබට වෙනවා [빠쑤바터 웨너와-] 뒤로 넘어지다, 후퇴하다, 낙심하다, 낙망하다.

පසු බසිනවා‡ [빠쑤 바씨너와-] 뒤로 가다, 뒤로 넘어지다, 물러가다, 포기하다 පසු බහිනවා.

පසුබිම‡ [빠쑤비머] 배경.

පසුම්බිය‡ [빠쑴비여] ①지갑 කුරපයිය ②가방 උරය.

පසුර [빠쑤러] ①뗏목 (구어) පහුර ②발톱 නිය පොකුර ③넝쿨 줄기. (복) පසුරු

පසුලිපිය [빠쑬리삐여] (편지의) 추신, P.S.

පසුව‡ [빠쑤워] 뒤에, 후에 ඉක්බිති. (구어) පස්සේ

පසු වෙනවා [빠쑤 웨너와-] ①지나치다, 지나가게 되다, 늦어지다 ප්‍රමාද වෙනවා ②살다, 존재하다 ජීවත් වෙනවා. (구어) පහු වෙනවා

පස්‡ [빠쓰] පස 의 복수: ①흙, 땅 පාංශු ②한쪽, 편, 가장자리, 끝자락 පැති.

පස් [빠쓰] පහ 의 복수: 오의, 5의 පංච.

පස්කඳ [빠쓰깐더] 5개 집합, 5개 혼합재 පඤ්චස්කන්ධය.

පස්කම් [빠쓰깜] ①(눈, 귀, 코,

혀, 몸의) 오감, 5가지 욕망 පඤ්චකාම ②5가지 일 පඤ්ච කර්මය.

පස් ගහනවා [빠쓰 가하너와-] 목까지 묻다, 목만 남기고 묻다.

පස්ගෝරස [빠쓰고-라써] 소의 5가지 제품 (우유, 커드, 버터 기름, 버터, 버터 우유).

පස්තෑල [빠쓰땔-러] 가루 반죽으로 만든 과자 පේස්ට්‍රි.

පස්දල [빠쓰달러] (식물) 아주 까리 나무 එරඬු ගස.

පස්නා [빠쓰나-] ①끓는, 졸이는, 끓어 증발되는 පැසවෙන ②익는, 여무는 මෝරන.

පස්පන [빠쓰빠너] 비의 신 와루너.

පස්පැහැ/පස්පෑ [빠쓰빼해/빠쓰빼-] 5가지 색깔 (하양, 검정, 파랑, 노랑, 빨강).

පස් පිඩැල්ල [빠쓰 삐댈러] 땅 덩어리.

පස් මහල [빠쓰 마할러] (지리) 토양 층위.

පස් මහල් [빠쓰 마할] 5층의 තට්ටු පහේ.

පස්ලෝ [빠쓸로-] 5가지 금속 (금, 은, 동, 철, 납).

පස්වණක් ප්‍රීතිය [빠쓰와낙 쁘리-띠여] 다섯 종류의 기쁨.

පස්වන [빠쓰워너] 다섯번째의. (구어) පස්වෙනි

පස් වරුව‡ [빠쓰 와루워] 오후 හවස් වරුව.

පස්වා [빠쓰와-] 오년, 5년 වසර පහක්.

පස්වා දහස [빠쓰와- 다하써] 오천년, 5000년 අවුරුදු පන්දහක්.

පස් වැදෑරුම් [빠쓰 왜대-룸] 5가지의, 5가지 방법의 විධි පහක.

පස් විකනවා [빠쓰 위꺼너와-] 심사숙고하다, 깊이 생각하다 නුවණින් මෙනෙහි කරනවා.

පස් විස්ස [빠쓰 윘써] 이십오, 25 විසි පහ.

පස්වෙනි [빠쓰웨니] 다섯번째의. (문어) පස්වන

පස්ස† [빴써] ①뒤, 후, 뒤쪽 පසුපස ②나중, 미래 අනාගතය.

පස්ස ගහනවා [빴써 가하너와-] ①뒤로 가다, 후진하다, 물러가다 පස්සට යනවා ②낙담하다, 낙심하다, 절망하다 පසුබට වෙනවා.

පස්ස දෙර [빴써 도러] 뒷문, 후문 පිටුපස දොර.

පස්ස පොරොත්තුව [빴써 뽀롣뚜워] 등받이.

පස්සේ‡ [빴쎄-] 뒤에, 나중에, 후에.

පහ‡ [빠하] 다섯, 오, 5. (복) *පස්*

පහ කරනවා‡ [빠하 꺼러너와-] 해산시키다, 흩다, 흩뜨리다, 떠나게 하다, 가게 하다 පිට කරනවා.

පහ'ග [빠하'거] 건물 정상, 건물 꼭대기 ප්‍රාසාදාග්‍රය.

පහටිය [빠하티여] 열매의 밑부분.

පහටුව [빠하투워] 기쁨, 즐거움 ප්‍රීතිය. (구어) සතුට

පහට්ටුව [빠핱투워] 교활함, 속임, 사기 කපටිකම.

පහණ [빠하너] 돌, 바위 පාෂාණය. (구어) ගල

පහත‡ [빠하떠] 아래, 밑, 하층 පහළ. (구어) යට

ප

පහත රට/පාත රට‡ [빠하떠 라터/빠-터 라터] ①저지대 ②해안 지역.

පහත්† [빠할] ①아래의, 낮은 පහළ ②천한, 신분이 비천한 නීච.

පහත් කරනවා/පාත් කරනවා† [빠할 꺼러너와-/빨- 꺼러너와-] ①낮추다, 내리다, 낮게 하다 අඩු කරනවා ②격하하다, 강등시키다, 좌천시키다 තත්වයෙන් බස්සනවා.

පහත් වෙනවා/පාත් වෙනවා [빠할 웨너와-/빨- 웨너와-] ①눕다, 낮아지다 පහළට වෙනවා ②비천해지다, 강등되다, 좌천되다 නීච වෙනවා.

පහදනවා† [빠하더너와-] පැහැදුවා-පහදා ①설명하다, 밝히다 පැහැදිලි කරනවා ②기쁘게 하다, 행복하게 만들다 සිත සතුටු කරනවා ③깨끗하게 하다, 더러운 것을 제거하다 පිරිසිදු කරනවා. <u>පැහැදීම</u>

පහදිනවා [빠하디너와-] පැහැදුණා-පැහැද ①기뻐하다, 행복해하다, 즐거워하다 සතුටු වෙනවා ②밝혀지다, 분명해지다 පැහැදෙනවා.

පහන‡ [빠하너] 등, 등잔. (복) *පහන්*

පහන්කඩ [빠한까더] (등, 양초) 심지.

පහන් කණුව‡ [빠한 까누워] 촛대, 등잔대.

පහන් තරුව [빠한 따루워] ①새벽별, 금성, 샛별 පහන් තාරකාව ②(기독교) 사단, 루시퍼.

පහන් තාරකාව [빠한 따-러까-워] ①새벽별, 금성, 샛별 පහන් තරුව ②(기독교) 사단, 루시퍼.

පහන් තිරය† [빤한 띠러여] 등잔 심지 ලාම්පු තිරය.

පහන් දැල්ල [빠한 댈러] 촛불, 등불.

පහන් වෙනවා [빠한 웨너와-] 동이 트다, 아침이 밝다.

පහමුණය [빠하무너여] 제방(탱크)의 외부.

පහය [빠하여] 대저택, 캐슬, 맨션, 건물 පාය.

පහයින් පත [빠하인 빠떠] 거울 කණ්නාඩිය.

පහයින් මල්ල [빠하인 말러] 화장실 봉지, 생리대 수거 봉지.

පහර† [빠하러] ①공격, 때림, 폭행, 침 ප්‍රහාරය ②피스톤이 움직이는 거리.

පහර කනවා [빠하러 까너와-] 얻어 맞다, 공격받다, 공격당하다 ගුටි කනවා.

පහර දෙනවා† [빠하러 데너와-] 공격하다, 때리다 ප්‍රහාරය කරනවා. (구어) ගහනවා

පහරනවා [빠하러너와-] පැහැරුවා-පහරා ①약탈하다, 강탈하다, 노획하다 කොල්ල කනවා ②공격하다, 때리다 ගහනවා ③배설하다, 분비하다 මල පහ කරනවා ④인쇄하다 මුද්‍රණය කරනවා. <u>පැහැරීම/පැහැරුම</u>

පහ වෙනවා [빠하 웨너와-] ①없어지다, 사라지다 දුරු වෙනවා ②빼지다, 밖으로 나와지다 පිට වෙනවා.

පහස [빠하써] 터치, 만짐 ස්පර්ශය.

පහස කියනවා [빠하써 끼여너와-] 욕하다, 욕설하다 වහසි බස් කියනවා.

පහසු‡ [빠하쑤] 편한, 편안한, 안도의 ලෙහෙසි.

පහසුකම‡ [빠하쑤꺼머] ①편함, 안도, 편안 ②편리함, 편의.

පහසු ගන්නවා [빠하쑤 간너와-] 쉬다, 안식하다.

පහසුව [빠하쑤워] 건강, 안락, 편함.

පහසුවෙනවා [빠하쑤 웨너와-] 편안하다, 안도하다.

පහසුවෙන් සිටිනවා† [빠하쑤웬 씨티너와-] 편안하게 (안락하게) 지내다.

පහස්නාව [빠하쓰나-워] (동물) 더듬이, 촉수, 촉모.

පහළ† [빠할러] ①아래, 밑, 하층 පහත ②아래의, 밑의, 낮은, 하층의 (구어) යට

පහළ [빠할러] ①아래의, 밑의, 낮은, 하층의 යට ②일어난, 발생한 හටගත් ③공공의, 공공연한 ප්‍රසිද්ධ.

පහළ වෙනවා [빠할러 웨너와-] ①태어나다, 나타다다, 내려오다 (한세계에서 다른세계로) ②분명하다 ③발생하다, 일어나다.

පහළොව† [빠할로워] 15, 십오, 열다섯 පාළොව. (복) *පෙහළොස්* (문어) පසළොස

පහළොස් [빠할로쓰] පහළොව, පහළොහ 의 형용사: 15의.

පහළොස් පැය [빠할로쓰 빼여] (음력을 따른) 15번째 시간: 한밤중 මැදියම් රැය.

පහළොහ‡ [빠할로허] 15, 십오, 열다섯 පාළොව. (복) *පෙහළොස්* (문어) පසළොස

පහිණ [빠히너] 메시지, 소식 පණිවිඩය.

පහිණිපත් [빠히니빧] 편지들 හසුන් පත්.

පහිත්ති කරනවා [빠힏띠 꺼러너와-] 주저하다, 주춤거리다 අදිමදි කරනවා.

පහිය [빠히여] 지갑 පසුම්බිය.

පහු‡ [빠후] ①뒤의, 후미의, 뒷쪽의 පස්සා ②다음, 후의, 나중의 ඊළඟ. (문어) පසු

පහු බහිනවා [빠후 바히너와-] 뒤로 가다, 뒤로 넘어지다, 물러가다, 포기하다 ආපහු යනවා. (문어) පසු බසිනවා

පහු යනවා‡ [빠후 야너와-] ①지나가다, 지나치다 ②(시간이) 흐르다, 지나가다. (문어) පසු යනවා ¶ පහු ගිය කාලේ මට ටිකක් වැඩ වැඩියි 지난 시간 동안 제가 조금 바빴습니다

පහුර† [빠후러] ①뗏목, 카누 두개가 붙어 있는 배 ලී කොට කීපයක් එකට බැඳ නිර්මිත ජල යාත්‍රාව ②(고양이, 매 따위의) 발톱 ③(나무를 타고 올라가는) 넝쿨. <u>*පහුරු*</u>

පහුරු ගානවා‡ [빠후루 가-너와-] 할퀴다, 긁다 නියවලින් සූරනවා.

පහු වෙනවා [빠후 웨너와-] ①지나치다, 지나가게 되다, 늦어지다 ප්‍රමාද වෙනවා ②살다, 존재하다 ජීවත් වෙනවා. (문어) පසු වෙනවා

පහෙක්කාරයා [빠훽까-러야-] (땅) 감독관, 관리자, 지휘자.

පහේ [빠헤-] ①카레 종류 ②불랏을 씹는데 필요한 것.

ප

ප

පහේ [빠헤-] ①5 안에, 5의 පස්වැනි ②~과 같이 වාගේ.

පළ [빨러] ①장소 තැන ②사람 තැනැත්තා.
¶ වෙළඳපළ 시장 ගුවන්තොටුපළ 공항 මුර පළ 초소

පළ [빨러] ①유명한, 알려진 ②분명한.

පළ කරනවා [빨러 꺼러너와-] ①말하다, 진술하다, 발표하다, 공포하다 ප්‍රකාශ කරනවා (구어) කියනවා ②출판하다.

පළඟ [빨렁거] 의자, 좌석 පුටුව.

පළඟැටියා‡ [빨렁개티야-] 메뚜기.

පළට [빨러터] 유명하게, 잘 알려져 ප්‍රසිද්ධියෙන්.

පළතුර [빨러뚜러] 과일 한 종류 පලතුර. (복) *පළතුරු*

පළතුරු‡ [빨러뚜루] පළතුර 의 복수: 과일들 පලතුරු.

පළනවා [빨러너와-] පැළුවා-පළා ①(나무를) 쪼개다 ②열다, 개봉하다 විවෘත කරනවා ③폭파하다, 터트리다 පුපුරවනවා. පැළීම

පළඳනය [빨런더너여] 보석, 장식류 පලඳනාව.

පළඳනවා [빨런더너와-] පැළඳුවා-පළඳා ①옷을 입히다 ②꾸미다, 장식하다, 치장하다 පලඳනවා. පැළඳීම/පැළඳුම

පළඳනාව [빨런더나-워] 보석, 장식류 ආභරණය.

පළඳිනවා† [빨런디너와-] පැළැන්දා-පැළඳ ①옷을 입다 ②꾸미다, 장식하다, 치장하다 පලඳිනවා. පැළඳීම (구어) අඳිනවා.

පළමු‡ [빨러무] ①처음의, 시작의 ප්‍රථම ②~전에, ~앞서.
¶ පළමුව ආරක්ෂාව 안전제일 පළමු කොට 먼저, 앞서 කුකුළා දෙ වරක් හඬලන්නට පළමු 닭이 2번 울기 전에

පළමුද‡ [빨러무다-] 그끄제, 삼일전.

පළමුවන† [빨러무워너] 첫번째의, 우선의. (구어) පළවෙනි

පළමුවැන්නා [빨러무왠나-] 첫번째 사람, 1등자. ¶ දෙවැන්නා 두번째 사람

පළමුවෙනි‡ [빨러무웨니] 첫번째의, 우선의 පළවෙනි. (문어) පළමුවන

පළමුවෙන් [빨러무웬] ①~ 전에, ~ 앞서 පෙර ②앞서서, 미리.

පළල‡ [빨럴러] 넓이, 가로.

පළල්† [빨랄] 넓이의, 가로의.

පළල් කරනවා† [빨랄 꺼러너와-] 넓히다, 확장하다.

පළවෙනවා [빨러웨너와-] 나타나다, 출현하다 ප්‍රකාශ වෙනවා. (구어) පෙනෙනවා

පළවෙනි‡ [빨러웨니] 첫번째의, 우선의 පළමුවෙනි. (문어) පළමුවන

පළහිලව්ව [빨러힐라우워] 사건, 사태, (일) 발생 සිද්ධිය.

පළාත† [빨라-떠] (행정 구획으로서의) 주(州), 도(道): 스리랑카에는 9개의 පළාත 가 있다. (복) *පළාත්*

පළාත්බද [빨랄-바더] 지방의, 지역의.

පළිකාරයා [빨리까-러야-] 복수하는 사람.

පළිගන්නවා/පලිගන්නවා‡ [빨리간너와-] 복수하다, 보복하

다, 앙갚음을 하다 පළිගහනවා. පළිගැනීම

පළිගහනවා/පළිගහනවා‡ [빨리가하너와-] 복수하다, 앙갚음하다, 원수를 갚다 පළිගන්නවා. පළිගැසීම

පළිඟු‡ [빨링구] (보석) 수정 පිළිමිණ.

පළිබෝධ [빨리보-더] (곤충) 해충 හානිකර කෘමීන්.

පළිය/පලිය [빨리여] 복수, 앙갚음 වාඩුව.

පළු [빨루] 반절로 나눈, 두쪽으로 나눈.

පළු ඇණය [빨루 애너여] (기계공학) 조인트 핀.

පළුදු/පලුදු [빨루두] පළුදුව, පළුද්ද/ලුදුව, පලුද්ද 의 명사 복수 또는 형용사: ①오점, 약점, 결함 ②오점의, 결함있는, 약점있는 කඩතොලු.

පළුදුව/පලුදුව [빨루두워] 오점, 약점, 결점 පලුද්ද.

පළුද්ද/පලුද්ද [빨룯더] 오점, 약점, 결점 අඩුපාඩුව. (복) පළුදු/පලුදු

පළුව [빨루워] (과일, 견과류) 반쪽, 반절, 두쪽으로 나눔.

පා [빠-] ①~으로서: 맹세에서 사용되는 ②පානවා의 과거분사: 보이고, 보여 පාලා. ¶ මගේ ඇස් දෙක පා 내 두 눈으로서

පා [빠-] ①'발'의 접두사나 형용사: 발의 ②두발, 발들 පාද ③용기, 그릇. ¶ පා පුටුව 발등상 දෙපා 두발

පාංකඩය [빵-까더여] 넝마 조각, 헤어진 헝겊 조각.

පාංකාව [빵-까-워] 선풍기 පවන්කාව.

පාංශු [빵-슈] 흙 පස්.

පාංශුකූලය [빵-슈꿀-러여] ① 버려진 천조각, 흙묻은 천 조각 අත්හළ රෙදිකඩ ②매장전 행하는 불교 의식.

පාංශු ඛාදනය† [빵-슈 까-더너여] (지질학) 토양 침식 සෝදාපාලුව.

පාංශු නිපාතය [빵-슈 니빠-떠여] 흙먼지 폭풍, 황사 ධූලි කුණාටුව.

පාංශුල [빵-슐러] 먼지투성이의, 먼지 많은 ධූවිල්ලෙන් පිරුණු.

පාංශු ස්‍යන්දනය [빵-슈 씨얀더너여] 토양류(流), 유토(流土, 동토 지대에서 물에 포화된 토양이 사면을 천천히 이동하는 현상).

පාකඩ [빠-까더] 발판, 페달 පදිකය.

පාකන්ද [빠-깐더] 산기슭의 작은 언덕 කඳු ගොඩැල්ල.

පාකපාත්‍රය [빠-꺼빠-뜨러여] (자루, 뚜껑있는) 스튜 냄비.

පාකය [빠-꺼여] 요리 음식 පිසූ ආහාර.

පාකර [빠-꺼러] 발목 뼈.

පාකරනවා† [빠-꺼러너와-] (물위에) 뜨게 만들다, 부류케 하다.

පාක විද්‍යාව [빠-꺼 윋디야-워] 요리법.

පාකාගාරය [빠-까-가-러여] 부엌, 키친 මුළුතැන්ගෙය. (구어) කුස්සිය

පාකාශය [빠-까-셔여] (해부학) 대장 මහ බඩවැල.

පාකුලිය [빠-꿀리여] (밧줄) 끝매듭 පාගුලිය.

ප

පාක්කුඩම් [빡-꾸담] 선물, 증여품 තෑගිබෝග.

පාක්ෂික [빡-쉬꺼] 부분적인, 일부분의, 국부적인 පැත්තකට අයත්.

පාක්ෂිකයා [빡-쉬꺼야-] 당원 පක්ෂයකට අයත් තැනැත්තා.

පාඛණ්ඩයා [빠-깐더야-] 이교도, 그릇된 신앙을 가진 사람 පාෂණ්ඩයා.

පාගනවා‡ [빠-거너와-] පෑගුවා-පාගා ①짓밟다, 밟아 뭉개다 පියින් මඩිනවා ②(옥수수를) 떨다. පෑගීම

පාගමන [빠-가머너] ①걷기, 보행, 걸음거리 ②가두행진.

පාගැටය [빠-개터여] 보폭, 걸음.

පාගුලිය [빠-굴리여] (밧줄) 끝매듭 පාකුලිය.

පාගුව [빠-구워] 터번 (이슬람교도 남자가 머리에 감는 두건).

පාගිල්ල† [빵-길러] 발가락 පාදයේ ඇඟිල්ල.

පාචක [빠-처꺼] 소화의, 소화를 돕는, 소화력이 있는 ජීරක.

පාචක ව්‍රණය [빠-처꺼 우러너여] (의학) 소화계 종양.

පාචනය‡ [빠-처너여] ①설사 අතීසාරය ②탕약, 달인 것 කසාය.

පාච්චලය [빷-철러여] 치욕, 망신거리 අගෞරවය.

පාට‡ [빠-터] ①색깔 වර්ණය ②색깔있는, 칼라의 වර්ණවත්.

පාට ඇඳිරිය [빠-터 앤디리여] 색맹 වර්ණාන්ධතාව.

පාට කරනවා [빠-터 꺼러너와-] 색칠하다.

පාටකූරු [빠-터꾸루] 파스텔, 색분필.

පාටවය [빠-터워여] 재주, 재능, 재간, 수완 දක්ෂ බව.

පාටිභෝගය [빠-티보-거여] 보증, 저당 ඇපය.

පාටිය [빠-티여] ①당, 무리, 그룹 පක්ෂය ②잔치, 연회, 페스티발 උත්සවය.

පාට්ටුව [빹-투워] 쉬는 시간, 휴식 시간 විවේක කාලය.

පාඨ [빠-터] පාඨය 의 복수 또는 형용사: ①본문들, 문장들 ②본문의, 문장의 වගන්ති.

පාඨකයා [빠-터꺼야-] ①독자 ②종교 교사.

පාඨග්‍රන්ථය [빠-터그란떠여] 교과서 පෙළ පොත.

පාඨනය [빠-터너여] ①읽기 කියවීම ②낭독, 암송 ③발음.

පාඨමාලාව‡ [빠-터말-라-워] 실라버스, 개관, 개요, 적요 පාඩම් මාලාව.

පාඨය [빠-터여] ①본문, 문장 පෙළ ②읽기, 공부.

පාඨශාලාව [빠-터샬-라-워] 학원, 학교, 칼리지 පාසල.

පාඨශෝධනය [빠-터쇼-더너여] 교과서 개정 පාඩම් පොත් සංස්කරණය.

පාඨාංකය [빠-탕-꺼여] 미터에서 읽어오는 숫자.

පාඨාර්ථය [빠-타-르떠여] 문장의 뜻 වගන්තියේ තේරුම.

පාඨාන්තරය [빠-탄-떠러여] (본문비평) 이문(異文).

පාඩ [빠-더] ①점, 작은 점 පුල්ලි ②점이 있는, 점이 찍힌 පුල්ලි වැටුණු.

පාඩගම් [빠-더감] 발목에 차는 원 장신구.

පාඩම‡ [빠-더머] ①학과, 수업 ②교훈, 훈계 ගුරුහරුකම.

පාඩම් කරනවා [빠-담 꺼러너와-] 공부하다, 학습하다. (문어) හදාරනවා

පාඩම් පොත‡ [빠-담 뽀떠] 교과서 පංතියට නියමිත පොත.

පාඩයා [빠-더야-] 점, 얼룩 있는 동물 ලප සහිත සතා.

පාඩාව [빠-다-워] 판자를 자르기 위해 만든 선반.

පාඩු කරනවා [빠-두 꺼러너와-] 손해를 입히다, 손실을 입히다.

පාඩුව† [빠-두워] ①손해, 손실 අලාභය ②자유, 자유스러운 태도 නිදහස. ¶ තමාගේ පාඩුවේ වැඩට යන 자유롭게 일나가는

පාඩුවේ [빠-두웨-] 천천히, 유유히 හෙමින්.

පාණය [빠-너여] 혼 ප්‍රාණය.

පාණිග්‍රහණය [빠-니그러하너여] 결혼, 혼인 විවාහය.

පාණ්ඩුරික [빤-두리-꺼] 누렇게 뜬, 황달의 පාඬු පාටට සෑදුණු.

පාණ්ඩුව [빤-두워] (의학) 황달 සෙංගමාලය.

පාණ්ඩ්‍ය [빤-디여] 인도 타밀나두의 판드야 왕조의 පඬි රටට අදාළ.

පාඬි [빤-디] ①털 ලෝම ②인도 타밀나두의 판드야 왕조의 사람들.

පාඬු [빤-두] 담황색(의) පඬු පැහැය.

පාත/පහත [빠-떠/빠하떠] 아래, 밑, 하층 පහළ. (구어) යට

පාතකඩ [빠-떠까더] 하부 부분.

පාත දමනවා [빠-떠 다머너와-] ①낮추다, 내리다, 낮게 하다 අඩු කරනවා ②격하하다, 강등시키다, 좌천시키다.

පාත රට/පහත රට [빠-터 라터/빠하떠 라터] ①저지대 ②해안 지역.

පාතරාසය [빠-떠라-써여] 조식, 아침식사 උදය ආහාරය.

පාතලය [빠-딸러여] 발, 발부분 පය. (구어) කකුල් පැත්ත

පාතව්‍ය [빠-떠위여] 마실 수 있는, 음용의 පානය කළ හැකි.

පාතාලය† [빠-딸-러여] 지하, 음부, 지옥 නිරය. ¶ පාතාල සාමාජිකයා 조폭단원, 양아치

පාතාල පාෂාණ [빠-딸-러 빠-샤-너] (지질) 심성학, 화성학.

පාත්/පහත් [빧-/빠핟] ①아래의, 낮은 පාත ②천한, 신분이 비천한 නීච.

පාත් කරනවා/පහත් කරනවා [빧- 꺼러너와-/빠핟 꺼러너와-] ①낮추다, 내리다, 낮게 하다 අඩු කරනවා ②격하하다, 강등시키다, 좌천시키다 තත්වයෙන් බස්සනවා.

පාත් වෙනවා/පහත් වෙනවා [빧- 웨너와-/빠핟 웨너와-] ①눕다, 낮아지다 පහළට වෙනවා ②비천해지다, 강등되다, 좌천되다 නීච වෙනවා.

පාත්තයා† [빧-떠야-] ①거위, 기러기의 수컷 ②저지대 사람 පහර රැටියා.

පාත්තරය [빧-떠러여] 불교 승려가 탁발하는 그릇.

පාත්තිය [빧-띠여] (꽃, 야채 등을 경작하려고 만든) 이랑.

පාත්‍ර [빠-뜨러] 적절한, 알맞은, 합당한 සුදුසු.

පාත්‍ර කරනවා [빠-뜨러 꺼러너와-] ①숙고하다, 고찰하다, 집중하다 යොමු කරනවා ②굴복시키다, (상황에) 처하게 만들다 පත් කරනවා.

පාත්‍රය [빠-뜨러여] ①그릇, 용기 භාජනය ②불교 승려가 탁발하는 그릇 පාත්තරය. (복) පාත්‍ර

පාත්‍රයා [빠-뜨러야-] 적절한 사람, 합당한 사람 සුදුස්සා.

පාත්‍ර වර්ගයා [빠-뜨러 와르거야-] 인물, 등장인물.

පාත්‍ර වෙනවා [빠-뜨러 웨너와-] ①적합하다, 적절하다 ②(상황에) 처해지다, 맡겨지다.

පාත්‍රාව [빠-뜨라-워] ①그릇, 용기 භාජනය ②불교 승려가 탁발하는 그릇 පාත්තරය. (복) පාත්‍රා

පාත්‍රිතාව [빠-뜨리따-워] 경향, 성향, 기질 ග්‍රාහීතාව.

පාථය [빠-떠여] ①불, 화염 ගින්න ②해, 태양 සූර්යයා ③물 ජලය.

පාථෙය්‍ය [빠-떼이여] 여행 짐(의).

පාද [빠-더] පාදය 의 복수 또는 형용사: ① 발들 ②발의.

පාදංගුට්ඨ [빠-당굳터] 엄지발가락 පයේ මහපට ඇඟිල්ල.

පාද අංගය [빠-더 앙거여] 발찌 පා සලඹ.

පාදක [빠-더꺼] 기초의, 기본적인, 토대가 되는 පදනම් වන.

පාදකටක [빠-더까터꺼] 발가락 링 පා මුදු.

පාදකය [빠-더꺼여] 기초, 기본, 토대 අත්තිවාරම.

පාද කිංකිණි [빠-더 낑끼니] 소리나는 발찌 පා මිණි.

පාදකීලකය [빠-더낄-러꺼여] (해부학) 기저설상골.

පාද කූර්චය [빠-더 꾸르워여] (해부학) 발목뼈, 부골.

පාදක්කාරයා [빠-닦까-러야-] 뱃사공, 사공 ඔරුකාරයා.

පාද ගුල්ඵය [빠-더 굴뻐여] 발목 වළලුකර.

පාද ජාල/පාද ජාලා [빠-더 잘-러/빠-더 잘-라-] 양말, 스타킹 පාද දැල්.

පාදඩ [빠-더더] 유랑하는, 방랑하는, 순회하는 අයාලේ යන.

පාදඩයා† [빠-더더야-] 유랑자, 방랑자 පාජඩයා.

පාද තල [빠-더 딸러] ①바닥판, 기저판 පතුල් ②발바닥 යටිපතුල්.

පාදතලචාරී [빠-더딸러차-리-] 척행류의, 발바닥 전체를 땅에 대고 걷는.

පාදදම [빠-더다-머] 발찌 සලඹ.

පාද නමස්කාරය [빠-더 나마쓰까-러여] 부복, 포복.

පාදනවා [빠-더너와-] පෑදුවා-පාදා ①보여주다, 폭로하다, 계시하다 මතු කරනවා ②설명하다, 분명히 하다 පහදනවා ③(눈) 뜨게 하다. <u>පෑදීම</u>

පාදපය [빠-더뻐여] 나무 ගස.

පාදපරිකම්ම/පාදපරිකර්මය [빠-더빠리깜머/빠-더빠리까르머여] 발을 씻는 등의 시중 පා සේදීම ආදී උපස්ථාන.

පාදපරිචාරිකාව [빠-더빠*리*/차-*리*/까-워] 아내, 부인 බිරිඳ.

පාද පාංශු [빠-더 빵-슈] 발 먼지 පා දූවිල්ල.

පාදපාව [빠-더빠-워] ①신발 ②슬리퍼.

පාද පිටිඩිකාව [빠-더 삐티까-워] 발 거치대 පා පුවරුව.

පාදපීඨය/පාදපීඨිකාව [빠-더삐-터여/빠-더삐-티까-워] 발 거치대 පා පුවරුව.

පාද ඵලකය [빠-더 빨러꺼여] 발 거치대 පා පුවරුව.

පාද බෙදනවා [빠-더 베더너와-] (집 지을 때 방 화장실 등) 경계를 정하다, 구분하다, 구획하다.

පාදම [빠-더머] 족쇄, 차꼬 පය බඳින දම්වැල. (복) *පාදම්*

පාදය [빠-더여] ①발 පය ②뿌리, 기초 මුල ③문장, 줄 පදය ④쿼터, 사분의 일 හතරෙන් පංගුව ⑤햇빛 රශ්මිය ⑥뗏목 පාරුව.

පාද රජස් [빠-더 *라*저쓰] 발 먼지 පා දූවිලි.

පාද ලාඤ්ඡනය [빠-덜 랑-처너여] 발자국 පාදසටහන.

පාදවනවා [빠-더워너와-] පෑදෙවුවා-පාදවා 밝혀지게 만들다, 나타나게 만들다 පෑදීමට සලස්වනවා.

පාදශංඛල [빠-더샹껄러] 족쇄(의), 차꼬(의) පය බඳින දම්වැල්.

පාදසටහන† [빠-더싸터하너] 발자국 පදලස.

පාද සලඹ [빠-더 쌀럼버] 소리 나는 발찌 පා කිංකිණි.

පාද සේවනය [빠-더 쎄-워너여] 시중, 충성, 헌신적인 섬김.

පාද සෛලය [빠-더 싸일러여] (농생물학) 밑세포.

පාදස්ථ [빠-더쓰떠] 발의, 발과 연관된, 기초의, 기저의 පාදයට සම්බන්ධ.

පාදස්ථ කණිකාව [빠-더쓰떠 까니까-워] (생물) 기저 소체 (편모·섬모 세포의).

පාදස්ථ මඬල [빠-더쓰떠 만*덜*러] 기초 디스크.

පාදස්ථලය [빠-더쓰떨러여] (구조물의) 기초, 최하층, 기저 පාදම.

පාදස්ථය [빠-더쓰떠여] 추가물, 첨가물, 부속물.

පාද [빠-다-] 부처님이 사용하신 그릇 පාත්‍ර ධාතුව.

පාදංගුලිය [빠-당-굴리여] ①발가락 පයේ ඇඟිල්ල ②발가락 장식 පා ඇඟිලි පළඳනාව.

පාදංගුෂ්ඨය [빠-당-구쉬터여] 엄지 발가락 පාදංගුට්ඨ.

පාදංශය [빠-당-셔여] 발의 일부 පයේ කොටසක්.

පාදකාර [빠-다-까-*러*] (동물) 발 모양의, 발이 있는 පය වැනි.

පාදග්‍රය [빠-다-그*러*여] 발끝 පාදාන්තය.

පාදන්තය [빠-단-떠여] 발끝 පාදාග්‍රය.

පාදභිසාරී [빠-다-비싸-*리*-] (식물) 구기적(求基的)인, 향기적(向基的)인 පාදය දෙසට අනුක්‍රමයෙන් වැඩෙන.

පාදරවින්දය [빠-다-*러*윈더여] 연꽃 모양의 발 පාද පද්මය.

පාදර්ධය [빠-다-*르*더여] (시) 연의 반절 පදයකින් අර්ධය.

ප

පාදවලය [빠-다-월러여] 발찌 පාදකටක.

පාදශ්‍රූ [빠-다-쉬러] 발의, 발과 관련된, 기초의 පාදය පිළිබඳ.

පාදශ්‍රූ පටලය [빠-다-쉬러 빠털러여] (해부학) 기저막 (상피 조직 아래의 경계면에 있는 얇은 세포 외의 막상 구조).

පාදශ්‍රිත [빠-다-쉬리떠] 친밀한, 아주 가까운 ළඟින් ඇයුරු කරන.

පාදස්තරණය [빠-다-따러너여] (존경을 상징하는) 레드 카페트 පාවාඩය.

පා දැල් [빠- 댈] 스타킹 පාද ජාල.

පාදික [빠-디꺼] 발의, 발관 연관된 කකුල්වලට සම්බන්ධ.

පාදිකාව [빠-디까-워] 단, 단상, 연단 පදික වේදිකාව.

පාදිය [빠-디여] 강 최저 수면 높이.

පාදිරි/පාදිලි [빠-디리//빠-딜리] (기독교) 신부 කිතුණු පූජකයා.

පාදු [빠-두] (접두사) 안전한, 보호의 뜻을 가짐 ආරක්ෂා.

පාදුකා [빠-두까-] 신발 (구두, 슬리퍼) පාවහන

පාදුකාකාර [빠-두까-까-러] (난초과 꽃잎처럼) 슬리퍼 꼴의.

පාදෝකය [빠-도-꺼여] 발씻는 물 පා දොවන වතුර.

පාදෝත්පතනය [빠-돋빠떠너여] 다리를 듬 පය එසවීම.

පාදෝවනය [빠-도-워너여] 발 닦음, 발 씻음 පය සේදීම.

පාන [빠-너] ①등, 등잔 පහන ②빛 එළිය ③음료수, 마시는 것들 බීම. (복) පාන්

පාන [빠-너] ①마시는 බොන ②පානවා 의 형용사적 현재용법: 보여주는 දක්වන.

පානකය [빠-너꺼여] 음료수 බීම.

පාන කූපය [빠-너 꾸-뻐여여] 우물 ළිඳ.

පානගාරික [빠-너가-리꺼] 주류 판매상 සුරා වෙළෙන්දා.

පාන දල්වනවා [빠-너 달워너와-] 등을 켜다, 등잔을 피우다.

පාන මානය [빠-너 마-너여] 광도계.

පානය† [빠-너여] 음용, 마심, 음료 බීම.

පානය කරනවා† [빠-너여 꺼러너와-] 마시다, 음용하다. (구어) බොනවා

පානවා [빠-너와-] පෑවා-පාවා 보여주다, 전시하다. පෑම

පාන ව්‍යසනය [빠-너 위여써너여] 음주로 인한 파멸 මාන ව්‍යසනය.

පානාකය [빠-나-꺼여] 상과(桑果), 육질 집합과(肉質集合果).

පානාගාරය [빠-나-가-러여] 주류 가게 තැබෑරුම.

පානාශක්ත [빠-나-샥떠] 올코올 중독의, 알코올 성의 මත්පැන් බීමට ගිජු.

පානි [빠-니] (귀 모양의 손잡이와 주둥이가 있는) 물주전자 මුට්ටිය.

පානීය‡ [빠-니-여] පානය 의 형용사: 마시는, 음용의 බීමට හැකි. ¶ පානීය ජලය 음용수

පානු [빠-누] 물(의), 음료(의) පැන්.

පානු දිය [빠-누 디여] 쌀뜨물.

පාන්‡ [빤-] ①빵 පාං ②등불, 램프 පහන් ③우박 හිමකැට.

පාන් [빤-] 기쁜, 즐거운, 즐거워하는 ප්‍රසන්න. (구어) සතුටු

පාන් එළිය [빤- 엘리여] ①미명, 서광 අරුණාලෝකය ②등불빛 පහන් එළිය.

පාන්කඩය [빤까더여] ①낡은 넝마 ②등잔 심지 පාන් තිරය.

පාන් කරනවා [빤- 꺼러너와-] 밤을 지새다, 철야하다 පහන් කරනවා.

පාන් කළුවෙන් [빤- 깔루웬] 새벽에, 새벽부터 පාන්දරින්.

පාන් කාරයා [빤- 까-러야-] 빵 파는 사람 පාන් වෙළෙන්දා.

පාන් ගෙඩිය‡ [빤- 게디여] 빵 한덩어리.

පාන් තිරය† [빤- 띠러여] 등잔 심지 ලාම්පු තිරය.

පාන් දඹුව [빤- 담부워] 등잔 심지 타고 남은 것.

පාන්දර‡ [빤-더러] 새벽, 미명 පහන් දොර.

පාන් දැල්ල [빤- 댈러] 등불, 등잔불.

පාන්දෙර [빤-도러] 새벽, 미명 පාන්දර.

පාන්දු යත්ත [빤-두 얃떠] 조각용 대패.

පාන් මඩුව [빤- 마두워] 등 점화 의식.

පාන් වැටිය [빤- 왜티여] 등잔 심지 පාන් තිරය.

පාන් වැස්ස [빤- 왰써] 우박 내림.

පාන් වෙනවා [빤- 웨너와-] 날이 밝다, 동이 트다.

පාප [빠-뻐] පාපය 의 복수 또는 형용사: ①죄들 ②죄의, 죄 많은.

පාප ආචාර [빠-뻐 아-차-러] 나쁜 행위, 악행 නරක හැසිරීම.

පාප ඉච්චා [빠-뻐 잇차-] 죄된 생각, 악한 사고 පව් සිතිවිලි.

පාපක [빠-뻐꺼] 죄 있는, 죄 많은 පාපිෂ්ඨ.

පාප කර්මය [빠-뻐 까르머여] (종교적) 죄 පාපය.

පාපකාරී [빠-뻐까-리-] 죄의, 죄가 있는 පාපිෂ්ඨ.

පාප ක්ෂමාව [빠-뻐 끄셔마-워] 사죄, 사면 පව් සමා කිරීම.

පාපතර [빠-뻐떠러] 죄 있는, 죄 많은 පාපී.

පාපතරයා [빠-뻐떠러야-] 죄인, 범인 පව්කාරයා.

පා පදිකය [빠- 빠디꺼여] (자전거) 페달 පෙඩලය.

පාප ධර්මය [빠-뻐 다르머여] 죄과, 과실, 결점, 단점.

පා පන්තිය [빠- 빤띠여] 계단 පියගැට පෙළ.

පාපන්දුව† [빠-빤두워] 축구.

පාප පූජාව [빠-뻐 뿌-자-워] 속죄 예배, (기독교) 속건제.

පාප මිත්‍රයා [빠-뻐 미뜨러야-] 나쁜 친구 නරක මිතුරා.

පාපය‡ [빠-뻐여] (기독교, 종교적) 죄 පව. ¶ අකුසල (불교의) 죄, 업보

පාප සුපිනය [빠-뻐 쑤삐너여] 악몽, 나쁜 꿈 පාප ස්වප්නය. (구어) නරක හීනය

පාපැදිය† [빠-빼디여] 자전거. (구어) බයිසිකලය ¶ යතුරුපැදිය 오토바이

පාපිට [빠-삐터] 발위에, 발등에.

පාපිෂ්ඨ [빠-삐쉬터] 죄의, 죄가 있는 පාපී.

ප

පාපිස්න/පාපිස්නාව [빠-삐쓰너/빠-삐쓰나-워] 발털이개, 문앞에 있는 매트 පාපිස්ස.

පාපිස්ස‡ [빠-삤써] 발털이개, 문앞에 있는 매트 පාපිස්ස. (복) *පාපිසි*

පාපී [빠-삐-] 죄된, 죄악의, 죄짓는 පාපිෂ්ඨ.

පාපුටුව [빠-뿌투워] 발 의자.

පාපුවරුව† [빠-뿌워*루*워] (차량, 기차 등의) 발판, 디딤판.

පාපොල්ල/පාපෝරුව [빠-뽈러/빠-뽀-*루*워] 페달, 발판.

පාපෝච්චාරණය† [빠-뽗-차-*러*너여] 회개, 죄에 대한 고백, 자백 පසු තැවිලිවීම.

පාප්ප [빱-뻐] (밀가루로 쓴) 풀.

පාබල [빠-발러] (육군) 보병의.

පාබල හමුදාව† [빠-발러 하무다-워] (육군) 보병대.

පාමංකඩ [빠-망까*더*] (보행자용의) 작은 길.

පාමන් රෝගය/පාමය [빠-만*로*-거여/빠-머여] 피부 부스럼, 문둥병 කුෂ්ඨය.

පාමිල [빠-밀러] 정복당한, 복종하게 된, 억제된.

පාමිටින් අම්ලය [빠-미틴 아믈러여] (야자 기름에서 빼낸) 팔미트 산.

පාමුක්කරි [빠-묶꺼*리*-] 매춘부장, 창녀 리더 නායක වෙසඟන.

පාමුල [빠-물러] (침대, 사람, 마루) 발치, 아래, 밑부분, 기슭.

පාමොක් [빠-목] 선도하는, 우선의 ප්‍රමුඛ.

පාඹුල් පෙට්ටිය [빰-불 뻹티여] 보석 상자, 보석함.

පාය [빠-여] ①대저택, 캐슬 පහය ②구멍, 동공 සිදුර.

පායනවා‡ [빠-여너와-] පෑවුවා-පායලා(පායා) ①햇빛이 쨍쨍하다 වැස්ස නවතිනවා ②(해가) 떠오르다 උදා වෙනවා ③청소하다, 깨끗이 하다 ශුද්ධ කරනවා. <u>පෑවීම/පෑවුම</u>

පායාස [빠-야-써] 밀크 라이스, 끼리밧 කිරිබත්.

පායින් පත [빠-인 빠떠] 머리 장신구.

පායියා/පාය්යා [빠-이야-] 대부 (기독교에서 대자나 대녀가 될 아이의 세례식에 입회하여 종교적 가르침을 주기로 약속하는 남자).

පායී [빠-이-] 마시는, 음용하는 පානය කරන. (구어) බොන

පා යුග [빠- 유거] (길이) 두 자, 2 피트 දෙපය.

පායුව [빠-유워] (해부학) 항문 අධෝ මාර්ගය.

පාර‡ [빠-*러*] ①길, 도로 (문어) වීදිය ②방법, 방식 ආකාරය ③기회, 순번 අවස්ථාව ④가격, 타격, 침 පහර. ¶ කෝටු පාර 매질, 체벌 පාර වැරදිලා 길을 잃었어요

පාර [빠-*러*] (후치사) ~를 통하여, ~를 지나 හරහා.

පාරගම්‍ය [빠-*러*가미여] (빛, 물따위를) 통과시키는, 통하게 하는 හරහා යා හැකි.

පාරගම්‍යතාව [빠-*러*가미여따-워] 통과성, 투과성.

පාරගම්‍ය පාෂාණ [빠-*러*가미여 빠-샤-너] 투과성 암석.

පාරගූ [빠-*러*구-] 능숙한, 전문가의, 숙련된 පාරගත.

පාරගෘහී [빠-러그루히-] (식물) 암수 병생의.

පාරජාම්බුල [빠-러잠-불-러] 자외선의.

පාරජාම්බුල ආලෝකය [빠-러잠-불-러 알-로-꺼여] 자외선, 자외방사.

පාරට්ටු [빠-랕투] 자랑하는, 자화자찬하는 වර්ණනා.

පාරට්ටු කරනවා [빠-랕투 꺼러너와-] ①자랑하다 වර්ණනා කරනවා ②칭찬하다, 격려하다.

පාරට්ටුව [빠-랕투워] 자랑, 자부심, 자긍 වර්ණනාව.

පාරතාපක [빠-러따-뻐꺼] 투열성의, 열이 통하는.

පාරතාපනය [빠-러따-뻐너여] (의학) 투열 요법, 디아테르미.

පාරතොට [빠-러또터] 소재, 행방, 있는 곳 මගතොට.

පාරත්‍රික [빠-러뜨리꺼] 내세의, 내생의 පරලොවට අයත්.

පාරද [빠-러더] (화학) 수은 රසදිය.

පාරදර්ශක/පාරදර්ශී [빠-러다르셔꺼/빠-러다르쉬-] 투명한, 보이는 පාරදෘශ්‍ය.

පාරදරික [빠-러다-리꺼] 간통하는, 간통의 අඹුවන් සේවනය කරන.

පාරදරිකයා [빠-러다-리꺼야-] 간부(姦夫), 음행을 행하는 남자 අන් අඹුවන් කරා යන්නා.

පාරදරිකාව [빠-러다-리까-워] 간부(姦婦), 음행을 행하는 여인.

පාරදෘශ්‍ය [빠-러드루쉬여] 투명한, 보이는 විනිවිද පෙනෙන.

පාරදෘශ්‍යතාව [빠-러드루쉬여따-워] 투명, 투명성. විනිවිද පෙනීම.

පාරදේශිකයා [빠-러데-쉬꺼야-] 외국인 විදේශිකයා.

පාරනවා [빠-러너와-] පෑරුවා-පාරා ①고통을 주다, 아프게 하다 රිදවනවා ②화나게 하다, 화나게 만들다 අවුස්සනවා ③배변하다, 똥싸다 මල පහ කරනවා. <u>පෑරීම</u>

පාරපත්‍රය [빠-러빠뜨러여] 여권 ගමන් බලපත්‍රය.

පාරපිසිය [빠-러삐씨여] (식물학) 측사, 사상체.

පාරප්ලාස්මය [빠-러쁠라-쓰머여] (동물학) 부형질.

පාරප්‍රාප්ත [빠-러쁘랖-떠] 숙달된, 노련한, 교묘한 පරප්‍රාප්ත.

පාරප්‍රාප්තිය [빠-러쁘랖-띠여] 숙달, 전문, 전문적 기술, 노하우 විශේෂඥතාව.

පාරප්‍රාප්තිවාදය [빠-러다쁘랖-띠와-더여] 완전론, 완전주의 සර්වතෝභද්‍ර බව.

පාරභාස්මික [빠-러바-쓰미꺼] (암석이) 초염기성의.

පාරභෞම [빠-러바우머] 지구 밖의, 우주의.

පාරමිතාව [빠-러미따-워] 해탈의 경지 (불교에서 인간이 도달할 수 있는 최고의 상태).

පාරමී [빠-러미-] 해탈의, 완전한 경지의.

පාරම්පරික‡ [빠-람빠리꺼] පරම්පරාව 의 형용사: 자손의, 후손의, 자자손손의.

පාරම්බානවා [빠-람바-너와-] 협박하다, 위협하다, 경고하다 තර්ජනය කරනවා.

පාරරෝපණය [빠-러로-빠너여] 이식, 묘목 옮겨심기 පැළ සිටුවීම.

ප

පාරලෞකික [빠-럴라우끼꺼] 다른 세상의, 초월적인, 이상적인.

පාරවිද්‍යුත් [빠-러윋디윹] 절연성의, 유전성의.

පාරවිද්‍යුත් ද්‍රව්‍ය [빠-러윋디윹드럽위여] 절연체, 유전체.

පාරවිලයනය [빠-러윌라여너여] 수혈.

පාරශ්වේදනය [빠-러쉬웨-더너여] (피) 스며나옴.

පාරස [빠-러써] 우유밥, 밀크라이스 කිරිබත්.

පාරස්පර්යය [빠-러쓰빠르여여] 차익거래, 재정거래.

පාරාජිකා [빠-라-지까-] 불교 승려에 의해 자행된 용서받지 못하는 죄들: 음행, 도둑질, 살인, 아라한 모독.

පාරාජිකා වීම [빠-라-지까- 위-머] 나쁜 행동으로 인해 사회로부터 거절당함.

පාරාදීසය/පරාදීසය‡ [빠-라-디-써여/빠라-디-써여] 천국, 낙원, 파라다이스 ස්වර්ගය.

පාරාන්ධ [빠-란-더] 불투명한 විනිවිද නොපෙනෙන.

පාරාපත [빠-라-빠떠] 비둘기 පරෙවියා.

පාරායණය [빠-라-여너여] 간격, 간극 පරතරය.

පාරාවත [빠-라-와떠] 비둘기 පරෙවියා.

පාරාවළල්ල [빠-라-왈랄러] 부메랑 බූමරංගය.

පාරිජාත [빠-리-자떠] (식물) 해동피 එරබදු ගස.

පාරිතෝෂිකය† [빠-리또-쉬꺼여] 상, 상급, 선물 විපාකය.

පාරිදර්ශකය [빠-리-다르셔꺼여] (잠수함의) 잠망경.

පාරිභද්‍ර [빠-리바드러] 산호(의).

පාරිභාෂික පදය† [빠-리바-쉬꺼 빠더여] 전문 용어(기술, 직업, 학문등).

පාරිභෝගික [빠-리보-기꺼] 소비하는, 사용하는, 먹는 පරිභෝජනය කෙරෙන.

පාරිභෝගිකයා/පාරිභෝජකයා† [빠-리보-기꺼야-/빠-리보-저꺼야-] 소비자 පරිහරණය කරන්නා.

පාරිශුද්ධ [빠-리슏더] 정결한, 깨끗한 පිරිසිදු.

පාරිශුද්ධභාවය [빠-리슏더바-워여] 정결, 깨끗함 පිරිසිදුකම.

පාරිශුද්ධිය [빠-리슏디여] 정결, 깨끗함 පිරිසිදුකම.

පාරිශ්‍රමිකය [빠-리쉬러미꺼여] 봉급, 급여, 월급 කුලිය.

පාරිෂද්‍යය [빠-리셔디여여] 무리, 회중 පිරිස.

පාරිසරික‡ [빠-리써리꺼] පරිසරය 의 형용사: 생태학의, 환경의 පරිසර විද්‍යාත්මක.

පාරිස්ථික විද්‍යාව [빠-리쓰띠꺼 윋디야-워] 생태학, 인류 생태학.

පාරිහාරික [빠-리하-리꺼] 사용하는, 이용하는 පරිහරණය වන.

පාරුකාරයා [빠-루까-러야-] 뱃사공, 사공 ඔරුකාරයා.

පාරුපණ [빠-루빠너] (남녀가 같이 쓰는) 길고 품이 넓은 겉옷, 외투 සිවුර.

පාරුපාලම [빠-루빨-러머] (바닥이 평평한) 거룻배, 너벅선.

පාරුව† [빠-루워] (배) 바지선, 거룻배.

පාර්ලිමේන්තුව [빠-를리멘-뚜워] 국회, 국회 의사당.

පාර්වතී [빠-르워띠-] 쉬바 신의 부인, 기리 데위, 두르가, 우마 ගිරි දේවි.

පාර්ශවය [빠-르셔워여] ①쪽, 부분, 옆, 측면 පැත්ත ②팀, 일당, 무리 පක්ෂය ③(불교) 종단.

පාර්ශුකාව [빠-르슈까-워] 갈비뼈, 갈빗대, 늑골 ඉල ඇටය.

පාර්ශ්ව දන්තී [빠-르쉬워 단띠-] (이가) 면생(面生)의, (동물이) 면생치(面生齒)를 가진.

පාර්ශ්වය [빠-르쉬워여] ①쪽, 부분, 옆, 측면, 일부 පැත්ත ②팀, 일당, 무리 පක්ෂය ③(불교) 종단.

පාර්ශ්වික [빠-르쉬위꺼] 옆의, 측면의, 일부의, 부분적인 පැති.

පාර්ෂ්ණිය [빠-르쉬니여] (해부학) 종골.

පාර්සලය† [빠-르썰러여] 소포, 소화물 බඩු ඇයුරුම.

පාල [빨-러] 지배자, 지배인, 조종자, 행정가 පාලකයා.

පාලංක [빨-랑꺼] 향내, 향기 සුවඳ දුම්.

පාලංකඩ [빨랑까더] 작은 다리 ඒදණ්ඩ.

පාලක [빨-러꺼] ①지배자, 조종자, 행정가 ②다스리는, 조종하는 පාලනය කරන.

පාලකයා† [빨-러꺼야-] 지배자, 통치자 පාලක. ¶ සභා පාලකයා 목사님

පාලනය‡ [빨-러너여] 지배, 통치, 다스림, 행정 ආණ්ඩු කිරීම.

පාලනය කරනවා‡ [빨-러너여 꺼러너와-] 다스리다, 통치하다, 지배하다 ආණ්ඩු කරනවා.

පාලම‡ [빨-러머] 다리, 교량 සේතුව. (복) පාලම්

පාලම් පාරුව† [빨-람 빠-루워] 나룻배, 연락선.

පාලයා [빨-러야-] 감시인, 관리인 පාලකයා. ¶ දොරටු පාලයා 문지기

පාලි [빨-리] 팔리, 팔리어 (산스크리트어, 범어의 속어) මාගධ භාෂාව.

පාලිකය [빨-리꺼여] (해부학) 지골(指骨) ඇඟිලි පුරුක.

පාලිකාව [빨-리까-워] 여자 통치자, 여성 행정가 පාලනය කරන්නිය. ¶ පාලකයා 남자 통치자

පාලිත [빨-리떠] ①통치를 받는, 조정을 받는, 보호받는 පාලනය කරන ලද ②키작은 나무: 뽕나무과 ගැටනිටුල්.

පාලින්ද [빨-린더] (식물) 풍선덩굴 පෙනෙල.

පාලීය [빨-리-여] 사다리 ඉණිමඟ.

පාලු [빨-루] 황량한, 황무한, 홀로 있는, 고독한 පාළු.

පාවක [빠-워꺼] 불, 불꽃 ගින්න.

පාවචන [빠-와처너] 불교 (의).

පාවට්ටා [빠-왇타-] (식물) 쥐꼬리망초과 식물.

පාවඩය/පාවාඩය [빠-와더여/빠-와-더여] (존경의 표시로 길에 까는) 카페트.

පාවර [빠-워러] 타작마당 කමත.

ප

පාවහන් [빠-와한] 신발. (구어) සපත්තු
පාවා ගන්නවා [빠-와- 간너와-] ①장가 가다 ②가지다, 소유하다 අයිති කර ගන්නවා.
¶ සරණ පාවා ගන්නවා 아내로 (남편으로) 맞아들이다
පාවාඩය [빠-와-더여] 카페트, 양탄자.
පාවා දෙනවා [빠-와- 데너와-] 넘겨주다, 넘기다, 배신하다.
පාවිච්චි කරනවා‡ [빠-윛치 꺼러너와-] 사용하다, 이용하다. (문어) පරිහරණය කරනවා
පාවිච්චිය† [빠-윛치여] 사용, 이용. (문어) පරිහරණය
පාවිලංගුව [빠-윌랑구워] 족쇄, 차고, 쇠스랑 පා හැකිල්ල.
පාවුල [빠-울러] 농지나 땅의 낮은 지대.
පාවුස්සා [빠-웄싸-] 담수어 ලූලා.
පාවුස්සික [빠-웄씨꺼] 비오는, 비내리는 වැසි සහිත. (구어) වහින
පාවෙනවා‡ [빠-웨너와-] 뜨다, 표류하다, 떠돌아다니다 ඉල්පෙනවා.
පාශය [빠-셔여] 구멍, 동공, 홀 සිදුර.
පාෂණ්ඩයා [빠-샨더야-] 이교도, 이단자, 반대론자 මිථ්‍යා-දෘෂ්ටිකයා.
පාෂාණ [빠-샤-너] 돌들, 바위들, 암석들 ශිලා. (구어) ගල්
පාෂාණ ධාතු† [빠-샤-너 다-뚜] 화석들 ෆොසිල්.
පාෂාණය† [빠-샤-너여] 돌, 바위, 암석 ශිලාව. (구어) ගල
පාෂාණ යුගය [빠-샤-너 유거여] 석기 시대 ශිලා යුගය.
පාෂාණ රූරාව [빠-샤-너 루-라-워] 암석 빙하 (바위 덩어리의 집합체가 곡빙하처럼 흘러내려 가는 것).
පාෂාණී ධාතු [빠-샤-니 다-뚜] 화석들 පාෂාණ ධාතු.
පාෂාණී භවනය [빠-샤-니 바워너여] 암석화, 돌이 됨 ගල්වලට පත් වීම.
පාෂාණීභූත [빠-샤-니부-떠] 돌이 된, 화석화된 ගල්ගැසුණු, ගල් වුණු.
පාෂාන්ඩයා [빠-샨더야-] 이교도, 이단자, 그릇된 신앙을 가진 사람 පාඛණ්ඩයා.
පා සක [빠- 싸꺼] ①페달 수차, 페달로 움직이는 바퀴 ②올가미, 덫, 올무 මල පුඩුව.
පාසකියනවා [빠-써끼여너와-] 조롱하다, 멸시하다, 모욕하다 අපහාස කරනවා.
පාසය [빠-써여] 올가미, 덫 උගුල.
පා සරඹ [빠- 싸람버] 다리 운동.
පාසල‡ [빠-썰러] 학교 පාසැල. (구어) ඉස්කෝලය
පා සලකුණ [빠- 쌀러꾸너] 발자국 පදලස.
පාසලඹ [빠-썰람버] (발목까지 오는) 여성용 양말.
පාසා [빠-싸-] (후치사) ~ 씩, 매 ~, ~ 마다 පතා. (구어) ගානේ ¶ සෑම ගෙදරක් පාසා ගොස් 집마다 (매집)을 찾아가
පාසාද [빠-싸-더] 성채, 큰집, 맨션 විශාල ගෙවල්.
පාසානම් [빠-싸-남] (화학) 비소(砒素: 원소 기호 As, 원소번호 33).

පාසැල [빠-쌜러] 학교 පාසල. (구어) ඉස්කෝලය

පාසි [빠-씨] 이끼.

පාසිකය [빠-씨꺼여] (천문학) 파섹 (항성과 은하 거리를 나타내는 단위: 3.26광년).

පාසිනවා [빠-씨너와-] පෑස්සා-පෑස ①가지치기를 하다, 가지를 자르다 කප්පාදු කරනවා ②(볍씨를) 정미하다, 껍질을 벗기다 එළ කරනවා. පෑසීම (구어) පාහිනවා

පා සිවුරු [빠- 씨우루] 그릇과 승복 පාත්‍ර සහ චීවර.

පාසු [빠-쑤] 쉬운, 편한 පහසු. (구어) ලේසි

පා සෙල් [빠- 쎌] 계단 පඩිපෙළ.

පාසේ [빠-쎄-] පාසය 의 축약형: 올가미, 덫 උගුල.

පාස් [빠-쓰] 통행증 බලපත්‍රය.

පාස් කරනවා [빠-쓰 꺼러너와-] ①지나가다, 통과하여 가다 පසුකර යනවා ②진전시키다, 진척시키다, 장려하다 සමත් කරනවා.

පාස්කුව [빠-쓰꾸워] ①(기독교) 부활절 පාස්කු ඉරිදා ②(기독교) 유월절.

පාස් පොත [빠-쓰 뽀떠] 은행 통장 බැංකු ගිණුම් පොත.

පාස් වෙනවා [빠-쓰 웨너와-] ①지나치다, 통과되다 පසුකර යනු ලබනවා ②진전되다, 진척되다 සමත් වෙනවා.

පාස්සනවා† [빴-써너와-] පෑස්සුවා-පාස්සා 납땜하다, 납으로 때우다 පාහනවා. පෑස්සීම

පාහනය [빠-하너여] 납땜, 납땜질 සෝල්ඩර.

පාහනවා [빠-하너와-] පෑහුවා-පාහලා 납땜하다, 납으로 때우다 පාස්සනවා. පෑහීම/පෑහුම

පාහර [빠-하러] 천한, 낮은, 비천한, 열등한 නීච.

පාහරයා [빠-하러야-] 부랑자, 방랑자, 천한 사람 නීචයා.

පාහැකිල්ල [빠-해낄러] 차꼬, 쇠고랑 විලංගුව.

පාහිනවා [빠-히너와-] පෑස්සා-පෑහැලා ①가지치기를 하다, 가지를 자르다 කප්පාදු කරනවා ②(볍씨를) 정미하다, 껍질을 벗기다. පෑහීම/පෑහුම

පාහු [빠-후] (독사의) 우산 모양의 목 නයි පෙනය.

පාහේ [빠-헤-] ~과 같이, ~처럼 වැනි. (구어) වගේ

පාළහ [빨-러하] 15, 십오 පහළොහ.

පාළි/පාලි [빨-리] (인도 범어의 속어인) 팔리어 මාගධ භාෂාව.

පාළු‡ [빨-루] 황량한, 황무한, 홀로 있는, 고독한 පාලු.

පාළු කපනවා [빨-루 까뻐너와-] ~에 동반하다, ~와 함께 가다 තනි රකිනවා.

පාළුකරය [빨-루꺼러여] 광야, 황무지 කාන්තාරය.

පාළු ගැල්කුළිය [빨-루 갤꿀리여] (상업) 공하(空荷) 운임.

පාළු නැව් කුලිය [빨-루 내우 꿀리여] (상업) 공하(空荷) 운임.

පාළුව [빨-루워] ①황량함, 황무함 හිස්බව ②홀로 있음, 고독 තනිකම.

පාළොව [빨-로워] 15, 십오 පහළොහ.

පාළොස් [빨-로쓰] 15의, 열다섯의. (구어) පහළොස්.

ප

පාළොස් පැය [빨-로쓰 빼여] 자정, 한밤중: 씽할러 시간에 따라 15시 මැදියම් රැය.

පාළොස්සක [빨-롰써꺼] 보름, 음력 15일 පසළොස්වක.

පාළොහ [빨-로허] 15, 십오 පහළොහ.

පැංචා [뺑차-] 새끼, 어린것 පැටියා. (복) *පැංචී*

පැපැකට්ටුව/පැකැට්ටුව [빼깥투워/빼깥투워] 포장, 패캐지.

පැකිලෙනවා† [빼낄레너와-] පැකිලුණා-පැකිලී/පැකිල ①걸려 넘어지다, 비틀거리다 පටලැ-වෙනවා ②주저하다 අදිමදි කරනවා. <u>පැකිලීම/පැකිලුම</u>

පැකිළ/පැකිළී [빼낄러/빼낄리-] පැකිළෙනවා 의 과거분사: ①걸려 넘어져, 비틀거려 ②주저하고, 주저하여. ¶ පැකිළ වැටෙන-වා 걸려 넘어지다

පැකිළවනවා [빼낄러워너와-] පැකිළෙවුවා-පැකිළවා 걸려 넘어뜨리다, 비틀거리게 만들다. <u>පැකිළවීම</u>

පැකිළී/පැකිළ [빼낄리-/빼낄러] පැකිළෙනවා 의 과거분사: ①걸려 넘어져, 비틀거려 ②주저하고, 주저하여. ¶ පැකිළී වැටෙන-වා 걸려 넘어지다

පැකිළීම/පැකිළුම [빼낄리-머/빼낄루머] පැකිළෙනවා 의 동명사: ①걸려 넘어짐, 실족 ②주저, 주춤 පැකිලීම.

පැකිළෙනවා† [빼낄레너와-] පැකුළුණා-පැකිළී/පැකිළ ①걸려 넘어지다, 비틀거리다 පටලැ-වෙනවා ②주저하다 අදිමදි කරනවා. <u>පැකිළීම/පැකිළුම</u>

පැගෝඩා [빼고-다-] (동양식으로 지은) 절.

පැගිරා [뺑기라-] 십대, 청소년 ගැටවරයා.

පැගිරි† [뺑기리] ①(식물) 밀감속, 감귤류 ②(식물) 향수비자나무의 일종 (스리랑카에서 나는 볏과 식물) පැගිරි මානා.

පැගිරි තෙල් [뺑기리 뗄] 시트로넬라 기름.

පැගිරි වයස [뺑기리 와여써] 사춘기, 질풍 노도의 시기 ගැටවර වයස.

පැච් එක‡ [빼츠] ①빵구 때우는 조각 ②각, 파편, 헝겊조각 අණ්ඩය ③(구어) 빵꾸났다.

පැජට් රෝගය [빼찰 로-거여] (의학) 변형성 골염, 파제트병.

පැටලිල්ල† [빼털릴러] 혼동, 혼란, 헷갈림 අවුල. (복) *පැටලිලි*

පැටලෙනවා† [빼털레너와-] පැටලුණා-පැටලී ①혼동되다, 헷갈리다 අවුල් වෙනවා ②얽히다, 꼬이다 එකට ඇමිණෙනවා. <u>පැටලීම</u> ¶ ඔහු මරණයේ මලපත් වල ද පැටලේ 그는 죽음의 올가미에 걸린다

පැටවා‡ [빼터와-] 새끼, 어린 것 පැටියා. (복) *පැටව්* ¶ බැටළු පැටවා 어린양

පැටවීම [빼터위-머] පටවනවා 의 동명사: 싣기, 얹음.

පැටවෙනවා [빼터웨너와-] 실려지다, 얹어 지다.

පැටව් [빼타우] පැටවා 의 복수: 새끼들, 어린 것들, 자손들.

පැටව් ගහනවා† [빼타우 가하너와-] 새끼를 낳다, 번식하다.

පැටි [빼티] 어린, 작은 කුඩා.

පැටිකිරිය [빼티끼리여] 족보, 혈통, 가계 පෙළපත.

පැටික්කා [빼뛰까-] (동물, 새의) 새끼 수컷 කුඩා පිරිමි පැටියා.

පැටික්කි [빼뛰끼] ①(동물, 새의) 새끼 암컷 පැටවිය ②여자애 පැටිත්ති.

පැටිත්තා [빼띧따-] 어린 남자애.

පැටිත්ති [빼띧띠] 어린 여자애 පැටිස්සි.

පැටිපස් පරාණය [빼티빠쓰 빠라-너여] 가족 전체 පවුලේ සියලු දෙන.

පැටියා [빼티야-] 새끼, 어린것 පැටවා. ¶ කුකුල් පැටියා 병아리

පැටි වයස [빼티 와여써] 어린 시절 ළපටි වයස.

පැටිස්සි [빼팄씨] 여자애 පැටිත්ති.

පැට්ටා [빹타-] 새끼, 어린것 පැටවා.

පැණය [빼너여] ①지혜, 통찰, 지식 ප්‍රඥාව ②문제, 혼란, 분규, 딜레마 ප්‍රශ්නය.

පැණවතා [빼너워따-] 현자, 지혜로운 사람, 지적인 사람 ප්‍රඥාවන්තයා. (복) *පැණවත්තු*

පැණවත් [빼너왇] 현명한, 지혜로운, 분별 있는, 지적인 ප්‍රඥාවන්ත.

පැණවත්තු/පැණවත්හු [빼너왇뚜/빼너왇후] 현자들, 지혜로운 사람들, 지적인 사람들 ප්‍රඥාවන්තයෝ. ¶ පැණවතුන් 현자들을 (대격, 목적격 형태)

පැණි‡ [빼니] 꿀 මදිරා.

පැණි කොමඩු [빼니 꼬머두] 수박 පැණි පුහුල්.

පැණි කොහොර [빼니 꼬호러] 꿀굴 (꿀을 보호하기 위해 바위에 만드는 구멍, 굴) පැණි කුහරය.

පැණි දෙඩම් [빼니 도담] 오렌지.

පැණි පට්ටය [빼니 빹터여] 꿀 한팩 පැණි මුල.

පැණි පුහුල් [빼니 뿌훌] 수박 පැණි කොමඩු.

පැණි මණ්ඩි [빼니 만디] 당밀.

පැණි මුල [빼니 물러] 꿀 한 팩 පැණි පට්ටය.

පැණිය‡ [빼니여] 시럽.

පැණියා [빼니야-] ①동물, 생물 ප්‍රාණියා ②곤충, 벌레 කෘමියා.

පැණි රස [빼니 라써] 단맛 මධුරසය.

පැණිවදය [빼니와더여] 벌집, 벌통.

පැතලි† [빼떨리] 납작한, 편평한 සමතල.

පැතලි පණුවා [빼떨리 빠누와-] 편형동물, 와충.

පැති [빼띠] පැත්ත 의 복수: ①쪽들, 부분들 පාර්ශ්ව ②장소들, 지역들 පෙදෙස් ③방향.

පැති [빼띠] 기대한, 희망한 ප්‍රාර්ථනා කළ.

පැතිකඩ† [빼띠까더] 측면, 옆모습.

පැතිර [빼띠러] පැතිරෙනවා 의 과거분사: 퍼져, 전해져서, 퍼지고 පැතිරී.

පැතිරුණ [빼띠루너] පැතිරෙනවා 의 형용사적 과거용법: 퍼져, 전해져서, 퍼지고 පැතිරුණු.

පැතිරෙනවා‡ [빼띠레너와-] පැතිරුණා-පැතිර/පැතිරී 퍼지다, 번지다, 전해지다 ව්‍යාප්ත වෙනවා. පැතිරීම

පැතුම/පැතීම‡ [빠뚜머/빠띠-머] පතනවා 의 동명사: 소망, 희망 බලාපොරොත්තුව.
¶ සුභ පැතුම් 축하해요

ප

පැත්ත‡ [뺃떠] ①쪽, 한쪽, 한편 අංශය ②장소, 지역 පෙදෙස ③방향 දිශාව. (복) *පැති*

පැදකුණු කරනවා [빠더꾸누 꺼러너와-] 거룩한 기념물에 오른 손을 뻗어 그곳을 돌다 ප්‍රදක්ෂිණා කරනවා.

පැදගෙන යනවා/පැද යනවා [빠더게너 야너와-/빠더 야너와-] (자전거, 배 등) 타다, 타고 가다, 운전하다 පදිනවා.

පැදි [빠디] ①운문, 시 පද්‍ය ②동쪽 නැගෙනහිර ③태워진, 시승된 පදින ලද.

පැදිය [빠디여] 운문, 시 පද්‍යය. (구어) කවිය

පැදිකරු [빠디꺼루] 운전자.

පැදුන්/පැදුම් [빠둔/빠둠] පැදුන, පැදුම 의 복수 또는 형용사: ①동쪽, 동쪽의 ②먹구름 වැසි වලාව.

පැදුර‡ [빠두러] 돗자리, 매트 පෑදුර. (복) *පැදුරු*

පැද්දෙනවා† [뺃데너와-] පැද්දුණා-පැද්දී 흔들리다, 요동되다, 동요되다 දෝලනය වෙනවා. <u>පැද්දීම</u>

පැන [빠너] ①물 දිය ②පැනය 의 복수: 질문들, 문제들 ③큰 항아리, 독 කළය ④지혜 ප්‍රඥාව. (복) *පැන්*

පැන [빠너] පනිනවා 의 과거분사: 뛰고, 점프하고, 도망가고 පැන ගොස්. (구어) පැනලා

පැන නගිනවා [빠너 나기너와-] 뛰다, 점프하다.

පැනය [빠너여] 질문, 문의 ප්‍රශ්නය.

පැන යනවා† [빠너 야너와-] 도망가다, 도망치다 පලා යනවා. (문어) පැනලා යනවා

පැනලා යනවා‡ [빠널라- 야너와-] 도망가다, 도망치다 පලා යනවා. (문어) පැන යනවා

පැනවූ [빠너우-] 준, 넘겨준, 발행한 නිකුත් කළ.

පැනෙනවා [빠네너와-] පැනුණා-පැනී 튀다, 튀어오르다. <u>පැනීම/පැනුම</u>

පැන් [빤] පැන 의 복수: 물 දිය. (구어) වතුර

පැන් ඉහිනවා [빤 이히너와-] 물을 뿌리다 වතුර ඉසිනවා.

පැන්තුරු [빤뚜루] 어린 견과 (호두, 밤 따위).

පැන්තාලිය [빤딸-리여] 물 그릇.

පැන්තොට [빤또터] ①목욕하는 장소 නාන තොට ②물 긷는 장소 දිය ගන්න ස්ථානය.

පැන්නුම් [빤눔] ①(저수지) 수문 ②엎지름, 엎질러짐 මඳවිච.

පැන්නුම් පාලම [빤눔 빨-러머] 배수로 සපත්තු පාලම.

පැන්සල‡ [빤썰러] 연필. (복) *පැන්සල්*

පැපොල† [빠뽈러] (의학) 수두. (복) *පැපොල්*

පැපොල්‡ [빠뽈] ①(열매) 파파야 ගස්ලබු ②පැපොල 의 복수: (의학) 수두.

පැමිණිලිකාරයා† [빠미닐리까-러야-] 불평 접수자.

පැමිණිල්ල‡ [빠미닐러] 불평거리, 고충. (복) *පැමිණිලි*
¶ පැමිණිල්ල මෙහෙයවන්නා 검찰

පැමිණ [빼미너] පැමිණෙනවා 의 과거분사: 와서, 오고.

පැමිණවීම [빼미너위-머] පමුණුවනවා 의 동명사: 옴, 도착.

පැමිණි [빼미니] පැමිණෙනවා 의 형용사적 과거용법: 온, 도착한, 방문한. (구어) ආපු

පැමිණියා [빼미니야-] පැමිණෙනවා 의 과거: 왔다, 도착했다 පැමුණුණා.

පැමිණීම† [빼미니-머] පැමිණෙනවා 의 동명사: (찾아) 옴, 방문. (구어) ඒම

පැමිණෙනවා† [빼미네너와-] පැමිණියා/පැමුණුණා-පැමිණ/පැමිණි 오다, 도착하다. පැමිණීම (구어) එනවා

පැමිණෙවුවා [빼미네우와-] පමුණුවනවා 의 과거: 오게 했다, 가져오게 했다.

පැමුණුණා/පැමුණුනා [빼무누나-] පැමිණෙනවා 의 과거: 왔다, 도착했다 පැමිණියා.

පැය‡ [빼여] (시간) 시 හෝරාව. (복) *පැය* ¶ එයා පැයකින් විතර එයි 그 사람 1 시간 정도 안에 올 거에요

පැය කටුව† [빼여 까투워] (시간) 시침. ¶ විනාඩි කටුව (시계) 분침

පැරකුම් [빼러꿈] 힘, 능력, 파워 බලය, පරාක්‍රම.

පැරණි† [빼러니] 옛날의, 고대의, 지나간 පුරාණ. (구어) පරණ ¶ පැරණි අනුවාදය 구역, 옛버전

පැරදෙනවා‡ [빼러데너와-] පැරදුණා-පැරදී 지다, 패배하다, 잃다 පරදිනවා. පැරදීම/පැරදුම

පැරැණි [빼래니] 옛날의, 고대의, 지나간 පැරණි. (구어) පරණ

පැරැත්ත [빼랟떠] 간청, 탄원, 청원 ඇවිටිල්ල.

පැරැන්නා [빼랜나-] 옛날 사람, 옛 사람 පුරාණයේ වූවෙක්.

පැරුම් පුරනවා [빼룸 뿌러너와-] (불교 해탈을) 완성하다, 이루다 පෙරුම් පුරනවා.

පැල‡ [빨러] ①묘목, 모종 පැළ ②(전답 등을 지키기 위해 나무 위에 만드는) 오두막.

පැල පදියම් වෙනවා [빨러 빠디얌 웨너와-] 정착하다, 머물다 පදිංචි වෙනවා.

පැලය [빨러여] 묘목, 모종 පැළය.

පැලවෙනවා [빨러웨너와-] පලවනවා 의 피동사: 내쫓기다, 쫓기다, 내몰리다.

පැලහෙනවා [빨러헤너와-] පැලහුණා-පැලහී 누르스름하게 굽워지다, (불에) 타다 දැවෙ-නවා. පැලහීම

පැලැල්ල [빨랠러] 블라인드, 발, 덧문 එල්ලන ආවරණය. (복) *පැලැලි*

පැලැස්තරය [빨래쓰떠러여] ① 반창고 ②헤어진 옷에 대는 천 조각.

පැලැස්ස [빨랬써] ①수풀, 정글 පෑලැස්ස, වන ලැහැබ ②동물이 머무는 굴. (복) *පැලැසි*

පැලෝපීය නාලය [빨로-삐-여 날-러여] (해부학) 나팔관 පැලෝපියන් නාලය.

පැල්පත [빨빠떠] 임시 막사, 오두막 කුඩා පැල.

පැල් බැඳ ගන්නවා [빨 밴더 간너와-] 정착하다 පදිංචි වෙනවා.

පැල්ම† [빨머] ①파열, 파괴, 쪼개짐 පැළුම ②결렬, 불화, 사이가 틀어짐.

පැල් රකිනවා [빨 *라*끼너와-] 농작물을 보호하다 පැල් ලගිනවා.

පැල්ලක්කිය [빨락끼여] (중국, 인도의) 일인승 가마 පල්ලැක්කිය.

පැල්ලම‡ [빨러머] 얼룩, 더러움 කැලල. (복) *පැල්ලම්*

පැල්ලම් ගැහෙනවා [빨람 개헤너와-] 얼룩지다, 더러워지다 පැල්ලම් හැදෙනවා.

පැවත එනවා† [빼워떠 에너와-] (자손 대대로) 내려오다.

පැවති [빼워띠] පවතිනවා, පැවතෙනවා 의 형용사적 과거용법: ①존재한, 실재한 ②지속된, 이어져 온 පැවතුණු.

පැවතීම [빼워띠-머] පවතිනවා, පැවතෙනවා 의 동명사: ①존재, 현존 ②지속, 이어짐 ඉතිරිව තිබීම ③행동, 행위 චර්යාව.

පැවතුණු [빼워뚜누] පවතිනවා, පැවතෙනවා 의 형용사적 과거용법: ①존재한, 실재한 ②지속된, 이어져 온 පැවති.

පැවතුම [빼워뚜머] පවතිනවා, පැවතෙනවා 의 동명사: ①존재, 현존 ②지속, 이어짐 ඉතිරිව තිබීම ③행동, 행위 චර්යාව.

පැවතුම් මිල [빼워뚬 밀러] 현재 가격, 지속되는 가격.

පැවතුම් රටාව [빼워뚬 *라*타-워] 행동 양식, 삶의 스타일 චර්යා රටාව.

පැවතෙනවා [빼워떼너와-] පැවතුණා-පැවතී 존재하다, 살아남다, 계통을 잇다, 이어지다 පවත එනවා. පැවතීම/පැවතුම

පැවතෙන්නා [빼워뗀나-] 후손, 자손.

පැවරීම [빼워*리*-머] පවරනවා, පැවරෙනවා 의 동명사: 위임, 넘겨줌 පවරා දීම.

පැවරුම [빼워*루*머] පවරනවා, පැවරෙනවා 의 동명사: 위임, 넘겨줌 පවරා දීම.

පැවරුම්කරය [빼워*룸*꺼*러*여] 위임 증서, 위임증.

පැවරුම්කරු [빼워*룸*꺼*루*] 위임자, 넘겨주는 사람.

පැවරෙනවා [빼워*레*너와-] පැවරුණා-පැවරී පවරනවා 의 피동사: 위임되다, 양도되다, 넘겨지다. පැවරීම/පැවරුම

පැවසෙනවා [빼워쎄너와-] පැවසුණා-පැවසී පවසනවා 의 피동사: 말해지다, 선포되어지다. පැවසීම/පැවසුම

පැවැත්ම [빼왣머] ①존재, 현존 පැවතීම ②남음, 이어짐 ③행동, 행위 චර්යාව.

පැවැරිය [빼왜*리*-여] පවරනවා 의 3인칭 단수 과거형: 그가 위임하였다, 그가 넘겨주었다 පැවරුවේය.

පැවිදි† [빼위디] ①출가한, 속세를 떠난 මහණ වූ ②승려(의), 출가자(의) භික්ෂු.

පැවිද්ද [빼윋더] (불교) 출가, 속세를 떠남 මහණකම. (복) *පැවිදි*

පැවිද්දා† [빼윋다-] (불교) 출가자, 승려.

පැස [빼써] 바구니, 바스켓 කූඩය. (복) *පැසි*

පැසවනවා [빼써워너와-] පැසෙවුවා-පැසවා ①익다, 여물다, 성숙하다 මෝරවනවා ②(상처) 곪다, 곪게 하다 නරක්

වනවා. පැසවීම

¶ වණ පැසවනවා 상처가 곪다

පැසසීම [빠써씨-머] පසසනවා 의 동명사: 찬양, 칭찬 පැසසුම.

පැසසුම† [빠써쑤머] පසසනවා 의 동명사: 찬양, 칭찬 පැසසීම.

පැසි පන්දු† [빠씨 빤두] 농구.

පැසීම [빠씨-머] පැසෙනවා 의 동명사: 익음, 성숙, 숙성, 발효. (구어) පැහීම

පැසුණු [빠쑤누] පැසෙනවා 의 형용사적 과거용법: ①(과일 등) 익은, 성숙한 මෝරපු ②발효된. (구어) පැහිච්ච

පැසුළු [빠쑬루] 후의, 나중의 පශ්චිම.

පැසෙනවා [빠쎄너와-] පැසුණා-පැසී ①(과일 등) 익다, 성숙하다 මෝරනවා ②(상처가) 곪다 ③발효되다 කැකෑරෙනවා ④소화되다. පැසීම (구어) පැහෙනවා

¶ හිසකෙස් පැසෙනවා 머리가 희어지다, 머리가 쇠하다

පැස්බරා† [빠쓰버라-] (조류) 타조.

පැහැ ගන්වනවා [빠해 간워너와-] 색칠하다, 예쁘게 하다 පාට කරනවා.

පැහැදිලි [빠해딜리] ①깨끗한, 맑은, 선명한 ②분명한.

පැහැදිලි කරනවා‡ [빠해딜리 꺼러너와-] 설명하다, 밝히다 කියා දෙනවා.

පැහැදුණු [빠해두누] 만족한, 마음에 든.

පැහැදුම [빠해두머] පහදනවා, පැහැදෙනවා 의 동명사: ①이해함, 분명해짐 ②정결, 깨끗해짐 ③만족, 흡족. ¶ තේරුම් පැහැදුම් 이해

පැහැදෙනවා [빠해데너와-] පැහැදුණා-පැහැදී ①깨끗해지다, 정결케되다 පිරිසිදු වෙනවා ②이해하다, 분명해지다, 확신하다 ③만족하다, ~의 마음에 들다, 행복해하다 සතුටු වෙනවා ④일어나다, 발생하다 මතු වෙනවා. පැහැදීම/පැහැදුම

පැහැනද [빠해너더] 빛나는, 밝은 දීප්තිමත්.

පැහැපත්‡ [빠해빹] ①빛나는, 밝은 දීප්තිමත් ②선명한, 맑은 පැහැදිලි.

පැහැය [빠해여] 색깔 වර්ණ. (구어) පාට

පැහැර අරිනවා/පැහැර හරිනවා [빠해러 아리너와-/빠해러 하리너와-] 포기하다, 그만두다, 피하다 අත් හරිනවා.

¶ යුතුකම් පැහැර හරින අයට දඬුවම් ලැබේ 의무를 포기하는 사람은 벌을 받는다

පැහැර ගන්නවා‡ [빠해러 간너와-] 빼앗다, 강탈하다.

පැහැර හරිනවා/පැහැර අරිනවා [빠해러 하리너와-/빠해러 아리너와-] 포기하다, 그만두다, 피하다 අත් හරිනවා.

පැහැරීම [빠해리-머] පහරනවා 의 동명사: 배출, (대소변) 배설 කෙලෙසීම.

පැහැවනවා‡ [빠해워너와-] ①익다, 여물다, 성숙하다 මෝරවනවා ②(상처) 곪다, 곪게 하다 නරක් වනවා.

පැහැසර [빠해써러] 빛나는, 밝은, 광채 나는 බබලන.

පැහි [빠히] ①아차러: 카레 음식 종류 අච්චාරු ②리더, 지도자 ප්‍රධානියා.

ප

පැහිච්ච [빼힟처] පැහෙනවා 의 형용사적 과거용법: (과일등) 익은, 여문, 성숙한 මෝරපු. (문어) පැහුණු

පැහී [빼히-] පැහෙනවා 의 과거분사: (과일 등) 익고, 영글고, 성숙하고. (구어) පැහිලා

පැහුණු [빼후누] පැහෙනවා 의 형용사적 과거용법: (과일 등) 익은, 성숙한 පැහිච්ච. (문어) පැසුණු

පැහෙනවා [빼헤너와-] පැහුණා-පැහී(පැහිලා) ①(과일 등) 익다, 성숙하다 මෝරනවා ②(상처가) 곪다 ③발효되다 කැකෑරෙනවා ④소화시키다. පැහීම (구어) පැසෙනවා ¶ හිසකෙස් පැහෙනවා 머리가 희어지다, 머리가 쇠하다

පැළ [빨러] ①묘목, 모종 පැල ②서, 서쪽 බස්නාහිර.

පැළ [빨러] 어린, 여린 ළපටි.

පැළ ඉන්න [빨러 인너] 생나무 울타리 막대기 (말뚝), 말뚝 අමු දැව වැට ඉන්න.

පැළ කරනවා† [빨러 꺼러너와-] 나무를 심다 ප්‍රරෝහණය කරනවා.

පැළදිග [빨러디거] 서, 서쪽 බස්නාහිර දිසාව.

පැළඳෙනවා [빨런데너와-] පැළඳුණා-පැළඳී (옷, 장식물) 입혀주다, 장식하다. පැළඳීම/පැළඳුම

පැළ දෙර [빨러 도러] ①뒷문, 후문 ②서문, 서쪽 문 බටහිර දොරටුව.

පැළඳීම/පැළඳුම [빨런디-머/빨런두머] පැළඳෙනවා 의 동명사: 입음, 덧입음, 장식.

පැළපත/පැළපොත [빨러빠떠/빨러뽀떠] 묘상(苗床), 못자리, 종묘원, 묘목들 පැළ තවාන.

පැළපීය [빨러삐-여] 야자 나무의 수(髓), 심, 나무의 심 පැළ මදය.

පැළපොත/පැළපත [빨러뽀떠/빨러빠떠] 묘상(苗床), 못자리, 종묘원, 묘목들 පැළ තවාන.

පැළ මදය [빨러 마더여] (과실, 나무의) 인(仁), 심(心), (쌀·보리 따위의) 낟알.

පැළ මැක්කා [빨러 맥까-] 삽주벌레 (식물의 해충).

පැළ මුල් [빨러 물] 씨뿌리기 전에 싹튼 볍씨.

පැළඹර [빨럼버러] 서쪽 하늘.

පැළය‡ [빨러여] 묘목, 모종 පැළෑටිය.

පැළ වෙනවා† [빨러 웨너와-] ①싹나다, 움이 트다 හටගන්නවා ②늦어지다, 늦다 පරක්කු වෙනවා.

පැළ සිටුවනවා [빨러 씨투워너와-] (나무, 묘목) 이식하다, 옮겨 심다. පැළ සිටුවීම.

පැළ සිටුවීම† [빨러 씨투위-머] (나무, 묘목) 이식, 옮겨 심기, 모내기.

පැළෑටිය [빨래-티여] 묘목 පුංචි පැළ.

පැළෑටි ලෝකය [빨래-틸 로-꺼여] 식물군.

පැළී [빨리-] පැළෙනවා 의 과거분사: 터지고, 갈라지고, 금이 가고. (구어) පැළිලා

පැළීම/පැළුම [빨리-머/빨루머] පළනවා, පැළෙනවා 의 동명사: 찢어짐, 갈라짐, 파열, 터짐.

පැළෙනවා‡ [빨레너와-] පැළුණා-පැළී 터지다, 금가다, 쪼개지다 පුපුරනවා. පැළීම/පැළුම

පෑ [빼-] ①시간들 පැය ②색깔들, 칼라 පාට.

පෑ [빼-] පානවා 의 형용사적 과거용법: 보여준, 알려준 දැක්වූ.

පෑගිච්ච [빼-깇처] පෑගෙනවා 의 형용사적 과거용법: 짓밟힌, 밟혀 뭉개진. (문어) පෑගුණු

පෑගිල්ල/පෑගීම [빼-길러/빼-기-머] පෑගෙනවා 의 동명사: 짓밟힘, 밟혀 뭉개짐.

පෑගුණු [빼-구누] පෑගෙනවා 의 형용사적 과거용법: 짓밟힌, 밟혀 뭉개진. (구어) පෑගිච්ච

පෑගෙනවා [빼-게너와-] පෑගුණා-පෑගී පාගනවා 의 피동사: 짓밟히다, 밟혀 뭉개지다 තැළෙනවා. <u>පෑගිල්ල/පෑගීම</u>

පෑදී [빼-디-] 정결한, 흠없는, 깨끗한 පැහැදී.

පෑදුර [빼-두러] 돗자리, 매트 පැදුර. (복) *පෑදුරු*

පෑදෙනවා [빼-데너와-] පෑදුණා-පෑදී පැහැදෙනවා 를 참조하라: ①깨끗해지다, 정결케되다 පිරිසිදු වෙනවා ②이해하다, 분명해지다, 확신하다 ③만족하다, ~의 마음에 들다, 행복해하다 සතුටු වෙනවා ④일어나다, 발생하다 මතු වෙනවා. <u>පෑදීම/පෑදුම</u> ¶ නුඹේ ඇස් පෑදුණේ කෙසේද? 네 눈이 어떻게 깨끗하게 되었느냐? ඇට පෑදෙනවා 야위다, 마르다

පෑන‡ [빼-너] 펜, 볼펜.

පෑනපිහිය [빼-너삐히여] 주머니 칼.

පෑනේ මිතුරා‡ [빼-네- 미뚜라-] 펜팔, 펜팔 친구.

පෑන් තලය [뺀- 딸러여] 펜촉, 펜의 끝.

පෑම [빼-머] පානවා 의 동명사: 보여줌, 전시 දැක්වීම.

පෑය [빼-여] ①색깔, 칼라 පැහැය ②පානවා 의 3인칭 단수 과거 형태 පෑවේය.

පෑරෙනවා [빼-레너와-] පෑරුණා-පෑරී ①(상처가) 곪다, 깊어지다 ②아프다, 고통스러워하다, 통증을 느끼다 ඉදිදෙනවා. <u>පෑරීම</u>

පෑලෑස්ස [뺄-랬써] ①수풀, 정글 පැලෑස්ස, වන ලැහැබ ②동물이 머무는 굴 සතකු ලගින බෙනය. (복) *පෑලෑසි*

පෑවිල්ල/පෑවුම† [빼-윌러/빼-우머] 건조, 메마름 නියඟය.

පෑවීම/පෑවුම [빼-위-머/빼-우머] පායනවා 의 동명사: 쨍쨍함, 건조, 메마름 නියඟය.

පෑවුවා [빼-우와-] පායනවා 의 과거: 쨍쨍했다, 해가 떴다.

පෑස්සීම† [뺐-씨-머] පාස්සනවා 의 동명사: 용접, 웰딩 වෙල්ඩුම.

පෑහී [빼-히-] පෑහෙනවා 의 과거분사: ①어울려, 어울리고 ②가지를 쳐.

පෑහීම [빼-히-머] පෑහෙනවා 의 동명사: ①연결, 연합, 어울림 එකට එක ගැළපීම ②가지 치기.

පෑහෙනවා [빼-헤너와-] පෑහුණා-පෑහී ①연합되다, 연결되다, 하나로 모이다 ②걸맞다, 어울리다 ගැළපෙනවා ③පාහිනවා 의 피동사: 가지 치기가 되어지다. <u>පෑහීම/පෑහුම</u>

පෑළ [뺄-러] ①서, 서쪽 බස්නාහිර ②어린, 여린 ළපටි.

පෑළ දිග [뺄-러디거] 서, 서쪽 අවර දිග.

ප

පෑළවිය [뻘-러위여] 초승달, 보름달 이후의 음력의 첫날.

පිං [삥] 공적, 공로, 훈공 පුණ්‍ය කර්ම.

පිංචි අම්මා [삥치 암마-] ①이모 ②작은 엄마 පුංචි අම්මා.

පික්පොකට්කාරයා‡ [삑뽀껕까-러야-] 소매치기꾼 ගැට කපන හොර.

පික්පොකට් ගහනවා‡ [삑뽀껕 가하너와-] 소매치기 하다 ගැට කපනවා.

පිඟන්† [삥간] පිඟාන 의 복수: 접시들.

පිඟන් ගඩොල් [삥간 가돌] (벽, 바닥에 붙이는) 도기 타일.

පිඟාන‡ [삥가-너] 접시. (복) *පිඟන්*

පිඟු [삥구] ①금색 රන්වන් පැහැය ②금색의, 황금색의.

පිඟු රට [삥구 라터] 미얀마 (버마)의 옛 이름 රාමඤ්ඤදේශ.

පිච්ච [삧처] ①(식물) 자스민 ②자스민의.

පිච්චීම [삧치-머] පුච්චනවා, පිච්චෙනවා 의 동명사: 태움, 불 태움.

පිච්චෙනවා‡ [삧체너와-] පිච්චුණා-පිච්චී 타다, 검게 그슬리다. <u>පිච්චීම</u>

පිච්ඡය [삧처여] ①꼬리 වලිගය ②이끼 පාසි ③날개 ④(닭) 벼슬, 관모, 꼭대기 කරමල.

පිට‡ [삐터] ①등, 등짝 පිට කොන්ද ②바깥, 외부 පිටත ③쪽, 방향 පැත්ත ④쪽, 페이지 පිටුව.

පිට‡ [삐터] ①뒤의, 후방의 ②밖의, 외부의.

පිට [삐터] 접두사: ①~위에 ②~밖의, 없이.

පිටවීම‡ [삐터위-머] ①나감, 나가기 ②출구. ¶ ඇතුල්වීම 들어옴, 입구

පිටකය [삐터꺼여] ①광주리, 바구니 කූඩය ②불교의 경, 율, 논 삼장 중 하나, 또는 이것을 쓴 책.

පිටකොටුව [삐터꼬투워] ①(지명) 페타: 콜롬보 시외버스 터미널과 시장이 있는 곳 ②성밖, 성바깥.

පිටකොන්ද [삐터꼰더] 등뼈, 척추 පිටිකොන්ද.

පිටගැස්ම‡ [삐터개쓰머] (의학) 파상풍.

පිටත† [삐터떠] ①밖, 바깥, 외부 බැහැර ②바깥의, 외부의 බාහිර.

පිටතැරිය [삐터때리여] 악상총포(萼狀總苞).

පිටත් කරනවා [삐탇 꺼러너와-] ①밖으로 보내다, 외부로 내보내다 බැහැර යවනවා ②출발시키다. ¶ මගේ වාහනය පිටත් කරන්න බෑ 제 차를 출발시킬(시동 걸) 수 없어요

පිටත්තර [삐탇떠러] 외부의, 바깥의 බාහිර.

පිටත්තරයා [삐탇떠러야-] 외부인, 바깥 사람, 외국인 පිටස්තරයා.

පිටත්ල [삐탈뜰러] 손등 පිටි අල්ල.

පිටත්වීම [삐탇위-머] පිටත් වෙනවා 의 동명사: ①출발, 떠남 ②출구 පිටනව දොරටුව.

පිටත් වෙනවා‡ [삐탇 웨너와-] 출발하다, 떠나다 ගමනක් ආරම්භ කරනවා. <u>පිටත්වීම</u>

පිට දමනවා [삐터 다머너와-] ①제거하다, 꺼내다 පිට කරනවා ②쫓아내다, 버리다 පන්නා හරිනවා.

පිට දෙනවා [삐터 데너와-] 의지하다, 의존하다, 기대다 හේත්තු වෙනවා.

පිට දේසක්කාරයා [삐터 데-싹까-러야-] 외국인, 외계인, 외부인 විදේශකයා.

පිට නම [삐터 나머] 주소 ලිපිනය.

පිට පට/පිට පොට [삐터 빠터/삐터 뽀터] 주름잡은 아래 옷 අමුඩය.

පිට පට ගහනවා [삐터 빠터 가하너와-] 아래 옷을 치켜 올리다 අමුඩ ගහනවා.

පිට පත‡ [삐터 빠떠] ①복사, 사본 ②번역.

පිට පතුල/පිටි පතුල [삐터 빠뚤러/삐티 빠뚤러] 발등.

පිටපත් කරනවා‡ [삐터빧 꺼러너와-] ①복사 (인쇄) 하다 ②번역하다 ③쫓아내다.

පිටපත් ගන්නවා [삐터빧 간너와-] 복사하다, 복제하다.

පිට පනිනවා [삐터 빠니너와-] 이탈하다, 밖으로 나가다, 탈출하다 ඉවතට යනවා.

පිටපළුව [삐터빨루워] 널판지 바깥쪽.

පිට පානවා [삐터 빠-너와-] 등을 보이다, 등돌리다, 중도 포기하다 පිටු පානවා.

පිට පැත්ත [삐터 뺃떠] 바깥쪽, 외부 පිට දිසාව.

පිට පිට [삐터 삐터] 다시 다시, 반복해서 නැවත නැවත.

පිට පෙරළෙනවා [삐터 뻬랄레너와-] 위 아래가 바뀌다.

පිට පොට/පිට පට [삐터 뽀터/삐터 빠터] 주름잡은 아래 옷 අමුඩය.

පිට මං කරනවා [삐터 망 꺼러너와-] 내쫓다, 내보내다, 추방하다 නෙළනවා.

පිට මග [삐터 망거] 길밖, 길바깥.

පිට රට‡ [삐터 라터] 외국, 다른 나라 විදේශය.

පිටරැටියා‡ [삐터래티야-] 외국인 විදේශිකයා.

පිටලනවා [삐털러너와-] 폭로하다, 까발리다.

පිටලෑල්ල [빼털랠-러] 판자 겉면.

පිට වටය [삐터 와터여] 바깥선 බාහිර සීමා රේඛාව.

පිටවත [삐터워떠] 바깥쪽, 외부면 පිටපැත්ත.

පිට වාන [삐터 와-너] 물통 위 배수구.

පිට වාසිය [삐터 와-씨여] 가장자리, 경계 자리.

පිට වෙනවා† [삐터 웨너와-] ①나가다, 바깥으로 나가다 ②물이 흘러 나가다.

පිට සක්වල [삐터 싹월러] 우주 바깥.

පිටසන† [삐터써너] 보증, 시인, 승인.

පිටසන් කරනවා/පිටසන් තබනවා [삐터싼 꺼러너와-/삐터싼 따버너와-] 보증하다, 승인하다.

පිටස්තර [삐타쓰떠러] 외부의, 바깥의 බාහිර.

පිටස්තරයා‡ [삐타쓰떠러야-] 외부인, 바깥 사람, 외국인 පිටත්තරයා.

ප

ප

පිටාර† [삐타-러] 넘쳐 흐르는, 범람하는 උතුරා යන. ¶ පිටාර ගලනවා 넘쳐 흐르다

පිටාරය [삐타-러여] 넘쳐 흐름, 범람, 유출 උඩින් උතුරා යාම.

පිටාර වායුව [삐타-러 와-유워] (자동차의) 매연, 배기가스.

පිටි‡ [삐티] ①밀가루, 가루 ② පිටිය 의 복수: 땅, 들판 පිට්ටනි. ¶ පිටි පිඬක් පිපෙනවා 밀가루 반죽이 부풀다

පිටි [삐티] 바깥의, 바깥쪽의, 외부의 පිටත.

පිටි අල්ල/පිටි අත්ල [삐티 알러/삐티 아뜰러] 손등.

පිටි කර [삐티 까러] 목덜미.

පිටිකිරි† [삐티끼리] 우유 කිරි.

පිටි කොටනවා [삐티 꼬터너와-] (곡식을) 빻다, 찧다, 가루로 만들다.

පිටිකොන්ද† [삐티꼰더] 등뼈, 척추 පිටකොන්ද.

පිටිපතුල‡ [삐티빠뚤러] 발등 පිටපතුල.

පිටිපස‡ [삐티빠써] ①뒤, 뒤쪽 ②등, 등쪽. පිටුපස.

පිටි පානවා [삐티 빠-너와-] 등을 돌리다, 등을 보이다 පිටු පානවා. (복) *පිටි පෑම*

පිටිපුස් [삐티뿌쓰] 흰가루 병균, 곰팡이.

පිටිමකුණා [삐티마꾸나-] 쥐똥나무벌레 (포도 해충).

පිටිමෝල [삐티몰-] 밀 방앗간, 밀 정미소.

පිටිය† [삐티여] ①들판, 야외장소 පිට්ටනිය ②운동장 ක්‍රීඩා භූමිය. ¶ කුලියාපිටිය (지명) 꿀리야삐티여

පිටිවහල [삐티와할러] 도움, 조력, 지지, 후원 අනුබලය.

පිටිවහල් කරනවා [삐티와할 꺼러너와-] 내쫓다, 몰아 내다 නෙරපා හරිනවා.

පිටිසර‡ [삐티싸러] ①시골, 지방, 외곽 ගම්බද පෙදෙස ②시골의, 지방의 ගැමි.

පිටි හලනවා [삐티 할러너와-] 체로 치다, 체질하다 පෙනේරයෙන් හලනවා.

පිටු [삐투] ①등의, 뒤쪽의, 바깥의, 바깥쪽의: පිටි 를 보시오 ②පිටුව 의 복수: 페이지들, 쪽들.

පිටු දකිනවා [삐투 다끼너와-] 제거하다, 없애다 අයින් කරනවා.

පිටුපස‡ [삐투빠써] ①뒤, 뒤쪽 ②등, 등쪽 පිටිපස, පසුපස.

පිටු පානවා† [삐투 빠-너와-] පිටු පෑවා-පිටු පා 등을 돌리다, 등을 보이다 පිටි පානවා. <u>පිටු පෑම</u>

පිටුව‡ [삐투워] ①페이지, 쪽 ②군중, 무리 සමූහය.

පිටුවහල [삐투와할러] ①추방하다, 내쫓음 නෙරපීම ②도움, 조력, 거듬 උදව්ව. ¶ රටින් පිටුවහල් වී 나라에서 쫓겨나

පිටුවහල් කරනවා/පිටුවාහල් කරනවා [삐투와할 꺼러너와-/삐투와-할 꺼러너와-] 추방하다, 내쫓다, (외국 범죄자를 본국으로) 인도하다 රටින් නෙරපනවා.

පිට්ටනිය‡ [삩터니여] ①들판, 야외장소 පිටිය ②운동장 කෙළිබිම.

පිට්ටු [삩투] 경단 (공모양으로 삶은 밀가루 반죽).

පිඩ/පිඬ [삐 더/삔 더] (음식 따위의) 한 입(모금), 한 조각, 음식의 한 덩어리 පිණ්ඩය. (복) *පිඩු/පිඬු* ¶ පිටි පිඬක් පිපෙනවා 밀가루 반죽이 부풀다

පිඩලි [삐 덜리] පිඩැල්ල 의 복수: ①잔디, 떼 බිඩලි ②(밭) 이랑 들 හිව්ටි. ¶ පස් පිඩලි 흙덩이들

පිඩැල්ල† [삐 댈러] ①(떼어낸) 잔디 (한 덩어리), 떼 (한덩어리) ②(밭) 이랑 හිව්ට. (복) *පිඩලි, පිඩැලි*

පිඩුව [삐 두워] 혹, 종기, (공모양의) 둥근 것.

පිණි/පිණී [삐니/삐니-] 맛있는, 맛난 රසවත්.

පිණිපා [삐니빠-] 예배, 숭배 නමස්කාරය.

පිණි රූ [삐니 루-] 좋은 모양, 멋진 외관 යහපත් රුව.

පිණිස† [삐니써] ~를 위하여, 위해서 සඳහා, උදෙසා. (구어) - ට

පිණී/පිණි [삐니-/삐니] 맛있는, 맛난 රසවත්.

පිණ්ඩදානය [삔 더다-너여] 죽은 사람을 기념하여 드리는 보시.

පිණ්ඩපාතය [삔 더빠-떠여] (불교) 보시를 모음.

පිණ්ඩපාතික [삔 더빠-띠꺼] (불교) 보시를 구하는 පිඬු සිඟා යන.

පිණ්ඩපාතිකයා [삔 더빠-띠꺼야-] 보시 (자선)을 구하는 사람 පිඬු සිඟා යන්නා.

පිණ්ඩපාතෙ යනවා [삔 더빠-떼 야너와-] (불교) 보시를 구하다 පිඬු සිඟා යනවා.

පිණ්ඩය [삔 더여] ①(음식 따위의) 한 입 (모금), 한 조각, 음식의 한 덩어리 පිඬ ②몸, 신체 ඇඟ.

පිණ්ඩාර්ථය [삔다-르떠여] 요약, 요약 정리 සාරාංශය.

පිණ්ඩිය [삔 디여] 뭉치, 덩어리, 다발 පිඬුව.

පිඬ/පිඩ [삔 더/삐 더] (음식 따위의) 한 입(모금), 한 조각, 음식의 한 덩어리 පිණ්ඩය.

පිඬලි [삔 덜리] පිඩලි 를 보시오.

පිඬු [삔 두] 모은, 축적한, 쌓은 එකතු.

පිඬුව [삔 두워] (음식 따위의) 한 입(모금), 한 조각, 한 덩어리 කැටිය.

පිඬු සිඟනවා [삔두 씽거너와-] 적선을 구하다, 자선을 구하다.

පිත [삐 떠] (의학) 담즙 පිත්ත. (복) *පිත්*

පිතා [삐 따-] 아버지 පියා. (구어) තාත්තා

පිතාමහ [삐 따-마하] 할아버지, 조부 සීයා.

පිතිකරුවා [삐 띠꺼 루와-] (크리켓, 야구 등) 타자.

පිතෘ† [삐 뜨 루] ①아버지, 친부, 조상 පියා (구어) තාත්තා ②아버지의, 조상의, 선조의 පිය. (복) *පිතෘවරු*

පිතෘ ඝාතනය/පිතෘ ඝාතය† [삐 뜨 루 가-떠너여/삐 뜨 루 가-떠여] 존속 살해, 어버이 살해 පියා මැරීම.

පිතෘ ඝාතක [삐 뜨 루 가-떠꺼] 존속 살해자, 어버이 살해자 පියා මැරූ තැනැත්තා.

පිතෘ ඝාතය/පිතෘ ඝාතනය [삐 뜨 루 가-떠여/삐 뜨 루 가-떠너여] 존속 살해, 어버이 살해 පියා මැරීම.

පිතෘත්වය† [삐뜨루뤄여] 부계(父系), 부자관계, 부권 පිය බව.

පිතෘ නායක [삐뜨루 나-여꺼] 조상의, 선조의, 추장의 පිතෘ මූල.

පිතෘවරයා [삐뜨루워러야-] 조상, 선조, 족장 ගනපිතෘ. (복) *පිතෘවරු*

පිතෘ භූමිය [삐뜨루 부-미여] 모국, 조국.

පිතෘ මූල/පිතෘ මූලක [삐뜨루 물-러/삐뜨루 물-러꺼] 조상의, 선조의, 추장의 පිතෘ නායක.

පිත් [삗] ①පිත 의 복수 또는 형용사: 담즙들, 담즙의, 담즙 관련의 පිත පිළිබඳ ②아들 පුත්‍රයා.

පිත්ගල [삗갈러] (의학) 담석 පිත්තාශ්මය.

පිත්ත† [삗떠] ①(의학) 담즙 ②방망이, 배트 ③(나무) 줄기.

පිත්ත නාලිකාව [삗떠 날-리까-워] (의학) 담세관.

පිත්ත ප්‍රණාලය [삗떠 쁘러날-러여] (의학) 담관, 수담관.

පිත්තල‡ [삗떨러] 황동, 놋쇠.

පිත්තල පොඩි [삗떨러 뽀디] 황동 땜납.

පිත්තාශය† [삗따-셔여] (해부학) 쓸개, 담낭.

පිත්තාශ්මය [삗따-쉬머여] (의학) 담석 පිත්ගල.

පිදවිල්ල [삐더윌러] 신께 드리는 제물 පූජාව. (복) *පිදවිලි*

පිදවිලි [삐더윌리] පිදවිල්ල 의 복수: 신께 드리는 제물들 පූජා.

පිදීම/පිදුම† [삐디-머/삐두머] පුදනවා, පිදෙනවා 의 동명사: (신께) 바침, 제물 드림, 헌물 පූජා කිරීම.

පිදුරු‡ [삐두루] 볏짚, 짚.

පිදුරුතලාගල [삐두루딸라-걸러] 삐두루딸라걸러 산 (누워러 엘리여에 있는 해발 2524미터로 스리랑카 최고봉).

පිදුරු වඩනවා [삐두루 와더너와-] 타작하다.

පිදුරු හතු [삐두루 하뚜] 풀버섯 (짚이나 쓰레기 위에서 자라는 버섯 종류) පිදුරු බිම්මල්.

පිදූ [삐두-] පුදනවා 의 형용사적 과거용법: 바친, 헌납한, 드린 පූජා කළ.

පිදෙනවා [삐데너와-] පිදුණා-පිදී 드려지다, 헌납되어 지다, 위탁되다. <u>පිදීම/පිදුම</u>

පිදේනිය/පිදේන්න [삐데-니여/삐덴-너] (신, 악마에게 드리는) 제물 පූජාව.

පිධානය [삐다-너여] 덮개, 덮음, 막음 පියන.

පින† [삐너] ①기부, 자선 ②공덕, 공로, 선행, 덕행 පුණ්‍යය. (복) *පින්*

පිනනවා [삐너너와-] පිනුවා-පිනා 기뻐하다, 즐거워하다. <u>පිනීම/පිනුම</u>

පිනවනවා [삐너워너와-] පිනෙවුවා-පිනවා 기쁘게 하다, 즐겁게 하다. (구어) සතුටු කරනවා ¶ වේගය පනවයි, මරු කැඳවයි 속도는 (당신을) 기쁘게 한다, (하지만) 죽음을 부른다

පිනා [삐나-] ①게으름뱅이, 쓸데없는 자 නකමා ②පිනනවා 의 과거분사: 즐거워하여, 기뻐하고.

පිනාක [삐나-꺼] 시바신의 삼지창.

පිනි‡ [삐니] පින්න 의 복수: 이슬. (문어) තුෂාර

පිනි කැට [삐니 깨터] 서리, 서리발.

පිනිදිය [삐니디여] 장미 향수.

පිනිබර [삐니바러] 이슬 맺힌 පින්න සහිත.

පිනිමුවා [삐니무와-] (동물) 순록.

පිනීම/පිනුම [삐니-머/삐누머] පිනනවා 의 동명사: 기뻐함, 즐거워함.

පින්† [삔] පින 의 복수: 선행, 공로, 덕행 කුසල්.

පින් අඩිය [삔 아디여] 공짜로 받는 것.

පින් කඳ [삔 깐더] 선행을 많이 한 사람, 공적을 많이 쌓은 사람.

පින්කම [삔꺼머] 공적, 공로 පුණ්‍ය ක්‍රියා.

පින් කාසි [삔 까-씨] 연보하는 동전, 헌금.

පින් කැටය† [삔 깨터여] 연보함, 모금함, 헌금함.

පින්කිරියවත [삔끼리여와떠] 공적서, 공적을 적은 책.

පින් කුඹුර [삔 꿈부러] 절에게 바친 전답, 논.

පින් කෙත [삔 께떠] 불교의 수도원, 승가, 수도승.

පින් ගොනා [삔 고나-] ①연보로 드리는 소 ②남에게 빌붙어 공짜로 먹고 사는 사람.

පින්තාරු කරනවා [삔따-루 꺼러너와-] 색칠하다, 도색하다 පාට කරනවා.

පින්තාරුව [삔따-루워] ①사진 පින්තූරය (문어) ඡායාරූපය ②그림, 회화 චිත්‍රය.

පින්තූර ගන්නවා‡ [삔뚜-러 간너와-] 사진을 찍다. (문어) ඡායාරූප ගන්නවා

පින්තූරය‡ [삔뚜-러여] ①사진 පින්තාරුව (문어) ඡායාරූපය ②그림, 회화 චිත්‍රය.

පින්න† [삔너] 이슬, 물방울. (복) *පිනි* (문어) තුෂාරය

පින්නනවා/පුන්නනවා [삔너너와-/뿐너너와-] 어깨에 싣다, 어깨에 두다 කරපුන්නනවා.

පින්පඩි [삔빠디] 기부 한도.

පින්පත්‍රය [삔빠뜨러여] 기부 명단.

පින්පෙට්ටිය [삔뻬티여] 기부함, 연보함.

පින් බත් කනවා [삔 받 까너와-] 기부로 먹고 산다.

පින්බර [삔바러] 공적이 있는, 공로가 있는 පුණ්‍යවන්ත.

පින්මුවා [삔무와-] 공적(공덕)으로 태어난 පුණ්‍යමය.

පින්වතා [삔워따-] ①불자, 불교 신자 ②친구, 벗 මිතුරා (구어) යහලුවා. (복) *පින්වත්තු*

පින්වත් [삔왇] 공적있는, 공로있는 පින්බර.

පින්සර [삔써러] 공로가 많은, 공적이 많은 බොහෝ පින් ඇති.

පින්සල‡ [삔썰러] 색칠 붓, 솔, 브러쉬 තුලිකාව.

පින්සිපි [삔씨삐] 재주많은 예술가, 장인, 공예가, 기술자 දක්ෂ ශිල්පියා.

පින්සෙන්ඩුව [삔센두워] 기도, 간구 යාච්ඤාව.

පින්සෙණ්ඩු වෙනවා [삔센두 웨너와-] 호소하다, 간구하다, 기도하다 ඇවිටිලි කරනවා.

ප

පින්හරකා [삔하러까-] ①연보로 드리는 소 ②남에게 빌붙어 공짜로 먹고 사는 사람.

පින්හාල් [삔할-] 시주 쌀.

පින්ළිඳ [삔린더] 공짜 우물.

පිපාසය† [삐빠-써여] 갈증, 목마름 පවස. (구어) තිබහ

පිපාසාව [삐빠-싸-워] 갈증, 목마름 පිපාසය. (구어) තිබහ

පිපාසිත [삐빠-씨떠] 갈증나는, 목마른 පිපාසා ඇති.

පිපි [삐삐] පිපෙනවා 의 형용사적 과거용법: 꽃이 핀, 만개한 පිපුණු.

පිපිඤ්ඤා‡ [삐삔냐-] 오이.

පිපිරීම/පුපුරුම [삐삐리-머/뿌뿌루머] පිපිරෙනවා, පුපුරනවා 의 동명사: 폭발, 터짐.

පිපිරෙනවා‡ [삐삐레너와-] පිපිරුණා-පිපිරී(පිපිරිලා) 터지다, 폭발하다 පුපුරනවා. පිපිරීම/පුපුරුම

පිපිරෙනසුලු [삐삐레너쑬루] 폭발할 수 있는, 터질 수 있는.

පිපිහළු [삐삐할루] 붓고 창백한.

පිපෙනවා‡ [삐뻬너와-] පිපුණා-පිපී(පිපිලා) ①꽃이 피다, 개화하다 ②(반죽) 부풀다, 발효되다. පිපීම/පිපුම ¶ රතු පාට මල් පිපිලා 빨깐 꽃이 피었어요 පිටි පිඬක් පිපෙනවා 밀가루 반죽이 부풀다

පිබිදවීම [삐비더위-머] පුබුදුවනවා 의 동명사: ①일깨움, 깨우침, 자각시킴 ②깨움, 일으킴 අවදි කරවීම.

පිබිදීම [삐비디-머] පිබිදෙනවා, පුබුදිනවා 의 동명사: 부흥, 일어남, 깨어남.

පිබිදෙනවා† [삐비데너와-] පිබිදුණා-පිබිදී 일어나다, 깨어나다, 잠에서 깨다, 부흥하다 පුබුදිනවා. පිබිදීම

පිම්පියා [삠삐야-] 포주 (창녀를 공급하는 사람).

පිම්බෙනවා† [삠베너와-] 붓다, 부풀어 오르다.

පිම්ම [삠머] 뜀, 점프 පැනීම.

පිම්මේ යනවා [삠메- 야너와-] 빨리 달리다.

පිඹිනවා‡ [삠비너와-] පිම්බා-පිඹ ①입으로 '후' 불다 පුම්බනවා ②뱀이 '쉬쉬' 소리를 내다. පිඹීම/පිඹුම

පිඹීම/පිඹුම [삠비-머/삠부머] පිඹිනවා 의 명사: '후'하고 붐.

පිඹුර [삠부러] 계획, 플랜 සැලැස්ම.

පිඹුරා† [삠부라-] 비단뱀, 이무기.

පිඹුරු [삠부루] ①පිඹුර 의 복수 또는 형용사: 계획들, 계획의 ②비단뱀의.

පිඹුරුපත් [삠부루빧] 초안(모형)의 복사본들.

පිය [삐여] ①발 පය ②눈꺼풀 ඇස්පිය ③날개 පියාපත.

පිය [삐여] ①기쁜, 즐거워하는, 동의하는, 쾌히 받아들이는 ප්‍රිය ②아버지의 ③발의, 발과 관련된.

පියකරු [삐여꺼루] 동의하는, 쾌히 받아들이는, 기쁜, 좋아하는, 사랑하는 ප්‍රිය.

පියගැට පෙළ [삐여개터 뻴러] 계단 පඩි පෙළ.

පියන‡ [삐여너] ①마개, 뚜껑 මූඩිය ②පියනවා 의 형용사적 현재용법: 닫는, 막는 වහන.

පිය නඟනවා [삐여 낭거너와-] ①거닐다, 어정거리다 ②아장아장 걷다.

පියනවා [삐여너와-] පිවුවා/පියුවා-පියා ①닫다, 폐쇄하다 වසනවා ②(돈을) 정리하다 හරිගස්සනවා. <u>පිවීම</u> (구어) වහනවා

පියපතර [삐여빠떠러] 날개 පියාපත.

පියපස [삐여빠써] 부계, 아버지 혈통 පියාගේ පාර්ශ්වය.

පියබඳ [삐여반더] ①여자, 여성 ස්ත්‍රිය ②부인, 아내 බිරිඳ.

පියමං කරනවා [삐여망 꺼러너와-] 천천히 걷다, 걸어가다 ගමන් කරනවා.

පියයුර/පියවුර† [삐여유러/삐여우러] 가슴, 젖가슴, 젖통 තනය. (복) *පියයුරු/පියවුරු*

¶ පියයුරු පිළිකාව 유방암

පියර/පියරු [삐여러/삐여루] (화장용) 파우더, 분 පුයර.

පියලි [삐열리] පියල්ල 의 복수 또는 형용사: ①(콩 등) 반(의), 반쪽(의) බියල්ල ②반(의), 반절(의) භාගය.

පියල්ල [삐얄러] ①(콩 등) 반, 반쪽 බියල්ල ②반, 반절 භාගය.

පියවනවා [삐여워너와-] ①닫게 하다, 닫게 만들다 ②(회계) 정산하다.

පියවර‡ [삐여워러] 단계, 계단. (복) *පියවර*

පියවි [삐여위] ①자연의, 천연의 ස්වභාවික ②(문법) 어근의 ප්‍රකෘති.

පියවි [삐여위] ①(문법) 어근 ප්‍රකෘතිය ②전파, 보급, 퍼뜨림 පැතිරවීම ③만듦, 계획.

පියවිල්ල [삐여윌러] ①마감, 업무 마감, 닫음 පියවීම ②걷도록 깔은 천(카페트) පාවාඩය. (복) *පියවිලි*

පියවිලි [삐여윌리] පියවිල්ල 의 복수: ①마감, 업무 마감, 닫음 පියවීම් ②걷도록 깔은 천들(카페트).

පියවීම/පියවුම [삐여위-머/삐여우머] පියවනවා 의 동명사: ①닫음, 폐쇄 ②(회계) 정산.

පියවුර [삐여우러] 가슴, 젖가슴, 젖통 තනය. (복) *පියවුරු*

පියස [삐여써] ①지붕 පියෙස (구어) වහලය ②지역, 지방 ප්‍රදේශය.

පියසි [삐여씨] පියස්ස 의 복수: 지붕들 පියස්.

පිය සෙනෙහස [삐여 쎄네하써] 아버지의 사랑, 부성애.

පියස්ස [삐얐써] 지붕 පියස. (복) *පියසි* (구어) වහලය

පියා‡ [삐야-] ①아버지, 아빠 පිතෘ (구어) තාත්තා ②조상, 선조 ③(새) 날개 අත්තටු ④사랑하는 여자.

පියාණෝ [삐야-노-] ①(높임말) 아버지, 아버님 ②하늘의 아버지 පියාණන් වහන්සේ.

පියා [삐야-] පියනවා 의 과거분사: 닫고, 닫아, 폐쇄하여 වසා. (구어) වහලා

පියා ගන්නවා [삐야- 간너와-] ①닫다, 폐쇄하다, (눈을) 감다 පියනවා ②(돈을) 정리하다.

පියානාව [삐야-나-워] 피아노 පියානෝව.

පියානෝව‡ [삐야-노-워] 피아노 පියානාව.

පියාපත [삐야-빠떠] 새의 날개 අත්තටු. (복) *පයාපත්*

පියාමැස්සා [삐야-맸싸-] 날치.

පියාඹනවා‡ [삐얌-버너와-] පියෑඹුවා-පියඹා 날다, 비행하다 ඉගිලෙනවා. <u>පියෑඹීම</u>

පියාසර කරනවා [삐야-써*러* 꺼*러*너와-] 날다, 비행하다 පියාඹනවා.

පියාසරය [삐야-써*러*여] 날음, 비행 ඉගිළීම.

පියුම [삐유머] 연꽃 නෙළුම් මල. (복) *පියුම්*

පියුමාකර [삐유마-꺼*러*] 연꽃 연못 පියුම්විල.

පියුමත් [삐유맏] 해, 태양 සූර්යයා. (구어) ඉර

පියුමම්බා [삐유맘바-] (번영의 여신) 락쉬미 ලක්ෂ්මී දෙවඟන.

පියුමසන/පියුමාසන [삐유마써너/삐유마-써너] 높은 브라만 මහා බ්‍රහ්මයා.

පියුමාකරය [삐유마-꺼*러*여] 연꽃 연못 පියුම්විල.

පියුමාරය [삐유마-*러*여] 연꽃 연못 පියුම්විල.

පියුමාසන/පියුමසන [삐유마-써너/삐유마써너] 높은 브라만 මහා බ්‍රහ්මයා.

පියුම් [삐윰] පියුම 의 복수 또는 형용사: ①연꽃들 ②연꽃의 නෙළුම්.

පියුම්කල් [삐윰깔] (번영의 여신) 락쉬미 (비슈누신의 부인) පියුමම්බා.

පියුම්කෙමි [삐윰께미] 연꽃의 암술 නෙළුම් මලේ තුඩ.

පියුම් ගැබ [삐윰 개버] ①연꽃의 안쪽 ②높은 브라만 මහා බ්‍රහ්මයා.

පියුම්තන/පියුම්තෙන [삐윰따너/삐윰떼너] 사랑의 신 아낭거 අනංගයා.

පියුම් නැබ/පියුම්නෙත් [삐윰내버/삐윰넫] 비슈누 신 විෂ්ණු දෙවියා.

පියුම්පණ [삐윰빠너] ①높은 브라만 මහා බ්‍රහ්මයා ②해, 태양 සූර්යයා (구어) ඉර.

පියුම්යොන් [삐윰욘] 높은 브라만 මහා බ්‍රහ්මයා.

පියුම්රාව [삐윰*라*-워] ①연못 පියුම්විල ②(보석) 루비 පද්මරාග මැණික්‍යය.

පියුම්රා මිණ [삐윰*라*- 미너] (보석) 루비 පද්මරාග මැණික්‍යය.

පියුම් විල [삐윰 윌러] 연꽃 연못 පියුමාර.

පියෙස [삐예써] ①지붕 පියස (구어) වහලය ②지역, 지방 ප්‍රදේශය.

පියොව [삐요워] ①통합, 종합 සුසංයෝගය ②정규(성), 정상 상태.

පියොවුර [삐요우*러*] 가슴, 젖가슴 තන.

පියෝ [삐요-] 행동, 행위 ප්‍රයෝගය.

පිරමිඩය† [삐*러*미*더*여] 피라미드 පිරමීඩය.

පිරවීම/පිරවුම [삐*러*위-머/삐*러*우머] පුරවනවා 의 동명사: ①채움, 가득 채움 ②완수, 성취, 달성, 수행 සම්පූර්ණ කිරීම.

පිරි [삐*리*] 가득찬, 찬 පිරුණු.

පිරි [삐*리*] (접두사) 완전히, 전부 මුළුමනින්. ¶ සුදු 하얀 පිරිසුදු 정결한, 완전히 하얀

පිරිකර [삐*리*꺼*러*] 승려용품.

පිරික්සනවා [삐*릭*써너와-] පිරික්සුවා-පිරික්සා 조사하다, 수

사하다, 탐색하다 විපරම් කරනවා. පිරික්සීම/පිරික්සුම (구어) පරීක්ෂා කරනවා

පිරික්සීම/පිරික්සුම [삐릮씨-머/삐릮쑤머] පිරික්සනවා 의 동명사: 조사, 검사 පරීක්ෂා කිරීම.

පිරිත [삐리떠] (승려) 염불. (복) *පිරිත්*

පිරිතැස [삐리때써] 흥분, 전율 පරිත්‍රාසය.

පිරිතැසුම [삐리때쑤머] 간구, 간청, 기도 අයැදුම.

පිරිත් [삐맅] පිරිත 의 복수: (승려) 염불.

පිරිත් කරනවා [삐맅 꺼러너와-] 염불을 외다.

පිරිත්ත [삐맅떠] 부패, 썩음 කුණුවීම.

පිරිත් මණ්ඩපය [삐맅 만더뻐여] 승려가 염불을 외우기 위한 둥근 무대.

පිරිදෙව් [삐리데우] 울음, 애도, 비탄 වැළපීම.

පිරිද්දීම/පිරිද්දුම [삐맅디머/삐맅두머] 연결, 결합 මූට්ටුව.

පිරිනමනවා‡ [삐리나머너와-] පිරිනැම්මා-පිරිනමා 주다, 기부하다, 헌납하다, 상을 주다 ඔප්පු කරනවා. පිරිනැමීම

පිරිනැමීම [삐리내미-머] පිරිනමනවා 의 동명사: 수여, 줌, 교부.

පිරිනිවන් පානවා [삐리니완 빠-너와-] 열반에 이르다.

පිරිනිවි [삐리니위] 열반에 이른, 해탈한.

පිරිපත [삐리빠떠] 재앙, 재난, 위험, 화 අනතුර.

පිරිපහදුව† [삐리빠하두워] 정유공장, 정유소, 정제소 පවිත්‍රාගාරය.

පිරිපැසුණු [삐리빼쑤누] 영글은, 여문, 익은 මේරූ.

පිරිපුන් [삐리뿐] 완전한, 온전한 පරිපූර්ණ.

පිරිබඩ [삐리바더] 바르기, 바름 ගෑම.

පිරිමඩිනවා/පිරිමදිනවා‡ [삐리마더너와-/삐리마디너와-] ①어르다, 달래다, 어루만지다 අතුල්ලනවා ②씻어 내다, 깨끗하게 하다 පිරිසිදු කරනවා.

පිරිමසනවා [삐리마써너와-] පිරිමැසුවා-පිරිමසා ①보충하다, ~의 부족분을 채우다 ②절약하다, 관리하다 ප්‍රවේසම් කරනවා. පිරිමැසීම (구어) පිරිමහනවා

පිරිමහනවා [삐리마하너와-] පිරිමැහුවා-පිරිමහලා ①보충하다, ~의 부족분을 채우다 ②절약하다, 관리하다 ප්‍රවේසම් කරනවා. පිරිමැහීම (문어) පිරිමසනවා

පිරිමැසෙනවා [삐리매쎄너와-] පිරිමැසුණා-පිරිමැසී ①보충되다, ~의 부족분이 채워지다 ②절약되다, 관리되다. පිරිමැසීම (구어) පිරිමැහෙනවා

පිරිමි‡ [삐리미] ①남성, 남자 පුරුෂ ②남자의, 남성의.
¶ පිරිමි සතා 수컷

පිරිමියා [삐리미야-] 남성, 남자 පුරුෂයා.

පිරිය [삐리여] ①욕구, 갈망, 욕망, 선호 ආශාව ②채움, 채우기 පිරවීම ③(도시나 성곽 둘레의) 해자, 외호 දිය අගල.
¶ පිරියෙන් 완전히, 충만하게

පිරියත [삐리야떠] ①끝, 마무리 පර්යන්තය ②도구와 공장 설비.

ප

පිරියම [삐리/여머] ①개시, 착수, 창설 පූර්ව කෘත්‍යය ②수리, 고침 අලුත්වැඩියාව.

පිරියම් කරනවා [삐리/얌 꺼러너와-] 고치다, 수리하다 අලුත්වැඩියක් කරනවා.

පිරිවනවා [삐리/워너와-] 읽다, 읽어주다 කියවනවා.

පිරිවර [삐리/워러] ①추종자, 동행자 අනුගාමිකයෝ ②추종자의, 동행자의 අනුගාමික.

පිරිවරනවා [삐리/와러너와-] පිරිවැරුවා-පිරිවරා ①(전방위로) 감싸다, 둘러싸다 වටකරගෙන යනවා ②추종하다, 따르다 අනුගමනය කරනවා ③수행하다, 거느리다. පිරිවැරීම

පිරිවස [삐리/와써] 별거, 별거기간 පරිවාසය.

පිරිවහනවා [삐리/와하너와-] 암송하다, 낭송하다.

පිරිවානා පොත [삐리/와-나- 뽀떠] 불경 암송 책.

පිරිවැජි/පිරිවැජියා [삐리/왜지/삐리/왜지야-] 금욕주의자, 고행자, 수도자.

පිරිවැටුම† [삐리/왜투머] ①반전, 회전 ආපසු කරකැවී ඒම ②(상품, 자금의) 회전(율).

පිරිවැය† [삐리/왜여] 비용, 지출 වියදම.

පිරිවැස්ම/පිරිවැස්ස [삐리/왜쓰머/삐리/왰써] 물건 덮는 천.

පිරිවෙන [삐리/웨너] ①승려가 머무는 곳 භික්ෂූන් වසන තැන ②승려 학교 භික්ෂු විද්‍යායතනය.

පිරිස‡ [삐리/써] 무리, 회중, 군중 සෙනඟ. (복) *පිරිස්*

පිරිසරම [삐리/써러머] 시도, 노력, 수고 උත්සාහය.

පිරිසිදු/පිරිසුදු‡ [삐리/씨두/삐리/쑤두] 정결한, 깨끗한 පවිත්‍ර.

පිරිසිඳ [삐리/씬더] ①분류하여, 나눠 කොටස් කර ②곧게, 올곧게 ඉතා නිවැරදිව.

පිරිසිඳිය [삐리/씬디여] (발달, 변화의) 단계, 국면 පරිච්ඡේදය.

පිරිසිඳු [삐리/씬두] 바른, 올곧은 ඉතා නිවැරදි.

පිරිසුන් [삐리/쑨] 깨진, 금간, 부서진 පිරිච්ඡින්න.

පිරිසුන් කරනවා [삐리/쑨 꺼러너와-] 깨부수다, 부수다, 깨다 කඩ කරනවා.

පිරිසෙය [삐리/쎄여] ①(책, 논문 따위의) 장, (역사의) 한 시기 පරිච්ඡේදය ②한계, 제한 සීමා කිරීම.

පිරිස් පාලනය [삐리/쓰 빨-러너여] 사람 관리.

පිරිහීම† [삐리/히-머] පිරිහෙනවා의 동명사: 기울어짐, 쇠퇴. (복) *පිරිහීම්*

පිරිහුන්/පිරිහුණු [삘리/훈/삐리/후누] 기운, 쇠퇴한, 떨어진, 퇴화한.

පිරිහෙනවා‡ [삐리/헤너와-] පිරිහුණා-පිරිහී 기울어지다, 쇠퇴하다, 퇴화하다 හීනවෙනවා. පිරිහීම

පිරිහෙළනවා [삐리/헬러너와-] පිරිහෙළුවා-පිරිහෙළා 경멸하다, 비웃다, 조롱하다 නින්දා කරනවා. පිරිහෙළීම/පිරිහෙළුම

පිරිහෙළීම/පිරිහෙළුම [삐리/헬리-머/삐리/헬루머] පිරිහෙළනවා의 동명사: 경멸, 비웃음, 조롱 නින්දාව.

පිරි [삐리-] පිරෙනවා 의 과거분사: 가득차고, 가득 차. (구어) පිරිලා

පිරිම [삐리-머] පිරෙනවා, පුරනවා 의 동명사: 가득참, 충만.

පිරුණු‡ [삐루누] 가득찬, 찬 පූර්ණ.

පිරුවටය [삐루워터여] 옷, 의류 ඇඳුම.

පිරුවන [삐루워너] ①승려가 머무는 곳 භික්ෂූන් වසන තැන ②승려 학교 පිරිවෙන.

පිරුවනවා [삐루워너와-] ①암송하다 මතුරනවා (구어) කඩපාඩම් කරනවා ②중얼거리다, 속삭이다.

පිරුළ [삐룰러] 격언, 속담, 잠언 ආප්තෝපදේශය. (복) *පිරුළු*

පිරුළු [삐룰루] පිරුළ 의 복수: 격언들, 속담들, 잠언들 උපමා වාක්‍ය.

පිරෙනවා [삐레너와-] පිරුණා-පිරී(පිරිල්ලා) 채워지다, 가득채워지다. <u>පිරීම</u>

පිල [삘러] ①무리, 집단, 당 පක්ෂය ②베란다 ඉස්තෝප්පුව ③무대, 플래폼 වේදිකාව ④공작새 꼬리 깃털 මොනර පිල ⑤과일, 열매 ඵලය. (복) *පිල්*
¶ දෙපිල 두 무리

පිලල [삘럴러] 기생 식물 පිලිලය.

පිලවා [삘러와-] 구더기 (시절).

පිලව් කෝෂය [삘라우 꼬-셔여] 번데기 껍질.

පිලා ඔරුව [삘라- 오루워] 1인용 고기잡이 배.

පිලාව [삘라-워] ①(해부학) 비장, 지라 ප්ලීහය ②어린 것, 새끼 පැටියා ③활 시위 දුනු මුඩාව ④1인용 고기잡이 배 පිලා ඔරුව.

පිලහොඳ වෙනවා [삘리혼더 웨너와-] 첫 월경을 하다, 사춘기에 접어들다 මල්වර වෙනවා.

පිලි† [삘리] පිල්ල 의 복수: ①씽할러 모음 부호들 ②칼 손잡이 끝에 있는 철 링들.

පිලිපෙරලි [삘리뻬럴리] (문법) 글자 자리의 전환.

පිලිප්පි [삘립삐] (성경) 빌립보서.

පිලිලය [삘릴러여] 기생 식물 පිලල.

පිලිස්සීම [삘릤씨-머] පුලුස්සනවා 의 동명사: 태움, 불태움.

පිලෙමොන් [삘레몬] (성경) 빌레몬서, 빌레몬.

පිලුණු‡ [삘루누] 썩어 냄새나는 නරක් වුණු.

පිල් [삘] පිල의 복수: පිල 를 보시오.

පිල්ල† [삘러] ①씽할러 모음 부호 ②칼 손잡이 끝에 있는 철링. (복) *පිලි*

පිල්ලම [삘러머] 모음 부호: 모음 글자가 자음과 조합될 때 변형되는 기호들. (복) *පිල්ලම්*

පිල්ලෑව [삘래-워] 논두렁.

පිල්ලි අරිනවා [삘리 아리너와-] ①흑마술을 행하다, 마술로 저주하다 ②훔치다, 도둑질하다 හොරකම් කරනවා.

පිල්ලි ගහනවා [삘리 가하너와-] 조심스레 도둑질하다.

පිල්ලිය/පිල්ලුව [삘리여/삘루워] 흑마술, 해를 주는 주술 행위.

පිවිතුරු [삐위뚜루] 정결한, 깨끗한, 순전한, 흠이 없는 පවිත්‍ර.

පිවිස [삐위써] පිවිසෙනවා 의 과

거분사: 들어와, 출입하여. (구어) ඇතුල් වෙලා

පිවිසි [삐위씨] පිවිසෙනවා 의 형용사적 과거용법: 들어온 ඇතුල් වූ.

පිවිසියා [삐위씨야-] පිවිසෙනවා 의 과거: 들어왔다 පිවිසුණා.

පිවිසීම/පිවිසුම [삐위씨-머/삐위쑤머] පිවිසෙනවා 의 동명사: 들어옴, 입장 ප්‍රවේශය.

පිවිසෙනවා† [삐위쎄너와-] පිවිසුණා/පිවිසියා-පිවිස 들어오다, 입장하다 ඇතුළු වෙනවා. පිවිසීම/පිවිසුම (구어) ඇතුල් වෙනවා

පිවිස්න [삐위쓰너] 입구 ප්‍රවිෂ්ටය.

පිව්ටර් [삐우터르] 백랍 세공장이.

පිශාචයා [삐샤-처야-] 악귀, 도깨비 ප්‍රේතයා.

පිශුනය [삐슈너여] 악의적인 말, 뒷담화 කේළම.

පිෂ්ටය† [삐쉬터여] 밀가루 පිටි.

පිෂ්ටජීරක [삐쉬터지-러꺼] (영양학) 녹말 분해의.

පිස දමනවා† [삐써 다머너와-] 닦다, (먼지) 털다 පහදමනවා.

පිසනවා [삐써너와-] පිසුවා-පිසා ①닦다, (먼지) 털다 පිසිනවා ②요리하다 උයනවා. පිසීම (구어) පිහනවා

පිසිනවා† [삐씨너와-] පිස්සා-පිස ①닦다, (먼지) 털다 පිසනවා ②요리하다 උයනවා. පිසීම (구어) පිහිනවා

පිසීම [삐씨-머] පිසනවා, පිසිනවා 의 동명사: ①닦음, 털음 ②요리 ඉවීම.

පිසෙනවා [삐쎄너와-] පිසුණා-පිසී (요리, 밥 등) 삶아지다, 요리가 되다 ඉදෙනවා.

පිස්කල් [삐쓰깔] 국고 직원, 회계 직원.

පිස්කල් නිලධාරියා [삐쓰깔 닐러다-리야-] 국고 직원, 회계 직원.

පිස්තෝලය [삐쓰똘-러여] 권총 කොට අත් තුවක්කුව.

පිස්නය/පිස්නාව [삐쓰너여/삐쓰나-워] (냅킨, 헝겊 등의) 닦는 것, 청소 도구.

පිස්සන් කොටුව† [삤싼 꼬투워] 정신 병원 මානසික රෝහල.

පිස්සා [삤싸-] පිසිනවා, පිසනවා, පිහනවා 의 과거: ①닦았다, 털었다 ②요리했다.

පිස්සා† [삤싸-] 미친 사람(남자), 정신 병자 උම්මන්තකයා. ¶ පිස්සි 미친 여자

පිස්සි [삤씨] 미친 여자, 여자 정신 병자 උම්මන්තිකාව.

පිස්සු† [삤쑤] 미친, 광기어린, 제정신이 아닌 උමතු.

පිස්සු බලුරෝගය [삤쑤 발루로-거여] 광견병.

පිස්සුව† [삤쑤워] 미침, 광기, 발광, 정신이상 උමතුකම.

පිහ දමනවා† [삐허 다머너와-] 닦다, 훔치다 පිහනවා.

පිහ දානවා‡ [삐허 다-너와-] 닦다, 훔치다 පිහනවා.

පිහනවා [삐허너와-] පිහුවා-පිහා ①닦다, (먼지) 털다 ②요리하다 උයනවා. පිසීම (문어) පිසනවා

පිහාටු පෑන [삐하-투 빼-너] 깃털 펜, 깃펜.

පිහාටුව/පිහාට්ට† [삐하-투워/삐할-터] ①깃털, 깃 ②속눈썹.

පිහි [삐히] පිහිය 의 복수 또는 형용사: ①칼들 පිහියා ②칼의.

පිහිට‡ [삐히터] 도움, 구원 උපකාරය. (구어) උදව්ව ¶ යේසු පිහිටයි (기독교인들이 서로를 축복할 때 사용하는 말) 예수님은 우리의 도움이시다

පිහිටනවා [삐히터너와-] පිහිටුවා/පිහිටියා-පිහිටා ①위치에 있다, 서 있다, 세워져 있다, 고정되다 ②효력이 있다, 작동하다. <u>පිහිටීම</u>

පිහිටවනවා [삐히터워너와-] පිහිටුවනවා 를 보라: 세우다, 설립하다, 고정하다.

පිහිට වෙනවා [삐히터웨너와-] 도움이 되다.

පිහිටාධාරය† [삐히타-다-*러*여] (පිහිට + ආධාරය) 도움, 원조(금), 지원(금) උපකාරය.

පිහිටා තිබෙනවා/පිහිටා සිටිනවා [삐히타- 띠베너와-/삐히타- 씨티너와-] ①위치해 있다, 세워져 있다, 고정돼 있다 ②의지하다, 의존하다.

පිහිටි† [삐히티] ①위치한, 세워져 있는 පිහිටා ඇති ②태생의, 본래의, 본성의 ආවේනික.

පිහිටියා [삐히티야-] පිහිටනවා 의 과거: ①위치했다, 섰다 ②효력이 있었다, 작동했다.

පිහිටීම† [삐히티-머] පිහිටනවා 의 동명사: 위치, 서 있음, 고정.

පිහිටුවනවා† [삐히투워너와-] පිහිටෙවුවා-පිහිටුවා 세우다, 설립하다, 고정하다, 위치하다 ස්ථානගත කරනවා. <u>පිහිටුවීම</u>

පිහිටෙනවා [삐히테너와-] පිහිටුණා-පිහිටී පිහිටනවා 의 피동형: ①위치에 있다, 세워져 있다, 고정되다 ②효력이 있다, 작동되다. <u>පිහිටීම</u> ¶ මාගේ දෙපා ස්ථිරව පිහිටිණි 제 두발이 확고하게 고정되었습니다

පිහිනනවා‡ [삐히너너와-] පිහිනුවා-පිහිනා 수영하다, 헤엄치다 පීනනවා. <u>පිහිනුම</u>

පිහිනවා [삐히너와-] පිස්සා-පිහලා ①닦다, (먼지) 털다 ②요리하다 උයනවා. <u>පිසීම</u> (문어) පිසිනවා

පිහිනුම [삐히누머] පිහිනනවා, පීනනවා 의 동명사: 수영, 헤엄. (복) *පිහිනුම්*
¶ පිහිනුම් තටාකය 수영장

පිහිය‡ [삐히여] 칼. (복) *පිහියා*
¶ කඩුව 검

පිහියා [삐히야-] පිහිය 의 복수: 칼들 පිහි.

පිහියා ඇනුම [삐히야- 애누머] 칼로 찌름.

පිහියා පීර [삐히야- 삐-*러*] 칼을 날카롭게 하는 숫돌 (철).

පිහිර [삐히*러*] (쇠붙이, 손톱 가는) 줄 පීර.

පිහිල්ල/පීල්ල [삐힐러/삘-러] ①배수구, (길가의) 하수도, 시궁 ද්‍රෝණිය ②(샤워를 위한) 작은 폭포. (복) *පිහිලි* ¶ වැහි පිහිලි 처마 물받이

පිළ [삘러] ①당, 한쪽 කණ්ඩායම ②집 기초위에 쌓는 외벽.

පිළා [삘라-] 천성적 다리 지체 장애자, 천성적 절음발이.

පිළි† [삘리] '반대의', '다시'의 뜻을 가진 접두사. ¶ පිළිමල් 적대자, 반대자 පිළිතුර 대답, 반응

පිළි [삘리] 옷들, 의복들 වස්ත්‍ර. (구어) ඇඳුම්

ප

පිළිකඩ [삘리까더] 무대, 연단 වේදිකාව.

පිළිකනු [삘리까누] පිළිකන්න 의 복수: 뒷마당들.

පිළිකන්න [삘리깐너] (집) 뒷마당. (복) *පිළිකනු*

පිළිකාව‡ [삘리까-워] 암, 종양 කුලීරමාව.

පිළිකුල [삘리꿀러] 혐오, 혐오스러운 것 අරුචිය. (복) *පිළිකුල්*

පිළිකුල්‡ [삘리꿀] 혐오스러운, 싫은, 역겨운 අප්‍රසන්න.

පිළිකුල් කරනවා‡ [삘리꿀 꺼러너와-] 혐오스러워하다, 증오하다, 싫어하다 ද්වේෂ කරනවා.

පිළිකෙව් කරනවා [삘리께우 꺼러너와-] 거절하다, 거부하다, 퇴짜놓다 ප්‍රතික්ෂේප කරනවා.

පිළිගන්නවා‡ [삘리간너와-] ①환영하다, 맞아들이다 ②받아들이다, 수락하다 භාරගන්නවා. <u>පිළිගැනීම</u>

පිළිගන්වනවා [삘리간워너와-] පිළිගැන්වුවා-පිළිගන්වා ①주다, 제공하다 ②받아들이게 하다. <u>පිළිගැන්වීම</u>

පිළිගමන [삘리가머너] 돌아감, 회귀 ප්‍රතිගමනය.

පිළිගහණය [삘리가하너여] 수락, 받아들임, 수령, 가납, 환영 පිළිගැනීම.

පිළිගැනීම [삘리개니-머] පිළිගන්නවා 의 동명사: 환영, 받아들임, 수락, 수령, 가납 ප්‍රතිග්‍රහණය.

පිළිණ [삘리너] පිළිණය 의 복수 또는 형용사: ①맹세들, 약속들 ②맹세의, 약속의.

පිළිණ දෙනවා [삘리너 데너와-] 맹세하다, 약속하다 පොරොන්දු වෙනවා.

පිළිණපත [삘리너빠떠] (채무) 증서, 계약서 ඇපකරය.

පිළිණය [삘리너여] 맹세, 선언, 약속 ප්‍රතිඥාව.

පිළිතුර‡ [삘리뚜러] 대답, 응답, 반응 ප්‍රතිඋත්තරය. (복) *පිළිතුරු* (구어) උත්තරය

පිළිදගිනවා [삘리다기너와-] පිළිදැගුවා-පිළිදැග ①(사람, 동물에게) 음식을 주다, (음식을) 먹이다 පෝෂණය කරනවා ②준비하다, 예비하다 පිළියෙල කරනවා. <u>පිළිදැගීම/පිළිදැගුම</u>

පිළිදැගීම/පිළිදැගුම [삘리대기-머/삘리대구머] පිළිදගිනවා 의 동명사: ①자양물, 음식, 먹을 것 පෝෂණය කිරීම ②지속, 유지, 내구 පවත්වා ගෙනයාම.

පිළිදෙමුහුම [삘리데무후머] 역(逆)교배 (잡종 제1대를 그 선대와 교배함) පිළිමුහුම.

පිළිපත [삘리빠떠] 부본(副本: 수표, 영수증 따위를 떼어 주고 남겨두는 쪽지) අනුපිටපත.

පිළිපන් [삘리빤] පිළිපදිනවා 의 형용사적 과거용법: 따른, 지킨 පිළිපැද්ද.

පිළිපදිනවා† [삘리빠디너와-] පිළිපැද්දා-පිළිපැද 따르다, 지키다. <u>පිළිපැදීම</u>

පිළිබන් [삘리반] 예술적인, 창조적인 නිර්මාණාත්මක.

පිළිබඳ‡ [삘리반더] ~에 관한, ~에 대한, ~와 연관된 ප්‍රතිබන්ධ. (구어) ගැන

පිළිබිඹු කරනවා [삘리빔부 꺼러너와-] (거울, 물) 비추다, 투영하다, 보여주다.

පිළිබිඹුව [삘리빔부워] (거울, 물의) 투영, 비침, 반사 පිළිරුව.
පිළිබිඹු වෙනවා [삘리빔부 웨너와-] (거울, 물) 비치다, 비쳐지다, 투영되다, 보이다.
පිළිබිය [삘리비여] (적, 반대자에 의해 생기는) 두려움, 공포.
පිළිමය† [삘리머여] 동상, 상, 형상 ප්‍රතිමාව. (복) *පිළිම*
පිළිමල් [삘리말] 반대의, 적의의 විරුද්ධවාදී.
පිළිමිණ [삘리미너] (보석) 수정, 크리스탈 පිළිගුව. (복) *පිළිමිණි*
පිළිමුහුම [삘리무후머] 역(逆)교배 (잡종 제1대를 그 선대와 교배함) පිළිදෙමුහුම.
පිළිය [삘리여] 옷, 의복 වස්ත්‍රය. (구어) ඇඳුම
පිළියම [삘리여머] 처방, 구제, 치료 වෙදකම.
පිළියම් කරනවා [삘리얌 꺼*러*너와-] ①치료하다, 구제하다 වෙදකම් කරනවා ②고치다, 수리하다.
පිළියෙළ [삘리옐러] 준비, 예비 සූදානම.
පිළියෙළ කරනවා‡ [삘리옐러 꺼*러*너와-] 준비하다, 예비하다 සූදානම් කරනවා. (구어) ලෑස්ති කරනවා
පිළිරැව් [삘리*래*우] 메아리, 산울림, 울려 퍼짐 දෝංකාරය.
පිළිරැව් දෙනවා [삘리*래*우 데너와-] 메아리 치다, 울려 퍼지다.
පිළිරුව [삘리*루*워] 상(像), 형상, 초상, 우상 ප්‍රතිරූපය. (복) *පිළිරූ*
පිළිරූ [삘리*루*-] පිළිරුව 의 복수: 상들, 형상들, 우상들 ප්‍රතිරූප.
පිළිලය [삘릴러여] (식물) 겨우살이, 기생 식물 පරපුටු ශාඛය.
පිළිලොම් [삘릴롬] 역순, 뒤에서 앞으로 옴 ප්‍රතිලෝම.
පිළිවදන [삘리와더너] 대답, 응답 පිළිතුර. (구어) උත්තරය
පිළිවන් [삘리완] 가능한, 할수 있는 හැකි. (구어) පුළුවන්
පිළිවර [삘리와*러*] (세금) 공제, 세금환급.
පිළිවාසුලිය† [삘리와-쑬리여] (지리) 고기압, 역선풍.
පිළිවැස්ම [삘리왜쓰머] 앞치마 ඒප්‍රනය.
පිළිවැස්ස [삘리왰써] (야자수 잎으로 만든) 바구니.
පිළිවිදිනවා [삘리위디너와-] 깨닫게 하다, 이해시키다 අවබෝධ කරවනවා.
පිළිවිසිනවා [삘리위씨너와-] පිළිවිස්සා-පිළිවිස 묻다, 질문하다, 문의하다 විමසනවා. පිළිවි-සීම/පිළිවසුම (구어) අහනවා
පිළිවෙත† [삘리웨떠] ①의식, 의례 ②지침, 정책 ප්‍රතිපත්තිය.
පිළිවෙර [삘리웨*러*] 미움함 ප්‍රතිවෛරය.
පිළිවෙල/පිළිවෙළ [삘리웰러] ①과정, 순서 පටිපාටිය ②방식, 방법 ක්‍රමය ③스타일, 모양 රටාව.
පිළිසකර [삘리싸꺼*러*] 수리, 고침, 회복 ප්‍රතිසංසිකරණය. (구어) අලුත්වැඩියාව
පිළිසකර කරනවා [삘리싸꺼*러* 꺼*러*너와-] 수리하다, 고치다, 회복시키다 අලුත්වැඩියා කරනවා.
පිළිසකළ [삘리싸껄러] 수리한, 고친, 회복시킨 අලුත්වැඩියා කළ.

පිළිසන් [쁠리싼] 덮힌, 가려진, 볼 수 없는 වැසුණු.

පිළිසඳර† [쁠리싼더러] 담화, 한담 සතුටු සාමීචි කථාව.

පිළිසරණ [쁠리싸러너] 도움, 조력 උපකාරය.

පිළිසරණ බිල [쁠리싸러너 빌러] 행정비, 행정에 사용된 계산서.

පිළිසැකසුම [쁠리쌔꺼쑤머] 재준비, 재조정 ප්‍රතිසංස්කරණය.

පිළිසිඳ ගන්නවා‡ [쁠리씬더 간너와-] 임신하다, 잉태하다 ගැබ් වෙනවා.

පිළිසිඹියාව [쁠리씸비야-워] 분석적인 지식, 합리적인 지식 විචාර බුද්ධිය.

පිළිසෝදව [쁠리쏘-다-워] (물에) 밀렸다 돌아가는 파도.

පිළිස්සීම [쁠릿씨-머] පුළුස්සනවා 의 동명사: 태움, 불태움 දැල්වීම.

පිළිහස්තැබීම [쁠리하쓰때비-머] 부서(副署) 하기, 연서(連署) 하기 අනුඅත්සන තැබීම.

පිළිහස [쁠리하써] 부서(副署), 연서(連署) අනුඅත්සන.

පිළිහුඩු [쁠리후두] ①부정한 음식(생선과 육류) ②물총새의.

පිළිහුඩුවා† [쁠리후두와-] (조류) 물총새.

පිළී [쁠리-] ①옷, 의복 වස්ත්‍රය ②물고기 මත්ස්‍යයා ③순서, 절차 පිළිවෙළ.

පිළී ගඳ [쁠리- 간더] 생선 냄새.

පිළු [쁠루] ①장애인 කොරා ②새끼, 어린것 පැටියා ③부분, 한쪽 ④무대, 플랫폼 වේදිකාව.

පිළුණු [쁠루누] 상한, 부패한 නරක්වුණු.

පීකුදු‡ [삐-꾸두] (의학) 간 අක්මාව.

පීචක [삐-처꺼] 턱의.

පීචය [삐-처여] (포유동물, 물고기의) 아랫 턱 යටි හක්ක.

පීඨකය [삐-터꺼여] ①의자 පුටුව ②제단 දේවාසනය.

පීඨය [삐-터여] ①단과 대학 ②의자 පුටුව.

පීඨසප්පියා [삐-터쌉삐야-] 장애인 පිළු.

පීඨාධිපති† [삐-타-디빠띠] (대학) 학장.

පීඩක/පීඩකයා [삐-더꺼/삐-더꺼야-] 박해자, 핍박자 පීඩා කරන්නා.

පීඩතාපකය [삐-더따-빠꺼여] 압력솥, 압력 냄비.

පීඩන දර්ශකය [삐-더너 다르셔꺼여] 자기 기압계 (고도계) පීඩන ලේඛය.

පීඩන මානය [삐-더너 마-너여] 압력 (혈압)계, 기압계.

පීඩනය‡ [삐-더너여] ①압력, 압박 ②정신적 압박, 고통 පීඩාව ③박해, 핍박.

පීඩන ලේඛය [삐-더널 레-꺼여] 자기 기압계 (고도계) පීඩන දර්ශකය.

පීඩනෙක්ෂය [삐-더넥셔여] 기압계.

පීඩමානය [삐-더마-너여] (물체의 내압력을 재는) 내압력계 පීඩ්‍යතාමානය.

පීඩාකර/පීඩාකාරී [삐-다-꺼러/삐-다-까-리-] 억압하는, 핍박하는, 고통을 주는 පීඩා කරන.

පීඩාව‡ [삐-다-워] ①고통, 아픔 පෙළීම ②박해, 핍박.

පීඩිත† [삐-디떠] 고통받는, 괴

로워하는, 억압받는 පීඩාවට පත්.

පීඩිත පන්තිය [삐-디/띠 빤띠여] 억압받는 무리(그룹), 고통받는 무리.

පීඩිතයා [삐-디/띠야-] 억압받는 사람, 고통받는 자.

පීඩ්‍යතාමානය [삗-디여따-마-너여] (물체의 내압력을 재는) 내압력계 පීඩමානය.

පීඩ්‍යතාව [삗-디여따-워] 억압받음, 핍박받음 පෙළනසුලු බව.

පීණ [삐-너] 가득찬, 찬 පිරුණු.

පීණනය [삐-너너여] 기쁨, 즐거움, 환희 ප්‍රීණනය. (구어) සතුට

පීත [삐-떠] 노란, 노란색의, 황색의 කහපාට.

පීත පුෂ්පිකා [삐-떠 뿌쉬삐까-] 회색 호박 අළු පුහුල්.

පීත බිංදුව [삐-떠 빙두워] 노란 점, 노란 반점 පීතලවය.

පීතලවය [삐-떨라워여] 노란 점, 노란 반점 පීත බිංදුව.

පීතාම්බරය [삐-땀-버러여] ① (승려) 황복 ②비쉬누 신.

පීත්ත පණුවා [삗-떠 빠누와-] 촌충 පටි පණුවා.

පීත්තපටිය/පීත්තය [삗-떠빠티여/삗-떠여] 끈, 리본.

පීදීම/පීදුම [삐-디-머/삐-두머] පීදෙනවා 의 동명사: 꽃이 핌, 첫 개화.

පීදෙනවා [삐-데너와-] පීදුණා-පීදී 첫 꽃이 피다 පුදිනවා. <u>පීදීම/පීදුම</u>

පීනනවා‡ [삐-너너와-] පීනුවා-පීනා 수영하다, 헤엄치다 පිහිනනවා. <u>පීනීම/පීනුම</u>

පීනස/පීනස් ගාය† [삐-너써/삐-나쓰 가-여] (의학) 비염, 카타르, 코 카타르.

පීනීම/පීනුම [삐-니-머/삐-누머] පීනනවා 의 동명사: 수영, 헤엄 පිහිනුම.

පීනෝධනී [삐-노-더니-] (염소, 젖소) 젖으로 찬 젖가슴 පිරුණු තන බුරුල්ල.

පීප්පය† [삪-뻐여] (중배 부른) 통, 배럴 බැරලය.

පීම [삐-머] 음료, 마심 බීම.

පීයමාන [삐-여마-너] 음료의, 마시는 පානීය.

පීර† [삐-러] (쇠붙이, 손톱 가는) 줄, 숫돌, 철 연마기 පිහිර. (복) *පීරි*

පීරනවා‡ [삐-러너와-] පීරුවා-පීරා 빗질하다, 머리 빗다. <u>පීරීම</u> ¶ හණ පීරනවා 베를 짜다

පීරිගානවා [삐-리가-너와-] (철을) 갈다, 줄질하다.

පීරි කුඩු [삐-리 꾸두] 철을 갈 때 나오는 부스러기.

පීරිසිකුට්ටම [삐-리씨꿑터머] 잔과 잔 접시.

පීරිසි කෝප්ප [삐-리씨 꼽-뻐] 잔과 잔 접시(의).

පීරිසිය‡ [삐-리씨여] (찻잔의) 받침 접시.

පීල්ල‡ [삘-러] ①배수구, (길가의) 하수도, 시궁 පිහිල්ල ②철로. (복) *පීලි*

පීවර [삐-워러] 뚱뚱한, 덩치 큰 මහත්.

පීහේ [삐-헤-] 칼 පිහිය.

පීළනය [삘-러너여] 고통, 고뇌, 고생 පීඩනය.

පුං [뿡] 남자의, 남성의 පිරිමි.

පුංච [뿡처] 조금, 소량 ඩිංග. (문어) ස්වල්පය

ප

පුංචම්මා [뿡참마-] ①이모 ②작은 엄마 පුංචි අම්මා.

පුංචා/පිංචා [뿡차-/삥차-] 꼬마, 작은애 පොඩ්ඩා.

පුංචි [뿡치] 작은, 어린 පොඩි.

පුංචි [뿡치] ①이모 ②작은 엄마 පුංචම්මා.

පුංචි අම්මා [뿡치 암마-] ①이모 ②작은 엄마 පුංචම්මා ③의붓엄마, 계모.

පුංචිකම [뿡치꺼머] ①작음, 왜소 කුඩාකම ②천함, 비천.

පුංචි තාත්තා [뿡치 땃-따-] ①작은 아버지 බාප්පා ②의붓아버지.

පුංචිත්තා [뿡칫따-] 꼬마, 작은애 පොඩ්ඩා.

පුංජනනය [뿡자너너여] (생물) 웅성, 동정 생식 පුමුද්භවය.

පුංජායාංගී [뿡자-양-기] 자웅동체의, 남녀 양성의.

පුංජායානුරූපියා [뿡자-야-누루-삐야-] (생물) 자웅 모자이크.

පුංධානිය [뿡다-니여] (식물) 조정기, 장정기 ශුක්‍රාණුධානිය.

පුංමෛථුනය [뿡마이뚜-너여] 남색, 호모섹스.

පුංලිංගය/පුංලිඟුව [뿡링거여/뿡링구워] 남자 성기 පුරුෂ ලිංගය.

පුංස්වය [뿡쓰워여] (의학) 남성화증.

පුක [뿌꺼] 항문, 똥꼬 අධෝමුඛය.

පුක්කුසයා [뿍꾸써야-] ①천민 ②청소부.

පුග්ගලයා/පුද්ගලයා [뿍걸러야-/뿓걸러야-] 개인, 사람 තැනැත්තා.

පුගුලා [뿡굴라-] 개인, 사람 තැනැත්තා.

පුචිමන්ද [뿌치만더] 님나무, 멀구슬나무 කොහොඹ ගස.

පුච්චනවා‡ [뿣처너와-] පිච්චුවා-පුච්චලා 태우다, 불태우다. පිච්චීම (문어) දවනවා

පුච්ඡය [뿣처여] ①꼬리 ②(버드나무, 밤나무 등의) 유제 꽃차례. ¶ උණ්ඩුක පුච්ඡය 맹장

පුච්ඡාව [뿣차-워] 문의, 질문, 질의 විචාරීම.

පුඤ්චි [뿐치] 작은, 어린 පුංචි.

පුඤ්චි අම්මා [뿐치 암마-] ①이모 ②작은 엄마 පුංචම්මා ③의붓 엄마, 계모.

පුඤ්ජය [뿐저여] 다발, 뭉치, 더미 මිටිය.

පුඤ්ඤ [뿐녀] ①기부, 자선 ②공덕, 공로 පින්.

පුට [뿌터] 다발, 뭉치, 더미 මිටිය.

පුටකය [뿌터꺼여] ①작은 세포 ②구멍.

පුටය [뿌터여] ①구멍, 작은 구멍 සිදුර ②다발, 뭉치, 더미 මිටිය.

පුටුව‡ [뿌투워] 의자 පීඨය.

පුඩිම [뿌ㄷ/머] (후식) 푸딩.

පුඩුඇණය [뿌두애너여] 나사박음.

පුඩු චලනය [뿌두 찰러너여] 애벌레 같은 움직임.

පුඩුව† [뿌두워] ①코 තොන්ඩුව ②구멍 සිදුර ③유두, 젖꼭지 ④고리, 애벌레처럼 움직임 සූප්පුව.

පුණක්කු [뿌낙꾸] (농업) 푸우낙 පුණ්ණක්කු.

පුණු [뿌누] 완전한, 온전한 සම්පූර්ණ.
පුණු පෝය [뿌누 뽀-여] 보름달, 뽀여 දෙපෝය.
පුණ්ඩරික [뿐*더리*꺼] 하얀 연꽃 සුදු නෙළුම.
පුණ්ඩරිකයා [뿐*더리*꺼야-] 호랑이 කොටියා.
පුණ්ණ [뿐너] 완전한, 온전한 සම්පූර්ණ.
පුණ්ණක්කු [뿐낚꾸] (농업) 푸우낙 පුණක්කු.
පුණ්‍ය [뿐니여] ①공적있는, 자선의, 기부의 පින්වත් ②가치있는 ③기쁜. ¶ ගැළවීම පුණ්‍ය ක්‍රියවල ප්‍රතිඵලයක් නොවේ 구원은 공적의 결과가 아니다
පුණ්‍ය ක්ෂේත්‍රය [뿐니여 끄쉐-뜨*러*여] 공덕을 행하기에 좋은 장소 පින් කෙත.
පුණ්‍යකාලය [뿐니여깔-러여] 운좋은 시간, 재수 좋은 시간, 행복한 시간.
පුණ්‍ය කොමසාරිස් [뿐니여 꼬머싸-*리*쓰] 자선(기부) 위원.
පුණ්‍ය ක්‍රියාව [뿐니여 끄*리*야-워] 공적, 공훈.
පුණ්‍යවන්ත [뿐니여완떠] 덕이 높은, 덕행이 있는, 고결한 පින්වත්.
පුණ්‍යාධාර [뿐니야-다-*러*] 기부, 기부금, 자선금.
පුණ්‍යානුමෝදනාව [뿐니야-누모-더나-워] 다른 사람이 행한 덕행, 공적을 나눔.
පුණ්‍යායතනය [뿐니야-여떠너여] 자선 단체, 기부 단체.
පුතණුවෝ/පුතණ්ඩියා [뿌떠누오-/뿌딴*디*야-] 아들 පුත්‍රයා. (구어) පුතා
පුතා‡ [뿌따-] ①아들 පිරිමි දරුවා ②자손. (복) *පුත්තු* (문어) පුත්‍රයා
පුතු [뿌뚜] 아들 පුත්‍රයා.
¶ ඊසාක් තම පුතුට කතා කරමින් 이삭이 자신의 아들에게 말하면서
පුත් [뿥] ①아들 පුතා ②아들의 පුත්‍ර.
පුත්තු [뿥뚜] පුතා 의 복수: ①아들들 ②자손들. (구어) පුතාලා
¶ පුතුන්ගේ 아들들의(소유격)
පුතුන්ට 아들들에게(여격)
පුතුන් 아들들을(대격)
පුතුන්ගෙන් 아들들로부터(조격)
පුත්‍ර [뿌뜨*러*] පුත්‍රයා 의 형용사: 아들의, 자식의.
පුත්‍රයා [뿌뜨*러*야-] ①아들 පිරිමි දරුවා ②자손. (구어) පුතා
පුත්‍රස්නේහය [뿌뜨*러*쓰네-허여] 부모에 대한 사랑.
පුත්‍රී [뿌뜨*리*-] ①딸 ②딸의.
පුථුල [뿌뚤러] 광대한, 넓은 පුළුල්.
පුද [뿌더] ①헌납, 제물, 헌물 පූජාව ②예배, 경배 වැඳීම.
¶ පුද පූජාව 제물, 헌물
පුද ඔිලක්කම් [뿌더 올띾깜] 선물(의) තෑගි.
පුදකරනවා [뿌더꺼*러*너와-] 드리다, 헌납하다, 제물 드리다 පූජා කරනවා.
පුදනවා† [뿌더너와-] පිදුවා-පුදා 주다, 헌납하다, 제물 드리다 පූජා කරනවා. පිදීම/පිදුම
පුදසත්කාර කරනවා [뿌더쌑까-*러* 꺼*러*너와-] 예배하다, 제사드리다, 제물 드리다 පුදනවා.
පුද සිරිත් [뿌더 씨*릳*] 예배 의식, 제물 드리는 행위 පූජා චාරිත්‍ර.

පුදසුන [뿌더쑤너] 제단, 제물 드리는 단 පූජාසනය.

පුදුම‡ [뿌두머] 놀라운, 놀랄만 한, 굉장한 පුදුමාකාර.

පුදුම එළවනවා [뿌두머 엘러워 너와-] 기적을 행하다, 이사가 일어나게 하다 පුදුමය ඇති කරනවා.

පුදුමය† [뿌두머여] 기적, 이사, 놀람, 경이 විශ්මය.

පුදුමාකාර [뿌두마-까-러] 놀라 운, 놀랄만한, 굉장한 පුදුම.

පුද්ගල [뿓걸러] 사람의, 개인 의 පුද්ගලයකුට අදාළ.

පුද්ගල නිශ්‍රිත [뿓걸러 니쉬리 떠] 개개의, 각개의, 개인적인 ආත්මීය.

පුද්ගල ප්‍රමාණවාදය [뿓걸러 쁘러마-너와-더여] 개성주의, 개개주의.

පුද්ගලයා‡ [뿓걸러야-] 개인, 사 람 තැනැත්තා.

පුද්ගලවාදය [뿓걸러와-더여] 개인주의, 개개주의.

පුද්ගලාධිෂ්ඨානය [뿓걸라-디쉬 타-너여] 개인 이상주의.

පුද්ගලාර්ථ රාජ්‍යවාදය [뿓걸 라-르떠 랒-지여와-더여] 정치 의 개인주의.

පුද්ගලික‡ [뿓걸리꺼] 사적인, 개인적인 පෞද්ගලික.

පුන/පුනඃ/පුනර් [뿌너/뿌나/뿌 너르] 다시, 또 다시, 한번 더 නැවත. (구어) ආයෙත්

පුනපුනා [뿌너뿌나-] 다시 또 다시, 또 한번 더, 반복적으로 යළි යළිත්.

පුනරාංකනය [뿌너랑-꺼너여] 제유법 (극개념을 사용하여 인간가치관의 총체를 표현하 는 방식).

පුනරාගත [뿌너라-가떠] 다시 오는, 다시 발행하는, 재발하 는 නැවත සිද්ධවන.

පුනරාගමනය [뿌너라-거머너 여] (පුනර් + ආගමනය): ①귀환, 돌아옴, 다시옴 ②(기독교) 재 림 නැවත පැමිණීම.

පුනරාපරාධියා [뿌너라-빠라-디 야-] 상습범, 재범자.

පුනරාරම්භය [뿌너라-람버여] 재시작, 재정립 නැවත ආරම්භ කිරීම.

පුනරාරෝපණය [뿌너라-로-뻐 너여] 재충전 නැවත ආරෝපණය කිරීම.

පුනරාවතාරය [뿌너라-워따-러 여] 환생, 다시 나타남 නැවත දර්ශනය වීම.

පුනරාවර්ජනය [뿌너라-와르저 너여] 재고, 재검토, 재조명, 재 음미 නැවත ආවර්ජනය කිරීම.

පුනරාවර්තක [뿌너라-와르떠 꺼] 재발하는, 재발생하는 නැවත නැවත හටගන්නා.

පුනරාවර්තන [뿌너라-와르떠 너] 반복하는, 재발생하는 නැවත සිදුවන.

පුනරාවර්තනය [뿌너라-와르떠 너여] 반복, 재발생 නැවත සිද්ධවීම.

පුනරීක්ෂණය [뿌너뤽-셔너여] 복습, 재검사 නිවත පරීක්ෂාව.

පුනරුක්තය [뿌너룩떠여] (말의) 반복, 되풀이 නැවත නැවත කීම.

පුනරුක්තිය [뿌너룩띠여] (말의) 반복, 되풀이 පුනරුක්තය.

පුනරුච්චාරණය [뿌너룿차-러 너여] 반복하여 말함, 되풀이 하여 말함 පුනරුත්තය.

පුනරුත්ථානය† [뿌너루따-너여] 부활, 다시 살아남 උත්ථානය.

පුනරුත්ථාපනය‡ [뿌너루따-빠너여] 회복, 재활 යළි පණ ගැන්වීම.

පුනරුත්පත්තිය [뿌너룻빳띠여] 환생, 다시 태어남 පුනරභවය.

පුනරුත්පාදනය [뿌너룻빠-더너여] ①재생산 නැවත ඉපදවීම ②(기독교) 중생, 거듭남 නැවත ඉපදීම.

පුනරුදය [뿌너루더여] 르네상스, 문예부흥 නැවත උදාවීම.

පුනරුද්දීප්තිය [뿌너룯딮띠여] 재발광, 다시 비춤 නැවත බැබළීම.

පුනරුද්ධරණය [뿌너룯다러너여] 재추출, 다시 뽑기 නැවත උදුරාදැමීම.

පුනර්/පුන/පුනඃ [뿌너르/뿌너/뿌나] 다시, 또 다시, 한번 더 නැවත. (구어) ආයෙත්

පුනර්ජායී [뿌너르자-이-] 재생하는, 재기하는, 부활하는 නැවත ප්‍රාණවත්.

පුනර්ජීවය [뿌너르지-워여] 르네상스, 문예부흥 පුනරුදය.

පුනර්භවය [뿌너르바워여] 환생, 다시 태어남 නැවත ඉපදීම.

පුනර්යුක්ත [뿌너르육떠] 재임명하는.

පුනර්යුක්ත කරනවා [뿌너르육떠 꺼러너와-] 재임명하다.

පුනර්වර්ති [뿌너르와르띠-] 뒤로 휜, 반전한 ආපසු කරකැවුණු.

පුනලය [뿌널러여] 깔때기 පුනීලය.

පුනීල මෝය [뿌닐-러 모-여] 깔대기 모양의 강하구.

පුනීලය/පුනේලය† [뿌닐-러여/뿌넬-러여] 깔때기 පුනලය.

පුනීලාකාර/පුනේලාකාර [뿌닐라-까-러/뿌넬-라-까-러] 깔대기 모양의, 깔대기 같은 පුනීල්යක් බඳු.

පුනේලය/පුනීලය [뿌넬-러여/뿌닐-러여] 깔때기 පුනලය.

පුනේලාකාර/පුනීලාකාර [뿌넬-라-까-러/뿌닐라-까-러] 깔대기 모양의, 깔대기 같은 පුනීල්යක් බඳු.

පුන් [뿐] ①가득찬, 찬, 채워진 පිරුණු ②꽃핀, 개화한 පිපුණු.

පුන් කලස [뿐 깔러써] ①야자꽃과 순한 잎으로 단지 형태로 만든 행운의 장식 ②가득찬 항아리, 찬 단지 පිරුණු කළය.

පුන්නනවා/පින්නනවා [뿐너너와-/삔너너와-] 어깨에 싣다, 어깨에 두다 කරපුන්නනවා.

පුපුටිකා [뿌뿌티까-] 건조함으로 생기는 소입자, 미립자.

පුපුර† [뿌뿌러] ①작은 조각, 미립자, 단편 කැටය ②불꽃. (복) *පුපුරු*

පුපුරන† [뿌뿌러너] පුපුරනවා 의 형용사적 현재용법: 터지는, 폭발하는.

පුපුරන ද්‍රව්‍ය‡ [뿌뿌러너 드러위여] 폭발하기 쉬운, 폭발성의.

පුපුරනවා‡ [뿌뿌러너와-] පිපිරුවා-පුපුරා ①터지다, 폭발하다 ②(옷) 터지다, 찢어지다 ③화나 투덜거리다 කෝපයෙන් මුමුණනවා. <u>පිපිරීම/පුපුරුම</u>

පුපුරු ගහනවා [뿌뿌루 가하너와-] (머리, 상처) 욱신욱신 쑤시다, 쑤시다.

ප

පුපුරුම/පිපිරීම [뿌뿌*루*머/삐삐*리*-머] පිපිරෙනවා, පුපුරනවා 의 동명사: 폭발, 터짐.

පුප්පනවා [뿝뻐너와-] පිප්පුවා-පුප්පා ①개화시키다, 꽃피게 만들다 මල් විකසිත කරවනවා ②(코브라, 고슴도치 등이) 펼치다 විහිදනවා ③화내다, 분노하다 සැරවැර කරනවා. <u>පිප්පීම</u> ¶ ඉත්තෑවා කූරු පුප්පනවා 고슴도치가 가시를 세우다 නයා පෙනය පුප්පනවා 코브라가 머리를 펴다

පුප්ඵුසය [뿝뿌써여] 폐, 허파 පෙනහැල්ල.

පුප්ඵුසික [뿝뿌씨꺼] 폐가 있는, 폐를 가진 පෙනහලු ඇති.

පුප්ඵුසීය [뿝뿌씨-여] 폐의, 폐에 관한 පෙනහල්ල පිළිබඳව.

පුපුල [뿌뿔러] 약용 담쟁이 종류.

පුපුළ [뿌뿔러] පුපුරනවා 의 형용사적 과거용법: ①터진, 폭발한 පිපිරූ ②금간, 틈이 생긴, 깨진 බිඳී ඉරී ගිය.

පුබුත් [뿌붇] 깨어난, 일어난, 자각한, 깨달은 පුබුදු.

පුබුදනවා [뿌부더너와-] පිබිදුවා-පුබුදා ①깨우치다, 자각시키다, 부흥시키다 පුබුදුවනවා ②깨우다, 일으키다 අවදි කරවනවා. <u>පිබිදීම</u>

පුබුදිනවා [뿌부디너와-] පිබිදුණා-පිබිද ①깨닫다, 자각하다, 부흥하다 පිබිදෙනවා ②일어나다, 깨어나다, 잠에서 깨다 අවදි වෙනවා ③꽃이 피다, 개화하다 පිපෙනවා. <u>පිබිදීම</u>

පුබුදු [뿌부두] 깨어난, 일어난, 자각한, 깨달은 අවදි වූ.

පුබුදු කරනවා [뿌부두 꺼*러*너와-] 깨우다, 잠에서 깨우다, 일으키다 අවදි කරනවා.

පුබුදුව [뿌부두워] 깨어남, 자각, 부흥 අවදි වීම.

පුබුදුවනවා [뿌부두워너와-] පිබිදෙව්වා-පුබුදුවා ①깨우치다, 자각시키다, 부흥시키다 පුබුදනවා ②깨우다, 일으키다 අවදි කරවනවා. <u>පිබිදවීම</u>

පුම [뿌머] 남자, 남성 පුරුෂයා. (구어) මිනිහා

පුමංගධරය [뿌망거다*러*여] (식물) 웅예병, 웅기병 (어떤 종류의 꽃에서, 꽃실이 융착해서 생기는 웅예를 받치는 자루).

පුමංගය [뿌망거여] (식물) 수꽃술군 මලක රේණු පද්ධතිය.

පුමංගහරණය [뿌망거하*러*너여] 거세, 정소 제거 කරඇඹීම.

පුමංගී [뿌망기-] 남자의, 남성의 පුරුෂ.

පුමණුධානිය [뿌머누다-니여] (미생물학) 정자기.

පුමණුව [뿌머누워] (생물학) 부동 정자 බීජාණුව.

පුම්බනවා [뿜버너와-] පිම්බුවා-පුම්බා ①(입으로) 불다 පිඹිනවා ②(입으로) 공기를 주입하다 හුළං පුරවනවා. <u>පිම්බීම/පිම්බුම</u>

පුඹු පරෙවියා [뿜부 빠*레*위야-] (조류) 비둘기의 일종 (모이주머니를 부풀려 우는 비둘기).

පුඹු පහන [뿜부 빠하너] (용접용) 버너, 토치 램프 ගිනි විහිදුවන පහන.

පුයර [뿌여*러*] (화장용) 파우더, 분 පියර, වත්සුණු. (복) *පුයරු*

පුයර මල [뿌여*러* 말러] (화장용) 파우더 퍼프, 분첩.

පුර [뿌러] 도시, 타운 නගරය.
පුර [뿌러] 달이 커지고 있는.
පුරං/පුරන් [뿌랑/뿌란] 미개간의, 휴작의, (밭, 농토) 묵히고 있는 වගා කරන් නැති.
පුරංගනාව [뿌랑거나-워] ①여성 시민, 도시 여성 පුරකත ②창녀, 매춘부 වෙසඟන.
පුරඃ [뿌라] (후치사) ~전에, 앞서 පෙර.
පුරඃසරව [뿌라써러워] 앞서가, 이끌어 가 පුරස්සරව.
පුරකත [뿌랑까떠] ①도시를 부를 때 쓰는 여성명사 නුවර නමැති කාන්තාව ②여성 시민, 도시 여성 පුරකත.
පුරන [뿌러너] ①휴경지, 휴작지 පුරන් බිම ②පුරනවා 의 형용사적 현재용법: 시작하는, 완성하는, 여무는.
පුරනවා [뿌러너와-] පිරුවා-පුරා ①채우다 පුරවනවා ②시작하다, 착수하다 පටන් ගන්නවා ③훈련시키다, 연습시키다 පුහුණු කරනවා ④(곡식, 열매) 여물다, 익다 පැසෙනවා ⑤완성하다, 성취하다 සම්පූර්ණ කරනවා ⑥기쁘게 하다, 즐겁게 하다 සතුටු කරනවා ⑦(부족, 필요) 채우다, 공급하다 සපුරනවා ⑧배우다, 익히다 ඉගෙන ගන්නවා. පිරීම/පිරුම
පුරන්/පුරං [뿌란/뿌랑] 미개간의, 휴작의, (밭, 농토) 묵히고 있는 වගා කරන් නැති.
පුරන් කොටනවා [뿌란 꼬터너와-] 갈다, 경작하다 වගා කරනවා.
පුරන් බිම [뿌란 비머] 미개간지, 휴작지, 휴경전답.
පුරන් වෙනවා [뿌란 웨너와-] 농토를 묵히다, 경작하지 않다.
පුරඟන [뿌랑거너] ①도시를 부를 때 쓰는 여성명사 නුවර නමැති කාන්තාව ②여성 시민, 도시 여성 පුරකත ③창녀, 매춘부 වෙසඟන.
පුරපක්ෂය [뿌러빡셔여] 음력 첫달의 반달 පූර්වපක්ෂය.
පුරපති† [뿌러빠띠] 시장, 읍장 නගරාධිපති.
පුර පසළොස්වක [뿌러 빠썰로 쓰워꺼] 보름, 보름달이 뜨는 날 පෝය.
පුරප්පාඩුව‡ [뿌랖빠-두워] 공석, 빈자리 ඇබෑර්තුව.
පුරය [뿌러여] ①도시, 타운 නුවර ②꽃받침 තැරිය ③시작, 처음 පටන්ගැනීම ④음력 첫달의 반달 පූර්වපක්ෂය.
පුරවනවා‡ [뿌러워너와-] පුරෙවුවා-පුරවා 채우다, 가득 채우다. පිරවීම/පිරවුම
පුරවමිය [뿌러워미여] 창녀, 매춘부 වෙසඟන.
පුරවරය [뿌러와러여] 주된 도시 උතුම් පුරය.
පුරවරුණ [뿌러와루너] 의기양양, 자화자찬, 자부심 පුරසාරය.
පුරවැසි [뿌러왜씨] ①시민의, 국민의 ②시민, 국민 රටවැසියා.
පුරවැසිකම [뿌러왜씨꺼머] 시민권 පුරවැසිභාවය.
පුරවැසිභාවය [뿌러왜씨바-워여] 시민권 පුරවැසිකම.
¶ ද්විත්ව පුරවැසිභාවය 이중국적
පුරවැසියා‡ [뿌러왜씨야-] 국민, 시민, 거주민 රටවැසියා.

පුරසාරම‡ [뿌러싸-러머] 허풍, 자랑, 과장된 표현 පුරාජේරුව.

පුරස්කාරය [뿌라쓰까-러여] 특허 사용료, 로열티.

පුරස්ථික ග්‍රන්ථිය [뿌라쓰띠까 그란띠여] 전립선 ප්‍රොස්ටේට් ග්‍රන්ථිය.

පුරස්සරව [뿌랐써러워] 앞서가, 이끌어 가 පුරඃසරව.

පුර හඳ† [뿌러 한더] 보름달 පුර සඳ.

පුරහර [뿌러하러] 마헤쉬워러 신 මහේශ්වර දෙවියෝ.

පුර හල [뿌러 할러] 시청 නගර ශාලාව.

පුරා [뿌라-] පුරනවා 의 과거분사: 채워, 차, 가득차 පරලා.

පුරා [뿌라-] ①~내내, 모든 곳에서 සෑම තැනම ②전에, 옛날에, 지난 시간의 පුරාණ.

පුරාකෘත [뿌라-끄루떠] 이미 이룬, 미리 완수한 පෙර කළ.

පුරාජේරු [뿌라-제-루] 허풍을 떠는, 과장되게 말하는 පුරසාරම්.

පුරාජේරුව [뿌라-제-루워] 허풍, 과장된 표현 කයිවාරුව.

පුරාණ† [뿌라-너] ①옛날의, 오래된, 고대의, 과거의 පැරණි ②힌두 신화 책.

පුරාණ ලෝකය [뿌라-널 로-꺼여] 고대 세계, 옛시대.

පුරාණය [뿌라-너여] 과거, 고대 අතීතය.

පුරාතන [뿌라-떠너] 고대의, 먼, 옛 පුරාණ.

පුරාතනය [뿌라-더너여] 고대, 옛날 පැරණි යුගය.

පුරාන්ත්‍රිකය [뿌란-뜨리꺼여] (생물) 원장 ආදි බඩවැල.

පුරාම්බිකාව [뿌람-비까-워] 창녀, 매춘부, 창기 වෙසඟන.

පුරාලිපිය [뿌랄-리삐여] 고문서.

පුරාවර්තනය [뿌라-와르떠너여] (생물) 반복 발생 (진화의 모든 단계를 되풀이하는 개체 발생) පුරෝද්භවය.

පුරාවර්ති [뿌라-와르띠-] (생물) 반복 발생하는 පුරාවර්තනය පිළිබඳ වූ.

පුරාවර්ති පරම්පරාව [뿌라-와르띠- 빠람빠라-워] 선조 계보 පිය මුතු පරපුර.

පුරාවස්තු‡ [뿌라-와쓰뚜] 유물, 고대 유물 නටබුන් වස්තු.

පුරාවිද්‍යාව‡ [뿌라-윋디야-워] 고고학. ¶ පුරාවිද්‍යා කැනීම 고고학 발굴

පුරාවිද්‍යාඥයා [뿌라-윋디야-끈녀야-] 고고학자 පුරාවිද්‍යා විශේෂඥයා.

පුරාවෘත්තය† [뿌라-으룯떠여] ①전설, 설화 ජනප්‍රවාදය ②역사 ඉතිහාසය.

පුරින්දද [뿌린다더] 샤크라 신 ශක්‍රයා.

පුරිම [뿌리머] 이전의, 전의, 그 전의 යමකට පෙරවූ.

පුරිස [뿌리써] ①남자들, 남성들 ②남자의, 남성의 පුරුෂයා සම්බන්ධ.

පුරිසි [뿌리씨] 거친, 험한, 껄껄한 ගොරහැඩි.

පුරිස් ලකුණ [뿌리쓸 라꾸너] 남자 성기, 페니스 පුරිසින්ද්‍රිය.

පුරීතතය [뿌리-떠떠여] (해부학) 대장, 결장 මහ බඩවැල.

පුරුක† [뿌루꺼] ①사슬, 체인의 한 원 ②(손가락 등) 마디.

පුරුදු [뿌루두] පුරුද්ද 의 복수 또는 형용사: ①습관들, 관습들, 행동들 ඇබ්බැහිකම් ②습관적인, 익숙해진.

පුරුදු කරනවා‡ [뿌루두 꺼러너와-] 연습시키다, 훈련시키다, 습관화되게 만들다.

පුරුදු වෙනවා‡ [뿌루두 웨너와-] 연습하다, 훈련하다, 습관화되다.

පුරුද්ද‡ [뿌룯더] 습관, 관습 පරිචය. (복) පුරුදු

පුරුද්දනවා† [뿌룯더너와-] පිරිද්දුවා-පුරුද්දා 결합하다, 합치다, 붙이다, 연결하다 සන්ධි කරනවා. පිරිද්දීම

පුරුෂ† [뿌루셔] 남성의, 남자의 පිරිමි.

පුරුෂ කේෂරය [뿌루셔 께-셔러여] (식물) 수술, 웅예 පුංකේසරය.

පුරුෂත්‍රය [뿌루셔뜨러여] (문법) 3개 인칭 (1인칭, 2인칭, 3인칭).

පුරුෂත්වය [뿌루셔샫워여] 남성성, 남자됨 පුරුෂභාවය.

පුරුෂභාවය [뿌루셔바-워여] 남성성, 남자됨 පුරුෂත්වය.

පුරුෂ මදය [뿌루셔 마더여] 남성 자부심, 남자됨의 자긍심 පිරිමිකම පිළිබඳව ඇතිවන ආඩම්බරකම.

පුරුෂයා [뿌루셔야-] 남성, 남자 පිරිමියා. (구어) මිනිහා

පුරුෂලිංග† [뿌루셜링거] 남성, 남자. ¶ ස්ත්‍රීලිංග 여성

පුරුෂ ශක්තිය [뿌루셔 샦띠여] (남자의) 정력.

පුරුෂාධමයා [뿌루샤-더머야-] 천민, 비천한 사람, 낮은 사람 නීච මිනිහා.

පුරුෂේශ්වරවාදය [뿌루쉐-쉬워러와-더여] 유신론적 인격론 theistic personalism.

පුරුෂෝත්තමයා [뿌루숃-떠머야-] 귀족, 높은 사람, 고귀한 사람 උතුම් පුරුෂයා.

පුරෝ [뿌로-] 앞선, 앞에 가는, 선행의 පෙර.

පුරෝක්ෂ [뿌롟-셔] 전축(前軸)의, 축(軸) 앞의.

පුරෝගමනය [뿌로-가머너여] 앞서감, 선행 ඉස්සරහින් යාම.

පුරෝගමය [뿌로-가머여] 선각, 선구, 앞서 깨달음 පූර්ව නිමිත්ත.

පුරෝගාමී [뿌로-가-미-] 앞서 가는, 개척하는 පෙරටුව යන.

පුරෝගාමියා† [뿌로-가-미야-] 개척자, 선구자, 앞서 간 사람 පුලින්ම යන්නා.

පුරෝජායි [뿌로-자-이] 분만 전의.

පුරෝද්භවය [뿌롣-바워여] (생물) 반복 발생 (진화의 모든 단계를 되풀이하는 개체 발생) පුරාවර්තනය.

පුරෝනවා [뿌로-너와-] 채우다, 가득 채우다 පුරවනවා.

පුරෝහිතයා [뿌로-히떠야-] 상담자, 조언자, 고문.

පුර්තුගාලය [뿌르뚜갈-러여] 포르투갈 පෘතුගාලය.

පුර්තුගීසි [뿌르뚜기-씨] 포르투갈의, 포르투갈 사람(어)의 පෘතුගීසි.

පුලකමූර්ති [뿔러꺼무-르띠] 벌레 모양의, 연충 모양의.

පුලකය [뿔러꺼여] ①돌의 한 종류 ②보석의 결점, 보석의 흠 පුළුදුව.

ප

පුලකයා [뿔러꺼야-] ①벌레 පණුවා ②곤충 කෘමියා.

පුලතිසි [뿔러띠씨] 현인 뿔러쓰띠 පුලස්ති ඉසිවරයා.

පුලත්/පුලතිසි [뿔랃/뿔러띠씨] 현인 뿔러쓰띠 පුලස්ති ඉසිවරයා.

පුලත්පිපුර [뿔랃띠뿌러] (지명) 뽈론나루워 පොළොන්නරුව.

පුලනවා [뿔러너와-] පිලුවා-පුලා 갈망하다, 열망하다 ආශා කරනවා. පිලීම/පිලුම

පුලන්නා [뿔란나-] 열망(갈망)하는 자.

පුලතිපුර [뿔러띠뿌러] (지명) 뽈론나루워 පොළොන්නරුව.

පුල පුලා [뿔러 뿔라-] 열심히, 열정적으로 ඉමහත් උනන්දුවෙන්.

පුලා [뿔라-] ①꽃이 핀, 개화한 පිපුණු ②큰, 거대한 විශාල.

පුලාව [뿔라-워] ①충만, 참, 가득참 පිරිපූර්ණත්වය ②미모, 아름다움 ශෝභාව.

පුලිඟු කීර [뿔링구 끼-러] 불이 붙어 있는 나무 조각.

පුලිඟු පේනුව [뿔링구 뻬-누워] 점화 플러그.

පුලිඟුව [뿔링구워] 불꽃 ගිනි පුපුර.

පුලින [뿔리너] 모래 වැලි.

පුලින්දයා [뿔린더야-] 왜다족, 원시인 පුලිඳා.

පුලිය [뿔리여] 도르래, 활차 කප්පිය.

පුලියං [뿔리양] (식물) 타마린드, 타마린드 열매 සියඹලා.

පුලියානම [뿔리야-너머] (식물) 타마린드 국물 සියඹලා හොද්ද.

පුලු [뿔루] 여문, 익은, 영근 පැසුණු.

පුලු අගහස් [뿔루 아거하쓰] 첫 벼수확.

පුලුක් කියත [뿔룩 끼여떠] 개탕톱 පුලුක්කු කියත.

පුලුක්කු අරිනවා [뿔룩꾸 아리너와-] ~에 홈을 파다 (내다) ලෑල්ලක දාර බේරනවා.

පුලුක්කු කියත [뿔룩꾸 끼여떠] 개탕톱.

පුලුක්කු යත්ත [뿔룩꾸 얃떠] 개탕대패.

පුලුක්කුව [뿔룩꾸워] 판자의 홈.

පුලුක් ගොබය [뿔룩 고버여] 연한 야자 잎.

පුලුක් භෝජනය [뿔룩 보-저너여] '아스미' 쿠키 ආස්මී.

පුලුක් යත්ත [뿔룩 얃떠] 개탕대패 පුලුක්කු යත්ත.

පුලුට [뿔루터] ①소량, 조금 ටික ②고기나 생선을 튀길 때 나는 고약한 냄새. (복) *පුලුටු*

පුලුටු [뿔루투] පුලුට 의 복수 또는 형용사: ①고기나 생선을 튀길 때 나는 고약한 냄새 ②불쾌한, 화난 අප්‍රසන්න.

පුලුටු මුහුණ [뿔루투 무후너] 화난 얼굴 අප්‍රසන්න මුහුණ.

පුලුප් [뿔룹] '아스미' 쿠키.

පුලුවන්‡ [뿔루완] ①가능한, 할 수 있는 ②유능한, 능력 있는. (문어) හැකි

පුලුවන්කම‡ [뿔루완꺼머] 가능, 가능성, 능력. (문어) හැකිකම

පුලුස්සනවා† [뿔룻써너와-] පිලිස්සුවා-පුලුස්සා ①그슬리다, 태우다 ②굽다 ③뜸을 뜨다. පිලිස්සීම

පුල්/පුල්ල [뿔/뿔러] 개화된, 꽃이 핀, (지식적으로) 개화된 පිපුණු.

පුල්ලිඟුව [뿔링구워] 남자 성기, 페니스 පුරුෂ ලිංගෙන්ද්‍රිය.
පුල්ලි මල [뿔리 말러] 귀걸이 කරාබුව.
පුල්ලිය [뿔리여] 반점, 점 ලපය.
පුල්ලෝරම [뿔로-러머] (농공학) 래습커트 줄.
පුවක්‡ [뿌왁] 빈랑나무 열매 (බුලත් 불랃을 씹을 때 넣어 먹는 열매). ¶ ගිරයේ පුවක් ගෙඩියක් වගේ 파쇄기 안에 있는 뿌왁 열매 같이 (어려움에 처해 있는 상황을 표현하는 속담)
පුවඟු [뿌왕구] (식물) 룩 나무, Myristica horsefieldia රුක් ගස.
පුවඟු දිවයින [뿌왕구 디워이너] 스리랑카 북쪽에 있는 작은 섬 පුංකුඩුදූව.
පුවත [뿌워떠] ①뉴스, 보고 ආරංචිය ②해설, 설명 කථාව ③존재, 존속, 지속 පැවැත්ම. (복) *පුවත්*
පුවතර [뿌워떠러] 유명한, 저명한, 잘 알려진 ප්‍රසිද්ධ.
පුවත් [뿌왇] පුවත 의 복수: ①뉴스들, 보고들 ආරංචි ②해설들, 설명들 කථා ③존재, 존속, 지속 පැවැත්ම
පුවත්පත‡ [뿌왇빠떠] 신문 පත්තරය.
පුවරුව [뿌워루워] 널, 판자.
පුවළ [뿌월러] ①거대한, 매우 큰 විශාල ②저명한, 유명한, 자랑스러운 ප්‍රෞඪ.
පුෂ්කර [뿌쉬까러] ①연꽃 නෙළුම් ②상아의 끝 부분.
පුෂ්කරණිය [뿌쉬까러니여] 연못, 연꽃 연못 නෙළුම් විල.
පුෂ්කරිණි [뿌쉬까리니] 암컷 코끼리 ඇතින්න.
පුෂ්ට [뿌쉬터] 기름진, 살찐, 튼튼한 පෝෂිත.
පුෂ්ටිකාවා [뿌쉬티까-와-] (패류) 굴 මුතුබෙල්ලා.
පුෂ්ටිමත්‡ [뿌쉬티맏] 기름진, 살찐, 건강한, 튼튼한 තරබාරු.
පුෂ්ප [뿌쉬빠] පුෂ්පය 의 복수 또는 형용사: ①꽃들 ②꽃의. (구어) මල්
පුෂ්ප අක්ෂය [뿌쉬빠 악셔여] 꽃턱, 화턱 පුෂ්පයේ ග්‍රාහය.
පුෂ්පකාමී [뿌쉬빠까-미-] (벌레가) 꽃을 좋아하는, 꽃에서 사는.
පුෂ්පබාණ/පුෂ්ප වාණ [뿌쉬빠 까-너/뿌쉬빠 와-너] 사랑의 신 아낭거 අනංගයා.
පුෂ්ප ධරය [뿌쉬빠 다러여] 화피간주 (꽃받침과 꽃잎 사이의 자루).
පුෂ්ප මඤ්ජරිය [뿌쉬빠 망저리여] 꽃송이, 꽃 මල් පොකුර.
පුෂ්පය [뿌쉬빠여] 꽃, 화초. (구어) මල
පුෂ්පරාගය‡ [뿌쉬빠라-거여] (광물) 토파즈, 황옥 පුස් රා.
පුෂ්පවාණ/පුෂ්පබාණ [뿌쉬빠 와-너/뿌쉬빠까-너] 사랑의 신 아낭거 අනංගයා.
පුෂ්ප සර [뿌쉬빠 싸러] 사랑의 신 아낭거 අනංගයා.
පුෂ්පාංකුරය [뿌쉬빵-꾸러여] 꽃 봉오리 මල් කැකුළ.
පුෂ්පාවරණය [뿌쉬빠-워러너여] (식물) 꽃덮개 මලේ වැස්ම.
පුෂ්පාසනය [뿌쉬빠-써너여] 화단 මලසුන.
පුෂ්පිකාව [뿌쉬삐까-워] 꽃 봉오리 මල් කැකුළ.

ප

පුෂ්පිත [뿌쉬삐떠] 꽃이 핀, 개화한 මල් පිපුණු.

පුෂ්පෝද්‍යානය [뿌쉬뽀-디야-너여] 화원 මල් උයන.

පුෂ්පෝපහාරය [뿌쉬뽀-뻐하-러여] 헌화, 꽃을 바침 මල් පූජාව.

පුසි [뿌씨] 거세한, 정소를 제거한.

පුසිකරනවා [뿌씨꺼러너와-] 거세하다, 정소를 제거하다.

පුසිනවා [뿌씨너와-] ①기르다, 살지게 하다, 영양을 주다 පෝෂණය කරනවා ②값나가다, 값어치가 있다 අගිනවා.

පුසුම/පුසුඹ [뿌쑤머/뿌쑴버] 향기, 향내 පුස්ම.

පුස්† [뿌쓰] 곰팡이 දිලීරයක්.

පුස් [뿌쓰] ①빈, 비어있는 හිස් ②공허한, 무효의, 의미없는 නොවටිනා.

පුස් අල්ලනවා/පුස් කනවා‡ [뿌쓰 알러너와-/뿌쓰 까너와-] 곰팡이가 생기다 පුස් බැඳෙනවා.

පුස් බැඳෙනවා [뿌쓰 밴데너와-] 곰팡이가 생기다 පුස් කනවා.

පුස්කර [뿌쓰꺼러] ①(화학) 붕산 බොරැක්ස් ②연꽃(의) නෙළුම්.

පුස්කොළ [뿌쓰꼴러] (식물: 남인도산) 탈리폿 야자잎 (종이 대신 기록하는데 사용한 야자나뭇잎).

පුස්තකය [뿌쓰떠꺼여] 책, 서적 ග්‍රන්ථය. (구어) පොත
¶ පංචපුස්තකය (기독) 모세오경

පුස්තකාලය‡ [뿌쓰떠깔-러여] 도서관 පොත් ගුල.

පුස්තකාලයාධිපති [뿌쓰떠깔-러야-디뻐띠] 도서관장.

පුස්ථකාලය† [뿌쓰떠깔-러여] 도서관 පුස්තකාලය.

පුස් බැඳෙනවා [뿌쓰 밴데너와-] 곰팡이가 생기다 පුස් අල්ලනවා.

පුස්ම/පුස්ඹ [뿌쓰머/뿌씀버] 향기, 향내 පුසුම.

පුස් රා [뿌쓰 라-] (광물) 토파즈, 황옥(黃玉) පුෂ්පරාග.

පුස් රිය/පුස් රථය [뿌쓰 리여/뿌쓰 라떠여] 어가 (御駕: 왕이 타는 가마) රාජකීය නිල රථය.

පුස්ස [뿠써] ①비어 있는 것 හිස් දෙය ②알맹이가 없는 견과 혹은 야자열매. (복) පුසි

පුස්සනවා [뿠써너와-] 태우다, 불태우다 පුලුස්සනවා. (구어) පුච්චනවා

පුස්සා [뿠싸-] ①자식을 낳을 수 없는 남자 (정자에 문제가 있는 사람) වඳ තැනැත්තා ②거세한 황소 කරඇඹූ වස්සා.

පුහු [뿌후] ①빈, 비어있는 හිස් ②공허한, 무효의, 의미없는 නොවටිනා.

පුහුඩා/පුහුඩාවා [뿌후다-/뿌후다-와-] 거머리 කූඩැල්ලා.

පුහුණු‡ [뿌후누] 훈련된, 훈련받은 පළපුරුදු.

පුහුණු කරනවා‡ [뿌후누 꺼러너와-] 훈련하다, 훈련시키다 ළිපුරුද්දක් ලබා දෙනවා.

පුහුණුව‡ [뿌후누워] 훈련, 단련 පළපුරුද්ද.

පුහුදුනා [뿌후두나-] ①(불교) 해탈에 이르지 못한 사람, 일반 불자 මාර්ගඵල අවබෝධ නොකළ තැනැත්තා ②평민, 일반인 පෘතග්ජනයා.

පුහුදුන් [뿌후둔] ①보통의, 일반적인 තෘතග්ජන ②속세의, 세상의, 세속의.

පුහුලම [뿌훌러머] 캐쥬넛의 열매 (땅콩) කජු පුහුලම, පුලම.

පුහුල්‡ [뿌훌] (식물) 호박 අළු පුහුල්.

පුළ [뿔러] ①구멍, 동공 සිදුර ②알려진, 인식된.

පුළුන්‡ [뿔룬] 목화 솜: 목화열매를 감싸고 있는 부드러운 부분.

පුළුල/පුළුල් [뿔룰러/뿔룰] ①넓이, 가로 පළල ②넓이의, 가로의.

පුළුල් කරනවා [뿔룰 꺼*러*너와-] 넓히다, 확장하다 විශාල කරනවා.

පුළුවන්‡ [뿔루완] ①가능한, 할 수 있는 ②유능한, 능력 있는. (문어) හැකි

පුළුවන්කම‡ [뿔루완꺼머] 가능, 가능성, 능력. (문어) හැකිකම

පුළුවන් කරනවා [뿔루완 꺼*러*너와-] 가능하게 하다.

පුළුවන්කාරකම [뿔루완까-*러*꺼머] 가능, 가능성, 능력 හැකිකම.

පුළුවන්කාරයා [뿔루완까-*러*야-] ①부자 ධනවතා ②능력자, 힘센 사람.

පුළුවන් වෙනවා [뿔루완 웨너와-] 가능하다. (문어) හැකි වෙනවා

පුළුවුත් [뿔루욷] 질문을 받은 ප්‍රශ්න කරන ලද.

පුළුස්සනවා [뿔룻써너와-] පිළිස්සුවා-පුළුස්සා ①태우다, 그슬리다 දල්වනවා ②굽다 ③뜸을 뜨다. <u>පිළිස්සීම</u>

පූ [뿌-] 쿠키 කැවිලි වර්ග.

පූ කරනවා [뿌- 꺼*러*너와-] (곡물, 겨 등을) 까부르다, 키질하다, 체질하다 පොළා පිරිසිදු කරනවා.

පූකරුවා [뿌-꺼*루*와-] 제빵사, 제과사 කැවිලි සාදන්නා.

පූකුරුව [뿌-꾸*루*워] 원통형 찻잔, 손잡이가 있는 컵.

පූග [뿌-거] ①(식물) 빈랑 나무 පුවක් ගස ②무리, 그룹 සමූහය.

පූගනවා/පූගානවා [뿌-거너와-/뿌-가-너와-] (입으로 바람을) 후 불다 කටින් හුළං පිඹිනවා.

පූච්චම [뿟-처머] 허풍, 과장된 표현 පුරසාරම.

පූච්චම්කාර [뿟-참까-*러*] 허풍을 떠는, 과장되게 말하는 කයිවාරු.

පූච්චානම [뿟-차-너머] 허풍, 과장된 표현 පුරසාරම.

පූජක [뿌-저꺼] 제사장, 승려, 성직자 පූජකයා.

පූජක පක්ෂය† [뿌-저꺼 빡셔여] 제사장, 승려, 성직자 පූජකයා.

පූජකයා‡ [뿌-저꺼야-] 제사장, 승려, 성직자 පූජකවරයා.

පූජකවරය [뿌-저꺼워*러*여] 제사장 직무.

පූජකාභිෂේකය [뿌-저까-비쉐-꺼여] (목사, 신부) 안수식, 기름부음.

පූජනය [뿌-저너여] 제사, 예배 පූජාව.

පූජනීය [뿌-저니-여] පූජනය 의 형용사: 제사의, 예배의 පූජ්‍ය.

පූජනීය ස්ථානය [뿌-저니-여 쓰따-너여] 예배 장소, 예배처, 제사드리는 곳 පූජා බිම.

ප

පූජා† [뿌-자-] ①예물들, 제물들 පුදන දේවල් ②거룩한, 신성한 ද්‍රව්‍ය.

පූජා කරනවා [뿌-자- 꺼러너와-] 예배하다, 봉헌하다, 예물을 드리다.

පූජා නගරය [뿌-자- 나거러여] 거룩한 도시, 종교 도시.

පූජා ප්‍රසාදි [뿌-자- 쁘러싸-디] 성직자, 신부, 목사 ක්‍රිස්තියානි පූජකවරයා.

පූජා බිම [뿌-자- 비머] 거룩한 땅 ආගමික පූජනීය භූමිය.

පූජාර්හ [뿌-자-르허] 제사의, 예배의 පූජ්‍ය.

පූජාව‡ [뿌-자-워] ①제사, 예배 නමස්කාරය ②제물, 예물, 공물, 헌금 පුදනු ලබන දේවල්.

පූජාසනය‡ [뿌-자-써너여] 제단 පුදසුන.

පූජිත [뿌-지떠] 예배드린, 제사드린, 드려진 පිදූ.

පූජෝත්සවය [뿌-좉-써워여] 종교 의식, 제사 의식 පූජා උත්සවය.

පූජ්‍ය† [뿢-지여] 존경할만한, 존경하는 පූජනීය.

පූජ්‍ය පක්ෂය [뿢-지여 빡셔여] 제사장, 성직자 පූජකයා.

පූජ්‍යපාද [뿢-지여빠-더] 존경받는 승려.

පූජ්‍යයා [뿢-지여야-] 제사장, 승려, 성직자 පූජකයා.

පූට්ටු [뿥-투] 결합된, 하나된, 연결된 එකිනෙක සම්බන්ධ.

පූට්ටු කරනවා [뿥-투 꺼러너와-] 결합하다, 합치다, 붙이다, 연결하다 සන්ධි කරනවා.

පූට්ටුව [뿥-투워] 연합, 결합, 이어짐, 붙음 සහසම්බන්ධය.

පූඩාවා/පූඩැල්ලා [뿐-다-와-/뿐-댈라-] 거머리 කූඩැල්ලා.

පූණ්ඩු කරනවා [뿐-두 꺼러너와-] 결합하다, 결속하다, 연결하다 එක්කාසු කරනවා.

පූති [뿌-띠] 부패하는, 상하는 කුණු වෙන.

පූතික [뿌-띠꺼] 부패시키는, 곪게 하는 නරක් කරන.

පූතික ටැංකිය [뿌-띠꺼 탱끼여] 정화조.

පූතිනාශකය [뿌-띠나-셔꺼여] 방부제, 살균 (소독)제 විෂබීජ මර්ධකය.

පූතිය [뿌-띠여] ①(의학) 패혈증 ලේ විෂවීම ②부패 (작용) කුණුවීම.

පූදිනවා [뿌-디너와-] පිදුණා-පුද 첫 꽃이 피다 පීදෙනවා. <u>පීදීම</u>

පූනා [뿌-나-] 곰 වළහා.

පූනාව [뿌-나-워] 귀신들린 춤출 때 사용하는 옹이 단지.

පූපකාරයා [뿌-빠까-러야-] 빵 굽는 사람, 베이커.

පූපය [뿌-빠여] 빵, 케잌, 로티, (기독교) 성만찬에 쓰는 빵 රොටිය.

පූයා මේහය [뿌-야- 메-허여] (의학) 임질.

පූයාව [뿌-야-워] 고름 සැරව.

පූයෝනිය [뿌-요-니여] (불교) 전생, 이전 생 පූර්ව ජන්මය.

පූරක [뿌-러꺼] ①채우는 පිරවන ②완성하는, 이루는 සම්පූර්ණ කරන.

පූරකය [뿌-러꺼여] ①채움재, 채우는 재료 පුරවන දෙය ②(도료) 충전제, 초벌칠.

පූරණය [뿌-러너여] ①채움 පිරවීම ②완성, 이룸.

පූරණීය [뿌-러니-여] 완성해야 하는, 이루어야 하는 පිරවිය යුතු.

පූරිත [뿌-리떠] 가득찬, 찬, 채워진 පිරුණු.

පූලම [뿔-러머] 캐쥬넛의 열매 (땅콩) කජු පුහුලම.

පූර්ණ† [뿌-르너] 가득찬, 충만한, 완전한 පිරුණු. ¶ පූර්ණතාව 충만함, 충만

පූර්ණ අධිකරණය [뿌-르너 아디꺼러너여] 대법원 판사 일동.

පූර්ණ ග්‍රහණය [뿌-르너 그러하너여] 개기 일식, 개기 월식.

පූර්ණ ඝටය [뿌-르너 가터여] 가득찬 항아리 පිරුණු කළය.

පූර්ණ ඡායාව [뿌-르너 차-야-워] 본(本) 그림자 (일식, 월식 때의 지구, 달의 그림자) සම්පූර්ණ හෙවනැල්ල.

පූර්ණත්වය [뿌-르낟워여] 충만, 충만함, 가득참, 완전함 පිරිපුන් බව.

පූර්ණ දර්ශය [뿌-르너 다르셔여] (생물) 정기준(正基準) 표본, 완모식 표본.

පූර්ණ ලවන [뿌-르너 라워너] 일반 소금의.

පූර්ණාංකය [뿌-르낭-꺼여] (수학) 정수.

පූර්ණාංශය [뿌-르낭-셔여] 특징, 특색 විශේෂත්වය.

පූර්ණිමා [뿌-르니마-] 보름달 පුන් සඳ.

පූර්ණිමා දිනය [뿌-르니마- 디너여] 보름, 음력 15일.

පූර්ව† [뿌-르워] පූර්වය 의 복수: ①과거, 전, 이전, 고대 අතීතය ②앞섬, 선행, 전면 ඉදිරිය ③동쪽 නැගෙනහිර

පූර්ව [뿌-르워] පූර්වය 의 형용사: ①전의, 이전의, 고대의 පසුගිය ②~앞의, 앞쪽의, 앞선 ඉස්සර. ¶ ක්‍රිස්තු පූර්ව 기원전, BC

පූර්වක [뿌-르워꺼] 앞선, 선행의 පෙරටු කොට ඇති.

පූර්ව කාය [뿌-르워 까-여] 윗몸, 상체 උඩු කය.

පූර්වගය [뿌-르워거여] 선구, 선각, 미리 오는 것 කලින් පැමිණි දෙය.

පූර්වගයා [뿌-르워거야-] 선구자, 선각자.

පූර්වගාමී [뿌-르워가-미-] 앞서가는, 먼저 가는 ඉදිරියෙන් යන.

පූර්වංගම [뿌-르왕거머] 앞서 가는, 먼저 가는 පූර්වගාමී.

පූර්වජ [뿌-르워저] ①앞서 태어난 පෙර උපන් ②조상(대대로)의 මුතුමිත්තන්ගෙන් පැවත එන.

පූර්වජනකයා [뿌-르워자너꺼야-] 조부모.

පූර්වජයා [뿌-르워저야-] 조상, 선조 මුතුමිත්තා.

පූර්වඥනය [뿌-르워냐-너여] 예언의 능력, 예지 능력.

පූර්වතාව [뿌-르워따-워] 우선권, 선취권 ප්‍රමුඛත්වය.

පූර්ව දර්ශනය [뿌-르워 다르셔너여] 예행 연습, 리허설.

පූර්ව දිශාව [뿌-르워 디샤-워] 동쪽 නැගෙනහිර.

පූර්ව දේවතාව [뿌-르워 데-워따-워] 부모 중 한 사람.

පූර්ව නිගමනය [뿌-르워 니가머너여] 가정, 억측, 추측 පූර්වානුමිතිය.

ප

පූර්ව නිමිත්ත [뿌-르워 니밑떠] 전조, 징조, 조짐 පෙර නිමිත්ත.

පූර්ව ප්‍රත්‍යය [뿌-르워 쁘러띠여여] 선행 조건, 필요 조건, 선조건.

පූර්ව භාගය† [뿌-르워 바-거여] 오전 පෙර වරුව. ¶ අපරභාගය 오후

පූර්ව මදය [뿌-르워 마더여] (암컷의) 발정(發情) 전 단계, 발정기 전 단계.

පූර්වය [뿌-르워여] ①과거, 전, 이전, 고대, 옛날 අතීතය ②앞섬, 선행, 전면 ඉදිරිය ③동쪽 නැගෙනහිර.

පූර්වාකාශය [뿌-르와-까-셔여] 동쪽 하늘 පෙරදිග අහස.

පූර්වාකෘතිවාදය [뿌-르와-끄루띠와-더여] (개체 발생론의) 전성설(前成說).

පූර්වාක්ෂරය [뿌-르왁-셔러여] 선행 음절.

පූර්වාචාර්ය [뿌-르와-차-르여] 부모 දෙමාපියන්.

පූර්වාත්මය [뿌-르왙-머여] 전생, 이전에 살았던 생애 ඉහතාත්මය.

පූර්වාදර්ශය [뿌-르와-다르셔여] 선례, 관례, 판례.

පූර්වානුමතිය [뿌-르와-누머띠여] 선동의, 앞선 동의, 선결제.

පූර්වානුමිතිය [뿌-르와-누미띠여] 가정, 추측 පූර්ව නිගමනය.

පූර්වාපරසන්ධි [뿌-르와-빠러싼디] 과거와 현재의 연결.

පූර්වාරක්ෂාව [뿌-르와-띾샤-워] 예방, 예방책.

පූර්වාරක්ෂිත [뿌-르와-띾쉬떠] 예방하는, 예방의, 예방책의.

පූර්වාර්ධගෝලය [뿌-르와-르더골-러여] (지구의) 동반구.

පූර්වාර්ධය [뿌-르와-르더여] 첫 반절, (지구의) 동반구.

පූර්වාහ්නය [뿌-르와-흐너여] 오전 පෙර වරුව.

පූර්විකාව [뿌-르위까-워] 서문, 서두 පෙර වදන.

පූර්වේ නිවාසය [뿌-르웨- 니와-써여] 전생, 이전에 살았던 생애 පූර්වාත්මය.

පූර්වේනිවාසානුස්මෘති ඥානය [뿌-르웨-니와-싸-누쓰므루띠냐-너여] 전생에 대한 기억.

පූර්වෝක්ත [뿌-르웈-떠] 앞서 언급된, 미리 말해진 කලින් කියූ.

පූර්වෝපාන්තය [뿌-르오-빤-떠여] 끝에서 세 번째의 것.

පූසා‡ [뿌-싸-] 고양이. (문어) බළලා

පූසාරි [뿌-싸-리] 힌두 제사장 හින්දු පූජකයා.

පෘතුගාලය [쁘루뚜갈-러여] 포르투갈.

පෘතුගීසි [쁘루뚜기-씨] ①포르투갈 사람의 ②포르투갈어의, 포르투갈의.

පෘථක් [쁘루땈] 분리된, 떨어진 වෙන්.

පෘථක්කරණය [쁘루땈까러너여] 깨짐, 산산조각 남 වියෝජනය.

පෘථග්ජන [쁘루딱자너] ①세속적인, 세상적인 ලෞකික ②일반적인, 일상적인, 보통의 සාමාන්‍ය.

පෘථග්ජනයා [쁘루딱자너야-] ①(불교) 불자, 평신도, 일반신도, (불교) 해탈에 이르지 못한 사람 පුහුදුන් ②세상사람, 세속인 සාමාන්‍ය මිනිසා.

පෘථිවිය‡ [쁘루띠위여] 지구.
පෘථුල [쁘루뚤러] 퍼진, 퍼져있는 පැතිරුණු.
පෘෂ්ඨ [쁘루쉬터] පෘෂ්ඨය 의 복수 또는 형용사: ①표면들, 겉들 ②면의, 겉의.
පෘෂ්ඨය‡ [쁘루쉬터여] 표면, 겉.
පෘෂ්ඨ වංශිකයා/පෘෂ්ඨ වංශියා [쁘루쉬터 왕쉬꺼야-/쁘루쉬터 왕쉬야-] 척추 동물.
පෘෂ්ඨෝදර [쁘루쉬토-더*러*] (동물)등에서 배에 이르는, 배복(성)의.
පෙකණිය‡ [뻬꺼니여] 배꼽 නැබ.
පෙකණි වැල‡ [뻬꺼니 왤러] 탯줄.
පෙඟීම [뼁기-머] පොඟනවා, පෙඟෙනවා 의 동명사: 젖음, 흠뻑 젖음, 축축해짐.
පෙඟෙනවා† [뼁게너와-] පෙඟුණා-පෙඟී (물 따위에) 젖다, 잠기다, 흠뻑 젖다. <u>පෙඟීම</u>
පෙට්ටගම [뻳터거머] 큰 나무 상자.
පෙට්ටි යතුර [뻳티 야뚜*러*] 상자 열쇠.
පෙට්ටිය‡ [뻳티여] 상자, 박스. ¶ ගිවිසුම් පෙට්ටිය 언약궤 තැපැල් පෙට්ටිය 우편함 ගිනි පෙට්ටිය 성냥
පෙණ/පෙණය† [뻬너/뻬너여] ①거품, 버블 ②코브라의 펴진 머리.
පෙණ රබර් [뻬너 *라*버*르*] 발포 고무.
පෙණවරකය [뻬너와*러*꺼여] 거품 안나게 하는 재료.
පෙණහැල්ල‡ [뻬너핼러] 허파 පෙනහැල්ල. (복) *පෙණහැලි*
පෙණෙල්ල [뻬넬러] 횃불, 관불.
පෙත [뻬떠] ①운동용 판자 ක්‍රීඩා ලෑල්ල ②길, 도로 මාර්ගය ③확장, 뻗기. ¶ වන පෙත 산림확장
පෙතලි [뻬떨리] 편평한, 납작한, 평탄한 පැතලි.
පෙති† [뻬띠] පෙත්ත 의 복수: ①알약들 ②조각들, 얇은 조각들.
පෙතිකඩ [뻬띠까*더*] 그림 그리는데 사용하는 천.
පෙති ගසනවා‡ [뻬띠 가써너와-] 조각으로 자르다, 얇은 조각으로 자르다 තීරුවලට කපනවා. (구어) පෙති ගහනවා
පෙත්ත‡ [뻳떠] ①조각, 한부분 ②(약) 알. (복) *පෙති* ¶ කන් පෙත්ත 귓불 මාළු පෙත්ත 생선 한조각 හිනි පෙත්ත (사다리의) 발을 딛는 가로장
පෙත් මග [뻿 망거] ①사다리 ඉනිමඟ ②계단 පඩිපෙළ.
පෙත්සම/පෙස්සම‡ [뻿써머/뻜써머] 청원, 탄원(서), 진정(서) ලිඛිත පැමිණිලි.
පෙද [뻬더] ①공, 구 පන්දුව (구어) බෝලය ②귀걸이 කුණ්ඩලාභරණය ③발 පාදය.
පෙදරේරු/පෙදරේරුවා [뻬더*레-루*/뻬더*레-루*와-] 미장, 미장공. (구어) මේසන් බාස්
පෙදරේරුවා† [뻬더*레-루*와-] 미장, 미장공 පෙදරේරු. (구어) මේසන් බාස්
පෙදෙස [뻬데써] 지역, 영역, 장소 ප්‍රදේශය.
පෙනහල්ල/පෙනහැල්ල‡ [뻬너할러/뻬너핼러] 허파 පෙණහැල්ල. (복) *පෙනහලු/පෙනහැලි*

ප

පෙනිය [뻬니여] හැකි, යුතු 앞에 나오는 පේනවා 의 변형 형태: පෙනිය යුතුයි 보여야 한다 පෙනිය හැකියි 보일 수 있다.

පෙනීම [뻬니-머] පෙනෙනවා, පේනවා 의 동명사: ①보임 ②출현 ③광경 ④양상, 측면.

පෙනී සිටිනවා‡ [뻬니- 씨티너와-] 참석하다, 나타나다, 출현하다 ඉදිරිපත් වෙනවා.

පෙනුම‡ [뻬누머] ①පෙනෙනවා, පේනවා 의 동명사: 외관, 외모 ②선물 ③목수 대패의 쐐기.

පෙනෙනවා‡ [뻬네너와-] පෙනුණා-පෙනී ①보이다, 나타나다, 출현하다 ②~으로 보이다, 생각되다 ③이해하다. <u>පෙනීම/පෙනුම</u> (구어) පේනවා

පෙනෙල [뻬넬러] 무환자(無患子) 나무 속(屬)의 식물.

පෙනේරය‡ [뻬네-러여] 체, 조리.

පෙන්ද [뻰더] ①(새, 물고기) 꼬리 පෙඳය ②이마 ③민속 놀이 왈러 까주에서 사용하는 둥글고 납작한 기구.

පෙන්දා [뻰다-] ①꼭두각시, (꼭두각시) 추종자 පන්දමා ②배드민턴 공, 셔틀 콕.

පෙන්නුම් කරනවා [뻰눔 꺼러너와-] 보여주다, 알려주다, 밝혀주다 දක්වනවා. (구어) පෙන්වනවා

පෙන්වනවා‡ [뻰워너와-] පෙන්නුවා-පෙන්වා 보여주다, 알려주다, 밝혀주다. <u>පෙන්වීම</u> (문어) දක්වනවා

පෙඳ [뻰더] පෙඳය 의 복수 또는 형용사.

පෙඳය [뻰더여] ①공, 구 පන්දුව ②이끼, 물이끼 පාසි ③(새, 물고기) 꼬리들 වල්ග පිහාටු ④(바다, 게 등) 거품 බුබුල ⑤덩어리, 한뭉치 රොද.

පෙබරවාරි‡ [뻬버러와-리] 2월, 이월.

පෙම/පෙම් [뻬머/뻼] 사랑, 애정 ප්‍රේමය. (구어) ආදරය

පෙම් කරනවා [뻼 꺼러너와-] 사랑하다, 사모하다 ප්‍රේම කරනවා. (구어) ආදරය කරනවා

පෙම්බර [뻼버러] 사랑하는 ඉතා ප්‍රේමවන්ත.

පෙම් පත [뻼 빠떠] 연애 편지 ආදර හසුන.

පෙම්වතා‡ [뻼워따-] (남자) 애인, 사랑하는 사람.
¶ පෙම්වතිය 여자 애인

පෙම්වතිය‡ [뻼워띠여] (여자) 애인, 사랑하는 사람. ¶ පෙම්වතා 남자 애인

පෙර† [뻬러] ①~전에, 이전에, 앞서 පූර්ව ②앞에, 존전에 අභිමුඛ ③동쪽의 නැගෙනහිර.
¶ මැද පෙරදිග 중동

පෙරංගානවා [뻬랑가-너와-] 문질러 (긁어, 스치어) 벗기다, 비벼서 깨끗이 하다 පෙරන්ගානවා.

පෙරකදෝරු [뻬러꺼도-루] 사무 변호사, 대소인 නීතිඥයා.

පෙරගම [뻬러거머] 혼인 신고 පෙර නම් දීම.

පෙරගමන් [뻬러거만] (손님) 마중, 마중 나가기.

පෙරටු කොට [뻬러투 꼬터] 앞서나가, 전진하여 ඉදිරියෙන් තබාගෙන.

පෙරටුව† [뻬러투워] ①~앞서서, ~전에 ඉදිරියෙන් ②앞, 전, 면전, 존전 ඉදිරිය.

පෙරත්ත [뻬랕떠] 애원, 탄원, 간청, 간절한 부탁 පෙරැත්තය.

පෙරදතම [뻬러다-떠머] 전일부, 앞선 날짜.

පෙරදැරි [뻬러대리] 먼저, 우선의, 처음의.

පෙරදැරි කොට [뻬러대리 꼬터] 앞에 두고, 우선권을 두고, 첫자리에 두고, 첫번째에 둬 පෙරදැරි කරලා.

පෙරදිග‡ [뻬러디거] 동쪽, 동.(구어) නැගෙනහිර ¶ අපර දිග 서쪽

පෙර නම් දීම [뻬러 남 디-머] 혼인 신고 පෙරගම.

පෙරනය [뻬러너여] 여과, 거름, 걸러냄 පෙරහන.

පෙරනවා‡ [뻬러너와-] පෙරුවා-පෙරා ①거르다, 여과하다, 불순물을 제거하다 පෙරහනවා ②증류하다 ක්ෂාරය සකස් කරනවා. <u>පෙරීම/පෙරුම</u>

පෙර නිමිත්ත† [뻬러 니밑떠] (불길한) 징조, 전조 පූර්ව නිමිත්ත.

පෙර නියමය [뻬러 니여머여] 운명, 숙명 පූර්ව නිගමනය.

පෙරන්ගානවා [뻬란 가-너와-] 문질러 (긁어, 스치어) 벗기다, 비벼 깨끗이 하다 පෙරංගානවා.

පෙරපර [뻬러뻐러] ①앞뒤, 전후 පෙර හා අපර ②동과 서, 동서 නැගෙනහිර සහ බටහිර.

පෙරබත [뻬러바떠] 점심, 오찬 දිවා ආහාරය.

පෙරමඟ [뻬러마거] 마중, 마중 나감, 맞이 පැමිණෙන පාර.

පෙරමගට යනවා [뻬러마거터 야너와-] 마중 나가다, 맞이하러 가다.

පෙරමුණ† [뻬러무너] ①앞장섬, 전면, 앞 ඉදිරිය ②(군대) 전선, 선봉 සටන් කරන ඉදිරි පෙළ. ¶ ශ්‍රී ලංකා පොදුජන පෙරමුණ 스리랑카 국민 전선 (2018년 지방선거를 앞두고 전직 대통령 마힌더 라저빡셔가 세운 정당)

පෙරඹර [뻬람버러] 동쪽 하늘 පෙර අඹර.

පෙර යම [뻬러 야머] 저녁 6시부터 밤 10시까지 첫 4시간 ප්‍රථම යාමය.

පෙරව [뻬러워] ①~전에, 이전에, 앞서 කලින් ②(옷을) 입어, 입고, 착용해 පෙරවා.

පෙරවනවා [뻬러워너와-] (옷을) 입다, 착용하다 පොරවනවා.

පෙර වරුව‡ [뻬러 와루워] 오전 උදය වරුව. ¶ පසු වරුව 오후

පෙරවා [뻬러와-] පෙරවනවා 의 과거분사: (옷을) 입어, 입고 පොරවා.

පෙර විකිණීම [뻬러 위끼니-머] 선매, 선매권.

පෙරවියා/පෙරෙවියා [뻬러위야-/뻬레위야-] 조언자, 상담자 උපදේශකවා.

පෙර වෙරළ [뻬러 웨럴러] (만조선과 간조선 중간의) 물가, 바닷가.

පෙරහන [뻬러하너] 여과, 거름, 걸러냄 පෙරනය. (복) පෙරහන්

පෙරහනවා [뻬러허너와-] ①거르다, 여과하다, 불순물을 제거하다 පෙරනවා ②증류하다 ක්ෂාරය සකස් කරනවා.

පෙරහන්කඩ [뻬러한까더] 여과하는데 (걸러내는데) 사용하는 헝겊조각.

පෙරහන් කරනවා [뻬러한 꺼러너와-] ①거르다, 여과하다, 불순물을 제거하다 පෙරහනවා ②증류하다 ක්ෂාරය සකස් කරනවා.

පෙරහර/පෙරහැර [뻬러하 러/뻬러해 러] 행진, 행렬 පරිහාරය.

පෙරහැර‡ [뻬러해 러] 행진, 행렬 පරිහාරය.

පෙරහුරුව† [뻬러후 루워] 예행연습, 리허설 කලින් හුරුවීම.

පෙරළනවා‡ [뻬럴러너와-] පෙරළුවා-පෙරළා ①쪽을 넘기다, 열다 ②뒤집어 놓다, 뒤집다 ③(공) 굴리다 ④되돌아오다, 다시 오다 ⑤통역하다, 번역하다 පරිවර්තනය කරනවා ⑥바꾸다, 변화를 주다 වෙනස් කරනවා. පෙරළීම/පෙරළුම

පෙරළා එනවා [뻬럴라- 에너와-] 돌아오다, 다시 오다 ආපසු එනවා. (구어) ආපහු එනවා.

පෙරළා යනවා [뻬럴라- 야너와-] 돌아 가다, 다시 가다 ආපසු යනවා. (구어) ආපහු යනවා

පෙරළි කරනවා [뻬럴리 꺼러너와-] 폭동을 일으키다, 반역하다, 싸우다 අරගල කරනවා.

පෙරළිකාර [뻬럴리까-러] 반역하는, 싸우는, 폭동을 일으키는 අරගල කරන.

පෙරළිය‡ [뻬럴리여] ①변화, 변신 වෙනස්වීම ②혁명, 혁신, 변형, 변화 පරිවර්තනය ③갈등, 충돌, 문제 කලබලය.

පෙරළීම/පෙරළුම [뻬럴리-머/뻬럴루머] පෙරළනවා, පෙරළෙනවා 의 동명사: ①넘김, 책장을 넘김 ②굴림, 굴리기 ③뒤집기, 뒤엎음 ④번역, 통역 ⑤변화.

පෙරළෙනවා [뻬럴레너와-] පෙරළුණා-පෙරළී ①넘겨지다, 열리다 ②뒤집어지다, 뒤집히다 ③(공) 굴려지다 කැරකී යන ලෙස තල්ලු වෙනවා ④통역되다, 번역되다. පෙරළීම/පෙරළුම

පෙරළුම/පෙරළීම [뻬럴루머/뻬럴리-머] පෙරළනවා, පෙරළෙනවා 의 동명사: ①넘김, 책장을 넘김 ②굴림, 굴리기 ③뒤집기, 뒤엎음 ④번역, 통역 ⑤변화.

පෙරාතුව [뻬라-뚜워] ~ 전에, ~ 이전에 පෙරටුව. (구어) කලින්

පෙරාපු රත්තරන් [뻬라-뿌 랕떠란] 정련한 금.

පෙරැත්තය [뻬랱떠여] 간청, 탄원, 청원 පැරැත්ත.

පෙරැළිය [뻬랠리여] 혁명, 혁신, 변형, 변화 විපර්යාසය.

පෙරුංකායම් [뻬룽까-얌] (식물) 아위 (미나릿과의 약용).

පෙරුම් පුරනවා [뻬룸 뿌러너와-] (불교 해탈을) 완성하다, 이루다 පැරුම් පුරනවා.

පෙරූ [뻬루-] පෙරනවා 의 형용사적 과거용법: 정련한, 불순물을 제거한, 여과한 පවිත්‍ර කළ.

පෙරීම/පෙරුම [뻬리-머/뻬루머] පෙරනවා, පෙරෙනවා 의 동명사: 여과, 정련.

පෙරෙට්ටුව† [뻬렡투워] 행진, 퍼레이드 පෙරහැර.

පෙරෙනවා† [뻬레너와-] පෙරුණා-පෙරී 여과되다, 불순물이 제거되다, 정련되다 පෙරහන් වෙනවා. පෙරීම/පෙරුම

පෙරෙයිද† [뻬레이다-] 그저께, 그제 පෙරේදා.

පෙරෙවියා [뻬레위야-] 조언자, 충고자, 상담자 පෙරවියා.

පෙරේත [뻬레-떠] 욕심 많은, 탐욕스러운, 탐심의 කෑදර.

පෙරේතයා [뻬레-떠야-] ①욕심쟁이, 탐욕스러운 사람 කෑදරයා ②요귀(妖鬼), 장난꾸러기 꼬마 도깨비.

පෙරේද [뻬레-다-] 그제, 이틀 전 පෙරෙයිදා.

පෙලඹීම/පෙලඹුම [뻴럼비-머/뻴럼부머] පොලඹනවා 의 동명사: 감동, 마음을 빼앗아감, 유혹 විප්‍රලම්භය.

පෙව්ලි [뻬윌리] 음료수 බීම.

පෙවෙණිය [뻬웨니여] ①유산, 유업 උරුමය ②시리즈, ~권 ශ්‍රේණිය.

පෙවූ [뻬우-] පෙවෙනවා 의 형용사적 과거용법: ①마시게 된 ②젖게 된, 젖은 චබූ.

පෙවෙත [뻬웨떠] 존재, 실존, 생존 පැවැත්ම.

පෙවෙනවා [뻬웨너와-] පෙවුණා-පෙවී ①마시게 되다 බීමට සිදුවෙනවා ②물에 감기다 ජලයෙහි ගිලෙනවා.

පෙස්සම [뻤써머] 청원, 탄원, 진정 පෙත්සම.

පෙහෙ [뻬헤] (불교) 8정도 අටසිල්.

පෙහෙකම් [뻬헤깜] 뜨개질, (천) 짜기 පේෂකර්ම.

පෙහෙකම්හල‡ [뻬헤깜할러] 직조소, 직방소 රෙදි මෝල.

පෙහෙකාර [뻬헤까-러] 천 짜는 사람 පෙහෙර.

පෙහෙණිය [뻬헤니여] 자양분을 줌, 살지게 함.

පෙහෙර [뻬헤러] 천 짜는 사람 පෙහෙකාර.

පෙහෙවස [뻬헤워써] (불교) 8정도를 행하는 삶, 귀의한 삶, 신앙에 헌신한 삶 අටසිල් සමාදන් වූ දිවිය. (복) පෙහෙවස්

පෙහෙවෙනවා [뻬헤웨너와-] (불교) 8정도를 준수하다.

පෙහෙළි [뻬헬리] 더 빛나는, 더 분명한 වඩා පැහැදිලි.

පෙළ† [뻴러] ①줄, 선 පේළිය ②학년, 학급, 등급 පන්තිය ③일련, 한 계열, 연속 ④본문, 텍스트 ⑤팔리어 පාලි භාෂාව. (복) පෙළවල් ¶ සාමාන්‍ය පෙළ 중등과정 (Ordinary Level) උසස් පෙළ 고등학교 과정 (Advanced Level) පෙළ පොත 교과서

පෙළක් [뻴랔] ①어떤 사람들 සමහරෙක් (문어) ඇතැමෙක් ②무리, 그룹 කණ්ඩායමක් ③줄, 열, 선 පේළියක්.

පෙළ ගසනවා [뻴러 가써너와-] 정렬시키다, 정리하다, 정돈하다, 위치를 정하다.

පෙළගෙසෙනවා [뻴러게쎄너와-] 정렬되다, 선이 형성되다 පෙළ ගෙහෙනවා.

පෙළනවා [뻴러너와-] පෙළුවා-පෙළා 상처를 주다, 상처를 입히다, 괴롭히다, 성가시게 굴다. පෙළීම

පෙළන්තිය [뻴란띠여] 가문, 가계 පෙළපත.

පෙළපත [뻴러빠떠] 혈통, 계보, 족보 වංශය. (복) පෙළපත්

පෙළපත් [뻴러빹] පෙළපත 의 복수 또는 형용사: ①혈통들,

계보들 ②혈통의, 계보의, 종족의.

පෙළපත් ක්‍රමය [뻴러빧 끄러머여] ①가계, 족보 ②계보학.

පෙළපත් නම [뻴러빧 나머] 성, 성씨 පවුලේ නම.

පෙළපාළිය‡ [뻴러빨-리여] ①군사 행렬, 열병식 ②데모, 반대 행진 ③집회, 대회 රැළිය ④순서, 절차 පිළිවෙළ.

පෙළඹීම/පෙළඹුම‡ [뻴럼비-머/뻴럼부머] පොළඹනවා, පෙළඹෙනවා 의 동명사: ①감동, 감화 ②자극, 고무 ③유혹, 시험.

පෙළඹෙනවා [뻴럼베너와-] පෙළඹුණා-පෙළඹී 감동되다, 감화되다, 자극되다, 고무되다. පෙළඹීම/පෙළඹුම

පෙළ පොත [뻴러 뽀떠] (학교) 교과서.

පෙළ බස [뻴러 바써] 팔리어 පාළි භාෂාව.

පෙළවහ/පෙළවාසිය [뻴러와하/뻴러와-씨여] 결혼, 혼인 විවාහය.

පෙළවාසිය/පෙළවහ [뻴러와-씨여/뻴러와하] 결혼, 혼인 විවාහය.

පෙළහර [뻴러하러] 기적, 기사 ආශ්චර්යය.

පෙළාව [뻴라-워] 상자, 갑 පෙට්ටිය.

පෙළැන්තිය [뻴랜띠여] 가문, 가계 පෙළපත.

පෙළීම [뻴리-머] ①පෙළනවා 의 동명사: 괴롭힘, 핍박, 학대 ②පෙළෙනවා 의 동명사: 괴롭힘을 당함, 고통을 당함, 상처를 입음.

පෙළෙනවා† [뻴레너와-] පෙළුණා-පෙළී 고통 당하다, 괴롭힘을 당하다, 상처를 입다, 고민하다 පීඩා වෙනවා. පෙළීම

පේකඩ [뻬-까더] 기둥 맨위 가로 들보 밑에 놓는 목재나 돌.

පේ කරනවා [뻬- 꺼러너와-] 위탁하다, 헌신하다, 헌납하다 කැප කරනවා.

පේටකය [뻬-터꺼여] ①상자, 갑, (칼) 집 කොපුව ②꽃 다발 මල් මිටිය ③(구장잎을 든) 손 බලත් අත.

පේටිකා [뻬-티까-] 상자, 갑, (칼) 집 කොපුව.

පේතෘ [뻬-뜨루] 성(의), 성채(의) බල කොටුව.

පේතෘස් [뻬-뜨루쓰] (성경) 베드로서, (이름) 베드로 පේදුරු.

පේත්තයා [뻳-떠야-] (어류) 복어, 개복치.

පේන [뻬-너] ①예견, 투시 අංජනම් එළිය ②පේනවා 의 형용사적 현재용법: 보이는, 보여지는.

පේන කියනවා† [뻬-너 끼여너와-] 점치다, (점으로) 사건을 예견하다. ¶ පේන කියන්නා 점쟁이

පේනවා‡ [뻬-너와-] පෙනුනා-පෙනී 보이다, 보여지다. පෙනීම/පෙනුම (문어) පෙනෙනවා

පේනුව [뻬-누워] (콘센트에 끼우는) 플러그.

පේමව [뻬-머워] 사랑, 애정 පෙම. (구어) ආදරය

පේමිය [뻬-미여] (남성 쪽에서 보아) 애인, 연인, 사랑하는 사람 පෙම්වතිය.

පේයාව [뻬-야-워] 물약 ඔසු පානය.

පේර‡ [뻬-러] 구아바, 번석류 식물.

පේරුස් මුද්ද [뻬-래쓰 묻더] 왕의 옥새 반지 පේරුස් මුදුව.

පේරුව [뻬-루워] ①후손, 종족, 가문 වංශය ②절 소유 땅.

පේවෙනවා [뻬-웨너와-] 제사 준비를 하다, 예배 준비를 하다 අරඅඳිනවා.

පේෂ කර්මාන්තය [뻬-셔 까르만-떠여] 직물 제조 공업.

පේෂකාර [뻬-셔까-러] 베짜는 사람, 직공 පේසකාර.

පේශ කර්මාන්තය [뻬-셔 까르만-떠여] 직물 제조 공업.

පේශල [뻬-셜러] ①좋은, 미덕의, 도덕적인 යහපත් ②부끄러운, 창피한 ලජ්ජා වූ.

පේශිය† [뻬-쉬여] 인대, 줄 මස් පිඬුව.

පේසකාර/පේසකාරයා [뻬-써까-러/뻬-써까-러야-] 베짜는 사람, 직공 පේෂකාර.

පේසාව [뻬-싸-워] 테라스, 주랑 පියවසාව.

පේළාව [뻴-라-워] 상자, 박스 පෙට්ටිය.

පේළිගෙය [뻴-리게여] 한줄로 길게 지어져 다가구가 살고 있는 집 (특히 홍차 농장 노동자들을 위해서 지은 집) ලැයිම.

පේළිය [뻴-리여] ①열, 줄, 횡렬, (극장 따위의) 좌석의 줄 ②줄지음, 연속, 시리즈 පෙළ.

පෛශුන්‍ය [빠이슈니여] 중상(의), 비방(의).

පොකැට්ටුව [뽀깯투워] ①주머니, 포켓 සාක්කුව ②지갑 පසුම්බිය.

පොකිරිස්සා† [뽀끼맀싸-] 가재, 랍스터.

පොකුටු [뽀꾸투] 휘어진, 곱슬의 බොකුටු.

පොකුණ† [뽀꾸너] 연못, 못, 작은 호수 විල. (복) පොකුණු

පොකුර [뽀꾸러] ①다발, 송이, 무더기 මිටිය ②연꽃 නෙළුම ③꼬끼리 코. (복) පොකුරු

¶ මිදි පොකුර 포도 송이

පොකුරුණීය [뽀꾸루니여] 연꽃 연못 නෙළුම විල.

පොකුරුත්තා [뽀꾸룯따-] 고슴도치 ඉත්තෑවා.

පොකුරු බොරු [뽀꾸루 보루] 거짓말의 연속, 거짓말 보따리.

පොකුරුමිණි [뽀꾸루미니] 루비, 홍옥 පද්මරාග.

පොකුරු මී [뽀꾸루 미-] 연꽃 수액 නෙළුම් මල් පැණි.

පොකුරු වැස්ස [뽀꾸루 왰써] 소나기 මල් වැස්ස.

පොක්කලම [뽂껄러머] 침식으로 강에 있는 바위에 생긴 구멍.

පොක්ඛරණීය [뽂까러니여] 연못, 못 පොකුණ.

පොඟනවා [뽕거너와-] පෙඟුවා-පොඟා (비, 물) 젖다, 흠뻑 젖다, 축축해지다. <u>පෙඟීම</u>

පොඟවනවා [뽕거워너와-] පෙඟෙවුවා-පොඟවා (물, 피) 적시다, 담그다. <u>පෙඟවීම</u>

පොට [뽀터] ①줄, 끈 නූල ②나사선 ③끝, 가장자리 කෙළවර ④방식, 방법, 절차 ආකාරය ⑤번, 순번, 차례 වාරය.

ප

පොට පෑදෙනවා [뽀터 빼-데너와-] 알려지다, 밝혀지다 පිළිවෙළක් එළි දකිනවා.

පොට ලියනවා [뽀털 리여너와-] 나사 홈을 파다, 나사 선을 파다.

පොටි [뽀티] 퍼티 (창유리 따위의 접합제).

පොට්ට [뽇터] ①애꾸의, 애꾸눈의 එක ඇසක් අන්ධ ②가치가 없는, 무가치한 නොවටිනා.

පොට්ටනිකාරයා [뽇터니까-러야-] ①정처없이 떠도는 거짓 승려 ②재산 축적가 ③보따리를 항상 들고 다니는 사람.

පොට්ටනිය† [뽇터니여] 묶음, 꾸러미, 팩 මිටිය.

පොට්ටයා [뽇터야-] 애꾸, 애꾸눈 එකැස්කණා.

පොට්ට වංගුව [뽇터 왕구워] 앞이 안보이는 커브.

පොඩි [뽀디] ①작은, 조그만 පුංචි (문어) කුඩා ②(금, 은 따위에 섞는) 비(卑)금속.

පොඩි කරනවා† [뽀디 꺼러너와-] 찌그러뜨리다, 부수다, 빻다 කුඩා කරනවා.

පොඩිත්ත [뽀딛떠] 소량의, 아주 조금, 아주 적은 ටික.

පොඩිත්තා [뽀딛따-] (남자) 꼬마, 유아.

පොඩිත්ති [뽀딛띠] (여자) 꼬마, 유아.

පොඩි පට්ටම් කරනවා [뽀디 빧탐 꺼러너와-] 부수다, 파괴하다 විනාශ කරනවා.

පොඩි මිනිසා [뽀디 미니싸-] ①소인, 작은 사람 ②가난한 사람, 불쌍한 사람.

පොඩිය [뽀디여] 조금, 소량 ටික.

පොඩ්ඩ [뽇더] 조금, 소량 ටික.

පොඩ්ඩා [뽇다-] 어린이 ළමයා.

පොත‡ [뽀떠] 책, 서적. (복) *පොත්* (문어) ග්‍රන්ථය

පොතනය [뽀떠너여] 등록, 등기 ලියා සටහන් කිරීම.

පොතාන [뽀다-너] 초장, 목초지 තණ බිම.

පොතු [뽀뚜] පොත්ත 의 복수: 껍질들, 피부들, 껍데기 සිවි.

පොතු අරිනවා† [뽀뚜 아리너와-] 껍질을 벗기다, 껍데기를 벗기다 පොතු ඉවත් කරනවා.

පොතු කෑමියා [뽀뚜 끄루미야-] (곤충) 개각충, 깍지진디.

පොතු ගසනවා [뽀뚜 가써너와-] 껍질을 벗기다, 껍데기를 벗기다 පොතු ඉවත් කරනවා.

පොතු මිනිරන් [뽀뚜 미니란] (광물) 운모, 돌비늘 මයිනා.

පොත් කරනවා [뽇 꺼러너와-] ①기입하다, 기장하다 ලේඛනගත කරනවා ②꾸리다, 짐을 쌓다, 정리하다 එකතු කරනවා.

පොත් කාවා [뽇 까-와-] ①책좀(벌레) ②책벌레, 책만 읽는 사람.

පොත් ගුල [뽇 굴러] 도서관 පුස්තකාලය.

පොත්ත [뽇떠] ①(나무) 껍질, 피부 පට්ටා ②평지, 평원 තලය. (복) *පොතු*

පොත් තැබීම [뽇 때비-머] 부기, 재산의 출납.

පොත්පත් [뽇빧] ①책과 신문 ②서적, 문헌 සාහිත්‍යය.

පොද [뽀더] ①조금, 소량 ටික ②이슬비, 보슬비, 가랑비 සිහින් වැස්ස.

පොදු ගසනවා† [뽀디 가써너와-] 쌓다, 쌓아 올리다 එක්රැස් කරනවා. (구어) පොදි ගහනවා

පොදු වැස්ස [뽀더 왔써] 가랑비, 이슬비, 보슬비 සිහින් වැස්ස.

පොදි ගහනවා [뽀디 가하너와-] 쌓다, 쌓아 올리다 එක්රැස් කරනවා. (문어) පොදි ගසනවා

පොදිය† [뽀디여] 보따리, 꾸러미, 다발 පොට්ටනිය.

පොදු [뽀두] 공공의, 공통의, 공용의, 일반적인 සාමාන්‍ය.

පොදු අනුපාතය [뽀두 아누빠-떠여] (수학) 공비.

පොදු අන්තරය [뽀두 안떠러여] (수학) 공차 සාමාන්‍ය වෙනස.

පොදු මිල [뽀두 밀러] 정찰가, 일률가, 똑같은 가격.

පොදු ගුණාකාරය [뽀두 구나-까-러여] (수학) 공배수.

පොදු ජනයා/පොදු ජනතාව† [뽀두 자너야-/뽀두 자너따-워] 국민, 일반국민 මහාජනයා.

පොදු රාජ්‍ය මණ්ඩලය [뽀두 라-지여 만덜러여] 국가의 공공복지.

පොදුව [뽀두워] 공공, 공용, 공통.

පොදුවට/පොදුවේ [뽀두워터/뽀두웨-] 공적으로, 공통으로, 일반적으로.

පොදු සාධකය [뽀두 싸-더꺼여] (수학) 공약수, 공인수, 공통인수.

පොපියනවා [뽀삐여너와-] පොපියෙවුවා-පොපියා 흔들다, 떨리게 하다 නළියනවා. <u>පොපියීම/පොපියුම</u>

පොබයනවා [뽀버여너와-] 깨어나다, 자각하다, 깨닫다 පිබිදෙනවා. <u>පොබවීම</u>

පොම්පය† [뽐뻐여] 펌프.

පොර [뽀러] පොරය 의 복수: 싸움들, 분쟁들 සටන්. (구어) රංඩු ¶ පොරට සිටිනවා 싸우다, 다투다

පොර අල්ලනවා† [뽀러 알러너와-] 씨름하다, 싸우다, 멱살을 잡다 පොරකනවා.

පොර කටුව [뽀러 까투워] 박차, 자극.

පොර කුකුළා [뽀러 꾸꿀라-] 싸움닭.

පොර ගැටේ [뽀러 개테-] 싸움, 분쟁 සටන.

පොරණ [뽀러너] 옛적의, 과거의, 옛 පැරණි.

පොරණැදුරා [뽀러내두라-] 과거의 선생님, 과거 시대의 스승 පැරණි ඇදුරා.

පොරාදු කරනවා [뽀라-두 꺼러너와-] 방석을 대다 කුෂන් කරනවා.

පොරාදුව [뽀라-두워] 방석, 쿠션 කුෂන්.

පොර පිටිය [뽀러 삐티여] 싸움터, 전쟁터 සටන් බිම.

පොර බදනවා [뽀러 바더너와-] පොර බැදුවා-පොර බදා 싸움하다, 씨름하다 පොර අල්ලනවා. <u>පොරබැදීම</u>

පොර බිම [뽀러 비머] 싸움터, 전쟁터 සටන් බිම.

පොර මඩල [뽀러 만덜러] 싸움터, 전쟁터 සටන් බිම.

පොරය [뽀러여] 싸움, 분쟁 අරගලය. (구어) රංඩුව

පොරව‡ [뽀러워] 도끼 පොරොව.

පොරවනය [뽀러워너여] 담요 කම්බිලිය.

ප

පොරවනවා [뽀러워너와-] පෙරෙවුවා-පොරවා 옷을 입다, 착용하다 පෙරවනවා. පෙරෙවීම ¶ අත් දෙක පොරවාගෙන 두 팔을 베고

පොරි [뽀리] 뻥튀기, 튀긴 곡식.

පොරොත්තුව [뽀론뚜워] 희망, 기대 බලාපොරොත්තුව.

පොරොන්දු පත්‍රය [뽀론두 빠뜨러여] (채무) 증서, 계약서.

පොරොන්දුව‡ [뽀론두워] 약속, 맹세 ගිවිසුම. (복) *පොරොන්දු*

පොරොන්දු වෙනවා‡ [뽀론두 웨너와-] 약속하다, 맹세하다 එකඟ වෙනවා.

පොරොන්දු සින්නක්කරය [뽀론두 씬낚꺼러여] 양도.

පොරොප්පය [뽀롭뻐여] 코르크, 코르크 마개 කිරළ මූඩිය.

පොරොව [뽀로워] 도끼 පොරව.

පොරෝ කෙටිය [뽀로- 께티여] 손도끼 අත් පොරොව.

පොරෝජනය [뽀로-저너여] 이용, 사용 ප්‍රයෝජනය.

පොරෝඩාව [뽀로-다-워] 속임, 사기 රැවටීම.

පොරෝදත් [뽀로-닫] 뻡은 이(빨).

පොරෝනය [뽀로-너여] 이불, 블랭킷 පොරෝනාව.

පොරෝනාව [뽀로-나-워] 이불, 블랭킷 පොරෝනය.

පොල [뽈러] 백내장.

පොලඹනවා [뽈럼버너와-] පෙලැඹුවා-පොලඹා ~ 의 마음을 끌다, 유혹하다 පොළඹනවා. පෙලඹීම/පෙලැඹුම

පොලඹවනවා [뽈럼버워너와-] පෙලඹෙවුවා/පෙලඹවුවා-පොලඹවා 감동시키다, ~ 의 마음이 끌리도록 만들다, 유혹하다 පොළඹවනවා. පෙලඹවීම

පොලිය [뽈리여] (돈) 이자 පොළිය.

පොලිය මරනවා [뽈리여 마러너와-] 이자를 내다, 이자를 갚다.

පොලිස් [뽈리쓰] 경찰(의) පොලීස්.

පොලිස්කාරයා† [뽈리쓰까-러야-] 경찰. (문어) පොලිස්වරයා

පොලිස් ස්ථානය‡ [뽈리쓰 쓰따-너여] 경찰서.

පොලී [뽈리-] ①(돈) 이자들 ②이자의.

පොලී මරා [뽈리- 마라-] 이자 대신에.

පොලීසිය‡ [뽈리-씨여] 경찰서 පොලිස් ස්ථානය.

පොලු [뽈루] පොල්ල 의 복수: 막대기들, 지팡이들 කෝටු.

පොලු ගසනවා [뽈루 가써너와-] ①급습하다, 공격하다, 때리다 ②쪼개다, 자르다.

පොලොත්ත [뽈롣떠] 야자수 껍질(딱딱한 부분) පොල් කටුව.

පොලොචි [롤로위] (스커트 따위의) 주름, 플리트.

පොලොස් [뽈로쓰] 어린 잭나무 열매 ළපටි කොස්.

පොල්‡ [뽈] 야자 나무(열매), 코코넛 නාරිකේල.

පොල් උල [뽈 울러] 야자 열매 껍질을 벗기기 위하여 사용하는 (쇠)장대.

පොල් කටුව [뽈 까투워] 야자 열매의 딱딱한 외피.

පොල්කිචි හිනාව [뽈끼치 히나-워] 깔깔대는 웃음.

පොල්කිච්චා† [뽈낒차-] (새) 까치.

පොල් කෙඳි [뽈 껜디] 야자 열매 섬유질.

පොල් කොහු [뽈 꼬후] 야자 열매 섬유질.

පොල් පලා [뽈 빨라-] (식물) 마디풀.

පොල් පිත්ත [뽈 삗떠] 야자 줄기, 야자 대.

පොල් පේනවා [뽈 뻬-너와-] ①별을 보다 ②두려워하다 බය වෙනවා.

පොල්මඃකාරයා [뽈마-까-러야-] 실행자 බලකාරයා.

පොල්මෝල [뽈몰-러] 야자 제분소.

පොල් රුප්පාව [뽈 룹빠-워] 야자수 농장.

පොල්ල† [뽈러] ①막대기, 지팡이 කෝටුව ②크기, 칫수. (복) *පොලු*

පොවනවා† [뽀워너와-] පෙවුවා-පොවා ①적시다, 담그다, 흠뻑 적시다 ②(음료, 물등) 먹이다, 마시게 하다 ③펼치다, 뻗다 දිගු කරනවා. <u>පෙවීම</u>

¶ අත පොවනවා 중재하다

පොව්වා [뽀우와-] (동물의) 새끼, 어린 것 පැටියා. (복) *පොව්වෝ*

පොසිල [뽀씰러] 화석 ෆොසිල.

පොසොන් [뽀쏜] 뽀손 달 (5, 6 월 사이에 있는 스리랑카 달력). ¶ පොසොන් පෝය 마힌더 승려가 불교를 스리랑카에 처음 들여온 것을 기념하는 절기

පොස්පරස් [뽀쓰뻐러쓰] 인광을 발하는, 인의, 인을 함유한.

පොහොට්ටුව† [뽀홑투워] 싹, 눈, 봉오리 කැකුළ.

පොහොනවා [뽀호너와-] ①할 수 있게 되다, 능력이 되다 හැකි වෙනවා ②만족하다, 흡족해하다 සෑහෙනවා.

පොහොය [뽀호여] 뽀여 (불교를 위한 보름날 휴일) පෝය.

පොහොර† [뽀호러] 거름, 비료.

පොහොසතා [뽀호써따-] 부자, 부유한 사람 ධනවතා. (복) *පොහොසත්තු*

පොහොසත්/පෝසත්‡ [뽀호쌑/뽀-쌑] ①부요한, 부자의, 풍요로운 ධනවත් ②가능한, 할 수 있는 දක්ෂ.

පොහොසත්තු [뽀호쌑뚜] පොහොසතා 의 복수: 부자들, 부유한 사람들 ධනවත්තු.

පොළ† [뽈러] ①장 (일시적으로 생기는 시장) ②장소, 지역 තැන ③사람, 인간 තැනැත්තා.

පොළඟා† [뽈렁가-] 독사 පොළොඟා. (복) *පොළොංගු*

පොළනවා [뽈러너와-] පෙළුවා-පොළා 까부르다, 키질하다 පොලනවා. <u>පෙළීම</u>

පොළඹනවා [뽈럼버너와-] පෙළඹුවා-පොළඹා 감동시키다, ~의 마음을 끌다, 유혹하다 පොලඹනවා. <u>පෙළඹීම/පෙළඹුම</u>

පොළඹවනවා [뽈럼버워너와-] පෙළඹෙවුවා/පෙළඹවුවා-පොළඹවා 감동시키다, ~ 의 마음이 끌리도록 만들다, 유혹하다 පොලඹවනවා. <u>පෙළඹවීම</u>

පොළව/පොළොව‡ [뽈러워/뽈로워] ①땅, 지면 බිම ②지구 පෘථිවිය.

පොළිය‡ [뽈리여] (돈) 이자 පොලිය.

පොළොං [뽈롱] පොළඟා 의 형용사: 독사의. ¶ පොළොං විස 독사의 독

පොළොංගු [뽈롱구] පොළඟා 의 복수: 독사들.
¶ පොළඟුන්ගේ (소유격) 독사들의
පොළඟුන්ට (여격) 독사들에게
පොළඟුන් (목적격) 독사들을

පොළොව/පොළව [뽈로워/뽈러워] ①땅, 지면 බිම ②지구 පෘථිවිය.

පොළෝ [뽈로-] 지구의, 땅의 ලෝක.

පොළෝ තලය [뽈로- 딸러여] 지면, 땅위 පෘථිවි පෘෂ්ඨය.

පෝච්චිය‡ [뽗-치여] 화분, 화병 මල් බඳුන.

පෝතකයා [뽀-떠꺼야-] 어린 동물, 새끼 පැටියා.

පෝතිකාව [뽀-띠까-워] 어린 암컷 동물, 새끼 암컷 පැටික්කි.

පෝද [뽀-다-] 뽀여 (불교 행사를 위한 보름날 휴일) පෝය දිනය.

පෝනිසා† [뽀-니싸-] 조랑말, 포니.

පෝමන් [뽀-만] ①능력, 역량 ②할 수 있는 හැකි.

පෝය† [뽀-여] 뽀여 (불교 행사를 위한 보름날 휴일) පොහොය.

පෝයගේ [뽀-여게-] 성당 참사회 집회소.

පෝර [뽀-*러*] 비료, 거름 පොහොර.

පෝරකය‡ [뽀-*러*꺼여] 교수대, 처형대 එල්ලුම් ගස.

පෝරණුව/පෝරනය† [뽀-*러*누워/뽀-*러*너여] 가마, 오븐.

පෝරමය [뽀-*러*머여] 서식, (기입) 용지 ආකෘති පත්‍රය.

පෝරු ගානවා [뽀-*루* 가-너와-] (논) 써레질 하다.

පෝරුව [뽀-*루*워] ①써레 ②가마, 결혼 가마. (복) *පෝරු*

පෝලිම‡ [뽈-리머] 줄, 대기하는 줄, 서는 줄 පේළිය.

පෝෂක [뽀-셔꺼] ①영양의, 급식의, 음식을 주는, 영양을 제공하는 පෝෂණය කරන ②집수의, 저수의, 물을 모으는.

පෝෂක ප්‍රදේශය [뽀-셔꺼 쁘*러*데-셔여] 집수지, 저수지.

පෝෂක මාර්ගය [뽀-셔꺼 마-*르*거여] ①수로, 운하 ②소화관.

පෝෂකය [뽀-셔꺼여] 영양소, 영양분, 자양물.

පෝෂකරය [뽀-셔꺼*러*여] 영양소, 영양분 පෝෂ්‍යගුණය.

පෝෂණය† [뽀-셔너여] 영양, 자양분 පෝෂ්‍යය.

පෝෂණය කරනවා† [뽀-셔너여 꺼*러*너와-] (음식을) 먹이다, 키우다 ඇතිදැඩි කරනවා.

පෝෂය [뽀-셔여] 꼴, 가축의 사료 සත්වාහාර.

පෝෂ්‍යගුණය [뽀-쉬여구너여] 영양소, 영양물 පෝෂකරය.

පෝෂ්‍යදායක/පෝෂ්‍යදායී† [뽓-쉬여다-여꺼/뽓-쉬여다-이-] 영양이 있는, 영양분이 있는.

පෝෂ්‍යය [뽓-쉬여여] 영양, 자양분 පෝෂණය.

පෝසතා [뽀-써따-] ①부자, 잘 사는 사람 පොහොසතා ②능력 있는 사람, 할줄 아는 사람 හැකියාව ඇත්තා. (복) *පෝසත්තු*

පෝසත්/පොහොසත් [뽀-쌑/뽀호쌑] ①부요한, 부자의, 풍요로운 ධනවත් ②가능한, 할 수 있는 දක්ෂ.

පෝසිලේන් [뽀-씰렌-] 자기, 자기제품, 사기, 사기제품.

පෞච්ජ [빠욷처] 꼬리의, 미부의 වලිගය පිළිබඳ වූ.

පෞත්‍ර [빠우뜨러] ①손자들 ②자식의.

පෞද්ගලික† [빠욷걸리꺼] 개인적인 පුද්ගලික.

පෞද්ගලිකත්වය [빠욷걸리깓워여] 사생활, 프라이버시.

පෞද්ගලිකාර්ථය‡ [빠욷걸리까-르떠여] 개인적인 관심 තමන්ගේ වාසිය.

පෞර [빠우러] ①시민의, 국민의 ②도시의 නාගරික.

පෞරුෂය† [빠우루셔여] ①성격, 인격 චරිතය ②힘.

පෞරාණ/පෞරාණික [빠우라-너/빠우라-니꺼] 과거의, 고대의, 오래된 පුරාණ.

පෞර්ණමි [빠우르나미] 보름의, 15일의, 뽀여 날의.

ප්‍ර [쁘러] (접두사) ①'찬성, 편드는, ~을 따라' 의 뜻 ②'앞의, 전의'의 뜻.

ප්‍රංශ [쁘랑셔] 프랑스의. ¶ ප්‍රංශ ජාතිකයා 프랑스인 ප්‍රංශ භාෂාව 프랑스어

ප්‍රංශය [쁘랑셔여] (나라) 프랑스.

ප්‍රකට† [쁘러까터] 잘알려진, 유명한, 널리 알려진 ප්‍රසිද්ධ.

ප්‍රකට කරනවා [쁘러까터 꺼러너와-] 널리 알리다, 선전하다, 광고하다 ප්‍රචාරය කරනවා.

ප්‍රකණ්ඩනය [쁘러깐더너여] 시체 해부.

ප්‍රකම්පනය [쁘러깜뻐너여] 강한 진동, 심한 떨림 දැඩි කම්පනය.

ප්‍රකරණය [쁘러까러너여] ①집필, 저작 සාහිත්‍ය කෘතිය ②책, 서적 පුස්තකය ③해설, 설명 විවරණය.

ප්‍රකරය [쁘러꺼러여] ①무더기, 더미 ගොඩ ②다량 හුඟක් ③묶음, 다발 පොකුර ④도움 උපකාරය ⑤사용 ව්‍යවහාරය ⑥알로에 식물 අගිල්ලි.

ප්‍රකර්ෂ [쁘러까르셔] 초과한, 과다한, 잉여의 අධික.

ප්‍රකර්ෂක පේශිය [쁘러까르셔꺼 뻬-쉬여] (해부학) 신근 근육.

ප්‍රකර්ෂණය [쁘러까르셔너여] 견인, 끌기 ඇදීම.

ප්‍රකර්ෂ මාත්‍රය [쁘러까르셔 마-뜨러여] 내포량.

ප්‍රකර්ෂය [쁘러까르셔여] 초과, 과다, 잉여 අතිශයය.

ප්‍රකර්ෂයෙන් [쁘러까르셔옌] 초과하여, 과다하게, 남아.

ප්‍රකල්පක [쁘러깔빠꺼] 건설적인, 적극적인 අනුමිත.

ප්‍රකල්පනය [쁘러깔뻐너여] 심사숙고 සම්මුතිය.

ප්‍රකල්පිත [쁘러깔삐떠] 심사숙고한, 잘 생각한 උපන්‍යස්ත.

ප්‍රකාර [쁘러까-러] ප්‍රකාරය 의 복수 또는 형용사: ①방법들, 수단들 ②방법의, 수단의 ආකාර.

ප්‍රකාර [쁘러까-러] ~을 따라서, ~ 방식으로 ආකාරයෙන්. (구어) හැටියට ¶ දෙවියන් වහන්සේ අණ කළ ප්‍රකාර 하나님께서 명령하신 것을 따라서

ප්‍රකාරය† [쁘러까-러여] 방법, 수단 ආකාරය.

ප්‍රකාරයට/ප්‍රකාරයෙන්† [쁘러까-러여터/쁘러까-러옌] ~을 따라서, ~ 방식으로 ආකාරයෙන්. (구어) හැටියට

ප්‍රකාශ [쁘러까-셔] ①(눈에) 또렷한, 보이는 පෙනෙන ②명백한, 분명한, 일목요연한 පැහැදිලි.

ප්‍රකාශ අක්ෂය [쁘러까-셔 악셔여] (광학) 광축(光軸) (회전 대상의 광학계(系)의 대칭축), 광학축.

ප්‍රකාශ අගය [쁘러까-셔 아거여] 공인된 가치, 알려진 가치.

ප්‍රකාශ අග්නිමානය [쁘러까-셔 아그니마-너여] 광학 고온도계.

ප්‍රකාශ අවධි ප්‍රතිචාරය [쁘러까-셔 아워디 쁘러띠차-러여] (의학) 광주기성.

ප්‍රකාශ ඉලෙක්ට්‍රෝන [쁘러까-셔 일렉트로-너] (물리, 화학) 광전자(光電子).

ප්‍රකාශක [쁘러까-셔꺼] ①출판업자, 발행자, 출판사 ප්‍රකාශකයා ②출판하는, 발행하는.

ප්‍රකාශකයා [쁘러까-셔꺼야-] ①출판업자, 발행자, 출판사 ප්‍රකාශක ②발표자, 공표자 නිවේදක.

ප්‍රකාශ කරනවා† [쁘러까-셔 꺼러너와-] ①선포하다, 선언하다, 말하다, 발표하다, 공표하다 දන්වනවා ②출판하다.

ප්‍රකාශ කලාපය [쁘러까-셔 깔라-빠여] 빛에 민감한 구역.

ප්‍රකාශ කේන්ද්‍රය [쁘러까-셔 껜-드러여] 광학 센터.

ප්‍රකාශ ගෝලය [쁘러까-셔 골-러여] (천문학) 광구(光球)(태양·항성 등의).

ප්‍රකාශ චලනය [쁘러까-셔 찰러너여] (생물학) 광(光)활동성.

ප්‍රකාශ තානය [쁘러까-셔 따-너여] (생물) 광긴장(光緊張).

ප්‍රකාශද [쁘러까-셔더] (화학) 인(燐, 비금속 원소, 기호 P, 번호 15).

ප්‍රකාශන [쁘러까-셔너] ①출판물 ②발표하는, 공포하는, 선포하는 කියන.

ප්‍රකාශන අයිතිය [쁘러까-셔너 아이띠여] 저작권.

ප්‍රකාශනය† [쁘러까-셔너여] 선서, 선포, 발표, 공표 ප්‍රකාශය.

ප්‍රකාශන ශක්තිය [쁘러까-셔너 샦띠여] 표현의 힘, 표현의 능력 කීමේ ශක්තිය.

ප්‍රකාශනීය [쁘러까-셔니-여] 발표하는, 공포하는, 선포하는 ප්‍රකාශ කරන.

ප්‍රකාශ පත්‍රය [쁘러까-셔 빠뜨러여] 선언서, 선언문.

ප්‍රකාශ මානය [쁘러까-셔 마-너여] 광도계(光度計), (사진) 노출계(計).

ප්‍රකාශය‡ [쁘러까-셔여] ①선언, 선서, 발표, 공표 ප්‍රකාශනය ②나타남, 출현 පෙනීම ③(법) 진술 ④빛, 광선 ආලෝකය.

ප්‍රකාශ විද්‍යාව [쁘러까-셔 윋디야-워] 광학(光學).

ප්‍රකාශ විද්‍යුතය [쁘러까-셔 윋디유떠여] 사진 전기.

ප්‍රකාශ වීදුරු [쁘러까-셔 위-두루] 광학 렌즈.

ප්‍රකාශ වෙනවා [쁘러까-셔 웨너와-] ①선포되다, 공표되다,

알려지다 කියවෙනවා ②나타나다, 출현하다 පෙනී සිටිනවා.

ප්‍රකාශ සක්‍රියතාව [쁘러까-셔 싸끄리여따-워] 광학 작용 ප්‍රකාශ භ්‍රමණය.

ප්‍රකාශිත [쁘러까-쉬떠] 선포된, 공포된, 알려진 කියවුණු.

ප්‍රකාශිතය [쁘러까-쉬떠여] 선포, 공포, 알려짐 ප්‍රකාශය.

ප්‍රකිණ්ව [쁘러낀워] 효모, 누룩 යීස්ට්.

ප්‍රකිරකය [쁘러끼러꺼여] 살포기, 뿌리는 기계.

ප්‍රකිරණය [쁘러끼러너여] 살포, 뿌림 සී සී කඩ විසිරීම.

ප්‍රකීර්ණ [쁘러끼-르너] 난잡한, 뒤죽박죽인, 혼잡한 සංකීර්ණ.

ප්‍රකීර්ණක [쁘러끼-르너꺼] 난잡한, 뒤죽박죽인, 혼잡한 ප්‍රකීර්ණ.

ප්‍රකුංචනය [쁘러꿍처너여] 비틂, 세차게 비틂 අඹරමින් ඇදීම.

ප්‍රකෘත [쁘러끄루떠] 전에 완성된, 이전에 완료된 පූර්ව කෘත.

ප්‍රකෘති† [쁘러끄루띠] ①자연의, 천연의 ස්වභාවික ②일반적인, 전형적인, 보통의 සාමාන්‍ය.

ප්‍රකෘතිමත් [쁘러끄루띠맏] ①근본의, 근원적인, 원래의 මූලික ②일반적인, 보통의.

ප්‍රකෘතිමත් කරනවා [쁘러끄루띠맏 꺼러너와-] 회복시키다, 새롭게 하다, 새로 채우다, 새로 보충하다 සාමාන්‍ය තත්වයට පත් කරනවා.

ප්‍රකෘතිය [쁘러끄루띠여] ①자연, 천연 මුල් ස්වභාවය ②근원, 뿌리, (문법) 어근 මුල.

ප්‍රකෘති වනය [쁘러끄루띠 와너여] 천연 삼림.

ප්‍රකෘතිවාදය [쁘러끄루띠와-더여] 상키아 학파 철학, 수론(數論)학파 (인도 육파 철학의 하나).

ප්‍රකෘති සාක්ෂිය [쁘러끄루띠 싹-쉬여] 근본 증거, 밑바탕이 되는 증거.

ප්‍රකෝප කරනවා [쁘러꼬-뻐 꺼러너와-] 분노하게 하다, 매우 화나게 하다, 분격시키다 තදින් කේන්ති ගස්සනවා.

ප්‍රකෝපය [쁘러꼬-뻐여] 분노, 대노 අධික කෝපය.

ප්‍රකෝප වෙනවා [쁘러꼬-뻐 웨너와-] 매우 분노하다, 아주 화가 많이 나다.

ප්‍රක්‍රමණය [쁘러끄러머너여] 순차적 변화 ක්‍රම ක්‍රමයෙන් වෙනස් වීම.

ප්‍රක්‍රමය [쁘러끄러머여] 방법, 방식, 방도 ප්‍රකාරය.

ප්‍රක්ෂාලනය [쁘러끄샬-러너여] 정화, 깨끗게 함, 청결케 함 සේදීම.

ප්‍රක්ෂිප්ත [쁘러끄쉽떠] 포함된, 들어가 있는 අන්තර්ගත.

ප්‍රක්ෂිප්තය [쁘러끄쉽떠여] 포함, 들어가 있음 ඇමුව.

ප්‍රක්සේපකය [쁘러끄쎄-뻐꺼여] 영사기, 프로젝터 ප්‍රක්ෂේපය.

ප්‍රක්සේප කරනවා [쁘러끄쎄-뻐 꺼러너와-] 투사하다, 투상하다, 투영하다 ඉදිරියට දීර්ඝ කරනවා.

ප්‍රක්සේපණය [쁘러끄쎄-뻐너여] 투사, 투상, 투영.

ප්‍රක්ෂේපය [쁘러끄쎄-뻐여] 프로젝터, 영사기 ප්‍රක්ෂේපකය.

ප්‍රගණ්ඩය [쁘러간더여] (해부학) 상박(골), 상완(골).

ප

ප

ප්‍රගත [쁘러가떠] 상급의, 앞선, 진보된.

ප්‍රගතිකය [쁘러가띠꺼여] (물리) 운동학 ප්‍රගති විද්‍යාව.

ප්‍රගතිය† [쁘러가띠여] 상급, 진보, 향상 දියුණුව.

ප්‍රගතිවිද්‍යාව [쁘러가띠윋디야-워] (물리) 운동학 ප්‍රගතිකය.

ප්‍රගතිශීලී† [쁘러가떠쉴-리-] 상급의, 앞선, 진보된 ප්‍රගති.

ප්‍රගමනය [쁘러가머너여] 전진, 진전, 진보 ප්‍රගතිය.

ප්‍රගම්‍ය [쁘러가미여] 전진하는, 진보하는, 발달하는 ප්‍රගති.

ප්‍රගල්භ [쁘러갈허] 영리한, 재능있는, 능숙한 දක්ෂ.

ප්‍රගාමි [쁘러가-미] 전진하는, 진보하는, 발달하는 ප්‍රගම්‍ය.

ප්‍රගුණකයා [쁘러구너꺼야-] 훈련관, 교관 පුහුණු කරන්නා.

ප්‍රගුණ කරනවා [쁘러구너 꺼러너와-] 연습하다, 훈련하다, 배우다 පුහුණු කරනවා.

ප්‍රගුණනය [쁘러구너너여] 연습, 훈련 පුහුණුවීම. ¶ ප්‍රගුණකයා 교관, 훈련관

ප්‍රගෝපක [쁘러고-빠꺼] (동물) 보호색의.

ප්‍රග්‍රහණය [쁘러그라하너여] 노력, 수고, 시도 උත්සාහය.

ප්‍රග්‍රහය [쁘러그라하여] ①자각, 지각, 인식 ප්‍රග්‍රහණය ②노력, 수고, 시도 උත්සාහය.

ප්‍රචණ්ඩ [쁘러찬더] 폭력적인, 광포한, 사나운, 흉포한 රෞද්‍ර.

ප්‍රචණ්ඩකාරී [쁘러찬더까-리-] ①폭력적인, 광포한, 사나운, 흉포한 රෞද්‍ර ②폭력배, 난폭한 사람.

ප්‍රචණ්ඩත්වය† [쁘러찬닫워여] 폭력, 광포, 흉포, 사나움.

ප්‍රචල [쁘러찰러] 요동하는, 흔들리는, 진동하는 ඉතා සැලෙන.

ප්‍රචලන [쁘러찰러너] 급속하게 퍼지는, 빨리 움직이는.

ප්‍රචලිත [쁘러찰리떠] 널리 퍼진, 잘 알려진, 유명한 ප්‍රකට.

ප්‍රචාර [쁘러차-러] 전파하는, 알리는, 선전하는, 널리 전파하는 ප්‍රචාරක.

ප්‍රචාරක [쁘러차-러꺼] 알리는, 보급하는, 전파하는 ප්‍රචාර.

ප්‍රචාරකයා [쁘러차-러꺼야-] 전파자, 보급자, 선전자.

ප්‍රචාරනය [쁘러차-러너여] 전파, 보급, 알림 පැතිරීම.

ප්‍රචාරය‡ [쁘러차-러여] 선전, 광고, 널리 알려짐, 보급, 전파 පැතිරීම.

ප්‍රචාරය කරනවා‡ [쁘러차-러여 꺼러너와-] 선전하다, 광고하다, 널리 알리다, 보급하다, 전파하다 පතුරනවා.

ප්‍රචාලකය [쁘러찰-러꺼여] 추진기, 프로펠러 අවරපෙත්ත.

ප්‍රචාලනය [쁘러찰-러너여] 추진(력) ඉදිරියට තල්ලු කිරීම.

ප්‍රචුර [쁘러추러] 수많은, 아주 많은 බහුල.

ප්‍රචුෂික [쁘러추쉬꺼] 흡수하는, 빨아들이는.

ප්‍රච්ඡන්න [쁘뤄찬너] 숨겨진, 감춰진, 알려 지지 않은 සැඟවුණු.

ප්‍රච්ඡින්න [쁘뤄친너] 잘린, 깨진, 부서진, 나눠진, 찢긴 කපන ලද.

ප්‍රච්ඡේදනය [쁘뤄체-더너여] 자름, 부숨, 분리 සිඳීම.

ප්‍රජතු [쁘*러*뚜] 무연탄 සුදු ගල් අඟුරු.

ප්‍රජනක [쁘*러*저너꺼] 번식하는, 재생산하는 ප්‍රජනන.

ප්‍රජනන [쁘*러*저너너] 번식하는, 재생산하는 ප්‍රජනක.

ප්‍රජනනය [쁘*러*저너너여] 번식, 재생산 ජීවීන් බෝ කිරීම.

ප්‍රජා‡ [쁘*러*자-] ප්‍රජාව 의 복수 또는 형용사: ①백성들, 사람들 ②백성들의, 사람들의, 공동체의.

ප්‍රජාගර [쁘*러*자-거*러*] 깨어있는, 방심하지 않는, 자지 않고 지키는, 경계하는.

ප්‍රජාචාරය [쁘*러*자-차-*러*여] 공민학, 시정학.

ප්‍රජාතන්ත්‍රවාදය‡ [쁘*러*자-딴뜨*러*와-더여] 민주주의, 민주제.

ප්‍රජාතන්ත්‍රවාදී [쁘*러*자-딴뜨*러*와-디-] 민주주의의, 민주제의.

ප්‍රජාතන්ත්‍රික/ප්‍රජාතන්ත්‍රීය [쁘*러*자-딴뜨*리*꺼/쁘*러*자-딴뜨*리*-여] 민주주의의.

ප්‍රජාධිපති [쁘*러*자-디빠띠] 부족장, 추장.

ප්‍රජානනය [쁘*러*자-너너여] 높은 지식, 높은 지각 උසස් දැනුම.

ප්‍රජාන්තර [쁘*러*잔-떠*러*] 인종 간의, 종족 간의, 사람들 상호 간의.

ප්‍රජාපති [쁘*러*자-빠띠] ①왕, 임금 රජ ②높은 브라만 මහා බ්‍රහ්මයා.

ප්‍රජාපාලනය [쁘*러*자-빨-러너여] 통치, 지배, 정치.

ප්‍රජා පීඩනය [쁘*러*자- 삐-*더*너여] 폭정, 전제정치.

ප්‍රජා මණ්ඩලය [쁘*러*자- 만*덜*러여] 마을 번영회, 마을 회관 ප්‍රජා ශාලාව.

ප්‍රජාව† [쁘*러*자-워] ①국민, 사람 ජනයා ②종족 වංශය ③후손, 자손 දරුවා ④종속자 යටත් වැසියෝ.

ප්‍රජා ශාලාව† [쁘*러*자- 샬-라-워] 마을 회관.

ප්‍රජ්වලනය [쁘*러*즈왈러너여] 휘황찬란함, 광채, 발광, 빛남 දීප්තනය.

ප්‍රජ්වලිත [쁘*러*즈월리떠] 빛나는, 발광하는, 찬란히 빛나는 දීප්තිමත්.

ප්‍රඥප්ත [쁘*라*끄냪떠] 명령된, 공포된, 공표된 නියම කරන ලද.

ප්‍රඥප්තිය [쁘*라*끄냪띠여] 법령화, 법제화, 공포 පැනවීම.

ප්‍රඥ [쁘*라*끄냐-] 현명한, 지혜로운 ඥානවන්ත. ¶ ප්‍රාඥයා 지혜로운 사람

ප්‍රඥක්ෂිය [쁘*라*끄냒-쉬여] 지혜의 눈 නුවණැස.

ප්‍රඥගෝචර [쁘*라*끄냐-고-처*러*] 현명한, 똑똑한, 지혜로운 ඥානවන්ත.

ප්‍රඥත [쁘*라*끄냐-떠] 잘 알려진, 유명한 ප්‍රසිද්ධ.

ප්‍රඥධික [쁘*라*끄냐-디꺼] 총명한, 현명한 ඥානවන්ත.

ප්‍රඥ දශකය [쁘*라*끄냐- 다셔꺼여] 지혜가 성장하는 10년 (40-50세) නුවණ වැඩෙන දශකය.

ප්‍රඥනගත/ප්‍රඥනුයාත/ප්‍රඥන්විත [쁘*라*끄냐-너가떠/쁘*라*끄냐-누야-떠/쁘*라*끄냔-위떠] 현명한, 똑똑한, 지혜로운 නැවණැති.

ප්‍රඥපනය [쁘*라*끄냐-빠너여] 법령화, 법제화, 공포 පැනවීම.

ප

ප්‍රඥාලෝකය [쁘라끄냐-로-꺼여] 지혜의 빛.

ප්‍රඥාව‡ [쁘라끄냐-워] (여성명사) 지혜, 현명 නුවණ.

ප්‍රඥාවත්/ප්‍රඥාවන්ත† [쁘라끄냐-왇/쁘라끄냐-완떠] 현명한, 똑똑한, 지혜로운 නැවණැති.

ප්‍රඥාවන්තයා [쁘라끄냐-완떠야-] 지혜로운 자, 현자, 현명한 사람 නැණවතා.

ප්‍රඥා සම්පත්තිය [쁘라끄냐- 쌈빧띠여] 지혜, 현명 නුවණ.

ප්‍රණත [쁘러너떠] 많이 존경하는, 많이 굽실거리는 මැනවින් අභිවාදනය කළ.

ප්‍රණතිය [쁘러너띠여] 예배, 경배 වැඳීම.

ප්‍රණමිත [쁘러너미떠] 존경받는, 존중받는, 치앙받는 ප්‍රණාමිත.

ප්‍රණය [쁘러너여] 사랑, 애정 ප්‍රේමය. (구어) ආදරය

ප්‍රණාමය [쁘러나-머여] 존경, 경의, 경례, 예배 වැඳීම.

ප්‍රණාමිත [쁘러나-미떠] 존경받는, 존중받는, 치앙받는 පණාමිත.

ප්‍රණාලය [쁘러날-러여] 관, 튜브 නළය.

ප්‍රණාලිය/ප්‍රණාලිකාව [쁘러날-리여/쁘러날-리까-워] (지붕) 물받이 පීල්ල.

ප්‍රණිධානය [쁘러니다-너여] 기대, 희망, 소망 පැතුම.

ප්‍රණිධිය [쁘러니디여] 기대, 희망, 소망 ප්‍රණිධානය.

ප්‍රණිපාතය [쁘러니빠-떠여] 존경, 경의, 경례, 예배 ප්‍රණාමය.

ප්‍රණීත† [쁘러니-떠] 맛있는, 맛깔나는 රසවත්. (구어) රස

ප්‍රතමින්† [쁘러떠민] ①이전의, 과거의 කලින් ②~ 하기 전에, ~ 하기 이전에 ප්‍රථමයෙන්.

ප්‍රතල [쁘러딸러] 손바닥의, 발바닥의.

ප්‍රතානය [쁘러따-너여] (신경, 혈관의) 총(叢), 망(網).

ප්‍රතාපය [쁘러따-빠여] 존엄, 영광, 위엄, 존엄성 තේජස.

ප්‍රතාපවත් [쁘러따-빠왇] 영광스러운, 존엄한, 위엄있는 මහිමාන්විත.

ප්‍රති† [쁘러띠] (접두사) ①다시 නැවත ②반대의, 반대하는 විරුද්ධ ③각각의, 개별의 එක එක ④~에게, 향해서 දෙස ⑤교환하는, 바꾸는 මාරුවට ⑥같은, 일치하는 අඩංගු, එකඟ ⑦~위해서 වෙනුවට.

ප්‍රතිඅන්තංචකය [쁘러띠안땅처꺼여] (약학) 항응결성.

ප්‍රතිඋත්තරය [쁘러띠욷떠러여] 대답, 응답 පිළිතුර.

ප්‍රතිඋපදංශක [쁘러띠우빠당셔꺼] 항매독의 උපදංශරෝග මරධන.

ප්‍රතිකර්මය† [쁘러띠까르머여] ①치료, 의료 පිළියම් කිරීම ②장식, 치장 සැනසීම ③복수, 앙갚음 පළිගැනීම.

ප්‍රතිකර්ෂක [쁘러띠까르셔꺼] (목을) 움츠려들일 수 있는, (발톱을) 오므릴 수 있는.

ප්‍රතිකාර [쁘러띠까-러] ①의료의, 치료의 පිළියම් වූ ②복수하는, 보복하는 පළිගන්න.

ප්‍රතිකාරක [쁘러띠까-러꺼] ①상호의, 상호작용의 ②치료상의, 치료를 위한 පිළියම් ලෙසින්.

ප්‍රතිකාරකය [쁘*러*띠까-*러*꺼여] (화학) 시약, 반응물.

ප්‍රතිකාරය† [쁘*러*띠까-*러*여] ① 치료, 의료, 구제책 පිළියම ② 보복, 복수, 앙갚음.

ප්‍රතිකාල් [쁘*러*띠깔-] 포르투갈 (사람, 언어)의 පෘතුගීසි.

ප්‍රතිකැටිකරය [쁘*러*깨티꺼*러*여] 항응혈약, 응고약.

ප්‍රතිකූල [쁘*러*띠꿀-러] ①반대의, 역의 විරෝධි ②미워하는 පිළිකුල් සහගත.

ප්‍රතිකූල ගංගාව [쁘*러*띠꿀러 강가-워] (지질학) 무종하천.

ප්‍රතිකූල්‍යය [쁘*러*띠꿀-리여여] 미움, 증오, 혐오 පිළිකුල.

ප්‍රතිකෘතිය [쁘*러*띠끄*루*띠여] (미술) 복제, 모사.

ප්‍රතිකෘෂ්ඨ [쁘*러*띠끄*루*쉬터] 수축된, 쑥 들어간 හැකිළුණු.

ප්‍රතික්‍රම/ප්‍රතික්‍රමණ [쁘*러*띠끄*러*머/쁘*러*띠끄*러*머너] 후퇴의, 역행하는, 퇴보하는 ආපසු යන.

ප්‍රතික්‍රමය [쁘*러*띠끄*러*머여] 역행, 후퇴, 뒤로 되돌아감 වක්‍රවී.

ප්‍රතික්‍රියකය [쁘*러*띠끄*리*여꺼여] (화학) 반응 물질, 반응체.

ප්‍රතික්‍රියාකාරක [쁘*러*띠끄*리*야-까-*러*꺼] 반동의, 반동적인, 반작용이 있는 ප්‍රතික්‍රිය වන.

ප්‍රතික්‍රියාව [쁘*러*띠끄*리*야-워] 응답, 대답, 반응, 반작용 ප්‍රතිචාරය.

ප්‍රතික්ෂිප්ත [쁘*러*떡쉽떠] 거절된, 거부된, 버려진 ප්‍රතික්ෂේප වුණු.

ප්‍රතික්ෂේප කරනවා‡ [쁘*러*떡쉐-뻐 꺼*러*너와-] 거절하다, 거부하다 පිළිකෙව් කරනවා.

ප්‍රතික්ෂේපය [쁘*러*떡쉐-뻐여] 거절, 거부 පිළිකෙව් කිරීම.

ප්‍රතිඛාත [쁘*러*띠까-떠] 재진입의, 다시 들어가는.

ප්‍රතිගමනය [쁘*러*띠가머너여] 역행, 후퇴, 뒤로 되돌아감 වක්‍රවීම.

ප්‍රතිගරලය [쁘*러*띠가*랄*러여] 해독제 විෂ හරකය.

ප්‍රතිගාමිත්වය [쁘*러*띠가-밑워여] 반동주의, 복고주의 විරුද්ධ වීමේ ගතිය.

ප්‍රතිගාමියා [쁘*러*띠가-미야-] 반동주의자.

ප්‍රතිගාමී [쁘*러*띠가-미-] 반동의, 역행의 ප්‍රගතියට විරුද්ධ වන.

ප්‍රතිගෘහිත [쁘*러*띠그*루*히떠] 받아들인, 수락한, 동의한 පිළිගන්නා ලද.

ප්‍රතිගෝපක [쁘*러*띠고-빠꺼] 숨은, 비밀의.

ප්‍රතිග්‍රහණය [쁠리가하너여] 수락, 받아들임, 수령, 가납, 환영 පිළිගැනීම.

ප්‍රතිග්‍රාහක [쁘*러*띠그*라*-허꺼] 받는, 수신하는 භාරගන්න.

ප්‍රතිග්‍රාහකයා [쁘*러*띠그*라*-허꺼야-] 수신자, 받는 사람 භාරගන්නා තැනැත්තා.

ප්‍රතිඝතාව [쁘*러*띠거따-워] 적대 (관계), 대립 විරුද්ධ වීමේ ශක්තිය.

ප්‍රතිඝය [쁘*러*띠거여] ①화, 분노 කෝපය ②적대자, 대립자 එදිරිකාරයා.

ප්‍රතිඝාතය [쁘*러*띠가-떠여] 살인, 죽임 මැරීම.

ප්‍රතිචාරය† [쁘*러*띠차-*러*여] 응답, 대답, 반응, 반작용 ප්‍රතික්‍රියාව.

ප්‍රතිචීන [쁘*러*띠치-너] 서쪽의 බටහිර දිග.

ප

ප්‍රතිච්ඡාදිත [쁘러띶차-디떠] 숨긴, 감추인 සැඟවූ.

ප්‍රතිච්ඡේදනය [쁘러띶차-] (의학) 절제술.

ප්‍රතිජ්ඤාව [쁘러띶차-야-워] 부정명제, 부정의 말(행동 등).

ප්‍රතිජානන [쁘러띠자-너너] 확고한, 확실한 ස්ථිර.

ප්‍රතිජීවක [쁘러띠지-워꺼] 항생의, 항생 작용의 බැක්ටීරියා නාශක.

ප්‍රතිඥාත [쁘러띠끄냐-떠] 서약된, 약속된, 동의된 පොරොන්දු වූ.

ප්‍රතිඥා දෙනවා [쁘러띠끄냐- 데너와-] 약속하다, 동의하다 පොරොන්දු වෙනවා.

ප්‍රතිඥාව† [쁘러띠끄냐-워] 서약, 약속 පොරොන්දුව.

ප්‍රතිදානය [쁘러띠다-너여] ①포상, 리워드 ②중개, 거간, 대리(권) වට්ටම.

ප්‍රතිදීපන [쁘러띠디-뻐너] 형광을 발하는, 형광성의 ප්‍රතිදීප්ත.

ප්‍රතිදීප්ත [쁘러띠딮-떠] 형광을 발하는, 형광성의 ප්‍රතිදීපන.

ප්‍රතිදීප්තිය [쁘러띠딮-띠여] 형광, 형광성 පිළිදිලියුම.

ප්‍රතිදීප්තික්ෂය/ප්‍රතිදීප්තීක්ෂය [쁘러띠딮-띢셔여/쁘러띠딮-띢-셔여] 형광(투시)경.

ප්‍රතිදේශනය [쁘러띠데-셔너여] 회개, 참회, 고백 පසුතැවිලිවීම.

ප්‍රතිදේහජනකය [쁘러띠데-하자너꺼여] 항원(생체 속에 침입하여 항체를 형성하게 하는 단백성 물질). ¶ ක්ෂණික ප්‍රතිදේහජනක පරීක්ෂණය 신속 항원 검사

ප්‍රතිදේහය [쁘러띠데-하여] (혈청 중의) 항체.

ප්‍රතිධමනය [쁘러띠다머너여] 통화 재팽창, 리플레이션.

ප්‍රතිධ්වනිය [쁘러띠드워니여] 메아리, 에코 දෝංකාරය.

ප්‍රතිනම්‍ය [쁘러띠남미여] 거꾸로 할 수 있는, 전환할 수 있는, 뒤집을 수 있는.

ප්‍රතිනන්දනය [쁘러띠난더너여] 환영, 반김 සතුටින් පිළිගැනීම.

ප්‍රතිනමනය [쁘러띠나머너여] 전환, 뒤집음, 거꾸로 함 පරිවර්තනය වීම.

ප්‍රතිනාදය [쁘러띠나-더여] 메아리, 에코 දෝංකාරය.

ප්‍රතිනිධි [쁘러띠니디] 보증, 담보, 저당 ඇපය.

ප්‍රතිනිධිබලය [쁘러띠니디발러여] 위임권.

ප්‍රතිනිපාත [쁘러띠니빠-떠] (태반의) 반탈락막성의.

ප්‍රතිනිරීක්ෂණය [쁘러띠니뤽-셔너여] (법률학) 대위(代位), 대위변제.

ප්‍රතිනිවේෂණය [쁘러띠니웨-셔너여] 재숙고 නැවත සලකා බැලීම.

ප්‍රතිපක්ෂය [쁘러띠빢셔여] 반대, 적대 විරුද්ධය.

ප්‍රතිපත්තිය‡ [쁘러띠빧띠여] 원리, 원칙, 정책, 방침 පිළිවෙත.

ප්‍රතිපදර්ථය [쁘러띠빠다-르떠여] (물리학) 반물질.

ප්‍රතිපදව [쁘러띠빠다-워] 정책, 방침 ප්‍රතිපත්තිය.

ප්‍රතිපන්න [쁘러띠빤너] 도착한, 다다른, 온 පැමිණි.

ප්‍රතිපලය‡ [쁘러띠빨러여] ①결

과, 열매, 결말 අවසාන නිගමනය ②(시험) 성적 ප්‍රතිඵලය.

ප්‍රතිපාක්ෂික [쁘러띠빡-쉬꺼] 반대하는, 적대하는, 대적하는 විරුද්ධ.

ප්‍රතිපාදක [쁘러띠빠-더꺼] ①공급자, 제공자 ලබා දෙන්නා ② 공급하는, 제공하는 ලබා දෙන.

ප්‍රතිපාදනය [쁘러띠빠-더너여] 공급, 제공 සම්පාදනය.

ප්‍රතිපාදන වාදය [쁘러띠빠-더너 와-더여] (철학) 표상(表象) 실재론 (지각 표상과 실재를 동일시하는 인식론적 입장).

ප්‍රතිපාදිත [쁘러띠빠-디떠] 공급된, 제공된, 주어진 සපයන ලද.

ප්‍රතිපුරුෂ වගකීම් [쁘러띠뿌루셔 와거낌] 대리책임, 사용자책임 ප්‍රතිනිහිත වගකීම.

ප්‍රතිපූති/ප්‍රතිපූතික [쁘러띠빠뿌-띠/쁘러띠뿌-띠꺼] 방부(성)의, 방부제를 사용한 කුණුවීම පල්වීම වළකන.

ප්‍රතිපූර්ණය [쁘러띠뿌-르너여] (빚) 상환, 갚음.

ප්‍රතිපෝෂණය [쁘러띠뽀-셔너여] 피드백, 후기.

ප්‍රතිප්‍රචාරය [쁘러띠쁘러차-러여] 재방송, 중계 방송 නැවත ප්‍රචාරය.

ප්‍රතිප්‍රභාවය [쁘러띠쁘러바-워여] (물리학) 형광(성).

ප්‍රතිප්‍රසරිකාව [쁘러띠쁘러싸리까-워] (해부학) 대퇴골에 반하여 있는 장골의 관절면.

ප්‍රතිප්‍රහාරක ඌෂ්මකය [쁘러띠쁘러하-러꺼 우-쉬머꺼여] 반사로(爐).

ප්‍රතිප්‍රහාරය [쁘러띠쁘러하-러여] (해부학) 전자 (대퇴골 상부의 돌기).

ප්‍රතිප්‍රාන්ත සුළඟ [쁘러띠쁘란-떠 쑬렁거] (기상학) 활승바람.

ප්‍රතිප්‍රෝටෝනය [쁘러띠쁘로-토-너여] (물리학) 반양성자.

ප්‍රතිඵලය† [쁘러띠빨러여] ①결과, 열매, 결말 අවසාන නිගමනය ②(시험) 성적 ප්‍රතිපලය.

ප්‍රතිබද්ධ [쁘러띠받더] 연결된, 결합된, 이어진 එකට බැඳුණු.

ප්‍රතිබද්ධය [쁘러띠받더여] 연결, 결합, 이어짐 යාවීම.

ප්‍රතිබන්ධනය [쁘러띠반더너여] 금반언 (먼저 한 주장에 반대되는 진술을 뒤에 하는 것을 금지함) පරිබාධකය.

ප්‍රතිබල [쁘러띠발러] 힘센, 강력한 බලවත්.

ප්‍රතිබාධනය [쁘러띠바-더너여] (전기) 유도 저항, 감응 저항.

ප්‍රතිබාහනය [쁘러띠바-하너여] 회피, 기피, 도피 වැළැක්වීම, මැඩපැවැත්වීම.

ප්‍රතිබිම්බය† [쁘러띠빔버여] 반영, 반사된 그림자 පිළිබිඹුව.

ප්‍රතිභාගය [쁘러띠바-거여] (정기적으로 지급하는) 수당, 급여 විවේතනය.

ප්‍රතිභා ඥානය [쁘러띠바- 냐-너여] 직관(력), 직감, 직관적 통찰 අවබෝධ ඥානය.

ප්‍රතිභානය [쁘러띠바-너여] ①이해, 자각 වැටහීම ②눈부심, 광채.

ප්‍රතිභාව [쁘러띠바-워] 재능, 재주, 소질 නිර්මාණශීලී බව.

ප්‍රතිභා ශක්තිය [쁘러띠바- 샥띠여] 이해력, 지각력 අවබෝධ කරගැනීමේ ශක්තිය.

ප

ප්‍රතිමණ්ඩිත [쁘러띠만디떠] 장식된, 치장된 සැරසුණු.

ප්‍රතිමල්ල [쁘러띠말러] 반대하는, 대적하는 විරුද්ධ.

ප්‍රතිමල්ලයා [쁘러띠말러야-] 적수, 적대자, 경쟁자 විරුද්ධ-කාරයා.

ප්‍රතිමල්ලව [쁘러띠말러워] 반대, 대적, 적대 විරුද්ධතාව.

ප්‍රතිමා ගෘහය [쁘러띠마- 그루허여] 형상들이 모여있는 집.

ප්‍රතිමානනය [쁘러띠마-너너여] 존경, 존대, 존중 බහුමානය.

ප්‍රතිමානය [쁘러띠마-너여] 표준, 기준, 모범 ප්‍රමිතිය.

ප්‍රතිමාව† [쁘러띠마-워] 형상, 상, 이미지 පිළිමය.

ප්‍රතිමිඤ්ජ ක්‍රියාව [쁘러띠민저끄리야-워] 반사 활동, 반사 작용 ප්‍රතීත ක්‍රියාව.

ප්‍රතිමුඛ [쁘러띠무꺼] 반대하는, 대적하는 විරුද්ධ.

ප්‍රතිමූර්තිය [쁘러띠무-르띠여] 복제, 복사 පිළිරුව.

ප්‍රතිමේක්ෂය [쁘러띠멕-셔여] (TV) 송상관.

ප්‍රතියුක්තය [쁘러띠육떠여] 대리권, 대리 පෙරකලාසිය.

ප්‍රතියුවීකරණය [쁘러띠유위-꺼러너여] 회춘, 되젊어짐 තිරිහන් වීම.

ප්‍රතියෝජනය [쁘러띠요-저너여] 적응, 조화, 조절 අනුව යෙදීම.

ප්‍රතිරක්ෂකයා [쁘러띠락셔꺼야-] 보험사, 손해 사정사.

ප්‍රතිරක්ෂණය [쁘러띠락셔너여] 보험업.

ප්‍රතිරාජගුරු ප්‍රසාදී [쁘러띠라-저구루 쁘러싸-디-] (가톨릭) 교황 대리 (대)주교.

ප්‍රතිරාජයා [쁘러띠라-저야-] 총독, 태수, 분봉왕 යුවරජ.

ප්‍රතිරාවය† [쁘러띠라-워여] 메아리, 에코 දෝංකාරය.

ප්‍රතිරූපතාව [쁘러띠루-뻐따-워] (화학) 좌우상 (좌우대칭의 결정), 거울상 이성질체(현상).

ප්‍රතිරූපය [쁘러띠루-뻐여] 형상, 상, 동상 පිළිමය.

ප්‍රතිරෝධ [쁘러띠로-더] 방해하는, 훼방하는 반대하는 වළක්වන.

ප්‍රතිරෝධකය [쁘러띠로-더꺼여] 방해물, 대적물.

ප්‍රතිරෝධය† [쁘러띠로-더여] 반대, 방해, 대적 වැළැක්වීම.

ප්‍රතිලාභය† [쁘러띨라-버여] ① 받음, 얻음 ලැබීම ②이익, 소득 ලාභය.

ප්‍රතිලාභියා [쁘러띨라-비야-] 수신자, 받는 사람.

ප්‍රතිලෝම [쁘러띨로-머] (위치, 관계) 반대의, 역의, 도치의.

ප්‍රතිලෝමනය [쁘러띨로-머너여] (위치, 관계 등이) 반대, 역, 도치.

ප්‍රතිලෝම වර්ග නියමය [쁘러띨로-머 와르거 니여머여] (물리학) 역제곱 법칙.

ප්‍රතිලෝම සමානුපාතය [쁘러띨로-머 싸마-누빠-떠여] (수학) 반비례, 역비례.

ප්‍රතිවචනය [쁘러띠와처너여] 대답, 응답, 답변 පිළිතුර. (구어) උත්තරය

ප්‍රතිවර්තකය [쁘러띠와르떠꺼여] (전기) 전극기(轉極器), 반전기(反轉器).

ප්‍රතිවර්තනය [쁘러띠와르떠너여] 회귀, 되돌아옴.

ප්‍රතිවර්ත්‍ය [쁘러띠와르띠여] 뒤집을 수 있는, 거꾸로 할 수 있는 ආපසු හැරෙන.

ප්‍රතිවාද/ප්‍රතිවාදී [쁘러띠와-더/쁘러띠와-디-] 반대의, 반대하는 විදිරි. ¶ ප්‍රතිවාදීන් 반대자들, 적들

ප්‍රතිවිරුද්ධ/ප්‍රතිවිරෝධී [쁘러띠위룯더/쁘러 띠위로-디-] ①반대의, 적대의 විරුද්ධ ②모순되는, 상반되는 එකඟ නැති.

ප්‍රතිවිෂ/ප්‍රතිවිස [쁘러띠위셔/쁘러띠위써] 항독소, 항독약, 면역소.

ප්‍රතිවේදය/ප්‍රතිවේධය [쁘러띠웨-더여] 통찰, 통찰력, 깨달음 පැහැදිලි අවබෝධය.

ප්‍රතිශක්තිකරණය [쁘러띠샦띠까러너여] 면역화, 예방접종.

ප්‍රතිශක්තිකෘත [쁘러띠샦띠끄루떠] 면역성의, 면역성을 주는 ප්‍රතිශක්තිය ඇති කළ.

ප්‍රතිශක්තිය† [쁘러띠샦띠여] (병으로부터) 면역, 면역성 විගතිය.

ප්‍රතිශතය† [쁘러띠샤떠여] 백분율, %, 퍼센테이지 සියයට කණන.

ප්‍රතිශීර්ෂ [쁘러띠쉬-르셔] 1인당의, 머릿수로 나눈 එක් පුද්ගල.

ප්‍රතිශීර්ෂකය [쁘러띠쉬-르셔꺼여] 가발 සවරිය. (구어) බොරු කොණ්ඩය

ප්‍රතිශෝධක [쁘러띠쇼-더꺼] 교정의, 수정의, 정정의 නැවත සංශෝධනය කෙරෙන.

ප්‍රතිශෝධනය [쁘러띠쇼-더너여] 복습, 연습 පුනරීක්ෂණය.

ප්‍රතිශෝෂණය [쁘러띠쇼-셔너여] 재흡수, 재흡수 නැවත උරාගැනීම.

ප්‍රතිශ්‍යාව† [쁘러띳쉬야-워] 유행성 감기, 인플루엔자 හෙම්බිරිස්සාව.

ප්‍රතිශ්‍රවණය [쁘러띠쉬러워너여] 동의, 찬성 එකඟවීම.

ප්‍රතිෂේධක [쁘러띠쉐-더꺼] 금지하는, 거부하는, 부정하는 වළක්වන.

ප්‍රතිෂේධ්‍යය [쁘러띠쉐-디여여] 금지 물품, 금지품 වළක්වන ලද්ද.

ප්‍රතිෂ්ඨාධාරය [쁘러띠쉬타-다-러여] 도움, 조력 පිහිට.

ප්‍රතිෂ්ඨාපනය [쁘러띠쉬타-빠너여] 세움, 설립, 설치 පිහිටුවීම.

ප්‍රතිෂ්ඨාපිත [쁘러띠쉬타-삐떠] 세운, 설립한, 설치한 ප්‍රතිෂ්ඨිත, පිහිටි.

ප්‍රතිෂ්ඨාව [쁘러띠쉬타-워] ①도움, 조력 පිහිට ②세움, 설립 පිහිටුවීම ③이유, 원인 හේතුව.

ප්‍රතිෂ්ඨිත [쁘러띠쉬티떠] 세운, 설립한, 설치한 පිහිටි.

ප්‍රතිසංදීප්තිය [쁘러띠쌍딮-띠여] 재휘, 재열 (현상).

ප්‍රතිසංලීනය [쁘러띠쌍리-너여] 고독함, 외로움, 홀로있음 හුදකලාවීම. (구어) තනිවීම

ප්‍රතිසංවේදී [쁘러띠쌍웨-디-] 민감한, 예민한 සංවේදිතාවෙන් යුත්.

ප්‍රතිසංස්කරණය† [쁘러띠쌍쓰까러너여] ①재건, 쇄신, 개혁 ②개선, 개정.

ප්‍රතිසංස්කරණ වාදය [쁘러띠쌍쓰까러너 와-더여] 개혁론, 쇄신론.

ප

ප්‍රතිසංස්කාරකයා [쁘러띠쌍쓰까-러꺄야-] 개혁자, 개혁론자.

ප්‍රතිසංස්කෘත [쁘러띠쌍쓰끄루떠] 개혁된, 쇄신된, 개선된, 개정된 හරිගස්සන ලද.

ප්‍රතිසංස්ථාපනය [쁘러띠쌍쓰따-빠너여] 회복, 복원, 재활 ප්‍රතිස්ථාපනය.

ප්‍රතිසන්ථාරය [쁘러띠싼따-러여] 환영, 반김 මිත්‍රත්වයෙන් පිළිගැනීම.

ප්‍රතිසන්ධානය [쁘러띠싼다-너여] 환생 ප්‍රතිසන්ධිය.

ප්‍රතිසන්ධිය [쁘러띠싼디여] ①임신, 회임 පිළිසිඳගැනීම ②환생 ප්‍රතිසන්ධානය.

ප්‍රතිසම [쁘러띠싸머] ①닮은, 비슷한, 유사한 සමාන ②대리의, 대신의, 대타의.

ප්‍රතිසම්පාදනය [쁘러띠쌈빠-더너여] 교체, 대치, 다시 채움 හිඟය පිරවීම.

ප්‍රතිසම්භිදා [쁘러띠쌈비다-] 지혜, 통찰, 통찰력 ගැඹුරු ඥානය.

ප්‍රතිසේවනය [쁘러띠쎄-워너여] 재결합, 재합동 නැවත එක්වීම.

ප්‍රතිස්ථාපනය [쁘러띠쓰따-빠너여] 회복, 복원, 재활 ප්‍රතිසංස්-ථාපනය.

ප්‍රතිස්වේද [쁘러띠쓰웨-더] 땀없는, 땀을 안흘리는 අනාර්ද්‍රක.

ප්‍රතිස්‍රෝතගාමී [쁘러띠쓰로-떠가-미-] (연어 따위가 산란을 위해) 강을 거슬러 올라가는, 소하성의.

ප්‍රතිහත [쁘러띠하떠] 억압된, 진압된, 파괴된, 파멸된 පීඩිත.

ප්‍රතිහාර [쁘러띠하-러] 대문, 문 දොරටුව. (구어) දොර

ප්‍රතීක ක්‍රියාව [쁘러띠-꺼 끄리야-워] 반사 행동 ප්‍රතිමිඝද්ජ ක්‍රියාව.

ප්‍රතීකාරය [쁘러띠-까-러여] 치료, 의료 ප්‍රතිකාරය.

ප්‍රතීඝ [쁘러띠-거] 대립하는, 적대적인.

ප්‍රතීඝතාව [쁘러띠-거따-워] 적대 (관계), 대립.

ප්‍රතීත [쁘러띠-떠] 유명한, 잘 알려진, 명성있는 ප්‍රසිද්ධ.

ප්‍රතීත්‍ය [쁘러띨-띠여] 원인의, 이유가 되는.

ප්‍රතීත්‍ය සමුප්පාදය [쁘러띨-띠여 싸뭎빠-더여] 의존적 발생.

ප්‍රතීපායනය [쁘러띠-빠-여너여] 복귀, 회귀, 되돌아감 ආපසු යෑම.

ප්‍රතීයමාන [쁘러띠-여마-너] (문법) 직설 법의.

ප්‍රත්‍යංග [쁘럳띠양거] ①(사람, 동물의) 수족, 손발 ශරීර අවයව ②액세서리들 උපාංග.

ප්‍රත්‍යක්ෂ† [쁘럳띠약셔] 분명한, 확실한 පසක්වුණු.

ප්‍රත්‍යක්ෂය [쁘럳띠약셔여] ①확실, 분명 ②자명한 이치, 공리 ස්වසිද්ධිය ③경험, 체험 අත් දැකීම.

ප්‍රත්‍යනීක [쁘럳띠여니-꺼] 반대하는, 적의의, 모순된 විරුද්ධ.

ප්‍රත්‍යනුක්‍රමණය [쁘럳띠야누끄러머너여] (물리학) 반대물매, 반기울기.

ප්‍රත්‍යන්ත [쁘럳띠얀떠] 맞닿아 있는, 접경하고 있는 ළඟපාත.

ප්‍රත්‍යන්ත දේශය [쁘럳띠얀떠 데-셔여] 시골, 시골 동네 පිටිසර ප්‍රදේශය.

ප්‍රත්‍යභිඥානය [쁘럳띠여비끄냐-너여] 인식, 인지.

ප්‍රත්‍යය [쁘랕띠여여] ①생필품 ②(문법) 접미사 ③영향, 영향물 හේතුව.

ප්‍රත්‍යවපාත [쁘랕띠여워빠-떠] 지층 경사와 반대 방향으로 하강하는 ප්‍රතිඅවපාත.

ප්‍රත්‍යවේක්ෂණ/ප්‍රත්‍යවේක්ෂා [쁘랕띠여웩-셔너/쁘랕띠여웩-샤-] 회고의, 회구의, 과거로 거슬러 올라가는.

ප්‍රත්‍යවේක්ෂණය [쁘러띠여웩-셔너여] 회고의, 회구, 재조명 ආපසු කල්පනාකර බැලීම.

ප්‍රත්‍යවේක්ෂා [쁘랕띠여웩-샤-] 회고의, 회구의, 과거로 거슬러 올라가는 ප්‍රත්‍යවේක්ෂණ.

ප්‍රත්‍යස්ථ [쁘랕띠여쓰떠] 휘어지는, 구불어 지는 නම්‍යශීලී.

ප්‍රත්‍යස්ථතාව [쁘랕띠여쓰떠따-워] 탄력, 탄성, 되뜀 නම්‍යශීලී බව.

ප්‍රත්‍යස්ථිය/ප්‍රත්‍යස්ථතාව [쁘랕띠여쓰띠여/쁘랕띠여쓰떠따-워] 탄력, 탄성, 되뜀 නම්‍යශීලී බව.

ප්‍රත්‍යාගත [쁘랕띠야-가떠] 돌아온, 다시온 ආපසු පැමිණි.

ප්‍රත්‍යාගතිය [쁘랕띠야-가띠여] (탄성체의) 복원, 복구성.

ප්‍රත්‍යාගමනය [쁘랕띠야-가머너여] 귀환, 돌아옴 ප්‍රතිගමනය.

ප්‍රත්‍යාචාරය [쁘랕띠야-차-러여] 반응, 반작용, 반동 සමාචාරය.

ප්‍රත්‍යාතනය්‍යතාව [쁘랕띠야-딴니여따-워] 완강, 불구, 끈기, 확고 දැඩි බව.

ප්‍රත්‍යාත්ම [쁘랕띠얃-머] 자기중심의, 자아 중심의 තමන් වෙත යොමු වූ.

ප්‍රත්‍යාදිෂ්ට කරනවා [쁘랕띠야-디쉬터 꺼러너와-] (명령, 약속, 특권 따위를) 철회하다, 무효로 하다, 취소하다 අහෝසි කරනවා.

ප්‍රත්‍යානුමාපනය [쁘랕띠야-누마-뻐너여] (화학) 재적정.

ප්‍රත්‍යානුවර්තනය [쁘러띠야-누와르떠너여] 재적응.

ප්‍රත්‍යාපනය [쁘랕띠야-뻐너여] 되새김질 වාමාරකෑම.

ප්‍රත්‍යාබලය [쁘랕띠야-발러여] 스트레스, 압박, 트라우마, 걱정 පීඩනය.

ප්‍රත්‍යාම්ලකය/ප්‍රත්‍යාම්ලය [쁘랕띠야-믈러꺼여/쁘랕띠야-믈러여] 제산제 (위산을 중화시키는 재료).

ප්‍රත්‍යාර්ථපදය [쁘랕띠야-르떠빠더여] (문법) 파생어.

ප්‍රත්‍යාවර්තනය [쁘랕띠야-와르떠너여] 전환, 역전, 되돌아가기 ආපසු හැරීම.

ප්‍රත්‍යාවශෝෂණය [쁘랕띠야-워쇼-셔너여] 재흡수, 재흡수 නැවත උරාගැනීම.

ප්‍රත්‍යාශාව [쁘랕띠야-샤-워] 되갖고자 하는 갈망.

ප්‍රත්‍යාසන්න [쁘랕띠야-싼너] 인접한, 근방의, 가까운 සමීප. (구어) කිට්ටු

ප්‍රත්‍යාසන්නතාව [쁘러띠야-싼너따-워] 인접, 근방, 가까움 සමීපතාව. (구어) කිට්ටු බව

ප්‍රත්‍යාසාදනය [쁘랕띠야-싸-더너여] (의학) 재감염 නැවත ආසාදනය.

ප්‍රත්‍යාස්ථතාව [쁘랕띠야-쓰떠따-워] 유연성, 탄력, 탄성 නම්‍යතාව.

ප්‍රත්‍යාහරණය [쁘랕띠야-하러너여] 다시 취함 ආපසු ගැනීම.

ප

ප්‍රත්‍යුට්ඨානය/ප්‍රත්‍යුත්ථානය [쁘랕띠율타-너여/쁘랕띠율따-너여] (존경의 표시로) 자리에서 일어남.

ප්‍රත්‍යුත්තරය [쁘랕띠율떠러여] 응답, 대답 පිළිතුර. (구어) උත්තරය

ප්‍රත්‍යුත්ථානය [쁘랕띠율따-너여] (존경의 표시로) 자리에서 일어남 ප්‍රත්‍යුට්ඨානය.

ප්‍රත්‍යුත්පන්න [쁘랕띠율빤너] ①현재의, 현행의, 지금의 වර්තමාන ②다시 태어난 නැවත උපන්.

ප්‍රත්‍යුපකාරය [쁘랕띠유빠까-러여] 되갚음, 다시 도와드림 ප්‍රතිඋපකාරය.

ප්‍රථම‡ [쁘러떠머] 처음의, 맨 먼저의, 최초의 පළමු.

ප්‍රථම ගංගාව [쁘러떠머 강가-워] (광산 공학) 필종천.

ප්‍රථම ධ්‍යානය [쁘러떠머 디야-너여] 1차 흡수.

ප්‍රථම පුරුෂ [쁘러떠머 뿌루셔] (문법) 3인칭. ¶ උත්තම පුරුෂ 1인칭 මධ්‍යම පුරුෂ 2인칭

ප්‍රථමය [쁘러떠머여] 처음, 초기 මුල.

ප්‍රථමයෙන්‡ [쁘러떠머옌] ①~ 하기 전에, ~ 하기 이전에 ඉස්සරින් ②처음에, 초기에, 먼저 මුලින්ම.

ප්‍රථම යාමය [쁘러떠머 야-머여] 밤을 3등분 한 것 중의 첫번째 시간.

ප්‍රථම සභාව [쁘러떠머 싸바-워] (기독교) 초대 교회 මුල් සභාව.

ප්‍රථමාධාර‡ [쁘러떠마-다-러] ①(의학) 구급, 응급, 응급 처치 ②구급의, 응급의, 응급 처치의. ¶ ප්‍රථමාධාර පැට්ටිය 구급 상자

ප්‍රථමාවස්ථාවාදය [쁘러떠마-워쓰따-와-더여] 원시주의, 상고주의.

ප්‍රථමා විභක්තිය [쁘러떠마- 위박띠여] (문법) 주격.

ප්‍රදක්ෂිණා කරනවා [쁘러닥쉬나- 꺼러너와-] 거룩한 기념물에 오른 손을 뻗어 그곳을 돌다 පැදකුණු කරනවා.

ප්‍රදරය/ප්‍රදර රෝගය [쁘러더러여/쁘러더러 로-거여] (의학) 월경 과다(증) සුදු යෑම.

ප්‍රදර්ශක [쁘러다르셔꺼] 전시자, 보여주는 사람 පෙන්වන්නා.

ප්‍රදර්ශකාංකය [쁘러다르셔깡꺼여] 지수(指數), 물가 지수.

ප්‍රදර්ශනය‡ [쁘러다르셔너여] 전시, 진열, 보여줌 දැක්වීම.

ප්‍රදාන කරණය [쁘러다-너 까러너여] (기독교) 헌금 සම්මාදම.

ප්‍රදානය [쁘러다-너여] ①선물, 증여 තෑග්ග ②요금, 가격 ගාස්තුව ③(가축) 몰이 막대기, 자극물 කෙවිට.

ප්‍රදානය කරනවා [쁘러다-너여 꺼러너와-] 주다, 증여하다, 수여하다 දානය කරනවා. (구어) තෑගී දෙනවා

ප්‍රදාන ලාභියා [쁘러다-널 라-비야-] 수신자, 받는 사람.

ප්‍රදාය [쁘러다-여] 길, 방법, 방식 මාර්ගය.

ප්‍රදායකයා [쁘러다-여꺼야-] 기부자, 헌납자.

ප්‍රදාලනය [쁘러달-러너여] 금감, 쪼개짐, 갈라짐 පැළීම.

ප්‍රදහක [쁘러다-허꺼] 타는, 연소(성)의.

ප්‍රදහය [쁘러다-하여] 태움, 불태움 දැවිල්ල.

ප්‍රදීප [쁘러디-뻐] ප්‍රදීපය 의 복수 또는 형용사: ①등불들, 등잔들 ②등불의, 등잔의, 빛의.

ප්‍රදීප කලිනාව [쁘러디-뻐 깔리나-워] 등불 덮개, 등불 뚜껑.

ප්‍රදීපනය [쁘러디-뻐너여] 점화, 불붙임 පත්තු කිරීම.

ප්‍රදීපය [쁘러디-뻐여] ①등불, 등잔, 램프 පහන ②빛 එළිය.

ප්‍රදීපාගාරය† [쁘러디빠-가-러여] 등대 පහන් ටැඹ.

ප්‍රදීපායමාන [쁘러디-빠-여마-너] 등불같은, 램프 같은 පහනක් බඳු.

ප්‍රදීපිකාව [쁘러디-삐까-워] 등불, 등잔, 램프 පහන.

ප්‍රදීප්ත [쁘러딮-떠] 빛나는, 빛을 발산하는 බැබළුණු.

ප්‍රදේශය† [쁘러데-셔여] 지방, 지역. (문어) ප්‍රාදේශය

ප්‍රධාන‡ [쁘러다-너] 중요한, 주요한, 우선의 මූලික.

ප්‍රධාන කාර්යාලය† [쁘러다-너 까-르얄-러여] 본부, 본부 사무실 මූලස්ථානය.

ප්‍රධාන කොට [쁘러다-너 꼬터] 먼저, 제일 먼저, 주요하게 ප්‍රථමයෙන්.

ප්‍රධානත්වය [쁘러다-낱워여] 중요(함), 주요, 우선 ප්‍රමුඛත්වය.

ප්‍රධානයා/ප්‍රධානියා [쁘러다-너야-/쁘러다-니야-] 대장, 의장, 대표 මූලිකයා. (구어) ලොක්කා

ප්‍රධානාචාර්ය [쁘러다-나-차-르여] (초등 학교, 중학교) 교장 විදුහල්පති.

ප්‍රධානියා‡ [쁘러다-니야-] 대장, 의장, 대표 මූලිකයා. (구어) ලොක්කා

ප්‍රනිධානය [쁘러니다-너여] 청산, 결산.

ප්‍රනිධිය [쁘러니디여] 결심, 결의, 결단, 과단 දැඩි අදිටන.

ප්‍රපඤ්ච [쁘러빤처] 늦어지는, 연기된, 늦는 ප්‍රමාද.

ප්‍රපඤ්චය [쁘러빤처여] ①연기, 늦어짐 ප්‍රමාදය ②(자연) 현상 ස්වාභාවික සංසිද්ධිය ③한가하게 보내는 시간 කල්ගතකිරීම ④말이 많음, 군말이 많음 වචන වැඩිකම.

ප්‍රපඤ්ච ලෝකය [쁘러빤철 로-꺼여] 현상 세계, 자연계.

ප්‍රපඤ්චවාදය [쁘러빤처와-더여] (철학) 현상론, 실증주의.

ප්‍රපටිකාව [쁘러빠티까-워] 나무껍질 පතුර, පොත්ත.

ප්‍රපාක [쁘러빠-꺼] 설익은, 미숙한, 여물기 전의.

ප්‍රපාතනය [쁘러빠-떠너여] (상업) 덤핑 판매, 투매.

ප්‍රපාතය† [쁘러빠-떠여] ①절벽, 벼랑 සීඝ්‍ර බෑවුම ②폭포.

ප්‍රපාතී [쁘러빠-띠-] 쉬이 지는, 명이 짧은.

ප්‍රපුංපරිණත [쁘러뿡빠리너떠] 웅성 선숙의.

ප්‍රපුටිය [쁘러뿌티여] (음경, 음핵의) 포피.

ප්‍රපෝෂකය [쁘러뽀-셔꺼여] (코끼리, 맥 따위의 비죽 나온) 코, (곤충 따위의 긴) 주둥이.

ප්‍රබන්ධ කථාව† [쁘러반더 까따-워] 소설, 창작한 이야기.

ප්‍රබන්ධය [쁘러반더여] 이야기, 설화 කථාන්දරය.

ප

ප්‍රබල‡ [쁘러발러] 아주 강한, 매우 힘센 ඉතා ශක්තිමත්. (구어) ඉතා බලවත්

ප්‍රබලතාව/ප්‍රබලත්වය [쁘러발러따-워/쁘러발랕워여] 강력, 강함, 셈 බලවත්කම.

ප්‍රබලයා [쁘러발러야-] 강자, 힘센 사람 බලවත් තැනැත්තා.

ප්‍රබුද්ධ [쁘러붇더] ①깨어난, 잠에서 깬 අවදිවුණු ②꽃이 핀, 개화한 පිපුණු ③기쁜, 즐거운, 기뻐하는 සතුටු ④능숙한, 숙달된, 능란한 නුවණ මේරූ.

ප්‍රබෝධය [쁘러보-더여] ①자각, 깨어있음, 각성 පිබිද සිටීම ②이해, 지식.

ප්‍රභවය† [쁘러바워여] ①근원, 출발지 මූලය ②탄생, 출생 ඉපදීම ③존재 පැවැත්වීම ④빛 එළිය ⑤힘, 능력 බලය.

ප්‍රභවාත්මක [쁘러바왇-머꺼] 유전의, 발생의, 기원의 ප්‍රවේණි.

ප්‍රභවාත්මක ආභාසය [쁘러바왇-머꺼 아-바-써여] 발생론적 허위.

ප්‍රභාකර [쁘러바-꺼러] 해, 태양 හිරු. (구어) ඉර

ප්‍රභාගය [쁘러바-거여] 4분의 일.

ප්‍රභා ගෝලය [쁘러바- 골-러여] (천문학, 항성등의) 광구.

ප්‍රභාතය [쁘러바-떠여] 새벽, 미명 හිමිදිරි උදය. (구어) පාන්දර

ප්‍රභාන්විත [쁘러반-위떠] 빛나는, 광채나는 දීප්තිමත්.

පභා භීතිකාව [쁘러바- 비-띠까-워] (의학) 수명(羞明), 광선 공포증 එළිය දැකීමට ඇති බිය.

ප්‍රභා මණ්ඩලය [쁘러바- 만덜러여] ①(해, 달의) 무리 ②(성자 머리에서 나오는) 후광.

ප්‍රභාව [쁘러바-워] ①빛 ආලෝකය ②발광, 광채 දීප්තිය.

ප්‍රභාවත් [쁘러바-왇] 빛나는, 광채나는 දීප්තිමත්.

ප්‍රභාවය [쁘러바-워여] ①광채, 발광 දීප්තිය ②존귀, 위엄 මහන්තත්වය ③능력 බලවත්කම ④기운, 용기, 배짱, 담력 ධෛර්යය ⑤평온, 평안, 침착 නිශ්චලය.

ප්‍රභාවර්තනය [쁘러바-와르떠너여] (식물체의) 굴광성.

ප්‍රභාසංස්ලේෂණය [쁘러바-쌍쓸레-셔너여] (식물) 광합성, 광합작용.

ප්‍රභාසනය [쁘러바-써너여] 빛남, 광채, 발산 ප්‍රදීප්තිය.

ප්‍රභාසන්නමනය [쁘러바-싼나머너여] (식물학) 감광성, 경광성.

ප්‍රභාස්වර [쁘러바-쓰워러] 빛나는, 광채나는 දීප්තිමත්.

ප්‍රභු/ප්‍රභූ [쁘러부/쁘러부-] ①강한, 능력있는 බලවත් ②중요한, 주요한 ප්‍රධාන.

ප්‍රභූවරයා [쁘러부-워러야-] 높은사람, 지도자 ප්‍රධානියා.

ප්‍රභූ [쁘러부-] ①중요한, 주요한 ප්‍රධාන ②부자의, 부한 පොහොසත් ③귀족의, 귀족 출신의.

ප්‍රභූත්වය [쁘러붇-워여] 고귀(성), 숭고, 고결함, 귀족, 귀족으로 태어남 ප්‍රභූභාවය.

ප්‍රභූත [쁘러부-떠] 폭넓은, 넓은, 광대한 පළල.

ප්‍රභේදනය [쁘러베-더너여] 변화, 변동, 변이(變異) වෙනස් කිරීම.

ප්‍රභේදය [쁘러베-더여] 분할, 분리, 나눔 බෙදීම. ¶ කොරෝනා නව ප්‍රභේදය 코로나 신종 변이

ප්‍රභේද්‍යතාව [쁘러벧-디여따-워] 변이성, 변화성, 변하기 쉬움.

ප්‍රමත්ත [쁘러맡떠] ①열광한, 정신나간 අතිශයින් මත් වූ ②시간이 지난, 경과한 කාලය ඉකුත් වූ.

ප්‍රමථනය [쁘러마떠너여] ①쥐어짬, 억압, 누름 මැඩීම ②교란, 흔듬 කැළඹීම.

ප්‍රමද [쁘러마더] ①심히 취함 අධික මදය ②기쁨, 환희 හර්ෂය (구어) සතුට.

ප්‍රමද වනය [쁘러마더 와너여] 왕립 공원 රාජකීය උද්‍යානය.

ප්‍රමදා [쁘러마다-] 여성, 여인 කාන්තාව.

ප්‍රමාණකය [쁘러마-너꺼여] 조절기, 조정기 සීමා පාලකය.

ප්‍රමාණකරණය [쁘러마-너꺼러너여] 표준화.

ප්‍රමාණ පත්‍රය [쁘러마-너 빠뜨러여] 건축 견적서, 견적서, 수량조서.

ප්‍රමාණය‡ [쁘러마-너여] ①양, 수량 තරම ②크기, 사이즈 මිම්ම.

ප්‍රමාණවත් [쁘러마-너왇] 충분한, 족한, 만족하는 සෑහෙන.

ප්‍රමාණ ශෝධනය [쁘러마-너 쇼-더너여] 눈금, 구경 측정.

ප්‍රමාණාතික්‍රාන්ත [쁘러마-나-띠끄란-떠] 초과하는, 넘치는, 잉여의 පමණ ඉක්මවන.

ප්‍රමාණාත්මක [쁘러마-낱-머꺼] 양적인, 분량상의.

ප්‍රමාණික [쁘러마-니꺼] 표준의, 기준의 ප්‍රාමාණික.

ප්‍රමාද† [쁘러마-더] ①늦은, 늦어진, 연기된 ②태만한, 부주의한 ③잘못된, 실수한 වැරදි. (구어) පරක්කු

ප්‍රමාද කරනවා [쁘러마-더 꺼러너와-] 늦추다, 연기하다. (구어) පරක්කු කරනවා.

ප්‍රමාදකාරයා [쁘러마-더까-러야-] 게으름뱅이.

ප්‍රමාදකාරී [쁘러마-더까-리-] 연기되는, 늦어지는, 늦춰지는.

ප්‍රමාද දෝෂය [쁘러마-더 도-셔여] 실수, 잘못, 부주의 අත්වැරැද්ද.

ප්‍රමාදය [쁘러마-더여] ①늦어짐, 연기 ②무관심, 냉담 නොසැලකිල්ල ③잘못, 실수.

ප්‍රමාද වෙනවා† [쁘러마-더 웨너와-] 늦다, 연기되다, 지체되다. (구어) පරක්කු වෙනවා

ප්‍රමිත [쁘러미떠] 표준의, 기준의.

ප්‍රමිතිය‡ [쁘러미띠여] 기준, 표준.

ප්‍රමුඛ† [쁘러무꺼] ①우선의, 먼저의, 중요한 ②지도하는, 다스리는 ③제일의, 현저한, 탁월한 අති උතුම් ④면전에, 앞에 අභිමුඛ.

ප්‍රමුඛතාව [쁘러무꺼따-워] 우선, 우선권, 우위, 우월.

ප්‍රමුඛත්වය† [쁘러무깥워여] 우선, 우선권, 우월, 우선사항.

ප්‍රමුඛයා† [쁘러무꺼야-] 지도자, 리더 නායකයා.

ප්‍රමුදිත [쁘러무디떠] 기뻐하는, 즐거워하는, 만족해하는 සන්තෝෂ. (구어) සතුටු

ප්‍රමේයය [쁘러메-여여] 일반 원리, 법칙.

ප්‍රමේහය [쁘러메-허여] (의학) 당뇨 දියවැඩියාව.

ප්‍රමෝචනය [쁘러모-처너여] 풀어줌, 자유케 함 නිදහස් කිරීම.

ප්‍රමෝදක [쁘러모-더꺼] 매우 기쁘게 하는, 기쁨을 주는 ප්‍රීතිමත් කරන.

ප්‍රමෝදය [쁘러모-더여] 환희, 큰기쁨 මහත් ප්‍රීතිය.

ප්‍රමෝදිත [쁘러모-디떠] 매우 기뻐하는, 환호하는 ප්‍රීතිමත් වූ. (구어) සතුටු

ප්‍රයත්නය [쁘러얃너여] 노력, 시도 වෑයම. (구어) උත්සාහය

ප්‍රයාණය [쁘러야-너여] 여행, 관광, 유람 ගමන.

ප්‍රයාසය [쁘러야-써여] 노력, 시도 ප්‍රයත්නය. (구어) දැඩි උත්සාහය

ප්‍රයුක්ත [쁘러육떠] 처해진, 있게된 යෙදුණු.

ප්‍රයුඤ්ජනය [쁘러윤저너여] 이용, 사용 යොදාගැනීම.

ප්‍රයෝග [쁘러요-거] 속이는, 교활한, 부정직한 වංචාකාරී.

ප්‍රයෝගකාර [쁘러요-거까-러] 속이는, 교활한, 부정직한 වංචාකාරී.

ප්‍රයෝගකාරයා [쁘러요-거까-러야-] 사기꾼, 협잡꾼 වංචාකාරයා.

ප්‍රයෝගකාරී [쁘러요-거까-리-] 속이는, 교활한, 부정직한 වංචාකාරී.

ප්‍රයෝගය† [쁘러요-거여] ①속임, 사기, 술수 රැවටිල්ල ②계획, 전술 උපක්‍රමය.

ප්‍රයෝජනය† [쁘러요-저너여] 유익, 이익 ලාභය.

ප්‍රයෝජනවත්† [쁘러요-저너왇] 유익한, 유용한 වැඩදායක.

ප්‍රයෝජ්‍ය [쁘러욪-지여] 원인이 되는, ~을 일으키는, (문법) 사역의 යොදවන.

ප්‍රයෝජ්‍ය ක්‍රියාව [쁘러욪-지여 끄리야-워] (문법) 사역 동사 යොදවන.

ප්‍රරෝහණය [쁘러로-허너여] 발아, 싹틈 පැළවීම.

ප්‍රරෝහය [쁘러로-허여] 새싹, 어린 가지 දළුව.

ප්‍රලම්බ [쁘럴람버] 매달리는, 매달려 있는 එල්ලෙන.

ප්‍රලය [쁘럴러여] 파괴, 끝남, 파멸 විනාශය.

ප්‍රලය මාරුතය/ප්‍රලයානිලය [쁘럴러여 마-루떠여/쁘럴러야-닐러여] 전설속의 파괴의 바람 විනාශකාරී සුළඟ.

ප්‍රලාපය [쁘럴라-뻐여] 수다, 잡담, 재잘거림, 실없는 소리, 공허한 소리 නිරර්ථක වචනය.

ප්‍රලුබ්ධ [쁘럴룹더] 인색한, 욕심 많은 ඉතා ලොල් වූ.

ප්‍රලේපනිය [쁘럴레-뻐니여] (고약 따위를 펴는) 주걱.

ප්‍රලේපය [쁘럴레-뻐여] 약 바름 ඖෂධීය ආලේපය.

ප්‍රලෝභ [쁘럴로-허] 욕심, 탐심 පෙළඹීම.

ප්‍රලෝභනය [쁘럴로-허너여] 꾐, 설득, 유인 පෙළඹවීම.

ප්‍රලෝභනීය [쁘럴로-허니-여] 꾀는, 설득하는, 유인하는, 꼬득이는 පෙළඹවනසුලු.

ප්‍රවචන [쁘러와처너] ①귀한 말씀 යහපත් වදන් ②부처님 말씀 බුද්ධ වචනය.

ප්‍රවණතාව [쁘러워너따-워] ①경향, 성향 ②기울기, 기욺, 경사, 휨 නැඹුරුව.

ප්‍රවර [쁘러워러] 아주 높은, 고귀한 උත්කෘෂ්ට.

ප්‍රවර්තනය [쁘러와르떠너여] 현재, 지금 පැවැත්ම.

ප්‍රවර්ධනය [쁘러와르더너여] 향상, 발전, 성장 වැඩි දියුණු වීම.

ප්‍රවාදය [쁘러와-더여] 신화, 구전 이야기 පුරාවෘත්තය.

ප්‍රවාරණය [쁘러와-러너여] 끝냄, 멈춤, 중단 පවාරණය.

ප්‍රවාල [쁘러왈-러] 산호 පබළු.

ප්‍රවාසය [쁘러와-써여] 외국 생활, 타국 생활.

ප්‍රවාසිකයා [쁘러와-씨꺼야-] (고국이 아닌) 국외 거주자.

ප්‍රවාසියා [쁘러와-씨야-] ①(고국이 아닌) 국외 거주자 ප්‍රවාසිකයා ②결석자, 불참자, (법) 부재자.

ප්‍රවාහක [쁘러와-하꺼] 운송의, 수송하는, 나르는 ගෙන යන.

ප්‍රවාහණය [쁘러와-하너여] 운송, 수송, 나름.

ප්‍රවාහය† [쁘러와-하여] 흐름, 해류, 조류 සැඩ පහර.

ප්‍රවාහිකාව [쁘러와-히까-워] 설사 පාචනය.

ප්‍රවිෂ්ට [쁘러위쉬터] 들어온, 도착한 ඇතුළු වූ.

ප්‍රවිෂ්ටය [쁘러위쉬터여] 들어옴, 입장, 도착 ඇතුළු වීම.

ප්‍රවීණ† [쁘러위-너] 전문적인, 전문의, 숙련된 සමර්ථ.

¶ ප්‍රවීණ පරිවර්තකයා 전문 번역가

ප්‍රවීණත්වය/ප්‍රවීණතාව [쁘러위-낱워여/쁘러위-너따-워] 전문성, 숙달, 숙련 නෛපුණ්‍යය.

ප්‍රවීණතා [쁘러위-너따-] ප්‍රවීණතාව 의 복수 또는 형용사: ①전문, 숙련 ②전문적인, 전문의, 숙련된.

ප්‍රවීණතාව/ප්‍රවීණත්වය† [쁘러위-너따-워/쁘러위-낱워여] 전문성, 숙달, 숙련 නෛපුණ්‍යය.

ප්‍රවීණයා [쁘러위-너야-] 전문가, 숙달자, 달인.

ප්‍රවෘත්ති [쁘러우뤁띠] ප්‍රවෘත්තිය 의 복수 또는 형용사: ①소식 ②소식의.

ප්‍රවෘත්ති පත්‍රය [쁘러우뤁띠 빠뜨러여] 신문 පත්තරය.

ප්‍රවෘත්තිය‡ [쁘러우뤁띠여] ①소식, 보고 පුවත ②존재, 실존 පැවැත්ම.

ප්‍රවේක්ෂණය [쁘러웩-셔너여] 사전지식, 선행지식 පෙර දැනුම.

ප්‍රවේගය [쁘러웨-거여] 힘, 세력, 에너지 බලවේගය.

ප්‍රවේණි [쁘러웨-니] 혈통의, 계통의, 계보의 පරවේණි.

ප්‍රවේණිදාසයා [쁘러웨-니다-써야-] 농노 (토지와 함께 매매된 최하위 계급의 농민).

ප්‍රවේණිය [쁘러웨-니여] 혈통, 계통, 계보, 자손 පරම්පරාව.

ප්‍රවේණි විද්‍යාව [쁘러웨-니 윋디야-워] 유전학.

ප්‍රවේශකයා [쁘러웨-셔꺼야-] 신입생, 신참자, 초심자.

ප්‍රවේශනය [쁘러웨-셔너여] ①입장, 들어옴 ඇතුල්වීම ②접근, 다가옴, 근접.

ප

ප්‍රවේශ පත්‍රය† [쁘러웨-셔 빠뜨러여] 입장권, 표, 티켓.

ප්‍රවේශම/ප්‍රවේසම‡ [쁘러웨-셔머/쁘러웨-써머] ①조심, 주의 ②안전, 보호 පරෙස්සම. (복) *ප්‍රවේසම්* (구어) පරිස්සම

ප්‍රවේශය/ප්‍රවේශනය [쁘러웨-셔여/쁘러웨-셔너여] ①입장, 들어옴 ඇතුල්වීම ②접근, 다가옴, 근접 ③문, 입구 දොර.

ප්‍රවේශ ශාලාව [쁘러웨-셔 샬-라-워] 현관 ඉස්තෝප්පුව.

ප්‍රවේශ්‍ය [쁘러웨-쉬여] 들어올 수 있는, 입장할 수 있는.

ප්‍රවේසම/ප්‍රවේශම‡ [쁘러웨-써머/쁘러웨-셔머] ①조심, 주의 ②안전, 보호 පරෙස්සම. (복) *ප්‍රවේසම්* (구어) පරිස්සම

ප්‍රවේසමින් [쁘러웨-써민] ①조심히 ②하게 පරෙස්සමින්. (구어) පරිස්සමින්

ප්‍රවේසම් වෙනවා [쁘러웨-쌈 웨너와-] 조심하다, 주의하다, 경계하다 පරෙස්සම් වෙනවා. (구어) පරිස්සම් වෙනවා ¶ බල්ලාගෙන් ප්‍රවේසම් වෙන්න 개를 조심하세요

ප්‍රව්‍රජිත [쁘러우러지떠] ①성직자가 된, 기름 부음 받은 ②제사장, 성직자 පැවිද්දා.

ප්‍රව්‍රජ්‍යාව [쁘러우뤗지야-워] 승려직, 제사장직 පැවිද්ද.

ප්‍රශංසනය [쁘러샹써너여] ①찬양, 찬미, 송축 පැසසුම ②칭찬 ගුණ වැණුම.

ප්‍රශංසනීය [쁘러샹써니-여] 찬양하는, 찬미하는, 칭찬하는 ගුණ වර්ණන.

ප්‍රශංසා කරනවා‡ [쁘러샹싸- 꺼러너와-] 찬양하다, 찬미하다, 칭찬하다 පසසනවා.

ප්‍රශංසා ගීතය [쁘러샹싸- 기-떠여] (기독교) 찬송, 영광의 찬가, 송영(頌詠).

ප්‍රශංසාර්හ [쁘러샹싸-르허] 찬양받기 합당한, 장한, 기특한 ප්‍රශංසා ලැබීමට සුදුසු.

ප්‍රශංසාව† [쁘러샹싸-워] 찬양, 찬미, 칭찬 පැසසුම.

ප්‍රශමනය/ප්‍රශමය [쁘러샤머너여/쁘러샤머여] 진정, 완화, 달램 සංසිඳවීම.

ප්‍රශස්ත† [쁘러샤쓰떠] 칭송받는, 아주 높은, 최고의, 아주 뛰어난, 탁월한 ශ්‍රේෂ්ඨ.

ප්‍රශස්තිය [쁘러샤쓰띠여] 찬사문, 칭찬글, 찬양의 시 ප්‍රශංසා කරන කාව්‍යය.

ප්‍රශාඛාව [쁘러샤-까-워] 분할, 세분.

ප්‍රශ්න කරනවා‡ [쁘러쉬너 꺼러너와-] 묻다, 질문하다 අහනවා.

ප්‍රශ්න පත්‍රය‡ [쁘러쉬너 빠뜨러여] 시험지.

ප්‍රශ්නය‡ [쁘러쉬너여] ①문제, 질문 ඇසීම ②문제, 어려움, 곤란함 ගැටලුව. ¶ මම ඔයාගෙන් ප්‍රශ්නයක් අහන්නම් 제가 당신께 질문 하나 할게요

ප්‍රශ්නාර්ථ ලකුණ [쁘러쉬나-르떠 라꾸너] 물음표, ?.

ප්‍රශ්නාවලිය [쁘러쉬나-월리여] 설문, 질문서.

ප්‍රශ්නෝත්තර [쁘러쉬놑-떠러] 질문과 대답.

ප්‍රශ්වාසය† [쁘러쉬와-써여] (숨) 내쉬기 හුස්ම පහළ දැමීම.

ප්‍රසංගය [쁘러쌍거여] 구경거리, 쇼, 상영 දැක්ම.

ප්‍රසංවාදය [쁘러쌍와-더여] 화성, 협화, 하모니 සංගීතය.

ප්‍රසක්ත [쁘러싹떠] 중독된, (나쁜 습관에) 빠져 있는 ඇබ්බැහි.

ප්‍රසක්තයා [쁘러싹떠야-] 중독자 ඇබ්බැහියා.

ප්‍රසන්න† [쁘러싼너] 기쁜, 즐거운 ප්‍රිය, ප්‍රීතිමත්. (구어) සතුටු

ප්‍රසරණය [쁘러싸러너여] 확산, 퍼짐 පැතිරීම.

ප්‍රසරය [쁘러싸러여] 확산, 퍼짐 පැතිරීම.

ප්‍රසර්ජනය [쁘러싸르저너여] 펼침, 폄 විහිදීම.

ප්‍රසව [쁘러써워] 출산의, 아기를 낳는, 조산의. ¶ ප්‍රසව හා නාරිවේද වෛද්‍ය 산부인과 부인과 의사

ප්‍රසවය [쁘러써워여] 출산, 아기를 낳음, 조산 ප්‍රසූතිය.

ප්‍රසව වේදනාව† [쁘러써워 웨-더나-워] 산통, 출산의 고통.

ප්‍රසව වෛද්‍ය [쁘러써워 와읻디여] 산부인과 의사 ප්‍රසව වෛද්‍යවරයා.

ප්‍රසාදකය [쁘러싸-더꺼여] 분명히 함, 확실하게 함 පහදකය.

ප්‍රසාද කොටස් [쁘러싸-더 꼬터쓰] 보너스 주식.

ප්‍රසාද ගුණය [쁘러싸-더 구너여] ①만족, 흡족 ②매력, 아름다움, 미 අලංකාරය.

ප්‍රසාද දීමනාව [쁘러싸-더 디-머나-워] 상여금, 보너스 ප්‍රසාද මුදල.

ප්‍රසාදනය [쁘러싸-더너여] 해명, 설명, 명시 පැහැදිලි කිරීම.

ප්‍රසාදනාගාරය [쁘러싸-더나-가-러여] 옷갈아 입는 방, 드레싱 룸 ඇඳුම් ගෙය.

ප්‍රසාදය [쁘러싸-더여] ①은혜, 총애 කරුණාව②이해, 확신 පැහැදීම ③선물, 증여 තෑග්ග. ¶ ජනප්‍රසාදය 인기 ප්‍රසාද දීමනාව 상여금

ප්‍රසාධකය [쁘러싸-더꺼여] 반응기, 실행기.

ප්‍රසාධනය [쁘러싸-더너여] 장식, 치장 පැළඳීම.

ප්‍රසාධනාගාරය [쁘러싸-더나-가-러여] 분장실, 탈의실 ඇඳුම් ගෙය.

ප්‍රසාරණ [쁘러싸-러너] 확장하는, 확대하는, 연장하는.

ප්‍රසාරණය† [쁘러싸-러너여] 확장, 확대, 연장 විශාල කිරීම. ¶ විශ්ව ප්‍රසාරණය 우주팽창

ප්‍රසාරය [쁘러싸-러여] 확장, 확대, 연장 ප්‍රසාරණය.

ප්‍රසාරිත [쁘러싸-리떠] 확장된, 확대된, 연장된 විහිදුණු.

ප්‍රසිද්ධ‡ [쁘러씯더] ①유명한, 저명한, 잘 알려진 කීර්තිමත් ②공공의 පොදු.

ප්‍රසිද්ධ කරනවා‡ [쁘러씯더 꺼러너와-] 알리다, 선포하다, 전파하다 ප්‍රකාශ කරනවා.

ප්‍රසිද්ධිය† [쁘러씯디여] 유명, 유명세, 저명, 잘 알려짐 කීර්තිය.

ප්‍රසූත [쁘러쑤-떠] 출산하는, 낳는, 생산하는 උපන්.

ප්‍රසූත කරනවා‡ [쁘러쑤-떠 꺼러너와-] 출산하다, 아이를 낳다 බිහි කරනවා.

ප්‍රසූතිකා [쁘러쑤-띠까-] 산모.

ප්‍රසූතිකාගාරය [쁘러쑤-띠까-가-러여] 분만실, 조산실.

ප්‍රසූතිය† [쁘러쑤-띠여] 출산, 태어남 ඉපදීම.

ප්‍රස්තරය [쁘라쓰떠러여] ①평원, 평지 තලාව ②침대 යහන ③바위 පාෂාණය.

ප

ප්‍රස්තාරය† [쁘라쓰따-러여] ①도표, 그래프 සංකේත චිත්‍රය ②(음악) 기보법 ගීතයක ස්වර රචනය.

ප්‍රස්තාව [쁘라쓰따-워] ①기회, 찬스 අවස්ථාව ②결혼, 혼인 විවාහය. ¶ ප්‍රස්තාවෝචිත 시기 적절한

ප්‍රස්තාව පිරුළ [쁘라쓰따-워 삐룰러] 속담, 격언, 금언, 잠언 ආප්තෝපදේශය. (복) *ප්‍රස්තාව පිරුළු*

ප්‍රස්තාවෝචිත [쁘라쓰따-오-치떠] ප්‍රස්තාව, උචිත 의 합성어: 때에 맞는, 시기 적절한 ප්‍රස්ථාවෝචිත.

ප්‍රස්තාවනාව† [쁘라쓰따-워나-워] 안내, 소개 හැඳින්වීම.

ප්‍රස්තුත [쁘라쓰뚜떠] 연관된, 관련된, 제안된 අදාළ.

ප්‍රස්තුතය [쁘라쓰뚜떠여] 제안, 건의 යෝජිතය.

ප්‍රස්ථාපනය [쁘라쓰따-빠너여] ①설립, 설치 පිහිටුවීම ②급파, 특파, 급송 පිටත්කර ඇරීම.

ප්‍රස්ථාව [쁘라쓰따-워] ①기회, 찬스 අවස්ථාව ②결혼, 혼인 විවාහය.

ප්‍රස්ථාපනාව [쁘라쓰따-빠나-워] 서두, 서론, 소개 ආරම්භක හැඳින්වීම.

ප්‍රස්පන්දය [쁘라쓰빤더여] 파복(두 파절 사이의 진폭이 최대인 곳)

ප්‍රස්ඵෝටකය [쁘라쓰뽀-터꺼여] 기폭 장치.

ප්‍රස්ඵෝටනය [쁘라쓰뽀-터너여] 기폭, 폭파, 폭발.

ප්‍රස්‍රවණය [쁘라쓰러워너여] 흐름, 유동, 흘러감 ගැලීම.

ප්‍රස්‍රාව [쁘라쓰라-워] ①오줌, 소변 මුත්‍ර ②흐름, 유동, 흘러감 ගැලීම.

ප්‍රහරණය [쁘러하러너여] ①침, 때림, 가격 පහරදීම ②공격 무기.

ප්‍රහර්ෂය [쁘러하르셔여] 의기양양, 득의만면 අධික සන්තෝෂය.

ප්‍රහසනය [쁘러하써너여] ①박장대소, 떠들썩한 웃음 අධික සිනාසීම ②코메디, 희극 විකට නාට්‍යය.

ප්‍රහස්ත [쁘러하쓰떠] 손뻗은, 손을 내민.

ප්‍රහාණය [쁘러하-너여] 달램, 진정, 완화, 유화, 회유 ප්‍රහීණය.

ප්‍රහාරක [쁘러하-러꺼] ①공격(습격)하는 පහර දෙන ②공격자 පහර දෙන්නා.

ප්‍රහාරකයා [쁘러하-러꺼야-] 공격자 ප්‍රහාරක.

ප්‍රහාරය† [쁘러하-러여] 공격, 습격 පහර.

ප්‍රහාසය [쁘러하-써여] 웃음, 웃음 소리 සිනාව. (구어) හිනාව

ප්‍රහිත කරනවා [쁘러히떠 꺼러너와-] 건네 주다, 인도하다, 탁송하다 භාණ්ඩ යවනවා.

ප්‍රහිතය [쁘러히떠여] 보내는 물품, 건네는 물건, 탁송 물품 යවනු ලබන භාණ්ඩය.

ප්‍රහීණ [쁘러히-너] ①적은, 부족한, 하강하는, 내려가는 අඩු ②낮아진, 차분해진.

ප්‍රහීණ කිරීම [쁘러히-너 끼리-머] (크기, 강도, 중요도) 줄임, 약화시킴, 완화시킴 ප්‍රහීණය.

ප්‍රහීණය [쁘러히-너여] 달램, 진정, 완화, 유화, 회유 ප්‍රහාණය.

ප්‍රහේය [쁘러헤-여] 해고할 수 있는 ප්‍රහාණය කටයුතු.
ප්‍රහේලිකාව‡ [쁘러헬-리까-워] 퀴즈, 퍼즐, 수수께끼 තේරවිල්ල.
ප්‍රාංශු [쁘랑-슈] 높은, 키 큰 උස්.
ප්‍රාකාරය† [쁘라-까-러여] 성벽, 벽, 요새 පවුර.
ප්‍රාකෘත [쁘라-끄루떠] ①이전에 이룬 කලින් නිම කළ ②고대 언어 이름.
ප්‍රාක්/ප්‍රාග් [쁘띾-/쁘띾-] 과거의, 이전의, 전의, 앞의 පූර්ව-.
ප්‍රාක්කේම්බ්‍රිය [쁘띾-껨-브리여] 전캄브리아 대, 선캄브리아.
ප්‍රාක්තන [쁘띾-떠너] ①고대의, 과거의 පුරාතන ②고대인 පුරාතනයා.
ප්‍රාක්ප්ලාස්මය [쁘띾-쁠라-쓰머여] 원형질.
ප්‍රාක්ලවය [쁘라-끌러워여] (동물학) 원 색소체.
ප්‍රාක්ෂය [쁘띾-셔여] 우축 (새 깃털의 줄기) පිහාටුවක දණ්ඩ.
ප්‍රාක්ෂිකය [쁘띾-쉬꺼여] 작은 꽃대 (포아풀과 식물의 이삭 줄기 따위).
ප්‍රාක්ෂේප විද්‍යාව [쁘띾-쉐-삐윋디야-워] 탄도학.
ප්‍රාගංගය [쁘라-강거여] (동물학) 전절.
ප්‍රාගනුභූත [쁘라-가누부-떠] 선험적인, 연역적인, 논리적인 අත්දැකීම් මුක්ත.
ප්‍රාගල්භ්‍ය [쁘라-갈비여] ①재주 있는, 솜씨 좋은, 능숙한 බුහුටි ②능숙함, 재주, 솜씨 좋음 බුහුටි බව.
ප්‍රාග්-ඓතිහාසික [쁘띾- 아이띠하-씨꺼] 선사 시대의.
ප්‍රාග්ග්‍රහණය [쁘띾-그러하너여] 이해, 터득, 포착.
ප්‍රාග්ජීවියා [쁘띾-지-위야-] 원생 동물.
ප්‍රාග්දර්ශනය [쁘띾- 다르셔너여] 원형, 프로토 타입.
ප්‍රාග්ධනය [쁘띾-다너여] 자본, 자본금 මූල ධනය. ¶ නාමමාත්‍ර ප්‍රාග්ධනය 명목 자본
ප්‍රාග්විවාහ [쁘띾-위와-하] 혼전의, 결혼 전의.
ප්‍රාචීන [쁘라-치-너] 동양의, 동쪽의 පෙරදිග.
ප්‍රාචීන භාෂා [쁘라-치-너 바-샤-] 동양 언어, 동쪽 언어 පෙරදිග භාෂා.
ප්‍රාචීරය [쁘라-치-러여] ①(해부학) 횡격막, සිරුරේ අතරුබිත ②격막, 막, 울타리, 벽 වැට.
ප්‍රාඥයා [쁘라-끄녀야-] 지혜로운 사람, 총명한 사람 නුවණැත්තා.
ප්‍රාණ ඇපකරු‡ [쁘라-너 애빠꺼루] 인질, 볼모.
ප්‍රාණකාරයා [쁘라-너까-러야-] 사람, 인간, 개인 පුද්ගලයා.
ප්‍රාණ ඝාතය [쁘라-너 가-떠여] 살인, 죽임 මැරීම.
ප්‍රාණත්‍යාගය [쁘라-너띠야-거여] 죽음, 순교 ප්‍රාණපරිත්‍යාගය.
ප්‍රාණත්‍යාගියා [쁘라-너띠야-기야-] 순교자 මෘතවීරයා. (복) *ප්‍රාණත්‍යාගියෝ/ප්‍රාණත්‍යාගීහු*
ප්‍රාණපරිත්‍යාගය [쁘라-너빠리띠야-거여] 죽음 ප්‍රාණත්‍යාගය.
ප්‍රාණපරිත්‍යාගියා [쁘라-너빠리띠야-기야-] 순교자 මෘතවීරයා.
ප්‍රාණ බද්ද [쁘라-너 받더] 주민세 (살아 있는 동안 내는 세금).

ප

ප්‍රාණභය [쁘라-너바여] 삶에 대한 두려움.

ප්‍රාණ භුක්තිය [쁘라-너 북띠여] 종신 재산 소유권.

ප්‍රාණභූත විද්‍යාව [쁘라-너부-떠 윋디야-워] (신학) 성령론.

ප්‍රාණය† [쁘라-너여] 활기, 생기, 생명, 생 පණ.

ප්‍රාණවත් [쁘라-너왇] 활기있는, 생기있는, 기운찬, 팔팔한 පණ ඇති.

ප්‍රාණ වධය [쁘라-너 와더여] 사형 මරණ දණ්ඩවම.

ප්‍රාණවාතය [쁘라-너 와-떠여] 호흡, 숨.

ප්‍රාණවාදය† [쁘라-너와-더여] 정령숭배, 애니미즘.

ප්‍රාණ වායුව [쁘라-너 와-유워] 생명의 호흡, 숨쉬기 ජීව හුස්ම.

ප්‍රාණාක්ෂරය [쁘라-낙셔러여] 모음 ස්වරය.

ප්‍රාණාරක්ෂකයා [쁘라-나-락셔꺼야-] 경호원, 보디가드 ජීවිතාරක්ෂකයා.

ප්‍රාණාන්තය [쁘라-난-떠여] 죽음, 사망 මරණය.

ප්‍රාණියා [쁘라-니야-] 생물 සත්වයා. (복) *ප්‍රාණියෝ*

ප්‍රාණීන් [쁘라-닌] 생물들, 동물들 සත්වයන්.

ප්‍රාතඃ/ප්‍රාතර් [쁘라-따/쁘라-떠르] 아침의 උදෑසන.

ප්‍රාතරාශය [쁘라-떠라-셔여] 아침 식사, 조식 උදය ආහාරය.

ප්‍රාතර්/ප්‍රාතඃ [쁘라-떠르/쁘라-따] 아침의 උදෑසන.

ප්‍රාතිහාර්යය [쁘라-띠하-르여여] 기적, 이사, 놀라움 හාස්කම.

ප්‍රාථමික† [쁘라-떠미꺼] 기초적인, 근본적인, 첫번째의 ආරම්භක. (구어) මූලික

ප්‍රාථමික කෝෂය [쁘라-떠미꺼 꼬-셔여] (전기) 1차 전지.

ප්‍රාථමික ගුරුවරයා† [쁘라-떠미꺼 구루워러야-] 초등교사, 초등학교 교사.

ප්‍රාථමික වර්ණ [쁘라-떠미꺼 와르너] 기본 색들.

ප්‍රාදුර්භවනය/ප්‍රාදුර්භාවය [쁘라-두르바워너여/쁘라-두르바-워여] 출현, 나타남, 출몰 පෙනී සිටීම.

ප්‍රාදුර්භූත [쁘라-두르부-떠] 출현하는, 나타나는, 출몰하는 පෙනී සිටි.

ප්‍රාදේශය [쁘라-데-셔여] 지역, 지방. (구어) ප්‍රදේශය

ප්‍රාදේශික/ප්‍රාදේශීය [쁘라-데-쉬꺼/쁘라-데-쉬-여] 지역의, 지방의. (구어) ප්‍රදේශීය

ප්‍රාදේශිකය [쁘라-데-쉬꺼여] ①소매점, 지역 가게 ②지역단체.

ප්‍රාදේශීය† [쁘라-데-쉬-여] 지역의, 지방의 ප්‍රාදේශික. (구어) ප්‍රදේශීය

ප්‍රාධ්මාව [쁘라-드마-워] (위장 내의) 가스 ආමාශ වායුව.

ප්‍රාන්තය [쁘란-떠여] 경계, 가장자리, 끝 අද්දර.

ප්‍රාප්ත [쁘랖-떠] ①임명된, 임직한 පත්වූ ②도착한, 온 පැමිණි.

ප්‍රාප්තිදානය [쁘랖-띠다-너여] 연보, 헌금 පින් දීම.

ප්‍රාප්තිය [쁘랖-띠여] ①임명, 임직 තනතුරට පත්වීම ②도착, 옴 පැමිණීම.

ප්‍රාබල්‍යය [쁘라-발리여여] 강함, 힘셈 ප්‍රබලතාව.

ප්‍රාමාණික [쁘라-마-니꺼] 표준의, 기준의, 규범적인 ප්‍රමාණික.

ප්‍රාමාණ්‍යය [쁘라-만-니여여] 양, 분량 ප්‍රමාණය.

ප්‍රායාසය [쁘라-야-써여] 큰 수고, 엄청난 노력 දැඩි වෙහෙස.

ප්‍රායෝගික† [쁘라-요-기꺼] 구체적인, 실제적인.

ප්‍රාරක්ෂකයා [쁘라-띾써꺼야-] 손해 사정사 ප්‍රතිරක්ෂකයා.

ප්‍රාරක්ෂණය [쁘라-띾셔너여] (특히 해상) 보험.

ප්‍රාරබ්ධ [쁘라-랍더] 시작한, 출발한 පටන් ගත්.

ප්‍රාරම්භ [쁘라-람버] 기초적인, 근본적인, 첫번째의 පළමු. (구어) මූලික

ප්‍රාරම්භය [쁘라-람버여] 시작, 시초 පටන්ගැන්ම.

ප්‍රාර්ථනය/ප්‍රාර්ථනාව [쁘라-르떠너여/쁘라-르떠나-워] 희망, 기대, 소망 බලාපොරොත්තුව.

ප්‍රාර්ථනා කරනවා [쁘라-르떠나-꺼러너와-] 기대하다, 바라다 බලාපොරොත්තු වෙනවා.

ප්‍රාර්ථනාව/ප්‍රාර්ථනය [쁘라-르떠나-워/쁘라-르떠너여] 희망, 기대, 소망 බලාපොරොත්තුව.

ප්‍රාවරණය [쁘라-워러너여] 덮개, 싸는 것, 막 වැස්ම.

ප්‍රාවරය [쁘라-워러여] 캡슐.

ප්‍රාවීරණය [쁘라-위-러너여] (상업) 헤징, 연계 매매.

ප්‍රාසංගික [쁘라-쌍기꺼] 우연의, 우발의 අහම්බෙන් සිදුවන.

ප්‍රාසය [쁘라-써여] (말, 행동의) 반복 අනුප්‍රාසය.

ප්‍රාසාදය [쁘라-싸-더여] 빌라, 맨션 විමන.

ප්‍රිය [쁘리여] 기쁨, 즐거움, 행복 ප්‍රීතිය. (구어) සතුට

ප්‍රියංකර [쁘리양꺼러] ①기쁜, 즐거운, 기뻐하는, 좋아하는 ප්‍රිය (구어) සතුටු ②사랑하는, 존경하는 ප්‍රේමණීය.

ප්‍රිය† [쁘리여] ①기쁜, 즐거운, 기뻐하는, 좋아하는 කැමති (구어) සතුටු ②사랑하는, 존경하는 ප්‍රේමණීය.

ප්‍රියකර [쁘리여꺼러] 기쁜, 즐거운, 기뻐하는, 좋아하는 ප්‍රියංකර. (구어) සතුටු

ප්‍රියදර්ශී [쁘리여다르쉬-] 동의하는, 찬동하는 එකඟ වෙන.

ප්‍රිය මනාප† [쁘리여 마나-빠] 기쁜, 즐거운, 기뻐하는, 좋아하는 ප්‍රිය. (구어) සතුටු

ප්‍රියවිප්‍රයෝගය [쁘리여위쁘러요-거여] 분리, 떨어짐.

ප්‍රියශීලී [쁘리여쉴리-] 기쁜, 즐거운, 기뻐하는, 좋아하는 ප්‍රියංකර. (구어) සතුටු

ප්‍රියාදර [쁘리야-더러] 사랑하는 ප්‍රේමණීය.

ප්‍රියාව [쁘리야-워] 아내, 부인, 사랑하는 여인 භාර්යාව.

ප්‍රියාවිය [쁘리야-위여] ①사랑받는 여인 ප්‍රේමවන්තිය ②아내, 부인 භාර්යාව.

ප්‍රිස්මකය [쁘리쓰머꺼여] (기하학) 각뿔대.

ප්‍රිස්ම මාලිමාව [쁘리쓰머 말-리마-워] 프리즘 나침반.

ප්‍රිස්මය [쁘리쓰머여] 프리즘, 분광기.

ප

ප්‍රිණනය [쁘리너너여] 기쁨, 즐거움, 환희 ප්‍රිය. (구어) සතුට

ප්‍රීති උද්නය [쁘리-띠 우다-너여] 기쁨의 노래, 찬가 සතුටු වැකිය.

ප්‍රීතිජනක/ප්‍රීතිදායක [쁘리-띠자너꺼/쁘리-띠다-여꺼] 기쁨을 주는, 즐거운, 기쁜 සතුට ඇති කරන.

ප්‍රීතිදායක [쁘리-띠다-여꺼] 기쁨을 주는, 즐거운, 기쁜 ප්‍රීතිජනක.

ප්‍රීතිමත්‡ [쁘리-띠맏] 기뻐하는, 즐거워하는 ප්‍රියංකර. (구어) සතුටු

ප්‍රීතිය‡ [쁘리-띠여] 기쁨, 즐거움, 환희 ප්‍රිය. (구어) සතුට

ප්‍රීති වෙනවා‡ [쁘리-띠 웨너와-] 기뻐하다, 즐거워하다 ප්‍රිය වෙනවා. (구어) සතුටු වෙනවා

ප්‍රීතිවාක්‍යය [쁘리-띠왂-끼여여] 기쁨의 노래, 찬가 සතුටු වැකිය.

ප්‍රේක්ෂකයා [쁘뤡-셔꺼야-] 시청자, 관람자, 보는 사람 නරඹන්නා.

ප්‍රේක්ෂණය [쁘뤡-셔너여] 시청, 관람, 봄 නැරඹීම.

ප්‍රේක්ෂාගාරය [쁘뤡-샤-가-러여] 극장, 시네마 නාට්‍ය ශාලාව.

ප්‍රේතයා [쁘레-떠야-] ①(이야기 속에 나오는 작고 추하게 생긴) 낮은 마귀 ②욕심쟁이, 탐욕가 කෑදරයා.

ප්‍රේත ගොටුව [쁘레-떠 고투워] 마귀에게 주는 음식 접시.

ප්‍රේතාත්මය [쁘레-딸-머여] 마귀로 태어남.

ප්‍රේත ලෝකය [쁘레-떨 로-꺼여] 마귀 세상.

ප්‍රේමණීය† [쁘레-머니-여] 사랑하는, 친애하는 පෙම්බර. (구어) ආදරවන්ත.

ප්‍රේමය‡ [쁘레-머여] 사랑, 애정 සෙනෙහස. (구어) ආදරය

ප්‍රේමවන්ත‡ [쁘레-머완떠] 사랑하는, 친애하는 ප්‍රේමණීය.

ප්‍රේමාතුර [쁘레-마-뚜러] 사랑에 눈먼, 사랑에 병든 ප්‍රේමයෙන් ලෙඩවුණු.

ප්‍රේමාන්විත [쁘레-만-위떠] 사랑스러운, 아주 예쁜.

ප්‍රේරකය [쁘레-러꺼여] 방아쇠, 유도자, 유도체.

ප්‍රේරණය [쁘레-러너여] 인도, 진행 මෙහෙයවීම.

ප්‍රේරිකය [쁘레-리꺼여] ①(기독교) 사도직, 전도 ②배달물, 보내어 진 것.

ප්‍රේරිතයා† [쁘레-리떠야-] (예수님의 12제자) 사도, 사자(使者), 메신저 ප්‍රේරිතවරයා. (복) *ප්‍රේරිතයෝ*

ප්‍රේරිතවරයා [쁘레-리떠워러야-] (예수님의 12제자) 사도, 사자(使者), 메신저 ප්‍රේරිතයා. (복) *ප්‍රේරිතවරයෝ*

ප්‍රේෂණය [쁘레-셔너여] 송금 මුදල් යැවීම.

පෛශුන්‍යය [빠이슌니여여] 비방, 중상, 명예 훼손 නින්දාව.

ප්‍රොජෙක්ටරය [쁘로젝터러여] (기계) 프로젝터.

ප්‍රොපේතවරයා [쁘로뻬-떠워러야-] 예언자, 선지자, 선견자 දිවැසිවරයා.

ප්‍රෝක්තය [쁘룩-떠여] 격언, 경구 සිද්ධාන්තය.

ප්‍රෝටීන් [쁘로-틴-] 단백질 මාංශජනක ධාතු.

ප්‍රෝටෝනය [쁘로-토-너여] (물리학) 양성자.

ප්‍රෝඩාව [쁘로-*다*-워] 사기, 속임 වංචාව.

ප්‍රෝත්සාහනය [쁘롣-싸-하너여] 자극, 유인, 동기 උනන්දු කරවීම.

ප්‍රෝත්සාහය [쁘롣-싸-하여] 큰 수고, 거대한 노력 බලවත් උත්සාහය.

ප්‍රෞඪ† [쁘*라우더*] ①자랑스러운, 훌륭한 ②교만한, 거만한 උඩඟු ③자신있는, 대담한 බුහුටි ④자란, 큰 වැඩුණු.

ප්ලව [쁠러워] ප්ලවය 의 복수 또는 형용사: ①흐름들, 유동 ②흘러가는, 유동하는.

ප්ලවන [쁠러워너] 흘러가는, 유동하는 ප්ලව.

ප්ලවය [쁠러워여] 흐름, 유동, 수영 පාවීම.

ප්ලවාංග [쁠러왕거] ①플랑크톤, 부유 생물 ප්ලැන්ක්ටන ② 호수들, 연못들 වැව්.

ප්ලවාශය [쁠러와-셔여] (물고기의) 부레.

ප්ලාවිතය [쁠라-위떠여] 표류, 떠내려감.

ප්ලීහය [쁠리-하여] (해부학) 비장(脾臟), 지라 බඩදිව.

ප්ලුතය [쁠루떠여] (단모음 2개보다 긴) 장모음.

ප්ලුෂ්ට [쁠루쉬터] 구워진, 태워진, 탄 දැවුණු.

ඵ

ඵ [빠] 씽할러 알파벳의 46번째 글자: ප 의 장음이다.

ඵණ [빠너] (독사의) 우산 모양의 목(의) සර්පයාගේ පෙණය.

ඵණි [빠니] 뱀 (의) පෙණය ඇත්තා.

ඵණීන්ද්‍රයා [빠닌-드러야-] 킹코브라 නාග රාජයා.

ඵරසුව [빠러쑤워] 도끼 පොරව.

ඵරුෂ [빠루셔] 혹독한, 모진, 힘겨운 පරුෂ.

ඵල [빨러] ①열매들, 과실들 පල ②결과들 ප්‍රතිඵල.

ඵලකය [빨러꺼여] 판, 판자 ලෑල්ල.

ඵලකායුධය [빨러까-유더여] 방패 පලිහ.

ඵල දරනවා [빨러 다러너와-] 열매 맺다, 결실을 맺다 පල දරනවා.

ඵලදයක/ඵලදයී [빨러다-여꺼/빨러다-이-] 열매 맺는, 유용한, 가치 있는, 풍성한 ප්‍රයෝජනවත්.

ඵලදාව [빨러다-워] 수확, 소출, 추수 පලදාව.

ඵල ප්‍රයෝජනය [빨러 쁘러요-저너여] 유익, 유용, 이득 ආදායම.

ඵලය† [빨러여] ①열매, 과실 ගෙඩිය ②결과 ප්‍රතිඵල.

ඵලවිපාකය† [빨러위빠-꺼여] 결과, 대가, 보답.

ඵලිධිගමය [빨리디가머여] 자업자득.

ඵලාඵල [빨라-빨러] ①좋고 나쁜 결과 ②크고 작은 모든 과실(열매) පලාපල.

ඵලාවරණය [빨라-와러너여] (식물) 과피.

ඵල්ලවය [빨러워여] 새순, 새싹 දළුව.

ඵාසු [빠-쑤] 쉬운, 간편한 ලැහැසි.

ඵුප්ඵුසීය [뿝뿌씨-여] 폐의, 허파의 පෙණහල්ලට අදාළ.

ඵුල්ල [뿔러] 꽃이 핀, 개화한 පිපුණු.

ඵූසනය [뿌-써너여] 만짐, 어루만짐, 터치 ස්පර්ශ කිරීම.

ඵේණ [뻬-너] 거품, 버블 පෙණ.

ඵොට්ඨබ්බ [뽙탑버] 연결, 연관, 터치.

බ

බ [바] 씽할러 알파벳의 47번째 글자.

බංකුව‡ [방꾸워] 벤치, 장의자.

බංකු සලකුණ [방꾸 쌀러꾸너] 기준, 척도, 기준점.

බංකොලොත්† [방꼴롣] 파산한, 쪽딱 망한.

බංගලාව† [방걸라-워] 방갈로 (별장식의 단층집).

බංගලි/බංගාලි [방걸리/방갈-리] (인도) 뱅갈리의.

බංගසාල [방거쌀-러] 거대한, 막대한, 매우 큰 දැවැන්ත.

බංග්ලාදේශය [방글라-데-셔여] (나라) 방글라데시.

බක [바꺼] ①두루미의, 학의 කොක් ②거대한, 막대한, 매우 큰 බක්ක.

බක අංගනාව/බකාංගනාව [바꺼 앙거나-워/바깡-거나-워] 암컷 두루미, 암컷 학 කෙකින්න. ¶ කොක්කා 수컷 두루미, 수컷 학

බක තපස් [바꺼 따빠쓰] 위선 බොරු සිල්.

බකබකය [바꺼바꺼여] 박장대소, 큰 웃음 කොක්හඬලා සිනාසීම.

බකමූණා/බකමුහුණා‡ [바꺼무-나-/바꺼무후나-] 올빼미 මහමූණා.

බකල [바껄러] 밭장 다리의, 다리가 밖으로 휜.

බකල ගහනවා [바껄러 가하너와-] 갈지자로 걷다, 꼬부랑 꼬부랑 걷다.

බකවනවා [바꺼워너와-] 긴 얼굴을 가지다.

බකස් ගාලා [바까쓰 갈-라-] 갑자기, 홀연히 හදිසියෙන්.

බකාංගනාව/බක අංගනාව [바깡-거나-워/바꺼 앙거나-워] 암컷 두루미, 암컷 학 කෙකින්න. ¶ කොක්කා 수컷 두루미, 수컷 학

බකුසා/බකුස්සා [바꾸싸-/바꿌싸-] 올빼미의 한 종류.

බකුස්සා [바꿌싸-] 올빼미의 한 종류 බකුසා.

බක් [밖] 씽할러 달력의 첫달 බක් මාසය.

බක්ක [밖꺼] 큰, 거대한 විශාල.

බක්කරේ [밖꺼레-] 제빵사 පාන් කාරයා.

බක්කි කරත්තය [밖끼 까랕떠여] (말 한 필이 끄는 가벼운) 2륜 마차 බක්කිය.

බක්කිය† [밖끼여] ①(물건 보관을 위한) 뚜껑 없는 상자 ②(말 한 필이 끄는 가벼운) 2륜 마차 බක්කි කරත්තය.

බක් මාසය [밖 마-써여] 박 달 (3월 중순~ 4월 중순의 씽할러 음력 첫달).

බගන්දරය [바간더러여] (해부학) 항문샛길, 항문루.

බගන්දරා [바간더라-] (의학) 악성 치질.

බගවත් [바거왇] 복 받은, 행운의 භාග්‍යයන්ත.

බගවා [바거와-] 부처님 බුදුන් වහන්සේ.

බගිරි [바기리] 자매 සහෝදරිය.

බජනය [바저너여] 친교, 어울림 භජනය.

බජනවා [바저너와-] 어울리다, 친교하다 ආශ්‍රය කරනවා.

බජව්ව [바저우워] 시골 음악회.

බජාරය [바자-러여] 바자회 කඩපිල.
බජිරි [바지리] 저품질 고식의 한 종류.
බට [바터] ①내려간, 하강한 බැස්සා වූ ②키작은, 낮은 මිටි ③대나무의.
¶ එහි බට පළමුවැන්නා 거기에 내려간 첫번째 사람
බට† [바터] ①බටය 의 복수: 관, 파이프 නළ ②대나무들.
බට කටුව [바터 까투워] (나무에 홈을 파는 데 쓰는) 둥근 끌.
බට ගස [바터 가써] 대나무 උණ ගහ.
බටගොයා [바터고야-] 구대륙 열대의 날개가 녹색인 각종의 비둘기.
බටදැල්ල/බටතැල් [바터댈러/바터땔] 빨간 마디 줄기가 있는 풀.
බටනලාව† [바터날라-워] 피리.
බටනිලය [바터닐러여] 화장실 වැසිකිළිය.
බටය‡ [바터여] 관, 파이프 නළ.
බටර් [바터르] 버터.
බටර් ගානවා [바터르 가-너와-] ①버터를 바르다 ②아첨하다.
බට ලීය [바털 리-여] 대나무 통.
බටහිර‡ [바터히러] 서쪽, 서, 서방 බස්නාහිර.
බටු [바투] (채소) 가지.
බටුගිරවා [바투기러와-] 작은 앵무새.
බටුමීයා [바투미-야-] 작은 쥐.
බට්ටලෝහ [밭털로-허] 청동(의), 브론즈(의).
බට්ට [밭터] (야채) 가지 බටු ගෙඩිය.
බට්ටා† [밭타-] ①꼬마애 කුඩා දරුවා ②(시계 따위의) 흔들이, 흔들리는 추 ③애들 놀이중 하나.
බට්ටිච්චා [밭틷차-] (조류) 꼬리치레 බටිත්තා.
බඩ‡ [바더] ①배, 복부 බණ්ඩිය ②자궁, 태 දරු ගැබ. ¶ බඩ වියත 삶, 인생
බඩඇළ [바더앨러] 수로 밑바닥.
බඩ ඉරිඟු‡ [바더 이링구] 옥수수.
බඩඑළිය [바더엘리여] 배설물(똥, 오줌, 땀 등) අසුචි.
බඩ කට පුරා [바더 까터 뿌라-] 배고픔이 없어질 때까지, 아주 잘 හොඳටම.
බඩකඩුත්තුව [바더까둗뚜워] 설사 පාචනය. (구어) බඩයෑම
බඩ කරනවා [바더 꺼러너와-] 임신시키다, 애 배게 하다 ගැබ් ගන්වනවා.
බඩගානවා‡ [바더 가-너와-] බඩගෑවා-බඩගා ①기어 가다, 기어 다니다 ②천천히 가다. බඩගෑම
බඩගැති/බඩගැස්තර [바더개띠/바더개쓰떠러] 복종하는, 추종하는, 비굴한 අනුන්ට වල් වෙන.
බඩගින්න‡ [바더긴너] 배고픔, 식욕 කුසගින්න.
බඩගෝස්තරය [바더고-쓰떠러여] 식사, 식사 한끼 ආහාර වේල.
බඩජහරි/බඩජාරි [바더자하리/바더자-리] 탐욕스러운, 개걸스러운 කෑදර.

බඩතුර [바더뚜러] 허리의 ඉනෙහි.

බඩ දනවා [바더 다너와-] ①배고프다 ②애통하다, 슬퍼하다 ③두려워하다, 무서워하다.

බඩදරු [바더다루] 임신한, 애밴 ගර්භනී.

බඩදිය [바더디여] 소변, 오줌 මූත්‍ර.

බඩදිය බානවා [바더디여 바-너와-] 소변을 보다, 오줌 싸다 මූත්‍ර කරනවා. (구어) චූ කරනවා

බඩදිව [바더디워] (해부학) 비장(脾臟), 지라.

බඩපිස්සා [바더삤싸-] 막둥이 (남자) ¶ බඩපිස්සී 막둥이 (여자)

බඩපිස්සී [바더삤씨-] 막둥이 (여자) ¶ බඩපිසා 막둥이 (남자)

බඩපුරා [바더뿌라-] 배부르게.

බඩ බැඳ ගන්නවා [바더 밴더 간너와-] 매우 가까워 지다.

බඩය [바더여] (초목의) 수(髓), 심.

බඩ යනවා‡ [바더 야너와-] 설사하다 බඩ උගුළනවා.

බඩ රස්සාව [바더 랐싸-워] ①생계, 살림 ②직업, 생계 수단 ජීවනෝපාය.

බඩරුදව [바더루다-워] ①복통 බඩේ කැක්කුම ②산고, 진통 විළිරුදාව.

බඩ වඩනවා [바더 와더너와-] 생계를 유지하다, 살림살이를 하다.

බඩවැටිය† [바더왜티여] 덤불로 만들어진 경계.

බඩ වැඩුම [바더 왜두머] ①생계, 살림 ②직업, 생계수단 බඩ රස්සාව.

බඩවැල† [바더왤러] 장 (소장, 대장), 내장 අකුණ. (복) බඩවැල්

බඩ වියත [바더 위여떠] 삶, 인생, 생(生) ජීවිකාව.

බඩ වෙනවා [바더 웨너와-] 임신하다, 애배다 ගැබ් වෙනවා.

බඩ වේලීම [바더 웰-리-머] 변비 මලබද්ධය.

බඩසය/බඩසාය [바더싸여/바더싸-여] 기아, 굶주림 බඩගින්න.

බඩිය [바디여] ①작은 병 음료수 ②물건, 물품 බඩුව.

බඩු‡ [바두] බඩුව 의 복수: 물건들, 물품들.

බඩුබාහිර [바두바-히러] 물건들, 물품들 බඩුමුට්ටු.

බඩුබාහිරාදිය [바두바-히라-디여] 물건들, 물품들 බඩුමුට්ටු.

බඩුමුට්ටු† [바두뭍투] (복수 형태) 물건, 물품, 물건들 බඩු.

බඩුව† [바두워] 물건, 물품. (복) බඩු

බඩු ලේඛනය† [바두 레-꺼너여] 물품목록, 물품 명세서.

බඩේ රුජාව [바데- 루자-워] 복통, 배앓이.

බඩේ රුදව [바데- 루다-워] 통증, 고통.

බණ† [바너] 부처의 말씀, 가르침 බුද්ධ දේශනාව.

බණනවා [바너너와-] බැණුවා-බණා 말하다, 이야기하다, 강연하다 කියනවා. <u>බිණීම/බිණුම</u>

බණ පලග [바너 빨랑거] 설법자의 자리 ධර්මාසනය.

බණපොත [바너뽀떠] 부처의 가르침이 있는 책, 불경.

බණ මඩුව [바너 마두워] 설법 강당 ධර්ම ශාලාව.

බණවනවා [바너워너와-] 말하

다, 연설하다, 강연하다 අමතනවා.

බණවර [바너워러] 한 편 설법의 양.

බණිනවා‡ [바니너와-] බැන්නා-බැණ 꾸짖다, 나무라다, 비난하다 බැණ ගන්නවා. <u>බැණීම/බැණුම</u>

බණ්ඩක්කා‡ [반더까-] 콩과(科) 식물의 일종 (옛날 신장병 치료약으로 쓰임), lady's finger.

බණ්ඩාර [반다-러] ①왕자 රාජකුමාරයා ②회계사, 회계 보는 사람 භාණ්ඩාගාරිකයා.

බණ්ඩි [반디] ①බණ්ඩිය 의 복수 또는 형용사: 배들, 복부들, 배의, 복부의 ②(벼) 익는, 여무는.

බණ්ඩි කප්පිය [반디 깝삐여] 가운데가 불룩한 도르래 මැදින් උස් වූ කප්පිය.

බණ්ඩි කියත [반디 끼여떠] 가운데부터 자를 수 있는 톱 හරස් කියත.

බණ්ඩි ගොයම [반디 고여머] 익어가는 벼 පීදෙන ගොයම.

බණ්ඩිය [반디여] 배, 복부 බඩ.

බණ්ඩි සොයිබය [반디 쏘이버여] (건축) 오르내리 꽂이쇠.

බත [바떠] 밥. (복) බත්

බතබුලත [바떠불러떠] 소출, 수확.

බතල† [바떨러] 고구마.

බත්‡ [받] බත 의 복수: 밥.

¶ බත් කමු 밥 먹자

බත් ඇටය [받 애터여] 밥알 බත්තුල.

බත් උයනවා [받 우여너와-] 밥을 짓다, 밥을 하다 බත් පිසිනවා.

බත් කිස [받 끼써] 밥먹음 බත් කෑම.

බත්කූරා‡ [받꾸-라-] (곤충) 잠자리.

බත්කෙණ්ඩ [받껜더] 종아리, 장딴지 ගොප්මස.

බත්ගෙය [받게여] 부엌 කුස්සිය.

බත්ගොට්ටා [받곹타-] 밥 한끼 얻어 먹기 위해 천한 일을 하는 사람.

බත්තල [받떨러] 대형 함재정.

බත්තුල [받뚤러] 밥알, 밥풀떼기 බත් ඇටය.

බත් පිඩුව [받 삐두워] 밥 한입 බත් පිඬ.

බත් වැට [받 왜터] 정기적인 밥 공급 නිතිපතා බත් සැපයීම.

බත්වෙනවා [받웨너와-] 밥이다, 먹이가 되다, 봉이 되다 ගොදුරු වෙනවා.

බදනය [바더너여] ①(곤충 수컷의) 미각 (尾脚) ②용기, 그릇 බඳුන ③시멘트 බදාමය ④벽, 담장 බැම්ම.

බදනවා [바더너와-] බැදුවා-බදා 포옹하다, 껴안다 බදා ගන්නවා. <u>බැදීම</u>

බදරිය [바더리여] 핵(核) 없는 식용 소과실, 베리.

බද ගන්නවා‡ [바다- 간너와-] 포옹하다, 껴안다 බදිනවා. (문어) වැළඳ ගන්නවා

බදාද‡ [바다-다-] 수요일.

බදාමය† [바다-머여] 시멘트, 회반죽 සිමෙන්ති මිශ්‍රණය.

බදාණය [바대너여] 볼트 (나사) බද ඇණ.

බදිනවා‡ [바디너와-] බැද්දා-බැද(බැදලා) 굽다, 후라이 하다. <u>බැදීම</u>

බදු† [바두] බද්ද 의 복수: ①세금 අය බද්ද ②임대, 세줌 කුලියට දීම. ¶ බදු දීමට තිබේ 임대 합니다

බදුකරය [바두까러여] 임대차 계약 증서.

බදුකරු [바두까루] (토지, 가옥의) 임차인 බද්ද ලබාගත් තැනැත්තා.

බදුකුලිය† [바두꿀리여] 임대료.

බදුරු [바두루] 탁월한, 뛰어난 හද්ද.

බදුහිමියා [바두히미야-] (토지, 가옥의) 임대인 බද්ද දෙන තැනැත්තා.

බදු සින්නක්කරය [바두 씬낚꺼러여] 임차만기 구입 방식 (만기 전에 구입을 희망할 때에는 지급한 임차료를 가격에서 공제하는 방식).

බද්ද† [받더] ①세금 ②임대, 세줌. (복) *බදු*

බද්ධ† [받더] ①බද්ධය 의 복수 또는 형용사: a. 접붙이기, 접 b. 묶인, 붙어있는, 첨부된, 접붙여진 බැඳුණු ②뿌리내린, 든든히 선 මුල් බැසගත් ③지속적인, 끊임없는 අඛණ්ඩ.

බද්ධකය [받더꺼여] 바인더, 묶는 것.

බද්ධ කරනවා‡ [받더 꺼러너와-] ①묶다, 엮다, 붙이다 ②접붙이다.

බද්ධ ගිණුම† [받더 기누머] (주로 부부 명의의) 공동 예금 계좌.

බද්ධය [받더여] 접붙이기, 접.

බද්ධ වෛරය‡ [받더 와이러여] 앙숙, 원한.

බධිර [바디러] 귀머거리의, 귀가 들리지 않는 බිහිරා.

බධිරයා [바디러야-] 귀머거리, 청각 장애인 බිහිරා.

බන්ද [반더] ①몸통 ශරීරය ②(괭이, 도끼 등의 손잡이를 고정하는) 쇠테 ③총 몸통.

බන්දනය [반더너여] 묶음, 결속, 결합 බැඳීම.

බන්දනවා [반더너와-] 묶다, 엮다, 결속하다 බඳනවා.

බන්දවනවා [반더워너와-] බැන්දෙවුවා-බන්දවා 묶게 만들다, 엮게 하다. <u>බැඳවීම</u>

බන්දේසිය [반데-씨여] 쟁반.

බන්ධකය [반더꺼여] (의학) 결찰사: 혈관을 묶는 줄.

බන්ධනදායියා [반더너다-이야-] (법) 채무자. ¶ බන්ධනලාභියා 채권자

බන්ධන නීතිය [반더너 니-띠여] 채권법.

බන්ධනය† [반더너여] 묶음, 결속, 결합 බැඳීම.

බන්ධන රේඛාව [반더너 레-까-워] (수학) 괄선(括線).

බන්ධනලාභියා [반더널라-비야-] (법) 채권자 බන්ධනලාභී. ¶ බන්ධනදායියා 채무자

බන්ධනලාභී [반더널라-비-] ①(법) 채권자 බන්ධනලාභියා ②의무를 지우는, 강요하는.

බන්ධනාගාරය† [반더나-가-러여] 감옥, 교도소 සිරගෙ. (구어) හිර ගෙ

බන්ධනිය [반디니여] (의학) 인대, 섬유조직.

බන්ධිත බඩු [반디떠 바두] 채무 물건.

බන්ධු [반두] 친척의, 친족의.

බන්ධු කුසුම [반두 꾸쑤머] (식물) 하와이 무궁화.

බන්ධුතාව [반두따-워] 친족, 혈족 නෑදෑකම.

බන්ධුරා [반두라-] 창녀, 매춘녀 වේශ්‍යාව.

බන්ධුවරයා [반두워러야-] 친척, 친족 නෑදෑයා.

බඳ [반더] ①몸통 ශරීරය ②허리 ඉඟ.

බඳ [반더] ①묶인, 묶여진 බැඳුණු ②묶은, 동여맨 ගැටගැසූ.

බඳන [반더너] ①그릇, 용기 බඳුන ②줄, 묶는 것 ③බඳනවා의 형용사적 현재용법: 묶는, 엮는.

බඳනවා [반더너와-] බැන්දුවා-බඳා 묶다, 엮다 බන්දනවා. බැඳීම

බඳපටිය [반더빠티여] 허리띠, 벨트 ඉඟපටිය.

බඳවා ගන්නවා† [반더와- 간너와-] ①묶다, 엮다 බඳනවා ②(군대를) 징집하다.

බඳින තුවක්කුව† [반디너 뚜왁꾸워] 전장(前裝) 총.

බඳිනවා‡ [반디너와-] බැන්දා-බැඳ(බැඳලා) ①결혼하다 ②묶다, 결박하다. බැඳීම
¶ නිබඳිනවා 풀다, 풀어주다 ඔයා බැඳලා ද? 당신 결혼했나요? බිත්තිය බඳිනවා 벽을 쌓다

බඳු [반두] ~와 같은, ~처럼 සේ. (구어) වැනි ¶ මේබඳු 이같은

බඳුන † [반두너] 그릇, 용기 භාජනය. (복) *බඳුන්* ¶ සංගීත බඳුන් 악기

බඳුන් වෙනවා [반둔 웨너와-] ①처해지다, 종속되다 ලක්වෙනවා ②그릇이 되다 භාජනය වෙනවා.

බබලතා [바벌러따-] ①여자, 여성 ස්ත්‍රිය ②아내, 부인, 처 බිරිඳ.

බබළනවා‡ [바벌러너와-] බැබළුවා-බබළා 빛을 비추다, 눈부시게 빛나다, 광선을 발하다 දිලිසෙනවා. බැබළීම

බබා‡ [바바-] 애기, 갓난애기 පොඩ්ඩා. (문어) බිළිඳා

බබුනා [바부나-] (동물) 비비 බැබූන්.

බබුර [바부러] 곱슬 머리 වකුටු කෙස් රැල්ල.

බබුරා [바부라-] ①야만인, 미개인 හීනයා ②화장실 청소원.

බබුළුවනවා [바불루워너와-] 빛나게 하다, 빛나게 만들다 බැබළීමට සලස්වනවා.

බමන දිවුම [바머너 디우머] 왜글 런.

බමනය [바머너여] 회전, 돎, 스핀 භ්‍රමණය.

බමනවා [바머너와-] 회전하다, 돌다 කැරකෙනවා.

බමර [바머러] ①회전하는, 도는 භ්‍රමණය වන ②말벌의, 말벌과 연관된 ③팽이(의).

බමර අත [바머러 아떠] 회전날개.

බමර ඇණය [바머러 애너여] 나사 못 ඉස්කුරුප්පු ඇණය.

බමර ගසනය [바머러 가써너여] 회전식 교반기, 회전식 거품 내는 기계.

බමර තත [바머러 따떠] 바이올린의 1번 줄.

බමරය [바머러여] (장난감) 팽이.

බමර හැඩය [바머러 해더여] (식물학) 순수꼴, 순무 모양.

බමරා [바머라-] 말벌 බඹරා.

බමුණා [바무나-] 브라만 බ්‍රාහ්මණයා.

බමුණාදුරා [바무내두라-] 브라만 스승 බ්‍රාහ්මණ ගුරුවරයා.

බම්බු [밤부] 파이프 모양의, 파이프 같은 බටයක් වැනි.

බම්බු ගහනවා [밤부 가하너와-] ①대나무 북을 치다 ②욕정에 빠지다, (욕정) 탐닉하다.

බම්බුව [밤부워] ①둥근 파이프 ②욕설중 하나.

බම්බුවා [밤부와-] 광대, 어릿광대 විකටයා.

බම්මන්නා [밤만나-] 광대, 어릿광대 බම්බුවා.

බඹ [밤버] ①브라만의 ②귀한, 고귀한 උත්තම.

බඹ කත [밤버 까떠] 사러와티 여신 සරස්වතී දෙවඟන.

බඹ ගුරු [밤버 구루] 목성 බ්‍රහස්පතී.

බඹ තලය [밤버 딸러여] 브라만의 세계 බ්‍රහ්ම ලෝකය.

බඹ මොහොත [밤버 모호떠] 새벽 시간, 미명의 시간, 가장 좋은 시간 උතුම් වෙලාව.

බඹය† [밤버여] 길 (1m 83cm, 6피트) අඩි හයක දිග.

බඹර [밤버러] ①회전하는, 도는 බ්‍රහ්මණය වන ②말벌의, 말벌과 연관된 ③팽이(의).

බඹරා† [밤버라-] 장수 말벌 බමරා.

බඹසර† [밤버싸러] 독신(생활), 독신주의 බ්‍රහ්මචාරය.

බඹා [밤바-] 브라만 계급 사람 බ්‍රහ්මයා.

බය‡ [바여] 무서움, 두려움, 공포 භය.

බයංකාර [바양까-러] 무섭게 하는, 두려움을 주는, 공포심을 일으키는 බියකර.

බයගුලු [바여굴루] 겁많은, 무서운, 소심한 බියසුලු.

බයගුල්ලා† [바여굴라-] 겁쟁이, 소심한 사람.

බයස්කෝප් [바여쓰꼬-] 영화, 시네마 චිත්‍රපට.

බයානක‡ [바야-너꺼] 두려운, 두려워하는, 무서운 භයානක.

බයාදු [바야-두] 겁많은, 두려워하는, 무서운 භයානක.
¶ බයාදුකම 두려움

බයිනෙත්තුව/බයිනේත්තුව [바이넽뚜워/바이넬-뚜워] 총검, 대검.

බයිබලය‡ [바이벌러여] 성경, 성서.

බයිසිකලය‡ [바이씨껄러여] 자전거 පාපැදිය.

බයෝටින් [바요-틴] 비타민 H.

බර‡ [바러] 짐, 무게 භාරය.
¶ ඔයාගේ බර කීයද? 네 몸무게 얼마나 돼?

බර‡ [바러] ①무거운, 들기 힘든 බරින් යුත් ②어려운, 힘든 අමාරු ③큰, 거대한 විශාල.

බර කරත්තය [바러 까랕떠여] 거세한 수소로 끌게 하는 짐마차.

බර කරනවා [바러 꺼러너와-] 강하게 발음하다, 엑센트를 두다.

බරඩ අඩ නෙත් [바러더 아더 넬] 이쉬워러 신, 눈 3개 가진 신 ඊශ්වරයා.

බ

බර පටවනවා† [바러 빠터워너와-] 짐을 싣다.

බරණ [바러너] ①장신구, 보석 අබරණ ②뱀, 코브라 නයා.

බරණිඳු [바러닌두] 마헤쉬와러 신 මහේශ්වර.

බරණිය [바러니여] 큰 그릇, 큰 항아리 බුජම.

බරත [바러떠] ①인도 ඉන්දියාව ②인도 성인의 이름.

බරත් [바랕] 눈을 12개 가진 신: 쓰깐터 꾸마러, 까떠러거머 신 කඳ කුමරු.

බරත්තුව/බරෙත්තුව [바랕뚜워/바렡뚜워] (도박장) 수수료 තෝන් මුදල.

බර නුවන/බරනෙත් [바러 누워너/바러넽] 눈을 12개 가진 신: 쓰깐터 꾸마러, 까떠러거머 신 කඳ කුමරු.

බරපතල/බරපතළ‡ [바러빠떨러] 심각한, 모진, 과중한 තදබල.

බරපය ගසනවා [바러빠여 가써너와-] 절뚝거리다, 절름거리다 කොරගසනවා.

බරපැන [바러빼너] 비용, 지출 ගාස්තුව.

බරබද්දර [바러받더러] 여행용 짐, 여행 가방 ගමන් බඩු.

බරබාගය [바러바-거여] 수소 한마리로 끌게 하는 짐마차.

බරම් [바람] 마하 브라마 මහා ප්‍රහ්මයා.

බරවය [바러워여] (의학) 필라리아병 බරවා රෝගය.

බරවා† [바러와-] (의학) 상피병 ශ්ලීපදය.

බරවා උණ [바러와- 우너] (의학) 필라리아병 බරවය.

බරවා රෝගය [바러와- 로-거여] (의학) 필라리아병 බරවය.

බරවා පණුවා [바러와- 빠누와-] 사상충 ෆයිලේරියා පණුවා.

බර වැඩ‡ [바러 왜더] 힘든 일.

බරස [바러써] 십이, 열둘, 12 දොළස.

බර සීරුම් කටුව [바러 씨-룸 까투워] 문지르는 (긁는) 도구.

බරාඳය† [바란-더여] 베란다 ඉස්තෝප්පුව.

බරි [바리] ①무거운, 무게 실린 භරිත ②(식물) 아스파라가스.

බරු [바루] ①추, 문진 ②닻 නැංගුරය.

බරු ගහනවා [바루 가하너와-] 조각 조각 찢다, 산산조각 내다 පතුරු ගහනවා.

බරු දරනුව [바루 다러누워] 블록 쌓기.

බරු දැල [바루 댈러] 추 달린 그물.

බරුව [바루워] ①무게 බර ②(그물, 저울) 추.

බරුවා [바루와-] 남편, 서방 සැමියා.

බල [발러] බලය 의 복수 또는 형용사: ①힘있는, 능력있는, 권세있는 ②힘들, 능력들.

බල ඇණිය [발러 애니여] ①군대, 병력 ②육군 대대, 대대 병력 බළමුළුව.

බල කඩදාසිය [발러 까더다-씨여] 허가증, 통행증 බලපත්‍රය.

බලකඳ [발러깐더] (기계) 중간 축.

බල කරනවා‡ [발러 꺼러너와-] 강요하다, 강제하다, 강제로 ~하게 하다, 억지로 시키다 බල පානවා.

බලකරු [발러꺼*루*] 권세자, 권위자, 권력자 බලකාරයා.

බලකරුව [발러꺼*루*워] 지지, 지탱, 도움 බලකණුව.

බලකාය† [발러까-여] 대군(軍), 군대 විශාල යුද්ධ සේනාව.

බලකාරයා [발러까-*러*야-] 권세자, 권위자, 권력자 බලකරු.

බලකොටුව† [발러꼬투워] (강한) 성, 성곽 කොටුව.

බලග [발러거] (명령형) 보라, 바라보라 බලව.

බලගතු [발러가뚜] 강력한, 힘센, 능력있는, 우세한 බලවත්.

බලතලය† [발러딸러여] ①힘, 능력 ශක්තිය ②권세, 권위 ආධිපත්‍යය.

බලතල වියෝජනය [발러딸러 위요-저너여] 권력 분배, 힘의 분배 බලය බෙදී යාම.

බලතා [발러따-] ①권세자, 힘있는 자 බලය ඇත්තා ②통치자 පාලකයා.

බල තුලනය [발러 뚤러너여] 힘의 균형, 권력의 균형.

බල ත්‍රිකෝණය [발러 뜨*리*꼬-너여] (역학) 힘의 삼각형.

බල දශකය [발러 다셔꺼여] 사람이 왕성하게 활동하는 기간: 인생 30-40년.

බලධරයා/බලධාරියා [발러더*러*야-/발러다-*리*야-] 권력자, 권세자, 권위자 බලධාරී.

බලධාරි [발러다-*리*] ①권력자, 권세자, 권위자 බලධාරියා ②강한, 힘있는, 권세있는 බලවන්ත.

බලධාරියා/බලධරයා† [발러다-*리*야-/발러더*러*야-] 권력자, 권세자, 권위자 බලධාරී.

බලධාරී [발러다-*리*-] 강한, 힘있는, 권세있는 බලවන්ත.
¶ සර්වබලධාරී 전능한

බල නයන [발러 나여너] 이마에 눈 있는 사람, 마헤쉬워러신 මහේෂ්වරයා.

බලනවා‡ [발러너와-] බැලුවා-බලලා(බලා) 보다, 관찰하다, 관망하다. (문어) දකිනවා ¶ වට පිට බල බලා හාවා ආවා 여기저기 보면서(두리번거리면서) 토끼가 왔습니다 මම නුවර බලා ගියා 나는 캔디를 향하여 갔다

බලපත්‍රය‡ [발러빠뜨*러*여] 허가증, 통행증 පාස්.

බල පරාක්‍රමය [발러 빠*라*-끄*러*머여] 위엄, 장엄, 힘과 영웅심.

බල පහර [발러 빠하*러*] 일격, 한 번 치기, 치기, 타격.

බලපානවා‡ [발러빠-너와-] බලපෑවා-බලපා ①영향을 주다, 영향을 미치다, 감화하다 ②강요하다, 강제하다 බල කරනවා. <u>බලපෑම</u>

බලපුළුවන්කාරකම [발러뿔루완까-*러*꺼머] 고자세, 고압.

බල පොට [발러 뽀터] 강한 실.

බලපොම්පය [발러뽐빠여] 밀펌프, 압상 (押上) 펌프.

බලමණ්ඩලය [발러만*달*러여] (정부의) 부(部), 원(院), 청(廳), 국(局), 성(省).

බලමාලු [발러말-루] 참치 කෙලවල්ලා.

බලය‡ [발러여] ①힘, 능력 ②권세, 권위 ආධිපත්‍යය.

බල රහිත [발러 *라*히떠] 힘없는, 소용없는, 필요없는, 무용지물의 බල නැති.

බල රේඛාව [발러 레-까-워] 권력 라인, 권세 줄.

බලවතා [발러워따-] 강한 사람, 힘센 사람 බලවන්තයා. (복) *බලවත්තු*

බලවත්‡ [발러왇] 강력한, 힘센, 능력있는, 권세 있는 බලවන්ත.

බලවත්තු [발러왇뚜] බලවතා 의 복수: 강한 사람들, 힘센 사람들 බලවන්තයෝ. ¶ බලවතුන් 강한 사람들을 (대격, 목적격 형태)

බලවන්ත† [발러완떠] 강력한, 힘센, 능력있는, 권세 있는 බලවත්.

බලවන්තයා [발러완떠야-] 강한 사람, 강자, 권세자 බලවතා.

බලවර්ධකය [발러와르더꺼여] 슈퍼 충전기.

බලවාදය [발러와-더여] 힘의 논리.

බලවේග කට්ටලය [발러웨-거 깥털러여] 파워 세트.

බලවේගය† [발러웨-거여] 권력, 힘, 권세 බලය.

බලශක්තිය† [발러샥띠여] 에너지, 힘.

බල සමතුලිතතාව [발러 싸머뚤리떠따-워] 힘의 균형, 권력의 균형 බල තුලනය.

බල සමාන්තරාස්‍රය [발러 싸만-떠라-쓰러여] (물리) 힘의 평행 사변형.

බලසම්පන්න [발러쌈빤너] 강한, 센 බලවත්. (구어) ශක්තිමත්

බල සෙනඟ [발러 쎄너거] 군대 යුද්ධසේනාව.

බල සේනාව [발러 쎄-나-워] (군사) 대대, 대부대.

බලහත්කාරකම [발러핟까-러꺼머] ①강제, 강압 බලාත්කාරකම ②강간, 성폭행 දූෂණය.

බලහත්කාරයෙන්† [발러핟까-러옌] 강제로, 강압적으로 බලාත්කාරයෙන්.

බලහීන [발러히-너] 약한, 힘없는, 허약한 දුර්වල.

බලා [발라-] ①බලනවා 의 과거분사: 보고, 봐, 보고서 (구어체) බලලා ②~ 향하여. ¶ ඔහු මහනුවර බලා ගියේය 그는 캔디를 향하여 갔다

බලාකා [발라-까-] 두루미, 왜가리 කොකා.

බලාකාවලිය [발라-까-월리여] 두루미 떼, 왜가리 무리 කොක් රැන.

බලා ගන්නවා‡ [발라- 간너와-] 돌보다, 관심을 갖다, 마음을 쓰다.

බලාගාරය† [발라-가-러여] 전력소 විදුලි උත්පාදනාගාරය.

බලාගෙන ඉන්නවා‡ [발라-게너 인너와-] 기다리다, 대기하다, 만나려고 기다리다. (문어) බලා සිටිනවා

බලාත්කාරකම† [발랕-까-러꺼머] ①강제, 강압 අනවසර ක්‍රියාව ②강간, 성폭행 ස්ත්‍රී දූෂණය.

බලාත්කාරයෙන්† [발랕-까-러옌] 강제로, 강압적으로 බලහත්කාරයෙන්.

බලාත්මක [발랕-머꺼] 강제할 수 있는 බල කළ හැකි.

බලාපොරොත්තුව‡ [발라-뽀롣뚜워] 희망, 기대, 소망, 갈망 අපේක්ෂාව.

බලාපොරොත්තු වෙනවා‡ [발라-뽀롣뚜 웨너와-] 희망하다, 기대하다, 소망하다, 갈망하다 අපේක්ෂා වෙනවා.

බලා සිටිනවා‡ [발라- 씨티너와-] 기다리다, 대기하다, 만나려고 기다리다 රැළි සිටිනවා. (구어) බලාගෙන ඉන්නවා

බලි අරිනවා [발리 아리너와-] (마귀 쫓는) 축복 의식을 집행하다 බලි යාගය සිදු කරනවා.

බලි ඇදුරා [발리 애두라-] 축복 의식을 집행자 බලි යාගකරු.

බලිපුටු/බලිපුෂ්ටයා [발리뿌투/발리뿌쉬터야-] 축복의식 제물 남은 것을 먹는 이, 까마귀 කපුටා.

බලිය [발리여] 악마의 해를 피하는 축복 의식.

බලියනවා [발리여너와-] 크게 소리지르다, 크게 외치다 මහ හඬ කෑගහනවා.

බලිරුපු [발리루뿌] 아수라 신의 적, 위쉬누 신 විෂ්ණු දෙවි.

බලිසය [발리써여] 낚시 바늘.

බලු† [발루] ①බල්ලා 의 복수 또는 형용사: 개들, 개의 ②비천한, 천한, 매우 낮은 පහත්.

බලුගැත්තා [발루갣따-] 아주 겸손하고 순종적인 종.

බලු දත [발루 다떠] 송곳니.

බලු දිවියා [발루 디위야-] (동물) 하이에나.

බලු පැටියා‡ [발루 빼티야-] 강아지.

බලු වෙනවා [발루 웨너와-] 비천하게 되다, 개 같이 되다.

බලෝත්පාදක [발롣-빠-더꺼] ①힘을 생산하는 이 ②힘을 생산하는 බලය උපදවන.

බල්කය† [발꺼여] (대)들보, 도리 තලාඥය.

බල් ගහනවා [발 가하너와-] 쪼개다, 둘로 나누다 පලනවා.

බල්ටිය [발티여] 재주넘기, 공중제비 කරණම.

බල්ලා‡ [발라-] 개, 멍멍이. (복) බලු (문어) සුනඛයා

බව† [바워] ①(앞에 구문을 받아) ~ 라는 것, ~ 라는 사실 බැව් (구어) එක ②존재, 실재, 현존 භාවය ③윤회 සංසාරය. ¶ රජකම් කරන බව අසා 통치하는 것을 듣고서

බවබෝග [바워보-거] 소출, 수확, 곡식들 භවභෝග.

බවලතා [바월러따-] ①여자, 여성 ස්ත්‍රිය ②부인, 아내 බිරිඳ.

බව්තීස්මය† [바우띠-쓰머여] (기독교) 세례, 침례. ¶ (새번역) බව්තීස්ම-ස්නාපනය යොහන් බව්තීස්ත 세례 요한

බස† [바써] ①이야기, 말 කථාව ②언어 භාෂාව. (복) *බස්*

බසබස ගාලා [바써바써 갈-라-] 빨리, 재빠르게 ටක් ගාලා.

බසය‡ [바써여] 버스 බස් රථය.

බසිනවා† [바씨너와-] බැස්සා-බැස ①(차, 의자) 내리다, 내려가다 ②가라 앉다, 아래로 내려가다, 하강하다 පහළට යනවා. <u>බැසීම</u> (구어) බහිනවා

බස් [바쓰] බස 의 복수: ①언어들, 말들 භාෂා ②이야기들, 말들 කථාවන් ③버스들.

බස්තම [바쓰떠머] 지팡이 සැරයටිය. (구어) හැරමිටිය

බස්නය [바쓰너여] 동물 간으로 만든 딱딱한 약.

බස්නායක [바쓰나-여꺼] 성전 관리인 දේවාල භාරකරු.

බස්නාව [바쓰나-워] 하강, 내려감, 비탈, 경사면 බෑවුම.

ඹ

බස්නාහිර‡ [바쓰나-히러] 서, 서쪽 බටහිර. (문어) අපර දිග ¶ නැගෙනහිර 동쪽

බස්ම [바쓰머] 재, 타고 남은 재 අළු.

බස්වනවා† [바쓰워너와-] බැස්සෙවුවා-බස්වා 내려주다, 내려가게 하다 බස්සනවා. බැස්වීම

බස් වහර [바쓰 와하러] 언어의 사용, 언어를 사용하는 법 භාෂා ව්‍යවහාරය.

ඔ

බස්සනවා† [밨써너와-] බැස්සුවා-බස්සා 내려주다, 내려가게 하다 බස්වනවා.

බස්සල [빴썰러] 이것 저것들, 다양한 것들 අනම්මනම්.

බස්සවනවා‡ [밨써워너와-] බැස්සෙවුවා-බස්සවා 내려주다, 내려가게 하다 බස්වනවා. බැස්සවීම

බස්සා† [빴싸-] 부엉이 නිශාචර පක්ෂයා.

බහ [바하] ①이야기, 말 කථාව ②언어 භාෂාව ③동의, 찬성 එකඟතාවය.

බහ තෝරනවා [바하 또-러너와-] (갓난 아이) 옹알거리다, 말하기 시작하다.

බහදුරු [바하두루] 귀한, 존귀한, 고귀한 උතුම්.

බහදුරු කළය [바하두루 깔러여] 행운 단지 පුන් කළය.

බහ දෙනවා [바하 데너와-] 동의하다, 찬성하다 කැමැත්ත ප්‍රකාශ කරනවා.

බහන [바하너] ①줄, 밧줄 කඹය ②창자, 내장 බඩවැල. (복) *බහන්*

බහන [바하너] බහනවා 의 형용사적 현재용법: (물건) 내리는, 하역하는, 넣는, 두는 බාන.

බහනවා [바하너와-] 넣다, 두다, (물건) 내리다 බානවා.

බහන් සූත්‍රිකාව [바한 쑤-뜨리까-워] (생물) 격막사.

බහල [바할러] 진한, 짙은, 많은 බහුල.

බහලාන්ධකාරය [바할란-더까-러여] 진한 어둠 දැඩි අඳුර.

බහලුව/බහල්ල [바할루워/바할러] (화물) 콘테이너 කන්ටේනරය.

බහසුරු [바하쑤루] ①영웅, 챔피언 බාසුරු ②사자 සිංහයා.

බහාලනවා [바할-라너와-] 넣다, 삽입하다 බහනවා.

බහාලුම [바할-루머] (화물) 콘테이너 කන්ටේනරය.

බහි/බහිඃ [바히/바히-] (접두사) 밖의, 외부의, 밖으로.

බහිඃස්‍රාවය [바히-쓰라-워여] 배출, 배설작용 බහිස්‍රාවය.

බහිද්වාරය [바히드와-러여] 출구, 바깥문 තොරණ.

බහිනවා‡ [바히너와-] බැස්සා-බැහැලා ①(차, 의자) 내리다, 내려가다 ②가라 앉다, 아래로 내려가다, 하강하다 පහළට යනවා. බැහීම (문어) බසිනවා

බහින් බස් වෙනවා [바힌 바쓰 웨너와-] 논쟁하다, 언쟁하다.

බහිරස්ථ [바히라쓰떠] 외부의, 바깥의 පිටත පිහිටි.

බහිරාස්‍රුතිය [바히라-쓰래띠여] 외침투, 외방 침투 පිටතට සිදුවන ආස්‍රුතිය.

බහිර්ජන්‍ය [바히르전니여] 외인의, 외부적 원인에 의한 පිටතට වැඩෙන.

බහිර්ජලක්ලෝමීය [바히르잘락로-미-여] 아가미 외부의 ජලක්ලෝමයට පිට.

බහිශ් [바히쉬] 밖의, 외부의 බාහිර.

බහිශ්කපාල [바히쉬까빨-러] (의학) 두개외(頭蓋外)의 කපාලයෙන් බාහිර.

බහිශ්චර්මය [바히쉬차르머여] (식물) 외피 බාහිර සම.

බහිශ්කාරය [바히쉬까-러여] 축출, 제외, 배제, 배척 ඉවත්කිරීම.

බහිශ්කෘත [바히쉬끄루떠] 축출한, 배제한, 배척한 බාහිර කළ.

බහිෂ්කාර නියමය [바히쉬까-러니여머여] 배타율(律), 파울리의 배타 원리.

බහිෂ්කාරය [바히쉬까-러여] 축출, 제외, 배제, 배척 බහිශ්කාරය.

බහිස්ස්‍රාවය [바히쓰쓰라-워여] 배출, 배설 작용 බහිඃස්‍රාවය.

බහු† [바후] 복수의, 2개 이상의, 많은 කොයෙක්. (구어) බොහෝ

බහු අස්‍රය [바후 아쓰러여] (수학) 다각형.

බහුකාර්ය† [바후까-르여] 다용도의, 다목적의.

බහුකෝණික [바후꼬-니꺼] 다각의, 다양한 각도의.

බහුගුණකය [바후구너꺼여] (생물) (염색체의) 배수체, 배수성.

බහුජනයා [바후자너야-] 일반 대중.

බහුජාතික† [바후자-띠꺼] 다종족의.

බහුජායී [바후자-이-] 한번에 많은 새끼를 낳는.

බහුතර පක්ෂය/බහුතරය [바후떠러 빡셔여/바후떠러여] 다수, 다수파 වැඩි පිරිස.

බහුතරය† [바후떠러여] 다수, 다수파 වැඩි පිරිස.

බහුතලය [바후딸러여] (수학) 다면체, 다면형.

බහුතාක්ෂණික [바후딱-셔니꺼] 종합 기술의.

බහුතාක්ෂණික ආයතනය [바후딱-셔니꺼 아-여떠너여] 종합 기술 학교.

බහුත්වවාදය [바훋워와-더여] 다원론.

බහුදේවවාදය [바후데-워와-더여] 다신교, 다신 숭배.

බහුධ්‍රැවිය [바후드루치여] 다극적인, 다핵의.

බහුනාටක [바후나-터꺼] 어릿광대 බහුබූතයා.

බහුන්‍යෂ්ටික [바훈니여쉬티꺼] 다핵의. ¶ බහුන්‍යෂ්ටික ශෛලය 다핵 세포

බහුපක්ෂ ක්‍රමය [바후빡셔 끄러머여] 다당제.

බහුපති ක්‍රමය [바후빠띠 끄러머여] 일처다부, 일자다웅 බහුපුරුෂ සේවනය.

බහුපත්‍රී [바후빠뜨리-] (식물) 다엽의, 많은 잎을 가진.

බහුපද [바후빠더] 다명식(多名式)의, 두개 이상의 절이 있는.

බහුපර්ශුක [바후빠르슈꺼] 늑골이 있는.

බහුපාර්ශ්වික [바후빠-르쉬위꺼] 다변(多邊)의, 3개국 이상이 관계하고 있는.

බහුපුරුෂ සේවනය† [바후뿌루셔 쎄-워너여] 일처다부, 일자다웅 බහුපති ක්‍රමය.

බහුප්‍රජ [바후쁘러저] 다산의, 많은 아이를 낳는.

බහු ඵලීන [바후 빨리-너] 다결실(多結實)의, 다심피(多心皮)의.

බහුබාවා [바후바-와-] (의학) 폴립 (외피, 점막등의 돌출한 종류) පොලිපය.

බහුබීජපත්‍රී [바후비-저빠뜨리-] 다자엽 식물의.

බහුබූත [바후부-떠] 익살의, 어릿광대의.

බහුබූතයා [바후부-떠야-] 어릿광대 කෝළමා.

බහුභාණී [바후바-니] 큰소리로 외치는, 소란한, 시끄러운 දොඩමලු.

බහුභාර්යා [바후바-르야-] 일부다처의.

බහුභාර්යා සේවනය† [바후바-르야- 쎄-워너여] 일부다처제. ¶ බහුපුරුෂ සේවනය 일처다부, 일자다웅

බහුභූමක [바후부-머꺼] 다층의, 여러 층의.

බහුමණිපත්‍රී [바후마니빠뜨리-] 꽃받침 조각이 분리된.

බහුමන්ත්‍රී [바후만뜨리-] 중선거구의.

බහුමානය [바후마-너여] 존경, 존중, 경의 ගෞරවය.

බහුයුග [바후유거] 겹입이 많은.

බහුරූ [바후루-] 가면들, 마스크들 වෙස් මුහුණු.

බහුරූපතාව [바후루-빠따-워] 다형, 다형태성.

බහුරූප දර්ශකය [바후루-빠다르셔꺼여] 만화경(萬華鏡) බහුරූපෙක්ෂකය.

බහුරූපී [바후루-삐-] 다형의, 다형대의.

බහුරේණුක [바후레-누꺼] (식물) 수술이 많은.

බහුල‡ [바훌러] ①많은, 풍성한 බොහෝ ②검은 කළු. (반댓말) විරල

බහුල [바울러] ①하늘 අහස ②달이 일그러지는 시기 අවරපක්ෂය ③불 ගින්න.

බහුලතාව/බහුලත්වය/බහුලකම† [바울러따-워/바훌랕워여/바훌러꺼머] 풍성, 배가, 풍요 අධිකකම.

බහුලාන්න [바훌란-너] 대난황(大卵黃)의.

බහුවංශික [바후왕쉬꺼] 다혈족의.

බහුවගාව [바후와가-워] 다모작.

බහු වචනය‡ [바후 와처너여] (단어의) 복수, 복수 형태 බහුපද.

බහුවාර්ෂික† [바후와-르쉬꺼] 연중 끊이지 않는, 사철을 통한.

බහුවිධ [바후위더] 다양한, 여러 형태의 විවිධාකාර.

බහුවිවාහක [바후위와-하꺼] 배우자가 여러명인 (일부다처의, 일처다부의).

බහුව්‍රීහි සමාසය [바후우리-히싸마-써여] 소유격 복합어.

බහුශ්‍රැත/බහුසෘත† [바후쉬래떠/바후리떠] 베테랑의, 잘 훈련된 බොහෝ ඇසූ පිරූ තැන් ඇති.

බහුසංයුජ [바후쌍유저] 여러 종류의 형(型)의 균을 혼합한, 다가의.

බහුසන්ධාන [바후싼다-너] 많이 연결된.

බහුසෙලීය [바후싸일리-여] 다세포의.

බහ්වර්ථපදය [바흐와ㄹ떠빠더여] 다양한 뜻을 가진 단어.

බළ [발러] 군인, 병사, 전사 භටයා.

බළ ඇණිය† [발러 애니여] ①군대, 병력 ②육군 대대, 대대 병력 බළමුළුව.

බළකාය† [발러까-여] 대군(軍), 큰 군대 බලකාය.

බළමුළුව [발러물루워] ①군대, 병력 ②육군 대대, 대대 병력 බළ ඇණිය.

බළලා‡ [발럴라-] 고양이 පූසා.

බළල් ඇස් [발랄 애쓰] 고양이 눈들, 갈색 눈들.

බළල් ලුනු [발랄 루누] 초석(硝石), 칠레 초석.

බළල්කාව [발랄까-워] 지붕과 벽 사이의 좁은 간격.

බළ සෙනඟ/බළ සෙන් [발러 쎄너거/발러 쎈] 군대, 병력 යුද්ධ හමුදාව.

බළාම් [발람-] 전쟁, 전투 යුද්ධ.

බළුව [발루워] 고리, 갈고리 රුකුල.

බා [바-] ①복, 행운 වාසනාව ②팔 බාහුව ③광선, 빛 රශ්මිය ④부분, 일부 කොටස, භාගය ⑤학자, 식자 පඬිතයා, උගතා ⑥건강, 행복 සැපත ⑦(이구아나 등의) 긴 꼬리 බාව, ගොයි වලග ⑧창틀 ⑨달빛 සඳරැස්.

බා කොපුව [바- 꼬뿌워] (갑옷의) 손가리개.

බාග [바-거] ①반절의, 반의 අර්ධ ②일부의, 부분의 සමහර.

බාගත කරනවා [바-가떠 꺼러너와-] 다운로드 하다, 내려받다. බාගත කිරීම

බාගද/බාගවිට [바-거다-/바-거위터] 때때로, 간혹 සමහර විට.

බාගන්නවා† [바-간너와-] ①(물건 등) 내리다, 하적하다 ②뒤로 물러가다, 후퇴하다 ③두려워하다 ④고기를 잡다.

බාගය‡ [바-거여] ①반절, 반 අර්ධය ②일부, 부분 කොටස.

බාග විට [바-거 위터] 어떤 때에, 때때로 ඇතැම් විට.

බාගවෙලාවට [바-거웰라-워터] 때때로, 간혹 සමහර විට.

බාගෙ [바-게-] බාගය 의 축약형: ①반절, 반 භාගය ②일부, 부분 කොටස.

බාගෙට [바-게터] 아마도, 혹시라도.

බාණ [바-너] 화살 ඊය.

බාණ කුසුම [바-너꾸쑤머] 큐피드의 화살, 사랑의 화살 අනඟ සර.

බාණ කුසුමයා [바-너 꾸쑤머야-] 큐피드, 사랑의 신 අනංගයා.

බාණාසනය [바-나-써너여] 큐피드의 활 අනංගයාගේ දුන්න.

බාණී/බාණී [바-니/바-니-] ①사러사위 신 සරස්වතිය ②부끄러워하는, 수줍은 ලජ්ජාවෙන් යුත්.

බාදිය† [바-디여] 썰물. ¶ වඩදිය 밀물 උදම (바다) 조수

බාධක [바-더꺼] බාධකය 의 복수 또는 형용사: ①방해들, 장애들, 걸림돌들 අවහිරතා ②방해되는, 장애되는, 걸림돌이 되는.

බාධක පරය [바-더꺼 빠러여] (해안의) 보조.

බාධකය† [바-더꺼여] 방해, 장애, 걸림돌 බාධාව.

බාධනය† [바-더너여] 방해함, 장애를 만듬, 걸림돌을 둠 බාධා කිරීම.

බාධා කරනවා‡ [바-다- 꺼러너와-] 방해하다, ~에게 폐를 끼치다. (구어) කරදර කරනවා

බාධාව‡ [바-다-워] 방해, 장애, 걸림돌 බාධකය.

බාධිත [바-디떠] ①방해받는, 방해되는 වලක්වන ලද ②낙심되는, 낙담되는 කලකිරුණු.

බාධිර්යය [바-디-르여여] 청각장애, 귀먹음 බිහිරි බව.

බාන [바-너] (동물) 한쌍 යුගලය.

බානවා† [바-너와-] බෑවා-බා ①(물건 등) 내리다, 하적하다 ②뒤로 물러가다, 후퇴하다 ③두려워하다 ④고기를 잡다. බෑම

බානසුලු [바-너쑬루] 겁먹는, 두려워하는 බයවෙන.

බානසුල්ලා [바-너쑬라-] 겁쟁이 බියගුල්ලා.

බානු [바-누] 해, 태양 හිරු. (구어) ඉර

බාදුරා† [반-두라-] (식물) 네펜시스, 벌레잡이통풀.

බාපනය/බාපනේ [바-뻐너여/바-뻐네-] 어깨띠.

බාප්පච්චි [밮-빷치] 삼촌, 작은 아버지 බාප්පා.

බාප්පා/බාප්පොච්චි [밮-빠-/밮-빷치] 삼촌, 작은 아버지 බාප්පච්චි.

බාබර් සාප්පුව† [바-버르 쌒-뿌워] 미장원, 이발소 සැලූනය.

බාර [바-러] 관리하는, 돌보는, 보호하는 පැවරුණු.

බාර කරනවා† [바-러 꺼러너와-] 맡기다, 위탁하다, 넘기다 බාර දෙනවා.

බාරකරු/බාරකාරයා [바-러꺼루/바-러까-러야-] ①관리인, 보관자, 수위 ②청지기, 창고지기 ගබඩාකාරයා.

බාර ගන්නවා‡ [바-러 간너와-] 넘겨 받다, 위탁 받다 වගකීම පවරා ගන්නවා.

බාර ගෙවනවා [바-러 게워너와-] 약속을 이행하다, 맹세를 지키다.

බාරදුව [바-러두워] 불명예, 치욕 අවමානය.

බාරදූර [바-러두-러] ①중요한, 중대한, 무거운 책임이 있는 වැදගත් ②아주 어려운 ඉතා අමාරු.

බාර දෙනවා‡ [바-러 데너와-] 맡기다, 위탁하다, 넘기다 බාර කරනවා.

බාරය/බාරේ† [바-러여/바-레-] ①돌봄, 책임, 책무 ②맹세, 서약.

බාර වෙනවා‡ [바-러 웨너와-] ①(신께) 서원하다, 맹세를 바치다 ②(자신을) 포기하다, 내어 주다, 넘겨주다.

බාරහාරය [바-러하-러여] (신께 드리는) 서원, 맹세 බාරය.

බාර්ලි† [발-리] (식물) 보리 යව.

බාල† [발-러] ①어린, 나이 어린 ළපටි ②천한, 낮은 පහත් ③잔치, 연회 භෝජන සංග්‍රහය. ¶ ඒයා මට වඩා බාලයි 그는 나보다 어리다

බාලක [발-러꺼] 유아 කුඩා දරුවා.

බාලකතාව [발-러꺼따-워] 발육 부전(不全), 유치증(幼稚症).

බාලක පක්ෂාඝාතය [발-러꺼 빡샤-가-떠여] 폴리오, 소아마비.

බාලකය [발-러꺼여] ①꼬리 වලිගය ②팔찌.

බාල කරනවා [발-러 꺼러너와-] 줄이다, 낮추다, 품질을 떨어뜨리다 හීන කරනවා.

බාලකිය [발-러끼여] 소녀, 여자애 බාලිකා.

බාල ඝතනය [발-러 가떠너여] 유아(영아) 살해 ළදරුවන් මරා දැමීම.

බාල චන්ද්‍ර ලේඛාව [발-러 찬드럴 레-까-워] 초승달 අඩ සඳ.

බාලචිකිත්සාව [발-러치낃싸-워] 소아과(학).

බාලඡායාව [발-러차-야-워] (일식, 월식의) 그늘진 부분, 반음영(半陰影), 반영(半影).

බාල තන්ත්‍රය [발-러 딴뜨러여] 조산술, 산과학.

බාලදක්ෂයා [발-러닦셔야-] 보이 스카우트.

බාලදක්ෂිකාව [발-러닦쉬까-워] 걸 스카우트.

බාලදැරිය [발-러대리여] 아가씨, 젊은 처자.

බාලපෝෂණ ශාස්ත්‍රය [발-러뽀-셔너 샤-쓰뜨러여] 소아학, 소아 과학.

බාලම්මා [발-람마-] 숙모, 이모 පුංචි.

බාලයා [발-러야-] 어린 애, 주니어, 동생 බාල ළමයා.

¶ වැඩිමලා 큰애, 형(언니)

බාල වයස්කාරයා [발-러 와여쓰까-러야-] 21세 미만 사람들, 미성년자 අවුරුදු 21 කට අඩු තැනැත්තා.

බාල සමාගමය [발-러 싸마-거머여] 천민 연합, 낮은 자들의 협의체.

බාලාංශය‡ [발-랑-셔여] 유치원, 주니어 스쿨.

බාලාතප [발-라-떠빠] 떠오르는 태양, 솟는 해 ළාහිරු.

බාලාතාපය [발-라-따-빠여] 서광, 떠오르는 태양의 빛 ළාහිරු රැස්.

බාලාදිත්‍යයා/බාලාර්තයා [발-라-딛띠여야-/발-라-르떠야-] 떠오르는 태양, 솟아오르는 태양 ළහිරු.

බාලාපචාරියා [발-라-빠차-리야-] 비행 소년, 비행 청소년.

බාලාර්කය [발-라-르꺼여] 떠오르는 태양 පායාගෙන එන හිරු.

බාලාර්තයා [발-라-르떠야-] 떠오르는 태양, 솟아오르는 태양 ළහිරු.

බාලි [발-리] 여자 청년, 아가씨, 처녀, 숙녀 තරුණිය.

බාලිකා නිවාසය [발-리까- 니와-써여] 소녀 고아원.

බාලිකාව† [발-리까-워] 소녀, 여자애 ගැහැනු දරුවා.

බාලිය [발-리여] 양동이, 버킷 බාල්දිය.

බාලේ [발-레-] 어린 시절 බාල්‍යය.

බාලොලියා [발-롤리야-] (식물) 란타나 (마편초과의 관목, 초목의 총칭) හිඟුරු, ගඳපාන.

බාල්කය‡ [발-꺼여] (대)들보, 도리.

බාල්දි පෙරලනවා [발-디 뻬럴러너와-] 혼란하다, 정신없다.

ඩ

බාල්දිය‡ [발-디여] 양동이, 버킷.

බාල්දු කරනවා [발-두 꺼러너와-] 강등시키다, 격하하다, 지위를 내리다, 멸시하다, 모욕하다 නින්දා කරනවා.

බාල්දුව [발-두워] 강등, 격하, 좌천, 지위를 내림, 모욕, 경멸, 멸시 නින්දාව.

බාල්‍යය [발-리여여] ①어린 시절 ළමා විය ②유아기.

බාව [바-워] (이구아나 등의) 긴 꼬리 බා, ගොයි වලිගය.

බාවනවා [바-워너와-] බෑවුවා-බාවා ①바닥에 두다 බිම දමනවා ②눕우다, 눕게하다 ③죽이다, 살인하다 මරනවා. <u>බෑවීම</u>

බාවනාව [바-워나-워] 명상, 묵상 භාවනාව.

බාවා [바-와-] 들고양이 වල් බළලා.

බාෂ්ප [바-쉬빠] 눈물 කඳුළු.

බාසාව [바-싸-워] 언어, 말 භාෂාව.

බාසුන්නැහේ [바-쑨내헤-] 기능공, 직능공, 장인 කාර්මිකයා.

බාසුර [바-쑤러] 빛나는, 반짝이는 බැබළෙන.

බාසුරු [바-쑤루] ①해, 태양 හිරු (구어) ඉර ②사자 සිංහයා.

බාසුරු කෙසරු [바-쑤루 께싸루] 웅장한 사자, 갈기있는 사자 කේශර සිංහයා.

බාස් [바-쓰] 작업 반장, 기능공 වැඩ ප්‍රධානියා.

බාස්කර [바-쓰꺼러] 해, 태양 හිරු. (구어) ඉර

බාහිකය [바-히꺼여] 외피, 바깥 피부(껍질) වල්කය.

බාහිර† [바-히러] 외부의, 바깥의 පිටත.

බාහිර කථිකාචාර්ය [바-히러 까띠까-차-르여] 객원 교수.

බාහිරයා [바-히러야-] 이방인, 외부자, 손님, 바깥 사람 ආගන්තුකයා.

බාහිර චිකිත්සාගාරය [바-히러 치낄싸-가-러여] 외래 환자 클리닉.

බාහිර රෝගියා† [바-히러 로-기야-] 외래 환자.

බාහිරස්ථ [바-히라쓰떠] 외부의, 바깥에 있는 පිටත තිබෙන.

බාහිරස්ථ පේශිය [바-히라쓰떠 뻬-쉬여] 바깥 힘줄, 바깥 근육.

බාහිරාර්ථය [바-히라-르떠여] 바깥 의미.

බාහිරාදිය [바-히라-디여] 다른 것들, 기타 등등.

බාහිරාවරණය [바-히라-워러너여] (식물) 외과피, 바깥 덮개.

බාහිරෝපද්‍රවය [바-히로-빠드러워여] 외부 위험, 바깥에서 오는 재앙 පිටතින් එන අන්තරාය.

බාහු† [바-후] ①බාහුව 의 복수 또는 형용사: a. 팔들 b. 팔의 ②많은, 다량의 බොහෝ.

බාහු ජාලය [바-후 잘-러여] 장갑.

බාහුදණ්ඩිය [바-후단디여] 팔찌 අත් වළල්ල.

බාහු බලය [바-후 발러여] 팔힘.

බාහුව [바-후워] (신체) 팔 අත.

බාහු යුද්ධය [바-후 윧더여] 권투.

බාහුල්‍ය [바-훌리여] 풍성한, 풍부한, 많은 බහුල.

බාහුල්‍යය [바-훌리여여] 풍성, 풍부, 많음 බහුලත්වය.

බාහුශීර්ෂය [바-후쉬-르셔여] 어깨 උරහිස.

බාහ්‍ය [바-히여] 외부의, 바깥의, 밖의 පිට.

බාහ්‍යද්වාරය [바-히여드와-러여] 뒷문, 바깥문.

බාහ්‍යාභ්‍යන්තර [바-히야-비얀떠러] 내외적의, 안의 바깥의.

බාහ්‍යානුමේද වාදය [바-히야-누메-더 와-더여] 대표 관념론.

බාහ්‍යාර්ථවාදය [바-히야-르떠와-더여] 객관 주의, 객관성.

බැංකු [뱅꾸] 은행의. ¶ බැංකු පොත 은행 통장

බැංකු අයිරාව [뱅꾸 아이라-워] (은행계좌 등) 초과 인출.

බැංකුකරු [뱅꾸꺼루] 은행원.

බැංකු නෝට්ටුව† [뱅꾸 놑-투워] 지폐, 은행권.

බැංකුව‡ [뱅꾸워] 은행.

බැකිසි [배끼씨] 암컷 올빼미 බකුසු ධේනුව.

බැක්ටීරියාව [백티-리야-워] 미생물, 세균 ක්ෂුද්‍රජීවියා.

බැගෑපත්/බැගෑ† [배개-빧/배개-] ①간절한, 간구하는 ②슬픈, 비참한, 처참한, 쓸쓸한 නියාලු ③유순한, 온순한, 순종적인.

බැගෑපත් ඉල්ලනවා [배개-빧 일러너와-] 간구하다, 간청하다, 탄원하다 අයදිනවා.

බැගෑපත් වෙනවා [배개-빧 웨너와-] 낮아 지다, 겸손해지다 පහත් වෙනවා.

බැගෑ රෙද්ද [배개- 렏더] 넝마, 누더기 옷 කඩමාල්ල.

බැගින්† [배긴] ~개씩, ~단위로 වශයෙන්. (구어) ගානේ ¶ දෙක බැගින් 두 개씩

බැට [배터] 공격, 가격, 침, 때림 පහර.

බැට කනවා [배터 까너와-] 매맞다, 두들겨 맞다, 혼나다, 혼쭐나다 ගුටි කනවා.

බැට දෙනවා [배터 데너와-] 때리다, 매질하다 පහර දෙනවා. (구어) ගහනවා

බැටරිය‡ [배터리여] 밧데리 විදුලි කෝෂය.

බැටළු එඬේරා [배털루 엔데-라-] 목자, 양치기.

බැටළු දෙන† [배털루 데너] 암양.

බැටළු පැටවා‡ [배털루 빼터와-] 어린양, 새끼양 බැටළු පෝටකයා.

බැටළු පෝතකයා [배털루 뽀-떠꺼야-] 어린양, 새끼양 බැටළු පැටවා.

බැටළු බල්ලා [배털루 발라-] 양치는데 사용하는 개.

බැටළු ලොම් [배털룰 롬] 양털.

බැටළුවා‡ [배털루와-] (동물) 양 මේෂයා.

බැට්ටය/බැට්ටිය [뱉터여/뱉티여] 어린 야자 열매 ඇට්ටිය.

බැණ අඬගහනවා [배너 안더가하너와-] 크게 꾸짖다, 나무라다 උස් හඬින් පරිභව කරනවා.

බැණ ගන්නවා† [배너 간너와-] 서로를 나무라다, 비난하다.

බැණ දොඩනවා [배너 도더너와-] 꾸짖다, 나무라다, 비난하다.

බ

බැණ වදිනවා [배너 와디너와-] 꾸짖다, 나무라다, 비난하다 බැණ ගන්නවා.

බැණීම/බැණුම† [배니-머/배누머] බණිනවා 의 동명사: 꾸짖음, 나무람, 비난 අපහස කිරීම.

බැත [배떠] 추수된 벼.

බැති [배띠] 헌신된, 위탁된 භක්ති.

බැතිපුද [배띠뿌더] 헌신된 숭배(예배), 헌신 භක්ති පූජාව.

බැතිමතා† [배띠머따-] 신자, 헌신자, 추종자 භක්තිවන්තයා. (복) *බැතිමත්තු, බැතිමත්හු*

බැතිමත්† [배띠맏] 헌신적인, 위탁된, 충실한 භක්තිවන්ත.

බැතිමත්හු [배띠맏후] 신자들, 헌신자들, 추종자들 භක්තිවන්තයෝ.

බැතිය [배띠여] 헌신, 위탁 භක්තිය.

බැදවි/බැදෑණිය [배더위/배대-니여] ①여자 사촌 ②처제 නෑනා.

බැදි [배디] ①බදිනවා 의 형용사적 과거용법: 튀긴, 후라이한, 구운 (구어) බැදපු ②බැද්ද 의 복수: 숲들, 우림들 කැලෑ.

බැදුම [배두머] බදිනවා, බැදෙනවා 의 동명사: 튀김, 구움, 후라이.

බැදෙනවා† [배데너와-] බැදුණා-බැදී 튀겨지다, 후라이가 되다. බැදීම/බැදුම

බැද්ද† [뱉더] 숲, 우림, 정글 කැලය. (복) *බැදි*

බැද්දේ දමනවා [뱉데- 다머너와-] (정글에 두다) 버리다, 내버리다 විසිකරනවා.

බැද්දේ සතා [뱉데- 싸따-] 코끼리 අලියා.

බැනියම‡ [배니여머] 셔츠, 인도산의 헐렁한 셔츠.

බැන්දුම [밴두머] ①마력, 주문, 마술 මායාව ②묶음, 결합 බැඳවීම ③악한 마술, 악한 저주 හූනියම.

බැඳ [밴더] බඳිනවා 의 과거분사: 묶고, 묶어, 엮어. (구어) බැඳලා

බැඳගෙන වහිනවා [밴더게너 와히너와-] 비가 억수같이 쏟아지다, 아주 세차게 비가 오다 තදින් වහිනවා.

බැඳගන්නවා† [밴더간너와-] ①묶다, 엮다 ②결혼하다 බඳිනවා

බැඳි [밴디] බඳිනවා 의 형용사적 과거용법: 묶은, 엮은 බඳින ලද. (구어) බැඳපු

බැඳි අකුර [밴디 아꾸러] 결합 자음.

බැඳියා [밴디야-] ①(친척, 친구) 관계, 관련 සම්බන්ධතාව ②관계된, 관련된. ¶ බැඳියා පිළිගැටුම (법) 이해충돌

බැඳීම/බැඳුම† [밴디-머/밴두머] බඳිනවා, බැඳෙනවා 의 동명사: 묶음, 결속, 결박 බැමි.

බැඳුම්කරය [밴둠꺼러여] 차용증서.

බැඳෙනවා† [밴데너와-] බැඳුණා-බැඳී බඳිනවා 의 피동사: 묶여지다, 결합되다, 붙다.

බැබළෙනවා† [배벌레너와-] බැබළුණා-බැබළී 빛나다, 반짝반짝 거리다 දිලිසෙනවා. බැබළීම/බැබළුම

බැම [배머] 눈썹 ඇහි බැම.

බැමවනවා [배머워너와-] බැමෙවුවා-බැමවා 회전하게 만

들다, 돌게 만들다 භ්‍රමණය කරවනවා. බැමවීම

බැමවීම [배머위-머] බැමවනවා 의 동명사: 회전, 돎 භ්‍රමණය.

බැම පබා මඬල [배머 빠바- 만덜러] 두 눈썹, 양눈썹 බැම යුගල.

බැම් [배미] බැම්ම 의 복수 또는 형용사: ① a. 옹벽들 තාප්ප b. 댐들, 둑들, 제방들 වේලි c. 매듭들, 묶음들, 결박들 ගැට d. 방해들, 장애들 අවහිර ② a. 옹벽의 b. 댐의, 둑의 c. 매듭의, 묶은, 결박한 d. 방해의, 장애의.

බැමිණි/බැමිණිය [배미니/배미니여] 여자 브라만 사람 බ්‍රාහ්මණ කාන්තාව.

බැමෙනවා [배메너와-] බැමුණා-බැමී 돌다, 회전하다, 빙글 빙글 돌다 කරකැවෙනවා. බැමීම/බැමුම

බැම්ම† [뱀머] ①옹벽 තාප්පය ②댐, 둑, 제방 වේල්ල ③매듭, 묶음, 결박 ගැටය ④방해, 장애 අවහිරය. (복) බැම්

බැර [배러] ①(은행) 입금, 예금 මුදල් තැන්පත් කිරීම ②책임, 무게 වගකීම. ¶ හර (은행) 출금

බැරකම [배러꺼머] 책임, 의무, 부담 වගකීම.

බැර කරනවා† [배러 꺼러너와-] 예금하다, 예치하다 ගිණුමක මුදල් තැන්පත් කරනවා.

බැරටියා [배러티야-] (해양 동물) 집게, 소라게 වැරටියා.

බැරලය [배럴러여] (중배 부른) 통.

බැර ලෝහය [배럴 로허여] (화학) 중금속.

බැරැක්කය [배랙꺼여] 병영, 군대 막사 හේවා මඩම.

බැරැස්සි [배래-디] 검은 뚱뚱한 여자 තරබාරු කළු ගැහැනිය.

බැරැඬිය [배랜-디여] 쉰 목소리, 거친 목소리.

බැරෑරුම් [배래-룸] බැරෑරුම 의 복수 또는 형용사: ①심각, 막중, 중요 ②심각한, 중한, 막중한 බරපතළ.

බැරි‡ [배리] බැහැ 의 형용사 형태: 할 수 없는, 못하는 නුපුලුවන.

බැරිකම† [배리꺼머] 불가능, 할 수 없음 අතපසු දෙය.

බැරිපුළුවන්කම [배리뿔루완꺼머] 가능 불가능, 가능성.

බැරිබර [배리바러] 과체중, 과무게.

බැරිබැරියේ [배리배리예-] 아예 불가능 하게.

බැරිමරගාතේ [배리마러가-떼-] 아주 힘들게, 모질게, 고달프게 ඉතා අමාරුවෙන්.

බැරිවීම [배리위-머] 불가능하게 됨, 못하게 됨 අතපසු වීම.

බැරිවෙලාවත් [배리웰라-왇] 어째튼, 어떻게 해서든지, 무슨 수단을 써서라도 කෙසේ හෝ.

බැරුවා [배루와-] (조사) 불가능하다, 할 수 없다, 못한다 නොහැකියි. (구어) බෑ

බැරෝමීටරය [배로-미-터러여] 기압계, 고도계 පීඩනමානය.

බැලස් [밸라쓰] 분류하지 않은 야자 껍질의 섬유 නොපීරූ කොහු.

බැලිය [밸리여] හැකි, යුතු 앞에 나오는 බලනවා 의 변형되는

බ

형태: බැලිය යුතුයි 봐야 한다
බැලිය හැකියි 볼 수 있다.

බැලීම/බැලුම† [밸리-머/밸루머] බලනවා 의 동명사: 봄, 쳐다봄.

බැලු තෙක් මානයේ [밸루 떽 마-너예-] 눈으로 볼수 있는 만큼, 시야에 보이는 만큼.

බැලුනය/බැලූනය [밸루너여/밸루-너여] 풍선 බැලුම.

බැලුම/බැලීම [밸루머/밸리-머] බලනවා 의 동명사: 봄, 쳐다봄.

බැලූනය/බැලුනය [밸루-너여/밸루너여] 풍선 බැලුම.

බැල්ම† [밸머] ①봄, 바라봄, 보기, 관망 බැලීම ②외모, 외관, 외형 ③귀신들림, 신내림 භූතාවේශය.

බැල්ම එළනවා [밸머 엘러너와-] බැල්ම එළුවා-බැල්ම එළා 똑바로 보다, 직시하다 බැල්ම හෙළනවා.

බැල්ම ලනවා [밸머 라너와-] 보다, 관망하다.

බැල්ම හෙළනවා [밸머 헬러너와-] බැල්ම හෙළුවා-බැල්ම හෙළා 똑바로 보다, 직시하다 බැල්ම එළනවා.

බැල්ල/බැල්ලි [밸러/밸리] බල්ලා 의 여성 명사: 암캐.

බැවහරය [배워하러여] 사용, 이용 භාවිතය.

බැවින්† [배윈] ~때문에, 이유 때문에 නිසා. (구어) හින්දා

බැවුන [배우너] (노력, 정신 등의) 집중, 전념, 명상 බවුන.

බැව් [배우] ~ 라는 것, ~ 라는 사실 බව. ¶ ඉටු නොකළ බැව් 완성하지 못한 것

බැසීම† [배씨-머] බසිනවා, බැසෙනවා 의 동명사: 하강, 내려감.

බැස්ම [배쓰머] 기울기, 경사, 비탈 බෑවුම.

බැහැ‡ [배해] පුලුවන් 의 부정형태: 할 수 없다, 불가능 하다 බෑ. (문어) නොහැක

බැහැ දකිනවා† [배해 다끼너와-] ①방문하다, 심방하다 ②최고로 모시다, VIP로 대접하다. <u>බැහැ දැකීම</u>

බැහැර [배해러] ①바깥의, 외부의 බාහිර, පිටත ②밖, 외부.

බැහැර කරනවා [배해러 꺼러너와-] ①제외하다, 제거하다, 없애다 ඉවත් කරනවා ②내보내다, 꺼내다 පහ කරනවා.

බැහැරක්ද/බෑරක්ද [배해랚더/배-랚더] ①멀리 갑니까? 먼길입니까? ②어디로? 어느 곳으로? කොහේට ද?

බැහැර යනවා† [배해러 야너와-] 나가다, 밖으로 나가다 අහක්ව යනවා.

බැහැරියා [배해리야-] 이방인, 낯선 사람, 방문자 බාහිරයා.

බැහීම [배히-머] බහිනවා 의 동명사: ①하강, 내려옴 අවරෝහණය ②들어옴 ඇතුළුවීම ③(물) 줄어듬, 가라앉음 ④성장.

බැළ [밸러] 품삯, 삯 කුලිය.

බැළ කරනවා [밸러 꺼러너와-] (품삯을 위해서) 일하다 කුලී කරනවා.

බැළ මෙහෙ කරනවා [밸러 메헤 꺼러너와-] 천한 일을 하다.

බැළකරු [밸러꺼루] 일꾼, 일용잡부, 노동자 කුලීවැඩ කරන්නා.

බැළය [밸러여] 품삯, 삯 කුලිය.

බැළයා [밸러야-] 종, 하인 සේවකයා.

බෑ‡ [배-] පුලුවන් 의 부정형태: 할 수 없다, 불가능 하다
බැහැ. (문어) නොහැක
¶ ඕක මට කරන්න බෑ 그것을 나는 할 수 없다

බෑ [배-] බානවා 의 과거분사: (짐) 내리고, 내려, 낮춰.

බෑ [배-] ①반절, 반절들, 반들 බාග ②반절의, 반의 ③형제의, 형제애의 සහෝදර.

බෑ කියනවා‡ [배- 끼여너와-] 할 수 없다고 말하다.

බැක්කරය [백- 꺼러여] 허풍, 자랑 ආඩම්බරය.

බෑගය‡ [배-거여] 가방 බෑග් එක.

බෑගහනවා [배-가하너와-] 반절로 나누다, 반 가르다 දෙපලු කරනවා.

බෑණා/බෑනා‡ [배-나-] ①사위 ②(남자) 조카.

බෑම [배-머] ①බානවා 의 동명사: (짐) 내림, 낮춤 පහත් කිරීම ②비행기 착륙 ගොඩබැසීම ③삭발 හිස මුඩුකිරීම ④낚시 ⑤수리, 수선 ⑥두려워함, 공포에 떨음 බියට පත්වීම.

බෑය [배-여] 반절, 반 භාගය.

බෑයා [배-야-] 형제 සහෝදරයා.

බෑර [배-*러*] 밖, 외부, 바깥 බාහිර.

බෑරක්ද/බැහැරක්ද [배-*랔*더/배해*랔*더] ①멀리 갑니까? 먼 길입니까? දුර ගමනක් ද? ②어디로? 어느 곳으로? කොහේට ද?

බෑරක් යනවා [배-*랔* 야너와-] 밖으로 나가다, 먼 여행을 하다 පිටතට යනවා.

බෑව [배-워] ①반, 반절 අර්ධය ②බානවා 의 형용사적 과거용법: (물건을) 내린, 하적한 බෑපු.

බෑවිල්ල [배-윌러] ①천천히 내려감, 기울어 감 සෙමින් පහළට වැටීම ②(물건) 하적. (복) *බෑවිලි*

බෑවුම‡ [배-우머] 비탈길, 경사 පල්ලම.

බෑවුමකම [배-우머꺼머] 경사, 기울기, 가파름.

බෑසනය [배-써너여] 멸망, 파괴 විනාශය.

බිං/බිම් [빙/빔] බිම 의 복수 또는 형용사: ①땅들, 토지들 භූමි ②땅의, 토지의.

බිංකලය [빙껄러여] 일터, 작업장, 직장 වැඩපළ.

බිංගෙය/බිංගේ‡ [빙게여/빙게-] 굴, 터널 උමග.

බික [비꺼] ①일부, 부분, 파트 ②(식물) 심피, 암술잎 ③탁발음식 භික්ෂාව ④승려 භික්ෂුව. (복) *බික්*

බිග්ගහනවා [빅가하너와-] 심피(암술잎)을 제거하다 බික් වෙන්කර ගන්නවා.

බිගු [빙구] 꿀벌 බඹංගයා.

බිගු දැල [빙구 댈러] 벌떼 බිගු මුළු.

බිගු දිය [빙구 디여] 큐피드, 사랑의 여신 අනංගයා.

බිගු පැණි [빙구 빼니] 꿀 මී පැණි.

බිගු මුමුණ/බිගු රැව් [빙구 무무너/빙구 *래*우] (벌의) 윙윙 거리는 소리 බිගුසන්.

බිගු මුළු [빙구 물루] 벌떼 බිගු දැල.

බිගු රැව්/බිගු මුමුණ [빙구 *래*우/빙구 무무너] (벌의) 윙윙 거리는 소리 බිගුසන්.

බිඟුසන් [빙구싼] (벌의) 윙윙
거리는 소리 බිඟු මුමුණ.

බිජු [비주] බිජුව 의 복수: ①씨
들, 씨앗들 බීජ ②(새)알들, 달
걀들 බිත්තර.

බිජු දමනවා [비주 다머너와-]
(새) 알을 낳다 බිත්තර දමනවා.

බිජුව [비주워] ①씨, 씨앗 බීජය
②(새)알, 달걀 බිත්තරය.

බිජු බර [비주 바러] 임신한, 애
밴 ගැබිගත්.

බිජුවට [비주워터] 재배용 씨앗.

බිඩ [비더] (나무) 줄기 කඳ.

බිඩංගය [비당거여] 야자 나뭇
가지의 잎이 없는 막대기 같
은 부분.

බිඩලි [비덜리] 잔디, 떼 පිඩලි.

බිඩාලයා [비달-러야-] 고양이
බලලා. (구어) පූසා

බිණර [비너러] 씽할러 달력의
5번째 달 බිනර.

බිණීම/බිණුම [비니-머/비누머]
බණනවා 의 동명사: ①말함,
강연 කීම ②나무람, 꾸짖음
බැණීම.

බිත [비떠] 벽, 담장 බිත්තිය. (복)
බිතු

බිතක්කණ [비딲꺼너] 집 뒷부
분 පිළිකන්න.

බිතු [비뚜] බිත 의 복수 또는
형용사: ①벽들, 담장들 බිත්ති
②벽의, 벽과 관련한.

බිතු සිතුවම† [비뚜 씨뚜워머] 프
레스코 화법, 벽화.

බිත්තර‡ [빋떠러] බිත්තරය 의
복수: ①달걀들 ②(새, 파충류
의) 알들 බිජු. ¶ බිත්තර වී 종자
볍씨

බිත්තර දමනවා† [빋떠러 다머너
와-] 알을 낳다, 알을 까다
බිත්තර දානවා.

බිත්තරය [빋떠러여] ①달걀 ②
(새, 파충류) 알 බිජුව.

බිත්තර රකිනවා† [빋떠러 라끼
너와-] (알, 병아리를) 까다, 부
화하다.

බිත්තර වී [빋떠러 위-] 종자
볍씨 බීජ වී.

බිත්තිය‡ [빋띠여] 벽, 담, 외벽
බැම්ම.

බිදම් [비담] 아비달마 (부처님
의 말씀의 핵심을 고른 것)
අභිධර්මය.

බිදම/බිදුම [비디-머/비두머] 먹
음, 식사 කෑම.

බිනර [비너러] 씽할러 달력의
5번째 달 බිණර.

බින්දු [빈두] බින්දුව 의 복수 또
는 형용사: ①방울들(의) ②0
의, 영의.

බින්දු පුනීලය [빈두 뿌닐-러여]
깔대기.

බින්දු බෝතලය [빈두 보-떨러
여] (화학) 적하병.

බින්දුව‡ [빈두워] ①방울, 한방
울 බින්දුව ②0, 영, 제로 ③아
무것도 없음 හිස්බව.

බින්න බහිනවා [빈너 바히너와
-] 처가살이 하다, 처갓집에서
살다.

බින්නය [빈너여] ①처가살이,
데릴사위 결혼 බින්නය ②거짓
말 බොරුව.

බින්න විවාහය [빈너 위와-하
여] 처가살이, 데릴사위 결혼
බින්නය.

බිඳ [빈더] බිඳිනවා 의 형용사적
과거용법: 부수고, 깨부수고
කඩා. (구어) බිඳලා

572

බිඳ [빈더] ①한방울, 물방울 බිංදුව ②조금, 소량 ඩිංග. (복) *බිඳු*

බිඳක් [빈닦] 소량, 조금 ඩිංග.

බිඳලනවා [빈덜러너와-] 부수다, 깨부수다 විනාශ කරනවා. බිඳලීම

බිඳ වැටෙනවා† [빈더 왜테너와-] 부서지다, 깨지다 බිඳෙනවා.

බිඳ හෙලනවා [빈더 헬러너와-] 부수다, 깨부수다 කඩා දමනවා.

බිඳිත්ත [빈딛떠] 작은 방울, 비말. (복) *බිඳිති*

බිඳිනවා† [빈디너와-] බිඳුවා-බිඳ 부수다, 박살내다, 깨부수다 කඩනවා. බිඳීම/බිඳුම

බිඳීම/බිඳුම† [빈디머-/빈두머] බිඳිනවා, බිඳෙනවා 의 동명사: 부숨, 깨부숨, 박살냄 කැඩීම.

බිඳුණු† [빈두누] 깨진, 부서진 කැඩුණු.

බිඳෙනවා‡ [빈데너와-] බිඳුණා-බිඳී ①깨지다, 부서지다 කැඩෙනවා ②금가다, 균열이 생기다 සිදුරු වෙනවා. බිඳීම/බිඳුම

බිබිල† [비빌러] 물집, 수포 බිබිළ. (복) *බිබිලි*

බිබිලි දමනවා [비빌리 다머너와-] 물집이 생기다 බිබිලි හැදෙනවා.

බිබිලි රෝගය [비빌리 로-거여] (식물의) 마름병, 동고병.

බිබී‡ [비비-] බොනවා 의 현재분사: 마시면서. (문어) බොමින්

බිම‡ [비머] ①땅, 토지 භූමිය ②육지, 뭍 පොළව. (복) *බිම්, බිං*

බිම්/බිං† [빔/빙] බිම 의 복수 또는 형용사: ①땅, 토지 භූමි ②땅의, 토지의.

බිම් අඟුරු [빔 앙구루] ①석탄 ②석탄의.

බිම් අඳය [빔 안더여] 소작료 (소작농이 땅 주인에게 주는 수확의 일부).

බිම් කට්ටිය [빔 깥티여] 땅 한 구획, 땅 한 덩어리 බිම් කොටස.

බිම් කරනවා [빔 꺼러너와-] 구덩이를 메우다, 땅을 채우다.

බිම්කාරයා [빔까-러야-] 땅 주인 ඉඩම් හිමියා.

බිම් කුලිය [빔 꿀리여] 땅 임대.

බිම් කොටනවා [빔 꼬터너와-] (쟁기, 괭이로) 갈다, 갈아 일구다 බිම් නගනවා.

බිම් කොටස [빔 꼬터써] 땅 한 구획, 땅 한 덩어리 බිම් කට්ටිය.

බිම්ගුල්ලා [빔굴라-] 지렁이 종류.

බිම්ගේ/බිංගේ† [빔게-/빙게-] 굴, 터널 බිංගෙය.

බිම්තඹුරු [빔땀부루] 메꽃속(屬)의 식물.

බිම් දුම්මල [빔 둠멀러] (나무의) 진, 송진.

බිම් නගනවා [빔 나거너와-] (쟁기, 괭이로) 갈다, 갈아 일구다 සීසානවා.

බිම්බය [빔버여] ①반영, (물에 비친) 그림자 ②(해, 달의) 무리 සූර්ය මණ්ඩලය.

බිම්බර [빔바러] ①다량, 아주 많음 ②땅의 무게.

බිම්මල [빔말러] 버섯 හතු.

බිම්මල්‡ [빔말] බිම්මල 의 복수: 버섯들 හතු.

බිම් මහල [빔 마할러] 1층.

බිම් මැනීම [빔 매니-머] 땅 측량.

බිම් සටහන [빔 싸터하너] 도면, 설계도, 평면도.

බිම් සේතුව [빔 쎄-뚜워] 육교 බිම් පාලම.

බිය [비여] හැකි, යුතු 앞에 나오는 බොනවා 의 변형되는 형태: බිය යුතුයි 마셔야 한다 බිය හැකියි 마실 수 있다.

බිය† [비여] 두려움, 무서움, 공포 බය.

ඕ

බියකරු/බියකර [비여꺼루/비여꺼러] 무서운, 두려워하는, 겁나는 භයානක.

බිය කරනවා [비여 꺼러너와-] 겁주다, 무섭게 하다 බය කරනවා.

බියගුලු† [비여굴루] 소심한, 겁이 많은 බියසුලු.

බියගුල්ලා‡ [비여굴라-] 겁쟁이 බියසුල්ලා.

බියපත් [비여빧] 놀란, 겁먹은, 깜짝 놀란 බියවුණු.

බියර [비여러] 맥주 බීර.

බියලි [비열리] බියල්ල 의 복수 또는 형용사: ①(콩 등) 반(의), 반쪽(의) පියල්ල ②반(의), 반절(의) භාගය.

බියල්ල [비얄러] ①(콩 등) 반, 반쪽 පියල්ල ②반, 반절 භාගය.

බියසුලු [비여쑬루] 소심한, 겁이 많은 බියගුලු.

බියසුල්ලා [비여쑬라-] 겁쟁이 බියගුල්ලා.

බියුටිරික් අම්ලය [비유티릭 아믈러여] (화학) 부티르 산.

බියුටිරෝමීටරය [비유티로-미터러여] 유지 측정계.

බිරම් [비람] 놀란, 겁먹은, 깜짝 놀란 බියවුණු.

බිරන්තට්ටු වෙනවා [비란땉투 웨너와-] 겁먹다, 깜짝 놀라다, 두려워하다 බිය වෙනවා.

බිරාන්ත [비란-떠] 놀란, 겁먹은, 깜짝 놀란 බියවුණු.

බිරාන්ත වෙනවා [비란-떠 웨너와-] 겁먹다, 깜짝 놀라다, 두려워하다 බිය වෙනවා.

බිරින්ද/බිරිඳ [비린다-/비린더] 부인 භාර්යාව. (구어) නෝනා ¶ ස්වාමි පුරුෂයා 남편

බිරිඳ‡ [비린더] 부인 භාර්යාව. (구어) නෝනා ¶ ස්වාමි පුරුෂයා 남편 මේ මගේ බිරිඳ ශාරෝන් 이분은 제 부인 샤론이에요

බිරිය [비리여] 부인, 아내, 처 භාර්යාව. (구어) නෝනා

බිරීම [비리-머] බුරනවා 의 동명사: (개가) 짖음, 울부 짖음.

බිරු [비루] 두려워하는, 겁먹은, 깜짝 놀란 බියවුණු, බිරම්.

බිරුසන් දෙනවා [비루싼 데너와-] (공포, 고통 따위로) 소리치다, 날카로운 비명을 지르다 බෙරිහන් දෙනවා.

බිල‡ [빌러] ①영수증, 청구서 බිල් පත්‍රය ②구멍, 동공 කුහරය.

බිලි [빌리] ①බිල්ල 의 복수 또는 형용사: a. 희생들, 제물들 b. 제물의, 희생의 ②බිලිය 의 복수 또는 형용사: a. 미끼들, 먹잇감들 b. 미끼의, 먹잇감의.

බිලිං/බිලිංච/බිලින් [빌링/빌링처/빌린] (식물) 현지 구즈베리.

බිලි කටුව† [빌리 까투워] 낚시바늘 බිලි කොක්ක.

බිලි කොක්ක [빌리 꼮꺼] 낚시바늘 බිලි කටුව.

බිලි දෙනවා [빌리 데너와-] 생명을 주다, 생명을 바치다 ජීවිතය දෙනවා.

බිලි පූජාව [빌리 뿌-자-워] 헌신, 생명을 드림 දිවි පිදීම.

බිලිඳ/බිලින්ද† [빌린다-] 갓난 아기, 유아 ළදරුවා. ¶ යේසු බිලිඳා 아기 예수

බිලි පුදනවා [빌리 뿌더너와-] 생명을 바치다, 제물을 바치다 බිලි දෙනවා.

බිලිය/බිළිය [빌리여] 미끼, 먹이 ඇම.

බිලියම් [빌리얌] ①희생들, 제물들 බිලි ②제물의, 희생의.

බිලි වෙනවා [빌리 웨너와-] ①제물이 되다 ②먹이가 되다, 미끼가 되다.

බිලී [빌리-] ①제물, 희생제물 පූජා ②낚시 바늘 බිලි කටුව.

බිලී අලුයම [빌리- 알루여머] 새벽, 이른 아침 ඉතා පන්දර.

බිලී කටුව [빌리- 까투워] 낚시 바늘 බිලී කටුව.

බිලී බානවා‡ [빌리- 바-너와-] 낚시하다, 고기를 잡다 බිළී බානවා.

බිල්ල [빌러] ①희생, 제물 පූජාව ②종, 벨 සීනුව ③영수증, 세금 සුංගම. (복) *බිලි*

බිව්වා‡ [비우와-] බොනවා 의 과거: 마셨다.

බිසව/බිසව්† [비써워/비써우] ①왕비, 왕후 ②여왕 රාජිනී. (복) *බිසෝවරු*

බිසි [비씨] ①බිස්ස 의 복수 또는 형용사: 곳간들, 곳간의 ②바깥의, 외부의.

බිසිකඩ [비씨까더] ①도어 매트 (문간에 깔아 놓는 신발 바닥 닦개) ②매트리스 ගුදිරිය.

බිසෙව්/බිසොවු [비쎄우/비쏘우] 성직에 임명하는, 기름붓는 අබිසෙස්.

බිසොව [비쏘워] ①왕비, 왕후 ②여왕 රාජිනී. (복) *බිසෝවරු*

බිසොවු/බිසෙව් [비쏘우/비쎄우] 성직에 임명하는, 기름붓는 අබිසෙස්.

බිසෝ [비쏘-] ①여왕 ②여왕의.

බිසෝ කොටුව [비쏘- 꼬투워] (인도 남부의) 관개용댐.

බිස්ස [빘써] ①곳간, 곡물 창고 ධාන්‍යාගාරය ②수풀, 덤불, 총림, 잡목 숲. (복) *බිසි*

බිහි [비히] (접두사) 밖의, 나가는.

බිහි කන්ද [비히 깐더] (지질) 외좌층 බහිෂ් කන්ද.

බිහි කරනවා† [비히 꺼러너와-] 낳다, 출산하다, 분만하다. (문어) උපදවනවා

බිහිකුරු [비히꾸루] 튀어 나온, 돌출된 ඉදිරියට නෙරූ.

බිහිගිරි [비히기리] 석상성(石上性)의: 돌 위에 나는 식물의 성질의 ගල් මත වැඩෙන.

බිහිදෙර [비히도러] ①출구, 비상구 පිටදොර ②(집) 현관 තොරණ.

බිහිදක්නය [비히닥너여] (야외용의 휴대) 쌍안경.

බිහිතලනය [비히딸러너여] (눈꺼풀 등의) 외전(外轉), 밖으로 뒤집기 කණපිට පෙරළීම.

බිහිතැන්න [비히땐너] 빙하퇴적평원 දියලු තැන්න.

බිහිනිය [비히니여] 자매, 시스터 සහෝදරිය.

බිහිපවුර [비히빠우러] 외호(外濠).

බිහිරා† [비히라-] 귀머거리, 청각 장애인 බීරා.

බිහිරි† [비히리] 귀머거리의, 귀가 안들리는 බිරි.

බිහි වෙනවා† [비히 웨너와-] 태어나다, 탄생하다. (구어) උපදිනවා

බිහිසුණු [비히쑤누] 무서운, 끔찍한, 공포스러운, 위험한 භයානක.

බිළාරි/බිළාල [빌라-리//빌랄-러] 고양이 같은, 교활한.

ඔ

බිළාල [빌랄-러] 고양이 같은, 교활한 බිළාරි.

බිළාලයා [비랄-러야-] 고양이 බළලා. (구어) පූසා

බිළිඳා† [빌린다-] 갓난아이, 작은 아이 ළදරුවා.

බිළිය/බිලිය [빌리여] 미끼, 먹이 ඇම.

බිළී බානවා† [빌리- 바-너와-] 낚시하다, 고기를 잡다 බිළී බානවා.

බී† [비-] බොනවා 의 과거분사: 마시고, 마시고서. (구어) බීලා

බීකරය [비-꺼러여] 비커 (손잡이가 없이 길쭉한 유리잔).

බීක්කු [빆-꾸] 테두리(장식).

බීගන්නවා [비-간너와-] ①흡수하다, 빨아들이다 උරා ගන්නවා ②술취하다 බීමත් වෙනවා.

බීජ‡ [비-저] බීජය 의 복수 또는 형용사: ①씨들, 씨앗들 ②씨의, 씨앗의 බිජු.

බීජ අල [비-저 알러] 씨 감자.

බීජ කෝෂය [비-저 꼬-셔여] (누에, 벌레) 고치 පිලා කෝෂය.

බීජ පත්‍රය [비-저 빠뜨러여] 떡잎, 자엽.

බීජ පැළය/බීජ පැළෑටිය† [비-저 빨러여/비-저 빨래-티여] 묘목, 묘종.

බීජප්‍රරෝහණය [비-저쁘러로-허너여] 싹틈, 싹남, 발아 ඇට පැළවීම.

බීජ මූලපය [비-저 물-러뻐여] 근초, 유근초.

බීජ මූලය [비-저 물-러여] (식물) 어린 뿌리, 유근(幼根).

බීජය† [비-저여] 씨, 씨앗 බිජු.

බීජ ලපය [비-절 라뻐여] (씨의) 배꼽, 녹말과립의 핵.

බීජාංකුරය [비-장-꾸러여] (식물) 새싹, 어린 싹 මොට්ටියා.

බීජාණුකරය [비-자-누꺼러여] 결실, 과실.

බීජාණුජනනය [비-자-누자너너여] 홀씨형성, 포자형성 බීජාණු ඇති වීම.

බීජාණුව [비-자-누워] 종자, 씨, 포자(胞子) බීජ අණුව.

බීජාන්න [비-잔-너] 노른자의, 난황의 කහ මද.

බීජාන්නය [비-잔-너여] 노른자위, 난황 කහ මදය.

බීජාවරණය [비-자-워러너여] 씨앗 껍질, 외종피(外種皮) ඇටයක පොත්ත.

බීජෝෂකය [비-자우셔꺼여] 부화기, 인큐베이터.

බීජෝෂණය [비-자우셔너여] (달걀) 부화, 부란.

බීටා කිරණ [비-타- 끼러너] 베타 선 (방사선 물질의).

බීට්ටුව [빝-투워] 경찰 초소.

බීඩීම [비-디-머] 구슬 세공 (장식).

බිජු [비-쭈] බොනවා 의 형용사적 과거용법: 마신, 술마신 බීගත්.

බීභත්ස [비-받써] 혐오하는, 미워하는, 싫어하는 පිළිකුල්.

බීම‡ [비-머] බොනවා 의 동명사: ①음료수 ②마심, 들이킴 පානය.

බීමත්කම‡ [비-맏꺼머] 술취함 බේබදුකම.

බීය [비-여] බොනවා 의 3인칭 단수 남성 과거형태: 마셨다 බීවේය.

බීර [비-러] 맥주 බියර.

බීරළුව† [비-랄루워] (실을 감는) 실패.

බීරළු රේන්දය [비-랄루 렌-더여] 바늘 대신 보빈을 사용하여 짜는 수직(手織) 레이스.

බීරා [비-라-] 귀머거리, 청각장애인 බිහිරා, බධිරයා.

බීරි [비-리] 귀머거리의, 귀가 안들리는 බිහිරි.

බීරි අලියා [비-리- 알리야-] 귀먹은 코끼리.

බීරි අලියාට වීණා ගයනවා [비-리- 알리야-터 위-나- 가여너와-] 시간을 허비하다, 쓸데없는 짓을 하다 (귀먹은 코끼리를 위해서 연주하다).

බීරෑ [비-루] 귀머거리의, 귀가 안들리는 බධිර.

බීරෑම [비-루머] 하늘의 어두침침함 මණ්ඩාරම.

බීලා‡ [빌-라-] බොනවා 의 과거분사: 마시고, 마시고서. (문어) බී

බීලූනු [빌루-누] 큰 양파, 봄베이 양파 රටලූනු.

බුඃගානවා [부-가-너와-] (개가) 짖다 බුරනවා.

බුකනි [부꺼니] 여승, 비구니 භික්ෂුණිය.

බුකමා [부꺼마-] 게으름뱅이, 게으른 사람 නිකං බලා සිටින්නා.

බුකවනවා [부꺼워너와-] 뽀로통하게 있다.

බුක්කන් [북깐] 바나나 කෙසෙල් ගෙඩි.

බුක්තිය [북띠여] ①기쁨, 낙, 누림, 즐김 භුක්තිය ②소유, 가짐, 점유, 소유권 හිමිකම ③됨, 존재 වීම.

බුක්ති විඳිනවා† [북띠 윈디너와-] ①누리다, 즐기다 භුක්ති විඳිනවා ②소유하다. බුක්ති විඳීම

බුක්නර් පුනීලය [북너르 뿌닐-러여] (약제학) 흡인 여과기, 부흐너 깔대기.

බුජ [부저] 팔 බාහුව.

බුජංග [부장거] ①뱀 සර්පයා ②신자, 지지자 ධූර්තයා.

බුජග [부장거] ①뱀 සර්පයා ②신자, 지지자 ධූර්තයා.

බුජම [부저머] (아가리가 넓은) 항아리, 단지, 병 ජාඩිය.

බුජ් [부즈] 부처님 බුදු.

බුඩ්ඩා [붇다-] 어리석은 자, 바보, 멍청이 මෝඩයා.

බුත්ගම [붇거머] 왕의 마을.

බුත්තිය [붇띠여] 소유, 점유, 소유권 හිමිකම.

බුත්ති විඳිනවා [붇띠 윈디너와-] ①소유하다, 가지다 ②누리다, 즐기다 බුක්ති විඳිනවා.

බුත්සුව [붇쑤워] 부처님의 제자 බුද්ධ ශ්‍රාවකයා.

බුද [부더] ①(천문학) 수성 බුධ ග්‍රහයා ②수요일 බදාදා.

බුද දින [부더 디너] 수요일 බදාදා.

බුදම [부더머] (아가리가 넓은) 항아리, 단지, 병 ජාඩිය.

බ

බුදි [부디] 잠자는, 잠든, 취침 하는 නිදාගෙන.

බුදිනවා [부디너와-] බිදුවා-බිද 먹다, 음식을 섭취하다 අනුභව කරනවා. බුදීම/බිදීම (구어) කනවා

බුදිමත [부디마떠] 졸림, 꾸벅꾸벅 졸림 නිදිමත.

බුදියනවා/බුදියා ගන්නවා† [부디여너와-/부디야- 간너와-] 잠자다, 취침하다 නිදා ගන්නවා.

බුදිරිය [부디리여] 매트, 매트리스 මෙට්ටය.

බුදීම [부디-머] බුදිනවා 의 동명사: 먹음, 식사, 섭취 කෑම.

බුදු† [부두] 부처, 석가모니 බුදුන් වහන්සේ.

බුදු කිස [부두 끼써] 부처의 사역, 부처의 일 බුදු කිරිය.

බුදුකුරු [부두꾸루] 최근에 생겨난 부처 බුද්ධාංකුර.

බුදුගෙය [부두게여] 불상을 놓은 집.

බුදුනු [부두누] 불교도, 불자 බෞද්ධයා.

බුදුන් වහන්සේ† [부둔 와한쎄-] 부처, 석가모니 බුදු.

බුදු පාමොක් [부두 빠-묵] 부처에 의해서 인도되는.

බුදු පුද [부두 뿌더] 부처에게 바치는 예물, 제물 බුද්ධ පූජාව.

බුදු වස් [부두 와스] 불기(佛紀) බුද්ධ වර්ෂ.

බුදු සමය [부두 싸머여] 불교 බුද්ධාගම.

බුදු සසුන [부두 싸쑤너] 불교 교리, 불교 가르침 බුදුන්ගේ ධර්ම මාර්ගය.

බුදු හාමුදුරුවෝ [부두 하-무두루오-] 부처, 석가모니 බුදුන් වහන්සේ.

බුද්ධ† [붇더] 부처, 석가모니 බුදුන්.

බුද්ධත්වය [붇닫워여] 불교의 깨달음의 경지, 보리(菩提) බුදු බව.

බුද්ධ ධර්මය [붇더 다르머여] 부처의 가르침 බුදු දහම.

බුද්ධ ශ්‍රාවක [붇더 쉬라-워꺼] 부처님의 제자.

බුද්ධාගම‡ [붇다-거머] 불교 බුදු සමය.

බුද්ධානුභාවය [붇다-누바-워여] 부처님의 능력 බුදුන්ගේ බල මහිමය.

බුද්ධායත්ත [붇다-얃떠] 부처님에게 속한 බුදුන් වහන්සේ සතු.

බුද්ධාලම්බන ප්‍රීතිය [붇달-람버너 쁘리-띠여] 부처님을 회고함으로 오는 기쁨.

බුද්ධි [붇디] බුද්ධිය 의 복수 또는 형용사: ①지성, 지능, 총명 ②총명한, 지적인.

බුද්ධි පරීක්ෂණය† [붇디 빠릭-셔너여] IQ 검사.

බුද්ධිමතා [붇디머따-] ①지식인, 이성적인 사람 බුද්ධිය ඇත්තා ②지혜로운 자, 현자 නැණවතා. (복) *බුද්ධිමත්තු*

බුද්ධිමත්† [붇디맏] 이성적인, 지적인, 총명한, 현명한 නැණවත්.

බුද්ධිමත්තු [붇디맏후] 현자들, 총명한 사람들, 지적인 사람들 බුද්ධිමත්තු. ¶ බුද්ධිමතුන් 현자들을 (대격, 목적격 형태)

බුද්ධිය‡ [붇디여] 지능, 지성, 총명, 사리 분별력. ¶ බුද්ධි අංශය 정보국 විමංසන බුද්ධිය 분별력

බුද්ධිවාදය [붇디와-더여] 이성론, 합리주의.

බුද්බුදය [붇부더여] ①거품, 버블 ②(의학) 물집, 수포 බුබුළ.

බුධ [부더] (천문학) 수성(의) බුධ ග්‍රහයා.

බුන් [분] ①부서진, 깨진, 금간 කැඩුණු ②마셔진, 마신 බොන ලද.

බුන් අකුණ [분 아꾸너] 두갈래로 갈라진 번개.

බුන්ඩි [분디] 큰 배, 불룩 나온 배 ලොකු බඩ.

බුන්දලේ [분덜레-] 쓰는 빗자루 බුන්දලය.

බුන්නා [분나-] 마셨다, 음용했다 බීවා.

බුබුළ† [부불러] ①전구 විදුලි බල්බය ②거품, 버블 ③샘 දිය උල්පත ④수포, 물집 දියබිබිල. (복) බුබුළු

බුබුළු දමනවා [부불루 다머너와-] ①거품이 일다, 부글부글 소리를 내다 ②(샘이) 솟다.

බුබුළු පැන් [부불루 뺀] 샘물 උල්පත වතුර.

බුබ්බඩ [붑바더] 어리석은, 멍청한, 모자란 මෝඩ.

බුබ්බෑය [붑배-여] ①북의 왼쪽 면 ②야자 껍질로 만든 소금통.

බුබ්බුල [붑불러] 버블, 거품 බුබුළ.

බුබ්බුලාකාර [붑불라-까-러] 공 모양의.

බුමු [부무] ①바닥 භූමකය ②층 මහල.

බුමුතුරුණ [부무뚜루너] 양탄자, 카페트. (복) බුමුතුරුණු

බුමුතුරුණු† [부무뚜루누] බුමුතුරුණ 의 복수 또는 형용사: ①양탄자들, 카페트들 ②탄자의, 카페트의.

බුම්ම ගන්නවා [붐머 간너와-] 실쭉거리다, 골나다, 부루퉁해지다 බුම්මනවා.

බුම්මනවා [붐머너와-] බිම්මුවා-බුම්මා 실쭉거리다, 골나다, 부루퉁해지다 බුම්ම ගන්නවා.

බුරනවා‡ [부러너와-] බිරුවා-බුරා(බුරලා) (개가) 짖다. <u>බිරීම/බිරුම</u>

බුරා [부라-] ①버킷, 양동이 ගොටුව ②බුරනවා 의 과거분사: (개가) 짖어, 짖고 බිරීම් කරලා.

බුරිය [부리여] 배꼽 පෙකණිය.

බුරියානි† [부리야-니] (음식) 부리야니 (인도에서 온 음식으로 인도에서는 '비리야니'라고 부른다).

බුරුත [부루떠] (인도산) 마호가니류의 나무.

බුරුතු† [부루뚜] බුරුත්ත 의 복수: 뭉치들, 덩어리들, 송이들.

බුරුත්ත [부룯떠] 뭉치, 덩어리, 송이 පොකුර. (복) බුරුතු

බුරුම [부루머] 미얀마의, 버마의, 미얀마 사람의.

බුරුම කටුව [부루머 까투워] 도래송곳, 드릴 송곳.

බුරුමය† [부루머여] ①미얀마, 버마 ②드릴.

බුරුල [부룰러] 느슨함, 늘어짐 ලිහිල් බව. (복) බුරුල්

බුරුල දෙනවා [부룰러 데너와-] 느슨하게 하다, 느즈러지게 하다.

ඔ

බුරුල්‡ [부*룰*] ①느슨한, 느즈러진 තද නැති ②부드러운, 자비로운 ලිහිල්.

බුරුල් කරනවා‡ [부*룰* 꺼*러*너와-] 느슨하게 하다, 풀다.

බුරුල්ල† [부*룰*러] (소, 염소 따위의 많은 젖꼭지가 달린) 가슴, 젖통.

බුරුල් වෙනවා‡ [부*룰* 웨너와-] 느슨해지다, 풀어지다 වෙනවා.

බුරුසුව‡ [부*루*쑤워] 솔, 브러쉬.

බුලත්‡ [불랃] 구장(蒟醬) 잎 (씹는 담 배와 같이 빈랑(檳榔)나무 열매와 함께 입에 넣고 씹음, 새해나 중요한 행사 때에 존경, 초청의 의미로 주는 잎).

බුලත් අත [불랃 아떠] 구장잎 한움큼, 불랃 한다발.

බුලත් තට්ටුව [불랃 땉투워] 불랃을 놓는 대, 스탠드.

බුලත් දෙනවා [불랃 데너와-] 초청하다, 초대하다 ආරාධනා කරනවා.

බුලත් විට/බුලත් විඩ [불랃 위터/불랃 위*더*] 구장잎을 씹음.

බුස [부써] 겨, 왕겨 බොල්.

බුසල [부썰러] 곡식을 재는 단위: 부셸 (약 36리터, 약 2말) සේරු 32 ක ප්‍රමාණය.

බුහු [부후] ①많은, 수많은 බොහෝ ②공, 볼 බෝලය.

බුහුටි [부후티] 솜씨 좋은, 재주 있는, 능란한 දක්ෂ.

බුහුන/බුහුනණිය [부후너/부후너니여] 자매, 시스터 සහෝදරිය.

බුහුපත් [부후빧] 다양한, 복합적인, 복합의.

බුහුපැදියා [부후빼디야-] (이끼벌레류) 개충(個蟲).

බුහුබස [부후바써] (단어의) 복수 බහු වචනය.

බුහුබාවා [부후바-와-] (동물) 폴립, (군체를 이루는 산호 등의) 개체.

බුහුමන† [부후머너] 존중, 존경, 경의 ගෞරවය. (복) *බුහුමන්*

බුහුමන් කරනවා‡ [부후만 꺼*러*너와-] 존중하다, 존경하다 ගෞරව කරනවා.

බුහුර [부후*러*] 구멍, 홀 සිදුර. (복) *බුහුරු*

බුහුරු [부후*루*] බුහුර 의 복수 또는 형용사: ①구멍들 ②구멍의.

බුහුසු [부후쑤] 박식한, 학식이 있는 උගත්.

බුහුසූ [부후쑤-] 많은 방식으로, 다양하게 බොහෝ සේ.

බුළු [불루] 약초 이름: Terminelia belerica.

බූ [부-] ①악마, 악귀, 도깨비 භූතයා ②잎에 나는 작은 털.

බූගහනවා [부-가하너와-] 껍질을 벗기다 ලෙල්ල ගලවනවා.

බූගානවා‡ [부-가-너와-] 면도하다, 털을 깎다 මුඩු කරනවා.

බූ ටැඹ [부-탬버] 지구(땅) 기둥.

බූටැව [부-태-워] 수풀, 덤불, 총림 ගස් ගොම්මන.

බූත [부-떠] ①영의, 사람이 아닌 භූත ②마귀의, 악마의, 사단의 යක්ෂ.

බූතයා [부-떠야-] ①마귀, 악마, 사단 යක්ෂයා ②영, 영적 존재 අමනුෂ්‍යයා.

බූදලය‡ [부-덜러여] (한사람이 소유한) 부, 부요, 재산.

බුදල් ගාස්තුව [부-달 가-쓰뚜워] 상속세 බුදල් බද්ද.

බුදල් බද්ද [부-달 받더] 상속세 බුදල් ගාස්තුව.

බුදල් නඩුව† [부-달 나두워] 유산 상속 재판.

බුනණිය [부-너니여] 자매, 시스터 සහෝදරිය.

බුන්දලය [분-덜러여] 빗자루, 브러쉬 බුන්දලය.

බුමරංගය/බුමරැංගුව [부-머랑거여/부-머랭구워] 부메랑.

බුමාතු දේවතාව [부-마-투 데-워따-워] 땅의 신 බුමාතු දෙවියා.

බුම් [부-미] ①땅의, 대지의 ②지면의, 노면의 භූමි.

බුම්තෙල්‡ [부-미뗄] 등유, 등불용 석유 ලාම්පු තෙල්.

බුරූ [부-루] ①카드 노름 ②බූරුවා 의 형용사: a. 당나귀의 b. 멍청한, 어리석은 මෝඩ c. (건축장의) 비계의, 발판의.

බුරූ ඇඳ [부-루 앤더] 접이 침대, 캠프용 침대.

බුරුවා‡ [부-루와-] ①당나귀 ②멍청이, 어리석은 사람 මෝඩයා ③(건축장의) 비계, 발판 අට්ටාලය.

බුව [부-워] 공, 볼 පන්දුව. (구어) බෝලය

බුව [부-워] (해부학) 융모(絨毛), 유연한 돌기, (동, 식물의) 강모(剛毛).

බුවල්ල [부-왈러] 야자 꽃.

බුවල්ලා‡ [부-왈라-] (어류) 문어.

බු වළ [부- 왈러] 신접을 위해 판 임시 못.

බුවැලි [부-왤리] 고운 모래 සිහිඳු වැලි.

බුසෑව [부-쌔-워] 군엽, 잎이 많은 부분 කොළ බිස්ස.

බුසිය [부-씨여] 채워 넣는 물건, 속 넣는 솜.

බෘහස්පතින්ද [브루하쓰뻐띤다-] 목요일 බ්‍රහස්පතින්දා.

බෘහස්පති [브루하쓰빠띠] 목성 බ්‍රහස්පති.

බෙංගාලය [벵갈-러여] (인도) 벵갈 지역.

බෙංගාලි [벵갈-리] (인도) 벵갈 지역의, 벵갈어의.

බෙජෙනවා [베제너와-] 어울리다, 연합하다, 협력하다 ඇසුරු කරනවා.

බෙටි [베티] බෙට්ට 의 복수: 동물 똥.

බෙට්ට [벹터] 동물 똥. (복) *බෙටි*

බෙණෙනවා [베네너와-] 말해지다, 연설되어 지다 කියවෙනවා.

බෙත්ම [벹머] 나눔, 분할 බෙදීම.

බෙදන කටුව [베더너 까투워] 분할침, 양각침, 디바이더.

බෙදනවා‡ [베더너와-] බෙදුවා-බෙදා(බෙදා) ①나누다, 분리하다 කොටස් කරනවා ②배포하다, 배당하다, 할당하다 බෙදා දෙනවා. <u>බෙදීම/බෙදුම</u> ¶ තව බත් ටික බෙදන්න ද? 밥 좀더 드릴까요?

බෙදා ගන්නවා‡ [베다- 간너와-] ①나누다, 분리하다 කොටස් කරනවා ②배포하다, 배당하다, 할당하다 බෙදා දෙනවා. <u>බෙදා ගැනීම</u>

ඔ

බෙදිරිගානවා [베디리가-너와-] 울다, 훌쩍 거리다, 애도하다 හෙමින් අඬනවා.

බෙදීම/බෙදුම† [베디-머/베두머] බෙදනවා, බෙදෙනවා 의 동명사: 나눔, 분열, 쪼개짐.

බෙදුම් නඩුව [베둠 나두워] 분할 소송.

බෙදෙනවා‡ [베데너와-] බෙදුණා-බෙදී(බෙදීලා) 나뉘다, 분리되다 කොටස් වෙනවා. බෙදීම/බෙදුම

බෙනය [베너여] (나무 등에 있는) 구멍, 동공.

බෙබෙයා/බෙබේ [베베야-/베베-] 술 주정뱅이. (문어) බේබද්දා

බෙන් හාවා [벤 하-와-] (동물) 오소리, 산토끼.

බෙයද [베여더] ①(거의 수직의) 절벽, 벼랑 ②동굴 ගුහාව.

බෙර [베러-] බෙරය 의 복수 또는 형용사: ①북들, 드럼들 ②북의, 드럼의.

බෙර ඇස [베러 애써] 북을 치는 면 බෙරයෙහි සම් තලය.

බෙරකාරයා† [베러까-러야-] 북 치는 사람, 드러머 බෙර වාදකයා.

බෙර ගහනවා [베러 가하너와-] 북을 치다, 드럼을 치다 බෙර වයනවා.

බෙරය† [베러여] ①북, 드럼 බෙර ②고막 ③되, 됫박.

බෙරලිය [베럴리여] 검은색에 큰 잎을 가진 나무 종류.

බෙරලියන්තු [베럴리얀뚜] 빛나는, 환한.

බෙරි වෙනවා [베리 웨너와-] 많이 익다, 과도하게 삶다 මෙරි වෙනවා.

බෙරිහන් දෙනවා [베리한 데너와-] (공포, 고통 따위로) 소리치다, 비명을 지르다 බිරුසන් දෙනවා.

බෙල [벨러] 힘, 파워, 에너지 බලය.

බෙලසුල් [벨러쑬] 미끄러운, 미끌미끌한, 점액성의 උකු.

බෙලහීන† [벨러히-너] 허약한, 약한 දුබල. (구어) දුර්වල

බෙලහීනයා [벨러히-너야-] 겁쟁이 කැඳයා.

බෙලි [벨리] ①벨나무 열매 ②බෙල්ල 의 복수: 목들.

බෙලි [벨리] ①(어류) 굴의 ②벨나무의 ③목의.

බෙලි ඇණය [벨리 애너여] (어패류) 굴등, 조개삿갓.

බෙලිකටුව [벨리까투워] 굴껍질.

බෙලියත [벨리여떠] 벽보, 포스터 පලක්කට්ටුව.

බෙලෙක් [벨렉] (화학) 주석, 양철.

බෙල්ල† [벨러] 목 ගෙලය.

බෙල්ල මිරිකනවා† [벨러 미리꺼너와-] 멱살을 잡다, 목을 조이다, 숨통을 조이다.

බෙල්ලා [벨라-] (어류) 굴. (복) *බෙලි*

බෙසමර් ක්‍රමය [베써머르 끄러머여] 베세머 제강법.

බෙහෙත† [베헤떠] 약, 약물 බෙහෙද. (복) *බෙහෙත්* (문어) ඔසු

බෙහෙත්‡ [베헫] බෙහෙත 의 복수: 약 ඖෂධ. (문어) ඔසු
¶ බෙහෙත් වේල (약의) 1회분, (1회의) 복용량, 한 첩

බෙහෙත් බඩු† [베헫 바두] 약재, 약용 재료.

බෙහෙත් වට්ටෝරුව† [베헫 왙토-루워] 처방전, 약 처방전.

බෙහෙත් ශාලාව† [벧헫 샬-라-워] 약국 ෆාමසි.

බෙහෙද [베헤더] 약, 약물 බෙහෙත. (복) *බෙහෙද්* (문어) ඔසු

බෙහෙවින් [베헤윈] 초과하여, 넘치도록, 넘치게, 풍성하게 බොහෝසෙයින්.

බෙළෙ/බෙළේ [벨레/벨레-] 군인, 군사 භටයා.

බේ [베-] 일부, 부분 පංගුව.

බේකරිය‡ [베-꺼리여] 빵집, 제빵소.

බේගල් [베-갈] 거짓말들, 허언들, 거짓들 මුසා.

බේත [베-떠] 약 බෙහෙත. (복) *බේත්*

බේත් තුවක්කුව [벧- 뚜왂꾸워] 약 처방전 බෙහෙත් වට්ටෝරුව.

බේත් ශාලාව [벧- 샬-라-워] 약국 ෆාමසි.

බේබදු [베-바두] 술취한, 술주정뱅이의.

බේබද්ද/බේබදුවා‡ [베-받다-/베-버두와-] 술주정뱅이, 술취한 사람. (복) *බේබද්දෝ*

බේරන බුනීලය [베-러너 부닐-러여] (약제학) 분별 깔때기.

බේරනවා‡ [베-러너와-] බේරුවා-බේරා ①구출하다, 구원하다 මුදනවා ②마지막 정리하다, 결말 짓다 සමථයකට පත් කරනවා. <u>බේරීම/බේරුම</u>

බේරීම/බේරුම [베-리-머/베-루머] බේරනවා, බේරෙනවා 의 동명사: ①구출, 구조, 살아남음 ගැලවීම ②조정, 정리, 제거.

බේරී යනවා [베-리- 야너와-] 살아남다, 구출되다 ගැලවෙනවා.

බේරුම්කරුවා/බේරුම්කාරයා [베-룸 꺼루와-/베-룸까-러야-] 중재자, 중재인 නිරවුල් කරන්නා.

බේරුම්කරු [베-룸 꺼루] 중재자, 중재인 නිරවුල් කරන්නා.

බේරුම්කාරයා† [베-룸까-러야-] 중재자, 중재인 බේරුම්කරුවා.

බේරුම් කිරීම [베-룸 끼리-머] 중재, 조정 නිරවුල් කරීම.

බේරෙනවා† [베-레너와-] බේරුණා-බේරී ①살아남다, 구출되다 ගැලවෙනවා ②나뉘다, 분리되다. <u>බේරීම/බේරුම</u>

බේසම‡ [베-써머] 대야, 물동이. ¶ මුහුණ සෝදන බේසම 세면대

බොකු [보꾸] බොක්ක 의 복수 또는 형용사: ①휨, 커브, 굽음(휜, 굽은, 커브의) ②도랑(의), 움푹한 곳(의) ③(바다의) 만 ④배(의), 복부(의).

බොකුටු [보꾸투] 곱슬의, 나선형의, 휜, 물결꼴의 වක්වූ.

බොක්ක† [볶꺼] ①휨, 커브, 굽음 වකය ②도랑, 움푹한 곳 කානුව ③(바다의) 만 ④배, 복부 බඩ. (복) *බොකු*

බොජුන [보주너] 음식, 식량, 식사, 한끼 බෝජනය. (복) *බොජුන්* (구어) කෑම

බොජුන් හල‡ [보준 할러] 식당, 캔틴, 레스토랑 ආපන ශාලාව. (구어) කෑම ශාලාව

බොටුව [보투워] 목 බෙල්ල.

බොත්තම‡ [봍떠머] 단추.

බොදු [보두] 불교도의, 불교인의 බෞද්ධ.

බොදුන [보두너] 음식, 식사 ආහාරය. (복) *බොදුන්* (구어) කෑම

බොදුනු [보두누] 불교도의, 불교인의 බෞද්ධයන් පිළිබඳ.

බොනවා‡ [보너와-] බිව්වා(බීවා)-බීලා(බී) ①(물) 마시다 ②술 마시다. බීම

බොඳ [본더] ①(옷, 종이에) 퍼지는, 스며드는 ②정수, 본질, 액 සාරය.

බොඳ වෙනවා [본더 웨너와-] 희미해지다, 흐려지다.

බොයිලේරුව† [보일레-루워] 보일러.

ඔ

බොර [보러] ①진흙의, 진흙탕의 මඩ ②앙금, 찌꺼기, 침전물 උකු හොද්ද.

බොර තෙල්† [보러 뗄] 원유, 가공하지 않은 기름 අමු තෙල්.

බොර පාට [보러 빠-터] 진흙색, 갈색 දුඹුරු පාට.

බොරලු/බොරළු‡ [보럴루] 자갈, 조약돌 ගල් කැටය.

බොර වෙනවා [보러 웨너와-] 진흙탕이 되다.

බොරළු/බොරලු‡ [보럴루] 자갈, 조약돌 ගල් කැටය.

බොරු‡ [보루] බොරුව 의 복수 또는 형용사: ①거짓말들, 거짓들 මුසා ②거짓의, 거짓말의.

බොරු කකුල‡ [보루 까꿀러] ①의족, 인공 의족 කෘත්‍රිම කකුල ②(서커스) 대말, 죽마.

බොරු කකුල් කාරයා [보루 까꿀 까-러야-] 대말(죽마)을 차고 걷는 사람.

බොරු කතාව† [보루 까따-워] 거짓말, 거짓 이야기 මුසාව.

බොරුකාරයා‡ [보루까-러야-] 거짓말쟁이, 사기꾼 බොරු කරන්නා.

බොරු දත් [보루 닫] 의치, 인공치아 කෘත්‍රිම දත්.

බොරුපා [보루빠-] (서커스) 대말의, 죽마(竹馬)의.

බොරුව‡ [보루워] 거짓말, 거짓, 가짜 මුසාව.

බොරු වළ [보루 왈러] 덫, 함정.

බොරු වෙදකම† [보루 웨더꺼머] 엉터리 치료, 엉터리같은 말, 사기꾼 같은 짓.

බොරු සාක්කි [보루 싹-끼] 거짓 맹세, 위증 (죄).

බොල [볼러] ①너, 당신 ②밀집함, 빽빽함, 진함.

බොලට/බොලටැහැ [볼러터/볼러태해] 발목 පයෙහි ඇස්වටය.

බොලන් [볼란] (부르는 소리) 여기요, 저기요.

බොලා [볼라-] 너희들, 당신들 නුඹලා.

බොලොක්කය [볼룩꺼여] 도르래, 활차 කප්පිය.

බොල් [볼] ①왕겨, 쭉정이 ②빈, 비어있는 හිස් ③진한, 밀집한, 빽빽한 උකු ④단단한 තද.

බොල් ණය [볼 나여] 악성 부채.

බොල්ලෑ දත් [볼래- 닫] 뻐드렁니, 덧니.

බොල්වර [볼워러] 천둥, 우레 ගෙරවීම.

බොස්ගෙඩිය [보쓰게디여] 중심, 중추, (차륜) 중심축 රියසක් නැබ.

බොස්තරුක්කය [보쓰떠룩꺼여] 여성복의 (꽉끼는) 몸통 부분, 보디스.

බොහොඩා [보혼다-] 카멜레온 කටුස්සා.

බොහෝ/බොහොම‡ [보호-/보호머] ①많은, 다량의 හුඟක් ②뛰어난, 잘한.

බොහෝමයක් [보호-머약] 많음, 다량.

බොහෝ විට [보호- 위터] 많은 경우에, 많이, 종종 නිතර.

බොහෝසෙයින් [보호-쎄인] 많이, 많게, 여러모로, 다양하게 බොහෝසේ.

බොහෝසේ† [보호-쎄-] 많이, 많게, 여러모로, 다양하게 බොහෝසෙයින්.

බොළඳ [볼런더] ①사랑스러운, 귀여운 සුරතල් ②어리석은, 미련한, 바보같은 මෝඩ.

බෝ [보-] ①보리수 බෝ ගහ ②많은, 다량의 බොහෝ.

බෝංචි† [봉-치] (야채) 콩 (강낭콩, 잠두류).

බෝ කරනවා‡ [보- 꺼러너와-] ①증가시키다, 늘리다, 많게하다 වැඩි කරනවා ②전파하다, 퍼뜨리다 පතුරුවා හරිනවා ③감염시키다, 전염시키다.

බෝ කොටුව [보- 꼬투워] 보리수를 둘러싼 작은 건물.

බෝක්කුව† [복-꾸워] 작은 다리 කුඩා පාලම.

බෝක්සයිට් [복-사이트] (광물) 보크사이트 (알루미늄의 원광).

බෝග මාරුව [보-거 마-루워] 작물을 바꾸어 가면서 심는 방식.

බෝගය‡ [보-거여] 작물, 농작물 ශස්‍යය.

බෝ ගහ‡ [보- 가하] 보리수 බෝ.

බෝට්ටුව‡ [볼-투워] 보트, 작은 배 කුඩා යාත්‍රාව.

බෝඩරය [보-더러여] 경계, 국경 මායිම.

බෝඩිම† [보-디머] 호스텔, 보딩 하우스 නිවාතැන.

බෝතලය† [보-떨러여] 병, 빈병. (복) *බෝතල්*

බෝතල්† [보-딸] බෝතලය 의 복수: 병들, 빈병들.

බෝදින්නාන්සේ [보-딘난-쎄-] 거룩한 보리수 බෝධිය.

බෝධක [보-더꺼] 설명하는, 깨닫게 하는 අවබෝධ කරවන.

බෝධනය [보-더너여] 깨닫게 함, 이해하게 함 අවබෝධ කරවීම.

බෝධනෙය්‍ය [보-더네이여] 깨닫는, 이해하는 අවබෝධ කළ හැකි.

බෝධි ඥානය [보-디 냐-너여] 불교의 사성제를 깨닫게 하는 지혜.

බෝධිය [보-디여] ①거룩한 보리수 ②깨달음의 지혜, 모든 것을 앎 (전지) සර්වඥාන ඥානය.

බෝධීන් වහන්සේ [보-딘 와한쎄-] 거룩한 보리수.

බෝනික්කා‡ [보-닉까-] 인형 රූකඩය. (복) *බෝනික්කෝ*

බෝමැඩ [보-매더] 보리수 나무 주변에 쌓은 테라스.

බෝම්බය‡ [봄버여] 폭탄. (복) *බෝම්බ*

බෝයාව [보-야-워] 부이, 부표, 찌 ඉපිලි කඳ.

බෝයි [보-이] (접두사) 무의, 영의, 없는.

බෝර ගහනවා [보-러 가하너와-] (돌, 바위) 구멍을 뚫다, 시굴하다.

බෝරය [보-러여] ①(송곳 따위로 뚫은) 구멍, 시굴공විදිර ලද සිදුර.

බෝර්දය [보-르더여] 끝, 가장자리, 경계 අයින.

බෝලකූඩුව [볼-러꾸-두워] 옷걸이, 걸이.

බෝලත්ත [볼-랕떠] 마당비.

බෝලය‡ [볼-러여] 공, 구. (문어) පන්දුව

බෝච [보-워] 소량, 조금 ස්වල්පය. (구어) ටික

බෝ වෙනවා† [보- 웨너와-] 확산되다, 많아 지다, 퍼지다, 발전하다 ව්‍යාප්ත වෙනවා.

¶ රෑ බෝ වෙනවා 저녁이 되다, 저녁이 시작되다

බෝසතා/බෝසත්/බෝධිසත්ව [보-싸따-/보-쌑/보-디쌑워] ①(불교) 보살, 해탈한 사람 බෝසතාණන් වහන්සේ ②개화된 사람, 계몽된 사람.

බෞද්ධ‡ [바욷더] ①불교의 ②불자의 බුදුනු.

බෞද්ධයා† [바욷더야-] 불자, 불교도 බුදුනුවා.

බ්‍යඤ්ජනය [비얀저너여] ①(문법) 자음 අප්‍රාණාක්ෂර ②카레 කරිය, ව්‍යංජනය ③특징, 상징 ලක්ෂණය.

බ්‍යවසාය [비여워싸-여] ①강조, 힘줌 අවධාරණය ②사업, 기업 ව්‍යවසාය.

බ්‍යසනය [비여써너여] 파괴, 파멸 විනාශය.

බ්‍යාම ප්‍රභා මණ්ඩලය [비야-머 쁘러바- 만덜러여] 부처님 후광.

බ්‍යාමය [비야-머여] 길 (1.83m) බඹය.

බ්‍රහස්පතින්ද‡ [브러하쓰빠띤다-] 목요일.

බ්‍රහ්ම† [브라흐머] ①지존한, 장엄한, 훌륭한 දේවාති දේව ②브라만의.

බ්‍රහ්මචර්යාව [브라흐머차르야-워] (종교) 독신(생활).

බ්‍රහ්මචාරි [브라흐머차-리] (종교적 이유로 인한: 불교, 천주교) ①독신주의자 බ්‍රහ්මචාරියා ②독신(주의)의 බ්‍රහ්මචාරී.

බ්‍රහ්මචාරියා [브라흐머차-리야-] (종교적 이유로 인한) 독신주의자.

බ්‍රහ්මචාරී [브라흐머차-리-] (종교적 이유로 인한: 불교, 천주교) ①독신주의자 බ්‍රහ්මචාරියා ②독신(주의)의 බ්‍රහ්මචාරී.

බ්‍රහ්ම දණ්ඩය [브라흐머 단더여] 홀로 있게 하는 벌.

බ්‍රහ්මයා [브라흐머야-] (힌두교) 최고의 신, 창조자 මැවුම්කරු.

බ්‍රහ්ම විහාර [브라흐머 위하-러] 높은 계급의.

බ්‍රාහ්මණ [브라-흐머너] 브라만의.

බ්‍රාහ්මණයා [브라-흐머너야-] 브라만, 지식 계급의 사람, 교양이 높은 사람 බමුණා.

බ්‍රාහ්ම මුහුර්තය [브라-흐머 무후르떠여] 새벽 전 시간 බඹ මොහොත.

බ්‍රාහ්මී ලිපි [브라-흐밀 리삐] 브라만 스크립트 (손으로 쓴 글).

බ්‍රිතාඤ්ඤය [브리딴-녀여] 영국, 대영제국 බ්‍රිතාන්‍යය.

බ්‍රිතාන්‍යය† [브리딴-니여여] 영국, 대영제국.

බ්‍රෙසියරය [브레씨여러여] 브레지어 තනපට.

බ්‍රේක් [브렉-] 브레이크, 제어 장치 තිරිංග.

බ්‍රේල් [브렐-] 브라유식 점자 (법).

ඔ

හ

හ [바] 씽할러 알파벳의 48번째 글자: බ 의 장음이다.

භංග [방거] 부서진, 깨진, 분열된 බිඳුණු.

භංගජාත [방거자-떠] (식물학) 파생적.

භංගය [방거여] 부러짐, 부서짐, 분열 බිඳුම.

භංගවෙනව [방거웨너와-] 부서지다, 깨지다 බිඳෙනවා.

භංගුර [구러] 깨지기 쉬운, 부서지기 쉬운 කැඩෙනසුලු.

භංජනය [방저너여] 깨짐, 부서짐 බිඳීයාම.

භංජය [방저여] 파열, 파괴, 깨어짐 බිඳුම.

භක්තය [밖떠여] 음식 බොජුන. (구어) කෑම

භක්තිකයා [밖띠꺼야-] 신자, 신도, 헌신자, 충성된 자, 열광자 බැතිමතා. (복) *භක්තිකයෝ*

භක්ති පූජාව [밖띠 뿌-자-워] 헌신된 숭배 (예배), 헌신 බැතිපුද. (복) *භක්ති පූජා*

භක්තිමත්‡ [밖띠맏] 헌신적인, 충실한, 위탁된 භක්තිවන්ත.

භක්තිය† [밖띠여] 헌신, 충성 බැතිය. (복) *භක්ති*

භක්තිවන්ත† [밖띠완떠] 헌신적인, 위탁된, 충실한 භක්තිමත්.

භක්තිවන්තයා† [밖띠완떠야-] 신도, 신자, 신앙인 ඇදහිලිවන්තායා. (복) *භක්තිවන්තයෝ*

භක්ෂකයා [밖셔꺼야-] 먹는 사람, 식사자 කන්නා.

භක්ෂණය [밖셔너여] 먹음, 식사 අනුභවය. (구어) කෑම

භග [바거] ①행운, 운 වාසනාව ②부, 부유 සම්පත ③해, 태양 හිරු (구어) ඉර ④지혜 ප්‍රඥාව ⑤(해부학) 음문, (속어) 보지 යෝනිය.

භගන්දර [바간더러] (의학) 치루 (항문관련).

භගය [바거여] (해부학) 음문, (속어) 보지 යෝනිය.

භගවතා [바거워따-] ①행운아, 복받은 사람 භාග්‍යවන්තයා ②부처님 බුදුන් වහන්සේ.

භගවත් [바거왇] 복받은, 행운의 භාග්‍යවන්ත.

භගශිශ්නිකාව [바거쉬쉬니까-워] (해부학) 여성 음핵, 클리토리스 කටරොඩු මල.

භගිනිය [바기니여] ①누나 ②언니 අක්කා.

භග්න [바그너] 부서진, 깨진 බිඳුණු.

භග්නය [바그너여] 부서짐, 깨짐 බිඳීම.

භජනය [바저너여] 친교, 어울림 ආශ්‍රය.

භටයා† [바터야-] 군인 සොල්දාදුවා.

භදන්ත [바단떠] ①귀하신, 존경할 만한, 거룩한 ගෞරවාර්හ ②성직의, 목사의 පූජ්‍ය.

භද්‍ර [다드러] 선한, 착한, 좋은 යහපත්. (구어) හොඳ

භද්‍ර ඝටය [바드러 가터여] 행운단지 වාසනා කළගෙඩිය.

භද්‍රා [바드라-] 착한 여인(의) යහපත් තැනැත්තී.

භද්‍රාව [바드라-워] ① (여자) 애인 සුන්දරිය ②부인 බිරිඳ.

භය† [바여] ①무서움, 두려움,

공포 බය ②무서운, 두려운, 공포스러운 භයානක.

භයංකර [바양꺼러] 무서운, 두려운, 공포스러운 භයානක.

භයානක‡ [바야-너꺼] 무서운, 두려운, 공포스러운 බයානක.

භරිත [바리떠] 가득 찬, 찬, 채워진 පිරුණු. ¶ කරුණාභරිත 자비로운, 친절한

භර්තෘ [바르뜨루] 남편(의), 주인(의) සැමියා.

භව තන්හාව [바워 딴하-워] 생에 대한 열망 ඉපදීමේ ආශාව.

භවතා [바워따-] 어르신 මහත්තයා.

භවත් [바왇] 고귀한, 귀하신 යුෂ්මත්.

භවනය [바워너여] ①집, 거주지 නිවස ②존재, 현존, 생존 පැවැත්ම ③질, 품질 ගතිය ④활 දුන්න. ¶ වාස භවනය 집

භවභෝග [바워보-거] 소출, 수확, 곡식들 බවබෝග.

භවය† [바워여] ①존재, 실재, 생활, 생존, 탄생, 태어남 උපත ②형용사 뒤에 붙어 명사를 만들어 붙은 형용사의 성질, 성격, 기질을 뜻함: අනගිභවය 귀함, 가치.

භවසත්තාවාදය [바워쌑따-와-더여] 실존주의 අනුභූති වාදය.

භවාග්‍රය [바와-그러여] 실존의 끝 පැවැත්මේ කෙළවර.

භවාඞ්ග [바왕-거] 잠재 의식의.

භවාන්තරය [바완-떠러여] 또 다른 생애.

භවාස්‍රය [바와-쓰러여] 생에 대한 열망 ඉපදීමේ ආශාව.

භවික [바위꺼] 태어난, 생존하는, 존재하는 භවයෙහි උපන්.

භවිෂ්‍යත් [바윗쉬얃] 앞날의, 미래의 මත්තෙහි වන.

භවෝත්පත්තිය [바옽-빹띠여] 환생 සසර ඉපදීම.

භව්‍ය [밥위여] 적당한, 적절한, 잘하는 සුදුසු.

භස්මය [바쓰머여] 재, 잔재 අළු බව.

භස්මාවශේෂ [바쓰마-워쉐-셔] 재, 잔재 අළු බව.

භාග ගණිත [바-거 가너너] (수학) 분수 භාග සංඛ්‍යාව.
¶ භාගකය 분모 භාජ්‍යය 분자

භාගය‡ [바-거여] ①반절, 반 අඩ ②일부, 부분 කොටස.
¶ සියලු දිශා භාගවලින් 모든 방향에서

භාගික [바-기꺼] 일부의, 부분의.

භාගික ආසවනය [바-기꺼 아-써워너여] 부분 추출, 일부 추출.

භාගික ස්ඵටිකරණය [바-기꺼 쓰빠티-꺼러너여] 부분 결정(화).

භාගිනෙය්‍ය [바-기네이여] ①조카 ②사위 බෑනා.

භාගියා [바-기야-] 참여자, (배급, 배당을) 받는 사람 පංගුකාරයා.

භාගි වෙනවා [바-기 웨너와-] 참여하다, 참가하다, 어울리다 පංගුකාර වෙනවා.

භාග්‍යය [바-기여여] ①운, 행운, 복 වාසනාව ②운명 ඉරණම.

භාග්‍යවත්/භාග්‍යවන්ත [박-기여왇/박-기여완떠] ①복있는, 운있는, 행운의 වාසනාවන්ත

②가치있는, 칭찬할 만한 ගුණවන්ත.

භාග්‍යවන්තයා [바-기여완떠야-] 복있는 사람, 행운아.

භාජකය [바-저꺼여] (수학) 약수, 제수.

භාජන‡ [바-저너] ①භාජනය 의 복수 또는 형용사: 그릇, 용기, 그릇의, 용기의 බඳුන් ②적합한, 적절한, 맞는 යෝග්‍ය.

භාජන කරනවා [바-저너 꺼러너와-] ①집중하다, 관심을 두다 යොමු කරනවා ②넘겨주다, 위탁하다 භාර කරනවා.

භාජනය‡ [바-저너여] 그릇, 용기 බඳුන.

භාජනය කරනවා [바-저너여 꺼러너와-] 회부하다, 맡기다, 위임하다, 종속시키다, 영향아래 두다 භාර කරනවා.

භාජන වෙනවා [바-저너 웨너와-] ①집중되다, 관심을 받다 යොමු වෙනවා ②넘겨지다, 드려지다 භාර වෙනවා.

භාජ්‍යය [밪-지여여] (수학) 피제수.

භාණක [바-너꺼] ①설교자 ②설교하는, 말하는 දෙසන.

භාණ්ඩ† [반-더] භාණ්ඩය 의 복수 또는 형용사: ①물건들, 물품들 ②물건의, 물품의 බඩු.

භාණ්ඩය [반-더여] 물건, 물품 බඩුව.

භාණ්ඩාගාරය‡ [반-다-가-러여] 보고 (재보를 보관하는 건물, 방, 상자 등), 재물 창고.

භාණ්ඩාගාරික‡ [반-다-가-리꺼] (모임의 임원중 한명) 회계, 회계업무 보는 사람 මුදල් භා නිලධාරියා.

භාතෘ/භාතෘ [바-뚜/바-뜨루] 형제(의) භාතික.

භානු [바-누] 해, 태양 හිරු. (구어) ඉර

භාර† [바-러] භාරය 의 복수: 책임들, 무게, 멍에들, 맹세들.

භාරකරු/භාරකාරයා‡ [바-러꺼루/바-러까-러야-] ①관리인, 보관자, 수위 බාරකරු ②청지기, 창고지기 ගබඩාකාරයා.

භාරකාරකම/භාරකාරත්වය [바-러까-러꺼머/바-러까-랕워여] 청지기직, 책임, 관리, 창고지킴 ගබඩාකාරකම.

භාරකාරයා [바-러까-러야-] 청지기, 창고지기 ගබඩාකාරයා.

භාර ගන්නවා† [바-러 간너와-] 책임지다, 넘겨 받다, 받아들이다 වගකීමෙන් යුතුව ගන්නවා.

භාරතය [바-러떠여] (나라) 인도 ඉන්දියාව.

භාරතී [바-러띠-] 말 담당 여신, 사러스와 띠 여신 සරස්වතී දෙවඟන.

භාරදූර [바-러두-러] ①중요한, 중대한, 무거운 책임이 있는 වැදගත් ②아주 어려운 ඉතා අමාරු.

භාරය [바-러여] ①책임, 관리, 보관 බාරගැන්ම ②무게, 짐 බරය ③멍에 කත්ලීය ④맹세 බර.

භාර්යාව‡ [바-르야-워] 아내, 부인 බිරිඳ. (구어) නෝනා
¶ ස්වාමි පුරුෂයා 남편

භාව [바-워] භාවය 의 형용사: ①뜻의, 의미의 අදහස් ②스타일의, 모양의 හැටි.

භාවක්‍රියාව [바-워끄리야-워] (문법) 동명사 භාවක්‍රියා පදය.

භාවනය/භාවනාව [바-워너여/바-워나-워] 명상, 묵상, (종교적) 정신적 성찰 බාවනාව.
භාවනා [바-워나-] භාවනාව 의 복수 또는 형용사: ①묵상들, 명상들 ②명상하는, 묵상하는.
භාවනා කරනවා† [바-워나- 꺼러너와-] 명상하다, 묵상하다 මෙනෙහි කරනවා.
භාවනාමය [바-워나-머여] (문법) 추상명사.
භාවනාමය [바-워나-머여] 명상하는, 묵상하는 භාවනාකරන.
භාවනාව/භාවනය‡ [바-워나-워/바-워너여] 명상, 묵상, (종교적) 정신적 성찰 බාවනාව.
භාවය [바-워여] ①스타일, 모양 හැටිය ②뜻, 의미 අදහස ③출생, 탄생, 태어남 උපත.
භාවය† [바-워여] 보통 형용사 뒤에 나와서 그 형용사의 기질, 성질을 표현하는 명사를 만들 때 자주 사용된다: ශුද්ධ 거룩한, ශුද්ධ භාවය 거룩함
භාවාත්මක [바-왇-머꺼] 추상적인, 관념상의, 이론적인 හැගුම්බර.
භාවාර්තය [바-와-르떠여] 직접적 의미.
භාවික [바-위꺼] ①자연의, 자연적인, 천연의 ස්වභාවික ②명상하는 භාවනා කරන.
භාවිත [바-위떠] ①사용한, 쓴, 이용한 පාවිච්චි වුණු ②익숙한, 친숙한 පුරුදු ③혼합된, 섞인 මිශ්‍ර ④얻은, 득한 ලබනලද.
භාවිතය/භාවිතාව† [바-위떠여/바-위따-워] 사용, 이용, 연습 ව්‍යවහාරය.
භාවිතා කරනවා† [바-위따- 꺼러너와-] 사용하다, 이용하다, 연습하다. (구어) පාවිච්චි කරනවා
භාවිතාව/භාවිතය [바-위따-워/바-위떠여] 사용, 이용, 연습 ව්‍යවහාරය.
භාවිතිය [바-위띠여] 유전스, 기한부 어음.
භාවෝපගත [바-오-빠가떠] 자연 상태로 줄어든.
භාෂණ පරිවර්තක [바- 빠리와르떠꺼] 통역자, 번역자 පරිවර්තකයා. (구어) තෝල්කයා
භාෂණය [바-셔너여] 말함, 담화, 대화 කථා කිරීම.
භාෂා [바-샤-] භාෂාව 의 복수 또는 형용사: ①언어들 ②언어의, 말의 බස්.
භාෂාන්තරය [바-샨-떠러여] 중간 언어 (외국어를 학습 중인 사람이 표현하는 언어 체계로서, 관련 외국어 요소와 학습자의 모국어 요소가 혼합된 형태).
භාෂාව‡ [바-샤-워] 언어, 말 බස.
භාෂාශාස්ත්‍ර [바-샤-샤-쓰뜨러] 언어학.
භාෂාශාස්ත්‍රඥ [바-샤-샤-쓰뜨러끄녀] 언어 학자 භාෂාඥ.
භාෂිත [바-쉬떠] 말한, 이야기한 කියන ලද.
භාෂිතය [바-쉬떠여] 말함, 담화 කථා කිරීම.
භාසුරු [바-쑤루] ①해, 태양 හිරු (구어) ඉර ②사자 සිංහයා.
භාස්කර [바-쓰꺼러] 해, 태양 හිරු. (구어) ඉර
භාස්මික [바-쓰미꺼] 기초의, 기본의 භස්ම වැනි.

භාස්වර [바-쓰워러] 빛나는, 찬란한 බබළනසුලු.

භික්ඛු [빅꾸] ①승려들, 승들 ②승려의 හාමුදුරු.

භික්ඛුණි [빅꾸니] 비구니, 여승 මෙහෙණිය.

භික්ෂාචාරය [빅샤-차-러여] (승려의) 탁발 භික්ෂාචරණය.

භික්ෂාව [빅샤-워] 탁발 음식.

භික්ෂුව† [빅슈워] 승려, 승 හාමුදුරුවා.

භික්ෂුණිය [빅슈니-여] 비구니, 여승 මෙහෙණිය.

භික්ෂු සංඝයා [빅슈 쌍거야-] 승려 무리 සංඝරත්නය.

භිඞ්කාරය [빙까-러여] 황금 물병.

භික්තිය/භිත්තිය [빅띠여/빋띠여] 벽, 담 බිත්තිය.

භින්න [빈너] 깨진, 부서진, 나눠진 බිඳුණු.

භින්නෝන්මාදය [빈논-마-더여] (의학) 정신 분열증 ප්‍රචාක චිත්ත වික්ෂේපය.

භිෂක්වේදය [비샥웨-더여] 약리학, 약물학.

භීති කරනවා [비-띠 꺼러너와-] 두렵게 하다, 겁주다, 무섭게 하다 බය ගන්වනවා.

භීතිවෙනවා [비-띠웨너와-] 무서워하다, 두려워하다, 떨다 ඉතා බය පත් වෙනවා.

භීතිය† [비-띠여] 공포, 두려움, 당황, 무서움 ත්‍රස්තය.

භීම [비-머] 무서운, 두려운 භයානක.

භීරු/භීරුක [비-루/비-루꺼] 겁먹는, 겁쟁이의, 두려워하는 බියවන සුලු.

භීෂණ [비-셔너] 무서운, 두려운, 공포의 භයානක.

භීෂණය† [비-셔너여] 공포, 두려움, 무서움 භයානක තත්වය.

භුක්තය [북떠여] 음식 බොජුන. (구어) කෑම

භුක්තිය [북띠여] ①기쁨, 낙, 누림, 즐김 බුක්තිය ②소유, 가짐, 점유, 소유권 හිමිකම ③됨, 존재 වීම.

භුක්ති විඳිනවා [북띠 윈디너와-] ①누리다, 즐기다 බුක්ති විඳිනවා ②소유하다.

භුජඞ්ගයා [부장거야-] 뱀 සර්පයා.

භුජය [부저여] ①팔 බාහුව ② 어근.

භුවන [부워너] 세상 ලෝකය.

භූ† [부-] 지구의, 지질의 පොළෝ.

භූ කම්පනය† [부- 깜뻐너여] 지진 භූමිකම්පාව.

භූ කාලාන්වය [부- 깔-란-워여] 지질 연대 결정.

භූකේන්ද්‍රිය [부-껜-드리여] 지구 중심.

භූකේන්ද්‍රික [부-껜-드리꺼] 지구 중심적인.

භූගත [부-가떠] 땅속의, 지하의.

භූගත ජලය [부-가떠 잘러여] 지하수.

භූගර්භ විද්‍යාව [부-가르버 윋디야-워] 지질학.

භූගෝලය† [부-골-러여] ①지리 ②지구 පොළොව.

භූගෝල විද්‍යාව [부-골-러 윋디야-워] 지리학.

භූගෝලීය [부-골-리-여] 지리상의, 지리의.

භූජල මට්ටම [부-잘러 맡터머] 지하수면.

භූත [부-떠] ①영의, 사람이 아닌 අමනුෂ්‍ය ②마귀의, 악마의, 사단의 යක්ෂ.

භූතකාය [부-떠까-여] 몸, 신체 ශරීරය. (구어) ඇඟ

භූතපූර්ව [부-떠뿌-르워] 이전에 있었던, 이전에 존재했던.

භූතය [부-떠여] 요소, 성분.

භූතයා [부-떠야-] ①마귀, 악마, 사단 යක්ෂයා ②영, 영적 존재 අමනුෂ්‍යයා.

භූ තලය [부- 딸떠여] 지면, 지구 표면 පොළෝ තලය.

භූත විද්‍යාව [부-떠 윋디야-워] 강신술, 교령술(交靈術), 유심론, 관념론.

භූතවෛද්‍ය [부-떠와읻디여] 퇴마사의, 귀신을 내쫓는.

භූතාර්ථය [부-따-르떠여] 실재, 존재 තාත්විකත්වය.

භූතාවේශය [부-따-웨-셔여] 귀신들림 යක්ෂාවේශය.

භූපති [부-빠띠] 왕, 임금 주권자, 원수(元首), 군주, 국왕, 지배자 රජ, නරපති. (복) *භූපතීහු, භූපතීන්*

භූපාලි [부-빨-리-] 왕, 임금 주권자, 원수(元首), 군주, 국왕, 지배자 රජ, නරපති.

භූම [부-머] (건물의) 층 තට්ටුව.

භූමක [부-머꺼] 층으로 된, 층으로 이루어진 මහල් ඇති.

භූමණ්ඩලය [부-만덜러여] 지구 පෘථිවිය.

භූමදානය† [부-머다-너여] (시체) 매장, 매장식.

භූමිකම්පාව† [부-미깜빠-워] 지진, 땅 흔들림.

භූමිකාව [부-미까-워] ①땅, 대지 පොළොව ②서문, 서언 පෙර වදන ③구성, 글짓기 ④무대 වේදිකාව ⑤등장인물 චරිතාංගය.

භූමිතිය [부-미띠여] 측지학 භූමිති විද්‍යාව.

භූමිති විද්‍යාව [부-미띠 윋디야-워] 측지학 භූමිතිය.

භූමිතෙල්‡ [부-미뗄] 등유, 등불용 석유 ලාම්පු තෙල්.

භූමිය† [부-미여] 땅, 육지, 대지 පොළොව. (구어) බිම

භූමිරුහ [부-미루허] 지상에 사는 පොළොවේ ජීවත්වෙන.

භූ යුගය [부- 유거여] 지질 연대.

භූ රසායන විද්‍යාව [부-라싸-여너 윋디야-워] 지구 화학.

භූරි [부-리] 거대한, 큰 මහා.

භූරි මේධය [부-리 메-더여] 풍부한 지식 මහ නුවණ.

භූලෝකය [불-로-꺼여] 땅, 세상 ලෝකය.

භූ විද්‍යාව† [부- 윋디야-워] 지질학.

භූෂණය [부-셔너여] 장식, 꾸밈 අලංකරණය.

භූෂිත [부-쉬떠] 장식한, 꾸민 සැරසූ.

භෘංග/භෘඞ්ග [브룽거] 말벌의, 꿀벌의.

භෘංගයා/භෘඞ්ගයා [브룽거야-] ①말벌 බඹරා ②꿀벌 මීමැස්සා.

භෘජනය වෙනවා [브루저너여 웨너와-] ①굴복하다, 굽히다, 지다 ②(상황에) 처해지다 පත් වෙනවා.

භ

භෘති [브루띠] 삯(의), 임금(의).
භෘෑ/භ්රූ [브루-] 눈썹 ඇස් බැම.
භේණ්ඩුව [벤-두워] 공, 볼 බෝලය.
භේදක [베-더꺼] 나누는, 분열시키는, 쪼개는 භේදය කරන.
භේදනය [베-더너여] 분열, 나뉨, 쪼개짐 බිඳීම.
භේදය† [베-더여] 분열, 나뉨, 쪼개짐 බිඳීම, කොටස් කිරීම.
භේරි [베-리-] ①북들, 드럼들 බෙර ②북의, 드럼의 බෙර පිළිබඳ.
භේරුණ්ඩ පක්ෂියා [베-룬더 빡쉬야-] 머리 2개 있는 황금 독수리.
භේෂාරවය [베-샤-러워여] (말) 울음, 소리 අශ්වයන්ගේ හඬ.
භේසජ්ජ [베-쌎저] 약(의) බෙහෙත්.
භෛරව [바이러워] 두려운, 무서운 බයානක.
භෛරවයා [바이러워야-] 땅속 보물을 지키는 마귀 බහිරවයා.
භෛෂජ්‍ය [바이셪지여] 약(의) බෙහෙත්.
භෝග [보-거] 부, 부요 සම්පත්.
භෝජකයා [보-저꺼야-] 음식 먹는 사람 අනුභව කරන්නා.
භෝජනය† [보-저너여] ①음식 අහර (구어) කෑම ②식사, 먹음 කෑමගැනීම. ¶ රාත්‍රි භෝජනය (기독교) 성만찬, 최후의 만찬
භෝජන ශාලාව‡ [보-저너 샬-라-워] 식당 ආපන ශාලාව.
භෞතචිකිත්සක [바우떠치낃싸꺼] 물리 치료의, 물리 요법의. ¶ භෞතචිකිත්සක අංශය 물리치료과
භෞතචිකිත්සාව/භෞතචික්තිසාව [바우떠치낃싸-워/바우떠칚띠싸-워] 물리치료, 물리 요법.
භෞතවේදය [바우떠웨-더여] 생리학 කායික විද්‍යාව.
භෞතවෛද්‍ය† [바우떠와읻디여] ①내과의사 ②내과의, 내과에 관한.
භෞතික [바우띠꺼] ①물질의, 물리에 관한 ②육체의, 신체의 ද්‍රව්‍යමය.
භෞතික වාදය [바우띠꺼 와-더여] 유물론, 유물주의.
භෞතික විද්‍යාව† [바우띠꺼 윋디야-워] 물리학.
භෞතියවාදය [바우띠여와-더여] (철학) 물리(학) 주의.
භෞතීය [바우띠-여] ①물질의, 물리에 관한 ②육체의, 신체의 ද්‍රව්‍යමය.
භෞම [바우머] 지구상의, 지상의 භූමිය පිළිබඳ.
භෞමික [바우미꺼] 영토의, 특정지역의 භූමිය හා බැඳුණු.
භ්‍රංශය [브랑셔여] 낙하, 떨어짐 වැටීම.
භ්‍රමක [브러머꺼] 회전하는, 도는 කැරකෙන, බැමෙන.
භ්‍රමණය† [브러머너여] 회전, 순환, 돎 කැරකීම.
භ්‍රමය [브러머여] 에러, 실수 වැරැද්ද.
භ්‍රමර [브러머러] 말벌(의), 꿀벌(의).
භ්‍රමේක්ෂය [브러멕-셔여] 속도 측정계.
භ්‍රෂ්ට [브러쉬터] 파괴된, 파멸된 වැනසුණු.

භ්‍රෂ්ටයා [브러쉬터야-] 파괴자, 파멸자 විනාශ කරන්නා.

භ්‍රාජමාන [브라-저마-너] 빛나는, 반짝이는, 번쩍이는 දිලිසෙන.

භ්‍රාතෘ [브라-뜨루] 형제(의).

භ්‍රාන්ත [브란-떠] 놀라는, 경악하는, 공포스러운 බියවූ.

භ්‍රාන්තිය [브란-띠여] 환각, 망상, 환상.

භ්‍රාසය [브라-써여] (의학) 경련, 쥐, 쥐남 මස් පිඬු ඉබේ ගැස්ම.

භ්‍රෑ/භෲ/භ්රෑ [브래-/브루-] 눈썹 ඇස් බැම.

භ්‍රෑණය [브래-너여] (포유 동물, 특히 사람의 임신 3개월이 넘은) 태아.

භ්‍රෑණ රෝම [브래-너 로-머] (태아, 신생아 따위의) 솜털, 취모.

භ්‍රෑ භංගය [브래- 방거여] 언짢게 봄, 찌푸린 얼굴 රවා බැලීම.

භ්රෑ/භෲ [브루-] 눈썹 ඇස් බැම.

භ

ම

ම [마] 씽할러 알파벳의 49번째 글자.

ම [머] ①강조 조사 තමයි ②형용사 뒤에 붙어 최상급을 만드는 조사. ¶ ඔයාම 바로 네가 ලස්සනම 가장 아름다운

මං [망] ①මම 의 줄임말: 나, 내가 ②길들, 도로들 පාරවල්. ¶ මං කියන්නම් 제가 말할게요

මංකඩ† [망꺼*더*] 입구, 현관 අඩිපාර.

මංකොල්ල කනවා† [망꼴러 까너와-] 강도짓하다, 약탈하다 මං පහරනවා.

මංකොල්ලකාරයා† [망꼴러까-*러*야-] 강도, 약탈자 මං පහරන්නා.

මංකොල්ලය† [망꼴러여] 강도짓, 약탈 මං පැහැරීම.

මංගල† [망걸러] ①결혼의, 혼인의, 결혼식의 මඟුල් ②행운의, 운좋은 යහපත් ③처음의, 시작의, 초기의 ආරම්භක ④왕의, 왕족의 රාජකීය.

මංගල පුෂ්කරණිය [망걸러 뿌쉬꺼*러*니여] 왕의 연못 රජුගේ පොකුණ.

මංගල පෝරුව [망걸러 뽀-*루*워] 결혼 장식, 결혼 꽃 장식 මඟුල් පෝරුව.

මංගල මාතංග [망걸러 마-땅거] 왕의 코끼리 මඟුල් ඇතා.

මංගල රථය [망걸러 *라*떠여] ①왕의 차량 රජුගේ වාහනය ②신랑 신부 결혼 차량.

මංගල ශිලා ප්‍රතිෂ්ඨාපනය [망걸러 쉴라- 쁘*러*띠쉬타-빼너여] 건물 초석을 놓음.

මංගල හස්තියා [망걸러 하쓰띠야-] 왕의 코끼리 මඟුල් ඇතා.

මංගලෝත්සවය [망걸롣-써워여] (මංගල + උත්සවය) ①잔치, 연회 ②결혼잔치, 혼인잔치.

මංගල්‍ය [망걸리여] ①මංගල්‍යය의 복수 또는 형용사: a. 결혼식들, 의식들 b. 결혼의, 혼인의, 의식의, 식의 මංගල ②좋은, 행운의 සුභ.

මංගල්‍යය† [망걸리여여] ①결혼식 විවාහ උළෙල ②식, 의식, 의례 ශුභ කටයුත්ත.

මංජු [망주] 단, 달달한 මිහිරි.

මංතලව්ව [망떨라우워] ①오솔길, 산길 ②강기슭 ③교차로 මං සන්ධිය.

මංතීරුව† [망띠-*루*워] 차선, 차로.

මංපෙත [망뻬떠] 길, 도로 මග. (구어) පාර

මංමාවත් [망마-왇] 길들, 도로들 පාරවල්.

මංමුළාව [망물라-워] 길잃음, 타락.

මංමුළා වෙනවා [망물라- 웨너와-] 길을 잃다, 타락하다.

මංස [망써] 고기, 살코기 මස්.

මංසන්ධිය/මංසල† [망싼디여/망썰러] 교차로. (구어) මංහන්දිය.

මංහන්දිය [망한디여] 교차로 මංසල. (문어) මංසන්දිය.

මකනකෑල්ල [머꺼너깰-러] 지우개 මකනය.

මකනය‡ [마꺼너여] 지우개 මකනකෑල්ල.

මකනවා‡ [마꺼너와-] මැකුවා-මකා ①지우다, 삭제하다 ②없애다, 근절하다, 박멸하다

විනාශ කරනවා ③(금, 은) 녹이다 උණු කරනවා. මැකීම/මැකුම
මකබාස් [마꺼바-쓰] 일 못하는 기능공.
මකබෑ වෙනවා [마꺼배- 웨너와-] 파괴되다, 없어지다, 멸절되다 නැතිභංග වෙනවා.
මකර [마꺼러] ①(천문학) 염소자리(의), 마갈궁(의) ②고래(의) මෝරා.
මකර කට [마꺼러 까터] 바닷물이 심연으로 들어가는 전설적인 입구 වළබඹුව.
මකර දද/මකර ධ්වජ [마꺼러 다더/마꺼러 드워저] ①큐피드 신 අනංගයා ②용이 그려진 깃발.
මකර නිවර්තනය [마꺼러 니워르떠너여] (천문학) 남회귀선.
මකරන්ද [마꺼란더] 과즙, 넥타 මල් පැණි.
මකර රාශිය [마꺼러 라-쉬여] (천문학) 염소자리, 마갈궁.
මකරා† [마꺼라-] 용, (신화) 영양의 머리와 앞 다리, 물고기 몸과 꼬리를 가진 바다 괴물.
මකස [마꺼써] 모기의 මදුරු.
මකසයා [마꺼써야-] 모기 මදුරුවා.
මකළ [마껄러] 원숭이(의) වඳුරු.
මකු [마꾸] 은혜를 모르는, 감사할 줄 모르는.
මකුට [마꾸터] මකුටය 의 복수 또는 형용사: ①관들, 왕관들, 관의, 왕관의 කිරීට ②정상들, 꼭대기들, 정상의 මුදුන්.
මකුට බන්ධනය [마꾸터 반더너여] 대관식, 즉위식 අභිෂේකය.
මකුට මණී [마꾸터 마니-] 왕관에 박힌 보석 ඔටුන්නෙහි මැණික.
මකුට මාණික්‍යය [마꾸터 마-닊끼여여] 왕관에 박힌 보석 ඔටුන්නෙහි මැණික.
මකුටය [마꾸터여] ①관, 왕관 ඔටුන්න ②정상, 꼭대기, 정점 මුදුන.
මකුණා‡ [마꾸나-] 빈대.
මකුළු දැල‡ [마꿀루 댈러] 거미줄. (복) *මකුළු දැල්*
මකුළුවා‡ [마꿀루와-] 거미. ¶ මකුළු දැල් 거미줄
මක්/මක්ක [막/막꺼] 무엇 මොනවා. (문어) කුමක්
මක්කට [막꺼터] 원숭이(의).
මක්කම [막꺼머] 메카 (이슬람 성지).
මක්බය [막꺼여] 은혜를 모름, 감사하지 않음 මකු.
මක්ඛියා/මක්ෂිකා [막끼야-/막쉬까-] 파리 මැස්සා.
මක්නිසාද [마끄니싸-더] ①왜? (구어) ඇයි ②이유는 ~ 다, 그래서.
මක්ෂිකා [막쉬까-] 파리 මැස්සා.
මග/මඟ‡ [마거/망거] ①길, 통로, 도로 පාර (문어) මාර්ගය ②방법, 방식 ආකාරය.
මග අරිනවා‡ [마거 아리너와-] ①피하다, 회피하다, 벗어나다 වැළකෙනවා ②막다, 방해하다, 못하게하다 වළක්ව-නවා.
මග ගෙවනවා [마거 게워너와-] 가다, 지나가다 යනවා.
මගට බහිනවා [마거터 바히너와-] ①길로 나가다 පාරට බහි-නවා ②가난하게 되다, 빈궁하다, 부랑아가 되다 අසරණ වෙනවා.

ම

මගඩිය [마거ㄷ/여] 속임, 사기 වංචාව.

මගතොට [마거또터] 길과 길가.

මගද/මගධ [마거더] ①인도 서북부 라자스탄 주 팔리 행정구의 행정 중심 도시 ②팔리어 පාළි.

මග පෙන්වනවා‡ [마거 뻰워너와-] 안내하다, 길을 보여주다, 인도하다 පාර පෙන්වනවා.

මගබඩ [마거바ㄷ] 길가의, 길옆의 පාර අයිනේ.

මග වියදම [마거 위여더머] 여행 경비 ගමන් වියදම.

මග හරිනවා [마거 하리/너와-] ①피하다, 회피하다, 벗어나다 වැළකෙනවා ②막다, 방해하다, ~ 못 하게하다 වළක්වනවා.

මගින්/මඟින් [마긴/망긴] ①(후치사) ~를 통하여, ~를 통해서 තුලින් ②මග, මඟ 의 조격 형태: 길로부터, 도로로부터.

මගියා‡ [마기야-] 여행객, 승객 මාර්ගිකයා. (복) *මගියෝ, මගීහු*

මගී [마기-] ①여행객, 승객 ②여행객의, 승객의 මාර්ගික.

¶ මගී සේවිකාව 여승무원, 스튜어디스

මගෙ/මගේ‡ [마게/마게-] මම 의 소유격: 나의, 내, 저의. (문어) මාගේ

මගෝඩියා [마고-ㄷ/야-] 깡패, 조폭, 불량배 පහත් නීච වැඩ කරන්නා.

මඩිගල/මංගල [망걸러] ①결혼의, 혼인의, 결혼식의 මඟුල් ②행운의, 운좋은 යහපත් ③처음의, 시작의, 초기의 ආරම්භක ④왕의, 왕족의 රාජකීය.

මඟ/මග† [망거/마거] ①길, 통로, 도로 මාවත (구어) පාර ②방법, 방식 ආකාරය.

මඟ පෙන්වනවා‡ [망거 뻰워너와-] 안내하다, 길을 보여주다, 인도하다 පාර පෙන්වනවා.

මඟී [망기-] 여행객(의), 승객(의) මගී.

මඟින් [망긴] ~통해서, 통하여 තුලින්.

මඟියා† [망기야-] 여행객, 승객 මගියා. (복) *මඟියෝ, මඟීහු*

මඟුල්† [마굴] ①결혼의, 혼인의 මංගල ②왕의, 왕족의 රජ ③선한, 좋은 යහපත්.

මඟුල්‡ [마굴] 결혼, 혼인, 결혼식 මංගල අවස්ථා.

මඟුල් අහනවා [망굴 아하너와-] 청혼하다, 프로포즈하다.

මඟුල් උයන [망굴 우여너] 왕의 정원 රාජකීය උද්‍යානය.

මඟුල් කපුවා [망굴 까뿌와-] 결혼 중매인, 중매쟁이.

මඟුල් ගෙදර [망굴 게더러] 자택 결혼.

මඟුල් තාන්තුවාව [망굴 딴-뚜와-워] 결혼, 혼인 විවාහය.

මඟුල් ප්‍රස්ථාව [망굴 쁘러쓰따-워] 결혼, 혼인, 결혼식 මංගල අවස්ථාව.

මඟුල් මඩුව [망굴 마두워] 공연장, 청중 홀.

මඟුල් මුදුව/මඟුල් මුද්ද [망굴 무두워/망굴 묻더] 결혼 반지 මංගල මුද්ද.

මඟුල් සක්වල [망굴 싹월러] 인간의 감각 (인지) 세계.

මච්ජරිය [맞처리/여] 자린고비, 구두쇠, 노랑이, 수전노 මසුරා. (구어) ලෝභයා

මජරයා [마저러야-] 자린고비, 구두쇠, 노랑이, 수전노 මසුරා. (구어) ලෝභයා

මජ්ජාව [맞자-워] (해부학) 골수, 수 බොඩය.

මඤ්චය [만처] 침대 යහන. (구어) ඇඳ

මඤ්චකය [만처꺼여] ①침대 යහන (구어) ඇඳ ②무대, (야외의) 조립 무대 මැස්ස.

මඤ්ච පරායන [만처 빠라-여너] 침대에 국한된 ඇඳට සීමා වුණු.

මඤ්චස්ථ [만차쓰떠] 침대에 있는, 침대에 누워있는 ඇඳෙහි සිටින.

මඤ්ජරිය [만저리여] 다발, 뭉치 පොකුර.

මඤ්ඤොක්කා‡ [만뇩까-] (식물) 카사바 මයියොක්කා.

මට‡ [마터] මම 의 여격: ①나에게 ②나를 위해서 තමන්ට.

මට [마터] 매끈매끈한, 반지르한, 윤이나는 සිනිඳු.

මටසිලිටු† [마터씰리투] 평탄하고 매끈매끈한 ඉතා සිනිඳු.

මට්ටම† [맡터머] ①(지위, 품질, 정도 따위의) 수준 ②수평, 평면, 평평함 සමතල බව.

මට්ටම් කරනවා† [맡탐 꺼러너와-] 수평을 잡다, 평탄케 하다, (땅을) 고르다 සමතලා කරනවා.

මට්ටම් ලෑල්ල [맡탐 랠-러] 목수의 수평자.

මට්ටයා [맡터야-] 스리랑카 바티콜로 주의 무어족.

මට්ටු කරනවා [맡투 꺼러너와-] ①훈련시키다, 복종시키다, 길들이다 මෙල්ල කනරවා ②벌을 주다, 징벌하다 දඬුවම් කරනවා.

මට්ටුව [맡투워] ①훈련, 복종시킴, 길들임 හික්මවීම ②벌, 징벌 දඬුවම.

මඩ‡ [마더] 진흙, 진창 මඬ.

මඩ ඇල [마더 앨러] 진흙탕 수로.

මඩ කඩිත්ත† [마더 까딛떠] 진창, 진구렁 කුඩා මඩ වළ.

මඩ කරනවා [마더 꺼러너와-] 써레질하다.

මඩක්කුව [마닦꾸워] 접시 පිඟාන.

මඩ ගහනවා [마더 가하너와-] ①진흙을 바르다 මඩ තවරනවා ②모욕하다, 능멸하다, 조롱하다 නම කැත කරනවා.

මඩ ගොවිතැන [마더 고위때너] 수경 재배.

මඩ ගොහොරුව [마더 고호루워] 진흙 지대, 진흙탕 මඩවගුර.

මඩනවා [마더너와-] මැඩුවා-මඩා ①뭉개다, 깨부수다 පොඩි කරනවා ②억압하다, 억누르다 පීඩා කරනවා. <u>මැඩීම</u>

මඩබාවිට [마더바-위터] 논두렁.

මඩම† [마더머] ①수녀원 ②천주교 여자 학교.

මඩවගුර‡ [마더와구러] 습지, 소택지, 늪 මඩ ගොහොරුව.

මඩවනවා [마더워너와-] මැඩෙවුවා-මඩවා 깨부수게 하다, 뭉개지게 하다. <u>මැඩවීම</u>

මඩිගය [마디거여] 동물에 의한 수송 මඩිගේ.

මඩිනවා† [마디너와-] මැඩිඩා-මැඩ ①뭉개다, 깨부수다 පොඩි

කරනවා ②정복하다, 복종시키다 මර්දනය කරනවා. <u>මැඩීම</u>

මඩිගේ [마디게-] 동물에 의한 수송 මඩිගය.

මඩිය [마디여] ①지갑, 돈주머니 පසුම්බිය ②재물, 부 ධනය.

මඩිය තර කර ගන්නවා [마디여 따러 꺼러 간너와-] 다른 사람의 재물로 부요해지다.

මඩිස්සලය [마딧썰러여] 지갑, 돈주머니 පසුම්බිය.

මඩුපුරයා [마두뿌러야-] 주술사 보조.

මඩුල්ල [마둘러] ①위원회, (정부의) 부, 청, 국 කමිටුව ②원, 서클 වටය.

මඩුව‡ [마두워] 홀, 오두막, 집회장 ශාලාව. ¶ ගව මඩුව 외양간

මඩොර [마도-러] 화장실, 변소 මඬෝර. (구어) වැසිකිලිය

මඩොල් [마돌] 진흙의, 진흙투성이의, 진창의 මඩ සහිත.

මණා/මණි [마너/마니] ①보석들 මිණි ②싹, 눈, 봉오리 පොහොට්ටුව.

මණිපත්‍රය [마니빠뜨러여] (식물) 꽃받침 තැලික්සය.

මණ්ඩනය [만더너여] ①장식, 치장 සැරසිල්ල ②치장한 옷.

මණ්ඩපය† [만더뻐여] ①(성경) 성막, 큰 천막, 임시 건물 ②(야외) 홀, 무대 ශාලාව.

මණ්ඩය [만더여] ①(초목의) 수(髓), 심 ②그릇, 접시 බඳුන ③찌끼, 더껑이 මණ්ඩි.

මණ්ඩලය† [만덜러여] ①원, 구, 동그라미 මඬල ②(정부의) 부(部), 원(院), 청(廳), 국(局), 성(省) ③후광, (달, 해)무리 ④(작은) 지역, 장소 ජනපදය ⑤조, 한패, 팀 කණ්ඩායම ⑥홀, 강당 ශාලාව ⑦바퀴 රෝදය.

¶ විදුලිබල මණ්ඩලය 전력 공사

මණ්ඩලාකාර [만덜라-까-러] 원형의, 둥근, 순환의.

මණ්ඩලායමාන [만덜라-여마-너] 후광 같은, 달무리 같은 මණ්ඩලයක් වැනි.

මණ්ඩාව [만다-워] ①찌끼, 더껑이 මණ්ඩි ②그릇, 접시 තළිය ③(고기잡는) 작살 අන්නමඩය.

මණ්ඩි [만디] ①(액체 표면에) 떠 있는 찌끼, 더껑이, 버캐 ②줄들, 열들 පේළි.

මණ්ඩිත [만디떠] 치장된, 꾸며진, 장식된 සැරසුණු.

මණ්ඩිය [만디여] ①지역, 장소 ප්‍රදේශය ②줄, 열 පේළිය ③춤추는 자세, 포즈 ④양반 다리하고 앉음.

මණ්ඩුක/මණ්ඩුකයා [만두꺼/만두꺼야-] 개구리 මැඩියා. (구어) ගෙම්බා

මණ්ඩුර [만두러] (금속의) 녹, 녹슴 මළකඩ.

මඬ [만더] 진흙 මඩ.

මඬල [만덜러] ①원, 구, 동그라미 මණ්ඩලය ②(정부의) 부(部), 원(院), 청(廳), 국(局), 성(省) ③후광, (달, 해)무리 ④(작은) 지역, 장소 ජනපදය ⑤조, 한패, 팀 කණ්ඩායම. ¶ සඳ මඬල (천체) 달 අහස් මඬල 하늘

මඬවනවා [만더워너와-] මැඬෙවුවා-මඬවා ①짓밟다, 발로 뭉개다 මඩවනවා ②난처하게 만들다, 당황하게 하다. <u>මැඬවීම</u>

මඩිනවා [만디너와-] මැඩ්ඩා-මැඩ ①짓밟다, 발로 뭉개다 පොඩි කරනවා ②정복하다, 복종시키다 මර්දනය කරනවා. මැඩීම

මඩිය [만디여] ①지갑, 돈주머니 පසුම්බිය ②재물, 부 ධනය.

මඩුව [만두워] 홀, 오두막, 집회장 මඩුව, ශාලාව.

මඩෝර [만도-러] 화장실, 변소 වැසිකිළිය.

මත [마떠] මතය 의 복수: ①생각들, 의견들 අදහස් ②중독, 도취, 흥분 මත් බව ③위, 머리들 මුදුන්.

මත† [마떠] (후치사) ~위, 위에.

මත [마떠] ①죽은, 사망한 මැරුණු ②중독된, 취한, 도취된 මත් වුණු.

මතක† [마떠꺼] මතකය 의 복수 또는 형용사: ①기억들, 추억들 සිහිපත් වීම ②기억하는, 잊지 않는 සිහිපත් වෙන ③죽은, 장례의 මැරුණු, මළ.

මතක තබා ගන්නවා‡ [마떠꺼 따바- 간너와-] 기억하다, 잊지 않다 සිහිපත් වෙනවා.

මතක දානය [마떠꺼 다-너여] 죽은 사람을 추모하여 드리는 보시.

මතක පූජාව [마떠꺼 뿌-자-워] 추도식, 추모식.

මතක වස්ත්‍රය [마떠꺼 와쓰뜨러여] 죽은 사람 이름으로 드려진 옷.

මතක සටහන් [마떠꺼 싸터한] 비망록, 메모.

මතකය‡ [마떠꺼여] 기억, 추억 සිහිය. (복) මතක

මතකාගාරය [므루떠 샤리-라-가-러여] 영안실, 시체 보관소 මෘතශරීරාගාරය.

මතක් කරනවා‡ [마딱 꺼러너와-] 기억하다, 잊지 않다 සිහිපත් කරනවා. ¶ අම්මාව මතක් කලා කියන්න 어머니께 안부 전해주세요

මතක් වෙනවා† [마딱 웨너와-] 기억되다, 기억이 살아나다 සිහිපත් වෙනවා.

මතඟ [마땅거] ①하층민, 천민 ②취한 코끼리 මත් ඇතා.

මතඟ දැරිය [마땅거 대리여] 천민 여자애, 로디야 계급의 여자애 රොඩී කෙල්ල.

මතපතියා [마떠빠띠야-] 과부, 미망인 වැන්දඹුව.

මතභේදය [마떠베-더여] 상이한 의견, 의견 충돌 අදහස් ගැටුම.

මතය [마떠여] ①생각, 의견 අදහස ②중독, 도취, 흥분 මත් බව ③위, 머리 මුදුන.

මත වරණ [마떠 와러너] ①발정난 코끼리 ②취한 코끼리 මත් ඇතා.

මතාන්තරය [마딴-떠러여] 생각의 차이 අදහස්වල වෙනස.

මති [마띠] 지성의, 생각하는 සිහියට අදාළ.

මතිමතාන්තර [마띠마딴-떠러] 다양한 생각들과 신념들, 다양한 의견들 විවිධ මත.

මතිමත් [마띠맏] 총명한, 똑똑한, 지적인 නැණවත්.

මතිභ්‍රමය [마띠브러머여] 오해, 그릇된 생각 වැරදි මතය.

මතිමාත්‍ර [마띠마-뜨러] 명목상의, 이름뿐인, 유명무실한 නාමික.

මතිමාත්‍රය [마띠마-뜨러여] 명목상, 유명무실.

මතිය [마띠여] ①총명, 똑똑함, 지혜 නුවණ ②생각, 아이디어 කල්පනාව.

මති සාගර [마띠 싸-거러] ①지혜(지식)의 바다 ඥාන සාගරය ②부처님 බුදුන් වහන්සේ.

මතිහීන [마띠히-너] 어리석은, 지혜롭지 못한, 우둔한 මෝඩ.

මතු [마뚜] ①미래, 앞일 අනාගතය ②미래의, 뒤의, 후의 පසුව ③~위의, 위에 මතුපිට ④오직, 단지 පමණක්.

මතු කාලය [마뚜 깔-러여] ①미래 ②(문법) 미래시제.

මතු දතම් කිරීම [마뚜 다-땀 끼리-머] 날짜를 늦춤 ඉදිරි දිනයක් යෙදීම.

මතුපිට‡ [마뚜삐터] ①윗쪽, 꼭대기, 표면 මත්ත ②윗쪽의, 꼭대기의.

මතුමත්ත [마뚜맏떠] 미래, 앞날, 장래 අනාගතය.

මතුමහල [마뚜마할러] 윗층 උඩුමහල. (구어) උඩ තට්ටුව

මතුය [마뚜여] ①미래, 앞일 අනාගතය ②위, 표면위 මතුපිට.

මතුරනවා [마뚜러너와-] මැතුරුවා/මතුළා-මතුරා ①(악령을 쫓아내기 위해) 주문을 외우다 ජප කරනවා ②작은 소리로 말하다, 속삭이다, 중얼거리다 හෙමින් කියනවා. මැතිරීම

මතුවට [마뚜워터] 앞으로, 장래에, 미래에, 앞일 මත්තට.

මතු වෙනවා† [마뚜 웨너와-] ①미래가 다가오다 ②발생하다, 일어나다 සිදු වෙනවා.

මතුරු [마뚜러] 주문(을 욈), 마술, 마법 මන්ත්‍ර.

මතුළ [마뚤러] 주문을 외운, 마술로 쫓아낸 මැතුරූ.

මත් [맏] 취하게 하는, 알코올 성분이 있는 මත් ගතිය සහිත.

මත් ගතිය [맏 가띠여] 취하게 함, 알코올 성분, 중독성.

මත්ත [맏떠] ①위, 표면 මතුපිට ②정상, 꼭대기 මුදුන ③미래, 앞일 මතු කාලය. ¶ කල් මත්තෙන් 앞을 보고, 미래를 보고

මත්තට/මත්තේදී [맏떠터/맏떼-디-] 미래에, 앞으로 ඉදිරි කාලයේදී.

මත්තෙහි [맏떼히] ①~위에, 위에서 මතුපිට ②앞으로, 미래에 ඉදිරි කාලයෙහි.

මත්තේදී [맏떼-디-] 미래에, 앞으로 ඉදිරි කාලයේදී.

මත් දණ්ඩ/මත් දඬුව [맏 단더/맏 단두워] 젓는 막대기, 휘젓는 막대기.

මත් ද්‍රව්‍ය‡ [맏 드러위여] 마약 මත් වන දේ.

මත්පැන්‡ [맏뺀] 술, 주류 මද්‍ය පානය.

මත් වෙනවා† [맏 웨너와-] 취하다, 중독되다 වෙරි වෙනවා.

මත්සර [맏싸러] 자린고비, 구두쇠, 노랑이, 수전노 මසුරා.

මත්සරිය [맏싸리여] 인색, 탐욕 ලෝභකම.

මත්ස්‍ය [맏씨여] 물고기의, 생선의.

මත්ස්‍යමාංශ [맏씨여망-셔] 생선과 고기의.

මත්ස්‍යයා† [맏씨여야-] 물고기, 생선. (복) *මත්ස්‍යයෝ* (구어) මාළුවා

මථනය [마떠너여] 동요, 흔들림 කැළඹීම.

මථිත [마띠떠] 동요된, 흔들린 කැළඹුණු.

මද† [마더] ①(과일) 심, 인, 핵심, 가장 중요한 부분, 가운데 부분 මැද කොටස ②교만, 오만 අහංකාරය ③코끼리 관자놀이, 코 등에서 흘러내리는 액 ④취함, 중독 මත්වීම ⑤조금, 약간 ටික ⑥큐피드, 사랑의 사자 අනංගයා ⑦정자, 정액 ශුක්‍ර ධාතුව.

මද [마더] ①취한, 중독된 මත්වූ ②작은, 조금의 ස්වල්ප ③생리하는 ඔසප්වූ.

මද කාලය [마더 깔-러여] ①짧은 시간 ②상례, 관례.

මද ගලනවා [마더 갈러너와-] 코끼리 관자 놀이(코 등)에서 액이 흘러내리다.

මද ගින්න [마더 긴너] 작은 불, 약한 불.

මදන [마더너] 욕정의, 욕정이 생기는 කාමය උද්දීපනය කරන.

මද මරු [마더 마루] 산들바람, 미풍 මන්ද මාරුතය.

මදය† [마더여] මද 와 같은 뜻: ①(과일) 심, 인, 핵심, 가장 중요한 부분, 가운데 부분 මදේ, මැද කොටස ②교만, 오만 අහංකාරය ③코끼리 관자놀이, 코 등에서 흘러내리는 액 ④취함, 중독 මත්වීම ⑤조금, 약간 ටික, ස්වල්පය ⑥큐피드, 사랑의 사자 අනංගයා ⑦정자, 정액 ශුක්‍ර ධාතුව. <u>මද</u>

මදවිව [마다우워] 엎지름, 엎질러짐, 흘린 양.

මද හිනාව [마더 히나-워] 미소 මද හස.

මද හස [마더 하써] 미소, 작은 웃음 මද හිනාව.

මදි‡ [마디] 부족한, 충분하지 않은 හිඟ.

මදිකම‡ [마디꺼머] ①부족, 불충분함 අඩුව ②모욕, 치욕, 망신거리 අමනාපය.

මදිනවා† [마디너와-] මැද්දා-මැද ①문지르다, 닦다, 솔질하다 අතුල්ලනවා ②다림질하다 ඉස්තිරික් කරනවා ③가볍게 두드리다, 똑똑 두드리다 ④날카롭게 만들다, 벼리다 මුවහත් කරනවා. <u>මැදීම/මැදුම</u>

මදින්නා† [마딘나-] ①닦는 사람 ②다림질하는 사람 ③두드리는 사람.

මදිපාඩුව [마디빠-두워] 부족, 모자람, 결핍 අඩුපාඩුව.

මදිපුංචිකම [마디뿡치꺼머] 모욕, 경멸, 비하 නින්දාව.

මදිරා [마디라-] 독주, 알코올 මත්පැන්.

මදිව [마디워] 부족, 결여, 불충분함 අඩුව.

මදිවාට [마디와-터] ~ 부족함에, ~ 없음에, ~ 결여됨에.

¶ අලි මදිවාට දැන් කොටි 코끼리가 없음에 지금 호랑이가

මදු [마두] ①끈(의), 가죽끈(의) ②올무, 올가미 තොණ්ඩුව ③꿀, 벌꿀 මීපැණි.

මදුරු [마두루] 모기의 මදුරුවා පිළිබඳ.

මදුරු දැල‡ [마두루 댈러] 모기장.

මදුරුවා† [마두루와-] 모기. (복) *මදුරුවෝ*

ම

මද්දහන [맏더하너] 정오, 한낮 මධ්‍යාහ්නය.

මද්දුම [맏두머] 중간의, 가운데의, 사이의 මැද්දෑවේ උපන්.

මද්දුමයා [맏두머야-] 첫째와 막내 사이에 태어난 아이 මද්දුම දරුවා.

මද්‍ය [맏디여] 알코올의, 알코올 중독의 මත්කරන ගතිය සහිත.

මද්‍යපානය [맏디여빠-너여] 술, 증류주 මත්පැන්.

මද්‍යසාරය† [맏디여싸-러여] 알코올, 술 ඇල්කොහොල්.

මද්‍යාගාරය† [맏디야-가-러여] 술 제조공장, 증류주 제조공장 ඉස්කාගාරය.

ම

මධු† [마두] ①단, 달콤한, 사카린의 මධුර ②소중한.

මධු [마두] ①단 것, 꿀 මීපැණි ②꽃의 과즙 මල්පැණි ③설탕 සීනි ④감초 වැල්මී ⑤우유 කිරි ⑥증류 주류 සුරා ⑦물 වතුර ⑧비쉬누에게 죽은 악마의 이름

මධු [마두] (호칭) 자기야, 여보야, 허니!

මධුක [마두꺼] ①벌꿀 මීපැණි ②포도나무 මිදි වැල.

මධුක පානය [마두꺼 빠-너여] 포도주, 와인 මිදියුෂ පානය.

මධුකර [마두꺼러] 꿀벌 මී මැස්සා.

මධුප [마두뻐] 꿀벌 මී මැස්සා.

මධු පටලය [마두 빠털러여] 벌집 මී වදය.

මධු පානය [마두 빠-너여] ①음료수 බීම ②포도주 මධුක පානය.

මධුපානෝත්සවය [마두빠-놋-써워여] 술 파티, 유흥.

මධු මාසය [마두 마-써여] 가을 සරත් කාලය.

මධුමේහය [마두메-허여] 당뇨 දියවැඩියාව.

මධු යෂ්ටි [마두 야쉬티] 사탕수수 උක් දඬු.

මධුර† [마두러] ①달콤 මිහිරිකම ②시럽 ③함석, 양철 깡통 බෙලෙක්.

මධුරකම [마두러꺼머] 단맛, 달콤함, 선율이 아름다움 මිහිරිකම.

මධුර කරනවා [마두러 꺼러너와-] 달게하다 මිහිරි කරනවා.

මධුර භාෂිණී [마두러 바-쉬니-] 달콤한 말을 하는 여자, 여자, 여성 කාන්තාව.

මධුර ස්වරය [마두러 쓰워러여] 매혹적인 소리, 달콤한 소리 මිහිරි හඬ.

මධු සමය [마두 싸머여] 신혼여행, 허니문.

මධ්‍ය† [맏디여] 중앙의, 가운데의, 중간의 මැදි. (구어) මැද

මධ්‍ය කාලීන [맏디여 깔-리-너] 중세의. ¶ මධ්‍ය කාලීන ඉතිහාසය 중세사

මධ්‍යගත [맏디여가떠] 중앙에 있는 මැද මැද්දෙහි වූ.

මධ්‍ය චර්මය [맏디여 차르머여] 중배엽 (中胚葉).

මධ්‍යධරණී [맏디여더러니] 지중해의.

මධ්‍යධරණී මුහුද [맏디여더러니 무후더] 지중해.

මධ්‍යන්‍යය [맏디여니여여] (수학) 평균.

මධ්‍යම† [맏디여머] 중앙의, 한가운데의 මැද.

මධ්‍යම පුරුෂ [맏디여머 뿌*루*셔] (문법) 2인칭. ¶ උත්තම පුරුෂ 1인칭 ප්‍රථම පුරුෂ 3인칭

මධ්‍යම ප්‍රතිපදාව [맏디여머 쁘*러*띠빠다-워] 중용, 중간 길 මැද පිළිවෙත.

මධ්‍යම රාත්‍රිය‡ [맏디여머 *라*-뜨*리*여] 한밤, 자정 මැදියම් රාත්‍රිය.

මධ්‍යමස්තිෂ්කය [맏디여마쓰띠쉬꺼여] (해부학) 중뇌, 가운데 뇌 මධ්‍ය නිකර්පරය.

මධ්‍යය† [맏디여여] 중앙, 한가운데, 중간 මැද.

මධ්‍ය රේඛාව [맏디여 *레*-까-워] 자오선, 경선(經線) මධ්‍යහ්න රේඛාව.

මධ්‍යලගය්‍ය [맏디열라기여여] (동물학) 간충질(間充質) මධ්‍යශ්ලේෂය.

මධ්‍යස්ථ [맏디여쓰떠] 중립의, 무편향의 අපක්ෂපාතී.

මධ්‍යස්ථානය‡ [맏디여쓰따-너여] 본부, 센터 මූලස්ථානය.

මධ්‍යාහ්නය‡ [맏디야-흐너여] 정오, 한낮 මද්දහන.

මධ්‍යාහ්න රේඛාව [맏디야-흐너 *레*-까-워] 자오선, 경선(經線) මධ්‍ය රේඛාව.

මන [마너] 마음, 정신 මනස.

මනඃ [마나] 마음의, 정신의 සිතට අදාළ.

මනඃකල්පිත† [마나깔삐떠] 상상의, 공상의, 망상의 සිතින් මවාගත්.

මනඃප්‍රනිධානය [마나쁘*러*니다-너여] 바람, 기대, 소망 සිතින් කරන ප්‍රාර්ථනාව.

මනකල් [마너깔] 기쁜, 즐거운, 기뻐하는 සිත්කලු.

මනත [마너떠] ~후에, ~뒤에, 나중에 පසුව. (구어) පස්සේ ¶ මින් මනත 이후에

මනදෙළ [마너돌러] 염원, 소망, 기대 පැතුම.

මනනඳ [마너난더] 기쁜, 즐거운, 기뻐하는 සිත්කලු.

මන මත් [마너 맏] 미친 듯 날뛰는, 광란의 සිත් මත්වන.

මනමාල [마너말-러] ①결혼을 준비하는 විවාහයට සැරසුණු ② 음탕한, 호색의 සල්ලාල.

මනමාලයා‡ [마너말-러야-] 신랑 මනාලයා.

මනමාලිය‡ [마너말-리여] 신부 මනාලිය.

මනයොන [마너요너] ①마음이 젊은 사람 මන්යොන්②큐피드, 사랑의 신 අනංගයා.

මන රංජන [마너 랑저너] 기쁜, 즐거운, 기뻐하는 මනකල්.

මනරඟ [마너랑거] 기쁜, 즐거운, 기뻐하는 මනකල්.

මනරම් [마너*람*] 기쁜, 즐거운, 기뻐하는 සිත්කලු.

මනවඩන [마너와*더*너] 매력적인, 매혹적인 ශෝභමාන.

මනස‡ [마너써] 마음, 정신 සිත. (구어) හිත

මනසිකාරය [마너씨까-*러*여] 정신 집중, 마음 통일 සිත් යොමු කිරීම.

මනස්කාන්ත† [마나쓰깐-떠] 기쁜, 즐거운, 기뻐하는 මනකල්.

මනස්ගාත [마나쓰가-떠] 망상들, 헛된 생각들 නිශ්ඵල සිතිවිලි.

මනහර† [마너하*러*] ①마음을 사로잡는, 사랑스러운, 기쁜, 즐거운 මනකල් ②잘생긴.

ම

මනා [마나-] ①좋은, 선한 යහපත් (구어) හොඳ ②적절한, 알맞은 සුදුසු.

මනාප [마나-빠] 좋아하는, 동의하는, 기뻐하는, 즐겨찾는 කැමති.

මනාපය† [마나-빠여] ①좋아함, 선호, 동의 කැමැත්ත ②선택 තෝරා ගැනීම. ¶ අමනාපය 혐오

මනාලයා [마날-러야-] 신랑 මනමාලයා.

මනාලිය‡ [마날-리여] 신부 මනමාලිය.

මනාව [마나-워] 잘, 좋게, 뛰어나게 යහපත්ව.

ම

මනාව [마나-워] ①잼, 측량 ②파인트 (액량 단위, 0.5리터정도)

මනිනවා‡ [마니너와-] මැන්නා-මැන 재다, 측량하다, 측정하다. <u>මැනීම/මිනුම</u> ¶ මනින ලණුව 측량줄

මනු [마누] ①인간, 사람 මිනිසා ②계량기들, 미터기들 මීටර. ¶ මනු සත 사람들

මනුජ [마누저] 인간의, 사람의, 인간적인 මානව.

මනුව [마누워] 계량기, 미터기 මීටරය.

මනුෂ්‍ය† [마눗쉬여] 사람의, 인간의 මානව.

මනුෂ්‍ය ඝාතනය [마눗쉬여 가-떠너여] 살인, 살인행위 මිනී මැරීම.

මනුෂ්‍යත්වය [마눗쉬얃워여] 인간성 මනිස් බව.

මනුෂ්‍ය ධර්මය [마눗쉬여 다르머여] 인간학, 인간론 මනිසුන්ගේ ධර්මය.

මනුෂ්‍යයා‡ [마눗쉬여야-] 사람, 인간, 개인 මිනිසා.

මනුෂ්‍යාවාසය [마눗쉬야-와-써여] 주택, 사람이 사는 집 මිනිස් නිවහන.

මනුස්සයා‡ [마눘써야-] 사람, 개인 මිනිසා.

මනුහිල [마누힐러] 맨홀.

මනෝ [마노-] 마음의, 정신의, 심적인, 내적인 මානසික.

මනෝගත [마노-가떠] 마음의, 정신의, 심적인, 내적인 මානසික.

මනෝ ගෝචර [마노- 고처러] 생각할 수 있는, 고려할 수 있는 සිතිය හැකි.

මනෝඥ [마노-끄녀] 매력적인, 마음을 끄는 සිත්කලු.

මනෝනන්ද/මනෝනන්දනීය [마노-난더/마노-난더니-여] 기뻐하는, 즐거워하는, 마음을 끄는 සිත පිනවන.

මනෝනීත [마노-니-여] 뛰어난, 탁월한, 존경할 만한 අනර්ඝ.

මනෝභාවය [마노-바-워여] 생각, 아이디어 සිතිවිල්ල.

මනෝමය† [마노-머여] 마음으로, 기억하여 මතකයෙන්.

මනෝරංජන [마노-랑저너] 매력적인, 매혹적인, 마음을 기쁘게 하는 සිත් අලවන.

මනෝරථය [마노-라떠여] 염원, 소망, 기대 පැතුම.

මනෝරම්‍ය [마노-람미여] 기뻐하는, 즐거워하는, 마음을 끄는 සිත පිනවන.

මනෝරූපය [마노-루-빠여] 심상, 마음의 기억 සතින් මවාගත් රූපය.

මනෝවිද්‍යාව† [마노-윋디야-워] 심리학.

මනෝවිද්‍යාඥයා [마노-위더끄녀야-] 심리학자.

මනෝශිලා [마노-쉴라-] (돌) 계관석 (鷄冠石) මනෝසීල.

මනෝසීල [마노-씰-러] (돌) 계관석(鷄冠石).

මනෝහර/මනෝහාරි [마노-하러/마노-하-리] 기뻐하는, 즐거워하는, 마음을 끄는 සිත් පිනවන.

මන් [만] ①마음 සිත ②자만, 자부심 මානය.

මන්ධාරම [만다-러머] 어둑어둑, 흐린 하늘 මන්දාරම.

මන්තය [만떠여] 어린이 사리 웃옷에 넣는 주름 장식.

මන්තර [만떠러] 마법, 마력 මන්ත්‍ර.

මන්තරකාරයා [만떠러까-러야-] 마법사 මන්ත්‍රකාරයා.

මන්තරකාරිය [만떠러까-리여] 마녀 කට්ටඬි කාන්තාව.

මන්තරගුරුකම් [만떠러구루깜] 마술, 마법.

මන්ත්‍ර [만뜨러] මන්ත්‍රය 의 복수 또는 형용사: ①마술, 학문 ②마술의, 학문의.

මන්ත්‍රකාරයා‡ [만뜨러까-러야-] 마법사, 마술사 මායාකාරයා.

මන්ත්‍රණකාර [만뜨러너까-러] 상담하는, 면담하는.

මන්ත්‍රණකාරයා [만뜨러너까-러야-] 상담자, 위로자.

මන්ත්‍රණය† [만뜨러너여] 토론, 대화, 의견 나눔 සාකච්ඡාව.

මන්ත්‍රණ ශාලාව [만뜨러너 샬-라-워] 모임 장소, 집회 홀.

මන්ත්‍රණ සභාව [만뜨러너 싸바-워] 의회, 국회의사당.

මන්ත්‍රය† [만뜨러여] ①마법, 마술, 주문 ශාස්ත්‍රය ②학문, 학 විද්‍යාව.

මන්ත්‍රිණිය [만뜨리니여] මන්ත්‍රිවරයා 의 여성명사: ①국회 의원(의) පාර්ලිමේන්තු මන්ත්‍රිවරිය ②장관(의) ඇමතිවරිය ③(왕의) 신하(의) ④참모(의) ⑤마법사(의) මන්ත්‍ර දන්නා.

මන්ත්‍රියා/මන්ත්‍රිවරයා [만뜨리야-/만뜨리워러야-] ①국회 의원 පාර්ලිමේන්තු මන්ත්‍රිවරයා ②장관 ඇමතිවරයා ③(왕의) 신하 ④참모 ⑤마법사 මන්ත්‍ර දන්නා.

මන්ත්‍රී‡ [만뜨리-] ①국회 의원(의) පාර්ලිමේන්තු මන්ත්‍රිවරයා ②장관(의) ඇමතිවරයා ③(왕의) 신하(의) ④참모(의) ⑤마법사(의) මන්ත්‍ර දන්නා.

මන්ත්‍රීණිය [만뜨리-니여] මන්ත්‍රීවරයා 의 여성명사: ①국회 의원(의) පාර්ලිමේන්තු මන්ත්‍රිවරිය ②장관(의) ඇමතිවරිය ③(왕의) 신하(의) ④참모(의) ⑤마법사(의) මන්ත්‍ර දන්නා.

මන්ත්‍රී මණ්ඩලය [만뜨리- 만덜러여] 의회, 국회, 주정부 장관 의회 මැතිසබය.

මන්ත්‍රීවරයා [만뜨리-워러야-] ①국회 의원 පාර්ලිමේන්තු මන්ත්‍රිවරයා ②장관 ඇමතිවරයා ③(왕의) 신하 ④참모 ⑤마법사 මන්ත්‍ර දන්නා.

මන්ද† [만더] ①그러므로 (구어) ඒනිසා ②(의문사) 왜? කුමක් නිසාද (구어) ඇයි. ¶ මා කියන දේ ඔබට අවබෝධ නොවන්නේ මන්ද? 내가 말하는 것을 너희가 왜 이해하지 못하느냐?

ම

මන්ද/මන්දෑ [만더/만대-] ①덫, 올가미 උගුල ②적은, 약간의, 소량의 මඳ.

මන්දගාමී [만더가-미-] ①느린, 더딘, 느릿느릿한 හෙමින් යන ②게으른, 나태한 කම්මැලි.

මන්දතානක [만더따-너꺼] (근육이) 저자의, 아래로 처진 උපනිසාරක.

මන්දතාව/මන්දත්වය [만더따-워/만닫워여] 조금, 부족함, 결핍 මඳකම.

මන්දනය [만더너여] 지연, 지체 පමාව.

ම

මන්දපාකය [만더빠-꺼여] 소화 불량 දිරවීමේ මඳකම.

මන්දපීඩනය [만더삐-더너여] 저혈압 අඩු පීඩනය.

¶ අතිපීඩනය 고혈압

මන්දපෝෂණය‡ [만더뽀-셔너여] 영양결핍, 영양부족.

මන්ද ප්‍රාඥ [만더 쁘라-끄녀] 지혜가 부족한 නුවණ අඩු.

මන්දබුද්ධික‡ [만더붇디꺼] 정신 지체의, 정신 박약의 බුද්ධ හීන.

මන්ද මාරුතය† [만더 마-루떠여] 미풍, 산들바람 මඳ සුළඟ.

මන්ද ස්මිතය [만더 쓰미떠여] 미소, 웃음, 스마일 මඳහස.

මන්ද හාසය [만더 하-써여] 미소, 웃음, 스마일 මඳහස.

මන්දකිණිය [만다-끼니여] (천체) 은하수 තරුවැල.

මන්දග්නිය [만다-그니여] 식욕 부진 කුසගිනි අඩුකම.

මන්දනිල [만다-닐러] 미풍, 산들바람 මඳ සුළඟ.

මන්දයුක/මන්දයුෂ්ක [만다-유꺼/만다-유쉬꺼] 수명이 짧은.

මන්දරම [만다-러머] 어둑어둑, 흐린 하늘 මන්ධාරම.

මන්දෑ/මන්ද [만대-/만더] ①덫, 올가미 උගුල ②적은, 약간의, 소량의 අල්ප.

මන්දිත [만디떠] 줄어든, 축소된 අඩු වූ.

මන්දිරය† [만디러여] 큰저택, 궁궐 මැදුර.

මන්දිරායමාන [만디라-여마-너] 큰저택 같은, 궁궐 모양의 මන්දිරයක් වැනි.

මන්දෝත්සාහය [만돋-싸-하여] 적은 노력, 적은 열심 මඳ උත්සාහය.

මන්දෝත්සාහී [만돋-싸-히-] 적은 노력의, 적은 열심의 මඳ උත්සාහ ඇති.

මන්නියර [만니여러] 길로 사용하는 산등성 මං නියර.

මන් බඳිනවා [만 반디너와-] (주의, 흥미 등을) 끌다, 끌어당기다.

මන් බිඳිනවා [만 빈디너와-] (교만, 자랑을) 없애다, 제거하다 මානය විනාශ කරනවා.

මන් මත් [만 맏] ①기쁨, 환희, 즐거움 සතුට ②기뻐하는, 즐거워하는 සතුටු.

මන්මඳ [만만더] 큐피드, 사랑의 신 අනංගයා.

මන්යොන් [만욘] ①마음이 젊은 사람 මනයොන ②큐피드, 사랑의 신 අනංගයා.

මඳ† [만더] ①적음, 소수 ②적은, 소수의.

මඳ† [만더] ①잠시, 짧은 시간 ටික ②잠시의, 짧은.

මඳගින්න [만더긴너] ①욕구가 적음 ②작은 불, 열.

මඳ පවන [만더 빠워너] 산들 바람 මඳ මරුද.

මඳ මඳ [만더 만더] ①아주 적은, 아주 짧은 ②조금씩 මඳින් මඳ.

මඳ මරුද [만더 마루] 산들 바람 මඳ පවන.

මඳලස/මඳහස [만덜러써/만더하써] 미소, 부드러운 웃음, 웃음, 스마일 අඩමුකුළුව.

මඳෑ [만대-] (감탄사) 후회한다, 안타깝다.

මඳින් මඳ [만딘 만더] 조금씩 ටිකින් ටික.

මඳුළ [만둘러] (잭열매 씨앗을 감싸고 있는) 표피, 펄프. (복) *මඳුළු*

මම‡ [마머] 나, 나는 මං, මා.

මමංකාරය [마망까-러여] 교만, 우쭐댐 අහංකාරය.

මමත්වය [마맏워여] 자기 본위, '나' 중심 생각, 이기주의.

මමායනය [마마-여너여] 자기 본위, 자기 중심 생각 මමත්වය.

මමිය [마미여] (시체) 미라.

මය [마여] ~로 만들어진, ~로 구성된. ¶ ස්වර්ණමය 금으로 만든 = ස්වර්ණයෙන්ම කළ

මයා [마야-] මහත්මයා 를 짧게 적는 방식: (남자) 어르신, 귀하. ¶ මිය (여자) 어르신

මයි [마이] ①빨간 활석 가루 රතුපාට පියරු ②만취, 만취 상태 වෙරි වීම.

මයිකා [마이까-] (광물) 운모, 돌비늘 තලාතු මිනිරන්.

මයික්‍රෝනය [마이끄로-너여] 미크론 (1m의 100만분의 1; 기호 µ).

මයිනහම [마이너하머] 송풍기 කඹුරුහම.

මයිනා† [마이나-] (조류) 구관조.

මයියම [마이여머] ①경계, 범위, 구역 මායිම ②나무통을 자를 때 그린 줄.

මයියොක්කා [마이욕까-] (식물) 카사바 මඤ්ඤොක්කා.

මයිල [마일러] ①나무 이름 ②털 하나 ලොම් කෙඳ ③(거리) 마일 සැතපුම.

මයිලණු [마일러누] (경어) මාමා, මාමණ්ඩි 의 높임말: ①장인 මයිලණ්වෝ ②외삼촌.

මයිලණ්වෝ [마일란오-] (경어) මාමා, මාමණ්ඩි 의 높임말: ①장인 මයිලණ්වෝ ②외삼촌.

මයිල් [마일] 털, 몸털 ලෝම.

මයුර [마유러] 공작새의 මොණරාට අදාළ.

මයුරණ්ඩය [마유란더여] 공작새 알 මොණර බිත්තර.

මයුර බැල්ම [마유러 밸머] 엿보기, 훔쳐보기 හොරැහින් බැලීම.

මයුර හස්තය [마유러 하쓰떠여] 공작새 깃털 මොණර තටුව.

මයුරා† [마유라-] 수컷 공작새 මොණරා, මයුරයා. ¶ මයුරිය 암컷 공작새

මයුරාණ්ඩය [마유란-더여] 공작새 알 මොණර බිත්තර.

මයුරිකාව [마유리까-워] 암컷 공작새 සෙබඩ. ¶ මොණරා 수컷 공작새

මයුරිය [마유리여] 암컷 공작새 සෙබඩ. ¶ මොණරා 수컷 공작새

මයූරතුතු [마유-러뚜꾸] (화학) 비소.

ම

මයුරයා [마유-러야-] 수컷 공작새 මොණරා. ¶ මයුරිය 암컷 공작새

මර [마러] ①죽음의, 죽음에 이르는, 치명적인 මරු ②위험한, 심한 භයානක, අවදානම්.

මරකතය/මරකත මැණික [마러꺼떠여/마러 꺼떠 매니꺼] 에메랄드 පච්චගල.

මරක්කයා [마락꺼야-] 회교도인, 무슬림 යෝනකයා.

මරක්කලය [마락껄러여] 삼판(중국의 작은 배).

මරක්කලයා [마락껄러야-] 회교도인, 무슬림 මුස්ලිම් මිනිසා.

ම

මරක්කලහෙ/මරක්කලහේ [마락껄러헤 /마락껄러헤-] 선장.

මරගාතය [마러가-떠여] 괴로움, 곤혹 හිරිහැරය.

මරණ† [마러너] මරණය 의 복수 또는 형용사: ①죽음들 ②죽은, 사망한.

මරණ අනුපාතය [마러너 아누빠-떠여] 사망률, 치사율.

මරණ මංචකය [마러너 망처꺼여] 임종, 죽음의 자리.

මරණය‡ [마러너여] 죽음, 사망 පණ යාම.

මරණාසන්න [마러나-싼너] 죽음에 가까운, 거의 죽으려 하는 මරණයට කිට්ටු.

මරණානුස්මෘති/මරණානුස්සති භාවනාව [마러나-누쓰므루띠 /마러나-누쓰싸띠 바-워나-워] 죽음에 대한 명상.

මරණාන්තික [마러난-띠꺼] 죽음의, 치명적인 මරණීය.

මරණින් [마러닌] 죽음에서, 죽음으로 부터 මරණයෙන්.

මරණීය† [마러니-여] 죽음의, 치명적인 මරණාන්තික.

මරණීය දණ්ඩනය† [마러니-여 단더너여] 사형, 사형선고 මරණ දඬුවම.

මරනවා‡ [마러너와-] මැරුවා-මරා 죽이다, 살인하다 ඝාතනය කරනවා. <u>මැරීම/මැරුම</u>

මරඳ [마란더] (식물) 도금양, 화석류, 협죽도과(科)의 식물 රටමරඳ.

මරවනවා [마러워너와-] මැරෙවුවා-මරවා 죽이게 만들다, 살인 교사하다 ඝාතනය කරව-නවා. <u>මැරවීම</u>

මරහු [마러후] 죽음, 사망 මරණය.

මරාළ බද්ද [마랄-러 받더] 사망과 연관된 세금.

මරි [마리] 뱃사람, 선원 නැවියා.

මරිච [마리처] 고추, 칠리 මිරිස්.

මරීචිය [마리치여] ①신기루, 망상 මිරිඟුව ②광선, 선 රශ්මිය.

මරු [마루] ①죽음의, 죽음에 이르는, 치명적인 මාර ②바람의, 바람부는 හුළං ③놀라운, 기가막힌 පුදුම ④광야의, 불모의, 건조한 පාළු. ¶ මරු නම් මාරු 놀라우면 바꿔라

මරු [마루] ①살인자 මරන්නා ②죽음, 사망 මරණය ③바람, 산들 바람 මාරුතය ④모래 වැලි ⑤약점 මර්මය ⑥큐피트신 අනංගයා ⑦반석 පර්වතය.

මරුකතර† [마루까떠러] 사막 වැලි කතර.

මරුත් [마룯] 바람 මාරුතය.

මරුත්තුව [마룯뚜워] 위반, 위배 උල්ලංඝනය.

මරු පහර† [마루 빠하러] 치명타, 치명적인 공격 මාරක ප්‍රහාරය.

මරු බිම් [마루 빔] 광야, 황무지 මරුකතර.

මරුමුඛය [마루무꺼여] 죽음의 문턱 මරුමුව.

මරුමුව [마루무워] 죽음의 문턱 මරුමුඛය.

මරුමුව පත් [마루무워 빧] 죽은, 사망한 මැරුණු.

මරුමුස් [마루무쓰] ①용감한, 겁없는 ඉතා නිර්භය ②악한, 사나운 නපුරු ③살인자, 악인 නපුරා.

මරුවා† [마루와-] 살인자 මිනී මරුවා.

මරේමරු [마레-마루] 훌륭한, 탁월한, 뛰어난 අනර්ඝ.

මර්කට [마르꺼터] 원숭이 රිළවා.

මර්ත්‍ය [마르띠여] ①인간, 사람 මිනිසා ②인간 세상 මිනිස් ලොව ③사람의, 인간의 මිනිස්.

මර්දන [마르더너] 억압하는, 억제하는 මඩින.

මර්දනකාරී [마르더너까-리-] 분쇄하는, 눌러 터뜨리는, 박살내는.

මර්දනය† [마르더너여] 억압, 억제 මැඩීම.

මර්දිත [마르디떠] 억제되는, 억압되는 මඩින ලද.

මර්ම [마르머] 약한, 연약한, 부족한 දුබල.

මර්මය [마르머여] 약점, 연약한 부분 දුබල කාරණය.

මර්මස්ථානය [마르머쓰따-너여] 약점, 약한 부분 දුර්වල ස්ථානය.

මර්යාදාව [마르야-다-워] ①제한, 한계, 경계 සීමාව ②바닷가 වෙරළ ③선행, 덕행 යහපත් හැසිරීම.

මල‡ [말러] ①꽃 (문어) පුෂ්පය ②더러움, 오염 කෙලෙස ③배설물, 오물, 쓰레기 කුණු ④녹, 녹슴 මලකඩ ⑤올가미, 덫 මලපුඩුව ⑥금, 틈, 구멍 සිල.

මලකඩ‡ [말러까더] 녹, 쇠녹.

මලකඩ කනවා† [말러까더 까너와-] 녹슬다.

මල කිස [말러 끼써] 배설 (작용), 배출 පහකිරීමේ කාර්යය.

මලකෝලම [말러꼴-러머] ①농담, 농, 익살 විගඩම ②무익한 일.

මලක්කම [말띾꺼머] 뜀, 점프 පිනුම් ගැසුම.

මලණු/මලණ්ඩ [말러누/말란더] 남동생 මලයණ්ඩි. (구어) මල්ලී

මල නැටුම [말러 내투머] 야자꽃을 가지고 추는 귀신 춤.

මලනිවාරක [말러니와-러꺼] 방식(防蝕)의, 내식(耐蝕)의.

මල නොකන/මල නොබැඳෙන† [말러 노까너/말러 노밴데너] 녹슬지 않는, 녹이 안나는 මලකඩ නොහැදෙන.

මලපත† [말러빠떠] ①올무, 덫 උගුල ②알파 벳 හෝඩිය.

මලපහ [말러빠하] 배설물, 똥 බඩවිළිය.

මලපහ කරනවා‡ [말러빠하 꺼러너와-] 배설하다, 분비하다, 똥싸다 මල බහිනවා.

මලපුඩුව [말러뿌두워] 올가미, 덫 උගුල.

මලබද්ධය [말러받더여] 변비 බඩ වියළීම.

ම

මල බඳිනවා [말러 반디너와-] 녹이 슬다, 녹슬다 මලකඩ හැදෙනවා.

මල බැඳෙනවා [말러 밴데너와-] 녹이 슬다, 녹슬다 මලකඩ හැදෙනවා.

මල බිඳිනවා [말러 빈디너와-] 배설하다, 분비하다 මල පහ කරනවා.

මල බුලත් [말러 불랕] 인도 남서안 케럴라 말라바르 해안에서 수입된 약재 다양한 구장잎.

මලභක්ෂ [말러밖셔] (생물) 똥을 먹고 사는 අසූචි අනුභව කරන.

ම

මලමග/මලමාර්ගය [말러망거/말러 마-르거여] 항문, 똥구멍 අධෝමාර්ගය.

මලමු/මලමුත්‍ර [말러무/말러무뜨러] 똥 오줌 අසූචි සහ මුත්‍ර.

මලය [말러여] ①인도 남부 서쪽 산악지역, 특히 케럴라주 ②산악 지역, 산지.

මලයණ්ඩි [말러얀디] 남동생 මල්ලී.

මලයා [말러야-] 남동생 මල්ලී.

මලයාව [말러야-워] 말라야, 말레이 반도.

මලයාලි [말러얄-리] 말리얄람어 (인도 남서 해안 케럴라주 Malabar 지방의 언어: 타밀어와 70% 같다).

මලල [말럴러] 육상의, 체육의.

මලල ක්‍රීඩා‡ [말럴러 끄리다-] 육상 경기, 체육.

මලවනවා [말러워너와-] 야채 잎을 오일 넣지 않고 요리하다.

මලවියා [말러위야-] 사랑의 신, 큐피드 අනංගයා.

මලසුන/මලස්න [말러쑤너/말러쓰너] 꽃 무대 මල් අසුන.

මලහි [말러히] 사랑의 신, 큐피드 අනංගයා.

මලාකි [말라-끼] (성경) 말라기서, 말라기.

මලාගිය/මලානික† [말라-기여/말라-니꺼] 쇠약한, 약해진, 쇠잔한 මැලවුණු.

මලාව [말라-워] ①그릇 භාජනය ②컵, 잔 පැන් බඳුන ③쟁반, 접시 තැටිය.

මලාපවහනය [말라-빠와하너여] 오물 처리, 하수 처리.

මලි ගී [말리 기-] 웨다족이 숲에서 꽃따면서 부르는 노래 බමර කවි.

මලින [말리너] 쇠약한, 약해진, 쇠잔한 මැලවුණු.

මලු [말루] ①මල්ල 의 복수: 가방, 마대 ②මලුව 의 복수: 뜰, 정원.

මලුපෙත් [말루뻳] (건물) 구내와 길.

මලුව† [말루워] ①뜰, 정원, 울타리내의 영역 මිදුල ②(화단, 밭두둑) 이랑 පාත්තිය.

මල්‡ [말] මල 의 복수 또는 형용사: ①꽃들 ②꽃의. (문어) පුෂ්ප

මල් අස්න [말 아쓰너] 꽃으로 만든 자리 මල් පොරුව.

මල් ඉත්ත [말 읻떠] 꽃다발, 부케 මල් පොකුර.

මල්කඩ [말까디] 화환, 화관 මල් මාලාව.

මල්කම් [말깜] ①꽃 문양, 꽃 장식 ②꽃 문양의, 꽃 장식의 මල් සැරසිලි.

මල්කරු/මල්කරුවා [말꺼루/말꺼루와-] 꽃 파는 사람, 꽃 장사꾼 මල් වෙළෙන්දා.
මල් කලබ/මල් කළඹ [말 까벌러/말 깔럼버] 꽃다발, 부케
මල් කවුඩා [말 까우다-] 구관조 මයිනා.
මල් කැකුළ [말 깨꿀러] 꽃 봉오리. (복) *මල් කැකුළු*
මල්කොට්ටෝරුවා [말꼳토-루와-] 오색조.
මල් ගොමුව [말 고무워] 꽃밭 මල් වත්ත.
මල්දම [말더머] 목에 거는 화환 මල් මාලය.
මල් පැණි‡ [말 빼니] 꽃꿀.
මල් පූජාව [말 뿌-자-워] 헌화(제사).
මල් පෙත්ත‡ [말 뻳떠] 꽃잎. (복) *මල් පෙති*
මල් පොකුර‡ [말 뽀꾸러] 꽃다발, 부케 මල් ඉත්ත.
මල් පෝච්චිය‡ [말 뽗-치여] 화분, 화병 මල් බඳුන.
මල් පොරුව [말 뽀루워] 꽃으로 만든 자리 මල් ආසනය.
මල් බඳුන [말 반두너] 화분, 화병 මල් පෝච්චිය.
මල්බර [말바러] 꽃으로 가득찬 මලින් පිරුණු.
මල්බෑයා [말배-야-] 남동생 මල්ලී.
මල්මඬ [말만더] 젊은, 사랑스러운, 매력적인 සොඳුරු.
මල්මදා [말마다-] 사랑의 여신, 큐피트 මල්සරා.
මල් මාලය [말 말-러여] 목에 거는 화환.
මල් මාලාව‡ [말 말-라-워] 화환, 화관.
මල්මී/මල් මුවරද [말미-/말무워러더] 과즙, 넥타.
මල් මෝස්තරය [말 모-쓰떠러여] 꽃 패턴.
මල් රටාව [말 라타-워] 꽃 패턴.
මල්ල [말러] 가방, 마대, 자루, 부대. (복) *මලු*
මල්ල [말러] මල්ලව 의 복수: 싸움, 씨름.
මල්ල ක්‍රීඩා [말러 끄리-다-] 육상 운동(경기).
මල්ලව [말러워] ①씨름, 싸움, 분투, 레슬링 ②씨름꾼, 싸움꾼, 레슬러 ශූස්තිකාරයා.
¶ මල්ලව ගොලියත් (성경) 장수 골리앗
මල්ලව පොර‡ [말러워 뽀러] 복싱.
මල්ලවයා [말러워야-] 씨름꾼, 싸움꾼, 레슬러 ශූස්තිකාරයා.
¶ ගොලියත් නම් මල්ලවයෙක් ඉදිරිපත්ව ආවේය (성경) 골리앗이라는 싸움꾼(장수)이 앞으로 나왔다
මල්ලී [말리-] 남동생. (복) *මල්ලිලා*
මල්වඩම‡ [말와더머] 화관, 화환 මල් මාලාව.
මල්වත්ත [말왇떠] 화원, 정원, 가든. ¶ පේරාදෙණිය මල්වත්ත 캔디 뻬라데니여 식물원
මල්වර [말워러] 월경, 멘스 ඔසප්. ¶ මල්වර උත්සවය 여자애가 첫 월경을 했을 때 여는 잔치
මල්වර වෙනවා† [말워러 웨너와-] 사춘기에 이르다, 첫 월경을 하다 සළු සොඳ වෙනවා.
මල්වාරම් [말와-람] 그네 탈 때 부르는 노래 ඔංචිලිවාරම්.

ම

මල්වීදුරු [말위-두루] 착색유리, 색깔 유리.

මල් වෙඩි‡ [말 웨디] 불꽃 놀이 අලංකාර ගිනි කෙළි.

මල් ශාලාව [말 샬-라-워] 장의사.

මල්සර/මල්සරා [말싸러/말싸라-] 사랑의 신, 큐피드 අනංගයා.

මල්සැව්/මල්හි [말쌔우/말히] 사랑의 신, 큐피드 අනංගයා.

මව‡ [마워] 어머니, 엄마 මාතා. (구어) අම්මා

මවනවා† [마워너와-] මැවුවා/මැව්වා-මවා(මවලා) 창조하다, 창작하다, 만들다 නිර්මාන කරනවා. <u>මැවීම</u>

මවන්නා [마완나-] 창조자, 창작자, 만든 사람 නිර්මාතෘ.

මවා පානවා [마와- 빠-너와-] ①속이다, 사기치다, 눈을 속이다, 현혹하다 වංචා කරනවා ②불완전하게 마무리하다.

මවිත [마위떠] 놀라운, 경이할 만한 පුදුම.

මවිතය [마위떠여] 놀람, 경탄, 경이 පුදුමය.

මවිත වෙනවා [마위떠 웨너와-] 놀라다, 경탄하다 පුදුම වෙනවා.

මවු/මව් [마우] මව 의 복수 또는 형용사: ①어머니들, 엄마들, 모친들 ②어머니의, 엄마의, 모친의 මව්.

මවුලව්/මවුලව්වරයා† [마울라위/마울라위워러야-] (이슬람교) 이맘, 회교도 사제 මෞද්ලවියා.

මව්/මවු† [마우] මව 의 복수 또는 형용사: ①어머니들, 엄마들, 모친들 ②어머니의, 엄마의, 모친의 මවු. ¶ මව්පියෝ 부모님

මව්කිරි† [마우끼리] 모유 තනකිරි.

මව්කුස† [마우꾸써] 모태, 자궁 මව් ගැබ.

මව්පස [마우빠써] 외가, 엄마의 친척 මවගේ නෑදෑ පක්ෂය.

මව්පිය/මව්පියෝ‡ [마우삐여/마우삐요-] 부모, 엄마 아빠 දෙමව්පියෝ.

මව්පිය අධිකාරය [마우삐여 아디까-러여] 부모의 권위 දෙමාපිය ආධිපත්‍යය.

මව්පියෝ† [마우삐요-] 부모, 엄마 아빠 දෙමව්පියෝ.

මව්බස‡ [마우바써] 모국어 මාතෘ භාෂාව.

මව්බිම‡ [마우비머] 모국, 조국 උපන් රට.

මව්රසය [마우라써여] 모유 තනකිරි.

මව්ලව්/මව්ලව්වරයා [마울라위/마울라위워러야-] (이슬람교) 이맘, 회교도 사제 මෞද්ලවියා.

මව් සෙනෙහස [마우 쎄네하써] 모성애 මවගේ ආදරය.

මව්හත් [마우핟] 친절한, 상냥한, 잘 대해 주는 කරුණාවන්ත.

මස† [마써] ①월, 달 මාසය ②고기, 육류 මාංශය. (복) *මස්*

මසනවා [마써너와-] මැසුවා-මසා 바느질하다, 꿰메다, 박음질하다 රෙදි මහනවා. <u>මැසීම</u> (구어) මහනවා

මසවුල [마써울러] 고기 카레. (복) *මසවුලු*

මසා [마싸-] ①물고기, 생선 මාළුවා. (복) *මසු* ②මසනවා 의 과거분사: 바느질하고, 꿰메고.

මසුන් [마쑨] මසා 의 복수 대격 형태: 물고기들을, 생선들을 මාළු.

මසාරගල්ල [마싸-러갈러] 산호, 코랄 පබළු.

මසුරන්/මසුරම [마쑤란/마쑤러머] 고대 금화.

මසුරා† [마쑤라-] 구두쇠, 자린고비, 노랑이, 수전노 ලෝභයා.

මසුරු† [마쑤루] 인색한, 지나치게 알뜰한, 탐욕스러운, 욕심 많은 ලෝභ.

මසුරු වෙනවා [마쑤루 웨너와-] 인색하다, (주기를) 꺼려하다, 아까워하다.

මසූරි/මසූරිකා [마쑤-리/마쑤-리까-] (의학) 천연두 මහලෙඩ.

මස්‡ [마쓰] ①고기, 육체, 살점 මාංශ ②생선, 물고기 මාළු ③개월(의), 달들(의) මාස.

මස් කඩය† [마쓰 까더여] 정육점, 고깃집 කොළොම්බුව.

මස් කරනවා [마쓰 꺼러너와-] 뼈를 바르다, 살을 잘라내다.

මස්කාවා [마쓰까-와-] (동물) 수달.

මස් කොළොම්බුව [마쓰 꼴롬부워] 정육점, 고깃집 මස් කඩය.

මස් ගඩුව [마쓰 가두워] (의학) 종기, 부스럼 මසින් පිරුණු ගඩුව.

මස් ගොබය [마쓰 고버여] 근육 මස්පිඩුව.

මස්ටකයා [마쓰터꺼야-] 생선, 물고기 මාළුවා.

මස්තක [마쓰떠꺼] මස්තකය 의 복수 또는 형용사: ①정상(의), 꼭대기(의) මුදුන් ②머리들 (의) සිරස් (구어) ඔලු ③표면들(의), 피상들(의) මතුපිට ④과거 අතීතය.

මස්තකප්‍රාප්ත [마쓰떠꺼쁘랖-떠] 성공적인, 성공의, 좋은 결과의 සමෘද්ධිමත්.

මස්තකප්‍රාප්තිය [마쓰떠꺼쁘랖-띠여] 성공, 성취, 좋은 결과 සමෘද්ධිය.

මස්තකය [마쓰떠꺼여] ①정상, 꼭대기 මුදුන ②머리 සිරස (구어) ඔලුව ③표면, 피상 තලය ④과거 අතීතය.

මස්තිෂ්කය [마쓰띠쉬꺼여] (해부학) 대뇌 මහ මොළය.

මස්තු [마쓰뚜] (의학) 혈청.

මස්තු පටලය [마쓰뚜 빠털러여] (동물, 해부학) 장막(漿膜).

මස්තු වේදය [마쓰뚜 웨-더여] 혈청학, 혈청 반응.

මස්පිඩ [마쓰삐더] 근육 මස්පිඩුව.

මස්පිඩුව‡ [마쓰삐두워] 근육 මස් ගොබය.

මස්බැද්ද [마쓰뱉더] 약용 식물의 이름.

මස්මඩුව† [마쓰마두워] 도살장, 푸주간.

මස්මර/මස්මුර [마쓰머러/마쓰무러] 간질의, 간질병의.

මස්මරන්නා [마쓰마란나-] 어부 ධීවරයා.

මස් වැදැල්ල [마쓰 왜댈러] 고기 한점.

මස්වර වැද්ද [마쓰워러 왣다-] ①도살업자 ②사냥꾼 දඩයක්කාරයා.

මස්වැද්ද [마쓰왣다-] 사냥꾼 දඩයක්කාරයා.

මස්ස [맜써] 고대 금화 මසුරම.

මස්සිනා‡ [맜씨나-] ①매형, 형부, 여동생 남편, 처남 ②사촌.

මස්සා [맜싸-] 물고기, 생선 මාළුවා.
මස්සු [맜쑤] 수염 රැවුල.
මහ‡ [마하] ①큰, 위대한, 거대한 මහා ②주요한, 중대한, 중요한 වැදගත් ③달, 월 මාසය.
මහඅටුවාව [마하아투와-워] 대주석가 붓사고사 스님이 그 이전에 전승되어 오던 빨리(Pali)어 삼장(Tipitaka)에 대한 씽할러 주석서.
මහඅරමුදල [마하아*러*무덜러] 왕국 보고.
මහ ආණ්ඩුව [마하 안-*두*워] 중앙 정부.
මහ ඇදුරු [마하 애두*루*] 교수 මහාචාර්යයා.
මහ ඇඹයා [마하 앰버야-] 코끼리 ඇතා. (구어) අලියා
මහ ඉස්පිරිතාලය [마하 이쓰삐*리*딸-러여] 종합 병원 ප්‍රධාන රෝහල.
මහ කොමසාරිස් [마하 꼬머싸-*리*쓰] (영연방 국가 간의) 고등판무관, 위원장.
මහගබඩාව [마하가버*다*-워] 왕국 보고.
මහගමන [마하가머너] 신혼부부의 홈커밍.
මහගු/මහඟු [마하구/마항구] 아주 귀한, 값비싼, 값어치 있는 මහාර්ඝ.
මහගෙ [마하게] 부인, 아내 භාර්යාව. (구어) නෝනා
මහ ගෙදර† [마하 게더*러*] 부모님이 계시는 집, 고향집.
මහ ගෙරියා [마하 게*리*야-] 야생 코끼리 වල් අලියා.
මහඟු† [마항구] 아주 귀한, 값비싼, 값어치 있는 මහඟු.
මහජන‡ [마하자너] 국민의, 백성의, 공공의 පොදු.
මහජන ආණ්ඩුව [마하자너 안-*두*워] 국민 정부.
මහජනතාව [마하자너따-워] 국민, 백성, 공중 ජනතාව.
මහජන නියෝජිතයා [마하자너 니요-지떠야-] 국민 대표.
මහජන නොතාරිස් [마하저너 노따-*리*쓰] (고어) 서기.
මහජන පුස්තකාලය‡ [마하저너 뿌쓰떠깔-러여] 공공 도서관.
මහජන මතය† [마하자너 마떠여] 국민의 의견.
මහජන මන්ත්‍රී [마하자너 만뜨*리*-] 국회의원 පාර්ලිමේන්තු මන්ත්‍රී.
මහජන මන්ත්‍රී මණ්ඩලය [마하자너 만뜨*리*- 만덜러여] 국회 පාර්ලිමේන්තුව.
මහජන මුදල් [마하저너 무달] 공금, 공공의 돈.
මහජනයා [마하자너야-] 국민, 백성, 공중 ජනතාව.
මහජන සේවකයා [마하자너 쎄-워꺼야-] 공무원.
මහජන සේවය [마하자너 쎄-워여] 공무, 대 국민 서비스.
මහජනාධාර [마하자나-다-*러*] 기부금.
මහණ [마하너] 승려의 භික්ෂු.
මහණ කරනවා‡ [마하너 꺼*러*너와-] 승려로 임명하다.
මහණාව [마하너워] 바다, 해양 මුහුද.
මහණ වෙනවා [마하너 웨너와-] 승려가 되다 පැවිද්ද ලබනවා.
මහණා [마하나-] 승려, 승, 스님 භික්ෂුව.

මහණුවම් [마하누왐] 승려의 할일, 명상.

මහත‡ [마하떠] ①뚱뚱한, 살찐 තරබාරු ②큰, 광대한 ලොකු ③높은, 고귀한 උතුම්. ¶ උස මහත 외모

මහත‡ [마하떠] ①넓이, 폭 පළල ②큼, 광대함 විශාලත්වය. ¶ උස මහත 외모

මහත දෙහෙත [마하떠 데헤떠] 잘 지어진, 높고 웅대한 හොඳින් වැඩුණු.

මහ තහනම් කැලය [마하 따하남 깰러여] (임학) 보안림.

මහතා† [마하따-] 어르신, ~ 씨, 미스터 මහත්තයා.

මහතැන [마하때너] 우두머리, 대장, 보스 ප්‍රධානියා. (구어) ලොක්කා

මහ තැපැල් කන්තෝරුව [마하 때빨 깐또-루워] 중앙 우체국 මහ තැපැල් කාර්යාලය.

මහතෙර [마하떼러] 출가한지 20년이 넘는 승려, 큰 스님.

මහත්† [마핟] 큰, 거대한, 위대한 විශාල. (구어) ලොකු

මහත්තයා/මහත්මයා‡ [마핟떠야-/마핟머야-] 어르신, ~ 씨, 미스터 මහතා.

මහත්මිය‡ [마핟미여] 여자 어르신, 마담, Mrs.

මහද [마하더] 내 마음 මගේ හද. (문어) මාගේ හදවත

මහදර්ථය [마하다르떠여] 큰 이익, 큰 유익 මහත් වූ අර්ථය.

මහ දවල් [마하 다왈] 정오, 한낮 මද්දහන.

මහදිසාව [마하디싸-워] ①(행정 구획 으로서의) 주(州), 성(省), 도(道) ②주 통치자.

මහදුරු† [마하두루] (식물) 회향풀(의 씨).

මහදෙර [마하도러] 주 입구.

මහනඩුව [마하나두워] 왕의 법정.

මහන මැසිම‡ [마하너 매씨머] 재봉틀, 미싱.

මහනවා‡ [마하너와-] මැහුවා-මහලා 바느질하다, 박다, 꿰메다 මැහීම කරනවා. <u>මැහුම/මැහීම</u> (문어) මසනවා

මහනිල් [마하닐] (식물) 수련 මානෙල්.

මහනුවර‡ [마하누워러] (지명) 캔디 Kandy.

මහන්තත්වය [마한딸워여] ① 영광, 존귀, 위엄, 웅장 උතුම්කම ②허세, 허영 උජාරුව.

මහන්නා [마한나-] 바느질하는 사람, 재봉사, 재단사.

මහන්සිය† [마한씨여] ①피로, 피곤, 수고 (문어) වෙහෙස ②일삯, 품삯, 일당 කුලිය. ¶ මට ගොඩක් මහන්සියි 나 굉장히 피곤하다

මහන්සි වෙනවා‡ [마한씨 웨너와-] ①피곤하다, 피로하다, 수고하다 වෙහෙසෙනවා ②노력하다, 수고하다.

මහපටැඟිල්ල‡ [마하빠탱길러] ①엄지 손가락 ②엄지 발가락.

මහපාය [마하빠-여] 큰 집, 대저택.

මහපාර [마하빠-러] 큰길, 주요 도로 මහ මාවත.

මහ පෙරහැර [마하 뻬러해러] 대 행진.

මහපොළ [마하뽈러] 큰 장, 큰 시장.

මහපොළව/මහපොළොව [마하뽈러워/마하뽈로워] 지구 පෘථිවිය.

මහප්පල්ල [마핲빨러] 입이 큰 항아리 ලොකු වළඳ.

මහප්පා [마핲빠-] 큰 아버지 ලොකු තාත්තා.

මහ බඩා [마하 바다-] ①배가 불룩 나온 사람 ②악어 කිඹුලා.

මහබඩවැල† [마하바더왤러] (해부학) 대장.

මහබද්ද [마하받더] 씽할러 왕들의 계피 세금.

මහ බඹා [마하 밤바-] 높은 브라만 사람 මහා බ්‍රහ්මයා.

ම

මහ බැංකුව† [마하 뱅꾸워] 중앙 은행.

මහබිනික්මන [마하비닊머너] ①부처님의 출가: 위대한 포기 මහාබිනිෂ්ක්‍රමණය ②(금욕적인) 대 극기(克己), 포기.

මහබිසොව/මහබිසව [마하비쏘워/마하비써워] ①중전, 왕후 අගබිසව ②여왕 මහරැජින.

මහ බුදුගෙය [마하 부두게여] 대부처 이미지 하우스.

මහ බෘහස්පතින්ද [마하 브루하쓰빠띤다-] 성 목요일: 그리스도께서 승천하신 날.

මහ බෝ [마하 보-] 아누라더뿌러 도시에 있는 보리수 나무 (인도에서 가져온 1600년 된 신성한 보리수 나무).

මහබෝසත් [마하보-쌑] (불교) 보살: 깨달음을 얻은자.

මහ මඟ [마하 망거] 큰길, 주요 도로 මහ මාවත.

මහ මඩුව [마하 마두워] 방청 홀.

මහමදික/මහම්මදික [마하마디꺼/마함마디꺼] 무슬림의, 이슬람을 믿는 මුස්ලිම් භක්තික.

මහ මාරම [마하 마-러머] 스케치.

මහමාරිය [마하마-리여] 페스트, 흑사병, 전염병, 역병 මහාමාරිය.

මහමාවත [마하마-워떠] 큰길, 주요 도로 මහ මඟ.

මහමැති [마하매띠] 수상 අගමැති.

මහමැතිවරණය† [마하매띠워러너여] 총선, 국회의원 선거.

මහ මිනිහා [마하 미니하-] ① 가장, 남편 ගෙදර ප්‍රධානියා ② 지도자, 리더 නායකයා.

මහමුදලි [마하무덜리] 식물의 한 종류.

මහමුහුණා/මහමූණා [마하무후나-/마하무-나-] 올빼미 බකමූණා.

මහමුහුද [마하무후더] 대양, 큰 바다 මහසයුර.

මහමූණා [마하무-나-] 올빼미 බකමූණා.

මහමෙර [마하메러] 수미산: 불교의 우주관에서 우주의 중심을 이루는 거대한 산 සිනේරුව.

මහමොළය [마하몰러여] (해부학) 대뇌.

මහම්මදික [마함마디꺼] 무슬림의, 이슬람을 믿는 මුස්ලිම් භක්තික.

මහම්මා [마함마-] 큰 엄마, 큰 이모.

මහරජ [마하라저] 대왕, 군주.

මහරත්මල් [마하랕말] 대탑: 석가모니의 사리를 모신 탑.

මහ රාළ [마하 랄-러] ①가장, 아버지 ගෙදර ප්‍රධානියා ②늙은 이, 나이 먹은 사람 මහල්ලා.
මහරැජින [마하*래*지너] ①여왕 රාජිනී ②왕후, 중전 මහබිසව.
මහ රෑ [마하 *래*-] 자정, 한밤 중 මැදියම් රැය.
මහරු [마하*루*] 매우 귀한, 매우 가치있는, 값어치 있는 මහාර්ඝ.
මහ රෝහල‡ [마하 *로*-헐러] 종합병원 ප්‍රධාන රෝහල.
මහර්ෂි [마하*르*쉬] 대현인, 대현자 මහා ඍෂියා.
මහල [마할러] ①(건물) 층 තට්ටුව ②궁전, 큰집 මහල් මාලිගාව ③베개 කොට්ටය. ¶ මහල් තුනක නිවාසය 3층짜리 집 උඩුමහල 다락방
මහලෑන [마할래-너] 주 서기관 ප්‍රධාන ලේකම්.
මහලු‡ [마할루] 늙은, 나이먹은 වැඩිහිටි.
මහලු නිවාසය‡ [마할루 니와-써여] 양로원 වැඩිහිටි නිවාසය.
මහලු පැවිදි [마할루 빼위디] (불교) 상위계.
මහලෙඩ [마할레*더*] (의학) 천연두.
මහලේකම් [마할레-깜] 주 서기관 ප්‍රධාන ලේනා.
මහලේකම් කාර්යාලය [마할레-깜 까-*르*얄-러여] 주 서기관 사무실 ප්‍රධාන ලේකම් කාර්යාලය.
මහලේනා [마할레-나-] 주 서기관 ප්‍රධාන ලේකම්.
මහල් නිවාසය† [마할 니와-써여] 복층집, 몇 층으로 만들어진 집 තට්ටු නිවාසය.
මහල්ලා [마할라-] 늙은이, 나이 먹은 사람 මහලු තැනැත්තා. ¶ මැහැලිය 여자 노인
මහවඩදිය [마하와*더*디여] 샘물의 흐름.
මහවතුරු [마하와뚜*루*] 홍수(의) ජලගැල්ම.
මහවත් [마하왇] 길들, 도로들 මාවත්.
මහවනය [마하와너여] 울창한 숲 මහ කැලෑව.
මහවලහා [마하왈러하-] 큰 곰.
මහ වාසල [마하 와-썰러] 궁궐, 궁전 මාලිගාව.
මහවැලි හතු [마하왤리 하뚜] 가장 큰 버섯(의).
මහ වියතා [마하 위여따-] 대학자.
මහවුර [마하우*러*] 큰 벽, 큰 성벽.
මහවෙය [마하웨여] 주요 거리 ප්‍රධාන වීදිය.
මහසග [마하싸거] 승려의 모임 මහා සඞ්ඝ.
මහසම්මත [마하쌈마떠] ①공인 ②공인된.
මහසයුර [마하싸유*러*] 대양, 큰 바다 මහමුහුද.
මහසල [마하쌀러] 거대한 바위.
මහසවුවා [마하싸우와-] 수제자 මහා ශ්‍රාවකයා.
මහසාය [마하싸-여] 대기근.
මහසෑය [마하쌔-여] 대불탑, 큰 사리탑 මහ චෛත්‍යය.
මහ සිකුරාදා‡ [마하 씨꾸*라*-다-] 성 금요일 (예수께서 십자가에서 돌아가신 것을 기념하는 날: 스리랑카는 공휴일임).

ම

මහසෙන් [마하쎈] 큰 군대(의), 대군(의).

මහසොහොන [마하쏘호너] 공동 묘지.

මහසොහොනා/මහසෝනා [마하쏘호나-/마하쏘-나-] 귀신이 출몰하는 공동 묘지.

මහ හිමය [마하 히머여] 울창한 숲 රූස්ස කැලෑව.

මහා† [마하-] ①큰, 위대한, 거대한 මහ ②주요한, 중대한, 중요한 වැදගත්.

මහා අක්ෂය [마하- 악셔여] (타원의) 장축.

මහා කරුණාව [마하- 까루나-워] 크신 자비, 커다란 은혜.

මහා කාව්‍යය [마하- 깝-위여여] 서사시, 사시(史詩).

මහා කෝණය [마하- 꼬-너여] (수학) 둔각.

මහාචාර්ය [마하-차-르여] 교수, 대학 교수 ශ්‍රේෂ්ඨ ගුරුවරයා.

මහා ඡිද්‍රය [마하- 치드러여] (해부학) 대후두공(大後頭孔).

මහාත්ම [마핟-머] 고상한, 품격이 높은, 고매한 ශ්‍රේෂ්ඨ ගුණධර්මය ඇති.

මහාථූප [마하-뚜-뻐] 부처님의 사리탑.

මහාද්වීපය‡ [마핟-위-뻐여] 대륙.

මහාද්වීපික තටාකය [마핟-위-삐꺼 따타-꺼여] 대륙붕.

මහාධමනිය [마하-다머니여] (해부학) 대동맥. ¶ මහා ශිරාව 대정맥

මහාධිකරණය‡ [마하-디까러너여] 고등 법원 ඉහළ උසාවිය.

මහානර්ඝ [마하-나르거] 고귀한, 아주 값어치 있는 මහඟු.

මහානාග [마하-나-거] 귀족 코끼리 උසස් කුලියේ ඇතා.

මහානායක [마하-나-여꺼] 불교 승단의 수장.

මහානිසංසය [마하-니쌍써여] 공적, 공로, 공과 මහත් පින් පල.

මහානුභාව [마하-누바-워] 놀라운 힘, 거대한 힘, 거대한 능력 පුදුම බලය.

මහාන්ත්‍රය [마한-뜨러여] (해부학) 대장 මහ බඩවැල.

මහාන්ත්‍රකය [마한-뜨러꺼여] (해부학) 결장(結腸), (때로는) 대장 전체.

මහා පරිමාණ‡ [마하- 빠리마-너] 거대한, 위대한 විශාල.

මහා පුරිස/මහා පුරුෂයා [마하- 뿌리써/마하- 뿌루셔야-] ①대왕, 고귀하고 위대한 사람 මහෝත්තමයා ②(불교) 해탈한 사람 බෝසතාණන් වහන්සේ.

මහා පෘථිවිය [마하- 쁘루띠위여] 대 지구.

මහා ප්‍රාණ [마하- 쁘라-너] (음성학) 기음, h 음, 기음 글자, h 자: 씽할러의 ඛ, ඝ, ඡ, ඨ, ඪ, ථ, ධ, ඵ, භ.

මහා බෝධිය [마하- 보-디여] 부처님이 해탈한 장소의 보리수 나무.

මහා බ්‍රහ්මයා [마하- 브라흐머야-] 브라만 사람 බ්‍රහ්මයා.

මහා භාරකරු/මහාභාරකාරයා [마하- 바-러꺼루/마하-바-러까-러야-] 공인 수탁자.

මහාභාරකාරයා [마하-바-러까-러야-] 공인 수탁자 මහාභාරකරු.

මහාබිනිෂ්ක්‍රමණය [마하-비니쉬끄러머너여] 부처님의 출가: 위대한 포기 මහබිනික්මන.

මහාභූත [마하-부-떠] 세상을 구성하는 네가지 요소: 물질, 물, 빛, 공기.

මහාමාත්‍ය [마하- 맡-띠여] 수상, 총리 මහ ඇමති.

මහාමාන්‍ය [마하-만-니여] 아주 존경하는: 후작(侯爵) 이하의 귀족에게 주어지는 경칭.

මහාමාරිය [마하-마-리여] 역병(疫病), 전염병, 흑사병, 페스트 මහමාරිය.

මහාමාර්ගය [마하-마-르거여] 대로, 큰 도로 මහ මාවත.

මහා මැතිවරණය [마하- 매띠워러너여] 총선, 국회의원 선거 මහමැතිවරණය.

මහා මේඝය [마하- 메-거여] 강한비, 폭우 මහ වැස්ස.

මහා මේරුව [마하- 메-루워] (불교, 힌두교) 수미산.

මහායානය† [마하-야-너여] 대승불교. ¶ හීනයානය 소승 불교

මහාරාඥිය [마하-라-끈니여] 대여왕 මහ රැජින.

මහාරෝග්‍ය ශාලාව [마하-록-기여 샬-라-워] 종합 병원 මහ රෝහල.

මහාර්ඝ [마하-르거] 고귀한, 고상한 මහඟු.

මහාර්ණවය [마하-르너워여] 대양, 큰 바다 මහා සමුද්‍රය.

මහාර්හ [마하-르허] 고귀한, 고상한 මහඟු.

මහා ලේ රෝගය [마할- 레-로-거여] 혈우병, 혈루병 රක්තකාමතාව.

මහාවිහාරය [마하-위하-러여] (불교) 대승원: 정통 원시불교 교리의 수호처 ස්ථවිර මූලස්ථානය.

මහාවිපත්තිය [마하-위빧띠여] 파국, 큰재해 මහාවිපත.

මහා වෘත්තය [마하- 으룯떠여] (물리학) 리만 서클.

මහා ශිරාව [마하- 쉬라-워] (해부학) 대정맥.

මහා ශ්‍රාවකයා [마하- 쉬라-워꺼야-] 수제자 මහ ගෝලයා.

මහා සඞ්ඝ [마하- 쌍거] 승려 모임, 승단.

මහාසත්ව [마하-쌑워] (불교) 보살 බෝසතා.

මහා සබා රැස්වීම [마하- 싸바-래쓰위-머] 전체 모임.

මහා සමුද්‍රය [마하- 싸무드러여] 대양, 큰 바다 මහා සාගරය.

මහා සම්මත [마하- 쌈마떠] 모두가 동의한.

මහා සාගරය [마하- 싸-거러여] 대양, 큰 바다 මහා සමුද්‍රය.

මහා සාවද්‍ය [마하- 싸-웓디여] 대실수.

මහා සිකුරාදා [마하- 씨꾸라-다-] (기독교) 성 금요일 (예수께서 십자가에서 돌아가신 것을 기념하는 날: 스리랑카는 공휴일).

මහා ස්ථවිර [마하- 쓰떠위러] (불교) 고승: 승려가 된지 20년 이상이 지난 승려.

මහිමතාව [마히머따-워] ①영광, 위엄, 존귀 මහිමය ②경이, 놀라움 පුදුමය.

මහිමය‡ [마히머여] ①영광, 위엄, 존귀 මහිමතාව ②경이, 놀라움 පුදුමය.

ම

මහිමාන්විත† [마히만-위떠] 영광스러운, 빛나는, 경이로운.
මහිමාව [마히마-워] ①영광, 위엄, 존귀 මහිමය ②경이, 놀라움 පුදුමය.
මහිලාව [마힐라-워] 여자, 여성 කාන්තාව.
මහිෂ/මහිෂයා [마히셔/마히셔야-] 물소, 버팔로 මී හරකා.
මහිෂයා [마히셔야-] 물소, 버팔로 මී හරකා.
මහිෂි [마히쉬] ①암물소, 암버팔로 මීදෙන ②왕비, 여왕 බිසව.
මහී [마히-] ①지구, 땅 මිහි ②지구의, 땅의 පොළෝ.
මහී කාන්තාව [마히- 깐-따-워] 땅, 육지 මිහිතලය.
මහීපාලයා [마히-빨-러야-] 통치자, 왕, 임금 රජු.
මහීෂි [마히-쉬] 여왕 මෙහෙසිය.
මහේ [마헤-] 한달에, 한달 안에 මාසයේ.
මහේක්ෂය [마혝-쉬여] (물리, 수학) 거시적인.
මහේශාක්‍ය/මහේශාඛ්‍ය [마헤-샤-끼여] 장대한, 장엄한, 위엄 있는 උසස් ගණයේ.
මහේශාක්‍යය [마헤-샤-끼여여] 장엄, 장엄함, 위엄 උදාර බව.
මහේසිකාව [마헤-쉬까-워] 여왕 මෙහෙසිය.
මහේස්ත්‍රාත් [마헤-쓰뜨랕] 치안 판사, 치안 판사의.
මහේස්ත්‍රාත්වරයා† [마헤-쓰뜨랕워러야-] (경찰 법정등) 치안 판사.
මහෝඝය [마호-거여] 대홍수 මහා ජලගැල්ම.
මහෝත්තම† [마홑-떠머] (මහ + උත්තම) 가장 높은 අති උසස්.
මහෝත්තමයා [마홑-떠머야-] 가장 높으신 분 ශ්‍රේෂ්ඨ පුරුෂයා. ¶ මහෝත්තමයාණෝ 존엄하신 분
මහෝත්සවය [마홑-써워여] 축제, 페스티발 සැණකෙළිය.
මහෝත්සාහය [마홑-싸-하여] 큰 노력, 대단한 수고.
මහෞෂධ [마하우셔더] ①탁월한 약 ②탁월한 약의.
මළ/මළාවූ† [말러/말라-우-] 죽은, 사망한 මැරුණු. (구어) මැරිච්ච ¶ මළ මුහුද 사해
මළ ඉර [말러 이러] 지는 해, 황혼.
මළ ඉලව්ව [말러 일라우워] 장례, 초상 මළගම. (구어) කරදරය
මළකඳ [말러깐더] 시체, 송장 මිනිය. (복) මළකඳන්
මළ කුණ [말러 꾸너] 시체, 송장 මිනිය.
මළගම [말러거머] 장례, 초상 මළ ඉලව්ව. (구어) කරදරය
මළගැටය [말러개티여] (임학) 죽은 옹이.
මළ දෙළ [말러 돌러] 마른 시내, 마른 개천.
මළ පත [말러 빠떠] 죽음을 알리는 벽보.
මළ බෙරය [말러 베러여] 장례식 북.
මළමිනිය‡ [말러미니여] 시체, 송장 මිනිය.
මළා [말라-] මැරෙනවා 의 과거 (문어): 죽었다, 사망했다. (구어) මැරුණා ¶ මළාහු 죽은 자들, 사망자들

ම

මළාවූ [말라-우-] 죽은, 사망한 මැරුණු. (구어) මැරිච්ච

මළාහු [말라-후] 죽은 자들, 사망자들. ¶ මළවුන් (주격, 목적격) 죽은 자들(을), 사망자들(을) මළවුන්ගේ (소유격) 죽은 자들의

මළු/මළුව† [말루/말루워] 뜰, 정원 මිදුල.

මා‡ [마-] ①මම 의 주격(문어): 나는, 내가 ②මම 의 소유격: 나의, 내 මගේ ③මම 의 대격(목적격) 의미로 사용됨: 나, 나의, 나를 මාව.

මාඇඟි [마-앵기] 고귀한, 고상한 මහඟු.

මාඉම/මායිම [마-이머] 경계, 접경, 테두리 සීමාව.

මාංචු දමනවා [망-추 다머너와-] 수갑을 채우다, 차꼬를 채우다 අත්වලට විලංගු දමනවා.

මාංචුව† [망-추워] 수갑 අත් විලංගුව.

මාංශ [망-셔] මාංශය 의 복수 또는 형용사: ①육체들, 고기들 ②육체의, 고기의 මස්.

මාංශ පේශි [망-셔 뻬-쉬] (해부학) 인대 මස් පිඩු.

මාංශ භක්ෂක† [망-셔 박셔꺼] 육식의, 육식성의 මස් බුදින.

මාංශය [망-셔여] ①육체, 몸, 신체 මාංසය ②고기, 살점 මස.

මාංස† [망-써] මාංසය 의 복수 또는 형용사: ①육체들, 고기들 ②육체의, 고기의 මස්.

මාංසගතවීම [망-써가떠위-머] 성육신, 인간의 모습을 취함, 화신.

මාංස චක්ෂුස [망-썰 착쉬써] 눈, 신체 일부 눈 මසැස.

මාංසජනක [망-써자너꺼] 단백질, 프로틴.

මාංස පේශි [망-써 뻬-쉬] (해부학) 인대 මස් පිඩු.

මාංස භක්ෂක [망-써 박셔꺼] 육식의, 육식성의 මස් බුදින.

මාංසය† [망-써여] ①육체, 몸, 신체 මාංශය ②고기, 살점 මස.

මාංසල† [망-썰러] 살의, 육체의 මාංසවත්.

මාංසල ශාකය† [망-썰러 샤-꺼여] (작물학) 다육 식물.

මාංසලාවරණය [망-썰라-워러너여] 육질층(肉質層).

මාංසවත්† [망-써왇] 육체의, 육신의, 몸의 මාංසල.

මාකුංජර [마-꿍저러] 큰 코끼리(의).

මාක්ෂිකා [막-쉬까-] 꿀벌 මී මැස්සා.

මාගධ [마-거더] ①(인도 범어의 속어인) 팔리어 පාළි ②팔리어(나라)의.

මාගධි [마-거디] ①(인도 범어의 속어인) 팔리어 පාළි ②팔리어(나라)의.

මාගම [마-거머] 여성, 여인, 여자 ස්ත්‍රිය. (구어) ගැහැනිය

මාගම් සෝලිය [마-감 쏠-리여] 승려의 간음에 대한 참소.

මාගල [마-걸러] 야자 잎으로 짠 큰 매트.

මාගසිර [마-거씨러] 씽할러 달력의 8월.

මාගේ [마-게-] මම 의 소유격: 나의, 내, 저의. (구어) මගේ

මාට්ටු කරනවා [맡-투 꺼러너와-] 결합하다, 연결하다, 접합하다 ඈඳනවා.

ම

මාට්ටුව [맡-투워] 결합, 접합, 연결 එක් කිරීම.

මාණික්‍යය [마-닊끼여여] 보석 මැණික.

මාණ්ඩලික [만-*달*리꺼] 직원의, 스태프의 මණ්ඩලයකට අයත්.

මාණ්ඩලික නිලධාරි [만-*달*리꺼 닐러다-*리*] 직원, 스태프.

මාතා† [마-따-] 어머니 මව. (구어) අම්මා

මාතාමහ [마-따-마하] 외할아버지 මවගේ පියා.

මාතාමහී [마-따-마히-] 외할머니 මවගේ මව.

මාතිකා [마-띠까-] ①주제, 논제 මාතෘකාව ②운하, 수로 දිය ඇළ.

මාතු [마-뚜] 어머니, 엄마 මාතා. (구어) අම්මා

මාතුගාම [마-뚜가-머] 여성, 여인, 여자 ස්ත්‍රිය. (구어) ගැහැනිය

මාතුජයා [마-뚜저야-] 형제 සහෝදරයා.

මාතු භාර්යාව [마-뚜 바-*르*야-워] 어머니 같은 부인.

මාතුරු [마-뚜*루*] 빈랑나무 පුවක් ගස්.

මාතුල [마-뚤러] 외삼촌 මාමා.

මාතුලානි [마-뚤라-니] ①고모 නැන්දා ②시어머니, 장모님 නැන්දම්මා.

මාතෘ† [마-뜨*루*] 어머니, 엄마 මාතා. (구어) අම්මා

මාතෘකාව‡ [마-뜨*루*까-워] 주제, 제목, 타이틀 මැය.

මාතෘ නිවාසය† [마-뜨*루* 니와-써여] 출산원, 산후조리원.

මාතෘ බීජය [마-뜨*루* 비-저여] 난자, 난세포 ඩිම්බය.

මාතෘ භාෂාව [마-뜨*루* 바-샤-워] 모국어 මව් බස.

මාතෘ භූමිය [마-뜨*루* 부-미여] 모국, 조국, 어머니 나라 මව් බිම.

මාතෘ සෛලය [마-뜨*루* 싸일러여] 모세포.

මාත්තු [맏-뚜] 섞인, 혼합된 මිශ්‍රිත.

මාත්‍රය [마-뜨*러*여] ①모라 (단음절 하나의 단위) ②조금.

මාත්‍රයම [마-뜨*러*여머] 단지, 오직, 단순한.

මාත්‍රාව [마-뜨*라*-워] ①단모음 කෙටි ප්‍රණාක්ෂරය ②양, 수 ප්‍රමාණය ③(먹어야 하는, 접종해야 하는) 약의 1회 분량.

මාත්සරික [맏-싸*리*꺼] 시기하는, 질투하는 ඉරිසියා.

මාත්සර්යය [맏-싸*르*여여] 시기, 질투 ඊර්ෂ්‍යාව.

මාදකය [마-더꺼여] 마취제 නිදි බෙහෙත.

මාදැල [마-댈러] 큰 그물 විශාල දැල.

මාදිරිය/මාදිළිය [마-디*리*여/마-딜리여] 형태, 패턴, 모양 මෝස්තරය.

මාදුරු [마-두*루*] (약) 카럼실, 캐러웨이 (씨앗을 향신료로 쓰는 회향 식물).

මාධවී [마-더위-] ①각설탕 සීනි කැට ②꿀 පැණි.

මාධුක [마-두꺼] 달콤한, 단 මිහිරි.

මාධුර්යය [마-두*르*여여] 달콤, 달콤함 මිහිරි බව.

මාධ්‍යය† [맏-디여여] ①매체, 매개물, 수단 ②미디어, 언론매체 මීඩියා. ¶ සමාජ මාධ්‍ය 소셜 미디어

මාන [마-너] ①방법, 수단 උපක්‍රමය ②목표, 타겟 එල්ලය ③제한, 한계, 경계 සීමාව ④잼, 비교, 저울질 සංසන්දනය.

මාන අල්ලනවා [마-너 알러너와-] 목표를 정하다, 타겟을 정하다, 계획하다, 의도하다 එල්ල බලනවා.

මානක [마-너꺼] 측량사 මනින්නා.

මානකොකා† [마-너꼬까-] 황새. (복) *මානකොකු*

මාන දණ්ඩ [마-너 단*더*] 자, 재는 막대기 කෝදුව.

මානනවා [마-너너와-] මෑනුවා-මානා 조준하다, 목표를 정하다 ඉලක්ක කරනවා. මෑනීම/මෑනුම

මානනීය [마-너니-여] 존경하는, 존중하는 ගරු කළ යුතු.

මාන බලනවා [마-너 발러너와-] 조준하다, 목표를 정하다 ඉලක්ක කරනවා.

මානම [마-너여] 목표, 목적, 타겟 ඉලක්කය.

මානව† [마-너워] 인간의, 사람의 මිනිස්. ¶ මානව හිමිකම 인권

මානවක/මානවකයා [마-너워꺼/마-너워꺼야-] 청년, 젊은이 යොවුණා.

මානව කල්ප [마-너워 깔뻐] 유인원의, (동물이) 인간 비슷한 මිනිසා ස්වරූපය ඇති.

මානව කේන්ද්‍ර [마-너워 껜드*러*] 인간 중심의.

මානව පූජාව [마-너워 뿌-자-워] 인신 제사.

මානව භක්තිය† [마-너워 박띠여] 인자, 자비, 인자한 행위 දයාව.

මානවයා [마-너워야-] 인간, 사람 මිනිසා.

මානවවංශ විද්‍යාව† [마-너워왕셔 윋디야-워] 민족학, 인종학.

මානවවාදය [마-너워와-더여] 인본주의.

මානවවාදී [마-너워와-디-] 인본주의의, 인간 중심의.

මානව විද්‍යාව† [마-너워 윋디야-워] 인류학, 인간학.

මානවිකාව [마-너위까-워] 처녀, 아가씨 තරුණිය.

මාන ව්‍යසනය [마-너 비여써너여] 음주로 인한 파멸 පාන ව්‍යසනය.

මානස [마-너써] ①마음, 정신 සිත ②심적인, 정신적인 හිත පිළිබඳ.

මානසවිද්‍යාව [마-너써윋디야-워] 사유, 생각하는 방식.

මානසික‡ [마-너씨꺼] මනස 의 형용사: 마음의, 심적인, 정신의 චෛතසික.

මානසික අපයෝජනය [마-너씨꺼 아뻐요-저너여] 정신적인 학대.

මානසික ආරෝග්‍ය ශාලාව [마-너씨꺼 아-롞-기여 샬-라-워] 정신 병원 මානසික රෝහල.

මානා [마-나-] ①큰 풀 종류 ②මානනවා 의 과거분사: 조준한, 목표를 정한 යොමු කොට (구어) මානලා.

මානාචාරි [마-나-차-*리*] (비에 의존한) 농사를 짓는, 농경의.

මානිත [마-니떠] 존경받은, 존중받은, 영광의 උපහාරය ලැබූ.

මානිල් [마-닐] (꽃) 수련 මානෙල්.

මානී [마-니-] 교만한, 오만한 උඩංගු.

මානුෂික† [마-누쉬꺼] 인간의, 사람의 මිනිස්.

මානෙල්‡ [마-넬-] 백합 මානිල්.

මාන් කරනවා [만- 꺼러너와-] 길게 쪼개다 දිග අතට පලනවා.

මාන් තඩිය [만- 따디여] (배) 노 හබල.

මාන්දම‡ [만-더머] (의학) 황달 කහඋණ.

මාන්දුව [만-두워] 창백, 핼쑥함, 연약 මලානිකකම.

මාන්නක්කාර [만-낚까-러] 교만한, 오만한, 자만하는 අහංකාර. (구어) උඩඟු

ම

මාන්නය [만-너여] 자만, 오만, 교만 අහංකාරය. (구어) උඩඟු-කම

මාන්සිය [만-씨여] ①피곤, 지침, 탈진 මහන්සිය (문어) වෙහෙස ②노력, 시도 උත්සහාය.

මාපක [마-뻐꺼] 측량하는, 재는 මනින.

මාපට [마-뻐터] 큰, 거대한 ලොකු.

මාපටැඟිල්ල [마뻐탱길러] 엄지, 엄지 손가락 මහපටැඟිල්ල.

මාපනය [마-뻐너여] 측량, 잼 මැනීම.

මාපැදුර [마-빼두러] 큰 돗자리 ලොකු පැදුර.

මාපිය [마-삐여] 부모님의 මව්පිය.

මාපිලා [마-삘라-] 작은 독사 මාව්ලා.

මාප්‍ය [맙-삐여] 측량할 수 있는, 잴 수 있는 මැනිය හැකි.

මාමක [마-머꺼] '내 것이라고 생각하는 'මගේ ය' යි සිතන.

මාමණ්ඩි† [마-만디] ①장인, 시아버지 මාමා ②외삼촌 ③고모부.

මාමා‡ [마-마-] ①외삼촌 ②장인, 시아버지 මාමණ්ඩි.

මාමිනි [마-미니] 항해사 නැව් පදවන්නා.

මායම [마-여머] ①망상, 환각, 환영 මායාව ②마술, 요술 විජ්ජාව ③사기 රැවටිල්ල. (복) *මායම්*

මායම් වෙනවා [마-얌 웨너와-] 가장하다, 꾸며대다, ~인 체하다.

මායා [마-야-] මායාව 의 복수 또는 형용사: ①마술(의), 마법(의) ②환영(의), 망상(의) ③사기(의).

මායාකරු [마-야-꺼루] 요술쟁이, 마법사, 마술사 ඉන්ද්‍රජාලිකයා.

මායාකාරයා† [마-야-까-러야-] 요술쟁이, 마법사, 마술사 විජ්ජා කාරනය.

මායාකාරිය† [마-야-까-리여] 마녀 යක්දෙස්සී.

මායාකාරී [마-야-까-리-] 마법의, 요술의, 마법을 쓰는.

මායාරට [마-야-러터] (중아메리카의) 마야국.

මායාව† [마-야-워] ①망상, 환각, 환영 සිහිමුළාව ②마술, 요술 විජ්ජාව ③사기 රැවටිල්ල.

මායිම‡ [마-이머] 경계(선), 한계, 영역 ඉම.

මායිම්ගල [마-임갈러] 경계돌, 지석.

මායියා/මාය්යා [마-이야-] (나이든) 여주인, 마담 මහගෑනි.

මායුර [마-유러] 공작의, 공작새의 මයුර.

මාය්යා [마-이야-] (나이든) 여주인, 마담 මහගෑනි.

මාර [마-러] මාරය 의 복수 또는 형용사: ①a. 죽음 b. 멸망 c. 방해 ②죽음의, 멸망하는 ③좋은, 훌륭한 හොඳ ④어려운, 힘든 අමාරු.

මාරක† [마-러꺼] 치명적인, 죽는 මාරාන්තික.

මාරම [마-러머] 밑그림, 스케치 පළමු හැඩගැස්ම.

මාරය [마-러여] ①죽음, 사망 මරණය ②멸망, 파괴 විනාශ කිරීම ③방해, 장애 බාධාව.

මාරයා [마-러야-] ①죽음의 신 මරණයට අධිපති දෙවියා ②죽음, 사망 මරු.

මාර යුද්ධය [마-러 윧더여] 힘든 일, 힘든 작업.

මාරාන්තික‡ [마-란-띠꺼] 죽음의, 치명적인 මරණයෙන් කෙළවර වන.

මාරියාව [마-리야-워] 잔물결, 파문 රැළිත්ත.

මාරු [마-루] මාරුව 의 복수 또는 형용사: ①바꾸는, 교환하는 ②바꿈, 교환. ¶ මාරු සල්ලි 잔돈, 바꿔주는 돈

මාරු කරනවා‡ [마-루 꺼러너와-] 바꾸다, 교환하다 වෙනස් කරනවා. මාරු කිරීම

මාරු කාසි [마-루 까-씨] 잔돈, 바꿔주는 동전.

මාරුතය† [마-루떠여] 바람, 산들바람 සුළඟ. (구어) හුලඟ

මාරු පොළ [마-루 뽈러] 교환 හුවමාරුව.

මාරුව † [마-루워] 바꿈, 교환.

මාරු වෙනවා‡ [마-루 웨너와-] 바뀌다, 변화되다 වෙනස් වෙනවා.

මාරුවෙන් මාරුවට† [마-루웬 마-루워터] 교대로, 한명씩, 바꾸어서.

මාර්ග [마-르거] මාර්ගය 의 복수 또는 형용사: ①길들, 도로들, 방법들 ②길의, 방법적인, 수단적인.

මාර්ග උපදේශක [마-르거 우뻐데-셔꺼] 길 안내자, 길잡이 මග පෙන්වන්නා.

මාර්ග ඥානය [마-르거 냐-너여] (불) 도 (진리)에 대한 지식 මාර්ග චිත්තයෙහි යෙදෙන ප්‍රඥා චෛතසිකය.

මාර්ග ඵල [마-르거 빨러] 득도, 길을 깨달음.

මාර්ගය† [마-르거여] ①길, 도로 වීදිය (구어) පාර ②방법, 수단, 방편 උපක්‍රමය.

මාර්ග සංඥාව† [마-르거 쌍끄냐-워] (도로) 표지판.

මාර්ගස්ථ [마-르거쓰떠] 도중에, 길가운데 මාර්ගයේ සිටින.

මාර්ගික [마-르기꺼] ①여행자, 여행객 මගී ②길의, 도로의 මගෙහි නියුතු.

මාර්ගෝපකරණ† [마-르고-뻐꺼러너] 짐, 화물.

මාර්ගෝපදේශක† [마-르고-뻐데-셔꺼] 길 안내원, 가이더 මාර්ග උපදේශක.

මාර්ගෝපදේශනය† [마-르고-뻐데-셔너여] 길 안내, 가이드 මාර්ග උපදේශය.

මාර්තණ්ඩ [마-르딴더] 해, 태양 හිරු. (구어) ඉර

මාර්තු‡ [마-르뚜] 3월 තුන්වන මාසය.

මාර්දවය [마-르더워여] 친절함, 자상, 온유 කරුණාව.

මාලකය [말-러꺼여] ①계단 පඩිපෙළ ②구내, 공관, 주택 ගෙය.

මාලතී [말-러띠-] 자스민 ඉද්ද වැල.

මාලදිවයින‡ [말-러디워이너] 몰디브 (섬).

මාලපෙත්ත† [말-러뻳떠] 로켓 (사진, 기념품 등을 넣어 목걸이 등에 다는 작은 금합).

මාලය‡ [말-러여] ①목걸이 මාලය ②줄, 열 මාලාව.

මාලා [말-라-] ①화환, 화관 ②줄들, 열들 පේළ.

මාලාකර්ම [말-라-까르머] 꽃 장식 මල්කම්.

මාලාකාරයා [말-라-까-러야-] 꽃 가꾸는 사람, 꽃장수 මාලාකාර.

මාලාමය [말-라-머여] 꽃으로 만든, 꽃으로 장식한.

මාලා දාමය [말-라- 다-머여] ①화환, 화관 ②줄, 열 පේළ.

මාලාව† [말-라-워] ①줄, 열 පේළ ②화환, 화관 මාලා.
¶ වචනමාලාව 단어장, 사전

මාලිකයා [말-리꺼야-] 꽃 가꾸는 사람, 꽃장수 මාලාකාරයා.

මාලිගාව/මාලිගය‡ [말-리가-워/말-리거여] ①사원, 성전 දේව මන්දිරය ②궁궐, 궁정 රජ ගෙදර ③집, 주택 මැදුර.

මාලිම [말-리머] 항해의, 항해하는යාත්‍රා කරන.

මාලිමා යන්ත්‍රය [말-리마- 얀뜨러여] 항해 나침반 උතුරු කටුව.

මාලිමාව‡ [말-리마-워] 나침반 මාලිමා යන්ත්‍රය.

මාලු‡ [말-루] ①මාලුවා 의 복수 또는 형용사: a. 물고기들 මත්ස්‍යයෝ b. 물고기의 මත්ස්‍ය ②මාලුව 의 복수 또는 형용사: 카레, 카레의 මාලු.

මාලු [말-루] 오래된, 나이먹은, 윗사람의 මහලු.

මාලු අල්ලනවා [말-루 알러너와-] 물고기를 잡다, 어획하다 මාලු බානවා.

මාලු උකුණා [말-루 우꾸나-] (새, 물고기 등의) 기생충.

මාලුකාරයා [말-루까-러야-] 어부 ධීවරයා.

මාලු කෙසෙල් [말-루 께쎌] 카레 만드는 바나나.

මාලු බානවා [말-루 바-너와-] 물고기를 잡다, 어획하다 මාලු අල්ලනවා.

මාලු පිනි [말-루 삐니] 카레 කරි.

මාලුව [말-루워] 카레 කරිය.

මාලුවා‡ [말-루와-] ①물고기 මත්ස්‍යයා ②생선. (복) *මාලු*

මාලේ [말-레-] ①목걸이 මාලය ②층, 계층.

මාල්ල [말-러] 넝마, 헌 헝겊 කඩමාල්ල.

මාල්ලා [말-라-] 노인, 늙은이 මහල්ලා.

මාවත‡ [마-워떠] 길, 도로 මාර්ගය. (복) *මාවත්* (구어) පාර

මාවර [마-워러] 울타리에 박는 막대기.

මාවැලිගඟ [마-왤리강거] (캔디에 있는) 마하왤리 강 මහවැලි ගඟ.

මාවිලා [마-윌라-] 작은 독사 මාපිලා.

මාවුල [마-울러] ①베개 කොට්ටය ②매트리스 මෙට්ටය.

මාෂ [마-셔] 콩, 콩 씨앗 මෑ ඇටය.

මාෂභෝග [마-셔보-거] ①콩 මාෂ ②콩의.

මාසය‡ [마-써여] ①달, 월 මස ②콩, 콩 씨앗 මෑ ඇටය.
¶ මාස කීයක් මෙහෙ ඉන්නවා ද? 몇 달 여기 계실 건가요?

මාසික† [마-씨꺼] 매달의, 달마다의. ¶ මාසික ගෙවීම 할부

මාහැඟි [마-행기] 고귀한, 고상한, 아주 귀한 මහාර්ඝ.

මාහැඟිකම [마-행기꺼머] 귀중함, 소중함 අනර්ඝය.

මාළිගය/මාළිගාව‡ [말-리거여/말-리가-워] ①궁궐, 왕궁 මාලිගාව ②사원, 성전 දේව මන්දිරය. ¶ දේව මාළිගාව 성전, 교회

මාළු† [말-루] ①මාළුවා 의 복수 또는 형용사: a. 물고기들 මත්ස්‍යයෝ b. 물고기의 මත්ස්‍ය ②මාළුව 의 복수 또는 형용사: 카레, 카레의 මාළු.

මාළු උකුණා [말-루 우꾸나-] (새, 물고기, 식물 등의) 기생충.

මාළුකාරයා‡ [말-루까-러야-] 어부 ධීවරයා.

මාළු කෙසෙල් [말-루 께쎌] 카레 만드는 바나나.

මාළු බානවා [말-루 바-너와-] 물고기를 잡다 මාළු අල්ලනවා.

මාළු පිනි [말-루 삐니] 카레 කරි.

මාළුව [말-루워] 카레 කරිය.

මාළුවා‡ [말-루와-] ①물고기 මාලුවා ②생선. (복) මාළු

මැකරල්ලා [매꺼랄라-] 고등어.

මැකි [매끼] ①삭제된, 지워진, 제거된 මකන ලද ②벼룩 මැක්කා.

මැකිණි [매끼니] ①암컷 곤충, 암벌레 මකුණාගේ ගැහැනු සතා ②මකනවා 의 형용사적 과거용법: 삭제된, 지워진, 제거된 මකණු ලැබිණ.

මැකියුලිය [매끼율리여] (피부의) 반점, 모반 ලපය.

මැකිළිය [매낄리여] 암컷 거미 මකුළු දෙන. ¶ මකුළුවා 거미 (수컷)

මැකෙනවා† [매께너와-] මකනවා 의 피동사: 지워지다, 삭제되다 නැතිවී යනවා.

මැක්කා‡ [맥까-] 벼룩 බලු මැක්කා.

මැග්නටෝමීටරය [매그너토-미-터러여] 자기력계, 자기계.

මැග්නිසියම් [매그니씨얌] (화학) 마그네슘.

මැග්නීසියා [매그니-씨야-] (화학) 고토, 마그네시아.

මැග්නෝලියා [매그놀-리야-] (식물) 목련, 자목련.

මැග්මා [매그마-] (지질) 마그마.

මැජර [매저러] 게으른, 나태한 කම්මැලි.

මැජික් [매쥑] 마법, 매직 ඇස්බැන්දුම.

මැජෙන්ටා [매젠타-] (화학) 빨간 아닐린 물감 රතු පැහැති සායම.

මැටි‡ [매티] 흙, 찰흙 දයලු පස්.

මැටි කට්ටය [매티 깥터여] 주형, 금형, 형.

මැටිකරුවා [매티꺼루와-] 토기장이, 도공, 옹기장이 කුඹලා.

මැටි කෝප්පය [매티 꼽-뻐여] 진흙 잔.

ම

මැටි පතුර/මැටි පත්ත [매티 빠뚜러/매티 빧떠] 진흙 자르개.

මැටි පහන [매티 빠하너] 진흙 등.

මැටිපළා [매티빨라-] 구장나무의 새잎.

මැටිපා [매티빠-] 토기 මැටි බඳුන.

මැටි පාන [매티 빠-너] 진흙 등(잔) මැටි පහන.

මැටි බඳුන [매티 반두너] 토기 මැටිපා.

මැටි මෝලා [매티 몰-라-] 얼간이, 멍텅구리, 어리석은 사람 මොට්ටයා.

මැට්ට [맽터] 흙, 찰흙 මැටි.

මැට්ටා [맽타-] 얼간이, 바보, 멍텅구리 මොට්ටයා.

මැඩ/මැඬ [매더/맨더] ①체계, 제도, 시스템 මණ්ඩලය ②지역, 구역 පෙදෙස.

මැඩ [매더] මඩිනවා 의 과거분사: ①닦고, 다리고 මර්ධනය කොට ②짓밟고, 뭉개고 පාගා.

මැඩ පවත්වනවා† [매더 빠왇워너와-] 복종시키다, 정복하다, 통제하다 යටහත් කරනවා.

මැඩලනවා [매덜러너와-] මැඩලුවා-මැඩලා 복종시키다, 정복하다, 통제하다 පාලනය කරනවා. <u>මැඩලීම</u>

මැඩලීම [매덜리-머] මඩලනවා 의 동명사: 통제, 억제, 복종, 정복 දමනය.

මැඩවිල්ල [매더윌러] ①누름, 밟음, 다림 මර්ධනය ②소 타작. (복) *මැඩවිලි*

මැඩි/මැඬි [매디/맨디] 개구리의.

මැඩියා/මැඬියා† [매디야-/맨디야-] 개구리 මණ්ඩුකයා. (구어) ගෙම්බා

මැඩීම/මැඩුම [매디-머/매두머] මඩිනවා 의 동명사: 뭉갬, 깨부숨, 정복 පෑගීම.

මැඩිල්ල [매딜러] 정복, 누름, 뭉갬 මැඩීම.

මැඩුම [매두머] මඩිනවා 의 동명사: 뭉갬, 깨부숨, 정복 පෑගීම.

මැඩුවන් [매두완] ①볏짚(의) පිදුරු ②짓밟힌 벼.

මැණ [매너] 보석 මැණික.

මැණික† [매니꺼] 보석 මාණික්‍යය. (복) *මැණික්*

මැණිකා [매니까-] 여자, 여성 කාන්තාව.

මැණිකේ [매니께-] 귀족 부인 කුලීන කාන්තාව.

මැණික්† [매닊] මැණික 의 복수: 보석들, 보옥들 මාණික්‍ය.

මැණික් කටුව‡ [매닊 까투워] 손목 හස්ත කූර්චය. ¶ වළලුකර 발목

මැණික්කාරයා [매닊까-러야-] 보석상인.

මැණික් ගල† [매닊 갈러] 보석용 원석.

මැණික්මුවා [매닊무와-] 보석으로 만들어진, 보석 장식된.

මැඬ [맨더] ①체계, 제도, 시스템 මණ්ඩලය ②지역, 구역 පෙදෙස.

මැඬලනවා [맨덜러너와-] මැඬලුවා- මැඬලා (මඬිනවා + ලනවා) ①뭉개다, 깨부수다 පොඩි කරනවා ②정복하다, 복종시키다 මර්දනය කරනවා. <u>මැඬලීම</u>

මැඬි [맨디] 개구리의 මැඩි.

මැඬියා [맨디야-] 개구리 මණ්ඩුකයා. (구어) ගෙම්බා
මැත [매떠] 허풍, 꾸며댐 පුරසාරම්.
මැති [매띠] 국민의 대표, 의원 මන්ත්‍රී.
මැතිනිය† [매띠니여] 여사, 부인 ආර්යාව.
මැතිරීම† [매띠리-머] මතුරනවා 의 동명사: ①(주문을 외어 악령을) 쫓아냄, 축사 ②속삭임, 작게 말함.
මැතිවරණය‡ [매띠워러너여] 선거, 국민투표. (구어) චන්දය ¶ මැතිවරණ ප්‍රදේශය 선거구 මහමැතිවරණය 총선 මැතිවරණ කොමිෂන් සභාව 중앙 선거 관리 위원회
මැද‡ [매더] 중간, 가운데. (문어) මධ්‍ය, මැදි
මැද පිළිවෙත [매더 삘리웨떠] 중도 (한쪽으로 치우치지 않는).
මැද පෙරදිග‡ [매더 뻬러디거] 중동 (나라들).
මැදයම [매더여머] 한밤중, 자정 මැදියම.
මැදහත්/මැදිහත් [매더핱/매디핱] 중재의, 중간의, 한쪽으로 치우치지 않은 මධ්‍යස්ථ.
මැදහත්කරු [매더핱꺼루] 중개자, 중보자 බේරුම්කරු.
මැදහත්කාරකම [매더핱까-러꺼머] 중재, 중보, 조정.
මැදහත් වෙනවා‡ [매더핱 웨너와-] 중재하다, 조정하다 මැදිහත් වෙනවා.
මැදැඟිල්ල [매댕길러] (손가락) 중지, 가운데 손가락.
මැදි [매디] 중간의, 가운데의 මධ්‍ය. (구어) මැද
මැදිනාරට්ටිය [매디나-러티여] 중앙 갈비.
මැදින් [매딘] ①가운데를 지나, 가운데로 ②씽할러 달력중 11번째 달. ¶ මැදින් කපන්න 반으로 잘라라
මැදිපොහොය [매디뽀호여] 보름달, 보름.
මැදියම† [매디여머] 자정, 한밤중 මධ්‍යම රාත්‍රිය.
මැදිරිය† [매디리여] 방, 칸막이 කාමරය, කුටිය.
මැදිහත්/මැදහත් [매디핱/매더핱] 중재의, 중간의, 한쪽으로 치우치지 않은 මධ්‍යස්ථ.
මැදිහත් වෙනවා† [매디핱 웨너와-] 중재하다, 조정하다 මැදහත් වෙනවා.
මැදුර† [매두러] 집, 맨션 මැදිරිය. (복) *මැදුරවල්* ¶ රජ මැදුර 왕궁
මැදුම් [매둠] 가운데의, 중간의, 중심의 මැද, මධ්‍ය.
මැදෙනවා [매데너와-] මැදුණා-මැදී 광택이 나다, 문질러 지다 ඇතිල්ලෙනවා. මැදීම
මැන [매너] මනිනවා 의 과거분사: ~재서, ~재고. (구어) මනලා
මැන/මැනවි [매너/매너위] 적당한, 적합한, 적절한, 좋은, 훌륭한 සුදුසු.
මැනව/මැනවි† [매너워] ①(기도문의 간구, 탄원) ~해 주소서 ②좋은, 훌륭한 සුදුසු. ¶ ස්වාමිනි, මට උපකාර කළ මැනව 주님, 저를 도와 주소서
මැනවින් [매너윈] 잘, 훌륭하게, 좋게 මැනැවින්. (구어) හොඳින්
මැනැවින් [매내윈] 잘, 훌륭하게, 좋게 මැනවින්. (구어) හොඳින්

ම

මැනිලා හණ [매닐라- 하너] 마닐라 삼, 마닐라 대마.

මැනිල්ල [매닐러] 잼, 측량 මැනීම.

මැනේජර [매네-저러] 지배인, 매니저 කළමනාකරු.

මැන්ඩාමුස් ආඥාව [맨다-무쓰 아-끄냐-워] (상급법원에서 하급법원 따위에 내리는) 직무 집행 영장.

මැන්ඩිය [맨디여] 무리, 떼, 집단 සමූහය.

මැමය [매머여] 비망록, 메모 කුවිතාන්සිය.

ම

මැය [매여] ①(대명사) 이 여자, 이 여인 මේ තැනැත්තිය ②주제, 제목 මාතෘකාව.

මැයි‡ [매이] 5월.

මැයි දිනය [매이 디너여] 노동절.

මැයි මැස්සා [매이 맷싸-] (곤충) 하루살이의 일종.

මැර/මැරවර [매러/매러워러] ①난폭한, 사나운 නපුරු ②강팍한, 완고한, 고집센 මුරණ්ඩු.

මැරකම/මැරවරකම [매러꺼머/매러워러꺼머] ①난폭, 사나움 නපුර ②강퍅, 완고함, 고집셈 මුරණ්ඩුකම.

මැරතන්† [매러딴] 마라톤.

මැරයා† [매러야-] 깡패, 폭력배, 불량배 චන්ඩියා.

මැරවර [매러워러] ①난폭한, 사나운 නපුරු ②강팍한, 완고한, 고집센 මුරණ්ඩු.

මැරවරයා† [매러워러야-] 깡패, 폭력배, 불량배 මැරයා.

මැරෑටි [매래-티] 마라타 사람(의) (인도 서부, 중부의 호전적 민족).

මැරීම/මැරුම‡ [매리-머/매루-머] මරනවා, මැරෙනවා 의 동명사: 살인, 살해 ඝාතනය.

මැරුණු† [매루누] මැරෙනවා 의 형용사적 과거용법: 죽은, 사망한 මළ. (구어) මැරිච්ච

මැරුම/මැරීම [매루-머/매리-머] මරනවා, මැරෙනවා 의 동명사: 살인, 살해 ඝාතනය.

මැරුම් කනවා [매룸 까너와-] 살해되다, 살인당하다 මරනු ලබනවා.

මැරෙනවා‡ [매레너와-] මැරුණා -මැරී 죽다, 사망하다, 소천하다 කලුරිය කරනවා. මැරීම/මැරුම

මැල ගහනවා [맬러 가하너와-] 불을 준비하다, 횃불을 준비하다.

මැලය [맬러여] ①(장작, 쓰레기) 더미, 무더기 ගොඩ ②모닥불, 큰 화염 ගිනි ගොඩ ③과실, 열매 ගෙඩිය. ¶ ගිනි මැලය 모닥불

මැල වෙනවා† [맬러 웨너와-] 시들다, 말라 죽다, 쇠퇴하다, 창백해지다 මලානික වෙනවා.

මැලි [맬리] 풀, 접착제, 아교 මැලියම්.

මැලි [맬리] ①게으른, 늑장부리는 කම්මැලි ②주저하는, 망설이는 අදිමදි කරන.

මැලියම/මැලියම් [맬리여머/맬리얌] 풀, 접착제, 아교 ලාටු.

මැලියම්† [맬리얌] මැලියම 의 복수: 풀, 접착제, 아교 ලාටු.

මැලේ [맬레-] 말레이의.

මැලේරියාව [맬레-리야-워] 말라리아 කැලෑ උණ.

මැලේසියාව [맬레-씨야-워] (나라) 말레이시아.

මැවිල්ල [매윌러] 피조물, 창작물. (복) *මැවිලි*

මැවීම/මැවුම† [매위-머/매우머] මවනවා 의 동명사: 창조, 만듦, 창작 නිර්මාණය.

මැවුම්කාරයා‡ [매움까-러야-] 창조자, 창작자, 만든이 මැවුම්කරු.

මැවුම්කරු‡ [매움꺼루] 창조자, 창작자, 만든이 මැවුම්කාරයා.

මැවෙනවා [매웨너와-] මැවුණා-මැවී 만들어 지다, 창조되다.

මැසි [매씨] ①මැස්සා 의 복수 또는 형용사: 파리들, 파리의 ②මැස්ස 의 복수 또는 형용사: 무대들, 무대의.

මැසි පිළවා [매씨 삘러와-] 구더기.

මැසිම‡ [매씨머] 기계, 머신 යන්ත්‍රය.

මැසිරිගල [매씨리/걸러] 묘안석, 캐츠아이.

මැසිවිලි කියනවා [매씨윌리 끼여너와-] 불평하다, 투덜대다. (구어) කොඳුරනවා

මැසිවිල්ල [매씨윌러] 불평, 투덜댐 කන්කෙඳිරිය. (복) *මැසිවිලි*

මැසීම [매씨-머] මසනවා 의 동명사: 꿰맴, 박음질, 박음, 바느질 මැස්ම. (구어) මැහුම

මැසූ [매쑤-] මසනවා 의 형용사적 과거용법: 박은, 박음질한, 바느질한. (구어) මැහපු

මැස්ම† [매쓰머] 바느질, 꿰맴, 박음질 මැසීම. (구어) මැහුම

මැස්ස [맸써] ①무대, 플래폼 වේදිකාව ②(물건을 두는) 고미다락, 선반 අට්ටාලය. (복) *මැසි*

මැස්සා‡ [맸싸-] 파리. (복) *මැස්සෝ, මැසි*

මැහැණි [매해니] 어머니 මව, මවු, මව් මෑණිය. (구어) අම්මා

මැහැලි [매핼리] ①할머니, 여자 노인 ආත්තා ②할머니의, 여자 노인의.

මැහැලිය [매핼리여] 할머니, 여자 노인 මහලු ස්ත්‍රිය.

මැහැලී/මැහැල්ල [매핼리-/매핼러] 할머니, 여자 노인 මැහැලිය.

මැහැල්ල† [매핼러] 할머니, 여자 노인 මැහැලිය.

මැහි [매히] 파리의 මැසි.

මැහුම‡ [매후머] මහනවා 의 동명사: 꿰맴, 박음질, 박음, 바느질. (문어) මැසීම

මැළය [맬러여] 더미, 쌓아올린 것, 무더기 ගොඩ. ¶ දර මැළය 장작더미

මැළි [맬리] ①게으른, 늑장부리는 කම්මැලි ②주저하는, 둔한 අදිමදි කරන.

මැළි අඹනවා/මැළි හඹනවා [맬리 암버너와-/맬리 함버너와-] 하품하다 ආනනවා.

මෑ† [매-] ①이 여성, 이 여자 මැය ②콩깍지까지 있는 콩, long bean මෑකරල් ③주제, 토픽 මාතෘකාව.

මෑකරල්† [매-까랄] 콩깍지까지 있는 콩, long bean.

මෑණිය [매-니여] 어머니 මව. (구어) අම්මා

මෑණියෝ [매-니요-] (존칭) 어머니. ¶ මෑණියන් 성모 마리아

මෑත [매-떠] ①최근, 근래 ②근처, 가까움 සමීපය.

මෑතකදී† [매-떠꺼디-] 최근에, 근래에 මේ දවස්වලදී.

මෑත් කරනවා [맫- 꺼러너와-] 가깝게 만들다, 근접시키다 ළං කරනවා.

මෑනීම/මෑනුම [매-니-머/매-누머] මානනවා 의 동명사: 조준, 목표를 정함 ඇටවීම.

මෑලි [맬-리] ①늙은 여자, (여자) 노인 මැහැලිය ②늙은, 노후한 මැහැලි.

මිග [미거] ①사슴 මුවා ②동물, 짐승 මෘගයා ③허풍, 거짓말 පුරසාරම.

මිග කියනවා [미거 끼여너와-] 허풍을 치다, 거짓말하다 වහසි බස් කියනවා.

මිගපති/මිගරජ [미거빠띠/미거라저] 동물의 왕, 사자 සිංහයා.

මිගබස් [미거바쓰] 교만한 말, 오만한 말 පුරසාරම් බස.

මිගරජ [미거라저] 동물의 왕, 사자 සිංහයා.

මිගිඳ/මිගිඳු [미긴다-/미긴두] 동물의 왕, 사자 සිංහයා.

මිට‡ [미터] ①한 움큼, 한줌 මුෂ්ටිය ②주먹 ③손잡이.

මිට මොළවනවා [미터 몰러워너와-] (주먹을) 움켜 쥐다, 불끈 쥐다 ඇඟිලි නවා අත ගුළි කරනවා.

මිටි† [미티] ①මිටිය 의 복수: 망치들 ②뭉치, 다발 රාශිය ③한 움큼, 한줌 මුෂ්ටිය ④저지대 පහත් තැන.

මිටි [미티] 키작은, 높지 않은 කොට.

මිටි ඇණය [미티 애너여] 리벳, 대갈못.

මිටි කන්ද [미티 깐더] 작은 언덕, 조금 높은 곳 කඳු ගැටය.

මිටිකිරි‡ [미티끼리] (쥐어짠) 첫 야자 밀크.

මිටිගුටිය [미티구티여] 주먹으로 침 (때림), 주먹 가격.

මිටිගුලිය [미티굴리여] 꽉쥔 손 මිටමෙලවූ අත.

මිටිතැන [미티때너] 저지대, 낮은 곳 පහත් තැන.

මිටිය‡ [미티여] ①망치 ②다발, 뭉치 රාශිය.

මිටියම් කරනවා [미티얌 꺼러너와-] (못 따위의) 끝을 무디게 하다, 못대가리를 구부리다.

මිටියාව/මිටියාවත† [미티야-워/미티야-워떠] 계곡, 골짜기 නිම්නය.

මිටිවහණ/මිටිවාණ [미티와하너/미티와-너] (해부학) 침골.

මිටිහාල් [미티할-] 매일 모으는 한줌 쌀.

මිට්ටා† [밑타-] 난쟁이 කුරුමිට්ටා.

මිඩංගුව [미당구워] 시간을 보냄 නියැලීම.

මිඩිය [미디여] 가정부, 하녀, 시녀 මෙහෙකාරිය.

මිණ‡ [미너] 보석 මැණික. (복) *මිණි*

මිණි† [미니] ①මණ 의 복수: 보석들 මැණික් ②종, 징글벨 සීනු.

මිණි [미니] 보석으로 세공한 මාණික්‍යමය.

මිණි ගෙඩිය [미니 게디여] 종, 징글벨 සීනු.

මිණිතර [미니떠러] 보석 광채 (의) මැණික් ප්‍රභාව.

මිණිදම [미니다머] 보석 목걸이 මැණික් මාලය.

මිණිඳු [미닌두] 최고의 보석 සිළුමිණ.

මිණි පලඟ [미니 빨렁거] 보석으로 장식된 의자 මැණික් පුටුව.
මිණිමුතු [미니무뚜] ①꽃이 핀, 개화한 පිපුණු ②보석과 진주 මැණික් සහ මුතු.
මිණිමුතු වෙනවා [미니무뚜 웨너와-] 꽃이 피다, 개화하다 විකසිත වෙනවා. (구어) මල් පිපෙනවා
මිණිමුවා [미니무와-] 보석으로 세공한 මාණික්‍යමය.
මිණි මෙවුල [미니 메울러] 보석 허리띠 මැණික්මය බඳපිටිය.
මිණිවැට [미니왜터] 보석으로 장식된 등 මිණි පහන.
මිණිසිළු [미니씰루] 최고의 보석 සිළුමිණ.
මිණි හඬ [미니 한더] 종소리 ඝණ්ටා නාදය.
මිත [미떠] ①절제된, 삼간, 제한된 සීමිත ②잰, 측량한 මනින ලද.
මිතභාණී/මිතභාෂී [미떠바-니-/미떠바-쉬-] 말수가 제한된, 적당히 말하는 සීමිත කතා ඇති.
මිත රසායනය [미떠 라싸-여너여] (항공 우주 공학) 미립자 화학.
මිති [미띠] මිතිය 의 복수 또는 형용사: ①측량들, 잼 මැනුම් ②재는, 측량하는.
මිතිනි [미띠니] 할머니, 조모 අත්තම්මා. (구어) ආච්චි
මිතිය [미띠여] 측량, 잼 මිම්ම.
මිතු [미뚜] 친구, 벗 මිත්‍රයා. (구어) යාළුවා
මිතුදම [미뚜다머] 우정, 우애 මිත්‍රත්වය.
මිතුරා‡ [미뚜라-] 친구, 벗 මිත්‍රයා. (구어) යාළුවා ¶ මිතුරිය (여자) 친구
මිතුරිය [미뚜리여] (여자) 친구, 벗 මිතුරී. (구어) යෙහෙළිය ¶ මිතුරා (남자) 친구
මිතුරී [미뚜리-] (여자) 친구, 벗 මිතුරිය. (구어) යෙහෙළිය ¶ මිතුරා (남자) 친구
මිතුරු [미뚜루] 친구의, 벗의, 친한 යහළු.
මිතුරුකම† [미뚜루꺼머] 우정, 우애 මිත්‍රත්වය. (구어) යහළුකම
මිතුරුදම [미뚜루다머] 우정, 우애 මිත්‍රත්වය.
මිත්තණිය [밑떠니여] 할머니, 조모 අත්තම්මා. (구어) ආච්චි
මිත්‍ර [미뜨러] 친구의, 벗의, 친한 යහළු.
මිත්‍රකම† [미뜨러꺼머] 우정, 친구됨 මිත්‍රත්වය.
මිත්‍රත්වය† [미뜨랕워여] 우정, 친구됨, 친함 යහළුකම.
මිත්‍රද්‍රෝහ/මිත්‍රද්‍රෝහි [미뜨러드로-허/미뜨러드로-히] 친구를 배신하는.
මිත්‍රධර්මය [미뜨러다르머여] 친구, 벗. (구어) යාළුවා
මිත්‍රප්‍රතිරූපක [미뜨러쁘러띠루-빠꺼] 가짜 친구(의).
මිත්‍රයා† [미뜨러야-] 친구, 벗 මිතුරා. (구어) යාළුවා
මිත්‍ර සන්ථවය [미뜨러 싼떠워여] 친구들의 연합.
මිථුන [미뚜너] ①한쌍, 커플 යුවල ②(천문학) 쌍둥이자리, 쌍자궁.
මිථ්‍යා† [밑띠야-] මිථ්‍යාව 의 복수 또는 형용사: ①거짓들, 날조들 ②거짓의, 잘못된 බොරු

ම

③전설적인, 신화의, 신화에 나오는.

මිථ්‍යා කතාව† [믿띠야- 까따-워] 신화, 전설.

මිථ්‍යා ආජීවය [믿띠야- 아-지-워여] 잘못된 삶, 잘못된 살림.

මිථ්‍යාචාරය [믿띠야-차-러여] ①음행, 음란 කාමමිථ්‍යාචාරය ②몸가짐이 좋지 않음, 잘못된 행위.

මිථ්‍යා දෘෂ්ටිය [믿띠야- 드루쉬티여] ①잘못된 관념(철학) ②잘못된 믿음(신념). ¶ මිථ්‍යා දෘෂ්ටිකයා 타종교인

මිථ්‍යාව [믿띠야-워] 거짓, 날조, 꾸밈 බොරුව.

මිදි‡ [미디] 포도 මුද්‍රික.

මිදි කරනවා [미디 꺼러너와-] 정미하다, 곡물류를 매끄럽게 하다.

මිදිච්ච/මිදිච්චි [미딪처/미딪치] මිදෙනවා 의 형용사적 과거용법(구어): ①구원받은, 자유롭게 된, 구출된 බේරුණු ②굳은, 응고된. (문어) මිදුණු

මිදිපැන් [미디뺀] 포도주 මුද්‍රිකපානය.

මිදියුෂ‡ [미디유셔] ①포도 쥬스 ②포도주 මුද්‍රිකපානය.

මිදිරසය [미디라써여] 포도주 මුද්‍රිකපානය.

මිදි වත්ත [미디 왇떠] 포도원, 포도농장.

මිදි වැල‡ [미디 왤러] 포도나무 මුද්‍රික වැල. (복) *මිදි වැල්*

මිදි සීනි [미디 씨-니] 포도당.

මිදීම† [미디-머] මුදනවා, මිදෙනවා 의 동명사: 구원, 구출, 구함 ගැළවීම.

මිදුණු [미두누] මිදෙනවා 의 형용사적 과거용법: ①구원받은, 자유롭게 된, 구출된 බේරුණු ②굳은, 응고된. (구어) මිදිච්චි, මිදච්ච

මිදුණු පිනි [미두누 삐니] 서리.

මිදුම [미두머] මුදනවා, මිදෙනවා 의 동명사: 구원, 구출, 구함 මිදීම, ගැළවීම. ¶ මිදුම්කරු 구원자

මිදුල‡ [미둘러] 마당, 앞마당 අංගනය.

මිදුළු [미둘루] 골수, 수질(髓質) ඇටමොළ.

මිදෙනවා† [미데너와-] මිදුණා-මිදී ①자유롭게 되다, 구원받다, 피하다 නිදහස් වෙනවා ②압축되다, 쌓이다 කැටි වෙනවා ③굳다, 응고되다 ද්‍රවයක් ඝන වෙනවා. <u>මිදීම/මිදුම</u>

මිද්ධය [믿더여] ①잠, 졸음 නින්ද ②게으름 අලසකම.

මිනිට්ටුව/මිනිත්තුව [미닡투워/미닡뚜워] (시간) 분 විනාඩිය.

මිනිතය [미니떠여] 측량, 잼 මැනීම.

මිනිත්තුව† [미닏뚜워] (시간) 분 විනාඩිය.

මිනින්දෝරු [미닌도루] මිනුම්දෝරුවා 의 복수 또는 형용사: ①측량자들, 측량하는 사람들 ②측량자의, 측량하는 사람의.

මිනින්දෝරුවා† [미닌도루와-] 측량자, 측량하는 사람 මිනුම්-දෝරුවා. (복) *මිනින්දෝරුවෝ, මිනින්දෝරු*

මිනිපිරිය [미니삐리여] 손녀 මිනිබිරිය.

මිනිබිරිය‡ [미니비리여] 손녀 මිනිපිරිය.

මිනිය‡ [미니여] 시체, 주검 මළකඳ. (복) *මිනි, මිනී*

මිනිරන්† [미니*란*] (광물) 흑연 මීරන්.

මිනිසත් [미니싿] 사람의, 인간의 මනුෂ්‍ය.

මිනිසත්බව [미니싿바워] 사람됨, 인간임, 인간, 사람 මිනිසත්කම.

මිනිසත්කම [미니싿꺼머] 인간성, 사람됨 මිනිසත්බව.

මිනිසා‡ [미니싸-] 남자, 사람, 인간 මනුෂ්‍යයා. (복) *මිනිස්සු* (구어) මිනිහා

මිනිසුන්‡ [미니쑨] මිනිස්සු 의 대격: 사람들을, 인간들을 මනුෂ්‍යයන්.

මිනිස් [미니쓰] මිනිසා, මිනිහා 의 형용사: 사람의, 인간의 මනුෂ්‍ය.

මිනිස් දවස [미니쓰 다워써] 한 사람이 일할 수 있는 한 날의 일양.

මිනිස් පැය [미니쓰 빼여] 한 사람이 일할 수 있는 한 시간의 일양.

මිනිස්සු‡ [미닜쑤] මිනිසා, මිනිහා 의 복수: 사람들, 인간들.
¶ මිනිසුන්ගේ (소유격) 사람들의
මිනිසුන්ට (여격) 사람들에게
මිනිසුන් (목적격, 대격) 사람들을
මිනිසුන්ගෙන් (조격) 사람들로부터

මිනිහා‡ [미니하-] 남자, 사람, 인간. (문어) මිනිසා

මිනී [미니-] මිනිය 의 복수 또는 형용사: ①시체들, 주검들 ②시체의.

මිනී ඇඳුම් [미니- 앤둠] 수의 (염할 때 시체에 입히는 옷).

මිනීකන† [미니-까너] 육식(성)의.

මිනී පිටිය/මිනී පිට්ටනිය‡ [미니- 삐티여/미니-삩터니여] 공동묘지 සොහොන් බිම.

මිනී පෙට්ටිය‡ [미니- 뻳티여] (시체 넣는) 관.

මිනී මරනවා† [미니- 마*러*너와-] 살인하다, 사람을 죽이다. <u>මිනී මැරීම</u>

මිනීමරු [미니-마*루*] 살인하는, 사람을 죽이는 මිනී මරන.

මිනීමරුවා† [미니-마*루*와-] 살인자.

මිනී මැරීම/මිනී මැරුම† [미니-매*리*-머/미니- 매*루*머] මිනී මරනවා 의 동명사: 살인, 사람을 죽임. (복) *මිනී මැරීම්/මිනී මැරුම්*

මිනී මැස්ස [미니 맸써] 영구차 මිනී රථය.

මිනී රථය† [미니 *라*떠여] 영구차 මිනී මැස්ස.

මිනී වළ‡ [미니- 왈러] 무덤, 묘지 සොහොන.

මිනුම† [미누머] මනිනවා 의 동명사: 잼, 측량, 가늠 මිම්ම. (복) *මිනුම්*

මිනුම්දණ්ඩ [미눔단*더*] 측량자, 측량 막대.

මිනුම්දෝරුවා [미눔도*루*와-] 측량자, 측량하는 사람 මිනින්දෝරුවා.

මිනුම් පටිය† [미눔 빠티여] 줄자, 측량 줄.

මිනුම් පොත [미눔 뽀떠] 측량 노트.

මින් [민] ①물고기, 생선 මාළුවා, මත්ස්‍යයා ②지식 දැනුම ③빛 එළිය ④무리, 군중 සමූහය ⑤측량, 잼 මිම්ම ⑥연소자, 하급자 බාලයා ⑦비쉬누 신의 물고기 모양의 영.

ම

මින්දද† [민더더] 큐피드 신, 사랑의 신 අනංගයා.

මින්නඹුව [민남부워] 산파, 조산사 වින්නඹුව.

මින් පසු† [민 빠쑤] 이 다음에, 이후에, 앞으로 මින් මතු. (구어) ඊට පස්සේ ¶ මින් පෙර 이전에

මින් පෙර† [민 뻬러] 이전에, 이 앞에. (구어) ඊට කලින්. ¶ මින් පසු 이후에

මින් මතු† [민 마뚜] 이 다음에, 이후에, 앞으로 මින් මත්තේ. (구어) ඊට පස්සේ

මින් මත්තේ [민 맏떼-] 이 다음에, 이후에, 앞으로 මින් පසු. (구어) ඊට පස්සේ

මින්මැදුර [민매두러] 수족관 මාළු මන්දිරය.

මිදුණු [민두누] මිදෙනවා 의 형용사적 과거용법: ①얼은, 동결된, 얼어 붙은 මිදිච්ච ②응고된, 굳은 ③자유해진, 자유롭게 된 නිදහස් වුණු.

මිදීම [민디-머] මිදෙනවා 의 동명사: ①동결, 얼어붙음, 얼음 වතුර ඝනවීම ②응고, 굳음 කැටිගැසෙනවා ③자유, 자유케 됨 නිදහස් වීම.

මිදෙනවා [민데너와-] මිදුණා-මිදී ①얼다, 얼어붙다, 동결하다 හිමානය වෙනවා ②응고되다, 굳어지다 කැටිගැසෙනවා ③자유로워지다, 자유케 되다 නිදහස් වෙනවා. මිදීම

මිම් [미미] මිම්ම 의 복수: 잼, 셈, 측량, 가늠 මිනුම්.

මිමිනීම [미미니-머] මුමුනනවා 의 동명사: 속삭임, 귓속말 මුනුමුනුව.

මිම්ම† [밈머] මනිනවා 의 동명사: 측량, 잼, 셈, 가늠 මිනුම. (복) *මිම්*

මිය [미여] මියනවා 의 과거분사: 죽어, 죽어서 මැරී. (구어) මැරිලා

මිය [미여] මහත්මිය 를 짧게 적는 방식: (여자) 어르신, 귀하. ¶ මයා (남자) 어르신

මියනවා [미여너와-] 죽다, 소천하다 මැරෙනවා.

මිය යනවා† [미여 야너와-] මිය ගියා-මියගොස් 죽다, 소천하다 මැරෙනවා. මියයාම

මියැදෙනවා [미예데너와-] 죽다, 소천하다 මැරෙනවා.

මියුඩුරු/මියුඩුහුරු [미윤두루/미윤두후루] 큰 한숨(의) තදින් සුසුම් ලෑම.

මියුරස [미유러써] 단맛(의) මධුර රස.

මියුරා [미유라-] 공작새 මොනරා.

මියුරි [미유리] (동물) 말 අශ්වයා.

මියුරු† [미유루] ①달콤한, 단 මිහිරි ②공작새(의).

මියුලැස/මියුලැසිය [미율래써/미율래씨여] 사슴의 눈망울을 지닌 여자.

මියුල් [미율] ①사슴 මුවා ②사슴의, 사슴과 연관된 මුව.

මියෙනවා [미예너와-] 죽다, 사망하다, 소천하다 මැරෙනවා.

මිරිකනවා‡ [미리꺼너와-] මිරිකුවා-මිරිකා 짜다, 쥐어짜다, 누르다, 깨부수다 කෙරපනවා. මිරිකීම/මිරිකුම ¶ බෙල්ල මිරිකනවා 멱살을 잡다

මිරිකෙනවා [미리께너와-] මිරිකුණා-මිරිකී මිරිකනවා 의 피동사: ①짜지다, 쥐어짜지다,

눌려지다, 깨어지다 පොඩි වෙනවා ②피곤하다, 지쳐있다 මහන්සි වෙනවා. <u>මිරිකීම/මිරිකුම</u>

මිරිඟුව† [미링/구워] ①신기루 මරීචිය ②망상, 환상.

මිරිජ්ජ [미릿저] 민물, 짠맛이 없는 물. ¶ කරදිය 짠물, 바닷물

මිරිදිය† [미리/디여] 민물, 짠맛이 없는 물. ¶ කරදිය 짠물, 바닷물

මිරිවැඩිය [미리/왜디/여] ①샌달(한짝) ②슬리퍼(한짝) ③신발(한짝) පාවහන : 일반적으로 복수 형태인 මිරිවැඩි 를 주로 사용한다. (복) *මිරිවැඩි*

මිරිස්‡ [미리쓰] 청량고추, 칠리.

මිල/මිළ‡ [밀러] ①가격, 값, 가치 ②돈, 재정 මුදල. ¶ මිලදී ගන්නවා 사다, 구매하다

මිලට ගන්නවා/මිලදී ගන්නවා ‡ [밀러터 간너와-/밀러디- 간너와-] 사다, 구매하다.

මිල පාලක‡ [밀러 빨-러꺼] (정부에 의한) 물가 (가격) 통제하는 사람.

මිලාන [밀라-너] 창백한, 핼쑥한 මලානික.

මිලි [밀리] 1000분의 일의, 밀리 දාහෙන් කොටස.

මිලිග්‍රෑම්† [밀리그램-] 밀리그램, 1그램.

මිලින [밀리너] 창백한, 핼쑥한 මලානික.

මිලිමීටරය [밀리미-터러여] 밀리미터.

මිලියනය† [밀리여너여] 백만 දස ලක්ෂය.

මිලියනපතියා [밀리여너빠띠야-] 백만장자 ධනේශ්වරයා.

මිවුවා [미우와-] 물소, 버팔로 මී හරකා.

මිශනාරි/මිශනාරිවරයා† [미셔나-리//미셔나-리워러야-] 선교사 ක්‍රිස්තියානි ධර්ම දූතයා.

මිශ්‍ර† [미쉬러] 섞인, 뒤섞인, 복잡한, 뒤얽힌 මුසු. (구어) කලවම්

මිශ්‍ර කරනවා‡ [미쉬러 꺼러너와-] 섞다, 혼합하다, 뒤섞다 මුසු කරනවා. (구어) කලවම් කරනවා

මිශ්‍ර ගොවිතැන [미쉬러 고위때너] (축산과 작물 재배의) 혼합 영농.

මිශ්‍රණය [미쉬러너여] 섞음, 혼합, 복잡, 뒤얽힘 කලවම.

මිශ්‍රපෝෂී [미쉬러뽀-쉬-] 혼합 영양의.

මිශ්‍ර ලෝහය [미쉬럴 로-허여] 합금.

මිශ්‍රාගන්ධක [미쉬라-간더꺼] (광물) 웅황(雄黄).

මිශ්‍රිත [미쉬리떠] 섞인, 뒤섞인, 복잡한, 뒤얽힌 මුසුවුණු. (구어) කලවම් වෙච්ච

මිස† [미써] (후치사) ~없이. ¶ යේසුස් වහන්සේ මිස අන් කිසි ගැලවුම්කරුවෙක් නැත 예수님 없이 다른 구원자는 없다

මිසක/මිසක් [미써꺼/미싹] (후치사) ~없이.

මිසදිටු [미써디투] ①이교, 타종교, 이단 ②이교의, 타종교의, 이단의.

මිසදිටුවා [미써디투와-] ①이교자, 타종교인 ②이단자.

මිසරය [미써러여] (성경) 이집트 ඊජිප්තුව. ¶ මිසරයා 이집트인

මිහි† [미히] ①땅, 육지, 대지 පොළොව ②땅의 පොළෝ.

මිහිකත [미히까떠] 땅, 육지, 대지 පොළොව.

ම

මිහිකළ [미히껄러] 여문, 영글은, 익은 මේරූ.

මිහිකිරෙනවා [미히끼레너와-] මහිකිරුණා-මිහිකිරී 여물다, 익다 මෝරනවා.

මිහි තලය† [미히 딸러여] 지표면, 땅의 표면, 육지 පොළෝ තලය.

මිහිදන් කරනවා [미히단 꺼러너와-] 매장하다, 시체를 묻다 භූමදාන කරනවා.

මිහිපල් [미히빨] 왕, 임금 භූපති. (구어) රජ

මිහි පිට [미히 삐터] 지면, 땅의 표면, 지표면 මිහි තලය.

මිහිමඬල [미히만덜러] 땅, 육지, 대지 පොළොව.

මිහිමත [미히마떠] 땅, 지표면 මිහි තලය.

මිහිර [미히러] 달콤, 단맛 මීර.

මිහිරි‡ [미히리] 달콤한, 단 රසවත්.

මිහිලොල් [미힐롤] 꿀벌 පැණි තැමැත්තා. (구어) මීමැස්සා

මිළ/මිල† [밀러] ①가격, 값, 가치 ②돈, 재정 මුදල.

මී† [미-] ①벌꿀 ②땅, 대륙 ③벌집 මී වදය ④(열대 아메리카산 상록수) 사포딜라 Madhuka indica මී ගස ⑤꽃가루 මල් රොන් ⑥꽃에서 나는 꿀 මල් පැණි ⑦술, 알콜 සුරාව ⑨단맛, 단것 මිහිර ⑩꿀벌 මී මැස්සා ⑪물소, 버팔로 මී හරකා ⑫쥐 මීයා.

මී [미-] ①물소의 ②쥐의 ③단, 달콤한 මිහිරි ④큰, 거대한 ලොකු.

මී ආච්චි/මී ආත්තා [미- 앛-치/미- 앋-따-] 증조 할머니.

මීඉටි [미-이티] 봉납(蜂).

මීකතුර‡ [미-까뚜러] 쥐덫.

මීකා [미-까-] (성경) 미가서, 미가.

මී කිරි† [미-끼리] 커드 (curd, 엉겨진 우유 제품), 그릭 요커트 මුදවාපු කිරි.

මීගොනා [미-고나-] 물소, 버팔로.

මීට [미-터] 여기까지 මෙතෙක්. (구어) මේ වෙනකං

මීට කලින්‡ [미-터 깔린] 이전에 මීට පෙර.

මීටරය‡ [미-터러여] ①미터, M ②계량기 මානය.

මීදුම‡ [미-두머] 안개 මිහිදුම.

මීන [미-너] ①물고기 ②(천문학) 물고기 자리.

මීන ලග්නය [미-널 라그너여] (천문학) 물고기자리, 쌍어궁 මීන රාශිය.

මීපති/මීපල් [미-빠띠/미-빨] 왕, 임금님 රජු.

මීපැණි‡ [미-빼니] 벌꿀, 꿀.

මී මඬල [미- 만덜러] 땅, 육지 පොළොව.

මීමන [미-마너] (식물) 양치류.

මීමා [미-마-] 물소, 버팔로 මී හරකා.

මීමැස්මොරය† [미-매쓰모러여] 간질, 발작병 අපස්මාරය.

මී මැස්සා‡ [미- 맸싸-] 꿀벌. (복) *මී මැස්සෝ*

මී මිනිබිරිය [미- 미니비리여] 증손녀.

මීමින්නා [미-민나-] 큰사슴.

මීමුත්තා† [미-묻따-] 증조 할아버지, 증조부. (복) *මීමුතු*

මී මුනුබුරා [미- 무누부라-] 증손자.

මීය [미-여] 꿀벌집, 꿀벌통 මීවදය.
මීයා‡ [미-야-] 쥐 මූෂිකයා.
¶ වැලි මීයා 두더지
මීර [미-러] 단맛, 달콤함 මිහිර.
මීරන් [미-란] (광물) 흑연 මිනිරන්.
මීරා [미-라-] (나무에서 채취하는) 단 수액 තෙලිදිය.
මීරි [미-리] 단, 달콤한 මිහිරි.
මීලොල් [밀-롤] 꿀벌(의) මීමැස්සා.
මී වදය‡ [미- 와더여] 꿀벌집, 벌집 මීය.
මීවන† [미-워너] (식물) 양치류 මීමන.
මී වසුරු [미- 와쑤루] 물소 똥, 버팔로 똥 මී හරකන්ගේ ගොම.
මීවස්සා [미-왔싸-] 어린 물소, 어린 버팔로.
මීසම [미-써머] (기독교) 교구. (복) *මීසම්*
මී සමය [미- 싸머여] 신혼, 허니문 මධු සමය.
මී හකුරු [미- 하꾸루] 꿀벌이 새끼벌에게 주는 먹이.
මී හරකා‡ [미- 하러까-] 물소, 버팔로.
මීළඟ [밀-랑거] 다음, 다음의 ඊළඟ.
මුං [뭉] 녹색 콩 මුං ඇට.
මුං ඇට‡ [뭉 애터] 녹색 콩 මුං.
මුං කැරලි [뭉 깨럴리] 녹색 콩으로 만든 오일 케익 මුංගුලි.
මුංගුලි [뭉굴리] 녹색 콩으로 만든 오일 케익 මුං කැරලි.
මුකය/මුකේ [무꺼여/무께-] 입 මුඛය. (구어) කට
මුකර/මුකරි [무꺼러/무꺼리] 수다스러운, 말많은 දොඩමලු.
මුකවාඩම [무꺼와-더머] 재갈, 말을 못하도록 입을 묶은 천.
මුකවෙට්ටි [무꺼웨티] 왕의 서기관 රජුගේ ලියන්නා.
මුකා [무까-] 여자 벙어리 ගොළු ස්ත්‍රිය.
මුකුටය [무꾸터여] 왕관 ඔටුන්න.
මුකුර [무꾸러] 거울 කැඩපත. (구어) කණ්නාඩාය
මුකුරා [무꾸라-] 벙어리 ගොළුවා.
මුකුල [무꿀러] ①싹, 눈, 봉오리 කැකුළ ②혼 ප්‍රාණය ③몸, 육신 ශරීරය.
මුකුලිත [무꿀리떠] 수축된, 줄어든, 움츠린, 오그라진 පියවුණු, හැකිළුණු.
මුකුළුව [무꿀루워] 유혹하는 웃음.
මුකේ [무께-] 입 මුඛය. (구어) කට
මුක්කම [묶꺼머] 벙어리, 말못함 පැතැලි නාසය.
මුක්කමා [묶꺼마-] 벙어리 ගොළුවා.
මුක්කාල් [묶깔-] 4분의 3(의) කාල් තුන. (구어) තුන්කාල
මුක්කුව† [묶꾸워] 지지대, 지지막대 ආධාරකය.
මුක්ත [묶떠] ①진주 මුතු ②구속된, 해방된, 구원받은 මිදුණු.
මුක්තාභරණ [묶따-버러너] 진주 장식품 මුතු අබරණ.
මුක්තාවශේෂ [묶따-워쉐-셔] 침몰(화재)로 부터의 구조 화물, 구조 재산.
මුක්තාහාරය [묶따-하-러여] 진주 목걸이 මුතු මාලය.
මුක්තිය [묶띠여] ①해방, 자유, 탈출 මිදීම ②(세금 등의) 면제.

ම

මුඛ [무꺼] ①주요한, 첫번째의 ප්‍රධාන ②입의 මුක.

මුඛපත්‍රය [무꺼빠뜨러여] 겉장, 겉표지.

මුඛ පරම්පරාව [무꺼 빠람빠라-워] 구전, 구전전승.

මුඛය‡ [무꺼여] 입 මුව. (구어) කට ¶ මුඛ ආවරණය (입) 마스크

මුඛර [무꺼러] 수다스러운, 말 많은 මුකර, දොඩමලු.

මුඛරි [무꺼리] 말 잘하는, 언변에 능한 කථාවෙහි දක්ෂ.

මුඛ්‍ය [묵끼여] 첫째의, 제1의, 주요한, 중요한 ප්‍රධාන.

මුඛ්‍යාර්ථය [묵끼야-르떠여] 요점, 주제, 주된 생각 අරමුණ.

මුගටියා‡ [무거티야-] ①(동물) 족제비 ② 몽구스 (인도산 족제비과) මුංගුසයා.

මුගුණුවැන්න [무구누왠너] 야채로 사용되는 작은 덩굴, *Illeccebrum sessile* මුකුණුවැන්න.

මුගුර [무구러] 막대기, 작대기 පොල්ල. (복) *මුගුරු* ¶ කඩු මුගුර 검

මුගුරු [무구루] මුගුර 의 복수 또는 형용사: ①막대기들, 작대기들 ②막대기의, 작대기의 පොලු.

මුග්ධ [묵더] 어리석은, 우둔한, 미련한 මෝඩ.

මුග්ධතාව [묵더따-워] 어리석음, 우둔함, 미련함 මෝඩකම.

මුග්ධයා [묵더야-] 멍청이, 바보, 천치, 어리석은 자 මෝඩයා.

මුඤ්චනය [문처너여] 해방, 자유, 탈출, 도망 බේරී යාම.

මුට්ටය† [뭍터여] 묶음, 다발, 꾸러미 මිටිය.

මුට්ටිය [뭍티여] 작은 단지, 작은 항아리, 작은 병 සෙම්බුව.

මුඩ [무더] ①까까머리의, 머리를 자른 හිස කෙහෙ කැපූ ②버팀벽 기둥 ③방해, 훼방 බාධාව.

මුඩිය [무디여] 뚜껑, 마개 මූඩිය.

මුඩු [무두] ①빈, 황량한 හිස් ②대머리의, 머리숫이 없는 කෙස් රහිත ③(음식) 상한, 부패한, 썩은 පිළුණුවුණු ④야자 열매 꼬투리가 있는. ¶ මුඩු කරනවා 머리를 밀다

මුඩුක්කුව‡ [무둑꾸워] 빈민가.

මුඩුව [뭍두워] 야자 열매의 꼬투리 මුඩ්ඩ.

මුඩ්ඩ [뭍더] 야자 열매의 꼬투리 මුඩුව.

මුණ ගැසෙනවා‡ [무너 개쎄너와-] 만나다, 회합하다 සම්භ වෙනවා. (구어) හමුවෙනවා

මුණ ගැහෙනවා‡ [무너 개헤너와-] 만나다, 회합하다 හමුවෙනවා. (문어) මුණ ගැසෙනවා

මුණය [무너여] 얼굴, 전면 මුහුණ.

මුණින් [무닌] 얼굴로, 전면에서 මුහුණින්.

මුණින් තලා වූ [무닌 딸라- 우-] 엎드린, 부복한.

මුණින් තලා වෙනවා [무닌 딸라- 웨너와-] 엎드리다, 부복하다.

මුණින් නමනවා [무닌 나머너와-] 뒤집다, 위를 아래로 뒤집다.

මුණ්ඩකයා [문더꺼야-] 이발사, 미용사 කරණවෑමියා.

මුණ්ඩාසනය [문다-써너여] (특

별 행사 때) 머리에 쓰는 수건, 헤드 드레스 තලප්පාව.

මුතු‡ [무뚜] ①진주 මුක්ත ②조상의, 선조의 පැරැන්නන්ට අදාළ. ¶ මුතු ඇටය 진주 한알

මුතුන්මිත්තා† [무뚠믿따-] 조상, 선조 පියවරු.

මුතුමිත්තන් වන්දනාව [무뚜믿딴 완더나-워] 제사, 조상 제사.

මුතුමිත්තා [무뚜믿따-] 조상, 선조 පියවරු.

මුතු පට [무뚜 빠터] 진주 목걸이 මුතු මාලය.

මුතුපරය [무뚜빠러여] 진주암초.

මුතුබෙල්ලා† [무뚜벨라-] 진주조개.

මුතුහර [무뚜하러] 진주 목걸이 මුතු මාලය.

මුත් [묻] 그러나, 하지만 නමුත්. (구어) හැබැයි

මුත්තණි/මුත්තණියෝ [묻떠니/묻떠니요-] 할머니 අත්තම්මා. (구어) ආච්චි

මුත්තප්පා [묻땊빠-] 할아버지 අත්තප්පා. (구어) සීයා

මුත්තා† [묻따-] 할아버지, 조부 අත්තා. (구어) සීයා

මුත්තෙට්ටුව [묻뗕투워] ①논이나 타작 마당에서 먹는 음식 ②소작농이 땅 주인을 위해서 공짜로 경작해주는 논.

මුත්හස් [묻하쓰] 도장, 인장 මුද්‍රා ලකුණ.

මුත්‍ර‡ [무뜨러] 소변, 오줌 මුත්‍ර.

මුත්‍ර දැවිල්ල [무뜨러 대윌러] 소변통, 소변볼 때 느끼는 통증 මුත්‍ර දාහය.

මුත්‍රා† [무뜨라-] 소변, 오줌 මුත්‍ර.

මුදනවා‡ [무더너와-] මිදුවා-මුදා ①구하다, 구출하다, 구원하다 ගළවනවා ②(옷, 신발 등) 벗다. <u>මිදීම/මිදුම</u>

මුදල† [무덜러] 돈, 재정 සල්ලි. (복) මුදල්

මුදලාලි‡ [무덜랄리-] 상인, 가게 주인.

මුදලි/මුදලි තුමා [무덜리/무덜리 뚜마-] 지도자, 고위관리, (옛) 대신 මුදියන්සේ.

මුදලිඳු [무덜린두] ①수령, 왕초, 두목 මුදියන්සේ ②(불교) 수미산 මහමෙර.

මුදල්‡ [무달] මුදල 의 복수 또는 형용사: ①돈들, 재정들 මිල ②돈의, 재정의. ¶ ව්‍යවහාර මුදල් 통화, 화폐

මුදල් නෝට්ටුව‡ [무달 놑-투워] 지폐, 종이돈.

මුදල් පොත [무달 뽀떠] 현금 출납장.

මුදල් වර්ෂය [무달 와르셔여] 회계연도.

මුදවනවා [무더워너와-] මිදෙවුවා-මුදවා මුදනවා 의 사역동사: ①구원하게 하다, 구출하게 하다 ②응고시키다, 응결시키다, 엉기게 하다. <u>මිදවීම/මුදවීම</u> ¶ මුදවාපු කිරි 커드 (curd)

මුදවාපු කිරි† [무더와-뿌 끼리] 커드, 그릭 요거트, 응유 (curd, 엉겨진 우유 제품) මී කිරි.

මුදලනවා [무달-러너와-] මුදාලුවා-මුදාලා 구하다, 구출하다, 구원하다. <u>මුදාලීම</u>

මුදැගිල්ල [무댕길러] (전통적으로 결혼 반지를 끼는) 넷째 손가락, 무명지.

මුදිත [무디떠] 기쁜, 즐거운 ප්‍රීතිමත්. (구어) සතුටු

මුදිතාව [무디따-워] 기쁨, 즐거움, 유쾌 ප්‍රීතිය. (구어) සතුට

මුදු† [무두] 부드러운, 유연한 මෘදු.

මුදු [무두] මුද්ද, මුදුව 의 복수 또는 형용사: ①반지들 ②반지의.

මුදුන‡ [무두너] 정상, 꼭대기 ඉහළම ස්ථානය. ¶ ඉර මුදුන 한낮 ඉස්මුදුන 정수리

මුදුනා [무두나-] 지도자, 리더 නායකයා.

මුදුන්† [무둔] මුදුන 의 복수 또는 형용사: ①정상, 꼭대기 ②정상의, 꼭대기의.

ම

මුදුන්පත් කරනවා [무둔빧 꺼러너와-] 끝내다, 완성하다, 완수하다 ඉටු කරනවා.

මුදුන්පත් වෙනවා [무둔빧 웨너와-] 끝이 나다, 막이 내리다, 완성되다, 완수되다 ඉටු වෙනවා.

මුදුන් මුල [무둔 물러] (식물) 주근(主根), 곧은 뿌리, 직근(直根).

මුදුන් යටලීය [무둔 야털리-여] 마룻대, 천막의 들보 재목.

මුදුව [무두워] 반지 මුද්ද.

මුදුහස් [무두하쓰] 도장, 인장 මුද්‍රාව.

මුද්ද‡ [묻더] 반지 මුදුව. (복) *මුදු*

මුද්දර ගසනවා [묻더*러* 가써너와-] 우표를 붙이다. (구어) මුද්දර ගහනවා

මුද්දරප්පලම් [묻더*랖*뻘람] 포도(의).

මුද්දරය‡ [묻더*러*여] 우표. (복) *මුද්දර*

මුද්‍රණ දෝෂය [무드*러*너 도-셔여] 인쇄 실수, 잘못된 인쇄.

මුද්‍රණය‡ [무드*러*너여] 인쇄 අච්චු ගැසීම.

මුද්‍රණාලය† [무드*러*날-러여] 인쇄소 මුද්‍රණය කරන තැන.

මුද්‍රා [무드*라*-] 도장의, 인장의.

මුද්‍රා නාටකය/මුද්‍රා නාට්‍යය† [무드*라*- 나-터꺼여/무드*라*- 낱-티여여] 발레, 무용극.

මුද්‍රාව† [무드*라*-워] 도장, 인장 විලාසම.

මුද්‍රික† [무드*리*꺼] 포도나무의, 포도주의 මිදි.

මුද්‍රික පලදාව [무드*리*꺼 빨러다-워] 포도 수확, 포도 수확량.

මුද්‍රික පානය† [무드*리*꺼 빠-너여] 포도주 මිදිපැන්.

මුද්‍රික ඵලය [무드*리*꺼 빨러여] 포도, 포도 열매 මිදි ඵලය.

මුද්‍රික වැල [무드*리*꺼 왤러] 포도 나무 මිදි වැල.

මුද්‍රිකා [무드*리*까-] 포도 මිදි.

මුද්‍රිත [무드*리*떠] 인쇄의, 인쇄한 මුද්‍රණය කළ.

මුන [무너] 끝, 첨단 තුඩ.

මුනි [무니] 현자, 현인, 성자 මුනිවරයා.

මුනින්තලාව [무닌떨라-워] 엎드림 මුනින් අතට වැතිරීම.

මුනින්ද/මුනිඳු [무닌다-/무닌두] 부처님 මුනිඳා.

මුනිඳ/මුනිඳු [무닌다-/무닌두] 부처님 බුදුන් වහන්සේ.

මුනිපා [무니빠-] (장소) 스리빠-더, 아담스 픽 (불교인들에게 성지로 불리는 정상에 있는 큰 발자국이 있는 산) ශ්‍රීපාද.

මුනිරද [무니*라*더] 부처님 බුදුන් වහන්සේ.

මුනිවත [무니워떠] 침묵, 고요 නිශ්ශබ්දතාව.

මුනිවරයා [무니워러야-] 현자, 현인, 성자 මුනි. (복) *මුනිවරු*

මුනුපුරා/මුනුබුරා‡ [무누뿌라-/무누부라-] 손자 නප්තෘ.

¶ මිනිපිරිය/මිනිබිරිය 손녀

මුනුමුනුව [무누무누워] 속삭임, 수군거림, 소곤소곤 말함 මිමිනීම.

මුන් [문] 이 사람들 මොවුහු. (구어) මෙයල්ලා

මුන් වහන්සේ [문 와한쎄-] 이 분, 이 승려분 මොවුන් වහන්සේ.

මුඛ [무버] 여기, 근처, 주변 මොබ. (구어) මෙහා

මුමුනනවා [무무너너와-] මිමිනියා-මුමුනා 속삭이다, 귓속 말하다. මිමිනීම

මුර [무러] මුරය 의 복수 또는 형용사: ①지킴, 보초, 보호, 감시 වාර රැකවල ②보호하는, 지키는.

මුර [무러] 고함, 함성, 소리지름 උද්ඝෝෂණය. (구어) කෑ ගැසීම

මුර අට්ටාලය [무러 앝탈-러여] 초소, 경비 초소 ㄴ මුරකාවල.

මුර කරනවා‡ [무러 꺼러너와-] 지키다, 감시하다, 보호하다 ආරක්ෂා කරනවා.

මුරකරුවා/මුරකාරයා† [무러꺼루와-/무러까-러야-] 보초, 파수꾼, 간수.

මුරකාවල [무러까-월러] 경비소, 초소 මුර අට්ටාලය. (복) *මුරකාවල්*

මුරගල [무러갈러] 보호 바위, 엄호 바위.

මුරගානවා [무러가-너와-] 큰 소리를 지르다, 함성을 지르다 මොරගානවා. (구어) කෑගහනවා

මුරණ්ඩු‡ [무란두] 강팍한, 완고한, 고집센 දඩබ්බර.

මුරපළ [무러뻘러] 초소, 경비소.

මුරය† [무러여] ①보호, 경비, 감시 රැකවල ②기회, 찬스, 때 අවස්ථාව ③외침, 함성 කෑ ගැසීම.

මුර වචනය [무러 와처너여] (경비를 위한) 암호.

මුර සංචාරය [무러 쌍차-러여] 순찰, 순시, 정찰.

මුරිච්චිය [무릧치여] (호두, 밤등의) 견과 ඉස්කුරුප්පු ඇල්ලුව.

මුරිච්චි යතුරු [무릧치 야뚜루] (도구) 스패너, nut key.

මුරු [무루] 신 (다신교의 남신, 여신) දෙවියා.

මුරුංගා‡ [무룽가-] (야채) 북채소체(小體), 무룽가.

මුරුගයා [무루거야-] 동물, 짐승 මෘගයා.

මුරුතැන් [무루땐] 부엌 බත්ගෙය. (구어) කුස්සිය

මුරුත්තාව [무룯따-워] 기절, 졸도, 실신, 까무러침 ක්ලාන්තය.

මුරුවට [무루와터] (농업) 푸우낙 (야자에서 기름을 추출한 후 남은 것들).

මුරුසිය [무루씨여] (나라) 모리셔스.

මුල‡ [물러] ①나무뿌리 ශාකවල මුල් ②시작, 출발 පටන්ගැන්ම ③첫자리 පළමු තැන ④이유, 원인 හේතුව ⑤한팩, 꾸러미, 다발 මිටිය ⑥발 පාදය ⑦뇌 මොළය ⑧기절, 졸도, 실신 ක්ලාන්තය.

මුලකුර [물러꾸러] 머리글자.

ම

මුලගිනා [물렁기나-] 주방장 මුළගිනා.
මුලසුන [물러쑤너] 장(長), 회장, 의장, 중요한 자리 සභාපති.
මුලාදෑනියා [물라-대-니야-] 공무원, 사무원 නිලධාරියා.
මුලාසි [물라-씨] 잃어버린, 없어진, 없는 නැති වූ.
මුලිනුගලනවා [물리누굴러너와-] 제거하다, 파괴하다, 멸망시키다 මුලිනුපුටනවා.
මුලිනුපුටනවා‡ [물리누뿌터너와-] (완전히) 제거하다, 파괴하다, 멸망시키다 මුළුමනින්ම විනාශ කරනවා.
ම
මුලින් [물린] 처음에, 첫번째로, 먼저 ප්‍රථමයෙන්.
මුලු‡ [물루] 모든, 전체의 (뒤에 단수 명사가 옴) මුළු. ¶ මුලු තැන 모든 장소
මුලු [물루] මුල්ල 의 복수: 구석들, 귀퉁이들, 코너들 කොන. ¶ අහුමුලු 구석, 귀퉁이
මුලුගන්වනවා [물루간워너와-] 뒤로 하다, 보류하다, 억제하다, 숨기다 යටපත් කරනවා.
මුලුගැන්නෙනවා [물루갠네너와-] 숨기다, 뒤로 하다 මුලුගන්වනවා.
මුලුගැහෙනවා [물루개헤너와-] 숨겨지다, 덮혀지다.
මුලුතැන් ගෙය† [물루땐 게여] 부엌 කුස්සිය.
මුලු පරාලය [물루 빠랄-러여] (건축) 주 서까래.
මුල්‡ [물] මුල 의 복수: (나무) 뿌리 ශාකවල මුල්.
මුල් [물] ①첫번째의, 처음의, 최초의, 시작의 මූලික ②중요한, 주요한, 머리의 ප්‍රධාන.
මුල් අදිනවා/මුල් අල්ලනවා‡ [물 아디너와-/물 알러너와-] ①뿌리내리다, 정착하다 මුල් ලියලනවා ②시작하다 පටන් ගන්නවා.
මුල් ඇඳුම [물 앤두머] 산악지역 귀족의 완전 의복.
මුල් කිර [물 끼러] (출산부의) 초유.
මුල්ගුරු† [물구루] 교장 විදුහල්පති.
මුල් පුටුව [물 뿌투워] 지도력, 리더쉽, 의장 නායකත්වය.
මුල් බහිනවා† [물 바히너와-] 뿌리내리다, 정착하다 මුල් අදිනවා.
මුල් මුදල [물 무덜러] 기초 자금.
මුල්ල† [물러] ①코너, 한쪽, 귀퉁이 කෝණය ②먼 지역 ඈත ස්ථානය. (복) මුලු
මුල්ලා [물라-] 회교의 율법 교사.
මුල්ලුව† [물루워] 갈퀴, 쇠스랑.
මුව [무워] ①입 මුඛය (구어) කට ②얼굴 මුහුණ ③열림, 개봉 විවරය. ¶ මුවවැස්මා 머리 쓰개, 얼굴 가리개
මුව [무워] ①මුවා 의 형용사: 사슴의 ②동물의 මෘග.
මුව කෙළිය [무워 껠리여] 사슴 사냥 මුව දඩයම.
මුව තණා/මුව තණ්හ [무워 따너/무워 딴허] 신기루, 아지랑이 මිරිඟුව.
මුවත් තියනවා [무왇 띠여너와-] ①(무기) 날카롭게 만들다, 벼리다 මුවහත් කරනවා ②(강철 따위를) 불리다, (칼 따위를) 담금질하다 පණ පොවනවා.

මුවදෙන† [무워데너] 암사슴 මුවැත්තිය (복) *මුවදෙනුන්*

මුවදොර [무워도러] 강 하구, 강과 바다가 만나는 곳 මෝදර.

මුව පොල්ලා [무워 뽈라-] 새끼 사슴 මුව පැටියා.

මුව රද [무워 라더] 짐승들의 왕, 사자 සිංහයා.

මුවර දද [무워러 다더] 괴물의 깃발 මකර කොඩිය.

මුවර දද [무워러 다다-] 큐피드, 사랑의 신 අනංගයා.

මුවවිට [무워위터] 물가, 가장자리 මෝවිට.

මුවසිරස [무워씨러써] (천문학) 오리온자리, 삼성 මෘගශිරස්.

මුවහ [무워하] 피난처, 은신처, 덮개 මුවාව.

මුවහත [무워하떠] (칼, 검) 날카로움, 잘듦 මුවාත.

මුවහත්† [무워핟] 칼이 잘드는, 잘 베이는, 날카로운 මුවාත්. (구어) කැපෙන

මුවහත් කරනවා† [무워핟 꺼러너와-] (칼, 날을) 벼리다, 날카롭게 하다.

මුවා‡ [무와-] 사슴.

මුවා [무와-] ①만들어진 재료를 보충하는 접미사: ~로 만들어진, ~되어진 - මය ②덮힌, 닫힌, 막아진, 봉해진 වැසුණු.
¶ රන්මුවා (ස්වර්ණමය) 금으로 만든 සෙල්මුවා (ශෛලමය) 돌로 만든

මුවා කරනවා‡ [무와- 꺼러너와-] 덮다, 가리다, 봉하다 ආවරණය කරනවා. (구어) වහනවා

මුවා වෙනවා [무와- 웨너와-] 덮혀지다, 가려지다, 봉해지다 වැසෙනවා. (구어) වැහෙනවා

මුවාත [무와-떠] (칼, 검) 날카로움, 잘듦 මුවහත.

මුවාත තියනවා [무와-떠 띠여너와-] ①(무기) 날카롭게 만들다, 벼리다 මුවහත් කරනවා ②(강철 따위를) 불리다, (칼 따위를) 담금질하다 පණ පොවනවා.

මුවාත් [무왇-] 칼이 잘드는, 잘 베이는, 날카로운 මුවහත්.

මුවාත් කරනවා [무왇- 꺼러너와-] (무기) 날카롭게 만들다, 벼리다 මුවහත් කරනවා.

මුවාව [무와-워] 피난처, 은신처, 방어물 මුවහ.

මුවැත්තිය [무왣띠여] 암사슴 මුව දෙන.

මුෂ්ටිය [무쉬티여] ①주먹 මිට ②한 움큼, 한줌.

මුස [무써] ①기절, 졸도, 의식 잃음 මූර්ඡාව ②거짓말 බොරුව.

මුසාව [무싸-워] ①거짓말 බොරුව ②거짓, 비진리 අසත්‍යය.

මුසාවාදකාරයා [무싸-와-더까-러야-] 거짓말쟁이, 거짓말하는 사람 මුසාවාදී. (구어) බොරුකාරයා

මුසාවාදය† [무싸-와-더여] ①거짓말 බොරුව ②거짓, 비진리 අසත්‍යය.

මුසාවාදී [무싸-와-디-] ①거짓말쟁이, 거짓말하는 사람 බොරුකාරයා ②거짓말하는 බොරු කියන. ¶ මුසාවාදීහු 거짓말쟁이들

මුසිනවා [무씨너와-] 풀려나다, 자유롭게 되다, 구출되다 මිදෙනවා.

මුසිප්පාත්තු [무씹빠-뚜] 재수 없는, 불쾌한, 혐오하는, 몹시 싫은, 지겨운, 진력나는, 넌더리나는 මුසල.

මුසු [무쑤] 섞인, 혼합된 මිශ්‍ර. ¶ නුමුසු 섞이지 않은

මුසුන [무쑤너] 빗자루 මුස්න. (복) *මුසුන්*

මුසුන්න [무쑨너] 빗자루 මුස්න.

මුසුප්පු [무쑵뿌] ①불쾌, 충격 නොසතුට ②기절, 정신 잃음 ක්ලාන්තය.

මුසුප්පු [무쑵뿌] ①불쾌한, 충격적인 ②기절한, 정신 잃은.

ම

මුසුප්පේන්තු [무쑵뻰-뚜] 재수 없는, 불쾌한, 혐오하는, 몹시 싫은, 지겨운, 진력나는, 넌더리나는 මුසල.

මුසුව [무쑤워] 섞음, 혼합 මිශ්‍රණය.

මුස්න [무쓰너] 빗자루 මුසුන්න.

මුස්පේත්තු/මුස්පේන්තු [무쓰뻿-뚜/무쓰뻰-뚜] 불쾌한, 몹시 싫은 මුසල.

මුහ රෝගය [무하 로-거여] (의학) 천식 ඇදුම.

මුහත් [무핟] 칼이 잘드는, 잘베이는, 날카로운 මුවහත්.

මුහන්දිරම [무한디러머] 무한디러머 관직: (옛) 대신 보다 낮은 관직 මුදියන්සේ.

මුහු [무후] ①섞인, 혼합된 මුසු ②성장하는, 발전하는 මෝරන.

මුහු කරනවා [무후 꺼러너와-] ①섞다, 혼합하다 කලවම් කරනවා ②성장하다, 성숙하다, 발전하다 මෝරනවා.

මුහුකුරනවා/මුහුකුරා යනවා [무후꾸러너와-/무후꾸라- 야너와-] 발전하다, 성장하다, 성숙하다 වර්ධනය වෙනවා.

මුහුණ‡ [무후너] ①얼굴, 면상 මුව ②앞면, 전면 ඉදිරිපස. (복) *මුහුණු*

මුහුණත [무후너떠] 앞쪽, 전면 මතුපිට.

මුහුණුවර [무후누워러] (얼굴) 외모, 특징 අංග ලක්ෂණ.

මුහුද‡ [무후더] 바다, 해양. (복) *මුහුදු* (문어) සාගරය ¶ මළ මුහුද 사해

මුහුදු† [무후두] මුහුද 의 복수 또는 형용사: ①바다들 ②바다의, 해양의 මුද්‍ර.

මුහුදු අශ්වයා [무후두 아쉬워야-] (동물) 해마.

මුහුදු උපුලා [무후두 우뿔라-] (동물) 바다솔, 바다 백합.

මුහුදු ඌරා [무후두 우-라-] 바다 돼지.

මුහුදුකරය [무후두꺼러여] 바닷가, 해변 මුහුදුබඩ.

මුහුදු කැකිරි [무후두 깨끼리] 해삼, 해삼류.

මුහුදු කෑම [무후두 깨-머] ①해산물 ②(해양) 침식, 침식 작용 සමුද්‍ර ඛාදනය.

මුහුදු කොල්ලකරුවා† [무후두 꼴러꺼루와-] 해적 මුද්‍ර කොල්ලකාරයා.

මුහුදුගමන† [무후두가머너] 항해, 긴 배 여행 යාත්‍රාව.

මුහුදු පෙණ [무후두 뻬너] ①산호(의 다양함) ②바다 거품.

මුහුදුබඩ† [무후두바더] 해변가의, 바닷가의, 연해의 වෙරළබඩ.

මුහුදු බත් වෙනවා [무후두 받 웨너와-] 표류하다, 항해 길을 잃다.

මුහුදු බස්සා [무후두 밧싸-] (어류) 얼룩 통구멍.

මුහුදු බළලා [무후두 발럴라-] 거미불가사리.

මුහුදු බාදනය† [무후두 바-더너여] (해양) 침식, 침식 작용 සමුද්‍ර බාදනය.

මුහුදු බොක්ක [무후두 볶꺼] 만(灣), 내포 (gulf와 cove의 중간으로 어귀가 비교적 넓은 것).

මුහුදු මට්ටම† [무후두 맡터머] 해발 මුද්‍ර මට්ටම.

මුහුදු මත [무후두 마떠] ①배멀미 ②해수면 위에서.

මුහුදු මල් [무후두 말] (동물) 말미잘.

මුහුදු යාත්‍රාව [무후두 야-뜨라-워] ①배, 선박 නැව ②항해 මුහුදු ගමන.

මුහුදු වැල්ල [무후두 왤러] 해변가, 바닷가 වෙරළබඩ.

මුහුදු වෙරළ‡ [무후두 웨럴러] 해변가, 바닷가 මුහුදුබඩ.

මුහුදු ශාක [무후두 샤-꺼] 미역 මුද්‍ර ශාක.

මුහුදු සුළං† [무후두 쑬랑] 해풍, 바닷 바람 මුද්‍ර සුළං.

මුහුදු හාවා [무후두 하-와-] 바다토끼, (바다에 사는 달팽이과) 군소.

මුහුන් [무훈] ①누룩, 효모 ②혼합, 섞음 මිශ්‍රණය. ¶ මුහුන් නුමුසු රොටි 무교병

මුහුර්ත භාෂණය [무후르떠 바-셔너여] 논리학.

මුහුර්තය [무후르떠여] ①순간, 찰나 ඇසිල්ල ②하루를 15시간으로 나눈 것중의 한 시간.

මුහුළ [무훌러] ①볏 මකුටය ②도가머리, 관모 කෙස් කළඹ. (복) මුහුළු

මුහුළසා [무훌라써] 머리카락 හිසකේ.

මුහුළු [무훌루] ①මුහළ 의 복수: 볏들, 도가머리들, 관모들 ②깨어난, 자각한 ප්‍රබුද්ධ.

මුළ [물러] ①무리, 그룹 සමූහය ②다발, 한묶음 පොදිය.

මුළගිනා [물렁기나-] 주방장 මුලගිනා.

මුළා [물라-] ①무지한, 무학의, 무식한 මෝඩ ②방황하는, 길을 잃은 නො මග යන.

මුළා කරනවා† [물라-꺼러너와-] ①나쁜 길로 인도하다, 타락시키다 නොමග යවනවා ②속이다, 기만하다 රවටනවා.

මුළාව [물라-워] ①나쁜 길로 빠짐, 타락, 길을 잃음, 방황 නොමග යැවීම ②기만, 속임, 현혹 රැවටීම.

මුළා වෙනවා† [물라- 웨너와-] ①길을 잃다, 나쁜길에 빠지다 මංමුළා වෙනවා ②속임을 당하다.

මුළාසිය [물라-씨여] 미혹, 기만, 혹함, 잘못 මුළාව.

මුළු‡ [물루] ①모든, 전체의, 전부의 සියලු ②මුළුව 의 복수: a. 무리들 b. 덩이들, 뭉치들 c. 모임들 d. 다발들.

මුළුතැන/මුළුතැන් ගෙය‡ [물루때너/물루땐 게여] 부엌.

මුළු දෙනවා [물루 데너와-] 모이다, 소집되다 රැස් වෙනවා.

මුළුමනින්† [물루머닌] 완전히, 철저히, 모두 다 සම්පූර්ණයෙන්.

මුළුල්ල [물룰러] 전부, 모든 것 සියල්ල (구어) ඔක්කොම

ම

මුළුල්ලේ† [물룰레-] (후치사) ~를 통하여, ~를 지나서, ~를 통과하여.

මුළුව [물루워] ①무리, 그룹, 군중 සමූහය ②한덩이, 뭉치 පිඬ ③모임, 회중 සභාව ④다발, 한묶음 පොදිය. ¶ ගිනි මුළුව 모닥불

මූ [무-] ①(낮게 부르는 말) 이 사람, 이이 මෙයා (මේකා) (문어) මොහු ②(동물) 이것 මේ සතා. ¶ ඌ (동물) 그것

මූකළන් [무-깔란] මූකළාන 의 복수 또는 형용사: ①울창한 숲들, 정글 මහ කැලෑ ②울창한 숲의, 정글의.

මූකළාන [무-깔라-너] 큰 숲, 울창한 숲, 정글 මහ කැලෑව. (복) මූකළන්, මූකළාන්

මූග [무-거] 벙어리의, 말 못하는 ගොළු.

මූගබධිර [무-거바디러] 농아의.

මූගබධිරයා [무-거바디러야-] 농아 ගොළු බිහිරා.

මූගයා [무-거야-] 벙어리 ගොළුවා.

මූට්ටු [뭍-투] 결합된, 하나된, 연결된 පූට්ටු.

මූට්ටු කරනවා [뭍-투 꺼러너와-] 결합하다, 합치다, 붙이다, 연결하다, 접합하다, 잇다 සන්ධි කරනවා.

මූට්ටුතහඩුව [뭍-투따하두워] (건축) 이음판.

මූට්ටුව† [뭍-투워] 연결, 접합, 이음, 붙임 සන්ධිය.

මූඩිය† [무-디여] (병, 통) 마개, 뚜껑 පියන.

මූඪ [무-더] 어리석은, 멍청한, 우둔한 මෝඩ.

මූඪගර්භය [무-더가르버여] 죽은 태아.

මූඪයා [무-더야-] 바보, 멍청이, 어리석은 사람 මෝඩයා.

මූණ‡ [무-너] 얼굴, 면상, 안색 මුහුණ. (복) මූණු

මූණ ඇමුල් කරනවා [무-너 애물 꺼러너와-] 난색을 표하다, 안좋아 하다, 싫은 것을 보이다 අකැමැත්ත දක්වනවා.

මූණට මූණලා [무-너터 무-널라-] 얼굴을 맞대고 මුහුණට මුහුණලා.

මූණත† [무-너떠] 전면, 정면, 앞부분 මූණ පැත්ත.

මූණත් තහඩුව/මූණත් තැටිය [무-낟 따하두워/무-낟 때티여] (인쇄) 판, 1 페이지 크기의 인쇄도, 플레이트.

මූණ දෙනවා/මූණ පානවා† [무-너 데너와-/무너 빠-너와-] ①만나다, 마주치다 හමුවෙනවා ②직면하다, 다루다, 맞딱 드리다 විඳ දරාගන්නවා.

මූණ පුලුටු කරනවා [무-너 뿔루투 꺼러너와-] 난색을 표하다, 싫은 표정을 하다 මූණ ඇමල් කරනවා.

මූණ පෙන්වනවා [무-너 뻰워너와-] 얼굴을 보여주다.

මූණ මට්ටම/මූණ මත්තක් [무-너 맡터머/무-너 맏딱] 그릇 가장자리, 그릇 언저리.

මූණලානවා [무-널라-너와-] 마주보게 하다, 마주보게 두다.

මූණිච්චාවට [무-닟차-워터] 사기로, 속임으로, 속여, 사기쳐.

මූණින් [무-닌] 뒤집어, 전면을 아래로 මූණින්.

මුණු [무-누] මුණ 의 복수 또는 형용사: ①얼굴들 ②얼굴의.

මුණුවර [무-너워러] 안색, 표정 මුහුණුවර.

මුණෝ දැලි ගානවා [무-네 댈리 가-너와-] 망신을 주다, 망신시키다, 면목을 잃게 하다.

මුත්‍ර† [무-뜨러] 오줌, 소변 මුත්‍ර.

මුත්‍ර අඩස්සිය [무-뜨러 아닸씨여] (의학) 유통성 배뇨(有痛性排尿) 곤란 මුත්‍ර කෘච්ඡාව.

මුත්‍රකය [무-뜨러꺼여] 요관, 수뇨관 මුත්‍රවාහිනිය.

මුත්‍රකාරකය [무-뜨러까-러꺼여] 이뇨제.

මුත්‍රකුටිය [무-뜨러꾸티여] 소변기.

මුත්‍රකෘච්ඡාව [무-뜨러끄룿차-워] (의학) 유통성 배뇨(有痛性排尿) 곤란 මුත්‍ර අඩස්සිය.

මුත්‍ර ගල් [무-뜨러 갈] (의학) 방광 결석.

මුත්‍රදහය [무-뜨러다-허여] 소변통, 소변볼 때 느끼는 통증.

මුත්‍රනය [무-뜨러너여] 소변봄, 오줌쌈 මුත්‍ර කිරීම.

මුත්‍රමානය [무-뜨러마-너여] 요(尿) 비중계.

මුත්‍රවාහිනිය [무-뜨러와-히니여] 요관, 수뇨관 මුත්‍රකය.

මුත්‍රාශය [무-뜨라-셔여] 방광, 오줌보 මුත්‍ර බොක්ක.

මුත්‍රාශ්මරිය [무-뜨라-쉬머리여] (의학) 방광 결석 මුත්‍ර ගල්.

මුද† [무-더] 바다, 해양 මුහුද.

මුදු† [무-두] මුද 의 복수 또는 형용사: ①바다들 ②바다의, 해양의 මුහුදු.

මුදු අශ්වයා [무-두 아쉬워야-] (동물) 해마.

මුදු ඌරා [무-두 우-라-] 돌고래.

මුදු කනවා [무-두 까너와-] 해변이 침식되다.

මුදුකරය [무-두꺼러여] 해변가, 바닷가 වෙරළාසන්න.

මුදු කෙයියා [무-두 께이야-] 판다누스속의 각종 교목.

මුදු කොල්ලකාරයා [무-두 꼴러까-러야-] 해적 මුහුදු කොල්ලකරුවා.

මුදුතොට [무-두또터] 항구, 포구 වරාය.

මුදු පරඟෑම [무-두 빠렁개-머] 찰싹 거리는 파도 소리.

මුදු පැළෑටි [무-두 뺄래-티] 해초, 미역 මුදු ශාක.

මුදුබඩ [무-두바더] 해변가, 바닷가 මුදු වෙරළ.

මුදු මට්ටම [무-두 맡터머] 해수면, 해발.

මුදු මට්ටියා [무-두 맡티야-] (어패류) 홍합.

මුදු මාර්ගය [무-두 마-르거여] 뱃길, 항해길.

මුදු යනවා [무-두 야너와-] 바다로 가다.

මුදු යාත්‍රාව [무-두 야-뜨라-워] 항해 මුහුදු තරණය.

මුදුලිහිණියා [무-둘리히니야-] 갈매기.

මුදු ශාක [무-두 샤-꺼] 해초, 미역 මුදු පැළෑටි.

මුදු හැතැප්ම [무-두 해땦머] (항해) 노트: 1시간에 1해리(약 1,852m)를 달리는 속도.

මුදු සුළඟ† [무-두 쑬렁거] 해풍, 바닷 바람.

මුදුහත්ත [무-두핟떠] 해면, 해면동물. (복) *මුදුහතු*

මු දේවිය [무- 데-위여] 불행과 비탄의 여신.

මුනිස්සම† [무-닜써머] 탄알, 권총탄 කුඩා උණ්ඩ.

මූර්ඛ [무-ㄹ꺼] 어리석은, 멍청한 අඥාන. (구어) මෝඩ

මූර්චණය [무-ㄹ처너여] 기절, 졸도, 정신 잃음 සිහි නැතිවීම.

මූර්ජනාව [무-ㄹ처나-워] (음성, 리듬의) 변화, 억양, 전조.

මූර්ජාව [무-ㄹ차-워] 기절, 졸도, 정신 잃음 මූර්චණය.

මූර්ත [무-ㄹ떠] 실제의, 물질의, 실체의 ඇතිසේ පවතින.

මූර්ති† [무-ㄹ띠] මූර්තිය 의 복수 또는 형용사: ①형상들, 모양들, 이미지들 ②형상의, 모양의, 이미지의 මූර්තිමත්.

මූර්ති කලාව [무-ㄹ띠 깔라-워] 조각(술), 조소 මූර්ති විද්‍යාව.

මූර්ති භඤ්ජනය [무-ㄹ띠 방저너여] (기독교) 성상파괴.

මූර්තිමත් [무-ㄹ띠맏] 형상의, 모양의, 이미지의 මූර්ති.

මූර්තිමත් කරනවා [무-ㄹ띠맏 꺼러너와-] 초상을 그리다, 형상을 만들다 නිරූපණය කරනවා.

මූර්තිය† [무-ㄹ띠여] 형상, 모형, 이미지, 성상 පිළිරුව.

මූර්ති වන්දනාව [무-ㄹ띠 완더나-워] 우상 숭배 පිළිම වන්දනාව.

මූර්ති විද්‍යාව [무-ㄹ띠 윋디야-워] 조각(술), 조소 පිළිම නිර්මාණ විද්‍යාව.

මූර්ති ශිල්පය† [무-ㄹ띠 쉴뻐여] 조각(술), 조소.

මූර්ති ශිල්පියා [무-ㄹ띠 쉴삐야-] 조각가, 조각사.

මූර්ධ [무-ㄹ더] 정상(의), 꼭대기(의) මුදුන.

මූර්ධකය [무-ㄹ더꺼여] (해부학) 뼈의 소두 ශීර්ෂිකාව.

මූර්ධජ [무-ㄹ더저] 입천장의, 구개의.

මූර්ධජාක්ෂර [무-ㄹ더작-셔러] 구개음 글자.

මූර්ධන්‍ය [무-ㄹ던니여] (음성학) 반전음(의).

මූල [물-러] මූලය 의 복수 또는 형용사: ①뿌리들, 뿌리의 මුල් ②근원들, 원천들, 근원의, 원천의 ආරම්භ ③이유들, 원인들, 이유의, 원인의 හේතු.

මූල ආකන්දය [물-러 아-깐더여] 뿌리 괴경(塊莖).

මූල ආරෝහය [물-러 아-로-허여] (담쟁이 등) 반연식물.

මූලක [물-러꺼] 기본적인, 근본적인.

මූලකය [물-러꺼여] 근본 원인.

මූලකාරණය [물-러까-러너여] 주요한 요소, 중요한 이유.

මූලකේශ [물-러께-셔] 뿌리 털(의).

මූලගාය/මූලග්ගාය [물-러가-여/물-락가-여] 치질, 치질의 종기 අර්ශස්.

මූල ද්‍රව්‍යය‡ [물-러 드러위여] 성분, 요소.

මූල ධනය† [물-러 다너여] 자본, 자금 ප්‍රාග්ධනය.

මූලධර්මය‡ [물-러다ㄹ머여] 근본, 원리 ආරම්භක සත්‍යය.

මූලධර්ම වාදය [물-러다ㄹ머 와-더여] 근본주의, 원리주의.

ම

මූලධර්මවාදී [물-러다르머와-디-] 근본주의자, 원리주의자.

මූලධාතු [물-러다-뚜] 성분(의), 요소(의).

මූල පාෂාණ [물-러 빠-샤-너] 기반, 기초석, 반석.

මූලප්පරාලය [물-랖뻐라-럴여] (건축) 추녀 마루 서까래, 귀마루 서까래.

මූල පුෂ්පී [물-러 뿌쉬삐-] 뿌리에서 꽃이 피게 하는 මූලඑලීන.

මූලප්‍රකෘතිය [물-러쁘러끄루띠여] 중요한 일, 주요한 업무.

මූල ප්‍රණිධානය [물-러 쁘러니다너여] 득도를 위한 생각.

මූලඑල [물-러빨러] (동인도산) 빵나무 열매.

මූලඑලීන [물-러빨리-너] 뿌리에서 꽃이 피게 하는 මූල පිෂ්පී.

මූලභාෂාව [물-러바-샤-워] 팔리어 පාළි.

මූලය [물-러여] ①뿌리 මුල ②근원, 근간, 원천 ආරම්භය ③이유, 원인 හේතුව.

මූලරෝගය [물-러로-거여] 치질, 치질의 종기 මූලගාය.

මූලශාස්ත්‍රය [물-러샤-쓰뜨러여] 고고학.

මූල සංඛ්‍යාව [물-러 쌍끼야-워] 기초 수.

මූල සත්වයෝ [물-러 쌑워] 원생 동물들.

මූල සාධකය [물-러 싸-더꺼여] 기초 요인, 기본 요소.

මූලස්ථානය‡ [물-러쓰따-너여] 본부, 본사.

මූල ස්වරය [물-러 쓰워러여] 으뜸음, 바탕음 මූලික ස්වරය.

මූලාංකය [물-랑-꺼여] ①곱수, 곱하는 수 ②0, 영.

මූලාකෘතිය [물-라-끄루띠여] 원시세포.

මූලාග්‍රකොපුව [물-라-그러꼬뿌워] 뿌리골무, 근관(根冠).

මූලාධාරය [물-라-다-러여] 기초적인 도움, 기본적인 후원.

මූලාරම්භය‡ [물-라-람버여] ①창설, 시작, 개시 මුල් පටන්ගැන්ම ②근원, 근본.

මූලාවයව [물-라-워여워] 요소, 성분.

මූලාවශෝෂණය [물-라-워쇼-셔너여] 뿌리의 흡수 작용.

මූලාවස්ථිත [물-라-워쓰띠떠] 초생의, 근본적인, 원시의.

මූලාශ්‍රය [물-라-쉬러여] 출처, 자료 මුල් ආශ්‍රය.

මූලාසනය [물-라-써너여] 의장, 의장석 සභාපතිකම.

මූලික‡ [물-리꺼] ①기초적인, 원래의, 기본적인 ආරම්භක ②인도하는, 주요한 ප්‍රධාන.

මූලික අන්තරය [물-리꺼 안떠러여] (온도계의 1도 사이) 기초 간격.

මූලික ඒකකය [물-리꺼 에-꺼꺼여] 기초 단위.

මූලිකත්වය [물-리깥워여] 지도력, 리더쉽 නායකත්වය.

මූලික පාඨශාලාව [물-리꺼 빠-터샬-라-워] 초등학교.

මූලිකයා† [물-리꺼야-] ①지도자, 리더 ප්‍රධානියා ②저자, 만든이, 창설자.

මූලික වැටුප [물-리꺼 왜투뻐] 기초 수당, 기본 봉급.

ම

මූලික සංඛ්‍යාතය [물-리꺼 쌍끼야-떠여] 기초 횟수, 기초 빈돗수.

මූලෝච්ඡින්න [물-롳-친너] 근절하는, 몰살하는.

මූලෝච්ඡේදනය [물-롳-체-더너여] 근절, 몰살 මූලෝත්පාටනය.

මූලෝත්පත්තිය [물-롣-빧띠여] 근원, 기원 උත්පත්තිය.

මූලෝත්පාටනය [물-롣-빠-터너여] 근절, 몰살 මුලින් උපුටා දැමීම.

මූලෝද්ධරණය [물-롣-다러너여] 근절, 몰살 මූලෝත්පාටනය.

ම

මූලෝහඳනය [물-로하다-너여] (화학) 원질 (原質: 상상의 모든 원소의 본원).

මූල්‍ය† [물-리여] 재정의, 재무의, 금융의 මුදල් පිළිබඳ.

මූල්‍ය සමාගම [물-리여 싸마-거머] 금융회사, 파이낸스.

මූල්‍ය සම්පත් [물-리여 쌈빧] 금융자산.

මූල්‍යමය [물-리여머여] 재정, 금융, 재무.

මූෂය/මූෂාව [무-셔여/무-샤-워] 도가니, 용광로 කෝවය.

මූෂයා/මූෂිකයා [무-셔야-/무-쉬꺼야-] 쥐. (구어) මීයා

මූෂාව [무-샤-워] 도가니, 용광로 කෝවය.

මූෂික නාශකය [무-쉬꺼 나-셔꺼여] 쥐약.

මූෂිකය [무-쉬꺼여] 도가니, 용광로 කෝවය.

මූෂිකයා [무-쉬꺼야-] 쥐. (구어) මීයා

මූසල [무-썰러] 재수없는, 불쾌한, 혐오하는, 몹시 싫은, 지겨운, 진력나는, 넌더리나는 කාලකණ්ණි.

මූසලයා [무-썰러야-] 재수없는 사람, 재앙을 가져오는 사람 කාලකණ්නියා.

මෘග† [므루거] ①동물의, 짐승의 සත්ව ②사슴의 මුව.

මෘග චාරය [므루거 차-러여] 짐승같은 행동.

මෘග චාලය [므루거 찰-러여] 인도산 사향 노루로 만든 부채.

මෘග රාජ [므루거 라-저] 동물의 왕, 사자 සිංහයා.

මෘගතාව [므루거따-워] 수성(獸性), 수욕(獸慾), 동물의 욕정.

මෘග තෘෂ්ණාව [므루거 뜨루쉬나-워] 신기루, 망상 මිරිඟුව.

මෘගපති [므루거빠띠] 사자 මෘගෙන්ද්‍රයා.

මෘගයා† [므루거야-] ①동물 සිවුපාවා ②사슴 මුවා.

මෘගව්‍යාධ [므루거위야-더] 사슴 사냥꾼(의).

මෘගශිරස් [므루거쉬라쓰] (천문학) 오리온 자리, 삼성 මුවසිරස.

මෘගසිරස [므루거씨러써] 오리온 (거대한 사냥꾼).

මෘගී [므루기-] 암컷 사슴 මුවදෙන.

මෘත [므루떠] 죽은, 사망의, 소천한 මළ.

මෘතකලේබරය [미루떠깔레-버러여] 시체, 송장 මිනිය.

මෘත දේහය [므루떠 데-허여] 시체, 송장 මිනිය.

මෘතවීරයා [므루떠위-러야-] 순교자 ප්‍රාණත්‍යාගියා.

මෘත ශරීරය [므루떠 샤리-러여] 시체, 송장 මිනිය.
මෘත ශරීරාගාරය [므루떠 샤리-라-가-러여] 영안실, 시체 보관소 මතකාගාරය.
මෘතෝපජීවියා [므루또-빠지-위야-] (생물) 기생식물, 부생식물.
මෘත්තිකාමය පාෂාණ [므룯띠까-머여 빠-샤-너] 점토질 바위 මැටි පාෂාණ.
මෘත්තිකාරුහ [므룯띠까-루워] 진흙에서 자라는 මැටි මත වැඩෙන.
මෘත්‍යු [므룯띠유] 죽음(의), 사망(의) මරණය.
මෘදු† [므루두] 부드러운, 울퉁불퉁하지 않은 මුදු.
මෘදුකංගය [므루두깡거여] (컴퓨터) 소프트웨어. ¶ පරියන්ත්‍රණ (컴퓨터) 하드웨어
මෘදු කරනවා† [므루두 꺼러너와-] 부드럽게 하다, (강, 철) 벼리다.
මෘදු ජලය [므루두 잘러여] 깨끗한 물, 정화수 පිරිසිදු ජලය.
මෘද්භාණ්ඩ [므룯반-더] ①독들, 항아리들 ②독의, 항아리의.
මෘද්වංශික [므룯왕쉬꺼] (동물) 연체 동물문.
මෘෂා [므루샤-] ①속임, 거짓말 මුසාවාද ②속이는, 거짓의.
මෙ [메] ①(지시대명사) 이, 이것 මේ ②지방, 비계 මේදය.
මෙකල† [메껄러] 지금, 현재 시간 වර්තමාන කාලය.
මෙකී [메끼-] 위에서 언급한 ඉහතින් කියූ.
මෙගා [메가-] 메가, 큰 විශාල.
මෙගාටොනය [메가-토너여] 백만 톤, 메가톤.
මෙගොඩ/මෙගොඩහ [메고더/메고더하] ①(강, 둑) 이편, 이쪽 මේ පැත්ත ②(강, 둑) 이쪽에, 이편에 මේ පැත්තේ.
මෙගොල්ලෝ‡ [메골로-] 이들, 이 사람들 මෙයාලා. (문어) මොවුහු
මෙච්චර [멪처러] 이만큼(많이) මෙපමණ.
මෙටසෝවා [메터쏘-와-] 후생(後生)동물.
මෙටා [메타-] 뒤에, 후에 පස්ව.
මෙට්ටය† [멭터여] 매트리스 ගුදිරිය.
මෙණ [메너] 보석 මැණික.
මෙණු [메누] ①얼굴, 면상 මුහුණ ②입 මුව.
මෙණ්ඩ [멘더] (동물) 염소 එළුවා.
මෙණෙවි [메네위] 여자 청년 තරුණිය.
මෙණ්ඩක [멘더꺼] (동물) 양 බැටළුවා.
මෙතක/මෙතාක්/මෙතෙක් [메떠꺼/메딱-/메떽] 여기까지 මේ දක්වා.
මෙතන‡ [메떠너] 여기 මෙතැන. (구어) මෙහෙ
මෙතරම් [메떠람] 여기까지 මෙතෙක්.
මෙතාක්/මෙතෙක් [메딱-/메떽] 여기까지 මේ දක්වා.
මෙතැන‡ [메때너] 여기 මෙතන. (구어) මෙහෙ
මෙතැන් [메땐] 여기, 이 장소들.
මෙතැන් පටන්† [메땐 빠탄] 여기서 부터, 이장소 부터 මින් ඉදිරියට.

ම

මෙතුවක් [메뚜왁] 여기까지 මේ දක්වා. (구어) මේ වෙනකං

මෙතුවක් කල් [메뚜왁 깔] 지금까지, 현재까지 මේ තාක්. (구어) මේ වෙනකං

මෙතෙක් [메떽] 여기까지 මේ දක්වා.

මෙතෙම/මෙතෙමේ [메떼머/메떼메-] 이 사람, 이분 මොහු.

මෙතෙර [메떼러] (강, 둑) 이쪽, 이편, 이 강변 මෙගොඩ.

මෙතේ [메떼-] (이름) 마이트라: 불시에 나타나는 부처의 이름 මෛත්‍රී.

මෙතෝදිස්ත [메또-디쓰떠] (개신교) 감리교의, 감리교인의. ¶ මෙතෝදිස්ත සභාව 감리교회

ම

මෙත් [멛] ①긍휼, 자비, 선함 මෛත්‍රී ②긍휼히 여기는, 자비한, 선한.

මෙත්තය [멛떠여] ①베개, 쿠션 කොට්ටය ②매트, 매트리스 මෙට්ටය.

මෙද [메다-] ①오늘 ②이시간 ③이생.

මෙද පොටේ [메다- 뽀테-] 이번에, 이 차례에 මේ සැරේ. (구어) මේ පාර

මෙදේරි [메데-리] (곡식) 기장 මෙනේරි.

මෙනම් [메남] 이것은, 즉, 이렇게 말함은 මේ නාමය ඇති.

මෙනවිය† [메너위여] 처녀, 미혼 여성, 아가씨 තරුණිය.

මෙනි [메니] ~과 같다, ~처럼 이다 සේය. (구어) වගේයි ¶ සයලු මනුෂ්‍ය වර්ගයා තණ පත් මෙනි 모든 사람들은 풀과 같다

මෙනෙහි කරනවා [메네히 꺼러너와-] 묵상하다, 기억하다, 상고하다 මතක් කරනවා. <u>මෙනෙහි කිරීම</u>

මෙනෙවිය [메네위여] 젊은 여자, 아가씨 තරුණිය.

මෙනේරි [메네-리] (곡식) 기장 මෙදේරි.

මෙන්† [멘] ①~ 같이, ~ 처럼 සේ (구어) වගේ ②~ 위하여, ~ 하도록 ලෙස. ¶ මට කමාවෙන්න මෙන් ඔබගෙන් ඉල්ලමි 나를 용서해 달라고 당신께 간청합니다

මෙන්න [멘너] 여기요, 여기 있다 මෙහි ඇත.

මෙපරිද්දෙන් [멤빠릳덴] 이와 같이, 이처럼. (구어) මේ වගේ

මෙපවත/මෙපුවත [메빠워떠/메뿌워떠] 이 소식, 이 보고, 이 설명 මේ ආරංචිය. (복) *මෙපවත්/මෙපුවත්*

මෙපිට [메삐터] ①이쪽, 이면 ②~전에, 이전에.

මෙපුවත [메뿌워떠] 이 소식, 이 보고, 이 설명 මේ ආරංචිය. (복) *මෙපුවත්*

මෙබඳු [메반두] 이렇게, 이와 같이 මෙසේ. (구어) මේ වගේ

මෙම [메머] 이것의, 이 මේ.

මෙමා [메마-] 나 자신 මේ මම.

මෙමෙනවා [메메너와-] 흐르다, 흘러가다 වැගිරෙනවා.

මෙය‡ [메여] 이것 මේක.

මෙයා‡ [메야-] 이 사람 මේ තැනැත්තා.

මෙයාකාර [메야-까-러] 이같은, 이처럼, 비슷한 මෙවන්.

මෙයාකාරයෙන් [메야-까-러옌] 이같이, 이처럼, 비슷하게.

මෙයාලා‡ [메얄-라-] මෙයා 의 복수: 이들, 이 사람들 මෙගොල්ලෝ. (문어) මොවුහු

මෙයින්‡ [메인] 이것으로 부터, 이것에서 මේකෙන්.

මෙර [메러] ①무게 බර ②방해, 장해, 큰산 මේරුව ③액, 액체 දියර.

මෙරජ [메라저] ①광선 රශ්මිය ②신기루, 망상 මරීචිය ③이 왕, 이 임금 මේ රජු.

මෙරට [메라터] ①이나라 ②현지.

මෙරමා [메러마-] 타인, 다른 사람 අනාසයා, අනෙකා.

මෙරි වෙනවා [메리 웨너와-] 많이 익다, 과도하게 삶다 බෙරි වෙනවා.

මෙරුවා [메루와-] (때때로 땅에서 나오는) 날개 달린 개미.

මෙලනින් [멜라닌] 멜라닌, 검은 색소.

මෙලහකට/මෙලහට [멜러하꺼터/멜러하터] 이시간에, 이때에 මේ වන විට.

මෙලෙස/මෙලෙසින් [멜레써/멜레씬] 이렇게, 이와 같이 මෙසේ. (구어) මේ වගේ

මෙලෙසින් [멜레씬] 이렇게, 이와 같이 මෙසේ. (구어) මේ වගේ

මෙලොව [멜로워] 이 세상 මෙලෝකය.

මෙල්ල [멜러] 순종하는, 복종하는 කීකරු.

මෙල්ල කරනවා† [멜러 꺼러너와-] 정복하다, 복종시키다, 길들이다 යටත් කරනවා.

මෙවක [메워꺼] 이 시간에, 이 시간동안 මේ කාලයේ.

මෙවකට [메워꺼터] 이 시간에, 이 시간이 될 때 මේ කාලය වන විට.

මෙවක් පටන් [메왁 빠탄] 지금부터, 지금 이후로 මෙතැන් සිට.

මෙවන් [메완] 이렇게, 이와 같이 මෙසේ. (구어) මේ වගේ

මෙවර [메워러] 이번에, 이번 시간에 මේ අවස්ථාවේ.

මෙවලම† [메월러머] 도구, 기구 උපකරණය. (복) මෙවලම්

මෙවලම් කට්ටලය [메월람 깥털러여] 도구함, 공구함 උපකරණ කට්ටලය.

මෙවලම් මල්ල [메월람 말러] 공구 가방.

මෙවිට [메위터] 이번에, 이번 시간에 මේ අවස්ථාවේ.

මෙවැනි/මෙවෙනි‡ [메왜니/메웨니] 이런, 이와 같은, 이런 방식의. (문어) මෙයාකාර

මෙවුන් [메운] 이 사람들, 이들 මොවුන්.

මෙවුන්දම [메운더머] 성관계, 성교, 섹스, 육체적인 관계 සංසර්ගය. ¶ මෙවුන්දමෙහි අවසාන අවස්ථාව 오르가즘

මෙවුල [메울러] (여자) 거들 මේඛලාව.

මෙව්වා [메우와-] 이것들 මේවා.

මෙසෙයින් [메쎄-인] 이렇게, 이와 같이 මෙලෙස. (구어) මේ වගේ

මෙසෙවු/මෙසේ [메쎄우/메쎄-] 이렇게, 이와 같이 මෙලෙස. (구어) මේ වගේ

මෙසේ වුවහොත් [메쎄- 우워홋] 이렇다 할지라도 මෙසේ වුවොත්.

මෙහා [메하-] 여기의, 이쪽의 මොබ.

මෙහි† [메히] 여기 මෙතන. (구어) මෙහෙ

ම

මෙහෙ† [메헤] ①මෙහෙය 의 복수: 일들, 업무들 ②여기 මෙහේ (문어) මෙතන.

මෙහෙ කරනවා [메헤 꺼러너와-] 일하다, 노동하다, 일보다.

මෙහෙකරු/මෙහෙකාර [메헤꺼루/메헤까-러] මෙහෙකරුවා 의 복수 또는 형용사: ① a. 종들, 하인들 සේවකයෝ b. 노동자들 ② a. 종의, 하인의 b. 노동자의.

මෙහෙකරුවා [메헤꺼루와-] ①종, 하인 සේවකයා ②노동자, 일꾼.

ම

මෙහෙකාරයා [메헤까-러야-] ①종, 하인 සේවකයා ②노동자, 일꾼. ¶ මෙහෙකාරිය 여종, 여자 노동자

මෙහෙකාරිය [메헤까-리여] 여종 සේවිකාව. ¶ මෙහෙකාරයා 남종, 남자 노동자

මෙහෙණ/මෙහෙණිය [메헤너/메헤니여] 여승, 비구니 භික්ෂුණිය.

මෙහෙණවර [메헤너워러] 여승원, 여승단 මෙහෙණ අරම.

මෙහෙණිය† [메헤니여] 여승, 비구니 භික්ෂුණිය.

මෙහෙ නිමවනවා [메헤 니머워너와-] ①음식을 섭취하다, 먹다 ආහාර අනුභව කරනවා ②일을 마치다, 일을 마무리하다 වැඩය අවසන් කරනවා.

මෙහෙන් [메헨] 여기서, 여기로부터.

මෙහෙම [메헤머] 이렇게 මේවාගේ.

මෙහෙය [메헤여] ①섬김 සේවය ②일, 업무, 직임 වැඩ කටයුතු ③예배, 경배 නමස්කාරය. ¶ දේව මෙහෙය 주일예배

මෙහෙය වනවා† [메헤여 워너와-] 인도하다, 이끌다.

මෙහෙය වන්නා [메헤여 완나-] 인도자, 사회자, 지도자. ¶ පැමිණිල්ල මෙහෙයවන්නා 검찰

මෙහෙයුම [메헤유머] ①명령, 지시 යෙදවීම ②군대활동 හමුදාව ක්‍රියා කිරීම ③매혹시킴, 끌어당김 පෙළඹවීම.

මෙහෙවර [메헤워러] ①섬김 මෙහෙය ②일, 업무, 직임 වැඩ කටයුතු ③소식, 메시지 පණිවුඩය ④법령, 명령 නියෝගය.

මෙහෙවර කරනවා [메헤워러 꺼러너와-] 섬기다, 일하다 මෙහෙ කරනවා.

මෙහෙසිය [메헤씨여] ①왕비, 왕후 ②여왕 රාජිනී.

මෙහෙසුරු [메헤쑤루] 마헤쉬워러 신 මහේෂ්වර.

මෙහෙ‡ [메헤] 여기 මෙතන.

මෙහේ [메헤-] ①이 사람 මෙයා ②여기 මෙහෙ (문어) මෙතන.

මෙළක/මෙළෙක් [멜러꺼/멜렉] 부드러운, 온화한 මොළොක්.

මේ [메-] 이것의, 이 මෙම. ¶ මේ දවස්වල ඔයාට කොහොම ද? 요즘 당신 어찌 지내세요?

මේ උතු [메- 우뚜] 우기, 비오는 철 වැහි කාලය.

මේක‡ [메-꺼] 이것 මෙය.

මේකලා [메-껄라-] ①이 사람들 මොවුන් ②여자 거들들 මෙවුල්.

මේකා [메-까-] 이 사람 මේ තැනැත්තා.

මේකි [메-끼] 이 여자 මේ තැනැත්තිය.

මේකුල/මේකුළ [메-꿀러] 먹구름, 비구름 මේඝ කූඨය. (복) මේකුලු/මේකුළු

මේබලාව [메-껄라-워] 여자 거들 මෙවුල.

මේ ගැජුම් [메- 개줌] 천둥, 천둥 소리 මේ ගර්ජනා.

මේඝ [메-거] ①구름의 වලාකුල් ②비의 වාර්ෂා.

මේඝ කූඨය [메-거 꾸-터여] 천둥 구름, 먹구름 මේකුල.

මේඝ ගර්ජනා [메-거 가르저나-] 천둥, 천둥 소리 මේ ගැජුම්.

මේඝ මානය [메-거 마-너여] 측운기, 구름 방향계(計).

මේඝය [메-거여] ①구름 වලාකුළ ②비 වැස්ස.

මේච්චල් කරනවා [멫찰 꺼러너와-] (동물을) 돌보다, 기르다, 치다 ②길들이다, 복종시키다 අවනත කරනවා.

මේ තුටු [메- 뚜투] ①공작, 공작새 මොනරා ②비를 좋아하는 이.

මේද† [메-더] 지방, 비계 තෙල.

මේද අම්ල [메-더 아믈러] (화학) 지방산.

මේද පටකය [메-더 빠터꺼여] 지방층 තෙල් මන්ද.

මේදය [메-더여] 지방, 비계 තෙල්.

මේදස් [메-다쓰] 지방질의, 지방이 많은, 기름진 මේද වැනි.

මේදිනී [메-디니-] 땅, 육지 පොළොව.

මේදෝද්භවය [메-돋-바워여] (생물) 지방 생성 සිරුරේ මේද ඇතිවීම.

මේධ [메-더] ①제물, 번제물 යාග පූජාව ②지혜 නුවණ.

මේධාවී [메-다-위] 지혜로운 사람, 현명한 사람 ප්‍රඥාවන්තයා.

මේය [메-여] 당뇨 දියවැඩියාව.

මේරජ [메-라저] 거대한 구름, 큰 구름.

මේරූ [메-루-] මෝරනවා 의 형용사적 과거용법: 여문, 익은, 성숙한, 성장한 මුහුකුරා. (구어) මෝරච්චි

මේලාව [멜-라-워] 축제, 카니발 සැණකෙළිය.

මේවර [메-워러] ①이번에, 이 차례에 මේ සැරේ ②임무, 책무 මෙහෙවර.

මේවා‡ [메-와-] මේක 의 복수: 이것들 මේ දේවල්.

මේෂ [메-셔] 염소 එළුවා.

මේෂ රාශිය [메-셔 라-쉬여] (천체) 염소 자리 මේෂ ලග්නය.

මේෂී [메-쉬-] 암염소 එළු දෙන.

මේස [메-써] මේසය 의 복수 또는 형용사: ①식탁들, 탁자들 ②식탁의, 탁자의.

මේසන් [메-싼] ①벽돌공, 석공 පෙදරේරුවා ②벽돌공의, 석공의.

මේසන් බාස් [메-싼 바-쓰] 벽돌공, 석공 පෙදරේරුවා.

මේස පිහිය [메-써 삐히여] 식탁 나이프.

මේසය‡ [메-써여] 탁자, 테이블.

මේස යන්ත්‍රය [메-써 얀뜨러여] 탁자 베틀.

මේස රෙද්ද‡ [메-써 렏더] 식탁보.

මේස ලුණු [메-썰 루누] 식탁용 소금.

මේස හැන්ද† [메-써 핸더] 식탁용 숫가락.

මේසා [메-싸-] 이만큼 මෙතරම්.

මේසෙ අරිනවා [메-쎄 아리/너와-] 식탁에서 음식을 나누다.

මේස්† [메-쓰] 양말.

මේස්ත්‍රි [메-쓰뜨리/-] 주인, 보스.

මෛත්‍රිය [마이뜨리/여] 긍휼, 자비 කරුණාව.

මෛත්‍රී [마이뜨리/-] 자비의, 긍휼이 많은 කාරුණික.

මෛථුනය [마이뚜-너여] 성교, 섹스, 성행위 සංසර්ගය.

මොක/මොකක් [모꺼/모깍] 무엇, 어떤 것 (문어) කුමක්

¶ මොක ද? 무슨 일이에요?

මොකක්ද‡ [모깍더] (의문 대명사) 뭐냐? 무엇이냐? 어떤 거냐? (문어) කුමක් ද?

¶ මොනවා ද? 뭐냐? 무엇들이냐? (මොකක් ද? 의 복수 형태) අද දවස මොකක්ද? 오늘은 무슨 요일인가요?

මොකක්හරි‡ [모깍하리] 어떤 것, 무엇 මොනවාහරි.

¶ එයාට දෙන්න අපිට මොකක් හරි තියෙනවාද? 그에게 줄만한 뭔가가 우리에게 있나요?

මොකද‡ [모꺼더] (의문 대명사) 뭐냐? 무엇이냐? 어떤 거냐? (문어) කුමක් ද? ¶ මොනවා ද? 뭐냐? 무엇들이냐? (මොකක් ද? 의 복수 형태)

මොකද්ද [모깓더] මොකක්ද 의 사투리적 표현: (의문 대명사) 뭐냐? 무엇이냐? 어떤 거냐?

මොකවත් [모꺼왇] 어떤 것, 어느 것 යම් කිසි දෙයක්. (문어) මොකුත්

මොකා [모까-] 누구, 어떤 사람 කවුරු.

මොකැදුරු [모깨두루] 해탈자, 부처 බුදුන් වහන්සේ.

මොකෑ/මොකෝ [모깨-/모꼬-] 뭐?, 뭐야? මොකද? ඇයි?

මොකුත්‡ [모꾿] 어떤 것도, 아무것도 මොකවත්.

මොකෝ [모꼬-] 뭐?, 뭐야? මොකද? ඇයි?

මොක් [묵] ①중요한, 주요한 මුඛ්‍ය ②열반, 구원 මොක්ෂය.

මොක්කු [묵꾸] 누구, 누가 කවුරු.

මොක් පුරය [묵 뿌러여] 열반, 극락 නිර්වාණය.

මොට† [모터] ①무딘, 날 없는, 둔감한 මොට්ට ②어리석은, 바보같은, 우둔한 මෝඩ.

මොට වෙනවා [모터 웨너와-] ①무디어 지다, 둔감해지다 මොට්ට වෙනවා ②실패하다, 어리석게 되다 මෝඩ වෙනවා.

මොටියා/මොටේයියා [모티야-/모테-이야-] 새싹, 어린 가지 දළුව.

මොටේයියා [모테-이야-] 새싹, 어린 가지 දළුව.

මොටෝ රථය/මොටෝ රිය [모토- 라떠여/모토- 리여] 자동차, 전동차 මොටර් රථය.

මොට්ට [몯터] ①무딘, 날없는, 둔감한 මොට ②어리석은, 바보같은, 우둔한 මෝඩ.

මොට්ටයා [몯터야-] 얼간이, 멍텅구리, 천치 පල් මෝඩයා.

මොට්ටැක්කිලිය [몯택낄리여] 머리와 얼굴을 덮는 여성 옷가지.

මොට්ටුව‡ [몯투워] ①꽃 봉오리 මල් පොහොට්ටුව ②(이마에 찍는) 점 තිලකය.

ම

මොද [모더] 기쁨(의), 즐거움(의) සන්තෝෂ.

මොදර [모더러] 공작의, 공작과 관련된 මොනර.

මොන‡ [모너] 무엇의, 어떤. (문어) කවර

මොනර [모너러] 공작의, 공작과 관련된 මොදර.

මොනර කුඩුම්බිය [모너러 꾸둠비여] ①공작새의 벼슬 ②보라색 꽃의 묘목.

මොනරා‡ [모너라-] 공작, 공작새 මයුරා.

මොනවද‡ [모너워더] (의문 대명사) 무엇들 이냐? 뭐냐? මොනවා ද, ¶ මොකද, මොකක්ද 단수 형태이고, මොනවද 복수 형태이다.

මොනවට [모너워터] ①무엇을 위해서 මොකට ②잘, 훌륭하게, 아름답게 හොඳට.

මොනවා† [모너와-] ①어떤 것의, 무엇의 කවර දේ ②뭐라고! මොකක්!

මොනවාද‡ [모너와-더] (의문 대명사) 무엇들 이냐? 무엇이에요? මොනවද.
(මොකද, මොකක්ද 는 단수 형태이고, මොනවාද 는 복수 형태이다. 하지만 뜻은 같다).

මොනවාහරි‡ [모너와-하리] 어떤 것, 무엇 මොකක්හරි.
¶ එයාට දෙන්න අපිට මොනවා හරි තියෙනවාද? 그에게 줄만한 뭔가가 우리에게 있나요?

මොනිටර් [모니터르] (학급의) 반장 පංති නායකයා.

මොබ [모버] 이쪽, 여기 මොබ්බ.

මොබට [모버터] 이쪽에, 여기에 මෙහෙට.

මොබ්බ [몹버] 이쪽, 여기 මොබ.

මොර [모러] ①소리지름, 부르짖음 කෑ ගසන ශබ්දය ②나무 이름.

මොර ගසනවා [모러 가써너와-] 부르짖다, 소리 지르다 මොර ගානවා. මොර ගැසීම (구어) කෑ ගහනවා

මොර ගානවා [모러 가-너와-] 부르짖다, 소리 지르다 මොර ගසනවා. මොර ගෑම (구어) කෑ ගහනවා

මොරටු උකස [모러투 우까써] 모러투워 (담보) 대출 මොරටු උගස.

මොර දෙනවා [모러 데너와-] 큰 소리로 부르짖다, 크게 소리지르다 මොර ගසනවා.

මොරල්ලා [모랄라-] 갈치, 동갈치 මුරල්ලා.

මොර සූරන වැස්ස [모러 쑤-러너 왰써] 호우, 큰비, 억수 같이 쏟아지는 비 ඉතා තද වැස්ස.

මොර හඬ [모러 한더] 비명 소리, 크게 지르는 소리.

මොරේයියා [모레이야-] 새싹, 어린 가지 දළුව.

මොරේනය [모레-너여] (지질) 빙퇴석.

මොරොන් [모론] 완고한, 고집스러운, 완강한 මුරණ්ඩු.

මොලපුව [몰러뿌워] 개천, 개울 කුඩා දියපාර.

මොලොක් [몰룩] ①온유한, 온화한, 부드러운 නිහතමානී ②밀 찌꺼기.

මොලොව [몰로워] 이 세상 මෙලොව.

ම

මොල්ලිය† [몰리여] (낙타 따위의) 혹.

මොල්ලි තමහ [몰리 딸머하] 혹 등고래.

මොවුහු/මොව්හු [모우후] 이 사람들 මේ අය. (구어) මෙයාලා, මෙගොල්ලෝ ¶ මොවුන් (목적격) 이들을 (주격) 이들이

මොවුන් [모운] මොවුහු 의 목적격 형태: 이 사람들을 (때론 주격 형태로도 쓰임) මේ තැනැත්තන්.

මොව්හු/මොවුහු [모우후] 이 사람들 මේ අය. (구어) මෙයාලා, මෙගොල්ලෝ

ම

මොහඳුර [모한두러] 망상의 어둠 මෝහාන්ධකාරය.

මොහු [모후] (단수) 이 사람 මේ තැනැත්තා. (복) මොවුහු (구어) මෙයා ¶ ඔහු 그, 그사람

මොහොත† [모호떠] ①때, 시간 වෙලාව ②단시간, 순간, 찰라, 기회 සැණ ③행운의 시간, 경사스러운 때 නැකත.

මොහොතකට [모호떠꺼터] 잠시 동안 සුළු වෙලාවකට.

මොහොර† [모호러] (성의 방루 전면의) 가파른 경사지, 급사면 දළ බෑවුම.

මොහොල [모홀러] 막자, 공이, 빻는 기계 මුෂලය.

මොළ [몰러] ①나쁜, 사악한, 잔인한 නපුරු ②뇌의, 뇌와 관련된 මොළයට අදාළ.

මොළකැටි [몰러깨티] 유아의, 아주 어린, 아주 여린 ළපටි.

මොළකැටියා [몰러깨티야-] 유아, 갓난아기 ළදරුවා.

මොළය‡ [몰러여] ①뇌 ②지혜, 지성, 통찰력 නුවණ, ඥානය.

මොළවනවා [몰러워너와-] මෙළෙවුවා-මොළවා ①불을 붙이다, 점화하다 ගිනි දල්වනවා ②(주먹을) 움켜 쥐다, 불끈 쥐다 ③회중을 모으다. <u>මෙළවීම</u>

මොළොක් [몰룩] ①온화한, 온유한, 부드러운 මෘදු ②친절한, 자상한 කාරුණික.

මොළොක් වෙනවා [몰룩 웨너와-] 온화해지다, 부드러워지다.

මෝ [모-] ①이 여자, 이 여성 ②어머니(의), 엄마(의) ③강어귀(의).

මෝඇළ [모-앨러] 간선 운하.

මෝක්ෂ පුරය [목-셔 뿌러여] 열반, 극락 නිර්වාණය.

මෝක්ෂ මාර්ගය [목셔 마-르거여] 열반으로 가는 길.

මෝක්ෂය [목-셔여] ①열반, 극락 නිර්වාණය ②수행으로부터 해방, 자유.

මෝක්ෂිත [목-쉬떠] 해방된, 자유롭게 된 මිදුණ.

මෝගෙඩිය [모-게디여] 주요 과일.

මෝඝ [모-거] 어리석은, 바보 같은, 천치의 මෝඩ.

මෝචනය [모-처너여] ①배설, 배출, 발산, 흘러나옴 පහකිරීම ②자유함 මෝක්ෂණය.

මෝචන කරනවා [모-처너 꺼러너와-] ①배설하다, 배출하다 පහ කරනවා ②자유케 하다, 풀어놓다 නිදහස් කරනවා.

මෝටරය [모-터러여] 모터, 발동기, 전동기.

මෝටර් රථය‡ [모-터르 라떠여] 자동차, 전동차 මොටෝ රථය.

මෝටර් සයිකලය [모-터르 싸이껄러여] 오토바이 යතුරුපැදිය.

මෝඩ‡ [모-더] 어리석은, 우둔한, 바보같은 මුග්ධ.

මෝඩ ඇළ [모-더 앨러] 임시운하.

මෝඩකම [모-더꺼머] 어리석음, 우둔함.

මෝඩ ගඩොල් [모-더 가돌] 생벽돌, 날 벽돌.

මෝඩයා‡ [모-더야-] 어리석은 자, 바보, 천치 මෝලා.

මෝදක [모-더꺼] 기뻐하는, 즐거워하는 සතුටු වන.

මෝදකය [모-더꺼여] (약) 흥분제.

මෝදනය [모-더너여] ①기뻐함, 즐거워함 සතුටුවීම ②참여, 함께 함 හවුල්වීම.

මෝදර [모-더러] 강 어귀 මෝය.

මෝදිමියා [모-디미야-] (이슬람교) 이맘, 회교도 사제 මහමදික දේව ගැතියා.

මෝදු වෙනවා [모-두 웨너와-] 여물다, 익다, 원숙하다, 성숙하다, 성장하다 පැහෙනවා.

මෝනෙයය [모-네이여] 침묵하는, 묵언하는 මුනිවත රකින.

මෝනෙයයව්‍රතය [모-네이여우루떠여] 침묵 수행 규율.

මෝය† [모-여] 강 어귀 මෝදර.

මෝර [모-러] මෝරා 의 형용사: ①(어류) 상어의 ②(어류) 대구의.

මෝරච්චි/මෝරපු [모-랓치/모-러뿌] මෝරනවා 의 형용사적 과거용법: 여문, 익은, 성숙한, 성장한 මුහුකුරා. (문어) මේරූ

මෝර තෙල් [모-러 뗄] ①(어류) 상어 기름 ②(어류) 대구 기름.

මෝරනවා‡ [모-러너와-] මේරුවා-මෝරා 여물다, 익다, 원숙하다, 성숙하다, 성장하다 පැහෙනවා. මේරීම

මෝරපු [모-러뿌] මෝරනවා 의 형용사적 과거용법: 여문, 익은, 성숙한, 성장한 මෝරච්චි. (문어) මේරූ

මෝරා‡ [모-라-] ①(어류) 상어 ②(어류) 대구 ③මෝරනවා 의 과거분사 (문어): 여물어, 익어, 성장하여.

මෝරු [모-루] 유장(乳漿).

මෝල† [몰-러] ①물 방앗간, 제분소 ②공장.

මෝලා [몰-라-] 바보, 얼간이, 멍청이 මෝඩයා.

මෝල් [몰-] ①제분소(의) ②공이(의).

මෝල්ගහ‡ [몰-가하] 절구공이, 공이.

මෝල් කෙටීම [몰- 께티-머] 정미, 벼를 찧음 වී කෙටීම.

මෝවිට [모-위터] 가장자리, 물가 මුවවිට.

මෝසම [모-써머] ①몬순, 우기 වර්ෂා කාලය ②(법) 재정 신청.

මෝසම් වැස්ස [모-쌈 왰써] 몬순 비, 몬순기에 내리는 비.

මෝසම් සුළඟ† [모-쌈 쑬렁거] 계절풍, 몬순기에 부는 바람.

මෝස්තරය‡ [모-쓰떠러여] ①무늬 විලාසිතාව ②계획 ③교만, 우쭐댐.

මෝස් සංකේත [모-쓰 쌍께-떠] (전신) 모스 부호.

ම

මෝහනය† [모-하너여] 최면술.
මෝහය [모-하여] 무지, 무식 අවිද්‍යාව.
මෞන [마우너] ①침묵, 고요함 මුනි බව ②지혜, 총명 නුවණ.
මෞලය [마울러여] 원시 세포, 원기 මූලාකෘතිය.
මෞලි [마울리] ①머리의, 머리와 관련된 ②왕관의.
මෞලික [마울리꺼] 기본의, 기초의, 근본이 되는 මූලික.

මෞලිකයා [마울리꺼야-] 원주민, 토착민 ආදි වාසියා.
මෞලි පට්ටය [마울리 빧터여] 터번 (이슬람교도, 시크교도 남자가 머리에 감는 두건).
මෞලි මණි [마울리 마니] 왕관에 붙어있는 보석.
මෞලි මංගල්‍යය [마울리 망걸리여여] 대관식, 즉위식.
මෞලිය [마울리여] ①왕관, 관 මකුටය ②(투구의) 깃장식, 장식털; (투구의) 앞꽂이 장식 කුඩිම්බිය.
ම්‍රක්ෂය [므룩셔여] 간사함, 교활함 කපටිකම.
ම්ලාන [믈라-너] 시든, 쇠퇴한, (색이) 바랜.
ම්ලේච්ඡ† [믈렟-처] 야만의, 미개한 අශිෂ්ට.
ම්ලේච්ඡයා [믈렟-처야-] 야만인, 미개인 නොදියුණු මිනිසා.

ම

ය

ය [야] 씽할러 알파벳의 51번째 글자.

යංශය [양셔여] 씽할러 글자 중 글자 오른쪽에 붙어 '이여' 발음을 내는 글자: සත්‍යය.

යකඩ‡ [야꺼*더*] යකඩය 의 복수 또는 형용사: ①쇠, 철 එනම් ලෝහය ②쇠의, 철의.

යකඩ ඉන්න [야꺼*더*- 인너] 쇠막대기, 쇠지레 නාරස්සනය.

යකඩමල [야꺼*더*-말러] 쇠녹, 녹 යකඩ මලකඩ.

යකඩය [야꺼*더*-여] ①철 조각, 쇳조각 යකඩ කෑල්ල ②쇠지레 නාරස්සනය.

යකඩයකා [야꺼*더*-여까-] 기차, 열차 දුම්රිය. (구어) කෝච්චිය

යකඩයා [야꺼*더*-야-] 강한 사람, 용감한 사람 හැඩිදැඩි පුද්ගලයා.

යකදුරා/යකැදුරා [야꺼두*라*-/야깨두*라*-] 퇴마사, 무당, 귀신을 내쫓는 사람 කට්ටඩියා.

යකා‡ [야까-] 마귀, 사탄 යක්ෂයා. (복) *යක්කු*

යකා අවුස්සනවා [야까- 아웄써너와-] 화나게 만들다, 분노케 하다 කේන්ති ගස්සනවා. (문어) කෝප කරවනවා

යකාට යනවා [야까-터 야너와-] 부수다, 파괴하다 විනාශ කරනවා.

යකා නටනවා [야까- 나터너와-] 이성을 잃고 행동하다, 파괴적으로 행동하다.

යකා වැහෙනවා [야까- 왜헤너와-] ①귀신 들리다 යක්ෂවේශ වෙනවා ②격분하다, 크게 화내다.

යකැදුරා† [야깨두*라*-] 퇴마사, 무당, 귀신을 내쫓는 사람 යකදුරා.

යකිනි [야끼니] යකින්න 의 복수 또는 형용사: ①(여성) 마귀들 ②마귀의.

යකින්න [야낀너] (여성) 마귀, 사탄 යක්ෂණිය. (복) *යකිනි*

යකු [야꾸] 마귀, 사탄 යක්ෂයා.

යකුම [야꾸머] 귀신 춤, 귀신 들려 추는 춤 යක් නැටුම.

යකුළ [야꿀러] 대형 쇠망치.

යකෘතය [야끄*루*떠여] (의학) 간 අක්මාව.

යකෘත් ප්‍රදාහය [야끄*룯* 쁘*러*다-하여] (의학) 결핵 සෙංගමාලය.

යක්කම [약꺼머] 귀신 춤, 귀신 들려 추는 춤 යකුම.

යක්කු [약꾸] යකා 의 복수 또는 형용사: ①마귀들, 사탄들 ②마귀의, 사탄의.

යක්දෙස්සා [약뎄싸-] 무당, 귀신 들려 춤추는 사람 කට්ට-ඩියා.

යක්ෂ‡ [약셔] 마귀의, 사탄의.

යක්ෂණිය [약셔니여] (여성) 마귀, 사탄 යකින්න.

යක්ෂ දෝෂ [약셔 도-셔] 마귀로 인해 발생하는 악, 나쁜 일 යකුන්ගේ ඇතිවන ආපදා.

යක්ෂයා‡ [약셔야-] 마귀, 사탄 යකා.

යගදව/යකදව [야거다-워/야꺼다-워] 철봉, 철 막대기 යකද මුගුර.

යගල් [야갈] 철광석, 철결석.

යගුළිය [야굴리여] (골프 등) 쇠공, 경타(輕打), 퍼트.

ය

යගුළිය විසිකිරීම [야굴리여 위-씨끼리-머] (골프 등) 경타(輕打), 퍼트.

යජනවා [야저너와-] 기도하다, 간구하다, 호소하다 යාච්ඤා කරනවා.

යඥකර්තෘ [야끄녀까르뜨루] 제물, 희생 제물.

යඥකර්ම [야끄녀까르머] (신께 드리는) 제사, 의식, 제식 යාගය.

යඥය [야끄녀여] (신께 드리는) 제사, 의식, 제식 යාගය.

යට‡ [야터] 아래쪽, 낮은 쪽 පහත.

යට [야터] ①안쪽의, 내부의, 속의 ඇතුළු ②아래의, 낮은 쪽의 ③이전의, 전의 ඉහත.

යට කරනවා [야터 꺼러너와-] ①아래로 보내다 යටට යවනවා ②억압하다, 짓누르다, 억누르다 මැඩ පවත්වනවා ③짓밟다, 뭉개다 යටකරගෙන යනවා ④덮다, 막다 වහනවා.

යට කී [야터 끼-] 앞서 말한, 전술한 ඉහතින් කියන ලද.

යටකුරු [야터꾸루] 뒤집힌, 뒤집어진.

යටග [야터거] 막대 끝, 장대 끝.

යට ගඟ [야터 강거] 강 바닥.

යට ගිය [야터 기여] ①지나간, 흘러간, 과거의 පසු වී ගිය ②밑(안)으로 들어간, (물에) 잠긴 යට වූ.

යට ගිය දවස† [야터 기여 다워써] 지나간 날, 옛날, 과거 ඉහත කාලය.

යටගියාව [야터기야-워] 과거, 역사, 배경 අතීතය.

යටත [야터떠] ①아래, 밑, 하단부 යට පැත්ත ②낮음, 천함 යටහ ③순종, 복종 යටත් බව.

යටතේ‡ [야터떼-] ①(부사) 아래에, 밑에, 하단부에 ②(후치사) ~ 아래에, ~ 밑에.

¶ යෝසෙප්ගේ පාලනය යටතේ විය 요셉의 통치 아래에 있었다

යටත්‡ [야탇] ①낮은, 천한 පහත් ②겸손한 යටහත් ③순종하는, 복종하는 අවනත.

යටත් කරනවා† [야탇 꺼러너와-] 정복하다, 승리하다, 격퇴하다 යටතට ගන්නවා.

යටත් පහත් [야탇 빠핟] ①낮은, 천한 පහත් ②겸손한 යටහත් ③순종하는, 복종하는 අවනත.

යටත් පිරිසෙන්/යටත් පිරිසෙයින් [야탇 삐리쎈/야탇 삐리쎄인] 최소한으로, 아주 적게 අඩු තරමින්.

යටත් විජිතය† [야탇 위지떠여] 식민지.

යටත් විජිතවාදය [야탇 위지떠와-더여] 식민정책.

යටත් වෙනවා‡ [야탇 웨너와-] 순종하다, 복종하다, 따르다 අවනත වෙනවා.

යටත් සීමාව [야탇 씨-마-워] 최소 제한, 경계.

යටන [야터너] 나무 වෘක්ෂය. (복) *යටන්* (구어) ගහ

යටපත් කරනවා† [야터빧 꺼러너와-] ①쳐부수다, 진압하다 මැඩ පහත්වනවා ②(증거, 사실, 성명 따위를) 감추다, 발표하지 않다 හංගනවා.

යටපත් වෙනවා [야터빧 웨너와-] 가라앉다, 꺼지다, 내려앉다.

යටපල්ල [야터빨러] 밑부분, 하부 (발바닥, 신바닥 등등).

යටපැත්ත [야터뺃떠] 아래 쪽, 아랫 부분 යටපිට.

යටපිට [야터삐터] 아래 쪽, 아랫 부분 යටපැත්ත.

යටපිල [야터삘러] 하위 팀, 낮은 그룹 යටිපිල.

යට බලනවා [야터 발러너와-] 아래를 쳐다보다, 아래를 보다 බිම බලනවා.

යටලීය [야털리-여] 가로 들보, 도리.

යට රෙද්ද [야터 렏더] 속옷 යට ඇඳුම.

යට වගාව [야터 와가-워] (큰 나무 밑의) 관목, 총림.

යට වෙනවා‡ [야터 웨너와-] ① (자동차 등등) 밑에 깔리다 ② 물에 빠지다.

යට සුළඟ [야터 쑬렁거] 밑에서 부는 바람 යටි සුළඟ.

යටහ [야터하] 아래쪽, 낮은 쪽 පහත.

යටහත්‡ [야터할] ①겸손한, 낮은 යටත් ②순종하는, 복종하는, 잘 따르는 කීකරු.

¶ යටහත් ලෙස 겸손하게

යටහත්කම‡ [야터할꺼머] 겸손, 겸손함 කීකරුකම.

යටහත් පහත් [야터할 빠할] ① 겸손한, 낮은 යටත් ②순종하는, 복종하는, 잘 따르는 කීකරු.

යට හොය/යට හෝ [야터호여/야터 호-] 강 하류 යට ගඟ.

යටැස [야태써] 음흉한 시선 කටක්ෂය.

යටැසින් [야태씬] 음흉한 시선으로.

යටි† [야티] ①아래의, 밑의 යට ②යටිය 의 복수: 막대기들, 장대들 යෂ්ටි.

යටිඅත [야티아떠] 아랫쪽 යට පැත්ත.

යටි අදහස [야티 아더하써] 숨겨진 뜻.

යටි අරමුණ [야티 아러무너] 저의, 감춰진 의도.

යටි ඇන්ද [야티 앤더] 아래턱 이빨들.

යටි උගුර [야티 우구러] 목구멍 안쪽 යට උගුර.

යටි උගුල [야티 우굴러] 숨겨논 덫, 올가미, 설치한 덫, 올가미 සඟවා ඇටවූ උගුල.

යටි කැලෑව [야티 깰래-워] (빽빽한 정글에서 자라는) 작은 덤불들.

යටිකිඳ [야티낀더] 낮은 언덕.

යටිකුරු [야티꾸루] 뒤집어진, 뒤집힌 යටකුරු.

යටිකුරු විස්තාපනය [야티꾸루 위쓰따-빼너여] 뒤집어 놓음.

යටිකුරු වෙනවා [야티꾸루 웨너와-] 뒤집히다, 전복되다.

යටිකුට්ටු [야티꿑-투] 교활한, 음모의 කුමන්ත්‍රණකාරී.

යටිගං [야티강] 강 하류의.

යටිගඟ [야티강거] 강 하류. (복) *යටිගං*

යටිගාල [야티갈-러] 저성장 යට රෝපණය.

යටි ගිරිය [야티 기리여] 목구멍 안쪽 යටි උගුර.

යටි තල්ල [야티 딸러] 아래턱 යටි හනුව.

යටි තොල [야티 똘러] 아래입술 යට තොල.

යටින් ඉරි අඳිනවා† [야틴 이리 안디너와-] 밑줄을 긋다, 밑줄을 치다.
යටින් හාරනවා [야틴 하-러너와-] ~의 밑을 파다, ~의 밑에 갱도를 파다.
යටි දහර [야티 다하러] 견인당하는 ඇදගෙන යනු ලබන.
යටිපතුල/යටිපල්ල‡ [야티빠뚤러/야티빨러] 발바닥.
යටිපිල [야티삘러] 하위 팀, 낮은 그룹 යටපිල.
යටි බඩ† [야티 바더] (해부학) 하복부.
යටි බාහුව [야티 바-후워] 상박(上膊), 팔.
යටිබැලි කරනවා [야티밸리 꺼러너와-] 뒤집다, 뒤엎다 මුණින් හරවනවා.
යටිබිම් උල්පත [야티빔 울빠떠] 지하 샘.
යටි මඩි ගහනවා [야티 마디 가하너와-] 속임수로 돈을 벌다 වංචාවෙන් මුදල් උපයනවා.
යටි මහල [야티 마할러] (건물) 1층.
යටිමුව [야티무워] 아래를 향한.
යටිය [야티여] 막대기, 장대 යෂ්ටිය.
යටි රෝපණය [야티 로-뻐너여] 저성장 යටි වගාව.
යටි වගාව [야티 와가-워] 저성장 යටි රෝපණය.
යටිසූත්තරය [야티쑫-떠러여] 음모, 비밀 계획 කුමන්ත්‍රණය.
යටි සිත [야티 씨떠] 잠재 의식, 어렴풋이 의식하고 있음 යටිහිත.
යටිසුළඟ [야티쑬렁거] 바람부는 바람.
යටි හිත [야티 히떠] 잠재 의식, 어렴풋이 의식하고 있음 යටිසිත.
යටි හොය [야티 호여] 개울 아래.
යටෙලිපත [야텔리빠떠] 문턱, 문지방 එළිපත.
යත [야떠] ①기계, 머신 යන්ත්‍රය (복) *යත්* ②හැකි 앞에서 යනවා 가 변하는 형태: යත හැකි 갈 수 있는.
යතනවා [야떠너와-] 두다, 놓다, (집어) 넣다 දමනවා.
යත ලබ [야떨 라버] 받은 것의 ලද පරිදි.
යත විදි [야떠 위디] 적절한 방법(의).
යතාර්ථනිරූපිත [야따-르떠니루-삐떠] 실제적인, 사실적인, 현실적인 තාත්වික.
යතාර්ථය/යථාර්ථය [야따-르떠여] 사실, 진실, 진상 සැබෑ තත්වය.
යති/යතිඳු [야띠/야띤두] 승려, 승, 스님 ථෙර.
යතිය [야띠여] 정지, 중지 විරාමය.
යතීශ්වර [야띠-쉬워러] 주지승, 승려 지도자 නායක හාමුදුරුවෝ.
යතු [야뚜] යත්ත 의 복수 또는 형용사: ①대패들 ②대패의.
යතු කැටය† [야뚜 깨터여] (목수의) 대패 යත්ත.
යතු ගානවා† [야뚜 가-너와-] 대패질하다.
යතුර‡ [야뚜러] ①열쇠, 키 ②기계, 머신 යන්ත්‍රය ③(공구) 스패너 ස්පැනරය ④여행, 항해 යාත්‍රාව.

යතුරු [야뚜루] යතුර 의 복수 또는 형용사: ①열쇠들, 열쇠의 ②기계들, 기계의 ③스페너들(의) ④여행들(의).

යතුරු අල්පෙනෙත්ත [야뚜루 알뻬넽떠] 안전핀.

යතුරු ඇණය [야뚜루 애너여] 볼트, 나사 (죔)못.

යතුරු කටුව [야뚜루 까투워] 안전핀.

යතුරු කට/යතුරු කඩුල්ල [야뚜루 까터/야뚜루 까둘러] 열쇠 구멍.

යතුරු කපොල්ල [야뚜루 까뽈러] 열쇠 구멍.

යතුරු තහඩුව [야뚜루 따하두워] 자물쇠 අගුල.

යතුරු දමනවා [야뚜루 다머너와-] 잠그다, 자물쇠를 달다 අගුල දමනවා.

යතුරුපැදිය† [야뚜루빼디여] 오토바이 මෝටර් සයිකලය. ¶ පාපැදිය 자전거

යතුරු පුවරුව [야뚜루 뿌워루워] ①(컴퓨터) 키보드 ②열쇠걸이.

යතුරු මග [야뚜루 망거] 열쇠 구멍.

යතුරු ලියනය† [야뚤루 리여너여] 타자기, 타이프라이터.

යතුරු ලේඛකයා† [야뚤루 레-꺼꺼야-] 타이핑 치는 사람, 타이피스트.

යත් [얕] යත 의 복수: 기계들 යන්ත්‍ර.

යත් [얕] ①말하면, 말한다면 කියතහොත් ②가면, 간다면 ගියහොත් ③가는 යන.

යත්ත [얃떠] (목수의) 대패 යතු කැටය. (복) යතු

යත්නය [얕너여] 노력, 시도, 열심 උත්සාහය.

යථා† [야따-] 적당한, 적절한, 알맞은 සුදුසු. ¶ යථා කාලයේදී 적절한 때에

යථා [야따-] ~을 따라서, ~처럼 යම් සේ.

යථාක්‍රමය [야따-끄러머여] 적절한 방법, 적당한 방식 නිවැරදි පිළිවෙල.

යථාකාරී [야따-까-리-] 적절하게 행동하는, 잘 처신하는 යම් සේ කරන.

යථාකාල [야따-깔-러] 적절한 시간의.

යථාකාලය [야따-깔-러여] 적절한 시간, 올바른 시간 සුදුසු කාලය.

යථාතත්වය [야따-딷워여] 실재, 실체 සැබෑ තත්වය.

යථා දර්ශනය [야따- 다르셔너여] 관점, 시각, 견지.

යථා යුක්ති [야따- 육띠] 있어야 하는 방식으로 යුක්තිය පරිදි.

යථා යෝග්‍ය [야따- 욕-기여] 적절하게, 적당하게 සුදුසු පරිදි.

යථාරම්භ [야따-람버] 맞게 하는, 적절하게 하는.

යථාරූප [야따- 루-뻐] 아주 예쁜 නිසි හැඩ ගත්වූ.

යථාරූප ප්‍රක්ෂේපණය [야따-루-뻐 쁘띾쉐-뻐너여] 직각 투영, 직각 투사.

යථාරූපී [야따-루-삐-] 적절한 형태로.

යථාර්ථ [야따-르떠] ①사실의, 진실의 ②정확한, 엄밀한, 문자 그대로의.

ය

යථාර්ථය/යතාර්ථය† [야따-르떠여] 사실, 진실, 진상 සැබෑ තත්වය.
යථාර්ථ ස්මෘතිය [야따-르떠 쓰무르띠여] 실제 기억.
යථාර්ථාව [야따-르따-워] 정확, 엄밀, 정밀.
යථාලාභ [야딸-라-버] 주어진 대로 ලද පරිදි.
යථාවකාශ [야따-와까-셔] 적절한 장소의 අවකාස පරිදි.
යථාවබෝධය [야따-워보-더여] 적절한 이해, 적당한 깨달음 හරි අවබෝධය.
යථාවසරයෙන් [야따-워써러옌] 적절한 허락으로 අවසර ලැබෙන පරිදි.
යථාවාදී [야따-와-디-] 말하는 대로, 말한 것을 따라서 කියන ආකාරයට.
යථා ස්වභාවය [야따- 쓰워바-워여] 실제, 실체, 원형 ඇති සැටිය.
යථා ස්වරූපය [야따- 쓰워루-뻐여] 실재, 실체, 원형 යථාස්වභාවය.
යථෝක්ත [야똑-떠] 앞서 말한, 전에 말한 ඉහලින් කයන ලද.
යදණ්ඩ [야단더] 철봉, 철 바.
යදම [야더머] 쇠사슬 යකඩ දම්වැල. (복) *යදම්*
යදි [야디] 구걸하는 හඟින.
යදිනවා† [야디너와-] යැද්දා-යැද ①기도하다, 호소하다, 간구하다 යාච්ඤා කරනවා ②저주하다 ශාපකරනවා. <u>යැදීම/යැදුම</u>
යදියා [야디야-] 거지, 거렁뱅이 හිඟන්නා.
යදෘච්ඡ [야드루처] 우연의, 예기치 않은, 뜻밖의 ස්වයංසිද්ධ.
යදෘච්ඡතාව [야드루처따-워] 우연, 예기치 않음, 뜻밖 ස්වයංසිද්ධතාව.
යදෙර [야도러] 철문.
යද්දෙස්සා [얃뎄싸-] 퇴마사, 귀신을 내쫓는 사람, 엑소시스트 යකැදුරා.
යන [야너] ①~라는, ~라고 하는 නමැති, කියනු ලබන ②යනවා의 형용사적 현재용법: 가는.
යනඑන [야너에너] 오가는, 왕래하는 යනෙන.
යනවා‡ [야너와-] ගියා-ගිහිල්ලා (ගොස්) 가다, 향하다. <u>යාම/යෑම</u>
යනාදිය [야나-디여] 기타 등등.
යනාදී [야나-디-] 그 같은, 기타 등등의.
යනු† [야누] ①~란, ~이란, ~에 대해서 වනාහි ②යනවා 의 강한 명령형 යව.
යනු [야누] ①단어, 말 වචනය ②감, 가버림 යෑම.
යනුව [야누워] 단어, 말 වචනය.
යනුවෙන් [야누웬] 말로, 단어로, ~라고 වචනයෙන්.
යනෙන [야네너] 오가는, 왕래하는 යන එන.
යන්තන්/යන්තම්† [얀딴/얀땀] ①어렵게, 힘들게 අමාරුවෙන් ②순간, 잠시 මඳ වශයෙන්.
යන්තම [얀떠머] 조금, 소량, 미량 ස්වල්පය. (구어) ටික
යන්තම් [얀땀] ①어렵게, 힘들게 අමාරුවෙන් ②순간, 잠시 මඳ වශයෙන්.
යන්තරය [얀떠러여] ①기계 යන්ත්‍රය ②(구리판에 새기는) 부적 සුරය.

ය

යන්ත්‍ර [얀뜨러] ①기계의 යන්තර ②(구리판에 새기는) 부적의 සුර.

යන්ත්‍රගල [얀뜨러갈러] 부적 만드는 돌.

යන්ත්‍ර බරුව [얀뜨러여 바루워] (기계) 베어링 එන්ජිමක බෙයාරිම.

යන්ත්‍රය‡ [얀뜨러여] ①기계 යන්තරය ②(구리판에 새기는) 부적 සුරය.

යන්ත්‍ර විද්‍යාව [얀뜨러 윋디야-워] ①기계학 ②역학, 점술학 යන්ත්‍රික විද්‍යාව.

යන්ත්‍ර ශිල්පියා [얀뜨러 쉴삐야-] 정비사, 기술자.

යන්ත්‍ර සූත්‍ර† [얀뜨러 쑤-뜨러] 기계류, 기계 장치.

යන්ත්‍රාගාරය [얀뜨라-가-러여] 기계실.

යන්ත්‍රාලය [얀뜨랄-러여] 인쇄소, 출판소 මුද්‍රණාලය.

යන්ත්‍රෝපකරණ [얀뜨로-빠꺼러너] 기계, 기계 장치.

යන්න† [얀너] ①~라고 불리는 것 කියනු ලබන දෙය: 씽할러 알파벳을 말할 때 사용된다: ම 는 මයන්න 로 읽는다 ②යනවා 의 명령형: 가라, 가 යව.

යපත [야빠떠] 철판 යබිලිය.

යපත්තනවා [야빧떠너와-] 용접하다, 밀착시키다 යබන්දනවා.

යපනවා [야빠너와-] ①관리하다 නඩත්තු කරනවා ②지지하다 ③먹이다, 키우다 පෝෂණය කරනවා.

යපස්† [야빠쓰] 철광석 යකඩ ඉල්ලම්.

යබන්දනවා [야반더너와-] 용접하다, 밀착시키다 යපත්තනවා.

යබර [야버러] 철의 녹 යබොර.

යබිලිය [야빌리여] 철판 යපත.

යබොර [야보러] 철의 녹 යබර.

යම [야머] ①염라대왕, 지옥의 왕 නිරපල්ලා ②저녁에서 새벽까지를 3등분한 것중의 하나: 경 යාමය ③남쪽, 남 දකුණු දිසාව ④쌍, 커플, 2개 යුවළ. ¶ පෙරයම 초저녁 මැදියම 한밤중 අලුයම 새벽

යම/යමං [야머/야망] ①යනවා 의 명령형: 가, 가라 යන්න ②යනවා 의 권유형: 가자, 갑시다 යමු.

යමක [야머꺼] ①2개의, 쌍의 යුග්මය ②어떤 것의, 어떤 것 안에 කිසිවක.

යමක කරනවා [야머꺼 꺼러너와-] 쌍을 짓다, 쌍을 만들다 යුගල සාදනවා.

යමක තාරකාව [야머꺼 따-러까-워] 쌍성 යුගල තරුව.

යමක දරුවෝ [야머꺼 다루오-] 쌍둥이 නිඹුල් දරුවෝ.

යමක ප්‍රාතිහාර්යය [야머꺼 쁘라-띠하-르여] 부처님의 2가지 기적: 몸에서 물과 불이 나온 기적 යමා මහ පෙළහර.

යමකම් [야머깜] 화산 활동 යමහල් ක්‍රියාකාරිත්වය.

යමකය [야머꺼여] 쌍, 한벌 යුගල.

යමක්† [야막] 어떤 것, 무엇인가를 යම් කිසිවක්. ¶ යමක් කරන්න ඕනේ 뭔가를 해야 한다.

යමක් කමක් [야막 까막] (일정) 부, 부요.

යමදූතයා [야머두-떠야-] 저승사자.

යමන්නා [야만나-] 대장장이 කම්මල්කාරයා.

යමපල්ලා [야머빨라-] 음부의 통치자.

යමයා [야머야-] ①죽음의 신, 음부의 통치자 යමපල්ලා ②죽음, 사망 මරණය.

යමයුද්දෙ [야머윧데] 끊임 없는 몸부림 (투쟁).

යමර [야머러] 위험한, 험난한 අනතුරු සහිත.

යමල [야멀러] ①철의 녹 යකඩ මල ②쌍의, 2개의 යමක.

යමහල† [야머할러] 화산 ගිනිකන්ද.

යමා [야마-] ①쌍, 2개 ②쌍의, 2개의.

යමානා [야마-나-] 철광석에서 철을 생산해 내는 제련공.

යමා මහ පෙළහර [야마- 마하 뻴러하러] 부처님의 2가지 기적: 몸에서 물과 불이 나온 기적 යමා මහ පෙළහර.

යමුගුර [야무구러] 철근.

යමුනෝදකය [야무노-더꺼여] 인도 줌나 강물.

යමෙක්† [야멕] 누군가, 어떤 사람 යම් කෙනෙක්.

යම්/යම්කිසි‡ [얌/얌끼씨] 어떤 무엇인가.

යම්තම් [얌땀] 약간, 조금. (구어) ටිකක්

යම්තාක් [얌딱] ~ 하는 한, 할 때까지 කොතරම් දුරට.

යම්සේ [얌쎄-] 어째튼, 어떤 방식으로든지 යම් ආකාරයකින්.

යම්හ [얌허] යනවා 의 현재 1인칭 복수: (우리) 갑시다 යමු.

යම් හෙයකින් [얌 헤여낀] 어떤 이유 때문에 යම් ආකාරයකින්.

යයි [야이] (접속사) ~ 라고 කියා. (구어) කියලා

යල [얄러] 얄러철, 스리랑카의 농사짓는 2번 중 한 철.

යලි/යළි/යළිත්† [얄리/얄릳] 다시, 또, 한번 더 නැවත. (구어) ආයෙත්

යල් [얄] 농사철.

යල් කන්නය [얄 깐너여] 소 농사철.

යල් පනිනවා [얄 빠니너와-] 철이 지나다, 낡아지다, 낙후되다.

යල් පැනපු† [얄 빼너뿌] 철이 지난, 낡은, 낙후한 යල් පැනගිය.

යව† [야워] ①(식물) 보리 බාර්ලි ②යනවා 의 2인칭 명령형 යන්න.

යවකාර [야워까-러] 초석(硝石), 칠레 초석.

යවන [야워너] ①යවනවා 의 형용사적 현재용법: 보내는, 파송하는 ②그리스의, 그리스인의 ග්‍රීක.

යවන දේශය [야워너 데-셔여] 그리스 ග්‍රීසිය.

යවනයා [야워꺼야-] 그리스 사람 ග්‍රීකයා.

යවනවා‡ [야워너와-] යැවුවා-යවා ①보내다, 파송하다 පිටත්කර හරිනවා ②(시간을) 보내다, 사용하다 කාලය ගතකරනවා. යැවීම/යැවුම

යවපු/යවාපු [야워뿌/야와-뿌] යවනවා 의 형용사적 과거용법: 보낸, 파송한 යැවූ.

යවුල [야울러] 곡괭이.

යව්දිව් [야우디우] 일생의, 생애의 යාවජීව.

යව්‍ය [얍위여] 엿기름, 맥아.

යශ [야셔] 명성, 유명 යසස.

යශඃ [야샤-] 명성, 유명 යසස.

යශස [야셔써] 명성, 유명 යසස, කීර්තිය.

යශස් [야샤쓰] යශස 의 복수 또는 형용사: ①명성, 저명, 유명 ②명성있는, 저명한, 유명한 කීර්තිමත්.

යශස්කාමය [야샤쓰까-머여] 명예욕, 유명해지고 싶은 욕망.

යශෛශ්වර්ය [야샤이쉬와ㄹ여] 명예와 번영.

යශෝ [야쇼-] 유명한, 잘 알려진, 명성있는 කීර්තිමත්. (구어) ප්‍රසිද්ධ

යශෝ ඝෝෂය/යශෝ රාවය [야쇼- 고-셔여/야쇼- 라-워여] 유명, 명성, 유명세 කීර්ති රාවය.

යශෝධර [야쇼-더러] 영광스러운, 영광의 මහිමාන්විත.

යශෝ රාවය [야쇼- 라-워여] 유명, 명성, 유명세 කීර්ති රාවය.

යෂ්ටි [야쉬티] 막대기들, 작대기들, 지팡이들 කෝටු.

යෂ්ටිය [야쉬티여] 지팡이, 막대기 කෝටුව.

යස [야써] ①아주 귀한, 아주 좋은 ඉතා අනගි ②명성있는, 잘 알려진.

යසගීය [야써기-여] 찬송, 찬미, 칭송 යශෝ ගීතිකාව.

යස ගොස [야써 고써] 유명, 명성, 유명세 යශෝ ඝෝෂය.

යසට [야써터] 좋게, 잘, 훌륭하게 යහපත් ලෙස.

යස තෘෂ්ණාව† [야써 뜨루쉬나-워] 야망, 야심, 대망 මනෝරථය.

යසරඟට [야써랑거터] 능숙하게, 재주있게 දක්ෂ විදියට.

යසරුවට [야써루워터] 능숙하게, 전문적으로 දක්ෂ විදියට.

යසශ්‍රීය [야써쓰리-여] 부와 명성 කීර්ති සම්පත්තිය.

යසස† [야써써] 명성, 저명, 유명 කීර්තිය.

යහ [야하] 좋은, 선한 යහපත්. (구어) හොඳ

යහතින් [야하띤] 좋은 상황에서, 편안하게, 잘 යහපතින්. (구어) හොඳින්

යහ දසුන/යහ දස්න [야하 다쑤너/야하 다쓰너] 좋은 전망, 멋진 전경 සුභ දර්ශනය.

යහන† [야하너] 침대, 침상 සයනය. (복) *යහන්* (구어) ඇඳ

යහන් ගබඩාව† [야한 가버다-워] 침실 නිදන කාමරය.

යහන් ගැබ [야한 개버] 침실 නිදන කාමරය.

යහපත [야하빠떠] 선함, 착함, 선, 좋음 සුන්දරත්වය.

යහපත් [야하빧] 선한, 착한, 좋은 සුන්දර. (구어) හොඳ

යහපත් වෙනවා [야하빧 웨너와-] 좋아지다, 호전되다, 좋다. (구어) හොඳ වෙනවා

යහ මග [야하 마거] 옳은 길, 바른 길 නිසි මඟ.

යහමින් [야하민] 과도하게, 지나치게, 넘치게 බෙහෙවින්.

යහලු† [야할루] 친구의, 벗의, 친한, 가까운 යහළු. (문어) මිත්‍ර

යහලුවා/යහළුවා† [야할루와-] 친구, 벗 යාළුවා. (문어) මිත්‍රයා ¶ යෙහෙළිය/යෙහෙළිය (여성) 친구

ය

යහසාධක [야하싸-더꺼] 박애로운, 자비로운 කරුණා හරිත.

යහළ [야할러] 친구의, 벗의, 친한, 가까운 යාළු.

යහළු† [야할루] 친구의, 벗의, 친한, 가까운 යහලු. (문어) මිත්‍ර

යහළුවා/යහලුවා‡ [야할루와-] 친구, 벗 යාළුවා. (문어) මිත්‍රයා ¶ යෙහෙළිය/යෙහෙලිය (여성) 친구

යළි/යළිත් [얄리/얄릳] 다시, 또, 한번 더 නැවත. (구어) ආයෙත්

යළිදු [얄리두] 다시, 또, 한번 더 නැවත. (구어) ආයෙත්

යා [야-] ①철, 놋쇠 යකඩ ②선, 선함, 착함 යහපත ③(길을) 감, 이동, 여행 යෑම ④결합, 결속 සම්බන්ධය ⑤제사, 희생 යාගය.

යා [야-] ①연결된, 붙어있는 යාබද ②가까운, 근처의 ආසන්න ③연결하는, 붙이는 සම්බඳ කරන. ¶ යා ගන්නවා 가까이하다, 접근하다

යා [야-] ①가라, 전진하라, 진행시켜라 යව, යනු ②යනවා 가 හැකි, යුතු 앞에서 변화하는 형태: යා හැකි 갈 수 있는 යා යුතු 가야 하는.

යාග [야-거] යාගය 의 복수 또는 형용사: ①제사들, 희생들 ②희생적인, 헌납하는.

යා කරනවා‡ [야- 꺼러너와-] ①연결시키다, 결합하다, 하나로 묶다 ආඳනවා ②이동하다, 움직이다, 여행하다 ගමන් කරනවා.

යාකොබ් [야-꼽] (성경) 야고보서, 야고보.

යාගය† [야-거여] 희생, 제물 පූජාව.

යාගු [야-구] (특히 과거 가난한 사람들이 먹던) 귀리 죽.

යාචක [야-처꺼] ①거지, 거렁뱅이, 걸인 හිඟන්නා ②간구자, 간청자 යදියා.

යාචකයා‡ [야-처꺼야-] ①거지, 거렁뱅이, 걸인 හිඟන්නා ②간구자, 간청자 යදියා.

යාචකාදීහු [야-처까-디-후] ①거지들, 거렁뱅이들, 걸인들 හිඟන්නෝ ②간구자들, 간청자들 යදියෝ. ¶ යාචකාදීන් 거지들, 거지들을(목적격)

යාචනය [야-처너여] 간청, 간구, 청원, 구함 යාදින්න.

යාච්ඤාව‡ [야-끈냐-워] 기도, 간구, 탄원 යැදීම. (복) *යාච්ඤා*

යාච්ඤා කරනවා‡ [야-끈냐- 꺼러너와-] 기도하다, 간구하다, 간청하다 අයදිනවා.

යාතිකාව [야-띠까-워] 기도, 간구, 간청 යාච්ඤාව.

යාත්‍රා [야-뜨라-] යාත්‍රාව 의 복수: ①선박들, 배들 ②항해.

යාත්‍රා කරනවා† [야-뜨라- 꺼러너와-] 항해하다, 운항하다 තරණය කරනවා.

යාත්‍රාව† [야-뜨라-워] ①선박, 배 යානය ②항해.

යාත්‍රිකයා [야-뜨리꺼야-] 항해사, 선원, 뱃사람 ජල සංචාරකයා.

යාදිනි [야-디니] යාදින්න 의 복수 또는 형용사: ①기도들, 간구들 යාච්ඤා ②기도의, 간구의.

යාදින්න [야-딘너] 기도, 간구 යාච්ඤාව. (복) *යාදිනි*

ය

යානය/යානාව‡ [야-너여/야-나-워] 탈것, 운송수단 යන්ත්‍රාව. ¶ ගුවන් යානය 비행기

යාන්තම් [얀땀] ①어렵게, 힘들게 අමාරුවෙන් ②순간, 잠시 මඳ වශයෙන්.

යාන්තමින් [얀-떠민] 겨우, 간신히.

යාන්ත්‍රණය [얀-뜨러너여] ①기구, 메커니즘 ②기계장치.

යාන්ත්‍රික† [얀-뜨리꺼] 기계(상)의, 공구의.

යාන්ත්‍රික ඉංජිනේරු [얀-뜨리꺼 잉지네-루] 기계 기사, 공학자.

යාපනය [야-빠너여] 자프나 Jaffna (스리랑카 북부의 중심 도시) යාපා පටුන.

යාපා [야-빠-] 총독, 태수 ආර්යපාදයා.

යාපා පටුන [야-빠- 빠투너] 현재의 자프나 Jaffna (스리랑카 북부의 중심 도시) යාපනය.

යාප්පුව [얖-뿌워] 애원, 탄원, 간청 අයැදීම.

යාප්පු වෙනවා [얖-뿌 웨너와-] 애원하다, 간구하다, 기도하다 අයදිනවා.

යාබද‡ [야-바더] 인접한, 부근의 සමීප.

යාම‡ [야-머] ①යනවා 의 동명사: 감 යෑම ②경(更): 저녁 시간을 4시간으로 나눈 것 යම.

යාමකය [야-머꺼여] 조정기, 조절기.

යාමනය [야-머너여] 조정, 조절, 지배 පාලනය කිරීම.

යාමය [야-머여] 경(更): 저녁 시간 시간을 3등분 한 것 중 하나 යම. ¶ පෙරයම 초저녁 මැදියම 한밤중 අලුයම 새벽

යාය [야-여] (땅, 논) 평야 බිම් තීරුව.

යාරය‡ [야-러여] 야드 (길이 단위: 0.91미터) අඩි තුනක දිග ප්‍රමාණය.

යාල [얄-러] ①(용적 단위) 한 마차 (약 10말) ②소 20마리.

යාලත්ත [얄-랕떠] 지붕에서 집 앞으로 내린 처마.

යාල බිම්මල් [얄-러 빔말] 건초에서 자라는 버섯 පිදුරු බිම්මල්.

යාලු [얄-루] 친구의, 벗의 යාළු. (문어) මිත්‍ර

යාලුවා‡ [얄-루와-] 친구, 벗, 친한 사람 යහලුවා. (문어) මිත්‍රයා

යාව [야-워] ①~하는 한 යම්තාක් කල් ②연결되어, 결합되어, 이어져, 아주 가깝게 බද්ධ ව. ¶ විශේෂ කොටසට යාව 특별한 부분과 연결되어

යාවජීව [야-워지-워] 일생 동안, 생애 내내, 삶을 사는 한 යවිදිවි.

යාවත්කාල කරනවා [야-왇깔-러 꺼러너와-] 업데이트 하다, 최신으로 올려놓다 යාවත්කාලීන කරනවා.

යාවත්කාලීන කරනවා [야-왇깔-리-너 꺼러너와-] 업데이트 하다, 최신으로 올려놓다 යාවත්කාල කරනවා.

යාවූ [야-우] 인접한, 부근의 යාබද.

යාවෙනවා [야-웨너와-] 연결되다, 결합되다, 이어지다 එකට සම්බන්ධ වෙනවා.

යාළු [얄-루] 친구의, 벗의 යාලු. (문어) මිත්‍ර

යාළුවා† [얄-루와-] 친구, 벗, 친한 사람 යහළුවා. (문어) මිත්‍රයා

ය

යැතීම/යැතුම [얘띠-머/얘뚜머] යතනවා 의 동명사: 시도, 노력 උත්සාහය.

යැද [얘더] යදිනවා 의 과거분사: 구하고, 간청하고, 기도하고 යාච්ඤා කරලා.

යැදි [얘디] යදිනවා 의 형용사적 과거용법: 구한, 간청한, 기도한.

යැදීම/යැදුම [예디-머/예두머] යදිනවා 의 동명사: 간청, 간구, 간원.

යැපීම [얘삐-머] යැපෙනවා 의 동명사: ①의존, 의지 නඩත්තු වීම ②생계, 생활.

යැපීම් දීමනාව [얘삠- 디-머나-워] 부양 가족 수당, 생계 수당.

ය

යැපෙනවා‡ [얘뻬너와-] යැපුණා-යැපී ①의존하다, 의지하다 පෝෂණ වෙනවා ②생계를 이어가다, 생활하다. යැපීම/යැපුම

යැපෙන්නා [얘뻰나-] 부양가족, 의존하고 있는 사람 පෝෂණය කරනු ලබන්නා.

යැයි [얘이] (접속사) ~ 라고 කියා. (구어) කියලා

යැවීම‡ [얘위-머] යවනවා 의 동명사: 파송, 보냄 එවීම.

යැවෙනවා [얘웨너와-] යැවුණා-යැවී 보내지다, 파송되다.

යෑම [얘-머] යනවා 의 동명사: 감 යාම.

යි [이] 서술형 조사: ~이다, ~다. ¶ ලස්සන 아름다운 ලස්සනයි 아름답다

යුක්ත [육떠] ①가지고 있는, 소유한 සහිත ②(재능이) 부여된, 주어진 ③있는, 안에 있는 යෙදුණු. ¶ ඔව්හු භයින් ද මහත් ප්‍රීතියෙන් ද යුක්ත ව 그들은 두려움과 기쁨을 가지고

යුක්ත [육떠] 정의, 정당, 옳은 것 යුක්තිය.

යුක්තිගරුක [육띠가루꺼] 합리적인, 이치에 맞는, 사리에 맞는 සාධාරණ.

යුක්තිය‡ [육띠여] 정의, 공정 සාධාරණකම.

යුක්තියුක්ත [육띠육떠] 합법의, 정당한.

යුග [유거] ①시대의, 기간의, 시기의 ②둘의, 한쌍의 යුගළ.

යුග'ත [유거'떠] 양손, 두 손 දෑත. (구어) අත් දෙක

යුගදඟ [유거당거] 종아리 (두개), 장딴지 ජංඝා යුග්මය.

යුග දිවිය [유거 디위여] 결혼생활 විවාහ ජීවිතය.

යුග මාත්‍ර [유거 마-뜨러] 4 큐빗 길이의, 네 완척 길이의 හතර රියන් පමණ.

යුගය‡ [유거여] ①시대, 기간, 시기 ②둘, 쌍, 짝 යුගලය ③멍에 වියගහ.

යුග චක්‍රය [유거 와끄러여] (해부학) 관골궁 (顴骨弓).

යුගළ [유걸러] 한쌍의, 두명의, 두 번 접힌 යුවළ. (구어) ජෝඩු

යුගළනය [유걸러너여] 한쌍을 만듦, 연결 지음.

යුගළය [유걸러여] 한쌍, 커플, 두 명 යුවළය. (구어) ජෝඩුව

යුගළ වරහන් [유걸러 와러한] 쌍 괄호 යුග්ම වරහන්.

යුගාන්තය [유간-떠여] ①종말 ②시대 말, 시기의 끝 කල්පාන්තය. ¶ යුගාන්ත වේදය 종말론

යුගැස/යුගැස් [유개써/유개쓰]

두눈, 양쪽 눈 දෑස්. (구어) ඇස් දෙක

යුග්ම [유그머] 한쌍의, 두명의, 두번접힌 යුවළ. (구어) ජෝඩු

යුග්ම වරහන් [유그머 와러한] 쌍 괄호 යුගළ වරහන්.

යුතු† [유뚜] ①공정한, 올바른, 정의로운 සාධාරණ ②있는, 가지고 있는, 포함하는 සහිත ③ ~ 해야 하는, 의무의.

¶ විශ්වාස කළ යුතුය 믿어야 한다

යුතුකම† [유뚜꺼머] ①정의, 공평, 공정 සාධාරණ ක්‍රියාව ②의무, 의무감, 본분 ගැතිකම.

යුතුයි† [유뚜이] (동사와 함께 나와) ~을 해야 한다. ¶ කළ යුතුයි 해야 한다 කිව යුතුයි 말해야 한다

යුත් [윹] 가지고 있는, 함께 있는 ඇත්තා වූ.

¶ නිදොස් චරිතයකින් යුත් 흠 없는 성품을 가지고 있는

යුත්ත [윹떠] ①정의, 옳은 것 යුක්ත ②예의바름, 예모, 교양. (복) යුතු

යුද [유더] යුදය 의 복수 또는 형용사: ①전쟁들 ②전쟁의, 전쟁하는.

යුදය† [유더여] 전쟁, 싸움, 전투 යුද්ධය.

යුද හමුදාව‡ [유더 하무다-워] (군대) 육군. ¶ නාවික හමුදාව 해군 ගුවන් හමුදාව 공군

යුද්ධ ඇඳුම්† [윧더 앤두머] 갑옷, 전투복.

යුද්ධය‡ [윧더여] 전쟁, 싸움, 전투 යුදය.

යුද්ධායුධ‡ [윧다-유더] 무기, 병기.

යුද්ධෝපකරණ [윧도-빠까러너] 무기들, 무기와 탄약들 යුද්ධ උපකරණ.

යුද්ධෝපක්‍රම [윧도-빠끄러머] 전투 전략 යුද්ධෝපාය.

යුද්ධෝපාය [윧도-빠-여] 전투 전략 යුද උපාය මාර්ග.

යුරු [유루] ①(후치사) ~ 같은, ~처럼 මෙන් ②방법, 방식 ආකාරය.

යුරෝපය‡ [유로-뻐여] 유럽.

යුරෝපීය [유로-삐-여] 유럽의, 유럽 사람의 යුරෝපයට අයත්.

යුව [유워] (~장 다음의) 부~, 부차적인, 하위의 උප. ¶ යුවරජ 총독, 부왕

යුවතිය [유워띠여] 아가씨, 젊은 여자 청년 තරුණිය. (복) යුවතියෝ

යුවතිපති [유워띠빠띠] 부부, 남편과 부인 අඹුසැමි.

යුවරජ [유워라저] 총독, 부왕, 태수 උප රජ.

යුවල/යුවලය/යුවළ/යුවළය† [유월러/유월러여/유월러/유월러여] 한쌍, 커플 යුගලය. (구어) ජෝඩුව

යුෂ‡ [유셔] 쥬스 ඉස්ම.

යුෂ්මත් [유셔맡] ①당신 ②당신의.

යුෂ්මතා [유셔머따-] 당신, 너 ඔබ.

යුහු [유후] 빠른, 재빠른 හනික. (구어) ඉක්මන්

යුහුව [유후워] 빨리, 재빠르게 විගසින්. (구어) ඉක්මනින්

යුහුසුලු [유후쑬루] 빠른, 재빠른 හනික. (구어) ඉක්මන්

යුහුසුලුව [유휴쑬루워] 빨리, 급하게, 재빠르게 විගසින්. (구어) ඉක්මනින්

ය

යූ [유-] 말한, 언급한 කියන ලද.

යූථ [유-떠] 떼, 무리 රැළ.

යූනිය [유-니여] (해부학) 치골.

යූනියන් ජැක් [유-니얀 잭] 영국기, 영국 깃발.

යෞවනෝදය [유-노-더여] 사춘기, 춘기 발동기 වැඩිවිය පැමිණීම.

යූපය [유-뻐여] 제물 기둥 යාග සත්ම්භය.

යූදස්/යූද් [유-더쓰/윧-] (성경) 유다서, 유다.

යෙදවුම [예더우머] ①(전자) 앱, 애플리케이션 ②입력.

යෙදී සිටිනවා† [예디- 씨티너와-] ~에 있다, 활동하다, 바쁘게 움직이다, 약속되어 있다.

යෙදෙනවා [예데너와-] යෙදුණා-යෙදී යොදනවා의 피동사: ①처해지다, ~에 있다, 종속되다 ②만들어 지다, 형성되다. යෙදීම

යෙරූසලම‡ [예루쌀러머] 예루살렘.

යෙරෙමියා [예레미야-] (성경) 예레미야서, 예레미야.

යෙල/යෙළ [옐러] 한 개 반 එකහමාර.

යෙල දහස [옐러 다하써] 1500, 천 오백.

යෙසායා [예싸-야-] (성경) 이사야서, 이사야 선지자.

යෙහෙක/යෙහෙකි [예헤꺼/예헤끼] (문장의 끝에) 좋다, 선하다 යසයි. (구어) හොඳයි

යෙහෙන් [예헨] 잘, 멋지게, 근사하게 යහතින්. (구어) හොඳින්

යෙහෙය [예헤여] 선함, 선량, 미덕 යහපත. (구어) හොඳ

යෙහෙළිය [예헬리여] ①යහළු-වා 의 여성 명사: (여성) 친구, 단짝 මිතුරිය ②며느리 ලේලි. (복) යෙහෙළියෝ

යෙළ/යෙල [옐러] 한 개 반 එකහමාර.

යේසු/යේසුස්‡ [예-쑤/예-쑤쓰] 예수, 예수님 යේසුස් වහන්සේ. ¶ (천주교) ජේසුස්

යේසුස් වහන්සේ‡ [예-쑤쓰 와한쎄-] 예수님 යේසු තුමා. ¶ (천주교) ජේසුස් වහන්සේ

යේභූයය [예-부-이여] 다수의, 수많은 බොහෝ.

යේළි/යේළිය [옐-리/옐-리여] 며느리 ලේලි.

යොත [요떠] 줄, 끈 ලණුව. (복) යොත්

යොත්තර [욛떠러] 침(의), 타액(의).

යොත්මඟ [욛망거] 밧줄로 만든 사다리.

යොදන [요더너] 4 마일의 거리 යොදුන.

යොදනවා‡ [요더너와-] යෙදුවා-යොදා ①사용하다, 이용하다 ②두다, 놓다 ③엮다, 만들다, 형성하다, 짜다, 조립하다. යෙදීම/යෙදුම

යොදය‡ [요더여] ①크림 ②(액체위에 떠있는) 찌끼, 더껑이.

යොදවනවා† [요더워너와-] යෙදෙවුවා-යොදවා ①사용하다, 이용하다 ②두다, 놓다 ③엮다, 만들다, 형성하다, 짜다, 조립하다. යෙදවීම

¶ ඩෙංගු වළකින්න විනාඩි 30ක් යොදවන්න 뎅기 열병을 막기위해 30분을 사용(투자)해 주세요

යොදුන [요두너] 4 마일의 거리 යොදන.

යොන [요너] ①젊음, 청춘 යොවුන් බව ②여자 청년 තරුණිය.
යොනා [요나-] ①무어족 යොන් මිනිසා ②민물고기 මිරිදිය මාළුවා.
යොන් [욘] 무슬림, 아라비아인 මුස්ලිම්.
යොන් මැරිල්ල [욘 맬릴러] 교활한 책략 කපටි උපාය.
යොබ්බන [욥버너] 젊은, 청년의 යොවුන්.
යොමනවා [요머너와-] 집중하다, 초점을 맞히다, 고정시키다 යොමු කරනවා.
යොමු [요무] යොමුව 의 복수 또는 형용사: ①집중들, 초점들 ②집중하는, 초점을 두는.
යොමු කරනවා† [요무 꺼러너와-] 집중하다, 초점을 맞히다, 고정시키다 යොමනවා.
යොමුව† [요무워] 집중, 초점, 고정.
යොමු වෙනවා† [요무 웨너와-] 집중되다, 고정되다, 초점이 맞혀지다.
යොඹු/යොහොඹු [욤부/요홈부] (식물) 자스민 පිච්ච.
යොර [요러] (후치사) 다시, 한 번 더 නැවත.
යොවුන්‡ [요운] 젊은, 청년의 යෞවන. (구어) තරුණ
යොවුන් විය [요운 위여] 청년기, 청년의 때 යෞවනය. (구어) තරුණ වයස
යොවුන [요우너] 젊음, 청년기 යෞවනය. (복) *යොවුන්*
යොවුනා [요우나-] 젊은이, 젊은 남자. (구어) තරුණයා.
යොවුනුදව [요우누다-워] 사춘기, 춘기 발동기 යෞවනෝදය.
යොහන් [요한] (성경) 요한복음, 요한.
යොහොඹු [요홈부] (식물) 자스민 පිච්ච.
යෝග [요-거] ①섞는, 혼합한, 결합한, 배합한 මිශ්‍ර ②요가를 수행하는 යෝගී ව්‍යායාමවලට අදාළ.
යෝග කර්මය [요-거 까르머여] ①섞음, 배합, 결합 ②요가 수행 යෝගී ව්‍යායාම ප්‍රගුණ කිරීම.
යෝග දර්ශනය [요-거 다르셔너여] 요가 철학.
යෝගට්‡ [요-걷] 요거트.
යෝගය [요-거여] 결합, 조합, 배합 ගැලපුම.
යෝගාභ්‍යාසය [요-갑-비야-써여] 고행 수행.
යෝගාවචර [요-가-워처러] 요가를 수행하며 사는.
යෝගාවචරයා [요-가-워처러야-] 고행자, 요가 철학을 수행하는 자 යෝගියා.
යෝගාසනය [요-가-써너여] 고행 자세.
යෝගියා† [요-기야-] 요가 철학을 수행하는 자, 고행자 යෝගාවචරයා.
යෝගී [요-기-] ①결합된, 배합된, 섞인 ②요가의.
යෝග්‍ය† [욕-기여] 적당한, 적합한, 어울리는 සුදුසු.
යෝග්‍යතාව/යෙග්‍යකම† [욕-기여따-워/욕-기여꺼머] 적합, 적당, 자격 සුදුසුකම.
යෝග්‍ය කරනවා† [욕-기여 꺼러너와-] ~에게 자격을 주다, 적격으로 하다.

යු

යෝග්‍ය වෙනවා [욕-기여 웨너와-] 적합하다, 맞다, 어울리다, 자격을 갖추다 සුදුසු වෙනවා.
යෝජක/යෝජකයා [요-저꺼/요-저꺼야-] 제안자, 제시자, 추천자 යෝජනා කරන්නා.
යෝජනය [요-저너여] 제시물, 제안한 것 යොදවන ලද්ද.
යෝජනා කරනවා‡ [요-저나-꺼러너와-] 제안하다, 제시하다, 추천하다 ඉදිරිපත් කරනවා.
යෝජනා ක්‍රමය† [요-저나- 끄러머여] 제안 방식, 추천 방식.
යෝජනා පත්‍රය [요-저나- 빠뜨러여] 제안서, 추천서.
යෝජනාව‡ [요-저나-워] 제안, 제시. (복) *යෝජනා*
යෝජිත [요-지떠] 제안된, 제시된, 추천된 යෝජනා කරන ලද.
යෝජිතය [요-지떠여] 제안, 제시, 추천 යෝජනා කරන ලද දෙය.
යෝධ† [요-더] ①거인의, 괴물의 ②영웅의.
යෝධයා† [요-더야-] ①거인 ②병사, 전사 전투병 භටයා ③영웅 වීරයා.
යෝනක [요-너꺼] ①무슬림의, 아랍사람의 මරක්කල ②그리스의, 희랍의 ග්‍රීක.
යෝනා [요-나-] (성경) 요나서, 요나.
යෝනි [요-니] 자궁내 질의, 질과 관련된 යෞනික.
යෝනිය† [요-니여] (해부학) 자궁내 질.
යෝනිසෝ [요-니쏘-] ①지혜롭게, 현명하게 නුවණින් ②사실, 실제로, 진짜로 කාරණ වශයෙන්.
යෝනිසෝ මනසිකාරය [요-니쏘- 마너씨까-러여] 지혜롭게 생각하기, 사려 깊음.
යෝබ් [욥-] (성경) 욥기서, 욥.
යෝවෙල් [요-웰] (성경) 요엘서, 요엘.
යෝෂුවා [요-슈와-] (성경) 여호수아서, 여호수아.
යෞග [야우거] 2개의, 쌍의, 듀얼의 යුග. (구어) ජෝඩු
යෞනික [야우니꺼] 자궁내 질의, 질과 관련된 යෝනි.
යෞරෝපීය [야우로-삐-여] 유럽의, 유럽 사람의 යුරෝපීය.
යෞවන† [야우워너] 젊은 යොවුන්. (구어) තරුණ
යෞවනකම [야우워너꺼머] 젊음, 청년기 යොවුන.
යෞවනයා† [야우워너야-] 젊은이, 젊은 남자. (구어) තරුණයා
යෞවනිය† [야우워니여] 젊은 여자. (구어) තරුණිය
යෞවනෝදය [야우워노-더여] 사춘기, 춘기 발동기 යොවුනුදාව.

යෝ

ර

ර [라] 씽할러 알파벳의 52번째 글자.

රං [랑] 금, 황금 රන්. (문어) ස්වර්ණ

රංකිරි [랑끼리] 갓 태어난 아이입술에 금을 섞어 바르는 모유.

රංග [랑거] 춤추는, 연기하는 නටන.

රංග කුසලතාව [랑거 꾸썰러따-워] 춤실력, 연기 실력 නැටීමේ දක්ෂතාව.

රංගනය [랑거너여] 춤, 춤추기, 연기 රංගය.

රංග පීඨය [랑거 삐-터여] 무대, 스테이지 වේදිකාව.

රංග භූමිය† [랑거 부-미여] 무대, 스테이지 වේදිකාව.

රංගය‡ [랑거여] 춤, 춤추기, 연기 නැටීම.

රංචු [랑추] 무리들, 떼들, 그룹들 සමූහ.

රංචුව‡ [랑추워] 무리, 떼, 그룹 රැන.

රංජක [랑저꺼] 기뻐하는, 즐거워하는 පිනවන.

රංජනය [랑저너여] ①기쁨, 즐거움, 희락 ප්‍රීතිය (구어) සතුට ②색칠, 염색 රඤ්ජනය.

රංසි [랑씨] 빛, 광선 රැස්.

රංසිමාලකය/රංසිමාළිගාව [랑씨말-러꺼여/랑씨말-리가-워] 회관, 홀, 모임 장소 ශාලාව.

රක [라꺼] 보호, 경계, 망보기 ආරක්ෂාව.

රකවරණය [라꺼와러너여] 보호, 보안 රැකවරණය.

රකසුරුවම [라꺼쑤루워머] 저축, 절약 ඉතිරි කිරීම.

රකාරාංශය [라까-랑-셔여] 씽할러 글자중 글자 밑에 붙어 '으러' 발음을 내는 글자 : ු . ප්‍ර 는 '쁘러' ක්‍ර 는 '끄러' 로 읽는다.

රකිනවා‡ [라끼너와-] රැක්කා-රැක ①보호하다, 막다 ආරක්ෂා කරනවා ②알을 품다. <u>රැකීම/රැකුම</u>

රකින්නා [라낀나-] 보호자, 경호인.

රකුසා [라꾸싸-] 마귀, 악마(the Devil), 악령 යක්ෂයා.

රක්ත [띾떠] ①빨간, 빨간색의, 불그스레한, 불그레한 갈색을 띤 රතු ②피의, 피를 흘리는 ලේ හා සම්බන්ධ.

රක්ත අතීසාරය [띾떠 아띠-싸-러여] (병) 이질, 설사 රක්තාතීසාරය.

රක්තකාමතාව [띾떠까-머따-워] 혈우병 හෙමොෆීලියාව.

රක්තකාරක [띾떠까-러꺼] 피의, 피와 관련된 ලේවලට අදාළ.

රක්තකාසය [띾떠까-써여] (생약학) 객혈 (喀血).

රක්තජ [띾떠저] 피비린내 나는, 피투성이가 된 ලෙයින් හටගන්නා.

රක්තපාතය [띾떠빠-떠여] 출혈, 피흘림 රක්ත හරණය.

රක්ත තප්ත [띾떠 땊떠] 과열된, 열을 세게 가한 ගිනියම් කළ.

රක්තපිත්තය [띾떠삗떠여] (의학) 적혈구 과다증 රත් පිත රෝගය.

ර

රක්තය [락떠여] 피, 혈 රුධිරය. (구어) ලේ

රක්තරිත [락떠리-떠] 치질 අර්ශස්.

රක්තවාතය‡ [락떠와-떠여] (의학) 통풍(병).

රක්තවිද්‍රධිය [락떠위드러디여] (의학) 종기, 부스럼.

රක්තවේදය [락떠웨-더여] 혈액학 හීමටෝලොජිය.

රක්ත හරණය [락떠 하러너여] 출혈, 피흘림 රක්තපාතය.

රක්ත හීනතාව [락떠 히-너따-워] (의학) 빈혈증 පාණ්ඩුව.

රක්තාක්ෂ/රක්තාක්ෂි [락딱-셔/락딱-쉬] 눈이 충혈된, 눈이 빨개진.

රක්තාණු [락따-누] (의학) 적혈구 රතු රුධිරාණු. ¶ ශ්වේතාණු 백혈구

රක්තාම්බරයා [락땀-버러야-] 붉은 옷을 입은 고행자, 수도자.

රක්තාඝාත [락따-가-떠] (의학) 졸중(의), 출혈(의).

රක්තාතීසාරය [락따-띠-싸-러여] (병) 이질, 설사 ලේ පාචනය.

රක්තීය ග්‍රන්ථිය [락띠-여 그란띠여] 혈관 රුධිර මාර්ග ග්‍රන්ථිය.

රක්නා [라끄나-] රකිනවා 의 형용사적 현재용법: 보호하는, 감싸는 රකින.

රක්ෂක [락셔꺼] ①보호하는, 지키는, 경호하는 රකින ②보호자, 경호인, 문지기, 파수꾼 රක්ෂකයා.

රක්ෂකයා [락셔꺼야-] 보호자, 경호인, 문지기, 파수꾼 රක්ෂක.

රක්ෂණ ඔප්පුව† [락셔너 옾뿌워] 보험 증서, 보험 약관.

රක්ෂණ බන්ධනාගාරය [락셔너 반더나-가-러여] 구치소, 유치장.

රක්ෂණය‡ [락셔너여] 보험 සුරැකුම. ¶ ජීවිත රක්ෂණය 생명보험

රක්ෂණය කරනවා [락셔너여 꺼러너와-] 보험을 계약하다, 보험을 들다.

රක්ෂස්ථානය† [락셔쓰따-너여] 은신처, 피난처, 보호 시설 ආරක්ෂා ස්ථානය.

රක්ෂා කරනවා [락샤- 꺼러너와-] ①보호하다, 지키다 රකිනවා ②관리하다, 돌보다 නඩත්තු කරනවා ③직장에서 일하다 රැකියාවක නියුක්ත වෙනවා.

රක්ෂාව‡ [락샤-워] 직업, 일 රැකියාව. (구어) රස්සාව

රක්ෂාවරණය [락샤-와러너여] 안전, 보호 රැකවරණය.

රක්ෂා වෙනවා [락샤- 웨너와-] 보호받다, 경호 받다 ආරක්ෂා වෙනවා.

රක්ෂිත [락쉬떠] 보호받는, 안전한 ආරක්ෂිත.

රක්ෂිතය [락쉬떠여] 피난처, 보호처 රක්නා ලද්ද.

රක්ෂිතයා [락쉬떠야-] 보호받는 사람, 경호 받는 사람 රකිනු ලබන්නා.

රඞ්ග [랑거] 춤추는, 연기하는 නටන.

රඞ්ගනය [랑거너여] 춤, 춤추기, 연기 රංගය.

රඟ/රඟය [랑거/랑거여] ①방식, 스타일, 형식 හැටිය ②춤, 안무 නැටුම.

රඟදෙනවා [랑거데너와-] 춤추다, (연극, 드라마) 행하다 රඟනවා. (구어) නටනවා

රඟනවා† [랑거너와-] 춤추다, (연극, 드라마) 행하다 රඟදෙනවා. රැඟුම (구어) නටනවා

රඟපානවා‡ [랑거빠-너와-] රඟපෑවා-රඟපා ①전시하다, 보여주다 ②(연극, 드라마) 공연하다, 춤추다 රඟනවා. රඟපෑම

රඟබිම/රඟමඬල [랑거비머/랑거만덜러] 무대 වේදිකාව.

රඟය [랑거여] ①방식, 스타일, 형식 හැටිය ②춤, 안무 නැටුම.

රඟහල† [랑거할러] 공연장, 연극장.

රඟේ [랑게-] රඟය 의 축약형: ①방식, 스타일, 형식 හැටිය ②춤, 안무 නැටුම.

රචක/රචකයා† [라처꺼/라처꺼야-] 저자, 저술가, 저작자, 글쓴이 කර්තෘ.

රචනය† [라처너여] 작문, 저술, 저작 රචනාව.

රචනා කරනවා† [라처나- 꺼러너와-] 작문하다, 저술하다, 편찬하다.

රචනා චෞරයා [라처나- 차우러야-] 표절자.

රචනා ලිවීම [라처날- 리위-머] 작문, 저술 රචනය.

රචනාව [라처나-워] ①작문, 저술, 편찬, 편집 රචනය ②군대 소집, 전열 අයුද්ධ පිළිවෙල.

රචිත [라치떠] 작문하는, 글쓴, 편찬한, 편집한 ලියාපු.

රජ‡ [라저] ①왕, 임금 රජු ②왕의, 임금의 ③먼지 ධූලි.

රජ ඇණය [라저 애너여] 왕의 못, 왕의 핀.

රජකම් කරනවා† [라저깜 꺼러너와-] 다스리다, 통치하다.

රජකයා [라저꺼야-] 빨래하는 사람, (인도) 도비 ඩෝබි.

රජ කරනවා‡ [라저 꺼러너와-] 다스리다, 통치하다 රජකම් කරනවා.

රජ ගෙදර [라저 게더러] 궁궐, 왕궁 මාලිගාව.

රජගෙය/රජගේ [라저게여/라저게-] 궁궐, 왕궁 මාලිගාව.

රජගන [라정거너] 여왕 රැජින.

රජත [라저떠] 은 රිදී.

රජත කර්ම [라저떠 까르머] 은 관련 일.

රජත ජයන්තිය† [라저떠 자얀띠여] 실버 쥬빌리, 25주년 රිදී ජුබිලිය.

රජතමය [라저떠머여] 은으로 만든 රිදීයෙන් කළ.

රජත සඩ්බය [라저떠 쌍꺼여] 은 조가비, 은조개.

රජතීහරණය [라저띠-하러너여] 은 제거 රිදී ඉවත් කිරීම.

රජ තුන් කට්ටුව [라저 뜬 깥투워] ①지도자 3인조 ②대법관 3인 합의부 ③(성경) 동방박사 3명.

රජදත [라저다떠] 앞니, 앞이빨.

රජදහන [라저다하너] 왕국, 나라 රාජධානිය.

රජ දැක්ම [라저 댁머] 대형 전시회.

රජන [라저너] 색칠하는, 색깔을 입히는, 염색하는 රංජනය කරන.

රජනය [라저너여] 색칠, 염색 රංජනය කිරීම. (구어) පාටගෑම

ර

රජනි/රජනී [라저니/라저니-] 밤, 한밤 රෑය.

රජනිකර [라저니꺼러] (천체) 달 සඳ.

රජනිය/රජ නීති [라저니여/라저니-띠] 법, 법률 රජ නීතිය.

රජනීය [라저니-여] 밤, 한밤 රෑය.

රජ නුවර [라저 누워러] ①왕국, 나라 රාජධානය ②수도, 서울 අගනුවර.

රජ පෙරහැර [라저 뻬러해러] 왕의 행진, 왕의 행렬.

රජ බස [라저 바써] 공용어.

රජ මඟුල [라저 망굴러] (왕의) 대관식.

රජ මාළිගාව† [라저 말-리가-워] 왕궁, 궁궐 රජගේ.

රජ මාවත [라저 마-워떠] ①주요 도로 ②가장 성공의 길.

රජ මැස්සි [라저 맸씨-] 여왕벌.

රජ මෙහෙවර [라저 메헤워러] 왕직, 왕의 임무 රාජකාරිය.

රජය‡ [라저여] 나라, 왕국 රාජ්‍යය.

රජයනය [라저야너여] 정권, 정부 පාලන තන්ත්‍රය.

රජයනවා [라저야너와-] 다스리다, 통치하다 පාලනය කරනවා.

රජ රට [라저 라터] 스리랑카 북쪽 지역.

රජරෝදය [라저로-더여] 왕의 바퀴.

රජ වාසල [라저 와-썰러] 왕궁, 궁궐 රජගේ.

රජ වෙනවා [라저 웨너와-] 왕이 되다, 군주가 되다.

රජස් [라자쓰] 먼지 දූවිලි.

රජා‡ [라자-] 왕, 임금, 군주 රජ.

රජු‡ [라주] ①왕, 임금, 군주 රජ ②왕의, 임금의, 군주의.

රජෝ [라조-] 먼지 දූවිලි.

රජ්ජුරුවා‡ [랒주루와-] 왕, 임금, 군주 රජ. (복) රජ්ජුරුවෝ

රජ්ජුව [랒주워] 줄, 끈 රැහැණ.

රඤ්චුව [란추워] 무리, 떼, 그룹 රැන, රැල.

රඤ්ජනය [란저너여] ①색칠, 색칠하기, 염색 පාටගෑම ②기쁨, 즐거움, 희락 ප්‍රීතිය (구어) සතුට.

රට‡ [라터] 나라, 국가. (문어) දේශය

රටඅඟුරු [라터앙구루] 석탄 ගල් අඟුරු.

රටඉඳි‡ [라터인디] 대추야자 열매.

රටඋළු [라터울루] 인도 서남부 도시 캘리컷 형식의 기와.

රටකජු‡ [라터까주] 땅콩.

රටකනවා [라터까너와-] (나라를) 파괴하다, 부수다, 멸망시키다 රට විනාශ කරනවා.

රටකරනවා [라터꺼러너와-] 나라를 다스리다, 나라를 통치하다 රට පාලනය කරනවා.

රටක් වටින [라탁 와티너] 아주 귀한, 아주 값어치 있는 ඉතා අගනා.

රටතොට [라터또터] (도시, 읍 따위의) 교외, 변두리 අවට ප්‍රදේශය.

රටදෙල් [라터델] (식물) 빵나무 열매.

රටමරඳ [라터마란더] (식물) 도금양, 화석류, 협죽도과(科)의 식물 මරඳ.

රටයකුම [라터야꾸머] (특히 임산부를 위한) 축복해 주는 귀신 춤.

රටලූනු‡ [라털루-누] 큰 양파, 봄베이 양파 බීලූනු.

රටවැසියා/රටවාසියා‡ [라터왜씨야-/라터와-씨야-] 주민, 시민, (외국인에 대하여) 내국민 පුරවැසියා.

රටහුණු† [라터후누] 분필 ලියන හුණු.

රටාව† [라타-워] 패턴, 형식 මෝස්තරය.

රටේ උදවිය [라테- 우더위여] 사람, 백성 ජනතාව.

රටේ නැති [라테- 내띠] ①알려지지 않은, 유명하지 않은 ②외국의, 해외의.

රටේ මහත්තයා [라테- 마할떠야-] 씽할러 왕조에서 지방의 주요 관료.

රටේ වෙදා [라테- 웨다-] 사기꾼, 간사한 사람 වංචාකාරයා.

රට්/රට්ඨ [랕/랕터] 나라, 국가 රට.

රට්ටු [랕투] 국민, 시민, 백성 රටවැසියෝ.

රට්ඨ [랕터] 나라, 국가 රට.

රඩු [라두] ①쓸모없는, 무효의 ②쓸모없음, 무효 රොඩු.

රණ [라너] ①전쟁(의) යුද්ධය ②숲(의), 정글 (의) වනය ③소리 ඝෝෂාව. ¶ රණ බිම 전쟁터

රණකාමය [라너까-머여] 전쟁, 전투.

රණකාමී [라너까-미-] ①전사의, 용사의 ②호전적인, 전쟁을 좋아하는 සටන්කාමී.

රණකෙළි [라너껠리] 군행진, 사열.

රණබෙරය [라너베러여] 전쟁 북 රණබෙරය.

රණ්ඩුව‡ [란두워] 싸움, 다툼 කෝලාහලය. (문어) සටට

රණ්ඩු වෙනවා‡ [란두 웨너와-] 싸우다, 다투다. (문어) සටන් කරනවා

රණ්ඩු සරුවල් [란두 싸루왈] 싸움(의), 다툼(의).

රත [라떠] 빨강, 빨간색 රතු පැහැය.

රත'දර [라떠'더러] 빨간 입술들 රතු අධර.

රතන [라떠너] 보석들 මැණික්.

රතනත්‍රය [라떠너뜨러여] (불교) 삼보 (부처, 불법, 승가) තෙරුවන.

රතනාකරය [라떠나-꺼러여] 바다, 해양 සාගරය.

රතඹර [라땀버러] 빨간 하늘, 석양 රතු අම්බරය.

රතඹුල/රතඹුරු [라땀불러/라땀부루] 빨간 연꽃 රතු නෙළුම්.

රතැඹුල් [라땜불] 빨간 연꽃 රතු නෙළුම්.

රති [라띠] 욕정의, 색욕의, 욕망의 කාම.

රති කෙළිය [라띠 껠리여] 성교, 성관계, 섹스 මෛථුනය.

රතිඤ්ඤා‡ [라띤냐-] 화약.

රති දෙව් [라띠 데위] 큐피드, 사랑의 신 අනංගයා.

රතින්ද/රතිපති [라띤더/라띠뻐띠] 큐피드, 사랑의 신 අනංගයා.

රතිය [라띠여] 욕정, 색욕, 정욕 කාමය.

රතිරෝග [라띠로-거] 성병 රහස් රෝග.

ර

රතු‡ [*라*뚜] ①빨간, 빨간색의 රත් පැහැති ②좌익의, 좌파의. ¶ රතු බිත්තර 갈색 달걀

රතු ඉන්දියානුවා [*라*뚜 인디야-누와-] (미국) 인디안.

රතු ඉර පනිනවා [*라*뚜 이*러* 빠니너와-] 한계를 초월하다, 한계를 넘어서다 සීමාව ඉක්මවනවා.

රතු ඊයම් [*라*뚜 이-얌] 빨간 납.

රතුකැටය [*라*뚜깨터여] (보석) 루비 පද්මරාග.

රතු නායකයා [*라*뚜 나-여꺼야-] 좌익(사람) 지도자, 좌파 지도자, 급진 지도자.

රතුපුල් [*라*뚜뿔] 빨간 연꽃 රතු උපුල්.

රතු පාට‡ [*라*뚜 빠-터] 빨강, 빨간 색.

රතුමැටි [*라*뚜매티] 빨간 흙.

ර

රතු මුහුද [*라*뚜 무후더] (시나이 반도에 있는) 홍해.

රතු ලූනු‡ [*라*뚤 루-누] 빨간 양파.

රතු වන් [*라*뚜 완] 빨간, 빨간 색의 රතු.

රතු වැස්ස [*라*뚜 왯써] 공중에 부유하는 먼지 따위로 붉게 물든 비.

රතු වෙනවා [*라*뚜 웨너와-] 영글다, 익다 පැහෙනවා.

රතු සීනි† [*라*뚜 씨-니] 흙설탕, 브라운 슈거.

රතු හඳුන් [*라*뚜 한둔] (식물) 백단향 රත් හඳුන්.

රතු හිරියල් [*라*뚜 히*리*얄] 황토(黃土), 석간주(石間硃).

රත් [*랕*] ①빨간, 붉은 රතු ②뜨거운, 뜨겁게 데워진 ගිනියම්.

රත් අඬුකටුව [*랕* 안두까투워] 열간경화.

රත් කටුව [*랕* 까투워] 달궈진 철을 자르는 끌, 정.

රත් කරනවා‡ [*랕* 꺼*러*너와-] 끓이다, 데우다, 열을 가하다. (문어) ගිනියම් කරනවා

රත්තරන්‡ [*랕*떠*란*] 금, 황금, 골드 රත්රන්.

රත් තැටිය [*랕* 때티여] 요리용 철판, (요리용) 전기(가스) 히터.

රත්නත්‍රය [*라*뜨너뜨*러*여] (불교의) 삼보 (부처, 불법, 승가) ත්‍රිවිධ රත්නය.

රත්න දීපය [*라*뜨너 디-뻐여] 보석의 나라, 스리랑카 මැණික් දිවයින.

රත්න පුරුෂරාග [*라*뜨너 뿌*루*셔*라*-거] ①루비, 홍옥 ②루비의, 홍옥의.

රත්න මංජුසාව [*라*뜨너 망주싸-워] 보석 상자 මැණික් පෙට්ටිය.

රත්නමය [*라*뜨너머여] 보석으로 만든 මැණික්වලින් සෑදූ.

රත්නය [*라*뜨너여] 보석 මැණික. (복) *රත්න*

රත්නාකරය [*라*뜨나-꺼*러*여] 대양, 바다 මහ මුහුද.

රත්නාභරණ [*라*뜨나-버*러*너] (보석 박힌) 장신구류 මැණික් ආභරණ.

රත්නාලෝකය [*라*뜨날-로-꺼여] 보석 광채.

රත්නින්ද [*랕*닌더] 왕 소유의 논.

රත්පිත [*랕*삐떠] 다혈증, 적혈구 과다증.

රත් පිරියම/රත් පිළියම [*랕* 삐*리*여머/*랕* 삘리여머] 열처리.

රත්රන්/රත්‍රන්‡ [*랕란/라뜨란*] 금, 골드 රන්.

රත්වෙනවා‡ [*랕* 웨너와-] 뜨거워지다, 데워지다. (문어) උණුසුම් වෙනවා

රත් සඳුන්/රත් හඳුන් [*랕* 싼둔/*랕* 한둔] (식물) 백단향 රතු හඳුන්.

රථ [*라*떠] රථය 의 복수 또는 형용사: ①차, 차량 ②차의, 차량의.

රථ ගාල‡ [*라*떠 갈-러] 주차장.

රථය‡ [*라*떠여] 차, 차량 වාහනය.

රථ වාහන [*라*떠 와-하너] 차량, 차 වාහනය.

රථාචාර්යයා [*라*따-차-르여야-] 운전사, 운전자 රියදුරා.

රද [*라*더] 왕, 임금 රජ.

රදගුරු† [*라*더구*루*] (가톨릭의) 주교, (개신교의) 감독, (그리스 정교의) 주교.

රදනකය [*라*더너꺼여] 송곳니, 견치(犬齒).

රදළ† [*라*덜러] 귀족의, 왕족의 ප්‍රභූ.

රදළ ආණ්ඩුව [*라*덜러 안-두워] 귀족 정치(의 나라).

රදළ ක්‍රමය [*라*덜러 끄*라*머여] 봉건 제도.

රදළයා [*라*덜러야-] 귀족, 왕족 ප්‍රභූවරයා.

රන [*라*너] 금, 황금 ස්වර්ණය. (복) *රන්*

රනිල [*라*닐러] 콩과(科)의 식물의, 콩류의.

රනිල කුලය [*라*닐러 꿀러여] 콩과(科)의 식물, 콩류 රනිලය.

රනිලය† [*라*닐러여] 콩과(科)의 식물, 콩류 රනිල කුලය.

රන්‡ [*란*] රන 의 복수 또는 형용사: ①황금들 ②금의, 황금의 රතරන්. (문어) ස්වර්ණ

රන්ඉම [*란*이머] 정화 수송점.

රන් කාන්තිය [*란* 깐띠여] (보석) 녹주석.

රන්කිරි [*란*끼*리*] 초유, 아이에게 주는 첫모유.

රන්කුඩු [*란*꾸두] ①금가루 ②염색.

රන්දෝලි [*란*돌-리] ①여왕 රාජිනී ②여왕의 ③탈것, 일인승 가마.

රන් පදක්කම‡ [*란* 빠닦꺼머] 금메달.

රන් පවුම [*란* 빠우머] 영국 화폐 단위: 파운드.

රන් පවුම් කලාපය [*란* 빠움 깔라-빠여] 영국 화폐 파운드를 쓰는 지역.

රන් මසු [*란* 마쑤] ①금화 ②금붕어.

රන් මිනුම [*란* 미눔] 금본위제.

රන්මුවා [*란*무와-] 금으로 만든, 금제의 ස්වර්ණමය.

රන්වන්† [*란*완] 금빛의, 금색깔의 රන් පැහැති.

රන් සිරියල්/රන් සිරියෙල් [*란* 씨*리*얄/*란* 씨*리*옐] 금웅황(雄黃) (안료, 화약용), 황토 රන්සිරියල්.

රන් සිවිගෙය [*란* 씨위게여] 상교(象轎) (코끼리, 낙타의 등에 얹은 닫집이 있는 가마) රන්පලක්කිය.

රන්සුණු [*란*쑤누] 금가루 රන්කුඩු.

රන් හිරියල් [*란* 히*리*얄] 금웅황(雄黃) (안료, 화약용), 황토 රන්සිරියල්.

ර

රඳනවා [란더너와-] රැඳුවා-රඳා ①머물다, 남아 있다, 기다리다 නවතිනවා ②색칠하다 රජනය කරනවා. රැඳීම

රඳවනවා [란더워너와-] ①머물게 하다, 남아있게 하다 ②붙잡다 අල්ලනවා.

රඳ තිබෙනවා [란다- 띠베너와-] 집중하다, 고정하다.

රපෝර්තු කරනවා [라뽀-르뚜 꺼러너와-] ①보고하다, 전하다 වාර්තා කරනවා ②나타나다, 출석하다, 등장하다 පෙනී සිටිනවා.

රපෝර්තුව [라뽀-르뚜워] 보고, 전달 වාර්තාව.

රබන්‡ [라반] රබාන 의 복수 또는 형용사: ①큰 북들 ②큰 북의.

රබර්‡ [라버르] 고무.

රබර් කෑල්ල [라버르 깰-러] 지우개 මකනය.

රබර් කිරි කපනවා [라버르 끼리 까빠너와-] 고무를 채취하다.

රබර් නලය† [라버르 날러여] 고무 호스.

රබර් රොටිය [라버르 로티여] (건축공학) 고무 시이트.

රබහ† [라버하] 여명, 새벽 빛 අරුණාලෝකය.

රබාන† [라바-너] 큰 북 (여러 사람이 둘러 앉아 치는 북).

රබුක්ක [라북꺼] 여성복의 몸통 부분, 꽉 끼는 보디스.

රබ්බඩ [랍바더] (약학) 반쯤 여문 빈랑자 මඳක් ඉදුණු පුවක්.

රභස [라버써] (의학) 광견병, 공수병 ජලභීතිකා රෝගය.

රමණය [라머너여] 성교, 섹스 මෛථුන සේවනය.

රමණීය [라머니-여] 매력적인, 매혹적인 චිත්තාකර්ෂණීය.

රම්ප/රම්පා [람뻐/람빠-] 커리 요리할 때 사용하는 잎이 달린 나무.

රම්බා/රම්භා [람바-] 바나나 කෙසෙල්.

රම්‍ය [람미여] ①예쁜, 아름다운, 사랑스러운, 매력적인 මනහර ②기쁜, 즐거운.

රඹ [람버] 바나나 කෙසෙල්.

රඹකැන් [람버깬] 바나나 뭉치 කෙසෙල්කැන්.

රඹහ [람버하] 여명, 새벽 빛 අරුණාලෝකය.

රඹුටන්‡ [람부탄] (과일) 람부탄.

රයි [라이] 호밀.

රයිනෝසිරස් [라이노-씨라쓰] 코뿔소.

රයිපලය/රයිෆලය [라이뻘러여] 소총 අත් තුවක්කුව.

රව [라워] 소리, 음 රාවය. (구어) හඬ

රවටනවා‡ [라워터너와-] රැවටුවා-රවටා(රවටලා) 속이다, 사기치다. රැවටීම

රවණ [라워너] 소리, 음 රාවය. (구어) හඬ

රවනවා† [라워너와-] රැවුවා-රවා 눈살을 찌푸리다, 얼굴을 찡그리다, 뚱한 표정을 짓다 ඔරවනවා. රැවීම

¶ රවා ඔරවා බලනවා 눈살을 찌푸리며 쳐다보다

රවි [라위] 해, 태양 දියමිණ. (구어) ඉර

රවිකිඤ්ඤය† [라위낀녀여] 바이올린 වීණා.

රවුද්දරයා [라욷더라야-] 폭력배, 악인 රෞද්‍රයා.

රවුම‡ [라우머] 원, 둥금, 원형 කවය.

රවුම් ගසනවා [라움 가써너와-] 원을 만들다, 둥글게 만들다 වට ගසනවා. (구어) රවුම් ගහනවා

රවුම් වහල† [라움 와할러] 돔, 원형 지붕.

රවුළ [라울러] (턱) 수염 රැවුළ.

රවුළු [라울루] 라워나 왕 රාවණා රජු.

රශ්මිය [라쉬미여] 광선, 빛, 방사선. (복) *රශ්මි*

රශ්මි කදම්බය [라쉬미 까담버여] ①(해, 달의) 무리 ②(성인의) 후광.

රශ්මි පෙට්ටිය [라쉬미 뻬티여] 방사선 상자.

රශ්මි විද්‍යාඥයා [라쉬미 윋디야-끄녀야-] 방사선과 의사.

රශ්මී [라쉬미-] රශ්මිය 의 복수 또는 형용사: ①광선들, 빛들, 방사선 ②광선의, 방사선의.

රස‡ [라써] ①맛, 풍미 රසය ②액, 추출물 ඕජස ③(화학) 수은 රසදිය ④물 ජලය. (구어) රහ

රස‡ [라써] 맛있는, 맛난. (문어) රසවත්

රස කරනවා [라써 꺼러너와-] 맛을 내다, 맛있게 하다.

රසකාමය [라써까-머여] 식욕, 식탐.

රසකාරක [라써까-러꺼] ①조미료 ②맛을 내는, 풍미를 곁들이는 රස ගන්වන.

රසකැවිලි‡ [라써깨윌리] 사탕절임, (영국) 식후에 먹는 단 것.

රසකිඳ [라써낀더] 히말라야 인근 고산에서 나는 넝굴성의 다년생 약초: 방기과.

රසචිකිත්සාව [라써치낃싸-워] 화학 요법.

රසඥ [라써끄녀] ①약제사 රසවේදියා ②화학자.

රසඥතාව/රසඥනය [라써끄녀따-워/라써끄냐-너여] 함축된 의미를 이해할 수 있는 능력.

රසතල [라써딸러] 지옥 අපාය.

රසදිය† [라써디여] (화학) 수은 රහදිය.

රසදිය ආමානය [라써디여 아-마-너여] (화학) 수은계.

රසදිව [라써디워] (해부학) 목젖 රහදිව.

රසධාතුව [라써다-뚜워] (해부학) 유미: 소장에서 흡수된 지방으로 가득 찬 림프.

රසන [라써너] 혀 දිව.

රසනක [라써너꺼] 혀(모양)의, (음성) 설음(舌音)의 දිවට අදාළ.

රසනහර [라써나하러] 혈관.

රසනාදමය/රසන් දම [라써나-다-머여/라싼 다머] 여성 거들 මේඛලාව.

රසන් වැල/රසන් දම [라싼 왤러/라싼 다머] 여성 거들 මේඛලාව.

රස’ඳුන [라싼'두너] 세안제 රසාංජනය.

රසපරීක්ෂක‡ [라써빠릭-셔꺼] 분석가, 분석자 විශ්ලේෂක.

රසබර [라써바러] 맛있는, 맛나는, 감칠맛 나는 රසවත්.

රස බලනවා‡ [라써 발러너와-] 맛을 보다, 먹다, 음식을 먹다 රස විඳිනවා.

රසමසවුල [라써마써울러] 진수성찬 (고기와 후식을 포함한 맛깔진 음식).

රසඹ [라썸버] ①단 망고 රසවත් අඹ ②맛있는 음료 රසවත් පානය.

රසය‡ [라써여] ①맛, 풍미 රස (구어) රහ ②시적인 기쁨 වින්දනය ③액, 수액 සාරය.

රසවත්† [라써왇] ①맛있는 රසාලිප්ත ②기쁜 ප්‍රිය උපදවන.

රසවාදය [라써와-더여] 감정학, 감상학.

රසවුල [라써울러] 맛있는 커리, 음식.

රස සන්දීපය [라써 싼디-뻐여] 뜨거워지지 않으면서 빛이 남.

රසහල [라써할러] 지옥 අපාය.

රස සය [라써 싸여] 6가지 맛 (단맛, 신맛, 짠맛, 매운 맛, 쓴 맛, 떫은 맛) රස 6ක් (මධුර, ඇඹුල්, ලුණු, කටුක, තිත්ත, කසට).

රසහව් [라써하우] 동화 감상(의).

රසාංකුරය [라쌍-꾸러여] (해부학) 맛봉오리, 미뢰(味蕾: 혀의 미각 기관).

රසාංජනය [라쌍-저너여] 세안제 රස'ඳුන.

රසාතලය [라싸-딸러여] 지옥 අපාය.

රසාත්මක [라쌑-머꺼] ①감정적인, 감성적인 ②세련된, 품위있는, 점잖은.

රසායන [라싸-여너] ①화학의, 화학 물질의 රසායනික ②기쁜, 즐거워하는 ඉඳුරන් පිනවන.

රසායනය† [라싸-여너여] 화학 රසායන විද්‍යාව.

රසායන විද්‍යාව† [라싸-여너 윋디야-워] 화학 රසායනය.

රසායනාගාරය† [라싸-여나-가-러여] 실험실, 연구실.

රසායනික [라싸-여니꺼] 화학의 රසායන.

රසායනිකය [라싸-여니꺼여] 화학, 화학 물질 රසායනය.

රසායනික තුලාව [라싸-여니꺼 뚤라-워] 화학 저울 (특히 분석용).

රසායනික නියම [라싸-여니꺼 니여머] 화학 법칙.

රසායනික පොහොර† [라싸-여니꺼 뽀호러] 화학비료.

රසාල [라쌀-러] ①밀 තිරිඟු ②유향 කට්ටකුමංචල් ③ (나무에서 나는) 고무진, 수지.

රසාලිප්ත [라쌀-맆떠] 즐거운, 기쁜 රස පිරි.

රසාස්වාදනය/රසාස්වාදය [라싸-쓰와-더너여/라싸-쓰와-더여] 누림, 즐김 රස විඳීම.

රසික [라씨꺼] ①(미술품 등의) 감식가, 감정 평가사 රසිකයා ②평가하는, 감정하는.

රසිකතාව [라씨꺼따-워] (미술품 등의) 평가, 감지, 감정 රසිකත්වය.

රසිකත්වය [라씨깥워여] (미술품 등의) 평가, 감지, 감정 රසිකතාව.

රසිකයා [라씨꺼야-] ①(예술품, 음식, 음악의) 감정가 සහෘදයා ②(책, 신문) 독자 පාඨකයා.

රසුදැල් [라쑤댈] 종의 소리내는 안쪽 덩어리 ගෙජ්ජ වැල්.

රසෝඝය [라쏘-거여] 감정의 넘침.

රසෝබල [라쏘-발러] 유황, 황 ගෙන්දගම්.

රස් [라쓰] 광선, 불빛 රැස්.

රස්තියාදුකාරයා† [라쓰띠야-두까-러야-] 부랑자, 방랑자.

රස්තියාදුව [라쓰띠야-두워] 부랑, 방랑 නිශ්ඵල ගමනක්.
රස්තියාදු වෙනවා‡ [라쓰띠야-두 웨너와-] 방랑하다, 여기저기 떠돌다.
රස්නය‡ [라쓰너여] 열, 더위 උණුසුම.
රස් වළල්ල [라쓰 왈랄러] 화관, 관, 코로나 රැස් මාලාව.
රස්සා කරනවා [랐싸- 꺼러너와-] ①일하다 රැකියාවක් කරනවා ②관리하다, 보호하다 නඩත්තු කරනවා.
රස්සාව‡ [랐싸-워] 직업, 고용 ජීවිකා වෘත්තිය. (문어) රැකියාව
රහ‡ [라하] ①맛, 풍미 රසය ②취하게 하는 것, 알코올 음료 සුරාව. (문어) රස
රහතන් වහන්සේ [라하딴 와한쎄-] (불교) 아라한, 부처님의 제자 රහතුන් වහන්සේ.
රහත් [라핟] (불교) 아라한 (의).
රහත් වෙනවා [라핟 웨너와-] ①(불교) 아라한이 되다, 득도하다 අරහත් බව ලබනවා ②갑자기 없어지다, 사라지다 අන්තර්ධාන වෙනවා.
රහදිය [라하디여] (화학) 수은 රසදිය.
රහදිව [라하디워] (해부학) 목젖, 현옹수.
රහමෙර [라하메러] 독한 증류 සුරාව.
රහස‡ [라하써] 비밀, 신비 අප්‍රකට කරුණ.
රහසඟ [라하쌍거] (남녀의) 성기 ලිංගේන්ද්‍රිය.
රහසල් [라하쌀] 지옥(의) නිරය.
රහසැඟ [라하쌩거] (남녀의) 성기 රහසඟ.
රහසිගත‡ [라하씨까떠] 비밀의, 감추어진 සැඟවුණු.
රහස්† [라하쓰] 비밀의, 숨겨진, 감춰진 අප්‍රකට. ¶ රහස් අංකය 비밀번호
රහස් ගබඩාව [라하쓰 가버다-워] 비밀창고.
රහස් ඡන්දය [라하쓰 찬더여] 비밀 투표.
රහස් තැන [라하쓰 때너] 비밀 장소.
රහස්‍ය† [라핬씨여] 비밀의, 기밀 유지의 රහස්.
රහස්‍යතාව [라핬씨여따-워] 비밀, 기밀성 රහස් බව.
රහස් රෝග [라하쓰 로-거] 성병, 성적인 병.
රහිත† [라히떠] 없는, 빈 ශූන්‍ය. (구어) නැති ¶ ප්‍රශ්න රහිත ජීවිතය 문제없는 삶
රහිනවා [라히너와-] (우거짐을 줄이기 위해) 가시, 가지들을 자르다.
රහු [라후] ①라후 나무 ②딸랑딸랑 종 뭉치 ගෙජ්ජි පොකුර.
රහෝගත [라호-가떠] 외딴, 홀로의 හුදෙකලා වූ.
රළ‡ [랄러] ①파도, 물결 රැල්ල ②무리, 떼 රංචුව.
රළ ගසනවා [랄러 가써너와-] 파도 치다. (구어) රළ ගහනවා
රළගළ/රළපතර [랄러갈러/랄러빠떠러] 많은 파도들 තරංග ඝටාව.
රළපණාව/රළපාණ [랄러빠나-워/랄러빠-너] 방파제 රළපහණ.
රළපතර/රළගළ [랄러빠떠러/랄러갈러] 많은 파도들 තරංග ඝටාව.

රළපාණ/රළපණාව [랄러빠-너/랄러빠나-워] 방파제.
රළබුන් තැන්න [랄러분 땐너] 파도 침식으로 생긴 평지.
රළ මැස්ම [랄러 매쓰머] 물결 모양의 바느질.
රළු† [랄루] ①거친, 평탄하지 않은, 고불 고불한 ගොරෝසු ②악한, 잔인한 නපුරු.
රළු කරළු/රළු පරළු [랄루 까랄루/랄루 빠랄루] ①매우 거친, 아주 거칠은 ඉතා රළු ②아주 잔인한, 아주 모진 ඉතා නපුරු.
රළු පරුෂ [랄루 빠루셔] 잔인한, 잔혹한, 아주 호전적인, 아주 공격적인 සැඩ පරුෂ.
රළුව [랄루워] 잔인함, 포악함.
රළුවා [랄루와-] 호랑이 කොටියා.
රා† [라-] 코코넛으로 만든 술: 야자술.
රාං [랑-] 종 소리: 땡땡.
රාක්ක දිලීර [띾-꺼 딜리-러] 나무줄기 등에 선반 모양으로 자라는 육질, 목질의 담자 균류 කඳක් හතු.
රාක්කය‡ [띾-꺼여] 선반, 걸이.
රාක්ෂයා [띾-셔야-] 귀신, 마귀 යකා.
රාක්ෂසයා [띾-셔써야-] (사람을 잡아먹는) 도깨비, 귀신 රකුසා.
රාගය† [라-거여] ①욕정, 음욕 කාමතෘෂ්ණාව ②감정 ③색깔 පාට ④음계 රාගම.
¶ දේශානුරාගය 애국심
රාගික/රාගී† [라-기꺼/라-기-] 호색의, 음탕한 කාමුක.
රාජ‡ [라-저] රජ 의 형용사: 왕의, 임금의, 군주의 රාජකීය.
රාජක [라-저꺼] ①다스리는, 통치하는 රජකම් කරන ②찬란한, 빛나는 දීප්තිමත්.
රාජ ककुध भाण्ड
රාජ කකුධ භාණ්ඩ [라-저 까꾸더 반-더] 왕의 기장(記章), 왕의 표.
රාජකාරි ක්‍රමය [라-저까-리-끄러머여] 봉건제도.
රාජකාරිය/රාජකාර්යයය‡ [라-저까-리여/라-저까-르이여여] ①일, 업무 ②공무, (정부의) 임무.
රාජකීය [라-저끼-여] 왕의, 임금의, 황제의, 군주의 රාජ.
රාජකීයයා [라-저끼-여야-] 왕족, 왕가.
රාජගුරු [라-저구루] 왕의 스승, 선생님 රාජගුරුවරයා.
රාජගුරු ප්‍රසාදි [라-저구루 쁘러싸-디] (가톨릭의) 주교, (신교의) 감독 රදගුරු.
රාජ තන්ත්‍රය [라-저 딴뜨러여] 왕의 통치 제도.
රාජත්වය [라-잘워여] 주권, 통치권 රාජ්‍යත්වය.
රාජදූතයා [라-저두-떠야-] 왕의 사신, 왕의 사자.
රාජද්‍රෝහය [라-저드로-허여] 반역, 모반 රාජ්‍යද්‍රෝහය.
රාජද්‍රෝහියා [라-저드로-히야-] 반역자, 반란자, 모반자 රාජ්‍යද්‍රෝහියා.
රාජද්‍රෝහී [라-저드로-히-] 반역하는, 반정을 꾀하는.
රාජධානිය [라-저다-니여] 왕국 රාජ්‍යය.
රාජනිය/රාජිනිය [라-저니여/라-지니여] ①왕비, 왕후 ②여왕 රැජිනිය.

රාජ නීතිඥ [라-저니-띤녀] 왕실 변호사.
රාජනීතිය [라-저니-띠여] 왕명, 왕의 명령.
රාජපාක්ෂික [라-저빡-쉬꺼] ①충실한, 충성된 රාජපක්ෂවාදී ②나라, 국가.
රාජපුරුෂයා [라-저뿌루셔야-] 공무원, 관원 රාජ්‍ය නිලධාරියා.
රාජභය [라-저바여] 왕으로부터 오는 공포 (두려움).
රාජභාගය [라-저바-거여] 왕권, 왕위.
රාජභාණ්ඩාගාරය [라-저반-다-가-러여] 국보, 나라 보물.
රාජභෝජන [라-저보-저너] 왕의 음식.
රාජ මුද්‍රාව [라-저 무드라-워] 옥쇄, 국쇄 රාජ්‍ය ලංඡනය.
රාජයා [라-저야-] 왕, 임금 රජ.
රාජරාජ [라-저 라-저] 왕중의 왕, 황제 අධිරජ.
රාජ ලංඡනය [라-저 랑처너여] 옥쇄, 국쇄 රාජ මුද්‍රාව.
රාජ ලීලාව [라-저 릴-라-워] 왕의 위엄.
රාජ වංශය† [라-저 왕셔여] (역대) 왕조, 왕가.
රාජවල්ලභ [라-저왈러버] 왕의 수행원.
රාජශ්‍රීය [라-저쓰리-여] 왕의 광채, 왕의 화려함.
රාජ සන්තක [라-저 싼떠꺼] ①국영의, 국가 소유의 රජයට අයත් ②(나라로) 몰수한, 압류한 රජයේ අයිතියට පවරා ගත්.
රාජ සන්තක කරනවා‡ [라-저 싼떠꺼 꺼러너와-] 국고로 몰수하다, 국고로 압류하다.
රාජසන්නස [라-저싼너써] 왕의 선물, 왕의 하사품.
රාජසභාව [라-저싸바-워] 왕의 의회.
රාජා‡ [라-자-] 왕, 임금 රජ.
රාජාංගනය [라-장거너여] 궁궐 뜰.
රාජාඥාව [라-자-끄냐-워] 왕명, 왕의 칙령.
රාජාණ්ඩුව† [라-잔-두워] 군주제, 군주정치.
රාජාධිකරණය [라-자-디까러너여] (영국) 추밀원.
රාජාධිපත්‍යය [라-자-디빧띠여여] 왕권, 왕위.
රාජාධිරාජ [라-자-디라-저] 황제 අධිරාජ.
රාජාභිෂේකය [라-자-비셰-꺼여] 대관, 즉위, 대관식, 즉위식 අභිෂේකය.
රාජාලියා‡ [라-잘-리야-] 독수리.
රාජාවලිය [라-자 월리여] (성경) 열왕기서.
රාජාසන කථාව [라-자-써너 까따-워] (英연방에서) 의회의 개회(폐회)사.
රාජාසනය [라-자-써너여] 왕좌, 보좌 සිංහාසනය.
රාජිනිය/රාජනිය [라-지니여/라-저니여] ①왕비, 왕후 ②여왕 රාජිනී.
රාජිනී‡ [라-지니-] ①왕비, 왕후 ②여왕 රාජනිය.
රාජෝපාය [라-조-빠-여] ①(국가간의) 외교(술) ②왕의 책략 රජුගේ උපාය.
රාජ්‍ය [랒-지여] ①왕국의, 제왕의, 국왕의 ②정부의.

රාජ්‍ය අංශය† [랒-지여 앙셔여] 정부 분야.

රාජ්‍ය අමාත්‍යාංශය [랒-지여 아맏-띠양셔여] 정부 부처.

රාජ්‍ය ආයභාරය [랒-지여 아여바-러여] 정부 세입.

රාජ්‍ය ආගම [랒-지여 아-거머] 국교.

රාජ්‍ය ආඥාපනත [랒-지여 아-끄냐-빠너떠] 공공 법령.

රාජ්‍ය ඇමති [랒-지여 애머띠] 주(도) 장관.

රාජ්‍ය ක්ෂෝභණය [랒-지여 끄쇼-버너여] 난동, 선동 (죄).

රාජ්‍යතාන්ත්‍රික [랒-지여딴-뜨리꺼] 외교의, 외교상의.

රාජ්‍යද්‍රෝහය [랒-지여드로-허여] 반역, 모반 රාජද්‍රෝහය.

රාජ්‍යද්‍රෝහිකම † [랒-지여드로-히꺼머] 반역, 모반 රාජද්‍රෝහය.

රාජ්‍යද්‍රෝහියා† [랒-지여드로-히야-] 반역자, 모반자 රාජද්‍රෝහියා.

රාජ්‍ය ප්‍රතිපත්තිය [랒-지여 쁘러띠빧띠여] 나라 정책, 정부 방침.

රාජ්‍ය ප්‍රාප්තිය [랒-지여 쁘랖-띠여] 왕위 즉위, 왕 취임 අභිෂේකය.

රාජ්‍ය බැංකුව [랒-지여 뱅꾸워] 국립 은행.

රාජ්‍යභාගය [랒-지여바-거여] 왕임, 왕권, 왕위.

රාජ්‍ය භාෂාව‡ [랒-지여 바-샤-워] 공용어, 국어.

රාජ්‍ය මන්ත්‍රණ සභාව [랒-지여 만뜨러너 싸바-워] 스리랑카 의회, 스리랑카 식민 통치 의회.

රාජ්‍යය‡ [랒-지여여] 나라, 국가 රජය.

රාජ්‍ය ලේකම් [랒-지열 레-깜] 정부 서기관.

රාජ්‍ය ලේඛනාගාරය† [랒-지열 레-꺼나-가-러여] 국가 기록 보관소 අධිලේඛනාගාරය.

රාජ්‍ය සමාව† [랒-지여 싸마-워] 사면, 특사 පොදු සමාව.

රාජ්‍ය සභාව [랒-지여 싸바-워] 국가 의회.

රාජ්‍ය සේවය [랒-지여 쎄-워여] 공공 사업.

රාජ්‍යාභිෂේකය [랒-지야-비쉐-꺼여] 대관식, 즉위식 අභිෂේකය.

රාජ්‍යාරක්ෂාව [랒-지야-띾샤-워] 국방, 나라 방어, 국가 수비.

රාජෝද්‍යය [랒-지요-더여] 통치, 다스림.

රාණි [라-니] 여왕 රැජින.

රාණි වාසල [라-니 와-썰러] 여왕궁.

රාත්තල [랕-떨러] (무게) 파운드 (16온스, 약 453.6g). ¶ පාන් රාත්තලක් 빵 한덩어리

රාත්‍රඥ [라-뜨러끄녀] 윗사람, 어르신 බහුශ්‍රැතයා.

රාත්‍රි† [라-뜨리] රාත්‍රිය 의 복수 또는 형용사: ①밤들, 저녁들 ②밤의, 저녁의 රාත්‍රී. ¶ රාත්‍රී බෝජනය (기독교) 최후의 만찬, 성찬식

රාත්‍රි අන්ධතාව [라-뜨리 안더따-워] 야맹, 밤에 어두워 안 보임 තමස් අන්ධතාව.

රාත්‍රිමුඛ [라-뜨리무꺼] 저녁의 සැන්දෑ.

රාත්‍රිය‡ [라-뜨리여] 밤, 밤중 රැය. (구어) රෑ ¶ සුභ රාත්‍රියක් 안녕히 주무세요

රාත්‍රී† [라-뜨리-] රාත්‍රිය 의 형용사: 밤의, 저녁의, 야간의 රාත්‍රී.

රාබු‡ [라-부] 무, 무우.

රා බේරුවා [라- 베-루와-] 술주정뱅이 බේබද්දා.

රාමඤ්ඤ [라-만녀] 미얀마(버마)의 옛 이름 පිගු රට.

රාමතැල්ල/රාමතෙල් [라-머땔러/라-머땔] 가슴앓이.

රා මදින්නා† [라- 마딘나-] 야자술 만들기 위한 수액 채취자.

රාම රාජ්‍යය [라-머 랒-지여여] 유토피아, 이상주의 나라 යුතෝපියාව.

රාමසාන්† [라-머싼-] 라마단 (이슬람 금식월) නෝම්බි කාලය.

රාමු පටිය [라-무 빠티여] 난간, 울타리.

රාමු මැස්ම [라-무 매쓰머] 틀 하나, 뼈대 만들기.

රාමුව† [라-무워] 틀, 테, 뼈대, 구조 වටපටිය.

රාමෙට [라-메터] 많이, 넘치게 බොහො සෙයින්.

රාමෙර [라-메러] 술, 주류 මත්පැන්.

රාව [라-워] රාවය 의 복수: 소리들.

රාවකය [라-워꺼여] (전기) 버저, 울리는 것.

රාවණා/රාවන [라-워너] 10 지역을 다스리며 과학과 예술, 조각에 능숙한 스리랑카 고대 거인왕 (절 그림에는 머리 10개에 각 손에 무기를 든 20개의 팔을 가진 괴물로 나온다).

රාවණා අක්ෂාංශ [라-워너 악샹-셔] 노호하는 40도대 (험한 풍랑이 이는 남위 40~50도대 해역).

රාවය‡ [라-워여] ①소리, 함성, 외침 ශබ්දය ②소식, 뉴스 ආරංචිය. ¶ කීර්තිරාවය 유명세, 명성

රාවරය [라-워러여] 습기, 축축함 තෙතමනය.

රාවර වළ [라-워러 왈러] 정화조, 폐수 수조.

රා වෙනවා [라- 웨너와-] 발효되다 රා බවට පත් වෙනවා.

රාශි [라-쉬] 많은, 다량의, 무리의 බොහෝ.

රාශි කරනවා [라-쉬 꺼러너와-] 모으다, 쌓다 රැස් කරනවා.

රාශි චක්‍රය [라-쉬 차끄러여] (천문학) 12궁, 12자리.

රාශිභූත/රාසිභූත [라-쉬부-떠/라-씨부-떠] 모인, 수거된, 쌓인 රැස්වුණු.

රාශිය† [라-쉬여] ①무더기, 다량, 다수 ගොඩ ②(천체) 12별자리, 12궁 ලග්නය.

රාෂ්ට්‍ර [라-쉬트러] රාෂ්ට්‍රය 의 복수 또는 형용사: ①나라들, 국가들 රටවල් ②나라의, 국가의 දේශික.

රාෂ්ට්‍රපති [라-쉬트러빠띠] 대통령, 나라의 지도자 ජනාධිපති.

රාෂ්ට්‍රය [라-쉬트러여] 나라, 국가 දේශය. (구어) රට

රාසිභූත/රාශිභූත [라-씨부-떠/라-쉬부-떠] 모인, 수거된, 쌓인 රැස්වුණු.

රා සොඩා [라- 쏘다-] 술 주정뱅이 රා ගුඩ්ඩා.

රාස්තුව/රාස්පය [라-쓰뚜워/라-쓰빠여] 이가 거친 줄 ලී ගාන පීර.

රාස්සයා [랐-써야-] 악마, 귀신 යකා.

රාහිය [라-히여] 축적, 저장, 축재 රැහිය.

රාහු [라-후] 힌두 신화의 강한 행성.

රාහු අල්ලනවා [라-후 알러너와-] 일식 (월식) 하다, (천체가 딴 천체를) 가리다.

රාළ [랄-러] (과거 시대) 고관 රදළයා.

රාළහාමි [랄-러하-미] (경찰 등 공무원에게 사용하는 존칭어) 공무원.

රැක [래꺼] රකිනවා 의 과거분사: ①막고, 보호하고 ②알을 품고.

රැක ගන්නවා† [래꺼 간너와-] 보호하다, 지키다 රකිනවා. (구어) ආරක්ෂා කරනවා

රැක බලාගන්නවා‡ [래꺼 발라-간너와-] 보호하다, 지키다 රකිනවා. (구어) ආරක්ෂා කරනවා

රැක බලාගන්නා [래꺼 발라-간나-] 보호자, 감시인 රැකවලා.

රැකවරණය‡ [래꺼와러너여] ① 보호, 지킴 ආරක්ෂාව ②피난처 මුවාව.

රැකවල [래꺼왈러] 보초, 보호. (복) *රැකවල්*

රැකවලා [래꺼월라-] 보호자, 파수꾼, 보초병 රැක බලාගන්නා.

රැකවල් [래꺼왈] 보호하는, 지키는 රකින.

රැකියා බැංකුව [래끼야- 뱅꾸워] 직업 은행.

රැකියාව‡ [래끼야-워] 직업, 일 වෘත්තිය. (구어) රස්සාව

රැකියා හිඟය† [래끼야- 힝거여] 실직, 무직 විරැකියාව.

රැකීම/රැකුම [래끼-머/래꾸머] රකිනවා, රැකෙනවා 의 동명사: 보호, 보초, 막음 ආරක්ෂාව.

රැකීරක්ෂා කාර්යාලය [래끼-띾샤- 까-르얄-러여] 고용 사무실.

රැකීරක්ෂාව [래끼-띾샤-워] 직업, 일 රැකියාව. (구어) රස්සාව

රැකුම/රැකීම [래꾸머/래끼-머] රකිනවා, රැකෙනවා 의 동명사: 보호, 안전 ආරක්ෂාව.

රැකෙනවා [래께너와-] රැකුණා-රැකී(රැක) රකිනවා 의 피동사: 보호받다, 보호 되어지다 ආරක්ෂා වෙනවා. <u>රැකීම/රැකුම</u>

රැක්කා [랚까-] රකිනවා 의 과거: ①보호했다, 막았다 ②알을 품었다.

රැගත් [래갇] 취한, 가진, 가지고 간 ඇරගත්.

රැගන්නවා [래간너와-] 취하다, 가지다, 가지고 가다 අරගන්-නවා.

රැගෙන යනවා† [래게너 야너와-] 데리고 가다 අරගෙන යනවා.

රැඟුම [랭구머] රඟනවා 의 동명사: 공연, 연극 රංගනය.

රැජින/රැජන† [래지너/래저너] ①왕비, 왕후 රැජිනිය ②여왕 රාජිනී.

රැජිනිය [래지니여] ①왕비, 왕후 රැජින ②여왕 රාජිනී.

රැටියා [래티야-] 시민, 국민 රටවැසියා.

රැඩිකල් පක්ෂය [래디깔 빢셔여] 급진당, 과격당, 급진파.

රැඩිකල් වාදය [래디깔 와-더여] 급진주의, 과격주의.

රැත්ත [랟따] 빨강, 빨간색 රතු පැහැය. (복) *රැති*

රැති [래띠] 빨간, 빨간색의 රතු.

රැඳවියා [랜더위야-] ①(교도소) 수감자 ②(정치적 이유에 의한 외국인) 억류자.

රැඳි [랜디] රැඳෙනවා 의 형용사: 모인, 쌓인.

රැඳීම/රැඳුම [랜디-머/랜두머] රැඳෙනවා 의 동명사: 모임, 쌓임.

රැඳී සිටිනවා† [랜디 씨티너와-] 기다리다. (구어) බලාගෙන ඉන්නවා

රැඳුම/රැඳීම [랜두머/랜디-머] රැඳෙනවා 의 동명사: 모임, 쌓임.

රැඳෙනවා [랜데너와-] රැඳුණා-රැඳී ①모이다, 쌓이다, 축적되다 එකට එකතු වෙනවා ②머물다, 기다리다 නැවතෙනවා. <u>රැඳීම</u> ¶ රැඳෙව්වා 수감자, 죄수 රැඳී සිටිනවා 머물다, 있다, 기다리다

රැඳෙව්වා [랜데우와-] 수감자, 죄수 සිරකරුවා.

රැය† [래여] 밤, 저녁 රෑ, රාත්‍රිය.

රැයින් [래인] 일찍, 빨리.

රැල/රැළ‡ [랠러] ①파도 රළ ②무리, 군중, 떼 රංචුව ③주름, 접은자리.

රැලි [랠리] රැල්ල 의 복수: 파도들.

රැල්බුරුල් අරිනවා [랠부룰 아리너와-] 목 청소를 하다 කාරනවා.

රැල්ල† [랠러] ①파도 රළ ②주름, 접은자리. (복) *රැලි*

රැවටිලි [래워틸리] රැවටිල්ල 의 복수 또는 형용사: ①속임, 사기 ②속이는, 사기치는 ප්‍රයෝග.

රැවටිලිකාර [래워틸리까-러] 속이는, 사기치는 වංචාකාර.

රැවටිල්ල [래워틸러] 속임, 사기 වංචාව. (복) *රැවටිලි*

රැවටීම [래워티-머] රවටනවා, රැවටෙනවා 의 동명사: 속임, 사기.

රැවටෙනවා† [래워테너와-] රැවටුණා-රැවටී රවටනවා 의 피동사: 속다, 속임을 당하다, 유혹되다. <u>රැවටීම</u>

රැවිල්ල [래윌러] 찡그린 얼굴, 우거지상 රැවීම.

රැවීම/රැවුම [래위-머/래우머] රවනවා 의 동명사: 찡그린 얼굴, 우거지상, 눈살을 찌푸림 රැවිල්ල.

රැවුල‡ [래울러] 수염 දැළි. ¶ උඩු රැවුල 콧수염

රැවුල බානවා† [래울러 바-너와-] 수염을 깎다, 면도하다. <u>රැවුල බෑම</u>

රැව් [래우] 소리, 음 රාවය.

රැව් දෙනවා [래우 데너와-] 소리 내다 ශබ්ද නඟනවා.

රැව් පිළිරැව් [래우 삘리래우] 메아리, 울림 රාව ප්‍රතිරාව.

රැස [래써] ①무더기, 많음 රාශිය ②광선+ D22280 රශ්මිය ③ (천문학) 12궁 ග්‍රහරාශිය.

රැස් [래쓰] රැස 의 복수: ①무리들, 그룹들 සමූහ ②빛들, 광선들 රශ්මිය.

රැස් කනවා [래쓰 까너와-] (무리가) 모이다, 집합하다 රැස් වෙනවා. (구어) එකතු වෙනවා

ර

රැස් කරනවා† [래쓰 꺼러너와-] 모으다, 수집하다 එකතු කරනවා. රැස් කිරීම
රැස් යනවා [래쓰 야너와-] 흩어지다.
රැස් වළල්ල [래쓰 왈랄러] (해, 달의 둘레의) 무리, 광환(光環).
රැස්වීම‡ [래쓰위-머] රැස්වෙනවා의 동명사: 모임, 집회, 집합 එකතු වීම. (복) *රැස්වීම්*
රැස් වෙනවා† [래쓰 웨너와-] රැස්වුණා-රැස්වී 모이다, 모여들다, 집합하다 එකතු වෙනවා. රැස්වීම
රැහැ [래해] 국민, 자국민, 백성 ජාතිය.
රැහැණි [래해니] 화난, 불쾌한, 반대하는.
රැහැණි වෙනවා [래해니 웨너와-] 화나다, 불쾌해하다, 반대하다.
රැහැන† [래해너] ①줄, 밧줄, 동아줄 ලණුව ②씽할러 모음부호 중 받침을 만드는 기호인 '할끼리-머 හල් කිරීම' 중 'ච, ට, ඩ, බ, ම, ඹ, ව' 에 붙는 기호: ' ච්, ට්, ඩ්, බ්, ම්, ඹ්, ව් '. (복) *රැහැන්* ¶ රැහැන් රහිත දුරකථන 무선 전화
රැහැයියා/රැහැසියා† [래해이야-/래해씨야-] 매미 රැසියා.
රැහි කනවා [래히 까너와-] 모이다, 집결하다 එක් රැස් වෙනවා.
රැළ/රැල‡ [랠러] ①파도 රළ ②무리, 군중, 떼 රංචුව ③주름, 접은자리.
රැළ ගහනවා [랠러 가하너와-] 파도가 치다.
රැළපහණ/රැළපාණ [랠러빠하너/랠러빠-너] 방파제.
රැළමාන [랠러마-너] (지붕의) 처마.
රැළි† [랠리] 주름, 접은 부분 රළ, රැලි.
රැළිති මස්නය [랠리띠 마쓰너여] (재봉틀의) 주름잡는 장치.
රැළිත්ත [랠릳떠] 잔물결, 파문 කුඩා රළ.
රැළි දම මැස්ම [랠리 다-머 매쓰머] 사슬뜨기, 체인 스티치.
රැළිපාලම [랠리빨-러머] 아치 장식, 둥근 장식.
රැළි පැන්නුම [랠리 빤누머] 둑길, 방죽길.
රැළි බෙල්ලා [랠리 벨라-] (조개류) 가리비, 스캘럽.
රැළි මැස්ම [랠리 매쓰머] 물결 문양 바느질.
රැළි වැටෙනවා [랠리 왜테너와-] 접히다, 구겨지다 රැළි ගැහෙනවා.
රෑ‡ [래-] 저녁, 밤 රැය. (문어) රාත්‍රිය ¶ මැදියම් රෑ 자정
රෑ ඇඳුම† [래- 앤두머] 잠옷.
රෑ කණ [래- 까너] 야맹증.
රෑ කණා [래- 까나-] 밤에 눈이 안보이는 사람 රාත්‍රී අන්ධයා.
රෑ කෑම‡ [래- 깨-머] 저녁식사, 만찬. (문어) රාත්‍රී බෝජනය
රෑණ [래-너] 긴줄, 스트링 රෑන.
රෑණ කාවා [래-너 까-와-] (조류) 인도산 가마우치의 일종.
රෑදහවල [래-다하왈러] 밤낮 රෑ හා දවාල.
රෑන [래-너] ①긴줄, 스트링 දිග කෙන්ද ②무리, 떼 රැළ ③덩굴, 담쟁이 වැල ④송이, 한 덩어리 ඇවරිය.

රෑන කාවා [*래*-너 까-와-] (조류) 인도산 가마우치의 일종 රෑණ කාවා.

රෑන් පණුවා [*랜*- 빠누와-] (곤충) 거염벌레.

රෑන් මැස්ම [*랜*- 매쓰머] 한땀, 줄 한코.

රෑ පහන් කරනවා [*래*- 빠한 꺼*러*너와-] 밤새다, 철야를 하다.

රෑපාන [*래*-빠-너] 밤시간, 밤중 රාත්‍රි කාලය.

රෑබදුල්ලා [*래*-바둘라-] 개똥벌레 유충.

රෑ බෝ වෙනවා [*래*- 보- 웨너와-] 저녁이 되다, 저녁이 시작되다 රාත්‍රිය ආරම්භ වෙනවා.

රෑ මැදියම† [*래*- 매디여머] 한밤중 මැදියම් රැය.

රෑමුව [*래*-무워] 저녁 සැන්දෑව.

රෑමුද [*래*-무-더] 심해, 깊은 바다 ගැඹුරු මුහුද.

රෑ යාමය [*래*- 야-머여] 저녁, 저녁 시간 රාත්‍රි කාලය.

රෑ වෙනවා† [*래*- 웨너와-] 저녁이 되다, 어두워지다.

රෑ සමනළයා [*래*- 싸머널러야-] 나방 සලබයා.

රෑසියා/රෑහියා [*래*-씨야-/*래*-히야-] 매미 රැහැයියා.

රෑහි කරනවා [*래*-히 꺼*러*너와-] 쌓다, 산적하다, 모으다 එකතු කරනවා.

රෑහියා/රෑසියා [*래*-히야-/*래*-씨야-] 매미 රැහැයියා.

රිංගනවා [*링*거너와-] රිංගුවා-රිංගා (기어서) 통과하다, 관통하다, 기어 지나가다 අස්සෙන් යනවා. <u>රිංගීම</u>

රිංගවනවා [*링*거워너와-] රිංගෙවුවා-රිංගවා (기어서) 통과하게 하다, 기어 지나가게 만들다 අස්සෙන් යවනවා.

රිංගීම [*링*기-머] රිංගනවා 의 동명사: 기어 지나감, 기어서 통과함.

රික [*리*꺼] 나무 රුක.

රිකිලි [*리*낄리] රිකිල්ල 의 복수 또는 형용사: ①잔가지들, 가는 가지들 ②잔가지의, 가는 가지의 කුඩා ශාඛා අතු.

රිකිල්ල† [*리*낄러] 잔가지, 가는 가지. (복) *රිකිලි*

රික්ත [*릭*떠] 빈, 공허한 හිස්.

රික්ත ප්ලාස්කුව [*릭*떠 쁠라-쓰꾸워] 보온병.

රික්ත මුස්නය [*릭*떠 무쓰너여] 진공 청소기 රික්ත ශෝධකය.

රික්තය† [*릭*떠여] 진공, 진공 상태 හිස් බව.

රික්ත රෝධකය [*릭*떠 *로*-더꺼여] 진공 제동기.

රික්ත ශෝධකය [*릭*떠 쇼-더꺼여] 진공 청소기 රික්ත මුස්නය.

රික්තාව [*릭*따-워] 불행의 시기 රිට්ටාව.

රික්ථවරණය [*릭*떠와*러*너여] (부동산의) 유증, 유증 재산.

රික්ෂෝව‡ [*릭*쇼-워] 인력거.

රිට† [*리*터] 장대, 긴 막대기 හින් දිග ලීය. (복) *රිටි*

රිටි [*리*티] රිට의 복수 또는 형용사: ①장대들, 막대기들 ②막대의, 장대의.

රිටි ගානවා [*리*티 가-너와-] 장대를 사용하여 배를 움직이다.

රිටි දඬු [*리*티 단두] 나룻배에 사용하는 장대.

රිටි පැනීම [*리*티 빼니-머] 장대 높이뛰기.

ර

රිටි සුඹුළු [리/티 쑴불루] 나무 껍질 ගස්වල පට්ටා.
රිටු [리/투] 불운한, 불행한, 운이 없는 අසුබ.
රිටූ [리/투] ①까마귀 කපුටා ② 님나무, 멀구슬 나무 කොහොඹ ගස.
රිටුදෙස [리/티도써] 해, 손해 නපුරු දෝෂය.
රිට්ටාව [릳/타-워] 불행의 시기 රික්තාව.
රිණ [리/너] 마이너스의, (전기) 음의 සෘණ.
රිති [리/띠] (경단 같은) 작은 공 모양의 것 ගුලි.
රිත්මය [리/뜨머여] 가락, 리듬 තාලය.
රිත්මයානුකූල [리/뜨머야-누꿀-러] 가락에 맞추는, 리듬을 따르는.
රිදවනවා‡ [리/더워너와-] රිදෙවුවා-රිදවා 아프게 하다, 고통을 주다 රද්දනවා. රිදවීම
රිදි අම්මා/රිදි නැන්ද [리/디 암마-/리/디 낸다-] 청소부, 세탁해주는 사람.
රිදිය/රිදීය [리/디여/리/디-여] 은, 실버. (복) රිදී
රිදී‡ [리/디-] රිදීය 의 복수: 은, 실버 රජත.
රිදී කටහඬ [리/디- 까터한더] 달콤한 목소리 මිහිරි කටහඬ.
රිදීකරුවා [리/디-꺼루와-] 은쟁이, 은 세공업자.
රිදීම/රිදුම [리/디-머/리/두머] රිදෙනවා의 동명사: 아픔, 통증, 고통 වේදනාව. (구어) කැක්කුම
රිදීය [리/디-여] 은, 실버. (복) *රිදී*
රිදී ලෝහාලේපණය [리/딜 로-할-레-빠너여] 은 도금, 은을 입힘 රිදී ගෑම.
රිදී වානේ [리/디- 와-네-] 은제품.
රිදුණු [리/두누] රිදෙනවා 의 형용사적 과거용법: 아픈, 통증 있는 වේදනාව දැනුණු. (구어) රිදිච්ච
රිදෙනවා‡ [리/데너와-] රිදුණා-රිදී(රිදිලා) 아프다, 통증을 느끼다, 고통스러워하다 වේදනා දැනෙනවා. රිදීම/රිදුම
රිද්දනවා [릳/더너와-] රිද්දුවා-රිද්දා 아프게 하다, 고통을 주다 රිදවනවා.
රිද්දවනවා [릳/더워너와-] රිද්දෙවුවා-රිද්දවා 아프게 하다, 고통을 주다 රිද්දනවා. රිද්දවීම
රිද්මය‡ [릳/머여] 운율, 가락, 리듬 තාලය.
රිපු [리/뿌] 사악한, 적의가 있는 සතුරු.
රිපුතාව [리/뿌따-워] 사악, 악함, 적의.
රිපූ [리/뿌-] 적, 반대 세력 සතුරා.
රිමාන්ඩ් කරනවා [리/만-드 꺼러너와-] (증거를 잡을 때까지 혐의자를) 구금하다, 유치하다.
රිමාන්ඩ් බාරයේ තබනවා [리/만-드 바-러예- 꺼러너와-] (증거를 잡을 때까지 혐의자를) 구금하다, 구속하다 රිමාන්ඩ් කරනවා.
රිඹ [림/버] 궁둥이, 방덩이 තට්ටම.
රිය [리/여] 차, 차량 රථය.
රියදුරා/රියැදුරා‡ [리/여두라-/리/얘두라-] 운전사, 운전기사 රිය පදවන්නා. (복) *රියදුරු/රියැදුරු*

රියදුරු [리여두루] රියදුරා 의 복수 또는 형용사: ①운전사들, 운전기사들 ②운전사의, 기사의 රියදුරු.

රියදුරු බලපත්‍රය† [리여두루 발러빠뜨러여] 운전 면허증.

රියන‡ [리여너] 큐빗, 완척 (팔꿈치에서 가운데 손가락 끝까지 길이).

රියනැබ [리여내버] (차바퀴의 중심부) 바퀴통.

රියපළුර [리여빠두러] (자동차) 차대.

රියාව [리야-워] 물이 찬 골짜기.

රියැදුරා/රියදුරා [리얘두라-/리여두라-] 운전사, 운전기사 රිය පදවන්නා. (복) *රියැදුරු/රියදුරු*

රියැදුරු [리얘두루] රියදුරා 의 복수 또는 형용사: ①운전사들, 운전기사들 ②운전사의, 기사의 රියදුරු.

රිලවා‡ [릴러와-] (크기가 작은) 원숭이의 한 종류 රිළවා. (복) *රිලවෝ*

රිල්ල [릴러] ①여울목, 얕은 곳 ②얇은 막 සියුම් සිවිය.

රිවි [리위] 해, 태양 සූර්යයා. (구어) ඉර

රිවිකත් [리위깥] (보석) 자스퍼 සූර්යකාන්ත.

රිවිකැන්පහණ [리위깬뻐하너] (보석) 자스퍼 සූර්යකාන්ත.

රිවිකුල [리위꿀러] 태양 족.

රිවිද [리위다-] 일요일 ඉරිදා.

රිවි දින [리위 디너] 일요일 ඉරිදා.

රිවිබිඹු [리위빔부] 해, 태양 සූර්යයා. (구어) ඉර

රිවිමග [리위마거] 하늘 අහස.

රිසිට්ටුව† [리씥투워] 영수증 ලදු පත.

රිසි [리씨] රිසිය, රිස්ස 의 복수 또는 형용사: ①원함들, 갈망들 ②원하는, 뜻하는, 갈망하는. (구어) කැමති

රිසිය [리씨여] ①뜻, 원함, 갈망 ②좋은 맛. (구어) කැමැත්ත

රිස්ස [릿써] 뜻, 갈망, 원함 ආශාව. (복) රිසි (구어) කැමැත්ත

රිස්ස යනවා [릿써 야너와-] 먹다 කනවා.

රිස්සීම/රිස්සුම [릿씨-머/릿쑤머] රුස්සනවා 의 동명사: 견딤, 참음.

රිස්සේ [릿쎄-] 원하는데로, 좋은데로.

රිහිරි [리히리] 피, 혈 රුධිරය. (구어) ලේ

රිළවා‡ [릴러와-] (크기가 작은) 원숭이의 한 종류 වාලියා. (복) *රිළවෝ*

රිළු [릴루] 무리, 떼 සමූහය.

රිති [리-띠] රිතිය 의 복수 또는 형용사: ①규칙들, 법칙들 ②습관들, 관습들 ③습관의, 관습의 ④규칙의, 법칙의.

රිතිප්‍රශ්නය [리-띠쁘러쉬너여] ①규칙 사항 ②습관 사항, 관습 부분.

රිතිය [리-띠여] ①규칙, 법칙 ②습관, 관습, 풍습, 스타일 භාවනාව.

රිත්‍යනුකූල [리-띠여누꿀-러] ①관습을 따라, 관습을 따라 ②규칙을 따라, 법칙에 따라.

රිප්පය [맆-뻐여] (건축: 지붕, 벽속에 엮는 나무) 와, 욋가지.

රිරි [리-리] 피, 혈 රුධිරය. (구어) ලේ

ර

රිරි ගෙඩිය [리-리 게디여] 심장 හෘදය.
රිරි යකා [리-리 야까-] 피 빨아먹는 귀신.
රුක† [루꺼] 나무 ගස. (복) *රුක්* (구어) ගහ ¶ පහන් රුක 등잔대
රුකුල† [루꿀러] ①지지, 후원, 응원 උදව්ව ②지지대, 버팀목, 버팀대 දැති ලීය.
රුකුල් කම්බිය [루꿀 깜비여] 버팀 철사, 지지 철사.
රුකුල් දණ්ඩ [루꿀 단더] 지지대, 버팀목, 버팀대 රුකුල.
රුකුල් දෙනවා [루꿀 데너와-] 격려하다, 부추기다, 지지하다 උපකාර කරනවා. (구어) උදව් කරනවා
රුක් [룩] රුක 의 복수 또는 형용사: ①나무들 වෘක්ෂ ②나무의 ගස්වලට අදාළ.
රුචි [루치] 선호하는, 좋아하는 කැමති.
රුචිකරය [루치꺼러여] 애피타이저, 식욕을 돋구는 음식.
රුචිය [루치여] 선호, 기호, 좋아함 කැමැත්ත. ¶ කෑම රුචිය 식욕
රුචිර [루치러] 갈망하는, 열망하는, 좋아하는 කැමති.
රුචිරාණන [루치라-너너] 아름다운, 미모의 ලස්සන.
රුචිරාණනිය [루치라-너니여] 미인 සොඳුරු කත.
රුජාව [루자-워] 통증, 통 වේදනාව. (구어) කැක්කුම
රුති [루띠] 선호하는, 좋아하는 කැමති.
රුතිය [루띠여] 선호, 기호, 좋아함 රුචිය.
රුත්ගේ කථාව [룻게- 까따-워] (성경) 룻기, 룻.
රුදාව [루다-워] ①통증, 통 වේදනාව ②장난, 개구장이질 දාංගලය.
රුදු [루두] 사나운, 거친 සැර.
රුදුරු [루두루] ①사나운, 모진, 격렬한 රෞද්‍ර ②큰 ලොකු.
රුධිර [루디러] 피의, 혈액의.
රුධිර කාණ්ඩය† [루디러 깐-더여] 혈족, 혈액형.
රුධිර ගණය [루디러 가너여] 혈액형.
රුධිර ගුටිකාරෝධය [루디러 구티까-로-더여] 혈전증.
රුධිර පරීක්ෂාව† [루디러 빠뤽-샤-워] 피검사.
රුධිර පීඩනය‡ [루디러 삐-더너여] 혈압.
රුධිර ධාවනය [루디러 다-워너여] 혈액 순환 ලේ ගමන්කිරීම.
රුධිර නාළය [루디러 날-러여] 혈관 ලේ නාළය.
රුධිර මස්තු [루디러 마쓰뚜] 혈청.
රුධිරය‡ [루디러여] ①피, 혈액 ලේ ②화성 අඟහරු. ¶ රුධිරය කැටි ගැසීම (의학) 혈전
රුධිර වාහිනිය [루디러 와-히니여] 혈관 රුධිර නළය.
රුධිරාණුව [루디러-누워] 혈구.
රුධිරාශය [루디라-셔여] 혈액굴.
රුධිශ්‍රාවය [루디쉬라-워여] 피흘림, 출혈, 유혈 ලේ ගැළීම.
රුපියල† [루삐열러] (스리랑카 화폐단위) 루피. (복) *රුපියල්*
රුපු [루뿌] ①적의, 원수의 සතුරු ②적, 원수 සතුරා.
රුප්ප/රුප්පාව [룹빠/룹빠-워] 나무 그늘 රුක් සෙවණ.

රුප්පනය [*루*뻐너여] ①파괴, 파멸 විනාශවීම ②바꿈, 변화 වෙනස්වීම.

රුප්පාව/රුප්ප [*룹*빠-워/*룹*뻐] 나무 그늘 රුක් සෙවණ.

රුප්පා [*룹*빠-] ①(나무) 뿌리 ගස්මුල ②나무 그늘 රුක් සෙවණ.

රුප්පේ [*룹*뻬-] 나무 그늘 රුක් සෙවණ.

රුයිත [*루*이떠] 다이아몬드(의), 금강석(의) රුවිත.

රුලං‡ [*룰*랑] (체질한 후에 남는) 거친 밀가루.

රුව† [*루*워] 모습, 모양, 형상, 이미지 රූපය.

රුවන [*루*워너] 금은 보석 රත්නය.

රුවනකර [*루*워너꺼*러*] 바다, 해양 මුහුද.

රුවනවා [*루*워너와-] ①두다, 안에 두다 දමනවා ②신뢰하다.

රුවනාර [*루*워나-*러*] 바다, 해양 මුහුද.

රුවන් [*루*완] 보석 මැණික්.

රුවන් දිව [*루*완 디워] 보석의 나라, 스리랑카 ශ්‍රී ලංකාව.

රුවල‡ [*루*월러] (배) 돛.

රුවල් නැව† [*루*왈 내워] 돛단배.

රුවැති [*루*왜띠] 아름다운, 예쁜, 미모의 ලස්සන.

රුවිත [*루*위떠] 다이아몬드(의), 금강석(의) රුයිත.

රුසි [*루*씨] 좋아하는, 재미있어하는 රුචි.

රුසියා [*루*씨야-] 유능한 사람, 능력있는 사람, 영웅 දක්ෂයා.

රුසිර [*루*씨*러*] 미모, 아름다움 රූපශ්‍රීය.

රුසිරි/රුසිරු [*루*씨*리*/*루*씨*루*] 아름다운, 예쁜, 미모의 ලස්සන.

රුසිනා [*루*씨나-] 기뻐하는, 즐거워하는 සතුටු.

රුස්සනවා [*룻*써너와-] රිස්සුවා-රුස්සා 참다, 인내하다, 견디다. <u>රිස්සීම/රිස්සුම</u>

¶ නුරුස්සනවා 참지 않다

රුහ [*루*하] 싹튼, 자란 පැළවුණු.

රුහිර/රුහිරු [*루*히*러*/*루*히*루*] 피, 혈 රුධිරය. (구어) ලේ

රුහිරු/රුහිර [*루*히*루*/*루*히*러*] 피, 혈 රුධිරය. (구어) ලේ

රුහුණ [*루*후너] 루후너, 스리랑카 남쪽 지방을 일컫는 말 රෝහණ. (복) රුහුණු

රූ [*루*-] ①රූප 의 축약형: 모양의, 형상의 ②금의, 황금의 රුවන්.

රූ [*루*-] 금이나 보석 රුවන්.

රූං [*룽*-] 소리.

රූං පෙත්ත [*룽*- 뻿떠] 선풍기 날개 රූනා.

රූකඩ නැටුම† [*루*-꺼*더* 내투머] 꼭두각시 인형극.

රූකඩය† [*루*-꺼*더*여] 꼭두각시, 작은 인형.

රූකම [*루*-꺼머] 모양 만들기, 형상 제조.

රූක්ෂ [*룩*-셔] 험한, 힘든, 고된 රළු.

රූටන ගාංචුව [*루*-터너 강-추워] 지퍼, 작크.

රූටනවා [*루*-터너와-] රිටුවා-රූටා 미끄러져 가다, 미끄러지다, 미끄러져 내려가다 ලිස්සා යනවා. <u>රිටීම</u>

රූඪි [*루*-*디*] ①(실지로) 적용된, 응용된 ②숙어, 관용어.

රූඪිය [루-디여] 사용, 이용.

රූණ [루-너] (스리랑카) 남쪽 지역: 루후너 රුහුණ. (복) රූණු

රූනා [루-나-] 선풍기 날개 රූං පෙත්ත.

රූප [루-뻐] රූපය 의 복수 또는 형용사: ①모양들, 형상들 ②모양의, 형상의.

රූපකය [루-뻐꺼여] 은유(隱喩), 암유(暗喩) රූපකාලංකාරය.

රූපකල්‍යාණය [루-뻐깔리야-너여] 미모, 아름다움 ලස්සන.

රූපණය [루-뻐너여] 전시, 전열, 보여줌 දැක්වීම.

රූපත් [루-빧] 예쁜, 아름다운 රූපවත්.

රූපය‡ [루-뻐여] ①모양, 형상 ②우상. ¶ රූපාත්මක 유형의

රූපලක්ෂණය [루-뻘띾셔너여] 모양새, 생김새, 모양 හැඩ-හුරුකම.

රූප ලාවණ්‍යය [루-뻘 라-원니여여] 미화, 모양새를 발전시킴 අලංකරණය.

රූපවාහිනිය‡ [루-뻐와-히니여] 텔레비전, TV.

රූප විද්‍යාව [루-뻐 윋디야-워] (생물) 형태학.

රූපවිභේදනය [루-뻐위베-더너여] (생물) 생태학적 분화.

රූප සටහන† [루-뻐 싸터하너] 도표, 그림, 도형 රූ සටහන.

රූපසම්පත/රූපසම්පත්තිය [루-뻐쌈뻐떠/루-뻐쌈빧띠여] 아름다움, 미모 රූ සපුය.

රූපසම්පන්න† [루-뻐쌈빤너] 아름다운, 예쁜 ලක්ෂන.

රූපසෞන්දර්ය [루-뻐싸운더르여] 미모, 미모의 매력 රූපයෙහි සුන්දරත්වය.

රූපාකාරය [루-빠-까-러여] (생물) 형태, 형체 ව්‍යුහය.

රූපාක්ෂර [루-빡-셔러] 상형문자, 그림 문자.

රූපාන්තරණය [루-빤-떠러너여] (생물의) 변형, 변태.

රූපාන්තරය [루-빤-떠러여] 변형, 변화, 수정 වෙනස් වූ රූපය.

රූපික [루-삐꺼] 모양의, 형식의 රූපාකාර.

රූපිකාව [루-삐까-워] 미인 රූමතිය.

රූපිත [루-삐떠] 삽화가 든, 그림이 있는 රූපණය කළ.

රූබර [루-바러] 예쁜, 아름다운 රූමත්.

රූබලය [루-벌러여] (러시아 통화) 루블.

රූමතිය [루-머띠여] 미인 රූපිකාව.

රූමත් [루-맏] 예쁜, 아름다운 රූපවත්.

රූමදය [루-마더여] 미의 자랑 රූප මදය.

රූරනවා [루-러너와-] රිරුවා-රූරා ①미끄러져 내리다, 미끄러지다 ලිස්සා බහිනවා ②흠집이 생기다, 긁히다 හීරෙනවා. රිරීම

රූරා බහිනවා [루-라- 바히너와-] 흘러내리다, 미끄러져 내리다 පහළට ගලා යනවා.

රූරාව [루-라-워] 포복, 김, 엎드려 감 බඩගායෑම.

රූල [룰-러] ①자, 잣대 කෝදුව ②선, 줄 රේඛාව.
¶ රූල් පොල්ල 잣대

රූලට [룰-러터] ①글자로 අකුරට ②법으로 නීතියට.

රූල් ගසනවා [*룰*- 가써너와-] 자로 선을 긋다, 직선을 그리다 සෘජු රේඛා අඳිනවා.

රූල් පොල්ල [*룰*- 뽈러] 자, 잣대, 룰러 රූල.

රූ සටහන [*루*- 싸터하너] 도표, 도형, 그림 රූප සටහන.

රූසපුව [*루*-싸뿌워] 미모, 아름다움, 고움 රූප ශෝභාව.

රූ සිරිය [*루*- 씨*리*여] 미모, 아름다움, 외모가 준수함 රූපාලංකාරය.

රූස්ස [*룼*-써] 엄청나게 큰, 거대한 රූක්ෂ.

රෙකමදරුව [*레*꺼머다-*루*워] 추천, 천거 නිර්දේශය.

රෙකුලාසිය/රෙගුලාසිය [*레*꿀라-씨여/*레*굴라-씨여] 규정, 규칙, 법규, 조례 අතුරු නීතිය.

රෙජිමේන්තුව [*레*지멘-뚜워] (군사) 연대.

රෙදි‡ [*레*디] රෙද්ද 의 복수: ① 천, 옷감 ②옷, 의복.

රෙදිපිළි [*레*디삘리] 직물, 옷감 රෙදි.

රෙදිමෝල [*레*디몰-러] 직물 제조소, 옷감 제작소.

රෙද්ද‡ [*렏*더] 옷감, 천. (복) *රෙදි*

රෙපරමාදු [*레*빠*러*마-두] (개신교) 네덜란드 개혁 장로 교단.

රේක්කය† [*렊*-꺼여] 갈퀴.

රේඛනය [*레*-꺼너여] 선긋기, 줄긋기 ඉරි ඇඳීම.

රේඛා [*레*-까-] රේඛාව 의 복수: 선들, 줄들 ඉරි.

රේඛා ගණිතය† [*레*-까- 가니떠여] 기하학 ජ්‍යාමිතිය.

රේඛාචිත්‍ර [*레*-까-치뜨*러*] 그래프.

රේඛාව‡ [*레*-까-워] 선, 줄 ඉර. (복) *රේඛා*

රේඛා වියමන [*레*-까- 위여머너] 능직, 능직물.

රේඛා සටහන [*레*-까- 싸터하너] 도형, 그림, 도식.

රේඛිත [*레*-끼떠] 선이 있는, 선이 그어져 있는 ඉරි ඇඳින ලද.

රේඛීය [*레*-끼-여] 선과 같은, 선의 රේඛාකාර.

රේගුව‡ [*레*-구워] 세관.

රේඩියෝ දුර ලේඛය [*레*-*디*요-두*럴* 레-꺼여] (병원의) 방사선 촬영.

රේඩියෝව [*레*-*디*요-워] 라디오 ගුවන් විදුලිය.

රේඩන්/රේඩොන් [*레*-단/*레*-*돈*] (화학) 라돈.

රේණු‡ [*레*-누] ①(식물) 꽃가루 මල්වල රොන් ②먼지 ධූලි.

රේණුව [*레*-누워] (식물) 수술, 웅예.

රේණුවාහය [*레*-누와-하여] (식물) 헛수술, 가웅예 වඳ රේණුව.

රේතස් [*레*-따쓰] (생리학) 정액 ශුක්‍ර.

රේත්‍රිකාව [*레*-뜨*리*까-워] (연체동물의) 치설.

රේනියම් [*레*-니얌] (화학) 레늄.

රේන්ද [*렌*-더] ①주류세 ②끈들, 레이스 රේන්ද පටි.

රේන්දකාරයා [*렌*-더까-*러*야-] 주류 판매 업자.

රේන්ද කොට්ටය [*렌*-더 꼳터여] 레이스가 달린 방석 බිරලු කොට්ටය.

රේන්දපටිය [*렌*-더빠티여] 끈, 레이스 රේන්දය.

ර

රේන්දපොළ [렌-더뽈러] 톨 게이트, 통행료 징수소.
රේන්දය‡ [렌-더여] ①끈, 레이스 රේන්ද පටිය ②주류세.
රේන්ද රාළ [렌-더 랄-러] 세관원 බදු මුදල් අයකරන්නා.
රේල් පාර [렐- 빠-러] 기찻길, 열차길 කෝච්චි පාර.
රේල්ල/රේල්ලුව [렐-러/렐-루워] 기차, 열차 දුම්රිය. (구어) කෝච්චිය.
රේඵය [레-뻐여] 씽할러 글자 (᷍)로 자음 위에 붙어 'ර්르' 발음을 내는 글자: මාර්ගය 는 මාර්ගය 로 읽는다.
රේස් පිටිය† [레-쓰 삐티여] 경주 코스, 레이스 코스.
රේසරය [레-써러여] 면도기 දැළි පිහිය.
රොකටය [로꺼터여] 로켓.
රොකඩය [로꺼더여] (논의) 새 쫓는 기구.
රොක් කරනවා [록 꺼러너와-] 모으다, 거두어 들이다, 수집하다, 쌓다.
රොක් වෙනවා‡ [록 웨너와-] 모이다, 쌓이다, 한곳으로 모이도록 밀쳐지다.
රොට [로터] (사탕수수 짠 후) 찌꺼기, 나머지.
රොටි/රොටී [로티/로티-] රොටිය 의 복수 또는 형용사: ①로티, 떡 (밀가루와 코코넛 가루를 넣어 호떡과 같이 둥글고 납작하게 만든 스리랑카, 인도 음식) ②로티의, 떡의.
රොටිය [로티-/로티여] 로티, 떡 (밀가루와 코코넛 가루를 넣어 호떡과 같이 둥글고 납작하게 만든 스리랑카, 인도 음식). (복) රොටි
රොටී/රොටි [로티-/로티] ①로티, 떡 (밀가루와 코코넛 가루를 넣어 호떡과 같이 둥글고 납작하게 만든 스리랑카, 인도 음식) ②로티의, 떡의.
රොටුව [로투워] 연무, 연기, 훈연 රොද, දුම් වලාව.
රොට්ට [롵티-] 절뚝거리는, 절름발이의 ගොළු.
රොඩියා [로디야-] 천민, 하층민 සැඬොලා.
රොඩිස්සි [로딨씨] 천민 여자, 하층미 여인 සැඬොලිය.
රොඩු† [로두] රෝඩ්ඩ 의 복수: 쓰레기들, 폐물들 අපද්‍රව්‍ය.
රොඩුකුණු [로두꾸누] 쓰레기, 폐물 අපද්‍රව්‍ය.
රොඩුබොඩු [로두보두] 쓰레기, 폐물 අපද්‍රව්‍ය.
රොඩ්ඩ [롣더] 쓰레기, 폐물, 하찮은 것 අපද්‍රව්‍ය. (복) රොඩු
රොත්ත [롵떠] 무리 전체, 군중 රංචුව.
රොත්ත පිටින් [롵떠 삐틴] 모든 사람이 포함된, 전체의, 모두 සියල්ලෝම.
රොද [로더] ①부분, 일부 කොටස ②다량, 다수, 많음 සමූහය ③선, 줄 ඉර. ¶ සුළං රොද 바람
රොද බඳිනවා [로더 반디너와-] 떼를 짓다, 무리를 짓다.
රොන් [론] 꽃가루 රේණු.
රොන් බොර/රොන් මඩ [론 보러/론 마더] 앙금, 침전물.
රොන් රස [론 라써] 즙, 액, 꿀 මල් පැණි.

රොබෝව [로보-워] 로보트 කෘත්‍රිම මිනිසා.
රොම [로머] 털 ලෝමය.
රොම් [롬] රොම 의 복수: 털, 털들 ලොම්.
රොම්බ [롬버] ①조금, 약간, 소량 ඉතා ස්වල්පය ②털 රෝමය.
රොම්බසය [롬버써여] (수학) 마름모, 사방형 සමපාද චතුරස්‍රය.
රොම්බසාකාර [롬버싸-까-러] (수학) 마름모의, 사방형의 රොම්බසයක හැඩය ඇති.
රොඹ [롬버] ①수레, 마차 ගැල, කරත්තය ②열, 줄 පේළිය.
රොඹු [롬부] ①조금, 소량, 약간 සවල්පය ②털 ලෝමය ③귓불 කන් පෙත්ත ④수레의 한 종류.
රොයිටර් [로이터르] 로이터 통신.
රොල්ල [롤러] 앙금 찌끼, 침전물 끼꺼기 රොන් මඩවල අඩංගු කසල තට්ටුව.
රොස [로써] 화, 분노 රෝෂය. (복) රොස්
රොස් [로쓰] ①화, 분노 කෝපය ②불탄, 태워진, 구워진 දැවුණු.
රොස් කරනවා† [로쓰 꺼러너와-] 굽다, 살짝 태우다 පුළුස්සනවා.
රොස් පරොස් [로쓰 빠로쓰] 비난하는, 나무라는 බැණුම්.
රොස් වෙනවා [로쓰 웨너와-] ①화나다, 분노하다 කෝප වෙනවා (구어) තරහ වෙනවා ②불타다, 너무 태우다, 구워지다.
රොහු ගානවා [로후 가-너와-] 할퀴다, 긁다 කුරුටු ගානවා.
රොහු වෙනවා [로후 웨너와-] 깨지다, 부서지다, 산산조각나다 කැඩී බිඳී යනවා.
රොළු [롤루] 거친, 힘든 රළු.
රෝ/රෝග† [로-/로-거] 질병의, 병의, 아픈 ලෙඩ. ¶ රෝහල 병원
රෝග කාරක [로-거 까-러꺼] 발병시키는, 병의 원인이 되는 ව්‍යාධිජ.
රෝග නිධානය [로거 니다-너여] 질병의 원인, 질환의 이유.
රෝග පීඩා [로-거 삐-다-] 통증, 아픔.
රෝගප්‍රතිරෝධක [로-거쁘러띠로-더꺼] 항생의, 항생제의.
රෝග බීජ‡ [로-거 비-저] 세균, 감염균.
රෝගය‡ [로-거여] 병, 질병, 질환 ලෙඩ. ¶ රෝගියා 환자, 병자
රෝග ලක්ෂණ† [로-걸 락써너] 병 증상, 아픈 증세.
රෝග විනිශ්චය [로-거 위니쉬처여] (병) 진단.
රෝග සංක්‍රමණය [로-거 쌍끄러머너여] 감염, 전염 රෝග පැතිරා යාම.
රෝගාතුර [로-가-뚜러] 병든, 아픈, 감염된 රෝගී. (구어) ලෙඩ
රෝගාතුරයා [로-가-뚜러야-] 환자, 병자 රෝගියා. (구어) ලෙඩා
රෝගාන්තරාය [로-간-떠라-여] 병의 위험, 질병의 위험성.
රෝගියා† [로-기야-] 병자, 환자 රෝගාතුරයා. (구어) ලෙඩා
රෝගී† [로-기-] 병든, 아픈, 감염된 රෝගාතුර. (구어) ලෙඩ ¶ රෝගීහු 병자들
රෝගෝත්පාදක [로-곧-빠-더꺼] 감염되는, 전염되는.

ර

රෝගෝපගත [로-고-빠거떠] 병든, 전염된, 감염된.

රෝගෝපසමය [로-고-빠써머여] (병)회복, 차도가 있음.

රෝචක [로-처꺼] 배고픈, 식욕이 돋는 රුචි කරන.

රෝචන [로-처너] 식욕이 돋는, 욕망하는 රුචි වඩන.

රෝචනය [로-처너여] 식욕, 욕구, 욕망 රුචිය, කැමැත්ත.

රෝද‡ [로-더] රෝදය 의 복수 또는 형용사: ①바퀴, 휠 ②바퀴의, 휠의 චක්‍ර.

රෝදනය [로-더너여] 슬피움, 울부짖음, 비탄의 소리 වැළපීම.

රෝද පුටුව‡ [로-더 뿌투워] 휠체어, 바퀴달린 의자.

රෝදමාන [로-더마-너] 우는, 울부짖는 හඬන.

රෝදය‡ [로-더여] 바퀴, 휠 චක්‍රය.

රෝද රාමුව [로-더 라-무워] 바퀴틀, 바퀴.

රෝධක [로-더꺼] 방해되는, 방해받는, 억제하는 වළක්වන.

රෝධක පද්ධතිය [로-더꺼 빧더띠여] 제동 장치.

රෝධක බෙරය [로-더꺼 베러여] 제동통, 브레이크 드럼.

රෝධය [로-더여] 금지, 금지시킴, 방지, 예방, 방해 වැළැක්වීම.

රෝන්දෙ [론-데] 배회, 방황 රවුම.

රෝනදෙ යනවා [론-데 야너와-] 방황하다, 배회하다, 어슬렁거리다 රවුං ගහනවා.

රෝපක [로-빠꺼] 경작자, 심는 사람.

රෝපණ [로-빠너] 나무를 심는, 경작하는 පැළ කරන.

රෝපණය [로-빠너여] ①심음, 심기 හිටවීම ②상처나음 සුවය.

රෝපණය කරනවා† [로-빠너여 꺼러너와-] (식물) 심다, 이식하다 හිටවනවා.

රෝපිත [로-삐떠] 심겨진, 경작된 සිටවූ.

රෝප්‍ය [롭-삐여] 심을 수 있는, 경작할 수 있는 වැවිය හැකි.

රෝ බිය [로-비여] 병에 대한 공포.

රෝම† [로-머] ①로마의, 로마사람의 ②රෝමය 의 복수 또는 형용사: 털들, 털의 ලෝම.

රෝමකූපය [로-머꾸-빠여] 털구멍, 기공 රෝම සදුනිකාව.

රෝම නීතිය [로-머 니-띠여] 로마법.

රෝමන්ථය [로-만떠여] 되새김질 චමරා කෑම.

රෝම පොත [로-머 뽀떠] (성경) 로마서.

රෝමය [로-머여] 털 ලොම් ගස.

රෝම ලන්දේසි නීතිය [로-머 란데씨 니-띠여] 로마-홀란드법.

රෝමවාසීන් [로-머와-씬-] 로마시민, 로마인.

රෝමහර්ෂය [로-머하르셔여] 털이 뾰쪽 섬 ලොමු දැහැ ගැනීම.

රෝමානු කතෝලික [로-마-누 까똘-리꺼] 로만 가톨릭의.

රෝමෝද්ගමනය/රෝමෝද්ගමය [로-몯-가머너여/로-몯-가머여] (රෝම + උද්ගමනය) 털이 뾰쪽 섬 රෝමහර්ෂය.

රෝමුව [*롬*-부워] 털 රෝමය.

රෝල [*롤*-러] ①두루마리, 한 롤 රවුමට එතූ මිටිය ②목록, 리스트 ලැයිස්තුව ③롤러 පාර තලන යන්ත්‍රය.

රෝල් කරනවා [*롤*- 꺼*러*너와-] 둘둘 감다, 말다 රවුමට ඔතනවා.

රෝෂය [*로*-셔여] 화, 분노, 격노 කේන්තිය. (구어) තරහ

රෝස† [*로*-써] ①장미, 장미꽃 ②분홍색 රෝස පාට.

රෝහණ [*로*-하너] ①발전, 전진, 성장 වෘද්ධිය ②스리랑카 남쪽 지방 (골, 마떠러, 함반또터 등) රුහුණ.

රෝහල‡ [*로*-할러] 병원. (구어) ඉස්පිරිතාලය

රෞද්‍ර† [*라*우드*러*] 잔인한, 잔악한, 악한 රුදුරු.

රෞද්‍රාක්ෂාංශය [*라*우드*띾*-샤-셔꺼] 노호하는 40도대 (험한 풍랑이 이는 남위 40~50도대 해역).

ර

ල

ල [라] 씽할러 알파벳의 53번째 글자: 영어의 L 발음이 나는 글자이다.

ලංකා‡ [랑까-] ①스리랑카 ශ්‍රී ලංකාව ②스리랑카의.

ලංකාණ්ඩුව [랑깐-두워] 스리랑카 정부 ලංකාවේ ආණ්ඩුව.

ලංකාධීශ්වර [랑까-디-쉬워러] 스리랑카 왕, 임금 ලංකාවේ රජු.

ලංකාව [랑까-워] 스리랑카 ශ්‍රී ලංකාව.

ලංකා වාසීහු [랑까- 와-씨-후] 스리랑카 거주민 ලංකා වැසියෝ.

ලංකිකයා‡ [랑끼꺼야-] 스리랑카 사람 ලක.

ලංකේශ්වර [랑께-쉬워러] 스리랑카 왕, 임금 ලංකාවේ රජු.

ලංසය [랑써여] 창, 작살 හෙල්ලය.

ලංසි [랑씨] 네덜란드 사람 ලන්දේසි.

ලංසුව† [랑쑤워] 경매 첫 입찰가.

ලක [라꺼] ①스리랑카 ලංකාව ②(아라비아) 숫자 ඉලක්කම ③목표, 목적 ඉලක්කය.

ලකය [라꺼여] 미모, 아름다움 ලස්සන.

ලකර [라꺼러] 아름다운, 미모의, 예쁜 ලස්සන.

ලකලෑස්තිය [라껄래-쓰띠여] 준비, 예비 සූදානම.

ලකළ [라껄러] 장식한, 꾸민 අලංකාර කළ.

ලකිඳු [라낀두] 스리랑카 왕 ලංකාවේ රජු.

ලකිසුරු [라끼쑤루] 스리랑카 왕 ලංකාවේ රජු.

ලකුට [라꾸터] 곤봉 පොල්ල.

ලකුණ‡ [라꾸너] ①표징, 표시, 마크 ලද්ෂණය ②점수. (복) *ලකුණු* ¶ ලකුණු තුන්සීයට දෙසිය අසූවයි 점수는 300대 280 이에요

ලකුණු ගන්නවා† [라꾸누 간너와-] 점수를 따다, 점수를 얻다.

ලකුණ්ටක [라꾼터꺼] 키 작은, 작은 මිටි.

ලකුළු [라꿀루] 장식한, 꾸민 අලංකාර කළ.

ලකෝලිය [라꼴-리여] 잔가지로 만든 빗자루.

ලක් [락] ලක 의 복수 또는 형용사: ①스리랑카의 ලංකා ②(아라비아) 숫자들, 숫자의 ඉලක්කම් ③목표들, 목적들, 목표의, 목적의 ඉලක්ක.

ලක් කරනවා† [락 꺼러너와-] ①종속(복종) 시키다 ②집중하다, 초점을 맞추다 යොමු කරනවා.

ලක්දිව [락디워] 스리랑카 ශ්‍රී ලංකාව.

ලක්වැසියා [락왜씨야-] 스리랑카 사람 ලංකිකයා.

ලක් වෙනවා [락 웨너와-] ①종속되다, 복종 되다 ②집중되다, 초점이 맞추어 지다 යොමු වෙනවා.

ලක්ෂණ [락셔너] 아름다운, 매력적인 සිත් ගත්.

ලක්ෂණය‡ [락셔너여] ①아름다움, 미모 ②특성, 특질, 독특함, 성격 අංගය ③표시, 사인 ලකුණ ④이름 නම.

ලක්ෂපතියා [락셔빠띠야-] 백만장자, 부자.

ලක්ෂය‡ [락셔여] 십만, 100,000 සීයක් දහස.

ලක්ෂ්මී [락쉬미-] 행복과 번영의 여신 락쉬미 ශ්‍රියාකාන්තාව.
ලක්ෂ්‍යය [락쉬여여] 마침표, 점 තිත.
ලක්ෂ්‍යාර්ථය [락쉬야-르떠여] 두번째 의미.
ලගිනවා† [라기너와-] ලැග්ගා-ලැග ①눕다, 웅크리다, (새가) 앉다 ②머물다, 체류하다. ලැගීම
ලගුඩ [라구더] 곤봉 ලකුට.
ලග්ගනවා [락거너와-] 말을 더듬다 ගොත ගහනවා.
ලග්ගවනවා [락거워너와-] ලැග්ගෙවුවා-ලග්ගවා ①눕히다, (새를) 앉히다 ②머물게 하다, 체류시키다. ලැගවීම
ලග්නය [라그너여] ①(천체) 12궁, 12 별자리 ②거주, 머뭄, 체류 විසීම.
ලඝු† [라구] ①짧은 කෙටි ②가벼운, 무겁지 않은 සැහැල්ලු.
ලඝු ගණකය‡ [라구 가너꺼여] (수학) 대수.
ලඝු තරංග [라구 따랑거] 단파(短波).
ලඝු මසූරිකා [라구 마쑤-리까-] (병) 수두 පැපොල රෝගය.
ලඝු ලේඛකයා† [라굴 레-꺼꺼야-] 속기사.
ලඝු ලේඛණය‡ [라굴 레-꺼너여] 속기(록).
ලඝුස්වරය [라구쓰워러여] 단모음.
ලඞ්කාව [랑까-워] 스리랑카 ශ්‍රී ලංකාව.
ලඟ‡ [랑거] ①가까움, 근처 සමීපය ②가까운, 근처의 කිට්ටු.
ලජ්ජාව† [랒자-워] 창피, 부끄러움 විළිය. (구어) ලැජ්ජාව
ලජ්ජාශීල [랒자-쉴러] 창피한, 부끄러운 විළිබර.
ලජ්ජාශීලී‡ [랒자-쉴-리-] 창피한, 부끄러운 විළිබර.
ලජ්ජි [랒지] 창피한, 부끄러운 ලජ්ජාශීලී.
ලජ්ජිත [랒지떠] 부끄러운, 부끄러워하는, 창피한 ලජ්ජාශීලී.
ලඤ්චය [란처여] 뇌물 පගාව.
ලටපට [라터빠터] ①바이올린 활 ②메들리.
ලට්ටලොට්ට [랕털롵터] 쓰레기, 폐물 කසළ.
ලඩ ගැහෙනවා [라더 개헤너와-] 엉기다, 굳다 පිඬක් ගැහෙනවා.
ලඩය [라더여] 엉김, 굳음 පිඬක්.
ලණු [라누] ලණුව 의 복수 또는 형용사: ①줄, 끈 ②줄의, 끈의.
ලණුදඟය [라누당거여] (밧줄) 꼬임, 꼰 것.
ලණු පැදුර [라누 빼두러] 야자 껍질의 섬유로 만든 돗자리.
ලණුව‡ [라누워] (밧)줄, 끈, 새끼. (복) *ලණු* ¶ මනින ලණුව 측량줄
ලතා [라따-] ලතාව 의 복수: ①덩굴들, 담쟁이들 වැල් ②여자들, 여성들 ස්ත්‍රී.
ලතාකර්ම [라따-까르머] 꽃줄(꽃, 잎, 리본 등을 길게 이어 양끝을 질러 놓은 장식).
ලතාගෘහය [라따-그루허여] (나뭇가지, 덩굴 등을 얹은) 정자, 나무 그늘.
ලතාව [라따-워] ①덩굴, 담쟁이 වැල ②모양, 형태 හැඩය ③리듬, 운율 තාලය ④여성, 여자 ස්ත්‍රිය.
ලතු [라뚜] 옻칠, 래커 ලාකඩ.
ලතු වන් [라뚜 완] 빨간, 적색의 රතු.

ල

ලතෝනිය† [라또-니여] 애통, 비통, 슬픔 විලාපය.

ලත්† [랕] 받은, 얻은 ලද. (구어) ලබපු ¶ බලය ලත් දෙවිඳුන් ආසිරි වේවා 권능의 하나님 영광을 받으소서

ලද† [라더] ලබනවා의 형용사적 과거용법: ①받은 ලැබුණු ②수동태 형태: ~하게 된, 되어진. ¶ කරනලද 하게 된

ලඳ [라더] ①부끄러움, 창피 ලජ්ජාව ②파, 파당, 그룹 ලබ්ධිය ③아가씨, 여자 청년 තරුණ ස්ත්‍රිය ④볶은 곡식 විලඳ ⑤표시, 상징 ලාඤ්ජනය.

ලදපස්මල් [라더빠쓰말] 신비적인 제물을 드릴 때 사용하는 다섯 가지 구성물 (겨자, 깨진 쌀, 자스민 꽃 봉오리, 수수과 잡초, 튀긴 곡물).

ලදබොළඳ [라더볼런더] 여물지 않은, 익지 않은, 성숙하지 않은 ලාමක.

ලද ලිය [라덜 리여] ①아가씨, 젊은 여성 තරුණිය ②어린 담쟁이, 어린 덩굴 ළපටි වැල.

ලදහ [라더허] ලබනවා의 3인칭 복수 과거형태: ①그들이 받았다 ලැබුවෝ ②수동태 형태: 그들이 ~하게 되었다. ¶ ඔව්හු එවන ලදහ 그들은 보내어 졌다

ලදිනි/ලදින් [라디니/라딘] ~ 받아, ~ 받고 ලබා, ලැබී.

ලදිමි [라디미] ලබනවා 의 1인칭 단수 과거: ①내가 받았다 ලැබීමි ②(수동태 형태) 내가 ~하게 되었다.

ලදී [라디-] 수동태를 만드는 ලබනවා 의 3인칭 단수 과거: ~하게 되었다. ¶ මේ බයිබලය ඔබ විසින් දෙන ලදී 이 성경책을 너로 부터 받게 되었다

ලදු [라두] ①믿음, 신뢰 ඇදහීම ②받음, 받은 것 ලැබීම ③지연, 지체, 늦어짐 ප්‍රමාදය.

ලදු [라두] 받은, 받게 된 ලැබූ, ලද.

ලදුපත [라두빠떠] 영수증 රිසිට්ටුව.

ලදුව [라두워] ~되어져, ~되어 (ලදු+ව). ¶ කුරුසියේ ඇණ ගසනු ලදුව 십자가에 못 박히게 되어

ලදුවා [라두와-] 받은 사람 ලද්දා.

ලද්ද [랃더] ①받은 것 ලැබූ දෙය ②되어진 것 ලද දෙය. ¶ දාවිත් විසින් ලියන ලද්ද 다윗에 의해 쓰여진 것

ලද්දා [랃다-] 받은 사람 (남자) ලදුවා. ¶ ලද්දී 받은 사람 (여자)

ලද්දී [랃디-] ①받은 사람 (여자) ②ලබනවා 의 3인칭 단수 과거 여성형태: 그녀가 ~ 게 되었다. ¶ ලද්දා 받은 사람 (남자) ඇය අල්ලාගන්නා ලද්දී ය 그녀는 붙잡혔다

ලද්දෝ [랃도-] ①ලබනවා 의 3인칭 복수 과거: (수동태 형태) 그들이 ~하게 되었다 ලදහ ②ලද්දා 의 복수: 받은 사람들. ¶ ඔව්හු මරනු ලද්දෝ ය 그들은 죽임을 당했다

ලනවා [라너와-] ලෑවා-ලා 두다, 내려놓다, 놓다 දමනවා. ලෑම/ලීම

ලන්තෑරුම‡ [란때-루머] 랜턴, 등.

ලන්ද [란더] 정글, 수풀, 덤불 කැලෑව. (복) ලඳු

ලන්දු [란두] ලඳ 의 복수: 여성들, 여자들 ස්ත්‍රීහු, කාන්තාවෝ.

ලන්දේසි† [란데-씨] ①네덜란드 사람들 ②네덜란드의 ලංසි.

ල

ලන්සය [란써여] 창, 작살 හෙල්ලය.

ලන්සියා [란씨야-] 네덜란드인, 홀란드 사람 ඕලන්දක්කාරයා.

ලඳ [란더] 여성, 여자 ස්ත්‍රිය. (복) *ලන්දු* (구어) ගැහැනියා

ලඳු [란두] ලන්ද 의 복수: 정글들, 수풀들, 덤불들 අකුල්.

ලඳුකැලෑව [란두깰래-워] 정글, 수풀, 덤불 කැලෑව.

ලඳු පටිය [란두 빠티여] (방대한) 황야 지대.

ලපය‡ [라빠여] 피부 반점, 점 ගෝමරය.

ලපල [라뻘러] (임학) 유령림(幼齡林).

ලබනවා‡ [라버너와-] ලැබුවා-ලබා ①받다, 수령하다 අයත් වෙනවා ②수동태 문장에서 사용됨: ~가 되어 지다. ලැබීම/ලැබුම ¶ ප්‍රතික්ෂේප කරනු ලබනවා 거절당함을 받다

ලබන මාසය† [라버너 마-써여] 다음 달.

ලබන සතිය† [라버너 싸띠여] 다음 주.

ලබා ගන්නවා‡ [라바- 간너와-] 받다, 수령하다 ලබනවා.

ලබිනා [라비-나-] (식물) 포플러, 백양 나무 ලබිනා.

ලබු† [라부] 호리병박(열매 또는 그 식물), 조롱박. ¶ ගස්ලබු 파파야

ලබු කැටය [라부 깨터여] 호리병박 껍질, 조롱박 껍데기.

ලබ්ධ [랍더] 받은, 부여받은 ලැබූ.

ලබ්ධිය [랍디여] ①분파, 종파, 당파 නිකාය ②종교 ආගම.

ලබ්බ [랍버] 호리병박 열매, 조롱박 열매 ලබු ගෙඩිය.

ලම්පෝරුව [람뽀-루워] 경사면, 기울기, 비탈 බෑවුම.

ලම්බ† [람버] 매달리는, 매달려 있는 ලඹ.

ලම්බකය [람버꺼여] 수직선, 수선.

ලම්බ කේන්ද්‍රය [람버 껜-드러여] (수학) 수심.

ලම්බ නිම්නය [람버 님너여] 상류 골짜기, 윗 골짜기.

ලම්බෝදර [람보-더러] 가네쉬신 ගණ දෙවියෝ.

ලඹ [람버] 매달리는, 매달려 있는 එල්ලෙන. ¶ ලඹ ලණුව 다림줄

ලඹ නූල [람버 눌-러] 다림줄 ඔලොඹු.

ලඹය† [람버여] 다림추, 연추, 추 ලඹ කැටය.

ලය† [라여] 가락, 리듬 තාලය.

ලයාන්විත‡ [라얀-위떠] 리드미컬한, 장단이 잘 맞는 තාලානුකූල.

ලල [랄러] 진동하는, 떠는 චංචල.

ලලන [랄러너] ①잔물결이 이는, 흔들리는, 파문이 이는 සෙලවෙන ②여자, 여성 ස්ත්‍රිය (구어) ගැහැනිය.

ලලනාව† [랄러나-워] 여자, 여성 කාන්තාව. (구어) ගැහැනිය

ලලාටය [랄라-터여] 이마 නළල.

ලලාටාස්ථිය [랄라-타-쓰띠여] (해부학) 전두골.

ලලිත [랄리떠] 아름다운, 매력적인, 순수한 කෝමල.

ලලිත කලා [랄리떠 깔라-] 순수 예술, 순수 미술.

ලවක්දෙවක් නැති [라왁데왁 내띠] 끝이 없는, 무궁한 කෙළවරක් නැති.

ල

ලවණ† [라워너] ලවණය 의 복수 또는 형용사: ①소금, 염 ②소금의, 소금기의, 산의. (구어) ලුණු

ලවණකාමී [라워너까-미] 소금물에 사는, 호염성의 ලුණු ප්‍රිය.

ලවණතාමානය [라워너따-마-너여] 염분계, 염분 측정 기계.

ලවණතාව† [라워너따-워] 염분, 소금기.

ලවණය [라워너여] 소금, 염. (복) ලවණ (구어) ලුණු

ලවන [라워너] ①정글 කැලය ②숲 වනය ③입술 තොල. (복) *ලවන්*

ලවනත [라워너떠] 입술 තොල. (복) *ලවනත්*

ලවනවා [라워너와-] ලැවුවා-ලවා 두게 하다, 눕게 하다. ලැවීම

ලවන් [라완] ①입술들 තොල් ②풀, 목초 තණකොළ.

ලවය [라워여] (수학 분수의) 분자. ¶ භාගකය 분모

ලවල්ල [라왈러] 풀, 목초 තණකොළ.

ලවා [라와-] ~을 통하여, ~수단으로 මගින්.

ලශුණිය මැණික් [라슈니여 매닉] (보석) 황옥.

ලස [라써] 게으른, 늑장부리는 කම්මැලි.

ලසිකා [라씨까-] (관절의) 활액, 관절액.

ලසිකා පටලය [라씨까- 빠털러여] (해부학) 활막.

ලසුනු [라쑤누] ①양파 ②마늘.

ලසේ [라쎄-] 즉시, 바로 වහා.

ලස්කිරිඤ්ඤ [라쓰끼*리*녀] 인도인 용병.

ලස්සන/ලස්සණ‡ [랐써너] ①아름다운, 예쁜 අලංකාර ②아름다움, 미모, 예쁨 අලංකාරය.

ලහ [라하] 배급 식량, 배급품 කලාකාව.

ලහටු [라하투] (나무의) 진, 수지 ලාටු.

ලහඩු [라하두] 더러운, 불결한 කිළිටිවුණු.

ලහිය [라히여] 빠름, 신속 ඉක්මන්කම.

ලහි ලහියේ [라히 라히예-] 빨리, 재빨리, 신속하게 හැකි ඉක්මනින්.

ලහු [라후] 가벼운, 무겁지 않은 ලඝු.

ලහුක [라후꺼] 가벼운, 무겁지 않은 සැහැල්ලු.

ලා [라-] ①ලනවා 의 과거분사: 두고, 둬 දමා ②(구어용) 과거분사를 만드는 접미사: කරනවා의 과거분사 කරලා.

ලා [라-] 옻칠, 래커 ලාකඩ.

ලාංකික† [랑-끼꺼] 스리랑카의 ලංකාවට අදාළ. ¶ ලාංකිකයා 스리랑카인

ලාංජනය [랑-처너여] 표시, 증거, 싸인 සලකුණ.

ලාකඩ [라-까*더*] 옻칠, 래커, 왁스 ලාක්ෂා.

ලාක්ෂා [띾-쌰-] 옻칠, 래커, 왁스 ලාකඩ.

ලාග්ගො [락-고] 갓깬 새끼 새.

ලාඩිගුල [랑-굴러] 꼬리 නඟුට.

ලාච්චුව‡ [랓-추워] (책상, 옷장) 서랍.

ලාඤ්ජනය [랑-처너여] 표시, 증거, 싸인 ලාංඡනය.

ලාටු† [라-투] 풀, 접착제, 아교, 고무질(質), 점성 (粘性) 고무 මැලියම්.

ලාඩම [라-*더*머] (소, 말 등) 발굽.

ලාදුරු† [라-두루] 문둥병, 나병, 한센병 කුෂ්ඨය.

ලාදුරු රෝගියා [라-두루 로-기야-] 문둥이, 나병환자, 문둥병자 කුෂ්ඨ රෝගියා.

ලාබ/ලාභ‡ [라-버] ①싼, 값싼, 저렴한 ②이익의, 이득의.

ලාබය/ලාභය‡ [라-버여] ①이익, 이득 වාසිය ②저렴, 값쌈.

ලාබාල [라-발-러] 어린, 어린 애의 දරු. ¶ ලාබාල එළුවා 새끼 염소

ලාභාංශය [라-방-셔여] 배당금, 이익 배당.

ලාභාලාභ [라-발-라-버] 이익과 손해, 득실.

ලාභි/ලාභියා [라-비/라-비야-] 받는 사람 ලබන්නා. ¶ අභ්‍යාස-ලාභියා 훈련생 පැවරුම්ලාභියා 양수인

ලාභී† [라-비-] 이득이 되는, 득이 되는.

ලාමක† [라-머꺼] ①어린, 어린 아이의 ②약한, 연약한, 성숙하지 않은, 무르익지 않은 නොමේරූ ③어리석은, 미련한 මෝඩ.

ලාම්පුතෙල් [람-뿌뗄] 등유 භූමි තෙල්.

ලාම්පු දැලි [람-뿌 댈리] 검댕, 그을음 දුඹුල්.

ලාම්පුව‡ [람-뿌워] 등, 램프 පහන.

ලායනය [라-여너여] 얇게 잘라냄, 자름 කැපීම.

ලා රතු† [라- 라뚜] 분홍색, 핑크색.

ලාලසය/ලාලසාව [랄-러써여/랄-러싸-워] 강한 갈망, 강한 열망, 강한 기대 අධික ආශාව.

ලාලිත [랄-리떠] 진정된, 달래진 නැළැවූ.

ලාලිත්‍යය† [랄-릳띠여여] 아름다움, 미모 ලාවණ්‍යය.

ලාවණ්‍යය [라-원니여여] 매력, 매혹 සුන්දර බව.

ලාවා [라-와-] 용암, 화산암.

ලාස්‍ය [랐-씨여] ①드라마의, 극중의 ②매력적인, 매혹적인.

ලැකිය [래끼여] 예, 모본, 샘플 උදාහරණය.

ලැක්ටික් අම්ලය [랙틱 아믈러여] (화학) 젖산.

ලැක්ටෝස් [랙토-스] (화학) 젖당.

ලැගි [래기] ①머문, 있었던 විසූ ②보낸, 시간을 보낸 ගත කළ.

ලැගීම/ලැගුම [래기-머/래구머] ලගිනවා 의 동명사: 거주, 머뭄, 체류 නතරවීම.

ලැගුම් ගන්නවා [래굼 간너와-] 머무르다, 살다, 거주하다 වාසය කරනවා.

ලැගුම්ගෙය [래굼게여] 머무는 집, 집 ගේ.

ලැග්ම [래그머] 거주, 머뭄, 체류 ලැගීම.

ලැජ්ජාව‡ [랮자-워] 창피, 부끄러움 විළිය. (문어) ලජ්ජාව

ලැදි [래디] ①마음이 기우는, 한쪽으로 나뉘는, 한쪽으로 치우지는 ප්‍රමුදිත වූ ②믿음이 있는, 신앙의, 경건한 භක්තිමත්.

ලැදිකම/ලැදියාව [래디꺼머/래디야-워] 애착, 애정, 사랑 ඇල්ම.

ලැබ/ලැබී [래버/래비-] ලැබෙනවා 의 과거분사: 받고, 받아. (구어) ලැබිලා

ලැබීම/ලැබුම† [래비-머/래부머] ලබනවා, ලැබෙනවා 의 동명사: 받음, 취함 හම්බවීම.

ලැබූ† [래부-] ලබනවා, ලැබෙනවා 의 형용사적 과거용법: 받은 ලැබුණු.

ලැබුවා [래부와-] ①ලබනවා 의 과거: 받았다 ②받은 사람 ලැබුණු අය (복) *ලැබුවෝ*.
¶ කැඳවනු ලැබුවෝ බොහෝය 부름 받은 사람은 많다

ලැබෙනවා‡ [래베너와-] ලැබුණා-ලැබී/ලැබ ①받다, 넘겨 받다 ලබනවා ②수동태 문장에서 사용됨: ~가 되다. <u>ලැබීම/ලැබුම</u>
¶ ප්‍රතික්ෂේප කරනු ලැබෙනවා 거절당함을 받다

ලැයිම [래이머] (홍차, 고무) 노동자들의 길게 지어져 한 칸씩 사용하는 집: 라인 하우스.

ලැයිස්තුව‡ [래이쓰뚜워] 목록, 리스트 නාම ලේඛනය.

ලැවරිය‡ [래워*리*여] 팬케이크.

ලැව්† [래우] ①수풀, 정글 ②수풀의, 정글의.

ලැව්ගින්න‡ [래우긴너] 산불, 들불 ලැවග.

ලැසි [래씨] 느린, 천천히 하는 පරක්කුවූ.

ලැහැබ† [래해버] 수풀, 덤불 බිස්ස. (복) *ලැහැබ්*

ලැහැස්සිය [래했씨여] 준비, 예비 පිළියෙල. (구어) ලෑස්තිය

ලෑටිගානවා† [래-티가-너와-] 긁다, 긁아먹다.

ලෑතර [래-떠*러*] 글자, 문자, 활자.

ලෑම [래-머] ලනවා 의 동명사: 둠, 놓음, 거치 තැබීම.

ලෑලි‡ [랠-리] ලෑල්ල 의 복수 또는 형용사: ①판자들 ②판자의, 판자로 구성된.

ලෑල්ල† [랠-러] 판, 판자. (복) *ලෑලි*

ලෑවා [래-와-] ලනවා 의 과거: 두었다, 내려 놓았다.

ලෑස්ති කරනවා‡ [래-쓰띠 꺼*러*너와-] 준비하다, 예비하다. (문어) සූදානම් කරනවා

ලෑස්තිය† [래-쓰띠여] 준비, 예비. (문어) පිළියෙල

ලෑස්ති වෙනවා‡ [래-쓰띠 웨너와-] 준비되다, 마련되다. (문어) පිළියෙල වෙනවා

ලිංගභේදය [링거베-더여] 성별, 성구분.

ලිංගය‡ [링거여] 성, 성별 ලිඞ්ගය.

ලිංගාග්‍ර චර්මය [링가-그*러* 차*르*머여] (남성의) 포경.

ලිංගික† [링기꺼] 성의, 성적인 ලිංග ඉන්ද්‍රිය හා සබැඳි.

ලිංගිකත්වය [링기깥워여] 성, 성별 පිරිමි හෝ ගැහැනු බව.

ලිංගේන්ද්‍රිය [링겐-드*리*여] (해부학) 성기 ලිංගික අවයවය.

ලිඛිත [리끼떠] 쓰여진, 적힌 ලේඛිත. ¶ ලිඛිත ලියුම 적은 글 (문서)

ලිග්ගල† [릭갈러] 화덕 돌 ලිප් ගල.

ලිඞ්ගය [링거여] 성, 성별 ලිංගය.

ලිඞ්ගාර්ථය [링가-*르*떠여] (문법) 주격, 주어.

ලිගු බේ [링구 베-] 성의 구별.

ලිගුව [링구워] 성, 성별 ලිංගය.

ලිත† [리떠] 달력, 연감.

ලිතාජ් [리따-즈] (화학) 일산화납, 밀타승 ඊයම් මල.

ලිතියම් [리띠얌] (화학) 리튬.

ලිත් මාසය [릳 마-써여] 서양력 1달.

ලිත් වර්ෂය [릳 와*르*셔여] 서양력 1년.

ලිනන් [린넌] (옷감) 리넨, 아마포.

ලින්සීඩ් තෙල් [린씯- 뗄] 아마인유 ලයිනෝරු තෙල්.

ලිප‡ [리뻐] 쿠거, 화덕, 난로 උදුන. (복) *ලිප්*

ලිපි [리삐] ලිපිය 의 복수 또는 형용사: ①편지들 ②편지의.

ලිපිකරු/ලිපිකාර† [리삐꺼*루*/리삐까-*러*] 사무원, 서기, 저자, 글쓴이 ලියන්නා. ¶ ලිපිකාරිණිය 여자 사무원

ලිපිකාරිණිය [리삐까-*리*니여] 여자 사무원, 여자 서기. ¶ ලිපිකාර 남자 사무원

ලිපි ගොනුව† [리삐 고누워] 문서 파일 ලේකම් මිටිය.

ලිපිද්‍රව්‍ය† [리삐드*러*워여] 문구, 문구류.

ලිපිනය‡ [리삐너여] 주소 ලිපි ක්‍රමය.

ලිපිය† [리삐여] ①편지 හසුන ②메모, 비망록 ලේඛනය. (구어) ලියුම

ලිප් කැටය/ලිප්ගල [맆 깨터여/맆갈러] 노(화덕)의 바닥돌.

ලිප්දෙර [맆도*러*] 집 아궁이 코너 ලිප්බොක්ක.

ලිප්බොක්ක [맆복꺼] 집 아궁이 코너 ලිප්දොර.

ලිබ්නෝ ගස [립노- 가써] 미루나무.

ලිම්පනය [림뻐너여] 기름 바름, 기름 칠 ආලේප කිරීම.

ලිය [리여] ①여자, 여성 කාන්තාව ②덩굴 식물, 만초(蔓草) වැල.

ලියකම් [리여깜] 덩굴 형식을 이용한 그림 장식 ලතාකර්ම.

ලියකිඳුරු/ලියකින්නර [리여낀두*루*/리여낀너*러*] 인어(의) කිඳුරු.

ලියකියවිල්ල‡ [리여끼여윌러] 문서, 서류 ලියවිල්ල. (복) *ලියකියවිලි*

ලියකියවිලි‡ [리여끼여윌리] ලියකියවිල්ල 의 복수 또는 형용사: ①문서들, 서류들 ලියවිලි ②문서의, 서류의.

ලියගී [리여기-] 사랑스러운 노래 ලයන්විත ගීතය.

ලියද්ද [리얃더] 논, 농지.

ලියන [리여너] ලියනවා 의 형용사적 현재용법: 쓰는, 적는.

ලියන කඳ [리여너 깐더] (기계) 선반, 깎는 기계 ලියවන පට්ටලය.

ලියන පට්ටලය [리여너 빹털러여] (기계) 선반, 깎는 기계 ලියවන පට්ටලය.

ලියන මේසය‡ [리여너 메-써여] 책상.

ලියන වඩු [리여너 와두] 선반 기술자.

ලියනවා‡ [리여너와-] ලිවුවා(ලීවා)-ලියා 쓰다, 필기하다, 적다. <u>ලිවීම</u>

ලියන් [리얀] ලිය 의 복수의 주격 또는 대격 형태: ①여성들, 여자들 ②여성들을, 여자들을.

ලියන්නාව [리얀나-워] (작은) 낫.

ලියන්නා [리얀나-] 서기, 서기관 ලේඛකයා.

ලිය මඩුල්ල [리여 마둘러] 덩굴이 엉킨 모양 ලතා මණ්ඩපය.

ලියමන [리여머너] 편지 ලිපිය. (구어) ලියුම

ලියලනවා† [리열러너와-] ලියලුවා-ලියලා ①새순이 나다, 싹이 나다, 싹이 트다 දළු ලනවා ②성장하다, 많아지다

ල

වැඩෙනවා. ලියලීම ¶ කොළ ලියලන කල 새잎이 날 때

ලියවනවා [리여워너와-] ලියෙවුවා-ලියවා ①ලියනවා 의 사역동사: 쓰게 하다, 쓰여지다, 적히다 ②새기다, 조각하다, 파다. ලියවීම

ලියවන පට්ටලය [리여워너 빧털러여] (기계) 선반, 깎는 기계.

ලියවැල [리여왤러] 장식 테마, 장식 주제.

ලියවිල්ල† [리여윌러] 문서, 서류. (복) *ලියවිලි* ¶ ශුද්ධ ලියවිල්ල 성서

ලියවෙනවා† [리여웨너와-] ලියවුණා-ලියවී/ලියැවී 써지다, 쓰여 지다. ලියවීම ¶ මේ පෑන හොඳට ලියවෙන්නේ නෑ 이 펜은 잘 써지지 않는다

ලියැවී [리얘위-] ලියවනවා 의 과거분사: 써져, 쓰여져, 기록되어 ලියවී. (구어) ලියවෙලා

ලියාපදිංචිය‡ [리야-빠딩치여] 등기, 등록 ලේඛනගත වීම.

ලියුම‡ [리유머] 편지. (문어) ලිපිය

ලියුම්කාරයා† [리윰까-*러*야-] 집배원, 우체부.

ලිවීම‡ [리위-머] ලියනවා 의 동명사: 글쓰기, 글 씀.

ලිස්සනවා† [릸써너와-] ලිස්සුවා-ලිස්සා 미끄러지다, 미끄러 넘어지다. ලිස්සීම

ලිස්සෙනවා [릸쎄너와-] ලිස්සුණා-ලිස්සී 미끄럽다, 미끈미끈 하다.

ලිහනවා† [리허너와-] ලිහුවා-ලිහා (끈, 매듭) 풀다, 끌다 ලෙහනවා. ලිහීම

ලිහිණියා† [리히니야-] 새, 조류 පක්ෂියා. (구어) කුරුල්ලා ¶ වැහිලිහිණියා 제비

ලිහිල [리힐러] 완화, 느슨함, 헐거워짐, 풀어짐 බුරුල.

ලිහිල්† [리힐] ①풀어진, 느슨한 බුරුල් ②쉬운, 간단한 පහසු ③부드러운, 온유한 මෘදු.

ලිහිල් කරනවා‡ [리힐 꺼*러*너와-] ①풀어주다, 완화하다 ②단순화하다, 간단하게 하다.

ලිහිස්සි තෙල් [리힜씨 뗄] 윤활유, 엔진오일 ඇන්ජින් තෙල්.

ලිහෙනවා [리헤너와-] ලිහුණා-ලිහී ලිහනවා 의 피동사: (끈, 매듭) 풀리다, 느슨해 지다 ගැලවෙනවා. ලිහීම

ලී‡ [리-] 목재, 나무 දැව.

ලීන [리-너] 감춰진, 숨겨진, 가려진 සැඟවුණු.

ලීනය [리-너여] 토굴, 작은 동굴 කුඩා කුහරය.

ලීනාර්ථය [리-나-*르*떠여] 숨겨진 뜻 සැඟවුණු අර්ථය.

ලී භාජනය† [리- 바-저너여] (보석을 넣는) 작은 상자, 손궤.

ලීම [리-머] ①긴 콩 මෑකරල ②ලනවා의 동명사: 둠, 내려놓음, 놓음 ලෑම.

ලීය [리-여] 나무 조각 ලී කැබැල්ල.

ලීලය [릴-러여] ①온화, 유함 විලාසිතාව ②모양, 형식, (행동) 양식 හැඩරුව.

ලීලා [릴-라] ලීලාව 의 복수 또는 형용사: ①모양들, 모습들 ②모양의, 모습의.

ලීලාව [릴-라-워] 모양, 형상, 모습, 형태 ස්වරූපය. (구어) හැඩය ¶ කතා ලීලාව 말투, 말씨 මංගල්‍ය ලීලාව 잔치

ල

ලීලෝපේත [릴-로-뻬-떠] 상냥한, 온화한 ලීලයෙන් යුත්.
ලීල් [릴-] 느슨한, 풀린 ලිහිල්.
ලීවරණය [리-워러너여] 지레를 둠.
ලීවරය [리-워러여] 지레, 레버.
ලීස්තරය [리-쓰떠러여] 테끈, 틀끈, 테두리 끈.
ලුණ [루너] 소금, 염 ලවණය. (복) *ලුණු*
ලුණු‡ [루누] ලුණ 의 복수 또는 형용사: ①소금, 염 ලවණ ②소금의. ¶ ලේවාය 염전
ලුණු කුරුම්බා [루누 꾸룸바-] 아직 영글지 않은 야자 열매.
ලුණු දෙහි [루누데히] 소금을 친 라임.
ලුණුමාළු [루누말-루] 간한 생선, 소금친 생선.
ලුණු මිරිස් [루누 미리쓰] 소금 친 고추.
ලුණු ලේවාය [루눌 레-와-여] 염전, 제염소.
ලුණ්විල [루누윌러] 어린 약초 කුඩා ඖෂධීය පැළෑටිය.
ලුප්ත [뤂떠] 짧은, 간단한 කෙටි.
ලුව [루워] 밀도, 농도 මදය.
ලුහු [루후] ①가벼운 සැහැල්ලු ②짧은 කොට ③작은, 조그만 කුඩා ④빠른, 재빠른 ඉක්මන්.
ලුහුටනවා [루후터너와-] 미끄러지다 ලිස්සනවා.
ලුහුඬින්† [루훈딘] 짧게, 간단하게 කෙටින්.
ලුහුඬු [루훈두] 짧은, 간단한 කෙටි.
ලුහුනු [루후누] 양파 ලූනු.
ලුහු බඳිනවා [루후 반디너와-] 뒤쫓다, 추격하다, 몰다 පසු පස එළවා යනවා.
ලුහු බැඳීම/ලුහු බැඳුම [루후 밴디-머/루후 밴두머] ලුහු බඳිනවා 의 동명사: 뒤쫓음, 추격.
ලුහුලා [루훌라-] 검은색의 민물고기 ලූලා. (복) *ලුහුල්ලු*
ලූ [루-] ①ලනවා 의 형용사적 과거용법: 둔, 놓은 තැබූ ②대화체에서 타인의 말을 전할 때 붙음: ~래 යන්නලූ 가래 එන්නලූ 오래.
ලූගෙඩිය [루-게디여] 큰 견과류 ලූව ඇති ගෙඩිය.
ලූටීන් [루-틴-] (생화학) 루테인 (혈청, 노른자위 따위의 황색소).
ලූණු† [루-누] 양파 ලූනු.
ලූනු‡ [루-누] 양파 ලූණු.
ලූපය [루-뻐여] 고리, 고리장식 පුඩුව, දරණය.
ලූලා [룰라-] 검은색의 민물 고기 ලුහුලා. (복) *ලූලෝ, ලූල්*
ලූස් ගස [루-쓰 가써] 감복숭아 나무.
ලෙගසිය [레거씨여] 유산, 유업 උරුමය.
ලෙගසි ලාභියා [레거씰 라-비야-] 상속자 ලෙගසිය ලබන්නා.
ලෙජරය [레저러여] 회계장부, 대장 ගනුදෙනු ලේඛය.
ලෙඩ‡ [레더] ①병, 아픔, 질병 ලෙඩරෝග (문어) රෝග ②아픈, 병든 (문어) රෝගී
ලෙඩ දමනවා [레더 다머너와-] 어려움을 만들다, 어렵게 하다 කරදරවක් ඇති කරනවා.
ලෙඩා† [레다-] 환자, 병자, 아픈 사람. (복) *ලෙඩ්ඩු* (문어) රෝගියා
ලෙඩේ [레데-] ①병, 아픔 රෝගය ②어려움, 문제 හිරිහැරය.

ල

ලෙඩ්ඩු† [렏두] ලෙඩා 의 복수: 환자들, 병자들 රෝගියෝ.
¶ ලෙඩුන් 환자들을(목적격), 환자들이(주격) ලෙඩුන්ගේ 환자들의(소유격)

ලෙද [레더] ~같은, 처럼 සේ (구어) වගේ

ලෙන† [레너] 굴, 구멍, 동굴 ගුහාව.

ලෙන්ගතු [렌가뚜] 친밀한, 아주 가까운 ඉතා හිතවත්.

ලෙන්සය [렌써여] 렌즈 කාචය.

ලෙය† [레여] 피, 혈 ලේ. (문어) රුධිරය

ලෙල දෙනවා [렐러 데너와-] ①빛나다, 반짝이다 බබළනවා ②떨다, 흔들리다 සැලෙනවා.

ලෙලවනවා/ලෙළවනවා [렐러워너와-] ලෙලෙවුවා/ලෙළෙවුවා-ලෙලවා/ලෙළවා 흔들다, 뒤흔들다 සොලවනවා. <u>ලෙලවීම/ලෙළවීම</u> ¶ කඩුපත ලෙලවනවා 검을 휘두르다

ලෙලි† [렐리] ලෙල්ල 의 복수: 껍질들 පොතු.

ලෙලි ගහනවා† [렐리 가하너와-] 껍질을 벗기다 පොතු ඉවත් කරනවා.

ලෙලෙනවා [렐레너와-] ලෙලුණා-ලෙලී ①빛나다, 반짝이다 බබළනවා ②떨다, 흔들리다 සැලෙනවා. <u>ලෙලීම</u>

ලෙල්ල† [렐러] 껍데기, 겉껍질. (복) *ලෙලි*

ලෙල්ලම [렐러머] ①못살게 굶, 성가심, 짜증, 고민, 걱정 කරදරය ②수산시장 ③농담, 유희.

ලෙල්ලම් කරනවා [렐람 꺼러너와-] 못살게 굴다, 성가시게 하다 කරදර කරනවා.

ලෙල්ලම් වෙනවා [렐람 웨너와-] 짜증나다, 걱정되다.

ලෙවකනවා† [레워까너와-] ලෙවකෑවා-ලෙවකා (혀로) 핥다 ලොවිනවා.

ලෙවන් [레완] 세상 사람들 ලෝ වැසියන්.

ලෙවලය [레월러여] 수준, 높이, 레벨 මට්ටම් කෝදුව.

ලෙවී කථාව [레위- 까따-워] (성경) 레위기.

ලෙවු/ලෙව් [레우] ①세상 사람 ලෝ වැසියා ②세상 ලෝකය.

ලෙවුන් [레운] 기름칠, 바름 ලේපනය. (구어) ගෑම.

ලෙව්/ලෙවු [레우] ①세상 사람 ලෝ වැසියා ②세상 ලෝකය.

ලෙව්ලැකිය [레울래끼여] 이용, 사용 ලෝක ව්‍යවහාරය.

ලෙස† [레써] ①~ 같이, ~ 처럼 මෙන් (구어) හැටියට ②~ 을 하도록, ~ 하기 위하여 පිණිස.
¶ ඇඳුම් දෙකක් නොහැඳ යන ලෙස ඔවුන්ට අණකළසේක 옷 두 벌을 가지고 가지 말라고 그들에게 명령하셨다

ලෙස [레써] ①방법, 방식 අන්දම ②사기, 속임 රැවටීම.

ලෙසින් [레씬] ①~ 같이, ~ 처럼 මෙන් ②~ 방식으로, ~ 방법으로 ආකාරයෙන්.

ලෙස්සනවා [렜써너와-] ලිස්සුවා-ලෙස්සා 미끄러지다 ලිස්සනවා.

ලෙහනවා [레허너와-] ලිහුවා-ලෙහා (끈, 매듭) 풀다, 끌다 ලිහනවා. <u>ලිහීම/ලිහුම</u>

ලෙහෙ [레헤] 피, 혈 ලේ. (문어) රුධිරය

ලෙහෙසි‡ [레헤씨] ①쉬운, 용이한 ලේසි ②안락한, 편안한 පහසු.

ලෙහෙසිය [레헤씨여] ①용이, 쉬움 ලේසිය ②안락, 편안 පහසුව.

ලෙළ [렐러] ①떨리는, 흔들리는 සැලෙන ②빛나는, 반짝이는 බබළන.

ලෙළ දෙනවා [렐러 데너와-] ①흔들리다, 떨리다, (깃발) 펄럭거리다 සැලෙනවා ②빛나다, 반짝이다 බබළනවා.

ලෙළවනවා/ලෙලවනවා [렐러워너와-] ලෙළෙවුවා/ ලෙලෙවුවා- ලෙළවා/ලෙලවා 흔들다, 뒤흔들다 සොලවනවා. ලෙළවීම/ ලෙලවීම ¶ කඩුපත ලෙළවනවා 검을 휘두르다

ලෙළෙනවා [렐레너와-] ලෙළුණා-ලෙළී ①흔들리다, 떨리다, (깃발) 펄럭거리다 සැලෙනවා ②빛나다, 반짝이다 බබළනවා. ලෙළීම

ලේ‡ [레-] 피, 혈 ලෙය. (문어) රුධිරය ¶ ලේ දන් දීම 헌혈

ලේකම [레-꺼머] ①친족, 혈족 ②서기, 서기관, 기록자.

ලේකම්† [레-깜] ①(성경) 역대기서 ②서기, 서기관, 기록자 ③ලේකම 의 복수 또는 형용사: 서기관들, 서기들, 서기관의, 서기의.

ලේඛ [레-꺼] 편지의, 문서의, 문헌의.

ලේඛකයා† [레-꺼꺼야-] ①서기 ලියන්නා ②저자, 지은이 කතෘවරයා.

ලේඛන කලාව [레-꺼너 깔라-워] 저널리즘, 신문 잡지업 ලිවීමේ කලාව.

ලේඛනගත [레-꺼너가떠] 등록한, 등기한.

ලේඛනය† [레-꺼너여] ①편지 ලිපිය ②문서, 문헌 ලියවිල්ල.

ලේඛනාගාරය† [레-꺼나-가-러여] 기록 (공문서) 보관소.

ලේඛනිය [레-꺼니여] 펜 පෑන.

ලේඛය [레-꺼여] ①편지 ලිපිය ②문서, 문헌 ලියවිල්ල.

ලේඛාව [레-까-워] ①열, 줄, 횡렬 පෙළ ②문서, 씀 ලියවිල්ල.

ලේඛිත [레-끼떠] 쓰여진, 적힌 ලිඛිත.

ලේගඩුව [레-가두워] (몸에 난) 피멍.

ලේගරය [레-거러여] 한 통의 분량, 1 배럴.

ලේ ගලනවා† [레- 갈러너와-] 피 나다, 피가 흐르다.

ලේඩියා/ලේඩිත්තා† [렌디야-/렌디따-] 서캐 උකුණු බිත්තරය.

ලේනා† [레-나-] ①다람쥐 කලන්දකයා ②서기관 ලේකම්. (복) ලේන්නු ¶ ලේන් පැටියා 새끼 다람쥐

ලේ නෑකම† [레- 내-꺼머] 혈육, 친척 됨 කිට්ටු නෑදෑකම.

ලේනෑයා [레-내-야-] 친척, 혈육 නෑදෑයා.

ලේන්නු [렌-누] ලේනා 의 복수: 다람쥐들. ¶ ලේනුන් 다람쥐들을 (대격, 목적격)

ලේන්සුව‡ [렌-쑤워] 손수건 අත්ලේන්සුව.

ලේපනය [레-뻐너여] 연고, 피부에 바르는 것 ලේපය.

ලේපය [레-뻐여] 연고, 피부에 바르는 것 ලේපනය.

ලේබලය‡ [레-벌러여] 라벨, 꼬리표.

ලේ බැංකුව† [레- 뱅꾸워] 혈액 은행.

ලේයත [레-여떠] (기계) 선반 ලියවන පට්ටලය.

ල

ලේලි/ලේලිය‡ [렐-리/렐-리여] 며느리 යේලි.

ලේවාය† [레-와-여] 염전, 제염소 ලුණු නිපදනව ජලාශය.

ලේ විෂවීම [레- 위셔위-머] (의학) 폐혈증 පූතිය.

ලේශය [레-셔여] 조금, 소량 ස්වල්පය. (구어) ටික

ලේසි‡ [레-씨] ①쉬운, 용이한 ලෙහෙසි ②안락한, 편안한 පහසු.

ලේසිය [레-씨여] ①용이, 쉬움 ලෙහෙසිය ②안락, 편안 පහසුව.

ලේස්තිය [레-쓰띠여] 준비, 예비 ලෑස්තිය. (문어) සූදානම

ලේහ කරනවා [레-허 꺼러너와-] 혀에 연고를 바르다.

ලේහය [레-허여] (약) 혀에 바르는 연고.

ලොකු‡ [로꾸] ①큰, 넓은 විශාල ②손위의, 연장의 වැඩිමල් ③높은, 상위의 උසස්.

ලොකු අප්පා/ලොකු තාත්තා [로꾸 압빠-/로꾸 딷-따-] 큰 아버지 මහප්පා.

ල

ලොකු අම්මා‡ [로꾸 암마-] 큰 이모, 큰 어머니 මහම්මා.

ලොකු තාත්තා/ලොකු අප්පා‡ [로꾸 딷-따-/로꾸 압빠-] 큰 아버지 මහප්පා.

ලොකු මහත් කරනවා [로꾸 마핟 꺼러너와-] 기르다, 양육하다 ඇති දැඩි කරනවා.

ලොකු වෙනවා‡ [로꾸 웨너와-] ①커지다, 성장하다 වැඩෙනවා ②나이를 먹다, 성장하다 මල්වර වෙනවා.

ලොක්කා‡ [록까-] ①사장, 주인 (문어) ප්‍රධානියා ②늙은이, 나이 먹은 사람 (문어) මහල්ලා.

ලොගය [로거여] ①(컴퓨터) 로그인, 로그, 경과기록.

ලොග් පොත [록 뽀떠] 업무일지.

ලොට [로터] ①젊은, 연소한 තරුණ ②젖이 있는 කිරි ඇති ③흔들리는, 느슨한 බුරුල්.

ලොට තන [로터 따너] 젖이 안 나오는 가슴 කිරි නැති පියෝධර.

ලොට්ට [롣터] ①쓸모없는, 무익한, 쓰레기의 කබල් ②연약한, 약한 දුර්වල.

ලොඩිය [로디여] ①펄프 ②눈동자 ඇස් ගුළිය.

ලොතරැයිය‡ [로떠래이여] 복권.

ලොන්ඩරිය‡ [론더리여] 세탁소.

ලොඳ [론더] (과일) 연한 심, 연한 인 ළපටි මඳය.

ලොප [로빠] ①생략, 지움, 제거, 잘라냄 ②단축, 축소. (복) ලොප්

ලොප් කරනවා [롭 꺼러너와-] 생략하다, 지우다, 잘라내다.

ලොබ [로버] 탐욕, 탐심 ලෝභය.

ලොමු [로무] 털 මයිල්.

ලොමු දහ ගන්නවා [로무 다하 간너와-] 털이 뾰쪽뾰쪽 서다 ලොමු දැහැ ගන්නවා.

ලොමු දැහැ ගන්නවා [로무 대해 간너와-] 털이 뾰쪽뾰쪽 서다 ලොමු දහ ගන්නවා.

ලොම්‡ [롬] 털 ලෝම.

ලොම්බා [롬바-] 이가 없는 사람 කටේ දත් නැති තැනැත්තා.

ලොඹු [롬부] 이가 없는, 잇몸의 දත් නැති.

ලොඹු [롬부] ①껍질, 껍데기 ගෙඩියක ලෙල්ල ②껍질의, 껍데기의.

ලොයි බංකුව [로이 방꾸워] 침대 달린 긴 의자.

ලොරිය‡ [로리여] 화물차, 트럭.

ලොල [롤러] ①갈망, 좋아함, 기호, 선호 ආශාව ②욕심, 탐욕 ගිජුකම.

ලොල [롤러] ①흔들리는, 떨리는, 움직이는 කම්පිත ②욕심 많은 ගිජු.

ලොලනවා [롤러너와-] (나무, 과일) 껍질을 벗기다, 벗겨내다.

ලොල් [롤] ලොල 의 복수 또는 형용사: ①갈망, 좋아함, 기호, 선호 ආශාව ②욕심(의), 탐욕(의) ගිජුකම ③갈망하는, 간절히 바라는 ලෝල්.

ලොල් කරනවා/ලෝල් වඩනවා [롤 꺼러너와-/롤- 와더너와-] 좋아하다, 갈망하다, 선호하다 ආශා කරනවා.

ලොල්ල [롤러] ①욕심, 탐욕 ගිජුකම ②흔들림, 떨림, 움직임 කම්පය.

ලෝල් වඩනවා [롤- 와더너와-] 좋아하다, 갈망하다, 선호하다 ආශා කරනවා.

ලොව† [로워] 세상, 세계 ලෝකය.

ලොවනවා [로워너와-] ලෙවුවා-ලොවා (혀로) 핥다 ලෙවකනවා. ලෙවීම

ලොවාදුව [로와-두워] ①원반, 평원반 ②타원.

ලොවි [로위] ①세상 ②세상의, 속세의 ලෞකික ③과일의 한 종류.

ලොවිච්චිය [로윋치여] 주름 장식.

ලොවිනවා [로위너와-] ලෙවුවා-ලෙව (혀로) 핥다 ලෙවකනවා. ලෙවීම

ලොවී [로위-] 세상의, 속세의 ලෞකික.

ලොවුතුරා/ලොව්තුරා [로우뚜라-] 세상에서 가장 고귀한 ලෝකෝත්තර.

ලොව්තුරු [로우뚜루] 세상에서 가장 고귀한 ලොවුතුරා.

ලොහො [로호] 금속, 메탈 ලෝහ.

ලොහො දිය [로호 디여] 녹은 용암 ලෝදිය.

ලොහොටනවා [로호터너와-] 미끄러지다, 미끄러지듯 달리다 ලිස්සනවා.

ලෝ† [로-] ①세상의, 세계의 ලෝක ②철의, 금속의 ලෝහ.

ලෝක [로-꺼] 세상의, 세계의, 세속의 ලෞකික.

ලෝකගෝලය† [로-꺼골-러여] 지구, 세계.

ලෝකඩ† [로-꺼더] 청동, 브론즈.

ලෝකධර්ම [로-꺼다르머] 세상의 법(칙), 자연의 법칙.

ලෝකනාත [로-꺼나-떠] 부처(의).

ලෝකපාල [로-꺼빨-러] 왕(의), 임금(의).

ලෝක බැංකුව [로-꺼 뱅꾸워] 세계 은행.

ලෝක මාන්නය [로-꺼 만-너여] 자존, 젠체함, 거만하게 굶 උඩඟුකම.

ලෝක ප්‍රමිතිය [로-꺼 쁘러미띠여] 세계 표준.

ලෝකය‡ [로-꺼여] 세상, 세계 ලොව. ¶ ලෝකයා 세상 사람들, 인류

ලෝකයා [로-꺼야-] 세상 사람들, 인류 ලෝක වැසියන්.

ලෝකරුවා [로-꺼루와-] 대장장이 ලෝකුරුවා.

ලෝක වාර්තාව [로-꺼 와-르따-워] 세계 신기록.

ලෝක විදූ [로-꺼 위두-] 세상을 이해한 사람, 부처 බුදුන් වහන්සේ.

ලෝක විෂය [로-꺼 위셔여] 자연 현상.

ලෝකව්‍යාප්ත [로-꺼위얖-떠] 세계적인, 전세계의 ලෝ පුරා පැතිරි.

ලෝකාපවාදය [로-까-빠와-더여] 공공 비난, 공공의 혹평.

ලෝකායත දෘෂ්ටිය [로-까-여너 드루쉬티여] 유물론, 유물주의 ද්‍රව්‍යවාදය.

ලෝකායත්ත [로-까-얏떠] 세속의, 세속적인, 세상의 ලෞකික.

ලෝකාර්ථය [로-까-르떠여] 세상에 유익.

ලෝකාස්වාද රතිය [로-까-쓰와-더 라띠여] 성관계, 성교 සංවාසය.

ල

ලෝකුරුවා [로-꾸루와-] 대장장이 ලෝකරුවා.

ලෝකෝත්තර‡ [로-꼳-떠러] 세상에서 가장 고귀한 ලොවුතුරා.

ලෝගුව [로-구워] 외투, 망토 දිග කබාය.

ලෝචනය [로-처너여] (신체) 눈 අක්ෂිය. (구어) ඇස

ලෝණ [로-너] 소금(의) ලුණු.

ලෝතය [로-떠여] 전리품 කොල්ලකාගත් දේවල්.

ලෝදිය [로-디여] 녹은 용암 ලොහො දිය.

ලෝනවා [로-너와-] (혀로) 핥다 ලෙවකනවා.

ලෝපය [로-빠여] 제거, 잘라냄 කපාහැරීම. (구어) ඉවත් කිරීම

ලෝපස් [로-빠쓰] 철광석(의) යපස්.

ලෝබ/ලෝභ [로-버] 욕심 많은, 탐욕스러운 ලෝභී.

ලෝබය/ලෝභය [로-버여] 욕심, 탐욕 ලොබ.

ලෝබයා† [로-버야-] 욕심쟁이, 탐욕스러운 사람 ලෝබියා.

ලෝබියා [로-비야-] 욕심쟁이, 탐욕스러운 사람 ලෝබයා.

ලෝබොර [로-보러] (광석의) 용재(鎔滓), 광재.

ලෝභ/ලෝබ‡ [로-버] 욕심 많은, 탐욕스러운 ලෝභී.

ලෝභය/ලෝබය [로-버여] 욕심, 탐욕 ලොබ.

ලෝභී [로-비-] 욕심 많은, 탐욕스러운 ලෝබ.

ලෝම† [로-머] 털, 모 ලොම්.

ලෝමය [로-머여] 털, 모 රෝමය.

ලෝල [롤-러] ①좋아하는, 흥미 있는, 선호하는 කැමති ②욕심의, 탐욕의 ගිජු ③흔들리는, 떨리는 චපල.

ලෝලය [롤-러여] ①선호, 좋아함 කැමැත්ත ②욕심, 탐욕.

ලෝ සත [로- 싸떠] 세상의 생물, 세상의 동물 ලෝක සත්වයා.

ලෝහ [로-허] ලෝහය 의 복수 또는 형용사: ①금속들 ②금속의, 금속으로 만들어진.

ලෝහ භාණ්ඩ† [로-허 반-더] 철물, 건축용 철물, 금속 제품, 철기류 ලෝහ බඩු.

ලෝහමය [로-허머여] 금속의, 금속으로 만들어진 ලෝහ.

ලෝහය† [로-허여] 금속.

ලෝහ විද්‍යාව [로-허 윋디야-워] 금속학.

ලෝහ ව්‍යූහ විද්‍යාව [로-허 위유-허 윋디야-워] 금속 조직학.

ලෝහාලෝහය [로-할-로-허여] 반금속 (비소, 텔루르 따위), 양성 금속.

ලෝහිත [로-히떠] ලෝහිතය 의 복수 또는 형용사: ①피, 혈 ලේ ②빨간, 붉은, 빨간색의 රතු පැහැ.

ලෝහිතාංකය [로-히땅꺼여] (보석) 홍보석.

ලෝහිතය [로-히떠여] 피, 혈 රුධිරය. (구어) ලේ

ලෞකික† [라우끼꺼] 세상의, 세계의, 세속의 ලෝක.

ලෞකික සම්පත්තිය [라우끼꺼 쌈빧띠여] 세속적인 기쁨, 감각적인 기쁨 ලෝ සැප.

ලෞහ [라우허] 금속의, 금속성의 ලෝහ.

ල

ව

ව [와] 씽할러 알파벳의 54번째 글자: Va 이ㄴ지만, 많은 경우 Wa로 발음한다.

ව‡ [워] ①වනවා 의 과거분사: ~되고 (구어) වෙලා ②(사람을) 목적격으로 만드는 조사: මාව 나를, ඔයාව 너를.

වං [왕] ①왼쪽(의) වම ②절구(의) වං ගෙඩිය ③도착한, 다다른, 이른.

වංක† [왕꺼] ①정직하지 않은, 속이는 වංචාකාර ②굽은, 휜, 굽어진 ඇද.

වංකගිරිය† [왕꺼기리여] 미로, 미궁.

වංකොස් [왕꼬쓰] 어린 잭 열매.

වංග [왕거] 벵골인의, 벵골어의.

වංගිය [왕기여] 차례, 순번 වතාව.

වංගුව‡ [왕구워] (길의) 굽은 곳, 굴곡 පාරේ නැම්ම. ¶ ඊළඟ වංගුවෙන් දකුණට දාන්න 다음 커브에서 오른쪽으로 도세요

වංගෙඩිය‡ [왕게디여] 절구(통).

වංචනික [왕처니꺼] 속이는, 사기치는, 정직하지 않은 වංක.

වංචනිකයා† [왕처니꺼야-] 사기꾼, 속이는 자 වංචාකාරයා.

වංචා කරනවා‡ [왕차- 꺼러너와-] 속이다, 사기치다 රවටනවා.

වංචාකාරයා‡ [왕차-까-러야-] 사기꾼, 속이는 자 වංචනිකයා.

වංචාකාරී [왕차-까-리-] 사기의, 속이는 වංචනික.

වංචාව‡ [왕차-워] 속임, 사기 රැවටිල්ල.

වංශක්කාරයා [왕샤까-러야-] 귀족, 높은 사람, 주 වංසක්කාරයා.

වංශය‡ [왕셔여] 혈통, 계보, 족보 වංසය.

වංශවත්† [왕셔왇] 귀족의, 높은 계급의 කුලවත්.

වංශාධිපතියා [왕샤-디뻐띠야-] 귀족, 높은 사람 වංශක්කාරයා.

වංශානුගත [왕샤-누가떠] 계보를 잇는, 혈통을 따라 내려오는 පරපුරෙන් පිළිවෙළින් ආ.

වංශාවලිය† [왕샤-월리여] 족보, 가계도 පෙළපත.

වංසක්කාරයා [왕싹까-러야-] 귀족, 높은 사람, 주인님 වංශක්කාරයා.

වංසපරම්පරාව [왕써빠람빠라-워] 선조들의 계보, 혈통.

වංසය [왕써여] 혈통, 계보, 족보 වංශය.

වංසෙ කබල් ගානවා [왕쎄 까발 가-너와-] 어렵게 살면서 혈통에 대해 자랑스럽게 말하다.

වංහුං [왕훙] ①정보, 데이터 තොරතුරු වතගොත ②자손, 후손 වංශය.

වක [와꺼] වකය 의 복수 또는 형용사: ①휨, 굽음 ඇදය ②굽은, 휜 ඇද ③음력 날.

වක ගහනවා [와꺼 가하너와-] 굽다, 휘어지다 වකේවනවා.

වකනවා [와꺼너와-] ①(도료 등을) 칠하다, 바르다 ②넣다, 두다 බහනවා.

වකය [와꺼여] 휨, 굽음 ඇදය.

වකරැළිගැසුණු [와꺼랠리개쑤누] 나선의, 웨이브가 있는 දඟර ගැසුණු.

වකවානුව† [와꺼와-누워] 기간,

시기, 시대, 연대 කාල පරිච්ඡේදය.

වකාරෙට [와까-레터] 충분히, 많이 ඕන තරම්.

වකැටිය [와깨티여] (기계) 크랭크 වක්දණ්ඩ.

වකුගඩුව‡ [와꾸가두워] 신장, 콩팥 වෘක්කය.

වකුටු† [와꾸투] 굽은, 휜 නැමුණු.

වකුටු කොන්ද [와꾸투 꼰더] 굽은 등, 휜 등 නැමුණු කොන්ද.

වකුටු වෙනවා [와꾸투 웨너와-] 굽다, 휘다, 휘어지다 නැමෙනවා.

වක් [왁] ①속이는, 사기치는 වංචාකාර ②굽은, 휜, 굽어진 ඇද.

වක්කඩ [왁까더] (논의) 물코.

වක්කර [왁꺼러] ①호우, 억수 මහ වැස්ස ②피리부는 사람 නළාකාරයා.

වක් කරනවා‡ [왁 꺼러너와-] 붓다, 따르다, 쏟다 වත් කරනවා.

වක්කලම [왁껄러머] 소용돌이.

වක්කැත්ත [왁깯떠] 휜 칼.

වක්තෘ [왁뜨루] 예언자, 선지자 ප්‍රකාශක. ¶ අනාගතවක්තෘ 선지자, 선견자

වක්ත්‍රය [왁뜨러여] 얼굴, 면상 මුහුණ.

වක්දණ්ඩ [왁단더] (기계) 크랭크 ක්‍රෑන්කය.

වක්පිහිය† [왁삐히여] 전지용 칼, 휜 칼 වජ්පිහිය.

වක්බද්ද [왁받더] 간접세.

වක්‍ර† [와끄러] ①휜, 굽은, 구부러진 ඇද ②속이는, 사기치는 වංචාකාර.

වක්‍රකම/වක්‍රතාව [와끄러꺼머/와끄러따-워] 굴곡, 만곡, 곡선 නැමුණු බව.

වක්‍රමානය [와끄러마-너여] 곡선계(計): 지도에서 곡선의 거리를 재는 기구.

වක්‍රය† [와끄러여] 휨, 커브, 굽음 වකය.

වක්‍ර වෙනවා [와끄러 웨너와-] 휘다, 굽어지다, 구부려지다 වකේවනවා.

වක්‍රාකාර/වක්‍රීය† [와끄라-까-러/와끄리-여] 둥근, 굽은, 휜 වක් වූ.

වක්‍රෝක්තිය [와끄록-띠여] 애매함, 다의성 ව්‍යංගාර්ථය.

වක් වෙනවා [왁 웨너와-] 휘다, 굽어지다, 구부려지다 නැමෙනවා.

වක්ෂණ/වක්ෂය [왁셔너여/왁셔여] 가슴 ළය. (구어) පපුව

වක්ෂස්ථලය [왁셔쓰떨러여] 가슴 උරස්ථලය. (구어) පපුව

වග [와거] ①종류, 부류 වර්ග ②소식 ආරංචිය ③일, 업무 බව.

වගඋත්තර [와거욷떠러] 변호, 변론 විරෝධ ප්‍රකාශය.

වගඋත්තරකරු† [와거욷떠러꺼루] (법) 피고 චෝදිතයා, චූදිතයා. ¶ චෝදකයා (법) 원고, 고발자

වග කියනවා‡ [와거 끼여너와-] 책임지다, 책무를 다하다 වගකීම බාරගන්නවා. <u>වගකීම</u>

වගකීම‡ [와거끼-머] වග කියනවා 의 동명사: 책임, 책무, 의무.

වගකුරුමිනියා [와거꾸루미니야-] (곤충) 가뢰.

වගතුග† [와거뚜거] 정보, 소식, 상세 විස්තර.

වගතුව [와거뚜워] 지지, 유지, 지속 පැවැත්ම.

වගන්තිය† [와간띠여] 문장, 구절, 절 වාක්‍යය.

වගපල [와거빨러] 불평, 투덜거림 ආඩපලිය.

වගපල කියනවා [와거빨러 끼여너와-] 불평하다, 투덜거리다, 나무라다 දොස් කියනවා.

වගබලාගන්නවා† [와거발라-간너와-] ①명심하다, 조심하다 ②책임지다 වගකීම දරනවා.

වගය [와거여] ①일, 업무 බව ②종류, 부류 වර්ගය ③질, 품질 ගුණය.

වගවලසුන් [와거왈러쑨] (동물) 이리들 වෘකයන්.

වග විභාගය [와거 위바-거여] 정보 수집, 정보 찾음.

වගා කරනවා‡ [와가- 꺼러너와-] 경작하다, 농사 짓다 වවනවා.

වගාව‡ [와가-워] 경작, 농사 වැවිල්ල.

වගු කරනවා [와구 꺼러너와-] 표로 만들다, 도표로 작성하다.

වගුර [와구러] 늪, 습지 ගොහොරුව.

වගුරනවා [와구러너와-] වගුළා/වැගුරුවා-වගුරා(වගුරලා) ①(피, 침 등) 흘리다 ②붓다, 따르다 වක් කරනවා. <u>වැගිරීම</u>

වගුරු [와구루] 늪의, 습지의, 늪이 많은, 소택지의 ගොහොරු.

වගුරුවනවා [와구루워너와-] වැගිරෙවුවා-වගුරුවා 붓다, 쏟아붓다, 흘리다, 흩뜨리다, 유포하다 වක් කරනවා. <u>වැගිරවීම</u>

වගුව‡ [와구워] 표, 도표 ගණිත චක්‍රය.

වගුළ [와굴러] වගුරනවා 의 형용사적 과거용법: 부은, 쏟아부은, 엎지러진 වැගිරූ.

වගේ‡ [와게-] (후치사) ~같이, ~처럼 වැනි. (문어) මෙන්

වඞ්ක [왕꺼] ①정직하지 않은, 속이는 වංචාකාර ②굽은, 휜, 굽어진 ඇද.

වචනය‡ [와처너여] ①말, 단어 වදන ②(기독교) 하나님의 말씀 දෙව් වචනය ③약속 පොරොන්දුව.

වචනානුසාරයෙන් [와처나-누싸-러옌] 축어적으로, 말대로.

වචනාර්ථය [와처나-르떠여] 단어 뜻 පදගතාර්ථය.

වචී [와치-] 말의, 단어의.

වචී පරම [와치- 빠러머] 말 많은, 재잘거리는.

වච්ච [왗처] 금지, 금령 අශුචි.

වජය [와저여] 외양간 ගාල.

වජිර [와지러] 다이어몬드(의) වජ්‍ර.

වජ්ජ [왖저] 잘못, 실수 වරද.

වජ්‍ර [와즈러] ①다이아몬드의 දියමන්ති වෛදූර්ය ②유리의 වීදුරු.

වජ්‍රඥනය [와즈러끄냐-너여] 지성, 명철 ඉතා තියුණු නුවණ.

වජ්‍රය [와즈러여] (보석) 백수정.

වජ්‍රාසනය [와즈라-써너여] 안정된 자리.

වඤ්චනික [완처니꺼] 속이는, 사기치는 වංචනික.

වඤ්චාව [완차-워] 속임, 사기 වංචාව.

වට† [와터] වටය 의 복수 또는 형용사: ①둘레들, 주변들 ② a. 둥근, 원형의 රවුම් b. 넘어진, 쓰러진 වැටුණු. ¶ වට පිට බල බලා හාවා ආවා 여기 저기 보면서 토끼가 옵니다

වට අත්ත [와터 앝떠] (승려들이 주로 사용하는 나뭇잎으로 만든) 부채 වටාපත.

වටකර [와터꺼러] ①주위, 주변, 둘레 අවට ②주변의, 주위의, 둘러싼 ③වට කරනවා 의 과거분사: 둘러싸, 포위하고, 감싸고 කොටු කර.

වට කරනවා‡ [와터 꺼러너와-] 둘러싸다, 포위하다, 감싸다 කොටු කරනවා.

වටකුරු† [와터꾸루] 공 모양의, 구의, 원형의, 둥근 රවුම් හැඩැති.

වටතාප්පය [와터땊_빠여] 난간이 있는 벽.

වටදාගේ [와터다-게-] 불탑을 감싸고 있는 원형 집.

වටනවා [와터너와-] ①값어치가 있다, 값나가다, 값지다 වටිනවා ②감싸다, 둘러싸다 වට කරනවා ③돌리다, 회전시키다 කරනවනවා ④유지시키다, 키우다 පවත්වනවා.

වටනා [와터나-] 귀한, 값나가는, 값진 වටිනා.

වට පණුවා† [와터 빠누와-] 회충.

වටපිට/වටපිටාව [와터삐터/와터삐타-워] 근처, 이웃, 인근 වටාපිටාව.

වටපුල්ලෝරම [와터뿔로-러머] 이가 거친 줄.

වට ප්‍රමාණය† [와터 쁘러마-너여] 둘레, 주계, 주변 වටය.

වට ප්‍රස්තාරය [와터 쁘러쓰따-러여] 원 그래프.

වට මනිනවා [와터 마니너와-] 측량하다, 경계를 측량하다.

වටමළුව [와터말루워] 둥근 건초 더미.

වට මාරුව [와터 마-루워] 이동, 옮김, 전위.

වටමැනුම/වටමිනුම [와터매누머/와터미누머] 측량, 경계 측량 සීමාව දිගේ මැනීම.

වටමේසය† [와터메-써여] 원탁, 둥근 탁자 රවුම් මේසය.

වටමේස සාකච්ඡාව [와터메-써 싸-깣차-워] 원탁 회의.

වටය† [와터여] 둘레, 주계, 주변, 라운드 පරිධිය.

වටයත්ත [와터얕떠] (목공) 뒤대패.

වට රවුම† [와터 라우머] 교차로.

වටලනවා† [와털러너와-] වැටලුවා-වටලා 에워싸다, 둘러싸다, 포위하다 වට කරනවා. වැටලීම/වැටලෑම

වටලෑම† [와털래-머] වටලනවා 의 동명사: 에워쌈, 포위, 둘러쌈 වටකිරීම.

වට වෙනවා [와터 웨너와-] 포위되다, 둘러 싸이다, 감싸여지다 මැදි වෙනවා.

වටහනවා [와터하너와-] වැටහුවා-වටහා 이해시키다, 깨닫게 하다 තේරුම් කරනවා. වැටහීම

වටහා ගන්නවා† [와터하- 간너와-] 이해하다, 깨닫다 තේරුම් ගන්නවා.

වටහා දෙනවා† [와터하- 데너와-] 이해시키다, 설명하다 තේරුම් කර දෙනවා.

වටා [와타-] ①도우미, 조력자 උපස්ථායකයා ②වටනවා 의 과거분사: 둘러싸고, 감싸 වටලා.

වටාපත‡ [와타-빠떠] (승려들이 주로 사용하는 나뭇잎으로 만든) 부채 වටා අත්ත.

වටාපිටාව [와타-삐타-워] 근처, 이웃, 인근 අවට.

වටින/වටිනා† [와티너/와티나-] 귀한, 값나가는, 값진 අගනා.

වටිනාකම‡ [와티나-꺼머] 가치, 값어치, 귀함 අගනා බව.

වටිනවා† [와티너와-] 값나가다, 값어치가 있다, 귀하다 අගිනවා.

වටින් [와틴] 주변으로 부터 අවටින්.

වටින් ගොඩින් [와틴 고*디*] 모든 방향으로 부터 හැම දෙසින්.

වටින් පිටින් [와틴 삐틴] 주변으로 부터 අවටින්.

වටු [와투] ①메추라기 වටුවා ②비 온 වැස්ස වූ.

වටුකුරුල්ලා† [와투꾸*룰*라-] (새) 제비 දියලිහිණියා.

වටුවා† [와투와-] (새) 메추라기 වට්ටක.

වටේ† [와테-] 주변에, 근처에, 모든 쪽에 හැම දෙසින්.

වටොර [와토*러*] ①허벅지, 넓적다리 කලවා ②무릎.

වට්ටක [왇터꺼] (새) 메추라기(의) වටුවා.

වට්ටක්කා‡ [왇탁까-] (식물) 호박.

වට්ටඩි [왇터*디*] 자랑하는, 자부하는 අහංකාර. (구어) උඩඟු

වට්ටඩිකම [왇터*디*꺼머] 자랑, 교만, 오만 අහංකාරය.

වට්ටඩියා [왇터*디*야-] 자랑하는 사람, 허풍선이.

වට්ටනවා [왇터너와-] වැට්ටුවා-වට්ටා (바닥, 땅으로) 떨어뜨리다, 떨어지게 만들다 බිම වැටීමට සලස්වනවා.

වට්ටම† [왇터머] ①가격 인하, 세일 මිල අඩු කිරීම ②수수료, 커미션. (복) *වට්ටම්*

වට්ටම්† [왇탐] වට්ටම 의 복수: 가격 인하, 세일 මිල අඩු කිරීම.

වට්ටලෝහ [왇털로-허] 놋쇠(의), 황동(의).

වට්ට විදානේ [왇터 위다-네-] 사무관이 감독하는 논 වෙල් විදානේ.

වට්ටාරම [왇타-*러*머] ①볍씨 창고, 벼 저장고 ②사방에 있는 집들 중앙에 있는 마당.

වට්ටි අම්මා [왇티 암마-] 광주리에서 물건을 파는 여인.

වට්ටිය‡ [왇티여] 바구니, (가벼운 나무로 엮은) 넓적한 광주리.

වට්ටුව [왇투워] ①틀, 테, 틀형 රාමුව ②주변, 근처 වටය.

වට්ටෝරු කරනවා [왇토-*루* 꺼*러*너와-] 목록을 만들다 ලැයිස්තුව හදනවා.

වට්ටෝරුව† [왇토-*루*워] ①메모, 비방록 සිට්ටුව ②목록, 리스트 ලැයිස්තුව. ¶ බෙහෙත් වට්ටෝරුව 의사 처방전

වඩදිය† [와*더*디여] 밀물.
¶ බාදිය 썰물 උදම (바다) 조수

වඩනවා [와*더*너와-] වැඩුවා-වඩා ①발전시키다, 성장시키다, 향상시키다 වර්ධනය කරනවා ②공급하다 සපයනවා ③가루 반죽을 눌러 만들다. වැඩීම
¶ ඔද වඩනවා 힘이 나다 පිදුරු වඩනවා 타작하다

වඩබා [와*더*바-] 바다, 해양 මුහුද.

වඩබාගින්න/වඩබාග්නිය [와*더*바-긴너/와*더*바-그니여] 해저에서 나오는 불.

වඩබාරේබාව [와더바-*레*-까-워] (해양학) 등조선.

වඩම [와더머] 화환, 화관 මල් කළඹ.

වඩමවනවා [와더머워너와-] 행진하다, 행렬하다.

වඩවඩා [와더와다-] 더, 더욱더, 더 많이 වැඩිවැඩියෙන්.

වඩවනවා [와더워너와-] 발전하다, 번영하다.

වඩා‡ [와다-] (후치사) ~보다: 비교 문장에 사용됨: 비교되는 단어 앞에는 ට 가 붙어서 비교 문장이 만들어 진다. ¶ ඔයා මට වඩා උසයි 너는 나보다 키가 크다

වඩා‡ [와다-] 더, 한층 더. ¶ වඩා කැමති වෙනවා 더 좋아하다 වඩා දුරවූ 더 먼

වඩා ගන්නවා† [와다- 간너와-] 한아름 품다, 두팔로 잡다 අතින් උරාගන්නවා.

වඩා හොඳ† [와다- 혼더] 더 좋은, 더 나은.

වඩිග දේශය [와디거 데-셔여] 텔레구 족의 땅 (나라) තෙලඟු රට.

වඩිනවා [와디너와-] වැඩියා-වැඩ (එනවා 의 경어: 일반인에게는 사용하지 않음) 들어 오시다, 오시다. <u>වැඩීම</u>

වඩිම්බුව [와딤부워] 커튼 틀을 가리는 판 장식 අගුලෑල්ල.

වඩිය [와디여] (약의) 1회분, (1회의) 복용량.

වඩු† [와두] 목공일의, 목수일의 ලී වැඩවලට අදාළ.

වඩු කර්මාන්තය† [와두 까르만-떠여] 목수일, 목공일 ලී වැඩ.

වඩු කුරුල්ලා† [와두 꾸룰라-] (조류) 피리새류.

වඩු පට්ටලය [와두 빹털러여] 목공소 වඩුවැඩපොළ.

වඩුබාස්/වඩු රාළ [와두바-쓰/와두 랄-러] 목수 වඩුවා.

වඩුබිංකලය/වඩුවිංකලය [와두빙껄러여/와두윙껄러여] 목공소 වඩුවැඩපොළ.

වඩුමඩුව [와두마두워] 목수 창고.

වඩු රාළ [와두 랄-러] 목수 වඩුවා.

වඩුරියන [와두리여너] 씽할러식 큐빗, 완척(腕尺).

වඩුවා‡ [와두와-] 목수 වඩු බාස්.

වඩුවැඩ† [와두왜더] 목수일, 목공일 වඩු කාර්මන්තය.

වඩුවැඩපොළ [와두왜더뻘러] 목공소, 목공 작업장 වඩු පට්ටලය.

වඩුවිංකලය [와두윙껄러여] 목공소 වඩුවැඩපොළ.

වඬේ [와데-] 강황으로 튀겨 만든 동그란 간식 종류.

වණ [와너] ①වණය 의 복수 또는 형용사: a. 상처들 b. 상처의, 상처난 ②색깔, 칼라 වර්ණය (구어) පාට. ¶ වණ පැසවනවා 상처가 곪다

වණ කරනවා [와너 꺼러너와-] 황폐케 만들다, 부숴버리다.

වණාදැස් [와너대쓰] ①창녀, 고급 매춘부 වේශ්‍යාව ②(옛 왕후 귀족의) 정부(情婦).

වණනවා [와너너와-] වැණුවා-වණා ①말하다, 진술하다 කියා දෙනවා ②칭찬하다, 찬사를 기리다 ප්‍රශංසා කරනවා ③(꼬리, 날개) 흔들어 움직이다. <u>වැණීම/වැණුම</u>

වණපෙරළිය [와너뻬럴리여] ①(의학) 전이(轉移) ②(문법) 소리 자리의 전환.

ව

වණපොත් කරනවා [와너뽇 꺼러너와-] 암기하다, 암송하다 පිරුවනවා. (구어) කටපාඩම් කරනවා

වණය‡ [와너여] 상처 තුවාලය. ¶ වණය පැසවනවා 상처가 곪다

වණ වෙනවා [와너 웨너와-] 상처를 입다, 상처가 생기다.

වණික් [와닊] 교역하는, 상거래하는 වාණිජ, වෙළඳ.

වණික්කර්මය [와닊까르머여] 교역, 거래, 상거래 වෙළඳාම.

වණ්ණකු [완너꾸] 평가자, 가격 산정자, 감정사 තක්සේරුකාරයා.

වත [와떠] ①얼굴 මුහුණ ②옷, 의복 ඇඳුම ③이야기, 설화 කතාන්දරය ④써레, 쟁기의 막대기 නඟුලේ දණ්ඩ.

වත ගහනවා [와떠 가하너와-] 써레를 매달다.

වතගොත [와떠고떠] 개인정보, 정보 ආගිය විස්තර.

වතළ [와떨러] 퍼진, 펼쳐진, 배포된, 흩뿌려진 පතළ.

වතාව‡ [와따-워] ①순번, 차례 වාරය ②때, 시즌 කාලය.

ව

වතාවත [와따-워떠] (교회, 절 등의 종교적) 의식, 의례 ආගමික පිළිවෙත. (복) *වතාවත්*

වතු [와뚜] වත්ත 의 복수: ①정원 ②(고무, 차 등의) 재배지.

වතුකම්කරුවා [와뚜깜까루와-] (홍)차 재배 노동자.

වතුකරය [와뚜꺼러여] (고무, 차, 포도 등의) 재배지, 경작지.

වතුකාරයා† [와뚜까-러야-] (고무, 차, 포도 등의) 재배자, 경작자 වතු වගා කරන්නා.

වතුකෑන [와뚜깨너] 플랜테인 (채소처럼 요리해서 먹는 바나나 비슷한 열매) 다발.

වතුපිටි [와뚜삐티] 땅, 전답: 개간 미개간의 땅들.

වතුයාය [와뚜야-여] 농장 단지.

වතුර‡ [와뚜러] 물. (문어) දිය

වතුර කඩනවා [와뚜러 까더너와-] 물을 열다, 물을 주다.

වතුර ගල [와뚜러 갈러] (물을 사용하는 보통의) 숫돌.

වතුරනවා [와뚜러너와-] වැතුරුවා(වතුළා)-වතුරා 바닥에 펼치다 අතුරනවා. <u>වැතිරීම</u>

වතුර බඳිනවා [와뚜러 반디너와-] 흐르는 물을 가두다, 물을 저장하다.

වතුර මල‡ [와뚜러 말러] 물뿌리개, 살수 장치, 스프링클러.

වතුරු [와뚜루] 홍수 ගංවතුර.

වතුරෙ දමනවා [와뚜레 다머너와-] ①물에 담그다 ජලයෙහි ගිල්වනවා ②도금하다 රන් ආලේප කරනවා.

වතුරෙ යනවා [와뚜레 야너와-] 헛되이 되다, 낭비되고 있다.

වතුළ [와뚤러] 퍼진, 펼쳐진, 배포된, 흩뿌려진 පතළ, වතළ.

වත් [왇] ①얼굴들 මුහුණු ②옷들, 의복 ඇඳුම් ③부, 부요, 재산 වස්තු ④도움, 배려 උදව්.

වත් [왇] (접미사) ~도 ත්.
¶ කවදා වත් 어떤 날도

වත්කම/වත්කම්‡ [왇꺼머/왇깜] 자산, 재산 වස්තුව.

වත් කරනවා† [왇 꺼러너와-] 붓다, 따르다 වක් කරනවා.

වත්ත‡ [왇떠] 채소밭, 기름진 농경지대, 농원, 재배장. (복) *වතු*

වත්තම් කරගෙන යනවා [왇땀 꺼러게너 야너와-] 건도록 돕다 වත්තම් කරනවා.

වත්තම් කරනවා [왇땀 꺼러너와-] 약한 사람이 건도록 돕다.

වත් පිළිවෙත් [왇 삘리웯] 의식, 의례, 예식, 절차 වතාවත්.

වත්පොහොසත්කම [왇뽀호쌑꺼머] 부, 부요함 ධනවත්කම.

වත්මන [왇머너] 현재, 지금 වර්තමානය.

වත්මන්† [왇만] 현재의, 지금의 වර්තමාන.

වත් සපයනවා [왇 싸빠여너와-] 도와주다, 보조하다 උපස්ථාන කරනවා.

වත්සර [왇써러] 해(의), 년(의) අවුරුද්ද.

වත්සල [왇쌀러] 사랑하는, 경애하는 ආදරවන්ත.

වත්සුණු [왇쑤누] 탤컴 파우더 (활석 가루에 붕산, 향료를 넣은 화장품) පියරු, පුයර.

වත්හිමි [왇히미] ①왕, 임금 රජතුමා ②(불교) 고승.

වද [와더] ①괴롭힘, 성가심, 불편 දුක්, කරදර ②벌집 මීවදය ③히비스커스 (목부용속(屬)의 식물: 무궁화 등).

වදක/වධක [와더꺼] 성가시게 구는, 불편하게 하는 හිරිහැර කරන.

වදක බාරිය [와더꺼 바-리여] 성가신 부인, 잔소리 많은 아내 හිරිහැරකරී බිරිඳ.

වදකයා [와더꺼야-] ①성가시게 구는 사람 ②(형, 형벌) 집행자 වධකයා.

වද කරච්චලය [와더 까랓철러여] 폐, 성가심, 귀찮음 මහ හිරිහැරය.

වද කරනවා† [와더 꺼러너와-] 성가시게 굴다, 불편하게 하다 කරදර කරනවා.

වද කරුමය [와더 까루머여] 괴롭힘, 성가심, 불편 හිංසාව.

වදකසා [와더꺼싸-] (식물) 창포 වදකහ.

වදකහ [와더꺼하] (식물) 창포 වදකසා.

වද දෙනවා [와더 데너와-] 괴롭히다, 성가시게 하다 වද කරනවා.

වදන [와더너] ①말, 말씀 වචනය ②명령 ආඥාව ③충고 උපදේශය ④얼굴 මුහුණ. (복) වදන්

වදනවා† [와더너와-] වැදුවා-වදා ①출산하다, 아이를 낳다 ප්‍රසූත කරනවා ②말하다, 선포하다 ප්‍රකාශ කරනවා. වැදීම/වැදුම

වදය† [와더여] ①괴롭힘, 고문, 벌 වධය ②말함, 이야기함, 말 කීම ③벌집, 꿀벌집 මී වදය.

වදල [와덜러] (농사에 해가 되는) 불필요한 그늘 වදුල.

වදරනවා [와다-러너와-] වැදෑරුවා(වදාළා)-වදාරා(වදාර) ①(경어) 말씀하시다 ②명령하다, 명하다 විධාන කරනවා ③주다, 넘겨주다 දෙනවා. වැදෑරීම

වදළ [와달-러] වදාරනවා 의 형용사적 과거용법: ①명령한 නියම කළ ②말한 දෙසූ (구어) කියපු ③준, 넘겨준 දුන්.

වදළා [와달-라-] වදාරනවා 의 과거형: 말했다, 말하였다 කීවා. (구어) කිවුවා

වදිනවා‡ [와디너와-] වැදුණා-වැද ①닿다, 부딪히다 හැප්පෙ-

ව

නවා ②들어가다, 안으로 들어가다 එතුළු වෙනවා ③손해보다, 놓치다, 잃어버리다 පාඩු සිදු වෙනවා ④소리를 내다 හඬ නගනවා ⑤받아들이다, 인정하다 එත්තු යනවා. වැදීම/වැදුම

වදුර [와두러] 다이아몬드 දියමන්තිය. (복) *වදුරු*

වදුරු [와두루] වදුර 의 복수 또는 형용사: ①다이아몬드들, 화강석들 දියමන්ති ②다이아몬드의.

වදුල [와둘러] (농사에 해가 되는) 불필요한 그늘 වදල.

වදේ දෙනවා [와데- 데너와-] ①벌주다, 체벌하다 දඬුවම් කරනවා ②귀찮게하다, 성가시게 하다 කරදර කරනවා.

වද්දනවා [왇더너와-] වැද්දුවා-වද්දා ①연결하다, 결합하다 ②부딪히다, 충돌하다, 들이받다 ③충돌시키다, 부딪히게 만들다 වද්දවනවා ④(사상을) 불어넣다. වැද්දීම

වධ/වධක [와더/와더꺼] ①형벌의, 벌받는 ②성가시게 구는, 불편하게 하는 හිරිහැර කරන.

වධකයා† [와더꺼야-] ①(형, 형벌) 집행자 ②사형 집행자.

වධ බන්ධනය [와더 반더너여] ①엄벌, 고문 බරපතල දඬුවම ②수감, 감옥에 넣음 සිරකිරීම.

වධය† [와더여] ①벌, 고통 දඬුවම ②죽음의 형벌, 사형 මරාදැමීම.

වධූ [와두-] 부인(의), 아내(의).

වන [워너] වනවා 의 형용사적 현재용법: 되는, 있는.

වන† [와너] ①숲의, 정글의 කැලෑ ②야생의 වල් ③(몰)타르.

වනගත† [와너거떠] 야생의 වල්.

වනගබ [와너거버] 잡목 지대, 광야 වනගළ.

වනගළ/වනගබ [와너걸러/와너거버] 잡목 지대, 광야.

වන ගැබ [와너 개버] 광야, 정글 වනාන්තරය.

වනචර† [와너처러] 야만적인, 미개한, 야생의.

වනචරයා [와너처러야-] 야만인, 미개인.

වනචාරී [와너차-리] 야만적인, 미개한.

වනදුර්ගය [와너두르거여] 정글길.

වන දෙවියා† [와너 데위야-] 숲에 사는 신, (작은) 요정 වන දේවතාවා.

වන දේවතාවා [와너 데-워따-와-] 숲에 사는 신, (작은) 요정 වන දෙවියා.

වනනවා† [와너너와-] ①흔들다, 퍼덕거리다, 날개치며 날다 සොලවනවා ②결단성이 없다, 우유부단 하다 ③땅에 퍼뜨리다, 흩다 විසුරුවනවා. වැනීම
¶ අත වනනවා 손짓으로 부르다 හිස් වනනවා 머리를 (절레절레) 흔들다

වනපස [와너빠써] 정글, 숲 කැලෑ පෙදෙස.

වනපහ [와너빠하] 판매목적의 야채.

වන පියස [와너 삐여써] 정글, 숲 කැලෑ පෙදෙස.

වනපොත් කරනවා [와너뽇 꺼러너와-] 암기하다, 암송하다 කටපාඩම් කරනවා.

ච

වනප්‍රවාහය [와너쁘러와-하여] 정글의 퍼짐, 숲의 확장 වන ව්‍යාප්තිය.

වනබත් වෙනවා [와너받 웨너와-] 정글이 퍼지다, 숲이 확장되다.

වනමී/වන මීපැණි [와너미-/와너 미-빼니] 들꿀, 석청.

වනමල් [와너말] 숲 꽃들, 들꽃들 කැලෑ මල්.

වනමුරු [와너무루] 숲의 신 වන දේවතාවා.

වනය‡ [와너여] ①숲, 정글 කැලය ②물 වතුර ③호수 විල ④샘 උල්පත.

වන රොද/වනලැහැබ [와너 로더/와널래해버] 숲의 울창함, 숲의 확장 වන ව්‍යාප්තිය.

වන රෝපණය† [와너 로-빠너여] 조림, 식수 කැලෑ වැවීම.

වනලැහැබ [와널래해버] 숲의 울창함, 숲의 확장 වන ව්‍යාප්තිය.

වන වදුල [와너 와둘러] 숲 지대 වන වැස්ම.

වනවමිය [와너워미여] 과부 වැන්දඹුව.

වනවා‡ [워너와-] වුවා-ව 되다, ~이다. වීම (구어) වෙනවා

වනවාස [와너와-써] 숲에 사는, 은둔하는.

වන විද්‍යාව† [와너 윋디야-워] 임학, 조림학.

වන විනාශය† [와너 위나-셔여] 산림 벌채, 남벌 කැලෑ විනාශය.

වනසංරක්ෂක [와너쌍띾셔꺼] 숲 관리자.

වනසංරක්ෂණය [와너쌍띾셔너여] 숲 관리, 삼림 관리.

වනසනවා† [와너써너와-] වැනසුවා-වනසා 멸망시키다, 황폐하게 하다, 없애다, 제거하다 විනාශ කරනවා. වැනසීම/වැනසුම

වනසම්පත [와너쌈빠떠] 삼림 자원.

වන සැවුලා [와너 쌔울라-] 야생 수탉.

වනස්පති [와나쓰빠띠] ①거목, 큰 나무 මහ ගස ②무화과 나무.

වනාත [와나-떠] 논과 맞닿아 있는 숲의 미개간지.

වනාන්තරය [와난-떠러여] 숲, 정글 වනය.

වනාහි† [와나-히] (강조, 불변화사) ~로 말하면.

වනිතා [와니따-] 여자의, 여성의 කාන්තා. (구어) ගැහැනි

වනිතාව† [와니따-워] 여자, 여성, 여인 කාන්තාව. (구어) ගැහැනිය

වනු [와누] ①있는, 되는 ②그것, 즉.

වනු ගානවා [와누 가-너와-] (지쳐서) 터덜터덜 걷다.

වනුව [와누워] 궁둥이, 궁둥이 한쪽 තට්ටම.

වනෝද්‍යානය‡ [와논-디야-너여] 보호림 වර උයන.

වන් [완] ①~과 같은 වැනි ②වෙනවා 의 형용사적 과거용법: 된, 온, 들어온 වුන.

වන්දක/වන්දුක [완더꺼/완다-꺼] ①기생 동물, 기생충 ②기생하는 පරපෝෂිත.

වන්දන මානන [완더너 마-너너] 예배와 존경.

ව

වන්දනය [완더너여] 예배, 경배 නමස්කාරය.

වන්දනා කරනවා‡ [완더나- 꺼러너와-] 예배하다, 경배하다 වඳිනවා.

වන්දනාකරුවා [완더나-꺼루와-] 순례자.

වන්දනා ගමන‡ [완더나- 가머너] 순례, 순례길, 순례 여행 වන්දනා චාරිකාව.

වන්දනාමාන [완더나-마-너] 경배와 존경.

වන්දනාව† [완더나-워] ①순례, 순례길 ②예배, 경배 නමස්කාර කිරීම. ¶ මුතුමිත්තන් වන්දනාව 조상 숭배

වන්දනාවේ යනවා [완더나-웨-야너와-] 순례하다, 순례를 가다.

වන්දනීය [완더니-여] 예배 받으시기에 합당한, 존경할 만한 වැඳුම් ලැබීමට සුදුසු.

වන්දු [완다-] (곤충) 사마귀.

වන්දක/වන්දක [완다-꺼/완더꺼] ①기생 동물, 기생충 ②기생하는 පරපෝෂිත.

වන්දි† [완디] වන්දිය 의 복수 또는 형용사: ①보상, 배상 ②보상의, 배상의.

වන්දි අය කරනවා [완디 아여 꺼러너와-] 보상(배상)하다.

වන්දි ගන්නවා [완디 간너와-] 보상받다.

වන්දි දෙනවා† [완디 데너와-] ~에게 보상하다, 변상하다.

වන්දි භට්ටයා [완디 밭터야-] 예찬자, 찬사를 올리는 사람.

වන්දිය† [완디여] ①보상, 배상 ②손해, 피해 අලාභය.

වන්ධ්‍ය [완디여] 황량한, 불모의 වඳ.

වන්ධ්‍යතාව [완디여따-워] 황량, 불모(지) වඳ බව.

වන්ධ්‍යාකරණය† [완디야-까러너여] 불임 수술, 거세 වඳ කිරීම.

වන්න [완너] 궁둥이, 궁둥이 한쪽 වනුව.

වන්නම [완너머] 색칠, 색깔 වර්ණය.

වන්නාටය [완나-터여] (접두어) 그렇게 되소서.

වන්නිකරය/වන්නිය [완니꺼러여/완니여] 메마른 땅, 광야 වියළි කැලෑව.

වඳ† [완더] ①불임의, 아이를 못낳는 ②황량한, 광야의 පුස්. ¶ වඳ බෙහෙත් 피임약

වඳ කරනවා† [완더 꺼러너와-] ①근절하다, 박멸하다, 뿌리채 뽑다 ②황량하게 만들다.

වඳපුදිනවා [완더뿌-디너와-] 생산하지 못하다, 열매를 못맺다.

වඳ බහිනවා [완더 바히너와-] 열매가 없다, 수확이 없다.

වඳ වෙනවා [완더 웨너와-] 제거되다, 없어지다 නැතිවී යනවා.

වඳිනවා† [완디너와-] වැන්දා-වැඳ ①예배하다, 경배하다 නමස්කාර කරනවා ②절하다, 인사하다. <u>වැඳීම</u>

වඳුරා‡ [완두라-] 큰 원숭이 වානරයා. (복) *වඳුරු* ¶ රිළවා 작은 원숭이

වඳුරු [완두루] වඳුරා 의 복수 또는 형용사: ①원숭이들 ②원숭이의.

වඳුරු මෑ [완두루 매-] 큰 콩 종류.

වපර† [와뻐러] ①사팔눈의, 사시의 ②곁눈질하는.

වපරය† [와빠러여] ①사팔눈, 사시 ②곁눈질.

වපසරිය [와빠싸리여] 땅의 뿌려지는 부분 වැපිරෙන ප්‍රමාණය.

වපුට [와뿌터] වපුරනවා 의 과거분사: (씨앗, 볍씨) 뿌리고, 뿌려, 흩뿌려, 파종하여 වපුරා.

වපුළ [와뿔러] වපුරනවා 의 형용사적 과거용법: (씨앗, 볍씨) 뿌린, 흩뿌린, 파종한.

වපුළා [와뿔라-] වපුරනවා 의 과거: (씨앗, 볍씨) 뿌렸다, 파종했다 වැපුරුවා.

වපුරනවා† [와뿌러너와-] වැපුරුවා(වපුළා)-වපුර/වපුරා/වපුට (씨앗, 볍씨) 뿌리다, 흩뿌리다, 파종하다. <u>වැපිරීම</u>

වප් [왑] 왑 달 (씽할러 달력의 6번째 달).

වප්මඟුල [왑망굴러] 씨뿌리는 축제.

වප්යත [왑야떠] 파종기, 씨뿌리는 기계.

වප්‍රය [와쁘러여] 벽, 타워 ප්‍රාකාරය.

වම‡ [와머] 왼쪽, 좌편 වම් පැත්ත. (복) *වම්*

වමත† [와머떠] 왼손 වම් අත. ¶ දකුණත 오른손

වමත්කාරී [와맏까-리-] 인상적인, 감동적인, 감동을 주는 සිත් ගන්නා.

වමත්කාරයා [와맏까-러야-] 왼손잡이 වාමාංශිකයා.

වමත් සවු/වමත් සවුවා [와맏 싸우/와맏 싸우와-] 좌편의 제자.

වමනය‡ [와머너여] 구토, 토.

වමනය කරනවා [와머너여 까러너와-] 토하다, 구토하다 වමනය දානවා.

වමනෙ යනවා [와머네 야너와-] 토하다, 구토하다 වමනය දානවා.

වමාරනවා‡ [와마-러너와-] වැමෑරුවා-වමාරා 토하다, 구토하다 වමනෙ යනවා. <u>වැමෑරීම</u>

වමාරා කනවා† [와마-라- 까너와-] (소) 되새김질하다.

වමාරා කෑම† [와마-라- 깨-머] (소) 되새김질.

වමිය [와미여] ①아내, 부인 බිරිඳ ②여자, 여성 කාන්තාව.

වම්‡ [왐] වම 의 형용사: 왼쪽의, 좌편의.

වම් අත† [왐 아떠] 왼손 වමත.

වම්පරස් [왐빠라쓰] ①차이, 다름 ②다른, 차이가 있는.

වම්බටු‡ [왐바투] (채소) 가지 වම්බොටු.

වය [와여] ①나이 වයස ②쇠퇴, 줄어듬 ව්‍යයය.

වයඃ [와야-] 나이(의) වයස්.

වයනය [와여너여] (피륙의) 짜임새, 바탕, 구조, 구성.

වයනවා† [와여너와-] වැයුවා-වයා (악기) 연주하다 වාදනය කරනවා. <u>වැයීම/වැයුම</u>

වයඹ‡ [와얌버] 서북, 서북쪽 වායව්‍ය. ¶ වයඹ පළාත 꾸루내걸러, 뿐떨람 2 주를 포함한 지역

වයස‡ [와여써] 나이, (경어) 연세 ආයුෂය. (복) *වයස්* ¶ ඔයාට වයස කීයද? 당신은 몇살이세요?

වයසක [와여써꺼] 나이든, 나이먹은 මහලු.

වයසට යනවා‡ [와여써터 야너와-] 나이가 들다, 나이를 먹다, 늙어가다.

වයස්ගත‡ [와여쓰가떠] 늙은, 나이든 මහලු.

වයිතාලය [와이딸-러여] 새벽, 이른 아침 පාන්දර.

වයිති [와이띠] ①물감, 페인트 ②물감의, 페인트의.

වයිතිකූර [와이띠꾸-러] 페인트 붓.

වයිද්දෙ/වයිද්දිය [와읻데/와읻디여] 악마 제사, 귀신 춤 තොවිලය.

වයිරක්කාරයා [와이럮까-러야-] 원수, 적 තරහකාරයා.

වයිරම [와이러머] 줄무늬 ඉරි මෝස්තරය.

වයිරය [와이러여] 미움, 증오, 적의 වෛරය.

වයිරසය/වයිරස්‡ [와이러써여/와이라쓰] 바이러스, 병균 විෂ බීජය.

වයිවාරන්න [와이와-란너] 다양한, 가지각색의, 여러 가지의 විවිධාකාර.

වයෝ [와요-] 늙은, 나이먹은 වයස්, වයස්ගත.

වයෝවෘද්ධ [와요-우룯더] 늙은, 나이먹은 මහලු.

වර [와러] ①높은, 고귀한 උතුම් ②එනවා 의 2인칭 명령형(낮춰 부르는 말): (네가) 와라.

වර [와러] ①기회, 찬스 වාරය ②은사, 선물 දීමනාව ③가죽, 피혁 සම ④가죽 끈, 줄 ⑤활줄 ⑥막음, 덮음 ආවරණය ⑦수도원 අසපුව ⑧선택, 고름 ⑨귀족, 높으신 분 උත්තමයා ⑩신랑 මනමාලයා.

වර [와러] වරය의 복수: ①은혜들, 은총들, 호의들 වරම ②허가들, 면허들 අවසර.

වරං ගන්නවා [와랑 간너와-] 허락을 받다, 허가를 받다 අවසර ගන්නවා.

වරකා [와러까-] 익은 잭열매 ඉදුණු කොස්.

වරක් [와띾] ①한번 එක් අවස්ථාවක් ②한번의 기회 වරමක්.

වරක්කලය [와띾껄러여] 게이지, 측정기, 측량기.

වරක්චක්‍රය [와띾차끄러여] 구구표, 곱셈표.

වරඟන [와랑거너] ①귀부인 උතුම් ස්ත්‍රිය ②창녀, 창기 වෙසඟන.

වරණ [와러너] ①코끼리 ඇතා ②වරණය 의 복수 또는 형용사: 선택(의), 선호(의) ③높은, 고귀한 උතුම්.

වරණය† [와러너여] ①선택, 더 좋아함, 기호 ②보호, 안전 ආරක්ෂාව ③피난처, 숨는곳 මුවාව ④성벽, 누벽 පවුර ⑤서쪽 බටහිර.

වරණ ශක්මතාව [와러너 샤끄머따-워] 선택력, 정선 වර්ණීයතාව.

වරණිඳු [와러닌두] 왕 코끼리 ඇත් රජු.

වරණීය [와러니-여] වරණය 의 형용사: 선택하는, 선호하는, 우선의 තෝරාගත යුතු.

වරද‡ [와러더] 실수, 잘못, 위반 වැරැද්ද. ¶ වරදක් නෑ 별일 없어요, 잘 지내요.

වරදකරු [와러더꺼루] 위반자, 범죄자 වරදකරුවා.

වරදවනවා [와러더워너와-] වැරදෙවුවා-වරදවා 실수하다, 잘못하다 වරද්දනවා. වැරදවීම

වරදවා තේරුම් ගන්නවා‡ [와러더와- 떼-룸 간너와-] 오해하다, 착각하다.

වරදිනවා‡ [와*러*디너와-]
වැරදුණා-වැරදිලා(වැරද) 실수하다, 잘못하다, 틀리다 වැරදෙනවා. වැරදීම/වැරදුම
¶ පාර වැරදිලා 길을 잃었어요

වරද්දනවා [와*랃*더너와-]
වැරැද්දුවා-වරද්දා 실수하다, 잘못하다 වරදවනවා. වැරැද්දීම

වර නගනවා [와*러* 나거너와-]
(문법의 시제, 수, 성에 따라) 변화하다, 변하다 රූප පෙළ ගස්සනවා. වර නැගීම

වරනවා [와*러*너와-] වැරුවා-වරා ①멈추다, 그만두다 නතර කරනවා ②젖을 떼다, 이유하다. වැරීම/වැරුම ¶ කිරි වරනවා 젖을 떼다

වරනැගිල්ල [와*러*내길러] (문법: 동사의) 활용, 어형 변화 වර නැගීම.

වරපට [와*러*빠터] 줄, 밧줄 කඹය.

වරප්‍රසාදය‡ [와*러*쁘*러*싸-더여]
①은혜 කරුණාව ②특권.

වරම [와*러*머] ①은혜, 은총 දීමනාව ②힘, 능력, 영향 අනුහස ③보호 ආරක්ෂාව ④허가, 허락 අවසරය ⑤귀신들림 යක්ෂ වේශය. (복) *වරම්*

වරම් ගන්නවා [와*람* 간너와-]
①은혜를 받다 පිහිට ලබනවා
②허락을 받다.

වරය† [와*러*여] ①허가, 면허 අවසරය ②은혜, 은총, 호의 කරුණාව.

වරල† [와*럴*러] ①(물고기) 지느러미 මාළු වරල ②땋은 머리 කේශ කලාපය ③무리, 무더기 රාශිය ④열, 줄, 횡열 පේළිය. (복) *වරල්*

වරලත් [왈*럴랕*] 공인의, 면허의 අවසර ලත්.

වරලස† [와*랄*러써] 땋은 머리 කේශ කලාපය.

වරවනවා [와*러*워너와-]
වැරෙවුවා-වරවා ①멈추게 하다, 그만두게 하다 නතර කරවනවා ②젖을 떼게 만들다, 이유하다.

වරහන්‡ [와*러*한] 괄호 기호 ().

වරාය‡ [와*라*-여] 항구, 나루터 නැව්තොට.

වරාසනය [와*라*-써너여] 물탱크, 수조 වතුර ටැංකිය.

වරාහ [와*라*-하] 돼지 ඌරා.

වරිගය [와*리*거여] 씨족, 종족, 종류 වර්ගය.

වරිච්චිය† [와*릋*치여] 욋가지로 엮은 울타리 (벽).

වරින්වර† [와*린*/와*러*] 때때로, 가끔 විටින් විට.

වරිපනම් [와*리*빠남] ①세금 ②부과되는 세금의, 산정되는 세금의.

වරිය [와*리*여] ①(좌석 등) 열, 줄, 횡렬 시리즈 පේළිය ②연속, 연쇄, 차례 ③여성 뒤에 붙는 호칭.

වරුණ [와*루*너] ①칭찬, 찬미, 찬양 වර්ණනාව ②천둥과 비의 신 ③서쪽, 서쪽 방향 බටහිර දිශාව.

වරුව‡ [와*루*워] ①한나절 වරු ②때, 기회 වාරය ③벼 곳간 වී අටුව ④논 කුඹුර.

වරුසාව [와*루*싸-워] 비, 강우, 우천 වර්ෂාව. (구어) වැස්ස

වරෙන්තුව† [와*렌*뚜워] 영장 (구속 영장, 가택수색 영장 등).

වරෙන් [와*렌*] එනවා의 2인칭 단수 명령형: (네가) 와라, 와

(윗사람이 아랫 사람을 부를 때 주로 사용한다).

වරෙල්ලා [와렐라-] එනවා의 2 인칭 복수 명령형: (너희들이) 와라, 와.

වර්ග‡ [와르거] වර්ගය의 복수 또는 형용사: ①종류들, 종족들 ②물건들 ③종족의 ④평방의, 제곱의. ¶ වර්ග අඟල 제곱 인치 වර්ග මීටරය 평방 미터

වර්ග අඟල [와르거 앙걸러] 제곱 인치 හතරැස් අඟල.

වර්ග කරනවා† [와르거 꺼러너와-] ①분류하다, 등급을 매기다 ②제곱하다.

වර්ග කෝෂය [와르거 꼬-셔여] 카달로그, 목록 කැටලොගය.

වර්ග ඵලය‡ [와르거 빨러여] 지역, 구역, 범위 ක්ෂේත්‍ර ඵලය.

වර්ග මූලය† [와르거 물-러여] (수학) 제곱근.

වර්ගය‡ [와르거여] ①종류, 종족 ජාතිය ②(수) 평방, 제곱 ③질, 품질 තත්වය. ¶ වර්ග මීටර් 평방 미터 වර්ග අඟල 제곱 인치

වර්ග වාදය [와르거 와-더여] 계급론.

වර්ග සමීකරණය [와르거 싸미-꺼러너여] (수학) 2차 방정식.

වර්ගීකරණය† [와르기꺼러너여] 분류(법), 유별(법), 등급 매기기 වාර්ගීකරණය.

වර්ගීකෘත [와르기-끄루떠] ①분류된 ②제곱된.

වර්චස් [와르처쓰] 똥, 대변 මල.

වර්ජකයා [와르저꺼야-] 파업자, 농성자 වර්ජනය කරන්නා.

වර්ජනය‡ [와르저너여] 파업, 휴업.

වර්ජනය කරනවා‡ [와르저너여 꺼러너와-] 파업하다, 휴업하다.

වර්ණ‡ [와르너] ①색깔들 පාට ②글자들, 문자들 අක්ෂර.

වර්ණකය [와르너꺼여] 색채, 채색, 색칠 පැහැකරණය.

වර්ණකාන්තිය [와르너깐-띠여] (보석) 마노.

වර්ණකාරකය† [와르너까-러꺼여] 색소, 물감.

වර්ණජනක [와르너자너꺼] 색을 내는, 색원체의 පාට නිපදවන.

වර්ණ තුලිකාව [와르너 뚤리까-워] 페인트 붓.

වර්ණ දර්ශකය [와르너 다르셔꺼여] 색깔 표.

වර්ණදේහය [와르너데-허여] (생물) 염색체.

වර්ණනය [와르너너여] ①설명, 해설 විස්තරය ②색칠 පාටගෑම.

වර්ණනා කරනවා‡ [와르너나-꺼러너와-] ①찬양하다, 칭찬하다 ප්‍රශංසා කරනවා ②설명하다 විස්තර කරනවා.

වර්ණනාව [와르너나-워] ①찬양 ප්‍රශංසාව ②설명 විස්තරය.

වර්ණ භීතිය [와르너 비-띠여] 색소혐성, 혐색소 වර්ණ නුරුස්සන.

වර්ණභේදය‡ [와르너베-더여] (남아프리카 공화국의) 인종 격리 정책.

වර්ණ මාලාව [와르너 말-라-워] 알파벳 අක්ෂර මාලාව.

වර්ණය‡ [와르너여] ①색깔 (구어) පාට ②글자, 문자, 알파벳 අක්ෂරය ③종족, 계급 ④성질, 질 ⑤명성, 유명 ⑥찬양 ⑦미, 아름다움 ⑧금, 황금 ⑨모양, 형상.

වර්ණ යෝජකයා [와르너 요-저꺼야-] (인쇄) 식자공 අකුරු අමුණන්නා.

වර්ණවත්† [와르너왇] 색깔있는, 칼라의.

වර්ණ වින්‍යාසය [와르너 윈니야-써여] 철자법, 정자법, 바른 철자, (문법) 철자론.

වර්ණ සංගුණකය [와르너 쌍구너꺼여] (수학) 계수.

වර්ණ සම්පත්තිය [와르너 쌈빧띠여] 보기 좋은 색채 රූප ශෝභාව.

වර්ණාගමය [와르나-거머여] 편지의 첨가.

වර්ණාන්ධතාව† [와르난더따-워] 색맹.

වර්ණාවලිය [와르나-월리여] 알파벳 අක්ෂර මාලාව.

වර්ණීයතාව [와르니-여따-워] 선택력, 정선 වරණ ශක්මතාව.

වර්තක [와르떠꺼] ①굴절의, 굴절하는 නැවෙන ②존재하는, 살아있는 පවතින.

වර්තක දුරේක්ෂය [와르떠꺼 두렉-셔여] 굴절 망원경.

වර්තකය [와르떠꺼여] 물절 매체, 굴절 렌즈.

වර්තන [와르떠너] ①굴절의, 굴절하는 නැවෙන ②존재하는, 살아있는 පවතින.

වර්තන අංකය [와르떠너 앙꺼여] 굴절률.

වර්තන කෝණය [와르떠너 꼬-너여] 굴절각 හැරෙන කෝණය.

වර්තනය [와르떠너여] 굴절, 굴사 හැරී යාම.

වර්තනාංකමානය [와르떠낭-꺼마-너여] 굴절기.

වර්තමාන [와르떠마-너] ①현재의, 지금의 ②출석한, 있는.

වර්තමාන කාලය† [와르떠마-너 깔-러여] 현재, (문법) 현재형.

වර්තමානය† [와르떠마-너여] ①현재, 지금 ②존재, 있음.

වර්ති [와르띠] (등, 램프) 심지(의) පහන් වැටි.

වර්තික [와르띠꺼] 존재하는, 생존하는, 사는 පවතින.

වර්තිකාව [와르띠까-워] ①(등, 램프) 심지 පහන් වැටිය ②공, 구 ③알약, 환약.

වර්තුල [와르뚤러] 둥근, 공 모양의, 구 모양의 වටකුරු.

වර්තුලය [와르뚤러여] 공, 구, 구체 ගෝලාකාර අවයවයක්.

වර්තුලාව [와르뚤라-워] 둥근 천장, 둥근 지붕, 돔 ගෝලාකාර වස්තුව.

වර්තුලිකාව [와르뚤리까-워] (특히 액체의) 소구체, 알 ගෝලිකාව.

වර්ත්‍යතාව [와르띠여따-워] 굴절 가능성.

වර්ධක [와르더꺼] 개발, 발전 වැඩිවීම්.

වර්ධනය‡ [와르더너여] 성장, 개발, 개선, 향상 දියුණුව.

වර්ධ්මය [와르드머여] 탈장, 헤르니아.

වර්මය [와르머여] 갑옷, 전투복 සන්නාහය.

වර්ෂණය† [와르셔너여] 비내림, 강우 වැසිවැටීම.

වර්ෂය‡ [와르셔여] ①년, 해 අවුරුද්ද ②비 වර්ෂාව ③구름 වලාකුල. ¶ ක්‍රිස්තු වර්ෂයට පෙර 기원전, BC ක්‍රිස්තු වර්ෂයෙන් 기원후, AD

වර්ෂා පතනය† [와르샤- 빠떠너여] 비, 강우 වර්ෂාව.

ව

වර්ෂාමානකය† [와르샤-마-너꺼여] 측우기, 강우량을 재는 기계.

වර්ෂාව‡ [와르샤-워] 비 වර්ෂය. (구어) වැස්ස

වල [왈러] ①정글, 숲, 덤불 කැලය ②꼬리 වලිගය.

වලකනවා/වලක්කනවා [왈러꺼너와-/왈락꺼너와-] 막다, 금하다, 방해하다, 꺾다, 좌절시키다 වලක්වනවා. වැලකීම/වැලැක්කීම

වලංගු† [왈랑구] 유효한, (돈 등) 통용되는, 허용되는, 법적인 බල පවත්නා.

වලංගුකම/වලංගුව [왈랑구꺼머/왈랑구워] 유효, 효력.

වලංගු කරනවා [왈랑구 꺼러너와-] 유효케 하다, 비준하다, 인준하다, 재가하다 ව්‍යවහාරයට යොදවනවා.

වලංගුව† [왈랑구워] 유효, 효력 වලංගුකම.

වලංගු වෙනවා† [왈랑구 웨너와-] 유효하다, 통용되다.

වලග [왈러거] 꼬리 වලිගය.

වලඟ [왈랑거] ①꼬리 වලිගය ②허리 ඉඟටිය.

වලංජනය/වලඤ්ජනය [왈랑저너여] (경어) 잡수심, 먹으심 වැලඳීම.

වලතඩියා [왈러따디야-] 폭력배, 무법자, 악한, 불량배 දාමරිකයා.

වලත්තයා [왈랕떠야-] 폭력배, 무법자, 악한, 불량배 අශිෂ්ටයා.

වළඳනවා [왈런더너와-] වැළඳුවා-වළඳා වළඳනවා 를 보라: ①(경어) 드시다, 잡수시다 ②먹다 කනවා ③누리다, 즐기다 භුක්ති විඳිනවා. වැළඳීම

වලඳිනවා [왈런디너와-] වැලැන්දා-වැලඳ ①껴안다, 포옹하다, 품에 안다 වළඳිනවා ②붙잡다, 잡다 අල්ලනවා. වැලඳීම

වලප [왈러뻐] 애도, 통곡, 비탄, 통탄 විලාපය.

වලපිනවා [왈러삐너와-] වැලපුණා-වැලප 통곡하다, 울다, 애도하다 වැලපෙනවා. වැලපීම/වැලපුම

වලය [왈러여] 팔찌 වළල්ල.

වල යනවා [왈러 야너와-] 숲에 가다, 숲으로 들어가다 කැලේට යනවා.

වලයාකාර [왈러야-까-러] 원형의, 둥근 රවුම්.

වලවුව/වලව්ව [왈라우워] 귀족의 집 ප්‍රභූ නිවස.

වලව්කාරයා [왈라우까-러야-] ①귀족 වංසක්කාරයා ②우쭐대는 사람, 교만한 사람.

වලව්ව [왈라우워] 귀족의 집 ප්‍රභූ නිවස.

වලසා† [왈러싸-] 곰 ව්‍යාලයා. (복) *වලස්* (구어) වලහා

වලහා‡ [왈러하-] 곰 ව්‍යාලයා. (복) *වලස්* (문어) වලසා ¶ වැලහින්න 암곰

වලා [왈라-] ①වලාව 의 복수 또는 형용사: 구름, 구름의 වලාකුළු ②불량배, 폭력배, 무법자 වල් මිනිහා.

වලාකුළ [왈라-꿀러] 구름 වැහි වලාව. (복) *වලාකුළු*

වලාකුළු‡ [왈라-꿀루] වලාකුළ 의 복수: 구름 වැහි වලාව.

වලාන [왈라-너] 숲, 삼림, 정글 වනය.

වලාල/වලාලේ [왈랄-러/왈랄-레-] 파도가 잔잔한, 고요한.

වලාව [왈라-워] 구름 වලාකුළ. (복) *වලා*

වලාහක [왈라-하꺼] 구름의, 비구름의. ¶ වැස්සවලාහක 먹구름의, 비구름의

වලි කනවා [왈리 까너와-] වලිකෑමා-වලිකා 노력하다, 시도하다 උත්සහා දරනවා.

වලි කවනවා [왈리 까워너와-] වලිකැවුවා-වලිකවා 꼬다, 꼬아 감다, 비틀다, 비틀어 돌리다. වලිකැවීම

වලිකුකුළා/වලිකුළා [왈리꾸꿀라-/왈리꿀라-] 야생 수탉, 꿩 කැලෑ කුකුළා.

වලිගය/වලිගේ‡ [왈리거여/왈리게-] 꼬리 වල්ගය.

වලිගහනවා [왈리가하너와-] 열심히 노력하다 වලි කරනවා.

වලිගේ [왈리게-] 꼬리 වල්ගය.

වලිච්චි/වලිත්ති [왈맃치/왈맅띠] 욋가지, 욋가지로 엮은 울타리 වයිතිය.

වලිත [왈리떠] 고리로 된, 고리 달린 හැකිළුණු.

වලිත්ති [왈맅띠] 욋가지, 욋가지로 엮은 울타리 වයිතිය.

වලිප්පුව† [왈맆뿌워] (특히 소아의) 경기, 경련.

වලිමග්/වලිමග [왈리막/왈리망거] (해부학) 항문 අධෝ මාර්ගය.

වලිමුබ [왈리무꺼] 원숭이(의) රිළවා.

වලිය [왈리여] ①시도, 수고, 노력 උත්සාහය ②싸움, 다툼 දබරය.

වලිශය [왈리셔여] (동물) 갈고리 모양의 돌기.

වලීය [왈리-여] (동물, 식물) 윤생의, 환생의.

වලු [왈루] වල්ල 의 복수: 다발들, 송이들, 뭉치들. ¶ තැඹිලි වලු 3 ක් 야자 열매 3 다발

වලුක්කම [왈룪꺼머] 절벽, 벼랑 ප්‍රපාතය.

වල්† [왈] 풀, 잡초 වල් ගස්.

වල්† [왈] වල 의 복수 또는 형용사: ①정글 කැලෑව ②정글의, 야생의 වන ③바람난, 음탕한, 부정(不貞)한, 외설한 අශීලාචාර.

වල් ඌරා† [왈 우-라-] 멧돼지 කැලෑ ඌරා.

වල්කම [왈꺼머] ①야생, 황무, 황량 ②거침, 무례함 රළු ③시골풍, 시골생활 පිටිසරගතිය.

වල්කය [왈까여] 나무 껍질 පොත්ත.

වල්කරනවා [왈꺼러너와-] ①황무하게 하다 ②어지럽히다, 혼돈케하다.

වල්කලය/වල්කලාව [왈깔러여/왈깔라-워] 나무 껍질 පොත්ත.

වල් කොටනවා [왈 꼬터너와-] (땅을) 개간하다, 정글을 치우다.

වල්ග කෝට් [왈거 꽅-] 연미복, 모닝 코트.

වල්ග තරුව [왈거 따루워] 혜성 වල්ගා තාරකාව.

වල්ගය/වල්ගේ [왈거여/왈게-] 꼬리. (복) *වල්ගා*

වල්ග සරනේරුව [왈거 싸러네-루워] T자 경첩.

වල්ගා තාරකාව‡ [왈가- 따-러까-워] 혜성 වල්ග තරුව.

වල්ගේ [왈게-] 꼬리. (복) *වල්ගා*

වල් දෙල් [왈 델] 야생 빵나무.

වල්පත [왈뻐떠] 꼬리 වලිගය.

වල්පල් [왈빨] 허언, 쓸데없는 말 වල්බූත.

වල්පැළ/වල්පැළෑටි‡ [왈뻘러/왈뻘래-티] 잡초, 풀 වල් ගස්.

වල්බළලා [왈발럴라-] 야생 고양이 වල්බාවා.

වල්බාවා [왈바-와-] 야생 고양이 වල් බළලා.

වල් බිහිවෙනවා [왈 비히웨너와-] 숲이 우거지다, 정글이 되다 කැලෑව වැවෙනවා.

වල්බූත [왈부-떠] 쓸데없는 말, 허언 ප්‍රලාප.

වල්මත් වෙනවා [왈맏 웨너와-] 헤메다, 정처없이 헤메다 මංමුලා වෙනවා.

වල්මීමා [왈미-마-] 야생 물소.

වල්මීයා [왈미-야-] 들쥐.

වල්රස් [왈라쓰] 바다 사자 මුහුදු සංහයා.

වල්ල† [왈러] 다발, 송이, 뭉치 පොකුර. (복) *වලු* ¶ තැඹිලි වල්ලක් 야자 열매 한 뭉치

වල්ලභයා† [왈러버야-] 남편 සැමියා.

වල්ලම [왈러머] 배의 한 종류.

වල්ලිය [왈리여] (식물) 덩굴 වැල.

වල්ලියා [왈리야-] 흰 황소.

වල්ලී [왈리-] (식물) 덩굴 වැල.

වල් විදුනාව [왈 위두나-워] (동물) 인도 사향 노루의 꼬리 සෙමෙර වලිගය.

වවනවා‡ [와워너와-] වැවුවා-වවා 재배하다, 경작하다, 농사짓다 වගා කරනවා. වැවීම ¶ රැවුල වවනවා 수염을 기르다

වවුචරය [와우처러여] 영수증, 거래증빙서.

වවුලා [와울라-] 박쥐. (복) *වවුලෝ*

වවුල් සරනේරුව [와울 싸러네-루워] (흔한) 나비꼴 돌쩌귀.

වශග වෙනවා [와셔거 웨너와-] (힘으로) 제압되다, 눌려지다, 정복되다 යටත් වෙනවා.

වශය [와셔여] ①방법, 수단 අන්දම ②복종, 순종 යටත්කම ③소망, 바램, 소원 කැමැත්ත ④권위, 권세 අධිපතිකම.

වශයෙන්† [와셔옌] ~방법으로, ~으로 ලෙසින්.

වශී [와쉬-] 최면의, 환각의, 마술의 වසඟ.

වශීකරණය [와쉬-꺼러너여] 최면, 환각.

වශී කරනවා† [와쉬- 꺼러너와-] 최면을 걸다, 마술을 걸다.

වශීකෘත [와쉬-끄루떠] 최면에 걸린, 마법에 걸린 වශී කරන ලද.

වශීය [와쉬-여] 마법, 마술, 요술 ඉණාව.

වශී වෙනවා [와쉬- 웨너와-] 최면에 걸리다, 마술에 걸리다.

වස‡ [와써] ①독, 독약 විෂ ②해, 년 අවුරුද්ද. ¶ හතළිස් හය වසක් 46년

වස [와써] 아주, 대단히, 몹시 ඉතා.

වස අමාරුකාරයා [와써 아마-루까-러야-] 아주 교활한 (어려운) 사람.

වසං කරනවා† [와쌍 꺼러너와-] 숨기다, 감추다, 덮다 හංගනවා. (구어) වහං කරනවා

වසංගත [와쌍거떠] 유행병의, 전염되는.

වසංගතය‡ [와쌍거떠여] 전염병, 유행병 බෝවෙන රෝගය.

වසං වෙනවා [와쌍 웨너와-] 숨겨지다, 감춰지다, 덮혀지다 සැඟවෙනවා. (구어) වහං වෙනවා

වසඟ කරනවා [와쌍거 꺼러너와-] ①매혹시키다, 최면술을 걸다 වශී කරනවා ②복종시키다, 따르게 하다 යටත් කරනවා.

වසඟ වෙනවා [와쌍거 웨너와-] ①매혹되다, 최면술에 빠지다 වශී වෙනවා ②복종하다, 굴복하다 යටත් වෙනවා.

වසට [와써터] 등뼈, 척추.

වසතිය [와써띠여] 주거, 거주지, 집 ස්ථිර පදිංචිය.

වසත් [와쌑] (계절) 봄 වසන්ත.

වසන [와써너] ①옷, 의류 ඇඳුම ②거주, 삶 නිවාසය. (복) *වසන්*

වසනවා† [와써너와-] වැසුවා-වසා 닫다, 막다, 덮다. <u>වැසීම/වැසුම</u> (구어) වහනවා.

වසනවා‡ [와써너와-] විසුවා-වැස 살다, 머물다, 거하다 වාසය කරනවා. <u>විසීම/විසුම</u>

වසන් [와싼] වසන 의 복수: ①옷, 의류 ඇඳුම් ②거주, 삶 නිවාස.

වසන්ත කාලය‡ [와싼떠 깔-러여] (계절) 봄 වසන්ත ඍතුව.

වසන්තය† [와싼떠여] (계절) 봄 වසන්ත ඍතුව.

වසන්ත විෂුව [와싼떠 위슈워] 춘분(점).

වසබ/වසභ [와써버] 황소(의) වෘෂභයා.

වසම [와써머] 작은 행정구역, 작은 관할 구역. ¶ පොලිස් වසම 경찰 관할 구역

වසර† [와써*러*] 해, 년 වර්ෂය.

වසලයා [와썰러야-] 천민 සැඩොලා.

වසල් [와쌀] ①큰, 크게 퍼진 විශාල පැතිරුණු ②옷, 의복 වස්ත්‍රය ③주먹 මිට.

වසවිස/වසවිෂ [와써위써/와써위셔] 독, 독극물 වස.

වසා [와싸-] 몸의 털 ලොම.

වසා [와싸-] වසනවා 의 과거분사: 닫아, 닫고, 덮어, 잠그고. (구어) වහලා

වසා දමනවා [와싸- 다머너와-] 닫다, 덮다, 잠그다 වසනවා.

වසා රොද [와싸- *로*더] 배꼽 아래로 뻗어있는 털 라인.

වසාලනවා [와쌀-러너와-] 닫다, 덮다, 잠그다 වසනවා.

වසාවාසි [와싸-와-씨] 육두구 껍질을 말린 향료.

වසික [와씨꺼] 자원하는, 자발적인 ස්වෙච්ඡා.

වසිනවා [와씨너와-] වැස්සා-වැස 비내리다, 비오다. <u>වැසීම</u> (구어) වහිනවා

වසු [와쑤] වස්සා 의 복수 또는 형용사: ①송아지들 ②송아지의. (구어) වහු

වසුදර/වසුධා [와쑤더*러*/와쑤다-] 땅, 지구 පොළොව.

වසුන [와쑤너] ①덮개, 커버 පියන ②용기, 그릇 භාජනය ③음식 භෝජනය. (복) *වසුන්*

වසුන් අරිනවා [와쑨 아*리*너와-] 덮개를 걷어내다, 커버를 벗기다.

වසුන්දරා/වසුන්ධරා [와쑨더*라*-] 땅, 지구 වසුදර.

වසුපැටියා/වසුපැටවා† [와쑤빼티야-/와쑤빼터와-] 송아지 වහු පැටියා.

වසුමතී [와쑤머띠-] 땅(의), 지구(의) පොළොව.

වසුරු [와쑤*루*] 동물 똥 සතුන්ගේ වර්චස්.

වසූරිය/වසූරිකා† [와쑤-*리*여/와쑤-*리*까-] (천연두, 수두 등의)

발진하는 병 이름 බෝවෙන රෝගයක නම.
වස් [와쓰] ①වස 의 복수: 해, 년 අවුරුදු ②비오는, 우기의 වැසි ③저주의, 사악한 ශාප.
වස් [와쓰] (후치사) ~을 위하여 පිණිස.
වස් එළඹෙනවා [와쓰 엘럼베너와-] 우기가 다가오다.
වස්කවිය [와쓰까위여] 저주의 말, 저주문.
වස් කාලය [와쓰 깔-러여] ①우기 වැසි කාලය ②퇴각, 퇴거.
වස්කිළිය [와쓰낄리여] 화장실 වැසිකිළිය.
වස්කුලල් [와쓰꿀랄] 플룻(의), 피리(의).
වස්තරය [와쓰떠러여] 옷, 의복 වස්ත්‍රය. (구어) ඇඳුම
වස්ති කරනවා [와쓰띠 꺼러너와-] (의학) 관장하다.
වස්තිය† [와쓰띠여] (의학) 관장(제).
වස්තු† [와쓰뚜] වස්තුව의 복수 또는 형용사: ①물건들, 물품들, 물건의, 물품의 ②부요, 부 ධනය, 부요한, 잘사는.
වස්තු කාමය [와쓰뚜 까-머여] 탐욕, 탐심 ලෝභය.
වස්තු භංගත්වය [와쓰뚜 방같워여] 파산, 도산.
වස්තුව‡ [와쓰뚜워] ①물건, 물품 දෙය ②부, 부요 ධනය, සම්පත. ¶ ආකාශ වස්තුව 하늘에 있는 것들 කතා වස්තුව 이야깃거리
වස්ත්‍රය† [와쓰뜨러여] 옷, 의복. (구어) ඇඳුම
වස්ත්‍රාභරණ [와쓰뜨라-버러너] 옷과 장식품 ඇඳුම් ආයිත්තම්.
වස්දණ්ඩ/වස්දඬුව† [와쓰단더/와쓰단두워] (악기) 플룻, 피리 බට නළාව.
වස් දෙස් [와쓰 도쓰] 불평, 불만, 비난 චෝදනාව.
වස්නා [와쓰나-] ①වහිනවා, වසිනවා 의 형용사적 현재용법: 비내리는 වසින ②덮는, 가리는, 막는 ආවරණය කරන. ¶ මුවවස්නා 머리 쓰개
වස් වදිනවා [와쓰 와디너와-] (악한 눈과 입 때문에) 재앙이 발생하다, 나쁜 결과가 발생하다.
වස්වනවා [와쓰워너와-] වැසෙවුවා-වස්වා වහිනවා 의 사역형태: 비를 내리다, 내리게 하다 වස්සවනවා. <u>වැස්වීම</u>
වස් වසනවා [와쓰 와써너와-] ①우기를 지내다, 내리게 하다 වැසි කාලය ගත කරනවා ②쉬다, 휴식을 취하다 විවේක ගන්නවා.
වස්සවනවා [왔써워너와-] 비를 내리다, 내리게 하다 වස්වනවා.
වස්සා† [왔싸-] ①숫송아지 ②어린양 බැටළුවස්සා. (복) *වස්සු, වසු*
වස්සානය [왔싸-너여] ①우기, 몬순기 වැසි කාලය ②쉼, 휴식 වස් කාලය.
වස්සුණු [왔쑤누] 화장품 වත්සුණු.
වහ‡ [와하] 독. (문어) වස
වහං කරනවා [와항 꺼러너와-] 숨기다, 감추다, 덮다 හංගනවා. (문어) වසං කරනවා
වහංතරාව [와항떠라-워] 덮개, 커버, 커튼 වහන්තරාව.
වහන [와하너] වහනය 의 복수 또는 형용사: ①퍼짐, 확산, 전

파됨 විහිදුවීම් ②흐름, 흘러감 ගලායාම ③덮개들, 커버들 වැසුම් ④퍼뜨리는, 유포하는 විසුරු වෙන ⑤덮는, 막는 වහන.

වහනය [와하너여] ①퍼짐, 확산, 전파됨 විහිදුවීම ②흐름, 흘러감 ගලායාම ③덮개, 커버 වැස්ම.

වහනය වෙනවා [와하너여 웨너와-] ①확산되다, 퍼지다, 전파되다 විහිදුවෙනවා ②흐르다, 흘러가다 ගලා යානවා.

වහනවා‡ [와하너와-] වැහුවා-වහලා ①닫다, 잠그다, 덮다 ආවරණය කරනවා ②끝내다, 마무리하다 අවසන් කරනවා ③(지붕을) 짚으로 잇다 සෙවිලි කරනවා ④감추다, 숨기다 හංගනවා. වැහීම/වැහුම (문어) වසනවා

වහන් [와한] 신발 පාවහන්.

වහන්තරාව [와한떠*라*-워] 덮개, 커버, 커튼 වහංතරාව.

වහන්දෑ [와한대-] (접미사: 존칭어) –님 වහන්සේ.

වහන්සේ/වහන්දෑ [와한쎄-/와한대-] (접미사: 존칭어) –님.
¶ යේසුස් වහන්සේ 예수님

වහර [와하*러*] 사용, 이용 පාවිච්චිය.

වහරනවා [와하*러*너와-] ①이용하다, 사용하다 පාවිච්චි කරනවා ②발음하다 උච්චාරණය කරනවා.

වහරනුසෙරෙන් [와하*러*누쎄*렌*] 이용하여, 사용을 따라 ව්‍යවහාර අනුව.

වහරුව [와하*루*워] (전기) 차단기, 스위치 ස්ඳහළුව.

වහල/වහලය/වහලෙ‡ [와할러/와할러여/와할레] ①지붕 පියස ②도움, 조력 උදව්ව.

වහලා† [와할라-] ①노예, 종 මෙහෙකරු (복) *වහල්ලු* ② වහනවා의 과거분사: 닫고, 닫아 (문어) වසා. ¶ නිවහලා 자유인

වහල් [와할] ①종된, 종살이의 ②사용하는, 이용하는.
¶ නිවහල් 자유로운.

වහල් [와할] ①도우미, 조력자, 돕는 사람 උපකාරයා ②하인 දාසයා.

වහල්කඩ [와할까*더*] 입구, 대문 වාහල්කඩ.

වහල් කර ගන්නවා [와할 꺼*러* 간너와-] 이용하다, 도움받다.

වහල්භාවය [와할바-워여] 종살이, 포로, 노예살이.

වහල් මෙහෙය/වහල් මෙහෙවර† [와할 메헤여/와할 메헤워*러*] 종살이, 노예의 삶 වහල්කම.

වහල්ල [와할러] 잭프룻 열매 안에 있는 씨앗 වසල්ල. (복) *වහලු*

වහල්ලු [와할루] වහලා 의 복수: 노예들, 종들 මෙහෙකරුවෝ.
¶ වහලුන්ගේ (소유격) 종들의 වහලුන්ට (여격) 종들에게 වහලුන් (대격) 종들을

වහල් වෙනවා [와할 웨너와-] ①종이 되다, 노예가 되다 ② 도움이 되다 උදව් වෙනවා.

වහල් වෙළඳම [와할 웰런다-머] 노예 매매.

වහවහා [와하와하-] 즉시, 바로, 빨리 නොපමාව. (구어) ඉක්මනින්

වහවැටෙනවා [와하왜테너와-] 지니다, 가지다, 손에 넣다 ආරූඪ වෙනවා.

ව

වහස [와하써] ①거주, 머뭄 වාසය ②비웃음, 모욕, 멸시 නින්දාව.

වහසල [와하쌀러] 거주지, 집 වාසල.

වහසි/වහසි බස් [와하씨/와하씨 바쓰] ①교만한 말들 උඩඟු කතා ②도전하는 말들 අභියෝගාත්මක වදන්.

වහළ/වහළු [와할러/와할루] 마른, 여윈, 깡마른 වෑරුණු.

වහා/වහාම† [와하-/와하-머] ①재빠르게, 곧, 빨리 ක්ෂේණික ව ②~하자마자. ¶ පීඩාවක් පැමිණි වහාම 핍박이 오자마자

වහිනවා‡ [와히너와-] වැස්සා-වැහැලා 비 내리다, 비오다. <u>වැහීම</u> (문어) වසිනවා

වහුං අරිනවා [와훙 아리너와-] 열다, 개봉하다, 열어 젖히다 වැහුම් අරිනවා.

වහු [와후] වස්සා 의 복수 또는 형용사: ①송아지들 ②송아지의 වසු.

වහු පැටියා‡ [와후 빼티야-] 송아지 වසු පැටියා.

වහෙන් ඔරෝ [와헨 오로-] 간접적으로, 에둘러서.

වහ්නිය [와흐니여] 불, 화염 ගින්න.

වළ‡ [왈러] 구덩이, 구멍 කුහාරය.

වළං/වළන්‡ [왈랑/왈란] වළඳ 의 복수: 항아리 (독, 단지) 와 납작한 냄비, 원통, 실린더.

වළකඩ [왈러까더] 저지대, 골짜기 පහත්බිම.

වළකනවා [왈러꺼너와-] වැළකුවා-වළකා 막다, 금하다, 방해하다 වළක්වනවා. <u>වැළකීම</u>

වළකිනවා† [왈러끼너와-] වැළකුණා-වැළක 삼가다, 그만두다 වැළකෙනවා. <u>වැළකීම</u>

වළක්වනවා† [왈락워너와-] වැළැක්කුවා-වළක්වා 막다, 방지하다, 금하다, 멈추게 하다 වළකනවා. <u>වැළැක්වීම</u>

වළගොඩැලි [왈러고댈리] 울퉁불퉁한 땅.

වළ දමනවා [왈러 다머너와-] (땅에) 묻다, 하관하다 වළලනවා.

වළන් [왈란] වළඳ 의 복수: 단지, 항아리, 원통 모양의 물건 වළං.

වළඳ† [왈런더] 항아리, 독. (복) *වළං, වළන්*

වළඳනවා† [왈런더너와-] වැළඳුවා-වළඳා ①(경어) 잡수시다, 드시다 ②먹다 කනවා. <u>වැළඳීම</u>

වළඳිනවා† [왈런디너와-] වැළැන්දා-වැළඳ 포옹하다, 안다 වැළඳ ගන්නවා. <u>වැළඳීම</u> (구어) බදා ගන්නවා

වළපල්ලට යනවා [왈러빨러터 야너와-] 죽다, 사망하다, 소천하다 මැරෙනවා.

වළබගින්න [왈러버긴너] 바닷속 불, 해저 화염 වඩබා ගින්න.

වළය [왈러여] 팔찌 වලය.

වළයාභරණය [왈러야-버러너여] 팔 장신구.

වළලනවා† [왈럴라너와-] වැළලුවා/වළලෑවා-වළලා 매장하다, 묻다 වළ දමනවා. <u>වැළලීම</u>

වළලු‡ [왈럴루] වළල්ල 의 복수: ①원들, 링들 ②팔찌들.

වළලුකර‡ [왈럴루까러] 발목. ¶ මැණික් කටුව 손목

වළල්ල† [왈랄러] ①원, 링 ②팔찌. (복) *වළලු*

වළ වැසිකිළිය [왈러 왜씨낄리여] 재래식 화장실.

වළහනවා [왈러하너와-] ①금하다, 멈추게 하다 වළක්වනවා ②속이다, 사기치다, 숨기다 රවටනවා.

වළහම/වළාම [왈러하머/왈라-머] 장례, 장례식 අවමඟුල.

වළහම් [왈러함] වළහම 의 복수 또는 형용사: ①장례식들 ②장례식의, 장례의 වළාම්.

වළා [왈라-] 팔찌 වළල්ල.

වළාම/වලහම [왈라-머/왈러하머] 장례, 장례식 අවමඟුල.

වා [와-] 공기, 에어 වායු.

වාං/වාඞ්/වාක් [왕/왕/왁] 말의, 낱말의 වදන්මය.

වාංගයා [왕-거야-] (군체를 구성하는) 개충, (분열, 증식에 의해 생기는) 독립 개체 ජීවාංගයා.

වාංගු [왕-구] 굽은, 휜, 구불구불한 ඇළවු.

වාංමාලාව [왕-말-라-워] 어휘, 소사전.

වා කඩ [와- 까더] 송풍 그릴.

වාක [와-꺼] 나무 껍질 ගසෙහි පට්ටය.

වාකපොල්ල [와-꺼뽈러] (산등성이에 생긴 브이(V)자형의) 풍극 වායු කපොල්ල.

වාකමය [와-꺼머여] 나무껍질로 만들어진 පට්ටාවලින් තැනූ.

වා කැත්ත [와- 깯떠] 휜칼, 굽은 칼 කෙකි පිහිය.

වාක්/වාග් [왁-/왁-] ①말들, 낱말들 වදන් ②말의, 낱말의 වදන්මය.

වාක්කරණය [왁-까러너여] 말함, 대화 සංවාදය.

වාක් කෝෂය [왁- 꼬-셔여] 사전 ශබ්ද කෝෂය.

වාක් චාතුර්යය [왁- 차-뚜르여여] 수사, 과장한 언사 කථිකත්වය.

වාක් ප්‍රණාමය [왁- 쁘러나-머여] 찬사, 칭송 වචනයෙන් ගුණ කීම.

වාක් ප්‍රණිධානය [왁- 쁘러니다-너여] 말의 희망, 말로 하는 기대 වචනයෙන් කරන ප්‍රාර්ථනාව.

වාක් ප්‍රයෝගය [왁- 쁘러요-거여] 언어 사용, 말의 적절한 사용 වදන් ගැලපුම.

වාක්‍ය† [왁-끼여] වාක්‍යය 의 복수 또는 형용사: ①문장들, 글들 ②문장의, 글의 වගන්ති.

වාක්‍ය ඛණ්ඩය† [왁-끼여 깐더여] (문법) 구(句), 문구 වාක්‍යංශය.

වාක්‍ය ඛණ්ඩනය [왁-끼여 깐더너여] 논박, 반박 තර්කය.

වාක්‍යය‡ [왁-끼여여] 문장, 글 වගන්තිය.

වාක්‍යය යෝජනාව [왁-끼여 요-저나-워] (문법) 구문론.

වාක්‍ය රචනය‡ [왁-끼여 라처너여] 수필, 글 රචනය.

වාක්‍ය රචනාව [왁-끼여 라처나-워] 수필, 글 රචනය.

වාක්‍ය විග්‍රහය [왁-끼여 위그러하여] 문장 분석 වාක්‍ය විභාගය.

වාක්‍ය විභාගය [왁-끼여 위바-거여] 문장 분석 වාක්‍ය විග්‍රහය.

වාක්‍යංශය [왁-끼양셔여] 문구, 성구(成句) වාක්‍ය ඛණ්ඩය.

වාක්‍යාර්ථය [왁-끼야-르떠여] 문자적 의미 වාච්‍යාර්ථය.

වාක් විෂයාතික්‍රාන්ත [왁- 위셔야-띠끄란-떠] 형언할 수 없는, 말로 표현할 수 없는.

වාක් සංදර්භය [왁- 쌍다르버여] 말씨, 어법, 말의 표현법.

වාක් සම්ප්‍රදය [왁- 쌈쁘러다-여] 숙어, 관용구 වාග් ව්‍යවහාරය.

වාක් සුචරිතය [왁- 쑤처리떠여] 흠없는 말, 선한 말යහපත් වචන කීම.

වාගර්ථය [와-가르떠여] 직접적인 의미, 실제의 뜻 වචනයක තේරුම.

වාගාඩම්බරය [와-가-담바러여] 말 자랑 වාග් ආඩම්බරය.

වාගාලාපය [와-갈-라-빠여] 성명, 성명서, 진술, 진술문.

වාගීශ/වාගීශ්වර [와-쉬-셔/와-쉬-쉬워러] 명연설가, 명강사 කථාවෙහි අති දක්ෂයා.

වාගේ‡ [와-게-] ~같이, ~처럼 වගේ. (문어) මෙන්

වාග්† [왁-] ①말들, 낱말들 වදන් ②말의, 낱말의 වදන්මය.

වාග්ද්වාරය [왁-드와-러여] 입 මුඛය. (구어) කට

වාග් පරිචය [왁- 빠리처여] 언어 사용.

වාග්භේදය [왁-베-더여] 구술, 구두, 말 표현 වචන කීම.

වාග්මය [왁-머여] 구두의, 구술의, 구어의 වාංමය.

වාග්මාත්‍රය [왁-마-뜨러여] 단순한 문자.

වාග් යුද්ධය [왁- 윧더여] 언쟁, 말다툼 වචන සටන.

වග් විද්‍යාඥයා† [왁- 윋디야-끄녀야-] 언어학자, 문헌학자 වාග් වේදියා.

වග් විද්‍යාව† [왁- 윋디야-워] 언어학.

වාග්විලාසය [왁-윌라-써여] 표현 방법, 표현 방식.

වාග් විෂය [왁- 위셔여] 언어학과.

වාග්වේදියා [왁-웨-디야-] 언어학자, 문헌학자 වාග් විද්‍යාඥයා.

වාග් ව්‍යවහාරය [왁- 위여워하-러여] 숙어, 관용구 වාග් සම්ප්‍රදාය.

වාචාල‡ [와-찰-러] 수다스러운, 말많은 දොඩමළු.

වාචාලයා† [와-찰-러야-] 수다쟁이, 잡담을 늘어 놓는 사람.

වාචි/වාචී [와-치/와-치-] 수다스러운, 말많은 කියන සුලු.

වාචික† [와-치꺼] 구두(口頭)의, 구술의, 말로 වචනයෙන්.

වාචික අපහසය [와-치꺼 아빠하써여] 중상, 비방, 명예훼손.

වාචිකය [와-치꺼여] 구술, 구두 කට වචනයෙන් කියූ දෙය.

වාචී [와-치-] 수다스러운, 말많은 කියන සුලු.

වාචෝද්ගත [와-촏-가떠] 암기된, 마음으로 배운 කට පාඩම් වූ.

වාච්චිය [왗-치여] 운, 행운.

වාච්චි වෙනවා [왗-치 웨너와-] 운이 좋다, 행운을 받다 වාසනාවන්ත වෙනවා.

වාච්‍ය [왗-치여] 말해도 좋은, 말해야 하는 කිව යුතු.

වාච්‍යාර්ථය [왗-치야-르떠여] 문자적 의미, 문자의 의미.

වාජය [와-저여] ①지느러미 මාළුවාගේ වරල ②날개, 날개 같은 부분.

වාජීකරණය† [와-지-꺼러너여] 되젊어짐 (약), 회춘(약).

වාටිය† [와-티여] 끝, 가장자리, 끝선 වටේ තීරුව.

වාට්ටාව [왙-타-워] 구장 잎을 놓는 쟁반.

වාට්ටුමිටිය [왙-투미티여] 작은 망치.

වාට්ටුව‡ [왙-투워] 병실, 병동.

වාඩිය [와-디여] 오두막, 임시 막사 තාවකාලික නවාතැන.

වාඩිලනවා [와-딜러너와-] 천막을 치다, 야영하다.

වාඩිවෙනවා‡ [와-디웨너와-] 앉다, 자리에 앉다, 착석하다 ඉඳගන්නවා. වාඩිවීම (문어) අසුන් ගන්නවා

වාඩිහාල් [와-디할-] (쌀로 얇게 만든) 쌀 프레이크 හබල පෙති.

වාඩුව [와-두워] 복수, 앙갚음, 보복 පළිගැනීම.

වාණ [와-너] ①화살 ඊය ②욕망, 갈망, 기대 තෘෂ්ණාව ③배수구, (길가의) 하수도, 시궁 පීල්ල ④둑, 댐 අවුණ ⑤돛단배, 작은배 ඔරුව ⑥바위 පාෂාණය.

වාණි [와-니] ①말들, 언어들 ②기름 장사꾼 තෙල් වෙළෙන්දා.

වාණිජ/වාණිජ්‍ය† [와-니저/와-닞지여] ①상업, 무역 වෙළඳ ②상업의.

වාණිජයා [와-니저야-] 무역상, 장사꾼 වෙළෙන්දා.

වාණිජ විද්‍යාව [와-니저 윋디야-워] 무역학, 상업학.

වාණිජ්‍යය [와-닞지여여] 상업, 무역 වෙළඳ කටයුතු හැදෑරීම.

වාණිය [와-니여] ①말, 언어 වචනය ②소리 හඬ.

වාත [와-떠] ①공기의, 바람의 ②류마티즘의, 류마티즘에 걸린. ¶ වාත රෝගය (의학) 류마티스병

වාතකාමි [와-떠까-미] (식물) 풍매(風媒)의.

වාතකේතු [와-떠께-뚜] 먼지 (의) දූවිලි.

වාතජ [와-떠저] 공기로 생긴 වාතයෙන් හටගත්.

වාතජ්වරය [와-떠즈워러여] (의학) 류머티즘.

වාතනය [와-떠너여] 공기를 쐼, 통기.

වාතමෘගයා [와-떠무루거야-] (동물) 영양, 산양, 사슴.

වාතය‡ [와-떠여] 공기, 바람 සුළඟ. ¶ වාතයක් අරින්න එපා 방귀뀌지 마라

වාතරක්තය [와-떠띾떠여] (의학) 류머티즘 හන්දිපත් රුදාව.

වාතරෝගය [와-떠로-거여] 류마티스 통증.

වාතරෝධක [와-떠로-더꺼] 공기의, 기체의 වාත පරිරෝධක.

වාතවලාහක [와-떠왈라-허꺼] 바람(의).

වාතාණ්ඩකෝෂය [와-딴-더꼬-셔여] 폐공기소낭, 폐공기집.

වාතාතප [와-따-떠빠] 바람과 열.

වාතාබාධ [와-따-바-더] 류머티즘성 질환.

වාතාවරණය‡ [와-따-워러너여] ①환경, 주변 환경, 상황, 정황 පරිසරය ②대기층 වායු ගෝලය.

වාතාශය [와-따-셔여] (물고기의) 부레, 기포 හුළං බොක්ක.

වාතාශ්‍රය [와-따-쉬러여] 통풍, 환기, 공기의 유통 සංවාතනය.

වාත්තු අච්චුව [왇-뚜 앛추워] 거푸집, 주형.

වාත්තු කරනවා [왇-뚜 꺼러너와-] 주조하다, 주물로 만들다.

වාත්තු මඩුව [왇-뚜 마두워] 주조장, 주물 공장 වාත්තු වැඩපළ.
වාත්තු යකඩ [왇-뚜 야꺼더] 쇳물, 주물에 쓰는 철.
වාත්තුව [왇-뚜워] 주조, 주물.
වාත්සල්‍යය [왇-쌀리여여] 사랑, 애정 ඇල්ම.
වාද [와-더] වාදය 의 복수: ①논쟁들, 토론 තර්ක ②이론들, 학설, 설(說), 논(論) මත ③말, 말함 වචන.
වාදක [와-더꺼] ①논쟁하는, 토론하는 විවාද කරන ②연주하는 වාදනය කරන ②토론자 වාදකයා.
වාද කරනවා† [와-더 꺼러너와-] 논쟁하다, 토론하다 විවාද කරනවා.
වාදනය† [와-더너여] 악기 소리 තූර්ය නාදය.
වාදනය කරනවා [와-더너여 꺼러너와-] 악기를 연주하다 ගායනා කරනවා.
වාදය† [와-더여] ①논쟁, 토론 ②이론, 학설, 설(說), 논(論) මතය ③말, 말함 කීම.
වාදරෝපණය [와-더로-뻐너여] 참소, 고소, 고발 විරුද්ධ කථා නැංවීම.
වාදි/වාදී [와-디/와-디-] 말하는, 표명하는, 주장하는, 주창하는 පවසන. (구어) කියන
වාදිත [와-디떠] 연주된, 합주된 වාදනය කරන ලද.
වාදී/වාදි [와-디-/와-디] 말하는, 표명하는, 주장하는, 주창하는 පවසන. (구어) කියන
වාදීන් [와-딘-] 주장하는 사람, 주창자.
වාදීභසිංහ [와-디-버씽허] 최고의 토론가 ශ්‍රේෂ්ට විවාදකයා.
වාදෙර [와-도러] (엔진의) 배기관.
වාද්‍ය [왇-디여] 연주할 수 있는, 오케스트 라(용)의, 관현악단이 연주하는 වාදනය කළ හැකි.
වාද්‍යකරුවා [왇-디여꺼루와-] 연주자. (복) *වාද්‍යකරුව*
වාද්‍ය සංගීතය [왇-디여 쌍기-떠여] 연주 음악.
වාන† [와-너] ①(둑, 댐) 배수로, (길가의) 하수도, 시궁 පිටාරමග ②바위 පාෂාණය ③욕망, 갈망, 기대 තෘෂ්ණාව ④철, 철재 වානේ.
වාන ප්‍රස්ථ [와너 쁘러쓰떠] ①수도원, 은자의 집 තාපස අසපුව ②은둔의, 금욕적인 삶을 사는 වනයෙහි පිහිටි.
වානර [와-너러] 원숭이의 වඳුරු.
වානරයා [와-너러야-] 큰 원숭이 වඳුරා.
වානවා [와-너와-] 참다, 인내하다 ඉවසා දරාගන්නවා.
වානේ† [와-네-] ①철재의 ②철재. ¶ වානේ බඩු 철재 제품
වාන් [완-] 물길, 수로, 배수로 ජල මාර්ගය.
වාන් දමනවා [완- 다머너와-] 물을 흘려보내다, 물을 방출하다.
වාන් දොරටුව [완- 도러투워] (저수지) 수문.
වාපත [와-빠떠] (비행기) 날개 (주날개, 꼬리 날개등).
වාපනය [와-뻐너여] (씨앗) 파종, 씨뿌리기 වැපිරීම.
වාපි/වාපිය [와-삐/와-삐여] 저수지, 호수 වැව.

වාප්පුව [왚-뿌워] 부두, 선착장, 선창.

වාම [와-머] ①왼쪽의 වම් ②아름다운, 예쁜, 고운 ලස්සන.

වාමදේව [와-머데-워] 시바 신 සිව දෙවියා.

වාමන [와-머너] ①키작은 කොට ②난장이(의).

වාමනයා [와-머너야-] 난쟁이 කුරුම්ට්ටා.

වාමනේත්‍ර [와-머네-뜨러] 아름다운 눈 ලස්සන ඇස්.

වාමභ්‍රමක [와-머브러머꺼] 왼쪽으로 돌아가 있는 වාමාවර්ත.

වාමාංශික [와-망-쉬꺼] 왼손잽이의.

වාමාංශිකයා† [와-망-쉬꺼야-] 왼손잽이 වමත්කාරයා.

වාමාවර්ත/වාමාවෘත්ත† [와-마-와르떠/와-마-으룻떠] 왼쪽으로 돌아가 있는 වාමභ්‍රමක.

වාමිග [와-미거] (동물) 영양 හුළංමුවා.

වා මුවාව [와- 무와-워] 바람막이 සුළං ආවරණය.

වාමුසුව [와-무쑤워] 유압 브레이크 වාතබද්ධ තිරිංගය.

වායබ්‍ය/බායබ්‍යා [와-엽비여/와-엽비야-] 서북(의), 서북쪽(의) වයඹ.

වායව ටයරය [와-여워 타여러여] 공기 타이어.

වායස [와-여써] 까마귀(의) කපුටා.

වායා [와-야-] 악기 연주자 වාදකයා. ¶ බෙරවායා 드럼 연주자

වායාමය [와-야-머여] 노력, 수고 වෑයම.

වායු‡ [와-유] වායුව 의 복수 또는 형용사: ①가스, 기체 ②가스의, 기체의. ¶ වායු තුවක්කුව 가스총

වායු ඉන්ධන [와-유 인더너] 기체 연료, 가스.

වායු ගුල්මය [와-유 굴머여] ①회오리 바람, 선풍 සුළි සුළඟ ②소용돌이 දිය සුළිය.

වායුගෝලය† [와-유골-러여] 대기, 대기층, 지구를 둘러싼 가스체.

වායුගෝලීය පීඩනය [와-유골-리-여 삐-더너여] 대기압.

වායුච්ඡත්‍රය [와-윷처뜨러여] 낙하산 පැරෂුටය.

වායු ජීවියා [와-유 지-위야-] 대기중 산소로 호흡하는 생명체.

වායු පීඩන මානය† [와-유 삐-더너 마-너여] 기압계, 바로미터.

වායු පීඩනය† [와-유 삐-더너여] 공기압, 대기압.

වායුමානය [와-유마-너여] 가스 측정기, 유디오미터 (가스 성분 측정기).

වායුරෝධක [와유-로-더꺼] 밀폐한, 공기가 통하지 않게 한, 기밀(氣密)의.

වායුව† [와-유워] 가스, 기체 වාෂ්පිත වාතය.

වායු සමීකරනය [와-유 싸미-꺼러너여] 에어콘, 냉방기.

වායෝ [와-요-] 바람(의), 공기(의) වායු.

වාරකන්/වාරකම් [와-러깐/와-러깜] (몬순기에 부는) 계절풍.

වාරකය [와-러꺼여] 스토퍼, 마개.

වාරගණන [와-러가너너] 횟수, 반복 횟수.

වාරණ [와-러너] 금지하는, 못 하게 하는, 방해하는 වලක්වන.

වාරණ නියෝගය [와-러너 니요-거여] 금령, 금지 명령 තහනම් නියෝගය.

වාරණය [와-러너여] 금지, 방해, 억제 තහනම.

වාරණාව [와-러나-워] 송장, 명세 기입 청구서 වාර්ණාව.

වාරන්/වාරම් [와-란/와-람] 선창 후 같이 부르는 노래 අත්වැල් ගායනා.

වාර මුදල‡ [와-러 무덜러] 할부금 වාරිකය.

වාරය‡ [와-러여] ①때, 시기 ②순번, 차례 වතාව ③기회, 찬스 ප්‍රස්තාව ④(학교) 학기.

වාර වෙනවා [와-러 웨너와-] ①(겨눈 것을) 놓치다, 잡지 못하다 ඉලක්කය වරදිනවා ②늦어지다, 지체되다, 연기되다 ප්‍රමාද වෙනවා.

වාරාංගනාව [와-랑-거나-워] 창녀, 창기, 매춘부 වෙසඟන, වේශ්‍යාව.

වාරාව [와-라-워] ① (결정을 못 내리고) 망설임, 우유부단함 පංගුපේරුව.

වාරාන්ත [와-란-떠] 학기말의 වාරයේ අග.

වාරි [와-리] 물 ජලය. (구어) වතුර

වාරික [와-리꺼] 할부의, 할부금의.

වාරිකය‡ [와-리꺼여] 할부금, 할부 ගෙවිය යුතු වාර මුදල.

වාරිජ [와-리저] 물속에서 태어난, 수중 태생의 ජලයෙහි උපන්.

වාරිත්‍ර [와-르뜨러] 금기 사항, 피해야 할 것들 විරිත්.

වාරි මාර්ගය† [와-리 마-르거여] 관개 수로 ජල මග.

වාරුකර ගන්නවා [와-루꺼러 간너와-] 손과 몸으로 붙들다 හෙත්තු කරනවා.

වාරුණ [와-루너] 비의, 강우의 වැස්ස පිළිබඳ වූ.

වාරුණිය [와-루니여] 알코올, 취하게 만드는 것 මද්‍යසාරය.

වාරුණීකෘත [와-루니-끄루떠] 증류한, 증류하여 얻은.

වාරුව [와-루워] 도움, 지지, 힘 රුකුල.

වාර්ගික† [와-르기꺼] වර්ගය 의 형용사: 종류의, 종족의 වර්ග පිළිබඳ.

වාර්ගික ගැටළුව† [와-르기꺼 개털루워] 종족간 문제, 종족 분쟁.

වාර්ගීකරණය [와-르기까러너여] 분류(법), 유별(법), 등급 매기기 වර්ගීකරණය.

වාර්ණාව [와-르나-워] 송장, 명세 기입 청구서 වාරණාව.

වාර්තා කරනවා‡ [와-르따- 꺼러너와-] 보고하다, 신고하다.

වාර්තා කාරයා† [와-르따- 까-러야-] 보고자, 신고자, 보도기자.

වාර්තාගත [와-르따-가떠] 보고된, 신고된, 기록된 වාර්තාවක් බවට පත්.

වාර්තා පොත [와-르따- 뽀떠] 보고서.

වාර්තාව‡ [와-르따-워] 보고, 신고 රපෝර්තුව.

වාර්ධකවේදය [와-르더꺼웨-더여] 노인학.

වාර්ෂික [와-르쉬꺼] වර්ෂය 의 형용사: 일년의, 예년의, 일년마다의 වසරක් පාසා.

ව

වාල [왈-러] ①노예, 종 ②꼬리 වලිගය.

වාල [왈-러] ①사나운, 모진, 격렬한 දරුණු ②무서운, 두려운 භයානක.

වාලක [왈-러꺼] ①나무 껍질(의) පට්ටා ②나무 껍질로 만든 පට්ටාවලින් සෑදූ.

වාලක්කඩියා [왈-랔까디야-] 바닷뱀 මුහුදු නයා.

වාලඩිය [왈-러디여] 꼬리 වලිගය.

වාලමිග [왈-러미거] 맹수, 사나운 짐승 ව්‍යාලයා.

වාලම්පූරිය [왈-람뿌-리여] 왼쪽으로 도는 소라 고둥 වාමාවර්ත හක්ගෙඩිය.

වාලය [왈-러여] 꼬리 වල්ගය.

වාලයික [왈-라이꺼] 환형 동물(의).

වාලා [왈-라-] 노예, 종 වහලා.

වාලික [왈-리꺼] 모래의. (구어) වැලි

වාලිකා [왈-리까-] 모래 වාලුකා. (구어) වැලි

වාලිය [왈-리여] 여종, 여자 하인 සේවිකාව.

වාලියා [왈-리야-] (크기가 작은) 원숭이의 한 종류 රිළවා. (복) *වාලියෝ*

වාලුකා [왈-루까-] 모래 වාලිකා. (구어) වැලි

වාලුකා කාන්තාරය [왈-루까-깐-따-러여] 사막 වැලි කතර.

වාලේ [왈-레-] ~같은, ~처럼 මෙන්. (구어) වාගේ

වාල් [왈-] 종(의), 노예(의) වහල, දාස.

වාල්මික/වාල්මීක [왈-미꺼/왈-미-꺼] 개미총 හුඹස.

වාල් වැඩ [왈- 왜더] 노예, 노예가 하는 일 වහල් මෙහෙය.

වාල් වෙනවා [왈- 웨너와-] 노예가 되다, 종이 되다 වහල් බවට පත් වෙනවා.

වාවනවා [와-워너와-] වැවුවා-වාවා ①참다, 인내하다, 기다리다 ඉවසනවා ②지다, 지고 가다, 떠받치다 උසුලනවා. <u>වැවීම</u>

වාවර [와-워러] 배나 돛단배의 돛을 세우기 위한 밧줄.

වාවා ගන්නවා [와-와- 간너와-] ①참다, 인내하다, 기다리다 ඉවසනවා ②지다, 지고 가다, 떠받치다 උසුලනවා.

වාෂ්ප‡ [와-쉬빠] වාෂ්පය 의 복수 또는 형용사: 증기(의), 수증기(의).

වාෂ්ප පින්තාරුව [와-쉬빠 삔따-루워] 스프 레이 페인트칠, 분사칠.

වාෂ්ප පීඩනය [와-쉬빠 삐더너여] 증기의 힘, 증기력.

වාෂ්පය† [와-쉬빠여] ①증기, 수증기, 김 මීදුම ②눈물 කඳුළ ③축축함, 습기 තෙත.

වාෂ්පශීල [와-쉬빠쉴-러] 휘발성의 වාෂ්ප වන.

වාෂ්පීකරණය† [와-쉬삐-까러너여] 증발 (작용), 기화 වාෂ්පවීම.

වාෂ්පීභවනය [와-쉬삐-바워너여] 증발 (작용), 기화 වාෂ්පවීම.

වාස [와-써] 사는, 거주하는, 머무는 වසන.

වාසගම‡ [와-써거머] ①성, 성씨 පවුලේ නම ②거주하는 마을 වෙසෙන ගම ③선포, 선언 ප්‍රකාශය ④문장, 글 වගන්තිය.

වාසගම් පොත [와-써감 뽀떠] 족보 පෙළපත් පොත.

ව

වාසදේස [와-써데-써] 있는 곳, 소재, 행방, 소식 සුවදුක්.

වාසනා ගුණය [와-써나- 구너여] 운, 행운, 번영 භාග්‍යය.

වාසනාව‡ [와-써나-워] 운, 행운, 번영 භාග්‍යය.

වාසනාවන්ත‡ [와-써나-완떠] 행운의, 운좋은, 복있는 භාග්‍යවන්ත.

වාස භවනය [와-써 바워너여] 주택, 저택, 집 නිවාසය.

වා සමනය [와- 싸머너여] (집, 건물) 에어컨, 냉방장치, 공기 조절 වායු සමීකරණය.

වාසය [와-써여] ①거주, 집 පදිංචිය ②옷 රෙද්ද ③향기, 향수 සුවඳ.

වාසය කරනවා† [와-써여 꺼*러*너와-] 머물다, 거주하다 පදිංචි වෙනවා.

වාසල [와-썰러] ①대문, 입구, 문, 현관 වාසල්කඩ ②궁궐.

වාසල මුදලි [와-썰러 무덜리] 궁궐의 주요 공직자, 대신.

වාසල මේ [와-썰러 메-] 공무, 정부 일 රාජකාරිය.

වාසල්කඩ [와-썰까*더*] 대문, 입구.

වාසස්ථානය† [와-써쓰따-너여] 거주지, 주거, 거주.

වාසිය‡ [와-씨여] ①유익, 이익 ②공간 ③면도기 ④까뀌, 손도끼 අත්පොරව.

වාසියා [와-씨야-] 거주자, 거주민 වැසියා. (복) *වාසීහු, වාසියෝ*

වාසීහු [와-씨-후] වාසියා 의 복수: 거주자들, 거주민들 වැසියෝ. ¶ අසල්වාසීහු 이웃들 ගෘහවාසීහු 식구들 දේශවාසීහු 내국인들, 현지인들

වාසුළිය† [와-쑬리여] (인도양 방면의) 폭풍우, 사이클론 කුණාටුව.

වාස්තවික [와-쓰떠위꺼] 진정한, 진실한, 확실한 සැබෑ වූ.

වාස්තු විද්‍යාව† [와-쓰뚜 윋디야-워] 건축학.

වාහක [와-하꺼] ①운송하는, 수송하는, 나르는 ගෙනයන ②운송자, 수송자 වාහකයා.

වාහකයා [와-하꺼야-] 운송자, 수송자 වාහික, ගෙන යන්නා.

වාහනය‡ [와-하너여] 차량, 탈것 රථය.

වාහල [와-할러] ①대문, 입구 ②왕궁, 궁궐 රජ ගෙදර.

වාහල නාගයා [와-할러 나-거야-] 신참자, 초심자, 풋내기 ප්‍රවේශකයා.

වාහල්කඩ [와-할까*더*] 대문, 입구 දොරටුව.

වාහිනවා [와-히너와-] වෑස්සා-වෑහ 새다, 스며 나오다 කාන්දු වෙනවා. <u>වෑහීම/වෑස්සීම</u>

වාහිනී [와-히니] ①군대 යුද්ධසේනාව ②강 ගඟ.

වාහෙ [와-헤] 남편 සැමියා.

වාළම්ග [왈-러미거] 맹수, 사나운 짐승 ව්‍යාලයා.

වාළිය [왈-리여] 여종, 여자 하인 සේවිකාව.

වාළු [왈-루] (토양 따위가) 용탈의, 씻겨 내려가는.

වැංජනය‡ [왱저너여] 카레 කරිය.

වැකි [왜끼] ①වැකෙනවා 의 형용사적 과거용법: 붙은, 달라붙은 වැකුණු ②වැකිය 의 복수: 문장들, 진술들 වගන්ති.

වැකිය [왜끼여] 문장, 글 වගන්තිය.

ව

වැකුණා/වැකුණු [왜꾸너/왜꾸누] වැකෙනවා 의 형용사적 과거용법: 붙은, 달라 붙은 ගෑවුණු.

වැකෙනවා [왜께너와-] වැකුණා-වැකී වකනවා 의 피동사: 붙어 있다, 달라붙어 있다, 발라져 있다 ගෑවෙනවා. වැකීම

වැක්කෙරෙනවා† [왝께 레너와-] ①(물, 비 등) 내리다, 떨어지다, 강하하다 වැගිරෙනවා ②흐르다, 흘러 가다 ගලා යනවා.

වැගිරෙනවා† [왜기 레너와-] වැගුරුණා-වැගිර(වැගිරි) ①내리다, 떨어지다, 강하하다 වැක්කෙරෙනවා ②흐르다, 흘러 가다 ගලා යනවා. වැගිරීම/වැගුරුම

වැජඹෙනවා† [왜점베너와-] වැජඹුණා-වැජඹී ①살다, 머무르다 වසනවා ②윤택하게 살다, 잘 살다 ③다스리다, 통치하다. වැජඹීම/වැජඹුම

වැට‡ [왜터] ①울타리 ②등불, 램프 පහන.

වැට කඩුලු [왜터 까둘루] 울타리와 (나무) 문 වැට සහ කඩුල්ල.

වැටකෙයියා/වැටකේ [왜터께이야-/왜터께-] (식물) 판다누스.

වැටකොලු [왜터꼴루] (식물) 수세미, 수세미외.

වැටලීම‡ [왜털리-머] වටලනවා 의 동명사: 에워쌈, 감쌈, 둘러쌈 වටකිරීම.

වැටලු [왜털루-] වටලනවා 의 형용사적 과거용법: 둘러싼, 에워싼, 감싼 වටකළ.

වැටහීම [왜터히-머] ①වටහනවා 의 동명사: 이해시킴, 깨달게 만듦 තේරුම් කිරීම ②වැටහෙනවා 의 동명사: 이해, 깨달음 අවබෝධ වීම.

වැටහෙනවා‡ [왜터헤너와-] වැටහුණා-වැටහී ①이해하다, 깨닫다 තේරුම් ගන්නවා ②적용되다, 알맞다, 적합하다. වැටහීම

වැටි [왜티] ①වැටෙනවා 의 형용사적 과거용법 (문어): 넘어진, 떨어진 (구어) වැටිච්ච ②වැටිය 의 복수 또는 형용사.

වැටිච්ච [왜틷처] වැටෙනවා 의 형용사적 과거용법 (구어): 넘어진, 떨어진 වැටුණ. (문어) වැටි

වැටිය† [왜티여] ①산마루, 산등성이, 융기 නියර ②(흙, 돌) 둑, 제방, 댐 බැම්ම ③(등) 심지 පාන් තිරය ④다발, 뭉치 මිටිය ⑤경계, 가장자리 අයින. (복) *වැටි*

වැටිසන [왜티써너] 스케치, 사생화, 밑그림.

වැටී [왜티-] වැටෙනවා 의 과거분사: 떨어져, 낙하되어, 넘어져, 넘어지고. (구어) වැටිලා

වැටීම‡ [왜티-머] වැටෙනවා 의 동명사: 떨어짐, 낙하, (기독교) 타락.

වැටුප† [왜투뻐] 월급, 봉급 පඩිය. (복) *වැටුප්*

වැටුප්‡ [왜툽] වැටුප 의 복수 또는 형용사: ①월급들, 봉급들 ②월급의, 봉급의.

වැටුම [왜투머] ①직업, 직장 රැකියාව ②존재, 실존 පැවැත්ම.

වැටුම් [왜툼] ①월급(의) ②교대(의), 회전(의).

වැටුම් මඩුව [왜툼 마두워] 궁궐, 왕궁 රජ ගෙදර.

වැටෙනවා‡ [왜테너와-] වැටුණා-වැටී 떨어지다, 낙하하다, 넘어지다 පතිත වෙනවා.
වැටීම/වැටුම

වැඩ‡ [왜더] ①일, 업무 වැඩය ②유익, 유용 ප්‍රයෝජනය ③장식, 꾸밈, 치장 සැරසිල්ල. (복) *වැඩවල්* ¶ මට ටිකක් වැඩ වැඩියි 제가 조금 바쁩니다

වැඩ [왜더] වඩිනවා 의 과거분사: (경어) 오셔서, 들어오셔서 අවුත්.

වැඩ අත්හරිනවා [왜더 앋하리너와-] ①일을 쉬다, 휴업하다 ②파업하다, 동맹파업을 하다.

වැඩ අල්ලනවා [왜더 알러너와-] 일을 시작하다, 시무식을 하다 වැඩ අරඹනවා.

වැඩ ඉන්නවා/වැඩ සිටිනවා [왜더 인너와-/왜더 씨티너와-] ①앉아 있다, 앉다 වාඩිවී සිටිනවා ②살다, 거주하다, 머물다 ජීවත්ව ඉන්නවා.

වැඩ උන්/වැඩහුන් [왜더 운/왜더훈] ①거주한, 머문, 있던 හුන්නාවූ ②앉았던 වැඩ සිටි.

වැඩකට නැති [왜더꺼터 내띠] 쓸모없는, 무용지물의, 무익한. (구어) වැඩක් නැති

වැඩකරු/වැඩකාර† [왜더꺼루/왜더까-러] 일꾼, 하인 වැඩකාරයා.

වැඩකාරි [왜더까-리-] 여자 일꾼, 여종, 식모.

වැඩක් දෙනවා [왜닦 데너와-] 지키다, 유지하다.

වැඩ තහනම් කරනවා† [왜더 따하남 꺼러너와-] 금지하다, 막다, 제지하다 වළක්වනවා.

වැඩ දමනවා [왜더 다머너와-] 장식하다, 치장하다 සරසනවා.

වැඩදායක† [왜더다-여꺼] 유익한, 유용한, 쓸모있는, 도움이 되는 ප්‍රයෝජනවත්.

වැඩදායී [왜더다-이-] 유익한, 유용한, 쓸모있는, 도움이 되는 ප්‍රයෝජනවත්.

වැඩ නවත්වනවා† [왜더 나왇워너와-] 파업하다, 일을 멈추다.

වැඩ පට්ටලය [왜더 빹털러여] 공장, 작업장.

වැඩපළ‡ [왜더뻘러] 일터, 작업장.

වැඩ බලනවා† [왜더 발러너와-] 행동하다, 움직이다. (문어) ක්‍රියා කරනවා.

වැඩම කරනවා [왜더머 꺼러너와-] ①(경어) 오시다, 근접하시다, 가까이 오시다 වඩිනවා ②(경어) 오시게 하다, 오시게 만들다 වැඩමවනවා.

වැඩමවනවා [왜더머워너와-] ①(경어) 오시다, 근접하시다, 가까이 오시다 වඩිනවා ②(경어) 오시게 하다, 오시게 만들다 වැඩම කරනවා. ¶ වැඩමවා ගන්නවා 오시게 하다

වැඩමුළුව† [왜더물루워] 일, 업무 වැඩේ.

වැඩ මූලික [왜더 물-리까] (노동자의) 십장(什長), 직장(職長), 공장장.

වැඩය† [왜더여] 일, 업무 කාර්යය.

වැඩ වර්ජනය‡ [왜더 와르저너여] 파업, 노동 쟁의 වැඩ වැරීම.

වැඩවසනවා† [왜더와써너와-] වැඩවිසුවා-වැඩවසා (경어) 계시다, 머무르시다 වැඩසිටිනවා. (구어) වැඩහිටිනවා

වැඩවසම් [왜더와쌈] 봉건(제도)의, 봉건 시대의.

වැඩවසම් ක්‍රමය [왜더와쌈 끄러머여] 봉건 제도.

වැඩ සටහන‡ [왜더 싸터하너] 일정, 프로그램 ක්‍රියා අනුපිළිවෙළ.

වැඩ සිටිනවා† [왜더 씨티너와-] (경어) 계시다, 있으시다 වැඩ හිඳිනවා. (구어) වැඩ හිටිනවා

වැඩ හිටිනවා [왜더 히티너와-] (경어) 계시다, 있으시다. (문어) වැඩ සිටිනවා

වැඩ හිඳිනවා [왜더 힌디너와-] වැඩ හුන්නා-වැඩ හිඳ (경어) 계시다, 있으시다 වැඩ සිටිනවා. (구어) වැඩ හිටිනවා

වැඩි‡ [왜디] ①많은, 넘치는 (문어) අධික ②වැඩෙනවා 의 형용사적 과거용법: 자란, 성장한, 발전한 වැඩුණු. ¶ මට ටිකක් වැඩ වැඩියි 제가 조금 바쁩니다

වැඩි කරනවා† [왜디 꺼러너와-] (수, 양 따위를) 늘리다, 불리다, 증대(확대)하다.

වැඩිච්ච [왜딫처] 자란, 성장한, 발달한 වැඩුණු.

වැඩි දියුණුව† [왜디 디유누워] 성장, 발전, 향상 සංවර්ධනය.

වැඩිදුර/වැඩිපුර† [왜디두러/왜디뿌러] 더, 필요 이상의, 넘치는 තව දුරටත්.

වැඩිපුරෙන්† [왜디뿌렌] 더, 더 많이, 많이 වැඩියෙන්.

වැඩි ප්‍රමාණය‡ [왜디 쁘러마-너여] 다수, 대다수. (문어) බහුතරය

වැඩිමනත් [왜디머낱] ①추가의, 가외의, 엑스트라의 තවත්, අතිරේක ②남는, 여분의, 잉여의 අධික.

වැඩිමලා [왜디멀라-] 큰애, 시니어, 형(언니). (복) *වැඩිමල්ලු*

වැඩිමල්/වැඩිමහල්‡ [왜디말/왜디마할] 나이 많은, 연장자의, 늙은 වැඩිහිටි, වැඩුමල්. ¶ එයා මට වඩා වැඩිමල් 그는 나보다 나이가 많다

වැඩිය [왜디여] ①많음, 과다 ②වඩිනවා 가 හැකි, මැනව 앞에서 변하는 형태.

වැඩියා [왜디야-] වඩිනවා 의 과거: 들어 오셨다, 오셨다.

වැඩියෙන්‡ [왜디옌] 많이, 과다하게 ගොඩක්.

වැඩි විය† [왜디 위여] 사춘기, 춘기 발동기.

වැඩි වෙනවා‡ [왜디 웨너와-] 늘어나다, 증가하다, 많아 지다.

වැඩිහිටි† [왜디히티] 늙은, 나이 먹은, 어른의 වැඩිමහල්.

වැඩිහිටි නිවාසය† [왜디히티 니와-써여] 양로원.

වැඩිහිටියා‡ [왜디히티야-] ①어른, 성인 ②노인.

වැඩී [왜디-] වැඩෙනවා 의 과거분사: 자라, 성장해, 커서 ලොකු වී. (구어) වැඩිලා

වැඩීම/වැඩුම [왜디-머/왜두머] ①වඩිනවා 의 동명사: 들어옴, 옴 පැමිණීම ②වඩනවා, වැඩෙනවා 의 동명사: 성장, 발전, 큼 වර්ධනය.

වැඩිච්ච† [왜딫처] වැඩෙනවා 의 형용사적 과거용법 (구어): 자란, 성장한, 발달한 ලොකුවුණු. (문어) වැඩුණු

වැඩුණු† [왜두누] වැඩෙනවා 의 형용사적 과거용법 (문어): 자란, 성장한, 발달한 ලොකුවුණු. (구어) වැඩිච්ච

ව

වැඩුම/වැඩීම [왜두머/왜디-머] ①වඩිනවා 의 동명사: 들어옴, 옴 පැමිණීම ②වඩනවා, වැඩෙනවා 의 동명사: 성장, 발전, 큼 වර්ධනය.

වැඩූ [왜두-] 기른, 육성한 වර්ධනය කළ.

වැඩෙනවා‡ [왜데-너와-] වැඩුණා-වැඩී 자라다, 성장하다 වර්ධන වෙනවා. වැඩීම

වැඩේ‡ [왜데-] වැඩය 의 줄임말: 일, 업무 일, 업무 වැඩ.

වැණීම/වැණුම [왜니-머/왜누머] වණනවා 의 동명사: ①말함, 진술, 해설 විස්තර කිරීම ②칭찬, 찬사, 찬양 ප්‍රශංසාව ③(꼬리) 흔듦. (복) වැණීම්/වැණුම්

වැතිරෙනවා† [왜띠레-너와-] වැතුරුණා-වැතිර/වැතිරී ①눕다, (바닥에) 뻗다 ඇල වෙනවා ②퍼지다, 확장되다, 펼쳐지다 පැතිරෙනවා. වැතිරීම/වැතිරුම

වැතිරුණු [왜띠루누] ①누운, 엎드린 ඇල වුණු ②퍼진, 계속된 පැතිරුණු.

වැද [왜더] වදිනවා 의 과거분사: ①~닿아, 닿고, 맞닿아 ඝට්ටනය වී ②들어와, 안으로 들어와 ඇතුළු වී.

වැදගත්‡ [왜더같] 중요한, 의의 있는, 비중있는 හරබර.

වැද ගන්නවා [왜더 간너와-] ①들어가다 ②관심을 가지다, 중요하게 되다.

වැදගැම්ම [왜더갬머] 유익, 유용, 이득, 이익 වාසිය. (구어) ලාභය

වැදහොත් [왜더홑] වැදහොවිනවා 의 형용사적 과거용법: 누운, 가로누운, 뻗은 වැතිර සිටි.

වැදහොත්තා [왜더홑따-] වැදහොවිනවා 의 과거: 누웠다, 가로누웠다, 뻗었다 වැතිර සිටියා.

වැදහොවිනවා [왜더호위너와-] වැදහොත්තා-වැදහෙව ①눕다, 누워 있다 සැතපෙනවා ②잠자다, 자다 නිදා ගන්නවා.

වැදහෝනවා [왜더호-너와-] ①눕다, 누워 있다 දිගා වෙනවා ②잠자다, 자다 නිදා ගන්නවා.

වැදෑල්ල [왜댈러] 성장, 자연적인 발전.

වැදෑමස/වැදෑමස් [왜대-마써/왜대-마쓰] (의학) 후산 දලබුව.

වැදෑමහ† [왜대-마하] (의학) 후산 දලබුව. (문어) වැදෑමස

වැදෑරුම් [왜대-룸] 다양한, 각약각색의 විවිධ, විධ.

වැදි [왜디] වැද්දා 의 복수 또는 형용사: ①왜다족 사람들 ②왜다족의.

වැදී [왜디-] වැදෙනවා 의 과거분사: ①부딪혀, 닿아 ②들어온, 들어간 ③태어난, 탄생한. (구어) වැදිලා

වැදීම/වැදුම† [왜디-머/왜두머] ①වදිනවා, වැදෙනවා 의 동명사: 부딪힘, 충돌, 닿음 හැප්පීම ②වදනවා 의 동명사: 출산, 아이를 낳음 ප්‍රසව කිරීම.

වැදූ [왜두-] වදනවා 의 형용사적 과거용법: ①출산한, 아이를 낳은 ②말한, 선포한.

වැදූගෙයි [왜두-게이] 애 태어난 후 දරු උපතට පසු.

වැදෙනවා [왜데너와-] වැදුණා-වැදී වදිනවා 의 피동사: ①부딪히다, 닿다, 충돌하다 හැප්පෙනවා ②들어오다, 들어

가다 ඇතුළු වෙනවා ③태어나 다, 출산되다 බිහි වෙනවා. වැදීම/වැදුම

වැද්ද ගන්නවා [왠더 간더와-] 받아들이다, 환영하다, 허용하다 පිළිගන්නවා.

වැද්ද† [왠다-] ①(활의) 사수, 궁술가 දුනුවායා ②스리랑카 원주민(꾸웨니의 후예들, 현재 3000명 정도가 마히양거 너 지역에 주로 살고 있음). (복) වැද්දී

වැද්දීම [왠디-머] වද්දනවා 의 동명사: 연결, 결합 එකට සවි කිරීම.

වැද්දුම [왠두머] 가구 제조, 소목장이의 일. (복) වැද්දුම්

වැනසිල්ල [왜너씰러] 멸망, 제거, 없앰 වැනසීම.

වැනසීම/වැනසුම† [왜너씨-머/왜너쑤머] වනසනවා, වැනසෙනවා 의 동명사: 멸망, 제거, 없앰 නැති කිරීම.

වැනසෙනවා† [왜너쎄너와-] වැනසුණා-වැනසී 파괴되다, 부서지다 විනාශ වෙනවා. වැනසීම/වැනසුම

වැනි‡ [왜니] (후치사) ① ~ 같은, ~ 처럼 මෙන් ② ~ 번째 වෙනි. ¶ මේවැනි 이 같은 පළවැනි 첫번째 දෙවැනි 두번째

වැනීම/වැනුම [왜니-머/왜누머] වනනවා, වැනෙනවා 의 동명사: ①흔듦, 흔들어 버림 ②흔들림, 진동 ③(땅에) 흩음.

වැනෙනවා† [왜네너와-] වැනුණා-වැනී වනනවා 의 피동사: 흔들리다, 흔들거리다, 진동하다, 비틀거리다. වැනීම/වැනුම

වැන්ද [왠다-] වඳිනවා 의 과거: ①인사를 했다, 경례를 했다 ②예배했다.

වැන්දඹු පුරුෂයා† [왠덤부 뿌루셔야-] 홀아비. ¶ වැන්දඹු කාන්තාව 홀어미

වැන්දඹුව‡ [왠덤부워] 과부 වැන්දඹු ස්ත්‍රී. ¶ වැදඹුකම 과부생활

වැන්න [왠너] 종류, 부류, 비슷한 것 වර්ගය.

වැන්නා [왠나-] 종류(부류)의 사람, 비슷한 사람. ¶ පළමුවැන්නා 첫번째 사람 දෙවැන්නා 두번째 사람

වැඳීම/වැඳුම† [왠디-머/왠두머] වඳිනවා 의 동명사: ①예배, 경배 නමස්කාරය ②인사, 경례.

වැපිරෙනවා [왜삐*러*너와-] වැපුරුණා-වැපිරී වපුරනවා 의 피동사: 뿌려지다.

වැපිරීම [왜삐*리*-머] වපුරනවා, වැපිරෙනවා 의 동명사: (씨앗, 볍씨) 뿌림, 흩뿌림.

වැමෑරෙනවා [왜매-*러*너와-] වැමෑරුණා-වැමෑරී වමාරනවා 의 피동사: 토 나오다.

වැම්මෙනවා [왬메너와-] 똑똑 듣다, 똑똑 떨어지다 වැගිරෙනවා.

වැය† [왜여] 지출, 소비 වියදම. ¶ අයවැය 예산 වැය ශීර්ෂය 지출안

වැය කරනවා† [왜여 꺼*러*너와-] 지출하다, 쓰다 වියදම් කරනවා.

වැයික්කිය [왜윅끼여] 행정 구역, 관할 구역 වසම.

වැයිරි ගහනවා [왜이*리* 가하너와-] 껍질을 벗기다 ලොලනවා.

වැයීම/වැයුම [왜이-머/왜유머] වයනවා 의 동명사: (북, 드럼) 침, 두드림 ගැයීම.

වැරදි‡ [왜러디] වැරැද්ද 의 복수 또는 형용사: ①잘못들, 실수들 ②잘못한, 실수한, 틀린 වරද සහිත.

වැරදි ක්‍රියාව† [왜러디 끄리야-워] 악행, 비행, 범죄.

වැරදිකාරයා‡ [왜러디 까-러야-] ①죄수, 기결수 ②죄인 පව්කාරයා.

වැරදිච්ච [왜러딪처] වරදිනවා 의 형용사적 과거용법(구어): 잘못한, 실수한, 틀린. (문어) වැරදුණු.

වැරදීම/වැරදුම† [왜러디-머/왜러두머] වරදිනවා, වැරදෙනවා 의 동명사: 잘못, 실수, 틀림 වැරැද්ද.

වැරදුණු [왜러두누] වැරදෙනවා 의 형용사적 과거용법: 잘못한, 실수한, 틀린 හරි නොගිය.

වැරදුම/වැරදීම [왜러두머/왜러디-머] වරදිනවා, වැරදෙනවා 의 동명사: 잘못, 실수, 틀림 වැරැද්ද.

වැරදෙනවා [왜러데너와-] වැරදුණා-වැරදී 실수하다, 틀리다, 잘못하다 වරදිනවා. <u>වැරදීම/වැරදුම</u>

වැරය [왜러여] ①용기, 용감, 용맹 වීර්යය ②힘, 능력, 에너지 බලය ③노력, 애씀, 수고 උත්සාහය.

වැරසැර [왜러쌔러] 강하고 확고한.

වැරහැල්ල† [왜러핼러] 넝마, 걸레, 누더기 옷 කඩමාල්ල. (복) *වැරහැලි*

වැරැදි [왜래디] වැරැද්ද 의 복수 또는 형용사: ①실수들, 잘못들 ②실수한, 잘못한, 실책한 වැරදි.

වැරැද්ද‡ [왜랟더] 잘못, 실수, 틀림 වරද, වැරදීම. (복) *වැරදි, වැරැදි*

වැරීම/වැරුම [왜리-머/왜루머] වරනවා 의 동명사: ①멈춤, 그만둠 ②젖을 뗌, 이유 කිරිවැරීම.

වැරුණු/වැරූ [왜루누/왜루-] වරනවා 의 형용사적 과거용법: 멈춘, 그만둔, 젖을 뗀 නතර කළ.

වැරෙන් [왜렌] 열정적으로, 힘차게, 세차게.

වැල‡ [왤러] ①덩굴, 담쟁이 ලිය ②익은 잭 열매 වැළ. ¶ මිදි වැල 포도나무

වැලකාඩුව [왤러까-두워] (베틀의) 잉아.

වැලකෙනවා† [왤러께너와-] වැලකුණා-වැලකී 그만두다, 끊다, 삼가다. <u>වැලකීම/වැලකුම</u>

වැලත [왤러떠] 가까운, 근처의 ළඟ.

වැලඳ [왤런더] වළඳිනවා 의 과거분사: 껴 안고, 품에 안고 වැලඳ ගෙන. (구어) වැලඳලා

වැලඳ ගන්නවා† [왤런더 간너와-] ①껴안다, 포옹하다, 품에 안다 වළඳිනවා (구어) බදා ගන්නවා ②붙잡다, 잡다 අල්ලනවා. <u>වැලඳ ගැනීම</u>

වැලපීම [왤러삐-머] වලපනවා, වැලපෙනවා 의 동명사: 애도, 슬픔, 탄식 විලාපය.

වැලපෙනවා† [왤러뻬너와-] වැලපුණා-වැලපී 슬퍼하다, 애도하다, 탄식하다. <u>වැලපීම</u>

වැලමිට‡ [왤러미터] 팔꿈치. (복) *වැලමිටි*

වැලමිටි වංගුව† [왤러미티 왕구워] 팔꿈치 굽은 부분.

වැලසින්න [왤러씬너] 암곰. (구어) වැලහින්න ¶ වලසා 숫곰

වැලහින්න [왤러힌너] 암곰. (문어) වැලසින්න ¶ වලහා 숫곰.

වැලැක්විය නොහැකි† [왤랙위여 노해끼] 금할 수 없는, 막을 수 없는, 멈추게 못하는.

වැලැන්ද [왤랜다-] වලඳනවා의 과거: (경어) 잡수셨다, 드셨다.

වැලි‡ [왤리] වැල්ල 의 복수: 모래 වාලුකා. ¶ වැලි ඇට 모래알

වැලිකඩ [왤리꺼더] 모래 흙 වැලි සහිත බිම.

වැලි කඩදාසිය† [왤리 까더다-씨여] 사포, 샌드 페이퍼.

වැලි කතර [왤리 까떠러] 사막 වාලුකා කාන්තාරය.

වැලි කාන්තාරය† [왤리 깐-따-러여] 사막 වැලි කතර.

වැලි කුකුළා [왤리 꾸꿀라-] 야생 가금.

වැලි කුණාටුව† [왤리 꾸나-투워] 모래 폭풍.

වැලිගම්පිටි යනවා [왤감삐티 야너와-] 죽다, 소천하다, 서거하다 මරණයට පත් වෙනවා. (구어) මැරෙනවා

වැලි ගල [왤리 갈러] 숯돌.

වැලි තලය/වැලි තලාව [왤리 딸러여/왤리 딸라-워] 모래 평원 වැලි තැන්න.

වැලිත් [왤릳] 다시, 또 යළිත්. (구어) ආයෙත්

වැලි පරය† [왤리 빠러여] (조류 때문에 바다에 있는) 모래톱.

වැලිපිල/වැලිපිල්ල [왤리삘러/왤리뻬떠] (과거에 글쓰기 연습을 위해 사용하던) 모래판 වැලිපෙත.

වැලිපෙත [왤리뻬떠] (과거에 글쓰기 연습을 위해 사용하던) 모래판 වැලිපිල්ල.

වැලිමළුව [왤리말루워] 모래가 깔려있는 뜰.

වැලිමැක්කා [왤리맥까-] 진드기.

වැලිමැස්සා [왤리맸싸-] 나방파리, 눈에놀이.

වැලිමීයා [왤리미-야-] 두더지.

වැලිමුවා [왤리무와-] (동물) 붉은 사슴, 꽃 사슴 ඕලුමුවා.

වැලි වැටිය [왤리 왜티여] (해변의) 모래 언덕.

වැලි හකුරු [왤리 하꾸루] 결정화한 당밀(糖蜜).

වැල්† [왤] වැල 의 복수 또는 형용사: ①덩굴들, 담쟁이들 ලිය ②덩굴의, 담쟁이의.

වැල් අකුරු† [왤 아꾸루] (글자) 이탤릭체.

වැල්ගොමුව [왤고무워] (과실, 덩굴 따위의) 송이, 한 덩어리.

වැල්දෙඩම්‡ [왤도담] (식물) 시계풀의 열매, 패션 프룻.

වැල් පාලම† [왤 빨-러머] 현수교, 흔들다리 එල්ලෙන පාලම.

වැල් පොළිය‡ [왤 뽈리여] (이자) 복리(複利) කින්නර පොලිය.

වැල්මී‡ [왤미-] (약초) 감초.

වැල්ල† [왤러] ①모래 වාලුකා ②모래사장. (복) *වැලි*

වැල්ලබඩ [왤러바더] 해변, 해안 මුහුදු වෙරළ.

වැල්වඩුවා [왤와두와-] 등나무장인.

වැව‡ [왜워] 호수, 저수지, 큰 연못. (복) *වැව්*

වැවිලි [왜윌리] වැවිල්ල 의 복수 또는 형용사: ①경작, 재배 ②경작하는, 재배하는.

වැවිලිකරු† [왜윌리꺼루] 경작자, 재배자.

වැවිලි කර්මාන්තය [왜윌리 까르만-떠여] 재배 산업, 농장 산업 වතුවගා කර්මාන්තය.

වැවිල්ල† [왜윌러] 경작, 농경, 농사지음 වගාව. (복) *වැවිලි*

වැවුණු [왜우누] වැවෙනවා 의 형용사적 과거용법: 재배된, 경작된, 자란 වගාවුණු. (구어) වැවිච්ච

වැවු මාන්සිය [왜우- 만-씨여] (땅주인으로 부터 받는) 소작인의 몫.

වැවෙනවා† [왜웨너와-] වැවුණා-වැවී 자라다, 크다, 성장하다. <u>වැවීම</u>

වැව්‡ [왜우] වැව 의 복수 또는 형용사: ①저수지들 ②저수지의 වැ. ¶ වැව් මාළු 민물고기(호수 물고기)

වැව් කඩිත්ත [왜우 까딛떠] 소저수지.

වැව්බඩ/වෑබඩ [왜우바더/왜-바더] 저수지 부근, 저수지 기슭.

වැස [왜써] ①වසිනවා 의 과거분사: 비오고, 비내려 (구어) වැහැලා ②වසනවා 의 과거분사: 살고, 머물고, 거하며.

වැසි [왜씨] ①거주하는, 사는 පදිංචි ②배설 물, 똥 අශුචි ③옷, 의복 රැද්ද.
¶ ලෝ වැසි සියල්ලන් 세상에 사는 모든 사람들

වැසි [왜씨] වැස්ස 의 형용사 또는 복수: ①비, 강우 වර්ෂා ②비의, 강우의. (구어) වැහි

වැසිකිළි [왜씨낄리] වැසිකිළිය 의 복수 또는 형용사: ①화장실들 ②화장실의.

වැසිකිළි කඩදාසි [왜씨낄리 까더다-씨] 화장지.

වැසිකිළිය‡ [왜씨낄리여] 화장실, 변소 කක්කුස්සිය.

වැසිකිළි වළ† [왜씨낄리 왈러] 분뇨 구덩이.

වැසිදිය [왜씨디여] 빗물 වර්ෂා ජලය.

වැසිපල [왜씨빨러] 강우량, 강수량 වර්ෂාපතනය. (구어) වැහිපල

වැසිපොද [왜씨뽀더] 이슬비, 보슬비, 가랑비.

වැසියා [왜씨야-] 거주자, 주민 වාසය කරන්නා. (복) *වැසියෝ*

වැසිවලාව [왜씨왈라-워] 비구름, 먹구름.

වැසූ [왜쑤-] වසනවා 의 형용사적 과거용법: 닫은, 덮은.

වැසෙනවා† [왜쎄너와-] වැසුණා-වැසී වසනවා 의 피동사: ①가리다, 덮히다, 가려지다 ආවරණය වෙනවා ②숨막히다, 질식사 하다. <u>වැසීම/වැසුම</u> (구어) වැහෙනවා

වැස්ම‡ [왜쓰머] 덮개, 뚜껑, 엄호물 ආවරණය. (구어) වැහුම

වැස්ස‡ [왰써] 비, 강우 වර්ෂාව. (복) *වැසි*

වැස්සා‡ [왰싸-] වසිනවා, වහිනවා 의 과거: 비 왔다.

වැස්සිය [왰씨여] ①암송아지 වැස්සී ②어린 암컷 동물.
¶ වස්සා 숫송아지

වැස්සී† [왰씨-] ①암송아지 වැස්සිය ②어린 암컷 동물.
¶ වස්සා 숫송아지

වැහැප් [왜햎] 황소 ගොනා.

වැහැර [왜해러] වැහැරෙනවා 의 과거분사: 야위어, 말라 හැරී. (구어) කෙට්ටු වෙලා

වැහැර ගිය [왜해러 기여] 마른, 여윈 වැහැරුණු. (구어) කෙට්ටු

වැහැරුණ [왜해루너] වැහැරෙ-නවා 의 형용사적 과거용법: 마른, 여윈 වැහැරුණු. (구어) කෙට්ටු

වැහැරුණු [왜해루누] වැහැරෙ-නවා 의 형용사적 과거용법: 마른, 여윈 වැහැරුණ. (구어) කෙට්ටු

වැහැරී [왜해리-] වැහැරෙනවා 의 과거분사: 야위어, 말라 වැහැර. (구어) කෙට්ටු වෙලා

වැහැරී යනවා [왜해리-야너와-] 마르다, 여위다 වැහැරෙ-නවා. (구어) කෙට්ටු වෙනවා

වැහැරෙනවා† [왜해레너와-] වැහැරුණා-වැහැරී/වැහැර ①수척해지다, 여위다, 마르다 වෑරෙනවා (구어) කෙට්ටු වෙනවා ②사용되다, 이용되다, 써지다 ව්‍යවහා වෙනවා. වැහැරීම/වැහැරුම

වැහැලා [왜핼라-] වහිනවා 의 과거분사: 비오고, 비내려. (문어) වැස

වැහැවෙනවා [왜해웨너와-] ①(슬픔, 고통을) 지고 가다, 지다 වෑවෙනවා ②위로 받다.

වැහැසෙනවා [왜해쎄너와-] ①슬피 울다, 통곡하다 දුකින් අඬනවා ②(물 등) 흘러가다 වැගිරෙනවා.

වැහි‡ [왜히] වැස්ස 의 복수 또는 형용사: ①비, 비옴, 강우 ②비의, 강우의 වර්ෂා. (문어) වැසි

වැහි ඇල්ල [왜히 앨러] 소나기 වැසි ඛණ්ඩයක්.

වැහි කබාය‡ [왜히 까바-여] 우비, 비옷.

වැහි කළුව [왜히 깔루워] 비올 구름, 비오게 생김, 비올 하늘 වැහි මන්ඩාරම.

වැහි කෝඩය [왜히 꼬-더여] 비올 구름, 비오게 생김, 비올 하늘 වැහි මන්ඩාරම.

වැහි පොද [왜히 뽀더] 보슬비 වැහි බිංදු.

වැහි බීරුම [왜히 비-루머] 먹구름, 비올 구름.

වැහිලිහිණියා‡ [왜힐리히니야-] (새) 제비 වටුකුරුල්ලා.

වැහි ලිස්තරය [왜히 리쓰떠러여] (건축) 비막이 판자.

වැහි වලාකුළු‡ [왜히 왈라-꿀루] 비구름, 먹구름 අඳුරු වලාකුළු.

වැහීම/වැහුම [왜히-머/왜후머] වහනවා, වැහෙනවා 의 동명사: 덮개, 뚜껑, 엄호물 ආවරණය. (문어) වැස්ම

වැහුම් අරිනවා [왜훔 아리너와-] 열다, 개봉하다 විවෘත කරනවා.

වැහෙනවා‡ [왜헤너와-] වැහුණා-වැහිලා වහනවා 의 피동사: 가리다, 덮히다, 가려지다. වැහීම/වැහුම (문어) වැසෙනවා

වැළ [왤러] (과일) 익은 잭 열매 ඉදුණු කොස්.

වැළකෙනවා† [왤러께너와-] වැළකුණා-වැළකී වළකනවා 의 피동사: 삼가다, 그만두다, 피하다 වලකිනවා. වැළකීම

වැළඳ ගන්නවා [왤런더 간너와-] ①껴안다, 포옹하다, 품에 안다 (구어) බදා ගන්නවා ②붙잡다, 잡다 අල්ලනවා. වැළඳ ගැනීම

වැළඳීම/වැළඳුම [왤런디-머/왤런두머] ①වළඳනවා 의 동명사: 잡수심, 식사 ②වළඳිනවා 의 동명사: 안음, 포옹, 붙잡음 පිළිගැනීම.

ව

වැළඳෙනවා [왤런데너와-] වැළඳුණා-වැළඳී වළඳිනවා 의 피동형: ①병이 들다, 병에 걸리다 ②(품에) 안기다, 붙혀지다. ¶ මට ලෙඩක් වැළඳුණා 나는 병들었다

වැළපෙනවා† [왤러뻬너와-] වැළපුණා-වැළපී 슬퍼하다, 애도하다, 탄식하다. වැළපීම

වැළලීම [왤럴리-머] වළලනවා 의 동명사: 매장, 묻음.

වැළලෙනවා [왤럴레너와-] වැළලුණා-වැළලී 묻히다, 매장되다 අතුරුදන් වෙනවා. වැළලීම/වැළලුම

වැළහීම [왤러히-머] වළහනවා, වැළහෙනවා 의 동명사: 사라짐, 없어짐, 감춰짐.

වැළහෙනවා [왤러헤너와-] වැළහුණා-වැළහී 사라지다, 없어지다, 감춰지다 සැඟවී සිටිනවා. වැළහීම

වැළැක්වීම† [왤랙위-머] වළක්වනවා, වැළැක්වෙනවා 의 동명사: 금지, 막음, 못하게 함 තහනම.

වැළැක්වෙනවා [왤랙웨너와-] වැළැක්කුණා-වැළැක්වී වළක්වනවා 의 피동사: 금지되다, 막히다, 못하게 되다 තහනම් වෙනවා. වැළැක්වීම

වැළි/වැළිත් [왤리/왤릳] 다시, 한번 더. (구어) ආයෙත්

වෑ† [왜-] ①වෑය 의 복수 또는 형용사: 까뀌들 (깎는기계), 까뀌의 ②වැව 의 복수 또는 형용사: 호수들, 호수의 ③질병들, 질병의 ව්‍යාධිය.

වෑංජනය‡ [왱-저너여] 카레 කරිය.

වෑකඩ [왜-까더] 제방의 부서진 부분.

වෑකණ්ඩිය/වෑකන්ද [왜-깐디여/왜-깐더] 제방, 부두 වැව් බැම්ම.

වෑකර [왜-꺼러] ①까뀌 (깎는기계) වෑය ②면도기 දැළි පිහිය.

වෑඤ්ජනය [왠-저너여] 카레 කරිය.

වෑනියර [왜-니여러] 제방, 부두 වෑකන්ද.

වෑබඩ [왜-바더] 저수지 부근, 저수지 기슭 වැව්බඩ.

වෑය [왜-여] 까뀌 (깎는기계). (복) වෑ

වෑයම [왜-여머] 노력, 시도 ව්‍යායාම. (구어) උත්සාහය.

වෑයම් කරනවා [왜-얌 꺼러너와-] 노력하다, 시도하다.

වෑරෙනවා [왜-레너와-] වෑරුණා-වෑරී 수척해지다, 여위다, 마르다, 홀쭉해지다, 날씬해지다 වැහැරෙනවා. වෑරීම (구어) කෙට්ටු වෙනවා

වෑවරය [왜-워러여] 어린 야자 열매 කුරුම්බා ගෙඩිය.

වෑවෙනවා [왜-웨너와-] වෑවුණා-වෑවී 참다, 견디다, 인내하다 ඉවසනවා. වෑවීම

වෑසර [왜-써러] 저수지 옆에 있는 논 වැව අසල පිහිටි කුඹුර.

වෑස්සෙනවා† [왰쎄너와-] වෑස්සුණා-වෑස්සී (물이) 새다, 뚝뚝 떨어지다, 스며 나오다 වෑහෙනවා. වෑස්සීම

වෑහෙනවා [왜-헤너와-] වෑහුණා-වෑහී (물이) 새다, 뚝뚝 떨어지다, 스며 나오다 වෑස්සෙනවා. වෑහීම/වෑහුම

වි [위] (접두사) ①아닌, 비, 못 ②다른, 다양한.

විංකලය [윙깔러여] 작업장, 일터 කම්හල.

ව

විකට† [위꺼터] 익살맞은, 농담의, 재밌는 විහිලු.

විකට ඇඳුම† [위꺼터 앤두머] (특히 파티에서) 변장을 위해 입는 옷.

විකට චිත්‍රය† [위꺼터 치뜨러여] 만화, 코믹 만화.

විකට නම† [위꺼터 나머] 별명, 애칭 පටබැඳි නම.

විකට නළුවා [위꺼터 날루와-] 희극 배우, 코미디언, 익살꾼 කෝළමා.

විකට නාටකය [위꺼터 나-터꺼여] 코메디, 개그, 희극 විකට නාට්‍යය.

විකට නාට්‍යය† [위꺼터 날-티여여] 코메디, 개그, 희극 විකට නාටකය.

විකනවා† [위꺼너와-] විකුවා-විකා 씹다, 깨물어 바수다 හපනවා. විකීම/විකුම

විකපනය [위까뻐너여] ①구성, 조립, 만듦 යෙදීම ②숙고, 심사숙고 විකල්පනය ③지출, 소비 වියදම් කිරීම ④위임, 넘김 පැවරීම ⑤식사, 먹음 අනුභය කිරීම.

විකප්ප [위깝뻐] ①대안, 다른 방법 විකල්පය ②나뉨, 분리 භේදය ③숙고, 심사숙고 ④위임, 넘김 පැවරීම ⑤의심 සැකය.

විකරණය [위까러너여] ①꽂음, 삽입 ②변형, 변경, 수정 මඥ වෙනස්වීම.

විකර්ණය [위까르너여] 대각선, 사선, 비스듬한 줄.

විකර්ෂණය [위까르셔너여] 반박, 거절, 격퇴 ඉවතට තල්ලුවීම.

විකල† [위껄러] 불구가 된, 기형의 විකෘති.

විකල වෙනවා [위껄러 웨너와-] ①불구가 되다, 기형이 되다 විකෘති වෙනවා ②혼동되다, 복잡해지다 අවුල් වෙනවා.

විකලය [위껄러여] 기형, 불구, 보기 흉함 අවයවවල විකෘතිය.

විකලාංග [위껄랑거] 기형의, 불구의, 보기 흉한.

විකලාංගතාව [위껄랑거따-워] 기형, 불구, 보기 흉함 අවයවවල විකෘතිය.

විකලාව [위깔라-워] ①(시간) 초, 60분의 1 ②16분의 1.

විකල් [위깔] ①때가 아닌, 적절한 시기가 아닌 අකල් ②미친, 제정신이 아닌 විකෘති.

විකල්ප [위깔뻐] 대안의, 다른 방법의.

විකල්පනය [위깔뻐너여] ①다른 생각 වෙනස් කල්පනාව ②변화, 바꿈 වෙනස් කිරීම ③위임, 위탁.

විකල්පය† [위깔뻐여] ①대안, 다른 방도, 옵션 ②다른 생각 වෙනස් කල්පනාව ③미결, 결정 못한 상태 තීරණයක් නැති බව ④추측, 추정 අනුමානය ⑤속임, 사기 ප්‍රයෝගය ⑥종류, 종 වර්ගය ⑦실수, 에러 භ්‍රමය ⑧뜻, 의지 කැමැත්ත.

විකල් වෙනවා [위깔 웨너와-] 혼란스러워지다, 생각이 뒤섞이다 සිහි මළා වෙනවා.

විකශනය [위꺼셔너여] 발전, 성장 වර්ධනය.

විකශිත/විකසිත [위꺼쉬떠/위꺼씨떠] 꽃이 핀, 개화한 පිපුණු.

විකසිත වෙනවා [위꺼씨떠 웨너와-] 열리다, 개화하다, 꽃이 피다 පිපෙනවා.

ව

විකාර [위까-러] 미친, 정신나간, 제정신이 아닌 උමතු. (구어) පිස්සු

විකාරය [위까-러여] 미침, 정신나감, 정신 착란 උමතුව. (구어) පිස්සුව.

විකාල බොජනය [위깔-러 보-저너여] 저녁 식사. (구어) රෑ කෑම

විකාලය [위깔-러여] 저녁 සන්ධ්‍යාව.

විකාශනය‡ [위까-셔너여] ①방송, 방영, 전송, 송신 විසුරුවා හැරීම ②팽창, 확장, 성장.

විකාශනය කරනවා [위까-셔너여 꺼러너와-] ①방송하다, 방영하다 ②팽창하다, 확장하다.

විකාශය [위까-셔여] ①표현, 표시, 표명, 명시 ප්‍රකාශය ②방송, 열림, 팽창 පිපිරීම ③하늘 ආකාශය ④쉼, 여가, 홀로 있음 විවේකය.

විකි/විකිණි [위끼/위끼니] 팔린 විකුණන ලද.

විකිණීම‡ [위끼니-머] ①විකුණනවා 의 동명사: 팜, 매매, 장사 අලෙවි කිරීම ②විකිණෙනවා 의 동명사: 팔림, 판매됨, 매매됨 විකුණනු ලැබීම. ¶ ඉඩම විකිණීමට තිබේ 땅 팝니다

විකිණෙනවා‡ [위끼네너와-] විකුණුණා-විකිණී විකුණනවා 의 피동사: 팔리다, 판매되다. විකිණීම

විකිරකය [위끼러꺼여] 라디에이터, 방열기, 냉각 장치 රේඩියේටරය.

විකිරණමානය [위끼러너마-너여] 방사능 측정 기계.

විකිරණය† [위끼러너여] (빛, 열 등의) 방사, 복사, X-레이, 방사선 කිරණ නිකුත් කිරීම.

විකිරණවේදය [위끼러너웨-더여] 방사선학, 방사선과.

විකිරණශීල [위끼러쉴-러] (빛, 열) 방사하는, 방사능의, X레이의 විකිරණය වන.

විකිරණශීලතාව [위끼러쉴-러따-워] 방사 활동, 복사 활동 කිරණ පිටකරන ගතිය.

විකීර්ණ [위끼-르너] ①확산된, 넓게 퍼진 ②군데 군데 있는, 산발적인 තැනින් තැන ඇති.

විකුණනවා‡ [위꾸너너와-] වික්කා/විකුණුවා-විකුණා 팔다, 매매하다 අලෙවි කරනවා. විකිණීම/විකුණුම

විකුණුම [위꾸누머] විකුණනවා 의 동명사: 팜, 매매, 장사 අලෙවි කිරීම.

විකුණුම්කරය [위꾸눔꺼러여] 매매 증서, 매매 계약서.

විකුණුම්කරු† [위꾸눔꺼루] 외판원, 세일즈맨, 판매원.

විකුණුම් මිල† [위꾸눔 밀러] 판매 가격, 매매 가격 අලෙවි මිල.

විකුම [위꾸머] ①용기, 용맹, 영웅적 행동 වික්‍රමය ②විකනවා 의 동명사: 씹음, 깨물음.

විකුම් [위꿈] විකුම 의 복수 또는 형용사: ①용맹, 용기, 용기 있는 행동들 ②용맹한, 용감한, 용기 있는 වික්‍රම.

විකෘත [위끄루떠] 흉해진, 추한, 일그러진 විකල.

විකෘත කරනවා† [위끄루떠 꺼러너와-] (얼굴 따위를) 찡그리다, 비틀다.

විකෘතිය [위끄루띠여] 기형, 불구, 보기 흉함 අවයවවල විකලය.

විකේතුක [위께-뚜꺼] 거꾸로 된 원뿔꼴의.

විකේන්ද්‍රණය† [위껜-드*러*너여] 지방 분권, 분산, 집중 배제.

විකේන්ද්‍රික [위껜-드*리*꺼] 중심을 벗어난, 중심을 달리하는, 편심의.

වික්කලය [윅깔러여] 말더듬 ගොත ගැසීම.

වික්කල් [윅깔] වික්කලය 의 복수 또는 형용사: ①말을 더듬 ගොත ගැසීම ②말을 더듬는 ගොත ගසන. ¶ වික්කල් බිහිරා 말을 더듬는 귀머거리

වික්කා‡ [윅까-] විකුණනවා 의 과거: 팔았다, 매매했다.

වික්‍රමාන්විත [위끄*러*만위떠] ① 용감한, 용맹한, 씩씩한 වික්‍රම වීර ②강력한, 더 강한.

වික්‍රමය [위끄*러*머여] ①용기, 용맹, 용기있는 행동 වීර ක්‍රියාව ②강력한 힘, 강력한 능력 අධික බලය.

වික්‍රාන්ත [위끄*란*-떠] 강력한, 힘있는, 힘센 බලවත්.

වික්‍රියාව [위끄*리*야-워] 역작용 විකාරය.

වික්ෂිප්ත [윅쉽떠] 혼동된, 혼란한, 동요한, 어리둥절한 ව්‍යාකූල වූ.

වික්ෂේපය [윅쉐-뻐여] (마음의) 동요, 흥분 සිතේ කැළඹිල්ල.

වික්ෂෝභය [윅쇼-버여] ①동요, 흥분 චංචලය ②슬픔 දුක.

වික්ෂෝභනය [윅쇼-버너여] 혼란, 동요, 동요시킴 කැළඹීම ඇති කිරීම.

විඛණ්ඩනය [위깐*더*너여] 논박, 반박 විච්ඡේදනය.

විඛාදනය [위까-더너여] 부식 (작용) දිරා යාම.

විගණකාධිපති [위가너까-디뻐띠] 감사, (정부) 회계 감사관.

විගණනය† [위가너너여] 감사, 회계 감사 ගිණුම් පරීක්ෂා කිරීම.

විගත [위가떠] 사라진, 없어진 පහව ගිය.

විගතිය [위거띠여] ①(병으로부터) 면역, 면역성 ප්‍රතිශක්තිය ② 해방, 풀어짐 නිදහස්කම.

විගමනය† [위가머너여] 이민, 이주, 이민감 විදෙස් ගතවීම. ¶ආගමනය 이민 옴

විගලනය [위갈러너여] 삼출, 스며나옴 පිටතට ගලා යාම.

විගවිගහට [위거위거하터] 매우 빨리, 매우 신속하게 ඉතා ඉක්මනින්.

විගස [위거써] ①빠름, 신속 වේගය (구어) ඉක්මන ②빨리, 신속하게 විගසින් (구어) ඉක්මනින් ③~ 하자마자. ¶ දුටු විගස 보자 마자

විගසින්/විගහට† [위거씬/위거하터] 빨리, 빠르게, 신속하게, 곧장. (구어) ඉක්මනින්

විගහ [위거하] ①빠름, 신속 වේගය (문어) විගස ②빨리, 신속하게 ඉක්මනින් (문어) විගසින්.

විගහට [위거하터] 빨리, 빠르게, 신속하게, 곧장 ඉක්මනට. (문어) විගසින්

විගාමිකයා [위가-미꺼야-] 이주민, 이주자.

විග්‍රහ කරනවා† [위그*러*하 꺼*러*너와-] 분석하다, (문장을) 분석하다.

විග්‍රහය [위그*러*하여] ①전쟁 සටන ②분석 ③몸, 신체 ශරීරය ④연장, 확장.

විග්‍රහ වෙනවා [위그*러*하 웨너와-] 싸우다, 전쟁하다 සටන් කරනවා.

විඝටනය [위가터너여] 분리, 해제 එකිනෙකින් වෙන්වීම.

විඝ්න [위그너] ①위험 ②방해, 어려움.

විචක්ෂණ† [위착셔너] 아주 현명한, 박식한, 학식이 있는 තීක්ෂණ.

විචලනය† [위철러너여] 변화무쌍, 쉽게 변함 වෙනස්වීම.

විචල්‍ය [위철리여] 변하기 쉬운, 변화무쌍한, 일정하지 않은 වෙනස්වන සුලු.

විචාරකයා [위차-러꺼야-] 비판자, 비평가.

විචාරණය/විචාරය [위차-러너여/위차-러여] ①조사, 연구 ②비판, 비평 ③나감, 걸음 යාම.
¶ ජනමත විචාරණය 국민투표

විචාරණය කරනවා [위차-러너여 꺼러너와-] 조사하다, 연구하다.

විචාරනවා† [위차-러너와-] විචාළා/විචෑරුවා-විචාරා ①조사하다, 수사하다 පරීක්ෂා කරනවා ②묻다, 요구하다, 질문하다 විමසනවා (구어) අහනවා. විචාරීම/විචෑරීම

ව

විචාරය† [위차-러여] ①조사, 연구 විචාරණය ②비판, 비평.

විචාළ [위찰-러] විචාරනවා 의 형용사적 과거용법: 물은, 질문한 ඇසූ.

විචිකිච්ඡාව [위치낓차-워] 의심, 불신 සැකය.

විචිත්‍ර† [위치뜨러] ①알록달록한, 형용색색의 විසිතුරු ②아름다운 ලක්ෂණ ③놀라운, 기가막힌 අපූරු.

විචිත්‍රාංග [위치뜨랑-거] 유혹, 꼬심.

විචූර්ණ [윛추-르너] ①기형의, 변형된, 흉측한 බොරු සෝබන ②소용없는, 의미없는 කමකට නැති.

විච්ඡින්න [윛친너] 부서진, 깨진, 나뉘어진 බිඳුණු.

විච්ඡේදනය [윛체더너여] 절개, 해부, 해체 කපා ඉවත් කිරීම.

විච්ඡේදය [윛체-더여] 절제, 절단, 부숨, 깸 සිඳීම.

විජටනය [위저터너여] 풀림, 자유롭게 됨 විදහවීම.

විජන [위저너] 혼자의, 외로운, 고독한 ජන ශූන්‍ය.

විජනිය [위저니여] 부채, 선풍기 විජිනි පත.

විජම් [위잠] 아비달마 (부처님의 말씀의 핵심을 고른 것) අභිධර්මය.

විජය‡ [위자여] ①승리 ජය ②북인도에서 700명을 데리고 와 씽할러 왕국을 세운 왕자.

විජයග්‍රාහී‡ [위자여그라-히-] 승리의, 승리한 ජයගත්.

විජයශ්‍රීය [위자여쓰리-여] 승리와 행운.

විජලනය [위절러너여] 탈수, 탈수증.

විජ්ජවිජ්ජහට [위저위저하터] 아주 빨리, 아주 신속히.

විජාඩියට [위잔-디여터] 빨리, 신속히, 급하게 ඉක්මනින්.

විජාති [위자-띠] ①외국인, 이방인 අන්‍ය ජාතිය ②외국인(의), 이방인(의).

විජාතික [위자-띠꺼] 외국의, 이방의, 다른 나라의 විදේශික.

විජාතිකයා† [위자-띠꺼야-] 외국인, 이방인 අන්‍ය ජාතිකයා.

විජාතීහු [위자-띠-후] 외국인들, 이방인들 අන්‍ය ජාතිය.

විජාතිය [위자-띠-여] ①다른 종류, 다른 종족, 이방인 ②다른 종류의, 다른 වෙනස්.

විජානනය [위자-너너여] 완전한 지식 මනා දැනුම.

විජායනය [위자-여너여] 출산, 애를 낳음 බිහි කිරීම.

විජිත [위지떠] ①정복당한 ②승리의.

විජිතය‡ [위지떠여] ①나라 රාජ්‍යය ②식민지.

විජිනිය [위지니여] 부채 වටාපත.

විජිනිපත [위지니빠떠] 부채 වටාපත.

විජිනීය [위지니-여] 공모양의, 원의.

විජුලිය [위줄리여] ①전기 විදුලිය ②번개, 섬광.

විජෘම්භණය [위즈룸버너여] ①기지개 ඇඟ කිළිපෙළීම ②하품 ඈනුම ඇරීම ③개화, 꽃핌 පිපීම ④통치, 다스림 වැජඹීම.

විජෘම්භමාන [위즈룸버마-너] 다스리는, 통치하는 වැජඹෙන.

විජ්ජා [윚자-] 마법(의), 마술(의) ඉන්ද්‍රජාල.

විජ්ජා කරනවා† [윚자- 꺼러너와-] 저글링을 하다, (공, 접시 따위를) 절묘히 다루다.

විජ්ජාකාරයා† [윚자-까-러야-] 마법사, 마술사 ඉන්ද්‍රජාලිකයා.

විජ්ජාව† [윚자-워] 마법, 마술 ඉන්ද්‍රජාලය.

විජ්ජුම්බරය [윚줌버러여] 대황폐, 대폐허 විගඩම.

විජ්ජුලතා [윚줄러따-] 번개, 번개침 විදුලි කෙටීම.

විජ්ජෝත [윚조-떠] 빛나는, 반짝이는 දිලිසෙන.

විඥ [위끄녀] 전문의, 전문직의 විශේෂඥ.

විඥනය [위끄냐-너여] 인지, 인식, 자각, 깨달음.

විඥනවාදය [위끄냐-너와-더여] 관념론, 유심론.

විඥපනය [위끄냐-빠너여] (책의) 서문, (말의) 서두.

විඤ්චිය [윈치여] 윈치 තිරිංගලය.

විඤ්ඤණය [윈냐-너여] 인지, 인식, 자각, 깨달음 විඥාණය.

විට‡ [위터] ①때, 시간 මොහොත ②후치사: ~ 할 때 (구어) කොට ③불랏잎을 씹음 බුලත් වඩ. ¶ එක විටම 한번에, 단번에

විටපය [위터빠여] ①가지, 나뭇가지 අත්ත ②지점, 분점 ශාඛාව ③(몸의) 지체 අවයවය.

විටමින/විටමින් [위터미너/위터민] 비타민 පෝෂ්‍ය පදාර්ථ.

විටි [위티] ①비, 강우 වැස්ස ②경계, 끝, 가장자리 සීමාව ③봉급, 월급 වැටුප ④불랏 잎 බුලත්විට.

විටින් විට† [위틴 위터] 때때로, 간혹, 가끔씩 වරින් වර. ¶ සැරෙන් සැරේ

විටෙක [위테꺼] 때에, 시간에 මොහොතේදී

විට්ටම [윋터머] (의자, 침대) 틀, 뼈대 වියල.

විඩ [위더] ①때, 시간 මොහොත ②불랏잎을 씹음 බුලත් වඩ.

විඩම්බනය [위담버너여] ①농담 විහිළුව ②속임, 사기 රැවටීම.

විඩවු [위더우] විඩවුව 의 복수 또는 형용사: ①깨뜨림, 파괴 ②깨뜨린, 부순.

ව

විඩවු වෙනවා [위더우 웨너와-] 깨지다, 쪼개지다, 부서지다, 파괴되다 පැළෙනවා.

විඩවුව [위더우워] 깨뜨림, 파괴 පැළුම.

විඩාපත් [위다-빧] 지친, 피곤한 වෙහෙසුණු. (구어) මහන්සි

විඩාව† [위다-워] 피로, 피곤, 지침 වෙහෙස. (구어) මහන්සිය ¶ ගමන් විඩාව 여독(여행으로 인한 피곤함)

විඩා වෙනවා† [위다- 웨너와-] 지치다, 피곤해지다 වෙහෙසනවා.

විත [위떠] ①잔, 컵 කෝප්පය ②벌침 මීමැසි තුඩ. (복) *විත්*

විතණ්ඩවාදය [위딴더와-더여] 궤변, 옛 그리스의 궤변학파.

විතතිය [위떠띠여] (길이, 폭) 연장, 늘임.

විතනය [위떤니여] 퍼지는, 늘어나는, 연장되는 පැතිරෙන.

විතර‡ [위떠러] ①정도, 쯤, 대략 ②양, 수량 ප්‍රමාණය ③세부, 세부항목 විස්තරය ④넓이 පළල. ¶ උදේ 10ට විතර හමුවෙමු 아침 10쯤에 만나자

විතර [위떠러] 가능한, 할 수 있는, 역량있는 සමර්ථ.

විතරණය [위떠러너여] ①증여, 선물, 줌 දීම ②퍼짐, 널리 퍼짐 පැතිරීම ③(문법) 서술어.

විතර්කය [위따르꺼여] ①의심 සැකය ②논쟁, 논의.

විතානය [위따-너여] 닫집, 닫집 모양의 덮개 වියනය.

විතාරනවා [위따-러너와-] විතාළා-විතාරා 묻다, 질문하다 විචාරනවා. (구어) අහනවා

විතාළ [위딸-러] විතාරනවා 의 형용사적 과거용법: 물은, 질문한 විචාල.

විත් [윋] 와, 와서, 오고 ඇවිත්. (구어) ඇවිල්ලා

විත් [윋] විත 의 복수: ①잔들, 컵들 කෝප්ප ②벌침들 මීමැසි තුඩ.

විත්කන [윋까너] ①관통, 뚫음 විනිවිද යාම ②통찰, 깨달음 විනිවිද පෙනීම.

විත්කනවා [윋꺼너와-] 통찰하다, 깨닫다.

විත්ත [윋떠] 마법의, 마술의.

විත්ති [윋띠] විත්තිය 의 복수 또는 형용사: ①정보들, 뉴스 ②정보의, 뉴스의 තොරතුරු.

විත්තිකරු† [윋띠꺼루] (법) 피고, 피고인 නඩුවක චූදිතයා.

විත්තිකූඩුව† [윋띠꾸-두워] (선박의) 독, 선거(船渠).

විත්තිපොත [윋띠뽀떠] 이야기 책.

විත්තිය† [윋띠여] ①정보, 뉴스 තොරතුර ②변호측, 방어(수비)하는 쪽 චූදිත පක්ෂය.

විත්තිවාචකය [윋띠와-처꺼여] 방어, 수비.

විදග්ධ [위닥더] 현명한, 똑똑한, 학자의 පණ්ඩිත.

විදද [위더더] 학자 උගතා.

විදමන [위더머너] ①뚫음, 구멍을 냄 විදුම ②구멍, 동공 සිදුර.

විදරය [위더러여] 터진 금, 갈라진 틈 බෙත්ම.

විදර්ශනය [위다르셔너여] 분별, 통찰(력) විනිවිද දැකීම. ¶ විදර්ශන ශක්තිය 분별력

විදර්ශනාව [위다르셔나-워] 통찰, 통찰력 විනිවිද දැකීම.

විදල [위덜러] 찢음, 찢기 ඉරීම.

විදල් [위달] 잎이 없는 ඉදල්.

විදසුන් [위더쑨] 통찰, 통찰력 විදර්ශනය.

විදහනවා [위더하너와-] විදහුවා-විදහා 펼치다, 펴다, 열다 දිග හරිනවා. විදහීම

විදහාපෑම [위더하-빼-머] 펼침, 펴 보여줌.

විදා [위다-] 펼쳐져, 열려, 열리고 විහිදා.

විදානේ [위다-네-] 사무원 නිලධාරියා.

විදාරණය† [위다-러너여] 폭발, 분화, 분출 පුපුරා යාම.

විදාහ [위다-하] 열, 열병.

විදැහීම [위대히-머] 개봉, 열음, 펼침 විහිදුවීම.

විදි [위디] ①운명, 숙명 ඉරණම ②행운 ශුභසිද්ධිය ③විදිනවා 의 동사의 형용사적 과거용법: 뚫은.

විදින කටුව† [위디너 까투워] 송곳.

විදිනවා† [위디너와-] විද්දා-විද ①(벽, 구멍) 뚫다 ②화살을 쏘다 ③피를 흘리다 ලේ අරිනවා.

විදිලිය/විදිල්ල [위딜리여/위딜러] ①전기 විදුලිය ②번개.

විදිය‡ [위디여] 방법, 방식 විධිය.

විදිහ [위디하] 방법, 방식 විදිය.

විදිහට [위디하터] ~으로서, 방식으로 විදියට.

විදු [위두] ①전기(의) විදුලිය ②과학(의) විද්‍යාව ③지식(의) ④배운, 학식있는.

විදු දන [위두 다너] 학자, 학식있는 사람 පණ්ඩිත ජනයා.

විදුම [위두머] විදිනවා 의 동명사: 뚫음, 구멍 සිදුර.

විදුම්කටුව [위둠까투워] 드릴나사, 뚫는 송곳.

විදුර [위두러] ①유리 ②다이아몬드.

විදුරවි [위두러위] 인드라 신.

විදුරසුන [위두러쑤너] 부처님의 자리.

විදුරු [위두루] ①유리 වීදුරු ②석류나무 දෙළුම් ගස.

විදුරු මස† [위두루 마써] 잇몸. (구어) වැදුරු මහ

විදුරු මහ [위두루 마하] 잇몸. (문어) වැදුරු මස

විදුලි‡ [위둘리] විදුලිය 의 복수 또는 형용사: ①전기 ②전기의. ¶ විදුලි සෝපානය 승강기, 엘리베이터

විදුලි එළිය† [위둘리 엘리여] 전기 빛.

විදුලි කම්බිය† [위둘리 깜비여] 전선.

විදුලි කෙටීම† [위둘리 께티-머] 번개침 අකුණ.

විදුලි පණිවුඩය‡ [위둘리 빠니우더여] 전보, 전신 විදුලි ප්‍රවෘත්තිය.

විදුලි පන්දම† [위둘리 빤더머] 손전등 ටෝච්ය.

විදුලි පුවත [위둘리 뿌워떠] 전보, 전신 විදුලි පණිවුඩය.

විදුලි පොළ [위둘리 뽈러] 발전소 විදුලි බලාගාරය.

විදුලි ප්‍රවෘත්තිය [위둘리 쁘러우룯띠여] 전보 විදුලි පණිවුඩය.

විදුලි බලය‡ [위둘리 발러여] 전기.

විදුලිබල මන්ඩලය† [위둘리발러 만덜러여] 전기국, 전력공사.

විදුලි බලාගාරය† [위둘리 발라-가-러여] 발전소 විදුලි පොළ.

වි

විදුලි මොළය [위둘리 몰러여] 컴퓨터 පරිගණකය.

විදුලිය‡ [위둘리여] ①전기 විදුලිය ②번개.

විදුලි සන්දේශ [위둘리 싼데-셔] (전기) 통신, 텔레커뮤니케이션.

විදුලි සැර [위둘리 쌔러] 전기 충격.

විදුලි ශාස්ත්‍රඥයා [위둘리 샤-쓰뜨랴끄녀야-] 전기 기술자.

විදුහල‡ [위두할러] 학교, 칼리지 කොලිජය.

විදුහල්පති‡ [위두할빠띠] 교장 විදුහල්පතිවරයා.

විදූෂක [위두-셔꺼] ①농담하는, 익살의 විහිළු කරන ②어릿광대 විහිළු කරන්නා.

විදූෂකයා [위두-셔꺼야-] 어릿광대 විහිලු කරන්නා.

විදෙනවා [위데너와-] විදිනවා 의 피동사: 뚫리다, 뚫어지다. විදීම/විදුම

විදෙස් [위데쓰] 외국(인)의 විදේශ. ¶ විදෙස්සා 외국인

විදෙස්සා [위뎄싸-] 외국인 විදේශිකයා.

ව

විදේශ [위데-셔] විදේශය 의 복수 또는 형용사: ①외국들 පිටරටවල් ②외국의 විදෙස්.

විදේශය‡ [위데-셔여] 외국 පිටරට.

විදේශ විනිමය [위데-셔 위니머여] 환전.

විදේශික [위데-쉬꺼] 외국(인)의 විදේශ.

විදේශිකයා‡ [위데-쉬꺼야-] 외국인 විදේශියා.

විදේශියා [위데-쉬야-] 외국인 විදේශිකයා.

විද්ද [윋더] විදිනවා 의 형용사적 과거용법: 뚫은 විදින ලද.

විද්දත් [윋닫] ①음악가(의) ②배우(의).

විද්‍යමාන [윋디여마-너] 보이는, 보여지는 පෙනෙන.

විද්‍යාගාරය† [윋디야-가-러여] 실험실, 연습실 පරීක්ෂණාගාරය.

විද්‍යාඥයා† [윋디야-끄녀야-] 과학자 විද්‍යාධරයා.

විද්‍යාත්මක† [윋디얃-머꺼] 과학적인, 과학의 විද්‍යා පිළිබඳ.

විද්‍යාධරයා [윋디야-다러야-] 과학자 විද්‍යාඥයා.

විද්‍යාපීඨය [윋디야-삐-터여] 단과 대학.

විද්‍යායතනය [윋디야-여떠너여] 과학을 가르치는 기관, 아카데미.

විද්‍යාර්ථියා [윋디야-르띠야-] 과학 생도 විද්‍යාව හදාරන්නා.

විද්‍යාලය‡ [윋디얄-러여] (1학년~13학년까지 있는) 학교 විදුහල.

විද්‍යාලයාධිපති [윋디얄-러야-디빠띠] 교장, 학교장 විදුහල්පති.

විද්‍යාව‡ [윋디야-워] ①과학 ශාස්ත්‍රය ②지식, 학문 දැනගැන්ම.

විද්‍යාවේදී [윋디야-웨-디-] 이학사, 자연과학 계열 학사.

විද්‍යා සමීක්ෂාව [윋디야- 싸믺-샤-워] 과학 실험.

විද්‍යාස්ථානය† [윋디야-쓰따-너여] 과학과 지식의 전당, 학교 විද්‍යාලය.

විද්‍යුතය [윋디유떠여] 전기 විදුලිය.

විද්‍යුත්‡ [윋디윧] 전기의, 전기와 관련된 විදුලි. ¶ විද්‍යුත් තැපෑල 이메일, 전자우편

විද්‍යුත් සෘණ [윋디윤 *리*너] 음극, 전기 -.

විද්‍යුත් ක්ෂේත්‍රය [윋디윤 끄쉐-뜨*러*여] 전기장, 전계(電界).

විද්‍යුත් ගාමක බලය [윋디윤 가-머꺼 발러여] 전기력.

විද්‍යුත් චුම්බක ඒකකය [윋디윤 춤버꺼 에-꺼꺼여] (물리학) 전자기 단위.

විද්‍යුත් චුම්බකත්වය [윋디윤 춤버깥워여] 전자기성, 전자기학.

විද්‍යුත් චුම්බකය [윋디윤 춤버꺼여] 전자석(電磁石). ¶ විද්‍යුත් චුම්බක තරංග (물리) 전자파

විද්‍යුත් ජනකය [윋디윤 자너꺼여] 전기 발전기.

විද්‍යුත් තැපෑල‡ [윋디윤 때빨-러] 전자 우편, 이메일 ඊමේල.

විද්‍යුත් ධන [윋디윤 다너] ①양전기, 양극 (+) ②양전기의, 양전기를 띤.

විද්‍යුත් ධාරාව [윋디윤 다-*라*-워] 전류.

විද්‍යුත් මානය [윋디윤 마-너여] 전기계, 전위계(電位計).

විද්‍යුත් රසායනය [윋디윤 *라*싸-여너여] 전기 화학.

විද්‍යුත්ලෝහාලේපනය [윋디유뜰로-할-레-뻐너여] 전기 도금.

විද්‍යුත් විච්ඡේදනය [윋디윤 윛체-더너여] 전기분해, 전해.

විද්‍යුත් විභවය [윋디윤 위바워여] 전위(電位).

විද්‍යුත් හනනය [윋디윤 하너너여] 전기로 집행하는 사형.

විද්‍රධි [위드*러*디] (의학) 궤양, 종기, 뾰루지.

විද්වත් [윋왇] 박학한, 학식이 있는 පණ්ඩිත.

විධ [위더] 다양한, 각양 각색의 විවිධ.

විධවාව [위더와-워] 과부, 홀어비 වැන්දඹුව.

විධාන කරනවා† [위다-너 꺼*러*너와-] ①명령하다, 지시하다 අණ කරනවා ②감독하다, 관리하다 හසුරුවනවා.

විධානය† [위다-너여] ①명령, 지시 අණ ②정리, 정리정돈 ③관리, 감독 හැසිරවීම ④절차, 단계 පිළිවෙළ.

විධායක† [위다-여꺼] 집행하는, 실행하는 විධාන කරන.

විධායක නිලධාරියා‡ [위다-여꺼 닐러다-*리*야-] 행정관, (중대 등의) 선임 참모.

විධායකය [위다-여꺼여] 실행, 집행.

විධායකයා‡ [위다-여꺼야-] 집행인, 감독관.

විධි [위디] ①방법의, 형태의, 수단의 ②명령하는 අණ කරන ③(문법) 명령형.

විධික්‍රියාව [위디끄*리*야-워] (문법) 명령법.

විධිමත්† [위디맡] ①질서있는, 순차적인 ක්‍රමවත් ②제도적인, 조직적인 ක්‍රමික ③정기적인.

විධිමාත්‍ර [위디마-뜨*러*] 기술적인, 테크닉의 තාක්ෂණික.

විධිය‡ [위디여] ①수단, 방법 ක්‍රමය ②운명 ඉරණම.

විධි ලේඛය [위딜 레-꺼여] 모노그램.

විධිවිධාන [위디위다-너] ①규정, 규례, 조항 ②정리, 정돈 ③정식 절차, 예식 නීත්‍යානුකූල පිළිවෙළ.

විධිහීන [위디히-너] 불규칙한, 불규칙적인 අවිධි.

ව

විධුර [위두러] ①현명한, 똑똑한 ප්‍රඥාවන්ත ②비슷하지 않은, 다른 අසම සම ③반대의 විකල ④없어진 ⑤떨어진, 멀어진 වෙන් වූ ⑥흔들리는, 요동하는.

විධ්වංසනය [윋왕써너여] 파괴, 파멸, 멸망 වැනසීම.

වින [위너] ①피해, 해 හානි ②훈련, 훈육, 단련 සංවරකම.

විනය‡ [위너여] ①예의, 예절 ②훈련 හික්මීම ③마법, 마술.

විනයගරුක [위너여가루꺼] ①예의 바른, 공손한 නීතිගරුක ②훈련이 잘된.

විනයධර [위너여다러] ①예의 바른, 공손한 නීතිගරුක ②훈련이 잘된. ¶ විනයධරයා 훈련이 잘된 사람

විනයධරයා [위너여다러야-] 훈련이 잘된 사람, (기독교) 율법학자.

විනය පිටකය [위너여 삐터꺼여] 불교 교단의 규율을 정한 서적. ¶ ත්‍රිපිටකය 불경: 불교의 경, 율, 논 삼장.

විනෂ්ට [위나쉬터] 파괴된, 멸망된 නැසුණු.

විනා [위나-] ~ 없이, ~ 제외하고 මිස. (구어) නැතුව

විනාකිරි‡ [위나-끼리] 식초.

විනාඩිය‡ [위나-디여] (시간) 분 මනිත්තුව. ¶ විනාඩියක් ඉන්න 잠깐만 기다리세요. විනාඩි දෙකක් ඉන්න 잠깐만 기다리세요

විනාශ කරනවා‡ [위나-셔 꺼러너와-] ①파괴하다, 부수다, 멸망시키다 නසනවා ②죽이다, 살인하다 මරනවා.

විනාශකාරී [위나-셔까-리-] 파괴적인, 위험한 විනාශදායක.

විනාශදායක/විනාශදායී [위나-셔다-여꺼/위나-셔다-이-] 파괴적인, 위험한 විනාශකාරී.

විනාශය‡ [위나-셔여] ①멸망, 파괴, 파멸 නැසීම ②죽음, 사망 මරණය.

විනාශ වෙනවා‡ [위나-셔 웨너와-] ①파괴되다, 부서지다, 멸망하다 නැසෙනවා ②죽다, 사망하다 මැරෙනවා.

විනිග්‍රහණය [위니그러하너여] 심통, 비탄, 고통.

විනිපාත [위니빠-떠] 고통, 슬픔, 심통 පහත වැටීම.

විනිමය‡ [위니머여] 교환, 환전 හුවමාරුව.

විනිර්මුක්ත [위니르묶떠] 완전히 자유로운, 완전히 해방된.

විනිවිද† [위니위더] ①투명한, 보이는 පාරදෘශ්‍ය ②찌름, 뚫음, 관통 විදීම.

විනිවිද පෙනෙනවා† [위니위더 뻬네너와-] 투명하게 보이다, 잘 보이다.

විනිවිද යනවා† [위니위더 야너와-] 뚫고 가다, 관통하다 හරහා යනවා.

විනිවිදයෑම/විනිවිදීම [위니위더얘-머/위니위디-머] 관통, 뚫음 පසා කරගෙන යාම.

විනිශ්චය‡ [위니쉬처여] 재판, 판정, 판결 විනිසය.

විනිශ්චය කරනවා‡ [위니쉬처여 꺼러너와-] ①재판하다, 판결하다 නඩු අසනවා ②정죄하다, 판단하다.

විනිශ්චයකරු/විනිශ්චයකාරයා † [위니쉬처여꺼루/위니쉬처여까-러야-] 판사, 재판관 විනිසකරු.

විනිශ්චයකාර [위니쉬처여까-러] ①재판의 ②판사의.

විනිශ්චයකාරයන්ගේ පොත [위니쉬처여까-러얀게- 뽀떠] (성경) 사사기, 판관기.

විනිශ්චය පීඨය [위니쉬처여 삐-터여] 재판정, 재판이 이루어지는 곳.

විනිශ්චය මණ්ඩලය [위니쉬처여 만덜러여] 사법부.

විනිශ්චයය† [위니쉬처여여] 재판, 판정, 판결 තීන්දුව.

විනිශ්චය ශාලාව† [위니쉬처여 샬-라-워] 법원, 재판정 නඩු ශාලාව.

විනිශ්චය සභිකයා [위니쉬처여 싸히꺼야-] 배심원.

විනිශ්චයාසනය† [위니쉬처야-써너여] 재판석.

විනිසය† [위니써여] 재판, 판정, 판결 විනිශ්චය. ¶ විනිසකරු 판사

විනිසකරු‡ [위니써꺼루] 판사, 재판관 විනිශ්චයකරු.

විනිසනවා [위니써너와-] විනිසුවා-විනිසා 재판하다, 판결하다 විනිශ්චය කරනවා. විනිසීම/විනිසුම

විනිසීම/විනිසුම [위니씨-머/위니쑤머] විනිසනවා 의 동명사: 판정, 판결, 재판 තීන්දුව.

විනිසුනු [위니쑤누] 판정, 판결, 판단 තීන්දුව.

විනිසුම/විනිසීම [위니쑤머/위니씨-머] විනිසනවා 의 동명사: 판정, 판결, 재판 තීන්දුව.

විනිසුව [위니쑤워] 판정, 판결, 재판 තීන්දුව.

විනිසුවා† [위니쑤와-] 판사, 재판관 විනිශ්චයකරුවා.

විනිසුරු [위니쑤루] 판사, 재판관 විනිශ්චයකරු.

විනීත‡ [위니-떠] ①훈련된, 복종된, 예의 바른 හික්මවනලද ②겸손한 මෘදු.

විනෙය [위네여] 다루기 쉬운, 유순한 හික්මවිය හැකි.

විනේ [위네-] 파멸, 파괴, 멸망, 황폐 විනාශය.

විනේතෘ [위네-끄루] (대학교) 학장 පීඨාධිපති.

විනෝද බද්ද [위노-더 받더] 흥행세.

විනෝදය‡ [위노-더여] 기쁨, 오락, 즐거움 සතුට.

විනෝදාංශය‡ [위노-당셔여] 취미.

වින්කලය [윈껄러여] 자전거 수리소 බයිසිකල් වැඩපොළ.

වින්ද [윈더] විඳිනවා 의 형용사적 과거용법: 경험한, 누린 අත්දැකපු.

වින්දනය [윈더너여] 누림, 즐김, 기쁨, 느낌 විඳීම.

වින්දනීය [윈더니-여] 누리는, 즐기는, 기쁜 සතුටු.

වින්නඹුව† [윈남부워] 산파, 조산사 වින්නඹු ස්ත්‍රී.

වින්නැහිය [윈내히여] 파멸, 파괴, 멸망 විනාශය.

වින්‍යාසය [위니야-써여] 정렬, 배치, 구성 යෙදෙන පිළිවෙළ.

විඳි [윈디] විඳිනවා 의 형용사적 과거용법: 누린, 경험한 වින්දනය කළ.

විඳිනවා† [윈디너와-] වින්දා-විඳ ①경험하다 ②(기쁨, 슬픔) 누리다. විඳීම/විඳුම ¶ දුක් විඳිනවා 고통을 당하다

විඳිය [윈디여] විඳිනවා 가 හැකි, යුතු 앞에서 변하는 형태.

ව

¶ ක්‍රිස්තුන් වහන්සේ දුක් විඳිය යුතුය 그리스도께서 고통을 당하셔야 한다

විපක්ෂ [위빡셔] 반대의, 적의 විරුද්ධ. ¶ විපක්ෂ නායකයා 야당 지도자

විපක්ෂය‡ [위빡셔여] 야당, 반대쪽.

විපත‡ [위빠떠] 재앙, 재난, 불행 විපත්තිය.

විපත්තිකර [위빧띠꺼러] 재앙의, 재난의, 큰 파멸의 විපත්.

විපත්තිය‡ [위빧띠여] 재앙, 재난, 불행 විපත.

විපරම† [위빠러머] 조사, 심리, 문의, 조회 පිරික්සුම.

විපරම් කරනවා [위빠람 꺼러너와-] 조사하다, 심리하다, 문의하다, 조회하다 පිරික්සනවා. (구어) පරීක්ෂා කරනවා

විපරිණාමය [위빠리나-머여] 진화, 개량, 발달, 개량 ක්‍රමවත් වෙනස්වීම.

විපරීත [위빠리-떠] 변형된, 일그러진 විකෘති වූ.

විපරීතතාව [위빠리-떠따-워] 변형, 일그러짐 විකෘති වීම.

ව

විපරීත දෘෂ්ටිය [위빠리-떠 드루쉬티여] 이단, 이교 මිථ්‍යා දෘෂ්ටිය.

විපර්යාසය† [위뻐르야-써여] ①변형, 변신 විපරීත භාවය ②뒤집힘, 뒤집어짐, 위아래 바꿈 පෙරළීම.

විපාකය‡ [위빠-꺼여] ①결과, 열매 ප්‍රතිඵලය ②상, 보상, 포상 පාරිතෝෂිකය ③나쁜 결과, 안좋은 결과 නරක ප්‍රතිඵලය.
¶ දුර්විපාකය 나쁜 결과, 벌

විපිළිසර [위삘리싸러] 우유부단한, 결단성이 없는 අදිමදි.

විපුල [위뿔러] 거대한, 매우 큰, 광대한, 많은, 다량의 පුළුල්.

විපූති [위뿌-띠] 소똥을 태워 만든 재 විභූති.

විපෙළඹුම [위뻴럼부머] 낙심시킴, 의욕을 꺾음 පසුබට කිරීම.

විප්‍රකාරය [위쁘러까-러여] 변화, 변천, 다름 විකාරය.

විප්‍රතිපත්තිය [위쁘러띠빧띠여] 위법행위 නරක පිළිවෙත.

විප්‍රතිසාරය [위쁘러띠싸-러여] 회개, 참회 පසුතැවිල්ල.

විප්‍රයුක්ත [위쁘러육떠] 결여된, 전혀 없는 වෙන්වූ.

විප්‍රයෝගය [위쁘러요-거여] 분리, 이탈 වෙන්වීම.

විප්‍රලබ්ධ [위쁘럴랍더] 속은, 사기당한 රැවටූ.

විප්‍රලම්භය [위쁘럴람버여] 속임, 사기 රැවටීම.

විප්‍රලාපය [위쁘럴라-빠여] 잡담, 수다, 허튼 말, 무의미한 말, 넌센스 අනන් මනන් දෙඩීම.

විප්‍රවාසනය/විප්‍රවාසය [위쁘러와-써너여/위쁘러와-써여] ①(외국으로) 추방, 망명, 국외 유랑 ②포로.

විප්‍රවාසී† [위쁘러와-씨] 흩어진, 추방된, 유랑하는.

විප්ලවකාර [윕뿔러워까-러] ①반역하는, 반대하는, 싸우는 විරුද්ධ ②혁명의, 변혁하는.

විප්ලවකාරී [위쁠러워까-리-] ①혁명가, 변혁가 ②혁명의, 변혁하는 විප්ලවකාර.

විප්ලවය† [위쁠러워여] ①(정치적) 혁명, 변혁 ②반대, 대적 විරෝධය ③소동, 소요, 폭동 කෝලාහලය ④대변신, 대변화 බරපතළ විපර්යාසය.

විබත/විබත් [위버떠/위받] (문법) 명사의 격, 격변화 විභක්තිය.

විබල [위발러] 힘없는, 약한 දුර්වල.

විභක්ති [위밖띠] ①(문법) 격의, 격변화의 ②(문법) 격, 격변화.

විභක්ති ප්‍රත්‍යය [위밖띠 쁘*랕*띠여] 격변화 어미 (격이 변하는데 사용되는 어미).

විභක්තිය [위밖띠여] ①(문법) 명사의 격, 격변화 ②부서, 부, 부분 කොට්ඨාසය.

විභජනය [위바저너여] ①분석, 분해 විග්‍රහය ②나눔, 분할.

විභජ්ජවාදය [위밪저와-더여] 불교 බුද්ධ ධර්මය.

විභව අන්තරය [위바워 안떠*러*여] (농공학) 전위차.

විභවය [위바워여] ①큰 힘 මහා බලය ②잠재, 잠재력, 가능성 ගුප්ත ශක්තිය ③재산, 재물, 부, 부요 ධනය ④(불교) 열반, 극락 මෝක්ෂය ⑤마음의 높음, 교만 සිතේ උසස්කම ⑥(불교) 태어남이 없음, 사멸.

විභව ශක්තිය [위바워 샦띠여] 잠재적 능력 ගුප්ත හැකියාව.

විභාග කරනවා‡ [위바-거 꺼*러*너와-] 조사하다, 탐구하다 පරීක්ෂණ කරනවා.

විභාගය‡ [위바-거여] ①시험, (시험) 고사 පරීක්ෂණය ②조사, 검사, 조회 සෝදිසි කිරීම ③칸막이, 구획, 분할 බෙදීම.

විභාග සංගුණකය [위바-거 쌍구너꺼여] (물리, 화학) 계수(係數), 율(率) ව්‍යාප්ති සංගුණකය.

විභාගේ ලියනවා‡ [위바-겔- 리여너와-] 시험을 보다, 답을 적다, 답안을 작성하다.

විභාජනය [위바-저너여] 나눔, 분할 බෙදීම.

විභාතය [위바-떠여] 새벽, 미명 අලුයම. (구어) පාන්දර

විභාව [위바-워] ①빛남, 광채 දිලිහීම ②햇빛 රශ්මිය.

විභාවනය [위바-워너여] ①지각, 인식, 지각력 ②설명, 해설 පැහැදිලි කිරීම.

විභාවනාව [위바-워나-워] 설명, 해설 පැහැදිලි කිරීම.

විභීෂණ [위비-셔너] 무서운, 두려운 භයානක.

විභූති [위부-띠] 소똥을 태워 만든 재 විපූති.

විභූතිය [위부-띠여] ①번영, 번창, 융성, 성공, 행운, 부유 සෞභාග්‍යය ②높음, 귀함 උසස් බව ③소똥 태운 재 විපූති.

විභූෂණ [위부-셔너] 꾸미는, 장식하는, 치장하는 සරසන. (구어) ලස්සන කරන

විභූෂණය [위부-셔너여] 꾸밈, 장식, 치장 සැරසීම.

විභූෂිත [위부-쉬떠] 꾸며진, 장식된, 치장된 සැරසූ.

විභේද තලය [위베-더 딸러여] (지질) 단층면.

විභේදනය [위베-더너여] 깨짐, 갈라짐, 균열 බිඳීම.

විභේදය [위베-더여] 균열, 금, 갈라진 금 පිපිරුම.

විභ්‍රංශනය [위브*랑*셔너여] 떨림, 진동, 흔들림 කම්පනය.

විභ්‍රමය [위브*러*머여] ①모습, 모양 ලීලාව ②실수 වැරැද්ද ③의심 සැකය ④급함, 서두름, 성급 ඉක්මන්කම.

විභ්‍රමණනය [위브*러*머너여] 선회, 회전, 돎.

ව

විභ්‍රාන්තිය [위브란-띠여] 동요, 흔들림 චංචලවීම.
විමංසනය [위망써너여] 질의, 문의, 질문 විමසීම. ¶ විමංසන බුද්ධිය 분별력
විමතිය† [위머띠여] 불가사의, 경이, 놀라움, 경탄 පුදුමය.
විමතියට පත්වෙනවා† [위머띠여터 빧웨너와-] 놀라다, 깜짝 놀라다 විස්මයට පත් වෙනවා.
විමධ්‍යගත [위마디여가떠] 흩어진, 해산된, 분산된 විසිරුණු.
විමන [위머너] 집, 주택 නිවස. (구어) ගෙදර
විමර්ශනය‡ [위마르셔너여] ①재고, 재검토 ②검사, 조사 විභාගය.
විමල [위말러] 깨끗한, 정결한, 순수한 නිර්මල.
විමසනවා‡ [위머써너와-] විමසුවා-විමසා ①묻다, 질문하다 සොයනවා ②찾다, 조사하다. විමසීම/විමසුම
විමසිලිමත් [위머씰리맏] 주의 깊은, 관심을 가지는, 관심있는, 돌보는 සැලකිලිමත්.
විමසිල්ල [위머씰러] 관심, 돌봄, 주의 සැලකිල්ල.
විමසීම/විමසුම† [위머씨-머/위머쑤머] විමසනවා 의 동명사: ①질문, 물음 ②찾음, 조사. විමසීම්/විමසුම්
විමානය [위마-너여] ①집, 저택 නිවාසය, මාලිගාව ②거주, 주거 ③전차, 수레 රථය.
විමුක්ත [위묵떠] 자유롭게 된, 해방된, 나오게 된 නිදහස්වුණු.
විමුක්තිදායක [위묵띠다-여꺼] 자유로운, 해방된 ගැළවුණු. ¶ විමුක්තිදායකයා 해방자
විමුක්තිය‡ [위묵띠여] 해방, 자유 නිදහස්වීම.
විමුත් [위묻] ①해방, 자유 විමුක්තිය ②해방된, 자유의 විමුක්ත.
විමෝචනය [위모-처너여] 배출, 분출, 배기, 내보냄 පිටකිරීම.
විය‡ [위여] ①나이 වයස ②지출 වියදම ③질병, 아픔 ලෙඩ ④멍에 වියගහ ⑤벼 වී ⑥하늘 අහස.
විය† [위여] හැකි, යුතු 의 단어 앞에서 변형되는 වෙනවා 의 형태: විය යුතුයි 있어야 한다 විය හැකියි 있을 수 있다.
විය [위여] වෙනවා 의 과거 3인칭 단수: 되었다, 있었다 වීය. ¶ විවාහ මංගල්‍යයක් විය 결혼식이 있었다
වියකනය [위여꺼너여] 논평, 비평 අරුත් කීම, ව්‍යාඛ්‍යානය.
වියකෙනවා [위여께너와-] වියකුණා-වියකී 고갈되다, 소모되다, 줄어들다 වියැකෙනවා. වියකීම/වියකුම
වියගහ† [위여가하] 멍에 වියදණ්ඩ.
වියට [위여터] 볍씨 වී ඇට.
වියට ගෙඩිය [위여터 게디여] 볍씨 වී ඇටය.
වියත [위여떠] ①한뼘 අඟල් දොළහක දිග ②하늘 අහස ③병, 질환 ව්‍යාධිය.
වියතා [위여따-] 배운 사람, 지식인 උගතා, දැනමිත්තා.
වියත්† [위얃] 배운, 학식있는, 지식있는 උගත්.
වියත්කම [위얃꺼머] 학식, 지식 දක්ෂකම.
වියදණ්ඩ [위여단더] 멍에 වියගහ.

වියදම‡ [위여더머] 지출, 비용 වැය. (복) *වියදම්*

වියදම් වෙනවා‡ [위여담 웨너와-] 지출하다, 돈을 쓰다 වැය වෙනවා.

වියන† [위여너] ①단집, 덮개 උඩු ආවරණය ②වියනවා 의 형용사적 현재용법: (직물, 바구니) 짜는, 엮는 වියන්නාවූ.

වියනවා† [위여너와-] වියුවා(වියුවා)-වියා (직물, 바구니) 짜다, 엮다, 뜨다. විවීම

වියන් [위얀] වියන 의 복수: 차양들, (비나 해를 가리기 위한) 차일들, 덮개들 උඩු ආවරණ.

වියපත් [위여빧] 오래된, 나이 먹은 වයස්ගත.

වියපැහැදම [위여빼해더머] 소비, 지출 වියදම.

විය බාන් [위여 반-] (멍에를 묶을 때 사용하는) 멍에 줄.

වියමන [위여머너] 뜨개질, 짜는 일 විවීම.

වියරණය† [위여러너여] 문법 ව්‍යාකර.

වියරු† [위여루] 미친, 정신나간 පිස්සු.

වියරුව [위여루워] 미침, 정신나감 පිස්සුව.

වියරු වැටෙනවා† [위여루 왜테너와-] 미치다, 정신이 나가다.

වියල [위열러] 침대 머리맡 틀 (장식).

වියවුල [위여울러] ①혼동, 혼잡, 복잡 අවුල ②어려움, 힘듦, 문제 අමාරුව. (복) *වියවුල්*

වියවුල් වෙනවා [위여울 웨너와-] ①혼동되다, 혼잡하다, 복잡하다 අවුල් වෙනවා ②힘들다, 어렵다, 문제에 봉착하다 අමාරු වෙනවා.

වියස [위여써] (원통꼴 물건의) 직경, (총포의) 구경.

වියසනය [위여써너여] 재앙, 재난, 재해 විපත.

වියහියදම [위여히여더머] 소비, 지출 වියදම. (복) *වියහියදම්*

වියළනය [위열러너여] 드라이기, 건조기 වියළිකාරකය.

වියළනවා [위열러너와-] වියළුවා-වියළා 말리다, 건조시키다 වේළනවා. වියළීම/වියළුම

¶ වියළනය 드라이기, 건조기

වියළි‡ [위열리] 마른, 건조한 වේළිච්ච.

වියළි කලාපය† [위열리 깔라-뻐여] 건조 지대, 가문 지역.

වියළිකාරකය [위열리까-러꺼여] 드라이기, 건조기 වියළනය.

වියළි කෝෂය [위열리 꼬-셔여] 건전지, 밧데리.

වියළි මිදි† [위열리 미디] 건포도.

වියළීම/වියළුම [위열리-머/위열루머] වියළනවා, වියළෙනවා 의 동명사: 마름, 건조 වේළීම.

වියළෙනවා‡ [위열레너와-] වියළුණා-වියළී 마르다, 건조되다 වේළෙනවා. වියළීම/වියළුම

විය හැකි [위여 해끼] 될 수 있는, 가능한. (구어) වෙන්න පුලුවන්

වියැකෙනවා [위얘께너와-] වියැකුණා-වියැකී 고갈되다, 소모되다, 줄어들다 වියකෙනවා. වියැකීම/වියැකුම

වියුක්ත [위육떠] ①분리된, 격리된, 이탈된 වෙන්වුණු ②마음을 빼앗긴, 추출된 භාව සූචක.

වියොව [위요워] ①떨어짐, 분리, 격리 වෙන් වීම ②죽음, 사망. (복) *වියොවි*

වියෝ/වියෝග [위요-/위요-거] ①분리, 격리, 떨어짐 වෙන් වීම ②떨어진, 분리된 වෙන් වූ.
වියෝග කරනවා [위요-거 꺼러너와-] ①떼다, 분리시키다 ②분해하다, 분해시키다 වෙන් කරනවා.
වියෝගය† [위요-거여] 떨어짐, 분리 වියොව.
වියෝගින්න [위요-긴너] 이별의 아픔.
වියෝගිනිය [위요-기니여] 사별한 여인.
වියෝජක [위요-저꺼] 떨어진, 분리된 වෙන්වූ, වියෝජිත.
වියෝජනය [위요-저너여] 분해(작용), 용해 දිරාපත්වීම.
වියෝජය [위요-저여] 떨어짐, 분리 වියෝව.
වියෝජිත [위요-지떠] 떨어진, 분리된 වෙන්වූ.
වියෝලය [위욜-러여] (악기) 바이올린 රවිකිඤ්ඤදය.
විරංජකය [위랑저꺼여] 표백제 විරංජන කුඩු.
විරංජන කුඩු [위랑저너 꾸두] 표백제 විරංජකය.
විරංජනය [위랑저너여] 표백.
විරක්ෂාව [위띾샤-워] 실업, 실직 විරැකියාව.
විරචිත [위라치떠] 쓰여진, 기록된, 적힌 ලියන ලද.
විරජ [위라저] 더럽지 않은.
විරත [위라떠] 욕정없는, 색욕없는 විරාගි.
විරතිය [위라띠여] 욕정없음, 무색욕, 도덕, 바름 විරාගය.
විරමණය [위라머너여] 절제, 금욕 වැළකීම.
විරල† [위럴러] 부족한, 모자란, 보기드문 හිඟ. (반댓말) බහුල 많은, 풍성한
විරවනවා [위러워너와-] විරෙවුවා-විරවා ①얼굴을 찌뿌리다 ②(남을 웃기려고) 얼굴을 일그러뜨리다. <u>විරවීම</u>
විරසක [위러써꺼] 화난, 분노하는, 열받은. (구어) තරහ
විරසක වෙනවා [위러써꺼 웨너와-] 화나다, 분노하다, 열받다 කෝප වෙනවා. (구어) තරහ වෙනවා
විරහය [위러하여] 분리, 격리, 떨어짐 වියෝගය.
විරහිත [위러히떠] 없는, 빈, 공허한 නොමැති.
විරහිත කරනවා [위러히떠 꺼러너와-] 끄다, 작동하지 않게 하다 විසන්ධි කරනවා.
විරාගය [위라-거여] 욕정없음, 무색욕, 도덕, 바름 විරතිය.
විරාගි [위라-기] 욕정없는, 색욕없는 විරත.
විරාජමාන [위라-저마-너] 영광스러운, 찬란한, 빛나는 බබළන.
විරාජිත [위라-지떠] 빛난, 찬란한, 아름다운 බැබළුණු.
විරාම ඔරලෝසුව [위라-머 오럴로-쑤워] 스탑 워치.
විරාමකය [위라-머꺼여] (전기) 단속기.
විරාම කරාමය [위라-머 까라-머여] (액체의) 스톱 밸브, 조절판.
විරාමය† [위라-머여] 틈, 막간, 잠시 쉬는 시간 මඳකට නැවැතීම.
විරාම ලකුණ† [위라-멀 라꾸너] 구두점.
විරැකියාව† [위래끼야-워] 실업, 실직 විරක්ෂාව.

විරිත [위리/떠] 가락, 운율, 리듬 තාලය.

විරිත්තනවා [위릳/떠너와-] විරිත්තුවා-විරිත්තා 씩 웃다, 싱글 거리다. විරිත්තීම

විරිදු [위리/두] ①반대하는, 대적하는 විරුද්ධ ②විරිදුව 의 복수 또는 형용사: 반대들, 찬양들, 반대의.

විරිදුව [위리/두워] ①반대, 적의, 적개심 වෛරය ②찬양, 감사.

විරිය [위리/여] 용기, 용감, 수고, 노력 වීර්යය.

විරිස්සනවා [위릿/써너와-] විරිස්සුවා-විරිස්සා 씩 웃다, 싱글 거리다 විලිස්සනවා. විරිස්සීම

විරු [위루] 영웅의, 영웅적인 වීර.

විරුද [위루더] 찬사, 칭송, 찬미 ස්තුති වාක්‍යය.

විරුද නාමය [위루더 나-머여] 찬사 타이틀, 칭송 표제.

විරුදවලිය [위루다-윌리여] 찬사 시, 찬미 시리즈.

විරුද්ධ‡ [위룯더] 반대하는, 대적하는, 정반대의, 역의 විරෝධි. ¶ ඔයා මට විරුද්ධයි 당신은 나를 반대합니다

විරුද්ධකාරයා [위룯더까-러야-] 반대자, 대적, 적.

විරුද්ධතාව† [위룯더따-워] 반대, 대적, 적대, 정반대 විරුද්ධත්වය.

විරුද්ධත්වය† [위룯닫워여] 반대, 대적, 적대, 정반대 විරුද්ධතාව.

විරුද්ධ පක්ෂය† [위룯더 빡셔여] 야당, 반대당 විපක්ෂය.

විරුද්ධභාසය [위룯더바-써여] 역설, 패러독스 විරෝධාභාසය.

විරුද්ධවාදියා [위룯더와-디야-] 반대자, 대적, 적 සතුරා.

විරුද්ධ වෙනවා‡ [위룯더 웨너와-] 반대하다, 대적하다 විරෝධි වෙනවා.

විරුද්ධාභාසය [위룯다-바-써여] 역설, 패러독스 විරුද්ධභාසය.

විරුවනවා [위루워너와-] (이를 드러내고) 씩 웃다, 싱글거리다 විරිත්තනවා.

විරුවා [위루와-] 영웅 වීරයා. ¶ රණවිරුවා 전쟁 영웅

විරුවීම [위루위-머] 제련, 용광, 철녹임 ලෝහ උණු කිරීම.

විරූ [위루-] ①보지 못한 ②(후치사) ~전의, 앞의. ¶ නුදුටු විරූ දේ 본적이 없는 것

විරූඪ [위루-더] 발전한, 발달된 දියුණු.

විරූප/විරූපී† [위루-뻐/위루-삐-] ①추한, 볼품없는 ②변형된, 기형의 අවලක්ෂණ.

විරූපණය [위루-뻐너여] 기형, 변형, 불구.

විරූපතාව [위루-뻐따-워] 기형, 변형, 불구 විරූපණය.

විරූපී [위루-삐-] ①추한, 볼품없는 ②변형된, 기형의, 괴물같은 අවලක්ෂණ.

විරූහණය [위루-허너여] ①발아, 싹틈 පැළ වීම ②성장, 발달 දියුණුවීම.

විරූළ්හ [위룰-허] 자란, 성장한 වැඩිවුණු.

විරේකය† [위레-꺼여] 배변(이 잘 됨), 배변 청소, 하제 බඩ බුරුල්වී යෑම.

විරේචක [위레-처꺼] 변을 잘 통하게 하는, 하제의 බඩ බුරුල්වී යන.

ව

විරේචන [위레-처너] 변을 잘 통하게 하는, 하제의 විරේක.
විරෝචන [위로-처너] 빛나는, 반짝이는 බබළන.
විරෝධකය [위로-더꺼여] 방해, 장애.
විරෝධනය/විරෝධය† [위로-더너여/위로-더여] 반대, 방해 විරුද්ධත්වය.
විරෝධාභාසී [위로-다-바-씨-] 역설적인, 모순되는, 패러독스의 තේරුම් ගැනීමට දුෂ්කර.
විරෝධාභාසය [위로-다-바-써여] 역설, 패러독스 විරුද්ධාභාසය.
විරෝධි† [위로-디] 반대의, 반항하는 විරුද්ධ. ¶ නීති විරෝධි 불법의
විරෝධී [위로-디-] 반대의, 반항하는 විරුද්ධ.
විල‡ [윌러] ①연못, 호수 වැව ②굴, 구덩이 වළ.
විලංගු දමනවා‡ [윌랑구 다머너와-] 족쇄를 채우다, 차꼬를 채우다.
විලංගුව† [윌랑구워] 족쇄, 차꼬 මංචුව.
විලක්කුව [윌띾꾸워] 횃불, 호롱등 උල්කාව.
විලඳ [윌런더] 뻥튀기, 튀긴 곡물 වී පොරි.
විලම්බය [윌람버여] ①연기, 지체 පමා බව ②노래 ගීතය.
විලම්බිත [윌람비떠] 연기한, 지체시킨, 뒤로 미룬 කල් දැමූ.
විලම්බීත [윌람비-떠] විලම්බීතය의 복수 또는 형용사: ①허튼 소리들, 비상식들, 넌센스들 ②허튼 소리의, 비상식적인
විලම්බීත කොටස් [윌람비-떠 꼬터쓰] 배당 거치주(식).
විලම්බීතය [윌람비-떠여] 허튼 소리, 넌센스, 비상식.
විලය [윌러여] ①용해, 융해, 녹임 ද්‍රිය වී යාම ②지나감, 시간을 보냄 ගෙවී යාම.
විලයනය [위러여너여] 용해, 융해, 녹임 ද්‍රිය වී යාම.
විලවුන්‡ [윌러운] 향수 සුවඳ විලවුන්.
විලස [윌러써] ①방법, 방식 ආකාරය ②모양, 생김새, 외관 විලාසය.
විලාප ගහනවා [윌라-뻐 가하너와-] 슬퍼하다, 통탄하다, 애통해 하다 වැලපෙනවා.
විලාප ගී [윌라-뻐 기-] (성경) 애가서.
විලාපය‡ [윌라-뻐여] 통탄, 슬픔, 울부짖음 වැලපීම. ¶ විලාප ගී (성경) 예레미야 애가
විලායකය [윌라-여꺼여] (전기) 퓨즈.
විලාසම [윌라-써머] 주소 ලිපිනය.
විලාසය† [윌라-써여] ①방법, 방식 අන්දම ②모양, 상태 ස්වභාව ③아름다움, 우아함 ශෝභනකම ④장난, 희롱 කාමුකකෙළිය ⑤습관 ලීලාව.
විලාසිතා‡ [윌라-씨따-] 패션, 스타일 මෝස්තරය.
විලාසිනිය [윌라-씨니여] 여자 모델 විලාසිතා දක්වන්නිය.
විලි [윌리] ①부끄러운, 창피한 ලැජ්ජා ②익은, 영글은, 성숙한 පැසුණු.
විලිකුන්/විලිකුම් [윌리꾼/윌리꿈] 익은, 영글은, 성숙한 පැසුණු.
විලිකුලා [윌리꿀라-] 야생 닭 විල් ලිහිණියා.

විලික්කාඩුව [윌릭까-두워] 복수, 보복, 앙갚음 පලිය.

විලිඹිත [윌리삔너] 줄 무늬가 있는, 선이 있는 වයිරම් වැටුණු.

විලිත්තනවා [윌릳떠너와-] (이를 드러내고) 씩 웃다, 싱글거리다 විරිත්තනවා.

විලින [윌리너] 녹은, 녹아버린, 용해된 විලීන.

විලි පහරනවා [윌리 빠하러너와-] 출산의 고통을 느끼다 ප්‍රසූත වේදනාව දැනෙනවා.

විලි පිලි [윌리 삘리] 주름과 백발(의).

විලිබිය [윌리비여] 부끄러움과 두려움 ලැජ්ජාව සහ බය.

විලිමුවා [윌리무와-] 원숭이 වඳුරා, රිළවා.

විලිම්පනය [윌림뻐너여] (약) 연고, 고약 විලේපනය.

විලිය [윌리여] ①부끄러움, 창피 ලැජ්ජාව ②(신체) 주름 ③과실, 열매 ගෙඩිය.

විලි රුජාව [윌리 루자-워] 산고, 산통, 진통, 출산의 고통 ප්‍රසව වේදනාව.

විලි රුදව‡ [윌리 루다-워] 산고, 산통, 진통, 출산의 고통 ප්‍රසව වේදනාව.

විලිලනවා [윌릴라너와-] (부지런히) 일하다, 노동하다.

විලිලජ්ජාව [윌릴랒자-워] 큰 부끄러움, 큰 창피 විළිලජ්ජාව.

විලිලැජ්ජාව [윌릴랮자-워] 큰 부끄러움, 큰 창피 විළිලැජ්ජාව.

විලි වසා ගන්නවා [윌리 와싸-간너와-] 알몸을 가리다.

විලිස්සනවා [윌릿써너와-] විලිස්සුවා-විලිස්සා 씩 웃다, 싱글 거리다 විරිත්තනවා. විලිස්සීම

විලීන [윌리-너] 녹은, 녹아버린, 용해된 ද්‍රව වූ.

විලීන වෙනවා [윌리-너 웨너와-] 녹다, 녹아버리다, 용해되다 ද්‍රව වෙනවා.

විලුප්ත [윌룹떠] 없어진, 사라진, 지워진 නැති වී ගිය.

විලුම [윌루머] 발 뒤꿈치 විලුඹ.

විලුම්පනය [윌룸뻐너여] 강탈, 빼앗음 කොල්ල කෑම.

විලුඹ‡ [윌룸버] 발 뒤꿈치 විලුම.

විලේපනය [윌레-뻐너여] ①(몸에 바르는) 향유, 향수 ②(약) 연고, 고약 විලිම්පනය. ¶ සුවඳ විලේපනය 향유

විලෝකනය [윌로-꺼너여] 관찰, 시찰, 관람 විශේෂයෙන් බැලීම.

විලෝචනය [윌로-처너여] 시야, 봄 පෙනීම.

විලෝපනය [윌로-뻐너여] 강탈, 빼앗음 විලුම්පනය.

විලෝපය [윌로-뻐여] ①강도(행위), 약탈 කොල්ලය ②파괴, 파멸, 멸망 විනාශය.

විලෝපියා [윌로-삐야-] 육식동물.

විලෝම [윌로-머] 반대의, 대적하는, 모순되는 විරුද්ධ.

විලෝමය [윌로-머여] 반대, 대적, 모순 විරුද්ධ භාවය.

විල් [윌] විල 의 복수 또는 형용사: ①연못들 පොකුණු ②연못의.

විල් අරටුව [윌 아러투워] 물 아래 있는 나무, 목심.

විල්ල [윌러] (지팡이 따위의) 물미, 칼코등이.

විල්ලඹුව [윌람부워] 늪, 습지 ගොහොදුව.

විල්ලුව [윌루워] 늪, 습지 ගොහොදුව.

විල්ලුද† [윌루-더] 벨벳, 우단.

විල්ලෝඩි [윌로디] 장난꾸러기의, 말안 듣는 දඟකාර.

විවක්ෂිතය [위왁쉬떠여] 의지, 의도, 의향 චේතනාව.

විවට [위워터] 열린, 개방된, 숨겨지지 않은 විවෘත.

විවමිෂාව [위워미샤-워] 메스꺼움, 욕지기 ඔක්කාරය.

විවර කරනවා [위워러 꺼러너와-] ①열다, 개봉하다, 공개하다 අරිනවා ②깨다, 균열시키다 පළනවා.

විවරණය [위워러너여] ①설명, 해설 විස්තර කිරීම ②확실한 예언.

විවරණය කරනවා [워워러너여 꺼러너와-] ①설명하다, 해설하다 පැහැදිලි කරනවා ②열다, 공개하다 අරිනවා.

විවරය† [위워러여] ①개봉, 염, 공개 විවෘත කිරීම ②구멍, 터진 구멍 හිල ③깨짐, 금감, 균열 පැළුම.

විවර්ණ [위와르너] 탈색되는, 색이 바라는 දුර්වර්ණ.

විවර්ණකය [위와르너꺼여] 탈색제.

විවර්ත [위와르떠] 도는, 회전하는, 구르는 පෙරළෙන.

විවර්තනය [위와르떠너여] 회전, 구름, (전파 따위의) 회절 කරකැවීම.

විවර්තනිය [위와르떠니여] (기계) 피벗, 선회축.

විවර්ධකය [위와르더꺼여] 확대기.

විවර්ධනය [위와르더너여] 확대, 증대, 증보 විශාලනය.

විවර්ෂණය [위와르셔너여] 포격, 폭격, 쏟아 부음.

විවසුන් [위와쑨] 통찰력, 감지, 인지 විදර්ශනාව.

විවා [위와-] 결혼한, 기혼의 විවාහක.

විවාදය‡ [위와-더여] 논쟁, 논의, 토론 තක.

විවාදී [위와-디-] 논쟁적인, 토론하기 좋아하는 විවාදශීලී.

විවා මඟුල [위와- 망굴러] 결혼식, 결혼 예식 සරණ මඟුල.

විවාසිකයා [위와-씨꺼야-] 망명자, 유배자.

විවාහක [위와-하꺼] 결혼한, 기혼의 විවා.

විවාහකයා [위와-하꺼야-] 기혼자, 결혼한 사람.

විවාහ ගිවිසුම† [위와-하 기위쑤머] 약혼.

විවාහජ [위와-하저] (결혼을 통해) 적법하게 태어난, 정통의.

විවාහබස් දෙනවා [위와-하바쓰 데너와-] 결혼을 약속하다, 약혼하다.

විවාහය‡ [위와-하여] 결혼, 혼례 කසාදය. ¶ විවාහකයා 기혼자 විවාහ අපේක්ෂිකාව 약혼녀

විවාහ ලේකම් [위와-하 레-깜] 결혼 등록 계원 (결혼식에 혼인신고를 위해서 오는 공무원).

විවික්ත [위윅떠] 분리된, 떨어진, 혼자의, 고독한 වෙන් වූ.

විවිධ‡ [위위더] 다양한, 각양각색의 විවිධාකාර.

විවිධත්වය† [위위닫워여] 다양함, 각양각색, 차이 විවිධාකාරකම.

විවිධ ප්‍රසංගය† [위위더 쁘러쌍거여] 공연, 콘서트.

විවිධාංගීකරණය [위위당-기-꺼러너여] 다각화, 다양화.

විවිධාකාර [위위다-까-러] 다양한, 각양각색의 විවිධ.

විවිධාකාර කරනවා [위위다-까-러 꺼러너와-] 다양화하다, 다각화하다, 다변화하다.

විවීම† [위위-머] වියනවා 의 명사형: 짬, 뜸, 엮음, 뜨개질.

විවෘත‡ [위우루떠] 열린, 개방된 විවර.

විවෘත ආර්ථිකය† [위우루떠 아-르띠꺼여] 개방 경제.

විවෘත කරනවා† [위우루떠 꺼러너와-] 열다, 개방하다. (구어) ඇරිනවා

විවෘත ණයකරය [위우루떠 나여꺼러여] 개방된 채무증서, 사채권.

විවෘත වෙළඳපළ [위우루떠 웰런더뻘러] 공개 시장.

විවේක ගන්නවා‡ [위웨-꺼 간너와-] 쉬다, 휴식을 취하다.
¶ ඊයේ හොඳට විවේක ගත්තාද? 어제 잘 쉬셨나요?

විවේකය‡ [위웨-꺼여] ①쉼, 휴식 ②여가, 휴가 නිවාඩුව ③고독, 홀로 삶 උදකලාව සිටීම.

විවේකාගාරය [위웨-까-가-러여] 휴게실 ගිමන්හල.

විවේකී [위웨-끼-] 한가한, 여유로운, 자유의, 자유로운 විවේක ඇති.

විවේකීව [위웨-끼-워] 홀로, 자유롭게.

විවේචකය [위웨-처꺼여] (수학) 판별식.

විවේචකයා [위웨-처꺼야-] 비평가, 평론가, 감정가.

විවේචනය† [위웨-처너여] 비판, 비평 ගුණ දොස් කීම.

විවේචනය කරනවා‡ [위웨-처너여 꺼러너와-] 비판하다, 판단하다 ගුණ දොස් කියනවා.

විවේතනය [위웨-떠너여] (정기적으로 지급하는) 수당, 급여 ප්‍රතිභාගය.

විශක්තතාව [위샦떠따-워] 점성, 점질, 점성도 දුස්‍රාවීතාව.

විශද [위셔더] 깨끗한, 순수한, 맑은 පිරිසිදු.

විශාරද [위샤-러더] ①전문가의, 숙달된 විශේෂඥ ②전문가, 거장, 달인 විශේෂඥයා.

විශාරදයා† [위샤-러더야-] 전문가, 거장, 달인 විශේෂඥයා.

විශාල/විශාලත‡ [위샬-러/위샬-러떠] 매우 큰, 광대한, 거대한 දැවැන්ත.

විශාලක [위샬-러꺼] 확대하는, 크게 보이게 하는.

විශාලක බලය [위샬-러꺼 발러여] (광학) 배율.

විශාල කරනවා† [위샬-러 꺼러너와-] 확대하다, 크게 하다.

විශාලත† [위샬-러떠] 매우 큰, 광대한, 거대한 දැවැන්ත.

විශාලතම [위샬-러떠머] 가장 큰.

විශාලත්වය‡ [위샬-랕워여] ①큼, 거대함, 광대함 දැවැන්තකම ②크기, 넓이, 나비, 폭 ප්‍රමාණය.

විශාලනය [위샬-러너여] 확대, 확장 විශාල කිරීම.

විශාලනකාරකය† [위샬-러너까-러꺼여] 돋보기, 확대기.

විශිෂ්ට† [위쉬쉬터] ①독특한, 특별한 ②높은, 고상한 උසස්.

විශිෂ්ට ගුරුත්වය† [위쉬쉬터 구룯워여] (물리) 비중.
විශිෂ්ටතාව [위쉬쉬터따-워] ①독특함, 특별함 ②높음, 고상함, 고귀함 උසස්කම.
විශුද්ධ [위슏더] 거룩한, 경건한, 매우 정결한 පරිශුද්ධ.
විශුද්ධිය [위슏디여] ①거룩 ශුද්ධකම ②수정, 정정, 바로잡기 හරිගැස්සීම.
විශේෂ‡ [위쉐-셔] 특별한, 비범한, 유일한.
විශේෂඥ/විශේෂඥයා [위쉐-셔끄녀/위쉐-셔끄녀야-] 전문가, 전공자, 전문의.
විශේෂණය [위쉐-셔너여] (문법) 형용사.
විශේෂත්වය‡ [위쉐-샽워여] 특별함, 특이함, 비범함, 전문.
විශේෂය‡ [위쉐-셔여] ①특별함, 비상함 විශේෂත්වය ②종류, 종(種) වර්ගය.
විශේෂයෙන්‡ [위쉐-셔옌] 특별히, 특히.
විශේෂිත [위쉐-쉬떠] 특별한, 비범한, 보통이 아닌 විශේෂ.
විශේෂ්‍යය [위쉣-쉬여여] 전문, 전공, 특별함.
විශ්‍රාන්තිය [위쉬란-띠여] ①여가, 휴가 ලිහිල ②물러남, 퇴직 විශ්‍රාමය.
විශ්‍රාම ගන්නවා‡ [위쉬라-머 간너와-] ①쉬다, 마음을 편안하게 하다 නිවාඩු ගන්නවා ②은퇴하다, 물러나다.
විශ්‍රාම දින [위쉬라-머 디너] ①쉬는날 නිවාඩු දවස ②안식일 සබත් දවස.
විශ්‍රාමය† [위쉬라-머여] ①은퇴 ②쉼, 휴식.
විශ්‍රාම යනවා† [위쉬라-머 야너와-] 은퇴하다, 물러나다.
විශ්‍රාම වැටුප† [위쉬라-머 왜투빠] 연금.
විශ්‍රාම ශාලාව† [위쉬라-머 샬-라-워] 여관 තානායම.
විශ්‍රාමිකයා† [위쉬라-미꺼야-] 은퇴자 විශ්‍රාම ගත් තැනැත්තා.
විශ්‍රැත [위쉬래떠] 유명한, 잘 알려진 ප්‍රසිද්ධ.
විශ්මය/විස්මය‡ [위쉬머여/위쓰머여] 놀라움, 경이, 경탄 පුදුමය.
විශ්මිත‡ [위쉬미떠] 놀라운, 경이로운, 굉장한 විස්මිත.
විශ්ලේෂක/විශ්ලේෂකයා† [위쉴레-셔꺼/위쉴레-셔꺼야-] 분석가, 해석가 විග්‍රහ කරන්නා.
විශ්ලේෂණය [위쉴레-셔너여] 분석, 해석 විග්‍රහය.
විශ්ලේෂණාත්මක [위쉴레-셔낟-머꺼] 분석적인, 해석하는 විග්‍රහ කරන.
විශ්ව [위쉬워] ①우주의 ②모든, 전체의 සකල.
විශ්වකෝෂය‡ [위쉬워꼬-셔여] 백과 사전.
විශ්වය‡ [위쉬워여] 우주.
විශ්ව විද්‍යාලය‡ [위쉬워 윋디얄-러여] 대학교, 대학 සරසවිය.
විශ්ව විද්‍යාව [위쉬워 윋디야-워] 우주론, 우주철학.
විශ්වසන [위쉬와써너] 믿을 만한, 신뢰할 만한, 충실한 විශ්වාසී.
විශ්වසනීය [위쉬와써니-여] 믿을 만한, 신뢰할 만한, 충실한 විශ්වාසී.
විශ්වසනීයත්වය [위쉬와써니-얃워여] 신빙성, 신뢰성, 신뢰도 විශ්වාස කළ හැකි බව.

විශ්ව සම්භවය [위쉬워 쌈바워여] 우주 탄생 විශ්වයේ උපත.

විශ්වාස කටයුතු† [위쉬와-써 까터유뚜] 믿을 만한, 신뢰할만한, 확실한, 근거가 있는 නිසැක.

විශ්වාස කරනවා‡ [위쉬와-써 꺼러너와-] 신뢰하다, 믿다 අදහනවා.

විශ්වාසදායී [위쉬와-써다-이-] 믿을 만한, 신뢰할 만한, 충실한 විවිශ්වාසවන්ත.

විශ්වාසනීය [위쉬와-써니-여] 믿을 만한, 신뢰할 만한, 충실한 විශ්වාසවන්ත.

විශ්වාස භංගය [위쉬와-써 방거여] 신뢰를 잃음 විශ්වාස කඩවීම.

විශ්වාස භංග යෝජනාව† [위쉬와-써 방거 요-저나-워] 불신안, 불신에 대한 결정.

විශ්වාසය‡ [위쉬와-써여] ①신뢰, 믿음 ඇදහීම ②충실, 충성.
¶ ආත්ම විශ්වාසය 자신, 자신감

විශ්වාසවන්ත† [위쉬와-써완떠] 믿을 만한, 신뢰할 만한, 충실한 විශ්වාසී.

විශ්වාසවන්තකම† [위쉬와-써완떠꺼머] 신실, 신실함, 충실, 충성됨 විශ්වාසය.

විශ්වාසශීලී [위쉬와-써쉴-리-] 믿을 만한, 신뢰할 만한, 충실한 විශ්වාසවන්ත.

විශ්වාසී [위쉬와-씨-] 믿을 만한, 신뢰할 만한, 충실한 විශ්වාසවන්ත.

විශ්වාස්‍ය [위쉬왔-씨여] 믿을 만한, 신뢰할 만한, 충실한 විශ්වාසී.

විෂ‡ [위셔] විෂය 의 복수 또는 형용사: ①독, 독극물 වස, විස (구어) වහ ②독있는, 독성의.
¶ නාග විෂ 코브라 독 නිර්විෂ 무독의

විෂ කටුව [위셔 까투워] 독가시.

විෂකුරු [위셔꾸루] 독있는, 유해한 විෂඝෝර.

විෂ ග්‍රන්ථිය [위셔 그란띠여] (생물학) 독샘(毒腺).

විෂඝෝර [위셔고-러] 독있는, 유해한 විෂකුරු.

විෂඝ්න [위셔그너] ①해독하는 විෂ නැති කරන ②해독제 විෂ නසන බෙහෙත.

විෂණ්ණ [위샨너] 슬픈, 비통해하는, 고통받는 දුඃඛිත.

විෂණ්ණතාව [위샨너따-워] 슬픔, 비통, 고통 ශෝකය.

විෂදාහය [위셔다-하여] 독에 의한 화끈거림.

විෂධූමය [위셔두-머여] 독가스 විෂ වාෂ්පය.

විෂ පොවනවා [위셔 뽀워너와-] 독을 넣다, 독살하다.

විෂබීජ‡ [위셔비-저] ①세균들 වයිරස ②세균의.

විෂබීජ නාශකය† [위셔비-저 나-셔꺼여] 세균 소독제.

විෂබීජය‡ [위셔비-저여] 세균, 바이러스, 병균 වෛරසය.

විෂබීජ හරණය [위셔비-저 하러너여] 소독, 살균, 멸균, 방역.

විෂම† [위셔머] ①일치하지 않는, 불평등한 අසම ②불규칙한, 변칙의 ③악한, 나쁜, 해악의 නපුරු.

විෂම ඍතුව [위셔머 리뚜워] 불규칙한 계절 අක්‍රමවත් ඍතුව.

විෂම කාලය [위셔머 깔-러여] 불운의 때, 불행의 시기 අවාසනාවන්ත කාලය.

ව

විෂමජාතීය [위셔머자-띠-여] 이종(異種)의, 이질의, 다른 성분으로 된.
විෂමතාව† [위셔머따-워] ①불평등, 불균형, 불일치 අසමකම ②(수학) 홀수.
විෂමදෘෂ්ටිකතාව [위셔머드루쉬티꺼따-워] 난시, 난시안.
විෂමපාදය [위셔머빠더여] 시의 불일치 문장.
විෂමපෝෂී [위셔머뽀-쉬-] 타가 영양 생물의, 종속 영양의.
විෂමභාගය [위셔머바-거여] (수학) 가분수.
විෂමරූපතාව [위셔머루-빠따-워] 기형, 모양이 흉함.
විෂමාචාරය [위셔마-차-러여] 비행, 품행이 좋지 않음 දුසිරිත.
විෂමාහාරය [위셔마-하-러여] 몸에 해로운 음식.
විෂමූර්ජාව [위셔무-르차-워] 독에 의한 의식 불명.
විෂය‡ [위셔여] ①과목, 주제 කාරණාව ②대상, 목적, 물체 ③나라 දේශය ④도, 주 පළාත ⑤영역, 범위, 경계 ස්ථානසීමාව ⑥독, 독극물 වස.
විෂයක්ෂේත්‍රය [위셔여끄쉐-뜨러여] (지력·연구·활동 따위의) 범위, 영역, 주제.
විෂයනිඃශ්‍රිත [위셔여니쉬리띠] ①목적의, 목적격의 ②객관적인.
විෂය නිර්දේශය† [위셔여 니르데-셔여] 교과과정, 실라버스 විෂයමාලාව.
විෂයබද්ධ [위셔여받더] ①목적의, 목적격의 ②객관적인.
විෂය බාහිර [위셔여 바-히러] 교과과정 이외의, 교과과정 추가의.
විෂය මාලාව [위셔여 말-라-워] 교과과정, 커리큘럼, 실라버스 ඉගෙනීමේ පරිපාටිය.
විෂයමූලක [위셔여물-리꺼] 목적의, 목표의.
විෂයාතික්‍රාන්ත [위셔야-띠끄란-떠] 주제를 벗어나는, 주제를 넘어서는.
විෂයාත්මක [위셔얕-머꺼] ①주관적인 ②주격의, 주체의.
විෂ විද්‍යාව [위셔 윋디야-워] 독물학.
විෂ හරණය [위셔 하러너여] 해독, 독성 제거 විෂ බැස්සවීම.
විෂාණය [위샤-너여] 뿔 අඟ.
විෂාණු [위샤-누] 독성 세균(의), 독성 바이러스(의) විෂ අණු.
විෂාදතාව [위샤-더따-워] 우울증, 우울증세 උකටලීභාවය.
විෂාදය [위샤-더여] 슬픔, 비통, 비탄 කනගාටුව.
විෂුවය [위슈워여] (천문학) 분점, 주야 평분시.
විෂ්කම්භණය [위쉬깜버너여] 억압, 진압, 억제 ඔබා තදකර තැබීම.
විෂ්කම්භය† [위쉬깜버여] 지름, 직경.
විෂ්ණු [위쉬누] (힌두교) 비쉬누 신.
විස‡ [위써] 독, 독성 විෂ.
විසංගමනය [위쌍가머너여] 고독, 고립, 격리 තනිවීම.
විසංග්‍රහණය [위쌍그러하너여] 피임(법).
විසංඥ [위쌍끄녀] 무의식의, 부지중의, 의식 불명의, 모르는 සිහිය නැති.

විසංඥතාව [위쌍끄녀따-워] 무의식, 의식 불명 සිහිය නැතිකම.

විසංයුක්ත [위쌍윢떠] 분리된, 떨어진, 나뉜 බෙදුණු.

විසංයෝග [위쌍요-거] විසංයෝගය 의 복수 또는 형용사: ①분리, 나뉨 වෙන්වීම් ②분리된, 떨어진, 나뉜 වෙන් වූ.

විසංයෝගය [위쌍요-거여] 분리, 나뉨 වෙන්වීම.

විසංවාදය [위쌍와-더여] 반박, 반대.

විසංවේදි [위쌍웨-디] 둔감한, 민감하지 않은.

විසකුරු‡ [위써꾸루] 독있는, 독기있는 විෂඝෝර.

විසඥ [위싸끄녀] 무의식의, 부지중의, 의식 불명의, 모르는 සිහිය නැති.

විසඥතාව [위사끄녀따-워] 무의식, 의식 불명 සිහිය නැතිකම.

විසදෘශ [위싸드루셔] 다른, 같지 않은, 불공평한 අසමාන.

විසන්ධාන [위싼다-너] (사람이) 똑똑히 말을 못하는, 발음이 분명치 않은, 모호한 ගොළු.

විසන්ධි කරනවා† [위싼디 꺼러너와-] (연락) ~을 끊다, 전원을 끊다, 전화를 끊다. (구어) off කරනවා

විසන්ධි වෙනවා† [위싼디 웨너와-] (연락) ~ 끊기다, 전원이 끊어지다, 전화가 끊기다. (구어) off වෙනවා

විසඳනවා‡ [위썬더너와-] විසඳුවා-විසඳා 해결하다, 문제를 풀다 නිරාකරණය කරනවා. <u>විසඳීම/විසඳුම</u>

විසඳීම/විසඳුම [위썬디-머/위썬두머] විසඳනවා 의 동명사: 해결, 문제해결, 품 නිරාකරණය. (복) *විසඳීම්/විසඳුම්*

විසඳෙනවා [위썬데너와-] විසඳුණා-විසඳී 해결되다, 문제가 풀리다 නිරාකරණ වෙනවා. <u>විසඳීම/විසඳුම</u>

විසප්පුව† [위쌒뿌워] (의학) 포진, 농포, (동, 식물) 작은 융기 විසර්පය.

විසභාග [위써바-거] 부적절한, 부적당한 අයෝග්‍ය.

විසම [위싸머] 다른, 같지 않은, 불공평한 අසමාන.

විසමතාව [위싸머따-워] 불평등, 같지 않음, 불공평, 불균형 අසමතාව.

විසම්මුතික [위쌈무띠꺼] 의견을 달리하는, 반대 의견의.

විසරණය [위싸러너여] 확산, 전파, 유포, 퍼짐 ව්‍යාප්තිය.

විසර්ගය [위싸르거여] 쇠퇴, 줄어듬 විහිදුවීම.

විසර්ජනය [위싸르저너여] ①(전기) 방전 ②방출, 유출, 쏟아져 나옴 පිටකර යැවීම.

විසර්ජිතය [위싸르지떠여] 출력, 나옴, 생산 (량), 산출(량).

විසර්පය [위싸르뻐여] (의학) 포진, 농포, (동, 식물) 작은 융기 විසප්පුව.

විසල් [위쌀] 거대한, 위대한, 많은, 다량의 විශාල.

විසාද [위싸-더] 고통, 심통, 비탄, 고민 සිත් තැවුල.

විසාධනය [위싸-더너여] 반증, 반박.

විසි† [위씨] විස්ස 의 형용사: 20의, 이십의. ¶ විස්ස 20 විසි එක 21 විසි දෙක 22

විසි [위씨] ①머뭄, 거주 වාසය ②말, 말함 වචනය ③길, 거리 වීදිය ④몸, 신체 ශරීරය.

විසි කරනවා‡ [위씨 꺼*러*너와-] 버리다, 던지다, 내던지다 වීසි කරනවා.

විසික් කරනවා [위씩 꺼*러*너와-] 버리다, 던지다, 내던지다 වීසි කරනවා.

විසිතුරු† [위씨뚜*루*] 아름다운, 사랑스러운, 매혹적인 ශෝභන. (구어) ලස්සන

විසිතුරු භාණ්ඩය† [위씨뚜*루* 반-*더*여] 장식품, 장식물, 치장품.

විසිත්ත [위씯떠] 아름다운, 사랑스러운 ශෝභන. (구어) ලස්සන

විසිත්ත කාමරය† [위씯떠 까-머*러*여] 응접실, 거실 සාලය.

විසින්† [위씬] ~에 의해서(by): 주로 수동태 형태에서 사용되어지며 ලබනවා 가 뒤에 나온다 මඟින්. ¶ මා විසින් ලියන ලැබුවා 나에 의해서 쓰여졌다.

විසිර යනවා† [위씨*러* 야너와-] 해산하다, 흩어지다 විසිරෙනවා.

විසිරි පොම්පය [위씨*리* 뽐빠여] 분무기, 스프레이.

විසිරෙනවා† [위씨*레*너와-] විසිරුණා-විසිර (විසිරී) 해산되다, 퍼지다, 흩어지다 විසිර යනවා. විසිරීම/විසිරුම

විසිරුණු [위씨*루*누] 흩어진, 해산된 විසිරුණ.

විසිය [위씨여] හැකි, යුතු 앞에 වසනවා 가 나오면서 변하는 형태: විසිය හැකි 거할 수 있는, විසිය යුතු 거해야 하는.

විසීම/විසුම [위씨-머/위쑤머] වසනවා, වැසෙනවා 의 동명사: ①거함, 머뭄, 있음 වාසය කිරීම ②닫음, 폐쇄.

විසුරුවනවා† [위쑤*루*워너와-] විසිරෙවුවා-විසුරුවා ①흩다, 해산시키다 ②(소문) 퍼뜨리다. විසිරවීම

විසුරුවා හරිනවා [위쑤*루*와-하*리*너와-] ①해산시키다, 흩다 ②(소문) 퍼뜨리다.

විසුවා [위쑤와-] වසනවා 의 과거형: 거했다, 머물렀다.

විසුළ [위쑬러] 농담, 유머, 장난침 විහිලුව, කවටකම. (복) *විසුළු*

විසුළු [위쑬루] විසුළ 의 복수 또는 형용사: ①농담들, 장난침, 희롱들 උසුළු ②농담하는, 장난치는, 희롱하는 කවටකම්.

විසූ [위쑤-] වසනවා 의 형용사적 과거용법: 머문, 거한.

විසූවා [위쑤-와-] 거주민, 사는 사람 වාසය කරන්නා.

විසෙන්තියා [위쎈띠야-] 개구쟁이, 장난 꾸러기 දාංගල්කාරයා.

විසේ [위쎄-] ①버릇없음, 말안듦, 장난 දාංගලය ②음탕, 색욕, 외설 කාමුක බව.

විස්කම [위쓰꺼머] 노련함, 베테랑, 경험이 풍부함, 모든 것을 할 수 있음.

විස්කෝතුව/විස්කෝත්තුව‡ [위쓰꼬-뚜워/위쓰꼳-뚜워] 과자, 비스켓.

විස්තරණය [위쓰떠*러*너여] 팽창, 확장 පිම්බීම.

විස්තර කරනවා† [위쓰떠*러* 꺼*러*너와-] 설명하다 කියා දෙනවා.

විස්තරය‡ [위쓰떠*러*여] 정보, 자료, 소식, 보고 තොරතුරු.

විස්තාරය [위쓰따-*러*여] (물리학, 전기, 컴퓨터) 진폭.

විස්තීර්ණ/විස්තෘත [위쓰띠-르너/위쓰뜨루떠] 광범위한, 넓은, 다방면에 걸치는, 광대한.

විස්තෘත වගාව [위쓰뜨루떠 와가-워] (작물학) 조방 재배.

විස්ථාපනය [위쓰따-뻐너여] 퇴거, 집을 나감 අවතැන්වීම.

විස්පෝටය [위쓰뽀-터여] 종기, 농양 සැරව ගෙඩිය.

විස්මපත් වෙනවා [위쓰머빧 웨너와-] 놀라다, 경탄하다 පුදුම වෙනවා.

විස්මය/විශ්මය‡ [위쓰머여/위쉬머여] 놀라움, 경이, 경탄 පුදුමය.

විස්මයජනක [위쓰머여자너꺼] 놀라운, 경이로운 පුදුම.

විස්මරණය [위쓰마러너여] 망각, 잊기 쉬움.

විස්මවත්† [위쉬머왇] 놀라운, 경이로운, 굉장한 විස්මිත.

විස්මිත† [위쓰미떠] 놀라운, 경이로운, 굉장한 විශ්මිත.

විස්මෘත [위쓰무르떠] 잊힌, 망각된, 기억에서 사라진 අමතක වූ.

විස්‍රාවණය [위쓰라-워너여] ①흘러감, 흐름 ගැලීම ②피흘림 ලේ හැලීම.

විස්ස‡ [윘써] 20, 스물. (복) *විසි*

විස්සල් [윘쌀] ①즉시, 바로 වහා ②계속, 지속적으로 නිතර.

විස්සෝපය [윘쏘-뻐여] 고통, 괴로움, 슬픔 දුක.

විහ [위하] 하늘 අහස.

විහග/විහඟ [위하거/위항거] ①새, 조류 ②새의, 조류의 කුරුළු ③해, 태양 සූර්යයා (구어) ඉර.

විහගයා/විහඟයා [위하거야-/위항거야-] 새, 조류 පක්ෂියා. (구어) කුරුල්ලා ¶ විහගුන් 새들, 새들을 (복수 주격 또는 목적격)

විහඟ/විහග [위항거/위하거] ①새, 조류 ②새의, 조류의 කිරුළු ③해, 태양 සූර්යයා (구어) ඉර.

විහරණය [위하러너여] ①삶, 거주, 머뭄 වාසය ②사용, 이용 පරිහරණය.

විහාරය‡ [위하-러여] 절, 불교 사원. (구어) පන්සල
¶ විහාරාධිපති (불교) 주지승

විහාරික [위하-리꺼] ①사는 사람, 거주자 වෝහාරික ②머무는, 거주하는, 사는 වාසය කරන.

විහිංසාව [위힝싸-워] 괴롭힘, 핍박, 학대 හිංසාව.

විහිගුම් [위히굼] 고상한, 격조 높은, 높은 උසස්.

විහිත චතුරස්‍රය† [위히떠 차뚜러쓰러여] 삼각자.

විහිදනවා [위히더너와-]
විහිදුවා-විහිදා ①펴다, 펼치다 දිග අරිනවා ②연장하다 දික් කරනවා. <u>විහිදීම/විහිදුම</u> ¶ පොත දිග අරින විට 책을 펼칠 때에

විහිදි [위히디] 열린, 펼쳐진, 연장된 විහිදුණු.

විහිදි අකුණ [위히디 아꾸너] 판번개.

විහිදීම [위히디-머] විහිදනවා, විහිදෙනවා 의 동명사: ①펼침 ②연장 විහිදුම.

විහිදුණු [위히두누] විහිදෙනවා 의 형용사 과거용법: 열린, 펼쳐진, 연장된 විහිදි.

විහිදුම [위히두머] විහිදනවා, විහිදෙනවා 의 동명사: ①펼침 ②연장 විහිදීම.

ව

විහිදුවනවා [위히두워너와-] විහිදෙවුවා-විහිදුවා ①펴다, 펼치다 දිග අරිනවා ②연장하다 දික් කරනවා. විහිදුවීම ¶ විළිය විහිදුවනවා 빛나다, 발광하다

විහිදෙනවා† [위히데너와-] විහිදුණා-විහිදී 열리다, 펼쳐지다, 퍼지다. විහිදීම/විහිදුම

විහිලු/විහිළු† [위힐루] 농담, 장난침, 희롱 විසුළු.

විහිළු කරනවා‡ [위힐루 꺼러너와-] 농담하다, 장난치다 උසුළු විසුළු කරනවා.

විහිළු තහළු [위힐루 따할루] 농담, 희롱, 모욕 සරදම.

විහිළුව‡ [위힐루워] 농담, 장난침, 희롱 විසුළු.

විහීන [위히-너] 없는, 아주 적은 ඉතා අඩු වූ.

විළම්බනය [윌람버너여] ①농담 විහිළුව ②속임, 사기 රැවටීම.

විළිය [윌리여] 창피, 부끄러움 ලජ්ජාව. (구어) ලැජ්ජාව

විළිබර [윌리바러] 창피한, 부끄러운 ලැජ්ජාවෙන් යුත්.

විළි රුජාව [윌리 루자-워] 산고, 산통, 진통, 출산의 고통 ප්‍රසව වේදනාව.

විළි රුදාව‡ [윌리 루다-워] 산고, 산통, 진통, 출산의 고통 ප්‍රසව වේදනාව.

විළිලජ්ජාව [윌릴랒자-워] 큰 부끄러움, 큰 창피 විලිලජ්ජාව.

වී‡ [위-] වෙනවා 의 과거분사(문어): ~되고, 되어 ව. (구어) වෙලා

වී‡ [위-] 벼, 볍씨 ව්‍රීහි. ¶ බිත්තර වී 종자 볍씨

වී ඉහිනවා† [위- 이히너와-] 볍씨를 뿌리다 වී වපුරනවා.

වීගුල [위-굴러] 볍씨 창고, 벼 곳간 වී අටුව.

වීජ [위-저] ① බීජ 의 복수 또는 형용사: 씨들, 씨의 බීජ ② 대수학의, 대수학과 관련된.

වීජ ගණිතය† [위-저 가니떠여] 대수학.

වීජය [위-저여] 씨, 씨앗 බීජය.

වීනාකරු/වීණාකාරයා [위-나-꺼루/위-나-까-러야-] 수금을 켜는 사람, 바이올리니스트.

වීණාව‡ [위-나-워] 수금, 바이올린 (스리랑카 악기). ¶ වීණාව වයනවා 수금을 연주하다

වීතරාගී [위-떠라-기-] 욕정없는, 도덕적인 විරාගී.

වීථිය [위-띠여] 거리, 길거리, 길 වීදිය. (구어) පාර

වීදිය‡ [위-디여] 거리, 길거리, 길 මාවත. (구어) පාර

වීදුරු‡ [위-두루] 유리 විදුරු.

වීදුරු කඩදාසි [위-두루 까더다-씨] 사포(砂布).

වී බිස්ස [위- 빘써] 벼 저장고, 벼 창고 වී අටුව.

වීම‡ [위-머] වනවා, වෙනවා 의 동명사: 됨, 되어짐, 이루어짐 සිදුවීම.

වීමංසනය [위-망써너여] 조사, 수사, 살핌 පරීක්ෂාව.

වීමංසාව [위-망싸-워] 비자 වීසා.

වීමි [위-미] වනවා, වෙනවා 의 과거 1인칭 단수: 내가 되었다, 내가 있었다 වූයෙමි.

වීමු [위-무] වනවා, වෙනවා 의 과거 1인칭 단수: 내가 되었다, 내가 있었다 වූයෙමු.

වීය [위-여] වනවා, වෙනවා 의 3인칭 단수 남성 과거형태: 되었다, 있었다 විය.

වීර [위-러] ①강한, 힘센 බලවත් ②영웅의 වීර්ය ③뛰어난 උතුම්.
වීරයා† [위-러야-] 영웅, 강한 사람, 용감한 사람 විරුවා.
වීරිය [위-리여] ①용기, 용감, 용맹 වීර්යය ②노력, 애씀, 수고 වෙර.
වීර්යය [위-르여여] ①용기, 용감, 용맹 වීරිය ②노력, 애씀, 수고 වෙර.
වීලා [윌-라-] වෙනවා 의 과거분사(문어): ~되고, 되어 වී. (구어) වෙලා
වීල්බැරුක්කය [윌-배룪꺼여] 외바퀴 손수레 වීල්බැරෝව.
වීල්බැරෝව [윌-배로-워] 외바퀴 손수레 වීල්බැරුක්කය.
වීසා‡ [위-싸-] 비자, 사증.
වීසි කරනවා† [위-씨 꺼러너와-] 버리다, 던지다 විසි කරනවා.
වීසි වෙනවා [위-씨 웨너와-] 버려지다, 던져지다 විසි වෙනවා.
වුණා/වුනා‡ [우나-] වෙනවා 의 과거: 되었다, ~이었다 උණා.
වුණි [우니] වනවා, වෙනවා 의 3인칭 단수 남성 과거형태: 되었다, 있었다 විය. ¶ ඔහු ද ඈ සමඟ එක් වුණි 그는 그녀와 하나가 되었다
වුණු‡ [우누] වෙනවා 의 형용사적 과거용법: 된, 이루어진 වූ.
වුත් [욷] ①언급된, 말하여진, 이야기된 කයන ලද ②도착한, 도달한, 온 පැමිණි.
වුනා‡ [우나-] වෙනවා 의 과거: 되었다, ~이었다. (문어) වුණා
වුවන [우워너] 얼굴, 면상 මුහුණ. (복) *වුවන්*
වුවන් [우완] වුවන 의 복수 또는 형용사: ①얼굴들, 면상들 මුහුණු ②얼굴의, 면상의.
වුවමනා [우워머나-] වුවමනාව 의 복수 또는 형용사: ①필요들, 필수들 ②필요한, 필수의 අවශ්‍ය.
වුවමනාව‡ [우워머나-워] 필요, 요구 අවශ්‍යය.
වුවා† [우와-] වනවා 의 과거: 되었다, ~이었다.
වුහුටු [우후투] 발행된, 배포된, 퍼진 විහිදුවන ලද.
වූ† [우-] වෙනවා 의 형용사적 과거용법: 된, 되어진 වුණු. (구어) වෙච්ච
වූකලී [우-깔리-] ~라는, ~에 관해서 වනාහි.
වූයේ† [우-예-] ①වනවා 의 의존형 과거: 되었다, 이었다 ②වනවා 의 3인칭 단수 과거 어미: 되었다, 이었다. ¶ එහෙත් රෙබෙකා වඩා කැමැති වූයේ ජාකොබ්ට ය 하지만 레베카는 더 좋아했다 야곱을 එවිට රජ ශෝක වූයේ ය 그때 왕은 놀랐다
වූවක් [우-왂] වනවා 에서 파생한 단어: 된 것, 이루어진 것.
වූවා† [우-와-] වනවා 의 과거: 되었다, 이었다.
වෘකයා‡ [우루꺼야-] 늑대.
වෘක්ක [우룪꺼] 콩팥의, 신장의 වකුගඩු පිළිබඳ.
වෘක්කගල් [우룪꺼갈] (신장) 결석.
වෘක්කාකාර [우룪까-까-러] 콩팥 모양의, 신장 모양의.
වෘක්ෂ [으룪셔] වෘක්ෂය 의 복수 또는 형용사: ①나무들 ②나무의. (구어) ගස්
වෘක්ෂ තෙල් [으룪셔 뗄] 식물성 기름.

ව

වෘක්ෂය‡ [으룪셔여] 나무 ගස. (구어) ගහ

වෘක්ෂලතා [으룪셜러따-] ①나무군들, 식물들 ගස් වැල් ②나무군의, 식물의.

වෘක්ෂ විද්‍යාව [으룪셔 윋디야-워] 식물학.

වෘත්ත‡ [으룯떠] වෘත්තය의 복수 또는 형용사: ①원들, 원형들, 원형의, 둥근 වටකුරු ②운율들, 가락들, 운율의, 가락의 වටකුරු.

වෘත්තපාදය [으룯떠빠-더여] (수학) 사분면(四分面), 상한(象限).

වෘත්ත මිනුම [으룯떠 미누머] (수학) 호도법(弧度法).

වෘත්තය‡ [으룯떠여] ①원, 원형 රවුම ②운율, 가락 පැදියක තාලය ③(불교) 윤회 සංසාරය.

වෘත්තාන්තය [으룯딴-떠여] 이야기, 나레이션 කතාන්දරය.

වෘත්තිය‡ [으룯띠여] ①직업 රැකියාව (구어) රස්සාව ②생계, 살림 ජීවිකාව ③존재, 생존 පැවැත්ම ④설명, 해설 විස්තරය.

වෘත්තීය† [으룯띠-여] ①직업의, 직업상의 ②둥근, 원형의 කවාකාර. ¶ වෘත්තීය පුහුණුව 직업 훈련

වෘත්තීමය [으룯띠-머여] 전문적인, 전문가의 විශේෂඥ.

වෘත්තීය පුහුණුව† [으룯띠-여 뿌후누워] 직업 훈련.

වෘත්තීයවේදී [으룯띠-여웨-디-] ①(의사, 변호사 등) 전문가 විශේෂඥයා ②전문가의, 전문적인 විශේෂඥ.

වෘත්තීය සංගමය† [으룯띠-여 쌍거머여] 노동 조합.

වෘද්ධ [으룯더] ①노인의, 나이 먹은, 원로의 වැඩිහිටි ②성장한, 발전한. ¶ වෘද්ධයා 노인

වෘද්ධ අධ්‍යාපනය† [으룯더 앋디야-빠너여] 노인(성인) 교육.

වෘද්ධය [으룯더여] 성장, 발전, 성공 වඩදිය.

වෘද්ධයා [으룯더야-] ①노인, 원로 වැඩිහිටියා ②(교회) 장로.

වෘශ්චික [으루쉬치꺼] ①전갈, 전갈의 ගෝනුස්සා ②(천문학) 전갈자리.

වෘෂණ කෝෂය [으루셔너 꼬-셔여] (해부학) 정낭, 고환, 불알 වෘෂණය.

වෘෂණය [으루셔너여] (해부학) 정낭, 고환, 불알 වෘෂණ කෝෂය.

වෘෂභ [으르셔버] 황소의.

වෘෂභ මණ්ඩලය [으르셔버 만덜러여] (천문학) 황소자리 වෘෂභ රාශිය.

වෘෂභයා [으르셔버야-] 황소 මී හරකා.

වෘෂභ ලග්නය [으르셔벌 라그너여] (천문학) 황소자리 වෘෂභ රාශිය.

වෘෂ්ටිපාතය [으르쉬티빠-떠여] 비내림, 강우.

වෘෂ්ටිය [으르쉬티여] 비, 강우 වර්ෂාව. (구어) වැස්ස

වෘහත් [으루핟] 큰, 광대한, 넓은 මහත්.

වෘහස්පති [으루하쓰빠띠] 쥬피터 신 බ්‍රහස්පති දෙවියා.

වෙට්ට [웰터] ①낮은, 저품질의, 비천한, 쓸모없는 වැඩකට නැති ②낮은, 기초의 පහත් ③유랑하는, 방랑하는 පාදඩ.

වෙට්ට පිත්තල [웰터 삗떨러] 질이 낮은 동제품.

ච

වෙට්ටුව [웯투워] ①횡절, 가로로 자름 හරස් කැපීම ②철판 자르는 가위 ලෝහ කපන කතුරක්.
වෙඩරූ [웨더루] 버터 බටර්.
වෙඩි [웨디] 발사, 슈팅 වෙඩිලි.
වෙඩිකාරයා† [웨디까-러야-] 총잡이, 포수 වෙඩික්කාරයා.
වෙඩික්කාරයා [웨뒤까-러야-] 총잡이, 포수 වෙඩිකාරයා.
වෙඩි ගුලිය [웨디 굴리여] 총알, 탄알.
වෙඩි තියනවා/වෙඩි තබනවා‡ [웨디 띠여너와-/웨디 따버너와-] 총을 쏘다, 발사하다.
වෙඩි පුළුන් [웨디 뿔룬] 면화약.
වෙඩි බෙහෙත් [웨디 베헫] 탄약.
වෙඩි ලුණු [웨디 루누] 초석(硝石), 칠레 초석
වෙඩිල්ල† [웨딜러] 발사, 쏨. (복) *වෙඩිලි*
වෙඩි වගේ [웨디 와게-] ①빠른, 신속한 ②확실한, 확고한.
වෙඩ්ඩියා [웯디야-] 야생 숫소 කුළු හරකා.
වෙඩ්ඩි වෙනවා [웯디 웨너와-] 방해받다, 피해를 받다.
වෙණ [웨너] 수금, 바이올린 වීණාව.
වෙණ ඇඳුරු [웨너 앤두루] 전문 바이올린 연주자.
වෙණද/වෙණඳ [웨너더/웨난더] 장사꾼 වාණිජයා.
වෙණදහම්/වෙණදම් [웨너다함/웨너담-] 장사, 매매, 상업 වෙළඳාම.
වෙණඳ [웨난더] 장사꾼.
වෙඬරු/වෙඬුරු† [웬더루/웬두루] (물소 젖의) 버터 기름 වෙඬෙරු.
වෙඬෙරු [웬데루] (물소 젖의) 버터 기름 වෙඬරු.
වෙත‡ [웨떠] ①(후치사)~에게로, ~로, ~향하여 හට (구어) ~ ට ②~ 할 때, ~ 시기에 වෙන කල්හි. ¶ වෙතින් ~ 으로부터
වෙතින් [웨띤] (후치사) ~으로부터, ~로부터.
වෙද‡ [웨더] 의료의, 메디컬의 වෛද්‍ය.
වෙද ඇඟිල්ල [웨더 앵길러] 검지, 검지 손가락 වෙදැඟිල්ල.
වෙදකම† [웨더꺼머] 치료, 치료 행위, 의료 행위 වෛද්‍ය වෘත්තිය.
වෙදකම් කරනවා† [웨더깜 꺼러너와-] 치료하다, 치유하다 සුව කරනවා.
වෙදඟිල්ල† [웨더길러] (왼손의) 약손가락.
වෙද නලාව† [웨더 날라-워] 청진기.
වෙද සතර [웨더 싸떠러] 의학 වෛද්‍ය ශාස්ත්‍රය.
වෙදහල [웨더할러] 병원 රෝහල. (구어) ඉස්පිරිතාලය
වෙදහෙදකම් [웨더헤더깜] 의료적인 돌봄, 치료.
වෙදා [웨다-] 의사, 닥터 වෛද්‍යවරයා. (복) *වෙද්දු* ¶ වෙදුන්ගේ 의사들의 වෙදුන්ට 의사들에게 වෙදුන් 의사들을
වෙද්දු [웯두] වෙදා 의 복수: 의사들, 닥터들 වෛද්‍යවරයෝ. ¶ වෙදුන්ගේ (소유격) 의사들의 වෙදුන්ට (여격) 의사들에게 වෙදුන් (목적격) 의사들을
වෙදැඟිල්ල [웨댕길러] 검지, 검지 손가락 වෙද ඇඟිල්ල.
වෙදැදුරු [웨대두루] 의사, 닥터 වෛද්‍යවරයා.

ව

වෙන‡ [웨너] 다른, 다른 하나의 වෙනත්. (문어) අන්

වෙන කං‡ [웨너 깡] (후치사) ~까지 වෙන කන්. (문어) දක්වා ¶ හයේ ඉඳලා දහය වෙන කං 6부터 10까지

වෙනත්‡ [웨낟] 다른, 다른 하나의 අනෙක්. (문어) අන්

වෙනම‡ [웨너머] 구별되게, 달리.

වෙනවා‡ [웨너와-] වුණා-වී (වෙලා) ①되다, 발생하다, 되어지다 සිදු වෙනවා ②(사람, 동물이) 있다 සිටිනවා ③(문어체: 물건) 있다 තිබෙනවා. වීම (문어) වනවා

වෙන වෙන‡ [웨너 웨너] 다르게, 구별되게.

වෙනස‡ [웨너써] 차이, 다름, 구별 විවිධත්වය.

වෙනස්‡ [웨나쓰] 다른, 구별된, 차이가 있는.

වෙනස්කම‡ [웨나쓰꺼머] 다른 점, 차이점.

වෙනි‡ [웨니] (후치사) ~째, ~번째 වැනි (문어) වන ¶ පළමුවෙනි 첫번째 දෙවෙනි 두번째

වෙනින් [웨닌] 다른, 다른 하나의 වෙනත්.

වෙනීය [웨니-여] ①(동물의) 꼬리 වල්ගය ②볏단, 묶음.

වෙනුව [웨누워] ①대신, 대체, 교체 ආදේශය ②보상, 변상 හිලව්ව. ¶ වෙනුවට ~를 위해서, 대신하여

වෙනුවෙන්† [웨누웬] ~를 대신하여, ~를 대신해서, ~를 위해서 වෙනුවට. ¶ මා වෙනුවෙන් යේසුස් වහන්සේ කුරුසියේ මැරුණා 나를 대신해서 예수님께서 십자가에서 죽으셨다

වෙන් කර ගන්නවා‡ [웬 꺼러 간너와-] 나누다, 분리하다, 떨어뜨리다 ඉවත් කරනවා. ¶ කලින් වෙන්කර ගන්නවා 예약하다

වෙන් කරනවා‡ [웬 꺼러너와-] 나누다, 분리하다, 떨어뜨리다 ඉවත් කරනවා.

වෙන්දේසිය† [웬데-씨여] 경매, 옥션.

වෙන් වෙනවා‡ [웬 웨너와-] ①떨어지다, 분리되다, 나누어지다 ඉවත් වෙනවා ②떨어져 있다, 떨어져 지내다. වෙන් වීම

වෙබ් අඩවිය [웹 아더위여] 웹사이트.

වෙය [웨여] ①속도, 스피드 වේගය ②거리, 길 වීථිය.

වෙයාකරණ [웨이야-꺼러너] 문법(의) ව්‍යාකරණ.

වෙයාවච්ච [웨이야-왗처] (국가, 사회에 대한) 의무.

වෙර† [웨러] ①미움, 싫어함 වෛරය ②노력, 수고, 에너지, 열정 වීර්යය ③몸, 신체 ශරීරය.

වෙර බඳිනවා [웨러 반디너와-] 미워하다, 싫어하다 පිළිකුල් කරනවා. (구어) වෛර කරනවා.

වෙර වීරිය [웨러 위-리여] 체력, 몸의 힘 ශරීර ශක්තිය.

වෙරළ‡ [웨럴러] 해변, 바닷가 මුහුදුබඩ.

වෙරළ ඔටන්නා [웨럴러 오탄나-] 할미새.

වෙරළබඩ† [웨럴러바더] 바닷가, 해변가 මුහුදුබඩ.

වෙරළස [웨럴러써] 바닷가, 둑.

වෙරළාන්තය [웨럴란-떠여] 바닷가, 해변 මුහුදුබඩ.

වෙරළාසන්න [웨럴라-싼너] 바닷가, 해변가 මුහුදුබඩ.

වෙරළු‡ [웨럴루] ①올리브, 감람 ඔලීව් ②묘안석(猫眼石) වෙවදූර්ය මාණික්‍යය.
වෙරළුමිණ [웨럴루미너] (광물) 녹주석.
වෙරි/වෙරිමත් [웨리/웨리맏] 술취한, 취한, 비틀거리는 මත්වූ.
වෙරිකාරයා† [웨리까-러야-] 주정뱅이, 술주정뱅이 බේබද්දා.
වෙරිමත් [웨리맏] 술취한, 취한, 비틀거리는 වෙරි.
වෙරිමරගාතේ [웨리머러가-떼-] 술취하여.
වෙල† [웰러] 논, 들판 කුඹුර.
වෙලළ [웰럴러] 바닷가, 해변 මුහුදුබඩ.
වෙලා‡ [웰라-] ①වෙනවා 의 과거분사: 되어, 되어서 වී (문어) ච ②වේලාව 의 복수 또는 형용사: 시간들(의) (문어) වේලා.
වෙලාව‡ [웰라-워] 시간, 때 කාලය. (문어) වේලාව ¶ දැන් වෙලාව අටයි කාලයි 지금 시간 8시 15분 이에요
වෙලෙවි [웰레위] 빠른, 재빠른, 급한 වේගවත්.
වෙල් [웰] වෙල 의 복수 또는 형용사: ①논들 ②논의 කුඹුරු.
වෙල් මුලාදෑනියා [웰 물라-대-니야-] 들관리인, 논 관리인.
වෙල් යාය [웰 야-여] 들판, 논 들판 කුඹුරු තීරය.
වෙල්ල [웰러] 흑연, 석묵(石墨).
වෙල්ලවෑහුම් [웰러왜훔] 팬케이크.
වෙල් විදානේ [웰 위다-네-] 들판 관리인, 논 관리인.
වෙව්ලීම/වෙවුලීම† [웨윌리-머/웨울리-머] වෙවුලනවා, වෙව්ලනවා 의 동명사: 떨림, 흔들림, 진동 කම්පනය.
වෙවුලනවා/වෙව්ලනවා [웨울러너와-] වෙවුලුවා-වෙවුලා 떨리다, 흔들리다, 진동하다 හෙල්ලෙනවා. <u>වෙවුලීම/වෙවුලුම</u>
වෙවුලීම/වෙවුලුම [웨울리-머/웨울루머] වෙවුලනවා, වෙව්ලනවා 의 동명사: 떨림, 흔들림, 진동 කම්පනය.
වෙවුලෙනවා† [웨울레너와-] වෙවුලුණා-වෙවුලී 떨리다, 흔들리다, 진동하다 ගැහෙනවා. <u>වෙවුලීම/වෙවුලුම</u>
වෙව්ලනවා [웨울러너와-] වෙවුලුවා-වෙව්ලා 떨리다, 흔들리다, 진동하다 හෙල්ලෙනවා. <u>වෙව්ලීම/වෙව්ලුම</u>
වෙස [웨써] 모양, 형태, 형상 ස්වරූපය.
වෙසක්† [웨싺] 부처님 오신 날, 석가탄신일: 스리랑카는 음력 15일 뽀여를 중심으로 불교 행사를 하기에 부처님 오신 날 또한 뽀여에 기념한다. 그래서 한국과 날짜가 다르다.
වෙසක් කූඩුව† [웨싺 꾸-두워] (부처님 오신 날에 다는) 연등, 등.
වෙසක් පහන [웨싺 빠하너] (부처님 오신 날에 다는) 연등.
වෙසක් පහන් කූඩුව [웨싺 빠한 꾸-두워] (부처님 오신 날에 다는) 연등, 등.
වෙසක් පෝය [웨싺 뽀-여] 석가 탄신일과 열반 입적을 함께 기념하는 뽀여 (음력 15일 불교 행사의 날).
වෙසඟ [웨썽거] 부처님 오신날 축제 වෙසක් උත්සවය.
වෙසඟන† [웨썽거너] 창녀, 매춘부 පුරඟන.

වෙසෙනවා‡ [웨쎄너와-] විසුණා-වෙසී 살다, 머물다, 거하다 ජීවත් වෙනවා. විසීම/විසුම

වෙසෙස [웨쎄써] 특별함, 특이함, 비상함 විශේෂත්වය.

වෙසෙසින් [웨쎄씬] 특별히, 특히 විශේෂෙන්.

වෙසෙසුන් [웨쎄쑨] 형용사를 만드는 한정사(限定詞) (속성, 성질을 나타내는 어구).

වෙසෙස් [웨쎄쓰] 특별한, 특이한, 비상한 විශේෂ.

වෙස් [웨쓰] 모양, 형상 වේශය. (구어) හැඩය

වෙස් ගන්නවා [웨쓰 간너와-] 화장하다, 메이크업하다 හැඩ ගන්වනවා.

වෙස් නැටුම [웨쓰 내투머] 캔디안 댄스의 한 종류 춤.

වෙස් පානවා [웨쓰 빠-너와-] 가면을 쓰다, 가면으로 가리다.

වෙස් පෙරළෙනවා [웨쓰 뻬*럴*레너와-] 변장되다, 분장되다 වේශය වෙනස් වෙනවා.

වෙස් මාරු කරනවා‡ [웨쓰 마-*루* 꺼*러*너와-] 변장하다, 분장하다 වේශය වෙනස් කරනවා.

වෙස්මුහුණ/වෙස්මූණ‡ [웨쓰무후너/웨쓰무-너] 가면, 탈 කෘත්‍රිම මුහුණ.

වෙහෙර [웨헤*러*] ①절 විහාරය ②사당, 묘 දාගබ.

වෙහෙලි [웨헬리] 둑, 두둑 වේල්ල.

වෙහෙස [웨헤써] ①피로, 지침, 스트레스 (구어) මහන්සිය ②문제, 성가신 것 හිරිහැරය.

වෙහෙසනවා [웨헤써너와-] වෙහෙසුවා-වෙහෙසා 지치게 하다, 약하게 만들다 මහන්සි කරනවා.

වෙහෙස වෙනවා† [웨헤써 웨너와-] 지치다, 약해지다, 피곤해지다. (구어) මහන්සි වෙනවා

වෙහෙසෙනවා† [웨헤쎄너와-] වෙහෙසුණා-වෙහෙසී(වෙහෙස) 지치다, 약해지다, 피곤해지다 මහන්සි වෙනවා.

වෙළඳ [웰러떠] 근접, 부근, 가까움 සමීපය. (복) *වෙළත්*

වෙළනවා† [웰러너와-] වෙළුවා-වෙළා 감싸다, 싸다, 휘감다 වෙළා ගන්නවා. වෙළීම/වෙළුම

වෙළන්ද‡ [웰런다-] 장사꾼, 상인 වෙළෙන්දා.

වෙළඳ [웰런더] ①장사하는, 사고 파는, 교역하는, 상업의 විකුණන ②상인의, 장사꾼의.
¶ නිදහස් වෙළඳ ගිවිසුම 자유무역 협정

වෙළඳ නියෝජිත [웰런더 니요-지떠] 판매소, 대리점.

වෙළඳපළ/වෙළඳපොළ‡ [웰런더뻘러/웰런더뽈러] 시장, 사고 파는 곳.

වෙළඳ බැංකුව† [웰런더 뱅꾸워] 상업 은행.

වෙළඳ බෝග† [웰런더 보-거] 상업작물.

වෙළඳ මාර්ග [웰런더 마-르거] 유통망, 판매망.

වෙළඳ මිල [웰런더 밀러] 가격, 소매가.

වෙළඳ ලකුණ† [웰런더 라꾸너] 상표명, 상호.

වෙළඳ වට්ටම [웰런더 왙터머] 가격 인하, 세일.

වෙළඳසල† [웰런더쌀러] 가게, 상점 වෙළඳසැල. (구어) කඩය

වෙළඳසැල‡ [웰런더쌜러] 가게, 상점 වෙළඳසල. (구어) කඩය

වෙ

වෙළඳ සුළං [웰런더 쑬랑] 무역풍.

වෙළඳහල [웰런더할러] 가게, 상점 කඩය. (문어) වෙළඳසැල

වෙළඳාම‡ [웰런다-머] 장사, 사고팜, 교역, 상업 විකිණීම.
¶ වෙළෙන්දා 장사꾼, 상인

වෙළඳාම් කරනවා‡ [웰런담 꺼러너와-] 팔다, 장사하다, 교역하다 විකුණනවා.

වෙළපනවා [웰러뻐너와-] 속이다, 사기치다 මුළා කරනවා.

වෙළඹ† [웰럼버] 암말 අශ්ව ධේනුව.

වෙළහෙළඳාම [웰러헬런다-머] 장사, 판매, 거래, 교역, 상업활동 වෙළඳාම.

වෙළා ගන්නවා [웰라- 간너와-] 싸다, 감싸다, 휘감다.

වෙළීම/වෙළුම† [웰리-머/웰루머] වෙළනවා, වෙළෙනවා 의 동명사: 쌈, 둘러쌈, 휘감기.

වෙළු කවනවා [웰루 까워너와-] (실을) 꼬다, 짜다, 감다 අඹරනවා.

වෙළුම† [웰루머] ①වෙළනවා, වෙළෙනවා 의 동명사: 쌈, 둘러쌈, 휘감기 වෙළීම ②(책의) 권.

වෙළුම් පටිය† [웰룸 빠티여] 붕대, 감는 천.

වෙළෙනවා [웰레너와-] වෙළුණා-වෙළී වෙළනවා 의 피동사: 감싸지다, 싸지다, 싸이다, 둘러 감기다. වෙළීම/වෙළුම

වෙළෙන්දා† [웰렌다-] 장사꾼, 상인 වෙළන්දා. ¶ වෙළෙන්දිය 여장사꾼

වෙළෙඳපළ [웰렌더뻘러] 시장, 사고 파는 곳 වෙළඳපළ.

වෙළෙඳාම [웰렌다-머] 장사, 사고팜, 교역, 상업 වෙළඳාම.

වෙළෙප/වෙළෙපි [웰레뻐/웰레삐] ①덤불 ②가지 අත්ත.

වෙළෙඹි/වෙළෙඹු [웰렘비/웰렘부] 암말(의).

වේලෙවි [웰레위] 빠른, 재빠른, 급한 වේගවත්.

වේ [웨-] ①흰개미의, 흰개미와 관련된 ②(마디 있는) 줄기(등, 대, 종려 나무·사탕 수수 따위), 등(藤)나무 වේවැල.

වේ [웨-] වෙනවා 의 현재 3인칭 단수: 되다.

වේග [웨-거] 빠른, 재빠른, 급한 වේගවත්.

වේග පරීක්ෂණය [웨-거 빠 릭-셔너여] 속도 테스트.

වේගජ [웨-거저] 활동적인, 움직이는.

වේගජ ශක්තිය [웨-거저 샥띠여] 활동력.

වේගන යනවා [웨-거너 야너와-] 쇠약해지다, 쇠퇴하다 පහවී යනවා.

වේග මානය [웨-거 마-너여] 속도계.

වේගය‡ [웨-거여] 속도, 스피드, 빠름 ඉක්මන.

වේගයෙන් යනවා‡ [웨-거옌 야너와-] 빨리 가다, 돌진하다, 매진하다.

වේගවත්‡ [웨-거왇] ①빠른, 재빠른 ශීඝ්‍ර (구어) ඉක්මන් ②화난, 분노한 කේන්ති සහිත.

වේගෙන [웨-게너] ~되어져, ~가 되어. ¶ වැඩි වේගෙන යයි 많아져 가다 සවස් වේගෙන යයි 오후가 되어 간다

වේණා [웨-나-] 바이올린 වීණා.

වේණු [웨-누] 대나무 උණ ගස.

වේතනය† [웨-떠너여] ①품삯,

ව

임금 වැටුප (구어) පඩිය ②생계, 살림 ජීවකාව.

චේතනික [웨-떠니꺼] 종(의), 하인(의).

චේතාලිකයා [웨-딸-리꺼야-] 상찬자(賞讚者), 찬양자, 찬사의 글을 쓰는 사람.

චේ තුඹස† [웨- 뚬버써] 개미탑, 개밋둑 තුඹස. (구어) චේ හුඹහ

චේත්‍රධර/චේත්‍රධාරි [웨-뜨*러*더*러*/웨-뜨*러*다-*리*] (군대) 중사, 하사.

චේත්‍රය [웨-뜨*러*여] 등나무, 등나무 줄기 වේවැල.

චේද [웨-더] චේදය 의 복수 또는 형용사: ①베다들, 베다 문학들, 베다의, 베다 문학의 ②지식들, 학문들, 지식의.

චේදනය [웨-더너여] 누림, 경험함 විඳීම.

චේදනාකාරී [웨-더나-까-*리*-] 고통스러운, 괴로운, 아픈 පීඩාකර.

චේදනාව‡ [웨-더나-워] ①고통, 아픔, 통증 රිදීම (구어) කැක්කුම ②감정, 느낌 හැඟීම.

චේදය [웨-더여] ①베다문학 ②지식, 학문, -학 දැනුම.

චේදසාක්ෂිකයා [웨-더싹-쉬꺼야-] (기독교) 순교자.

¶ චේදසාක්ෂික මරණය 순교

චේදිකාව‡ [웨-디까-워] ①무대, 연단 රඟ මඬල ②(정거장의) 플랫폼.

චේදිය [웨-디여] (건물) 난간.

චේදී [웨-디-] 배운, 학식있는 උගත්.

චේදුරු [웨-두*루*] 말 기수(의) ජොකියා.

චේයා† [웨-야-] 흰개미. (복) *චේයෝ*

චේල† [웰-러] 끼니, 끼. (복) *චේල්*

චේලනවා‡ [웰-러너와-] චේලුවා-චේලා 말리다, 건조하다 ලවනවා. චේලීම/චේලවීම

¶ චේලනය 드라이기, 건조기

චේල පහින් [웰-러 빠힌] 일찍, 일찍이 චේලාසනින්.

චේලවනවා [웰-러워너와-] චේලෙවුවා-චේලවා 말리다, 건조하다 ලවනවා. චේලීම/චේලවීම

චේලහනින් [웰-러허닌] 일찍, 일찍이 චේලාසනින්.

චේලා [웰-라-] ①චේලනවා 의 과거분사: 말리고, 건조하여 ②චේලාව 의 복수 또는 형용사: 시간들, 시간의.

චේලාන්තය [웰-란-떠여] ①강기슭 ඉවුර ②바닷가 වෙරළ.

චේලාපත්කඩය [웰-라-빧까*더*여] 점성, 별자리.

චේලාපහ/චේලාසන [웰-라-빠하/웰-라-써너] 제때에, 정확히 කල් ඇතිව.

චේලායුධය [웰-라-유더여] (그리스, 로마 신화) 삼지창 ත්‍රිශූලය.

චේලාව‡ [웰-라-워] 시간, 때 කාලය. (구어) වෙලාව

චේලාසන [웰-라-써너] 제때에, 정확히 කල් ඇතිව.

චේලාසනින්‡ [웰-라-써닌] 일찍, 일찍이 චේලාහනින්.

චේලෙනවා‡ [웰-레너와-] චේලුණා-චේලී ①마르다, 건조되다 ②시들다, 말라 버리다. චේලීම

චේලිච්ච/චේලිච්චි [웰-릳처/웰-릳치] චේලෙනවා 의 형용사적 과거용법: 마른, 건조된, 시든 වියළි. (문어) චේලුණු

වේල්ල‡ [웰-러] 댐, 둑 බැම්ම.

වේවා† [웨-와-] වෙනවා 의 기원문 (현재 단수 3인칭): 있으리라, 있을지어다, 될지어다.

වේවැල† [웨-왤러] ①(마디 있는) 줄기 (대, 사탕 수수), 등(藤), 등나무 වේ ②매, 회초리.

වේවැල් කසාය [웨-왤 까싸-여] 매, 회초리.

වේශධාරී [웨-셔다-리] 모형 제작자.

වේශ නිරූපනය [웨-셔 니루-뻐너여] 화장, 메이크업.

වේශය/වේසය [웨-셔여/웨-써여] ①모습, 옷차림, 외관 ②변장, 가장 බොරුවේසය.

වේශ්‍යාකම [웻-쉬야-꺼머] 매춘, 매음 වෛශ්‍යාකම.

වේශ්‍යාව [웻-쉬야-워] 매춘부, 창녀, 창기 වෛශ්‍යාව.

වේෂ්ටකය [웨-쉬터꺼여] 울타리, 울타리 치기 වැට.

වේෂ්ටනය [웨-쉬터너여] (머리에 두르는) 터번 තලප්පාව.

වේස [웨-써] ①창녀들, 매춘부들 ②창녀의, 매춘부의 වේසී.

වේසය [웨-써여] ①모습, 옷차림, 외관 වේශය ②변장, 가장 බොරුවේසය.

වේසාවා [웨-싸-와-] 남창.

වේසාවිය/වේසිය [웨-싸-위여/웨-씨여] 창녀, 창기, 매춘부, 매춘녀 වේශ්‍යාව. (복) *වේසාවි/වේසී*

වේසී [웨-씨-] වේසය 의 복수 또는 형용사: ①창녀들, 매춘부들 ②창녀의, 매춘부의.

වේහාස [웨-하-써] 하늘(의) අහස.

වේ හුඹහ [웨- 훔버하] 개미탑, 개밋둑 තුඹස. (구어) වේ තුඹස

වේළනවා [웰-러너와-] වේළුවා-වේළා 말리다, 건조하다. <u>වේළීම</u>

වේළි [웰-리] 마른, 건조된, 시든 වියළි, වියළුණ.

වේළිච්ච/වේළිච්චි [웰-릿처/웰-릿치] වේළෙනවා 의 형용사적 과거용법: 마른, 건조된, 시든 වියළි. (문어) වේළුණු

වේළු [웰-루] 대나무들 උණ ගස්.

වේළුණු [웰-루누] වේළෙනවා 의 형용사적 과거용법: 마른, 건조된, 시든 වියළි. (구어) වේළිච්ච

වේළුරිය [웰-루리여] (광물) 녹주석 වෛඩූර්ය.

වේළුවනය [웰-루와너여] 대밭, 대나무 숲 උණ වනය.

වේළෙනවා† [웰-레너와-] වේළුණා-වේළී ①마르다, 건조되다 ②시들다, 말라 버리다. <u>වේළීම/වේළුම</u>

වෛකල්පික† [와이깔삐꺼] 양자택일의, 선택할 수 있는 විකල්ප.

වෛකල්පිත [와이깔삐떠] 선택의, 대신의, 대용의 විකල්ප.

වෛකල්‍යය [와이깔리여여] ①기형, 모양이 흉함 විකලත්වය ②불모, 황량 වඳ බව.

වෛචිත්‍රය [와잋치여여] 주름, 주름짐 රැළ ගතිය.

වෛජයන්ත [와이자얀떠] 사카신의 궁궐.

වෛජයන්තිකයා [와이자얀띠꺼야-] 기수, 깃발을 드는 사람 ඡත්‍රග්‍රාහකයා.

වෛජයන්තිය [와이자얀띠여] 깃발, 기 ධජය. (구어) කොඩිය

වෛශේෂික [와이끄냐-니꺼] 전문의, 숙련된, 숙달된 නිපුණ.

වෛ

වෛඩූර්ය [와이두-르여] (보석) 묘안석, 캐츠아이 වෛදූර්ය.

වෛතාලය [와이딸-러여] 새벽 හිමිදිරිය. (구어) පාන්දර

වෛතාලිකයා [와이딸-리꺼야-] ①방랑 시인 වන්දිභට්ටයා ②노래를 불러 왕을 깨우는 사람.

වෛතුල්‍ය [와이뚤리여] 이설의, 비정통적인, 이단의 අශාසනික.

වෛදග්ධ [와이다그더] 전문적인, 현명한 විදග්ධ.

වෛදික [와이디꺼] 베다(Veda)의, 베다어의 වේදයට අයත්.

වෛදූර්ය [와이두-르여] (광물) 묘안석, 캐츠아이 වෛඩූර්ය.

වෛද්‍ය‡ [와읻디여] ①의료의, 메디컬의, 의사의 වෙද ②내과의의, 내과 의사의.

වෛද්‍ය නළාව‡ [와읻디여 날라-워] 청진기 වෙද නළාව.

වෛද්‍ය පරීක්ෂණය† [와읻디여 빠릭-셔너여] 건강 검진.

වෛද්‍යය† [와읻디여여] 의학 වෙදකම.

වෛද්‍යවරයා‡ [와읻디여워러야-] 의사 දොස්තර. ¶ වෛද්‍යවරිය 여의사

වෛද්‍ය විද්‍යාලය‡ [와읻디여 윋디얄-러여] 의과대, 의과 학교.

වෛද්‍ය විද්‍යාව‡ [와읻디여 윋디야-워] 의학 වෙදකම.

වෛද්‍ය ශාස්ත්‍රය [와읻디여 샤-쓰뜨러여] 의학 වෛද්‍ය විද්‍යාව.

වෛද්‍යාචාර්ය [와읻디야-차-르여] 의사 දොස්තර.

වෛද්‍යාධාර [와읻디야-다-러] 의료 구제, 의료 원조.

වෛධ [와이더] ①형식의, 모양의 රූපික ②규칙적인 ඒකාකාර.

වෛධව්‍යය [와이덥위여여] 과부됨 වැන්දඹු බව.

වෛධික රසායන විද්‍යාව [와이디꺼 러싸-여너 윋디야-워] 법화학 (화학에 관련된 사실들을 민사, 형사 문제에 적용하는 것).

වෛපුල්‍යය [와이뿔리여여] 큼, 거대, 위대 විපුලත්වය.

වෛයාකරණ [와이야-꺼러너] 문법 ව්‍යාකරණ.

වෛයාකරන [와이야-꺼러너] 빨리 가는, 급히 가는 ඉක්මන්කර යන.

වෛර† [와이러] 미워하는, 증오하는 ක්‍රෝධ.

වෛර කරනවා‡ [와이러 꺼러너와-] 미워하다, 증오하다, 싫어하다 ද්වේෂ කරනවා. ¶ වෛර බඳිනවා 미워하다

වෛරක්කාරයා‡ [와이락까-러야-] 적, 원수 සතුරා.

වෛරය‡ [와이러여] 미움, 증오 ක්‍රෝධය.

වෛරසය‡ [와이러써여] 세균, 바이러스, 병균 විෂබීජය.

වෛරාග්‍ය [와이락-기여] 무욕정의, 욕정으로부터 자유로운 විරාග.

වෛරී [와이리-] 미워하는, 공연히 싫은, 비위에 맞지 않는 ක්‍රෝධ.

වෛරූප්‍ය [와이룹-삐여] 볼품없는, 불구의, 기형의 විරූප.

වෛරෝඩි† [와이로-디] (광물) 묘안석, 캐츠아이 වෛදූර්ය.

වෛවර්ණ† [와이와르너] 각양각색의, 다채로운 විවිධ වර්ණවලින් යුත්.

වෛවර්ණ රෝගය [와이와르너 로-거여] (식물) 모자이크 병.

ව

වෛචාරන්න [와이와-란너] 다양한, 각양의 විවිධ.

වෛවාහික [와이와-히꺼] 혼인의, 부부간의 විවාහයට අදාළ.

වෛවාහිකය [와이와-히꺼여] (해부학) 처녀막 කුමාරිච්ඡදය.

වෛශාඛ [와이샤-꺼] (씽할러 달력) 웨삭 달 වෙසක්.

වෛශාරද්‍යය [와이샤-랃디여여] 전문성, 전문적 기술, 노하우 විශාරද බව.

වෛශ්‍යයා [와잇쉬여야-] 창녀, 매춘부, 창기 වෛශ්‍යාව.

වෛශ්‍යාකම† [와잇쉬야-꺼머] 매춘, 매음 වේශ්‍යාකම.

වෛශ්‍යාව† [와잇쉬야-워] 창녀, 매춘부, 창기 වෛශ්‍යයා.

වෛෂයික [와이셔이꺼] 목적의, 목표의 විෂයෙන් නිපන්.

වොටය [오터여] (전기) 와트.

වොටුන්න [오툰너] 왕관 ඔටුන්න. (복) වොටුනු

වොරජනා [오러저나-] 빛나는, 반짝이는 බබළන, වොරඳනා.

වොරඳනවා [오란더너와-] 빛나다, 반짝이다 බබළනවා.

වොලොට්ටුව [올롵투워] 지갑, 월렛 පසුම්බිය.

වෝල්ටය† [올-터여] (전기) 볼트, 전압.

වෝල්ටියතාව [올-티여따-워] (전기) 전압량, 볼트 수.

වෝල්ට්මානය [올-트마-너여] (전기) 전압계.

වෝහාරය [오-하-러여] ①법, 법령 නීතිය ②재판, 소송 නඩුව.

ව්‍යංගය/ව්‍යඞ්ගය [위양거여] (뜻의) 내포, 함축, 힌트 අනියම් මග.

ව්‍යංජනය‡ [위양저너여] ①카레 කරිය ②(문법) 자음 අප්‍රාණාක්ෂර.

ව්‍යක්ත [위얔떠] ①현명한, 배운, 지식있는 උගත් ②뚜렷한, 명백한 පැහැදිලි.

ව්‍යඞ්ගය [위양거여] (뜻의) 내포, 함축, 힌트 අනියම් මග.

ව්‍යඤ්ජනය [위양저너여] ①카레 කරිය ②(문법) 자음 අප්‍රාණාක්ෂර.

ව්‍යඤ්ජන සන්ධිය [위양저너 싼디여] (문법) 자음 결합.

ව්‍යඤ්ජනා [위얀저나-] 제안(의), 제의(의).

ව්‍යතික්‍රමය [위야끄러머여] 위반, 범죄, (종교, 도덕적) 죄 ඉක්මීම.

ව්‍යතිරේකය [위야띠레-꺼여] 제외, 예외 නියමයෙන් බාහිරවූ දෙය.

ව්‍යථජනක [위야떠자너꺼] 병리학의, 병리상의 අසනීප ඇති කරන.

ව්‍යථවේදය [위야떠웨-더여] 병리학 ව්‍යාධි වේදය.

ව්‍යනුකලනය [위야누깔러너여] 붕괴, 분해.

ව්‍යපදේශය [위야뻐데-셔여] ①표시, 보여줌 සංඥාව ②이용, 사용 ව්‍යවහාරය.

ව්‍යපනය [위야뻐너여] 산만, 장황, (초점이) 흐려짐.

ව්‍යපහරණය [위야뻐하러너여] 횡령, 착복.

ව්‍යභිචාරය [위야비차-러여] 방탕, 비행 වැරදි හැසිරීම.

ව්‍යභිචාරීභාවය [위야비차-리바-워여] (정신, 인격의) 분열.

ව්‍යය [위야여] ①분실, 잃음 නැතිවීම ②지출, 소비 වැය ③망함, 패망 විනාශ වීම.

ව

ව්‍යර්ථ [위아르떠] 쓸모없는, 무익한, 헛된 නිෂ්ඵල.

ව්‍යවච්ඡේදය [위아왘체-더여] 절단, 자름 කැපීම.

ව්‍යවච්ඡේද විද්‍යාව [위아왘체-더 윋디야-워] 해부학 ව්‍යූහ විද්‍යාව.

ව්‍යවධාන [위아워다-너] 덮음(의), 숨김(의).

ව්‍යවර්තනය [위아와르떠너여] 제외, 배제, 배척 ඉවත් කිරීම.

ව්‍යවසාගාරය [위아워싸-가-러여] 실험실 පර්යේෂණාගාරය.

ව්‍යවසාය† [위아워싸-여] 기업, 사업체 ව්‍යාපාරය.

ව්‍යවසායකයා [위아워싸-여꺼야-] 사업가, 기업가.

ව්‍යවස්ථාදායකය [위아워쓰따-다-여꺼여] 입법부, 입법기관.

ව්‍යවස්ථාපිත නීතිය [위여워쓰따-삐떠 니-띠여] 성문법, 법령.

ව්‍යවස්ථාව‡ [위아워쓰따-워] ①헌법 සම්මත නීතිය ②법, 율법 නියමය.

ව්‍යවස්ථිත [위아워쓰띠떠] 법령의, 법의.

ව්‍යවහාර/ව්‍යවහාරික/ව්‍යවහාර්ය [위아워하-러/위아워하-리꺼/위아워하-르이여] ①사용하는, 이용하는 ②소송의, 재판의 ③ (문법) 구어의, 회화의. ¶ ව්‍යවහාර මුදල් 통화, 화폐

ව්‍යවහාර මුදල්† [위아워하-러 무달] 통화, 화폐.

ව්‍යවහාර කරනවා† [위아워하-러 꺼러너와-] 이용하다, 사용하다. (구어) පාවිච්චි කරනවා

ව්‍යවහාරය† [위아워하-러여] ①이용, 사용 භාවිතාව ②소송, 법 නඩුව ③사업, 장사 ව්‍යාපාරය.

ව්‍යවහාරික/ව්‍යවහාර්ය† [위아워하-리꺼/위아워하-르이여] ①사용하는, 이용하는 භාවිතා කරන ②소송의, 재판의 ③사업의, 장사의 ව්‍යාපාරික ④(문법) 구어의, 회화의.

ව්‍යවහාරික ඒකකය [위아워하-리꺼 에-꺼꺼여] 실용 단위.

ව්‍යවහාරික ගණිතය [위아워하-리꺼 가니떠여] 실용 수학, 응용 수학.

ව්‍යවහාරික විද්‍යාව [위아워하-리꺼 윋디야-워] 실용학, 실용과학.

ව්‍යවහාර්ය [위아워하-르이여] ①사용하는, 이용하는 භාවිතා කරන ②소송의, 재판의 ③사업의, 장사의 ව්‍යාපාරික ④(문법) 구어의, 회화의.

ව්‍යසනය [위아써너여] ①재앙, 재난, 재해 විපත ②파괴, 황폐케 함, 파멸 විනාශය. ¶ ව්‍යසනකාරී 재난의, 재앙의

ව්‍යාකරණය‡ [위아-꺼러너여] 문법 ව්‍යාකරණ ශාස්ත්‍රය.

ව්‍යාකූල† [위아-꿀-러] 혼동된, 혼란한, 뒤얽힌 අවුල් වූ.

ව්‍යාකූලතාව [위아-꿀-러따-워] 혼동, 혼란, 복잡.

ව්‍යාඛ්‍යානය [위아-끼야-너여] 주석서(書), 논평, 비평, 해설 ව්‍යාඛ්‍යාව.

ව්‍යාඛ්‍යාව [위아-끼야-워] 주석서(書), 논평, 비평, 해설.

ව්‍යාග්‍රයා/ව්‍යාඝ්‍රයා [위아-그러야-] 표범 දිවියා.

ව්‍යාජ‡ [위아-저] 거짓의, 속이는 බොරු.

ව්‍යාජ ධර්මය [위아-저 다르머여] 이단, 잘못된 가르침.

ව්‍යාජ නාමය† [위야-저 나-머여] 익명, 필명.
ව්‍යාජය [위야-저여] 거짓, 속임 රැවටිල්ල.
ව්‍යාධ [위야-더] 웨다족 වැද්දා.
ව්‍යාධි [위야-디] 병의, 질병의, 질환의 රෝග.
ව්‍යාධිජනක [위야-디자너꺼] 발병시키는, 병의 원인이 되는 රෝග කාරක.
ව්‍යාධිය‡ [위야-디여] 병, 질병, 질환 රෝගය.
ව්‍යාධිවේදය [위야-디웨-더여] 병리학 රෝග වෛද්‍යාව.
ව්‍යාපක [위야-빠꺼] 배포하는, 분배하는, 분배의.
ව්‍යාපනය [위야-빠너여] 전파, 퍼짐, 확산 පැතිරීම.
ව්‍යාපය [위야-빠여] 용량, 용적, 최대 용량 ග්‍රහණ ශක්තිය.
ව්‍යාපාදය [위야-빠-더여] 악의, 나쁜 감정 විනාශ හේතුව.
ව්‍යාපාර† [위야-빠-러] ව්‍යාපාරය의 복수 또는 형용사: ①사업들 ②사업의.
ව්‍යාපාර නාමය [위야-빠-러 나-머여] 사업 이름.
ව්‍යාපාර පොළ [위야-빠-러 뽈러] 증권 거래소.
ව්‍යාපාරය‡ [위야빠-러여] ①사업, 상업 වාණිජ කටයුත්ත ②캠페인, 운동 සංචලනය ③일, 업무, 작업.
ව්‍යාපාර වස්තුව [위야-빠-러 와쓰뚜워] 증권, 주식.
ව්‍යාපාරික [위야-빠리꺼] ①사업상의, 사업의, 일의 ව්‍යාපාරය සහිත ②사업가.
ව්‍යාපාරිකයා [위야-빠리꺼야-] 사업가.
ව්‍යාපි [위야-삐] ①배포하는, 분배하는, 분배의 පැතිරෙන සුලු ②공정한, 공평한 සාධාරණ.
ව්‍යාපෘතිය [위야쁘루띠여] 계획된 사업 (일).
ව්‍යාප්ත [위얖-떠] 넓게 퍼지는, 확산되는, 유포되는 පැතිර ගිය.
ව්‍යාප්තිය† [위얖-띠여] ①보급, 유포 පැතිරීම ②프로젝트, 계획사업.
ව්‍යාප්තිකරණය [위얖-띠꺼러너여] 일반화, 보편화.
ව්‍යාභිචාරය [위야-비차-러여] 품행이 나쁨, 비행.
ව්‍යාම [위야-머] 한 아름, 한 길 (약 6자) බඹය.
ව්‍යාමප්‍රභාව [위야-쁘러바-워] (신, 성자 등의) 후광, 원광.
ව්‍යාමෝහය [위야-모-하여] 환각, 환상, 망상 විකාර පෙනීම.
ව්‍යායාමය‡ [위야-야-머여] ①노력, 수고, 시도 වෑයම (구어) උත්සාහය ②운동, 체조, 연습.
ව්‍යාල [위얄-러] 잔인한, 잔악한, 잔혹한, 사나운 කුරිරු.
ව්‍යාලයා [위얄-러야-] 맹수, 사나운 짐승 වාලම්ග.
ව්‍යාවෘත [위야-우루떠] 연관된, 연결된, 관여된 යෙදුණු.
ව්‍යාස [위야-써] 세부사항, 내역 විස්තරය.
ව්‍යාසනය [위야-써너여] ①구경측정 අංක ශෝධනය ②재앙, 재난, 재해 විපත.
ව්‍යාසාදනය [위야-싸-더너여] 소독, 살균 විෂබීජ නාශකය.
ව්‍යාස්තරණය [위야-쓰따-러너여] (암석 표면) 벗겨져 떨어짐, 박리, 박락.

ව

ව්‍යාහෘත [위야-흐루떠] 말하여진, 선포된, 쓰인 කියන ලද.

ව්‍යුත්පත්ති [위윹빧띠] 유래, 기원, (단어) 파생 නිරුක්තිය.

ව්‍යුත්පන්න [위윹빤너] 유래하는, 파생적인 ව්‍යාකරණානුකූලව නිපන්.

ව්‍යුපශමය [위유빠샤머여] 진정, 완화, 달램, 위로 සැනසීම.

ව්‍යුහය† [위유하여] ①구조, 제도 පද්ධතිය ②틀, 모양, 형태 රාමුව ③군대 සේනාව.

ව්‍යුහාත්මක [위유핟-머꺼] ①구조적인, 제도의 පද්ධති ②틀의, 모양의, 형태의 රාමුක.

ව්‍රණය [우루너여] (의학) 종기, 궤양 වණය.

ව්‍රතය [우루떠여] 의례, 의식, 의전.

ව්‍රීඩා [우리-다-] 창피, 모욕 විළිලැජ්ජාව.

ව්‍රීහි [우리-히] 벼 වී.

ව

ශ

ශ [샤] 씽할러 알파벳의 55번째 글자: තාලුජ 딸-루저 샤얀너 라고 부른다.

ශංක/ශඞ්ක [샹꺼] 의심하는 අනුමාන.

ශංකර [샹꺼러] ①섞인, 혼합된 මිශ්‍ර ②유익한, 이익을 가져오는.

ශංකා [샹까-] 의심하는 අනුමාන.

ශංකාකූල [샹까-꿀-러] 의심하는, 불신하는 සැක සහිත.

ශංකාභ [샹까-버] 소라 모양의 හක් ගෙඩියක් වැනි.

ශංකාව [샹까-워] 의심, 불신 සැකය.

ශංකුව [샹꾸워] ①원뿔, 원뿔체 ②도랑, 도관 කාණුව.

ශංඛ/ශඞ්ක [샹꺼] 의심하는 ශංක.

ශංඛය [샹꺼여] 소라, 소라 류 හක් ගෙඩිය.

ශංඛලා [샹껄라-] 쇠고랑, 차고.

ශංසය [샹써여] 의심 ශංකාව.

ශක [샤꺼] (AD 78년에 '샬리와하너' 왕에 의해 제정된) 샤커 달력 체계의.

ශකට [샤꺼터] 달구지, 마차, 수레 කරත්තය.

ශකටධුරය [샤꺼터두러여] 멍에 වියගහ.

ශකට පඤ්ජරය [샤꺼터 빤저러여] 수레, 수레차 රිය.

ශකයුගය [샤꺼유거여] 샤커 왕의 시대.

ශක රජ වර්ෂ [샤꺼 라저 와르셔] AD 78년에 '샬리와하너' 왕에 의해 제정된 달력 체계.

ශක වර්ෂය [샤꺼 와르셔여] AD 78년에 '샬리와하너' 왕에 의해 제정된 달력 체계.

ශකුන [샤꾸너] 새의, 조류의 පක්ෂි.

ශක්තය [샦떠여] 능력, 가능성 පුළුවන්කම.

ශක්ති [샦띠] 힘있는, 능력의.

ශක්තිජනක† [샦띠자너꺼] 정력적인, 원기왕성한, 활동적인.

ශක්තිමත්‡ [샦띠맏] 강한, 힘센 බලවත්. ¶ ශක්තිමතා 강한 사람

ශක්තිමත් කරනවා‡ [샦띠맏 꺼러너와-] 강하게 하다, 강화하다, 튼튼하게 하다 බලවත් කරනවා.

ශක්තිය‡ [샦띠여] 힘, 능력 බලය.

ශක්ති විද්‍යාව [샦띠 윋디야-워] 에너지학.

ශක්ති සම්පන්න [샦띠 쌈빤너] 강한, 힘센 බලවත්.

ශක්මතාව [샦머따-워] 유연성, 늘어남 නම්‍යතාව.

ශක්‍ය [샦끼여] 가능한, 실행할 수 있는 හැකි. (구어) පුලුවන්

ශක්‍යතාව [샦끼여따-워] 가능성, 실행성 හැකිබව. (구어) පුලුවන් කම

ශක්‍ර [샤끄러] 샤크러 신의 සක්.

ශක්‍ර භවන [샤끄러 바워너] 샤크러 신의 머뭄.

ශක්‍රයා [샤끄러야-] 샤크러 신 සක් දෙවිඳු.

ශඞ්ක [샹꺼] 의심하는 ශංක.

ශට කපට [샤터 까빠터] 교활한, 비열한 ප්‍රයෝගකාර.

ශටවක [샤터워꺼] 음력 6일.

ශඨ [샤터] 교활한, 비열한, 사악한 ප්‍රයෝගකාර.

ශඨ ප්‍රයෝගය [샤터 쁘러요-거여] 교활함, 술책 කපට කම.

ශත [샤떠] ①100의, 백의 සිය ②루피의 센트들.

ශතකය‡ [샤떠꺼여] 1세기, 백 년 ශතවර්ෂය.

ශතපත්‍ර/ශතපද්ම [샤떠빠뜨러/샤떠빠드머] 연꽃 නෙළුම්.

ශතපද [샤떠빠더] (동물) 지네.

ශතපද්ම [샤떠빠드머] 연꽃 නෙළුම්.

ශත පුෂ්ප [샤떠 뿌쉬빠] (식물) 회향, 딜(dill), 서양 자초 (미나릿과의 식물로 잎과 열매는 향료로 쓰임).

ශතය† [샤떠여] ①100, 백 සියය ②루피의 1 센트 (1 루피는 100 센트다). ¶ ශතවර්ෂය 세기, 백 년

ශතවර්ෂය‡ [샤떠와르셔여] 1세기, 백 년 ශතකය.

ශතසහස්‍රය [샤떠싸하쓰러여] 십만 ලක්ෂය.

ශතාංශක [샤땅-셔꺼] 100분도(分度)의, 섭씨의.

ශතාධිපතියා [샤따-디빠띠야-] (로마 군대의) 백부장.
¶ සහශ්‍රාධිපතියා 천부장
පණසාධිපතියා 오십부장
දශාධිපතියා 십부장

ශතාබ්දය [샤땁-더여] 1세기, 백 년 ශතවර්ෂය.

ශත්‍රැ/ශත්‍රෘ [샤뜨래/샤뜨루] 적군, 대적자, 원수 සතුරා, හතුරා.

ශත්‍රෘ [샤뜨루] 적군, 대적자, 원수 සතුරා, හතුරා.

ශනි [샤니] (천문학) 토성 සෙනසුරු.

ශනිද/ශනිදිනය [샤니다-/샤니디너여] 토요일 සෙනසුරාදා.

ශපථ [샤빠떠] 맹세(의), 서약(의) දිවිරීම.

ශපථ කරනවා [샤빠떠 꺼러너와-] 맹세하다, 확언하다, 단언하다 සත්‍යක්‍රියා කරනවා.

ශප්ත/ශප්තම [샾떠/샾떠머] 일곱 번째의, 제 7의 සත් වැනි.

ශබර [샤버러] 왜다족 (의), 사냥족(의), 정글에 사는 족(의) සබර.

ශබල [샤벌러] 얼룩이 있는, 점이 있는, 얼룩진 පුල්ලි සහිත.

ශබ්ද‡ [샵더] ශබ්දය 의 복수 또는 형용사: ①소리들, 음들 නාද ②단어들, 낱말들 වචන ③소리의, 음의, 음향의 ④단어의, 낱말의.

ශබ්ද කරනවා† [샵더 꺼러너와-] 소리를 내다, 음을 내다.

ශබ්ද කෝෂය‡ [샵더 꼬-셔여] ①사전 අකාරාදිය ②어휘.

ශබ්ද ග්‍රාහකය [샵더 그라-하꺼여] 청진관, 소리를 받아들이는 기계.

ශබ්දචලය [샵더찰러여] 다의(多義)성, 양의성: 다의적 (양의적)인 말로 말함 ශබ්ද ව්‍යාජය.

ශබ්දත්‍රය [샵더뜨러여] 세 사람.

ශබ්දනිෂ්පත්තිය [샵더니쉬빧띠여] 어원학, 어원론.

ශබ්දනීතිය [샵더니-띠여] 문법 ව්‍යාකරණය.

ශබ්ද ප්‍රකෘතිය [샵더 쁘러끄루띠여] (문법) 명사의 뿌리.

ශබ්දමාධූර්යය [샵더마-두-르여] 말의 달콤함 වචනයේ මිහිරි බව.

ශබ්ද මාලාව [샵더 말-라-워] 소사전, 어휘집 වචන එකතුව.

ශබ්දය‡ [샵더여] ①소리, 음, 음향 නාදය (구어) හඬ ②단어, 낱말 වචනය.

ශබ්ද රසය [샵더 라써여] 두운(頭韻) ශබ්දාලංකාරය.

ශබ්ද වාහිනිය [샵더 와-히니여] 축음기.

ශබ්ද විකාශන යන්ත්‍රය† [샵더 위까-셔너 얀뜨러여] 스피커, 큰 소리내는 스피커.

ශබ්ද විද්‍යාව [샵더 윋디야-워] 음향학.

ශබ්ද ශක්තිය [샵더 샦띠여] 말의 능력.

ශබ්ද ශාස්ත්‍රය [샵더 샤-쓰뜨러여] 문법 ව්‍යාකරණය.

ශබ්ද සංග්‍රහය [샵더 쌍그러하여] 용어 풀이, 소사전, 어휘집 ශබ්ද මාලාව.

ශබ්දනුශාසනය [샵다-누샤-써너여] 문법 ව්‍යාකරණය.

ශබ්දාර්ථය [샵다-르떠여] 어원의 뜻.

ශබ්දාලංකාරය [샵달-랑까-러여] 두운(법) ශබ්ද රසය.

ශබ්දාවලිය [샵다-월리여] 어휘, 단어집 ශබ්ද මාලාව.

ශබ්දෝච්චාරණය [샵돛-차-러너여] 발음, 발성 පද උච්චාරණය.

ශම [샤머] ①명상, 참선, 집중 සමාධිය ②무흠해짐, 무결해짐 ③평화, 평강 සමාදානය.

ශමණ [샤머너] 은둔자(의) පැවිද්දා.

ශමථ [샤머떠] ①명상, 참선, 집중 සමාධිය ②평화, 평강 සමාදානය.

ශමනය [샤머너여] (의학) (진정제 등에 의한) 진정 (작용) සංසිඳවීම.

ශයනය [샤여너여] 잠, 숙면 නිදනය.

ශයනාගාරය [샤여나-가-러여] 침실 සයනාගාරය.

ශයනාසන [샤여나-써너] 침대와 의자(의) සයනාසන.

ශයියාව [샤이야-워] 수면 자세 සෙයියාව.

ශර [샤러] 화살 ඊතලය.

ශරච්චන්ද්‍ර [샤랓찬드러] 가을 달의, 선명한 달의.

ශරච්චන්ද්‍රයා [샤랓찬드러야-] 가을 달, 선명한 달 සරත් සඳ.

ශරණ [샤러너] 도움, 의지 සරණ.

ශරණාගත [샤러나-가떠] 도움의, 도움이 되는.

ශරත් [샤랕] 가을 සරත් සෘතුව.

ශරත් විෂුවය [샤랕 위슈워여] 추분(점).

ශරදම්බරය [샤러담버러여] 가을 하늘 සරත් අහස.

ශරභ [샤러하] 사자보다 강한 전설의 동물.

ශරීර ඇපය [샤리-러 애빠여] 개인 채권 තමාම ඇපවීම.

ශරීර කූඩුව [샤리-러 꾸-두워] 골격, 해골 ඇට සැකිල්ල.

ශරීර කෘත්‍යය [샤리-러 끄뤁띠여여] ①(대변) 소변 배출, 배설 සිරුර කිස ②목욕재계, 몸을 씻음.

ශරීරය‡ [샤리-러여] 몸, 신체 කය. (구어) ඇඟ

ශර්කරා [샤르꺼라-] 조당 හකුරු.

ශර්කරාමානය [샤르꺼라마-너여] 혈당기.

ශර්වරී/ශවරී [샤르와리-/샤와리-] 밤(의) රාත්‍රිය.

ශලාක [샬라-꺼] 배급, 배분, 분급 සලාක.

ශල්ක [샬꺼] ①혈암(頁岩), 셰일, 이판암 මැටි පාෂාණ ②나무껍질 ③(어류) 비늘.

ශ

ශල්‍ය [샬리여] ශල්‍යය 의 복수 또는 형용사: ①몸(의) ②수술(의). ¶ ශල්‍ය වෛද්‍ය 외과 의사

ශල්‍යකර්මය‡ [샬리여까르머여] 수술 සැත්කම.

ශල්‍යචිකිත්සාව [샬리여치낄싸-워] 수술.

ශල්‍යය [샬리여여] ①몸, 신체 ශරීරය ②수술 සැත්කම ③가시 කටුව ④송곳, 뾰족한 것 උල ⑤화살 ඊය ⑥수술 도구.

ශල්‍ය වෛද්‍ය† [샬리여 와읻디여] 외과 의사.

ශල්‍යාගාරය‡ [샬리야-가-러여] 수술실.

ශල්ලකී [샬러끼] 카르다몸, 카다멈 (서남 아시아산 생강과 식물 씨앗을 말린 향신료).

ශව [샤워] 시체(의), 주검(의) මිනිය.

ශවපරීක්ෂනය [샤워빠뤼-셔너여] (시체) 부검, 검시.

ශවරක්ෂණය [샤워 띾셔너여] (시체) 방부 처리.

ශවරී [샤와리-] 밤(의) රාත්‍රිය.

ශවල [샤월러] 삽 සවල.

ශවශාලාව [샤워샬-라-워] 영안실, 시체 임시 안치소 මෘතශරීරාගාරය.

ශශ [샤셔] 토끼(의) හාවා.

ශශධර [샤셔더러] (천체) 달 සඳ.

ශශි/ශශිකර [샤쉬/샤쉬꺼러] (천체) 달 සඳ.

ශස්ත්‍රය [샤쓰뜨러여] 칼 පිහිය.

ශස්ත්‍රිකාව [샤쓰뜨리까-워] 메스, 수술용 칼.

ශස්‍යය [샸씨여여] 곡물, 농작물 බෝගය.

ශස්‍ය මාරුව [샸씨여 마-루워] (농사) 윤작 බෝග මාරුව.

ශාංකව [샹-꺼워] 원뿔 모양의, 원뿔형의.

ශාංකාව [샹-까-워] ①걱정, 근심 ②고독, 외로움.

ශාක† [샤-꺼] ශාකය 의 복수 또는 형용사: ①식물들 ②식물의 පැළෑටි.

ශාක පර්ණ [샤-꺼 빠르너] 잎, 잎의 무성함, 군엽(群葉) ශාගවල කොළ.

ශාක භක්ෂක‡ [싸-꺼 박셔꺼] 초식(성)의.

ශාකභූගෝල විද්‍යාව [샤-꺼부-골-러 윋디야-워] 식물 지리학.

ශාකය‡ [샤-꺼여] 식물, 묘목, 묘종 පැළ.

ශාක ලෝකය [샤껄 로-꺼여] 식물나라 පැළෑටි ලොව.

ශාක විද්‍යාව† [샤-꺼 윋디야-워] 식물학.

ශාකාගාරය [샤-까-가-러여] 온실 හරිතාගාරය.

ශාකාණු [샤-까-누] ①박테리아 ②박테리아의 බැක්ටීරියා.

ශාක්‍ය [샦-끼여] 사키여 신에 속한.

ශාක්‍යමුනි [샦-끼여무니] 부처님 බුදුන් වහන්සේ.

ශාඛා [샤-까-] ශාඛාව 의 형용사: ①가지의, 분파의, 파생물의 අතු ②지점의, 분점의.

ශාඛා ගංගාව [샤-까- 강가-워] (강, 하천) 지류.

ශාඛා බද්ධය [샤-까- 받더여] 접붙이기, 접목.

ශාඛා මෘග [샤-까- 므루거] 원숭이(의) වඳුරා.

ශාඛාව‡ [샤-까-워] ①지점, 분점 ②가지, 분파, 파생물 අත්ත. (복) *ශාඛා*

ශාඛිකාව [샤-끼까-워] 잔가지, 작은 가지 රිකිල්ල.

ශාටකය [샤-터꺼여] 수건, 타올 සළුව.

ශාණ [샤-너] 숫돌 උරගල.

ශාන්ත† [샨-떠] ①고요한, 조용한, 잔잔한 නිශ්චල ②만족한 සතුටු ③온화한, 온유한, 부드러운 මෘදු.

ශාන්ත [샨-떠] (가톨릭) 성자, 성인 ශුද්ධවරයා.

ශාන්තදාන්ත/ශාන්තදායක [샨-떠단-떠/샨-떠다-여꺼] 평화로운, 평온한, 태평한 නිවුණු.

ශාන්තිකර [샨-띠꺼러] ①평화로운, 평온한, 태평한 ශාන්ත ②태평양의.

ශාන්තිකර සාගරය† [샨-띠꺼러 싸-거러여] 태평양.

ශාන්ති කර්මය [샨-띠 까르머여] 의식, 예식.

ශාන්තිපද/ශාන්තිපුර [샨-띠빠더/샨-띠뿌러] 열반, 극락 මොක්පුර.

ශාන්තිවාදී [샨-띠와-디-] 열반에 대해 말하는.

ශාන්තිය† [샨-띠여] 평화, 평온, 평안 සාමය.

ශාන්තිවිධි [샨-띠위디] 의식의, 예식의.

ශාප කරනවා† [샤-빠 꺼러너와-] 저주하다 දෙස් කියනවා.

ශාපය‡ [샤-빠여] 저주, 비난 සාපය.

ශාබ්දිකයා [샵-디꺼야-] 문법학자, 문법가.

ශායනය [샤-여너여] 클리닉, 병원 සායනය.

ශායනික [샤-여니꺼] 클리닉의, 병원의 සායනික.

ශාරඞ්ග [샤-랑거] ①코끼리 ඇතා ②공작새 මොනරා ③꿀벌 මී මැස්සා ④현악기.

ශාරද [샤-러더] ①가을 ②가을의 සරත්.

ශාරද පීනය [샤-러더 삐-너여] 건초열.

ශාරික/ශාරිකා [샤-리꺼/샤-리까-] (새) 찌레르기, 구관조.

ශාරීරික‡ [샤-리-리꺼] ශරීරය의 형용사: 몸의, 신체의 සිරුරට අයත්.

ශාර්දූල [샤-르둘-러] 호랑이(의) කොටියා.

ශාර්වරී [샤-르와리-] 밤 රාත්‍රිය.

ශාර්වරීන්ද්‍ර [샤-르와린-드러] (천체) 달 සඳ.

ශාල/ශාලාද්‍රැම [샬-러/샬-라-드래머] 살 나무.

ශාලාව‡ [샬-라-워] 홀, 집회장 හල.

ශාලි [샬-리] 벼 ඇල් වී.

ශාලිකාව [샬-리까-] 방, 실 කාමරය.

ශාශ්වත [샤-쉬워떠] 영원한 සදාකාලික.

ශාශ්වත දෘෂ්ටිය [샤-쉬워떠 드루쉬티여] (철학) 영원주의, 영혼 불멸설 ශාස්වත දෘෂ්ටිය.

ශාසනය‡ [샤-써너여] ①교리, 가르침 සසුන ②(불교)불법.

ශාසන රාජ්‍යය [샤-써너 랒-지여여] 신정국, 종교 교리로 다스리는 나라.

ශාසන විලෝපය [샤-써너 윌로-빠여] 불교의 해탈.

ශාසන විලෝමය [샤-써너 윌로-머여] 이단 (이교)의 등장.

ශාසන ස්ථිතිකාමී [샤-써너 쓰띠띠까-미-] 불교 존속을 위해 주어진.

ශ

ශාසනාවචර [샤-써나-워처러] 불자(의).

ශාසනික† [샤-써니꺼] 교리의, 가르침의 සසුනට අදාළ.

ශාස්තෘ [샤-쓰뚜루] ①종교 지도자, 선생 ②부처님.

ශාස්ත්‍ර† [샤-쓰뜨러] 지식의, 배움의, 인문의.

ශාස්ත්‍රකාරයා† [샤-쓰뜨러까-러야-] 점쟁이.

ශාස්ත්‍ර කියනවා‡ [샤-쓰뜨러 끼여너와-] 점치다, 예언하다.

ශාස්ත්‍රඥයා [샤-쓰뜨러끄녀야-] 학자 ශාස්ත්‍රධරයා.

ශාස්ත්‍රධරයා [샤-쓰뜨러다러야-] 학자 ශාස්ත්‍රඥයා.

ශාස්ත්‍රය‡ [샤-쓰뜨러여] ①과학, 배움, 인문 විද්‍යාව ②가르침, 교리 ධර්මය.

ශාස්ත්‍රවන්ත [샤-쓰뜨러완떠] 배운, 학식 있는.

ශාස්ත්‍රවේදී උපාධිය‡ [샤-쓰뜨러웨-디- 우빠-디여] 인문 학사.

ශාස්ත්‍රශාලාව [샤-쓰뜨러샬-라-워] 단과대, 칼리지.

ශාස්ත්‍රාචාර්ය [샤-쓰뜨라차-그여] 문학사.

ශාස්ත්‍රානුකූල [샤-쓰뜨라-누꿀-러] 과학적인, 과학의 ශාස්ත්‍රීය.

ශාස්ත්‍රාලය [샤-쓰뜨랄-러여] 학교, 칼리지 විදුහල.

ශාස්ත්‍රීය‡ [샤-쓰뜨리-여] 과학적인, 과학의, 체계적인 ශාස්ත්‍රානුකූල.

ශාස්ත්‍රෝද්ග්‍රහණය [샤-쓰뜨롣그러하너여] 교육, 배움 අධ්‍යාපනය.

ශාස්වත [샤-쓰워떠] 영원한 සදාකාලික.

ශාස්වත දෘෂ්ටිය [샤-쓰워떠 드루쉬티여] (철학) 영원주의, 영혼 불멸설 ශාශ්වත දෘෂ්ටිය.

ශාස්වතය [샤-쓰워떠여] 영원 සදාකාලය.

ශාස්වතවාදියා [샤-쓰와떠와-디야-] 영원 주의자.

ශික්ෂක† [쉮써꺼] 선생, 스승, 가르치는 자 ගුරුවරයා.

ශික්ෂණය [쉮셔너여] 가르침, 훈계, 훈련 හික්මීම.

ශික්ෂා‡ [쉮샤-] ශික්ෂාව 의 복수 또는 형용사: 가르침(의), 훈계(의).

ශික්ෂාකාමී [쉮샤-까-미-] ①열심히 배우려 하는 ②종교에 헌신된 හික්මෙනු කැමති.

ශික්ෂාපදය† [쉮샤-빠더여] 종교적 가르침, 교리 ධර්ම.

ශික්ෂාලය [쉮샬-러여] 학교 විදුහල.

ශික්ෂාව† [쉮샤-워] 가르침, 교훈, 훈계 ගුරුකම.

ශික්ෂිත [쉮쉬떠] 배운, 훈련받은, 길들여진 උගත්.

ශිඛරය [쉬꺼러여] 산꼭대기, 봉우리 මුදුන.

ශිඛාව [쉬까-워] 불꽃, 화염 දැල්ල.

ශිඛී [쉬끼-] 공작, 공작새 මොනරා.

ශිථිල [쉬띨러] 부드러운, 고운 සිථිල.

ශිර/ශිරඃ/ශිරස් [쉬러/쉬라/쉬라쓰] 머리(의).

ශිරස් [쉬라쓰] ①수직의, 세로의 සිරස් ②머리의.

ශිරස්කය [쉬라쓰꺼여] 투구, 모자, 헬멧.

ශිරස්තලය [쉬라쓰딸러여] ①표면 ②헤드라인, 표제 සිරස් තලය.

ශිරස් රේඛාව [쉬라쓰 레-까-워] (지질학) 경도 සිරස් රේඛාව.

ශිරා [쉬라-] ශිරාව 의 복수 또는 형용사: ①정맥들 ②정맥의.

ශිරාව† [쉬라-워] ①(해부학) 정맥 ②혈관.

ශිරෝ [쉬로-] 머리의, 두상의 සිරස්.

ශිරෝබිංදුව [쉬로-빙두워] 절정, 정점.

ශිරෝරුහ [쉬로-루허] 머리카락 කේශය.

ශිලා† [쉴라-] 돌, 바위. (구어) ගල

ශිලාගෝලය [쉴라-골-러여] (지질) 리소스피어, 암석권(岩石圈), 지각(地殼).

ශිලාජ/ශිලාජතු [쉴라-저/쉴라-저뚜] 때죽 나무(의).

ශිලා ප්‍රතිෂ්ඨාපනය [쉴라- 쁘러띠쉬타-빠너여] 돌 쌓기.

ශිලාමය [쉴라-머여] 석재의, 돌로 만든 ශෛලමය.

ශිලා යුගය† [쉴라- 유거여] 석기 시대.

ශිලා ලිපිය/ශිලා ලේඛණය† [쉴랄-리삐여/쉴랄- 레-꺼너여] 비문, 비명 ගල් ලේඛනය.

ශිලා ලේඛණ විද්‍යාව† [쉴랄-레-꺼너 윋디야-워] 비문학, 비명학.

ශිලා විද්‍යාව [쉴라- 윋디야-워] 암석학 ශිලා ශාස්ත්‍රය.

ශිලාශාකය [쉴라-샤-꺼여] 산호충(珊瑚蟲), 암생(岩生)식물.

ශිලා ශාස්ත්‍රය [쉴라- 샤-쓰뜨러여] 암석학 ශිලා විද්‍යාව.

ශිලාසනය [쉴라-써너여] 돌의자.

ශිලාස්තම්භය [쉴라-쓰땀버여] 돌기둥, 돌원주 ගල්කණුව.

ශිල්ප† [쉴빠] ①공예의, 수공업의 නිමැවුම් ක්‍රම ②가르치는.

ශිල්ප කාර්මිකයා [쉴빠 까-르미꺼야-] 기술자, 공예가 ශිල්පියා.

ශිල්පක්‍රමය† [쉴빠끄러머여] 공예 기술, 기술.

ශිල්පඥ [쉴빠끄녀] 기술자의.

ශිල්පය† [쉴빠여] ①공예, 수공업 නිමැවුම් ක්‍රමය ②가르침. ¶ ශිල්පශාලාව 학당

ශිල්ප විද්‍යාලය [쉴빠 윋디얄-러여] 기술학교.

ශිල්පශ්‍රේණිය [쉴빠쉬레-니여] 장인 동업조합, 장인 길드.

ශිල්පායතනය [쉴빠-너떠너여] 기술학교, 장인학교 ශිල්ප විද්‍යාලය.

ශිල්පියා‡ [쉴삐야-] 공예가, 기술공, 숙련공 කාර්මිකයා. (복) *ශිල්පියෝ, ශිල්පීහු* ¶ ශිල්පිනිය 여자 공예 가 යන්ත්‍ර ශිල්පියා 정비사

ශිල්පීය [쉴삐-여] 기술의, 과학의.

ශිල්පීය ක්‍රමය [쉴삐-여 끄러머여] 기술, 과학.

ශිව [쉬워] ①시바 신: 축복과 파괴의 신 ඊශ්වර දෙවියා ②연회, 잔치 මංගල්‍යය ③평화, 평강 ශාන්තිය ④복, 축복 සෙත ⑤극락, 열반 මෝක්ෂය ⑥입 මුඛය ⑦선함, 착함, 좋음 යහපත.

ශිවංකර [쉬왕꺼러] 행운의, 길조의, 경사스러운 සෙත සලසන.

ශිවලිංගය [쉬워링거여] 시바신의 남근.

ශිවලිංග වන්දනාව [쉬워링거 완더나-워] 시바신 남근 숭배.

ශ

ශිශිර‡ [쉬쉬러] 겨울 ශීත සෘතුව.

ශිශිර සෘතුව† [쉬쉬러 리뚜워] 겨울 ශීත සෘතුව.

ශිශු [쉬슈] ①애, 아기 කුඩා දරුවා ②새끼, 어린 것 පැටියා ③학생 ශිෂ්‍යයා ④조금, 소량 ස්වල්පය.

ශිශ්නමුණ්ඩය [쉬쉬너문더여] 남자 성기의 귀두.

ශිශ්නය [쉬쉬너여] 남자 성기, 페니스 පුරුෂ ලිංගේන්ද්‍රිය.
¶ ශිශ්නිකාව 여자 성기

ශිෂ්ට† [쉬쉬터] 문명화된, 문화가 발달된, 예의 바르게 자란 ශීලාචාර. (구어) හැදිච්ච
¶ ම්ලේච්ච 미개한, 야만의

ශිෂ්ට ප්‍රයෝග [쉬쉬터 쁘러요-거] 바른 사용(의).

ශිෂ්ටාචාරය‡ [쉬쉬타-차-러여] 문명, 문명화, 문화 සභ්‍යත්වය.

ශිෂ්‍ය† [쉿쉬여] 학생의.

ශිෂ්‍ය ගුරුවරයා [쉿쉬여 구루워러야-] 스승, 선생님 මොනිටර්.

ශිෂ්‍යත්වය‡ [쉿쉬얃워여] 학문, 학식 ශිෂ්‍ය භාවය.

ශිෂ්‍යනිවාසය† [쉿쉬여니와-써여] 호스텔, 기숙사.

ශිෂ්‍යභටයා [쉿쉬여바터야-] 사관학교 생도, 사관 후보생.

ශිෂ්‍යශිල්පියා [쉿쉬여쉴삐야-] (옛날의) 도제.

ශිෂ්‍යයා‡ [쉿쉬여야-] 학생 (남학생) සිසුවා. (구어) ළමයා
¶ ශිෂ්‍යයාව 여학생

ශිෂ්‍යයාව‡ [쉿쉬여야-워] 여학생 සිසුවිය. (구어) ළමයා ¶ ශිෂ්‍යයා 남학생

ශිෂ්‍යානුශිෂ්‍ය පරම්පරාව [쉿쉬야-누쉬쉬여 빠람빠라-워] 문하생.

ශිෂ්‍යාධාරය [쉿쉬야-다-러여] 장학금.

ශීකර [쉬-꺼러] 진눈깨비.

ශීකර වර්ෂාව [쉬-꺼러 와르샤-워] 진눈깨비 내림.

ශීඝ්‍ර [쉬그러] 빠른, 재빠른, 급행의 හදිසි. (구어) ඉක්මන්

ශීඝ්‍රගාමී‡ [쉬그러가-미-] 빠른, 급행의, 재빠른 අධිවේග.

ශීඝ්‍රතාව [쉬그러따-워] 빠름, 급행 ඉක්මන.

ශීත† [쉬-떠] 찬, 차가운, 냉기의 ශීතල.

ශීත සෘතුව [쉬-떠 리뚜워] 겨울, 추운 시기 ශිශිරය.

ශීතකය [쉬-떠꺼여] 냉각제, 냉각수.

ශීතකරණය‡ [쉬-떠거러너여] 냉장고, 냉동기 අයිස් පෙට්ටිය.

ශීත කලාපය [쉬-떠 깔라-뻐여] 추운 지역.

ශීතජ්වරය [쉬-떠즈워러여] 말라리아 මැලේරියාව.

ශීතනය [쉬-떠너여] 차갑게 함, 차가움 ශීත කිරීම.

ශීත ප්‍රවාහය [쉬-떠 쁘러와-하여] (바닷물) 한류.

ශීත භානු [쉬-떠 바-누] 달, 태음 සඳ.

ශීතල‡ [쉬-떨러] 찬, 차가운, 냉기의 ශීත.

ශීතල ජලය [쉬-떨러 잘러여] 차가운 물, 냉수.

ශීතෝදකය [쉬-또-더꺼여] 찬물, 냉수 සීතල වතුර.

ශීර්ෂ [쉬르셔] ශීර්ෂය 의 복수 또는 형용사: ①머리(의), 정상(의), 꼭대기(의) මුදුන් ②제목(의), 표제(의).

ශීර්ෂකපාලය [쉬르셔까빨-러여] 두개골, 해골 ඉස් කබල.

ශීර්ෂකය [쉬르셔꺼여] 두개골, 해골 ඉස් කබල.

ශීර්ෂචර්මය [쉬르셔차르머여] 두피, 머리피부.

ශීර්ෂච්ඡේදය [쉬르샻체-더여] 목을 벰, 참수 ශීර්ෂච්ඡේදනය.

ශීර්ෂච්ඡේදනය [쉬르샻체-더너여] 목을 벰, 참수 ශීර්ෂච්ඡේදය.

ශීර්ෂනාමය [쉬-르셔나-머여] 제목, 표제, 머리기사 මාතෘකාව.

ශීර්ෂපාඨය‡ [쉬-르셔빠-터여] 제목, 표제, 머리기사 මාතෘකාව.

ශීර්ෂ පාදික [쉬-르셔 빠-디꺼] 머리와 다리의.

ශීර්ෂය [쉬-르셔여] ①머리, 정상, 꼭대기 හිස ②제목, 표제, 머리기사 මාතෘකාව. ¶ වැය ශීර්ෂය 지출안

ශීර්ෂ රක්ෂය [쉬-르셔 띾셔여] 헬멧.

ශීර්ෂාබාධ [쉬-르샤-바-더] 머리 질병, 머리 상처 හිසේ රෝග.

ශීලය [쉴-러여] 도덕, 도덕성, 윤리 සීලය.

ශීලවන්ත [쉴-러완떠] 도덕적인, 윤리적인, 품행이 좋은.

ශීලාචාර‡ [쉴-라-차-러] 공손한, 예의 바른, 도덕적인.

ශු.මතෙව් [슏더 마떼우] (성경) 마태복음서, 마태.

ශු.මාර්ක් [슏더 맊-] (성경) 마가복음서, 마가.

ශු.යොහන් [슏더 요한] (성경) 요한복음서, 요한.

ශු.ලූක් [슏더 룩-] (성경) 누가복음서, 누가.

ශුක්‍ර† [슈끄러] ①정자, 정액 පුරුෂ ධාතුව ②금성 සිකුරු ග්‍රහයා.

ශුක්‍රමණ්ඩලය [슈끄러만덜러여] 금성.

ශුක්‍ර බීජ [슈끄러 비-저] 정자, 정액 ශුක්‍ර.

ශුක්‍රාණුව [슈끄라-누워] 정자, 정액 ශුක්‍ර බීජය.

ශුක්‍රීය [슈끄리-여] 정액의, 정자의.

ශුක්‍රේන්ද්‍රිය [슈끄렌-드리여] 고환, 불알.

ශුක්ල [슈끌러] 하얀, 백색의 සුදු, ධවල.

ශුක්ල පක්ෂය [슈끌러 빢셔여] 초승달에서 보름달로 가는 2주.

ශුද්ධ‡ [슏더] ①거룩한, 정결한, 흠없는 පිරිසිදු ②정량의, 순수한. ¶ ශුද්ධ බර 정량 무게 ශුද්ධ ස්ථානය (기독교) 성소

ශුද්ධ කරනවා‡ [슏더 꺼러너와-] 정결케 하다, 깨끗케 하다 පිරිසිදු කරනවා.

ශුද්ධ ගංගාව [슏더 강가-워] 거룩한 강.

ශුද්ධ ගණිතය† [슏더 가니떠여] 순수 수학.

ශුද්ධ ජලය [슏더 잘러여] ①성수, 거룩한 물 පාරිශුද්ධ ජලය ②깨끗한 물, 정화수 පිරිසිදු ජලය.

ශුද්ධ නගරය‡ [슏더 나거러여] 성지, 거룩한 도시.

ශුද්ධ පාඨය [슏더 빠-터여] 성구, 거룩한 말씀.

ශුද්ධ බයිබලය‡ [슏더 바이벌러여] 성경, 성서.

ශුද්ධ භූමිය [슏더 부-미여] 성지, 거룩한 땅.

ශුද්ධ ලියවිලි [슏더 리여윌리] (거룩한) 말씀, 성경 말씀.

ශුද්ධවන්තයා/ශුද්ධවරයා [슏더완떠야-/슏더워러야-] (가톨릭) 성자, 성인 සාන්තුවරයා.

ශුද්ධ සිංහල [슏더 씽할러] 고어체 씽할러어, 순수 씽할러어.

ශුද්ධාත්මය‡ [슏닫-머여] (기독교) 성령, 거룩한 영.

ශුද්ධික ජලය [슏디꺼 잘러여] 성수, 거룩한 물 පාරිශුද්ධ ජලය.

ශුද්ධි පත්‍රය [슏디 빠뜨러여] 정오표(a list of errata): 옳고 그름을 보여주는 표.

ශුද්ධිය [슏디여] 정결함, 거룩함, 흠없음 පිරිසිදු බව.

ශුද්ධෝත්තම පිය තුමා [슏돋-떠머 삐여 뚜마-] 교황 පාප් වහන්සේ.

ශුද්‍ර [슏드러] 카스트 제도 중 하나의 계급, 천민 계급: 수드라 (잡역, 하인, 청소부등).

ශුද්‍රයා [슏드러야-] 천민, 백정, 하층민.

ශුධාව [슈다-워] 배고픔, 기아 ක්ෂුධාව. (구어) බඩගින්න

ශුන්‍ය‡ [슌니여] ①빈, 비어 있는 හිස් ②외로운, 홀로 있는 උදකලාවූ.

ශුන්‍ය කරනවා [슌니여 꺼러너와-] 없애다, 제거하다, 비우다 හිස් කරනවා.

ශුන්‍ය චින්තකයා [슌니여 친떠꺼야-] 공상(몽상)가, 비저너리.

ශුන්‍යතාව [슌니여따-워] 공허, 빔, 비어있음 පාලුව.

ශුභ‡ [슈버] ශුභය 의 복수 또는 형용사: ①좋은, 행운의 ②번영하는, 행복한 ③행복, 복들.

ශුභ ආරංචිය [슈버 아-랑치여] 좋은 소식 යහපත් පුවත.

ශුභ නිමිත්ත† [슈버 니믿떠] 좋은 징조, 좋은 예감, 좋은 전조 ශුභ ලකුණ.

ශුභ මුහුර්තය [슈버 무후-르떠여] 길조 시간, 행운의 시간, 경사스러운 때.

ශුභය/ශුභසිද්ධිය [슈버여/슈버씯디여] 행복, 번영, 복지, 좋음 සැපත.

ශුභවාදය [슈버와-더여] 낙천주의, 낙관론 ශ්‍රේයෝවාදය.

ශුභවාදියා† [슈버와-디야-] 낙천주의자, 낙천가 ශුභවාදය අදහන්නා.

ශුභසාධක‡ [슈버싸-더꺼] 복지의, 후생의.

ශුභසාධක රාජ්‍යය [슈버싸-더꺼 랒-지여여] 복지 국가.

ශුභසාධනය‡ [슈버싸-더너여] 복지, 후생 සුබසාධනය.

ශුභසිද්ධ වෙනවා† [슈버씯더 웨너와-] 번성하다, 번영하다.

ශුභසිද්ධිය† [슈버씯디여] 행복, 번영, 복지, 좋음 සැපත.

ශුභාරංචිය‡ [슈바-랑치여] (기독교) 복음, 예수의 소식.

ශුභාශිංසනය [슈바-쉉써너여] 축복함, 축복 ශුභාශිර්වාදය.

ශුභාශිර්වාදය [슈바-쉬르와-더여] 축복함, 축복 ශුභාශිංසනය.

ශුභ්‍ර [슈브러] ①하얀, 백색의 සුදු ②빛나는, 반짝이는 බබළන.

ශුල්කය [슐꺼여] 세금 අය බද්ද.

ශුෂිර [슈쉬러] 풍력의, 바람 힘의.

ශුෂිර භාණ්ඩය [슈쉬러 반-더여] (음악) 관악기.

ශුෂ්ක† [슈쉬꺼] 건조한, (토지가) 바싹 마른 ඉතා වියළි.

ශු

ශුෂ්කකාමී [슈쉬꺼까-미-] (동식물) 건조를 좋아하는, 건조지에서 나는 ශුෂ්ක තැන්වල වැවෙන.

ශුෂ්ක ශාකය [슈쉬꺼 샤-꺼여] 건생 식물 (선인장 등의).

ශූක [슈-꺼] 거친 씨 껍질을 가진.

ශූකරයා [슈-꺼러야-] 돼지 ඌරා.

ශූකරිකයා [슈-꺼리꺼야-] 돼지 도살업자.

ශූන්‍ය [슌-니여] ①빈, 비어있는 හිස් ②외로운, 홀로있는 උදකලාවූ.

ශූන්‍යකරණය [슌-니여꺼러너여] 배기, 공기 배출.

ශූන්‍ය කරනවා [슌-니여 꺼러너와-] 없애다, 제거하다, 비우다 හිස් කරනවා.

ශූන්‍යකාරක පොම්පය [슌-니여 까-러꺼 뽐뻐여] 배기 펌프, 공기를 배출 하는 펌프.

ශූන්‍යතාව [슈-니여따-워] 공허, 빔, 비어있음 පාලුව.

ශූන්‍යය [슌-니여여] 공허, 빔, 비어있음 හිස්බව.

ශූන්‍යාගාරය [슌-니야-가-러여] 외딴 곳, 으슥한 곳 පාළුගෙය.

ශූර† [슈-러] ①용감한, 두려움이 없는 නිර්භීත ②힘있는 බලගතු ③영리한 සමර්ථ.

ශූරතාව [슈-러따-워] ①선수권(대회) ශූරතාවලිය ②용감 වීරය.

ශූරයා† [슈-러야-] 영웅, 용감한 사람 වීරයා.

ශූරවීර [슈-러위-러] 용감한, 씩씩한, 영웅적인 සු රුවිරු.

ශූලය [슐-러여] ①송곳 උල ②창 හෙල්ල.

ශෘංඛල/ශෘඞ්ඛල [쉬룽껄러] 쇠사슬 යදම් වැල.

ශෘංග/ශෘඞ්ග [쉬룽거] ①뿔 අඟ ②꼭대기, 정상 කඳු මුදුන.

ශෘංගාටක [쉬룽가-터꺼] 사거리(의).

ශෘංගාර [쉬룽가-러] 애정을 일으키는, 사랑을 불러 일으키는 සිරිඟර.

ශෘංගාරාත්මක [쉬룽가-랕머꺼] 열렬한, 정열을 품은, 열의에 찬 සිරිඟර.

ශෘංගාල/ශෘඞ්ගාල [쉬룽갈-러] 여우의.

ශෘංගාලයා [쉬룽갈-러야-] 여우, 자칼 නරියා.

ශෘඞ්ඛල [쉬룽껄러] 쇠사슬 යදම් වැල.

ශෘඞ්ග [쉬룽거] ①뿔 අඟ ②꼭대기, 정상 කඳු මුදුන.

ශෘඞ්ගාල [쉬룽갈-러] 여우의 ශෘංගාල.

ශෙපනියා [셰뻐니야-] (성경) 스바냐서, 스바냐.

ශේඛර [쉐-꺼러] 꼭대기의, 정상의, 맨 위의 මුදුන්.

ශේයෝවාදය [셰-요-와-더여] 낙천주의, 낙관주의 සර්වසුභවාදය.

ශේෂ කන්ද [셰-셔 깐더] (지질) 침식 잔구.

ශේෂ පත්‍රය† [쉐-셔 빠뜨러여] 대차 대조표, 재정 증명서.

ශේෂය‡ [셰-셔여] 잔액, 남은 돈.

ශෛරික [샤이리꺼] 정맥의, 정맥에 있는 ශිරා පිළිබඳ.

ශෛලමය [샤일러머여] 돌로 만든, 석재의 සෙල්මුවා.

ශෛලය† [샤일러여] 돌, 자갈 පාෂාණය. (구어) ගල

ශෛලාසනය [샤일라-써너여] 돌 의자 ගල් අසුන.

ශෛලිගත [샤일리가떠] 극화한, 드라마로 만든 නාට්‍යානුකූල.

ශෛලිය [샤일리여] 방법, 방식, 스타일, 모드, 길 පිළිවෙල.

ශෝකජනක/ශෝකදායක‡ [쇼-꺼자너꺼/쇼-꺼다-여꺼] 슬픈, 비탄의, 비탄스러운 දුක්මුසු.

ශෝක දිනය [쇼-꺼 디너여] 애도일.

ශෝකය‡ [쇼-꺼여] 슬픔, 비통, 비애 දුක.

ශෝකාකූල [쇼-까-꿀-러] 슬픈, 비애의, 고통스러운 ශෝකජනක.

ශෝකාතුර [쇼-까-뚜러] 슬픈, 비통한, 고뇌에 지친 දුකින් පෙළෙන.

ශෝකාලාපය [쇼-깔-라-뻐여] 애도, 애통, 비통 දුක් අඳෝනාව.

ශෝචක [쇼-처꺼] ①세탁부, 씻는 사람 ශෝධක ②편집자.

ශෝචනීය [쇼-처니-여] 슬픈, 비애의, 고통스러운 කණගාටුදායක.

ශෝධක [쇼-더꺼] 세탁부, 씻는 사람 සෝදන්නා.

ශෝධනය [쇼-더너여] 씻음, 정화 සේදීම.

ශෝධිත [쇼-디떠] 씻은, 정화한, 깨끗하게 한 සේදූ.

ශෝධ්‍යපත්‍රය [숃-디여빠뜨러여] 교정쇄.

ශෝථය [쇼-떠여] 부어오름, 붓기, 부품 ඉදිමීම.

ශෝභන/ශෝභමාන† [쇼-버너/쇼-버마-너] ①매력적인, 아름다운, 멋진 අලංකාර ②빛나는, 찬란한.

ශෝභනකම/ශෝභනතාව [쇼-버너꺼머/쇼-버너따-워] 아름다움, 미모 අලංකාරය.

ශෝභමාන† [쇼-버마-너] ①매력적인, 아름다운, 멋진 අලංකාර ②빛나는, 찬란한.

ශෝභමානතාව [쇼-버마-너따-워] 미모, 아름다움 අලංකාරය.

ශෝභාව [쇼-바-워] ①광채, 빛남, 반짝거림 කාන්තිය ②아름다움, 미모 මනහර බව.
¶ ශෝභාලංකාරය 아름다움

ශෝභාවත් [쇼-바-왇] ශෝභාව의 형용사: ①빛나는, 광채나는, 반짝거리는 ②아름다운, 매력적인.

ශෝභා ශාස්ත්‍රය [쇼-바- 샤-쓰뜨러여] (철학) 미학 සෞන්දර්ය විද්‍යාව.

ශෝභි [쇼-비] ①빛나는, 광채나는 ②아름다운, 미모의 ශෝභාවත්.

ශෝභිත [쇼-비떠] 아름다운, 아름답게 꾸며진, 치장된 අලංකෘත.

ශෝභිනිය [쇼-비니여] 미인 රූපිකාව.

ශෝෂණය [쇼-셔너여] 말림, 건조 වියළවීම.

ශෞර [샤우러] 총명한, 똑똑한 ශූර.

ශ්මශානය [쉬머샤-너여] 무덤, 묘지 සුසානය.

ශ්‍යානිය [쉬야-니여] (의학) 혈전증.

ශ්‍යාම [쉬야-머] ①흑인 여자 කළු පැහැති ස්ත්‍රිය ②진파랑 නිල් පැහැය ③태국 සියම.

ශ්‍යාමප්‍රභා [쉬야-머쁘러바-] 어두운 색깔의.

ශ්‍රද්ධා [쉬랃다-] 경건한, 신앙심이 있는 ශ්‍රද්ධාවන්ත.

ශ්‍රද්ධාව† [쉬랃다-워] ①경건, 신앙심 (불교에서 주로 사용) භක්තිය ②존경, 경의, 숭배 සම්මානය.

ශ්‍රද්ධාවන්ත† [쉬랃다-완떠] 경건한, 신앙 있는 ශ්‍රද්ධා.

ශ්‍රම [쉬러머] 피로한, 노동의, 수고하는.

ශ්‍රමණ [쉬러머너] 성직을 받은, 목사 안수를 받은 පැවිදි.

ශ්‍රමණයා [쉬러머너야-] 제사장, 성직자, 목사 පූජකයා.

ශ්‍රමදානය [쉬러머다-너여] 자원봉사.

ශ්‍රම බලකාය [쉬러머 발러까-여] 노동력.

ශ්‍රමය‡ [쉬러머여] ①노동, 수고 වීර්යය ②피로, 피곤 වෙහෙස.

ශ්‍රමශක්තිය [쉬러머샤띠여] ①노동 능력 ②노동력 ශ්‍රම බලය.

ශ්‍රමිකයා [쉬러미꺼야-] 노동자, 일꾼 කම්කරු.

ශ්‍රවණ† [쉬러워너] 청각의, 듣는.

ශ්‍රවණ උපකරණය† [쉬러워너 우빠꺼러너여] 보청기.

ශ්‍රවණ කෘත්‍යය [쉬러워너 끄룯띠여여] 청각 기능, 듣는 기능.

ශ්‍රවණය [쉬러워너여] 청각, 들음 ඇසීම.

ශ්‍රවණාගාරය‡ [쉬러워나-가-러여] (음악을 듣는) 강당, 오디토리움.

ශ්‍රවණාධාරය† [쉬러워나-다-러여] 보청기.

ශ්‍රවණේන්ද්‍රිය [쉬러워넨-드리여] 귀, 청각 기관.

ශ්‍රව්‍ය [쉬러위여] 청취 가능한, 들을 수 있는, 듣는 හැකි.

ශ්‍රව්‍යතාව [쉬랍위여따-워] 청취력, 청력.

ශ්‍රව්‍යමානය [쉬랍위여마-너여] 청력 측정기, 청력계.

ශ්‍රාමණේර [쉬라-네-러] 초신자, 새신자.

ශ්‍රාවක [쉬라-워꺼] 추종자의, 따르는 사람의.

ශ්‍රාවකයා‡ [쉬라-워꺼야-] 제자, 추종자 ගෝලයා.

ශ්‍රාවය [쉬라-워여] ①스며 나옴, 줄줄 흘러나옴, 분비물을 냄 ගලන දෙය ②호르몬 හෝර්මෝනය.

ශ්‍රැත [쉬래떠] 들은, 청취한 ඇසූ.

ශ්‍රැතිමාත්‍රය [쉬래띠마-뜨러여] 소문, 풍문 අනුශ්‍රැතිය.

ශ්‍රැතිය [쉬래띠여] ①들은 것, 청취한 것 ඇසූ දෙය ②음조, 톤, 음률의 높이 සංගීතයෙහි හඬ ශ්‍රේණිය.

ශ්‍රිතය [쉬리떠여] 기능, 역할 ක්‍රියාකාරිත්වය.

ශ්‍රී‡ [쓰리-] ①고귀한, 높은 ②번영하는, 풍성한 ③거룩한, 신성한 ④아름다운, 빛나는.

ශ්‍රීදේහය [쓰리-데-하여] ①신성한 몸 ②부처의 몸.

ශ්‍රීපාදය [쓰리빠-더여] ①신성한 발 ②부처의 발자국.

ශ්‍රීමත් [쉬리-맏] 높은, 고귀한, 고상한, 격조 높은 උසස්.

ශ්‍රී ලංකාව‡ [쓰릴- 랑까-워] 스리랑카 සිරිලක.

ශ්‍රේඪිය [쉬레-티여] 전진, 진행, 진보, 발달 අනුපූර්වය.

ශ්‍රේණි ක්‍රමය [쉬레-니 끄러머여] ①(중세 유럽의) 장인(匠人), 상인의 동업 조합, 길드 ②학제, 학년제 ③분류.

ශ්‍රේණිගත කරනවා [쉬*레*-니가떠 꺼*러*너와-] 등급을 메기다, 분류하다 වර්ග කරනවා.

ශ්‍රේණිය‡ [쉬*레*-니여] ①학년, 년 පංතිය ②등급, 급 ③일련, 연속, 시리즈 අනුක්‍රමය ④무리, 그룹 කණ්ඩායම.

ශ්‍රේණි වරල් [쉬*레*-니 와랄] 배지느러미.

ශ්‍රේෂ්ඨ‡ [쉬*레*-쉬터] 최고의, 최상의, 극상의, 뛰어난, 훌륭한 අග්‍රගණ්‍ය.

ශ්‍රේෂ්ඨ උසාවිය [쉬*레*-쉬떠 우싸-위여] 대법원 ශ්‍රේෂ්ඨාධිකරණය.

ශ්‍රේෂ්ඨකම/ශ්‍රේෂ්ඨතාව [쉬*레*-쉬터꺼머/쉬*레*-쉬따-워] 최상, 고귀, 최고.

ශ්‍රේෂ්ඨය [쉬*레*-쉬터여] 뛰어남, 훌륭함.

ශ්‍රේෂ්ඨයා [쉬*레*-쉬터야-] 고귀한 사람, 아주 높은 사람 උත්තමයා.

ශ්‍රේෂ්ඨාධිකරණය‡ [쉬*레*-쉬타-디꺼*러*너여] 대법원 ශ්‍රේෂ්ඨ උසාවිය.

ශ්‍රෝණිය [쉬*로*-니여] 엉덩이, 궁둥이 තුකටිය.

ශ්‍රෝණි වරල් [쉬*로*-니 와*랄*] 배지느러미.

ශ්‍රෝත/ශ්‍රෝතස් [쉬*로*-떠/쉬*로*-따쓰] (해부학) 귀의 කන පිළිබඳ.

ශ්‍රෝතය [쉬*로*-떠여] (해부학) 귀 කර්ණය. (구어) කන

ශ්‍රෝතස් [쉬*로*-따쓰] (해부학) 귀의 ශ්‍රෝත.

ශ්‍රෝතෘ [쉬*로*-뜨*루*] 추종자(의), 청취자(의).

ශ්ලිෂ්ට [쉴리쉬터] 매끄러운, 매끌매끌한 සිලිටි.

ශ්ලීපද [쉴리-빠더] (의학) 상피병 බරවා කකුල්.

ශ්ලේෂ [쉴레-셔] (같은 음의 말로 하는) 익살(의), 신소리(의).

ශ්ලේෂාර්ථය [쉴레-샤-*르*떠여] 곁말, 신소리, 동음 이의(同音異義)의 익살.

ශ්ලේෂ්ම/ශ්ලේෂ්මල [쉴레-쉬머/쉴레-쉬멀러] 가래(의) සෙම.

ශ්ලේෂ්මාව [쉴레-쉬마-워] (의학) 천식 ඇදුම.

ශ්ලෝකය [쉴로-꺼여] (시의) 연, 스탠자 සකු පැදිය.

ශ්වසන ඉන්ද්‍රිය [쉬워써너 인드*리*여] 호흡 기관.

ශ්වසනය [쉬워써너여] 호흡, 들이 마시고 내쉼 හුස්ම ගැනීම සහ හෙළීම.

ශ්වසන රෝගය [쉬워써너 *로*-거여] 호흡기 질환, 천식.

ශ්වාස [쉬와-써] 호흡 හුස්ම.

ශ්වාසනාළය† [쉬와-써날-러여] (해부학) 기도, 숨통.

ශ්වාසනාළිකාව [쉬와-써날-리까-워] (해부학) 기관지.

ශ්වාසමානය [쉬와-써마-너여] 폐활량계.

ශ්වාස රෝගය [쉬와-써 *로*-거여] (의학) 천식 ඇදුම.

ශ්වේත [쉬웨-떠] 하얀, 백색의 ධවල. (구어) සුදු

ශ්වේත ඡත්‍රය [쉬웨-떠 차뜨*러*여] 하얀 우산 සුදු කුඩය.

ශ්වේතනය [쉬웨-떠너여] 표백, 하얗게 함 සුදු කිරීම.

ශ්වේත පදාර්ථය [쉬웨-떠 빠다-*르*떠여] 백색 발염.

ශ්වේත ප්‍රදරය [쉬웨-떠 쁘러더러여] (의학) 월경 과다(증) සුදු යෑම.

ශ්වේත මණ්ඩලය [쉬웨-떠 만덜러여] (해부학) 공막.

ශ්වේත රක්තය [쉬웨-떠 띾떠여] (의학) 백혈병 ලියුකේමියාව.

ශ්වේතාණු [쉬웨-따-누] (의학) 백혈구 සුදු රුධිරාණු. ¶ රක්තාණු 적혈구

ශ

ෂ

ෂ [샤] 씽할러 알파벳의 56번째 글자: මූර්ධජ 무-르더저 샤얀너 라고 부른다.

ෂටලය [셔털러여] (직조기의) 북, (재봉틀의 밑실이 든) 북.

ෂට් [셔트] 6의, 여섯 겹의 (6의 결합사) ෂඩ්, හයවැදෑරුම්.

ෂට්කෝණ [셭꼬-너] 6각형의, 육각의.

ෂට් තලය [셭 딸러여] 육면체.

ෂට් පදික/ෂට් පදී [셭 빠디꺼/셭 빠디-] ①꿀벌 මී මැස්සා ② 다리가 6개 있는 동물 පාද හයක් ඇත්තා.

ෂඩස්‍රය† [샤더쓰러여] 육변형, 육모꼴.

ෂඩාකාර [샤다-까-러] 여섯 겹의, 6겹의 හයවැදෑරුම්.

ෂඩ් [셔드] 6의, 여섯 겹의 (6의 결합사) ෂට්.

ෂඩ්වර්ණ† [셔드와르너] 6가지 색깔의 පාට හයකින් යුත්.

ෂඩ්විංශති [셔드윙셔띠] 26의.

ෂඩ්විධ [셔드위더] 여섯 겹의, 6겹의 සයාකාර.

ෂණ් [샨] 육(의), 6(의) හය.

ෂණ්ඩයා [샨더야-] 내시, 중성인 නපුංසකයා.

ෂණ්මුඛ [샨무꺼] 얼굴 6개 가진 신(의), 스칸다 신(의): 전쟁의 신, 시바신의 아들.

ෂෂ් [샤쉬] 육(의), 6(의) හය.

ෂෂ්ට/ෂෂ්ඨ [샤쉬터] 6번째의, 여섯 번째의 හය වැනි.

ෂෂ්ටකය [샤쉬터꺼여] (천문) 6분의(儀).

ෂෂ්ටි [샤쉬티] 60, 육십 හැට.

ෂෂ්ටික [샤쉬티꺼] 60의, 60이 있는 හැටක් ඇති.

ෂෂ්ඨී [샤쉬티] 6번째의, 여섯 번째의 හය වැනි.

ෂෂ්ඨී [샤쉬티-] ①6번째의, 여섯 번째의 හය වැනි ②60의.

ෂා: [샤-] 놀라움, 슬픔의 감탄사: 와.

ෂින්ටෝ [쉰토-] (일본종교) 신도.

ෂෙරිෆ් [쉐리프] 주지사, 주장관.

ෂෝක් [숔-] 좋은, 멋진, 훌륭한 හොඳ.

ෂෝක් කරනවා [숔- 꺼러너와-] 유행에 맞추다, 멋쟁이가 되다 හැඩවැඩ වෙනවා.

ෂෝඩශ [쇼-더셔] 16(의), 십육(의).

ෂෝඩශවිධ [쇼-더셔위더] 십육겹의, 16겹의 දහසයවැදෑරුම්.

ෂෝඩස [쇼-더써] 16의, 십 육의 දහසය.

ස

ස [싸] ①씽할러 알파벳의 57 번째 글자 ②සය 의 형용사: 6 의, 여섯의 ③(접두사) ~와 함께, 같이. ¶ සදෙනා 여섯 명

සං [쌍] (접두사) 함께, 같이.

සං [쌍] (접두사) ①좋은 ②많은 ③전의, 이전의 ④짧은 ⑤의심의.

සංකට [쌍까터] ①가득찬, 충만한 පිරුණු ②방해되는, 걸림이 되는 අවහිර වූ ③좁은 පටු.

සංකටය [쌍까터여] ①위험, 위기 ②좁음.

සංකඩ [쌍까더] ①약해진, 쇠약한 දුබල වූ ②나이든, 늙은 මහලු ③썩은, 부패한 දිරාපත්.

සංකථනය [쌍까떠너여] 토론 සාකච්ඡා කිරීම.

සංකමුඩිය [쌍꺼무디여] 모든 소유 මුළු වත්කම.

සංකර† [쌍꺼러] 혼합된, 섞인 මිශ්‍ර.

සංකරය [쌍꺼러여] 혼동, 혼란, 혼합 මිශ්‍රවීම.

සංකලනය [쌍깔러너여] 혼합, 섞음, 통합 මිශ්‍රණය.

සංකල්පනය [쌍깔빠너여] 의도, 의향, 생각, 개념.

සංකල්පනාව [쌍깔빠나-워] 상상(력), 창작력, 구상력(構想力) නිර්මාණාත්මක සිතුවිල්ල.

සංකල්ප පද්ධතිය [쌍깔빠 빧더띠여] (사회상, 정치상의) 이데올로기, 관념 형태.

සංකල්පය‡ [쌍깔빠여] ①개념, 생각, 아이디어 අදහස ②상상력 ③결정, 결단.

සංකල්ප විද්‍යාව [쌍깔빠 윋디야-워] (사회상, 정치상의) 이데올로기, 관념 형태 සංකල්ප පද්ධතිය.

සංකල්පිත [쌍깔삐떠] 제안된, 의도된, 생각된, 계획된 යෝජනා කරන ලද.

සංකාර [쌍까-러] 쓰레기, 폐기물 කසළ. (구어) කුණු

සංකාව [쌍까-워] 의심, 불신 සැකය.

සංකාසනය [쌍까-써너여] 요약, 축약, 요약하여 말함 සැකවින් කීම.

සංකීර්ණ [쌍끼-르너] 복잡한, 복합된, 뒤얽힌 පැටලුණු.

සංකීර්ණය [쌍끼-르너여] ①복잡, 뒤얽힘 ②복합 건물, 복합 상가.

සංකු [쌍꾸] ①සංකුව 의 복수 또는 형용사: 소라(의), 소라류(의) ②막대기, 장대 කෙක්ක ③창, 송곳 උල්ල.

සංකුචනය [쌍꾸처너여] 긴축, 압축, 수축, 바싹 죄임 හැකිළීම.

සංකුල [쌍꿀러] (의학) 합병증의, 충혈된, 혼잡한, 복잡한 අවුල් වූ. ¶ සංකුලතාව (의학) 합병증

සංකුලනය [쌍꿀러너여] (의학) 충혈, 울혈.

සංකුව [쌍꾸워] 소라, 소라류, 나발 부는 소라 සංගුව.

සංකේතය‡ [쌍께-떠여] 상징, 표시, 징후 සලකුණ.

සංකේතාත්මක [쌍께-딸-머꺼] 상징적인, 상징하는, 부호의.

සංකේන්ද්‍රණය [쌍껜-드러너여] 중앙화, 중앙 집권화 මධ්‍යගතවීම.

සංකේන්ද්‍රිය [쌍껜-드리-여] 중앙화된, 중앙에 집중된.

සංකෝචනය† [쌍꼬-처너여] 수축, 축소, 줄어듦හැකිලීම.

සංක්‍රමණය† [쌍끄러머너여] ①이민, 이주 සක්මන ②전염, 감염.

සංක්‍රමණය කරනවා† [쌍끄러머너여 꺼러너와-] 이민을 가다, 이주하다.

සංක්‍රමණිකයා [쌍끄러머니꺼야-] 이민자, 이주자 ආගාමිකයා.

සංක්‍රමික [쌍끄러미꺼] ①이주하는 ②점염되는, 접촉감염성의, 옮기 쉬운.

සංක්‍රාන්තිය [쌍끄란띠여] 이동, 이주 සංක්‍රමණය.

සංක්‍රාමික [쌍끄라-미꺼] 전염되는, 전염성이 있는 සංක්‍රමික.

සංක්‍රාමී [쌍끄라-미-] 전염되는, 전염성이 있는 සංක්‍රාමික.

සංක්‍රාම්‍යතාව [쌍끄람-미여따-워] 이동성, 양도성.

සංක්ලිෂ්ට [쌍끌리쉬터] 불결한, 정결하지 않은, 더러운 අපවිත්‍ර.

සංක්ලේශ [쌍끌레-셔] ①오염된, 더러워진 කිලුටු ②(마음이) 더러워진, 정욕의, 호색의.

සංක්ෂය [쌍끄셔여] 소모, 소진, 멸실 ගෙවීයාම.

සංක්ෂිප්ත† [쌍끄쉽떠] 요약한, 축약한, 단축한 ලුහුඬු. (구어) කෙටි

සංක්ෂේප කරනවා† [쌍끄쉐뻐 꺼러너와-] 축약하다, 단축하다 ලුහුඬෙන් කියනවා. (구어) කෙටි කරනවා

සංක්ෂේපය [쌍끄쉐-뻐여] 요약, 축약, 요약하여 말함 සංකාසනය. (구어) කෙටිය

සංඛ/සඞ්ඛ [쌍꺼] ①소라들 සංක ②소라의.

සංඛත [쌍꺼떠] ①조건부의 ②세상에 속한 것 ලෝකයට අයත් දෙය.

සංඛනාදය [쌍꺼나-더여] 고동소리, 소라를 부는 소리 සක් හඬ.

සංඛලා [쌍껄라-] 쇠사슬, 차고, 수갑 විලංගුව.

සංඛාර [쌍까-러] ①집합, 집성 සංස්කාර ②의식, 예식.

සංඛ්‍යා [쌍끼야-] 수의, 번호의 ගණන්.

සංඛ්‍යාංකය [쌍끼양-꺼여] 수, 숫자 ගණන.

සංඛ්‍යාත [쌍끼야-떠] ①수의, 숫자의 සංඛ්‍යා ②이름의, 이름을 가진 නමැති ③빈번하는, 잦은.

සංඛ්‍යාතය [쌍끼야-떠여] 빈번, 잦음, 자주 일어남, 빈도수.

සංඛ්‍යාත්මක [쌍끼얃-머꺼] 수의, 숫자의, 숫자적인.

සංඛ්‍යානය† [쌍끼야-너여] 통계학.

සංඛ්‍යා රසායන විද්‍යාව [쌍끼야- 라싸-여너 윋디야-워] 화학량론.

සංඛ්‍යා ලේඛනඥයා [쌍끼얄-레-꺼너끄녀야-] 통계학자, 통계자.

සංඛ්‍යා ලේඛනය [쌍끼얄- 레-꺼너여] 통계표, 통계 자료.

සංඛ්‍යාව‡ [쌍끼야-워] ①수, 번호 ගණන ②심사숙고, 반성 කල්පනාකර බැලීම.

සංඛ්‍යාවාචී [쌍끼야-와-치-] 셀 수 있는 ගණන් කළ හැකි.

සංඛ්‍යා විරහිත [쌍끼야- 위러히떠] 셀 수 없는, 숫자 없는 ගණන් නැති.

සංගණනය‡ [쌍가너너여] 인구 조사.

සංගත [쌍거떠] 모인, 회합한 එක් වූ.

සංගතය [쌍거떠여] 회중, 모임.

සංගතිය [쌍거띠여] (사교, 종교 등 특별한 목적의) 집회, 회합 එක්වීම.

සංගදිය [쌍거디여] 어려움, 고생, 힘듦 කරදරය.

සංගමනය [쌍가머너여] 회합, 모임, 만남 හමුවීම.

සංගමය‡ [쌍거머여] ①협회, 단체, 조합, 연합 ②하나됨, 모임 එක්වීම. ¶ ශ්‍රී ලංකා බයිබල් සංගමය 스리랑카 성서 공회

සංගමික [쌍거미꺼] 연합하는, 조합하는.

සංගය [쌍거여] (형식적인) 정중함, 공손, 예의 바름 ශීලාචාරකම.

සංගසූර [쌍거쑤-리] 나사모양의, 나선형의.

සංගාමී [쌍가-미-] 연결된, 결합된, 모인 හා වුණු.

සංගායනාව [쌍가-여나-워] ① 합창, 제창 සංගීතිය ②회의, 대회 සම්මන්ත්‍රණය.

සංගිලි පාලම [쌍길리 빨-러머] 사슬 조교(弔橋), 사슬로 만든 다리 දම්වැල් පාලම.

සංගීත‡ [쌍기-떠] ①음악 ②음악의. ¶ සංගීත බඳුන් 악기

සංගීතකාරයා [쌍기-떠까-러야-] 음악가 සංගීතඥයා.

සංගීතඥයා‡ [쌍기-떠끄녀야-] 음악가 සංගීතකාරයා.

සංගීතය [쌍기-떠여] 음악.

සංගීතිය† [쌍기-띠여] 합창, 제창 සංගායනාව.

සංගුණකය [쌍구너꺼여] (물리, 화학) 계수(係數), 율(率).

සංගුව [쌍구워] 소라, 소라류, 나발 부는 소라 හක්ගෙඩිය.

සංගෙ [쌍게] (형식적인) 정중함, 공손, 예의 바름 සංගය.

සංගෙ නැති/සංගෙට නැති [쌍게 내띠/쌍게터 내띠] 예의 없는, 버릇없는, 불공손한 අනාචාර.

සංග්‍රහ කරනවා‡ [쌍그라하 꺼러너와-] ①접대하다, 대접하다 සත්කාර කරනවා ②편집하다, 편찬하다.

සංග්‍රහය [쌍그라하여] ①접대, 다과 접대 සත්කාරය ②(책, 편지) 편찬(물), 편집(물) ③잡지, 매거진 සඟරාව ④도움, 조력 උදව්ව. ¶ පොත් සංග්‍රහය 책 편찬물

සංග්‍රාම භූමිය [쌍그라-머 부-미여] 전쟁터, 전투장, 싸움터 යුද බිම.

සංග්‍රාමය [쌍그라-머여] 전쟁, 전투, 싸움 යුද්ධය.

සංග්‍රාමික [쌍그라-미꺼] 전쟁하는, 전투하는, 싸우는.

සංග්‍රාහක† [쌍그라-허꺼] ①접대하는, 대접하는 සංග්‍රහ කරන ②편찬자, 편집자 සංග්‍රාහකයා.

සංග්‍රාහකයා [쌍그라-허꺼야-] ①편찬자, 편집자 සංග්‍රාහක ② 세관원, 세리 අයකැමියා.

සංඝ† [쌍거] ①승려들 ②승려들의 භික්ෂු.

සංඝගත දක්ෂිණාව [쌍거가떠 닦쉬나-워] 승려에게 준 제물.

සංඝටකය [쌍가터꺼여] 성분, 요소, 구성물.

සංඝටනය/සංඝටනාව [쌍거터너여/쌍거터나-워] 구성, 합성, 혼합 එකට ගැලපීම.

සංඝට්ටනය [쌍같터너여] 충돌, 격돌, 부딪힘 තදින් ගැටීම.

සංඝනකය [쌍가너꺼여] 콘덴서, 응결기, 응축기 සංඝනීකාරකය.

සංඝනනය [쌍가너너여] 압축, 응축, 농축.

සංඝභේදය [쌍거베-더여] 구성, 합성, 혼합 එකට ගැලපීම.

සංඝයා [쌍거야-] 불교 승려 බෞද්ධ භික්ෂුව.

සංඝ රත්නය [쌍거 랕너여] 승려 සංඝයා වහන්සේ.

සංඝරාජ [쌍거라-저] 소승불교에서 고승에서 주어지는 이름: 상거라저.

සංඝර්ෂණය [쌍거르셔너여] 부식, 침식 හැලහැප්පීම.

සංඝසාමග්‍රිය [쌍거싸-머그리여] 승려들의 연합.

සංඝාරාමය/සංඝාවාසය [쌍가-라-머여/쌍가-와-써여] 승려 수도원 භික්ෂු ආවාසය.

සංචය/සඤ්චය [쌍처여] ①수집, 모집, 쌓아둠 රැස්කිරීම ②더미, 뭉치 ගොඩ.

සංචරණය/සඤ්චරණය [쌍차러너여] 이동, 움직임 තැනින් තැන යාම. ¶ සංචරණ සීමා 통행금지

සංචලනය [쌍철러너여] 이동, 이동성, 움직임 චලනය වීම.

සංචාරක [쌍차-러꺼] 여행의, 관광의 සැරිසරන.

සංචාරක බංගලාව [쌍차-러꺼 방걸라-워] 여행객을 위한 방갈로 (보통 별장식의 단층집).

සංචාරකයා† [쌍차-러꺼야-] 여행객, 관광객 ගමන් යන්නා.

සංචාරය‡ [쌍차-러여] 여행, 관광 ගමන.

සංචාරය කරනවා‡ [쌍차-러여 꺼러너와-] 여행하다, 관광하다 ගමන යනවා.

සංචිතය† [쌍치떠여] 축적, 누적 එකතුව. ¶ විදේශ සංචිත ප්‍රමාණය 외환 보유고

සංජානනය [쌍자-너너여] 지각, 자각, 인식, 통찰 දැනුම.

සංඥා කරනවා† [쌍끄냐- 꺼러너와-] ①신호를 보내다, 손(몸)짓을 하다, 표를하다 ②명명하다, 이름을 부르다.

සංඥා නාමය [쌍끄냐- 나-머여] ①(문법) 고유 명사 ②명칭, 호칭.

සංඥාපනය† [쌍끄냐-빠너여] ①서두, 서론, 개요 ප්‍රාම්භය ②알림, 공지 දැන්වීම.

සංඥාව† [쌍끄냐-워] ①신호, 표, 몸(손)짓, 힌트, 단서 ලකුණ ②이름, 명칭, 호칭 නම.

සංඥා ස්කන්ධය [쌍끄냐- 쓰깐더여] 지각의 집합.

සංඩුව [쌍두워] 싸움, 분쟁, 다툼 රංඩුව.

සංතානය [쌍따-너여] 마음 සිත. (구어) හිත

සංතාපය† [쌍따-빠여] 심적 고통, 마음의 괴로움 සිත් වේදනාව.

සංතුලනය [쌍뚤러너여] 균형, 평형 සමබරවීම.

සංතුෂ්ට [쌍뚜쉬터] 기쁜, 즐거운 සතුට.

සංතුෂ්ටිය [쌍뚜쉬티여] 기쁨, 즐거움, 행복 සන්තෝෂය. (구어) සතුට

සංතෘප්ත† [쌍뜨룹떠] 만족하는, 기뻐하는 සෑහීමට පත්.

සංතෘප්තිය [쌍뜨룹띠여] 만족, 만족감 තෘප්තිමක් වීම.

සංතෝසම [쌍또-써머] 선물, 기뻐서 주는 것 තුටු පඬුර.

සංත්‍රාසය [쌍뜨라-써여] 전율, 부르르 떨림, 스릴 සිතේ තැතිගැන්ම.

සංදංශය [쌍당셔여] 겸자 (의사들이 쓰는, 날이 없는 기다란 가위같이 생긴 도구).

සංදර්භය/සන්දර්භය [쌍다르버여/싼다르버여] ①(글의) 맥락, 문맥, (문체, 이론 등의) 통일, 시종 일관성 ②(어떤 일의) 상황, 맥락, 전후 사정. ¶ සමාජ සංදර්භය 공동체 상황

සංදර්ශනය [쌍다르셔너여] ①(전기) 화면, 디스플레이 ②전시, 보여줌.

සංදිග්ධ [쌍딕더] 애매한, 모호한, 분명치 않은, 알쏭달쏭한 උභතෝකෝටික.

සංදීප්ත [쌍딮-떠] 빛나는, 찬란하게 빛나는 බබළන.

සංදීප්තිධර [쌍딮-띠더러] 발광(성)의, 빛나는.

සංදීප්තිය [쌍딮-띠여] 빛남, 광채 බැබළීම.

සංදේශය [쌍데-셔여] ①편지, 우편 අස්න ②소식, 안내, 메시지 ආරංචිය ③정보, 보고 තොරතුර ④통신, 연락. ¶ විදුලි සංදේශ නියාමන කොමිෂන් සභාව 전기 통신 규제 위원회

සංයත [쌍야떠] 훈련받은, 통제받는, 제어된 හික්මුණු.

සංයමය† [쌍여머여] 훈련, 바르게 함, 통제, 제어 හික්මීම.

සංයුක්ත‡ [쌍육떠] (하나로) 합성된, 조합된, 조성한 සමන්විත.

සංයුක්තය [쌍육떠여] (하나로) 조합, 합성, 조성 එක්ව සෑදීම.

සංයුක්තාක්ෂරය [쌍육딱-셔러여] (문법) 결합 자음 සංයුක්ත අක්ෂරය.

සංයුජතාව [쌍유저따-워] (화학) 원자가.

සංයුජනය [쌍유저너여] 배합, 조제.

සංයුතිය† [쌍유띠여] 성분, 합성물 යමක අඩංගු දේ.

සංයෝගය† [쌍요-거여] 결합, 조합, 배합 සංයෝජනය.

සංයෝජනය [쌍요-저너여] 결합, 조합 යෝගය.

සංරක්ෂණය‡ [쌍락셔너여] (자연, 자원의) 보호, 관리 සුරැකුම.

සංරචකය [쌍라처꺼여] 성분, 구성물.

සංරසය [쌍라써여] (화학) 아말감.

සංලක්ෂණ [쌍띾셔너] 특징적인, 특색적인.

සංලක්ෂ්‍ය [쌍띾쉬여] 특징적인, 특색의.

සංලාපය [쌍라-빠여] 담소, 대화 සල්ලාපය.

සංවත්සරය‡ [쌍왇써러여] 기념일, 기일 සැමරීම.

සංවත්සරික [쌍왇써리꺼] සංවත්සරය 의 형용사: 매년의, 일년마다 සංවත්සර.

සංවර [쌍와러] 예의 바른, 예절 바른, 잘 훈련된.

සංවරණය [쌍와러너여] 은신처, 잠복저.

සංවරය [쌍와러여] 예의, 예절, 잘 훈련됨 ඉඳුරන් හික්මවීම.

සංවර්ණනාව [쌍와르너나-워] ①주석서 අටුවාව ②해설, 비평, 논평 අර්ථ කථාව.

සංවර්ධනය‡ [쌍와르더너여] 계몽, 개발, 발달 මනා දියුණුව.

සංවර්ධිත [쌍와르디떠] සංවර්ධනය 의 형용사: 발전된, 개발된 දියුණු.

සංවහනය [쌍와하너여] (기체나 액체에 의한 열의) 대류.

සංවහන වර්ෂාව [쌍와하너 와르샤-워] (지리) 대류우.

සංවාතනය [쌍와-떠너여] 통풍, 환기 වාතාශ්‍රය ඇති කිරීම. ¶ සංවාතකය 환풍기

සංවාදය‡ [쌍와-더여] ①대화, 담화 කතාබහ ②토론, 토의 සාකච්චාව.

සංවාදශීලී [쌍와-더쉴-리-] 대화하는, 토론하는.

සංවාසක [쌍와-써꺼] 동거자.

සංවාසය [쌍와-써여] ①동거 එක්ව විසීම ②성교, 섹스, 성행위 සංසර්ගය.

සංවිධානය† [쌍위다-너여] ①기관, 단체 හවුල ②조직함, 구성함. ¶ ලෝක සෞඛ්‍ය සංවිධානය 세계 보건 기구, WHO

සංවිධානය කරනවා‡ [쌍위다-너여 꺼러너와-] 조직하다, (대회, 모임을) 구성하다.

සංවිභාගය [쌍위바-거여] ①조사, 수사, 연구 මනා සෝදිසිය ②증여, 기증, 선물 පරිත්‍යාගය.

සංවියුත ඵලකය [쌍위유떠 빨러꺼여] (전기) 배전반.

සංවියුතය [쌍위유떠여] (전기) 스위치, 개폐기 ස්විච්ය.

සංවීචනය [쌍위-처너여] 주름잡음 පීලි බේරීම.

සංවීචිත [쌍위-치떠] 주름진, 주름이 있는 පීලි බේරූ.

සංවුත [쌍우떠] 감싼, 막은, 보호한 වට කළ.

සංවෘත [쌍으루떠] 막은, 감싼, 보호한 වැසූ.

සංවෘතිය [쌍으루띠여] 막음, 감쌈, 보호 වැසීම.

සංවේගය† [쌍웨-거여] 비애, 비통, 슬픔, 비참함.

සංවේද ඉන්ද්‍රිය [쌍웨-더 인드리여] 감각 기관.

සංවේදනය [쌍웨-더너여] 예민, 민감 සංවේදීතාව.

සංවේදය [쌍웨-더여] 인식, 지각, 이해 දැනුම.

සංවේදී‡ [쌍웨-디-] 예민한, 민감한.

සංවේදීතාව [쌍웨-디-따-워] 예민함, 민감함 සංවේදනය.

සංශය [쌍셔여] 의심, 불신 සැකය.

සංශෝධකය [쌍쇼-더꺼여] 정수기, 정화기.

සංශෝධනය‡ [쌍쇼-더너여] ①개정, 수정 අඩුපාඩු සකස් කරලීම ②(기독교) 종교개혁.

සංශෝධිත [쌍쇼-디떠] 수정한, 청소한 පිරිසිදු කළ.

සංශ්ලේෂක [쌍쉴레-셔꺼] ①합성하는, 인조의, 조합하는 කෘත්‍රිම ②광합성 작용을 하는.

සංශ්ලේෂක රසායන විද්‍යාව [쌍쉴레-셔꺼 라싸-여너 윋디야-워] 합성 화학.

සංශ්ලේෂණය [쌍쉴레-셔너여] ①광합성, 광합성 작용 ②합성, 인조.

සංසක්ත [쌍싹떠] 첨부된, 연결된, 접합된 ඇලුණු.

සංසදය [쌍써더여] 무리, 그룹, 동아리 හමුව.

සංසන්දනය‡ [쌍싼더너여] 비교, 대조 සැසඳීම.

සංසන්දනාත්මක† [쌍싼더낱-머꺼] 비교하는, 대조하는 සසඳන.

සංසරණ [쌍써러너] 도는, 순환하는.

සංසරණය† [쌍써러너여] ①(불교) 윤회 සසර ②순환, 돔.

සංසර්ග [쌍싸르거] 성 행위의, 성행위를 하는.

සංසර්ගය† [쌍싸르거여] 성교, 교접, 성행위, 섹스 සංවාසය.

සංසාරය† [쌍싸-러여] ①윤회, (영혼의) 재생 සසර ②세계 ලෝකය.

සංසිද්ධිය [쌍싣디여] 발생, 일어남 සිදුවීම.

සංසිඳනවා [쌍씬더너와-] සංසිඳුවා-සංසිඳා 진정시키다, 가라앉히다, 위로하다 සංසිඳුවනවා. <u>සංසිඳීම</u>

සංසිඳුවනවා† [쌍씬두워너와-] සංසිඳෙවුවා-සංසිඳුවා 진정시키다, 가라앉히다, 위로하다 සංසිඳනවා. <u>සංසිඳුවීම</u>

සංසුන්† [쌍쑨] 고요한, 조용한, 잔잔한 නිශ්චල.

සංසේචනය [쌍세-처너여] (땅을) 기름지게 하기, (땅을) 풍부하게 하기, 거름을 줌.

සංස්කරණය‡ [쌍쓰꺼러너여] ①(초판, 재판의) 판(版), 간행 අනුවාදය ②교정, 교열, 수정, 개정 සකස්කිරීම.

සංස්කාරය [쌍쓰까-러여] ①집성, 집합 ②원인, 이유 හේතුව ③결과물, 산물 ④준비, 정리 පිළියෙල කිරීම ⑤완수, 완성, 이룸 ඉෂ්ට කිරීම ⑥정결 의식, 예식 පිරිසිදු කිරීමේ චාරිත්‍රය ⑦꾸밈, 장식 සැරසීම ⑧(교회의) 헌당, 봉헌 කැප කිරීම ⑨(신체, 정신의) 능력.

සංස්කාරක‡ [쌍쓰까-러꺼] 편집자 සකසු.

සංස්කෘත [쌍쓰끄루떠] ①산스크리트어 ②잘 교정된, 잘 편집된, 잘 준비된 මනා සේ නිම කළ.

සංස්කෘතික‡ [쌍쓰끄루띠꺼] 문화의, 문화적인.

සංස්කෘතිය‡ [쌍쓰끄루띠여] 문화, 정신문명 හැඩගැස්ම. (복) සංස්කෘති

සංස්ථානය [쌍쓰따-너여] 방법, 방식, 스타일 ආකාරය. (구어) හැටිය

සංස්ථාපනය [쌍쓰따-뻐너여] 설립, 세움 පිහිටවීම.

සංස්ථාපිත [쌍쓰따-삐떠] 세운, 설립한 පිහිටුවන ලද.

සංස්ථා ප්‍රකාශය [쌍쓰따- 쁘러까-셔여] (새 회사 따위의) 설립 취지서.

සංස්ථාව‡ [쌍쓰따-워] ①유한회사, 주식회사 ②법인, 협회, 사단 법인.

සංස්ථිතික [쌍쓰띠띠꺼] 보수적인, 전통적인, 보수주의의, 케케 묵은 පාරම්පරික ගුණයෙන් යුත්.

සංස්ථිතිය [쌍쓰띠띠여] (전통) 존속, 유지, 보존.

සංස්පර්ශක [쌍쓰빠르셔꺼] (접촉) 전염성의, 감염성의, (접촉으로) 퍼지는 ස්වර්ශයෙන් බෝවෙන.

සංස්පර්ශය [쌍쓰빠르셔여] ①접촉, 만짐 එකට ගැවීම ②(접촉) 전염, 감염.

සංස්වනය [쌍쓰와너여] (음악) 협화(음) ධ්වනි සංකලනය.

සංහත [쌍하떠] 밀집한, 빽빽하게 찬, 모인 ඒකාබද්ධ.

ස

සංහතිය [쌍하띠여] ①무리, 군중 සමූහයා ②결합, 연합.

සංහරණය [쌍하러너여] ①집합, 결집, 모음 එක් කිරීම ②파괴, 파멸, 부숨 නැසීම.

සංහාරක [쌍하-러꺼] 전멸하는, 파괴하는, 멸절하는 විනාශ කරන.

සංහාරය† [쌍하-러여] ①전멸, 멸절 පූර්ණ විනාශය ②시간을 보냄 කල් ගෙවීම.

සංහිත [쌍히떠] 묶은, 편찬한 එක් කළ.

සංහිතා [쌍히따-] ①편찬물, 편집물 වේද ග්‍රන්ථ ②편집, 편찬 සන්ධිවීම.

සංහිඳ [쌍힌더] ①휴게소 ②공간 ඉඩකඩ.

සංහිඳනවා [쌍힌더너와-] සංහිඳුවා-සංහිඳලා ①위로하다, 위문하다 ②달래다, 진정시키다, 가라앉히다. සංහිඳීම (문어) සංසිඳනවා.

සංහිඳුවනවා [쌍힌두워너와-] සංහිඳෙවුවා-සංහිඳුවලා ①위로하다, 위문하다 ②달래다, 진정시키다, 가라앉히다. සංහිඳු-වීම (문어) සංසිඳුවනවා.

සංහිඳියාව [쌍힌디야-워] (국제간의) 긴장 완화, 데탕트, 상생.

සක [싸꺼] ①바퀴, 휠 රෝදය ②원, 원형 රවුම ③소라 껍질 බෙල්ලාගේ කටුව ④(신체) 눈 ඇස ⑤샤커 신 ශක්‍ර දේවේන්ද්‍රයා.

සකටය [싸꺼터여] 수레, 달구지, 마차 කරත්තය.

සක පෝරුව [싸꺼 뽀-루워] (도자기 만들 때 쓰는) 돌림판 කුඹල් සක.

සකබමරේ [싸꺼바머레-] (도자기 만들 때 쓰는) 돌림판 කුඹල් සක. සක පෝරුව.

සකරය [싸꺼러여] සංස්කාරය를 보시오: ①완수, 완성, 이룸 ඉෂ්ට කිරීම ②준비, 정리 සකස් කිරීම ③정결 의식 පිරිසිදු කිරීමේ චාරිත්‍රය ④꾸밈, 장식 සැරසීම.

සකරුණා [싸까루나-] 친절한, 상냥한 කරුණාවන්ත.

සකර්ණ [싸까르너] 듣는, 경청하는 ඇහුම්කන් දෙන. (구어) අහන

සකර්ණික [싸까르니꺼] 귀의, 청각의 ශ්‍රවණ.

සකර්මක [싸까르머꺼] ①이행하는, 실행하는 ක්‍රියාකාරී ②(문법) 타동사의 කර්මයක් සහිත වූ.

සකල† [싸껄러] 모든, 전부의 සියලු. (구어) ඔක්කොම

සකලංක [싸껄랑꺼] 오염된, 더럽혀진 කැල්ල සහිත.

සකලඥ [싸껄러끄녀] 전지의, 모든 것을 아는 සර්වඥාන.

සකලඥේය [싸껄러끄녜-여] 전지의, 모든 것을 아는 සර්වඥාන.

සකලාංග [싸껄랑-거] 모든 요소들, 모든 부분들 සියලු අංග.

සකලාන්තරාය [싸껄란-떠라-여] 모든 위험들 සකලෝපද්‍රව.

සකලෛශ්වර්ය [싸껄라이쉬처르여] 모든 복들, 모든 행복들.

සකලෝපද්‍රව [싸껄로-드러워] 모든 위험들 සකලාන්තරාය.

සක වස [싸꺼 와써] 샤커 왕 시대 ශක වර්ෂය.

සකසනවා† [싸꺼써너와-] සැකසුව-සකසා 만들다, 정리하다 සකස් කරනවා. සැකසීම/සැකසුම

ස

සකසිරුවෙන් [싸꺼씨-루웬] 조심히, 조심스럽게 පරිස්සමෙන්.

සකසු [싸까쑤] ①조직자, 주최자 සකසන්නා ②편집자, 편찬인 සංස්කාරක.

සකසුරුවම‡ [싸까쑤 루워머] 절약, 검소 අරපරෙස්සම.

සකසුරුවම්† [싸까쑤루왐] සකසුරුවම 의 복수 또는 형용사: ①절약, 검소 ②검소한, 절약하는 අරපරෙස්සම්.

සකස් කරනවා‡ [싸까쓰 꺼러너와-] 정리하다, 정돈하다 පිළිවෙළට යොදනවා.

සකාරණ [싸까-러너] 이유가 있는, 이유의.

සකි [싸끼] ①친구들, 벗들 යහළුවා ②친구의, 벗의.

සකිලිටි/සකිලුටු [싸낄리티/싸낄루투] 더러운, 오염된.

සකු [싸꾸] 산스크리트어, 범어 සංස්කෘත භාෂාව.

සකුරු [싸꾸루] 당밀(糖蜜) (야자수에서 채취한 꿀을 굳혀 만든 제품). (구어) හකුරු

සකුළු [싸꿀루] 잔인한, 난폭한, 야비한 සංකුල.

සකෘත් [싸끄룯] 하루살이의, 하루밖에 못 가는, 단명하는.

සකෘදගාමී [싸끄루다-가-미-] 귀환하는, 재귀하는 සෙදගැමි.

සකෙවු [싸께우] 간략한, 요약한 කෙටි.

සකෙළ [싸껠러] ①때, 시기, 순간 මොහොත ②6천만 හට කෝටිය.

සකොබ [싸꼬버] 흥분한, 격양된, 신경질적인 කැළඹුණු.

සකොස් [싸꼬쓰] 빨리, 재빠르게, 급히 වහා.

සක් [싹] සක 의 복수: ①바퀴들 රෝද ②원들, 원형들 රවුම් ③소라 껍질들 බෙල්ලාගේ කටු ④(신체) 눈들 ඇස් ⑤사커 신 ශක්‍ර දේවේන්ද්‍රයා.

සක්ක [싹꺼] ①삽입물, 끼워 넣는 것 ②채우는, 삽입하는.

සක්ක බැම්ම [싹꺼 뱀머] 버팀벽, 지지벽.

සක්කර/සක්කරා [싹꺼러/싹꺼라-] 사탕수수 설탕 උක් හකුරු.

සක්කරයා [싹꺼러야-] 사끄러 신 ශක්‍රයා.

සක්කරා [싹꺼라-] 사탕수수 설탕 උක් හකුරු.

සක්කිලියා [싹낄리야-] 화장실 청소부 සකල ශෝධකයා.

සක්දෙව් [싹데우] 삭끄러 신 ශක්‍ර දේවේන්ද්‍ර.

සක්බෙල්ලා [싹벨라-] 소라류, 조개 හක්බෙල්ලා.

සක්මන [싸끄머너] 배회, 어슬렁 거림, 순회. (복) *සක්මන්*

සක්මන් කරනවා† [싸끄만 꺼러너와-] 여기저기 걸어다니다, 어슬렁 거리다, 배회하다 හෙමින් ඔබ මොබ ඇවිදිනවා.

සක්මන් මලුව [싸끄만 말루워] 산책길, 산책하는 곳.

සක්‍රමේන්තුව [싸끄러멘-뚜워] (기독교) 성례 සත්ප්‍රසාදය, සත්කර්ම.

සක්‍රිය† [싸끄리여] 활동하는, 움직이는, 작용하는 ක්‍රියාකාරී.

සක්‍රිය කරනවා† [싸끄리여 꺼러너와-] 작동시키다, 움직이게 만들다.

සක්‍රිය සංසරණය [싸끄리여 쌍써러너여] 역동적인 순환.

සක්වල/සක්වළ [싹월러] 우주, 만물, 삼라만상 විශ්වය.

ස

සක්වාලිහිණියා [싹왈-리히니야-] (오리과) 카크라 새.

සක්විති [싹위띠] 전체 군주(의) චක්‍රවර්ති.

සක් සුදු [싹 쑤더] 순백색, 순백. ¶ සක් සුදක් සේ 매우 분명하게

සක් සුදක් සේ [싹 쑤닥 쎄-] 매우 분명하게.

සක් හඬ [싹 한더] 소라 소리.

සග [싸거] ①සගය 의 복수 또는 형용사: a. 하늘들 b. 하늘의 ස්වර්ග ②(책, 논문의) 장, 구절 පරිච්ඡේදය ③සගයා 의 복수: 친구들, 동역자들.

සගයා [싸거야-] ①친구, 벗, 동지 යහළුවා ②파트너, 동역자 හවුල්කරු.

සගය [싸거여] 하늘 ස්වර්ගය. (구어) අහස

සගර්ව/සගාර්ව [싸가르워/싸가-르워] 존귀한, 영화스러운, 존경하는 ගරුසරු වූ.

සගලොව† [싸걸로워] 하늘 අහස.

සඟ† [쌍거] ①승려들, 스님들 සංඝයා ②승려의 භික්ෂු.

සඟ ගණ [쌍거 가너] 승려들 무리 (모임) සංඝ සමූහය.

සඟන [쌍거너] 스님들, 존경하는 승려들 සංඝයා වහන්සේලා.

සඟරජ [쌍거라-저] 쌍거라저 왕.

සඟරාව‡ [쌍거라-워] 잡지, 매거진.

සඟල/සඟළ† [쌍걸러] 쌍, 두개 කුට්ටම. ¶ වහන් සඟලක් 신발 한쌍

සඟවනවා [쌍거워너와-] සැඟෙවුවා-සඟවා 감추다, 숨기다 සඟනවා. සැඟවීම (구어) හඟවනවා

සඟළ/සඟල† [쌍걸러] 쌍, 두개 කුට්ටම. ¶ වහන් සඟළක් 신발 한쌍

සඟළ සිවුර [쌍걸러 씨우러] (남녀가 같이 쓰는) 길고 품이 넓은 겉옷 두벌.

සඟිය [쌍기여] (불경의 여러 책의) 권 ත්‍රිපිටක ග්‍රන්ථවල කොටසක්.

සඟු [쌍구] ①승려들 ②승려의 සංඝ.

සචල [싸철러] 움직이는, 이동성이 있는 සසල.

සචලතාව [싸철러따-워] 이동성, 가동성 ජංගමතාව.

සචිකිත්ස [싸치낃써] 치료할 수 있는, 고칠 수 있는, 낫는 සප්‍රතිකාර.

සචිව [싸치워] 친구의.

සචේතන/සචේතනික [싸체-떠너/싸체-떠니 꺼] 감각있는, 지각있는 සිත්පිත් ඇති.

සච්ච [쌎처] 진리(의) සත්‍යය. (구어) ඇත්ත

සච්චකාර [쌎처까-러] ①안전한, 보호의 ②약속의 ③기초의, 기저의.

සච්චකිරියා [쌎처끼리야-] 단언, 확언 සත්‍යක්‍රියා.

සච්චරිතය [쌎처리떠여] 좋은 성품, 착한 인품 යහපත් චරිතය.

සච්චාරිත්‍රය [쌎처차-리뜨러여] 좋은 관습, 좋은 관행.

සඡත්‍ර [싸차뜨러] 우산 모양의, 갓 모양같이 생긴 ඡත්‍රාකාර.

සඡිද්‍ර [싸치드러] 쪼개진, 분열된, 금간 සිදුරු සහිත.

සජ්ජන [싸자너] ①도덕적인 사람 සජ්ජනයා ②장식, 데코 සැරසීම.

සජල [싸잘러] 물의, 물기 많은 දිය සහිත.
සජලනය [싸잘러너여] 물이 있음, 물기 ජලය සහිත වීම.
සජාතීය [싸자-띠-여] 비슷한, 같은 සමාන.
සජීව† [싸지-워] ①살아있는, 생명있는 ජීවමාන ②(방송) 생방송.
සජ්ජිත [쌎지떠] 장식된, 치장된, 꾸며진 සැරසුණු.
සජ්ඣායනය [쌎자-여너여] 공부, 학습, 배움 පාඩම් කිරීම.
සඤ්චරණය [싼처러너여] 움직임, 이동, 활동 හැසිරීම.
සඤ්ඡින්න [싼친너] ①잘라 버린, 베어 버린 කපා දැමූ ②금한, 멈추게 한 නැවැත්වූ.
සඤ්ජාත [싼자-떠] 싹튼, 발생한, 나타난 හටගත්.
සඤ්ජානනය [싼자-너너여] 인지, 인식, 앎 දැනීම, හැඳිනීම.
සඤ්ඤකය† [싼녀꺼여] (문법) 묶여진 글자 2개, 반절 비음을 내는 글자: ඟ, ඳ, ඬ, ඤ, ඥ.
සට [싸터] 교활한, 약싹빠른, 비열한 කපට.
සටකපට [싸터까뻐터] 교활한, 약싹 빠른, 비열한 ඉතා කපටි.
සටන‡ [싸터너] ①전쟁, 전투 යුද්ධය ②싸움, 충돌 පොරය.
සටන් කරනවා‡ [싸탄 꺼러너와-] ①전쟁하다, 싸우다 යුද්ධ කරනවා ②충돌하다, 싸우다 පොරට සිටිනවා.
සටන්කාමී† [싸탄까-미-] 호전적인, 전쟁을 좋아하는 රණකාමී.
සටන් පාඨය [싸탄 빠-터여] 구호, 슬로건 උද්‍යෝග ප්‍රකාශය.

සටපට ගාලා [싸터빠터 갈-라-] 빨리, 빠르게, 속히, 급하게 ඉක්මනින්.
සට සට ගානවා [싸터 싸터 가-너와-] 덜걱 덜걱 거리다, 덜커덕 덜커덕 거리다.
සටහන‡ [싸터하너] ①표시, 개요, 윤곽 ②기록, 표, 등록.
¶ කාල සටහන 시간표 වැඩ සටහන 일정표 පා සටහන 발자국
සටහන් කරනවා† [싸터한 꺼러너와-] ①기록하다, 적다 ②묘사하다.
සට්ටම [쌑터머] 궁둥이, 엉덩이 තට්ටම.
සණ [싸너] ①순간, 찰나, 단시간 ක්ෂණය ②식, 의식, 의전 උත්සවය ③숫돌 සණගල ④(식물) 삼, 대마 හණ ගහ. (구어) හණ
සණගල [싸너갈러] 숫돌 කරගල.
සණ්ඨානය [싼타-너여] 표, 상징, 표상 සටහන.
සණ්ඨාපනය [싼타-빠너여] ①모집, 모음 රැස් කිරීම ②보유, 점유.
සණ්ඩාල [싼달-러] 부랑자의, (집, 사회) 내쫓긴 සැඩොල්.
සණ්ඩුව [싼두워] 싸움, 분쟁 රණ්ඩුව.
සණ්ඩු සරුවල් [싼두 싸루왈] 싸움과 동요 අඬ දබර.
සණ්හ [싼하] 온유한, 온화한, 부드러운 මෘදු.
සත† [싸떠] ①7, 일곱 හත ②무리, 군중 සමූහය ③과학 ④우산 කුඩය ⑤무기, 도구 ආයුධය.
¶ මනු සත 사람들
සතත [싸떠떠] 항상, 언제든지 නිතර.

ස

සතන් [싸딴] 마음 සිත. (구어) හිත ¶ සිත් සතන් 마음

සතපනවා† [싸떠뻐너와-] ①재우다, 쉬게하다 නිදිකරනවා ②먹이다 ආහාර දෙනවා.

සතපා [싸떠빠-] (동물) 지네 පත්තෑයා.

සතප්පනවා [싸땊뻐너와-/싸땊뻐워너와-/싸땊워너와-] සැතැප්පුවා-සතප්පා ①눕우다, 재우다, 쉬게 하다 බාවනවා ②만족게 하다, 기쁘게 하다 සහනය කරනවා. සැතැප්පීම

සතප්පවනවා [싸땊뻐워너와-/싸땊워너와-] සැතැප්පෙවුවා-සතප්පවා ①눕우다, 재우다, 쉬게 하다 සතප්වනවා ②만족게 하다, 기쁘게 하다 සහනය කරනවා. සැතැප්පවීම

සතප්වනවා/සතප්පනවා [싸땊워너와-/싸땊뻐너와-] ①눕우다, 재우다, 쉬게 하다 බාවනවා ②만족게 하다, 기쁘게 하다 සහනය කරනවා.

සතය† [싸떠여] 센트, 1 센트짜리 동전 ශතය.

සතර† [싸떠러] ①4, 넷 ②과학 ශාස්ත්‍රය. (구어) හතර

සතර කන්මන්ත්‍රණය [싸떠러 깐만뜨러너여] 두사람의 비밀 이야기.

සතරදිග [싸떠러디거] 네 방향 සතර දිශාව.

සතරමං හන්දිය [싸떠러망 한디여] 사거리.

සතරවන/සතරවැනි [싸떠러워너/싸떠러왜니] 네번째의. (구어) හතරවෙනි

සතරැස්‡ [싸떠래쓰] 사각형의. (구어) හතරැස්

සතළිස‡ [싸떨리써] 40, 사십, 마흔. (구어) හතළිහ

සතළොස [싸떨로써] 17, 열일곱. (구어) දහ දත

සතා‡ [싸따-] ①동물 ②생물 සත්වයා. (복) සත්තු ¶ සතුන් 동물들을 සතුන්ගේ 동물들의

සතිපට්ඨාන [싸띠빹타-너] 주의 집중, 정신 차림 ස්මෘති ප්‍රස්ථාන.

සතිපතා† [싸띠빠따-] 매주 සෑම සතියක් පාසා.

සති පූජාව [싸띠 뿌-자-워] 순장: 남편을 화장할 때 부인도 같이 죽이는 힌두 의식.

සතිය‡ [싸띠여] ①주, 한주 සුමානය ②자각, 깨달음 ප්‍රකෘති සිහිය.

සතිස [싸띠써] ①36, 서른 여섯. (구어) තිස් හය

සතිසම්මෝහය [싸띠쌈모-허여] 기억 상실 සිහිමුළාව.

සතී [싸띠-] 정조있는 부인(의).

සතු† [싸뚜] 소유한, 가진, ~속한, ~소유의 සන්තක. (구어) අයිති

සතුවෙනවා [싸뚜 웨너와-] 가지다, 소유하다 හිමිකරනවා.

සතුට‡ [싸뚜터] 기쁨, 희락, 즐거움 සන්තෝෂය. (복) සතුටු (문어) ප්‍රීතිය ¶ හමුවීම සතුටක් 만나서 반갑습니다

සතුටු‡ [싸뚜투] සතුට 의 형용사: 기쁜, 즐거운, 기뻐하는 සන්තෝෂ. (문어) ප්‍රීතිමත් ¶ හමුවීම ගැන සතුටුයි 만나서 반갑습니다

සතුටු කඳුළු [싸뚜투 깐둘루] 기쁨의 눈물.

සතුටුදායක‡ [싸뚜투다-여꺼] 만족할 만한, 충분한, 적당한 ප්‍රීතිමත්. (구어) සතුටු

ස

සතුටු පඬුරු [싸뚜투 빤두루] 기쁘게 드리는 헌금 (연보).

සතුටු වෙනවා‡ [싸뚜투 웨너와-] 기뻐하다, 즐거워하다 සන්තෝෂ වෙනවා.

සතුටු සාමීචිය [싸뚜투 싸-미-치여] 즐거운 대화, 담소 හිතවත් සතාබහ.

සතුන් [싸뚠] සතා의 복수 සතු의 목적격: 동물들을.

සතුරා‡ [싸뚜라-] 원수, 적 විරුද්ධවාදියා. (복) සතුරු (구어) හතුරා

සතුරු† [싸뚜루] සතුරා 의 복수 또는 형용사: ①원수들, 적들 ②원수의, 적의, 반대하는 විරුද්ධ.

සතුරුකම‡ [싸뚜루꺼머] 원수됨, 적개심.

සතොස [싸또써] ①기쁨, 즐거움 සතුට, සන්තෝෂය ②정부에서 운영하는 협동 조합의 도매상, 슈퍼마켓 이름: 싸또써, 랔싸또써.

සත්‡ [쌑] ①සත 의 형용사: 7의, 일곱의 ②있는, 존재하는 ඇත්තාවූ ③좋은, 선한 යහපත්.
¶ සත් පුරුෂයා 착한 사람

සත්කඩ [쌑까더] 7조각 කෑබලි හත.

සත්කර්ම [쌑까르머] (기독교) 성례 සක්‍රමේන්තුව.

සත්කාය [쌑까-여] 몸, 신체 විද්‍යමාන ශරීරයග

සත්කාය දෘෂ්ටිය [쌑까-여 드루쉬티여] 영혼 설.

සත්කාර [쌑까-러] 접대하는, 대접하는, 섬기는 සැලකිලි.
¶ දැඩි සත්කාර ඒකකය 중환자실, 집중치료실

සත්කාරක [쌑까-러꺼] (연회 등의) 주인 (노릇), 호스트 උපස්ථාන කරන්නා.

සත්කාරය‡ [쌑까-러여] 대접, 접대, 섬김 සැලකිල්ල.
¶ ආගන්තුක සත්කාරය 손님 접대

සත්කීර්තිමත් [쌑끼-르띠맡] 저명한, 유명한, 걸출한.

සත්ගුණය [쌑구너여] 선행, 착한 행실 සද් ගුණය.

සත්ගුණවත්† [쌑구너왇] 착한, 선한 යහපත්.

සත්ත [쌑떠] ①진리, 진실, 사실 සත්‍යය (구어) ඇත්ත ②버섯, 균류. (복) සතු

සත්තක [쌑떠꺼] 확실한, 확고한 තිර.

සත්තකට/සත්තකින් [쌑떠꺼터/쌑떠낀] 확고히, 확실히, 사실대로 ඉස්තිරව.

සත්තම [쌑떠머] 7번째의 සත්වැනි.

සත්තාව [쌑따-워] ①생물, 존재 ජීවිය ②동물, 짐승 සත්වයා.

සත්තිස් [쌑띠쓰] 37의, 삼십칠의.

සත්තු [쌑뚜] සතා 의 복수: ①동물들 ②생물들 සත්වයෝ.
¶ සතුන් 동물들을 (목적격)
සතුන්ගේ 동물들의 (소유격)

සත්ත්ව කසල [쌑뜨워 까썰러] 동물 똥, 동물 오물 අශූච.

සත්ත්ව ගඩුව [쌑뜨워 가두워] (곤충에 의해 생기는) (식물의) 혹, 충영, 오배자.

සත්ත්ව දෘෂ්ටිය [쌑뜨워 드루쉬티여] 동물 환시, 동물이 보는 환영 සුජ්සියාව.

සත්ත්ව ධර්ම ශාස්ත්‍රය [쌑뜨워 다르머 샤-쓰뜨러여] 동물 생리학 සත්ත්ව ශරීර විද්‍යාව.

සත්ත්ව භීතිකාව [쌑뜨워 비-띠까-워] 동물 공포증.

ස

සත්ත්වයා† [쌑뜨워야-] ①동물, 짐승 සත්වයා (구어) සතා ②생물, 존재 ජීවියා.

සත්ත්ව ලාටු [쌑뜨월 라-투] 젤라틴, 정제한 아교 ජෙලටින්.

සත්ත්ව ව්‍යාප්ති විද්‍යාව [쌑뜨워 위얖-띠 윋디야-워] 동물 지리학.

සත්ත්ව සංහතිය [쌑뜨워 쌍하띠여] 동물군, 동물지 සත්ව සංහතිය.

සත්ත්වකාමී [쌑뜨워까-미-] 동물을 사랑하는.

සත්ත්වරූපනය [쌑뜨워루-빠너여] 동물 형상.

සත්ත්ව ශරීර විද්‍යාව [쌑뜨워 샤리-러 윋디야-워] 동물 생리학 සත්ත්ව ධර්ම ශාස්ත්‍රය.

සත්ත්වසදෘශ [쌑뜨워싸드루셔] 완전 동물성의.

සත්ත්වාභයා [쌑뜨와-버야-] (군체를 구성하는) 개충, (분열, 증식에 의해 생기는) 독립 개체 ජීවාංගයා, වාංගයා.

සත්ත්වාහාර [쌑뜨와-하-러] 동물 음식 සත්වාහාර.

සත් පථය [쌑 빠떠여] 좋은 길 යහපත් මාර්ගය.

සත්පුරුෂයා [쌑뿌루셔야-] 신사, 점잖은 사람 යහපත් මිනිසා.

සත්ප්‍රසාදය [쌑쁘러싸-더여] (기독교) 성례 සක්‍රමේන්තුව.

සත්භාව විචාරය [쌑바-워 위차-러여] 존재론.

සත්මැසි [쌑매씨] 7달이 된 මාස හතක වයසැති.

සත්මුතු පරම්පරාව [쌑무뚜 빠람빠라-워] (가족 혈통의) 7대, 7세대 (조부, 증조, 고조, 현조, 내조, 곤조, 잉조) (මුත්තා, මී මුත්තා, නත්තා, පනත්තා, කිත්තා, කිරි කිත්තා, කිරි කෑ මුත්තා)

සත්ව [쌑워] 생물의, 동물의.

සත්වපාලනය [쌑워빨-러너여] (낙농, 양계 등을 포함하는) 농업.

සත්වයා‡ [쌑워야-] ①동물, 짐승 සතා ②생물, 존재 ජීවියා.

සත්ව විද්‍යාව [쌑워 윋디야-워] 동물학.

සත්ව සංහතිය [쌑워 쌍하띠여] 동물군, 동물지 සත්ව පරම්පරාව.

සත්වාදය [쌑와-더여] 현실주의, 사실주의.

සත්වාභයා [쌑와-버야-] (군체를 구성하는) 개충, (분열, 증식에 의해 생기는) 독립 개체 ජීවාංගයා.

සත්වෝද්‍යානය‡ [쌑옫-디야-너여] 동물원.

සත්වාරෝග්‍යශාලාව [쌑와-록-기여샬-라-워] 동물 병원.

සත්වාහාර [쌑와-하-러] 동물 음식 සත්ත්වාහාර.

සත්විසි [쌑위씨] 27의, 이십칠의.

සත්සර [쌑써러] 7 음계, 7선법.

සත් සැත්තෑ [쌑 쌛때-] 77의.

සත්‍ය‡ [쌑띠여] 진리의, 진실한, 바른 සැබෑ.

සත්‍යක්‍රියාව [쌑띠여끄리야-워] 맹세 서약식, 서약 선포.

සත්‍යග්‍රහය [쌑띠여그러하여] (목표를 이루기 위한) 실천 행동.

සත්‍යතාව‡ [쌑띠여따-워] 사실, 진실 සත්ත. (구어) ඇත්ත

සත්‍යය‡ [쌑띠여여] 진리, 진실 සත්ත. (구어) ඇත්ත

සත්‍යවාදි/සත්‍යවාදී [쌑띠여와-디/쌑띠여와-디-] 진실을 말하는, 정직한, 솔직한 අවංක.

ස

සත්‍යවාදිකම/සත්‍යවාදීකම [쌋띠여와-디꺼머/쌋띠여와-디-꺼머] 진실, 솔직, 정직 අවංකකම.

සත්‍යායන [쌋띠야-여너] 확인, 입증, 증명.

සද [싸더] ①소리, 사운드 ශබ්දය ②치장, 장식, 데코 සැරසුම.

සදදහම [싸더다하머] 문법 ව්‍යාකරණය.

සදන [싸더너] සදනවා 의 형용사적 현재용법: 만드는, 짓는 සාදා. (구어) හදන

සදනවා† [싸더너와-] සැදුවා-සදා 만들다, 짓다, 건설하다 සාදනවා. <u>සැදීම/සැදුම</u> (구어) හදනවා

සද පියවි [싸더 삐여위] (문법) 명사 어근.

සදම් [싸담] 교리의, 가르침의 සදහම්.

සදරුත් [싸다룻] 단어의 뜻, 의미 ශබ්දාර්ථය.

සද හතර [싸더 하떠러] 문법 ව්‍යාකරණය.

සදහ [싸더하] 영원, 영원함 සදාකාලය.

සදහට† [싸더하터] 영원히 සදා.

සදහම [싸다하머] 부처님의 가르침, 귀한 가르침 බුදු වදන. (복) *සදහම්*

①සදා [싸다-] ①영원한, 영구한, 불멸의 සදාකාලික ②영원히, 영구히 සදාකල්හි ③영원, 영구, 불멸 සදාකාලය.

සදා [싸다-] සදනවා 의 과거분사: 만들어, 만들고 සාදා. (구어) හදලා

සදාකල්‡ [싸다-깔] ①영원히, 영구히 සදාකල්හි ②영원한, 영구한, 불멸의 සදාතන.

සදාකාලය‡ [싸다-깔-러여] 영원, 영구, 불멸 සියලු කාලය.

සදාකාලික‡ [싸다-깔-리꺼] 영원한, 영구한, 불멸의 සදාතන.

සදාචාර‡ [싸다-차-러] 도덕적인, 덕행의, 선행의.

සදාචාර නීතිය [싸다-차-러 니-띠여] 도덕, 윤리.

සදාචාරය‡ [싸다-차-러여] 도덕, 윤리, 덕행, 선행 සුචරිතය.

සදාචාරාත්මක [싸다-차-랏-머꺼] 선행의, 덕행의 යහපත්.

සදාතන† [싸다-떠너] 영원한, 영원무궁한 සදාකාලික. ¶ සදාතන ජීවනය (기독교) 영생

සදාතන ණය [싸다-떠너 나여] 고정 부채.

සදාතනික [싸다-떠니꺼] 영원한, 영원무궁한 සදාකාලික.

සදානුස්මරණය [싸다-누쓰머러너여] 상시 기념.

සදාහරිත [싸다-하리떠] 상록의, 늘푸른.

සදැත් [싸댓] 귀한 코끼리.

සදිස [싸디써] 비슷한 සමාන.

සදුපදේශ [싸두뻐데-셔] 훌륭한 상담.

සදුපාය [싸두빠-여] 좋은 계획, 훌륭한 책략.

සදෘශ [싸드루셔] 비슷한, 같은, 동등한 සමාන.

සදෘශකම [싸드루셔꺼머] 비슷함, 비슷 සමානකම.

සදෙස් [싸도쓰] 잘못된, 흠있는, 결점의 වැරදි සහිත.

සද්ගුණය [쌋구너여] 미덕, 덕, 덕행, 선행 යහපත් ගුණය.

සද්ගුණවත් [쌋구너왓] 자비심 많은, 자비한, 호의적인, 인정 많은 දයාවෙන් යුත්.

ස

සද්ද† [쌋더] සද්දය 의 복수: 소리들, 사운드 නාද.

සද්දන්ත [쌋단떠] 거대한, 막대한 විශාල.

සද්දය‡ [쌋더여] 소리, 사운드 නාදය. (구어) හඬ

සද්ධර්මය [쌋다르머여] 부처님의 가르침, 귀한 가르침 බුදු වදන.

සද්ධා [쌋다-] 신앙심, 경건, 믿음 ශ්‍රද්ධාව.

සද්ධාවන්ත [쌋다-완떠] 경건한, 믿음 있는, 신앙 좋은 සැදැහැවත්.

සද්ධිවිහාරික [쌋디위하-리꺼] 함께 사는, 함께 거하는 එකට වාසය කරන.

සද්භාවය [쌋바-워여] 선함, 착함 යහපත් බව.

සධන [싸더너] 부요한, 잘사는 පොහොසත්.

සනරාමර [싸너라-머러] 인간과 신(의) නරයන් හා අමරයන්.

සනසනවා‡ [싸너써너와-] සැනසුවා-සනසා 위로하다, 달래다, 돌보다 අස්වසනවා. <u>සැනසීම/සැනසුම</u> (구어) සනහනවා

සනහනවා [싸너허너와-] සැනහුවා-සනහලා 위로하다, 달래다, 돌보다 සිත් සන්සුන් කරනවා. <u>සැනහීම/සැනහුම</u> (문어) සනසනවා

සනා [싸나-] 사랑, 애정 ස්නේහය.

සනාතන [싸나-떠너] ①영원한, 불멸의 සදාතන ②안정적인, 확고한 ස්ථිර.

සනාථ [싸나-떠] 증명된, 보호된 ඔප්පු.

සනාථ කරනවා [싸나-떠 꺼러너와-] 증명하다, 확증하다 ඔප්පු කරනවා.

සනාල [싸날-러] (해부학) 관의, 혈관의 නාල සහිත.

සනිඃශ්‍රය [싸니-쉬러여] 가까운, 친밀한 ළඟින් ඇසුරු කළ.

සනික [싸니꺼] 빨리, 재빠르게, 신속히 ඉක්මනින්.

සනිටුහන් කරනවා [싸니투한 꺼러너와-] ~라고 생각하다, ~할 작정이다, ~의미하다 කල්පනා කරනවා.

සනීප‡ [싸니-뻐] සනීපය 의 복수 또는 형용사: ①건강, 편함, 안락 ②건강한, 안락한, 편안한. ¶ සැප සනීප කොහොමද? 어찌 지내세요?

සනීප පුටුව [싸니-뻐 뿌투워] (누울 수 있는) 안락한 의자.

සනීපය‡ [싸니-뻐여] ①건강 ②편함, 안락 සුවය.

සනීපාරක්ෂක [싸니-빠-락셔꺼] 위생의.

සනීපාරක්ෂාව† [싸니-빠-락샤-워] 위생.

සනුවණ [싸누워너] 지혜로운, 현명한, 슬기로운 නුවණැති.

සනුවරු/සනුහර [싸누워루/싸누하러] 자손들, 후손들, 모든 친족들 සංහතිය.

සන් [싼] ①소리 නාදය, හඬ ②상징, 표시 ලකුණ ③꿈 සිහිය ④명령 ආඥාව ⑤모임, 회의 රැස්වීම ⑥숨김, 감춤 සැඟවීම.

සන් කරනවා [싼 꺼러너와-] (몸짓) 표시하다, 나타내다, 표지를 나타내다 සංඥා කරනවා.

සන්තක† [싼떠꺼] 소유의, 가진 අයත්.

සන්තක කරනවා [싼떠꺼 꺼러너와-] 소유하다, 가지다 හිමි කරනවා.

ස

සන්තකය [싼떠꺼여] 소유, 소유권 හිමිකම.
සන්තතිය [싼떠띠여] 혈통, 계보, 가계 පෙළපත.
සන්තර්පණය [싼떠르뻐너여] 만족시킴 තෘප්තිමත් කිරීම.
සන්තානය [싼따-너여] 마음, 생각 සිත.
සන්තාපනය [싼따-뻐너여] 근심, 걱정, 염려, 화 තැවුල.
සන්තාපය [싼따-뻐여] ①후회, 회개 තැවුල ②고통, 고뇌 හිරිහැරය ③벌 දඬුවම.
සන්තාපිත [싼따-삐떠] 후회하는, 회개하는 තැවූ.
සන්තෑසිය [싼때-씨여] 결과, 결론 අවසන් ප්‍රතිඵලය.
සන්තුවරයා [싼뚜워러야-] 성자, 성인 ශුද්ධවන්තයා.
සන්තුෂ්ටිය [싼뚜쉬티여] 기쁨, 환희, 즐거움 සන්තෝෂය. (구어) සතුට
සන්තෘප්ත [싼뜨릎떠] 만족해하는, 즐거워하는
සන්තෘප්තිය [싼뜨릎띠여] 만족, 만족감, 희열 සෑහීමට පත් වීම.
සන්තෝෂ‡ [싼또-셔] 기뻐하는, 즐거워하는 සතුටු. (문어) ප්‍රීතිමත්
සන්තෝෂය‡ [싼또-셔여] 기쁨, 즐거움 සතුට. (문어) ප්‍රීතිය
සන්ත්‍රාසය [싼뜨라-써여] 두려움, 공포 බය.
සන්ථවය [싼떠워여] 어울림, 교제, 연합 ආශ්‍රය කිරීම.
සන්ථාගාරය [싼따-가-러여] 회관, 홀 රැස්වීම් ශාලාව.
සන්දර්භය/සංදර්භය [싼다르버여/쌍다르버여] ①(글의) 맥락, 문맥, (문체, 이론 등의) 통일, 시종 일관성 ②(어떤 일의) 상황, 맥락, 전후 사정.
සන්දර්ශනය [싼다르셔너여] 보여줌, 표시 දැක්වීම.
සන්දහය [싼다-하여] ①불탐, 연소 දාහය ②시듬, 말라 죽음 වියළීම.
සන්දි කරනවා† [싼디 꺼러너와-] ①잇다, 연결하다, 접합하다 හන්දි කරනවා, පාස්සනවා ②문장 두개 연결.
සන්දිට්ඨික [싼딭티꺼] 알기 쉬운, 이해할 수 있는 තේරුම් ගත හැකි.
සන්දිය [싼디여] ①연결, 이음 සන්ධිය ②시간, 때 කාලය.
¶ පුංචි සන්දිය 어린 시절
සන්දීපක [싼디-뻐꺼] 비추는, 조명하는, 밝히는 දීප්තිය ඇති කරන.
සන්දීපනය [싼디-뻐너여] 광채, 빛남 ප්‍රභාමත් කිරීම.
සන්දෘෂ්ට/සන්දෘෂ්ටි [싼드루쉬터/싼드루쉬티] 잘 보이는, 분명한, 선명한 සංදෘෂ්ටි.
සන්දෙනවා [싼데너와-] ①소리를 내다 නාද දෙනවා ②신호하다, 신호를 보내다 ලකුණකින් දන්වනවා.
සන්දේශ කාව්‍යය [싼데-셔 까-위여여] 사신을 통해서 전달하는 시 종류.
සන්දේශය‡ [싼데-셔여] ①편지 අස්න ②소식, 안내, 메시지 ආරංචිය ③정보, 보고 තොරතුර ④통신, 연락.
සන්දේහය [싼데-하여] 의심, 의혹 සැකය.
සන්ධානය [싼다-너여] ①연결, 관계 සන්ධි කිරීම ②모임, 연합 එකතු වීම ③조약, 협정, 약정 ගිවිසුම.

ස

සන්ධාරක [싼다-러꺼] ①지니는, 포함하는, 가지는 දරන, උසුලන ②지닌 사람 දරන්නා.

සන්ධාරය [싼다-러여] 내용, 내용물 අන්තර්ගත ද්‍රව්‍යය.

සන්ධාවනය [싼다-워너여] 뛰기, 뜀 දිවීම.

සන්ධි [싼디] 연합된, 연결된, 접합된 සම්බන්ධ වූ.

සන්ධිච්චෞරයා [싼딫차우러야-] 절도범, 도둑 හොරා.

සන්ධිච්ඡේදය [싼딫체-더여] 절도, 도둑질 ගෙවල් බිඳීම.

සන්ධිය‡ [싼디여] ①교차로 හංදිය ②연합, 접합 සම්බන්ධය ③(중요한) 때, 경우 ප්‍රස්තාව. (구어) හන්ධිය

සන්ධිය ආණ්ඩුක්‍රමය [싼디-여 안-두끄러머여] 연정, 연합 정권.

සන්ධ්‍යාව† [싼디야-워] 저녁 සැන්දෑව. (구어) හැන්දෑව

සන්න [싼너] 설명, 이해시킴 තේරුම් කිරීම.

සන්නද්ධ [싼낟더] 무장된, 방비된.

සන්නද්ධ වෙනවා [싼낟더 웨너와-] 무장하다, 무장되다.
¶ සන්නාහයෙන් සන්නද්ධ වෙනවා 전신갑주로 무장하다

සන්නම [싼너머] 미가공 보석.

සන්නයනතාව [싼너여너따-워] (물리, 전기) 전도력, 전도성 සන්නායනතාව.

සන්නයනය [싼너여너여] (물리, 전기) 전도, 전도성.

සන්නස [싼너써] (고대) 칙령, 포고, 명령.

සන්නායක [싼나-여꺼] (물리, 전기) 전도성이 있는, 전도력이 있는.

සන්නායකතාව [싼나-여꺼따-워] (물리, 전기) 전도력, 전도성 සන්නයනතාව.

සන්නාලියා [싼날-리야-] 재단사, 재봉사 ඇඳුම් මහන්නා.

සන්නාසියා [싼나-씨야-] 유괴범.

සන්නාහය† [싼나-하여] 갑주, 갑옷과 투구 උරසැදය.
¶ සන්නාහයෙන් සන්නද්ධ වෙනවා 전신갑주로 무장하다

සන්නිඃශ්‍රිත [싼니-쉬리떠] 연결한, 이은, 연합한 ආසුරු කළ.

සන්නිකර්ෂණය [싼니까르셔너여] ①연결, 이음, 접합 සම්න්ධය ②가까움, 친밀 කිට්ටුකම.

සන්නිධානය [싼니다-너여] 저장, 둠, 보관 තැන්පත් කර තැබීම.

සන්නිධිය [싼니디여] 저장, 둠, 보관 තැන්පත් කර තැබීම.

සන්නිපාත උණ [싼니빠-떠 우너] 장티푸스, 염병, 장티푸스열.

සන්නිපාතය [싼니빠-떠여] ①모임, 집합 රැස්වීම ②(의학) 장티푸스, 염병 ③뭉치, 무더기 රාශිය.

සන්නිපාත ශාලාව [싼니빠-떠 샬-라-워] 모임 장소, 집합소, 집회 장소 සන්ථාගාරය.

සන්නිය [싼니여] (병) 오한.

සන්නිවාසය [싼니와-써여] 한데 어울려 살음 එක්ව විසීම.

සන්නිවේදනය‡ [싼니웨-더너여] ①왕래, 연락, 교제, (개인간의) 친밀한 관계 ②통신, 교신.
¶ තොරතුරු හා සන්නිවේදන තාක්ෂණ 정보 통신 기술

ස

සන්නිවේශය [싼니웨-셔여] 둠, 세워둠 තැබීම.

සන්නිශ්‍රය [싼니쉬*러*여] 어울림, 교제, 친교 ඇයුර.

සන්‍යය [싼니여여] 축어역, 문자 그대로 번역.

සන්‍යාසය [싼니야-써여] ①포기, 기권, 단념 ②(천문학) 코마 (혜성 핵 주변의 대기).

සන්සල [싼썰러] 움직이는, 동요하는 චංචල, සෙලවෙන.

සන්සිඳුවනවා [싼씬두워너와-] සන්සිඳෙවුවා-සන්සිඳුවා (감정) 가라 앉히다, 진정시키다. <u>සන්සිඳුවීම</u>

සන්සිඳෙනවා [싼씬데너와-] සන්සිඳුණා-සන්සිඳී (감정) 가라앉다, 진정하다, 달래다. <u>සන්සිඳීම</u>

සන්සුන්† [싼쑨] 고요한, 잔잔한, 가라앉은, 침착한 නිශ්චල. (구어) සන්හුන්

සන්සුන්කම [싼쑨꺼머] 침착함, 고요함, 잔잔함 නිශ්චලකම.

සන්හුන් [싼훈] 고요한, 잔잔한, 가라앉은, 침착한 නිශ්චල. (문어) සන්සුන්

සඳ‡ [싼더] 달, 월(月) චන්ද්‍රයා. (구어) හඳ

සඳ එළිය† [싼더 엘리여] 달빛 චන්ද්‍රාලෝකය.

සඳකඩ පහණ [싼더까*더* 빠하너] 초승달 모양의 계단 발디딤돌.

සඳකත/සඳකත්මිණි [싼더까떠/싼더깓미니] (보석) 월장석, 문스톤 චන්ද්‍රකාන්ති මැණික.

සඳකත්පහණ [싼더깓빠하너] (보석) 월장석, 문스톤.

සඳකත්මිණි [싼더깓미니] (보석) 월장석, 문스톤 චන්ද්‍රකාන්ති මැණික.

සඳකන්/සඳකැන් [싼더깐/싼더깬] 달빛 සඳ එළිය.

සඳකැත් මිණ/සඳකැන් මිණ [싼더깯 미너/싼더깬 미너] (보석) 월장석, 문스톤 චන්ද්‍රකාන්ති මැණික.

සඳ කැලුම් [싼더 깰룸] 달빛 සඳ එළිය.

සඳ කිඳුරිය [싼더 낀두*리*여] (여자) 인어.

සඳ කිරණ [싼더 끼*러*너] 달빛 광선 සඳ රැස්.

සඳුන [싼더너] (나무) 백향단 සඳුන්.

සඳ පහන [싼더 빠하너] 달빛 සඳ එළිය.

සඳ මඬල [싼더 만*덜*러] (천체) 달 චන්ද්‍ර මණ්ඩලය. ¶ ඉර මඬල 해

සඳමිදුලු [싼더미둘루] (해부학) 골수, 뼈골.

සඳලු තලය [싼덜루 딸러여] 발코니 සඳැල්ල.

සඳ රැස් [싼더 *래*쓰] 달빛 සඳ එළිය.

සඳ ලේ [싼덜 레-] 초승달 චන්ද්‍ර ලේඛාව.

සඳ වලා/සඳ වෙල [싼더 왈라-/싼더 웰러] 저녁 구름 සැන්දෑ වලාකුළු.

සඳ විමන [싼더 위머너] 달무리 චන්ද්‍ර විමානය.

සඳ වෙල [싼더 웰러] 저녁 구름 සැන්දෑ වලාකුළු.

සඳස් [싼다쓰] 시형론(의), 운율학(의), 작시법(의) සඳැස්.

සඳහන [싼더하너] 말함, 언급함 මතක් කිරීම. (구어) කීම

සඳහන් කරනවා† [싼더한 꺼*러*너와-] 말하다, 언급하다 පළ කරනවා. (구어) කියනවා

ස

සඳහන් මිල [싼더한 밀러] 매겨진 가격.

සඳහා† [싼더하-] (후치사) ~을 위해서 පිණිස.

සඳැල්ල [싼댈러] 발코니 සඳලු තලය. (복) සඳැලි

සඳැස් [싼대쓰] 시형론(의), 운율학(의), 작시법(의) සඳස්.

සඳු [싼두] ①(천체) 달 සඳ ② 달의.

සඳුදා‡ [싼두다-] 월요일.

සඳුන්† [싼둔] 백단향, 몰약 චන්දන. (구어) හඳුන්

සඳුන් කලල් [싼둔 깔랄] 백단향 반죽, 몰약 반죽.

සඳුන් කූරු [싼둔 꾸-루] 백단향.

සඳුන් තෙල් [싼둔 뗄] 백단향 기름.

සපතේරුවා [싸뻐떼-루와-] 제화공, 신발 만드는 사람 සපත්තු මහන්නා.

සපත්තු‡ [싸빧뚜] 신발, 운동화. (문어) පාවහන්

සපත්තු පාලම [싸빧뚜 빨-러머] 둑길, 방죽 길.

සපත්තුව‡ [싸빧뚜워] 신발 한 짝, 운동화 한짝.

සපත්නි [싸빧니] 일부다처 중 부인 한명.

සපත්නි රෝෂය [싸빧니 로-셔여] 일부다처 중 부인 한명의 질투.

සපත්‍ර [싸빠뜨러] 잎사귀 모양의, 잎의 පත්‍ර ඇති.

සපථ කරනවා [싸빠떠 꺼러너와-] 맹세하다, 선언하다, 확신하다 දිවුරනවා.

සපථය [싸빠떠여] 맹세, 선언 දිවුරුම.

සපදන් [싸빠단] 전통 සම්ප්‍රදා-නය.

සපදන් විබත [싸빠단 위버떠] (문법) 여격.

සපදන්සැරි [싸빠단쌔리] (불교) 탁발하는.

සපදන චාරිකාව [싸빠다-너 차-리까-워] (불교) 탁발.

සපනවා [싸뻐너와-] සැපුවා-සපා 씹다, 물다, 부수다. <u>සැපීම/සැපුම</u> (구어) හපනවා

සපනා [싸뻐나-] 총명한 사람, 영리한 사람.

සපන් [싸빤] 능숙한, 유능한, 실력있는, 잘하는 දක්ෂ. (구어) හපන්

සපන්කම [싸빤꺼머] 능숙, 유능, 실력, 잘함 දක්ෂකම. (구어) හපන්කම

සපයනවා‡ [싸뻐여너와-] සැපෙවුවා-සපයා 공급하다, 지급하다, 주다 සම්පාදනය කරනවා. <u>සැපයීම/සැපයුම</u>

සපරම් කටුව [싸뻐람 까투워] (못대가리 구멍을 파는) 송곳.

සපරිවාර [싸빠리와-러] 참여하는, 참석하는, 같이 있는 පරිවාර සහිත.

සපල† [싸뻘러] 풍성한, 열매맺는 පලදායී.

සපල කරගන්නවා [싸뻘러 꺼러 간너와-] 성공하다, 출세하다, 잘 되어가다, 번창하다.

සපා [싸빠-] 뱀 සර්පයා. (복) සප්පු

සපා [싸빠-] ①සපනවා 의 과거분사: 깨물어, 물고 දෂ්ට කොට (구어) හපලා ②다리가 달린, 다리가 있는 පාද සහිත.

සපැමිණි [싸빼미니] 도착한, 온, 출석한 ළඟා වූ.

සපිරි [싸삐리] 가득찬, 충만한, 꽉찬, 완전한 සපිරුණ.

සපිරිවර [싸삐리워러] 참석하는, 참가하는, 수행하는 පිරිවර සහිත.

සපිරිවරින් [싸삐리워린] 수행자들과 함께, 동행자들과 함께.

සපු [싸뿌] ①뱀의 සර්ප ②목련과의 나무 (동인도산: 노랑 꽃이 핌) ③සපුව 의 복수: 부, 부귀 සම්පත්.

සපුන් [싸뿐] සපා 의 복수: 뱀들 සර්පයන්.

සපුර [싸뿌러] 완전한, 충분한, 가득한 සම්පූර්ණ.

සපුරනවා† [싸뿌러너와-] සැපුරුවා-සපුරා ①채우다, 가득히 채우다 ②완성하다, 끝내다 සම්පූර්ණ කරනවා. (구어) ඉටු කරනවා

සපුව [싸뿌워] 부, 부귀, 재산 සම්පත.

සපුෂ්ප ශාක† [싸뿌쉬뻐 샤-꺼] 꽃식물, 현화식물.

සප් [쌒] 뱀 සර්පයා.

සප්ත [쌒떠] ①7의, 일곱의 හත් ②7겹의, 일곱겹의 හත් වැදෑරුම්.

සප්ත දශ [쌒떠 다셔] 17의, 열일곱의 දාහත්.

සප්ත ප්‍රකාර [쌒떠 쁘러까-러] 7겹의, 일곱겹의 හත් වැදෑරුම්.

සප්තම [쌒떠머] 일곱번째의 සත්වැනි.

සප්තමය [쌒떠머여] ①7, 일곱 ②(천문학) 충: 태양과 행성이 지구를 사이에 두고 정반대 위치에 있을 때, (달의) 망(望).

සප්තමී විභක්තිය [쌒떠미- 위밖띠여] 7격, 7번째 격변화.

සප්තර්ෂි [쌒따르쉬] ①묘성, 플레이아데스 성단 ②북두칠성.

සප්තර්ෂි මණ්ඩලය [쌒따르쉬 만덜러여] ①묘성, 플레이아데스 성단 ②북두칠성 හත්දින්න.

සප්තවිධ [쌒떠위더] 7겹의, 일곱겹의 හත් වැදෑරුම්.

සප්තාංක [쌒땅-꺼] 7개씩의, 7개의 부분으로 이루어진.

සප්තාංශ [쌒땅-셔] 7변의, 7면의 පැති හතක් ඇති.

සප්තාංශ ඝනය [쌒땅-셔 가너여] 7면체 සප්තාංශඝනය.

සප්තාංශඝනය [쌒땅-셔너여] 7면체.

සප්තාශ්‍රය/සප්තාස්‍රය [쌒따-쉬러여/쌒따-쓰러여] 7각형.

සප්පට [쌒뻐터] 저속한, 속된, 비천한 නීච.

සප්පයා [쌒뻐야-] ①애기 ළදරුවා ②뱀 සර්පයා.

සප්පායම [쌒빠-여머] 식사, 음식 ආහාරය. (구어) කෑම

සප්පායම් වෙනවා [쌒빠-얌 웨너와-] 먹다, 식사하다 ආහාර අනුභව කරනවා. (구어) කනවා

සප්පි [쌒삐] (물소 젖의) 버터기름.

සප්පියා [쌒삐야-] 애기, 갓난아이 ළදරුවා.

සප්‍රතිකාර [싸쁘러띠까-러] 치유할 수 있는, 고칠 수 있는 පිළියම් සහිත.

සප්‍රාණික [싸쁘라-니꺼] 생물의, 살아 있는 පණ ඇති.

සඵනාකාර [싸뻐나-까-러] 비누 같은 සබන් වැනි.

සඵල‡ [싸뻘러] 풍성한, 풍요한, 다산의, 소출이 많은 ඵලදායී.

සඵලත්වය† [싸뻘랕워여] 풍성, 풍요, 다산 සඵලත්වය.

සබකෝලය [싸버꼴-러여] 무대공포증, 부끄러움.

සබත [싸버떠] 안식, 쉼.

සබත් දවස [싸받 다워써] (유대인) 안식일.

සබන්‡ [싸반] 비누.

සබන් කුකුළා [싸반 꾸꿀라-] 야생 가금류, 야생 닭 හබන් කුකුළා.

සබඳ [싸반더] ①연관된, 연결된 ②다정한, 친한 හිතවත් ③(문법) 소유격.

සබය/සබේ [싸버여/싸베-] 모이기, 모임, (종교적인) 집회, (교회의) 회중(會衆), 신도들 සභාව.

සබර† [싸버러] 사냥꾼의, (스리랑카 원주민) 웨다족의.

සබරයා [싸버러야-] ①(스리랑카 원주민) 웨다족 වැද්දා ②(동물) 새끼 පැටවා ③(어류) 메기류 පෙටියා.

සබල [싸발러] 힘있는, 능력있는 බලවත්.

සබව [싸버워] ①진리 ②진리의.

සබවස [싸버워써] 진실한 말, 진언 සත්‍ය වචනය.

සබස් [싸바쓰] 언어 6개의 ෂඩ් භාෂා.

සබා [싸바-] ①실제의, 진짜의 සැබෑ ②모임, 회중 සභාව.

සබාග [싸바-거] ①연합, 연결 ②연합하는, 함께 하는 හවුල්.

සබාග ආණ්ඩුව [싸바-거 안-두워] 연립 정부, 연정.

ස

සබාපති† [싸바-빠띠] 의장, 회장 සභාපති.

සබැඳි [싸밴디] 연결된, 묶인, 붙어있는 බැඳුණු.

සබැඳියාව [싸빤디야-워] 가까움, 친밀함, 관계, 우정 මිත්‍රත්වය.

සබුක්කුව [싸북꾸워] 채찍 කසය.

සබේ [싸베-] 모이기, 모임, (종교적인) 집회, (교회의) 회중(會衆), 신도들 සභාව.

සබ්බසකලමනාව [쌉버싸깔러마나-워] 속한 모든 것들 අයත් සියලු දේ.

සබ්‍රහ්ම [싸브라흐머] 브라만, 최고의 신들을 포함한 බ්‍රහ්මයින් සහිත.

සබ්‍රහ්මචාරී [싸브라흐머차-리] (특히 종교적인 이유로) 결혼을 하지 않는.

සභංග [싸방거] ①부서진, 무너진 ②무뎌진.

සභංගුර [싸방구러] 깨지는, 깨지기 쉬운 බිඳෙන.

සභය [싸바여] 무서운, 두려운 භය සහිත.

සභාග [싸바-거] ①연합, 연결 සබාග ②연합하는, 함께 하는 හවුල්.

සභාග ආණ්ඩුව [싸바-거 안-두워] 연립 정부, 연정.

සභාගය [싸바-거여] 연합, 연결 සබාගය.

සභා ගර්භය [싸바- 가르버여] 모임 장소, 회합 장소 සභා ශාලාව.

සභානායක [싸바-나-여꺼] 의장, 회장 සභාපති.

සභාපති‡ [싸바-빠띠] 의장, 회장 සභානායක.

සභාරීති [싸바-리-띠] 회중(모임)의 규율.

සභාව‡ [싸바-워] ①모임, 회합 රැස්වීම ②(교회의) 회중(會衆), 무리 රැස්වූ පිරිස ③집회장, 회관, 홀 ශාලාව ④(기독교) 교회 ⑤부서, 부처 මණ්ඩලය. ¶ නගර සභාව 시의회

සභාවාරය [싸바-와-러여] 회기, 모임 시간 සැසිය.

සභික/සභිකයා [싸비꺼/싸비꺼야-] (시의회) 의원, 평의원 සභාවක සාමාජිකයා.

සභිරු/සභීරු [싸비루/싸비-루] 무서운, 쉽게 두려워하는 බිය වනසුලු.

සභ්‍ය [쌉비여] 예의 바른, 예법에 의거한, 도덕에 걸맞은, 점잖은, 품위있는 සැබි.

සභ්‍යත්වය† [쌉비얃워여] 예의 바름, 젊잖음, 품위 හැදුණුකම.

සම‡ [싸머] 피부, 가죽 හම.

සම† [싸머] ①같은, 비슷한, 동등한 සමාන ②공정한, 치우치지 않은 සාධාරණ.

සමක [싸머꺼] ①동등하게 하는, 같게 하는, 평준(표준)화하는 ②적도의 සමක රේඛාවට අදාළ.

සමකක්ෂය [싸머깍셔여] 코디네이트, 조정.

සමකත්වය [싸머깓워여] 동등함, 표준, 통상.

සම කම්පන රේඛාව [싸머 깜뻐너 레-까-워] 등진선.

සමකය† [싸머꺼여] ①적도(선) නිරක්ෂය ②동등, 같음 සමානතාව.

සම කරනවා† [싸머 꺼러너와-] ①동등하게 하다, 같게 하다, 표준화하다 සමාන කරනවා ②비교하다 සංසන්දනය කරනවා.

සමකාර්යතාව [싸머까-르이여따-워] 비유, 유사점, 유추.

සමකාල [싸머깔-러] 동시의, 동시에 일어난 එක විට පවතින.

සමකාලික/සමකාලීන [싸머깔-리꺼/싸머깔-리-너] 동시대의, 동연대의, 현대의 තත්කාලීන.

සමකාලීනයා [싸머깔-리-너야-] ①동기생, 동갑내기 සමවයස්සයා ②동시대 사람.

සමකාලීන කරනවා [싸머깔-리-너 꺼러너와-] 동기화하다 සමමුහර්ත කරනවා.

සමකේන්ද්‍රික [싸머껜-드리꺼] 중심이 같은, 동심원의.

සමකෝණ/සමකෝණික [싸머꼬-너/싸머꼬-니꺼] 등각(等角)의.

සම ක්‍රාන්ති රේඛාව [싸머 끄란-띠 레-까-워] 등편각선, 등방위각선.

සමක්ෂක [싸막셔꺼] 같은 축(軸)의, 같은 축을 가진.

සමක්ෂේත්‍රය [싸막쉐-뜨러여] 평지, 평원 සමතලය.

සමග/සමඟ‡ [싸머거] 함께, 같이 කැටුව. (구어) එක්ක ¶ අපේ දෙවිඳුන් අප සමගයි 우리 하나님이 우리와 함께 계신다

සමගාමී [싸머가-미-] 동시의, 동시에 일어나는, 동시에 존재하는 සමානව පවතින. (구어) එකට යන

සමගාමී සමීකරණය [싸머가-미- 싸미-꺼러너여] 균등화, 평균, 균분.

සම ගැඹුරු රේඛාව [싸머 갬부루 레-까-워] (국토계획학) 등심선(等深線).

සමගිය/සමඟිකම [싸머기여/싸머기꺼머] 화해, 평화, 일치, 연합 සමාදානය.

සමගුණය [싸머구너여] 동질, 동일한 품질.

සමඟ/සමග‡ [싸머거] 함께, 같이 කැටුව. (구어) එක්ක ¶ අපේ දෙවිඳුන් අප සමඟයි 우리 하나님이 우리와 함께 계신다

ස

සමගි [싸머기] 연합한, 하나된, 일치한, 연결된, 평화스러운 භේද නැති.

සමගින්† [싸머긴] 함께, 같이 සමඟ. (구어) එක්ක

සමගිකම/සමගිය [싸머기꺼머/싸머기여] 화해, 평화, 일치, 연합 සමාදානය.

සමගි කරනවා‡ [싸머기 꺼러너와-] 화해시키다, 연합시키다.

සමගි වෙනවා† [싸머기 웨너와-] 화해하다, 연합하다, 하나가 되다.

සමගි මණ්ඩලය [싸머기 만덜러여] 화해 (중재) 위원회.

සමගිය‡ [싸머기여] 연합, 일치 එකමුතුකම.

සමගි සම්පන්න [싸머기 쌈빤너] 만장 일치의.

සමගි සම්මුතිය [싸머기 쌈무띠여] 연합 전선.

සමචක්‍රීය [싸머차끄리-여] 정사각형의, 정방의.

සමචතුරස්‍රය‡ [싸머차뚜러쓰러여] 정사각형.

සමචාරී [싸머차-리-] 통일성 있는, 하나인, 서로 엉겨붙는 එකට හැසිරෙන.

සමච්චලය [싸맞철러여] 조롱, 우롱, 경멸, 비웃음 සරදම.

සමච්චල්† [싸맞찰] 조롱한, 경멸하는, 우롱하는 සරදම් කරන.

සමච්ඡේදනය [싸맞체-더너여] 2등분, 양분.

සමජාතීය† [싸머자-띠-여] 동질의, 균질의 ස්වකීය.

සමජීවිකතාව [싸머지-위-까따-워] 검소한 생활, 검소한 삶 සමජීවිකාව.

සමජීවිකාව [싸머지-위까-워] 검소한 생활, 검소한 삶 සමජීවිකතාව.

සමණ [싸머너] ①금욕적인, 수도의 ②수도사, 제사장 (신부, 승려, 목사) ශ්‍රමණයා ③남편 ස්වාමිපුරුෂයා.

සමණයා [싸머너야-] 제사장 (신부, 승려, 목사), 수도사 ශ්‍රමණයා.

සමත [싸머떠] 재주있는, 재능있는 සමර්ථ.

සමතල/සමතලා [싸머떨러/싸머떨라-] 평평한, 평지의, 수평의 මට්ටම්.

සමතලය [싸머떨러여] 평지의, 평야 සමතලාව.

සමතලා කරනවා† [싸머떨라-꺼러너와-] 평평하게 하다, (땅을) 고르다, 평지를 만들다.

සමතලා† [싸머떨라-] 평평한, 평지의, 수평의 මට්ටම්.

සමතලාව [싸머떨라-워] 수평, 평지, 평야 සමතලය.

සමතා [싸머따-] ①전문가 සමර්ථයා ②සමතාව 의 복수 또는 형용사: a. 가능(성)들, 역량들, 재량들 සමත්කම් b. 역량있는, 재량있는, 가능한.

සමතාව [싸머따-워] 가능(성), 역량, 재량 සමත්කම.

සමතැස් [싸머때쓰] ①모든 것을 아는, 만물 박사의 සියලු දේ දකින ②부처님 බුදු රජ ③지혜, 총명 බුද්ධ ඥානය.

සමතික්‍රමණය [싸머띠끄러머너여] (종교적) 죄, 위반 කඩ කිරීම.

සමති ක්‍රමය [싸머띠 끄러머여] (종교적) 죄, 위반 කඩ කිරීම.

සමතිස් [싸머띠쓰] 30(의), 삼십(의).

සමතුලනය [싸머뚤러너여] 균형, 평형 සමතුලිතතාව.

සමතුලිත‡ [싸머뚤리떠] 균형잡힌, 평형의 සමබර.
සමතුලිතතාව [싸머뚤리떠따-워] 균형, 평형 සමතුලනය.
සමතුලිත භෝජනය [싸머뚤리떠 보-저너여] 균형잡힌 식단 සමබර ආහාරය.
සමත්† [싸맡] 가능한, 할 수 있는, 능숙한, 현란한 දක්ෂ.
සමත් කරනවා [싸맡 꺼러너와-] 진전시키다, 장려하다, 조장하다 උසස් කරනවා.
සමත් වෙනවා‡ [싸맡 웨너와-] 성공하다, 이루다, 가능해지다 සාර්ථක වෙනවා. (구어) පුලුවන් වෙනවා
සමථ [싸머떠] 차분한, 평온한 නිරවුල්.
සමථ භාවනාව [싸머떠 바-워나-워] 차분함에 대한 명상.
සමථ මණ්ඩලය [싸머떠 만덜러여] 명상 위원회.
සමථය [싸머떠여] (놀램, 슬픔) 가라앉힘, 달램, 내려앉음, 차분함 සමහන් කිරීම.
සමදන්තී [싸머단띠-] 동치형(同齒形)의.
සමදුර [싸머두러] ①등거리의 ②등거리.
සමද්විපාද [싸맏위빠-더] (수학) 2등변의.
සමනත්තර [싸머낱떠러] 다음의, 그후의 ඊළඟ.
සමනය [싸머너여] 정상화, 규정, 정리 සංසිඳීම.
සමනය කරනවා [싸머너여 꺼러너와-] ①정상화하다, 규정하다, 정리하다 ②가라앉히다, 잠잠케 하다 සංසිඳුවනවා.
සමනලයා/සමනළයා‡ [싸머널러야-] 나비.
සමනළ [싸머널러] 나비의.
සමනළ කන්ද [싸머널러 깐더] (지명) 아담스 픽(Adam's peak 산봉우리에 큰 발자국이 있어, 기독교인은 아담의 발자국, 불교도들은 부처의 발자국, 무슬림들은 모하멧의 발자국이라고 말한다) ශ්‍රීපාද කන්ද.
සමනළ ගල [싸머널러 갈러] 아담스픽 (쓰리 빠-더: 산 정상에 발자국 모양이 있어, 기독교는 아담의 발자국, 불교는 부처의 발자국, 이슬람교는 무하마드의 발자국이라고 말하는 성지).
සමනළ මුරිච්චිය [싸머널러 무릦치여] (손으로 죄는) 나비꼴 나사, 집게 나사.
සමනළයා/සමනලයා‡ [싸머널러야-] 나비.
සමනුඥනය [싸머누끄냐-너여] 허락, 허가 අවසරය.
සමනොළ [싸머놀러] (지명) 아담스 픽 (Adam's peak: 스리 빠-더) ශ්‍රී පාද, සමනළ කන්ද.
සමන් [싸만] ①아담스 픽 (Adam's peak: 스리 빠-더)를 담당하는 신 ②자스민 꽃의 한 종류.
සමන්කුළ/සමන්ගිර [싸만꿀러/싸만기러] (지명) 아담스 픽 (Adam's peak) ශ්‍රී පාද.
සමන්ත [싸만떠] 완전한, 온전한 සම්පූර්ණ.
සමන්තචක්ඛු/සමන්තචක්ෂුස් [싸만떠착꾸/싸만떠착슈쓰] 부처님(의) බුදු රජු.
සමන්තභද්‍ර [싸만떠바드러] ①모든 면에서 고상한 ②부처님(의) බුදු රජු.

සමන්තය [싸만떠여] 경계, 범위, 끝 සීමාව, ඉම.

සමන්නනවා [싸만너너와-] සැමුන්නුවා-සමන්නා 연결하다, 연합하다, 모으다 අමුණනවා.

සමන්නාගත/සමන්වාගත [싸만나-가떠/싸만와-가떠] 소유한, 가진, 점유한 අයිති.

සමන්පිච්ච‡ [싸만삧처] (꽃) 자스민.

සමන්වනවා [싸만워너와-] 연결하다, 연합하다, 모으다 සමන්නනවා.

සමන්වාගත [싸만와-가떠] 소유한, 가진, 점유한 අයිති.

සමන්වා ගන්නවා [싸만와- 간너와-] 예속시키다, 지배하에 두다.

සමන්විත† [싸만위떠] 구성된, ~만들어진, 주어진 සෑදුණු. ¶ ඒ මහා ජනකාය ස්ත්‍රී-පුරුෂ දෙපක්ෂයෙන් සමන්විත විය 그 큰 무리는 남자와 여자 두 무리로 구성되어 있었다

සමපල [싸머빨러] (가치, 의미, 중요도 등이) 동등한, 동이한 가치의 සමාන පලාපල.

සමපාද [싸머빠-더] (수학) 등변의.

සමපාද ත්‍රිකෝණය [싸머빠-더 뜨리꼬-너여] 등변 삼각형.

සම පාර්ශ්වික [싸머 빠-르쉬위꺼] 평행한, (위치, 시간 따위가) 대응하는 සමාන්තරව පවතින.

සමපෘෂ්ටය [싸머쁘루쉬터여] 평지, 평평한 곳 සමබිම.

සමපේක්ෂක [싸머뼥-셔꺼] 투기꾼, 투기업자.

සමපේක්ෂණය [싸머뼥-셔너여] 투기, 사행.

සමප්‍රමාණ [싸머쁘러마-너] 균형잡힌, 비례를 이룬 සමබර.

සමබර† [싸머바러] 균형있는, 균형잡힌 සමතුලිත.

සමබරතාව† [싸머바러따-워] 평형 상태, 균형.

සමබිම [싸머비머] 평지, 평평한 땅 සම පෘෂ්ටය.

සමභාග [싸머바-거] (~에) 비례하는, 반절의.

සමභාගය [싸머바-거여] 반절, 반 අර්ධය.

සමභූමි [싸머부-미] ①평지 ②평지의 සමබිම්.

සමමිතික [싸머미띠꺼] 등변의 දෙපැත්ත සමාන.

සමමිතිය [싸머미띠여] 등변(형).

සමමුහුර්ත කරණය [싸머무후르떠 꺼러너여] 동기화 සමකාලීන කරණය.

සමමුහුර්ත කරනවා [싸머무후르떠 꺼러너와-] 동기화하다 සමකාලීන කරනවා.

සම මිල [싸머 밀러] (증권 등의) 액면 가격.

සමය† [싸머여] ①시대, 시기, 시간 අවධිය ②관념, 이데올로기 දෘෂ්ටිය ③종교 ආගම.

සමයම [싸머야머] 귀신 들림, 악마에 사로잡힘 යක්ෂාවේශය.

සමයම් කරනවා [싸머얌 꺼러너와-] 벗어나다, 일탈하다, 잘못된 방향으로 가다 විගඩං කරනවා.

සමයානුකූල [싸머야-누꿀-러] ①종교적인 ආගමට අනුකූල ②적시의, 때에 알맞은, 때맞춘 ප්‍රස්ථාවට සුදුසු.

සමයානුරූප [싸머야-누루-뻐] ①종교적인 ②적시의, 때에 알맞은, 때맞춘 ප්‍රස්ථාවට සුදුසු.

සමයාන්තර [싸머얀-떠러] ①타종교들 විවිධ ආගම් ②타종교의.

සමර [싸머러] 기념, 축하 ස්මාරකය.

සමරනවා‡ [싸머러너와-] සැමරුවා-සමරා 경축하다, 축하하다, (의식, 제전을) 거행하다 සිහි කරනවා. සැමරීම/සැමරුම

සමරුව [싸머루워] 기념, 축하 ස්මාරකය. ¶ සමරු පාඨය 비문, 비명 සමරු පලක (감사, 기념) 패 සමරු කලාප 행사 전단지들

සමරූපතාව [싸머루-빠따-워] (생물, 화학) 동형(同形) 이질(이종) සමරූපිතාව.

සමරූපිතාව [싸머루-삐따-워] 동형(同形) 이질(이종) සමරූපතාව.

සමර්ත/සමර්ථ [싸마르떠] ①유능한, 재주 있는, 재능 있는 දක්ෂ ②영리한, 현명한 ③가능한, 할 수 있는 හැකි.

සමර්ථතාව [싸마르떠따-워] ①유능, 재주, 재능 දක්ෂතාව ②영리함, 현명함 ③가능.

සමර්ථයා [싸마르떠야-] ①유능한 사람, 재주꾼, 재능인 දක්ෂයා ②똑똑한 사람, 영리한 사람.

සමර්පණය [싸마르빠너여] 헌신, 의탁, 드림 යැපීම.

සමලංකෘත [싸멀랑끄루떠] 잘 꾸며진, 잘 장식된.

සමලිංගික [싸멀링기꺼] 동성의, 동성애의 සමලිඟු.

සමලිංගිකතාව [싸멀링기꺼따-워] 동성애.

සමලිඟු [싸멀링구] 동성의, 동성애의 සමලිංගික.

සමවත [싸머와떠] 깊은 명상. (복) සමවත්

සමවත් [싸머왇] 깊은 명상의, 깊이 명상하는 සමාපත්තිගත.

සමවදිනවා [싸머와디너와-] 들어가다, 입장하다 ඇතුළු වෙනවා.

සම වයස්ක [싸머 와야쓰꺼] 동갑의, 동기의.

සමවයස්සයා [싸머와얐씨여야-] 동갑내기, 동기 සමකාලීනයා.

සමවර්ෂා රේඛාව [싸머와르샤-레-까-워] 등(等)강수량선.

සමවලාහක රේඛාව [싸머왈라-하꺼 레-까-워] 등운량선(等雲量線): 운량이 같은 지점을 이어서 생기는 일기도 위의 선.

සමවාය [싸머와-여] ①연합, 일치 එක්වීම ②연합하는, 하나의.

සමශීතෝෂ්ණ [싸머쉬또-쉬너] 온화한, 차분한 සෞම්‍ය.

සමස [싸마써] 6개월 මාස හය. (복수) සමස්

සමසතරැස් [싸머싸떠래쓰] 정사각형(의).

සමසම [싸머싸머] (접두사) 같은, 동등한.

සම සමාජවාදය [싸머 싸마-저와-더여] 사회주의.

සමසිද්ධි සාක්ෂිය [싸머씯디 싹-쉬여] 시스템 증거, 체계 증거.

සමස් [싸마쓰] ①복합체, 혼합물 සංක්ෂේපය ②복합의, 혼합의.

සමස් [싸마쓰] සමස 의 복수 또는 형용사: ①6개월 ②6개월의.

සමස්ත† [싸마쓰떠] ①모든, 전체의, 전부의 සියලු ②약어의 ලුහුඬු ③복합된, 합성된 සමාසික.

ස

සමස්තය [싸마쓰떠여] 모두, 전체, 전부 සියල්ල.

සමස්ත ලෝකය [싸마쓰떨 로-꺼여] 온 세계, 온누리 මුළු ලෝකය.

සමස්ථානිකය [싸마쓰따-니꺼여] (물리학) 아이소토프, 동위원소.

සමහන් [싸머한] ①연합, 일치 එක් වීම ②결합, 조합 ③동거 සංවාසය ④어울림, 적합 ගැළපීම ⑤위로 සැනසීම.

සමහන් [싸머한] ①연합된, 하나가 된 එකතු වූ ②결합된 ③동거하는.

සමහන් කරනවා [싸머한 꺼러너와-] 연합시키다, 하나가 되게 만들다 එක්සත් කරනවා.

සමහන් වෙනවා [싸머한 웨너와-] 연합하다, 하나가 되다 එක්සත් වෙනවා.

සමහර† [싸머하러] ①다소, 얼마, 약간 ②몇몇의, 약간의, 다소의 කිසියම්. ¶ සමහර අය 몇 사람, 몇 명

සමහර විට‡ [싸머하러 위터] 때때로, 간간히 හිතපු ගමන්. (문어) ඇතැම් විට

සමහරු [싸머하루] (대명사) 몇 사람, 어떤 사람들 ඇතැම් අය.

සමාංක [싸망-꺼] (수학) 짝수(의).

සමා කරනවා [싸마- 꺼러너와-] 용서하다, 용서해 주다 කමා කරනවා.

සමාකර්ශණය [싸마-까르셔너여] 매력, (사람을) 끄는 힘 එකට ඇද ගැනීම.

සමාකලනය [싸마-깔러너여] 합계, 집산 එකතුකිරීම.

සමාකාර [싸마-까-러] 일치하는, 동형의, 같은 සමාන හැඩ ඇති.

සමාකීර්ණ [싸마-끼-르너] 자주 일어나는, 빈번한 ගැවසුණු.

සමාකුල [싸마-꿀-러] 혼동된, 복잡해진, 얽힌 ඉතා අවුල්.

සමාගත [싸마-가떠] 모인, 집합된 රැස් වූ.

සමාගතිය [싸마-가띠여] 모임, 집회, 집합 සංයෝගය.

සමාගම† [싸마-거머] ①회사, 상사, 협회 ②무리, 군중.

සමාචාරය [싸마-차-러여] 공손, 인사성 밝음 සීලාචාරකම.

සමාජ‡ [싸마-저] සමාජ 의 복수 또는 형용사: ①사회들, 공동체들 ②사회의, 공동체의.

සමාජ චාරිත්‍ර [싸마-저 차-리뜨러] 사회 관습(의).

සමාජ ජාලා† [싸마-저 잘-라-] 사회관계망, 소셜 네트워크.

සමාජ නීතිය [싸마-저 니-띠여] 사회 법, 공동체 규율.

සමාජ මාධ්‍ය ජාලාව† [싸마-저 맏-디여 잘-라-워] 소셜 미디어.

සමාජය‡ [싸마-저여] 사회, 공동체.

සමාජයික/සාමාජික [싸마-자이꺼/싸-마-지꺼] 사회의, 공동체의 සමාජීය.

සමාජීය [싸마-지-여] 사회의, 공동체의 සාමාජික.

සමාජරෝග† [싸마-저로-거] 성병(의).

සමාජවාදය† [싸마-저와-더여] 사회주의 (운동) කොමියුනිස්ට් වාදය.

සමාජ විද්‍යාව† [싸마-저 윋디야-워] 사회학, 사회과학.

ස

සමාජ විරෝධී [싸마-저 위로-디-] 반사회적인, 사회에 반하는.
සමාජ ශාලාව [싸마-저 샬-라-뤄] 공동체 회관, 클럽.
සමාජ සේවක [싸마-저 쎄-워꺼] 사회 봉사자, 사회 봉사원.
සමාජ සේවය† [싸마-저 쎄-워여] 사회 봉사, 공동체를 위해 하는 봉사.
සමාජායනය [싸마-자-여너여] 사회화 සමාජ සතු කිරීම.
සමාදන් වෙනවා [싸마-단 웨너와-] ①바로 행하다, 바르게 살다 මනා සේ පිහිටවනවා ②(불교 8정도, 미덕, 덕행에) 참여하다, 참가하다 සහභාගි වෙනවා.
සමාදරයෙන් [싸마-더러옌] 큰 사랑으로 අතිශය ආදරයෙන්.
සමාදනය‡ [싸마-다-너여] 평화, 평강 සාමය.
සමාදන විනිශ්චයකාර‡ [싸마-다-너 위니쉬처여까-러] 정의 평화의.
සමාධානය [싸마-다-너여] 평화, 평강 සාමය.
සමාධි [싸마-디] 명상하는, 집중하는, 참선하는.
සමාධිගුණය [싸마-디구너여] 정신 집중의 효능.
සමාධි පිළිමය [싸마-디 삘리머여] 싸마디 (정신집중) (동)상.
සමාධි බලය [싸마-디 발러여] 집중 능력, 명상 능력, 참선 능력.
සමාධිය [싸마-디여] (정신, 마음) 집중, 명상, 참선.
සමාන‡ [싸마-너] 같은, 똑같은, 동일한, 비슷한 සම රූපී. (구어) එක වගේ ¶ පුතා තාත්තා හා සමානයි 아들은 아버지 같다
සමානති [싸마-너띠] (지질) 등사습곡의 (等斜褶曲).
සමානත්වය‡ [싸마-낟워여] 동일함, 같음, 똑같음 ඒකාකාර බව.
සමානාත්මතාව† [싸마-낟-머따-워] (인간) 평등, 동등 සමානත්වය.
සමානාර්ථ පදය† [싸마-나-르떠 빠더여] 동의어.
සමානුපාතය† [싸마-누빠-떠여] 비, 비율.
සමානුපාතික/සමානුපාතී [싸마-누빠-띠꺼/싸마-누빠띠-] සමානුපාතය 의 형용사: 비율의, 비의.
සමාන්තර† [싸만-떠러] 평행의, 나란한 සමදුර වූ.
සමාන්තරකය [싸만-떠러꺼여] (광학) 시준기, (망원경의) 시준의.
සමාන්තර කරනවා [싸만-떠러꺼러너와-] (렌즈, 광선을) 평행하게 하다, (광학) 시준하다, 조준하다.
සමාන්තරණය [싸만-떠러너여] (광학) 시준, 조준.
සමාන්තර මධ්‍යනයය [싸만-떠러 맏디연니여여] (수학) 산술평균.
සමාන්තර ශ්‍රේඪිය [싸만-떠러 쉬레-티여] (수학) 등차 수열 සමාන්තර ශ්‍රේණිය.
සමාන්තර ශ්‍රේණිය [싸만-떠러 쉬레-니여] (수학) 등차 수열 සමාන්තර ශ්‍රේඪිය.
සමාන්තරාස්‍රය [싸만-떠라-쓰러여] (수학) 평행 사변형.

ස

853

සමාන්තර රේඛාබ [싸만-떠러레-까-워] 평행선 සමදුරවූ ඉරක්.

සමාපත්තිගත [싸마-빧띠가떠] 깊은 명상의, 깊이 명상하는 අරූපාවචර.

සමාපත්තිය [싸마-빧띠여] 도달, 달성, 이룸 සමවත.

සමාප්ත [싸맢-떠] 마친, 끝낸, 결론낸 අනදක් කළ.

සමාප්තිය [싸맢-띠여] 결론, 마무리, 마침 අවසන් කිරීම.

සමායතනය [싸마-여떠너여] 동업조합, 길드 සංස්ථාව.

සමායෝජක [싸마-요-저꺼] 조정하는, 일치시키는 එකිනෙක ගැළපෙන.

සමායෝජනය [싸마-요-저너여] 조정, 일치 එකට යෙදීම.

සමාරබ්ධ [싸마-랍더] 시작한, 개시한 ඇරඹූ.

සමාරම්භක [싸마-람버꺼] 시작하는, 개시하는 පටන් ගන්න.

සමාරම්භය [싸마-람버여] 시작, 개시 ආරම්භය.

සමාරාධනය [싸마-라-더너여] 초청, 초대 ආරාධනය.

සමාරාධිත [싸마-라-디떠] 초대받은, 초대된.

සමාරෝපණය [싸마-로-뻐너여] 이식, 옮겨 심음, 전위.

සමාරෝපිත [싸마-로-삐떠] 이식된, 옮겨진.

සමාලෝචනය [싸말-로-처너여] 관찰, 관망, 주시 ආලෝචනය.

සමාව‡ [싸마-워] 용서 කමාව. ¶ පොදු සමාව 사면

සමාව ඉල්ලනවා‡ [싸마-워 일러너와-] 용서를 구하다 කමාව ඉල්ලනවා.

සමාව දෙනවා‡ [싸마-워 데너와-] 용서하다, 용서해 주다 කමා කරනවා.

සමාවර්තනය [싸마-와르떠너여] 회귀, 돌아옴 සමාගතිය.

සමා වෙනවා‡ [싸마- 웨너와-] 용서하다, 용서해 주다 කමා වෙනවා. ¶ මට සමා වෙන්න 저를 용서해 주세요

සමාස [싸마-써] 합성의, 복합의 සංක්ෂේප.

සමාස පදය [싸마-써 빠더여] (문법) 합성어.

සමාහාරය [싸마-하-러여] 집합, 집성, 집계 සංග්‍රහ කිරීම.

සමාහිත [싸마-히떠] 주의 깊은, 세심한 සමාධියෙන් යුක්ත.

සමිත [싸미떠] ①가라앉은, 침착해진 සන්සිඳ වූ ②가라앉음, 침착 සන්සිඳවීම.

සමිතිය‡ [싸미띠여] (사회) 집단, 공동체, 모임, 협회 සභාව.

සමිඳාණන් වහනසේ† [싸민다-난와한쎄-] 주님 ස්වාමීන් වහන්සේ. ¶ යේසුස් වහන්සේ සමිඳාණන් වහන්සේය 예수님은 주님이시다

සමිඳු† [싸민두] ①주님, 주인님들 ස්වාමීන් ②높은 승려, 제사장 හාමුදුරුවෝ.

සමීකරණය [싸미-꺼러너여] (수학) 방정식, 균등.

සමීක්සකයා [싸믹-셔꺼야-] 조사자, 연구원, 심사자.

සමීක්ෂණය† [싸믹-셔너여] 조사, 연구, 심사 පරීක්ෂණය.

සමීප‡ [싸미-뻐] 가까운, 근접의 ආසන්න. (구어) කිට්ටු

සමීපත්වය [싸미-빧워여] 친밀함, 친밀, 가까움 ආසන්නතාව.

සමීපය† [싸미-뻐여] 가까움, 근접 කිට්ටුව.

සමීප ස්ථාපනය [싸미-뻐 쓰따-뻐너여] 나란히 놓기, 병렬.

සමීර/සමීරණ [싸미-러/싸미-러너] 바람, 산들 바람 මාරුතය. (구어) හුළං

සමු ගන්නවා‡ [싸무 간너와-] 작별하다, 헤어지다, 떨어지다 වෙන්ව යනවා.

සමු ගැනීම‡ [싸무 개니-머] 작별, 헤어짐, 이별 වෙන්ව යාම.

සමුච්චය [싸뭊처여] ①집단, 모은 것, 쌓아 올린 것, 무더기 රාශිය ②수집, 모집 රැස් කිරීම.

සමුච්චයාර්ථය [싸뭊처야-르떠여] 공통 의미සමුදයාර්ථය.

සමුච්චවාදය [싸뭊처와-더여] 절충학파, 절충주의 සාර සංග්‍රහවාදය.

සමුච්චිත [싸뭊치떠] 누적의, 축적의, 축적하는 රාශීභූත.

සමුච්ඡින්න [싸뭊친너] 뿌리채 뽑힌, 박멸된, 근절된.

සමුච්ඡේදක [싸뭊체-더꺼] 박멸하는, 근절하는 සිඳින.

සමුච්ඡේදනය [싸뭊체-더너여] 박멸, 근절 සහමුලින් සිඳලීම.

සමුච්ඡේදය [싸뭊체-더여] 박멸, 근절 සමුච්ඡේදනය.

සමුදය [싸무더여] ①기원, 근원, 탄생 ඉපදීම ②바람, 소망, 기대 තෘෂ්ණාව ③무리, 집단, 군중 රාශිය.

සමුදය සත්‍යය [싸무더여 쌑띠여여] (불교) 두번째 진리: 고통의 원인 දුක ඉපදීමේ හේතුව.

සමුදයාර්ථය [싸무더야-르떠여] 공통 의미 සමුච්චයාර්ථය.

සමුදය/සමුදව [싸무다-여/싸무다-워] ①무리, 집단 සමූහය ②군대, 군사 හමුදාව.

සමුදුර [싸무두러] 바다, 해양 සමුද්‍රය. (구어) මුහුද

සමු දෙනවා [싸무 데너와-] 떠나는 것을 허락하다, 허락하다 යන්ට අවසර දෙනවා.

සමුද්ද [싸묻더] 바다(의), 해양(의) සමුද්‍ර.

සමුද්දීපනය [싸묻디-뻐너여] 광휘, 빛남 මනාව බැබළවීම.

සමුද්‍ර† [싸무드러] සමුද්‍රය 의 복수 또는 형용사: ①바다들, 해양들 ②바다의, 대양의 මුහුදු ③도장의 මුද්‍රා සහිත.

සමුද්‍ර ඛාදනය† [싸무드러 바-더너여] 해양 침식 මුහුදුකෑම.

සමුද්‍රගාමී [싸무드러가-미-] 바다에 사는.

සමුද්‍ර තීරය [싸무드러 띠-러여] 바닷가, 해변가 සයුර තෙර.

සමුද්‍ර ඝෝෂය [싸무드러 고-셔여] 바다 소리 මුහුදු හඬ.

සමුද්‍රය‡ [싸무드러여] 바다, 해양 සමුදුර. (구어) මුහුද

සමුද්‍රයාත්‍රාව [싸무드러야-뜨라-워] 배, 선박 නැව.

සමුද්‍ර යාත්‍රිකයා [싸무드러 야-뜨리꺼야-] 항해사 නාවිකයා.

සමුද්‍ර සන්ධිය† [싸무드러 싼디여] 해협.

සමුද්‍රාශ්‍රිත [싸무드라-쉬리떠] 바닷가의, 해안의, 연해의.

සමුද්‍රිය [싸무드리여] ①바다의, 해상의 මුහුදු ②해안의, 해변의 මුහුදුබඩ.

සමුන්නතිය [싸문너띠여] 고위, 높음, 고귀, 고양 උස් බව.

සමුපකාර [싸무뻐까-러] 협동의, 협력하는 එකිනෙකාට උපකාර කරන.

සමුපකාරය‡ [싸무뻐까-러여] 협동, 협력 එකිනෙකාට උපකාරය.

සමුපකාර සමිතිය [싸무빠까-러 싸미띠여] 협동 조합.
සමුපලක්ෂිත [싸무뻘띾쉬떠] 주어진, 소유한, 타고난, 본래의 සෑදුණු.
සමුපේත [싸무뻬-떠] 주어진, 소유한, 타고난, 본래의 යුක්ත.
සමුප්පාදය [싸뭎빠-더여] 시작, 일어남, 태어남, 기인 ඉපදීම.
සමුව [싸무워] 만남, 면전 මුණ ගැසීම. (구어) හමුව
සමු වෙනවා [싸무 웨너와-] 만나다, 얼굴을 대하다 මුණ ගැහෙනවා. (구어) හමු වෙනවා
සමුළුව [싸물루워] 집회, 모임, 세미나, 컨퍼런스 සම්මේලනය.
සමූල [싸물-러] 완전한, 전적인, 절대적인 සම්පූර්ණයෙන්.
සමූල ඝාතනය† [싸물-러 가-떠너여] 전멸, 박멸, 근절 සමුච්ඡේදනය.
සමූලෝත්පාටනය [싸물-롣-빠-터너여] 근절, 박멸, 전멸 සමුච්ඡේදනය.
සමූහ ගායනය [싸무-허 가-여너여] (노래) 제창 සමූහයක් එක්ව ගැයීම.
සමූහනය [싸무-허너여] 소집, 회집, 사람들을 모음 සමූහයක් සේ එකතු කිරීම.
සමූහය‡ [싸무-허여] ①무리, 군중 සෙනඟ ②무더기, 뭉치, 다량 රාශිය.
සමූහයා‡ [싸무-허야-] (사람) 무리, 군중 සෙනඟ.
සමූහස්ථ [싸무-하쓰떠] 떼를 짓는, 무리로 모이는, 무리로 사는 රංචු ගැසී සිටින.
සමූහාණ්ඩුව† [싸무-한-두워] 공화국 ජනරජය.
සමූහාර්ථය [싸무-하-르떠여] 공통 의미, 공동의 뜻.
සමෘද්ධ† [싸무룯더] ①번영한, 부유한, 발전한 සවුලත් ②가득한, 충만한 පූර්ණ.
සමෘද්ධිමත්‡ [싸므룯디맏] 성공한, 풍성한 දියුණු.
සමෘද්ධිය† [싸므룯디여] 성공, 번영, 번창, 풍성 දියුණුව.
සමෝච්ච [싸몿-처] 등고의, 같은 높이의 සමාන උසින් යුත්.
සමෝච්ච රේඛාව [싸몿-처 레-까-워] 등고선, 지형선.
සමෝධානය [싸모-다-너여] 모집, 수집, 축적 හොඳින් රැස් කිරීම.
සමෝෂ්ණ [싸모-쉬너] (기후, 계절 등이) 온화한, (지역 따위) 온대성의 සම උෂ්ණත්වය ඇති.
සමෝෂ්ණ රේඛාව [싸모-쉬너 레-까-워] (기상, 물리) 등온선.
සම්† [쌈] සම 의 복수: 피부, 가죽. (구어) හම්
සම්කඩ [쌈까더] 피부 한조각.
සම්කරුවා [쌈꺼루와-] 구두장이, 신기료 장수.
සම්දරුවා [쌈다루와-] 주, 주인, 지배자.
සම්දිටු [쌈디투] 불자의, 불교도의 බෞද්ධ.
සම්පජාන [쌈뻐자-너] 주의 깊은, 정신 차리는.
සම්පජානකාරී [쌈뻐자-너까-리-] 주의 깊은, 세심한 සැලකිලිමත්.
සම්පට [쌈빠터] 가죽 벨트, 가죽 허리띠.
සම්පත‡ [쌈뻐떠] 재산, 부, 성공, 번영 ධනය. (복) *සම්පත්*
¶ සැප සම්පත 좋은 복, 행복
දිවි සම්පත 생명

සම්පත්‡ [쌈빧] සම්පත 의 복수 또는 형용사: ①재산, 부, 성공, 번영 ②부요한, 성공한, 번창한, 행복한 ධනවත්.

සම්පත්තිය [쌈빧띠여] 부, 재산, 성공, 번영 ධනය.

සම්පත් මදය [쌈빧 마더여] 부에 대한 자랑.

සම් පදම් කරනවා [쌈 빠담 꺼러너와-] (가죽을) 무두질하다 සම් සකස් කරනවා.

සම්පන්න† [쌈빤너] ①소유한, 가진 යුක්ත ②완수한. ¶ රූපසම්පන්න 예쁜 ගුණසම්පන්න 자상한

සම්පප්‍රලාපය [쌈뻐쁘랄라-빠여] 수다, 잡담, 재잘거림, 실없는 소리 ප්‍රලාපය.

සම්පරාය [쌈뻐라-여] ①내세 පරලොව ②미래, 앞날 අනාගතය ③전쟁, 전투 යුද්ධය ④재앙, 재난 විපත.

සම්පරායික [쌈뻐라-이꺼] සම්පරාය 의 형용사: ①내세의 ②전쟁의, 전투하는.

සම්පසුම්බිය [쌈빠숨비여] 가죽 지갑.

සම්පාක [쌈빠-꺼] 익은, 성숙한, 잘 발육된 මේරූ.

සම්පාකය [쌈빠-꺼여] 익음, 성숙함, 잘 발육됨 මේරීම.

සම්පාතය [쌈빠-떠여] 떨어짐, 낙하 වැටීම.

සම්පාදක [쌈빠-더꺼] ①공급자, 제공자 සපයන්නා ②제공자의, 공급자의, 생산자의.

සම්පාදකයා [쌈빠-더꺼야-] 공급자, 제공자 සපයන්නා.

සම්පාදනය† [쌈빠-더너여] ①공급, 제공 සැපයීම ②생산, 제작 සෑදීම.

සම්පාදිත [쌈빠-디떠] 제공된, 생산된, 만들어진 සපයන ලද.

සම්පිණ්ඩනය [쌈삔더너여] ①요약, 줄임, 서머리 කෙටි කිරීම ②덩이짐, 응집 පිඩු කිරීම.

සම්පිණ්ඩිත [쌈삔디떠] 요약하는, 줄이는, 서머리하는 කෙටි කරන.

සම්පීඩන පහර [쌈삐-더너 빠하러] 압축 행정 (내연기관에서 실린더 내로 흡입된 공기를 피스톤의 상승으로 압축하는 행정).

සම්පීඩනය† [쌈삐-더너여] 압축, 압박, 가압 එකට තෙරපුම.

සම්පීඩිත [쌈삐-디떠] 압축하는, 압박하는, 가압하는 එකට තෙරපූ.

සම්පූර්ණ‡ [쌈뿌-르너] ①완전한, 온전한 ②모든, 전체의 මුළු ③가득찬, 꽉찬 සපිරුණු ④마친, 완수한, 끝낸 සාදා නිම කළ.

සම්පූර්ණ කරනවා‡ [쌈뿌-르너 꺼러너와-] 이루다, 완성하다, 마치다, 끝내다 අවසන් කරනවා. (구어) ඉෂ්ට කරනවා

සම්පූර්ණ වෙනවා‡ [쌈뿌-르너 웨너와-] 이루어지다, 완성되다, 끝나다, 마쳐지다 අවසන් වෙනවා. (구어) ඉෂ්ට වෙනවා

සම්ප්‍රදන [쌈쁘러다-너] ①기부하는, 선물하는 ②(문법) 여격, 간접목적어.

සම්ප්‍රදනය [쌈쁘러다-너여] 선물, 기증 දීමනාව.

සම්ප්‍රදය‡ [쌈쁘러다-여] 전통, 풍습 සිරිත.

සම්ප්‍රදයානුකූල [쌈쁘러다-야-누꿀-러] 전통의, 전통적인 සම්ප්‍රදායික.

සම්ප්‍රදයික† [쌈쁘러다-이꺼] 전통의, 전통적인 සම්ප්‍රදායානුකූල.

සම්ප්‍රයුක්ත [쌈쁘러육떠] 있는, 존재하는, 함께 하는 පවත්නා.

සම්ප්‍රයෝගය [쌈쁘러요-거여] 결합, 연결 එක්ව යෙදීම.

සම්ප්‍රලාපය [쌈쁘럴라-빠여] 수다, 잡담, 재잘거림 ප්‍රලාපය.

සම්ප්‍රසාදය [쌈쁘러싸-더여] 정결, 순수, 청결 මනාව පැහැදීම.

සම්ප්‍රසාධනය [쌈쁘러싸-더너여] 완성, 완수, 마침 ඉෂ්ට කිරීම.

සම්ප්‍රසාරණය [쌈쁘러싸-러너여] ①확장, 확대, 팽창, 폄 දිග හැරීම ② ය, ව, ර, ල 글자가 ඉ, උ, ඍ 등으로 변환.

සම්ප්‍රහාසය [쌈쁘러하-써여] 박장대소, 큰 웃음 හඟ නැගෙන සිනාව.

සම්ප්‍රාප්ත [쌈쁘랖-떠] 오는, 도착하는, 도달하는 පැමිණි.

සම්ප්‍රාප්ත වෙනවා [쌈쁘랖-떠 웨너와-] 오다, 도착하다, 도달하다 පැමිණෙනවා. (구어) එනවා

සම්ප්‍රාප්තිය† [쌈쁘랖-띠여] 도착, 옴, 도달 පැමිණීම, එළඹීම. (구어) ඒම

සම්ප්‍රේක්ෂණය [쌈쁘렊-셔너여] 봄, 관망, 관찰 බැලීම.

සම්ප්‍රේෂකය [쌈쁘레-셔꺼여] (통신) 전송기, 송신기 සම්ප්‍රේෂණ උපකරණය.

සම්ප්‍රේෂණය† [쌈쁘레-셔너여] (통신) 전송, 송신, 송달 ප්‍රචාරණය.

සම්ප්‍රේෂණාගාරය [쌈쁘레-셔나-가-러여] (통신) 송신소, 전송소.

සම්එප්පලාප/සම්එප්ප්‍රලාප [쌈빱뻘라-빠/쌈빱쁘럴라-빠] ①지껄임, 수다 නිසරු බස ②지껄이는, 수다스런 සම්පප්‍රලාප.

සම්බ කරනවා [쌈버 꺼러너와-] 돈을 벌다 උපයනවා. (구어) හම්බ කරනවා

සම්බන්ධ† [쌈반더] 연결된, 이어진 සබැඳි.

සම්බන්ධකය [쌈반더꺼여] 커플링, 연결기.

සම්බන්ධ කරනවා‡ [쌈반더 꺼러너와-] 연결하다, 잇다, 결합하다 ගළපනවා. (구어) එක් කරනවා

සම්බන්ධතාව‡ [쌈반더따-워] 관계, 관계성, 관련 සම්බන්ධය.

සම්බන්ධනය [쌈반더너여] (회사, 사업의) 합병, 합동.

සම්බන්ධය‡ [쌈반더여] 연결, 이음, 붙임, 결부 බැඳීම.

සම්බන්ධ විභක්තිය [쌈반더 위밖띠여] (문법) 소유격.

සම්බන්ධ වෙනවා‡ [쌈반더 웨너와-] 연결되다, 이어지다, 붙여지다, 결부되다 බැඳෙනවා.

සම්බන්ධී [쌈반디-] 연결된, 이어진 සම්බන්ධය ඇති.

¶ සම්බන්ධීකාරකයා (기획, 진행 따위의) 책임자, 코오디네이터

සම්බන්ධීකරණය [쌈반디-까러너여] 일치, 결합, 조정 ගැළපීම.

සම්බල [쌈벌러] ①여행 가방, 여행 짐 ගමන් බඩු ②삼발 요리, (고추로 만든) 매운 양념 සම්බෝලය.

සම්බ වෙනවා† [쌈버 웨너와-] ①(사람을) 만나다 මුණගැහෙනවා ②발견되다, 찾아지다. (구어) හමුවෙනවා

¶ මනිසුන් දෙදෙනෙක් ඔබට සම්බ වන්නෝය 두 사람을 당신이 만날 것이다

ස

සම්බාධ [쌈바-더] 방해되는, 장애가 되는.
සම්බාධකය [쌈바-더꺼여] 장애, 방해 අවහිරය.
සම්බාන [쌈바-너] 삼반 (중국의 작은 배) හම්බන්. (복) *සම්බාන්*
සම්බාහනය† [쌈바-하너여] 안마, 마사지 අත් පා ආදිය මිරිකීම.
සම්බුදු [쌈부두] 부처님 බුදුන් වහන්සේ.
සම්බුද්ධ [쌉붇더] 부처님의.
සම්බුද්ධත්වය [쌉붇닫워여] (불교) 해탈, 깨달음의 경지, 부처님같이 됨 බුදු වීම.
සම්බුද්ධ ශාසනය [쌈붇더 샤-써너여] 불교의 가르침.
සම්බුද්ධිය [쌈붇디여] 기대, 소망, 바람 කැමැත්ත.
සම්බොජ්ඣඞ්ග [쌈봊장거] 해탈의 요소.
සම්බෝධය/ සම්බෝධිය [쌈보-더여/ 쌈보-디여] (불교) 해탈, 깨달음의 경지 සම්බුද්ධත්වය.
සම්බෝලය [쌈볼-러여] (야자 열매를 갈아서 다양한 양념을 섞어서 만든) 쌈볼 සලාදය. (복) *සම්බෝල්*
සම්භ කරනවා [쌈버 꺼러너와-] 돈을 벌다 උපයනවා. (구어) හම්බ කරනවා
සම්භවය† [쌈버워여] 근원, 기원, 유래, 탄생, 시작 ඉපදීම.
සම්භ වෙනවා [쌈버 웨너와-] ①(사람을) 만나다 මුණගැහෙනවා ②발견되다, 찾아지다. (구어) හමුවෙනවා
සම්භාර [쌈바-러] 다량의, 다수의, 무리의.
සම්භාරය [쌈바-러여] ①군중 සමූහයා ②다량, 다수 ③유지, 관리 නඩත්තු කිරීම.
¶ ධන සම්භාරය 부요, 부함
සම්භාවනාව/සම්භාවනය [쌈바-워나-워/쌈바-워너여] ①존경, 명예, 영예, 영광 ②가능성 හැකි බව ③의심 අනුමානය.
සම්භාවනීය [쌈바-워니-여] 존경하는, 훌륭한 ගෞරවනීය.
සම්භාවිත [쌈바-위떠] 영광받는, 존경받는 සම්භාවන කරන ලද.
සම්භාවිතාව† [쌈바-위따-워] 개연성, 있음직함, 일어남직함.
සම්භාව්‍ය [쌈밥-위여] ①고대의, 옛, 고전의 ②높은.
සම්භාෂණය [쌈바-셔너여] ①대화, 말하기 සංවාදය ②잔치, 축제 මංගල්‍යය.
සම්භූත [쌈부-떠] 태어난, 발생한, 일어난 උපන්.
සම්භූතිය [쌈부-띠여] 탄생, 기원 උපත.
සම්භේද [쌈베-더] 깨진, 부서진, 조각난 මුසු වූ.
සම්භෝගය [쌈보-거여] 소비, 사용 පරිභරණය.
¶ ස්වයං සම්භෝගය 자위 행위
සම්මජාති [쌈머자-띠] 어떤 때도, 어떤 시간에도 කිසි කලෙක. (구어) කවරදාවත්
සම්මජ්ජාති [쌈맞자-띠] 어떤 때도, 어떤 시간에도 කිසි කලෙක. (구어) කවරදාවත්
සම්මත‡ [쌈마떠] ①표준의, 기준의 ②받아들인, 용납한, 동의한 ③සම්මතය, සම්මතිය 의 복수: 동의들, 동조.
සම්මත අපගමනය [쌈마떠 아빠가머너여] 표준 편차(시차).

ස

සම්මත කරනවා† [쌈마떠 꺼러너와-] 받아들이다, 동의하다 පිළිගන්නවා.

සම්මතය [쌈마떠여] 동의, 동조, 합치.

සම්මත වේලාව [쌈머떠 웰-라-워] 표준 시간.

සම්මති [쌈마띠] ①표준의, 기준의 ②받아들인, 용납한, 동의한 ③සම්මතය, සම්මතිය 의 복수: 동의들, 동조.

සම්මති කිරීම [쌈머띠 끼리-머] 합병, 채용, 채택.

සම්මතිය [쌈마띠여] 동의, 동조, 합치.

සම්මන්ත්‍රණය† [쌈만뜨러너여] 회의, 세미나, 심포지움 සාකච්ඡාව.

සම්මර්ශනය [쌈마르셔너여] ①고찰, 재고, 생각 කල්පනා කිරීම ②비빔, 문지름 පිරිමැදීම.

සම්මා [쌈마-] 좋은, 선한, 진신한 යහපත්.

සම්මාදම‡ [쌈마-더머] 기부, 기부금, 기증, (교회) 헌금. (복) *සම්මාදම්*

සම්මාන නාමය [쌈마-너 나-머여] 명예직함, 명예직.

සම්මානනය [쌈마-너너여] 존경, 존중, 경의 ගෞරවය.

සම්මානනීය [쌈마-너니-여] 존경할 만한, 존경하는, 덕망있는 ගෞරවනීය.

සම්මානය‡ [쌈마-너여] ①존경, 경의, 존귀, 영광 ගරු කිරීම ②(높은) 성공, 달성, 성취 උසස් සාමාර්ථය.

සම්මිඤ්ජනය [쌈민저너여] 접음, 포갬 වකුටු කිරීම.

සම්මිලනය/සම්මීලනය [쌈밀러너여/쌈밀-러너여] 창백, 여윔, 말라감 මැලවීම.

සම්මිශ්‍ර [쌈미쉬러] 섞여있는, 혼합된.

සම්මිශ්‍රණය [쌈미쉬러너여] 혼합, 섞임.

සම්මීලනය [쌈밀-러너여] 창백, 여윔, 말라감 මැලවීම.

සම්මුඛ [쌈무꺼] 앞의, 존전의, 면전의 ඉදිරියේ.

සම්මුඛ පරීක්ෂණය‡ [쌈무꺼 빠릭-셔너여] 면접, 인터뷰.

සම්මුඛ සාකච්ඡාව [쌈무꺼 싸-깣차-워] 면접, 인터뷰 සම්මුඛ පරීක්ෂණය.

සම්මුති ඔප්පුව [쌈무띠 옾뿌워] 협정서, 협약서.

සම්මුතිය [쌈무띠여] 타협, 협상, 협약 පොදු එකඟත්වය.

සම්මේලනය‡ [쌈멜-러너여] 회의, 세미나, 컨퍼런스 සමුළුව.

සම්මෝහනය [쌈모-허너여] ①심취, 열중, 혼을 빼앗김 සිහි මුළාවීම ②최면 (상태), 최면 වශීවීම.

සම්‍යක් [쌈미약] 좋은, 선한, 바른, 올바른, 선행의 යහපත්. (구어) හොඳ

සම්‍යක් දෘෂ්ටිය [쌈미약 드루쉬티여] ①불교 බුද්ධාගම ②바른 관점, 올바른 시각.

සම්‍යක් ඥානය [쌈미약 냐-너여] 선한 지혜 යහපත් නුවණ.

සම්වඩුවා [쌈와두와-] 구두 수선공, 가죽을 만지는 사람 සම් කරු.

සම්වතා පහණ [쌈워따- 빠하너] 칙령, (왕의) 명령 ව්‍යවස්ථා පහණ.

සම්වතාව [쌈워따-워] 법, 헌법, 율법, 법령 ව්‍යවස්ථාව.

සඹාන [쌈바-너] 삼판 (중국의 작은 배), 작은 배 2개를 붙여 놓은 배.

සඹුක්කාලව [쌈북깔-러워] 망원경.

සඹුක්කුව [쌈북꾸워] 채찍, 채찍질 කසය.

සය [싸여] 6, 여섯. (구어) හය

සයං [싸양] 자신의, 자기의 ස්වයං.

සයංජාත [싸양자-떠] 자생의, 스스로 태어난, 자신의 속에서 일어나는 ස්වයංජාත.

සයනය [싸여너여] ①침대 යහන (구어) ඇඳ ②잠, 취침 (구어) නිදා ගැනීම.

සයනය කරනවා [싸여너여 꺼러너와-] 잠자다, 취침하다. (구어) නිදා ගන්නවා

සයනාගාරය† [싸여나-가-러여] 침실 නිදන ගෙය.

සයනාසන [싸여나-써너] 침대와 의자 සෙනසුන.

සයානුව [싸야-누-워] 96, 구십육. (구어) අනූ හය

සයිරම† [싸이러머] 사이렌.

සයුර† [싸유러] 바다, 대양 සාගරය. (복) *සයුරු*

සයුරු [싸유루] සයුර 의 복수 또는 형용사: ①바다들 ②바다의, 대양의.

සර [싸러] ①소리, 음 හඬ ②음절 හීය ③화살 ඊතලය.

සර කල [싸러 깔러] 가을 සරත්.

සරකා [싸러까-] ①부, 부요, 재산 වස්තුව ②소 හරකා.

සරක්කු [싸럭꾸] 카레 파우더 තුනපහ.

සරග/සරඟ [싸러거/싸랑거] 화려한 움직임의, 화려하게 춤추는 වර්ණවත් නැටුම් සහිත.

සරණ† [싸러너] සරණය 의 복수 또는 형용사: ①결혼들, 혼인들 විවාහ ②결혼의, 혼인의 ③피난, 보호, 도움 පිහිට.

¶ සරණ මංගල්‍යය 결혼식

සරණ කර දෙනවා [싸러너 꺼러 데너와-] 시집(장가) 가다.

සරණත [싸러너떠] 발, 족 පාදය. (복) *සරණත්*

සරණතලය [싸러너딸러여] 발바닥 පාද තලය.

සරණ පාවා ගන්නවා‡ [싸러너 빠-와- 간너와-] 아내로 (남편으로) 맞아들이다. ¶ ඔහු ඇ සරණ පාවා ගත්තේය 그는 그녀를 아내로 맞이했습니다

සරණ පාවා දෙනවා [싸러너 빠-와- 데너와-] 시집(장가) 가다.

සරණ බන්ධනය† [싸러너 반더너여] 결혼, 혼인 විවාහය.

සරණ මංගල්‍යය‡ [싸러너 망걸리여여] 결혼식, 결혼 예식.

සරණ මගුල‡ [싸러너 망굴러] 결혼식, 결혼 예식 විවා මඟුල.

සරණය [싸러너여] ①결혼, 혼인 විවාහය ②피난, 보호, 도움 පිහිට.

සරණ කරනවා [싸러너 꺼러너와-] ①~를 피난처로 삼다 ②결혼하다. ¶ මම යේසුස් වහන්සේ සරණ කර ගනිමි 나는 예수님을 피난처로 삼습니다

සරණ යනවා [싸러너 야너와-] ①결혼하다 ②도움을 받다, 피하다.

සරණ වළා [싸러너 왈라-] (발목에 차는) 발찌 පා සලඹ.

සරණ වැල [싸러너 왤러] (발목에 차는) 발찌 පා සලඹ.

සරණවියා [싸러너위야-] 닭, 가금 කුකුළා.

ස

සරණාගත [싸러나-가떠] 피한, 피난처를 삼은.

සරණාගමනය [싸러나-가머너여] 피난, 피난길.

සරණිය [싸러니여] ①길, 도로 මඟ ②줄, 열, 횡렬 පෙළ ③시리즈, 총서, 제 ...집.

සරත [싸러떠] 수고, 애씀, 피로 වෙහෙස.

සරතස [싸러떠써] 수고, 애씀, 피로 වෙහෙස.

සරත්‡ [싸랕] 가을 ශරත්.

සරත් සෘතුව‡ [싸랕 깔] 가을 ශරත් කාලය.

සරදම† [싸러더머] ①조롱, 멸시 ②농담, 익살 විහිළුව.

සරදම් කරනවා† [싸러담 꺼러너와-] ①조롱하다, 멸시하다 කවටකම් කරනවා ②농담하다, 놀리다 විහිළු කරනවා.

සරදිය [싸러디여] 떨림, 떪, 진동.

සරනවා [싸러너와-] ①움직이다, 걷다 හැසිරෙනවා ②기억하다, 회상하다 සිහි කරනවා.

සරනේරුව‡ [싸러네-루워] 돌쩌귀, 경첩 අසව්ව.

සරපෙන්ද [싸러뻰다-] (씽할러) 새 무늬, 새 문양.

සරප් [싸랖] 출납원, 회계원 අයකැමි. ¶ සරප් කවුළු 계산대, 정산소

සරබර ගානවා [싸러버러 가-너와-] (뱀, 증기 따위가) 쉿 소리를 내다 සරසර ගානවා.

සරභස [싸러바써] 속도, 속력 වේගය.

සරම‡ [싸러머] ①싸롱 (스리랑카와 남인도에서 남자들이 입는 치마 같은 옷) ②행렬, 관병식, 퍼레이드 පෙරහැර ③피로, 피곤 මහන්සිය.

සරමජලය [싸러머잘러여] 땀 දහඩිය.

සරම්ප‡ [싸람빠] (질병) 홍역, 마진(痲疹), 풍진(風疹).

සරඹය† [싸람버여] ①운동, 체조, 연습 ව්‍යායාමය ②(검 등을 이용한) 전투, 싸움 ③사용, 이용 භාවිතය. (구어) හරඹය ¶ අවි සරඹ 군사훈련 පා සරඹ 다리운동

සරඹ සංදර්ශනය† [싸람버 쌍다르셔너여] 관병식, 열병식, 퍼레이드, 행렬.

සරය [싸러여] ①화살 ඊය ②모음 ස්වරය ③여행 සංචාරය ④소리 නාදය.

සරල‡ [싸럴러] ①단순한, 간단한 අසංකීර්ණ ②쭉 뻗은, 곧은 කෙළින්.

සරල කරනවා [싸럴러 꺼러너와-] 쭉 펴다, 곧게 하다 කෙළින් කරනවා.

සරල ධාරාව [싸럴러 다-라-워] (전기) 직류.

සරල රේඛාව‡ [싸럴러 레-까-워] 직선.

සරල සමාන්තර [싸럴러 싸만-떠러] 수평 평행.

සරල හීරි වියමන [싸럴러 히-리 위여머너] (섬유공학) 정식 능직(正式稜織).

සරලුව [싸럴루워] ①숫가락 හැන්ද ②국자 කෙණෙස්ස ③화살 ඊය.

සරල් [싸랄] 주름 잡힌, 접힌 වකුටු.

සරල් වරල් [싸랄와랄] 곱슬 머리.

සර වනය [싸*러* 와너여] ①대나무 숲 බට වනය ②연꽃 연못 නෙළුම් විල.

සරස [싸*러*써] 가로질러, 건너서, 열십자로 지나는. (구어) හරස

සරස† [싸*러*써] ①건너감, 지나감, 통과 හරස් බව ②진미, 별비 චමත්කාරය ③연못 විල. (구어) හරහ

සරසට [싸*러*써터] 가로질러서, 건너, 열십자로 지나서. (구어) හරසට

සරසන [싸*러*써너] 장식하는, 꾸미는 අලංකාර කරන.

සරසනවා‡ [싸*러*써너와-] සැරසුවා-සරසා 장식하다, 꾸미다 අලංකාර කරනවා. සැරසීම/සැරසුම

සරසර ගානවා [싸*러*싸*러* 가-너와-] (뱀, 증기 따위가) 쉿 소리를 내다 සරබර ගානවා.

සරසවිය‡ [싸*러*싸위여] ①대학교 විශ්ව ද්‍යාලය ②싸러싸위신 ③말의 능력 වචනවල බලය. ¶ විවෘත සරසවිය 개방 대학

සරසිකාව [싸*러*씨까-워] 작은 구멍 කුඩා හිදැස.

සරසී [싸*러*씨-] 연꽃 연못 නෙළුම් විල.

සරසුන [싸*러*쑤너] 활, 궁 දුන්න.

සරස් [싸*라*쓰] 가로지르는, 건너는, 열십자로 지나는. (구어) හරස්

සරස් ගාලා [싸*라*쓰 갈-라-] 빨리, 재빠르게, 신속하게 ඉක්මනින්.

සරස්වතී [싸*라*쓰와띠-] 싸라쓰와띠 여신 සරසවි දෙව්ඟන.

සරස් වෙනවා [싸*라*쓰 웨너와-] 반대하다, 반대편에 서다 විරුද්ධ වෙනවා.

සරහනවා [싸*러*하너와-] සැරහුවා-සැරහලා 꾸미다, 장식하다. (문어) සරසනවා

සරළුව [싸*럴*루워] ①숫가락 හැන්ද ②활 දුන්න.

සරා [싸*라*-] ①가을 සරත් කාලය ②연꽃 නෙළුම් ③연못 විල ④여자 අංගනාව ⑤호색, 색욕 රාග සය භාජනය ⑥그릇, 컵 ⑦무기 අවිය.

සරා [싸*라*-] ①욕정의, 색욕의, 호색의, 음탕한 සරාගී ②빛나는 ප්‍රභා සහිත.

සරා [싸*라*-] සරනවා 의 과거분사: ①걸어, 걷고, 움직여 හැසිරිලා ②기억하여, 회상하고 සිහි කරලා.

සරාග/සරාගී† [싸*라*-거/싸*라*-기] 욕정의, 색욕의, 호색의, 음탕한 සරාගී.

සරාගික/සරාගී [싸*라*-기꺼/싸*라*-기-] 욕정의, 색욕의, 호색의, 음탕한 සරාග.

සරාජක [싸*라*-저꺼] ①왕의, 임금의 ②빛나는, 찬란한.

සරා මරු [싸*라*- 마*루*] 가을 바람.

සරාව [싸*라*-워] ①그릇 භාජනය ②컵, 잔 කුසලානය.

සරා වලා [싸*라*- 왈라-] 가을 구름.

සරා සඳ [싸*라*- 싼더] 가을 달 සරාසිසි.

සරාසර [싸*라*-써*러*] 백조 හංසයා.

සරාසිසි [싸*라*-씨씨] 가을 달 සරා සඳ.

සරි [싸*리*] ①같은, 동급의 සමාන ②적당한, 알맞은, 적합한 සුදුසු.

ස

සරි කරනවා [싸리 꺼러너와-] ①같게 하다, 필적하게 하다 ②벌다, 벌어들이다.

සරි බර [싸리 바러] 같은 무게, 동급 무게.

සරිය [싸리여] ①크기, 정도 ප්‍රමාණය ②지역 හරිය.

සරිසරියේ [싸리/싸리/예-] 동등하게, 같이 සමානව.

සරිලනවා [싸 릴러너와-] 적합하다, 적절하다, 어울리다, 구색이 맞다 ගැළපෙනවා. ¶ සරිලන ලෙස 적절하게

සරු‡ [싸 루] ①비옥한, 풍요로운 සාර ②번영한, 번창한 සවිලවත් ③용감한 බුහුටි.

සරුංගලය/සරුංගෝලය‡ [싸 룽걸러여/싸 룽골-러여] 연. ¶ සරුංගලය යවනවා 연을 날리다

සරු කරනවා [싸 루 꺼러너와-] 비옥케 하다, 풍요롭게 만들다 සාරවත් කරනවා.

සරු දැක්ම [싸 루 대끄머] 추수, 수확 අස්වැන්න.

සරුප [싸 루뻐] ①말들, 적절한 말 යෝග්‍ය වචනය ②모양, 형태 ස්වරූපය ③상태, 상황 තත්ත්වය ④영광, 존귀 ගෞරවය.

සරුප [싸 루뻐] 적절한, 어울리는 යෝග්‍ය.

සරුපය [싸 루뻐여] 말, 말함, 구술 කියමන. (구어) හරුපය

සරු පස† [싸 루 빠써] 옥토, 비옥한 토양.

සරුප් [싸 룹] ①말들, 말씀들 වචන ②적절함, 어울림.

සරුප් [싸 룹] ①적절한, 어울리는 යෝග්‍ය ②바친, 헌신한 කැප.

සරුව [싸 루워] 풍요, 비옥, 풍성 සාරය.

සරුවත්† [싸 루왈] 셔벗 (과즙 빙과), 찬 과즙 음료 ෂර්බට්.

සරුවපිත්තල [싸 루워삘떨러] (장식용의) 번쩍번쩍하는 금속 조각.

සරුවාලය [싸 루왈-러여] 반바지 같은 전통 의상.

සරු වෙනවා† [싸 루 웨너와-] 부자가 되다, 풍요로워지다 පොහොසත් වෙනවා.

සරුසාර† [싸 루싸-리] 비옥한, 풍요로운, 소출이 많은 සාරවත්.

සරූප [싸 루-뻐] ①말들, 적절한 말 යෝග්‍ය වචනය ②모양, 형태 ස්වරූපය ③상태, 상황 තත්ත්වය ④영광, 존귀 ගෞර-වය.

සරූප [싸 루-뻐] 적절한, 어울리는 යෝග්‍ය.

සරූපි [싸 루-뻐] 적절한, 어울리는 යෝග්‍ය.

සරේණුක [싸 레-누꺼] (식물) 수술(만)이 있는 රේණු සහිත.

සරොම [싸 로머] (스리랑카와 남인도에서 남자가 입는 치마 종류) 사롱 සරම. (복) සරොමි.

සරොස [싸 로써] 화, 분노, 성냄 කෝපය.

සරොස් [싸 로쓰] 화난, 성난 කෝපවන.

සරෝ [싸 로-] ①물 ජලය ②연못 විල.

සරෝරුහ [싸 로- 루하] 연꽃 නෙළුම්. (구어) ඕලු

සර්කස්† [싸 르꺼쓰] 서커스, 곡예. ¶ සර්කස් කාණ්ඩායම 서커스단, 곡예단

සර්ගය [싸 르거여] (시) 장, 섹션, 부분 කාව්‍යයක පරිච්ඡේදයක්.

864

සර්පණය [싸르빠너여] 슬라이딩, 엎드림, 부복 වළැඹීම.

සර්පයා‡ [싸르빠야-] 뱀 බුජංග.

සර්ප විෂ† [싸르빠 위셔] 뱀독.

සර්පාකාර [싸르빠-까-러] 꾸불꾸불한, 감겨있는.

සර්පිල [싸르삘러] 나선모양의, 나사 모양의, 와선의.

සර්පිල කපාටය [싸르삘러 까빠-터여] 나사선 밸브.

සර්පිල ගියරය [싸르삘러 기여러여] 웜 기어 장치.

සර්පිලය [싸르삘러여] 나선, 와선.

සර්පිලාභ [싸르삘라-버] 나선 모양의, 나사 모양의, 와선의 දඟර හැඩැති.

සර්ව [싸르워] 모든, 전체의 සියළු.

සර්වඅශුභවාදී [싸르워아슈버와-디-] 비관적인, 염세적인, 염세론의.

සර්වකාල/සර්වකාලික [싸르워깔-러/싸르워깔-리꺼] 영원한, 영원의 සදාකාලික.

සර්වකාලීන [싸르워깔-리-너] 영원한, 영원의 සදාකාලික.

සර්වජන [싸르워자너] 모든 시민의.

සර්වජන ඡන්දය† [싸르워자너 찬더여] 만인의 선거(권).

සර්වඥ [싸르워끄녀] 전지한, 모든 것을 아는 සර්වඥාන.

සර්වඥතා ඥානය [싸르워끄녀따- 냐-너여] 전지, 모든 것을 앎.

සර්වතෝභද්‍ර [싸르워또-버드러] 모든 방향에서 좋은.

සර්වත්‍ර [싸르와뜨러] 모든 곳에서, 모든 장소에서 සියලු තැන්හි.

සර්ව නාමය† [싸르워 나-머여] (문법) 인칭 대명사.

සර්වප්‍රකාරයෙන් [싸르워쁘러까-러옌] 모든 방법으로, 모든 수단으로 සෑම ආකාරයෙන්.

සර්වබලධාරී‡ [싸르워발러다-리-] 전능한 සර්වපරාක්‍රම.

සර්වභක්ෂක† [싸르워박셔꺼] 잡식성의, 무엇이나 먹는.

සර්වරාත්‍රික‡ [싸르워라-뜨리꺼] 철야의, 밤새 내내의.

සර්වශුභවාදය [싸르워슈버와-더여] 낙천주의, 낙관주의.

සර්වශුභවාදියා† [싸르워슈버와-디야-] 낙천주의자, 낙관주의자.

සර්වශුභවාදී [싸르워슈버와-디] 낙관적인, 낙천적인, 낙천주의의, 낙관주의의.

සර්වසම [싸르워싸머] 공평한, 편견없는, 편벽되지 않은 සර්ව සාධාරණ.

සර්වසම්පූර්ණ† [싸르워쌈뿌-르너] 완전한, 완벽한 පරිපූර්ණ.

සර්ව සාධාරණ [싸르워 싸-다-러너] 공평한, 편견없는, 편벽되지 않은 සර්වසම.

සර්ව සමයය [싸르워 싸미여여] ①동일함, 일치, 동일성 ②정체성, 자아 정체성 අනන්‍යතාව.

සර්වාංගය [싸르왕-거여] 온몸, 전신, 몸 전체 මුළු ඇඟ.

සර්වාකාරයෙන් [싸르와-까-러옌] 모든 면에서, 모든 수단으로 සෑම ලෙසින්.

සර්වාධිපත්‍යය [싸르와-디빧띠여여] 유일한 권력, 독재.

සර්වාභරණ [싸르와-버러너] 장신구, 장식물.

ස

සර්වාර්ථවාදය [싸ㄹ와-ㄹ떠와-더여] 보편주의, 보편적인 것, 보편성.

සර්වාශුභවාදය [싸ㄹ와-슈버와-더여] 비관주의, 염세주의.

සර්වාස්තිවාදය [싸ㄹ와-쓰띠와-더여] (철학) 객관주의, 객관론.

සර්වේශ්වරවාදය [싸ㄹ웨-쉬워러와-더여] 범신론, 만유신교(萬有神教) සර්ව දේව වන්දනාව.

සර්වෝපද්‍රව [싸ㄹ오-빠드러워] 모든 위험 සියලු උපද්‍රව.

සර්ෂප [싸ㄹ셔빠] 겨자(의), 겨자씨(의) අබ ඇට.

සල [쌀러] ①작은 집, 오두막, 홀 ශාලාව ②돌, 바위 ③흔들리는, 떨리는, 요동치는 සෙලවෙන. (구어) හල ¶ ඖසුසල 약국 වැළඳ සල 가게, 상점

සලකනවා‡ [쌀러꺼너와-] සැලකුවා-සලකා ①돕다, 돌보다 උදව් කරනවා ②생각하다, 고려하다 කල්පනා කරනවා. <u>සැලකීම/සැලකුම</u>

සලකා බලනවා† [쌀러까- 발러너와-] 배려하다, 고려하다.

සලකුණ‡ [쌀러꾸너] 표, 표시, 증거 ලකුණ. (복) *සලකුණු*

සලකුණු කරනවා† [쌀러꾸누 꺼러너와-] ①표시하다, 표하다 ②윤곽(약도)을 그리다.

සලගල [쌀러갈러] 돌산.

සලනවා [쌀러너와-] සැලුවා-සලා ①체질하다, 거르다 පෙනේරෙන් බේරනවා ②흔들다, 움직이다 සොලවනවා ③비우다, 버리다 හළනවා. <u>සැලීම</u> (구어) හලනවා

සල පතර [쌀러 빠떠러] 돌로 포장된 정원 (뜰) ශිලා ප්‍රස්තාරය.

සලපතළ [쌀러빠떨러] 돌로 포장한.

සලපා [쌀러빠-] 돌 사발, 돌 그릇 සපපාත්‍ර.

සලපිළිමය [쌀러삘리머여] 돌상, 돌형상 ගලින් කළ ප්‍රතිමාව.

සලබයා [쌀러버야-] (곤충) 나방 රෑ සමනළයා.

සලඹ [쌀럼버] 춤추는 사람이 발목에 차는 소리나는 발찌 සිලම්බුව.

සලල [쌀럴러] ①고슴도치 ඉත්තෑවා ②나무 이름 ③벼 සල් ගස ④독, 독극물 විෂ.

සලල [쌀럴러] ①음탕한, 욕정의, 호색의 සල්ලාල ②흔들리는, 진동하는, 움직이는 චංචල ③간단한, 단순한 සරල ④직선의, 곧은 ඍජු.

සලසනවා† [쌀러써너와-] සැලසුවා/සැලැසුවා-සලසා ①야기하다, 일으키다 ②정리하다 ③완수하다 ④공급하다. <u>සැලසීම/සැලසුම</u>

සලසෑය [쌀러쌔-여] 석탑 සලදාගබ.

සලසුන [쌀러쑤너] ①부도, 돌의자 ශෛලාසනය ②석탑.

සලස්වනවා† [쌀라쓰워너와-] සැලැස්වුවා-සලස්වා ①야기하다, 되게 하다 ②강요하다, 억지로 시키다 සලස්සනවා. <u>සැලැස්වීම</u> ¶ ඔබේ ගමන් බඩු කාමරයේදී ලැබෙන්න සලස්වනම් 당신의 여행짐 방에서 받도록 하겠습니다

සලස්සනවා [쌀랐써너와-] සැලැස්සුවා-සලස්සා ①야기하다, 되게 하다 ②강요하다, 억지로 시키다 සලස්වනවා. <u>සැලැස්සීම</u>

සලාක කරනවා [쌀라-꺼 꺼러너와-] (식량, 연료 등의) 배급하다, 지급하다.

සලාක දානය [쌀라-꺼 다-너여] 식량 배급 기부 සීට්ටු දානය.

සලාකනය [쌀라-꺼너여] (식량, 연료 등의) 배급, 지급, 나눠 줌.

සලාක පොත [쌀라-꺼 뽀떠] 쿠폰 북.

සලාකය† [쌀라-꺼여] ①(젓가락 같은) 막대기 කූර ②쿠폰, 낱장 종이, 종이 한장 තුණ්ඩුව ③(식량, 연료 등의) 배급, 지급, 할당 කොටස.

සලාකා [쌀라-까-] ①(젓가락 같은) 막대기 කූර ②쿠폰, 낱장 종이, 종이 한장 තුණ්ඩුව ③(식량, 연료 등의) 배급, 지급, 할당 කොටස.

සලාකිතය [쌀라-끼떠여] (식물) 절협과.

සලාද‡ [쌀라-더] 샐러드.

සලාද ගස‡ [쌀라-더 가써] 상추, 양상추.

සලිත [쌀리떠] 흔들리는, 떨리는, 움직이는 චලිත.

සලිතය [쌀리떠여] 흔들림, 움직임, 진동 සෙලවීම.

සලිත වෙනවා [쌀리떠 웨너와-] 흔들리다, 떨리다 සෙලෙනවා.

සලිලය [쌀릴러여] 물 ජලය. (구어) වතුර

සලෙල [쌀렐러] 매력적인, 매혹적인 ලීලාසහිත.

සලෙලු [쌀렐루] ①음탕한, 호색하는, 여자를 밝히는 කාමුක ②호색가, 음탕한 남자 සල්ලාලයා.

සලෝම [쌀로-머] 덥수룩한, 털이 많은 ලොම් සහිත.

සලෝහිත [쌀로-히떠] 피비린내 나는, 처참한 ලේ සහිත.

සල් [쌀] සල 의 복수 또는 형용사: ①a. 작은 집들, 오두막들, 홀들 b. 작은 집의, 홀의 ශාලා ②a. 돌들, 바위들 b. 돌의, 바위의 ශෛල. (구어) හල්

සල්පිල‡ [쌀삘러] ①가게, 상점, 부티크 කඩය ②시장, 바자회 වෙළඳපොළ ③경매, 옥션 වෙන්දේසිය.

සල්ලඩිය [쌀라*디*여] 여과기, (쇠) 체 කම්බිදැල් පෙනේරය.

සල්ලාපය† [쌀라-빠여] 대화, 담소 සැහැල්ලු කථාව.

සල්ලාල [쌀랄-러] 방탕하게 사는, 흥청망청 사는, 호색하는 සලෙලු.

සල්ලාලකම† [쌀랄-러꺼머] 방탕, 유흥, 호색.

සල්ලාලයා [쌀랄-러야-] 호색가, 음탕한 남자, 방탕하게 사는 사람 කාමුකයා.

සල්ලි‡ [쌀리] 돈, 재정. (문어) මුදල් ¶ මාරු සල්ලි 잔돈, 바꿔주는 돈

සල්ලිකාර [쌀리까-*러*] 돈 있는, 부자의, 부요한 ධනවත්.

සල්ලිකාරයා† [쌀리까-*러*야-] 부자, 재력가. (문어) ධනවතා

සල්ලි පණම් [쌀리 빠남] 돈, 재정, 재력, 부 මිල මුදල්.

සල්ලිය [쌀리여] 돈, 재정 මුදල. (복) *සල්ලි*

සල්ලිය බාගේ [쌀리여 바-게-] 돈, 재정, 부 සල්ලි. (문어) මුදල්

සවතිඳු [싸와띤두] 머리 6개 달린 신, 스칸더 신 (전쟁의 신, 시바의 아들) සවත් සුරිඳු.

ස

සවත් [싸왇] 머리 6개(의), 스칸더 신 (전쟁의 신, 시바의 아들) මුණු හයක් ඇත්තා.

සවන [싸워너] ①귀 කන ②들음. (복) *සවන්*

සවනත [싸워너떠] 귀안에, 귀의 කනෙහි.

සවනබරණ [싸워너버*러*너] 귀걸이, 귀 장신구 කන් ආභරණ.

සවන් [싸완] සවන 의 복수: 귀 කන්.

සවන් දෙනවා‡ [싸완 데너와-] 귀귀울이다, 듣다 කන් දෙනවා.

සවරන් ගහනවා [싸워*란* 가하너와-] 돌아다니다, 배회하다, 방랑하다 ඇවිදිනවා.

සවරම [싸워*러*머] ①배회, 방랑 ඇවිදීම ②(통신) 로밍.

සවරි [싸워*리*] 가발의. (구어) බොරු කොණ්ඩ

සවරිය [싸워*리*여] 가발 ප්‍රතිශීර්ෂකය. (구어) බොරු කොණ්ඩය

සවර්ණ [싸와*르*너] 같은 색깔의, 동색의 සමාන වර්ණය.

සවල [싸월러] 삽, 부삽 ඉස්පෝප්පය.

සවලක්කාරයා [싸월띾까-*러*야-] 삽질하는 사람 ලන්සක්කාරයා.

සවස‡ [싸워써] 오후, 저녁 සැන්දෑව. (복) *සවස්* (구어) හවස

සවස නල [싸워써 날러] 밤공기 සන්ධ්‍යා මාරුතය.

සවස් [싸워쓰] 오후의, 저녁의 සැන්දෑ. (구어) හවස්

සවස් කාලය† [싸워쓰 깔-러여] 오후 시간, 저녁 시간 හවස් කාලය.

සවස් මානෙ [싸워쓰 마-네] 오후 시간, 저녁 시간 සවස් කාලය.

සවාරි ගහනවා [싸와-*리* 가하너와-] 돌아다니다, (어슬렁어슬렁) 거닐다 සංචාරය කරනවා.

සවාරිය [싸와-*리*여] 여행, 투어 චාරිකාව. (구어) ගමන

සවාසන [싸와-써너] 행운의, 운좋은 වාසනාවන්ත.

සවාසනා [싸와-써나-] ①행운, 운 වාසනා ②행운의, 운좋은.

සවැණි [싸왜니] 부처님(의) බුදුන් වහන්සේ.

සවැදෑරුම් [싸왜대-*룸*] 6겹의, 육겹의 සය ආකාර.

සවැනි [싸왜니] 6번째의. (구어) හය වැනි

සවි [싸위] 강한, 견고한 බලවත්.

සවි කරනවා‡ [싸위 꺼*러*너와-] ①강하게 하다, 견고케 하다 හයි කරනවා ②꽉죄다, 고정시키다, 동여매다.

සවිචාර [싸위차-*러*] 조사가 진행되는, 조사하는.

සවිඥනක [싸위끄냐-너꺼] 양심적인, 성실한 විඥානය සහිත.

සවිතර්ක [싸위따*르*꺼] 논쟁적인, 논쟁이 되는 විතර්ක සහිත.

සවිනය [싸위너여] 훈련이 병행되는 විනය සහිත.

සවින්දව/සවින්ධව [싸윈더워] 소금 바위, 소금 산 සහිඳ ලුණු.

සවිබල† [싸위발러] 힘센, 능력있는, 강한 බලවත්.

සවිබල කරනවා [싸위발러 꺼*러*너와-] ①강하게 하다 බලවත් කරනවා ②격려하다 ධෛර්යය කරනවා.

සවිබලය [싸위발러여] 강한 힘, 능력 සවි ශක්තිය.

සවිමතා [싸위머따-] 힘센 사람, 능력있는 사람 බලවත් තැනැත්තා.

සවිමත්‡ [싸위맏] 힘센, 강한, 능력있는 බලවත්.

සවිය† [싸위여] ①강함, 셈, 힘 බලය ②빠름, 속력 ③단단함, 꽉죔 තදකම.

සවියත් [싸위얃] 6 완척(의), 여섯 큐빗(의).

සවිරාම [싸위*라*-머] 간격이 있는, 사이에 공간이 있는 අතරවල් සහිත.

සවිවර [싸위워*러*] 작은 구멍이 많은, 기공이 있는 විවර සහිත.

සවි වෙනවා† [싸위 웨너와-] 고정되다, 고착되다, 강하게 되다, 견고케 되다.

සවි ශක්තිය [싸위 샦띠여] 힘, 능력 සවිබලය.

සවිශේෂ† [싸위쉐-셔] 특별한, 특이한 විශේෂ.

සවිශේෂණ [싸위쉐-셔너] 독특한, 특이한.

සවිසි [싸위씨] 26, 이십육 විසිහය.

සවිස්තර† [싸위쓰떠*러*] 구체적인 විස්තර සහිත.

සවුත්තු [싸욷뚜] ①나쁜, 악한 නරක ②쓸모없는, 무용지물의, 버려진 වැඩකට නැති. (문어) නොවටිනා

සවුත්තුව [싸욷뚜워] 무가치, 무용지물 අවාසිය.

සවුදිය [싸우디여] 축하, 축원, 기원.

සවුදිය පුරනවා [싸우디여 뿌*러*너와-] 축하하다, 축원하다, 축복하다 සුබ පතනවා.

සවුවා [싸우와-] 제자 ශ්‍රාවකයා.

සව් [싸우] ①모든, 전체의, 전부의 සියළු, මුලු ②사고 (사고야자의 나무 심에서 뽑은 녹말)의.

සව් කඩදාසි [싸우 까*더*다-씨] 박엽지 (博葉紙), 티슈페이퍼.

සව් කැඳ [싸우 깬더] 사고 죽 (사고야자의 나무 심에서 뽑은 녹말가루 만든 죽).

සව් නේ [싸우 네-] 알아야 하는 모든 것 දත යුතු සියල්ල.

සව්බල [싸우발러] 힘센, 능력있는, 강한 සවිබල.

සව්‍යඤ්ජන [쌉위얀저너] 글자를 포함한, 글자가 있는 මනා අකුරු ඇති.

සව්‍යාජ [쌉위야-저] 교활한, 간사한 ප්‍රයෝගකාර.

සව් සත [싸우 싸떠] ①모든 생물들 සියලු සත්වයා ②모든 과학들 සියලු ශාස්ත්‍ර.

සව්සාර [싸우싸-*러*] 번성한, 번영하는, 다산의, 풍요한, (땅이) 비옥한 සඵලවත්.

සව්සිරි [싸우씨*리*] 모든 축복 සර්වශ්‍රීය.

සව්හාල්† [싸우할-] 사고 (사고야자의 나무 심에서 뽑은 녹말) සෙමොලීනා.

සශෝභන [싸쇼-버너] 매력적인, 매혹적인 ශෝභන වූ.

සශ්‍ය [쌋쉬여] 곡물, 곡류 ධාන්‍ය.

සශ්‍රීක† [싸쉬*리*-꺼] 비옥한, 번영하는 සරු.

සශ්‍රීකත්වය [싸쉬*리*-깥워여] 번영, 비옥 සඵලත්වය.

සස [싸써] 토끼. (구어) හාවා

සසංක [싸쌍꺼] (천체) 달, 일 සඳ. (구어) හඳ

සසංස්කාර [싸쌍쓰까-*러*] ①인생의 항목들 ②인생 요소들의 සංස්කාර සහිත.

සසකිරණ [싸써끼*러*너] 해, 태양 හිරු. (구어) ඉර

ස

සසග [싸싸거] 성교, 교접, 성행위 සංසර්ගය.

සසඞ්ඛාර [싸쌍까-러] ①인생의 항목들 ②인생 요소들의 සසංකාර.

සසඞ්ඛාරික [싸쌍까-리꺼] 인생 요소들의 සසංකාර.

සසඳනවා‡ [싸싼더너와-] සැසඳුවා-සසඳා 비교하다, 견주다, 대조하다 සංසන්දනය කරනවා. සැසඳීම

සසමය [싸싸머여] ①6개 철학들 ෂඩ් දර්ශනය ②자기 종교 සිය ආගම.

සසම්භාර [싸쌈바-러] 구성하는, ~성분을 이루는 සම්භාර සහිත.

සසම්භාවි [싸쌈바-위] 자유로운, 속박없는, 개연성이 있는 අහඹු.

සසම්භාවිතාව [싸쌈바-위따-워] 개연성, 가망, 일어남직함.

සසර [싸써러] (불교) 윤회 සංසාරය.

සසල [싸썰러] 흔들리는, 진동하는, 떨리는 චංචල. (구어) හෙලවෙන

සසල කරනවා [싸썰러 꺼러너와-] 흔들다, 진동시키다 චංචල කරනවා. (구어) හොලවනවා

සසල වෙනවා† [싸썰러 웨너와-] 흔들리다, 떨리다, 뒤흔들리다 සෙලවෙනවා. (구어) හෙලවෙනවා

සසිදුරු [싸씨두루] 구멍이 있는, 천공의 සිදුරු සහිත.

සසිනවා [싸씨너와-] සැස්සා-සැස ①껍질을 벗기다, (불필요한 곳을) 잘라내다, 떼어내다 අහිනවා ②괭이질하다 උදලු ගානවා. සැසීම (구어) සහිනවා

සසිනිඳු [싸씨닌두] 아주 부드러운 ඉතා සිනිඳු.

සසිරි [싸씨리] ①번영, 윤택, 부유 සශ්‍රිය ②번영하는, 번창하고 있는, 성공한 සශ්‍රීක.

සසිරිබර [싸씨리바러] 번영하는, 번창하고 있는, 성공한 සසිරිමත්.

සසිරිමත් [싸씨리맏] 번영하는, 번창하고 있는, 성공한 සසිරි.

සසුන [싸쑤너] 교리, 가르침, 훈령, 명령 සස්න. (복) *සසුන්*

සසුන් [싸쑨] සසුන 의 복수 또는 형용사: ①가르침들, 훈령들, 명령들 ශාසන ②교리의, 가르침의, 훈령의.

සසොබන [싸쏘버너] 아주 아름다운, 더 멋진 දැකුම්කලු.

සස් [싸쓰] ①곡물, 곡류 ධාන්‍ය ②진리, 사실 සත්‍යය ③약속, 맹세, 선서 පොරොන්දුව.

සස් කරනවා [싸쓰 꺼러너와-] ①경작하다, 농사를 짓다 ගොවිතැන් කරනවා ②맹세하다, 선서하다 සත්‍ය කරනවා.

සස් ගාලා [싸쓰 갈-라-] 빨리, 재빨리, 급히 ටක් ගාලා.

සස්න [싸쓰너] 교리, 가르침, 훈령, 명령 සසුන.

සස්වාමික [싸쓰와-미꺼] 남편이 있는 සැමියකු සිටින.

සහ‡ [싸하] 그리고, ~와 함께 හා. (구어) ඒවාගේම

සහකටමැණ [싸하까터매너] 목에 보석이 달린.

සහකාර/සහකාරික‡ [싸하까-러/싸하까-리꺼] 돕는, 도와주는, 조력의, 연결된, 연합된.

සහකාරයා† [싸하까-러야-] ①남편 ස්වාමි පුරුෂයා ②동역자, 동반자 හවුල්කාරයා.

සහකාරික [싸하까-리까] 돕는, 도와주는, 조력의, 연결된, 연합된.

සහකාරිය† [싸하까-리여] ①부인, 아내, 처 භාරියාව ②여자 조력자 කාන්තා සහායක.

සහගත [싸하거떠] ①동행하는, 수반하는 සහිත ②일관된, 일치된 එකඟ ③물든, 스며든 යුක්ත.

සහගහනවා [싸하가하너와-] 결과가 나오다, (나쁜) 결과를 초래하다 පල දෙනවා.

සහගාමික/සහගාමී [싸하가-미까/싸하가-미-] 동시(발생)의, 동반하는 අනුගාමික.

සහගින්දර/සහගින්න [싸하긴더러/싸하긴너] 배고픔, 기아 සාගින්න. (구어) බඩගින්න

සාගින්න [싸-긴너] 배고픔, 기아 සහගින්න. (구어) බඩගින්න ¶ සාගින්න නිවෙනවා 허기를 채우다

සහචර [싸하차러] ①수행하는, 동행하는 සමඟ හැසිරෙන ②추종하는.

සහචරයා† [싸하차러야-] ①수행자, 수행원 සහායකයා ②추종자 අනුගාමිකයා.

සහජ† [싸하저] ①타고난, 본래부터의, 고유의 ජන්ම ②같은 핏줄의, 형제의. ¶ සහජ ගතිය 본성

සහජ බුද්ධිය [싸하저 붇디여] 직감, 육감, 직관.

සහජය [싸하저여] 본성, 타고남 ජම්මය.

සහජයෙන් [싸하저옌] 타고나서, 본래부터, 본성적으로 ජන්මයෙන්ම.

සහජාත [싸하자-떠] 같은 핏줄의, 형제의 සමාන උපන්, එක්ව හටගත්.

සහජාසය [싸하자-써여] 직관, 직감, 육감 ස්වභාවික පෙලඹීම.

සහජීවනය [싸하지-워너여] 공생, 공동생활 එකට ජීවත්වීම.

සහතර [싸하떠러] 빛나는, 방사하는, 빛이 있는 රශ්මි සහිත.

සහතික කරනවා‡ [싸하띠꺼 꺼러너와-] 확인하다, 확증하다, 확언하다, 보증하다.

සහතිකකරු [싸하띠꺼꺼루] 보증인, 담보인.

සහතික පත්‍රය [싸하띠꺼 빠뜨러여] 수료증, 보증서.

සහතික මිල [싸하띠꺼 밀러] 보증액, 보증금.

සහතිකය‡ [싸하띠꺼여] 수료(증), 보증.

සහතුට [싸하뚜터] 기쁜, 즐거운 සතුට.

සහතුරු [싸하뚜루] 나무와 함께, 나무의 ගස් සහිත.

සහතොස [싸하또써] 기쁜, 즐거운 සතුට.

සහන [싸하너] සහනය 의 복수 또는 형용사: ①구원들, 구조들, 구제들 පහසු ②구조하는, 구제하는, 구원하는 පහසුවක් සලසන.

සහනකාමී [싸하너까-미-] 참을성 있는, 인내하는, 관대한 ඉවසිලිවන්ත.

සහනදයක/සහනදයී [싸하너다-여꺼/싸하너다-이-] 구조하는, 구제하는, 구원하는 පහසුවක් සලසන.

සහනකාරී [싸하너까-리-] 구조하는, 구제하는, 구원하는 පහසුවක් සලසන.

ස

සහනය† [싸하너여] ①쉼, 휴식 විවේකය ②구원, 구조, 구제 පහසුව ③참음, 인내 ඉවසීම.
¶ මා වෙතට එන්න, මම නුඹලාට සහනය දෙමි 내게로 오라 내가 너희를 쉬게 하리라

සහනශීලතාව [싸하너쉴-러따-워] (성격, 성질의) 온화, 온순, 관대, 자비 ඉවසීමේ ස්වභාවය.

සහනශීලි [싸하너쉴-리] ①돌봐주는, 구제하는 සැනසුම දෙන ②인내하는 ඉවසිලිවන්ත.

සහනාධාර‡ [싸하나-다-러] 지원금, 기부금 දීමනාව.

සහන් එළිය [싸한 엘리여] (해뜨기 전, 해질 무렵의) 박명(薄明), 땅거미, 황혼.

සහපිරිවර [싸하삐리/워러] (특히 왕, 귀족의) 수행원, 시종 පිරිවර සමූහය.

සහභාග [싸하바-거] 기부의, 기여하는.

සහභාග ප්‍රාග්ධනය [싸하바-거 쁘라-그더너여] 기부금.

සහභාගය [싸하바-거여] 기부, 기여금 පංගුව.

සහභාගිකම† [싸하바-기꺼머] 교제, 참여, 어울림 හවුල් වීම.

සහභාගිත්වය† [싸하바-긷워여] 교제, 참여, 어울림 හවුල් වීම.

සහභාගි වෙනවා‡ [싸하바-기 웨너와-] 참여하다, 어울리다, 교제하다 හවුල් වෙනවා.

සහමුලින්† [싸하물린] 완전히, 온전히, 모두 다 මුළුමනින්.

සහය† [싸하여] ①도움, 조력 උපකාරය ②힘, 능력 බලය.

සහය දෙනවා† [싸하여 데너와-] 도와주다, 돕다 උපකාර කරනවා. (구어) උදව්ව කරනවා

සහයෝගය† [싸하요-거여] 도움, 조력, 지지 උපකාරය. (구어) උදව්ව

සහයෝගිතාව [싸하요-기따-워] 협력, 협동, 협조.

සහයෝගී† [싸하요-기-] 도움이 되는, 조력이 되는 සහාය වන.

සහල [싸할러] ①쌀(의) ②친구의.

සහලා [싸할라-] 친구, 벗 මිතුරා.

සහලේ [싸할레-] 종족의, 혈육의 නෑදෑයින් වන.

සහලේ නෑයා [싸할레- 내-야-] 친척, 친족 නෑදෑයා.

සහල්‡ [싸할] 쌀 සාල්. (구어) හාල්

සහල්ල [싸할러] 선반 රාක්කය.

සහවාදය [싸하와-더여] 종합(법), 통합(법).

සහවාසය [싸하와-써여] ①동거, 부부생활 මෛථුන්දම ②공동생활, 공동 거주 එක්ව විසීම.

සහශ්‍රය [싸하쉬러여] 천, 1000 දහස. (구어) දාහ
¶ සහශ්‍රාධිපතියා (로마 군대) 천부장

සහශ්‍රරශ්මි [싸하쉬러라쉬미] 해, 태양 සූර්යයා. (구어) ඉර

සහස [싸하써] ①천, 1000 දහස (구어) දාහ ②빨리, 재빠르게 වහා ③웃는, 미소짓는.

සහසකර/සහස කිරණ [싸하써 꺼러/싸하써 끼러너] 해, 태양 සූර්යයා. (구어) ඉර

සහසම [싸하싸머] 동등한, 동격의 සමාන.

සහසම්බන්ධය [싸하쌈반더여] 상관(관계), 상호(관계).

සහසා [싸하싸-] 빨리, 재빠르게 වහා.

සහසි/සහසික [싸하씨/싸하씨꺼] 사나운, 잔인한 සාහසික.

සහසී [싸하씨-] ①사나운, 잔인한 සාහසික ②빠른, 재빠른.

සහස් [싸하쓰] සහස 의 형용사: 천의, 1000의.

සහස්කර [싸하쓰꺼러] 해, 태양 සූර්යයා. (구어) ඉර

සහස් පත් [싸하쓰 빧] 연꽃(의) නෙළුම්.

සහස්‍ර [싸하쓰러] 천의, 1000의 දහස්. (구어) දාස්

සහස්‍රකය [싸하쓰러꺼여] ①무리, 수천명의 사람들 දහසේ රාශිය ②천년, 1000년 අවුරුදු දාහක්.

සහස්‍රකර/සහස්‍රකිරණ [싸하쓰러꺼러/싸하쓰러끼러너] 해, 태양 සූර්යයා. (구어) ඉර

සහස්‍රය [싸하쓰러여] 천, 1000 දහස. (구어) දාහ

සහස්‍රරශ්මි [싸하쓰러라쉬미] 해, 태양 සූර්යයා. (구어) ඉර

සහස්‍රවර්ෂය† [싸하쓰러와르셔여] 천년, 1000년 අවුරුදු දහසක කාලය.

සහස්‍රි [싸하쓰리] 1000 (의), 일천(의) දාහ.

සහළ [싸할러] ①다정한, 친한 ②친구, 벗.

සහාධිපත්‍යය [싸하-디빧띠여여] 공동 주권, 공동 통치.

සහානුභූතිය [싸하-누부-띠여] 공통 추론.

සහාභිජනනය [싸하-비자너너여] 동종 번식, 근친 교배.

සහාභිජාත [싸하-비자-떠] 동종 번식의, 근친 교배의.

සහාය† [싸하-여] 도움, 보조, 보좌 උපකාරය. (구어) උදව්ව

සහායක [싸하-여꺼] 돕는, 보좌하는, 보조의 උපකාර කරන.

සහායකාර [싸하-여까-러] 돕는, 서로 돕는, 상부 상조의 උපකාර කරන.

සහායකයා [싸하-여꺼야-] 돕는자, 조수, 도우미, 조력자, 보좌관 උපකාර කරන්නා.

සහායතාව/සහායත්වය [싸하-여따-워/싸하-얃워여] ①교제, 친교 සහභාගිකම ②연합 හවුල්කාරකම ③우정 මිතුකම.

සහාය කර්තෘ [싸하-여 까르뜨루] 보조 편집자.

සහාය දෙනවා [싸하-여 데너와-] 돕다, 보좌하다 උපකාර කරනවා.

සහිත [싸히떠] ~함께, ~함께 하는, ~이 있는 ඇතුව. ¶ රහිත ~없이

සහිතව [싸히떠워] 공존하는, 동반하는, 함께하는, 참여한 ඇතුව තිබෙන.

සහිනවා [싸히너와-] සැස්සා-සැහ ①껍질을 벗기다, (불필요한 곳을) 잘라내다, 떼어내다 අහිනවා ②괭이질하다 උදලු ගානවා. සැහීම (문어) සසිනවා

සහිඳ ලුණු [싸힌덜 루누] 암염, 산에서 캔 소금.

සහෘදයා [싸흐루더야-] (예술품, 음식, 음악의) 감정가 රසිකයා.

සහේ [싸헤-] ①결혼, 혼인 විවාහය ②부인, 아내 භාර්යාව.

සහේට ගන්නවා [싸헤-] 결혼하다, 아내를 취하다 බිරිඳකොට ගන්නවා.

සහේතුක [싸헤-뚜꺼] 이유가 있는, 원인이 되는 හේතු සහිත.

සහෝදර† [싸호-더러] ①형제 ②형제의.

ස

සහෝදරත්වය† [싸호-더랃워여] 형제애.

සහෝදරයා‡ [싸호-더러야-] 형제 සොහොයුරා. (복) *සහෝදරයෝ* ¶ සහෝදරිය 자매

සහෝදරිය/සහෝදරී‡ [싸호-더리여/싸호-더리-] 자매 සොහොයුරිය. (복) *සහෝදරියෝ* ¶ සහෝදරයා 형제

සළ [쌀러] 교활한, 간악한 කපට.

සළඹ [쌀람버] 발목 장식 සලඹ.

සළා [쌀라-] 소용돌이(의) සුළිය.

සළායතන [쌀라-여떠너] 신체 6기관들 ආයතන හය.

සළු‡ [쌀루] ①옷, 의복 ඇඳුම් ②옷감, 천 රෙදි.

සළුපට [쌀루빠터] 의복, 옷 ඇඳුම් පැළඳුම්.

සළුපිළි [쌀루삘리] 의복, 옷 ඇඳුම් පැළඳුම්.

සළුව† [쌀루워] 옷, 긴옷, 숄 සාළුව. ¶ උතුරු සළුව 웃옷

සළු වඩනවා [쌀루 와더너와-] 옷을 입다 අඳිනවා.

සළු සොඳ වෙනවා [쌀루 쏜더 웨너와-] 사춘기에 이르다, 첫 월경을 하다 මල්වර වෙනවා.

සා [싸-] ①나뭇가지 අත්ත ②나무 ගස ③굶주림, 배고픔, 기아 බඩගින්න ④두려움, 공포 භය ⑤넷, 사, 4 සතර ⑥오후 සවස ⑦토끼 සාවා ⑧진리의 말씀 සත්‍ය වචනය ⑨의식, 감각 සිහිය ⑩사향, 육계 කස්තූරි ⑪실 නූල ⑫배꼽 නාභිය ⑬둑, 댐 වේල්ල. ¶ මේ මිනිසාට මේ සා උගත්කමක් කොයින් ද? 이 사람에게 이 진리의 말씀의 학식이 어디서부터 왔을까?

සා [싸-] ①부족한, 결핍의 හිඟ ②굶주린, 배고픈 බඩගිනි.

සා [싸-] ①~같이, ~처럼 වැනි ②오직 ~뿐, ~만 පමණ ③~같은, 동일한 සමාන. ¶ මේසා 이같이, 이렇게

සාංකාව† [쌍-까-워] 근심, 걱정 කරදරය.

සාංඝික/සාඞ්ඝික [쌍-기꺼] 승려의, 승려 것의 සංඝයා සතු.

සාංඝිකදානය [쌍-기꺼다-너여] (불교) 보시.

සාංදෘෂ්ටික වාදය [쌍-드루쉬티꺼 와-더여] (철학) 실존주의.

සාංද්‍රාවක [쌍-드라-워꺼] 액화의, 액화된 සාන්ද්‍රාවක.

සාංවත්සරික [쌍-왇써리꺼] (매년) 기념의, 기일의 සංවත්සරය පිළිබඳ.

සාංවත්සරිකෝත්සවය [쌍-왇써리꼳-써워여] 매년 기념, 매년 기념일 වාර්ෂික උත්සවය.

සාකච්ඡා කරනවා‡ [싸-깢차-꺼러너와-] 토론하다, 토의하다 වාදවිවාද කරනවා.

සාකච්ඡාව‡ [싸-깢차-워] 토론, 토의, 회의 සම්මන්ත්‍රණය.

සාකල්‍ය [싸-껄리여] 모든, 전부의, 전체의 සියලු.

සාකල්‍යයෙන් [싸-껄리여옌] 전부, 모두, 전체적으로 සියලු ආකාරයෙන්.

සාකල්‍යවාදය [싸-껄리여와-더여] (철학, 심리학) 전일론.

සාක්කි [싹-끼] ①증거들, 증언들, 간증들 ②증언하는, 증거의 සාක්ෂි.

සාක්කිකරුවා/සාක්කිකාරයා [싹-끼꺼루와-/싹-끼까-러야-] 증인 සාක්ෂිකරුවා.

සාක්කිකාරයා [싹-끼까-러야-] 증인 සාක්ෂිකරුවා.

සාක්කි කූඩුව [싹-끼 꾸-두워] 증인석, 증언대.

සාක්කිය [싹-끼여] 증거, 증언, 간증 සාක්ෂිය.

සාක්කුව‡ [싹-꾸워] (바지) 주머니 පොකැට්ටුව.

සාක්ෂර [싹-셔러] 식자의, 읽고 쓸 수 있는, 학식 있는.

සාක්ෂරතාව† [싹-셔러따-워] 식자, 읽고 쓰는 능력.

සාක්ෂාත් කරනවා [싹-샫- 꺼러너와-] 경험하다, 체험하다. (구어) අත්දකිනවා

සාක්ෂි† [싹-쉬] සාක්ෂිය 의 복수 또는 형용사: ①증거들, 증언들, 간증들 ②증언하는, 증거의 සාක්කි. ¶ සාක්ෂි දරනවා 증언하다

සාක්ෂි ආඥාපනත [싹-쉬 아-끄냐-빠너떠] 증언 법, 증언 법령.

සාක්ෂිකරුවා/සාක්ෂිකාරයා [싹-쉬꺼루와-/싹-쉬까-러야-] 증인 සාක්කිකරුවා.

සාක්ෂිකාරයා† [싹-쉬까-러야-] 증인 සාක්කිකරුවා.

සාක්ෂි දරනවා† [싹-쉬 다러너와-] 증언하다, 간증하다 සාක්කි දරනවා.

සාක්ෂිය‡ [싹-쉬여] 증거, 증언, 간증 සාක්කිය. ¶ හෘදය සාක්ෂිය 양심

සාඛා [싸-까-] ①가지들, 지점들 ②가지의, 지점의 ශාඛා.

සාගත [싸-거떠] සාගතය 의 복수 또는 형용사: ①기근, 기아, 굶주림 දුර්භික්ෂ ②기근의, 기아의, 굶주리는. (구어) බඩගිනි

සාගතය‡ [싸-거떠여] 기근, 기아, 굶주림 දුර්භික්ෂය. (구어) බඩගින්න

සාගර† [싸-거러] සාගරය 의 복수 또는 형용사: ①대양, 바다, 해양 ②대양의, 해양의, 바다의 සාගරික.

සාගර ධ්වනිය [싸-거러 드워니여] 대양의 소리.

සාගර පතුල† [싸-거러 빠뚤러] 해저 සාගරික පත්ල.

සාගරය‡ [싸-거러여] 대양, 해양 සයුර. ¶ ශාන්තිකර සාගරය 태평양 අත්ලාන්තික් සාගරය 대서양 ඉන්දියානු සාගරය 인도양

සාගර විද්‍යාව [싸-거러 윋디야-워] 해양학.

සාගරික† [싸-거리꺼] 대양의, 해양의 සාගර.

සාගහනවා [싸-가하너와-] 결과를 주다, 보상을 하다 පටිසන් දෙනවා.

සාගිනි [싸-기니] සාගින්න 의 복수 또는 형용사: ①굶주림, 배고픔, 기아 ②배고픈, 굶주린 කුසගිනි.

සාගින්දර [싸-긴더러] 배고픔, 굶주림, 기아 සාගින්න. (구어) බඩගින්න

සාගින්න† [싸-긴너] 배고픔, 기아 සහගින්න. (복) සාගිනි (구어) බඩගින්න

සාඞ්ඝික [쌍-기꺼] 승려의, 승려 것의 සාංඝික.

සාඟිලි [쌍-길리] 손가락 6개(의) ඇඟිලි සය.

සාජ්ජය [쌎-저여] 노래 마당, 콘서트 සංගීත සාදය.

සාටකය [싸-터꺼여] 천, 옷 සළුව.

සාටෝපය [싸-토-뻐여] 교만, 오만 ආටෝපය.

ස

සාධෙය්‍ය [싸-테이여] 속이는, 사기치는 රවටන.

සාඩම්බර [싸-담버러] 교만한, 오만한 අහංකාර. (구어) උඩඟු

සාඩිස්මය [싸-디쓰머여] 사디즘, 가학성 변태 성욕 පරපීඩා කාමුකත්වය.

සාණ [싸-너] 삼(의), 대마(의) හාණ.

සාත [싸-떠] 기쁜, 즐거운 සතුටු.

සාතිශය [싸-띠셔여] 아주 많은, 막대한, 광대한, 거대한 අතිශය.

සාත්තු කරනවා‡ [쌑-뚜 꺼러너와-] 병간호하다, 돌보다, 간호하다 ඇප උපස්ථාන කරනවා.

සාත්තුකාරයා† [쌑-뚜까-러야-] 간병인, 시중 드는 사람.

සාත්තු නායකයා [쌑-뚜 나-여꺼야-] (사막의) 대상(隊商)의 우두머리.

සාත්තු නිවාසය‡ [쌑-뚜 니와-써여] (노인, 병자의) 요양소.

සාත්තුව [쌑-뚜워] ①간호, 병간호 රෝගී උවටැන ②(사막의) 대상(隊商). ¶ දැඩි සාත්තු ඒකකය 중환자실, 집중치료실 සාත්තු සේවිකාව (여자) 간병인

සාත්තුසප්පායම [쌑-뚜쌒빠-여머] 봉사와 돌봄.

සාත්තු සේවිකාව [쌑-뚜 쎄-위까-워] 간호사 හෙදිය.

සාත්වික [쌑-위꺼] 자연의, 천연의.

සාද [싸-더] සාදය 의 복수 또는 형용사: ①잔치들, 파티들, 연회들 ②잔치의, 연회의.

සාදනවා‡ [싸-더너와-] සෑදුවා-සාදා 만들다, 생산하다, 제작하다 සදනවා. <u>සෑදීම</u> (구어) හදනවා

සාදය† [싸-더여] 잔치, 파티, 연회 උත්සවය.

සාදර [싸-더러] 사랑하는 ප්‍රේමවන්ත. (구어) ආදර

සාදරය† [싸-더러여] 사랑, 애정 ප්‍රේමය. (구어) ආදරය

සාදසාමීචිය [싸-더싸-미-치여] 친근한 대화.

සාදා දෙනවා [싸-다- 데너와-] 만들어 주다 හදලා දෙනවා.

සාදික්කා† [싸-딖까-] (식물) 육두구(열매).

සාදිලිංගම් [싸-딜링감] (안료) 주홍, 진사.

සාදු [싸-두] 좋은, 훌륭한, 뛰어난 යහපත්.

සාදු‡ [싸-두] 사제, 제사장: 승려, 힌두사제 등 සාධුවරයා.

සාදුක [싸-두꺼] 배고픈, 굶주린 කුසගින්න.

සාදුකාරය [싸-두까-러여] 기쁨의 외침(함성).

සාදෘශ [싸드루쉬여] 유사한, 비슷한, 닮은 සමානුපාතික.

සාදෘශ්‍යය [싸드루쉬여여] 유사, 비슷함, 닮음 උපමිතිය.

සාධක [싸-더꺼] ①요소들, 요인들, 원인들 ②원인이 되는, 요소가 되는 සාධනීය.

සාධකය [싸-더꺼여] 요소, 요인 හේතුව.

සාධක සොයනවා [싸-더꺼 쏘여너와-] 요소(원인)를 찾다.

සාධන [싸-더너] ①활동적인, 움직이는 ②유발하는, 일으키는 සිද්ධ කරන ③증명하는 ඔප්පු කිරන.

සාධන පත්‍රය [싸-더너 빠뜨러여] 증서, 권리증 ඔප්පුව.

ස

සාධනය [싸-더너여] ①유발, 일으킴 සිද්ධ කිරීම ②활동, 움직인, 작동 කාරකය ③증명, 입증 ඔප්පු කිරීම.

සාධනවා [싸-더너와-] 증명하다, 입증하다 ඔප්පු කරනවා.

සාධනීය [싸-더니-여] 증명할 수 있는, 입증할 수 있는 ඔප්පු කළ හැකි.

සාධර්මික [싸-다르미꺼] 정통파의, 정교 (正教)를 받드는, (기독교) 정교회의.

සාධර්මිකතාව [싸-다르미꺼따-워] 정통, 정통함, 정교를 따름 සම්‍යක්දෘෂ්ටිය.

සාධාරණ‡ [싸-다-러너] ①공정한, 정의로운 යුක්තිය සහගත ②공공의, 공중의 පොදු.

සාධාරණත්වය† [싸-다-러낟워여] ①공정, 정의 යුක්තිය ②공공, 공중.

සාධු [싸-두] 좋은, 선한, 존경할만한 හොඳ, යහපත්.

සාධු† [싸-두] 사제, 제사장: 승려, 힌두사제 සාදු.

සාධු ජනයා [싸-두 자너야-] 좋은 사람들.

සාධුවරයා [싸-두워러야-] 사제, 제사장 පූජකයා.

සාධ්‍ය [싿-디여] ①고칠 수 있는, 치유할 수 있는 ②증명할 수 있는, 도달할 수 있는 සිදු කළ හැකි.

සාධ්‍යතාවාදය [싿-디여따-와-더여] (철학) 목적론, 목적 원인론.

සාධ්‍යය [싿-디여여] ①고칠 수 있음, 치유할 수 있음 ②증명, 이를 수 있음.

සානවා [싸-너와-] (쟁기로) 갈다, 갈아 일구다, 쟁기로 갈아 젖히다 සී සෑම කරනවා. (구어) හානවා

සානිකාව [싸-니까-워] (해부학) 공동(空洞), 두 කුහරය.

සානුකම්පාව [싸-누깜빠-워] 동정, 연민, 감정이입 අනුකම්පා සහගත බව.

සානුකම්පක/සානුකම්පික [싸-누깜뻐꺼/싸-누깜삐꺼] 긍휼이 많은, 동정심이 많은.

සානුව† [싸-누워] ①고원, 대지 උස් සමභූමිය ②얼굴, 면상 මුහුණ.

සාන්ත [싼-떠] ①고요한, 조용한, 잔잔한 නිශ්චල ②만족한 සතුටු ③온화한, 온유한, 부드러운 මෘදු.

සාන්තදන්ත [싼-떠단-떠] 잔잔하고 평온한 සන්සුන්.

සාන්තුවරයා [싼-뚜워러야-] 성자, 성인 ශුද්ධවන්තයා.

සාන්තිපුර [싼-띠뿌러] 열반, 극락 මොක්පුර.

සාන්තිය [싼-띠여] 복, 축복 ආශිර්වාදය.

සාන්දෘෂ්ටික [싼-드루쉬티꺼] 실제의, 실존의 මෙලොව දීම සිදුවන.

සාන්දෘෂ්ටික වාදය [싼-드루쉬티꺼 와-더여] 실존주의 භවසත්තා වාදය.

සාන්ද්‍ර [싼-드러] 농축된, 응집된 උකු.

සාන්ද්‍රණය [싼-드러너여] 농축, 응집 සාන්ද්‍රතාව.

සාන්ද්‍රතාව [싼-드러따-워] 농축, 응집 උකු ගතිය.

සාන්ද්‍රාවක [싼-드라-워꺼] 액화의, 액화된 සාංද්‍රාවක.

සාප කරනවා† [싸-빠 꺼러너와-] 저주하다 ශාප කරනවා.

සාපය† [싸-뻐여] 저주 ශාපය.

සාපරාධ/සාපරාධී [싸-빠라-더/싸-빠라-디-] 범죄의, 죄있는, 죄지은 අපරාධ.

සාපලත් [싸-뻘랃] 저주받은 ශාපය ලද.

සාපවස/සාපිපාසය [싸-빠워써/싸-삐빠-써여] 굶주림과 목마름, 기아와 갈증 සා පිපාසය.

සාපේක්ෂ† [싸-뻭-셔] ①기대하는, 희망하는 ආපේක්ෂා සහිත ②비교상의, 상대적인 සන්සන්දනාත්මක.

සාපේක්ෂතාවාදය [싸-뻭-셔따-와-더여] (물리학) 상대성 이론.

සාප්පු ඇඳුම් [쌉-뿌 앤둠] 기성복.

සාප්පු මල්ල [쌉-뿌 말러] 쇼핑백.

සාප්පුව‡ [쌉-뿌워] 가게, 상점 කඩය.

සාප්පුකාරයා [쌉-뿌까-러야-] 가게 주인.

සාඵල්‍යය [싸-뻘리여여] ①번영, 번성 සඵලත්වය ②생식력, 가임성.

සාම [싸-머] 평화로운, 평온스러운 සාමකාමී.

සාමකාමී‡ [싸-머까-미-] 평화로운, 평온스러운 සාම.

සාමග්‍රිතාව [싸-머그리따-워] 연합, 화합, 일치 සමගිය.

සාමග්‍රිය [싸-머그리여] 연합, 화합, 일치 සමගිය.

සාමණේර [싸-만녀] 승려의 භික්ෂු.

සාමණේර [싸-머네-러] 수련승, 신참 승려 නවක භික්ෂුව.

සාමඩුල්ල [싸-먼둘러] 잎의 무성함, 군엽 (群葉).

සාමත [싸-머떠] 기아, 배고픔 බඩගින්න.

සාමදානය† [싸-머다-너여] 평화, 평강, 화평 සමාදානය.

සාමන්ත [싸-만떠] 이웃의, 인접해 있는, 가까운 ආසන්න.

සාම මණ්ඩලය [싸-머 만덜러여] 평화 위원회.

සාමය‡ [싸-머여] 평화, 평강, 화평 ශාන්තිය.

සාමයික [싸-머이꺼] 종교적인, 종교의 ආගමික.

සාමාර්ථ්‍යය [싸-마-릍띠여여] 성공 සාර්ථකත්වය.

සාමාග්‍රිය [싸-마-그리여] 연합, 일치 එකමුතුකම.

සාමාජික‡ [싸-마-지꺼] ①සමාජය 의 형용사: 사회의, 공동체의 සමාජීය ②회원, 멤버, 공동체의 일원 සාමාජිකයා.

සාමාජිකත්වය‡ [싸-마-지깥워여] 회원권, 멤버쉽.

සාමාජික මුදල [싸-마-지꺼 무덜러] 회원비, 멤버쉽 비용.

සාමාජිකයා‡ [싸-마-지꺼야-] 회원, 멤버, 공동체 일원 සමිතියක කොටස්කරු.

සාමාන්‍ය‡ [싸-만-니여] 일반적인, 보통의 කාටත් පොදු.

සාමාන්‍යකරණය [싸-만-니여까러너여] 일반화, 보편화 පොදුබවට පත් කිරීම.

සාමාන්‍ය ගණන [싸-만-니여 가너너] 평균 මධ්‍ය ප්‍රමාණය.

සාමාන්‍ය ඥානය [싸-만-니여 냐-너여] 상식, 일반 지식 සාමාන්‍ය දැනීම.

සාමාන්‍ය භාගය [싸-만-니여 바-거여] (수학) 분수.

සාමාන්‍යය [싸-만-니여여] 평균, 보통.

සාමාන්‍යාධිකාරී‡ [싸-만-니야-디까-리/-] 총 지배인.

සාමි [싸-미] 주인의, 주인님의 ස්වාමි වූ.

සාමි [싸-미] ①힌두교 사제 කපුවා ②주인, 주인님 ස්වාමින් වහන්සේ ③남편 ස්වාමි පුරුෂයා ④제물 පූජ්‍ය වස්තුව ⑤반, 반절 අර්ධය ⑥관계 සම්බන්ධය.

සාමි මන්ත්‍රී මණ්ඩලය [싸-미 만뜨리- 만덜러여] (영국에서) 상원, 상원 의사당.

සාමීචිය [싸-미-치여] 대화, 일상회화, 일상적인 말 පිළිසඳර. (구어) කතාබහ

සාමීප්‍ය [싸-밒-삐여] 가까운, 근처의, 이웃의 සමීප.

සාමීප්‍යය [싸-밒-삐여여] 가까움, 근처 සමීපය.

සාමුද්‍රික [싸-무드리꺼] ①바다의, 해양의 සමුද්‍රයට අදාළ ②손금 보는.

සාමුද්‍රිකා/සාමුද්‍රිකා ශාස්ත්‍රය [싸-무드리까-/싸-무드리까- 샤-쓰뜨러여] 손금 보기, 수상술.

සාමුවා [싸-무와-] 원숭이 රිළවා.

සාමුවෙල් [싸-무웰] (성경) 사무엘기서, 사무엘.

සාමූහික [싸-무-히꺼] සමූහය의 형용사: 무리의, 집단의, 그룹의 සමූහ වශයෙන්.

සාමූහිකවාදය [싸-무-히꺼와-더여] 집산(集産)주의 (토지, 생산 수단 등을 국가가 관리함).

සාම්පලය [쌈-뻘러여] 샘플, 견본품.

සාම්ප්‍රදායික [쌈-쁘러다-이꺼] 전통적인 සම්ප්‍රදායික.

සාම්බ්‍රානි [쌈-브라-니] 향, 향연기 කට්ට කුමංචල්.

සාම්‍යය [쌈-미여여] 동등, 동격, 동위 සමානත්වය.

සාය† [싸-여] ①기근, 굶주림, 기아 සාගතය, සාතින්න ②페티코드 (스커트 속에 입는), 스커트.

සායන [싸-여너] 진료소의, 진료하는.

සායනය‡ [싸-여너여] 클리닉, 진료소.

සායම† [싸-여머] ①염색 ②색깔 ③그림. (복) *සායම්*

සායම් පොවනවා‡ [싸-얌 뽀워너와-] 염색하다 සායම් කරනවා.

සායම් යනවා [싸-얌 야너와-] ①빛이 바라다 ②부끄러워하다.

සාර† [싸-러] ①비옥한, 소출이 많은 සරු ②힘센 ශක්තිමත් ③뛰어난 උතුම්. ¶ නිස්සාර 비옥하지 않은, 약한, 뛰어나지 않은

සාරගර්භ [싸-러가르버] 의미심장한, 뜻있는 හරවත්.

සාරත්වය [싸-랕워여] 비옥, 풍요, 다산 සශ්‍රීකත්වය.

සාරථි [싸-러띠] 운전사(의) රියදුරා.

සාරද [싸-러더] ①가을에 여무는, 풍성한 සාරය දෙන ②용감한, 겂이 없는 නිර්භය.

සාරධර්මය [싸-러다르머여] 윤리, 윤리학 ගුණධර්මය.

සාරනවා† [싸-러너와-] සෑරුවා-සාරා 파다, 굴착하다. සෑරීම (구어) හාරනවා

සාරම්භය [싸-람버여] 시작, 처음 ආරම්භය.

සාරය‡ [싸-러여] ①핵심, 본질 ②수액, 즙, 액 යොදේ.

සාරවත්† [싸-러왇] 비옥한, 풍성한 සරු, සශ්‍රීක.
සාරසංග්‍රහය [싸-러쌍그러하여] 개요, 개략, 요약, 개론 සාරාංශය.
සාරසංග්‍රහ වාදය [싸-러쌍그러하 와-더여] 절충학파, 절충주의.
සාරසකාමී [싸-러써까-미-] 담수에 사는, 담수의 මිරිදියෙහි වාසය කරන.
සාරස විද්‍යාව [싸-러써 윋디야-워] 육수학 (陸水學), 호소학.
සාරසියය [싸-러씨여여] 400, 사백. (구어) හාරසීය
සාරාංශ කරනවා‡ [싸-랑-셔 꺼러너와-] 요약하다, 써머리 하다 සංක්ෂිප්තය කරනවා.
සාරාංශය‡ [싸-랑-셔여] 요약, 써머리 සංක්ෂිප්තය.
සාරාණීය [싸-라-니-여] 매력적인, 매혹적인 සිත අලවන.
සාරානුකූල [싸-라-누꿀-러] ①실질적인, 실제상의 ②내용이 풍부한, 실속있는, 견실한 සාරයක් ඇති.
සාරාමාරුව [싸-라-마-루워] (왕이 선사한) 임시 영지.
සාරිගෙවල් [싸-리게왈] (군대) 초소, 위병소.
සාරිය‡ [싸-리여] (스리랑카 전통 여자 옷) 사리.
සාරුප්ප [싸-룹빠] 알맞은, 적절한, 적당한 යෝග්‍ය.
සාරුප්‍ය [싸-룹삐여] 알맞은, 적절한, 적당한 යෝග්‍ය.
සාරුව [싸-루워] 수액(樹液), (식물의) 액즙, 쥬스 සැරව.
සාරේ [싸-레-] (상처) 고름 සැරව. (구어) හැරව
සාර්ථ [싸-르떠] 의미심장한, 뜻 있는 අර්ථ සහිත.
සාර්ථක‡ [싸-르떠꺼] 성공한, 좋은 결과의, 잘된 ඵලදායක, සඵල.
සාර්ථක වෙනවා [싸-르떠꺼 웨너와-] 성공하다, 잘되다, 성공적으로 되다 ඵලදායක වෙනවා.
සාර්ථය [싸-르떠여] (사막의) 대상(隊商).
සාර්ද්‍ර [싸-르드러] 축축한, 습기찬 අර්ද්‍රය සහිත.
සාර්ද්‍ර [싸-르드러] ①축축함, 습기 තෙතමනය ②맛 රසය ③눈물 කඳුල.
සාර්ව-ආර්ථික විද්‍යාව [싸-르워 아-르띠꺼 윋디야-워] 거시경제학.
සාර්වත්‍ර [싸-르와뜨러] 어디에나 있는, 아주 흔한හැම තැන පැතිරි.
සාර්වත්‍රික [싸-르와뜨리꺼] 어디에나 있는, 아주 흔한හැම තැන පැතිරි.
සාර්වභෞම [싸-르워바우머] 세계주의의.
සාල [쌀-러] ①거실(의) ②사라수 (건축재).
සාලමොන්ගේ ගීතිකාව [쌀-러몬게- 기-띠까-워] (성경) 아가서.
සාලය‡ [쌀-러여] 거실 විසිත්ත කාමරය.
සාලයා [쌀-러야-] 갈치.
සාලාව [쌀-라-워] 회관, 홀 ශාලාව.
සාලි [쌀-리] ①벼 ඇල් වී ②나무 조각 පතුර ③천 짜는 사람 පෙහෙරා.
සාලු [쌀-루] 친구의, 친한 මිත්‍ර.
සාලුව† [쌀-루워] ①수건, 타올 තුවාය ②숄, 어깨 걸치개.

ස

සාලෝහිතත්වය [쌀-로-히땃워여] 혈족 관계.

සාලෝහිතයා [쌀-로-히떠야-] 친척, 친족 ලේ නෑයා.

සාල්† [쌀-] 쌀 සහල්. (구어) හාල්

සාල් ගරනවා [쌀- 가러너와-] 쌀을 고르다, 쌀에서 돌을 가려 내다.

සාල් පානු [쌀- 빠-누] 쌀뜨물.

සාල්ල [쌀-러] ①선반, 시렁 රාක්කය ②서랍 රජ්ජුව ③바구니, 바스켓 කූඩය.

සාවද්‍ය† [싸-왇디여] සාවද්‍යය의 복수 또는 형용사: ①잘못들, 거짓들, 허위들 ② 잘못된, 틀린, 거짓의, 허위의 සාවජ්.

සාවද්‍ය කල්පනාව [싸-왇디여 깔빠나-워] 잘못된 생각, 거짓된 생각 වැරදි අදහස.

සාවද්‍ය චේතනාව [싸-왇디여 체-떠나-워] 잘못된 동기, 그릇된 의도 වැරදි කිරීමේ සිත.

සාවද්‍යතාව [싸-왇디여따-워] 잘못됨, 틀림, 거짓됨 වැරදි බව.

සාවද්‍යය [싸-왇디여여] ①잘못, 틀림, 거짓, 허위 වැරැද්ද ②죄 පාපය.

සාවධාන [싸-워다-너] 주의 깊은, 세심한, 마음을 쓰는 බලාගන්න.

සාවධානය [싸-워다-너여] 관심, 주의, 집중 හිත යොමුකිරීම. (구어) අවධානය

සාවධානව [싸-워다-너워] 주의 깊게, 집중하여, 마음에 주어 සන්සුන්ව.

සාවරය [싸-워러여] 액, 즙 ඉස්ම.

සාවශේෂ [싸-워쉐-셔] ①미완성의, 남은 ඉතිරියක් සහිත ② 일부의 ඒකදේශික.

සාවා [싸-와-] 토끼. (구어) හාවා

සාවාලයා [싸-왈-러야-] 납작하고 가는 길쭉한 물고기.

සාවිකාව [싸-위까-워] 산파, 조산사 වින්නඹුව.

සාවිය [싸-위여] ①지역, 장소 හරිය ②크기, 정도 ප්‍රමාණය.

සාවුරුදු [싸-우루두] 6년(의) අවුරුදු සය.

සාසනය [싸-써너여] ①불교 බුද්ධ ශාසනය ②계율, 계명, 명령 නියෝගය.

සාසනාවචර [싸-써나-워처러] 불교에 헌신된.

සාස්තරය [싸-쓰떠러여] 점, 예언 පලාපල කීම.

සාස්පාන‡ [싸-쓰빠-너] (손잡이, 뚜껑이 달린) 스튜냄비 වළඳ.

සාහචර්යවාදය [싸-하차르여와-더여] 관념 연합설.

සාහනවා [싸-하너와-] 깨끗이 하다, 맑게 하다 පිරිසිදු කරනවා.

සාහස/සාහසය [싸-하써/싸-하써여] ①폭력, 난폭, 폭행 ②악한, 나쁜 සැහැසි ③빠른, 급행의, 서두는 ශීඝ්‍ර.

සාහසික† [싸-하씨꺼] 잔인한, 사나운, 모진 සැහැසි.

සාහසිකයා† [싸-하씨꺼야-] 깡패, 폭력배, 잔인한 사람, 악인 ප්‍රචණ්ඩ පුද්ගලයා. (구어) චණ්ඩියා

සාහිත්‍යධරයා [싸-힡띠여더러야-] 학자, 교육받은 사람 උගතා.

සාහිත්‍යමය† [싸-힡띠여머여] 문학의, 문예의, 문필의, 문서의.

සාහිත්‍යය‡ [싸-힡띠여여] ①문학, 문서, 문헌 රචනා ②결합, 연합 සහිත බව ③협회, 회, 조합 සංගමය.

ස

සාලිස් [쌀-리쓰] 40(의), 사십(의) සතලිස්. (구어) හතලිස්

සාළුකරපටිය [쌀-루꺼러빠티여] (목부터 앞여밈 부분까지) 한 가닥으로 말린 옷깃.

සාළුව† [쌀-루워] ①수건, 타올 තුවාය ②숄, 어깨 걸치개.

සැංගෙනවා† [쌩게너와-] සැංගුණා-සැංගී 숨겨지다, 숨기우다 සැඟවෙනවා. සැංගීම/සැඟුම (구어) හැංගෙනවා

සැක† [쌔꺼] සැකය 의 복수 또는 형용사: ①의심들, 의혹들, 불신들 සංශක ②의심하는, 의혹의, 불신하는 සංශක සහිත.

සැක කරනවා‡ [쌔꺼 꺼러너와-] 의심하다, 불신하다 අනුමාන කරනවා.

සැකකරු/සැකකරුවා [쌔꺼꺼루/쌔꺼꺼루와-] 혐의자, 용의자.

සැක පිට [쌔꺼 삐터] 의심하여, ~ 혐의로.

සැකය‡ [쌔꺼여] 의심, 의혹, 불신 ශංකාව.

සැකවින් [쌔꺼윈] 짧게, 간략하게 සැකෙවින්.

සැකසීම† [쌔꺼씨-머] සකසනවා, සැකසෙනවා 의 동명사: 준비, 정리 සකස් කිරීම. ¶ උද්‍යාන සැකසීම 정원 가꾸기

සැකසෙනවා [쌔꺼쎄너와-] සැකසුණා-සැකසී 준비되다, 정리되다 සකස් වෙනවා. සැකසීම

සැකිලි පද්ධතිය [쌔낄리 빧더띠여] 해골 ඇටසැකිල්ල.

සැකිල්ල† [쌔낄러] ①해골 ඇටසැකිල්ල ②구조, 뼈대 ③사슬 දම්වැළ.

සැකෙවින්‡ [쌔께윈] 짧게, 간략하게 සැකවින්.

සැකෙව් [쌔께우] 짧은, 간략한, 간단한 කෙටි.

සැඟවීම [쌩거위-머] සඟවනවා, සැඟවෙනවා 의 동명사: 숨김, 은폐, 잠복 වසන් කිරීම. (구어) හැඟවීම

සැඟවුණු‡ [쌩거우누] සැඟවෙනවා 의 형용사적 과거용법: 숨겨진, 숨긴, 은폐된 අප්‍රකට.

සැඟවෙනවා† [쌩거웨너와-] සැඟවුණා-සැඟවී 가려지다, 은폐되다. සැඟවීම (구어) හැඟවෙනවා

සැට† [쌔터] 60, 육십. (구어) හැට

සැටලිම [쌔털리머] ①(건축) 덧문, 겉창: 건물 옆으로 나온 콘크리트 슬라브 ②거푸집널, (공사용) 판넬: 콘크리트 슬라브를 치기위해 사용하는 널판.

සැටි [쌔티] සැටිය 의 복수 또는 형용사: ①형태들, 형식들 ②형식의, 형태의 විධි. (구어) හැටි

සැටිය† [쌔티여] 형식, 형태 විධිය. (구어) හැටිය

සැට්ටය† [쌛터여] 웃옷, 자켓. (구어) හැට්ටය

සැඩ/සෑඩ† [쌔더/쌘더] 강한, 거친, 거센 රළු.

සැඩකිරණ [쌔더끼러너] 해, 태양 සූර්යයා. (구어) ඉර

සැඩකුණාටුව/සෑඩකුණාටුව [쌔더꾸나-투워/쌘더꾸나-투워] 허리케인, 폭풍 සැඩ නල.

සැඩ නල [쌔더 날러] 허리케인, 폭풍 සැඩකුණාටුව.

සැඩ පලු [쌔더 빨루] 한 타래 머리(의), 땋은 머리(의).

සැඩපලු ගෙතුණු [쌔더빨루 게뚜누] 머리를 땋은.

සැඩ පරුෂ [쌔더 빠루셔] 잔인한, 잔혹한, 무자비한.

සැඩ වතුර [쌔더 와뚜러] 급류 ජලෝඝය.

සැඩි කරනවා [쌔디 꺼러너와-] 쓰레기를 버리다.

සැඩිදැඩි [쌔디대디] 몹시 사나운, 맹렬한.

සැඩොල්/සැඬොල් [쌔돌/쌘돌] 불가촉 천민, 하층민 චණ්ඩාල.

සැණ [쌔너] සැණය 의 복수 또는 형용사: ①순간들, 때들 ②즉시의, 급한, 순간의.

සැණකෙළිය‡ [쌔너껠리여] 축제, 카니발, 페스티발 මේලාව.

සැණය [쌔너여] 순간, 즉각, 찰나, 때 ක්ෂණය.

සැණින්/සැණෙන්† [쌔닌/쌔넨] 즉시, 순간에, 바로, 재빠르게.

සැණෙකින් [쌔네낀] 즉시, 순간에, 바로, 재빠르게 වහාම.

සැඬ/සැඩ† [쌘더/쌔더] 거친, 거센, 강한 රළු.

සැඬකිරණ [쌘더끼러너] 해, 태양 සූර්යයා. (구어) ඉර

සැඬකුණාටුව [쌘더꾸나-투워] 허리케인, 폭풍 සැඩ නල.

සැඬොල් [쌘돌] 불가촉 천민, 하층민 චණ්ඩාල.

සැත [쌔떠] ①무기 ආයුධය ②검, 작은 칼 කපන ආයුධය ③파라솔, 우산 කුඩය.

සැතපීම/සැතපුම† [쌔떠삐-머/쌔떠뿌머] සතපනවා 의 동명사: 잠, 휴면, 휴식 නින්ද.

සැතපුම් කණුව† [쌔떠뿜 까누워] 마일 표시 기둥 (마일 거리를 알리는 표시).

සැතපෙනවා† [쌔떠뻬너와-] සැතපුණා-සැතපී 자다, 잠자다 නිඳනවා. සැතපීම (구어) නිදා ගන්නවා

සැතැප්ම [쌔땝머] 마일(mile) සැතපුම. (구어) හැතපුම

සැතිරිය [쌔띠리여] 여성 적, 원수 හැතිරිය. ¶ සතුරා (남자) 적, 원수

සැත්කටුව [쌛까투워] 메스, 수술용 칼.

සැත්කම‡ [쌛꺼머] 수술 ශල්‍ය-කර්මය. ¶ සිසේරියන් සැත්කම 제왕 절개 수술

සැත්තෑව [쌛때-워] 70, 일흔. (구어) හැත්තෑව

සැද [쌔더] ①갑옷 සන්නාහය ②안장 සෑදලය.

සැද කපොල්ල [쌔더 까뽈러] 산등선 모양.

සැදැහ [쌔대하] 헌신된, 믿음 좋은.

සැදැහැති [쌔대해띠] 독실한, 경건한, 신앙심이 깊은 ඇදහිලිවන්ත.

සැදැහැව [쌔대해워] 신앙, 믿음 ඇදහිල්ල. ¶ ශ්‍රද්ධාව (불교) 불심

සැදැහැවතා† [쌔대해워따-] 신자, 성도 ඇදහිලිවන්තයා. (복) සැදැහැවත්තු

සැදෑ [쌔대-] ①믿음, 헌신, 신앙 ඇදහිල්ල ②독실한, 경건한, 신앙심이 깊은 ඇදහිලිවන්ත.

සැදි/සැදී [쌔디/쌔디-] 만들어진, 형성된 සාදන ලද.

සැදී පැහැදී [쌔디- 빼해디-] ①열정적으로, 자진해서, 기꺼이 දැඩි කැමැත්තෙන් ②준비된, 마련된 සූදනම් වී.

සැදීම/සැදුම [쌔디-머/쌔두머] සදනවා 의 동명사: ①만듦 සෑදීම ②장식, 데코 සැරසීම.

සැදුණු [쌔두누] සැදෙනවා 의 형용사적 과거용법: ①만들어진, 형성된 ②장식된, 장식되어진.

සැදුම/සැදීම [쌔두머/쌔디-머] සදනවා 의 동명사: ①만듦 සෑදීම ②장식, 데코 සැරසීම.

සැදූ [쌔두-] සදනවා 의 형용사적 과거용법: ①만든 ②장식한 සෑදූ.

සැදෙනවා [쌔데너와-] සැදුණා-සැදී ①만들어지다, 지어지다, 장식되어 지다 ②성장하다, 발전하다. සැදීම/සැදුම (구어) හැදෙනවා

සැනසිලි [쌔너씰리] සැනසිල්ල 의 복수 또는 형용사: ①위로들, 위안들 ②위로의, 위안의. ¶ සැනසිලිකාරයා 위로자

සැනසිල්ල‡ [쌔너씰러] 위로, 위안 සැනසීම. (복) *සැනසිලි*

සැනසීම/සැනසුම‡ [쌔너씨-머/쌔너쑤머] සනසනවා, සැනසෙනවා 의 동명사: 돌봄, 위로, 위안 සැනසිල්ල.

සැනසෙනවා† [쌔너쎄너와-] සැනසුණා-සැනසී 위로 받다, 돌봄을 받다. සැනසීම/සැනසුම (구어) සැනහෙනවා

සැනහෙනවා [쌔너헤너와-] සැනසුණා-සැනසී 위로 받다, 위안을 받다. සැනසීම/සැනසුම (문어) සැනසෙනවා

සැනි [쌔니] (천문학) 토성 සෙනසුරා.

සැනින් [쌔닌] 즉시, 순간에, 바로, 재빠르게 සැණින්, සැණෙන්.

සැන්ද [쌘더] 숫가락. (복) *සැඳි* (구어) හැන්ද

සැන්දෑව‡ [쌘대-워] 저녁, 오후 සන්ධ්‍යාව. (구어) හැන්දෑව ¶ සුභ සැන්දෑවක් (저녁 인사) 안녕하세요?

සැඳහුම [쌘더후머] 언급, 논급, 참고, 참조.

සැඳෑ [쌘대-] 저녁의, 오후의 සන්ධ්‍යා. (구어) හැඳෑ

සැඳෑව [쌘대-워] 저녁, 오후 සන්ධ්‍යාව. (구어) හැඳෑව

සැඳි [쌘디] සැන්ද 의 복수: 숫가락들. (구어) හැඳි

සැප† [쌔뻐] සැපය 의 복수 또는 형용사: ①편안, 행복, 기쁨 ②편안한, 안락한, 좋은, 행복한. ¶ සැප සෙල්ලම 향락

සැපත† [쌔뻐떠] ①재산, 재물, 번영, 성공 සම්පත ②건강 සනීපය ③치유 සුවය ④도착, 도달 සම්ප්‍රාප්තිය.

සැපත් [쌔빧] 도착하는, 도달하는 පැමිණි.

සැපත් වෙනවා† [쌔빧 웨너와-] 도착하다, 오다, 도달하다.

සැපදායක [쌔뻐다-여꺼] 행복한, 기쁜 ප්‍රීතිමත්.

සැපදිල්ලා [쌔뻐딜라-] (식물) 사포딜라.

සැපදුක්‡ [쌔뻐둒] 삶 (기쁨과 슬픔). ¶ කොහොමද සැපදුක්? 어떻게 지내세요?

සැප පහසුකම්/සැප පහසුව [쌔뻐 빠하쑤깜/쌔뻐 빠하쑤워] ①(개인의) 안부, 형편 ②편안함과 쉼, 안식.

සැපබඩු [쌔뻐바두] 호화스러운 물건들, 사치스러운 물건들.

සැපය‡ [쌔뻐여] 편안, 행복, 기쁨 සුභ පහසුව. ¶ කම් සැප 성적 쾌락

සැපයීම/සැපයුම‡ [쌔뻐이-머/쌔뻐유머] සපයනවා 의 동명사: 공급, 채워 줌 සම්පාදනය.

සැපයුණු [쌔뻐유누] සැපයෙනවා 의 형용사적 과거용법: 공급된, 채워진.

සැපයෙනවා [쌔뻐예너와-] සැපයුණා-සැපයී සපයනවා 의 피동형: 공급되다, 채워지다.

සැපවිහරණය [쌔뻐위하러너여] 행복한 삶, 편안한 삶.

සැප සනීප‡ [쌔뻐 싸니-뻐] 건강, 건강함. ¶ සැප සනීප කොහොමද? 어찌 지내세요?

සැපසම්පත† [쌔뻐쌈뻐떠] 건강, 건강함.

සැපසේ [쌔뻐쎄-] 건강하게, 잘, 행복하게 සුවසේ.

සැපිනිය/සැපින්න [쌔삐니여/쌔삔너] සර්පයා 의 여성명사: 암컷 뱀. (구어) හැපිනිය/හැපින්න

සැපිනි ඇණය [쌔삐니 애너여] ①(벽면의) 플러그 ②벽면 걸이 නා දැත්ත.

සැපින්න/සැපිනිය [쌔삔너/쌔삐니여] සර්පයා 의 여성명사: 암컷 뱀. (구어) හැපින්න/හැපිනිය

සැපීම/සැපුම [쌔삐-머/쌔뿌머] සපනවා 의 동명사: 물음, 씹음. (구어) හැපීම

සැපූ [쌔뿌-] සපනවා 의 형용사적 과거용법: 씹은, 물은. (구어) හැපූ

සැපෙනවා [쌔뻬너와-] සැපුණා-සැපී 물리다, 씹히다. (구어) හැපෙනවා

සැප්තැම්බර්‡ [쌮땜버르] 9월, 구월.

සැබව/සැබෑව [쌔버워/쌔배워] 진실, 사실, 진짜 සත්‍යය.

සැබවින්/සැබෑවින් [쌔버윈/쌔배윈] 진실로, 진짜로 ඇත්ත වශයෙන්.

සැබෑව/සැබව [쌔배워/쌔버워] 진실, 사실, 진짜 සත්‍යය.

සැබෑවින්/සැබෑවින්ම [쌔배윈/쌔배윈머] 진실로, 진짜로 ඇත්ත වශයෙන්.

සැබෑ† [쌔배-] 사실의, 진짜의, 진실한 සත්‍ය. (구어) ඇත්ත

සැබෑ පිටපත [쌔배- 삐터뻐떠] 진정한 복사.

සැබෑව† [쌔배-워] 진실, 진리, 사실 සත්‍යය.

සැබි [쌔비] 예의 바른, 예법에 의거한, 도덕에 걸맞은, 점잖은, 품위있는 සභ්‍ය.

සැම‡ [쌔머] ①모든, 전체의 සියලු ②모든 것, 전체 සියල්ල (구어) ඔක්කොම. ¶ සැම 뒤에 단수명사가, සියලු 뒤에는 복수 명사가 나와야 한다 සැම පොත, සයලු පොත්.

සැමදා‡ [쌔머다-] 매일, 날마다 දිනපතා. (구어) හැමදා

සැමරීම/සැමරුම† [쌔머리-머/쌔머루머] සමරනවා 의 동명사: 축하, 기념 සිහිපත් කිරීම.

සැමිටිය [쌔미티여] 채찍, 채찍질 කසපහර.

සැමියා‡ [쌔미야-] 남편 ස්වාමි පුරුෂයා.

සැමෝම [쌔모-머] 모든 사람, 모두 සියල්ලන්. (구어) හැමෝම

සැඹිලිය [쌤빌리여] 지갑 පසුම්බිය.

සැර‡ [쌔러] ①매운 ②뜨거운 උෂ්ණ ③거친, 모진, 가혹한 ගොරෝසු ④엄한, 강경한 තද.

සැර [쌔러] සැරය 의 복수 또는 형용사: ①빠른 ②순번들, 차례들 වතාව.

සැර කරනවා [쌔러 꺼러너와-] ①강하게 날카롭게 만들다 ②꾸짖다, 나무라다.

ස

සැරද [쌔러더] 기원하는 말: 만세!, 오래사세요 සැරදේ.

සැර දමනවා [쌔러 다머너와-] ①방귀 뀌다 සැර දානවා ②꾸짖다, 나무라다.

සැර දනවා [쌔러 다-너와-] ①방귀 뀌다 සැර දමනවා ②꾸짖다, 나무라다.

සැරදේ [쌔러데-] 기원하는 말: 만세!, 오래사세요 ආසිරි වේවා.

සැරපරුෂ [쌔러뻐루셔] 거칠고 잔인한.

සැරපහර [쌔러빠하러] 강타, 강한 타격.

සැරමිටිය/සැරයටිය† [쌔러미티여/쌔러여티여] 지팡이. (구어) හැරයටිය

සැරය‡ [쌔러여] ①속도, 속력 වේගය ②시간, 때 කාලය ③정맥(혈관) ලේනළය ④화살 ඊතලය ⑤순번, 차례 වතාව. ¶ විදුලි සැරය 번개

සැරයටිය† [쌔러여티여] 지팡이. (구어) හැරයටිය

සැරයන්† [쌔러얀] 경사(警査) (미국은 captain 또는 lieutenant와 patrolman 의 중간, 영국은 inspector와 constable 의 중간).

සැරව‡ [쌔러워] (상처에서 나오는) 고름 සාරය. (구어) හැරව

සැරව ගෙඩිය‡ [쌔러워 게디여] 종기, 농양.

සැරවැර කරනවා [쌔러왜러 꺼러너와-] 책망하다, 나무라다, 견책하다 තරවටු කරනවා.

සැර වෙනවා [쌔러 웨너와-] ①거칠어 지다, 가혹해지다, 엄해지다, 화나다 ②뜨거워지다.

සැරසිලි† [쌔러씰리] සැරසිල්ල 의 복수 또는 형용사: ①장식들, 장식품들 ②장식의, 치장의, 꾸미는 අලංකරණ.

සැරසිලි කරනවා† [쌔러씰리 꺼러너와-] 장식하다, 꾸미다, 치장하다 සරසනවා.

සැරසිල්ල† [쌔러씰러] 장식, 꾸밈, 장식품 අලංකරණය. (복) සැරසිලි

සැරසීම/සැරසුම [쌔러씨-머/쌔러쑤머] සරසනවා, සැරසෙනවා 의 동명사: 장식, 꾸밈 සැරසිල්ල.

සැරසූ [쌔러쑤-] 장식된, 치장된, 꾸며진 සැරහූ.

සැරසෙනවා [쌔러쎄너와-] සැරසුණා-සැරසී ①꾸며지다, 장식되다 අලංකාර වෙනවා ②준비되다, 채비되다 ලෑස්ති වෙනවා. <u>සැරසීම/සැරසුම</u>

සැරහූ [쌔러후-] 장식된, 치장된, 꾸며진 සැරසූ.

සැරිය† [쌔리여] 여행, 트립, 소풍 චාරිකාව.

සැරිසරනවා‡ [쌔리싸러너와-] සැරිසැරුවා-සැරිසරා 여기저기 가다, 다니다, 걸어 다니다 ඔබ මොබ යනවා. <u>සැරිසැරීම</u>

සැරෙන් [쌔렌] 강하게, 세게 තදින්.

සැරෙන් සැරේ [쌔렌 쌔레-] 때때로, 간간히 විටින් විට.

සැරේ [쌔레-] 순번, 차례, 기회 වතාව.

සැල† [쌜러] ①홀, 회관 ශාලාව ②알림, 보고 දැන්වීම ③돌 ගල ④늦음, 지체 ප්‍රමාදය ⑤진동, 동요 චළිලය ⑥단지, 항아리 හැලිය.

සැල [쌜러] ①유명한, 잘 알려진 ප්‍රසිද්ධ ②움직일 수 있는, 이동성의 ③간사한, 교활한.

සැල කරනවා [쌜러 꺼러너와-] 알리다, 전하다, 보고하다 දන්වනවා.

සැලකිය යුතු‡ [쌜러끼여 유뚜] 고려해야 하는, 고려하는, 숙고하는, 중요한 වැදගත්.

සැලකිලිමත්† [쌜러낄리맏] 관심을 가지는, 관심있는, 돌보는 කල්පනාකාරී.

සැලකිලිමත් වෙනවා‡ [쌜러낄리맏 웨너와-] 관심을 가지다, 돌보다.

සැලකිල්ල† [쌜러낄러] 관심, 주의 집중, 돌봄 සැලකීම.

සැලකීම† [쌜러끼-머] සලකනවා 의 동명사: 관심, 주의 집중, 돌봄 සැලකිල්ල.

සැලසීම/සැලසුම [쌜러씨-머/쌜러쑤머] සලසනවා, සැලසෙනවා 의 동명사: 계획, 플랜, 안, 만듦.

සැලසුම්කරු† [쌜러쑴꺼루] 계획자, 입안자 සැලසුම් සාදන්නා.

සැලළිහිණියා [쌜럴리히니야-] (새) 찌르레기.

සැලසෙනවා [쌜러쎄너와-] සැලසුණා-සැලසී 야기되다, 일으켜지다, 이루어지다. සැලසීම/සැලසුම

සැලැස්ම‡ [쌜래쓰머] 계획, 플랜, 안 සැලසුම.

සැලි [쌜리] ①폭포 දිය ඇල්ල ②돌 조각 ගල් කැබැල්ල.

සැලීම/සැලුම [쌜리-머/쌜루머] ①සලනවා 의 동명사: a. 흔듦, 뒤흔듦 b. 체질, 거름 c. 버림, 비움 ②සැලෙනවා 의 동명사: 흔들림, 떨림.

සැලෙනවා† [쌜레너와-] සැලුණා-සැලී 흔들리다, 움직여지다, 떨다, 퍼덕거리다 සෙලවෙනවා. සැලීම/සැලුම (구어) හෙල්ලෙනවා

සැල් [쌜] සැල 의 복수 또는 형용사: ①회관들, 홀들 ශාලා ②알림, 공지 ③가벼운, 무겁지 않은 සැහැල්ලු.

සැල්දිරි [쌜디리] (식물) 셀러리.

සැව [쌔워] ①(뱀의) 허물, 피부 හම ②벗겨져, 허물벗어 චුත වී.

සැවය [쌔워여] 피부 හම.

සැවැන්දරා [쌔왠더라-] (식물) 쇠풀속 සුවඳ හොට.

සැවැන්න [쌔왠너] (식물) 쇠풀속 සැවැන්දරා.

සැවු [쌔우] ①활 දුන්න ②꿀벌 මී මැස්සා ③없어짐, 사라짐 චුතිය.

සැවුදිය [쌔우디여] 활 시위 දුනුදිය.

සැවුලා [쌔울라-] 닭, 가금 කුකුළා. (복) *සැවුලෝ*

සැවොම [쌔오머] 모두, 모든 사람 සැම දෙනම. (구어) හැමෝම

සැව්ව [쌔우워] (나무, 과일) 껍질.

සැස [쌔써] 무두질한, 부드럽게 만든 උදුළු ගා.

සැසඳිලි [쌘썬딜리] 비교하는, 필적하는 සසඳන.

සැසඳීම† [쌔썬디-머] සසඳනවා, සැසඳෙනවා 의 동명사: 비교, 필적 සංසන්දනය.

සැසඳෙනවා [쌘썬데너와-] සැසඳුණා-සැසඳී 일치하다, 꼭 들어맞다, 필적하다, 비교되다 ගැළපෙනවා. සැසඳීම

සැසිය [쌔씨여] ①수업시간, 교시 සැසි වාරය ②회기, 모임 기간 රැස්වීම් වාරය.

ස

සැසි වාරය [쌔씨 와-*러*여] 수업 시간, 교시 සැසිය.

සැහැකුලය [쌔해꿀러여] 사캬 (티벳 불교의 한 종파) 족.

සැහැල්ල [쌔핼러] 긴 이야기, 장문.

සැහැල්ලු‡ [쌔핼루] 가벼운, 무겁지 않은 සෑල්ලු.

සැහැල්ලු කරනවා [쌔핼루 꺼*러*너와-] 가볍게 하다, 가볍게 만들다 බරනැති කරනවා.

සැහැල්ලුව [쌔핼루워] 가벼움, 무겁지 않음 බරනැති බව.

සැහැසි [쌔해씨] 사악한, 악한, 무례한, 잔인한, 잔학한 නපුරු.

සැහැසිකම† [쌔해씨꺼머] 악, 사악, 잔학, 잔인 නපුරුකම.

සැළ† [쌜러] ①홀, 회관 ශාලාව ②알림, 보고 දැන්වීම ③돌 ගල ④늦음, 지체 ප්‍රමාදය ⑤진동, 동요 චළුලය ⑥단지, 항아리 හැලිය.

සැළ [쌜러] ①유명한, 잘 알려진 ප්‍රසිද්ධ ②움직일 수 있는, 이동성의 ③간사한, 교활한.

සැළිය† [쌜리여] 항아리, 독 වළඳ. (구어) හැළිය

සෑ [쌔-] 사당의, 성골함의 සෑයට අදාළ.

සෑගිරිය [쌔-기*리*/여] (스리랑카 지명) 미힌탈레 මිහින්තලා කන්ද.

සෑදලය† [쌔-덜러여] (말) 안장.

සෑදී පෑදී [쌔-디- 빼-디-] 잘 준비된.

සෑදීම† [쌔-디-머] සාදනවා 의 동명사: 만듦, 지음, 창조 තැනීම. (구어) හැදීම

සෑදෙනවා† [쌔-데너와-] සෑදුණා-සෑදී සාදනවා 의 피동사: ①만들어지다, 이루어지다 තැනෙනවා ②영글다, 익다, 여물다. (구어) හැදෙනවා

සෑම† [쌔-머] 온갖, 각 ...마다 සැම. (구어) හැම

සෑ මළුව [쌔- 말루워] 불탑터 සෑ අඟණ.

සෑය [쌔-여] 불탑 චෛත්‍යය.

සෑරීම/සෑරුම [쌔-*리*/-머/쌔-*루*머] සාරනවා 의 동명사: 굴착, 팜, 구덩이를 팜 කැණීම. (구어) හෑරීම/හෑරුම

සෑල්ලු [쌜-루] 가벼운, 무겁지 않은 සැහැල්ලු.

සෑසී [쌔-씨] ①부처님 බුදු රජ ②싸끼여 사자 ශාක්‍ය වංශයේ සිංහයා.

සෑහීම† [쌔-히-머] සෑහෙනවා 의 동명사: 만족(감) තෘප්තියට පත්වීම.

සෑහෙන† [쌔-헤너] සෑහුණා-සෑහී ①적당한, 적절한, 알맞은 සුදුසු වන ②만족하는, 흡족하는 ප්‍රමාණවත් වන ③많은, 다량의 බොහෝ ④중요한, 주요한 වැදගත්.

සෑහෙනවා† [쌔-헤너와-] සෑහුණා-සෑහී ①만족하다, 풍부하다, 충만하다 ප්‍රමාණවත් වෙනවා ②적합하다, 어울리다 සුදුසු වෙනවා ③가치가 있다, 값어치 하다 වටිනවා. සෑහීම

සිංගාරම [씽가-*러*머] 북, 드럼 දවුල. (복) *සිංගාරම්*

සිංගාරම්කාරයා [씽가-*람*까-*러*야-] 북치는 사람.

සිංඝාටකය [씽가-터꺼여] 삼(사) 거리 මං සන්ධිය.

සිංචකය [씽처꺼여] 살수기 දියර විසුරවනය.

සිංචක ස්නේහනය [씽처꺼 쓰네-하너여] (기계) 비말 주유.

සිංචනය [씽처너여] ①살수, 물 (액체) 뿌리기 දියරක් ඉසීම ② 수정, 수태 ශුක්‍ර ඇතුළු කිරීම.

සිංදුව‡ [씽두워] 노래 ගීතය.

සිංහ‡ [씽허] ①사자의 ②두려움이 없는 බය නැති ③귀족의, 귀티나는.

සිංහනාදය [씽허나-더여] 사자 울음소리.

සිංහපඤ්ජරය [씽허빤저*러*여] 창, 창문.

සිංහයා‡ [씽허야-] 사자 කෙසරිඳු.

සිංහරාජයා [씽허*라*-저야-] 사자 왕.

සිංහල‡ [씽헐러] ①씽할러 사람 ②씽할러 언어 ③씽할러 나라: 스리랑카 හෙළ.

සිංහල අවුරුද්ද [씽헐러 아우*룯*더] 씽할러 새해.

සිංහල උළු [씽헐러 울루] 씽할러 왕국에서 만든 타일.

සිංහ ලග්නය [씽헐 라그너여] (천문학) 사자자리 සිංහ රාශිය.

සිංහල දෙල් [씽헐러 델] 야생 빵나무.

සිංහල දේශය [씽헐러 데-셔여] 씽할러 나라: 스리랑카 ශ්‍රී ලංකාව.

සිංහල නීතිය [씽헐러 니-띠여] 씽할러 법.

සිංහල පැය [씽헐러 빼여] 씽할러 시간.

සිංහල බෙහෙත් [씽헐러 베헫] 씽할러 약.

සිංහල භාෂාව [씽헐러 바-샤-워] 씽할러어, 씽할러 언어 හෙළබස.

සිංහලය† [씽헐러여] 스리랑카, 씽할러 민족의 땅 ශ්‍රී ලංකාව.

සිංහලයා [씽헐러야-] 씽할러 사람.

සිංහල වෙදකම [씽헐러 웨더꺼머] 씽할러 약 සිංහල බෙහෙත්.

සිංහල හාල් [씽헐러 할-] 씽할러 쌀.

සිංහලේ [씽헐레-] 스리랑카, 씽할러 민족의 땅 ශ්‍රී ලංකාව.

සිංහාවලෝකනය [씽하-월로-꺼너여] 재고, 회고.

සිංහ වික්‍රමය [씽허 위끄*러*머여] 대단한 용기.

සිංහ වික්‍රාන්තිය [씽허 위끄*란*-띠여] 사자의 걸음걸이.

සිංහ සෙයියාව [씽허 쎄이야-워] 사자 잠자는 자세.

සිංහ ස්වරය [씽허 쓰워*러*여] 두려움 없는 목소리, 대담한 목소리.

සිංහාසනය‡ [씽하-써너여] 보좌, 왕좌, 옥좌 සිහසුන.

සිංහාසනයේ කථාව [씽하-써너예- 까따-워] 보좌에서 연설.

සිංහාසනාරූඪ [씽하-써나-루-*더*] (සිංහාසන + ආරූඪ) 보좌에 앉은, 왕좌에 등극한.

සිංහාසනාරූඪ වෙනවා [씽하-써나-루-*더* 웨너와-] 보좌에 앉다, 왕좌에 등극하다.

සික [씨꺼] 가르침, 교훈, 훈계 ශික්ෂා පදය

සිකනලා [씨꺼널라-] 가든 도마뱀 (일반 도마뱀보다 약간 큰 종류). (구어) හිකනලා

සික පදය [씨꺼 빠더여] 가르침, 교훈, 훈계 ශික්ෂා පදය.

සිකි [씨끼] 공작새 මොනරා.

සිකුරට/සිකුරටම [씨꾸*러*터/씨꾸*러*터머] 확실히, 분명히, 의심없이 නිසැකව.

සිකුරා [씨꾸라-] (천체) 금성 සිකුරු ග්‍රහයා.

සිකුරාදා‡ [씨꾸라-다-] 금요일 කිවි දින.

සිකුරු [씨꾸루] ①확실한, 분명한 සත්තක ②하얀, 하얀색의 සුදු ③금성의.

සිකුරු ග්‍රහයා/සිකුරු තරුව† [씨꾸루 그러허야-/씨꾸루 따루워] (천체) 금성 සිකුරා.

සිඛාව [씨까-워] 불꽃 ගිනිදැල්ල.

සිඛී [씨끼-] 불, 화염 ගින්න.

සිගරැට්ටුව‡ [씨거랱투워] 담배 දුම් වැටිය. ¶ සිගරැට්ටු බොනවා 담배를 피우다

සිගානා [씨가-나-] 왕의 검을 드는 자.

සිගාලයා [씨갈-러야-] (동물) 자칼 සිඟාලයා.

සිඞ්ඝානිකා [씽가-니까-] (동물의) 점액 සොටු.

සිඟනවා† [씽거너와-] සිඟුවා-සිඟා 구걸하다, 동냥하다. සිඟීම (구어) හිඟනවා

සිඟන්නා‡ [씽간나-] 거지, 동냥아치 හිඟන්නා.

සිඟන්නී [씽간니-] 여자거지 සිඟන්නී.

සිඟමන† [씽거머너] 구걸, 탁발. (복) *හිඟමන්*

සිඟමන් ඉල්ලනවා† [씽거만 일러너와-] 구걸하다, 동냥하다.

සිඟාකනවා [씽가-까너와-] 구걸하며 살다.

සිඟාලයා [씽갈-러야-] 여우, 자칼 නරියා.

සිඟිති† [씽기띠] සිඟිත්ත의 복수 또는 형용사: ①조금, 소량 ②어린, 작은, 애기의 කුඩා, පුංචි.

සිඟිත්ත [씽긷떠] 조금, 소량 ස්වල්පය. (복) *සිඟිති*

සිඟිත්තා‡ [씽긷따-] 남자 애기, 남자 유아 කුඩා දරුවා. ¶ සිඟිත්තිය 여자 유아

සිඟිත්තිය [씽긷띠여] 여자 애기, 여자 유아 කුඩා දැරිය.

සිඟීම [씽기-머] සිඟනවා 의 동명사: 구걸, 동냥.

සිඟු [씽구] ①뿔(의) අං ②바위 산들(의) පර්වත ශිඛරය.

සිඟු [씽구] ①빠른, 민첩한 ශීඝ්‍ර (구어) ඉක්මන් ②작은, 조그만.

සිඟුරු [씽구루] 생강(의) ඉඟුරු.

සිඟුරු පියලි [씽구루 삐열리] 자바 양강근 ඉඟුරු පියලි.

සිඟුවත් [씽구왇] 뿔이 있는, 뿔 달린 අං ඇති.

සිඟු වලඟ [씽구 왈렁거] ①개미 허리 සිහින් ඉඟටිය ②허리가 날씬한 여인.

සිඤ්චනය [씬처너여] ①수정, 수태 කෘත්‍රිම සංසේචනය ②(물, 액체) 뿌림 දියර ඉසීම.

සිට‡ [씨터] ①සිටිනවා 의 과거분사: 있고 ②~로 부터 (명사의 소유격 형태를 동반한다). ¶ තුනේ සිට පහ දක්වා 3에서 5까지

සිටගන්නවා‡ [씨터간너와-] 서 있다, 머물러 있다 හිටගන්නවා.

සිටාණ [씨타-너] 귀족, 고귀한 사람 සිටුවරයා.

සිටි/සිටිය [씨티/씨티여] ① සිටිනවා 의 형용사적 과거용법: (서) 있었던, 살았던 සිටියාවූ ②수직의, 세로의. (구어) හිටපු

සිටිනවා‡ [씨티너와-] සිටියා-සිට ①서 있다 ②있다, 머물다. සිටීම (구어) හිටිනවා

සිටිනා [씨티나-] 서있는, 머물러 있는 සිටින.

සිටිපිය [씨티삐여] 무동작, 서 있음 හිටි අඩිය.

සිටිපියෙන් [씨티삐옌] 움직이지 않고, 동작 없이.

සිටිපිළිමය† [씨티삘리머여] 입상, 서있는 동상.

සිටියා‡ [씨티야-] සිටිනවා 의 과거: 있었다, 존재했다. (구어) හිටියා

සිටිවනම [씨티와너머] 즉흥적으로, 즉시, 준비 없이.

සිටිහාමි [씨티하-미] 세금 징수원, 세리 අයකැමියා.

සිටීම† [씨티-머] සිටිනවා 의 동명사: 있음, 머묾, 존재 හිටීම.

සිටු [씨투] 고귀한, 귀한, 귀족의 ශ්‍රේෂ්ඨ.

සිටු [씨투] ①귀족, 높은 분 සිටුවරයා ②상단의 우두머리 වාණිජ ගණයක ප්‍රධානියා ③부자, 부호 ධනවතා.

සිටුවනවා† [씨투워너와-] සිටෙවුවා-සිටුවා 세우다, (나무) 심다, 서게 하다 සිටවනවා. සිටුවීම (구어) හිටුවනවා

සිටුවරයා [씨투워러야-] 귀족, 높은 분 සිටාණෝ.

සිත‡ [씨떠] 마음, 생각 මනස. (복) *සිත්* (구어) හිත

සිත ගන්නවා† [씨떠 간너와-] ①받아들이다 පිළිගන්නවා ②기억하다 මතකයට ගන්නවා ③마음을 사로잡다, ~에 반하게 하다, 호리다, 매혹하다 සිත් ගන්නවා.

සිතඟ [씨땅거] ①소망, 바람, 희망 ②생각, 사고.

සිතට අල්ලනවා [씨떠터 알러너와-] 좋아하다, 선호하다 කැමති වෙනවා.

සිතට ගන්නවා‡ [씨떠터 간너와-] ①마음을 사로잡다, ~에 반하게 하다, 호리다, 매혹하다 සිත් ගන්නවා ②유념하다, 마음에 담아두다.

සිත දෙනවා [씨떠 데너와-] ~에 동의하다, 응하다 එකඟ වෙනවා.

සිතනවා‡ [씨떠너와-] සිතුවා-සිතා 생각하다, 사고하다 කල්පනා කරනවා. සිතීම/සිතුම (구어) හිතනවා

සිතා ගන්නවා‡ [씨따- 간너와-] 생각하다, 사고하다 කල්පනා කරනවා. සිතා ගැනීම (구어) හිතා ගන්නවා

සිතාමතා [씨따-마따-] 자발적으로, 자원하여 කැමැත්තෙන්.

සිතාරය [씨따-러여] (악기) 기타.

සිතාසිය‡ [씨따-씨여] 소환, (법정) 출두 소환.

සිතැඟිය [씨땡기여] 생각, 아이디어 සිතේ අදහස.

සිතියම‡ [씨띠여머] ①지도 ②그림, 회화 චිත්‍රය. (복) සිතියම්

සිතියම් පොත‡ [씨띠얌 뽀떠] 지도 책.

සිතියම් විද්‍යාව† [씨띠얌 윋디야-워] 지도 제작(법).

සිතිල [씨띨러] 부드러운, 고운 ලිහිල්.

සිතිවිලි [씨띠윌리] සිතිවිල්ල 의 복수 또는 형용사: 사고들(의), 생각들(의) සිතුවිලි.

සිතිවිල්ල† [씨띠윌러] 사고, 생각 සිතුවිල්ල. (복) *සිතිවිලි*

සිතීම/සිතුම [씨띠-머/씨뚜머] සිතනවා 의 동명사: 생각, 사고. (복) *සිතීම්/සිතුම්*

සිතු [씨뚜] 생각하는, 마음의 සිතන.

ස

සිතුම/සිතීම [씨뚜머/씨띠-머] සිතනවා 의 동명사: 생각, 사고. (복) *සිතුම්/සිතීම්*

සිතුමතයේ [씨뚜마떠예-] 완고하게, 완강하게.

සිතුමිණ [씨뚜미너] 소원석: 소원을 성취하는 힘을 가졌다고 여겨지는 보석 චින්තා මාණික්‍යය.

සිතුම්පැතුම්† [씨뚬빼뚬] 희망들, 기대들 බලාපොරොත්තු.

සිතුයම [씨뚜여머] 그림 චිත්‍රය.

සිතුරුවන [씨뚜루워너] 소원석, 소원 보석 චින්තාමාණික්‍යය.

සිතුවම [씨뚜워머] 그림 චිත්‍රය.

සිතුවම්පට [씨뚜왐빠터] 그림 그려진 옷감.

සිතුවිලි‡ [씨뚜윌리] සිතුවිල්ල 의 복수 또는 형용사: ①사고들, 생각들 සිතුවිලි ②사고하는, 생각하는, 사고의.

සිතුවිල්ල‡ [씨뚜윌러] 사고, 생각 සිතිවිල්ල. (복) *සිතුවිලි*

සිතෙනවා [씨떼너와-] සිතුණා-සිතී ~라고 생각이 들다, 생각이 되어지다. <u>සිතීම/සිතුම</u>

සිත් [씯] ①하얀 සුදු ②차가운, 추운 ශීත.

සිත්‡ [씯] සිත 의 복수 또는 형용사: ①마음들, 생각들 ②마음의, 심적인, 생각하는.

සිත් අලවනවා† [씯 알러워너와-] 마음을 사로잡다, ~에 반하게 하다, 호리다, 매혹하다 සිත ගන්නවා.

සිත්කලු [씯깔루] 매혹적인, 마음을 사로잡는 සිත් ගන්න.

සිත්ගත්† [씯갇] 매혹적인, 마음을 사로잡는 සිත් ගන්නා.

සිත් ගන්නවා [씯 간너와-] 마음을 사로잡다, ~ 에 반하게 하다, 호리다, 매혹하다 සිත ගන්නවා.

සිත්තම [씯떠머] 그림, 회화 චිත්‍රය. (복) *සිත්තම්*

සිත්තරා† [씯떠라-] 화가 චිත්‍රකාරයා.

සිත්තැවුල [씯때울러] 회개, 참회 පසුතැවිල්ල.

සිත්පිත් නැති [씯삗 내띠] 착하지 않은, 악한, 나쁜, 사악한 නපුරු.

සිත් සතන් [씯 싸딴] 마음 චිත්ත සන්තානය.

සිත් සේ [씯 쎄-] 기쁘게, 즐겁게 සතුටින්.

සිථිල [씨띨러] 부드러운, 고운 ලිහිල්.

සිථිලාක්ෂරය [씨띨랔-셔러여] 기음이 없는 자음, h를 수반하지 않는 자음.

සිද [씨더] ①구멍, 홀 හිල ②바늘 ③소량, 조금 ස්වල්පය.

සිදඟන [씨당거너] 여신 දේවතාවිය.

සිදත [씨더떠] 이론, 원리 සිද්ධාන්තය. (복) *සිදත්*

සිදත් [씨닫] 이론(의), 원리(의) සිද්ධාන්ත.

සිදරන් [씨더란] (식물) 밀감속, 감귤류.

සිදදිය [씨다-디여] 도시 නගරය.

සිදිරලය [씨디랄러여] 파종기, 파종기계.

සිදු [씨두] ①발생한, 벌어진 සිදු වූ ②일, 사건 සිද්ධිය.

සිදු කරනවා‡ [씨두 꺼러너와-] 일어나게 하다, (문제, 일) 일으키다, 행하다 සිද්ධ කරනවා.

සිදුර† [씨두러] 균열, 갈라진 금, 틈, 구멍 හිල. (복) *සිදුරු*

සිදුරු [씨두루] ①සිදුර 의 복수: 균열, 구멍들 ②구멍의.

සිදුරු කරනවා‡ [씨두루 꺼러너와-] 구멍을 뚫다, 찌르다, 도려내다.

සිදුරු වෙනවා† [씨두루 웨너와-] 구멍이 뚫리다, 균열이 생기다, 금가다, 찢어지다.

සිදු වෙනවා‡ [씨두 웨너와-] 일어나다, 발생하다, 벌어지다 සිද්ධ වෙනවා.

සිදුහත් [씨두핟] ①겨자 අබ ②싯다르타 (부처님의 어릴 때 이름) සිද්ධාර්ථ.

සිද්දිඟුරු [씯딩구루] 마른 생강.

සිද්ධ† [씯더] ①발생한, 일어난, 영향을 준, 입증된 සිදු ②완전한.

සිද්ධම් [씯담] (접두사) 흥할 지어다! 라는 축복의 말.

සිද්ධ යකඩ [씯더 야꺼더] 연철, 단철.

සිද්ධ වෙනවා‡ [씯더 웨너와-] 일어나다, 발생하다 සිදු වෙනවා.

සිද්ධස්ථානය [씯더쓰따-너여] 절, 사원 පන්සල.

සිද්ධාන්තමය විද්‍යාව [씯단-떠머여 윋디야-워] 논리학.

සිද්ධාන්තය [씯단-떠여] 논리, 이론 සිද්ධත.

සිද්ධාර්ථ [씯다-르떠] 싯다르타 (부처님의 어릴 때 이름) සිදුහත්.

සිද්ධිය‡ [씯디여] ①사건, 일, 발생 සිද්ධවූ දේ ②성취, 완성, 이룸, 성공 ඉෂ්ටවීම ③열반 නිර්වාණය.

සිද්ධිරස්තු [씯디라쓰뚜] 흥할 지어다! 라는 축복의 말 යහපතක් වේවා!

සිනහව† [씨너하워] 웃음 සිනාව.

සිනස්සනවා [씨낫써너와-] සිනැස්සුවා-සිනස්සා 웃기다, 웃게 만들다. (구어) හිනස්සනවා

සිනාව‡ [씨나-워] 웃음, 미소 සිනහව. (구어) හිනාව

සිනාසීම [씨나-씨-머] සිනාසෙනවා 의 동명사: 웃음, 미소지음 සිනහව.

සිනාසෙනවා [씨나-쎄너와-] සිනාසුණා-සිනාසී 웃다, 미소짓다 සිනා වෙනවා. <u>සිනාසීම</u> (구어) හිනා වෙනවා

සිනි [씨니] ①개미(의) හින්නා ②닻(의) නංගුරම්.

සිනිකඳ [씨니깐더] 닻 නංගුරම.

සිනිගඳ [씨니간더] 개미 냄새.

සිනිඳු/සිනිදු‡ [씨닌두/씨니두] 부드러운, 유연한, 보들 보들한 මුදු.

සිනේරුව [씨네-루워] 수미산: 불교에서 우주의 중심을 이루는 거대한 산 මහමෙර.

සින්දුව‡ [씬두워] 노래 සිංදුව. (문어) ගීතය

සින්දුර/සින්ධුර [씬두러] (화학) 연단(鉛丹), 광명단.

සින්න [씬너] ①소유한, 가진 අයිති ②소유, 소유권 හිමිකම.

සින්න කරනවා [씬너 꺼러너와-] (저당물) 명의를 변경하다.

සින්නක්කරය [씬낚꺼러여] (땅) 명의 변경, 소유권 이전 හිමිකම් පැවරීම.

සින්නක්කර ඔප්පුව [씬낚꺼러 옾뿌워] 권리증서, 소유증서 හිමිකම් සහතිකය.

සින්නම් [씬남] 트럼펫 හොරණෑ.

සින්න වෙනවා [씬너 웨너와-] 소유하다, 소유권을 가지다 පරම අයිතිය ලැබෙනවා.

ස

සින්නා‡ [씬나-] (작은) 개미 කුඩා කූඹියා. (구어) හින්නා

සිඳ [씬더] සිඳිනවා 의 과거분사: 잘라내, 자르고 කපා.

සිඳ දමනවා [씬더 다머너와-] 자르다, 지우다, 멸망시키다.

සිඳ ලනවා [씬덜 라너와-] සිඳලුවා-සිඳලා 자르다, 부수다, 멸망시키다 සිඳිනවා. <u>සිඳලීම</u>

සිඳලීම [씬덜리-머] සිඳලනවා 의 동명사: 자름, 부숨, 멸망시킴 සිඳීම.

සිඳි [씬디] 잘린, 근절된, 멸망한 සිඳදමන ලද.

සිඳිනවා [씬디너와-] සින්දා-සිඳ ①잘라내다, 절단하다, 자르다 කපනවා ②부수다, 깨뜨리다 බිඳිනවා ③(과즙, 오일) 짜다, 짜내다 ④앉다, 앉아 있다 හිඳිනවා. <u>සිඳීම</u> (구어) හිඳිනවා

සිඳිබිඳී යනවා [씬디-빈디- 야너와-] 부서지고 깨어지다.

සිඳු [씬두] 바다 මුහුද.

සිඳෙනවා [씬데너와-] සිඳුණා-සිඳ/සඳී ①마르다, 건조되다 වේලෙනවා ②잘리다, 썰리다, 부서지다 කැපෙනවා. (구어) හිඳෙනවා

සිප ගන්නවා‡ [씨뻐 간너와-] ①뽀뽀하다 සිඹගන්නවා ②껴안다, 안다 බදා ගන්නවා.

සිපයි [씨빠이] (과거 영국인이나 유럽인 장교 밑에 있던) 인도 병사 (의).

සිපිරිගෙය [씨삐리/게여] 감옥, 교도소 බන්ධනාගාරය. (구어) හිරගෙ

සිප් [씦] ①기술, 공예 ශිල්ප ②기술의, 공예의.

සිප්පි [씦삐] 바다 조개, 조가비 මුහුදු බෙල්ලා.

සිප්පි කටුව‡ [씦삐 까투워] 조개 껍질.

සිප්පි බෙල්ලා [씦삐 벨라-] 조개, 조가비 සිප්පි.

සිප්සල [씦쌀러] 학교 පාසල. (구어) ඉස්කෝලය

සිමෙන්ති [씨멘띠] 시멘트.

සිම්බනය [씸버너여] 바느질.

සිඹිනවා [씸비너와-] සිම්බා-සිඹ ①입맞추다, 뽀뽀하다 ඉඹිනවා ②냄새를 맡다 සුවඳ බලනවා. <u>සිඹීම</u>

සිය‡ [씨여] ①백의, 100의 ②자기의, 자신의 ස්වකීය (구어) තමාගේ ③친척의, 연관된 නෑවූ.

සියකිරණ [씨여끼러너] 해, 태양 දියමිණ. (구어) ඉර

සියත† [씨여떠] 자기 손.

සිය දිවි [씨여 디위] 자기 생명, 자기 목숨.

සියන† [씨여너] 지붕, 천장 වහල.

සියන් <u>දුඹුළු</u> [씨얀 둠불루] 검댕, 매연 දුම් සුඹුලි.

සියපත [씨여빠떠] 연꽃 නෙළුම. (복) *සියපත්* (구어) ඕලු

සියපත්සිය [씨여빳씨여] 해, 태양 දියමිණ. (구어) ඉර

සියපා [씨여빠-] (동물) 지네 පත්තෑයා.

සියබස [씨여바써] 모국어, 자기 말, 토착어 මව්බස.

සියම [씨여머] 태국, 시암 තායිලන්තය.

සියම් නිකාය [씨얌 니까-여] 샴종단 (태국 불교 종파).

සියඹලා‡ [씨염벌라-] 타마린드 (열대산 콩과의 상록수 열매).

සියය‡ [씨여여] 100, 백 සීය.

සියයට ගණන‡ [씨여여터 가너너] 백분율, 페센티지 ප්‍රතිශතය.

සියයට සියයක් [씨여여터 씨여약] 완전히, 완벽히, 온전하게 සම්පූර්ණයෙන්.

සියලඟ [씨열랑거] 몸 전체 සියොගත.

සියලු‡ [씨열루] සියල්ල 의 복수 또는 형용사: ①모든 것들 ②모든, 전체의: 뒤에 복수 명사가 옴 සෑම. ¶ සියලු තැන් 모든 장소들

සියලේ නෑයා [씨열레- 내-야-] 혈연, 친족.

සියල් [씨얄] 모든, 전체의 සියලු.

සියල්ල† [씨얄러] 모든 것, 모두 ඔක්කොම. (복) *සියලු*

සියල්ලෝ† [씨얄로-] 모든 사람들 (생물들) සියලු දෙනා.

සිය වස [씨여 와써] 세기 (Century) ශත වර්ෂය.

සියළඟ/සියොළඟ [씨열랑거/씨욜랑거] 몸 전체 සියලඟ.

සියැස [씨애써] 자기의 눈 සිය ඇස.

සියුමැලි† [씨유맬리] ①부드러운, 고운, 깨지기 쉬운 ළපටි ②모든, 전체의 සියලු.

සියුම්† [씨윰] ①아주 작은, 미세한 ක්ෂුද්‍ර ②예민한, 민감한 තියුණු ③이해하기 어려운 තේරුම් ගැනීමට අපහසු ④순수한.

සියුම් උපකරණය [씨윰 우빠꺼*러*너여] 정밀 기계.

සියුම් කලා† [씨윰 깔라-] 순수 예술.

සියුම් වගාව [씨윰 와가-워] 집약 농업.

සියුරඟ [씨유*랑*거] 4 가지, 네 분분 සිව් අංග.

සියුරැස් [씨유*래*쓰] 사면의, 4면의.

සියුරුවන් බානවා [씨유*루*완 바-너와-] 휘파람을 불다, 입으로 소리를 내다 උරුහම් බානවා.

සියුරු සන් [씨유*루* 싼] 휘파람 불기, 휘슬 불기. (구어) සියුරු හන්

සියුරුහන් බානවා [씨유*루*한 바-너와-] 휘파람을 불다, 입으로 소리를 내다 උරුහම් බානවා.

සියු වේ [씨유 웨-] 4 웨다족(의) චතුර වේදය.

සියු සඟරාවත් [씨유 쌍거*라*-왇] 타인을 대하는 4가지 덕목 (베품, 좋은 말, 선행, 평등) සතර සංග්‍රහ වස්තුව.

සියුසස් [씨유싸쓰] 4가지 진리.

සියොගත [씨요가떠] 몸 전체 සියොලඟ.

සියොතුන් [씨요뚠] 새들, 조류들 පක්ෂීන්. (구어) කුරුල්ලන්

සියොත් [씨욛] 새의, 새와 연관된 පක්ෂී, කුරුළු.

සියොලඟ [씨욜랑거] 몸 전체 සියලඟ.

සියෝ [씨요-] ①묶인, 연합된 එක් වූ ②전부의, 모두의, 전체의 සයලු ③자신의 ස්වකීය.

සියෝ [씨요-] ①묶임, 연합 එක් වීම ②전부, 모두, 전체 සයල්ල ③자신 බන්ධු ජනයා ④전쟁 යුද්ධය.

සිර [씨*러*] ①감옥 සිරගෙය ②머리 සිරස. ¶ සිරකාමරය 감방

සිර [씨*러*] 꽉 묶은, 단단히 묶은.

සිර අඩස්සිය [씨*러* 아*덨*씨여] 구금, 구류. (구어) හිර අඩස්සිය

ස

සිර කරනවා [씨러 꺼러너와-] 투옥하다, 수감하다, 감옥에 보내다 දඬුගෙයි ලනවා. (구어) හිර කරනවා

සිරකරුවා† [씨러꺼루와-] 죄수, 수감자 සිරකාරයා. (구어) හිරකාරයා

සිරකාරයා† [씨러까-러야-] 죄수, 수감자 සිරකරුවා. (구어) හිරකාරයා

සිරකුඩුව [씨러꾸-두워] 철장, 유치장 සිරකුටිය.

සිරගත [씨러가떠] 감금된, 사로잡힌, 포로된 බන්ධනයට අසු වූ.

සිරගෙදර† [씨러게더러] 감옥, 교도소 බන්ධනාගාරය. (구어) හිරගේ

සිරගෙය/සිරගෙදර [씨러게여/씨러게더러] 감옥, 교도소 බන්ධනාගාරය. (구어) හිරගේ

සිරදඬුවම [씨러단두워머] 구속 수감, 구속.

සිර භාරයේ [씨러 바-러예-] 수감 중에, 구금 중에.

සිරස‡ [씨러써] 머리 හිස. (구어) ඔලුව

සිරස්‡ [씨라쓰] ①세로의, 연직의 උඩ සිට යටට ②머리의.

සිරස් කෝණය [씨라쓰 꼬-너여] 수직각, 직각.

සිරස් ඛණ්ඩය [씨라쓰 깐더여] (수학) 세로 좌표.

සිරස්තලය [씨라쓰딸러여] 헤드라인, 제목.

සිරස්පත [씨라쓰빠떠] 헤드 드레스, 머리에 쓰는 수건.

සිරි [씨리] ①සිරිය 의 복수: 행운, 성공, 부, 창들, 활들 ②거룩한, 귀한, 귀족의 ශ්‍රී.

සිරිකඩ [씨리까더] ①(비에서 나오는) 물보라 හිරිකඩ ②(교회) 제단 덮는 포 ③백단향, 몰약 චන්දන.

සිරිකත [씨리까떠] 락쉬미 여신, 번영의 여신 ලක්ෂ්මී.

සිරිකිත [씨리끼떠] 락쉬미 여신, 번영의 여신 ලක්ෂ්මී දෙවඟන.

සිරිඟර [씨링거러] 성욕의, 색정적인, 색을 밝히는 ඍංගාර.

සිරිත‡ [씨리떠] 관습, 전통, 습관 චාරිත්‍රය. (복) සිරිත්

සිරිත් විරිත් [씨릳 위릳] (전통적으로 지켜온) 관습, 습관, 전통 චාරිත්‍ර වාරිත්‍ර.

සිරිපතුල [씨리빠뚤러] 신성한 발, 거룩한 발 සිරිපා.

සිරිපා [씨리빠-] 신성한 발, 거룩한 발 සිරිපතුල.

සිරි පොද [씨리 뽀더] 이슬비, 가랑비, 보슬비 සිහින් පොද වැස්ස.

සිරිබර [씨리버러] 번영하는, 행운의, 부요한 ඉසුරුමත්.

සිරිමත් [씨리맏] 복받은, 번영하는 ආශීර්වාද ලත්.

සිරිමාබෝ [씨리마-보-] 스리마보 신의.

සිරිය [씨리여] ①부, 번영, 성공 ②창 හෙල්ල ③활 හීය.

සිරියල් [씨리얄] 노란 웅황 (안료용).

සිරි යහන [씨리 야하너] 왕의 침대.

සිරියහන් ගබඩාව [씨리야한 가버다-워] 왕의 침실.

සිරියාව [씨리야-워] ①미모, 아름다움, 매혹 ලස්සන ②(나라) 시리아.

සිරිලක [씨릴라-꺼] 스리랑카 ශ්‍රී ලංකාව.

සිරිවම්ය [씨리워미여] 락쉬미 여신, 번영의 여신 ලක්ෂ්මී දෙවඟන.

සිරි වැටෙනවා [씨리 웨테너와-] ①(손, 발이) 저리다, 쥐가 나다 ②감각을 잃다, 마비되다. (구어) හිරි වැටෙනවා

සිරිසර [씨리싸러] ①번영, 성공 සඵලත්වය ②미모, 아름다움 ලක්ෂණ ③번영하는, 성공하는 සිරිමත්.

සිරුර† [씨루러] 몸, 신체 ශරීරය. (구어) ඇඟ

සිරුරු කිස [씨루루 끼써] 용변, 배변, 똥쌈 ශරීර කෘත්‍යය.

සිරෝ රුහ [씨로- 루하] 머리카락 හිස කෙස්.

සිල [씰러] ①구멍, 동공, 홀 සිදුර (구어) හිල ②미덕, 덕행, 바름 සදාචාරය. (복) *සිල්*

සිලම්බුව [씰람부워] (소리나는) 발찌 පා සළඹ.

සිලව් කරනවා [씰라우 꺼러너와-] 대체하다, 교체하다, 바꾸어 놓다 හිලව් කරනවා.

සිලව්ව [씰라우워] ①대체, 교체, 바꿈, 교환 හුවමාරුව ②보상, 변상. (구어) හිලව්ව

සිලා [씰라-] ①바위, 암반 ගල ②바다 소금 මනෝසිල ③바위로 만든 ගලින් කළ.

සිලාජතු [씰라-저뚜] 붉은 분필 ගල් සෙවෙල්.

සිලි [씰리] ①조그만, 자그마한 සුළු ②흐른, 흘러간 ගැලූ ③흔들린, 요동친 චලිත වූ.

සිලි [씰리] ①작은 아버지, 작은 외삼촌 සුළු පියා ②(불교) 의로운 여자 සිල්වත් තැනැත්තිය.

සිලිටි/සිලිටු [씰리티/씰리투] 부드러운, 매끄러운 සිනිඳු.

සිලිඳු [씰린두] 부드러운, 매끄러운 සිනිඳු.

සිලිබිලි ගානවා [씰리빌리 가-너와-] (경멸, 비난의 뜻으로) 시 소리를 내다.

සිලිම [씰리머] 실링 (영국의 화폐 단위).

සිලියනවා/සිලියෙනවා [씰리여너와-/씰리예너와-] ①흐르다, 넘쳐 흐르다 වැගිරෙනවා (구어) ගලනවා ②느슨해지다, 풀리다 බුරුල් වෙනවා.

සිලිල [씰릴러] 물 දිය. (구어) වතුර

සිලිලාකරය [씰릴라-꺼러여] 바다, 해양 මුහුද. (구어) මුහුද

සිලිලාරය [씰릴라-러여] ①바다, 해양 සාගරය (구어) මුහුද ②개울, 개천, 물길 දිය පාර.

සිලුටු [씰루투] 부드러운, 매끄러운 සිලිටි.

සිලෝ [씰로-] (시의) 연(聯), 스탠자 ශ්ලෝකය.

සිල් [씰] සිල 의 복수: ①구멍, 동공, 홀 සිදුරු (구어) හිල් ②미덕, 덕행, 바름 සදාචාර.

සිල් ඇත්තා [씰 앧따-] 미덕을 행하는 자, 덕행자.

සිල් ගන්නවා† [씰 간너와-] 미덕을 행하다, 덕을 행하다 සිල් සමාදන් වනවා.

සිල්පය [씰뻐여] 기술, 테크닉 ශිල්පය.

සිල්පියා [씰삐야-] 기술자, 기능공 ශිල්පියා.

සිල්බර [씰바러] 철길에 까는 나무 막대.

සිල්ලර† [씰러러] 소매 (판매).

සිල්ලර [씰러러] ①소매의 තොග නොවූ ②보통의, 일반의, 중요하지 않은 සාමාන්‍ය.

සිල්ලර කඩය [씰러러 까더여] 소매점, 소매 가게.

සිල්ලර වෙළඳාම† [씰러러 웰런다-머] 소매 판매, 소매 상거래.

සිල්වතා [씰워따-] (불교) 의인, 도덕적인 사람, 덕행이 많은 사람 ධාර්මිෂ්ඨයා. (복) *සිල්වත්තු*

සිල්වත් [씰왇] (불교) 의로운, 도덕적인, 바른, 덕이 높은 ධාර්මිෂ්ඨ.

සිල්වාරම් [씰와-람] 조금, 소량 ස්වල්පය.

සිව [씨워] 열반, 극락 නිර්වාණය.

සිවංගුරු [씨왕구루] 적토, 붉은 흙.

සිවලා† [씨월라-] 여우, 승냥이, 자칼 නරියා. ¶ සිවල් දෙන 암여우

සිවල් [씨왈] සිවලා 의 형용사: 여우의, 승냥이의. ¶ සිවල් දෙන 암여우

සිවිකාව [씨위까-워] (중국, 인도의) 인력거, 일인승 가마, 탈것 දෝලාව.

සිවිගේ [씨위게-] (중국, 인도의) 인력거, 일인승 가마, 탈것 දෝලාව.

සිවිඩ/සිවිඩ්ඩ [씨위더/씨윋더] ①바깥 얇은 표피 ②잭 열매 씨앗의 표피 හිවිඩ්ඩ.

සිවි කාච [씨위 까-처] 콘텍트 렌즈 ලෙන්සය.

සිවිය† [씨위여] (해부학) 얇은 막(膜), 막피(膜皮), 막 තුනී තට්ටුව.

සිවිලිම‡ [씨윌리머] 천장 සීලිම. (복) *සිවිලිම්*

සිවිල් [씨윌] 시민의 රටක ප්‍රජාවට අදාළ. ¶ සිවිල් යුද්ධය 내전, 시민 전쟁

සිවු/සිව්† [씨우] 4의, 넷의 හතර.

සිවුදිග [씨우디거] 네 방향 (동서남북) හතර දිශාව.

සිවුපදය [씨우빠더여] 4줄로 되어 있는 절, 구.

සිවුපසය [씨우빠써여] 4가지 필수품.

සිවුපාවා/සිව්පාවා† [씨우빠-와-] 동물, 생물 මෘගයා. (복) *සිවුපාවෝ/සිව්පාවෝ* (구어) සතා

සිවුමැදුරු කවුළුව [씨우매두루 까울루워] 주요 창문.

සිවුමැලි [씨우맬리] 부드러운, 고운, 깨지기 쉬운 සියුමැලි.

සිවුර [씨우러] 노랑색 승복 භික්ෂූන් අඳින කසාවත. (복) *සිවුරු*

සිවුරඟ [씨우랑거] 네겹의, 사중의.

සිවුරඟ සෙනඟ [씨우랑거 쎄너거] 4중 군대.

සිවුරළුවා [씨우랄루와-] 중속환이 (승려가 되었다가 다시 속인으로 돌아온 사람) සීරළුවා.

සිවුරා [씨우라-] 야생 닭, 야생 가금 ඇටි කුකුළා.

සිවුරැස් [씨우래쓰] 4면의 චතුරස්‍ර.

සිවුරු අරිනවා‡ [씨우루 아리너와-] 승복을 벗다, 세속으로 돌아가다.

සිවුරුවම් බානවා [씨우루왐 바-너와-] 휘파람(호각)을 불다 සියුරුවන් බානවා.

සිවුරු හොරා [씨우루 호라-] (조류) 주황 할미새사촌.

සිවුවන [씨우워너] 4의, 넷의 හතර.

සිවුසැට [씨우쌔터] 64, 육십사 හැට හතර.

සිව්/සිවු† [씨우] 4의, 넷의 හතර.

ස

සිව්පාවා/සිවුපාවා† [씨우빠-와-] 동물, 생물 මෘගයා. (복) *සිවුපාවෝ/සිවුපාවෝ* (구어) සතා

සිව් මංසල [씨우 망쌀러] 사거리 හතර මං හන්දිය.

සිසකින් [씨써낀] 맨손으로, 빈손으로 සිස් අතින්.

සිසාරනවා† [씨싸-러너와-] සිසෑරුවා(සිසාළා)-සිසාරා ①둘러싸다, 감싸다 වටකරනවා ②두루 돌아다니다, 순회하다, 주위를 둘러보다 වටකරයනවා ③휘두르다, 빙빙돌리다 හරඹ කරනවා. <u>සිසෑරීම/සිසෑරුම</u>

සිසාරා [씨싸-라-] සිසාරනවා 의 과거분사: ①둘러싸, 감싸고 ②둘러보고, 두루보고.

සිසාළ [씨쌀-러] සිසාරනවා 의 형용사적 과거용법: 둘러싼, 감싼 වටේට කරකැවූ.

සිසෑරීම/සිසෑරුම [씨쌔-리-머/씨쌔-루머] සිසාරනවා 의 동명사: 감쌈, 둘러쌈.

සිසි [씨씨] 달, 월(月) චන්ද්‍රයා. (구어) හඳ

සිසි කැලුම් [씨씨 깰룸] 달빛 හඳ රැස්.

සිසිර/සිසිරය† [씨씨러/씨씨러여] 추위 සිසිල.

සිසිර ඍතුව‡ [씨씨러 리뚜워] 겨울 හේමන්තය.

සිසිරකර [씨씨러꺼러] 달, 월(月) චන්ද්‍රයා. (구어) හඳ

සිසිරය [씨씨러여] 추위 සිසිල.

සිසිල/සිසිලය† [씨씰러/씨씰러여] 추위, 추움, 차가움 සීතල බව.

සිසිල් බීම‡ [씨씰 비-머] 찬 음료.

සිසු [씨쑤] සිසුවා 의 복수 또는 형용사: ①학생들 ②학생의.

සිසුවා† [씨쑤와-] 학생 ශිෂ්‍යයා. (복) *සිසු* ¶ සිසුවිය 여학생

සිසුවිය [씨쑤위여] 여학생 ශිෂ්‍යයාව. (복) *සිසු* ¶ සිසුවා 남학생

සිස් [씨써] ①හිස 의 복수 또는 형용사: 머리(의) ②빈, 공허한 හිස්.

සිහ [씨허] 사자 සිංහයා.

සිහ දෙන [씨허 데너] 암사자.

සිහල [씨헐러] 씽할러족 සිංහල.

සිහසුන† [씨하쑤너] 보좌, 옥좌 සිංහාසනය.

සිහි [씨히] ①의식들, 감각들, 기억들 මතක ②의식하는, 기억하는, 감각이 있는.

සිහි එළවනවා [씨히 엘러워너와-] 기억하다, 회상하다, 회고하다 සිහි උපදවා ගන්නවා. (구어) මතක් කරනවා

සිහි කරනවා‡ [씨히 꺼러너와-] 기억하다, 회고하다 සිහිපත් කරනවා. (구어) මතක් කරනවා

සිහිකල්පනාව† [씨히깔빠나-워] (철학) 이성, 지성.

සිහිනය‡ [씨히너여] 꿈, 드림 හීනය.

සිහිනැති† [씨히내띠] 의식불명의, 의식을 잃은, 쓰러진.

සිහිනැති වෙනවා [씨히내띠 웨너와-] 의식을 잃다, 쓰러지다, 의식불명이 되다.

සිහිනිග [씨히닝거] 얇은 허리, 개미허리.

සිහි නුවණ [씨히 누워너] 분별력, 분별 ස්මෘති ඥානය.

සිහින්‡ [씨힌] ①여윈, 마른, 얇은, 가는, 굵지 않은 හීන් ②가냘픈, 허약한 සියුම්.

ස

සිහිපත් කරනවා [씨히빧 꺼러너와-] 기억하다, 회고하다, 회상하다 ස්මරණය කරනවා. (구어) මතක් කරනවා

සිහිබුද්ධිය [씨히붇디여] 이성, 지성, 총명 ප්‍රකෘති සිහිය.

සිහිමඳ [씨히만더] 미친, 돈, 제정신이 아닌 උමතු. (구어) පිස්සු

සිහිමුළාව [씨히물라-워] 미침, 광기 උමතුව. (구어) පිස්සුව

සිහිමොළය [씨히몰러여] 기억과 지혜.

සිහිය‡ [씨히여] ①의식, 감각 ②기억, 기억력, 회상 මතකය.

සිහියට ගන්නවා [씨히여터 간너와-] 기억하다, 의식을 가지다 මතක් කරනවා.

සිහිල [씨힐러] 참, 차가움, 추위. (문어) සිසිල

සිහිලඹ [씨힐람버] 차가운 물, 냉수.

සිහිලස [씨힐러써] 참, 차가움, 추위 සිසිල.

සිහිලැල් [씨힐랠] 차가운 물 සීතල වතුර.

සිහිල්† [씨힐] 차가운, 추운 සීතල. (문어) සිසිල්

සිහිවටනය‡ [씨히와터너여] ①기념, 추모 ස්මාරකය ②기념비, 기념물.

සිහිවිකල් [씨히위깔] 미친, 돈, 제정신이 아닌 උමතු. (구어) පිස්සු

සිහිවිකල් වෙනවා [씨히위깔 웨너와-] 미치다, 돌다, 제정신이 아니다 උමතු වෙනවා.

සිහිවිකලය [씨히위껄러여] 미침, 광기, 돎 උමතුව. (구어) පිස්සුව

සිහි විපරම [씨히 위뻐러머] 제정신, 의식, 식별력.

සිහිසන් [씨히싼] 의식, 정신, 분별력 සිහිය හා සංඥාව.

සිහිසන් නැති වෙනවා [씨히싼 내띠 웨너와-] 의식을 잃다, 쓰러지다, 의식불명이 되다 සිහිනැති වෙනවා.

සිළි [씰리] 작은, 조그마한 කුඩා.

සිළි [씰리] ①정상, 꼭대기 මුදුන ②불꽃, 화염 ගිනිදැල්ල ③끝, 마지막 අග ④머리 හිස ⑤물, 물줄기 දිය ⑥구멍, 동공 සිදුර.

සිළු [씰루] ①정상(의), 꼭대기(의) මුදුන් ②불빛(의) දැල්ල.

සිළුමිණ [씰루미너] 최고의 보석 මිණිඳු.

සිළුව [씰루워] ①정상, 꼭대기 මුදුන ②불빛 (පහන්) දැල්ල.
¶ ඔලිම්පික් ගිනි සිළුව 올림픽 성화

සී [씨-] ①웃음, 웃음소리 සිනාව ②사자 සිංහයා ③기억 සිහිය ④머리 හිස.

සී [씨-] ①중요한, 주요한 ප්‍රධාන ②높은, 고귀한 උතුම් ③자신의, 자기의 ස්වකීය.

සීකරය [씨-꺼러여] 보슬비 වැසි පොද.

සීඝ්‍ර [씨-그러] 빠른, 재빠른, 고속의 ශීඝ්‍ර (구어) ඉක්මන්

සීඝ්‍රගාමී† [씨-그러가-미-] 빠른, 재빠른, 고속의 ශීඝ්‍ර. (구어) ඉක්මන්

සීඝ්‍රගාමී දුම්රිය† [씨-그러가-미- 둠리여] 고속 열차, 급행 열차.

සීට්ටුව [씰-투워] 한장의 종이, ~장(매) කූසපත.

සීත‡ [씨-떠] 차가운, 추운 සීතල.

සීතකරණය/සීතකරය‡ [씨-떠꺼러너여/씨-떠꺼러여] 냉장고.

සීතල‡ [씨-떨러] 차가운, 추운 සීත.

සීතාම්බර [씨-땀-버러] 벌거벗은, 나체의 නග්න.

සීතාම්බරය [씨-땀-버러여] 파란 하늘 නිල් අහස.

සීතාම්බර පාට [씨-땀-버러 빠-터] 벌거숭이, 벌거벗음 නිරුවත.

සීතෝදකය [씨-또-더꺼여] 찬물 සීතල ජලය.

සීදේවි [씨-데-위] ①번영의 여신 ශ්‍රියා කාන්තාව ②번영하는, 기뻐하는, 즐거워하는 ප්‍රසන්න.

සීනක්කාරම් [씨-낚까-람] (화학) 명반 ඇලම්.

සීනය [씨-너여] 꿈, 드림 සිහිනය. (구어) හීනය

සීනි‡ [씨-니] සීනිය 의 복수: ①설탕 ②닻들 නැංගුරම්.

සීනි [씨-니] 얇은 හීන්.

සීනි එළනවා [씨-니 엘러너와-] (배를) 닻을 내려 멈추다, 정박시키다 නැංගුරම් ලනවා.

සීනි ඔසවනවා [씨-니 오써워너와-] 닻을 올리다 නැංගුරම් ඔසවනවා.

සීනි කැට [씨-니 깨터] 각설탕 ස්ඵටික සීනි.

සීනි කෑම† [씨-니 깨-머] 사탕, 사탕절임 පැණිරස කෑම.

සීනිබෝල [씨-니볼-러] 마름모꼴 설탕 과자.

සීනිය [씨-니여] ①닻 නැංගුරම ②설탕 සීනි.

සීනුව‡ [씨-누워] 종, 벨.

සීන් [씬-] 여윈, 마른, 깡마른 සීන්දෑරි.

සීන්දෑරි [씬-대-리] 여윈, 마른, 깡마른 හීන්දෑරි.

සීපදය [씨-빠더여] 4행시 පද හතරක කවිය.

සීපාවා/සීපා සතා [씨-빠-와-/씨-빠- 싸따-] 동물, 짐승, 네발 짐승 සිවුපාවා.

සීමා [씨-마-] 제한적인, 한계가 있는.

සීමා කණුව [씨-마- 까누워] 경계석, 경계 지석.

සීමා කරනවා‡ [씨-마- 꺼러너와-] 제한하다, 제한을 두다 මායිම් පනවනවා.

සීමා නිර්ණය† [씨-마- 니르너여] 경계 (한계)를 정함.

සීමාන්තය [씨-만-떠여] 경계 (한계)의 끝.

සීමාන්තරය† [씨-만-떠러여] 중간, 중간지대 සීමා අතරතුර.

සීමාන්තරික [씨-만-떠리꺼] 중간의, 완충의.

සීමාන්තරික රාජ්‍යය [씨-만-떠리꺼 랒-지여여] 완충국.

සීමාන්තික [씨-만-띠꺼] 극도의, 최대의, 맨끝의 අන්තවාදී.

සීමා බන්දනය [씨-마- 반더너여] 제한, 한정, 구속.

සීමා රහිත [씨-마- 라히떠] 무한의, 제한이 없는 සීමාවක් නැති.

සීමා රේඛාව [씨-마- 레-까-워] 경계선, 한계선.

සීමා ලක්ෂ්‍යය [씨-말- 띾셔여] 경계 표시, 한계 표시.

සීමාව‡ [씨-마워] ①한계, 한도 ②경계, 범위 ඉම.

සීමාවක් නැති‡ [씨-마왂 내띠] ①한계가 없는, 무한도의 ②경계가 없는, 무범위의.

සීමා සහිත† [씨-마- 싸히떠] 유한의, 제한이 있는 සීමාවක්

ඇති. ¶ සීමාසහිත සමාගම 유한 회사

සීමැදුරු කවුළුව [씨-매두루 까울루워] 전망 창문, 관망창.

සීමිත† [씨-미떠] සීමාව 의 형용사: 제한적인, 유한의, 한정된 සීමාවුණු.

සීමිත වගකීම/ සීමිත හවුල [씨-미떠 와거끼-머/ 씨-미떠 하울러] 제한적 보증, 유한 보증.

සීය‡ [씨-여] 100, 백 සියය.

සීයා‡ [씨-야-] 할아버지, 조부 ආතා.

සීර [씨-*러*] 쟁기 නඟුල.

සීරළුවා [씨-*럴*루와-] 중속환이 (승려가 되었다가 다시 속인으로 돌아온 사람) සිවුරළුවා.

සීරාව [씨-*라*-워] ①샘, 누출, 스며나옴 කාන්දුව ②물방울, 똑똑 떨어짐. ¶ දිය සීරාව 물기

සීරැස් [씨-*래*쓰] 4면의 චතුරස්‍ර.

සීරි [씨-*리*] 피, 혈 රුධිරය, ලේ.

සීරි යකා [씨-*리* 야까-] 흡혈귀 රීරි යකා.

සීරීම† [씨-*리*-머] සීරෙනවා 의 동명사: 긁힘, 흠집 මතුපිට කැපී යාම. (구어) හීරීම

සීරු [씨-*루*] ①주의 깊은, 조심성 있는 ②똑바로 선, 곧바른, 직선의.

සීරු මාරුව [씨-*루* 마-*루*워] ①준비, 예비 සූදානම් (구어) ලෑස්තිය ②조심, 경계 පරිස්සම.

සීරු මාරුවට/සීරු මාරුවෙන් [씨-*루* 마-*루*워터/씨-*루* 마-*루*웬] ①조심스럽게, 주의하여 පරිස්සමෙන් ②똑바로 서서, 똑바르게 සෘජුව.

සීරුව [씨-*루*워] ①준비, 예비 සූදානම් (구어) ලෑස්තිය ②조심, 경계 පරිස්සම ③똑바로 서기, 차렷 සෘජුව සිටීම.

සීරුවට/ සීරුවෙන් [씨-*루*워터/씨-*루*웬] ①똑바로 서서, 똑바르게 සෘජුව ②끊임없이, 지속적으로 එක දිගට ③주의 깊게, 조심스럽게 ප්‍රවේසමෙන් ④쉽게, 문제없이 පහසුවට.

සීරුවෙන් සිටිනවා [씨-*루*웬 씨티너와-] ①똑바로 서다, 차렷 자세를 하다 සෘජුව සිටිනවා ②조심하다, 주의 깊게 서 있다 ප්‍රවේසමෙන් සිටිනවා.

සීරෙනවා† [씨-*레*너와-] සීරුණා-සීරී ①긁히다, 흠집이 나다 රූරනවා ②(물, 기름) 새다, 떨어지다 කාන්දු වෙනවා. සීරීම (구어) හීරෙනවා

සීලය [씰-러여] 도덕, 윤리, 예의 바름 ශීලය.

සීලාචාර [씰-라-차-*러*] 공손한, 예의 바른 ආචාරශීලී. (구어) හැදිච්ච

සීලාචාරකම [씰-라-차-*러*꺼머] 공손, 예의 바름 ආචාරශීලී බව.

සීලිම [씰-리머] 천장 සිවිලිම.

සීල් තබනවා [씰- 따버너와-] 도장을 찍다, 인장을 찍다 මුද්‍රා තබනවා. (구어) සීල් ගහනවා

සීවැල් [씨-왤] 쟁기 날(의).

සීසන් [씨-싼] 감각, 센스 සිහිසන්, සිහය හා සංඥාව.

සීසානවා† [씨-싸-너와-] සීසෑවා-සීසා (논, 밭) 갈아 일구다, 쟁기질하다, 갈아 엎다 හානවා. සීසෑම

සීසෑම [씨-쌔-머] සීසානවා 의 동명사: 쟁기질, 갈아 일굼, 갈아 엎음.

සීසීකඩ වෙනවා [씨-씨-꺼*더* 웨너와-] 조각나다, 조각 조각 깨지다.

ස

සිහ [씨-허] 사자의, 사자와 관련된 සිංහ.

සිහ හනු [씨-허 하누] 사자 턱 සිංහයකුගේ වැනි හනු.

සිහළ [씨-할러] 씽할러, 씽할러의 සිංහල.

සිහළ දීපය [씨-할러 디-뻐여] 씽할러 사람들의 섬.

සිහුම [씨-후머] සිහෙනවා 의 동명사: 적합, 알맞음, 어울림, 걸맞음 යෝග්‍යතාව.

සිහෙනවා [씨-헤너와-] සිහුණා-සිහී 어울리다, 걸맞다 ගැළපෙ-නවා. සිහුම

සු [쑤] 좋은, 멋진, 나은 හොඳ.

සුං [쑹] '끝난, 마친, 종료된'의 뜻을 가진 접두사.

සුංක/සුංකම් [쑹꺼/쑹깜] 세금 අයබද්ද.

සුංගම්† [쑹감] 세금 අයබද්ද.

සුංවත් [쑹왇] 세금 අයබද්ද.

සුංසුමාර [숭쑤마-러] 악어 කිඹුලා.

සුකර [쑤꺼러] 쉬운, 손쉬운, 용이한 ලෙහෙසි.

සුකුමාර/සුකුමාල [쑤꾸마-러/쑤꾸말-러] 부드러운, 온화한, 온유한 මෘදු.

සුකුරුත්තං [쑤꾸룯땅] 넌센스, 불필요한 일 විකාර.

සුකොමල [쑤꼬멀러] 온화한, 부드러운, 고운 සියුමැලි.

සුක්කානම‡ [쑥까-너머] 키, 방향키, 운전대. (복) *සුක්කානම්*

සුබ [쑤꺼] 건강한, 강건한, 튼튼한 සුව.

සුබනම්‍ය [쑤거남미여] 잘 구부러지는, 쉽게 휘어지는 හොඳින් නැමෙනසුලු.

සුබය [쑤꺼여] 건강, 강건, 튼튼함 සැපය.

සුබ ස්ථානය [쑤꺼 쓰따-너여] 요양소, 새너토리엄 සැනටෝරි-යම.

සුබාවබෝධය [쑤까-워보-더여] 쉬운 이해.

සුබාවහ [쑤까-와하] 만족하는, 기뻐하는 සැප ගෙනෙන.

සුබාස්වාදය [쑤까-쓰와-더여] 만족, 만족함 තෘප්තිය.

සුබිත [쑤끼떠] 기쁜, 즐거운 සතුටු වූ.

සුබිත මුදිත [쑤끼떠 무디떠] 기쁘고 즐거운 මුදිත.

සුබෝච්චාරණය [쑤꽂-차-러너여] 쉬운 발음 සුවසේ උසුරු වීම.

සුබෝපභෝගී‡ [쑤꼬-빠보-기-] 호화스러운, 럭셔리한, 사치스러운 සැප ගෙන දෙන.

සුගත/සුගත් [쑤가떠/쑤같] 진리의 길(불도)을 따른 යහමග ගිය.

සුගතිඳු [쑤가띤두] 부처님 බුදු වහන්සේ.

සුගතිය [쑤가띠여] 천국, 하늘나라 ස්වර්ගය.

සුගන්ධය [쑤간더여] 향기, 좋은 냄새 සුවඳ. ¶ දුගන්ධය 악취

සුගන්ධිත [쑤간디떠] 향기로운 සුවඳවත් කළ.

සුගඳ† [쑤간더] 향기 සුගන්ධය.

සුගම [쑤가머] 간단한, 평이한, 알기 쉬운 සරල.

සුගුණ [쑤구너] 고품질.

සුග [쑹거] 조금, 소량 ටික. (복) *සුගු*

සුගු [쑹구] ①조금, 소량의 ටික ②쌓아 올린 것, 퇴적, 더미.

සුචරිතය [쑤차리떠여] 좋은 성격, 좋은 성품 පහපත් චරිතය.

සුචිර [쑤치러] 아주 긴 시간(의) ඉතා දීර්ඝ කාලය.

සුජාත [쑤자-떠] 귀한, 친자의, 적출의, 적통의 වංශවත්.
¶ අවජාත 천한, 서자의

සුජීව [쑤지-워] 잘 사는, 좋은 삶을 사는.

සුඤ්ඤතා [쑨녀따-] ①빔, 공허 ②빈, 공허한.

සුඤ්ඤාගාරය [쑨냐-가-러여] 외딴 집.

සුට්ටා [쑽타-] 남자애 චුට්ටා.

සුට්ටී [쑽티-] 여자애, 계집애 කුඩා ගැහැනු ළමයා.

සුණු/සුනු [쑤누] 석회(건축 미장에 사용하는 하얀 가루), 가루, 분말 හුනු.

සුත [쑤떠] ①아들 පුතා ②부처님의 설교, 강연 සූත්‍රය ③실 නූල.

සුත [쑤떠] ①들린, 들려진 ඇසූ ②유명한, 저명한 ප්‍රසිද්ධ වූ.

සුතන [쑤떠너] 아들(의), 자녀(의) පුත්‍රයා.

සුතුර [쑤뚜러] ①부처님의 설교, 강연 සූත්‍රය ②실 නූල.

සුද† [쑤더] 하얀색, 백색, 하얌 සුදු පාට. (복) *සුදු* (문어) ශ්වේත වර්ණය

සුද තබනවා/සුද තියෙනවා [쑤더 따버너와-/쑤더 띠예너와-] 하얀 시멘트(후누)를 바르다 සුදු හුනු පිරියම් කරනවා.

සුදන/සුදනා [쑤더너/쑤더나-] 착한 사람, 선한 사람, 선인 හොඳ ජනයා. (복) *සුදනන්*
¶ දුදනා 악인

සුදනා [쑤더나-] 착한 사람, 선한 사람, 선인 හොඳ ජනයා. (복) *සුදනන්* ¶ දුදනා 악인

සුදන්ත [쑤단떠] ①좋은 이빨 හොඳ දත් ②품행이 바른, 예의 바른.

සුද යෑම [쑤더 얘-머] (의학) 월경 과다(증) ශ්වේත ප්‍රදරය.

සුදර්ශන [쑤다르셔너] ①아름다움 සුදසුන ②보기 좋은, 경치가 좋은, 아름다운 ලක්ෂණ.

සුදර්ශී [쑤다르쉬-] 보기좋은, 아름다운 මනා පෙනුමක් යුත්.

සුදසුන [쑤더쑤너] 좋은 경치, 아름다운 풍경, 아름다움 යහපත් දර්ශනය.

සුදස් සින්නක්කරය [쑤다쓰 씬낚꺼러여] 재산 양도 증서 සින්නක්කර ඔප්පුව.

සුදහ ගින්න [쑤다하 긴너] 배고픔, 허기 බඩගින්න.

සුදින්න [쑤딘너] 잘 주어진, 잘 수여된 මනා සේ දෙන ලද.

සුදී [쑤디-] 도덕적인 사람의, 착한 사람의.

සුදු‡ [쑤두] 하얀, 백색의. (문어) ධවල

සුදු අලියා [쑤두 알리야-] 불필요한 지출을 하는 일.

සුදු ඉංගිරියාව [쑤두 잉기리야-워] (눈) 각막(角膜).

සුදු ඊයම් [쑤두 이-얌] 백연(白鉛).

සුදු කරනවා† [쑤두 꺼러너와-] 표백하다, 희게 하다.

සුදුදුරු [쑤두두루] (미나릿과 식물) 커민 씨(조리용, 약용).

සුදුමැලි‡ [쑤두맬리] 창백한, 혈색이 없는 මලානික.

සුදුයකඩ† [쑤두야꺼더] 스테인레스철.

සුදුරෙදි† [쑤두레디] 하얀 천.

සුදුලූණු‡ [쑤둘루-누] 마늘.

සුදුලූණු පොඩි කරනවා [쑤둘루-누 뽀디 꺼러너와-] 마늘을 찧다, 마늘을 빻다.

ස

සුදුසු‡ [쑤두쑤] 적당한, 적절한, 알맞은 ගැළපෙන. ¶ නුසුදුසු 부적절한, 어울리지 않는

සුදුසුකම‡ [쑤두쑤꺼머] 자격, 적절성, 적합성 ගැළපීම.

සුදුස්සා [쑤듔싸-] 적임자, 적합한 사람, 알맞은 사람 ගැළපෙන තැනැත්තා. (복) *සුදුස්සෝ*

සුදු හඳුන් [쑤두 한둔] (식물) 백단향.

සුදුහුණු [쑤두후누] 백석회, 백악.

සුදුහුණු ගානවා† [쑤두후누 가-너와-] 벽에 하얀 회칠을 하다.

සුදෝසුදු [쑤도-쑤두] 순백의, 완전 하얀 ඉතාමත් සුදු.

සුද්ද/සුද්ධ [쑫더] 깨끗한, 청결한, 정결한 ශුද්ධ.

සුද්ද කරනවා‡ [쑫더 꺼러너와-] ①청소하다, 깨끗하게 하다 පිරිසිදු කරනවා ②껍질을 벗기다.

සුද්දා† [쑫다-] 백인, 서양사람 සුදු මිනිසා.

සුද්දී [쑫디-] 백인 여성 සුදු කාන්තාව.

සුධර්ම [쑤다르머] 훌륭한 교리, 가르침.

සුධා [쑤다-] ①석회, 석회가루 හුණු ②신의 음식, 신찬 අමා රසය.

සුධා ධවල [쑤다- 다월러] 벽에 회칠을 한 සුදු හුණු පිරියම් කළ.

සුධා භෝජනය [쑤다- 보-저너여] 신의 음식, 신찬 අමෘතය.

සුනංගු [쑤낭구] 늦은, 지연된 ප්‍රමාද. (구어) පරක්කු

සුනංගුව [쑤낭구워] 늦음, 지연 ප්‍රමාදය. (구어) පරක්කුව

සුනඛයා [쑤너꺼야-] 개, 사냥개. (구어) බල්ලා

සුනන්ද [쑤난더] 아주 기뻐하는, 아주 즐거워하는 ඉතා සතුටු.

සුනම්‍ය [쑤넘미여] 휘어지는, 굽어지는 නම්‍යශීලී.

සුනිමල† [쑤니말러] 아주 깨끗한, 고결한, 아주 정결한 ඉතා පිරිසිදු.

සුනිල [쑤닐러] 진한 파랑의, 진파랑의 ඉතා නිල්.

සුනු/සුණු [쑤누] 석회(건축 미장에 사용하는 하얀 가루), 가루, 분말. (구어) හුනු

සුනු වඩුවා [쑤누 와두와-] 석회 굽는 이.

සුනුවම [쑤누워머] 하얀색을 칠하는, 석회를 바르는.

සුනු විසුනු කරනවා [쑤누 위쑤누 꺼러너와-] 파괴하다, 부수다, 없애버리다, 멸망시키다 කඩා විනාශ කරනවා.

සුනේ සුන් [쑤네- 쑨] 완전히 없어진 නැත්තටම නැතිවෙලා.

සුනෙර [쑤네러] 전설에 나오는 아주 큰 바위산, 마하메루 මහ මේරු පර්වතය.

සුන් [쑨] ①부서진, 깨진, 멸망한 බිඳුණු ②가루, 분말 ධූලි.

සුන් කරනවා [쑨 꺼러너와-] 부수다, 깨부수다, 멸망시키다 විනාශ කරනවා.

සුන්දර‡ [쑨더러] 아름다운, 잘생긴, 우아한, 품위있는 මනහර. (구어) ලස්සන

සුන්දරිය [쑨더리여] ①여자 애인 සොඳුරිය ②미녀, 미인.

සුන්නත් කිරීම [쑨낟 끼리-머] ①(이슬람, 유대교) 할례 චර්ම-ඡේදනය ②포경수술.

ස

සුන්බත් [쑨받] ①배고픔, 기아 බඩගින්න ②싸움, 다툼 රණ්ඩුව.

සුන්බුන්‡ [쑨분] ①폐기물들, (가치없는) 나머지들, 잔여물들 ② a. 부숴진, 깨진 සිඳින ලද b. 공허한, 빈 හිස්.

සුන්බුන් කරනවා‡ [쑨분 꺼러너와-] 박살내다, 부수다 සිඳිනවා.

සුන් සහල් [쑨 싸할] 절미, 깨진 쌀.

සුපතළ [쑤빠떨러] 아주 잘 알려진, 공공의 සුප්‍රසිද්ධ.

සුපරිශුද්ධ [쑤빠리숟더] 아주 거룩한, 정결한, 신성한 ඉතා ශුද්ධ.

සුපරීක්ෂාකාරී [쑤빠릮-샤-까-리-] 아주 조심성 있는, 아주 조심하는 ඉතා හොඳින් විමසා බලන.

සුපසන් [쑤빠싼] 아주 기뻐하는, 열광하는 සුප්‍රසන්න.

සුපසන්මත් [쑤빠싼맏] 아주 기뻐하는, 열광하는 සුප්‍රසන්න.

සුපැතුම් [쑤빼뚬] 인사, 축하.

සුපිපි [쑤삐삐] 만개한, 꽃이 잘 핀 හොඳට පිපුණු.

සුපිරි‡ [쑤삐리] 슈퍼, 아주 높은, 귀한 ඉතා උසස්.

සුපිරිසිදු† [쑤삐리씨두] 아주 깨끗한, 정결한, 거룩한 හොඳට පිරිසිදුවූ.

සිපිහිටි [쑤삐히티] 잘 세워진, 잘 건립된 සුප්‍රතිෂ්ඨිත.

සුපිළිපන් [쑤삘리빤] 주의깊게 연습한, 잘 연습한.

සුපුන් [쑤뿐] 가득, 가득찬, 꽉 찬 සම්පූර්ණ.

සුපුරුදු [쑤뿌루두] 일상적인, 익숙해진, 통례의, 습관적인 හොඳට පුරුදු.

සුපුල් [쑤뿔] 꽃핀, 개화한 පිපුණු.

සුපුෂ්පිත [쑤뿌쉬삐떠] 만개한, 꽃이 잘 핀 සුපිපි.

සුපූජිත [쑤뿌-지떠] 영광스러운, 존귀한 මනා සේ පිදුම් ලද.

සුපේශල [쑤뻬-셜러] 예의 바른, 잘 훈련된 මනා පැවතුම් ඇති.

සුප්‍රකට‡ [쑤쁘러꺼터] 잘 알려진, 유명한 සුප්‍රසිද්ධ.

සුප්‍රතිපන්න [쑤쁘러띠빤너] 잘 들어간, 잘 받아들여진 මනා සේ පිළිගත්.

සුප්‍රතිෂ්ඨිත [쑤쁘러띠쉬티떠] 잘 세워진, 설립이 잘 된 සුපිහිටි.

සුප්‍රබුද්ධ [쑤쁘러붇더] 만개한, 꽃이 잘 핀 පුපිපි.

සුප්‍රභාතය [쑤쁘러바-떠여] 찬란한 아침.

සුප්‍රසන්න [쑤쁘러싼너] 아주 기뻐하는, 열광하는 සුපසන්.

සුප්‍රසිද්ධ [쑤쁘러씯더] 아주 잘 알려진, 아주 유명한, 공공의 සුපතළ.

සුබ‡ [쑤버] 좋은, 행운의, 운좋은 සුභ. (구어) හොඳ

¶ සුබ අස්න (기독교) 복음

සුබ පැතුම්‡ [쑤버 빼뚬] 축하, 축하인사.

සුබස [쑤바써] 좋은 말 යහපත් බස.

සුබෝධ [쑤보-더] 잘 이해하는, 이해력이 좋은 පහසුවෙන් අවබෝධ වන.

සුභ† [쑤버] 좋은, 행운의, 운좋은 සුබ. (구어) හොඳ

¶ සුභ උදෑසනක් (아침 인사) 안녕하세요?

සුබද්‍ර [쑤바드러] 뛰어난, 탁월한, 엄청난 ඉතා හොඳ.

සුභසාධක‡ [쑤버싸-더꺼] 복지의, 후생의 ශුභසාධක.

සුභසාධන [쑤버싸-더너] 복지의, 후생의, 유익한, 이익을 가져오는 ශුභසාධන.

සුභසාධනය† [쑤버싸-더너여] 복지, 후생 ශුභසාධනය.

සුභාරංචිය‡ [쑤바-랑치여] (기독교) 복음, 좋은 소식.

සුභාෂිත [쑤바-쉬떠] සුභාෂිතය의 복수 또는 형용사: ①능변의, 웅변의, 말 잘 하는 ②능변들, 웅변들.

සුභාෂිතය [쑤바-쉬떠여] 능변, 웅변 යහපත් බස.

සුභික්ෂ [쑤빆셔] 풍요로운, 비옥한 සුලබ.

සුභ්‍ර [쑤브러] 하얀, 백색의 සුදු.

සුමංගල† [쑤망걸러] 길조의, 경사스러운, 행운의 සුමඟුල්.

සුමග/සුමඟ [쑤마거/쑤망거] 바른 길, 좋은 길 යහමග.

සුමට [쑤마터] 아주 부드러운, 아주 매끈한 ඉතා මටසිලුටු.

සුමධුර [쑤마두러] 아주 달콤한 ඉමිහිරි.

සුමන [쑤마너] 좋은 마음, 선한 마음 හොඳ හිත.

සුමන කූට [쑤머너 꾸-터] (지명) 아담스픽, 스리파다.

සුමනා [쑤머나-] ①자스민 (꽃) 줄기 මාලතී (මල්) වැල ②좋은 마음을 지닌, 즐거운 마음의 මනා සිත් ඇති.

සුමානය‡ [쑤마-너여] 한 주, 7일 සතිය.

සුමිතුරු [쑤미뚜루] 아주 친한, 아주 다정한 හොඳ හිතවත්.

සුමිත් [쑤믿] 좋은 친구(의) සුමිතුරා.

සුමිහිරි† [쑤미히리] 아주 달콤한 සුමධුර.

සුමුඛ [쑤무꺼] ①환한 얼굴의, 기쁜, 즐거운 ප්‍රීතිමත්, සුමුව ②배운, 유식한, 식자의 පණ්ඩිත.

සුමුදු [쑤무두] 아주 부드러운, 안락한 ඉතා මෘදු.

සුමුව [쑤무워] ①환한 얼굴, 기쁜 얼굴 සුමුඛය, සෝබන මුහුණ ②사슴 මුවා.

සුමුව [쑤무워] 환한 얼굴의, 기쁜, 즐거운 ප්‍රීතිමත්. (구어) සතුටු

සුමුසු [쑤무쑤] 잘 섞인, 잘 혼합된 සම් මිශ්‍ර.

සුමේ කරනවා [쑤메- 꺼러너와-] (다른 사람을 위해) 노력하다, 진력하다.

සුමේධ† [쑤메-더] 유식한, 식자의 පණ්ඩිත.

සුම්බරය [쑴버러여] 터번.

සුඹස [쑴버써] 개미탑, 개밋둑 තුඹස. (구어) හුඹස

සුඹුල [쑴불러] (해부학) 표피, 외피, 상피 පිටසම. (복) සුඹුළු

සුඹුළුව [쑴불루워] (해부학) 표피, 외피, 상피 පිටසම.

සුයාම [쑤야-머] 천국 දෙව්ලොව.

සුර† [쑤러] ①신성한, 신적인, 신의 දිව්‍ය, දේව ②하늘의, 천국의 ස්වර්ග. ¶ සුරලොව 천국

සුර [쑤러] සුරය 의 복수 또는 형용사: ①부적들, 부적의 යන්ත්‍ර ②부적 상자들, 부적 상자의.

සුරංගනාව‡ [쑤랑거나-워] 하늘의 요정, 여신 දෙවඟන.

සුරකිනවා [쑤러끼너와-] සුරැකුවා-සුරැක 잘 보호하다, 잘 돌보다 සුවසේ ආරක්ෂා කරනවා. <u>සුරැකීම/සුරැකුම</u>

සුරක්ත/සුරත් [쑤랔떠/쑤랕] 진홍색의, 진한 빨강의 ඉතා රතු.

සුරක්ෂණය† [쑤랔셔너여] 안전, 보호, 철통 수비, 방어 සම්පූර්ණ ආරක්ෂාය.

සුරක්ෂිත‡ [쑤랔쉬떠] ①잘 보호된, 안전한, 견고한 ②준수된, 지켜진 පවත්වන ලද.

සුරක්ෂිතතාව [쑤랔쉬떠따-워] 안전, 보호.

සුරගුරු [쑤러구루] ①신성한 교사 ②목성 බ්‍රහස්පති ග්‍රහයා.

සුරඟන† [쑤랑거너] 하늘의 요정, 여신 දෙවඟන.

සුරත [쑤러떠] ①오른손, 강한 손 දකුණත ②진빨강 තද රතු පැහැය.

සුරතලය [쑤러딸러여] 귀여워함, 쓰다듬어 줌 සුරතල් කිරීම.

සුරතලා† [쑤러딸라-] 페트, 애완동물.

සුරතල්‡ [쑤러딸] 귀여운, 깜찍한. (구어) හුරතල්

සුරතල් කරනවා‡ [쑤러딸 꺼러너와-] ①귀여워하다, 껴안고 귀여워하다 ②애무하다. (구어) හුරතල් කරනවා

සුරතාන්තය [쑤러딴-떠여] 오르가즘, 성적쾌락 මෛථුන්දමෙහි අවසාන අවස්ථාව.

සුරතුර [쑤러뚜러] 신성한 나무 දිව්‍ය වෘක්ෂය.

සුරත් [쑤랕] සුරත 의 형용사: ①오른손의 ②진빨강의.

සුරත් තට්ටුව [쑤랕 땉투워] 가죽으로 만들 북의 소리내는 부분.

සුරදුම [쑤러두머] 신성한(하늘의) 나무 සුරතුර.

සුරදූතයා† [쑤러두-떠야-] 천사 දේවදූතයා.

සුරද්‍රැමය [쑤러드래머여] 신성한 (하늘의) 나무 සුරතුර.

සුරනා/සුර නාථ/සුරනිඳු/සුර පති [쑤러나-/쑤러나-떠/쑤러닌두/쑤러빠띠] 최고의 신, 수크라 ශක්‍රයා.

සුරපුර† [쑤러뿌러] 천국, 하늘 දෙව් ලොව.

සුරප්පට්ටුව [쑤랖빹투워] 북의 두드리는 부분, 소리내는 부분.

සුරබි/සුරභි [쑤러비] ①신성한 암소 ②향, 향기 ③향기로운, 빛나는.

සුරබි දෙන [쑤러비 데너] 신성한 암소.

සුරමඟ/සුරමග් [쑤러망거/쑤러막] 하늘 අහස.

සුරමිණ/සුරමිණි [쑤러미너/쑤러미니] 신성한 보석 චින්තා මාණික්‍යය.

සුරම්‍ය [쑤람미여] 아주 아름다운, 매혹적인 ඉතා ලස්සන.

සුරඹ/සුරවමිය [쑤람버/쑤러워미여] 여신 දෙවඟන.

සුරය [쑤러여] ①부적, 호부 යන්ත්‍රය ②(부적 등을 넣는) 상자, 작은 궤.

සුරරද [쑤러라더] 최고의 신, 수크라 ශක්‍රයා.

සුර රිපු [쑤러 리뿌] 신의 적, 사단 අසුර.

සුරලොව† [쑤럴로워] 신들의 세계, 천국 ස්වර්ගය.

සුරවමිය [쑤러워미여] 여신 දෙවඟන.

සුරවිය [쑤러위여] 무지개 දේදුන්න.

සුරස [쑤러써] 아주 맛있는, 아주 맛나는 ඉතා රස.

සුරසාල [쑤러쌀-러] 신성한 (하늘의) 나무 සුරතුරු.

සුරසැව් [쑤러쌔우] 무지개 දේදුන්න.

සුරා† [쑤라-] සුරාව 의 복수 또는 형용사: ①주류, 술 මත්පැන් බීම ②술의, 주류의.

සුරාධූර්තයා [쑤라-두-르떠야-] 알콜 중독자.

සුරාපානය† [쑤라-빠-너여] 주류, 술 මත්පැන් බීම.

සුරාබදු [쑤라-바두] 소비세, 물품세, 면허세.

සුරාමදය [쑤라-마더여] 취함, 도취, (의학) 중독 වෙරි ගතිය.

සුරාව† [쑤라-워] 주류, 술 මත්පැන් බීම.

සුරාසල/සුරාසැල [쑤라-쌀러/쑤라-쌜러] 술집, 선술집.

සුරාසොඬා [쑤라-쏜다-] 술고래, 술꾼 බේබද්දා.

සුරැකි [쑤래끼] සුරැකෙනවා 의 형용사적 과거용법: 안전한, 잘 보호된 සුරක්ෂිත.

සුරැකිතාව/සුරැකියාව† [쑤래끼따-워/쑤래끼야-워] 보호, 안전 සුරක්ෂිත භාවය.

සුරැකුම/සුරැක්ම [쑤래꾸머/쑤래끄머] සුරැකෙනවා 의 명사: 보호, 안전 ආරක්ෂාව.

සුරැකුම් පත [쑤래꿈 빠떠] 차용 증서, 채권, 채무 증서.

සුරැකෙනවා [쑤래께너와-] සුරැකුණා-සුරැකී(සුරැක) සුරකිනවා 의 피동사: 잘 보호받다, 잘 보호 되어지다 ආරක්ෂා වෙනවා. <u>සුරැකීම/සුරැකුම</u>

සුරිඳු [쑤린두] 신들의 왕, 사카 ශක්‍රයා.

සුරිය [쑤리여] 해의, 태양의 සූර්ය.

සුරු [쑤루] ①현명한, 똑똑한 දක්ෂ ②용감한 ශූර ③아름다운, 미모의 සුරූපි ④비슷한, 유사한 සාදෘශ්‍ය ⑤많은, 초과의 අධික.

සුරු [쑤루] ①현명, 똑똑함 දක්ෂ බව ②용감, 용맹 ශූර බව ③힘, 능력 බලය ④오른쪽 දකුණ ⑤엄지와 중지로 '딱'하고 내는 소리 ⑥해, 태양 සූර්යයා.

සුරුංඩු කරනවා [쑤룽두 꺼러너와-] 둘둘 말다, 감다 අතුළනවා.

සුරුක්කම [쑤룩꺼머] ①절약, 검소 සකසුරුවම් කම ②용맹, 용감 ශූරකම ③빠름, 빠른 속도 යුහුකම.

සුරුට්ටුව‡ [쑤룻투워] (담배) 시가, 여송연.

සුරුණ්ඩ [쑤룬디] ①한 룽, 한 롤 සරඹුව ②둘둘 말은, 감은 ගුළි වූ.

සුරුබුහුටි [쑤루부후티] 예쁜, 현명하고 용감한, 매력있는, 호감을 주는 ශෝභන.

සුරුවම [쑤루-워머] ①성상, 우상 දේව ප්‍රතිමාව ②절차, 순서 පිළිවෙළ.

සුරුවම් [쑤루-왐] ①성상들, 우상들 දේව ප්‍රතිමා ②절차를 따라, 순서대로 පිළිවෙළට ඇති.

සුරූපි [쑤루-삐-] 아주 아름다운, 절세 미모의 මනා රුවැති.

සුරේන්ද්‍රයා [쑤렌-드러야-] 최고의 신, 사크라 신 ශක්‍රයා.

සුල [쑬러] ①노(爐), 아궁이, 화덕, 용광로 උදුන ②횃불 හුල ③촉, 송곳 උල ④친구, 벗 යහළුවා ⑤머리 කොණ්ඩය.

ස

සුලකර [쑬라꺼러] 아주 아름다운, 아주 고운 ඉතා අලංකාර. (구어) ඉතා ලස්සන

සුලකළ [쑬러껄러] 잘 치장한, 잘 꾸민 හොඳින් සැරසූ.

සුලක්ෂිත [쑬락쉬떠] 잘 표시된, 잘 마크된 හොඳින් ලකුණු වූ.

සුලබ/සුලභ† [쑬라버] ①일반적인, 보통의, 평범한 හැම තැනම තිබෙන ②많은, 다수의 බහුල.

සුලමුල [쑬러물러] 상세, 상보, 명세서 වගතුග.

සුලලිත [쑬랄리떠] 예쁜, 아름다운 හැඩවත්.

සුලැඟිල්ල† [쑬랭길러] 새끼 손가락 සුළඟිල්ල.

සුලු† [쑬루] ①아주 작은, 소수의, 소량의 පුංචි, කුඩා ②금세 ~하는 (앞에 동사의 형용사적 현재 형태가 나옴). ¶ මැරෙන සුලු 금세 죽는 ඇවිළෙන සුලුයි 금세 불타오른다

සුලුප්පුව [쑬룹뿌워] 돛대가 하나인 배.

සුලෝචන [쑬로-처너] 아름다운 눈 ලස්සන ඇස්.

සුව [쑤워] ①자기의, 자신의 ස්වකීය ②앵무새의 ගිරා.

සුව† [쑤워] ①건강(한), 튼튼(한), 위생(의) සැප ②(불교) 열반 නිවන, නිර්වාණය.

සුව කරනවා‡ [쑤워 꺼러너와-] 치유하다, 치료하다 සුවපත් කරනවා.

සුව කැන් [쑤워 깬] 앵무새 무리들 ගිරා රෑන්.

සුවච [쑤워처] 순종하는, 말 잘 듣는, 복종하는 කීකරු.

සුවට [쑤워터] ①(작은) 공 모양의 මනාව වට වූ ②좋은 비(의) යහපත් වර්ෂාව

සුවර්ණ [쑤완너] 금(의), 황금(의) රන්.

සුවදුක්† [쑤워둒] 형편, 처지, 기쁨과 슬픔.

සුවන්දිරම් [쑤완디람] 작물세 හුවන්දිරම්.

සුවඳ‡ [쑤원더] 향기, 향 සුගන්ධය. ¶ ගඳ සුවඳ විඳිනවා 냄새를 맡다

සුවඳතලා‡ [쑤원더딸라-] 박하, 민트 ඉරමුසු.

සුවඳදුම්† [쑤원더둠] 향 연기.

සුවඳලාටු [쑤원덜라-투] 몰약 ගන්ධරසය.

සුවඳ විලවුන්‡ [쑤원더 윌러운] 향수 සුවඳ ආලේප.

සුවපත් [쑤워빧] 건강한, 치료받은 සුවය ලැබූ.

සුවපත් කරනවා† [쑤워빧 꺼러너와-] 치료하다, 치유하다 සුව කරනවා. ¶ යේසුනි, මාව සුවපත් කරන්න 예수님, 저를 치유해 주세요

සුවය‡ [쑤워여] ①치유, 치료 ②건강, 위생 සෞඛ්‍යය.

සුවයේ [쑤워예-] 건강하게.

සුවහස [쑤와하써] 십만 ලක්ෂය.

සුවාසූ දහස [쑤와-쑤- 다하써] 팔만 사천, 84000 අසූ හාර දහස.

සුවිශේද්‍ය [쑤위끄녜-여] 잘 이해하는.

සුවිනීත [쑤위니-떠] 매우 예의 바른, 매우 공손한 ඉතා විනීත.

සුවිපුල [쑤위뿔러] 아주 큰, 거대한 සුවිශාල.

සුවිභේද නිම්නය [쑤위베-더 님너여] (지리) 지구대.

ස

සුවිමල් [쑤위말] 아주 순전한, 아주 순결한 ඉතා පිරිසිදු.

සුවිශද [쑤위셔더] ①극명한, 아주 분명한 ඉතා පැහැදිලි ②아주 순전한, 아주 순결한 ඉතා පිරිසිදු.

සුවිශාල/සුවිසල් [쑤위샬-러/쑤위쌀] 광대한, 매우 큰 දැවැන්ත.

සුවිශුද්ධ† [쑤위숟더] 아주 거룩한, 아주 깨끗한 අති ශුද්ධ.

සුවිශේෂ/සුවිශේෂී [쑤위쉐-셔/쑤위쉐-쉬-] 아주 특별한 ඉතා විශේෂ.

සුවිසල්† [쑤위쌀] 광대한, 매우 큰 සුවිශාල.

සුශික්ෂිත [쑤쉮쉬떠] 잘 훈련된 මනා සේ හික්මුණු.

සුශීල [쑤쉴-러] ①덕이 높은, 덕행이 있는, 고결한 යහපත් ශීලය ඇති ②덕(의), 덕행(의) යහපත් ශීලය.

සුෂිර [쑤쉬러] ①구멍(의), 홀(의) ②플루트, 피리 සුසිර.

සුෂුම්නාව [쑤숨나-워] 척수, 등골.

සුසංගත [쑤쌍거떠] ①주어진, 부여된 යුක්ත, සමන්වි ②지키는, 따르는 අනුකූල වූ.

සුසංගමය [쑤쌍거머여] 일치, 화합, 조합 එකමුතුකම.

සුසංයත [쑤쌍여떠] 잘 훈련된 සුශික්ෂිත.

සුසංයමය [쑤쌍여머여] 절제, 자제 ආත්ම දමනය.

සුසංයුතිය [쑤쌍유띠여] 구성, 합성, 조합 අඩංගුවීම.

සුසංරක්ෂිත [쑤쌍띾쉬떠] 잘 보호받는, 잘 보관된.

සුසංවිධාන [쑤쌍위다-너] 잘 준비된, 잘 예비된.

සුසර [쑤써러] 잘 조율된, 잘 조정된 මනා සරින් යුත්.

සුසර කරනවා [쑤써러 꺼러너와-] ①적합하게 하다, 조정하다, 조절하다 ②(악기를) 조율하다, 조음하다.

සුසාන භූමිය/සුසානය‡ [쑤싸-너 부-미여/쑤싸-너여] 묘지, 공동묘지 සොහොන් පිටිය.

සුසැද/සුසැදි [쑤쌔더/쑤쌔디] 잘 만들어진, 잘 준비된 මනා සේ සෑදුණු.

සුසිනිඳු [쑤씨닌두] 아주 부드러운 ඉතා සිනිඳු.

සුසිර [쑤씨러] ①구멍, 동공 ②플루트, 피리.

සුසිරි [쑤씨리] 덕행, 선행, 예의바름.

සුසිල් [쑤씰] 덕이 높은, 덕행이 있는, 고결한.

සුසුම† [쑤쑤머] 한숨, 한숨을 쉼 සුසුම් හෙළීම. (복) *සුසුම්* ¶ සුසුම් ලානවා 한숨을 쉬다

සුසුම් ලානවා‡ [쑤숨 라-너와-] සුසුම් ලෑවා-සුසුම් ලා 한숨 쉬다. <u>සුසුම් ලෑම</u>

සුස්ථිර [쑤쓰띠러] 아주 확고한 ඉතා ස්ථිර.

සුස්ම [쑤쓰머] 숨, 호흡. (구어) හුස්ම

සුහද† [쑤하더] ①친구, 동무 මිතුරා ②친애하는, 소중한, 가까운 හිතවත් ③친절한.

සුහදතාවය† [쑤하더따-워여] 정, 가까움, 소중함 හිතවත්කම.

සුහුඹුලා [쑤훔불라-] 어른, 성인 වැඩුණු පුද්ගලයා.

සුහුඹුල් [쑤훔불] 성인의, 어른의, 성장한 වැඩුණු.

සුහුරු [쑤후루] 장인(의), 시아버지(의) මාමා.

ස

සුහුරු බඩු [쑤후루 바두] 사촌, 매형, 형부, 자부 මස්සිනා.

සුහෘත්/සුහෘදයා [쑤흐룯/쑤흐루더야-] 착하고 좋은 마음을 가진 사람.

සුළ [쑬러] ①횃불, 손전등 ගිනි හුළ ②친구, 동무 යහළුවා.

සුළං‡ [쑬랑] සුළඟ 의 복수 또는 형용사: ①바람 ②바람의 මාරුත. (구어) හුළං ¶ සුළං රොද 바람

සුළං කපොල්ල [쑬랑 까뽈러] (지리) 산등성이에 생긴 브이(V)자형의 풍극(風隙).

සුළං පෙත්ත [쑬랑 뻬떠] 풍향기.

සුළං මුවාව [쑬랑 무와-워] 바람이 불어 가는 쪽.

සුළං මූණත [쑬랑 무-너떠] 바람이 불어오는 쪽.

සුළං මෝය‡ [쑬랑 모-여] 풍차, 윈드밀 හුළං මෝල.

සුළඟ‡ [쑬렁거] 바람 මාරුතය. (복) *සුළං* (구어) හුළඟ

සුළඟිල්ල/සුළැඟිල්ල† [쑬랑길러/쑬랭길러] 새끼 손가락 සුලැඟිල්ල.

සුළි ඇණය [쑬리 애너여] 나사못 ඉස්කුරුප්පු ඇණය.

සුළිය [쑬리여] 소용돌이, 선풍.

සුළි සුළඟ† [쑬리 쑬렁거] 폭풍, 광풍 සැඩ සුළඟ.

සුළු‡ [쑬루] ①아주 작은, 소수의, 소량의 පුංචි, කුඩා ②단순한, 간단한 ③의붓의, 계~ (계모) ④금세 ~하는 (앞에 동사의 형용사적 현재 형태가 나온다) සුලු. ¶ ඇවිළෙන සුලුයි 금세 불타오른다 මැරෙන සුලු 금세 죽는

සුළු අක්ෂය [쑬루 악셔여] (타원의) 단축.

සුළුකම† [쑬루꺼머] ①소수, 소량 ②경멸, 무시 සමච්චලය.

සුළු කරනවා† [쑬루 꺼러너와-] ①경멸하다, 무시하다 පහත් කරනවා ②단순화하다.

සුළු කිරීම [쑬루 끼리-머] ①경멸, 무시 පහත් කිරීම ②단순화, 간단화.

සුළු කෝණය [쑬루 꼬-너여] (수학) 예각.

සුළු ගුණාකාරය [쑬루 구나-까-러여] (수학) 최소 공약수.

සුළු ජාතිය† [쑬루 자-띠여] 소수 민족, 소수파 සුළුතරය.

සුළුතරය [쑬루떠러여] 소수, 소수파 සුළු ජාතිය. ¶ බහුතරය 다수

සුළු දරුවා [쑬루 다루와-] 양자, 입양애.

සුළුදිය [쑬루디여] 오줌, 뇨 මුත්‍රය.

සුළු පටු [쑬루 빠투] ①아주 작은, 중요하지 않은 කුඩා ②단순한, 간단한.

සුළු පහේ [쑬루 빠헤-] 하잖게, 무의미하게, 아주 작게 ඉතා කුඩා, සුළු ප්‍රමාණයේ.

සුළු පියා‡ [쑬루 삐야-] 양 아버지, 의붓 아버지 කුඩප්පා.

සුළු පොලිය [쑬루 뽈리여] (이자) 단리.

සුළු මව‡ [쑬루 마워] 양어머니, 계모 කුඩම්මා.

සුළු මුදල්† [쑬루 무달] 잡비, 소액현금.

සුළු වඩදිය [쑬루 와더디여] (조수의) 소조, 최저조 කුඩා වඩදිය.

සුළු සහෝදරයා [쑬루 싸호-더러야-] 이복형제, 배다른 형제.

සූ [쑤-] ①실(의), 줄(의) නූල ②스프(의), 국물(의) සූපය.

සූකරයා [쑤-꺼러야-] 돼지. (구어) ඌරා.

සූකිරි‡ [쑤-끼리] 사탕, 캔디 ටොපිය.

සූක්ෂ්ම‡ [쑥-쉬머] ①미세한, 아주 작은 ඉතා කුඩා ②섬세한, 예민한, 날카로운 තියුණු.

සූක්ෂ්ම දර්ශක කණ්ණාඩිය‡ [쑥-쉬머 다르셔꺼 깐나-디여] 현미경 සූක්ෂ්ම දර්ශකය.

සූචකය [쑤-처꺼여] 지시기, 표시기.

සූචි [쑤-치] සූචිය 의 복수 또는 형용사: ①목차(의) පටුන ②바늘(의) සිහින් උල් කොළය.

සූචිකර්මය [쑤-치까르머여] 박음, 박음질, 봉합 මැහීම.

සූචිතිය [쑤-치띠여] 바늘 ඉදිකටුව.

සූචි පත්‍රය [쑤-치 빠뜨러여] ①목차 පටුන ②바늘 ③잎, 나뭇잎.

සූචි මාර්ගය [쑤-치 마-르거여] 재봉선.

සූචිය† [쑤-치여] ①목차 පටුන ②바늘.

සූටි [쑤-티] 아주 작은, 조그만 ඉතා කුඩා. (구어) චූටි.

සූණා [쑤-나-] (집에 사는) 도마뱀. (구어) හූණා

සූතිකර්මය [쑤-띠까르머여] 산파일 වින්නඹුකම.

සූතිකාගාරය† [쑤-띠까-가-러여] 분만실 සූති ශාලාව.

සූතිස් [쑤-띠쓰] 34, 삼십 사 තිස් හතර.

සූත්‍ර පිටකය [쑤-뜨러 삐터꺼여] 불교의 경, 율, 논 삼장 중 경으로 부처님과 부처님 제자들의 가르침, 교의를 적은 서적. ¶ ත්‍රිපිටකය 불경: 불교의 경, 율, 논 삼장.

සූත්‍රය† [쑤-뜨러여] ①교훈, 계시, 묵시 එළිදරව්ව ②실, 바느질 실 නූල්.

සූත්‍රකාරයා [쑤-뜨러까-러야-] 사기꾼, 협잡꾼 වන්චාකාරයා.

සූත්‍රධාරයා/සූත්‍රධාරියා [쑤-뜨러다-러야-/쑤-뜨러다-리야-] 무대 감독.

සූත්‍රල [쑤-뜨럴러] 섬유질의, 섬유성의 තන්තුමය.

සූත්‍රලාව [쑤-뜨럴라-워] (물레의) 가락: 실을 자아 감는 토리 구실을 하는 막대기, (방적 기계의) 방추(紡錐).

සූත්‍රාකාර [쑤-뜨라-까-러] 실모양의 නූලක් වැනි.

සූත්‍රිකාව [쑤-뜨리까-워] ①(전구) 필라멘트 ②가는 줄.

සූද [쑤-더] ①요리사(의) අරක්කැමියා ②공주에게서 태어난 사람.

සූදනම† [쑤-다-너머] 준비, 채비 පිළියෙල කිරීම. (복) *සූදානම්* (구어) ලෑස්තිය

සූදනම් [쑤-다-남] 준비된, 채비된 පිළියෙල වුණු.

සූදනම් කරනවා† [쑤-다-남 꺼러너와-] 준비하다, 채비하다 පිළියෙල කරනවා. (구어) ලෑස්ති කරනවා

සූදු අන්තුවා [쑤-두 안뚜와-] 도박 딜러, 게임 딜러.

සූදුකාරයා† [쑤-두까-러야-] 도박하는 사람, 도박꾼 සූදුවා.

සූදු කෙළිය/සූදුකෙළීම [쑤-두 껠리여/쑤-두 껠리-머] 도박, 내기.

සූදු කෙළිනවා† [쑤-두 껠리너와

ස

-] සුදු කෙළියා-සුදු කෙළ 도박하다, 내기하다.

සුදු පළ [쑤-두 뻘러] 도박 장소.

සුදුරු [쑤-두루] 하얀 커민 씨 සුදු දුරු.

සුදුව [쑤-두워] 도박, 내기 සුදු කෙළිය.

සුදුවා [쑤-두와-] 도박꾼, 도박하는 사람, සුදුකාරයා.

සූනාගාරය [쑤-나-가-러여] 도살장, 도축장 සත්ව ඝාතකාගාරය.

සූනියම [쑤-니여머] (악한) 저주의 주문, 마력, 마법 කොඩිවිනය. (구어) හූනියම

සූනියම් කපනවා [쑤-니얌 까뻐너와-] 마법의 주문을 파괴하다, 떨쳐버리다.

සූනියම් කරනවා [쑤-니얌 꺼러너와-] (나쁜 목적으로 하는) 흑주술을 행하다. (구어) හූනියම් කරනවා

සූපනස් [쑤-빠나쓰] 54, 오십사 පනස් හතර.

සූපය [쑤-빠여] 국물, 스프, 커리 국물 හොද්ද.

සූප ශාස්ත්‍රය [쑤-빠 샤-쓰뜨러여] 요리법.

සූප්පු කරනවා [쑾-뿌 꺼러너와-] (젖, 액체를) 빨다, 빨아들이다 උරනවා.

සූප්පුව† [쑾-뿌워] 젖꼭지, 유두 කෘත්‍රිම තනපුඩුව.

සූර [쑤-러] ①현명한, 똑똑한 ශූර ②전문가(의), 숙련가(의).

සූරනවා† [쑤-러너와-] සීරුවා-සූරා 긁다, 문지르다, 긁어 벗기다 පහුරුගානවා. සීරීම (구어) හූරනවා

සූරයා [쑤-러야-] 전문가, 숙련가, 달인, 명인 ශූරයා.

සූරා [쑤-라-] ①사촌 මස්සිනා ②සූරනවා 의 과거분사: 긁고, 긁어, 문질러. (구어) හූරලා

සූරා කනවා [쑤-라- 까너와-] (남의 노동력 등을) 착취하다 හූරා කනවා.

සූරාකෑම [쑤-라-깨-머] (남의 노동력 등을) 착취 ශ්‍රමය ගසාකෑම.

සූරා දමනවා [쑤-라- 다머너와-] 긁다, 문지르다, 긁어 벗기다 පහුරුගානවා.

සූරා වැටෙනවා [쑤-라- 왜테너와-] 미끌어 넘어지다 ලිස්සා වැටෙනවා.

සූරිය [쑤-리여] 태양의, 태양에 관한 සූර්ය.

සූරියකාන්ත ‡ [쑤리여깐-떠] (보석) 벽옥, 재스퍼 සූර්යකාන්ත.

සූරියකාන්තා [쑤리여깐-따-] (식물) 해바라기.

සූර්ය† [쑤-르여] 해, 태양 දියමිණ. (구어) ඉර ¶ සූර්ය හෝරා යන්ත්‍රයේ මණ්ඩලය 해시계 සූර්යබල 태양광

සූර්යකාන්ත [쑤-르여깐-떠] (보석) 벽옥, 재스퍼 සූරියකාන්ත.

සූර්යකාන්තිය [쑤-르여깐-띠여] (보석) 벽옥, 재스퍼 සූර්යකාන්ත.

සූර්ය කෝෂය [쑤-르여 꼬-셔여] 태양 전지.

සූර්ය ග්‍රහණය† [쑤-르여 그러하너여] 일식, 개기 일식.

සූර්යග්‍රහ මණ්ඩලය [쑤-르여그러하 만덜러 여] 태양계 සෞරග්‍රහ මණ්ඩලය.

සූර්ය තාපය [쑤-르여 따-빠여] 태양 열 සූර්ය රශ්මිය.

සූර්ය දූරකය [쑤-르여 두-러꺼여] (천문학) 원일점. ¶ සූර්ය සමීපකය (천문학) 근일점.

සූර්ය නිර්වෘත්තිය/සූර්ය නිවෘත්තිය [쑤-르여 니르우룯띠여/쑤-르여 니우룯띠여] (천문학) 지(至), 지일(至日), 지점.

සූර්යයා‡ [쑤-르여야-] 해, 태양 හිරු. (구어) ඉර

සූර්යලප [쑤-르열라뻐] (천문학) 태양흑점.

සූර්යවංශය [쑤-르여왕셔여] (태양의 아들의) 왕족 හිරු ගොත.

සූර්ය විකිරණය [쑤-르여 위끼러너여] 태양 방사(선), 복사(선).

සූර්ය ශක්තිය [쑤-르여 샥띠여] 태양 에너지.

සූර්ය සංක්‍රාන්තිය [쑤-르여 쌍끄란-띠여] (천문학) 태양의 자오선 통과.

සූර්ය සමීපකය [쑤-르여 싸미-뻐꺼여] (천문학) 근일점.

¶ සූර්ය දුරකය (천문학) 원일점.

සූර්යස්ඵුටය [쑤-르여쓰뿌-터여] (천문학) 황도대에서 태양의 위치.

සූර්යාඝාතය [쑤-르여가-떠여] 일사병.

සූර්යාලෝකය† [쑤-르얄-로-꺼여] 햇빛, 태양 광선 අව්ව.

සූර්යෝදය/සූර්යෝද්ගමනය [쑤-르요-더여/쑤-르욛가머너여] 해돋이, 일출 අරුණෝදය.

සූවිසි [쑤-위씨] 24(의), 이십사(의).

සූසාළිස් [쑤-쌀-리쓰] 44(의), 사십사(의).

සූසැට [쑤-쌔터] 64, 육십사, 예순넷 හැට හතර.

සූසැට අභරණ [쑤-쌔터 아버러너] 64가지 장식들.

සූසැට කලා [쑤-쌔터 깔라-] 64가지 예술.

සූස්කම [쑤-쓰꺼머] 능숙, 능란, 기교, 숙련, 숙달 සූක්ෂමකම.

සූස්තරය [쑤-쓰떠러여] (세포 등의) 박막, 얇은 판 ඵලකය.

සෙංකෝලය† [쎙꼴-러여] 권표, 직장 (직권의 상징) සෙන්කෝලය.

සෙංගමාලය† [쎙거말-러여] (의학) 황달 කහඋණ.

සෙකරතාරිස් [쎄꺼러따-리쓰] 서기관, 서기, 비서 ලේකම්.

සෙකරියා [쎄꺼리야-] (성경) 스가랴서, 스가랴.

සෙක්කුව [쎅꾸워] 기름짜는 돌 기구.

සෙට [쎄터] 뛰어난, 위대한, 놀라운 ශ්‍රේෂ්ඨ.

සෙට [쎄터] 내일. (구어) හෙට

සෙණ [쎄너] සෙණය 의 복수 또는 형용사: ①천둥번개, 벼락 ②천둥벼락의, 벼락 치는.

සෙණය† [쎄너여] 천둥번개, 벼락, 낙뢰. (구어) හෙණය

සෙණ හඬ [쎄너 한더] 천둥 소리.

සෙණ්ඩුව [쎈두워] (가축의) 몰이 막대기 සෘණිය. (구어) හෙණ්ඩුව

සෙණ්ඩුවාලුව [쎈두왈-루워] 왕궁 뜰, 왕가 정원 රජ ගෙයි මිදුල.

සෙත† [쎄떠] ①축복, 운, 행운, 행복 ශාන්තිය ②차분, 평온, 평안 සැපත. (복) සෙත්

සෙත් කරනවා† [쎋 꺼러너와-] 축복하다.

සෙත් කවි [쎋 까위] 축복의 시.

සෙත් පතනවා [쎋 빠떠너와-] 축복하다, 축복을 기원하다 ආශිර්වාද පතනවා.

ස

සෙත් පිරිත්කීම [쎋 삐릳끼-머] 축복 염불 낭송.
සෙත් ශාන්තිය [쎋 샨-띠여] (종교적) 의식, 예배.
සෙත්සිරි [쎋씨리] 복된, 축복받은 අසිරිමත්.
සෙද [쎄더] ①빨리, 속히, 급히 වහා (구어) ඉක්මනින් ②땀 ඩහදිය.
සෙදගැමි [쎄더개미] ①귀환하는, 재귀하는 සකෘදාගාමී ②귀환자 සකෘදාගාමියා.
සෙනඟ‡ [쎄너거] 무리, 군중 කට්ටිය. ¶ බස් එකේ සෙනඟ 버스 안에 사람이 많아요
සෙනසුන [쎄너쑤너] 절, 템플 විහාරය, ආවාසය. (구어) පන්සල
සෙනසුරාද‡ [쎄너쑤라-다-] 토요일 ශනි දිනය. (구어) හෙනහුරාදා
සෙනසුරු† [쎄너쑤루] 토성 හෙනහුරා.
සෙනෙවියා† [쎄네위야-] 지휘관, 사령관 සේනාධිපතියා.
සෙනෙවිරත් [쎄네위랕] 지휘관, 사령관.
සෙනෙවිරත් පට [쎄네위랕 빠터] 지휘관 지위.
සෙනෙහස‡ [쎄네하써] 사랑, 애정 ප්‍රේමය. (구어) ආදරය
සෙනෙහෙ [쎄네헤] 사랑, 자비 ප්‍රේමය. (구어) ආදරය
සෙන් [쎈] 무리, 군중 සෙනඟ.
සෙන්ටිමීටරය† [쎈티미-터러여] 센티미터, cm.
සෙන්කෝලය [쎈꼴-러여] 권표, 직장 (직권의 상징) සෙංකෝලය.
සෙන්පතියා [쎈빠띠야-] (군대) 대장 සේනාධිනායකයා.
¶ මුර සෙන්පතියා 경호대장 මුර සෙන්පති පොතිපඊ 경호대장 보디발
සෙප්පං [쎞빵] 체력, 에너지 ඇඟේ ශක්තිය.
සෙප්පඩ විජ්ජාව [쎞빠더 윚자-워] 속임, 사기, 속임수 රැවටිල්ල.
සෙබඩ [쎄버더] 암컷 공작새 මයුරිය. ¶ මොණරා 수컷 공작새
සෙබළ [쎄벌러] ①군인들 හේවායා ②군인의.
සෙබළ මුල [쎄벌러 물러] 군대, 부대 හට හමුදාව.
සෙබළා‡ [쎄벌라-] 군인, 군사 සොල්දාදුවා.
සෙබළිය [쎄벌리여] 여군, 여군사.
සෙබළුන් [쎄벌룬] සෙබළා 의 복수 대격 (목적격): 군인들을.
සෙම‡ [쎄머] 가래, 담(痰) ශ්ලේෂ්මය. (복) සෙම්
සෙමර [쎄머러] 사향 노루 චාමර.
සෙමිනේරිය [쎄미네-리여] 신학대학.
සෙමින්‡ [쎄민] 천천히, 부드럽게. (구어) හෙමින්
සෙමෙන් [쎄멘] 평화롭게, 평온하게 සාමයෙන්.
සෙමෙර [쎄메러] 사향 노루 චාමර.
සෙම් [쎔] සෙම 의 복수: 가래, 담 ශ්ලේෂ්ම.
සෙම්ගඩු [쎔가두] 편도선 ගලමූල ග්‍රන්ථිය.
සෙම්ගෙඩි‡ [쎔게디] 편도선 ගලමූල ග්‍රන්ථිය.
සෙම්ගෙඩි ඉදිමීම [쎔게디 이디미-머] 편도선염, 편도선 부음 ගලමූල ග්‍රන්ථි ඉදිමීම.
සෙම්ප්‍රතිශ්‍යාව [쎔쁘러띠쉬야-워] 감기. (구어) හෙම්බිරිස්සාව
සෙම්බුව [쎔부워] 작은 단지, 작은 항아리, 작은 병 මුට්ටිය.

සෙය [쎄여] 방법, 방식, 형태, 형식 ආකාරය. (구어) හැටිය

සෙයින් [쎄인] ~방식으로, ~으로서 ලෙසින්.

සෙයිලම [쎄일러머] 도시, 타운 නගරය.

සෙයාව [쎄이야-워] ①잠, 잠자기 සයනය ②자세, 자태, 태세 නිඳන ඉරියවු.

සෙර [쎄러] 여도둑 සොරකම් කරන්නිය. (구어) හෙර ¶ සොරා 남자 도둑

සෙරෙප්පුව‡ [쎄뤠뿌워] 슬리퍼(한짝) මිරිවැඩිය : 일반적으로 복수 형태인 සෙරෙප්පු 를 주로 사용한다. (복) *සෙරෙප්පු*

සෙලවෙනවා‡ [쎌러웨너와-] සෙලවුණා-සෙලවී 흔들리다, 진동하다 චංචල වෙනවා. <u>සෙලවීම</u> (구어) හෙල්ලෙනවා

සෙලු [쎌루] 벌거벗은, 나체의 නිරුවත්. (구어) හෙලු

සෙලුව [쎌루워] 나체, 벌거벗음 නිරුවත. (구어) හෙලුව

සෙලුවැලි [쎌루왤리] 벌거벗은, 나체의 නිරුවත්.

සෙලුවැල්ල [쎌루왤러] 나체, 벌거벗음 සෙලුව.

සෙලෙක් ගහනවා [쎌렉 가하너와-] (통나무) 껍질(백목질) 벗기다 එලේ අරිනවා.

සෙලෙක් ලෑල්ල [쎌렉 랠-러] 옆널, 옆폭 පිට පළු ලෑලි.

සෙල් [쎌] 돌, 바위 ශෛල. (구어) ගල

සෙල් ටැඹ [쎌 탬버] 돌기둥.

සෙල්මුවා [쎌무와-] 돌로 만든, 바위로 만든 ශෛලමය.

සෙල් පිළිමය [쎌 삘리머여] 돌상, 돌로 만든 동상 ගල් රූපය.

සෙල්ලක්කාර‡ [쎌띾까-러] ①장난하며 노는, 운동하는 ②쾌활한, 발랄한.

සෙල්ලම‡ [쎌러머] ①놀이, 게임 ②스포츠, 운동. (복) *සෙල්ලම්* (문어) ක්‍රීඩාව ¶ සැප සෙල්ලම 향락

සෙල්ලම් [쎌람] සෙල්ලම 의 복수: 놀이들, 게임들.

සෙල්ලම් කරනවා‡ [쎌람 꺼러너와-] ①놀다 ②운동하다 ක්‍රීඩා කරනවා. ¶ හැම කෙනාම උපරිමයෙන් සෙල්ලම් කළා 모든 사람이 최선을 다해 경기했다

සෙල්ලම් පිටිය† [쎌람 삐티여] 운동장, 놀이터 ක්‍රීඩාංගනය.

සෙල්ලම් පිට්ටනිය [쎌람 삩터니여] 운동장, 놀이터 සෙල්ලම් පිටිය.

සෙල්ලම් බඩු‡ [쎌람 바두] 장난감.

සෙල් ලිපිය [쎌 리삐여] 돌 편지, 돌에 쓴 문헌 ශිලා ලේඛනය.

සෙල්ලෙනවා† [쎌레너와-] 흔들리다, 떨리다, 진동되다 සෙලෙනවා. (구어) හෙලෙනවා

සෙල්වෙනවා [쎌웨너와-] 흔들리다, 떨다, 동요되다, 움직이다 සෙලවෙනවා.

සෙවණ‡ [쎄워너] 그늘, 응달. (구어) හෙවණ

සෙවණැල්ල‡ [쎄워낼러] 그림자, 그늘 ඡායාව. (복) *සෙවණැලි* (구어) හෙවනැල්ල

සෙවල† [쎄월러] ①(달팽이, 물고기 따위의) 진액 නාඹු ②이끼 දියසෙවෙල.

සෙවලයා [쎄월러야-] ①변덕쟁이, 이랬다 저랬다 하는 사람 චපලයා ②욕심쟁이.

ස

සෙවිලි කරනවා† [쎄윌리 꺼러너와-] 지붕을 덮다, 이엉을 씌우다 වහල ආවරණය කරනවා.

සෙවිල්ල [쎄윌러] ①(지붕) 덮개 වහල සෙවිලි කිරීම ②찾음, 조사 සෙවීම. (복) *සෙවිලි*

සෙවීම/සෙවුම [쎄위-머/쎄우머] සොයනවා, සෙවෙනවා 의 동명사: 찾음, 발견 සෙවිල්ල (구어) හෙවීම

සෙවුම් පහන [쎄움 빠하너] 탐조등, 탐해등.

සෙවෙනවා [쎄웨너와-] සෙවුණා -සෙවී ①울창해지다, 빽빽해지다, 많아지다 පැතිරී වැසී යනවා ②සොයනවා 의 피동사: 발견되다, 찾아지다 ③돌봄을 받다. සෙවීම (구어) හෙවෙනවා

සෙවෙනිය [쎄웨니여] 지붕 වහලය.

සෙවෙල් [쎄웰] සෙවෙල 의 복수 또는 형용사: ①이끼 දියසෙවෙල ②이끼의.

සෙව්වන්දිය [쎄우완디여] 장미꽃 රෝස මල.

සෙසු† [쎄쑤] ①그밖의, 다른 අනෙක් ②나머지의, 잔여의 ශේෂ.

සෙස්ස [쎘써] 나머지, 잔류 ඉතිරිය.

සෙස්සෝ [쎘쏘-] 나머지 사람들, 잔류자들, 다른 사람 සෙසු අය.

සෙළ [쩰러] 교활, 간사, 간교, 술책 ශඨ බව.

සෙළි [쩰리] 새, 조류 පක්ෂියා.

සේ† [쎄-] ~과 같은, ~처럼 මෙන්. (구어) වගේ

සේක [쎄-꺼] 존경을 표현할 때 쓰는 접미사. ¶ යේසුස් වහන්සේ කියනසේක 예수님께서 말씀하십니다

සේකර [쎄-꺼러] ①(천체) 달, 월 සඳ ②정상, 꼭대기, 산봉우리 මුදුන.

සේක් [쎅-] සේක 는 문장이 완결되는 반면 සේක් 은 뒤에 문장이 나온다. ¶ යේසුස් වහන්සේ දැඩි සිත් වේදනාවෙන් පෙළුණු සේක්, වඩාත් ඕනෑකමින් යාච්ඤා කළසේක. 예수님께서 강한 마음의 고통으로 찢기시고, 더 간절히 기도하셨다

සේ කෙහෙලි [쎄- 께헬리] 백기, 하얀 깃발 සුදු කොඩි.

සේඛ [쎄-꺼] 불완전한, 불충분한 අපූර්ණ.

සේචනය [쎄-처너여] 흩뿌리기, 살포 ඉසීම.

සේතුව [쎄-뚜워] 다리, 교량 ඒදණ්ඩ. (구어) පාලම

සේද† [쎄-더] 비단, 명주 සිල්ක්. (구어) පට ¶ සේද මාර්ගය 비단길, 실크로드

සේද මාර්ගය [쎄-더 마-르거여] 비단길.

සේන [쎄-너] ①기울어짐 හාන්සි වීම ②(숲을 개간하여 만든) 화전, 경작지 හේන.

සේනා‡ [쎄-나-] සේනාව 의 복수 또는 형용사: ①군대들, 무리들 ②군대의, 무리의.

සේනාංකය [쎄-낭-꺼여] (군대) 여단, (군대식 편성의) 대, 조.

සේනාධිපතියා/සේනාපතියා‡ [쎄-나-디빠띠야-/쎄-나-빠띠야-] (군대) 장군, 지휘관, 사령관 සෙනෙවියා.

සේනාව‡ [쎄-나-워] ①군대, 병력 බළ ඇණිය ②무리, 군중 සමූහයා.

සේනාසනය [쎄-나-써너여] 암자, 외딴집.

සේන් [쎈-] සේන 의 복수 또는 형용사: ①기울어짐 හාන්සි වීම ②(숲을 개간하여 만든) 화전들, 경작지들 හේන් ③기울어진 ④화전의.

සේන්දු වෙනවා [쎈-두 웨너와-] 도착하다, 이르다, 오다 පැමිණෙනවා, ළඟා වෙනවා.

සේ පියෝ [쎄- 삐요-] 계획된 사기, 속임수 ජෞක ප්‍රයෝගය.

සේප්පුව‡ [쎕-뿌워] (돈) 금고.

සේයා පටලය [쎄-야- 빠털러여] 사진 필름.

සේයා රූව [쎄-야- 루워] 사진 ඡායාරූපය.

සේයාව [쎄-야-워] 그늘, 그림자 ඡායාව.

සේරම [쎄-러머] ①모든 사람, 모든 것, 전체 සියල්ලන්, සියල්ල ②모든, 전체의 සියලු.

සේරා [쎄-라-] (휘파람 같은 소리를 내는) 가금 (오리 등등) වල් තාරාවා.

සේරි [쎄-리] 자유로운, 속박없는 නිදහස්.

සේරි වාණිජ [쎄-리 와-니저] 행상인, 도붓 장수.

සේරු [쎄-루] සේරුව 의 복수: 곡식 재는 단위, සේරුව 를 참조.

සේරුව [쎄-루워] 곡식을 재는 단위: 1.12리터 (බුසල 의 1/32, හුණ්ඩුව 의 4배) නැළිය.

සේලය [쎌-러여] 옷, 의복 වස්ත්‍රය. (구어) ඇඳුම

සේලයින් [쎌-라인] 링거, 링거액 සේලයින් දියරය.

සේලයින් ද්‍රාවණය [쎌-라인 드라-워너여] 링거, 링거액 සේලයින් දියරය.

සේවක [쎄-워꺼] ①종, 하인, 일꾼 වැඩකාරයා ②종의, 일꾼의 වැඩකාර.

සේවක මණ්ඩලය‡ [쎄-워꺼 만덜러여] 직원, 스태프 කාර්ය මණ්ඩලය.

සේවක මැස්සා [쎄-워꺼 맸싸-] 일벌.

සේවකයා‡ [쎄-워꺼야-] ①종, 하인 දාසයා ②일꾼 වැඩකාරයා. ¶ සේවිකාව 여종, 여직원 දේව සේවකයා 하나님의 종

සේවක සංඛ්‍යාව† [쎄-워꺼 쌍끼야-워] ①기간요원 ②노동 인구.

සේවනය [쎄-워너여] 결합, 결속, 교제 ඇසුර.
¶ පරදාර සේවනය 간통, 간음

සේව නූල [쎄-워 눌-러] (폭탄) 점화선 වෙඩි නූල.

සේවය‡ [쎄-워여] ①사역, 일 ②서비스, 섬김 සේවාව ③예배, 경배. (복) සේව

සේවය කරනවා‡ [쎄-워여 꺼러너와-] ①섬기다, 봉사하다 ②사역하다 ③예배하다, 경배하다. ¶ මම යේසුස් වහන්සේට සේවය කරමි 나는 예수님을 위해 사역한다

සේවා [쎄-와-] සේවාව 의 복수 또는 형용사: ①사역들(의), 일들(의) ②서비스들(의), 섬김들.

සේවා කාලය [쎄-와- 깔-러여] 영업시간, 봉사 시간.

සේවා දායකයා† [쎄-와- 다-여꺼야-] ①고객, 단골 손님 ②변호 의뢰인 සේවාර්ථියා.

සේවා නියුක්තිය [쎄-와- 니윢띠여] 직업, 일자리, 고용.

සේවා භටයා [쎄-와- 바터야-] 군인 සොල්දාදුවා.

ස

සේවාර්ථියා [쎄-와-르띠야-] ①고객, 단골 손님 ②변호 의뢰인 සේවදායකයා.

සේවාල [쎄-왈-러] 이끼.

සේවාව [쎄-와-워] ①사역, 일 ②서비스, 섬김 සේවය. (복) *සේවා*

සේවා වියුක්තිය [쎄-와- 위육띠여] 실직, 실업, 비고용 විරැකියාව. ¶ සේවා නියුක්තිය 고용, 직업

සේවිකාව‡ [쎄-위까-워] ①여종, 여자 하인 මෙහෙකාරිය ②여자 일꾼 වැඩකාරිය.

සේව්‍ය පක්ෂය [쎕-위여 빡셔여] 고용주 측.

සේව්‍යයා† [쎕-위여야-] 고용주, 고용인 ස්වාමියා.

සේසත [쎄-써떠] ①(왕을 상징하는) 하얀 우산 ②한 사람의 총 값어치.

සේසත නැති වෙනවා [쎄-써떠 내띠 웨너와-] 전 재산을 잃다, 파산하다.

සේ හස [쎄- 하써] 백조 සුදු හංසයා.

සෛංහල [싸잉할러] 씽할러족의, 씽할러어의 සිංහලයට අයත්.

සෛද්ධාන්තික [싸읻단-띠꺼] 이론상의, 이론뿐인 න්‍යායානුකූල.

සෛන්ධවයා [싸인더워야-] 백마, 흰말 සුදු අශ්වයා.

සෛල දේහය [싸일러 데-허여] 세포질체.

සෛල පටලය [싸일러 빠털러여] (생물학) 세포막.

සෛලය‡ [싸일러여] (생물학) 세포.

සෛල විද්‍යාව [싸일러 윋디야-워] 세포학.

සෛලීය [싸일리-여] 세포의.

සෛවාල [싸이왈-러] 이끼 සෙවල.

සොකඩ [쏘꺼더] 무의미한, 의미없는, 소용없는 නොවටිනා.

සොකඩයා [쏘꺼더야-] 겁쟁이, 비겁한 이 බයගුල්ලා.

සොකර [쏘꺼러] 절름발이의, 절룩거리는 ගොළු.

සොකර ගහනවා [쏘꺼러 가하너와-] 절뚝 거리다, 절룩거리다 කොර ගහනවා.

සොක්කා [쏙까-] 중요하지 않은 사람 සුළු මිනිසා.

සොච්චම [쏯처머] 소량, 조금 ටික.

සොට [쏘터] (새) 부리 හොටය.

සොටිය [쏘티여] 창, 작살 අඩියටිය.

සොටු† [쏘투] 콧물 සොටුදිය. (구어) හොටු

සොටුදිය [쏘투디여] 콧물. (구어) හොටු

සොට්ටි ගහනවා [쏱티 가하너와-] 발을 절뚝거리다 නොන්ඩි ගහනවා.

සොඬ [쏜더] ①코끼리 코 සොඬවැල ②탐닉, 강한 열망 තද ආශාව ③(습관) 빠져있는, 탐닉하는, 갈망하는 ලොල්වූ. ¶ සොඬා 탐닉자, 애호가

සොඬනළ [쏜더날러] ①(긴) 호스 ②호스의.

සොඬය† [쏜더여] 코끼리 코 සොඬ.

සොඬවැල [쏜더왤러] 코끼리 코 සොඬ.

සොඬා [쏜다-] 탐닉자, 애호가, 중독자. ¶ සුරා සොඬා 주정뱅이, 술고래

සෙ

සොඳ [쏜더] 좋은, 선한, 착한 යහපත්. (구어) හොඳ

සොඳුර [쏜두러] ①사랑하는 여자, 귀여운 여자 සුන්දරිය ② 부인, 아내 බිරිඳ.

සොඳුරිය [쏜두리여] ①사랑하는 여자, 귀여운 여자 සුන්දරිය ②부인, 아내 බිරිඳ.

සොඳුරු [쏜두루] 아름다운, 이쁜, 멋진 සුන්දර.

සොඳුරු බස් [쏜두루 바쓰] 멋진 말, 기쁘게 하는 말, 동의하는 말.

සොඳුරු විය [쏜두루 위여] 젊은 나이, 젊은 날 සුන්දර වයස.

සොබන/සොබමන් [쏘버너/쏘버만] 아름다운, 이쁜, 매력적인 ශෝභමාන. (구어) ලස්සන

සොබා දහම‡ [쏘바- 다하머] 자연, 천지만물 ස්වභාව ධර්මය.

සොබාව [쏘바-워] ①자연, 천연 ස්වභාවය ②성질, 기질, 성향.

සොබින/සොබොන [쏘비너/쏘보너] 알맞은, 적당한, 적절한 හොබවන.

සොමි [쏘미] ①부드러운, 온화한 සෞම්‍ය ②기쁜, 즐거운 සතුටු.

සොමි ගුණය [쏘미 구너여] ①온화, 부드러움 ②기쁨, 희락, 즐거움 සොම්නස. (구어) සතුට

සොම්නස [쏨너써] 기쁨, 희락, 즐거움 සන්තෝෂය. (구어) සතුට ¶ දොම්නස 슬픔

සොයනවා‡ [쏘여너와-] සෙවුවා-සොයා 찾다, 탐색하다 ගවේෂණය කරනවා. <u>සෙවීම/සෙවුම</u> (구어) හොයනවා

සොයා ගන්නවා‡ [쏘야- 간너와-] 찾다, 탐색하다, 발견하다 අනාවරණය කරනවා.

සොයිබය [쏘이버여] 탑형 빗장.

සොර [쏘러] 도둑의, 도적의.

සොර අඹුව [쏘러 암부워] 불륜녀, (부도덕한) 애인 අනියම් බිරිය.

සොරකම‡ [쏘러꺼머] 도둑질, 절도. (구어) හොරකම

සොරකම් කරනවා‡ [쏘러깜 꺼러너와-] 훔치다, 도둑질하다 සොරා ගන්නවා.

සොර ගුහාව [쏘러 구하워] 도둑의 소굴.

සොර දෙටුවා [쏘러 데투와-] 도적떼의 두목, 도둑들의 우두머리.

සොර මුළ [쏘러 물러] 도적떼, 도둑단 හොරු රංචුව.

සොරවැල්ල [쏘러왤러] 유사(流沙: 바람이나 물에 의해 아래로 흘러내리는 모래. 사람이 빠지면 늪에 빠진 것처럼 헤어 나오지 못함) බොරුවැල්ල.

සොරස [쏘러써] (과일, 채소, 고기 따위의) 주스, 즙, 액 සාරය.

සොර සැමියා [쏘러 쌔미야-] 불륜남 අනියම් හිමියා.

සොරා† [쏘라-] 도둑, 도적, 절도범 චෞරයා. (구어) හොරා

සොරා කනවා [쏘라- 까너와-] 훔치다, 도둑질하다 සොරකම් කරනවා.

සොරා ගන්නවා [쏘라- 간너와-] 훔치다, 도둑질하다 සොරකම් කරනවා.

සොරොව් බේසම [쏘로우 베-써머] (부엌의) 수채, 물 버리는 곳.

සොරොව්ව/සොරොවුව‡ [쏘로

우워] 수문, 배수구 දිය දොර.

සොලවනවා‡ [쏠러워너와-] සෙලෙවුවා-සොලවා 흔들다, 흔들어 대다, 뒤흔들다 චංචල කරනවා. සෙලවීම (구어) හොලවනවා

සොල්දරය‡ [쏠더*러*여] 윗층 උඩුමහල.

සොල්දදුවා† [쏠다-두와-] 군인, 병사 රණශූරයා.

සොල්මන [쏠머너] 유령, 귀신 අවතාරය. (복) *සොල්මන්* (구어) හොල්මන

සොව [쏘워] ①슬픔 ශෝකය ②부끄러움, 창피 ලජ්ජාව ③기쁨 ප්‍රසන්නකම ④향기 සුවඳ ⑤노래부름 ගී කීම.

සොව [쏘워] 작은, 보이지 않는 කුඩා.

සොහොන [쏘호너] 무덤, 묘, 뫼 මිනී වළ. (복) සොහොන්

සොහොන් කරනවා [쏘혼 꺼*러*너와-] (시체) 화장하다 ආදාහනය කරනවා.

සොහොන් කොත [쏘혼 꼬떠] 무덤, 뫼, 묘 මිනී වළ.

සොහොන් ගැබ‡ [쏘혼 개버] 무덤, 능(陵), 영묘(靈廟) සොහොන් ගෙය.

සොහොන් ගෙය† [쏘혼 게여] 무덤, 뫼, 묘 මිනී වළ.

සොහොන් ගොව්වා [쏘혼 고우와-] 공동 묘지 관리인.

සොහොන්පළ [쏘혼뻘러] 공동 묘지 සුසාන භූමිය.

සොහොන් පිටිය [쏘혼 삐티여] 공동 묘지 සුසාන භූමිය.

සොහොන් පිට්ටනිය [쏘혼 삩터니여] 공동 묘지 සුසාන භූමිය.

සොහොන් බිම‡ [쏘혼 비머] 공동 묘지 සුසාන භූමිය.

සොහොයුරා† [쏘호유*라*-] 형제 සහෝදරයා. (복) *සොහොයුරු*

සොහොයුරිය† [쏘호유*리*여] 자매 සහෝදරිය.

සොහොයුරු [쏘호유*루*] සොහොයුරා 의 복수 또는 형용사: ①형제들 ②형제의.

සොළස [쏠러써] 16, 열여섯 දහසය.

සොළොස [쏠로써] 16, 열여섯 දහසය, සොළස.

සොළොස්මස්තාන [쏠로쓰마쓰따-너] 불교 성지 16곳 (마히양거너, 나거디빠, 깰러 니여, 아담스픽, 까떠러거머 등등).

සෝ [쏘-] (접두사) 자신의, 자기의, 본인의 ස්ව.

සෝ/සෝක [쏘-/쏘-꺼] 슬픈, 낙담한, 비통한, 불행한 දුක්.

සෝක කරනවා [쏘-꺼 꺼*러*너와-] 슬프게 하다, ~의 마음을 아프게 하다.

සෝකය [쏘-꺼여] 슬픔, 비통, 애통 ශෝකය.

සෝඩි පොත [쏘-*디* 뽀떠] 첫걸음, 입문서.

සෝඩිය [쏘-*디*여] 알파벳, 자음 모음. (구어) හෝඩිය

සෝතය [쏘-떠여] 귀, 청각기관 කන, ශ්‍රවනේන්ද්‍රිය.

සෝතාපත්ති [쏘-따-뺃띠] (불교) 사성제의 고성제.

සෝත්සාහ [쏟-싸-하] 자구의, 스스로 노력하는.

සෝදනවා‡ [쏘-더너와-] සේදුවා-සෝදා ①씻다, 깨끗하게 하다 ②빨다, 세탁하다 දොවනවා. සේදීම/සේදුම (구어) හෝදනවා

සෝදපාළුව [쏘-다-빨-루워] 침식, 침식 작용 ඛාදනයට ලක්වීම.

සෝදිසි කරනවා† [쏘-디씨 꺼러너와-] 찾다, 탐색하다, 조사하다 සොයා බලනවා. (구어) හොයනවා

සෝදිසිය [쏘-디씨여] 찾음, 조사, 탐색 සෙවීම.

සෝදිසි වරෙන්තුව [쏘-디씨 와렌뚜워] 압수 수색영장.

සෝදුක [쏘-두꺼] 슬픔, 낙담, 비통 දුක.

සෝදුපත† [쏘-두빠떠] (인쇄) 교정쇄, 시험쇄 මුද්‍රණ පටපත.

සෝදුව [쏘-두워] 수정, 정정, 교정 ශුද්ධිය.

සෝපද්‍රව [쏘-빠드러워] 위험한, 위태로운 බයානක.

සෝපානය‡ [쏘-빠-너여] ①계단 පියගැට ②사다리. ¶ විදුලි සෝපානය 승강기, 엘리베이터

සෝපාව [쏘-빠-워] 소파.

සෝමාරි [쏘-마-리] 게으른, 나태한 අසල. (구어) කම්මැලි

සෝමාරියා [쏘-마-리야-] 게으름뱅이 අලසයා. (구어) කම්මැලියා

සෝයුරා [쏘-유라-] 형제 සහෝදරයා.

සෝයුරිය [쏘-유리여] 자매 සහෝදරිය.

සෝයුරු [쏘-유루] 형제의 සොයුරු.

සෝරත [쏘-러떠] ①친절한, 상냥한 කාරුණික ②온유한, 겸손한 නිහතමානි.

සෝරතිය [쏘-러띠여] 방법, 방식 අන්දම.

සෝරසය [쏘-러써여] (식물의) 액즙, 쥬스 යුෂ, ඉස්ම.

සෝරු [쏘-루] 수액(樹液), (식물의) 액즙, 쥬스 සාරු, ඉස්ම.

සෝලි කරනවා [쏠-리 꺼러너와-] 책망하다, 비난하다, 나무라다 තරවටු කරනවා.

සෝලිය [쏠-리여] 책망, 비난 තරවටුව.

සෝලු ලීය [쏠-룰 리-여] 지팡이 සැරයටිය.

සෝලුව [쏠-루워] 지팡이 සැරයටිය.

සෝවාන් [쏘-완] ①(불교) 사성제의 고성제, 열반에 이르는 길 සෝවාන් මඟ ②(불교) 사성제의 고성제의.

සෝවාන් පලය [쏘-완 빨러여] 열반에 이르는 길을 따르는 중 생기는 열매나 기쁨.

සෝවාන් මඟ [쏘-완 망거] (불교) 사성제의 고성제, 열반에 이르는 길 සෝවාන්.

සෝවුරා [쏘-우라-] 형제 සොහොයුරා.

සෝවුරිය [쏘-우리여] 자매 සොහොයුරිය.

සෝළස [쏠-러써] 십육, 16. (구어) දහසය

සෞඛ්‍ය‡ [싸욱끼여] 건강한, 위생적인 සුව.

සෞඛ්‍යය† [싸욱끼여여] 건강, 위생 සුවය.

සෞඛ්‍ය සේවිකාව [싸욱끼여 쎄-위까-워] 건강 간호사.

සෞඛ්‍යාරක්ෂාව† [싸욱끼야-락샤-워] 건강, 위생 සුවය.

සෞන්දර්යය‡ [싸운더르여여] 미모, 아름다움 සුන්දර බව.

සෞන්දර්ය කලා [싸운더르여 깔라-] සෞන්දර්ය කලාව 의 복수 또는 형용사: ①순수 예술들 ②순수 예술의.

සෞභාග්‍යමත් [싸우박-기여맏] 행복한, 운이 있는, 행운의 වාසනාවන්ත.

ස

සෞභාග්‍යය [싸우박-기여여] ①운, 행운, 복 වාසනාව ②연단, 광명단 (산화납으로 만든 물감) ඉඟුනල්.

සෞම්‍ය‡ [싸움미여] 온화한, 부드러운, 자비로운 මෘදු, සොමි.

සෞම්‍ය දේශගුණය [싸움미여 데-셔구너여] 온화한 기후.

සෞර [싸우러] 해의, 태양의 සූර්ය.

සෞරග්‍රහ මණ්ඩලය‡ [싸우러그러하 만덜러여] 태양계 සූර්ය ග්‍රහ මණ්ඩලය.

ස්කන්ද [쓰깐더] ①음율, 가락 සංගීත තාලය ②(피) 지혈.

ස්කන්ද කුමාර [쓰깐더 꾸마-러] 까떠러거머 신의 또 다른 이름 කඳ කුමරු.

ස්කන්ධය† [쓰깐더여] ①다량, 다수, 더미 රාශිය ②몸통, 몸 කඳ ③일부, 부분 කොටස.

ස්කන්ධරුහ [쓰깐더루허] 줄기에 자라는 (버섯 등).

ස්කන්ධ සංස්ථිතිය [쓰깐더 쌍쓰띠띠여] (물리학) 질량 보존의 법칙 'පදාර්ථ නැසිය නොහැකිය' යන මතය.

ස්කාගාරය [쓰까-가-러여] 양조장 ඉස්කාගාරය.

ස්කුරුප්පු [쓰꾸룹뿌] 나사들 ඉස්කුරුප්පු.

ස්කේබීස් [쓰께-비-쓰] (의학) 개선(疥癬), 옴 හොරි.

ස්කෝප්ප [쓰꽆-빠] (카드놀이) 스페이드.

ස්කෝලය [쓰꼴-러여] 학교 ඉස්කෝලය. (문어) පාසල

ස්කෝලෙ හමිනේ [쓰꼴-레 하미네-] 여교사, 여선생님 පාසල් ගුරුවරිය.

ස්ක්‍රීය [쓰끄리-여] 칸막이, 막 පැලැල්ල.

ස්ටර්ලිං පවුම [쓰터를링 빠우머] (영국) 스털링 파운드.

ස්ටිකරය [쓰티꺼러여] 스티커.

ස්ටෝරුව [쓰토-루워] 창고 ගබඩාව.

ස්ඛලන [쓰깔러너] 실수, 잘못 වැරැද්ද.

ස්ඛලිත [쓰깔리떠] 실수한, 잘못한, 에러난 වැරදි.

ස්තන ග්‍රන්තිය [쓰따너 그란띠여] 젖샘, 유선(乳腺).

ස්තනය [쓰따너여] 젖가슴, 젖통 කිරි බුරුල්ල.

ස්තන්‍යය [쓰딴니여여] 모유 තනකිරි.

ස්තබ්ධ [쓰땁더] 거친, 사나운 දරදඬු.

ස්තම්භය† [쓰땀버여] 기둥, 원주, 지주 කණුව.

ස්තම්භායමාන [쓰땀바-여마-너] 기둥같은, 원주 모양의, 타워 같은 කුලුනක් වැනි.

ස්තරය† [쓰따러여] ①지층, 단층, (고고학상의) 유적이 있는 층 තට්ටුව ②층, (대기의) 층.

ස්තාරාකාර [쓰따-라-까-러] 층상의, 층을 이루는, (지질) 성층(성)의 තට්ටු වැනි.

ස්තාලය [쓰딸-러여] 마구간, 가축 우리 අස්හල.

ස්තුති කරනවා‡ [쓰뚜띠 꺼러너와-] 감사해하다, 고마워하다 තුති කරනවා.

ස්තුති පත්‍රය [쓰뚜띠 빠뜨러여] 감사장.

ස්තුතිය/ස්තූතිය‡ [쓰뚜띠여/쓰뚜-띠여] 감사, 고마움 තුති.

ස්තුති යෝජනාව [쓰뚜띠 요-저나-워] (공식적인 자리에서 하는) 감사 결의.

ස

ස්තුතිය/ස්තූතිය [쓰뚜-띠여/쓰뚜띠여] 감사, 고마움 තුති.

ස්තූපය [쓰뚜-빠여] (불교) 사리탑, 불탑 ථූපය.

ස්තෝත්‍රය [쓰또-뜨러여] 찬양, 찬송, 찬미 ප්‍රශංසාව.

ස්ත්‍රිය‡ [쓰뜨리여] 여자, 여성 කාන්තාව. (복) ස්ත්‍රීහු, *ස්ත්‍රියෝ* (구어) ගැහැනිය

ස්ත්‍රී‡ [쓰뜨리-] ①여자, 여성 කාන්තාව (구어) ගැහැනිය ②여자의, 여성의 ස්ත්‍රී. ¶ ස්ත්‍රීහු 여성들

ස්ත්‍රී චිකිත්සාව [쓰뜨리- 치낃싸-워] 부인과, 부인과 의학.

ස්ත්‍රීත්වය [쓰뜨릳-워여] 여성성, 여성됨 ස්ත්‍රීකම. (구어) ගැහැනු-කම

ස්ත්‍රී දූෂණය† [쓰뜨리- 두-셔너여] (여성) 성폭행, 강간 තනිස් කිරීම.

ස්ත්‍රී ධූර්තයා [쓰뜨리- 두르떠야-] 게이, 여성화 된 사람.

ස්ත්‍රී පුරුෂභාවය [쓰뜨리- 뿌루셔바워여] 성별, 성 ලිංගය.

ස්ත්‍රී පුරය [쓰뜨리- 뿌러여] 하렘(이슬람 국교의 여자의 방).

ස්ත්‍රී ප්‍රත්‍ය [쓰뜨리- 쁘럳띠여] (문법) 여성 어미.

ස්ත්‍රී ලිංග පද [쓰뜨리- 링거 빠더] 여성 단어들, 여성명사.

ස්ත්‍රී ලිංගික† [쓰뜨리- 링기꺼] 여성의, 여자의 ස්ත්‍රී. (구어) ගැහැණු

ස්ත්‍රීහු [쓰뜨리-후] ස්ත්‍රිය 의 복수: 여자들, 여성들 ස්ත්‍රියෝ.

ස්ථම්භ ප්‍රස්තාරය [쓰땀버 쁘러쓰따-러여] 막대 그래프, 막대 도표.

ස්ථම්භය† [쓰땀버여] 기둥, 말뚝, 지주 ස්තම්භය.

ස්ථලය [쓰떨러여] 땅, 육지 ඉඩම.

ස්ථල විද්‍යාව [쓰떨러 윋디야-워] 지세학.

ස්ථවික [쓰다위꺼] (물이) 흐르지 않는, 괴어 있는, 정체된 නොගලන.

ස්ථවිර [쓰떠위러] 상좌승, 선임승려 උපසපන් භික්ෂුව.

ස්ථවිරවාදය [쓰떠위러와-더여] (불교) 상좌부(上座部), 소승불교 ථේරවාදය.

ස්ථාන [쓰따-너] ස්ථානය 의 복수 또는 형용사: ①장소들, 지점들 ② 장소의, 지점의 ③신분의, 직의.

ස්ථාන මාරුය‡ [쓰따-너 마-루워] ①(공직자의) 전근 ②장소 바꿈 තැන වෙනස්වීම.

ස්ථානවිස්තරය [쓰따-너위쓰떠러여] (어떤 지방의) 지명 (유래) 연구.

ස්ථානය‡ [쓰따-너여] ①장소, 지점, 현장 අවකාශය ②지위, 위치 තනතුර. (구어) තැන

ස්ථානාධිපති† [쓰따-나-디빠띠] 사무장, ~장: 한 장소의 우두머리 ස්ථානයක ප්‍රධානියා.
¶ පොලිස් ස්ථානාධිපති 경찰서장

ස්ථානාන්තරය [쓰따-난-떠러여] 지위, 위치 තනතුර.

ස්ථානාපත්තිය [쓰따-나-빧띠여] 대리, 대용, 대체 ආදේශ කිරීම.

ස්ථානික [쓰따-니꺼] ①(특정한) 지방의, 고장의 ②현지의 ස්ථානීය.

ස්ථානීය [쓰따-니-여] ①(특정한) 지방의, 고장의 ②현지의 ස්ථානික.

ස්ථානීය කාලය [쓰따-니-여 깔-러여] 현지 시간.
ස්ථානීය වෙලාව [쓰따-니-여 웰라-워] 현지 시간.

ස්ථානීය ශක්තිය [쓰따-니-여 샦띠여] 잠재적인 힘.
ස්ථානෝචිත [쓰따-노-치떠] 현장에 맞는, 어울리는 තැනට සුදුසු.
ස්ථානෝචිත ප්‍රඥාව‡ [쓰따-노-치떠 쁘러끄냐-워] 재치, 위트.
ස්ථාපනය [쓰따-빠너여] 설치, 고정, 둠 පිහිටුවීම.
ස්ථාපනය කරනවා [쓰따-빠너여 꺼러너와-] 설치하다, 고정하다, 세우다 පිහිටුවනවා.
ස්ථාපිත† [쓰따-삐떠] 세운, 고정한, 정해둔 පිහිටි.
ස්ථාම [쓰따-머] 힘, 능력 බලය.
ස්ථායි [쓰따-이] 견고한, 확고한, 확실한 ස්ථිර.
ස්ථායිකරණය [쓰따-이까러너여] 안정화, 안정시킴.
ස්ථායිතාව [쓰따-이따-워] 확실, 확고, 견고, 안정 ස්ථිර බව.
ස්ථායුකය [쓰따-유꺼여] (발전기 등의) 고정자.
ස්ථාලිය [쓰딸-리여] 독, 항아리 තාලිය.
ස්ථාවර† [쓰따-워러] 고정된, 확정된, 확실한 ස්ථිර.
ස්ථාවර තැන්පතුව† [쓰따-워러 땐빠뚜워] 정기 예금.
¶ ඉතිරිකිරීමේ තැන්පතුව 저축 예금 ජංගම තැන්පතුව 당좌 예금
ස්ථාවර දේපළ [쓰따-워러 데-뻘러] 고정 재산.
ස්ථාවර නියෝග [쓰따-워러 니요-거] (국회) 규정, 규칙 නිත්‍ය නියෝග.
ස්ථාවර වත්කම් [쓰따-워러 왇깜] 고정(투자) 재산.
ස්ථිතික [쓰띠띠꺼] 정적인, 고정된, 정지 상태의, 움직임이 없는 ස්ථායී.
ස්ථිති විද්‍යාව [쓰띠띠 윋디야-워] 정역학 (靜力學).
ස්ථිර/ස්ථීර‡ [쓰띠러/쓰띠-러] ①영구한, 영속하는, 상설의 කල් පවතින ②확고한, 견고한, 확실한 දැඩි.
ස්ථිර කරනවා‡ [쓰띠러 꺼러너와-] 확증하다, 지지하다 තහවුරු කරනවා.
ස්ථිරකරු [쓰띠러꺼루] (의견) 찬성자, 지지자.
ස්ථිර පදිංචිය† [쓰띠러- 빠딩치여] (주소) 본적 නිත්‍ය පදිංචිය.
ස්ථිර ලේඛම්† [쓰띠럴- 레-깜] 상임 서기관.
ස්ථිරසාර [쓰띠러싸-러] 매우 견고한, 고정된, 흔들리지 않는 ඉතා ස්ථිර.
ස්ථීර/ස්ථිර‡ [쓰띠-러/쓰띠러] ①영구한, 영속하는, 상설의 කල් පවතින ②확고한, 견고한, 확실한 දැඩි.
ස්ථීර තැන්පතුව‡ [쓰띠-러 땐빠뚜워] 정기 예금.
¶ ඉතිරිකිරීමේ තැන්පතුව 저축 예금 ජංගම තැන්පතුව 당좌 예금
ස්ථූල [쓰뚤-러] 뚱뚱한, 비만의 තරබාරු. (구어) මහත
ස්ථූලතාව [쓰뚤러따-워] 비만, 뚱뚱함 තරබාරු කම. (구어) මහත
ස්ථූපය [쓰뚜-뻐여] 사리탑, 스투파, 파고다 තූපය.
ස්නානය [쓰나-너여] 목욕, 샤워. (구어) නෑම ¶ බව්තීස්ම ස්නානය (기독교) 세례, 침례

ස

ස්නාපනය [쓰나-뻐너여] 목욕 시킴, 샤워시킴 නෑවීම.
¶ බව්තීස්ම-ස්නාපනය (기독교) 세례, 침례.

ස්නායු† [쓰나-유/쓰나-유꺼] (해부학) 신경(계)의 ස්නායුක.

ස්නායුක [쓰나-유/쓰나-유꺼] (해부학) 신경(계)의 ස්නායු.

ස්නායු කලාපය [쓰나-유 깔라-뻐여] 뇌머리뼈.

ස්නායු කෙඳි [쓰나-유 껜디] (해부학) 신경 섬유 ස්නායු තන්තුව.

ස්නායු තන්තුව [쓰나-유 딴뚜워] (해부학) 신경 섬유 ස්නායු කෙඳි.

ස්නායු පද්ධතිය [쓰나-유 빧더띠여] 신경계, 신경조직.

ස්නායු මාර්ගය [쓰나-유 마-르거여] 신경로, 신경도.

ස්නායුව‡ [쓰나-유워] (해부학) 신경(계).

ස්නිග්ධ [쓰닉더] 부드러운, 매끄러운 සිනිඳු.

ස්නේහ [쓰네-하] ①사랑하는, 사랑하는 ආදරවන්ත ②부드럽게 하는, 기름칠 한 ලිහිස්සි.

ස්නේහකය [쓰네-하꺼여] 윤활유 ලිහිස්සි තෙල්.

ස්නේහය† [쓰네-하여] ①사랑, 애정, 애모 ආදරය ②오일, 기름 තෙල්.

ස්නෙහේවන්ත‡ [쓰네헤완떠] 사랑하는, 사모하는, 존경하는 ප්‍රේමනීය. (구어) ආදරවන්ත

ස්පන්දනය† [쓰빤더너여] 맥박, 고동 ගැසීම.

ස්පන්දය [쓰빤더여] 맥박, 고동 ගැසීම.

ස්පර්ශ [쓰빠르셔] 만지는, 접촉하는 අත ගහන.

ස්පර්ශකය [쓰빠르셔꺼여] 안테나 ඇන්ටෙනාව.

ස්පර්ශ කරනවා† [쓰빠르셔 꺼러너와-] 만지다, 접촉하다. (구어) අත ගහනවා

ස්පර්ශජ රෝග [쓰빠르셔저 로-거] 접촉 전염성 병의.

ස්පර්ශය† [쓰빠르셔여] 만짐, 접촉, 만지기 ගැටීම.

ස්පාඤ්ඤය† [쓰빤-녀여] (나라) 스페인.

ස්පෘෂ්ඨ වත්කම් [쓰쁘루쉬터 왇깜] 유형 자산, 유형 재산.

ස්ප්‍රිතු [쓰삐리뚜-] 알코올, 화주(火酒), 독한 술 මත්පැන්.

ස්ප්‍රිතු [쓰삐리-뚜-] (기독교) 영, 성령 ආත්මයාණන්.

ස්ප්‍රිතු සාන්ත [쓰삐리-뚜- 싼-떠] (기독교) 성령, 성령님 ශුද්ධාත්මයාණන්.

ස්ඵටික† [쓰빠티꺼] (보석) 수정, 크리스탈.

ස්ඵටික රූපී [쓰빠티꺼 루-삐-] 수정(질)의, (화학, 광물) 결정성의.

ස්ඵටික විද්‍යාව [쓰빠티꺼 윋디야-워] 결정학.

ස්ඵටිකීකරණය [쓰빠티끼-꺼러너여] 결정(화).

ස්ඵුට [쓰뿌터] ①분명한, 명백한, 뚜렷한 පැහැදිලි ②터진, 폭발한 පිපුණු.

ස්ඵුට කරනවා [쓰뿌터 꺼러너와-] 증명하다, 입증하다 ඔප්පු කරනවා.

ස්ඵුරණය [쓰뿌러너여] 두근거림, 떨림, 동요 චංචල වීම.

ස්ඵුරදීපනය [쓰뿌러디-뻐너여] 인광(을 냄), 발광성, 형광성.

ස

ස්ඵුරදීප්ත [쓰뿌러딮-떠] 인광을 내는, 인광성의, 형광의.

ස්ඵුලිංග [쓰뿔링거] 불꽃, 스파크 පුළිංගුව.

ස්ඵෝටක [쓰뽀-터꺼] 폭발하는, 터지는 පුපුරන.

ස්ඵෝටනය [쓰뽀-터너여] 폭발, 터짐 පිපිරීම.

ස්ඵෝටිකාව [쓰뽀-티까-워] 캡슐.

ස්මරණය† [쓰마러너여] 기념, 기억, 추도 සිහිකිරීම.

ස්මරණය කරනවා† [쓰마러너여 꺼러너와-] 기념하다, 추도하다 සිහි කරනවා.

ස්මරණීය [쓰마러니-여] 기념하는, 추도하는, 기억하는 සිහි කටයුතු.

ස්මාරකය‡ [쓰마-러꺼여] 추모, 기념 සිහිවටනය.

ස්මෘතිය [쓰무루띠여] ①기억, 기억력, 회상 මතකය ②의식, 감각 සිහිය.

ස්‍රාවය [쓰라-워여] 물방울이 떨어짐, 적하 බින්දුවැටීම.

ස්‍රෝතය/ස්‍රෝතස [쓰로-떠여/쓰로-떠써] ①험한 길 සැඬ පාර ②급류.

ස්ව† [쓰워] 자신의, 자기 자신의 තම.

ස්වකීය‡ [쓰워끼-여] 자신의, 자기 자신의 තමාගේ.

ස්වච්ඡන්දය [쓰왗찬더여] 의지, 의지력, 결단 තමාගේ කැමැත්ත.

ස්වජාතික [쓰워자-띠꺼] 자국민의, 본토인의.

ස්වතන්ත්‍ර [쓰워딴뜨러] ①자동의, 자연의 ස්වයංසිද්ධ ②자기 자신의 තමන්ගේම.

ස්වදේශ [쓰워데-셔] 본토의, 현지의, 본국의 තම රටට අදාළ.

ස්වදේශිකයා† [쓰워데-쉬꺼야-] 현지인, 본토인, 토착민 තමන්ගේ රටේ වැසියා.

ස්වදේශීය‡ [쓰워데-쉬-여] 토착의, 현지의.

ස්වපරාගනය [쓰워빠라-거너여여] (식물) 자가 수분, 제꽃가루받이.

ස්වප්නය‡ [쓰왚너여] 꿈, 드림 සිහිනය. (구어) හීනය

¶ ස්වප්නකාරයා 꿈쟁이

ස්වභාව ධර්මය [쓰워바-워 다르머여] 자연, 자연의 법칙.

ස්වභාවය [쓰워바-워여] ①자연, 천연 සොබාව ②성질, 기질, 성향 ගතිය.

ස්වභාවවාදය [쓰워바-워와-더여] 자연주의, 자연론.

ස්වභාවවාදියා [쓰워바-워와-디야-] (문학의) 자연주의자.

ස්වභාව විද්‍යාඥයා [쓰워바-워 윋디야-끄녀야-] (문학의) 자연주의자.

ස්වභාව විද්‍යාව [쓰워바-워 윋디야-워] 자연 과학.

ස්වභාවික/ස්වාභාවික‡ [쓰워바-위꺼/쓰와-바-위꺼] 자연의, 자연적인, 천연의 ප්‍රකෘතික.

ස්වභාෂාව† [쓰워바-샤-워] 모국어 මව් භාෂාව.

ස්වයං† [쓰워양] 스스로의, 자동의.

ස්වයංක්‍රිය‡ [쓰워양끄리여] 자동의, 스스로의.

ස්වයංජාත [쓰워양자-떠] 자연히 일어나는, 무의식적인, 자동적인 ඉබේ සිදුවන.

ස්වයංපෝෂිත† [쓰워양뽀-쉬떠] 자급자족의.

ස්වයංවරය [쓰워양와러여] 남편 선택권.
ස්වයං වින්දනය [쓰워양 윈더너여] 자위 행위 ස්වයං සම්භෝගය.
ස්වයංසිද්ධ [쓰워양씯더] 자연히 일어나는, 무의식적인, 자동적인 ඉබේ සිදුවන.
ස්වයං සේවය† [쓰워양 쎄-워여] 셀프 서비스.
ස්වයම්භූ [쓰워얌부-] 스스로 만들어 내는, 자가 발전의 තමන් තුලින්ම ජනිත. ¶ ස්වයම්භූ නම් තැනන්වහන්සේ නුඹලා වෙත මා එවූසේක 스스로 계신 분께서 너희들에게 나를 보내셨다
ස්වයම්භූඥනය [쓰워얌부-냐-너여] 내재하는 지식.
ස්වර† [쓰워러] 모음들 ප්‍රාණාක්ෂර ②소리들 හඬවල් ③(음악) 기보법.
¶ ස්වර ප්‍රස්තාර 악보들
ස්වරතන්ත්‍ර [쓰워러딴뜨러] 성대(의), 목청(의).
ස්වරභක්ති [쓰워러-밖띠] 모음 첨가.
ස්වරමාත්‍ර [쓰워러-마-뜨러] 단음.
ස්වරමානය [쓰워러-마-너여] 가락, 음률의 높이, 고저.
ස්වරය‡ [쓰워러여] ①모음 ප්‍රාණාක්ෂරය ②소리 හඬ ③(음악) 기보법(記譜法).
ස්වර සංයෝගය [쓰워러- 쌍요-거여] (문법) 모음 연성 (형태소의 음이 특정한 음성 환경에서 변화).
ස්වර සංවාදය [쓰워러- 쌍와-더여] 동음, 화음.
ස්වරාක්ෂර [쓰워띾-셔러] 모음(의).
ස්වරාජ්‍යය [쓰워라-지여] 자치.
ස්වරාදේශය [쓰워라-데-셔여] 모음의 증대.
ස්වරාන්ත [쓰워란-떠] 모음으로 끝나는.
ස්වරාලය [쓰워랄-러여] (해부학) 후두.
ස්වරූපය‡ [쓰워루-뻐여] 형상, 모양 හැඩරුව.
ස්වර්ග† [쓰와르거] 천국의, 하늘의 ස්වර්ගීය.
ස්වර්ගය‡ [쓰와르거여] 천국 දෙව් ලොව.
ස්වර්ග ලෝකය [쓰와르걸 로-꺼여] 천국 세상.
ස්වර්ගස්ථ වෙනවා [쓰와르거쓰떠 웨너와-] 죽다, 사망하다 මැරෙනවා.
ස්වර්ගාපවර්ග [쓰와르가-빠와르거] 천국, 극락.
ස්වර්ගීය [쓰와르기-여] 천국의, 하늘의 ස්වර්ග.
ස්වර්ගෝත්පත්තිය [쓰와르고-빹띠여] 천국 태생, 천국에서 태어남.
ස්වර්ණ [쓰와르너] ①금 ②금의 රත්රන්.
ස්වර්ණමය† [쓰와르너머여] 금제의, 금으로 만든 රනින් කළ.
ස්වර්ණාභරණ‡ [쓰와르나-버러너] 금, 금장식, 금제품 රන් ආභරණ. ¶ ස්වර්ණාභරණ කඩය 보석상
ස්වල්ප† [쓰왈빠] 아주 작은, 아주 적은. (구어) ටික.
ස්වල්පය‡ [쓰왈빠여] 소량, 아주 적음. (구어) ටික.
ස්වසනය [쓰워써너여] ශ්වසනය의 다른 표기: 호흡, 들이 마시고 내쉼 හුස්ම ගැනීම සහ හෙළීම.

ස්වසිද්ධිය [쓰와씯디여] 자명한 이치, 공리, 격언 ප්‍රත්‍යක්ෂය.

ස්වස්ති [쓰와쓰띠] (감탄사) 만세! 복있을 지어다!

ස්වස්තිකය [쓰와쓰띠꺼여] 불교 상징 부호, 卍 무늬.

ස්වස්ති සිද්ධම් [쓰와쓰띠 씯담] 복 있을 지어다! යහපතක් වේවා.

ස්වස්ථ [쓰워쓰떠] 위생적인, 청결한, 건강한 සුඛිත.

ස්වස්ථතාව [쓰워쓰떠따-워] 위생, 위생상태.

ස්වාධිකාරය [쓰와-디까-러여] (전매) 특허, 특허권.

ස්වාධිපත්‍යය [쓰와-디빠띠여여] 자치, 독립, 자유, 자율성 නිදහස.

ස්වාධීන‡ [쓰와-디-너] 자치의, 독립의 නිදහස්.

ස්වානුභූතිය [쓰와-누부-띠여] 자위, 자축 ස්ව අනුභූතිය.

ස්වාපක [쓰와-빠꺼] (약이) 최면(성)의, 최면술의 නින්ද ඇති කරන.

ස්වාභාවය/ස්වභාවය [쓰와-바-워여/쓰워바-워여] ①자연, 천연 සොබාව ②성질, 기질, 성향 ගතිය.

ස්වාභාවික‡ [쓰와-바-위꺼] 자연의, 자연적인 ප්‍රකෘතික.

ස්වාභාවික වරාය [쓰와-바-위꺼 와라-여] 자연항, 자연항구.

ස්වාභාවික වාදය [쓰와-바-위꺼 와-더여] 자연주의 이론.

ස්වාභාවික සම්පත්‡ [쓰와-바-위꺼 쌈빧] 천연 자원.

ස්වාමි [쓰와-미] ①주님의 ②남편의 ③귀족의 ④힌두 제사장의.

ස්වාමිත්වය† [쓰와-믿워여] 주권, 지배.

ස්වාමිදරු [쓰와-미다루] ①귀족 උත්තමයා ②지도자, 리더 ප්‍රධානියා.

ස්වාමි දුව/ස්වාමි දූ† [쓰와-미 두워/쓰와-미 두-] ①여주인, 안주인 ස්වාමිනිය ②부인, 마누라 බිරිඳ.

ස්වාමි පක්ෂය [쓰와-미 빡셔여] 고용주.

ස්වාමිපුත්‍රයා [쓰와-미뿌뜨러야-] 남편 සැමියා.

ස්වාමි පුරුෂයා‡ [쓰와-미 뿌루셔야-] 남편 සැමියා.

ස්වාමියා‡ [쓰와-미야-] ①남편 සැමියා ②가장, 리더 හාම්පුතා.

ස්වාමීන් වහන්සේ‡ [쓰와-민-와한쎄-] 주님, 주, 마스터 සමිඳාණන් වහන්සේ.

ස්වායත්ත [쓰와-얃떠] 자치의, 자율의, 자치권이 있는 තමන් විසින් පාලිත.

ස්වාර්ථය [쓰와-르떠여] 개인 유익, 자기 유익 තමන්ගේ ප්‍රයෝජනය.

ස්වාස [쓰와-써] 숨(의), 호흡(의).

ස්වාස්ථික [쓰와-쓰띠꺼] 제자리의, 원 위치의 තිබූ තැනම.

ස්වාස්ථ්‍ය [쓰와-쓰띠여] ①건강, 강건 සැපය ②기쁨, 즐거움 සන්තෝෂය.

ස්වීකරණය [쓰위-까러너여] 동화, 동화됨, 흡수 තමාගේ කර ගැනීම.

ස්වී කාර්ය [쓰위- 까-르여] 동화시키는, 흡수하는 ස්වීකරණය කළ හැකි.

ස්වීය [쓰위-여] 자신의, 자기의 ස්වකීය. (구어) තමාගේ

ස්වේච්ඡා† [쓰웻-차-] 자발적인, 자원하는. (구어) ස්ව කැමති

ස්වේච්ඡාව [쓰웿-차-워] 자원, 자발. (구어) කැමැත්ත

ස්වේච්ඡා සේවක [쓰웿-차- 쎄-워꺄] 자원 봉사의.

ස්වේච්ඡා සේවය‡ [쓰웿-차- 쎄-워여] 자원 봉사.

ස්වේත [쓰웨-떠] ①하얀, 흰, 백색의 ධවල ②하얀 우산.

ස්වේතච්ඡත්‍රය [쓰웨-땇처뜨러여] 하얀 파라솔.

ස්වේතාණු [쓰웨-따-누] 백혈구(의) සුදු රුධිරාණු.

ස්වේදකාරක [쓰웨-더까-러꺄] 땀을 흘리는.

ස්වේද ග්‍රන්ථිය [쓰웨-더 그란띠여] (해부학) 땀샘, 한선.

ස්වේදය [쓰웨-더여] 땀, 땀방울 දහඩිය.

ස්වෛරී† [쓰와이리-] 독립적인, 자주의, 독립의 ස්වාධීන.

ස්වෛරී භාවය [쓰와이리- 바-워여] 주권, 종주권 පරමාධිපත්‍යය.

ස්වෛරීවාදය [쓰와이리-와-더여] 무정부 주의 අරාජිකවාදය.

ස්වොත්සාහය† [쓰옫싸-하여] 자기 노력, 자기 수고.

ස්වෝත්සාහයෙන් [쓰옫싸-하옌] 자기 노력으로, 스스로 노력하여.

හ

හ [하] 씽할러 알파벳의 58번째 글자.

හං [항] 피부들, 가죽들 හම්. (구어) සම්

හංඅඩයාලම [항아더얄-러머] (소에 찍는) 낙인, 문신 හන.

හංකඩ [항까더] 누더기가 된, 헤어진 වැරහැලි.

හංකාව [항까-워] 의심, 불신 සැකය. (문어) සංකාව

හංකාවසිය [항까-워씨여] 혐의, 의심 සංකාව.

හංකිච්/හංකිති [항끼치/항끼띠] 간지럼, 간지럼 태움 කිතිය.

හංකිච් කවනවා [항끼치 까워너와-] 간지르다, 간지럼을 태우다 කිති කවනවා.

හංකිති [항끼띠] 간지럼, 간지럼 태움 කිතිය.

හංකිති කවනවා [항끼띠 까워너와-] 간지르다, 간지럼을 태우다 කිති කවනවා.

හංකුළාව [항꿀라-워] 호흡 기관.

හංගනවා [항거너와-] හැංගුවා-හංගා 숨기다, 감추다 වසන් කරනවා. <u>හැංගීම/හැංගුම</u> (문어) සඟවනවා

හංවඩු ගහනවා [항와두 가하너와-] ①(소 등에) 낙인을 찍다 හන්වඩු ගහනවා ②소인(상표)을 찍다, .

හංවඩුව† [항와두워] ①(소등에 찍는) 낙인, 귀표 නිවරණය ②상표.

හංවෙනවා [항웨너와-] 굳다, 딱딱해지다, 마르다 වියළෙන-වා.

හංස [항써] 백조의.

හංසකයා [항써꺼야-] 플라밍고, 홍학(紅鶴).

හංස පුට්ටුව [항써 뿥-투워] 한 쌍의 백조 장식.

හංසයා‡ [항써야-] 백조 තිසරා.

හංසාංගනාව [항쌍거나-워] 백조 암컷 හංසිය.

හංසාවලිය [항싸-월리여] 백조들의 줄서 있는 모습.

හංසිය [항씨여] 백조 암컷 හංසාංගනාව.

හඃ [하-] (감탄사) 쯧, 체.

හක [하꺼] 조개, 조가비 හක් ගෙඩිය.

හකඩ [하꺼더] 마차, 차 යාළ.

හකවනවා [하꺼워너와-] 접다, 둘둘 말다, 말다 අකුළනවා.

හකු [하꾸] හක්ක 의 복수: ①턱들 ②턱의 සුබුකු.

හකු ඇටය [하꾸 애터여] 턱뼈 හක්ක.

හකු පාඩාව [하꾸 빠-더-워] 턱 සුබුක්ක.

හකුරු‡ [하꾸루] 당밀(糖蜜) (야자수에서 채취한 꿀을 굳혀 만든 제품). (문어) සකුරු

හකුස්ස [하꿌써] (가축의) 몰이 막대기 අංකුසය.

හකුළනවා [하꿀러너와-] හැකුළුවා-හකුළා(හකුළලා) 접다, 둘둘 말다, 말다 අකුළනවා. <u>හැකිළීම</u>

හක් [핚] හක의 복수 또는 형용사: ①조개들, 조가비들 ②조개의, 조가비의 හක් ගෙඩි.

හක්ක† [핚꺼] 턱 සුබුක්ක. (복) හකු

හක්කලම [핚껄러머] 폐, 성가심, 귀찮음, 불쾌.

හක් ගෙඩිය‡ [학 게디여] 조개, 조가비 කම්බු, සක.

හක්මන [학머너] 순회, 배회 ඔබ මොබ ඇවිදීම. (문어) සක්මන

හගිස්වනවා/හගිස්සනවා [하기쓰워너와-/하깄써너와-] 3자 대면하다.

හග්ගයි [학가이] (성경) 학개서, 학개.

හඟ [항거] 뿔 අං.

හඟවනවා† [항거워너와-] ①숨기다, 감추다, 덮다 හඟනවා ②표시하다, 신호하다, 신호를 주다 ඉඟි කරනවා.

හඟිනවා [항기너와-] 의미하다, ~의 뜻으로 말하다 අදහස් කරනවා.

හට [하터] 화살통, 전통 ඊ උරය.

හට [하터] 후치사: ~에게로, ~로, ~향하여 වෙත. (구어) ~ ට

හටගන්නවා† [하터간너와-] ①일어나다, 발생하다, 생겨나다 ඇති වෙනවා ②싹이 나다, 싹이 트다 පැළවෙනවා.

හටන [하터너] 싸움, 분쟁, 전쟁 අරගලය. (복) *සටන්* (문어) සටන

හටන් කරනවා [하탄 꺼러너와-] 싸우다, 전쟁하다, 전투하다 යුද්ධ කරනවා. (문어) සටන් කරනවා

හට්ටිය‡ [핱티여] 납작한 냄비 හැළිය.

හඩු [하두] 불결한, 더러운 අපිරිසිදු. (구어) කිලුටු

හඩුගඳ [하두간더] 악취 කිලුටු ගඳ.

හණ [하너] ①순간, 찰나, 단시간 ක්ෂණය ②식, 의식, 의전 උත්සවය ③숫돌 සණගල ④(식물) 삼, 대마 හණ ගහ. (구어) හන ¶ හණ පීරනවා 베를 짜다

හණමිටිකාරයා [하너미티까-러야-] 극보수주의자.

හණික [하니꺼] 즉시, 곧바로, 빨리 ක්ෂණිකව. (구어) ඉක්මනින්

හඬ‡ [한더] 소리, 사운드 ශබ්දය.

හඬකුරුව [한더꾸루워] 음향기.

හඬ ගසනවා† [한더 가써너와-] 부르다, 소집하다, 소환하다. (문어) හැඬ ගහනවා

හඬ ගහනවා‡ [한더 가하너와-] 부르다, 소집하다, 소환하다. (구어) හැඬ ගසනවා

හඬ තලනවා [한더 딸러너와-] 소리지르다, 외치다 හඬ නඟනවා. (구어) කෑ ගහනවා

හඬනවා† [한더너와-] හැඬුවා-හඬා 울다, 눈물을 흘리다, 소리를 내다 අඬනවා. <u>හැඬීම</u>

හඬලනවා† [한덜러너와-] හැඬලුවා-හඬලා 닭이 울다. <u>හැඬලීම</u>

හඬවනවා [한더워너와-] හැඬෙවුවා-හඬවා 울리다, 울게 만들다, 소리나게 하다.

හඬ වරන [한더 와러너] 방음의, 소리를 막는.

හත‡ [하떠] 7, 일곱. (복) *හත්* (문어) සත

හතර‡ [하떠러] 4, 사. (문어) සතර

හතර ගාතෙ [하떠러 가-떼] 사지, 양손 양발.

හතර ගාතෙන් යනවා [하떠러 가-뗀 야너와-] 양손 양발로 가다, 사지로 가다.

හතර මං හන්දිය [하떠러 망 한디여] 사거리.

ශ

හතර වරම් ගහනවා [하떠러 와람 가하너와-] 속이다, 사기치다 වංචා කරනවා.
හතර වරම් දෙවියෝ [하떠러 와람 데위요-] 사방을 지키는 신들.
හතර වරිගය [하떠러 와리거여] 부모님과 장인 장모의 친척들.
හතරවෙනි‡ [하떠러웨니] 네번째의, 넷째의.
හතරැස්† [하떠래쓰] ①사각형의 චතුරස්‍රාකාර ②제곱의 වර්ග.
හතරැස් අඟල† [하떠래쓰 앙걸러] 제곱 인치 වර්ග අඟල.
හතරැස් අඩිය† [하떠래쓰 아디여] 제곱 피트 වර්ග අඩිය.
හතරැස් සැතපුම [하떠래쓰 쌔떠뿌머] 제곱 마일.
හතරෙන් පංගුව† [하떠렌 빵구워] 4분의 1, 사분지 일.
හත වදිනවා [하떠 와디너와-] 많이 잃다, 크게 소실하다 හෙම්බත් වෙනවා.
හතළිස† [하떨리써] 사십, 40. (구어) හතළිහ
හතළිස් ඇඳිරිය [하떨리쓰 앤디리여] (의학) 노안.
හතළිහ‡ [하떨리허] 사십, 40. (문어) සතළිස
හති දමනවා‡ [하띠 다머너와-] 헐떡거리다, 숨차다 හතිලනවා.
හතිය† [하띠여] (병) 숨참, 헐떡거림.
හතිලනවා‡ [하띨러너와-] 헐떡거리다, 숨차다 හති දමනවා.
හතු† [하뚜] හත්ත 의 복수 또는 형용사: ①버섯들 බිම්මල් ②버섯의 ③සතු 의 다른 표현: 가진, 소유한.
හතුරා [하뚜라-] 원수, 적. (문어) සතුරා
හතුරු‡ [하뚜루] 적대하는, 적의, 반대하는 විරුද්ධ. (문어) සතුරු
හත්‡ [핟] 7의, 칠의.
හත් ඉලව්ව [핟 일라우워] 대재앙, 큰 재난 මහා කරදරය.
හත්ගල/හත්ගිර [핟갈러/핟기러] (해가 기우는) 서산.
හත්ත [핟떠] 버섯 බිම්මල. (복) හතු
හත්තිය [핟띠여] 활기, 정력, 원기, 힘 ශක්තිය. (구어) බලය
හත්ථ [핟떠] 손 හස්තය. (구어) අත
හත්දින්න [핟딘너] ①북두칠성, 큰곰자리 කැති නැකත ②묘성, 플레이아데스 성단 සප්තර්ෂි මණ්ඩලය.
හත්සන [핟써너] 서명, 사인 අත්සන. (복) හත්සන්
හද‡ [하더] 마음, 심장 හෘදය.
හදනවා‡ [하더너와-] හැදුවා-හදලා ①만들다 සාදනවා ②(나무) 심다 හිටවනවා ③준비하다 සකස් කරනවා ④노력하다, 시도하다 උත්සාහ කරනවා ⑤키우다, 기르다, 육성하다 ඇති-දැඩි කරනවා. <u>හැදීම/හැදුම</u> (문어) සාදනවා
හදබිම [하더비머] (세계의) 심장 지대, 중핵 지대 (군사적으로 견고하고 경제적으로 자립하고 있는 지역).
හදවත‡ [하더워떠] 마음, 심장 හෘදය. (구어) හද
හදහනවා [하더하너와-] හැදහුවා-හදහා(හදහලා) 믿다, 신뢰하다 අදහනවා. <u>හැදහීම/හැදහුම</u>
හදා [하다-] හදනවා 의 과거분사: ①만들고, 만들어 ②(나무)

ශ

심고, 심어 ③준비해 ④노력해, 시도하고 ⑤키워, 길러, 육성해. (구어) හදලා

හද ගන්නවා‡ [하다- 간너와-] ①만들다 සාදනවා ②(나무) 심다 හිටවනවා ③준비하다 සකස් කරනවා ④노력하다, 시도하다 උත්සාහ කරනවා ⑤키우다, 기르다, 육성하다 ඇතිදැඩි කරනවා.

හදරනවා† [하다-러/너와-] හැදෑරුවා-හදාරා 공부하다, 배우다 අධ්‍යයනය කරනවා. <u>හැදෑරීම</u> (구어) ඉගෙන ගන්නවා

හදළ [하달-러] හදාරනවා 의 형용사적 과거용법: 배운, 공부한 උගත්.

හදිය [하디여] 위험, 위해, 상해, 손해 හානිය.

හදිසි‡ [하디씨] 급한, 위급한, 응급 상황의 ඉක්මන්.

හදිසි නීතිය [하디씨 니-띠여] 긴급 법령.

හදිසිය‡ [하디씨여] 위급, 응급, 급함 හදිස්සිය.

හදිසියෙන්‡ [하디씨옌] 급히, 급하게 ඉක්මනින්.

හදිසියේ/හදිස්සියේ [하디씨예-/하딧씨예-] 급히, 급하게, 위급하게 ඉක්මනින්.

හදිස්සිය‡ [하딧씨여] 위급, 응급, 급함 හදිසිය.

හදිස්සියෙන් [하딧씨옌] 급히, 급하게 ඉක්මනින්.

හදිස්සියේ [하딧씨예-] 급히, 급하게, 위급하게 ඉක්මනින්.

හදිහුනියම් [하디후-니얌] 위해와 저주.

හන [하너] ①(소에 새기는) 낙인, 문신 හංඅඩයාලම ②හණ 의 구어체 형태.

හනනවා [하너너와-] 섞다, 혼합하다 මිශ්‍ර කරනවා.

හනස්ස [하났써] 야자 열매 꼭지.

හනික [하니꺼] 빨리, 재빠르게, 신속하게 වහාම. (구어) ඉක්මනින්

හනු [하누] හනුව 의 복수 또는 형용사: ①턱뼈들 ②턱뼈의.

හනු අස්ථිය [하누 아쓰띠여] 턱뼈 හකු ඇටය.

හනුක [하누꺼] 턱뼈의.

හනු පුට්ටුව [하누 뿥-투워] 턱뼈 탈골, 턱 빠짐 හනු වැටීම.

හනු බඳිනවා [하누 반디너와-] 따르다, 추종하다 ලුහුබඳිනවා.

හනුමා [하누마-] 신화에 나오는 원숭이 හනුමන්නා.

හනුව [하누워] 턱뼈 හකු ඇටය.

හන් [한] ①හන 의 복수: 낙인들, 문신들 ②입혀진, 싸여진, 옷 입혀진 වැඩුණු.

හන්ද [한다-] (후치사) ~ 때문에, 이기에 නිසා.

හන්දිය‡ [한디여] ①관절, 이음매 ②교차로, 교차점 හංදිය.

හන්දි වෙදකම [한디 웨더꺼머] 골절 치료.

හන්වඩු ගහනවා [한와두 가하너와-] ①(소 등에) 낙인을 찍다 හංවඩු ගහනවා ②소인(상표)을 찍다, .

හන්වඩුව† [한와두워] (소 등의 주인을 밝히는데 찍는) 낙인, 귀표 නිවරණය.

හඳ‡ [한더] 달, 월(月). (문어) සඳ

හඳ එළිය‡ [한더 엘리여] 달빛, 월광. (문어) සඳ එළිය

හඳට බුරනවා [한더터 부러/너와-] 달을 보고 짖다, 무익한 짓을 기도하다.

හ

හඳපාන [한더빠-너] 달빛 සඳ එළිය.

හඳහන† [한더하너] 점성, 탄생 시의 별의 위치 ජන්ම පත්‍රය.

හඳවනවා [한더워너와-] හැඳෙවුවා-හඳවා හඳිනවා 의 사역동사: (옷을) 입히다, 입혀주다 අඳවනවා.

හඳිනවා [한디너와-] හැන්දා-හැඳ (옷) 입다, 착용하다 ඇඳිනවා. හැඳීම

හඳුනනවා‡ [한두너너와-] හැඳින්නා-හැඳින (사람을) 알다, 알고 있다, 인식하다 අඳුනනනවා. හැඳිනීම/හැඳුනුම

හඳුනා ගන්නවා‡ [한두나- 간너와-] (사람을) 알다, 알고 있다, 인식하다 අඳුනනවා. හඳුනා ගැනීම

හඳුන් [한둔] 백향단 සඳුන්.

හඳුන්කූරු [한둔꾸-루] 향, 향막대기 සුවඳ කූරු.

හඳුන්වනවා‡ [한둔워너와-] හැඳින්නෙවුවා-හඳුන්වා හඳුනනවා 의 사역동사: 소개하다, 알려주다 හඳුන්වා දෙනවා. හැඳින්වීම

හඳුන්වා ගන්නවා‡ [한둔와- 간너와-] (사람을) 알다, 알고 있다, 인식하다 දන්නවා.

හඳුන්වා දෙනවා [한둔와- 데너와-] 소개하다, 알려주다 අඳුන්වා දෙනවා.

හප [하뻐] හපය 의 복수 또는 형용사: ①찌꺼기들, 잔여물들 රොඩ්ඩ ②찌꺼기의, 잔여물의.

හපනවා‡ [하뻐너와-] හැපුවා-හපා ①씹다, 우적우적 먹다 විකනවා ②물다, 깨물다 හපා කනවා. හැපීම

හපනා [하뻐나-] 영리한 사람, 현명한 사람. (복) *හපනුන්, හපන්නු*

හපන්† [하빤] ①재주있는, 솜씨 있는, 능란한 හැකි ②현명한, 영리한 දක්ෂ, සමත්.

හපය [하뻐여] (씹은후 남아 있는) 찌꺼기, 나머지.

හපා කනවා [하빠- 까너와-] 물다, 깨물어 먹다, 깨물다.

හපුටු [하뿌투] 더러운, 불결한 කිලිටු.

හපුන් [하뿐] 싹튼, 발아된 හැප්සුණු.

හපුස්වනවා [하뿌쓰워너와-] 싹트게 하다, 발아시키다.

හප්පනවා [핲뻐너와-] හැප්පුවා-හප්පා 충돌시키다, 부딪히게 만들다. හැප්පීම

හබ [하버] ①겨자 අබ ②හබය 의 복수 또는 형용사: a. 논쟁들, 논의들, 토론들 b. 논쟁의, 논의의, 토론하는. ¶ නඩුහබ 법정 논쟁

හබකය† [하버꺼여] ①덫, 올가미, 함정 ②(통발 등) 물고기 잡는 틀.

හබක්කුක් [하밖꾺] (성경) 하박국서, 하박국.

හබන් කුකුළා [하반 꾸꿀라-] 야생 가금류, 야생 닭. (문어) සබන් කුකුළා.

හබය‡ [하버여] 싸움, 논쟁, 대항 ආරාවුල. (구어) රංඩුව

හබර [하버러] 왜다족 වැද්දා.

හබරල [하버럴러] (원예학) 알로카시아.

හබල‡ [하벌러] (배 젓는) 노 අවල. (복) *හබල්*

හබලපෙති [하벌러뻬띠] (날알을 얇게 으깬 식품) 쌀 프레이크 වාඩිහාල්.

හබල් ගානවා‡ [하발 가-너와-] 노를 젓다.

හබුං [하붕] (애에게 먹이는) 밥.

හම‡ [하머] ①피부 ②가죽. (문어) චර්මය

හමදනවා [하머더너와-] හැමදුවා-හමදා 스쳐 지나가다, 휙 지나가다 හමදිනවා. හැමදීම

හමනනවා [하머너너와-] 연결하다, 짝을 짓다.

හමනවා† [하머너와-] 바람이 불다 හුළං ගහනවා.

හමදිනවා [하머디너와-] හැමදුවා-හැමදෑ 스쳐 지나가다, 휙 지나가다, 휩쓸다 හමදනවා.

හමස් පෙට්ටිය [하마쓰 뻳티여] 비둘기 상자.

හමාර‡ [하마-러] ①반절, 반 භාගය ②무리, 끝, 종결 අවසානය ③끝난, 종결된 අවසන් ④반절한, 반절 마무리한 අඩක් කළ.

හමාර කරනවා [하마-러 꺼러너와-] 끝내다, 마무리하다, 완성하다 අවසාන කරනවා.

හමාර වෙනවා [하마-러 웨너와-] 끝나다, 마무리되다, 종결되다 ඉවර වෙනවා.

හමු [하무] 면전의, 앞의, 존전의.

හමුණනවා [하무너너와-] හැමුණුවා-හමුණා ①연결하다, 연관시키다, 엮다 අවුණනවා ②첨가하다, 덧붙이다, 부가하다 ③실에 꿰다, 실을 바늘에 넣다. හැමිණීම

හමුද [하무다-] හමුදාව 의 복수 또는 형용사: ①군대들 ②군대의.

හමුදපති [하무다-빠띠] 부대장, 군대장.

හමුදව‡ [하무다-워] 군대, 부대 බළ සේනාව. ¶ ත්‍රිවිධ හමුදාව 삼군(육, 해, 공군)

හමුව† [하무워] ①출석, 존전, 앞 ඉදිරිය ②출석한, 있는, 존재하는.

හමුවීම [하무위-머] හමුවෙනවා 의 동명사: 만남, 부딪힘 මුණගැසීම. ¶ හමුවීම සතුටක් 만나서 반갑습니다

හමුවෙනවා‡ [하무웨너와-] 만나다, 부딪히다 මුණගැහෙනවා. හමුවීම (문어) සම්භ වෙනවා

හම් [함] හම 의 복수: 피부, 가죽. (문어) සම්

හම්බ කරනවා‡ [함버 꺼러너와-] (돈을) 벌다, 얻다, 획득하다 උපයනවා. (문어) සම්බ කරනවා

හම්බන්/හම්බම් [함반/함밤] 삼판 (중국의 해안, 강에서 사용되는 작은 돛단배) හම්බාන්.

හම්බ වෙනවා‡ [함버 웨너와-] ①(사람을) 만나다 මුණගැහෙනවා ②발견되다, 찾아 지다 හමුවෙනවා. (문어) සම්බ වෙනවා

හඹනවා [함버너와-] හැඹුවා-හඹා ①쫓아내다, 쫓아 버리다, 몰아내다 අඹනවා ②만들다, 형틀에 넣어 만들다. හැඹීම

හඹරනවා [함버러너와-] හැඹරුවා-හඹරා 갈다, 가루로 만들다, 으깨다 අඹරනවා. හැඹරීම

හය‡ [하여] ①여섯, 육, 6 ②(동물) 말, 말의 අශ්ව.

හයිකාරයා [하이까-러야-] 강한 사람 ශක්තිවන්තයා.

හයිය‡ [하이여] 힘, 강함, 질김 ශක්තිය. ¶ ටිකක් හයියෙන් කයනවා ද? 조금 크게 말해 주시겠어요?

හ

හර† [하러] ①(은행) 출금 ②출금하는. ¶ බැර (은행) 입금
හර [하러] ①화환, 화관 මාලය ②심재, 목심(木心) අරටුව.
හරකං [하러깡] ①부요한, 풍성한 ②맛난 ③힘든, 어려운 තද.
හර කරනවා [하러 꺼러너와-] (은행) 출금하다, 돈을 찾다.
හරකා [하러까-] 소, 축우, 가축 ගවයා. (복) හරක්
හරක්‡ [하뤆] 소의, 가축의.
හරක් ගාල [하뤆 갈-러] 외양간 හරක් පට්ටිය.
හරක් මස්‡ [하뤆 마쓰] 쇠고기.
හරණය [하러너여] ①강탈, 빼앗아 감, 가져감 පැහැර ගැනීම ②제거, 없앰.
හරනවා [하러너와-] හළා-හරා ①(문을) 열다, 개방하다 අරිනවා ②포기하다, 저버리다 අත් අරිනවා ③쫓아내다, 몰아내다 දුරු කරනවා ④빼앗아 가다 පැහැර ගන්නවා. හැරීම
හරනෙල් කටුව [하러넬 까투워] 머리핀.
හරන් [하란] 숲(의) කැල.
හරබර [하러바러] 심각한, 무거운, 중요한 බරපතළ.
හරඹ කරනවා [하람버 꺼러너와-] ①(검 등으로) 전투하다, 싸우다 ②사용하다, 이용하다 භාවිත කරනවා ③운동하다, 체조하다 ව්‍යායාම කරනවා.
හරඹය [하람버여] ①(검 등을 이용한) 전투, 싸움 ②사용, 이용 භාවිතය ③운동, 체조, 연습 ව්‍යායාමය. (문어) සරඹය
¶ කඩු හරඹය 검술
හරය [하러여] 요약, 개요, 써머리 සාරාංශය. (문어) සාරය
හරවනවා‡ [하러워너와-] හැරෙවුවා-හරවා ①돌리다, 회전시키다, 돌다 ②바꾸다, 변형시키다, 변환하다. හැරවීම
හරහ† [하러하] ①건너감, 지나감, 통과 හරස් බව ②연못 විල. (문어) සරස
හරසර [하러싸러] 존경, 경의 ගරු බුහුමන.
හරස් [하라쓰] 가로 지르는, 건너는, 열십자로 지나는, 건너편의, 반대편의. (문어) සරස්
¶ දුම්රිය හරස් මඟ 기차 건널목
හරස් කපනවා [하라쓰 까뻐너와-] 반대하다, 대적하다 විරුද්ධ වෙනවා.
හරස් පාර‡ [하라쓰 빠-러] 건널목, 횡단보도. (문어) පදික මාරුව
හරස් වෙනවා [하라쓰 웨너와-] 반대하다, 이의를 말하다, 항의하다 විරුද්ධ වෙනවා.
හරහට† [하러하터] (후치사) ~를 지나, ~통과하여 හරහා.
හරහට යනවා† [하러하터 야너와-] 지나가다, 통과하다.
හරහා‡ [하러하-] (후치사) ~를 지나, ~통과하여 හරහට.
හරාව [하라-워] (수산학) 어기(漁期), 바다의 파도가 잔잔한 시기 මාළු වාරය.
හරි‡ [하리] ①진짜의, 진실한, 정말의, 맞는, 정확한, 틀리지 않은 නිවැරදි ②OK.
හරිගස්සනවා‡ [하리갔써너와-] හරිගැස්සුවා-හරිගස්සා ①정리하다, 정렬하다 ②수정하다, 고치다. හරිගැස්සීම
හරි ගැහෙනවා/හරිබරි ගැහෙනවා [하리 개헤너와-/

හ

하리바리 개헤너와-] 준비되다, 예비되다 සූදානම් වෙනවා.

හරිත† [하리떠] 녹색의, 초록색의 කොළපාටවූ.

හරිතාගාරය† [하리따-가-러여] 온실, 그린 하우스.

හරිතාල [하리딸-러] 금웅황(안료, 화약용), 황토 රන්සිරියල්.

හරිත්/හරිත [하릳/하리떠] 녹색의, 초록색의 කොළපාටවූ.

හරිද්‍රා [하리드라-] ①노란 කහ පාට ②노란색의.

හරිනවා‡ [하리너와-] හැරියා-හැර ①(문을) 열다, 개방하다 අරිනවා ②보내다, 파송하다 යවනවා ③없애다, 제거하다 ඉවත් කරනවා. හැරීම

හරිබරි ගැහෙනවා/හරි ගැහෙනවා [하리바리 개헤너와-/하리 개헤너와-] 준비되다, 예비되다 සූදානම් වෙනවා.

හරිය‡ [하리여] ①정확, 틀림없음 නිවැරදිකම ②장소, 지역 ප්‍රදේශය ③크기, 정도 ප්‍රමාණය ④금 රත්නය ⑤달 හඳ. ¶ මේ හරිය ගැන මම හරියට දන්නේ නෑ 나는 이 장소에 대해서 잘 모른다

හරියට‡ [하리여터] 정확히, 틀림없이 නිවැරදිව. ¶ හරියට හරි 맞아요, 틀림없어요

හරියාකාරව [하리야-까-러워] 정확히, 정확한 방법으로 නිසියාකාරව.

හරිවැරදි බලනවා‡ [하리왜러디 발러너와-] 검사하다, 조사하다, 체크하다. (문어) පරීක්ෂා කරනවා

හරිහරියට [하리하리여터] 정확히, 틀림없이 නිවැරදිව.

හරුපය [하루뻐여] 말, 말함, 구술 කියමන. (문어) සරුපය

හර්ෂය [하르셔여] 기쁨, 즐거움, 행복 සතුට.

හල‡ [할러] ①홀, 거처, 작은집 ශාලාව ②쟁기 නගුල. ¶ කිරිහල 밀크바

හලං/හලම් [할랑/할람] 팔찌, 차꼬 සළඹ.

හලනවා† [할러너와-] හැලුවා-හලා ①흔들다, 뒤흔들다 හොලවනවා ②체질하다, 거르다 පෙනේරෙන් බේරනවා ③버리다, 비우다 හළනවා. හැලීම/හැලුම (문어) සලනවා

හලම්/හලං [할람/할랑] 팔찌, 차꼬 සළඹ.

හලළනවා [할럴러너와-] 휘젓다, 뒤섞다 කළඹනවා.

හලාහල [할라-할러] 독, 독극물 විෂ.

හලාහල විෂ [할라-할러 위셔] 뱀독 නාග විෂ.

හලු ගෙදර [할루 게더러] 세탁사의 집, 도비의 집 සලු ගෙදර.

හල්† [할] ①හල 의 복수: 오두막들, 회관들, 홀들 ශාලා ②자음 ව්‍යඤ්ජන ③(식물) 바테리아과 나무.

හල් අකුර [할 아꾸러] 자음 ව්‍යඤ්ජන.

හල් කරනවා [할 꺼러너와-] (문법) 글자가 받침이 되게 만들다. හල් කිරීම

හවඩිය [하워디여] 체인 벨트.

හවනවා [하워너와-] 저주하다, 비난하다 ශාප කරනවා.

හවරිය† [하워리여] 가발, 머리 가발 කෘත්‍රිම කේස් කැරැල්ල.

හවස‡ [하워써/하워하] 저녁 හැන්දෑව. (문어) සවස

හ

හවහ/හවස [하워하/하워써] 저녁 හැන්දෑව. (문어) සවස

හවුරනවා [하우러너와-] හැවුරුවා-හවුරා ①덮다, 덮어씌우다, 싸다 අහුරනවා ②(길 따위를) 막다, 차단하다 අවහිර කරනවා. <u>හැවිරීම</u>

හවුරුද්ද [하우룯더] 해, 년 අවුරුද්ද.

හවුල† [하울러] 참여, 참석, 공유, 함께함 අවුල.

හවුල් [하울] ①연결된, 함께 하는 අවුල් ②공통의, 공동의 පොදු.

හවුල්කාරයා‡ [하울까-러야-] 참석자, 동반자.

හවුල් වෙනවා† [하울 웨너와-] 함께 하다, 참여하다.

හවුළනවා† [하울러너와-] හැවුළුවා-හවුළා 모으다, 수집하다 අහුලනවා. <u>හැවුළුම</u>

හවි [하우] ①방법, 방식 ආකාරය ②모양, 형태, 모습 ③힘, 능력 ශක්තිය.

හවි කිරිය [하우 끼리여] 동명사 භාවක්‍රියාපද.

හවිහරණ [하우하러너] 도움, 조력, 구호 උපකාරය.

හස [하써] ①웃음, 웃음소리 සිනාව ②백조 හංසයා.

හසකුර [하써꾸러] (문법) 자음 ව්‍යඤ්ජනය.

හසර [하써러] 길, 도로 මාර්ගය.

හසළ [하썰러] 여문, 익은, 성숙한 මේරූ.

හසුන† [하쑤너] 편지, 메세지 ලිපිය. (복) හසුන් (구어) ලියුම

හසුපෑවත [하쑤빼-워떠] (농작물) 풍작, 풍성한 수확 අස්වැන්න සමෘද්ධිය.

හසුරනවා [하쑤러너와-] 싸다, 꾸리다, 포장하다.

හසුරවනවා/හසුරුවනවා [하쑤러워너와-/하쑤루워너와-] හැසිරෙවුවා-හසුරුවා/හසුරවා ①인도하다, 지도하다 මෙහෙයවනවා ②보내다 යවනවා ③훈련시키다, 길들이다 හික්මවනවා. <u>හැසිරවීම</u>

හසු වෙනවා [하쑤 웨너와-] 잡히다, 붙잡히다, 휩싸이다 අසු වෙනවා. (구어) අහු වෙනවා

හස් [하쓰] ①백조 හංසයා ②표시, 상징 ලංඡනය ③우표 මුද්දර ④농작물 ගොයම ⑤웃음, 기쁨 සිනාව ⑥(동물) 말 අශ්වයා ⑦한쪽, 부분 පැත්ත ⑧근처, 가까움 සමීපය ⑨방법, 방식 අයුර ⑩줄, 끈 නූල ⑪(문법) 자음 ව්‍යඤ්ජනාක්ෂරය.

හස් ඔබනවා [하쓰 오버너와-] 도장 찍다 මුද්‍රා තබනවා.

හස්ත කර්මාන්තය‡ [하쓰떠 까르만-떠여] 수공예 අත්කම්.

හස්ත මුද්‍රාව [하쓰떠 무드라-워] 손금 시스템.

හස්ත මුද්‍රිකා [하쓰떠 무드리까-] 도장이 새겨진 반지.

හස්තය† [하쓰떠여] 손 බහු. (구어) අත ¶ හස්තාලේපනය (기독교) 안수

හස්තසාර [하쓰떠싸-러] 소유중 값진 것들.

හස්ති [하쓰띠] 코끼리의.

හස්තියා [하쓰띠야-] 코끼리 ඇතා. (구어) අලියා ¶ හස්තිනිය 암컷 코끼리

හස්තිනිය [하쓰띠니여] 암컷 코끼리 ඇතින්න.

හස්න [하쓰너] ①편지 හසුන, ලිපිය ②전갈, 메세지 පණිවිඩය.

හ

හ හා‡ [하 하-] 그래, 그래, 그렇군 එහෙමද.

හළ [할러] හරනවා 의 형용사적 과거용법: ①버린, 제거한, 거절한 ඉවත දැමූ ②손을 편, 연, 열린, 문연 විවෘත කළ.

හළනවා† [할러너와-] හැළුවා-හළා ①흔들다, 뒤흔들다 හොලවනවා ②체질하다, 거르다 පෙනේරෙන් බේරනවා ③버리다, 비우다 හලනවා. හැළීම/හැළුම (문어) සලනවා

හළා [할라-] හරනවා 의 과거.

හළු [할루] ①재, 잿가루 ②재의 අළු.

හා‡ [하-] ①그리고 සහ (구어) ඒවගේම ②토끼의, 토끼와 연관된 හාවාට අදාළ ③(감탄사) (동의나 감탄에 사용) 알겠다.

හා [하-] (후치사) ~와 함께, ~과 연결되어. ¶ ඔබ හා සමඟ කතා කරනවා 당신과 함께 이야기를 한다

හාංකවිසියක් [항-까위씨약] 가벼운 정보, 믿기 힘든 정보.

හාංකා [항-까-] 의심, 의혹, 불신 සැකය.

හාංකාසිය [항-까-씨여] 의심, 의혹, 불신 සැකය.

හාංචි වෙනවා [항-치 웨너와-] 눕다, 드러눕다 වැතිරෙනවා, හාන්සි වෙනවා.

හා කරනවා [하- 꺼러너와-] 연결하다, 결합하다, 이어맞추다 එකිනෙක සම්බන්ධ කරනවා.

හාතාවාරිය [하-따-와-리여] (식물) 야생 아스파라가스.

හාත්පස [핟-빠써] 주변, 주위, 근교, 이웃 අවට.

හාද [하-더] 친한, 친근한, 가까운 මිතුරු. (구어) යාළු

හාදකම [하-더꺼머] 우정, 친함, 가까움, 친밀 මිත්‍රත්වය. (구어) යාළුකම

හාදයා [하-더야-] ①친구 යාළුවා ②사람, 개인 පුද්ගලයා.

හාදුව [하-두워] 입맞춤, 키스, 뽀뽀 සිප ගැනීම.

හාද්ද† [핟-더] 입맞춤, 키스, 뽀뽀 සිප ගැනීම.

හානවා† [하-너와-] හෑවා-හාලා 쟁기질하다, (논, 밭) 갈아 엎다, 써레질하다 සීසානවා. හෑම

හානිය‡ [하-니여] 손해, 피해, 손상 විනාශය.

හාන්සි පුටුව [한-씨 뿌투워] 눕는 의자, 쉬려고 누울수 있는 의자.

හාන්සිය [한-씨여] 누움, 눕기 වැතිරීම.

හාන්සි වෙනවා† [한-씨 웨너와-] (몸을) 눕다, 침대에 눕다 වැතිරෙනවා.

හාමත [하-머떠] 기아, 굶주림 කුසගින්න. (복) හාමත් (구어) බඩගින්න

හාමත් වෙනවා [하-맏 웨너와-] 굶주리다, 배고픔에 처해 있다 බඩගින්නේ ඉන්නවා.

හාමි [하-미] 남편 ස්වාමියා.

හාමිනේ/හාමිදූ [하-미네-/하-미두-] 부인, 아내 ස්වාමි දුව.

හාමු [하-무] 섞인, 혼합된 මිශ්‍ර.

හාමුදුරුවෝ [하-무두루오-] 승려, 승, 스님 භික්ෂූන් වහන්සේ.

හාම්පුතා [함-뿌따-] ①주인, 주 ස්වාමියා ②고용주, 사장 ලොක්කා.

හායනය [하-여너여] 줄어듬, 감퇴, 쇠미 පිරිහීම.

හායි [하-이] 부르는 소리: 하이, 안녕!

 හ

හාරක [하-러꺼] 운반하는, 나르는 ගෙනයන.

හාරනවා† [하-러너와-] හෑරුවා-හාරා 파다, 굴착하다 කනිනවා. හෑරීම/හෑරුම

හාරය [하-러여] 목걸이, 줄, 끈 පච, වැල.

හාරිච්චිය/හාර්චිය [하-륒치여/하-르치여] 브로치 (옷의 깃이나 앞가슴에 다는 장신구의 한 가지).

හාල්‡ [할-] 쌀. (문어) සහල්

හාල්මැස්සා‡ [할-맸싸-] 멸치, 청어과의 작은 물고기. (복) *හාල්මැස්සෝ*

හාවභාව [하-워바-워] (여성의) 아양 부리기, 아양, 교태, 요염.

හාවා‡ [하-와-] 토끼. (문어) සාවා

හා වෙනවා [하- 웨너와-] 붙다, 붙여지다, 연결되다, 고정되다 ඇලෙනවා.

හාසය [하-써여] ①웃음, 해학 සිනාව ②풍자.

හාස්කම‡ [하-쓰꺼머] 기적, 이적 ආශ්චර්යය.

හාස්‍යය‡ [핬-씨여여] ①웃음, 해학 සිනාව ②풍자, 비꼼.

හැංගි මුත්තම් [행기 뭍땀] 숨바꼭질.

හැංගෙනවා‡ [행게너와-] හැංගුණා-හැංගී 숨겨지다, 숨다, 보이지 않다 වසන් වෙනවා. හැංගීම/හැංගුම

හැක [해꺼] ①හැකි 의 서술 형태: 가능하다, 할 수 있다 ②හැකය 의 복수 또는 형용사: 의심들, 의심하는. ¶ ප්‍රීතියේ කෙළවර ශෝකය විය හැක 기쁨의 끝이 슬픔이 될 수 있다

හැකය [해꺼여] 의심, 불신 අවිශ්වාසය. (문어) සැකය

හැකි† [해끼] පුළුවන් 의 문어 형태: 가능한, 할 수 있는: 동사와 어울릴 때 동사가 불규칙한 형태로 변한다. ¶ කළ හැකි 할 수 있는 ගත හැකි 가질 수 있는 කිය හැකි 말할 수 있는

හැකිලි [해낄리] හැකිල්ල 의 복수 또는 형용사: ①사슬들, 체인들 දම්වැල් ②사슬의, 체인의.

හැකිල්ල† [해낄러] 사슬, 체인 මාංචුව. (복) *හැකිලි*

හැකිළෙනවා‡ [해낄레너와-] හැකිළුණා--හැකිළී 주름지다, 오므라 들다 රැළි ගැහෙනවා. හැකිළීම/හැකිළුම

හැක්ක [핶꺼] 가능한, 할 수 있는: 문어에서 사용되며 주어에 따라서 변한다. ¶ ඔබේ මැදුරෙහි කවරෙකුට සිටිය හැක්කේ ද? 당신의 집에 누가 있을 수 있는가?

හැඟීම/හැඟුම‡ [행기-머/행구머] හඟනවා, හැඟෙනවා 의 동명사: 느낌, 감정 දැනීම.

හැඟෙනවා‡ [행게너와-] හැඟුණා-හැඟී ①느끼다, 감각으로 알다 ඇඟෙනවා ②이해하다, 알다 තේරුම් යනවා ③숨다, 숨어있다. හැඟීම/හැඟුම

හැට‡ [해터] 60, 육십 සැට.

හැටට හැටේ [해터터 해테-] 아주 빨리, 빠르게, 급행의 අධික වේගයෙන්.

හැටිය‡ [해티어] ①방법, 방식, 스타일 ආකාරය ②속성, 성질 ස්වභාවය.

හැට්ටය‡ [햍터여] 여성용 웃옷, (소매 달린 짧은) 웃옷, 재킷. (문어) සැට්ටය

හ

හැඩ† [해더] හැඩය 의 복수: ①모양, 형태, 형상, 모습 ස්වරූපය ②아름다움, 미모, 어여쁨 ලස්සන.

හැඩ [해더] 아름다운, 예쁜, 미모의 ලස්සන. (문어) අලංකාර

හැඩකාරයා† [해더까-러야-] 멋쟁이.

හැඩකාරිය [해더까-리여] 멋쟁이 여자, 미인.

හැඩ ගසනවා† [해더 가써너와-] ①(~ 모양으로) 만들다, 제작하다 තනනවා ②구부리다, 비틀다 නමනවා.

හැඩපලු† [해더빨루] 덥수룩한 머리(의), 헝클어진 머리(의).

හැඩපලු ගෙතෙනවා [해더빨루 게떼너와-] 머리가 헝클어지다.

හැඩපාර [해더빠-러] 세찬 물길 සැඩ පහර.

හැඩය‡ [해더여] ①모양, 형태, 형상, 모습 ස්වරූපය ②아름다움, 미모, 어여쁨 ලස්සන ③굽음, 휨, 곡선 නැම්ම.

හැඩවැඩ [해더왜더] 장식, 치장 සැරසිල්ල.

හැඩහුරුව [해더후루워] 모양(외관, 모습)이 닮음, 같음 සමාන හැඩය.

හැඩැස [해대써] 간격, 틈 හිඩස.

හැඩි [해디] 더러운, 지저분한 කිලුටු.

හැඬීම† [핸디-머] හඬනවා 의 명사: 울음, 슬퍼함, 비탄, 한탄, 애도 ඇඬීම.

හැතපුම/හැතැප්ම† [해떠뿌머/해땝머] ①(거리 단위) 마일 සැතපුම ②휴식처, 쉼터 නවතින තැන.

හැතපුම් කණුව [해떠뿜 까누워] 마일 지석 (마일 거리를 알려주는 표시 돌).

හැති [해띠] ①헐떡임, 숨참, 헐떡거림 හතිය ②뭉치, 다발, 무리 මල් පොකුර.

හැතිකරය [해띠꺼러여] 무리, 군중, 그룹 කට්ටිය.

හැතිරි [해띠리] (여자) 적, 원수 සතුරු ස්ත්‍රිය.

හැත්ත [햍떠] 무리, 군중, 그룹 ගොල්ල.

හැත්තෑව‡ [햍때-워] 70, 칠십. (문어) සැත්තෑව

හැදහිලි [해더힐리] හැදහිල්ල 의 복수 또는 형용사: ①믿음들, 신앙들 ②믿음의, 신앙의.

හැදහිල්ල [해더힐러] 믿음, 신앙 ඇදහිල්ල. (복) *හැදහිලි*

හැදෑරීම† [해대-리-머] හදාරනවා 의 동명사: 배움, 공부 ඉගෙනීම.

හැදියාව [해디야-워] 문화, 행동 හැදිච්චකම.

හැදිලි [해딜리] හැලිල්ල 의 복수 또는 형용사: ①만듦(의), 제조(의) හැදුම්, සෑදීම් ②모양(의), 스타일(의) හැදුණු සැටි.

හැදිල්ල [해딜러] ①만듦, 제조 හැදුම ②모양, 스타일 හැදුණු සැටිය. (복) *හැදිලි*

හැදෙනවා‡ [해데너와-] හැදුණා-හැදී හදනවා 의 피동사: ①자라다, 성장하다 වැඩෙනවා ②만들어지다, 여물다 හැඩ ගැසෙනවා. <u>හැදීම</u>

හැන්ද‡ [핸더] 숟가락. (복) *හැඳි* (문어) සැන්ද

හැන්දෑව‡ [핸대-워] 저녁, 오후 සන්ධ්‍යාව. (문어) සැන්දෑව

හැඳ [핸더] 침대 ඇඳ.

හැඳ [핸더] හඳිනවා 의 과거분사: 입고, 입어. (구어) හැඳලා

හ

හැඳ පැළඳ [핸더 빨런더] 입고 꾸며, 입고 치장하며 ඇඳ පැළඳ.

හැඳි‡ [핸디] හැන්ද 의 복수: 숟가락들. (문어) සැඳි

හැඳිගානවා [핸디가-너와-] 숟가락으로 젓다, 휘젓다 හැන්දෙන් කලතනවා.

හැඳින [핸디너] හඳුනනවා 의 과거분사: 알고, 알아, 인식하고 ඇඳින.

හැඳින ගන්නවා‡ [핸디너 간너와-] (사람을) 알다, 알고 있다, 인식하다 හඳුනනවා.

හැඳින්නා [핸딘나-] හඳුනනවා 의 과거: 알았다, 인지했다 ඇඳින්නා.

හැඳින්වීම [핸딘위-머] හඳුන්වනවා 의 동명사: 소개, 알려줌 ඇඳින්වීම.

හැඳින්වෙනවා [핸딘웨너와-] හැඳින්නෙවුණා-හැඳින්වී හඳුන්වනවා 의 피동사: 소개되다, 알려지다 ඇඳින්වෙනවා.

හැඳිවත [핸디와떠] 옷, 의복, 드레스 වස්ත්‍රය. (구어) ඇඳුම

හැඳුනුම්පත† [핸두눔빠떠] 신분증 ඇඳුනුම්පත.

හැපිනි [해삐니] හැපින්න 의 복수: ①암컷 뱀 සැපිනි ②암컷 코브라 නැයිනි.

හැපින්න [해삔너] ①암컷 뱀 සැපිනිය, සර්පනිය ②암컷 코브라 නැයිනි. (복) *හැපිනි* (문어) සැපින්න

හැපෙනවා† [해뻬너와-] හැපුණා-හැපී ①부딪히다, 충돌하다 ②물리다, 씹히다 ගැටෙනවා. <u>හැපීම</u>

හැප්පෙනවා‡ [햎뻬너와-] හැප්පුණා-හැප්පී ①부딪히다, 충돌하다 ②물리다, 씹히다 හැපෙනවා. <u>හැප්පීම</u>

හැප්සෙනවා [햎쎄너와-] හැප්සුණා-හැප්සී ①싹트다, 발아하다, 자라기 시작하다, 커지다 පැළ වෙනවා ②기뻐하다, 즐거워하다 සතුටු වෙනවා. <u>හැප්සීම</u>

හැබැයි‡ [해배이] 그러나, 하지만 එහෙත්. (문어) නමුත්

හැබැව/හැබෑව [해배워/해배-워] 진실, 진리 ඇත්ත. (문어) සත්‍යය

හැබැවට [해배워터] 진실하게, 진실로, 진짜로 සැබැවට.

හැබෑ [해배-] 진실한, 진짜의 ඇත්ත. (문어) සත්‍ය

හැබෑව [해배-워] 진실, 진리 ඇත්ත. (문어) සත්‍යය

හැම‡ [해머] ①모든, 전부의 (뒤에 단수 명사를 받음) ඔක්කොම ② a. 모든 것 b. 모든 사람. (문어) සැම ¶ හැම දෙයක් 모든 것 ¶ ඔබ හැමගෙන් ඉල්ලා සිටිමි 여러분 모두에게 구하고 있습니다

හැම්මෙනවා [햄메너와-] හැම්මුණා-හැම්මී ①견디다, 인내하다 ඉවසනවා ②(물건) 지탱하다, 지다 උසුලනවා. <u>හැම්මීම</u>

හැයි [해이] 왜, 이유는 ඇයි.

හැර‡ [해러] ①~없이, 제외하고 ඇර ② හරිනවා 의 과거분사: 열고, 열어 (구어) හැරලා.

හැර දමනවා [해러 다머너와-] 버리다, 팽개치다 අත් අරිනවා.

හැරපියා යනවා [해러삐야- 야너와-] 버리다, 내버리다, 팽개치다.

හැරමිටිය [해러미티여] 지팡이 හැරයටිය.

හැරයටිය‡ [해러여티여] 지팡이. (문어) සැරයටිය

හැරව† [해러워] 고름 පුයාව. (문어) සැරව

හැරෙන [해레너] හැරෙනවා 의 형용사적 현재용법: ①도는, 방향을 바꾸는 ②일어나는, 잠에서 깨는 නැගිටින.

හැරෙන තැපැල [해레너 때뺄러] 답장, 답장 편지.

හැරෙන පොට [해레너 뽀떠] (접근하는) 길, 입구, 접근, 가까워짐 එන විදිය.

හැරෙනවා‡ [해레너와-] හැරුණා-හැරී ①돌다, 방향을 바꾸다 ②일어나다, 잠에서 깨어나다 නින්දෙන් නැගිටිනවා. <u>හැරීම</u>

හැල [핼러] ①늪, 습지 ගොහොරුව ②옆, 측면, 옆구리 ඇලය.

හැලි [핼리] ①폭포(의) දිය ඇල්ල ②흰, 하얀 සුදු.

හැලෙනවා‡ [핼레너와-] හැලුණා-හැලී හලනවා 의 피동사: ①흔들리다, 떨리다 ②(물, 액체) 엎질러지다, 흩뿌려지다, 뿌려지다 ඉවතට වැක්කෙරෙනවා ③걸러지다, 여과되다. <u>හැලීම/හැලුම</u> ¶ ඇද හැලෙනවා 떨어지다, 낙하하다

හැල් [핼] ①벼 වී ②추위, 겨울 සීතල ③쟁기 නගුල ④회관, 홀 ශාලාව.

හැල් [핼] ①추운, 차가운 සීතල ②내려간, 가라 앉은 යටට ගිය.

හැල්පත [핼빠떠] 늪, 습지 හැල.

හැල්බඩ ලනවා [핼바덜 라너와-] 땀을 흘리다, 발한하다, 발산하다.

හැල්මේ [핼메-] 천천히 හෙමින්.

හැල්මේ යනවා [핼메- 야너와-] 천천히 가다 හෙමින් යනවා.

හැව [해워] 뱀 허물.

හැවිරිදි† [해위리디] ~살의, ~살 먹은, 나이의 වයස් වූ. ¶ 10 හැවිරිදි දරුවා 10살의 아이

හැවිල්ල [해윌러] 저주, 비난 ශාපය. (복) හැවිලි

හැසිරීම‡ [해씨리-머] හැසිරෙනවා 의 동명사: ①행동, 움직임 කල්ක්‍රියාව ②방문, 자주 들름.

හැසිරෙනවා‡ [해씨레너와-] හැසුරුණා-හැසිර(හැසිරී) ①행동하다, 움직이다 ක්‍රියා කරනවා ②종종 방문하다, 빈번히 들르다 ගැවසෙනවා.

හැසිල්ල [해씰러] 순간, 찰나 ඇසිල්ල.

හැසුරුණා [해쑤루나-] හැසිරෙනවා 의 과거: ①행동했다, 움직였다 ②방문했다.

හැළප† [핼러뻐] 설탕절임, (과자, 후식) 단것들 සීනිකෑම.

හැළි [핼리] 독들, 항아리들, 항아리와 팬들 වළං.

හැළි [핼리] 하얀, 흰색의 ධවල. (구어) සුදු

හැළි අරක්කු† [핼리 아락꾸] 항아리 술 아락.

හැළිය [핼리여] 독, 단지, 항아리 හැළිය.

හැළෙනවා [핼레너와-] හැළුණා-හැළී හළනවා 의 피동사: ①흔들리다, 떨리다 හැලෙනවා ②(물, 액체) 엎질러지다, 흩뿌려지다, 뿌려지다 ඉවතට වැක්කෙරෙනවා ③걸러지다, 여과되다. <u>හැළීම/හැළුම</u>

හ

හෑම [해-머] ①쟁기질, 끌기, 견인 කර්ෂණය ②모든, 전체의 හැම (문어) සෑම.

හෑල්ල [핼-러] 잡담, 허튼 소리, 수다 ප්‍රලාපය. (복) *හෑලි*

හෑල්ලු [핼-루] ①가벼운, 무겁지 않은 බර අඩු, සැහැල්ලු ②하찮은, 보잘 것 없는, 무가치한, 쓸데없는 බාල්දු.

හෑල්ලුව [핼-루워] 경멸, 모욕, 경시 නින්දාව.

හි‡ [히] (후치사) ~안에, 안에서 දී.

හිංගු [힝구] (약학) 아위.

හිංගුල [힝굴러] 주홍 채색, 주색 සාදිලිංගම්.

හිංසක [힝써꺼] ①고통을 주는 사람, 박해자, 억압자 හිංස කරන්නා ②고통을 주는, 억압하는 හිංස කරන.

හිංසනය/හිංසාව [힝써너여/힝싸-워] 괴롭힘, 핍박, 학대 පෙළීම.

හිංසා කරනවා† [힝싸- 꺼*러*너와-] 핍박하다, 박해하다, 고통을 주다 පීඩා කරනවා.

හිංසාකාර/හිංසාකාරී [힝싸-까-*러*/힝싸-까-*리*-] 핍박하는, 학대하는, 해로운, 유해한.

හිංසාව† [힝싸-워] 심한 고통, 핍박 පෙළීම.

හිකනලා [히꺼널라-] 열대산 도마뱀의 일종 (일반 도마뱀보다 약간 큰 종류). (문어) සිකනලා

හිකනැලා [히꺼낼라-] 열대산 도마뱀의 일종 (일반 도마뱀보다 약간 큼). (복) *හිකනැල්ලු*

හික්කාව† [휚까-워] 딸꾹질 ඉක්කාව.

හික්මන/හික්මන් [히끄머너/히끄만] 훈련시키는, 가르치는, 복종시키는 ශික්ෂණය කරන.

හික්මවනවා† [히끄머워너와-] හික්මෙවුවා-හික්මවා 훈련시키다, 복종시키다, 길들이다, 따르게 하다 කීකරු කරනවා. <u>හික්මවීම</u>

හික්මෙනවා‡ [히끄메너와-] හික්මුණා-හික්ම(හික්මී) 훈련되다, 길들여 지다, 순종적이 되다. <u>හික්මීම</u>

හික්හල [휚할러] 학교, 칼리지 විදුහල.

හිඟ‡ [힝거] 부족한, 모자란, 결핍된 අඩු.

හිඟකම‡ [힝거꺼머] 부족, 결핍, 부족함 හිඟය.

හිඟනවා† [힝거너와-] ①구하다, 청하다 ඉල්ලනවා ②구걸하다 හිඟාකනවා.

හිඟමන [힝거머너] ①구걸, 빌어먹음 හිඟා කෑම ②구함, 요청 ඉල්ලීම.

හිඟය‡ [힝거여] 부족, 결핍, 부족함 අඩුපාඩුව.

හිඟාකනවා [힝가-까너와-] 구걸하여 먹다, 빌어먹다 හිඟනවා.

හිගු [힝구] 빠른, 재빠른, 급한 ඉක්මන්.

හිඟුරු [힝구*루*] 생강(의) ඉඟුරු.

හිඟුරු පියළි [힝구*루* 삐열리] (남아시아산) 생강과(科) 식물: 산내자.

හිඟුල් [힝굴] (약학) 아위 සාදිලිංගම්.

හිටපු‡ [히터뿌] ①전직의 තනතුරක කලින් සිටි ②죽은, 사망한, 고 ජීවත්ව සිටි.

හිටවනවා‡ [히터워너와-] හිටෙවුවා-හිටුවා ①세우다, 심다

හිටුවනවා ②멈추게 하다 නවත්වනවා. <u>හිටවීම</u>

හිටි [히티] 있었던, 세워져 있었던 හිටපු. (문어) සිටි

හිටි අඩියේ [히티 아ㄷ/예-] ①서 있을 때 හිටිගමන් ②즉시, 바로, 즉흥적으로 ක්ෂණිකව.

හිටිනවා‡ [히티너와-] හිටියා-හිටලා ①있다, 존재하다 ඉන්නවා ②멈추다, 그만두다. <u>හිටීම</u> (문어) සිටිනවා

හිටියා‡ [히티야-] හිටිනවා 의 과거: 있었다, 존재했다.

හිටිවන [히티와너] ①서 있을 때 හිටිගමන් ②즉시, 바로, 즉흥적으로 ක්ෂණිකව.

හිටිහැටියේ [히티해티예-] 갑자기, 돌연히. (구어) හදිසියෙන්

හිටීම/හිටුම [히티-머/히투머] හිටිනවා 의 동명사: 있음, 서있음, 존재 සිටීම.

හිටුවනවා† [히투워너와-] හිටෙවුවා-හිටුවා ①세우다, 심다 ②멈추게 하다 නවත්වනවා. <u>හිටුවීම</u>

හිටු [히투] 서라, 멈춰라 නවතිනු.

හිටුම/හිටීම [히투머/히티-머] හිටිනවා 의 동명사: 있음, 서있음, 존재 සිටීම. ¶ ඉඳුම්හිටුම් 머묾, 있음

හිටුව පස් ගන්නවා [히투워 빠쓰 간너와-] 목까지 묻다, 목까지 매장하다.

හිඩස/හිඩස්ස [히더써/히닸써] ①간격, 틈 පරතරය ②부족함, 결핍 අඩුව.

හිණ [히너] ①계단 පඩි පෙළ ②사다리 ඉණිමග ③허리 ඉණ.

හිණිපෙත්ත [히니뻳떠] 사다리 계단 판 ඉණිපෙත්ත.

හිණිමග [히니망거] 사다리 ඉණිමග.

හිත‡ [히떠] ①마음 ②정신, 생각 සන්තානය. (문어) සිත

හිතකර [히떠꺼러] 유용한, 유익한, 도움이 되는 ප්‍රයෝජනවත්.

හිතකාමී [히떠까-미-] 친절한, 자비심 많은, 호의적인, 인정 많은 හිතෛෂී.

හිතනවා‡ [히떠너와-] හිතුවා-හිතලා 생각하다, 사고하다 කල්පනා කරනවා. <u>හිතීම/හිතුම</u> (문어) සිතනවා

හිතවතා [히떠워따-] 사랑하는 사람, 친한 사람 හිතවත් අය. (복) *හිතවත්තු*

හිතවත්‡ [히떠왇] 사랑하는, 존경하는, 마음이 있는, 마음에 두는, 잊지 않는 ආදරණීය.

හිතවත්කම [히떠왇꺼머] ①마음에 담아 둠, 잊지 않음 ②사랑, 존경 ආදරය.

හිතා මතා [히따- 마따-] 잘 생각하여, 계획하고, 의도적으로 හොඳින් සිතා.

හිතා මතා කරනවා [히따- 마따- 꺼러너와-] 잘 생각하여 하다, 의도적으로 행하다.

හිතුමතය [히뚜머떠여] 완고, 완고함, 강팍함 හිතුවක්කාරකම.

හිතුමතේ [히뚜머떼-] 완고하게, 강팍하게 මුරණ්ඩුව.

හිතු මනාපය [히뚜 마나-뻐여] 의도, 생각, 뜻 හිතෙන අන්දම.

හිතුවක්කාර† [히뚜왁까-러] 강팍한, 타협하지 않는, 엄한 මුරන්ඩු.

හිතෙනවා† [히떼너와-] හිතුණා-හිතිලා 생각되어 지다, 느껴지다 හැඟෙනවා. <u>හිතීම/හිතුම</u>

 හ

හිතෝපදේශ [히또-빠데-셔] (성경) 잠언서.

හිතේෂි/හිතේසි [히떼-쉬/히떼-씨] 친절한, 자비심 많은, 호의적인, 인정 많은 හතකාමී. ¶ හිතේසියා 친절한 친구, 친한 친구

හිතෛෂි [히따이쉬] 친절한, 자비심 많은, 호의적인, 인정 많은 හතකාමී. ¶ හිතෛෂියා 친절한 친구, 친한 친구

හිත් [힡] 마음들, 생각들 සිතිවිලි. (문어) සිත්

හිද [히더] ①심장 ②바늘 ඉදිකටුව.

හිදල [히덜러] (야자잎 가는 막대기로 만든) 야외용 빗자루 ඉදල. (복) *හිදල්*

හිදස/හිදැස/හිදැස්ස [히더써/히대써/히댔써] ①구멍, 공동, 빈곳 හිඩස ②간격, 틈 පරතරය.

හිදිකටු මල [히디까투 말러] 바늘귀 ඉදිකටු මල.

හිදිකටුව [히디까투워] 바늘 ඉදිකටුව.

හිදිකම [히디꺼머] 바느질 ඉදිකම.

හිදිදොර [히디도러] 소란, 문설주 හිදිවර.

හිදිවර [히디와러] 소란, 문설주 හිදිදොර.

හිදෙලුව [히돌루워] (중국, 인도의) 일인승 가마 හොවිල්ල.

හිද්ද [힏더] 소란, 문설주 හිදිවර.

හිනස්සනවා [히낫써너와-] හිනැස්සුවා-හිනස්සලා 웃기다, 웃게 만들다. (문어) සිනස්සනවා

හිනා වෙනවා‡ [히나- 웨너와-] 웃다, 미소 짓다. (문어) සිනාසෙනවා

හිනාහෙනවා [히나-헤너와-] හිනාහුණා-හිනාහිලා 웃다, 미소 짓다 හිනා වෙනවා. <u>හිනාහීම</u> (구어) සිනාසෙනවා

හිනි [히니] ①개미 කුඹියා ②과일 향(내).

හිනිමග† [히니마거] 사다리 ඉනිමග.

හින්දනවා [힌더너와-] හින්දුවා-හින්දා 증발시키다, (과일 따위의) 수분을 빼다, 탈수하다, 농축하다 හිඳවනවා. <u>හිඳීම</u>

හින්ද‡ [힌다-] (후치사) ~ 때문에, ~이기에 නිසා. (문어) කරන-කොටගෙන

හින්දි [힌디] 힌디어.

හින්දු‡ [힌두] ①힌두교도 හින්දු ආගමිකයා ②힌두교의.

හින්දුස්ථානය [힌두쓰따-너여] 인도, 힌두스탄 ඉන්දියාව.

හින්නා [힌나-] (작은) 개미 කුඩා කුඹියා. (문어) සින්නා

හින්නාරං [힌나-랑] 귤(의).

හින්නි [힌니] 작은, 조그만.

හිඳගන්නවා† [힌더간너와-] 앉다, 착석하다 ඉන්ද ගන්නවා.

හිඳනවා [힌더너와-] හුන්නා-හිඳ ①앉다, 착석하다 වාඩිවෙනවා ②졸이다, 달이다, 증발시키다.

හිඳවනවා [힌더워너와-] ①(수증기를 날려) 졸이다, 달이다, 증발시키다 හින්දනවා ②앉게 하다, 앉히다.

හිඳිනවා† [힌디너와-] හුන්නා-හිඳ 앉다, 앉아 있다 වාඩිවෙනවා. <u>හිඳීම</u>

හිඳිනවා† [힌디너와-] හින්දා-හිඳ ①달이다, 졸이다, 증발시키다 හින්දනවා ②자르다, 절단하다 සිඳිනවා ③뽑다, 뽑아내다 උගුළනවා. <u>හිඳීම</u>

හ

හිඳි පිළිමය [힌디 삘리머여] 좌불, 앉은 모양의 형상.

හිඳුල්† [힌둘] 잔여 음식, 남은 음식 ඉඳුල්.

හිඳුවනවා [힌두워너와-] හිඳෙවුවා-හිඳුවා(හිඳුවාලා) 앉히다, 있게 하다, 앉게 하다. හිඳුවීම

හිඳෙනවා [힌데너와-] හිඳුණා-හිඳිලා(හිඳ) 달여지다, 졸여지다, 증발되다, 마르다. හිඳීම (문어) සිඳෙනවා

හිපපොටේමස් [히뻐뽀테-머쓰] (동물) 하마.

හිපල [히뻘러] 잔가지, 가는 가지 ඉපල.

හිපනැල්ල [히뻐낼러] 그루터기 ඉපනැල්ල. (복) *හිපනැලි*

හිප්පනවා [힙뻐너와-] හිප්පුවා-හිප්පා 빽빽하게 두다, 촘촘하게 만들다 වද්දනවා. හිප්පීම

හිම‡ [히머] (내리는) 눈.

හිම කණිකා [히머 까니까-] 눈송이.

හිමකර [히머꺼*러*] (천체의) 달 සඳ.

හිම කැට‡ [히머 깨터] 우박 ගල් වැස්ස.

හිමකිරම [히머끼*러*머] 아이스크림 අයිස්ක්‍රීම්.

හිම කුට්ටිය [히머 꿑티여] 빙산.

හිම කුණාටුව† [히머 꾸나-투워] 강한 눈보라, 블리자드.

හිමගිරි [히머기*리*] 히말라야 산들 හිමාලය පර්වතය.

හිම පතනය‡ [히머 빠떠너여] 눈내림, 강설 හිම වැස්ස.

හිමය [히머여] ①정글 වනය ②달 සඳ ③장뇌 (樟腦) කපුරු.

හිමවත [히머워떠] 히말라야 හිමාලය.

හිමවැස්ස [히머왰써] 눈내림, 눈옴 හිම පතනය.

හිමාලය/හිමාර† [히말-러여/히마-*러*] 히말라야, 히말라야 산.

හිමි [히미] 소유한, 가진 අයිති.

හිමි [히미] ①주, 주인, 높으신 분 ස්වාමියා ②승려 භික්ෂුව ③주인, 소유자 අයිතිකාරයා.

හිමිකම‡ [히미꺼머] ①권리, 권익 ②소유권 අයිතිය. ¶ මානව හිමිකම 인권

හිමි කරනවා† [히미 꺼*러*너와-] 소유하다, 가지다 අයිති කරනවා.

හිමිකරු/හිමිකාරයා [히미꺼*루*/히미까-*러*야-] ①주인 ස්වාමියා ②소유자 අයිතිකාරයා.

හිමිදිරි [히미디*리*] ①매우 이른, 새벽의 ②아주 추운 ඉතා සිහිල්. ¶ හිමිදිරි උදෑසන 이른 아침

හිමිදිරිය‡ [히미디*리*여] 이른 아침, 새벽 ඉතා උදෑසන.

හිමි නම [히미 나머] ①주, 주인, 주님 ස්වාමීන් වහන්සේ ②승려 භික්ෂුව.

හිමින්† [히민] 천천히 හෙමින්.

හිමිපා/හිමිපාණෝ [히미빠-/히미빠-노-] (경어) 제사장님 (불교, 힌두교, 천주교 제사장을 높여 부를 때 사용하는 말) පූජ්‍ය වූ ස්වාමීන් වහන්සේ.

හිමියා† [히미야-] ①주인, 소유자 අයිතිකාරයා ②남편 සැමියා.

හිය [히여] ①화살 ඊය ②이익, 이득ලාභය.

හියවුර [히여우*러*] 화살통, 전통 ඊතල කොපුව.

හියාරනවා [히야-*러*너와-] හියෑරුවා-හියාරා (빛, 소리 따위를) 전파하다, 전하다, 방송하다 විහිදුවනවා. හියෑරීම

හ

හියොවුර [히요우러] 화살통, 전통 ඊ උරය.

හිර† [히러] 해, 태양 සූර්යයා. (구어) ඉර

හිර [히러] ①감옥 සිරගෙය ② 머리 සිරස. (문어) සිර

හිර [히러] 꽉 묶은, 단단히 묶은.

හිර අඩස්සිය [히러 아닸씨여] 구금, 구류 හිර කිරීම. (문어) සිර අඩස්සිය

හිර කරනවා† [히러 꺼러너와-] 투옥하다, 수감하다, 감옥에 보내다 හිරගෙයි ලනවා. (문어) සිර කරනවා

හිරකරුවා/හිරකාරයා [히러꺼루와-/히러까-러야-] 죄수, 수감자. (문어) සිරකරුවා

හිරකූඩුව [히러꾸-두워] 철장, 유치장 සිරකුටිය.

හිර ගන්නවා [히러 간너와-] 결혼하다 කසාද බඳිනවා.

හිර ගෙදර/හිර ගෙය‡ [히러 게더러/히러 게여] 감옥, 교도소 හිර ගේ. (문어) බන්ධනාගාරය

හිර ගේ‡ [히러 게-] 감옥, 교도소. (문어) බන්ධනාගාරය

හිරඤ්ඤ [히란녀] 금(의), 황금(의) රන්.

හිරට [히러터] ①꽉죄여, 꽉죄게, 단단히, 굳게 තදට ②심, 핵, 목심 අරටුව ③야자잎 줄기 ඉරටුව.

හිරණ්‍ය [히런니여] 금(의), 황금(의) හිරඤ්ඤ.

හිරදෙනවා [히러데너와-] 장가(시집) 보내다.

හිරබත් කනවා [히러받 까너와-] 콩밥먹다, 감옥살이하다, 수감 생활을 하다 බන්ධනාගාරගතව ඉන්නවා.

හිරබාරය/හිරභාරය [히러바-러여] 구금, 구류, 투옥 හිර අඩස්සිය.

හිරබාරයට ගන්නවා‡ [히러바-러여터 간너와-] 보호 관리하다, 구금하다.

හිරභාරය/හිරබාරය [히러바-러여] 구금, 구류, 투옥 හිර අඩස්සිය.

හිරමනය‡ [히러머너여] 야자열매 가는 기계.

හිරවරණ [히러와러너] 우산 කුඩය.

හිර වෙනවා‡ [히러 웨너와-] ① 갇히다, 막히다 අවහිර වෙනවා ②꽉 죄어지다, 빡빡하다 තද වෙනවා.

හිරි [히리] ①부끄러움, 창피 ලජ්ජාව ②쥐남, 피 안통함, 절임 ස්පර්ශය නොදැනීම ③석회석 හුණුගල් ④산호 කොරල්.

හිරිඔතප් [히리오땊] 정숙, 얌전함, 겸양.

හිරිකඩ [히리까더] ①(비에서 나오는) 물보라 තුවානම ②보슬비 සිහින් පොද වැස්ස.

හිරිකඩ ගහනවා [히리까더 가하너와-] 이슬비가 내리다, 잔물방울로 적시다.

හිරිකිත [히리끼떠] 낙담으로 인한 슬픈 느낌.

හිරිගල්† [히리갈] 석회석, 석회암 හුනු ගල්.

හිරිතාල [히리딸-러] 금웅황(雄黃) (화약용), 황토 හරිතාල.

හිරිපොද [히리뽀더] 보슬비(의) සිහින් පොද වැස්ස.

හිරිමල් [히리말] 순한, 여린, 어린 ළපටි.

හිරියල් [히리얄] 웅황(雄黃) (안료, 화약용), 황토 රන්සිරියල්.

හිරි වැටෙනවා‡ [히리 왜테너와-] ①(손, 발이) 저리다, 쥐가 나다 ②감각을 잃다, 마비되다. (문어) සිරි වැටෙනවා ¶ දත් හිරි වැටෙනවා 이가 시리다

හිරිහැරය‡ [히리해러여] ①폐, 성가심, 난처한 것, 곤혹 කරදරය, පීඩාව ②고통, 아픔.

හිරිහැර කරනවා [히리해러 꺼러너와-] 성가시게 하다, 난처하게 만들다, 곤혹스럽게 하다 කරදර කරනවා.

හිරු‡ [히루] 해, 태양 දියමිණ. (구어) ඉර

හිරුඑළිය [히루엘리여] 햇빛, 태양광선 ඉරඑළිය.

හිල‡ [힐러] 구멍, 동공 සිදුර. (복) *හිල්*

හිලව් කරනවා [힐라우 꺼러너와-] 보상하다, 변상하다.

හිලව්ව [힐라우워] ①대체, 교체, 바꿈, 교환 හුවමාරුව ②보상, 변상. (문어) සිලව්ව

හිල්‡ [힐] ①හිල 의 복수: 구멍들 සිදුරු ②씽할러 일(ll) 달 ඉල් මස.

හිවලා† [히월라-] 여우, 자칼 නරියා.

හිවි [히위] ①높은, 키가큰 උස් වූ ②살찐, 뚱뚱한 මහත් වූ ③닫힌, 막힌 වැසුණු.

හිවිඩි/හිවිඩ්ඩ [히위디/히윋더] ①잭 열매 씨앗의 표피 ②바깥 얇은 표피 සිවිඩ්ඩ.

හිස‡ [히써] ①머리, 윗부분 සිරස (구어) ඔලුව ②비어 있음, 빔, 공허.

හිසකෙස්‡ [히써께쓰] 머리카락 හිසකේ.

හිසකේ† [히써께-] 머리카락 හිසකෙස්.

හිස ගසා දමනවා† [히써 가싸-다머너와-] 목 베다, 참수하다.

හිසරදය‡ [히써러더여] 두통 ඉසරදය. (구어) ඔලුව කැක්කුම

හිස් [히쓰] හිස 의 복수 또는 형용사: ①머리들 ②머리의, 윗부분의.

හිස්‡ [히쓰] 빈, 비어있는, 공허한, 의미없는 නිරර්ථක, ශූන්‍ය.

හිස් කබල† [히쓰 까벌러] 두개골 හිසේ ඇටසැකිල්ල.

හිස් කරනවා [히쓰 꺼러너와-] 비우다, 비워 없애다.

හිස්කම‡ [히쓰꺼머] 공허함, 빔, 진공 හිස් බව.

හිස් දෙර [히쓰 도러] 윗 부분, 머릿부분 හිස පැත්ත.

හිස්බඩ [히쓰바더] 공복의, 배에 아무것도 없는.

හිස් වැස්ම‡ [히쓰 왜쓰머] 모자, 투구 කුළු වැස්ම. (구어) තොප්පිය

හී [히-] ①쟁기질, 써레질 සීසෑම ②화살 ඊතල.

හී කාරයා [히- 까-러야-] 쟁기질하는 사람 හාන තැනැත්තා.

හී කොපුව [히- 꼬뿌워] 화살통, 전통 ඊ උරය.

හීත/හීතල [히-떠/히-떨러] 차가운, 추운 සීතල.

හීන† [히-너] ①හීනය 의 복수: 꿈들 ②천한, 낮은, 낮은 계급의, 상놈의 පහත් ③약한, 연약한 ලාමක.

හීන මානය‡ [히-너 마-너여] 열등감 콤플렉스 නීච මානය.

හීනය [히-너여] 꿈, 드림 සිහිනය. (문어) ස්වප්නය

හීනයානය [히-너야-너여] 소승불교, 상좌불교 ථේරවාදය. ¶ මහායානය 대승불교

හ

හිනි/හීන් [히-니/힌-] 얇은, 두껍지 않은.

හීන්දෑරි [힌-대*리*] 야윈, 깡마른 කෙට්ටු.

හීන්සැරේ [힌-쌔*레*-] ①천천히, 느리게 හෙමිහිට ②주의 깊게, 조심스럽게 පරිස්සමින්.

හීන්සීරුවේ [힌-씨-*루*웨-] ①천천히, 느리게 හෙමිහිට ②주의 깊게, 조심스럽게 පරිස්සමින්.

හීය [히-여] ①화살 ඊතලය ②쟁기질, 써레질 සීසෑම.

හීයේ [히-예-] 어제, 전날 ඊයේ.

හීරළු [히-*럴*루] 승복을 벗은, 세속으로 돌아온.

හීරළුවා [히-*럴*루와-] 승복을 벗은 사람, 세속으로 돌아간 사람 සිවුරළුවා.

හීරි [히-*리*] 피, 혈 රුධිරය. (구어) ලේ

හීරිමාංස [히-*리*망-써] 피와 육체.

හීරෙනවා [히-*레*너와-] හීරුණා-හීරිලා ①긁히다, 흠집이 나다 රෑරනවා ②(물, 기름) 새다, 떨어지다 කාන්දු වෙනවා. <u>හීරීම/හීරුම</u> (문어) සීරෙනවා

හීල [힐-러] 아침 식사, 조식 උදේ ආහාරය.

හීලෑ‡ [힐-래-] 길들인, 길러 길들인, 유순한. ¶ හීලෑ සතුන් 집짐승

හීලෑකම [힐-래-꺼머] 길들임, 유순.

හීලෑකරනවා [힐-래-꺼*러*너와-] 길들이다, 훈련시키다 හේ කරනවා.

හීල් [힐-] ①차가운, 추운 සීතල ②아침 උදය.

හීල් දනෙ [힐- 다-네] 승려에게 드리는 아침 식사 උදය දානෙ.

හීල් බත් [힐- 받] 남은 전날 밥, 찬밥.

හීවැල [히-왤러] ①보습 (쟁기의 쇳날 부분) ②밭고랑, 밭이랑 හීවිට. (복) *හීවැල්*

හීවිට [히-위터] 밭고랑, 밭이랑 නඟුල් පාර. (복) *හීවිටි*

හීවිටි [히-위티] හීවිට 의 복수 또는 형용사: ①밭고랑들, 밭이랑들 ②밭고랑의, 밭이랑의.

හී හාරනවා† [히- 하-*러*너와-] (밭에) 고랑을 만들다, 이랑을 짓다.

හුං [훙] (감탄사) 홍 소리.

හුංගම [훙거머] 관세, 세금 තීරු බද්ද. (복) *හුංගම්* (문어) සුංගම

හුග/හුගක් [훙거/훙갂] ①다량, 많음 රාශිය ②많은, 다량의 මහත්.

හුටපටය [후터빠터여] 왁자지껄, 떠들썩함, 큰 소란 කලබැගෑනිය.

හුටපට වෙනවා [후터빠터 웨너와-] 혼잡하게 되다, 뒤섞이다, 혼동되다.

හුණ [후너] ①대나무(의) ②열병(의) උණ.

හුණ කලාපය [후너 깔라-뻐여] 대나무 다발.

හුණු‡ [후누] ①석회 (건축 미장에 사용하는 하얀 가루) හුනු ②대나무.

හුණු [후누] ①뜨거운 උණු ②넘어진, 떨어진 වැටුණු.

හුණු අළු [후누 알루] 온기 있는 재.

හුණ්ඩුව [훈*두*워] 되, 됫박 (곡식을 재는 기구: 0.28 리터, සේරුව 의 1/4) හුංඩුව.

හ

හුත [후떠] ①제물 යාගය ②방문객에게 주는 것들.

හුත'සන [후따'써너] 불, 화염 ගින්න.

හුතෑස් [후때쓰] ①불, 화염 ගින්න ②불의 신 ගිනි දෙවියා.

හුදකලා‡ [후더껄라-] 외롭게, 혼자, 홀로.

හුදකලාව‡ [후더껄라-워] ①고독, 홀로 삶, 외로움 ②홀로, 혼자서, 외롭게.

හුදලු [후덜루] හුදෑල්ල 의 복수 또는 형용사: ①괭이들, 곡괭이들 උදලු ②괭이의, 곡괭이의.

හුදෑල්ල [후댈러] 괭이, 곡괭이 උදෑල්ල.

හුදී [후디-] ①덕이 높은, 덕행이 있는, 고결한 යහපත් ②덕행자 සත්පුරුෂයා.

හුදී ජනයා [후디- 자너야-] 고결한 사람, 덕이 높은 사람 සුධී ජනයා.

හුදු [후두] 단순한, ~ 에 불과한, 단지 ~에 지나지 않는 එපමණකට සීමා වුණු.

හුදෙකලා [후데껄라-] 단신의, 혼자의.

හුදෙකලාව [후데깔라-워] 단신, 혼자, 홀로 있음, 외로움, 고독 හුදකලාව.

හුදෙක්† [후덱] ①분명히, 확실히 ②각자, 독자로, 단독으로, 유일하게.

හුනනවා [후너너와-] හිනුවා-හුනා 새어 나오다, 내뿜다, 솟아 나오다 උනනවා. හිනීම

හුනස්න [후나쓰너] 앉은 자리 වාඩිවී සිටි අසුන.

හුනු† [후누] 석회, 집 벽을 바르는 하얀색 석회 හුණු. (문어) සුනු

හුනුකොටුව [후누꼬투워] 석회 굽는 가마 හුනු පුළුස්සන උදුන.

හුනුගල් [후누갈] 석회암.

හුනු ගානවා [후누 가-너와-] 석회를 바르다.

හුනු පෝරණුව [후누 뽀-러누워] 석회 굽는 가마 හුනුකොටුව.

හුනුසල් [후누쌀] 부서진 쌀.

හුන්† [훈] ①හිඳිනවා 의 형용사적 과거용법: 있은, 앉은 උන් ②빈, 비어있는 හිස් ③건조한, 메마른 වියළි.

හුන්වනම [훈와너머] 있는 대로, 앉아 있는 대로 හිටි සැටියේම.

හුන්සල් [훈쌀] 깨진 쌀, 부서진 쌀 හුං සාල්.

හුපුවා [후뿌와-] (조류) 오디새, 후투티.

හුමාරය [후마-러여] 김, 수증기 හුමාලය.

හුමාලය‡ [후말-러여] 김, 수증기 දුමාරය.

හුඹස† [훔버써] 개미탑, 개밋둑 තුඹස. (구어) හුඹහ

හුඹස් කට [훔바쓰 까터] 개미탑 입구.

හුඹස් බය [훔바쓰 바여] 이유없는 공포 බොරු බිය.

හුඹස් බිය/හුඹස් බය [훔바쓰 비여/훔바쓰 바여] 이유없는 공포 බොරු බිය.

හුඹහ [훔바하] 개미탑, 개밋둑 තුඹස. (문어) හුඹස

හුඹාව [훔바-워] 바닷 바람.

හුය [후여] 줄, 선 ලණුව.

හුයනවා [후여너와-] හිවුවා-හුයා 요리하다, 조리하다 උයනවා.

හුරතලය [후러떨러여] 귀여워함, 애무.

හ

හුරතල් [후러딸] 귀여운, 애정 깊은, 사랑 많은, 다정한.

හුරතල් කරනවා [후러딸 꺼러너와-] 귀여워하다, 애무하다 සුරතල් කරනවා.

හුරහ [후러하] 방해, 장애, 얽힘 බාධාව.

හුරිරු [후리루] 피(의) රුධිරය.

හුරු† [후루] 친숙한, 익숙한 පුරුදු.

හුරුකම [후루꺼머] 숙련, (연습에서 익힌) 기량, 익숙함 පළපුරුද්ද.

හුරු කරනවා [후루 꺼러너와-] 연습시키다, 훈련시키다 පුරුදු කරනවා.

හුරුබුහුටි [후루부후티] 영리하게 보이는 ශූරවූ හා ප්‍රගල්භ වූ.

හුරුව† [후루워] ①익숙, 친숙 ②능숙, 능란.

හුරුවෙනවා‡ [후루웨너와-] 연습하다, 익숙해지다 පුරුදු වෙනවා.

හුරේ තියනවා [후레- 띠여너와-] (올빼미가) 부엉부엉 울다.

හුල [훌러] 송곳, 뾰족한 부분 උල.

හුලවාලියා [훌러왈-리야-] 불가촉 천민, 로디야 계층 사람 රොඩී මිනිසා.

හුලස/හුලහ [훌러써/훌러하] 끝, 가장자리. (문어) සුලස

හුලහට [훌러하터] 통과하여, 지나서.

හුල් පැන් [훌 빼] 샘물 උල් පැන්.

හුවනවා [후워너와-] හිවුවා-හුවා ①찬양하다, 찬미하다, 칭찬하다 වර්ණනා කරනවා ②지지하다, 도와주다 අනුබල දෙනවා. හිවීම

හුවන්දිරම් [후완디람] 작물세 සුවන්දිරම්.

හුවමාරු කරනවා‡ [후워마-루 꺼러너와-] 교환(교역)하다, 주고받다.

හුවමාරුව‡ [후워마-루워] ①교환, 교역, 물물교환 ගනුදෙනුව ②(고속도로) 인터체인지, 입체교차점 ¶ විදේශ මුදල් හුවමාරුව 외국환 교환

හුවමාරු වටිනාකම [후워마-루 와티나-꺼머] 교환 가치.

හුස්ම‡ [후쓰머] 숨, 호흡 ආශ්වාස ප්‍රශ්වාසය.

හුස්ම අදිනවා [후쓰머 아디너와-] 숨을 멈추다, 죽다, 소천하다 මැරෙනවා.

හුස්ම අරිනවා [후쓰머 아리너와-] 숨을 내뱉다, 죽다, 소천하다 මැරෙනවා.

හුස්ම ගන්නවා‡ [후쓰머 간너와-] 숨쉬다, 호흡하다, 살다.

හුස්ම යනවා [후쓰머 야너와-] 숨을 멈추다, 죽다, 소천하다 මැරෙනවා.

හුස්ම හිර කරනවා‡ [후쓰머 히러 꺼러너와-] 질식시키다, 실식사 시키다.

හුස්ම හිර වෙනවා [후쓰머 히러 웨너와-] 숨이 막히다, 질식되다.

හුස්ම හෙළනවා [후쓰머 헬러너와-] 숨을 내쉬다, 숨을 내뱉다.

හුළ [훌러] 횃불, 관솔 ගිනි පෙනෙල්ල.

හුළං‡ [훌랑] හුළඟ 의 복수 또는 형용사: ①바람, 바람들 ②바람의. (문어) සුළං

හුළං කපල්ල [훌랑 까빨러] (산등성이에 생긴 브이(V)자형의) 풍극(風隙).

හුළං කරනවා [훌랑 꺼러너와-] 까부르다, 키질하다.

හ

හුළං කිරිය [훌랑끼-리여] 칡, 칡의 일종.

හුළං කුරුල්ලා [훌랑 꾸룰라-] (수탉 모양의) 풍향계 හුළං පෙත්ත.

හුළං කෝඩය [훌랑 꼬-더여] 허리케인, 태풍.

හුළං ගහනවා‡ [훌랑 가하너와-] 부채질하다, 까부르다, 키질하다.

හුළං පලිහ [훌랑 빨리허] 바람막이.

හුළං පෙත්ත [훌랑 뻬떠] ①풍향계 හුළං කුරුල්ලා ②부채.

හුළං පොම්පය [훌랑 뽐뻐여] 바람 넣는 기계.

හුළං බහිනවා‡ [훌랑 바히너와-] 바람이 빠지다, 펑크나다.

හුළං බොක්ක [훌랑 북꺼] (어류) 부레, (식물) 기포.

හුළං මාරුව [훌랑 마-루워] 바람 방향을 바꿈.

හුළං මෝල [훌랑 몰-러] 풍차 සුළං මෝය.

හුළං විස්කෝතු [훌랑 위쓰꼬-뚜] 러스크, 살짝 구운 빵(의).

හුළඟ [훌렁거] 바람. (복) *හුළං* (문어) සුළඟ

හුළැඟිල්ල [훌랭길러] 새끼 손(발)가락.

හුළු [훌루] ①횃불의 ②벽돌의, 타일의 ③쌀의.

හුළුඅත්ත† [훌루앋떠] 횃불 හුළු එළිය.

හුළුකැන් [훌루깬] 죽, 멀건 죽 කැඳ.

හූ [후-] ①실, 줄 නූල් ②수프, 국물 හොද්ද ③카레 කරිය ④그물 දැල ⑤소리 지름 කෑ ගිසීම.

හූ [후-] ①꿰멘, 바느질한 මැහූ ②붙어있는, 엮인 බැඳි ③넘친, 흘러 넘친 වැගිරුණු.

හූ ඉද්ද [후- 읻더] 방적기 හූ ඉදි.

හූ කටිනවා [후- 까티너와-] 실을 잣다, (누에, 거미 따위가) 실을 내다 නූල් කටිනවා.

හූ කියනවා [후- 끼여너와-] ①'후' 소리를 내다 'හූ' හඬ නගනවා ②소리를 지르다, 큰 소리를 내다 කෑ ගහනවා.

හූණා‡ [후-나-] 집 도마뱀, 개코.

හූදුව [후-두워] 도박. (문어) සූදුව

හූනියම† [후-니여머] 악한 주문, 악한 마법 බන්ධනය. (복) *හූනියම්*

හූනයම් කපනවා [후-니얌 까뻐너와-] 악한 마법(주문)을 풀다, 깨뜨리다.

හූනියම් කරනවා† [후-니얌 꺼러너와-] 악한 주문(마법)을 걸다, 저주하다.

හූමිටි තියනවා [후-미티 띠여너와-] 추임새를 넣다, 동의의 소리를 내다 හූමිටි දෙනවා.

හූය [후-여] 실, 줄 නූල.

හූරනවා [후-러너와-] හීරුවා-හූරා 긁다, 문지르다, 긁어 벗기다 පහුරුගානවා. <u>හීරීම</u> (문어) සූරනවා

හූරා [후-라-] ①사촌 මස්සිනා ②හූරනවා 의 과거분사: 긁고, 긁어, 문질러 (문어) සූරා.

හූරා කනවා [후-라- 까너와-] (남의 노동력 등을) 착취하다 සූරා කනවා.

හූරා වැටෙනවා [후-라- 왜테너와-] 미끌어 넘어지다 ලිස්සා වැටෙනවා.

හ

හුරා ළිඳ [후-랄- 린더] 깊은 우물.

හූරු [후-루] 돼지의 ඌරු.

හූරුමංකඩ/හූරුමංතලව්ව [후-루망까더/후-루망떨라우워] 돼지가 만든 영역.

හූරුමස් [후-루마쓰] 돼지 고기 ඌරුමස්.

හුල්ලනවා [훌-러너와-] 한숨을 쉬다, 한숨을 푹 쉬다 සුසුම් හෙලනවා.

හුව‡ [후-워] 우우 소리, 야유 소리 හූ හඬ නැගීම.

හුවට [후-워터] 공모양의 실 නූල් බෝලය.

හුවැටිය [후-왜티여] 실타래 නූල් කැරැල්ල.

හූ සද්දය [후- 싿더여] 후~ 하고 부는 소리 හූ නාදය.

හෘත් [흐룯] 심장의, 심장과 연관된 හදවතට අදාළ.

හෘත් කම්පනය [흐룯 깜뻐너여] 비정상 고동, 심장이 심하게 뜀.

හෘදය‡ [허르더여] 심장, 마음 හදවත. ¶ හෘදය සාක්ෂිය 양심

හෘදයංගම [허르더양거머] 마음에서 우러나오는, 정직한.

හෘද රෝගය‡ [허르더 로-거여] 심장병.

හෘදය වස්තුව [허르더여 와쓰뚜워] 심장, 마음 හෘදය.

හෘදය සාක්ෂිය‡ [허르더여 싹-쉬여] 양심.

හෘදයාබාධය [허르더야-바-더여] 심장병 හෘද රෝගය.

හෘදරෝග චිකිත්සාව [허르더로-거 치낃싸-워] 심장(병)학.

හෘද ස්පන්දනය‡ [허르더 쓰빤더너여] 심장 박동 හදවතේ ගැස්ම.

හෙක්ටාරය [헥타-러여] (면적 단위) 헥타르 (1만 제곱미터).

හෙට‡ [헤터] 내일 ඊළඟ දිනය.

හෙට අනිද්දා‡ [헤터 아닏다-] 가까운 미래.

හෙට්ටියා [헽티야-] 남인도 (타밀나두, 케럴라)에서 상업, 농업, 땅소유에 종사하는 계급층, 카스드 සිටු.

හෙට්ටු කරනවා [헽투 꺼러너와-] 할인하다, 값을 깎다 මිල කේවෙල් කරනවා.

හෙණ† [헤너] හෙණය 의 복수 또는 형용사: ①번개(의), 벼락(의) අකුණු ②천둥(의), 우레(의). ¶ හෙණ හඬ 천둥소리

හෙණ ගහනවා‡ [헤너 가하너와-] ①벼락치다, 번개치다 අකුණු ගහනවා ②천둥치다.

හෙණ ගෙඩිය [헤너 게디여] 천둥번개, 벼락, 낙뢰 අකුණු සැරය.

හෙණය [헤너여] ①번개, 벼락, 낙뢰 අකුණ ②천둥, 우레.

හෙණ්ඩත [헨더떠] 탈진, 피로, 지침 හෙම්බත.

හෙණ්ඩත් වෙනවා [헨닫 웨너와-] 탈진되다, 매우 피로하다 අධික වෙහෙසට පත් වෙනවා.

හෙණ්ඩුව† [헨두워] (가축의) 몰이 막대기 අංකුසය.

හෙතෙම† [헤떼머] (인칭 대명사) 그, 그사람 ඔහු. (구어) එයා

හෙද [헤더] 병간호하는, 시중드는, 돌보는 සාත්තු.

හෙදකම† [헤더꺼머] 병간호, 간호업무 සාත්තු සේවය.

හෙදිය† [헤디여] 간호사 නර්ස්. ¶ හෙදයා 남자 간호사

හෙනහුරා [헤너후라-] (행성) 토성 සෙනසුරු ග්‍රහයා.

හෙප [헤빠] 암반수 හෙබ. (복) *හෙප්*

හෙප්පුව [헾뿌워] ① (귀중품, 보석 등을 넣는) 작은 상자, 손궤 ②구장(불랏) 잎을 담는 쟁반 බුලත් තබාගන්නා බඳුන. ¶ සුවඳ හෙප්පුව 향각

හෙබ [헤버] 암반수 හෙප.

හෙබි [헤비] ①아름다운, 예쁜 අලංකාර වුණු ②~로 구성된, 이루어진, 만들어진 යුක්ත.

හෙබ්‍රෙව් [헤브*레*우] ①(성경) 히브리서 ②히브리 사람의.

හෙම [헤머] (대명사) 그같은 එම.

හෙමත් [헤맏] 겨울(의), 추운 시절(의) හේමන්ත.

හෙම්නා [헤미나-] 교활한 사람, 간사한 사람 කපටි තැනැත්තා.

හෙමිං/හෙමින් [헤밍/헤민] 천천히, 느리게 හෙමිහිට. (문어) සෙමින්

හෙමිජ්ජා/හෙමිංජා [헤밎자-/헤밍자-] 침착 한 사람, 조용한 사람 සංවර තැනැත්තා.

හෙමින්‡ [헤민] 천천히, 느리게 හෙමිහිට. (문어) සෙමින්

හෙමින් සැරේ [헤민 쌔*레*-] 천천히, 느리게 හෙමිහිට. (문어) සෙමින්

හෙමින් සීරුවේ [헤민 씨-*루*웨-] ①남의 눈을 피해, 살금살금 하여 ඉතා සන්සුන් ව ②교활하게, 교묘하게 කපටිකමින්.

හෙමිහිට [헤미히터] 천천히, 느리게 හෙමින්. (문어) සෙමින්

හෙම් [헴] 금(의), 황금(의) රත්රන්.

හෙම්බත් [헴받] 탈진된, 매우 피곤한, 매우 지친 අධික වෙහෙසට පත්.

හෙම්බත් වෙනවා [헴받 웨너와-] 탈진되다, 매우 피로하다 අධික වෙහෙසට පත් වෙනවා.

හෙම්බිරිස්සාව‡ [헴비*릿*싸-워] 감기. (문어) සෙම්ප්‍රතිශ්‍යාව ¶ ඔයාට හෙම්බිරිස්සාව ද? 당신 감기 걸렸나요?

හෙය [헤여] ①다리, 교량 පාලම ②이유, 까닭 හේතුව ③논길, 논둑. ¶ යම් හෙයකින් 어떤 이유로

හෙයිකින් [헤이낀] ~때문에 හේතුවකින්.

හෙයින්† [헤인] ~때문에 නිසා. (문어) කරණකොටගෙන ¶ එසේ හෙයින් 그러므로

හෙයියම්මාරුව [헤이얌마-*루*워] 문제, 어려움 කරදරය.

හෙර [헤*러*] 여자 도둑 සොරකම් කරන්නිය. (문어) සෙර ¶ හොරා 남자 도둑

හෙරණ [헤*러*너] 수련승.

හෙරලි [헤*럴*리] (과일) 잭 열매 කොස්.

හෙල [헬러] ①언덕, 산 කඳු ගැටය ②하얀, 백색의 සුදු. (복) *හෙල්*

හෙල පියුම් [헬러 삐윰] 하얀 연꽃 සුදු පියුම්.

හෙලවෙනවා [헬러웨너와-] 흔들리다, 떨리다, 진동되다 හැලෙනවා. <u>හෙලවීම</u> (문어) සැලෙනවා

හෙලා දකිනවා [헬라- 다끼너와-] ①멸시하다, 업신 여기다, 조롱하다 නින්දා කරනවා ②비난하다, 힐난하다, 규탄하다 දොස් කියනවා.

හෙලාතලා [헬라-딸라-] 경멸하여, 모욕하고, 얕잡아 보아 පහත් ලෙස සලකා.

හ

හෙලිකොප්ටරය [헬리꼽터*러*여] 헬리콥터.

හෙලුකොට්ටා [헬루꼳타-] 벌거벗은 사람 නිරුවත් තැනැත්තා.

හෙලුව [헬루워] 나체, 벌거벗음 නිරුවත.

හෙලුවැලි [헬루왤리] 벌거벗은, 나체의 නිරුවත්.

හෙලුවැල්ල [헬루왤러] 나체, 벌거벗음 නිරුවත.

හෙල් [헬] ①하얀 සුදු ②හෙල 의 복수: 언덕들.

හෙල්මලු කුඹුර [헬말루 꿈부*러*] 계단식 논.

හෙල් මැලි [헬 맬리] 하얀 백합 සුදු මානෙල්.

හෙලෙත්තාඩු [헬렏따-*두*] 흔들리는, 떨리는, 불안정한, 견고하지 않은 හෙල්ලෙන.

හෙල්බිජු [헬비주] (식물) 생강과의 다년생 식물.

හෙල්මළු [헬말루] 하얀 백합.

හෙල්ලය‡ [헬러여] (무기) 창 තෝමරය.

හෙල්ලුම් කනවා [헬룸 까너와-] 흔들리다, 떨리다, 진동되다 හෙලෙනවා. (문어) සැලෙනවා

හෙල්ලෙනවා‡ [헬레너와-] 흔들리다, 떨리다, 진동되다 හැලෙනවා. (문어) සෙල්ලෙනවා

හෙවණ [헤워너] 그늘, 응달. (문어) සෙවණ

හෙවණ වැටෙනවා [헤워너 왜테너와-] 그늘 지다.

හෙවණැල්ල [헤워낼러] 그림자 හේමලයා. (문어) සෙවණැල්ල

හෙවත් [헤왇] 아니면, 또는 නොහොත්. ¶ කොවිඩ් 19 හෙවත් නව කොරෝනා වයිරසය 코로나 19 또는 새 코로나 바이러스

හෙවිල්ල [헤윌러] ①(지붕) 덮개, 덮음 වහල සෙවිලි කිරීම ②찾음, 조사 සොයා බැලීම. (복) *හෙවිලි* (문어) සෙවිල්ල

හෙවිල්ලනවා [헤윌러너와-] 덮다, 가리다, 감추다 ආවරණය කරනවා. (구어) වහනවා

හෙවීම/හෙවුම [헤위-머/헤우머] හොයනවා, හෙවෙනවා 의 동명사: 찾음, 발견 හෙවිල්ල. (문어) සෙවීම

හෙවෙනවා [헤웨너와-] හෙවුණා-හෙවිලා ①울창해지다, 빽빽해지다, 많아지다 පැතිරී වැඩී යනවා ②හොයනවා 의 피동사: 발견되다, 찾아지다 ③돌봄을 받다. හෙවීම (문어) සෙවෙනවා

හෙළ† [헬러] 씽할러의, 씽할러 사람의 සිංහල. ¶ හෙළ බස 씽할러어

හෙළ [헬러] ①백색, 하얀 සුදු ②밝은 색의, 하얀 සුදු. ¶ හෙළ පුළුන් 하얀 목화솜

හෙළනවා† [헬러너와-] හෙළුවා-හෙළා (아래로) 던지다, 내던지다. හෙළීම ¶ හුස්ම හෙළනවා 숨을 내쉬다 දැල හෙළනවා 투망하다, 그물을 던지다

හෙළදිව [헬러디워] 스리랑카, 씽할러 사람의 땅 ශ්‍රී ලංකා.

හෙළා දකිනවා† [헬라- 다끼너와-] ①멸시하다, 업신 여기다, 조롱하다 නින්දා කරනවා ②비난하다, 힐난하다, 규탄하다 දොස් කියනවා.

හෙළි කරනවා† [헬리 꺼*러*너와-] (비밀을) 누설하다, 밝히다, 개봉하다, 베일을 벗기다 එළිදරව් කරනවා.

හෙළිදරව්ව† [헬리더*러*우워] 계시, 묵시, 밝힘 එළිදරව්ව.

ත

හෙළිදරව් වෙනවා† [헬리더라우 웨너와-] 밝혀지다, 계시되다 එළිදරව් වෙනවා.

හෙළි පෙහෙළිය [헬리 뻬헬리여] 계시, 묵시, 밝혀짐 එළිදරව්ව.

හෙළි වෙනවා† [헬리 웨너와-] 계시되다, 밝혀지다 එළි වෙනවා.

හේ [헤-] 그, 그 사람, 그이 ඔහු.

හේ කරනවා [헤- 꺼러너와-] 길들이다, 훈련시키다 හීලෑ කරනවා.

හේතු [헤-뚜] ①이유들, 원인들 ②이유가 되는, 원인이 되는 කාරණය වූ.

හේතු කියනවා‡ [헤-뚜 끼여너와-] 설명하다, 이유를 말하다.

හේතුකොටගෙන† [헤-뚜꼬터게너] ①~때문에 නිසා ②~를 통하여, ~방법으로, ~수단으로 කරණකොටගෙන. (구어) හින්දා

හේතු දක්වනවා [헤-뚜 닥워너와-] 원인을 보여주다.

හේතුධර්ම ශාස්ත්‍රය [헤-뚜 다르머 샤쓰뜨러여] 철학 දර්ශනය.

හේතු ඵල ධර්මය [헤-뚜 빨러 다르머여] 원인과 결과의 교의, 인과관계주의.

හේතු ඵල නියාමය [헤-뚜 빨러 니야-머여] 인과관계.

හේතු බලය [헤-뚜 발러여] 행운, 운 වාසනාව.

හේතුභූත [헤-뚜부-떠] 조건부의.

හේතුව‡ [헤-뚜워] ①이유, 원인, 발단 නිදානය ②행운, 운 වාසනාව.

හේතුවන්තයා [헤-뚜완떠야-] 행운아, 운좋은 사람.

හේතු විද්‍යාව [헤-뚜 윋디야-워] 원인론, (의학) 병인학.

හේත්තු කරනවා [헫-뚜 꺼러너와-] ①연결시키다, 접촉하게 하다 ②기울리다.

හේත්තුව† [헫-뚜워] ①접촉, 닿음, ②기댐, 기움.

හේත්තු වෙනවා† [헫-뚜 웨너와-] ①닿다, 연결되다 ②기대다, 의지하다.

හේන/හේන් [헤-너/헨-] (숲을 개간하여 만든) 화전, 경작지 වියළි ගොවිතැන් බිම.

හේන් ගොවිතැන [헨- 고위때너] (숲을 개간하여 만든) 화전, 경작지 වියළි ගොවිතැන් බිම.

හේබහිනවා [헤-바히너와-] (물이) 조금 줄어들다, 마르다 මඳක් වියළෙනවා.

හේම [헤-머] ①금(의), 황금(의) රත්රන් ②그늘, 피난처 සෙවණ ③잠김, 가라앉음 ගිලා යෑම.

හේමන්ත [헤-만떠] 겨울, 추운 계절 සීතල කාලය.

හේමලයා [헤-멀러야-] 그림자, 응달 ඡායාව.

හේම වෙනවා [헤-머 웨너와-] ①말라 가다, 말라 죽다 මලානික වෙනවා ②(수위가) 내려가다, 줄어들다.

හේ යනවා [헤- 야너와-] 말라 가다, 말라 죽다 මලානික වෙනවා.

හේලය [헬-러여] ①옷, 의복 ඇඳුම ②옷감, 천 රෙද්ද.

හේලි [헬-리] ①높은, 고상한, 고귀한 උතුම් ②적당한, 적절한 සුදුසු.

හේවාපන්නය [헤-와-빤너여] 군대, 군 යුද සේනාව.

හ

හේවාමඩම/හේවාමඩුව [헤-와-마더머/헤-와-마두워] 병영, 군대 막사 සෙබළ බැරැක්කය.

හේවායා† [헤-와-야-] 군인, 군사, 전사 රණ ශූරයා.

හේවා වසම [헤-와- 와써머] 군대, 군인 무리 හට කණ්ඩායම.

හේවිසිය [헤-위씨여] 북소리 ගාන්ධර්වය.

හේෂාරව කරනවා [헤-샤-러워 꺼러너와-] (동물) 말이 울다.

හේෂාරවය [헤-샤-러워여] (동물) 말 소리.

හේහා පෙනෙන [헤-하- 뻬네너] 반투명의.

හෛරණ්‍ය [하이런니여] 금의, 황금의, 금으로 만든 ස්වර්ණමය.

හෛරණ්‍යක [하이런니여꺼] 금장이, 금세공인 රන්කරු.

හොක්ක [혹꺼] 턱 주변 뺨 හකු දෙපස කම්මුල.

හොට [호터] හොටය 의 복수 또는 형용사: ①(새) 부리들 ② 부리의.

හොටබරියා [호터바리야-] 돼지 සූකරයා. (구어) ඌරා

හොටය‡ [호터여] (새) 부리 කුරුල්ලන්ගේ මුඛය.

හොටෑ [호태-] 작은, 조그만 කුඩා.

හොටෑ වෙනවා [호태- 웨너와-] 작아지다, 쇠퇴하다, 줄어들다 කනාටු වෙනවා.

හොටෑව [호태-워] ①작음, 왜소, 빈약 ②(썩어 생긴) 나무 속 구멍.

හොටිය [호티여] 크리스 단도 (말레이, 인도네시아인들이 쓰는 것으로 날이 물결형임) සිරිය.

හොටු‡ [호투] 콧물. (문어) සොටු

හොණ්ඩ [혼더] 뺨 කම්මුල.

හොණ්ඩරය [혼더러여] 100웨이트 (무게의 단위로 미국에서는 100파운드, 영국은 112파운드) රාත්තල් 112 ක බර.

හොඬ [혼더] ①코끼리 코 සොඬවැල ②(습관) 빠져있는, 탐닉하는, 갈망하는 තදින් ඇලුණු.

හොඬය‡ [혼더여] 코끼리 코. (문어) සොඬ

හොඬවැල [혼더왤러] 코끼리 코. (문어) සොඬවැල

හොත් [혿] (접속사) 또는, 혹은, 아니면 හෝ. (구어) නැත්නම්

හොත්† [혿] (접속사) 가정법 만들 때 붙는 접속사.

¶ ඔයා ගියහොත් (ඔයා ගියොත්) 네가 간다면

හොත්තා [혿따-] හොවිනවා 의 과거: ①누웠다, 잠자리에 들었다 සැතපුණා ②잠잤다 නිදා ගත්තා.

හොත් පිළිමය [혿 삘리머여] 와상, 가로로 누운 형상 ඔත් පිළිමය.

හොදි‡ [호디] හොද්ද 의 복수: (요리할 때의) 카레국물, 국물 දියර ව්‍යංජන.

හොද්ද† [혿더] 카레국물, 국물 දියර ව්‍යංජනය. (복) හොදි

හොඳ‡ [혼더] ①선함, 착함 යහපත ②선한, 좋은 යහපත්.

¶ හොඳට නරකක් කරන මිනිසා 선에 악을 행하는 사람(선을 악으로 갚는 사람)

හොඳ කරනවා [혼더 꺼러너와-] ①선을 행하다, 좋은 일 하다 යහපතක් කරනවා ②치료하다, 병을 낫게 하다 සුව

හ

කරනවා ③껍질을 벗기다 සුද්ද කරනවා.

හොඳට‡ [혼더터] 잘, 좋게, 훌륭하게 හොඳින්.

¶ හොඳට ඉන්නවා 잘 지내고 있다 හොඳට කන්න 많이 드세요

හොඳ පිට [혼더 삐터] 옷 바깥쪽.

හොඳ වෙනවා‡ [혼더 웨너와-] ①좋은 사람이 되다 යහපත් අයකු වෙනවා ②병이 낫다, 치료되다 ලෙඩක් සුව වෙනවා.

හොඳ සිහිය [혼더 씨히여] 좋은 기억.

හොඳහැටි [혼더해티] 적절하게, 잘, 적당하게 සුදුසු ලෙස.

හොඳකාරව [혼다-까-러워] 잘, 좋게 හොඳින්.

හොඳින්‡ [혼딘] 잘, 좋게, 훌륭하게 හොඳට. ¶ ඔයාගේ අම්මයි තාත්තයි හොඳින් ද? 당신의 어머니 아버지 잘 계시나요?

හොඳින් ඉන්නවා‡ [혼딘 인너와-] 잘 있다, 잘 지내고 있다 හොඳට ඉන්නවා.

හොබන [호버너] ①매력, 아름다움 ②매력적인, 아름다운 ශෝභමාන.

හොබනවා [호버너와-] හෙබුවා-හොබා ①누르다, 짓누르다 ඔබනවා ②매력적이다 ශෝභමාන වෙනවා ③ 어울리다, 적합하다 හොබිනවා ④두다, 놓다 තබනවා.

හොබවනවා [호버워너와-] ①앉다, 앉아 있다, 좌정하다 අරා සිටිනවා ②광채를 (아름다움을) 더하다, 빛나게 하다 ශෝභමාන කරනවා.

හොබරය [호버러여] ①(나무 상처에 생긴) 딱지 ②얼룩 කුණු පැල්ලම ③흉터 වණ කැලල.

හොබින [호비너] 알맞은, 적절한, 안성 맞춤의 සුදුසු.

හොබිනවා [호비너와-] 알맞다, 적절하다, 잘어울리다 හොබනවා.

හොමරි [호머리] 게으른, 늑장부리는, 나태한 කම්මැලි.

හොම්බ‡ [홈버] (돼지, 개, 악어 등의) 삐죽한 코, 주둥이.

හොම්මාරයා [홈마-러야-] 구두장이, 신기료 장수, 가죽일을 하는 사람.

හොය [호여] 개천, 하천 ඔය.

හොයනවා‡ [호여너와-] හෙවුවා-හොයලා ①찾다, 탐색하다 ②얻다, 획득하다 උපයනවා.

හෙවීම (문어) සොයනවා

හොර‡ [호러] ①도둑질하는 සොරකම් කරනසුලු ②거짓의, 가짜의 ව්‍යාජ ③불규칙한, 틀에 박히지 않은 අනියම් ④불법의, 위법의 නීති විරෝධී ⑤교활한 කපටි.

හොර අලියා [호러 알리야-] 광포한 코끼리, 난폭한 코끼리 ප්‍රචණ්ඩ වල් අලියා.

හොර කාසි [호러 까-씨] 가짜 동전.

හොර ගල් අහුලනවා [호러-갈 아훌러너와-] 일 안하면서 일하는 척 보이다.

හොර ගුහාව [호러 구하-워] 도둑의 소굴.

හොර ගෙඩියා [호러 게디야-] 위선자, 교활한 사람 කෛරාටිකයා.

හොරණෑව‡ [호러내-워] 나팔, 트럼펫 කාහලය. ¶ හොරණෑ නාදිය 나팔 소리

හ

හොරබඩු [호러바두] 작물, 훔친 물건.

හොරය [호러여] ①도둑질, 절도 හොරකම ②사기, 속임 වංචාව.

හොර ලෙඩ [호럴 레더] 꾀병 බොරු ලෙඩ.

හොර වෙනවා [호러 웨너와-] 사기치다, 거짓말하다.

හොරා‡ [호라-] 도둑, 절도범 චෞරයා.

හොරා කනවා [호라- 까너와-] 훔치다, 도둑질하다 හොරකම් කරනවා.

හොරි‡ [호리] (피부) 가려움, 옴 කැසීම.

හොරිකඩ [호리까더] 사기, 속임 වංචාව.

හොරිකඩයා [호리까더야-] 사기꾼 වංචාකාරයා.

හොරු† [호루] හොරා 의 복수 또는 형용사: ①도둑들 ②도둑의, 절도의 ③가짜의, 거짓의 බොරු.

හොරුව [호루워] 배, 작은배 ඔරුව.

හොරොවුව [호로우워] 수문 දිය දොර. (문어) සොරොවුව

හොරොව්ව/හොරොවුව [호로우워] 수문 දිය දොර. (문어) සොරොවුව

හොලවනවා [홀러워너와-] හෙලෙවුවා-හොලවා 흔들다, 뒤흔들다. හෙලවීම (문어) සොලවනවා

හොල්මන‡ [홀머너] 유령, 귀신. (복) *හොල්මන්* (문어) අවතාරය

හොල්මනා [홀머나-] 허수아비. (구어) පඹයා

හොල්මන් කරනවා [홀만 꺼러너와-] 종종 방문하다, ~에 늘 출입하다.

හොවනවා [호워너와-] හෙවුවා-හොවා 눕게 만들다, 재우다.

හොවිනවා [호위너와-] හොත්තා-හෙව ①눕다, 잠자리에 들다 සැතපෙනවා ②잠자다 නිදා ගන්නවා.

හොවිල්ල [호윌러] 그네 ඔංචිල්ලාව. (복) *හොවිලි*

හොෂෙයා [호셰야-] (성경) 호세아서, 호세아.

හොස්ස‡ [홋써] 얼굴, 면상 මුහුණ.

හොළ [홀러] 고통, 고뇌 දුක.

හොළ [홀러] ①고통스러운, 괴로운 දුඃඛිත ②쇠잔한, 없어진 වැහැරුණු.

හෝ‡ [호-] (접속사) 또는, 혹은, 아니면 හොත්. (구어) නැත්නම්

හෝ [호-] ①강, 개천 ගඟ, ඔය ②다른 사람을 부를 때 내는 소리 'හෝ' ශබ්දය ③그 여자분 ඕ තොමෝ.

හෝකඩ [호-까더] 강가, 강기슭 ගං ඉවුර.

හෝකන්ද [호-깐더] 강둑.

හෝකඳුර [호-깐두러] 작은 시내, 실개천 දිය පාර.

හෝ ගානවා [호- 가-너와-] 소리 지르다, 크게 소리내다 හෝ හඬ නගනවා.

හෝ ගාලා [호- 갈-라-] 과도하게, 지나치게 බොහෝ ලෙස.

හෝටලය‡ [호-털러여] ①식당, 캔틴 කෑම ශාලාව (문어) ආපන ශාලාව ②호텔, 여관.

හෝඩිය‡ [호-디여] 알파벳 අක්ෂර මාලාව.

හෝඩුවාව† [호-두와-워] 단서, 팁, 소재, 행방, 정보 ඉඟිය.

හෝතඹයා/හෝතඹුවා [호-떰버야-/호-떰부와-] (동물) 몽구스.

හ

හෝදනවා‡ [호-더너와-]
හේදුවා-හෝදලා ①씻다, 청소하다 ②빨다, 세탁하다. (문어) සෝදනවා

හෝදපාලුව [호-다-빨-루워] 부식, 침식, 침식 작용 ඛාදනය.

හෝදිසිය [호-디씨여] 주의, 조심, 경계 පිරික්සීම.

හෝනවා [호-너와-] ①눕다, 누워 있다 සැතපෙනවා ②있다, 머물다 ඉන්නවා. හේවීම/හේවුම

හෝන්තුවා [혼-뚜와-] 구두쇠, 노랑이, 수전노 කුම්මැහියා.

හෝන්දු මාන්දුව [혼-두 만-두워] 게으름, 늑장, 생기 없음 කම්මැලිකම

හෝන්පල/හෝන්පොළ [혼-빨러/혼-뽈러] 공동 묘지 සුසානය.

හෝමය [호-머여] 희생 제물 යාගය.

හෝමැස්සා [호-맸싸-] 과일파리 පලතුරු මැස්සා.

හෝමෝනය [호-모-너여] (신체) 호르몬 හෝර්මෝනය.

හෝම්පල [홈-빨러] 공동 묘지 සොහොන් පොළ.

හෝරා [호-라-] හෝරාව 의 복수 또는 형용사: ①시간들 ②시간의.

හෝරා මානය [호-라- 마-너여] 정밀 시계, 크로미터.

හෝරා යන්ත්‍රය [호-라- 얀뜨러여] 시계 ඔර්ලෝසුව. ¶ සූර්ය හෝරා යන්ත්‍රයේ මණ්ඩලය 해시계

හෝරාව† [호-라-워] 시, 시간 පැය.

හෝර්මෝනය [호-르모-너여] (신체) 호르몬 හෝමෝනය.

හෝවහ [호-와하] 악의, 악한 감정 හීල්ලීම නිසා වන සාපය.

හෝවලි යානාව [호-월리 야-나-워] (중국, 인도의) 일인승 가마, 일인승 탈것 හෝවිල්ල.

හෝවිල්ල [호-월러] 그네 ඔංචිල්ලාව. (복) හෝවිලි

හෝහපුටුවා [호-하뿌투와-] (모기, 각다귀 등) 작은 곤충 කුඩා මදුරු වර්ගයක්.

හෝ හම [호- 하머] (해부학) 표피, 외피 කුඩුහම.

හ්‍රදය [흐러더여] 연못 විල.

හ්‍රස්ව [흐러쓰워] 짧은, 길지 않은 ලඝු. (구어) කෙටි

හ්‍රී [흐리-] 부끄러움(의), 수치(의) ලැජ්ජා.

හ

ළ

ළ [라] 씽할러 알파벳의 59번째 글자: මූර්ධජ 무-르더저 라얀너 라고 부른다. 영어의 L 발음을 해야 한다.

ළ [라] ①마음(의), 심장(의) හෘද ②어린, 젊은 බාල.

ළං [랑] 가까운, 근처의 ළඟ. (문어) සමීප

ළං කර ගන්නවා [랑 꺼러 간너와-] 가깝게 있게 만들다, 가까이에 두다, 근처에 두다 ළඟට ගන්නවා.

ළං වෙනවා‡ [랑 웨너와-] 가까워 지다, 친밀해 지다, 가까이 오다 ළඟා වෙනවා .

ළකල් [라깔] 예쁜, 아름다운 ලස්සන.

ළකළ [라껄러] 장식한, 꾸민 අලංකෘත.

ළඟ‡ [랑거] ①가까움, 근처 සමීපය ②가까운, 근처의 කිට්ටු. ¶ දොස්තර ළඟට යනවා 의사 만나러 갑니다

ළඟ පහත/ළඟපාත [랑거 빠하떠/랑거빠-떠] 가까이, 근처에 කිට්ටුව.

ළඟා වෙනවා‡ [랑가- 웨너와-] 가까워 지다, 친밀해 지다, 가까이 오다 ළං වෙනවා.

ළඟින් ඉන්නවා‡ [랑긴 인너와-] 가까이에 있다, 근처에 있다 ළඟට ඉන්නවා.

ළතවෙනවා† [라떠웨너와-] ①슬퍼하다, 탄식하다, 애곡하다 දුක්වෙනවා ②미루다, 연기하다, 늦추다.

ළතැවල්ල [라때왈러] 회개, 뉘우침, 후회 සිත් තැවුල.

ළතැවෙනවා [라때웨너와-] ①슬퍼하다, 탄식하다, 애곡하다 දුක්වෙනවා ②미루다, 연기하다, 늦추다.

ළතෙත් [라뗃] 온유한, 친절한 හිත මොළොක්.

ළතෝනි දෙනවා [라또-니 데너와-] 애통하다, 통탄하다, 슬퍼하다 දුක් වෙනවා.

ළතෝනිය‡ [라또-니여] 애통, 비통, 통탄 විලාපය.

ළද [라더] 어린, 미숙한, 유약한 බාල.

ළදබොළඳ [라더볼런더] 여물지 않은, 익지 않은, 성숙하지 않은 ලාමක.

ළදරුවා‡ [라더*루*와-] 유아, 아기 බිළිඳා.

ළදැරිය [라대*리*여] 여자 유아, 여자 아기 කුඩා ගැහැණු දරුවා.

ළඳ [란더] 여자, 여성 කාන්තාව. (구어) ගැහැනිය ¶ ළඳුන් 여성들을, 여자들을 (복수 목적격)

ළපටි† [라빠티] 어린, 미성년의 නොමේරූ.

ළපලු/ළපල්ල [라뻘루/라빨러] 연한 잎 නොමේරූ පත්‍රය.

ළපැත්ත† [라뺃떠] 가슴 පපුව.

ළමග [라망거] (식물) 생강과의 다년생 식물(의).

ළමයා‡ [라머야-] ①어린이 කුඩා දරුවා ②학생 ශිෂ්‍යයා. (복) *ළමයි, ළමෝ*

ළමයි‡ [라마이] ළමයා 의 복수: ①어린이들 ළමෝ ②학생들 ශිෂ්‍යයෝ. ¶ ළමයින්ගේ 애들의 ළමයින්ට 애들에게

ළමහාමි [라머하-미-] 여자, 숙녀 කාන්තාව.

ළමා† [라마-] 어린이의 බාල.

ළ

ළමාතැනී [라마-때니-] 귀부인, 마담 රදළ කාන්තාව.

ළමා නිවාසය‡ [라마- 니와-써여] 고아원.

ළමිස්සි† [라밌씨] 아가씨, 처녀 තරුණිය.

ළමුන්† [라문] ළමයා 의 복수: ①어린이들 ළමෝ ②학생들 ශිෂ්‍යයෝ.

ළමෝ [라모-] ළමයා 의 복수: ①어린이들 ළමයි ②학생들 ශිෂ්‍යයෝ. ¶ ළමුන්ගේ 어린이들의(소유격) ළමුන්ට 어린이들에게(여격) ළමුන් 어린이들을(대격) ළමුන්ගෙන් 어린이들로부터(조격)

ළය† [라여] 가슴 පපුව.

ළවග [라워거] 산불 කැලෑ ගින්න.

ළවල්ල [라왈러] 연한 풀, 어린 풀.

ළසඳ [라싼더] 새 달 නව සඳ.

ළසෝ [라쏘-] 고통, 슬픔 දුක.

ළහිරු [라히루] 아침 해(의) උදා හිරු.

ළා [라-] 어린, 미숙한, 유약한 ළපටි.

ළාබාල [라-발-러] 어린, 미숙한, 유약한 ළපටි.

ළාමක [라-머꺼] ①어린, 어린아이의 ②약한, 연약한, 성숙하지 않은, 무르익지 않은 නොමේරූ ③어리석은, 미련한 මෝඩ.

ළැදි [래디] 친애하는, 사랑하는, 친한 사이의 හිතවත්.

ළැදියාව [래디야-워] 애착, 애정, 사랑 ඇල්ම.

ළැපැත්ත [래뻩떠] 가슴 පපුව.

ළැම† [래머] 가슴 ළය. (구어) පපුව

ළැව [래워] 덤불, 관목숲 වනය.

ළැව් ගින්න‡ [래우 긴너] 산불 කැලෑ ගින්න.

ළැහැප/ළැහැබ/ළැබ [래해처/래해버/랩-] 덤불, 관목 숲.

ළිං‡ [링] ළිඳ 의 복수 또는 형용사: ①우물들, 샘들 ②우물의, 샘의.

ළිග්ගල [릭갈러] 화덕돌, 화덕을 만드는 돌 ලිප්ගල.

ළිදිරනවා [리디러너와-] ළිදිරුවා-ළිදිරා 싹 나다, 발아하다 ලා දළු ලනවා. ළිදිරීම

ළිදිරෙනවා [리디레너와-] ළිදිරුණා-ළිදිරී 싹 나다, 발아하다 ලා දළු ලනවා. ළිදිරීම

ළිඳ‡ [린더] 우물 උදක කූපය. (복) ළිං

ළිප† [리뻐] 화덕, 붓두막 ලිප.

ළිප්බොක්ක [맆복꺼] 화덕 코너.

ළිහිණි [리히니] ①나체의, 벗은 නග්න ②새의, 새와 관련된.

ළිහිණියා [리히니야-] 새, 조류 පක්ෂියා. (구어) කුරුල්ලා ¶ වැහිළිහිණියා 제비

ළු [루] ①덤불, 관목 숲 ළැහැබ ②숟가락 හැන්ද.

ළුදුළ [루둘러] 싹 난, 발아한 දළු ලෑ.

ළූනු [루-누] 양파 ලූනු.

ළෙන්ගතු [렌가뚜] 사랑하는, 친애하는 ස්නේහවත්. (구어) ආදර

ළෙහිගුණය [레히구너여] ①친절, 선함 කරුණාව ②감사.

ළොදුළු [로둘루] 싹 난, 발아한 දළු ලෑ.

ළ

ෆ

ෆ [파] 씽할러 알파벳의 60번째 글자.

ෆාමසිය [파-머씨여] 약국 ඖෂධ හල.

스리랑카어 - 한국어 사전

සිංහල - කොරියානු ශබ්දකෝෂය

초판 1쇄 인쇄 2021년 10월 18일

초판 1쇄 발행 2021년 12월 20일

지은이 이헌주 (하샨떠 존 *හශාන්ත ජෝන්*)

펴낸이 서덕일

펴낸곳 도서출판 문예림

출판등록 제1962-1호(1962년 7월 12일)

주소 경기도 파주시 회동길 366 3층 (10881)

전화 (02) 499-1281~2 **팩스** (02) 499-1283

전자우편 info@moonyelim.com

홈페이지 www.moonyelim.com

ISBN 978-89-7482-922-3 (01730)

값 45,000원